VAN HAVERE 1985

DICTIONNAIRE
DE
BIOGRAPHIE
CONTEMPORAINE

FRANÇAISE ET ÉTRANGÈRE

CHATEAUROUX. — TYP. ET STÉRÉOTYP. A. MAJESTÉ

DICTIONNAIRE

DE

BIOGRAPHIE

CONTEMPORAINE

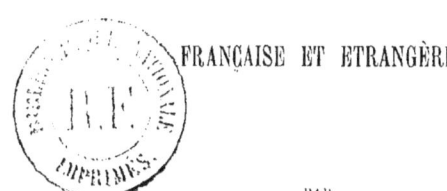

FRANÇAISE ET ÉTRANGÈRE

PAR

ADOLPHE BITARD

PARIS

A. LÉVY ET Cie, ÉDITEURS

131, RUE MONTMARTRE. RUE NOTRE-DAME-DES-VICTOIRES, 48 — PLACE DE LA BOURSE

DICTIONNAIRE

DE

BIOGRAPHIE CONTEMPORAINE

FRANÇAISE ET ÉTRANGÈRE

A

ABB

AARIFI PACHA. — Homme d'État ottoman, né à Constantinople en 1830. Entré dès l'âge de quinze ans dans les bureaux du Divan impérial, en qualité de surnuméraire, il accompagnait à Rome, deux ans plus tard, son père, Shékib Pacha, diplomate distingué, qu'il suivait après cela à Vienne. De retour à Constantinople en 1850, il fut successivement attaché au bureau de traduction de la Porte et au ministère des affaires étrangères; puis il accompagna A'ali aux conférences de Vienne en 1855 et au Congrès de Paris en 1856, en qualité de premier secrétaire. Sa parfaite connaissance de la langue française le fit, dans cette occasion, choisir pour premier traducteur de la Porte à Paris; à son retour il fut nommé premier drogman du Divan, fonctions qu'il conserva jusqu'en 1872. Il a été, depuis, sous-secrétaire d'État aux affaires étrangères, inspecteur de l'artillerie, membre de la Chambre suprême de justice et président de la chambre civile de la Cour de cassation. Après quelques mois passés de nouveau dans ses anciennes fonctions d'interprète, il devint ministre de l'instruction publique en 1874, puis ministre de la justice, trois mois plus tard, et reprit le chemin de Vienne en 1875. — Lors de la promulgation de la nouvelle constitution ottomane, Aarifi Pacha fut nommé président du Sénat (décembre 1876); mais très peu de temps après, il fut appelé aux affaires étrangères, puis nommé ambassadeur à Paris, le 3 septembre 1877, en remplacement de Khalil-Chérif Pacha. Le 28 juillet 1879, le titre de grand vizir, sinon les fonctions, étant aboli par décret du padischah, Aarifi fut appelé au poste nouveau de premier ministre, dans un cabinet qui dura à peine quelques mois. — Après avoir occupé, depuis, divers postes importants et repris plusieurs fois le portefeuille des affaires étrangères, Aarifi Pacha remettait, en septembre 1885, ce portefeuille à Saïd l'acha, étant lui-même appelé à la présidence du conseil d'État. — Il est grand-croix de la légion d'honneur.

ABBADIE (d'), Antoine Thompson, voyageur et géographe français, membre de l'Institut, est né à Dublin en 1810, de parents français rentrés dans leur pays dès 1818. En 1836, M. Antoine d'Abbadie se rendait au Brésil, chargé d'une mission scientifique; vers la fin de l'année suivante, il se trouvait à Alexandrie, où, ayant rencontré son frère, M. Arnaud d'Abbadie (voyez ci-après), il entreprit, de concert avec lui, l'exploration de l'Éthiopie. Les deux frères séjournèrent douze années dans ce pays (1836-48) et ne rentrèrent en France, où le bruit de leur mort s'était accrédité, qu'à la fin de 1848. Outre de nombreux articles publiés, isolément ou en collaboration avec son frère, dans le *Bulletin* de la

ABB

Société de géographie, on a de M. Antoine d'Abbadie : *Catalogue de manuscrits éthiopiens (1859); Géodésie d'une partie de la haute Éthiopie*, revue par M. R. Radau (1860-73); *Hermæ Pastor*, texte éthiopien et traduction latine (1860); *l'Arabie (1866); l'Abyssinie (1868); Monnaie des rois d'Éthiopie*, avec M. de Longpérier (1868); *Observations relatives à la physique du globe, faites au Brésil et en Éthiopie (1873)*. Il est chevalier de la Légion d'honneur depuis 1850, membre de l'Académie des sciences depuis 1867, et membre du bureau des Longitudes depuis 1878. Il est en outre membre de la Société de géographie, de la Société météorologique de France, dont il a été président en 1885, etc. etc.
M. Antoine d'Abbadie était chef de la mission chargée d'aller observer le passage de Vénus sur le soleil à Porto-Rico, en décembre 1882.

ABBADIE (d'), Arnaud Michel, voyageur français, frère du précédent, né comme lui à Dublin, en 1815. M. Arnaud d'Abbadie était allé en Algérie, à la suite du maréchal Clauzel, en 1833, et en était depuis peu revenu, lorsqu'en 1836, il résolut d'y retourner, afin de prendre part à la première expédition contre Constantine. Une tempête survint qui s'opposa à la réalisation de ce projet, et dont les conséquences le forcèrent à se rendre à Alexandrie, où il devait rencontrer son frère aîné, M. Antoine d'Abbadie. Les deux frères, à partir de ce moment, réunissant leurs efforts, eurent une destinée longtemps commune. En 1853, pourtant, M. Arnaud d'Abbadie est retourné seul en Afrique. Il a publié à part : *Observations sur le tonnerre en Éthiopie (1859); Travaux récents sur la langue basque* (même année); *Douze ans dans la haute Éthiopie (1868* et suiv.), etc. Il a été nommé chevalier de la Légion d'honneur en même temps que son frère (27 septembre 1850).

ABBATUCCI, Paul Séverin, homme politique français, le troisième et dernier survivant des fils du ministre de l'empire, mort en 1857, est né le 28 juin 1821 à Zicavo, dans l'arrondissement d'Ajaccio (Corse); il fit son droit à Paris et fut reçu avocat. Élu en 1852 député de la Corse au Corps législatif, il n'a pas cessé d'être réélu depuis lors, même aux élections du 8 février 1871. Ardemment dévoué à la cause bonapartiste, M. Séverin Abbatucci, dans cette dernière occasion, ne siégea sur les bancs de l'Assemblée nationale que six mois, et donnait sa démission le 17 août 1871, pour faire place à M. Rouher, que la Corse, en effet, envoya à Versailles, le 11 février 1872. M. S. Abbatucci ne s'est pas présenté aux élections du 20 février 1876. — Il fut question, un moment (mai 1876), de l'opposer, à Ajac-

1

cio, au prince Jérôme Napoléon, battu une première fois par M. Rouher; mais le mot d'ordre venu de Chislehurst modifia à la dernière heure le plan en vertu duquel cette attitude lui était commandée, et il s'abstint. — Il n'est plus, dès lors, sorti de sa retraite.

Un neveu du précédent, M. Jacques ABBATUCCI, fils du général de division Abbatucci (Antoine Dominique), mort à Nancy le 25 janvier 1878, se présenta aux élections générales du 4 octobre 1885, et fut élu député de la Corse avec toute la liste bonapartiste; mais cette élection ayant été annulée par la Chambre, ce fut la liste républicaine qui triompha définitivement au scrutin du 14 février 1886, laissant sur le carreau M. Jacques Abbatucci et ses amis.

ABBOTT, LYMAN, littérateur américain, né à Roxbury (Massachusetts), le 18 décembre 1835. Il fit ses études à l'université de New-York, qu'il quitta en 1853, et étudia le droit, dont il commença la pratique; mais il abandonna bientôt cette carrière pour étudier la théologie, fut pasteur de diverses églises, jusqu'en 1865, et devint alors secrétaire de la « Commission des nègres affranchis », fonctions qu'il conserva jusqu'en 1868. Après avoir été de nouveau, pendant environ une année, pasteur d'une église de New-York, il abandonna définitivement le saint ministère pour se consacrer à la littérature. Avant cette époque, il avait déjà publié deux romans en collaboration avec deux de ses frères et sous le pseudonyme de Benauly, formé des syllabes initiales des prénoms des trois auteurs : Benjamin, Austin et Lyman; ces deux romans ont pour titre : Conecut Corners et Mattew Carnaby. En 1872, M. Lyman Abbott est devenu un des rédacteurs du Harper's Magazine, dont il dirige la partie littéraire; il est aussi rédacteur en chef de l'Illustrated Christian Weekly, publié par « l'American Tract Society ». — Outre plusieurs autres ouvrages peu importants, M. L. Abbott a publié: Jésus de Nazareth, sa vie et ses enseignements (J. of N., his life and teachings, 1869); Old Testament shadows (1870); Histoire d'un laïque (1878); Dictionnaire de la Bible (1875). Commentaires sur le Nouveau Testament (1875-1877). Il a édité plusieurs volumes de Sermons et d'Exercices de prière de M. Henry Ward Beecher (V. ce nom), et un Dictionnaire des sciences religieuses avec T. C. Conant.

ABD-UL-HAMID II, sultan ottoman, deuxième fils d'Abd-ul-Medjid, est né le 22 septembre 1842. Il fut élevé au trône ottoman, en remplacement de son frère, Mourad V, écrasé par trois mois de règne inespéré, dans des circonstances particulièrement difficiles, le 31 août 1876, et ceignit solennellement le sabre d'Othman, à la mosquée d'Eyoub, le 7 septembre suivant. — La révolte des Serbes allait prendre fin, selon toute probabilité, quand, après la prise d'Alexinatz, l'ambassadeur russe intervint, exigeant péremptoirement un armistice de six semaines, lequel fut accordé le 1er novembre. La nouvelle constitution ottomane, établissant un gouvernement parlementaire inspiré des institutions semblables de l'Europe occidentale, fut promulguée à Constantinople le 23 décembre. Dans le courant du même mois, les représentants des grandes puissances s'étaient réunis en conférence pour régler certains points des réformes projetées et éviter, s'il était possible, la guerre imminente avec la Russie, mais sans succès. Le 18 janvier 1877, le grand conseil, présidé par Midhat Pacha, rejeta purement et simplement les propositions des puissances européennes concernant les réformes administratives, sous le prétexte que leur acceptation compromettrait l'indépendance de l'Empire, et les représentants européens quittèrent Constantinople en conséquence dans la huitaine. Le 1er mars, un traité de paix fut conclu entre la Turquie et la Serbie, sur la base du statu quo ante bellum; malgré le peu d'exigence montré par la Porte en cette occasion, le 21 avril suivant la Russie adressait aux puissances une dépêche-circulaire leur notifiant la déclaration de guerre à la Turquie. La guerre sanglante offrit aux troupes turques l'occasion de prouver leur valeur réelle; mais elles devaient fatalement succomber sous le nombre, et, après la chute de Plewna, la Porte fut obligée de demander la paix. Un traité de paix fut signé à San-Stéfano, le 3 mars 1878, mais il fut ensuite considérablement modifié par le congrès de Berlin, qui laissait l'empire ottoman plus réduit, plus ruiné et humilié que jamais, et le règne d'Abd-ul-Hamid II de plus en plus semblable à celui d'Abd-ul-Hamid Ier, sauf ce que l'avenir lui réserve.

ABD-UR-RAHMAN KHAN, émir de Caboul (Afghanistan), né vers 1840. Il est fils d'Afzul Khan, mort en 1867 et petit-fils du célèbre Dost Mohammed, mort en 1863. Le droit de primogéniture, pour la succession au trône n'étant point reconnu par les princes orientaux, Dost Mohammed choisit pour son successeur, au lieu d'Afzul son fils aîné, son fils préféré Sheere Ali. Afzul, qui était alors gouverneur du Balkh, se souleva, avec son frère Azim et son fils Abd-ur-Rahman, contre le nouvel émir, qu'il réussit à chasser de Caboul, grâce surtout aux brillants succès de son fils, notamment à Shalkpore, où il mit en complète déroute les troupes de Sheere Ali. Emir à son tour, Afzul mourut sur le trône en 1867. Azim lui succéda et Abd-ur-Rahman se retira à Balkh. Cependant Sheere Ali, étant parvenu à lever une armée, battit Azim et se fit acclamer à sa place. Abd-ur-Rahman, qui avait combattu aux côtés de son oncle et partageait sa fortune, alla chercher un asile auprès de l'émir de Bokhara, qui était son beau-père, et demeura jusqu'à la fin de 1879 sous la protection de la Russie. A la déposition de Yacoub Khan, toutefois, il passa la frontière, et, organisant une armée dans le Turkestan, il se dirigea à petites journées sur Caboul. C'est alors que les Anglais, en guerre contre le souverain actuel de l'Afghanistan, conçurent le projet de s'entendre avec le prétendant. Des négociations furent ouvertes, qui eurent pour résultat la reconnaissance par les Anglais des droits d'Abd-ur-Rahman au trône de Caboul, à des conditions qu'il n'est pas difficile d'imaginer. En conséquence, Abd-ur-Rahman était proclamé émir de Caboul, dans un durbar tenu dans cette capitale, le 22 juillet 1880.

A'BECKETT, ARTHUR WILLIAM, romancier et auteur dramatique anglais, fils du célèbre auteur comique mort en 1856, est né à Hammersmith, le 25 oct. 1844. Après avoir terminé ses études au collège de Felstead, il entra dans les bureaux de la guerre, à l'âge de dix-sept ans; mais il quitta l'administration au bout de trois ans et devint alors rédacteur du Ver luisant (Glowworm) de Londres, journal du soir, comme de juste. Il collabora pendant plusieurs années à divers journaux comiques et magazines, puis devint correspondant du Standard et du Globe pendant la guerre franco-allemande. A son retour il fut, pendant deux années, secrétaire particulier du duc de Norfolk; mais il abandonna cette position pour se livrer tout entier à la littérature et entra en 1874 à la rédaction du Punch. — M. A'Beckett a publié : Tombé au milieu des voleurs, roman (1870); Nos vacances dans les montagnes d'Ecosse, illustr. par Linley Samhourne et les Mille et une Nuits modernes, de (1876); le Fantôme de Greystone Grange (1878); le Mystère de Mostyn Manor (1878). Il a écrit en outre, en collaboration avec M. F. C. Burnand, la Ruine de Saint-Querec (1875), et l'Ombre du témoin (1876). Il a fait représenter deux comédies en trois actes : L. S. D., au Royalty (1872) et Autour de la Ville, qui eut cent cinquante représentations ininterrompues au théâtre de la Cour (1873); One strike, drame intime en un acte, même théâtre (1873); les Fleurs fanées, à Haymarket et Il y a longtemps, au Royalty (1882). Il a enfin porté à la scène, avec la collaboration de M. J. Palgrave Simpson, son premier roman, sous ce titre : Du père au fils, 3 act., Liverpool (1881). — M. A'Beckett s'est fait inscrire au barreau à Grays'Inn et est capitaine de la milice du Cheshire.

ABEILLE, JONAS, chirurgien militaire français, né à Saint-Tropez, le 28 novembre 1809. Ayant pris le grade de docteur à Montpellier, en 1837, il devint médecin-adjoint, puis médecin des hôpitaux et attaché successivement à divers hôpitaux militaires à Paris. Il s'est retiré en 1857 pour s'en tenir à sa clientèle civile. Le docteur Abeille est surtout connu comme l'un des promoteurs de l'emploi de la strychnine dans le traitement du choléra. — Ses principaux ouvrages sont : Des variations des parties constituantes du sang et Sur les injections isolées (1849); Traité des hydropisies et des kystes (1852); Études cliniques sur la paraplégie indépendante de la myélite (1853); Du sulfate de strychnine dans le choléra (1854); Traité des maladies des urines albumineuses et sucrées (1862); Traitement du croup (1867); Des corps fibreux de l'utérus (1868); l'Électricité appliquée à la thérapeutique chirurgicale (1870); Chirurgie conservatrice (1874); Traitement des maladies chroniques de la matrice (1877), etc., etc.

ABEILLE, VALENTIN, homme politique français, né à Montréjeau (Haute-Garonne), le 14 février 1843. Il était avocat à Saint-Gaudens, lorsqu'il fut appelé, après le 4 septembre, à la sous-préfecture de Villefranche-de-Lauraguais, qu'il quitta au commencement de 1871. Inscrit de nouveau au barreau de Saint-Gaudens, il devint conseiller municipal, adjoint au maire de sa ville natale et conseiller général de la Haute-Garonne. Nommé sous-préfet de Figeac (Lot) en 1884, il a été élu, au scrutin de ballottage du 18 octobre 1885, député républicain de la Haute-Garonne. M. Abeille a voté l'expulsion totale des princes. — Il est officier d'académie.

ABEL, Charles, littérateur et archéologue alsacien, né à Thionville en 1824. Reçu docteur en droit, M. Abel se fit inscrire au barreau de Metz, mais se livra à peu près uniquement à des travaux d'histoire et d'archéologie et devint président de l'académie de cette ville. M. Abel n'a pas cessé d'habiter Metz depuis que cette ville est devenue allemande, et il a été élu et réélu, depuis cette époque néfaste, député au Reichstag allemand par ses concitoyens. Ses principaux ouvrages sont : *Du passé, du présent et de l'avenir de la législation militaire en France (1857); Des institutions communales dans le département de la Moselle (1860); Le mystère de Saint-Clément, d'après un manuscrit (1861); César dans le nord-est de la Gaule (1863); Un chapitre inédit de l'histoire de la comtesse Mathilde (1863); Séjour de Charles IX à Metz et Recherches historiques sur les premiers essais de navigation à la vapeur dans l'est de la France (1866); Recherches sur d'anciens ivoires sculptés de la cathédrale de Metz (1869); Rabelais, médecin stipendié de la cité de Metz (1870); Deux bas-reliefs gaulois du musée de Metz* et la *Bulle d'or à Metz (1875);* la *Vigne dans la Moselle;* les *Vignobles de la Moselle et les nuages artificiels,* etc., etc.

ABERCORN (duc d'), James Hamilton, homme politique, pair d'Angleterre au titre de marquis, chevalier de la Jarretière. Il est né à Londres le 21 janvier 1811 et succéda à son grand-père comme 2ᵉ marquis d'Abercorn en 1818. Il fit ses études à Oxford et prit le degré de docteur en droit. Il épousa, en 1832, la seconde fille du 6ᵉ duc de Bedford, fut créé chevalier de la Jarretière en 1844, et devint en 1846 premier gentilhomme de la chambre du prince-consort, charge qu'il conserva jusqu'en 1859. En 1864, le marquis d'Abercorn chercha à faire valoir des titres au duché de Châtellerault, remontant, d'après ses prétentions, à 1548; les prétentions en question furent admises par Napoléon III, mais ce fut en faveur du duc de Hamilton qui, petit-fils de la grande-duchesse de Bade, qui était une Beauharnais, était par conséquent un plus parent de l'empereur aussi bien que du marquis d'Abercorn. Celui-ci ne laissa pas de se parer du titre malgré cela. Membre du parti conservateur, lord Abercorn entra dans le cabinet Derby, en 1866, en qualité de lord-lieutenant d'Irlande; il conserva ce poste jusqu'en 1868, époque à laquelle il fut élevé au rang de duc d'Abercorn dans la pairie d'Irlande. Au retour au pouvoir des conservateurs, avec Disraëli, en février 1874, le duc reprit son poste de lord-lieutenant d'Irlande, dans lequel il fut remplacé par le duc de Marlborough en décembre 1876. En 1878, il fut envoyé en mission spéciale à Rome, pour présenter au nom de la reine l'ordre de la Jarretière au roi d'Italie. — Le duc d'Abercorn est lord-lieutenant et gouverneur des archives du comté de Donegal, grand-maître des francs-maçons d'Irlande depuis le 5 novembre 1874, major général des archers royaux (garde du corps écossais de la reine) et capitaine des carabiniers *(riflemen)* volontaires écossais de Londres.

ABERDARE (lord), Henry Austin Bruce, homme politique anglais, né à Duffryn-Saint-Nicolas, dans le comté de Glamorgan (Galles), le 16 avril 1815; avocat en 1837, il remplit les fonctions de magistrat de police de Merthyr-Thydvil et Aberdare, dans le comté de Glamorgan, de 1847 à 1852, époque à laquelle il entra à la Chambre des communes comme représentant libéral de Merthyr-Thydvil. Il continua de représenter ce bourg jusqu'aux élections de décembre 1868, où il échoua; mais, en janvier 1869, le comté de Renfrew lui rendait son siège. M. Bruce fut sous-secrétaire d'Etat au département de l'Intérieur de novembre 1862 à avril 1864, et de cette date à juillet 1866, vice-président du comité du Conseil pour l'éducation, avec plusieurs autres charges importantes qu'il remplit simultanément. Membre du Conseil privé depuis 1864, il accepta, à la formation du cabinet Gladstone, en décembre 1868, le portefeuille de l'Intérieur. En août 1873, il fut élevé à la pairie, sous le titre de lord Aberdare, afin de pouvoir remplir dignement le poste de vice-président du Conseil, auquel il était appelé en remplacement de lord Ripon, démissionnaire. Il ne conserva toutefois cette haute position que fort peu de temps, c'est-à-dire jusqu'à la défaite du parti libéral, en février 1874. En 1875, lord Aderdare présidait l'assemblée de l'Association des sciences sociales. Il a édité une *Vie du général sir William Napier*, auteur de l'*Histoire de la guerre de la Péninsule (1864, 2 vol.).* Il a publié, en outre : *Adresse lue à l'Association nationale pour le développement de la science sociale (1866)* et *Discours à propos de la seconde lecture du bill sur l'éducation des pauvres (1867).*

ABERT Jean Joseph, compositeur allemand, né à Kachowitz (Bohême), le 21 septembre 1832. Admis au nombre des enfants de chœur de l'église de sa ville natale, il acquit là les éléments de son art. Il avait à peine huit ans lorsque le prieur des Augustins, frappé de ses dispositions, l'emmena à son couvent, où il lui fit donner une instruction littéraire et musicale à peu près complète; et il y fit, dans l'étude de la musique, des progrès si rapides que bientôt la maîtrise de la chapelle du couvent lui fut confiée. Il commença dès lors à faire exécuter des morceaux religieux de sa composition. Mais, poussé par l'esprit d'indépendance, il s'enfuit du couvent (il avait à peine quinze ans) et alla se réfugier chez un oncle qui habitait Prague, au Conservatoire de cette ville, où il ne tarda pas à devenir un des élèves les plus distingués. Au bout de trois ans, il faisait exécuter par ses camarades deux ouvertures et une grande symphonie qui lui valut la protection du maître de chapelle, grâce à laquelle il entra comme contrebassiste, en 1852, au service du roi de Wurtemberg, poste qu'il conserva jusqu'en 1867. Il produisit dans cet intervalle une *Symphonie en ut mineur (1853);* une *Symphonie en la majeur (1856);* un opéra : *Anna von Landskron (1859),* représenté avec succès sur le théâtre de Stuttgart; un autre opéra : le *Roi Enzio (1862).* Mais son titre le plus sérieux à la réputation est son poème symphonique *Colombus,* exécuté à Stuttgart en 1864 et mis par M. Pasdeloup, au programme des concerts populaires. Il fit également représenter à Stuttgart, en 1866, un troisième opéra : *Astorga,* joué ensuite sur les principales scènes allemandes et traduit en français par M. Victor Wilder. Pendant la fermeture du théâtre de Stuttgart, en 1867, M. Abert suivit, comme chef d'orchestre, une partie de la troupe en représentation à Bade, où il fut, au retour, maintenu dans ses fonctions en remplacement d'Eckert, qui venait de donner sa démission. Marié à une riche héritière, M. Abert n'a plus produit grand'chose depuis cette époque, à l'exception de quelques *lieder* et d'un opéra nouveau dont on parle toujours, mais qu'on ne voit jamais.

ABICH, Guillaume Hermann, géologue allemand. Né en 1806 à Berlin, où il fit ses études et prit le grade de docteur en 1831; il s'adonna principalement à l'étude de la géologie et visita l'Italie, puis le Caucase, l'Asie-Mineure, etc., publiant à mesure les résultats de ses explorations scientifiques. Il fut nommé professeur à l'université de Dorpat en 1842, et fixé dès lors en Russie, devenait membre de l'Académie de Saint-Pétersbourg en 1853. On doit à M. Abich : *Observations géologiques sur le Vésuve et l'Etna (1837); Géologie de la Haute-Arménie (1843); Etude comparée des eaux de la mer Caspienne (1858); Recherches sur la paléontologie de la Russie asiatique (1858); Etude géologique comparée des montagnes du Caucase, de l'Arménie et du nord de la Perse (1859); Formations géologiques du Daghestan (1863),* etc., etc. — Il est correspondant de l'Académie des sciences, section de minéralogie.

ABNEY, William de Wiveleslie, savant officier anglais, né en 1843, à Derby. Elève de l'Académie royale militaire de Woolwich, M. Abney fut nommé lieutenant au corps royal du génie en 1861 et promu capitaine en 1873. Il professa d'abord la chimie au dépôt du corps auquel il appartient, à Chatham, puis devint inspecteur de sciences à la direction des Sciences et Arts. Le capitaine Abney fit partie d'une mission pour l'observation du passage de Vénus en 1874, et du jury de l'exposition électrique de Londres de 1882. En 1883, la Société royale de Londres lui décerna la médaille Rumford pour ses recherches en photographie et sur l'analyse spectrale. — On lui doit les ouvrages suivants : *Instruction sur la photographie; Emulsion photographique; Thèbes et ses cinq principaux temples.* Il a publié, en outre, de nombreux mémoires et articles dans les *Transactions philosophiques* et les *Proceedings* de la Société Royale de Londres, ainsi que dans le *Philosophical Magazine*.

ABOVILLE (vᵗᵉ d'), Auguste Ernest, agronome et homme politique français, fils du général d'Aboville, comte de La Fère et pair de France sous la Restauration. Né à Paris, le 4 décembre 1819, M. d'Aboville fit ses études à l'École polytechnique et à l'École d'application de Metz, d'où il sortit premier en 1841. Il entra comme lieutenant dans l'artillerie ; mais trois ans après ,l quittait l'armée pour se livrer à des travaux agricoles sur sa terre de Rouville (Loiret). Membre de la Société forestière de France, président du comice agricole de Pithiviers en 1869, il a publié des articles variés dans l'*Annuaire* de la Société des Agriculteurs de France, les *Annales forestières* et d'autres publications spéciales. Élu représentant du Loiret à l'Assemblée nationale de 1871. M. le vicomte d'Aboville prit place à l'extrême droite, son attitude, conforme à un pareil choix, ne se démentit pas un seul instant. Il fut un des signataires de la proposition La Rochefoucauld-Bisaccia tendant au rétablissement de la royauté. Les électeurs du Loiret ne voulurent pas suivre jusque-là M. le vicomte d'Aboville qui, malgré ses mérites, ne réussit pas à se faire envoyer par eux à l'une ou l'autre chambre, aux élections de 1876. Sa candidature n'a reparu dans aucune des élections qui se sont succédé depuis.

ABRAHAM, Émile, journaliste et auteur dramatique français, né à Paris en 1833. Rédacteur à divers journaux de théâtre, principalement à l'*Entr'acte*, M. Émile Abraham a collaboré également à quelques feuilles quotidiennes pour la partie théâtrale et a rédigé assez longtemps les nouvelles des théâtres au *Petit Journal*. On lui doit un grand nombre de pièces, généralement courtes, écrites seul ou en collaboration ; notamment : l'*Homme entre deux âges*, opérette (1862); l'*Amour d'une ingénue*, vaudeville (1866); le *Train des maris*, vaudeville (1868); *Tu l'as voulu*, opérette (1869) ; la *Cruche cassée*, (1870), etc., etc. On lui doit encore un ouvrage biographique : les *Acteurs et les Actrices de Paris* (1861). M. Émile Abraham a été secrétaire général au théâtre de la Porte Saint-Martin.

ABT, Franz, musicien allemand, fils d'un ministre luthérien. Né le 22 décembre 1819 à Eilenburg, dans la province de Saxe (Prusse), il alla étudier la théologie à l'université de Leipzig, car il se destinait à la carrière ecclésiastique. C'est là qu'il publia ses premières compositions pour le piano, et bientôt il se livra entièrement à son penchant pour la musique. Il devint successivement directeur de la musique au théâtre de Berne (1841), puis au théâtre de Zurich (1844) et enfin maître de chapelle de la cour de Brunswick et professeur de chant. Très estimé comme chef d'orchestre et professeur, il ne l'est pas moins comme compositeur de nombreuses mélodies dont le succès a souvent franchi les frontières de l'Allemagne.

ABY, Christophe Théodore, savant anatomiste suisse, né en 1835, près de Phalsbourg, de parents suisses. Il fit sa médecine à Bâle, alla passer deux années (1857-58) à l'université de Gottingue, puis revint prendre ses grades à Bâle et devint successivement professeur d'anatomie et de physiologie, prosecteur d'anatomie, enfin professeur d'anatomie humaine et d'anatomie comparée à Berne (1863). M. Aby, membre du club alpin suisse, a employé ses vacances en excursions scientifiques et en ascensions de montagnes, dont les résultats ont été publiés. — On lui doit notamment : *Nouvelle méthode pour la détermination de la forme du crâne chez l'homme et les mammifères* (1862), la *Forme du crâne de l'homme et du singe* (1865); la *Construction du corps humain au point de vue morphologique et physiologique* (1871), etc. Il a publié en outre, en 1865, avec MM. Gerwer et de Fellenberg : la *Chaîne du Grindelwald, esquisse naturelle des Alpes suisses*.

ABZAC (marquis d'), Marie Charles Venance, général français né à Saintes, le 29 mars 1822. Sorti de l'école militaire de Saint-Cyr en 1843, comme sous-lieutenant de cavalerie, il était lieutenant-colonel d'état-major depuis 1866, lorsqu'éclata la guerre avec l'Allemagne. M. le marquis d'Abzac fut alors promu colonel (Août 1870). Il fit la campagne dans l'état-major du maréchal de Mac-Mahon, dont il devint le premier aide de camp lorsque le maréchal fut appelé à la présidence de la République. Promu général de brigade le 30 décembre 1875, M. d'Abzac fut chargé de diverses missions extraordinaires auprès de plusieurs cours européennes et fit partie de la commission internationale de l'Exposition de 1878. — M. le marquis d'Abzac a pris récemment sa retraite. Il est commandeur de la Légion d'honneur depuis 1873.

Un cousin du général d'Abzac, M. le vicomte Paul d'Abzac, chevalier de la légion d'honneur, a choisi la carrière des consulats. Il est aujourd'hui consul général à la Nouvelle-Orléans.

ACCARIAS, Calixte, jurisconsulte français, né au bourg de Mens (Isère), en 1831. Élève de l'École normale supérieure (section des lettres), il entra dans l'enseignement libre en 1852, puis suivit les cours de l'École de droit, prit le grade de docteur en 1863, se fit agréger et fut chargé d'un cours de droit romain à la Faculté de Douai. Il fut, plus tard, chargé d'un cours de l'andectes à la Faculté de Paris; et, à la création de la nouvelle chaire de Pandectes à cette Faculté, en 1878, il fut appelé à la remplir. M. Accarias avait été nommé maître des requêtes au Conseil d'État réorganisé, après la révolution du 4 septembre ; mais, absent de Paris, il ne put remplir ces fonctions. Il a été nommé inspecteur général des facultés de droit en 1882. — Il a publié : *Étude sur la transaction, en droit romain et en droit français* (1863); *Théorie des contrats innommés* (1866); *Précis du droit romain* (1873), etc. Son *Rapport* au ministère de l'instruction publique sur le concours de 1884, pour l'agrégation des facultés de droit, a été très remarqué. — M. Accarias est membre du comité consultatif de l'enseignement public, section de l'enseignement supérieur.

ACHARD, Léon, chanteur français, né à Lyon le 16 février 1831. S'étant mis, avant toute chose, à l'étude de la musique, il entra au collège Henri IV, suivit les cours de la Faculté de droit de Paris et fut reçu licencié en 1852. Il entra alors chez un avoué et, pour faire diversion sans doute à l'étude de la procédure, suivit les cours de chant du Conservatoire, où il fut élève de Bordogni. Ayant remporté le 1er prix en 1854, il débutait le 9 octobre suivant au Théâtre-Lyrique, dans le *Billet de Marguerite*, de M. Gevaert. Ce début fut un succès, il fit ensuite plusieurs créations : dans les *Charmeurs*, de M. Poise ; le *Muletier de Tolède*, d'Adam; les *Compagnons de la Marjolaine*, de M. Hignard ; l'*Habit de noces*, de Paul Cuzent ; jouant également dans divers ouvrages du répertoire : le *Barbier de Séville*, *Ma tante Aurore*, la *Sirène*, *Marie*, etc. — La mort de son père (vers 1856) le tint quelques mois éloigné du théâtre ; il finit par accepter, en 1857, un engagement au Grand-Théâtre de Lyon, dont le directeur était M. Halanzier. Lorsque M. Perrin reprit, en 1862, la direction de l'Opéra-Comique, il appela M. Achard, toujours à Lyon, et l'engagea télégraphiquement. Le jeune ténor débutait le 4 octobre suivant dans la *Dame blanche* ; il joua ensuite *Haydée*, le *Songe d'une nuit d'été*, le *Pré aux clercs*, le *Domino noir*, l'*Éclair*, les *Mousquetaires de la Reine*, le *Postillon*, *Zampa*, la *Part du diable*, et fit plusieurs créations importantes : dans le *Capitaine Henriot*, *Mignon*, *Fior d'Aliza*, *Jaguarita l'Indienne*, etc. — M. Achard, qui, dans ses loisirs, s'était livré à l'étude du chant italien, partit pour Milan en 1871, étudia de nouveau et fut engagé pour une saison au théâtre de la Fenice, de Venise. Mais M. Halanzier, étant devenu directeur de l'Opéra, l'engagea pour créer le rôle de Yorick dans la *Coupe du roi de Thulé*, de M. Diaz. Après cette création, M. Achard se fit entendre dans les *Huguenots*, l'*Africaine*, la *Favorite*, *Faust* et *Don Juan*. M. Achard était retourné à Lyon lorsque, de même qu'en 1862, M. Perrin, reprenant momentanément les rênes administratives de l'Opéra-Comique, l'appela par le télégraphe. Il a fait sa rentrée à ce théâtre, comme quatorze ans auparavant, dans le rôle de Georges de la *Dame Blanche*, le 22 mars 1876. Le 11 avril suivant, il créait celui de Frédéric dans le *Piccolino* de son ami et ancien condiscipule à Henri IV, M. Victorien Sardou, musique de M. Guiraud). — M. L. Achard a fait, à différentes reprises, de fructueuses tournées en province. Il est depuis rentré à l'Opéra-Comique.

ACHENBACH, Heinrich, homme d'État prussien, né à Saarbruch en 1829. Ayant fait son droit à Berlin et à Bonn, il passa quelque temps dans la magistrature, mais abandonna cette carrière pour occuper une chaire de droit allemand à l'université de Bonn. Dès lors membre du Conseil supérieur des mines, il fonda dans cette dernière ville, en 1860, le *Journal du Droit minier*, qu'il dirigea jusqu'en 1874. En 1866, M. Achenbach était élu député au Reichstag prussien ; la même année, il était attaché, comme conseiller pour les mines, au ministère du commerce, et en 1870 à la chancellerie fédérale. Nommé sous-secrétaire d'État au ministère des affaires ecclésiastiques en 1872, sous l'administration de M. Falk, M. Achenbach prit, en cette qualité, une part active aux travaux parlementaires, ainsi qu'aux discussions parlementaires et extraparlementaires auxquelles donnèrent lieu les lois de mai sur les rapports entre l'Église et l'État. Il fut appelé, le 13 mai 1873, au ministère du commerce, de l'industrie et des travaux publics, et sut obtenir du parlement les crédits nécessaires à l'achèvement du réseau des chemins de fer allemands. M. Achenbach appartient au parti dit conservateur indépendant. — On lui doit un certain nombre d'ouvrages de jurisprudence spéciale, parmi lesquels : *le Droit minier français et son développement sous l'influence du droit minier prussien (1869)* ; *le Droit minier allemand dans ses rapports avec le droit prussien (1871)*, etc.

ACLOCQUE, Paul Léon, ancien officier d'état-major, homme politique, artiste et industriel français, né le 19 janvier 1834, à Montdidier (Somme). Sorti de Saint-Cyr pour entrer à l'Ecole d'application, en 1855, il quitta cette dernière institution avec le grade de lieutenant d'état-major, en 1857. Il donnait sa démission en 1858 et concourait la même année à la fondation d'un grand établissement métallurgique dans l'Ariège. Chargé de la formation d'un bataillon de mobiles de ce département, au début de la guerre de 1870, M. Aclocque fut peu après nommé colonel commandant le 69e régiment de la garde mobile, à la tête duquel il fit les campagnes de la Loire et des Vosges. Il avait été, en 1869, lieutenant-colonel d'état-major de la garde nationale de la Seine. Nommé représentant de l'Ariège à l'Assemblée nationale, aux élections du 8 février 1871, M. Aclocque a été réélu le 20 février 1876, par l'arrondissement de Foix. Mais, le 14 octobre 1877, candidat du maréchal de Mac-Mahon, il échouait. Il échouait également, avec toute la liste réactionnaire, aux élections d'octobre 1885, après s'être déjà présenté inutilement aux élections sénatoriales du 25 janvier précédent. Enfin, il était candidat conservateur aux élections municipales de Paris (quartier de la Muette) nécessitées par l'entrée de MM. Millerand et autres à la Chambre des députés, et était battu au scrutin de ballottage de février 1886, quoique avec une forte majorité. — Il a été nommé chevalier de la Légion d'honneur en récompense de sa brillante conduite à la bataille de Coulmiers, et promu officier le 8 février 1878.

M. Aclocque est un peintre amateur distingué, et a exposé à divers Salons. Il est, du reste, élève de Picot et de Bluhm. S'occupant également d'études géologiques, il a publié en 1869 un ouvrage important sur *l'Origine et la composition du globe terrestre*. Comme peintre, M. L. Aclocque a exposé notamment : *Portrait de M. V...*, membre de l'Assemblée nationale *(1875)* ; *Le Fumoir de l'Assemblée nationale*, à Versailles *(1876)*, très curieuse réunion de portraits ; et depuis, les portraits du *colonel* (depuis général) *Azats*, de la garde républicaine (1883), du *général Cambriels (1885)* et du *colonel Guerrier*, chef d'état-major de l'armée du Tonkin (1886).

ACLOCQUE, Charles Paul Jacques, dit **C. d'Amezeuil,** écrivain français, frère du précédent, né à Montdidier le 25 mai 1832. Il a collaboré, un peu par occasion d'abord, croyons-nous, à la *Liberté*, à la *Chasse illustrée* et à d'autres journaux politiques ou de sport, sous le pseudonyme de *Comte* puis de *C. d'Amezeuil*, qu'il a conservé pour ses autres publications, parmi lesquelles nous citerons : *Légendes bretonnes*, souvenirs du Morbihan (1862) ; *Récits bretons (1863)* ; les *Parias de l'amour (1864)* ; les *Amours de contrebande*, scènes de la vie réelle (1866) ; *l'Amour en partie double (1868)* ; les *Chasseurs excentriques*, souvenirs de chasse (1874) ; *Comment l'esprit vient aux bêtes et Ce que l'on voit en chassant (1876)* ; *La Braconnière (1885)*, etc.

ACOLLAS, Emile, publiciste et jurisconsulte français, né le 25 juin 1826, à La Châtre ; fit ses études au collège de Bourges, et vint ensuite à Paris suivre les cours de l'Ecole de droit. Depuis 1850, M. Acollas a pratique l'enseignement du droit en qualité de professeur libre. Poursuivi, en décembre 1867, pour sa participation active au congrès démocratique tenu à Genève la même année, il fut condamné à un an de prison. Au 4 septembre 1870, M. Acollas sollicita du gouvernement de la Défense nationale les fonctions de commissaire civil près du général Garibaldi ; ce poste lui ayant été refusé, il se tint dès lors à l'écart, et lorsque, la paix signée, les communications furent rétablies, il s'empressa d'accepter l'offre qui lui était faite d'une chaire de droit français à l'université de Berne. — Aux élections législatives du 20 février 1876, M. Acollas, rentré en France, posa sa candidature dans le VIe arrondissement de Paris ; mais en dépit de la recommandation particulière de Garibaldi, qui n'avait probablement aucune idée de la situation, il n'obtint qu'un nombre de voix insignifiant : les électeurs du VIe arrondissement préférèrent au jurisconsulte Emile Acollas, le colonel Denfert-Rochereau, l'illustre défenseur de Belfort ; préférence parfaitement justifiée.

Les principaux ouvrages de M. Acollas sont : *l'Enfant né hors mariage, Recherche de la paternité (1865, 2e édition 1870)* ; *Nécessité de refondre l'ensemble de nos codes*, etc. (1866); la *Question de conscience* (même année) ; *Manuel de droit civil (1874)*, première partie (en 3 volumes) d'un *Cours élémentaire de droit*, annoncé en 1868, et qui devait se diviser en sept parties. Depuis, M. Acollas a publié : *l'Idée du droit ; Trois Leçons sur les principes philosophiques et juridiques du mariage ; la République et la Contre-Révolution ; l'Autonomie de la personne humaine ; Cours de droit politique professé à l'université de Berne* : Première partie, *Commentaires de la Déclaration des droits de l'homme (1873)* ; la *Science politique, philosophie du Droit (1877)* ; les *Servitudes : les Actes de l'état civil (1886)*, faisant partie d'une série d'ouvrages en cours intitulée : « le Droit mis à la portée de tout le monde », etc. M. Acollas a fondé, en 1878, à Paris, une revue ayant pour titre : la *Science politique*.

ACTON (lord), John Emerich Edward Dalberg Acton, homme politique et theologien catholique anglais, né à Naples en 1834 ; il a succédé au titre de son père, qui venait de mourir, en 1837. Il étudia pendant quelques années au collège catholique de Sainte-Marie, à Oscott, à l'époque où feu le cardinal Wiseman dirigeait cette institution ; mais il doit surtout son éducation au fameux Dr Dœllinger, de Munich, près duquel il vécut longtemps. Sir John Acton a représenté Carlow à la Chambre des communes, de 1859 à 1865. Dans cette dernière année, il posa sa candidature pour le bourg de Bridgnorth, déclarant dans sa profession de foi aux électeurs, qu'il représentait non le *corps*, mais *l'esprit* de l'Eglise catholique. Il échoua, quoiqu'au premier dépouillement son concurrent lui eût trouvé *une* voix de majorité sur son concurrent. En 1869, à la recommandation de M. Gladstone, il fut créé pair du Royaume-Uni, avec le titre de baron Acton d'Aldenham. La même année, il se rendit à Rome, à l'occasion du concile œcuménique, et se fit alors remarquer par une vive hostilité à la doctrine de l'infaillibilité et par l'activité incessante, mais réservée, avec laquelle il ralliait, encourageait, excitait tous ceux dont l'opinion lui semblait favorable aux vues du Dr Dœllinger. Il passe pour avoir eu à cette époque des rapports suivis avec *l'Allgemeine Zeitung*, et pour avoir fourni à cette feuille la plupart des nouvelles qu'elle a publiées à propos du concile. Lord Acton est considéré comme le chef des « catholiques libéraux » en Angleterre. Il fut rédacteur en chef, de 1862 à 1864, de la *Home and Foreign Review*, revue trimestrielle qui ne disparut qu'interdite par les chefs ultramontains de l'Eglise catholique ; il fonda ensuite un journal hebdomadaire, *the Chronicle*, qui, par les mêmes raisons à peu près, vécut peu, et enfin prit la direction de la *Nort-British Review*, ancien organe congrégationaliste, qui mourut dans ses mains, décidément malheureuses. Lord Acton a publié en allemand, en septembre 1870, une *Lettre à un évêque allemand présent au concile du Vatican* (*Sendschreiben an einen Deutschen Bischof des Vaticanischen Concil.* — Nordlingen, septembre 1870) qui lui attira une réplique assez verte de l'évêque de Mayence. Zélé partisan du Dr Dœllinger, son ancien précepteur, chef du parti « vieux catholique », lord Acton reçut de la Faculté de philosophie de Munich, à l'occasion du jubilé de l'université de cette ville (août 1872), le titre honorifique de docteur. En 1874, il prit une part très active à la violente polémique excitée par la brochure de M. Gladstone sur les décrets du Vatican (*The Vatican Decrees in their bearing on Civil Allegiance: A Political Expostulation*). — Novembre 1874), allant jusqu'à dénoncer, dans une série de lettres au *Times*, les turpitudes de plusieurs des successeurs de saint Pierre, tout en prenant soin d'affirmer qu'il n'y avait rien dans la vie qui lui fût aussi cher que le maintien et l'unité de l'Eglise catholique romaine. — Lord Acton est l'auteur de l'intéressant article sur *Wolsey et le divorce d'Henry VIII*, paru dans la *Quarterly Review*, de janvier 1877. Les deux lettres citées plus haut ont été traduites en français et publiées avec une préface de M. de Laveleye, en 1878, sous ce titre : *L'Histoire de la Liberté dans l'antiquité et le Christianisme*.

ADAM, Hercule Charles Achille, homme politique français, né à Boulogne-sur-Mer, le 29 novembre 1829. Associé d'une importante maison de banque, membre de la Chambre et du tribunal de Commerce de Boulogne, conseiller général du Pas-de-Calais, M. Achille Adam fut élu représentant du Pas-de-Calais à l'Assemblée nationale en février 1871, siégea au centre droit et fit partie du groupe de Clercq. Élu, le 20 février 1876, député de la première circonscription de Boulogne, une grave maladie, qui le fit considérer comme perdu, l'empêcha de se représenter après la dissolution qui suivit l'acte du 16 mai, et ce fut M. Lwois qui fut élu à sa place le 14 octobre 1877; mais les élections d'août 1881 et celles du 4 octobre 1885 lui ont rendu son siège parmi les adversaires déclarés du gouvernement républicain. M. Achille Adam est chevalier de la légion d'honneur depuis le 2 octobre 1877. La ville de Boulogne doit en grande partie à M. Achille Adam l'exécution de son port en eau profonde, car non content d'être le promoteur du projet, il ne négligea rien pour en assurer le succès. Il a été à plusieurs reprises porté par ses collègues à la présidence du tribunal de Commerce de cette ville, position dans laquelle il s'est fait une grande réputation d'équité.

ADAM (dame Edmond), Juliette Lamber, femme de lettres française, est née en 1836, à Verberie (Oise). Veuve de M. Lamessine, elle devint la femme d'Edmond Adam, secrétaire général du Comptoir d'Escompte de Paris, l'un des hommes politiques les plus justement estimés de ce temps, mort sénateur inamovible le 13 juin 1877. M⁽ᵐᵉ⁾ Edmond Adam a publié, sous son nom de jeune fille principalement, un grand nombre d'ouvrages de caractères très divers, romans et nouvelles, études historiques, philosophiques, etc., parmi lesquels nous citerons : *Blanche de Coucy* et *l'Enfance*, nouvelles (1858); *Idées antiproudhoniennes sur l'amour, les femmes et le mariage*, (1858, 2ᵉ éd. 1862); *Mon Village, Le Mandarin* (1860); *La Papauté* (1861); *Récits d'une paysanne* (1862, nouv. édit. 1885); *Voyage autour d'un grand pin* (1853); *Dans les Alpes* (1867); *L'Éducation de Laure* (1868); *Saine et Sauve* (1870); *Récits du golfe Jouan* (1873); *Le siège de Paris, Journal d'une Parisienne* (même année); *Grecque* (1878); *Paienne* (1883), etc. Elle a en outre fait précéder un ouvrage de M⁽ᵐᵉ⁾ la princesse Marie Troubetzkoï, intitulé *Amours* (1886), d'une préface remarquable.

En 1879, M⁽ᵐᵉ⁾ Edmond Adam, qui avait acquis depuis la guerre une influence politique et littéraire très considérable, fondait une revue bi-mensuelle, la *Nouvelle Revue*, dont le succès n'a pas cessé de croître.

ADAMS, Charles Francis, homme politique américain, fils de John Quincy Adams, 6ᵉ président des Etats-Unis, né à Boston, le 18 août 1807. A l'âge de deux ans, il fut emmené à Saint-Pétersbourg par son père, alors ambassadeur à la cour de Russie. Il y resta six années, pendant lesquelles il apprit les langues russe, française et allemande. En 1815, son père ayant été nommé ministre en Angleterre, il l'y suivit et y fut mis en pension. Revenu en Amérique en 1817, il fut placé à l'école préparatoire de Boston, puis entra au collège d'Harvard, où il prit ses grades en 1825. En 1827, il commença l'étude du droit sous Daniel Webster et fut inscrire au barreau en 1838, mais il n'aborda jamais la pratique de la profession, ayant épousé la fille de Peter C. Brooks, le plus riche marchand de Boston. Élu en 1843 membre de la Législature du Massachusetts, il fut désigné par le parti nouveau du *Free Soil* pour la vice-présidence des États-Unis, Martin van Buren, dont le premier terme allait finir, étant choisi par le même parti pour candidat à la présidence. Mais ce parti, composé en grande partie de démocrates opposés à l'extension de l'esclavage, ne réunit que peu de suffrages, jusqu'à ce que, se coalisant en fin de compte avec la plupart des membres du vieux parti whig du Nord, ils formèrent le parti républicain, arrivé au pouvoir en 1850. En attendant, M. Adams était élu, en 1858, membre du Congrès. En 1861, il était envoyé à Londres comme ministre plénipotentiaire par le président Lincoln. Il conserva ce poste pendant toute la période de la guerre de Sécession, et ne fut rappelé qu'en 1868, sur sa demande. En 1871, il fut envoyé à Genève, comme arbitre pour les États-Unis, dans la commission chargée de statuer sur les réclamations à exercer contre la Grande-Bretagne dans l'affaire de l'*Alabama*. A son retour, il prit une part active à l'organisation du parti *républicain libéral*, qui échoua dans la personne de Greeley, son candidat à la présidence. M. Adams passa alors au parti démocrate, qui le fit gouverneur du Massachusetts en 1876. Il a collaboré assidûment à la *North-American Review* et au *Christian Examiner* et fit, en 1870, devant la Société historique de New-York, un discours sur la *Neutralité américaine*, qui fut ensuite imprimé à part. Il a publié en outre : *the Life and Works of John Adams* (10 vol. in-8°. Boston, 1850-56), et *the Life and Works of John Quincy Adams* (1874-76, 13 vol.). Il avait publié précédemment (1875) *Lettres familières de John Adams et de sa femme, Abigail Adams, pendant la Révolution*, suivies des *Mémoires de mistress Adams*.

ADAMS, John Quincy, fils du précédent, né à Boston, le 22 septembre 1833, étudia à l'école préparatoire de Boston, puis au collège d'Harvard, et se fit recevoir avocat en 1855; mais il abandonna bientôt la carrière du barreau pour se dévouer entièrement à la politique. Au début, il était républicain, et, comme tel, fut élu en 1866 membre de la Législature du Massachusetts; mais, l'année suivante, ayant donné son adhésion à la politique du président Johnson, il ne fut pas réélu. Depuis lors, il fit cause commune avec le parti démocrate, qui le porta en 1867 au gouvernement du Massachusetts. En 1869 et 1870, il fut de nouveau élu membre de la Législature; mais, en 1871, sa candidature au poste de gouverneur du Massachusetts échoua. Pendant sa carrière, comme membre de la Législature de cet État, M. John Quincy Adams a été considéré comme le chef (*leader*) du parti démocrate dans cet État. Il y prononça d'ailleurs beaucoup de discours importants sur divers sujets de politique générale et particulière et d'économie sociale.

ADAMS, Charles Francis, *junior*, frère du précédent, né à Boston, le 27 mai 1835. Il fit ses études au collège d'Harvard, qu'il quitta en 1855. Il étudia ensuite le droit, et se fit recevoir avocat en 1858. Au début de la guerre de Sécession, il obtint une commission d'officier dans un régiment de cavalerie volontaire, servit pendant toute la durée de la guerre et parvint au grade de colonel; en juillet 1865, il quittait le service avec le brevet de brigadier-général. Il a depuis collaboré à la *North-American Review*, où il a publié divers articles, principalement sur le système des chemins de fer; en 1871, il a, en collaboration avec son frère Henry (V. ci-après), il publia un volume ayant pour titre : *Chapters of Erie, and other essays*, relatif à la direction du chemin de fer de l'Érié. Il a publié, en outre (1875-76), une série d'articles dans l'*Atlantic Monthly*, où il passe en revue les plus terribles accidents de chemins de fer qui se sont produits depuis 1829, et les moyens qui en ont été la conséquence. Ces articles ont été depuis réunis en volume, sous ce titre : *The Railroad Problem*.

ADAMS, Henry Brooke, frère des précédents, né en 1838, est sorti du collège d'Harvard en 1858. Pendant la dernière partie des fonctions de son père comme ministre à Londres, il fut son secrétaire privé. En 1870, il a été nommé professeur suppléant d'histoire au collège d'Harvard, et est devenu rédacteur en chef de la *North-American Review*.

ADAMS, John Couch, astronome anglais, membre de la Société royale de Londres, est fils d'un petit fermier de Cornouailles et est né dans ce comté, près de Bodmin, en 1818. Il entra au collège Saint-Jean, à Cambridge, où, ayant terminé ses études, il devint répétiteur, puis professeur de mathématiques. Dès 1841, il commença ses recherches sur les causes des irrégularités d'Uranus, afin de pouvoir déterminer si ces irrégularités étaient dues à l'action d'une autre planète, encore inconnue et, dans ce cas, l'orbite de cette planète. En 1844, par l'intermédiaire du professeur Challis, M. Adams ouvrit avec l'astronome royal, M. Airy, une correspondance active sur ce sujet et, en octobre 1845, il envoyait à l'observatoire de Greenwich le résultat de ses recherches, prouvant qu'en effet les perturbations d'Uranus étaient dues à l'influence d'une autre planète, dont la position était indiquée. M. Airy écrivit à M. Adams, le 5 novembre 1845, pour lui demander si la perturbation signalée expliquait suffisamment l'erreur du *radius vector* d'Uranus ; mais M. Adams, par des causes restées inexpliquées, ne répondit pas immédiatement et, le 10 du même mois, Leverrier publiait, dans les *Comptes rendus de l'Académie des sciences* de Paris, une étude sur ce même sujet : *les Perturbations d'Uranus produites par Jupiter et Saturne*, dans laquelle il indiquait la place occupée par la planète perturbatrice (connue aujourd'hui sous le nom de *Neptune*), distante à peine d'un degré de celle que lui assignaient les calculs de M. Adams. La Société royale de Londres, ayant à reconnaître solennellement cette grande découverte, se trouva fort embarrassée de savoir à qui, de M. Adams ou de M. Leverrier, elle devait, en bonne justice, conférer sa médaille annuelle; mais comme aucun précédent n'autorisait la distribution de deux médailles, et que, d'un autre côté, la question de priorité, d'ailleurs fort difficile à établir, à part, le mérite des deux savants était égal, le conseil de la Société royale décida d'accorder un « testimonial » particulier à chacun des deux concurrents. M. Adams publia, en janvier 1847, un mémoire explicatif intitulé : *the Observed irregularities in the motion of Uranus*, qui fut plus tard réimprimé dans l'*Almanach nautique pour 1851*. En 1858, il succéda au feu doyen Peacocke, comme professeur d'astronomie à l'université de Cambridge. Il est correspondant de l'Institut de France (Académie des sciences, section d'astronomie) depuis 1857.

ADAMS, WILLIAM, chirurgien anglais, né à Londres le 1er février 1820. Il fit ses études au Collège du roi et fut nommé démonstrateur d'anatomie pathologique à l'hôpital Saint-Thomas en 1842, aide-chirurgien en 1851 et chirurgien de l'hôpital orthopédique en 1857; en 1875, il est devenu chirurgien de l'hôpital national des paralysés et des épileptiques. Membre de diverses sociétés médicales, il était président de la Société médicale de Londres en 1874. — On doit à M. W. Adams : *Esquisse théorique et pratique de la chirurgie sous-cutanée (1857); Sur la réparation des tendons humains après leur rupture (1860); Lectures sur la pathologie et le traitement de la courbure latérale de la colonne vertébrale (1865); Pathologie et traitement du pied-bot (1866); Division sous-cutanée du col du fémur dans l'ankylose de la hanche (1871); Sur le Traitement de la contraction des doigts, de Dupuytren* (1879), etc.

ADAMS, WILLIAM T., écrivain américain, né à Medway (Massachusetts), le 30 juillet 1822. M. W. T. Adams, pendant plusieurs années professeur dans les écoles publiques de Boston, a écrit, sous le pseudonyme devenu populaire d'OLIVER OPTIC, un assez grand nombre de livres destinés à l'enfance. Il a été longtemps éditeur d'un journal périodique intitulé *Oliver Optic's Magazine, pour les enfants (for boys and girls)*, lequel a cessé de paraître seulement en janvier 1876. — Ses principaux ouvrages sont : *the Boat Club; the Starry Flag* (le Drapeau étoilé); *Lake Shore* (Au bord du lac); *the Riverdale story Books* (Contes du vallon); *the Young America abroad* (la Jeune Amérique à l'étranger); et *In Doors and out* (A la maison et au dehors), recueil de contes familiers.

ADAMS, WILLIAM HENRY DAVENPORT, littérateur et journaliste anglais, né à Londres en 1828. Il débuta dans la carrière comme rédacteur d'un journal de province; se rendit toutefois de bonne heure à Londres, où il ne tarda pas à se trouver en relations avec plusieurs journaux périodiques influents. Dans ces dernières années, ayant abandonné le journalisme, il s'est entièrement dévoué aux travaux de librairie et, outre qu'il s'est fait une réputation comme auteur fécond et populaire d'ouvrages de littérature instructive destinés à l'enfance, il a écrit un grand nombre de livres sur les sujets les plus divers, tels que : *Mémoires anecdotiques des princes anglais* (Anecdotal Memoirs of English Princes); *Beautés célèbres et femmes historiques* (Famous Beauties and historic Women); la *Magie et les Magiciens* (Magic and Magicians); *the Life-Work of Saint-Paul*, etc. Il a, de plus, publié une édition annotée des œuvres dramatiques de Shakspeare. — M. Adams a publié des traductions, ou plutôt des « adaptations », des œuvres de nos vulgarisateurs scientifiques les plus populaires, MM. Louis Figuier et Arthur Mangin, qui sont considérés comme ayant été très utiles au progrès de la science populaire dans son pays; il a également traduit les principales œuvres de Michelet : *l'Oiseau, la Mer, la Montagne, l'Insecte*, publiées avec les illustrations de Giacomelli, et qui, grâce à lui, sont aujourd'hui populaires en Angleterre. Il a aussi reproduit, d'après le manuscrit de M. Michelet, sa charmante monographie sur la *Nature*, ou *Poésie de la terre et de la mer*. Ses autres publications, au nombre d'une centaine environ, ne peuvent naturellement être ici mentionnées avec quelque détail; nous pouvons toutefois citer encore : le *Monde arctique*, la *Méditerranée illustrée, Venise passée et présente*, les *Cités ensevelies de la Campanie, Batailles mémorables, Scènes du drame de l'histoire d'Europe, Souvenirs de nobles existences, Épisodes de l'histoire anglo-indienne*; les *Partis et les chefs de partis en Angleterre depuis Walpole jusqu'à Peel* (1878, 2 vol.); *Plain living and high thinking* (1881), etc., etc. — M. W. H. D. Adams a été rédacteur en chef du *Scottish Guardian* de 1870 à fin 1877.

Son fils, M. W. D. ADAMS, est auteur du *Dictionnaire de littérature anglaise* et d'un ouvrage sur les *Livres célèbres*. Il a publié des éditions annotées des *Poètes de l'amour depuis Shakspeare jusqu'à Tennyson*, des *Poètes comiques du XIXe siècle*, des *Poètes d'aujourd'hui*, etc.

ADAMS-ACTON, JOHN, sculpteur anglais, né à Acton (Middlesex), le 11 décembre 1833. Il fit ses études à l'école d'Euling Grove et fut reçu en 1853 à l'Académie royale, où il obtint la première médaille d'argent de chaque classe, et de plus, la médaille pour une composition originale de sculpture. Il fut envoyé à Rome par l'Académie. — Ses principaux ouvrages, exécutés tant en Italie qu'en Angleterre, sont : *la Dame du Lac*, le *Premier sacrifice* (mort d'Abel), *il Giuocatore di castelletto*, la *Fille de Pharaon, Zénobie, Cupidon, Psyché*; des portraits-bustes de *M. Gladstone*, pour Liverpool; de lord *Brougham*, de *M. Bright*, de *Cobden*, de *sir Wilfrid Lawson*, du caricaturiste *George Cruikshank*, de *John Gibson*, de *George Moore*. de *Charles Dickens*, du *Dr Jobson*, de *John Prescott Knight* de l'Académie royale, de *Lord Napier de Magdala*, de *M. E. Powell* et du *Prince de Galles*. Il a exécuté, en outre, divers monuments dont les plus importants sont : l'*Ange de la résurrection*, le *Mausolée* de *Sir Titus Salt*, le grand manufacturier, à Saltaire ; le « Mémorial » de *John* et *Charles Wesley*, à l'abbaye de Westminster ; un buste de *John Routledge*; et une statue demi-grandeur de *John Landseer*, de l'*Académie royale*, lisant. — M. Adams-Acton a été élu membre de la Société des artistes britanniques, en 1883.

ADDERLEY, SIR CHARLES BOWYER, homme d'État anglais, né en 1814. Il étudia au collège du Christ à Oxford, dont il sortit en 1835, avec le diplôme de bachelier ès arts. Il a été élu en 1841 membre de la Chambre des communes par les conservateurs de la circonscription nord de Stafford, qu'il y représente encore aujourd'hui. M. Adderley a été président du *Board of Health* et vice-président du comité du Conseil privé pour l'éducation sous la seconde administration de lord Derby (1858-59), et sous-secrétaire d'État pour les colonies, pendant le troisième passage aux affaires du même homme d'État (juillet 1866 à décembre 1868). Il est administrateur de l'école de Rugby et président de la Commission royale sanitaire. En 1869, il fut fait chevalier-commandeur de l'ordre de Saint-Michel et Saint-George. Lors de l'avant-dernier passage du parti conservateur au pouvoir, en février 1874, il a été ministre du commerce. Sir Charles Adderley a pris une part active à l'établissement de l'autonomie coloniale ; il a publié diverses brochures sur l'éducation, sur la discipline pénale et sur des sujets intéressant les colonies. Il est magistrat et député-lieutenant pour les comtés de Warwick et de Stafford.

ADLER, NATHAN MARCUS, rabbin allemand, né en 1803, à Hanovre, fit ses études aux universités de Gottingen, Erlangen et Würtzbourg. Il fut nommé grand rabbin d'Oldenberg en 1829, du Hanovre et de ses provinces en 1830 et, le 9 juillet 1845, fut installé comme grand rabbin des congrégations unies de l'empire Britannique. — M. N. M. Adler est l'auteur de *Sermons sur la doctrine juive* et de plusieurs ouvrages en hébreu, dont le principal, intitulé *Nethina Lager*, est un commentaire du *Targum* d'Onkelos, paraphrase chaldaïque sur le *Pentateuque*.

ADLER, HERMANN, fils du précédent, est né à Hanovre, en 1839; il accompagna son père à Londres en 1845, commença ses études au collège de l'université de Prague, puis à celle de Leipzig. Il prit le grade de bachelier ès arts à l'université de Londres en 1859, et celui de docteur en philosophie à Leipzig en 1861. M. H. Adler a été nommé en 1863 principal du collège des Israélites de Londres, et l'année suivante, rabbin de la synagogue de Bayswater. — Ses ouvrages principaux sont : *Sermons sur les passages de la Bible ajoutés par les théologiens chrétiens pour appuyer leur doctrine (1869)*; les *Juifs en Angleterre* et *Ibn Gabirol*, le poète philosophe; un grand nombre de sermons et de conférences et des articles parus dans les feuilles périodiques.

ADNET, JEAN JOSEPH MARIE EUGÈNE, homme politique français, né en 1823. La révolution du 4 septembre le trouva procureur impérial à Tarbes, et le révoqua. M. Adnet, porté sur la liste républicaine aux élections du 8 février 1871, fut élu membre de l'Assemblée nationale, par le département des Hautes-Pyrénées. Il prit place au centre droit et déposa sur le bureau de l'Assemblée une proposition opposée à la proposition Rivet (août 1871), dont l'objet était de conférer à M. Thiers le titre de président de la République et de maintenir le pouvoir exécutif entre ses mains pendant toute la durée de l'Assemblée actuelle, bien que ce fût précisément sur la liste où figurait le nom de M. Thiers que le sien avait été offert au choix des électeurs des Hautes-Pyrénées. — M. Adnet a fait partie, et partie très active, du groupe de Clercq ; il a d'ailleurs invariablement apporté l'appoint de son vote à toutes les mesures de réaction. Le 25 février 1875, il allait même jusqu'à se séparer de la majorité du centre droit pour voter contre la constitution Wallon, non pas, sans doute, parce qu'il la jugeait insuffisamment républicaine. C'est également comme candidat « conservateur » que M. Adnet s'est présenté aux élections sénatoriales du 30 janvier 1876, dans ce département qui, après l'avoir élu député, l'avait repoussé comme conseiller général. Les électeurs sénatoriaux des Hautes-Pyrénées l'ont toutefois élu. Mais ils ne lui ont pas renouvelé son mandat aux élections du 3 février 1882.

ADOLPHE-GUILLAUME, duc de Nassau. — Voy. NASSAU (duc de).

ADVIELLE, VICTOR, écrivain français, né à Arras en 1823. On lui doit un assez grand nombre de notices historiques et biographiques, tirées à petit nombre, relatives à diverses provinces de la France et d'autres publications ; notamment : *Souvenir d'une visite à l'Abbaye St-Antoine, en Dauphiné* (1859) ; *Souvenirs historiques de l'Artois, Notice sur Thomas Mermet, Notice sur Hugues Merle, le Chevalier Bayard* (1860) ; *Livret de poche du voyageur français à l'Exposition universelle de Londres* (1862) ; *les Artistes Dauphinois au Salon* (1863) ; *l'Abbé J. H. R. Prompsault ; Causeries dauphinoises* (1864) ; *les Écossais en Rouergue* (1865) ; *le Rouergue dans ses rapports avec le nord de la France* (1866) ; *le Rouergue dans ses rapports avec le Dauphiné et la Savoie*, et *les Beaux-Arts en Rouergue* (1868) ; *Christophe Plantin a-t-il connu le clichage typographique ?* (1870) ; *Lettres et poésies inédites de Voltaire* (1872) ; *Notice sur l'hospice d'Aubrac, en Rouergue ; Du bénéfice-cure en Savoie*, etc. ; *les Droits et les devoirs des conservateurs et administrateurs des bibliothèques communales* (1874) ; *Questions de droit relatives aux bureaux de bienfaisance* (1875), etc., etc.

ADYE, sir JOHN MILLER, général anglais, né en 1819, à Sevenoaks, dans le Kent (Angleterre) ; fit ses études à l'Académie militaire de Woolwich, entra dans l'artillerie royale vers la fin de 1836, où, passant par tous les grades, il atteignit enfin celui de brigadier-général. Il a été promu major général en décembre 1875 et lieutenant général en 1879. Pendant la guerre de Crimée et l'insurrection indienne, sir John Adye était adjudant général de l'artillerie. Il servit également dans la campagne de Sitana (Afghanistan), pour laquelle il reçut une médaille, outre celles de l'insurrection indienne et de la guerre de Crimée, ainsi que la croix du Medjidié, quatrième classe. Créé chevalier de l'ordre du Bain en 1853, il fut promu, dans le même ordre, au grade de commandeur en 1873 et à celui de grand-croix en 1882. Créé, pendant la guerre de Crimée, officier de la Légion d'honneur, pour services rendus à l'armée française, sir J. M. Adye a été promu, en février 1874, commandeur du même ordre par le président de la République. Nommé en 1875 gouverneur général de l'Académie militaire de Woolwich, il donnait sa démission en 1880, étant appelé aux fonctions d'inspecteur général de l'artillerie. Le général Adye était chef de l'état-major général de l'armée expéditionnaire envoyée en Égypte en 1882, sous le commandement de lord Wolseley. A son retour, il fut appelé au gouvernement de Gibraltar, en remplacement de lord Napier de Magdala. Sir Adye a publié : *the Defence of Cawnpore by the troops under the orders of major-general C. A. Windham*, en novembre 1857 (1858) ; *A Review of the Crimean war for the winter of 1854-55* (1860) ; et *Sitana, Mountain campaign on the borders of Afghanistan, in 1863* (1867) ; *the British Army in 1875*, etc.

ÆGIDI, LUDWIG KARL, jurisconsulte et homme politique allemand, né à Tilsitt vers 1812. Il était fils d'un médecin homœopathe d'une certaine notoriété. M. Ægidi fit ses études à Heidelberg, Berlin et Gœttingue et se lança dans le journalisme libéral. Il rédigeait en 1848, avec Moritz Veit, la *Gazette constitutionnelle* de Berlin. Quelques années plus tard, après avoir passé un an ou deux dans l'administration prussienne, il se fit agréger à Gœttingue et fit des cours de droit national et de droit des gens, dont s'émut à la fin le gouvernement et qui furent, en conséquence, interdits en 1856. En 1857, il obtenait une chaire de droit à Erlangen ; passait de là au gymnase de Hambourg, en 1859, et enfin à l'université de Bonn en 1868. Il avait été élu, l'année précédente, membre de la Chambre des députés et avait pris place sur les bancs des conservateurs dits indépendants, ce qui lui avait acquis les faveurs du chancelier. — On lui doit diverses publications de droit.

AFINGER, BERNARD, sculpteur allemand, né en 1813, à Nuremberg ; il est fils d'un tisserand et a été lui-même ouvrier forbisutier jusqu'à l'âge de dix-sept ans. Tout en exerçant sa profession, il suivait dans ses loisirs les cours de l'École des arts, et ce fut sa copie de la *Madone en prière*, de Nuremberg, qui attira l'attention sur lui et le fit mettre en état d'aller achever ses études artistiques à Berlin. Les premières œuvres de M. Afinger sont des sujets religieux, exécutés dans le style du moyen âge. Quoiqu'il n'ait jamais complètement abandonné cette branche importante de l'art du « tailleur d'images », il a fait à diverses reprises, et avec succès, des incursions dans les autres. On a de lui, notamment, une statue de *Rachel*, qui date de 1850. On lui doit également les statues d'un certain nombre de savants et d'artistes allemands : Humboldt, Kaulbach, etc., etc., de plusieurs princes ou princesses, ainsi que le monument commémoratif du quatre centième anniversaire de la fondation de l'université de Greifswald (1856), groupant les statues de ses professeurs les plus illustres. Celle du théologien protestant Arndt, surtout, a été reproduite à un grand nombre d'exemplaires. On cite encore de cet artiste, qui n'a exposé qu'en Allemagne, une statue de *Pénélope* et un *Monument funèbre* élevé dans la chapelle des Invalides de Berlin. — Il est membre de l'Académie des beaux-arts de Berlin depuis 1873.

AGAR, FLORENCE LÉONIDE Charvin (dite), artiste dramatique, née à Sainte-Claude (Jura), en 1836. Venue à Paris à l'âge d'environ 22 ans, elle vécut d'abord de leçons de piano, puis entra comme chanteuse au café-concert du Cheval-Blanc. En 1859, elle chantait au théâtre Beaumarchais, comme personnification de la France, une cantate en l'honneur de la victoire de Solférino. Sur les conseils de Ricourt, qui l'avait remarquée, elle étudia la tragédie et se fit d'abord entendre dans divers rôles, notamment dans celui de *Phèdre*, sur la petite scène de la rue de La Tour-d'Auvergne. Son succès lui ouvrit les portes de l'Odéon, où elle débuta précisément dans le rôle de *Phèdre*. Outre divers rôles de l'ancien répertoire, Mlle Agar créa quelques drames modernes à ce théâtre. Après son succès dans le rôle de la reine mère de la *Conjuration d'Amboise*, l'auteur, Louis Bouilhet, lui confia celui de *Faustine*, jouée à la Porte-Saint-Martin. Revenue à l'Odéon, elle remportait un nouveau succès dans le rôle de Sylvia, le *Passant* de M. Coppée (1869) ; puis elle joua, la même année, la *Lucrèce* de Ponsard. En juillet 1870, Mlle Agar remportait un succès d'une autre nature, en chantant la *Marseillaise* sur la scène du Théâtre-Français. En mai 1871, dans une fête organisée aux Tuileries au profit des blessés de la Commune, elle dit quelques vers, et quoique ce fût, assure-t-on, sur l'invitation pressante de l'administrateur de la Comédie-Française, on lui en fit si bien un crime, qu'elle dut rester éloignée de notre première scène dramatique pendant plusieurs années, qu'elle passa en province. Elle rentra brillamment au Théâtre-Français par la création du rôle de Mme Bernard des *Fourchambault*, d'Émile d'Augier (1878), et ne l'a plus quitté depuis. — Mlle Agar a paru sur différentes scènes de Paris, à la Gaîté, au Châtelet, à la Renaissance, etc., outre celles déjà citées, et a fait à diverses reprises de fructueuses tournées en province.

AGARDH, JACQUES GEORGE, botaniste suédois, fils du célèbre botaniste et mathématicien Ch.-A. Agardh, mort évêque de Carlstad en 1858, est né à Lund en 1813 et fit ses études dans cette ville et principalement sous la direction de son père. Devenu professeur de botanique à l'université de sa ville natale, il s'attacha principalement à la poursuite des travaux de son père sur les algues et à la continuation de la collection de plantes marines formée par celui-ci. Ses ouvrages, tous écrits en latin, sont exclusivement consacrés à l'étude des plantes marines. — M. Agardh est correspondant de l'Académie des sciences, section de botanique.

AGNEL, ÉMILE, philologue français, né en 1810, à Paris, où il fit ses études et fut inscrit au tableau des avocats dès 1831. On a de lui des *Codes manuels spéciaux à l'usage des propriétaires et des locataires* (1839 et nombreuses éditions successives), *des propriétaires ruraux et des fermiers* (1848), *des artistes* (1850), *des assureurs et des assurés* (1861), etc. ; une traduction des *Métamorphoses d'Ovide* (1854), en vers ; *Observation sur le langage des environs de Paris* (1855) ; *Tableau synop-*

tique des modifications subies par les primitifs latins qui ont servi d'éléments à la formation de la langue française (1864) ; De l'influence du langage populaire sur la forme de certains mots (1870). M. Aguel a également publié, en 1858 : Curiosités judiciaires et historiques au moyen âge, contenant de très intéressantes révélations, notamment sur les procès intentés aux animaux.

AGNELLI, Salvatore, compositeur italien, né à Palerme, en 1817. Il commença ses études dans sa ville natale et les acheva au Conservatoire de Naples, où il eut Donizetti pour dernier professeur, et qu'il quitta en 1834. La même année, il faisait représenter au Teatro Nuovo, de Naples, son premier opéra : *i Due Pedanti*. Vinrent ensuite : *il Lazzarone napolitano* (1858), au même lieu ; *Una notte di carnevale*, opéra bouffe (1838), à Palerme, au théâtre Carolino *i Due Gemelli* et *i Due Forzatti* (1839), au même lieu ; *la Locandiera* (1839). au Nouveau Théâtre de Naples ; *la Sentinella notturna* (1840), au théâtre Parthénopéen ; *l'Ommicido immaginario*, à la Fenice (1841) ; *i Due Pulcinelli simili* (1831), et *il Fantasma* (1842), au même théâtre. — Fixé en 1846 à Marseille, M. Agnelli a fait représenter au Grand Théâtre de cette ville : *la Jacquerie*, grand opéra en 3 actes (1849) ; *Léonore de Médicis*, grand opéra en 4 actes (1855) ; *les Deux Avares*, opéra-comique en 3 actes (1860), écrit sur le poème de l'opéra de Grétry, en conservant la marche célèbre du maître français. — M. Agnelli a en outre écrit à Marseille la musique de trois ballets ; il a fait entendre, il y a plusieurs années, dans un salon parisien, des fragments de son opéra inédit de *Cromwell*. On lui doit encore un *Stabat mater*, et une cantate : *l'Apothéose de Napoléon I*er, exécutée en 1866 dans le jardin des Tuileries.

AGNENI, Eugenio, peintre italien, né à Sutri, province de Rome, en 1819. Élève de Fr. Coghetti, il s'adonna à la peinture historique et religieuse. Chargé de peintures pour le théâtre Apollo, il exécuta notamment une grande fresque représentant *Apollon couronnant les œuvres de Métastase*, qui commença sa réputation. Il fit ensuite des tableaux religieux et autres travaux pour les églises de Rome et de la contrée. En 1848, Agneni participa à la défense de Rome contre l'armée française, à la tête d'un bataillon de volontaires. Rome tombée, il dut chercher son salut dans la fuite la plus rapide, et s'établit à Gênes. Il peignit dans cette ville : *Abraham conduisant Isaac sur le mont Morija*, *Un souterrain de l'Inquisition*, *Sapho retirée de la mer par les Néréides*, et différents ouvrages pour des particuliers, notamment l'*Italie triomphante*, grande fresque, au palais Piama. En 1853, il vint s'établir à Paris, et exposa chaque année quelques ouvrages au Salon, jusqu'à celui de 1857, qui reçut son dernier envoi.

AHLQUIST, Auguste Engelberg, philologue finnois, né à Kuopio, en 1826. Il fit ses études à l'université d'Helsingfors et se livra de bonne heure aux recherches concernant les vieux idiomes finnois. Il fonda à 20 ans, avec quelques amis, un journal littéraire et philologique appelé *Suométar*, et devint professeur de langue et de littérature finnoises à l'université d'Helsingfors en 1862. Outre les livres, M. Ahlquist alla étudier la langue finnoise sur place, c'est-à-dire jusque dans les bourgades de la Russie septentrionale, comparant les idiomes locaux et se faisant renseigner sur les différences qu'il y rencontrait. A son retour de cette exploration, qui ne dura pas moins de six ans (1853-1858), il lui publia une *Relation* en langue finnoise (1860). Il publia aussi la traduction finnoise de quelques poésies de Schiller ; un recueil de poésies finnoises intitulé *Etincelles* (Sakenia) ; une *Grammaire wothique* (1855) ; *Recherches sur les langues ouralo-altaïques* (1874) ; *Du perfectionnement des langues finnoises* (1874), etc.

AHMED BEN AMAR, célèbre chasseur de fauves arabe, d'origine tunisienne. Né au Keff, il était encore enfant, le territoire de la Régence avec son père, qui, fuyant une sorte de *vendetta* arabe, vint s'établir près de ce qui est aujourd'hui la ville algérienne de Souk-Ahras. Le père d'Ahmed, étant lui-même un chasseur intrépide, initia de bonne heure son fils aux dangers de cette redoutable industrie, où il montra bientôt d'une habileté qu'égale seule son audace. Ahmed est en effet un des rares chasseurs de fauves qui tirent le lion en plein jour et face à face ; mais, conséquence naturelle, il est peut-être celui dont la peau tannée (Ahmed est mulâtre) est le plus lacérée de blessures. Pour reconnaître les services rendus à la colonie par cet intrépide chasseur, le maréchal Pélissier lui remit, en 1863, une médaille d'or et un diplôme d'honneur. Le chiffre de ses victimes, montait à cette époque à quarante lions et dix-neuf panthères, et celui de ses blessures à vingt-trois. Un journal algérien, *la Numidie*, établissait, en mars 1876, le compte de fauves tués par Ahmed à cette date, et qui se *soldait* par soixante-huit lions et vingt-huit panthères. — Nous ignorons si ce compte a été rectifié et dans quelle proportion Ahmed ben Amar a augmenté la liste de ses victimes.

AHMED VEFIK PACHA, homme d'État ottoman, né à Constantinople vers 1820. Emmené à Paris en 1834, par son père, qui accompagnait l'ambassadeur Réchid Pacha comme premier drogman, il fit ses études à l'institution Hortus et au lycée Saint-Louis. A son retour à Constantinople, en 1840, il fut admis au bureau de traduction de la Porte, dont il devint bientôt le directeur. C'est dans cette situation qu'il réunit les documents nécessaires à la publication d'un annuaire de l'empire ottoman portant ce titre : *Salaamé*, publication qui a été continuée. Commissaire de la Porte dans les principautés danubiennes, de 1849 à 1851, Ahmed Vefik était envoyé en Perse, au mois de mai de cette dernière année, en qualité d'ambassadeur extraordinaire, ayant pour mission de détourner le shah de l'alliance russe. Il réussit dans cette mission, et revint à Constantinople à la fin de 1855. Il devint alors, successivement, membre du conseil d'État, du Haut Conseil de la guerre et du tanzimat ou conseil des réformes. Enfin, en 1857, il était appelé par le sultan au ministère de la justice. En 1860, Ahmed Vefik représenta le gouvernement ottoman à la conférence de Paris chargée de régler le différend causé par les troubles de la Syrie et s'y montra patriote énergique et éclairé. A son retour en Turquie, il reçut le titre de pacha. Plusieurs fois ministre, dans des administrations toujours de peu de durée, suivant les errements turcs, il était nommé grand vizir le 1er décembre 1882, en remplacement de Saïd Pacha.

AHRENS, Franz Ludolph Heinrich, helléniste allemand (1809-1881). Il naquit à Helmstaedt (Brunswick) et termina ses études à Gœttingue. Après avoir dirigé, dans le Hanovre, divers établissements d'enseignement, il entra à la Chambre haute en 1849, pour y représenter les intérêts de l'Université, et devint membre du synode hanovrien. On a de lui, notamment : *De Græcæ linguæ dialectis* (1839-43) ; *Bucolicorum græcorum reliquiæ* (1855, 2 vol.) ; et quelques ouvrages classiques, souvent réimprimés, tels que : les *Éléments d'Homère* ; *Théorie du dialecte homérique et attique*, etc.

AICARD, Jean, poète et littérateur français, né à Toulon, le 4 février 1848, est fils d'un ancien professeur d'histoire au lycée de cette ville, écrivain distingué, dont on a un *Cours d'Histoire nationale* publié à part (1849). Venu de bonne heure à Paris, M. Jean Aicard s'y est fait rapidement une très belle place parmi les poètes de la nouvelle génération. Il a publié : les *Jeunes croyances*, poésies (1867) ; les *Rébellions et les apaisements*, poésies (1871) ; *Poèmes de Provence*, couronnées par l'Académie française (1874) ; la *Vénus de Milo*, recherches sur l'histoire de la découverte, d'après des documents inédits (1875) ; la *Chanson de l'enfant*, également couronnée par l'Académie (1876) ; *Lamartine*, poème, auquel l'Académie française décerna le prix de poésie (1883) ; le *Dieu dans l'homme* (1885), etc. Il a donné au théâtre : *Au clair de la lune* (1870) et *Pygmalion* (1872), à l'Odéon ; *Mascarille*, à-propos en vers pour l'anniversaire de Molière (1873) ; *Smilis*, drame en 4 actes, en vers (1884), aux Français. Le 10 juin 1886, le comité de lecture de la Comédie-française acceptait encore, de M. Aicard, un drame intime en 4 actes et intitulé : *le Père Lebonnard*. — M. Jean Aicard a collaboré à divers Recueils périodiques. Il est membre de l'Académie du Var.

AIGLE (comte de l'), Robert des Acres, homme politique français, fils d'un ancien membre de l'Assemblée nationale de 1871, est né à Carlepont (Oise) en 1843. Il fit ses études à Paris et entra dans la diplomatie à dix-neuf ans, comme attaché à l'ambassade de Vienne. Nommé secrétaire de l'ambassade de Londres en 1865, il rentrait au Ministère des affaires étrangères en 1866, et donnait sa démission le 4 septembre. M. le comte de l'Aigle est membre du Conseil général de l'Oise depuis 1870. Il a été élu député de ce département le 4 octobre 1885, en tête de la liste monarchique et s'est fait inscrire au groupe de l'« Union des droites ».

AIKINS, James Cox, homme d'État canadien, né dans la commune de Toronto, comté de Peel (Ontario), le 30 mars 1823, fit ses études à Cobourg, et débuta dans la carrière politique en 1854, comme représentant de son comté natal à l'Assemblée canadienne. Elu m mbre du Conseil législatif pour la Division intérieure, comprenant les comtés de Peel et de Halton, il siégea dans le Conseil jusqu'à sa suppression par la Confédération, après quoi il fut élevé au Sénat. Membre du Conseil privé en 1869, il fit partie du Ministère Macdonald, comme secrétaire d'Etat, jusqu'à sa chute, en 1873. En 1872, il avait fait adopter par le Parlement la loi sur les terres du domaine public et organisé le bureau chargé de l'administration des terres acquises dans le nord-ouest, principalement de la Compagnie de la baie d'Hudson, lequel est aujourd'hui rattaché au Ministère de l'intérieur du Canada. Au retour du ministère Macdonald, M. Aikins reprit son portefeuille de secrétaire d'Etat (1878). Il est devenu, en 1882, lieutenant-gouverneur de la province de Manitoba.

AILLÈRES (d'), AUGUSTIN FERNAND CAILLARD, homme politique français, né à Paris le 31 janvier 1849. Lieutenant aux mobiles de la Sarthe en 1870, il fut fait prisonnier à la bataille du Mans et interné en Allemagne jusqu'à la conclusion de la paix. Nommé, au concours, auditeur de deuxième classe au Conseil d'Etat en 1873 et auditeur de première classe en 1875, il fut choisi pour chef de cabinet par M. le vicomte de Meaux, ministre de l'agriculture et du commerce. Il suivit son chef dans la retraite et, du même coup, donna sa démission d'auditeur au Conseil d'Etat. Membre du Conseil général de la Sarthe depuis 1877, M. d'Aillères fut élu député de la deuxième circonscription de Mamers à l'élection partielle du 12 février 1882, nécessitée par le décès de M. de Perrochel, et prit place sur les bancs de la droite; il a été élu député de la Sarthe, avec tous les candidats monarchistes, le 4 octobre 1885. M. d'Aillères fait partie, à la Chambre, du groupe dit de l'« Union des droites » et du groupe agricole. Il est chevalier de la Légion d'honneur depuis 1877.

AINSWORTH, WILLIAM FRANCIS, voyageur et géographe anglais, membre de la Société royale de géographie, de la Société des antiquaires de Londres, etc., ainsi que d'un grand nombre de sociétés savantes étrangères. Il naquit à Exeter, le 9 novembre 1807, étudia la médecine et les sciences naturelles et fit un premier voyage scientifique sur le continent, dès qu'il eut été reçu docteur en philosophie (1827), principalement dans le midi de la France. A son retour, en 1829, il prit la direction du *Journal of natural and geological sciences*.

Lors de l'invasion du choléra dans le Sunderland, en 1832, M. Ainsworth fut un des premiers à se rendre sur les lieux que désolait l'épidémie, pour être plus à portée de l'étudier, et il publia effectivement, ensuite, le résultat de ses observations sous ce titre : *On pestilential cholera*. Il fut alors attaché comme chirurgien aux hôpitaux de cholériques de Saint-Georges, Hanover Square, et de Westport, Ballinrobe, Claremorris et Newport, en Irlande. Etant en Irlande, il étudia la géologie du pays et fit sur ce sujet des lectures (ce que nous appelons des *conférences*) à Limerick et à Dublin. En 1835, il fut attaché, en la double qualité de chirurgien et de géologue, à l'expédition qui avait pour objet la recherche d'une route de l'Inde par l'Euphrate, et publia à son retour : *Researches in Assyria, Babylonia and Chaldæa (1838).* Cette même année, il fut envoyé par la Société royale de géographie et la Société pour le développement des connaissances chrétiennes, dans le Kourdistan, qu'il venait de parcourir une première fois, avec mission d'étudier la situation des chrétiens de ce pays, notamment des Nestoriens. Ses *Voyages dans l'Asie Mineure, la Mésopotamie et l'Arménie (1842)*, et ses *Voyages sur la piste des Dix-Mille (Travels in the track of the Ten-Thousand Greecks — 1844)*, furent le résultat de ces deux voyages successifs, qui durèrent plus de sept années. M. Ainsworth a publié en outre : *Claims of the oriental christians; Lares and Penates, or Cilicia and its governors; the Euphrates Valley Route to India.* (La route de l'Inde par la vallée de l'Euphrate); *On an indo-european telegraph by the valley of the Tigris.* (Sur la possibilité d'une ligne télégraphique indo-européenne passant par la vallée du Tigre), projet mis à exécution pendant le gouvernement turc; *Autour du monde (All round the world);* le *Dictionnaire géographique universel illustré* (the Illustrated Universal Gazetteer), etc.

M. W. F. Ainsworth est l'un des fondateurs du West London Hospital, dont il est aussi l'un des administrateurs et le trésorier. Il est également propriétaire et rédacteur en chef du *New Monthly Magazine*.

AIRY, sir GEORGE BIDDELL, astronome anglais, né le 27 juin 1801 à Alnwick (Northumberland). Il fit ses études aux écoles de Hereford et de Colchester, et les termina au collège de la Trinité de Cambridge. Reçu bachelier ès arts en 1823, il fut nommé agrégé l'année suivante; maître ès arts en 1826, il fut nommé, la même année à la chaire de Lucas. Cette chaire qu'avait illustrée le passage de Barrow et de Newton, était devenue à peu près muette, et la position de professeur conférée à M. Airy, une espèce de sinécure; mais celui-ci jugea qu'il en devait être autrement, et ouvrit, presque aussitôt après son élection, un cours public de physique expérimentale, qu'il continua de 1827 à 1836; c'est le premier où la théorie des ondulations lumineuses se trouve développée d'une manière satisfaisante. En 1828, M. Airy fut nommé à la chaire d'astronomie, poste qui l'investissait de la direction de l'Observatoire récemment créé. Il commença alors une série d'observations, et apporta au mode de calcul et de publication de ces observations, des perfectionnements bientôt imités à Greenwich et dans les autres établissements anglais du même genre. Parmi les instruments nouveaux construits par M. Airy ou sur ses plans, pendant son passage à l'Observatoire de Cambridge, nous citerons le télescope de Northumberland. En 1831, une vive discussion s'éleva au sein de l'Université, à propos de l'admission aux grades académiques des membres des Eglises dissidentes : M. Airy fut un de ceux qui appuyèrent le plus chaudement la légitimité de cette admission. En 1835, il succéda à John Pond, comme astronome royal, directeur de l'Observatoire de Greenwich, dans cette nouvelle position, M. Airy se distingua par des réformes utiles, quoique n'affectant point le plan général qui donne à cet établissement son caractère particulier, perfectionnant les méthodes de calcul, introduisant des instruments nouveaux ou perfectionnant les anciens; donnant, en un mot, à cette institution une importance scientifique qu'elle n'avait pu atteindre avant lui. Sir G. B. Airy, qui revit, édita et publia les observations de Groombridge, Catton et Fallows, et résuma celles de Greenwich depuis 1750 jusqu'à nos jours, a également jeté une vive lumière sur la chronologie astronomique ancienne, en calculant la révolution de plusieurs des éclipses les plus importantes des temps anciens. Trois fois, en 1842, 1851 et 1860, il se rendit sur le continent, dans le but d'observer plusieurs éclipses solaires, et, à cette dernière date, il organisa une expédition d'astronomes nationaux et étrangers en Espagne, désignée sous le nom, emprunté au bâtiment mis à sa disposition par l'Amirauté, de *Himalayan Expedition*. Il a développé la théorie de Newton sur la gravitation universelle, déterminé le poids de la terre par une série d'expériences sur les vibrations relatives du pendule à l'orifice et au fond des mines, concouru au perfectionnement des chronomètres de marine et à l'établissement des signaux télégraphiques. En 1836, consulté par le gouvernement sur la déviation de l'aiguille aimantée dans les navires en fer, la théorie qui résulta de ses recherches conduisit au système de correction de cette déviation, au moyen de fer et d'aimants, adopté universellement depuis. Il fut président de la commission chargée de l'examen de la question générale des étalons monétaires et des poids et mesures, et de la commission chargée de la surveillance de la reconstruction des nouveaux étalons de poids et mesures, après l'incendie qui détruisit les anciens, déposés au Parlement, en 1834; en cette qualité, il se montra favorable à l'adoption du système décimal dans son pays. Membre de la commission des chemins de fer, il préconisa le système des voies étroites, contre les voies larges. Ce fut lui, enfin, qui dirigea les opérations astronomiques préparatoires pour la délimitation des frontières du Canada et des Etats-Unis. — Ce savant a collaboré activement aux *Cambridge Transactions*, aux *Philosophical Transactions*, aux *Memoirs of the Royal astronomical Society*, au *Philosophical Magazine*, à l'*Athenæum*, etc. Il a communiqué à la Royal astronomical Society une note importante *Sur la dispersion chromatique atmosphérique et son influence sur les observations télescopiques*, et sur un moyen de la prévenir. En observant Mercure au moment d'un passage, il avait été frappé de la coloration des bords de cette planète, aussi bien que du disque du soleil, laquelle empêchait de les distinguer nettement, et, considérant le prochain passage de Vénus dont le monde savant, principalement les astronomes, s'occupait déjà vivement, et dont l'observation, dans les conditions actuelles, pouvait être imparfaite, sir G. B. Airy se mit immédiatement à l'œuvre; ajoutant à l'oculaire du télescope un prisme de verre d'un angle de réfraction restreint, il prévint ainsi l'inconvénient signalé. Il fut chargé de la direction de la Commission britannique pour l'observation du passage de Vénus, en décembre 1874, dont le rapport fut présenté à la Chambre des Communes en 1877. Plus récemment, il proposait une nouvelle méthode d'application de la théorie lunaire. Aux travaux ordinaires de l'Observatoire royal, l'illustre savant a ajouté un système complet d'observations magnétiques, météorologiques, photohéliographiques, et spectroscopiques. — Sir George B. Airy a donné sa démission de directeur de l'Observatoire royal de Greenwich en 1881, à raison de son grand âge; le gouvernement lui accorda à cette occasion une pension annuelle de 1100 livres (27,500 fr.) sur le Trésor.

Ses principaux ouvrages sont: *Gravitation*, écrit pour la *Penny Cyclopædia (1837)*, et publié ensuite séparément; *Mathematical Tracts*; *Ipswich Lectures on Astronomy*; *Treatise on Errors of observation (1861)*; *Treatise on Sound (1869)*; *Treatise on Magnetism (1870)*; ainsi que *Trigonometry*; *Figure of the Earth*, et *Tides and Waves*, dans l'*Encyclopædia metropolitana (1855)*, publiés depuis séparément. Sir G. B. Airy a reçu la médaille de Lalande, de l'Institut de France, pour ses découvertes en astronomie; la médaille de Copley de la Société royale de Londres, pour ses théories optiques; la médaille royale de la même Société, pour ses recherches sur les marées, et la médaille de la Société royale astronomique, en deux occasions: pour la découverte d'une longue période égale dans les mouvements de Vénus et de la Terre, et pour le rétablissement des observations planétaires. Des universités d'Oxford, Cambridge et Edimbourg, il a reçu les titres honorifiques de docteur en loi civile et de docteur en lois; il est membre de la Société royale de Londres, de la Société royale astronomique, de la Société philosophique de Cambridge, membre honoraire de la Société des ingénieurs civils; il est encore un des huit associés étrangers de l'Institut de France et correspondant d'un grand nombre d'académies étrangères. Nommé l'un des premiers membres du « sénat » de l'université de Londres, il donna bientôt sa démission; il fut nommé membre civil de l'ordre du Bain, le 17 mai 1871, et créé chevalier-commandeur du même ordre, le 30 juillet 1872. Sir G. B. Airy est, en outre, chevalier de la Légion d'honneur, depuis 1856. Président de la Société royale de Londres depuis 1871, il donna sa démission le 1er décembre 1873. La Cité de Londres l'admit au droit de bourgeoisie en 1875.

AITCHISON, George, architecte anglais, né à Londres, le 7 novembre 1825. Il fit ses études dans sa ville natale, à l'Ecole des marchands tailleurs, puis à l'Université, où il prit ses grades en 1850, s'étant fait admettre à l'Académie royale des Arts, dès 1847, comme étudiant. Après un voyage de deux années (1853-1855) en France et en Italie, M. Aitchison était de retour à Londres. Il fut élu membre de l'Institut royal des artistes britanniques en 1862 et remplit l'office d'examinateur en diverses occasions. Médaillé aux expositions de Philadelphie, de Sydney et de Melbourne, il fut fait officier de l'instruction publique en 1879 et élu associé de l'Académie royale le 2 juin 1882. M. Aitchison fut chargé d'un cours d'architecture à l'Académie royale, en 1882. Il a construit de nombreux édifices publics et privés en Angleterre, plusieurs châteaux, sans compter les réparations et restaurations d'édifices historiques. Enfin, c'est sur ses dessins que fut aménagée et meublée la section anglaise des beaux-arts à l'Exposition universelle de 1878.

AIVAZOVSKY, Gabriel, historien et orientaliste russe, né à Théodosie (Crimée), d'une ancienne famille d'origine polonaise, le 22 mai 1812. Placé à l'âge de 14 ans au couvent des Mékhitaristes de Saint-Lazare, près de Venise, il y prit les ordres et y devint successivement professeur de langues orientales et européennes, de philosophie et de théologie, et finalement secrétaire général de l'ordre. En 1848, il fut envoyé à Paris, comme préfet des études du collège arménien des Samuel Moorat. Par suite du schisme qui se produisit alors dans la communauté, le P. Gabriel, qui soutenait le principe national contre l'ultramontanisme, résigna ses fonctions, et fonda peu après un nouveau collège à Grenelle. Il est membre de la Société asiatique de Paris, de l'Institut des langues orientales de Moscou, etc. — On doit à M. Aïvazovsky, entre autres ouvrages, un abrégé de l'*Histoire de la Russie* en un autre de l'*Histoire de l'Empire ottoman*, écrits en arménien (1836); un *Atlas arménien* en 10 pl. Il a été l'un des plus assidus collaborateurs d'Aucher dans la composition de son *Grand Dictionnaire de la langue arménienne*, et a publié deux revues arméniennes: le *Parmaveb*, pendant son séjour au monastère de Saint-Lazare, et la *Colombe de Massis* (franco-arménienne), à Paris.

AÏVAZOVSKY, Ivan, peintre de marine russe, frère du précédent. Né à Théodosie en 1817, il fut admis comme pensionnaire de l'empereur, à l'Académie impériale des beaux-arts de Saint-Pétersbourg en 1833, et y est devenu professeur. M. I. Aïvazovsky, s'est fait une réputation au moins européenne comme peintre de marine, et on le considère comme le premier des peintres russes en ce genre. Il a exposé à plusieurs Salons de Paris, a obtenu une 3e médaille en 1843 et la croix de la Légion d'honneur en 1857 avec son *Café turc à Rhodes* : il est en outre décoré de plusieurs ordres étrangers, ainsi que de l'ordre de Sainte-Anne de Russie. — A l'Exposition universelle de 1867, M. I. Aïvazovsky avait envoyé une *Vue prise sur la côte de Crimée*. Il exposait en 1878 : une *Tempête aux bords de la mer Noire* ; *Une nuit dans l'archipel près du mont Athos*, magnifique effet de lune sur les flots ; *Brouillards dans le golfe de Naples* et *Avant la tonte* (en Crimée), *aux bords de la mer Noire*. — L'illustre artiste russe habite en Crimée un palais princier où, du reste, il a plus d'une fois reçu son souverain avec un luxe tout oriental. Ce luxe, toutefois, n'implique pas la mollesse et ne fait aucun tort au travail, car M. Aïvazovsky exposait encore au Salon de 1886 deux toiles : *Noé et sa famille après le déluge* et une *Marine*, effet de nuit.

AIZELIN, Eugène Antoine, statuaire français, né à Paris en 1821. Elève de Ramey et de Dumont, à l'Ecole des beaux-arts, il envoya une *Sapho* en plâtre au Salon de 1852, et au Salon suivant la même, coulée en bronze. Dès lors, M. Aizelin ne cessa plus de produire des œuvres diverses, mais toujours très remarquables. Le plâtre de sa *Nyssia au bain* lui valut une 3e médaille en 1859, et le marbre une 2e médaille en 1861 ; sa *Psyché*, marbre, aujourd'hui au musée du Luxembourg, fut l'objet d'un rappel de 2e médaille (1863). Enfin, en 1867, M. Aizelin était décoré de la Légion d'honneur: il avait exposé un *Suppliante*, marbre, dont le plâtre avait déjà paru au Salon de 1864. A l'Exposition universelle de 1878, cet artiste obtenait une nouvelle médaille de 2e classe. On lui doit, en outre, des statues en pierre de *Saint Grégoire de Nysse* et de *Saint Cyrille*, pour l'église de la Trinité ; de *Saint Honoré* et de *Sainte Geneviève*, pour l'église Saint-Roch ; les figures de la *Danse* des façades des théâtres du Cirque et du Châtelet, etc. Il a exposé dans ses dernières années : la *Paix*, statue en marbre (1883) ; *Marguerite*, statue en marbre dont le plâtre avait paru au Salon précédent (1884); un *Archer du XVIe siècle*, statue en plâtre (1885); le *Japon*, statue en marbre, pour le Museum d'Histoire naturelle (1886).

ALARD, Jean Delphin, violoniste français, né à Bayonne, le 8 mars 1815, reçut fort jeune des leçons d'un musicien de l'orchestre de Bayonne, M. Armingaud père, qui le mit en état de faire sa partie dans cet orchestre dès l'âge de huit ans. Admis en 1827, au concours, dans la classe d'Habeneck, il remporta le premier prix de violon du Conservatoire en 1830. Nommé en 1838 membre de la Société des concerts, il devint violon solo de la Chapelle des Tuileries en 1840, professeur de violon au Conservatoire en 1843 et violon solo de la Société des concerts en 1845. En 1847, il fondait avec M. Franchomme, des séances de musique de chambre très suivies pendant une longue suite d'années, et dans lesquelles étaient presque exclusivement exécutées les œuvres de Beethoven, Haydn et Mozart. Les dernières de ces séances ont été données par M. Alard, assisté de son fidèle collaborateur M. Franchomme et de M. Francis Planté, dans la grande salle du Conservatoire, en 1871 et 1872. Il a pris sa retraite de professeur au Conservatoire au mois d'octobre 1875. — On a de lui : l'*Ecole du violon*, méthode adoptée par le Conservatoire ; des *Etudes*, des *duos*, *concertos*, *quatuors*, *symphonies*, etc. Il a encore publié dans ces dernières années un grand nombre de compositions pour le violon, consistant principalement en *fantaisies* sur des motifs d'opéras célèbres. M. Alard est membre de la Légion d'honneur depuis 1850.

ALARY, Jules Eugène Abraham, compositeur français, né de parents français, à Mantoue, en 1814. Il fut élève du Conservatoire de Milan de 1827 à 1831, et flûtiste du théâtre de la Scala jusqu'en 1833, époque où il vint à Paris ; il se livra à l'enseignement du chant et du piano et devint, en 1836, chef de chant au casino Paganini (rue de la Chaussée-d'Antin). En 1840, il se rendait à Florence, pour faire représenter un opéra en 2 actes : *Rosmunda*, revenait aussitôt après, et acceptait l'année suivante les fonctions de chef du chant et de bibliothécaire de la Société de musique religieuse et classique. En 1850, il faisait représenter au Théâtre italien : *Rédemption*, mystère en 5 parties ; puis, l'année suivante, au même théâtre : *le Tre Nozze*, opéra-bouffe en 3 actes. En 1852, il partait pour Saint-Pétersbourg, où il était appelé pour faire représenter au Théâtre impérial un grand opéra en 5 actes : *Sardanapale*. A son retour à Paris, en 1853, il était nommé pianiste accompagnateur de la chapelle impériale, fonctions qu'il conserva jusqu'en 1870, c'est-à-dire jusqu'à la chute de l'empire, et devenait en même temps directeur de la musique au Théâtre Italien. Il a fait représenter depuis cette époque : *l'Orgue de Barbarie*, 1 acte (1856), aux Bouffes ; la *Beauté du diable*, 1 acte (1860), à l'Opéra-Comique ; le *Brasseur d'Amsterdam*, 1 acte (1861), à Ems ; la *Voix humaine*, opéra en 2 actes (1861), à l'Opéra ; *Locanda gratis*, opéra-bouffe, 1 acte (1866), au Théâtre Italien.— M. Alary a publié en outre, tant en France qu'à l'étranger, une foule de compositions vocales, scènes, airs, romances, en français, en italien, en allemand, en anglais ; des duos, des trios, des quatuors, etc., dont la nomenclature serait beaucoup trop étendue.

ALAUX, Jules Émile, écrivain et professeur français né en 1828 à Lavaur (Tarn). Reçu docteur ès-lettres et agrégé de philosophie, après avoir professé en province, puis à Paris, au collège Sainte-Barbe, il fut appelé à la chaire de philosophie de Neuchâtel (Suisse) et depuis, à la même chaire du lycée de Nice. — M. Alaux a collaboré à la *Revue française*, à la *Revue contemporaine* et à diverses autres publications périodiques ; il fut attaché quelque temps au journal le *Parlement*, de Gregory Ganesco (1870), où il rédigea, notamment, le compte rendu des débats du Corps législatif. On lui doit, en outre : *Essai sur l'art dramatique* (1855) ; la *Religion au XIXᵉ siècle* (1857) ; *Visions d'amour*, poésies (1858) ; la *Raison*, *Essai sur l'avenir de la philosophie* (1860) ; *Laure*, étude (1861) ; *Pape et Roi* (1861) ; la *Philosophie de M. Cousin* (1864) ; les *Tendresses humaines*, poésies (1867) ; la *Religion progressive* (1869) ; la *République* (1871) ; *l'Analyse métaphysique* (1872) ; *Études esthétiques* (1874) ; *Histoire de la philosophie* (1882) ; *Précis d'instruction morale et civique* (1883) ; la *Langue française du XVᵉ au XVIIᵉ siècle* (1885), etc.

ALBANI (Madame), Emma La Jeunesse, cantatrice franco-canadienne, née à Montréal vers 1852, d'un père musicien de talent, qui lui enseigna de bonne heure la musique. Ayant perdu sa mère dès l'âge le plus tendre, elle fut envoyée, avec ses sœurs, au couvent du Sacré-Cœur de Montréal, pour compléter son éducation. A peine sortie du couvent, son père l'envoya en Europe pour compléter, cette fois, son instruction musicale. Elle resta deux ans à Paris, sous la tutelle de la baronne Lafitte, suivant les leçons de Duprez ; puis partit pour Milan, où elle devint élève du vieux maestro Lamperti. Plusieurs années se passèrent en études laborieuses, au bout desquelles elle débuta avec succès à Messine, sous le pseudonyme d'*Albani*, qu'elle n'a plus quitté (1870). Elle obtint aussitôt un engagement pour Malte. Dans l'hiver de 1871-1872, elle chantait au théâtre de la Pergola, à Florence, et fut assez heureuse pour faire accepter la *Mignon* d'Ambroise Thomas à un public italien, malgré plusieurs échecs précédents. Mᵐᵉ Albani chantait au Théâtre royal italien de Londres pendant la saison de 1872. Au mois d'octobre de la même année elle débutait au Théâtre italien de Paris dans la *Sonnambula*, et remportait à ce théâtre, quelques semaines plus tard, un succès sérieux dans *Lucia*. Après s'être fait entendre en Autriche, en Russie, en Italie, elle était de retour à Londres en 1874, où elle se faisait applaudir dans *I Puritani*, *Amleto* et *Rigoletto* principalement. Au commencement de 1877, Mᵐᵉ Albani, attachée au théâtre de Covent Garden pour un très brillant engagement, revenait à Paris et y remportait un succès éclatant dans *Lucia*, la *Sonnambula*, *Rigoletto*, etc. Elle accepta à Londres, puis accepta un engagement aux États-Unis ; et depuis lors, l'Angleterre et les États-Unis se disputent cette *prima donna*. En 1883, elle se faisait applaudir à Washington dans *Faust* et *Rigoletto*, puis à Philadelphie dans le *Vaisseau fantôme*. En janvier 1885, elle chantait à l'Opéra italien de Barcelone, ayant pour les mois suivants un engagement pour la Hollande et pour le Festival de Birmingham, où elle chanta sa partie dans le nouvel oratorio ou « trilogie sacrée » de Gounod : *Mors et Vita*, (exécuté au Trocadéro, pour la première fois en France, le 22 mai 1886 seulement, avec Mᵐᵉ Gabrielle Krauss),

outre le rôle à elle destiné dans le nouvel opéra d'Anton Dvorák, écrit spécialement pour cette solennité.

ALBEMARLE (comte d'), George Thomas Keppel, général et écrivain anglais, descendant d'une famille hollandaise élevée à la pairie par Guillaume III en 1696. Il naquit à Londres le 13 juin 1799, fit ses études à l'école de Westminster, entra dans l'armée comme officier d'infanterie en 1815 et assista à la bataille de Waterloo. En 1821, il devint aide de camp du marquis d'Hastings, gouverneur général de l'Inde ; après quoi il entreprit un voyage à travers l'Arabie, la Perse et la Russie (1824). Promu major à son retour en Angleterre, il devint (simultanément) aide de camp de lord Wellesley, lord-lieutenant d'Irlande et du duc de Sussex en Angleterre, puis officier d'ordonnance de la reine Victoria dès son avènement au trône. M. Keppel fut membre de la chambre des Communes pour le district est de Norfolk de 1832 à 1835, et pour Lymington de 1847 à 1850, et secrétaire privé de lord John Russell en 1846 et en 1847. En 1851, il succéda à son frère, décédé, comme sixième comte d'Albemarle. Major général en 1858, lieutenant général en 1866, il était élevé au grade de général en 1874. Le comte d'Albemarle a publié : *Relation personnelle d'un Voyage de l'Inde en Angleterre, par Bassorah, Bagdad, les ruines de Babylone, le Kourdistan, la Perse, la rive occidentale de la mer Caspienne, Astrakan, Nijni-Novogorod, Moscou et Saint-Pétersbourg, pendant l'année 1824* (1825, 2 vol.); *Relation d'un Voyage dans le Balkan, ainsi que d'une visite à Azani et à d'autres ruines découvertes récemment en Asie-Mineure, en 1829-30* (1831, 2 vol.); *Mémoires du marquis de Rockingham* (1852, 2 vol.) et *Cinquante ans de ma vie*, autobiographie (1876, 2 vol.).

ALBERT, Alexandre Martin (dit), homme politique français, né à Bury (Oise), le 27 avril 1816 ; il vint de bonne heure à Paris pour y exercer son état de mécanicien modeleur, et prit une part active à la révolution de 1830. Rédacteur en chef du journal *l'Atelier*, qu'il avait fondé en 1840 et qu'il dirigeait tout en continuant l'exercice de son état, M. Albert n'avait pas toutefois acquis une très grande notoriété lorsque éclata la révolution de 1848. L'a-propos de son apparition dans les bureaux de la *Réforme*, au moment où se rédigeait la liste des membres du gouvernement provisoire proposée par ce journal, le fit ajouter à cette liste, bien que le nom d'un autre ouvrier, beaucoup plus connu que le sien dans le monde politique, eût, quelques minutes plus tôt, réuni la grande majorité des suffrages. Accepté, non sans difficultés, par les membres élus à la Chambre des députés, M. Albert n'eut, tant comme membre du gouvernement provisoire que comme vice-président de la commission du Luxembourg, qu'un rôle assez effacé. Élu représentant de la Seine à la Constituante, il eut à peine le temps d'y paraître que, compromis dans l'affaire du 15 mai, cette Assemblée autorisait, à l'unanimité moins une voix, celle de M. Greppo, des poursuites contre lui et deux autres de ses membres, Barbès et de Courtais, lesquelles devaient aboutir à un arrêt de déportation prononcé par la haute cour de Bourges. M. Albert fut alors enfermé à Doullens, puis à Belle-Isle, et enfin au pénitencier de Tours. Rentré à Paris à l'amnistie (1859), M. Albert obtint un emploi à la Compagnie parisienne du gaz, et ne s'est plus, depuis, occupé de politique active.

ALBERT, Frédéric Rodolphe, archiduc d'Autriche, né le 3 août 1817, fils du feu archiduc Charles et de la princesse Henriette de Nassau-Weilburg ; il épousa, en 1844, la princesse Hildegarde de Bavière, qui mourut le 2 avril 1864, laissant deux filles. Entré de bonne heure dans l'armée, il commandait une division en Italie, en 1849, et prit une part importante à la bataille de Novare. A l'issue de cette campagne, il reçut le commandement du 3ᵉ corps d'armée et fut nommé gouverneur général de la Hongrie. Pendant un congé du général en chef Benedek, en 1861, il fut appelé au commandement des troupes autrichiennes en Lombardie-Vénétie. Commandant en chef de l'armée autrichienne du Sud, pendant la campagne de 1866, il vainquit les Italiens, commandés par le général Durando, à Custozza (24 juin). Après Sadowa, il fut nommé (13 juillet) commandant en chef de l'armée autrichienne en remplacement du général Benedek. Il conserva ce titre jusqu'en mars 1869, époque à laquelle il fut nommé inspecteur général. — L'archiduc Albert a publié : *De la responsabilité de la guerre* (Ueber die Verantwortlichkeit im Krieg, — 1869), ouvrage traduit la même année en français par M. L. Dufour, capitaine d'artillerie, et en anglais par le capitaine W.-J. Wyatt, qui l'a inséré dans ses *Réflexions sur la formation des armées, avec* un aperçu sur la réorganisation de l'armée anglaise (1869).

ALBERT, Frédéric Auguste, roi de Saxe, est né le 23 avril 1828, et a épousé, le 18 juin 1853, la princesse Caroline de Wasa, née en 1833. Entré de bonne heure dans l'armée, la guerre de 1870 le trouva lieutenant général commandant l'infanterie saxonne. Il accepta du roi de Prusse, vainqueur peu généreux de son père, en 1866, le commandement du 12e corps d'armée, formé du contingent saxon, sous les ordres du prince Frédéric-Charles, avec le grade de général d'infanterie. Après l'investissement de Metz, il fut placé à la tête d'une quatrième armée, composée du corps qu'il commandait déjà, le 12e, auquel le 4e avait été réuni, et reçut pour mission de marcher contre le maréchal de Mac-Mahon, de concert avec le prince royal de Prusse. Nous n'entrerons pas dans les détails des opérations de ces deux armées, opérations dont la capitulation de Sedan devait être le résultat prochain. La capitulation signée, les deux armées se dirigèrent sur Paris; celle du prince de Saxe investit la rive droite, et, entre autres sorties de l'armée assiégée, eut à supporter le choc de celle du 2 décembre 1870, connue sous le nom de bataille de Champigny, qui coûta cher aux troupes saxonnes, bien que nous n'ayons pu en profiter beaucoup. Le prince Albert résigna son commandement aussitôt après l'armistice et rentra en Allemagne, remplacé à la tête de son armée par le général Fabrice, ministre de la guerre de Saxe. Il fut alors nommé par l'empereur inspecteur général des armées et feld-maréchal général. Le 29 octobre 1873, il succédait à son père, le roi Jean, sur le trône de Saxe. Son règne n'a été signalé, jusqu'ici, par aucun événement de quelque importance, quoique le Parlement saxon ait plus d'une fois opposé une certaine résistance aux exigences politiques ou économiques de la Prusse.

ALBERT, Edward, prince de Galles. — Voyez **Galles** (prince de).

ALBERT (d'), Charles, chorégraphe et compositeur de musique anglais, d'origine française, né près de Hambourg, en 1815. Il est fils d'un capitaine de cavalerie de l'armée française. Après la mort de son père, sa mère l'emmena en Angleterre, où son talent musical attira l'attention de Kalkbrenner, qui en fit son élève. Sous cette direction, il put étudier les œuvres classiques des grands maîtres. Ensuite il se rendit à Paris et suivit les cours de musique et de danse du Conservatoire. De retour à Londres, il fut nommé maître de ballet et premier danseur au théâtre de Covent Garden; mais il abandonna bientôt la scène et se fit professeur de musique et compositeur. Le talent, nous dirions presque le génie, qui lui fait donner à ses compositions le véritable caractère que promet leur titre, justifie leur succès souvent prodigieux. Ses œuvres principales sont : la *Péri*, *Faust*, les *Fées*, la *Reine du bal*, le *Lis de la vallée*, valses ; la *Polka du sultan*, la *Noce*, *Hélène*, *Coquette*, *Isabelle*, le *Roi Pippin*, la *Polka du soldat*, polkas ; l'*Express*, *Pélissier*, galops, etc., etc. Ses compositions en ce genre sont littéralement innombrables.

ALBONI, Marietta, célèbre cantatrice italienne, née à Cesena, province de Forli, en 1824. Son père, qui avait un emploi supérieur dans l'administration des douanes, lui fit donner une excellente éducation. Ayant montré de très bonne heure un goût exquis pour la musique et particulièrement pour le chant, sans parler d'une voix magnifique, elle fut mise en état de cultiver ces excellentes dispositions et devint élève de Rossini au lycée de Bologne. A quinze ans, elle débutait au Théâtre communal de Bologne, et y eut un tel succès, qu'un engagement lui fut bientôt offert pour le théâtre de la Scala de Milan. Là, sa réputation s'établit sur des bases désormais inébranlables. Quelques années plus tard, elle pouvait entreprendre une *tournée* artistique dans les principales villes de l'Europe, qui l'acclamèrent successivement. En 1846, elle était à Londres, et paraissait sur la scène du théâtre de Covent Garden, dont le directeur M. Delafield, pour l'y retenir, éleva spontanément le chiffre de ses appointements de 12,000 à 50,000 fr. Le théâtre de M. Delafield souffrait beaucoup alors de la concurrence du théâtre de Sa Majesté, où tout Londres courait entendre une autre cantatrice, plus vieille à peine de quelques années, mais déjà célèbre : Jenny Lind. La jeune cantatrice italienne contrebalança le succès de sa rivale, au grand bénéfice de la caisse du théâtre de Covent Garden. Venue en France en 1847, elle parut d'abord à l'Opéra dans trois concerts, où elle fit sensation. M. Vatel, alors directeur du Théâtre Italien, lui offrit un engagement, à ses propres conditions ;

elle débuta à ce théâtre par le rôle d'Arsace, de *Semiramide*; puis chanta celui de Malcolm, dans la *Donna del Lago*; celui d'Orsinia, dans *Lucrezia Borgia*, etc., etc. Après une courte apparition à Madrid, Mlle Alboni fut appelée à l'Opéra (1850), pour y chanter le rôle de Fidès du *Prophète*, créé en 1848 par Mme Viardot. Après une brillante tournée artistique dans les principales villes des Etats-Unis, et une autre dans les principales villes de la Grande-Bretagne et de l'Irlande, Mme Alboni, de retour à Paris, rentra au Théâtre Italien dans la *Nina*, de Coppola, puis reparut à l'Opéra, où elle créa, en 1854, *Zerline, ou la Corbeille d'oranges*. d'Auber. Elle visita ensuite Lisbonne, Barcelone, Londres et Rouen, et de nouveau fut engagée au Théâtre Italien, tout en faisant à Londres les *saisons*, qui ne correspondent pas aux saisons théâtrales de Paris. Elle chanta à Paris à cette époque : *Rigoletto*, *Marta*, *Il Giuramento*, *Un Ballo in maschera*, *Così fan tutte*, etc. Elle quitta définitivement la scène en 1866, après la mort de son premier mari, le comte Pepoli. Après la mort de Rossini, en 1869, elle reparut cependant sur la scène du Théâtre Italien, par une exception qu'un sentiment délicat lui avait seul dictée : pour faire entendre la *Petite messe solennelle* du maître qui avait été son premier guide et son ami, et accepta de M. Strakosch un engagement pour participer aux exécutions de cette œuvre organisées par lui à l'étranger. Elle reparut, aussi par exception, au Théâtre Italien de Paris, en 1872, dans *il Matrimonio segretto*; il avait été question en un moment de son engagement au même théâtre, en 1876, pour quelques représentations seulement. Depuis sa retraite officielle, c'est surtout dans des concerts de charité qu'on a pu entendre la brillante cantatrice qui, en pareil cas, apporte avec empressement son concours si précieux et absolument gratuit. La veuve du comte Pepoli épousait à Paris, le 22 janvier 1877, M. Ch. Ziegler, capitaine de la garde républicaine, passé depuis dans la gendarmerie départementale.

ALCESTER (baron), Frederick Beauchamp Paget Seymour, amiral anglais, né à Londres le 12 avril 1821, étudia à Eton, et entra dans la marine en 1834. Lieutenant en 1842, capitaine en 1854, contre-amiral en 1870 et vice-amiral en 1876, il a été élevé au rang d'amiral en 1882. Il servit, comme volontaire et aide de camp du général Godwin, dans la guerre de Birmanie (1853-54) et mérita d'être quatre fois cité à l'ordre du jour de l'armée. En 1854, il combattait les Russes dans la mer Blanche. En 1860-61, étant commandant de la station australienne, il prit part aux opérations de la brigade navale dans la Nouvelle-Zélande, à la suite desquelles il fut fait compagnon de l'ordre du Bain. Nommé aide de camp de la Reine en 1866, puis secrétaire du premier lord de l'Amirauté (1868-70), il commanda l'escadre d'évolution de 1872 à 1874, date à laquelle il devint lord de l'Amirauté. Il fut promu commandeur du Bain en 1877. Après avoir commandé l'escadre de la Manche, puis celle de la Méditerranée, l'amiral Seymour prit, en septembre 1880, le commandement de la flotte des puissances européennes momentanément alliées, pour faire une démonstration sur la côte albanaise, en réponse au refus de la Porte de céder Dulcigno au Monténégro, contre toute espèce de justice, il faut le reconnaître. A son retour, l'amiral reçut les remerciements de son gouvernement et peu après (1881) il était élevé à la dignité de grand-croix du Bain. Comme commandant en chef de la flotte de la Méditerranée, il prit une part importante aux opérations militaires de 1882 en Egypte. Le 6 juillet, il sommait Arabi Pacha de suspendre les travaux des forts d'Alexandrie, sous menace de bombardement ; le 10, il envoyait un ultimatum aux ministres égyptiens, portant remise des forts situés à l'entrée du port ; et le 11, dès le matin, le bombardement commençait ; au bout de quelques heures, les forts étaient en ruines. Le lendemain, Alexandrie hissait le drapeau parlementaire. Arabi avait abandonné la ville, renonçant à une défense impossible. Sir Beauchamp Seymour conserva le commandement suprême jusqu'à l'arrivée de l'armée sous les ordres de sir Garnet (depuis lord) Wolseley. A son retour, il reçut les félicitations du Parlement et fut élevé à la pairie sous le titre de baron Alcester d'Alcester, dans le comté de Warwick.

ALCOCK, sir Rutherford, diplomate et orientaliste anglais, né à Londres, en 1809. Il étudia la médecine au collège du Roi (King's College), à Londres. En 1833-34, il servit en Portugal comme chirurgien de la brigade navale, et fut inspecteur général des hôpitaux de la Légion espagnole, sous les ordres de sir De Lacy Evans, en 1835-36. En 1839, il fut appelé comme commissaire à régler les réclamations de cette Légion.

Envoyé en Chine en 1844, comme consul à Foo-Tcheou, il remplit successivement les mêmes fonctions à Shanghaï (1846) et à Canton (1849); il fut nommé, en 1858, consul général au Japon, et promu, en 1859, au poste de ministre plénipotentiaire et consul général au même lieu. Sir R. Alcock, qui était déjà chevalier ou commandeur des ordres de la Tour et l'Epée de Portugal, de Charles III et d'Isabelle la Catholique d'Espagne, fut fait chevalier-commandeur de l'ordre du Bain le 19 juin 1862, et reçut le grade honorifique de docteur en droit civil de l'université d'Oxford le 28 mars 1863. Inspecteur en chef du commerce britannique en Chine, le 28 mars 1865, il était nommé, le 7 avril suivant, envoyé extraordinaire et ministre plénipotentiaire à Pékin, fonctions dont il se démit en juillet 1871, après vingt-sept ans de services diplomatiques dans l'Extrême-Orient. Président de la Société royale de géographie en 1876, sir R. Alcock faisait partie du commissariat britannique à l'Exposition universelle de 1878. Sir Rutherford Alcock a publié : *Notes on the medical history of the British legion of Spain* (1838); *Elements of Japanese grammar* (1861); *Familiar Dialogues in Japanese* (1863); *la Capitale du Taïcoun* (the Capital of the Tycoon : a narrative of a three years residence in Japan — 1863); *l'Art et les arts industriels au Japon* (1878). Il a, en outre, collaboré aux *Quarterly* et *Edinburgh Reviews*.

ALCOTT, Amos Bronson, philosophe américain, né à Wolcott (Connecticut) le 29 novembre 1799, est fils d'un petit fermier, et, étant encore enfant, voyagea comme colporteur dans les Etats du Sud. Suivant leur coutume, les planteurs lui offrirent une cordiale hospitalité, et beaucoup d'entre eux, hommes instruits et intelligents, ayant remarqué les dispositions du petit colporteur à l'étude, lui prêtaient des livres qu'il dévorait. A son retour dans le Connecticut, renonçant à la vie errante, il entra comme instituteur dans une école d'enfants; puis, ayant imaginé une méthode d'enseignement nouvelle, il se rendit à Boston, où il ouvrit une école en 1828. Mais sa méthode était en avance sur l'opinion publique, qui voulut persévérer dans les anciens errements; les élèves manquèrent, et l'entreprise échoua. M. Alcott se rendit alors à Concord (Massachusetts) et se voua tout entier à l'étude de la théologie naturelle et à la recherche de méthodes rationnelles de réforme diététique et des institutions politiques et sociales. En 1842, il partit en Angleterre, où il étudia la méthode d'enseignement de Pestalozzi. Il revint en Amérique, accompagné de deux amis anglais, MM. Lane et Wright, dont le premier acheta à Harvard (Massachusetts) une ferme qui reçut le nom de *Fruitlands*, où ils entreprirent de fonder une communauté nouvelle; mais ils ne réussirent point, et la ferme fut revendue. M. Alcott retourna alors à Concord, où il mena la vie d'un philosophe péripatéticien, faisant des conférences et des lectures publiques sur une foule de sujets, notamment la divinité, la nature humaine, la morale, la diététique, etc. Il a écrit dans le *Dial*, « magazine » de philosophie transcendante publié à Boston, une série d'articles mystiques portant le titre de *Orphies Sayings* (1839-42); on a encore de M. Alcott: *Entretiens avec des enfants sur les Evangiles* (1836, 2 vol.); *Tablets* (1868), et *Concord Days* (1872), contenant des réminiscences de l'histoire de la ville de Concord.

ALCOTT, Louisa May, femme de lettres américaine, fille du précédent, née à Germantown (Pensylvanie) en 1833. Elle commença de bonne heure à écrire, et son premier ouvrage : *Fairy Tales* (Contes de fées), fut publié en 1855. Pendant la guerre de Sécession, elle entra comme infirmière dans un hôpital, ce qui lui permit de publier, en 1863, les *Croquis d'hôpital* (Hospital Sketches), extraits des lettres qu'elle avait écrites à sa famille au cours de ses fonctions. Elle devint, cette même année, collaboratrice de l'*Atlantic Monthly* de Boston. Mlle Louisa May Alcott a en outre publié plusieurs romans, parmi lesquels nous citerons: *Moods* (1864); *Morning Glories, et autres histoires*, nouvelles (1867); *Little Women* (1868); *An Old-fashioned Girl* (1869); *Little Men* (1871); *Work, a Story of Experience* (1873); *Cupid and Chow-Chow*, etc., nouvelles (1873); *Eight Cousins, or the Aunt Hill* (1875); *Silver Pitchers, et autres histoires*, nouvelles (1876); *Rose in bloom*, suite des *Eight Cousins* (1877); *Under the Lilacs* (1878); *Jack and Jill* (1880); une série de courtes nouvelles sous le titre général de *Aunt Jo'Scrap Bag*; *Spinning-wheel Stories*, nouvelles (1884), etc. — Les ouvrages de Mlle Louisa M. Alcott ont presque tous eu un très grand succès ; le tirage de l'ouvrage intitulé *Little Women* (Les Petites Femmes), par exemple,

aurait dépassé un million d'exemplaires en moins de dix ans.

ALDRICH, Thomas Bailey, poète et romancier américain, né à Portsmouth (New Hampshire) le 11 novembre 1836. Il se préparait à entrer au collège, quand la mort de son père vint s'opposer à la réalisation de ce projet, et le contraignit à accepter un emploi dans la maison de son oncle, négociant à New-York, où il demeura trois années. Pendant ces trois années, M. T. B. Aldrich avait commencé à écrire dans divers journaux de New-York, notamment dans le *Harper's Magazine*, dans l'*Atlantic Monthly*, etc., tant en vers qu'en prose. Il a publié les poèmes suivants : *the Bells* (1855); *the Ballad of Baby Bell, and other poems* (1856); *the Cours of true love never did run smooth* (1858); *Pampinea, and other poems* (1861); *Poems* (1865); *Cloth of Gold, and other poems* (1874); *Flowers and Thorns*, poésies (1876); *Lyrics and sonnets* (1880); *Friar's Jerome Beautiful Book* (1881), etc. Nous citerons parmi ses ouvrages en prose : *Daisy's Necklace and what came of it* (1857); *Out of his head, a Romance in prose* (1862); *the Story of a bad boy* (1868); *Margery Daw* (1873); *Prudence Palfrey* (1874) ; *The Queen of Sheba* (1877); *Stilwater Tragedy* (1880), etc. M. Thomas B. Aldrich est devenu rédacteur en chef de l'*Atlantic Monthly*, importante revue de Boston.

ALECSANDRI, Vasili, poète, littérateur et diplomate roumain, d'origine vénitienne, né à Jassy, en juillet 1821. Ses études, commencées dans une école française de sa ville natale, furent continuées à Paris d'où, après s'être fait recevoir bachelier ès lettres, il retourna dans son pays en 1839. Imbu des idées politiques et littéraires qui prévalaient en France à cette époque, il s'empressa de s'associer à la « Jeune Roumanie », dont le rêve était précisément la régénération intellectuelle de son pays par l'introduction de ces idées. Sa première œuvre est la *Bouquetière de Florence*, publiée dans une revue de Jassy, la *Dacie littéraire*. Il a, depuis, publié dans divers recueils littéraires, un grand nombre de poésies et d'articles. Devenu en 1844 codirecteur des deux théâtres français et moldo-valaque de Jassy, il composa plusieurs pièces qu'il y fit représenter avec succès, entre autres : *George de Sadagoura, Jassy en carnaval*, la *Pierre de la maison*, la *Noce villageoise*, *Madame Kiritza*, etc. Il fondait en même temps, avec son associé, l'ancien directeur de la *Dacie littéraire*, Cogolniceano et avec Ion Ghika, une nouvelle revue, le *Progrès*, supprimée peu de temps après. Après un voyage dans l'archipel grec, une partie de l'Asie Mineure et de l'Italie, il revint à Jassy d'où le mouvement d'avril 1848, que suivit de près la révolution de Bucarest et dans lequel il se trouva compromis, le força de s'expatrier une fois de plus. Il revint à Paris, où il se fit dans la presse l'énergique avocat de la démocratie moldo-valaque. Rentré dans son pays, il y fonda en 1855 la *Roumanie littéraire*, bientôt supprimée. Partisan de l'union des deux principautés, il composa l'année suivante une sorte de « Marseillaise » unioniste, intitulée la *Hora de l'Union*. — Ce qui recommande tout particulièrement à l'estime publique M. Alecsandri, c'est l'acte par lequel, rendu maître de sa fortune à la mort de son père (1855), il affranchit d'un coup tous ses esclaves, exemple qui fut bientôt suivi par près de mille propriétaires d'esclaves, et qui ne fut pas sans influence sur la prompte détermination du prince Grégoire Ghika, dont le décret proclamait peu après l'affranchissement général. Membre du divan chargé de préparer la constitution moldo-valaque, à l'époque de la réunion des deux principautés (1857), M. Alecsandri fut appelé au ministère des affaires étrangères, dans le cabinet Ghika, en 1859. Il donna sa démission six mois après et se retira à Jassy en 1860. Il fonda dans cette ville une nouvelle revue, intitulée *Convorbiri literare*, à laquelle il collabora activement. — M. Alecsandri, qui est membre du Sénat roumain et a déjà été plusieurs fois appelé à ce poste, était nommé en mai 1885 envoyé extraordinaire et ministre plénipotentiaire du royaume de Roumanie près la République française. Il assistait le 7 juin suivant à la fête des félibres célébrée à Sceaux en l'honneur de Florian, et dont il avait accepté la présidence d'honneur. — M. Alecsandri est officier de la Légion d'honneur.

On a de lui : *Répertoire dramatique* (1852); *Ballades et chants populaires de la Roumanie* (1855); les *Doinas*, poésies (1853), traduites en français par M. Voinesco (1855); le *Collier littéraire* (1857); les *Lacrimiore*, poésies, etc., etc.

ALEXANDER, sir James Edward, général et voyageur anglais, né à Westerton, comté de Stirling, ne

1803, est des enfants des Alexander de Menstrie, plus tard comtes de Stirling; il fit ses études aux collèges d'Édimbourg, de Glasgow, puis au collège militaire de Sandhurst et entra dans l'armée. Il servit dans l'état-major d'abord aux Indes, au Cap, dans l'Amérique du Nord, et prit part aux guerres de Birmanie, de Perse, de Turquie, de Portugal et de Cafrerie. En 1836-37, il fit partie d'une expédition de découverte dans l'intérieur de l'Afrique, et fut fait chevalier en récompense des services qu'il rendit dans cette occasion; un peu plus tard, il était chargé par son gouvernement d'explorer les forêts de l'Amérique anglaise. Il commandait, pendant le siège de Sébastopol, le 14ᵉ régiment d'infanterie; il eut aussi un commandement dans la Nouvelle-Zélande, à l'époque de la guerre contre les Maoris. Sir James E. Alexander est auteur de plusieurs relations de voyages, telles que : *Excursions in Western Africa; An expedition into Southern Africa; Explorations in British America; Sketches in Portugal; Transatlantic Sketches; Travels from India to England; Travels through Russia and the Crimea*, etc., et de traductions du persan. On lui doit encore : *Life of the duke of Wellington; Passages in the life of a soldier*, etc. - Sir James, qui est aujourd'hui lieutenant général dans l'armée anglaise, est décoré de plusieurs ordres étrangers et de plusieurs médailles militaires commémoratives; il est notamment commandeur de l'ordre persan du Lion et du Soleil et de celui de Saint-Jean de Jérusalem, chevalier du Medjidié. Il a été nommé membre (*compagnon*) de l'ordre du Bain en 1873. Il est enfin membre de la Société royale d'Édimbourg, de celle des antiquaires écossais, et des Sociétés royales géographique et asiastique de Londres. En 1875, ce fut le général Alexander qui alla en Égypte pour arrêter les dispositions relatives au transport à Londres de l'obélisque dit *aiguille de Cléopâtre*, offert par le khédive à l'Angleterre.

ALEXANDER, STEPHEN, mathématicien et astronome américain, né le 1ᵉʳ septembre 1806, à Schenectady (New-York); fit ses études au collège de l'Union, entra en 1822 au séminaire de Princeton, et fut, en 1834, élu professeur suppléant de mathématiques au collège de New-Jersey. En 1840, une chaire d'astronomie ayant été créée, il y fut appelé aussitôt. En 1845, il reprit la chaire de mathématiques; mais, en 1854, il l'abandonna définitivement pour celle de mécanique et astronomie, qu'il a conservée jusqu'en 1878, époque où il prit sa retraite. Il a publié un grand nombre de travaux sur l'astronomie, les mathématiques, la physique, etc., lesquels attirèrent sur son nom l'attention du monde savant aussi bien en Europe qu'en Amérique. Nous citerons : *Physical Phenomena attendant upon solar eclipses; Fundamental Principles of mathematics; On the origin of the forms and the present condition of some of the clusters of stars* (Sur l'origine des formes et la condition présente de quelques groupes d'étoiles); *Harmonies in the arrangement of the solar system which seem to be confirmatory of the Nebular Theory of La Place*. M. S. Alexander a dirigé deux expéditions ayant pour objet l'observation d'éclipses solaires, l'une au Labrador, en juillet 1860, et l'autre dans l'ouest des États-Unis, en août 1869.

ALEXANDER, WILLIAM, prélat irlandais, évêque de Derry et Raphoe, fils d'un pasteur du nord de l'Irlande, est né à Londonderry, en avril 1824. Il étudia d'abord à l'école de Tunbridge, puis aux collèges d'Exeter et de Brasenose, à Oxford, où il prit ses grades de bachelier, puis de maître ès arts. Entré dans les ordres, il desservit une petite cure du nord de l'Irlande; il devint ensuite recteur de Camus-juxta-Morne, comté de Tyrone, et chapelain du marquis d'Abercorn, lord-lieutenant d'Irlande. En 1864, il fut nommé au doyenné d'Emly. En 1867, il se porta candidat à la chaire de poésie d'Oxford, mais il échoua; le 12 juillet de la même année, il était appelé à l'évêché de Derry et Raphoe, devenu vacant par la mort du docteur Higgin, et consacré le 13 octobre suivant à la cathédrale de Saint-Colomban, à Londonderry. Peu après son élévation à l'épiscopat, il fut créé docteur en théologie d'Oxford. — En 1860, il avait remporté le prix de l'université d'Oxford pour un poème sur un sujet sacré. Il a publié un *Essai pour le prix de Théologie*, un volume de *Poèmes*, plusieurs *Sermons et Conférences*, etc., outre une collaboration fréquente, en prose et en vers, aux publications littéraires périodiques. — Il a épousé MISS CECIL FRANCES HUMPHRIES, auteur elle-même de *Chants moraux*, d'*Hymnes pour les enfants* et de *Poèmes sur des sujets tirés de l'Ancien Testament*.

ALEXANDRE III, empereur de Russie, fils d'Alexandre II, est né le 10 mars 1845. Il succéda à son père, assassiné par les nihilistes, le 13 mars 1881; son couronnement n'eut toutefois pas lieu avant le 27 mars 1883, à Moscou, où il fut l'occasion de fêtes magnifiques. Alexandre III avait épousé, le 9 novembre 1866, la princesse Marie Frédérique Sophie Dagmar, fille du roi Christian IX de Danemarck. Le parti libéral russe attendait beaucoup de l'avènement de ce prince; on parlait depuis longtemps, à l'occasion de bruits d'abdication d'Alexandre II, de réformes très importantes; mais dans les circonstances tragiques qui ont amené cet avènement, depuis lequel le nouveau czar a vécu longtemps à Gatchina, dans une retraite prudente, on conçoit que ces espérances aient pu être trompées. Le règne d'Alexandre III n'a donc guère été marqué, jusqu'à présent, que par des découvertes de nouveaux complots et des condamnations de nihilistes vrais ou prétendus ; ce qui n'est pas pour améliorer bien sensiblement la situation.

Il nous paraît, du reste, intéressant de donner ici le portrait suivant d'Alexandre III, tracé par le comte Paul Vasili dans la *Nouvelle Revue* du 1ᵉʳ mai 1886 ; car ce portrait peut donner l'explication de bien des faits, notamment de la désillusion du parti libéral russe, qui escomptait d'avance l'avènement du nouveau czar : « Timide, défiant, craignant d'être dominé par une influence intéressée, dit M. Vasili, il se perd par les minuties avec lesquelles il essaye d'examiner la moindre affaire, de se rendre compte par lui-même du plus petit détail de la marche du gouvernement. Il n'a donc pas de coup d'œil politique, n'embrasse pas les conséquences favorables des faits ou d'une chose, mais il a de la ténacité, de l'obstination, de la suite dans les idées. Son intelligence, ses connaissances, sont plus étendues qu'on ne le suppose généralement ; seulement il ne sait ni s'en servir ni même montrer qu'il les possède. Il ne comprend ni les besoins de son époque ni ceux de son pays. Très entier, ce qu'on appelle en France « tout d'une pièce », il n'admet pas la moindre concession à l'esprit de son temps, ni le moindre compromis avec le principe autocratique qu'il représente. Sa plus grande vertu, c'est-à-dire son amour excessif de l'honnêteté, lui a fait plus de tort qu'un défaut, car elle l'a poussé à s'entourer de gens irréprochables, mais incapables. » — Peu de souverains, à coup sûr, sont en état d'encourir les mêmes reproches. D'après la même source, l'alliance allemande, qu'il subit par nécessité, pèserait singulièrement à Alexandre III.

ALEXANDRE Iᵉʳ, prince de Bulgarie, second fils du prince Alexandre de Battenberg (Hesse) et cousin de l'empereur de Russie Alexandre III ; sa mère était la fille de l'ancien ministre de la guerre de Pologne, comte von Kauck, devenue princesse par un mariage morganatique. Le prince Alexandre naquit le 5 avril 1857 ; il fit la dernière campagne d'Orient avec l'armée russe, dans les rangs du 8ᵉ régiment de uhlans ou comme attaché à l'état-major du prince Charles de Roumanie; il assista au siège de Plewna et traversa les Balkans avec le général Gourko. De retour en Allemagne, il passa du régiment de dragons de Hesse dans les gardes du corps prussiens, à Potsdam. — Alexandre fut élu prince héréditaire de Bulgarie, par l'assemblée des notables réunie à Tirnova, le 29 avril 1879 ; et par un vote de l'Assemblée nationale du 13 juillet 1881, il fut investi, pour sept années, de pouvoirs législatifs extraordinaires.

Le 18 septembre 1885, les Rouméliotes se soulevèrent et renversèrent leur gouvernement turc, demandant l'union de la Roumélie orientale à la Bulgarie, avec le prince Alexandre pour souverain. Mais l'ambition de celui-ci, qui semble interpréter le mot « union » comme un synonyme d'annexion, amena des complications de toute sorte, notamment la guerre avec la Serbie, que l'intervention des grandes puissances eut bien de la peine à faire cesser et qui provoqua une espèce d'épidémie d'armements s'étendant jusqu'à la Grèce. Le prince Alexandre, faisant la sourde oreille aux conseils de la Russie, se brouilla décidément avec le czar, son trop honnête cousin, qui ordonna sa radiation des contrôles de l'armée russe (5 novembre). C'est, croit-on, dans le but d'arriver, par l'intermédiaire de ce prince à une réconciliation avec Alexandre III, qu'il rendit visite — incognito — au roi Charles de Roumanie, à Bucarest, ou plutôt au palais Cotroceni, le 5 juin 1886. En tout cas, l'union de la Roumélie orientale et de la Bulgarie existe de fait, quoique non

ALEXANDRI. — Voy. **Alecsandri**.

ALGER, WILLIAM ROUNCEVILLE, théologien américain, né à Freetown (Massachusetts), le 11 décembre 1823; fit ses études au collège d'Harvard et à l'école de théologie de Cambridge; puis devint pasteur de l'église unitaire, à Roxbury, près de Boston. En 1855, il succédait à Th. Parker comme ministre des « Liberal Christians », qui exercent leur culte au Music Hall de Boston, encore aujourd'hui. Ministre de l'église du Messie, à New-York, de 1876 à 1879, M. Alger a prêché depuis dans diverses grandes villes de l'Ouest. Il a publié : *Histoire symbolique de la Croix* (1861); la *Poésie de l'Orient* (the Poetry of Orient, or Metrical Specimens of the thought, sentiment and fancy of the East, 1856); *Histoire critique de la doctrine de la vie future* (1861); le *Génie de la solitude* (the Genius of solitude, or the Loneliness of human life, 1867); les *Affections des femmes* (Friendships of women, 1870); *Prières présentées à la Chambre des représentants du Massachusetts* (1865); *Vie d'Edwin Forrest* (1877); l'*Ecole de la vie* (1881).

ALGER, HORATIO, écrivain américain, cousin du précédent; est né à Revere, près de Boston, le 13 janvier 1834. Il fit ses études au collège d'Harvard, qu'il quitta en 1852, pour se vouer à l'enseignement en même temps qu'aux travaux littéraires. Il fit ensuite son tour d'Europe, envoyant à divers journaux des correspondances contenant ses impressions sur les pays qu'il parcourait. De retour en Amérique, il reprit l'enseignement et le cours de ses travaux pour les publications périodiques. En 1866, il se fixa à New-York. Vivement intéressé par la déplorable condition des enfants errants, il écrivit à ce sujet deux séries d'esquisses ayant pour titre, l'une : *the Ragged Dick* (Dick, le mal vêtu), et l'autre : *the Tattered Tom* (Tom, le déguenillé). Outre ces esquisses et une collaboration considérable à diverses magazines, M. H. Alger a aussi publié un roman : *Helen Ford*.

ALGLAVE, ÉMILE, écrivain français, né à Valenciennes le 27 avril 1842. Il acheva ses études à Paris, au Lycée Louis-le-Grand, suivit les cours de la faculté de droit, où il obtint le grade de docteur en 1868, divers cours des autres facultés, et se fit admettre comme élève pensionnaire à l'École des chartes, où il obtint le diplôme d'archiviste-paléographe (1864) avec une thèse sur le *Droit mérovingien d'après la loi des Francs Ripuaires*. Reçu agrégé de la faculté de droit, il fut nommé en 1870 professeur de droit romain et de droit administratif à Douai, puis chargé d'un cours d'économie politique à Lille en 1873. En 1864, M. Alglave avait fondé avec M. Yung la *Revue des cours scientifiques* et la *Revue des cours littéraires* devenues *Revue scientifique et Revue politique et littéraire*; le gouvernement du 24 mai (1873) mit M. Alglave en demeure de modifier l'esprit libéral de ces deux publications importantes ou d'en abandonner la direction, et sur son refus, il fut révoqué comme professeur, malgré les protestations de la faculté de Douai. A la fin de 1878, il était appelé à la chaire de science financière, nouvellement créée à la faculté de droit de Paris. Il avait pris, en 1874, la direction française de la *Bibliothèque scientifique internationale*, série d'ouvrages paraissant périodiquement et à la fois en français, en anglais, en allemand, en russe et en italien. En novembre de la même année, il se porta candidat à la députation dans l'Oise contre le duc de Mouchy, mais sans succès. Outre les deux revues citées, M. Alglave a collaboré au journal le *Temps* et au *Cours de droit civil* de M. Valette; il a publié les *Leçons sur les propriétés des tissus vivants* de Claude Bernard, recueillies par lui pour la *Revue des cours scientifiques* (1866). On lui doit en outre : *Droit d'action du ministère public en matière civile* et *Juridictions civiles chez les Romains*, ses thèses de doctorat (1868); *Action du ministère public* et *Théorie des droits d'ordre public* (1874-76, 2 vol. in-8), édition refondue et considérablement augmentée de sa thèse sur le même sujet : *Principes des constitutions politiques*, broch.; la *Lumière électrique*, avec M. J. Boulard (1881). — M. Alglave est auteur d'un système de monopole facultatif des alcools par l'État, qui n'a pas d'abord été accueilli dans les régions parlementaires et a été combattu avec une grande vivacité à la Société des Agriculteurs de France (mars 1886). Toutefois, M. Alglave était admis par la commission spéciale du Sénat, en juin suivant, à exposer son système, qui présente certainement de grands avantages, fût-ce seulement au point de vue hygiénique — que nous avons la faiblesse de placer au-dessus de tous les autres, — et prié par cette commission de formuler un projet pour le lui soumettre.

ALI PACHA, diplomate ottoman, né vers 1835; débuta dans la carrière politique comme référendaire du Divan impérial. En 1858, lorsque Fuad Pacha vint à Paris comme plénipotentiaire de la Porte, à la conférence convoquée pour la discussion de la convention relative aux Principautés-Unies, il s'attacha à Ali Bey, qui se fit bientôt remarquer par une vive intelligence et des aptitudes diplomatiques toutes particulières. En 1861, Ali Bey fut nommé premier secrétaire de l'ambassade ottomane à Paris, et en 1862, étant retourné à Constantinople en congé régulier, le gouvernement lui confia la délicate mission de commissaire en Serbie, après le bombardement de Belgrade. Grâce à son habileté, à son tact exquis, il put aplanir presque toutes les difficultés qu'il rencontra. Tout en conservant cette position, Ali Bey fut chargé, en 1865, de la direction politique du vilayet de Bosnie. En 1868, il fut nommé membre du conseil d'État, création nouvelle du sultan Abd-ul-Aziz. En 1869, il fut appelé aux fonctions de sous-secrétaire d'État au ministère des travaux publics, et conserva ces fonctions jusqu'en 1870. Nommé, à cette époque, gouverneur général d'Erzeroum, puis de Trébizonde, il fut, à cette occasion, élevé au rang de pacha. En 1872, il devint préfet de Constantinople, fonctions dans lesquelles il sut introduire plusieurs réformes importantes et utiles. Ali Pacha a été, de septembre 1873 à janvier 1876, ambassadeur de l'empire ottoman près la République française. Les difficultés résultant, pour le gouvernement turc, du soulèvement bosniaque et herzégovinien firent songer naturellement à un homme qui avait déjà, dans des circonstances presque semblables, rendu de si grands services dans ces mêmes provinces; il fut donc rappelé en janvier 1876 et nommé gouverneur général de l'Herzégovine, expressément pour lui au rang de vilayet. Quelques jours seulement avant sa déposition par les softas (30 mai 1876), Abd-ul-Aziz avait nommé Ali Pacha gouverneur général de Scutari d'Albanie. — Ali Pacha est commandeur de la Légion d'honneur.

ALICOT, JEAN JACQUES CÉSAR EUGÈNE MICHEL, homme politique français, est né à Montpellier, en 1842. Il fit son droit à Paris et y exerçait depuis quelques années la profession d'avocat lorsqu'éclata la guerre. Il fit son service dans la garde nationale, en qualité d'officier; et en février 1871 il fut appelé à la sous-préfecture de Bagnères-de-Bigorre. Un an plus tard, M. Alicot devenait sous-chef du cabinet du ministre de l'intérieur Victor Lefranc, qu'il suivait naturellement dans sa retraite, en novembre 1872. Retiré à Argelès (Hautes-Pyrénées), dont il était maire, M. Alicot se présenta à une élection partielle qui eut lieu dans ce département en janvier 1875, et échoua contre une très forte minorité. Aux élections de 1876, il se présenta de nouveau comme candidat républicain constitutionnel, et fut élu au scrutin de ballottage du 5 mars. M. Alicot siégea à gauche et fut l'un des 363 députés qui votèrent l'ordre du jour de défiance contre le ministère de Broglie après le 16 mai. Il fut aussi l'un de ces députés que les électeurs ne renvoyèrent pas à la Chambre, aux élections du 14 octobre suivant. Il fut en compensation nommé maître des requêtes au conseil d'État (juillet 1879). Réélu par l'arrondissement d'Argelès, comme candidat républicain, aux élections générales du 21 août 1881, il échoua de nouveau à celles du 4 octobre 1885, grâce au scrutin de liste. — Il est maître des requêtes honoraire au conseil d'État et membre du conseil supérieur de l'Agriculture.

ALIMPITCH, RANKO, général serbe, est né vers 1830. Il a été quelque temps directeur du collège d'artillerie de Belgrade, organisé par le général François Zach, et devint ensuite colonel dans l'armée régulière. Le colonel Alimpitch a été en outre ministre des travaux publics de Serbie. Promu général peu de temps avant la guerre de 1875-1876, il fut appelé au commandement du corps d'armée serbe destiné à opérer sur la Drina. Le 3 janvier 1876, il passait cette rivière à la tête de son armée et combattait les troupes turques près de Bjelina. Quelques jours après le combat de Bjelina, devant laquelle le général Alimpitch mettait le siège, avait lieu le combat de Ratcha. Le général Alimpitch fit preuve, dans ces deux affaires, non seulement de bravoure, mais d'une science militaire incontestable, que la tournure des événements ne lui permit bientôt plus, d'ailleurs, d'utiliser.

ALISHAN, Léon, poète arménien, vicaire général de la congrégation catholique arménienne des mékhitaristes. Né à Constantinople en 1820, il fit ses études à Venise, entra dans les ordres en 1840 et prit le grade de docteur en théologie en 1841. Il fut alors appelé à la chaire de théologie du collège Raphaël, dont il devint directeur en 1848. Transféré en cette dernière qualité au collège arménien de Paris en 1856, il fut rappelé à Venise en 1865 et fait vicaire général en 1876. — On doit au P. Alishan, outre une collection de poésies publiées à diverses époques, isolées, puis réunies sous le titre de *Poésies complètes* (Venise, 1857-1867, 5 vol.), une *Géographie universelle* (1854); l'*Arménie moderne* (1855); un *Tableau succinct de l'Histoire et de la littérature de l'Arménie* (1860); *Chansons populaires des Arméniens* (1867); l'*Arménie pittoresque, Monographies historiques*, 2 vol. (1870); les *Assises d'Antioche*, du connétable Sempad, d'après la version arménienne (1876). Il a donné, en outre, diverses traductions : du *Rodolphe de Habsbourg*, de Pyrker; de plusieurs *Poésies de Schiller*; d'un chant du *Child Harold*, de Byron; d'un choix de poésies américaines, sous ce titre : *Lyre américaine*, etc., etc.

ALISON, sir Archibald, général anglais, fils de l'auteur de l'*Histoire de l'Europe depuis la chute de Napoléon*, est né à Edimbourg le 21 janvier 1826. Il a fait ses études aux universités de Glasgow et d'Edimbourg. Entré dans l'armée écossaise en 1846, il était capitaine au 72ᵉ régiment de highlanders en 1853, major à brevet en 1856, lieutenant-colonel en 1858 et colonel en 1867. Il servit en Crimée, où il prit part au siège de Sébastopol; aux Indes, pendant la rébellion, où il était secrétaire militaire à l'état-major de lord Clyde, et perdit un bras au siège de Lucknow; et à la Côte d'Or (pays des Ashantis), comme brigadier général de la brigade européenne et commandant en second de l'expédition (1873-74). Il commandait sa brigade à la bataille d'Amoaful, à la prise de Bequah, au combat de Ordahsu et à la prise de Coomassie. Héritier du titre de baronnet à la mort de son père, en 1867, sir Archibald Alison fut envoyé comme adjudant général en Irlande, en octobre 1874. Promu major général en octobre 1877, il fut ensuite attaché au ministère de la guerre, puis appelé au commandement de la première brigade de la 2ᵉ division de l'armée d'Égypte (1882), avec laquelle il fut d'abord chargé d'occuper la ligne ferrée d'Alexandrie à Ramleh, quelques jours après le bombardement. En septembre suivant, il prenait part à la bataille de Tell-el-Kébir, à la tête de la brigade écossaise; et après la reddition d'Arabi, il demeura en Égypte à la tête de l'armée d'occupation de 12,000 hommes qui y fut alors laissée. Promu lieutenant général en novembre 1882, sir Archibald Alison résigna son commandement en Égypte, par raison de santé, et rentra en Angleterre en mai 1883. En octobre suivant, les habitants de Glascow lui offraient une épée d'honneur. On doit au général Alison un traité estimé sur la *Réorganisation de l'armée*, publié en 1869.

ALLAIN-TARGÉ, François Henri René, homme politique français, né à Angers, le 7 mai 1832. Ayant fait son droit à Poitiers, il se fit inscrire au barreau d'Angers en 1853, et fut nommé, en juillet 1861, substitut du procureur impérial près la cour de cette ville. Ayant donné sa démission le 26 janvier 1864, il quitta Angers. Désormais fixé à Paris, il fut, de ce temps après son arrivée, attaché à la rédaction de l'*Avenir national* et collabora en même temps au *Courrier du Dimanche*. Il fonda en 1868, avec MM. Challemel-Lacour et Brisson, la *Revue politique*, supprimée vers la fin de cette même année et reprit, à la suite de cette suppression, sa place à la rédaction de l'*Avenir national*. Il prit part, en novembre 1871, à la création de la *République française*, dont il resta longtemps un des principaux rédacteurs. M. Allain-Targé fut nommé préfet de Maine-et-Loire, par décret du gouvernement de la Défense nationale en date du 5 septembre 1870, fonctions qu'il conserva un peu plus d'un mois; il fut peu après (décembre) nommé préfet de la Gironde, ayant dans l'intervalle agi en qualité de commissaire du gouvernement de la Défense nationale dans la Maine-et-Loire, la Mayenne et la Sarthe. Après le vote des préliminaires de paix, M. Allain-Targé, partisan de la guerre à outrance, donna une seconde fois sa démission de préfet et revint à Paris, où il posa sa candidature à l'Assemblée nationale, aux élections complémentaires du 2 juillet; mais il échoua. Le 23 du même mois, il était élu conseiller municipal de Paris pour le quartier d'Amérique (XIXᵉ arrondissement); réélu en 1874, il devint vice-président du conseil en 1875. Au scrutin de ballottage du 5 mars 1876, le même XIXᵉ arrondissement de Paris (la Villette) l'envoyait siéger à l'Assemblée nationale. Réélu député, par le même arrondissement le 13 octobre 1877, le 21 août 1881, et le 18 octobre 1885 député de la Seine, M. Allain-Targé fit partie du cabinet Gambetta comme ministre des finances, du 14 novembre 1881 au 26 janvier 1882, et du cabinet Brisson comme ministre de l'intérieur, du 7 avril au 29 décembre 1885.

Outre sa collaboration aux divers journaux que nous avons cités, M. Allain-Targé a publié plusieurs brochures d'actualité politique et financière. C'est surtout dans les questions de finances, d'ailleurs, où les spécialistes sont rares, que M. Allain-Targé, au conseil municipal, à l'Assemblée, à la Chambre des députés, comme dans les colonnes de la *République française*, a montré une compétence indiscutable. Dans la discussion relative au rachat des chemins de fer, il s'est déclaré partisan décidé de l'exploitation par l'État, ce qui fut une des causes de son entrée dans le cabinet du 14 novembre. En mai 1876, il s'était fait remarquer par l'énergie avec laquelle il avait défendu à l'Assemblée nationale une proposition d'amnistie pleine et entière, en faveur des condamnés de l'insurrection communaliste de 1871, dont il était un des auteurs. Sa visite aux cholériques de Toulon et de Marseille, en septembre 1885, lui attira d'autre part beaucoup de sympathies.

ALLASSEUR, Jean Jules, sculpteur français, né à Paris en 1818. Élève de l'École des beaux-arts et de David d'Angers, il débuta, en 1846, par un buste en plâtre et reparut au Salon de 1853 avec le plâtre d'un groupe : *Moïse sauvé des eaux*, dont le marbre figura au Salon de 1859 et valut alors à l'artiste, qui avait déjà obtenu une 2ᵉ médaille en 1853, une médaille de 1ʳᵉ classe. Nous citerons encore de M. Allasseur, une statue en bronze de *Rotrou*, pour la ville de Dreux (1866); *Saint Joseph*, en pierre, pour l'église Saint-Etienne-du-Mont de Paris (1867); bustes de *Mansard*, etc. (1868); portrait de Mᵐᵉ *Edmond About*, terre cuite (1870); une réduction du *Moïse sauvé des eaux* (1875) ; plus de nombreuses statues pour les monuments publics, notamment celles de *Malherbe*, de *Lencothoé*, de la *Sculpture*, de la *Pêche fluviale*, dans les cours du Louvre; celles de saint *Charles Borromée*, à l'église Saint-Étienne-du-Mont de Paris, etc., etc. — M. J.-J. Allasseur a été décoré de la Légion d'honneur en 1867.

ALLÈGRE, Vincent Gaétan, homme politique et administrateur français, né à Six-Fours (Var), le 7 août 1835. M. Allègre exerçait la profession d'avocat à Toulon, où ses opinions avancées étaient bien connues, au moment de la guerre. Nommé maire de Toulon après le 4 septembre, il fut révoqué par M. de Broglie en 1873. Au scrutin de ballottage du 5 mars 1876, M. Allègre était élu député, comme républicain radical, par les électeurs de la deuxième circonscription de l'arrondissement de Toulon. Il prit place à l'extrême gauche, vota l'ordre du jour du 14 octobre 1877. Le 20 juillet 1881, M. Allègre était nommé gouverneur de la Martinique et donnait sa démission de député. En juin 1886, le bruit courut qu'à la suite de dissentiments avec le conseil privé de la colonie et d'un vote du conseil général qui l'avait mis en minorité, il demandait de la marine l'autorisation de rentrer en France. Mais ce bruit fut presque aussitôt officiellement démenti.

ALLEN, William Henri, savant professeur américain, né à Manchester (Maine), le 27 mars 1808 ; il prit ses grades au collège de Bowdoin, en 1833, et entra comme professeur à l'académie de Cozenovia (New-York), où il enseigna les classiques jusqu'en 1836. Il fut nommé à cette époque professeur de physique et de chimie au collège Dickinson, à Carlisle (Pensylvanie), où, de 1846 à 1849, il fut ensuite professeur de philosophie et de littérature anglaise. Président du collège Girard, de Philadelphie, de 1849 à 1862, il devint président du collège d'agriculture de Pensylvanie, puis reprit, en 1867, la présidence du collège Girard, qu'il a conservée depuis. Il a été en outre choisi pour président, en 1872, de la Société biblique américaine. M. W. H. Allen se fit recevoir docteur en médecine au collège de médecine de Philadelphie en 1846, et docteur en droit au collège de l'Union de New-York, et au collège Emory et Henry de la Virginie, en 1850. Il a prononcé beaucoup de discours, écrit un grand nombre de rapports relativement à l'éducation, et collaboré à divers magazines, revues, etc., par des articles sur la philosophie, la littérature et l'éducation.

ALLEN, Grant, littérateur anglais, né à Kingston (Canada), le 24 février 1848. Il fit ses études au collège Merton, à Oxford, et se livra de bonne heure à la littérature. On a de lui : *Physiological Æsthetics (1877)*; *Colour Sense (1879)*; *Evolutionism at large (1881)*; *Anglo-Saxon Britain (1881)*; *Vignettes from nature (1881)*; *Colours of Flowers (1882)*; *Colin Clout's Calendar (1883)*, etc. Il a, en outre, collaboré activement à la presse périodique et quotidienne.

ALLIBONE, Samuel Austen, bibliographe américain, né à Philadelphie le 17 avril 1816, se fit de très bonne heure une grande et légitime réputation par sa science profonde de la littérature anglaise. Bien qu'il s'occupât de commerce, étant à la tête d'affaires considérables pendant plusieurs années, ses études favorites ne furent jamais négligées. Il entreprit vers 1853 son grand ouvrage : *Dictionnaire critique de la littérature anglaise*, auquel il ne cessa de travailler avec assiduité pendant dix-sept années et plus. Le premier volume parut en 1858, le second en 1870 et le troisième et dernier en 1871. Ces trois volumes, de plus de mille pages grand in-8° chacun, constituent un véritable monument de science littéraire et de recherches patientes; l'ouvrage ne contient pas moins de 46,499 notices bio-bibliographiques et 40 index. M. Allibone a, en outre, collaboré à la *Nort-American Review*, à l'*Evangelical Quarterly Review* et à diverses autres publications périodiques; il a publié plusieurs traités et essais religieux. Il a aussi été pendant plusieurs années l'éditeur des publications de l'Union des écoles américaines du dimanche, on lui doit, en outre: *Index alphabétique du Nouveau Testament (1869)*; l'*Union Bible Companion (1871)*; *Citations des Poètes, depuis Chaucer jusqu'à Tennyson (1873)*; *Citations des Prosateurs, depuis Socrate jusqu'à Macaulay (1876)*; *Auteurs illustres de tous les temps (1879)*, etc.

ALLINGHAM, William, poète irlandais, né en 1828, à Ballyshannon, où son père était directeur de la Banque provinciale; reçut une assez bonne éducation dans une école irlandaise, et écrivit de très bonne heure dans les publications périodiques. Son premier volume de *Poèmes*, dédié à Leigh Hunt, parut en 1850. Leigh Hunt encouragea beaucoup cette première tentative du jeune poète, et plus tard il devait le protéger dans des circonstances peut-être plus importantes. En 1854 parut : *Day and Night Songs*; et en 1855, une édition revue, augmentée et illustrée par Millais et autres, de ce même recueil de poésies; en 1864 parut *Lawrence Bloomfield en Irlande*, poème moderne en douze chapitres; et en 1877, *Songs, Poems, and Ballads*. — M. Allingham jouit, depuis 1864, d'une pension littéraire. Il a succédé à M. J. A. Froude (voyez ce nom), comme rédacteur en chef du *Fraser's Magazine*, en 1874. La même année, il épousait Mlle Hélène Paterson, aquarelliste distinguée (V. la notice suivante).

ALLINGHAM (dame), Helen Paterson, dessinateur et peintre aquarelliste anglaise, née près de Burton-sur-Trent, le 26 septembre 1848. Après la mort de son père, en 1867, elle vint résider à Londres auprès de sa tante, miss Laura Herford, artiste qui, quelques années auparavant, avait réussi à faire admettre les femmes au cours de l'Académie royale, que miss Helen Paterson suivit dès son arrivée. Elle ne tarda pas à se distinguer par ses dessins sur bois pour l'illustration des publications périodiques telles que le *Graphic*, le *Cornhill Magazine* et autres. Entre temps elle exposait en divers lieux des aquarelles remarquées: *May, Dangerous Ground*, à la galerie Dudley; *the Milkmaid, Wait for me*, à l'Académie royale (1874); *Young Customers (1875)*; *Old Men's Gardens, Chelsea Hospital (1877)*, un assez grand nombre de scènes de la vie anglaise, principalement de la vie rurale et plusieurs portraits de Thomas Carlyle. — Mme Allingham a été élue associée de la Société royale des aquarellistes en 1875.

ALLOU, Édouard, avocat français, né à Limoges, le 6 mars 1820, vint à Paris, où il fit ses études au collège Bourbon, suivit les cours de l'Ecole de droit et fut reçu avocat en 1841. Nommé, la même année, secrétaire de la Conférence des avocats, il fut chargé du discours de rentrée de 1842. Ses débuts à la cour d'assises furent des plus brillants; mais il éprouvait un sentiment de répulsion insurmontable pour les affaires criminelles, et les abandonna, en conséquence, pour les affaires civiles. Afin de se rompre également à la pratique de ces sortes d'affaires, il entra chez un avoué, où il resta, travaillant consciencieusement, pendant deux années. Il devint ensuite secrétaire de Liouville. Membre de la commission de réforme du Code d'instruction criminelle en 1849, du conseil de l'ordre des avocats de Paris en 1852, il devint vers le même temps avocat de la direction des douanes et de l'administration des hospices. Il a été, enfin, élu bâtonnier de l'ordre en 1866 et 1867. Parmi les affaires les plus importantes auxquelles Me Allou a pris part, et dont le nombre est énorme, nous pouvons citer : le procès intenté par la maison Didot contre Thoisnier-Desplaces, relativement au droit de propriété de la *Biographie universelle*; le procès de Proudhon au sujet de son livre: *l'Eglise et la Révolution*; celui du testament d'Auguste Comte; celui du duc de Brunswick contre sa fille naturelle, Mme de Civry; l'affaire Bonaparte-Paterson; plusieurs grands procès financiers et de presse; l'interminable affaire Bauffremont; l'affaire Barel (séparation), presque aussi prolongée, qui se termina, le 1er juin 1876, par un arrêt en faveur du mari, client de Me Allou; l'affaire Menu de Saint-Mesmin, terminée le 30 juin; il plaidait pour le journal *la France*, dans le procès intenté à divers journaux par le supérieur du collège Sainte-Geneviève, au sujet du scandale de l'Ecole polytechnique (21 juillet 1876); pour M. Gambetta, poursuivi par le cabinet du 16 mai à raison de son discours à Lille, où il déclarait que la situation ne laissait qu'une alternative au maréchal-président : « se démettre ou se soumettre », etc., etc. — Quant aux affaires criminelles où il a plaidé, nous nous bornerons à citer le procès de l'assassin Poulmann.

M. Allou, en juillet 1869, a brigué les suffrages des électeurs de la quatrième circonscription de la Seine, en qualité de candidat de l'opposition libérale; mais, n'ayant réuni qu'un nombre de voix insuffisant, et le premier tour de scrutin n'ayant pas donné de résultat, il se désista au scrutin de ballottage et ne renouvela plus la tentative. Mais, en 1873, on le vit dans les réunions électorales soutenir avec une grande chaleur, quoique sans succès, la candidature de M. de Rémusat, contre celle de M. Barodet. Il a été élu sénateur inamovible, en remplacement du général de Cissey, décédé, le 10 juillet 1882. — M. Allou a été promu officier de la Légion d'honneur le 16 janvier 1882.

ALLMAN, George James, savant irlandais, né à Cork, en 1812, fit ses études à l'institution académique de Belfast, puis à l'université de Dublin. Un profond sentiment de la liberté, augmenté encore par la rigueur des lois qui pesaient alors sur les catholiques dans son pays, le porta à se jeter de bonne heure dans le parti de la liberté irlandaise; et, pour être plus habile à défendre ses opinions, il entreprit l'étude du droit. Mais une réelle passion pour la science biologique, lui fit abandonner le droit pour la médecine, avant qu'il eût pris le nombre d'inscriptions nécessaires pour être reçu avocat. Il se fit recevoir docteur en médecine à l'université de Dublin en 1844, et la même année, il fut nommé professeur royal de botanique à cette université, circonstance qui lui fit abandonner son projet de se vouer à la pratique de la médecine. En 1855, il quitta cette chaire pour celle d'histoire naturelle de l'université d'Édimbourg, à laquelle il venait d'être nommé, et qu'il conserva jusqu'en 1870, époque où l'état de sa santé le contraignit à abandonner le professorat. Peu après, l'université d'Édimbourg lui conférait le titre honorifique de docteur en lois. Ses travaux scientifiques les plus importants ont pour objet les représentants les plus infimes du règne animal, dont la physiologie et l'anatomie captivèrent spécialement son attention. Pour ses recherches dans cette branche intéressante de la biologie, la Société royale d'Édimbourg lui a décerné, en 1872, le prix Brisbane; l'année suivante, la Société royale de Londres lui remit une médaille royale, et il recevait de l'Académie royale irlandaise, en 1878, la médaille Cunningham, en or. A l'occasion des élections générales de 1874, le comité libéral du bourg de Bandon le choisit pour candidat; mais il déclina l'honneur qui lui était fait. La même année, M. Bentham ayant donné sa démission, il fut élu à la présidence de la Société linnéenne. En 1879, il présidait l'Assemblée générale de l'Association britannique pour l'avancement des sciences, réunie à Sheffield. Au retour de l'expédition du *Challenger*, la magnifique collection d'hydroïdes rapportée par cette expédition lui fut confiée, pour en faire le classement et la description.

Les résultats de ses recherches biologiques sont exposés dans de nombreux mémoires publiés dans les *Philosophical Transactions*, les *Transactions of the royal Society of Edinburgh* et les *Transactions of the royal Irish Academy*, ainsi que dans ses *Rapports* adressés à l'Association britannique pour l'avancement des sciences, et dans ses communications aux *Annals of Natural History*, au *Quarterly Journal of Microscopic Science*, et à divers autres journaux scientifiques. Ses œuvres les plus considérables sont: *A Monograph of the Freshwater Polizoa (1856, in-folio)*; *A Mono-*

graph of the Gymnoblastic Hydroids (1871-72, in-folio); toutes deux publiées par la Société royale et illustrées de nombreuses figures coloriées.

ALMA-TADEMA, LAURENT, peintre hollandais, né à Dronryp, le 8 janvier 1836. Il commença son éducation artistique à l'Académie royale d'Anvers et la poursuivit sous la direction du baron H. Leys, dont il fut autant le collaborateur que l'élève. Il alla ensuite à Londres, où il a fini par se fixer, s'y étant marié en 1871 et ayant obtenu peu après ses lettres de naturalisation. M. Alma-Tadema, qui a figuré au Salon de Paris et à nos grandes expositions internationales, a obtenu une médaille en 1864, une 2º médaille en 1867 et une 1re médaille en 1878 ; nommé chevalier de la Légion d'honneur en 1873, il était promu officier à la suite de l'Exposition universelle de 1878. Il est, du reste, décoré d'une foule d'ordres étrangers, et peu d'artistes sont capables d'exhiber une brochette aussi abondamment et richement fournie que la sienne, sans parler des nombreuses médailles obtenues dans toutes les expositions où il valait la peine de concourir, et dont la liste serait vraiment trop longue. Devenu successivement associé (1876) puis membre titulaire (1879) de l'Académie royale de Londres, et correspondant de l'Académie des beaux-arts de Paris (1881), M. Alma-Tadema fait également partie de toutes les academies artistiques de l'Europe, même des plus exclusives. Nous allons donner la liste des principaux ouvrages de cet artiste éminent, qu'un critique français a qualifié « le premier des archéologues ». — Ce sont : l'*Education des petits-enfants de Clotilde* (1861) ; *Venance, Fortunat et Radegonde* (1862) ; *Comment ils s'amusaient en Égypte il y a 3000 ans* (1863) ; *Frédégonde et Prétextat* (1864) ; *Jeux égyptiens* (1865) ; le *Soldat de Marathon* (1865) ; *Entrée d'un théâtre romain* (1866) ; *Agrippine visitant les cendres de Germanicus* (1866) ; la *Momie*, *Tarquin le Superbe* (1867) ; la *Sieste*, *Phidias et les marbres d'Elgin*, un *Marché aux fleurs* (1868) ; *Danse pyrrhique*, le *Convalescent*, un *Cabaret* (1869) ; un *Jongleur*, la *Vendange* (1870) ; un *Empereur romain*, une *Fête intime* (1871) ; l'*Improvisateur*, la *Mort du premier-né*, une *Halte* (1872) ; le *Dîner*, les *Cerises*, la *Pêche* (1873) ; *Joseph intendant de Pharaon*, la *Dixième Plaie d'Égypte*, une *Galerie de sculpture*, une *Galerie de peinture*, l'*Automne*, *Sur les marches du Capitole* (1874), etc. ; une *Audience chez Agrippa*, *Cléopâtre*, *Après la danse* (1876) ; les *Saisons* (4 toiles), *Entre l'espérance et la crainte* (1877) ; un *Modèle de sculpteur* (Vénus esquiline), un *Trait de l'amour* (1878) ; *Au temps de Constantin*, *Une cordiale bienvenue*, *Fête de Pomone* (1879) ; *Fête de printemps*, *Il n'y est pas*, *Frédégonde* (1880) ; un *Laurier rose*, *Sapho* (1881) ; le *Chemin du temple* (1883) ; *Salle de toilette d'un bain public à Rome*, la *Rose des roses* (1886), etc., etc.

Mme ALMA-TADEMA, née Laura Theresa Epps, est également une artiste distinguée. Elle a envoyé plusieurs toiles aux expositions de l'Académie royale et de la Société des artistes français de Londres, ainsi qu'au salon de Paris ; notamment, parmi ces dernières, le *Miroir* (1873) et le *Coin du feu* (1874).

ALPHAND, JEAN CHARLES ADOLPHE, ingénieur et administrateur français, né à Grenoble, le 26 octobre 1817. Entré à l'École polytechnique en 1835, il en sortit et entra à l'École des ponts et chaussées en 1837, devint ingénieur en chef en 1854, inspecteur général des ponts et chaussées le 25 décembre 1869 et inspecteur général de 1re classe, le 3 mai 1875. De 1839 à 1854, M. Alphand est demeuré à Bordeaux, chargé de travaux de chemins de fer, ponts, canaux, etc.; au mois de décembre de cette dernière année, il fut nommé ingénieur en chef et placé à la tête des travaux et embellissements de Paris, passant successivement d'une direction à l'autre des branches les plus importantes d'un service qui, sous l'impulsion de M. Haussmann, ne tendait à rien moins que la transformation complète de la capitale. C'est surtout dans le service des promenades et plantations, certainement le plus important, que M. Alphand s'est particulièrement signalé. On lui doit la transformation en parcs des bois de Boulogne et de Vincennes, les modifications apportées aux promenades intérieures, la création des squares qui émaillent aujourd'hui Paris de bouquets de verdure qui ne sont pas seulement agréables à l'œil, et dont celui des Buttes-Chaumont pourrait presque passer pour un chef-d'œuvre ; sans parler du Trocadéro et du parc de l'Exposition universelle de 1867. Lorsque, presque au début de la guerre de 1870, nos défaites répétées commencèrent à faire craindre pour Paris, M. Alphand fut nommé colonel de la légion auxiliaire du génie et chargé en cette qualité de la fermeture des fortifications et des autres travaux de défense arrêtés par le génie militaire ; il s'y employa avec une ardeur telle, que ces travaux étaient terminés sur toute l'étendue de l'enceinte, au bout de dix-huit jours. Nommé par M. Thiers directeur des travaux de Paris (mai 1871), il dut entreprendre, en cette qualité, la tâche heureusement peu ordinaire d'effacer, dans la mesure du possible, les traces laissées par le passage de deux fléaux impitoyables : l'invasion et la guerre civile. Il s'y dévoua aussitôt, avec son zèle ordinaire. Une des plus remarquables et des plus importantes restaurations accomplies par M. Alphand dans cette occasion, c'est le repeuplement du bois de Boulogne, si maladroitement dévasté, par quinze mille arbres de pleine sève, pris aux forêts de Sénart et de Fontainebleau. Le Conseil municipal de Paris républicain eut d'abord quelque peine à s'habituer à ce nom, dont la notoriété datait fatalement de l'empire ; mais M. Alphand, qui n'était pas d'ailleurs un homme politique, n'avait pas moins rendu de services à la république, quoique en moins de temps, qu'il en avait pu rendre à l'empire ; l'opposition qu'il rencontra au début dans le Conseil municipal dura peu, et il a pu conserver sa position, où il eût été difficile de le remplacer. — Décoré d'un grand nombre d'ordres étrangers, M. Alphand a été nommé chevalier de la Légion d'honneur en octobre 1852, promu officier en décembre 1862, commandeur en juillet 1869 et grand officier le 11 juillet 1882. Il a été membre du Conseil municipal de Bordeaux et du Conseil général de la Gironde avant sa nomination à Paris. — On a de lui : les *Promenades de Paris* ; *Histoire et description des bois de Boulogne et de Vincennes, des Champs-Élysées, des parcs, squares, boulevards de Paris* (2 vol. in-folio, illustrés de 80 gravures sur acier, 23 chromolithographies et 487 gravures sur bois), publication d'un grand luxe, qui ne coûte pas moins, tirée sur papier de Hollande, de 1000 francs, en librairie ; *Arboretum et Fleuriste de la ville de Paris ; description et culture des arbres, arbrisseaux, plantes, employés dans l'ornementation des parcs et jardins* (in-folio).

En mai 1876, M. Alphand est allé à Londres, comme membre de la commission chargée d'y étudier le chemin de fer métropolitain qui traverse la ville dans tous les sens, afin de juger dans quelle mesure ce système peut être applicable à Paris. En 1878, quoique sans titre officiel, il eut une part importante aux travaux préparatoires et d'organisation de l'Exposition universelle. Enfin, comme il ne saurait y avoir de grande fête que M. Alphand n'y ait mis la main et qu'il serait trop long d'énumérer toutes celles, en dehors d'autres grands travaux, dont il a assuré le succès, disons en terminant qu'il a été choisi pour président par le Comité des fêtes de l'Industrie et du Commerce qui remue si heureusement tout Paris depuis quelques temps (1886).

ALPHONSE XIII, DE BOURBON Y HABSBOURG, ALPHONSE LÉON FERDINAND SANTIAGO MARIE ISIDORE PASCAL ANTOINE, roi d'Espagne, fils d'Alphonse XII (mort le 25 novembre 1885) et de sa veuve la reine Marie-Christine, archiduchesse d'Autriche, régente, est né à Madrid le 17 mai 1886 et fut baptisé dans la chapelle royale, par le cardinal Paya, le 22 du même mois, en grande cérémonie. A cette occasion, le journal le *Temps*, de Paris, publiait le lendemain la dépêche suivante de son correspondant de Madrid : « Le baptême du roi Alphonse XIII a eu lieu hier dans l'après-midi, à la chapelle du palais. Par ordre de la reine, les galeries hautes du palais avaient été ouvertes au public. C'est que là qu'a défilé le cortège des gentilshommes de la cour, des grands d'Espagne, des hérauts d'armes qui accompagnaient la duchesse Medina Las Torres, gouvernante du roi, le nonce représentant le pape, et l'infante Isabelle, marraine du roi. Le cortège était fermé par les chambellans, la maison militaire et les dames du palais en grande toilette de cour. Le petit roi a de grands yeux bleus et le nez très prononcé. Le coup d'œil dans la chapelle était très imposant. L'autel était brillamment illuminé. Le cardinal-primat, archevêque de Tolède, officiait. Le roi a été présenté sur les fonds baptismaux de Santo Domingo de Guzman, qui depuis cinq siècles servent au baptême des rois espagnols. Un *Te Deum* a terminé la cérémonie. » Après la cérémonie du baptême, le roi fut revêtu des insignes des ordres de la Toison d'or, de Charles III et d'Isabelle la Catholique et des quatre grands ordres militaires d'Espagne, dont il devient grand maître par droit de naissance, ce qui parut le toucher médiocrement.

Le 11 juin, le premier congrès du règne d'Alphonse XIII ayant constitué son bureau, les députés, après leur président, M. Martos, vinrent jurer solennellement, agenouillés et baisant la Bible, fidélité au jeune roi et à la constitution, sauf quelques députés républicains, MM. Salmeron, Pedregal, Azcarate et autres, et le baron de Sangarren, député carliste, lesquels restèrent debout et se contentèrent de *promettre* ce qu'on leur demandait de « jurer ». M. Martos, autorisé par la loi, ne laissa pas d'accepter leur engagement dans ces termes et sous cette forme.

ALPHONSE (don), DE BOURBON Y ESTE, CHARLES FERDINAND JOSEPH JEAN PIE, frère de don Carlos, né à Londres le 12 septembre 1849. Il servit d'abord dans l'armée autrichienne, puis, en 1869, dans les zouaves pontificaux, où il demeura jusqu'en 1870. L'année suivante, il épousa dona Maria de las Nievas, fille du feu roi de Portugal, dom Miguel, qui joignit à son titre d'usurpateur celui de protecteur des jésuites. Le 30 décembre 1872, don Alphonse prit le commandement des troupes carlistes opérant en Catalogne, et se signala pas les actes de brigandage les plus atroces. Après la pacification, le gouvernement d'Alphonse XII demanda l'extradition du jeune bandit au gouvernement allemand, qui souscrivit à cette demande, reconnue trop motivée; mais il ne put mettre la main sur don Alphonse de Bourbon, réfugié en Autriche (1875) où il passait des manifestations menaçantes du peuple indigné aux ovations de la noblesse. Il assistait aux obsèques du comte de Chambord, à Goritz (septembre 1883), et ce serait principalement à ses intrigues, combinées avec celles de son frère don Carlos, qu'il faudrait attribuer l'attitude de la comtesse de Chambord à l'occasion de cette cérémonie, à laquelle les Bourbons d'Espagne et d'Italie eurent la préséance sur ceux de France, qui abandonnèrent la partie en conséquence.

ALSLEBEN, JULES, pianiste, compositeur et musicographe allemand, né à Berlin le 24 mars 1832, fit de fortes études universitaires, obtint le grade de docteur en philosophie, puis se voua à l'étude des langues orientales. Mais la musique, qu'il avait étudiée de bonne heure et avec passion, s'empara bientôt de lui tout entier; il se fit entendre dans les concerts comme virtuose-pianiste, se livra à la composition et fit des conférences très suivies sur la musique. Il est président de la Société des compositeurs de Berlin, à la fondation de laquelle il a pris une part active. — On a de M. Alsleben un certain nombre de compositions pour le chant et le piano, une *Histoire de la musique*, etc.

AMADEI, ROBERTO, compositeur et organiste italien, né à Loreto le 29 novembre 1840, reçut de son père les premiers éléments de son art, et compléta son éducation musicale sous la direction de Luigi Vecchiotti, maître de chapelle de Loreto, fonctions dans lesquelles M. Amadei le remplaça à sa mort, en 1863. M. Roberto Amadei y fut nommé organiste cette même année, et devint peu après maître de chapelle, en remplacement de son père, qui avait pris sa retraite. Outre un grand nombre de compositions religieuses, dont un motet couronné au concours de l'Institut musical de Florence, et de nombreux morceaux de chant, de piano, on doit à M. Amadei : *Luchino Visconti*, opéra en 3 actes, représenté à Lugo, en 1869; *Bianca dei Rossi*, représenté à Bari; *il Bacchettone* (l'Hypocrite), opéra-comique, etc.

AMAGAT, LOUIS AMAND, médecin et homme politique français, né à Saint-Flour en 1840. Il fit ses études médicales à la faculté de Montpellier où il prit le grade de docteur en 1873, avec une thèse intitulée : *Étude sur les différentes voies d'absorption des médicaments*, et se fit agréger en 1879. Il y professa quelque temps l'histoire naturelle, de manière à se rendre très populaire auprès des jeunes gens qui suivaient ses cours, mais non moins auprès du doyen de la faculté, qui obtint sa révocation. Cet événement fit beaucoup de bruit; les étudiants ayant pris fait et cause pour leur professeur, il y eut des désordres, et l'École fut fermée. M. Amagat comparut devant le conseil académique, qui le condamna comme ayant manqué à ses devoirs professionnels et prononça sa radiation des cadres de la faculté de Montpellier. Comme c'était surtout pour avoir introduit la politique dans l'enseignement de l'histoire naturelle, que le jeune professeur avait attiré sur sa tête les foudres universitaires, il était tout préparé pour les élections qui eurent lieu le 21 août 1881 ; il se présenta donc à Saint-Flour, comme candidat républicain radical, et fut élu au premier tour. Son élection ayant été invalidée, ses électeurs, augmentés d'un tiers, le renvoyaient à la Chambre le 29 janvier 1882. Il prit place à l'extrême gauche. M. Amagat a été réélu au scrutin de ballottage du 18 octobre 1885.

AMARI, MICHELE, littérateur, orientaliste et homme politique italien, né à Palerme en 1806. Il était employé au ministère d'État du royaume des Deux-Siciles, lorsque son père fut condamné à la peine capitale, comme conspirateur; il n'avait alors que *seize ans* (1822), et se trouva par cette catastrophe le chef d'une famille assez nombreuse et peu fortunée, qu'il fit vivre comme il put. Doué d'un goût passionné et d'une remarquable aptitude pour l'étude des langues, M. Amari publia en 1832 une traduction du *Marmion* de Walter Scott. Son ouvrage sur les Vêpres Siciliennes : *La Guerra del Vespro Siciliano*, publié en 1842 et qui établit sa réputation, fut saisi dès son apparition, et l'auteur mandé à Naples. Au lieu de déférer à cet ordre, ce qui eût été imprudent, M. Amari abandonna son pays et vint se réfugier en France. A Paris, il se livra tout particulièrement à l'étude du grec moderne et de l'arabe, et réunit les documents de son *Histoire des musulmans de Sicile*. Il y publia en outre une brochure relative à la politique sicilienne, intitulée : *La Sicile et les Bourbons*. Rappelé dans son pays en 1848, comme professeur de droit public, il devint vice-président du comité de la guerre, puis représentant de Palerme à la Chambre des députés, et enfin ministre des finances. Envoyé en mission, plus tard, auprès des gouvernements de la France et de la Grande-Bretagne, il trouva au retour la situation tellement désespérée, qu'il s'empressa de revenir à Paris, où il demeura jusqu'en 1860. Nommé sénateur du royaume d'Italie en 1861, il devint ensuite président de la lieutenance de Sicile, avec le portefeuille des finances, puis gouverneur de Modène; il occupa enfin le ministère de l'Instruction publique dans les cabinets Farini et Minghetti (1862-63).

On doit à M. Amari divers mémoires et articles sur la langue et l'histoire arabes, publiés dans la *Revue archéologique*, le *Journal asiatique*, etc.; des traductions anglaises du *Solwan d'Ibn-Djafer*, du *Voyage en Sicile* de Mohamed-ibn-Djobair, de la *Description de Palerme* d'Ibn-Hamal, etc. Son *Histoire des Vêpres Siciliennes* a été traduite en anglais par lord Ellesmere. M. Amari est devenu correspondant de l'Institut de France (Académie des Inscriptions) en 1857, et membre associé en 1875 ; il reçut le diplôme honoraire de docteur en philosophie et littérature de l'université de Leyde en 1875 ; enfin il présida le congrès des orientalistes tenu à Florence en septembre 1878.

AMAT, HENRI, homme politique français, né à Marseille en 1815. Ayant terminé son droit, il se fit inscrire au barreau de Marseille. Quoique n'ayant rempli aucune position officielle, M. Amat, dont les opinions républicaines étaient bien connues, fut proscrit après le coup d'État de décembre, et se retira en Italie, où il résida quelque temps. De retour à Marseille, il devint membre du conseil municipal en 1865. On doit à son initiative la fondation de bibliothèques communales, la publicité des séances du conseil, et divers autres résolutions empreintes du même esprit démocratique. Réélu en 1870, il présida à l'installation du préfet républicain envoyé à Marseille après le 4 septembre. M. Amat, aux élections du 8 février 1871, fut élu représentant à l'Assemblée nationale, où il se fit inscrire à la fois aux deux réunions du centre gauche et de la gauche républicaine. Le scrutin de liste, qui plaçait alors M. Amat le quatrième des onze représentants des Bouches-du-Rhône, n'eût pas manqué de le maintenir en aussi bonne place en 1876, sans doute; mais il n'en fut pas de même du scrutin d'arrondissement : candidat dans le 2ᵉ circonscription de Marseille, M. Amat échoua au scrutin de ballottage du 5 mars, contre le candidat radical, M. F. V. Raspail. Réélu après la mort de ce dernier, le 16 mars 1878, contre M. Clovis Hugues, M. Amat ne s'est plus porté candidat aux élections suivantes (1881 et 1886).

AMBERT (baron), MARIE JEAN JACQUES ALEXANDRE JULES, général français, fils d'un général de la première république, est né en 1804 à Chillas (Lot). Sorti de l'école militaire, comme sous-lieutenant d'artillerie, en 1824, il devint successivement lieutenant en 1830, capitaine en 1837, chef d'escadron en 1843, lieutenant-colonel en 1847, colonel en 1850 et général de brigade en 1858. Il servit en Espagne, en Belgique et en Algérie avec honneur et fut promu commandeur de la légion d'honneur en 1860. Placé dans le cadre de réserve depuis 1867, il reprit du service en 1870 et reçut le commandement du 5ᵉ secteur des fortifications de Paris, en septembre; mais il ne tarda pas à être révoqué, comme suspect de bonapartisme. Le général Ambert avait été envoyé par les électeurs du Lot à l'Assemblée constituante de 1848, puis à la Législative de 1849; il avait été nommé conseiller d'Etat en 1866. Mais c'est surtout comme écrivain militaire qu'il s'est fait une réputation considérable. Nous citerons parmi ses ouvrages : *Eloge du maréchal Moncey* (*1882*); *Esquisses historiques et pittoresques des différents corps de l'armée* (*1835*); *Essais en faveur de l'armée* (*1859*); la *Colonne Napoléon et le camp de Boulogne* (*1842*); *Essai historique sur Duplessis-Mornay* (*1847*); *Soldat* (*1854*); *Gendarme* (*1860*); *Gens de guerre* (*1863*); *Le baron Larrey* (*1864*); *Études techniques* (*1865*); *Conséquences des progrès de l'artillerie* (*1866*); *Arabesques* (*1868*); *Histoire de la guerre de 1870-1871* (*1876*); l'*Héroïsme en soutane* (*1876*); *Après Sedan, Gaulois et Germains* (*1884*); *Récits militaires* (*1885*), couronnés par l'Académie française (prix Monthyon), au concours de 1886.

AMÉDÉE (Prince), AMADEO FERDINANDO MARIA, duc D'AOSTE, ex-roi d'Espagne, second fils du roi d'Italie, Victor-Emmanuel II, né à Turin, le 30 mai 1845. Entré jeune dans l'armée sarde, comme capitaine dans un régiment d'infanterie de la brigade d'Aoste, il conquit d'une manière aussi rapide les grades supérieurs, et passant d'une arme dans l'autre, fut promu général de cavalerie. En 1869, il était vice-amiral commandant l'escadre d'évolution. Il avait toutefois payé de sa personne et été blessé à la tête de ses grenadiers sur le plateau de Custozza, le 25 juin 1866. Après la révolution de 1868, dont il avait été un des principaux acteurs, le maréchal Prim s'était mis en quête d'un nouveau roi d'Espagne, et, après avoir essuyé plusieurs refus, avait enfin rencontré un homme de bonne volonté pour ceindre cette couronne d'un placement si difficile, parce qu'on la savait dangereuse à tout front étranger; ce mortel courageux n'était autre que le prince Léopold de Hohenzollern-Sigmaringen, un nom que la France se rappellera longtemps, car son acceptation des propositions du maréchal Prim est la cause première de la guerre désastreuse de 1870-71. En présence toutefois de l'émotion produite par cet événement, le prince Léopold dut revenir sur ses déterminations. C'est alors que don Juan Prim songea au jeune duc d'Aoste, et qu'il lui offrit cette couronne si souvent refusée déjà, que celui-ci eût mieux fait de refuser également. La France, à ce moment, était en proie à l'invasion; l'acceptation de la couronne d'Espagne par un prince italien, c'est-à-dire par un allié, ne pouvait être désagréable à nos vainqueurs : donc nul péril de ce côté. Après quelque hésitation, cependant, le duc d'Aoste fit savoir le 19 octobre 1870, au maréchal Serrano, chef du pouvoir exécutif sous le titre de régent, qu'il accepterait la candidature offerte. Le 16 du mois suivant, les Cortès proclamaient le duc d'Aoste roi d'Espagne, par 191 voix contre 120. Ces 120 voix opposantes se subdivisaient ainsi : 64 pour la République, 22 pour le duc de Montpensier, 8 pour le maréchal Esparteso, 2 pour l'infant don Alphonse (plus tard Alphonse XII), 1 pour la fille aînée du duc de Montpensier, donna Maria, et des bulletins blancs. Aussitôt, une députation se rendit à Florence, où se trouvait la cour de Victor-Emmanuel, portant au duc d'Aoste l'offre officielle de la couronne, qu'il accepta formellement le 4 décembre 1870.

Le jeune roi débarqua à Carthagène le 30 décembre 1870, le jour même où le maréchal Prim mourait des coups de feu reçus le 28 pour avoir trop bien réussi, à la fin, dans ses négociations, — triste présage! — Son règne fut court, mais extrêmement agité. Toute sa bienveillance incontestable devait échouer contre ce trait distinctif du caractère espagnol, que nulle autre nation ne possède au même degré : la haine de l'étranger. Amédée Ier était donc radicalement impopulaire, malgré qu'il fit, et la position était si peu supportable, lorsqu'en avril 1871, une première prise d'armes des carlistes eut lieu dans les provinces du nord, tandis que, presque simultanément, une révolte éclatait parmi les matelots et les ouvriers de l'arsenal du Ferrol, arborant le drapeau rouge. Pour comble, le 19 juillet de la même année, une nouvelle tentative d'assassinat était dirigée contre le roi et la reine, au moment où ils rentraient en voiture découverte du palais, par cinq individus apostés dans la rue de l'Arenal et qui tirèrent sur la voiture des coups de feu sans résultat. Des cinq assassins, l'un fut tué sur le coup, deux seulement furent pris, dont un blessé. Un seul, nommé Pastor, resté en fin de compte entre les mains de la justice, fut condamné à mort, se pourvut en cassation et réussit à s'échapper avant la fin du procès. — Jugeant l'expérience suffisamment prolongée, l'infortuné roi d'Espagne prit une résolution énergique que peu de souverains, même de rencontre, eussent prise à sa place. Le 11 février 1873, il adressait aux Cortès un message tès digne, dans lequel il déclarait qu'en présence des luttes incessantes des partis, qui rendaient inutiles tous ses efforts pour donner au pays une ère de paix et de prospérité, il avait pris la résolution irrévocable de déposer la couronne. Le lendemain, le roi Amédée redevenu duc d'Aoste et la duchesse sa femme quittaient Madrid, se rendant à Lisbonne et de là à Gênes, où ils débarquèrent le 9 mars. Le 16, le duc était à Florence. — Dès le 14 mars, il avait été remis en possession de son siège de sénateur du royaume d'Italie, et, à la Chambre des députés, M. Sella, ministre des finances, présentait une proposition de loi lui restituant sa liste civile de 400,000 lires, proposition qui fut presque unanimement acceptée. En même temps, le roi Victor-Emmanuel nommait le prince Amédée lieutenant général.

Le duc d'Aoste avait épousé, le 30 mai 1867, la princesse Marie, fille du prince Charles Emmanuel Dal Pozzo della Cisterna, née le 9 août 1847, morte à San Remo, le 6 novembre 1876, dont il a eu trois fils : Emmanuel Philibert Victor Eugène Albert Gênes Joseph Marie duc d'APULIA (la Pouille), né le 13 janvier 1869; Victor Emmanuel Turin Jean Marie, comte de TURIN, né le 24 novembre 1870; et Louis Amédée Joseph Marie Ferdinand François, né le 31 janvier 1873.

AMÉRO, CONSTANT, romancier et publiciste français, né à Toulon, le 4 février 1837. Il entra fort jeune dans la marine et donna sa démission d'officier suis troupes pour venir continuer à Paris ses études sur les origines littéraires de la France. Il fut successivement secrétaire de la rédaction de plusieurs Revues, prit une part active à la collaboration du *Dictionnaire des Littératures* de Vapereau, et travailla pendant plusieurs années à la septième édition du *Dictionnaire de l'Académie*. Collaborateur assidu du *Journal des Voyages* de Decaux, il a publié en outre plusieurs volumes : *Contes émouvants* (*1876*); le *Coq rouge* (*1883*); le *Tour de France d'un petit Parisien* (*1885*), ouvrage couronné par l'Académie française. Il a écrit aussi, en collaboration avec M. Victor Tissot : les *Aventures de Gaspard Van der Gomm*, la *Russie rouge*, *Aventures de trois fugitifs en Sibérie* (trad. en plusieurs langues), *Contrées mystérieuses* et *Peuples inconnus*.

AMICIS (de), EDMONDO, littérateur italien, né de parents génois à Oneglia (Piémont), le 21 octobre 1846, fit ses études à Cuneo et à Turin, puis entra à l'école militaire de Modène. Sorti de cette école en 1865, avec le grade de sous-lieutenant d'infanterie, il fut incorporé au 3e régiment, avec lequel il prit part à la bataille de Custozza (1866). L'année suivante, il prenait la direction de l'*Italia militare* de Florence. Après la prise de Rome par les troupes de Victor-Emmanuel, jugeant terminé le rôle militaire de l'Italie et peu fait pour la vie de garnison, le jeune officier donna sa démission (1871) et s'établit à Turin, décidé à se vouer entièrement à ses travaux littéraires. Il avait déjà publié, à Milan, des « Esquisses de la vie militaire »: *La Vita militare*, *bozzetti* (1868), bien accueillies par le public. Il publia successivement, à partir de cette époque : *Ricordo del 1870-1871* et un volume de *Novelle*, comprenant *Gli Amici del collegio*, *Camilla Furio*, *Un Gran Giorno*, *Alberto*, *Fortezza* et la *Casa paterna* (1872). Il voyagea alors en Espagne et au Maroc, visita la Hollande, Londres, Paris, Constantinople, et rapporta de ces excursions des documents pour ses ouvrages futurs, écrits dans un style vif et agréable qui établit définitivement la réputation de leur auteur. Ces ouvrages, traduits dès leur apparition dans les principales langues de l'Europe, sont: *La Spagna* (*1873*); *Ricordi di Londra* (*1874*); *Olanda* (*1874*); *Costantinopoli* (*1875*, 2 vol.); *Marocco* (*1876*); *Ricordi di Parigi* (*1878*); *Ritratti letterari* (*1881*); *Poesie* (*1881*, nouv. éd.), etc.

ANCEL, JULES ÉDOUARD DANIEL, armateur et homme politique français, né au Havre, le 16 octobre 1812; fit ses études à Paris, au collège Stanislas et retourna ensuite au Havre, où il choisit délibérément la carrière commerciale et devint armateur. Sa haute position acquise lui valut d'être nommé successivement président de la chambre de commerce, puis maire du Havre, et conseiller général pour le canton de Goderville. Élu représentant de la Seine-Inférieure à l'Assemblée législative (1849), il fut réélu député au Corps législatif en 1852, par la sixième circonscription du même département, en qualité de candidat officiel, et en la même qualité en 1857; en 1863, l'appui du gouvernement lui fit défaut, mais non celui des électeurs; ce ne fut qu'en 1869, et malgré sa position de candidat *agréable*, que les électeurs de la 6ᵉ circonscription de la Seine-Inférieure lui retirèrent leur confiance pour en investir un nouveau venu, M. Lecesne, après une lutte des plus chaudes et deux scrutins. Il fut toutefois élu représentant de l'Assemblée nationale, le 8 février 1871, et sénateur de la Seine-Inférieure, le 30 janvier 1876, mandat qui lui a été renouvelé le 8 janvier 1882. — En politique, M. Ancel est un conservateur libéral, dont la place est nécessairement marquée au centre droit, quel que soit le régime en vigueur ; par économie et c'est un économiste d'une réelle valeur, il est partisan de la protection. C'est dans les questions économiques, son véritable élément, que M. Ancel s'est le plus distingué par une grande expérience du sujet et une habileté incontestable à le présenter sous le point de vue qu'il préfère ; et ce doit lui avoir été un véritable chagrin que de se voir remplacer par un adversaire dans la commission d'enquête sur la marine marchande (1870), conséquence de son échec aux élections précédentes. M. Ancel a fait partie de la plupart des commissions parlementaires ayant un objet d'économie maritime ou budgétaire, comme membre, et plus souvent comme rapporteur ou président. Il fut, après la guerre, par exemple, président de la cinquième commission de la révision des marchés. Il fut également président de la commission de la marine marchande, etc.

ANDERSON (dame), ELISABETH GARRETT, médecin anglais, née à Londres en 1837, reçut une bonne éducation première au sein de sa famille que dans une école particulière. Miss Elisabeth Garrett commença ses études médicales à l'hôpital de Middlesex en 1860, et les compléta à Saint-Andrew, à Édimbourg et à l'hôpital de Londres. Ayant passé ses examens avec succès, elle reçut son diplôme en octobre 1865, et fut nommée médecin-assistant au dispensaire Sainte-Marie, en juin 1866. Elle a été reçue, ensuite, docteur en médecine de la Faculté de Paris en 1870 et fut, la même année, nommée l'un des médecins visitants de l' « hôpital des enfants et dispensaire des femmes de Londres-Est ». Le 29 novembre 1870, miss Garrett fut élue membre du « London School board » pour Marylebone, à une immense majorité. — Elle a épousé M. Anderson, le 9 février 1871. Mᵐᵉ Garrett-Anderson n'en continue pas moins la pratique de la médecine, à Londres, où elle s'est formé une clientèle étendue de femmes et d'enfants. Elle a écrit divers mémoires, rapports ou articles sur les questions sociales, d'éducation et de médecine.

ANDIGNÉ (marquis d'), HENRI MARIE LÉON, général et homme politique français, né à Orléans, le 19 novembre 1821. Sorti de Saint-Cyr en 1842, dans l'état-major, avec le grade de sous-lieutenant, il devint successivement lieutenant en 1845, capitaine en 1848, chef d'escadron en 1859, lieutenant-colonel en 1864, colonel en 1869 et général de brigade en 1875. Il fit la campagne d'Italie. Au début de la guerre de 1870, il était chef d'état-major du général Lartigue ; et au désastre de Sedan, le corps couvert de blessures, fut un moment considéré comme perdu ; transporté à l'ambulance de Namur par les vainqueurs, il guérit. Membre de la Chambre des pairs jusqu'à la révolution de février, M. le marquis d'Andigné fut élu sénateur de Maine-et-Loire, comme candidat de l'union des monarchistes de toutes nuances en 1876 et réélu en 1879. Il siège naturellement à droite. M. d'Andigné est commandeur de la Légion d'honneur depuis 1874.

ANDLAU (comte d'), JOSEPH GASTON HARDOUIN, général français, sénateur, né à Nancy, d'un père général, le 1ᵉʳ janvier 1824. Destiné dès sa jeunesse à la carrière militaire, il entra à Saint-Cyr après de brillants examens en 1842, sortit second de cette école deux ans après et fut admis dans l'état-major. Lieutenant en 1847, capitaine en 1850, chef d'escadron en 1859, lieutenant-colonel en 1864, colonel en 1869, il était promu général de brigade le 14 janvier 1879. M. d'Andlau a servi en Crimée, où il s'est distingué tout particulièrement, fut cité à l'ordre du jour et nommé chevalier de la Légion d'honneur. Aide de camp du général Saint-Pol, il marcha à la prise de Sébastopol, en tête des colonnes d'assaut, et fut un des rares officiers de sa brigade qui survécurent à cette brillante mais sanglante victoire. Le capitaine d'Andlau devint alors aide de camp du général de Mac-Mahon, et fit la campagne d'Italie. A l'issue de cette campagne, il fut envoyé en Autriche comme attaché militaire à l'ambassade française, et plus tard, désigné comme commissaire de la France pour la fixation des frontières entre la Serbie et la Turquie, et signa en cette qualité le traité passé à cet effet. Colonel depuis le 3 août 1869, M. d'Andlau, au début de la guerre avec la Prusse, fut chargé du service des opérations au grand état-major de l'armée du Rhin, que la capitulation de Metz livra à l'ennemi. Prisonnier des Allemands en vertu de cette capitulation, M. d'Andlau fut interné à Hambourg jusqu'à la fin de la guerre.

Après la signature de la paix, un livre parut qui produisit une profonde sensation, au milieu de tant de livres publiés sur les événements qui venaient de s'accomplir et qui, lus avec avidité, ne laissaient pour la plupart rien dans l'esprit du lecteur, si ce n'est l'impression que l'auteur avait éprouvé un impérieux besoin de se disculper, qu'on l'accusât ou non. Ce livre intitulé : *Metz, campagne et négociations ; par un officier supérieur*, écrit évidemment sans passion, sans parti pris d'aucune sorte, était une relation fidèle des événements qui avaient amené la capitulation de Metz, et dont le simple exposé constituait un acte d'accusation terrible contre le maréchal commandant en chef, Bazaine. Les délégués de Metz appelés à déposer dans l'enquête sur les capitulations ne crurent pas pouvoir quitter Paris sans porter leurs remerciements à « l'officier supérieur » auteur de ce livre, c'est-à-dire à M. le colonel d'Andlau. Le colonel, appelé naturellement à déposer devant le conseil de guerre siégeant à Trianon, le fit avec la même simplicité exempte de passion, et par cela même implacable.

« Membre, depuis 1863, du conseil général de l'Oise pour le canton de Liancourt, que son père avait si longtemps représenté, M. d'Andlau fut porté aux élections sénatoriales dans l'Oise sur la liste républicaine constitutionnelle, et il fut élu au second tour de scrutin. Dans sa profession de foi aux électeurs sénatoriaux, M. le colonel d'Andlau, par une comparaison ingénieuse, a expliqué ce qu'il fallait entendre du mot *revision* inscrit dans la Constitution : « La revision, a-t-il dit, n'a jamais signifié l'abolition du service militaire, mais le maintien des bons sous les drapeaux et le rejet des mauvais. C'est ainsi que je comprendrais la « revision des lois constitutionnelles. » Son mandat sénatorial lui a été renouvelé aux élections du 5 janvier 1879.

On doit au général d'Andlau, outre le livre déjà cité : *De la cavalerie dans le passé et dans l'avenir* (1869) ; *Lettre d'un officier d'état-major sur la capitulation de Metz* (1871) ; *Organisation et tactique de l'infanterie française* (1872). Il a collaboré au *Journal des Sciences militaires*, à la *Revue militaire française*, etc.

ANDRAL, CHARLES GUILLAUME PAUL, avocat et homme politique français, fils du célèbre docteur Paul Andral, mort en 1876, est né le 13 juin 1828, à Paris, où il fit ses études. Il suivait les cours de la Faculté de droit lorsqu'éclata la révolution de février ; peu après, il était attaché au ministère de l'Instruction publique, sous M. de Falloux (1848-49). Reçu avocat en 1851, M. Andral s'est acquis une certaine notoriété en plaidant dans divers procès politiques. Il a signé, en 1865, avec beaucoup d'autres, la brochure intitulée : *Des Sociétés coopératives et de leur constitution*, sorte de paraphrase du projet de loi présenté à cette époque à la Chambre législative, par M. Jules Simon, et a rédigé des consultations à propos de poursuites pour délits politiques et autres. Aux élections de 1869, M. P. Andral se portait dans la Mayenne, comme candidat de l'opposition libérale ; mais il échouait. Le 28 février 1871, il était conseiller d'État le 22 juillet 1872, par l'Assemblée nationale, qui l'y a maintenu par décret, en juillet 1875, conformément à la loi constitutionnelle récemment promulguée, et fut appelé de même à la vice-présidence du Conseil, après la mort d'Odilon Barot. A la retraite du maréchal de Mac-Mahon, M. Andral donna lui-même sa démission (février 1879). — Il avait été promu officier de la Légion d'honneur, le 3 août 1875.

ANDRASSY (comte), JULES ANDRASSY DE CZIK-SZENT-KIRALY ET KRASSA-HORKA, homme d'État austro-hongrois, fils du comte Charles Andrassy et de la comtesse Adélaïde Szapari, né à Zemplin, le 8 mars 1823. En 1845, il succédait à son père, qui venait de mourir, en qualité de président de la Société pour la régularisation de la Theiss, et en 1847, envoyé par les électeurs du comitat de Zemplin à la Diète de Presbourg, où il se fit bientôt remarquer comme orateur, en se ralliant résolument des principes aux réformateurs. Membre de la commission chargée de préparer les projets du parti de la Réforme, dont faisaient également partie Kossuth, Bonis, Szemere et autres, lorsque la Hongrie eut son ministère séparé, il fut nommé (avril 1848), préfet du

Comitat de Zemplin et, en cette qualité, se trouva être, en octobre suivant, commandant du *landsturm* du Comitat qu'il conduisit au combat de Schwechat contre les troupes impériales. Continuant à prendre une part active à la révolution hongroise, le gouvernement national, réfugié à Debreczin, l'envoya en mission à Constantinople (1849), dans le but d'obtenir l'appui de la Turquie. Après la défaite de la révolution, le comte Andrassy, condamné à mort, se réfugia à Paris, où il rencontra, pour la première fois, celle qui devait être sa femme, la comtesse Kendeffy de Malomwiez, et qu'il n'épousa toutefois qu'en 1858. Peu après son mariage, sa mère ayant obtenu sa grâce, il rentra dans son pays. Il repoussa l'offre qui lui fut faite de reprendre les fonctions de préfet du Comitat de Zemplin, par le ministre autrichien (1859). Après la publication du « diplôme d'octobre » qui rétablissait le régime constitutionnel de Hongrie, l'ancien député du Comitat de Zemplin rentra au Parlement comme représentant d'un district électoral de ce Comitat et se rallia au parti de Deak, dont il devint un des membres les plus éminents. Dans la session de 1865, il fut élu second vice-président, et quand, sur la proposition de Deak, fut formée la grande commission des 67, chargée de déterminer quelles affaires devaient être considérées comme communes à la Hongrie et aux autres parties de l'Empire, il fut nommé président de cette commission, dont les travaux, interrompus par la guerre de 1866, mais repris aussitôt après, servirent de base à l'accord avec l'Autriche, à la suite duquel la Hongrie eut son Parlement et son Ministère particuliers. Le comte Andrassy fut alors nommé ministre président du Conseil et chargé du département de la défense du pays (11 février 1867). Au nombre des principaux actes du cabinet hongrois, sous la présidence Andrassy, il faut citer l'émancipation civile et politique des Israélites (novembre 1867). Le comte Andrassy accompagnait l'empereur d'Autriche à l'Exposition universelle de 1867 à Paris. Aux élections de 1869, les électeurs de Pesth l'envoyaient, à l'unanimité, à la Chambre des représentants. — On n'est pas parfaitement éclairé sur la politique extérieure du cabinet hongrois en général et du comte Andrassy particulièrement, lors surtout de la guerre franco-allemande. Le comte de Beust, ministre autrichien des affaires étrangères, affirma en effet, après les événements, que la neutralité autrichienne était due tout entière à ses propres efforts; tandis que le comte Andrassy prétendit que c'était aux siens, et contrairement aux intentions du comte de Beust, qui étaient des plus belliqueuses. Cette dernière assertion est assez vraisemblable, quoique, probablement, ces deux hommes d'État eussent tenu un langage opposé, si le résultat de la guerre eût été différent et que les Allemands eussent été vaincus au lieu d'être vainqueurs et plus arrogants que jamais.

Le comte Andrassy a été nommé ministre de la maison de l'empereur et des affaires étrangères de l'empire, en remplacement du comte de Beust, nommé ambassadeur à Londres, le 14 novembre 1871. — Et, à propos de ce que nous disions plus haut, nous devons remarquer qu'en toute occasion, excepté officiellement, le prince de Bismarck a manifesté l'opinion que le maintien au pouvoir du comte Andrassy était une des choses les plus désirables pour le nouvel empire d'Allemagne. Cette sympathie manifeste du grand chancelier allemand pour le ministre autrichien n'a pas été sans influence sur le rôle important qu'a joué celui-ci dans les affaires d'Orient. On sait, en effet, que les trois grandes puissances du Nord, qui essayaient de se persuader à elles-mêmes, malgré le démenti des faits, qu'elles détiennent entre leurs mains la paix universelle, s'émurent de bonne heure du danger que faisait courir à cette paix l'insurrection herzégovino-bosniaque issue du soulèvement insignifiant du 23 juillet 1875; et que, dans l'espoir apparent d'y mettre un terme, une note rédigée par M. le comte Andrassy, sanctionnée par son souverain d'abord et par les empereurs Alexandre et Guillaume ou leurs chanceliers, fut adressée officiellement à la Porte à cet effet. Le gouvernement d'Abd-ul-Aziz accepta, sincèrement ou non, le programme contenu dans cette *note* (14 décembre 1875); mais les chefs bosniaques et herzégoviniens le repoussèrent ou plutôt ne l'acceptèrent que sous bénéfice d'inventaire. Les négociations traînèrent en longueur; les faits les plus graves se produisirent, qui devaient empêcher de les poursuivre au moins sur les bases actuelles : le 6 mai 1876, les consuls de France et d'Allemagne à Salonique étaient massacrés par une tourbe fanatique. L'étude d'un programme nouveau s'imposa donc à Berlin aux trois empereurs, réunis dans un but différent sans doute (11 mai), et par contre-coup aux trois chanceliers. Un *mémorandum* est rédigé et adressé à la Porte; mais voici qu'Abd-ul-Aziz, déposé, se suicide et que c'est maintenant avec Mourad V qu'il faut négocier... Tous ces contre-temps tragiques, que nous ne pouvons suivre dans leurs détails, rendent inutiles les plus grands efforts isolés ou combinés. Les trois chanceliers ont évidemment perdu leur temps et le leur. Il ne s'agit plus du soulèvement d'un simple vilayet : toutes les nations vassales de la Porte semblent prises du désir insurmontable de secouer le joug. Aujourd'hui ce sont la Serbie et le Monténégro, demain la Roumanie, après-demain la Grèce; les Bulgares relèvent de la boue sanglante, dans laquelle le Turc a voulu les noyer, leur front souillé et meurtri, attendant l'heure de la vengeance! — L'entrevue du 8 juillet du czar Alexandre et de l'empereur François-Joseph, ainsi que de leurs ministres, ne pouvait, pas plus que les précédents, amener de solution compatible avec les idées de paix générale. Enfin, après la défaite désastreuse de la Turquie (mars 1878), le comte Andrassy prit l'initiative de la convocation du Congrès européen réuni le 13 juin, dans le but de résoudre, toujours dans le sens de la paix, les épineuses difficultés pendantes, et qui devait charger l'empire austro-hongrois de pacifier la Bosnie et l'Herzégovine, c'est-à-dire de s'annexer ces provinces par la force des armes. Cette annexion, acceptée avec joie, nécessita d'abord un subside extraordinaire de 60,000,000 de florins que les Chambres n'accordèrent point au chancelier austro-hongrois sans se faire tirer l'oreille; et puis elle eut des débuts malheureux, et ne put être remplie qu'au prix de beaucoup de peine et de dépenses qui provoquèrent une crise parlementaire longue et fatigante, à la suite de laquelle le comte Andrassy donna sa démission, avec la résolution, semble-t-il, de rester désormais éloigné des affaires publiques.

Entre autres distinctions dont un homme dans sa position ne pouvait manquer d'être honoré, le comte Andrassy est chevalier de la Toison d'Or depuis le 1er janvier 1878 et grand'croix de la Légion d'honneur.

ANDRÉ-LÉO, Léonie Béra, dame Champseix (dite), philosophe socialiste et femme de lettres française, née en 1829, à Lusignan (Vienne). Nature profondément réfléchie, à l'abri des distractions du monde, autant par préférence pour l'isolement que grâce aux circonstances de sa jeunesse passée au milieu de la campagne solitaire, elle vivait à l'écart, pensait beaucoup et confiait au papier le fruit de ses pensées. L'indiscrétion d'un parent qui, dit-on, s'empara d'un de ses manuscrits et l'expédia, sous le voile du pseudonyme, à M. Champseix, alors principal rédacteur de la *Revue sociale*, publiée à Boussac par Pierre Leroux, la fit attacher à la rédaction de cette revue. Après le coup d'État de décembre, la *Revue sociale* disparut de la circulation, et les rédacteurs furent forcés de s'expatrier. La jeune philosophe, demeurée dans sa famille, se jugea d'autant plus engagée envers ses infortunés collaborateurs, et resta en correspondance avec eux; avec M. Champseix, toutefois, cette correspondance avait pris à la longue un caractère tout à fait intime. M. Champseix s'était réfugié à Lausanne, et c'est là que, peu de temps après, sa jeune collaboratrice, accompagnée de sa mère, se rendait pour l'épouser. Rentrée en France sous son mari, après l'amnistie de 1859, Mme Champseix perdit celui-ci en 1861, à la suite d'une longue maladie, pendant laquelle elle avait fait des tentatives répétées, mais demeurées stériles, pour se créer par sa plume des ressources qui devenaient de jour en jour plus impérieusement nécessaires et plus rares. Promené inutilement dans les journaux, aux libraires et en librairies, le premier roman de Mme Champseix parut enfin, sous le nom de l'auteur, et fut, malgré tout, fort bien accueilli. Ce premier roman a pour titre : *un Mariage scandaleux* (1863), et est signé *André-Léo*, pseudonyme que l'auteur s'était composé des prénoms de ses deux fils jumeaux, André et Léo, et qu'elle a conservé depuis. — André-Léo a publié ensuite : une *Vieille Fille* et les *Deux Filles de M. Plichon* (1864); les *Désirs de Marinette*, nouvelle publiée dans le journal le *Peuple* (1864); le *Divorce*, publié au journal le *Siècle* (1865); *Jacques Galéron*, tableau saisissant des persécutions cléricales exercées sur un pauvre instituteur de campagne (1866); l'*Idéal au village* (1867); *Double Histoire; Attendre, Espérer*; *Aline Ali* (1868); la *Femme et ses mœurs* (1869), *Légendes corréziennes* (1870), etc. Nous devons encore mentionner une brochure : *Lettre d'une mère de famille au ministre de l'Instruction publique* (1865), relative au système d'instruction et d'éducation des établissements de l'État, et diverses brochures politiques de circonstance.

Sur la fin de l'empire, Mme Champseix prit une part active au mouvement socialiste qui se manifestait dans quelques journaux de la démocratie avancée et dans les réunions publiques, où elle prit souvent la parole et obtint vite un très grand succès. Le 31 mars 1871, elle fit paraître, avec Mme Jaclard, un journal politique, la *Sociale*, dont le titre trahit assez l'esprit, et dont le langage, quoique violent, est de beaucoup le plus correct qu'ait employé la presse parisienne à cette époque tourmentée. Après la défaite de l'insurrection communaliste, André-Léo fut arrêtée et conduite à Versailles; mais elle fut bientôt remise en liberté à la condition qu'elle quitterait immédiatement le territoire français. Elle se réfugia en Suisse, où elle n'a pas cessé de s'occuper de questions sociales et a pris part à plusieurs réunions des membres de l'Association internationale chez lesquels les préoccupations politiques semblent primer toutes les autres. Elle a envoyé de l'exil des articles et des feuilletons qui ont été publiés dans divers journaux de Paris.

ANDRIEUX, Louis, avocat et homme politique français, né à Trévoux, le 23 juillet 1840. En faisant son droit à Paris, il collaborait aux petits journaux satiriques du Quartier latin; inscrit au barreau de Lyon, il fut l'un des fondateurs et des professeurs de la Faculté libre de Droit de cette ville, plaida dans de nombreux procès politiques, fit, dans les principales villes du Rhône et à Saint-Etienne, des conférences très suivies, combattit les candidatures officielles, le plébiscite, en un mot l'arbitraire impérial dans toutes ses manifestations. Il assista, en 1869, au Congrès de la libre pensée à Naples, et y prit une part brillante. En juin 1870, il était condamné à trois mois de prison pour délit de parole. Nommé après le 4 septembre, presque malgré lui, procureur de la République à Lyon, il sut montrer, dans les circonstances les plus terribles, une fermeté inébranlable et une rare modération, suivant le cas. Cette attitude mit quelquefois sa vie en péril, mais il en est résulté une gloire véritable pour le jeune magistrat auquel un seul moment de défaillance, même dans ce que son devoir avait de plus pénible, ne put être reproché. M. Audrieux donna sa démission après la chute de M. Thiers et reprit sa place au barreau de Lyon où il ne tarda pas à être fort occupé. Élu député de la 4e circ. de Lyon, le 20 février 1876, il siégea à gauche, sur les bancs du groupe de l'Union républicaine. Après la dissolution de la chambre, conséquence de l'acte du 16 mai 1877, il fut réélu le 14 octobre. Ces fonctions étant incompatibles, sauf réélection, avec le mandat de député, M. Andrieux résigna ce mandat et se représenta devant ses électeurs, qui le renvoyèrent à la chambre le 6 avril suivant, bien qu'il eût affirmé très nettement son opposition aux mesures d'amnistie pleine et entière qui faisaient partie de leur programme. Ses démêlés avec le conseil municipal de Paris, auxquels son attitude hostile donnait un caractère particulièrement aigre, le dérida à donner sa démission de ce poste, le 16 juillet 1881. Le 21 août suivant, il était réélu député du Rhône. Mais son attitude au cours de cette législature ayant rendu sa réélection plus que douteuse dans le Rhône, il se porta dans les Basses-Alpes aux élections générales de 1885 et fut élu le 18 octobre avec ses amis de la liste radicale.

Nommé ambassadeur en Espagne en mars 1882, M. Andrieux donnait sa démission avant le terme réglementaire de six mois et était remplacé le 30 octobre suivant par M. le baron des Michels. Quelques jours après, 16 novembre, il déposait sur le bureau de la Chambre l'un des projets de révision des lois constitutionnelles qui devaient donner lieu, plus tard, à la réunion du congrès. Il avait été quelque temps, en 1876, directeur politique du journal le *Petit Parisien*; en 1885, il fonda la Ligue, où il publie *Souvenirs d'un préfet de police*, réunis plus tard en volume (juin), et publiés chez J. Rouff.

ANETHAN (baron d'), Jules Joseph, homme d'État belge, né en 1803. Ayant adopté la carrière légale, il fut nommé conseiller du roi en 1831, et cinq ans après avocat général à la cour d'appel de Bruxelles. En 1843, M. Northomb, premier ministre, lui confia le portefeuille de la Justice, qu'il conserva dans les différents cabinets qui se succédèrent jusqu'à l'avènement des libéraux au pouvoir, en 1847. — Lors du retour aux affaires du parti clérical, en juillet 1870, M. le baron d'Anethan est devenu premier ministre et président du conseil, avec le portefeuille des affaires étrangères; mais le cabinet qu'il présidait donna sa démission en décembre 1871, à la suite de la scandaleuse affaire Langrand-Dumonceau, et fut remplacé par un cabinet également clérical, le ministère de Theux-Malou. Il était toutefois resté assez longtemps aux affaires pour se distinguer, pendant la guerre franco-allemande, par ses manifestations sympathiques à l'adresse de la Prusse, et aussi par l'expulsion de Victor Hugo du territoire belge M. d'Anethan siège au Sénat. Il a été envoyé à Rome, en novembre 1875, comme envoyé extraordinaire et ministre plénipotentiaire du royaume de Belgique auprès du Saint-Siège.

ANKER, Albert, peintre suisse, né à Anet (Berne) en 1830. Destiné à la carrière évangélique, il étudia d'abord la théologie, mais y renonça bientôt, poussé par une vocation différente, vint à Paris et fréquenta l'atelier de Gleyre. Il ne tarda pas à se faire, comme peintre de genre, une réputation très honorable. On cite de cet artiste, parmi ses envois aux Salons annuels de Paris: la *Fille de l'hôtesse* et une *École de Village dans la Forêt noire* (1859); *Luther au couvent d'Erfurt* (1861); la *Petite amie, Sortie d'Église* (1863); le *Baptême, Enterrement d'un enfant* (1864); les *Petites baigneuses*, un *Conseil communal* (1865); *Dans les bois*, la *Leçon d'écriture* (1866); les *Dominos, Saute-mouton* (1867); la *Sœur aînée* (1868); les *Marionnettes*, un *Pauvre homme* (1869); la *Soupe de cappel* (1870); *Soldats de l'armée de Bourbaki, soignés par des paysans suisses* (1872); le *Jeu du berceau, l'Ours de neige* (1873); le *Petit musicien* (1874); un *Vieux huguenot*, le *Vin nouveau* (1875); *Printemps*, les *Petites brodeuses* (1876); *Guerre de 1798* (1877); *Lavater* (1883); l'*Ingénieur*, la *Bonne petite fille* (1885), etc. — M. A. Anker a obtenu une médaille au Salon de 1866 et la croix de la Légion d'honneur à l'Exposition universelle de 1878. Il a été élu plusieurs fois membre du grand conseil du canton de Berne.

ANSDELL, Richard, peintre anglais, né à Liverpool en 1815. Ayant reçu dans cette ville l'instruction élémentaire, il manifesta de bonne heure ses penchants artistiques, se forma à peu près seul s'adonna de préférence à la peinture des animaux et des scènes de chasse. On a de lui: la *Chasse au coq de bruyère* et une *Ferme à Galloway*, exposés à l'Académie royale de Londres (1840); *Retour de chasse du comte de Sefton et de ses amis* (1841); la *Mort de sir W. Lambton à la bataille de Marston-Moor* (1842); *Marie reine d'Écosse revenant de la chasse* (1844); la *Chasse au renard dans le Nord* (1845); la *Halte du bouvier* (1846); le *Combat, scène de chasse* (1848). En 1855, M. Ansdell envoyait à l'Exposition universelle: le *Tueur de loups, Bergers rassemblant leurs moutons* et *Chien de berger dirigeant des moutons*, pour lesquels il obtenait une médaille de 3e classe. L'année suivante, il visitait l'Espagne, où il restait plusieurs années, dans la province de Séville principalement, entassant là les esquisses. Il exposa depuis: le *Porteur d'eau* et l'*Abreuvoir des mules* (1857); la *Route de Séville*, le *Berger espagnol* (1858); les *Bords du Guadalquivir*, la *Isla Mayor* (1859); le *Berger perdu dans les neiges* (1860); la *Chasse aux esclaves* (1861); *Excelsior! voyageur trouvé à demi enseveli dans les neiges du Saint-Bernard*, par des moines (1862); *Chevaux foulant le blé dans l'Alhambra*, à l'Exposition universelle de 1867; *Chevriers, dans la baie de Gibraltar* (1874); les *Usurpateurs*, un *Jour de fête: noce se rendant à un combat de taureaux à San-Roque, Gibraltar* (1875); le *Bétail est dans les blés* (1876); la *Demeure du cerf roux* (1877); l'*Agneau égaré*, une *Tempête* (1879); la *Ferme de l'Alhambra* (1881); *Retour de la foire de Séville*, la *Vega de Granada: Retour du pâturage, Rassemblement des moutons pour la tonte dans les montagnes* (1882); la *Chasse à l'ours, Porteur d'eau de l'Alhambra* (1883), etc., etc. — M. Ansdell a reçu des récompenses à diverses expositions nationales et étrangères, outre celle indiquée plus haut. Il est membre de l'Académie royale de Londres depuis 1870.

ANTHIOME, Eugène Jean-Baptiste, compositeur français, né à Lorient (Morbihan), le 19 août 1836. Entré au Conservatoire, il devint élève de Carafa pour la fugue et la composition et remporta le premier second grand prix de composition au concours de 1861. Outre quelques compositions légères, notamment une suite de morceaux de piano intitulée: *Six Croquis d'album*, publiée par M. Anthiome, on lui doit: *Semer pour récolter*, opérette en un acte jouée aux Fantaisies parisiennes (1866); le *Dernier des Chippeways*, un acte, aux Folies-Bergères (1876); le *Roman du jour*, opéra comique en 3 actes, au Théâtre lyrique populaire de la place du Châtelet (mars 1884). — M. Anthiome est répétiteur des classes préparatoires de piano (hommes) au Conservatoire, depuis 1863.

ANTHONY, Suzan Brownell, femme orateur et

journaliste américaine, née le 13 février 1820, à South-Adams (Massachusetts). Son père était membre de la Société des Amis, et propriétaire d'une petite fabrique de coton, dans laquelle elle travailla dans son jeune âge. Ses parents l'envoyèrent ensuite à l'école de Philadelphie. Ayant exercé l'enseignement dans l'État de New-York, elle se prit d'une belle ardeur pour la cause de la Tempérance, et, comme on avait refusé, à cause de son sexe, de l'admettre dans une assemblée de tempérance, elle convoqua pour le même sujet une assemblée de femmes (1849). Depuis lors, elle n'a cessé de prendre une part active à tous les mouvements, qui se sont produits en faveur des droits des femmes et principalement du droit de suffrage. Elle a fondé en 1868, à New-York, un journal, organe des partisans de ces idées, ayant pour titre : the Revolution, lequel disparut en 1876.

ANTOKOLSKI, Marc M., sculpteur polonais, né en 1842 à Vilna. Poussé par une vocation irrésistible et dans l'impossibilité de se procurer des maîtres, il se forma lui-même, et réussit enfin à se faire admettre à l'Académie de Saint-Pétersbourg en 1864. Il y fit des progrès tels que, dès la première année, il obtenait une médaille d'argent pour sa statue du *Tailleur juif* et l'année suivante une pension de l'Académie avec son *Avare*, qui parut à l'Exposition universelle de 1867. Il avait produit entre temps des statues du *Christ* et de la *Vierge* qui avaient été également très remarquées. M. Antokolski a donné depuis: le *Baiser de Judas* (1867); *Juifs massacrés par des inquisiteurs*(1868),le *Tsar Yoan le Terrible*, statue assise, à Berlin (1870); le marbre de cette même statue, à Saint-Pétersbourg (1871). Il avait dans la section russe, à l'Exposition universelle de 1878, plusieurs ouvrages dont les plus remarqués sont : la *Mort de Socrate*, marbre ; *Pierre le Grand* et l'*Enfant mort*, bustes ; le *Christ devant le peuple*, marbre et le *Dernier Soupir*, haut relief en bronze. Il exposait, enfin, au Salon de 1884 deux statues en plâtre: *Spinosa* et *Méphistophélès*. M. Antokolski a obtenu pour son exposition de 1878 une médaille d'honneur et la croix de la Légion d'honneur, et l'Académie des Beaux-Arts le nommait la même année son correspondant dans la section de sculpture. Il est membre de l'Académie des Beaux-Arts de Saint-Pétersbourg depuis 1871.

AOSTE (duc d'). Voyez **Amédée** (prince).

APPERT, Félix Antoine, général français, né le 12 juin 1817 à Saint-Remy-sur-Bussy, village du canton de Dommartin (Marne). Entré à l'école militaire de Saint-Cyr à dix-huit ans, il en sortit en 1838, dans l'état-major et devint successivement capitaine en 1843, chef d'escadron en 1853, lieutenant-colonel en 1857, colonel en 1862, général de brigade en juillet 1870 et général de division le 3 mai 1874. Le général Appert, qui commandait la place de Versailles en 1871, fut investi ensuite du commandement d'une division d'infanterie. Il était placé dans le cadre de réserve, lorsqu'il fut nommé ambassadeur de la République française à Saint-Pétersbourg, par décret du 10 novembre 1883, fonctions qu'il a résignées en juin 1886. — Le général Appert est grand officier de la Légion d'honneur.

APPLEGARTH, Robert, ouvrier et homme politique anglais, né à Kingston-sur-Hull, le 22 janvier 1831, est fils d'un marin qui servit, en qualité de quartier-maître, à bord de la *Terror*, pendant l'expédition de 1841 au pôle antarctique. Après avoir reçu l'éducation plus que médiocre des enfants pauvres, il entra comme apprenti chez un menuisier-ébéniste de sa ville natale. A l'âge de dix-neuf ans, devenu ouvrier, il alla travailler à Sheffield, et vers la fin de 1855, émigra aux États-Unis. Il demeura quelque temps à Galesburg, comté de Knox (Illinois), où il employait ses loisirs et ses économies à acquérir l'instruction qui lui manquait. De retour en Angleterre, il trouva facilement de l'occupation à Sheffield, mais la différence des salaires anglais avec ceux d'Amérique, bien que son habileté lui valût les plus élevés qu'on payât alors, lui causa une pénible déception ; aussi s'empressa-t-il d'entrer dans le mouvement des sociétés ouvrières. A la suite de la grève des ouvriers du bâtiment à Londres, en 1859, la société des menuisiers et charpentiers réunis fut fondée par les soins de M. Applegarth, qui fit tous ses efforts pour donner à cette société toute l'importance qu'elle pouvait avoir ; elle fut inaugurée en juin 1860. Pour reconnaître l'énergie et l'habileté déployées par M. Applegarth pour le bien de la société, ses camarades l'élurent secrétaire général en 1862, et depuis lors le maintinrent chaque année par un nouveau vote dans ce poste de confiance jusqu'en 1871, époque à laquelle il déclina la candidature. Lorsque M. Applegarth avait accepté pour la première fois le poste de secrétaire général, la société se divisait en 32 branches et comptait 805 membres au total, avec un fonds de 790 livres sterling (environ 20,000 francs) ; lorsqu'il la quitta, la société comptait 240 branches, réunissant 105,000 membres, et possédait un fonds de plus de 18,000 livres, ou de 450,000 francs. Les affaires actives de la société retombaient d'ailleurs presque entièrement sur M. Applegarth, qui se trouvait constamment occupé à prévenir les grèves, par l'adoption du système équitable d'arbitrage entre ouvriers et patrons. En 1869, il visita la Suisse pour y étudier l'organisation des écoles, et publia le résultat de ses observations dans une série de lettres adressées au *Sheffield Independent*. En février 1870, il accepta la candidature pour la représentation de Maidstone à la Chambre des communes, mais il se retira devant celle de sir John Lubbock, et, à la fin de la même année, il était nommé membre de la Commission royale d'enquête sur les maladies contagieuses ; ce qui est tout simplement le premier exemple connu d'un ouvrier invité par le gouvernement anglais à occuper une position de ce genre. M. Applegarth a été un membre actif de la Ligue de la réforme, et du Conseil général de Londres de l'Association internationale des travailleurs. Il a signé le manifeste de l'Association internationale, en date du 17 octobre 1871, contenant les résolutions arrêtées dans la conférence tenue à Londres du 17 au 23 septembre précédent, et autour duquel la presse conservatrice française a fait un bruit si éveigné. Il figura également, comme délégué anglais, au Congrès international tenu à Bâle en septembre 1869. Aujourd'hui, M. Applegarth est l'agent à Londres d'une maison française d'entreprise de travaux sous-marins et de mines. Il assistait, le 10 août 1876 au banquet anniversaire de Saint-Mandé.

ARABI PACHA, Seyid Ahmed, général et homme politique, chef de l'ancien parti national égyptien, est né vers 1836, dans un petit village de la province de Charkiéh, dans la Basse-Egypte, d'une famille qui descendrait en ligne directe, par les mâles, d'Husseïn, le plus jeune des petits-fils du Prophète, et par conséquent sainte, quoique sa mère fut originaire fellah. Entré dans l'armée, comme simple soldat, sous le règne de Saïd, qui commença à remplacer les officiers étrangers, Arabi, qui savait lire et écrire tout au moins, fut choisi devant cette de vice-roi et s'éleva en grade avec rapidité. Mais par une raison inconnue, peut-être un simple caprice de Saïd, le jeune officier fut chassé de l'armée et mis à la demi-solde, après un régal préalable d'une centaine de coups de bâton. Il se rendit au Caire, et suivit les cours de l'université ou collège sacré d'El Azhar, ce qui ne pouvait manquer de lui faire, auprès de ses collègues de l'armée, une réputation de savant. Son mariage avec la fille de la nourrice d'El Hami, fils d'Abbas Pacha, élevée dans le palais du prince, accrut encore son influence. Pendant la campagne d'Abyssinie (1872), Arabi fut chargé de la direction des transports militaires ; après cette campagne, il fut employé au transport, dans la Haute-Egypte, des sucres provenant des manufactures du Khédive. Mais ayant eu des difficultés avec le personnel du Khédive, il retourna au Caire et fut réintégré dans l'armée avec son grade de lieutenant-colonel (1873), et il devint le conseiller intime d'Ali Bey el Roubi. De 1876 à 1878, Arabi organisa, sous le nom de *parti national*, une sorte de société secrète parmi les officiers supérieurs de l'armée. Quelques semaines avant le coup d'État d'Ismaïl Pacha contre le ministère européen, une délégation de ces officiers, dont faisait partie Arabi et El Roubi, se rendit auprès d'Ali Pacha Moubarek, pour lui proposer de prendre la direction d'un mouvement ayant pour objet de renverser le ministère imposé par les puissances de l'Europe, créancières de l'Égypte. Celui-ci, qui faisait partie du ministère en question, à la tête duquel se trouvaient MM. de Blignières et Wilson, rendit compte au Khédive des propositions qui venaient de lui être faites ; et le Khédive, après entente avec Arabi, El Roubi et leurs partisans, fit un coup d'État en 1879, dont les conséquences furent la chute du ministère de Blignières-Wilson d'abord, puis sa propre déposition et le remplacement au trône khédivial son fils ainé Tewfik (8 août 1879). Peu après, Arabi était élevé au rang de colonel, et El Roubi nommé président du tribunal de première instance de Mansourah. Cependant, le parti national n'avait pas désarmé, et au printemps de 1881, il résolut d'essayer ses forces. L'armée n'avait pas reçu de solde depuis deux ans, quoique la France et l'Augleterre eussent pris la direction des finances égyptiennes; ce fut naturellement sur cette question qu'Arabi, qui avait été investi du principal rôle dans le mouvement de « réveil du parti national », fit porter les réclamations des officiers. Les contrôleurs en reconnurent le bien fondé et payèrent les arrérages de solde. Mais le Khédive, aidé de Riaz Pacha, résolut de se débarrasser des mécontents dont il sentait bien que les exigences ne se borneraient pas là. En conséquence, les colonels révoltés furent conviés à un festin à la faveur duquel ils furent tous arrêtés. Ce hardi coup de main n'eut pas toutefois le succès qu'on en espérait, car il avait été prévu par les victimes, et leur arrestation provoqua au Caire des protestations si menaçantes que force fut de les relâcher. Arabi résolut dès lors d'en finir avec le despotisme, et le pays étant entièrement avec lui, il n'hésita pas à se porter, à la tête de la garnison du Caire, au palais d'Abdin, pour sommer le Khédive de se défaire de Riaz et de convoquer une assemblée des notables chargée d'apporter dans les affaires du pays les réformes nécessaires (8 septembre). Cette manifestation eut un plein succès. Riaz fut remplacé par Chérif Pacha à la tête d'un nouveau ministère dans lequel Arabi, créé pacha, accepta d'abord les fonctions de sous-secrétaire à la guerre. L'article principal du programme de Chérif était l'établissement en Égypte d'un gouvernement parlementaire. Le 18 décembre parut un manifeste du parti national, dans lequel on était loyalement reconnu pour suzerain, en même temps que calife de l'Eglise musulmane, et le Khédive pour son représentant en Egypte ; mais où le parti déclarait qu'il ne souffrirait pas que l'Egypte fût considérée et traitée comme un simple pachalique turc, ni soumise au pouvoir despotique du Khédive, rappelant du reste à celui-ci sa promesse de gouverner désormais d'après les avis d'une assemblée représentative. Ce fut après la publication de ce manifeste qu'Arabi accepta, contrairement à l'opinion de ses amis, les fonctions de sous-secrétaire au département de la guerre (5 janvier 1882).

L'assemblée des notables était à peine convoquée qu'elle entrait en lutte avec Chérif Pacha et par conséquent avec le Khédive, sur la question du vote du budget que celui-ci refusait à cette assemblée. Les choses prennent à la fin une tournure telle, que le Khédive est forcé d'accepter la démission de Chérif et la formation d'un ministère nationaliste avec Mahmoud Pacha pour président et Arabi pour ministre de la guerre (3 février), lequel donne aux notables le droit de voter le budget, malgré les protestations des contrôleurs européens. La crise égyptienne est ouverte, et au milieu d'événements sur lesquels nous ne pouvons nous appesantir ici, Arabi devient, de fait, une sorte de dictateur de la révolution égyptienne, laquelle prend une importance inattendue. Mandé à Constantinople par le sultan, il refuse d'obéir à cet ordre. Enfin, la France ayant renoncé à participer avec l'Angleterre à la pacification de l'Egypte, la flotte anglaise, sous le commandement de l'amiral Seymour, ouvre le feu contre les forts d'Alexandrie (11 juillet 1882). Le 14, les troupes de débarquement occupaient Alexandrie ruinée par le bombardement, tandis qu'Arabi Pacha essayait de s'emparer du Khédive, qui s'empressait de fuir et de se réfugier dans le palais de Ramleh, sous la protection des Anglais. Cependant, un comité de guerre était installé au Caire pour prendre les mesures nécessaires en présence de l'invasion étrangère, et nommait Arabi chef du pouvoir exécutif (25 juillet). Le 27, Arabi télégraphiait des propositions de paix au Khédive, qui n'avait garde de les accepter et répond à ces propositions, quoique les ulémas l'aient chargé de la défense du pays, en déclarant Arabi rebelle et hors la loi. Les troupes anglaises, sous le commandement du général Wolseley, attaquaient à Ramleh et à Aboukir les forces d'Arabi (19 août), les culbutait battaient complètement, le 13 septembre, à Tell-el-Kebir. Arabi s'enfuit au Caire, avec son lieutenant Toulba, et se rendit au général Drury Lowe, sans condition. Traduit devant un conseil de guerre, dont l'intention avait été d'abord de l'inculper de « crimes de droit commun » mais qui ne retint, en fin de compte que l'accusation de rébellion armée, Arabi Pacha était condamné, le 3 décembre 1882, à la peine de mort. Mais les membres de ce conseil étaient anglais, heureusement pour lui, et les Anglais exigèrent du Khédive une commutation de peine en faveur du condamné, lequel fut en effet condamné au bannissement perpétuel de l'Egypte et de ses dépendances. Forcé de choisir le lieu de son exil, Arabi Pacha choisit Ceylan. Il débarquait en conséquence à Colombo le 10 janvier 1883.

ARAGO, Étienne, écrivain et homme politique français, frère de l'illustre savant républicain François Arago, est né à Perpignan, le 9 février 1802; commença ses études au collège de Perpignan et les compléta à l'école de Sorrèze. Venu ensuite à Paris, il occupa quelque temps, à l'Ecole polytechnique, les fonctions de préparateur de chimie, qu'il abandonna bientôt pour se livrer à la littérature. Il collabora aux premiers romans de Balzac, mais ce fut surtout pour le théâtre qu'il écrivit et où, avec la collaboration de la plupart des auteurs dramatiques de son temps, il donna, de 1832 à 1847, plus de cent pièces, tant vaudevilles que comédies, féeries ou mélodrames, sans oublier les *Aristocraties*, drame en cinq actes et en vers, joué au Français en 1847. Pendant la Restauration, il avait été en outre fort activement mêlé aux luttes de la petite presse, ayant fait partie principalement de la rédaction du *Figaro* d'alors et de la *Lorgnette*. En 1829, il devint directeur du théâtre du Vaudeville. Le lendemain de la publication des fameuses « ordonnances », le 27 juillet 1830, M. Etienne Arago fit, sur les barricades qui s'élevaient de toutes parts, une généreuse distribution de toutes les armes faisant partie des magasins d'accessoires de son théâtre, qu'il ferma, et se battit pendant les trois journées mémorables des 27, 28, 29 juillet 1830. Aide de camp du général Lafayette, qu'il avait conduit à l'hôtel de ville, il devint, peu après, lieutenant d'artillerie de la garde nationale. Compromis dans les événements de juin 1832 et avril 1834, il sut échapper aux recherches de la police ; mais il reparut pour aider à l'évasion de ses amis, enfermés à Sainte-Pélagie en attendant leur jugement. Pendant ce temps, les affaires personnelles de M. Etienne Arago souffraient; le théâtre allait cahin-caha. Pour comble d'infortune, l'incendie dévora celui-ci (1838), consumant le plus beau coup la ruine de son directeur. En février 1848, comme en juillet 1830, il combattit avec une grande bravoure derrière les barricades. C'est dire que s'étant, le 24, emparé de l'hôtel des postes, il s'installa à la place du directeur général, dont le gouvernement provisoire ne tarda pas d'ailleurs à lui confier officiellement les fonctions. On doit à M. Etienne Arago l'introduction en France du système de l'affranchissement des lettres au moyen de timbres mobiles, et par suite, l'unification du prix du port pour toute la France, ainsi que plusieurs autres mesures réformatrices de l'administration postale réclamées depuis longtemps. Le représentant à l'Assemblée constituante par le département des Pyrénées-Orientales, il prit place à la gauche de cette assemblée et vota en conséquence. Au 10 décembre, ayant quitté la direction générale des postes, il fit une vive opposition à la politique de l'Elysée, et signa la proposition de mise en accusation du président et des ministres à propos de l'expédition de Rome. Aux élections pour l'Assemblée législative, il ne fut pas réélu. Chef de bataillon de la 3e légion de la garde nationale de la Seine, il se mit à la tête des gardes nationaux qui avaient répondu à l'appel de la Montagne (13 juin 1849). A la suite de cette manifestation, il quitta la France et fut condamné comme contumax à la déportation, par la haute cour de Versailles. A Bruxelles, où il s'était réfugié, il fonda un comité de secours pour les proscrits du coup d'Etat de 1851, qui arrivaient en foule en Belgique. Des articles hostiles au nouvel ordre de choses, publiés dans un journal belge, motivèrent de la part du gouvernement français une demande d'extradition du coupable, laquelle lui fut accordée ; mais, prévenu à temps, M. Etienne Arago a quitté la Belgique. Il s'arrêta successivement en Hollande, en Angleterre, puis en Suisse, et enfin à Turin, où il put se fixer sans crainte de nouvelles persécutions, et se remit au travail littéraire. De cette époque datent surtout les volumes de vers suivants : *Spa, son origine, son histoire*, etc., poème en sept chants ; les *Deux Décembre*, poème en cinq chants ; et *Une voix dans l'exil*, poésies, dont plusieurs avaient précédemment paru dans des journaux ou recueils périodiques belges ou piémontais.

Rentré en France après l'amnistie de 1859, M. Etienne Arago a fait partie, de la fondation, de la rédaction du journal *l'Avenir national*, en qualité de critique des théâtres, position qu'il conserva jusqu'à la déclaration de guerre à la Prusse. Appelé, le 4 septembre 1870, par le gouvernement de la Défense nationale, à la mairie de Paris, il se signala dans ces fonctions par son zèle et son activité infatigables, aussi bien que par son désintéressement, refusant de toucher le traitement attaché à ses fonctions. Le 20 octobre, il ouvrait une souscription publique pour la fabrication de 1,500 canons, nécessaires à la défense, souscription que le patriotisme de Paris couvrait entièrement en peu de temps. Après le scrutin du 3 novembre, confirmant les pouvoirs du gouvernement de la Défense nationale, il donna sa démission, qui ne fut acceptée que le 15. Le 17, il était nommé commissaire général des monnaies, position qu'il refusa. Aux élections du 8 février 1871, M. Et. Arago fut envoyé à l'Assemblée nationale par le département des Pyrénées-Orientales, mais il donna sa démission quelques jours après, s'excusant sur son grand âge. Chargé alors d'une mission extraordinaire en Italie, sa mission accomplie, il se retira définitivement de la vie publique.

Il accepta toutefois les fonctions d'archiviste de l'École des Beaux arts (1878), et depuis, celles de conservateur du musée du Luxembourg, à la transformation duquel il a présidé (1885-86). Il est aussi membre du Comité des travaux d'art. — On lui doit, outre les ouvrages déjà cités : les *Postes en 1848*. *l'Hôtel de ville au 4 Septembre et pendant le siège* (1874). Il s'occupe actuellement, dit-on, de la préparation de ses *Souvenirs*.

ARAGO, François Victor Emmanuel, avocat et homme politique français, fils aîné de François Arago et neveu, par conséquent, de M. Etienne Arago, est né à Paris le 6 juin 1812. Tout en suivant assidûment les cours de l'École de droit, il se livrait à des travaux littéraires variés et publia, à peine âgé de vingt ans, un volume de poésies. Il avait d'ailleurs collaboré, dès 1830, à un vaudeville, et travaillé pendant quelques années pour le théâtre, en collaboration avec plusieurs auteurs dramatiques en vogue. Mais en 1837, il se faisait inscrire au barreau de Paris, et renonçait pour jamais à la littérature et au théâtre. S'occupant d'abord plus spécialement d'affaires civiles, il épousa bientôt la cause du parti radical et, en 1839, défendit, devant la Cour des pairs, Barbès et Martin Bernard. Il prit une part très active à la révolution de février 1848, et fut nommé par le gouvernement provisoire commissaire général de la République à Lyon, où son administration devait rencontrer les plus grandes difficultés, et sa conduite, entièrement exempte de blâme, donner prise cependant aux calomnies de ses adversaires, qu'un vote motivé de l'Assemblée constituante devait toutefois réduire au silence (février 1849). Aux élections pour l'Assemblée constituante, M. Emmanuel Arago fut élu représentant du peuple par le département des Pyrénées-Orientales ; mais il siégea peu, ayant été, le 26 mai, envoyé à Berlin par la Commission exécutive, comme ministre plénipotentiaire. Il donna sa démission de ce poste dès qu'il connut les résultats de l'élection du 10 décembre. Élu de nouveau par les Pyrénées-Orientales à l'Assemblée législative, il y vota constamment avec la Montagne et y prit part à plusieurs discussions importantes ; il protesta, par exemple, avec une grande énergie, contre l'expédition de Rome. Comme il avait quitté la carrière diplomatique après le 10 décembre 1848, M. Emmanuel Arago, après le 2 décembre 1851, abandonnait la vie politique. Quelque temps après, il reprenait sa place au barreau de Paris, où il plaida principalement des procès politiques ou de presse. Il défendit le Polonais Berezowski, qui avait tiré un coup de pistolet sur l'empereur Alexandre de Russie (1867), au retour de Longchamp, et obtint des circonstances atténuantes en sa faveur. Il plaida également dans l'affaire de la souscription Baudin. Candidat de l'opposition démocratique, en 1869, dans la première circonscription des Pyrénées-Orientales, M. Emmanuel Arago échoua contre un concurrent qui, bien que chaudement appuyé par l'administration, avait dû recourir, pour s'assurer les succès, à des procédés de corruption dont les annales électorales de l'Angleterre fournissent seules des exemples. Mais, aux élections complémentaires de novembre, la 8ᵉ circonscription de la Seine l'envoyait siéger au Corps législatif, où il prit place sur les bancs de la gauche, et, entre autres manifestations mémorables, fut le premier à s'élever contre la déclaration de guerre à la Prusse. Membre du gouvernement de la Défense nationale, il devint ministre de la justice, après le départ à Tours de Crémieux (12 septembre 1870) ; parti à son tour pour Bordeaux avec MM. Garnier Pagès et Jules Simon, après la signature de l'armistice (6 février 1871), il fut, à son arrivée, nommé ministre de l'intérieur, en remplacement de Gambetta, démissionnaire, et jusqu'aux élections du 8 février suivant, où il fut élu, en tête de la liste, représentant des Pyrénées-Orientales à l'Assemblée nationale. Il quitta peu après (19 février) le ministère de l'intérieur où il fut remplacé par Ernest Picard. M. Emmanuel Arago vota constamment avec la gauche républicaine, dont il est un des membres les plus influents. Il a été élu sénateur du département des Pyrénées-Orientales, le 30 janvier 1876, avec son fidèle collaborateur Pierre Lefranc, mort depuis, et a été réélu au renouvellement triennal du 8 janvier 1882.

M. Emmanuel Arago est ambassadeur de la République française près la Confédération suisse depuis 1880.

ARBAN, Joseph Jean-Baptiste Laurent, chef d'orchestre et compositeur français, né à Lyon, le 28 février 1825. Il entra au Conservatoire, en 1841, dans la classe de trompette de Dauverné, et remporta le premier prix en 1845. Adoptant alors le cornet à pistons, il se fit rapidement une grande réputation dans les concerts. C'est surtout aux concerts Musard, fondés en 1856, au boulevard des Capucines, que M. Arban jouit d'une vogue extraordinaire. Peu après, le Casino Cadet ayant été fondé, la direction de l'orchestre lui en fut confiée. Dans ces nouvelles fonctions, M. Arban ne tarda pas à se distinguer, surtout comme chef d'orchestre de bal, et dirigea, outre l'orchestre du Casino, ceux de Valentino, de Frascati, enfin celui du bal de l'Opéra dans l'intervalle de la retraite de M. Strauss à l'incendie de la salle de la rue Le Peletier. — Nommé en 1857 professeur de la classe de sax-horn pour les élèves militaires, il échangea ce poste, en 1869, contre celui de professeur de la classe de cornet à pistons, qui venait d'être créée au Conservatoire. On a de M. Arban une *Grande méthode complète de cornet à pistons et de sax-horn*, et un « extrait » de cet ouvrage. On lui doit en outre un grand nombre de compositions pour son instrument, ainsi que de nombreux morceaux de musique de danse pour piano et pour orchestre.

ARBEL, Lucien, industriel et homme politique français, né à Saint-Claude (Jura), le 26 septembre 1826. Élève de l'École des arts et métiers d'Aix-en-Provence et de l'École centrale des arts et manufactures, M. Arbel s'adonna à l'industrie métallurgique et devint maître de forges à Rive-de-Gier (Loire). Il prit part en cette qualité aux grandes expositions, où il obtint les plus hautes récompenses, notamment une médaille d'or à l'Exposition universelle de 1878 ; la croix de la Légion d'honneur lui avait déjà été accordée à la suite de l'Exposition universelle de Philadelphie (1876). — Nommé colonel de la garde nationale de Rive-de-Gier après le 4 septembre, M. Arbel fut élu député de la Loire à l'Assemblée nationale, le 8 février 1871 ; il prit place au centre gauche, appuya la politique de M. Thiers et après la chute de cet homme d'État, combattit ses adversaires soit par ses votes, soit par son abstention. Aux élections sénatoriales du 30 janvier 1876, il se présenta dans son département comme candidat nettement républicain. Il ne fut élu qu'au troisième scrutin ; mais il fut réélu d'emblée et le premier, au renouvellement triennal du 5 janvier 1879. M. Arbel siège à la gauche du Sénat. — Il est membre du Conseil supérieur de l'enseignement technique, du comité consultatif des chemins de fer, etc., et officier de la Légion d'honneur.

ARBOIS DE JUBAINVILLE (d'), Marie Henri, paléographe français, membre de l'Institut, né à Nancy, le 5 décembre 1827. Il fit son droit à Paris, suivit en même temps les cours de l'École des Chartes où il fut admis en 1848, et fut nommé archiviste du département de l'Aube. Plusieurs fois lauréat du concours annuel des sociétés savantes et de l'Académie des inscriptions et belles-lettres, il devint correspondant de cette académie en 1867 et membre titulaire en 1882. Il est en outre membre de la Société nationale des antiquaires de France et de diverses autres sociétés savantes. M. d'Arbois de Jubainville a été promu officier de la Légion d'honneur en 1880. — Outre de nombreux mémoires et articles insérés dans la *Bibliothèque de l'École des Chartes*, la *Revue archéologique*, la *Collection des mémoires de la Société d'Agriculture, sciences et belles-lettres de l'Aube*, dont il est membre, on doit à M. d'Arbois de Jubainville : les *Armoiries des comtes de Champagne, Recherches sur la minorité et ses effets en droit féodal français* (1851) ; *l'ouillé du diocèse de Troyes* (1853) ; *Voyage paléographique dans le département de l'Aube* (1855) ; *Essai sur les sceaux des comtes de Champagne* (1856) ; *Études sur l'état des abbayes cisterciennes* (1858) ; *Histoire de Bar-sur-Aube* (1859) ; *Histoire des ducs et des comtes de Champagne* (1859-1869, 7 vol.), à laquelle le prix Gobert a été décerné en 1863 et 1864 ; *Répertoire archéologique de l'Aube* (1861), récompensé par une médaille d'or de 1,200 francs (premier prix) au concours des sociétés savantes, la même année ; *Documents relatifs à la construction de la cathédrale de Troyes* (1862) ; *Étude sur les déclinaisons des noms propres dans la langue franque, Recherches philologiques sur l'anneau sigillaire de Pouan* (1867) ; *Étude sur la déclinaison latine en Gaule à l'époque mérovingienne* (1872) ; *Un mot sur le Barzas Breiz* (1875), etc., etc.

ARCAIS (marquis d'), Francesco, critique musical et compositeur italien, né dans l'île de Sardaigne, vers 1830. M. le marquis d'Arcais, qui a fait de bonnes études musicales, rédige depuis plus de vingt ans le feuilleton musical et dramatique de l'*Opinione*, sans préjudice d'une petite chronique quotidienne. Homme éclairé autant qu'artiste délicat, il reste néanmoins opiniâtrement attaché à la vieille école italienne, combattant avec acharnement, quoique avec la plus parfaite urbanité, tout ce qui n'est pas elle, et par conséquent toute nouveauté quelque peu audacieuse. C'est ainsi qu'il va jusqu'à refuser à Richard Wagner toute qualité musicale et n'est pas loin de placer M. Gounod au même rang. Lors de l'apparition de *Faust*, M. d'Arcais ne s'est pas gêné pour affirmer que l'œuvre du maître français n'était pas née viable et, malgré son triomphe incontesté, non seulement en France et en Allemagne, mais en Italie, nous ne croyons pas que l'entêté critique ait modifié son opinion première. — M. le marquis d'Arcais a produit au théâtre plusieurs petits opéras-bouffes: *i Due Precettori*, représenté vers 1862 ; *la Guerra amorosa*, joué à Florence ; et *Sganarello*, représenté à Milan en 1867. On lui doit également une messe funèbre, plusieurs compositions vocales, notamment l'*Addio del Condannato*, scène dramatique pour voix de baryton. Outre sa collaboration assidue à l'*Opinione*, de Rome, M. d'Arcais est un des principaux rédacteurs de la *Gazzetta musicale* de Milan.

ARCH, Joseph, laboureur anglais, chef du mouvement des ouvriers agricoles, est né à Barford, dans le comté de Warwick, le 10 novembre 1826. Son père était laboureur, et lui-même, dès son jeune âge, dut gagner sa vie au travail des champs. S'étant marié avec la fille d'un artisan possédant une certaine instruction, celle-ci le poussa à s'instruire lui-même, c'est-à-dire à ajouter par la lecture à la maigre provision de savoir qu'il avait acquise dans une école primaire. Souvent il passa de longues soirées de veille, le nez enfoncé dans un livre, « tout en fumant sa pipe », au coin du feu de la cuisine. De cette manière, il put acquérir une foule de notions qu'il ne soupçonnait pas auparavant, notamment des notions de logique, et des connaissances d'une nature plus pratique, principalement de calcul et d'arpentage. Il fit également une grande consommation de livres religieux, ce qui lui permit plus tard d'occuper une bonne partie de ses heures de loisir à prêcher au milieu des « Primitive Methodists », non sans succès. Lorsqu'éclata le mouvement des ouvriers agricoles qui devait, par l'entêtement des *landlords* et des riches fermiers, enlever tant de cultivateurs à l'Angleterre, M. Joseph Arch en fut le chef désigné d'avance. Il fonda, en mai 1872, l'*Union nationale des travailleurs agricoles*. Il explora ensuite les districts agricoles de l'Angleterre, provoquant force meetings parmi les laboureurs pour les engager à s'unir, à s'aider mutuellement, puis il alla visiter le Canada, afin d'y étudier la question du travail agricole et de l'émigration. L'*Union nationale des travailleurs agricoles* s'est en peu de temps étendue à toute la Grande-Bretagne, qu'elle divise en trente-quatre districts, lesquels envoient, au Congrès tenu annuellement par l'*Union*, quatre-vingts représentants. Ce congrès, sous la présidence de M. Joseph Arch, discute pendant quatre jours les questions intéressant les ouvriers de la terre, sociales ou politiques ; après quoi les délégués se séparent, mais une commission de permanence demeure, qui veille aux intérêts en cause. Cette association a pu, en 1874, distribuer aux ouvriers de ferme, que leurs démarches n'avaient pu faire obtenir une amélioration à leur sort avaient fait mettre à la porte en masse, par des maîtres forts de leurs millions, la bagatelle de 684,500 fr. ; elle a pu nourrir, pendant quatre à cinq mois, près de quatre mille de ses membres et leurs familles, sans asile et sans pain, et faciliter, enfin, aux plus dépourvus l'émigration en Amérique ou en Australie. Cette crise compromit un moment l'existence matérielle de l'*Union* ; mais elle se releva, ses recettes augmentèrent, et après la perte d'un certain nombre de ses membres, elle compte encore dans ses trente-quatre districts et ses 1380 sociétés affiliées, plus de soixante mille membres qui, avec leurs familles, forment un total approximatif de 400,000 âmes. — Mais ce n'est pas tout ; l'*Union nationale des travailleurs agricoles* a servi de type à plusieurs autres associations ayant un but identique et prêtes à marcher de conserve : ce sont l'*Union fédérale*, qui compte presque autant d'adhérents ; la *Ligue du travail de la terre*, sans parler de nombreuses associations locales faciles à mettre ou rapport avec une association centrale.

Nous ne pouvons entrer dans le détail des résultats obtenus du mouvement organisé par ce pauvre paysan, Joseph Arch ; mais il nous a semblé indispensable d'en indiquer au moins le début infime et l'importance actuelle, ne fût-ce que pour bien marquer la grandeur du rôle de l'humble ouvrier des champs qui fait l'objet de cette notice. — Élu membre de la Chambre des communes pour le comté de Norfolk en 1884, M. Arch a été battu aux élections de juillet 1886, comme candidat gladstonien, par le candidat conservateur, lord Bentinck.

ARDITI, Luigi, violoniste et compositeur italien, né à Crescentino (Piémont), le 22 juillet 1822. Entré au Conservatoire de Milan en 1836, il fit représenter, en 1841, un opera en deux actes intitulé *i Briganti*, et le quitta en septembre 1842. Il avait commencé à se produire comme virtuose dans les concerts dès 1839 et continua à sa sortie du Conservatoire, visitant tour à tour Varese, Novare, Voghera, Verceil ; dans cette dernière ville il fut engagé comme chef d'orchestre, passa ensuite à Milan avec les mêmes fonctions, puis à Turin, et enfin signa un engagement comme chef d'orchestre au théâtre de la Havane. De là, il passa à New-York comme chef d'orchestre de l'Académie de musique, où il donna, en 1856, un grand opéra : la *Spia*. Peu après il faisait un court séjour à Constantinople, où il reçut la croix du Medjidié, puis se rendait à Londres en 1857, pour prendre la direction du théâtre de Sa Majesté. A Londres, M. Arditi commença à publier ses nombreuses mélodies vocales qui rendirent son nom promptement populaire. On cite plus particulièrement son *Omaggio alla Bosio*, et surtout — du moins de ce côté-ci du détroit — sa fameuse valse : *il Bacio*. Depuis quelques années M. Arditi, qui se livre aussi à l'enseignement, dirige à Covent-Garden des « promenades-concerts » qui ont un très grand succès. — On a de cet artiste une quantité innombrable de compositions de musique d'opéra, ainsi que de nombreuses compositions pour le violon, notamment des « fantaisies brillantes » sur des motifs d'opéras.

ARÈNE, Paul Auguste, poète et littérateur français, né à Sisteron (Basses-Alpes), le 26 juin 1843. Il alla terminer à Aix ses études commencées au collège de sa ville natale, et se fit recevoir successivement bachelier et licencié ès lettres. Il était maître d'études au lycée de Vanves, après avoir rempli, pendant une année, les mêmes fonctions au lycée de Marseille, lorsqu'il présenta à l'Odéon sa première pièce, *Pierrot héritier*, un acte en vers (1865). Le succès qui accueillit cet essai le détermina à abandonner ses désagréables fonctions pour se livrer à la littérature, tout en donnant, cependant, des leçons particulières au début. Il collabora bientôt vivement à divers journaux et revues, notamment au *Masque*, au *Nain jaune*, au *Figaro*, au *Corsaire*, au *Petit Journal*, à l'*Événement*, à la *Tribune*, au *Temps*, au *Gil Blas*, au *Parnassiculet contemporain*, parodie du *Parnasse contemporain*, rédigée avec autant de talent que d'humour. *Le Tour de France*, un *Voyage à Avignon et dans le Comtat*, collabora à l'*Armana prouvençau* d'Avignon, et a été le correspondant parisien du *Progrès libéral* de Toulouse. M. P. Arène a donné au théâtre, outre l'acte cité plus haut : les *Comédiens errants*, un acte en vers, avec M. Valéry Vernier, à l'Odéon (1873) ; le *Duel aux lanternes*, au théâtre de la Tour d'Auvergne (même année) ; l'*Ilote*, un acte en vers, aux Français (1875), avec M. Charles Monselet ; le *Char*, op. com. en un acte, musique de M. E. Pessard, à l'Opéra-comique (1878), etc.

On lui doit aussi : *Jean des Figues*, roman provençal (1870), réimprimé avec quatre nouvelles inédites sous ce titre nouveau : la *Gueuse parfumée* (1876).

ARÈNE, Emmanuel, homme politique français, né à Ajaccio (Corse), le 1er janvier 1856, fit ses études à Marseille et à Aix, et vint ensuite faire son droit à Paris. Il s'occupa bientôt de journalisme, collabora notamment au *XIXe Siècle* et devint secrétaire d'Edmond About. Depuis, il a collaboré au *Paris*. Conseiller général de la Corse depuis 1880, M. E. Arène était élu, comme candidat républicain, député de l'arrondissement de Corte à l'élection complémentaire du 4 décembre 1881. Aux élections générales du 4 octobre 1885, faites au scrutin de liste, ce fut la liste bonapartiste qui triompha mais les élections de la Corse ayant été annulées par la Chambre, la liste républicaine, avec M. Arène en tête, passa tout entière au scrutin du 14 février 1886. — Dans la question de l'expulsion des princes (11 juin 1886), M. Arène a voté contre le projet de la commission comportant l'expulsion totale et s'est abstenu au vote du projet Brousse, qui fut adopté.

ARGYLL (duc d'), George Douglas Campbell, baron **Sundridge** en Angleterre et duc d'**Argyll** en Écosse, est né à Ardencaple-Castle, comté de Dumbarton, en 1823. Avant de succéder aux titres de son père, en avril 1847, il s'était déjà fait connaître comme écrivain, homme politique et orateur public. N'étant encore que marquis de Lorne, il prit une part très active à la controverse soulevée dans le sein de l'Eglise presbytérienne d'Ecosse, relativement à la tentative faite pour y établir une hiérarchie, tentative contre laquelle il s'éleva énergiquement avec le docteur Chalmers. Dès 1842, il publiait une brochure au sujet de ces disputes religieuses, décelant un véritable talent littéraire; cette brochure avait pour titre: *Lettre aux Pairs par un fils de Pair*. Peu après, il publiait une autre brochure: *Du devoir et de la nécessité d'une intervention législative immédiate dans l'intérêt de l'Eglise d'Ecosse*, etc , qui contient un aperçu historique de la situation de cette Eglise, relativement, surtout, à son pouvoir constitutionnel en matière ecclésiastique. Enfin, dans le cours de la même année, il publiait une *Lettre au Rév. Thomas Chalmers, docteur en théologie, sur l'état présent des affaires de l'Eglise en Ecosse et sur les causes qui l'ont produit*, dans laquelle il revendiquait pour l'Eglise le droit de faire ses propres lois, tout en s'élevant contre le mouvement en faveur d'une « Eglise libre » qui venait de se produire. se déclarant également opposé aux deux opinions extrêmes. En 1848, le duc d'Argyll publia un essai historique et critique sur l'histoire ecclésiastique de l'Ecosse depuis la Réforme, intitulé: *Presbytery examined* (Examen du presbytérianisme), qui fut très bien accueilli. A la Chambre des lords, le duc est un orateur écouté; les questions principales sur lesquelles il a pris la parole sont: l'émancipation des Juifs, les pratiques corruptrices en matière d'élection, la suppression de l'impôt sur le papier, les titres ecclésiastiques, etc. Pendant l'administration de lord John Russell, il donna au gouvernement un appui général, accentuant sa politique particulièrement dans le sens du parti conservateur libéral, et s'intéressant particulièrement à toutes les questions touchant les intérêts de l'Eglise d'Ecosse, comme à toutes celles concernant l'Ecosse, d'ailleurs, qui s'agitaient devant le Parlement. En 1851, il fut élu chancelier de l'université de Saint-Andrews, d'Edimbourg. En 1852, il accepta dans le cabinet du comte d'Aberdeen les fonctions de lord du Sceau privé. A la chute de ce ministère, en février 1855, il conserva d'abord sa position sous celui de lord Palmerston, qui lui succéda, puis l'échangea (1855) contre celle de directeur général des postes. Au retour de lord Palmerston aux affaires, en 1859, il reprit la charge de lord du Sceau privé, puis l'échangea de nouveau contre celle de directeur général des postes, en 1860, lord Elgin, ayant reçu une nouvelle mission spéciale en Chine. La même année, toutefois, il redevenait lord du Sceau privé. Elu, en novembre 1854, recteur de l'université de Glasgow, il présida la vingt-cinquième réunion annuelle de l'Association britannique pour l'avancement des sciences, tenue dans cette ville en septembre 1855. Il a été également élu président de la Société royale d'Edimbourg en 1861. A la formation du cabinet Gladstone en décembre 1868, il fut nommé secrétaire d'Etat pour l'Inde, et a conservé cette position jusqu'à la chute du gouvernement libéral, en février 1874. Mais il revint aux affaires, comme lord du Sceau privé, avec le ministère Gladstone de mai 1880. Il donna sa démission en avril 1881, sous prétexte de désaccord avec ses collègues sur le *land bill* d'Irlande.

Le duc d'Argyll est lord intendant de la Reine (héréditaire) pour l'Ecosse, chancelier de l'université de Saint-André, l'un des trustees du Musée britannique, shérif héréditaire et lord-lieutenant du comté d'Argyll. En 1856, il a publié le *Règne de la Loi*, ouvrage qui eut un grand nombre d'éditions; en 1869, l'*Homme primitif* (Primeval Man, ou Examination of some recent speculations); en 1870, un opuscule sur *l'Histoire et les antiquités d'Iona*, île dont le duc est propriétaire; en 1874, *the Patronage Act of 1874*, etc., brochure sur l'éternelle question de l'Eglise d'Ecosse; en 1877, des *Observations sur la question importante relative aux rapports entre propriétaires et tenanciers* (pour le Cobden Club); la *Question d'Orient, depuis le traité de Paris jusqu'au traité de Berlin et à la seconde guerre afghane* (1879-80, 2 vol.), etc.

Le fils aîné du duc d'Argyll, le marquis de LORNE, a épousé, en 1871, la princesse Louise, fille de la reine Victoria (voyez LORNE).

ARIENZO (d'), NICOLA, compositeur italien, né à Naples, le 24 décembre 1843; est élève de Romano Vincenzo Fioravanti. Cet artiste a débuté à la scène à l'âge de seize ans, par un opéra-bouffe en dialecte napolitain, représenté au Teatro Nuovo, en juin 1860: *Monzù Gnazio, o la Fidanzata del parrucchiere*. Après s'être produit comme virtuose et comme compositeur, notamment au cercle Buonamici, en 1864, il fit représenter au théâtre Bellini, en 1866, un second opéra en patois napolitain: *i Due Mariti*, traduit plus tard en italien et représenté sous cette nouvelle forme, en 1871, au théâtre Re, de Milan. Il fit représenter ensuite à Naples: le *Rose* (1868); *il Cacciatore delle Alpi* (1870); *il Cuoco* (1873). On lui doit en outre un grand nombre de compositions vocales, etc; il a fait exécuter en 1871, à Rome, un *Pensiero sinfonico*. M. d'Arienzo, aujourd'hui professeur d'harmonie et de composition au Collège de musique de San Pietro a Majella et à l'« Albergo dei Poveri », à Naples, a publié dans cette ville un manuel élémentaire de lecture musicale: *Elementi di lettura musicale*.

ARISTE (d'), ou **DARISTE**, PAUL EUGÈNE AUGUSTIN, homme politique français, fils d'un ancien sénateur de l'empire mort en 1876, est né à Pau le 13 octobre 1845. Avocat du barreau de Paris, M. d'Ariste, qui avait servi pendant la guerre comme officier de mobiles, défendit plusieurs accusés de la Commune de Paris devant les conseils de guerre par pur esprit de charité. Elu député de la 2e circonscription de Pau le 20 février 1876, il siégea à la Chambre sur les bancs du groupe de l'Appel au peuple. Réélu le 17 octobre 1877, il échouait aux élections de 1881 contre son concurrent républicain, M. Cassou; mais il fut élu de nouveau, avec toute la liste réactionnaire, le 4 octobre 1885.

ARMAND-DUMARESQ, CHARLES EDOUARD, peintre français, né à Paris, le 1er janvier 1826, élève de Thomas Couture. Il débuta en 1850 par un *Christ des Naufragés*, acheté par le ministère de l'intérieur. Vinrent ensuite: *Saint Bernard prêchant la Croisade*; le *Martyre de Saint-Pierre* (à la cathédrale de Caen); un *Christ*, pour le Palais de Justice de Paris; le *Départ pour la Croisade*, etc. Vers 1854. M. Armand-Dumaresq, abandonnant les sujets religieux pour la peinture militaire, suivit nos armées dans leurs expéditions en Algérie, puis en Italie, étudiant la vie des camps sur le vif. Parmi les œuvres qu'il a exposées, à dater de cette époque, nous citerons: *Une Mort glorieuse, souvenir de 1812*, à l'Exposition universelle de 1855; puis, la *Prise de la grande redoute à la bataille de la Moskowa*; la *Mort du général Bizot*; un *Episode de la bataille de Solferino* (aux galeries de Versailles); *Charge de la division Desvaux à Solferino*; la *Garde du drapeau*; *Charge des cuirassiers à Eylau*; *Cambronne à Waterloo*, à l'Exposition universelle de 1867; le *Retour de l'Ile d'Elbe* (1868); la *Veille d'Austerlitz* (1869); la *Défense de Saint-Quentin, le 8 octobre 1870* (1872); un *Conseil de guerre au bivouac* et l'*Espion* (1874); la *Signature de l'acte d'indépendance des Etats-Unis d'Amérique* (1875); la *Reddition de Yorktown le 18 octobre 1781*. *Hussard Chamborand* (1875); *Charles XII à Bender* (1877); la *Bataille de Bapaume, prise de Biefvillers* (1885); la *Lecture de l'Annuaire de la cavalerie* (1884); *En reconnaissance* (1885); la *Première ascension du ballon dirigeable la* FRANCE et le *Portrait du sous-lieutenant prince Roland Bonaparte* (1886) et un grand nombre d'autres portraits, dessins, etc.

Parmi les nombreux dessins en outre exécutés par M. Armand-Dumaresq, il convient de citer à part la collection des uniformes militaires, au musée de Versailles. — Chevalier de la Légion d'honneur depuis 1867, il a été promu officier le 18 janvier 1881.

ARMITAGE, EDWARD, peintre anglais, Académicien royal, né à Londres, le 20 mai 1817, fit ses études en France et en Allemagne. Il entra en 1837 dans l'atelier de Paul Delaroche, où il travailla pendant douze ans, et exposa au Salon de 1842. Retourné en Angleterre en 1843, il prit part au concours des fresques pour le nouveau Parlement et remporta un premier prix avec un carton représentant le *Débarquement de Jules César en Angleterre*. Il remportait un nouveau premier prix, en 1845, avec un carton représentant l'*Esprit de la Religion*, et un autre en 1847, pour son tableau: la *Bataille de Meanee*, qui figura ensuite à l'Exposition universelle de Paris, en 1855, et se trouve aujourd'hui au palais Saint-James. On cite encore de lui, le *Festin d'Esther*, qui figura à l'Exposition universelle de Paris de 1867; la *Bataille de Balaklava*; le *Ravin d'Inkermann*, etc.; et parmi ses peintures murales, les fresques de l'église catholique de Saint-Jean à Islington, et la suite de monochromes d'University Hall, Gordon Square, Londres.

M. Armitage a toujours été, d'ailleurs, depuis 1840, un exposant assidu de l'Académie royale de Londres, dont il fut élu associé en 1867, et membre titulaire en décembre 1872. Nous citerons les principaux ouvrages exposés à cette Académie, où les tableaux relatifs aux faits d'armes de Balaklava et d'Inkermann ne figurèrent point, par M. Armitage. Ce sont : *Henri VIII et Catherine Parr*, la *Mort de Nelson (1848)*; *Incident de l'histoire de Thomas-à-Becket (1849)*; la *Vision d'Ezéchiel (1850)*; *Samson (1851)*; la *Tamise et ses tributaires*, dessins pour une fresque du Parlement (1852); le *Mangeur de lotus (1854)*; *Souvenir de Scutari (1857)*; la *Fille de Pharaon (1861)*; *Funérailles d'un martyr chrétien au temps de Néron (1863)*; *Achab et Jézabel (1864)*; le *Remords de Judas (1866)*; *Savonarole et Laurent le Magnifique (1867)*; *Hero allumant le flambleau de la tour (1869)*; l'*Incident qui suggéra à Ésope l'idée de sa fable de « la Fortune et le jeune enfant endormi »*, le *Fils de la Vierge*, *Gethsemani (1870)*; *Paix : un champ de bataille vingt ans après*, *Une deputation reçue par Faraday (1871)*; *Rêve de jolie femme* et *En mémoire du grand incendie de Chicago (1872)*; *Saint Jean recueillant chez lui la Vierge après le crucifiement (1874)*; *Julien l'Apostat président une conférence de sectaires (1875)*; *Émancipation de Serfs*; *un noble Anglo-Saxon donnant, à son lit de mort, la liberté à ses esclaves (1876)*; la *Femme adultère (1879)*; *Samson et le lion (1881)*; *Rencontre de Saint François et de Saint Dominique sur les ruines de l'ancienne Rome (1882)*; une *Vraie centenaire*, portrait d'une demoiselle W., âgée de 101 an et 3 mois (1883); un *Saül* et un *Saint Paul (1886)*, etc. Il avait en outre au Salon de Paris, cette même année 1886, une toile intitulée : *Après les arènes, enterrement d'un jeune martyr chrétien*.

M. Armitage est professeur de peinture à l'Académie royale depuis 1875.

ARMSTRONG, sir WILLIAM GEORGE, inventeur anglais, fils d'un négociant, qui fut aussi quelque temps maire de Newcastle-sur-Tyne, est né dans cette ville en 1810. D'abord avocat, il abandonna bientôt la carrière légale pour se livrer tout entier aux recherches scientifiques qui avaient pour lui un invincible attrait. Ses recherches sur l'électricité, commencées de très bonne heure, aboutirent à l'invention de la machine hydroélectrique, le plus puissant agent de production électrique connu jusque-là, et qui lui valut d'être élu, malgré sa jeunesse, *fellow* de la Société royale de Londres. Ensuite vient l'invention de la grue hydraulique, et de 1845 à 1850 l'application à une foule de machines de la puissance hydraulique, principalement pour l'élévation de fardeaux pesants. Pour la mise en pratique de ses utiles inventions, M. Armstrong fonda, en décembre 1864, la manufacture d'Elswick, près de Newcastle, où fut construit le canon qui porte son nom. Car M. Armstrong ne se borna pas à ces inventions *utiles* dans le sens strict du mot, et c'est surtout, en effet, grâce au « canon Armstrong » que son nom est populaire chez nous. Le gouvernement anglais, ayant fait subir à l'arme nouvelle des épreuves qui eurent un plein succès (1858), en ordonna aussitôt l'application à l'artillerie, et, en conséquence, la fabrication en grand, dont M. Armstrong eut la direction avec le titre d'ingénieur de l'artillerie royale et 50,000 francs de traitement annuel. L'heureux inventeur fut, en outre, fait chevalier et nommé commandeur de l'ordre du Bain (février 1859). Il étendit l'application de son système à tous les calibres, et, en trois ans, put mettre trois mille pièces en service. En février 1863, Sir W. Armstrong résigna sa position officielle et reprit la direction de la manufacture d'Elswick. La même année, il était appelé à la présidence de l'Association britannique. Il est décoré de l'ordre du Dannebrog, du Danemark ; de celui des Saints Maurice et Lazare, d'Italie ; de François-Joseph, d'Autriche ; et de la Rose, du Brésil.

ARNASON, JON, littérateur islandais, fils d'un ministre luthérien, né à Hof, sur la côte septentrionale de l'Islande, le 17 août 1819. Ayant perdu son père de bonne heure, sa mère prit soin de sa première éducation. Il acheva ses études au collège de Bessestad, alors la seule école de l'île, puis devint précepteur particulier dans la famille de Sveinbjörn Egilsson, le recteur du collège. M. Arnason se consacra surtout à l'étude de l'histoire et de la littérature islandaises et se rendit entièrement maître des langues classiques. En 1849, il fut nommé conservateur de la bibliothèque de Reykjavik et, en 1856, secrétaire de l'évêque d'Islande. Il a publié divers travaux biographiques, parmi lesquels la biographie de son ami, le docteur Egilsson. En société avec M. Grimson, il a édité, sous le titre de : *Islenzk Æfintyri*, une petite collection d'histoires aventureuses et de contes féeriques islandais. Mais l'œuvre principale de M. Arnason, celle qui a le plus contribué à sa réputation d'écrivain, c'est certainement ses *Contes populaires*

islandais (1864), dont la plupart ont été traduits en anglais sous le titre d'*Icelandic Legends*, la même année.

ARNAUDEAU, EUGÈNE JEAN MARIE, général et homme politique français, né à Laon en 1821. Sorti de l'École polytechnique en 1843, comme sous-lieutenant du génie, il passa ensuite, sur sa demande, dans l'infanterie de ligne, et fut successivement lieutenant en 1845, capitaine en 1849, chef de bataillon en 1855, lieutenant-colonel en 1860, colonel en 1863, général de brigade en 1868 et général de division le 30 décembre 1875. Il servit longtemps en Algérie et prit part aux principales campagnes de l'empire ; en 1870 il commandait une brigade d'infanterie de la 3e division du corps d'armée de Bazaine. Il a exercé depuis divers commandements, et a fait partie de la Commission internationale de l'Exposition universelle de 1878. — Élu sénateur de la Vienne, en remplacement de M. Bourbeau décédé, le 2 décembre 1877, sans concurrent, au renouvellement triennal du 8 janvier 1882, M. Arnaudeau fut réélu, mais seulement au second tour. Le général Arnaudeau siège au Sénat sur les bancs de la droite. Il est grand officier de la Légion d'honneur du 27 décembre 1884.

ARNAULT, FERDINAND LOUIS BARTHÉLEMY, homme politique français, né à Tours le 21 septembre 1837. Il termina au lycée Saint-Louis, à Paris, ses études commencées à Cahors, suivit les cours de l'École de droit et se fit recevoir agrégé des facultés de droit ; il professa, en cette qualité, l'économie politique à la Faculté de Nancy (1866) et à la Faculté de Toulouse (1867), et publia un résumé de ce cours, entre autres ouvrages de droit. Nommé maire de la commune de Labastide-de-Penne en 1870, conseiller général de Tarn-et-Garonne depuis 1874, M. Arnault a été élu député de ce département le 4 octobre 1885, le dernier de la liste réactionnaire. — Il est secrétaire perpétuel de l'Académie de législation de Toulouse et membre de l'Académie des Jeux floraux.

ARNEIRO (vicomte d'). JOSÉ AUGUSTO FERREIRA VEIGA, compositeur portugais, né à Macao (Chine), le 22 novembre 1838, fit ses études à l'université de Coïmbre (Portugal), où il suivit les cours de la Faculté de droit. Il avait commencé à huit ans ses études musicales, auxquelles il retourna en 1859, sous la direction d'artistes appartenant à l'orchestre du théâtre San Carlos, de Lisbonne, et dont le chef, Vincenzo Shira, lui enseigna la fugue et le contre-point. Il produisit dès lors un grand nombre de compositions diverses : pièces d'orchestre, romances, duos, etc., ainsi qu'une petite comédie : *A Questão do Oriente*, jouée au Théâtre académique, une messe et divers autres morceaux de musique religieuse. En 1866, il fit représenter au théâtre San Carlos un ballet fantastique : *Ginn*, qui eut un grand succès. En 1871, il fit exécuter à l'église São Paulo, de Lisbonne, son grand *Te Deum*, reproduit au mois de mai suivant dans un concert de bienfaisance donné au théâtre San Carlos et depuis sous le titre de « symphonie-cantate », à Paris, où il reçut le meilleur accueil. — Depuis, M. le vicomte d'Arneiro a produit divers morceaux de concert et autres, notamment, *Refrains du printemps*, et un opéra italien semi sérieux : *l'Elisire di Giovinezza*, représenté au théâtre San Carlos au mois de mars 1876.

ARNOLD, EDWIN, littérateur et philologue anglais, fils d'un magistrat du Sussex, né le 10 juin 1832 ; fit ses études à l'École du roi de Rochester et au Collège du roi de Londres, et les termina à l'université d'Oxford. En 1852, il obtenait le prix de Newdigate, pour un poème sur le *Festin de Balthazar*, et fut choisi en 1853 pour présenter l'adresse de bienvenue au feu comte de Derby, à son installation comme chancelier de l'université. Il prit ses grades en 1854. En quittant le collège, il fut nommé « second master » dans la division anglaise de l'École du roi Edward VI, à Birmingham, puis principal du collège de sanscrit à Poona, dans la Présidence de Bombay, et membre de l'université de cette capitale, fonctions qu'il remplissait pendant la rébellion des Indes et qu'il résigna en 1861.

M. E. Arnold a collaboré à une foule de publications périodiques, critiques et littéraires. On a de lui : *Griselda, a drama*; *Poems, narrative and lyrical*; outre plusieurs ouvrages en prose, tels que : *Education in India*; *the Euterpe of Herodotus*, traduction accompagnée de notes ; the *Hitopadesa*, avec vocabulaire sanscrit-marathe-anglais ; ces deux derniers publiés aux Indes. Il a également publié une traduction en vers de l'ouvrage classique sanscrit que nous venons de citer (Hitopadesa), sous le titre de *Livre des bons conseils* (the Book of Good counsels); une *Histoire de l'Administration des Indes sous le feu marquis de Dalhousie (1864)*;

ainsi qu'une histoire populaire, avec citations, des *Poètes de la Grèce*. Depuis 1861, M. Arnold fait partie de la rédaction du *Daily Telegraph*; en cette qualité et au nom des propriétaires de ce journal, il prépara la première expédition de M. George Smith en Assyrie, ainsi que celle de M. Henry Stanley, envoyé par ce même journal, d'accord avec le *New-York Herald*, pour achever l'œuvre de Livingstone en Afrique. Pour la part qui lui revient dans les heureux résultats de l'expédition de M. Smith, il fut publiquement remercié par les directeurs du Musée britannique. Il a publié en 1874, *Hero et Leandre*, traduction en vers héroïques du poème de Musée, et l'année suivante une traduction du *Gita govinda* de Jayadeva, sous le titre de *the Indian song of songs*. On doit encore à M. E. Arnold : la *Lumière de l'Asie*, poème épique sur la vie et les enseignements de Bouddha (1879); *Poésie indienne*, traductions diverses (1881); *Perles de la foi*, ou le *Rosaire de l'Islam (1883)*; *India revisited (1885)*, etc. Il est décoré de l'Etoile de l'Inde, du Medjidié, de l'Eléphant blanc de Siam, etc.

ARNOLD, Arthur, publiciste et homme politique anglais, frère du précédent, né le 28 mai 1833. Lors de la mise à exécution de la loi sur les travaux publics dans les districts manufacturiers, pour y remédier à la détresse résultant de la crise cotonnière (1863), M. Arnold fut nommé commissaire-adjoint dans le comté de Lancastre, où il résida jusqu'en 1866. Il employa ses loisirs à écrire une histoire de cette crise : *the History of cotton famine*, dont l'édition originale, publiée en 1864, fut suivie, en 1865, d'une édition populaire à bon marché. Après deux ans de voyages dans le sud et l'est de l'Europe et en Afrique, M. Arnold revint en Angleterre et publia *From the Levant (1868)*, relation de son tour d'Orient. Il devint alors rédacteur en chef de l'*Echo*, de Londres, qui, sous sa direction, acquit une circulation énorme. Antérieurement à cet évènement de sa vie, M. A. Arnold avait publié deux romans, ayant pour titre, le premier : *Ralph, or St-Sepulchre's and St-Stephen's*, le second : *Hever Court*. — En conséquence de son livre, *From the Levant*, M. Arnold a reçu en 1873 la croix d'or de l'ordre de la Rédempteur de Grèce. La même année, à la mort de M. Baring, son représentant, il accepta la candidature à la Chambre des communes pour Huntingdon; mais il échoua. Il refusait la candidature qui lui était offerte à Northampton, l'année suivante, dans une occasion semblable, quittait l'*Echo* en 1875 et passait une année à visiter la Russie et la Perse. A son retour, il publiait : *A travers la Perse par caravane* (1877). Il publia ensuite : la *Politique sociale (1878)* et *Free Land (1879)*. Aux élections générales de 1880, M. A. Arnold était envoyé à la Chambre des communes par les électeurs de Salford; il succédait en même temps à sir Charles Dilke comme président du Comité grec, organisé en vue d'obtenir une augmentation du territoire de la Grèce. M. Arnold s'est fait une place importante dans les rangs du parti libéral à la Chambre des communes.

ARNOLD, Matthew, poète et critique anglais, né le 24 décembre 1822, à Laleham, près de Staines, où son père, l'illustre Dr Arnold, principal du collège de Rugby, résidait alors avec ses élèves; fit ses études aux collèges de Winchester et de Rugby, puis à celui de Balliol, d'Oxford, où il fut admis en 1840, et remporta le grand prix de poésie (*Newdigate prize*) en 1843, sujet : *Cromwell*. Ayant pris ses grades en 1844, il fut élu en 1845 *fellow* du collège d'Oriel. En 1847, lord Lansdowne le prit pour secrétaire privé, fonctions qu'il remplit jusqu'à l'époque de son mariage avec la fille du juge Wightman, coïncidant avec celle de sa nomination au poste d'inspecteur laïque des écoles, sous la direction du « committee of Council on education, » qu'il a toujours conservé depuis. — On a de lui, outre son *Cromwell* : *Strayed Reveller, and other Poems (1848)*, signé de l'initiale A; *Empedocles on Etna, and other Poems (1853)*, d'abord anonyme. En 1854, il publia un choix de pièces entièrement signé, consistant en un choix de pièces contenues dans les deux précédents, jointes à des pièces inédites. Elu professeur de poésie à l'université d'Oxford en 1857, M. Arnold a publié depuis cette époque : *Merope*, tragédie d'après l'antique, avec une préface où les principes de la tragédie grecque sont examinés et discutés (1858); trois conférences faites précédemment à l'université d'Oxford, sur l'art de traduire Homère (*On Translating Homer*), dans lesquelles il conseille l'emploi de l'hexamètre anglais comme le meilleur équivalent du rythme homérique (1861). Il a aussi publié, cette même année, les mémoires sur les systèmes d'éducation pratiqués en France, en Allemagne et en Hollande, qu'il avait envoyés en 1859-60, au gouvernement, sous forme de rapports de commissaire de l'enquête sur l'éducation populaire. M. M. Arnold a recueilli et publié, sous le titre modeste d'*Essays in Criticism* (1865), quelques-uns des nombreux articles qu'il a répandus d'une main prodigue, soit en vers, soit en prose, dans les publications périodiques littéraires. En 1865, il fit un tour d'exploration sur le continent, délégué par la commission royale d'éducation secondaire, pour étudier, comme il l'avait déjà fait au point de vue général, cinq ans auparavant les systèmes étrangers relatifs aux écoles secondaires et supérieures, et publia, en 1867, un nouvel ouvrage sur ce sujet spécial. Dans la même année, il publia : *Lectures on the study of Celtic literature*; puis: *New Poems (1868)*; *Culture and Anarchy, an Essay in political and social criticism (1869)*, *Saint-Paul and Protestantism, with an Essay on Puritanism and the Church of England (1870)*; *Friendship's Garland, being the conversations, letters and opinions of feu Arminius, baron von Thunder-Ten-Tronckh (1871)*; *Literature and Dogma, an Essay towards a better apprehension of the Bible (1873)*; et en 1877, ses *Derniers essais sur l'Eglise et la religion*. Ses Poèmes ont été recueillis et réimprimés en 1877 et 1881. Enfin il publia un dernier ouvrage en 1882, sous ce titre : *Irish Essays and others*. Il a publié, dans le *Nineteenth Century* de mai 1886, un article sur M. Gladstone intitulé : le *Nadir du Libéralisme*, qui a fait sensation dans le monde politique.

En 1867, M. Arnold abandonna la chaire de poésie d'Oxford ; en 1869, il reçut le titre honorifique de docteur en lois de l'université d'Edimbourg et, en 1870, de sa propre université d'Oxford. Il a reçu en 1876 la croix de commandeur de l'ordre de la Couronne d'Italie, que le roi Victor-Emmanuel lui a conférée en reconnaissance des soins qu'il prit du jeune duc de Gênes, son neveu, qui vécut dans la famille de M. M. Arnold pendant qu'il faisait ses études en Angleterre. En 1886, M. Matthew Arnold visitait les Etats-Unis, et nous le retrouvons, le 8 juin, faisant une conférence à l'université de Pensylvanie sur l'*Education étrangère*, devant un auditoire brillant et nombreux.

ARNOULD, Arthur, littérateur et homme politique français, né à Dieuze (Meurthe), le 7 avril 1833. Il fit ses études à Paris, où son père avait été nommé professeur de littérature étrangère à la Sorbonne, fut quelque temps employé à la préfecture de la Seine et quitta cette position pour se livrer entièrement à la littérature. Il collabora à la *Revue nationale*, dont il devint secrétaire de la rédaction, à la *Revue de l'Instruction publique*, à la *Revue européenne*, à l'*Opinion nationale*, fit partie de la nouvelle rédaction de l'*Epoque* sous la direction de Clément Duvernois (1867), et passa de ce journal au *Rappel*, à la *Presse libre (1869)* devenue bientôt la *Réforme*; collaborant entre temps au *Charivari*, etc. Dans ces divers journaux, M. Arnould s'attira, par ses articles, diverses condamnations auxquelles la publication d'un pamphlet périodique imitant la *Lanterne* et intitulé la *Foire aux sottises* en fit ajouter d'autres. Ce pamphlet fut supprimé, et M. Arnould prit part à la création du journal la *Marseillaise* de M. Rochefort (1870) et à celle du *Journal du Peuple* de Jules Vallès. Après le 4 septembre, il devint sous-bibliothécaire de la Ville, puis adjoint au maire du 4e arrondissement. Il se porta sans succès aux élections pour l'Assemblée nationale (Seine) du 8 février 1871 et fut élu membre de la Commune de Paris après le 18 mars. Quant à son rôle dans cette assemblée, il suffit de dire qu'il faisait partie de l'opposition modérée, dont la situation était loin d'être facile et qu'il se retira après l'institution du Comité du salut public, dans sa mairie du 4e arrondissement où il était délégué. Ayant réussi à quitter Paris, puis la France, avant la prise de Paris par les forces du gouvernement, M. Arnould envoya de la Belgique et de la Suisse, où il s'était réfugié, des articles anonymes et des feuilletons aux journaux de Paris. Ses feuilletons, signés d'abord *Un Absent*, puis *A. Mathey*, ont été réimprimés en volumes, les premiers avec cette dernière signature seulement, les autres sous le vrai nom de l'auteur ajouté à un pseudonyme. M. Arthur Arnould s'est, en tout cas, fait une place distinguée parmi nos romanciers.

Les principaux ouvrages de M. Arthur Arnould sont : *Contes humoristiques* (1857); les *Trois poètes, nouvelles* (1859); *Béranger, ses amis, ses ennemis et ses critiques* (1864, 2 vol.); la *Liberté des théâtres et l'Association des auteurs dramatiques* (1865); *Histoire de l'Inquisition* (1869); *Histoire parlementaire de la Commune de Paris* (Bruxelles, 1874-1878, 3 vol.); le *Brésilien* (1876); la *Belle Julie* (1884); le *Point noir*, *Un Gendre*, le *Roi des mendiants*, le *Passé d'une femme* (1885); la *Fête de Saint Remy (1886)*, etc.

plusieurs de ces romans ont été portés ensuite à la scène.

ARNOULD-PLESSY, Jeanne Sylvanie Arnould, dame **Plessy**, actrice française, née à Metz, en septembre 1819, d'un comédien qui avait été prêtre pendant la Révolution. Venue à Paris en 1830, elle entra au Conservatoire, où elle reçut les leçons de Michelot et de Samson, au mois de décembre de cette même année. Après avoir joué quelque temps sur le théâtre de la rue de Laneri, dirigé par Saint-Aulaire, elle débuta au Français le 10 mars 1834, n'ayant pas quinze ans, dans le rôle d'Emma de la *Fille d'honneur*. Son talent, sa beauté, son extrême jeunesse firent sur le public du Français une vive impression. Le directeur, Jouslin de la Salle, fut si satisfait de cette jeune recrue qu'il obtint pour elle du ministre de l'intérieur qui n'était autre que M. Thiers, une indemnité mensuelle à titre d'encouragement. Après la *Fille d'honneur*, Mlle Plessy parut dans l'*Hôtel garni*, puis dans la *Passion secrète*, de Scribe, puis dans le *Verre d'eau* et une *Chaîne*, du même auteur, deux comédies écrites exprès pour elle. Son succès avait été si grand, que l'empereur de Russie chercha à attirer la jeune artiste à Saint-Pétersbourg. Celle-ci refusa obstinément et, à la fin même de l'année de son début, elle était nommée sociétaire de la Comédie Française. Nous ne rappellerons pas tous les rôles créés ou repris par Mlle Plessy, dont on estime aujourd'hui le total à cent trente-trois; il nous suffira de dire que, dans le répertoire nouveau, comme dans le classique, il ne s'est pas joué au Français une œuvre importante où elle n'ait figuré. Au mois de juillet 1845, en plein épanouissement de son talent, en plein succès, Mlle Plessy disparut tout à coup, sans prévenir personne. Elle était partie pour Londres, où elle épousait un auteur dramatique, M. Arnould, mort du choléra en 1854; après quoi elle acceptait enfin un engagement pour le Théâtre-Français de Saint-Pétersbourg. La Comédie Française ne manqua pas d'intenter un procès à la fugitive; et, naturellement, elle le gagna: Mlle Plessy, désormais Mme Arnould, fut condamnée à 100,000 francs de dommages-intérêts, somme équivalente, ou à peu près aux appointements annuels qu'elle recevait à Saint-Pétersbourg, aux frais et à sa déchéance comme sociétaire. Mais, lorsqu'elle reparut, dix ans après, la Comédie Française lui rouvrit ses portes toutes grandes, et elle y rentra en qualité de pensionnaire, le 17 septembre 1855, avec 24,000 francs d'appointements et trois mois de congé, sans parler de la remise pleine et entière de ces dommages-intérêts auxquels elle avait été condamnée en 1846. Mme Arnould-Plessy resta, dès lors, fidèle à la Comédie française, où elle joua, outre les rôles de son emploi dans l'ancien répertoire, *Lady Tartufe*, l'*Aventurière*, le *Fils de Giboyer*, *Henriette Maréchal*, *Maître Guérin*, la *Grand'Maman (1875)*; enfin, *Petite Pluie (1876)*, sa dernière création. — Nous disons « sa dernière création », car Mme Arnould-Plessy donnait le 8 mai 1876 sa représentation d'adieux, composée des trois premiers actes de l'*Aventurière*, des deuxième et troisième du *Misanthrope*, du deuxième de *Don Juan*, et du *Legs*.

Rappelons que, pendant son séjour à Saint-Pétersbourg, Mme Plessy parut une fois sur la scène de la Comédie Française, et que ce fut pour la représentation de retraite de son vieux professeur Samson (1853), dans laquelle elle joua Araminte, des *Fausses Confidences*. Ce voyage, qu'un bon sentiment lui avait fait évidemment entreprendre, ne fut même pas étranger à son retour définitif à Paris, deux années plus tard.

ARNOUS, Marie Gustave Louis Eugène, homme politique français, né à Toulouse le 30 juin 1846. Gendre de l'ancien sénateur de la Charente, M. André, mort en 1878, il fut élu député le 20 janvier 1884, en remplacement de M. Jules Arnous, son beau-frère, mort également, et prit place au groupe de l'Union des droites », dont il devint secrétaire. Il a été, avec la liste conservatrice tout entière, élu député de la Charente le 4 octobre 1885. M. Arnous a servi, pendant la guerre de 1870, en qualité d'officier de mobiles et assisté aux combats qui se sont livrés autour de Paris, à Villejuif, au Bourget, à Buzenval. Reçu au concours auditeur au conseil d'État, il donnait sa démission en 1877, n'ayant pu, quoique puissamment appuyé, se faire nommer maîtres des requêtes. Il est membre du conseil général de la Charente pour le canton de Brossac.

ARRIETA, don Juan Emilio, célèbre compositeur espagnol, né à Puente-la-Reina, le 21 octobre 1832. Il se rendit en Italie en 1838, pour y faire son éducation musicale, entra au Conservatoire de Milan en 1842 et en sortit, son éducation achevée, en 1845. Peu après, il donnait, sur un théâtre secondaire, son premier opéra: *Ildegonda*. Les événements de 1848 contraignirent M. Arrieta à retourner dans sa patrie, où il se mit courageusement à l'œuvre. En 1850, il faisait représenter avec succès un grand opéra en trois actes: *Isabelle la Catholique, ou la Conquête de Grenade*. Il se joignit ensuite au groupe d'artistes et d'écrivains qui s'étaient donné pour mission la résurrection de l'opéra-comique espagnol, ou *zarzuela*. A partir de cette époque, M. Arrieta n'a cessé de produire des ouvrages appartenant à ce genre éminemment national, et dont plusieurs ont eu un succès retentissant. — On a de don Juan Arrieta, outre les deux ouvrages déjà cités: *el Domino Azul*, zarzuela en trois actes (1853); *el Grumete* (le Mousse), un acte, et la *Vuelta del Corsario*, suite du précédent, un acte (1853); *Marina*, deux actes (1855); joués encore avec succès à New-York, à la fin de 1875, par la « troupe mexicaine »; *la Estrella de Madrid*; *De tal pallo tal astilla* (Tel bois tel copeau); *el Hombre feliz*; *el Sonambulo*; *Guerra a muerte*; *la Dama del rey*; un *Ayo para el niño*; *1864 y 1865*; *A Cadena perpetua*; *el Conjuro* (avec M. Lopez de Ayala); un *Sarao y una soirée*, *Quien manda, manda*; *Llamada y tropa*; *Azon Visconti*; *Cadenas de oro*; *Dos Coronas*; *et Captivo en Argel*; *el Capitan negrero*; *el Agente de matrimonios*; *el Caudillo de baza*; *el Planeta Venus*; *la Toque de Animas*; *la Insula Baratavia*; *la Carceria real*; *la Suegra del diablo* (la Belle-mère du diable); *la Tabernera de Londra*; *los Circasianos*, un *Trono y un Desengano*; *el Molin contra esqualache*, etc. Ajoutons une cantate d'inauguration pour le théâtre de la Zarzuela (11 octobre 1856) et une *Cantate à Rossini (1864)*. — Don Juan Arrieta a été nommé professeur de composition au Conservatoire de Madrid en 1857, et membre du Conseil de l'instruction publique au mois de novembre 1875. Il est directeur du Conservatoire de Madrid.

ARTHUR, Chester Allan, vingt et unième président des États-Unis, est né à Fairfield, dans le comté de Franklin, État de Vermont, le 5 octobre 1830. Il fit ses études au collège de l'Union, à New-York, où son père, d'origine écossaise, était pasteur d'une église baptiste, y prit le grade de bachelier ès arts, suivit des cours de droit et aborda la « carrière légale » en 1850. Il est devenu le chef de l'important cabinet Arthur, Phillips et Knox-man de New-York, où les hommes de loi forment ouvertement des associations aussi bien que les épiciers. Whig à l'origine, il se rallia, dès sa création, au parti républicain dont il devint un des chefs principaux. Lorsqu'éclata la guerre de sécession, M. Arthur fut chargé par le gouverneur Morgan d'assurer l'armement et la subsistance des troupes de l'Union levées dans l'État de New-York, et fut nommé successivement ingénieur en chef, inspecteur général et quartier-maître général. En l'espace de quatre mois, il équipa et envoya sur le champ de bataille soixante-huit régiments d'infanterie et dix batteries d'artillerie. Nommé directeur des douanes du port de New-York par le président Grant, le 21 novembre 1872, il était révoqué par le président Hayes le 20 juillet 1878, avec quelques autres fonctionnaires impopulaires de la précédente administration. Une scission s'étant produite dans le parti républicain, M. Arthur s'était prononcé pour la fraction grantiste, qui préparait une troisième élection du célèbre général à la présidence, laquelle fut battue à la Convention nationale de Chicago (1880), qui assura l'élection de l'infortuné président Garfield. Par suite d'une transaction, en vue de réunir les deux fractions du parti républicain, M. Arthur fut choisi du même coup pour vice-président. C'est ainsi qu'à la mort du président Garfield, assassiné par Guiteau six mois après son inauguration, M. Arthur fut appelé de droit à la présidence, le 19 septembre 1881; il remplit ces fonctions, non sans quelques difficultés, jusqu'en mars 1885, époque à laquelle le nouveau président élu, M. Grover Cleveland, le remplaçait à la Maison Blanche, et reprit alors la direction de son cabinet de New-York.

ARTHUR, Timothy Shay, romancier et journaliste américain, né près de Newburgh (New-York), en 1809. Ses parents étant partis pour Baltimore (Maryland), alors qu'il n'avait que huit ans, son éducation première fut quelque peu négligée. Il commença là par apprendre un métier, puis devint commis de banque. En 1833, il fut envoyé dans l'Ouest comme agent d'une société financière. Ses loisirs de jeune homme, il les employait à l'étude, afin de suppléer à l'insuffisance d'instruction de ses premières années. A son retour à Baltimore, en 1835 il devint codirecteur du journal de cette ville et commença dès lors à écrire des romans et des nouvelles dans lesquels il se propose toujours un but moral. Tels sont ses *Temperance Tales*; *Lights and Shadows of real life*. (Lumières et ombres de la vie réelle); *Tales for rich* *and poors* (6 vol.); *Library for the household* (Bibliothèque du foyer, 12 vol.); *Good Time coming*, qui ont été reproduits en Angleterre et même traduits en plusieurs langues. Ayant quitté Baltimore pour Philadelphie en 1841, M. Arthur a continué ses rapports avec la presse périodique jusqu'à ce jour, et il est devenu éditeur du *Arthur's Magazine* et du *Children's Hour*, journal mensuel destiné à l'enfance. Enfin il a aussi collaboré à divers autres recueils périodiques, notamment au *Harper's Magazine*.

ASSE, EUGÈNE AUGUSTE, publiciste et bibliographe français, né à Paris en 1833. Ayant terminé ses études au lycée Louis-le-Grand, il suivit les cours de l'École de droit et devint secrétaire de M. Oscar de Vallée, qui le fit entrer au *Moniteur universel*, dont il est resté l'un des principaux rédacteurs. Il a collaboré en outre à la presse périodique, notamment à la *Revue contemporaine* et à la *Revue de France*, et donné un certain nombre de notices à la *Nouvelle biographie générale* de Didot. On doit à M. Asse des éditions annotées des *Lettres portugaises*, suivies des *Lettres de Mlle Aïssé* (1873); des *Lettres de Mlle de Lespinasse* (1876); *Mlle Lespinasse et la marquise du Deffant* (1877); *Lettres de la marquise du Châtelet* (1878); des *Contes en vers et en prose* du marquis de Boufflers (1878.) — Il est sous-bibliothécaire à la bibliothèque de l'Arsenal.

AUBANEL, JOSEPH MARIE JEAN-BAPTISTE THÉODORE, littérateur et imprimeur provençal, né en 1829, à Avignon, où il dirige une imprimerie. L'un des chefs du mouvement littéraire provençal, il a édité les principaux ouvrages et recueils littéraires nés de ce mouvement et auxquels il a collaboré d'une manière brillante; notamment les *Provençales*, avec M. Mistral (1852); les *Noëls*, avec MM. Roumanille, Peyrol et Saboly ; l'*Almanach des félibres*, l'*Armana prouvençau*, etc. Il a publié seul, en 1860, la *Miougrano entraduberto* (la *Grenade entr'ouverte*), ouvrage populaire en Provence et qui l'a fait surnommer le Pétrarque français.

AUBE, HYACINTHE, L. T, vice-amiral et homme d'État français, ministre de la marine, est né en 1827. Entré à l'école navale en 1840, il en sortit aspirant et devint successivement enseigne en 1846, lieutenant de vaisseau en 1853, capitaine de frégate (au choix) en 1862, capitaine de vaisseau en 1870, contre-amiral en 1880 et vice-amiral le 18 mars 1886. Cette nomination fut quelque peu discutée dans la presse, comme le premier exemple d'une dérogation au principe de l'ancienneté, deux contre-amiraux plus anciens de grade que M. Aube restant au tableau; mais on comprit généralement la nécessité de cette sorte de faveur pour un ministre de la marine appelé, sans cela, à commander à des officiers généraux qui lui étaient supérieurs en grade. L'amiral Aube s'est distingué comme officier dans plusieurs occasions, et tout particulièrement pendant la campagne de Crimée, où il servait comme lieutenant de vaisseau. Il a été gouverneur de la Martinique. Esprit libéral et réformateur, partisan convaincu de l'emploi systématique des torpilleurs dans les guerres navales et auteur d'études fort intéressantes sur ce sujet, il fut appelé au ministère de la marine dans le cabinet formé le 7 janvier 1886 sous la présidence de M. de Freycinet. Il n'a pas tardé, dans cette haute situation, à donner des témoignages de ses aptitudes administratives aussi bien que d'une activité intelligente dans l'exécution des réformes qu'il juge nécessaire d'apporter aux divers services de son département et dans notre matériel flottant. Il s'est occupé, dès le début de son ministère, de la réorganisation du service d'hydrographie et du service des défenses sous-marines, a provoqué la création d'un corps d'officiers mécaniciens torpilleurs et dirigé les manœuvres de l'escadre de la Méditerranée dans le sens d'une lutte entre torpilleurs et cuirassés sur une aire qui s'étend de la rade de Toulon au cap Corse et à la côte algérienne, qui est l'épreuve décisive de son système. A l'exemple de son collègue de la guerre, il a — mesure moins essentielle — ordonné le port de la barbe pour les équipages de la flotte et les troupes de la marine. L'amiral Aube est beau-frère du général Faidherbe, grand chancelier de la Légion d'honneur. Il est officier de l'instruction publique, et commandeur de la Légion d'honneur depuis le 6 juillet 1881.

AUBRY, MAURICE, financier et homme politique français, né à Mirecourt, en 1820 ; fit son droit à Paris et fut inscrit au barreau de sa ville natale en 1845. La révolution de 1848 le jeta dans le journalisme ; il devint ensuite directeur du Comptoir national d'Épinal, qu'il avait fondé. Élu représentant des Vosges à l'Assemblée législative, il fut arrêté au coup d'État de décembre, et resta quelque temps enfermé à l'Abbaye. Il demeura dès lors étranger à la politique jusqu'en 1863, époque à laquelle il se porta candidat aux élections législatives dans la deuxième circonscription des Vosges et échoua d'un assez petit nombre de voix. M. Aubry, dont la résidence est Paris, où il a fondé une importante maison de banque dès 1852, a été élu, le 5 novembre 1870, adjoint au maire du VIII° arrondissement de Paris. Aux élections du 8 février 1871, pour l'Assemblée nationale, il fut en outre élu représentant des Vosges, et prit place sur les bancs de la droite, avec laquelle il a à peu près constamment voté. Il n'a pas été réélu en 1876. Aux élections pour la Commune de Paris, qui eurent lieu le 26 mars 1871, il s'en fallut de bien peu que M. Aubry, porté par le VIII° arrondissement, sans son aveu d'ailleurs, ne fût élu. On a de M. Aubry : *Théorie et pratique, ou l'Union de l'économie politique avec la morale* (1851) ; les *Banques d'émission et d'escompte* (1864), etc.

AUCOC, JEAN LÉON, jurisconsulte français, né à Paris le 10 septembre 1828; entra à l'École d'administration en 1848 et fit ensuite son droit. Attaché au ministère de l'intérieur en 1851, il a été nommé auditeur au conseil d'État en 1852, maître des requêtes en 1860 et conseiller d'État en 1869. Seul membre du conseil d'État dissous maintenu en fonctions après le 4 septembre 1870, comme membre de la commission provisoire nommée en son lieu, et chargée de la section des travaux publics et des finances, M. Aucoc a été élu, le 22 juillet 1872, conseiller d'État par l'Assemblée nationale, et nommé président de section le 27 du même mois, par décret du président de la République. On cite de M. Aucoc : *Des obligations respectives des fabriques et des communes* (1858); *Voirie urbaine* (1862); *Introduction à l'étude du droit administratif* (1865); *Conférences sur le droit administratif faites à l'École des ponts et chaussées* en 1869 et 1870 (1871-1875, 3 vol.) ; *Notions sur les voies de communication en France, Du régime des travaux publics en Angleterre* (1875); le *Conseil d'État avant et depuis 1789* (1877), conférence à l'Asile de Vincennes, etc. Il a, en outre, collaboré à diverses publications périodiques de droit et d'économie politique. Professeur de droit administratif à l'École des ponts et chaussées, membre — et quelque temps président — de la Société de législation comparée, membre du Comité des travaux historiques et scientifiques, etc., M. L. Aucoc a été élu membre de l'Académie des Sciences morales et politiques le 15 décembre 1877. Il est commandeur de la Légion d'honneur depuis le 3 août 1875.

AUDEBRAND, PHILIBERT, littérateur français, né à Saint-Amand (Cher), en 1816; ayant fait ses études à Bourges, au petit séminaire, il vint à Paris pour les achever, et se lança bientôt dans le journalisme. Il collaborait à plusieurs journaux à la fois, pour lesquels il sténographiait les débats parlementaires, lorsqu'éclata la révolution de février. Il entra alors au *Corsaire*, où il créa une spécialité dans laquelle beaucoup de journalistes, depuis le rétablissement de la publicité des débats des Chambres impériales, ont réussi à se faire remarquer : la *Physionomie de l'Assemblée*. M. Audebrand a écrit, en outre, dans un grand nombre de journaux, une foule d'articles fantaisistes, chroniques, causeries, feuilletons, etc. Il est depuis plusieurs années le chroniqueur attitré et très goûté de l'*Illustration*.

On a de lui: *Voyage à travers la petite presse* (1860); *Schinderhannes et les Bandits du Rhin* (1862); les *Mariages d'aujourd'hui* (1865); *Souvenirs de la Tribune des journalistes* (1867), publiés dix ans auparavant dans la *Gazette de Paris* ; *Histoire intime de la révolution du 18 mars* (1871); le *Drame de la Sauvagère* (1874) ; l'*Enchanteresse*, la *Lettre déchirée* (1876); la *Fille de Caïn* (1884); *la Dot volée*, les *Fredaines de Jean de Cerilly* (1885), etc. A également écrit, en collaboration avec M. René de Rovigo, *Feuilles volantes*, *Historiettes et Menus propos* (1851); publié une édition illustrée des *Voyages et Aventures autour du monde*, de Robert de Kergorlen (1862). Enfin il a donné au théâtre, avec M. Henri de Kock, le *Panier de pêches* (1857), etc.

AUDIFFRED, JEAN HONORÉ, homme politique français, né à Jausiers (Basses-Alpes) le 12 décembre 1840. Il fit son droit à Paris et exerçait la profession d'avocat à Roanne au moment de la guerre de 1870. Nommé sous-préfet de Roanne, après le 4 septembre, il quittait ces fonctions au bout de six mois et reprenait sa place au barreau; il fut élu peu après membre du conseil municipal de Roanne, puis du conseil général de la Loire dont il devint vice-président en 1880. A l'élection complémentaire du 6 avril 1879, nécessitée par le passage au Sénat de M. Cherpin, M. Audiffred fut élu député de la 1re circonscription de Roanne ; il fut réélu aux élections générales du 21 août 1881, et élu député de la Loire sur la liste de l'union républicaine le 4 octobre 1885. A la Chambre, M. Audiffred prend principalement part aux discussions relatives aux questions de finance et d'économie politique; il a été rapporteur de la loi sur la caisse d'épargne postale. M. Audiffred a voté l'expulsion des princes.

AUDIFFRET-PASQUIER (duc d'), EDME ARMAND GASTON, homme politique français, sénateur, né à Paris en 1823; fils du comte d'Audiffret, qui fut receveur général des finances, de 1839 à 1856, et petit-neveu du chancelier baron Pasquier, fait duc par ordonnance royale en date du 14 décembre 1844, laquelle instituait en même temps héritier du titre le jeune comte d'Audiffret. Nommé auditeur au conseil d'État en 1845, la révolution de février le rendit à la vie privée dont il ne voulut pas sortir tant que l'empire lui parut avoir encore quelque vigueur, si ce n'est pour accepter de ses concitoyens le mandat de conseiller général de l'Orne et les fonctions de maire de Sassy, village du département de l'Orne où il a établi sa résidence. Aux élections générales de 1863 et à celles de 1869, il posa sa candidature à la députation dans ce département; mais la candidature officielle fut la plus forte et il échoua. Il n'en fut pas de même aux élections du 8 février 1871, où il passa en tête de la liste, et vint prendre à l'Assemblée nationale sa place au centre droit. Nommé rapporteur ou président de diverses commissions importantes, notamment de la commission des marchés, il se révéla bientôt, aidé par l'occasion, non seulement comme un orateur, mais comme un caractère d'une incontestable énergie. Le 20 juin 1872, il fit partie de la délégation de la droite chargée d'amener M. Thiers à l'adoption d'une politique réactionnaire, démarche dans laquelle elle échoua. M. d'Audiffret-Pasquier, qui vota d'ailleurs constamment avec le centre droit, dans les questions de politique générale, s'entremit, avec un zèle que justifie son origine, en faveur de l'abrogation des lois d'exil, et de toutes les dispositions conformes aux aspirations, d'ailleurs légitimes, des princes de la maison d'Orléans; il prit également une grande part aux tentatives fusionnistes, y cherchant, mais en vain, des adhérents dans le centre gauche. En présence de l'inutilité des efforts tentés pour une restauration monarchique, les préférences de M. d'Audiffret-Pasquier ne tardèrent pas à se manifester pour la forme républicaine, non pas brutalement, mais d'une manière graduelle. Elu vice-président de l'Assemblée en 1874, il seconda de tout son pouvoir les efforts de son beau-frère, M. Casimir Périer, pour amener la conjonction des centres et préparer ainsi l'enfantement, puis l'adoption de la constitution du 25 février, quoique toujours membre et même président du centre droit. A la formation du ministère Buffet, il fut élu président de l'Assemblée nationale.

Le 9 décembre 1875, M. le duc d'Audiffret-Pasquier, qui s'était, quelques jours plus tôt, fait classer au centre gauche, était élu le premier, par l'Assemblée, sénateur inamovible, avec une majorité s'élevant aux quatre cinquièmes du chiffre des votants. Dans sa séance du 13 mars 1876, le Sénat le nommait son président par 205 voix, sur 227 votes exprimés. Après les élections du 14 octobre 1877, il refusa de former un nouveau ministère de combat, et exerça sur le maréchal-président une influence conciliatrice qui faillit le conduire à un duel avec M. Batbie et provoqua la formation du ministère Dufaure. Les élections sénatoriales ayant enlevé la majorité dans le Sénat, M. d'Audiffret-Pasquier dut renoncer à la présidence de la haute Assemblée et rentrer dans le rang. — Après avoir échoué aux élections académiques le 7 juin 1877, il était élu à l'Académie française, le 26 décembre 1878, en remplacement de M. Dupanloup.

AUDOUARD, OLYMPE, femme de lettres française, née vers 1830, à Aix en Provence. Mariée à Marseille, puis séparée peu après de son mari, elle se mit à voyager, visita l'Orient et la Russie, vint à Paris en 1860, et commença bientôt à publier ses premiers ouvrages. On cite de Mme Olympe Audouard, pendant la période qui s'étend depuis son arrivée à Paris jusqu'à son départ pour le Nouveau Monde : *Comment aiment les hommes (1861)*; *Histoire d'un mendiant*, *un Mari mystifié (1862)*; les *Mystères du sérail et des harems turcs (1863)*; le *Canal de Suez (1864)*; les *Mystères de l'Égypte dévoilés (1865)*; *Guerre aux hommes (1866)*; *l'Orient et ses peuplades (1867)*; et quelques brochures, notamment : *Lettre aux députés*, les *Droits de la femme (1867)*; etc. Elle fonda en outre divers journaux ou revues, entre autres la *Revue cosmopolite*, en 1867. Mme Audouard, ayant demandé l'autorisation de rendre cette revue politique, essuya un refus, basé sur ce qu'en sa qualité de femme, elle ne jouissait pas des droits civils et politiques, exigés par la loi. Elle protesta énergiquement par tous les moyens en son pouvoir, comme aussi par sa *Lettre aux députés*, citée plus haut. Elle se mêla ensuite aux réunions publiques qui se multipliaient dans Paris, et fut bientôt poursuivie pour délit de parole. En 1868, Mme Olympe Audouard fit un voyage aux Etats-Unis, où ses conférences firent assez de bruit pour trouver un écho de ce côté-ci de l'Atlantique. Revenue en 1869 à Paris, elle y donna également quelques conférences auxquelles le patronage d'Alexandre Dumas ne fut pas sans doute pas sans utilité. Mme Olympe Audouard a publié depuis cette époque : *A travers l'Amérique*; le *Far-West (1869)*; *North-America (1871)*; *Gynécologie: la femme depuis six mille ans* et *l'Ami intime (1873)*; le *Monde des Esprits (1874)*; les *Nuits russes*, le *Secret de la belle-mère (1876)*, etc.

AUDRAN, MARIUS, chanteur français, né à Aix en Provence, le 26 septembre 1816, est fils d'un entrepreneur de maçonnerie qui alla se fixer à Marseille, en 1818. Le jeune Audran, destiné à suivre la carrière paternelle, apprenait le dessin et l'architecture, tout en travaillant au chantier, et occupait ses loisirs à chanter l'opéra sur un théâtre privé, avec quelques jeunes amateurs comme lui. A l'une de ces représentations intimes, Etienne Arnaud, ayant remarqué la jolie voix de ténor du jeune homme, lui proposa de lui apprendre le chant. C'était en 1834; en 1835, Arnaud l'envoya à Paris, où il entra au Conservatoire en qualité d'élève externe; mais l'année suivante, l'appui de ses parents lui faisant tout à coup défaut, il se vit forcé de solliciter son admission comme pensionnaire, et fut durement repoussé par Cherubini, qui lui déclara carrément qu'il ne ferait jamais rien dans cette carrière. Panseron, à qui Arnaud l'avait recommandé, eut beau faire, il ne put vaincre l'obstination de Cherubini, et M. Audran, n'ayant plus de ressources suffisantes pour continuer ses études à Paris, s'en retourna tristement à Marseille. Il se replaça sous la direction d'Etienne Arnaud, qui l'accueillit cordialement, chanta dans plusieurs salons de la ville et enfin débuta au Grand Théâtre en 1837, dans le *Chalet*, la *Dame blanche*, le *Pré-aux-Clercs*. L'année suivante, il remplaçait Thénard, qui venait de mourir, au théâtre de la Monnaie, à Bruxelles. Il y eut beaucoup de succès. En 1839, il chantait à Bordeaux et à Lyon en 1840 et 1841. Son engagement dans cette dernière ville n'était pas terminé qu'il fut engagé pour trois ans à l'Opéra-Comique, où il débuta en mai 1842, et joua successivement dans la *Dame blanche*, les *Diamants de la Couronne* et le *Chaperon rouge*. Adolphe Adam écrivit exprès pour lui un rôle de son *Roi d'Yvetot*. — Cinq ans après son éloignement forcé du Conservatoire, en dépit de Cherubini et des autres, M. Audran se trouvait avoir fait quelque chose, et de plus, il était soliste à la Société des concerts et membre du jury de ce même Conservatoire où il n'avait pu être admis comme pensionnaire, par la raison qu'il n'était capable de rien faire. — M. Audran est resté dix ans attaché à l'Opéra-Comique, où il a fait des créations importantes dans : le *Roi d'Yvetot*, *Angélique et Médor*, le *Puits d'amour*, le *Mousquetaire* et le *Conseiller*, *Sultana*, le *Banquet de l'Infante*. *Ne touchez pas à la Reine*, *Haydée*, le *Val d'Andorre*, *Giralda*, la *Fée aux roses*, *Madelon*, la *Chanteuse voilée* et *Oreste et Pylade*; passé de l'Opéra-Comique au Théâtre-Lyrique, il créa là ce dernier la *Demoiselle d'honneur*, de Th. Sémet (1857) et *Christophe Colomb*, de Félicien David. — C'est en 1852 que M. Audran quitta l'Opéra-Comique; il alla à Marseille, où il chanta jusqu'en 1856, dans les opéras qu'il avait créés à Paris, donna quelques représentations à Bordeaux, et revint à Paris l'année suivante. Après ses créations du Théâtre-Lyrique, il fit quelques tournées artistiques en province, et se fixa définitivement à Marseille en 1861. Nommé professeur du Conservatoire de cette ville, en 1865, il y dirige encore aujourd'hui les classes de chant et de déclamation lyrique. — On doit à M. Audran un assez grand nombre de compositions vocales dont les plus populaires sont les romances : la *Colombe du soldat*, le *Guide des montagnes*, la *Sœur de lait*, *Vous pleurez d'être heureux*, les *Œufs de Pâques*, etc., etc.

AUDRAN, EDMOND, compositeur français, fils du précédent, né à Lyon le 11 avril 1842. Il fit ses études à Paris, où il fréquenta l'École de musique religieuse de Niedermeyer, et devint maître de chapelle de l'église Saint-Joseph de Marseille. Il a fait exécuter à cette église en 1873, puis à l'église Saint-Eustache de Paris, une messe pour soli, chœurs et orchestre, qui fut très bien accueillie. Il est aussi auteur d'un certain nombre de compositions pour le piano et pour le chant, d'une marche funèbre exécutée au Grand Théâtre de Marseille à l'occasion de la mort de Meyerbeer; et enfin d'un nombre déjà respectable d'opérettes et d'opéras comiques, parmi lesquels nous citerons : *l'Ours et le pacha (1862)*, la *Chercheuse d'esprit (1864)*, la *Nivernaise (1866)* et le *Petit Poucet (1868)*, représentés sur les diverses scènes marseillaises ; et à Paris : *Gillette de Narbonne*, opéra comique en 3 actes, aux Bouffes (1882); les *Pommes d'or*, opéra comique en 3 actes, à la Comédie parisienne et la *Dormeuse éveillée*, opérette en 3 actes, aux Bouffes (1883); le *Grand Mogol*, opéra bouffe en 4 actes, d'abord représenté à Bruxelles, à la Gaîté (1884); *Pervenche*, opéra comique en 3 actes, aux Bouffes (1885); *Serment d'amour*, opéra comique en 3 actes, aux Nouveautés (1886); la *Cigale et la Fourmi*, en préparation (1886), etc.

AUDREN DE KERDREL, Vincent Paul Marie Casimir, homme politique français, sénateur, né à Lorient le 28 septembre 1815, vint faire son droit à Paris, entra ensuite à l'École des Chartes, puis alla rédiger, en 1842, le *Journal de Rennes*, feuille légitimiste. Il se trouvait à Rennes lorsqu'éclata la Révolution de février, et fut élu, le septième sur treize, représentant d'Ille-et-Vilaine à l'Assemblée constituante, puis réélu à la Législative. Il siégea, dans les deux Chambres, sur les bancs de la droite, fit partie de la réunion de la rue de Poitiers, et figurait, le deux décembre 1851, parmi les députés réunis à la mairie du X° arrondissement, lesquels, ne cédant soi-disant « qu'à la force », furent ensuite conduits prisonniers à la caserne du quai d'Orsay. Élu de nouveau député d'Ille-et-Vilaine au Corps législatif, pour la circonscription de Fougères, en 1852, M. Audren de Kerdrel donnait sa démission en novembre suivant, pour ne pas assister au rétablissement de l'empire. Rentré dans la vie privée, il reparut cependant sur la scène politique aux élections générales de 1869, se portant candidat dans la 2° circonscription du Morbihan ; mais il se retira en présence de la candidature de M. Dupuy de Lôme, qui est son parent. Élu, le 8 février 1871, représentant d'Ille-et-Vilaine et du Morbihan, M. Audren de Kerdrel opta pour ce dernier département et prit place sur les bancs de la droite légitimiste et cléricale, dont il devint l'un des principaux orateurs et, à tous les points de vue, l'un des membres les plus distingués. Il fut l'un des neuf représentants délégués, le 20 juin 1872, près de M. Thiers, pour lui imposer le programme de la Droite. Son attitude à l'Assemblée n'a pas besoin d'être relevée plus en détail ; toutefois, rappelons qu'après le vote des lois constitutionnelles (25 février 1875), il est monté à la tribune pour donner solennellement, au nom de la droite modérée, son adhésion à ces lois contre lesquelles il avait voté. M. de Kerdrel, vice-président de l'Assemblée, devint président de la réunion de la droite modérée; il a fait partie de plusieurs Commissions importantes et a été président de celle de l'armée. — Lors de l'élection des sénateurs inamovibles, M. Audren de Kerdrel, porté sur la liste de droite, échoua avec ses amis ; mais il fut élu, le 30 janvier 1876, le premier des trois sénateurs du Morbihan. Il était réélu au même rang lors du renouvellement triennal du 5 janvier 1879. M. Audren de Kerdrel fut vice-président du Sénat depuis mars 1876 jusqu'à ces dernières élections, qui y déplacèrent la majorité.

AUFRECHT, Théodore, orientaliste allemand, né à Leschnitz (Silésie) le 7 janvier 1822 ; fit ses études à l'université de Berlin, il a été nommé professeur de sanscrit et de philologie comparée à l'université d'Édimbourg, en 1862. Le professeur Aufrecht a publié : *Glossaire complet du Rig Veda avec références continuelles à l'Atharva Veda; De Accentu compositorum sanscritorum* (Bonn, 1847); *Halayudha's Abhidhanaratnamala*, vocabulaire sanscrit, republié en Angleterre avec un glossaire anglais-sanscrit complet; les *Hymnes du Rig Veda* (Berlin, 2 vol.); *Commentaires d'Ujivaladatta*: les *Unadistras*, d'après un manuscrit de la bibliothèque de l'East-India House (Londres, 1859); les *Fleurs de l'Hindoustan (1873)*; les *Langues anciennes de l'Italie (1875)*, etc. Il est professeur de sanscrit à l'université de Bonn depuis 1876.

AUGIER, Guillaume Victor Émile, poète et auteur dramatique, né à Valence-sur-Rhône le 27 septembre 1820. Sa famille le destinait au barreau, mais il abandonna bientôt le droit pour la poésie. En 1844, il présentait au Théâtre-Français une comédie en deux actes, en vers : la *Ciguë*; mais le comité, qui avait assez d'une horreur de la jeunesse, défaut qu'il estime était impuissant à lui cacher, refusa la pièce et la livre. La *Ciguë* fut jouée à l'Odéon peu après et eut près de cent représentations consécutives. Cette pièce, l'une des meilleures de M. Émile Augier, le Français devait naturellement en venir ensuite aux sollicitations pour pouvoir en faire profiter son répertoire. Lorsqu'il la publia, l'auteur, qui est petit-fils de Pigault-Lebrun, la fit précéder d'une lettre-préface, dans laquelle il défend la mémoire de son grand-père, trop souvent outragée par des censeurs bien sévères ou bien hypocrites, comme en voient surgir les époques de décadence. Le Français, qui avait si lestement éconduit le poète, cependant, le recherche dès que son succès à l'Odéon lui eût prouvé son mérite ; et il donna à ce théâtre, dès l'année suivante, une autre comédie en trois actes et en vers : *Un homme de bien*, qui ne valait pas la pièce refusée l'année précédente et n'eut qu'un succès d'estime. Le même théâtre reçut successivement : *l'Aventurière (1848)*, comédie en trois actes, remaniée et reçue en 1860 ; *Gabrielle (1849)*, qui obtint le prix Monthyon en partage avec la *Fille d'Eschyle*, d'Autran ; le *Joueur de flûte (1850)*, un acte en vers ; *Diane (1852)*, drame en cinq actes, en vers, expressément écrit à la sollicitation de Rachel, qui y remplit le rôle principal avec son incomparable talent, mais sans pouvoir fixer le succès sur cette œuvre « de commande », bien loin d'être sans mérite pourtant. Vinrent ensuite : la *Pierre de touche (1853)*, cinq actes en prose, en collaboration avec Jules Sandeau, puis *Philiberte (1853)*, comédie en trois actes, en vers, au Gymnase; le *Mariage d'Olympe (1855)*, au Vaudeville; l'année suivante, le Gymnase jouait le *Gendre de M. Poirier*, écrit en collaboration avec Jules Sandeau, et ensuite le titre primitif, la *Revanche de Georges Dandin*, dit assez l'esprit. Cette même année, il fut joué également au Gymnase, *Ceinture dorée*, trois actes en prose. Puis viennent: la *Jeunesse*, cinq actes en vers, à l'Odéon ; les *Lionnes pauvres*, cinq actes en prose, écrits en collaboration avec Éd. Foussier, au Vaudeville (1858) ; *Un Beau Mariage*, cinq actes en prose avec la même collaboration, au Gymnase (1859). On peut ensuite : les *Effrontés (1861)*, au Français, satire vigoureuse de l'union trop intime de la publicité, représentée par le journalisme, avec les lanceurs d'affaires véreuses avides de publicité, et pour cause ; puis le *Fils de Giboyer (1862)*, au même théâtre. Cette pièce, dans laquelle l'auteur condamne si énergiquement certaines pratiques du journalisme contemporain, impossibles à corriger, même en riant, par l'introduction de la religion dans la politique, a donné naissance à une polémique des plus amères. L'auteur y fait littéralement traîner dans la boue par ceux qui espérait peut-être ramener hors de l'ornière, et il va sans dire qu'on ne manqua pas de lui lancer son grand-père à la tête. Nous ne croyons pas qu'il s'en soit trouvé excessivement ému, et nous savons que le *Fils de Giboyer* eut un très grand et très légitime succès, grandi encore, mais sans aucun doute, par tout ce tapage fait autour de lui. M. Émile Augier donnait également au Français, en 1863, *Maître Guérin*, comédie en cinq actes en prose, qui tint cinq mois l'affiche. Il avait fait recevoir au Français, pour être jouée dans l'hiver 1865-66, une pièce en cinq actes dont le titre primitif était le *Baron d'Estrigaud*; mais la scène du Français tenait un succès : le *Lion amoureux*, de Ponsard, qui menaçait de faire remettre la représentation de la pièce de M. É. Augier à l'hiver suivant; dans cette crainte, l'auteur la reporta au théâtre de la rue de Richelieu et la porta à l'Odéon, où elle fut jouée sous le titre de la *Contagion* (mars 1866). Cette pièce, malgré le bruit qui s'était fait autour d'elle, réussit moins franchement qu'on ne pouvait l'espérer. La belle saison (c'est-à-dire la saison de fermeture) venue, M. Aug. qui avait été associé à remplir à l'Odéon le rôle qui lui était destiné dans la pièce, organisa une troupe d'artistes avec laquelle il fit, en province, une tournée émaillée d'incidents divers. Nous citerons encore : *Paul Forestier (1868)*, au Français, quatre actes en vers ; cette pièce ne put être jouée qu'après de nombreuses retouches exigées par la censure, mais n'en eut pas moins un succès très franc et prolongé ; le *Post-scriptum*, un acte en prose (1869), au Français ; les *Lions et les Renards*, 5 actes en prose (1870) ; *Jean de Thommeray*, en collaboration avec Jules Sandeau, 5 actes en prose, au Français, (1873) ; *Madame Caverlet (1876)*, 4 actes en prose, au Vaudeville ; le *Prix Martin*, en collaboration avec M. Labiche, 3 actes en prose, au Palais-Royal (même année) ; les *Fourchambault*, trois actes en prose (1878).

Nous devons ajouter aux œuvres précédemment citées : les *Méprises de l'amour*, comédie en cinq actes en vers, écrite vers 1844, mais qui n'a pas été jouée ; le livret de *Sapho*, opéra en trois actes de M. Gounod (1851) ; un volume de *Poésies (1856)* ; sa collaboration avec Sandeau pour la *Chasse au roman*, pièce tirée d'un des romans de cet auteur, avec Alfred de Musset pour *l'Habit vert*. — M. Émile Augier a été membre de l'Académie française en 1857, en remplacement de M. de

Salvandy; sa réception solennelle eut lieu le 28 janvier de l'année suivante. Il est grand officier de la Légion d'honneur depuis le 30 décembre 1881.

AUGU, HENRI, romancier français, né à Landau (Bavière) le 25 décembre 1818 ; fit ses études à Strasbourg, puis vint à Paris pour y suivre les cours de l'Ecole de droit; mais il y préféra le journalisme et la littérature. En 1848, il fut envoyé à Cherbourg comme commissaire de la République; en 1849, il entrait à la rédaction du *Siècle*, à laquelle il resta attaché jusqu'en 1870, collaborant en même temps à la *Revue germanique et française*, au *Monde illustré*, à la *Chronique illustrée*, à l'*Illustrateur des dames*, aux *Veillées parisiennes illustrées*, au *Journal de Cherbourg*, à l'ancienne *Réforme*, et depuis sa sortie du *Siècle*, au *National* de *1869*; collaborations consistant principalement en romans-feuilletons, parmi lesquels nous citerons : les *Zouaves polonais de la mort* (1862); les *Faucheurs polonais* (même année); les *Français sur le Rhin* (1864); *Montgommery ou les Anglais en Normandie* (1865) ; le *Tribunal du sang* (même année); les *Oubliettes du vieux Louvre* (1867); les *Assassins du Liban* (1868); le *Mousquetaire du Cardinal* (1869) ; l'*Abbesse de Montmartre* (1870); le *Martyr du devoir* (1871); la *Vengeance d'une femme* (1875). Il a en outre publié une comédie en trois actes: les *Femmes sans nom* (1867), non représentée; et fait jouer au théâtre Beaumarchais : les *Rôdeurs de barrières* (1868); les *Oubliettes du vieux Louvre* et les *Drames de la mansarde* (1869). On doit également à M. H. Augu un grand nombre de nouvelles non réimprimées en volumes.

AUJAME, PIERRE FRANÇOIS, industriel et homme politique français, né à Saint-Pourçain (Allier) le 6 mars 1834. Il fit ses études à Moulins et entra dans le commerce. Il est propriétaire, à Commentry, d'un grand magasin de nouveautés et d'une fabrique de meubles. Politique militant, il s'est signalé notamment aux élections législatives de 1863, en combattant avec ardeur le candidat officiel. Membre du conseil municipal et maire de Commentry, conseiller général de l'Allier depuis 1871 et président du tribunal de commerce de Montluçon depuis 1880, M. Aujame a été élu député de l'Allier, en tête de la liste républicaine, le 4 octobre 1885. Il appartient au groupe de l'union républicaine et a voté l'expulsion totale dans la question des princes.

AUMALE (duc d'), HENRI EUGÈNE PHILIPPE LOUIS d'ORLÉANS, général français, quatrième fils de Louis-Philippe Ier, est né à Paris le 16 janvier 1822 ; il fit ses études au collège Henri IV et, à dix-sept-ans, entra comme sous-lieutenant dans l'armée. Il était promu capitaine d'infanterie la même année (1839), et en 1840, accompagnait le duc d'Orléans, son frère aîné, en Algérie, en qualité d'officier d'ordonnance. S'étant distingué dans plusieurs combats, il obtint successivement, dans cette même année, les épaulettes de chef de bataillon, puis celles de lieutenant-colonel du 17e léger. Ayant contracté les fièvres, il fut rappelé en France en 1841. Nommé maréchal de camp en 1842, il reprit le chemin de l'Algérie, où il allait prendre le commandement de la subdivision de Médéah. La prise de la smalah d'Abd-el-Kader (mai 1843), fait d'armes le plus brillant et le plus décisif de cette campagne, lui valut les épaulettes de lieutenant général. Nommé ensuite commandant de la province de Constantine, il dirigea, l'année suivante, la campagne de Biskra. Ce fut cette année (1844), que le duc d'Aumale épousa la princesse Marie-Caroline-Auguste de Bourbon, fille du prince Léopold de Salerne, née le 26 avril 1822, et qui est morte à Twickenham, le 6 décembre 1869. Nommé gouverneur général de l'Algérie le 21 septembre 1847, en remplacement du maréchal Bugeaud, on sait que c'est sous son gouvernement (novembre 1847) que le « nouveau Jugurtha » fit sa soumission. Lors de la Révolution de février 1848, le prince se borna à remettre ses pouvoirs au général Cavaignac et s'embarqua ensuite pour aller rejoindre sa famille en Angleterre, où il résida presque exclusivement jusqu'à son retour en 1870, s'occupant de travaux littéraires. Une *Lettre sur l'Histoire de France*, adressée par le duc d'Aumale au prince Napoléon, en 1861, éditée à Paris et imprimée à Saint-Germain, fit grand bruit alors; aussi fut-elle saisie, et l'imprimeur et l'éditeur condamnés chacun à 5,000 francs d'amende et à la prison : un an pour l'éditeur, six mois pour l'imprimeur. La même année, la Société des gens de Lettres (Royal literary Fund) de Londres offrait au prince la présidence de son banquet annuel, qu'il accepta avec la meilleure grâce, et il fit à cette occasion un discours qui fut alors très remarqué. — En dehors de ses occupations littéraires, le duc d'Aumale, qui, en sa qualité d'héritier des Condé, jouissait d'une fortune personnelle considérable, s'occupait d'agriculture pratique dans un vaste et magnifique domaine qu'il possède, outre la maison de Twickenham, sur les bords de la Tamise, dans le comté de Worcester.

Pendant la guerre franco-prussienne, le duc d'Aumale, ainsi que les autres membres de sa famille, d'ailleurs, sollicita, mais vainement, l'autorisation de servir dans les rangs de l'armée française. Aux élections du 8 février 1871, il était élu député de l'Oise, où il avait posé sa candidature par une profession de foi républicaine envoyée en temps de Londres. Il rentra en France après l'abrogation des lois d'exil, votée en juin suivant; mais il ne siégea, ainsi que son frère, le prince de Joinville, également élu membre de l'Assemblée, qu'après l'adoption de la proposition Rivet, confirmant M. Thiers, pour deux années, au poste de chef du pouvoir exécutif, avec le titre de « Président de la République » (30 août 1871). M. le duc d'Aumale a été élu, le 30 décembre 1871, membre de l'Académie française, en remplacement de Montalembert ; par décret du 10 mars 1872, il a été réintégré dans les cadres de l'armée comme général de division, puis désigné pour présider, en octobre 1873, le Conseil de guerre de Trianon, qui jugea Bazaine. Aux élections pour la Chambre des députés du 20 février 1876, M. le duc d'Aumale ne se représenta pas devant ses électeurs, déclarant vouloir se dévouer entièrement à la division dont le commandement lui était confié. Il fut relevé de ce commandement le 19 janvier 1879, après la retraite du maréchal Mac Mahon comme président de la République, et nommé inspecteur général. Le 31 janvier 1883, la Chambre des députés votait la loi contre les princes des familles ayant déjà régné sur la France, à la suite de laquelle le duc d'Aumale était placé dans le cadre de réserve. La loi de juin 1886 ne visant que les prétendants, il a pu rester en France — du moins, pour le moment. — On a du duc d'Aumale : des travaux remarquables sur le *Siège d'Alesia*, la *Captivité du roi Jean* ; sur les *Zouaves* et les *Chasseurs à pied*, ces deux dernières études parues d'abord, en 1875, dans la *Revue des Deux Mondes*, sous la signature du gérant. En conséquence du ressentiment inspiré par sa *Lettre sur l'Histoire de France* (1861), à laquelle nous avons fait allusion plus haut, les feuilles de son *Histoire des princes de Condé*, dont l'impression avait été entreprise l'année suivante, furent saisies sous presse, et cet ouvrage ne put paraître qu'en 1869 (2 vol. in-8°), après des réclamations incessantes, restées vaines jusque-là. Il a été traduit en anglais, par M. Robert Brown-Borthwick, sous le titre de : *History of the Princes de Condé in the sixteenth and seventeenth centuries* (Londres, 2 vol., 1878). On lui doit encore une importante étude sur l'*Autriche*, également publiée dans la *Revue des Deux Mondes*, et son *Discours prononcé sur la réorganisation de l'armée, le 28 mai 1872*, à l'Assemblée nationale (1872).

De son mariage avec la princesse Marie Caroline, morte, comme nous l'avons dit, à la fin de 1869, M. le duc d'Aumale a eu deux fils, morts également tous deux: Louis Philippe Marie Léopold d'Orléans, prince de Condé, né à Paris le 15 novembre 1845, mort à Sydney (Australie), en juin 1866 ; et François Louis Marie d'Orléans, duc de Guise, né à Twickenham, le 5 janvier 1854, mort en France le 25 juillet 1872.

AURIAC (d') PHILIPPE EUGÈNE JEAN MARIE, littérateur français, né à Toulouse le 17 octobre 1815. Il fit ses études à Paris, au collège Bourbon et suivit les cours de l'école des langues orientales vivantes. Admis à la Bibliothèque nationale, comme surnuméraire, en 1838, il y fut reçu employé en 1840 et demeura dans cette position modeste jusqu'à la fin de l'Empire ; il est aujourd'hui conservateur-adjoint au département des imprimés. M. Eugène d'Auriac débuta dans le journalisme en 1839 ; depuis cette époque, il a collaboré à un grand nombre de journaux et de publications périodiques diverses ; attaché au *Siècle* dès sa fondation, il a donné à ce journal, outre des éphémérides historiques quotidiennes, une quantité d'articles d'érudition historique dans l'un desquels, par exemple, il entreprit la réfutation de la légende des « Bourgeois de Calais », due à Froissard. Nous citerons, parmi ses principaux ouvrages à part : *D'Artagnan, capitaine-lieutenant des Mousquetaires, sa vie aventureuse, etc.* (1847, 2 vol.) ; *Recherches sur l'ancienne cathédrale d'Alby* (1851), suivies de divers opuscules sur le même sujet et d'une *Description naïve et sensible de cette cathédrale* (1855) ; *Histoire anecdotique de l'industrie française* et un *Essai sur la boucherie de Paris* (1861) ; *Nouveau guide du voyageur en Belgique et en Hollande* (1854) ; la *Reddition de*

Bordeaux sous Charles VII (1865); Guide pratique aux bains de mer de la Manche et de l'Océan (1866); le Dessin antique, histoire des cartes (1868); l'Avant-dernier siège de Metz en l'an 1552 (1874), etc., etc. On lui doit encore des notices biographiques. — M. Eugène d'Auriac est membre de plusieurs académies et sociétés savantes de province. Il est chevalier de la Légion d'honneur.

AUSTIN, Alfred, littérateur et journaliste anglais, né à Headingley, près de Leeds, où son père était négociant, le 30 mai 1835. Elevé dans la foi catholique, il fit ses études au collège de Stonyhurst et Sainte-Marie d'Oscott, et entra à l'université de Londres ; il y prit ses grades en 1853, et ayant fait son droit à l' « inner temple », y fut reçu avocat en 1857. Son premier ouvrage fut un poème anonyme, Randolph (1857); bientôt suivi d'un roman : Il y a cinq ans (1858); puis d'une satire, la Saison (1861), qui lui valut les sévérités de la critique, auxquelles il répondit par un autre satire, Ma Satire et ses censeurs (1861). Il a publié depuis : la Tragédie humaine, poème (1862); l'Epreuve d'un artiste, roman (1864); Gagné d'une tête, roman (1866); une Défense de lord Byron, en réponse aux articles de Mme H. Beecher-Stowe intitulés l'Histoire vraie de lady Byron (1859); la Poésie de notre époque (1870); l'Age d'or, satire (1871); Intermèdes (1872); Rome ou la mort! (1873); l'Enfant de la Madone, poème (1873); la Tour de Babel, drame (1874); la Russie devant l'Europe ; et les Horreurs du torysme, réponse aux Horreurs bulgares de M. Gladstone, brochures politiques (1876); Lesnko, histoire polonaise, poème (1877); la Politique anglaise et le danger, lettre au comte de Beaconsfield (1877); Savonarole, tragédie (1881); Soliloques en chansons (1885), etc. Il a collaboré au Standard, au Temple-Bar magazine, à la Quarterly-Review et à diverses autres publications périodiques. Il était correspondant du Standard à Rome à l'époque du Concile œcuménique et suivit en la même qualité le quartier général du roi de Prusse pendant la guerre de 1870-1871. — M. Austin s'est présenté aux élections pour la chambre des communes, comme candidat conservateur, à Taunton en 1865 et à Dewsburg en 1880 ; mais il a échoué dans ces deux tentatives.

AUVRAY, Louis, sculpteur et écrivain français, élève de David d'Angers, est né à Valenciennes le 7 avril 1810. Comme artiste, M. Louis Auvray a exposé à presque tous les salons annuels depuis 1834. On cite de lui principalement : un buste de Victor Ducange et une statue de Froissard (1839); un buste de Lesueur, le compositeur (1857), pour le foyer de l'Opéra ; un buste de Jeune Femme (1859); une Bacchante (1863) et une Jeune Fille couronnée de fleurs (1865); le buste de Sauvageot (1865); celui de Condillac et celui d'Alexandre Dubois (1868); un Lesueur pour le Conservatoire de musique (1869); un Philosophe (1870); Solon (1873); Félix Auvray, peintre, buste en plâtre et Auvray père, médaillon en bronze (1874); Moitte, statuaire, marbre de l'Institut, buste marbre (1875); Solon et Alexandre du Bois, architecte, bustes en bronze ; Brévière, graveur normand, pour le Musée de Rouen (1875); Portrait de Félix Auvray, buste en marbre, pour la ville de Valenciennes (1885), etc. Il a exécuté le monument de Watteau, inauguré à Nogent en 1865, et celui du graveur Brévière, à Forges-les-Eaux, en 1873. Citons encore les bustes de Froissard, Saly le sculpteur et du peintre Lesueur, pour les galeries de Versailles ; ceux de Watteau, Gentil, Bellin, Sauvageot, au Louvre ; ceux de Condillac et du musicien Lesueur, au palais de l'Institut ; ceux des abbés de l'Epée et Sicard, à l'Institut des sourds-muets, etc., etc. ; la statue de Henri IV, commande du gouvernement ; celle de Jean de la Vacquerie, à l'Hôtel de ville, etc. Valenciennes, sa ville natale, possède un grand nombre d'œuvres de M. Louis Auvray, notamment : un groupe représentant le Commerce appuyé sur l'Abondance, sur la place du Marché ; une Sainte Cécile, à l'église Saint-Nicolas ; un Christ en marbre, à la cathédrale ; divers bustes dans les galeries du musée, etc.

Comme écrivain, il a publié : Délassements poétiques d'un artiste (1849); Concours des grands prix et envois de Rome (1858); Projet de tombeau pour l'empereur Napoléon Ier (1861); une série de volumes de « comptes rendus » des Salons annuels depuis 1836 jusqu'à 1870, etc. Il a collaboré à divers journaux ou revues artistiques et dirige la Revue artistique et littéraire. M. Louis Auvray a été président du Comité central des artistes ; il est membre de plusieurs sociétés artistiques et littéraires.

AVENEL, Paul, écrivain français, né à Chaumont (Oise) le 9 octobre 1823, fit ses études à l'Ecole du commerce, puis suivit quelque temps les cours de la Faculté de médecine de Paris, et finalement se voua à la littérature, où il aborda à peu près tous les genres : la poésie, le roman de mœurs et le roman historique, le vaudeville et le mélodrame, sans oublier le journalisme, petit ou grand. Il a publié : les Antithèses morales, (1850), poème dramatique ; Alcôve et Boudoir (1855), poésies dont la vente ne tarda pas à être interdite ; l'Antichambre en amour, comédie en vers; des Chansons, parmi lesquelles on ne saurait oublier le Pied qui r'mue, dont M. Avenel est le restaurateur sinon l'inventeur ; les Chansons politiques (1870); le Coin du feu, recueil de nouvelles (1849); les Tablettes d'un fou, ou voyage entre deux mondes (1852); la Société des malins (1854); les Etudiants de Paris (1858); le Roi de Paris (1860); le Duc des Moines (1864); les Calicots (1866); les Lipans, ou les Brigands normands (1872); Souvenirs de l'invasion: les Prussiens à Bougival (1873); une Amie divorcée (1884), etc. Il a fait représenter au théâtre : un Homme sur le gril, les Jarretières d'un huissier, le Gendre de M. Caboche, les Calicots, les Plaisirs du dimanche, les Amoureux pris par les pieds, Soyez donc concierge, un Oncle du Midi, le Beau Maréchal, les Chasseurs de pigeons, l'Homme à la fourchette (1874), vaudevilles ou comédies burlesques; les Amoureux de Lucette, la Revanche de Candaule, la Belle Lina, avec M. P. Mahalin (1875), opérettes ; la Paysanne des Abruzzes ; les Deux Apprentis, drames, etc.

B

BAB

BABINGTON, le Rév. Churchill, archéologue et naturaliste anglais, né en 1821, fit ses études au collège St-John, à Cambridge, où il prit ses grades en 1843, et entra dans la carrière ecclésiastique. Il fut nommé professeur d'archéologie à l'université de Cambridge en 1865, puis recteur de Cockfield, dans le Suffolk, en 1866. En 1858, il publia une brochure dans laquelle il combat certaines assertions relatives au clergé du XVIIe siècle, et en 1866, son Introduction à l'étude de l'archéologie, cours professé à l'université de Cambridge. Il a également publié, d'après des manuscrits recemment découverts : Harangue d'Hypéride contre Démosthène, les Harangues d'Hypéride pour Lycophron et Euxenippe, l'Oraison funèbre d'Hypéride ; édite divers ouvrages anciens, notamment le Polychronicon de Higdon, avec la version en langue anglaise ancienne; et réimprimé en fac-similé, avec une introduction, le Beneficio di Cristo. M. Babington est l'auteur, en partie, du Catalogue des manuscrits de la bibliothèque de l'université de Cambridge, des catalogues annotés des monnaies anglaises et grecques exposées au musée Fitzwilliam ; il a collaboré au *Journal de botanique* de sir W. Hooker ; au *Guide du botaniste en Angleterre et dans le pays de Galles*, etc. ; écrit la partie de l'ornithologie et, en collaboration avec le Rév. A. Bloxam, celle de la botanique, pour l'*Histoire de la forêt de Charnwood*, de Potter ; et celle des lichens, pour la *Flore de la Nouvelle-Zélande* et la *Flore de la Tasmanie* de Hooker. Il a également collaboré au *Cambridge Journal de Philologie classique et sacrée*, aux *Transactions de la Société royale de littérature*, aux publications de la Société des antiquaires de Cambridge, à la *Chronique de numismatique*, et un *Dictionnaire des antiquités chrétiennes*, de Smith. Il a été élu membre correspondant de la Société historico-théologique de Leipzig et de la Société archéologique de Rome ; et enfin, à diverses reprises, membre du Conseil de la Société royale de littérature et de la Société de numismatique. M. Babington est, en outre, membre de la Société linnéenne de Londres. — Il a abandonné sa chaire de Cambridge en 1880.

BACCHINI, Cesare, compositeur italien, né à Florence en 1846 ; est élève de Mabellini pour la composition, d'Auichini pour le piano et l'harmonie et de G. Giovacchini pour le violon. M. C. Bacchini est auteur de : *il Quadro parlante* (le Tableau parlant), représenté à Florence en 1871 ; *la Secchia rapita* (le Sceau volé), bouffonnerie, en société avec plusieurs autres jeunes compositeurs (Florence, 1872) ; de *la Cacciata del duca d'Atene*, (L'expulsion du duc d'Athènes), opéra sérieux représenté au théâtre Pagliano, de Florence, en 1874, avec peu de succès.

BACQUEHEM (marquis de), Olivier, homme d'État autrichien, né en 1847. Ancien gouverneur de la Silésie autrichienne, M. le marquis Olivier de Bacquehem était appelé par l'empereur François-Joseph, le 27 juin 1886, à remplacer M. le baron Pino de Friedenthal au ministère du commerce. C'est un nouveau venu aux affaires ; la preuve, c'est que, remplaçant un grand officier de la Légion d'honneur, il n'est même pas chevalier de notre ordre national, quand les chancelleries sont si libérales de décorations.

BADIOU DE LA TRONCHÈRE, Jacques Joseph Émile, administrateur et sculpteur français, né en novembre 1826 au Monastier (Haute-Loire). Il vint à Paris à l'âge de vingt ans, entra dans l'atelier de Jouffroy et, tout en travaillant sous la direction de ce maître, suivit les cours de l'École des Beaux-Arts. Il débuta au salon de 1852 par un groupe en plâtre : *les Deux Captives*. Nommé, en 1854, directeur adjoint de l'Institution des jeunes aveugles, il exposait l'année suivante le modèle en plâtre de la statue de *Valentin Haüy*, fondateur de l'Institution des jeunes aveugles, qui orne, depuis 1861, la grande cour de l'Institution ouvrant sur le boulevard des Invalides. Cette statue exécutée en marbre, figurait au salon de 1859. Nommé inspecteur des Quinze-Vingts en 1856, M. Badiou de la Tronchère devint inspecteur général du service des prisons en 1866. Sa statue de Haüy, exécutée d'ailleurs gratuitement, comme la plupart des œuvres sorties de ses mains depuis son entrée dans l'administration, lui valut la décoration de la Légion d'honneur. On cite encore de cet artiste : une statue allégorique de la *Prodigalité*, en marbre ; une statue également en marbre, de *Praxitèle*, placée dans la cour du Louvre ; la statue colossale du *baron Larrey*, en bronze, pour la ville de Tarbes ; *Marguerite de Valois*, statue en marbre, pour Angoulême ; le monument du *marquis de Machico*, au Puy-en-Velay ; le buste colossal de *Rollin*, à l'École normale supérieure ; outre de nombreux bustes et médaillons.

BAÏHAUT, Charles, ingénieur et homme d'État français, né à Paris le 2 avril 1843. Sorti de l'École polytechnique en 1864, il entra à l'École des mines et se fit recevoir ingénieur. Il ne séjourna point, toutefois, et se retira dans sa propriété de Mollans, près de Lure (Haute-Saône) ; mais il accepta des missions de son ressort au Brésil, en Italie et en Russie. Candidat républicain aux élections générales du 14 octobre 1877, dans la première circonscription de Lure, il fut élu avec une majorité des deux tiers contre le candidat réactionnaire, M. Ricot, député sortant, et siégea sur les bancs de l'Union républicaine. Il a été réélu le 21 août 1881, et le 4 octobre 1885, en tête de la liste républicaine de la Haute-Saône. M. Baïhaut a fait partie, à la Chambre des députés, de nombreuses commissions, et a pris une grande part aux débats relatifs aux travaux publics principalement. Sous-secrétaire d'État au ministère des travaux publics, dans le cabinet Brisson, constitué le 9 novembre 1885, M. Baïhaut succédait à M. Demôle, comme ministre des travaux publics

le 7 janvier 1886. — On lui doit quelques brochures de circonstance : la *République c'est la paix*, les *Élections sénatoriales* (1876) ; la *République c'est la lumière*, la *France veut la République* (1877), etc. Il est conseiller général de la Haute-Saône et capitaine commandant dans l'artillerie territoriale.

BAILLARGER, Jules Gabriel François, médecin aliéniste français, né à Montbazon le 10 novembre 1809 ; vint faire ses études médicales à Paris et fut admis comme interne à l'hospice de Charenton, puis reçu docteur en 1837. Il se consacra principalement à l'étude des maladies mentales et suivit les leçons du savant Esquirol ; nommé médecin à la Salpêtrière en 1840, il devint en 1843, l'un des directeurs copropriétaires de la maison de santé d'Ivry, fondée par Esquirol, et fonda, cette même année, avec les docteurs Cerise et Longet, les *Annales médico-psychologiques*, où il inséra de nombreux articles sur les diverses branches de la médecine aliéniste. Il avait remporté, en 1842, le prix offert par l'Académie de médecine pour un mémoire sur ce sujet : *Des hallucinations, des causes qui les produisent et les maladies qu'elles caractérisent*, publié ensuite à part (1846). M. le docteur Baillarger, qui fait à la Salpêtrière et à l'École pratique des cours très suivis sur les maladies mentales, a été élu membre de l'Académie de médecine en 1847 ; il a été nommé chevalier de la Légion d'honneur en 1849, en récompense de son dévouement pendant l'épidémie cholérique, qui n'épargna pas les malheureux pensionnaires de la Salpêtrière, et promu officier le 7 août 1877. Il est l'un des fondateurs de la Société médico-psychologique. — On a du docteur Baillarger, outre ce que nous venons de citer : sa thèse pour le doctorat : *Du siège de quelques hémorragies méningées* (1837), qui indique déjà la direction de ses études futures ; *Recherches sur la structure de la couche corticale des circonvolutions du cerveau (1840)* ; l'*Enquête sur le goitre et le crétinisme*, etc. ; ainsi qu'un grand nombre de mémoires épars dans les *Annales médico-psychologiques* et autres recueils scientifiques périodiques. Il a également collaboré au *Dictionnaire encyclopédique des sciences médicales*, etc.

BAILLON, Ernest Henri, botaniste et médecin français, né à Calais, le 30 novembre 1827. Il vint étudier la médecine à Paris et, après avoir remporté divers prix, fut reçu, en 1855, docteur ès sciences et docteur en médecine. Depuis deux ans déjà, il s'occupait spécialement de l'étude de la botanique. Reçu professeur agrégé de la Faculté de médecine, il fut nommé, en 1864, à la chaire d'histoire naturelle médicale de la Faculté, en remplacement de Moquin-Tandon, à la chaire d'hygiène et d'histoire naturelle appliquée à l'industrie, à l'École centrale des Arts et manufactures. — Nous citerons, parmi ses principaux ouvrages : *Étude générale du groupe des euphorbiacées, recherche des types, organographie*, etc. (1853) ; *Monographie des buxacées et des stylocérées (1859)* ; *Recherches organogéniques sur la fleur femelle des conifères (1860)* ; *Recherches sur l'organisation, le développement*, etc. *des caprifoliacées (1861)* ; *Histoire des plantes* (1866 et suiv. 8 vol.) ; *Traité du développement de la fleur et du fruit (1870* et suiv. par livraisons in-8°) ; *Dictionnaire de Botanique*, ouvrage considérable, dont le premier fascicule a paru en août 1876. M. Baillon a publié en outre une édition de la *Botanique cryptogamique*, de Payer, et continué les *Éléments de botanique* de ce savant, dont la première partie avait paru en 1857. Il est, depuis 1860, directeur du recueil mensuel de botanique *Adansonia*, où une grande partie de ses *monographies* et de ses *mémoires*, signés ou non, ont d'abord paru. M. le docteur Baillon a collaboré au *Dictionnaire encyclopédique des sciences médicales*, etc. — Il est chevalier de la Légion d'honneur depuis 1867.

BAILLY, Antoine Nicolas, architecte français, né à Paris le 6 juin 1810. Après avoir suivi les cours de l'École des Beaux-arts, travailla dans l'atelier de Debret, puis dans celui de Duban, de l'Institut, il fut nommé, en 1834, architecte inspecteur des travaux de la ville de Paris, en quelle qualité il concourut aux travaux complémentaires de l'Hôtel de ville et à l'érection de la fontaine Molière, rue de Richelieu. En 1844, il était nommé architecte du gouvernement, architecte en chef de la 6e section des travaux de la ville de Paris en 1854 et architecte en chef de la 3e division en 1860. Outre de très importants travaux exécutés pour le compte de particuliers, on doit à M. Bailly la reconstruction de la cathédrale de Digne (Basses-Alpes), la tour de la cathédrale de Valence (Drôme) ; la restauration de la cathédrale de Bourges, etc. A Paris, on lui doit le nouveau Tribunal de commerce ; la nouvelle mairie du IVe arrondissement; la reconstruction du lycée Saint-Louis, etc., etc. M. Bailly est membre du Conseil général des bâtiments civils, de la Société centrale des architectes, dont il a été vice-président, du Jury d'architecture de l'Ecole des Beaux-arts, du Conseil d'architecture de la préfecture de la Seine, de la Commission des Beaux-arts, des musées municipaux et des travaux historiques, de l'Institut royal des architectes anglais et inspecteur général honoraire des travaux de Paris. Il est président de la Société des artistes français. — Chevalier de la Légion d'honneur en 1853, il a été promu officier en 1867 et commandeur le 13 juillet 1881. — M. Bailly a été élu membre de l'Académie des beaux-arts en décembre 1875.

BAIN, ALEXANDER, philosophe anglais, né à Aberdeen en 1818, de parents pauvres; entré au collège Marischal de cette ville en 1836, il obtint, en 1840, le diplôme de maître ès arts. Suppléant de la chaire de philosophie à ce collège, de 1841 à 1844, il y enseigna la physique en 1844 et 1845, époque à laquelle il fut nommé professeur de physique à l'université de Glasgow. Nommé secrétaire de la Commission sanitaire métropolitaine en 1847, il occupa le même poste de 1848 à 1850, près du Comité général de la salubrité publique. De 1857 à 1862, il remplit les fonctions d'examinateur de logique et de philosophie à l'université de Londres, et de 1858 à 1860, en 1863, 1864, 1868 et 1870, celles d'examinateur de philosophie aux examens pour le service civil des Indes. Il était en outre, en 1860, nommé par la Couronne professeur de logique à l'université d'Aberdeen, et n'a quitté cette chaire qu'en 1880. Rappelé, en 1864, aux fonctions d'examinateur à l'université de Londres, il les conserva jusqu'en 1869. — M. Alexander Bain débuta dans la carrière littéraire, en 1840, par un article dans la *Westminster Review*, à laquelle il a collaboré à diverses reprises depuis lors. En 1847-48, il écrivit plusieurs opuscules sur l'astronomie, l'électricité et la météorologie pour la publication de MM. Chambers d'Edimbourg, les *Feuilles populaires* (Papers for the people), et des articles sur la langue, la logique, l'esprit humain et la rhétorique, dans la publication des mêmes éditeurs ayant pour titre : *Science populaire* (Information for the people). En 1852, il publia une édition annotée de la *Moral Philosophy*, de Paley; puis ses œuvres originales : *the Sens and the Intellect* (1855) et *the Emotions and the Will* (1859), ces deux ouvrages constituant ensemble une exposition systématique de la philosophie de l'entendement humain; *the Study of Character, including an Estimate of Phrenology* (1861); *Grammaire anglaise* (1863); *Manual of English Composition and Rhetoric* (1866); *Mental and Moral Science* (1868); *Logic, Deductive and Inductive* (1870); *Mind and Body* (l'Esprit et la Matière), *theories of their Relation* (1873); une collection des *Minor Works of George Grote, with Critical Remarks on his Critical Characters, Writings and Speeches* (1873); *A Companion tho the higher English Grammar, Examples and Discussions of Important Principles and Usages, intended as a help to the thorough Mastery of English* (1874); *Education as a Science* (1879); une biographie de *James Mill*, et *John-Stuart Mill, a criticism, with personal Recollections* (1882). Il a en outre collaboré à « l'Encyclopédie populaire » des frères Chambers par les articles : *Logic* et *Mental Philosophy*. M. Bain a été créé docteur en lois de l'université d'Edimbourg, en 1869. Il a été élu lord recteur de l'université d'Aberdeen en 1882.

BAINES, sir EDWARD, homme politique et écrivain anglais, né en 1800; il fit ses études à l'école des Dissidents de Manchester. Pendant plusieurs années associé à son père, comme propriétaire et rédacteur du *Leeds Mercury*, l'un des organes du parti libéral les plus importants du nord de l'Angleterre, M. Edw. Baines est auteur de : *the History of the Cotton manufacture; the Life of the late Edward Baines* (biographie de son père); *A Visite to the Vaudois of Piedmont; the Woollen Manufacture* (la Fabrication de la laine) *of England*, et autres ouvrages ayant pour objet le progrès industriel et commercial de l'Angleterre. M. Baines, qui est président de l'*Union of Mechanic Institutes* du Yorkshire, fut élu membre du Parlement pour Leeds, en 1859, en remplacement de son frère décédé, et constamment réélu depuis, jusqu'aux élections générales de février 1874, où il perdit son siège. Comme membre de la Chambre des communes, M. Baines a été appelé à remplir diverses fonctions importantes; il fut, de 1865 à 1868, membre de la Commission d'enquête des écoles. Partisan des doctrines libérales, M. Baines s'est montré à la Chambre un adversaire déclaré de l'Eglise établie d'Irlande, de la loi sur les céréales, etc., et a constamment donné son appui à toutes les mesures tendant au libre échange ainsi qu'à toutes celles favorables au développement de l'instruction, et particulièrement de l'instruction élémentaire. M. Baines a été créé chevalier en décembre 1880. — Il est lieutenant gouverneur et magistrat du district-ouest du comté d'York.

BAIRD, SPENCER FULLERTON, naturaliste américain, né à Reading (Pensylvanie) le 3 février 1823, a fait ses études au collège Dickinson, où il devint professeur de sciences naturelles en 1846. En 1855, il fut nommé secrétaire-adjoint de l'institution Smithsonienne, à Washington, dont il devint secrétaire en 1878. Il a traduit et édité l'*Encyclopédie iconographique* (New-York, 1851) et des mémoires sur la zoologie et de rapports sur les collections d'histoire naturelle recueillies par les capitaines Stansbury et Marcy et le lieutenant Gilliss, dans l'inspection des frontières mexicaines et celle du chemin de fer du Pacifique. Il a aussi publié, en société avec l'éminent naturaliste John Cassin, mort depuis : les *Oiseaux de l'Amérique du Nord* (the Birds of North America, 1860); les *Mammifères de l'Amérique du Nord* (the Mammals, etc., 1861); *Catalogue des serpents*, etc., avec Charles Girard (1862). En 1864, il a commencé, sous les auspices de la Smithsonian Institution, un ouvrage sur les oiseaux du Nouveau Monde en général, ayant pour titre : *Review of American Birds in the Museum of the Smithsonian Institution*; enfin il a écrit, avec la collaboration du docteur T. M. Brewer, de Boston, un ouvrage entièrement nouveau sur les *Oiseaux de l'Amérique du Nord* (1875).

En 1871, M. S. F. Baird a été nommé par le président Grant commissaire des pêches des Etats-Unis, chargé d'enquêtes sur la diminution des poissons alimentaires et sur les moyens d'y remédier. Il a publié, dans diverses publications périodiques, de nombreux articles sur les mammifères, les oiseaux et les poissons de l'Amérique septentrionale; fourni au *Harper's Magazine* un résumé mensuel du progrès scientifique, sans parler du volume annuel qu'il publie sur le même sujet.

BAKER, JOHN GILBERT, naturaliste anglais, né à Guisborough, dans le comté d'York, le 13 janvier 1834, fit ses études aux écoles de la Société des Amis (quakers) d'Ackworth et d'York. Il a été nommé directeur-adjoint de l'*Herbarium* des jardins royaux de Kew, en 1836, fonctions qu'il exerce encore aujourd'hui. Il est également professeur de botanique à l'hôpital de Londres, coéditeur du *Seemann's Journal of Botany*, et secrétaire du « London botanical exchange club. » — On a de M. J. G. Baker : *Essai de classification des plantes d'après leurs relations géologiques* (An attempt to classify the plants, etc., 1655); *Yorkshire septentrional: études sur sa botanique, sa géologie, son climat et sa géographie physique* (1863); *Nouvelle Flore du Northumberland et du Durham, suivi d'un essai sur le climat et la géographie physique des comtés*, en collaboration avec le D' G. R. Tate (1868); *Distribution géographique des fougères dans le monde*, avec une table indiquant l'ordre de chaque espèce (1868); *Sinopsis Filicum*, catalogue descriptif de toutes les fougères connues, orné de planches présentant les diverses phases de la génération des fougères, ouvrage dont le plan a été tracé et qui du reste a été commencé par feu M. Hooker, en 1868; *Monographie des Roses de la Grande-Bretagne* (1869); *Monographie des Fougères du Brésil* (in-folio, 1870, avec 50 planches); *Revision of the genera and species of capsular Gamophyllous Liliaceæ* (1870). Il a également écrit des *Monographies des Papilionacées* et d'autres ordres de plantes pour la « Flore de l'Afrique tropicale » d'Oliver (1868-71), et les *Descriptions des plantes figurées* dans I, III et IV du « Refugium Botanicum » de Saunders (1869-71). Il nous reste à citer de ce savant auteur : *Monograph of the composita, ampelidæ and connaraceæ du Brésil* (1871); plusieurs autres monographies, celle des narcisses, crocus, iris, etc (1870-77); celle des *Papilionacées de l'Inde* (1876); celle des *Hypoxydées* (1878); *Systema iridacearum*; *Flores de Maurice et des Seychelles* (1877); *Sur la Botanique de Madagascar* (1882), et ses *Leçons élémentaires de géographie botanique*, imprimées pour la première fois en 1875.

BAKER, sir SAMUEL WHITE, voyageur anglais, né à Londres le 8 juin 1821, fit ses études dans une école particulière et les termina dans les universités d'Allemagne. En 1848, avec son frère, le colonel Baker, depuis Baker Pacha, il entreprit l'organisation d'un établissement agricole considérable à Newera Ellia, station située à une centaine de milles de Colombo, capitale de l'île de Ceylan, qu'il habitait depuis 1845. Il a donné de ses excursions dans ce pays une relation intéressante dans son livre : *Eight years in Ceylon* publié en 1855, et qui avait été précédé d'un récit de ses aventures de chasse en ce pays: *The Rifle and the Hound in Ceylon (1853)*; une nouvelle édition de ces deux ouvrages a paru à Londres en 1874, et M. A. Bitard en prépare actuellement (1886) une traduction française. En 1855, devenu veuf, sir S. W. Baker quitta Ceylan et se rendit en Crimée. Plus tard il fut employé à l'organisation du premier chemin de fer de la Turquie. Il se remariait en 1860 avec Mlle Florence Finnian von Sass, qui devait bientôt l'accompagner dans son exploration de l'Afrique centrale. En 1861, il entreprit une expédition en Afrique, à la rencontre des capitaines Speke et Grant aux sources du Nil. Ayant exploré les cours d'eau tributaires de l'Atbara, tâche qui lui prit plusieurs mois, il se rendit à Khartoum pour y organiser son expédition au grand Nil Blanc. Parti de Khartoum en décembre 1862, il entra, après quelques jours de marche dans un désert de marécages remplis de roseaux et exhalant la fièvre, dont mouraient presque tous les Européens de la suite nombreuse qu'il avait emmenée avec lui. A Gondoroko, ce qui restait de l'expédition fut rejoint par Speke et Grant. Speke assura à M. Baker que les naturels lui avaient exprimé la certitude qu'il existait vers l'ouest un grand lac qu'ils croyaient être une seconde source du Nil. Le capitaine Speke avait remonté le fleuve jusqu'à 2° 20' Nord, point où il inclinait vers l'ouest, lorsqu'il avait été forcé, bien contre son gré, d'abandonner sa tâche, laquelle fut aussitôt reprise par M. Baker, qui était accompagné de sa femme. Mais la poursuite de cette expédition ne devait pas s'accomplir sans difficulté, car dix-sept de ses guides indigènes voulurent bien se laisser persuader de marcher vers l'est, mais aucun ne voulut se diriger vers le sud. En présence de cette mauvaise volonté, M. et Mme Baker résolurent de poursuivre seuls leur voyage, et, ayant rejoint une caravane, arrivèrent au pays des Latoukas, situé à 110 milles à l'ouest de Gondoroko, le 17 mars 1863. Après un court séjour dans ce pays, ils reprirent leur marche vers le Kamrasis, entre le Sobat et le Nil Blanc. Descendant la vallée de l'Asua, qu'ils franchirent, le dix-huitième jour après avoir quitté le Kamrasis (14 mars 1864), les deux intrépides voyageurs reconnurent enfin, s'étendant dans une dépression de terrain de 1,500 pieds de profondeur, ce lac tant cherché, auquel ils donnèrent le nom de lac Albert (Albert N'Yanza). La côte ouest est éloignée de 60 milles et bordée de montagnes de 7,000 pieds de hauteur (les montagnes Bleues). Le lac Albert et le lac Victoria constituent les deux grands réservoirs du Nil, — du moins le croit-on.

En septembre 1869, sir S. Baker prit le commandement d'une expédition dans l'Afrique centrale, entreprise sous les auspices du Khédive, qui mit à sa disposition 1,500 hommes choisis des troupes égyptiennes, non compris les porteurs, et lui conféra, sur ses hommes, pour quatre années, un pouvoir absolu et sans contrôle, allant jusqu'au droit de vie et de mort. Il entreprit, avec ces forces, de soumettre et d'annexer au monde civilisé le désert africain, de détruire le commerce des esclaves et de le remplacer par un commerce honorable et régulier, d'ouvrir à la civilisation ces immenses lacs africains, prétendus réservoirs du Nil, et d'ajouter à la terre des Pharaons tout le pays qui borde ce fleuve; mission complexe dont sir Samuel White Baker paraît s'être acquitté dans la mesure du possible, mais non sans peine et sans les plus terribles aventures. A l'expiration de son traité (fin 1873), il rentrait en Égypte. En 1879, peu après l'occupation de Chypre par les Anglais, sir S. Baker explorait minutieusement cette île. De là, il se rendit en Syrie, dans l'Inde, au Japon, puis en Amérique.

Sir Samuel White Baker a publié, outre les deux ouvrages déjà cités: *The Albert N'Yanza (1866)*; *The Nile tributaries of Abyssinia (1867*, 4e éd. *1871)*; *Cast up by the Sea (1869)*; *Ismailia, a narrative of the expedition to Central Africa, for the suppression of the slave trade, organized by Ismaïl, Khedive of Egypt* (2 vol., *1874*); *Cyprus as I saw it in (1881)*, etc. La plupart de ces ouvrages ont été traduits en français. Membre de la Société royale et de la Société Royale de Londres, membre honoraire de Sociétés de géographie de Paris, de Berlin et de celles d'Italie, d'Amérique, etc., sir Samuel W. Baker a été créé chevalier le 10 novembre 1866. Il a reçu la médaille d'or Victoria de la Société de géographie de Londres, la grande médaille d'or de la Société de géographie de Paris; il est commandeur de l'ordre du Bain, chevalier de la Legion d'honneur, décoré des ordres turcs du Medjidié et de l'Osmanié, etc.

BALART, Gabriel, compositeur espagnol, né à Barcelone le 8 juin 1824. Après avoir commencé dans son pays ses études musicales, il vint s'y perfectionner à Paris, qu'il quitta en 1852. Dès son retour en Espagne, il publia quelques morceaux de musique instrumentale et vocale, puis écrivit quelques *zarzuelas* (sortes d'opérettes), parmi lesquelles nous citerons: un *Rapacin de Candas; los Guardias del rey de Siam; el Tulipan de los mares, Amor y Arte*. — M. Balart a été successivement chef d'orchestre des principaux théâtres de Barcelone et de Madrid, où il est encore.

BALFOUR, John Hutton, naturaliste anglais, né à Édimbourg le 15 septembre 1808; reçut ses diplômes de maître ès arts de l'université de cette ville et de docteur en médecine en 1831, et fut professeur de botanique à l'université de Glasgow de 1841 à 1845. Il est auteur d'un *Manual of Botany; Phyto-Theology, or Botany and Religion; the Classe-Book of Botany; the Plants of Scripture; the Botanist's companion; Elements of Botany for Schools; Illustrations of Botany, by means of large coloured drawings, with hand book,* etc. Ses ouvrages les plus récents sont: *First book of Botany suited for Beginners* (le Premier livre de Botanique, etc., *1872*); *Introduction to the Study of Palæontological Botany (1873)*; *Second Book of Botany (1874)*. Auteur de l'article « Botany » de la 8e édition de l'*Encyclopædia Britannica*, il a également rédigé de nombreux mémoires insérés dans les Transactions de la Société royale d'Édimbourg et de la Société botanique. — Membre de la Société royale, de la Société linnéenne, le Dr Balfour est en outre secrétaire de la Société royale d'Édimbourg et membre d'un grand nombre de sociétés savantes étrangères; doyen de la Faculté de médecine de l'université d'Édimbourg pendant trente ans (1841-1871), il est aujourd'hui assesseur de cette université.

BALFOUR, Francis Maitland, anatomiste anglais, né en 1851. Il fit ses études à l'université de Cambridge où il prit ses grades en 1873, et fut élu l'année suivante *fellow* de son collège (la Trinité). Il se livra dès lors avec ardeur aux études biologiques, en collaboration avec le docteur Michael Foster, et se fit rapidement une grande réputation tant comme praticien que comme professeur. La Société royale de Londres lui ouvrit ses portes en 1878, et il est devenu membre du conseil de ce corps savant, qui lui décerna sa médaille royale en 1881, en récompense de ses travaux originaux en embryologie et en anatomie comparée. En 1880, l'université de Glasgow decerna le titre honorifique de docteur en lois à M. F. M. Balfour, qui fut élu l'année suivante président de la Société philosophique de Cambridge et secrétaire de l'Association britannique pour le développement des sciences. Le 31 mai 1882, il était élu unanimement professeur de morphologie animale à l'université de Cambridge, chaire créée pour lui, avec un traitement annuel de 7,500 francs. — Les principaux ouvrages de M. F. M. Balfour sont: une monographie sur le *Développement des poissons élasmobranches (1878)*; *Éléments d'embryologie*, avec le docteur M. Foster (*1880*); un ouvrage considérable, unique dans la littérature biologique, sur l'*Embryologie comparée (1881*, 2 vol, illust.); plus une foule de mémoires fournis aux *Transactions* et aux *Proceedings* de la Société royale et de la Société zoologique; au *Quarterly journal of microscopical science*, etc.

BALL, Robert Stawell, mathématicien et astronome irlandais, né le 1er juillet 1840 à Dublin, fit ses études à Chester et à l'université de sa ville natale, où il prit ses grades en 1861. Il fut nommé astronome de l'Observatoire de Lord Rosse, à Parsonstown, en 1865; puis il devint successivement professeur de mathématiques appliquées et de mécanique au Collège royal des sciences d'Irlande en 1867, membre de la Société royale en 1873, professeur d'astronomie à l'université de Dublin et astronome royal d'Irlande en 1874. Il a reçu la médaille d'or de l'Academie royale d'Irlande. Les principaux ouvrages de ce savant sont: *Mécanique expérimentale (1871)*; *Théorie de la vis (1876)*; *Éléments d'astronomie (1880)*; outre de nombreux mémoires ou articles sur les mathématiques, l'astronomie et les sciences physiques, publiés dans divers recueils périodiques d'Angleterre et d'Irlande.

BALLUE, Auguste Éléonore Arthur, homme politique français, né à Conty (Somme) le 16 décembre 1835. Il est neveu du général Letellier-Valazé, mort en 1876, et par conséquent arrière-petit-fils du conventionnel Duricho-Valazé, girondin, qui se frappa mortellement d'un coup de stylet en pleine audience du tribunal révolutionnaire, après la lecture de la sentence de mort rendue par ce tribunal contre ses amis et lui-même (1793). Entré à Saint-Cyr en 1853, M. Ballue en sortit comme sous-lieutenant au 46e de ligne, juste assez tôt pour prendre part à la campagne de Crimée. Décoré de la Légion d'honneur le 1er janvier 1855, il fut attaché au maréchal Randon en qualité d'officier d'ordonnance, et promu lieutenant. Promu capitaine en 1858, M. Ballue prenait sa retraite en 1868. Après nos premiers désastres, suivant de près la declaration de guerre à la Prusse, il reprit du service et fut placé à la tête d'un bataillon du 4e zouaves ; promu officier de la Légion d'honneur pour sa conduite sur le champ de bataille, il refusa cette récompense, trouvant sans doute que les croix étaient un peu prodiguées. Redevenu journaliste après la signature de la paix, et attaché successivement à la redaction du *Progrès de Lyon*, de la *France républicaine* et du *Républicain du Rhône*, il fut frappé de deux condamnations à la suite desquelles la *France républicaine* était supprimée et lui-même, qui avait refusé la rosette d'officier, rayé des contrôles de la Légion. Le Conseil d'Etat, sur son pourvoi en abus de pouvoir, cassa toutefois le décret qui avait ordonné cette radiation (1875), que ses adversaires politiques ne manquent guère l'occasion de lui reprocher encore. Elu député de la première circonscription de Lyon le 6 juin 1880, en remplacement de M. E. Millaud élu sénateur, M. A. Ballue prit place à l'extrême gauche. Il fut réélu le 21 août 1881, contre M. Felix Pyat, avec les cinq sixièmes des voix réparties entre ces deux candidats. Enfin il a été élu député du Rhône, en tête de la liste radicale, le 18 octobre 1885, par près de 88,000 suffrages. M. Ballue a voté l'expulsion totale des princes appartenant aux familles ayant régné sur la France. Il est membre du conseil général du Rhône.

BALTET, STANISLAS, homme politique français, né à Troyes le 25 novembre 1832. Entrepreneur de menuiserie, M. Baltet est conseiller général de l'Aube pour le canton d'Aix-en-Othe, maire de Troyes et directeur de l'*Avenir républicain* de cette dernière ville. Elu député de la deuxième circonscription de Troyes, comme candidat radical, le 21 août 1881, il siégea à l'extrême gauche. Il fut réélu député de l'Aube, sur la liste progressiste, le 18 octobre 1885. M. S. Baltet a voté toutes les mesures radicales, notamment la suppression du budget des cultes, en vue d'amener la séparation de l'Eglise et de l'Etat ; dans la question des princes, il a voté l'expulsion totale.

BALTHASAR-FLORENCE, HENRI MATHIAS, compositeur belge, né à Arlon le 21 octobre 1844. Dès l'âge de neuf ans, le jeune Balthasar se produisait dans sa ville natale, avec succès, comme pianiste. Il entra au Conservatoire de Bruxelles à treize ans, et ne tarda pas à y remporter les premiers prix des divers cours qu'il suivait, savoir : le piano, sous M. A. Dumont ; l'orgue, sous M. Lemmens ; l'harmonie, sous M. Adolphe Samuel ; la fugue et le contre-point, sous M. Fétis. En 1869, il épousa la fille d'un facteur de pianos, Mlle Clémence Florence, dont il ajouta dès lors le nom patronymique au sien, et tint à Namur un dépôt des instruments fabriqués par M. Florence, sans toutefois négliger la composition, et se produisant même occasionnellement, comme virtuose, dans divers concerts. Aux concerts populaires de Bruxelles, il faisait exécuter, en 1866, une grande ouverture dramatique, et donnait au théâtre de la Monnaie : une *Croyance bretonne*, opéra comique, et, peu après, une opérette en un acte : le *Docteur Quinquina*, aux galeries Saint-Hubert. Aux Concerts populaires, en 1870, il donna des fragments symphoniques, et exécuta, au théâtre de Namur, un grand concerto symphonique (piano et orchestre). En 1872, il faisait exécuter à l'église du collège de la Paix, à Namur, une *Messe solennelle* pour chœur et orchestre, d'un très grand effet, et dont il fut fait beaucoup d'éloges. En 1873, M. Balthasar-Florence remporta le prix au concours offert par la municipalité de Lille, pour une cantate (soli, chœurs et orchestre), en l'honneur de N. D. de la Treille, et son œuvre fut exécutée avec le plus grand succès au chef-lieu du département du Nord. Il a composé en outre un grand nombre de morceaux de caractère pour piano, instruments à cordes, etc. La réputation de M. Balthasar-Florence n'a guère dépassé jusqu'ici les limites de la Belgique, où elle est toutefois considérable.

BALZE, JEAN ANTOINE RAYMOND, peintre français, né à Rome, de parents français, le 4 mai 1818, élève d'Ingres, qu'il accompagna dans un voyage en Italie. Il débuta au Salon de 1849. On cite de cet artiste, qui a été décoré de la Légion d'honneur en 1873 : le *Christ calmant la tempête*, une *Sainte-Cécile*, *Horace à Tibur*, *Nérée*, une *Apothéose de saint Louis*, un *Trait de l'enfance d'Annibal Carrache* (1859) ; *La guerre, ses causes et ses suites* (1867) ; *Elégie nationale* (1872) ; *Jésus-Christ apaise une tempête* (1873), *Bénédiction pontificale à Sainte-Marie majeure, à Rome* ; la *Première couronne* (1874) ; *Diane protège Endymion contre la colère de Jupiter* (1886), etc. — Il a été décoré en 1873.

BAMBERGER, LOUIS, publiciste et homme politique allemand, né à Mayence le 22 juin 1823. Après avoir fait ses études aux universités de Heidelberg, Giessen et Gœttingen, il se fit inscrire au barreau de sa ville natale, mais s'occupa surtout de journalisme et d'agitation politique. Compromis dans l'insurrection de 1849, dont il avait été un des meneurs, il se réfugia d'abord en Suisse, puis en Angleterre, en Belgique, en Hollande et finalement vint s'établir à Paris (1853), où il dirigea une maison de banque. Après la guerre de 1866 une amnistie générale lui permit de rentrer en Allemagne, et il en profita. Il participa également de son long séjour parmi nous, alors qu'il était sous le coup d'une condamnation capitale, pour rendre à la Prusse tous les services que lui rendait possibles sa parfaite connaissance des affaires de notre pays ; il fut donc attaché par M. de Bismarck au quartier général prussien dès le début de la guerre ; et après, au gouvernement d'Alsace-Lorraine. Depuis sa rentrée dans son pays, les électeurs de Mayence ont envoyé M. Bamberger siéger d'abord au parlement douanier en 1868, puis au Reichstag allemand en 1871. Il prit, surtout dans cette dernière assemblée, une position considérable, par sa connaissance des questions financières aidée d'un certain talent d'orateur ; il y est, en fait, devenu l'un des chefs du parti national-libéral. — On doit à M. Louis Bamberger, outre un grand nombre d'articles de journaux : la *Lune de miel de la liberté de la presse* (1848) ; *Conséquences du soulèvement du Palatinat* (1849) ; *Monsieur de Bismarck*, d'abord en français (1868) ; *Histoire naturelle du clergé avec la France* (1871) ; la *Question ouvrière et le droit de réunion* (1873), etc.

BAMBERGER*, ÉDOUARD ADRIEN, médecin et homme politique français, d'origine israélite, est né à Strasbourg, le 25 septembre 1825. Établi à Metz en 1858, il fut vice-président du cercle messin de la Ligue de l'enseignement, fit de nombreuses conférences scientifiques et publia divers ouvrages sur des questions d'hygiène, de morale, d'éducation, etc. Elu représentant de la Moselle le 8 février 1871, M. le docteur Bamberger provoqua à l'Assemblée de Bordeaux l'incident qui fut clos par le vote de déchéance de l'Empire. Par le dépôt d'une proposition tendant à la publicité des décisions des Commissions d'enquête sur les capitulations, à Versailles, on peut dire que c'est encore à lui que revient la mise en jugement de Bazaine. Il fut élu député de la circonscription de Neuilly (Seine), au scrutin de ballottage du 5 mars 1876. M. Bamberger siégea à gauche dans les deux chambres. Il a été réélu le 14 octobre 1877, avec une majorité presque double de celle qu'il avait obtenue en 1876. Il a pourtant misérablement échoué aux élections générales de 1881, et ne s'est pas présenté à celles de 1885.

BANCROFT, GEORGE, historien et homme d'Etat américain, né à Worcester (Massachusetts) le 3 octobre 1800 ; son père, un des principaux ministres de l'Eglise unitaire, était auteur d'une *Vie de Washington*. M. G. Bancroft entra au collège d'Harvard en 1813, y prit ses grades en 1817, puis quitta l'Amérique pour poursuivre ses études dans les universités allemandes. A Gœttingen, où il resta deux ans, et eut pour maîtres Eichhorn, Heeren et Blumenbach, il s'appliqua à l'étude des littératures française, allemande et italienne, et des littératures de l'antiquité grecque et romaine, ainsi qu'à l'étude des langues orientales. Il choisit enfin l'histoire comme objet principal de ses études. En 1820, il reçut à Gœttingen le diplôme de docteur en philosophie ; après quoi, il se rendit à Berlin, où il se lia avec Schleiermacher, Wilhelm, Humboldt, Savigny, Lappenberg, Vanhagen, von Ense et autres savants distingués. Au printemps de 1821, il entreprit un voyage à travers l'Allemagne et une partie de l'Europe. A Heidelberg, il consacra quelque temps à étudier avec Schlosser ; à Paris, il fit connaissance avec Cousin, Benjamin Constant, etc., et y retrouva von Humboldt. Il passa un mois en Angleterre, puis explora à pied la Suisse, et demeura huit mois en Italie, où il fit connaissance de Manzoni, Bunsen et Niebuhr. De retour en Amérique en 1822, il fut un an professeur de langue grecque au collège d'Harvard. Pendant cette année, il prêcha plusieurs fois, mais ne nourrit pas longtemps l'idée de se faire ministre. En 1823, avec le Dr Joseph Coggswell, il fonda à Northampton (Massachusetts), la « Round Hill School ». Vers le même temps, il publia une traduction de la *Politique de la Grèce antique*, de Heeren, et en même temps, un volume de *Poems*. Il commençait aussi, dès cette époque, à réunir les matériaux de son *Histoire des États-Unis*, dont le premier volume parut en 1834. En 1835, il établit sa résidence à Springfield, où il demeura trois ans, et acheva le deuxième volume de son « Histoire ». Il prit dès lors une part importante aux luttes politiques, appuyant, par la parole et par la plume, le parti démocrate. En 1838, il fut nommé receveur des douanes à Boston, poste qu'il occupa jusqu'en 1841, poursuivant toujours ses travaux historiques et prenant souvent la parole dans les réunions politiques. Le troisième volume de son *Histoire des États-Unis* parut en 1840. En 1844, il posa sa candidature aux élections du gouverneur de l'État du Massachusetts; mais il échoua, tout en fournissant un bien plus grand nombre de voix qu'aucun autre membre de son parti n'en avait précédemment obtenu, la majorité étant depuis longtemps acquise au parti républicain dans cet État. En 1845, Polk ayant été élu président des États-Unis, M. Bancroft fit partie du cabinet comme ministre de la marine. Dans cette situation, il donna l'ordre de prendre possession de la Californie, ordre auquel les États-Unis sont redevables de la possession définitive de la côte du Pacifique. Il eut aussi, pendant son administration, la direction intérimaire, pendant un mois, du ministère de la guerre, et donna à cette occasion l'ordre au général Taylor d'envahir le Texas. En 1846, M. Bancroft fut envoyé à Londres, comme ministre des États-Unis en Angleterre, position dans laquelle il sut obtenir du gouvernement britannique l'adoption de lois plus libérales sur la navigation, et montra une grande ardeur à la revendication des droits des Anglais naturalisés citoyens des États-Unis. Pendant sa résidence en Europe, il ne cessa de parfaire sa collection de documents relatifs à l'histoire américaine. A Londres, toutes facilités lui furent accordées pour atteindre ce but. Le Musée britannique et plusieurs collections privées lui fournirent des manuscrits précieux. Il retourna aux États-Unis en 1849, s'établit à New-York et s'occupa de compléter son grand ouvrage, dont le quatrième et cinquième volumes parurent en 1852, le sixième en 1854, le septième en 1858, le huitième en 1860, le neuvième en 1866 et le dixième et dernier en 1874. Il a entrepris depuis quelques années une sorte de supplément à ce premier ouvrage, dont il a paru deux volumes sous ce titre : *Histoire de la fondation de la Constitution des États-Unis*, en 1882. Après son retour d'Angleterre, M. Bancroft déclina pendant plusieurs années, toute offre de position politique ou officielle, se dévouant entièrement à ses travaux littéraires. En février 1866, il fut chargé de prononcer, devant le Congrès, l'éloge funèbre d'Abraham Lincoln. En mai 1867, il fut nommé ministre à Berlin, — c'est-à-dire en Prusse; position qui fut modifiée d'après les événements, en 1868 et en 1871, et donna successivement à M. Bancroft le titre de ministre près la Confédération du nord de l'Allemagne, puis, près de l'Empire germanique. Il fut rappelé sur sa demande en 1874. Pendant sa dernière mission diplomatique, M. Bancroft conclut divers traités avec les États de la Confédération, principalement relatifs à la naturalisation des sujets allemands aux États-Unis.

M. Bancroft est membre d'un grand nombre de sociétés savantes nationales et étrangères. Son *Histoire des États-Unis*, le grand ouvrage de sa vie, occupe une place particulièrement distinguée dans la littérature historique du monde. Ce n'est pas seulement une simple relation des faits accomplis, c'est encore un véritable traité philosophique, remontant aux principes et aux causes pour expliquer les événements, et suivant pas à pas, avec une merveilleuse précision, le progrès des lumières se développant concurremment avec celui des idées libérales. Cet ouvrage considérable a été traduit dans la plupart des langues européennes. Nous devons à M. Édouard Laboulaye une réduction de cette *Histoire des États-Unis*, laquelle s'arrête en 1789, — mais pourrait être reprise et continuée. M. G. Bancroft a également publié quelques *Mélanges* (Miscellanies), *Essays*, etc., recueillis principalement dans la *North American Review*, dont il a été un des principaux collaborateurs.

BANDMANN, DANIEL EDUARD, acteur allemand, né à Cassel le 1er novembre 1839. La vocation du théâtre se manifesta chez lui très bonne heure, et son plus grand plaisir était d'obtenir de ses petits camarades, lorsqu'il était enfant, qu'ils lui donnassent la réplique dans des scènes tirées de la Bible et arrangées par lui dans ce but. A dix-huit ans, il parut pour la première fois sur la scène au théâtre de la cour à Neu-Strélitz, et devint de ce coup le favori de la grande-duchesse de Mecklembourg, qui prit un vif intérêt à sa carrière et l'aida à la poursuivre. Il obtint bientôt un engagement à Prague, puis visita Gratz, Weimar, Pesth et Vienne, et acquit dans toutes ces villes une grande popularité dans les rôles du théâtre de Shakspeare. Il se rendit ensuite à New-York, où, après un court repos que sa santé chancelante l'avait obligé à prendre, il dut paraître, sollicité par ses compatriotes, sur le Stadt-Theater. Les journaux s'occupèrent beaucoup du nouvel artiste et les critiques (les critiques de langue allemande, bien entendu) n'hésitèrent pas à le proclamer le plus grand acteur de son temps. A New-York, M. Bandmann se mit résolument à l'étude de la langue anglaise, et l'on assure qu'au bout de six semaines, il pouvait jouer Shylock dans le texte, à Niblo's Garden. Son succès fut très grand et l'on traduisit en anglais, exprès pour lui, un drame allemand, *Narcisse*, où il excellait. Il entreprit alors une tournée à travers les États-Unis, remportant le succès les plus enthousiastes, avec un répertoire composé des rôles de Richelieu, Benedick, Hamlet, Shylock, Richard III, Macbeth, Othello et Iago. Il joua le rôle d'Hamlet, à Philadelphie, sur l'invitation de la Société de Shakspeare, à l'occasion du troisième centenaire de la naissance du « Cygne de l'Avon, » et y provoqua un tel enthousiasme qu'une couronne de laurier en argent massif lui fut remise à cette occasion, comme témoignage d'admiration. A San Francisco, il reçut en présent une médaille d'or avec ses initiales figurées en diamants et autres pierres précieuses. Son séjour en Amérique fut, en somme, une véritable marche triomphale ; mais son ambition était de faire sanctionner son succès par le public de Londres. En conséquence il partit pour l'Angleterre, et, en février 1868, il parut sur la scène du Lyceum Theatre, dans *Narcisse*. Son succès fut si grand que feu lord Lytton, qui assistait à la représentation, l'invita à son château de Knebworth, lui assurant qu'il était le seul acteur qu'il eût vu depuis le temps de Macready, le seul qui lui inspirât le désir d'écrire encore pour la scène. Il refondit en effet, à son intention, son drame : *the Sea Captain*, qui fut joué pendant trois mois consécutifs au Lyceum Theatre, sous le titre de : *the Rightful Heir* (l'Héritier légitime). M. Bandmann entreprit ensuite une tournée artistique dans les principales villes de la Grande-Bretagne, puis se rendit, en 1869, en Australie, où il demeura environ une année, après laquelle il revint en Angleterre en passant par Honolulu. Dans cette dernière ville, il joua devant le feu roi des Sandwich, Kaméhaméha, qui l'invita à son palais. En 1877, il jouait Shakspeare à Berlin, dans sa langue maternelle. Malgré le succès qu'il y remporta, il retourna en Angleterre, où il s'était marié en 1869. Il a depuis fait, avec sa femme, de longues tournées artistiques à travers le monde, visitant successivement l'Amérique, l'Australie, la Nouvelle-Zélande, les Indes britanniques, etc. Il était à Calcutta en 1881 et à Shanghaï l'année suivante, jouant Shakspeare principalement.

BANKS, NATHANIEL PRENTISS, général de volontaires et homme politique américain, né à Waltham (Massachusetts) le 30 janvier 1816. Étant enfant, il travaillait d'abord dans une manufacture de coton où son père était contremaître, puis il apprit l'état de mécanicien. Dans cette situation, il employa tout son temps de loisir à s'instruire, et devint bientôt un des orateurs les plus écoutés, malgré sa jeunesse, dans les réunions politiques et les assemblées de tempérance. Rédacteur d'une feuille de province, il obtint ensuite un emploi modeste à la direction des douanes de Boston. Il étudia alors le droit, et se fit recevoir avocat. Élu à la Législature du Massachusetts en 1849, il en fut nommé président en 1851, grâce à la coalition des démocrates et des « Free-Soilers » contre le vieux parti whig ; et l'année suivante, grâce à la même coalition, il fut élu membre du Congrès, comme démocrate. Mais bientôt il se sépara de ce parti, et se fit réélire en 1854 par les votes réunis du parti républicain et du parti dit « américain ». En décembre 1855, après un vif débat qui avait duré plus de deux mois et nécessité *cent trente-deux* scrutins, M. Banks fut élu, à une faible majorité, président du Congrès. Il fit également partie du Congrès suivant, et, en 1857, fut élu gouverneur du Massachusetts, et réélu en 1858 et 1859. En 1860, il accepta le poste de président de la compagnie du chemin de fer central de l'Illinois. En 1861, lorsque éclata la guerre de Sécession, M. Banks reçut la commission de major-général de volontaires, avec le commandement d'un corps faisant partie de l'armée du Potomac, où il eut pour adversaire le général confédéré « Stonewal » Jackson. Il commandait un corps d'armée, sous le commandement en chef du général Pope, à la bataille de Cedar Mountains, le 9 août 1862, et fut ensuite placé à la tête des forces de Washington. En décembre de la même année, il remplaça le général Butler à la Nouvelle-Orléans et, en juillet 1863, s'empara de Port Hudson, sur le Mississipi, conquête qui assurait l'ouverture de ce fleuve aux flottes de l'Union. Au printemps de 1864, il fit, sans succès, une tentative sur la rivière Rouge et fut relevé de son commandement en mai. La guerre terminée, le général Banks rentra dans la vie politique, et fut réélu au Congrès par son ancien district, en 1866, en 1868 et en 1870. Il fut, pendant la plus grande partie de cette période, président du Comité des relations extérieures. Inspiré par des considérations de justice et d'humanité, il s'était peu à peu séparé du parti républicain, dont la haine contre le Sud n'a pas encore entièrement dépouillé son caractère implacable. C'est ainsi qu'en 1872, il appuya de toutes ses forces la candidature d'Horace Greeley à la présidence des Etats-Unis, opposée à celle de Grant par le nouveau parti « libéral » et acceptée par ceux des démocrates qui ne font pas absolument profession d'irréconciliabilité. La candidature de cet autre républicain, adversaire ardent des sécessionnistes pendant la lutte, mais non moins ardent partisan d'une amnistie pleine et entière après la pacification, et devenu en conséquence un *libéral*, cette candidature échoua, comme on sait. M. Banks, à la suite de cet échec, avait pris la résolution de vivre retiré de la vie publique ; il s'est toutefois laissé porter aux élections de 1874 et a été élu de nouveau membre du Congrès ; il a été élu de nouveau en 1876.

BANVILLE (de), THÉODORE FAULLAIN, poète et littérateur français, né à Moulins (Allier) le 14 mars 1823. Venu à Paris, il publia, en 1842, son premier volume de poésies : les *Cariatides ;* puis vinrent : les *Stalactites (1846).* De 1858 à 1852 il fit la critique dramatique au journal le *Pouvoir*, et publia ensuite : les *Pauvres Saltimbanques*, roman (1853) ; la *Vie d'une comédienne*, roman (1855) ; *Odelettes (1856) ;* Odes *funambulesques (1858) ;* Esquisses *parisiennes (1859)*, nouvelle édition, 1876) ; la *Mer de Nice, lettres à un ami (1860)* ; les *Parisiennes de Paris*, et les *Exilés*, poésies (1866) ; les *Camées parisiens (1866-73,* 3 vol.) ; *Nouvelles Odes funambulesques*, et *Florise*, comédie en vers, non jouée (1869) ; *Idylles prussiennes* et *Eudère Clerz*, nouvelle (1870) ; *Petit Traité de poésie française (1871) ; Trente-six ballades joyeuses (1873)* ; les *Princesses (1874)* ; *Poésies inédites (1884) ; Lettres chimériques (1885) ; Contes bourgeois (1886)*, etc. Il a donné au théâtre : la *Muse des chansons (1851)* ; les *Nations*, opéra-ballet en un acte (1851) ; le *Feuilleton d'Aristophane*, avec Philoxène Boyer (1852) ; le *Cousin du roi*, avec la même collaboration (1853) ; les *Folies nouvelles (1854)* ; le *Beau Léandre*, avec Siraudin (1856) ; *Diane au bois*, deux actes, en vers (1863) ; les *Fourberies de Nérine*, un acte, en vers (1864) ; la *Pomme*, un acte, en vers, au Théâtre-Français (1865) ; *Grimgoire*, un acte, en prose, également au Français (1866) ; *Deidamia*, trois actes en vers, à l'Odéon (1876) ; *Socrate et sa femme*, un acte en vers, au Français (1885), etc.

M. de Banville a collaboré à une foule de publications périodiques, notamment aux *Poètes français*, au *Parnasse contemporain*, etc. Il rédige, depuis la fondation, le feuilleton dramatique du *National de 1869*. M. de Banville est chevalier de la Légion d'honneur depuis 1858 ; il est aussi commandeur de l'ordre de Charles III d'Espagne.

BARA, JULES, homme d'Etat belge, né à Tournai le 21 août 1835, fit ses études à sa ville natale, et se fit recevoir avocat. Très jeune encore, M. Bara fut nommé professeur à l'université de Bruxelles. Pendant qu'il occupait cette position, il écrivit une série d'*Essais sur les Rapports de l'Etat et les religions, au point de vue constitutionnel*, qui fixa l'attention sur son auteur. Elu, en 1862, député de Tournai par les électeurs libéraux, il se fit remarquer à la Chambre par son éloquence et son savoir étendu, autant que par son dévouement à la politique de M. Frère-Orban. En novembre 1865, M. Bara fut nommé ministre de la justice, en remplacement de M. Tesch, démissionnaire, et conserva son portefeuille jusqu'à la chute du parti libéral et son remplacement au pouvoir par les cléricaux, en juillet 1870. Pendant son passage au ministère, M. Bara avait eu le courage de présenter un projet de loi portant abolition de la peine de mort (juin 1868). Ce projet fut repoussé à une assez faible majorité. En juin 1878, M. Bara reprit le portefeuille de la justice dans le cabinet Frère-Orban ; il dut le résigner de nouveau après les élections de 1884, qui donnèrent la majorité au parti catholique et amenèrent au pouvoir le cabinet Beinaert. — M. Jules Bara est grand officier de la Légion d'honneur.

BARAGNON, LOUIS NUMA, avocat et homme politique français, né à Nîmes, le 24 novembre 1835. Après avoir terminé ses études, il suivit les cours de droit et fut admis au barreau de Nîmes. Il s'était déjà signalé, dans la presse départementale, par l'ardeur de ses opinions légitimistes, lorsqu'il fut élu, le 8 février 1871, représentant du département du Gard à l'Assemblée nationale ; il siégea à l'extrême droite et ne tarda pas à se faire remarquer comme l'un des porte-parole du parti légitimiste. Il fut désigné, avec M. Ernoul, par ses coreligionnaires politiques pour porter au comte de Chambord, qui l'attendait à Anvers, le fameux manifeste autour duquel il fut fait tant de bruit (pour rien) et dont M. Baragnon était, au reste, l'un des promoteurs (1872). Appelé comme sous-secrétaire d'Etat au ministère de l'intérieur, par M. de Broglie, le 25 novembre 1873, il passa en la même qualité au ministère de la justice en 1874 ; il dut se retirer le 25 février 1875. Il n'y a pas à dresser minutieusement la liste des votes de M. Baragnon, après ce que nous venons de dire de ses actes. Il semble que les électeurs du Gard n'en furent pas très satisfaits. En tout cas, la circonscription d'Uzès, où il posa sa candidature aux élections du 20 février 1876, lui préféra le candidat républicain, M. Mallet, élu à une très grande majorité. Le 14 octobre 1877, il réussissait à se faire réélire, mais grâce à des moyens qui amenèrent l'annulation de cette élection par la Chambre et son renvoi devant les électeurs d'Uzès, qui lui préférèrent décidément M. Mallet (7 juillet 1878). Ce que voyant, la majorité réactionnaire du Sénat, qui se faisait une loi de recueillir les refusés du suffrage universel, fit de Baragnon un sénateur inamovible, le 15 novembre suivant, sans plus tarder. — M. N. Baragnon est grand croix de l'ordre royal de Saint-Grégoire le Grand et de l'ordre de François-Joseph d'Autriche, et commandeur de l'ordre du Christ de Portugal.

BARAGNON, PIERRE, journaliste français, cousin du précédent, né à Mouriès (Bouches-du-Rhône) le 18 décembre 1830. Il fit ses études à Toulouse, où il rédigea quelque temps un petit journal : les *Tablettes de Toulouse*, puis visita l'Italie et publia, en 1851, une *Etude sur le mesmérisme*. A son retour, il se lança délibérément dans la presse, et fut rédacteur de diverses feuilles départementales, puis correspondant parisien de la *Presse belge* (1857). Après un court passage à Bruxelles, où il avait fondé, sans succès, le journal le *Levant*, il partit pour Tiflis, dirigea et rédigea pendant plusieurs années le *Journal de Constantinople* et exerça diverses fonctions dans la capitale de l'empire ottoman. De retour à Paris en 1865, M. Baragnon entra à la rédaction de la *Presse*, passa en 1867 au *Mémorial diplomatique*, qui dut bientôt se séparer de lui — par ordre. Il fonda alors le *Bulletin international*, petite feuille d'informations imprimée d'abord simultanément dans plusieurs villes, tant françaises qu'étrangères, et finalement à Dresde, et qui ne disparut que vers le milieu de 1870. Au commencement de cette même année 1870, M. Baragnon fondait à Paris le *Centre gauche*, grand journal quotidien dont il essaya de faire l'organe du parti auquel il empruntait son nom et qui fut, en fin de compte, supprimé le 17 août. Alors il fonda quelque *Tache noire*, sorte de pamphlet anti-prussien qui vécut peu. Après le 4 septembre, M. Baragnon fut nommé préfet des Alpes-Maritimes ; mais il ne conserva ce poste que quelques semaines et, sur le rapport de M. Sénart, fut remplacé par M. Marc Dufraisse et nommé inspecteur général des camps du Sud-Est. Aux élections du 8 octobre 1871, il a été élu membre du conseil général des Bouches-du-Rhône pour le canton de la Ciotat. Aux élections législatives du 20 février 1876, M. Baragnon s'était porté candidat républicain radical dans la première circonscription de Nîmes ; mais il n'obtint qu'une faible minorité. Candidat au siège municipal laissé vacant dans le deuxième arrondissement de Paris, par la mort de M. Loiseau-Pinson, M. P. Baragnon, qui avait obtenu au premier tour (16 juillet 1876), grâce à l'appui formel des *leaders* du parti républicain radical, 1,150 voix, ne réunit au second tour (23 juillet) que 903 voix, contre 1,645 données à M. Marais négociant, autre candidat radical, son concurrent. Dans l'intervalle des scrutins, des doutes s'étaient élevés dans l'esprit des électeurs sur l'énergie des convictions républicaines de M. Baragnon, et on leur avait donné la preuve, qu'en tout cas, ces convictions étaient de date relativement récente. — Il a fondé depuis le *Courrier du soir*.

BARANTE (baron de), PROSPER CLAUDE IGNACE BRUGIÈRE, homme politique français, sénateur, fils de l'historien des ducs de Bourgogne, ambassadeur et pair de France sous la monarchie de Juillet, est né à Paris le 27 août 1816. Il débuta dans la carrière diplomatique en 1837, comme secrétaire de son père, ambassadeur à Saint-Pétersbourg ; fut ensuite sous-préfet de Boussac (1839), puis d'Autun (1842) ; puis préfet de l'Ardèche de

1815 à la révolution de février 1848, qui le força de donner sa démission. Il avait été fait chevalier de la Légion d'honneur en 1844. Rentré dans la vie privée en 1848, M. de Barante n'en sortit qu'en 1863, époque où il fut élu conseiller général du Puy-de-Dôme ; aux élections de 1869, il fut élu au second tour, comme candidat de l'opposition libérale, député du Puy-de-Dôme au Corps législatif. Il y prit place au centre gauche et signa, l'un des premiers, l'interpellation des 116. Ce même département du Puy-de-Dôme envoya M. de Barante siéger à l'Assemblée de Bordeaux, aux élections du 8 février 1871 ; élu, dès le début, secrétaire de l'Assemblée, il fut réélu à chaque renouvellement de bureau jusqu'en mars 1875. Dans l'Assemblée, M. de Barante prit place au centre droit et vota toujours avec ce groupe. Aux élections du 30 janvier 1876, M. le baron de Barante a été élu sénateur du Puy-de-Dôme, comme monarchiste constitutionnel, résolu, malgré cela, à servir « de bonne foi » le gouvernement de la République. — Et la preuve, c'est que M. de Barante, entre autres votes caractéristiques, concourait, le 16 juin 1877, à l'élection de M. Buffet comme sénateur inamovible, quand le suffrage universel et le suffrage restreint ne furent sur le vote n'avaient pas voulu de lui, ni comme sénateur temporaire ni comme député, et avaient, par cinq fois, manifesté cette résolution. — Il n'a pas été réélu en 1882. Porté enfin aux élections législatives d'octobre 1885 sur la liste réactionnaire du Puy-de-Dôme, il a échoué de nouveau.

BARASCUD, ANTOINE HIPPOLYTE, agronome et homme politique français, né à Saint-Affrique, le 10 juin 1819. Avocat à Montpellier, il quitta le barreau en 1850 pour se consacrer aux travaux agricoles, devint maire de sa ville natale en 1865 et échoua, comme candidat de l'opposition, aux élections législatives de 1869. Élu représentant de l'Aveyron en février 1871, M. Barascud s'inscrivit d'abord à la réunion Feray puis se décida pour le centre droit : élu député de Saint-Affrique, sans concurrent, le 20 février 1876, il siégea à droite dans la nouvelle assemblée. Il fut réélu le 14 octobre 1877, mais échoua aux élections du 21 août 1881. A celles du 4 octobre 1885, faites au scrutin de liste, il fut élu de nouveau député de l'Aveyron, partageant le triomphe de la liste réactionnaire dans ce département. — Il a été décoré de la Légion d'honneur en 1872.

BARBE, PAUL, ingénieur et homme politique français, né le 4 février 1836 à Nancy. Élève de l'École polytechnique et de l'École d'application de Metz, il sortit de celle-ci en 1858 comme lieutenant d'artillerie, mais quitta l'armée pour l'industrie peu de temps après. Rappelé sous les drapeaux en 1870, M. Paul Barbe commandait l'artillerie de Toul assiégée et dont on connaît l'héroïque résistance ; sa conduite dans cette circonstance lui valut la croix de la Légion d'honneur. Après la capitulation de cette place (23 septembre), M. Barbe était chargé par le gouvernement de la Défense du soin de trouver un procédé rapide de fabriquer la dynamite, et trouvait ce procédé, qui lui permettait de livrer quotidiennement 1000 kilogr. de dynamite au génie. La paix revenue, il rentra dans l'industrie, établit des exploitations agricoles dans nos colonies d'Algérie et de Cochinchine, où il chercha particulièrement à créer la culture systématique de la ramie, et se livra à des recherches sur les engrais chimiques, collaborateur actif, quant à ces dernières, de l'éminent directeur du Muséum d'histoire naturelle, M. Frémy. Enfin M. Barbe a publié un assez bon nombre d'ouvrages spéciaux : *Études pratiques sur la dynamite et ses applications à l'art militaire* ; la *Perforation mécanique* ; l'*Emploi de l'électricité dans les mines* ; la *Question du Grisou* ; les *Engrais chimiques*, etc. — Porté aux élections d'octobre 1885 sur la liste radicale de Seine-et-Oise, M. Paul Barbe fut élu, au scrutin de ballottage du 18. — Dans la question des princes, il a voté l'expulsion totale.

BARBEDETTE, HIPPOLYTE, musicographe et homme politique français, ancien magistrat, né à Poitiers en 1827. Après des études musicales sérieuses, M. Barbedette fit son droit et entra dans la magistrature, sans cesser toutefois de cultiver la musique, en tant qu'art d'agrément, mais sans goût particulier, confinant presque à la passion. Juge au tribunal de la Rochelle, il était en même temps président de la Société philharmonique de cette ville, où il jouit d'une grande réputation comme pianiste amateur, et publiait diverses compositions pour son instrument. Il y a quelques années seulement, M. Barbedette s'est démis de ses fonctions dans la magistrature, pour se livrer plus librement à ses recherches d'histoire et de biographie musicales. Rédacteur du *Ménestrel*, M. Barbedette y a inséré d'abord la plupart des études et notices qu'il a publiées ensuite sous forme de brochures et dont voici la liste : *Beethoven, esquisse musicale* (1859) ; *Beethoven, sa vie et ses œuvres* (1860, 2ᵉ éd.) ; *Chopin, essai de critique musicale* (1861, 2ᵉ éd. 1869) ; *Weber, essai de critique musicale* (1862) ; *F. Schubert, sa vie, ses œuvres, son temps* (1866) ; *Félix Mendelsohn-Bartholdy, sa vie et ses œuvres* (1869) ; *Ch. M. de Weber, sa vie et ses œuvres* (1874, 2ᵉ éd.) ; *Stephen Heller, sa vie et ses œuvres* (1876). D'autres études, notamment sur *Haydn* et *Gluck*, ont également paru au *Ménestrel*. Secrétaire du Conseil général de la Charente inférieure, M. Barbedette se porta candidat aux élections législatives du 20 février 1876, dans l'arrondissement de la Rochelle ; il échoua contre le candidat bonapartiste, M. Fournier ; il échoua de nouveau le 14 octobre 1877, contre le même concurrent, grâce à des actes de pression qui firent annuler cette élection et renvoyer les candidats devant leurs électeurs, le 14 juillet 1878. Cette fois, M. Barbedette fut élu. Réélu sans concurrent le 21 août 1881, il était élu sénateur de la Charente-Inférieure, le second sur trois, aux élections du 25 janvier 1885. Il a voté l'expulsion des princes (22 juin 1886). — M. Barbedette est membre de la Commission supérieure des Invalides de la marine.

BARBEY, ÉDOUARD POLYDORE ISAAC, homme politique français, né le 2 septembre 1831. Entré dans la marine, il fit les campagnes de Crimée et de Chine en qualité d'enseigne, et était lieutenant de vaisseau depuis deux ans, lorsqu'il donna sa démission en 1863, pour se livrer à l'agriculture. Ayant repris du service en 1870, il fut attaché au commandement d'un secteur de l'enceinte fortifiée de Paris pendant la durée du siège. Après avoir échoué, comme candidat républicain, aux élections sénatoriales du Tarn du 30 janvier 1876 et à deux élections législatives qui eurent lieu dans la 2ᵉ circonscription de Castres, en 1879 et le 21 août 1881, M. Barbey a été élu sénateur du Tarn, le 8 janvier 1882, date du renouvellement triennal de la 1ʳᵉ série. Il a pris place à gauche et voté, le 22 juin 1886, l'expulsion des princes. — Il est officier de la Légion d'honneur depuis le 29 janvier 1871.

BARBEY D'AUREVILLY, JULES AMÉDÉE, littérateur et journaliste français, né 2 novembre 1808 à Saint-Sauveur-le-Vicomte (Manche). Il se lança de bonne heure dans la presse départementale, et aurait même débuté dans la carrière littéraire à quinze ans, par une brochure intitulée : *Aux héros des Thermopyles*. Ce n'est toutefois qu'en 1851 que nous le voyons à Paris, écrivant au journal le *Pays* des articles de critique littéraire qui ne péchent certes pas par excès d'indulgence, d'un style affecté et dans des termes très vifs, mais toujours bien aigus, quoique laborieusement choisis. En 1858, il fondait, avec MM. Granier de Cassagnac et Escudier, un journal hebdomadaire, le *Réveil*, qui n'eut que courte existence. Collaborateur intermittent des principaux journaux bonapartistes, notamment de la *Situation*, du *Dix Décembre* (1868-1870), M. Barbey d'Aurevilly fut pendant plusieurs années attaché au *Constitutionnel*, où il rédigeait le feuilleton de critique littéraire. Au mois d'avril 1874, il faillit même s'attirer une aventure désagréable par le compte rendu très sévère (mais nous devons reconnaître que c'est à juste titre) qu'il fit d'un livre écrit par une femme. Le fils de cette femme de lettres, masquée par pudeur d'un pseudonyme, se rendit aux bureaux du *Constitutionnel* pour y provoquer le critique absent et passa sa rage sur le secrétaire de la rédaction, M. Matagrin, mort depuis, lequel ne savait trop ce qu'on lui voulait. L'affaire se termina en police correctionnelle. Il a aussi collaboré à la *Veilleuse*, au *Nain jaune*, etc.

On cite de M. Barbey d'Aurevilly : l'*Amour impossible* (1841) ; la *Bague d'Annibal* (1843) ; *Du Dandysme et de G. Brummel* (1845) ; les *Prophètes du passé : Joseph de Maistre, de Bonald, Chateaubriand, Lamennais* (1851) ; une *Vieille maîtresse* (1851, 3 vol.) ; l'*Ensorcelée, ricochets de conversation* (1854) ; le *Dix-neuvième siècle, les hommes et les œuvres* (1861-65, 4 vol.) ; les *Misérables de M. Victor Hugo* (1863) ; les *Quarante Médaillons de l'Académie française* (1863) ; le *Chevalier Destouches* (1864) ; le *Prêtre marié* (1864) ; les *Diaboliques* (1874) ; les *Bas bleus*, complément de la série intitulée le *Dix-neuvième siècle*, etc. (1877) ; *Ce qui ne meurt pas* (1884) ; les *Critiques* (1885), etc.

BARBIER, PAUL JULES, auteur dramatique français, né à Paris le 8 mars 1825, fit ses études au collège Henri IV. A l'occasion de l'anniversaire de la naissance de Molière, le 15 janvier 1847, il faisait lire sur la scène du Théâtre-Français un « à-propos » intitulé : l'*Ombre de Molière*, et la même année (avril), le même théâtre représentait son drame de début, en cinq actes et en vers : *Un poète*, qui fut bien accueilli et fut couronné par l'Académie. Il a donné, en outre, au même théâtre :

Bon gré, mal gré, comédie en prose (1849); les *Amoureux sans le savoir* (1850); les *Derniers Adieux* (1851); le *Berceau*. A l'Odéon : *Amour et Bergerie* (1848); les *Contes d'Hoffmann* (1851); les *Marionnettes du docteur* (1852); le *Maître de la maison*, en collaboration avec Édouard Fournier et M. Édouard Cadol (1856); la *Loterie du mariage* (1868). Au Gymnase : *Graziella* (1849). A la Porte-Saint-Martin : *André Chénier*, drame (1849); *Henriette Deschamps* (1849); *Jenny l'ouvrière* (1850). A l'Ambigu : un *Drame de famille* (1849); le *Mémorial de Sainte-Hélène* (1852); *Cora, ou l'Esclavage* (1850); *Princesse et Favorite* (1855); *Maxwell* (1866); la *Fille du maudit*. Au Vaudeville : une *Distraction*. A la Gaîté : *Jeanne d'Arc*, avec chœurs, etc., de M. Gounod (1874); outre plusieurs vaudevilles, comédies-vaudevilles et levers de rideau, et surtout de nombreux livrets d'opéras et d'opéras comiques, en collaboration pendant longtemps avec feu Michel Carré principalement, et parmi lesquels nous citerons : *Galathée* (1852); les *Noces de Jeannette* (1853); le *Roman de la Rose* (1854); *Deucalion et Pyrrha* (1855); *Valentine d'Aubigny* (1856); les *Noces de Figaro* (1858); le *Pardon de Ploërmel* (1859); la *Statue*; la *Nuit aux Gondoles* (1861); la *Reine de Saba*; la *Fille d'Égypte* (1862); *Peines d'amour perdues* (1863); le *Mariage de Don Lope* (1865); la *Colombe* (1866); *Roméo et Juliette* (1867); *Don Quichotte* (1869); les *Joyeuses Commères de Windsor* (1866); *Faust*; *Hamlet*; *Mignon*; *Psyché*; les *Saisons*; *Gil Blas*; *Philémon et Baucis*; les *Sabots de la marquise*; les *Papillottes de M. Benoît*; *Miss Fauvette*; le *Magnifique*; les *Amoureux de Catherine*; *Paul et Virginie*; le *Timbre d'argent*; *Dimitri*, opéra en cinq actes et sept tableaux, musique de M. Victorin Joncières ; *Sylvia*, pastorale mythologique en trois actes, musique de M. Léo Delibes (1876); l'*Aumônier du Régiment* (1878); *Françoise de Rimini*, op. en 5 actes; la *Taverne de Trabans*, op. com. en 3 actes (1882); l'*Enclume*, op.-com. en 1 acte (1884); *Une Nuit de Cléopâtre*, drame lyrique en 3 actes, musique de V. Massé (1885), etc. On lui doit encore : le *Franc tireur*, chants de guerre (1871). — M. Jules Barbier a été décoré de la Légion d'honneur en 1865 et promu officier le 12 juillet 1880. Il est également décoré de l'ordre de Charles III d'Espagne.

BARBIER, Frédéric Étienne, compositeur français, né à Metz le 15 novembre 1829, reçut des leçons de solfège, piano, harmonie et contre-point de l'organiste de Bourges, Durondeau, pendant qu'il poursuivait ses études classiques au collège de cette ville. Entré à l'École d'administration, de fondation nouvelle (1848), il reçut, à la suppression de cette école, peu de mois après son ouverture, des inscriptions de droit en dédommagement, et fut amené de la sorte à suivre les cours de la Faculté, mais sans négliger la musique, dont l'étude l'avait toujours séduit, et qui s'empara bientôt exclusivement de son esprit. M. F. Barbier avait déjà fait représenter sur le théâtre de Bourges un opéra comique en un acte : le *Mariage de Colombine*; il se fit présenter à Séveste, directeur du Théâtre-Lyrique, et grâce à l'appui d'Adolphe Adam, dont il avait fait connaissance à ce théâtre, son premier ouvrage : une *Nuit à Séville*, un acte, y fut reçu et joué le 14 septembre 1855, et bien accueilli du public. Vers la fin de la même année, il donnait au même théâtre un second opéra comique en un acte : *Rose et Narcisse*. Outre ces trois petits ouvrages, on a de lui, aux Folies-Nouvelles : le *Pacha*, *Francastor*, le *Page de madame Marlborough*, opéra comique en un acte; le *Faux Faust*, trois actes, en 1858 ; le *Docteur Tam Tam*, en 1859. Au Théâtre-Déjazet (même scène sous un titre différent) : *Monsieur Deschalumeaux*, deux actes et le *Grand roi d'Yvetot*, trois actes, en 1859; le *Loup et l'Agneau*, un acte (1862); *Simon Terre-Neuve*, un acte (1863); *Deux Permissions de dix heures*, un acte, et la *Pomme aux airs*, un acte (1864). Au théâtre du Chalet des îles (Bois de Boulogne) : les *Amours d'un shah*, deux actes, et *Flamberge au vent*, deux actes (1861). Aux Folies-Marigny : *Versez, marquis*, un acte; la *Cigale et la Fourmi*, un acte (1862); la *Gamine du village*, un acte et les *Trois Normandes*, un acte (1863); *Achille chez Chiron*, un acte (1864). Au Théâtre-Saint-Germain : la *Bouquetière de Trianon*, deux actes (1864). Aux Bouffes : *Madame Pygmalion*, un acte (1863); un *Congrès de modistes*, un acte (1865); une *Femme qui a perdu sa clé*, un acte (1866). Aux Fantaisies-Parisiennes : les *Oreilles de Midas*, un acte (1866); les *Légendes de Gavarni*, trois actes (1867) et le *Soldat malgré lui*, deux actes (1868). Au Théâtre-International de l'Exposition de 1867, dont il était chef d'orchestre : *Gervaise*, un acte. Aux Folies-Bergères :

Mam'zelle Pierrot, un acte (1869). Aux Variétés : *Mam'zelle Rose*, un acte (1874), etc. Ajoutons à cela une quantité vraiment effrayante « d'opérettes » données tant au concert de l'Eldorado qu'à celui de l'Alcazar, dont M. F. Barbier est actuellement chef d'orchestre, et plusieurs centaines de duos, romances, mélodies vocales, chansons, chansonnettes, morceaux de musique de danse pour piano, marches, fantaisies sur des motifs d'opéra, etc., etc. — M. Barbier a aussi été quelque temps collaborateur de l'*Avenir musical* et de l'*Indépendance dramatique*.

BARBIER DE MEYNARD, Casimir, orientaliste français, né à Marseille en 1827. Il débuta dans la carrière des consulats en s'attachant à diverses légations dans le Levant, notamment à celle de Perse. Devenu professeur de langue turque à l'école spéciale des langues orientales vivantes, chaire qu'il occupe encore aujourd'hui, il remplaça Mohl, en 1876, dans la chaire de langue persane du collège de France, d'où il est passé à celle de langue et littérature Arabe (1883). M. Barbier de Meynard a été décoré de la Légion d'honneur en 1867 et promu officier le 31 décembre 1885. Il a été élu membre de l'Académie des inscriptions et belles-lettres en 1878. — On doit à ce savant : *Dictionnaire géographique, historique et littéraire de la Perse et des contrées adjacentes*, composé sur des documents arabes et persans en partie inédits (1861); *Description historique de la ville de Kasvin*, d'après Kazvini ; *Extraits de la chronique persane d'Hérat*; *Étude sur Mohammed ben Hassan-Ech-Cheibani, jurisconsulte hanefite*; *Tableau littéraire du Khorassan et de la Transoxiane au IVᵉ siècle de l'hégire* (1867); *Ibrahim, fils de Mehdi* (1869); le *Seïd Himyarite* (1875); le *Livre des routes* d'Ibn-Khordadbed, traduit et annoté; les *Prairies d'or* de Maçoudi, traduction en collaboration avec M. Pavet de Courteille, etc.

BARBIERI, Francisco Asenjo, compositeur et musicographe espagnol, né à Madrid, le 3 août 1823. Se destinant d'abord à la carrière médicale, puis à celle d'ingénieur, il fit de solides études littéraires et scientifiques; mais son goût pour la musique eut bientôt raison de toutes ses résolutions contraires. Il reçut ses premières leçons musicales d'un musicien du théâtre de la Cruz, puis entra au Conservatoire Marie-Christine, où il cultiva simultanément le piano, la clarinette, le chant, puis la composition sous la direction de Carnicer. Ses études terminées, il se trouva seul sur le pavé de Madrid, réduit à ses maigres ressources : sa mère, veuve d'un courrier de cabinet tué dans l'exercice de ses dangereuses fonctions, venait de se remarier et de quitter Madrid. Barbieri s'engagea alors, comme clarinettiste, au 5ᵉ bataillon de la milice, aux émoluments fantastiques de trois réaux par jour (environ 75 centimes); il obtint enfin son admission dans l'orchestre d'un théâtre, joua dans les bals publics, donna de rares leçons de piano à deux réaux (50 centimes) le cachet et copia de la musique autant qu'il put. Il trouvait encore le moyen de se livrer à la composition, et publia quelques chansons, romances, etc.; devint choriste, puis suppléant du chef des chœurs au théâtre du Cirque. Infatigable, il se mit à écrire une opérette (zarzuela) en un acte : *Felipa*, musique et livret; mais, en dépit de son courage, la zarzuela, qui était attendue pour une représentation à bénéfice, ne fut point prête, et ne put en conséquence être jouée. Peu après, il quitta Madrid, engagé comme souffleur et chef des chœurs dans une troupe d'opéra italienne, en tournée dans les principales villes de province. Un jour où cette troupe devait donner le *Barbier de Séville*, il se trouva que son Don Basile était indisposé ; Barbieri chanta le rôle et y réussit fort bien; il continua dès lors à faire partie de la troupe, non plus comme souffleur, mais comme artiste. A son retour à Madrid, il fit recevoir au Cirque : *Il Buon Tempo*, opéra italien en deux actes, qu'il ne parvint toutefois pas à y faire jouer. Devenu secrétaire d'une société créée à Madrid pour la fondation d'une scène lyrique, il traduit un opéra italien de M. Arrieta : *Ildegonda*, écrit une foule des morceaux d'orchestre, poursuivit avec succès la carrière de professeur, et devint enfin, en 1849, critique musical de la *Illustracion*. Il débuta enfin véritablement comme auteur en 1850. On a de M. Barbieri : *Gloria y Peluca* (Gloire et Perruque); *Tramoya et Escenas de Chamberi*, « zarzuelas » en un acte (1850); la *Jacara*, ballet; la *Picaresca* (la Bande), zarzuela en deux actes; *Jugar con fuego* (Jouer avec le feu), trois actes ; *Por seguir a una mujer*, quatre actes (1851); la *Hechicera* (la Sorcière), trois actes; el *Manzanares*, un acte; *Gracias a Dios que esta puesta la mesa*, un acte (1852); la *Espada de Bernardo*, trois actes; *el Marques de Caravaca*, deux actes; *Don Simplicio Bobadilla*, trois actes; *Galanteos en Venecia*;

trois actes (1853); *un Dia de reinado*, trois actes; *Aventura de un cantante*, un acte; *los Diamantes de la corona*, trois actes (1854); *Mis dos mujeres*, trois actes; *los Dos Ciegos*, un acte; *el Visconde*, un acte; *el Sargento Federico*, quatre actes (1855); *Entre dos aguas*, trois actes; *Gato por liebre* (un chat pour un lièvre), un acte; la *Zarzuela*, un acte: *el Diablo en el poder*, trois actes (1856); *el Relampago* (l'Eclair), trois actes (1857); *Por conquista*, un acte; *Amar sin conocer*, trois actes; *un Caballero particular*, un acte (1858); *el Robo de las Sabinas*, deux actes; *el Niño*, un acte; *Compromisos del no ver*, un acte; *Entre mi mujer y el negro*, deux actes (1859); *un Tesoro escondido*, trois actes (1861); *los Herederos*, un acte; *el Segreto de una dama*, trois actes (1862); *Dos Pichones del Turia*, un acte (1863); *Pan y Toros* (Du pain et des courses de taureaux), trois actes (1864); *Gibraltar en 1690*, un acte; *el Rabano por las hojas*, un acte; *Revista de un muerto*, revue de l'année 1865, un acte; *De tejas arriba*, un acte; *el Pavo de Navidad*, un acte (1866); *el Pan de la Boda*, deux actes (1868); *el Soprano*, un acte; la *Maya*, trois actes (1869); *Robinson*, trois actes (1870); *los Holgasanes*, trois actes; *Don Pacifico*, un acte; *el Hombre es debil*, un acte (1871); *el Tributo de las cien doncellas*, trois actes; *Suenos de oro*, trois actes (1872); *el Proceso de Can-Can*, deux actes (1873); *los Comediantes de antano*, trois actes; la *Despedida* (l'Adieu), monologue lyrique; *el Domador de fieras* (le Dompteur), un acte; *el Testamento azul*, trois actes; *el Barberillo de Lavapiés*, trois actes (1874); la *Vuelta al mundo* (le Tour du monde), quatre actes (août 1875), etc. Ces ouvrages ont été représentés au Cirque, à la Zarzuela, à las Variedades ou au Buen Retiro; et M. Barbieri a eu pour collaborateurs, dans un certain nombre d'entre eux, MM. Aceves, Arrieta, Gaztambide, Hernando, lozenga, Oudrid et Rogel. — Outre les nombreux ouvrages que nous venons de citer, M. Barbieri a écrit un grand nombre d'ouvertures, marches triomphales, hymnes, motets, chansons et morceaux de fantaisie. Il s'est occupé non moins activement d'histoire, de littérature et de critique musicales a collaboré à une foule de journaux et de publications périodiques variées. Possesseur d'une bibliothèque musicale des plus importantes, il n'a cessé de concourir, depuis que le succès le lui a permis, au développement des connaissances musicales dans son pays. Nous ne pouvons le suivre dans les efforts constants d'une existence singulièrement active et laborieuse; dans ses voyages en France, en Allemagne, en Belgique, en Hollande, en Angleterre, à la recherche de documents ou d'artistes; dans ses créations de sociétés musicales, littéraires, ou d'entreprises théâtrales, ou l'organisation de concerts monstres. L'un des fondateurs de la « Société des bibliophiles espagnols », en 1866, il fondait la même année la « Société des concerts de Madrid ». Nommé en 1868 professeur d'harmonie et d'histoire de la musique au Conservatoire de Madrid, il déclina ce double poste, devint chef d'orchestre du Théâtre-Royal en 1869, et a été élu membre de l'Académie des Beaux-Arts (section de la musique) en 1873.

BARDOUX, Agénon, avocat, homme politique français, né à Bourges le 15 janvier 1830, fit ses études de droit à Paris et se fit inscrire au barreau de Clermont-Ferrand en 1856. Bâtonnier de l'ordre en 1869, il s'est signalé la même année en plaidant devant le tribunal pour l'*Indépendant du Centre*, coupable, avec beaucoup d'autres journaux, d'avoir recueilli des souscriptions pour élever un monument au représentant Baudin, et qu'il fit acquitter. Conseiller municipal de Clermont, et le premier inscrit au tableau, il remplit, après le 4 septembre 1870, les fonctions de maire de cette ville, au milieu de difficultés de toute sorte dont il sut triompher dans la mesure du possible. Le 8 février 1871, M. Bardoux fut élu représentant du Puy-du-Dôme, le premier sur une liste de onze, et vint siéger au centre gauche de l'Assemblée. Orateur distingué, il fit en outre partie de la plupart des commissions importantes dont les travaux signalèrent la première législature de la République. Nommé sous-secrétaire d'État au ministère de la justice, le 10 mars 1875, il donnait sa démission le 4 novembre suivant, par dissentiment avec le cabinet sur la question du scrutin de liste. Il fut nommé quelques jours plus tard président du centre gauche. M. Bardoux fut élu, le 20 février 1876, député de la première circonscription de Clermont-Ferrand, à une immense majorité. Réélu le 14 octobre 1877, sans concurrent, il entra dans le cabinet Dufaure (14 décembre) comme ministre de l'instruction publique, cultes et beaux-arts, où il fut remplacé par M. Jules Ferry, après la retraite du Maréchal Mac-Mahon

(4 février 1879). Malgré son passé, M. Bardoux échoua aux élections du 21 août 1881. Mais il était élu sénateur inamovible le 7 déc. 1882 par le Sénat. A la suite de son échec, M. Bardoux avait donné sa démission de membre du conseil général du Puy-de-Dôme, dont il était président. — Il a voté contre l'expulsion des princes. Ecrivain de mérite, M. Bardoux a collaboré au *Recueil de l'Académie des Sciences, Arts et Belles-Lettres de Clermont*; à la *Revue du Droit français et étranger* et à la *Revue des Deux Mondes*. Il a publié à part: les *Légistes, leur influence sur la Société française* (1877); *le Comte de Montlosier et le gallicanisme* (1881), etc. Il a présidé en 1877 l'Association française pour l'avancement des Sciences.

BARETTA, Blanche Rose Marie Hélène, actrice française, née à Avignon le 22 avril 1855. Venue tout enfant à Paris, avec sa famille, la connaissance fortuite de Mme Sarah Bernhardt dirigea ses goûts vers la carrière dramatique, et elle débuta en 1865, c'est-à-dire à l'âge de neuf ans, dans le rôle de petite fille du *Supplice d'une femme*. Admise au conservatoire trois ans plus tard, elle en sortait à seize ans, ayant remporté le second prix de comédie, et débuta à l'Odéon. Très remarquée dans l'*Agnès de l'École des femmes*, donnée à ce théâtre en 1873, elle fut aussitôt engagée au Théâtre Français où, s'étant également fait remarquer dans plusieurs rôles importants des deux répertoires, elle était élue sociétaire dès 1876.

BARFF, Frederick Settle, chimiste anglais, né à Harknow le 6 octobre 1823, fit ses études à l'université de Cambridge. Professeur de chimie à l'Académie royale des Arts, il quitta cette chaire après huit années d'exercice et accepta celle de l'université catholique de Kensington en 1873. Il fut en outre examinateur de chimie à l'université de Cambridge. M. Barff a publié une *Introduction à l'étude de la chimie scientifique*, un *Traité élémentaire de chimie* et une série d'articles sur les *Nouvelles théories chimiques* dans le « *Student and Intellectual Observer* ». — On lui doit en outre plusieurs inventions importantes: un procédé pour la conservation du fer contre la rouille par l'emploi de la vapeur surchauffée; un composé de glycérine, qu'il appelle *boroglycérine*, pour la conservation des substances organiques, alimentaires et autres, dont il a décrit les propriétés dans un article intitulé: *Nouveau composé antiseptique pour la conservation des aliments*, publié dans le *Month* de mai 1882.

BARGHASCH-BEN-SAID, sultan ou *seyyid* de Zanzibar, né en 1835, est l'un des onze fils du sultan Saïd, mort en 1856, auquel deux de ses frères succédèrent avant lui, et le descendant d'Ahmed-ben-Said, élevé au trône de 1741, par ses compatriotes, à cause de sa grande intelligence des choses du commerce et de l'agriculture. Il est monté à son tour sur le trône de Zanzibar en 1870. On le dit doux et affable, et il est vrai que ses relations avec les étrangers semblent justifier cette appréciation. On sait aussi qu'il a aboli la traite des esclaves dans son royaume en 1873. Dans l'été de 1875, Seyyid Barghasch a fait une assez longue visite en Europe, à Londres et à Paris principalement (juin); Il y est venu accompagné du consul général anglais, Dr Kirk et d'une suite de vingt-sept personnes, composée des principaux officiers de sa maison, de cuisiniers, barbiers, etc. Retourné dans son pays, il s'est appliqué plus sincèrement, depuis, qu'il ne paraît l'avoir fait d'abord, à la suppression du commerce des esclaves sur toute l'étendue du territoire soumis à sa domination.

BARING-GOULD, le Rev. Sabine, ecclésiastique et littérateur anglais, né à Exeter, en 1834, fit ses études au collège Clare, à Cambridge, où il reçut son diplôme de maître ès arts en 1856. Nommé au bénéfice de Dalton, comté de Thirsk, en 1869, il fut appelé au rectorat d'East Mersea, Colchester en 1871, et en 1881 à celui de Lew-Trenchard, que son père, décédé, avait occupé avant lui. — On a de M. Baring-Gould: *the Paths of the Just* (1854); *Iceland: its Scenes and Sagas* (1861); *Post-medizval Preachers* (1865); *Curious Myths of Middle Age* 1re série, 1866; 2e série, 1867); *Curiosities of olden Times* (1869); *the Silver Store* (1868); *the Book of Werewolves* (le Livre des Loups-Garous, — 1869); *In xitu Israël*, roman historique (1870); *the Origin and development of Religions belief* (2 vol., 1869-70); *the Golden Gate* (la Porte d'or, — 1869-70); *Lives of the Saints* (5 vol., 1872-77); *Difficulties of the faith*, recueil de sermons prêchés à la cathédrale de Saint-Paul 1874); *the Lost and hostile Gospels*; an essay on the « *Toledoth Jeschu*, » *and the Petrine and Pauline Gospels of the first three centuries of which Fragments remain*

(*1875*); *the Vicar of Morwenstow* (*1876*); *the Mystery of suffring* (*1877*); *Germany, Present and Past* (*1879*); *the Preacher's Pocket* (*1880*); *the Village Pulpit* (*1881*); *Nichalh, a Story of the Essex Marshes* (*1881*); *Zitta, a Black-Forest romance*, en allemand (*1882*), en anglais (*1883*); *the Story of Germany* (*1886*), etc.

BARLOW, THOMAS OLDHAM, artiste anglais (graveur), né à Oldham, près de Manchester, le 4 août 1824. Dès son plus jeune âge, il manifesta une irrésistible vocation pour la peinture et la gravure; pour donner, au moins en partie, satisfaction à ses désirs, son père le plaça chez MM. Stephenson et Royston, graveurs à Manchester. Une fois dans cette ville, le jeune Thomas suivit assidûment les cours de l'Ecole de dessin, et y remporta le premier prix pour un dessin exposé sous le titre modeste d'*Études d'après nature* (Cullings from Nature). A l'exposition de Manchester, il remarqua une petite toile, de John Phillip, intitulée *Courtship* (Galanterie), et chercha à persuader un ami de s'en rendre acquéreur, pour qu'il pût la graver avant de se rendre à Londres; mais il n'y put réussir. Venu à Londres peu après, il fit la connaissance d'un gentleman qui l'encouragea beaucoup dans ses projets de reproduire par la gravure quelques toiles remarquables et lui offrit de lui en fournir les moyens. A la prochaine exposition de la British Institution, où il se rendit en conséquence avec son protecteur, il fut heureusement surpris de retrouver le fameux petit tableau de John Phillip qui l'avait si fort séduit à Manchester, et voulut aussitôt s'en assurer le droit de reproduction; le peintre accepta la proposition du graveur à la seule condition de ne rien recevoir pour prix du droit de reproduction, désintéressement qui marqua le début des relations amicales qui devaient se former entre ces deux hommes, que la conformité de sentiments et de goûts appelait d'ailleurs l'un vers l'autre.

On doit à M. Barlow les gravures suivantes, entre autres très nombreuses: D'après John Phillip: *Galanterie*, la *Mère Gipsy espagnole*, la *Prière en Espagne*, le portrait d'*Augustus Egg*, académicien royal, celui de S. A. R. le Prince-consort, la *Chambre des communes en 1860*, *Dona Pepita*, *Séville*, la *Fenêtre de prison*; d'après J. J. Sant: la *Mère et les enfants*; d'après F. W. Topham: les *Filets*; d'après W. P. Frith: *Charles Dickens*; d'après Henrietta Browne: les *Sœurs de la Miséricorde*; d'après sir G. Kneller: le portrait d'*Isaac Newton*; d'après H. Wallis: la *Mort de Chatterton*; d'après J. E. Millais: le *Huguenot*, *Mon premier sermon*, *Mon deuxième sermon*, *Eveillé*, *Endormi*, et les portraits de John Fowler, de sir James Paget, de MM. Gladstone, John Bright, Tennyson, E. Landseer, etc.

M. Barlow a été élu, à la presque unanimité, en 1873, associé, et en 1881 membre titulaire de l'Académie royale des Arts.

BARNARD, FREDERICK AUGUSTUS PORTER, savant américain, né à Shelfield, dans l'Etat de Massachusetts, le 5 mai 1809; il fit ses études au collège d'Yale, y reçut ses diplômes en 1828, et y fut nommé maître d'études en 1829; puis devint successivement professeur dans les asiles de sourds-muets de Hartford et de New-York. Il enseigna la physique et les mathématiques de 1837 à 1848, et la chimie, de 1848 à 1854, à l'université d'Alabama. Nommé, à cette dernière date, professeur de mathématiques et d'astronomie à l'université de Mississippi, il en fut élu président en 1856, et en 1864 nommé président du collège de Colombie (New-York), position qu'il a conservée depuis. En 1860, M. Barnard fit partie de l'expédition scientifique du Labrador, pour l'observation de l'éclipse totale de soleil, et fut élu président de l'Association américaine pour l'avancement des sciences. En 1862, il fut chargé de la rédaction des observations des étoiles, de Gilliss, dans l'hémisphère sud et, en 1853, de la publication des cartes de l' « United States coast Survey »; il était commissaire des Etats-Unis, près l'Exposition de Paris, en 1867. — M. Barnard a publié: *Traité d'arithmétique* (*1830*); *Grammaire analytique* (*1836*); *Lettres sur l'administration collégiale* (*1855*); *Histoire du relèvement des côtes des Etats-Unis* (*1857*); *Rapport sur l'usage des machines et sur les arts industriels* (*1869*); le *Système métrique* (*1871*), etc.; sans parler de nombreux articles publiés dans les journaux scientifiques ou d'éducation. Il a édité, avec le professeur Arnold Guyot, l'*Universal Cyclopediæ de Johnson* (1874-77). M. Barnard est membre de plusieurs sociétés savantes, tant européennes qu'américaines.

BARNARD, HENRY, écrivain pédagogique américain, né à Hartford (Connecticut), le 24 janvier 1811, fit ses études au collège d'Yale, où il prit ses grades en 1830, et reçut le diplôme de docteur en lois d'Yale en 1851,

d'Harvard et du collège de l'Union l'année suivante. M. H. Barnard s'occupa, presque au sortir du collège, de la grande question de l'instruction publique. Après un long voyage d'études sur cette question aux États-Unis, il consacra deux années à faire son tour d'Europe, étudiant tout spécialement les méthodes d'instruction et les institutions pédagogiques des pays qu'il visitait (1835-37). Membre de la Législature du Connecticut, de 1837 à 1840, il fit adopter à cette assemblée, entre autres mesures importantes, un projet de réorganisation complète des écoles, et fut, pendant quatre ans, membre du Comité d'éducation, créé par lui. En 1842, il entreprit un nouveau voyage à travers les Etats-Unis, lequel ne dura pas moins d'une année, dans le but de rassembler les éléments d'une *Histoire des écoles publiques aux Etats-Unis*. Il fut interrompu dans la poursuite de ce travail par sa nomination à la direction de l'instruction publique dans l'Etat de Rhode-Island; puis, après cinq ans de travaux excessifs, il retourna à Hartford. En 1850, une école normale d'Etat ayant été fondée dans le Connecticut, il fut nommé principal de cette école, avec le titre et les fonctions de surintendant des écoles publiques de l'Etat. Il résigna ces fonctions en 1855, forcé à cette détermination par l'altération de sa santé, et fonda, la même année, l'*American Journal of éducation*, qui existe encore aujourd'hui. M. Barnard a été président de l'Association américaine pour l'avancement de l'instruction, fut élu, en 1856, président et chancelier de l'université du Wisconsin, poste qu'il résigna en 1859; fut président en 1865-67 du collège Saint-John, d'Annapolis, et commissaire des Etats Unis au département de l'Instruction de 1868 à 1870. Outre son *Journal d'éducation*, il a publié: l'*Education dans les manufactures* (*1842*); l'*Education nationale en Europe*, les *Ecoles normales des Etats-Unis et de l'Europe* (*1851*); *Tribut à Gallaudet*, suivi d'une *Histoire de l'instruction des sourds-muets* (*1852*); *Professeurs et éducateurs américains* (2 vol.); les *Bienfaiteurs de l'éducation*, *Bibliothèques des écoles* (*1854*); *Avis et méthodes à l'usage des professeurs* (*1857*); *Pédagogie anglaise* (*1862*); *Education nationale* (*1872*); les *Ecoles militaires* (*1873*); *Pédagogie américaine* (*1875*), etc.

BARNE, HERMANN GUILLAUME EUTHYME, homme politique français, né à Arles le 9 septembre 1831. Il exerçait la profession d'avocat à Marseille, lorsqu'il se présenta à l'élection sénatoriale du 5 janvier 1879, rendue nécessaire par la mort d'Alphonse Esquiros, comme candidat républicain radical. Il fut élu sans concurrent et se fit inscrire au Sénat au groupe de l'Union républicaine, ne laissant pas de voter parfois avec l'extrême-gauche; sa signature figurait, du reste, au bas de projet d'amnistie totale présenté par Victor Hugo. M. Barne fut réélu au renouvellement triennal du 25 janvier 1885. — Il a voté l'expulsion des princes.

BARNUM, PHINÉAS TAYLOR, célèbre *exhibiteur* (showman) américain, né à Bethel, dans l'Etat de Connecticut, le 5 juillet 1810. Il montra de si bonne heure son aptitude au commerce que, dès l'âge de treize ans, son père lui confia la direction d'une espèce de petite boutique de campagne, et qu'à dix-huit ans il entreprenait pour son compte un commerce de colportage. Profitant de la manie des loteries qui sévissait alors avec une véritable rage dans le pays, il se mit marchand de billets et gagna beaucoup d'argent à ce trafic. Vers 1830, il fonda un journal hebdomadaire le *Herald of Freedom*, publié à Daubury (Connecticut), dont l'audace de langage lui attira un grand nombre de procès et finit par le ruiner complètement. En 1834, il s'établissait à New-York, et achetait l'année suivante une vieille négresse nommée Joyce Heth, qu'il montra publiquement comme objet de curiosité, assurant qu'elle avait 160 ans et avait été nourrice de Washington. Cette vieille négresse mourut en 1836, et l'examen de son état-civil fit découvrir la fraude; mais, en ce moment, Barnum avait eu le temps d'en profiter, et l'avait fait largement. Il parcourut ensuite les divers Etats de l'Union, mais, pendant cinq années, ne semble pas avoir rencontré de bien grands succès. En 1841, il se rendit acquéreur d'un cabinet de curiosités connu déjà sous le nom d'*American Museum* de Scudder, établi à New-York, et fit l'habileté de son administration, ainsi qu'une rare intelligence de la publicité, y fit en peu de temps une fortune énorme. Son fameux nain Charles S. Stratton, universellement connu sous le nom de *Tom Pouce* (Tom Thumb), lui rapporta des sommes fabuleuses. Parmi les exhibitions charlatanesques les plus célèbres, nous citerons: l'*Heureuse famille*, se composant de bipèdes et de quadrupèdes difformes; la *Sirène des îles Fidji*; le *Cheval à laine*, sans parler de monstres divers fabriqués par lui ou d'après ses indications, comme sa sirène et son cheval, de géants, etc. Dans l'été de 1850, il engagea la célèbre cantatrice Jenny Lind pour 150 concerts à donner en Amérique. La cantatrice rompit son engagement après le quatre-vingt-treizième concert, en juin 1851 ; mais les recettes brutes se chiffraient dès lors par 700,000 dollars, soit plus de 3 millions et demi de francs. En 1855, M. Barnum, abandonnant la direction active de son musée, fit bâtir une opulente villa à Bridgeport, dans le Connecticut et se livra à la haute spéculation. Mais la faillite d'une grande société manufacturière qu'il commanditait, ainsi que quelques autres pertes moins importantes le ruinèrent si complètement qu'il dut prendre un arrangement avec ses créanciers et chercher à rétablir sa fortune avec l'aide de son musée, dont il reprit la direction. Ce musée fut brûlé deux fois, au ras du sol ; mais le propriétaire ne perdit que peu de chose dans cette double conflagration ; après la seconde, toutefois, en mars 1868, il résolut de se retirer définitivement des affaires. Il voulut alors aborder la carrière politique ; mais ce fut sans succès, et il revint en conséquence à ses anciennes occupations, ou à peu près, en fondant un cirque et une ménagerie (1871). En 1874, M. Barnum faisait construire un immense édifice pour contenir son cirque et sa ménagerie, mais qu'il décore du titre de *Grand hippodrome romain* et *Institut zoologique*. Cet édifice, « érigé et monté moyennant près d'*un million de dollars*, » suivant les annonces répandues à foison dans les journaux de New-York, a été inauguré le 23 avril 1874. Dans l'hippodrome, de forme ovale, mesurant 80 pieds sur 270, ont lieu des courses de chars *romains*, des courses de chevaux libres ou montés, des courses de singes, de chameaux, d'autruches, d'éléphants, etc. ; il y a représentation de jour et de nuit. Les premières coûtent un dollar (5 francs) et les dernières 1 fr. 25. Dans la ménagerie, de distance en distance, des vaporisateurs atténuent, par la vapeur parfumée qu'ils exhalent, l'odeur désagréable qui s'échappe, malgré une propreté méticuleuse, de la litière des animaux. En 1876, il construisit un immense aquarium, pour contenir une baleine, laquelle ne put s'y habituer ; de même il enrichit sa ménagerie, en 1882, du célèbre éléphant Jambo, transporté à grands frais du jardin zoologique de Londres, et qui y mourut d'ennui peu de temps après.

M. Barnum est un orateur écouté des meetings de temperance et autres réunions utiles et morales. Il a publié : la *Vie de P. T. Barnum*, écrite par lui-même (1855); les *Charlataneries du monde* (the Humbugs of the World, — 1865); *Efforts et triomphes*, autobiographie (1869). Il a épousé, le 16 septembre 1874, une jeune fille de Southport (Angleterre), miss Nancy Fish.

BARODET, Désiré, homme politique français, né à Sermesse (Saône-et-Loire), le 27 juillet 1823, fit ses études au petit séminaire d'Autun et à l'école normale de Mâcon. Son père était instituteur communal et lui-même exerça cette profession. A l'avènement du ministère de Falloux (1849), il fut révoqué pour avoir fait acte de républicain sous la République. Alors M. Barodet s'établit instituteur libre à Louhans. En 1856, il se fixa à Lyon, y exerça d'abord la profession de teneur de livres, puis fonda, vers 1858, une manufacture de produits chimiques, à Vernaison. Il s'était fait peu à peu une place importante dans le parti démocratique, et se signala aux élections de 1869, par une propagande active en faveur du député sortant, M. Hénon, qui combattait un candidat d'apparence plus radicale : M. Bancel. Adjoint au maire de Lyon, M. Hénon, le 4 septembre 1870, M. Barodet était élu conseiller municipal le 21 du même mois. Pendant l'insurrection communaliste, il fit partie de la députation lyonnaise envoyée à Versailles pour solliciter la suspension des hostilités entre Versailles et Paris. Après la mort de M. Hénon, M. Thiers le choisit pour le remplacer à la mairie de Lyon, où il le nomma par décret en date du 23 avril 1872. La loi du 4 avril 1873, qui supprime cette mairie et divise Lyon en plusieurs arrondissements, lui enleva ses fonctions ; c'est alors que les électeurs de Paris, qui avaient à élire un député le 27 du même mois, choisirent pour candidat M. Barodet, qui fut élu par plus de 180,000 suffrages, contre M. Ch. de Rémusat. On fit beaucoup de bruit au sujet de cette élection, qu'on présenta comme hostile à M. Thiers, ce qui n'est pas tout à fait exact, car l'élection de M. Barodet n'avait pas d'autre caractère, en cette occasion, que celui d'une protestation des électeurs de Paris contre la loi municipale du 4 avril et ses conséquences. Mais en politique, on ne voit que ce qu'on veut voir. M. Barodet prit place à l'extrême-gauche, dont il a été président. — Il a été élu le 20 février 1876, par le 4ᵉ arrondissement de Paris, réélu le 14 octobre 1877 et le 21 août 1881 ; il échoua aux élections sénatoriales du 8 janvier 1882, mais fut élu député de la Seine au scrutin du 18 octobre 1885, le cinquième. — M. Barodet a voté contre la loi sur l'expulsion des princes.

BAROT, François Odysse, journaliste et romancier français, né à Mirabeau (Vienne) vers 1830. Venu jeune à Paris, il collaborait au journal la *Réforme* dès 1849. Entré à la *Presse* en 1851, il ne quitta plus guère M. Emile de Girardin, qu'il suivit en 1866 à la *Liberté*, dont il devint bientôt le principal rédacteur. En 1868, les commentaires que les révélations de M. de Kératry sur l'expédition mexicaine lui avaient inspirés lui valurent une provocation du trop fameux banquier Jecker, dont la Commune de Paris devait faire un otage plus tard. Un duel s'ensuivit, dont M. Barot se tira, par un hasard heureux, sans blessure, bien que la balle de son adversaire lui eût frappé la poitrine. Lié intimement avec les membres principaux du parti démocratique avancé, bien que rédacteur d'un journal ouvertement dynastique et dont les exemplaires étaient expédiés par ballots formidables en province, pour servir à la propagande plébiscitaire, M. Odysse Barot, qui avait apporté à la tribune des journalistes du Corps législatif la nouvelle du meurtre de Victor Noir par le prince Pierre Bonaparte (10 janvier 1870), dut quitter la *Liberté*, de plus en plus bonapartiste, ayant été convaincu d'avoir donné asile à l'un des acteurs du drame d'Auteuil, M. Ulric de Fonvielle, obligé de se cacher pour avoir échappé au revolver du prince. M. Barot devint alors directeur politique de l'*Histoire*, journal fondé par Millaud et qui disparut en même temps que son propriétaire fuyait l'investissement, sans laisser les fonds nécessaires non seulement pour faire vivre le journal, mais pour payer un assez important arriéré dû au personnel et aux fournisseurs. Le directeur politique, ainsi brusquement dépossédé, se rapprocha de M. de Girardin ; il écrivit quelques articles dans l'*Union française*, journal fondé par celui-ci pendant la Commune ; puis il fonda un journal à son tour, l'*Union française* ayant été supprimée. Ce journal : le *Fédéraliste*, qui semblait, par son titre au moins, s'inspirer du précédent, parut le 21 mai 1871 ; il n'eut qu'un second numéro, celui du 22 ; le lendemain, les troupes régulières entraient à Paris — que M. Barot s'empressait de fuir. Bien inspiré en ceci, car le *Fédéraliste*, pour s'y être pris un peu tard et n'avoir eu que deux numéros, n'en fut pas moins un des journaux les plus violents de cette époque de violence, et le séjour de Paris n'était pas sain assurément pour son directeur. Réfugié à Londres, il adressa à plusieurs journaux de Paris, notamment au *Figaro* et à la *France*, dont M. de Girardin avait pris la direction, des correspondances intéressantes, datées des divers points de la Grande-Bretagne. Revenu à Paris en 1874, M. Barot est entré à la rédaction de la *France*. — Il est le fondateur de la *Revue des Cours Scientifiques et littéraires* (1863), embryon des deux *Revues* dites rose et bleue d'aujourd'hui.

On cite de cet écrivain : *Grandeur et décadence d'un mirliton de Saint-Cloud* (1855); la *Naissance de Jésus* (1863); *Lettres sur la philosophie de l'histoire*, publiées d'abord dans la *Presse* (1864); la traduction, avec Elias Regnault, des deux premiers volumes de l'*Histoire de la Révolution française*, de Th. Carlyle (1865-67); *Histoire de la littérature contemporaine en Angleterre, 1830-1847* (1875); une traduction des *Œuvres poétiques* de lord Lytton (1876). Il a également traduit et publié en feuilletons dans la *France*: les *Ashantees*, *Odyssée d'une Anglaise* (1875); *Patricia Kemball*, roman de Mᵐᵉ Elisa Lynn-Linton (1875-76) et divers autres ouvrages anglais. Il s'est, depuis, consacré à peu près exclusivement au roman. Nous citerons parmi les ouvrages de ce genre qu'il a publiés dans ces dernières années : les *Amours de la duchesse Jeanne*, *John Marcy*, le *Procureur impérial* (2 vol.), le *Casier Judiciaire*, le *Fort de la Halle* (2 vol.), les *Trois bâtards* (2 vol.), etc.

BAROUILLE, Alfred, homme politique français, né à Mestay (Mayenne) en 1840, fit son droit à Paris et succéda à son père, notaire à Château-Gontier, en 1878. M. Alfred Barouille s'occupe en outre d'agriculture ; membre de la Société des agriculteurs de France, président du Comice agricole de Château-Gontier, il a publié, en 1870 : l'*Enquête agricole et les vœux de l'agriculture*, brochure qui témoigne au moins de la compétence de l'auteur. Très attaché à la famille d'Orléans, pour ainsi dire de naissance, M. Barouille a été élu député de la Mayenne le 4 octobre 1885, sur la liste dite « conservatrice ».

BARRÉ, Joseph, homme politique français, né le 5 novembre 1836 à Changé (Mayenne), fit ses études à Paris, au collège Chaptal. En 1860, il prit part à l'expédition des Mille de Garibaldi, il revint à Paris la campagne terminée, et devint successivement professeur au collège Chaptal et à l'Ecole supérieure du commerce. Capitaine commandant au 116e bataillon de la garde nationale pendant le siège de Paris, M. J. Barré s'occupa activement de l'organisation des régiments de marche. — Porté sur la liste radicale du département de Seine-et-Oise, aux élections de 1885, M. Barré a été élu député de ce département au scrutin du 18 octobre. Il a voté l'expulsion des princes (projet Brousse).

BARRIAS, Félix Joseph, peintre français, né à Paris, le 13 septembre 1822, reçut de son père les éléments de son art, puis entra dans l'atelier de Léon Cogniet en 1836. En 1844, il remportait le premier grand prix de Rome, avec un *Cincinnatus recevant les députés du Sénat*, qui était le sujet du concours. Il débuta au Salon de 1847 et y obtint une 3e médaille, il en obtenait une 1re à l'Exposition de 1851, et une 2e à celle de 1855 ; enfin, à la suite de l'Exposition de 1859, il recevait la croix de la Légion d'honneur. — Ses œuvres principales sont : *Cincinnatus* (1844) ; *Jeune fille portant des fleurs*, une *Fileuse romaine*, *Sapho* (1847); les *Exilés de Tibère* (1851); *Dante Alighieri* (1853), au musée de Tarbes; *Michel-Ange à la chapelle Sixtine*; les *Pèlerins se rendant à Rome pour le jubilé de l'an 1300* (1857); *Débarquement de l'armée française en Crimée*, à Versailles (1859); *Gaulois insultés par des Romains* (à Autun); la *Communion*; *Madeleine au pied de la croix*; *Maloina* (1861); *Conjuration chez les courtisanes à Venise*, en 1550; une *Danseuse du Triclinium* (1864); le *Repos*, *Titien peignant une Vénus* (1866); *Luisa l'Albanaise* (1870); *Hélène se réfugiant dans le temple de Vesta*, *Electre au tombeau de son père* (1873); l'*Homme est en mer*, inspiré de la *Légende des siècles* (1875); l'*Immolation*, *Bain de mer en famille à Dinard* (1883); l'*Aumône à Venise*, *Elle était Andalouse et comtesse*, inspiré de Musset (1884); *Mort de Chopin* (1885); *Triomphe de Vénus* (1886); quantité de *Portraits*, etc. On doit encore à M. Barrias : la *Picardie*, composition allégorique pour la décoration du grand escalier du musée d'Amiens, exposée au Salon de 1863; la décoration de la chapelle de Saint-Louis, à l'église Saint-Eustache ; de la chapelle de la ci-devant maison Eugène-Napoléon (fresques), rue du Faubourg-Saint-Antoine, 254 ; du Cirque national, du grand hôtel du Louvre et de diverses résidences particulières ; enfin le plafond du foyer de l'Opéra, représentant la *Glorification de l'Harmonie*, et plusieurs tableaux : la *Musique dramatique*, la *Musique amoureuse* et la *Musique champêtre* pour la même destination.

BARRIAS, Louis Ernest, sculpteur français, membre de l'Institut, frère du précédent, né à Paris le 13 avril 1831, élève de Jouffroy, de Cavelier et de Léon Cogniet, débuta au Salon de 1861. Cette même année, il remportait le second grand prix de Rome et en 1865, le premier. On a de cet artiste : *Chryseis rendue à son père par Ulysse* et les bustes de MM. Fazet et F. J. Barrias (1861) ; les bustes de *Jules Favre* et de *Cavelier* (1863) ; la *Fondation de Marseille*, la *Guerre*, le *Commerce* et la *Pêche* (1865) ; *Jeune fille de Mégare* (1870) ; la *Fortune* et l'*Amour*, bronze (1872) ; la *Religion* et la *Charité*, statues en plâtre (1873) ; *Monument funéraire*, dont font partie les deux précédentes statues (1874) ; deux *Portraits*, bustes en marbre (1875) ; *Groupes pour un tombeau*, marbre (1876) ; le *Serment de Spartacus*, marbre (1877) ; les *Premières funerailles*, plâtre (1878), le même groupe en marbre, avec un *Portrait de Mlle B....*, en marbre (1883) ; *Portrait du docteur Henocque*, buste en bronze (1884) ; *Portrait de M. Marmontel*, buste en marbre (1885) ; *Portrait de M. le Dr Dechambre*, buste en marbre, et *Portrait de M. J. André*, de l'Institut, médaillon en marbre (1886). On cite encore de M. L. E. Barrias une statue de *Virgile* et une autre du *Printemps*, à l'hôtel Païva ; la statue en bronze de *Bernard Palissy*, au square de Saint-Germain-des-Prés, etc. etc. — M. Barrias a obtenu une médaille en 1870, une 1re médaille en 1872, une 1re médaille, la médaille d'honneur en 1878 ; il a été promu officier de la Légion d'honneur en 1881, et a été élu membre de l'Académie des beaux-arts, en remplacement d'A. Dumont, le 29 mars 1884.

BARRIÈRE, Claude, homme politique français, né en 1837 à Saint-Germain-l'Herm (Puy-de-Dôme). Avocat du barreau de Clermont-Ferrand, M. Barrière fut commandant de mobiles pendant la guerre de 1870-71, et décoré en cette qualité. Membre du Conseil général de son département depuis 1871, il a été élu, au scrutin de ballottage du 18 octobre 1885, député du Puy-de-Dôme, en tête de la liste républicaine. — Dans la question des princes, M. Barrière a voté l'expulsion totale.

BARTHE, Marcel, homme politique français, né à Pau, le 15 janvier 1813 ; fit ses études au collège de sa ville natale, et son droit à Paris, où il fut reçu avocat et demeura jusqu'en 1844, prenant une part active aux luttes littéraires de cette époque, et collaborant à divers journaux, notamment le *Temps* et à l'*Artiste*. Inscrit au barreau de Pau, en 1844, il se livra à l'étude des questions d'économie sociale à l'ordre du jour, fut élu conseiller municipal comme candidat de l'opposition, en 1845 et, à la révolution de février, fut un des premiers à acclamer la République. Ayant échoué aux élections générales pour l'Assemblée constituante, une élection complémentaire l'y envoyait siéger, le 4 juin 1848. Partisan du général Cavaignac, M. Marcel Barthe se rapprocha de la gauche après l'élection du 10 décembre. Il ne fut pas réélu à la Législative et renonça pour le moment à la vie publique. — Aux élections du 8 février 1871, M. Marcel Barthe a été élu représentant des Basses-Pyrénées à l'Assemblée nationale, le deuxième sur neuf, y prit place à gauche et se fit inscrire en même temps à la réunion de la gauche républicaine et à celle du centre gauche. Réélu, le 20 février 1876, par la première circonscription de la ville de Pau, M. Barthe échouait contre le même concurrent, au scrutin du 28 octobre 1877; mais cette élection ayant été annulée par la chambre, il était élu de nouveau le 7 juillet 1878, et réélu aux élections générales d'août-septembre 1881. Au renouvellement triennal du Sénat, le 8 janvier 1882, M. M. Barthe fut élu en tête de la liste républicaine. — Il a voté contre l'expulsion des princes.

BARTHE, Gratien Norbert (dit Adrien), compositeur français, né à Bayonne le 7 juin 1828. Élève du Conservatoire, il remporta, en 1854, le premier grand prix de composition de l'Institut, avec une cantate intitulée : *Francesca di Rimini*. La troisième année de son séjour à Rome, il envoya à l'Académie des Beaux-Arts un oratorio : *Judith*, dont la partition, considérée comme particulièrement remarquable, lui valut le prix Édouard Rodrigues (1,500 fr.), un des plus importants que l'Académie ait à sa disposition. Il avait déjà envoyé à l'Académie, l'année précédente, un opéra : *Don Carlos*, qui avait été l'objet de grands éloges dans le rapport du secrétaire perpétuel, Halévy. A son retour de Rome, M. Barthe se trouva naturellement aux prises avec les difficultés sans nombre qui défendent aux jeunes compositeurs l'accès de nos scènes lyriques ; ce ne fut qu'en 1864 que, vainqueur du concours ouvert au Théâtre-Lyrique entre les prix de Rome non encore joués, il vit enfin un théâtre lui ouvrir ses portes. La *Fiancée d'Abydos* fut représentée le 30 décembre 1865, et n'eut qu'un succès d'estime, par la faute du livret, dit-on alors, et M. Barthe ne se trouva guère plus avancé. Il s'est depuis lors consacré à l'enseignement, et devenu professeur d'harmonie (élèves femmes) au Conservatoire.

BARTHÉLEMY (de), Anatole Jean-Baptiste Antoine, archéologue français, né à Reims le 1er juillet 1821. Fils de préfet, il entra de bonne heure dans l'administration, quoique élève de l'Ecole des chartes, et devint sous-préfet. Il est membre titulaire du Comité des travaux historiques (sections d'histoire, de philologie et d'archéologie), un des membres de la Société des Antiquaires de France, etc. — On doit à M. Anatole de Barthélemy : *Rapport sur quelques monuments religieux du département de la Loire* (1842); *Essai sur l'histoire monétaire du prieuré de Souvigny* (1846) ; *Monnaies des Aulerci* (1847); *Monnaies des ducs de Bourgogne* (1849); *Nouveau manuel complet de numismatique ancienne* (1851); *Nouveau manuel complet de numismatique du moyen âge et moderne* (1852) ; *Jean de Fabas* (1854); la *Révolution en Bretagne*, avec M. Geslin de Bourgogne (1858); *Numismatique mérovingienne* (1865); *Mélanges historiques et archéologiques sur la Bretagne* (1869); une *Revue des travaux de numismatique*, continuée depuis 1859, etc., etc. — M. Anatole de Barthélemy est chevalier de la Légion d'honneur.

BARTHÉLEMY (de), Edouard Marie, archéologue et bibliographe français, frère du précédent, né à Angers le 21 novembre 1830. Ancien auditeur au Conseil d'Etat, il a de bonne heure collaboré aux recueils périodiques d'archéologie et de bibliographie, tels que le *Bulletin monumental*, le *Bulletin du bibliophile*, le *Bulletin du bouquiniste*, etc. et publié une innombrable quantité de mémoires, parmi lesquels nous citerons : un *Essai historique sur les Comtes de Champagne* et des *Études biographiques sur les hommes célèbres du département de* la *Marne (1855)*; *Correspondance inédite des rois de France avec le conseil de ville de Châlons-sur-Marne (1855)*, et divers autres mémoires spécialement consacrés au département de la Marne, résumés en partie dans son *Histoire de la ville de Châlons-sur-Marne et de ses institutions, depuis son origine jusqu'en 1789 (1855)*; la *Noblesse en France avant et après 1789 (1858)*; les *Amis de M*me *de Sablé (1865)*; *Variétés historiques et archéologiques (1864-66*, 2 vol.); les *Ducs et les Duchés français avant et depuis 1789 (1867)*; *Gerbert, étude sur sa vie et ses ouvrages (1868)*; les *Livres nouveaux (1859-68*, 4 vol.); *Mesdames de France, filles de Louis XV (1870)*; les *Filles du Régent (1874)*; *Une nièce de Mazarin, la Princesse de Conti (1875)*, etc., etc. M. Ed. de Barthélemy, a publié en outre des éditions annotées de *La Rochefoucauld*, *Régnier*, M*me* *de Chantal*; le *Journal de Jean Héroard sur l'enfance et la jeunesse de Louis XIII* (avec Eudore Soulié), etc.

BARTHÉLEMY SAINT-HILAIRE, JULES, littérateur et homme politique français, né à Paris le 19 août 1805. Attaché, sous la Restauration et le gouvernement de juillet, jusqu'en 1838, au ministère des finances, il débuta toutefois de très bonne heure dans la presse et faisait, dès 1826, partie de la rédaction du *Globe*; en quelle qualité il signa, en 1830, la protestation des journalistes contre les ordonnances de juillet. Membre, après la révolution, de la société « Aide-toi, le ciel t'aidera », il devint successivement rédacteur du *Bon Sens*, qu'il avait fondé, puis du *Constitutionnel*, du *Courrier français* et du *National*. En 1833, M. Barthélemy Saint-Hilaire abandonna la politique militante. Nommé, en 1834, répétiteur de littérature française à l'École polytechnique, il devint, en 1838, professeur de philosophie grecque et latine au Collège de France, et membre de l'Académie des sciences morales et politiques en 1839, puis chef du cabinet de M. Cousin, devenu, en 1840, ministre de l'instruction publique. Après la révolution de février 1848, le gouvernement provisoire le nomma chef de son secrétariat. Élu à l'Assemblée constituante par le département de Seine-et-Oise, il fut réélu à la Législative; il avait été nommé directeur du Collège de France en janvier 1849. De son passage aux deux Assemblées de la République, il est resté dans la mémoire quelques votes, tels que ceux qui approuvaient la fermeture des clubs; le maintien du cautionnement des journaux, la loi sur les attroupements, l'expédition de Rome, etc., qui ne témoignent peut-être pas d'un libéralisme excessif et surtout éclairé; il en est un peu de même de la suspension du cours de Michelet au Collège de France, dont M. Barthélemy Saint-Hilaire crut devoir prendre l'initiative; mais c'est affaire d'appréciation, en tout cas, ce sont des points de sa vie publique que nous ne pouvions négliger. Il se rapprocha toutefois sensiblement de la gauche vers la fin de l'Assemblée législative, et son attitude après le coup d'État est des plus honorables, nous dirons même des plus glorieuses. Après le deux décembre donc, M. Barthélemy Saint-Hilaire ne fut pas seulement considéré comme démissionnaire de sa chaire et de ses fonctions de directeur au Collège de France, par refus de serment, car le gouvernement le dispensa formellement de le lui prêter, et il donna néanmoins sa démission et rentra dans la vie privée, dont il ne devait plus sortir jusqu'aux élections générales de 1869, du moins en tant que politique. M. Barthélemy Saint-Hilaire, poursuivant ses études sur la philosophie de l'Inde, commencées sur les bancs du collège, et sa traduction des œuvres d'Aristote, donnait le premier volume avant 1837, prenait en effet une part très active aux discussions de l'Académie des sciences morales et politiques, manifestation indéniable de vie publique. Membre de la Commission d'études du percement de l'Isthme de Suez, il se rendait en Égypte avec les autres membres de cette commission internationale, en 1855, pour procéder à l'examen nécessaire des lieux.

Élu, aux élections générales de 1869, député de la première circonscription de Seine-et-Oise, M. Barthélemy Saint-Hilaire vint prendre place, au Corps législatif, sur les bancs de la gauche. Élu, le premier sur ouze, par le département de Seine-et-Oise, représentant à l'Assemblée nationale, le 8 février 1871, M. Barthélemy Saint-Hilaire alla reprendre à Bordeaux son siège sur les bancs de la gauche, quand l'armistice lui eut permis de quitter Paris où il était resté enfermé tout le temps du siège. Il présenta, dès le 16, un projet de décret nommant M. Thiers, son vieil ami, chef du pouvoir exécutif et, le décret rendu, accepta auprès de lui le poste de secrétaire général, que nul n'eût pu remplir avec autant de tact et nous pouvons dire de véritable abnégation qu'il le fit. Il a conservé ce poste, malgré vents et tempête, jusqu'au 24 mai 1873. — Il peut être utile de rappeler ici que ces laborieuses fonctions auprès de M. Thiers, tout comme celles qu'il avait remplies en 1848 auprès du gouvernement provisoire, étaient gratuites, par la volonté expresse du titulaire. — M. Barthélemy Saint-Hilaire a été élu par l'Assemblée nationale sénateur inamovible, le 10 décembre 1875, par 349 voix. Le 23 septembre 1880, il accepta le portefeuille des affaires étrangères dans le cabinet Jules Ferry; il se retira avec ses collègues le 10 novembre 1881. Lors des élections générales de 1885, M. Barthélemy Saint-Hilaire fit une active propagande dans le département de Seine-et-Oise en faveur d'une liste dite « libérale » formée sous son inspiration principalement, mais qui échoua.

Sa traduction des œuvres d'Aristote assurerait à M. Barthélemy Saint-Hilaire une place à part dans la littérature française, encore que ses autres travaux puissent suffire à la réputation d'un grand écrivain et d'un grand philosophe. Nous citerons : *Politique d'Aristote (1837)*; *De la Logique d'Aristote (1838)*, simple mémoire couronné par l'Institut; *Logique d'Aristote (1839-44*, 4 vol.); *Psychologie d'Aristote, traité de l'Âme (1846)*; *Opuscules d'Aristote (1847)*; *La Morale d'Aristote (1857)*; la *Poétique d'Aristote (1858)*; la *Physique (1862)*; la *Météorologie (1863)*; *Traité du Ciel (1865)*; *Traité de la production et de la destruction des choses (1866*, 3 vol.). Ces traductions sont enrichies de notes importantes, et plusieurs d'entre elles sont les premières qui aient été faites en notre langue. Outre cette œuvre colossale menée à bien à travers les années, nous avons de M. Barthélemy Saint-Hilaire : *De l'École d'Alexandrie (1845)*; les *Vedas (1854)*; *Du Bouddhisme (1855)*; *Lettres sur l'Égypte (1856)*, relation de son voyage en Égypte faisant partie précédente, publiée d'abord sous cette forme au *Journal des Débats*; le *Bouddha et sa religion (1859)*; *Mahomet et le Coran (1865)*; *Philosophie des deux Ampère (1866)*; une traduction en vers de l'*Iliade (1869)*. On lui doit aussi une brochure politique : *À la Démocratie française, 1873 et 1848*, inspirée par les événements de l'année 1873, et divers mémoires ou rapports à l'Académie des sciences morales et politiques. — M. Barthélemy Saint-Hilaire a écrit en outre une notice sur Burnouf, placée en tête de l'*Introduction à l'histoire du Bouddhisme indien*, dont une nouvelle édition a paru en 1876. Il est chevalier de la Légion d'honneur depuis 1840.

BARTHOLDI, FRÉDÉRIC AUGUSTE, sculpteur français, né à Colmar le 2 avril 1834, élève d'Ary Scheffer pour la peinture et de Soitoux pour la sculpture. M. Bartholdi, qui ne s'est produit que comme sculpteur, a exposé : la *Lyre chez les Berbères*, souvenir du Nil, groupe en bronze (1857), le *Génie dans les griffes de la misère*, groupe en plâtre (1859); le *Martyre moderne*, statue en plâtre (1864); *Génie funèbre*, ibid. (1866); les *Loisirs de la paix*, groupe en plâtre (1868); *Jeune vigneron alsacien*, statue en bronze (1869); *Vercingétorix*, statue équestre en plâtre (1870); la *Malédiction de l'Alsace*, groupe en bronze et marbre (1872); *Lafayette arrivant en Amérique*, et le bronze des *Loisirs de la paix (1873)*; les *Quatre étapes de la vie chrétienne*, plâtre (1874); *Champollion*, statue en marbre (1875); *Monument funèbre de Gustave Jundt (1885)*; *Lafayette*, buste en marbre (18-6), et beaucoup d'autres bustes en marbre, terre cuite et bronze, notamment ceux du *Général Schramm (1864)*, d'*Édouard Laboulaye (1866)*, de MM. *Erckmann et Chatrian (1872)*, de M. *Ignace Chauffour*, ancien représentant de 1848 et de M. *W. Ewarts*, ex-président du Conseil des ministres des États-Unis (1883). — On lui doit en outre la colossale statue de la *Liberté éclairant le monde*, destinée à servir de phare à l'entrée de la rade de New-York, île de Bedloe, et dont on a pu voir l'énorme tête à l'Exposition universelle de 1878 (les travaux d'érection sont achevés et l'inauguration du monument fixée au mois d'octobre 1886); le *Lion de Belfort*; la statue du *Général Rapp*, la fontaine du célèbre peintre et orfèvre *Martin Schœn* et une autre fontaine ornée de la statue de l'*Amiral Bruat*, toutes trois à Colmar, la première à la grande fureur des Allemands, qui auraient tenté déjà de l'abattre, mais auraient reculé devant l'attitude significative des Colmariens. — M. Bartholdi a été décoré de la Légion d'honneur en 1865 et promu officier le 26 août 1882.

BASCHET, ARMAND, écrivain français, né en 1829 à Blois. Il se fit connaître par quelques articles de critique artistique et littéraire dans divers recueils périodiques et publia : *Honoré de Balzac*, avec des notes de M. Champfleury (1851); les *Origines de Werther (1855)*. Envoyé ensuite à Venise, avec mission d'y explorer les archives, il en rapporta : les *Archives de la Sérénissime*

République de Venise, souvenirs d'une mission (1858); la *Diplomatie vénitienne*, les *Princes de l'Europe au seizième siècle, d'après les rapports des ambassadeurs vénitiens* (1862); le *Roi chez la Reine*, ou *Histoire secrète du mariage de Louis XIII et d'Anne d'Autriche, d'après le journal de la santé du roi, les dépêches du nonce, etc.* (1864); les *Femmes blondes selon les peintres de l'école de Venise*, avec M. Feuillet de Conches (1865); la *Jeunesse de Catherine de Médicis*, trad. de l'allemand (1866); les *Archives de Venise, histoire de la chancellerie secrète; Journal du concile de Trente rédigé par un secrétaire vénitien* (1870); le *duc de Saint-Simon, son cabinet et l'historique de ses manuscrits* (1874); *Histoire du dépôt des Archives des affaires étrangères* (1875); les *Comédiens italiens à la cour de France* (1882), etc. M. Armand Baschet est chevalier de la Légion d'honneur depuis 1863.

BASLY, Emile Joseph, homme politique français, né à Valenciennes le 29 mars 1854. Ouvrier mineur pour ainsi dire depuis l'enfance, M. Basly se fit remarquer à l'occasion de la grève qui éclata, en 1880, parmi les ouvriers des mines d'Anzin, dont il faisait partie, tant par la valeur pratique des avis qu'il donnait à ses camarades que par son énergie à les soutenir. Sur ses conseils, en effet, ceux-ci se formèrent un syndicat en 1883, et en conférèrent le secrétariat général à M. Basly, qui avait été forcé de quitter la mine. Celui-ci se donna corps et âme à l'œuvre dont il s'était fait le promoteur et justifia pleinement la confiance dont on l'avait honoré. Délégué au Congrès de Saint-Étienne par les mineurs du Nord en 1883 et 1884, il fut, cette même année 1884, délégué par ses camarades, en grève de nouveau, près de la Commission parlementaire des mines et soutint, avec son bon sens et son énergie ordinaire, leurs revendications; il accompagna ensuite les membres de cette commission, chargés d'une enquête sur place dans les exploitations minières du Nord. Membre du Conseil municipal de Denain et du comité du *Progrès républicain* de cette ville, secrétaire général du syndicat des mineurs du Nord, M. Basly fut porté candidat aux élections générales d'octobre 1885, pour le département de la Seine, sur la liste du « Comité central radical-socialiste », sur celle de l'« Union de la presse radicale » et sur celle du « Comité départemental radical-socialiste ». Il fut élu au scrutin du 18 octobre 1885 et prit place à l'extrême gauche. Pendant presque toute la durée de l'interminable grève de Decazeville (1886), M. Basly ne cessa d'agir dans l'intérêt des grévistes, dont une partie, malheureusement, prêta de préférence l'oreille aux excitations de quelques braillards ignorants, plus ou moins sincères et désintéressés; ce n'est pas à lui, en tout cas, qu'on peut imputer les excès qui ont marqué certaines phases de cette grève. — M. Basly a voté contre le projet de loi sur l'expulsion des princes.

BASTIAN, Henry Charlton, médecin anglais, né à Truro, en Cornouailles, le 26 avril 1837, fit ses études à Falmouth et au Collège de l'université de Londres, où il obtint ses diplômes de maître ès arts en 1861, de bachelier en médecine en 1863 et de docteur en 1866. Il a été élu membre de la Société royale en 1868, et secrétaire du Collège royal des médecins en 1871. Le docteur Bastian est également membre de la Société linnéenne et de plusieurs autres sociétés médicales et savantes. Nommé, en 1863, officier de santé adjoint à l'Asile des aliénés criminels de Broadmoor, il se démit de ces fonctions en 1868 et fut, peu après, nommé professeur suppléant d'anatomie pathologique au Collège de l'université et médecin assistant à l'hôpital Sainte-Marie. En décembre 1867, il fut appelé à la chaire d'anatomie pathologique du Collège de l'université et nommé médecin assistant à l'hôpital de ce collège, dont il est devenu médecin en titre en 1871. Le docteur Bastian est doyen de la Faculté de médecine de l'université de Londres de 1874 à 1878, examinateur en médecine de l'Université de 1876 à 1879 et est professeur de clinique médicale à l'hôpital de Collège de l'université de Londres depuis 1878.

On a de lui : *Formation des organismes inférieurs* (the Modes of origin of lowest organisms, 1871); les *Commencements de la vie* (the Beginnings of Life, 1872, 2 vol.); l'*Evolution et l'origine de la vie* (Evolution and the origin of Life, 1874); *Lectures cliniques sur les formes ordinaires de la paralysie provenant de maladie du cerveau* (Clinical Lectures on common forms of Paralysis from Brain Disease, 1875); le *Cerveau considéré comme l'organe de l'intelligence*, traduit en français et en allemand (1880), etc. Il est également l'auteur de *Mémoires sur les nématoïdes parasites et libres*, dans les *Transactions philosophiques* et dans les *Transactions de la Société linnéenne*; de nombreux articles de pathologie dans les *Transactions de la Société pathologique*; sur les parties les plus secrètes du cerveau, dans le *Journal of Mental Science*; ainsi que d'articles sur des sujets de médecine dans le *British Medical Journal*, the *Lancet* et le *Système médical* du docteur Reynolds; il est, enfin, un des principaux collaborateurs du *Dictionnaire de Médecine* de Quain (1882 et suiv.).

BASTID, Adrien Pierre Remy, homme politique français, né à Aurillac le 1er octobre 1853. Docteur en droit, il était professeur suppléant à la faculté de Douai, lorsqu'il fut appelé par les électeurs de l'arrondissement d'Aurillac, le 23 mai 1880, à prendre à la Chambre des députés le siège laissé vacant par la mort de son père, M. Raymond Bastid. Réélu le 21 août 1881, il fut également élu député du Cantal le 4 octobre 1885, en tête de la liste républicaine progressiste. — Il a voté l'expulsion des princes.

BATAILLARD, Paul Théodore, littérateur français, né à Paris, le 23 mars 1816. Ayant fait son droit, il suivit les cours de l'École des chartes et se consacra spécialement aux études littéraires et historiques. Lors de la révolution de 1848, M. P. Bataillard était déjà mêlé aux luttes de la presse démocratique. En 1846 et 1847, il était vice-président du comité du journal les *Écoles*. Il collabora plus tard à la *Libre Recherche*, à la *Revue de Paris*, etc., et est un des rédacteurs de la *Revue critique*; il est membre de la Société de l'École des chartes et de la Société d'anthropologie de Paris. — On doit à M. Bataillard : *Gustave Millot. Reliquiæ* (1838); l'*Œuvre philosophique et sociale de M. Edgar Quinet* (1846); deux mémoires sur les Bohémiens : *Recherches sur l'apparition et la disparition des Bohémiens en Europe* (1844); et *Nouvelles recherches*, etc. (1849), extraits de la bibliothèque de l'École des chartes. Les *Principautés Danubiennes devant le Congrès* (1857); les *Derniers travaux relatifs aux Bohémiens de l'Europe orientale* (1872). — Il a donné au « Paris-Guide », publié à l'occasion de l'Exposition universelle de 1867 : les *Bohémiens ou Tziganes à Paris*.

BATBIE, Anselme Polycarpe, jurisconsulte et homme politique français, né à Seissan (Gers) le 31 mai 1828. Il fit ses études classiques à Auch et son droit à Toulouse; licencié en 1847 et fut nommé au concours, en 1849, auditeur au Conseil d'État, suivit les cours de la Faculté de droit et se fit recevoir docteur en droit en 1850. Lors de la réorganisation du Conseil d'État, après le 2 décembre, M. Batbie ne fut pas maintenu dans sa position d'auditeur et se tourna vers l'enseignement. Il obtint au concours une place de suppléant à la Faculté de droit de Dijon en 1852, passa en la même qualité à Toulouse en janvier 1853, et à Paris en 1857. A Toulouse, où il a fait pendant deux ans un cours de droit public et administratif comparé, M. Batbie fut élu membre de l'Académie de législation en 1853. A Paris, il fut chargé, en 1862, du cours de droit administratif dont il est devenu titulaire et d'un cours d'économie politique. M. Rouland, ministre de l'instruction publique, l'avait chargé, en 1860, d'aller étudier l'organisation de l'enseignement du droit dans les universités d'Allemagne, de Hollande et de Belgique; la même année, l'Académie des sciences morales et politiques lui décernait le prix L. Faucher pour son mémoire sur Turgot, et, en 1862, le grand prix Beaujour pour son mémoire sur les institutions de crédit populaire. Il fut nommé en 1862, membre de la Société d'économie politique. — Aux élections du 8 février 1871, M. Batbie s'était jusque-là scrupuleusement tenu en dehors de toute agitation politique, fut élu député du Gers en tête de la liste, et vint prendre place sur les bancs du droit monarchiste, dont il devint bientôt l'un des chefs, par droit de talent incontestable. Il fit partie de la plupart des commissions importantes : de la commission des quinze, chargée de suivre les négociations de Versailles, etc., de la commission d'enquête sur l'organisation administrative de Paris et de la Seine, de la commission des trente, de la commission des grâces, etc. ; rapporteur du projet d'abolition des lois de proscription, de la loi sur la réorganisation du Conseil d'État, de la loi électorale, etc. C'est comme rapporteur de la commission de Kerdrel, chargée de répondre au message présidentiel du 13 novembre 1872 que, signalant l'invasion de la « barbarie révolutionnaire », M. Batbie offrait comme mesure de salut indispensable, l'érection de cette digue politique, jusque-là inconnue : un GOUVERNEMENT DE COMBAT ! Ce rapport était, d'ailleurs, proprement le manifeste-programme du gouvernement en question, qui devait arriver aux affaires le 24 mai suivant. — Il avait fait partie, le 20 juin 1872, de la délégation de la droite chargée de porter au prédent de la République l'ultimatum de la majorité réactionnaire. Cet acharnement de M. Batbie contre la « barbarie révolutionnaire » ayant toutefois paru suspect à quelques-uns, à cause de son exagération même, on fouilla dans le passé de l'honorable représentant du Gers, et l'on finit par découvrir, entre autres choses curieuses, un manifeste républicain accentué, adressé par lui, comme président du comité républicain du Gers, aux électeurs de ce département. La date de ce document étant un peu ancienne (1849), M. Batbie s'excusa sur sa jeunesse : il n'avait alors que vingt et un ans ! La victoire remportée, M. Batbie reçut en récompense dans le « gouvernement de combat » qu'on inaugurait sous la présidence de M. de Broglie, le portefeuille de l'Instruction publique et des cultes, et s'appliqua surtout à défaire ce qu'avait fait son prédécesseur, M. Jules Simon. Il alla cependant plus loin, car il « combattit » les principes qu'il avait naguère soutenus, en matière d'expropriation, dans ses cours comme dans ses ouvrages, et cela à propos des travaux à exécuter pour l'édification de l'église du Sacré-Cœur, palinodie qui lui fut durement reprochée et qu'il ne pouvait plus imputer à son extrême jeunesse. — Le 26 novembre 1873, le cabinet de Broglie donnait sa démission, et M. Batbie fut de ceux de ses membres que le Maréchal-Président jugea mal à propos de repêcher. C'est alors qu'il fut nommé président de la commission des trente, à laquelle l'Assemblée se vit forcée de retirer l'examen des lois constitutionnelles complémentaires (mai 1875). — Aux élections des soixante quinze sénateurs inamovibles (9-21 décembre), M. Batbie échoua avec son parti tout entier ; mais il fut élu sénateur du Gers, le 30 décembre. Son mandat expirait en 1879 ; il lui a été renouvelé. Il a été élu membre de l'Académie des sciences morales et politiques, en remplacement de M. Faustin Hélie, le 14 février 1885. — M. Batbie est chevalier de la Légion d'honneur.

On a de lui : *Doctrine et jurisprudence de l'appel comme d'abus* (1853) ; le *Forum judicum des Visigoths*, inséré au *Bulletin* de l'Académie de législation de Toulouse (1856) ; *Turgot philosophe, économiste et administrateur ; Traité théorique et pratique du droit public et administratif* (1861-1867) ; le *Crédit populaire* (1862) ; *Nouveau cours d'économie politique* (1864-65) ; *Mélanges d'économie politique* (1865) ; le *Prêt à intérêt* (1866) ; *Grèves et coalitions* (1867), etc. Il a collaboré, entre autres recueils spéciaux, à la *Revue critique de législation*, et à la *Revue des Deux-Mondes*.

BATEMAN, Kate Josephine, dame **Crowe**, actrice américaine, née à Baltimore (Maryland), en 1842 ; enfant précoce, fille d'artistes, elle parut pour la première fois sur la scène à Londres, en 1851, sous la direction de son père, Henry Bateman. Elle se livra ensuite à l'étude sérieuse de la scène, et reparut sur les principaux théâtres américains, dans le rôle d'*Evangeline*, pièce tirée du poème de Longfellow ; de *Géraldine*, dans un drame écrit spécialement à son intention par sa propre mère ; de *Julia*, dans le « Hunchback » (la Bosse), de Sheridan Knowles ; de *Pauline*, dans la « Lady of Lyons » de lord Lytton ; de *Juliette*, de *lady Macbeth*, etc. De retour en Angleterre dans l'automne de 1863, elle parut au théâtre Adelphi, dans le rôle de *Leah*, la jeune fille juive, d'une « adaptation » du drame allemand *Deborah*, le 1er octobre. Elle joua ce rôle avec le plus grand succès pendant deux cent dix représentations, et termina son engagement le 11 juin 1864. Après une tournée dans la province, elle reparut à l'Adelphi, puis au théâtre de Sa Majesté, où elle donna sa représentation d'adieux dans le rôle de Juliette, le 22 décembre 1865, et retourna en Amérique. Mariée à New-York, en novembre 1866, à M. George Crowe, elle ne reparut sur la scène qu'en 1868, y conservant son nom de fille, qu'elle y avait illustré, et ajouta encore à sa réputation acquise, jusqu'à se faire proclamer l'une des premières tragédiennes du temps. Elle revint depuis à Londres, dans le rôle de *Médée*, de la tragédie de ce nom, et y a remporté un très grand succès. En 1875, Mme Crowe joua lady Macbeth au Lyceum, et en 1876, le principal rôle dans la *Reine Marie* du poète Tennyson. Elle prit ensuite en location le théâtre de Sadler's Wells.

BATTA, Alexandre, violoncelliste hollandais, né à Maëstricht, en 1816. Fils d'un professeur au Conservatoire de Bruxelles, dont il reçut les premières notions de son art, il fut élève de Platel, et devint dès l'âge de dix ans, capable de remplacer son maître dans un concert où il ne pouvait se rendre. Il visita les grandes villes de l'Europe, revenant presque invariablement à Paris, et a fini par se fixer définitivement en France. Retiré depuis plusieurs années à Versailles, il a donné fréquemment à l'*Union libérale et démocratique de Seine-et-Oise* des articles de critique musicale. Il a écrit pour le violoncelle une quantité de *scènes, fantaisies, airs variés*, etc. M. Batta a été nommé chevalier de la Légion d'honneur au mois d'août 1875. — Les journaux étrangers racontaient en juillet 1876, que M. Batta étant allé à Loo, pour jouer devant le roi de Hollande, et ne trouvant pas de meuble convenable où placer sa musique, le roi insista pour la lui tenir pendant qu'il jouait. Comme on le voit, les bonnes traditions ne se perdent pas toujours : François 1er et Charles-Quint sont ici dépassés.

BATTMANN, Jacques Louis, organiste et compositeur français, né à Masseveaux (Haut-Rhin) le 25 août 1818, fit ses études au collège de Belfort, puis à l'école normale de Colmar, pour devenir instituteur. Son grand-père maternel étant organiste à Belfort, puis à Colmar, lui donna les premières notions de l'art musical ; il étudia ensuite l'harmonie et la composition avec Th. Schlosser, professeur de musique à l'école normale, et l'orgue avec Martin Vogt, organiste de la cathédrale de Colmar. Le but pratique imposé à ses études par sa famille fut enfin atteint, et M. Battmann reçut son brevet d'instituteur et envoyé en cette qualité à Thann. Il y exerçait sa pénible profession depuis dix-huit mois (1840), lorsque la place d'organiste étant venue à vaquer à Belfort, le jeune instituteur s'y présenta, toucha l'orgue à la messe et se vit nommer d'enthousiasme à la place vacante. Depuis, M. Battmann a été appelé à Vesoul pour y remplir les mêmes fonctions, et il y est encore. Il a publié : une des premières *Méthodes d'harmonium* qui aient paru ; une *Méthode de piano* ; un *Traité d'harmonie*, appliqué à l'accompagnement du plain-chant ; plus, près de 400 œuvres diverses, parmi lesquelles : *Premières études pour le piano*, avec préludes pour les petites mains ; 24 *Études mélodiques pour les petites mains* ; la *Petite Chapelle*, 100 morceaux pour orgue de salon ou grand orgue ; 25 *Offertoires* pour orgue ; le *Trésor des organistes*, 100 morceaux (orgue ou harmonium), etc., etc. Outre ses ouvrages spéciaux pour l'orgue ou l'harmonium, il a composé une quantité de motets, messes, chœurs, arrangements et transcriptions pour piano, etc.; des duos et des trios pour violon, des morceaux de genre pour piano, romances, chansonnettes, et un assez joli choix de morceaux de musique de danse.

BATTU, Marie, chanteuse française, fille de feu Pantaléon Battu, qui fut second chef d'orchestre à l'Opéra, est née vers 1840 ; elle fut élève de Duprez et débuta avec beaucoup de succès, le 12 janvier 1860, au Théâtre-Italien, dans le rôle d'*Amina*, de la *Sonnambula*, de Bellini. Outre ses qualités musicales précieuses, elle montra du premier coup une grande intelligence et un sentiment dramatique excellent. Elle chanta successivement au Théâtre-Italien : Elisetta d'*il Matrimonio segreto* ; Gilda, de *Rigoletto* ; le page, d'*Un Ballo in maschera* ; Zerlina, de *Don Giovanni* ; Eleonora, d'*il Pirioso* ; Despina, de *Cosi fan tutte*, etc. Au bout de quelques années, sur les conseils de Rossini, elle se décida à aborder la scène française et parut à l'Opéra pour la première fois, le 7 décembre 1864, dans la reprise de *Moïse* ; ce début fut presque un triomphe. L'année suivante, elle créait le rôle d'Inès, dans l'*Africaine* ; elle parut ensuite dans Mathilde, de *Guillaume Tell* ; la reine, des *Huguenots* ; Zerline, de *Don Juan*. La reprise d'*Alceste* vint mettre le comble à sa réputation. Elle reprit alors le rôle de Lydia, dans *Herculanum*, créé par Mme Gueymard, et celui de Selika, de l'*Africaine*, créé par Mme Marie Sass. — Malgré ses éclatants succès, Mlle Battu quitta l'Opéra au bout de quelques années. Après la mort de Rossini, elle fit partie de la compagnie qui parcourut la province et l'étranger dans le but de faire connaître la *Messe* du maître illustre ; elle alla ensuite tenir l'emploi de première chanteuse au théâtre de la Monnaie, de Bruxelles. On l'a entendue à Paris, une dernière fois, en février 1872, à l'Opéra-Comique, où elle joua le rôle de la comtesse dans les *Noces de Figaro*.

BAUCARNE-LEROUX, Louis, agronome et homme politique français, né à Roubaix, le 17 janvier 1817. Ses études achevées, il vint aider son père dans la direction de la ferme qu'il possédait à Croix, commune voisine de Roubaix et dont il devint maire en 1853. Membre du comice agricole de Lille depuis l'origine, il en fut président depuis 1864, lorsqu'il fut envoyé à l'Assemblée nationale de 1871 par les électeurs du Nord, et y prit place au centre droit ; il y fit partie de commissions importantes, soutint de son vote les mesures de réaction, mais s'occupa principalement des questions intéressant l'agriculture ; il avait, du reste, la vice-présidence de la réunion agricole, qui comptait des membres sur tous les bancs de l'Assemblée. Non réélu aux élections générales du 20 février 1876 et du 14 octobre 1877, ni à celles du 21 août 1881, M. Baucarne-Leroux, favorisé par le scrutin de liste, fut élu député du Nord le 4 octobre 1885. Il est membre de la Chambre consultative d'Agriculture de Lille, dont il a été longtemps secrétaire, et chevalier de la Légion d'honneur. — Comme agronome, on lui doit quelques ouvrages de valeur: la *Flandre française*, *A balage des arbres nuisibles à l'agriculture*, *Notice sur les engrais*, *Sur la culture du tabac*, etc.

BAUCHART, ALEXANDRE QUENTIN, homme politique français, né à Villiers-le-Sec (Aisne), le 7 février 1809. Lors de la révolution de 1848, il était avocat au barreau de Laon, membre du Conseil général de l'Aisne, secrétaire du Comité agricole des sept départements du Nord et président de la Société d'Agriculture de Saint-Quentin. Candidat malheureux aux élections de 1846, il se présenta de nouveau aux élections de 1848 pour l'Assemblée constituante, fut élu cette fois, et alla prendre place sur les bancs de la droite. Le passage à la Constituante de M. Q. Bauchart est marqué par ce fameux rapport sur les journées de juin, fruit des études de la commission d'enquête dont Odilon Barrot était président et M. Quentin Bauchart rapporteur. Réélu à la Législative, il se rapprocha du parti modéré, se rallia à la politique de l'Élysée. En 1852, il fut nommé conseiller d'État, et chargé de la revision du procès des accusés de décembre; il devint président de section en 1861 et fut créé sénateur en 1867. Le 4 septembre 1870 l'a rendu à la vie privée. — On a de M. Quentin Bauchart: *Rapport sur les causes qui ont amené le 15 mai et l'insurrection de juin* (1848, 3 vol. in-4°) et un *Manuel de l'électeur et de l'éligible* (1849). — Il est commandeur de la Légion d'honneur depuis 1866.

BAUDISSIN (comte de), ULRICH, littérateur allemand, né à Greifswald (Prusse), le 22 février 1816. Sa première jeunesse se passa dans la province danoise du Jutland, où s'était établie sa famille; il y fit ses premières études et entra ensuite à l'Académie des cadets de Copenhague, d'où il sortit officier dans l'armée danoise à dix-neuf ans. Il combattit en conséquence les Allemands et fut blessé grièvement à Düppel en 1849. En 1851, parvenu au grade de major, il quitta le service militaire et le Danemarck, se rendit dans le sud de l'Allemagne, s'établit d'abord à Munich, puis à Constance et finalement à Cannstadt, où se livra exclusivement à la littérature. Il se fit rapidement une réputation comme poète dramatique et comme romancier, preuve qu'il n'en était pas à ses débuts; mais nous ne savons malheureusement que peu de chose de sa jeunesse, et rien du tout de ses travaux littéraires de cette époque. Ses Œuvres dramatiques ont été réunies et publiées, en 1863, sous ce titre modeste: *Bagatelles pour le théâtre allemand* (Kleinigkeiten für das deutsch Theater). On cite, comme l'œuvre capitale du comte de Baudissin, *Voyages à travers deux siècles* (Wanderungen durch Jahrtausende), qui contiennent de savantes et intéressantes descriptions des anciennes mœurs et coutumes des Souabes.

BAUDOT (de), JOSEPH EUGÈNE ANATOLE, architecte français, né le 14 octobre 1834 à Sarrebourg (Alsace), élève de Viollet-le-Duc. — On cite parmi les envois de cet artiste au Salon: *Projet d'église*, pour une commune de la Nièvre; *Études sur le système de construction de l'église de Champeaux et de Marcil-Marly* (1856); *Église de Rambouillet*; *Ancienne église de Saint-Frambourg à Senlis* (1869); *Projets d'églises pour Sèvres et Levallois-Perret* (1870); *Projet de château* (1872); *Restauration de l'église Saint-Nicolas*, à Blois (1875); *Projet d'église paroissiale pour Privas* (1876); *Buffet d'orgues de la cathédrale de Clermont-Ferrand* (1877); *Projet de lycée*, trois cadres (1885); *Projet d'école des arts décoratifs*, deux cadres et *Projet de lycée de jeunes filles à élever à Paris sur l'emplacement de la Cour des comptes*, quatre cadres (1880). — M. de Baudot a obtenu une médaille en 1869, des médailles de 2ᵉ classe en 1872 et 1878. Chevalier de la Légion d'honneur, depuis 1879, il a été promu officier le 9 juillet 1886. Il est inspecteur général des édifices diocésains et membre de la Commission des monuments historiques.

BAUDRILLART, HENRI JOSEPH LÉON, économiste français, né à Paris le 28 novembre 1821; fit ses études au collège Bourbon; remporta le prix d'honneur de philosophie en 1841 et deux prix d'éloquence décernés par l'Académie, pour son *Éloge de Turgot* en 1846 et pour son *Éloge de Mᵐᵉ de Staël* en 1850; ayant déjà reçu en 1844 une mention pour son *Discours sur Voltaire*. Nommé en 1852 professeur suppléant d'économie politique au Collège de France, à la chaire dont M. Michel Chevalier était titulaire, il publiait l'année suivante: *Jean Bodin et son temps, tableau des théories économiques et politiques du seizième siècle*, qui obtint le premier prix Monthyon. En 1855, il prenait la direction du *Journal des Économistes* et était attaché à la rédaction du *Journal des Débats*. En 1857, il publiait son *Manuel d'économie politique*, qui remporta également un prix Monthyon; en 1858, ses *Études de Philosophie morale et d'économie politique*; en 1860, son traité *Des rapports de la morale et de l'économie politique*, récompense académiquement, l'année suivante, par une médaille de 2,500 francs. M. Baudrillart avait été en outre fait chevalier de la Légion d'honneur en 1860. Entré à l'Institut en 1863, il était nommé, en 1866, à la chaire d'histoire de l'économie politique, créée exprès pour lui au Collège de France et, en 1868, était appelé à la direction du *Constitutionnel*, qu'il conserva à peine une année et quitta volontairement. — Outre les ouvrages cités, on a de M. Baudrillart: *Publicistes modernes* (1862); la *Liberté du travail, l'association et la démocratie* (1865); *Éléments d'économie rurale, industrielle et commerciale* (1867); *Rapport sur les pertes éprouvées par les bibliothèques publiques de Paris pendant le siège et la commune* (1871); la *Famille et l'éducation en France* (1874); *Histoire du luxe privé et public depuis l'antiquité* (1878-80); les *Populations agricoles de la France* (1885); des discours, rapports, etc., des conférences faites à l'Asile de Vincennes et ailleurs, dont quelques-unes eurent un certain retentissement, notamment: *Luxe et travail*, *L'Argent et ses critiques*, le *Salariat et l'association*, la *Propriété*... Il a également collaboré aux « Dictionnaires » *politique*, *de l'économie politique*, *des sciences philosophiques*, à la *Revue des Deux Mondes* et à une foule d'autres publications périodiques; au *Moniteur universel*, etc. — Inspecteur général des bibliothèques depuis 1869, M. H. Baudrillart est en outre inspecteur général des archives départementales et membre du Conseil supérieur de l'Instruction publique, pour la section des sciences économiques et sociales.

BAUDRY, AMBROISE ALFRED, architecte français, né à la Roche-sur-Yon le 1ᵉʳ juillet 1838, est le frère de feu Paul Baudry, le peintre de l'Opéra. Il suivit les cours de Lebas et de Louvet à l'école des Beaux-Arts, et obtint une mission archéologique en Roumanie, d'où il rapporta vingt-deux dessins exposés en 1866 et 1867. On cite encore parmi les expositions de cet artiste: *Études sur le forum romain et le Mont Capitolin au siècle d'Auguste* (1870). — M. Ambroise Baudry a obtenu des médailles de 3ᵉ classe en 1867 et 1878, une médaille et la croix en 1878; il a été promu officier de la Légion d'honneur en 1879.

BAUDRY D'ASSON (de), LÉON ARMAND CHARLES, homme politique français, né au château de la Touche, près de Rocheservière (Vendée), le 15 juin 1836. Grand propriétaire agriculteur, éleveur de chevaux, M. de Baudry d'Asson est un sportsman justement renommé; il appartient à l'une des plus vieilles et des plus « intransigeantes » familles royalistes de la Vendée. Élu député de la deuxième circonscription des Sables d'Olonne le 20 février 1876 et le 14 octobre 1877, il se signala à la Chambre surtout par des interruptions violentes et souvent intempestives, qu'on n'eût pas manqué d'attribuer, pour la plupart, au défaut d'éducation, si elles n'étaient parties des bancs où il est convenu que l'éducation ne saurait être mise en question. Dans la séance du 10 novembre 1880, Gambetta président, M. de Baudry d'Asson, paraissant se faire un jeu de s'attirer les rappels à l'ordre, fut à la fin frappé d'expulsion temporaire; mais il refusa d'obtempérer à la décision présidentielle, et le lendemain il fallut l'arracher de force à son banc pour le transférer dans le « petit local » désigné par le règlement pour cet objet. Dans sa résistance extrêmement opiniâtre, l'honorable député de la Vendée, évidemment inconscient du rôle ridicule qu'on lui faisait jouer, fut encouragé par ses amis, qui firent mine de recourir à la violence pour leur propre compte, afin de partager le sort glorieux de l'expulsé et la palme du martyre qu'il avait si noblement gagnée; mais ce n'était qu'une misérable comédie. M. de Baudry d'Asson ne put pourtant de la prolonger, en poursuivant sa présidente et les questeurs de la Chambre en police correctionnelle, une sur dérivatoire d'incompétence le força à se tenir relativement tranquille pour quelque temps, malgré toutes ses menaces. Réélu le 21 août 1881, M. de Baudry d'Asson continua son rôle d'interrupteur violent, renfermé toutefois dans les bornes un peu plus étroites. Aux élections du 4 octobre 1885, il fut élu député de la Vendée avec toute la liste réactionnaire, mais le dernier de cette liste seulement. — M. de Baudry d'Asson est commandeur de l'ordre papal de Saint-Grégoire le Grand.

BAUER, Eugen, publiciste et historien allemand, frère du célèbre philosophe Bruno Bauer, mort en avril 1862, est né à Charlottenbourg en 1821. Ses études terminées à Berlin, il devint le collaborateur de son frère, plus âgé que lui de douze ans. Une brochure écrite pour la défense de celui-ci: *Bruno Bauer et ses adversaires* (1842), fut saisie par la police; une autre: la *Querelle de la critique avec l'Eglise et avec l'Etat* (1843), valut à M. Edgar Bauer une condamnation à quatre années de prison. Pendant le procès, il avait publié: *Procès de censure du 31 janvier 1843*, brochure aussitôt saisie; l'année suivante il publiait, mais à Berne, les pièces de ce procès, avec commentaires, sous ce titre: *Procès de presse*. M. Bauer subit sa peine à la forteresse de Magdebourg. Il publia, au cours de sa détention et plus tard: *Histoire du mouvement constitutionnel dans le sud de l'Allemagne de 1831 à 1834* (1845-46, 3 vol.); les *Efforts des libéraux en Allemagne* (1845, 2 vol.); *Histoire de Luther et de son temps* (1845-47, 5 vol.); le *Mariage dans la religion de Luther* (1849); la *Vérité sur l'Internationale* (1872); *l'Empire allemand dans son développement historique* (1873). etc. L'amnistie de 1848 lui ayant ouvert les portes de la prison, M. Bauer se retira d'abord à Hambourg, où il publia une revue politique: *Die Parteien* (les Partis); puis à Altona, où il prit la direction des *Feuilles ecclésiastiques* et de la *Revue trimestrielle politique et chrétienne*. Il avait publié de sa prison la *Bibliothèque des érudits allemands*, dont fait partie son *Histoire de Luther*.

BAVOUX, Joseph Evariste, homme politique français, fils d'un ancien préfet de police de 1830, est né à Paris le 5 octobre 1809, fit ses études aux collèges Louis le Grand et Charlemagne, suivit les cours de la Faculté de droit et fut admis au barreau en 1864. Plusieurs fois, mais en vain, candidat aux élections pour la Chambre des députés, sous le gouvernement de juillet, où il représentait l'opposition, il fut enfin élu, après la révolution de février, représentant à la Constituante, puis à la Législative, par le département de Seine-et-Marne, où il possédait de grandes propriétés, et vota généralement avec la droite dans ces deux Chambres. Candidat officiel en 1852, dans le même département, il fut alu membre du Corps législatif; il devint ensuite conseiller d'Etat. M. Bavoux a publié: *Philosophie politique, ou l'ordre moral dans les sociétés humaines* (1841); *Alger, voyage politique et descriptif* (1841); *Études de législation, de politique et de morale* (1843); du *Communisme en Allemagne ou du Radicalisme en Suisse* (1851); *Voltaire à Ferney, sa Correspondance avec la duchesse de Saxe-Gotha*, suivie de notes inédites, avec M. Jh. François (1860); les *Mémoires secrets de J. M. Augeard*, secrétaire des commandements de la reine Marie-Antoinette (1866); la *France sous Napoléon, l'Empire et le régime parlementaire* (1870); *Chislehurst et les Tuileries, souvenirs intimes sur l'empereur* (1873); *Appel à la Nation, Une Sœur de charité*, les *Vacances du quatrième Napoléon, Il y a dix-neuf ans*, brochures de propagande bonapartiste (1874-1875), etc. — M. Evariste Bavoux est officier de la Légion d'honneur depuis 1864.

BAXTER, William Edward, négociant et homme politique anglais, né à Dundee (Ecosse) en 1825; commença ses études à l'École supérieure de cette ville et les termina à l'université d'Édimbourg. Élu membre de la Chambre des communes par les bourgs de Montrose, en 1855, il n'a pas cessé depuis d'y être réélu. Il accepta, en 1868, sous l'administration de M. Gladstone, le poste de secrétaire de l'Amirauté, et en mars 1871, celui de secrétaire du Trésor, qu'il résigna le 24 mars 1873. — M. Baxter, qui fait le commerce d'exportation à Dundee, fut, pendant la guerre de Sécession américaine, l'un des plus fervents partisans de la cause du Nord. On a de lui: *Impressions de voyage dans l'Europe centrale et méridionale*, suivi de *Notes sur l'Allemagne, l'Autriche, la Suisse, l'Italie et le Levant* (1850); le *Tage et le Tibre, ou Notes de voyage en Portugal, en Espagne et en Italie, en 1850 et 1851* (1852, 2 vol.); *l'Amérique et les Américains* (1855); *Idées suggérées aux penseurs* (Hints to Thinkers, etc., 1860); *l'Italie libre* (1874); *Un hiver dans l'Inde* (1882), etc., etc.

BAYARD, Emile Antoine, peintre français, né le 2 novembre 1837 à la Ferté-sous-Jouarre, élève de Léon Cogniet. Il débuta par des portraits et des études d'animaux au fusain et envoya, par intermittences, quelques toiles au Salon annuel. Nous citerons: le *Défilé*, *Pendant le siège de Paris* (1874); le *Lendemain de Waterloo*, inspiré d'un passage de l'« Histoire des Deux Restaurations », de Vaulabelle (1875); une *Guinguette au XVIIIe siècle* et un *Marché au XVIIIe siècle*, panneaux décoratifs (1876); *Baigneuses, Patineurs* (1877); une *Affaire d'honneur, Qui trop embrasse* (1884); *Bandes Joyeuses* (1885); *Mme Polichinelle* (1886). Parmi les dessins de M. Emile Bayard, nous devons signaler à part son *Sedan* (1872), dans lequel Napoléon III est représenté la cigarette aux dents, étendu sur les coussins de sa calèche dont les roues passent sur les cadavres mutilés des malheureux soldats des deux nations qu'il a mises aux prises; la reproduction de ce magnifique et émouvant dessin ne fut permise que plusieurs années après: un peu plus, il aurait été saisi. M. E. Bayard a fourni en outre une quantité prodigieuse de dessins sur bois à diverses publications illustrées et en particulier aux publications éditées par la maison Hachette. — Il est chevalier de la Légion d'honneur depuis 1870.

BAYER, Robert, littérateur autrichien, plus connu sous son pseudonyme de **Robert Byr**, est né le 15 avril 1835 à Bregenz (Tyrol). Destiné à la carrière des armes, il fit ses études à l'Académie de Wiener-Neustadt et en sortit comme lieutenant dans les hussards de Radetzky. Promu capitaine en 1859, il passa dans l'état-major au cours de la campagne d'Italie. En 1862, il quittait l'armée et se retirait dans sa ville natale. — On a de « Robert Byr »: *Esquisses de la vie militaire* (1860); les *Garnisons autrichiennes* (1863); *Dans les années neuf et treize*, esquisses des principaux personnages qui ont figuré dans la guerre de l'indépendance allemande (1865); *Au quartier*, nouvelles esquisses militaires (1866); la *Demeure d'un comte allemand* (1867); *Un front d'airain* (1868); la *Lutte pour l'existence* (1869); *Sphinx* (1870); les *Nomades*, les *Ruines* (1871); *Quatuor*, nouvelles (1875); les *Spectres* (1876); *Une dépêche secrète* et *Sésame* (1880), etc. On lui doit encore une tragédie, une seule: *Lady Gloster* (1872).

BAYNE, Peter, littérateur et journaliste anglais, né au presbytère de Fodderty, dans le comté de Ross (Ecosse), dont son père était titulaire, le 19 octobre 1830; fit ses études à diverses écoles et les termina au collège Marischal, à Aberdeen, où il reçut son diplôme de maître ès arts. Étant encore sur les bancs du collège, il remporta le prix de poésie mis au concours par l'Université tout entière, et, après avoir pris ses grades, le prix Blackwell pour un essai en prose. — Il devint rédacteur de la *Commonwealth* de Glasgow, puis du *Witness* d'Edimbourg et successivement, après cela, du *Dial* et de la *Weekly Review* de Londres. Il abandonna la direction de cette dernière feuille en 1865, et refusa depuis de se charger de la direction d'aucune autre. Mais il n'a pas cessé de collaborer à divers journaux et recueils périodiques. Ses *Esquisses biographiques*, parues d'abord dans un magazine d'Edimbourg, en 1852-53, furent suivies, en 1855, de la *Vie chrétienne au temps présent*, autre série d'*Esquisses biographiques*, tendant à démontrer que la dévotion est compatible avec les dons intellectuels les plus élevés et le plus noble caractère moral. Ce livre eut une grande popularité non seulement en Angleterre, mais en Amérique, où une édition des *Essais* de M. Bayne fut publiée en 1857. Un volume d'*Essais de critique et de biographie*, un traité intitulé: *Témoignage du Christ en faveur du christianisme*, un drame historique ayant pour titre: le *Siècle de Jézabel* ont suivi à bref délai, sans préjudice pour sa collaboration assidue aux revues portant les qualificatifs suivants: *Contemporary, Fortnightly, British Quarterly* et *London Quarterly*, ainsi qu'à une foule d'autres recueils périodiques, notamment le *Fraser's Magazine*. Il a édité la *Correspondance de Hugh Miller*, avec une notice biographique (2 volumes). Dans le cours de laquelle il expose ses propres vues sur les évolutions géologiques, plus d'accord avec celles de Darwin et de Huxley qu'avec celles de Miller. Un *Essai* sur les Puritains, qu'il publia en 1862, fut bien accueilli, ce qui l'engagea à s'occuper spécialement de l'étude de cette période historique, dont il a récemment publié les résultats, après les avoir exposés en partie dans la *Contemporary Review*: les *Principaux acteurs de la Révolution puritaine* (1878). Il a publié depuis: *Leçons de mes Maîtres*; *Deux grandes Anglaises*, avec un *Essai sur la Poésie*; et une *Réponse* à la théorie de M. M. Arnold sur la critique poétique.

BAYNES, Thomas Spencer, professeur et journaliste anglais, né le 24 mars 1823 à Wellington, dans le comté de Somerset; fit ses études d'abord dans une école privée de Bath, puis au collège de Bristol, et les termina à l'université d'Édimbourg. Il devint suppléant de sir

William Hamilton, à la chaire de logique de cette université, de 1851 à 1855 et examinateur de logique et de philosophie mentale à l'université de Londres, de 1857 à 1863 ; et fut, de 1857 à octobre 1864, rédacteur en chef adjoint du *Daily News*, où il fit paraître, entre autres, d'importants articles sur la guerre civile d'Amérique. Il collaborait simultanément à diverses publications périodiques littéraires, telles que la *Literary Gazette* et l'*Athenæum*, tout en poursuivant ses études philosophiques, faisant des conférences et préparant quelques élèves à l'Université et aux examens pour le service civil des Indes. Il fut élu professeur de logique, rhétorique et métaphysique à l'université de Saint-Andrews, en octobre 1864. — M. Baynes a publié une traduction de la *Logique de Port-Royal (1851)*, qui eut sept éditions consécutives, et un *Essai sur les Règles nouvelles de l'analyse et de la logique*, avec notes et appendice historique (1852). Il a été chargé de préparer la 9e édition de l'*Encyclopædia britannica*, en cours. Avant de se dévouer à cette laborieuse besogne, M. Baynes collaborait régulièrement à l'*Edinburg Review*; il a également collaboré à la *North British Review*, au *Fraser's Magazine*, à la *Pall Mall Gazette*, à la *Saturday Review*, etc. Bachelier en droit de l'université de Londres, il a reçu le titre honorifique de docteur ès lois de l'Université d'Edimbourg, le 22 avril 1874.

BAZAINE, François Achille, ex-maréchal de France, né à Versailles le 13 février 1811. Ayant échoué au concours pour l'École polytechnique, il s'engagea en 1831, passa en Afrique et obtint l'épaulette de lieutenant et la croix en 1836. Passé à la légion étrangère en 1836, il fit la campagne d'Espagne contre les carlistes et revint capitaine en 1839. En Algérie, il prit part à plusieurs expéditions et dirigea quelque temps les affaires arabes dans la subdivision de Tlemcen. Lieutenant-colonel en 1848, colonel en 1850, il fut nommé général de brigade en 1854, et appelé au commandement de la brigade d'infanterie formée des régiments de la légion étrangère. Après la prise de Sébastopol, il devint gouverneur de la place et fut promu général de division à la fin de septembre suivant (1855). Rentré en France, le général Bazaine fut nommé inspecteur général de l'infanterie. Appelé au commandement d'une division d'infanterie au Mexique. il succédait au maréchal Forey dans le commandement en chef de l'armée expéditionnaire, en octobre 1863. Il se distingua, comme toujours, dans cette expédition ; refoula Juarez et les républicains jusqu'aux frontières de la Louisiane ; combattit les *guerillas* mexicaines par des *contre-guerillas* françaises — ou plutôt cosmopolites qui, sous les ordres du colonel Dupin, semblèrent prendre à tâche de dépasser leurs ennemis en cruautés et en rapines. Le 5 septembre 1864, le général Bazaine était élevé au rang de maréchal de France, et par conséquent créé sénateur du même coup. Il avait été nommé grand'croix de la Légion d'honneur quelques jours avant de prendre le commandement suprême de l'expédition (2 juillet 1863). — La conduite du maréchal au Mexique, à dater de ce moment, à peu près, fut l'objet d'attaques passionnées, bien loin de paraître sans objet. Il semble en effet hors de doute que le maréchal montra fort peu de zèle au service du nouvel empire mexicain, et il n'est pas absolument impossible qu'il eût rêvé de remplacer Juarez à la tête de la république du Mexique, appuyé par le parti clérical, nombreux et puissant, ainsi qu'il en a été ouvertement accusé, plutôt que de combattre les républicains au profit de l'empire, plutôt que d'agir pour la seule gloire de Maximilien. Il venait d'épouser la nièce d'un ancien président de la République mexicaine, Mlle de la Pena, qui devait nous donner plus tard des preuves irréfragables d'une rare énergie. Cette circonstance aurait suffi pour donner créance à toute supposition de cette nature. Quoi qu'il en soit, une mésintelligence grave surgit entre l'empereur Maximilien et le chef suprême de l'armée française. On sait ce qui en résulta : Bazaine prépara dès le mois de septembre 1866 le départ de ses troupes, laissant les juaristes s'avancer peu à peu, mais d'une manière constante ; l'armée d'expédition évacuant successivement toutes les places qu'elle occupait, ayant à se défendre contre les agressions de plus en plus audacieuses des indigènes, et finalement s'embarquait à la Vera-Cruz, le 12 mars 1867. — Le 18 juin suivant, l'empereur Maximilien était fusillé.

Nommé à son retour en France, commandant du 3e corps d'armée à Nancy (12 novembre), puis commandant en chef de la garde impériale, le 15 octobre 1869. le maréchal Bazaine fut appelé au commandement du 3e corps de l'armée du Rhin, lorsqu'éclata la guerre avec la Prusse. Après avoir pris une part active aux principales affaires qui précédèrent la capitulation de Sedan, et dans lesquelles il déploya un grand courage militaire et une habileté réelle, il dut, après cet événement désastreux, s'enfermer dans Metz, qui fut aussitôt investi par les troupes du prince Frédéric-Charles. — Si l'empire n'était point tombé à la suite de la capitulation de Sedan, le maréchal Bazaine eût-il agi autrement qu'il l'a fait ? C'est au moins probable. Bref, après un siège de sept semaines, traversé par des intrigues de toute sorte, trahissant chez le commandant en chef de notre dernière armée des préoccupations politiques indignes d'un soldat, dût fuir en toute hâte, le jour même, la ville qu'il venait de livrer à l'ennemi, et la France qu'il avait trahie. Il demeura quelque temps en Angleterre, où il écrivit un *mémoire justificatif* dans lequel il rejetait sur son conseil de guerre la responsabilité de la capitulation. Appelé à déposer dans l'enquête sur les actes du gouvernement de la Défense nationale, il revint en France au mois d'août 1871. Cependant une grande agitation régnait à Metz, où des pétitions se couvraient de signatures, pour demander que Bazaine fût traduit devant un conseil de guerre ; en même temps paraissait un livre écrit avec une bonne foi évidente, sans passion et qui pourtant constituait un acte d'accusation véritable contre le commandant de l'armée de Metz ; ce livre : *Metz, campagne et négociations*, par Un officier supérieur, ayant pour auteur le colonel d'état-major d'Andlau (V. ce nom), aujourd'hui général et sénateur. Le conseil d'enquête sur les capitulations s'émut ; il examina l'affaire de Metz ; et, sur ses conclusions, le maréchal fut déféré à un conseil de guerre, créé par loi spéciale, et dont le duc d'Aumale fut nommé le président, et emprisonné préventivement à Versailles. L'instruction ordonnée par décision ministérielle du 7 mai 1872, fut confiée au général de Rivière, et commença aussitôt; mais ce n'est que le 6 octobre 1873 que le conseil de guerre ouvrit ses séances au grand Trianon. Le 10 décembre suivant il prononçait son arrêt, et le maréchal Bazaine, reconnu coupable, était condamné à la peine de mort et à la dégradation militaire. Mais sur le recours des membres du conseil, le président de la République commuait cette peine terrible en celle de vingt ans d'emprisonnement dans une forteresse.

Dégradé, toutefois sans la cérémonie humiliante qui accompagne ordinairement l'application de cette peine, l'ex-maréchal fut envoyé à l'île Sainte-Marguerite pour y subir les vingt années de prison auxquelles il avait été condamné. Il y demeura neuf mois, jouissant d'autant de liberté qu'en pouvait comporter la situation, à peine surveillé, dans la société constante de sa femme, de ses enfants et de son ancien aide de camp le colonel Villette, et recevant toute sorte de visites. Cependant, sous le prétexte que la santé de ses enfants souffrait de cette contrainte relative, Mme Bazaine quitta l'île et fit des démarches auprès du maréchal-président pour obtenir une nouvelle commutation : l'exil au lieu de l'emprisonnement. Elle échoua, et alors germa dans son esprit le projet de faire évader le prisonnier. Le dimanche 9 août 1874, Bazaine avait passé la soirée avec le colonel Villette; le lendemain, une corde pendait du parapet de la forteresse vers la mer : le prisonnier s'était évadé. Il fut reconnu ensuite, ou tout au moins admis, que Mme Bazaine et son jeune cousin avaient attendu le fugitif dans une barque amenée au pied du rocher, l'avaient pris à bord au moment où il arrivait à l'extrémité inférieure de la corde — bien qu'il ait paru douteux qu'un corps du poids de celui du maréchal ait pu, sans accident, prendre cette voie aérienne — et conduit à bord d'un navire génois qui stationnait près de là dans ce but. C'est ainsi que l'ex-maréchal put gagner l'Italie, puis l'Allemagne ; il était à Cologne le 14 août ; de là il passa en Angleterre ; enfin il arrivait à Madrid, où il s'installait, le 17 novembre 1874. Au mois de septembre précédent, il avait adressé au *New York Herald* une longue lettre justificative de sa conduite lorsqu'il commandait devant Metz. Cette apologie, fort commentée par toute la presse européenne et américaine, ne lui gagna pas de nombreux partisans. Lorsqu'il traversait l'Italie en fugitif, il avait osé écrire au prince Humbert, pour lui rappeler certaines circonstances dans lesquelles ils s'étaient jadis rencontrés. Le prince ne lui répondit pas. Partout sur son passage, il ne rencontrait que le mépris ; en Allemagne même l'accueil sympathique, en apparence, dont il fut l'objet de la part d'un officier général n'eut point d'écho et cette sympathie elle-même lui était manifestée d'une manière fort suspecte. Il offre son épée au gouvernement de Madrid, qui la refuse; on a affirmé qu'après ce refus il serait allé en essuyer un autre auprès de don Carlos, mais rien ne prouve qu'il ait fait cette démarche et pour ne pas accabler un coupable, nous en rejetons l'hypothèse. Enfin, d'humiliations en humiliations, celui qui aurait pu être le premier dans son pays, fut bien forcé de reconnaître qu'il était regardé comme le dernier partout. — Le correspondant d'un journal de Paris, qui le vit au printemps de 1886, à Madrid, assure que l'ex-maréchal juge la France injuste et surtout peu généreuse à son égard.

BAZALGETTE, sir JOSEPH WILLIAM, ingénieur anglais d'origine française, né à Enfield (Middlesex) en 1819. Il fit ses études dans des écoles particulières, devint élève de sir John Mac Neil, et commença les affaires pour son propre compte en 1842. Quelques travaux de drainage exécutés avec succès, en 1848, dans le nord de l'Irlande commencèrent sa réputation, puis, ayant pratiqué pendant quelque temps à Londres, comme ingénieur civil, il succéda à M. Frank Forster, comme ingénieur attaché à la commission métropolitaine des égouts. Il prit, en cette qualité, une part active à la dispute soulevée entre le Comité de salubrité et les ingénieurs relativement au meilleur système de drainage et d'approvisionnement d'eau potable des villes. Ayant déjà construit trois cents milles d'égouts dans Londres, il fut nommé, au concours public, ingénieur en chef du bureau des travaux de la métropole, et exécuta, en cette qualité, les immenses travaux de drainage de Londres. Comme ingénieur consultant, il a rédigé des rapports sur les plans des travaux de drainage de Port-Louis (Maurice), de Pesth (Hongrie), de Glasgow, Dublin, Belfast, Bruxelles, Oxford, Cambridge, Saint-Leonards, Folkestone, Norwich, Cheltenham, Weston-super-Mare, etc. Il pratiqua des tranchées souterraines, pour y placer les tuyaux à gaz et à eau, sous les nouvelles grandes voies de la métropole, de manière à ne point dépaver et ne point entraver le trafic ; il dessina et exécuta les quais de la Tamise, sur la rive nord du fleuve, de Westminster au pont de Blackfriars, et sur la rive sud, du même point au Waux-Hall, ainsi que de l'hôpital de Chelsea au point de Battersea ; il a également exécuté beaucoup d'autres travaux du même genre, et rédige une sorte de code des règles de la construction des ponts et de la modification du tracé des rues. — M. Bazalgette est décoré (companion) de l'ordre du Bain. Il a été fait chevalier par la reine, au château de Windsor, le 12 mai 1874.

BAZILLE, AUGUSTE ERNEST, organiste et compositeur français, né à Paris le 27 mai 1828, entra très jeune au Conservatoire, où il remporta successivement les premiers prix de solfège en 1841, d'harmonie et d'accompagnement en 1845, de fugue en 1846, et d'orgue en 1847. En 1848, il obtint au concours ouvert par l'Institut le premier grand prix de composition musicale, et entra peu après à l'Opéra-Comique en qualité d'accompagnateur. Premier chef du chant à ce théâtre, aujourd'hui, il tient en outre le grand orgue de l'église Ste-Elisabeth. — M. Bazille est auteur de nombreux couplets de vaudeville, de quelques mélodies vocales, de réductions d'un grand nombre de partitions pour le piano et a collaboré à la *Poularde de Caux*, opérette en un acte, jouée au Palais-Royal.

BAZILLE, JEAN FRANÇOIS GASTON, homme politique français, né à Montpellier le 29 septembre 1819. Avocat du barreau de Montpellier, M. Gaston Bazille s'est toute sa vie occupé d'études et de pratique agricoles, et surtout viticoles, et est en conséquence président de la Société d'agriculture de l'Hérault, membre du Conseil supérieur de l'agriculture et de la Commission du phylloxera et membre associé de la Société nationale d'agriculture de France. Il est officier de la Légion d'honneur depuis 1875. — Aux élections du 5 janvier 1879 pour le renouvellement de la première série des membres du Sénat, M. Gaston Bazille a été élu en tête de la liste républicaine de l'Hérault. Il siège à gauche. M. Bazille a toutefois voté contre la loi sur l'expulsion des princes.

BAZZINI, ANTONIO, célèbre violoniste et compositeur italien, né à Brescia, le 11 mars 1818. Dès l'âge de treize ans, il publiait sa première composition et dix-sept avait déjà fait exécuter six ouvertures à grand orchestre au théâtre de Brescia. Nommé maître de chapelle à l'église San Filippo, vers cette époque, il écrivit une *Messe* pour la semaine sainte et des *Vêpres* à grand orchestre. A Parme, en 1836, il joua devant Paganini, qui, enchanté de son jeu, le pressa dans ses bras en l'engageant à voyager au plus vite. (*Viaggiate subito!*) L'année suivante il était à Milan, où il se fit entendre à la Scala, « au Casino dei nobili » et ailleurs avec un grand succès, publia diverses compositions pour le violon, des romances, etc. et fut le promoteur des sociétés de musique de chambre, exécutant les œuvres classiques, principalement celles de Beethoven, dont il admirait par-dessus tout. En 1840, l'avocat et professeur d'éloquence Buccolini, qui était son parrain, le mit en état de faire un grand voyage; il visita Venise, Trieste, Dresde, Vienne, Berlin (où il reçut la grande médaille d'or du mérite dans les arts), Pesth, Varsovie, etc., se faisant tour à tour applaudir comme virtuose et comme compositeur. De retour en 1846, il parcourut l'Italie entière, sauf la Sicile, dans une marche triomphale ; puis il visita la France et l'Espagne dans les mêmes conditions, toutes les sociétés philarmoniques s'empressant à se l'associer. Il était à Paris en 1852, et s'y fit entendre au Théâtre-Italien et au Gymnase. Revenu dans son pays, M. Bazzini s'occupa plus sérieusement de composition. Il a donné à la Scala, de Milan, en janvier 1864, un opéra : *Turandos*, qui n'a pas réussi. C'était le début en ce genre de ce grand artiste, qui, n'étant plus un jeune homme, ne jugea pas à propos de renouveler l'expérience et regretta sans doute de ne l'avoir pas tentée plus tôt. Il a été nommé, en 1872, professeur de contre-point et de haute composition au Conservatoire de Milan. — On cite tout particulièrement, parmi les compositions que M. Bazzini a écrites pour le violon, sa deuxième fantaisie sur la *Sonnambula*, une fantaisie de concert sur *Il Pirata*, le *Carillon d'Arras*, air flamand varié; fantaisie sur la *Straniera*, un concerto militaire, des morceaux fantastiques, des sonates. On lui doit également quelques compositions vocales : *Il Povero fanciullo*, *Chi ami? Ostriche del fusaro*, etc., et des psaumes, principalement celui de la *Resurrection du Christ*; des symphonies-cantates, des ouvertures, notamment celle de *Saül*, etc., etc.

BEACH, sir MICHAEL EDWARD HICKS, baronet, homme d'État anglais, né à Londres en 1837. D'Eton, où il commença ses études, il fut envoyé à Oxford, Christ-Church, où il prit ses grades, en 1858 de bachelier, et en 1861 de maître ès arts. En juillet 1864, il fut élu membre de la Chambre des communes par le district est du comté de Gloucester, comme candidat conservateur ; en quelle qualité il continue de représenter ce district. Il a été secrétaire parlementaire du Comité de la loi des pauvres, de février à décembre 1868, sauf pendant quelques semaines où il remplit les fonctions de sous-secrétaire d'État au département de l'Intérieur. Au retour au pouvoir du parti conservateur, en février 1874, sir M. H. Beach a été choisi comme *Chief secretary* pour l'Irlande. Entré dans le cabinet à la modification qui eut lieu le 16 août 1876, il remplaça lord Carnarvon, démissionnaire, au ministère des colonies, en février 1878. En avril 1880, il quitta le pouvoir avec ses collègues. Il reprit son portefeuille dans le cabinet Salisbury, en juin 1885, pour le perdre de nouveau le 1er février 1886, lorsque l'annonce du bill de suppression de la Ligue nationale irlandaise, faite à la Chambre par sir Michael lui-même, ayant détaché les 86 députés parnellistes des intérêts du gouvernement conservateur, celui-ci, se trouvant en minorité, dut céder la place aux libéraux. — Sir Michaël H. Beach est magistrat et députélieutenant du comté de Gloucester. Après la dissolution de la Chambre des Communes (juin 1886), il a été réélu avec 2,018 voix de majorité.

BEALE, LIONEL SMITH, savant médecin anglais, né à Londres en 1828, a fait ses études au Collège du roi, où il est aujourd'hui professeur de pratique médicale, après y avoir occupé la chaire de physiologie générale et d'anatomie pathologique, et médecin principal de l'Hôpital. Il a été élu, en 1859, membre du Collège des médecins; il est, en outre, *fellow* honoraire du Collège du roi, membre de la Société royale de Londres, de la Société médicale de Suède, des Sociétés micrographiques de New-York et de Californie, ainsi que d'un grand nombre d'autres sociétés médicales et savantes, tant nationales qu'étrangères, et auteur d'un grand nombre d'ouvrages sur la médecine, la physiologie, l'anatomie, la chimie médicale, la micrographie, etc., parmi lesquels nous citerons : the *Microscope in its applications to practical medicine* (1855); *How to work with the microscope* (Manière d'opérer avec le microscope), — 1857); the *Structure of the tissues of the body* (Structure des tissus du corps); the *Anatomy of the liver* (Anatomie du foie); *Urine, urinary deposits*, etc. (De l'urine, dépôts urinaires, calculs, — 1860, ouvrage traduit en français); *Protoplasm: or life, matter and mind* (Forme primitive ou vie, matière et esprit); *Desease germs, their supposed and real nature*, etc. (Des germes de maladie et de leur nature réelle ou supposée; *Life theories, their influence upon religious thought* (Théories de la vie, leur influence sur le sentiment religieux, — 1871); *the Mystery of life : Facts and arguments against the physical doctrine of vitality, in reply to D*r* Gull* (le Mystère de la vie : faits et arguments contraires à la doctrine médicale de la force vitale, réponse au D*r* Gull, — 1871); *the Physiological anatomy and physiology of man* (Anatomie physiologique et physiologie de l'homme), en collaboration avec le D*r* Todd et M. Bowman. Il a, en outre, présenté à la Société royale divers mémoires sur des questions de physiologie et d'anatomie médicales, etc., lesquels ont été publiés dans les *Philosophical Transactions* et dans les *Proceedings* de ladite société; a été rédacteur en chef des *Archives of Medicine*, et a collaboré à la *Lancet*, au *Medical Times and Gazette*, à la *Medical and chirurgical Review*, au *Microscopical Journal*, etc.

BEAUCHAMP (de), Louis Évariste Robert, maître de forges et homme politique français, né à Lhommaize (Vienne) le 1er avril 1820. Devenu maire de sa commune natale, il fut élu, en 1846, conseiller général de la Vienne pour le canton de Lussac, devint vice-président de ce conseil et entra en 1854 au Corps législatif, comme candidat officiel dans la première circonscription de la Vienne, en quelle qualité il fut réélu en 1857, 1863 et 1869. Dans cette dernière session du régime impérial, M. de Beauchamp fut élu secrétaire du Corps législatif. Rentré dans la vie privée après la chute de l'Empire, M. de Beauchamp échoua aux élections partielles pour l'Assemblée nationale qui eut lieu dans la Vienne en 1874, mais il fut élu député de l'arrondissement de Montmorillon le 20 février 1876 et réélu le 14 octobre 1877; il échoua de nouveau aux élections générales du 21 août 1881. Porté aux élections sénatoriales du 8 janvier 1882, il n'obtint au premier tour qu'une minorité peu rassurante et se retira au second tour devant la candidature du général de Ladmirault. Sa persévérance fut enfin récompensée, et il fut élu sénateur de la Vienne à une élection complémentaire. — M. de Beauchamp est commandeur de la Légion d'honneur depuis 1869.

BEAUJOINT, Jules, publiciste et romancier français, né en 1830 à Grandpré (Ardennes). Il débuta en 1848, étant encore au collège, dans le *Propagateur des Ardennes*. Compromis après le coup d'État et réfugié en Belgique, il rédigea pendant trois ans, à Bruxelles, un journal socialiste. Ses articles, la publication du récit de la grande évasion des 21 de l'*Ile du diable* et ses révélations sur le pénitencier de Cayenne, le firent bannir de Belgique par ordonnance royale. Rentré à Liège pour y voir Blanqui, il fut arrêté et condamné pour rupture de ban. Les démocrates belges protestèrent contre sa condamnation. — Rentré à Paris, à tous risques, en 1863, M. Jules Beaujoint ne s'occupa plus que de littérature. Il publia un grand nombre de romans, dont quelques-uns ont eu un succès de lecture. Nous citerons : les *Nuits de Paul Niquet*; les *Oubliettes du Grand Châtelet*; la *Belle Bordelaise*; les *Mémoires d'un agent de police*; l'*Histoire des Tuileries*; l'*Histoire du Palais-Royal*; *Cartouche, roi des voleurs*; le *Capitaine Mandrin*, l'*Auberge de Peirebeille*. Plusieurs de ces ouvrages sont signés du pseudonyme de « Jules de Grandpré. » M. J. Beaujoint appartient depuis 1867 à la Société des gens de lettres.

BEAUMONT (de), Charles François Édouard, peintre français, élève de Boisselier, né à Lannion (Côtes-du-Nord) en 1820. Il débuta de bonne heure au Salon, par des paysages, tout en s'occupant activement de l'illustration d'ouvrages de librairie, notamment de l'édition de *Notre-Dame de Paris* publiée par Perrotin en 1845. On cite parmi les expositions de cet artiste, qui a abordé tous les genres : les *Écueils de la vie* (1855); les *Femmes chassant la vérité* (1854); *Andromède* (1866); *Circé* (1867); la *Part du Capitaine*, *Léda* (1868); *Quærens quem devoret*, les *Femmes sont chères* (1870); la *Fin d'une chanson*, « *Où diable va-t-il se nicher?* » (1873); *Bête comme une oie*. *Tête folle* (1874); *Au soleil* (1875); *A qui parler* (1876); des aquarelles, lithographies, etc. — M. de Beaumont a obtenu une médaille en 1870, une médaille de 2e classe en 1873 et la croix de la Légion d'honneur en 1877.

BEAUQUIER, Charles, littérateur et homme politique français, né à Besançon le 19 décembre 1833. Il fit ses études littéraires en province, puis vint à Paris où, tout en suivant les cours de l'École de droit, il se faisait admettre à l'École des chartes. Reçu archiviste-paléographe, il s'occupa de journalisme, de critique musicale principalement, mais ne tarda guère à faire aussi de la politique, et de la politique démocratique. Il collabora d'abord au *Figaro* hebdomadaire, au *Ménestrel*, à la *Gazette musicale*; puis à la *Tribune* hebdomadaire, au *Réveil*, etc. Il fonda ensuite le *Doubs*, à Besançon. Nommé sous-préfet de Pontarlier le 6 septembre 1870, M. Beauquier donnait sa démission après la signature du traité de paix et allait à Besançon prendre la direction du *Républicain de l'Est*, tué prématurément sous les condamnations; il fonda alors la *Fraternité* (1875). M. Beauquier faisait partie du Conseil général du Doubs depuis 1871 et du Conseil municipal de Besançon depuis 1873, lorsqu'il fut élu député de l'arrondissement dont cette ville est le chef-lieu, le 20 avril 1880. Il donna alors sa démission de conseiller municipal et vint prendre place à la Chambre sur les bancs de l'extrême gauche, aux actes parlementaires et extraparlementaires de laquelle il s'associa franchement; réélu en 1881, au scrutin de ballottage du 4 septembre. M. Beauquier était élu député du Doubs sur la liste républicaine unique, le 1 octobre 1885. Il a voté l'expulsion totale des princes. M. Beauquier, entre autres, est l'auteur d'un projet d'abolition des titres de noblesse que la Chambre a refusé de prendre en considération (26 juin 1885). — Il a publié : *Notice historique et pittoresque sur le Raincy* (1865); *Philosophie de la musique* (1866); le *Drame de la musique* (1868); les *Dernières campagnes dans l'Est* (1877); et a donné une édition annotée du *Théâtre de Beaumarchais* (1872, 2 vol.)

BEAUREGARD (de), Pierre Gustave Toutant, général américain confédéré, né à la Nouvelle-Orléans (Louisiane), d'une famille d'origine française, en 1818. Il entra en 1833 à l'Académie militaire de West Point, d'où il sortit officier en 1835. Incorporé d'abord dans l'artillerie, il quitta ensuite cette arme pour le génie. Il servit avec honneur dans la guerre du Mexique (1847), et y fut deux fois blessé. Promu au grade de capitaine du génie en 1853, il fut chargé de diriger les travaux de construction des édifices du gouvernement à la Nouvelle-Orléans, notamment l'hôtel de la Monnaie et celui de la Douane, ainsi que ceux des fortifications élevées sur la côte du Golfe. En janvier 1861, il fut nommé directeur de l'Académie militaire de West Point, et conserva ce poste *cinq jours* (du 23 au 28 janvier). C'était l'époque de la rupture entre le nord et le sud des États-Unis. M. Beauregard ayant donné sa démission alla rejoindre l'armée confédérée et ouvrit les hostilités par la prise du fort Sumter (12 avril 1861). L'armée confédérée s'organisa alors, et M. Beauregard fut nommé général provisoire. Il commandait en qualité les troupes confédérées à la bataille de Bull Run (21 juillet), où elles remportèrent sur les fédéraux une victoire complète et qui eût été décisive, si leur général avait su profiter de la panique que ce premier échec avait provoqué chez leurs ennemis. Il commandait en second, sous le général Sydney A. Johnston, à la bataille de Shiloh, ou de Pittsburg-Landing (6 avril 1862). Pendant l'été et l'automne de 1863, il défendit avec succès Charleston assiégée par le général Gilmore, grâce aux fortifications qu'il y avait fait élever. Il eut ensuite à défendre Richmond, menacée par le général Butler, qu'il battit à Drury's Bluff, le 12 mai 1864. Il avait réuni son armée à celle du général Joseph E. Johnston, à l'époque de la reddition de ce général, en avril 1865. A la fin de la guerre, il avait atteint le grade de général au service actif, le plus haut de l'armée, équivalant à celui de maréchal de France. — Après le rétablissement de la paix, le général Beauregard rentra dans les États du Sud, où il possède une riche plantation près de la Nouvelle-Orléans. Il est directeur des lignes de chemins de fer de la Nouvelle-Orléans, Jackson et Mississippi, et a été pendant plusieurs années l'un des administrateurs de la loterie d'État de la Louisiane.

BEAUSSIRE, Émile Jacques Armand, écrivain et homme politique français, né à Luçon (Vendée), le 26 mai 1824, fit ses études au collège de sa ville natale, à Bourbon-Vendée (La Roche-sur-Yon), et enfin à Paris au collège Louis Le Grand. Entré à l'École normale en 1844, il fut reçu agrégé de philosophie en 1847, et docteur ès lettres en 1855. M. Beaussire a été successivement professeur dans divers collèges de province, et professeur de philosophie au collège Rollin et au lycée Charlemagne à Paris. Élu représentant à l'Assemblée nationale par le département de la Vendée, aux élections complémentaires du 2 juillet 1871, il prit place au centre gauche. Réélu, au scrutin de ballottage du 5 mars 1876, par la deuxième circonscription de Fontenay, M. Beaussire échoua le 14 octobre 1877 ; mais la Chambre ayant annulé l'élection de son concurrent, M. Alfred Leroux, bonapartiste, l'élection du 2 février

8

1879 qui s'ensuivit lui fut de nouveau favorable. Il ne s'est pas présenté aux élections de 1881 et de 1885. — On doit à M. Beaussire, outre ses deux thèses de doctorat : *Lectures philosophiques, ou Leçons tirées des auteurs dont l'étude est prescrite par l'Université (1857,); Notice sur un manuscrit inédit de la bibliothèque de Poitiers (1864) ; Antécédents de l'Hégélianisme dans la philosophie française (1865)* ; la *Liberté dans l'ordre intellectuel et moral (1866)*, ouvrage couronné par l'Académie ; *La guerre étrangère et la guerre civile (1871)*. Il a collaboré au *Temps*, à la *Revue politique et littéraire*, à la *Revue des Deux Mondes*, aux *Comptes rendus* de l'Académie des sciences morales et politiques, etc. — Il a été élu membre de ce dernier corps savant, en remplacement de Bersot, le 22 mai 1880.

BEAUVALLET, LÉON, romancier et auteur dramatique français, fils du célèbre tragédien mort en 1873, est né à Paris en 1829. Il débuta de bonne heure, tant dans les journaux qu'au théâtre, et publia notamment : les *Femmes de Murger*, avec illustrations de M. Émile Bayard (1851); *Rachel et le Nouveau-Monde*, relation humoristique d'une tournée en Amérique entreprise par l'illustre tragédienne en 1855 et dans laquelle il l'avait accompagnée (1856); les *Femmes de Victor Hugo*, illustrations de Gavarni, Doré, etc. (1862) ; les *Drames de Montfaucon (1864)*, et quelques autres romans plus dramatiques que vraisemblables insérés principalement dans les petits journaux populaires illustrés. Il a donné au théâtre, le plus souvent avec la collaboration d'auteurs divers et surtout de son frère M. Frantz Beauvallet : les *Femmes de Gavarni (1852); Sur Terre et sur Mer*, 1 acte (1854); le *Roi de Rome*, drame, 5 actes, la *Mariée est trop belle*, comédie (1855); le *Guetteur de Nuit*, opéra bouffe (1856); *Je ne mange pas de ce pain-là* et le *Signor Pulcinella (1857)* ; la *Fille du Chansonnier*, drame, 3 actes; *Ninon et Ninette*, vaudeville (1858); *A Chaillot l'Exposition! (1867)*; le *Crime de Faverne*, drame, 7 tableaux (1868); les *Quatre Henri*, drame, 6 actes, et le *Sacrilège*, drame, 5 actes (1869); le *Fils d'une Comédienne*, drame, 5 actes (1874); les *Femmes de Paul de Kock*, pièce, 9 tableaux et *Auguste Manette*, drame 5 actes (1875);les *Jolies Filles de Gréoin*, pièce, 5 actes et *Loup y es-tu?* revue (1876); la *Vicomtesse Alice*, drame, 5 actes ; la *Belle Polonaise*, pièce, 3 actes; les *Mille et une Minutes*, féerie, 5 tableaux (1882), etc.

BECEL, JEAN MARIE, prélat français, évêque de Vannes, né à Beignon (Morbihan), le 1er août 1825; commença ses études au petit séminaire de Sainte-Anne, et alla les achever au grand séminaire de Vannes. Sorti sous-diacre, en 1846, du grand séminaire, il remplit les fonctions de précepteur particulier dans diverses familles jusqu'en 1859. Il avait été ordonné prêtre en 1851. Nommé, en 1859, vicaire de la Trinité, à Paris, par l'influence du cardinal Morlot, il retournait à Vannes, comme chanoine, curé-archiprêtre de la cathédrale, en 1864, et était nommé peu après vicaire général. L'évêque de Vannes, Mgr Cazailhan, ayant donné sa démission, M. Bécel fut nommé à sa place, par décret du 30 décembre 1865, et sacré à Paris, à l'église Notre-Dame des Victoires, le 25 juillet suivant. En 1866, il prêcha le carême, dans la chapelle des Tuileries, en présence de la famille impériale. Mgr Bécel assistait au concile du Vatican, parmi les plus fermes appuis de la papauté infaillible. — Aux élections générales du 20 février 1876, Mgr Bécel s'est signalé par son hostilité envers la candidature de M. l'abbé Cadoret et l'appui utile qu'il n'hésita pas à donner ouvertement à son concurrent, M. le comte de Mun, dont l'élection examinées dans la Chambre, le 24 mars 1876, donna lieu à une enquête dont les conclusions, l'invalidation de M. de Mun, furent adoptées dans la séance du 13 juillet suivant. — Mgr Bécel est chevalier de la Légion d'honneur, depuis 1867 ; il a été nommé la même année membre de l'Académie catholique de Rome. On lui doit quelques petits traités d'éducation religieuse écrits au temps de son préceptorat.

BÉCHARD, FRÉDÉRIC, écrivain français, né à Nîmes, le 28 novembre 1824 ; fit ses études à Paris, au collège Henri IV, suivit les cours de l'École de droit et se fit admettre au barreau en 1846. Dès l'année suivante, il débutait au théâtre par une comédie en 3 actes : les *Tribulations d'un grand homme* (Odéon, 1847). Après la révolution de février, il fut envoyé comme sous-préfet à Lectoure (1849), puis à Montargis (1850). Rendu à la vie littéraire, il fut tour à tour collaborateur de l'*Artiste*, la *Mode nouvelle*, la *Revue de Paris*, le *Correspondant*, la *Patrie*, la *Gazette de France*, le *Français*, etc. Il a donné au théâtre, outre la pièce citée plus haut : les *Déclassés*, comédie en 4 actes (Vaudeville, 1856); le *Passé d'une femme*, 4 actes (Odéon, 1859); et publié : *De la famille*, mémoire couronné par l'Académie du Gard (1859,); les *Existences déclassées*, nouvelles (1859); l'*Échappé de Paris (1861); Jambe d'Argent (1865)*; les *Corbeaux du Gévaudan (1867)*; les *Traqueurs de dot*, avec M. de Pontmartin (1869,; *Souvenirs d'un page du czar Nicolas (1870)*, avec le prince Lubomirsky; les *États du Languedoc (1871); De Paris à Constantinople (1872)*, etc.

BÉCLARD, JULES, médecin et physiologiste français fils du célèbre anatomiste P.-A. Béclard, est né à Paris le 17 décembre 1818. Ayant fait ses études médicales à Paris, il fut nommé interne à l'asile de Charenton, se fit recevoir docteur en 1842 et agrégé d'anatomie en 1845. Collaborateur de la *Gazette hebdomadaire de médecine et de chirurgie*, il publia en 1851 une nouvelle édition des *Éléments d'anatomie générale* de son père, augmentée de nombreuses additions et, à partir de la quatrième édition (1865), d'un *Précis d'histologie*. On a, en outre, de M. J. Béclard : *Hygiène de la première enfance (1852*, in-12); *Traité élémentaire de physiologie humaine, comprenant les principales notions de la physiologie comparée (1855)*, ouvrage traduit dans la plupart des langues européennes; le *Système cartilagineux (1864)*. M. J. Béclard a traduit en outre, avec M. Marc Sée, les *Éléments d'histologie humaine*, de Knelliker, et collaboré au *Dictionnaire encyclopédique des sciences médicales* du Dr A. Dechambre, aux *Mémoires de l'Académie de médecine*, etc. Élu membre de l'Académie de médecine en 1860, il en est le secrétaire perpétuel depuis 1862 et, outre la lecture de divers mémoires, a prononcé devant cette assemblée savante les éloges de Gerdy (1867), de Rostan (1868), de Velpeau (1869), de Trousseau (1870), Cruveilhier (1875), etc. Il a été appelé, en 1872, à la chaire de physiologie de la Faculté de médecine, dont il est devenu doyen en 1885. M. J. Béclard a été élu, le 15 octobre 1871, conseiller général de la Seine pour le canton de Charenton. Aux élections sénatoriales de janvier 1876, le nom de M. Jules Béclard parut sur une liste proposée par le *Journal des Débats*, mais l'honorable conseiller général, dans une réunion d'électeurs sénatoriaux, désavoua ce journal dont la liste mêlait son nom à des noms beaucoup trop « conservateurs » ; sa candidature, franchement républicaine, fut toutefois écartée. — Officier de la Légion d'honneur depuis 1867, M. J. Béclard a été promu commandeur de l'Ordre en 1886.

BECQUEREL, ALEXANDRE EDMOND, physicien français, né à Paris le 24 mars 1820. Admis à l'École polytechnique en 1838, il ne profita pas de cette admission et devint aide-naturaliste au Muséum, puis professeur de physique au Conservatoire des Arts et Métiers et à l'Institut agronomique de Versailles. Collaborateur de son père, il l'assista dans ses plus importantes recherches ainsi que dans la préparation de quelques-uns de ses ouvrages. M. Edmond Becquerel est membre de l'Académie des sciences. Il a été nommé, le 11 août 1876, membre de la commission chargée de l'étude des questions relatives à l'organisation de l'Institut agronomique, dont il devint professeur; il a en outre remplacé son père, décédé, à la chaire de physique appliquée à l'histoire naturelle du Muséum, en 1878. — On lui doit : *Éléments de physique terrestre et de météorologie*, avec M. A. C. Becquerel (1847); *Mémoire sur les lois qui président à la décomposition électro-chimique des corps (1849); Recherches sur les effets électriques produits au contact des corps solides et liquides en mouvement (1855); Traité de l'électricité et du magnétisme*, avec son père, A. C. Becquerel (1855-56, 2 vol.); *Résumé de l'histoire de l'électricité et du magnétisme (1858)*, avec le même; la *Lumière, ses causes et ses effets (1867-68, 2 vol.)*; les *Phénomènes lumineux de l'atmosphère (1873); Des forces physico-chimiques et de leur intervention dans la production des phénomènes naturels (1875)*; de nombreux *Mémoires* et *Notes* relatifs à des recherches sur l'électricité, le magnétisme, l'analyse spectrale, etc., faits seul ou en collaboration, et insérés pour la plupart aux *Comptes rendus* de l'Académie des sciences. — M. Edm. Becquerel est commandeur de la Légion d'honneur depuis le 29 décembre 1881.

BEECHER, HENRY WARD, théologien et célèbre prédicateur américain, né à Litchfield (Connecticut) le 24 juillet 1813. Il fit ses études au collège d'Amherst, où il reçut son diplôme en 1834, puis étudia la théologie. Il s'établit d'abord, ses études terminées, comme ministre presbytérien, à Lawrenceburg (Indiana) en 1837, puis, en 1839, à Indianapolis; il devint enfin pasteur de l'église de la Congrégation de Plymouth, à Brooklyn (New-York) en 1847. A dater de son établissement à Brooklyn, M. Beecher sut rassembler autour de lui le plus nombreux auditoire qu'aucun prédicateur américain eût jamais vu. Son église, qui peut contenir aisément 3,000 personnes, est non seulement pleine, quelque soit le temps, lorsqu'il doit prêcher, mais ce chiffre est souvent doublé et des centaines de personnes se trouvent forcées de renoncer à entrer, pour être venues trop tard. Il est inutile d'insister sur les causes d'un tel succès, qui ne s'est point démenti depuis quarante ans, malgré bien des traverses, bien des tentatives malveillantes, suscitées peut-être par l'envie, et dont nous aurons à nous occuper tout à l'heure. Le genre d'éloquence de M. Beecher n'a aucun point de comparaison chez nous : il joint à une rare énergie, la plus grande puissance de pathétique, l'ironie sanglante ou la plaisanterie fine semées de saillies humoristiques inattendues; il pousse l'art de la description orale au dernier point de perfection; enfin sous sa parole chaude et entraînante, il tient littéralement son auditoire subjugué, pantelant. Il a, en d'autres temps, fait servir ce don précieux de l'éloquence au mouvement anti-esclavagiste, auquel le livre de sa sœur, Mme Beecher-Stowe : la Case de l'oncle Tom, apporta incontestablement un si grand secours. M. Henry W. Beecher n'est pas seulement un grand orateur, il possède au plus haut point la faculté du travail infatigable, et s'occupe en conséquence d'une foule de choses étrangères à son ministère. Étant dans l'Indiana, il était rédacteur en chef d'un journal agricole et se livrait en grand à la culture des fleurs. A Brooklyn, il prit la parole, en dehors de son église, un peu partout, parlant en faveur de la paix, de la tempérance, et sur une foule de sujets populaires à l'ordre du jour. Dès que le journal l'Indépendant fut fondé (1858), il fut un de ses collaborateurs les plus assidus; il en fut rédacteur en chef de 1861 à 1863. De 1870 à 1880, il fut rédacteur en chef d'un journal religieux hebdomadaire de grand format : l'Union chrétienne, quoique n'ayant pas cessé de collaborer à une foule de publications périodiques littéraires ou religieuses. Il possède une galerie de tableaux et de sculptures très remarquable et, à sa campagne de Peekshill, il cultive les plus vastes, les plus beaux et les plus variés jardins fleuristes des États-Unis. M. Beecher a fait deux voyages en Europe; pendant le dernier (en 1864), il fit de nombreux discours, dans les principales villes de la Grande-Bretagne, sur les questions que soulevait la guerre de Sécession, alors en pleine activité. Il en a entrepris un troisième en 1886. Le 18 juin, il quittait New-York pour Liverpool sur le steamer Étrurie, escorté par toute la congrégation de l'église de Plymouth, réunie dans un grand bateau, jusqu'à Sandy-Hook. On peut juger à ce trait en quelle estime cette congrégation tient son pasteur.

Un paroissien de M. Beecher fondait en 1871, à l'École de théologie du collège de Yale, une chaire de lectures Sur les meilleures méthodes de Prédication, à la condition qu'elle serait occupée par le célèbre prédicateur de Brooklyn. Il y donna sa première série de lectures en 1872, et sa dernière en 1874. Ses sermons hebdomadaires de Brooklyn ont été, depuis 1859, recueillis par la sténographie et publiés, ils forment aujourd'hui une collection de vingt volumes portant ce titre : The Plymouth Pulpit (La chaire de Plymouth). Il a publié en outre : Discours aux jeunes gens (Lectures to young men); Activité et Paresse (Industry and Idleness); Pensées sur la vie (Life Thoughts); Sermons sur la Liberté et sur la Guerre; Collection des hymnes et airs de Plymouth; Norwood, roman, d'abord publié dans le « New York Ledger » (1867); Exercices du soir et du matin; Sermons (Sermons from published and unpublished sources — 1870, 2 vol.); Vie du Christ (1er volume, 1871 ; 2e vol., 1872); Lectures sur la Prédication, faites au collège d'Yale (1872-74, 3 vol.), etc., etc.

Dans l'été de 1874, un M. Théodore Tilton, associé d'abord, puis successeur de M. Beecher à la direction de l'Indépendant, accusa celui-ci, par la voie de la presse, de rapports criminels avec Mme Tilton. Un comité de la congrégation de Plymouth s'empara aussitôt de l'affaire, et déclara l'accusation absolument dénuée de fondement. En attendant, M. Tilton n'en intenta pas moins un procès civil à M. Beecher, lui réclamant 500,000 francs de dommages-intérêts. Ce procès a eu ce dénouement curieux (juillet 1875), qu'après cent treize jours d'audience et huit jours consécutifs de délibération, le jury ne put s'entendre sur le verdict à prononcer, et que la Cour se trouva contrainte, à la fin, de renvoyer dos à dos plaignant et défendeur.

Orateur très recherché, comme nous l'avons montré, les conférences et les sermons de M. Beecher lui rapportent un revenu des plus respectables. C'est ainsi que les journaux américains annonçaient en 1876 qu'il s'était engagé à faire des « lectures » pendant quatre-vingts soirées de la saison d'hiver 1876-77 moyennant 200,000 fr. (40,000 dollars), prix très rémunérateur à ce qu'il semble. — En 1878, M. H. W. Beecher déclara à la Congrégation de Plymouth qu'il ne croyait pas à l'éternité des peines, attendu que rien de plus cruel et de plus faux que la continuité des souffrances quand tout espoir de réforme est perdu ne pouvait être imaginé. Il rompit en conséquence avec l'association des églises congrégationalistes en 1882; mais on a vu plus haut que l'église de Plymouth lui est demeurée fidèle. — Il débarquait à Liverpool le 26 juin 1886.

Ses trois frères Edward, Charles et Thomas-Kennikut Beecher, également pasteurs d'églises congrégationalistes, ont publié quelques ouvrages de dévotion.

BEECHER-STOWE, Harriet E. — Voy. **Stowe** (dame), H. E. Beecher.

BÉHIC, Louis Henri Armand, administrateur français, ancien ministre, né à Paris le 15 janvier 1809. Ses études terminées et reçu licencié en droit, il fut attaché dès 1826 à l'administration des finances. Il prit part à l'expédition d'Alger en 1830, comme payeur de l'armée, devint, en 1845, inspecteur général des finances et fit en cette qualité plusieurs voyages aux colonies. A son retour des Antilles, il entrait au ministère de la marine et des colonies comme directeur du contrôle et de la comptabilité. Élu en 1846 député d'Avesnes (Nord), il fut élu en 1849 conseiller d'État par l'Assemblée législative. Après le coup d'État de décembre, M. Béhic reprit la direction des forges et hauts fourneaux de Vierzon, qu'il avait déjà tenue après février, et, en 1853, inspecteur général du service maritime des Messageries impériales, puis administrateur et président du conseil d'administration de cette compagnie. Le 23 juin 1853, M. Béhic était appelé au ministère de l'agriculture, du commerce et des travaux publics, en remplacement de M. Rouher; démissionnaire en janvier, commencement de 1867, il était nommé le même jour (20 janvier) sénateur et grand-croix de la Légion d'honneur. Après le 4 septembre 1870, M. Béhic est rentré dans la vie privée, dont les élections sénatoriales de janvier 876 l'ont fait sortir de nouveau. Élu sénateur de la Gironde, au troisième tour de scrutin, M. Béhic a pris place sur les bancs du parti de l'Appel au peuple. — Son mandat ne lui a pas été renouvelé aux élections du 5 janvier 1879.

BELCASTEL (de), Jean-Baptiste Gaston Gay et Marie Louis de Lacoste, homme politique français, sénateur, né à Toulouse le 26 octobre 18 ; il fit ses études à l'institution des Jésuites de Vaugirard et son droit à Paris, et fut reçu licencié en 1841. Il retourna alors dans la Haute-Garonne, où il s'occupa d'agriculture et de travaux littéraires. Un Discours sur le progrès, écrit pour le concours de l'Académie des jeux floraux, en 1850, ayant été couronné, il devint membre de cette académie en 1853, puis membre de la Société d'agriculture de la Haute-Garonne, à la suite d'articles sur les Céréales. Pendant plusieurs années, M. de Belcastel a résidé aux îles Canaries ; il a repris, au retour, ses occupations agricoles et littéraires. Le 8 février 1871, les électeurs de la Haute-Garonne envoyaient siéger M. de Belcastel à l'Assemblée de Bordeaux où il prit place à l'extrême droite. Légitimiste et clérical ultramontain intransigeant, ses actes et ses discours ont toujours été marqués au coin de la plus entière franchise. Il fut le seul membre de l'Assemblée qui vota contre la proposition qui nommait chef du pouvoir exécutif de la République M. Thiers, bien qu'il ne dût pas rester le seul à le combattre lorsqu'il fut au pouvoir. Cet incident sert à fixer le véritable caractère de M. de Belcastel et l'importance de l'abîme qui le sépare de ses coreligionnaires politiques. Au mois d'octobre 1871, il envoyait au pape une adresse pour protester contre les « usurpations sacrilèges » de l'Italie et reconnaître sur nouveaux frais l'infaillibilité du successeur de saint Pierre. Plus de quarante membres de l'Assemblée signèrent, paraît-il, cette adresse avec M. de Belcastel, mais, sauf M. Combier, aucun ne jugea bon de s'en vanter. L'un des promoteurs des pèlerinages de 1873, c'est encore à son initiative et à sa persévérance qu'est due la construction de l'église du Sacré-Cœur sur la butte Montmartre. De même qu'il avait combattu M. Thiers, chef du pouvoir exécutif « de la République », il ne pouvait appuyer le maréchal Mac-Mahon en la même qualité, aussi son nom figure-t-il parmi les huit qui s'abstinrent dans le vote sur la prorogation des pouvoirs du président de la République. — Lors de la coalition d'une partie de l'extrême droite et des gauches en vue des élections des sénateurs inamovibles, M. de Belcastel, fidèle à ses principes, refusa d'y prendre part et, en fait, refusa le siège d'inamovible qui eût été certainement le prix de sa complaisance. Il ne fut élu sénateur du département de la Haute-Garonne qu'au troisième tour de scrutin et avec l'appui évident des républicains, qui le lui accordèrent tant à cause de la loyauté de son caractère qu'en haine du bonapartisme. — Son mandat expirait en 1879, et il ne lui a pas été renouvelé.

Outre les travaux cités, on a de M. de Belcastel divers ouvrages religieux et politiques, une brochure sur l'*Irrigation*, une étude sur les *Iles Canaries et la Vallée d'Orotava*, au point de vue hygiénique (1862); la *Citadelle de la liberté*, ou *la Question romaine au point de vue de la liberté du monde (1867)*; *Ce que garde le Vatican (1871)*, etc. Il a collaboré à plusieurs journaux ou publications périodiques de province et à l'*Univers*.
— M. de Belcastel est décoré de l'ordre de Pie IX (2ᵉ classe).

BELÈZE, GUILLAUME LOUIS GUSTAVE, professeur et écrivain français, né à Montpellier, le 21 août 1803, fit ses études au collège de sa ville natale et fut admis à l'École normale en 1821. Cette école ayant été licenciée en 1823, M. Belèze se voua à l'enseignement libre et n'abandonna cette carrière que pour prendre la direction d'une grande institution à Paris, en 1831. M. Belèze a publié : un *Cours complet d'enseignement élémentaire*, en 20 volumes, qui eut un très grand succès; quelques éditions classiques de textes grecs et latins, avec traductions interlinéaires et en regard ; *Jeux des adolescents (1855)* ; un grand *Dictionnaire universel de la vie pratique à la ville et à la campagne (1859, 4ᵉ édition, 1873)* ; un *Dictionnaire des noms de baptême (1863)*; le *Livre des ménages, nouveau manuel d'économie domestique*; un *Dictionnaire d'instruction primaire (1877)*, etc. Il a collaboré au *Répertoire de littérature ancienne et moderne*, et donné la traduction de *Jugurtha* aux classiques latins de M. Nisard. — Retiré de l'enseignement en 1852, M. Belèze a été décoré de la Légion d'honneur en 1869.

BELIZAL (vicomte de), LOUIS ADOLPHE MARIE DE GOUZILLON, homme politique français, petit-fils d'un héros de Quiberon, né à Saint-Brieuc, le 6 mars 1834. Conseiller général des Côtes-du-Nord depuis 1872, il est député de la deuxième circonscription de Saint-Brieuc le 21 février 1876 et réélu le 14 octobre 1877 et le 21 août 1881. Légitimiste et clérical, M. de Belizal siégea à l'extrême droite de la Chambre, vota et agit en conséquence. Il fut élu député des Côtes-du-Nord le 4 octobre 1885, en tête de la liste réactionnaire.

BELL, JOHN, sculpteur anglais, né à Norfolk en 1811. Il exposa, pour la première fois, à l'Académie royale, en 1832, un « groupe religieux ». Ce groupe fut suivi de : une *Jeune fille à la fontaine*; *Psyché enlevée par les Zéphyrs*; *Psyché donnant à manger à un cygne*; un *Saint Jean-Baptiste*. Il exposa en 1837 le modèle de son *Berger tirant sur un aigle*, groupe qui fut ensuite exposé, en 1844, à Westminster Hall et à l'Exposition internationale de Londres. En 1841, il exposa sa *Dorothée*, devenue bientôt populaire en Angleterre, grâce aux réductions qui en furent faites. La première statue qui fut commandée à M. Bell pour les nouvelles Chambres du Parlement est celle de Lord Falkland. On cite encore parmi ses autres œuvres: les *Enfants dans la forêt*; une *Andromède* (bronze) achetée par la reine Victoria; *Sir Robert Walpole*, pour Saint-Stephen's Hall; *Miranda*; *Imogène*; le *Dernier baiser*; le *Refuge de la colombe*; *Hérode frappé sur son trône*; la *Croix de la prière*; *Una et le lion*; *Cromwell*; le poète *James Montgomery*, pour Shelfield, etc.; sans compter les bustes et les statuettes. A Westminster Hall, en 1844, le sculpteur John Bell exposait un carton intitulé l'*Ange à la Colonne*, qui fit partie ensuite des *Compositions d'après la liturgie romaine*. Il a exécuté le monument de Wellington dans Guildhall, avec les figures colossales de la Paix et de la Guerre ; et la statue en marbre de la *Science armée*, à Woolwich, d'abord présentée à l'Exposition universelle de Paris. Parmi les travaux publics qui lui furent confiés, on doit citer le « Mémorial » des Gardes, sur la place de Waterloo, Pall Mall; le « Mémorial » de l'artillerie de Crimée, sur la parade de Woolwich. M. Bell, qui est l'auteur d'un *Manuel de dessin à l'usage des artisans*, des *Premières sensations du goût*, des *Drames d'Ivan*, etc., s'est beaucoup occupé d'art décoratif et a reçu la médaille de la Société des arts en 1859. Il faut citer au nombre des travaux qu'il a exécutés dans ces derniers temps, et dont aucun n'a été préalablement exposé, la statue en marbre de *Lord Clarendon*, qui se trouve dans le grand salon du Foreign Office, Drowning street. Il a été également employé à l'achèvement du monument élevé dans Hyde Park à la mémoire du prince Albert, et dont il exécuta le groupe colossal des *Etats-Unis conduisant l'Amérique au Progrès*, lequel occupe l'angle nord-ouest de la base du monument. Une réduction en terre cuite de ce groupe était installée au milieu de la section des Beaux-Arts à l'Exposition de Philadelphie (1876).

BELL, ISAAC LOWTHIAN, chimiste et ingénieur anglais, né en 1816. Ayant terminé ses études scientifiques faites à l'université d'Édimbourg, puis à Paris, il entra dans l'établissement de Walker (forges et hauts fourneaux), dont il prit peu après la direction. Il fut attaché, en 1850, aux hauts fourneaux de Washington, dans le comté de Durham, alors dirigés par son beau-père, feu M. H. L. Pattinson. Il donna une grande extension à cet établissement et fit élever des constructions considérables pour servir à la fabrication de l'oxychlorure de plomb, mordant découvert par Pattinson. Il cessa, en 1873, d'être associé à ces travaux, qu'il abandonna aux autres gendres de M. Pattinson. Il avait, avec ses frères, MM. John et Thomas Bell, fondé à Clarence sur la Tees, en 1852, une des premières et, encore aujourd'hui, des plus considérables fonderies de fer de cette rivière, et à laquelle sont réunies d'immenses mines de charbon et de minerai de fer. M. Bell a été un collaborateur assidu de beaucoup de sociétés savantes sur tous les sujets en rapport avec la métallurgie du fer, et a récemment tenté, avec succès, des expériences difficiles et laborieuses sur le phénomène chimique de l'explosion des fourneaux. Il est aujourd'hui alderman de Newcastle-sur-Tyne, où il a rempli les fonctions de shériff, fut élu deux fois maire, et reçut, en cette dernière qualité, les membres de l'Association britannique qui venaient tenir un Congrès scientifique dans cette ville, en 1863. Il a fait partie des jurys des Expositions de Philadelphie (1876) et de Paris (1878), et fut fait officier de la Légion d'honneur à la suite de cette dernière.

M. Bell s'était porté candidat libéral dans le district nord de Durham, pour la Chambre des communes, aux élections générales de décembre 1868, mais il échoua. Aux élections générales de février 1874, il renouvela sa tentative et fut élu; mais son élection ayant été invalidée à la suite de protestations des électeurs hostiles à sa candidature, ce fut en vain qu'il la reproduisit : il ne fut pas élu de nouveau. Elu enfin par Hartlepool en 1875, il échoua de nouveau aux élections de 1880. — M. Bell est membre de la Société Royale et de beaucoup d'autres sociétés scientifiques nationales et étrangères.

BELLE, ANTOINE DIEUDONNÉ, homme politique français, né à Montlouis (Indre-et-Loire) le 8 décembre 1829. Avocat du barreau de Tours, puis juge-suppléant au tribunal de cette ville, il devint conseiller municipal et adjoint au maire. Satisfait alors de l'état de choses existant, il appuya le plébiscite en 1870. Pendant la guerre, il servit dans la mobile comme capitaine. Il devint enfin conseiller général d'Indre-et-Loire en 1871 et maire de Tours la même année. Aux élections pour l'Assemblée nationale, M. Belle s'était porté candidat et avait échoué; il se présenta comme candidat nettement républicain le 20 février 1876 dans la première circonscription de Tours, et fut élu; réélu le 4 octobre 1877 et le 21 août 1881, il siégea dans les rangs de l'Union républicaine. Enfin il a été élu le 4 octobre 1885, au premier tour, député d'Indre-et-Loire. — M. Belle a voté l'expulsion des princes (projet Brousse).

BELLECROIX, ERNEST, dessinateur et écrivain cynégétique français, né à Alençon le 12 mars 1837. Ses études terminées, il vint à Paris où il se livra au dessin d'illustration, principalement pour des ouvrages d'histoire naturelle ou de chasse publiés par les maisons Firmin Didot, Hachette, Mame, etc. Longtemps collaborateur, par la plume et le crayon, à la *Chasse illustrée*, il est devenu, en janvier 1876, le rédacteur en chef de cette publication spéciale, dont le succès n'a pas tardé à se ressentir de sa collaboration plus active. — On doit en outre à M. Ernest Bellecroix, grand chasseur lui-même, un ouvrage très estimé des disciples de saint Hubert : la *Chasse pratique (1875)*, illustré par l'auteur, lequel lui a valu une médaille de première classe de la Société d'acclimatation. On a encore de cet écrivain : les *Chasses françaises*, le *Dressage du chien d'arrêt*, et, avec MM. de La Rue et de Cherville, les *Chiens d'arrêt français et anglais* (Paris, Didot), etc. M. E. Bellecroix a fait partie du jury de toutes ou presque toutes les expositions canines qui ont eu lieu dans ces dix dernières années soit en France, soit à l'étranger, le plus souvent comme président.

BELLEMARE (CARREY de), général français. — Voy. Carrey de Bellemare (de).

BELOCCA (de), ANNA, cantatrice russe, née le 4 janvier 1854. Elle est fille d'un conseiller d'État de l'empire de Russie. savant distingué, M. de Bellockh, nom qui a été italianisé pour les besoins de la carrière embrassée par sa fille, dont il soigna tout particulièrement l'éducation. M¹¹ᵉ de Bellockh a fait ses premières études musicales à Saint-Pétersbourg, sous la direction de Mᵐᵉ Nissen-Salaman et les a achevées à Paris sous celle de MM. N. Lablache et Strakosch. Connue depuis plusieurs années déjà des salons parisiens, où elle avait ses entrées par droit de naissance et de position sociale, avant d'y être recherchée pour son talent, elle débuta au Théâtre-Italien en 1873, dans la *Cenerentola*. Elle y remporta un éclatant succès; l'Alboni, qui assistait à cette soirée, voulut aller complimenter dans sa loge la jeune débutante et le roi de Hanovre sollicita, par l'entremise de M. Strakosch, la faveur d'entrer en relations avec son père. Mademoiselle de Belocca a joué avec succès sur la même scène divers rôles du répertoire : Rosina, d'*Il Barbiere*, Arsace, de *Semiramide*, etc. Londres nous l'enlevait en 1875 et elle y débutait, à Drury-Lane, le 24 avril, dans *Il Barbiere di Siviglia*. En 1876, M¹¹ᵉ de Belocca traversa l'Atlantique, et en juillet, elle chantait au théâtre de San-Francisco, dont le public l'acclamait avec un enthousiasme tout californien. Elle a continué depuis ses succès à l'étranger.

BELOT, ADOLPHE, romancier et auteur dramatique français, né à la Pointe-à-Pitre (Guadeloupe) le 6 novembre 1829; fit ses études à Paris, au collège Sainte-Barbe, suivit les cours de la Faculté de droit et se fit inscrire au barreau de Nancy en 1854. Dans sa première jeunesse il avait beaucoup voyagé dans les deux Amériques. M. Adolphe Belot a débuté dans la carrière des lettres par un roman : *Châtiment (1855);* en 1857, il faisait représenter à l'Odéon : *A la campagne*, comédie en un acte. *Le Testament de César Girodot*, écrit en collaboration avec M. Edm. Villetard de Prunières, et joué sur la même scène en 1859, eut un succès prodigieux et est passé au répertoire de la Comédie-française. Il avait publié précédemment : *Marthe*, *Un cas de conscience*, nouvelles (1857). On a de lui, outre les ouvrages cités : *Un secret de famille*, drame en 5 actes, joué à l'Ambigu (1859); la *Vengeance du Mari*, 3 actes (Odéon, 1860); les *Parents terribles*, 3 actes, en collaboration avec M. L. Journault (Odéon, 1861); les *Maris à système*, 3 actes (Gymnase, 1861); le *Vrai courage*, 2 actes (Vaudeville, 1862); les *Indifférents*, 4 actes (Odéon, 1863); *Trois nouvelles*, volume formé des deux nouvelles précédentes et du scenario de la *Vengeance du mari (1863)*; le *Passé de monsieur Jouanne*, 4 actes, en collaboration avec M. Crisafulli (Gymnase, 1865); l'*Habitude et le Souvenir* (1 vol., 1865), transporté au théâtre sous le titre : les *Souvenirs*, comédie en 4 actes (Vaudeville, 1865); la *Vénus de Gordes* (1 vol., 1867), en collaboration avec M. Ernest Daudet, transportée au théâtre sous le même titre, drame en 5 actes (Ambigu, novembre 1875); le *Drame de la rue de la Paix (1868)*, transporté à la scène la même année (Odéon, 1868); *Miss Multon*, 3 actes, adaptation de l'anglais, en collaboration avec M. Eugène Nus (Vaudeville, 1868); l'*Article 47*, paru d'abord en feuilletons dans le journal le *Peuple français* en 1869, transporté à la scène ensuite (Ambigu, 1871); *Mademoiselle Giraud, ma femme (1873)*; le *Parricide (1873)*, en collaboration avec M. J. Dautin; *Dacolard et Lubin*, suite du précédent (1874); les *Mémoires d'un caissier*, *Hélène et Mathilde*, la *Femme de feu*, transportée à la scène et jouée pour l'ouverture du théâtre de la Renaissance, le 8 mars 1873, pièce en quatre actes et huit tableaux; *Deux femmes*; *Folies de Jeunesse (1876)*; et un grand roman en 4 volumes, paru précédemment dans le *Journal de Paris* sous ce titre : les *Mystères du grand monde*, devenu le titre du 1ᵉʳ volume; les *Baigneurs de Trouville*; *Madame Vitel et Mademoiselle Lelièvre* et *Une maison centrale de femmes (1875-76)*. Il a publié plus récemment : *Tête du ponte et le Pigeon (1884)*; *Affolée d'Amour (1885)*; les *Cravates blanches*, le *Chantage (1886)*, 2 vol., etc. Plusieurs des romans de M. Adolphe Belot ont dépassé le chiffre énorme de quarante éditions. Parmi les ouvrages récents que M. A. Belot a données au théâtre, nous pouvons citer encore : *Fromont jeune et Rissler ainé*, pièce tirée du roman de M. Alph. Daudet, au Vaudeville (1876); les *Etrangleurs de Paris*, drame en 5 actes, à la Porte Saint-Martin (1880); le *Pavé de Paris*, drame en 5 actes, à la Porte Saint-Martin et le *Roi des Grecs*, drame en 5 actes, à la Gaité (1883); *Sapho*, pièce en 5 actes tirée du roman de M. Alphonse Daudet, au Gymnase (1885). — M. Adolphe Belot est chevalier de la Légion d'honneur depuis 1867.

BENAZET, PAUL ANTOINE THÉODORE, homme politique français, né à Paris le 22 novembre 1843. Reçu avocat, M. Benazet se fit admettre à l'École des Beaux-Arts, dans la section d'architecture, puis fut attaché au ministère d'État. Pendant la guerre de 1870-71, il fit la campagne de la Loire comme capitaine de mobiles. Il devint ensuite maire de Mérigny et conseiller général de l'Indre. Elu député de l'arrondissement du Blanc à une élection partielle, en 1878, M. Benazet prit place à droite; il fut élu secrétaire de la Chambre. Réélu le 21 août 1881, il était élu le 4 octobre 1885 député de l'Indre sur la liste réactionnaire.

BENDEMANN, EDOUARD, peintre allemand, élève de Schadow, né à Berlin le 3 décembre 1811. Il débuta aux expositions de Berlin dès 1831, par une grande toile historique, la *Douleur des Juifs*, qui établit du coup la réputation du jeune artiste. Il exposa ensuite : *Deux jeunes filles à la fontaine (1833)*; *Jérémie sur les ruines de Jérusalem*, pour laquelle il obtint une médaille de première classe au Salon de Paris de 1837. On cite encore de M. Bendemann : la *Moisson*, le *Berger et la bergère*, la *Fille du prince serbe* et un certain nombre d'autres toiles de genre. De retour d'un voyage en Italie, M. Bendemann fut nommé professeur à l'Académie des arts de Dresde et membre du Conseil académique. Il exécuta les grandes et splendides fresques du château royal, travail immense et qui éleva sa réputation à son apogée; chez lui, à Berlin, il peignit aussi une fresque, la *Poésie et les arts*, qui est restée célèbre. Outre les dessins du monument de Jean-Sebastien Bach, on doit encore à cet artiste des portraits d'illustrations historiques allemandes, ainsi que bon nombre d'autres plus modernes. Il a succédé à Schadow, dont il avait épousé la fille en 1838, comme directeur de l'Académie des arts de Düsseldorf. M. Bendemann est correspondant de l'Académie des Beaux-Arts de Paris depuis 1843.

BENEDETTI (comte), VINCENT, diplomate français, né en 1815, dans l'île de Corse, fut destiné à la carrière consulaire, déjà parcourue par son père, qui était grec d'origine, et fit ses études en conséquence. Elève consul, puis consul au Caire, il devint consul à Palerme en 1848, puis secrétaire d'ambassade à Constantinople en 1855. Nommé peu après envoyé extraordinaire en Perse, il refusa ce poste et fut nommé, en 1856, directeur des affaires politiques au ministère des affaires étrangères. Secrétaire du Congrès de Paris, en 1856, il rédigea en cette qualité les protocoles du traité de paix. Ayant rencontré à cette occasion le comte de Cavour, il se lia avec l'illustre homme d'État piémontais, dont il partageait les idées relativement à l'unification italienne, et fut nommé ministre plénipotentiaire à Turin, en 1861, c'est-à-dire dès que la France eut officiellement reconnu le royaume d'Italie. Le 5 novembre 1864, M. Benedetti était nommé ambassadeur à Berlin. Au début de la guerre franco-prussienne, dans son numéro du 25 juillet 1870, le *Times* de Londres publiait le texte d'un projet de traité secret entre la Prusse et la France, daté du fin de 1866, par lequel la France garantissait à la Prusse ses conquêtes en Autriche, promettant de ne pas s'opposer à la réunion fédérative de l'Allemagne du Nord et de l'Allemagne du Sud, etc., tandis que la Prusse, permettant l'annexion de la Belgique à la France, s'engageait à tenir en échec quiconque chercherait à s'opposer à cette conquête. M. de Bismarck, un maître en intrigues diplomatiques, décidément, et auquel il eut sans doute fallu opposer un autre diplomate que M. Benedetti, prétendant posséder la minute de ce projet de traité, écrite de la main même de notre ambassadeur à Berlin. Cela était vrai. Seulement, M. Benedetti affirme que ce projet, rédigé sous la dictée même de M. de Bismarck, n'était qu'une tentative d'entente future sur les bases choisies par le chancelier prussien, non par l'ambassadeur français, et abandonnée aussitôt, d'ailleurs, sur la réflexion que les souverains de Prusse et de France ne consentiraient, pas plus l'un que l'autre, à sanctionner de telles conditions. Le fait est qu'au moment opportun, M. de Bismarck s'en fit une arme contre la France (arme qui lui a, sans doute fait plus de mal que les canons Krupp). Vers la fin de 1871, M. Benedetti publia un ouvrage important, sorte de mémoire justificatif : *Ma mission en Prusse*, lequel, bien que passant assez légèrement sur cette affaire, justifie en effet son auteur de l'accusation qu'on a longtemps fait peser sur lui, d'être la cause unique de la guerre de 1870-71 et d'avoir laissé ignorer à son gouvernement la situation formidable lorsqu'il allait provoquer. M. Benedetti n'a rien laissé ignorer, et le prétexte d'une injure à lui faite par le roi de Prusse à Ems est de pure invention. Le Gouvernement impérial a donc fait la guerre parce qu'il voulait la faire, et, pour y arriver, il a, grâce au concours du cabinet Ollivier, trompé la Chambre et le pays. — Mais il n'en est pas moins vrai que les négociations auxquelles a pris part M. Benedetti n'ont jamais eu un très grand résultat, excepté celles qui avaient pour objet de faire échouer la candidature du prince de Hohenzollern au trône d'Espagne, et qui eurent pour résultat la guerre désastreuse de 1870-71, l'invasion et le démembrement de la France. — M. Benedetti est grand-croix de la Légion d'honneur depuis le 1er septembre 1865, grand officier des ordres des SS Maurice et Lazare et de l'Aigle noir de Prusse. Il a été créé comte par l'empereur, en 1860.

BENJAMIN, JUDAH PHILIP, homme politique américain, né en 1811, à Sainte-Croix (île danoise des Indes occidentales), de parents juifs qui émigrèrent à Savanah (Géorgie), en 1816. Il entra au collège d'Yale en 1825, mais acheva ses études à la Nouvelle-Orléans, étudia le droit, fut reçu avocat en 1832 et conquit rapidement un rang distingué dans sa profession. Il fit ses débuts dans la politique, d'abord dans le parti whig; mais il s'en sépara bientôt pour s'attacher d'une manière définitive au parti démocrate, étant en dissentiment avec les whigs sur la question de l'esclavage. Élu membre du Sénat des États-Unis en 1852, il fut réélu en 1858. Le 31 décembre 1860, dans un discours mémorable, il déclarait son adhésion à la Confédération des États du Sud, se retirait en conséquence du Sénat, le 4 février 1861, et était nommé procureur général par le gouvernement provisoire confédéré. En août suivant, il était nommé secrétaire de la guerre, fonctions dont il se démettait en février 1862, par la raison que ses actes avaient été blâmés par un comité du Congrès. Il n'avait pas cessé, toutefois, de conserver la confiance du président Davis, lequel le nommait, peu après, secrétaire d'État, position qu'il a gardée jusqu'à la fin de la guerre de sécession. M. Benjamin ayant été, en fait, l'âme de la rebellion, ses biens furent confisqués, mais sa bibliothèque, rachetée grâce à une souscription publique, lui fut rendue, ce qui prouve l'estime dans laquelle on le tenait dans les États du Sud. — Réfugié à Londres après la défaite de son parti, M. Judah P. Benjamin se fit admettre au barreau anglais et alla s'établir à Liverpool où il obtint rapidement une grande réputation de légiste et d'orateur. Il s'est retiré en 1883, ayant refait sa fortune. Il y a publié, en 1866, un *Traité de la loi sur la vente de la propriété personnelle* (Treaties on the law of sale of personnal property),

BENNETT, WILLIAM COX, poète et littérateur anglais, fils d'un horloger de Greenwich, où il est né en 1820. Il dut quitter l'école ayant à peine quatorze ans, à cause de la mort de son père, pour aider sa mère dans son commerce. Tout jeune encore, il prit une part active à la formation d'une institution littéraire sur les bases les plus populaires, qui compte plus de 1,200 membres et à laquelle il a réuni une bibliothèque de plus de 12,000 volumes. Son activité s'est d'ailleurs portée de bonne heure vers la réforme et a eu pour objet l'éducation du peuple, et dans les trente dernières années, il n'est pas de manifestation ayant un but de cette sorte où il n'ait figuré, s'il ne l'a même provoquée. Il est encore aujourd'hui secrétaire honoraire de la section de Greenwich de la Ligue d'éducation nationale, et membre du conseil de cette ligue à Londres. On cite de M. W. Bennett qui, depuis 1843, a publié des poésies de genres divers et des chansons dans plusieurs recueils périodiques : *Poèmes* (1850); *Verdicts* (1852); l'*École de Roan*, chapitre de l'*Histoire pédagogique en Angleterre* (1855); *Chants de guerre* (1855); la *Vengeance de la reine Éléonore, et autres poèmes* (1857); *Baby May, et autres poèmes pour les enfants* (2e édition en 1861); l'*Anneau de mariage usé* (The worn wedding Ring), etc. (1861); la *Politique du peuple* (1863); *Nos traditions glorieuses, poèmes nationaux* (1866); *Propositions pour l'entreprise d'une Histoire de la chanson anglaise* (1867). Une édition complète de poésies de M. Bennett a été publiée en 1862 dans la collection des « British Poets » de M. Routledge. M. Bennett a été également un écrivain politique et est resté attaché, de 1868 à 1870, à la rédaction de la *Weekly Dispatch*, où il faisait indifféremment l'article de fonds, la critique bibliographique ou la chronique courante. Il a été, pendant la guerre franco-prussienne de 1870-71, secrétaire de la Société de bienfaisance pour les réfugiés. M. Bennett est docteur en lois de l'université de Tusculum, depuis 1869. — Depuis plusieurs années, il prépare son *Histoire des chants, chansons, romances et ballades de l'Angleterre et des États nés d'elle*, qu'on disait prête, vers la fin de 1875, à mettre sous presse. Nous ne croyons pas que la publication de cet ouvrage ait encore été annoncée.

BENNIGSEN (von), RUDOLPH, homme politique allemand, né à Lüneberg (Hanovre), le 10 juillet 1824 ; il fit son droit à Gœttingen et à Heidelberg, se fit recevoir avocat, puis entra dans la magistrature et devint juge à Gœttingen. Envoyé en 1855 à la seconde chambre du parlement de Hanovre par les électeurs de la ville d'Aurich, il dut résigner ses fonctions de juge, l'autorisation royale qui lui eût permis de cumuler les deux fonctions lui ayant été refusée, et siégea sur les bancs de l'opposition libérale, dont il ne tarda pas à devenir le chef. Réélu en 1857 par Gœttingen, M. de Bennigsen rédigea avec ses amis, et publia en 1859, un programme ou projet d'unité allemande, dans lequel il était établi que la Prusse seule pouvait être placée à la tête de l'Allemagne fédérale, programme réalisé depuis par M. de Bismarck. La *Nationalverein* fut fondée, sa première séance eut lieu le 16 septembre 1859, et M. de Bennigsen en fut acclamé président. Cette assemblée ne cessa de poursuivre la réalisation du programme du parti libéral-national, c'est-à-dire l'union allemande sous l'hégémonie prussienne. Lorsqu'en 1866, Georges V, pour avoir agi contrairement aux avis de ce parti, perdit sa couronne, la Confédération de l'Allemagne du Nord fut organisée, rendant désormais inutile la *Nationalverein*, qui se dissolva en conséquence ; elle comptait alors 30,000 membres, dont les tiers étaient prussiens. Après l'annexion du Hanovre à la Prusse, M. de Bennigsen devint membre de la Chambre des députés de Prusse et de l'Assemblée fédérale (*Reichstag*) de l'Allemagne du Nord. Pendant la guerre de 1870-71, il fut chargé de missions confidentielles dans le sud de l'Allemagne et à Versailles, ayant pour objet l'unification complète de la patrie allemande. Il eut enfin le bonheur de voir ce rêve entièrement réalisé, bonheur rare chez les réformateurs. Vice-président du Reichstag allemand en 1872, il en devint président à l'ouverture de la session suivante, et n'a pas cessé, depuis, d'être maintenu au fauteuil.

BENOIT (de), NORBERT, homme politique français, né au château de Salle, près Saint-Geniez (Aveyron) le 12 mai 1836. Avocat du barreau de Montpellier, M. de Benoit entra dans la magistrature en 1865, comme substitut du procureur impérial à Prades ; devenu juge au tribunal de Rodez en 1868, il est un des membres de la magistrature assise atteints par la loi de 1883. M. de Benoit avait déjà échoué, comme candidat réactionnaire dans l'arrondissement d'Espalion, à une élection partielle qui eut lieu le 1er juin 1884, contre M. Denayrouze, républicain ; mais il a pris sa revanche aux élections générales du 4 octobre 1885, qui l'ont fait député de l'Aveyron. Il fait partie du groupe parlementaire de l'Union des droites.

BENOIT-CHAMPY, BERNARD GABRIEL, administrateur et sportsman français, fils du magistrat du même nom, mort le 27 juin 1872, est né à Paris le 31 décembre 1835. Son droit terminé, il aborda la carrière diplomatique, mais la quitta bientôt pour se faire inscrire au barreau de Paris, et devint professeur de droit industriel au lycée Charlemagne. M. Benoit-Champy est surtout connu comme l'un des créateurs du sport nautique en France, et le fondateur du *Yacht club*, société d'encouragement pour la navigation de plaisance en mer, dont il est vice-président. Président du jury des expériences de sauvetage à l'Exposition universelle de 1867, il remplissait, l'année suivante, des fonctions identiques à l'exposition maritime du Havre, et devenait administrateur de la Société centrale de sauvetage. M. Benoit-Champy, qui a quitté le barreau pour l'industrie en 1866, est administrateur du Crédit industriel et commercial. Il est en outre attaché au ministère de la marine en qualité de conseil. — Pendant le siège de Paris, M. Benoit-Champy fit partie, comme capitaine du corps des éclaireurs à cheval de la Seine dits *Éclaireurs Franchetti*, et fut, en cette qualité, promu officier de la Légion d'honneur en février 1871, étant chevalier de l'ordre depuis 1868. — Il a collaboré au *Journal des Débats*.

BENOUVILLE, ACHILLE JEAN, peintre français, né à Paris le 15 juillet 1815. Élève de Picot, il débutait à dix-neuf ans et remportait en 1845 le grand prix de Rome. On cite de cet artiste, qui s'en est toujours tenu au paysage : l'*Étang des Fausses-Reposes* (1834) ; les *Bords de la Seine à Bougival* (1857) ; la *Forêt de Compiègne* (1839) ; *Effet du soir* (1844) ; *Ulysse et Nausicaa*, sujet du concours pour le prix de Rome (1845) ; *Lunghezza* (1850) ; *Vue de la villa Doria* (1855) ; *Saint-Pierre de Rome vu de la villa Borghèse*, le *Colisée vu des jardins Farnèse* et l'*Anio*, près de Tivoli (1863) ; le *Colisée vu des jardins du Palatin* (1865) ; *Vue de Torre de'Schiavi* (1867) ; le *Pic du Midi* (1872) ; *Château de*

*Lugagnau dans la vallée d'Argelès; A Bellevue, parc de M*me *Dufour,* aquarelle (1873); la *Nive à Itrassou* (B.-Pyr.); *Souvenir des environs de Valmontone* (Italie), l'*Ariccia aux environs de Rome (1874); Dans les bois, Bords de la Nive, près de Cambo; Sentier dans des dunes, de Kraanljelek à Zandwoort, dans les Pays-Bas (1875);* le *Vallon de Maurevielle dans l'Esterel,* le *Saut du Loup aux environs de Cannes (1876);* le *Lac d'Albano (1877); Lagarde et le Coudon vus du domaine de Carqueeranne, dans le Var (1883);* le *Bord de l'Aumance près d'Hérisson (Allier),* la *Via Nomentana dans la Campagne de Rome (1884);* le *Gué des Malavaux* et la *Cascade de l'Ardoisière, près de Vichy (1885);* l'*Aumance sous Chateloy* et un *Ruisseau, dans l'Allier (1886),* etc. — M. Benouville a obtenu une 3e médaille en 1844, une 1re méd. et la croix de la Légion d'honneur en 1863.

BENJAMIN-CONSTANT. — Voy. **Constant,** Benjamin.

BENTLEY, Robert, naturaliste anglais, né à Hitchin, comté de Herts, en 1825. M. R. Bentley est un botaniste distingué, qui s'est tout particulièrement occupé de l'application de la botanique à l'art de guérir. Entré au Collège des chirurgiens en 1867, il est doyen de la Faculté de médecine, professeur de botanique au Collège du roi, à Londres, professeur de botanique et de matière médicale à la Société pharmaceutique de la Grande-Bretagne, professeur de botanique à l'Institution de Londres, après avoir été précédemment attaché, en la même qualité, aux collèges médicaux de l'hôpital de Londres-Middlesex et de l'hôpital Sainte-Marie. M. Bentley a été pendant plusieurs années un membre actif du conseil de la Commission des jardins de la Société royale de botanique, et a présidé le Congrès pharmaceutique britannique en 1866 et 1867; il est membre de la Société linnéenne, associé honoraire du Collège du roi, etc. M. Bentley a collaboré très assidûment au *Pharmaceutical Journal,* dont il a été l'un des directeurs pendant dix ans. Il a publié un *Manuel de botanique,* dont la seconde édition a paru en 1875; il a en outre édité, en société avec MM. le Dr Farre et Warrington, le *Manuel de matière médicale et de thérapeutique,* de Pereira, qui eut une seconde édition en 1872.

BÉRANGER, Paul, homme politique français, né à Saint-Quentin en 1835. Fils d'un avoué de cette ville, il vint faire son droit à Paris, se fit recevoir licencié et entra dans l'étude de son père, auquel il succéda en 1869. Il était membre du conseil municipal de Saint-Quentin et concourut à toutes mesures prises pour la défense de cette ville contre les Allemands, pendant la dernière guerre. Adjoint au maire, parce qu'il avait refusé d'être maire lui-même, depuis 1881, M. Paul Béranger a été élu député de l'Aisne au scrutin du 18 octobre 1885, sur la liste républicaine. — Il siège à gauche, et dans la question des princes, a voté l'expulsion totale.

BERCHÈRE, Narcisse, peintre français, né à Étampes, en 1822, élève de Ch. Rémond. En 1844, M. N. Berchère, envoyait au Salon un *Paysage tiré de Gil Blas; Environs d'Avignon,* en 1845, et une *Vue prise à Marlotte,* en 1846. L'année suivante, il partait pour l'Espagne qu'il parcourut en tous sens ; puis il visita l'Orient. Ses principales toiles, à compter de cette époque, sont : le *Couvent de Santa Margarida, à Majorque; Vue d'Elche* (Murcie); le *Puits de Jacob* (Syrie), une *Mosquée au Caire; Vue du Nil; Matarieh, aux environs du Caire; Campement des Ouled-Saïd;* le *Simoum; Passage d'une caravane au gué de la mer Rouge, à Suez; Ruines du temple de Rhamsés-le-Grand; Environs de Damiette; Enfants gardant les moissons du Dowrahs; Crépuscule après le Simoun.* Nous citerons parmi les plus récentes : *Ancienne piscine du temple de Rhamsés, à Thèbes (1865); Ralliement des caravanes à la halte de nuit (1866);* les *Funérailles au désert; Retour du marché* (Égypte); *Nomades en marche dans la presqu'île de Sinaï (1868); Halage sur une digue du lac Menzaleh; Port du vieux Caire sur le Nil (1869); Embouchure du Nil à Lesbeh (1870);* les *Plaines du Delta au printemps; Coup de vent sur le Nil pendant l'inondation; Haut Nil à midi (1875); Mahalet-el-Kebir dans la basse Égypte* et la « *Sakieh »,* système *d'irrigation usité en Égypte;* une *Noce arabe au Caire,* aquarelle (1876); un *Campement en Égypte (1878),* etc. Médaillé en 1859, 1861, 1864 et 1878 (3e classe), M. Berchère a été fait chevalier de la Légion d'honneur en 1870. — Il a publié en 1863 : le *Désert de Suez, cinq mois dans l'isthme.*

BÉRENGER, René, homme politique français, sénateur, fils du magistrat, pair de France et membre de l'Institut, Béranger (de la Drôme), est né à Valence, le 22 avril 1830. Il fit son droit à Paris, fut reçu avocat en 1850 et docteur en droit en 1853, puis entra dans la magistrature. Successivement substitut du procureur impérial à Évreux, procureur impérial à Bernay, puis à Neufchâtel, puis substitut du procureur général à Dijon, il devint avocat général à Dijon en 1862, et à Lyon en 1867. C'est là qu'il se trouva la révolution du 4 septembre. En dépit d'une certaine popularité que son esprit libéral lui avait acquise dès son arrivée à Lyon, le Comité de salut public de cette ville l'arrêta, pour avoir voulu s'opposer, quoique en vain, à l'arrestation du procureur général. M. Bérenger ne sortit de prison qu'après douze jours de captivité, et sur les ordres du procureur général républicain, M. Le Royer, aujourd'hui président du Sénat. Il se fit alors inscrire au barreau de Lyon et prit place dans les rangs de la garde nationale. Son influence sur les bataillons conservateurs ainsi que son succès dans la tentative de leur faire obtenir des cartouches, pour les opposer au besoin aux bataillons radicaux, le fit poursuivre de nouveau; et sans doute ces poursuites eussent abouti, sans la nouvelle intervention de M. Le Royer et celle du maire de Lyon, M. Hénon. M. Bérenger, quoique père de famille, s'engagea alors dans les mobilisés du Rhône, et fut blessé à la bataille de Nuits (18 décembre 1870). — Aux élections du 8 février 1871, M. Bérenger fut élu représentant à l'Assemblée nationale par le département du Rhône, le quatrième sur treize, et par celui de la Drôme, le second sur six, M. Thiers étant le premier. Il opta pour la Drôme, son département natal, et vint à l'Assemblée de Bordeaux prendre place sur les bancs du centre gauche. Parmi les votes caractéristiques à cette assemblée, alors transférée à Versailles, il convient de signaler son vote en faveur du retour à Paris. Vers la fin de 1872, M. Bérenger s'est activement occupé pendant quelque temps de la création à Valence d'un organe du parti républicain conservateur devant, dans son esprit, paraître deux ou trois fois par semaine; mais il y renonça. Nous croyons d'ailleurs qu'à cette époque M. Bérenger n'était pas encore bien fermement attaché à la forme républicaine, quoiqu'il semblât déjà soupçonner qu'elle était seule possible, ainsi qu'il l'affirmait un peu plus tard, dans une lettre écrite à la *France,* c'est-à-dire quelques jours avant d'entrer au ministère des travaux publics dans la combinaison Casimir Périer (19 mai 1873). Il ne fut ministre que cinq jours, et se retira avec M. Thiers, le 24 mai. Depuis lors, son attachement à la République s'est chaque jour accentué; ce qui n'empêche pas qu'à l'occasion des projets de réorganisation de la magistrature, M. Bérenger, par esprit de corps peut-être, ait pris en mains la défense des magistrats de l'empire impérial et singulièrement des membres des Commissions mixtes de 1852. Il avait d'ailleurs présenté, lui-même, un projet de réforme qui ne fut point accepté (mai 1872).

M. Bérenger a été élu sénateur inamovible par l'Assemblée nationale, dans sa séance du 16 décembre 1875 et a pris place au centre gauche, votant généralement avec la gauche, au moins dans la question de politique générale. M. Bérenger jouit d'une grande influence au Sénat, tant par son caractère que par son talent. Rapporteur de la loi sur l'expulsion des princes, on sait que son rapport, repoussé par le Sénat le 22 juin 1886, concluait au rejet de la proposition appuyée par le gouvernement. L'honorable sénateur prétendait que les princes sont des citoyens comme les autres et que la sainteté du droit commun pour les frapper, on violait la loi : thèse soutenable, assurément, du moins jusqu'à ce que le comte de Paris, dans son manifeste de départ, lui eût donné le démenti le plus catégorique. Ce démenti fût venu plus tôt, certes, les conclusions du rapport de M. Bérenger eussent été différentes.

BERGER, François Eugène, homme politique français, né à Cholet le 10 janvier 1829, fit ses études à Angers, son droit à Paris et, sa licence obtenue (1851), entra au ministère de l'Intérieur. Conseiller de préfecture des Basses-Alpes en 1853 et du Loiret en 1856, il devint sous-chef du cabinet du ministre de l'intérieur en 1857 et chef du bureau du personnel en 1860. Élu, comme candidat officiel dans la 2e circonscription de Maine-et-Loire, membre du Corps législatif en juillet 1866, M. Eugène Berger fut réélu au même titre aux élections générales de 1869. Sa place, comme le voulait son origine, était sur les bancs des satisfaits. Rendu à la vie privée en septembre 1870, M. Berger se présenta à une élection complémentaire qui eut lieu dans son département en 1874, sous une profession de foi bonapartiste; ayant échoué, il modifia quelque peu son programme et se présenta aux élections générales de 1876 comme soumis au principe de la souveraineté nationale. Il fut élu au scrutin de ballottage (5 mars), et réélu le 14 octobre 1877. Battu aux élections d'août 1881, M. Eugène Berger est député de Maine-et-Loire le 4 octobre 1885 sur la liste réactionnaire et reprit son rang parmi les partisans de l'Appel au peuple. — Auteur de quelques études littéraires et historiques, M. Eugène Berger est chevalier de la Légion d'honneur depuis 1862 et officier de l'instruction publique.

BERGER, P. L. Georges, ingénieur et administrateur français, critique d'art, né en 1836. Élève de l'École polytechnique et de l'École des mines, il obtint son diplôme d'ingénieur et fut quelque temps attaché, en cette qualité au chemin de fer du Nord ; mais il abandonna cette position pour se livrer entièrement à l'étude des beaux-arts. C'est dans ce but qu'il entreprit plusieurs voyages en Europe et en Orient. Attaché au *Journal des Débats* comme critique d'art, M. G. Berger fut sous-directeur de la section étrangère à l'Exposition universelle de 1867, et directeur de la même section à celle de 1878. Commissaire général de l'exposition d'électricité en 1881, il fut promu commandeur de la Légion d'honneur à l'issue de cette exposition si intéressante et dont l'organisation lui était due en très grande partie. M. G. Berger avait été, entre temps, commissaire français à l'exposition d'Amsterdam en 1869 et organisateur de l'exposition artistique au profit des Alsaciens-Lorrains en 1874. Il a été nommé directeur de la branche française de la compagnie Américaine d'assurances la « New-York. » On lui doit enfin l'organisation du Musée des arts décoratifs. — M. Georges Berger, qui a professé l'esthétique et l'histoire de l'art à l'école des Beaux-Arts, est membre de la Commission de l'inventaire des richesses d'art de la France, du Comité des sociétés des Beaux-Arts des départements, etc. Il est en outre président de la Société internationale des électriciens et vient d'être choisi pour directeur de l'exploitation de l'Exposition universelle de 1889, ayant sous sa direction le service des transports, celui de l'électricité et la police intérieure.

BERGER, Maurice, agriculteur et homme politique français, né à Chiddes (Nièvre) en 1852. Grand propriétaire agriculteur, conseiller municipal et maire de la commune, conseiller général de la Nièvre pour le canton de Lazy, M. Maurice Berger s'est présenté comme candidat à la députation, sur la liste radicale, aux élections générales d'octobre 1885, a été élu au scrutin du 18 octobre. Il a pris place à l'extrême gauche, et a voté l'expulsion des princes (projet Brousse).

BERGERAT, Émile, poète et littérateur français, né à Paris le 29 avril 1845, commença ses études chez les Jésuites de la rue de Vaugirard et les termina au lycée Charlemagne, où il paraît être plus spécialement occupé de poésie. M. E. Bergerat débuta très jeune au théâtre, et même au premier de nos théâtres littéraires, par : *Une amie*, comédie en 1 acte, en vers, au Français (1865). Il a fait jouer depuis, sur diverses scènes : *Père et Mari*, drame en 3 actes au théâtre de Cluny (1870) ; *Ange Bosani*, drame en 3 actes, avec M. Arm. Silvestre, au Vaudeville (1873) ; *Séparés de corps*, 1 acte, même théâtre (1874) : le *Nom*, drame en 3 actes, à l'Odéon (1883) ; le *Baron de Carabasse*, comédie en 3 actes au Palais-Royal et *Flore de Frileuse*, drame en 3 actes, à l'Ambigu (1885), etc. — Il a publié en outre : *Poèmes de la guerre (1871)* ; *Peintures décoratives du foyer de l'Opéra*, étude critique (1875) ; *Théophile Gautier peintre (1877)* ; de nombreuses préfaces de catalogues de ventes de tableaux, des poésies et quelques romans, parmi lesquels : *Bibi et Cie* et *M. Moulins (1884)* ; le *Viol (1885)*, etc. — M. E. Bergerat a collaboré au *Figaro*, au *Gaulois* et à d'autres journaux ; il fait la critique d'art au *Journal officiel* depuis 1874.

BERGEROT, Alphonse, homme politique français, né à Bordeaux le 7 septembre 1820. Fils d'un directeur des contributions indirectes, M. Bergerot entra à dix-huit ans à l'administration centrale des douanes et fut nommé vérificateur à Lille en 1846. Un riche mariage lui ayant permis de donner sa démission, en 1851, il se retira à Esquelbecq et devint maire de cette commune en 1852 ; il est, en outre, membre du Conseil général du Nord depuis 1869. Après avoir échoué à une élection partielle qui eut lieu dans le Nord en 1872 et aux élections générales de 1876 et 1877, M. Bergerot réussit à se faire élire député de la deuxième circonscription de Dunkerque, en remplacement de M. Joos, démissionnaire, le 4 juillet 1880, et prit place à droite. Réélu le 21 août 1881, sans concurrent, il a triomphé avec tout la liste réactionnaire du département du Nord aux élections du 4 octobre 1885. — Le nom de M. Alphonse Bergerot figure à côté de celui de M. Diegerick, archiviste d'Ypres, comme co-auteur d'une étude historique sur le *Chateau et les seigneurs d'Esquelbecq*, — dont M. Bergerot est le dernier, comme il va sans dire.

BERKELEY, le rev. Miles Joseph, naturaliste anglais, né à Biggin, dans la paroisse d'Oundle, en 1803, fit ses études à l'université de Cambridge, où il prit ses grades en 1825. Nommé d'abord à la cure de Margate, il obtint en 1834 les bénéfices de deux petites paroisses du Northamptonshire, puis fut nommé doyen rural, et enfin obtint le « vicarage » de Sibbertoft en 1868. Il est membre de la Société linnéenne, membre honoraire de la Société royale d'agriculture de Londres, membre correspondant des Sociétés d'agriculture de Paris et de Lille et de la Société de biologie de Paris ; membre de l'Académie des sciences de Suède et de l' « Academia naturæ curiosorum ». M. J. Berkeley a publié : *Gleanings of the British Algæ* (Glanes parmi les Algues britanniques, 1833) et est l'auteur du dernier volume de l'*English Flora (1836)*, ainsi que d'articles sur les *Maladies des plantes*, dans l'« Encyclopédie d'agriculture » ; sur la *Pathologie végétale*, dans la « Gardner's Chronicle » ; d'une *Introduction à la botanique des cryptogames* ; d'*Esquisses de fongologie britannique* ; d'un *Manuel des mousses de la Grande-Bretagne*, etc. M. J. Berkeley a aussi collaboré activement aux *Transactions* de la Société linnéenne, au *Zoological Journal*, au *Journal de botanique*, au *Journal de l'Himalaya*, de Hooker et à la *Flore Antarctique* et *New-Zelandaise*.

BERLET, Albert Ernest Edmond, homme politique français, né à Nancy le 18 octobre 1837. Il fit partie, sous l'empire, du Comité de décentralisation de Nancy. Élu représentant de la Meurthe le 8 février 1871, et député de la deuxième circonscription de Nancy, le 20 février 1876, M. Berlet fut réélu le 14 octobre 1877 et le 21 août 1881. M. Berlet siège à gauche. Il a été sous-secrétaire d'État des colonies au ministère de la marine, dans le cabinet du 30 janvier 1882. Élu quelque temps après sénateur de Meurthe-et-Moselle, il siégea également à gauche dans la haute Assemblée. — M. Berlet n'a pas voté sur la question de l'expulsion des princes, pour cause d'absence pour congé. — Il est mort le 27 juillet 1886.

BERNADOU, Victor Félix, prélat français, cardinal, né le 25 juin 1816 à Castres. Il était curé-archiprêtre de la cathédrale d'Alger lorsqu'il fut nommé évêque du Gap, le 14 janvier 1862 (préconisé le 7 avril par le pape Pie IX). Promu archevêque de Sens et Auxerre par décret du 16 mai 1867 et préconisé le 1er juillet suivant, il a été créé cardinal par le pape Léon XIII, dans le consistoire tenu au Vatican le 7 juin 1886.

BERNARD, Jean Gustave, homme politique français, né à Baume-les-Dames le 11 novembre 1836. M. Bernard, qui est avocat, était maire de Baume et conseiller général du Doubs, lorsqu'il se présenta dans son arrondissement, comme candidat républicain, aux élections du 14 octobre 1877 ; il échoua contre le candidat réactionnaire, M. Estignard, dont l'élection fut invalidée par la Chambre. Aux élections nécessitées par cette annulation et qui eurent lieu le 3 mars 1878, M. J. Bernard triompha de son adversaire qu'il battit de nouveau aux élections générales du 21 août 1881. Élu député du Doubs sur l'unique liste républicaine, le 4 octobre 1885, il vint reprendre à la Chambre son siège dans les rangs de la gauche radicale. M. Gustave Bernard est protectionniste en matière économique. Il est sous-secrétaire d'État au Ministère de l'intérieur. — Dans la question des princes, il a voté l'expulsion totale.

BERNE-BELLECOUR, Étienne Prosper, peintre français, élève de Picot et de M. F. Barrias, est né à Boulogne-sur-Mer le 29 juin 1838. Il débuta au Salon de 1861 et se borna, pendant plusieurs années, à peu près au paysage. On cite principalement de cet artiste : un *Sonnet, Désarçonné (1869)* ; un *Coup de canon*, toile qui a fait sa réputation (1872) ; le *Jour des fermages (1873)* ; le *Prétendu*, un *Matin d'été (1874)* ; les *Tirailleurs de la Seine au combat de la Malmaison*, la *Brèche (1875)* ; la *Desserte (1876)* ; *Dans la tranchée (1877)* ; *Débarquement (1885)* ; un certain nombre de portraits, etc. — M. Berne-Bellecour a obtenu une médaille en 1869, une 1re médaille en 1882, une 3e médaille et la croix de la Légion d'honneur en 1878. — Il n'avait rien à l'Exposition universelle, ses toiles envoyées d'abord offrant des sujets de nature à froisser les susceptibilités allemandes ; mais il lui fut tenu compte du sacrifice.

BERNIER, Camille, peintre français, né à Colmar en 1823, élève de L. Fleury. Paysagiste de talent, il a débuté au Salon de 1848. Nous citerons parmi ses toiles les plus remarquées : *Abord de ferme en Bretagne*, *Landes près de Bannalec (1867)* ; l'*Étang de Quimerc'h (1868)* ; *Lande de Kergalaudrie*, une *Fontaine en Bre-*

tagne(1869); D'anndour en Bannalec(1873); une Lande et un Étang en Bretagne (1874); Été, Automne (1875); une Ferme en Bannalec(1876); le Vieux chemin (1883); Brume et soleil (1884); le Petit bois, la Lande (1885); le Vallon, Bretagne (1884), etc. — M. Camille Bernier a obtenu des médailles en 1868 et 1869, une médaille de 2ᵉ classe en 1875 et la croix de la Légion d'honneur en 1872.

BERNIER, MESMIN FLORENT, homme politique français, né à Vineuil-sur-Loison (Loir-et-Cher) le 28 janvier 1809, fit ses études à Orléans, son droit à Paris et, reçu licencié, s'établit notaire à Orléans en 1837. Retiré en 1868, il devint président de la Chambre des notaires, administrateur de Comice agricole de l'arrondissement. Il était conseiller général du Loiret depuis 1871, lorsqu'il fut élu député dans la 2ᵉ circonscription d'Orléans, comme républicain libéral, le 20 février 1876. Il siégea à gauche et fut réélu le 14 octobre 1877 et le 21 août 1881. M. Bernier fut enfin élu, sur la liste républicaine, député du Loiret au scrutin du 18 octobre 1885. — Il a voté l'expulsion totale des princes.

BERNHARDT, SARAH (Rosine Bernard, dite), actrice française, née à Paris le 22 octobre 1844. Elevée au couvent, elle entra au Conservatoire à quatorze ans, dans les classes de Provost et de Samson. Après avoir obtenu un second prix de tragédie en 1861, un autre de comédie en 1862, elle débuta à la Comédie française dans le rôle d'Iphigénie. Elle resta peu à ce théâtre, fit une courte apparition au Gymnase et joua à la Porte Saint-Martin en 1866, dans une féerie. La même année, elle obtenait un engagement à l'Odéon, lequel allait assurer son avenir. Elle remplit notamment, à ce théâtre, les rôles de Cordelia du Roi Lear, Anna Damby de Kean, Zanetto du Passant, Jeanne du Bâtard, la reine d'Espagne de Ruy-Blas, avec un succès croissant et mérité, qui lui valut un engagement à la Comédie française. Après un début assez peu rassurant, elle réussit mieux dans le rôle d'Aricie de Phèdre, en attendant qu'elle interprétât le principal rôle non pas de manière à faire oublier Rachel à ceux qui l'y ont vue, mais avec un talent personnel incontestable. Quelques autres rôles de l'ancien répertoire, le Sphinx, Rome vaincue, la Fille de Roland, et surtout ceux de Chérubin du Mariage de Figaro et de Miss Clarkson de l'Étrangère, augmentèrent sa réputation, à laquelle le rôle de Dona Sol d'Hernani vint mettre le sceau. La critique ne tarit point d'éloges à l'adresse de la célèbre comédienne, et pour la chronique et la nouvelle à la main ce n'était plus Sarah Bernhardt, c'était Dona Sol. En 1879, Mˡˡᵉ Sarah Bernhardt alla donner, avec ses camarades de la Comédie française, des représentations au théâtre de la Gaîté de Londres; l'année suivante elle y retournait, mais seule : M. Coquelin, qui devait l'y accompagner, ayant été retenu à Paris par ses devoirs à la Comédie française. Mˡˡᵉ Bernhardt, dont les devoirs étaient identiques, trouva mauvais qu'on les lui rappelât et rompit avec éclat. L'administration de la Comédie française dut en conséquence poursuivre la sociétaire rebelle devant les tribunaux et obtint contre elle une condamnation à 100,000 francs de dommages-intérêts, une bonne occasion pour la chronique de rappeler l'aventure identique de Mᵐᵉ Arnould-Plessy (voyez ce nom). Mˡˡᵉ Sarah Bernhardt, qui s'y attendait bien, n'en fit paraître aucune émotion. En juin 1881, elle donnait au Gaiety Théâtre une série de représentations de la Dame aux Camélias, avec le plus brillant succès. Elle faisait ensuite une tournée aux Etats-Unis, semée de pluies d'or et d'ovations en quantité d'une part, et d'autre de quelques tribulations provoquées par les fantaisies de son caractère intraitable. De retour en Angleterre au commencement de 1882, Mˡˡᵉ Bernhardt épousait à Londres, à l'église Saint-André, un gentilhomme grec, M. Damala, qui avait adopté la carrière dramatique pour l'amour d'elle (avril). Les deux époux partaient pour Paris, la saison de Londres close, et en décembre suivant, Mᵐᵉ Sarah Bernhardt-Damala, comme les chroniqueurs affectaient de l'appeler désormais, « rentrait » au Vaudeville, dans le principal rôle de Fedora, de M. Victorien Sardou, reprise à la réouverture de 1883, tant avait été grand le succès tant de la pièce que de l'artiste. Cependant celle-ci, ayant l'ambition d'être chez elle, se rendait acquéreur des deux théâtres de l'Ambigu et de la Porte Saint-Martin. Elle jouait à ce dernier, notamment : Frou-frou (septembre), Djamma du Nana Sahib de M. Richepin (décembre); lady Macbeth du drame shakspearien du même M. Richepin, Théodora de M. Sardou (1884); Marguerite Gauthier de la Dame aux Camélias, Marion Delorme (1885); et jusqu'à l'Ophélie d'Hamlet (1886). Au mois d'avril de cette dernière année, elle reprenait Fedora pour une courte série de représentations, après laquelle elle partait avec une troupe choisie pour l'Amérique du Sud. Le 27 mai suivant, la célèbre actrice debarquait à Rio de Janeiro où l'attendait une réception officielle enthousiaste, avec avec délégations française et brésilienne rivalisant de galanterie et de protestations d'administration et de dévouement. Elle était reine une fois de plus. Cela a-t-il duré ?... Une quinzaine plus tard, une lettre de Rio informait la presse que Mᵐᵉ Bernhardt avait opéré dans les coulisses, avec une camarade, un libre échange de gifles et de coups de cravache !

Mᵐᵉ Sarah Bernhardt est en outre statuaire, et statuaire de talent. Élève de Mathieu Meusnier, elle a exposé à plusieurs Salons, notamment : Portrait de Mˡˡᵉ R. G. (1874) et Portrait de Mˡˡᵉ R. Bernhardt (1875), buste en marbre; Portrait de M. D., buste en bronze et Après la tempête, groupe en plâtre qui, reparu en marbre à l'Exposition de 1878, lui a valu une mention; Mars enfant, buste en marbre; Henriette, buste en plâtre (1885); Portrait de Mˡˡᵉ de ***, buste en marbre (1886).

BERNIS (marquis de), HERVÉ MARIE DE PIERRE, homme politique français, né à Montpellier le 3 février 1839 Engagé volontaire en 1859, dans un régiment de ligne, M. de Bernis fit la campagne de Chine, devint sous-lieutenant, et donna sa démission (1868). Il servit, pendant la dernière guerre, comme capitaine des mobiles des Bouches-du-Rhône, qui furent envoyés en Algérie pour remplacer les vieilles troupes employées contre les Allemands, passa avec son grade dans l'armée territoriale, et donna sa démission lors de la révocation des colonels hostiles à la République. Maire de Saint-Marcel d'Ardèche, commune dans laquelle se trouvent ses propriétés, jusqu'aux élections municipales de 1885, M. le marquis de Bernis avait été, en 1883, l'un des organisateurs de la « Ligue populaire d'action royaliste » de Marseille. Il fut élu, avec toute la liste réactionnaire, député de l'Ardèche le 4 octobre 1885; mais cette élection ayant été annulée par la Chambre, la liste républicaine triompha à l'élection qui suivit, le 14 février 1886.

BERSEZIO, VITTORIO, littérateur et auteur dramatique italien, ne en 1830, à Coni (Piémont). Dès l'âge de onze ans, il écrivait, assure-t-on, des livrets d'opéra pour des petits théâtres lyriques, et à quinze ans, il se rendait à Turin pour y suivre les cours de la faculté de droit. Activement mêlé bientôt au mouvement libéral, il écrivit d'abord dans les Lettere di famiglia, puis entra au Messaggiere torinese, et fit la campagne de Lombardie avec toute la jeunesse des écoles. Il devint ensuite collaborateur du Cimento, de la Revista contemporanea, du Fischietto (le Sifflet), de l'Espero, puis entra à la Gazetta piemontese, dont il devint rédacteur littéraire. — On a de M. Bersezio : Novelle; la Famiglia; l'Amor di Patria; Palmira; l'Odio, etc.; suite de romans dans lesquels, s'inspirant de l'auteur de la Comédie humaine, M. Bersezio fait reparaître les mêmes personnages jusqu'à ce que mort s'ensuive. — Au théâtre, il a fait représenter: Mica d'Andormo, drame; Romulus, tragédie; le Pasque veronese, drame, etc. — Une traduction de ses premières nouvelles a été publiée à Paris, en 1859, sous ce titre : Nouvelles piémontaises, dans la Bibliothèque des meilleurs romans étrangers.

BERT, PAUL, physiologiste et homme politique français, né à Auxerre le 19 octobre 1833, commença ses études au collège de sa ville natale, puis vint à Paris où il suivit simultanément les cours de la faculté de droit et ceux de la faculté de médecine, et fut reçu licencié en droit, docteur en médecine en 1864 et docteur ès sciences naturelles en 1866. Nommé préparateur du cours de Claude Bernard au Collège de France, il devint ensuite professeur à la faculté des sciences de Bordeaux, puis suppléant de Flourens au Muséum, et fut appelé en 1868 à la chaire de physiologie de la Faculté des sciences, en remplacement de Claude Bernard. M. P. Bert s'est signalé à l'attention du monde savant par des recherches physiologiques animales et végétales des plus intéressantes, et surtout par des expériences hardies tendant à déterminer les conditions de la vie humaine à diverses altitudes. Grâce à ces expériences, M. Bert, membre de la Société aéronautique de France, put fournir à ses collègues les moyens d'atteindre à de grandes hauteurs; malheureusement les expériences aérostatiques qui s'ensuivirent, pour avoir réussi plusieurs fois déjà, eurent toutefois un résultat fatal: la catastrophe du Zénith et la mort de deux courageux aéronautes qui le montaient, Sivel et Croce-Spinelli (15 avril 1875).

Après le 4 septembre 1870, M. Paul Bert fut nommé secrétaire général de la préfecture de l'Yonne, et le 15 janvier suivant, préfet du Nord. Le 9 juin 1872, il était élu représentant de l'Yonne à l'Assemblée nationale en remplacement de feu M. Javal, père, et vint y siéger à l'extrême gauche. Il y prit plusieurs fois la parole sur des questions d'enseignement, principalement de l'enseignement médical. Il a été réélu député de l'Yonne pour la deuxième circonscription de l'arrondissement d'Auxerre, le 20 février 1876, le 14 octobre 1877 et le 21 août 1881. Le 14 novembre de cette dernière année, M. Paul Bert acceptait le portefeuille de l'instruction publique dans le cabinet Gambetta, avec l'adjonction des cultes à ce ministère. Il quittait le pouvoir le 26 janvier 1882. Dans toutes les discussions intéressant les progrès de l'instruction populaire et la réorganisation de l'enseignement sur le triple principe laïque, gratuit et obligatoire, M. Paul Bert prit une part considérable et brillante, avant comme après son passage au pouvoir. Aux élections générales d'octobre 1885, il fut élu à la fois dans la Seine et dans l'Yonne, et opta pour ce dernier département. Nommé résident général de France en Annam et au Tonkin le 15 janvier 1886, M. P. Bert quittait Paris pour rejoindre son poste le 12 février suivant. — Longtemps rédacteur scientifique de la *République française*, M. Paul Bert a collaboré aussi au *Voltaire* et à divers recueils et publications spéciales, notamment au *Nouveau Dictionnaire de Médecine et de chirurgie pratiques*. Il a publié à part : *Sur la greffe animale*, sa thèse de doctorat en médecine, qui remporta le prix de physiologie de l'Académie des Sciences en 1866 ; *Sur la vitalité des tissus animaux*, thèse de doctorat ès sciences ; *Sur les mouvements de la sensitive* ; *Sur la physiologie de la seiche officinale* ; *Sur les causes et les phénomènes de la mort des animaux d'eau douce dans l'eau de mer* ; *Sur l'influence des divers rayons colorés sur la végétation* ; *Sur la question de savoir si tous les animaux voient les mêmes rayons du spectre solaire que nous* ; *Sur l'action physiologique des venins de scorpion et d'abeille*, mémoires ; *Catalogue des animaux vertébrés qui vivent à l'état sauvage dans le département de l'Yonne, avec la clef des espèces et leur diagnose (1864*, in-8°, planches) ; *Eloge de Gratiolet (1865)* ; *Leçons sur la physiologie comparée de la respiration (1870*, in-8°, fig.) ; la *Pression barométrique, recherches de physiologie expérimentale (1877*, gr. in-8° de 1200 pages). Ce dernier ouvrage contient l'exposé détaillé des longues et patientes recherches qui ont valu à M. Paul Bert, en 1875, le grand prix biennal décerné par l'Institut entier, sur la présentation à tour de rôle des cinq académies, « à la découverte ou au travail les plus propres à honorer ou à servir le pays, pendant les dix dernières années. » Citons encore : le *Choléra (1884)* ; *A l'ordre du jour (1885)*, etc. — M. Paul Bert a été élu membre de l'Académie des sciences, en remplacement de Decaisne, en 1882.

BERTHELEMY, Pierre Emile, peintre de marine français, né à Rouen le 3 avril 1818 ; fit ses études dans sa ville natale, et y aborda les cours de l'Ecole municipale de dessin et de peinture en 1838 seulement, à cause de la résistance longtemps invincible que sa famille opposait à sa vocation artistique. En 1841, il obtint au concours une pension de la ville pour aller poursuivre ses études à Paris, où il travailla quelque temps dans l'atelier de Léon Cogniet. Il se livra seul ensuite à l'étude de genre marine, et débuta au Salon de 1849 par une *Evasion de Jean Bart*. Nous citerons, entre, parmi les principales toiles de M. Berthelemy : *Après la tempête (1859)* ; *Un incendie en mer (1861)* ; le « *Vauban* », *vaisseau transport de l'Etat, désemparé de son grand mât (1864)* ; le « *Maréchal de Villars*, » *en relâche forcée à Fécamp (1865)* ; le *Naufrage du* « *Borysthène* » *(1866)*, reparu à l'Exposition universelle de 1867 ; *Vue de Barfleur (1868)* ; *Naufrage de l'« Europe, » échouée sur un banc de corail (1869)* ; la *Prise de Canton (1869)*, commandé par le ministère de la marine ; la *Plage d'Asnelles à marée haute, effet de matin (1873)* ; les *Préparatifs du départ pour la pêche (1874)* ; *Grosse mer roulant des épaves (1876)* ; *Barque de pêche accostant la plage à marée haute*, *Mer houleuse (1883)* ; la *Pêche aux harengs*, une *Epave (1884)* ; un *Coup de vent debout en pleine mer* ; *Marée haute à Arromanches, à l'approche d'un grain (1885)* ; *Sauvetage d'un homme tombé à la mer*, un *Coup de vent sur la plage d'Asnelles (1886)*. — On lui doit aussi quelques eaux-fortes — M. Berthelemy a remporté plusieurs médailles et diplômes d'honneur dans des expositions départementales et étrangères et une mention au Salon de Paris.

BERTHELOT, Pierre Eugène Marcellin, chimiste français, né à Paris, le 25 octobre 1827 ; remporta le prix d'honneur de philosophie au concours de 1846 et se voua dès lors à l'étude des sciences. Nommé préparateur du cours de chimie au Collège de France en 1851, il se faisait recevoir docteur ès sciences en 1854 et était nommé, en 1859, professeur de chimie organique à l'Ecole de pharmacie. L'Académie des sciences décernait, en 1861, un prix de 2,500 francs à M. Berthelot « pour ses recherches de chimie relatives à la reproduction par voie synthétique d'un certain nombre d'espèces chimiques existantes dans les corps vivants » ; et, en 1863, l'Académie de médecine l'admettait dans son sein. Il fut appelé, en 1865, à la chaire de chimie organique créée nouvellement au Collège de France. Président du comité scientifique de défense pendant le siège de Paris, il dirigea la fabrication de la poudre et de la dynamite et celle des canons. Il a été élu membre de l'Académie des sciences en 1873, en remplacement de Duhamel. — On a de M. Berthelot de nombreux mémoires insérés dans les « Annales de physique et de chimie, » notamment sur les *Combinaisons de la glycérine avec les acides* ; sur une *Méthode universelle d'hydrogénation* ; sur la *Thermochimie*, la *Statique chimique* ; la *Synthèse des alcools, des carbures d'hydrogène, des corps gras neutres*, etc. ; divers articles importants sur des sujets semblables dans la *Revue des Deux-Mondes* ; et enfin son œuvre capitale : *Chimie organique fondée sur la synthèse (1860*, 2 vol.), développée de nouveau dans ses *Leçons sur les méthodes générales de synthèse (1864)*. Il a publié depuis : *Leçons sur l'isomérie (1865)* ; *Traité élémentaire de chimie organique (1872)* ; *Vérification de l'aréomètre de Baumé (1873)* ; la *Synthèse chimique (1875)* ; les *Origines de l'alchimie (1885)* ; *Science et Philosophie (1886)*, etc.

M. Berthelot a été nommé inspecteur général de l'instruction publique (enseignement supérieur), en remplacement de Balard, en avril 1876, et président du Comité consultatif des laboratoires municipaux et départementaux, en remplacement de Wurtz, en juin 1884. Il est enfin vice-président du Conseil supérieur de l'instruction publique, président de la section des sciences physico-chimiques et directeur à l'Ecole pratique des hautes études. — Aux élections de la Seine pour l'Assemblée nationale, en 1871, 31,000 voix s'étaient portées spontanément sur le nom du savant illustre, qui n'a jamais recherché les fonctions politiques. Le 16 juillet 1881, il était élu sénateur inamovible. — M. Berthelot, commandeur de la Légion d'honneur depuis 1879, a été promu grand officier le 1er mai 1886.

BERTHET, Elie Bertrand, romancier français, né à Limoges, le 9 juin 1815, fit ses études au collège de sa ville natale et vint à Paris en 1834, pour suivre, d'après le vœu de sa famille, les cours de la faculté de droit, mais bien déterminé à n'en rien faire. Il avait d'ailleurs en poche la matière d'un volume, qu'il publia presque à son arrivée : la *Veilleuse*, recueil de nouvelles qui parut sous le pseudonyme d'Elie Raymond. » En 1837, il devenait collaborateur du journal le *Siècle*, pour la partie littéraire. Il a donné depuis lors un grand nombrede feuilletons au *Siècle*, au *Commerce*, à la *Patrie*, à l'*Union*, au *Constitutionnel*, au *Moniteur universel*, au *Petit Moniteur*, au *Journal pour tous* ; il a également collaboré à la *Revue du XIXe siècle*, à la *Revue de France*, à la *Gazette des enfants*, à *Paris élégant*, etc., etc. Nous citerons parmi les ouvrages de M. Berthet, qui forment aujourd'hui plus de cent volumes : la *Croix de l'affût* ; la *Mine d'or* ; le *Château de Montbrun* ; le *Braconnier* ; les *Mystères de la famille* ; le *Nid de cigognes* ; la *Roche tremblante* ; les *Catacombes de Paris* ; le *Spectre de Châtillon* ; la *Bête du Gévaudan* ; *Odilia* ; la *Falaise Sainte-Honorine* ; les *Chauffeurs* ; l'*Homme des bois* ; les *Houilleurs de Polignies* ; le *Douanier de mer* ; une *Maison de Paris* ; le *Gentilhomme verrier* ; l'*Oiseau du Désert* ; *Antonia* ; le *Roi des ménétriers* ; le *Capitaine Blangis* ; le *Fou de Saint-Didier* ; l'*Enfant des bois* ; l'*Etang de Précigny* ; le *Garde-chasse* ; l'*Belle Drapière* ; le *Réfractaire* ; l'*Auberge de la baronne* ; le *Bon Vieux Temps* ; la *Directrice des postes* ; les *Crimes inconnus* ; la *Fille du cabanier* ; la *Peine de mort* ; le *Juré* ; les *Drames de Cayenne (1868)* ; le *Séquestré (1859)* ; le *Gouffre (1872)* ; l'*Année du grand hiver (1873)* ; les *Drames du Cloître (1874)* ; *Maître Bernard (1875)* ; le *Crime de Pierrefitte* ; le *Roman préhistorique* ; le *Monde inconnu (1876)* ; les *Cagnards de l'Hôtel-Dieu de Paris (1877)* ; le *Brocanteur (1882)* ; *Paris avant l'histoire (1884)*, etc.

M. E. Berthet a donné en outre au théâtre : le *Pacte de femme* et les *Garçons de recettes*, drames, le premier avec Paul Foucher, le second avec M. Dennery. — Il est membre de la Légion d'honneur depuis 1863.

BERTHOUD, Samuel Henri, plus connu maintenant sous le pseudonyme d'*Oncle Sam*, écrivain français, né à Cambrai en 1804, fit ses études au collège de Douai, puis revint à sa ville natale, où il rédigea le journal édité par son père, libraire et imprimeur à Cambrai. Il fonda ensuite la *Gazette de Cambrai*, où parurent ses premiers feuilletons, assez remarquables pour lui donner bientôt accès dans les principaux recueils littéraires parisiens; créant en même temps des cours gratuits d'hygiène, de physiologie, de littérature, etc. ; il y prit pour sa part la littérature. C'est dans ces cours qu'il commença ses *Chroniques et traditions surnaturelles de la Flandre (1834,* 3 vol.). Venu à Paris en 1832, il devint peu après directeur du *Musée des familles,* puis (1835) du *Mercure,* embryon, comme on sait, de la *Presse,* où il passa au moment de la transformation, et à laquelle il resta attaché jusqu'en 1848. Pendant toute cette période, M. Berthoud n'avait cessé de produire une quantité de romans-feuilletons qui avaient fini par rendre son nom populaire. Nous citerons : *Contes misanthropiques (1831)* ; la *Sœur de lait du Vicaire (1832)* ; le *Cheveu du diable (1833)* ; *Mater Dolorosa (1834)* ; l'*Honnête homme (1837)* ; *Pierre Paul Rubens (1840)* ; la *Bague antique (1842)* ; *Berthe Frémicourt (1843)* ; l'*Enfant sans mère (1843)* ; le *Fils du rabbin (1844)* ; *Daniel (1845)* ; la *Palette d'or (1845)* ; la *Mare du diable (1847)* ; *El Hioudi (1848)* et le *Zéphir del Arouch (1850),* études de mœurs algériennes ; le *Dragon rouge (1851),* etc. Il fit aussi jouer un vaudeville aux Variétés : une *Bonne qu'on renvoie (1841).* Depuis une vingtaine d'années, M. S. H. Berthoud, abandonnant le roman, a surtout écrit des ouvrages importants de vulgarisation scientifique et des chroniques de la science au jour le jour, notamment à la *Patrie,* et généralement signées du pseudonyme de *Sam* ou d'*Oncle Sam*. Appartiennent à cette période: *Fantaisies scientifiques de Sam (1861)* ; les *Petites Chroniques de la science (1868),* suite des précédentes ; puis viennent : Le *Monde des insectes (1864,* in-8°, fig.); l'*Homme depuis cinq mille ans (1865,* id.) ; l'*Esprit des oiseaux (1866,* id.) ; les *Hôtes du logis (1867,* id.) ; la *Cassette des sept amis (1868)* ; les *Soirées du docteur Sam (1872),* etc. M. Berthoud a écrit pour la jeunesse : la *France historique, industrielle et pittoresque (1837)* ; *Histoires pour les petits et pour les grands enfants (1855),* etc. — Il est officier de la Légion d'honneur depuis 1867.

BERTINOT, GUSTAVE NICOLAS, graveur français, né à Louviers le 23 juin 1822, élève de Drœlling et de Martinet. Il obtint le prix de Rome en 1850, et exposa aux salons annuels les ouvrages suivants : *Portrait du pape Clément XI (1857)* ; l'*Amour fraternel,* d'après M. Bouguereau (1859) ; *Jeune mère italienne,* d'après M. Jalabert (1868) ; le *Bouquet,* d'après M. Toulmouche (1863) ; *Portrait de Van Dick par lui-même (1865)* ; la *Vierge au donataire,* du même (1866) ; *Côté droit de la chapelle des catéchismes à Saint Eustache,* d'après M. Signol (Exposition universelle, 1867) ; *Portrait de Jules Favre,* d'après M. Ch. Lefebvre (1867) ; l'*Education de Marguerite,* d'après M. H. Merle (1869) ; le *Christ succombant sous la croix,* d'après Lesueur (1870) ; une *Jeune mère,* d'après M. Bouguereau (1872) ; *Mgr Darboy,* d'après M. F. Lehmann (1874) ; la *Belle Jardinière,* d'après Raphael (1875) ; *Portrait de M. Jacques Maniel,* d'après un dessin de M. Rousseaux (1876) ; les *Disciples d'Emmaüs,* d'après le Titien (1883), etc. M. Bertinot a obtenu une 3e médaille en 1861 et son rappel en 1863, une médaille en 1865 et une 1re médaille en 1867 et 1878. Nommé chevalier de la Légion d'honneur en 1867, il a été élu membre de l'Académie des Beaux-Arts en 1878.

BERTRAND, ALEXANDRE LOUIS JOSEPH, archéologue français, né à Paris le 28 juin 1820. Elève de l'Ecole normale supérieure et de l'Ecole française d'Athènes, il se fit recevoir docteur ès lettres en 1859. Il s'occupa beaucoup, en 1852, de la création du Musée des antiquités nationales de Saint-Germain, dont il est devenu conservateur. Membre du Comité des travaux historiques, de la Société nationale des antiquaires de France, etc., M. Alexandre Bertrand a été élu membre de l'Académie des inscriptions et belles-lettres.— On a de lui : *Essai sur les dieux protecteurs des héros grecs et troyens dans l'Iliade,* et *De fabulis Arcadiæ antiquissimis,* ses thèses de doctorat (1859) ; *Etudes de mythologie et d'archéologie grecques (1858)* ; les *Voies romaines en Gaule (1863)* ; *Archéologie celtique et gauloise (1875),* etc. M. Alexandre Bertrand a été promu officier de la Légion d'honneur le 11 juillet 1885.

BERTRAND, JOSEPH LOUIS FRANÇOIS, mathématicien français, secrétaire perpétuel de l'Académie des sciences, membre de l'Académie française, frère du précédent, est né à Paris le 11 mars 1822. Il fit ses études au collège Saint-Louis, d'où, ayant montré une aptitude toute particulière pour les mathématiques, il fut admis à l'Ecole polytechnique, à titre d'essai, à l'âge de onze ans; il y entra d'une manière régulière, et le premier, en 1839. Ingénieur des mines en 1842, il devint professeur de mathématiques au lycée Saint-Louis, examinateur d'admission et répétiteur d'analyse à l'Ecole polytechnique, maître des conférences à l'Ecole normale, professeur suppléant de physique générale et mathématique au Collège de France et enfin titulaire de cette chaire. Elu membre de l'Académie des sciences, en remplacement de Sturm, en 1856, il en est devenu secrétaire perpétuel pour les sciences mathématiques, en remplacement d'Elie de Beaumont, en 1874. Il a été élu membre de l'Académie française, en remplacement de J. B. Dumas, le 4 décembre 1884. M. Joseph Bertrand est membre du Conseil supérieur de l'instruction publique ; il a remplacé J. B. Dumas comme président du bureau national des poids et mesure, en 1884. Enfin il a été promu commandeur de la Légion d'honneur le 31 décembre 1881.
— On doit à ce savant : *Traité d'arithmétique (1849)* ; *Traité d'Algèbre (1850)* ; *Traité de calcul différentiel et de calcul intégral (1864-70,* 2 vol.) ; les *Fondateurs de l'astronomie moderne (1865)* ; l'*Académie des sciences et les académiciens de 1666 à 1793 (1858)* ; la *Théorie de la Lune d'Aboul Wefa (1873)* ; outre de nombreux mémoires insérés dans le *Journal de mathématiques* de Liouville, le *Journal de l'Ecole polytechnique* et les *Mémoires de l'Académie des sciences,* sur des sujets variés de mathématique et de physique générale.

BERTRAND, JAMES, peintre français, élève de Perrin, est né à Lyon en 1825. On cite de cet artiste : une *Idylle (1857)* ; la *Conversion de sainte Thaïs (1864)* ; les *Frères de la mort recueillant un homme assassiné, dans la Campagne de Rome (1868)* ; la *Mort de Virgile (1869)* ; *Cendrillon, Idylle (1873)* ; *Romeo et Juliette, Jeune fille, Anuccia (1874)* ; *Madeleine* ; *O crux, spes unica !* *Connais-toi toi-même, Lesbie (1875)* ; la *Marguerite de Faust, l'Aurore (1875)* ; le *Dernier jour de Charlotte Corday,* les *Sirènes (1883)* ; le *Calvaire, Ophélie (1884)* ; la *Jeunesse et Frileuse,* tête d'étude (1885) ; *Cendrillon,* les *Deux sœurs (1886),* etc. — M. James Bertrand a obtenu une médaille de 3e classe en 1861 et son rappel en 1863, une médaille en 1869 et une 3e médaille en 1878. Il a été décoré de la Légion d'honneur en 1876.

BESSEMER, sir HENRY, ingénieur anglais, né à Charlton, comté d'Hertford, le 19 janvier 1813. Son esprit inventif s'exerça de bonne heure sur une foule d'objets ayant plus ou moins de rapport avec la mécanique ; mais son nom doit surtout sa notoriété aux perfectionnements qu'il a apportés à la fabrication de l'acier, qui en fut la conséquence. La première récompense honorifique conférée à M. Bessemer pour ses travaux si importants, date de 1856 seulement. L'institution des ingénieurs civils lui décerna cette année-là la médaille d'or de Telford, pour un mémoire, lu par lui, sur ses procédés de fabrication de l'acier. Ce fut toutefois la Suède qui apprécia la première, comme il méritait de l'être, un procédé qui intéressait si intimement la principale industrie de ce royaume ; et ce fut là qu'il fut d'abord appliqué en grand. Le prince héritier, qui est président de la Commission de l'industrie du fer en Suède, assista aux premières expériences, dont il fut si satisfait qu'il nomma M. Bessemer membre honoraire de cette commission. La ville libre de Hambourg l'adopta ensuite, conférant comme marque de reconnaissance la bourgeoisie à M. Bessemer. L'invention se propagea ensuite par toute l'Allemagne, en commençant par la Styrie, et l'inventeur reçut du roi de Würtemberg, avec une lettre de remerciements, une médaille d'or. En même temps on l'appliquait aux travaux du chemin de fer du nord de l'Autriche, et l'empereur envoyait à M. Bessemer les insignes de commandeur de l'ordre de François-Joseph, soit la croix avec diamants et le ruban rouge, accompagnés d'une lettre de félicitations. Ce fut alors au tour de la France de faire une application du procédé Bessemer. Ce procédé fut déclaré merveilleux et, dans le rapport de la Commission scientifique chargée de rendre compte du résultat des expériences, qui fut soumis à l'empereur en 1864, cette commission n'hésitait pas à demander pour M. Bessemer une haute distinction ; la grand'croix de la Légion d'honneur, que l'empereur consentit en effet, mais à la condition que M. Bessemer serait officiellement autorisé à porter les insignes de cette décoration (les Anglais ne pouvant porter que les insignes nationaux qui leur sont conférés) ; cette autorisation n'ayant pu être obtenue, M. Bessemer ne fut point décoré ; mais il reçut une médaille d'or pesant 340 grammes, en récompense de ses inventions. — En 1871,

M. Bessemer fut élu président de l'Institut des industries du fer et de l'acier de la Grande-Bretagne. La forme la plus curieuse, et disons la plus imposante, qu'ait prise la reconnaissance des nations industrielles pour se manifester à l'inventeur anglais, est à coup sûr celle qu'ont adoptée les Américains, et qui ne pouvait être adoptée que par eux : Au centre d'un des plus riches districts miniers des Etats-Unis, près de Cincinnati, ils ont entrepris d'élever une ville nouvelle qui, par sa position géographique et les avantages qui doivent en résulter pour elle, est destinée à devenir, peut-être, une des plus importantes des Etats-Unis, un de leurs centres industriels les plus riches ; et à cette ville ils donnent le nom de *Bessemer*.

M. Bessemer a reçu, en 1872, de la Société des Arts, la grande médaille d'or du prince Albert, « pour éminents services rendus aux arts, aux manufactures, au commerce, par le développement de la fabrication de l'acier. » En 1875, on fit l'expérience du « salon Bessemer » (une de ses dernières inventions), qui, suspendu dans un navire aux oscillations duquel il n'obéit pas, nous paraît, en effet, le remède préventif le plus sûr, sinon le moins coûteux, qui se puisse employer contre le mal de mer. Il a été élu membre de la Société des ingénieurs civils en 1877, et reçut la même année le premier prix quinquennal Howard destiné à l'inventeur d'un procédé nouveau et pratique pour le développement de l'emploi du fer. Elu membre de la Société royale le 12 juin 1879 M. Bessemer était créé chevalier le 26 du même mois. Nombre de villes d'Angleterre lui ont décerné le droit de franchise ou de bourgeoisie, en reconnaissance des services rendus par sa mémorable invention.

BETHMONT, Paul Louis Gabriel, homme politique français, fils d'Eugène Bethmont, ancien ministre de la République de 1848, mort en 1860. M. Paul Bethmont est né à Paris le 15 octobre 1833. Il était avocat à la cour de Paris lorsqu'il fut élu, en 1865, député au Corps législatif pour la deuxième circonscription de la Charente-Inférieure, et, deux mois plus tard, conseiller général du même département. Au Corps législatif, il siégea sur les bancs de la gauche et fut réélu en 1869. Au cours de ces deux législatures, M. Bethmont s'est fait une place importante dans le Parlement, dont il fut un membre actif et laborieux; outre les questions de politique générale, il y a traité les questions si complexes relatives à la marine et a fait partie de la commission d'enquête sur la marine marchande, qui fonctionna jusqu'à la déclaration de guerre (1870). Resté à Paris pendant le siège, M. P. Bethmont s'engagea dans un bataillon de marche. Aux élections du 8 février 1871, il fut élu représentant de la Charente-Inférieure à l'Assemblée nationale, le deuxième sur dix, le premier étant M. Dufaure. Il y prit place au centre gauche, se faisant inscrire en même temps à la gauche républicaine, et fut plusieurs fois élu secrétaire de l'Assemblée. Il a été réélu par la circonscription de Rochefort le 20 février 1876, ainsi que le 14 octobre 1877. Nommé premier président de la Cour des comptes le 20 octobre 1880, M. Bethmont donna sa démission de député, comme le veut la loi, pour se soumettre à une nouvelle élection, qui lui fut favorable dans la mesure habituelle. Réélu de nouveau le 21 août 1881, il résignait son mandat le 6 mars suivant, pour se vouer uniquement à ses fonctions de premier président de la Cour des comptes. — Il a été décoré de la Légion d'honneur le 8 juillet 1886.

BEUDANT, Léon Charles Anatole, jurisconsulte français, doyen de la faculté de droit de Paris, est né à Fontenay-le-Fleury (S.-et-O.) le 9 janvier 1829. Fils du savant naturaliste Beudant, il se décida pour le droit, qu'il vint étudier à Paris, et se fit recevoir docteur en 1852. Reçu agrégé en 1857, il fut envoyé à la faculté de Toulouse, puis appelé à celle de Paris pour suppléer Duranton à son cours de Code civil, en 1862. M. L. Beudant est devenu titulaire de cette chaire, et enfin doyen de la faculté. Chevalier de la Légion d'honneur depuis 1875, il a été promu officier le 11 juillet 1885. — On cite de M. Beudant, qui a collaboré depuis 1867 au recueil de Dalloz dont il est devenu directeur, ainsi qu'à la *Revue critique de législation* et à la *Revue pratique de droit français* : *De l'indication de la loi pénale dans la discussion devant le jury (1861); De la subrogation à l'hypothèque légale des femmes, et des sous-ordres (1867)*; outre de nombreux articles, tels que : *De la naturalisation, Des expertises médico-légales, De l'influence au civil de la chose jugée au criminel*, etc., etc., publiés dans les recueils cités plus haut.

BEUST (comte de), Frédéric Ferdinand, homme d'Etat et diplomate allemand, né à Dresde, le 13 janvier 1809, fit ses études à Gœttingen et à Leipzig, où il prit ses grades. Il entra alors dans la carrière diplomatique et fut attaché, en 1831, au ministère des affaires étrangères de Saxe; il y passa par divers emplois, fut chargé de plusieurs missions à l'étranger, et enfin nommé, en 1836, secrétaire de légation à Berlin; il occupa le même poste à Paris en 1838, devint chargé d'affaires à Munich en 1841, à Londres en 1846, et ambassadeur à la cour de Berlin en 1848. Appelé, le 24 février 1849, au ministère des affaires étrangères, il prit une grande part aux mesures de réaction qui provoquèrent les émeutes de Dresde du commencement de mai, pour la répression desquelles il ne craignit pas d'appeler à son aide les troupes prussiennes. Après le rétablissement de l'ordre, un changement ministériel devenu nécessaire lui enleva son portefeuille, lui apportant en échange celui de l'agriculture, qu'il conserva jusqu'en 1853. Il prit toutefois une part active aux négociations qui précédèrent le traité avec la Prusse en 1852, et, l'année suivante échangeait le portefeuille de l'agriculture contre celui de l'intérieur. Peu après, la mort du chef du cabinet, Zschinsky, faisait passer officiellement entre ses mains la direction des affaires, qu'il avait d'ailleurs toujours exercée. L'avènement du roi Jean (août 1854) ne changea rien à la position de M. de Beust. Lors du conflit entre l'Allemagne et le Danemark, en 1863, M. de Beust se distingua par son attitude énergique et sa fidélité au principe fédéraliste. Il représenta la Diète germanique à la conférence de Londres en 1864 et, pendant qu'elle se poursuivait, il fit deux voyages à Paris, pour conférer avec l'empereur Napoléon. Cependant les efforts devaient rester vains; la Prusse et l'Autriche marchèrent contre le Schleswig-Holstein, exécutant comme il leur convint les résolutions de la Confédération germanique. Une vive émotion régna dans les Etats allemands secondaires. La Saxe, le Hanovre, la Bavière et le Wurtemberg s'unissent pour s'opposer à l'ambition des deux grandes puissances, enfin démasquée et soutenir les droits du prince d'Augustenbourg sur les duchés. Mais... « la force prime le droit ». Les Prussiens le prouvent en chassant les troupes fédérales de Rendsbourg, et le traité de Gastein sanctionne le partage des duchés entre la Prusse et l'Autriche (15 août 1865). Mais voici que les deux grandes puissances ne sont plus d'accord, et qu'une guerre entre elles, qui menace de s'étendre à toute l'Allemagne, paraît imminente. M. de Beust procède à l'armement de son pays, ne tenant aucun compte des sommations de la Prusse, qui sait ne pouvoir compter sur ses sympathies. Le roi de Saxe répond par de courageuses paroles aux sommations qui lui sont faites, déclarant qu'un seul rôle convient à la Saxe dans les conjonctures actuelles : la neutralité armée. Malheureusement, le désastre de Sadowa (3 juillet 1866) rend inutiles toutes les velléités de résistance. L'Autriche est à la merci de la Prusse et les petits Etats allemands ne seront bientôt plus que de simples provinces prussiennes. — Le 30 octobre 1866, M. de Beust, qui avait été obligé de donner sa démission de premier ministre de Saxe, le 1er août précédent, pour obéir aux exigences de M. de Bismarck, était nommé ministre des affaires étrangères de l'empire austro-hongrois, ministre de la maison de l'empereur le 14 novembre et président du conseil, avec le titre de chancelier de l'empire, en remplacement du comte Belcredi, démissionnaire, le 4 février 1867. L'influence de M. de Beust amena la conciliation complète avec la Hongrie, satisfaite des concessions obtenues, et, le 8 juin, l'empereur était couronné à Pesth roi de Hongrie, aux acclamations d'une foule enthousiaste. M. de Beust inaugura, pendant que la réorganisation intérieure se poursuivait, une politique libérale, principalement au point de vue religieux. Les juifs furent admis à la pratique des droits civils et politiques, comme le reste de la population; le Reichsrath accepta la séparation de l'Eglise et de l'Etat et l'égalité des confessions religieuses devant la loi; le Concordat de 1855 fut répudié, le mariage civil établi, la prison pour dettes abolie et les délits de presse soumis au jury. Il améliora les finances de l'empire et réorganisa l'armée sur des bases formidables en élevant l'effectif total, armée active et landwehr, à un million de soldats, malgré les observations des puissances étrangères et les résistances du Reichsrath lui-même, qu'il réussit à vaincre en fin de compte (mars 1869). M. de Beust accompagnait son souverain à Paris, dans sa visite à l'Exposition universelle de 1867. — Ses succès dans les tentatives de réorganisation intérieure lui valurent d'être élevé au rang de comte (il avait le titre de baron par droit de naissance).

Les événements de 1870 n'influèrent, semble-t-il, que d'une manière peu importante sur l'attitude de M. de Beust qui, toutefois, avait marqué sa ferme persévérance dans la voie libérale en protestant contre le *Syllabus*. De même, lors de la candidature au trône d'Espagne d'un

Hohenzollern, il avait appelé l'attention du gouvernement espagnol sur les complications qui pourraient résulter de la réalisation de ce projet. La guerre déclarée entre la France et la Prusse, il semble que M. de Beust se soit borné à maintenir une stricte neutralité, et de fait, si M. Thiers trouva auprès de la cour de l'empereur François-Joseph les plus vives sympathies pour la France, il n'obtint rien de plus. Cependant, le comte Andrassy (voyez ce nom) a prétendu que lui seul avait obtenu, contrairement aux désirs de M. de Beust, avec les plus grandes peines, que l'Autriche ne saisît pas ce prétexte de venger Sadowa. — Il est bien entendu que, dans ce cas, nous devrions à M. de Beust toute la reconnaissance dont nous ne serons jamais beaucoup endettés envers M. Andrassy. Le fait est, toutefois, que l'Autriche garda l'expectative. Nous devons en outre signaler, de la part de M. de Beust, sa protestation pacifique mais nette, contre l'attitude de la Russie, profitant des embarras de la France pour dénoncer le traité de 1856, et reprendre, sans risque, tout ce que lui avait fait perdre la guerre de Crimée.

La résistance de M. de Beust aux tentatives de rapprochement, faites par M. de Bismarck, entre l'Allemagne et l'Autriche, devait amener à la fin sa démission de chancelier de l'empire austro-hongrois (novembre 1871). Peu après, il était nommé ambassadeur près la cour de Saint-James, en remplacement du comte Apponyi, nommé à Paris. En novembre 1878, il était transféré à l'Ambassade de Paris, où il a été remplacé le 28 mai 1883 par le comte Hoyos. Il vit aujourd'hui à son splendide château d'Altenberg, près du Vienne, dans une retraite absolue. — Le comte de Beust est grand'croix de la Légion d'honneur, et l'empereur d'Allemagne lui a conféré, en septembre 1871, le grand cordon de l'ordre de l'Aigle Noir; il est haut dignitaire également d'un grand nombre d'ordres étrangers.

Son frère aîné, Frédéric Constantin, vicomte von Beust, né en 1806, est un savant très distingué. Après avoir été directeur des mines de Freiberg, en Saxe, il fut député à la diète de Francfort qu'il représenta à la conférence de Londres en 1864. A la fin de 1867, il devint inspecteur général des mines, usines et salines de l'empire d'Autriche. On lui doit un certain nombre d'ouvrages de géologie et de minéralogie d'une grande valeur.

BIART, Lucien, littérateur français, né à Versailles le 21 juin 1828. Il s'embarqua à l'âge de dix-huit ans pour le Mexique, s'occupa de zoologie et adressa au Muséum d'histoire naturelle de Paris de nombreuses collections d'insectes et d'oiseaux. Reçu professeur de botanique, de chimie et de physique par l'Académie de médecine de Puebla, il fit partie de la Commission scientifique du Mexique et fut décoré de l'ordre de Guadaloupé par l'empereur Maximilien. Rentré en France après une absence de près de vingt années, M. Biart publia dans plusieurs revues, notamment dans la *Revue des Deux mondes*, des récits de voyages et des romans, et rédigea, de 1871 à 1873, le feuilleton dramatique et littéraire du journal la *France*, auquel il dut renoncer pour cause de santé. — On doit à M. Lucien Biart : la *Terre Chaude (1862)*; la *Terre Tempérée (1866)*; le *Bizco (1867)*; *Benito Vasquez (1869)*; *Pile et Face (1870)*; *Laborde et Cⁱᵉ (1872)*; les *Clientes du docteur Bernagius (1873)*; l'*Eau Dormante (1875)*; *A travers l'Amérique (1876)*, ouvrage couronné par l'Académie Française; la *Capitana (1877)*; les *Ailes brûlées (1879)*; *Jeanne de Maurice (1880)*; le *Pensativo (1884)*; une traduction de *Don Quichotte*, 4 vol. in-18, précédée d'une longue étude qui fut la dernière œuvre de Prosper Mérimée; et enfin les *Aztèques*, curieux livre d'histoire, faisant partie de la *Bibliothèque Ethnologique*, publiée à la librairie Hennuyer, sous la direction de M. de Quatrefages et du Dʳ Hamy (1885). — Outre ces ouvrages, M. Lucien Biart a publié de nombreux volumes illustrés, destinés à la jeunesse : *Aventures d'un jeune naturaliste*; *Entre frères et sœurs*; les *Voyages Involontaires*, 4 vol.; *Entre deux Océans*; le *Roi des prairies*; le *Fleuve d'Or*, etc. etc.

BICKMORE, Albert Smith, naturaliste américain, né à Saint-George (Maine) le 1ᵉʳ mars 1839, fit ses études à l'Académie de New-London (New-Hampshire) puis au collège de Darmouth, où il reçut son diplôme en 1860. Dès l'automne de la même année, il aborda l'étude de l'histoire naturelle sous la direction d'Agassiz, à Cambridge (Massachusetts), et fut chargé l'année suivante du département des mollusques au Musée de zoologie comparée, sous la même direction. Ayant depuis longtemps formé le projet d'établir à New-York un vaste Musée d'histoire naturelle, après cinq années d'études laborieuses, M. Bickmore s'embarqua, en 1865, pour les Indes orientales, en partie avec l'intention de recueillir les éléments des collections du futur Muséum new-yorkais, en partie pour combler les lacunes de celui de Cambridge. Il passa une année dans l'archipel Indien à recueillir des mollusques à coquilles et d'autres animaux inférieurs; ensuite, parti de Singapour, il se rendit à Saïgon, puis à Hong-Kong, traversa une grande partie de la Chine, explora le Japon, se rendit, par la Mantchourie, à l'embouchure de l'Amour, traversa la Sibérie, dont il visita les mines, la Russie centrale et septentrionale, une partie de l'Europe, et revenait à New-York après une absence de trois années. — Il a publié : *Travels in the East Indian Archipelago (1869)*, qui fut presque dès son apparition traduit en allemand et publié à Iéna. M. Bickmore a collaboré activement à l'*American Journal of Science* et au *Journal of the Royal Geographical Society* de Londres. Il a été nommé professeur d'histoire naturelle à l'Université Madison, à Hamilton (New-York), en 1870. Il est aujourd'hui conservateur du Muséum d'histoire naturelle de New-York, qui a été inauguré à la fin de 1877.

BIDA, Alexandre, dessinateur français, né en 1813 à Toulouse, élève d'Eugène Delacroix pour le dessin et l'aquarelle. Un séjour de deux années en Orient lui permit une abondante récolte de sujets d'étude dont il a tiré, depuis son retour (1846), le plus heureux parti. On a de lui principalement : un *Café arabe*; *Boutique turque*; le *Chanteur grec*; le *Barbier arménien*; le *Marché aux esclaves*; la *Bastonnade*; le *Retour de la Mecque*: la *Cérémonie du Dasseh*, au *Caire*; le *Mur de Salomon*; l'*Appel du soir* (Crimée); le *Champ de Booz, à Bethléem*; le *Grand Condé à Rocroy*; *Intérieur de femmes arabes*; le *Massacre des mamelouks*; le *Départ de l'enfant prodigue*; *Décollation de saint Jean-Baptiste (1847-1848)*. Il a exposé plus récemment : le *Départ*, le *Repos*, la *Porte de Bethléem*, pour le « Livre de Ruth » (1874); *Jérôme Savonarole*, aquarelle (1875); le *Retour de l'enfant prodigue*, *Caravane d'âniers en Syrie (1883)*; *Marchand de chevaux (1885)*; les *Vierges sages* et six compositions pour l'*Histoire de Jeanne Darc* de Michelet (1886), etc. On doit également à M. Bida plusieurs portraits de personnages importants, de l'époque, et un grand nombre d'illustrations de publications périodiques estimées et d'ouvrages importants, notamment les *Évangiles*, qui portent son nom, publication de la maison Hachette, et le *Livre de Ruth (1876)*, album grand in-folio sur vélin, comme les *Évangiles*, lequel n'est, en quelque sorte, que le premier fascicule d'une suite de compositions gravées à l'eau-forte, représentant les plus belles scènes de l'Ancien Testament, également publié par la maison Hachette. — Honoré de plusieurs médailles aux expositions, M. Bida a été décoré de la Légion d'honneur en 1855 et promu officier en 1870.

BIENVENU, Charles Léon, écrivain et journaliste français, né à Paris, le 25 mars 1835. Il a débuté de bonne heure dans la presse fantaisiste et a collaboré tour à tour au *Diogène*, au *Nain Jaune*, au *Figaro*, au *Corsaire*, au *Soleil*, à la *Lune*, à l'*Eclipse*, au *Charivari*, au *Journal amusant*, au *Tintamarre*; puis au *Mot d'ordre* de M. Rochefort, à l'*Homme*, aux *Droits de l'Homme*, etc. M. Bienvenu n'en est pas moins resté copropriétaire et directeur du *Tintamarre*, où il a particulièrement rendu célèbre le pseudonyme de *Touchatout*, sans cesser de produire un grand nombre d'articles sous son propre nom et sous le pseudonyme moins populaire de « Robert Buquet. » Ses principales séries d'articles : l'*Histoire de France tintamarresque*, l'*Histoire tintamarresque de Napoléon III* et autres travaux importants, également tintamarresques et historiques, ont paru à part, en volumes in-8°, illustrés de dessins grotesques, avec la substitution du vrai nom de l'auteur au pseudonyme de « Touchatout » conservé dans le texte. Il a publié en outre des *Mémoires d'un préfet de police*, par Touchatout (1885, in-18), etc. — M. Bienvenu a fait jouer en 1866, au Théâtre-Déjazet : *Un Monsieur qui veut se faire un nom*, vaudeville en 1 acte. En 1868, il a fondé une revue bi-mensuelle : *Touchatout-Revue*, qui eut peu de succès, et peu après le *Trombinoscope*, recueil de biographies satiriques et bouffonnes qui a été beaucoup mieux accueilli et continue à paraître. En février 1871, il avait fondé la *Carmagnole*, feuille hebdomadaire à intentions bouffonnes assez mal remplies, soit que le moment fût mal choisi pour apprécier le genre de régal littéraire, soit que l'auteur lui-même subît l'influence du milieu où il agissait. La *Carmagnole* n'eut que six numéros.

BIERSTADT, Albert, peintre américain, d'origine allemande, né à Düsseldorf (Allemagne) en 1828. Ses parents émigrèrent aux États-Unis lorsqu'il n'avait encore que deux ans et s'établirent dans la New-England. Il reçut une éducation soignée, et, sa vocation artistique se développant avec l'âge, il visita son pays natal en 1853, étudia la peinture à l'Académie de Düsseldorf et, ayant peint quelques paysages allemands qui obtinrent un certain succès, il se rendit à Rome, où il passa un hiver; fit un tour en Suisse, explora les Apennins et retourna aux Etats-Unis en 1857. En 1858, il fit partie de l'expédition du général Lander aux montagnes Rocheuses, où il passa plusieurs mois à prendre des esquisses. En 1863, parut son tableau, célèbre de l'autre côté de l'Atlantique: *Vue des montagnes Rocheuses; le pic Lander*, qui établit sa réputation. Parmi ses autres œuvres, nous citerons: *Ombre et lumière; la Tempête dans les montagnes Rocheuses; les Dômes du Yosemite; le Pic Laramie; Emigrants traversant les Plaines* et *Mount Hood*. En 1873, il explorait la côte du Pacifique en quête de nouveaux paysages. Il a exposé à Philadelphie, en 1876, la *Fondation de la Californie en 1870*. Il n'avait rien envoyé, par exemple, à notre Exposition universelle de 1878. — M. Bierstadt a été nommé, en 1871, membre de l'Académie des Beaux-Arts de Saint-Pétersbourg. Il a fait, en 1869-70, un nouveau voyage en Europe, pendant lequel, étant à Londres, il fut reçu à Windsor, sur l'invitation spéciale de la reine Victoria, et a été nommé chevalier de la Légion d'honneur à son passage à Paris.

BIGELOW, Erastus Brigham, inventeur américain, né à West Boylston (Massachusetts) en 1814. Il s'occupa de mécanique et d'invention dès son extrême jeunesse, et avait déjà construit diverses machines ingénieuses, notamment un métier à tisser à la main, avant d'avoir atteint sa dix-huitième année. En 1838, il obtenait un brevet pour un métier automatique destiné au tissage des couvertures unies, qu'il venait d'inventer; il avait déjà fait marché pour la construction de trois de ces nouveaux métiers, lorsque, dans les marchandises importées, de même sorte que celles qu'on pouvait faire avec son métier, il dut reconnaître une supériorité d'exécution impossible à atteindre avec celui-ci. Il rompit alors loyalement les marchés consentis, relégua dans un coin son invention insuffisante, se remit à l'œuvre avec courage, et ne tarda pas à inventer un nouveau métier qui réunissait toutes les conditions cherchées. En 1839 il inventa le premier métier à vapeur pour le tissage des tapis de laine. — M. Erastus Bigelow est le fondateur du florissant vil âge manufacturier de Clinton, dans l'Etat de Massachusetts, au milieu duquel s'élèvent les immenses bâtiments de la « Bigelow manufacturing Company », et peuplé surtout de ses ouvriers et des fournisseurs qu'a attirés cette heureuse agglomération.

BIGELOW, John, écrivain et diplomate américain, né à Malden (New-York) le 25 novembre 1817, fit ses études au Collège de l'Union, suivit les cours de droit et fut reçu avocat, et inscrit au barreau de New-York, en 1839. Il exerça la profession qu'il avait embrassée, pendant dix ans, variant la monotonie de ses travaux par des travaux littéraires variés. Inspecteur des prisons de l'Etat de 1845 à 1848, il y introduisit quelques réformes importantes. En 1850, il devint associé de William C. Bryant, pour la propriété du *New-York Evening Post*, dont il fut l'administrateur jusqu'en 1861. Il fit la même année un voyage à la Jamaïque et il rapporta: *la Jamaïque en 1850, ou les effets de seize ans de liberté dans une colonie d'esclaves (1851)*. Il s'embarqua de nouveau pour les Indes occidentales en 1854, et à son retour publia un ouvrage sur l'état d'Haïti. Nommé consul d'Amérique à Paris en 1861, il y devint chargé d'affaires en décembre 1864, à la mort de M. Dayton, et ministre plénipotentiaire en avril 1865. Dans cette situation, il fit preuve de beaucoup de tact et d'habileté diplomatique, surtout dans la mission délicate, qui lui incombait naturellement d'aplanir les difficultés que la guerre du Mexique avait soulevées entre le gouvernement de Washington et celui des Tuileries. Rappelé sur sa demande en décembre 1866, M. Bigelow, après un tour d'Europe d'une année environ, rentra aux Etats-Unis en 1868. Après la mort de Henry J. Raymond, en 1869, il fut un moment directeur du *New-York Times*, mais il se retira bientôt, retourna en Europe et établit sa résidence à Berlin. Retourné aux Etats-Unis au bout de quelques années, M. John Bigelow se joignit aux Libéraux en 1872, pour combattre la seconde élection du président Grant. Il passa ensuite aux Démocrates et devint secrétaire de l'Etat de New-York en 1875. Depuis 1877, il n'a plus pris de part à la vie publique que par des articles de journaux et la publication de quelques ouvrages littéraires. — Il accompagnait toutefois M. F. de Lesseps à l'isthme de Panama, en février 1886, dans l'intérêt des Etats-Unis.

Il a publié, outre les ouvrages déjà cités : *Vie de John C. Frémont (1856)*; *les Etats-Unis en 1863, leur histoire politique, leurs ressources minéralogiques, agricoles, industrielles, commerciales*, etc. (Paris, 1863); *Autobiographie de Benjamin Franklin, d'après des matériaux recueillis en France (1868)*; *Quelques réminiscences d'Antoine Pierre Berryer (1869)*; *la France et la Monarchie héréditaire (1871)*; *l'Esprit et la Sagesse des Haïtiens (1877)*; *Molinos le Quiétiste (1882)*, etc.

BIGOT, Julien Armand, homme politique français, né à Couptrain (Mayenne) le 18 janvier 1831. Il fit son droit à Paris, prit le grade de docteur en 1854 et entra dans la magistrature, comme substitut du procureur impérial de Mayenne, en 1856; transféré à Laval, puis à Angers, il devint substitut du procureur général près la Cour de cette dernière ville en 1863 et avocat général en 1868. Le procureur général nommé après le 4 septembre n'étant pas agréé par lui, M. Bigot donna sa démission et se fit inscrire au barreau d'Angers. Elu représentant de la Mayenne en février 1871, il prit à l'Assemblée nationale son siège à droite et participa à toutes les mesures réactionnaires émanées de cette Assemblée. Ayant échoué aux élections du 21 janvier 1876, M. A. Bigot fut nommé le 7 juin 1877 président de Chambre à la Cour d'Angers. Atteint par la loi modifiant l'inamovibilité de la magistrature assise, il s'inscrivit une fois de plus au barreau d'Angers. Aux élections du 14 octobre 1885, M. Bigot, porté sur la liste réactionnaire de la Mayenne, fut de nouveau élu député. — M. Armand Bigot a publié: *Eloge de Précot de la Chauvelière* et *Essai sur l'histoire du Droit en Anjou*, deux discours prononcés à la rentrée des cours et tribunaux d'Angers.

BILLIAIS (de la), Henri Victor Marie le Loup, homme politique français, né à Nantes le 22 mars 1836. Maire de Machecoul et conseiller général de la Loire-Inférieure, lorsqu'éclata la guerre de 1870-71, M. de la Billiais servit à cette époque comme chef de bataillon de mobilisés. Il se présenta aux élections du 21 janvier 1876 dans la troisième circonscription de Nantes, comme légitimiste et catholique; il fut élu au second tour (5 mars), et réélu le 14 octobre 1877, avec l'appui de l'administration d'alors, puis le 21 août 1881. Le 4 octobre 1885, la liste réactionnaire triomphant dans la Loire-Inférieure, M. de la Billiais vint reprendre sa place à l'extrême droite de la Chambre des députés. — Une proposition de M. de la Billiais, tendant à l'insertion au *Journal Officiel* des noms des soldats morts au Tonkin et à Madagascar, était repoussée par la Chambre dans sa séance du 1er juillet 1886, à raison du sentiment politique qui l'avait dictée.

BILLOT, Jean-Baptiste, général français, ancien ministre, sénateur, né à Chaumeil (Corrèze) en 1828. Elève de l'Ecole de Saint-Cyr, il entra dans l'état-major où il fit toute sa carrière; sous-lieutenant en 1849, il devint lieutenant en 1852, capitaine en 1854, chef d'escadron en 1863, lieutenant-colonel en 1869. Il se trouvait en Algérie et était lieutenant-colonel, lorsqu'éclata la guerre de 1870; il fut nommé colonel le 9 novembre, puis général de brigade. Devenu général de division au titre auxiliaire il fut appelé au commandement du 18e corps d'armée, avec lequel il remporta un brillant succès à Beaune-la-Rolande, et contribua beaucoup à la victoire de Villersexel. La commission de cassation des grades le remit toutefois général de brigade. — Elu représentant de la Corrèze à l'Assemblée nationale, aux élections du 8 février 1871, le général Billot prit place sur les bancs de la gauche et fut vice-président du groupe de la gauche républicaine. Il a pris une grande part à la discussion des lois militaires et a voté contre les préliminaires de paix. M. le général Billot a été élu par l'Assemblée, sénateur inamovible, le 16 décembre 1875. Promu général de division en 1878, il fut appelé au commandement de la première division du 1er corps d'armée; il est aujourd'hui commandant de ce même 1er corps, dont le quartier général est à Lille. Le 30 janvier 1882, le général Billot était appelé au ministère de la guerre dans le cabinet qui succéda au cabinet Gambetta. Il donnait sa démission le 28 janvier 1883, avec son collègue de la marine, l'amiral Jauréguiberry, ces deux officiers généraux étant opposés à la mesure approuvée par leurs collègues du cabinet relative à la composition des contrôles de l'armée et de la marine des princes des familles souveraines. — Dans la question de l'expulsion de ces mêmes princes, revenue au Sénat le 22 juin 1886, le général Billot n'a pas pris part au vote. — M. le général Billot est grand officier de la Légion d'honneur du 4 juin 1884.

BIN, Jean-Baptiste Philippe Emile, peintre français, né à Paris le 10 février 1825, fut élève de Léon Cogniet et débuta au Salon de 1845, par un *Portrait*. En 1850, il remportait le deuxième grand prix de Rome.

Outre de nombreux portraits, M. Bin a exposé : le *Baptême de Clovis (1857)*; *Arria et Poetus (1861)*; *Orphée tué par les Bacchantes (1863)*; *Jésus et Sainte Marie-Madeleine (1865)*; *Persée délivrant Andromède (1866)*; *Prométhée enchaîné (1869)*; *Héraklès Téraphonios (1879)*; *Vénus Astarté*, fragment de décoration pompéienne *(1874)*; *Ave César, Scoparii te salutant (1875)*; l'*Harmonie (1876)*; *Portrait de M. Mallet (1877)*; *Mort à la peine (1883)*; *Portrait de M. G. de Mortillet (1884)*; la *Conscience mal placée (1886)*, etc. Citons encore un *Ecce homo*; *Jésus enfant sur les genoux de la Sainte Vierge*; *Hippomène et Atalante*; la *Charité*; *Hercule furieux*; le *Bûcheron* et l'*Hamadryade*; la *Naissance d'Ève*; les *Portraits* en pied ou en buste de Napoléon III et de divers personnages civils et militaires appartenant plus spécialement au monde officiel de l'empire. M. Bin a également exposé des dessins des décorations exécutées par lui, soit dans des hôtels particuliers, soit au musée des Souverains, au Louvre, ou à l'église Saint-Nicolas du Chardonnet, à la grande salle de l'École polytechnique de Zurich, à l'église Saint-Sulpice, au théâtre de Reims (1874), à la grande chancellerie de la Légion d'honneur (1876), etc. M. Bin a été médaillé aux Salons de 1865 et 1869, et a été décoré de la Légion d'honneur en 1878.

BIRCH, Samuel, archéologue anglais, né à Londres le 3 novembre 1813; fit ses études à l'école des Marchands Tailleurs, qu'il quitta en 1831. Employé aux Archives publiques en 1834, il fut attaché comme aide (assistant) au département des Antiquités du Musée britannique en 1836. Il en devint conservateur-adjoint en 1844, et par suite de la nouvelle organisation, en 1861, fut nommé conservateur des « Oriental, Mediæval and British Antiquities and ethnographical Collections of the British Museum ». En 1846, M. Birch fut envoyé en Italie, pour y visiter la collection Anastasi (antiquités égyptiennes) alors à Livourne, ainsi que les collections de Rome et autres villes; il retourna à Rome en 1856, envoyé, avec M. Newton, par sir G. Cornewall Lewis, alors chancelier de l'Échiquier, avec mission d'examiner et d'évaluer la collection Campana offerte au gouvernement britannique. M. S. Birch a été élu membre ou correspondant de l'Institut archéologique de Rome en 1839, de l'Académie de Berlin en 1851, de celle de Herculanum en 1852, et de l'Académie des inscriptions et belles-lettres de Paris en 1861; en 1862, l'université de Saint-Andrews lui a conféré le titre honorifique de docteur en lois; il est, en outre, membre honoraire de la Société royale de littérature, de la Société des antiquaires de Londres, de la Société orientale de France, de la Société ethnologique d'Amérique, etc. Il est enfin membre de la Société royale de Londres, et l'un des directeurs de l'Institut archéologique de Rome.

Au commencement de sa carrière, M. Birch s'étant beaucoup occupé de déchiffrer les hiéroglyphes égyptiens, ses travaux attirèrent l'attention du baron Bunsen, et les relations qui s'ensuivirent entre ces deux hommes, eurent pour résultat l'association du premier aux travaux du second, relatifs à l'Égypte, principalement pour son ouvrage : *Ægypten's Stelle in die Weltgeschichte*, 1848), dont la partie philologique relative aux hiéroglyphes est tout entière de la main de M. Birch, à qui le savant allemand légua le soin de revoir les futures éditions de son ouvrage. En 1857, en conséquence de ce legs, M. Birch en publiait le 5ᵉ volume, qui complète aujourd'hui l'œuvre. Ses travaux s'étendent, en fin de compte, à la plupart des branches de la science archéologique; outre ses travaux sur les hiéroglyphes, il a publié des mémoires sur les antiquités grecques, romaines et britanniques, sur la numismatique et l'ethnographie et a édité des traductions d'inscriptions cunéiformes. En outre, il a publié dans l'*Asiatic Journal*, des traductions du chinois; il a également collaboré aux *Transactions* de la Société royale de littérature, à l'*Archæologia*, à la *Revue archéologique* (française), à l'*Archæological Zeitung* et à la *Zeitschrift für Ægyptische Sprache, und Alterthum's Kunde* (Gazette archéologique et Feuille périodique de langue égyptienne et de science de l'antiquité (allemande), ainsi qu'aux diverses publications des sociétés savantes, et écrit plusieurs articles de « l'English Encyclopædia ». Les autres ouvrages du docteur Birch sont : *Galeries d'Antiquités (1842)*; le texte des *Vues du Nil*, d'Owen Jones (1843); avec M. Newton : *Catalogue de Vases grecs (1861)*; *Introduction à l'étude des Hiéroglyphes (1857)*; une *Histoire de la poterie ancienne (1858)*; *Description du Papyrus de Nash-Khem (1863)*; les *Rhind Papyri (1866)*; l'*Égypte depuis les temps les plus reculés (1875)*; les *Souvenirs du Passé (1879-80)*. Il a donné des éditions annotées des *Mœurs et coutumes* de Wilkinson (1878); et de l'*Égypte* d'Eber (1879).

Le docteur Birch a présidé le Congrès des Orientalistes tenu à Londres, en septembre 1874, et fut, à cette occasion, décoré de l'ordre de la Couronne de Prusse par l'empereur Guillaume.

BISMARCK-SCHŒNHAUSEN (prince von), Karl Otto, célèbre homme d'État allemand, né à Schœnhausen (Prusse), le 1ᵉʳ avril 1815; fit ses études à Gœttingen, à Berlin et à Greifswald, et entra ensuite dans l'armée. Membre de la diète de Saxe en 1846, il fut l'année suivante élu membre de la Diète générale, où il se fit remarquer bientôt par l'intempérance de ses discours et par son esprit intolérant et anti-démocratique. Entré en 1851 dans la carrière diplomatique, par la légation de Francfort, il fut envoyé à Vienne en 1852 et s'y montra déjà préconisa l'alliance de trois empereurs, mais avec cette différence que l'empereur d'Autriche y est remplacé par l'empereur des Français ou par l'empereur d'Allemagne n'y figure encore que comme roi de Prusse; en comparant la différence des situations suivant les temps, on reconnaîtra la vraisemblance de l'imputation, et en même temps la rare connaissance des idées qui caractérisa M. de Bismarck. De 1859 à 1862, M. de Bismarck occupa l'ambassade de Saint-Pétersbourg : lorsqu'il dut quitter ce poste pour l'ambassade de Paris (mai 1862). L'empereur Alexandre, dont il avait su se concilier les bonnes grâces, lui remit les insignes de l'ordre d'Alexandre Newsky, lui fut accueilli également à la cour des Tuileries, et par les mêmes causes, il était nommé grand'croix de la Légion d'honneur, lorsque peu de mois après, il quittait Paris (22 septembre), appelé à la présidence du cabinet prussien, avec le titre de ministre de la Maison du roi et des affaires étrangères. Une grave question s'agitait en ce moment devant le parlement prussien, celle de la réorganisation de l'armée, et, comme conséquence, d'une élévation énorme du budget de la guerre, que la seconde Chambre refusait absolument de sanctionner. Ce budget de la guerre rejeté, en fin de compte, par la Chambre des députés, M. de Bismarck le fit adopter par la Chambre des seigneurs, et les protestations de la seconde Chambre n'aboutirent qu'à sa dissolution. Après les députés, ce furent les journalistes qui protestèrent, puis les magistrats, des fonctionnaires publics de tout ordre ; mais les uns furent poursuivis, les autres destitués, tous en somme punis et solidement bâillonnés. Les députés ayant, dans une adresse au roi, accusé le premier ministre d'avoir violé la constitution (janvier 1863), celui-ci protesta avec véhémence. Mais les affaires de Pologne ne tardèrent pas à attirer l'attention publique vers un autre point : un traité secret conclu (février) avec la Russie, fut l'objet d'un blâme de la Chambre ; les journaux qui appuyaient les protestations des députés sont poursuivis avec une véritable fureur ; jugeant sans doute insuffisantes les armes que la loi lui fournit contre lui, M. de Bismarck imagine d'appliquer à la presse prussienne le régime impérial français des avertissements et des suspensions. Après le triomphe facile de la politique extérieure de la Prusse, contre le Danemark, l'antagonisme de la Chambre des députés et du Cabinet prussien, personnifié par son chef, ne fut aucunement modifié ; mais, fort de l'appui de la Chambre des seigneurs, celui-ci n'en fut que médiocrement ému. C'est ainsi que, le 23 février 1866, il déclarait tranquillement qu'il renonçait au concours des députés et prononçait la clôture de la session.

M. de Bismarck n'était pas très éloigné de croire les temps arrivés où la Prusse devait être la véritable grande puissance allemande. Nous ne nous étendrons pas sur les misérables « querelles d'Allemands » soulevées par le ministre prussien et entretenues jusqu'au moment où, les préparatifs achevés, un traité d'alliance offensive et défensive conclu avec l'Italie, l'ennemie naturelle de l'Autriche, il entreprenait contre celle-ci, qui avait eu la maladresse de se laisser entraîner à une alliance avec la Prusse contre le Danemark, et de lui livrer le secret de la faiblesse de son armement, une guerre de quelques semaines que terminait Sadowa (3 juillet), c'est-à-dire la défaite complète de l'Autriche et des États allemands qui avaient préféré son alliance à celle de la Prusse. Sans doute, cette courte campagne ne se fût point bornée là, si M. de Bismarck avait pu la poursuivre plus longtemps et plus loin. On se rappelle en effet que, dans le discours du trône ouvrant la session suivante, Napoléon III affirmait aux Chambres que son gouvernement avait arrêté le conquérant aux portes de Vienne. — Cela nous servit de bien peu dans la suite, quoique la sagesse des nations prétende qu'un bienfait n'est jamais perdu.

Les préliminaires de paix, signés à Nickolsbourg, le 26 juillet 1866, excluent l'Autriche de la Confédération germanique ; et le remaniement de l'Allemagne, rêvé depuis si longtemps, ne tarda pas à recevoir un commencement d'exécution ; les dépossessions violentes, les annexions se suivent, et les protestations les plus justes, les plus modérées dans la forme sont réprimées avec la dernière rigueur. Vers la fin de l'année, un traité d'alliance est conclu avec la Bavière, Bade, le Würtemberg, etc., par lequel le commandement supérieur des armées est assuré au roi de Prusse en cas de guerre. En 1867, la Confédération du Nord est organisée sous la présidence du roi de Prusse, avec un Conseil fédéral composé des délégués de chacun des vingt États qui la composent, et une seconde Chambre élue par le suffrage universel. La nouvelle constitution fédérale, votée par les chambres prussiennes, entre en vigueur à partir du 1er juillet, et M. de Bismarck est nommé chancelier de la nouvelle confédération et président du Conseil fédéral. Des difficultés naissent bientôt de la question du Luxembourg, dont la cession est offerte à la France contre le gré de M. de Bismarck, entre la France et l'Allemagne. L'attitude du chancelier de la Confédération de l'Allemagne du Nord est dès lors ouvertement provocatrice. Avant la campagne contre l'Autriche, il offrait : maintenant il s'oppose à ce qu'on puisse accepter d'un autre et, pendant ce temps, prend lui-même de toutes mains. Si, en 1866 et en 1867, les provocations de la Prusse durent être tolérées par la France, on peut bien l'avouer maintenant, c'est que, vérification faite, l'état des forces de la France était alors formidable... seulement sur le papier. Il fallut donc renoncer à lui faire qui pût indisposer M. de Bismarck ; et on y renonça de toute façon. En 1868, la santé de M. de Bismarck est officiellement chancelante, et en conséquence il obtient un congé en février ; mais il retourne à Berlin dès le mois d'octobre suivant et reprend la direction des affaires. — Cette comédie se renouvellera plus d'une fois.

L'influence du comte de Bismarck quoique, çà et là, légèrement compromise dans les Chambres, même au sein du nouveau parlement fédéral, demeure toute puissante sur l'esprit du roi de Prusse, on le reconnaît encore plus volontiers, s'il se peut, au dehors qu'à l'intérieur. C'est à cette influence, il n'est guère permis d'en douter, qu'est due l'approbation donnée par le roi Guillaume, « seulement en qualité de chef de famille », au prince Léopold de Hohenzollern, acceptant du maréchal Prim la couronne d'Espagne. Nous n'insisterons pas sur les causes qui amenèrent la dernière guerre, où la France allait se mesurer, seule et mal préparée, avec la Prusse dont l'organisation militaire était formidable et que suivait toute l'Allemagne liée avec elle par des traités formels. Nous nous bornerons à établir que, depuis le commencement jusqu'à la fin de la campagne, M. de Bismarck ne quitta pas le quartier général, et ne cessa pas un instant de tout diriger, du moins politiquement. A l'entrevue de Frénois, avec Napoléon III (2 septembre 1870), lors de la capitulation de Sedan, il posait déjà comme conditions fondamentales de la paix, malgré qu'on en ait dit, la cession de l'Alsace et de la Lorraine. Les entrevues de Ferrières (les 16 et 20 septembre) avec Jules Favre, reproduisirent ces conditions, aggravées encore, naturellement, mais dans des proportions telles qu'il était impossible d'y souscrire. Après la capitulation de Paris, c'est M. de Bismarck qui dicte les conditions de la paix, que l'Assemblée de Bordeaux, élue comme il lui a plu qu'elle le fut, devra voter. Les soucis de la guerre ne lui avaient toutefois pas laissé perdre de vue son projet d'unification de l'Allemagne. Il obtenait des États du Sud qu'ils entrassent dans la Confédération, en décembre 1860, et du souverain de l'un d'eux, le plus puissant après le roi de Prusse, le roi de Bavière, qu'il proposât la consécration de l'unification, désormais faite, par la reconstitution, au profit de ce dernier, de l'Empire d'Allemagne. En conséquence, le 18 janvier 1871, M. de Bismarck avait la satisfaction de voir couronner son souverain empereur d'Allemagne, dans le palais des rois de France, à Versailles, détail qui paraît leur avoir été, à l'un et à l'autre, particulièrement sensible. Dans le cours de ce même mois, le chancelier de la Confédération du Nord devenait chancelier de l'Empire d'Allemagne, et en mars suivant, il était élevé au rang de prince. Au mois de septembre de la même année, le prince de Bismarck assistait à la rencontre de l'empereur d'Autriche avec l'empereur d'Allemagne à Gastein. Peu après, il ouvrait la campagne contre le parti catholique d'Allemagne, expulsait les jésuites (juillet 1872), incarcérait les évêques récalcitrants et proclamait de toutes les façons la suprématie de l'État sur l'Église. En décembre de la même année, il résignait la présidence du ministère, quoiqu'il continuât à inspirer ouvertement la politique intérieure et étrangère de l'empire, et à travailler en conséquence avec l'empereur. Il se fit même autoriser, au cas où il ne pourrait prendre part aux réunions ministerielles, à voter par l'intermédiaire du président de la chancellerie impériale. A l'occasion de sa retraite, le prince de Bismarck reçut de l'empereur Guillaume l'ordre de l'Aigle noir avec plaque en diamants (15 janvier 1873). L'envoi de ce bijou était accompagné d'une lettre autographe de l'empereur, que celui-ci signait : « votre roi fidèle, dévoué et reconnaissant. » Comme en 1868, cependant, cette retraite de M. de Bismarck était une fausse sortie ; dès le mois d'octobre, il était redevenu premier ministre de l'empire germanique.

Le 13 juillet 1874, un pauvre fou, nommé Kullmann, tirait sur le prince de Bismarck un coup de pistolet qui atteignait légèrement celui-ci au poignet droit, et payait sa tentative avortée de quatorze ans de travaux forcés, dix ans de surveillance et les frais. Comme la campagne contre le clergé catholique touchait déjà à la période aiguë, le prince de Bismarck chercha à prouver que Kullmann n'était autre qu'un agent du parti catholique, et une déclaration dans ce sens, faite par lui-même, souleva une véritable tempête au parlement allemand. C'est vers la fin de l'année 1871 que le comte d'Arnim fut poursuivi à l'instigation de M. de Bismarck, sous l'inculpation de détournement de documents diplomatiques des archives de l'ambassade d'Allemagne à Paris. A partir de cette époque, la lutte contre l'Église catholique se poursuit avec un acharnement incroyable, de part et d'autre d'ailleurs. Au commencement de février 1875, le pape lance une encyclique aux évêques, condamnant les lois ecclésiastiques et excommuniant les évêques catholiques nommés par le gouvernement, à laquelle M. de Bismarck ne tardera pas à répondre ; mais, pour le moment, il est... malade. La lumière, pendant ce temps, se fait sur les agissements du grand chancelier. Après les révélations de M. d'Arnim viennent celles de l'Epoca, journal italien, qui publie des lettres échangées, au moment de la guerre de 1870-71, entre Mazzini et cet homme d'État. Une consolation lui arrive d'un autre côté : le roi d'Espagne, Alphonse XII, lui envoie le collier de la Toison d'Or. Ce présent d'un prince catholique ne change toutefois en rien ses dispositions contre le clergé allemand, et, entre autres mesures qu'il fait adopter au parlement, figure la suppression des dotations de ce clergé au budget des cultes. Mais voici que la presse officieuse belge, sympathisant avec le clergé allemand, attire sur son pays, justement gouverné par des cléricaux, la colère de l'irascible grand chancelier ; surviennent alors le complot Duchesne, qui offre un aliment des plus aux invectives que déversent sur un voisin trop faible pour se faire craindre, malgré sa dignité, la presse alimentée par le « fonds des reptiles », des notes diplomatiques sont échangées, et, sous la menace de l'Allemagne, la Belgique est obligée de modifier le code de ses lois du royaume. — Dans le même moment, des bruits de guerre entre la France et l'Allemagne circulent et prennent une grande consistance à la fin, jusqu'à ce que l'empereur Guillaume choisit un endroit public, un salon officiel, pour les démentir, et un attaché d'ambassade à qui adresser ce démenti (avril 1875).

Le 10 mai, le czar Alexandre arrivait à Berlin, accompagné de son fidèle vice-chancelier, prince Gortschakoff, et, tandis que des conférences avaient lieu entre les souverains, d'autres conférences, encore plus importantes probablement, avaient également lieu entre les ministres. De ces conférences, qui durèrent trois grands jours et se poursuivirent ensuite, entre les chanceliers seulement, quoique dans le voisinage du czar faisant sa cure, il sortit cette assurance consolante pour le monde, que « la paix ne serait pas troublée ». Ces entrevues et les déclarations qui semblaient devoir se suivre invariablement, malgré le démenti des faits, se renouvellèrent souvent depuis, notamment le 30 novembre 1875, époque à laquelle le mouvement insurrectionnel de l'Herzégovine commençait à prendre une tournure sérieuse, et puis le 10 mai 1876. Avec ou sans la coopération du chancelier d'Autriche, comte Andrassy, et avant la question d'Orient pour prétexte, beaucoup de conférences de même sorte, provoquées ou simplement suivies par M. de Bismarck, ont eu lieu, pour assurer, sur nouveaux frais, que « la paix ne serait pas troublée ». Il en résulta la guerre, comme toujours, et la réunion à Berlin, sous la présidence de M. de Bismarck, en juin 1878, d'un congrès des puissances garantes chargé de refondre le traité de San Stephano, à peine vieux de trois mois, et de clore une fois pour toute cette question d'Orient sans cesse renaissante : ce qu'il fit avec tant de succès, que des incidents récents (1886) l'ont rouverte toute grande.

La vie publique du prince de Bismarck, depuis son élévation à la grande chancellerie de l'empire d'Allemagne, a été traversée par quelques déboires et par des complots qui rappellent un peu trop, peut-être, les complots du second empire français, voire du premier. Au mois de mai 1875, un nommé Dunin était encore accusé de « complot » contre la vie de celui qui se laisse volontiers appeler le Richelieu prussien. Mais le coup qui paraît lui avoir été le plus sensible, dans la mesure où sa sensibilité peut être excitée, c'est la retraite de M. Delbrück, président de la chancellerie de l'empire d'Allemagne, son ami intime (avril 1876). La cause de cette rupture entre MM. Delbrück et de Bismarck n'a jamais été bien connue. Ce dernier a bien laissé, ou même fait dire que c'était la question de rachat des chemins de fer par l'État; mais cela n'a pas empêché de supposer que cette cause résidait plutôt dans la politique étrangère du grand chancelier et dans les sacrifices énormes qu'il exigeait du pays pour des dépenses militaires. Ce sont, d'ailleurs, les mêmes causes qui ont établi depuis longtemps une hostilité permanente entre le parlement allemand et le grand chancelier, hostilité qui s'apaise de temps à autre, mais qui n'est jamais éteinte, les exigences de M. de Bismarck étant de l'espèce la plus réfractaire aux meilleures raisons. D'autre part, le prince de Bismarck a eu longtemps deux haines vigoureuses : la haine de la papauté et celle du socialisme, naguère son protégé. Contre les socialistes, il obtint du parlement, en 1882, une loi en vertu de laquelle un député, M. Singer, a pu être expulsé de Berlin, comme suspect de payer des subventions aux sociétés socialistes, cas grave sans doute; et un restaurateur de Berlin nommé Max Jacoby, subir le même sort, pour avoir loué à des réunions socialistes, quoique n'étant pas socialiste, une salle qui lui appartient (juin 1886) : il y a un peu d'affolement à coup sûr, dans de telles rigueurs. — Quant à l'autre ennemi de M. de Bismarck, le catholicisme romain, il en va beaucoup mieux, grâce à l'habileté politique de Léon XIII, qui n'a cessé de négocier depuis son avènement au trône pontifical (1878), avec une patience qui a fini par avoir sa récompense. Les concessions obtenues en mai 1886 ont en effet reçu, dans le monde catholique allemand, la qualification de « lois de mai de la réparation », ce qui nous dispense d'y insister. — Il convient aussi d'attribuer à l'opiniâtre entêtement de M. de Bismarck la politique coloniale suivie par la Prusse depuis quelques années, et dont les résultats, minces au début, augmentent visiblement et augmenteront davantage encore d'importance avec le temps : les autres puissances coloniales jugeront alors, si elles ne le font déjà, qu'elles auraient pu agir moins légèrement et prendre quelques précautions.

BITARD, Adolphe Louis Émile, écrivain français, né à Vernon (Eure) le 24 février 1837. Soldat à dix-sept ans, il fit presque toute la campagne d'Orient, puis celle d'Italie, avec un intervalle entre les deux d'environ dix-huit mois passés en congé à Paris, où il revint libéré à la fin de 1860. Il avait débuté très jeune dans d'obscurs petits journaux et continuait à collaborer à divers recueils périodiques, lorsqu'il fut amené à prendre une assez grande part au réveil de la presse indépendante, favorisé par la loi de 1868, tant comme correspondant parisien du *Havre*, de l'*Emancipation* de Toulouse, de l'*Eclaireur* de Saint-Etienne, du *Courrier* de Roanne, du *Libéral* de Limoges et autres journaux de province de nuance avancée, que comme rédacteur au journaux de Paris le *Courrier français*, la *Réforme*, le *Centre gauche*, l'*Histoire*, l'*Avenir national*, l'*Electeur libre* quotidien, la *Vérité*, le *Soir*, etc. Après la signature du traité de paix, obéissant à un sentiment qui n'était probablement pas celui de l'ambition, M. Bitard rompit avec la politique militante, se voua à des travaux de librairie et ne traita plus dans la presse que des questions scientifiques, techniques ou littéraires. Il a fourni des articles, avant et après cette époque, à la *Revue populaire*, à la *Revue illustrée des Deux Mondes*, à la *Revue de France*, à la *Science illustrée* au *Musée universel*, à la *Mosaïque*, au *Journal des Voyages*, à la *Chronique musicale*, à la *Chasse illustrée* et collaboré au *Grand dictionnaire illustré* et à la *Grande encyclopédie (1886)*. En 1878, l'éditeur Georges Decaux lui confiait la rédaction de l'*Exposition de Paris*, dont le succès fut très grand. Il fondait lui-même, en février 1880, la *Science populaire*, qui fit évènement dans la presse scientifique et dont il conserva la direction pendant près de trois années; et l'année suivante, l'*Enseignement populaire*, moins bien accueilli. Il a publié à part : *Encyclopédie des connaissances pratiques (1875-1876)*; *Dictionnaire général de biographie contemporaine (1877*, nouv. éd., entièrement refondue, 1886); le *Monde des merveilles (1878)*; un *Guide à Paris pendant l'exposition de 1878*; les *Merveilles de l'Océan (1883)*; les *Arts et métiers illustrés (1884-86*, 2 vol.); *l'Art et l'industrie chez les insectes (1886)*; *Histoire populaire des sciences (1886 et suiv.)*, etc. On lui doit en outre des traductions d'ouvrages anglais, notamment de : *Longevity*, du D' Gardner, de la *Chemistry of common Life* du professeur James F. W. Johnston et des ouvrages de sir Samuel W. Baker sur *Ceylan*.

BIZARELLI, Louis, médecin et homme politique français, né à Saint-Florent, chef-lieu de canton de l'arrondissement de Bastia (Corse), le 25 juillet 1836. Il étudia la médecine, fut reçu docteur en 1860 et alla s'établir au Grand-Serre, dans la Drôme, qu'il représenta bientôt au conseil général du département. M. Bizarelli se présenta comme candidat républicain dans la 2ᵉ circonscription de Valence, à une élection partielle qui eut lieu le 4 septembre 1879, et fut élu; il fut réélu aux élections générales du 21 août 1881; enfin il triompha avec la liste républicaine de la Drôme le 4 octobre 1885. M. Bizarelli siège sur les bancs de la gauche radicale. Il a voté l'expulsion des princes.

BIZOT DE FONTENY, Pierre, homme politique français, fils d'un ancien garde du corps et parent, par sa mère, du maréchal de Mac-Mahon, est né à Versailles le 20 août 1825. Nommé sous-préfet de Vassy (Haute-Marne) après le 4 septembre 1870, il se fit remarquer par son attitude énergique en présence de l'occupation prussienne, à ce point qu'il eut l'honneur d'être condamné par l'autorité ennemie à un an de forteresse en Allemagne. Remis de cette blessure après la paix, M. Bizot de Fonteny, déplacé par disgrâce, à la suite d'une élection partielle de mars 1874, favorable au candidat républicain, donna sa démission. Elu député de Langres, le 20 février 1876, il siégea au centre gauche. M. Bizot de Fonteny a été réélu au scrutin de ballottage du 28 octobre 1877 et à celui du 4 septembre 1881. Porté sur la liste républicaine de la Haute-Marne aux élections du 4 octobre 1885, il fut de nouveau élu député. Il siège à la gauche républicaine et a voté l'expulsion des princes.

BJŒRNSON, Bjoernstjerne, poète, romancier et homme politique norvégien, né à Quikne (Œrsterdal) le 8 décembre 1832; se fit connaître d'abord par sa collaboration, articles et nouvelles, aux feuilles locales, notamment à la *Folkeblad* (Feuille du peuple), journal illustré. En 1856, il se rendit à Copenhague, où il se mit résolument à étudier les écrivains célèbres du Danemark et devint collaborateur à la *Faedrelandet* (Patrie), où plusieurs des nouvelles qu'il y publia établirent sa réputation. On cite parmi celles qu'il publia à la « Folkeblad » : *Aanum*, *Ole Stormsen*, *En Munter Mand*; et parmi celles insérées dans la « Faedrelandet » : *Thrond*, *Arne* et *Synnave Solbakken (1856-57)*. Voici d'ailleurs la liste de ses principaux ouvrages, lesquels ont tous été traduits en anglais et presque tous en allemand : *Arne*, esquisse de la vie de campagne norwégienne (1856); *Ouind*, histoire de village (1869); la *Jeune pêcheuse (1869)*; l'*Heureux garçon (1870)*; le *Nouveau couple (1870)* l'*Amour et la vie en Norwège*; *Chants et poèmes (1871)*; *Sigurd Jorsalfar (1872)*; *Brude-Staaten (1875)*, etc. La plupart des héros de l'écrivain norwégien sont des paysans ou des hommes du peuple et ses nouvelles ont toutes la fraîcheur et l'attrait de celles d'Auerbach dont, sans doute, il s'est maintes fois inspiré. L'ayant pu le lire dans le texte tout aussi bien qu'il lisait les auteurs français. — M. Bjœrnson a également écrit pour le théâtre et publié quelques poésies.

Depuis 1882, M. Bjœrnson habite Paris. En juin 1886, il fit un voyage en Norwège; à son arrivée à Christiania, il fut accueilli par une ovation enthousiaste ; le soir, le théâtre royal représentait une de ses pièces les plus populaires, *Sigurd Slembe*, drame historique, dont le principal rôle était tenu par son fils. Partout en Norwège, on fêta le retour, quoique non définitif, de l'auteur populaire — et surtout de l'homme politique, du chef du parti national norwégien, qui a souffert pour sa cause et dont l'exil n'est pas tout à fait volontaire. Voici en effet ce qui y a donné lieu : En juin 1882, l'illustre poète norwégien, depuis longtemps à la tête du mouvement ayant pour objectif la séparation de la Norwège de la couronne de Suède, et la création d'une république fédérative norwègienne, prononçait dans un meeting tenu à Sticklestad, sur le Drontheim-Fjord, les paroles suivantes : « Si quelqu'un, fût-ce un ministre d'Etat, venait nous dire que la Royauté ne peut pas renoncer à son *veto* absolu, nous aurions à lui répondre que, dans ce cas, le peuple de Norwège se voit obligé de renoncer à la Royauté... » Or le roi déclarait, dans son discours du trône, que sa conviction était que l'article de la Constitution qui lui donne le droit de *veto* est « inflexible ». Par conséquent, M. Bjœrnson fut aussitôt poursuivi pour « avoir incité publiquement au renversement de la Constitution ». L'impossibilité de s'emparer de sa personne, de peur d'un soulèvement général, lui donna le temps de gagner l'Allemagne, d'où il vint s'établir en France.

BLACK, WILLIAM, journaliste et romancier anglais né à Glasgow en 1841, reçut une brillante éducation dans diverses écoles particulières. D'abord attaché au *Citizen* de Glasgow, M. Black entra de bonne heure dans le journalisme métropolitain, fut quelque temps rédacteur de la *London Review* et ensuite de l'*Examiner*, puis devint rédacteur en chef adjoint du *Daily News*, fonctions qu'il a abandonnées depuis quelques années. Ses principaux ouvrages sont : *Amour ou mariage* (1867) ; *Kilmeny* ; le *Monarque de Mincing Lane* (1868) ; *En ajustements de soie* (In silk attire, 1869) ; *Une fille de Heth* (1871) ; *Etranges aventures d'un Phaéton* (1872) ; une *Princesse de Thulé* (1873) ; la *Vierge de Killeena, et autres histoires* (1874) ; *Trois plumes* (1875) ; *Madcap Violet* (1876) ; *Piccadilly et les verts paturages* (1877) ; *Macleod of Dare* (1878) ; les *Ailes blanches*, roman de canotage (1880) ; le *Lever du soleil*, histoire du temps présent (1881) ; le *Beau Misérable* (1882) ; les *Cloches de Shandon* (1883), etc.

BLACKBURN, HENRY, écrivain artiste anglais, né à Portsmouth le 15 février 1830, fit ses études au Collège du roi, à Londres, et devint, en 1853, secrétaire d'un membre de la Chambre des communes, M. E. Horseman. M. H. Blackburn est attaché à plusieurs magazines et journaux anglais comme correspondant étranger et critique d'art. Il a visité l'Espagne et l'Algérie en 1855 et 1857, et a rapporté de ces voyages des notes intéressantes, dont il donna d'abord des lectures. Il a été, de 1870 à 1872, rédacteur en chef de la *London Society*. — M. Blackburn a écrit, et en partie illustré, car il tient le crayon aussi bien que la plume, la *Vie en Algérie* (1864) ; *De passage en Espagne* (1866) ; les *Pyrénées*, illustrées par GUSTAVE DORÉ (1867) ; *Artistes et Arabes* (1868) ; la *Normandie pittoresque* (1869) ; l'*Art dans les montagnes*, histoire du Théâtre de la Passion en Bavière (1870) ; les *Montagnes de Harz* (1873) ; un *Catalogue illustré de la section des Beaux-Arts* (école anglaise) à l'*Exposition de 1878* ; le *Monde Breton* (1879), etc. — M. H. Blackburn est le rédacteur des recueils annuels intitulés *Academy Notes* et *Grosvenor Notes*. On lui doit l'innovation des catalogues illustrés d'expositions d'art avec fac similes des dessins des artistes.

BLACKIE, JOHN STUART, philologue et littérateur écossais, fils d'un banquier d'Aberdeen, est né à Glasgow en juillet 1809, et fit ses études à Aberdeen et à Edimbourg. Ses études terminées, il fit un voyage sur le continent ; il s'arrêta à Berlin, où il apprit l'allemand et à Rome, où il apprit l'italien. Inscrit au barreau écossais en 1834, il publiait la même année une traduction en vers du *Faust* de Gœthe, avec notes et prolégomènes (2e éd. 1880). Il devint dès lors un collaborateur assidu des *Blackwood's* et *Tait's Magazines* et de la *Foreign Quarterly Review*, auxquels il envoyait surtout des articles sur la littérature allemande. En 1841, il fut appelé à la nouvelle chaire de littérature latine, créée au collège Marischal, à Aberdeen, qu'il occupa onze ans, se mêlant au mouvement en faveur des réformes universitaires en Ecosse, lequel aboutit, en 1853, à la nomination d'une commission parlementaire qui fit, en effet, adopter d'importantes modifications dans le système d'enseignement supérieur jusque-là pratiqué. Il collabora également, par quelques articles de philosophie, au *Classical Museum*, publié en 1850, et donna une traduction en vers d'Eschyle, qui lui valut sa nomination à la chaire de littérature grecque de l'université d'Edimbourg. Cette traduction fut suivie de : *Essais sur la prononciation du grec, accent et quantité* (1852) ; *Discours sur la Beauté*, suivi *d'une exposition de la théorie du Beau, d'après Platon* (1858) ; *Poèmes, principalement sur la mythologie grecque* (1859) ; *Poèmes anglais et latins* (1860). Au retour d'un voyage en Grèce qu'il fit en 1853, il publia également un discours en faveur de l'étude, trop dédaignée en effet, du grec moderne, ainsi que des articles sur la Grèce moderne, dans les *Westminster* et *North-British Reviews*. Il est aussi l'auteur de l'article sur *Platon* dans les « Edimburgh essays » et de l'article sur *Homère*, dans l' « Encyclopædia britannica. » Outre ces travaux littéraires, M. Blackie a été un professeur et surtout un *lecturer* très actif, et s'est fait remarquer comme un avocat convaincu de la nationalité écossaise. Dans la discussion relative au *bill* de réforme de 1867, il se montra chaud partisan de la Constitution anglaise contre ceux de la Démocratie américaine, et soutint son opinion par des discours et des brochures. Il s'est également distingué dans la campagne entreprise pour l'abolition du « Test Act », exigeant des professeurs des universités écossaises qu'ils appartinssent à l'Eglise établie, c'est-à-dire à la religion d'Etat. — Le professeur Blackie a publié : en 1866, *Homère et l'Iliade*, contenant une traduction de l'Iliade en vers ; en 1869, *Musa Burschicosa*. En 1879, avec un véritable esprit d'à-propos qu'il faut reconnaître, M. Blackie fit paraître un volume de *Chants de guerre des Allemands* où déborde son amour pour l'Allemagne, qui ne peut être égalée que par sa haine pour la France, laquelle n'a d'autre tort envers M. Blackie, en somme, que de ne s'être point trouvé l'objet spécial de ses études et de lui être profondément inconnue par conséquent. Il a encore publié en 1872 : *Lays of the Highlands and Islands* (Chants des montagnes et des îles).

M. Blackie a fait, dans ces derniers temps, des conférences à l'Institution royale de Londres, où il a combattu les opinions de John Stuart Mill en philosophie morale, celles de M. Grote sur les sophistes grecs et l'interprétation allégorique des anciens mythes, de Max Müller Il a publié ses propres opinions sur celles de l'Ecole utilitaire, dans une brochure intitulée : *Quatre phases de la morale* (1874, 2e édition). Ses principaux articles philologiques ont été réunis en un volume, sous ce titre : *Horæ Hellenicæ* (1874). La même année a vu également paraître un petit volume de conseils pratiques aux jeunes gens, intitulé *Self-Culture* (Culture de soi-même) qui vaut mieux que beaucoup de ses ouvrages plus importants par le fond et par la forme. Il en a eu jusqu'ici six éditions ou moins d'une année (1875), sans parler des éditions publiées en Amérique. Récemment, le professeur Blackie parcourait l'Ecosse, faisant des conférences dans le but de réunir les fonds nécessaires pour la création d'une chaire de gaélique à l'université d'Edimbourg. Il est parvenu ainsi à réunir pour cet objet une somme de 300,000 francs, en quatre ans ; et la chaire est maintenant créée. Ses derniers ouvrages sont : la *Langue et la littérature des hautes terres d'Ecosse*, avec des traductions poétiques de quelques-unes des pièces les plus populaires de la poésie gaélique (1875) ; les *Sages de la Grèce, ou Esquisse de la philosophie grecque ancienne*, en 2 vol. ; *Histoire naturelle de l'Athéisme, défense du Théisme contre les tendances athéistes et agnostiques modernes* (1877) ; un volume de *Sermons laïques* (1881) ; *Altavona*, ou *Réalités et illusions de ma vie dans les Highlands* (1882). — M. Blackie a résigné la chaire de grec à l'université d'Edimbourg en 1882.

BLACKWELL, ELISABETH, femme médecin américaine, née à Bristol (Angleterre) le 3 février 1821 ; elle est fille d'un raffineur de cette ville qui, après avoir essuyé de très grosses pertes, émigra aux Etats-Unis en 1832 et y mourut en 1838, laissant une femme et neuf enfants dans la plus grande détresse. Pour aider dans la mesure de ses forces sa famille malheureuse miss Elisabeth, qui était la troisième de ces neuf enfants, ouvrit une école de filles avec le secours de ses deux sœurs aînées, fut assez heureuse pour voir couronner de succès ses généreux efforts, et résolut alors (1843) de se créer une sphère d'action plus large et meilleure en devenant médecin. Elle fit ses premières études médicales à Asheville et à Charleston (Caroline du Sud) sous la direction du Dr Samuel H. Dickson, désignant simultanément à la musique pour subvenir à son entretien. Elle suivit ensuite des cours privés de dissection et d'accouchement des docteurs Allen et Warrington de Philadelphie, tout en sollicitant son admission comme étudiant à douze ou treize écoles publiques qui, toutes, la lui refusèrent ; elle réussit pourtant à obtenir le consentement de l'école de Castleton (Vermont), et de celle de l'école médicale du collège Hobart de New-York, où elle fut inscrite en 1847 et reçut, en 1849, le premier diplôme de docteur qui ait été conféré à une femme aux Etats-Unis.

Elle avait suivi, entre temps, un cours de clinique à l'hôpital Blockley, à Philadelphie. Elle visita ensuite l'Angleterre, où elle fut admise à l'hôpital Saint-Barthélomew; puis Paris, où elle put étudier, à la Maternité, quelques maladies des femmes et des enfants; à Paris, nous devons ajouter qu'elle aurait pu être admise dans d'autres hôpitaux si elle avait voulu consentir à la condition de se vêtir en homme, qu'une préoccupation ridicule lui avait fait imposer et qu'elle repoussa. En 1851, elle était de retour à New-York, où elle s'établissait médecin pour les femmes et les enfants. En 1854, elle y fondait un dispensaire pour les femmes et les enfants indigents et en 1857, un hôpital de femmes, qu'elle dirige et qui est aujourd'hui dans une situation florissante. Elle a, en outre, une clientèle particulière très considérable. — On a de miss Blackwell sa thèse de doctorat sur les *Maladies des gens de mer (1849)*; les *Lois de la vie (the Laws of Life)*; *Conseils aux parents sur l'éducation morale de leurs enfants (1879)*, et divers autres ouvrages professionnels. En 1859, elle a fait un nouveau voyage en Europe et a fait en Angleterre des conférences médicales qui ont été fort suivies.

Il faut savoir doublement gré à miss Elisabeth Blackwell de sa rare énergie et de son esprit d'initiative grâce auquel la sphère d'action si étroitement bornée des femmes s'élargit, car elle a donné un exemple précieux et a conduit des professeurs à en donner un autre qui a porté ses fruits : une École de médecine pour les femmes a été fondée à New-York en 1850, qui, bien probablement, serait encore à fonder si miss Blackwell se fût bornée à l'idéal du bonhomme Chrysale.

Miss Emily BLACKWELL, la plus jeune sœur de miss Elisabeth, a également embrassé la profession médicale. Ayant reçu son diplôme de docteur en médecine en 1854, elle compléta ses études aux hôpitaux de New-York, d'Edimbourg, de Paris et de Dresde, grâce à la renommée de sa sœur lui avait ouverts, et, à son retour, s'est associée à cette dernière dans la direction de la *New York Infirmary for Women and Children*.

BLAINE, JOHN GILLESPIE, journaliste et homme politique américain, né le 31 janvier 1830 dans le comté de Washington (Pensylvanie). Il fit ses études au collège Washington où il prit ses grades en 1847 et alla professer les mathématiques dans une institution militaire du Kentucky. Ayant épousé là une personne de l'État du Maine, il alla s'établir avec elle à Augusta et se fit journaliste. Il devint copropriétaire et rédacteur en chef du *Kennebec Journal* en 1854, puis du *Portland Daily Advertiser* en 1857, fut un des organisateurs du parti républicain dans le Maine et membre de la Législature de 1858 à 1862, époque où il fut élu représentant du Maine au Congrès. Réélu à chaque renouvellement jusqu'à 1876, il fut président de la Chambre des représentants de 1869 à 1874; mais il ne fut pas réélu en 1876, la majorité s'étant déclarée en faveur du candidat démocrate. Candidat républicain à la présidence des États-Unis en 1876 et 1880, il échoua contre M. Hayes la première fois, et M. Garfield la seconde. Il fut élu sénateur des États-Unis pour l'État du Maine à une élection partielle; mais il donna sa démission en 1881 pour accepter les fonctions de secrétaire d'État que lui offrait le président Garfield. Après l'assassinat de ce dernier et son remplacement par M. Arthur, il quitta volontairement le pouvoir. Mais en 1884, il se présenta de nouveau comme candidat à la présidence des États-Unis, dans l'intérêt du parti républicain. On sait que ce fut le candidat démocrate, M. G. Cleveland, qui fut élu. — Il prépare dès maintenant (1886) sa candidature aux élections présidentielles de 1888, du moins à en croire les attaques dont il est l'objet de la part de ses adversaires politiques.

BLANC, PIERRE, homme politique français, né à Beaufort (Savoie) le 29 juin 1806. Avocat du barreau de Chambéry depuis quarante ans, ancien député au Parlement sarde avant l'annexion, M. P. Blanc fut élu député d'Albertville le 20 février 1876, comme candidat républicain, et réélu le 14 octobre 1877 et le 21 août 1881. Il fut élu de nouveau, sur la liste républicaine, député de la Savoie le 4 octobre 1885. — M. P. Blanc a voté l'expulsion totale des princes.

BLANC, XAVIER, homme politique français, né à Gap le 5 août 1817. Reçu avocat en 1837, il s'inscrivit au barreau de Gap, fit bientôt partie du conseil de l'ordre et fut élu bâtonnier vingt-quatre fois, preuve d'estime peu commune. Conseiller général des Hautes-Alpes depuis 1846, M. X. Blanc fut, aux deux époques mémorables de 1848 et de 1870, administrateur intérimaire du département. Il se présenta comme républicain aux élections sénatoriales du 30 janvier 1876 et fut élu. Aux élections du 25 janvier 1885, son mandat lui était renouvelé par 322 voix sur 370 électeurs. M. X. Blanc siège sur les bancs de la gauche sénatoriale. — Dans la question des princes, il a voté contre la loi d'expulsion.

BLANCHARD, C. ÉMILE, naturaliste français, né à Paris le 6 mars 1820. Élève de son père, Émile T. Blanchard, ancien chirurgien militaire de l'empire, devenu peintre, il se livra de bonne heure à des études zoologiques, professa cette science au Muséum d'histoire naturelle et à l'École normale, et fut chargé de missions scientifiques en Italie, etc. Membre de diverses sociétés savantes, françaises et étrangères, M. Émile Blanchard a été élu membre de l'Académie des sciences (section d'anatomie et zoologie) en 1862, en remplacement d'Isidore Geoffroy Saint-Hilaire. — On lui doit un grand nombre de mémoires, principalement sur les animaux invertébrés, lesquels ont été insérés dans les *Comptes rendus de l'Académie des sciences*, les *Annales des sciences naturelles*, etc. Il a publié en outre : *Catalogue de la collection entomologique du Museum d'histoire naturelle (1850-51*, 2 vol.); la *Zoologie agricole (1854* et suiv.); *Recherches sur l'organisation des vers (1854*, avec pl.), couronné par l'Académie des sciences; *Organisation du règne animal (1851-64*, 36 livr.); *Histoire naturelle des insectes (1859)*; *Métamorphoses, mœurs et instincts des insectes (1868*, in-8° de plus de 700 pages, avec 200 figures et 40 planches hors texte). Une édition populaire de cet ouvrage a été publiée par livraisons en 1876. On lui doit encore une édition des *Insectes et zoophytes*, dans le *Règne animal de Cuvier*, des articles dans la *Revue des Deux-Mondes*. — Chevalier de la Légion d'honneur depuis 1860, M. Émile Blanchard a été promu officier le 4 mars 1878.

BLANCHE, ANTOINE ÉMILE, médecin aliéniste français, né à Paris le 1er octobre 1820, fit ses études à Paris et fut reçu docteur en 1848. A la mort de son père, le célèbre aliéniste, fondateur de la maison de santé de Passy, M. Blanche prit la direction de cet établissement (1852). Il n'a publié que sa thèse pour le doctorat: du *Cathétérisme œsophagien chez les aliénés (1848)*; on lui doit diverses améliorations dans le traitement des aliénés et l'invention d'un « mandrin articulé » applicable à ceux de ses malades qui refusent toute nourriture. Une ambulance fut installée dans la maison de santé de Passy pendant le siège de Paris (1870-71), où nos blessés furent entourés des soins les plus dévoués. En récompense, M. le Dr Blanche, qui était chevalier de la Légion d'honneur depuis 1854, a été promu officier le 9 août 1870. Élu, le 23 juillet, membre du Conseil municipal de Paris, en même temps que l'était, pour un autre quartier, son beau-frère, M. Émile, et les liens de parenté qui unissaient ces deux conseillers ne leur permettant pas de siéger dans cette assemblée tous les deux, M. Blanche dut abandonner son siège, par décision du sort chargé de trancher la difficulté. — Le Dr Blanche est associé libre de l'Académie de médecine.

BLANCSUBÉ, JULES, homme politique français, né dans le département des Basses-Alpes vers 1830, il se fit recevoir avocat et s'inscrivit au barreau de Marseille. En 1864, il alla s'établir à Saïgon (Cochinchine), devint maire de cette ville, président du Conseil colonial et conseiller du roi de Cambodge Norodom. Comme maire de Saïgon, on doit à M. Blancsubé d'importantes améliorations, dont la colonie lui marqua sa reconnaissance en l'envoyant siéger à la Chambre des députés aux élections de 1881. Il y prit place dans les rangs de l'Union républicaine, ne fut réélu en octobre 1885. — M. Blancsubé a voté l'expulsion totale des princes. Il est membre du Conseil supérieur des colonies.

BLANDIN, EUGÈNE, homme politique français, né à Villenauxe-les-Couverts (Côte d'Or) le 28 juillet 1830. Ancien avoué, ancien négociant, maire d'Épernay, décoré de la Légion d'honneur en cette dernière qualité, pour l'énergie et le dévouement qu'il a montrés pendant l'occupation allemande, M. Blandin échoua cependant aux élections de 1871, avec près de 29,000 voix; il fut élu député d'Épernay, le 20 février 1876, à une majorité énorme, et siégea à gauche. Réélu, le 14 octobre 1877 et le 21 août 1881 à une majorité toujours croissante, il figurait aux élections du 4 octobre 1885, sur la liste républicaine que les électeurs de la Marne ont fait triompher. M. Eugène Blandin a voté l'expulsion totale des princes. — Il a été sous-secrétaire d'État au ministère de la guerre dans le cabinet Gambetta.

BLATIN, ANTONIN, médecin et homme politique français, né en 1842 à Clermont-Ferrand. Reçu docteur en médecine, il s'établit à Clermont et devint professeur à l'École de médecine de cette ville et médecin de l'hôpital. Il collabora, aussitôt qu'il y en eut, aux journaux d'opposition de sa région, fit des conférences, etc. Maire de Clermont-Ferrand depuis l'année précédente, M. A. Blatin fut porté candidat aux élections du 4 octobre 1885, sur la liste républicaine, et fut élu député du Puy-de-Dôme au scrutin du 18 octobre. Il a pris place à gauche et a voté l'expulsion des princes prétendants. — M. le D' Blatin est membre du conseil du Grand Orient de France. Il a écrit quelques ouvrages de médecine.

BLIN DE BOURDON (vicomte), MARIE ALEXANDRE RAOUL, homme politique français, né à Abbeville le 20 mai 1837. Désireux de compléter son éducation par des voyages, il visita quelques contrées de l'Afrique et de l'Asie et explora les deux Amériques. Capitaine des mobiles de la Picardie, bataillon de Doullens, il fut blessé au combat de Breteuil. Rétabli, il rejoignit son bataillon, dont il partagea le sort, et fut décoré de la Legion d'honneur après le combat de Pont-Noyelles, pour sa belle conduite devant l'ennemi. Élu représentant de la Somme à l'Assemblée nationale le 8 février 1871, il prit place à droite, s'inscrivit à la réunion Colbert et au cercle des Réservoirs et fut secrétaire de l'assemblée de février 1873 à décembre 1874. Élu député de Doullens le 20 février 1876 et réélu le 14 octobre 1877 et le 21 août 1881, M. Blin de Bourdon fut élu, le 4 octobre 1885, député de la Somme en tête de la liste conservatrice triomphante.

BLIND, KARL, publiciste et homme politique allemand, né à Mannheim, le 4 septembre 1826. Il fit ses études aux universités d'Heidelberg et de Bonn, tout en collaborant activement aux journaux révolutionnaires. Traduit devant la Haute cour de justice, en vertu de la loi sur la presse, il fut cependant acquitté (1846). Il s'occupa alors de préparer la révolution, en créant des associations parmi les étudiants, les ouvriers, les élèves des gymnases et jusque dans l'armée. En 1847, il fut emprisonné sous prévention de haute trahison. Son jugement toutefois n'aboutit pas, faute de pouvoir obtenir d'un jury du Palatinat un verdict de culpabilité contre lui. Il prit une grande part au soulèvement de Karlsruhe, réclamant la liberté de la presse, l'introduction du jury et l'extension du système à toutes les juridictions, l'établissement d'une garde nationale et la création d'un parlement allemand. Il fut de nouveau arrêté sous l'inculpation d'avoir voulu entraîner le mouvement initial dans la voie républicaine ; mais le succès populaire d'Offenburg lui rendit la liberté. Blessé dans la lutte qui eut lieu dans les rues de Francfort, et proscrit après sa participation au mouvement provoqué par Hecker (avril 1848), il se retira en Alsace, où, ayant pris la direction du comité de Strasbourg, il préparait un soulèvement en Allemagne, lorsqu'il fut impliqué dans l'insurrection parisienne de juin 1848, arrêté et conduit à la frontière suisse. Heureusement pour lui, le maire de Saint-Louis s'opposa à sa remise aux autorités badoises, acte de loyauté politique qui était dans les instructions de la police française. Pendant la guerre du Schleswig-Holstein et après l'armistice de Malmoe, humiliant pour le sentiment national, Karl Blind se joignit à Gustav von Struve, et tous deux tentèrent une seconde révolution républicaine (21 septembre 1848), mais sans succès. A l'assaut de Staufen, il combattit derrière les barricades et quitta la ville un des derniers. Fait prisonnier, il fut traduit devant une cour martiale mais ne fut pas jugé, par cette circonstance que, la loi martiale n'ayant été proclamée, des scrupules s'élevèrent dans l'esprit de quelques-uns des militaires composant la cour. Enfermé pendant quelque temps dans les casemates de Rastadt, il fut jugé ensuite par les tribunaux ordinaires, condamné à huit ans de prison et écroué à la citadelle de Bruchsal d'où il fut délivré (24 mai 1849) avec Struve, qui y était également, par le peuple et les soldats, qui brisèrent les portes de la citadelle. Aussitôt il forme à la hâte un petit corps d'armée, avec l'aide de Struve toujours, dans l'intention de s'emparer de Rastadt, puis de la capitale du duché. étant un adversaire convaincu de Brentano, le chef du nouveau mouvement, qu'il accusait d'être en rapport avec la dynastie déchue ; aussi celui-ci voulut-il le faire arrêter. Envoyé avec Frédéric Schütz à Paris, et accrédité auprès du président de la République française, Karl Blind fut encore une fois arrêté, au mépris du droit international, sous prétexte qu'il avait pris part à la manifestation contre l'expédition de Rome. En vain la gauche de l'Assemblée demanda sa mise en liberté ; menacé, après plusieurs mois de détention, d'être livré aux cours martiales prussiennes, il s'entêta à maintenir sa qualité diplomatique, et fut, à la fin, expulsé de France purement et simplement. Il se retira en Belgique, auprès de sa femme, qui avait elle-même fait beaucoup de sacrifices à la cause populaire et mainte fois subi l'emprisonnement ; mais de nouvelles persécutions le classèrent de Belgique, et le président Louis-Napoléon lui ayant refusé le passage en France pour se rendre en Italie, il alla s'établir avec sa famille en Angleterre. D'Angleterre, il n'a pas cessé de poursuivre une propagande démocratique active. Après l'amnistie de 1862, la Chambre des députés de Stuttgart lui donna un banquet. Il reçut Garibaldi à Londres, comme orateur des Allemands réfugiés. Un des promoteurs du mouvement schleswig-holsteinois, de complicité avec les principaux membres de la Diète du Schleswig, il était à la tête du comité allemand de Londres pendant la guerre qui suivit. Karl Blind a également exercé une grande influence sur l'opinion publique en Angleterre, en faveur de l'indépendance de l'Italie et de la Pologne, ainsi que de l'Union américaine, par ses discours et ses écrits. — C'est son gendre, Cohen-Blind, qui, le 7 mai 1866, commit cet attentat contre la vie de M. de Bismarck, qui vint si fort à propos pour ramener à celui-ci quelques semblants de sympathie. Le malheureux insensé se poignarda dans sa prison.

Pendant la guerre franco-prussienne, Karl Blind soutint naturellement la cause du parti national allemand, attitude qu'il a conservée depuis, notamment dans la question religieuse, qui s'est traduite par la persécution préméditée de l'Église catholique. Il a publié divers mémoires ou brochures politiques, ainsi que quelques ouvrages à Londres sur ce sujet. En novembre et décembre 1875, il donnait encore à Londres une série de « lectures » sur ce sujet toujours plein d'intérêt et qu'il possède à fond : la *Mythologie de nos ancêtres les Germains*.

BLOCK, MAURICE, économiste français d'origine allemande, né le 18 février 1816 à Berlin ; il fut amené tout jeune en France et a obtenu depuis sa naturalisation. Entré en 1843 au ministère de l'agriculture, du commerce et des travaux publics, il y fut d'abord attaché au bureau de statistique générale et devint sous-chef en 1853. Il quitta cette administration en 1861 pour pouvoir se consacrer tout entier à ses travaux de publiciste. Cette même année 1861, il obtenait de l'Académie des sciences le prix Monthyon de statistique, réservé depuis quatre ans. — On a de M. Maurice Block : *Des charges de l'agriculture dans les divers pays de l'Europe* (1850), ouvrage couronné par l'Institut et par la Société d'agriculture ; l'*Espagne en 1850, tableau de ses progrès les plus récents* (1851) ; *Statistique de la France comparée avec les divers États de l'Europe* (1860) ; *Puissance comparée des divers États de l'Europe* (1862) ; les *Finances de la France depuis 1815* (1863) ; l'*Europe politique et sociale* (1869) ; les *Théoriciens du socialisme en Allemagne* (1872) ; les *Communes et la Liberté* (1876) ; *Petit manuel d'économie pratique*, couronné par l'Institut (1882), etc. Il a repris avec M. Guillaumin la continuation de l'*Annuaire d'économie politique*, fondé par Guillaumin lui-même, qui paraît depuis 1858 ; dirigé le *Dictionnaire de l'administration française*, le *Dictionnaire général de la politique*, la *Bibliothèque de l'administration française*, etc. ; traduit de l'allemand, de Roscher, un traité du *Commerce des grains* (1854) ; et collabore à divers journaux ou publications périodiques, notamment au *Temps*, au *Journal des Économistes*, au *Bulletin de la Société d'agriculture*, à la *Revue de France*, etc. Il publie enfin depuis plusieurs années, chez Hetzel, une série de petits volumes sous ce titre : *Entretiens familiers sur l'administration de notre pays*, et qui comprend aujourd'hui (1886) une douzaine de volumes sur les questions d'administration les plus intéressantes pour tout le monde.

M. M. Block est membre de l'Académie des sciences morales et politiques. Il est chevalier de la Légion d'honneur et décoré d'un grand nombre d'ordres étrangers.

BLUM, ERNEST, auteur dramatique et journaliste français, né à Paris le 15 août 1836 ; est fils d'un artiste dramatique. Il a débuté au théâtre en 1854, par une petite pièce : une *Femme qui mord*, jouée aux Variétés. Il a donné depuis aux Délassements-Comiques, et en société avec Alexandre Flan, une foule de vaudevilles, de revues de fin d'année, etc. Nous citerons : l'*Escarcelle d'or*, *Suivez le monde*, les *Délassements en vacances* (1859) ; l'*Almanach comique*, *A vos souhaits* (1860) ; *Paris-Journal*, le *Plat du jour*, la *Tour de Nesle pour rire*, *En zig-zag* (1861) ; les *Jolis farceurs* (1862) ; les *Noces du diable* (1863), etc. Il a donné à la Gaîté, en collaboration avec Lambert Thiboust : la *Petite Pologne*, drame en 4 actes (1861) ; aux Variétés : *Montjoie fait* peur, avec Siraudin ; la *Revue au cinquième étage*, avec Siraudin et Clairville; *Crockbête et ses lions*, avec Clairville (1863) ; à l'Ambigu-Comique : *Rocambole*, drame en 7 tableaux, avec Anicet Bourgeois et l'onson du Terrail, tiré de l'interminable roman de celui-ci (1864); au Châtelet : la *Lanterne magique*, avec Clairville et Marc Monnier, 20 tableaux (1865); *Cendrillon*, féerie en 30 tableaux, avec les mêmes (1866); le *Diable boiteux*, revue en 30 tableaux, avec Clairville et Alexandre Flan, les *Voyages de Gulliver*, féerie également en 30 tableaux, avec Clairville et M. Monnier, etc. Il a collaboré en outre à diverses revues, féeries ou opérettes, et donné plus récemment à la Renaissance, avec M. Hector Crémieux : la *Famille Trouillat (1874)* et la *Jolie parfumeuse (1875)*, opérettes. Il a également fait représenter en 1875, à l'Ambigu, *Rose Michel*, drame en 5 actes, qui fut le plus grand succès dramatique de l'année, et en 1876, l'*Espion du roi*, drame historique. Ajoutons enfin à cette liste incomplète une comédie en 5 actes, au Palais-Royal : l'*Avant-scène (1876)*; les *Variétés de Paris (1882)*, *Pschutt et V'lan (1883)*, revues avec M. Toché, aux Variétés ; *Revisons*, revue, même théâtre, avec MM. Toché et Wolff; le *Diable au corps*, opéra bouffe, 2 actes. aux Bouffes ; le *Château de Tire Larigot*, opérette, 3 actes, aux Nouveautés (1884); le *Naufrage de M. Godet*, vaudeville, 3 actes, aux Variétés, avec M. Toché; *Mam'zelle Gavroche*, vaudeville, 3 actes, avec MM. Saint-Albin et Goudinet, aux Variétés; les *Nouveautés de Paris*, revue, avec MM. Wolf et Toché; le *Petit Chaperon rouge*, opérette, 3 actes, avec M. Toché, aux Nouveautés (1885) ; *Guignol comique*, 3 actes, avec le même, même théâtre (1886), etc.

Longtemps rédacteur du *Charivari*, M. Blum a publié, en 1866, un recueil de ses principaux articles dans ce journal, sous ce titre: Entre *Bicêtre et Charenton*. Il a aussi publié à Bruxelles, en 1868, une *Biographie complète d'Henri Rochefort* (anonyme). M. Blum est, depuis la fondation (1869), attaché au *Rappel* où il rédige quotidiennement des *Zigzags dans Paris*, qui passent bien quelquefois les fortifications, mais sont néanmoins fort goûtés des amateurs de littérature humoristique appliquée à la politique courante.

BLUMENTHAL (von) LEONHARD, lieutenant général allemand, né le 30 juillet 1810 à Schwedt-sur-l'Oder. Entré dès 1820 à l'Académie militaire de Culm, il fit ses études dans cette académie et dans celle de Berlin, d'où il sortit le 27 juillet 1827 avec le grade de second lieutenant dans le régiment de landwehr de la garde (le régiment actuel des fusiliers de la garde); suivit, de 1830 à 1833, les écoles militaires générales de Berlin, fut, de 1837 à 1845, adjudant au bataillon de landwehr de Coblenz, et devint en 1846 premier lieutenant à la division topographique de l'Etat-major. Afin de se rompre parfaitement à la science militaire technique, il obtint de passer quelque temps à l'artillerie et à la division des pionniers de la garde, en mars 1848, comme lieutenant de fusiliers, prenait part aux combats qui ensanglantèrent les rues de Berlin. Le 1er janvier 1849, M. de Blumenthal était promu capitaine à l'état-major général, auquel, sauf quelques courtes interruptions, il n'a cessé d'appartenir depuis. Dans cette même année il prit part, comme attaché à l'état-major du général von Bonin, à la campagne du Schleswig-Holstein; se trouva à la plupart des affaires importantes et se distingua au siège et à la bataille de Fredericia d'une manière si exceptionnelle, qu'il fut promu, le 14 mai, chef de l'état-major général de l'armée. Passé l'année suivante dans l'état-major de la division mobile du général von Tietzen, opérant dans l'Electorat de Hesse, il fut, peu après, envoyé en Angleterre, chargé d'une mission spéciale à la suite de laquelle il fut décoré de l'ordre de l'Aigle rouge. Le 18 juin 1853, il était promu major d'état-major. Sa connaissance de la langue anglaise le fit charger en diverses occasions de missions spéciales en Angleterre, notamment à cette époque. Nommé, en 1859, aide de camp du prince Frédéric-Charles, il devint, le 1er juillet 1860, colonel du 31e régiment, et, plus tard, du 71e régiment d'infanterie. Il accompagna, en 1861, le général von Bonin à la cour britannique, et se fit, dans l'automne suivant, le cicerone des officiers étrangers aux manœuvres militaires exécutées sur le Rhin. Il avait été quelque temps chef de l'état-major du troisième corps d'armée, quand, le 15 décembre 1863, il fut nommé chef d'état-major général du corps d'armée mobile réuni contre le Dauemark. La part qu'il prit à cette guerre, notamment à Missunde, à l'attaque des tranchées de Düppel et au passage de l'île d'Alsen, lui valut sa nomination au grade de major général et la décoration de l'ordre du Mérite militaire, le 25 juin 1864.

Après la paix, le général de Blumenthal reçut le commandement de la 7e, puis de la 30e brigade d'infanterie. Dans la guerre contre l'Autriche, en 1866, il était chef d'état-major général de la seconde armée du prince de Prusse. Il reçut, après la campagne, la feuille de chêne de l'ordre du Mérite, une des plus grandes et des plus rares distinctions conférées à l'armée, et l'étoile de commandeur de l'ordre de la Maison de Hohenzollern. Nommé commandant de la 14e division, à Düsseldorf, le 30 octobre 1866, il accompagna le prince Frédéric-Guillaume à Saint-Pétersbourg, dans l'automne de cette même année. — Pendant la guerre franco-prussienne de 1870-71, le général de Blumenthal était chef de l'état-major général de la troisième armée, commandée par le prince héritier. A l'issue de la campagne, on rapporte que, lorsque la croix de fer fut offerte au prince Frédéric-Guillaume, celui-ci déclara que la même distinction était due, plus encore qu'à lui-même, à son chef d'état-major. En fait, le général Blumenthal est considéré, même en France, comme un stratégiste — tel que la France en a trop eu et trop peu de commandeurs trop ambitieux et trop compétents manqué. — Il est commandeur de la Légion d'honneur.

BOCAGE, PAUL, romancier et auteur dramatique français, fils du célèbre acteur, est né à Paris en 1824 et y a fait ses études au collège Louis-le-Grand. Il débuta dans la carrière littéraire par un roman écrit en collaboration avec MM. Octave Feuillet, son condisciple à Louis-le-Grand et Albert Aubert : le *Grand vieillard*, qui parut au *National* en 1845. — Il a donné au théâtre : *Echec et Mat*, comédie en 5 actes, à l'Odéon (1846); *Palma, ou la nuit du vendredi saint*, drame en 5 actes, Porte-Saint-Martin (1847) ; la *Vieillesse de Richelieu*, comédie en 5 actes, aux Français (1849) ; *York*, comédie vaudeville, au Palais-Royal (1852); *Janot chez les sauvages*, avec Th. Cogniard, aux Variétés (1856); la *Question d'amour*, avec M. Aurélien Scholl, au Gymnase (1864), etc.; sans parler de sa collaboration anonyme à un certain nombre de pièces et de *libretti* d'opéras, notamment avec Alexandre Dumas père. On a attribué à M. P. Bocage, sur son affirmation d'ailleurs, la paternité des *Mohicans de Paris*, publiés sous le nom d'Alexandre Dumas et parus d'abord dans le *Mousquetaire*, dont M. P. Bocage était rédacteur et où il a publié beaucoup de nouvelles et de notices fantaisistes. Il est en outre auteur des *Puritains de Paris (1862)*, etc.

BOCHER, HENRI EDOUARD, administrateur et homme politique français, sénateur, né à Paris le 16 février 1811, fit ses études au collège Henri IV et suivit ensuite les cours de la faculté de Droit. Nommé auditeur au Conseil d'Etat en 1833, il était nommé l'année suivante sous-préfet à Etampes, préfet du Gers en 1839, et était préfet du Calvados depuis 1842, lorsqu'éclata la révolution de 1848. Elu représentant du Calvados à l'Assemblée législative, aux élections du 23 mai 1849, M. Bocher, qui avait fait une profession de foi républicaine assez inattendue, à laquelle il devait bien sans doute quelques suffrages, prit place sur les bancs de la droite, avec laquelle il vota, ne s'occupant activement, toutefois, que des questions d'administration et de finances. Après la levée du séquestre mis sur les biens de la famille d'Orléans par le gouvernement de Louis-Napoléon, M. Bocher fut nommé l'ex-roi administrateur de ces biens, et défendit les intérêts qui lui étaient confiés avec une énergie des plus louables, s'opposant par tous les moyens légaux à l'exécution des décrets du 22 janvier 1852. Il est resté le mandataire, l'intendant pour ainsi dire, des princes d'Orléans, qui ne pouvaient, assurément, placer leurs intérêts en meilleures mains. — Resté étranger jusque-là à la vie politique, M. Bocher se présenta en 1869 aux électeurs de la première circonscription du Calvados, contre le candidat officiel, M. le comte de Germiny ; mais il échoua. Aux élections du 8 février 1871, il fut élu par le même département, le deuxième sur neuf, représentant à l'Assemblée nationale. Il siégea au centre droit et prit bientôt dans ce groupe, dont il fut même longtemps président, une place influente. Il a fait partie de plusieurs commissions importantes a été rapporteur du projet de loi portant restitution pour l'Etat des biens non vendus de la famille d'Orléans. L'un des membres libéraux du centre droit, il employa son influence sur ses collègues à les persuader de voter les lois constitutionnelles. Plusieurs fois sollicité d'entrer au ministère, il a constamment refusé.

M. Bocher a été porté, aux élections sénatoriales du 30 janvier 1876, dans le Calvados, sur la liste constitutionnelle, appuyée par le parti républicain, en opposition à la liste bonapartiste, et fut élu. Sa circulaire électorale n'est qu'une adhésion nouvelle à la Constitution du 25 février qu'il rappelle avoir votée et qu'il déclare ne pas songer à modifier... avant l'époque légale et sans en avoir fait sincèrement et sérieusement l'épreuve. M. Bocher a été réélu sénateur du Calvados au renouvellement du 25 janvier 1885. Son caractère bien connu, ses attaches orléanistes disent le reste.

BODAN (du). Voy. **Du Bodan**.

BOEHM, Joseph Edgar, sculpteur autrichien, né à Vienne le 6 juillet 1834, d'une famille d'origine hongroise. Après avoir étudié son art successivement à Vienne, en Angleterre, en Italie et à Paris, il se fixa en Angleterre en 1862. En 1856, il avait obtenu à Vienne, avec une médaille d'or, l'exemption du service militaire. — On cite principalement de cet artiste : une *Statue colossale de la Reine*, en marbre, pour Windsor (1869); le *Monument du duc de Kent* pour la chapelle Saint-George et des statuettes en bronze de la *Famille royale* (1870); une statue colossale de *John Bunyan* pour Bedford (1872); une autre de la *Duchesse de Bedford*, en bronze doré (1874); la statue de *sir John Burgoyne*, pour la place Waterloo et une statue colossale équestre du *Prince de Galles* pour Bombay (1877); une statue de *Thomas Carlyle*, les monuments de *Lord Cardigan* et de *Sir York Scarlett*; un *Groupe de chevaux* en bronze pour Eaton; une statue colossale équestre de *Lord Napier de Magdala*; une statue en marbre du *Roi Léopold de Belgique*; une statue colossale de *Sir William Gregory*, pour Ceylan; des bustes de M. *Millais*, peintre, de *Lord Landsdowne*, de M. *Whistler*, de *Lord Shaftesbury*, de *Sir Henry Cole*; une statue de *Lord John Russell*, pour le Parlement; une statue de la *Princesse Alice* et une autre de sa fille, la *Princesse Mathilde*, pour le mausolée royal de Frogmore; une statue du *Prince impérial* (de France); les statues colossales de *Lord Lawrence*, de *William Tyndall* et de *Sir Francis Drake*; les statues de *Lord Beaconsfield*, de *Lord Stratford de Redcliffe* et du *Doyen Stanley*, pour l'abbaye de Westminster; la statue de la feue *Duchesse de Westminster*; les bustes de MM. *John Bright*, *Gladstone* et *Ruskin*; le médaillon de la Reine pour servir de modèle à la gravure des monnaies, etc. etc. — M. Boehm a été élu associé de l'Académie royale de Londres en 1878 et membre titulaire en 1882. Il est membre de l'Académie de Florence depuis 1875 et de celle de Rome depuis 1880. Il a obtenu une 2e médaille à l'Exposition universelle de 1878 (où l'on a pu voir, notamment, la *Statue de Thomas Carlyle*, dans la section anglaise et la statue équestre colossale du *Prince de Galles*, dans la galerie de l'Inde) et une médaille d'or à l'Exposition artistique de Vienne en 1882. Enfin M. Boehm a été nommé sculpteur ordinaire de la Reine en 1881.

BOESWILLWALD, Émile, architecte français, né à Strasbourg le 2 mars 1815, étudia à l'Académie de Munich et à l'École des Beaux-Arts de Paris et fut élève de Labrouste. Attaché à la Commission des monuments historiques, il devint successivement inspecteur de monuments divers, architecte diocésain et chargé à ce titre de la restauration de divers monuments historiques religieux et civils, tant à Paris qu'en province. Il est inspecteur général des monuments historiques, membre du Comité des travaux historiques et scientifiques (section d'archéologie), du Conseil supérieur des Beaux-Arts, de la Commission des souscriptions aux ouvrages d'art, de la Commission des monuments historiques, de celle de l'inventaire général des richesses d'art de la France, du Comité des sociétés des Beaux-Arts des départements, etc. Il a exposé aux Salons annuels un grand nombre de dessins de monuments religieux et autres, et a obtenu la médaille de 2e classe en 1849 et une de 1re classe en 1855; nommé chevalier de la Légion d'honneur en 1853, il a été promu officier en 1865 et commandeur le 12 juillet 1880.

BOGINO, Frédéric Louis, statuaire français, né à Paris le 14 novembre 1831, descend des comtes Bogino, qui ont fourni plusieurs ministres dont le plus fameux est celui qui, en 1720, obtint pour Victor-Amédée II, duc de Piémont, la Sardaigne avec le titre de roi, en échange de la Sicile. Celui qui fait l'objet de cette notice n'en eut que des débuts extrêmement laborieux et pénibles. Il travailla comme mosaïste, au tombeau de l'empereur, aux Invalides, à l'âge de douze ans et eut, très jeune encore, la direction d'un des deux ateliers; il rencontra là Pradier, qui exécutait les douze cariatides regardant le sarcophage, avec M. Lequesne, son élève, lequel voyant des esquisses faites par le jeune Bogino à ses heures de repos, l'encouragea beaucoup et lui donna de précieux conseils. M. Bogino apprit aux cours du soir de l'École municipale de dessin de la rue de l'École-de-Médecine, les premiers éléments de son art; il suivit ensuite les cours de l'École des Beaux-Arts et l'atelier de Jouffroy, et débuta au Salon de 1853, avec une statue de *Saint-Pierre*. Ses œuvres ont figuré à peu près à tous les Salons annuels depuis cette époque; nous citerons les principales, qui sont : Mme *Ristori dans le rôle de Mirrha*, statuette (1854); *Ajax fils d'Oïlée* (1857); *Mater Dolorosa*, complétait le *Calvaire* de Bouchardon, à l'église Saint-Roch; l'*Italie délivrée*, statue colossale (1860); *Francesca di Rimini*, groupe (1863); l'*Oiseleur* (1866); *Canéphore*, statue, achetée et commandée en marbre par l'État (1868); le *Génie* (1870); le *Guetteur* (1873); le *Christ au jardin des Oliviers*, groupe (1874); *Jeune homme portant une amphore*, statue en marbre (1875); *Victor Hugo*, statue en plâtre (1884); *Asile! Asile! Asile! Quasimodo arrachant Esmeralda des mains des bourreaux et l'emportant à Notre-Dame*, groupe en plâtre (1885); des cariatides, des frontons, un grand nombre de portraits-bustes etc., etc., En dehors de ses expositions, on doit à M. Bogino diverses œuvres importantes, notamment : la statue en bronze du maréchal *Regnaud de Saint-Jean d'Angély*, inaugurée, le 23 août 1863, sur la place de l'Hôtel de Ville, à Saint-Jean d'Angély; *Saint-Hilaire*, statue, à Saint-Étienne-du-Mont; la *Compassion*, groupe colossal à Saint-Roch; le groupe commémoratif érigé à la mémoire des soldats morts pour la France, les 16 et 18 août 1870, à Gravelotte, Saint Privat, Rezonville, Sainte-Marie-aux-Chênes et Mars-la-Tour, inauguré le 2 novembre 1875 à Mars-la-Tour et dont le modèle en plâtre figurait au Salon de 1876. — M. Bogino a été décoré de la Légion d'honneur le 5 septembre 1877.

Son fils, M. Emile Louis Bogino, élève de son père et de Jouffroy, expose également aux Salons annuels depuis quelque temps. Il a obtenu une mention honorable.

BOISGOBEY (du), Fortuné, romancier français, né à Granville (Manche) en 1824. D'abord payeur à l'armée d'Afrique, de 1844 à 1848, il fit ensuite un voyage en Égypte, dont il publia plus tard une relation pittoresque sous ce titre : *Du Rhin au Nil, souvenirs de voyage*. Il ne s'adonna du reste à la littérature qu'assez tard, et après s'être ruiné, dit-on, par des prodigalités de jeunesse. On raconte que très incertain de l'avenir et ne sachant trop qu'entreprendre, M. F. du Boisgobey lut par hasard un feuilleton de Ponson du Terrail, et découvrit ainsi sa voie. Il l'a suivie avec succès, sinon tout à fait avec gloire; mais peut-être y eût-il moins facilement réussi s'il n'avait eu plus d'une relations influentes dans la presse, qui l'y aidèrent. — On a de M. du Boisgobey : l'*Homme sans nom*, le *Forçat colonel* (1872); les *Gredins* (1873); le *Chevalier Casse-cou*, la *Tresse blonde* (1874); les *Collets noirs*, l'*As de cœur*, le *Coup de pouce* (1875); les *Mystères du nouveau Paris* (1876); le *Demimonde sous la Terreur* (1877); le *Crime de l'omnibus* (1882); *Margot la Balafrée*, le *Mari de la Diva* (1884); la *Voilette bleue* (1885), la *Bande rouge, aventures d'une jeune fille pendant le siège et sous la commune*; *Rubis sur l'ongle* (1886), etc. etc.

BOISSIER, Marie Louis A. Gaston, professeur et littérateur français, né à Nîmes le 15 août 1823; commença ses études au lycée de sa ville natale et alla les compléter à Paris, à Sainte-Barbe et à Louis-le-Grand. Il entra à l'École normale en 1843, se fit recevoir agrégé des classes supérieures en 1846, et devint professeur de rhétorique, d'abord à Angoulême où il ne resta qu'une année, ensuite à Nîmes où il exerça pendant dix ans. Reçu docteur en 1856, il était nommé l'année suivante professeur suppléant de M. Havet à la chaire d'éloquence latine du Collège de France en 1861, maître des Conférences à l'École normale en 1865, et chargé, dans la même année, du cours de poésie latine, comme suppléant de Sainte-Beuve. Il a été appelé depuis, comme titulaire, à la chaire de langue et de littérature latines à l'École normale et à la chaire d'histoire de la littérature latine au Collège de France. — M. Gaston Boissier a été élu membre de l'Académie française, le 8 juin 1876, en remplacement de Patin. Il est également membre de l'Académie des inscriptions et belles-lettres, membre du Conseil supérieur de l'instruction publique, membre du Comité des travaux historiques, etc.

On cite de M. Boissier : ses thèses de doctorat *sur Attius* et *sur Plaute* (1856); une *Étude sur la vie et les ouvrages de Terentius Varron* (1859), couronnée par l'Académie des Inscriptions et belles-lettres; *Cicéron et ses amis, étude sur la société romaine au temps de César* (1865); la *Religion romaine, d'Auguste aux Antonins* (1875, 2 vol.); l'*Opposition sous les Césars* (1876, nouvelle édition, 1885), etc. — Il a collaboré à la *Revue de l'instruction publique*, à la *Revue des Deux-Mondes*, etc. — M. Gaston Boissier est officier de la Légion d'honneur depuis le 15 janvier 1879.

BOISSONNADE DE FONTARABIE, Gustave Emile, fils de l'helléniste du même nom, jurisconsulte français, né à Vincennes le 7 juin 1825; a fait ses études classiques et son droit à Paris, où il fut reçu docteur en 1852. Nommé en 1864 professeur agrégé à la faculté de droit de Grenoble, il fut appelé en la même qualité, en 1857, à celle de Paris, et y fut chargé du cours d'économie politique, comme suppléant de M. Bathie. Il acceptait peu après l'invitation du mikado de venir créer au Japon l'enseignement du droit européen. — On a de M. Boissonnade : *Essai sur l'histoire des donations entre époux et leur état, d'après le Code Napoléon (1852)*; *Tableau synoptique du droit romain (1854)*; *Lafontaine économiste*; *Histoire de la réserve héréditaire et de son influence morale et économique*, mémoire couronné, en 1867, par l'Académie des sciences morales et politiques ; *Histoire des droits de l'époux survivant (1874)*, etc.; outre une collaboration assez importante à diverses publications périodiques de jurisprudence et de législation. — M. Boissonnade est décoré de l'ordre Japonais du Soleil levant (2e classe), commandeur de l'ordre de la couronne d'Italie, etc.

BOISSONNET (baron), Estève Laurent, général français, né à Paris le 19 juin 1811. Sorti de l'Ecole polytechnique en 1832, comme sous-lieutenant d'artillerie, il était général de brigade depuis le 14 juillet 1870, lorsqu'éclata la guerre contre l'Allemagne. Il avait été créé baron, à titre personnel, par l'empereur, peu de temps auparavant. Resté à Paris, le général baron Boissonnet se distingua dans plusieurs occasions, notamment à la bataille de Champigny, où il fut blessé grièvement. Promu général de division le 16 septembre 1871, il a été admis dans le cadre de réserve et promu grand officier de la Légion d'honneur en 1876.

BOISSONNET, André Louis Alfred, frère du précédent, général français, né à Sézanne (Marne) le 19 décembre 1812. Fils d'un général du génie, en retraite dans cette petite ville, il entra à l'Ecole polytechnique, d'où il sortit en 1833 comme sous-lieutenant du génie. Il fit les campagnes d'Algérie, de Rome et de Crimée, où il fut grièvement blessé. Au moment de la guerre de 1870-71, le général Boissonnet était commandant de l'Ecole polytechnique ; il fut nommé chef de l'Etat-major général du génie de l'armée du Rhin, fit en cette qualité toute la douloureuse campagne de Metz et, après la capitulation, fut emmené prisonnier en Allemagne. Il est un des officiers généraux et autres de la garnison de Metz, qui se montrèrent les plus résolus de cette désespérée, à travers les lignes ennemies.

Membre du conseil général de la Marne depuis 1857, M. le général Boissonnet en est le président depuis 1871. Aux élections complémentaires du 29 avril 1873, il se porta candidat à l'Assemblée nationale, comme républicain modéré ; mais il échoua contre un candidat d'une nuance républicaine plus nette, M. Alphonse Picart. Par contre, aux élections sénatoriales du 30 janvier 1876, M. le général Boissonnet fit appuyer sa candidature par la coalition monarchique, qui n'obtint d'ailleurs que cette élection, et alla en conséquence siéger au Sénat sur les bancs de la droite. Son mandat, qui expirait en 1879, ne lui a pas été renouvelé. — M. le général Boissonnet a pris sa retraite ; il est grand officier de la Légion d'honneur depuis le 4 mars 1875

BOISSY-D'ANGLAS (baron), François Antoine, homme politique français, petit-fils du célèbre conventionnel, est né à Paris le 19 février 1846. Après s'être fait recevoir licencié en droit, il entra dans l'administration et devint conseiller de préfecture. Aux élections du 14 octobre 1877, il posa sa candidature républicaine dans la 2e circonscription de Tournon (Ardèche), en lutte contre le candidat officiel, tandis que son frère aîné, le comte Boissy-d'Anglas, candidat officiel, échouait dans la première contre le candidat républicain. Il prit place à gauche. Au mois d'octobre 1880, les relations diplomatiques étant officiellement reprises avec cette République, M. le baron Boissy-d'Anglas fut envoyé au Mexique, comme ministre plénipotentiaire chargé d'une mission temporaire. Il rentra en France en juin 1881, les élections étant prochaines, et fut réélu député de la 2e circonscription de Tournon le 21 août suivant. Aux élections du 4 octobre 1885, faites au scrutin de liste, M. Boissy d'Anglas échoua avec ses amis ; mais cette élection fut annulée par la Chambre, et ce fut la liste républicaine qui triompha au scrutin du 14 février qui s'ensuivit. — Il a voté l'expulsion totale des princes.

BOKER, George Henry, poète et diplomate américain, né à Philadelphie en 1824, fit ses études au collège Princeton. Il reçut son diplôme en 1842, aborda ensuite l'étude du droit, se fit recevoir avocat, mais ne pratiqua point. Ses œuvres principales sont: *Calaynos, Anne de Boleyn, Eléonore de Guzman*, et *Françoise de Rimini*, tragédies. Il a également publié : les *Leçons de la Vie, et autres poèmes (1847)*; deux volumes de *Théâtre et poèmes (1856)*; *Poèmes de la guerre (1864)*; *Kœnigsmark, et autres poèmes (1870)*; le *Livre de la Mort (1882)*, etc. M. George H. Boker a été ministre à Constantinople de 1871 à 1879.

BOLOGNESE, Domenico, poète et auteur dramatique italien, né à Naples en novembre 1819. A l'âge de douze ans, le jeune Domenico ne savait rien et manifestait pour l'étude une aversion insurmontable, c'était loin de racheter une paresse intellectuelle désolante. Mais ces défauts étaient évidemment dus au système d'éducation appliqué au jeune homme, car dès qu'il fut entre les mains d'un précepteur intelligent, l'abbé Giuseppe Lausanna, il fit des progrès d'une rapidité étonnante. Lors de l'invasion du choléra à Naples, en 1837, il publia son premier ouvrage, intitulé *Il tributo dell' Europa*, poème en quatre parties. Il collabora ensuite à tous les journaux et revues littéraires de Naples, soit en prose, soit en vers. En 1840, il fit paraitre un *Saggio sullo spirito della litteratura* (Essai sur le génie de la littérature), ouvrage remarquable par la profondeur de la pensée et la solidité des arguments; puis un poème en vers libres sur les *Croci dei Cimiteri*. Viennent ensuite ses drames : *Il barone de Reisberg, I Pirati di baratteria, Virginia Melber, Giovanni da Pareia, Gli Uscocchi, La Montanara Svizzera, Riccardo Savage, Madalena*. Mais forcé de subvenir à ses besoins et à ceux de sa famille, à quoi les profits de ses travaux ne suffisaient pas jusque-là, il se décida à écrire des livrets d'opéra, c'est-à-dire à faire, suivant l'expression de Niccolini, des drames à la vapeur (*Drammi a vapore*). Nous citerons de M. Bolognese, dans cet ordre de travaux : *Il Carceriere del 1793, Rodolfo da Brienza,Il Muratore di Napoli, Il Ritorno di un vagabondo, Esmeralda o Ermelinda, Elena di Tolosa, Il Corsaro della Guadalupa, Matilde d'Ostan, Evelina, Mudarra, Guido Colmar, Statira, Marco Visconti, Ettore Fieramosca, Elnava, Morosina*, ce dernier mis en musique par le maestro Petrella, ainsi que *Elena di Tolosa* et *Marco Visconti*; les autres, d'ailleurs, l'ont été par les principaux compositeurs italiens, et représentés à Naples, au Nouveau-Théâtre, au Fondo et à San Carlo. Il a également écrit un drame qui fut joué par la Ristori : *La Figlia di Caino*, et les paroles de deux *Oratorii* sacrés.

BONAPARTE (prince), Louis Lucien, second fils de Lucien, frère de Napoléon Ier, est né en Angleterre (Comté de Worcester), le 4 janvier 1813. Venu en France après la Révolution de 1848, il fut élu représentant de la Corse à la Constituante le 28 novembre ; mais son élection fut annulée le 9 janvier suivant. Adoptée par l'Union électorale, sa candidature triompha enfin dans le département de la Seine, aux élections pour l'Assemblée législative. Après le rétablissement de l'Empire (décembre 1852), il fut élevé à la dignité de sénateur et reçut le titre d'Altesse. — Le prince Lucien, avant son départ d'Angleterre, avait été occupé pendant plusieurs années à la surveillance de la traduction de diverses parties de la version anglaise des Ecritures, dans les dialectes divers en usage en Angleterre et en Ecosse, et y a ajouté environ en soixante-douze langues ou dialectes d'Europe, la *Parabole du Semeur*. Ces traductions, publiées depuis, n'ont été tirées qu'à un petit nombre d'exemplaires. Le prince Lucien, qui est en outre auteur de plusieurs petits ouvrages sur la langue basque, est, dit-on, très versé dans les recherches chimiques et a écrit sur cette science plusieurs ouvrages estimés. Il est grand officier de la Légion d'honneur. — Après la Révolution du 4 septembre, le prince Lucien a repris le chemin de l'Angleterre.

BONAPARTE. — Pour les membres de l'ex-famille impériale, voyez **Napoléon**.

BONDY (comte de), François Marie Taillepied, ancien pair de France, sénateur, né à Paris le 22 avril 1802, descend d'une ancienne famille de la Normandie. Il fit ses études à Paris et entra en 1822 à l'Ecole polytechnique, d'où il sortit dans l'artillerie en 1824. Démissionnaire en 1826, il était reçu avocat l'année suivante et auditeur au Conseil d'Etat en 1828. Après la Révolutione de juillet, M. le comte de Bondy fut nommé préfet de la Corrèze, passa ensuite, en 1834, à la préfecture de l'Yonne, devint maître des requêtes au conseil d'État et fut élevé à la pairie le 25 décembre 1841. Nommé conseiller d'État honoraire en 1846, il rentra dans la vie privée après la Révolution de février. Élu conseiller général de l'Indre en 1867, M. le comte de Bondy a protesté contre le décret de la Délégation de Tours prononçant la dissolution des assemblées départementales. Aux élections du 8 février 1871, il fut élu représentant de l'Indre à l'Assemblée nationale et vint siéger au centre gauche, mais passa bientôt au centre droit, avec lequel il a à peu près toujours voté. Au renouvellement des conseils généraux, le 8 octobre 1871, il a été élu membre du conseil général de l'Indre pour le canton du Blanc. Il est en outre président de la Société d'agriculture de l'Indre. — Aux élections sénatoriales du 30 janvier 1876, M. le comte de Bondy, porté sur la liste de « l'Union conservatrice, » avec M. Léon Clement, fut élu avec son partenaire, sénateur de l'Indre. Sa profession de foi contient des regrets relatifs à la monarchie parlementaire, qui ne laissent aucun doute sur ses préférences, et qu'explique et justifie d'ailleurs son passé. Il a été réélu le 5 janvier 1879. — M. de Bondy est officier de la Légion d'honneur depuis 1858.

BONHEUR, MARIE ROSA, peintre française, née à Bordeaux le 22 mars 1822. Fille d'un peintre de talent, c'est de lui qu'elle reçut son éducation artistique ; mais, contrainte à la résidence peu champêtre de Paris, c'est surtout dans les rues et jusqu'aux abattoirs de la grande cité qu'elle put étudier la vie animale, étude vers laquelle la portaient invinciblement ses goûts. Elle débuta au Salon de 1841 avec deux toiles : *Chèvres et moutons* et les *Deux lapins*, qui établirent dès lors sa réputation. Ces deux premières toiles furent suivies d'une quantité d'œuvres accomplies, dont chaque nouvelle était un pas de plus sur la route du succès le plus franc et le plus mérité. Nous citerons tout particulièrement son fameux *Labourage Nivernais*, aujourd'hui au musée du Luxembourg et qui date de 1849. Ses principales toiles exposées aux Salons précédents sont : *Animaux dans un pâturage* ; *Cheval à vendre* ; *Chevaux sortant de l'abreuvoir* ; *Vaches au pâturage* ; un *Âne* ; *Troupeau cheminant* ; *Études d'étalons, de Chiens courants*, etc. Son *Marché aux chevaux (1853)* eut, à l'Exposition de tableaux des artistes français, à Londres, un succès inouï, qui fut à peine dépassé par son grand paysage : la *Fenaison en Auvergne*, à l'Exposition universelle de 1855. A l'Exposition universelle de 1867, elle n'a pas exposé moins de dix toiles : *Bœufs et vaches* ; *Moutons au bord de la mer* ; *Berger béarnais* ; *Berger écossais* ; *Bourriquaire aragonais* ; une *Barque*, en *Écosse* ; *Cerfs traversant un espace découvert* ; *Poneys de l'île de Skye* ; une *Razzia en Écosse* et *Chevreuils au repos*. Elle a exposé depuis : un *Parti de fourrageurs* et *En alerte* à l'Académie d'Anvers (1879) ; le *Lion chez lui*, à Londres (1882). — Mlle Rosa Bonheur, qui s'est également exercée à la sculpture et a exposé quelques groupes d'animaux, a longtemps dirigé l'École gratuite de dessin pour les jeunes filles, dont elle est directrice honoraire. Elle a été décorée de la Légion d'honneur le 10 juin 1865, de l'ordre de Léopold de Belgique en janvier 1880 et de l'ordre d'Isabelle la Catholique d'Espagne en février de la même année.

Pendant l'investissement de Paris (1870-1871), le prince royal de Prusse donna les ordres les plus sévères pour que la maison et l'atelier de cette grande artiste, à Fontainebleau, fussent scrupuleusement respectés par la soldatesque allemande.

BONHEUR, ISIDORE JULES, peintre et sculpteur français, né à Bordeaux le 15 mai 1827. Aussi élève de son père pour la peinture, il étudiait simultanément la sculpture et débuta au Salon de 1848 par un même sujet reproduit sous ces deux formes artistiques : *Combat d'une lionne et d'un cavalier africain*. A dater de cette époque, il ne s'est plus occupé que de sculpture, et plus spécialement de la reproduction de groupes d'animaux, étendant la sphère d'action de son ciseau aux grands fauves et aux études antiques. Nous citerons, parmi ses œuvres les plus remarquables : *Groupe de taureaux* ; *Zèbre attaqué par une panthère*, études en plâtre dont la dernière fut coulée en bronze pour le compte de l'État ; *Étalon arabe*, en cire ; *Cheval et Groupe de gazelles*, en bronze ; *Hercule* et les *Chevaux de Diomède*, en plâtre, également coulée en bronze pour l'État ; un *Taureau et un ours* ; *Vache défendant son veau* (Exposition de 1855) ; une *Jument et son poulain* ; une *Cheminée*, en marbre ; *Jument anglaise montée par un jockey*, *Étalon anglais*, en bronze ; *Enfants et chiens*, un *Postillon*, un *Dromadaire*, un *Tigre royal*. Et plus récemment : *Jument et poulain*, plâtre (1872) ; *Pépin le Bref*

dans l'arène, groupe, bronze (1874) ; *Tête de chien courant*, *Tête de chien d'arrêt* ; *Cora, chienne d'arrêt (1875)*, plâtres ; *Dénicheur de tigres*, statue plâtre (1877) ; *Cheval de course* et *Cheval de manège (1878)* ; *Porte-étendard de l'époque d'Henri II*, statuette et le *Saut de la haie*, bronzes (1884) ; *Cerf faisant tête*, statuette, bronze (1885) ; *Trompette de l'époque de Louis XIII*, un *Jockey*, statuettes en bronze (1886). — M. I. Bonheur a obtenu une médaille en 1865 et une autre médaille en 1869.

BONNASSIEUX, JEAN MARIE, sculpteur français, né à l'Anissière (Loire) le 19 septembre 1810, élève de A. Dumont. Il envoya de Lyon, où il commença ses études artistiques, au Salon de 1834, un plâtre : *Hyacinthe blessé*, qui fut remarqué. En 1836, il remportait le grand prix de Rome avec *Socrate buvant la ciguë*. Les principaux ouvrages exposés depuis par cet artiste sont : *l'Amour se coupant les ailes (1842)* ; *David (1843)* ; *l'Abbé Lacordaire (1847)* ; *Jeanne Hachette*, pour le jardin du Luxembourg ; la *Vierge mère*, pour l'église de Leurs (1848) ; les portraits de *Ballanche* et d'*Ampère*, bustes marbre pour le musée de Lyon (1849) ; la *Méditation*, buste en marbre, avec divers, déjà exposés (Exposition universelle, 1855) ; *Las Cases*, statue pour la ville de Lavaur (1855) ; divers travaux pour l'église Saint-Augustin, à Paris, etc. ; le *Duc de Luynes*, buste en marbre, pour la Bibliothèque nationale ; *Lacordaire*, buste en marbre, pour l'Institut (1874) ; *Mgr Guerrin*, statue en marbre, pour la cathédrale de Langres ; le *Général Morin*, buste en marbre, pour l'Institut ; la *Naissance du Christ* et la *Fuite en Égypte*, bas-reliefs en terre cuite, pour l'église du Tremblay, près Gonesse (1883) ; *Sainte Anne instruisant la Vierge*, groupe en pierre, pour l'église de la Madeleine, à Tarare ; *Legendre-Héval*, buste en marbre, pour le musée de Lyon (1883), etc. — M. Bonnassieux a obtenu une 2e médaille en 1842, une 1re en 1844, une 2e en 1848 et une 1re à l'Exposition universelle de 1855 ; il a été décoré de la Légion d'honneur en 1855, et élu membre de l'Académie des Beaux-Arts en juillet 1866.

BONNAT, LÉON JOSEPH FLORENTIN, peintre français, élève de L. Cogniet, est né à Bayonne le 20 juin 1833. Au concours de 1857 pour le prix de Rome, il obtint un 2e prix, sujet : la *Résurrection de Lazare*. Il a exposé depuis : le *Bon Samaritain (1859)* ; *Mariuccia*, *Adam et Ève trouvant Abel mort (1861)* ; le *Martyre de saint André*, *Pasqua-Maria (1863)* ; *Pèlerins aux pieds de saint Pierre*, dans l'église Saint-Pierre de Rome (1864) ; *Antigone conduisant Œdipe aveugle (1865)* ; *Saint Vincent-de-Paul prenant la place d'un galérien*, *Paysans napolitains devant le palais Farnèse (1866)* ; *Ribiera dessinant à la porte de l'Ara Cœli à Rome*, avec les quatre ou cinq principales toiles précédentes (Exp. un. 1867) ; une *Assomption*, pour l'église Saint-André de Bayonne et les *Plafonds de la salle des assises du Palais de Justice (1869)* ; *Femme fellah et son enfant*, une *Rue à Jérusalem (1870)* ; le *Cheik d'Akabah*, *Femmes d'Isaritz (1872)* ; *Barbier turc*, *Scherzo (1873)* ; un *Christ*, une *salle des assises* ; les *Premiers pas (1874)* ; le portrait de Mme *Pasca* et son propre portrait (1875) ; *Barbier nègre à Suez*, la *Lutte de Jacob (1876)* ; le célèbre portrait de M. *Thiers (1877)*, reparu à l'Exposition universelle de 1878 avec celui de Mme Pasca et plusieurs autres toiles moins recherchées des visiteurs ; deux portraits, dont celui de M. *Morton*, ministre des États-Unis à Paris (1883) ; le *Martyre de saint Denis*, peinture décorative pour le Panthéon (1885) ; *Portrait de M. Pasteur et de sa petite-fille*, Mlle *Vallery-Radot*, et *Portrait de M. le vicomte H. Delaborde, secrétaire perpétuel de l'Académie des Beaux-Arts (1886)* ; outre un grand nombre d'autres portraits. — M. Léon Bonnat a obtenu une médaille de 2e classe en 1861 avec rappel en 1863, une autre en 1867 et la médaille d'honneur en 1869 ; nommé chevalier de la Légion d'honneur en 1867, promu officier en 1874, il a été promu commandeur en 1882. Il a été élu membre de l'Académie des Beaux-Arts la même année.

BONNEMÈRE, JOSEPH EUGÈNE, littérateur français, né à Saumur le 20 février 1813. Il fit représenter en 1841, au théâtre de l'anthéon : les *Premiers fiacres*, vaudeville, et une grande féerie : *Micromégas*. Mais ces débuts ne laissaient nullement prévoir la nature beaucoup plus sérieuse des travaux auxquels M. Bonnemère ne devait pas tarder à se vouer. — On a de lui : les *Paysans au XIXe siècle (1847)* ; *Histoire de l'Association agricole (1849)* ; le *Morcellement agricole* et *l'Association*, mémoires couronnés ; *Histoire des Paysans (1857*, 2 vol.). — Une édition populaire de l'*Histoire des Paysans* a été publiée en 1876-77 par livraisons hebdomadaires illustrées ; la *France sous Louis XIV (1864*, 2 vol.) ; la

Vendée en *1793 (1866)*; le *Roman de l'avenir (1867)*; la *Guerre des Camisards, Histoire des Dragonades sous Louis XIV (1868)*; *Louis Hubert (1868)*; les *Déclassés (1869)*; *Études historiques saumuroises*: la *Conspiration Berton*, le *Héros de Juillet 1789, Madame Dacier*, etc.; M. Eugène Bonnemère a, en outre, collaboré au *Précurseur de l'Ouest*, d'Angers, à la *Démocratie Pacifique*, à la *Libre Recherche*, à la *Revue de Paris*, au *Ruski Westnick* (Messager russe) de Moscou, etc. — Il a succédé à Allan Kardec, comme président de la Société des études spirites.

BONNET, Pierre Ossian, mathématicien français, né en 1819. Élève de l'École polytechnique, il en sortit en 1840, comme élève-ingénieur des ponts-et-chaussées; mais il s'en tint là, pour se vouer exclusivement à l'étude des mathématiques, et devint répétiteur de mathématiques, examinateur d'analyse (1869) et directeur des études (1873) à l'École polytechnique. Il avait été élu membre de l'Académie des sciences (section de géométrie) en 1862. Nommé professeur d'astronomie mathématique, en remplacement de Leverrier, en avril 1878, M. Ossian Bonnet fut un moment écarté de cette chaire, vers la fin de cette même année, à raison de dénonciations dont il avait été l'objet auprès du ministre de la guerre et qui furent reconnues calomnieuses; il ne tarda donc pas à y être réintégré et l'occupe encore aujourd'hui. Il a été nommé membre titulaire du bureau des longitudes en mai 1883. — M. Ossian Bonnet est officier de la Légion d'honneur depuis le 1er février 1872. On lui doit un assez grand nombre d'ouvrages sur les mathématiques, principalement sur la géométrie et la mécanique théorique, outre de nombreux mémoires insérés aux *Comptes rendus de l'Académie des sciences*, au *Journal de l'École polytechnique*, au *Journal des mathématiques* de Liouville, etc.

BONNEVAL (vicomte de), Anatole Fernand Marie, homme politique français, né à Bourges le 5 décembre 1838, d'une très ancienne famille du Berry. M. de Bonneval servit pendant la guerre comme capitaine adjudant-major des mobilisés du Cher. Conseiller municipal d'Issoudun depuis 1884, ancien vice-président du Comité royaliste de l'Indre, ce qui ne laisse aucun doute sur sa foi politique, il a été élu député de l'Indre le 4 octobre 1885.

BONVIN, François Saint, peintre français, fils d'ouvrier, né à Vaugirard (Paris) le 22 septembre 1817. Il apprit le dessin dans une école gratuite et, obligé de se faire ouvrier lui-même, devint compositeur d'imprimerie, puis employé, utilisant seulement ses courts loisirs à l'étude de la peinture. M. Bonvin a produit de la sorte de petites toiles de genre, inspirées des scènes familières de la vie réelle et rappelant les meilleurs spécimens de l'école flamande, qui justifient sa grande réputation si laborieusement acquise. On a de cet artiste: des *Buveurs*, une *Cuisinière* au milieu de sa cuisine garnie d'accessoires étudiés et rendus avec exactitude et finesse (1849); l'*École des petites orphelines (1850)*, au musée de Langres; la *Charité (1852)*, au musée de Niort; l'*École régimentaire (1853)*; la *Basse messe*, *Religieuses tricotant (1855)*; les *Forgerons*, *Souvenir du Tréport (1857)*; la *Lettre de recommandation*, la *Ravaudeuse*, le *Liseur*, *Intérieur de cuisine*, *Portrait de M. Octave Feuillet (1859)*; *Intérieur de cabaret (1861)*; le *Déjeuner de l'apprenti*, la *Fontaine en cuivre (1863)*; *Religieuses revenant des offices*; *Au banc des Pauvres*, *souvenir de Bretagne*; *Attributs de la peinture et de la musique (1865)*; *Harengs sur le gril*; le *Café de la grand'maman*; la *Lettre de réception*, intérieur d'une Communauté religieuse (1868); *Religieuse tricotant*, la *Jeune dessinateur (1869)*; le *Pâturage*, l'*Ave-Maria (1870)*; le *Réfectoire*, le *Laboratoire (1873)*; l'*École des frères*, la *Petite classe* et l'*Écureuse (1874)*; l'*Alambic*, le *Cochon*, l'*Écolier en retenue (1875)*; *Gravesende*, le *Bateau abandonné (1876)*; le *Couvreur tombé (1877)*; l'*Apprenti cordonnier*, un *Soir d'automne à Port-Marly (1878)*, etc. Depuis quelques années, M. Bonvin a cessé de figurer aux Salons annuels. Il a obtenu une 3e médaille en 1849, une 2e en 1851 et la croix de la Légion d'honneur en 1870.

BOOTH, Edwin, tragédien américain, né à Belair, près de Baltimore (Maryland), en novembre 1833. Fils de l'acteur Junius-Brutus Booth, mort en septembre 1883, il fut élevé pour la carrière dramatique, et après avoir rempli quelques rôles secondaires, il parut en 1851 dans celui de Richard III, à la place de son père, pris d'une indisposition subite. Il fit ensuite une tournée en Californie, en Australie, dans quelques îles du Pacifique et aux Sandwich; reparut à New-York en 1857; visita l'Europe en 1861; puis, de retour à New-York en 1863, il commença une série de représentations shakespeariennes au Théâtre du Jardin d'Hiver, dont il devint le principal propriétaire. Le 23 mars 1867, ce théâtre fut totalement détruit par le feu, et M. Edwin Booth perdit dans cette catastrophe, outre ses costumes et accessoires de théâtre, une riche garde-robe personnelle et des souvenirs précieux de son père, de Kemble et de Mme Siddons. Il contracta ensuite divers engagements à Boston, Philadelphie et les plus grandes villes des Etats-Unis, puis commença, en 1836, l'érection d'un nouveau théâtre à New-York, lequel surpasse, au point de vue de la perfection des dispositions, des *trucs*, de l'aménagement général, des costumes, etc., tous les théâtres des États-Unis. Il fut ouvert au public en 1870 et eut dès l'abord un très grand succès; mais les frais considérables qu'avait entraînés l'édification d'un pareil monument avaient absorbé toutes les ressources de M. Booth et, si grande que fût l'affluence des spectateurs, les bénéfices ne furent pas en proportion des dépenses M. Booth se vit donc obligé de céder son entreprise en 1873. Après s'être tenu quelque temps éloigné de la scène, il a repris le cours de ses représentations et de ses succès. Il jouait à New-York, au Théâtre de la Cinquième Avenue, pendant l'hiver de 1875. Au commencement de 1876, il entreprit une tournée artistique dans les principales villes de l'Ouest, et à San-Francisco, qui ne l'avait pas vu depuis 20 ans, en septembre. Dès la fin de la même année, il jouait à Londres; puis il retournait aux États-Unis en 1878, pour revenir en Europe en 1883, époque à laquelle il joua notamment à Londres, Berlin et Hambourg.

Les principaux rôles de M. Edwin Booth sont empruntés au répertoire shakespearien; ce sont surtout *Hamlet*, *Otello*, *Iago*. etc. Aussi envoyait-il en 1876, à la « Shakespeare Memorial Association » à Stratford-sur-Avon, où est né Shakespeare, une somme de 2,500 fr.

BOREL D'HAUTERIVE, André François Joseph, écrivain généalogiste français, né à Lyon le 6 juillet 1812; est frère de feu Petrus Borel, le *Lycanthrope*. fit à Paris ses études de droit, prit le grade de docteur et se fit inscrire au barreau de Paris en 1838. Mais il abandonna bientôt le barreau et entra à l'École des chartes où, reçu archiviste-paléographe, il fut attaché aux travaux historiques entrepris par ordre du gouvernement et collabora aux *Documents inédits de l'Histoire de France*. Son emploi ayant été supprimé après février 1848, il fut attaché pendant quelques mois à la Présidence, comme chef du bureau des secours, puis nommé secrétaire de l'École des chartes en mai 1849. Il est devenu en 1864 bibliothécaire à Sainte-Geneviève, dont il est aujourd'hui conservateur honoraire. — On a de M. Borel d'Hauterive: la *Saône et ses bords (1835)*; la *Seine et ses bords (1836)*; *Histoire du Crédit public (1842)*; *Précis historique sur la maison royale de Saxe (1845)*; les *Grands corps politiques de l'État*, biographie des sénateurs, députés et conseillers d'État (1853); *Nobiliaire de France (1854)*; l'*Armorial de Flandre (1855)*; l'*Armorial de Picardie et d'Artois (1866)*; les *Sièges de Paris*, depuis Jules César (1871), etc. Il a en outre fondé et rédigé une *Revue historique de la noblesse de France (1841-1843)*; un *Annuaire de la noblesse*, paraissant depuis 1842; l'*Album historique du Dauphiné*, sous les auspices de la *Liberté des Arts*, au *Dictionnaire de la conversation et de la Lecture*, au *Cabinet de Lecture*, au *Corsaire-Satan*; au *Sport*, au *Journal illustré*, à la *Revue et Gazette des Théâtres*; au *Dauphiné*, etc., soit sous son nom, soit sous divers pseudonymes.

BORGHI-MAMO, Adélaide Borghi, dame Mamo (dite), cantatrice italienne, née en 1829, à Bologne. Douée d'une magnifique voix de contralto, elle céda aux suggestions de Mme Pasta qui l'engageait vivement à la cultiver, et débuta avec succès en 1846, à Urbin, dans le *Giuramento* de Mercadante. Elle se rendit à Malte où elle épousa M. Mamo. en 1849. A Naples, Pacini écrivit expressément pour elle *Malvina di Scozia* et *Romilda*; puis, à Vienne, Salvi et Rossi, l'*Alchimista*. Elle vint à Paris en 1854, venant de Vienne où elle avait été acclamée, et chanta au Théâtre-Italien jusqu'en 1856. Elle y eut de brillants succès dans la *Cenerentola*, *Matilda di Chabran*, *Il Barbiere* et *Il Trovatore*; et l'administration de l'Opéra se l'attacha ensuite pour trois années. Sur cette nouvelle scène, elle a paru dans la *Favorite*, le *Prophète*, la *Reine de Chypre*, le *Trouvère*, traduit de l'italien et adapté à la scène française (1856-59). Au printemps de 1860, Mme Borghi-Mamo débutait à Londres, au Théâtre de Sa Majesté, dans la *Favorite*. Elle joua ensuite en Russie, puis retourna en Italie et se retira à Florence.

Une fille de la célèbre cantatrice, Mlle Borghi-Mamo,

engagée au Théâtre-Italien, débutait le 31 octobre 1876, dans la *Forza del Destino*, de Verdi.

BORIE, ÉTIENNE LÉON, homme politique français, né le 21 mars 1843, à Dourgne (Tarn). Il est neveu de feu Victor Borie, du Comptoir d'Escompte, savant agronome, mort en juillet 1880. Entré jeune dans l'administration de l'enregistrement, d'où il se retira en 1877 à Tulle, berceau de sa famille, M. E. Borie fut élu en 1879 conseiller municipal de cette ville, puis adjoint au maire et enfin maire (1881-84). Ayant collaboré, dès 1871, au *Républicain de la Dordogne*, il avait fondé à Tulle, en 1878, un cercle républicain. Aux élections du 21 août 1881, il avait échoué, comme candidat radical, avec une forte minorité; il a été élu député de la Corrèze en la même qualité, le 4 octobre 1885. — M. Borie a voté l'expulsion totale des princes.

BORNIER (vicomte de), HENRI, écrivain et poète dramatique français, né à Lunel le 25 décembre 1825; fit ses études aux séminaires de Montpellier et de Versailles, et vint à Paris en 1845, sous prétexte d'étudier le droit, les poches et le cœur pleins de poésie. Il publia en conséquence, dès son arrivée: les *Premières feuilles*, poésies; et porta au Théâtre-Français un drame en cinq actes et en vers: le *Mariage de Luther*, qui fut reçu à correction. Remarqué par le ministre de l'instruction publique, M. de Salvandi, M. de Bornier fut alors nommé surnuméraire à la bibliothèque de l'Arsenal, dont il est aujourd'hui conservateur. — En 1853, il publia: *Dante et Béatrix*, drame en cinq actes et en vers, et inséra dans la *Revue contemporaine*, une comédie en vers: le *Monde renversé*, jouée ensuite à Saint-Pétersbourg. — On a en outre de M. H. de Bornier: la *Muse de Corneille*, à-propos en vers, à l'Odéon (1854); la *Guerre d'Orient*, poème (1858); la *Sœur de charité au XIX° siècle*, poème (1859); le *Quinze janvier, ou la Muse de Molière*, à-propos en un acte, en vers, aux Français (1860); l'*Isthme de Suez*, poème (1861), qui remporta au concours académique de cette même année le prix de poésie; la *France dans l'extrême Orient (1863)*, auquel le même prix fut décerné; l'*Éloge de Châteaubriand*, qui obtint le prix d'éloquence en 1864, formant ainsi le contingent de lauriers académiques exigé pour la croix de la Légion d'honneur, qu'il reçut en effet le 15 août 1867. Citons encore: une comédie en vers, la *Cage du Lion* et un roman, le *Fils de la Terre (1864)*; un *Cousin de passage (1865)*; une tragédie en deux actes, traduite librement de Sénèque: *Agamemnon*, représentée au Théâtre-Français, le 22 juin 1868; la *Fille de Roland*, drame en cinq actes en vers (auquel fut décerné le premier grand prix Jean Reynaud, en 1879), au même théâtre, en février 1875; les *Deux villes (1875)*, à-propos en vers, interprété dans une représentation donnée au Français, au profit des mondés de Toulouse, etc.; *Dimitri*, opéra, avec M. Armand Sylvestre, musique de M. Victorin Joncières, à la Gaîté (1876); plus des nouvelles, poésies, articles littéraires et de critique dramatique, au *Correspondant*, au *Français*, etc., etc.

BORRIGLIONE, ALFRED FERDINAND, homme politique français, né à Nice le 17 février 1841. L'un des chefs du parti séparatiste, ou revisionniste, M. Borriglione s'est définitivement rattaché à la nationalité française, avec la plupart des partisans de l'Italie, dès que la forme républicaine y fut adoptée. Il fut élu député de la première circonscription de Nice, le 20 février 1876 et siégea à gauche. M. Borriglione a été réélu le 14 octobre 1877, puis le 21 août 1881. Porté en dehors de toute liste, mais comme républicain radical, aux élections du 4 octobre 1885, il a été le seul élu au premier tour. M. Borriglione est maire de Nice et conseiller general des Alpes Maritimes, où il représente le canton de Sospello. — Il s'est abstenu dans la question de l'expulsion des princes.

BOSCHER-DELANGLE, AUGUSTIN MARIE, homme politique français, né à Loudéac le 13 mai 1840. Banquier à Loudéac, ancien volontaire aux zouaves pontificaux, M. Boscher-Delangle fit partie, pendant le siège de Paris, d'un régiment de marche dans les rangs duquel il combattit et fut blessé au combat de l'Hay (30 sept. 1870). Élu conseiller des Côtes-du-Nord en 1871, il fut élu député de Loudéac le 21 août 1881, mais l'immixion trop peu dissimulée du clergé dans cette élection, la fit annuler par la Chambre, et à la nouvelle épreuve, ce fut son concurrent, M. de Janzé, qui triompha. M. Boscher-Delangle a été élu député des Côtes-du-Nord le 4 octobre 1885, et cette fois ses pouvoirs ont été validés. Il siège à l'extrême droite.

BOTTALLA, PAOLO, jésuite italien, né le 15 août 1823, à Palerme: fit ses études aux collèges des Jésuites de Palerme et de Rome. Après avoir reçu les ordres, il fut successivement nommé prédicateur du dimanche à l'église du Gesu, de Naples, professeur d'histoire universelle au collège Massimo, de Palerme, d'histoire ecclésiastique au collège Romain, puis de théologie dogmatique au collège de Saint-Bruno, Galles du Nord (Angleterre). Le P. Bottalla a été un des rédacteurs de la *Civiltà cattolica*. Il a publié à Palerme et à Gênes un cours d'histoire et de géographie du moyen âge en deux volumes: *Corso di storia e di geographia universale*, *Medio Evo*, qui a été traduit en français; *Studii storici sulla Chiesa e l'Imperio* (Études historiques sur l'Église et l'autorité civile), parus d'abord dans la « Civiltà, » etc.; à Bruxelles: *Histoire de la Révolution de 1860 en Sicile, de ses causes et de ses effets dans la révolution générale de l'Italie* (2 vol.), 1861); à Londres: le *Pape et l'Église considérés dans leurs rapports mutuels et relativement aux erreurs du parti de la Haute Église d'Angleterre* (vol. I, 1868; vol. II, 1870; vol. III, 1876); le *Pape Honorius devant le tribunal de la raison et de l'histoire (1868)*, réponse à la brochure du P. Le Page Renouf, intitulée: la *Condamnation du pape Honorius, la papauté et le schisme, considérations critiques sur les lettres de Ffoulkes à l'archevêque Manning* (Two letters to archbishop Manning, etc., 1869); une nouvelle Défense du pape Honorius, dans la *Dublin Review (1857-1873)*, écrite surtout en réponse à une nouvelle attaque du P. Le Page Renouf ayant pour titre: *The Case of Pope Honorius reconsidered with reference to recent apologies; De la souveraine et infaillible autorité du Pape dans l'Église et dans les rapports avec l'Etat (1877)*, etc.

BOTTIEAU, ÉMILE, homme politique français, né à Avesnes le 29 septembre 1822. Ancien magistrat, conseiller à la cour de Douai, M. Bottieau fut envoyé à l'Assemblée nationale, en 1871, par les électeurs du Nord. Il prit place à droite, vota et agit en conséquence, et échoua aux élections de 1876, 1877 et 1881 dans la 2° circonscription d'Avesnes, où il avait pour concurrent M. de Marcère. Frappé par la nouvelle loi (1883) sur l'inamovibilité de la magistrature, M. Bottieau dut abandonner son siège à la cour de Douai. Il a été élu député du Nord le 4 octobre 1885, sur la liste « conservatrice », qui a triomphé dans ce département.

BOUCAU-DARMENTIER, JEAN MARIE ALEXANDRE ALBERT, homme politique français, né à Dax le 26 décembre 1826. M. A. Boucau était notaire à Lévignac lorsqu'il fut élu, le 2 juillet 1871, représentant des Landes à l'Assemblée nationale, où il se fit inscrire aux groupes de la Gauche et de l'Union républicaine. Le 21 août 1881, il était élu député de la 2° circonscription de Mont-de-Marsan, après avoir échoué aux élections de 1876 et de 1877. Le 4 octobre 1885, ce fut la liste réactionnaire, mais cette élection ayant été annulée, M. Boucau était élu député des Landes avec ses amis le 14 février 1886. Il a voté l'expulsion totale des princes. — M. Boucau a été décoré de la Légion d'honneur en janvier 1881, pour les progrès qu'il a provoqués dans l'agriculture de son département. Il est président de la Société landaise d'agriculture.

BOUCHARDAT, APOLLINAIRE, médecin et pharmacien français, né en 1810 à l'Isle-sur-le-Serein (Yonne); fit ses études médicales à Paris et devint agrégé de la Faculté en 1832 et pharmacien en chef de l'hôpital Saint-Antoine, d'où il passa, en la même qualité, à l'Hôtel-Dieu en 1834. Membre du Conseil de salubrité et chevalier de la Légion d'honneur en 1845, M. Bouchardat était élu membre de la Société d'agriculture en 1848, entrait à l'Académie de médecine en 1850, et obtenait au concours la chaire d'hygiène en 1852. En 1855, M. Bouchardat résignait ses fonctions de pharmacien en chef de l'Hôtel-Dieu, afin de se consacrer entièrement à l'enseignement et aux recherches scientifiques. Il est professeur honoraire de la Faculté de Paris. On a de lui: *Cours de chimie élémentaire avec ses principales applications à la médecine et aux arts (1834-35, 2 vol.)*; *Éléments de matière médicale et de pharmacie (1839)*; *Nouveau Formulaire magistral (1840)*, et nombreuses éditions); *Cours des sciences physiques (1841-44, 3 vol.)*; l'*Annuaire de thérapeutique*, paraissant depuis 1841; *Recherches sur la végétation (1846)*; *Études sur les produits des cépages de Bourgogne (1846)*; *Répertoire de pharmacie*, paraissant mensuellement depuis 1847; *Formulaire vétérinaire (1849*, 2° édit. 1862); *Dégénération et perfectionnement des cépages cultivés (1849)*; *Essai sur les cépages du centre et du midi de la France (1850)*; *Opuscules d'économie rurale (1851)*; *Des vignes de semis (1852)*; *Du diabète sucré ou glycosurie (1852*, nouv.

éd. 1875); *Archives de physiologie (1854)*; l'*Eau-de-vie et ses dangers (1863)*, etc.; plus un grand nombre de mémoires importants présentés à l'Académie de médecine ou publiés dans les *Annales d'hygiène publique* et autres recueils périodiques spéciaux ; ainsi qu'une notice sur le *Chloroforme*, dans le *Supplément au Dictionnaire des dictionnaires de médecine*. — M. Bouchardat est officier de la Légion d'honneur depuis 1866.

BOUCHER, Joseph Marie, homme politique français, çais, né à Sizun (Finistère) le 23 septembre 1829. Ancien notaire à Landernau, et président de la chambre des notaires de l'arrondissement de Brest, conseiller général du Finistère depuis 1879, M. Boucher a été élu député du Finistère le 4 octobre 1885, sur la liste réactionnaire.

BOUCHUT, Eugène, médecin français, né à Paris le 18 mai 1818, y fit ses études, aborda la médecine en 1835 et fut reçu docteur en 1843. Nommé agrégé de la Faculté et médecin des hôpitaux en 1849, il entra à l'Hôtel-Dieu comme chef de clinique, puis y fut membre du bureau central d'admission; il devint en 1852 médecin de l'hôpital Bon-Secours, puis de l'hôpital Sainte-Eugénie et des Enfants malades en 1856. Deux fois, en 1857 et 1859, il fut chargé de suppléer Duméril à la Faculté de médecine. Il s'est voué depuis à l'enseignement clinique à l'hôpital Sainte-Eugénie et à l'Ecole pratique. Ses principaux ouvrages sont : *Mémoire sur la fièvre puerpérale (1844)*; *Traité pratique des maladies des nouveau-nés, des enfants à la mamelle et de la seconde enfance (1845, 5e édition, 1867)*, ouvrage couronné par l'Institut; *Hygiène de la première enfance (1846)*; *Traité des signes de la mort et des moyens de prévenir les enterrements prématurés (1849)*, couronné par l'Institut; des *Méthodes de classification en nosologie (1853)*; *Nouveaux éléments de pathologie générale et de séméiologie (1852)*; de l'*Etat nerveux aigu et chronique, ou nervosisme (1860)*; la *Vie et ses attributs (1862)*; *Histoire de la médecine et des doctrines medicales (1864)*; *Dictionnaire de thérapeutique médicale et chirurgicale (1865)*; des *Effets physiologiques et thérapeutiques de l'hydrate de chloral (1869)*, etc. M. le docteur Bouchut a collaboré en outre activement à la *Gazette des hôpitaux*, aux *Annales d'hygiène publique*, à l'*Union* et à la *Gazette médicales*, etc. — Chevalier de la Légion d'honneur du 3 décembre 1852, M. Bouchut aurait reçu la première croix décernée par le second empire; il a été promu officier le 15 octobre 1871.

BOUCICAULT, Dion, acteur et auteur dramatique irlandais, né à Dublin le 26 décembre 1822; élevé par le docteur Lardner, son tuteur, il acheva ses études à l'université de Londres et débuta comme auteur dramatique par *London Assurance*, pièce jouée en mars 1841, sur le théâtre de Covent-Garden. En 1853, il s'embarqua pour les Etats-Unis; de retour à Londres en 1860, il y fit représenter sur le théâtre d'Adelphi, le *Colleen Bawn*, drame populaire d'où M. d'Ennery a tiré son *Lac de Glenaston*, représenté avec succès à l'Ambigu l'année suivante. Dans le *Colleen Bawn*, M. Boucicault et sa femme, connue précédemment à la scène sous son nom de miss Robertson, remplissaient les principaux rôles. A ce drame, qui eut un succès prodigieux, succéda the *Octoroon* (le Sang-mêlé, 1861). Associé avec M. Webster pour la direction du théâtre d'Adelphi, M. Boucicault devint en outre locataire du théâtre d'Astley, dont il changea le nom en celui de théâtre de Westminster; mais l'entreprise échoua. — M. Dion Boucicault est auteur d'un très grand nombre de pièces de théâtres originales ou « adaptées » du français, dont les principales sont, outre celles précédemment citées : *Vieilles têtes et jeunes cœurs* (Old Heads and Young Hearts); les *Perplexités de l'amour* (Love in a maze); *Ruiné* (Used up); le *Taillis de saules* (The Willows Copse); *Janet Pride*; *Louis XI*; les *Frères Corses* (The Corsican Brothers); *Faust et Marguerite*; *Nuage passager* (Flying Scud) représenté au théâtre d'Holborn en 1866; *Comme elle l'aime* (How the loves him, 1867); *After Dark (1868)*; *Paul Lafargue (1869)*; l'*Œuvre d'une sombre nuit* (A Darck night's Work, 1870); les *Rapparee, ou le Traité de Limerick (1870)*; *Formose*, etc. Au nombre des pièces de M. Dion Boucicault adaptées à la scène française, nous citerons les plus récents, qu sont : la *Dépêche ou le fil qui parle*, drame, adapté par M. E. Nus, joué à l'Ambigu en 1873, et *Lea* par M. E. de Najac, au Gymnase, en 1875.

Depuis 1876, M. Dion Boucicault réside aux Etats-Unis, où il a mis au jour des pièces nouvelles dont il ne manque pas de remplir les rôles principaux; nous citerons, par exemple : the *Jilt*, dont la première représentation a eu lieu au Boston Museum le 1er février 1886. Pris de la nostalgie de l'Europe, toutefois, il en reprenait bientôt le chemin et arrivait à Paris au commencement de juillet 1886.

BOUFFÉ, Marie, acteur français, est né à Paris le 4 décembre 1800, de parents peu aisés, et ne reçut en conséquence qu'une instruction fort élémentaire. Entraîné par des camarades faisant partie d'un de ces théâtres de société qui furent si nombreux à Paris pendant assez longtemps et que l'on pourrait regretter, il aborda les planches chez Doyen, débuta ensuite, aux appointements *annuels* de 300 francs, au Panorama dramatique, où le succès féroce qu'il remportait dans les rôles de traîtres lui valut des augmentations successives si considérables, qu'il gagnait 3,000 francs à la fermeture de ce théâtre. Il passa alors à la Gaité, où il joua le *Pauvre Berger*, le *Pauvre de l'Hôtel-Dieu*, etc.; puis au théâtre des Nouveautés, où, à côté de Déjazet, de Potier, de Lafont, il se fit remarquer dans le *Futur de la grand'maman*, le *Marchand de la rue Saint-Denis*, *Sir Jack*, le *Couvreur*, de manière à établir sa réputation sur des bases désormais inébranlables. En 1831, il alla jouer à Londres pendant la *season*, et revint à Paris prendre place dans la troupe brillante du Gymnase, où un engagement l'appelait. C'est sur cette scène, où jouaient déjà Jenny Vertpré, Jenny Colon, Déjazet, Numa, etc., que M. Bouffé a remporté les triomphes qui ont rendu son nom si populaire, et des tout autres rôles que les troisièmes rôles de drame, où il excellait au Panorama dramatique. C'est là qu'il créa : *Michel Perrin (1831)*, puis la *Fille de l'avare*, le *Bouffon du prince*, le *Gamin de Paris*, *Pauvre Jacques*, les *Enfants de troupe*, qui donnèrent au Gymnase une vogue jusque-là inconnue; ce qui n'empêcha pas l'administration de ce théâtre de le laisser partir M. Bouffé, dont les prétentions lui parurent exagérées, et d'emmener à sa suite son public aux Variétés. En consultant un petit dictionnaire satirique : le *Rivarol de 1842*, par *Fortunatus* (Alfred de Grozelier), qui n'est pas précisément tendre pour les « célébrités contemporaines », nous trouvons au nom de Bouffé cette mention, qui caractérise admirablement le talent de cet artiste : « Acteur simple et naturel avec art. Tous ceux qu'il joue sont forcés de s'écrier, en parodiant le mot de Louis XIV : *Bouffe, c'est nous*. » — Retiré du théâtre depuis longtemps, M. Bouffé y a fait toutefois çà et là, au début de sa retraite, quelques apparitions passagères, notamment à la Porte-Saint-Martin, dans deux de ses plus grands succès : le *Gamin de Paris* et *Pauvre Jacques*, en 1854; l'année suivante, il joua l'*Abbé galant* aux Variétés, et, au même théâtre, *Jean le Toqué*, en 1857.

BOUGHTON, Georges Henry, peintre américain, né en 1833 à Norfolk (Angleterre). Sa famille ayant passé aux Etats-Unis, il fut élevé à Albany, capitale politique de l'Etat de New-York, et c'est là que commença à se développer sa vocation artistique. Il revint à Londres où il y passa plusieurs mois à étudier la peinture, et, à son retour en Amérique, s'établit à New-York, où il se fit une réputation comme paysagiste. Il revint cependant en Europe en 1859, passa deux ans à Paris, et ouvrit, en 1861, un atelier à Londres, où il a, depuis lors, très souvent résidé et a été élu associé de l'Académie royale en 1879. Il était déjà membre de l'Académie nationale de New-York depuis 1871.

Parmi ses meilleures toiles, nous citerons : *Crépuscule d'hiver*, le *Marais sinistre*, *En passant à l'ombre*, l'*Arrivée dans l'église*, la *Prière du matin*, la *Lettre rouge*, *Plus froid que neige*, la *Lecture de Clarisse Harlowe*, l'*Idylle des oiseaux*, le *Retour de mai*; les *Conseillers de Peter de Headstrong, gouverneur de New Amsterdam*, et un portrait de *Jeune femme effeuillant une rose*; ces deux dernières à l'Académie royale de Londres, au salon de 1886.

BOUGUEREAU, William Adolphe, peintre français, né à La Rochelle le 30 novembre 1825. Elève de Picot, il entra à l'Ecole des Beaux-arts en 1843 et en sortit en 1850, ayant remporté au concours de Rome, année le grand prix de Rome, en partage avec Paul Baudry. — On doit à M. Bouguereau : *Zénobie trouvée sur les bords de l'Araxe*, sujet du concours de 1850 ; le *Triomphe du martyre*, ou le corps de sainte Cécile apporté dans les Catacombes (1855); l'*Amour fraternel*, l'*Empereur visitant les inondés de Tarascon*, le *Retour de Tobie*, le *Printemps*, l'*Eté*, l'*Amitié*, la *Fortune*, *Arion sur un Cheval marin*, la *Danse*, *Bacchante sur une panthère*, le *Jour des Morts*, l'*Amour blessé* (1856-59); la *Première discorde*, *Retour des champs*, la *Paix (1861)*; une *Sainte Famille (1863)*; une *Famille indigente (1865)*; *Première caresse*, *Convoitise (1866)*; la *Sœur ainée (1867)*; *Enfants endormis (1868)*; *Entre la richesse et l'amour (1869)*; *Pendant la moisson (1872)*; *Petites maraudeuses*, *Nymphes et satyres (1873)*; Homère et son guide, Italiennes à la fontaine, Charité (1874); la Vierge, l'Enfant et saint Jean-Baptiste, Flore et Zéphire (1875); Pietà (1876); Vierge consolatrice, la Jeunesse et l'Amour (1877); Alma parens, la Nuit (1883); la Jeunesse de Bacchus (1884); l'Adoration des mages, l'Adoration des bergers, dyptique pour l'église Saint-Augustin, Byblis (1885); le Printemps, l'Amour désarmé (1886), etc.; outre de nombreux Portraits; des peintures murales à la chapelle Saint-Louis de l'église Sainte-Clotilde, la décoration de l'église Saint-Augustin, à Paris, le plafond du théâtre de Bordeaux, la décoration d'hôtels particuliers assez nombreux, etc., etc. — M. Bouguereau a obtenu une 2ᵉ médaille en 1855, une 1ʳᵉ en 1857, une 3ᵉ en 1867, une médaille d'honneur à l'Exposition universelle de 1878 et la médaille d'honneur décernée par les artistes récompensés en 1885. Chevalier de la Légion d'honneur depuis 1859, il a été promu officier en 1876 et commandeur le 12 juillet 1885. Enfin M. Bouguereau a été élu membre de l'Académie des Beaux-arts, en remplacement de Pils, le 8 janvier 1876.

BOULANGER, GEORGES ERNEST JEAN MARIE, général et homme d'État français, né à Rennes le 29 avril 1837. Sorti de Saint-Cyr en 1856, il entra comme sous-lieutenant aux tirailleurs algériens, prit part à l'expédition de Kabylie (1857) et à la campagne d'Italie (1859), où il fut blessé d'un coup de feu à la poitrine à Turbigo (3 juin). Décoré de la Légion d'honneur pour sa belle conduite, il était promu lieutenant l'année suivante et partait presque aussitôt pour la Cochinchine avec son régiment. En 1861, au combat de Traï-Dan, il était de nouveau blessé d'un coup de lance à la cuisse. Promu capitaine en 1862, il entrait à Saint-Cyr en qualité d'instructeur; il occupait encore ces fonctions lorsqu'éclata la guerre avec la Prusse (1870). M. Boulanger reprit alors le service actif, avec l'épaulette de chef de bataillon; cinq mois après, il était promu lieutenant-colonel, et en janvier 1871, colonel du 114ᵉ de ligne. Le colonel Boulanger reçut une balle à l'épaule droite à la désastreuse bataille de Champigny et fut promu à cette occasion officier de la Légion d'honneur; peu après, une balle lui brisait le bras gauche, et il était élevé à la dignité de commandeur (24 juin 1871). Promu général de brigade le 4 mai 1880, il était chargé, l'année suivante, de représenter la République française aux fêtes du centenaire de la République des États-Unis. Le général Boulanger était nommé général de division le 18 février 1884. Il commandait l'armée d'occupation en Tunisie, et l'on sait avec quelle énergie, jugée même excessive dans les régions officielles, il sut défendre, dans ce poste difficile, la dignité de l'armée française. Relevé de son commandement, il fut rappelé en France, et reçut la direction de l'infanterie au ministère de la guerre.

Le général Boulanger a été appelé au ministère de la guerre dans le cabinet Freycinet, le 7 janvier 1886. Dans ces hautes fonctions, il ne tarda pas à affirmer, à côté de la droiture et de l'énergie qu'on lui connaissait, de grandes qualités administratives et un esprit organisateur et actif qu'on aime à rencontrer, mais qu'on ne rencontre pas toujours, dans un ministre de la guerre. Outre un projet de loi dont nous ne connaissons pas encore bien l'économie au moment où nous écrivons, le général Boulanger a apporté diverses modifications dans les services, notamment dans les cadres supérieurs de la gendarmerie; il est l'auteur des Chambres une loi contre l'espionnage que l'opinion publique réclamait depuis longtemps et que l'Allemagne accueillit comme il fallait s'y attendre de sa part. Favorable à la suppression des fortifications de Paris, à mesure de leur remplacement par d'autres travaux de défense, il a répondu là encore à une préoccupation de l'opinion publique, au moins à Paris, qui étouffe dans cette ceinture de défense d'une efficacité douteuse, surtout aujourd'hui: malheureusement, le conseil supérieur de la guerre s'est déclaré opposé à cette réforme. Préoccupé de l'amélioration du sort du soldat, c'est par économie et pour augmenter d'autant sa maigre solde qu'il a supprimé le barbier régimentaire, et non par prédilection décorative pour le port de la barbe dans l'armée, ce qui n'a rien de beau. Beaucoup de projets à l'étude feront mieux encore plus cette voie lorsqu'ils seront réalisés.

A la suite du vote de la loi d'expulsion des princes prétendants, et sans doute comme une garantie de plus, les princes non atteints par cette loi qui faisaient partie de l'armée ou de la marine furent rayés des cadres. A cette nouvelle, le duc d'Aumale adressait au président de la République, à la date du 11 juillet 1886, ainsi qu'aux journaux monarchiques, qui la publièrent sans retard, une lettre de protestation conçue dans des ter-

mes fort vifs, et à laquelle le gouvernement crut devoir répondre par un décret d'expulsion, comme c'était son droit strict. Le 15 juillet, M. Chesnelong interpellait le gouvernement sur ces faits. En répondant à l'honorable sénateur, le général Boulanger employa, pour caractériser l'action du duc d'Aumale, un mot qui fut jugé peu parlementaire, et provoqua une véritable explosion sur les bancs de la droite, qui ne cherchait qu'un prétexte ; M. de Lareinty s'oublia même jusqu'à qualifier lâcheté le fait d'attaquer un absent qu'il reprochait au ministre de la guerre. La conséquence de cet « incident » fut la rencontre dans le bois de Chalais, près de Meudon, le surlendemain, de M. de Lareinty et du général Boulanger, et l'échange entre eux d'une balle de pistolet inoffensive. Mais tout n'était pas fini pour le ministre de la guerre. Il avait été colonel sous les ordres du duc d'Aumale, quand celui-ci commandait le 7ᵉ corps d'armée, et dans cette situation, il avait demandé son appui pour obtenir les étoiles de général ; il l'avait remercié après les avoir obtenues. Des lettres qu'il avait alors écrites à son supérieur, les journaux hostiles à la République firent un choix parmi les plus compromettantes, c'est-à-dire les plus polies, et les publièrent (non sans la complicité du duc d'Aumale, je présume). On a fait, naturellement, autour de cette publication, un sujet de la légitime ambition du soldat, certain de ne pas arriver au grade de général aussi rapidement et facilement qu'on devient préfet et qui sollicite un appui là seulement où il peut le trouver efficace, un bruit factice qui n'est pas encore éteint. — M. le général Boulanger a été promu grand officier de la Légion d'honneur le 15 juillet 1886.

BOULANGER, GUSTAVE RODOLPHE CLARENCE, peintre français, né à Paris le 25 avril 1824; suivit les cours de l'École des Beaux-Arts, comme élève de Paul Delaroche et de Jollivet, et remporta le grand prix de Rome en 1849. — On a de lui : Ulysse reconnu par Euryclée, sujet du concours de 1849 ; J. César au Rubicon, les Choussa ou Éclaireurs arabes; la Maison du poète tragique, à Pompéi; Maestro Palestrina ; les Bachia ou Pâtres arabes ; Lucrèce ; Lesbie ; Hercule aux pieds d'Omphale ; Répétitions du « Joueur de flûte » et de « la Femme de Diomède », dans l'atrium de la maison pompéienne du prince Napoléon (1861) ; Jules César à la tête de la 2ᵉ légion romaine; un Arabe; Kabyles, la Déroute (1863) ; la Cella frigidaria ; Cavaliers Sahariens ; Djehè et Rahia ; Catherine Iʳᵉ chez Mehemet Baltadji ; une Marchande de couronnes à Pompéi (1866) ; la Mamillare (1867) ; le Conteur arabe (El Hiassenh) ; la Promenade sur la Voie des tombeaux, à Pompéi, (1869) ; les Chaouches du Harem (1870) ; En attendant le seigneur et maître (1872) ; la Via Appia (1874) ; le Gynécée (1875) ; un Bain d'été à Pompéi, Comédiens romains répétant leurs rôles (1876) ; Saint Sébastien et l'empereur Maximilien Hercule (1877) ; la Source du Tibre (1883) ; la Captive, Femme des Ouled Nahih (1884) ; Porteur d'eau juif d'Alger, la Mère des Gracques (1885) ; un Maquignon d'esclaves à Rome, Pieuse lecture (1886), etc. — M. Gustave Boulanger a obtenu une 2ᵉ médaille en 1857, le rappel en 1859 et 1863 et une autre 2ᵉ médaille en 1878 ; il a été décoré de la Légion d'honneur en 1865. Enfin il a été élu membre de l'Académie des Beaux-Arts en 1882.

BOULANGER, HENRI ALEXANDRE ERNEST, compositeur français, frère de la cantatrice du même nom, morte en 1850, est né à Paris le 16 décembre 1815 ; entra au Conservatoire, où il fut élève de Lesueur et d'Halévy, et remporta le grand prix de Rome en 1835. — Il a donné au théâtre, depuis son retour de Rome : le Diable à l'école (1842) ; les Deux Bergères (1843) ; une Voix (1845) ; la Cachette (1847) ; les Sabots de la Marquise (1854) ; l'Éventail (1860), à l'Opéra-Comique ; le Docteur Magnus, à l'Opéra (1864) ; Don Quichotte, au Théâtre-Lyrique (1869) ; Don Mucarade, 1 acte, aux Bouffes (1875), etc. On lui doit, en outre, une foule de morceaux, principalement de morceaux orphéoniques. — M. Boulanger est professeur de chant au Conservatoire. Il est chevalier de la Légion d'honneur depuis 1860.

BOURBAKI, CHARLES DENIS SAUTER, général français, d'origine grecque, né à Paris le 22 avril 1816. Sous-lieutenant de zouaves de 1836 à 1838, il passait à cette dernière date à la légion étrangère, avec l'épaulette de lieutenant ; revenait aux zouaves, comme capitaine, en juin 1842 ; passait chef de bataillon aux tirailleurs algériens en 1846 et était nommé, en 1850, lieutenant-colonel dans un régiment de ligne. Passé peu après, avec le même grade, aux zouaves, il était promu colonel en 1851, et faisait en cette qualité la première partie de la campagne de Crimée, où il servit avec la plus grande distinction, et fut promu général de brigade après la bataille de l'Alma, c'est-à-dire le 14 octobre 1854. Nommé général de division le 12 août 1857, il fit la campagne d'Italie, à l'issue de laquelle il fut nommé grand officier de la Légion d'honneur, comme il avait été nommé commandeur après celle de Crimée. Appelé, en mai 1869, au commandement du camp de Châlons, il était nommé, peu après, aide-de-camp de l'empereur. — Lorsque éclata la guerre avec la Prusse, le général Bourbaki reçut le commandement de la garde impériale et fut placé sous les ordres de Bazaine. Après avoir pris part aux divers combats sous Metz, il dut, avec le reste de l'armée, s'enfermer dans cette place. Il put cependant en sortir, en apparence comme négociateur politique (25 septembre 1870), mais en réalité victime d'une odieuse mystification, et sous un déguisement qu'il croyait sûr, mais dont tout le monde était prévenu. Il se rendait en Angleterre, auprès de l'ex-impératrice qui, évidemment, ne l'attendait pas; et, de retour en France, malgré les conditions mises à son départ, ne pouvant rallier Metz, il allait offrir son épée à la Délégation du gouvernement de la Défense nationale, alors à Tours (14 octobre). Nommé, le 17, commandant supérieur de l'armée du Nord, il atteignait Amiens, à la suite d'engagements heureux et se disposait à marcher sur Paris, lorsque l'ennemi, s'emparant de nouveau d'Orléans, vint remettre tout en question. Appelé ensuite au commandement de l'armée de l'Est, après une série de succès remportés sur le général de Werder, le général Bourbaki, dont les communications allaient être coupées entièrement par l'armée du général Manteuffel, dut battre en retraite précipitamment, et dans les conditions les plus désastreuses, vers la Suisse. D'autre part, M. Jules Favre signait avec M. de Bismarck, le 28 janvier 1871, une convention portant capitulation de Paris et armistice général, sauf pour cette malheureuse armée de l'Est, laquelle non seulement était ainsi menacée d'écrasement, mais encore l'ignorait, M. J. Favre ayant, de son propre aveu, oublié de l'en faire prévenir, c'est-à-dire d'en informer la Délégation de Bordeaux. Fou de désespoir, l'infortuné général, en arrivant à Besançon, tentait de se faire sauter la cervelle. Après être resté pendant huit jours entre la vie et la mort, il finit toutefois par être hors de danger, quoiqu'il dût rester près de six mois avant d'être complètement rétabli. Au mois de juillet 1871, le général Bourbaki fut nommé, par M. Thiers, commandant de la 8ᵉ division du 6ᵉ corps, avec résidence à Lyon. Il a été remplacé dans ce commandement par le général Farre en 1879 et a été placé dans la 2ᵉ section du cadre de réserve. — Le 26 avril 1885, le général Bourbaki se présentait à une élection complémentaire pour le Sénat, qui avait lieu dans les Basses-Pyrénées ; il échoua contre le candidat républicain, M. Plantié. Le général Bourbaki est grand-croix de la Légion d'honneur du 20 avril 1871.

BOURDAIS, Jules Désiré, architecte français, né à Brest le 6 avril 1835. Elève de l'Ecole centrale, il en sortit en 1859 avec le diplôme d'ingénieur, étudia l'architecture sous M. Moreau et fut nommé architecte, en 1860, de l'arrondissement de Brest et en 1864 du département de Tarn-et-Garonne. En 1874, il fut nommé architecte-conseil de la ville de Paris. M. Bourdais s'était déjà signalé, dans les postes qu'il avait occupés précédemment, par des travaux remarquables et assez nombreux, à Brest, la construction de l'hôtel de la préfecture de Montauban, du théâtre de Cannes, du palais de justice du Havre, etc., lorsqu'il présenta au concours ouvert pour la construction rapide d'un « palais des Fêtes », annexe de l'Exposition universelle de 1878, sur les hauteurs du Trocadéro, un projet conçu et tracé en collaboration avec M. Davioud, son collaborateur déjà au palais de justice du Havre. Ce projet fut approuvé, comme on sait, et c'est à MM. Bourdais et Davioud que nous devons le magnifique palais du Trocadéro. — M. Bourdais a obtenu une 2ᵉ médaille en 1874 et une 3ᵉ en 1878. Chevalier de la Légion d'honneur depuis 1871, il a été promu officier le 1ᵉʳ mai 1878.

BOURGANEL, Pierre, homme politique français, né à Pommiers (Loire) le 18 février 1850. Maire de sa commune depuis 1876 et du Conseil général de la Loire depuis 1877, grand propriétaire agriculteur, M. P. Bourganel a été élu député de la Loire le 4 octobre 1885, sur la liste républicaine. — Il a voté l'expulsion totale des princes.

BOURGEOIS, Paul, homme politique français, médecin, est né à la Verrie (Vendée) le 6 mai 1827, s'est établi médecin dans cette ville après avoir obtenu son diplôme de docteur en 1853, et en est devenu maire en 1864. Il est conseiller général de la Vendée depuis 1865.

Elu représentant de la Vendée en février 1871, député de la 2ᵉ circonscription de la Roche-sur-Yon le 20 février 1876, le 14 octobre 1877 et le 21 août 1881, M. Paul Bourgeois siégea à droite et agit en conséquence. Il a été élu député de la Vendée, le 4 octobre 1885, sur la liste réactionnaire.

BOURGEOIS, Jean-Baptiste, homme politique français, né à Roubaix en 1831. Ayant pris à Dôle, en 1868, la direction d'une importante maison de commerce, il devint conseiller municipal de cette ville, président du tribunal de commerce, conseiller général du Jura et fonda la Société républicaine d'instruction de l'arrondissement de Dôle, pour résister à la politique de réaction des fauteurs du 16 mai et de leurs adhérents. — Après avoir obtenu aux élections de 1881 une importante minorité au premier tour, M. J.-B. Bourgeois se désista en faveur de son concurrent républicain mieux partagé pour le second tour. Il a été élu député du Jura au scrutin du 18 octobre 1885, sur la liste radicale. — M. J.-B. Bourgeois a voté l'expulsion totale des princes.

BOURGEOIS (baron), Charles Arthur, sculpteur français, né à Dijon le 19 mai 1838, élève de Duret et de M. Guillaume. Il remporta le grand prix de Rome en 1863, sujet : *Nisus et Euryale*, et débuta la même année au Salon. — On cite de cet artiste : le *Charmeur de serpents*, groupe, plâtre (1863) ; le même, bronze (1864) ; l'*Amour de cire*, bas-relief (1866) ; une *Laveuse arabe* et un *Acteur grec*, statues en bronze (1868) ; *Sainte Agathe*, statue en plâtre (1869) ; la *Pythie de Delphes*, statue en marbre (1870) ; un *Esclave*, statue en plâtre et *Saint Joachim*, statue en pierre pour Saint-Eustache (1873) ; la *Religion*, statue en pierre pour le fronton de l'église de la Sorbonne, et *Circé*, groupe en plâtre (1875) ; *Héro et Léandre*, groupe en marbre (1878) ; un *Chasseur de crocodiles*, statue en plâtre, pour le Muséum d'histoire naturelle (1883) ; *Enfant à la coquille*, marbre ; *Méphistophélès chantant la ronde du veau d'or*, plâtre (1884) ; un buste en terre cuite : *Portrait de M. H...* (1885) ; *Danseuse égyptienne*, statuette en bronze (1886) ; divers bustes, des médaillons, etc. — M. le baron Bourgeois a obtenu une médaille de 3ᵉ classe en 1863, une médaille en 1870, une médaille de 2ᵉ classe en 1873, une médaille de 3ᵉ classe en 1878 ; il a été décoré de la Légion d'honneur le 9 juillet 1886.

BOURILLON, Xavier, homme politique français, né à Mende le 8 novembre 1840. Industriel influent (fabricant de draps), M. Bourillon se présenta aux élections générales du 20 février 1876, comme candidat républicain, et fut élu député de l'arrondissement de Mende ; mais il échoua le 14 octobre 1877 contre le candidat monarchiste. Aux élections du 4 octobre 1885, ce fut la liste monarchique qui triompha dans la Lozère ; mais cette élection ayant été annulée par la Chambre, ce fut le contraire qui eut lieu au scrutin du 14 février 1876, et M. Bourillon fut élu avec ses amis. — Il s'est abstenu dans le vote sur l'expulsion des princes.

BOURLIER, Nicolas Charles, homme politique français, né à Langres le 5 avril 1830. Reçu docteur en médecine, il devint professeur à l'Ecole de médecine d'Alger et se rendit acquéreur de vastes terrains dans notre grande colonie. Nommé membre du Conseil supérieur du gouvernement en 1873, il est devenu en 1875 maire de la commune de Saint-Pierre et Saint-Paul et membre du Conseil général d'Alger, dont il a été président, ainsi que du Conseil supérieur. M. Bourlier a été élu député de l'Algérie le 4 octobre 1885. Il a pris place à gauche et a voté l'expulsion totale des princes.

M. Bourlier a exploré l'Algérie dans toute son étendue, et visité le Maroc d'une part, la Tunisie, la Tripolitaine, l'Egypte et même la Turquie d'Asie et la Perse d'autre part. On lui doit quelques ouvrages scientifiques et agronomiques. Il est officier de l'Université et chevalier de la Légion d'honneur.

BOURNEVILLE, Désiré Magloire, médecin et homme politique français, né à Garancières (Eure) le 20 octobre 1840, fit ses études médicales à Paris. Externe des hôpitaux attaché successivement à la Salpêtrière, aux Enfants malades, à la Pitié, il devint ensuite interne et fut reçu docteur en 1870 ; il servit pendant la guerre de 1870-71 comme chirurgien-major du 160ᵉ bataillon de la garde nationale de Paris et chirurgien aide-major de première classe à l'ambulance du Jardin des Plantes. En 1866, il avait obtenu une médaille d'argent en reconnaissance du dévouement qu'il avait montré pendant le choléra, à Amiens. M. le Dʳ Bourneville est secrétaire de la Société anatomique, membre correspondant de la Société de médecine du nord de la France, de la Société médico-chirurgicale de Liège, etc. — Il a été élu membre du Conseil municipal de Paris, pour le cinquième arrondissement (quartier Saint-Victor), aux élections complémentaires du 28 mai 1876. Le 21 janvier 1883, le Dr Bourneville fut élu député de Paris en remplacement de Louis Blanc, décédé, dans la 1re circonscription du Ve arrondissement, et prit place à la gauche radicale. Il a été élu député de la Seine au scrutin du 18 octobre 1885, et a voté l'expulsion totale des princes.

On doit à M. le Dr Bourneville : *De l'inégalité du poids entre les hémisphères cérébraux chez les épileptiques (1861); De la condition de la bouche chez les idiots (1864); Socrate était-il fou? (1864)*; G. V. Townley, ou *du diagnostic de la folie au point de vue médico-légal*, avec M. Teinturier (1865); *Cours de M Claude Bernard en 1865*, avec le même; le *Choléra à l'hôpital Cochin (1866)*; *De l'emploi de la fève de Calabar dans le traitement du tétanos (1867)*; *Leçons cliniques sur les maladies chirurgicales des enfants*, de M. J. Giraldès (1868); *De l'antagonisme de la fève de Calabar et de l'atropine (1870)*; *Leçons de M. Charcot sur les maladies du système nerveux (1872)*; *Études cliniques et thermométriques sur les maladies du système nerveux (1873)*, etc. Fondateur et rédacteur en chef du *Progrès médical*, il est également fondateur en chef de l'intéressante *Revue photographique des hôpitaux de Paris*. Il a collaboré au *Réveil*, fondé en 1868 par Delescluze.

BOUSQUET, Alphonse Victor Jean, homme politique français, né à Saint-Hippolyte (Gard), le 20 avril 1839. Il est fils d'un ancien député de l'opposition sous la monarchie de Juillet, membre de la Constituante de 1848. Ancien bâtonnier des avocats de Nîmes, M. Bousquet fut nommé sous-préfet d'Uzès après le 4 septembre 1870. Après avoir échoué dans le Gard, le 8 février 1871, avec plus de 43.000 voix, il fut élu député de la deuxième circonscription de Nîmes, le 20 février 1876 et siégea à gauche. Il a été réélu, le 14 octobre 1877, contre le candidat légitimiste, ainsi que le 21 août 1881. Aux élections de 1885 il fut élu sur la liste républicaine, au scrutin du 18 octobre. — M. Bousquet siège à gauche et a voté l'expulsion totale des princes.

BOUSSENARD, Louis Henri, littérateur et voyageur français, né à Escrennes (Loiret) le 4 octobre 1847. Il étudia d'abord la médecine, fit la campagne 1870-71 en qualité d'aide-médecin auxiliaire, et fut blessé à la bataille de Champigny. Il abandonna alors pour la littérature les sciences, tout en conservant pour elles un goût très vif, et débuta au *Corsaire* par des chroniques scientifiques. Il publia ensuite une série de nouvelles à l'*Éclipse* et au supplément littéraire du *Figaro*, collabora successivement au *Peuple*, au *Petit-Parisien* et à la *Justice*, et fut attaché définitivement par M. Georges Decaux en 1879, à la rédaction du *Journal des voyages*, dont il fait encore aujourd'hui partie (juillet 1886).

D'un caractère aventureux, passionné pour la chasse et les exercices corporels, M. Boussenard a échappé au sédentarisme de l'homme de lettres par de lointaines et parfois périlleuses excursions. C'est ainsi qu'il obtint d'être envoyé en mission scientifique (1880-1881) dans la Guyane, par le ministre de l'Instruction publique. Il vécut de la vie sauvage avec les Peaux-Rouges et les nègres indépendants du Maroni, et rapporta une intéressante moisson de documents qui furent utilisés par le *Journal des voyages*. Deux ans après cette expédition à travers les forêts vierges équinoxiales, dont la diversion du *Journal des voyages* fit généreusement les frais, il rapport pour le Maroc et recueillit encore de curieux matériaux pour ses publications futures. — M. Louis Boussenard a publié à part: *A travers l'Australie (1879)*, in-18; le *Tour du monde d'un gamin de Paris (1880)*, in-18; le *Tigre blanc (1882)*, in-18; le *Secret de l'or (1882)*, in-18; les *Mystères de la Forêt-Vierge (1882)*, in-18; *Aventures d'un gamin de Paris en Océanie (1883)*, in-18; le *Sultan de Borneo (1883)*, in-18; les *Pirates des champs d'or (1883)*, in-18; *Aventures à travers Français au pays des diamants (1884)*, in-18; le *Trésor des rois Cafres (1884)*, in-18; les *Drames de l'Afrique australe (1884)*, in-18; *De Paris au Brésil par terre (1885)*, in-18; *Aventures d'un héritier à travers l'Amérique du Sud (1885)*, in-18; *2,000 lieues à travers l'Amérique du Sud (1885)*, in-18; *Aventures d'un gamin de Paris au pays des lions (1886)*, in-18; *Aventures d'un gamin de Paris au pays des tigres (1886)*, in-18; *Aventures d'un gamin de Paris au pays des bisons (1886)*, in-18; la *Chasse mise à la portée de tous (1886)*, in-18, etc.

BOUSSINGAULT, Jean-Baptiste Dieudonné, chimiste français, né à Paris le 2 février 1802. Élève de l'École des mineurs de Saint-Étienne, il fut chargé dès sa sortie, par une compagnie anglaise, de se rendre dans l'Amérique du Sud, pour y retrouver et rouvrir à l'exploitation des mines comblées depuis longtemps. Mais le soulèvement général des colonies espagnoles ne lui permit pas d'accomplir sa mission et, n'ayant rien de mieux à faire dans les circonstances, il s'attacha à l'état-major de Bolivar, et explora avec lui, surtout en savant, toute la contrée en révolte. De retour en France, M. Boussingault fut appelé à la chaire de chimie de la faculté des sciences de Lyon. Élu membre de l'Académie des sciences en 1839, il vint à Paris et fut nommé professeur d'agriculture au Conservatoire des arts et métiers, chaire qu'il a échangée contre celle de chimie agricole et d'analyse chimique. M. Boussingault a fait faire de grands progrès à la chimie appliquée à l'agriculture, particulièrement quant aux propriétés des aliments à donner aux animaux herbivores et à la détermination du dosage de l'azote dans les engrais, objets sur lesquels il a fourni de précieuses indications, soit dans ses cours, soit dans les nombreux mémoires qu'il a publiés dans les *Comptes rendus de l'Académie des sciences*, les *Annales de physique et de chimie*, etc. —

On a de lui: *Économie rurale, considérée dans ses rapports avec la chimie, la physique et la météorologie* (2 vol. in-8o, 1844); *Mémoires de chimie agricole et de physiologie* (1854, in-8o), extraits des publications périodiques précitées; la *Fosse à fumier, leçons professées au Conservatoire des arts et métiers* (in-8o, fig. et gr. pl. gravée, 1858); *Agronomie, chimie agricole et physiologie* (1860-74, 5 vol. in-8o); *Études sur la transformation du fer en acier* (1875, in-8o), etc. — Il a été membre des jurys internationaux des expositions universelles de 1855, 1862, 1867 et de l'exposition de Vienne de 1873, et nommé, par décret en date du 11 août 1876, membre de la Commission spéciale chargée d'étudier les questions relatives à l'organisation de l'Institut agronomique. Il est membre de la Société nationale d'agriculture de France.

En 1848, M. Boussingault fut élu membre de l'Assemblée constituante comme représentant du département du Bas-Rhin, dans lequel il était alors copropriétaire d'une usine, et siégea à la gauche modérée. Élu ensuite, par l'Assemblée, membre du Conseil d'État, il y resta jusqu'au 2 décembre. M. Boussingault ne fit point d'autre apparition sur la scène politique, pour laquelle il n'avait d'ailleurs aucun goût. — Il a été promu grand officier de la Légion d'honneur le 23 août 1876.

BOUTEILLE, J.-B. Michel Auguste Oswald, avocat et homme politique français, né le 13 novembre 1826. Ancien maire de Manosque sous l'empire, révoqué seulement après le 24 mai 1873, M. Bouteille se présenta aux élections sénatoriales du 30 janvier 1876, comme candidat républicain, et y échoua, mais il fut élu député de Forcalquier, au ballottage du 5 mars suivant, et prit place à gauche. Réélu le 14 octobre 1877, ainsi que le 21 août 1881, M. Bouteille se présenta avec M. Soustre, comme lui député républicain des Basses-Alpes, au deuxième renouvellement triennal du Sénat (25 janvier 1885); et ces deux candidats gagnèrent à la République ces deux sièges sénatoriaux, occupés jusque-là par des monarchistes. — M. Bouteille a voté l'expulsion des princes.

BOUVATTIER, Jules, homme politique français, né à Avranches en 1843, fit son droit à Paris et s'inscrivit au barreau de sa ville natale en 1867. Nommé sous-préfet en 1873, il donnait sa démission en 1877, reprenait sa place au barreau d'Avranches et était élu bâtonnier peu après. Vice-président de la Société d'agriculture de l'arrondissement d'Avranches, M. Bouvattier, porté sur la liste réactionnaire, fut élu député de la Manche le 4 octobre 1885 et prit place à droite.

BOUVIER, Alexis, romancier français, né à Paris le 15 janvier 1836. Ouvrier ciseleur en bronze, il occupait ses loisirs à la composition de chansons qu'il produisait dans des réunions de jeunes gens, employés et ouvriers, dont chaque membre était tenu d'apporter ainsi son tribut de vers inédits, bons ou mauvais. Les siens, qui n'étaient pas mauvais, obtinrent dans ces réunions modestes un succès de bon aloi, et bientôt les chansonniers furent recherchées par les directeurs de cafés-concerts. On se rappelle encore, après vingt ans, le succès prolongé de la *Canaille*, chantée par Mme Bordas au café Parisien, en 1870, qui fut définitivement en lumière le nom de M. Bouvier. Il collaborait en même temps à des vaudevilles et à des opérettes jouées sur des scènes secondaires, et bientôt sa part de collaboration devint la plus importante. Mais ces divers travaux ne réussissent qu'à lui assurer l'indépendance, et vers 1864, il se voua exclusivement à la littérature et aborda le roman. M. Alexis Bouvier a donné de nombreux feuilletons aux journaux, et parmi les romans qu'il a fait paraître en librairie, on cite : les *Pauvres* (1870) ; les *Soldats du désespoir* (1871) ; *Auguste Manette* (1872) ; les *Drames de la forêt* (1873) ; le *Mariage d'un forçat* (1874) ; la *Femme du Mort*, la *Grande Iza*, la *Belle grélée*, le *Mouchard*, les *Créanciers de l'échafaud*, Mlle *Olympe*, Mlle *Beau-Sourire*, *Iza*, *Lolotte et Cie*, le *Fils d'Antony*, la *Bouginotte*, la *Petite Duchesse*, la *Sang-Brûlé*, *Veuve et Vierge* (1874-84) ; *Lolo* (1886), etc. — M. Bouvier a donné aussi au théâtre quelques drames, la plupart fournis par ses romans. Nous citerons : *Auguste Manette*, 5 actes, avec M. Léon Beauvallet (1872) ; le *Mariage d'un forçat*, 5 actes, avec M. Élie Brault (1878) ; la *Grande Iza*, 5 actes et la *Dame au domino rose*, 5 actes, le premier avec M. Busnach (1882) ; la *Sang-Brûlé*, 5 actes, avec M. Livet (1885), etc.

BOVIER-LAPIERRE, Pierre Marie Auguste, homme polit que français, né à Grenoble le 27 mars 1837. Avocat à Grenoble, Conseiller général de l'Isère, après avoir échoué à une élection partielle qui eut lieu dans la 1re circonscription de La Tour-du-Pin le 19 décembre 1881, M. Bovier-Lapierre fut élu député de la 2e circonscription de Grenoble le 21 août 1881, et siégea dans les rangs de la gauche radicale. Il a été réélu député de l'Isère le 4 octobre 1885, et a voté l'expulsion totale des princes.

BOWMAN, William, chirurgien de l'Hôpital royal ophtalmologique de Londres, précédemment chirurgien de l'hôpital du Collège du roi et professeur de physiologie générale et d'anatomie pathologique à ce même collège, est né à Nantwich le 20 juillet 1816, a fait son éducation au Collège du roi, dont il devait être professeur, et a exercé ensuite la pratique de la chirurgie dans le quartier du West End, de Londres, avec beaucoup de succès. En 1842, il obtint la médaille royale de physiologie, de la Société royale dont il devint membre. M. W. Bowman est, en outre, membre correspondant de la Société philomatique, de la Société de chirurgie et de la Société de biologie de Paris ; de l'Académie royale des sciences de Turin, de l'Académie royale de médecine de Suède, de la Société royale médicale d'Édimbourg, de la Société philosophique de Cambridge, des Sociétés médicales de Genève, Dresde, Athènes et Pesth, etc. Président de la Société ophtalmologique du Royaume-Uni, membre du Conseil du Collège du roi de Londres, etc., il a été nommé secrétaire honoraire de l'Institution royale de la Grande-Bretagne en 1882. — On a de M. W. Bowman, qui est un des plus savants et des plus habiles ophtalmistes de l'Europe : *Lectures sur les parties intéressées dans les opérations de l'œil* ; *Observations sur les pupilles artificielles* ; *Anatomie physiologique et Physiologie de l'homme*, ce dernier ouvrage écrit en collaboration avec le docteur Todd. Il a aussi collaboré aux *Philosophical Transactions* à la *Cyclopædia of Anatomy*, etc.

BOYER, Antide, homme politique français, né à Aubagne le 26 octobre 1850. Il débuta dans la vie, dès l'âge le plus tendre, comme apprenti tuilier et potier de terre ; puis il entra au petit séminaire de Marseille, au sortir duquel il fut successivement papetier, homme d'équipe au chemin de fer, etc., et en dernier lieu comptable. M. Antide Boyer, qui a collaboré à plusieurs journaux avancés de la région et fondé le *Travailleur de Marseille*, dont il est le rédacteur en chef, soutint, en 1869, la candidature de Gambetta dans cette ville : ce fut sa première manifestation politique. A dater de ce moment, il fit partie des diverses sociétés politiques de Marseille, écrivit dans les feuilles radicales et socialistes et prit une grande part au Congrès ouvrier. Élu membre du Conseil municipal de Marseille, comme candidat socialiste, en mai 1884, M. A. Boyer a été élu député des Bouches-du-Rhône au scrutin du 18 octobre 1885, et a pris place à l'extrême gauche. — Il a voté contre le projet d'expulsion des princes.

BOYSSET, Charles, homme politique français, né en 1817, à Chalon-sur-Saône, où il commença ses études, fit son droit à Paris et se fit inscrire au barreau de cette ville. Il était très engagé dans le parti républicain lorsque éclata la révolution de 1848 et fut, en conséquence, nommé procureur de la république, après février, à Chalon-sur-Saône ; puis révoqué, lorsque la politique de réaction prévalut. Élu représentant de Saône-et-Loire à l'Assemblée législative, il y siégea sur les bancs de la gauche, se signala par une ardente opposition à la politique napoléonienne, fut arrêté après le coup d'État et expulsé de France. Après avoir résidé successivement en Italie et en Espagne, il ne rentra en France seulement en 1867, et commença dès lors une vive opposition au gouvernement, en même temps qu'une active propagande démocratique, et publia, en 1868, le *Catéchisme philosophique du Dix-neuvième siècle*, qui fit alors quelque bruit. Aux élections générales des 23-24 mai 1869, il se porta à Chalon comme candidat de l'opposition radicale, mais il échoua. L'année suivante, il combattait ardemment les fauteurs du plébiscite et protestait avec indignation contre la guerre. Après le 4 septembre, M. Boysset fut nommé maire de Chalon-sur-Saône, puis commissaire de la République chargé d'organiser la défense dans ce département et celui de la Côte-d'Or. Il réussit assez dans cette importante mission pour arrêter l'ennemi, vainqueur à Dijon, le 29 octobre, dans sa marche sur Lyon, avec l'armée qu'il avait su organiser. — Aux élections complémentaires du 2 juillet 1871, M. Ch. Boysset fut élu représentant de Saône-et-Loire à l'Assemblée nationale, où il prit place à l'extrême gauche, et lors du renouvellement des conseils généraux, le 8 octobre suivant, il fut élu conseiller général de ce département, et est devenu président du conseil. Il a été élu député dans la première circonscription de Chalon le 20 février 1876, et réélu le 14 octobre 1877 et le 21 août 1881. Élu député de Saône-et-Loire, sur la liste radicale, le 4 octobre 1885, M. Ch. Boysset a repris sa place à l'extrême gauche. Il s'est abstenu sur la question de l'expulsion des princes. — C'est à M. Boysset qu'est due la première proposition de suppression du budget des cultes. — Collaborateur de Proudhon au journal le *Peuple*, en 1850, M. Charles Boysset a collaboré depuis à la *Revue de Paris*, au *Temps*, à la *Revue positiviste*, etc. On lui doit en outre diverses brochures d'actualité politique, entre autres la *Liberté du suffrage* (1875). — Une 2e édition de son *Catéchisme philosophique* a paru en 1870.

BOZÉRIAN, Jules François Jeannotte, homme politique français, sénateur, né à Paris le 28 octobre 1825, fit ses études au lycée Louis-le-Grand, commença son droit, qu'il interrompit pour se livrer à la littérature, et écrivit surtout, pendant cette période, des ouvrages moraux à destination de la jeunesse ; mais il reprit bientôt ses études de droit et se fit admettre au barreau de Paris en 1851. Dès l'année suivante, il se faisait remarquer en plaidant pour l'un des accusés du complot de l'Opéra-Comique. Sa réputation grandit rapidement dans les années qui suivirent, et il devint en 1860 avocat au Conseil d'État et à la Cour de cassation, poste dans lequel il eut à soutenir les pourvois de plusieurs célébrités du crime et la demande en révision, si souvent présentée en vain, du procès du malheureux Lesurques. Élu membre du Conseil général du département de Loir-et-Cher en 1861, M. J. Bozérian y a été réélu le 8 octobre 1871, et en est devenu le président. Aux élections du 8 février 1871, il avait été réélu représentant du Loir-et-Cher à l'Assemblée nationale ; il vint siéger sur les bancs de la gauche républicaine. Pendant la durée de cette première législature de la République, M. Bozérian prit l'initiative de diverses propositions libérales importantes et vota constamment avec la gauche. Il a été élu le 30 janvier 1876, sénateur du Loir-et-Cher, et fait partie de la gauche républicaine du Sénat. Son mandat lui a été renouvelé aux élections sénatoriales du 5 janvier 1879. Il a voté l'expulsion des princes. — Outre ses ouvrages destinés à l'enfance, M. Bozérian a publié : la *Bourse, ses opérateurs et ses opérations*, etc. (2 vol. 1858) ; *Étude sur la révision* (1864). Il a collaboré en outre à divers recueils de jurisprudence, au *Bulletin*, de la Société archéologique du Vendômois, etc. Président, depuis 1862, de l'Alliance chrétienne pour la réunion des diverses communions, il a prononcé devant cette assemblée des discours fort remarquables, dont une partie a été publiée, que nous sachions. On cite tout particulièrement son *Parallèle entre Channing et Fénelon*. — Il a été décoré de la Légion d'honneur en 1878.

BRABOURNE (lord), Edward Knatchbull-Hugessen, homme politique et littérateur anglais, né à Mersham Hatch, dans le Kent, le 29 avril 1829, fit ses études à Eton et au collège de la Madeleine à Oxford. Il est entré à la Chambre des communes en 1857, comme représentant de Sandwich, qui l'a constamment réélu depuis. M. Knatchbull-Hugessen, qui appartient au parti libéral, a été lord de la Trésorerie de 1859 à mai 1866, sous-secrétaire d'État au département de l'Intérieur de décembre 1868 à janvier 1871 et au département des Colonies, de cette dernière date à février 1874, date de la chute du ministère Gladstone. Il fut président de la commission du Trésor chargée, en 1868, d'une enquête sur la situation des constables d'Irlande, et qui conclut à une augmentation de leur paye et à d'autres améliorations. Il est entré au Conseil privé le 24 mars 1873, et a été élevé à la pairie en mai 1880, avec le titre de lord Brabourne, de Brabourne dans le comté de Kent. Lord Brabourne est magistrat et député-lieutenant de ce comté. — Il a publié : *Contes pour mes enfants (1869)*; *Petards de Noel (1870)*; *Clair de lune (1871)*; *Contes pour l'heure du thé (1872)*; *Gens bizarres (1873)*; *Murmures du pays des fées (1874)*; *Légendes des fleuves, ou la Tamise et le Rhin* (River Legends, or River Thames and Father Rhine (1875)); *Higgledy, Piggledy, contes pour tous et pour les enfants de tous (1876)*; *Contes de l'oncle Joseph (1878)*; les *Aventures de Ferdinand (1883)*, etc.

BRACKENBURY, Henry, officier et écrivain anglais, né à Bolingbroke, comté de Lincoln, le 1er septembre 1837; fit ses études à Eton, puis à l'Académie militaire de Woolwich. Sorti officier d'artillerie en avril 1856, il fit la campagne de la rébellion indienne, en 1857-1858: puis fut attaché à l'état-major de Woolwich, d'abord comme simple officier, puis comme instructeur d'artillerie, et enfin comme professeur d'histoire militaire. M. Brackenbury a servi, pendant la guerre franco-allemande, en qualité de délégué principal de la Société britannique de secours aux malades et aux blessés des armées (il était alors capitaine), et a reçu à cette occasion la croix d'officier de la Légion d'honneur, la croix de Fer de Prusse et la croix de chevalier de l'ordre de Saint-Michel de Bavière, première classe. Nommé ensuite secrétaire militaire du général Wolseley, il servit sous ce général pendant toute la campagne contre les Ashantis (1873-74), puis comme adjudant-général adjoint dans l'expédition de Chypre (1878). En 1879, il accompagna de nouveau le général Wolseley dans l'Afrique du Sud, d'abord comme secrétaire, puis comme chef d'état-major. Nommé secrétaire privé du vice-roi des Indes, lord Lytton, en 1879, il revint en Angleterre avec son chef démissionnaire, et fut attaché militaire à l'ambassade de Paris, de janvier 1881 à mai 1882. Il fut alors nommé sous-secrétaire adjoint pour l'Irlande, fonctions qu'il résigna en juillet suivant.

Le colonel Brackenbury a collaboré, par des articles sur des sujets militaires ou d'archéologie, aux *Proceedings of the Royal artillery Institution*, ainsi qu'à divers autres recueils périodiques, il a publié à part : *Fanti and Ashanti (1873)*; *Narrative of the Ashanti war (1874)*, et diverses brochures sur des questions militaires.

BRADDON, miss Mary Elizabeth, femme de lettres anglaise, née à Londres en 1837. Miss Braddon est fille d'un avoué (solicitor) sportsman, qui fut collaborateur de l'ancien *Sporting Magazine*. Elle commença de très bonne heure à écrire pour les recueils littéraires périodiques de la province, notamment des vers et de petites satires politiques. En 1860, elle fit représenter sur le théâtre royal du Strand une comédie : *Loves of Arcadia* (les Amours d'Arcadie), et publia, en 1861, un volume de poésies: *Garibaldi, and other poems*. Mais elle doit sa notoriété, du moins européenne aujourd'hui, à ses romans, qui presque tous traduits en français, conçus d'ailleurs d'après ce système d'intrigues compliquées aboutissant aux situations dramatiques les plus féroces, si goûte du lecteur français, ont eu chez nous une très grande vogue. Les principaux romans de miss Braddon sont : *Lady Lisle*, le *Capitaine du Vautour*, la *Trace du serpent*, *Ralph l'intendant*, le *Secret de lady Audley*, *Aurora Floyd*, le *Triomphe d'Éléonore*, le *Testament de John Marchmont*, *Henry Dunbar*, la *Femme du docteur*, le *Locataire de sir Gaspard*; le *Mille de madame*, etc. La plupart de ces ouvrages ont paru d'abord dans divers magazines celui de *Saint James*, celui de *Temple Bar*, etc. Miss Braddon, qui est directrice du magazine de *Belgravia*, publie dans ce dernier, outre des nouvelles, des esquisses, etc. : les *Oiseaux de proie*, l'*Héritage de Charlotte*, un *Fruit de la Mer Morte*, l'*Enquête de Fenton*, réunis depuis en volumes. Parmi ses ouvrages les plus récents, nous citerons: la *Triste fin (1872)*; *Lucius Davoring, Étrangers et Pèlerins (1873)*; *Griselda*, donnée en quatre actes représenté au Princess's Theatre en novembre 1873; *Perdu pour l'amour*, *Surpris par la marée (1874)*; les *Gages de la Fortune (1875)*; les *Souliers du mort*, la *Fille de Josuah Haggard (1876)*; un *Verdict public (1878)*; le *Pied fourchu* et *Wixen (1879)*; l'*Histoire de Barbara (1880)*; *Asphodèle (1881)*; *Mont-Royal (1882)*, etc. Miss Braddon a publié, en outre, un grand nombre d'ouvrages anonymes, et n'a pas cessé de collaborer à la presse périodique.

BRADFORD, William, peintre américain, né à New Bedford (Massachusetts) vers 1830. Ayant reçu une éducation spécialement commerciale, il entra d'abord dans les affaires, mais sans succès, et les abandonna bientôt, pour se livrer à la peinture de sujets maritimes, qu'il alla chercher jusqu'au Groënland, sans toutefois négliger les côtes d'Amérique. Parmi ses toiles les plus remarquables, nous citerons: la *Côte du Labrador*; l'*Ile du grand Manan*; *Navires de pêche appareillant* (Fishing boats getting under way); *Bateaux pêcheurs à l'encre*; un *Naufrage au large de Nantucket*; un *Coup de vent dans la baie de Fundy* (Sudden squall in the bay of Fundy); une *Brise carabinée dans le havre d'Eastfort*. M. W. Bradford réside à New-York où il a, depuis longtemps, installé son atelier. Aucune de ses toiles, que nous sachions, n'est venue en France, pas même à l'Exposition universelle de 1878.

BRACQUEMOND, Joseph Félix, peintre et graveur français, né à Paris le 22 mai 1833, élève de J. Guichard. Depuis le Salon de 1852, où il a débuté, M. Bracquemond n'a guère manqué d'envoyer au Salon chaque année quelque ouvrage : dessin, pastel, eau-forte, toujours très remarqué. On cite de cet artiste : *Portrait de l'auteur*, au crayon noir (1852); le même, gravé à l'eau-forte (1855); *Margot la critique*; « *Ils allaient dodelinant de la tête...* », et d'autres compositions pour une édition de Rabelais, dont quelques-unes sont restées populaires; de nombreux portraits: ceux de *Beaudelaire*, de *Delacroix*, de *Chenavard*, de *Manet*, des frères de *Goncourt* notamment; de nombreuses illustrations d'ouvrages de bibliophiles ou d'ouvrages de luxe; des reproductions de tableaux anciens et modernes; le portrait de M. *Auguste Vacquerie*, toile (1867); *Don Juan et le pauvre*, ibid. (1869), etc. Ses derniers ouvrages exposés sont des gravures: *David*, d'après M. G. Moreau; la *Leçon de tricot*, d'après Millet (1884); la *Rixe*, d'après Meissonnier (1886). M. Bracquemond a obtenu, comme peintre, une médaille en 1866, et comme graveur, une médaille en 1866, une 2e médaille en 1872, une 1re en 1881 et la médaille d'honneur en 1884. Il a été décoré de la Légion d'honneur en 1882.

M. Bracquemond avait été attaché aux ateliers de la manufacture de porcelaine de Sèvres, mais il quitta cette position pour la direction des travaux d'une grande maison de céramique particulière. Il est inventeur d'un nouveau procédé de décoration de la faïence. Il a publié en 1885: *Du dessin et de la couleur*. — M. Bracquemond est membre de la Commission consultative des Beaux-arts.

BRAME, Georges Jules Louis, homme politique français, né à Paris le 16 août 1839, est fils de feu M. Jules Brame, ancien ministre de l'empire, mort à Paris le 1er février 1878. M. G. Brame fit son droit à Paris et fut nommé, au concours, auditeur au Conseil d'État en 1866. Lors du passage de son père aux affaires (1870), il fut son chef de cabinet. Capitaine des mobiles du Nord pendant la guerre de 1870-71, il a été décoré de la Légion d'honneur pour la belle conduite durant cette désastreuse campagne. M. Georges Brame fut élu député de la 5e circonscription de Lille le 20 février 1876, comme candidat bonapartiste; réélu le 14 octobre 1877 et le 21 août 1881, il a été élu député du Nord, avec la liste monarchique, le 4 octobre 1885.

BRAND, Henry Bouverie William, homme politique anglais, ancien président de la Chambre des communes, né en 1814. Il est le second fils du vingtième baron Dacre et frère et héritier du baron Dacre actuel. Il a épousé, en 1838, la fille du général Ellice. Il fut secrétaire privé de sir Georges Grey, garde du sceau, en février 1855; lord de la trésorerie d'avril 1855 à mars 1858 et secrétaire parlementaire au Trésor de juin 1859 à juillet 1866. Attaché aux idées libérales, M. Brand fut élu membre de la Chambre des communes en juillet 1852 par le collège de Lews, qu'il représentait encore au moment de la dissolution, en 1868. A cette époque, il se fit réélire par le comté de Cambridge, qu'il représente encore aujourd'hui. M. Brand a été élu, en février 1872, sans opposition, président (speaker) de la Chambre des communes, en remplacement de M. Denison, depuis vicomte Ossington, et s'est maintenu dans ces fonctions jusqu'en février 1884. — Il a été élevé à la dignité de grand'-croix de l'Ordre du Bain, après la session de 1881.

BRATIANO, Jean, homme d'État roumain, né à Bucarest en 1822, servit quelque temps dans l'armée, où il entra dès 1838, vint à Paris en 1841, dans le but d'y compléter ses études et y suivit simultanément les cours du Collège de France et de l'École polytechnique. En 1848, après l'explosion de février, à laquelle il prit part en combattant sur les barricades, M. J. Bratiano partit pour Bucarest, où il fit, dès son arrivée, partie du comité révolutionnaire et devint secrétaire du gouvernement provisoire, puis ministre de la police sous la lieutenance princière. Les aspirations du parti dont

M. J. Bratiano était l'un des chefs étaient de faire de la Roumanie un État démocratique indépendant. Proscrit après la chute de la lieutenance et l'entrée des Russes en Roumanie (septembre 1848), il se réfugia en France. Il fut poursuivi, en 1853, devant la cour d'assises de la Seine, pour détention de presse clandestine, et acquitté ; mais l'affaire ayant été évoquée de nouveau et sous une forme différente, devant le Tribunal correctionnel, il fut condamné à trois mois de prison et 3.000 francs d'amende. En 1857, M. J. Bratiano put retourner en Valachie avec son frère aîné, M. Démètre Bratiano, et fut élu, presque dès son arrivée, député au divan *ad hoc*. Il fit partie de plusieurs ministères, le plus souvent avec le portefeuille des finances. C'est encore ce portefeuille qu'il a choisi en prenant possession de la présidence du Conseil des ministres, au mois d'août 1876, mais il l'échangea contre celui de l'intérieur au commencement de 1877. A ce moment, la Roumanie ne pouvait, malgré qu'elle en eût, entreprendre une guerre contre la Turquie, que M. Bratiano avait mis tous ses efforts à préparer, une alliance fut conclue avec la Russie, qui déclara elle-même la guerre. La Roumanie laissa traverser son territoire par l'armée russe, et de plus, le prince Charles, à la tête de son armée, vint se mettre sous les ordres du généralissime moscovite et prit une part effective importante aux opérations de la campagne qui devait assurer l'indépendance du pays. La guerre terminée, la Russie traita son allié beaucoup plus mal que celui-ci ne s'y attendait ; et malgré les efforts de M. Bratiano qui, après avoir procédé par voie diplomatique régulière, se transporta de sa personne à Berlin et à Vienne, la Roumanie dut abandonner à son trop puissant allié, le territoire excellent et trop accessible de la Bessarabie en échange des marécages impraticables de la Dobroutcha. Le Congrès de Berlin, auquel M. Bratiano ne fut admis qu'avec voix consultative seulement, arrangea ainsi les choses, et M. Bratiano dut se charger de faire accepter telles quelles par le Congrès roumain, en appuyant sur ce fait, d'une importance politique considérable, qu'en traitant directement avec la Roumanie, le Congrès reconnaissait virtuellement son entière indépendance. La Russie, toutefois, tenait ainsi la principauté sous sa domination directe; mais en restant le fidèle allié du czar, et il ne pouvait faire autrement désormais, le prince Charles s'assurait bien des avantages qu'il n'eût pu espérer dans une situation plus indépendante, mais moins sûre. C'est ainsi, par exemple, qu'en mars 1881, il troquait sa couronne princière contre une couronne royale. Il passe pour avoir une grande influence à la cour moscovite et vivre dans des termes d'amitié avec Alexandre III. M. J. Bratiano est encore actuellement (juillet 1886), après quelques intermittences, président du conseil des ministres du royaume de Roumanie, avec le portefeuille de l'intérieur.

Pendant son séjour à Paris, M. Bratiano avait collaboré à divers journaux démocratiques et publié plusieurs mémoires ayant trait à l'histoire et aux revendications des « Principautés danubiennes » réunies aujourd'hui, conformément à ses vœux, sous le nom de royaume de Roumanie.

BRÉAL, MICHEL JULES ALFRED, philologue français, né à Landau (Bavière) le 26 mars 1832, fit ses études à Wissembourg, à Metz, puis à Paris, au Lycée Louis-le-Grand, fut admis à l'Ecole normale en 1852, en sortit en 1855 et se fit recevoir agrégé. Nommé professeur au lycée de Strasbourg, puis rappelé à Paris pour remplir les mêmes fonctions au lycée Louis-le-Grand, il partit pour l'Allemagne en 1857, et alla compléter ses études philologiques à l'université de Berlin. Après son retour, il fut comme employé à la Bibliothèque nationale, au département des manuscrits (1860). Au concours ouvert en 1862, par l'Académie des inscriptions et belles-lettres, sur *l'Étude des origines de la religion zoroastrienne*, M. Bréal remporta le prix. Il fut en 1864, après la mort de Hase, chargé du cours de grammaire comparée, professé par celui-ci à la Sorbonne, et qui venait d'être transféré au Collège de France, et fut nommé titulaire en 1866. Il est en outre l'un des directeurs de l'École pratique des hautes études, secrétaire de la Société de linguistique de Paris, membre de la section permanente du Conseil supérieur de l'instruction publique et membre de l'Académie des inscriptions et belles-lettres (décembre 1875). Chevalier de la Légion d'honneur depuis 1869, il a été promu officier le 18 janvier 1881. — On a de lui : *Hercule et Cacus, étude de mythologie comparée ; Des noms perses chez les écrivains grecs*, et le *Mythe d'Œdipe (1863)* ; la traduction de la *Grammaire comparée des langues indo-européennes*, de Bopp, l'un de ses maîtres à l'université de Berlin (1867-70, 3 vol.); *Quelques mots sur l'Instruction publique en France (1872) ; Dictionnaire étymologique de la langue latine ; Excursions pédagogiques (1882)*, etc. ; outre divers opuscules et des mémoires insérés dans les recueils des sociétés savantes et autres publications spéciales. M. Michel Bréal est directeur de la *Revue critique d'histoire et de littérature*.

BRELAY, PIERRE EUGÈNE EMILE, homme politique français, négociant à Paris, est né à Puyraveau (Char.-Inf.) le 7 décembre 1817. Combattant de février 1848, il devint commandant d'artillerie de la garde nationale après le triomphe de la Révolution. Il échoua aux élections pour la Constituante. Ayant protesté contre le coup d'Etat de décembre 1851, M. Brelay se tint dès lors éloigné de la politique. Elu premier adjoint au maire du deuxième arrondissement de Paris, en novembre 1870, il prit part, en mars 1871, aux inutiles tentatives de conciliation entreprises par les représentants et les maires de Paris. Il avait échoué aux élections générales du 8 février précédent, mais le 2 juillet il était élu représentant de la Seine. M. E. Brelay a été élu député du deuxième arrondissement de Paris le 20 février 1876, et réélu le 14 octobre 1877 et le 21 août 1881 Aux élections générales de 1885, il ne fut élu au scrutin de ballottage du 18 octobre, député de la Seine. M. E. Brelay a siégé invariablement à l'extrême gauche. — Il a voté l'expulsion totale des princes.

BRÉMOND, FÉLIX, médecin et littérateur français, né à Flayosc (Var) en 1843. Il étudia la médecine et fut successivement attaché comme interne à l'hôpital Saint-Pierre de Marseille, à l'hospice de Charenton et à l'hôpital militaire de Toulon ; puis il se fit recevoir docteur à Montpellier en 1867, et alla s'établir à Draguignan, où il fonda peu après l'*Avenir du Var*, journal d'opposition démocratique. Il avait déjà, étant étudiant, collaboré à divers journaux, tant de Paris que de la province, il reprit cette collaboration après la disparition de l'*Avenir*, tombé sous les procès. Il était membre de la Société agricole et scientifique du Var et de la Société médicale de Montpellier lorsque, après le 4 septembre 1870, il fut nommé sous-préfet de Blaye ; mais il ne conserva ce poste que quelques mois et reprit l'exercice de son art. Revenu à Paris après la Commune, le Dr Brémond collabora à l'*Evénement*, au *Nouveau Journal*, au *Médecin*, à la *Jeune mère* etc. ; il fonda en 1876 la *Revue de littérature médicale*, qu'il transformait l'année suivante en un journal hebdomadaire intitulé *l'Hygiène pour tous*, et devint en outre rédacteur en chef de la *Médecine populaire* en 1882. — Il a publié à part : *Préservatifs du choléra (1865) ; Etude sur les hallucinations (1867) ; Considérations sur la blennorrhagie urétrale (1868) ; Rabelais médecin (1879) ; Hygiène usuelle (1884)*. — M. le Dr Félix Brémond est membre de la Commission des logements insalubres de la Ville de Paris. Il est officier de l'instruction publique.

BRÉMOND D'ARS (marquis de), GUILLAUME, général et homme politique français, né à Saintes le 19 mars 1810. Sorti de Saint-Cyr en 1830, comme sous-lieutenant de cavalerie, il était colonel du 2e régiment de chasseurs d'Afrique depuis 1855, lorsqu'il fut nommé général de brigade le 13 août 1873. Après le 4 septembre, M. de Brémond d'Ars fut promu divisionnaire et appelé au commandement de la 1re division du 17e corps, à l'armée de la Loire. En 1874, il fut nommé inspecteur général de cavalerie, d'où il passa dans le cadre de réserve. — Après avoir échoué aux élections sénatoriales du 30 janvier 1876, comme candidat monarchique, dans la Charente, le marquis de Brémond d'Ars y était élu le 16 février 1879, en remplacement de M. André, décédé ; il a été réélu au renouvellement triennal du 25 février 1885, avec le maréchal Canrobert, à une assez faible majorité. — Le général de Brémond d'Ars est grand officier de la Légion d'honneur du 5 mai 1871.

BRESSON, EDOUARD VICTOR STANISLAS, industriel (filateur) et homme politique français, né à Darney (Vosges) le 27 juin 1826. Maire de Monthureux depuis de longues années, il fut révoqué lorsque le 24 mai 1873. Le 20 février 1876, il était élu député de Mirecourt contre M. Buffet, ministre de l'intérieur, député de la circonscription ou du département de 1848 à 1851, et de 1863 à 1876, trois fois ministre ; il siégea au centre gauche.— M. Bresson a été réélu le 14 octobre 1877 et le 21 août 1881. Le 4 octobre 1885, il était député des Vosges sur la liste dite républicaine progressiste. Il siège à gauche et a voté contre l'expulsion des princes.

BRET-HARTE. — Voy. Harte.

BRETEUIL (marquis de), HENRI, homme politique français, né le 17 septembre 1848. Élu député pour la circonspection d'Argelès (Hautes-Pyrénées) contre M. Alicot, député sortant, le 14 octobre 1877, M. le marquis de Breteuil avait choisi sa place à droite ; mais son élection, vivement contestée, ayant été annulée par la Chambre, il ne réussit pas à s'y faire renvoyer par les électeurs d'Argelès. M. de Breteuil a été enfin élu député des Hautes-Pyrénées, le 4 octobre 1885, sur la liste monarchique.

BRETON, Jules Adolphe Aimé Louis, peintre et poète français, né à Courrières (Pas-de-Calais) le 1er mai 1827, élève de Félix De Vigne et de Drœlling. On cite de cet artiste : les *Glaneuses*, le *Lendemain de la Saint-Sébastien*, *Petites paysannes convultant des épis* (Exposition universelle de 1855) ; la *Bénédiction des blés dans l'Artois (1857)* ; le *Rappel des glaneuses (1859)* ; les *Sarcleuses*, le *Colza*, l'*Incendie (1861)* ; *Consécration de l'église d'Oignies*, l'*aveux (1863)* ; les *Vendanges à Château-Lagrange*, une *Gardeuse de dindons (1864)* ; la *Fin de la journée*, la *Lecture (1865)* ; la *Becquée*, une *Source au bord de la mer*, la *Moisson* (Exposition universelle de 1867) ; l'*Heliotrope*, *Femmes récoltant des pommes de terre (1868)* ; un *Grand pardon breton*, les *Mauvaises herbes (1869)* ; *Lavandières des côtes de Bretagne*, *Fileuse (1870)* ; *Jeune fille gardant des vaches*, la *Fontaine (1872)* ; la *Falaise (1874)* ; la *Glaneuse (1877)* ; l'*Arc-en-ciel*, le *Matin (1883)* ; les *Communiantes*, vendues en mars 1886 aux États-Unis, à la vente Morgan, la bagatelle de 225.000 fr. ; *Sur la route, en hiver (1884)* ; le *Dernier rayon*, le *Chant de l'alouette (1885)* ; le *Goûter*, la *Bretonne (1886)*. — M. Jules Breton a obtenu une 3e médaille en 1855, une 2e en 1857, une 1re en 1859 et rappel en 1861, une autre 1re médaille en 1867 et la médaille d'honneur en 1872 ; nommé chevalier de la Légion d'honneur en 1861, il a été promu officier le 26 juin 1867 ; enfin, il a été élu membre de l'Académie des Beaux-Arts le 20 mars 1886, en remplacement de Paul Baudry.

M. Jules Breton est poète, et souvent, au lieu d'une simple mention, le sujet de ses tableaux est développé dans un sonnet fort bien frappé. Il a du reste, publié en 1876 un volume de poésies intitulé : les *Champs et la Mer*, qui a été bien accueilli.

BRICE, René Joseph, homme politique français, né à Rennes le 23 juin 1839, fit ses études à l'académie universitaire de sa ville natale, où il fut reçu avocat en 1859. Reçu docteur en droit en 1863, M. René Brice, qui s'était déjà fait au barreau une réputation honorable, se portait en 1867, mais sans succès, candidat au Conseil général d'Ille-et-Vilaine, pour le canton sud-ouest de Rennes. En 1869, comme collaborateur du journal l'*Électeur indépendant*, il combattit avec ardeur les candidatures législatives officielles du département ; nous devons constater que ce fut encore sans succès, car toute les candidats officiels ou agréables, 15 où les officiels manquaient, passa au scrutin des 23-24 mai. Il fut toutefois élu conseiller municipal de Rennes. Après la révolution du 4 septembre, le gouvernement de la Défense nationale nomma M. René Brice sous-préfet de Redon ; mais, ayant l'intention de se porter candidat à l'Assemblée nationale, il ne tarda pas à donner sa démission, il fut élu, en effet, le premier sur onze, aux élections du 8 février 1871, représentant d'Ille-et-Vilaine. Il était également élu conseiller général pour le canton de Sel, le 8 octobre suivant. A l'Assemblée nationale, il prit place sur les bancs du centre gauche républicain. M. René Brice a été élu député de la circonscription de Redon le 20 février 1876, et réélu le 14 octobre 1877 et le 21 août 1881 ; il a été réélu député d'Ille-et-Vilaine, sur la liste républicaine, le 4 octobre 1885. Il siège à gauche et a voté contre le projet d'expulsion des princes.

BRIDGMAN, Frederick Arthur, peintre américain, né à Tuskegee (Alabama) en novembre 1847. Son père étant mort lorsqu'il était encore enfant, sa mère l'emmena dans le nord quelques années plus tard, résida avec lui quelque temps dans le Massachusetts, puis alla s'établir à Brooklyn. Le jeune garçon entra alors comme apprenti graveur à l' « American Bank-Notes Company » de New York. Cependant, il apprenait la peinture dans les écoles d'art du soir, et quoique devenu habile graveur, il se décida pour la peinture, quitta la compagnie et, âgé par des amis vint à Paris compléter ses études artistiques, en 1866. Il suivit pendant trois ans les cours de l'Ecole des beaux-arts et l'atelier de M. Gérome. En 1869, 1870 et 1871, il fit plusieurs voyages en Angleterre, explora les deux versants des Pyrénées en 1871 et 1872, passa l'hiver de 1872-73 en Algérie et au Maroc et celui de 1873-74 en Égypte, en Nubie et sur les bords du Nil. De retour de ses voyages, abondamment chargé de croquis, M. Bridgman a exposé aux Salons de Paris, où est sa résidence, un grand nombre d'ouvrages qui lui ont fait une réputation enviable. Ses principaux ouvrages sont : *Levé de bonneheure* ; *Jeunes filles en route* ; *Plantation de la navette en Normandie* ; les *Illusions du grand monde* ; *Intérieur mauresque* ; la *Rentrée du mois dans les Basses-Pyrénées (1873)* ; un *Voyage aux Pyrénées (1874)* ; un *Jour de calme dans la Haute Égypte*, la *Contesse nubienne au harem (1875)* ; *Prière dans la mosquée au Caire*, *Préparatifs (au Caire) pour le départ du Tapis Saint (1876)* ; *Apollon enlevant Cyrène (1877)* ; *Pharisiens et Publicains*, les *Funérailles de la Momie (1878)* ; le *Cirque américain à Paris* ; *Anier du Caire (1881)* ; la *Cigale (1883)* ; le *Bain de famille, intérieur au Caire* ; *Mon dernier prix*, un *Marchand au Caire (1884)* ; l'*Été sur le Bosphore (1885)* ; la *Brodeuse, intérieur marocain (1886)*. — M. Bridgman a obtenu une 3e médaille en 1877, une 2e médaille et la croix de la Légion d'honneur en 1878.

BRIET DE RAINVILLERS, Louis Jean Philippe, homme politique français, né à Boismont (Somme) le 8 novembre 1838. Sorti de Saint Cyr en 1860, dans l'état-major, il fut successivement aide-de-camp des généraux Lepic et Pellé. Il a fait la campagne de l'Est dans le 1er corps d'armée en 1870, et eut un cheval tué sous lui à Sedan. M. de Rainvillers a quitté l'armée, en 1871, pour s'occuper d'agriculture. Après avoir échoué aux élections du 20 février 1876 où il se présentait contre le comte de Douville-Maillefeu dans la 2e circonscription d'Abbeville. Il triomphait momentanément de son adversaire aux élections du 14 octobre 1877 ; mais son élection ayant été annulée comme entachée de pression excessive, l'élection qui eut lieu en conséquence le 3 mars 1878 ne lui fut décidément pas favorable. M. de Rainvillers a enfin été élu député de la Somme, sur la liste monarchique, le 4 octobre 1885.

BRIGHT, John, industriel et homme politique anglais, né à Greenbank, près de Rochdale, le 16 novembre 1811, associé principal de la filature et manufacture de coton de Rochdale, agissant sous la raison « John Bright and brothers ». Déjà pris part, en 1831-32, à l'agitation réformiste, M. Bright n'entra effectivement dans la vie politique qu'en 1839, lorsqu'il fit, un des premiers, partie de l'*Anti-Corn law League*, issue d'une association formée l'année précédente dans le but d'obtenir le rappel des lois sur les céréales. En avril 1843, il posa sa candidature à la Chambre des communes, sans succès, pour la ville de Durham, qui l'élut toutefois au mois de juillet suivant et le conserva comme son représentant jusqu'en 1847, époque à laquelle il devint le représentant de la ville manufacturière de Manchester. Son premier discours au Parlement eut pour objet d'appuyer la motion de M. Ewart sur l'extension des principes du libre échange (7 août 1843). Pendant l'intervalle écoulé entre son élection par Manchester et l'accession au pouvoir du premier cabinet Derby (1852), l'activité de M. Bright s'exerça sur toute sorte de sujets, sans se ralentir un moment : il proposa contre l'état de choses auquel il attribuait la famine d'Irlande, le remède du libre échange intérieur ; il tenta, mais sans succès, de presser les travaux de la commission d'enquête sur la situation de l'Inde ; et fut, en 1849, un des membres de la célèbre commission parlementaire pour l'examen des salaires officiels. A la Chambre et dans les provinces, principalement à Manchester, il coopéra, avec Cobden, au mouvement en faveur de la réforme financière par le moyen d'une réduction des armements de terre et de mer. En 1851, il prit part au vote de censure infligé à lord Palmerston, à propos de l'affaire Pacifico et, en 1852, à la manifestation de bienvenue organisée en l'honneur de Kossuth par les libéraux avancés du Lancashire. Lors de la formation du premier ministère Derby (1852), M. Bright s'occupa de la réorganisation de l'Anti-Corn law League ; mais l'acceptation finale du libre échange par le nouveau gouvernement rendit ses efforts inutiles en ceci. Aux élections générales de la même année, Manchester le renvoyait siéger à la Chambre des communes. Avec l'arrivée au pouvoir, au mois de décembre de la même année, du cabinet Aberdeen, commencèrent les discussions relatives à la question d'Orient, que devait couronner la guerre de Crimée. M. Bright protesta avec une grande énergie contre la politique suivie par l'Angleterre en cette occasion ; mais il ne réussit qu'à s'aliéner une partie de ses commettants, qui n'étaient point *quakers* comme lui ; une maladie sérieuse interrompit d'ailleurs ses protestations et lui interdit pour longtemps toute action publique. La nouvelle de l'échec de lord Palmerston, sur la question de Canton, le trouva en Italie, en mars 1857 ; quoique n'ayant nécessairement pas pris part à la discussion dont le résultat forçait lord Palmerston à en appeler au pays, il donna son entière approbation au vote de censure, qui avait été proposé par Cobden et appuyé par M. Milner Gibson. Aux élections générales qui suivirent, Manchester repoussa à la fois les candidatures de MM. Bright et Gibson; mais la mort de M. Muntz ayant ouvert une vacance à Birmingham, les électeurs offrirent la candidature à M. Bright et l'élurent au mois d'août suivant. Il a continué jusqu'ici, sans interruption, à représenter ce collège. Depuis 1857, M. Bright a attaché son nom à un projet de réforme électorale demandant une extension considérable du droit de suffrage et une plus équitable distribution des sièges représentatifs, relativement au chiffre de la population, à une proposition de modifications de la loi de succession, ainsi qu'aux débats soulevés par le projet de traité de commerce avec la France, dont l'acceptation finale (1860) fut un de ses plus beaux triomphes. Partisan déclaré du Nord, dans la guerre de sécession américaine, la Chambre de commerce de New-York lui vota, en 1862, des remerciements pour l'ardeur qu'il avait déployée à combattre l'idée d'une intervention européenne dans les affaires d'Amérique. Après le rétablissement de la paix (1865), M. Bright ressuscita l'agitation en faveur de la réforme électorale, organisant des meetings, provoquant des pétitions, avec un zèle qui lui valut des ovations, des adresses de remerciement et finalement sa réélection à Birmingham, à une très grande majorité. Associé à la campagne de M. Gladstone contre l'église établie d'Irlande, il visita « l'île sœur » en 1866, et, le 30 octobre, assistait à un banquet donné en son honneur à Dublin. Le 3 novembre 1868, la cité d'Edimbourg lui conféra la bourgeoisie, et, le mois suivant, il acceptait, sous le ministère Gladstone, le portefeuille du commerce. Forcé encore, pour cause de santé, de ne point paraître à la Chambre des communes pendant quelque temps, il dut se retirer du ministère, pour la même cause, en décembre 1870. Etant en partie rétabli, il fut, au mois d'août 1873, nommé chancelier du duché de Lancastre, en remplacement de M. Childers, position qu'il conserva jusqu'à la chute du parti libéral, en février 1874, et qu'il reprit, du reste, à son retour en mai 1880. Le 17 juillet 1882, M. Bright annonçait à la Chambre qu'il avait donné sa démission de ce poste, pour cause de dissentiment avec ses collègues du cabinet sur la question des affaires d'Egypte, surtout à propos du bombardement d'Alexandrie, qui venait d'avoir lieu. — A propos du bill sur l'autonomie de l'Irlande, M. Bright s'est en outre complètement séparé de M. Gladstone, dont il a combattu le projet à la Chambre et dans ses discours prononcés à Birmingham, après la dissolution (juin 1886). C'est donc comme adversaire du « Grand Vieillard » que Birmingham l'a réélu à cette date. — M. Bright a été élu lord recteur de l'université de Glasgow le 15 novembre 1880. Il a été publié en 1868 un recueil de ses *Discours sur la Politique générale*.

BRIGHT, sir CHARLES TILSTON, ingénieur-électricien anglais, né en 1832. Il embrassa la profession d'ingénieur civil en 1850, et en 1853, en qualité d'ingénieur de la Compagnie anglaise et irlandaise de télégraphie magnétique, eut à s'occuper de relier l'Irlande et la Grande-Bretagne par un télégraphe sous-marin. En 1856, il fut l'un des quatre promoteurs de l'établissement d'une ligne télégraphique sous-marine, entre la côte ouest de l'Irlande et l'Amérique, projet qu'il réalisa, comme ingénieur de la Compagnie du télégraphe atlantique, en 1858. Il fut, à cette occasion, fait chevalier par le vice-roi d'Irlande. Plusieurs messages furent aussitôt échangés entre Londres et New-York, parmi lesquels des adresses de félicitations entre la reine d'Angleterre et le président des Etats-Unis ; sans parler des ordres contremandant l'envoi de deux régiments canadiens aux Indes, dont la réception en temps opportun réalisa une économie de 1,250,000 francs au bas mot. Sir Ch. Bright a été membre de la Chambre des communes pour Greenwich, de 1865 à décembre 1868. Il est membre de la Société royale de géographie et de plusieurs autres sociétés savantes, et n'a pas cessé d'avoir une part importante aux progrès de la télégraphie électrique. Commissaire royal à l'Exposition internationale d'électricité, en 1881, il a été fait officier de la Légion d'honneur à cette occasion.

BRISSON, EUGÈNE HENRI, homme politique français, né à Bourges le 31 juillet 1835, d'une famille dévouée à la cause démocratique ; il fit son droit à Paris et s'inscrivit au barreau de cette ville en 1859. Tour à tour collaborateur du *Phare de la Loire*, du *Temps*, de l'*Avenir national* et de la *Revue politique*, il rentra à l'*Avenir national* lorsque cette *Revue* fut supprimée, vers la fin de 1868, et y fut chargé de l'appréciation des débats parlementaires pendant la dernière législature impériale. Candidat au Corps législatif, dans la quatrième circonscription de la Seine, en novembre 1869, il réunit un assez grand nombre de voix pour nécessiter un second tour auquel il ne voulut pas prendre part, pour laisser le champ libre à M. Glais-Bizoin, qui fut élu. Nommé adjoint au maire de Paris avec M. Floquet, après le 4 septembre, les deux collègues donnèrent leur démission, en même temps que le maire de Paris, M. Etienne Arago, après la manifestation du 31 octobre 1870. — Aux élections du 8 février 1871, M. H. Brisson fut élu représentant de la Seine, le dix-neuvième sur quarante-trois. — avant M. Thiers, qui venait seulement vingtième sur la liste, et fut réélu le 20 février 1876 député du dixième arrondissement de Paris à une très grande majorité. Dès ses débuts parlementaires, M. Henri Brisson s'est fait une place importante dans l'Assemblée. comme orateur, et dans les rangs de la gauche dont il est un des principaux membres. Il a été président du groupe de l'Union républicaine. Il fut réélu le 14 octobre 1877 et le 21 août 1881. Après la formation du cabinet Gambetta, M. H. Brisson devint président de la Chambre des députés en remplacement de ce dernier (janvier 1882), et fut maintenu au fauteuil à chaque session nouvelle, jusqu'au jour où il se décida enfin, après la chute du cabinet Ferry, à former un nouveau ministère (6 avril 1885), dont il prit la présidence avec le portefeuille de la justice, et qui se retira le 29 décembre 1885, pour faire place au cabinet présidé par M. de Freycinet. Aux élections du 4 octobre précédent, M. Henri Brisson avait été élu député à la fois dans la Seine et dans le Cher; il opta pour ce dernier département et reprit sa place sur les bancs de la gauche. — Il a voté l'expulsion totale des princes.

BROGLIE (duc de), CHARLES JACQUES VICTOR ALBERT, homme d'État, membre de l'Académie française, né le 13 juin 1821, d'une famille d'origine italienne venue en France à la suite de Mazarin et qui a conservé à son nom la prononciation italienne *Broille*, bien que le village de Broglie (Eure), auquel cette famille a donné son nom, ait fini par prendre l'habitude de le prononcer à la française. La famille *di Broglio* fut admise au nombre des princes du saint empire, titre porté par le fils aîné, en 1759. M. le duc de Broglie actuel est fils de l'ancien ministre de Louis-Philippe, duc Victor de Broglie (qui, comme lui, avait été « libéral » avant d'être au pouvoir et l'un des auteurs des lois de septembre) et petit-fils de Mme de Staël. En 1840, M. de Broglie, qui se destinait à la diplomatie, appartenait déjà au ministère des affaires étrangères et fut attaché comme secrétaire aux ambassades de Rome et de Madrid, jusqu'à la révolution de février 1848, qui ne rendit à la vie privée. Il publia peu après, dans la *Revue des Deux Mondes*, un article sur la politique extérieure de la République, autour duquel il se fit quelque bruit. — Il est resté collaborateur de la *Revue des Deux Mondes* et est devenu l'un des principaux rédacteurs du *Correspondant*, puis l'un des inspirateurs du *Français*, à la fondation duquel il ne fut pas étranger. Dans ces divers organes, il fit à l'empire, aussi bien qu'à la libre pensée et à l'ultramontanisme, une guerre continue, mais peu dangereuse. Ce qui est à relever, c'est l'énergie toute particulière qu'il déploya dans ses articles contre le système gouvernemental de l'empire, et pour la défense des franchises communales ; car on sait comment il appliqua les principes si longtemps soutenus par lui à une autre époque, lorsqu'il fut en état de le faire, étant premier ministre de la République. — Les premiers essais littéraires de M. le duc (ou plutôt de M. le prince Albert de Broglie) ont été réunis en volume, pour faire corps, sous ce titre : *Etudes morales et littéraires (1853)*. Il a publié ensuite : *l'Église et l'empire romain au IVe siècle (1856, 4 vol.)*, ouvrage qui veut être l'histoire du règne de Constantin, écrite au point de vue conventionnel du catholicisme, ne tenant en conséquence aucun compte de tout ce qui s'écarte de ce point de vue et notamment de l'œuvre immortelle de Gibbon sur le *Déclin et la chute de l'empire romain*, qu'il réfute d'avance. Cet ouvrage fut suivi et complété par deux autres, écrits dans le même esprit : *Julien l'Apostat* et *Théodose le Grand*. Viennent ensuite : *Une réforme administrative en Algérie (1860)*, brochure ; *Questions de religion et d'histoire (1860, 2 vol.)* ; la *Souveraineté pontificale et la liberté (1861)* ; la *Liberté divine et la liberté humaine (1865)* ; la *Diplomatie et le droit nouveau (1869)* ; le *Secret du roi (1878)* ; *Souvenirs du feu duc de Broglie*, d'abord parus dans la *Revue des Deux Mondes (1885-86*, tomes I à III). Il avait également publié, en 1846, une traduction du *Système religieux* de Leibnitz. — M. Albert de Broglie est entré à l'Académie française en 1862, en remplacement de Lacordaire.

L'un des organisateurs de la fameuse « Union libérale » formée en prévision des élections générales de 1863, et qui n'avait de vraiment libéral que l'hospitalité qu'elle offrait, à tous les adversaires de l'empire, comme aux simples mécontents, à quelque opinion qu'ils appartinssent d'ailleurs, M. de Broglie attendit toutefois pour se présenter lui-même devant le suffrage universel, sous le patronage de cette union, les élections de 1869; ce fut naturellement dans son département qu'il se présenta, dans l'Eure, et il y échoua avec une minorité insignifiante. L'année suivante, il provoqua, contre M. Teutat, précepteur des enfants de Mme la princesse de Broglie-Revel, un procès quelque peu scandaleux et réussit à faire enfermer comme fou le malheureux précepteur qui, rendu ensuite à la liberté, attaqua M. de Broglie en dommages-intérêts. C'est en qualité de chef de famille que M. le prince Albert de Broglie, désormais duc de Broglie par suite de la mort de son père (25 janvier 1870), avait pris en main cette triste affaire. Aux élections du 8 février 1871, M. le duc de Broglie fut enfin élu représentant de l'Eure à l'Assemblée nationale, et lors du renouvellement, le 8 octobre suivant, conseiller général de l'Eure pour le canton de Broglie. — Il avait été nommé, par décret du 19 février, ambassadeur à Londres; mais on le rencontrait peu à Evreux, et moins encore à Londres: c'était surtout à la Chambre que cet ambassadeur de la République pouvait être rencontré, intriguant contre la République. On comprend combien cette façon indépendante de représenter son gouvernement devait être peu du goût des représentés, et même du gouvernement auprès duquel M. de Broglie le représentait si peu ; la presse se fit l'écho des vives protestations qui s'entendaient partout, et M. de Broglie demanda enfin (le demanda-t-il vraiment ?) à être relevé de ses fonctions, et il le fut en effet le 1er mai 1872. Libéré entièrement de ce côté, notre ex-ambassadeur à Londres devint l'un des membres les plus remuants du centre droit, et six semaines à peine après sa libération, il se présentait à M. Thiers, comme délégué de la droite, pour lui imposer une conduite politique conforme aux volontés arrêtées de ce groupe parlementaire, qui se trouvait être dans la majorité ; démarche compromettante, malgré tout, ce qu'il comprit si bien lui-même, qu'il chercha à la rectifier quelques jours plus tard par une lettre-manifeste qui ne trompa personne. Dans cette lettre, publiée par le *Courrier de France*, M. de Broglie assurait qu'en dehors de la politique de cette majorité réactionnaire d'antan, « il n'y avait que honte et ruine, anarchie, banqueroute, prolongation indéfinie ou renouvellement de la conquête ». Les événements se sont chargés de répondre, assez promptement même, à ces prédictions présomptueuses : la prolongation indéfinie de la conquête et la banqueroute ont eu pourtant le temps de se produire, depuis la libération anticipée du territoire jusqu'à l'emprunt de la v^{ille} de Paris (juillet 1876), *trente-six fois couvert*! — C'est au réquisitoire en règle qu'il fit contre son gouvernement, le 24 mai 1873, que M. Thiers, qui l'avait fait ambassadeur, dut de n'être plus rien. Le lendemain, M. de Broglie acceptait avec empressement la mission de former un nouveau ministère que lui confiait le maréchal Mac-Mahon. Il resta en fonctions, avec quelques modifications de détail dans son cabinet, pendant près d'un an. C'est pendant cette période que M. de Broglie, entre autres souvenirs de son administration, nous a donné la mesure de son libéralisme, et particulièrement de son culte des franchises municipales dont il avait fait si grand étalage sous l'empire. C'est également sous ce ministère que les intrigues monarchiques eurent le plus beau jeu, avec sa complicité ou tout au moins sa neutralité pour garantie. Si le trône de France n'a pas été relevé sous cette administration, il faut croire que la tentative était irréalisable. De guerre lasse, il faut reconnaître que c'est à lui également qu'on doit l'organisation du septennat, quoique le maréchal Mac-Mahon ait peu fait pour l'obtenir sans lui. Enfin, le 16 mai 1874, le cabinet de Broglie fut renversé par un vote de la Chambre sur une simple question d'ordre du jour. Après avoir échoué à l'Assemblée comme candidat à un siège de sénateur inamovible, M. de Broglie se présentait dans son département aux élections du 30 janvier 1876. Il ne passa qu'au second tour, et grâce à une coalition des bonapartistes et des royalistes que la majorité obtenue par les candidats républicains aux premier tour effrayait ; M. le duc d'Albuféra, arrivé dernier, s'était désisté en sa faveur, et les bulletins distribués au second tour portaient unis les noms de MM. La Roucière Le Nourry et de Broglie. Le 17 mai 1877, M. de Broglie fut appelé de nouveau à former un cabinet, en remplacement du cabinet Jules Simon, démissionnaire, et pour cause. Le premier acte de ce nouveau ministère fut la prorogation, suivie à bref délai de dissolution, de la Chambre des députés. L'appel aux électeurs qui suivit cet acte de violence, prélude d'actes pires encore, eut pour résultat, malgré les faits de pression les plus éhontés, de renvoyer à la Chambre une majorité républicaine peu différente de la précédente, en présence de laquelle, et en dépit qu'il en eût, le ministère de Broglie dut capituler (20 novembre 1877).

Au renouvellement triennal du Sénat, le 25 janvier 1885, M. le duc de Broglie échoua misérablement, et comme il n'y avait plus de majorité réactionnaire dans la haute assemblée, il dut rentrer dans la vie privée. C'est à cette circonstance, doublement heureuse, que nous devons la mise en ordre et la publication des intéressants *Souvenirs* du feu duc, père du duc actuel.

BROHAN, Joséphine Félicité Augustine, comédienne française, née à Paris le 2 décembre 1825, d'une famille d'artistes. Entrée au Conservatoire à l'âge de dix ans, elle y fut élève de Samson, remporta le second prix de comédie en 1837 et le premier l'année suivante. Elevée d'abord par un prêtre, l'abbé Paravey, qui lui avait inculqué les principes de dévotion que le Conservatoire n'avait pu étouffer, ses examens passés, elle se réfugia dans un couvent, où sa famille eut quelque peine à la retrouver. Elle débuta toutefois au Théâtre-Français dans le rôle de Dorine du *Tartufe* et signa, le même soir, un engagement aux appointements, magnifiques pour l'époque (1840) et les circonstances, de 3,000 francs par an. — Mlle Augustine Brohan a remporté de véritables triomphes dans les rôles de soubrettes de l'ancien répertoire, notamment dans la Dorine, du *Tartufe*; la Nicole, du *Bourgeois gentilhomme*; la Toinette, du *Malade imaginaire*; Mariette, du *Dépit amoureux*; Cléanthis, d'*Amphitryon*; Martine, des *Femmes savantes*; Suzanne, du *Mariage de Figaro*, etc., etc. Dans le répertoire moderne, ses succès n'ont pas été moins grands. Nous citerons parmi les pièces où elle a créé les rôles de son emploi : *Oscar*, l'*Homme de bien*, le *Dernier Marquis*, *Scaramouche et Pascariel*, la *Tutrice*, les *Amoureux sans le savoir*, le *Testament de César*, la *Tour de Babel*, la *Vieillesse de Richelieu*, le *Château de cartes*, le *Roi s'amuse*, la *Famille Poisson*, le *Songe d'une nuit d'hiver*, les *Lundis de Madame*, le *Pour et le Contre*, *Don Guzman*, la *Marquise de Senneterre*, Mlle de *Belle-Isle*, le *Caprice*, les *Demoiselles de Saint-Cyr*, le *Cœur et la Dot*, les *Deux Veuves*, la *Papillonne*, etc. — Elle s'est fait, d'autre part, une réputation comme écrivain, surtout comme écrivain dramatique. Elle a donné en effet quelques petites pièces à des théâtres de salon : *Compère sans nom*, les *Métamorphoses de l'Amour*, *Il faut toujours en venir là*, *Quitte ou Double*, *Qui femme a guerre a*, etc., dont plusieurs, cette dernière notamment, ont été représentées au Français. Elle a aussi écrit au *Figaro*, sous le pseudonyme de *Suzanne*, des « courriers de Paris » où elle a trouvé convenable d'attaquer Victor Hugo, alors exilé, — inutile de dire avec quel succès. Mlle Augustine Brohan était d'ailleurs fort appréciée dans le monde artiste pour son esprit de répartie plein de vivacité, d'une vivacité assez hasardée, ne rappelant que de fort loin la jeune pénitente de l'abbé Paravey. On assure qu'elle a écrit des œuvres de caractère et d'importance diverses qu'elle s'est constamment refusé à publier, notamment des *Mémoires* sur nos temps qui ne pourront manquer d'être pleins d'intérêt. A la suite de dissentiment avec l'administration du Théâtre-Français, Mlle Augustine Brohan s'est retirée de la scène en 1868. Elle a reparu depuis en public, à l'une des matinées de M. Ballande à la Gaîté et y a été acclamée avec enthousiasme. — En 1858, elle avait succédé à Rachel comme professeur au Conservatoire.

BROHAN, Emilie Madeleine, comédienne française, sœur de la précédente, née à Paris le 21 octobre 1833. Elle entra de bonne heure au Conservatoire, où elle remporta le prix de comédie en 1850, et débuta le 15 septembre de la même année au Théâtre-Français, dans le rôle de Marguerite, des *Contes de la Reine de Navarre*. Elle fut reçue sociétaire en 1852. Mlle Madeleine Brohan, accueillie d'abord avec enthousiasme par le public, mais plus encore pour sa grâce et sa beauté que pour son talent dramatique, acquit rapidement par l'étude ce qui lui manquait au début pour être une véritable comédienne. Elle joua avec succès plusieurs rôles de l'ancien répertoire : celui de Célimène dans le *Misanthrope*, celui de la comtesse dans le *Mariage de Figaro*, etc.; c'est toutefois dans le répertoire moderne surtout qu'elle a voulu la place brillante à laquelle la conviait son nom. Parmi les pièces modernes où elle obtint ses plus grands succès, nous citerons : *Mademoiselle de la Seiglière*, les *Caprices de Marianne*, *Par droit de conquête*, *Rêves d'a-*

mour, Une amie, les *Doigts de fée,* les *Deux veuves,* le *Verre d'eau,* la *Gageure,* la *Pluie et le beau temps, Une loge à l'Opéra,* le *Lion amoureux,* etc. Sa dernière création est le rôle de la Marquise de Rumières, dans l'*Étrangère,* de M. Alexandre Dumas (1876). — Elle est devenue, en 1853, la femme de M. Mario Uchard, littérateur et auteur dramatique distingué, dont le divorce l'a séparée en décembre 1884; mais elle avait conservé au théâtre le nom qu'elle a contribué, pour sa bonne part, à illustrer.

BROISAT, Émilie, comédienne française, née en 1848 à Turin. Elle débuta au Vaudeville dans *Maison Neuve* de M. V. Sardou. Elle joua ensuite à Bruxelles, puis à Vichy, et revint à Paris, où Régnier lui avait fait obtenir un engagement à l'Odéon. C'est à ce théâtre que Mlle Broisat obtint ses premiers succès sérieux : dans le rôle de la reine, de Ruy Blas, où elle remplaça Mme Sarah Bernhardt; dans ceux d'Electre, d'Agnès de l'*Ecole des femmes,* de Suzanne du *Mariage de Figaro,* de Mimi de la *Vie de Bohème,* etc. Elle débuta aux Français dans *Philiberte;* parut dans le *Demi-Monde, Mademoiselle de Belle-Isle, Kitty Bell de Chatterton,* repris en 1871, etc., son succès allant toujours grandissant. — Mlle E. Broisat est devenue sociétaire de la Comédie-Française.

BRONSART VON SCHELLENDORF, N., général prussien, ministre de la guerre, né à Dantzig le 25 janvier 1832, est fils du lieutenant-général Bronsart Von Schellendorf qui fut directeur du dépôt de la guerre. Il servit pendant la guerre de 1870-1871, comme lieutenant-colonel au grand état-major général, et fut envoyé en France quelques années plus tard, comme chef de la mission militaire admise à assister aux grandes manœuvres. Devenu lieutenant-général, il fut appelé au commandement de la 2e division d'infanterie de la garde. Le général Bronsart von Schellendorf avait été attaché à la personne du prince Guillaume, en qualité de gouverneur militaire. Il a été nommé ministre de la guerre du royaume de Prusse, en remplacement du général Von Kamecke, démissionnaire, le 7 mars 1883. — Le général Bronsart von Schellendorf est commandeur de la Légion d'honneur.

BROSSARD, Étienne, ingénieur et homme politique français, né le 16 mars 1839 à Pouilly-sous-Charlieu (Loire). Élève de l'École des mines, il en sortit en 1860 avec le diplôme d'ingénieur, et fut chargé d'une mission géologique dans la province de Constantine. Nommé en 1868 ingénieur des mines de Malfidano (Sardaigne), il rentra en France en 1870, et prit part à la campagne en qualité de capitaine de l'artillerie mobilisée, à l'armée de la Loire. Conseiller général de la Loire, maire de Charlieu, M. Brossard fut révoqué par le gouvernement du 24 mai (1873), dit « gouvernement de combat ». Mais les électeurs de la 2e circonscription de Roanne l'envoyèrent siéger à la Chambre des députés le 20 février 1876; il s'y inscrivit à la gauche républicaine et fut réélu le 14 octobre 1877 et le 21 août 1881. — Le 25 janvier 1885, M. Brossard était élu sénateur de la Loire en remplacement de M. Cherpin, décédé. Il a voté l'expulsion des princes.

BROT, Charles Alphonse, écrivain et auteur dramatique français, né à Paris le 12 avril 1809. D'abord clerc d'avoué, puis commis de banque, il débuta dans la carrière littéraire par les poésies insérées, au moins en partie, dans le journal « le Voleur » : *Chants d'amour (1830).* Il écrivit ensuite divers romans et nouvelles : *Priez pour elle! (1833); Jane Grey (1835); Carl Sand (1836);* la *Comtesse aux trois galants (1839);* la *Nuit terrible (1840);* les *Secrets de famille (1841);* la *Sirène de Paris (1845);* le *Réveil-Matin,* recueil de nouvelles (1847); la *Terre promise (1849); Deux coups de tonnerre (1853);* les *Deux pêchés (1857);* la *Cousine du Roi (1861); Miss Million (1883),* etc. Il a donné au théâtre plusieurs drames écrits en collaboration : *Juliette (1834);* la *Lescombat (1841);* la *Tour de Londres (1855); Jane Grey (1856);* la *Marnière des Saules (1858);* les *Espions (1874),* etc. — M. Alphonse Brot a été attaché à la Division générale de la presse, au Ministère de l'intérieur, et l'a quittée comme chef de bureau. Il est chevalier de la Légion d'honneur.

BROUARDEL, Paul Camille Hippolyte, médecin français, né en 1837 à Saint-Quentin. Il fit ses études médicales à la faculté de Paris, y prit le grade de docteur en 1865, et se fit agréger en 1869. Reçu médecin des hôpitaux, M. Brouardel fut attaché à l'hôpital Sainte-Anne en 1873 et devint professeur de médecine légale à la Faculté en 1879; il a été nommé président du Comité consultatif d'hygiène, en remplacement de Wurtz, en juin 1884, et membre de l'Académie de médecine. — On cite de lui: *De la tuberculisation des organes génitaux de la femme (1865)* et *Étude critique des diverses médications employées (1869),* ses thèses pour le doctorat et l'agrégation; outre de nombreux rapports sur les missions, d'ordre hygiénique la plupart, dont il a été chargé. Il a pris la direction des *Annales d'hygiène publique et de médecine légale.* — M. le docteur Brouardel est commandeur de la Légion d'honneur depuis le 30 mars 1885.

BROUGHTON, miss Rhoda, romancière populaire anglaise, dont la réputation s'est répandue depuis quelques années en France, grâce à la traduction qui y a été faite de plusieurs de ses romans, est née en 1837. — On cite de cet écrivain : *Cometh Up as a Flower* et *Not Wisely but too well (1867);* et depuis : *Red as a Rose is she (Elle est rouge comme une rose, 1870); Nancy,* et *Contes de Noël (1873); Joan (1876); Contes du crépuscule (1879); Secondes pensées (1880);* le *Docteur Cupidon (1886),* etc.

BROUSSE, Émile, homme politique français, né le 25 décembre 1850. Il était avocat, inscrit au barreau de Perpignan, lorsqu'il fut élu, le 21 août 1881, député de la deuxième circonscription de l'arrondissement dont cette ville est le chef-lieu. M. Brousse est classé à l'extrême gauche et fut élu député des Pyrénées-Orientales le 4 octobre 1885. M. Brousse est l'auteur d'un projet d'expulsion des princes des familles ayant régné sur la France qui, accepté par le gouvernement avec quelques modifications, fut voté par la Chambre des députés le 11 juin et par le Sénat le 22 juin 1886.

BROWN-SÉQUARD, Édouard, médecin et physiologiste français, né à Maurice en 1818. Son père, M. Edward Brown, était natif de Philadelphie et avait épousé Mlle Séquard, d'origine française. Après avoir commencé ses études sous l'île natale, M. Brown-Séquard vint à Paris en 1835, pour y compléter ses études médicales, et fut reçu docteur en 1840. Il s'est voué exclusivement, depuis lors, à des recherches expérimentales sur des sujets importants de la science physiologique, tels que les parties constitutives du sang, la chaleur animale, la moelle épinière et ses rapports avec les maladies, le système musculaire, les nerfs sympathiques et les ganglions, etc., etc. Ses investigations et ses découvertes dans cet ordre de travaux ont placé M. Brown-Séquard au rang des plus savants physiologistes de ce temps, tandis que des cures quasi merveilleuses, dans des cas où le système nerveux ou la moelle épinière étaient assez sérieusement atteints pour faire désespérer de l'état du malade, lui assuraient une grande réputation comme praticien. M. Brown-Séquard a fait plusieurs voyages en Angleterre et aux États-Unis, faisant sur son chemin quelques conférences très suivies et rendant compte, devant les assemblées savantes, des découvertes qu'il avait faites dans le champ si vaste et si laborieusement exploré par lui de la physiologie humaine. Plusieurs fois lauréat de l'Académie des sciences, il en a été nommé, en janvier 1869, professeur à la faculté de médecine de Paris, et il succédait à Claude Bernard, en 1878, à la chaire de médecine du Collège de France. M. Brown-Séquard a été élu membre de l'Académie des sciences, le 22 juin 1886, en remplacement de M. Vulpian, devenu secrétaire perpétuel.

M. Brown-Séquard a publié de nombreux mémoires et rapports donnant des détails sur ses découvertes, mais aucun ouvrage de quelque étendue. Paul Broca publiait en 1856 : *Propriétés et fonctions de la moelle épinière : rapport sur quelques expériences de M. Brown-Séquard* (in-8°). — On a toutefois de ce savant, outre le *Journal de la physiologie de l'homme et des animaux,* fondé et rédigé par lui de 1858 à 1863 : *Lectures sur la paralysie des extrémités inférieures (1872)* et *Lectures sur les affections fonctionnelles (1873).* Il a fondé en 1868, avec MM. Charcot et Vulpian, les *Archives de physiologie normale et pathologique,* journal semi-mensuel, qui continue à paraître; collaboré au *Dictionnaire encyclopédique des sciences médicales,* etc. En 1873, il alla à New-York et y commença, avec le docteur Seguin, la publication des *Archives de médecine scientifique et pratique,* mais il n'y demeura que peu de temps et rentra en France. M. Brown-Séquard est chevalier de la Légion d'honneur.

BROWNING, Robert, poète et auteur dramatique anglais, né à Londres en 1812, fit ses études à l'université de cette ville. Son premier ouvrage est un poème intitulé *Pauline,* bientôt suivi de *Paracelse,* paru en 1836, qui fut assez bien reçu de la critique, mais n'eut que fort peu de lecteurs. En 1837, il fit représenter sa tragédie de *Strafford,* à laquelle le génie et la bonne volonté du célèbre tragédien Macready ne purent éviter une chute bruyante et prématurée. Il en fut à peu près de même de la *Tache à l'écusson* (A Blot in the Scutcheon), représentée en 1843 au théâtre de Drury Lane; ainsi que de la *Duchesse de Clèves*, représentée à Haymarket l'année suivante. Outre les pièces que nous venons de citer, M. R. Browning a publié: *Sordello*, poème fantastique; le *Roi Victor et le Roi Charles*; *Pièces dramatico-lyriques*; le *Retour des Druses*; l'*Anniversaire de Colombe*; *Romances dramatiques*; le *Message de l'âme*; la *Veille de Noël* et le *Jour de Pâques (1840-1850)*; *Hommes et femmes (1855)*; un nouveau volume de *Poèmes (1864)*; puis : la *Bague et le Livre* (4 vol.); l'*Aventure de Balaustion*, contenant une transcription d'*Euripide (1871)*; le *Prince Hohenstiel-Schwangau, sauveur de la Société (1871)*; *Fifine à la foire (1872)*; le *Pays du bonnet de coton rouge* (Red cotton night-cap country, or Turf and Towers, 1873); *Apologie d'Aristophane (1875)*; l'*Album d'auberge (1876)*; une traduction de l'*Agamemnon (1877)*; *La Saisiaz : Les deux poètes du Croisic (1878)*; *Idylles dramatiques (1879)*; *Jucoso-Seria (1883)*. Ses tragédies et pièces dramatiques-lyriques ont été réimprimées dans la collection de ses œuvres intitulée : *Bells and Pomegranates* (Cloches et Grenades).

M. Browning est un amateur de grand talent en peinture et en musique, et l'histoire de ces arts n'a rien de caché pour lui. Il avait épousé miss Elizabeth Barrett, poète de quelque renommée, qui est morte en 1861. En 1881, il s'est fondé à Londres une « Browning Society » qui réunit les admirateurs du poète, pour discuter et commenter ses œuvres et publier les mémoires résultant de ces études, pour jouer son théâtre entre amateurs, etc., etc. On voit, par ce trait, en quelle haute estime ce poète est tenu par ses compatriotes et, ce qui est plus rare, par ses contemporains. — mais on voit aussi à quel point il prête à l'interprétation.

BRUGEILLES, Pierre Joseph Louis, homme politique français, né à Aubazines (Corrèze) le 19 mars 1835. Notaire à Tulle, maire d'Aubazines, conseiller général de la Corrèze depuis 1871, M. Brugeilles, qui a servi pendant la dernière guerre comme capitaine des mobilisés de son département, a été élu député de la Corrèze, comme candidat radical, au scrutin du 18 octobre 1885. Il a pris place à l'extrême-gauche et a voté l'expulsion totale des princes.

BRUGÈRE, François Marie Jules Aurélien, homme politique français, né à Montpont (Dordogne) le 7 septembre 1841. Maire de sa ville natale, conseiller général de la Dordogne, riche propriétaire, M. Brugère a été élu député de l'arrondissement de Ribérac le 21 août 1881 et se fit inscrire alors à l'Union républicaine. Il a été élu député de la Dordogne le 4 octobre 1885, et a voté l'expulsion totale des princes.

BRUGSCH, Heinrich Karl, égyptologue allemand, à qui ses recherches sur les hiéroglyphes égyptiens ont fait une réputation européenne. Il est né à Berlin le 18 février 1827, et publiait, avant de quitter les bancs du gymnase, un traité en latin sur l'*Écriture démotique (1847)*. Ses premières publications lui valurent le patronage du roi Frédéric-Guillaume IV, ce qui lui permit d'aller étudier les monuments de l'antiquité égyptienne dans les musées de Paris, Londres, Turin et Leyde. En 1853, il fit son premier voyage en Égypte et assista à des fouilles intéressantes. De retour à Berlin, il y fut nommé, en 1854, conservateur du Musée égyptien. En 1860, il accompagnait le baron Minutoli en Perse, où il venait d'être nommé ambassadeur et, en 1864, il était nommé lui-même consul au Caire. Il fut dans la suite nommé professeur ordinaire de langues orientales à l'université de Gœttingen; puis, en 1868, professeur public à la faculté de philosophie de la même université. En septembre 1869, le professeur Brugsch retournait en Égypte et il fut question à cette époque du remplacement de son compatriote Mariette, comme conservateur des collections égyptiennes de Boulak (près du Caire) par le savant égyptologue prussien, qui fut créé successivement *bey* et *pacha* par le khédive. Il quitta l'Égypte en 1881 et fut chargé d'un cours d'égyptologie à l'université de Berlin.

M. Brugsch a publié: *Histoire de l'Égypte depuis les temps les plus reculés*; une *Grammaire* et un *Dictionnaire démotiques* et *hiéroglyphiques*; *Matériaux pour servir à la reconstruction du calendrier des anciens Égyptiens*; *Recherches relatives aux monuments bilingues des anciens Égyptiens*; *Recueil de monuments égyptiens dessinés sur les lieux*; *Traduction de deux papyri bilingues, hiératiques et démotiques*; *Les Inscriptions géographiques des anciens monuments égytiens*. Ces ouvrages ont été écrits en français. Les ouvrages en allemand de M. Brugsch sont : *Reiseberichte aus Ægypten (Journal de voyage en Égypte); Reise der Kœniglisch Preusse Gesandtschaft nach Persien* (Voyage de l'ambassade prussienne en Perse); *Reiseberichte aus dem Orient* (Relation d'un voyage en Orient, dans l'Asie mineure et la Péninsule du Sinaï), etc. Il a fondé en 1864 un journal de langue et d'archéologie égyptiennes: *Zeitschrift für Ægyptische Sprache und Alterthum's Kunde*. — M. Brugsch a pris une part importante au Congrès international des orientalistes tenu à Londres en septembre 1874.

BRUN, Charles Marie, ingénieur et homme politique français, né à Toulon le 22 novembre 1821. Sorti de l'École polytechnique en 1840, dans le génie maritime il devint sous-ingénieur en 1842, ingénieur de 2ᵉ classe en 1854 et de 1ʳᵉ classe en 1861, enfin directeur des constructions navales, et mis hors cadre en 1875. Élu représentant du Var à l'Assemblée nationale, sans antécédents politiques, le 8 février 1871, M. Charles Brun prit place dans les rangs de la gauche républicaine, et vota constamment avec ce groupe. Il avait été élu le premier de la liste, c'est encore le premier qu'il fut élu sénateur du Var le 30 janvier 1876, et réélu au renouvellement triennal du 8 janvier 1882. M. Charles Brun était appelé au ministère de la marine dans l'administration J. Ferry, en février 1884 ; il donnait sa démission le 10 août suivant et était remplacé par l'amiral Peyron. M. Brun a voté l'expulsion des princes. — Il est commandeur de la Légion d'honneur depuis le 10 août 1883.

BRUN, Henri Louis Simon, dit Lucien, homme politique français, né à Gex le 2 juin 1822, fit son droit à Paris et prit le grade de docteur en 1845. Inscrit au barreau de Lyon, il fut élu représentant du Rhône à l'Assemblée nationale, le 8 février 1871, comme candidat légitimiste. Il prit place à l'extrême-droite, s'inscrivit à la réunion des Réservoirs et ne tarda pas à devenir l'un des personnages les plus influents du parti. Après avoir fortement contribué à la retraite de M. Thiers, il signa la proposition tendant au rétablissement de la monarchie légitime (juin 1874), et s'employa avec un grand zèle, quoique en pure perte, à préparer la fusion monarchique. Il accompagna M. Chesnelong dans sa visite au comte de Chambord, à Salzbourg, et insista avec force pour le maintien du drapeau blanc. M. Brun prit une grande part à la discussion de la loi sur l'enseignement supérieur, et repoussa les lois constitutionnelles. Ayant refusé la candidature aux élections de 1876, il fut nommé professeur à la faculté catholique de droit créée à Lyon. — M. Brun a été élu sénateur inamovible par la majorité alors monarchique du Sénat, le 15 novembre 1877.

BRUNET, Joseph Mathieu, homme politique français, ancien ministre, né à Arnac-l'ompadour (Corrèze), le 4 mars 1829. Entré dans la magistrature en 1854, il devint juge d'instruction à Paris, puis président de la septième chambre correctionnelle, et c'est devant cette chambre, présidée par M. Brunet, que M. Gambetta, défenseur du *Réveil* poursuivi pour la souscription Baudin, prononça contre l'Empire le réquisitoire écrasant dont il est mort, et qui fit à l'avocat une célébrité qui rejaillit, si peu que ce soit, sur le président de la septième chambre. Devenu conseiller à la cour d'appel, M. Brunet a donné depuis sa démission. A l'élection particulière nécessitée dans la Corrèze par la mort de M. Rivet, et qui eut lieu le 27 avril 1873, M. Brunet, candidat conservateur, échoua contre le candidat républicain, M. Latrade. Élu le dernier des deux sénateurs de la Corrèze, le 30 janvier 1876, il prit place à droite. M. Brunet fut appelé au ministère de l'instruction publique et des beaux-arts, augmenté des cultes, le 17 mai 1877, en remplacement de M. Waddington. Il ne signala pas autrement son court passage au pouvoir, que par la révocation d'une innombrable quantité d'instituteurs soupçonnés d'attachement à la forme républicaine. Il suivit son chef, M. de Broglie, dans sa retraite forcée, le 23 novembre 1877. Non réélu au Sénat, le 25 janvier 1885, M. Brunet n'a plus fait autre chose que de s'instituer le commensal assidu des princes de la famille Bonaparte, au départ desquels (juin 1886) il assistait. — Il est officier de la Légion d'honneur depuis le mois d'août 1870.

BUCHANAN, Robert, poète anglais, né le 18 août 1841 ; fit ses études à l'université de Glasgow (Écosse). Son premier volume de poésies : *Undertones*, parut en 1860 ; puis vinrent : *Idylles et Légendes d'Inverburn (1865)*; *Poèmes de Londres (1866)*; une traduction de *Ballades danoises (1866)*; *Poèmes des Côtes-du-Nord (1867)*; la *Chute de Napoléon*, drame lyrique; la *Terre de Lorne*, contenant la relation de la croisière du *Tern aux Hébrides extérieures*; le *Drame des rois (1871)*;

la *Poésie sensualiste* (the Fleshly school of Poetry), critique fort vive des œuvres du peintre-poète Dante Gabriel Rossetti et de M. Swinburne (1872); les *Grands esprits (1873)*. Un drame en vers, écrit par M. Buchanan, fut joué, il y a quelques années, au Sadler's Well Théâtre : le *Sorcier*. On lui doit encore une comédie en 3 actes, représentée au théâtre de Haymarket, en août 1874 : le *Prince extravagant*, et diverses autres pièces : la *Reine de neuf jours*; la *Reine de Connaught; Paul Clifford*; et enfin *Lady Clare*, représenté au Globe le 12 avril 1883. Au commencement de 1869, M. Robert Buchanan donna, dans les salons d'Hanover Square, des lectures de ses principales poésies, dont une édition complète a été publiée, en 3 volumes, en 1874. En 1876, il publiait son premier roman, intitulé : *l'Ombre de l'épée*, qui fut suivi de : un *Enfant de la Nature (1879); Dieu et l'homme (1881)*; le *Martyre de Madeline (1882); Aime-moi toujours (1883)*. En 1882, il publia à la fois un choix de ses nouvelles poésies, disséminées dans les recueils périodiques, en particulier dans la *Contemporary Rewiew*, et un nouveau volume de poésies inédites ayant pour titre : *Ballads of Life, Love and Humour*.

BUCHNER, Frédéric Charles Christian Louis, médecin, naturaliste et philosophe allemand, né à Darmstadt le 29 mars 1824, d'un père médecin. Commença ses études dans sa ville natale et se rendit en 1843 à l'université de Giessen, pour y étudier la philosophie d'abord, puis la médecine, alla suivre les cours de l'école de médecine de Strasbourg et revint à Giessen, où il fut reçu docteur en 1848. Il continua toutefois ses études à l'université de Würzbourg, où il eut pour maître Virchow, qui y tenait la chaire d'anatomie pathologique, et à celle de Vienne. A son retour, il s'établit médecin à Darmstadt; mais abandonnant bientôt la pratique pour l'enseignement, il devint professeur particulier et médecin-adjoint de la clinique, à Tübingen. Mais il perdit cette position, dont l'autorité le dépouilla sans autre forme de procès, après la publication de son livre célèbre : *Force et matière* (Kraft und Stoff, 1855), reçu au nombreuses éditions, fut traduit dès son apparition dans toutes les langues de l'Europe, et autour duquel il se fit partout un bruit énorme. L'auteur y soutient l'infini et l'éternité de la matière et de la force, et leur connexité nécessaire : « Pas de force sans matière, pas de matière sans force », dit il. Privé de son emploi à Tübingen, le docteur Louis Büchner revint à Darmstadt et y reprit la pratique de la médecine. Il a publié depuis : *Nature et Esprit* (Natur und Geist 1860); *Esquisses physiologiques (1861)*; *Nature et Science (1862)*; *l'Homme selon la Science (1872)*; *Idée de Dieu et son importance dans le présent (1874)*, etc. Il a également collaboré à la presse scientifique périodique, par des articles de médecine, de physiologie, de pathologie médicale et de philosophie.

BUFFET, Louis Joseph, homme d'État français, né à Mirecourt le 26 octobre 1818, fit ses études à Paris et, son droit terminé après avoir été quelque temps secrétaire de Liouville, se fit inscrire au barreau de Nancy, où il exerçait sa profession lorsqu'éclata la révolution de février. Élu représentant des Vosges à la Constituante, il siégea sur les bancs de la droite, combattit avec ardeur le socialisme, appuya le gouvernement du général Cavagnac et vota, après les journées de juin, la proposition de déclarer que celui-ci avait bien mérité de la patrie. Toutefois, il fut un des premiers à se rallier au nouvel état de choses après l'élection du 10 décembre, et reçut le portefeuille de l'agriculture et du commerce (29 décembre), abandonné par Bixio. Il se retira le 31 décembre 1849, avec Odilon Barrot. Réélu à l'Assemblée législative, il fit partie de la commission chargée de reviser la loi électorale, c'est-à-dire de restreindre le droit de suffrage, et dont les travaux aboutirent à la loi du 31 mai. Rentré au pouvoir le 10 avril 1851, il s'en retirait de nouveau le 14 octobre, parce que le président s'était prononcé pour le retrait de la loi du 31 mai, en d'autres termes, était favorable au suffrage universel. C'est donc par les côtés les plus démocratiques de son esprit que le prince-président ne pouvait s'accorder avec son ministre. Celui-ci reçut la croix de la Légion d'honneur quelques jours après son éloignement des affaires. A partir du coup d'État, M. Buffet demeura étranger aux affaires du pays, se borna it à représenter son canton au Conseil général des Vosges. Il posa toutefois sa candidature au Corps législatif dans la première circonscription de ce département, aux élections générales de 1863, et fut élu au scrutin du 17 janvier 1864 contre le candidat officiel. Il prit place au Corps législatif dans les rangs de l'opposition dynastique et devint promptement l'un des chefs du tiers parti. Réélu en 1869, il fut l'un des agents les plus actifs de l'interpellation dite des 116, laquelle amena de la part de l'empire une promesse de retour sincère au régime parlementaire. A l'avènement du cabinet Ollivier (2 janvier 1870), M. Buffet accepta le portefeuille des finances. Il marqua son passage aux affaires par l'abrogation des décrets relatifs aux admissions temporaires (9 janvier), mesure qui bouleversa d'un coup tout une industrie et que l'œuvre, ce qui est à remarquer, de ceux qui précisément reprochaient la même faute, la même injustice, aux traités de commerce de 1860. Ce sans gêne dans les représailles fit beaucoup de bruit à la Chambre et dans le pays, et menaça, dès le début, l'existence du gouvernement parlementaire, dont on attendait beaucoup. Ce danger fut conjuré par un vote favorable au ministre qui en avait pris la responsabilité. M. Buffet resta au centre droit réactionnaire, et ceci nous avec M. Daru, son collègue aux affaires étrangères, le 10 avril 1870, soi-disant parce qu'ils désapprouvaient le projet de plébiscite, suggéré par M. Rouher et approuvé par M. Émile Ollivier : ce qui était vrai surtout pour M. Daru et pour M. le marquis de Talhouët, lequel, au lieu d'accepter l'intérim de celui-ci, donna sa tour sa démission. — Après le désastre de Sedan et la révolution du 4 septembre, M. Buffet se retira provisoirement de la vie politique. Mais les électeurs des Vosges, par une vieille habitude qu'ils allaient bientôt perdre, l'envoyèrent siéger à l'Assemblée nationale, aux élections du 8 février 1871, en tête de la liste de leurs représentants. Il prit place au centre droit réactionnaire, et ceci nous dispense de rappeler ses votes. A la formation du cabinet de conciliation du 19 février, M. Thiers offrit à M. Buffet le portefeuille des finances; mais M. Buffet, qui avait d'autres projets, repoussa ces avances et ne tarda pas à prendre envers le chef de l'État une attitude des plus hostiles, que celui-ci avait sans doute pressentie et voulu prévenir par l'offre d'un portefeuille. Il n'est pas sans intérêt de faire remarquer qu'il ne fallut guère que peu de mois aux électeurs des Vosges pour revenir de leur surprise et mieux apprécier leur premier élu. M. Buffet, conseiller général des Vosges depuis vingt ans, ne fut pas réélu au renouvellement des conseils généraux qui eut lieu le 8 octobre 1871. Lorsque l'occasion d'un de ces scandales puérils dont les grandes assemblées délibérantes sont seules capables, M. Grévy, se sentant blessé dans sa dignité, donna sa démission de président de l'Assemblée nationale, M. Buffet fut élu à sa place (5 avril 1873). Cette démission du président de l'Assemblée nationale n'était qu'un prélude : le 4 avril est trop rapproché du 24 mai pour qu'on puisse s'y tromper. M. Buffet présidant une assemblée devant laquelle M. de Broglie devait développer la fameuse interpellation des trois cents, c'était là une combinaison heureuse et qui ne pouvait se dénouer que par la défaite du gouvernement auquel les conjurés reprochaient si amèrement sa faiblesse pour le parti « radical ». M. Thiers, démissionnaire, fut remplacé séance tenante par le maréchal de Mac-Mahon et M. de Broglie devint vice-président du conseil. Quant à M. Buffet, il préféra rester à son fauteuil, où il fut maintenu sans interruption sérieuse, par le vote du 13 mai 1874. Il y était réélu de nouveau, et pour la dernière fois, le 1er mars 1875, quoique déjà spécifiquement chargé de la formation du cabinet qui devait remplacer le ministère de Chabaud-Latour, démissionnaire de fait depuis le 6 janvier. — Le 10 mars 1875, M. Buffet était nommé vice-président du conseil avec le portefeuille de l'intérieur. Ceux qui avaient espéré, un peu naïvement, il faut bien le dire, que M. Buffet montrerait la moindre velléité de conciliation, lui qui s'était vanté à la tribune, pendant la dernière législature impériale, d'avoir l'esprit peu conciliant, ne tardèrent pas à s'apercevoir combien ils s'étaient trompés : il y a bien entendu que c'est des républicains que nous parlons. Sa haine pour la République, une fois ministre, n'attendait que l'occasion pour s'affirmer avec la brutalité qui fait partie des moyens oratoires de l'ex-vice-président du conseil. Cette occasion se présenta le 15 juillet. MM. Rouher et Raoul Duval ayant naturellement à répondre aux allégations du rapport Savary sur les menées bonapartistes, et les discours de ces deux honorables membres ayant non moins naturellement appelé des répliques de la part de la gauche, M. Buffet intervient, et sans défendre ouvertement ceux que le rapport accuse, il affecte de ne pas s'occuper d'eux, et dénonce les « menées » autrement dangereuses pour la société, des républicains, des « radicaux ». Il obtient, enfin, un ordre du jour blâmant non pas ceux qui sont justement mis en cause, mais les républicains, que nul n'accuse, excepté lui et la majorité sous lui. La mansuétude de son caractère éclata de nouveau quelques jours plus tard (27 juillet), à propos de la discussion du projet Tallon, enlevant aux conseils généraux, la vérification de leurs propres pouvoirs. Il déclare à l'honorable M. Christophle, avec tous les signes de la plus vive répulsion, qu'il « n'a jamais été son ami politique et ne le sera jamais ». — Pendant le passage de M. Buffet aux affaires, l'Assemblée adopta l'ensemble de la loi sur les pouvoirs publics (6 juillet); vota la loi sur l'enseignement supérieur (12), dont M. Buffet aida un peu plus tard, au Sénat, à empêcher la modification; la loi sur les conseils généraux (27); la loi électorale substituant le scrutin par arrondissement au scrutin de liste (30 novembre); la loi Buffet-Dufaure contre la presse (29 décembre), etc. Elle a fait, en outre, sa meilleure besogne dans les circonstances, l'élection des soixante-quinze sénateurs inamovibles, dont elle tint soigneusement éloigné le vice-président du conseil (du 9 au 21 décembre). Enfin, elle s'était prorogée du 4 août au 4 novembre. Pendant ces vacances, les membres de l'Assemblée, stimulés par l'imminence des élections, visitèrent ,eurs électeurs nouveaux, ceux que le scrutin d'arrondissement leur allait préparer, car on ne doutait pas que le scrutin de liste succomberait. Tandis que M. Buffet faisait, à Dompaire, un discours ultra-conservateur, un autre membre du cabinet, M. Léon Say, faisait de son côté, à Stors, un discours nettement républicain. M. Buffet s'opposa à la publication de ce discours au *Journal officiel*. M. Say insiste; un incident se produit au sein du Conseil où, de chaque côte, on parle de démission. Enfin, le discours de M. Say est inséré dans les colonnes de l'organe du gouvernement, mais légèrement amendé après coup, par une lettre conciliante de l'orateur. Cet antagonisme des deux ministres, qui existait depuis leur entrée de conserve aux affaires, devait se manifester de nouveau quelques jours plus tard, à l'occasion des candidatures sénatoriales dans les départements. M. Léon Say se portait sur la même liste que MM. Gilbert-Boucher, président du Conseil général de Seine-et-Oise, et Feray, député appartenant au centre gauche, où il siège également aujourd'hui au Sénat. M. Buffet fit attaquer avec la dernière violence, par les journaux à sa dévotion, ce ministre de la République qui osait s'allier aux « radicaux », etc. M. Say, offrit de nouveau sa démission, qui ne fut reprise cette fois que sur la déclaration de la majorité du ministère, de suivre dans sa retraite l'honorable ministre des finances, en dépit qu'on eût M. Buffet, qui dut céder. — Les élections arrivèrent enfin, et M. Buffet, vice-président du conseil, ministre de l'intérieur, ayant en main tous les fils du réseau administratif qui enserre la France dans ses mailles, M. Buffet après avoir échoué aux élections des sénateurs inamovibles, lui qui comptait tant de confiance imprévoyante sur l'appui de *sa* majorité, M. Buffet échoua dans son propre département, comme candidat député, le 31 janvier 1876; comme candidat député dans le même département des Vosges, dans sa ville natale, à Mirecourt, le 20 février; — et le même jour, lui qui manifestait naguère tant de mépris pour les « candidatures ambulantes » de certains hommes politiques qu'il ne sera jamais l'ami, le même jour, sa « candidature ambulante » échouait, outre Mirecourt, à Bourges, à Castelsarrasin et à Commercy! A la suite de cet échec multiple, que les procès intentés aux journaux qui combattaient sa-candidature précipitèrent, peut-être, plutôt que de le prévenir, M. Buffet donna sa démission de vice-président du conseil des ministres. On pouvait croire qu'il se retirerait définitivement de la vie publique, et beaucoup d'autres à sa place n'eussent pas hésité. M. Buffet en jugea autrement. Il accepta la candidature au siège inamovible laissé vacant par la mort de M. Ricard, qui lui avait succédé au ministère de l'intérieur, et fut élu sénateur inamovible par la majorité sénatoriale, alors réactionnaire, le 16 juin 1876, avec 144 voix contre 142. Cette élection provoqua dans le public une émotion plus grande que ne semble le comporter l'importance d'un pareil événement; le résultat vrai, c'est une voix de plus à la droite du Sénat. — Cette voix s'est fait entendre incidemment, dans la première session, close le 12 août 1876 : elle était donc restée deux mois muette. Elle s'est fait entendre de nouveau dans diverses circonstances : on peut deviner dans quel esprit; mais ce n'est plus la même voix, M. Buffet a conscience de la perte de son influence, qui 's'étendit un moment jusqu'à ses adversaires politiques, et considère évidemment son siège inamovible du Sénat comme d'honorables et confortables invalides.

BUNSEN, Robert Wilhelm Eberhard, chimiste allemand, né le 13 mars 1811 à Gœttingen, étudia les sciences physiques et naturelles à l'université de cette ville, et alla compléter son instruction à Berlin, à Vienne et à Paris. Il prit ses grades à Gœttingen en 1833 et fut nommé, en 1836, professeur à l'Institut polytechnique de Cassel; professeur adjoint à l'université de Marbourg en 1838 et titulaire en 1841, il y devint ensuite directeur de l'Institut de chimie. En 1851, il était nommé à la chaire de chimie expérimentale de l'université de Breslau et, en 1852, passait dans les mêmes conditions à l'université d'Heidelberg, où il est encore, et où le 25e anniversaire de sa prise de possession était célébré en 1877, avec retraite aux flambeaux et réjouissances variées. A son passage à Heidelberg, le 30 juillet 1876, l'empereur du Brésil a voulu voir l'éminent chimiste et l'a reçu avec une grande cordialité. Comme professeur, M. Bunsen jouit d'une grande réputation d'éloquence, et ses cours sont très suivis. Ses importantes découvertes en chimie lui ont, en outre, fait un nom célèbre dans le monde savant. Tout le monde connaît, au moins de nom, la « pile de Bunsen; » ses travaux sur l'analyse spectrale n'ont pas eu moins de retentissement dans ces dernières années, et lui ont valu l'offre d'une chaire à l'université de Berlin, offre qu'il a déclinée. — Il a inséré, dans les journaux scientifiques de l'Allemagne, des mémoires sur ses principales découvertes, et publié à part: *Description de l'hydromètre (1830)*; *l'Hydrate de fer contrepoison de l'arsenic blanc et de l'acide arsénieux*, qui eut plusieurs éditions; *Méthodes gazométriques*, traduit en français, avec le concours de l'auteur, par M. Th. Schneider (Paris, 1858. in-8°, 60 fig. dans le texte); *Instruction sur l'analyse des cendres et des eaux minérales (1874)*, etc., etc. — M. Bunsen a reçu de l'université de Leyde le titre honorifique de *medicus doctor* en 1875, et a été élu associé de l'Institut (Académie des sciences) en janvier 1883. Il fait, en outre, partie de la plupart des sociétés savantes étrangères.

BURDEAU, Auguste Laurent, littérateur et homme politique français, né à Lyon le 10 septembre 1851. Il débuta dans la vie comme apprenti tireur de fers, mais occupant ses loisirs à suppléer à l'instruction qui lui faisait défaut, il obtint une bourse au lycée de sa ville natale et remporta le prix d'honneur de philosophie au concours général de 1870. Volontaire de l'armée de l'Est en 1870, il fut blessé et pris, et s'échappa des prisons allemandes au bout de six mois de captivité. Décoré pour sa belle conduite sur le champ de bataille, M. Burdeau rentra à Lyon après la signature de la paix. Il était professeur à Saint-Étienne lorsque la politique du 16 mai agita toute la France, et prit sa part de l'agitation générale. En 1881, il fut appelé par M. Paul Bert, devenu ministre de l'Instruction publique, à la tête de son cabinet. Il suivit son chef dans sa retraite et reprit sa chaire de philosophie au lycée Louis-le-Grand. M. Burdeau, qui est directeur du *Globe*, a collaboré à la *Revue des Deux-Mondes* et à divers autres recueils hebdomadaires importants. Il a publié une bonne traduction annotée des *Essays* d'Herbert Spencer, en 3 volumes (1884), et une autre de l'*Alternative. contribution à la Psychologie*, d'Edmund R. Clay (1886). — Porté sur la liste radicale du Rhône, M. Burdeau a été élu député de ce département le 18 octobre 1885 et a pris place à l'extrême-gauche. Il a voté l'expulsion totale des princes. — Il est officier d'Académie.

BURDETT-COUTTS (baronne), Angela Georgina, philanthrope anglaise, plus communément désignée sous le nom tout simple de Miss Coutts, est fille de sir Francis Burdett, baronnet, et petite-fille de M. Thomas Coutts, dont elle herita, en 1837, une fortune colossale qu'elle n'a depuis cessé d'employer en bonnes œuvres de toute nature, souscrivant largement aux établissements de charité publique, en créant de nouveaux, bâtissant des cités ouvrières, des écoles, des églises, etc. Nous citerons, notamment, l'église Saint-Étienne, de Westminster, avec son presbytère et ses trois écoles annexes, érigés aux frais de miss Coutts seule; de même, plus récemment, une autre église, à Carlisle. Sa bienfaisance s'étend également aux colonies; c'est ainsi qu'elle a doté, pour doter les trois évêchés d'Adélaïde, de Cap Town et de la British Colombia, une somme d'environ 375,000 francs, tandis qu'elle fondait dans le même moment, dans le sud de l'Australie, un établissement considérable pour l'amélioration matérielle et morale des aborigènes. Elle fournit à sir Henry James les fonds nécessaires à ses travaux topographiques sur Jérusalem, et offrit de restaurer à ses frais les aqueducs de Salomon, d'après l'approvisionner d'eau la ville sainte. On lui doit encore l'acquisition de plusieurs manuscrits grecs relatifs au texte de l'Écriture. Toutefois, où les sympathies de miss Coutts se sont particulièrement manifestées, c'est surtout en faveur des femmes pauvres ou malheureuses, quelle que soit la source de leur infortune. C'est à son initiative qu'est due l'introduction dans les écoles élémentaires pour les filles, de cours d'économie domestique pratique; elle offrit un abri, des moyens d'existence actuels, avec la possibilité du retour à la vie honnête, aux malheureuses que la misère entraîne hors du chemin de la vertu, et ses efforts en ceci ne furent point vains. Elle fonda à Spitalfields, quartier des tisserands, à Londres, une école de couture pour les adultes femmes où celles-ci ne viennent pas seulement apprendre, mais gagner leur vie, étant pourvues d'ouvrage rétribué, par suite de traités passés avec le gouvernement, et nourries d'ailleurs, qu'elles le gagnent ou non. Nous ne parlerons que pour mémoire des gardes envoyées aux malades pauvres, leur apportant non seulement leurs soins, mais les objets nécessaires qui leur font défaut, du vin, par exemple, et des vêtements chauds en hiver. Un coin ignoble du voisinage, appelé « Nova Scotia Gardens », où la police ne se hasardait qu'à son corps défendant, fut acheté par miss Coutts, et sur une étendue immense de terrains, à peu près uniquement couvert d'immondices, elle bâtit les « maisons modèles » dont l'ensemble forme aujourd'hui Columbia square, et consiste en appartements séparés, loués à bas prix, payables par semaine, à plus de trois cents familles. Tout près se trouve le marché (Columbia market), un des plus beaux spécimens de l'architecture ornementale du nord-est de Londres. Cette splendide construction, mise en rapport, par un tramroad, avec le chemin de fer Great-Eastern, fut offerte en pur don par miss Coutts à la *corporation* (municipalité) de Londres, à la condition qu'elle fût approvisionnée d'une manière convenable d'objets d'alimentation salubres et à bon marché, spécialement de poisson, qui forme la base préférée de l'alimentation, dans ce district de la métropole peut-être plus qu'en aucun autre. Dans Victoria Park, qui touche aux lieux dont nous venons de parler, existe une des plus belles fontaines à boire de Londres; une semblable se trouve à l'entrée des jardins zoologiques, dans Regent's Park; une troisième enfin a été élevée près du Columbia market même; l'une et l'autre, bien entendu, par les soins et aux frais de miss Coutts. Elle s'occupe également de tous les moyens pratiques de secourir la misère non seulement lorsqu'elle se présente comme un fait isolé, mais lorsqu'elle prend les proportions d'une calamité publique; et, dans ce cas, elle n'hésite pas à avoir recours à l'expédient radical de l'émigration, qu'elle sait favoriser à propos. Il y a quelques années, un cri de détresse s'éleva tout à coup de la ville de Girvan, en Écosse; miss Coutts vint aussitôt au secours de nombreuses familles mourant littéralement de faim, et consacra une somme considérable à leur fournir les moyens d'aller chercher une meilleure fortune en Australie. De même, la population de Cape Clear, en Irlande, tombée dans la même détresse, trouva près d'elle le secours le plus prompt et le plus intelligent: c'est-à-dire les uns par l'émigration, aidée de l'approvisionnement convenable de vivres, de vêtements et d'ustensiles de première nécessité; d'autres par le don d'un bateau de pêche, bien aménagé et fourni de tous ses agrès, pour les aider à leur source principale de travail : la pêche. Cette énumération des actes de bienfaisance publique de miss Coutts est nécessairement incomplète; quant au chiffre de ses bienfaits privés, il est absolument hors de l'estimer; elle est, en outre la protectrice la plus libérale comme la plus intelligente, étant artiste distinguée elle-même, des artistes et des arts en Angleterre. En 1877, elle réunit, pour secourir les paysans turcs et bulgares, dépossédés et fuyant devant l'invasion russe, une somme de 750,000 francs, qui leur fut distribuée par les soins de l'ambassadeur britannique à Constantinople. Enfin son hospitalité, à bon droit vantée, ne s'exerce pas seulement en faveur du grand monde, et les splendides jardins de sa villa de Highgate sont constamment ouverts aux écoliers, qui y prennent leurs ébats, non par centaines, mais par milliers. A toutes ces causes, miss Coutts doit d'être la femme la plus populaire des trois royaumes; et, en 1868, la manifestation en faveur de la Réforme, en passant sous ses fenêtres (et elle employa *trois heures* à ce défilé) le lui montra bien, en la saluant de hourras frénétiques pendant tout ce temps.

En juin 1871, le premier ministre offrit à miss Coutts, au grand étonnement de celle-ci, la « pairie », avec le titre de baronne Burdett-Coutts. Elle hésita, par la raison que, pour elle-même, elle était absolument dépourvue d'ambition; mais, plutôt par convenance, elle ne crut pas devoir refuser cette marque de reconnaissance de sa souveraine. Elle accepta donc ce titre, dont elle ne tirera d'autre parti utile que de le léguer. La baronne Burdett-Coutts fut investie du droit de bourgeoisie par la cité de Londres le 11 juillet 1872, et par la cité d'Edimbourg le 15 janvier 1874. D'autres villes du Royaume Uni ont, depuis, suivi cet exemple. — La baronne a épousé, le 12 février 1881, M. Lehman-Ashmead Bartlett, qui obtint l'autorisation d'ajouter à son nom patronymique celui de Burdett-Coutts.

BURKE, sir John Bernard, écrivain héraldique et antiquaire anglais, né à Londres en 1815; fit ses études classiques au lycée de Caen et fut reçu avocat à Londres, à l'école de Middle Temple, en 1839. Il a édité d'abord avec son père, puis seul, le *Peerage* qui porte son nom. Il a publié en outre : les *Commoners* (membres de la Chambre des Communes) *de Grande-Bretagne et d'Irlande;* un *Armorial général;* le *Roman de famille; Anecdotes sur l'aristocratie;* les *Domaines historiques d'Angleterre; Vicissitudes des familles; l'Origine des grandes familles,* etc., etc. Il a écrit beaucoup d'autres ouvrages sur les sujets héraldiques historiques ou d'antiquités. En 1853, il a été nommé roi d'armes de l'Ulster, chevalier avocat général suivant de l'ordre de Saint-Patrick, et chevalier de cet ordre en 1854. Il a été décoré de l'ordre du Bain le 7 décembre 1868. — Sir John B. Burke est gouverneur de la Galerie nationale d'Irlande depuis 1874.

BURNAND, Francis Cowley, journaliste et auteur dramatique anglais, né en 1837; fit ses études à Eton, puis au collège de la Trinité, à Cambridge, et se fit recevoir avocat en 1862. M. Burnand qui a fait représenter, à l'heure qu'il est, environ une centaine de pièces, surtout comiques, ou plutôt burlesques, est un des principaux rédacteurs du *Punch*, dans lequel il a publié notamment une assez longue série de plaisanteries spirituelles ou paradoxales sous ce titre : *Happy Thoughts* (Pensées heureuses), qui l'ont presque rendu célèbre, et dont il est devenu le rédacteur en chef après la mort de Tom Taylor, en juillet 1880. Sa parodie du drame nautique de Douglas Jerrold : *Suzanne aux yeux noirs* (Black-Eyed Susan), n'a pas eu moins de quatre cents représentations consécutives au Royalty-Théâtre, en 1879. Il a publié, en 1879 : l' « A D C », *souvenirs personnels du Club dramatique d'amateurs de l'université de Cambridge.*

BURNOUF, Émile Louis, philologue français, né à Valognes (Manche) le 25 août 1821, fit ses études à Paris, au Lycée Saint-Louis. Entré à l'École normale en 1841, M. Émile Burnouf prit le grade de docteur ès lettres en 1850 et fut nommé professeur de littérature ancienne à la faculté de Nancy, puis directeur de l'École française d'Athènes. Il a été remplacé dans ce poste par Albert Dumont au mois d'octobre 1875, et nommé doyen de la faculté des lettres de Bordeaux; mais ayant publié une énergique protestation contre le discours prononcé à la rentrée solennelle des facultés de cette ville (29 novembre), par le doyen de la faculté de théologie, récemment nommé camérier secret de Pie IX, M. Burnouf fut remplacé dans ces nouvelles fonctions, qu'il n'avait pas encore acceptées, par arrêté ministériel en date du 10 décembre 1875. En 1878, il reçut le titre de directeur honoraire de l'École française d'Athènes. M. Burnouf est membre de plusieurs sociétés savantes, notamment secrétaire français et bibliothécaire de la Société des études japoniques, chinoises, indo-chinoises et océaniennes. — On lui doit : *Des Principes de l'art d'après la méthode et les principes de Platon* et *De Neptuno ejusque cultu, præsertim in Peloponneso*, ses thèses de doctorat (1850); *Extraits du Novum Organum de Bacon* (1854); *Méthode pour étudier la langue sanscrite sur le plan des méthodes de J. L. Burnouf* (1859), avec M. Leupol; *Essai sur le Veda, ou Introduction à la connaissance de l'Inde* (1863); *Dictionnaire classique sanscrit-français* (1863-64); *Histoire de la littérature grecque* (1869, 2 vol.); la *Légende athénienne* (1872); *l'Indigo japonais* (1874); la *Science des religions* (3ᵉ édition, 1876); la *Ville et l'acropole d'Athènes* (1877); la *Mythologie des Japonais* (1878), etc. Il a en outre collaboré à divers journaux ou revues, notamment à la *Revue des Deux Mondes*, au *Journal des Débats*, à *l'Événement*.

BURT, Thomas, homme politique anglais, né le 12 novembre 1837 à Murton Row, près de Percy Main (Northumberland). Il n'avait que dix-sept mois lorsque ses parents (ouvriers mineurs) quittèrent Murton Row pour se rendre à Whitley, qu'ils durent abandonner au bout d'une année à peine, par suite d'une explosion qui avait ruiné la mine où ils travaillaient. Ils se rendirent alors à New Row, Seghill, aujourd'hui Blake Town, où ils demeurèrent cinq ans, puis allèrent s'établir aux charbonnages de Seaton Delaval. Le jeune Thomas qui, dès sa plus tendre enfance, avait travaillé dans les mines, commença seulement là, pendant ses rares loisirs, sa propre culture intellectuelle, et parvint en assez peu de temps à rattraper le temps perdu, et même à dépasser de fort loin la plupart de ses humbles et laborieux compagnons.

En 1860, il partit pour Chappington, où il se maria. En 1865, ses camarades lui conférèrent les fonctions de secrétaire de l'Association mutuelle des mineurs du Northumberland. Il s'acquitta avec tant de zèle, d'intelligence et d'abnégation de ces fonctions délicates, qu'il ne tarda pas à devenir extrêmement populaire et que les mineurs du Northumberland, c'est-à-dire les électeurs ouvriers de Morpeth, portèrent sa candidature aux élections de février 1874, et l'élirent membre de la Chambre des communes par 3,332 voix, contre 585 données à son concurrent le capitaine Duncan, candidat du parti conservateur. Là ne s'est point bornée la salutaire manifestation des électeurs de M. Burt : ils se sont volontairement imposés à 300 livres (12,500 fr.) par an, afin de fournir à leur député les moyens de tenir avec dignité son siège de commoner. Dans une réunion publique de ses commettants, qui eut lieu à Blyth, le 9 juin 1876, et à laquelle assistait avec lui M. Macdonald, autre représentant ouvrier, M. Burt a prononcé un discours remarquable, dans lequel il a engagé les mineurs du Northumberland à se soumettre franchement et du désastreux système des grèves, et à accepter loyalement la décision de la Commission arbitrale permanente pour régler les difficultés éventuelles entre ouvriers et patrons, dont M. Herschell demande l'institution au Parlement. « Je m'y suis engagé en votre nom, a-t-il dit en finissant, et je ne crains pas que vous me fassiez manquer à la parole donnée. » Ces paroles de M. Burt ont é é couvertes d'applaudissements unanimes, et le *meeting* s'est terminé par un vote approuvant la proposition de M. Herschell. En 1880, M. Burt fut élu membre du *Reform Club*. Il a présidé la conférence des mineurs tenue à Manchester en septembre 1882.

BURTON, Richard Francis, voyageur et littérateur anglais, né en 1821; entré, en 1842, dans l'armée des Indes, ayant étudié d'abord en vue de la carrière cléricale, il devint capitaine en 1857, après avoir servi cinq ans dans le Sindh, sous sir Charles J. Napier. En 1855 il remplissait les fonctions de secrétaire militaire et chef d'état-major de la cavalerie irrégulière des Osmanlis, pendant la campagne de Crimée; et lord Palmerston allait l'envoyer lever un corps de cavalerie Kourde, lorsque survint la paix. Le capitaine Burton a voyagé à travers l'Arabie et la plus grande partie des régions inexplorées de l'Afrique orientale et de l'Amérique du Nord et du Sud; et ses découvertes géographiques, pour quelques-unes desquelles il fut le compagnon du feu capitaine Speke, lui ont valu les médailles d'or des sociétés de géographie de France et d'Angleterre. Il a été nommé, en 1861, consul à Fernando-Pô et à la baie de Biaffra, et en profita pour accomplir de nouvelles excursions. Parmi ses plus importants ouvrages datant de cette période, nous citerons : *the Lake Regions of central Africa (1862)*, traduit en français; *Abeokuta, or an Exploration of the Cameroon Mountains (1863)*; *A mission to Gelele, king of Dahomey (1864)*; *Explorations of the Highlands of the Brazil with a full account of the Gold and Diamond Mines, also canoeing down 1500 miles of the Great River São Francisco, from Sabará to the Sea* (Explorations des montagnes du Brésil, contenant une relation complète des mines d'or et de diamants, ainsi que d'une excursion de 1500 milles en pirogue, sur le grand fleuve São Francisco, de Sabará à la mer (1868, 2 vol.); *Vikram and the Vampire or Tales of the Hindu Devilry* (Vikram et le Vampire, histoires empruntées à la Démonologie hindoue (1869); *Zanzibar City, Island and Coast* (Zanzibar, la ville, l'île et la côte, 1872, 2 vol.); et, en collaboration avec M. Charles F. Tyrwhitt Drake : *Unexplored Syria, visits to the Libanus, the Tulul-el Safâ, the Anti-Libanus, the Northern Libanus and the « Alâh. »*

Le capitaine Burton possède dans la perfection trente langues ou dialectes divers, et a une connaissance si profonde des mœurs des contrées, en même temps que de leurs dialectes, qu'il peut impunément y vivre, à l'aide d'un déguisement, sans faire naître le moindre soupçon de son origine. Sportsman consommé, il est également d'une adresse incomparable à tous les exercices de corps et au maniement des armes les plus diverses. Nommé consul à Damas en 1870, il en a été rappelé en 1871 le consulat ayant été réduit à un vice-consulat, et nommé consul à Trieste en septembre 1872. En 1876, il visita le Madian (Arabie) et y retourna à la fin de 1877, pour tenter l'exploitation des mines d'or qu'il y avait découvertes à son premier voyage. Il était de retour en avril 1878, apportant avec lui une énorme quantité de spécimens géologiques, minéralogiques, ethnologiques et anthropologiques, ainsi que des monnaies, des pierres gravées, des fragments de métaux fondus, de verres, de poteries; des photographies de monuments en ruine appartenant à l'art grec et des cartes et plans du pays, etc. En 1882, enfin, le capitaine Burton entreprenait un nouveau voyage d'exploration, avec le commandant V. L. Cameron, à l'intérieur de la Côte-d'Or, au delà des possessions anglaises. De ses plus récents voyages, il a publié les résultats dans les ouvrages ci-après : *Two Trips to Gorilla Land and Cataracts of the Congo (1875*, 2 vol.); *Ultima Thule, or a Summer in Iceland (1875*, 2 vol.); *Sind revisited, with notices on the anglo-indian army, railroads*, etc. (1877, 2 vol.); *The Gold mines of Midian, and the ruined Midianites cities, a fortnight's Tour in North-Western Arabia (1878)*; *To the Gold-Coast for gold, a personnal narrative*, en collaboration avec le commandant Cameron (1882). On lui doit en outre : *Etruscan Bologna, a study (1876)*; une traduction anglaise des *Lusiades* de Camoens (1880) et une étude sur la vie et l'œuvre du poète portugais, intitulée : *Camoens, his Life and his Lusiads, a Commentary (1881*, 2 vol.); une étude sur le théâtre de la Passion : *A Glance at the Passion Play (1882)*, etc.

BURTY, Philippe, critique d'art français, né à Paris le 11 février 1838, fit ses études à Fontainebleau et à Melun, revint à Paris et entra, en 1851, dans l'atelier de M. Chabal-Dussurgey, peintre de fleurs et d'ornements à la manufacture des Gobelins. Il quitta cet atelier en 1854 et commença dès cette époque à collectionner des estampes; puis, se vouant à la critique d'art, il entra à la rédaction de *l'Art au XIX*e *siècle*, d'où il passa, en 1859, à la *Gazette des Beaux-Arts* que venait de fonder Charles Blanc, et à laquelle il donna les premiers comptes rendus de ventes artistiques qui aient été rédigés. En même temps collaborateur à la *Presse*, il suivit M. de Girardin et ses principaux rédacteurs à la *Liberté (1867)*; il a écrit depuis au *Siècle*, au *Rappel*, à la *République française*, à l'*Academy*, de Londres, etc. M. Ph. Burty a rédigé et publié un assez grand nombre de catalogues de ventes artistiques. Eugène Delacroix lui avait légué par testament le soin de classer ses dessins. Membre fondateur de l'Union centrale des beaux-arts appliqués à l'industrie. M. Philippe Burty a fait partie du jury international de l'Exposition universelle de 1867, comme membre de la section de l'Histoire du travail, et de celui des diverses expositions annuelles de l'Union centrale des beaux-arts, notamment de la cinquième, dont il a été nommé secrétaire général des jurys réunis (septembre 1876), ainsi que de l'Exposition universelle de 1878.

M. Burty a publié : *Eaux-fortes de F. Seymour Haden (1862*, in-fol.); les *Chefs-d'œuvre des arts industriels (1866*, gr. in-8°, 200 gravures sur bois); *Notice sur les études peintes par Théodore Rousseau*, etc. (1867); les *Emaux cloisonnés anciens et modernes (1868)*; *Paul Huet, notice biographique*; *Pas de lendemain*, nouvelle (1869); les *Derniers télégrammes de l'empire* et une édition de *Lettres d'Eugène Delacroix (1870)*; les *Arts industriels (1874)*; *Maîtres et petits-maîtres (1877)*; etc. M. Burty a en outre collectionné un grand nombre de lithographies, dessins, eaux-fortes des maîtres de ce siècle, ainsi qu'une foule d'objets d'art et de curiosités orientales, notamment une collection japonaise qui figura à l'Exposition universelle de 1878. Il est inspecteur des beaux-arts, membre du comité supérieur et des divers comités ou commissions ressortissant aux Beaux-Arts, et chevalier de la Légion d'honneur depuis 1879.

BURY (vicomte). William Coutts Keppel, baron d'Albemarle, homme politique anglais, fils aîné du comte d'Albemarle, né à Londres en 1832; fit ses études à Eton. Entré aux « Scots Fusilier Guards », en 1849, il fut secrétaire privé de lord John Russell en 1850-51, se rendit ensuite aux Indes comme aide-de-camp de lord F. Fitz-Clarence, mais revint peu après en congé de convalescence, et finalement quitta l'armée. En décembre 1854, il fut nommé secrétaire civil et surintendant général des affaires indiennes pour la province du Canada, entra au Parlement en 1857 et fut nommé trésorier de la Maison royale, au retour aux affaires de lord Palmerston en 1859, à quelle occasion son siège à la Chambre des communes, où il représentait Norwich comme membre libéral, fut déclaré vacant. En novembre 1860, il a été réélu par le district rural de Wick, qu'il représenta jusqu'en 1865. A cette époque, il se présenta à Douvres, où il échoua; mais, en 1868, il fut réélu par le collège de Berwick-sur-Tweed. Il échoua de nouveau, dans ce même collège, aux élections générales de février 1874, ainsi qu'à une élection complémentaire qui eut lieu à Stroud en février 1875. Dans ces dernières élections, la candidature de lord Bury était appuyée par le parti conservateur. Elevé à la pairie comme baron Ashford, en 1876, il devint sous-secrétaire d'Etat à la guerre en mars 1878, fonctions qu'il résigna à la chute des conservateurs en 1880. — Lord Bury a publié: l'*Exode des nations occidentales*, *Rapport sur la condition des Indiens dans l'Amérique anglaise du Nord*, et divers autres ouvrages de politique ou d'histoire. Il a pris une grande part à l'organisation des volontaires et est lieutenant-colonel du régiment des volontaires du « Service civil ». Il est entré au Conseil privé en 1859. — Le vicomte Bury s'est fait catholique en 1879.

BUSNACH, WILLIAM BERTRAND, auteur dramatique français, d'une famille israélite d'origine arabe dont un des représentants, ancien ministre du dey d'Alger réfugié en France, fut la cause indirecte des événements qui amenèrent la conquête de notre belle colonie, et qui, du côté maternel, est allié à la famille Halévy. M. William Busnach est né à Paris le 7 mars 1832. Il était employé à l'administration des douanes lorsqu'il fit représenter sur le petit théâtre de la rue de la Tour d'Auvergne, avec un jeune compositeur de ses amis nommé Albert, une opérette dont le succès fit alors beaucoup de bruit dans le monde artiste. Il avait donné déjà, en collaboration avec M. Ludovic Halévy, une pantomime dont Offenbach écrivit la musique et qu'il fit jouer aux Bouffes-Parisiens, mais sans succès (1855). Il écrivit alors pour les Folies-Marigny, où il réussit mieux, reparut aux Bouffes, et finalement donna à divers théâtres des opérettes, des comédies, des drames, des revues, etc., écrits la plupart en collaboration et dont quelques-uns eurent un succès retentissant. Les ouvrages de M. Busnach sont devenus à peu près innombrables. Nous citerons : les *Virtuoses du pavé*, aux Folies-Marigny (1864) ; les *Gammes d'Oscar*, *Cinq par jour*, *Bu... qui s'avance*, au même théâtre ; les *Petits du premier*, *C'est pour ce soir*, aux Bouffes (1865); les *Sabots d'Aurore*, avec M. Deslaudes, au Gymnase (1866); *Marlborough s'en va-t-en guerre*, avec Siraudin, à l'Athénée ; les *Voyageurs pour l'Exposition*, 3 actes, avec M. Thierry; l'*Affaire est arrangée*, avec M. Ed. Cadol, au Gymnase (1867); la *Pénitente*, avec M. Meilhac, à l'Opéra-Comique (1868); l'*Ours et l'amateur de jardins*, aux Bouffes; *Première fraîcheur*, au Palais-Royal; *Paris-Revue*, au Châtelet (1869); *Fer-blande*, aux Variétés (1870); l'*Education d'Ernestine*, à la Renaissance ; *Héloïse et Abélard*, musique de Litolff, aux Folies-Dramatiques; le *Fiancé à l'heure*, à Cluny; l'*Hirondelle*, au Palais-Royal (1872) ; la *Liqueur d'or*, avec MM. Liorat et Laurent de Rillé, aux Menus-Plaisirs ; *Forte-en-gueule*, au Château-d'Eau ; les *Esprits des Batignoles*, au Palais-Royal; *Pomme d'api*, à la Renaissance (1873) ; *Charbonnier est maitre chez lui*, au Château-d'Eau; la *Malle des Indes*, même théâtre (1874); *Kosiki*, avec M. Liorat, musique de M. Ch. Lecocq, à la Renaissance ; *Mon mari est à Versailles*, avec M. O. Gastineau, au Palais-Royal ; le *Premier tapis*, avec M. Decourcelle, au Vaudeville (1876). Dans ces dernières années, M. W. Busnach s'est particulièrement voué à l'adaptation à la scène dramatique de romans en vogue, tels que l'*Assommoir* de M. Zola, à l'Ambigu (1881) ; la *Grande Iza*, de M. A. Bouvier, au théâtre des Nations (1882) ; *Pot-Bouille*, de M. Zola, à l'Ambigu (1883), etc. Il a donné en outre : la *Marchande des quatre saisons*, drame en 5 actes, à l'Ambigu (1882); le *Pot au lait*, vaudeville en 1 acte, au Palais-Royal; la *Faute de M. Tabouret*, comédie-vaudeville en 3 actes, à Cluny (1883); *Ma femme manque de chic*, 3 actes, avec M. Debrit, aux Menus-Plaisirs (1884), etc. — M. W. Busnach a dirigé pendant deux ans (1867-68) le théâtre de l'Athénée, où M. Charles Lecocq donna l'*Amour et son carquois* et surtout *Fleur de thé*, opéra bouffe en 3 actes (avril 1868), qui fit sa réputation. — Il a publié chez Charpentier, en collaboration avec M. Chabrillat, la *Fille de Monsieur Lecoq*, roman (1886).

BUTE (marquis de), JOHN PATRICK CRICHTON STUART, né à Mountstuart-House, dans l'île de Bute (Ecosse), le 12 septembre 1847 ; il hérita de son titre à la mort de son père, en 1848. Il fit ses études d'abord à l'Ecole d'Harrow, puis à l'Eglise du Christ, à Oxford, et se fit admettre dans le sein de l'Eglise catholique le 24 décembre 1868. Cette conversion d'un jeune homme de vingt ans fit alors beaucoup de bruit en Europe, grâce au zèle exagéré de la presse cléricale catholique. Le marquis de Bute a, depuis cette époque, appuyé avec un grand zèle et une libéralité infatigable, la cause des catholiques de la Grande-Bretagne et les intérêts de leur Eglise. Il a été créé chevalier de l'ordre du Chardon en février 1875. — Lord Bute a publié quelques ouvrages de dévotion et de théologie catholique.

BUTLER, BENJAMIN FRANKLIN NAVARRE, général américain, né à Deerfield (New-Hampshire) le 5 novembre 1818 ; fit ses études au collège de Waterville, où il prit ses grades en 1838, et aborda la profession légale en 1841, à Lowel (Massachusetts). Il prit de bonne heure une grande part aux discussions politiques, comme démocrate, et ce fut en cette qualité qu'il fut élu à la Législature du Massachusetts, en 1853, et membre du Sénat des Etats-Unis, en 1859. En 1860, il fit partie, comme délégué de l'Etat de Massachusetts, de la Convention Nationale Démocratique réunie à Charleston (Caroline du Sud) ; il s'y montra opposé aux projets de sécession et proposa une affirmation nouvelle de la déclaration de 1856. A une nouvelle réunion, à Baltimore, M. Butler annonça que la majorité des délégués du Massachusetts refusaient de prendre part plus longtemps aux délibérations de la Convention, par plusieurs raisons, entre autres parce qu'elle soutenait la légitimité de l'esclavage. M. Butler, cette même année, était le candidat démocrate aux fonctions de gouverneur de Massachusetts. Il était en outre brigadier général de la milice de l'Etat. C'est dans cette situation que le trouvèrent les débuts de la guerre de Sécession, pendant laquelle il devait combattre du côté des républicains, ses adversaires, contre ses amis du Sud. En avril 1861, il marcha sur Annapolis (Maryland) avec ses miliciens, et reçut peu après le commandement de Baltimore, capitale de l'Etat, où les Sécessionistes étaient fort nombreux. Il fut ensuite nommé au commandement de la forteresse Monroe. Des esclaves fugitifs s'étant réfugiés dans le fort, leurs maîtres les réclamèrent au commandant, qui refusa de les rendre, les déclarant de bonne prise, comme « contrebande de guerre ». Au mois d'août suivant il s'emparait des forts Hatteras et Clark, sur la côte de la Caroline du Nord, puis retournait dans le Massachusetts préparer une expédition pour le golfe du Mexique et le Mississipi. L'expédition se mit en marche le 17 avril 1862 ; le 24, la flotte, sous le commandement de Farragut, doublait les forts de la Nouvelle-Orléans, et s'emparait virtuellement de la ville, dont Butler prenait formellement possession le 1er mai. Il prit alors le gouvernement de la ville et se signala dans cette occasion par une rigueur exagérée, surtout vis à vis d'un songe que c'étaient, en fin de compte, ses coreligionnaires politiques qu'il avait vaincus. Aux dames de la Nouvelle-Orléans qui lui reprochèrent, il répondit par une proclamation insensée, où il les menaçait de les considérer comme des prostituées, si elles recommençaient, et de les traiter comme telles. Il fut relevé de son commandement et remplacé par le général Banks. Vers la fin de 1863, il fut appelé au commandement de la Virginie et de la Caroline du Nord, dont les forces étaient désignées sous le nom d'armée du James. Lorsque le général Grant exécuta son mouvement sur Richmond, en juillet 1864, Butler tenta vainement de s'emparer de Petersburgh. En décembre suivant, il fit également une vaine tentative pour s'emparer du fort Fisher, près de Wilmington (Caroline du Nord). A la suite de ce double insuccès, il fut relevé de son commandement et retourna dans le Massachusetts.

En 1866, le général Butler fut élu membre du Congrès par les républicains, et il a été réélu à chaque nouvelle élection bisannuelle jusqu'en 1874. Il se montra dès l'abord chef de parti habile, et se fit particulièrement remarquer en cette qualité à propos de la mise en accusation du président Johnson, en 1868. En 1871, puis en 1873, il chercha, mais sans succès, à se faire élire gouverneur du Massachusetts par les suffrages républicains. En conséquence, il passa de nouveau aux démocrates en 1877, mais n'en fut pas moins battu aux élections suivantes pour le gouvernement du Massachusetts, et jusqu'en 1882, où il fut enfin élu.

BUTLER, WILLIAM ALLEN, littérateur américain, né à Albany (New-York) en 1825 ; fit ses études à l'université de la ville de New-York, où il prit ses grades en 1843, puis suivit les cours de droit. Il voyagea en Europe de 1846 à 1848 et, rentré à New-York, se livra à l'exercice de sa profession. Avant de partir pour l'Europe, il avait déjà publié un « poème académique » : l'*Avenir* (the Future) et le *Parnasse de Barnum* (Barnum's Parnassus). De ses voyages, outre des traductions des poètes allemands, il rapporta quelques volumes d'esquisses ou de tableaux : les *Cités de l'Art et les premiers artistes* (The Cities of the Art and the early artists) : *Sites écartés de l'Europe* (Out of the way places in Europe); puis *The Colonel's club*, mélange de prose et de vers; *Nothing to Wear* (1857), poème satirique qui eut un très grand succès et a été traduit en français sous le titre : *Rien à mettre*, *Crinoline et Finances*, par M. A. Le Roy; *Two millions (1858)*, autre poème satirique, mais moins estimé. En 1862, M. W. A. Butler a publié une biographie de l'ex-président Martin Van Buren, qui venait de mourir.

BUVIGNIER, JEAN CHARLES VICTOR, homme politique français, né à Verdun le 1er janvier 1823. Avocat du barreau de Montmédy, il fut nommé sous-préfet de cette ville après la révolution de février 1848. Proscrit après le coup d'État de décembre, il habita quelque temps la Belgique, mais obtint bientôt l'autorisation de rentrer en France, et fut attaché à l'administration de la Compagnie du canal de Suez. Nommé employé auxiliaire à la préfecture de la Seine quelques mois auparavant, M. Buvignier se présenta aux élections du 21 août 1881, dans son arrondissement natal, et fut élu député au scrutin de ballottage, battant un ancien préfet bonapartiste, son concurrent. Il s'inscrivit au groupe de l'Union républicaine, et le 4 octobre 1885, il passait en tête de la liste républicaine de la Meuse. M. Buvignier a voté l'expulsion totale des princes. — On a de lui quelques publications relatives à l'histoire locale, notamment: *Notes sur les archives de l'hôtel de ville de Verdun (1865)*, et *Jametz et ses seigneurs (1861)*.

BUYAT, ÉTIENNE, homme politique français, maire de Chaponnay (Isère), où il est né le 8 juillet 1831. Avocat à Lyon, il se fit remarquer, dans les dernières années de l'Empire, par son opposition au gouvernement, ce qui le fit élire au Conseil général de l'Isère, dont il est devenu président. Après le 4 septembre, il accepta les fonctions de secrétaire général de la préfecture de l'Isère, qu'il remplit pendant quelques mois. Aux élections du 8 février 1871, M. Buyat échoua avec plus de 47,000 voix; député de la 1re circonscription de Vienne, le 20 février 1876, il prit place à gauche. Il a été réélu le 14 octobre 1877 et le 21 août 1881, et siégea dans les rangs de l'Union républicaine. Il a été élu député de l'Isère, le 4 octobre 1885, avec une très forte majorité. M. Buyat a voté l'expulsion totale des princes.

BYRON, HENRI JAMES, auteur dramatique et acteur anglais, fils d'un consul britannique à Port-au-Prince, est né à Manchester et a achevé son éducation à Londres. M. Byron est surtout connu comme un auteur très fécond de bouffonneries, de parodies, de pantomimes grotesques, etc., quoiqu'il ait également écrit quelques comédies et drames. Sa première tentative dans le genre burlesque est *Fra Diavolo*, représenté en 1858 au théâtre du Strand, et dont le succès le conduisit à exploiter activement une veine qui parut presque inépuisable. Alors défilèrent sur la même scène: la *Servante et la Pie*, *Aladdin*, *Esmeralda*, la *Dame de Lyon*, etc.; puis une comédie intitulée: la *Vieille histoire* (the Old Story). Parmi ses autres pièces, jouées aux divers théâtres de Londres, nous citerons de hasard: les *Enfants dans le bois* et *Il Trovatore mal traité*, à l'Adelphi; le *Mazeppa travesti*, à l'Olympique; *Miss Ely O'Connor*, à Drury-Lane; *Jack le tueur de Géants*, au théâtre de la Princesse; et au théâtre du Prince de Galles: la *Sonnambula travestie*, le *Petit Don Juan* (Little Don Giovanni), *Lucia di Lammermoor*, *Der Freischutz*; puis quelques comédies originales: la *Guerre au conteau* (War to the Knife), *Cent mille Livres* (A Hundred Thousand Pounds), etc. M. Byron a, de plus, amplement collaboré à la littérature périodique courante; il fut le premier rédacteur en chef du *Fun*, feuille satirique de Londres, et est l'auteur d'un roman en trois volumes: *Paid in full* (Bien payé), primitivement publié dans le *Temple Bar Magazine*. Il parut sur la scène pour la première fois au théâtre du Globe, dans sa propre pièce: *Not such a Fool as he looks* (Pas si fou qu'il en a l'air), le 23 octobre 1869. Il a fait représenter depuis: Une *Dame américaine* (An American Lady), comédie en 3 actes, à l'ouverture du «Criterion», le 21 mars 1874; les *Vieux matelots* (Old Sailors), comédie jouée au théâtre du Strand à la fin de la même année; *the Bull by the horns* (le Taureau par les cornes), drame comédie en 3 actes, joué au théâtre de la Gaîté, de Londres, en septembre 1876, et où il remplit l'un des rôles principaux; *Nos enfants* (Our boys), etc. — Il est un des collaborateurs du *London Magazine*, dont le premier numéro a paru le 15 octobre 1875, depuis la fondation.

C

CAB

CABANEL, ALEXANDRE, peintre français, né à Montpellier le 28 septembre 1823. Élève de Picot, il remporta en 1845 le second prix de Rome qui, à défaut de premier, lui valut les avantages attachés à celui-ci. Le sujet du concours dont il sortit ainsi victorieux était: *Jésus dans le prétoire*. Dès 1843, M. Cabanel avait fait recevoir au Salon: un *Christ au Jardin des Oliviers*. Il exposa, après son retour de Rome: *Saint Jean (1850)*; la *Mort de Moïse*, *Velléda*, le *Martyr Chrétien*, la *Glorification de Saint-Louis*, *Soir d'automne*, la *Plantation d'un Calvaire*, *Othello racontant ses batailles*, *Michel-Ange*, *Philoctète abandonné dans l'île de Lemnos*, la *Veuve du maître de chapelle*, *Marie-Madeleine*, *Nymphe enlevée par un faune*, le *Poète florentin*, *Hero retrouvant le corps de Léandre*, la *Naissance de Vénus*, un grand nombre de *Portraits*: de Napoléon III, de l'Impératrice, de Mme la comtesse de Clermont-Tonnerre, de divers personnages officiels de l'empire, etc. (1851-66). A l'Exposition universelle de 1867, il a donné: le *Paradis perdu*, une *Source aux bords de la mer*, la *Moisson*, etc. On a encore de cet artiste: *Mort de Francesca di Rimini et de Paolo Malatesta (1870)*; *Giacomina*, portrait florentin du XVe siècle (1872); la *Fuite de Néron (1873)*; *Première extase de saint Jean-Baptiste (1874)*; *Thamar*, *Vénus (1875)*; la *Sulamite (1876)*; *Lucrèce et Sextus Tarquin (1877)*; *Saint Louis, roi de France*, grande toile divisée en trois parties, sorte d'immense tryptique destiné à l'église Sainte-Geneviève, redevenue le Panthéon, et plusieurs de ses portraits déjà exposés, dont celui de la *Duchesse de Luynes* et celui de la Mme de *Mercy-Argenteau* (Exposition universelle, 1878); deux nouveaux *Portraits (1883)*; *Chiffonniers (1884)*; des *Portraits*, notamment celui du *Fondateur de l'Ordre des Petites Sœurs des pauvres* et celui de la *Supérieure générale, fondatrice du même ordre (1886)*.

Élu à l'Académie des Beaux-Arts, en 1863, M. Cabanel a été nommé la même année professeur de peinture à l'École des Beaux-Arts. — Il est commandeur de la Légion d'honneur depuis le 13 juillet 1884.

CABAT, LOUIS NICOLAS, peintre français, né à Paris le 24 décembre 1812. Élève de Flers, il explora les contrées les plus pittoresques de la France, de l'Italie, etc., peignant tout le long du chemin, et débuta au Salon de 1833. Nous citerons de cet artiste: le *Moulin de Dampierre*, le *Cabaret de Montsouris*, *Intérieur d'une métairie*, une *Hôtellerie dans l'Indre*, l'*Oiseleur*, les *Plaines d'Argues*, le *Bois de Fontenay-aux-Roses*, la *Gorge aux Loups*, le *Hameau de Sarasin*, l'*Hiver*, le *Jeune Tobie présenté par l'ange à Raguel*, le *Lac Nemi*, près de Rome; *Genzano*, même site; les *Disciples d'Emmaus*, la *Chasse au sanglier*, *Vue de la Neva*, le *Lac Bolsena*, le *Ravin de Villeray*, le *Matin*, le *Crépuscule*, le *Soir au lever de la lune*, trois études d'effets de lumière; l'*Ile de Croissy*, les *Bords de la Seine à Croissy*, une *Source dans les bois*, les *Chasseresses*, le *Bois de Chanteloube* (Berry), *Après l'Ondée* (Berry), *Solitude* (Tyrol), (1835-70); *Temps orageux*, *Fontaine druidique (1879)*; un *Lac et un Étang (1873)*; un *Matin dans le parc du Magnet (1877)*; *Chemin montant (1886)*, etc.

M. Louis Cabat a obtenu une 2e médaille en 1834 et

une 3ᵉ médaille à l'Exposition de 1867. Il est officier de la Légion d'honneur depuis 1855. Elu membre de l'Académie des Beaux-Arts en 1867, en remplacement de Brascassat, il a été directeur de l'Académie de France à Rome de 1878 à 1884.

CABEL, Marie Josèphe Dreulette, dame Canu (dite **Marie Cabel**), cantatrice belge, née à Liège le 31 janvier 1827. Fille d'un comptable des principaux théâtres de la Belgique, elle avait fait de bonne heure des études musicales suffisantes pour lui permettre de donner des leçons, lorsque, son père étant mort, sa mère n'eut plus d'autre soutien qu'elle. C'est alors qu'elle épousa M. Cabel, ou plutôt Cabu, professeur de chant, pris d'abord par le charme de sa voix, qu'il travailla ensuite à développer. Mᵐᵉ Cabel vint à Paris en 1847 et chanta au Château des Fleurs; l'année suivante elle entrait au Conservatoire, et elle fut engagée à l'Opéra-Comique en 1849. Elle parut alors sur cette scène dans le *Val d'Andorre* et les *Mousquetaires de la Reine* notamment, puis retourna en Belgique, où ses compatriotes l'accueillirent avec enthousiasme. Elle joua au Théâtre royal de Bruxelles : la *Sirène*, le *Songe d'une nuit d'été*, le *Caïd*, le *Toréador*, le *Prophète*, etc. Elle revint ensuite en France, joua au Grand-Théâtre de Lyon et alla donner des concerts dans plusieurs grandes villes; après cette tournée artistique, elle revint à Paris, où elle fut engagée au Théâtre-Lyrique, qui lui dut un bon moment de grande vogue. Elle y avait fait un grand nombre de pièces écrites exprès pour elle, et où elle reparut ailleurs à plusieurs reprises. Nous citerons, parmi ces créations à ce théâtre : la *Promise*, le *Bijou perdu*, la *Moissonneuse*, *Peines d'Amour*, etc. Engagée à l'Opéra-Comique, en 1852, Auber écrivit pour elle sa *Manon Lescaut*; elle y créa également le rôle de Dinorah du *Pardon de Ploërmel*, celui de Philine de *Mignon*, et reprit celui de Catherine dans l'*Étoile du Nord*. — Mᵐᵉ Marie Cabel est rentrée à ce théâtre en 1871. Elle est retournée en Belgique depuis, joua à l'étranger, à Londres notamment, avec un grand succès, et n'a plus reparu à Paris.

CABLE, George Washington, romancier américain, né en 1845 à la Nouvelle-Orléans. Son père étant mort, laissant dans le besoin une famille nombreuse, il dut interrompre ses études à l'âge de quatorze ans et se faire employer pour un bon salaire sa mère et ses sœurs. Survint la guerre de Sécession, pendant laquelle il servit dans l'armée confédérée. Après la paix, il retourna à la Nouvelle-Orléans, plus pauvre encore, et forcé d'abord de faire toute sorte de métiers pour vivre; il obtint à la fin une position honorable et lucrative, dans une grande manufacture de coton, qu'il abandonna qu'en 1879, pour se livrer entièrement à la littérature. Il avait débuté par quelques articles insérés dans le *Picayune* de la Nouvelle-Orléans et signés du pseudonyme de *Drop-Shot*; mais ce furent ses esquisses de la vie créole, publiées dans *Scribner's Magazine*, qui commencèrent sa réputation. Ces esquisses furent réunies ensuite en volume, sous le titre *Old Creole Days (1879)*; et furent suivies bientôt de : les *Grandissimes (1880)*; *Madame Delphine (1881)*, etc. Les ouvrages de M. George W. Cable offrent une peinture du langage, du caractère, des mœurs des créoles de la Louisiane extrêmement intéressante et d'une exactitude qu'on ne rencontre au même degré chez aucun autre auteur. Il écrit actuellement, dit-on, une *Histoire de la Nouvelle-Orléans*.

CADOGAN (comte de), George Henry Cadogan, homme politique anglais, né à Durham en 1840, hérita du titre de comte à la mort de son père, en 1873. Lord Cadogan avait représenté Bath à la Chambre des communes, pendant quelques mois, lorsqu'il entra à la Chambre-Haute, où il prit place parmi les conservateurs. Il fut nommé sous-secrétaire parlementaire à la guerre en 1875, puis sous-secrétaire d'État des colonies en 1878, et se retira en avril 1880, avec les membres du ministère conservateur. De nouveau sous-secrétaire d'État, de juin 1885 à février 1886, lord Cadogan est entré dans le cabinet formé par le marquis de Salisbury le 2 août 1886, en qualité de gardien du Sceau privé.

CADOL, Victor Édouard, littérateur et auteur dramatique français, né à Paris le 11 février 1831. D'abord employé à l'administration du chemin de fer du Nord, il abandonna cette position en 1853, pour se livrer entièrement à la littérature. Après avoir collaboré à divers journaux, notamment au *Courrier de Paris*, il entra au *Temps*, dont il devint secrétaire de la rédaction, fut correspondant du *Journal de Francfort*, critique dramatique de l'*Esprit public*, de M. Hippolyte Castille, et fut l'un des rédacteurs fondateurs de l'*Esprit français*, journal hebdomadaire dirigé par feu Gasperini et qui dura peu,

malgré un mérite littéraire très grand. Outre des études agricoles d'une réelle valeur, M. Cadol publia à cette époque des nouvelles dans divers journaux ou recueils périodiques, notamment dans le *Monde* et l'*Univers illustrés* et prêta sa collaboration anonyme à divers auteurs dramatiques et même à des romanciers; nous citerons, parmi les ouvrages auxquels il a ainsi collaboré : le *Maître de la maison*, comédie en cinq actes de MM. Jules Barbier et Édouard Foussier, jouée à l'Odéon en 1867 et le *Tour du monde en 80 jours*, de M. Jules Verne. — Il a donné au théâtre : la *Germaine*, comédie en trois actes, jouée d'abord sur le théâtre de Nohant, puis au Vaudeville (1864), grâce à l'appui de la regrettée châtelaine, George Sand, amie de la famille de M. Cadol; les *Ambitions de M. Fauvel (1867)*, cinq actes, à l'Odéon; l'*Affaire est arrangée (1868)*, un acte, au Gymnase; les *Inutiles*, comédie en 4 actes, jouée au théâtre de Cluny le 24 septembre 1868, et qui fut le plus grand succès dramatique de l'année, quoique refusée à l'Odéon; la *Fausse Monnaie*, au même théâtre (1869), morceau aussi froidement accueillie que les *Inutiles* l'avaient été chaudement; les *Créanciers du bonheur*, 3 actes, à l'Odéon (1871); le *Spectre de Patrick*, grand drame, au Château-d'Eau (1872); le *Capitaine d'aventure*, opéra comique, musique de Th. Semet, à l'Opéra-Comique (1874), etc. Dans ces derniers temps, M. Cadol s'est voué à la généreuse tentative d'éloigner de la scène les procédés scabreux en vogue depuis un temps immémorial et plus particulièrement la glorification ou tout au moins l'excuse du vice, jugeant avec raison, suivant nous, qu'une mère de famille ou une épouse vertueuse qui souffre et qui pleure est pour le moins aussi intéressante qu'une catin qui se venge ou qui se macère sous le tard; mais il fallait pour cela substituer la pathétique au dramatique, et M. Cadol échoua, en vertu du principe qui s'oppose à ce que se soient les inventeurs qui profitent de l'invention, et non parce qu'il s'est trompé. Son beau drame intitulé : la *Famille*, conçu dans cet esprit et donné au théâtre Lyrique-Dramatique (aujourd'hui Théâtre des Nations) le 13 janvier 1875, ne réussit pas, malgré de grandes qualités scéniques; il en fut de même de sa *Grand'maman*, représentée au Français le 17 mai de la même année; il avait donné également, au théâtre Lyrique-Dramatique, le *Meunier de Rambouillet*, un acte, qui servait de lever de rideau à la *Famille*. Il a donné depuis quelques ouvrages en collaboration, tels que la *Bagasse*, vaudeville en un acte, avec M. G. Duval et E. Philippe, aux Menus-Plaisirs (1884) et « des adaptations » de ses romans. — M. Cadol a publié, en outre, un certain nombre de romans et de nouvelles: *Contes gais*; les *Belles imbéciles*, Mᵐᵉ *Élise*, roman d'où il a tiré le sujet de la *Famille*; le *Monde galant*; *Rose, splendeurs et misères de la vie théâtrale (1874)*, paru d'abord en feuilletons dans le *Figaro*; le *Cheveu du diable*, paru en feuilletons au *Constitutionnel* en 1874; la *Bête noire (1875)*; la *Grande vie (1879)*; la *Belle Virginie (1882)*; *Tout seul (1884)*; *Hortense Maillot*, les *Parents riches (1885)*; le *Meilleur monde*, roman parisien; *Lucette (1886)*, etc.

CADUC, Armand, homme politique français, né en 1818, à Ladoux (Gironde). Avocat du barreau de la Réole, opposé au coup d'État de décembre 1851, il fut porté sur les listes de proscription et passa plusieurs années en exil, après lesquelles il reprit sa place au barreau de la Réole. Le 20 octobre 1872, il était élu contre l'ancien ministre de l'empire Forcade-la-Roquette, représentant de la Gironde à l'Assemblée nationale, et prit place à gauche. Après avoir subi dans l'arrondissement de La Réole, aux élections générales du 20 février 1876, il était élu le 10 février 1878, en remplacement de Louis Mie, décédé, dans la 2ᵉ circonscription de Bordeaux; puis dans l'arrondissement de La Réole, aux élections générales du 21 août 1881. Le 26 janvier 1885, une élection partielle l'envoyait siéger au Sénat. M. Caduc a voté la loi sur l'expulsion des princes (22 juin 1886).

CAHOURS, Auguste André Thomas, chimiste français, né à Paris en 1813. Élève de l'École polytechnique, il en sortit en 1835 comme sous-lieutenant, mais donna, dès l'année suivante, sa démission pour se vouer à l'enseignement et aux recherches scientifiques. M. Cahours devint alors professeur de chimie à l'École centrale des arts et manufactures et répétiteur de chimie, examinateur de sortie à l'École polytechnique; puis essayeur à la Monnaie, où il est devenu vérificateur des essais. Membre de la Société philomathique, il a été élu membre de l'Académie des sciences, section de sciences physiques, en 1868. Ses recherches de chimie organique, notamment sur l'alcool amylique (huile de pommes de terre) et ses dérivés, sur les huiles essenticelles, etc., ont assuré à M. Cahours une place distinguée dans les rangs des principaux chimistes de notre temps. Il a publié une quantité de *mémoires* sur ses découvertes scientifiques dans les *Comptes rendus* de l'Académie des sciences, depuis 1836. On lui doit en outre : *Leçons de chimie générale élémentaire (1855-56*; nouvelle édition, 1860) ; *Chimie des Demoiselles (1869)* ; *Traité de chimie (1875)*, etc. — Chevalier de la Légion d'honneur depuis 1856, M. Cahours a été promu officier en 1863 et commandeur le 12 juillet 1882.

CAILLAUX, Alexandre Eugène, ingénieur et homme politique français, né à Orléans en 1823. M. Caillaux, attaché comme ingénieur à la compagnie du chemin de fer de l'Ouest, s'est porté candidat à l'Assemblée nationale dans le département de la Sarthe, aux élections du 8 février 1871 et fut élu le sixième sur neuf. Très indécis, à ce qu'il semble, sur la ligne politique qu'il devait choisir, il fit d'abord partie de la réunion Feray (centre gauche républicain); puis, dans la mémorable journée du 24 mai 1873, il se rangea derrière M. Target, parmi les quinze députés dont la défection détermina la retraite de M. Thiers, et, après l'avènement du cabinet de Broglie, se fit inscrire au centre droit. Le 22 mai 1874, M. Caillaux était appelé à remplacer M. de Larcy au ministère des travaux publics, il conserva ce portefeuille jusqu'au 9 mars 1876, époque où il fut remplacé par M. Christophle. A l'Assemblée nationale, M. Caillaux s'est surtout fait remarquer par son zèle à défendre les intérêts des grandes compagnies de chemin de fer; pour le reste, il s'est à peu près borné à joindre son vote à ceux de ses amis de la fraction cléricale et réactionnaire. Il a été élu, le 30 janvier 1876, sénateur de la Sarthe, dont les électeurs l'abandonnèrent au renouvellement du 8 janvier 1882. Il entra dans le cabinet de Broglie du 18 mai 1877, lequel se maintint jusqu'au 20 novembre, comme ministre des finances, en remplacement de M. Léon Say.

Au mois de juillet 1876, M. Caillaux avait été nommé président de l'enquête sur ce qu'il est convenu d'appeler le « scandale de l'École polytechnique ». Il a été accusé, à cette occasion, principalement dans la presse étrangère, de n'avoir accepté cette présidence qu'à de certaines conditions qui faisaient pressentir d'avance les conclusions de cette commission ; par exemple, à la condition que deux membres connus par leurs sentiments cléricaux fussent substitués à deux autres membres nu moins indifférents, ce qui déplaçait nécessairement la majorité.

CAIN, Auguste Nicolas, sculpteur français, né à Paris le 4 novembre 1822. D'abord menuisier, puis sculpteur sur bois, M. Cain entra dans l'atelier de Rude, et s'adonna à peu près exclusivement à la sculpture d'animaux, principalement à celle des grands fauves, où il excelle. Il a débuté au Salon de 1846 par un groupe de *Fauvettes défendant leur nid contre un loir*, et a envoyé depuis aux divers Salons : les *Grenouilles qui demandent un roi*, *Aigle défendant sa proie*, *Aigle chassant un vautour*, *Faucon chassant aux lapins*, *Faisans surpris par une fouine*, *Renard chassant des canards*, *Combat de coqs*, *Coq cochinchinois*, *Lionne du Sahara*, *Vautour*, *Buse chassant aux perdreaux*, *Lion du Sahara*, *Trophée de chasse*, *Faucon et héron*, *Une famille de tigres*, *Tigre terrassant un crocodille*, *Lion de Nubie* (1874) ; *Lion et lionne se disputant un sanglier*, plâtre (1875) ; *Famille de tigres*, bronze (1876) ; *Combat de tigres*, plâtre (1878) ; *Coq français*, cire, exécuté en bronze pour la salle du Jeu de paume de Versailles (1883); *Chiens bâtards français arrêtés sur le change*, plâtre, et *Rhinocéros attaqué par des tigres*, bronze, pour le jardin des Tuileries (1884) : *Lionne rapportant un sanglier à ses lionceaux*, plâtre (1886), etc.

M. Cain a lui-même reproduit en bronzes et édité une grande partie de ses œuvres, sans parler de ses bronzes de fantaisie. — Il a obtenu une 3e médaille en 1851 et le rappel en 1863, une médaille en 1864, une 3e médaille en 1867 et 2e médaille en 1878 ; nommé chevalier de la Légion d'honneur en 1869, il a été promu officier le 13 juillet 1882.

CAIRNS (comte) Hugh Mac Calmont, pair d'Angleterre, né dans le comté de Down (Irlande) en 1819 ; fit son éducation au collège de la Trinité de Dublin, et fut admis au barreau, à Middle Temple, en 1844. En 1852, les conservateurs de Belfast l'envoyèrent siéger à la Chambre des communes, où il continua de représenter cette ville jusqu'à sa nomination de Lord juge d'appel, en 1866. Nommé avocat de la reine en 1856, M. Cairns fut créé chevalier au retour aux affaires de lord Derby, en 1858, et nomme solicitor (procureur) général. Il fit preuve, dans ces fonctions, d'habileté autant que de talent oratoire, et ses harangues d'alors sont considérées comme des chefs-d'œuvre d'éloquence. A son second retour au pouvoir, en 1866, lord Derby retrouva sir Hugh Cairns et le fit attorney général, puis Lord juge de la Cour d'appel (13 octobre) ; enfin, le 23 février 1867, la *London Gazette* annonçait son élévation à la pairie sous le titre de baron Cairns de Garmoyle, dans le comté d'Antrim. Il devint lord grand chancelier en février 1868 et conserva ce poste jusqu'à la défaite du parti conservateur et à la chute du ministère dont il faisait partie, en décembre de la même année ; il reprit alors son siège à la Chambre haute. En février 1874, au retour du parti conservateur au pouvoir, lord Cairns reprit son portefeuille de lord grand chancelier de la Grande-Bretagne. Il dut l'abandonner de nouveau, pour les mêmes causes, en avril 1880. En septembre 1878, il avait été créé vicomte Garmoyle et comte Cairns.

CAIROLI, Benedetto, homme d'état italien, né à Gropello, province de Pavie, le 28 janvier 1826 ; fit ses études aux universités de Pavie et de Zurich. Son père, qui était chirurgien, fut élu syndic de sa commune en 1848 ; il prit part au soulèvement de 1848 contre l'Autriche, ainsi que ses fils, dont plusieurs tombèrent sur le champ de bataille, soit à cette époque soit plus tard ; cette famille de patriotes ayant figuré dans toutes les luttes de l'indépendance italienne. Celui qui fait l'objet de cette notice était exilé depuis 1851 lorsqu'éclata la guerre de 1859 ; il s'engagea aussitôt dans le corps garibaldien des *cacciatori della Alpi*. L'année suivante, il faisait parti des *Mille* qui s'emparèrent de la Sicile sous la conduite de l'illustre partisan, et fut grièvement blessé à la jambe au siège de Palerme. Il combattait dans le Trentin en 1866 et assistait l'année suivante aux batailles de Monterotondo et de Mentana. Député de Brivio dans le premier parlement italien, il y siégea à gauche, parmi les républicains, et ce n'est qu'après l'avènement d'un ministère de gauche au pouvoir, en 1876, qu'il se décida à faire acte d'adhésion à la monarchie constitutionnelle. En mars 1878, peu après l'avènement du roi Humbert, M. B. Cairoli fut appelé à former un nouveau ministère, avec la présidence du conseil, sans portefeuille, après avoir été élu président de la Chambre quelques jours auparavant, à l'ouverture de la session. Le 23 octobre suivant, le ministère donnait sa démission, mais M. Cairoli était chargé de former un nouveau cabinet, dans lequel il prenait le portefeuille des affaires étrangères. Le 17 novembre suivant, il accompagnait le roi et la reine à Naples, lorsqu'eut lieu la tentative criminelle de Passanante ; M. Cairoli, voulant préserver le roi du poignard de l'assassin, fut lui-même grièvement blessé. A la suite de cet événement tragique, le premier ministre fut l'objet des félicitations des chambres et de la population italiennes, auxquelles se joignirent celles des souverains et des personnages les plus marquants de l'étranger ; c'est à cette occasion, du reste, qu'il fut créé grand'croix de la Légion d'honneur. Malgré cela, M. Cairoli donnait sa démission le 11 décembre, ayant été mis en minorité sur une question de politique intérieure. Mais le ministère qui vint au pouvoir, sous la présidence de M. Depretis, ne put aller bien loin, et M. Cairoli rentrait au pouvoir en juillet 1879, pour ne voir forcé, au mois de novembre suivant, de remanier son ministère, dans lequel M. Depretis acceptait le portefeuille de l'intérieur. Après l'expédition française à Tunis, que M. Cairoli, comme ministre des affaires étrangères, était accusé d'avoir laissé faire (la vérité est qu'il n'y pouvait pas grand'chose), le ministère dut donner sa démission, le 15 mai 1881. Il fut remplacé par un ministère Depretis, M. Sella, à qui la mission en avait été d'abord confiée, n'ayant pu réussir à former un cabinet homogène sous sa présidence.

CALCANO, José Antonio, poète vénézuélien, né à Cartagena (République du Venezuela) en janvier 1827. Le poète élégiaque d'un sentiment délicat, M. J. A. Calcano a publié à Caracas, capitale de la République, plusieurs volumes de poésies très estimées, et surtout une quantité innombrable de pièces de vers éparses dans la plupart des publications littéraires périodiques de Caracas, et souvent reproduites dans les recueils similaires espagnols ou des républiques voisines.

CALDERON, Philip Hermogenes, peintre anglais d'origine espagnole, est né à Poitiers en 1833 et fut élève de Picot, à Paris et de Leigh, à Londres. — Ses premières œuvres les plus remarquables sont : la *Fille du geôlier*, exposée en 1858, à l'Académie royale de Londres ; *Paysans français rencontrant leur enfant volé (1859) ; Jamais plus (1860)* ; la *Demande en mariage*, le *Retour de Moscou (1861)* ; la *Reine Catherine et ses femmes à l'ouvrage*, *Après la bataille (1862)* ; l'*Ambas-*

sade britannique à Paris pendant le massacre de la Saint-Barthélemy *(1863)*; l'*Enterrement d'Hampden*, les *Femmes d'Arles (1864)*. M. Calderon fut élu, en 1864, associé de l'Académie royale de Londres. Il n'exposa point en 1865; mais dès l'année suivante, ses toiles reprenaient le chemin de l'Académie royale. Nous citerons: *Femmes de Poitiers lavant sur les bords du Clain, Dans les Pyrénées (1866)*; la *Patrie après la victoire*, le *Soir (1867)*; le *Jeune seigneur Hamlet à cheval sur le dos d'Yorick*; *Œnone*, *Où? (1868)*; la *Duchesse de Montpensier poussant Jacques Clément à l'assassinat du roi*, « *Mire dans mes yeux tes yeux...* » un *Portrait* à l'aquarelle grandeur naturelle, etc. (1869); le *Berceau de la Vierge*, les *Orphelins*, le *Printemps chassant l'hiver*, etc. (1870); *Sur le chemin du trône*, les *Tableaux nouveaux (1871)*; l'*Eté*, scène des bords de la Tamise; une *Jeune fille de haute naissance*, et plusieurs *Portraits (1872)*; *Bonne nuit*, *Sérénade au clair de la lune*, *Victoire (1873)*; la *Reine des Tournois*, *Demi heures avec les auteurs illustres (1874)*; les *Coquettes d'Arles*, *Toujours fidèle*, le *Grand sport (1875)*; le *Nid*, *Margaret*, *Yeux éveillés (1876)*; *Jeanne d'Arc*, le *Trois pour cent réduit, à la Banque d'Angleterre*; le *Marchand de fruits (1877)*; le *Couvent de femmes de Longhborough*, la *Gloire de Dijon (1878)*. Il avait principalement à l'Exposition universelle de 1878, ses deux tableaux de 1869: la *Duchesse de Montpensier* et *Mire dans mes yeux...* Il a exposé en 1881, à l'Académie royale, toute une série de panneaux décoratifs.

M. Calderon a été élu Académicien royal en 1867; la même année, il recevait à l'Exposition internationale de Paris, la 1re médaille décernée à l'art anglais. Il remporta également une des médailles accordées aux artistes exposants d'Angleterre, à l'Exposition de Vienne, en 1873 ; à l'Exposition universelle de 1878, il obtint un rappel de 1re médaille et fut fait chevalier de la Légion d'honneur.

CALEMARD DE LA FAYETTE, GABRIEL CHARLES, littérateur et agronome français, né au Puy-en-Velay en 1815. On lui doit: *Dante, Michel-Ange et Machiavel*, étude sur l'histoire et la littérature italienne (1852); une traduction en vers de l'*Enfer*, de Dante (2 volumes, 1855); *Petit Pierre ou le bon Cultivateur (1859)*; la *Statue de Notre-Dame de France (1860)*; le *Poème des Champs (1861)*, couronné par l'Académie: la *Prime d'honneur (1866)*, également couronné par l'Académie, l'*Agriculture progressive (1867)*, *Attila*, tragédie non représentée (1867), etc. Président de la Société académique du Puy, M. Calemard de la Fayette est conseiller général de la Haute-Loire, pour le canton de Paulhaguet. Il a été élu, le 8 février 1871, représentant de la Haute-Loire à l'Assemblée nationale, où il a pris place au centre droit. Porté candidat à la députation aux élections du 20 février 1876, dans la 2e circonscription du Puy, il échoua contre le candidat républicain, M. Vissaguet. Sa candidature aux élections sénatoriales du 9 janvier 1879 eut le même insuccès. — M. Calemard de la Fayette est chevalier de la Légion d'honneur.

CALÈS, JEAN JULES GODEFROY, médecin et homme politique français, né à Villefranche-de-Lauraguais le 24 juillet 1828, est fils d'un représentant à la Constituante de 1848 et d'un petit-neveu du conventionnel Calès. Il se fit recevoir docteur en médecine et alla s'établir dans sa ville natale. Conseiller municipal depuis 1865, il prit part au mouvement d'opposition républicaine qui signala les dernières années de l'empire, collabora aux journaux démocratiques et se porta candidat à diverses élections générales ou partielles, qui se produisirent dans la Haute-Garonne pendant cette période, échouant invariablement, mais avec une minorité considérable. Appelé à la sous-préfecture de Villefranche le 6 septembre 1870, le docteur Calès donna sa démission le mois suivant, prit du service comme volontaire et fut nommé directeur du service médical au camp de Toulouse. La paix signée, il reprit l'exercice de sa profession. En 1875, le docteur Calès devint maire de Villefranche, et il fut élu conseiller général de la Haute-Garonne. Il est, en outre, médecin inspecteur des eaux de Capvern, dans ce département, officier d'académie et chevalier de la Légion d'honneur. Porté sur la liste républicaine progressiste de la Haute-Garonne, aux élections de 1885, M. Calès fut élu au scrutin du 18 octobre. Il prit place à gauche et a voté l'expulsion totale des princes.

CALLEN, JEAN, homme politique français, né le 30 octobre 1820 à Saint-Symphorien (Gironde). Membre du Conseil général de la Gironde pour le canton de Saint-Symphorien, M. Jean Callen fut élu, comme candidat républicain, sénateur de ce département le 9 janvier 1879. Il a voté l'expulsion des princes.

CALMANN-LÉVY, libraire-éditeur français, né à Phalsbourg le 19 octobre 1819, est devenu, par la mort de son frère Michel (5 mai 1875), l'unique propriétaire de l'importante maison de librairie de Paris, connue sous la raison *Michel Lévy frères* qu'il avait fondée avec lui en 1836. Cette maison qui, grâce à une direction intelligente, prit un développement des plus rapides, eut d'abord les publications théâtrales pour spécialité, publiant à mesure de leur apparition sur la scène les pièces en vogue et, en outre, un recueil d'ensemble des principales, sous le titre de *Bibliothèque dramatique* (gr. in-18 anglais), et un autre, format in-4o, sous celui de *Théâtre contemporain illustré*. MM. Michel Lévy frères devinrent, en 1858, propriétaires du journal de théâtre l'*Entr'acte*. Ils ont beaucoup contribué à répandre le goût de la lecture dans les masses par la publication de plusieurs journaux littéraires illustrés à bon marché, alimentés par un choix de romans des meilleurs auteurs et ornés de dessins soignés: le *Journal du Dimanche*, le *Journal du Jeudi*, les *Bons Romans*. En 1858, ils fondaient l'*Univers illustré*, qui est resté l'une des plus belles publications de ce genre dans notre pays, si longtemps inférieur à l'Angleterre, aux Etats-Unis et même à l'Allemagne sous ce rapport. Enfin les publications de littérature courante de la maison Michel Lévy frères, devenue maison Calmann-Lévy, sont divisées en trois grandes collections ayant pour titres: *Collection Michel Lévy* (volumes gr. in-18, à 1 fr. 25 c.), la *Bibliothèque contemporaine* (gr. in-18, 3 fr. 50 c.), et le *Musée littéraire contemporain* (in-4o). — M. Calmann-Lévy est en outre l'éditeur des œuvres complètes des principaux littérateurs de notre temps, ainsi que des œuvres nouvelles de beaucoup d'autres. Parmi les auteurs dont les œuvres complètes sont la propriété de cette maison, nous citerons: Balzac, Alexandre Dumas, George Sand, Frédéric Soulié, Scribe, Alfred de Vigny, Henri Murger, Ch. Baudelaire, Jules Janin, Ernest Feydeau, Stendhal, Ch. de Bernard, Emile Souvestre, Gérard de Nerval, Roger de Beauvoir, H. Heine, Prosper Mérimée, comtesse Dash, Ponsard, Mme de Girardin, L. Vitet et MM. Emile Augier, Alexandre Dumas fils, Octave Feuillet, Auguste Maquet, A. de Pontmartin, Gustave Flaubert, Cuvillier-Fleury, J. Autran, Victor de Laprade, Ch. Monselet, Louis Reybaud, Jules Noriac, Alphonse Karr, Hector Malot, Th. de Bentzon, Maurice Sand, etc., etc. Il est éditeur des œuvres ou nouvelles ou dernières de MM. Victor Hugo, Ernest Renan, Guizot, Villemain, Lamartine, de Tocqueville, Sainte-Beuve, Charles de Rémusat, Ed. Quinet, J. Sandeau, Saint-Marc Girardin, Méry, D. Nisard, comte de Viel-Castel, le duc d'Aumale, le prince de Joinville, Léon Gozlan, Ampère, F. Sarcey, Théophile Gautier, J. de Lasteyrie, Champfleury, comte Agénor de Gasparin, duc de Broglie, Amédée Achard, Florentino, Pierre Véron, de Loménie, Alfred de Bréhat, Hector Berlioz, Eugène de Mirecourt, Edouard Ourliac, Clémence Robert, Paul Féval, Edouard Cadol, etc., etc. Enfin M. Calmann-Lévy a édité un grand nombre de traductions de divers écrivains célèbres de l'étranger, tel que: Ch. Dickens, Thackeray, H. Conscience, Léopold Kompert, Edgar Poe, Macaulay, W. Reynolds, Anne Radcliffe, le capitaine Mayne Reid, Hildebrand, Nathaniel Hawthorne, W. Godwin, Achim d'Arnim, Bulwer Lytton, Auerbach, Mme Beecher-Stowe, William H. Ainsworth, Bret Harte, etc., etc.

CALMON, MARC ANTOINE, homme politique français, né à Carlucet (Lot) en 1815. Ayant fait son droit à Paris, il se fit admettre auditeur de 2e classe au Conseil d'État, en 1836, passa à la classe supérieure deux ans après et devint maître des requêtes en 1842. En 1852, M. Calmon fut considéré démissionnaire par refus de serment. Membre du Conseil général du Lot depuis 1840, et président de ce conseil de 1844 à 1847, il fit partie de la Chambre des députés de 1846 à 1848; réélu conseiller général l'année suivante, il tenta vainement de se faire élire député au Corps législatif, mais sans succès; il échouait encore dans une nouvelle tentative, aux élections générales de 1869. Au renouvellement des conseils généraux, le 8 octobre 1871, M. Calmon était de nouveau élu membre de celui du Lot, dont il devint aussitôt président. A la formation du premier ministère de son gouvernement, M. Thiers appela, par arrêté en date du 23 février 1871, M. Calmon au poste de sous-secrétaire d'État au ministère de l'intérieur. Il conserva ce poste jusqu'au 7 décembre 1872, époque où il fut nommé préfet de la Seine, en remplacement de M. Léon Say, nommé au ministère des finances. Aux élections complémentaires du 14 décembre 1873, M. Calmon fut élu représentant du département de Seine-et-Oise, où il s'était porté comme candidat républicain conservateur, et siégea à l'Assemblée sur les bancs du centre-gauche, dont il fut l'un des vice-présidents. La retraite de M. Thiers avait nécessairement entraîné celle du préfet de la Seine nommé par lui, qui avait donné en effet sa démission le 26 mai précédent. M. Calmon a été élu par l'Assemblée, sénateur inamovible, le 13 décembre 1875. — Collaborateur du *Correspondant* et de la *Revue des Deux-Mondes*, M. Calmon a publié : *Les impôts avant 1789; William Pitt, étude financière et parlementaire; Histoire parlementaire des finances de la Restauration* (2 vol.); *Les crédits et l'amortissement; Etude sur les finances de l'Angleterre, depuis la réforme de Robert Peel jusqu'en 1869*, etc. On lui doit aussi une *notice* sur M. Thiers, pour le recueil des *Discours* de cet homme d'Etat. L'importance de ces travaux économiques, universellement reconnue, valut à son auteur son élection comme membre libre de l'Académie des sciences morales et politiques, en remplacement du jurisconsulte Pellat, le 24 février 1872. Il est membre de la Légion d'honneur depuis 1844.

CALVERT, GEORGE HENRY, écrivain américain, descendant du fondateur de la colonie de Maryland, est né à Baltimore, le 2 janvier 1803; il commença ses études au collège d'Harvard, qu'il quittait en 1823 pour aller les achever à Gœttingen, en Allemagne. De retour aux Etats-Unis, il fut quelque temps directeur du *Baltimore American*. En 1832, il publia : *Eclaircissements sur la Phrénologie* (Illustrations of Phrenology), le premier ouvrage sur cette science paru en Amérique; puis vinrent : une traduction en vers du *Don Carlos* de Schiller et une traduction partielle de la *Correspondance de Gœthe et de Schiller* (1840); la même année il publiait encore : *Arnold and Andrew*, poème dramatique; *Count Julian*, tragédie et la première partie de son poème : *Cabiri*, dont la seconde partie parut seulement en 1854. En 1843, M. Calvert quitta Baltimore pour fixer sa résidence à Newport, dans l'Etat de Rhode-Island, ville dont il devint maire en 1853. Il a publié, depuis ce changement de résidence : *Scènes et idées d'Europe* (Scenes and thoughts in Europe, 2e partie, 1846 et 1852); *Comédies* (1856); le *Gentleman* (1863); la *Première année en Europe* (First year in Europe, 1867); *Ellen*, poème (1869); *Gœthe, sa vie et ses œuvres* (1872), etc.

CALVET ROGNIAT (vicomte), HENRI FERDINAND JOSEPH, homme politique français, né le 12 novembre 1854, est fils de l'ancien député officiel de l'Aveyron au Corps législatif, mort au mois d'août 1875. Après avoir échoué aux élections législatives de 1881, dans l'arrondissement de Millau, M. Calvet-Rogniat a été élu le 4 octobre 1885 député de l'Aveyron, sur la liste conservatrice, et s'est fait inscrire au groupe de l' « Union des droites ».

CALVO, CARLOS, littérateur et diplomate argentin, né à Buenos-Aires en 1824. Successivement chargé d'affaires de son pays près de divers gouvernements de l'Europe et notamment près du gouvernement français, il a publié, en langue française, plusieurs ouvrages d'une très grande importance, au point de vue tant de l'histoire, soit du droit international. Nous citerons : *Recueil complet des traités, conventions, etc., de l'Amérique latine* (1862-1869, 11 vol.), ouvrage bourré de documents statistiques, historiques et de législation comparée; *Une page du droit international de l'Amérique du Sud devant le droit des gens moderne* (1864); *Annales historiques de la Révolution de l'Amérique latine* (1864 et suiv., 15 vol.); le *Droit international théorique et pratique* (1872, 2 vol.); *Etude sur l'émigration et la colonisation* (1875); l'*Instruction publique dans la République argentine* (1877), etc. — M. Calvo, correspondant de l'Institut historique depuis déjà longtemps, a été élu en 1869 correspondant de l'Académie des sciences morales et politiques pour la section de législation. Il a fait partie de la commission argentine près l'Exposition Universelle de 1878.

CAMBRAY-DIGNY (comte de), GUGLIELMO, homme d'Etat italien, fils du ministre de Ferdinand III, grand-duc de Toscane, comte Louis de Cambray-Digny, et petit-fils de Louis Guillaume de Cambray-Digny, mécanicien français, à qui est due l'introduction en Italie de la première machine à vapeur, né à Florence en 1823. Après avoir terminé ses études à l'université de Pise, il revint à Florence en 1845 et y fut cordialement accueilli par le grand-duc Léopold II. Lors du mouvement réformiste de 1847, il fut un de ceux qui conseillèrent au grand-duc les concessions libérales auxquelles il consentit d'abord; et, en 1859, quand Léopold II fut, pour la seconde fois, obligé de fuir ses Etats, annexes au royaume de Piémont peu après, à la suite d'un vote de la population, M. de Cambray-Digny approuva ce nouvel état de choses, préliminaire évident de l'unité italienne. Il fut élu député de Toscane au parlement italien, puis gonfalonier de Florence et, en cette dernière qualité, présida, en 1865, aux fêtes célébrées dans cette ville à l'occasion du six-centième anniversaire de la naissance de Dante. Nommé en 1867 ministre des finances du royaume d'Italie, avec M. le comte Menabrea pour chef de cabinet, à une époque de crise effrayante et en présence d'un déficit de près d'un milliard, M. le comte de Cambray-Digny sut, au moins grâce aux sages conseils qu'il voulut bien entendre autant qu'à sa propre habileté, surmonter des difficultés en apparence insurmontables, quoiqu'à l'aide d'expédients fort épineux et même extrêmement impopulaires, tels que l'affermage des tabacs, et surtout l'impôt sur la mouture, dont l'application donna lieu, au début, à quelques troubles locaux. — Vers la fin de 1869, le cabinet Menabrea-Cambray-Digny, comme on l'appelait, après plusieurs modifications dans lesquelles ces deux hommes d'Etat avaient conservé leurs portefeuilles, était remplacé par un cabinet Lanza, de nuance plus libérale. M. de Cambray-Digny fut alors nommé sénateur.

CAMBRIDGE (duc de), GEORGE WILLIAM FREDERICK CHARLES, maréchal et pair d'Angleterre, fils du premier duc de Cambridge, Adolphus Frederick, petit-fils du roi George III et cousin germain de la reine Victoria, est né à Hanovre le 26 mars 1819, et a succédé aux titres de son père le 8 juillet 1850. Colonel du 3 novembre 1837, il fut successivement promu au rang de major général en 1845 et à celui de lieutenant général en 1854. Il prit part à l'expédition de Crimée, comme commandant la première division formée des deux brigades réunies de la garde et des Highlanders. Promu général en 1856, il fut nommé, en 1861, colonel de l'artillerie royale et du génie (royal engineers), et fait maréchal (field marshal) le 9 novembre 1862. Le duc de Cambridge a été successivement colonel du 17e dragons légers et des gardes fusiliers écossais, puis, à partir du Prince consort, des grenadiers de la garde. En Crimée, il prit part avec distinction à la bataille de l'Alma et à celle d'Inkermann, où il eut un cheval tué sous lui. Peu après cette action, l'état de sa santé le contraignit à quitter son commandement et à se retirer à Constantinople; après quelque temps de repos à Péra, il passa à Malte; mais sa santé ne se rétablissant toujours pas, il dut retourner en Angleterre. A la retraite du vicomte Hardinge, en 1856, le duc de Cambridge a été nommé commandant en chef de l'armée de terre. En 1878, il se rendit à Malte pour inspecter les troupes indiennes qui venaient d'y débarquer.

CAMÉLINAT, N., homme politique français, né en 1840 à Mailly-la-Ville (Yonne), d'une famille de vignerons. Après avoir lui-même travaillé dans les vignes, il vint à Paris à l'âge d'environ vingt ans, se fit d'abord homme de peine, mais ne tarda pas, à force de travail et d'intelligence, à devenir un habile ouvrier monteur en bronze. L'un des fondateurs et le secrétaire de la Chambre syndicale des ouvriers en bronze, M. Camélinat concourut à l'organisation de la branche française de l'Association internationale des travailleurs. Il fut tout naturellement impliqué dans les poursuites dont cette association fut l'objet, et condamné à trois mois d'emprisonnement. Porte-drapeau au 209e bataillon de la garde nationale, pendant le siège de Paris, M. Camélinat fut nommé directeur de la Monnaie par le gouvernement de la Commune. Dans ces fonctions, il eut à faire frapper pour 2 millions de numéraire, et agit en ceci avec la plus scrupuleuse probité. Réfugié en Angleterre après la défaite de la Commune, M. Camélinat revint en France en 1880, et fut choisi par ses camarades de l'industrie du bronze comme leur délégué à diverses expositions étrangères. Il a été élu député de la Seine, comme socialiste et « communaliste », au scrutin du 18 octobre 1885. Cependant, lors de la grève des mineurs de Decazeville (avril à juin 1886), son attitude a paru un peu « trop parlementaire » à ceux qui ne rêvent que destruction, et qui sont heureusement peu nombreux, somme toute. Dans la question des princes, M. Camélinat a voté contre l'expulsion.

CAMERON, sir DUNCAN ALEXANDER, général anglais, né en Ecosse vers 1808. Entré dans l'armée en 1825, il devint capitaine en 1833, major en 1854, colonel en 1859. Il servit avec distinction dans la campagne de Crimée, où il commandait le 42e régiment à la bataille de l'Alma et la brigade de highlanders à la bataille de Balaklava; puis, il fut placé à la tête des troupes de la Nouvelle-Zélande, en 1863, avec le rang local de lieutenant-général. Le 9 septembre de la même année, il était fait colonel du 42e régiment d'infanterie, et était nommé en 1868, gouverneur du Collège royal militaire de Sandhurst. Il résigna ses fonctions en juin 1875. — Commandeur de l'ordre du Bain depuis 1864, le général Cameron a été promu grand'croix du même Ordre en 1873. Il a été promu général en janvier 1875.

CAMERON, Verney Lovett, marin et explorateur anglais, né en 1844 à Weymouth, dans le comté de Dorset. Élevé à Bruton (Somerset), il entrait dans la marine à treize ans et devenait successivement aspirant en 1860, enseigne en 1863, lieutenant en 1865 et capitaine de frégate *(commander)* en juillet 1876. De 1872 à 1876, le capitaine Cameron a fait cette grande exploration africaine qui a illustré son nom, et dans laquelle il a traversé l'Afrique centrale dans toute sa largeur. Il quittait Londres en novembre 1872, sous les auspices de la Société royale géographique, chargé de retrouver le docteur Livingstone, qu'on croyait mort. Il l'était en effet (4 mai 1873) avant que l'expédition Cameron eût pu l'atteindre et e secourir. Ce but écarté, le capitaine Cameron songea à en donner un autre à son voyage ; et c'est ainsi qu'il entreprit de traverser le continent africain, entreprise qu'il réalisa avec le plus grand succès, en parcourant à pied près de 5,000 kilomètres dans des régions pour la plupart inconnues. La partie la plus intéressante de ce voyage est celle pendant laquelle M. Cameron explora, dans l'ouest de l'Afrique centrale, cette suite de lacs et de rivières découverts par Livingstone, et dont il établit les relations avec le Congo. De retour en Angleterre, le capitaine Cameron, promu capitaine de vaisseau, servit sur divers bâtiments de l'État. En septembre 1878, il repartait pour explorer l'Asie-Mineure, la Perse et l'Inde, avec mission de rechercher s'il était possible d'établir un chemin de fer allant de la Méditerranée dans l'Inde sans être forcé de suivre le cours de l'Euphrate. En 1882, il entreprenait avec le capitaine R. F. Burton, l'exploration du pays s'étendant à l'intérieur, au delà de la colonie britannique de la Côte d'Or, exploration dans laquelle la Société géographique de Londres aida les intrépides explorateurs par le prêt des instruments nécessaires aux observations scientifiques. Cette exploration eut de très beaux résultats pour les sciences naturelles et la géographie (Voy. Burton). Le commandant Cameron, avant d'entreprendre son grand voyage en Afrique, avait été longtemps en station sur la côte orientale et s'était assimilé dans la perfection la langue des naturels du Zanguebar, qui est la langue commerciale de ces contrées jusqu'à une très grande distance dans l'intérieur ; il parlait également plusieurs dialectes indigènes, et se trouvait ainsi bien préparé pour cette expédition. Officier laborieux et très instruit, il possède en outre plusieurs langues européennes, et dès l'âge de vingt et un ans il recevait son diplôme d'interprète de français. On l'a pu entendre, du reste, en 1877, faire une relation de son voyage dans le grand amphithéâtre de la Sorbonne. Il reçut la grande médaille de fondateur de la Société géographique de Londres, le titre honorifique de docteur en droit civil de l'université d'Oxford et fut créé compagnon de l'ordre du Bain en 1876 ; la grande médaille d'or de la Société de géographie de Paris et les palmes d'officier de l'Instruction publique, en 1877 ; il reçut également, la même année, une médaille d'or du roi d'Italie, qui le créa en même temps officier de l'ordre de la Couronne, la grande médaille d'or de la Société géographique portugaise, etc. Le commandant Cameron est membre de la plupart des sociétés géographiques de l'Europe. — Il a publié : *Essai sur la tactique de la vapeur (1865)*; une traduction des *Nouvelles bases de tactique navale*, de l'amiral Butakow ; *A travers l'Afrique (1876)*; *Notre grande route future (1880, 2 vol.)*.

CAMESCASSE, Jean Louis Ernest, administrateur et homme politique français, né à Brest en 1837. Il fit son droit à Paris et s'inscrivit au barreau de cette ville en 1858. Très activement mêlé au mouvement d'opposition démocratique qui signala les dernières années de l'empire, M. Camescasse fut nommé préfet du Finistère après le 4 septembre. Il donna sa démission après le 24 mai 1873. Rentré dans l'administration française, comme préfet de la Haute-Savoie, il était révoqué après le 16 mai 1877, le gouvernement d'alors ayant à préparer des élections générales dans un sens où il jugeait sans doute M. Camescasse peu propre à les diriger. Sa retraite fut de courte durée, cette fois, car il était nommé préfet du Pas-de-Calais au mois de décembre suivant. En janvier 1881, M. Camescasse était appelé à la direction de l'administration départementale et communale, au ministère de l'intérieur ; enfin il remplaçait M. Andrieux à la préfecture de police le 17 juillet1881, fonctions qu'il conserva jusqu'au 21 avril 1885 ; il donna sa démission pour des raisons à peu près semblables à celles qui avaient motivé la retraite de son prédéces-

seur. — M. Camescasse, qui s'était présenté vainement aux élections du 21 février 1876, dans la première circonscription de l'arrondissement de Brest, y fut élu député au scrutin du 4 septembre 1881. Aux élections d'octobre 1885, il figurait sur la liste républicaine du Finistère, qui fut battue complètement par la liste monarchique. Le 14 février 1886, il se présentait à une élection sénatoriale partielle, dans le Pas-de-Calais, qu'il avait naguère administré ; mais il y échouait contre M. d'Havrincourt. M. Camescasse a été promu commandeur de la Légion d'honneur le 30 décembre 1884.

CAMPARAN, Victor, médecin et homme politique français, né à Saint-Gaudens le 29 octobre 1832, suivit les cours de la faculté de médecine de Paris, où il prit le grade de docteur en 1836. Il vint exercer la pratique de son art dans sa ville natale et devint médecin de l'hospice de Saint-Gaudens et inspecteur des eaux thermales. Ayant manifesté son opposition au gouvernement de l'empire à l'occasion des élections de 1869, le docteur Camparan fut destitué de ses fonctions officielles, qui lui furent rendues après la guerre. Conseiller général de la Haute-Garonne depuis 1871, il posa sa candidature républicaine à la députation dans la 2e circonscription de Saint-Gaudens, le 20 février 1875 et le 14 octobre 1877 ; mais il échoua dans ces deux tentatives. Plus heureux en janvier 1879, il fut élu sénateur de la Haute-Garonne, et prit place à gauche. — M. Camparan a voté l'expulsion des princes.

CAMPARDON, Emile, littérateur français, né à Paris le 18 juillet 1834. Entré à l'École des chartes en 1857, il est resté depuis attaché aux Archives, où il est devenu chef de la section législative et judiciaire. On lui doit diverses publications sur le xviiie siècle, dont il a emprunté le texte aux documents des Archives. Nous citerons : *Histoire du tribunal révolutionnaire de Paris, d'après les documents originaux*, etc. (1861, 2 vol.) ; *Marie-Antoinette à la Conciergerie, pièces originales conservées aux Archives*, etc. (1862) ; *Marie-Antoinette et le procès du Collier (1863)*; *Mémoires de Frédéric II*, avec M. E. Boutaric (1866) ; *Madame de Pompadour et la cour de Louis XV (1867)*; *Documents inédits sur J.-B. Poquelin Molière (1871)*; les *Spectacles de la foire (1877)*; les *Comédiens du roi, de la troupe française, pendant les deux derniers siècles (1879)*, etc.

CAMPBELL-BANNERMAN, Henry, homme politique anglais, né en 1836 à Stracathro, dans le Forfarshire (Écosse). Il fit ses études à l'université de Glasgow et à celle de Cambridge (collège de la Trinité), où il reçut le diplôme de maître ès arts en 1861. Membre de la Chambre des communes pour le district de Stirling depuis décembre 1868, M. Campbell-Bannerman siège sur les bancs du parti libéral. Il fut secrétaire des finances au Ministère de la guerre de 1871 à 1874, fonctions qu'il reprit en 1880 ; en mai 1882, il fut nommé secrétaire de l'Amirauté. Dans le dernier cabinet libéral, formé sous la présidence de M. Gladstone le 4 février 1886, M. Campbell-Bannerman avait le portefeuille de secrétaire d'État à la Guerre. Il a quitté le pouvoir avec ses collègues, le 21 juillet 1886.

CAMPENON, Jean-Baptiste Marie Édouard, général et homme d'État français, né le 4 mai 1819 à Tonnerre. Entré à Saint-Cyr en 1838, il en sortit dans l'état-major, devint lieutenant en 1843 et capitaine en 1848. Arrêté au 2 décembre 1851, il fut expulsé de France ; il se rendit alors à Tunis, dont le bey le chargea de la réorganisation de son armée. Après avoir passé quelques années à cette ingrate besogne, il obtint de rentrer en France et fut réintégré dans l'armée. M. Campenon servit alors en Algérie ; en 1859, il fit la campagne d'Italie et fut promu chef d'escadron pendant la campagne. Il fit ensuite la campagne de Chine (1860), dont il revint lieutenant-colonel. Au début de la guerre de 1870, M. Campenon était colonel depuis le 16 juillet ; il fut nommé chef d'état-major du général Legrand, qui fut tué à ses côtés. Le colonel Campenon, grièvement blessé lui-même, rejoignant peu de jours après l'armée de Bazaine, s'enfermait dans Metz avec elle et fut envoyé en Allemagne comme prisonnier après la capitulation de cette place, pour ne nous revenir qu'après la signature de la paix. Nommé chef d'état-major de la 3e division du 1er corps d'armée, il devint sous-chef de l'état-major général du même corps, fut promu général de brigade et chef du même état-major général en novembre 1875, général de division le 18 octobre 1879, et appelé au commandement de la 5e division d'infanterie de l'armée de Paris. Le général Campenon a été admis dans le cadre de réserve le 4 mai 1884.

Le 14 novembre 1881, le général Campenon acceptait le

portefeuille de la Guerre dans le ministère formé par Gambetta, et qui donnait sa démission le 26 janvier 1882. Il avait refusé de faire partie du nouveau ministère et se tint à l'écart des deux ou trois combinaisons qui se succédèrent; mais il accepta la succession du général Thibaudin dans le cabinet Ferry, le 16 octobre 1883. Il y fut remplacé par le général Lewal le 3 janvier 1885, ayant donné sa démission pour cause de différence d'opinion avec le président du conseil, à propos des affaires du Tonkin. Il fit enfin partie du ministère présidé par M. Henri Brisson, du 6 avril au 29 décembre 1885.

M. le général Campenon a été élu sénateur inamovible le 8 décembre 1883. Il a, en cette qualité, voté l'expulsion des princes prétendants. — Chevalier de la Légion d'honneur depuis 1855, il a été promu successivement officier en 1861, commandeur en 1872, grand officier en 1882 et grand'croix le 3 janvier 1885.

CANDOLLE (de), ALPHONSE LOUIS PIERRE PYRAMUS, botaniste genevois, né à Paris le 27 octobre 1806. Il étudia à Genève les lettres, les sciences, puis le droit, et fut reçu docteur en droit en 1829. S'étant, en définitive, décidé pour la botanique, il devint le suppléant, puis le successeur de son père, le célèbre Augustin de Candolle, mort en 1841, et fut pendant dix-huit ans professeur à l'Académie de Genève et directeur du Jardin botanique. Il a été élu correspondant de l'Institut de France en 1851, et membre associé étranger en 1874, en remplacement de feu Agassiz. — Les principaux ouvrages de M. de Candolle sont: *Monographie des campanulées (1830); Introduction à l'étude de la botanique* (2 vol. 1834-35); *Sur le Musée botanique de M. B. Delessert (1845); Note sur une pomme de terre du Mexique (1852); Géographie botanique raisonnée* (2 vol. 1855); *Lois de la nomenclature botanique (1867); Histoire des sciences et des savants (1872); Constitution dans le règne végétal de groupes physiologiques applicables à la géographie botanique ancienne et moderne (1874)*, etc. Il a, en outre, publié une édition nouvelle de l'ouvrage de son père: *Théorie élémentaire de la botanique*, et achevé son *Prodromus systematis naturalis regni vegetabilis*. — M. de Candolle, décoré de plusieurs ordres étrangers, est chevalier de la Légion d'honneur depuis 1852.

CANNING, sir SAMUEL, ingénieur électricien anglais, ingénieur en chef de la « Telegraph construction and maintenance Company » chargée en 1866 de l'immersion du câble atlantique, est né dans le comté de Wilts le 21 juillet 1823. Son expérience relativement aux câbles télégraphiques sous-marins était aussi complète que possible lorsqu'il fut chargé de celui de 1866, car il s'était occupé tant de leur construction que de leur submersion depuis la première tentative de ce genre qui eût été faite, c'est-à-dire depuis 1852, et avait pris une très grande part à toutes les expériences ayant pour objet d'assurer ce moyen de communication rapide à travers les mers; aussi le succès de 1866 est-il dû, en grande partie, à son énergie et à son expérience consommée. Avec l'aide de M. Clifford, il perfectionna l'armature extérieure du câble, ainsi que le système de l'appareil de dévidement qui, installé à la proue du *Great Eastern*, déroulait peu à peu la « bobine » gigantesque arrimée dans la cale du vaisseau monstre. Ces perfectionnements n'aidèrent pas peu à l'immersion du nouveau câble et à la pêche de celui qui avait été précédemment perdu dans l'abîme. — Sir Samuel fut créé chevalier en 1866, en récompense des services qu'il a rendus dans cette occasion, et reçut, le 14 mars 1867, une médaille d'or de la Chambre de commerce américaine de Liverpool.

CANOVAS DEL CASTILLO (de), don ANTONIO, homme d'État espagnol, né en 1830. Il fit ses débuts dans la politique sous les auspices de Rios Rosas et de Pacheco, comme rédacteur en chef du journal *Patria*, où il défendit les opinions conservatrices. En 1854, il fut élu député par Malaga et continua depuis à siéger aux Cortès. En 1856, il fut envoyé comme chargé d'affaires à Rome, et rédigea le memorandum historique sur les relations de l'Espagne avec le Saint-Siège, qui servit de base au concordat. Il fut alors nommé successivement gouverneur de Cadix en 1857, directeur général de l'Administration en 1858, sous-secrétaire d'État au département de l'Intérieur en 1864. En 1864, la reine l'appela au ministère avec M. Alejandro Mon; l'année suivante, O'Donnell lui confiait le portefeuille des finances et des colonies, en quelle situation il eut l'honneur de rédiger le texte de la loi abolissant la traite des nègres. Peu de temps avant la révolution de 1868, il soutint, seul de son parti, les autres ayant déserté les Cortès, la nécessité d'inaugurer les principes libéraux; mais en face de la révolution victorieuse, il fut, par contre, le premier à arborer courageusement le drapeau de la monarchie constitutionnelle, appuyé seulement par MM. José Elduaven et Bugallal et deux autres députés, en pleine assemblée constituante. Cette attitude loyale et courageuse augmenta l'estime que son parti professait déjà pour lui, et il en devint dès lors le chef reconnu. Réfugié à Paris près de la reine Isabelle, où, se souvient que quelques jours avant la proclamation d'Alphonse XII comme roi d'Espagne, M. Canovas del Castillo quittait Paris assez ostensiblement, se rendant en Espagne. Le nouveau roi le choisit pour son président du conseil et chef du cabinet (décembre 1874). Il donnait sa démission en septembre 1875, pour revenir au pouvoir au commencement de décembre suivant. Élu député de Madrid en janvier 1876, il conserva le pouvoir jusqu'à la fin de 1879, époque à laquelle il y fut remplacé par le général Martinez Campos. Rappelé au commencement de 1884, il ne put se maintenir au delà de quelques mois. Le 18 janvier 1884, Alphonse XII confiait de nouveau à M. Canovas del Castillo la mission de former un ministère conservateur qui devait durer jusqu'à sa mort; en cette circonstance, M. Canovas lui-même reconnut la nécessité d'un ministère libéral, et M. Sagasta fut appelé en conséquence à former le cabinet actuel (juillet 1886). Élu président de la Chambre le 27 décembre 1885, il conserva le fauteuil jusqu'aux élections qui eurent lieu en mai 1886.

M. Canovas del Castillo est l'auteur de nombreux ouvrages de morale et de politique et d'une *Histoire de la maison d'Autriche* très estimée; il est membre de l'Académie de Madrid, décoré d'un grand nombre d'ordres étrangers, il est notamment grand croix de la Légion d'honneur. Alphonse XII lui avait conféré, en 1876, l'ordre de la Toison d'or.

CANROBERT, FRANÇOIS CERTAIN, maréchal de France, sénateur, fils d'un ancien officier de l'armée de Condé, est né le 7 juin 1809, à Saint-Céré (Lot). Entré à l'École de Saint-Cyr en 1826, il en sortit en 1828 comme sous-lieutenant d'infanterie et devint lieutenant en 1832; en 1835, il suivait son régiment, le 47e de ligne, en Algérie, où il prit part à plusieurs affaires importantes, notamment à celle de Tlemcen; devint capitaine en 1837 et reçut en cette qualité sa première blessure sur la brèche, à l'assaut de Constantine (13 octobre). Il fut décoré de la Légion d'honneur. Rentré en France en 1839, il retourna en Algérie en 1841, avec le 6e bataillon de chasseurs à pied, se signala de nouveau dans les diverses affaires où il fut employé, devint chef de bataillon, placé à la tête du 5e bataillon de chasseurs, en lieutenant-colonel en 1845, colonel le 2 novembre 1847, et placé en cette qualité à la tête du 3e léger, puis successivement du 2e de ligne, du 2e régiment de la légion étrangère et du 2e zouaves. Au nombre des faits d'armes accomplis par le colonel Canrobert, nous citerons la prise de Zaatcha, où il fut un des premiers à l'assaut et fut, en récompense, promu commandeur de la Légion d'honneur (10 décembre 1849). Rentré en France au commencement de 1850, il fut nommé général de brigade (13 janvier), aide de camp du prince-président et reçut un commandement dans la division de Paris. On sait quelle part il prit à la répression qui suivit le coup d'État du 2 décembre 1851, et dont les boulevards Montmartre et Poissonnière ont gardé le souvenir. Nous n'insisterons pas sur ces « hauts faits » de nature particulière, dont le maréchal Canrobert a sans doute reconnu, depuis longtemps, l'inutilité pour son avancement, sans parler du tort qu'ils ont fait à sa gloire. Peu après il était envoyé dans les départements, comme commissaire extraordinaire, investi des pouvoirs les plus étendus, pour étudier, dit un de ses biographes, la situation politique. M. Canrobert fut promu général de division le 14 janvier 1853, et peu après détaché au camp de Saint-Omer, où la déclaration de guerre à la Russie le trouva. Appelé au commandement de la 1re division d'infanterie de l'armée d'Orient, il s'embarqua en mars 1854, prit part à la bataille de l'Alma, où il fut blessé et au succès de laquelle il contribua hautement, recevait du maréchal Saint-Arnaud à peu près moribond, le 26 septembre, le commandement en chef de l'armée, conformément aux recommandations formelles contenues dans une lettre de l'empereur, reçue quelques jours plus tôt par le maréchal. Quoique commandant en chef, le général Canrobert prit néanmoins une part personnelle très active à la bataille d'Inkermann (5 novembre); il y fut de nouveau blessé, mais légèrement, et eut un cheval tué sous lui pendant qu'il conduisait la charge irrésistible de ses zouaves. Quelques semaines plus tôt, il avait fait commencer les travaux du siège devant Sébastopol, cet inextricable réseau de tranchées qui devait amener l'investissement complet de cette place, dont une tentative infructueuse lui avait démontré l'impossibilité de s'emparer par un coup d'audace. De pareils travaux, entrepris dans une saison et sous un climat aussi meurtriers, où les faibles et les *lambins* gelaient sur pied, dans l'acception absolument littérale du mot, s'exécutaient sans murmures, avec entrain même; car le général en chef (ceci étonnera peut-être ceux qui ne le connaissent que par les exploits de sa brigade à Paris, le 4 décembre 1851) était un des généraux les plus humains de l'armée; sa sollicitude pour le soldat était incessante, et les travailleurs des tranchées en recevaient tous les jours des preuves palpables, sans lesquelles il leur eût été impossible de poursuivre leur pénible besogne : il fut distribué à cette époque, aux soldats de l'armée d'Orient astreints à des travaux extraordinaires, jusqu'à cinq *quarts* de vin et deux *quarts* d'eau-de-vie par homme et par jour. Ce supplément au maigre ordinaire des camps, qui se composait généralement alors de biscuit et de viande ou de lard salés, sera peut-être pas apprécié à sa juste valeur par ceux que leurs mœurs paisibles et casanières n'ont jamais éloignés du boulanger et de la verdurière, mais il l'était singulièrement du soldat; aussi l'armée entière se montra-t-elle désolée lorsque, par suite d'un désaccord avec lord Raglan, commandant l'armée anglaise, à propos d'un plan d'attaque qu'il avait conçu et voulait exécuter, le général Canrobert remit au général Pélissier, le 16 mai 1855, le commandement de l'armée, avec tout ce qu'il fallait pour devenir promptement et presque aisément duc de Malakoff, et reprit simplement le commandement de son corps d'armée, qu'il conserva encore pendant deux mois. Rentré en France au mois d'août suivant, il fut envoyé en mission en Suède et en Danemark, et reçut le bâton de maréchal le 18 mars 1856. Sénateur de droit, le maréchal se prononça, en 1861, contre le maintien de la puissance temporelle des papes. — Commandant supérieur des divisions de l'Est en 1858, le maréchal Canrobert fut appelé, en 1859, au commandement du 3ᵉ corps de l'armée des Alpes. En cette qualité, il contribua au succès de la bataille aventureuse de Magenta et surtout à celui de la bataille de Solférino. Nommé, en juin 1862, au commandement du camp de Châlons, il remplaçait, au mois d'octobre suivant, le maréchal Castellane à la tête de l'armée de Lyon (4ᵉ corps) et était nommé commandant de l'armée de Paris (1ᵉʳ corps) en 1865. Au début de la guerre de 1870-71, il occupait encore ce poste. Appelé au commandement des troupes de ligne et de garde mobile réunies au camp de Châlons, il y fut reçu d'une façon peu sympathique par ces dernières, composées presque entièrement de jeunes gens de Paris, qu'il dut abandonner ce commandement. Il fut alors placé à la tête du 6ᵉ corps d'armée et prit part, avec les corps du maréchal Mac-Mahon et du général de Failly, à la désastreuse affaire de Wœrth, après laquelle, placé sous les ordres de Bazaine, il assista aux combats livrés autour de Metz; forcé bientôt de s'enfermer dans cette ville, il fut, après la capitulation, emmené prisonnier en Allemagne. De retour en France, il vint se mettre à la disposition de M. Thiers, chef du gouvernement, qui l'accueillit avec faveur, mais ne lui donna pas de commandement. — Après avoir accepté l'offre d'une candidature à l'Assemblée nationale en 1874, dans la Gironde, et en 1875 dans le Lot, le maréchal Canrobert consentit à se laisser porter dans le département du Lot, aux élections sénatoriales du 30 janvier 1876, par le parti de l'Appel au peuple et fut élu, au deuxième tour de scrutin seulement, par 212 voix sur 385 électeurs. Au premier renouvellement triennal (5 janvier 1879), le maréchal Canrobert ne fut pas réélu; mais il fut élu dans la Charente, avec le général de Brémond d'Ars, au deuxième renouvellement partiel du Sénat, le 28 janvier 1885.

Le maréchal Canrobert est grand'croix de la Légion d'honneur depuis 1855, chevalier grand'croix honoraire de l'ordre du Bain, etc.

CANTAGREL, François Jean Félix, publiciste et homme politique français, né à Amboise le 27 juin 1810, fit ses études à Paris, où il fut reçu avocat, et devint collaborateur de l'*Artiste*. Devenu l'un des adeptes de la doctrine phalanstérienne, il fut ensuite attaché à la *Phalange*, puis à la *Démocratie pacifique*, où il était encore lorsqu'éclata la révolution de février. Élu représentant du département de Loir-et-Cher en 1849, M. Cantagrel prit place sur les bancs de la Montagne et fit partie des quarante représentants poursuivis pour participation à l'attentat du 13 juin. Mais il put échapper aux conséquences de ces poursuites en se réfugiant en Belgique, puis en Suisse, où il devint rédacteur en chef d'un journal, et rentra après l'amnistie. Candidat dans la première circonscription de Loir-et-Cher et dans la septième circonscription de la Seine aux élections générales de 1863, il échoua dans ces deux collèges. Aux élections générales de 1869, il posa de nouveau sa candidature à la fois dans le département de Loir-et-Cher et dans la septième circonscription de Paris, mais toujours sans succès; à Paris, il se désista avant le second tour, en faveur de M. H. Rochefort, resté seul concurrent de Jules Favre, et qui échoua à son tour. M. Cantagrel, élu conseiller municipal de Paris, le 30 juillet 1871, pour le quartier de la Chapelle, puis vice-président de cette assemblée, a été réélu le 29 novembre 1874. Aux élections complémentaires du 9 avril 1876, il fut élu député du XIIIᵉ arrondissement de Paris, au scrutin de ballottage, et prit place à l'extrême-gauche. Il a été réélu le 14 octobre 1877 et le 21 août 1881 par le même collège, et élu député de la Seine au scrutin du 18 octobre 1885, comme radical et socialiste. — M. Cantagrel a voté l'expulsion totale des princes.

On a de M. Cantagrel divers ouvrages : le *Fou du Palais-Royal* (*1841*), dialogue en faveur de la doctrine fouriériste, publié aux frais de l'École sociétaire; une *Étude sur les colonies agricoles de Mettray et d'Ostwald* (*1842*); *De la nécessité d'un nouveau dogme, et Considérations sur quelques dogmes considérés comme essentiels* (*1855*), publié en Belgique; *De l'élection véridique* (*1874*), et divers brochures d'actualité.

CANTU, Cesare, historien italien, né le 5 septembre 1805 à Brivio (province de Milan). Il fit ses études au collège de Sondrio, dans la Valteline, et il y devint professeur de littérature en 1824. Il se rendit ensuite à Côme; après avoir résidé pendant quelque temps dans cette ville, il alla s'établir à Milan, où il publia, en 1832, ses *Raggionamenti sulla Storia lombarda del secolo XVIII* (Considérations sur l'histoire lombarde au XVIIIᵉ siècle), qui lui valut, de la part de la justice autrichienne, trois ans d'emprisonnement, pour excitation à la haine du gouvernement. Pendant les tristes loisirs de sa captivité, il écrivit un roman historique : *Margherita Pusterla* (*1835*), ouvrage d'une véritable valeur et qui a été comparé aux *Fiancés* (I Promessi Sposi) de Manzoni. On lui doit, en outre, des hymnes patriotico-religieux, un poème patriotique : *Algiso, ou la Ligue Lombarde* et des *Lectures pour la jeunesse* (Letture giovanelli), qui eurent en Italie un grand nombre d'éditions, et furent traduites ou imitées dans plusieurs langues; puis : *Storia universale* (*1843-49*, 19 vol. in-8º), ouvrage considérable, traduit dans toutes les langues européennes; *Histoire de la littérature italienne* (*1851*); *Histoire des cent dernières années* (*1853*); *Histoire des Italiens* (*1859*); la *Réforme en Italie et les Précurseurs* (*1867*); *Milan, Histoire du peuple et pour le peuple* (Milano, Storia del Popolo a pel Popolo, 1871); *Italiani illustri ritratti* (*1873*, 2 vol.); *Chronique historique de l'indépendance italienne* (Cronistoria della independenza italiana, 3 vol., 1873-77); *Comento storico ai* «*Promessi sposi*» *di Alessandro Manzoni*, o la *Lombardia nel secolo XVII* (*1874*); *Donato ed Ercole Silva, conti di Biandrate, cenni biografici*, avec M. C. Rovida (1876); *Caratteri storici* (*1881*), etc.

Son ouvrage capital est resté, toutefois, l'*Histoire universelle*. L'auteur y cherche à déprécier le mouvement philosophique du XVIIIᵉ siècle. Il est de l'école qui met l'espoir de l'Italie dans la papauté, aussi est-il l'historien privilégié de ceux que nous appelons en France les ultramontains. Il fut, par conséquent, autorisé à assister aux séances du Concile œcuménique de 1869, en qualité d'historiographe. La même année, il avait été élu correspondant de l'Institut de France (Académie des sciences morales et politiques, section d'histoire générale et philosophique).

CANZIO-GARIBALDI, Stefano, patriote italien, né à Gênes en janvier 1837. Il était employé de commerce lorsqu'éclata la guerre de 1859; n'écoutant que la voix du patriotisme, il organisa la phalange génoise, dont il prit le commandement et qu'il plaça sous les ordres de Garibaldi. Toujours à la tête de sa phalange, le major Canzio prit part à de nombreux combats, principalement des combats d'avant-poste. L'année suivante, il faisait partie des Mille de Garibaldi, qui s'emparèrent de la Sicile, et il fut grièvement blessé à l'assaut de Palerme. Après l'annexion définitive du royaume de Naples au Piémont, M. Canzio accompagna son chef dans sa retraite de Caprera, où il épousait son héroïque fille, Teresita, le 25 mai 1861. M. Canzio, devenu général garibaldien, refusa constamment, comme un vrai et sincère patriote, les offres qui lui furent faites à diverses reprises d'un grade élevé dans l'armée italienne.

En juin 1883, le général Canzio est venu à Paris, où il assista, le 17, à un grand meeting organisé au Cirque-d'Hiver à l'occasion de l'anniversaire de Garibaldi;

le lendemain, les députés de Paris lui offraient un déjeuner à l'Hôtel continental. Enfin, le 20 juin, le général Canzio était reçu solennellement par le Conseil municipal de Paris en séance : il voulait lui remettre l'épée d'honneur jadis décornée à La Tour-d'Auvergne, premier grenadier de France, par les consuls de la République, laquelle avait appartenu en dernier lieu à Garibaldi.

CAPEL (Monsignor), Thomas John, prélat catholique anglais, né le 28 octobre 1836. Élevé par un précepteur qui prit soin de son éducation pendant six années, il devint co-fondateur et vice-principal du Collège normal de Sainte-Marie, à Hammersmith, en 1854, et fut ordonné prêtre par le cardinal Wiseman dans l'automne de 1860. Peu après son ordination, l'état de sa santé l'obligeant à résider momentanément sous un climat méridional, il s'installa à Pau, et y fonda la Mission catholique anglaise, dont il fut nommé officiellement aumônier. Sa santé rétablie, il retourna à Londres où il se fit une grande réputation comme prédicateur. Il fit entre temps plusieurs voyages à Rome, et, sur l'invitation expresse du souverain pontife, y donna des séries de sermons en anglais. Pendant sa cure à Pau, M. Capel avait été nommé camérier privé du pape Pie IX (1868), et après son retour en Angleterre, prélat domestique (1873). En février 1873, il fondait l'École publique catholique de Kensington. Il a été nommé recteur de l'École des Hautes études de Kensington, noyau de l'Université catholique anglaise, en 1874, par le suffrage unanime de tous les évêques catholiques romains du pays, et conserva cette position jusqu'en 1878. — Monsignor Capel passait pour avoir pris la résolution de ne rien publier avant sa quarantième année révolue. Mais la brochure publiée par M. Gladstone en novembre 1874, contre les décrets du Vatican, le fit sortir de sa réserve pour y répondre sans perdre de temps par une autre brochure : *A Reply to the Right Hon. W. E. Gladstone's Political Expostulation (1874)*. Un passage de cet ouvrage donna lieu ensuite à une polémique animée, dans les colonnes du *Times*, entre M. Capel et le chanoine Liddon, de l'Église d'Angleterre.

CAPOUL, Joseph Amédée Victor, chanteur français, né à Toulouse le 27 février 1839. Admis au Conservatoire à vingt ans, il y remportait deux seconds prix, chant et opéra comique, en 1860 et le premier prix d'opéra comique en 1861. M. Capoul débuta l'année même à l'Opéra-Comique, dans le *Chalet* et la *Fille du régiment*, y tint modestement quelques autres rôles, et se révéla pour ainsi dire tout à coup dans le *Premier jour de bonheur* d'Auber (février 1868). Ce succès fut décisif, car il lui valut une très brillante situation et le mit à la mode, dans la plus large acception du mot, M. Capoul n'étant pas moins bien doué sous le rapport de la beauté physique que sous celui de la voix et de l'art de s'en servir. Ses succès parisiens ne lui suffirent bientôt plus, il accepta divers engagements à l'étranger, en Angleterre et aux États-Unis notamment, où il fit des tournées triomphales. Il reparut à l'Opéra-Comique dans *Marta*, en 1873 ; puis à la Gaîté devenue Théâtre-Lyrique, dans *Paul et Virginie (1877)*, qui lui rendit sa vieille réputation, qu'il avait pu croire un instant compromise. En 1878, il forma une troupe, avec laquelle il joua, à l'ancien Théâtre-Italien, les *Amants de Vérone*. Il joua ensuite à la Renaissance (1882), et fit par intermittences de nouvelles tournées fructueuses à l'étranger.

CARAYON-LATOUR (de), Joseph, agriculteur et homme politique français, né à Bordeaux le 10 août 1824. Au début de la guerre de 1870-71, il fut nommé chef d'un bataillon des mobiles de la Gironde, avec lequel il fit la campagne de l'Est. Nommé lieutenant-colonel après la bataille de Nuits et chevalier de la Légion d'honneur pour sa belle conduite à cette affaire, il fut obligé, après la défaite du général Bourbaki, de se réfugier en Suisse avec ses troupes. De retour en France après la signature des préliminaires de paix, M. de Carayon-Latour fut élu représentant de la Gironde à l'Assemblée nationale le 8 février 1871 et prit place sur les bancs de l'extrême-droite. Ce fut lui qui, dans la discussion des marchés de Lyon, qui offrait une si belle occasion de critiquer l'administration de M. Challemel-Lacour, alors préfet du Rhône, attribua à celui-ci cette dépêche laconique à des plaintes formulées contre les mobiles : « Fusillez-moi tous ces gens-là » (1er février 1873), accusation dont aucune preuve ne put être fournie d'ailleurs. Vers la fin de décembre 1874, M. de Carayon-Latour se rendit à Frohsdorff pour porter au comte de Chambord les hommages des légitimistes français à l'occasion du jour de l'an, tandis que ceux-ci avaient à Paris de fréquentes conférences pour arriver à une entente relativement à la restauration de la monarchie légitime ; mais la reprise des travaux de l'Assemblée (4 janvier 1875) et le message du maréchal-président (6 janvier), lui demandant de s'occuper sans retard de l'organisation des pouvoirs publics, vinrent mettre une fois de plus un terme à ces intrigues. — Aux élections générales du 20 février 1876, M. de Carayon-Latour, élu en 1871 en tête d'une liste de quatorze représentants, posa sa candidature dans la 4e circonscription de Bordeaux et échoua contre le candidat républicain, le comte de Lur-Saluces. Il échoua de nouveau et contre le même concurrent, aux élections du 14 octobre 1877. Mais il fut élu sénateur inamovible, en remplacement du général d'Aurelle de Paladines, décédé, le 19 février 1878.

CARDWELL (vicomte), Edward Cardwell, homme d'État anglais, fils d'un négociant de Liverpool, est né en 1813, à Liverpool. Il fit ses études à Winchester, puis au collège de Balliol, à Oxford, et s'est fait recevoir au barreau en 1838 ; mais, préférant la carrière parlementaire à la carrière légale, il entra au parlement en 1842, comme représentant du bourg de Clitheroe. Avant appuyé la politique financière de sir Robert Peel (1845-1846), pendant cette législature, il fut réélu par Liverpool en 1847, mais échoua aux élections générales de juillet 1852. En décembre suivant, toutefois, il fut renvoyé à la Chambre des communes par les amis d'Oxford. Battu de nouveau aux élections de mars 1857, une élection partielle de juillet suivant lui rendit de nouveau son siège, et il ne cessa plus de représenter Oxford à la Chambre des communes jusqu'à son élévation à la pairie. Secrétaire du trésor en 1845-1846, il fut ministre du commerce sous l'administration de lord Aberdeen, et y signala son passage par quelques réformes utiles. Quoique membre du parti de sir Robert Peel (Peelite party), M. Cardwell accepta le poste de secrétaire principal pour l'Irlande sous lord Palmerston, à son retour aux affaires en 1859, et fut chancelier du duché de Lancastre de 1861 à 1864, époque à laquelle il succéda au duc de Newcastle comme secrétaire d'État pour les colonies. Il tint ce même portefeuille sous l'administration du comte Russell et se retira enfin avec ses collègues en 1866. En décembre 1868, lors de la formation du cabinet Gladstone, il reçut le portefeuille de la guerre et entra dans la commission du Conseil pour l'éducation. — Lors de la défaite du parti libéral et de la chute du ministère dont il faisait partie (février 1874), M. Cardwell fut élevé à la pairie sous le titre de vicomte Cardwell. Lord Cardwell est un des exécuteurs testamentaires littéraires de Robert Peel, et il publia les *Mémoires (1856, 2 vol.)* avec le comte Stanhope. Comme ministre de la guerre, lord Carwell a apporté d'importantes améliorations dans l'organisation de l'armée britannique ; c'est à lui notamment qu'on doit l'adoption du service réduit et l'abolition de l'achat des grades.

CARLE, Gaston, journaliste et homme politique français, né à Laon le 25 mars 1843. Il fit son droit à Paris, suivant simultanément les cours de la faculté de médecine et ceux de la faculté des sciences, et prit le grade de licencié ès sciences. Il collabora en même temps aux journaux de l'opposition avancée, et un article dans le *Peuple de Jules Vallès* lui fit condamner à la prison. Au début de la guerre, M. G. Carle s'engagea dans un régiment de ligne ; il fit partie de l'armée de Metz et devint sous-lieutenant. Son engagement étant conditionnel, c'est-à-dire pour la durée de la guerre seulement, il quitta l'armée au commencement de 1872 et reprit sa carrière de journaliste. Il collabora à l'*Événement*, au *Courrier de France*, puis fonda le *Bulletin des Conseils municipaux*. En décembre 1876, il fut nommé sous-préfet de Lectoure ; mais il fut révoqué après l'acte du 16 mai 1877 et alla fonder à Rennes le journal républicain le *Petit Breton*. Revenu à Paris en novembre suivant, il fut nommé secrétaire de la commission parlementaire d'enquête sur les élections du 14 octobre ; puis il entra au journal le *Temps*, dont il devint secrétaire de la rédaction ; il prit enfin la direction du journal la *Paix* en mai 1879. — Aux élections municipales complémentaires de Paris, du 31 janvier 1886, M. Gaston Carle posa sa candidature dans le 5e arrondissement et fut, au second tour, en remplacement de M. A. Rey, élu député.

CARLEN (dame), Emilia Schmidt, romancière suédoise, née à Stockholm en 1810. Mariée d'abord avec un musicien nommé Flyggare, elle fut bientôt forcée de rompre cette union malencontreuse et, une fois divorcée, épousa M. Carlen, avocat, connu également comme poète et romancier. Son premier livre, *Waldemar Klein*, fut publié en 1838, et en 1851, elle avait déjà publié son vingt-deuxième ouvrage, mais son vingt-deuxième volume, car son *Gustave Lindorm*, publié en 1839, ne compte pas moins de trois volumes.

Mme Carlen est un des écrivains les plus féconds et les plus populaires de la Suède. Amenée à écrire par la nécessité de pourvoir aux besoins de sa famille, il lui arrive de mettre en scène des pauvres gens trop souvent, au gré des délicats, et les tableaux misérables ne manquent pas dans ses ouvrages; mais nous ne croyons pas que se soient là de bien grands défauts. Beaucoup de ses ouvrages ont été traduits en allemand et en anglais, quelques-uns en français, notamment le *Fidéicommis*, publié à Stockholm en 1844, et *Un an de mariage (1846)*. Nous citerons au hasard, parmi les autres ouvrages de Mme Carlen : les *Frères de lait*, le *Garçon de poste*, *Une nuit sur le lac Bullar*, la *Tour de la Pucelle*, l'*Héroïne de roman*, le *Tuteur*, la *Rose de Thistelœn*, *Une femme capricieuse*, le *Droit d'ainesse*, *Alma ou la Fiancée de l'Omberg*, *Ivar ou l'Enfant de Skjut*, *Un brillant parti*, *Un nom*, *Marie Louise*, le *Gobelet magique*, *Dans six semaines*, *Jean*, les *Événements de l'année*, le *Stratagème d'amour*, etc., etc. La plupart des ouvrages de Mme Carlen ont été traduits en allemand et surtout en anglais, quelques-uns l'ont également été en français.

CARLINGFORD (baron), Chichester Samuel Parkinson Fortescue, pair d'Angleterre, né le 18 janvier 1823 dans le comté de Louth (Irlande), a fait ses études à Eton et à l'église du Christ, à Oxford, où il prit son diplôme de maître ès arts en 1847. Il entra au Parlement aux élections générales de 1847 pour l'un des collèges du comté de Louth, qu'il y représenta jusqu'aux élections générales de février 1874, où il fut battu. Entré au Trésor sous l'administration de lord Aberdeen (1854-55), il fut sous-secrétaire d'État pour les colonies en 1857-58, puis de 1859 à 1865. Dans cette dernière année, il fut fait chef-secrétaire pour l'Irlande, poste qu'il conserva jusqu'en juin 1866. De la formation du cabinet Gladstone, il le reprit et le quitta de nouveau en 1870 pour prendre le portefeuille du commerce. Avant de se retirer, en février 1874, M. Gladstone recommanda M. Chichester Fortescue à la reine pour l'obtention d'une pairie; et il fut, en conséquence, créé baron Carlingford. Après le retour de son parti au pouvoir, lord Carlingford fut appelé à remplacer le duc d'Argyll, démissionnaire, comme lord du Sceau privé (avril 1881). Il fut nommé lord-président du Conseil privé, en remplacement du comte Spencer, le 19 mars 1883, et quitta le pouvoir avec ses amis en juin 1885.

Lord Carlingford est lord-lieutenant du comté d'Essex, magistrat et député-lieutenant du comté de Louth, et magistrat du Somerset. Il est aussi membre de la Commission des manuscrits historiques, et a été créé chevalier de l'ordre de Saint-Patrick d'Irlande en février 1882.

CARLOS (don), duc de Madrid, Carlos Maria-de-Los-Dolores Juan Isidro José Francisco Quirino Antonio Miguel Gabriel Rafael de Bourbon, né le 30 mars 1848 à Laybach (Autriche). Son père, Don Juan, était frère de don Carlos, connu des Carlistes, qui persistent à donner à son neveu le titre de Charles VII, sous celui de Charles VI, et du reste du monde sous celui, plus humble, de comte de Montemolin, et dont les prétentions au trône d'Espagne armèrent ses partisans en 1848, 1855 et 1860. Mort sans héritiers (13 janvier 1861), le comte de Montemolin transmit ses « droits » à son frère, qui les rétrocéda de son vivant, par convention en date du 3 octobre 1868, à son fils aîné, lequel fait l'objet de la présente notice. Don Carlos, élevé en Autriche, s'est marié le 4 février 1867, dans la chapelle du château de Frohsdorff, avec la princesse Marguerite de Bourbon, fille du feu duc de Parme, Ferdinand Charles III, et de Mademoiselle de France, duchesse de Parme, sœur du comte de Chambord. Aussitôt après l'abdication de son père en sa faveur, don Carlos adressa à ses principaux partisans une lettre-circulaire les convoquant individuellement à se réunir en conseil, à Londres, sous sa présidence. A l'issue de ce conseil, il publia, sous forme de lettre adressée à son frère, don Alphonse (Voyez ce nom), un manifeste dont les termes avaient été discutés avec grand soin; puis, il notifia aux cabinets européens la renonciation de don Juan à ses droits au trône d'Espagne. Dès lors, la levée de boucliers était résolue, mais il y a loin de la coupe aux lèvres, de la parole à l'action, et l'étendard carliste ne fut arboré en Espagne, et encore assez timidement, que le 21 avril 1872. Le 16 juillet suivant, don Carlos, dont les partisans devaient encore être bien longtemps sans apercevoir le béret, lance une proclamation aux habitants de la Catalogne, de l'Aragon et de Valence, les invitant à s'armer pour sa cause et leur promettant, en retour, de leur rendre leurs anciennes libertés. En décembre, le jeune frère de don Carlos, don Alphonse, prenait le commandement des bandes de la Catalogne qui avaient répondu à cet appel. Le 15 juillet 1873, don Carlos entrait à son tour en Espagne, ayant soin d'annoncer que c'était simplement dans le but de sauver le pays. Depuis cette époque l'insurrection fut poussée avec une vigueur incontestable qui semblait s'accroître de jour en jour, malgré les efforts du gouvernement de Madrid, quel qu'il fût, pour la vaincre. Après l'avènement d'Alphonse XII au trône si passionnément convoité, don Carlos adressa indirectement une proclamation à « son cousin Alphonse » pour lui manifester le chagrin que lui causait son attitude dans cette affaire, furent nombreuses et répétées; la désaffection tant de fois signalée, à tort sans doute, s'empara de ses soldats et de leurs officiers; et il dut faire arrêter, juger et condamner plusieurs généraux, coupables surtout, du moins en apparence, de s'être fait battre. Enfin, Tolosa, le dernier refuge des carlistes tombait au pouvoir des Alphonsistes (février 1876), et ses défenseurs fuyaient en désordre, se réfugiant sur le territoire français. Qu'était devenu don Carlos, dans la bagarre? Il était entré en Espagne le dernier, mais il en est vraisemblablement sorti un des premiers. Sous peu après qu'il s'était réfugié à Londres. Les journaux annoncèrent bientôt que le prétendait s'était embarqué pour l'Amérique. Des doutes s'élevèrent; mais la nouvelle de son débarquement laissa bientôt (juin 1876). On lui prêta alors des projets sur le Mexique, trop peu raisonnables pour qu'il fût possible d'y accorder grande créance. En tout cas, la réalisation de ses projets *directs* sur l'Espagne est ajournée à longue échéance.

Don Carlos est revenu depuis en Europe. Il paraît avoir eu l'intention de fixer sa résidence à Paris. Mais ses intrigues avec les partisans du comte de Chambord le firent expulser du territoire français, en juillet 1881. La mort du roi Alphonse XII (25 novembre 1885) fut pour don Carlos une nouvelle occasion de manifester ses sentiments et ses espérances à laquelle il ne manqua pas, mais ce fut une manifestation qui ne souleva que de faibles échos. Il recommença, avec aussi peu de succès, à la naissance et à la proclamation d'Alphonse XIII, disant dans son manifeste d'alors (5 mai 1886), protester contre « l'usurpation qui eut lieu à la mort de Ferdinand VII et allait être confirmée par la proclamation comme roi d'Espagne du fils de mon cousin Alphonse »; réitérer sa « ferme et inaltérable résolution de maintenir, avec l'aide de Dieu, tous mes droits et de ne me prêter jamais à aucune espèce de renonciation ou de compromis »; assurant que « ces droits ne sont pas moins foulés aux pieds et violés par la présence sur le trône d'un prince ou d'une princesse, instrument inconscient de la Révolution, que par la proclamation de la République »; déclarant enfin que « pour assurer ces droits de la manière la plus efficace, je suivrai toujours, sans hésitation, la voie et emploierai les moyens que m'indique mon devoir »; et terminant par ces paroles solennelles adressées à ses *sujets*: « Jusqu'à mon dernier soupir, la vie de votre roi légitime vous appartient entièrement! » — C'est tout. Au commencement d'août 1886, toutefois, les feuilles carlistes nous apprenaient que don Carlos autorisait ses partisans à prendre part aux élections d'octobre pour les conseils provinciaux, ce qui ressemble fort à un « compromis ».

De son mariage avec la princesse Marguerite, don Carlos a eu cinq enfants: l'infante Blanca, née le 7 septembre 1868; l'infant don Jaime, prince des Asturies, né le 27 juin 1870; l'infante Elvira, née le 28 juillet 1871; l'infante Béatrice, née le 21 mars 1874 et l'infante Alice, née le 29 juin 1876.

CARNARVON (comte de), Henry Howard Molyneux Herbert, pair d'Angleterre, né à Londres le 24 juin 1831; fit ses études à Eton, puis à l'église du Christ, à Oxford. Lord Carnarvon, qui représente une des branches cadettes de la noble maison des Pembroke, succéda au titre de son père, troisième comte de Carnarvon, à la mort de celui-ci, en 1849, c'est-à-dire pendant sa minorité. Peu après son entrée à la chambre des lords, il prononça son maiden speech (premier discours) et reçut, à cette occasion, les compliments les plus chaleureux de lord Derby. Lord Carnarvon a publié quelques discours sur des questions d'histoire et d'archéologie, et est, en outre, l'auteur d'un petit ouvrage fort bien fait sur les *Druses du Mont Liban*, publié en 1860, au retour d'un voyage en Orient. Il a été sous-secrétaire d'État aux colonies sous la seconde administration de lord Derby (1858-59), et secrétaire d'État au même département sous la troisième (1866-67). Il donna sa démission de ce poste le 2 mars 1867, pour cause de dissentiment avec ses collègues à propos de la présentation des projets de réforme électorale. A la formation du nouveau cabinet Derby-Disraëli, en février 1874, lord Carnarvon accepta pour la seconde fois le portefeuille des colonies; mais il donna sa démission, de nouveau pour cause de dissentiment, le 24 janvier 1878, à raison de l'entrée dans les Dardanelles de la flotte britannique. Il n'a pas fait partie de la combinaison arrivée au pouvoir avec lord Salisbury, le 18 juin 1885 ni du ministère conservateur du 2 août 1886.

Lord Carnarvon a édité, en 1869, un ouvrage de son père: *Souvenirs d'Athènes et de la Morée, extraits d'un journal de voyages en Grèce pendant l'année 1839, par le feu comte de Carnarvon*. Il est auteur de divers ouvrages, outre celui cité plus haut. Nous citerons. *Archéologie du Berkshire (1859)*; une préface annotée au *Rapport sur la discipline des prisons (1864)*; une traduction de l'*Agamemnon* d'Eschyle (1879). Il a aussi édité les *Hérésies des Gnostiques du premier et du second siècles*, de H. L. Mansell, doyen de Saint-Paul, ouvrage précédé d'une *Esquisse de la vie, de l'œuvre et du caractère* de l'auteur (1875). Député-lieutenant et magistrat du Hampshire, lord Carnarvon a été élu grand maître des francs-maçons d'Angleterre en 1875; il a été élu président de la Société des antiquaires en 1878 et membre de la Commission des manuscrits historiques en 1882.

CARNÉ (marquis de), Henri Jean-Baptiste Antoine, homme politique français, né le 17 janvier 1834 à Sévignac (Côtes-du-Nord). Conseiller général des Côtes-du-Nord pour le canton de Brooms, où il possède de grandes propriétés, M. le marquis de Carné fut élu sénateur de ce département à l'élection complémentaire du 10 octobre 1880. Il a été réélu, en tête de la liste monarchique, au renouvellement partiel du 25 janvier 1885. M. de Carné siège à l'extrême droite du Sénat. — Il est chevalier de la Légion d'honneur.

CARNÉ (comte de), Jules, littérateur français, né à Mériel (Seine-et-Oise), le 2 juillet 1835, neveu de l'académicien Louis Marcein, comte de Carné, mort en 1876. M. Jules de Carné, sous son propre nom ou sous divers pseudonymes, dont le plus connu est celui de J. de Cénar (anagramme de *Carné*), a collaboré de bonne heure à divers journaux littéraires de Paris et de la province. Il a publié : *Pêcheurs et Pécheresses (1862)*; un *Homme chauve (1863)*; *Cœur et Sens (1868)*, recueil de nouvelles; *Charlotte Duval*, roman (1874); *Marguerite de Keradec (1876)*, etc.

CARNOT, Lazare Hippolyte, homme politique français, ancien ministre, sénateur, fils de l'illustre conventionnel, qu'il suivit en exil et même lorsque il vécut, principalement en Allemagne, jusqu'à sa mort, arrivée le 2 août 1823; est né à Saint-Omer, le 6 avril 1801. Revenu en France après la mort de son père, il acheva à Paris ses études de droit commencées en Allemagne, fut reçu licencié et se fit inscrire au barreau de Paris. Devenu l'un des adeptes les plus zélés et les plus utiles de la doctrine de Saint-Simon, les tentatives réformatrices d'Enfantin le déterminèrent à la retraite, avec Pierre Leroux, Jean Reynaud, M. Edouard Charton et autres, protestant contre ce qu'ils appelaient non sans quelque raison, l'organisation de l'adultère. M. Carnot, qui avait soutenu jusque-là de ses deniers, en même temps que rédigé, les publications périodiques de l'école saint-simonienne, fonda la *Revue encyclopédique*, organe des doctrines sociales répudiées par les partisans d'Enfantin. La mort de son frère aîné, Sadi Carnot, ingénieur distingué, ancien capitaine du génie, enlevé par le choléra (1832) le fit renoncer pour quelque temps à ses travaux littéraires et philosophiques, et il entreprit de visiter l'Angleterre, la Hollande et la Suisse. Revenu en France, il figura, en 1835, parmi les défenseurs des accusés d'avril, devint président du Comité électoral central de Paris et fut élu, en 1839, député du 6ᵉ arrondissement. Réélu en 1842 et 1846, il ne cessa de siéger à la gauche avec Dupont (de l'Eure), Arago, Crémieux, etc. En 1846, il publia une brochure : les *Radicaux et la Charte*, dont le but était de rapprocher le parti républicain du parti de l'opposition constitutionnelle. Les tendances ouvertement conciliatrices de cette brochure lui attirèrent de vives attaques de la part de la *Réforme* et, le 24 février, devaient faire repousser son nom de la liste des membres du gouvernement provisoire proposée à l'approbation de ce journal par le *National*. Malgré cela, M. Carnot fut nommé ministre de l'instruction publique. Il signala son passage aux affaires par diverses réformes, bonnes et mauvaises : la gratuité de l'École normale, l'amélioration du sort des instituteurs, l'introduction de l'enseignement de l'agriculture dans les écoles primaires, etc., la fondation de l'École d'administration, la suppression de la chaire d'économie politique au Collège de France, etc.; celles-ci, surtout la dernière, inopportunes que possible, pour ne pas dire plus. Il avait en outre fait mettre à l'étude un projet de loi sur l'instruction gratuite et obligatoire, qu'il n'eut pas le temps de présenter à l'Assemblée. Maintenu au ministère par le général Cavaignac, M. Carnot succomba, le 5 juillet, sous un vote de l'Assemblée motivé par une brochure de M. Ch. Renouvier, intitulée : *Manuel républicain de l'homme et du citoyen*, publié SOUS LES AUSPICES DU MINISTRE PROVISOIRE DE L'INSTRUCTION PUBLIQUE, laquelle contenait des « maximes détestables », au dire des adversaires du ministre de l'instruction publique, parmi lesquels nous citerons Jules Favre. M. Carnot eut beau s'excuser, il était visiblement condamné d'avance, ainsi que les quelques réformes qu'il avait accomplies ou projetées. M. Carnot, qui était représentant de la Seine à la Constituante, reprit sa place sur les bancs de la gauche, et fit partie des cent soixante-huit représentants qui appuyèrent l'amendement Grévy. Après avoir échoué aux élections générales, M. Carnot fut envoyé à l'Assemblée législative par les électeurs de Paris, le 10 mai 1850, et y siégea jusqu'au coup d'État, qui le rendit à la vie privée. Élu au Corps législatif aux premières élections de l'empire (1852), il refusa, avec le général Cavaignac, comme lui député de Paris et M. Hénon, député de Lyon, de prêter serment, et ne put siéger; élu de nouveau à Paris en 1857, il opposa le même refus à la nécessité du serment préalable; mais, en 1863, en raison d'une nouvelle tactique adoptée par l'opposition démocratique, il consentit à prêter serment, fut élu dans la première circonscription de la Seine et entra au Corps législatif. Aux élections générales de 1869, il échoua contre la popularité naissante de Gambetta.

Après la révolution du 4 septembre 1870, M. Carnot fut nommé maire du 8ᵉ arrondissement de Paris et maintenu dans ses fonctions par les élections du mois de novembre suivant. Porté à la fois candidat à l'assemblée nationale, aux élections du 8 février 1871, dans les départements de Seine-et-Oise et de la Seine, il échoua dans ce dernier, mais fut élu dans l'autre, le cinquième sur onze; il alla siéger sur les bancs de la gauche républicaine, dont il devint président. Au mois de mars 1873, il fut également président du comité chargé d'appuyer la candidature de M. de Rémusat à Paris contre celle de M. Barodet. Il a été élu, le 15 décembre 1875, sénateur inamovible par l'Assemblée nationale. M. Carnot a voté l'expulsion des princes (22 juin 1886).

M. Carnot a publié : *Gnoma*, nouvelle, traduite de Van der Welde (1824); *Chants helléniens*, traduits de Wilhelm Müller (1828); *Exposé de la doctrine saint-simonienne (1830)*; *Mémoires de Henri Grégoire*, ancien évêque de Blois (1837, 1 vol.); *Quelques réflexions sur la domesticité*, et *Des devoirs civiques des militaires (1838)*; *Sur les prisons et le système pénitentiaire (1840)*; *Mémoires de Bertrand Barrère*, par David d'Angers (1842-43, 4 vol.); *De l'esclavage colonial (1846)*; *Mémoires de Carnot*, par son fils (1861-64, 2 vol.); *De la suspension des droits électoraux (1868)* et *l'Instruction populaire*, par M. J. Simon (1869), dans la Bibliothèque libérale; la *Révolution française (1869-72, 2 vol.)*; les *Notices* sur divers personnages de la Révolution, dont la dernière est consacrée à *Lazare Hoche (1874)*; des discours, mémoires, brochures d'actualité, etc. Il a collaboré à l'*Organisateur*, au *Producteur*, au *Globe*, à l'*Encyclopédie nouvelle*, à la *Liberté de penser*, etc., outre les publications déjà citées. — M. Carnot est membre libre de l'Académie des sciences morales et politiques.

CARNOT, Marie François Sadi, ingénieur et homme politique français, fils aîné du précédent, né à Limoges le 11 août 1841. Entré à l'École polytechnique en 1857, puis à l'École des ponts et chaussées en 1860, il sortit premier de cette dernière en 1863 et fut, l'année suivante, nommé ingénieur à Annecy (Haute-Savoie). Nommé, le 10 janvier 1871, préfet de la Seine-Inférieure, puis commissaire extraordinaire dans ce département et ceux de l'Eure et du Calvados, chargé d'y organiser la défense, il conserva ce poste jusqu'à l'armistice. Il a été élu, le 8 février 1871, représentant de la Côte-d'Or, le troisième sur huit et, le 20 février 1876, député de la deuxième circonscription de Beaune; il prit place à gauche et devint secrétaire de la Chambre. Réélu par le même collège le 14 octobre 1877 et 21 août 1881, M. Sadi Carnot a été élu député de la Côte-d'Or, sur la liste républicaine, au scrutin du 18 octobre 1885.

Rapporteur du budget des travaux publics pour 1879, il était nommé sous-secrétaire d'État à ce ministère le 26 août 1878, et y acceptait la succession de M. Varroy à l'avènement du ministère Jules Ferry, le 23 décembre 1880; il suivait ce dernier dans sa retraite le 10 novembre 1881. M. Sadi Carnot reprit le portefeuille des travaux publics, dans le cabinet Henri Brisson, du 6 avril 1885; mais il l'échangeait contre celui des finances quelques jours plus tard (16 avril), y remplaçant M. Clamageran. Il a été maintenu au ministère des finances dans la combinaison qui suivit, arrivée au pouvoir, sous la présidence de M. de Freycinet, le 7 janvier 1886.

CARNOTA (comte de). J. Smith Athelstane, Grand de Portugal, d'origine anglaise, est né à Londres le 9 mai 1813 et fit ses études à Salisbury. Il avait commencé déjà l'étude du droit, mais il l'abandonna à l'âge de dix-neuf ans, ayant perdu son père, et entreprit un voyage sur le continent. Étant à Lisbonne en 1835, il devint secrétaire du maréchal duc de Saldanha, alors premier ministre du Portugal. Il fut mêlé à beaucoup d'événements importants de la politique de ce pays, et suivit le maréchal dans diverses missions, ainsi qu'aux ambassades de Vienne, Londres, Paris et Rome. Il ne résida dès lors que fort peu à Londres, sauf en 1840. En 1843, il publia, en deux volumes, la première édition de son ouvrage sur le *Marquis de Pombal*, et à la suite de cette publication, la reine le créa commandeur de l'ordre du Christ. Marié en 1850, il acheta peu après une propriété en Portugal, et, veuf en 1856, il continua néanmoins à résider dans son pays d'adoption. — Par décret en date de Lisbonne, 9 août 1870, le roi Louis Ier élevait M. Athelstane à la dignité de Grand de Portugal, sous le titre de comte de Carnota. L'année suivante, une édition de son *Marquis de Pombal*, en un volume, paraissait à Londres. Il a publié depuis des *Mémoires sur la vie et la carrière agitée du duc de Saldanha, soldat et homme d'État (1880, 2 vol.)*

CARO, Elme Marie, littérateur français, membre de l'Académie française, né à Poitiers le 4 mars 1826, commença ses études au collège de cette ville, où la chaire de philosophie était tenue par son père, vint les terminer à Paris, au collège Stanislas, et entra à l'École normale en 1845. Nommé agrégé de philosophie en 1848, il fut successivement professeur aux lycées d'Angers, de Rennes et de Rouen, puis occupa la chaire de philosophie à la faculté des lettres de Douai, à laquelle il fut appelé en 1854. En 1857, il fut nommé maître de conférences à l'école Normale supérieure, inspecteur de l'Académie de Paris en 1861, professeur à la faculté des lettres de Paris en 1867 et élu, en février 1869, membre de l'Académie des sciences morales et politiques. — M. Caro avait été décoré en 1856, à la suite de la mission officielle qu'il était allé remplir, sous le ministère Fortoul, devant la Société littéraire d'Anvers : l'exposition des doctrines spiritualistes de l'Université de France, mission pour laquelle M. Caro était d'ailleurs tout préparé, que ces doctrines fussent ou non celles de l'Université; il a été promu officier de la Légion d'honneur en 1877. — M. Caro a été élu membre de l'Académie française, en remplacement de Vitet, le 29 janvier 1874, et l'illustre assemblée l'a choisi pour son président en 1886.

On cite de cet académicien : *Saint Dominique et les dominicains (1850); Essai sur le mysticisme au XVIIIe siècle (1852); Études morales sur le temps présent (1853); l'Idée de Dieu et ses nouveaux critiques (1864); la Philosophie de Gœthe (1866); le Matérialisme et la science (1868); les Jours d'épreuves (1871); Problèmes de morale sociale (1876); le Pessimisme au dix-neuvième siècle (1878); Littré et le positivisme (1883), etc...* On lui doit encore une *Vie de Pie IX*, publiée sous le pseudonyme de « Saint-Hermel » et divers mémoires, la plupart couronnés par l'Institut. M. Caro a eu toute collaboré à la *Revue Contemporaine*, à la *Revue Française*, à la *Revue de l'Instruction publique*, à la *Revue des Deux-Mondes*, à la *France* (direction La Guéronnière), etc., etc.

CARQUET, François, homme politique français, né le 23 novembre 1810 à Moutiers (Savoie). Il fit ses études à Chambéry et à l'université de Turin, où il prit le grade de docteur en droit, et s'inscrivit au barreau de sa ville natale. Il siégeait à la Chambre des députés sarde depuis 1848, lors de l'annexion de son pays à la France (1860), et fut élu alors conseiller général de la Savoie. Aux élections du 8 février 1871, M. Carquet fut élu représentant de la Savoie à l'Assemblée nationale en tête de la liste, et prit place à gauche. Ayant échoué aux élections sénatoriales du 30 janvier 1876, il ne se présenta pas aux élections qui suivirent pour la Chambre des députés. Il fut élu sénateur de la Savoie au renouvellement partiel du 8 janvier 1882, et reprit sa place sur les bancs de la gauche. — M. Carquet a voté l'expulsion des princes.

CARREY DE BELLEMARE (de), Adrien Alexandre Adolphe, général français, né à Paris le 14 décembre 1824. Sorti de Saint-Cyr en 1843, comme sous-lieutenant d'infanterie, il devint lieutenant en 1848, capitaine en 1854, chef de bataillon en 1859, lieutenant-colonel en 1863, colonel en 1868 et général de brigade le 25 août 1870. Ayant réussi à s'échapper de Sedan, le général de Carrey de Bellemare vint à Paris se mettre à la disposition du gouvernement de la Défense nationale. Pourvu aussitôt d'un commandement, il fit, dans la direction de Pierrefitte, une reconnaissance dans laquelle il chassa l'ennemi de ce village. Il organisa ensuite la défense de Saint-Denis, fit enlever le Bourget par une poignée de francs-tireurs de la presse, appuyée par la garde mobile de la Seine, mais ne put obtenir du gouvernement central les secours nécessaires pour conserver cette prise et tirer le profit convenable de cette victoire, qui se tourna en désastre. A la bataille de Champigny, il passa la Marne à la tête d'une division, poussant devant lui l'ennemi, faisant des prodiges de valeur aussi inutiles que ceux qui avaient été faits au Bourget, et fut ensuite chargé de protéger la retraite. Le 10 décembre, sur la proposition du général Ducrot, qui commandait en chef, il fut promu général de division, et commandait en cette qualité le centre de l'armée à Buzenval, le 19 janvier 1871. — Le 16 septembre suivant, malgré les protestations du général Ducrot, la Commission de révision des grades faisait rétrograder M. de Carrey de Bellemare au grade de général de brigade. Il adressa une requête au Conseil d'État contre cette décision, mais elle fut repoussée (15 novembre 1872); une pétition adressée à l'Assemblée nationale (22 mars 1873) n'eut pas un sort meilleur. Le 25 octobre suivant, au moment où les menées monarchiques atteignaient leur plus haute intensité, le général de Bellemare, alors à la tête de la subdivision de la Dordogne, adressait au ministre de la guerre une énergique protestation, le priant de le relever de son commandement à l'instant même où un vote de l'Assemblée aurait rétabli la monarchie. Le général du Barail, ministre de la guerre, répondit à cette protestation en mettant son auteur en non-activité, pour cause de retrait d'emploi, et en adressant à ce sujet un ordre du jour à l'armée. Mais les projets de restauration monarchique ayant échoué à court délai, le général de Carrey de Bellemare était rappelé à l'activité le 16 juin 1874, et pourvu d'un nouveau commandement le 6 août suivant. Promu général de division, il était à la tête du 5e corps d'armée, lorsqu'il fut appelé au commandement du 9e corps, en remplacement du général Schmitz, le 6 février 1886, et membre du Conseil supérieur de l'armée. — Chevalier de la Légion d'honneur depuis 1858, le général de Carrey de Bellemare a été promu officier en 1868, commandeur en 1881 et grand officier le 8 juillet 1886.

CARRIER-BELLEUSE, Albert Ernest, sculpteur français, élève de David d'Angers, né le 12 juin 1824 à Anisy-le-Château (Aisne). On cite de cet artiste : *l'Amour et l'Amitié*, groupe en bronze (1857); *Jupiter et Hébé*, groupe en bronze (1858); une *Vestale*, buste en terre cuite; *Mort du général Desaix*, groupe en plâtre (1859); *Salve Regina*, groupe en plâtre; le buste en bronze de *Napoléon III*, et une demi-douzaine de bustes en terre cuite, dont ceux de M. Renan et de Mme Marie Laurent (1861); une *Bacchante*, statue en marbre (1863); *On dîne*, statue en marbre (1864); le buste en bronze d'*Eugène Delacroix (1865); Angelina*, statue en marbre (1866), reparue à l'Exposition universelle, l'année suivante, avec les bustes en terre cuite de *Théophile Gautier*, de Mme *Pauline Viardot*, etc. (1867); le *Monument du général Masséna*, pour la ville de Nice (1868); *Hébé endormie*, statue en marbre et un *Projet de monument à la mémoire d'Ingres*, avec M. Daviout, architecte (1870); le buste en marbre de *M. Thiers* et *Psyché abandonnée*, statue en marbre (1872); Mlle *Croi-*

zette, buste en plâtre (1874) ; une *Grande Dame romaine*, buste en plâtre, et deux *Anges* en fonte de fer, pour Santiago-de-Chili (1875); des bustes en plâtre de *Molière*, et en terre cuite, de *Mathieu, de l'Institut (1878)* ; *Camille Desmoulins*, esquisse en bronze (1883) ; le buste en marbre de *François Arago (1884)* ; *Diane triomphante*, statuette en plâtre et un *Portrait de jeune fille*, buste en terre cuite (1885) ; *Henri Martin*, buste en terre cuite (1886), etc. — M. Carrier-Belleuse a obtenu une 3e médaille en 1861, le rappel en 1863, une médaille en 1866 et la médaille d'honneur en 1867. Décoré de la Légion d'honneur en 1867, il a été promu officier en 1885.

CARVALHO (dame), MARIE CAROLINE MIOLAN, cantatrice française, née à Marseille le 31 décembre 1827. Venue à Paris en 1843, elle entra au Conservatoire, où elle suivit la classe de Duprez jusqu'en 1847, remporta le premier prix de chant en 1849 et débuta la même année à l'Opéra-Comique. Elle y parut avec succès dans *Giralda*, le *Pré aux clercs*, les *Noces de Jeannette*, etc., et quitta cette scène pour celle du Théâtre-Lyrique vers la fin de 1850. Elle avait épousé en 1853, un artiste de l'Opéra-Comique, entré à ce théâtre à peu près en même temps qu'elle, M. Léon Carvaille, dit CARVALHO, lequel devint, en 1856, directeur du Théâtre-Lyrique. Pendant la direction de son mari, Mme Carvalho a joué avec un brillant succès dans diverses pièces créées ou reprises au Théâtre-Lyrique : les *Noces de Figaro*, la *Reine Topaze, Fanchonnette, Faust*, etc. Engagée pour la saison de 1860, à Londres, elle rentra en 1862, au Théâtre-Lyrique, dont son mari était redevenu directeur, y reprit la plupart de ses rôles, en créa quelques autres, notamment *Mireille*, de MM. Mistral et Gounod, puis entreprit quelques tournées artistiques en province et à l'étranger. Après la déconfiture de son mari, dont la double entreprise du Théâtre-Lyrique et du Théâtre-Italien avait fini par une catastrophe, Mme Carvalho entra, vers la fin de 1868, à l'Opéra, et y parut notamment dans le *Faust* remanié, dans *Robert le Diable* et dans les *Huguenots*. L'année suivante, elle reprenait le cours de ses tournées, et remportait de grands succès dans les principales villes du Midi. En 1874, Mme Carvalho reparut à l'Opéra-Comique, dans *Mireille*, Isabelle du *Pré aux clercs* et divers autres rôles de son répertoire. Elle y chantait, en mars 1874, la *Marie Magdeleine* de M. Massenet. Elle obtint, au mois de mars 1875, un engagement de deux années à l'Opéra et y reprit divers rôles, notamment celui d'Isabelle de *Robert le Diable*, avec un très grand succès. Le 5 décembre 1882, Mme Carvalho rentrait à l'Opéra-Comique, dont son mari est redevenu directeur depuis 1876, dans les *Noces de Figaro* ; elle y donnait sa représentation d'adieux le 9 juin 1885.

CASELLI (abbé). GIOVANNI-BATTISTA, savant italien, né à Sienne le 25 mai 1815, fit ses études scientifiques à Florence, où il eut pour maître de physique le célèbre L. Nobili. En 1836, pour jouir d'un bénéfice ecclésiastique qui lui était offert, il entra dans les ordres, et fut ordonné diacre. A la mort de son professeur, en 1837, il publia son éloge : *Elogio di Leopoldo Nobili*, et fut admis à l'Athénée italien, comme membre ordinaire. Etabli depuis 1841, à Parme, où il avait été appelé comme précepteur particulier, lors des événements de 1848, il vota l'annexion du duché au Piémont, sous le sceptre de Charles-Albert, et fut en conséquence exilé lors du retour du duc. Rentré à Florence, il s'appliqua avec une ardeur nouvelle aux recherches scientifiques, accordant une attention toute spéciale, bientôt même presque exclusive, à l'électricité et au magnétisme, et fonda, en 1854, la *Recreazione, giornale di Scienze fisiche e di Arti*, destiné à la vulgarisation scientifique. Ses recherches sur le magnétisme et l'électricité l'amenèrent, en 1856, à la découverte du télégraphe qui porte son nom. Nous n'avons pas à insister sur le « télégraphe Caselli », bien connu en France, où il fut appliqué pour la première fois, et qui fut mis en pratique régulière sur la ligne de Paris à LYON, en 1865 ; le nom de *télégraphie autographique* par lequel on le désigne, donne d'ailleurs une idée exacte du système et rappelle assez les services qu'a rendus sa substitution au système précédent. Dès la même année, le télégraphe Caselli était introduit en Russie. — On doit encore à ce savant diverses autres découvertes, entre lesquelles celle du moteur électrique, qui fut également construit et appliqué en France pour la première fois, etc.

CASIMIR-PÉRIER, voy. **Perrier**.

CASSAGNAC (de), PAUL ADOLPHE MARIE PROSPER GRANIER, journaliste et homme politique français, né à la Guadeloupe le 2 décembre 1842. Il débuta dans le journalisme en 1863, à la *Nation*, journal dirigé par son père ; il y écrivait, sous le pseudonyme de « Paul Walter », des articles bibliographiques principalement. Lorsque la *Nation* passa en d'autres mains, M. P. de Cassagnac entra au *Diogène*, où il se fit bientôt remarquer plus encore par l'âpreté provocante de sa polémique que par son talent d'écrivain. Cette violence héréditaire dans l'attaque ne devait pas tarder à produire ses effets ; mais M. Paul de Cassagnac s'y attendait, et s'y était préparé de longue main. En 1864, il eut son premier duel, avec un autre écrivain de la petite presse, également violent dans la polémique et ayant déjà une grande réputation de duelliste habile et surtout heureux ; ce duel en un grand retentissement, car les conséquences faillirent en devenir fatales à M. Scholl. En 1866, M. Paul de Cassagnac, après avoir quitté le *Diogène* et fondé une feuille éphémère : l'*Indépendance parisienne*, entra à la rédaction du *Pays*, qu'il n'a plus quittée qu'en 1885, pour fonder l'*Autorité*, la propriété du *Pays* ayant changé de mains. Dès lors, ses violences de plume, alimentées par les haines de parti, surtout par les rancunes nombreuses et implacables que le passé de son père avait amoncelées sur son nom, et par les haines toutes fraîches qu'y appelait sa propre attitude, ne connut plus de bornes. Toutefois il faut reconnaître que l'attaque ne vint pas toujours de son côté. Actes de violence, voies de fait, duels, procès se succédèrent bientôt presque sans interruption. La liste des duels de M. Paul de Cassagnac avec des journalistes de l'opposition est longue, on aurait quelques difficultés à réunir les noms de tous ses adversaires ; nous citerons MM. Henri Rochefort, Lockroy, Lissagaray, Gustave Flourens, Ranc. Ces duels n'ont jamais manqué d'être remarquables par un acharnement féroce, et c'est une sorte de miracle qu'aucun d'eux ne se soit terminé par la mort d'un des champions. Dans plusieurs circonstances, les provocations de l'un ou de l'autre des adversaires se terminèrent par des procès. Par exemple celles du *Courrier français* (1867) qui, chaque jour, reproduisait toutes les imputations infamantes dirigées en tout temps contre M. Granier de Cassagnac père, et donnait en prime la relation du trop fameux procès *Dujarrier-Beauvallon*. M. Paul de Cassagnac envoya inutilement des témoins à V. Imorel, résolu, disait-il, à ne pas laisser supprimer la comique de ce duel : il l'attendit à la porte du journal, lui cracha au visage en pleine rue : cette affaire se termina (à peu près) par un procès. L'année suivante, M. Paul de Cassagnac, frappé par M. Lullier, ancien officier de marine, refusait à son tour de demander satisfaction de cet outrage par les armes, et l'affaire se termina encore cette fois encore en police correctionnelle. M. Paul de Cassagnac a d'ailleurs, somme toute, refusé plus de duels qu'il n'en a accepté ; mais si la matière ne lui a jamais fait défaut, nous ne faisons pas difficulté de reconnaître qu'il n'a pas été toujours fût ce de qualité irréprochable, et qu'il y a des affaires ridicules devant lesquelles il est permis au plus brave de reculer.

Devenu rédacteur en chef du *Pays*, M. Paul de Cassagnac fut fait chevalier de la Légion d'honneur le 15 août 1868. Quinze jours après, il attaquait si violemment le prince Napoléon, cousin de l'Empereur, que le gouvernement se voyait forcé d'en manifester ses regrets », le lendemain au *Journal officiel*. Ce fut encore malgré le gouvernement, malgré l'empereur lui-même, dit-on, que le *Pays* entreprit cette campagne contre le ministre Ollivier, qu'il n'abandonna que pour pousser à la guerre, laquelle était, disait-il nettement, « impérieusement réclamée par les besoins de la dynastie » ; déclarant, le 14 juillet 1870, après la lecture à la Chambre de la dépêche du prince de Hohenzollern annonçant la renonciation à la couronne d'Espagne, que le ministère qui reculait, mériterait de s'appeler désormais le *ministère de la honte*. Comme ces provocations aux mesures violentes ne se produisaient pas seulement dans le *Pays*, mais avaient leur écho multiple dans l'entourage impérial, côté des Arcadiens, dont MM. Granier de Cassagnac étaient de beaucoup les plus persuasifs, le ministère fut bientôt forcé de revenir sur la satisfaction exprimée à la tribune par M. de Gramont, et nous sommes la guerre ; parce que la guerre seule (à la condition d'être victorieux, toutefois) apporterait à la dynastie impériale le baptême de sang qui devait la régénérer, permettrait de rejeter bien loin toute idée de concession libérale et de nous ramener au régime de 1852, rendant du même coup leur influence perdue à ces hommes si belliqueux, parce qu'ils voulaient reconquérir leurs propres positions ; si braves, parce qu'ils avaient peur. La guerre déclarée, M. Paul de Cassagnac s'engagea dans le premier régiment de zouaves et assista au désastre de Sedan où, sans doute, il dut sentir les morsures du remords. Emmené prisonnier en Allemagne, il resta huit mois dans les casemates de Kosel, dans la Silésie prussienne. Après la paix, il se rendit à Venise, où il séjourna quelque temps pour rétablir sa santé ébranlée : il revint ensuite dans le Gers et y fonda un journal : l'*Appel au peuple*. Il revint enfin à Paris en janvier 1872, et reprit alors la direction du *Pays*. Condamné en juillet 1872, à huit jours de prison et 100 francs d'amende pour son duel avec M. Lockroy, il allait se battre avec M. Ranc, le 7 juillet 1873, sur la frontière du Luxembourg ; en juillet 1874, il était poursuivi pour la publication dans le *Pays* d'articles « ayant pour but de troubler la paix publique et d'exciter à la haine des citoyens les uns contre les autres » ; l'accusé se défendit lui-même, et fut acquitté. Au cours de cette même année 1874, il publia dans son journal une série d'articles relatifs à la capitulation de Sedan, en rejetant toute la responsabilité sur le général de Wimpffen. Le général de Wimpffen le poursuivit en diffamation : le tribunal civil se déclara d'abord incompétent (22 janvier 1875) et, devant la cour d'assises, M. Paul de Cassagnac fut acquitté (15 février 1875). Le 24 novembre suivant, le jeune et ardent rédacteur en chef du *Pays* faisait, dans une réunion privée, à Belleville, un discours tendant à présenter le retour de l'empire comme la condition essentielle du bonheur du peuple, etc. Le *Pays* publiait le lendemain ce discours, aussitôt reproduit par plusieurs autres journaux : tous étaient poursuivis et... acquittés en masse par le jury (13 décembre). Nous n'en dirons pas davantage sur la carrière de journaliste de M. P. de Cassagnac : il est évident que l'*Autorité* continue le *Pays* ; mais les procès de presse sont plus rares maintenant qu'autrefois.

Maire de Couloumé-Montdébat, membre du Conseil général du Gers depuis 1869, M. Paul de Cassagnac, dont la candidature à l'Assemblée nationale avait été portée en son absence, mais sans succès, en février 1871, a été élu député du Gers pour l'arrondissement de Condom, le 20 février 1876. Il a pris plusieurs fois la parole à la tribune, et ne paraît pas y être trop mal à l'aise ; mais, si maître qu'il soit de son sujet lorsqu'il s'agit d'y traiter de questions de politique générale, c'est-à-dire d'y transporter l'argumentation équivoque et tronquée de la polémique de journal, les questions spéciales le font se fourvoyer facilement, ainsi qu'il l'a prouvé dans diverses occasions qu'il serait oiseux de rappeler aujourd'hui. Réélu député de Condom le 14 octobre 1877, la Chambre annula cette élection, après enquête, le 7 octobre 1878 ; mais, comme on pouvait le prévoir, M. P. de Cassagnac fut réélu au scrutin du 2 février 1879 que cette annulation avait rendu nécessaire. Le 21 août 1881, c'est dans l'arrondissement de Mirande, ancien collège de son père, décédé, qu'il se fit réélire. Il était, enfin, élu député du Gers, en tête de la liste monarchique, le 4 octobre 1885.

On doit à M. Paul de Cassagnac, en dehors de ses travaux de journaliste, l'*Histoire populaire de Napoléon III*, en collaboration avec son père, et une *Histoire abrégée de Napoléon III*, tirée du précédent ouvrage (1874) ; *Histoire de la troisième République (1875)* et quelques brochures politiques, tels que : *Empire et Royauté (1873)* ; *Bataille électorale (1875)* ; l'*Aigle*, almanach, etc.

CASSE, Eugène François Germain, homme politique français, né à la Pointe-à-Pitre le 23 septembre 1837. Il faisait son droit à Paris lorsque, à la suite d'un discours ultra-révolutionnaire prononcé au Congrès de Liège, il fut exclu de toutes les facultés de droit de France. Il devint alors collaborateur de divers journaux d'opposition « philosophique » et littéraire, publiés dans le quartier latin, puis du *Réveil*, de la *Marseillaise*, du *Vengeur* (première série), du *Rappel*, et plus récemment du *Ralliement*. Elu représentant de la Guadeloupe, le 5 octobre 1873, en remplacement de M. Rollin, démissionnaire, et député du 14ᵉ arrondissement de Paris, le 5 mars 1876, M. G. Casse siégea à l'extrême gauche. Il a été réélu député du 14ᵉ arrondissement de Paris, le 14 octobre 1877 et le 21 août 1881. Aux élections d'octobre 1885, il figurait sur la liste opportuniste et fut élu député de la Seine au scrutin du 18. Il a voté l'expulsion totale des princes.

CASTAN (abbé), Emile Ferdinand Xavier, neveu de M. Affre, archevêque de Paris, mort en juin 1848, est né à Belmont (Aveyron) le 27 février 1824, fit ses études au petit séminaire de sa ville natale et au grand séminaire de Saint-Sulpice, qu'il quitta en 1844, puis se rendit à Rome, où il reçut la prêtrise en 1845, et prit le grade de docteur en 1846. Secrétaire particulier de son oncle, l'archevêque de Paris, de 1846 à 1848, il devint, à cette dernière date, vicaire de la paroisse de Saint-Sulpice, qu'il quitta en 1855, étant nommé chanoine titulaire du diocèse de Moulins et membre du conseil privé de l'évêque, M. de Dreux-Brézé, qu'il refusa toutefois, par des raisons de santé, de suivre à Rome à l'époque du dernier concile. — On lui doit un grand nombre d'ouvrages, principalement religieux, parmi lesquels : la première traduction française de la *Chaîne d'or*, de saint Thomas d'Aquin ; une *Vie de Mgr Affre* ; *Exposition des mystères de la Souffrance* ; *Origines du Christianisme, d'après la tradition catholique* ; *Origines du Christianisme, d'après la critique rationaliste contemporaine* ; *Du Progrès dans ses rapports avec l'Église catholique* ; *De l'union de la Morale et de la Religion* ; *De l'Idée de Dieu, d'après la tradition chrétienne* ; *Méditations sur la Passion de N.-S. Jésus-Christ* ; une *Histoire de la papauté (1860-73*, 3 vol.). — M. l'abbé Castan est chanoine honoraire de Paris.

CASTELAR Y RISSOLL, don Emilio, professeur, écrivain et homme politique espagnol, né en 1832, collabora jeune aux journaux démocratiques de son pays, notamment à la *Tribuna* et la *Discusion* et prit une part active à toutes les manifestations républicaines qui signalèrent les dernières années du règne d'Isabelle II. En 1864, il fonda la *Democracia*, où il y exposa ses idées d'avenir démocratique et social, ce qui eut pour première conséquence sa destitution de la chaire d'histoire et de philosophie de l'université de Madrid qu'il avait obtenue au concours quelques années auparavant. Ayant pris part au mouvement révolutionnaire de 1866, il fut condamné à mort, et fut assez heureux pour échapper aux recherches dont il était l'objet. Réfugié en France, il ne tarda pas à s'y rencontrer avec la plupart des rédacteurs des journaux libéraux espagnols, comme lui condamnés à mort en *garote vil*, c'est-à-dire à la mort infamante des parricides, pour simples délits, ou crimes, si l'on veut, de presse : MM. Praxedes M. Sagasta, A. F. de los Rios, Manuel Becerra, Cristino Martos, Fr. Montenar, Carlos Rubio, Innocente Ortiz y Casado, directeurs ou collaborateurs de la *Iberia*, de la *Soberania nacional*, de la *Democracia*, d'el *Pueblo* et de *las Novedades (1867)*. Dès le début de la révolution de 1868, don Emilio Castelar s'empressa de rentrer dans son pays et devint, avec Pierrad et don J. Orense, marquis d'Albaïda, l'un des chefs républicains du mouvement. Après le triomphe de la Révolution, il fit tous ses efforts pour obtenir la proclamation de la République espagnole, mais sans succès ; aux élections de février 1869, le parti républicain n'obtint qu'une minorité peu importante, et cela, il faut le dire, parce qu'aucun des chefs du parti n'avait jugé à propos de se donner la dixième partie du mal devant lequel n'avait pas reculé M. Castelar, et grâce auquel les républicains avaient obtenu la majorité dans les élections municipales précédentes. Dans ces conditions, ce fut évidemment sans espoir de succès que Emilio Castelar, dans les discussions relatives à la constitution nouvelle, insista pour l'adoption d'institutions républicaines, et qu'il combattit si énergiquement le projet de régence. Le projet passa (1ᵉʳ juin 1869), et le maréchal Serrano, duc de la Torre, celui-là même qui avait écrasé la révolution de 1866, dont M. Castelar était le chef le plus important, fut investi des hautes fonctions de régent du royaume. En octobre suivant, les divers partis que l'avènement de M. Serrano ne satisfaisaient pas se soulevèrent, embrasant la plupart des provinces, s'enfermant, en dernier ressort, dans Valence, que le régent fit bombarder sans ménagement. M. Castelar se trouva sérieusement compromis dans ce soulèvement ; mais la répression, pour si impitoyable qu'elle fût, n'eut pas de lendemain trop prolongé, ni trop impitoyable : l'état de siège était d'ailleurs levé dès le commencement de décembre.

Le lendemain de l'abdication du roi Amédée (11 février 1873), les Cortès espagnoles proclamèrent la République et formèrent un cabinet dans lequel don Emilio Castelar accepta le ministère des affaires étrangères. Le 24 août, il était élu président des Cortès par 135 voix contre 73, et devenait président du Pouvoir exécutif le 6 septembre suivant. Il prit des mesures énergiques, mais inefficaces, pour combattre l'insurrection carliste, envoya à Cuba le ministre de la guerre en personne, pour protéger les intérêts espagnols, qu'on croyait menacés par les convoitises des États-Unis, et assuma un pouvoir dictatorial que les Cortès, lorsqu'elles se réunirent, le 2 janvier 1874, se refusèrent à approuver, par 120 voix contre 100. En conséquence de ce vote, don Emilio Castelar donna sa démission. C'est alors qu'eut lieu l'envahissement des Cortès et leur dispersion par le général Pavia, qui nomma un gouvernement provisoire ayant à sa tête le maréchal

Serrano. Peu après le *pronunciamiento* en faveur d'Alphonse XII, l'ex-chef du pouvoir exécutif de la République espagnole quittait l'Espagne et se réfugiait à Genève, d'où il envoyait, le 29 mars 1875, sa démission de professeur de l'université de Madrid. Rentré depuis en Espagne, il a été élu député de Madrid aux Cortès, aux élections de janvier 1876, non sans quelque peine : il a été néanmoins réélu depuis, à chaque renouvellement des Cortès, y compris celui de mai 1886.

On doit à don Emilio Castelar, comme écrivain : *Ernesto, novela original de costumbres (1855)*; *Lucano, su Vida, su Genio, su Poema (1857)*; *Leyendas populares, Ideas democraticas (1858)*; *La civilizacion en los cincos primeros siglos d elcristianismo*, leçons faites à l'Athénée de Madrid (1858-59, 2 vol.); *Crónica de la guerra de Africa*, la *Redencion del esclavo* et une *Colleccion* de ses principaux articles politiques et littéraires (1859); *Cartas à un obispo sobre la libertad de la Iglesia (1864)*; *Discurso pronunciado en la noche de el 13 noviembre 1868*, pour l'installation du Comité républicain de Madrid (1868); *Discursos parlamentarios*, etc., (1871, 3 vol.); *Roma vieja y nueva Italia (1873)*; *Semblanzas contemporaneas de los personajes mas celebres del mundo en las Letras, las Ciencias y las Artes*, biographies des principaux personnages de l'univers, et principalement d'Espagne et de France; *Vida de lord Byron*; *Historia de un corazon*, romans, etc. — Il a été élu membre de l'Académie espagnole en janvier 1879, et reçu solennellement le 25 avril 1880.

CASTILLE, CHARLES HYPPOLITE, journaliste et littérateur français, né à Montreuil-sur-Mer, le 8 novembre 1820 ; fit ses études aux collèges de Cambrai et de Douai, puis vint à Paris où il entra au ministère des travaux publics en qualité de surnuméraire. Mais il abandonna bientôt cette modeste position pour se consacrer à la littérature. Il publia des nouvelles et des romans-feuilletons d'abord au *Musée des familles*, au *Commerce*, (1845), à l'*Esprit public*, dont il dirigea bientôt la partie littéraire (1846); il écrivit ensuite au *Courrier Français*, à la *Démocratie pacifique*; fonda, en 1847, avec M. G. de Molinari, le *Travail intellectuel*; et avec Frédéric Bastiat, le lendemain de la Révolution de février 1848, la *République Française*, journal quotidien. Aux élections pour la Constituante, il se porta, mais sans succès, dans son département natal; et, reprenant alors la plume du journaliste, il devint rédacteur de la *Révolution démocratique et sociale*, de la *Tribune des peuples*, et prit part aux diverses réunions socialistes. Les relations qu'il forma à cette époque lui fournirent les moyens de s'occuper activement des sortes d'affaires financières, ce qui le porta à abandonner, ou tout au moins à négliger une carrière qu'il avait adoptée, à ce qu'il semble, par vocation, mais dans laquelle il n'a pas trouvé la gloire qu'il se croyait évidemment due, ni même des succès bien brillants. — On a de M. H. Castille : *les Oiseaux de proie (1846)*; l'*Ascalante (1852)*; les *Ambitieux (1853)*; le *Margrave des Claires (1854)*; les *Compagnons de la Mort (1854)*; la *Chasse aux Chimères (1857)*; *Histoires de Ménage*, recueil de nouvelles, etc. À cela se résume à peu près l'œuvre purement littéraire de M. H. Castille. La plupart de ces ouvrages, publiés en brochures in-4° illustrées, ont été plusieurs fois réimprimés et quelquefois sous des titres différents, M. H. Castille a également publié des travaux historiques et biographiques dont il convient de nous citons les principaux : *Études sur les hommes et les mœurs sous le règne de Louis-Philippe (1853)*; *Histoire de la seconde République française (1854-55, 4 vol.)*; *Parallèle entre Cesar, Charlemagne et Napoléon (1858)*; *Histoire de soixante ans, 1789-1850 (1859-63, 4 vol.)*. Ajoutons à ceci deux séries de petits volumes in-32 d'une soixantaine de pages, ayant pour titre général : *Portraits historiques au Dix-neuvième siècle*, ornés chacun d'un portrait et d'un autographe (1856-60), contenant en outre trois volumes spécialement consacrés à la presse : les *Journaux sous l'Empire et la Restauration*; les *Journaux sous le règne de Louis-Philippe*; les *Journaux depuis 1848*, ces deux derniers surtout abondant en souvenirs personnels d'un assez mince intérêt. Enfin, en 1869, M. H. Castille a jugé opportun de publier une brochure d'« actualité » ayant pour titre : les *Massacres de juin 1848*, laquelle n'est que la reproduction d'un chapitre de son *Histoire de la seconde République*, revu et corrigé.

M. H. Castille a été successivement, depuis 1860, rédacteur en chef de l'*Esprit public*, journal semi-quotidien et du *Globe*, journal quotidien, qui vécurent remarquablement peu, et qui eussent fourni une carrière bien moins longue encore s'ils avaient été alimentés par la seule contribution volontaire de leurs lecteurs. M. Castille, ardent républicain et socialiste, en 1848, était devenu, sous le second empire, sans cesser peut-être d'être socialiste, un publiciste gouvernemental non moins ardent. Il a, du reste, collaboré à des journaux fort divers de nuance politique ou philosophique, à cette époque et depuis. On lui a longtemps attribué les *Lettres d'Alceste* qui parurent dans l'*Universel* et celles qui insérèrent successivement, plus tard, la *Constitution*, l'*Avenir national* et enfin le *Voltaire*, sans qu'il ait jamais accepté ouvertement ou repoussé cette attribution ; mais le *Figaro* ayant nommé un autre écrivain comme l'auteur de ces lettres, M. Castille lui a écrit pour en réclamer définitivement la paternité (21 juillet 1886), ajoutant qu'il en préparait une publication partielle et signée; dont acte. — L'*Evénement* a publié, en 1884, un feuilleton de M. Hippolyte Castille intitulé : le *Masque de plâtre*.

CAUMONT, ALDRICK ISIDORE FERDINAND, jurisconsulte français, né à Saint-Vincent-Cramesnil (Seine-Inférieure) le 15 mai 1825, d'une famille de pauvres paysans. Sa première jeunesse fut occupée aux travaux des champs; mais, au prix d'un travail opiniâtre et des plus dures privations, il parvint à faire ses études, puis à venir suivre les cours de la faculté de droit de Paris. Reçu licencié en 1847, il se fit inscrire au barreau du Havre, dont il fait toujours partie, outre que la spécialité qu'il s'y est faite des questions de droit maritime l'ont fait nommer avocat du département de la marine. Il est professeur de droit commercial et maritime et de droit économique à l'hôtel de ville du Havre, membre correspondant de l'Institut historique de France, de l'Académie de législation de Toulouse, dont il est lauréat, membre effectif de l'Association internationale pour le progrès des sciences sociales, etc. ; chevalier de la Légion d'honneur et membre depuis 1869, à divers titres, de plusieurs ordres étrangers. En 1870, M. Aldrick Caumont, qui est comme un répertoire vivant de droit maritime, fut entendu comme témoin devant la commission d'enquête sur la marine marchande. On a de M. Aldrick Caumont : *Visions sur l'humanité (1853)*; *Institution du Crédit sur marchandises (1859)*; *De l'extinction des procès, ou l'Amiable composition remplaçant l'arbitrage (1859)*; *Assurance du fret à faire et du profit espéré (1860)*; *Revue critique de Jurisprudence maritime (1860)*; *Plan de Dieu, ou Physiologie du travail (1861)*; *Étude sur la vie et les travaux de Grotius, ou le Droit naturel et international (1862)*; *Des gens de mer, Considérations générales sur les contrats nautiques (1863)*; *Nantissement et vente des navires (1863)*; *Application des warrants à la propriété maritime (1863)*; la *Moralité dans le droit (1863)*; *Abordage maritime (1865)*; *Amendement des lois nautiques (1865)*; *Discours de clôture d'un cours de droit économique (1865)*; *Discours, etc., d'un cours de droit maritime*, professé à l'hôtel de ville du Havre ; *Cours public de droit maritime*, etc. (1866); *Dictionnaire universel de Droit maritime au point de vue commercial, administratif et pénal (1867, 2ᵉ édition, 1869)*, ouvrage unique, et dont M. Caumont avait déjà fait paraitre, en 1855, une édition, mais imparfaite, de telle sorte que son livre de 1867 est en réalité une œuvre toute nouvelle. Ajoutons : la *Langue universelle de l'Humanité, ou Télégraphie parlée par le nombre agissant, réduisant à l'unité tous les idiomes du globe (1867, in-4°)*; *Direction de la liberté, ou la Loi (1867)*, discours de clôture d'un cours de droit économique ; la *Balance économique, ou les Harmonies de la Justice (1869)*, etc.

CAVAIGNAC, GODEFROY, homme politique français, fils du général Eugène Cavaignac, qui fut président de la République en 1848, est né en 1853. Il fit ses études au lycée Charlemagne, et l'on se rappelle qu'au concours général de 1867, il refusa de recevoir le prix de version grecque des mains du jeune prince impérial, et du scandale qui en résulta, bien que l'incident dût être prévu. Engagé volontaire en 1870, il prit part à plusieurs sorties de l'armée assiégée et reçut la médaille militaire après l'affaire du plateau d'Avron. Entré à l'École polytechnique en 1872, puis à l'École des ponts et chaussées en 1874, il fut nommé à sa sortie ingénieur à Angoulême ; mais il acheva son droit, se fit recevoir licencié et fut nommé maitre des requêtes au Conseil d'État en 1881. L'année suivante, le 26 février, il y avait dans l'arrondissement de Saint-Calais (Sarthe) une élection partielle motivée par le passage de M. Lemonnier au Sénat. M. Godefroy Cavaignac y fut élu à la presque unanimité des suffrages, et s'inscrivit au groupe de l'Union républicaine. Il fut secrétaire de la Chambre et devint sous-secrétaire d'État au ministère de la guerre dans le cabinet Brisson. Il a été rapporteur de la loi sur les chemins de fer de l'Etat. Elu député de la Sarthe le 4 octobre 1885, il a repris sa place à gauche. M. G. Cavaignac a voté l'expulsion des princes.

CAVAILLÉ-COLL, ARISTIDE, facteur d'orgues né à Montpellier, le 4 février 1811. Venu à Paris en 1833, il obtint l'année suivante, au concours ouvert par l'Institut à cet effet, la commande du grand orgue de l'église de Saint-Denis. Sa réputation dès lors établie, on lui confia l'exécution d'un grand nombre d'œuvres semblables, parmi lesquelles nous citerons : les orgues de Saint-Roch, la Madeleine, Saint-Vincent-de-Paul, Saint-Sulpice, Saint-Louis-d'Antin, Sainte-Clotilde, Notre-Dame, la Trinité, à Paris ; des cathédrales d'Ajaccio, de Carcassonne, de Belley, de Luçon, de Toulouse, de Nancy, de Saint-Brieuc, de Bagneux, de Laval, de Saint-Omer, de Perpignan ; de Saint-Paul, de Nîmes; de Saint-Nicolas, de Gand (Belgique), etc. Parmi les perfectionnements apportés à la construction des orgues par M. Cavaillé-Coll, il faut citer spécialement l'application du levier pneumatique, inventé par lui. Il a figuré, depuis 1834, à toutes les expositions industrielles, où il a obtenu les plus hautes récompenses, notamment la grande médaille de sa classe à l'Exposition universelle de 1878 ; il a été nommé chevalier de la Légion d'honneur ou 1849 et promu officier le 28 octobre 1878. — M. Cavaillé-Coll a présenté à l'Académie des sciences divers *mémoires* ou *notes* sur des questions d'acoustique.

CAVALIÉ, LOUIS HENRI ANGELI, homme politique français, né à Albi le 4 mars 1831. Notaire à Albi, M. Cavalié était maire de sa ville natale, qu'il représentait au Conseil général du Tarn, et fut révoqué par le ministère de Broglie (1873). Il fut élu, comme candidat républicain, député de l'arrondissement d'Albi le 6 mars 1876. Le 14 octobre suivant, le scrutin ne lui était plus favorable, mais l'élection de son concurrent ayant été annulée par la Chambre, il fut réélu le 27 janvier 1878, puis le 21 août 1881. M. Cavalié a été élu député du Tarn le 4 octobre 1885, sur la liste républicaine. Il a voté l'expulsion des princes.

CAVELIER, PIERRE JULES, sculpteur français, né à Paris le 30 août 1814; fut élève de David d'Angers et de Paul Delaroche et remporta le grand prix de sculpture au concours de 1842, ayant pour sujet: *Diomède enlevant le Palladium*. La même année il exposait au Salon un *Jeune coureur grec vainqueur aux Jeux Olympiques*, qui lui valait une médaille de 3ᵉ classe. Il obtint la médaille d'honneur, avec sa statue de *Pénélope endormie*, au Salon de 1849. Il exposa ensuite : la *Vérité (1853)*; *Cornélie*, une *Bacchante*, etc. (1855); deux *Bustes (1857)*; un *Néophyte (1867)*; *F. Duban*, buste, marbre (1873), etc. On lui doit en outre: la statue de *Blaise Pascal*, placée à la tour Saint-Jacques-la-Boucherie; une statue d'*Abeilard*, au nouveau Louvre ; les bustes d'*Ary Scheffer*, d'*Horace Vernet*, de *M. Henriquel Dupont*, de *M. Isaac Pereire*, etc.; *Napoléon Iᵉʳ législateur*, statue en marbre ; la statue de *Mgr Affre*, pour la cour de la nouvelle sacristie de Notre-Dame de Paris et une statue de *Saint Mathieu* pour le portail; *Fronton* et cariatides du pavillon Turgot au nouveau Louvre ; la *Renommée* du tympan du fronton du pavillon d'Henri IV, au Louvre; les deux statues de la *Seine* et de la *Marne* qui surmontaient le cadran de l'horloge de l'Hôtel de Ville, étaient dues également au ciseau de M. Cavelier, dont nous négligeons forcément un grand nombre d'œuvres remarquables. Au mois d'octobre 1875, M. Cavelier recevait de M. Wallon, ministre de l'Instruction publique, la commande des bustes de *Pils*, pour l'Académie des Beaux-Arts et de *Brunet de Presle*, pour l'Académie des Inscriptions et Belles-Lettres. — Fils d'un dessinateur pour l'orfèvrerie, M. Cavelier a également exécuté dans ce genre des modèles charmants. Il est membre de l'Institut (Académie des Beaux-Arts) depuis 1865 et a été promu officier de la Légion d'honneur en 1861.

CAVEROT, LOUIS MARIE JOSEPH EUSÈBE, prélat français, cardinal, est né le 26 mai 1806 à Joinville (Haute-Marne). Il était vicaire général à Besançon, lorsqu'il fut nommé évêque de Saint-Dié en 1849. Promu évêque de Lyon, avec le titre de primat des Gaules en 1876, il était créé cardinal le 12 mars 1877. M. Caverot est officier de la Légion d'honneur depuis le 20 octobre 1878.

CAZAUVIEILH, OCTAVE, homme politique français, né le 4 mai 1834. Maire de la commune de Salles, dans laquelle il réside, après le 4 septembre, il représente depuis 1871 le canton de Belin au Conseil général de la Gironde, M. Cazauvieilh a été élu député de la 5ᵉ circonscription de Bordeaux au scrutin du 4 septembre 1881,

et prit place sur les bancs de la gauche républicaine. Elu député de la Gironde en tête de la liste, le 4 octobre 1885, il a repris son siège à gauche et a voté l'expulsion totale des princes.

CAYLEY, ARTHUR, mathématicien anglais, né à Richmond, dans le Surrey, le 16 août 1821 ; fit ses études au Collège du roi, à Londres et au collège de la Trinité, à Cambridge ; bachelier en 1842, il fut admis au barreau, à Lincoln's Inn, en 1849 et pratiqua depuis comme *conveyancer* (avocat ayant pour spécialité la rédaction des contrats de transfert, etc.). En 1868, il fut nommé professeur de mathématiques pures à la chaire qui venait d'être créée à l'université de Cambridge. Il est membre de la Société royale, de la Société royale astronomique et de la Société de mathématiques de Londres, et de la Société philosophique de Cambridge. Il est auteur d'un grand nombre d'études et de mémoires de mathématiques transcendantes, publiés dans les recueils des diverses sociétés que nous venons de citer, ainsi que dans les publications périodiques de plusieurs autres sociétés scientifiques nationales et étrangères. M. A. Cayley est membre correspondant de l'Institut de France et de beaucoup d'autres académies et sociétés savantes étrangères. — Docteur en droit civil de l'université d'Oxford en 1864, et docteur en lois de l'université de Dublin en 1865, le Dʳ Cayley a été président de la Société astronomique en 1872-73 et a reçu le titre honorifique de docteur en mathématiques et physique de l'université de Leyde en 1875. Enfin la Société royale lui décerna la médaille de Copley en novembre 1882, en récompense de ses nombreux et savants travaux de mathématiques pures.

CAZEAUX, DOMINIQUE ÉMILE, homme politique français, né à Benac (Hautes-Pyrénées) le 12 décembre 1835. Ancien magistrat, et ayant en cette qualité occupé le siège du ministère public dans bon nombre de procès politiques et de presse, lorsque survint le 4 septembre 1870. Il fut destitué sans retard. Nommé capitaine des mobiles de son département, il fit partie de l'armée improvisée et fort mal équipée et armée du camp de Toulouse. M. Cazeaux se présenta à une élection partielle qui eut lieu dans les Hautes-Pyrénées, pour remplacer M. de Goulard. Accepté, le 12 juillet 1873 ; élu, il prit place à l'Assemblée nationale sur les bancs de l'Appel au peuple, et agit en conséquence. Il fut élu député, dans la 1ʳᵉ circonscription de Tarbes au scrutin de ballottage du 6 mars 1876, réélu le 14 octobre 1877 et le 21 août 1881. Enfin, aux élections générales du 4 octobre 1885, M. Cazeaux triompha dans les Hautes-Pyrénées avec toute la liste réactionnaire.

CAZENOVE DE PRADINE (de), EDOUARD, homme politique français, né en 1821. Il prit part à la guerre de 1870-71 dans le corps des zouaves de Charette et eut un bras fracassé par un éclat d'obus à la bataille de Loigny, blessure fort grave et dont il fut longtemps à guérir. Elu le 8 février 1871 représentant du Tarn-et-Garonne sans avoir personnellement sollicité, M. de Cazenove de Pradine siégea quelque temps en uniforme à l'Assemblée nationale. Il est l'auteur de la proposition tendant à demander au clergé des prières pour la France. Après la séparation de l'Assemblée nationale, M. de Cazenove de Pradine ne reparait plus sur la scène politique, jusqu'aux élections partielles qui eurent lieu dans la Loire-Inférieure (un peu loin du Tarn-et-Garonne), le 14 septembre 1884, et où il fut élu. Aux élections du 4 octobre 1885, il triompha dans le même département, avec tous ses amis de la liste monarchique. M. de Cazenove de Pradine, a repris son siège à l'extrême droite. — Il est commandeur de l'ordre pontifical de Saint-Grégoire-le-Grand.

CAZOT, THÉODORE JOSEPH JULES, jurisconsulte et homme politique français, sénateur, est né à Alais (Gard) le 11 février 1821. Il fit ses études de droit à Paris et se fit inscrire au barreau de cette ville. En 1848, M. Jules Cazot sut se fixer dans son département natal, où il se lia avec les principaux membres du parti républicain. Il plaida dans plusieurs procès politiques et figura parmi les défenseurs des accusés du complot de Lyon, en 1851. Arrêté après le coup d'Etat de décembre, il resta quelque temps en prison, puis fut interné pendant plusieurs années à Montpellier; après quoi il revint à Paris et se voua à l'enseignement libre. En 1868, à l'occasion d'une élection partielle, il se porta candidat pour la 1ʳᵉ circonscription du Gard, mais sans succès ; sans succès encore, il renouvela la tentative aux élections générales de l'année suivante. Nommé le 7 septembre 1870 secrétaire général du ministère de l'intérieur, il accompagna la délégation à Tours et à Bordeaux et suivit

M. Gambetta dans sa retraite. Il fut élu représentant du Gard à l'Assemblée nationale le 2 juillet 1871, et conseiller général pour le canton d'Anduze le 8 octobre suivant. A l'Assemblée, M. Cazot siégeait à l'extrême gauche. Il y prit la parole avec une grande autorité dans diverses circonstances; combattit notamment la demande tardive en autorisation de poursuites contre M. Ranc (20 juin 1873) et appuya la réclamation formulée par le général de Carrey de Bellemare contre la commission des grades, qui l'avait fait rétrograder au rang de général de brigade (23 mars 1873). — M. Jules Cazot a été élu par l'Assemblée sénateur inamovible, le 15 décembre 1875. Il siège à l'extrême gauche. Lors de la formation du ministère Freycinet, le 27 décembre 1879, M. Cazot accepta le portefeuille de la justice; il le conserva dans le cabinet Ferry, après la crise ministérielle du 18 septembre 1880 (23 septembre), et prit une grande part à l'exécution des décrets contre les congrégations religieuses non autorisées. Il se retira avec ses collègues du cabinet Jules Ferry, le 10 novembre 1881. M. Jules Cazot fut nommé, le 13 avril 1883, premier président de la Cour de cassation ; il a donné sa démission de ce poste le 14 novembre 1884. — Il a voté l'expulsion des princes.

CECIL (lord), EUSTACE HENRY BROWNLOW GASCOYNE, homme politique anglais, frère puîné du marquis de Salisbury, est né à Londres en 1834, et fit ses études au collège d'Harrow, puis au Collège royal militaire de Sandhurst. Il entra dans l'armée comme enseigne au 43e régiment d'infanterie légère, en 1851, servit au Cap de Bonne-Espérance, aux Indes, en Crimée, et se retira comme capitaine et lieutenant-colonel des « Coldstream Guards » en 1863. Il représenta l'Essex méridional à la chambre des Communes, comme député conservateur, de juillet 1865 à décembre 1868, et à partir de cette date le district ouest de ce comté. Au Parlement, lord Eustace Cecil a pris un intérêt particulier à la question de l'instruction militaire, ainsi qu'à la question de falsification des denrées alimentaires. En 1868, il a fait partie de la commission d'enquête sur l'éducation militaire et la situation, à ce point de vue, des écoles spéciales de Woolwich et de Sandhurst. En 1872, il eut une grande part, avec M. Muntz, député de Birmingham, à l'adoption de « l'Adultération Act ». A l'avènement au pouvoir de M. Disraeli, en février 1874, lord Eustache Cecil a été nommé inspecteur général de l'artillerie et conserva cette position jusqu'à la chute du parti conservateur en 1880. Il est l'auteur de : *Impressions of Life at Home and Abroad*.

CERRITO, FANNY, célèbre danseuse italienne, fille d'un ancien officier du roi Murat, est née à Naples le 11 mars 1821. Dès l'âge de treize ans, elle débuta comme première danseuse au théâtre San Carlo, dans un ballet intitulé : *l'Oroscopo*, et fut accueillie avec un véritable enthousiasme. Elle parcourut ensuite, non moins triomphalement, Florence, Gênes, Turin, Milan, Vérone, Vicence, Bologne, Parme, Padoue, Venise, Vienne, Berlin, Dresde, Pesth et Londres, où elle reparut à chaque saison, de 1840 à 1845; à Vienne, elle avait déjà été retenue deux années. Nous citerons parmi les ballets dans lesquels elle figura pendant cette période : *Alma*, *Il lago delle fate*, *Ondina*, la *Vivandiera*, la *Fioraia*, *Lalla Roukh*, écrits expressément pour elle; la *Sylphide*, *Grisella*, *Esmeralda*, les *Voyageurs à l'Ile d'Amour*, l'*Élève de la Nature*, *Il Delirio d'un Pittore*. — Ce que l'on raconte des succès de l'aimable *ballerina* qu'on devait baptiser plus tard, à Paris, bien entendu, « la quatrième grâce » est inouï; on se battait à la porte de la Scala à Milan lorsqu'elle devait paraître sur la scène; à Rome, l'élite du public qui l'applaudissait chaque soir lui fit don d'une couronne, or et pierreries, de vingt-cinq mille francs; à Florence, Ibrahim-Pacha lui proposa de l'enlever; à Londres, elle reçut, à trois reprises, une magnifique médaille à son effigie. Cette ville possédait déjà trois premiers sujets, auprès desquels il fallait être Fanny Cerrito pour n'être pas éclipsée : Fanny Eissler, Maria et Carlota Grisi. Ce fut à Londres, en 1845, qu'à l'apogée de sa gloire, elle épousa Arthur Saint-Léon, lui-même danseur et chorégraphe distingué. En 1846, elle était engagée à l'Opéra de Paris, et débutait dans la *Fille de Marbre*, ballet composé par son mari, qui y figurait également comme danseur, et que Louis-Philippe fit exécuter au palais de Saint-Cloud. Après s'être séparée de son mari, en 1850, elle partit pour Saint-Pétersbourg, et revint à Paris en 1852. Elle reparut alors à l'Opéra, notamment dans le ballet d'*Orphée*, d'Adolphe Adam. On lui doit plusieurs ballets, *Gemma* notamment.

CESENA (de), AMÉDÉE GAYET, littérateur et journaliste français, né en 1810 à Sestri (Sardaigne), d'un père français et d'une mère italienne dont le nom lui a sans doute paru plus euphonique. Il débuta dans la carrière littéraire par un « hymne » sur la *Conquête d'Alger* (1830); et fit paraître ensuite *Agnès de Méranie*, tragédie (1842). Il avait été dans l'intervalle secrétaire du baron Taylor, qu'il avait accompagné dans diverses missions. En 1843, il prenait la direction du *Journal de Maine-et-Loire*, feuille ministérielle d'Angers. Revenu à Paris, il devenait, le lendemain de la révolution de février, collaborateur du *Représentant du peuple*, de Proudhon; entrait à la *Patrie*, en 1850, et passait de là au *Constitutionnel*, avec Granier de Cassagnac, en 1852. Il quitta ce journal en 1857, et collabora à la *Semaine financière*, puis fonda la *Semaine politique*, devenue ensuite *Courrier du Dimanche*; reparut à la *Patrie*, au *Constitutionnel*; puis devint rédacteur du *Figaro* (1869), de l'*Histoire* (1870); de la *Presse* (1871), etc. — M. Amédée de Cesena a publié en outre : les *Césars et les Napoléons* (1856); l'*Angleterre et la Russie* (1858); *Campagne de Piémont et de Lombardie*, en 1859 (1860); la *Papauté et l'adresse* (1862); *Guide aux Environs de Paris* (1864); *Histoire de la guerre de Prusse* (1871); les *Courtisanes vierges*, roman (1873); les *Belles Pécheresses*, etc.

CHABRILLAT, HENRI LOUIS, journaliste et littérateur français, né à Marseille le 28 décembre 1844; son père, d'abord libraire, devint directeur de théâtre; son grand-père le marquis de Belbèze fut soldat; il tint des deux origines et c'est à la fois homme de lettres et militaire. Comme journaliste, il a collaboré depuis vingt ans au *Figaro*, au *Gaulois*, à l'*Evènement*, au *Charivari*, au *Soleil*, au *Corsaire*, au *Constitutionnel*, au *Petit Journal*, au *Gamin de Paris*, etc. Comme romancier, on a déjà de lui six volumes, qui sont autant de succès : *Friquet*, la *Filliotte*, les *Amours d'une millionaire*, l'*Amour en quinze leçons*, la *Fille de M. Lecoq*, la *Petite Nicolette*. Comme auteur dramatique, il a donné à diverses scènes : la *Belle Bourbonnaise*, les *Trois Margot*, les *Mirlitons*, la *Fiancée du Roi de Garbe*, *Il pleut*, *Dans le mouvement*, et une quinzaine de pièces en un acte. Comme directeur de théâtre, il conduisit brillamment l'Ambigu; c'est sous sa direction que le naturalisme triompha, avec l'*Assommoir* et *Nana*. — Comme militaire, il a de très beaux états de service : capitaine aux Francs-tireurs de Paris, il fut l'un des héros de la défense de Châteaudun, prit part à plus de trente combats, fut blessé deux fois, cité au *Journal officiel* et décoré par le général Chanzy, qui en fit son aide-de-camp. Il commande aujourd'hui le bataillon territorial de Boulogne-sur-Mer.

CHABRON (de), MARIE ÉTIENNE EMMANUEL BERTRAND, général et homme politique français, sénateur, est né à Retournac (Haute-Loire) le 5 janvier 1806. Après avoir commencé ses études militaires à l'école de Saint-Cyr, les avoir poursuivies quelque temps au prytanée de la Flèche, il s'engagea volontairement dans un régiment de ligne, à dix-huit ans (13 janvier 1824); y conquit tous ses grades, à commencer par celui de caporal, sans en omettre un seul; devint successivement fourrier, sergent-major et adjudant sous-officier, puis maréchal sous-lieutenant (janvier 1830); fut employé en cette qualité à la répression des troubles qui avaient éclaté en Vendée (1831-34), devint lieutenant en 1832 et capitaine en 1838. Il passa au 7e bataillon de chasseurs à pied (formation nouvelle) en 1840; concourut à la répression de l'insurrection de juin, à Paris, puis fit partie, de 1849 à 1852, de l'armée d'occupation de Rome. Promu chef de bataillon à cette dernière date, fut promu pour l'Algérie, prit part au siège de Lagouat, puis aux expéditions diverses qui eurent lieu jusqu'en 1854, époque à laquelle il fit partie de l'armée d'Orient. Dans cette campagne, il prit part à l'expédition de la Dobroutcha, aux combats ou batailles de l'Alma, de Balaklava, d'Inkermann, du Mamelon Vert, du Tracktir, et entrait un des premiers dans Sébastopol. M. de Chabron, qui n'avait reçu dans ces diverses affaires que des contusions sans gravité, avait été cité trois fois à l'ordre du jour de l'armée. Il était nommé colonel du 3e régiment de zouaves le jour même de la prise de Sébastopol (8 septembre 1855). Rentré en Algérie, il fut employé à réprimer l'insurrection des tribus arabes, prit part ensuite à l'expédition de la grande Kabylie (1857), de l'*Oued-el-Kubir* (1858) et de l'Aurès (1859). Le colonel de Chabron fit ensuite la campagne d'Italie, combattit à Palestro et fut cité de nouveau à l'ordre du jour. Le 21 juin 1859, il était promu général de brigade. Nommé, au retour, commandant de la première subdivision de la 20e division militaire (Puy-de-Dôme), il fut placé dans le cadre de réserve le 5 janvier 1868. M. le général de Chabron, rappelé à l'activité en juin 1870, reprit le commandement de sa subdivision; puis, le 25 septembre, il fut appelé au commandement de la 1re division du 15e corps, dans l'armée de la Loire; promu général de division, le 25 novembre, et placé à la tête de la 2e division du 25e corps, il enleva, le 28 janvier 1871, le faubourg de Blois, énergiquement disputé par l'ennemi. — Elu, le 8 février 1871, représentant du Puy-de-Dôme, le général de Chabron vint siéger au centre gauche, où il demeura jusqu'au 24 mai 1873; à partir de ce moment, il vota avec le centre droit, sauf à l'occasion de l'amendement Wallon, que son vote fit évidemment passer. Il se fit inscrire alors au groupe Lavergne et vota avec ce groupe, c'est-à-dire avec la gauche. Porté sur la liste des gauches pour les élections des sénateurs inamovibles, il a été élu le 15 décembre 1875. Conseiller général du Puy-de-Dôme depuis 1859, M. de Chabron a été réélu le 8 octobre 1871 et devint président du conseil. Quand la question de l'expulsion des princes s'est présentée au Sénat (22 juin 1886), il a voté contre. Commandeur de la Légion d'honneur depuis 1857, M. le général de Chabron est en outre commandeur de l'ordre militaire de Savoie, décoré de la Medjidié, 3e classe, décoré de la médaille militaire et de la médaille de la valeur militaire de Sardaigne.

CHADOIS (de), MARC ANTOINE MARIE GABRIEL PAUL, ancien officier, homme politique français, sénateur, né en 1830 à Saint-Barthélemy (Lot-et-Garonne). Elève de Saint-Cyr, il suivit quelque temps la carrière des armes; devenu capitaine, il donnait sa démission en 1867. Lors de la guerre avec la Prusse, M. de Chadois reprit du service: il fut nommé chef d'un bataillon de mobiles, puis lieutenant-colonel, prit part à diverses affaires, notamment à la bataille de Coulmiers, où il fut blessé, et fut promu officier de la Légion d'honneur. — Aux élections du 8 février 1871, M. le colonel de Chadois fut nommé représentant de la Dordogne à l'Assemblée nationale et prit place sur les bancs du centre gauche, dont il devint l'un des vice-présidents. Il a pris une part brillante à la discussion des lois militaires; et, à l'occasion des menées monarchiques d'octobre 1873, il a voulu faire une profession de foi accentuant avec un grand à-propos ses sympathies pour la forme républicaine. Porté sur la liste des gauches, M. le colonel de Chadois a été élu sénateur inamovible le 11 décembre 1875, au troisième tour de scrutin. — Il a voté contre l'expulsion des princes.

CHAIGNET, ANTHELME EDOUARD, littérateur français, né à Paris le 9 septembre 1819, fit ses études au prytanée de la Flèche, où il devint répétiteur en 1839 et professeur de seconde en 1845. Il prit le grade de docteur ès lettres en 1863 et fut nommé, la même année, professeur de littérature ancienne à la faculté des lettres de Poitiers; il est devenu recteur de l'Académie de cette ville. — On a de M. Chaignet: *Question du Beau (1860)*, ouvrage qui, présenté en 1858, sous forme de mémoire, à l'Académie des sciences morales et politiques, avait obtenu une mention honorable, et, sous sa forme nouvelle, y fut l'objet d'un rapport extrêmement flatteur de M. Barthélemy Saint-Hilaire; *De la Psychologie de Platon*, et *De Iambico versu (1863)*, ses thèses de doctorat, dont la première fut honorée d'un premier prix de l'Académie française, et la seconde, complétée en 1863 par une notice sur les *Formes diverses du Chœur, dans la tragédie grecque*, de la mention d'honneur de la faculté des lettres de Paris; *Principes de la critique (1866)*, mémoire également couronné par l'Académie; *Vie de Socrate (1868)*; la *Vie et les écrits de Platon (1869)*, qui n'est, dans l'esprit de l'auteur, que la première partie d'un travail considérable sur la philosophie de Platon, couronné par l'Académie des sciences morales et politiques; *Pythagore et la philosophie pythagoricienne (1872-73*, 2 vol.), qui a obtenu le prix Victor Cousin; *Théorie de la déclinaison (1874)*; *Philosophie de la science du langage (1875)*; la *Tragédie grecque (1877)*, etc. — M. Chaignet a été élu correspondant de l'Académie des sciences morales et politiques en décembre 1875. Chevalier de la Légion d'honneur depuis 1868, il a été promu officier le 31 décembre 1884.

CHAILLU (du). Voy. **Du Chaillu**.

CHAIX, BERNARD CYPRIEN, homme politique français, né à Gap le 11 novembre 1821. Avocat, ancien représentant à l'Assemblée législative de 1849, il fut arrêté au coup d'Etat de décembre 1851 et retenu plusieurs mois en prison. Il se retira alors à Gap et s'inscrivit au barreau de cette ville. Il ne reparut plus sur la scène politique qu'aux élections de 1869, où il se porta candidat contre Clément Duvernois, candidat officiel, lequel fut élu. Nommé préfet des Hautes-Alpes le 5 septembre 1870, il fut élu représentant de ce département le 8 février 1871; mais son élection fut annulée parce qu'il s'en fallait d'un jour ou deux qu'il eût quitté la préfecture dans le délai légal. Réinstallé dans sa préfecture, M. Cyprien Chaix se retira définitivement après la chute de M. Thiers (mai 1873). Aux élections générales du 20 février 1876, il fut élu député de l'arrondissement de Gap; réélu le 14 octobre 1877 et le 21 août 1881, il siégea constamment sur les bancs de la gauche républicaine. M. Cyprien Chaix a été élu député des Hautes-Alpes au scrutin du 4 octobre 1885. Il a voté l'expulsion des princes.

CHALAMET, JEAN MARIE ARTHUR, professeur et homme politique français, né à Vernoux en 1822. Agrégé de l'Université, M. Chalamet a professé successivement la rhétorique aux lycées de Tournon, Caen, Clermont-Ferrand, Lyon; il a fait, dans cette dernière ville, des conférences très suivies et collaboré à divers journaux du Rhône et de l'Ardèche. Aux élections du 8 février 1871, il échoua de quelques voix; élu député de la première circonscription de Privas, le 20 février 1876, il prit place à gauche. M. Chalamet a été réélu le 14 octobre 1877, contre M. Henri Chevreau, ancien ministre de l'empire. Il a été également réélu le 21 août 1881, contre M. Jules Roche, conseiller municipal de Paris, alors radical socialiste. Il devint sous-secrétaire d'Etat au ministère de l'instruction publique dans le cabinet Gambetta (14 novembre 1881 au 26 janvier 1882). Elu sénateur de l'Ardèche à l'élection complémentaire nécessitée, en 1883, par la mort du comte Rampon, M. Chalamet a été réélu au renouvellement partiel du 25 janvier 1885. Il siège à la gauche du Sénat, et a voté l'expulsion des princes. — M. Chalamet est chevalier de la Légion d'honneur depuis 1869.

CHALLAMEL, JEAN-BAPTISTE MARIE AUGUSTIN, littérateur français, né à Paris le 18 mars 1818; fit ses études au collège Henri IV, suivit ensuite les cours de l'Ecole de droit et fut reçu avocat en 1838. Mais il n'exerça pas et se consacra bientôt aux travaux littéraires. — M. Augustin Challamel a publié: les *Plus beaux tableaux de Téniers, Gérard Dow*, etc. (1839); *Album du Salon de 1840*; *Histoire-Musée de la République française, depuis l'Assemblée des notables jusqu'à l'Empire (1841*, 2 vol.); *Saint Vincent-de-Paul (1841)*; *les Français sous la Révolution*, avec M. W. Tenint *(1843)*; un *Eté en Espagne (1845)*; *Isabelle Farnèse (1851*, 2 vol.); *Madame du Maine, ou les légitimes et les légitimistes (1851-53)*; *Histoire populaire de la France*, divisée en quatre parties avant des titres différents: *Histoire de la Révolution, Histoire de Napoléon, Histoire de Paris, Histoire de France (1851)*; *Histoire populaire des papes, depuis saint Pierre jusqu'à la moitié du XIXe siècle en Italie (1859-61)*; *Histoire anecdotique de la Fronde, Histoire du Piémont et de la Maison de Savoie (1860)*; la *Régence galante (1861)*; le *Roman de la plage (1863)*; *Mémoires du Peuple français, depuis son origine jusqu'à nos jours (1865-73*, 8 vol.); *Histoire de la mode en France (1874)*; les *Amuseurs de la rue (1876)*; les *Revenants de la place de Grève (1879)*; *Précis d'histoire de France, depuis les origines jusqu'à 1863 (1883)*, etc.

M. Augustin Challamel a en outre collaboré à la *France littéraire*, la *Revue française*, au *Musée des familles*, à la *Mosaïque*, etc.; il a signé plusieurs de ses ouvrages du pseudonyme de « Jules Robert ». Entré à la Bibliothèque Sainte-Geneviève en 1844, il en est devenu conservateur. Il a été décoré de la Légion d'honneur.

CHALLEMEL-LACOUR, PAUL ARMAND, littérateur, publiciste et homme politique français, sénateur, né à Avranches (Manche) le 19 mai 1827; fit ses études, à Paris, au lycée Saint-Louis, entra à l'Ecole normale en 1846 et en sortit premier, agrégé de philosophie en 1849. Nommé professeur de philosophie au lycée de Pau, la même année, il passait en la même qualité, deux ans plus tard, au lycée de Limoges. Mais, déjà convaincu de républicanisme, il fut arrêté au coup d'Etat de décembre, incarcéré et finalement exilé. Réfugié en Belgique, il y fit des conférences qui eurent un grand retentissement, visita ensuite l'Allemagne, puis l'Italie, et se fixa en Suisse, où il fut, en 1856, nommé professeur de littérature française au Polytechnicum de Zurich. Rentré en France en 1859, il tenta vainement de faire un cours public sur les Beaux-Arts, devint collaborateur du *Temps*, puis de la *Revue Nationale*, de la *Revue des cours scientifiques et littéraires*, de la *Revue Moderne*, dont il devint directeur, de la *Revue des Deux-Mondes* où il remplaça M. de Mars comme gérant, etc. En 1868, il fonda avec MM. Brisson, Allain-Targé et Gambetta la *Revue politique*, dont il prit la direction, et subit en conséquence une condamnation pour publication des listes de souscription au monument du représentant Baudin. Il fut en outre l'un des fondateurs, en 1871, et le rédacteur en chef de la *République française*. — Nommé, après le 4 septembre 1870, préfet du Rhône et commissaire extraordinaire du gouvernement pour l'organisation de la défense du territoire, il resta à son poste pendant toute la durée de la guerre, malgré des difficultés inouïes, et bien que n'ayant pu s'opposer efficacement à l'établissement de la Commune de Lyon, qui subordonna en quelque sorte l'autorité préfectorale à l'autorité municipale, ni aux excès auxquels le meurtre du commandant Arnaud mit le comble. Démissionnaire après le vote des préliminaires de paix (5 février 1871), M. Challemel-Lacour fut élu, représentant des Bouches-du-Rhône à l'Assemblée nationale le 7 février 1872, et vint prendre place à l'Assemblée sur les bancs de l'extrême gauche. Lors de la discussion des marchés de Lyon (1er février 1873), son administration fut violemment attaquée par des membres de la majorité, qui lui reprochèrent les uns sa faiblesse envers les agitateurs lyonnais, les autres sa connivence avec eux, sans parler d'une foule d'autres accusations parasites, non moins passionnées. M. de Carayon-Latour alla même jusqu'à l'accuser d'avoir répondu aux plaintes formulées contre les agissements des mobiles sous son commandement, par cette dépêche laconique, autant que légendaire: « Fusillez-moi tous ces gens-là ! » (dépêche qui ne put être retrouvée). Ces attaques n'eurent d'autre résultat que de fournir au représentant des Bouches-du-Rhône l'occasion d'être éloquent. Il a pris la parole dans diverses autres occasions, moins personnelles, avec un très grand succès, notamment à l'occasion de la loi relative à l'enseignement supérieur, où il répondit à M. Dupanloup; sur la levée de l'état de siège, etc. — Porté aux élections sénatoriales du 30 janvier 1876, avec MM. Pelletan et feu Esquiros, dans le département des Bouches-du-Rhône, il fut élu avec ses amis. C'est au Sénat que M. Challemel-Lacour devait remporter son véritable triomphe oratoire. Le discours prononcé par M. Challemel-Lacour au Sénat, dans la séance du 16 juillet 1876, sur l'éternelle question de la « liberté » de l'enseignement supérieur, ou plutôt, sur l'amendement tendant à enlever aux universités libres la « licence » de conférer les grades, est mieux encore qu'un morceau d'éloquence, car il est tout aussi important par le fond que remarquable par la forme ; mais il ne pouvait convaincre une majorité réactionnaire et cléricale, dont le siège était fait.

En 1879, M. Challemel-Lacour, poursuivi par les frères de Caluire, près Lyon, dont l'établissement avait été occupé militairement pendant la guerre, comme responsable des dégâts causés, en sa qualité de préfet du Rhône, était condamné à 97,000 fr. de dommages-intérêts par la cour de Dijon. La même année, il faisait à son tour condamner à 2,000 fr. d'amende et 10,000 fr. de dommages-intérêts, sur la plaidoirie de Gambetta, un journaliste clérical de Paris, qui l'avait honnêtement accusé de tricher au jeu. Ces deux affaires étaient à peine terminées, que M. Challemel-Lacour fut nommé ambassadeur à Berne (14 janvier 1879), d'où il était transféré le 11 juin 1880, étant remplacé à Berne par M. Emmanuel Arago et remplaçant à Londres M. Léon Say. A cette nouvelle, grand émoi chez la Vieille Angleterre, qui s'attendait à voir arriver une espèce de Jack Cade travesti en diplomate. M. O'Donnell demanda au gouvernement, à la Chambre des communes, si le nouvel ambassadeur de France était ce même *citoyen* Challemel-Lacour qui avait ordonné le massacre du bataillon de M. de Carayon-Latour et avait été condamné comme complice du pillage d'un couvent; et sur la réponse de sir Charles Dilke, sous-secrétaire des affaires étrangères, réponse qu'il jugea insuffisante, il demanda l'ajournement de la Chambre, que l'intervention de M. Gladstone put seule faire repousser. Cependant, M. Challemel-Lacour fut mieux accueilli à la cour de Saint-James qu'il n'aurait dû l'espérer, et sut se créer des sympathies dans ses fonctions. Il donna sa démission en février 1883. Appelé au ministère des affaires étrangères dans le cabinet Jules Ferry du 21 février 1883, il donnait sa démission le 20 novembre suivant, ayant manifesté son dissentiment avec ses collègues, sur la politique suivie envers la Chine particulièrement, par des absences fréquentes et plus ou moins motivées. — M. Challemel-Lacour a été réélu sénateur des Bouches-du-Rhône, en tête de la liste, au renouvellement partiel du 25 janvier 1885.

On doit à M. Challemel-Lacour: une traduction de l'*Histoire de la Philosophie* de Ritter, avec une introduction (1861) ; la *Philosophie individualiste, Etude sur Guillaume de Humboldt*, dans la « Bibliothèque de Philosophie contemporaine » (1864) ; une édition des *Œuvres de Madame d'Epinay (1869)*, etc.; outre un grand nombre d'articles politiques et de critique artistique, dramatique, littéraire et philosophique, d'études sur la littérature et la philosophie allemandes, épars dans les recueils que nous avons cités et dans d'autres.

CHAMBERLAIN, Joseph, homme politique anglais, né à Londres en 1836. Après avoir fait de bonnes études à l'université de Londres, il s'associa à une grande fabrique de vis en bois de Birmingham, la maison Nettlefold et Chamberlain, dont son père avait été avant lui l'associé, et ne tarda guère à se faire une célébrité locale par l'expression éloquente de ses opinions radicales. Président du comité exécutif de la Ligue pour l'éducation en 1868, il était nommé la même année conseiller municipal de Birmingham; il fut reçu en 1870 membre du bureau des écoles de cette ville, dont il devint président en 1873. M. Chamberlain quittait les affaires en 1874. Alderman de Birmingham, il fut à trois reprises, en 1874, 1875 et 1876, élu maire de Borough. En 1875, il se porta candidat à la Chambre des communes à Sheffield, contre M. Roebuck, il échoua, mais avec une minorité considérable. Dans une élection partielle qui se présenta à Birmingham en juin 1876, il fut plus heureux, et fut réélu aux élections générales d'avril 1880. Aussitôt après l'élection, il entra dans le cabinet Gladstone, comme ministre du commerce. Il était président de la Direction du gouvernement local dans le cabinet formé par le même homme d'Etat le 4 février 1886; mais il se sépara bientôt et avec éclat de son chef, et combattit avec une grande énergie son projet de *home rule* pour l'Irlande, qui fut repoussé grâce à cette opposition, dans laquelle M. Chamberlain avait groupé autour de lui un certain nombre de membres du parti libéral, unionistes avant tout. Après la dissolution qui suivit cette discussion mémorable, M. Chamberlain était réélu à Birmingham (juillet 1886). — On doit à M. Chamberlain divers articles publiés dans la *Fortnightly Review*, notamment : le *Parti libéral et ses chefs (1873)* ; la *Page prochaine du programme libéral (1874)* ; la *Vraie méthode qui convient avec les Publicains (1876)*.

CHAMBERLAND, Charles, chimiste et homme politique français, né à Chilly-le-Vignoble (Jura) en 1850. Il fit ses études scientifiques à Paris, se fit recevoir docteur ès sciences physiques et agrégé à la Faculté; mais il s'est principalement attaché à M. Pasteur, son maître et son compatriote, d'abord comme préparateur et actuellement comme sous-directeur des études scientifiques au laboratoire de l'illustre savant. Aux élections du 4 octobre 1885, M. Chamberland se porta candidat à la députation dans son département natal, sur la liste radicale. Il fut élu au scrutin du 18 et prit place à l'extrême gauche. M. Chamberland a repoussé de son vote les deux propositions d'expulsion des princes.

CHAMBRUN (comte de), Joseph Dominique Aldebert de Pineton, écrivain français, né à Paris le 19 novembre 1821, y fit ses études, suivit les cours de l'Ecole de droit, puis entreprit un voyage en Orient, au retour duquel il entra dans l'administration comme sous-préfet de Toulon (1850). Il passa en 1851 à la sous-préfecture de Saint-Etienne, et fut appelé, au mois de novembre suivant, à la préfecture du Jura, où il se trouvait naturellement au moment du coup d'Etat, et se signala en marchant bravement en tête d'une colonne d'infanterie à la rencontre des insurgés de Poligny ; mais en dépit de ce déploiement de forces au moins inutile, il n'y eut pas de collision. En 1854, M. de Chambrun donnait sa démission, et était élu en 1857, comme candidat officiel, par l'unique circonscription de la Lozère, dont il était conseiller général. Réélu en 1863 et 1869, quoique, cette fois, abandonné du gouvernement, qui lui opposait Ferdinand Barrot, M. le comte de Chambrun fut, dans cette dernière session, un des auteurs de l'interpellation des 116, qui devait avoir pour effet le retour au gouvernement parlementaire. En conséquence, il déclara, à la veille du vote plébiscitaire, par une lettre adressée à la *Presse*, que, le plébiscite étant la négation du système parlementaire, il s'abstiendrait, malgré son dévouement à la dynastie impériale. Il avait, au reste, présenté à la Chambre, au mois d'avril précédent (1870), une proposition tendant à ce qu'aucun plébiscite ne pût être soumis au peuple, qu'il n'eût été préalablement approuvé par les deux Chambres: tentative vaine, bien entendu. — Aux élections du 8 février 1871, M. de Chambrun fut élu représentant de la Lozère, et prit place au centre droit. On a pris que peu de part aux discussions de cette assemblée, si ce n'est par ses votes et par la présentation de quelques amendements aux lois en discussion. Le 8 octobre, il était réélu membre du Conseil général de la Lozère pour le canton de Villefort, qu'il représentait depuis vingt ans à ce conseil et ne

devait plus représenter que jusqu'en 1874. Enfin, il était élu sénateur de la *Lozère* le 30 janvier 1876, et ne pensait même pas à faire renouveler son mandat en 1879.
On a de M. de Chambrun: *De la forme du gouvernement (1848)*, qui est l'apologie un peu exagérée de la forme parlementaire; *Fragments politiques (1872)*, contenant des discours et des amendements prononcés ou présentés à la Chambre par l'auteur; *De l'institution d'une Régence (1874)*; le *Pouvoir exécutif aux Etats-Unis, étude de droit constitutionnel (1876)*; le *Philosophe et la muse*, dialogue (1884), etc. — Membre de la Commission supérieure des expositions internationales, M. de Chambrun était membre du jury international et vice-président du 15e groupe (instruments de musique), à l'Exposition universelle de Vienne, en 1873. — Il est chevalier de la Légion d'honneur depuis 1852, commandeur des ordres de Saint-Grégoire le Grand et de Charles III d'Espagne.

CHAMPFLEURY, Jules Fleury (dit), écrivain français, né à Laon le 10 septembre 1821. Il vint de bonne heure à Paris, où il entra comme employé dans une maison de librairie. C'est alors qu'il se trouva en relation avec des jeunes gens, écrivains ou artistes, qui devaient bientôt avoir une place dans les *Confessions de Sylvius* et dans *Mademoiselle Mariette*, ainsi que dans toutes les *Vies de Bohème*, d'Henri Murger: c'étaient MM. de Banville, Murger, Wallon, Pierre Dupont, Schann, les peintres Bouvin et Courbet, etc., dont plusieurs sont arrivés à la réputation. M. Champfleury écrivit d'abord au *Corsaire*, à l'*Artiste*, où il donna des nouvelles et des articles fantaisistes, publiées ensuite à part, sous les titres de *Contes d'Hiver, de Printemps, d'Eté, d'Automne (1848-54)*. Vers 1846, à l'exemple d'écrivains déjà célèbres, M. Champfleury s'éprit d'une belle passion pour Pierrot et le théâtre des Funambules, dont il devait être plus tard (1863) le directeur. Il donna donc au théâtre de Pierrot plusieurs pantomimes qui eurent beaucoup de succès: *Pierrot valet de la Mort (1846)*; la *Reine des carottes (1847)*; les *Trois filles à Cassandre (1849)*; *Trois Pierrots (1851)*, etc. Vers la même époque, il avait songé, avec quelques-uns de ses amis, à fonder une nouvelle école artistique et littéraire: l'Ecole réaliste, dont il devait être le chef dans la littérature, comme Courbet devait l'être dans l'art. M. Champfleury accentua donc sa « manière » en conséquence, et poursuivit son but malgré vents et marée, autrement dit malgré les critiques idéalistes, dont les attaques prirent plus d'une fois la forme de l'invective. Parmi les œuvres les plus connues de cet écrivain, outre les précédentes, nous citerons: *Chien Caillou (1847)*; *Réalisme*, les *Oies de Noël (1849)*; les *Excentriques (1859)*; les *Aventures de Mlle Mariette (1853)*; *Contes vieux et nouveaux*, les *Bourgeois de Molinchart (1854)*; les *Premiers beaux jours*; l'*Usurier Blaisot (1855)*; les *Souffrances du professeur Deltheil*; *Souvenirs des Funambules*, les *Sensations de Josquin (1856)*; les *Amis de la nature*, le *Violon de Faïence (1858)*; la *Succession Lecamus (1860)*, l'un de ses meilleurs ouvrages, avec les *Bourgeois de Molinchart*, qui fondèrent sa réputation sur des bases désormais inébranlables, malgré l'accusation d'imiter servilement Balzac, qui ne lui fut pas épargnée. M. Champfleury avait été l'un des fondateurs, en 1848, de l'*Evénement*, mais non des plus actifs. La plupart des ouvrages que nous venons de citer avaient préalablement paru en feuilletons dans divers journaux ou revues, depuis la *Voix du Peuple* de Proudhon, jusqu'à la *Revue des Deux-Mondes*. Il fonda, en 1856, l *Gazette de Champfleury*, innovation, du moins en France, qui ne pouvait plaire à notre esprit pointilleux et d'une susceptibilité maladive sur les questions trop personnelles. La *Gazette* n'eut en effet que deux ou trois livraisons. M. Champfleury a publié depuis: *Monsieur de Bois d'Hyver (1861*, nouv. édit. 1876), publié en 1856 dans la *Presse*; *Grandes figures d'hier et d'aujourd'hui*, études biographiques; *De la littérature populaire en France*, *Recherches sur la légende du bonhomme Misère (1864)*; les *Peintres de la réalité sous Louis XIII (1862)*; les *Demoiselles Tourangeau. Journal d'un étudiant (1864)*; *Ma tante Péronne (1866)*; *Monsieur Tringle (1868)*; *Histoire de la caricature antique (1864)*; *Histoire de la caricature moderne (1865*, nouv. édit. 1872); *Histoire de la caricature sous la République, l'Empire et la Restauration (1870)*; *Histoire des faïences patriotiques sous la Révolution (1866*, nouv. édit. 1875); la *Comédie académique*, l'*Hôtel des Commissaires-priseurs (1867)*; les *Chats*, histoire, mœurs, etc.; *Histoire de l'imagerie populaire (1869)*; l'*Avocat trouble ménage (1870)*; les *Enfants*, éducation, instruction; *Souvenirs et portraits de jeunesse (1872)*; *Madame Eugenio (1874)*; les *Oiseaux chanteurs des bois et des plaines*, d'après l'allemand; le *Secret de M. Ladureau (1875)*; la *Petite Rose (1876)*; la *Pasquette (1877)*, etc.
M. Champfleury a été nommé directeur du musée céramique de la Manufacture de Sèvres, en mars 1872. Il est chevalier de la Légion d'honneur depuis 1867.

CHAMPVALLIER (de), John Alexandre Edgar Dumas, homme politique français, fils d'un ancien garde du corps de Louis XVIII, qui fut ensuite procureur du roi aux Antilles, de 1824 à 1830, est né le 19 avril 1827 à Saint-Pierre de la Martinique. Rentré en France avec son père, après la révolution de juillet, il vint faire ses études à Paris, puis s'occupa de l'exploitation du domaine paternel, situé près de Ruffec (Charente). M. de Champvallier est conseiller général de la Charente depuis 1864. Elu représentant à l'Assemblée nationale le 8 février 1871, il fut réélu membre du Conseil général le 8 octobre suivant. Il siégeait au centre droit à l'Assemblée nationale. Aux élections législatives du 20 février 1876, il se porta dans l'arrondissement de Ruffec; avant échoué au premier tour, il se retira, laissant le champ libre au candidat bonapartiste, M. Ch. Fournier, qui fut élu au scrutin de ballottage du 5 mars. Il conserva cette attitude en 1877 et 1881; mais le 4 octobre 1885, la situation n'étant plus la même, il se porta sur la liste réactionnaire de la Charente, qui triompha complètement. — M. de Champvallier a publié: *De l'assimilation des chemins de grande communication aux routes départementales*; *De quelques questions de vicinalité*; *De l'assistance publique dans la Charente*, etc.

CHANSON, Antoine, homme politique français, né à Paris le 4 août 1838. Il y fit son droit et y exerça la profession d'avocat, puis acheta une étude d'avoué à Saint-Flour en 1867. Il se retira en 1883 et s'inscrivit au barreau de cette ville. Conseiller municipal de Saint-Flour depuis 1873, M. Chanson devint adjoint au maire en 1876, mais donna sa démission après l'acte du 16 mai 1877, pour ne reprendre l'écharpe qu'en 1879. Il entra enfin au Conseil général du Cantal en 1880. Aux élections d'octobre 1885, M. Chanson fut élu député du Cantal sur la liste républicaine au scrutin du 18, et prit place à gauche. Il a voté l'expulsion totale des princes.

CHANTAGREL, Jean, homme politique français, né à Sauxillanges (Puy-de-Dôme) le 14 avril 1822. Il fit son droit à Paris et se voua à l'enseignement libre, se faisant une spécialité de la préparation des jeunes candidats auditeurs au Conseil d'Etat. Refusant de profiter des avantages que lui offraient ses grandes relations dans le parti du pouvoir au 4 septembre 1870, M. Chantagrel fit partie, comme volontaire, des bataillons de marche de la garde nationale de Paris, et n'usa de son influence qu'en faveur des autres. Membre du Conseil général du Puy-de-Dôme depuis 1880, il a été élu député de ce département au scrutin du 18 octobre 1885, et a pris place dans les rangs de la gauche radicale. Il a voté l'expulsion totale des princes.

CHANTEMILLE, Joseph, homme politique français, né le 23 avril 1827 à Saint-Sauvier (Allier). Négociant à Montluçon, il se présenta comme candidat républicain dans la première circonscription de Montluçon, aux élections du 20 février 1876, et fut élu contre le candidat bonapartiste. Réélu le 14 octobre 1877 et le 21 août 1881, il siégea à la gauche républicaine dans ces diverses législatures. Le 25 janvier 1885, au renouvellement de la représentation sénatoriale de l'Allier qui avait été monarchique jusque-là, M. Chantemille fut élu à la tête de la liste républicaine. Il a voté l'expulsion des princes.

CHAPLAIN, Jules Clément, artiste français, graveur en médailles, né à Mortagne (Orne) le 12 juillet 1839. Elève de Jouffroy et de M. Oudiné, il remporta en 1860 un second prix et en 1863 le prix de Rome, et débuta au Salon de cette même année 1863, par des bustes et des dessins; mais quoique plusieurs bustes de cet artiste figurent encore aux Salons suivants, il s'est voué à peu près exclusivement à la gravure en médaille, et l'on cite de lui en ce genre: la *France victorieuse* et une *Tête de Cérès (1868)*; *Jetons de présence pour les professeurs de l'enseignement du dessin et pour la Comédie française (1870)*; la *Résistance de Paris (1872)*; Modèles de médailles pour l'*Enseignement primaire* et pour la *Médaille d'honneur des Salons (1873)*; *Médaille commémorative de la Commission du mètre (1874)*; *Minerve*, *Armes de la Ville de Paris*, médailles (1875); *Médaille commémorative de l'emploi des aérostats pendant le siège de Paris, (1870)*; la *Construction de l'église Saint-Antoine (1876)*; *Médaille d'honneur de l'Exposition universelle de 1878*, modèle (1878); *Gambetta*, face et revers; *Médaille commémorative du congrès des électriciens*, face

(1883); Modèles des médailles de la *Réédification de l'Hôtel de Ville de Paris*, et de la *Caisse d'épargne de Paris* (1885); *P. Baudry*, face et revers; *L. Gérome*, face et revers; *M. Zographos*, face; *Médaille de la réédification de l'Hôtel de ville de Paris*, face et revers; le *Souffle divin*, médaille de récompense pour une école des beaux arts, face; *Médaille de la Caisse d'épargne de Paris*, face et revers; *Victor Hugo*, face: *Mes enfants (1876)*; et un certain nombre de médaillons en bronze, notamment ceux de *M. Robert-Fleury*, de *M. E. Renan* et du *Maréchal de Mac-Mahon*. — M. Chaplain a obtenu une médaille en 1870, une 2e médaille en 1872 et une 1re médaille en 1878, et a été décoré de la Légion d'honneur en 1877. Il a été élu membre de l'Académie des Beaux-Arts en 1881.

CHAPMAN, sir Frederick Edward, général anglais, né dans la Guyane anglaise en 1816. Sorti de l'École militaire de Woolwich en 1835, il entra dans le corps royal du génie, devint capitaine en 1846, colonel dans l'armée en 1855 et lieutenant-colonel du génie en 1859. Au commencement de 1854, il fut envoyé à Constantinople en mission spéciale et fut employé au recouvrement des positions de l'armée turque avant l'arrivée de l'armée britannique dans ce pays. Le colonel Chapman prit part ensuite à la campagne de Crimée, assista aux batailles de l'Alma, d'Inkermann et servit tout le temps que dura le siège de Sébastopol dont il dirigea, pendant la première partie, les opérations d'attaque de gauche et, pendant la dernière, tout le service du génie anglais. En récompense de ses services il reçut la médaille de Crimée avec ses trois « agrafes », indiquant les trois actions auxquelles il avait assisté : l'Alma, Inkermann, Sébastopol, la médaille du mérite militaire de Sardaigne et la croix de Medjidié (3e classe); il fut fait, en outre, membre (companion) de l'ordre du Bain, et officier de la Légion d'honneur. En 1867, il fut promu commandeur de l'ordre du Bain et major général. De 1867 à 1870, il a rempli les fonctions de gouverneur et commandant en chef des Bermudes et, de 1870 à 1875, celles d'inspecteur général des fortifications et directeur des travaux de défense. Il est devenu lieutenant général dans l'armée et colonel commandant le corps royal du génie, en mai 1872, et a été promu général en octobre 1877, et grand'croix du Bain. Le général Chapman a été placé dans la section de réserve en 1881.

CHAPU, Henri Michel Antoine, sculpteur français, élève de Pradier, Duret et L. Cogniet, est né au Mée (Seine-et-Marne) le 29 septembre 1833. Après avoir obtenu deux fois un second prix, la première avec *Neptune faisant naître un cheval (1851)* et la seconde avec le *Désespoir d'Alexandre après la mort de Clitus (1853)*, il obtint le grand prix de Rome en 1855, sujet : *Cléobis et Biton*, et débuta brillamment au Salon de 1863. On cite de M. Chapu : *Mercure inventant le caducée (1863)*; *M. L. Bonnat*, buste en bronze (1864); le *Serment*, statue en plâtre (1865); *Mort de la nymphe Clytie*, statue en plâtre, et *M. le Dr Desmarres*, buste en bronze (1866); *Jeanne d'Arc*, médaillon, bronze (1868); *Jeanne Darc à Domrémy*, statue en plâtre (1870); la même en marbre (1872); la *Jeunesse*, statue en marbre, qui a été érigée dans une cour de l'École des Beaux-Arts à la mémoire d'Henri Regnault et des élèves de l'École victimes de la dernière guerre (1875); la *Pensée*, statue en plâtre pour le tombeau de Mme d'Agoult (Daniel Stern) et une statue en marbre de *Berryer* pour le Palais de Justice de Paris (1877); le *Monument de M. Schneider*, érigé au Creusot (1879). La *Mort de la Nymphe Clytie*, en marbre, la *Pensée* et d'autres ouvrages de M. Chapu figuraient à l'Exposition universelle de 1878. Citons encore : *Pluton*, statue en marbre et *Proserpine*, plâtre, destinées au parc de Chantilly (1884); *Madame la Duchesse d'Orléans*, statue en marbre, destinée à la chapelle de Dreux (1885); une *Statue décorative* en marbre, destinée au parc de Chantilly; *Portrait de M. Derville*, buste en marbre (1886); outre un assez grand nombre de bustes et de médaillons en bronze et en marbre. — M. Chapu a obtenu un 3e médaille en 1863, des médailles en 1865 et 1866, la médaille d'honneur en 1875 et en 1877; créé chevalier de la Légion d'honneur en 1867, il a été promu officier en 1878. Il a été, enfin, élu membre de l'Académie des Beaux-Arts en 1880.

CHARAVAY, Marin Etienne, littérateur français, fils du patient et habile collectionneur d'autographes Jacques Charavay, mort en 1867, est né à Paris le 17 avril 1848 ; élève de l'École des chartes, il a été reçu archiviste-paléographe en 1869. — On a de lui : *Notice sur Nicolas Thoynard, d'Orléans, d'après les notes de J.-Ch. Brunet (1868)*; *Étude critique sur l'affaire Vrain-Lucas, et sur les moyens de reconnaître les faux autographes (1870)*; *Alfred de Vigny et Charles Baudelaire, candidats, à l'Académie française (1879)*, etc. M. E. Charavay a publié en outre une nouvelle édition de la traduction d'Amyot du roman de Longus : *Daphnis et Chloé (1872)* et d'autres chefs-d'œuvre littéraires de diverses époques. Il dirige un journal spécial : l'*Amateur d'Autographes*, fondé par son père en 1862, et la *Revue des documents historiques*, fondée par lui-même en 1874, indépendamment du cabinet d'autographes qu'il tient également de son père et auquel il a donné une extension considérable.

CHARCOT, Jean Martin, médecin français, membre de l'Institut, né à Paris en 1825, y fit toutes ses études et fut reçu docteur de la faculté de médecine en 1853. Reçu médecin des hôpitaux en 1856, il fut attaché à l'hospice de la Salpêtrière en 1862; il en est devenu le médecin en chef et s'est fait remarquer dans ces dernières années par de fréquentes et fort curieuses expériences d'hypnotisme sur les aliénées de cet établissement ; il était déjà avantageusement connu, du reste, par d'importants travaux sur les maladies du système nerveux, vers lesquelles il a fini par porter toute son attention. Reçu agrégé en 1860, il est devenu titulaire de la chaire d'anatomie pathologique à la faculté de médecine de Paris en 1873 ; il a échangé depuis cette chaire pour celle de clinique des maladies nerveuses. Élu membre de l'Académie de médecine en 1874, il entrait à l'Académie des sciences, section médecine et chirurgie, le 12 novembre 1883. M. Charcot a été promu officier de la Légion d'honneur le 4 août 1880. — M. Charcot, qui dirige les *Archives de physiologie*, a publié : *De l'expectation en médecine (1857)*; *De la pneumonie chronique (1860)*; la *Médecine empirique et la médecine scientifique (1867)*; *Leçons cliniques sur les maladies des vieillards*, recueillies par les docteurs Bull et Bouchard (1868-69, 2 séries); *Leçons sur les maladies du système nerveux (1873-74*, 2 séries, pl. et fig.); *Leçons sur les maladies du foie, des voies biliaires et des reins (1877)*, etc.

CHARDON, Alfred, homme politique français, né le 4 septembre 1828 à Bonneville (Haute-Savoie), fit ses études à l'université de Turin et s'y fit recevoir avocat. Après l'annexion de la province de Savoie à la France (1860), M. Chardon fut élu au Conseil général du nouveau département de la Haute-Savoie. Aux élections du 8 février 1871, il fut élu représentant de ce département à l'Assemblée nationale, où il siégea à gauche. Élu sénateur de la Haute-Savoie, avec M. Chaumontel, aux élections générales du 30 janvier 1876, M. Chardon a été réélu dans les mêmes conditions au renouvellement triennal du Sénat, le 8 janvier 1882. — Il a voté l'expulsion des princes.

CHARETTE DE LA CONTRIE (baron de), Athanase, homme politique français, d'une vieille famille vendéenne. Lorsqu'en 1860 Lamoricière entreprit d'organiser l'armée pontificale, M. de Charette alla le rejoindre à Rome, prit du service dans cette armée et y organisa le régiment d'élite des zouaves pontificaux, dont il devint le lieutenant-colonel, et avec lequel il combattit vaillamment à Castelfidardo (1860) et à Mentana (1867), et défendit Rome contre les troupes de Victor-Emmanuel, en 1870, jusqu'à la dernière extrémité. Fait prisonnier avec toute l'armée pontificale, M. de Charette fut transporté en France, mit ses zouaves de nationalité française. Il se rendit alors à Tours, siège provisoire de la délégation du gouvernement de la Défense nationale, et obtint sans difficulté l'autorisation de former un corps franc, la légion des volontaires de l'Ouest, dont le noyau serait composé des zouaves pontificaux, au nombre de près de 600, qu'il avait, dans ce but, laissés à Tarascon. La légion fut bientôt organisée, au Mans, avec l'uniforme des zouaves pontificaux, et fut alors attachée, sous le commandement de M. de Charette, au 17e corps d'armée. Elle ne tarda pas à se signaler par sa valeur, le 2 décembre, à la bataille de Patay, où elle figurait en première ligne ; M. de Charette lui-même y fut grièvement blessé, et un moment abandonné parmi les morts, tandis que ses zouaves allaient se reformer à Poitiers. Recueilli dans une maison du voisinage, il n'était que très imparfaitement rétabli lorsqu'il alla rejoindre ceux-ci. Nommé général de brigade au titre auxiliaire le 14 janvier 1871, il partait pour Nantes le jour même avec ses hommes, et était appelé, quelques jours plus tard, au commandement d'une division de mobilisés. La capitulation de Paris, en suspendant les opérations militaires, vint mettre un terme à la carrière militaire du général de Charette en France. Élu représentant des Bouches-du-Rhône à l'Assemblée nationale, le 8 février 1871, quoique avant formellement refusé toute candidature, il donna sa démission deux jours après, par une lettre adressée au président. L'attitude de M. de Charette, légitimiste intransigeant, a toujours été des plus correctes, aussi les partisans d'une restauration monarchique après « fusion » se passèrent-ils de sa participation et évitèrent-ils même de prononcer son nom. Il est officier de la Légion d'honneur depuis juillet 1871 ; mais, chose curieuse, nous ne le voyons figurer sur le contrôle d'aucun des ordres du Saint-Siège.

CHARLES Ier, Charles Frédéric Alexandre, roi de Würtemberg, fils aîné du feu roi, est né le 6 mars 1823, et succéda au trône de son père le 25 juin 1864. Il suivit la politique de celui-ci dans la question du Schleswig-Holstein ; il est demeuré, depuis le traité du 13 août 1866, un fidèle allié de la Prusse, et nous avons eu plusieurs fois à nous mesurer, dans la dernière guerre, avec les hommes de son contingent, notamment sous les murs de Paris. — Le roi de Würtemberg a épousé, le 13 juillet 1846, la grande-duchesse de Russie Olga Nicolaïewna, tante du czar actuel. Il est colonel d'un régiment de dragons russe.

CHARLES Ier, Charles Eitel Frédéric Zéphirin Louis de Hohenzollern-Sigmaringen, domno, puis roi de Roumanie, né le 20 avril 1839. Il appartient à la branche cadette non régnante de la famille princière de Hohenzollern-Sigmaringen. Elu et proclamé prince de Roumanie, avec succession héréditaire, par un plébiscite (8/20 avril 1866), il fit son entrée solennelle à Bucarest le 22 mai et fut définitivement reconnu par la Sublime-Porte, ainsi que par les puissances garantes, le 24 octobre. Avant son avènement au trône de Roumanie, vacant par l'expulsion du prince Couza, le prince Charles n'avait pas de plus haute situation dans son pays que celle de sous-lieutenant de dragons ; mais l'action diplomatique de la Prusse, qui cherchait évidemment à avoir un pied en Orient, eut raison de cette insuffisance. Son règne a été surtout marqué par des dissensions intestines, des crises ministérielles ou parlementaires, par des persécutions en apparence systématiquement exercées contre les juifs en Moldavie, lesquelles donnèrent lieu aux protestations indignées de plusieurs gouvernements étrangers. En 1868, le prince, aidé par des officiers prussiens, entreprit la réorganisation de l'armée roumaine, et l'année suivante, il courut le bruit que des préparatifs de guerre sérieux s'opéraient dans les Principautés Danubiennes ; mais ce fut tout. Il en fut de même lors de la guerre turco-serbe (1876-1877), la réorganisation de l'armée roumaine étant peut-être incomplète, ou plutôt les difficultés budgétaires s'opposant à des manifestations plus actives, jusqu'à ce que la Russie s'en mêlât. Une convention, conclue entre le czar et le prince Charles, permettait le passage du territoire roumain, en avril 1877, aux armées russes allant combattre les Turcs ; en même temps, l'armée roumaine était mobilisée et se joignait à l'armée russe, et la guerre déclarée à la Turquie. En septembre suivant, Charles Ier prenait effectivement le commandement de l'armée de l'Ouest, composée en grande partie des Roumains, qui se distinguèrent à la prise de Plewna. Le prince Charles, en récompense de sa propre bravoure et de celle de ses soldats, fut décoré de l'ordre militaire de Saint-Georges, en échange duquel il envoya à Alexandre II son ordre de l'Étoile de Roumanie. Il paraît, toutefois, que le prince de Roumanie n'avait pas pris les précautions avec son puissant allié, car le Turc réduit à merci, ce dernier lui offrit la Dobroutcha en échange de la Bessarabie, qui lui permettrait, en cas de besoin, de descendre en Roumanie sans en demander l'autorisation, et bon gré mal gré, en dépit de tous les efforts et des démarches réitérées de M. Bratiano (voy. ce nom), il fallut accepter cet échange onéreux. Charles Ier s'en consola en se faisant proclamer roi de Roumanie le 14/26 mars 1881, et couronner solennellement le 10/22 mai suivant.

Il avait épousé, le 15 novembre, la princesse Pauline Elisabeth Ottilie Louise, fille du feu prince Hermann de Wied, née le 29 décembre 1843, et qui s'est fait, depuis 1882, un nom dans les lettres, sous le pseudonyme de Carmen Sylva.

CHARLES-EDMOND. — Voy. Choëcki.

CHARLOTTE, Marie Charlotte Amélie Auguste Victoire Clémentine Léopoldine, ex-impératrice du Mexique, fille du feu roi des Belges, Léopold Ier, et sœur du roi actuel, est née le 7 juin 1840 et s'est marié le 27 juillet 1857, à Ferdinand Maximilien Joseph, archiduc d'Autriche, puis empereur du Mexique, suivant son acceptation, à laquelle il se décida près d'une année après qu'il lui fut proposée (10 avril 1864), et fusillé le 19 juin 1867, à Queretaro. En présence des terribles difficultés qui le firent bientôt obstacle, Maximilien envoya l'impératrice demander à Napoléon III des secours indispensables.

Elle arrivait à Paris le 9 août et en repartait quelques jours après, ayant complètement échoué dans sa pénible mission. Elle se rendit alors auprès du pape, on ne saurait dire exactement dans quel but vraiment pratique, si elle en eut un, car c'est au cours de ce voyage que sa raison commença à l'abandonner. Transportée en Belgique, on lui donna pour résidence le château de Laeken, près de Bruxelles, où on l'entoura de soins dévoués, mais, à ce qu'il semble, inutiles. La malheureuse princesse ignore, dit-on, le sort de son mari ; c'est au moins une consolation. Elle n'a eu, depuis lors, que des intervalles de plus en plus rares de lucidité, pendant lesquels on a prétendu qu'elle s'occupait à rédiger des mémoires sur l'empire du Mexique, ce qui nous semble assez invraisemblable, si nous admettons que ce sont bien ses intervalles de lucidité qu'elle emploie à cette besogne. Ce qui est malheureusement moins contestable, c'est que son état ne laisse aucun espoir.

CHARMES, Marie Julien Joseph François ou Francis, journaliste français, né à Aurillac le 21 avril 1848. Il fit son droit à Paris, servit comme officier dans les mobiles du Cantal et fit, avec son régiment, la campagne de l'armée de la Loire ; puis, de retour à Paris, rentra à la rédaction du *Dix-neuvième Siècle*, à laquelle il appartenait déjà. Au mois d'août 1872, le *Journal des Débats* ayant perdu, pour avoir résolu d'appuyer le gouvernement républicain, M. Saint-Marc Girardin et deux autres de ses collaborateurs, M. de Sacy, son rédacteur en chef, appela auprès de lui M. Francis Charmes et le chargea du bulletin politique quotidien. M. Charmes, qui avait fait entrer au *Journal des Débats* avec lui son plus jeune frère, mort récemment, mena admirablement, sous l'inspiration de M. Thiers, la campagne contre le gouvernement du 16 mai 1877, et fut décoré de la Légion d'honneur après la victoire. Il a été nommé sous-directeur (1880), puis directeur des affaires politiques au ministère de l'intérieur, avec le titre de ministre plénipotentiaire. — Elu député, aux élections du 21 août 1881, dans l'arrondissement de Murat, comme candidat républicain, M. F. Charmes se présenta sur la liste républicaine du Cantal aux élections d'octobre 1885 ; mais, bien qu'ayant réuni une importante minorité au premier tour, il échoua au second.

CHARNOCK, Richard Stephen, voyageur et philologue anglais, né à Londres le 11 août 1820, étudia au Collège du roi et fut reçu avoué (attorney) en 1841. Il a voyagé par toute l'Europe, visité le nord de l'Afrique et l'Asie Mineure, et s'est principalement occupé, dans ses voyages, d'études anthropologiques, archéologiques et philologiques, surtout en ce qui concerne les langues celtiques et orientales. Il est président de la Société anthropologique de Londres, membre des Sociétés des antiquaires, philologique, royale asiatique, royale géographique, de la Société royale des Antiquaires du Nord, membre honoraire de la Société anthropologique de Paris et docteur en philosophie de l'université de Goettingen. Outre un grand nombre d'articles disséminés dans la presse périodique scientifique, on doit au docteur Charnock : *Guide au Tyrol (1857) ; Etymologie locale (1859) ; Guide en Espagne et Portugal (1865) ; Verba nominalia (1866) ; Ludus Patronymicus (1868) ; les Peuples de la Transylvanie (1870) ; Coutumes seigneuriales d'Essex, Patronymica Cornu-Britannica (1870) ; Sur les caractères physique, moral et philologique des Wallons ; les Sept Communes (1871) ; Guide illustré en Espagne et Portugal,* dans la collection Bradshaw (1876) ; *Glossaire du dialecte du comté d'Essex (1879) ; Prænomina, ou Etymologie des principaux noms de baptême chrétiens de la Grande-Bretagne et de l'Irlande (1882).*

CHARTON, Edouard Thomas, littérateur et homme politique français, sénateur, né à Sens le 11 mai 1807 ; fit ses études au collège de sa ville natale et vint faire son droit à Paris, où il fut reçu avocat en 1828 ; mais il n'exerça pas, et se consacra dès l'année suivante à la vulgarisation de l'instruction, devint rédacteur en chef du *Bulletin de la société pour l'instruction élémentaire* et du *Journal de morale chrétienne,* et fonda en 1833 le *Magasin pittoresque,* la première publication populaire de ce genre. Dès 1829, M. Ed. Charton avait embrassé les doctrines saint-simoniennes ; mais il se retira en 1831, avec Pierre Leroux, Jean Reynaud, M. Carnot et autres, lors des modifications apportées par le P. Enfantin dans la constitution de l'École, et devint un des collaborateurs de M. Carnot à la *Revue encyclopédique.* Ce dernier, devenu ministre de l'instruction publique après la révolution de février 1848, appela près de lui ses anciens coreligionnaires, Jean Reynaud et M. Ed. Charton qui fut nommé secrétaire général. M. Charton fut élu représentant de l'Yonne, son département natal, à la Constituante. Dans sa profession de foi à ses électeurs d'alors, il avait pu dire, avec plus de vérité que n'en comporte nécessairement cette sorte de documents : « L'œuvre de toute ma vie a été de détruire l'ignorance, origine première des inégalités sociales, de tous les désordres, presque de tous les maux. » Sa conviction était d'ailleurs telle, en ce point, qu'il présenta à l'Assemblée une proposition tendant à priver du droit de suffrage les citoyens qui ne justifieraient pas d'une instruction primaire suffisante; ce qui serait une injustice, car si l'on veut n'avoir affaire qu'à des électeurs instruits, le bon sens indique qu'il faut au moins mettre les enfants en situation de le devenir dans la suite; si l'on n'a pas pris cette précaution, on est mal venu à arguer de l'ignorance des citoyens majeurs qui n'ont pas acquis l'instruction qu'on n'a pas pu ou voulu leur donner, quand il en était temps, pour les écarter du scrutin. Tant pis si l'intelligence du vote fait défaut : les sociétés devraient bien savoir qu'elles payent toujours leurs erreurs ou les produits directs de leur mauvaise foi, c'est jusqu'à. M. Charton, par une autre erreur, vota le maintien de l'état de siège (7 septembre); mais, en revanche, il vota l'amendement Grévy. Au mois d'avril 1849, il fut élu conseiller d'État. Le coup d'État de décembre 1851 rendit M. Charton à la vie privée et à ses travaux littéraires. Il avait concouru, en 1843, à la fondation de l'*Illustration*; en 1856, il créa l'*Ami de la maison*, qui ne réussit pas; et prit, en 1860, la direction du *Tour du monde*, journal de voyages, le plus important et le plus beau recueil périodique illustré de cette nature. Peu après il entreprenait la publication de la bibliothèque de vulgarisation scientifique et artistique connue sous le nom de *Bibliothèque des merveilles*, collection illustrée des plus intéressantes, très soignée à tous les points de vue, malgré son extrême bon marché. Il a publié en outre : *Lettres sur Paris*, écrites en collaboration avec Doin (1830) ; *Guide pour le choix d'un état, ou Dictionnaire des professions (1842)*, livre très utile, devenu insuffisant aujourd'hui, mais dont on promet une édition nouvelle mise au courant du progrès; les *Doutes d'un pauvre citoyen (1847)*; les *Voyageurs anciens et modernes (1855-57, 4 vol.)*, *Histoire de trois enfants pauvres (1860)*; *Histoire de France depuis les temps les plus reculés jusqu'à nos jours, d'après les documents originaux et les monuments de chaque époque (1863, 2 vol.)*, avec M. Bordier, etc.; outre sa collaboration au *Magasin pittoresque*, à la *Revue encyclopédique*, à l'*Encyclopédie nouvelle*, au *Bon sens*, au *Temps*, au *Monde*, etc.

Après le 4 septembre 1870, M. Edouard Charton fut nommé préfet de Seine-et-Oise; mais, quelques jours plus tard, l'entrée des troupes allemandes à Versailles le chassa de son poste. Élu représentant de l'Yonne à l'Assemblée nationale, le 8 février 1871, il prit place sur les bancs de la gauche. Aux élections des sénateurs inamovibles, il refusa la candidature qui lui fut offerte, et nous pouvons dire qu'il ne tenait qu'à lui d'être élu : il préféra tenir son mandat de ses concitoyens. M. Charton fut donc élu sénateur de l'Yonne, le 30 janvier 1876, et se fit inscrire au groupe de la gauche républicaine, dont il a été président dès le début de ses réunions. Son mandat lui a été renouvelé aux élections du 8 janvier 1882. Dans le vote sur l'expulsion des princes, M. Charton s'est abstenu. — M. Ed. Charton est membre libre de l'Académie des sciences morales et politiques, dont il est correspondant depuis 1857 ; il est en outre membre de plusieurs sociétés savantes, notamment de la Société de géographie, dont il a été élu vice-président pour l'exercice 1876-77.

CHARTRES (duc de) Robert Philippe Louis Eugène Ferdinand d'Orléans, officier français, fils du feu duc d'Orléans et frère du comte de Paris, est né à Paris le 9 novembre 1840 et a été élevé à Eisnach (Saxe-Weimar). Il rejoignit ensuite en Angleterre la famille royale exilée, et fit avec le comte de Paris, son frère aîné, un voyage dans le Liban en 1860. Tous deux les deux princes se rendirent aux États-Unis, où la guerre de sécession venait d'éclater; le duc de Chartres entra dans l'armée du Potomac comme capitaine, attaché à l'état-major du général Mac Clellan, et assista à plusieurs batailles et sièges. Il donna sa démission en 1863 et revint en Europe. Au début de la guerre de 1870, le duc de Chartres adressa au ministre de la guerre une pétition tendant à être admis dans les rangs de l'armée française; mais il essuya un refus. Après le 4 septembre, il vint à Paris, indignement, avec les autres princes de la famille d'Orléans; le but de ce voyage était d'obtenir du gouvernement de la Défense l'autorisation de combattre pour la France; qu'il y eût une arrière-pensée dans cette démarche, c'est possible ; dans tous les cas, sur une simple prière de ne pas accroître par leur présence les difficultés du moment, les princes se retirèrent sans qu'on soupçonnât même, dans le public, qu'ils eussent paru. Quelque temps après, sous le nom de Robert le Fort qui, à la rigueur, est le sien, le duc de Chartres se faisait admettre dans l'armée de Chanzy, comme capitaine au titre auxiliaire. Dans le peu de temps qu'il y servit, il se distingua assez pour motiver sa nomination de chevalier de la Légion d'honneur. Après la révocation des lois d'exil, M. Thiers nomma le duc de Chartres chef d'escadron, avec l'autorisation de servir, sans solde, dans l'armée; il fut promu lieutenant-colonel en 1875 et colonel en 1878, et placé à la tête du 12e régiment de chasseurs. A la suite du vote de la loi du 31 janvier 1883, le duc de Chartres fut mis en retrait d'emploi. La loi du 23 juin 1886 prononce l'expulsion des seuls prétendants, et il peut en conséquence demeurer en France, du moins dans les conditions actuelles, car s'il avait dû imiter l'attitude du duc d'Aumale, ce serait déjà fait. — On doit au duc de Chartres la relation d'une visite aux champs de bataille de la vallée du Rhin, sous ce titre : *Souvenirs de voyages (1869)*, et une *Introduction* aux *Campagnes de l'armée d'Afrique de 1835 à 1839*, de son père (1870).

CHASSIN, Charles Louis, écrivain et journaliste français, né le 11 février 1831 à Nantes, où il commença ses études qu'il vint achever à Paris, au collège Bourbon. En mars 1851, il écrivit à l'*Événement* pour protester contre la suspension du cours de Michelet. Devenu collaborateur de plusieurs journaux d'opposition sous le second empire, il demanda, en 1861, l'autorisation de fonder un journal dont le titre aurait été la *Nation* ; cette autorisation lui fut refusée, sous le prétexte qu'il avait collaboré, à une époque où il se trouvait sur les bancs du lycée de Nantes, à quelques feuilles parisiennes d'un atticisme douteux : le *Journal de la Canaille*, le *Père Duchêne*, etc. M. Chassin protesta aisément l'alibi; on reconnut l'erreur, mais il n'eut point l'autorisation sollicitée. M. Ch. L. Chassin a collaboré à l'*Athenœum français*, à la *Revue de Paris*, à l'*Illustration*, à la *Revue française*, au *Courrier de Paris*, au *Courrier du Dimanche*, au *Siècle*, à la *Démocratie*, journal hebdomadaire fondé par lui en 1868 (1868-70), au *Combat (1871)*, etc. — Il a publié : la *Légende du Petit Manteau bleu (1852)*; les *Ames sœurs, rêverie panthéiste (1854)*; la *Hongrie, son génie et sa mission*, suivi de Jean Hunyad, récit du quinzième siècle (1855) ; *Edgar Quinet, sa vie et ses œuvres (1859)*; *Manin et l'Italie (1859)*; *Histoire politique de la révolution de Hongrie, 1847-49*, avec M. D. Iranyi (1859-60, 2 vol.); une traduction du poète hongroi Alexandre Petœfi (1860); *Ladislas Teleki (1861)*; le *Génie de la Révolution française (1863-69, 2 vol.)*; l'*Armée et la Révolution (1867)*; la *Paix et la Guerre (1868)*; les *Cahiers de 89 et les Cahiers du Sénat (1875)*, brochure, etc. — En juin 1886, M. Ch. L. Chassin a proposé, pour l'Exposition universelle du centenaire de la République, l'organisation d'un Musée de la Révolution

CHATROUSSE, Émile, sculpteur français, né à Paris en 1830. Il eut d'abord à surmonter des difficultés matérielles, puis une certaine hésitation à choisir entre les diverses branches de son art, et entra, en 1851 seulement, dans l'atelier de Rude, ayant toutefois reçu d'Abel de Pujol les premiers éléments de l'éducation artistique. Dès 1853, il débutait au Salon, et ne tardait pas à obtenir diverses récompenses: une mention à l'Exposition de 1857, le prix Maillé-la-Tour-Landry en 1857, le prix Lambert en 1851, des médailles aux Salons de 1863, 1864, 1865, etc., sans parler de plusieurs autres médailles remportées dans des expositions locales en province. — On a de lui un bas-relief tumulaire, en bronze, à Turin : la *Poudre retourne à la poudre*, etc. (1852); la *Reine Hortense faisant l'éducation du prince Louis Napoléon*, marbre, commandé par l'empereur (1853); *Résignation*, groupe marbre, à l'église Saint-Eustache, chapelle des Morts (1855); *Héloïse et Abeilard*, la *Cité et le Paraclet*, deux groupes marbre (1857); l'*Art chrétien*, marbre, au Louvre (1859) ; la *Renaissance (1861)*, cour d'honneur du palais de Fontainebleau; *Saint Gilles*. statue en pierre, chevet de l'église Saint-Leu, à Paris (1861); la *Petite Vendangeuse (1861)*; le *Général Bauret*, marbre, au musée de Versailles (1862); la *Comédie*, statue en pierre, au Châtelet (1862); *Cérès*, statue en pierre, cour d'honneur des Tuileries (1863); la *Madeleine au désert*, au musée de Douai (1864); *Jacob-Rodrigues Pereire instruisant des sourds-muets (1865)*, bas-relief; *Portalis*, au Conseil d'État; la *Marquise de Pompadour*, buste marbre (1866) ; la *Renaissance fran-*

caite, marbre (1867); la *Muse grave* et la *Muse comique*, statuettes (1868); *Saint Joseph*, statue polychrome, à l'église Saint-Ambroise, à Paris; *Source et Ruisselet*, groupe marbre, au ministère des Beaux-Arts (1869); *Vercingétorix et Jeanne d'Arc*, projet de monument; le buste en marbre du chirurgien *Péan (1870)*; *Héloïse et Abeilard au Paraclet*, dernier adieu, groupe en bronze et *Ange encenseur*, pour la façade sud de Saint-Eustache (1873); les *Crimes de la guerre*, groupe marbre et une *Jeune Parisienne*, statue plâtre (1876); la même en marbre (1877 et Exposition universelle 1878); un buste de *Mme de Sévigné*, pour le musée Carnavalet (1879); *Jeune contemporaine*, statue marbre (1883); *Défense de la Patrie à travers les âges*, haut-relief, plâtre bronzé (1884); *Florimond Leroux*, statue en pierre, pour l'hôtel de ville d'Amiens (1885); *Jeanne Darc, libératrice de la France*, statue en plâtre, et *Feu A. de Liesville*, buste en plâtre (1886).

M. Chairousse a également fourni quelques articles de critique d'art à plusieurs journaux ou publications périodiques, notamment à l'*Artiste*, au *Pays* et à la *Patrie*. — Il a été décoré de la Légion d'honneur en 1879.

CHATENAY (de), ALEXANDRE MARIE GENEST, homme politique français, né à Bernicourt, dans l'arrondissement de Clermont (Oise) le 3 septembre 1839. Grand propriétaire agriculteur, conseiller général depuis 1870, M. de Chatenay s'était déjà présenté à une élection partielle qui se produisit dans l'Oise en 1878, mais sans succès; aux élections du 4 octobre 1885, il a été élu député de l'Oise avec la liste monarchiste tout entière.

CHATIN, GASPARD ADOLPHE, botaniste français né à Tullins (Isère) le 30 novembre 1813. Il fit ses études à Paris, suivit les cours de la Faculté de médecine et prit le grade de docteur en 1844. M. Chatin est devenu successivement pharmacien à l'hôpital Beaujon et à l'Hôtel-Dieu, puis professeur de botanique à l'Ecole supérieure de pharmacie (1874), poste que les élèves de l'Ecole ont cru pouvoir le forcer d'abandonner, par le moyen aussi connu que peu efficace des manifestations tumultueuses (avril 1886); mais le directeur a tenu bon, et il en est résulté que les vacances de l'Ecole supérieure de pharmacie ont été avancées de plusieurs mois, et que les élèves les plus bruyants ont été punis disciplinairement ou correctionnellement, suivant la gravité de leur cas. Toutefois, le directeur de l'Ecole supérieure de pharmacie n'a été victorieux qu'à moitié, tout au plus, car il était mis à la retraite au mois d'août suivant, paré du titre de directeur honoraire comme fiche de consolation. M. Chatin a été élu membre de l'Académie de médecine en 1853, et de l'Académie des sciences en 1874; il est en outre membre du Conseil académique, du Comité consultatif de l'enseignement public, du Comité des travaux historiques et scientifiques, etc. Enfin, il est officier de la Légion d'honneur depuis 1878. — On a de ce savant : *Sur quelques principes de toxicologie*, thèse de doctorat (1844); *Etudes sur la physiologie végétale faites au moyen de l'acide arsénieux (1848)*; *l'Existence de l'iode dans les plantes d'eau douce*, etc. (1851); la *Vallisneria spiralis (1855)*; *Anatomie comparée des végétaux*, illustrée de magnifiques planches (1866 et suiv.), etc.

CHAUDORDY (comte de), JEAN-BAPTISTE ALEXANDRE DAMAZE, diplomate français, né vers 1824. Attaché au ministère des affaires étrangères sous M. Drouyn de Lhuys, en 1848, il fut envoyé à Rome en 1850, comme attaché à l'ambassade française. Après avoir occupé le même poste dans les principales capitales de l'Europe, M. de Chaudordy, devenu premier secrétaire d'ambassade, fut nommé, au commencement de 1866, sous-directeur du cabinet de M. Drouyn de Lhuys, ministre des affaires étrangères, poste qu'il occupa jusqu'à la retraite de ce ministre (1er septembre); il fut nommé ministre plénipotentiaire en 1867. Il était directeur aux affaires étrangères lors de la révolution du 4 septembre 1870, et fut désigné par Jules Favre, quelques jours après, pour aller représenter à Tours ce département; ce qu'il fit avec une habileté et une énergie des plus louables. Elu le 8 février 1871 représentant du Lot-et-Garonne à l'Assemblée nationale, il siégea à droite. Il figurait sur la liste de droite, qui échoua, aux élections des sénateurs inamovibles de décembre 1875. M. de Chaudordy a été nommé ambassadeur près la Confédération suisse, la légation de Berne étant élevée pour l'occasion au rang d'ambassade, le 6 décembre 1873; puis ambassadeur à Madrid, le 5 septembre suivant (1874). Appelé en 1878 à assister à la conférence de Constantinople, il alla ensuite reprendre son poste à Madrid et refusa l'ambassade de Constantinople. Il fut alors remplacé et mis en disponibilité (décembre). Il est membre de la Commission des archives diplomatiques au ministère des affaires étrangères. — M. de Chaudordy a été promu commandeur de la Légion d'honneur en mai 1876. Il a été nommé grand'croix de l'ordre de Charles III d'Espagne, le 27 juin de la même année.

CHAUMONTEL, LOUIS FRANÇOIS, homme politique français, né à Annecy le 2 octobre 1828, fit ses études à l'université de Turin et se fit recevoir avocat. Devenu maire de sa ville natale, il fut révoqué en 1873, sous le ministère de Broglie, mais réintégré dans ses fonctions par M. Buffet. Président du Conseil général de la Haute-Savoie, il a été élu, le 30 janvier 1876, sénateur de ce département, le premier, le second étant M. Chardon, député, comme républicain modéré. Les deux sénateurs de la Haute-Savoie ont été réélus dans le même ordre, au renouvellement partiel du 8 janvier 1882. L'un et l'autre ont voté l'expulsion des princes.

CHAUVET, JÉRÔME AUGUSTE EMMANUEL, professeur et écrivain français, né le 12 novembre 1819 à Caen, où il fit ses études; entra à l'Ecole normale supérieure en 1839, fut reçu agrégé de philosophie en 1845, et docteur ès lettres en 1855. Nommé en 1846 professeur de philosophie au lycée de Mâcon il passa ensuite, en la même qualité, au lycée de Caen, puis devint en 1858 professeur à la Faculté des lettres de Rennes, pour revenir en dernière analyse à celle de Caen, sa ville natale. M. Chauvet est membre du Conseil académique de Caen. — On a de lui : *Des théories de l'entendement humain dans l'antiquité*; une traduction annotée des *Œuvres complètes de Platon*, par M. A. Saisset (1864-65, 10 vol.); *Sénèque : Lettres à Lucilius*, traduction avec le texte en regard, une introduction et des notes (1857); *De l'éducation (1869)*; les *Médecins philosophes contemporains (1870)*; les *Médecins philosophes de l'antiquité (1875)*, etc. — M. Chauvet est chevalier de la Légion d'honneur.

CHAVANNE, ALEXIS médecin et homme politique français, né à Lyon le 11 octobre 1824. Il était médecin de l'Hôtel-Dieu de Lyon et membre du Conseil général du Rhône, lorsqu'il se présenta aux élections sénatoriales du 30 janvier 1876; ce fut sans succès, mais à l'élection partielle du 29 septembre 1878 pour remplir à la Chambre des députés la place laissée vacante par la mort de M. Durand, député de la 3e circonscription de Lyon, M. le docteur Chavanne fut élu à une forte majorité, et prit place à l'extrême gauche. Il fut réélu le 21 août 1881 dans la 4e circonscription de Lyon, et aux élections d'octobre 1885, porté sur la liste radicale, il a été élu député du Rhône au scrutin du 18. M. le docteur Chavanne a voté l'expulsion totale des princes.

CHAVASSIEU, JEAN-BAPTISTE, homme politique français, ancien maire de Montbrison, où il est né le 16 octobre 1814. Il fut représentant de la Loire à la Constituante, en 1848. Après avoir échoué aux élections du 5 février 1871, il fut élu représentant de son département le 2 juillet suivant et député à la première circonscription de Montbrison le 20 février 1876. Réélu le 14 octobre 1877, il se présenta aux élections pour le premier renouvellement triennal du Sénat, le 5 janvier 1879, et fut élu. M. Chavassieu siège à gauche. Il a voté l'expulsion des princes.

CHAVETTE, EUGÈNE **Vachette** (dit), littérateur français, fils du célèbre restaurateur parisien, est né à Paris en 1827. Il débuta fort jeune dans la petite presse, et publia notamment, au *Tintamarre*, un *Dictionnaire fantaisiste absolument renversant*; il collabora également aux *Pensées d'un emballeur*, non moins fantaisistes, de Commerson, puis entra au *Figaro* périodique, et devint rédacteur en chef du *Soleil*, fondé par Millaud, en 1865. Il a depuis collaboré au *Figaro* quotidien, à l'*Evénement*, etc. Parmi les fantaisies publiées par M. Vachette dans le *Tintamarre*, il faut citer à part le *Procès Pictompin et ses dix-huit audiences*, recueillies et mises en ordre *par Eugène Vachette*, non seulement parce que cette fantaisie eut un succès retentissant, mais encore parce que Commerson, qui n'y regardait pas de si près, en publia une édition sans l'autorisation de l'auteur en 1864; et comme cette édition était tronquée abusivement, afin que le volume ne fût pas trop gros, car le directeur du *Tintamarre* avait toutes les économies, M. Vachette se borna à publier de son côté une édition « complète » du *Procès Pictompin*, avec préface explicative (1865). Il a publié depuis : *Restaurateurs et restaurés (1867)*; le *Drame du carrefour (1872)*; le *Rémouleur, Défunt Brichet, Pourquoi? (1873)*, l'*Héritage d'un pique-assiette*, la *Chiffarde*, l'*Idée de M. de Vivonne (1874)*; les *Petites comédies du vice*, nouvelles; la *Chambre du crime (1875)*; la *Chasse à l'oncle*

(1876) ; la *Recherche d'un pourquoi, Aimé de son concierge (1878)* ; *Si j'étais riche* ; *l'Héritage mystérieux. Au fond d'une cave (1886,* 2 vol.), etc. M. Chavette a collaboré à quelques petites pièces, principalement avec Commerson. — Retiré à Montfermeil, M. Vachette est depuis plusieurs années complètement retenu par la maladie, sans que son humeur ait subi la moindre atteinte de cette triste situation.

CHAVOIX, HENRI, homme politique français, notaire à Excideuil (Dordogne) et neveu du docteur Chavoix, ancien député de Périgueux, mort le 16 septembre 1881. M. Henri Chavoix se présentait à l'élection du 4 décembre 1881, dans la 2ᵉ circonscription de Périgueux, pour remplacer son oncle à la Chambre ; il fut élu et prit place au groupe de l'Union républicaine. Il fut élu député de la Dordogne en tête de la liste républicaine, le 4 octobre 1885. M. Chavoix a voté l'expulsion des princes.

CHENAVARD, PAUL, peintre français, né à Lyon le 9 décembre 1808. Il suivit les ateliers de Herseut et d'Ingres, puis fit en Italie un séjour de quelques années, employé à l'étude des maîtres. Il exposa à son retour, entre autres, deux toiles qui firent sa réputation et que la gravure a popularisées : le *Jugement de Louis XVI* et *Mirabeau répondant au marquis de Dreux-Brézé* : « Allez dire à votre maître, etc. » Le gouvernement républicain le chargea, en 1848, de la décoration monumentale du Panthéon, œuvre colossale, qui ne devait pas être terminée : le Panthéon étant rendu au culte religieux bien avant que M. Chenavard en fût là. Il avait pourtant achevé les grandes compositions suivantes : le *Déluge*, la *Mort de Zoroastre*, la *Guerre de Troie*, la *Mort de Socrate*, le *Passage du Rubicon*, la *Poésie italienne*, le *Siècle de Louis XIV*, tableaux caractéristiques, dans son esprit, de l'Histoire de la civilisation ; quant au reste, il en exposa en 1853, ce qu'il put, du moins les cartons : *Auguste fermant la porte du temple de Janus, Attila arrê é devant Rome, les Commencements de la Réforme.* On a encore de cet artiste un grand nombre de toiles historiques d'un très grand mérite, notamment la *Mort de Caton*, la *Mort de Brutus*, la *Convention nationale*, la *Naissance de Jésus-Christ*, la *Fin des Religions*, cette dernière au Salon de 1869 et qui, placée d'abord au salon d'honneur dut en être enlevée, en présence des protestations véhémentes de personnes aussi influentes que dévotes. — Honoré de plusieurs médailles, M. Chenavard est chevalier de la Légion d'honneur depuis 1853.

CHENNEVIÈRES (marquis de), CHARLES PHILIPPE, écrivain et administrateur français, né à Falaise le 23 juillet 1820, fit ses études à Caen et débuta de bonne heure dans la carrière littéraire par deux petits volumes dont nous parlerons tout à l'heure : il fit ensuite un voyage dans le midi de la France, une véritable exploration dans nos musées méridionaux, et fut, peu après son retour, attaché à l'administration des musées royaux. Nommé, en 1852, inspecteur des musées de province et chargé des expositions annuelles des artistes vivants, qu'il eut à organiser, notamment dans les Expositions universelles de 1855 et 1867 ; il fit partie des jurys internationaux des expositions de 1855 et 1867, et de l'exposition de Vienne de 1873. Inspecteur général des expositions d'art depuis 1855, M. le marquis de Chennevières a été nommé directeur des Beaux-Arts, en remplacement de Charles Blanc, le 24 décembre 1873. Il a été admis à la retraite le 27 mai 1878 et remplacé par M. Guillaume, sculpteur, sa pension ayant été liquidée à 5,000 fr. Il est officier de la Légion d'honneur depuis 1859.

On a de M. de Chennevières : *Contes normands, par « Jean de Falaise »* (Caen 1842) ; *Vers*, par « François-Marc de la Boussardière » (Caen 1842) ; *Histoires baguenaudières*, par « un Normand » (Aix-en-Provence, 1845) ; *Recherches sur la vie et les ouvrages de quelques peintres provinciaux de l'ancienne France (1847-54*, 3 vol.) ; *Lettres sur l'art français (1851)* ; *Notice sur la galerie d'Apollon, au Louvre (1854)* ; *Essai sur l'organisation des arts en province (1853)* ; *Portraits inédits d'artistes français (1853)* ; *les Derniers contes de Jean de Falaise (1860)* ; *les Aventures du petit roi Saint-Louis devant Bellesme (1865)* ; *Contes percherons*, par « M. de Saint-Santin » (Nogent-le-Rotrou, 1869), etc. M. de Chennevières a, en outre, collaboré à la publication des *Mémoires inédits sur la vie et les ouvrages des membres de l'Académie royale de peinture et de sculpture* et du *Journal de Dangeau*, ainsi qu'à diverses publications périodiques, notamment à l'*Artiste*. Il a fondé, avec M. de Montaiglon, en 1851, les *Archives de l'Art français*, recueil de documents artistiques inédits. Les *Contes, Vers*, etc., signés « Jean de Falaise, » « un Normand, » « Pointel (nom de famille de Mᵐᵉ la marquise de Chennevières), « M. de Saint-Santin, » ont été tirés à petit nombre et sont très recherchés non seulement des bibliophiles et à cause de leur rareté, mais des véritables et fins gourmets littéraires et pour le charme du style et de la délicatesse émue des sentiments qu'il sert à exprimer.

CHERBULIEZ, VICTOR, littérateur français, d'origine suisse, né à Genève en 1828, est fils d'un professeur d'hébreu de cette ville, où il était d'abord lui-même professeur particulier, lorsqu'il débuta dans la carrière littéraire, par une fantaisie archéologique intitulée : *A propos d'un cheval, causeries athéniennes (1860)*, réimprimée en 1864 sous le titre de *Un cheval de Phidias*. Venu à Paris vers 1862, il a publié, depuis cette époque, un certain nombre de romans dont la plus grande partie (la dernière) parut d'abord dans la *Revue des Deux-Mondes*, dont il est devenu le principal collaborateur, et le *Temps*. — Nous citerons, parmi ses principaux ouvrages : le *Comte Kostia (1863)* ; le *Prince Vitale (1864)* ; *Paule Méré (1865)* ; le *Roman d'une honnête femme (1866)* ; le *Grand Œuvre (1867)* : *Prosper Randoce (1868)* ; *l'Aventure de Ladislas Bolski (1869)* ; *l'Allemagne politique, depuis le traité de Prague (1870)* ; la *Revanche de Joseph Noirel (1872)* ; *Meta Holdenis et Études de littérature et d'art (1873)* ; *l'Espagne politique (1874)* ; *Miss Rovel (1875)* : le *Fiancé de Mademoiselle Saint-Maur (1876)* ; *Samuel Brohl et Cⁱᵉ (1877)* ; *l'Idée de Jean Téterol (1878)* ; la *Ferme de Choquart (1882)*, transportée à la scène par M. W. Busnach ; *Olivier Maugant (1885)*, etc. Le *Comte Kostia* avait été transformé en pièce par M. Raymond Deslandes et représenté au Gymnase avec succès en 187: ; *Samuel Brohl* et *l'Aventure de Ladislas Bolski* ont eu le même honneur ; enfin *l'Idée de Jean Téterol* a été traduit en anglais sous ce titre : *The Wish of his Life*. — M. Cherbuliez, qui a obtenu des lettres de naturalisation, a été élu membre de l'Académie française en 1882, en remplacement de Dufaure.

CHÉRIF PACHA, homme d'État égyptien, d'une vieille famille musulmane, est né à Constantinople vers 1822 et a fait la plus grande partie de ses études en France. Élève de Saint-Cyr, il rentrait dans son pays vers 1840, puis se fixait en Égypte, en 1844, comme attaché à la maison du prince Halim, fils d'Abbas Pacha. En 1854, Saïd, avec qui s'était lié à Paris, ayant succédé à Abbas comme vice-roi d'Égypte, il reçut un grade dans l'armée égyptienne, qu'il quittait comme général, en 1857, pour prendre le portefeuille des affaires étrangères. À l'avènement d'Ismaïl, en 1863, Chérif Pacha fut appelé au Ministère de l'intérieur. Il ne cessa depuis lors d'occuper les plus hautes positions, tour à tour ministre des affaires étrangères, de l'instruction publique ou de l'intérieur, président du grand Conseil de justice (1867), premier ministre (1868) ; c'est à lui, du reste, à plusieurs reprises Ismaïl Pacha confia, en son absence, la régence. Cette confiance en son Chérif Pacha, Ismaïl semble l'avoir léguée à son fils Tewfik, dont il l'eut également le ministre à diverses reprises. Lors des négociations avec le parti national soulevé, ce fut dans un cabinet présidé par Chérif Pacha qu'Arabi fit ses débuts d'homme d'État, comme sous-secrétaire à la guerre (septembre 1881). Mais débordé, en lutte avec l'Assemblée des notables qu'il avait lui-même convoquée, et qui voulait, en dépit du droit de contrôle des créanciers de l'Égypte, que le vote du budget lui fût attribué, Chérif se vit forcé de donner sa démission (2 février 1882). Rappelé le 27 juin, il ne restait au pouvoir guère plus de quinze jours, pour y revenir six semaines plus tard, après le bombardement d'Alexandrie, et alterner ainsi avec les Mahmoud, les Mustapha, les Riaz, les Ragheb, les Nubar, aussi incapables les uns que les autres de sauver l'Égypte, en même temps, et l'Europe et leur propre pays que le seul parti national, d'en sauver la ruine. — Chérif-Pacha est grand officier de la Légion d'honneur.

CHÉRUEL, PIERRE ADOLPHE, littérateur et historien français, né à Rouen le 17 janvier 1809 ; commença ses études au collège de sa ville natale et entra à l'École normale supérieure, d'où il sortit agrégé des classes supérieures des lettres en 1830, et fut envoyé comme professeur d'histoire au collège de Rouen. En 1849, il remplaçait M. H. Wallon comme maître des conférences à l'École normale, devint inspecteur de l'Académie de Paris en 1859, puis inspecteur général de l'instruction publique, et enfin recteur de l'académie de Strasbourg en 1866 et inspecteur général honoraire quelques mois plus tard. Après la guerre fatale de 1870-71, qui eut pour résultat la séparation de l'Alsace et de la France, M. Chéruel fut quelque temps recteur de l'académie de Poitiers. — On lui doit : *Histoire de Rouen sous la domi-*

nation anglaise (Rouen, 1840); *Histoire de la commune de Rouen* (Rouen, 1844, 2 vol.); *De l'administration de Louis XIV (1661-1672) d'après les mémoires inédits d'Olivier d'Ormesson (1849)*; *Histoire de l'administration monarchique en France, depuis l'avènement de Philippe-Auguste jusqu'à la mort de Louis XIV* (1853, 2 vol.); *Dictionnaire historique des institutions, mœurs et coutumes de la France* (1855, 2 vol.); *Marie Stuart et Catherine de Medicis (1856)*; *Mémoires sur la vie publique et privée de Fouquet*, etc.. *d'après ses lettres et des pièces inédites* (1862, 2 vol.); *Saint-Simon considéré comme historien de Louis XIV (1865)*, etc. — M. Chéruel a publié en outre : les *Mémoires de Mademoiselle de Montpensier*; l'édition des *Mémoires du duc de Saint-Simon* publiée pour la première fois d'après le manuscrit original (1856-58, 20 vol.); une traduction du *Dictionnaire des antiquités romaines et grecques* d'Anthony Rich (1861); le *Journal d'Olivier Lefèvre d'Ormesson*, dans la Collection des documents inédits sur l'histoire de France (1860-62), etc. — Membre de plusieurs académies ou sociétés savantes, notamment du conseil d'administration de la Société de l'histoire de France, M. Chéruel a été élu membre de l'Académie des sciences morales et politiques, en remplacement d'Henri Martin, le 1er mars 1884. — Il est officier de la Légion d'honneur depuis 1863.

CHERVILLE (marquis de), Gaspard Georges Pecow, littérateur français. né à Chartres le 11 décembre 1821, appartient à une vieille famille beauceronne dont un grand nombre de membres ont figuré à diverses époques au parlement de Paris. M. de Cherville est entré assez tard et, pour ainsi dire, accidentellement dans la carrière littéraire. Il avait vingt-neuf ans, lorsque, ayant écrit un petit roman de chasse ayant pour titre : le *Lièvre de mon grand-père*, il le confia à son compatriote Hetzel. Alexandre Dumas père, qui était venu passer quelques jours chez l'éditeur, alors à Bruxelles, lut par hasard ce manuscrit, fut frappé des qualités de conteur qu'il révélait et offrit de l'acheter. Cette première affaire fut le point de départ d'une active collaboration entre le jeune écrivain et le grand romancier, et produisit : *Black*, le *Meneur de loups*, *Ingénue*, le *Père La Ruine*, les *Louves de Machecoul*, la *Marquise d'Escoman*, la *Maison Combet*, *Madame de Chamblay*, le *Médecin de Sava*, *Parisiens et Provinciaux*, etc. Avec une bonne grâce qui répond à bien des calomnies, non seulement Alexandre Dumas signala, dans les préfaces de quelques-uns de ses ouvrages, la part que M. de Cherville y avait eue, mais quand celui-ci se décida à publier un volume sous son propre nom : les *Aventures d'un chien de chasse*, il voulut le préfacer lui-même au public, et il le fit dans les termes les plus flatteurs pour ce collaborateur resté jusqu'à la fin son ami. Après cette séparation, provoquée par les excursions multipliées de l'auteur des *Mousquetaires*, M. le marquis de Cherville devint le rédacteur en chef d'une magnifique publication consacrée à la vie rurale : la *Vie à la campagne*, que venait de fonder l'éditeur Furne. Il passa ensuite au *Journal des chasseurs*, où il publia plusieurs romans. Sous le titre : la *Vie à la campagne*, il a commencé en 1870, au journal le *Temps*, la publication de lettres de quinzaine sur les choses des champs, lesquelles se poursuivent encore aujourd'hui sans que leur succès ait diminué. Il a pris, en outre, une part active à la rédaction de la *Chasse illustrée*, de l'*Illustration*, du *Sport*, et a publié en librairie : les *Aventures d'un chien de chasse* (1862); l'*Histoire d'un trop bon chien* (1867); *Traité général des chasses*, (2 vol., gr. in-8°), en collaboration avec M. de la Rue; les *Chiens d'arrêt français et anglais*, avec MM. de la Rue et Ernest Bellecroix ; *Pauvres bêtes et pauvres gens* (1869); l'*Histoire naturelle en action* (1874); la *Chasse aux souvenirs* (1875); les *Mois aux champs* (1886), etc. M. de Cherville n'a été décoré de la Légion d'honneur qu'en 1885.

CHESNEAU, Ernest, littérateur et critique d'art français, né à Rouen le 9 avril 1833, fit ses études au collège de Versailles et s'engagea à dix-huit ans dans un régiment de hussards. Venu à Paris en 1855, il s'y occupa de littérature, et principalement de littérature artistique, entra peu après, comme rédacteur, au journal du Louvre et fut nommé inspecteur des Beaux-Arts en 1869, fonctions dont il se démit après le 4 septembre 1870. — Il a publié : les *Intérêts populaires dans l'Art*, la *Vérité sur le Louvre* : le *Musée Napoléon III*, brochures (1862); les *Chefs d'Écoles* : la *Peinture française au XIXe siècle* (1862); *l'Art et les artistes modernes en France et en Angleterre (1863)*; le *Décret du 13 novembre et l'Académie des beaux-arts (1861)*, brochure; les *Nations rivales dans l'Art*: *Peinture et sculpture (1867)*, etc. Il a aussi rédigé le *Rapport officiel du jury des classes des beaux-arts*, à l'Exposition universelle de 1867. M. E. Chesneau a collaboré d'une manière régulière à l'*Opinion nationale*, puis au *Constitutionnel*, au *Pays*, au *Peuple français*, à l'*Estafette* (1876), etc. ; il a également fourni des articles à diverses revues : la *Revue européenne*, la *Revue de France*, la *Revue des Deux-Mondes*, etc. Il est chevalier de la Légion d'honneur depuis 1865.

CHESNELONG, Pierre Charles, homme politique français, né à Orthez (Basses-Pyrénées) le 14 avril 1820, fit ses études à Pau, et vint ensuite partager avec son père la direction d'une maison de commerce importante que celui-ci lui laissa en 1857. M. Chesnelong, membre du Conseil général des Basses-Pyrénées depuis 1852, fut nommé maire d'Orthez en 1855. Antérieurement à ces heureux événements, M. Chesnelong s'était déjà occupé de politique, et nous le voyons, en 1848, dans une réunion préparatoire pour les élections à l'Assemblée législative, exiger du candidat sur la sellette, M. Larrabure, l'engagement formel de « ne travailler qu'à l'établissement d'une république franchement démocratique », etc. En 1859, M. Chesnelong, qui avait évidemment changé d'avis sur la « marche providentielle des faits » et la nécessité de la « forme républicaine » était élu député au Corps législatif, en qualité de candidat officiel, par la deuxième circonscription des Basses-Pyrénées. En la même qualité encore, il était réélu en 1863 et 1869. Aux élections complémentaires du 7 janvier 1872, M. Chesnelong était de nouveau élu représentant à l'Assemblée nationale. contre le marquis de Noailles, candidat républicain. Il prit place sur les bancs de la droite, mais non, comme on pourrait le croire, dans le groupe de l'Appel au peuple : M. Chesnelong était subitement devenu légitimiste. L'année suivante, l'ancien député d'Orthez se signala comme l'un des agents les plus actifs de l'intrigue monarchiste. Ce fut lui qui, avec M. Lucien Brun, fut choisi pour porter à Frohsdorf le programme rédigé par la « Commission des neuf ». Il partait le 15 octobre 1873. avec son collègue; de retour quelques jours plus tard, il rendait à ses commettants un compte si exact de la mission que le comte de Chambord lui avait forcé de rétablir les faits par une lettre écrite à M. Chesnelong lui-même, mais envoyée à l'*Union* pour y être insérée; et elle y parut, en effet, le 13 octobre. — Aux élections générales du 20 février 1876, M. Chesnelong fut réélu député de l'arrondissement d'Orthez; mais, à la vérification des pouvoirs, la Chambre invalida l'élection et renvoya l'élu devant ses électeurs, qui lui préférèrent décidément le candidat républicain, M. Vignancourt (21 mai 1876). Le 12 août suivant, les droites du Sénat appuyèrent la candidature de M. Chesnelong au siège inamovible laissé vacant par la mort de Casimir Périer, contre celle de Dufaure; mais celle-ci triompha par 161 voix contre 109 données à la candidature Chesnelong. Il fut toutefois élu le 24 novembre suivant, à cinq voix de majorité, en remplacement de M. Wolowski. M. Chesnelong étant resté jusqu'ici attaché opiniâtrement à la foi légitimiste, il suffit de dire qu'il a pris part à tous les actes parlementaires et extra-parlementaires par lesquels son nouveau parti s'est manifesté dans ces derniers temps, et toujours au premier rang. — M. Chesnelong est officier de la Légion d'honneur depuis 1867 ; il est aussi grand croix de l'Ordre pontifical de Saint Grégoire le Grand.

CHEVALIER, Charles, homme politique français, né à Coutances en 1844. Avocat du barreau de Coutances, membre du Conseil municipal de cette ville et du Conseil d'arrondissement depuis 1860, M. Ch. Chevalier venait d'être élu bâtonnier de son ordre lorsqu'il se présenta à une élection partielle qui eut lieu à Coutances en 1883. Il échoua, mais, aux élections générales du 4 octobre 1885, a été élu député de la Manche sur la liste monarchique triomphante, et a pris place à la droite bonapartiste.

CHEVALIER, Ernest Armand, homme politique français, ancien magistrat, né à Villers-en-Vexin (Eure) le 14 août 1820. Il fit son droit à Paris. prit le grade de docteur et entra dans la magistrature en 1845, comme substitut du procureur du roi à Calais. Il était procureur général à Angers depuis 1867, lorsque survint le 4 septembre 1870. M. Chevalier donna alors sa démission et se retira dans ses propriétés de Chalonnes-sur-Loire, où il mit à la disposition de ses voisins, jusqu'à une assez grande distance, les lumières de jurisconsulte consommé. Ceux-ci lui manifestèrent leur reconnaissance en l'envoyant siéger d'abord au Conseil général de Maine-et-Loire de 1871 ; et enfin M. E. Chevalier fut porté sur la liste monarchique de Maine-et-Loire, aux élections du 4 octobre 1885, et élu le second. Il a pris place à droite. —

M. E. A. Chevalier est officier de la Légion d'honneur depuis 1868.

CHEVANDIER, Antoine Daniel, médecin et homme politique français, né à Serres (Hautes-Alpes) le 27 mai 1822. Il fit ses études médicales à Montpellier et fut reçu docteur en 1846. Établi depuis 1848 dans la Drôme, M. le Dr Chevandier y était connu pour ses opinions démocratiques, qui le firent nommer sous-préfet de Die après le 4 septembre 1870. Démissionnaire deux mois après, il fut élu représentant de la Drôme le 8 février 1871 et député de Die le 20 février 1876. Il siégea à gauche. M. Chevandier a été réélu le 14 octobre 1877 et le 21 août 1881. Il a été élu député de la Drôme le 4 octobre 1885, sur la liste républicaine, et a voté l'expulsion totale des princes. — M. le Dr Chevandier s'est fait le promoteur du traitement thermo-résineux (c'est-à-dire par l'action de la térébenthine vaporisée) des maladies de poitrine, et a pris à l'aris la direction d'un établissement médical où ce traitement est appliqué. Membre ou correspondant de plusieurs sociétés de médecine, on lui doit quelques ouvrages sur son art.

CHEVILLON, Joseph, médecin et homme politique français, né à Marseille en 1850. Médecin à Marseille, membre du Conseil municipal de cette ville depuis 1875 et du Conseil général des Bouches-du-Rhône depuis 1880, M. le Dr Chevillon a été élu député de ce département, le 4 octobre 1885, comme radical. Il a voté l'expulsion totale des princes. — M. Chevillon fit partie du Conseil supérieur des médecins créé à Marseille lors de l'épidémie de choléra qui sévit dans le midi en 1884-1885. Il est officier d'Académie.

CHEVILLOTTE, Jean Charles, industriel et homme politique français, né à Brest en 1838. Membre de la Chambre de commerce de sa ville natale depuis 1872, il en a été élu président en 1878 ; il est également président du tribunal de commerce de Brest depuis 1883. Riche armateur, on lui doit la création de plusieurs lignes de steamers reliant des ports français. Il a été en outre l'un des plus ardents protestataires contre la loi d'expulsion des congrégations non autorisées, et a concouru de sa bourse à la fondation à Brest des écoles libres destinées à remplacer les écoles des Frères, laïcisées de par la loi. Enfin, M. Chevillotte s'est fait connaître comme orateur en parlant dans diverses réunions réactionnaires, dont plusieurs organisées par ses propres soins. — C'était ainsi qu'il n'en fallait pour figurer, aux élections générales du 4 octobre 1885, sur la liste dite « conservatrice », laquelle a triomphé dans le Finistère.

CHEVREAU, Jules Henri, homme politique français, ancien ministre, né à Belleville (Paris) le 28 avril 1823. Élevé dans la maison d'éducation dirigée par son père, à Saint-Mandé, il se livra ensuite à la littérature et publia, avec M. Laurent Pichat, en 1844 : les *Voyageuses*, poésies. La Révolution de Février le lança, ou plutôt l'attira dans la politique. Après avoir échoué aux élections pour la Constituante, il se livra avec tout le zèle de son âge à la propagande napoléonienne. Il fut récompensé de son zèle, un mois juste après le 10 décembre, par la préfecture de l'Ardèche, qu'il obtint d'emblée, n'ayant pas vingt-six ans. Après le 2 décembre, il fut nommé secrétaire général et directeur du personnel au ministère de l'Intérieur. Il fut élu, en quittant la préfecture, membre du Conseil général de l'Ardèche, dont il devint président en 1852. Il fut nommé la même année conseiller d'État hors sections. En 1853, il fut appelé à défendre devant le Corps législatif le budget de son ministère ; mais il ne le fit pas, sans doute, suivant les intentions de son chef, M. de Persigny, car il quitta son poste auprès de cet homme d'État et reçut en dédommagement la préfecture de la Loire-Inférieure, qu'il conserva jusqu'en septembre 1864, époque à laquelle il passa à la préfecture du Rhône, dont il fut sénateur le 15 mars 1865. Nommé préfet de la Seine, en remplacement de M. Haussmann, le 5 janvier 1870, il se trouva en présence d'une situation difficile qu'il n'eut pas le temps de débrouiller ; car la guerre étant survenue, le ministère du 2 janvier, tombé sous le vote de l'ordre du jour Daru, et nois, qui le déclarait « incapable », était remplacé par le ministère Palikao, et M. Chevreau prenait dans le nouveau cabinet (10 août) le portefeuille de l'Intérieur, sans qu'il fût toutefois pourvu à son remplacement à la préfecture de la Seine. Après avoir fait tous les efforts possibles pour l'organisation des gardes mobiles, il quittait le ministère après le 4 septembre et se réfugiait en Belgique, d'où il ne tarda pas à se rendre en Angleterre auprès de l'ex-impératrice. Rentré depuis en France, il s'est présenté, mais sans succès, dans la 2e circonscription de Privas, aux élections du 20 février 1876. Aux élections générales du 4 octobre 1885, M. Chevreau, ancien préfet bonapartiste de l'Ardèche, était porté sur la liste réactionnaire présentée aux suffrages des électeurs de ce département, et qui triomphait tout entière. Malheureusement, cette élection ayant été annulée par la Chambre, la liste républicaine prit sa revanche au scrutin du 14 février 1886. — M. H. Chevreau est grand officier de la Légion d'honneur depuis 1861.

CHEVREAU, Théophile Léon, homme politique français, frère du précédent, né à Saint-Mandé, banlieue de Paris, le 23 octobre 1827. Il entra dans la vie publique comme chef du cabinet de son frère aîné à la préfecture de l'Ardèche, en 1849, et devint successivement sous-préfet de Forcalquier, puis du Havre; puis préfet de l'Ardèche à son tour en 1853, préfet de la Sarthe en 1857 et préfet de l'Oise de 1860 à 1870. Le 13 août 1870, il était nommé directeur du personnel au ministère de l'Intérieur, dont son frère était titulaire, et conseiller d'État hors sections. Aux élections du 20 février 1876, il se présenta dans la 1re circonscription de l'arrondissement de Beauvais, sous les auspices du « Comité national conservateur »; il fut élu, quoiqu'à une faible majorité, et prit place au groupe de l'Appel au peuple. Il fut réélu le 14 octobre 1877 et le 21 août 1881 ; enfin, aux élections du 4 octobre 1885, il fut élu député de l'Oise avec tous ses amis de la liste monarchique. — M. Léon Chevreau est commandeur de la Légion d'honneur depuis 1869.

CHEVREUL, Michel Eugène, savant chimiste français, né à Angers le 31 août 1786, fit ses études à l'École centrale de sa ville natale, et vint en 1803 à Paris, où il devint successivement directeur du laboratoire de Vauquelin, préparateur du cours de chimie du Muséum en 1810, professeur au lycée Charlemagne en 1813, directeur des teintures et professeur de chimie spéciale à la Manufacture des Gobelins en 1824, membre de l'Académie des sciences, section de chimie, en 1826 et, en 1830, professeur de chimie appliquée au Muséum d'histoire naturelle, en remplacement de Vauquelin, son ancien maître. Nommé directeur du Muséum, pour la période quinquennale réglementaire en janvier 1864, il a été maintenu dans ces fonctions en janvier 1869 et en janvier 1874 ; mais il s'est enfin démis au mois de novembre de cette dernière année, avec un assez grand éclat, — qui n'est pas de son fait, il faut le reconnaître. La raison de cette démission était une extension vraiment abusive du despotisme du gouvernement de combat qui, ne tenant aucun compte des propositions de M. le directeur du Muséum, soit à des récompenses, soit aux chaires devenues vacantes, decorait des nullités bien pensantes et nommait professeurs des gens que l'école réclamait. Il a été admis à la retraite et nommé directeur honoraire en 1879. Officier de la Légion d'honneur depuis 1843, M. Chevreul est président de la Société nationale d'Agriculture, membre de la Société royale de Londres et d'un grand nombre d'autres sociétés savantes. Grand officier de la Légion d'honneur depuis 1865, il a été promu grand-croix le 5 janvier 1875. Dans ces derniers temps, et surtout depuis qu'il est entré dans sa centième année, M. Chevreul, qui s'intitula le « doyen des étudiants de France », a été l'objet de manifestations sympathiques qu'on ne saurait faire plus que de mentionner, tant elles ont pris de formes diverses ; les titres universitaires honorifiques qui lui manquaient encore, entre autres, lui ont été en outre décernés : le dernier en date est celui de docteur en médecine de l'université d'Heidelberg, souvenir envoyé par la vieille université allemande fêtant son cinquième centenaire au savant centenaire français (5 août 1886).

Parmi les ouvrages nombreux de M. Chevreul, nous citerons : *Recherches chimiques sur les corps gras d'origine animale (1823)*, ouvrage dont l'industrie tira de si beaux résultats que la Société d'encouragement pour l'industrie nationale décernait à son auteur, en 1852, un prix de 12,000 francs ; *Considérations générales sur l'analyse organique et sur ses applications (1824)* ; *Leçons de chimie appliquée à la teinture (1828-31)* ; *De la loi du contraste simultané des couleurs et de l'assortiment des objets coloriés, etc. (1839, avec atlas)* ; *Théorie des effets optiques que présentent les étoffes de soie (1848)* ; *De la baguette divinatoire, du pendule et des tables tournantes (1854)* ; *Lettres adressées à M. Villemain sur la Méthode en général (1855)* ; *Des couleurs et de leurs applications aux arts industriels, à l'aide des cercles chromatiques (1864, avec planches)* ; *Considérations sur l'histoire de la partie de la médecine qui concerne la prescription des remèdes (1865)* ; *Histoire des connaissances chimiques (1866 et suiv. 4 volumes)*, etc., etc. — M. Chevreul a, en outre, collaboré au

Dictionnaire des Sciences naturelles, au Journal des Savants et à diverses autres publications scientifiques considérables, périodiques ou non, sans oublier les Comptes Rendus de l'Académie des sciences. Il a été membre, jusqu'à ces derniers temps, des jurys internationaux des expositions de Paris et de Londres.

CHILDERS, Hugh Culling Eardley, homme d'État anglais, né à Londres en juin 1827, fit ses études au collège de la Trinité, à Cambridge, où il prit ses grades en 1850, et partit la même année pour l'Australie. Il fut membre du gouvernement de Victoria depuis son arrivée jusqu'au commencement de 1857, tant comme commissaire du commerce et des douanes que comme membre, pour Portland, de l'Assemblée législative. De retour en Angleterre en 1857, en qualité d'agent général de la colonie, il se porta sans succès, comme candidat libéral, à Pontefract en 1859. A la suite d'une enquête sur cette élection, toutefois, son heureux concurrent ayant été invalidé, il fut élu définitivement en février 1860, et a continué depuis à représenter ce bourg. M. Childers a été président du Comité de transportation en 1861 et membre de la Commission de servitude pénale en 1863, ses projets de modification dans ce service ayant été adoptés par le gouvernement. Il devint lord de l'Amirauté en avril 1864, et secrétaire des finances au Trésor, en août 1865, fonctions qu'il résigna à l'arrivée aux affaires, pour la troisième fois, de lord Derby, en 1866. A l'accession de M. Gladstone, en 1868, M. Childers fut nommé premier lord de l'Amirauté ; mais il fut obligé de se retirer, pour cause de santé, en mars 1871. En janvier 1872, il accepta de nouveau le poste d'agent général de la colonie de Victoria près de la Métropole. Il fut chancelier du duché de Lancastre, d'août 1872 à août 1873, lors du remaniement du cabinet Gladstone. Au retour des libéraux au pouvoir en 1880, M. Childers devint ministre de la guerre ; puis, le 16 décembre 1882, il remplaçait au poste de chancelier de l'Échiquier M. Gladstone lui-même, qui avait tenu jusque-là ce portefeuille concurremment avec celui de premier lord de la Trésorerie. Enfin, dans le dernier cabinet Gladstone, formé le 4 février 1886, M. Childers tenait le portefeuille de l'intérieur, qu'il résigna le 21 juillet 1886, se retirant avec ses collègues.

M. Childers a été élu membre de la Société royale le 16 janvier 1873. Il est auteur de brochures sur le libre échange, la police des chemins de fer et sur l'éducation nationale.

CHILDS, George Washington, éditeur américain, né à Baltimore en 1830. A l'âge de treize ans, il s'engagea dans la marine des États-Unis, où il servit pendant quinze mois. Il se rendit alors à Philadelphie, fut le premier garçon libraire. A l'âge de dix-huit ans, ayant su mettre quelques centaines de dollars de côté, il entreprit les affaires à son compte, et devint, avant d'avoir atteint sa vingt-et-unième année, associé de la maison Peterson, dont la raison sociale devint bientôt Childs and Peterson, et qui édita, entre autres ouvrages importants, le Voyage d'exploration aux régions arctiques du docteur Kane, le Dictionnaire critique de littérature anglaise etc. de M. Samuel Austen Allibone, l'Histoire de la Guerre civile américaine, illustrée, etc. etc. Le 5 décembre 1864, M. Childs devenait acquéreur du Philadelphia Public Ledger, l'un des plus importants et des plus répandus journaux non seulement de Philadelphie, mais des États-Unis, et devenu tel seulement sous la direction de son nouveau propriétaire. Un édifice splendide a été construit, en 1867, pour loger ce journal et ses annexes ; à cette occasion, M. Childs a publié un volume in-8º, imprimé avec luxe : The Public Ledger Building (Philadelphia, 1868), où est consignée l'histoire de l'édification de cette sorte de Palais de la presse et des procédés qui y furent mis en œuvre. — Nous avons raconté ailleurs l'origine et les progrès successifs du Public Ledger (le Journal en Amérique ; « Revue de France », numéro du 31 août 1874).

CHIRIS, François Antoine Léon, industriel et homme politique français, né à Grasse le 13 décembre 1839, fit ses études partie au collège Chaptal, à Paris et partie en Angleterre, puis vint prendre à Grasse la direction d'une grande manufacture de parfumerie. Élu, avec M. Medecin, représentant des Alpes-Maritimes le 14 octobre 1874, en remplacement de MM. L. Piccon et Bergondi, comme antirevisionniste et républicain-conservateur, M. Chiris a été élu député de Grasse le 20 février 1876. Il siégea au centre gauche dans les deux assemblées et fut réélu le 14 octobre 1877 et le 21 août 1881. Le 8 janvier 1882, M. Chiris se présenta à l'élection sénatoriale partielle motivée dans les Alpes-Maritimes par la mort de Joseph Garnier, et fut élu à la presque unanimité des suffrages. Il a pris place à la gauche du Sénat et a voté l'expulsion des princes.

CHIVOT, Henri, et **DURU**, Alfred, auteurs dramatiques français, nés à Paris, M. Duru en 1829, et M. Chivot en 1830. Collaborateurs inséparables, mais non pas exclusifs, ils ont donné depuis au moins vingt-cinq ans à toutes scènes parisiennes, de genre ou d'opérettes, un grand nombre de comédies, vaudevilles, opérettes-bouffes, admettant quelquefois, dans leur association, Siraudin, Marc Michel et autres vaudevillistes en vogue. — Nous citerons parmi les ouvrages de ces messieurs : Mon nez, mes yeux, ma bouche (1858) ; la Femme de Jephté (1859) ; les Splendeurs de Fil d'Acier (1860) ; le Songe d'une nuit d'avril (1861) ; le Pifferaro (1863) ; les Mères terribles (1864) ; la Tante Honorine (1865) ; ces deux pièces, d'un genre plus soigné que leurs productions ordinaires, ont été jouées à l'Odéon ; les Orphéonistes en voyage, un Homme de bronze, les Mediums de Gonesse (1865) ; les Chevaliers de la Cible ronde, opéra bouffe, musique de M. Hervé (1866) ; un Pharmacien aux Thermopyles (1867) ; le Luxe de ma femme ; l'Ile de Tulipatan, opérette bouffe, musique d'Offenbach, le Soldat malgré lui, opérette, musique de M. Frédéric Barbier (1868) ; le Carnaval d'un merle blanc, vaudeville en trois actes, musique nouvelle de M. Ch. Lecocq (1869) ; les Cent vierges, opérette bouffe, musique de M. Lecocq (1872) ; le Pompon, opéra bouffe, musique du même compositeur ; la Blanchisseuse de Berg-op-Zoom, musique de M. Vasseur (1875) ; Madame Favart, musique d'Offenbach (1879) ; le Truc d'Arthur, comédie en 3 actes, au Palais-Royal ; Boccace, opérette, 3 actes aux Folies Dramatiques, musique de M. Suppé (1882) ; la Dormeuse éveillée, musique de M. Audran, 3 actes, aux Bouffes ; la Princesse des Canaries, opérette en 3 actes, musique de M. Lecocq, aux Folies Dramatiques ; les Pommes d'or, opéra comique en 3 actes, musique de M. Audran, à la Parisienne (1883) ; le Grand Mogol, opéra bouffe en 3 actes, musique de M. Audran, à la Gaité ; l'Oiseau bleu, opérette, 3 actes, musique de M. Lecocq, aux Nouveautés (1884) ; Pervenche, opérette, 3 actes, musique de M. Audran, aux Bouffes ; les Noces d'un réserviste, vaudeville, 4 actes, au Palais-Royal (1885), etc. — MM. Chivot et Duru ont en outre écrit quelques ouvrages isolément ou en collaboration avec d'autres auteurs dramatiques.

CHOËCKI, Charles Edmond, publiciste et littérateur français, d'origine polonaise, né en 1822. Il fit ses études à l'université de Varsovie, mêlé à toutes les agitations de la jeunesse polonaise patriote, et fonda à dix-neuf ans un journal intitulé l'Echo. Frappé d'une condamnation par les tribunaux autrichiens, M. Choëcki, s'enfuit, gagna la Crimée, puis se réfugia en France et vint à Paris, où il collabora à la Revue indépendante jusqu'à ce qu'il fut envoyé à la diète de Prague, en 1848. De nouveau condamné, comme révolutionnaire, il revint à Paris et écrivit au Peuple et à la Voix du peuple ; puis condamné comme journaliste, par un tribunal français cette fois, il partit pour l'Allemagne où il séjourna quelque temps, visita la Suisse, l'Italie et s'embarqua pour l'Égypte. Rentré en France au commencement de 1852, M. Choëcki servait pendant la guerre d'Orient dans l'armée d'Omer Pacha, qu'il quittait avec le grade de lieutenant-colonel, après la conclusion de la paix. Il revint en France et se voua décidément à la littérature, particulièrement à la littérature dramatique, après avoir, toutefois, accompagné le prince Napoléon lors de son excursion dans la mer du Nord. A son retour, il fut nommé bibliothécaire au ministère de l'Algérie et des colonies, dont le titulaire était le même prince Napoléon (1858) ; il passa en la même qualité à la bibliothèque du Sénat dont il est encore aujourd'hui le bibliothécaire en chef. M. Choëcki est officier de la Légion d'honneur depuis 1869. Il a collaboré à divers journaux et revues, notamment au Temps, auquel il est resté attaché. — On a de lui, tant en polonais qu'en français : Souvenirs d'un voyage en Crimée (1845) ; la Bohême et les Tchèques dans la première moitié du dix-neuvième siècle (1847) ; les Révolutionnaires et le parti adverse (1849) ; Alkhadur, roman (1854, 3 vol.) ; Voyage dans les mers du Nord, à bord de la corvette la « Reine Hortense » (1857) ; Souvenirs d'un dépaysé (1862) ; le Patriotisme (1864) ; la Pologne captive et ses trois poètes (1865) ; l'Egypte à l'Exposition universelle de 1867 (1867) ; Zéphirin Cazavan en Egypte ; Harald (1883), etc. — Il a donné au théâtre : la Florentine, drame en 5 actes, à l'Odéon (1856) ; les Mers polaires, drame en 5 actes, Gaité (1858) ; l'Africain, comédie en 4 actes, Français (1860) ; l'Aïeule, drame en 5 actes, avec M. Dennery, à l'Ambigu (1864) : le Dompteur, drame en 5 actes, avec le même et au même théâtre (1870); la *Da ronne*, drame en 4 actes, avec Ed. Foussier (1871); le *Fantôme rose*, 1 acte, à l'Odéon (1873), etc.

CHOISEUL-PRASLIN (comte de), EUGÈNE ANTOINE HORACE, homme politique français, né à Paris le 23 février 1837, est fils du duc de Choiseul-Praslin, ancien pair de France dont le procès fit si grand bruit à la fin du règne de Louis-Philippe. Entré dans la marine à seize ans, M. le comte Horace de Choiseul l'abandonna au bout d'un an et s'engagea, en 1854, au 1er hussards, fit les campagnes de Crimée et d'Italie et, devenu sous-lieutenant, décoré de la médaille militaire et chevalier de la Légion d'honneur, quitta l'armée après douze ans de service (1866). Il se retira alors dans ses terres, près de Melun, fut envoyé l'année suivante au Conseil général, élu maire de Maincy, et se porta aux élections générales de 1869, comme candidat de l'opposition libérale dans la 1re circonscription de Seine-et-Marne, qui l'envoya siéger au Corps législatif, où il prit place sur les bancs du centre gauche. Au début de la guerre avec la Prusse, il se mit, mais inutilement, comme tant d'autres, à la disposition du ministre de la guerre. Il entra alors dans les rangs de la garde nationale de Paris et après le 4 septembre, fut élu chef du 96e bataillon. — Aux élections du 8 février 1871, il fut élu député de Seine-et-Marne en tête de la liste et siégea sur les bancs du centre gauche républicain. Nommé peu après ministre de France en Italie, il donna sa démission au mois de novembre suivant et revint prendre sa place à l'Assemblée. C'est M. le comte Horace de Choiseul qui proposa à l'Assemblée nationale de voter que M. Thiers avait bien mérité de la patrie ; proposition qu'elle accepta avec enthousiasme, quoiqu'elle ne dût pas tarder à chercher les moyens de renverser celui qui en était l'objet. Aux élections du 20 février 1876, M. Horace de Choiseul a été élu, comme candidat républicain, député de l'arrondissement de Melun, avec une majorité de plus des trois quarts. Il siégea à gauche, et, quoique révoqué de ses fonctions de maire de Maincy le 2 août précédent, il fut réélu le 14 octobre 1877, et, le 21 août 1881, élu à la fois dans le même arrondissement et dans celui de Corte (Corse). Il remplit les fonctions de secrétaire d'État au ministère des affaires étrangères du 28 septembre 1880 au 10 novembre 1881. — Malgré ces antécédents, M. le comte Horace de Choiseul échoua dans le département de Seine-et-Marne aux élections du 4 octobre 1885 : ce fut une autre liste républicaine que celle sur laquelle il figurait qui triompha.

CHOLER, ADOLPHE, auteur dramatique français, né à Paris en 1824. M. Choler est devenu l'un des fournisseurs ordinaires des scènes dites de genre, auxquelles il donne des pièces écrites surtout en collaboration avec des auteurs en vogue, tels que Lambert Thiboust, Siraudin, Clairville, Delacour, Marc Michel, MM. Rochefort, Labiche, etc. Nous citerons : les *Marquises de la fourchette (1854)* ; un *Cœur qui parle (1855)* ; *Six demoiselles à marier*, opérette bouffe (1857) ; le *Fils de la Belle au Bois dormant (1857)*, féerie ; le *Méli-mélo de la rue Meslay*, etc. (1859) ; *Comme on gâte sa vie*, *Fou-yo-Po (1860)* ; *Bébé actrice*, parodie (1861) ; les *Finesses de Bouchavannes*, etc. (1862) ; les *Pinceaux d'Héloïse* et la *Vieillesse de Brididi (1863)* ; une *Femme dégelée*, le *Procès Van Korn (1865)* ; un *Pied dans le crime (1866)* ; les *Chemins de fer (1867)* ; *Mademoiselle Pacifique (1868)* ; *Elle est bête (1871)* ; *Bobinette (1874)* ; *Tous dentistes (1875)*, etc. — M. Adolphe Choler a été, en outre, le collaborateur anonyme de plusieurs auteurs dramatiques dans une foule de pièces de genres divers. Il a été quelque temps codirecteur du Palais Royal, avec Dormeuil et M. Plunkett, aujourd'hui directeur de l'Eden-Théâtre.

CHRISTIAN IX, roi de DANEMARK, quatrième fils du feu duc Guillaume de Schleswig-Holstein-Sonderbourg-Glucksbourg, né le 8 avril 1818. Avant son avènement au trône de Danemark, il était inspecteur général et commandant en chef de la cavalerie danoise. Il avait épousé, en 1842, une fille du landgrave Guillaume de Hesse-Cassel, dont il eut plusieurs enfants, parmi lesquels la princesse Alexandra, mariée au prince de Galles, en 1863, et la princesse Dagmar, mariée en 1866 au czar Alexandre III. La succession lui étant assurée par le protocole de Londres du 8 mai 1852, il monta sur le trône de Danemark, à la mort de Frédéric VII, le 15 novembre 1863. La situation était alors des plus difficiles, et l'horizon s'assombrissait de plus en plus du côté du Schleswig-Holstein. Le fils du duc d'Augustenbourg, dès qu'il avait appris la mort de Frédéric VII, avait réclamé la souveraineté des duchés, bien que son père, en 1852, eût, par mesure de compensation, résigné ses droits de souveraineté. D'un autre côté, la Diète germanique soutenait l'indépendance du Holstein plus spécialement et d'une partie du Schleswig, et, pour appuyer leurs prétentions en ce sens, elle envoyait une armée fédérale pour occuper les territoires disputés, et assurer, disait-elle, leur affranchissement du despotisme danois. Mais avant que la Diète eût conduit plus loin cette querelle d'Allemands, l'Autriche et la Prusse, coalisées, envoyaient une armée d'occupation dans les duchés afin d'obtenir, en dehors de la Diète, la solution de la question débattue. Ces deux puissances envahirent donc les duchés qui, après une courte et héroïque résistance des Danois, vaincus par le nombre, furent enfin violemment détachés du royaume. Christian IX, découragé de ne recevoir aucune assistance des puissances qui avaient sanctionné ses droits, après l'échec de la conférence réunie à Londres en 1864, entra en négociation pour la paix avec l'Autriche et la Prusse, et un traité fut signé à Vienne le 30 octobre 1864. Le roi de Danemark y renonçait à tous ses droits sur le Schleswig-Holstein et le Lauenbourg, et en cédait les territoires à la Prusse et à l'Autriche qui, au moment du partage, n'étant pas précisément d'accord, en vinrent aux mains, sans qu'il en résultât d'ailleurs le moindre avantage pour Christian IX. — Depuis lors, le roi de Danemark n'a plus cherché qu'à développer les ressources intérieures et les institutions nationales de son pays. Une nouvelle constitution fut inaugurée en novembre 1866, quand le roi ouvrit le premier Rigsdad dont les membres avaient été élus d'après la nouvelle loi électorale. L'armée et la marine furent également réorganisées de fond en comble ; une grande impulsion fut donnée au commerce et à l'agriculture, et plusieurs lignes de chemins de fer furent construites. En mars 1867, Christian IX et la reine Louise allèrent à Londres rendre visite, à Marlborough House, à leur gendre le prince de Galles. Le mariage du prince royal de Danemark avec la princesse Louise, fille unique du roi de Suède, qui fut célébré à Stockholm le 28 juillet 1869, fut alors considéré comme un symptôme évident d'union entre les deux pays. Christian IX, parmi les réformes qu'il a introduites dans la situation politique du Danemark, a accordé à l'Islande une constitution nouvelle qui fut mise en vigueur au mois d'août 1874, à l'occasion du millième anniversaire de l'admission de l'Islande au rang de nation. Il se rendit à Reikiavjie à cette occasion et fut accueilli avec enthousiasme.

CHRISTIAN, FRÉDÉRIC CHRISTIAN CHARLES AUGUSTE, prince de SCHLESWIG-HOLSTEIN, frère du feu roi Christian Auguste de Schleswig-Holstein-Sonderbourg-Augustenbourg, mort en 1869, est né le 22 janvier 1831 et a épousé, le 5 juillet 1866, au château de Windsor, Helena Augusta Victoria, princesse de la Grande-Bretagne et d'Irlande, duchesse de Saxe, troisième fille de la reine Victoria, née le 25 mai 1846. Le prince Christian, qui est major général dans l'armée britannique, a reçu de la reine d'Angleterre le titre d'Altesse royale (Royal Highness). Il a été fait chevalier de la Jarretière en 1866.

CHRISTIE, WILLIAM HENRY MAHONY, astronome royal d'Angleterre, né à Woolwich le 1er octobre 1845, est fils d'un professeur à l'École militaire de Woolwich. Il fit ses études au Collège du roi, à Londres, et à l'université de Cambridge, devint fellow de son collège (la Trinité) et fut reçu maître ès arts en 1871. Nommé dès 1870 directeur-adjoint de l'observatoire de Greenwich dont le directeur était sir George Biddel Airy, M. Christie apporta divers perfectionnements aux instruments en usage dans ce grand établissement, et y fit adopter une nouvelle forme de spectroscope, un instrument pour déterminer la couleur et l'intensité lumineuse des étoiles, un nouveau micromètre enregistreur, etc. Il dirigea principalement ses études vers la spectroscopie et la photographie comme moyens infaillibles d'enregistrement des observations. Élu membre de la Société royale, et secrétaire de la Société royale astronomique en 1880, lorsque, l'année suivante, sir J.-B. Airy prit sa retraite d'astronome royal et directeur de l'observatoire de Greenwich, c'est M. Christie qui fut choisi pour le remplacer. — On doit à ce savant de nombreux mémoires et articles sur l'astronomie et l'optique, insérés dans les recueils de la Société royale et de la Société astronomique, et un *Manuel d'Astronomie élémentaire (1875)*. Il a rédigé, en outre, et dirige un important recueil périodique intitulé : l'*Observatory*, revue mensuelle d'astronomie.

CHRISTOPHLE, ALBERT SILAS MÉDÉRIC CHARLES, homme politique et administrateur français, né à Domfront (Orne) le 13 juillet 1830, fit ses études à Caen, suivit les cours de la faculté de droit de cette ville et remporta en 1850 le prix de droit français. Reçu licencié la même année et docteur en droit en 1852, il se fit inscrire au barreau de Domfront et acheta, en 1856, une charge d'avocat au Conseil d'État et à la Cour de cassation. Devenu rédacteur de la *Presse* en 1858-59, il collabora également à la *Revue pratique* et à la *Revue critique de jurisprudence* et publia, en 1862, un *Traité des travaux publics*, en deux volumes, très estimé des hommes spéciaux. M. Christophle a fait partie du conseil de l'ordre des avocats de Paris, de 1866 à 1869. Nommé préfet de l'Orne, le 6 septembre 1870, il s'occupa principalement de l'organisation et de l'équipement des mobiles et gardes nationaux mobilisés de son département. Il donna sa démission en décembre, pour protester contre le décret prononçant la dissolution des conseils généraux (25 décembre), et leur remplacement par des commissions départementales nommées par les préfets. Le 8 février 1871, M. Christophle fut élu représentant de l'Orne à l'Assemblée nationale, où il siégea au centre gauche. L'un des promoteurs de la réunion de ce groupe parlementaire, il en devint successivement l'un des vice-présidents, puis le président. Il a fait partie, pendant la première législature républicaine, de nombreuses commissions, a pris la parole, avec une autorité particulière, dans les questions d'affaires, et a voté, entre autres votes significatifs, pour le retour de l'Assemblée à Paris. Dans la séance du 27 juillet 1875, à l'occasion de la discussion sur le projet de loi enlevant la vérification de leurs propres pouvoirs aux conseils généraux, le vice-président du conseil, M. Buffet, avec toute l'aménité de son caractère, apostrophait M. Christophle en ces termes : « Je n'ai jamais été votre ami politique et je ne le serai jamais ! » Protestation puérile, surtout dans la circonstance, et à laquelle M. Christophle répondait, quelques jours plus tard, au banquet du Comice agricole de la Ferté-Macé, avec une dignité qui lui valait les applaudissements unanimes de ses auditeurs. — Aux élections du 20 février 1876, M. Albert Christophle fut élu député de l'Orne, pour la première circonscription de l'arrondissement de Domfront. — Il est entré, le 9 mars 1876, dans le ministère Dufaure, avec le portefeuille des travaux publics, qu'il conserva dans le ministère Jules Simon (13 décembre); il quittait le pouvoir avec ses collègues le 17 mai 1877. Le 14 octobre, il était réélu député de la 1er circonscription de Domfront, et était nommé gouverneur du Crédit foncier de France le 13 février 1878. Réélu député le 21 août 1881 à Domfront, M. Christophle, porté sur la liste républicaine de l'Orne aux élections d'octobre 1885, échoua avec la plupart de ses amis.

CHURCH, Frederick Edwin, peintre américain, né à Hartford, dans l'État de Connecticut, le 24 mars 1826, sa vocation artistique se déclara de bonne heure et il entra, en conséquence, dans l'atelier de Thomas Cole n'étant encore à peu près qu'un enfant. La première de ses toiles qui fixèrent l'attention publique est une *Vue d'East Rock*, à *New Haven*. Peu après vinrent plusieurs *Vues des montagnes de Catskill* qui établirent décidément sa réputation de paysagiste. En 1853, il fit, dans l'Amérique méridionale, un voyage fructueux; les sites magnifiques des Andes, particulièrement, lui fournirent d'amples sujets à reproduire par le pinceau. Ses *Vues de la grande chaîne de montagnes de la Nouvelle-Grenade*, où le peintre s'était livré à ce que nous appellerions en France « une orgie de couleurs », parurent au public américain une véritable révélation. En 1857, il termina une grande toile : les *Chutes du Niagara, vues de la rive canadienne*, qui lui fit une réelle célébrité. Ce tableau fut reproduit par la gravure à un grand nombre d'exemplaires; il fut en outre exposé en Angleterre en 1868, après avoir figuré à l'Exposition universelle de Paris l'année précédente. Cette même année 1857, M. Church fit un second voyage dans l'Amérique du Sud, d'où il rapporta : le *Cœur des Andes, Cotopaxi, le Matin, Sur les Cordillières, Sous le Niagara*; on lui doit encore : la *Montagne de glace*; un *Coucher de soleil sur le mont Désert en Islande*. En 1868, il visita l'Europe, l'Orient et la Terre Sainte, qui lui inspirèrent : *Damas (1869); Jérusalem (1870)*; le *Parthénon (1871)*. D'esquisses prises dans un voyage aux Indes occidentales, il composa ensuite les *Scènes sous les tropiques*, exposées à New-York en 1873. — M. Frederick E. Church a envoyé quelques toiles aux expositions universelles de 1867 et de 1878, à cette dernière : le *Matin sous les tropiques* et à celle de 1867 ses *Chutes du Niagara*, qui lui ont valu une médaille de 2e classe.

CIALDINI, Enrico, duc de Gaëte, général et homme d'État italien, né à Lombardina, dans la province de Modène, le 8 août 1811 : il commença ses études au collège des Jésuites de Reggio et alla les continuer à Parme, où il suivait les cours de la faculté de médecine lorsqu'éclata dans l'Italie centrale la révolution de février 1831. Il s'enrôla dans les milices nationales formées sous les ordres du général Zucchi pour courir au secours de leurs frères des Romagnes; mais l'intervention autrichienne eut bientôt raison du mouvement. Refoulés jusqu'à Ancône, les insurgés n'eurent bientôt plus d'autre alternative que de se rendre ou de fuir. Le jeune Cialdini choisit ce dernier parti. Il passa en France et vint à Paris, où il fut d'abord réduit, pour vivre, aux maigres subsides accordés par le gouvernement aux réfugiés; il ne tarda pas toutefois à y ajouter le produit des travaux de traduction de divers ouvrages français, notamment des œuvres chirurgicales du docteur Velpeau. Il se trouva alors en état de poursuivre ses études médicales, suivit les cliniques de Dupuytren, Lisfranc, etc., et étudia la chimie sous Thénard. En 1832, à peine échappé d'une terrible attaque de choléra, il accepta les propositions qui lui furent faites au nom de don Pedro de Portugal recrutant des troupes à l'étranger pour combattre don Miguel, qui venait de déposséder sa pupille doña Maria à son profit, et s'engagea dans un régiment d'infanterie composé en grande partie d'Italiens et commandé par un Italien, le colonel Bosso de Carvinati. S'étant particulièrement distingué dans les diverses rencontres qui avaient eu lieu avec les troupes de l'usurpateur, une croix de l'ordre de la Tour et l'Épée ayant été accordée à sa compagnie, le vote unanime de ses camarades la décerna au sergent Cialdini (car il était devenu sergent). Il fut fait sous-lieutenant à la fin de la campagne. N'ayant plus rien à faire en Portugal, il passa en Espagne avec un assez grand nombre de compatriotes et de Portugais qui avaient combattu avec lui et qui formèrent la légion d'Oporto, au service des Constitutionnels contre les Carlistes. Il se distingua de nouveau dans divers combats et parvint au grade de chef de bataillon, qu'il résigna pour entrer dans l'armée régulière comme simple sous-lieutenant d'infanterie; promu lieutenant, capitaine, puis chef de bataillon, il devint en 1843 aide de camp du maréchal Narvaez, fut promu lieutenant-colonel la même année et passa en 1844 dans le corps de gendarmerie avec le grade de commandant. Nommé lieutenant-colonel en 1847, il était envoyé en France vers la fin de cette même année, avec mission d'y étudier l'organisation de notre gendarmerie. C'est en France que le trouva la nouvelle de la révolution italienne de 1848, suivant de si près la révolution française. Il se rendit aussitôt dans son pays, et après plusieurs démarches et tentatives inutiles pour obtenir un commandement actif, il alla rejoindre l'armée de Durando à Vicenze, où il combattit avec une valeur sans égale, reçut trois blessures, dont une extrêmement dangereuse : l'intestin crevé par une balle, et tomba aux mains des Autrichiens vainqueurs. Rendu à la liberté et presque guéri, il rentra en Piémont, et reçut le commandement d'un régiment de recrues des Duchés, qu'il parvint sans peine, à discipliner et avec lequel il fit la campagne de 1849 et se comporta, principalement à Novare, malgré les souffrances que lui faisait endurer sa blessure et suivre, avec sa vaillance ordinaire. — Le colonel Cialdini fut désigné pour prendre le commandement d'une des cinq brigades formant, dans l'armée alliée d'Orient, le contingent piémontais, et fut nommé major général le 1er avril 1855. Il se signala, en Crimée, à la bataille de la Tchernaïa et, de retour en Italie, fut nommé aide de camp du roi, puis inspecteur général du corps des bersaliers. En 1859, il organisa les corps des chasseurs des Alpes, dont Garibaldi prit le commandement, et prit lui-même le commandement du 4e corps d'armée, qui se distingua dans diverses rencontres et surtout à Palestro. Le lendemain de cette victoire (1er juin), le major général Cialdini était promu au grade de lieutenant-général, et se préparait à agir dans le Tyrol, quand la paix de Villafranca vint l'arrêter. — En 1860, le général Cialdini reçut l'ordre d'envahir les États de l'Église. Il entreprit la campagne du 11 septembre, s'empara successivement de Pesaro, d'Urbino, de Perugia, de Spoleto, d'Ancône, d'où il avait été forcé de fuir, proscrit, dix-neuf ans auparavant, et anéantissait l'armée papale commandée par Lamoricière à Castelfidardo. Cette campagne n'avait duré dix-huit jours. Le général Cialdini fut alors promu au rang de général d'armée (cet le équivalent de celui de maréchal en France. En novembre 1860, il s'emparait de Gaëte, puis de Messine quinze jours plus tard. Élu député par le collège de Reggio au mois d'avril 1861, il était envoyé à Naples en juillet comme lieutenant-général du roi, poste qu'il résigna au mois de novembre suivant. En 1862, il était envoyé en Sicile, avec pleins pouvoirs, pour s'opposer à la tentative de Garibaldi, impatient de parfaire la grande œuvre de l'Unité italienne. La victoire facile d'Aspromonte sur les Garibaldiens (27 août 1862) terminait sa mission. Il était élevé à la dignité de sénateur en

17

mars 1864. Dans la campagne contre l'Autriche, en 1866, le rôle du général Cialdini n'eut pas le temps ni l'occasion de prendre une grande importance. La défaite de Custozza l'avait empêché, et ce n'est qu'après Sadowa qu'il concourut à précipiter la retraite de l'ennemi. Nommé chef d'état-major de l'armée au mois d'août, il fut nommé ministre d'Italie près la cour de Vienne en octobre 1867; mais la retraite de M. Rattazzi quelques jours après sa nomination à ce poste, l'empêcha de prendre possession, le roi l'ayant chargé de former un ministère dont la politique devait avoir pour base principale la Convention du 15 septembre, dont son prédécesseur n'avait pu empêcher un commencement de violation de la part de Garibaldi. Le cabinet Cialdini ne réussit pas mieux que le précédent ; il ne put ni empêcher ni prévenir le drame de Mentana (4 novembre), et se vit obligé de confesser son impuissance. Il fut remplacé vers la fin ce même mois de novembre par le ministère Menabrea-Cambray-Digny qui, lui, malgré vents et marée, devait rester deux ans au pouvoir, non pourtant sans des modifications assez souvent répétées. — Le général Cialdini n'eut pas l'occasion de se signaler de nouveau lors de l'invasion définitive de ce qui restait des États Pontificaux (septembre 1870), préparant leur annexion au royaume d'Italie, et qui ne fut guère qu'une promenade militaire. Au mois de décembre suivant, le général Cialdini accompagnait en Espagne, le duc d'Aoste, devenu Amédée 1er, avec le titre d'ambassadeur extraordinaire; il revenait en Italie en 1873 avec l'ex-roi d'Espagne. Le 1er décembre, il était appelé à la présidence du Comité de l'état-major général et créé duc de Gaëte. Il a été nommé à l'ambassade de Paris, nouvellement créée (M. Nigra n'était que ministre plénipotentiaire), en juillet 1876. Il y était remplacé par le général Menabrea le 22 décembre 1882, étant depuis assez longtemps en congé.

Chevalier de l'ordre de la Tour et l'Épée de Portugal, le général Cialdini est en outre décoré d'une vingtaine d'ordres étrangers ; il est notamment grand-croix de la Légion d'honneur et grand-croix de l'ordre des Saints Maurice et Lazare depuis 1860.

CIBIEL, Louis Alfred, homme politique français, né à Rouen le 11 mai 1841. Fils du financier de ce nom, candidat officiel malheureux dans la 3e circonscription de l'Aveyron en 1869, M. A. Cibiel fut nommé maire de Villefranche après le 24 mai 1873, mais donna sa démission après les élections municipales de l'année suivante qui ne lui avaient pas été favorables. Réélu le 14 février de la 1re circonscription de Villefranche-d'Aveyron le 20 février 1876 et a pris place à droite. Réélu le 14 octobre 1877, puis le 21 août 1881, M. A. Cibiel a triomphé aux élections du 4 octobre 1885, avec toute la liste monarchique de l'Aveyron.

CLADEL, Léon, littérateur français, né à Montauban le 13 mars 1835. Venu à Paris en 1857, il fut d'abord clerc d'avoué, habita le Palais en conséquence et noua des relations avec le barreau ; mais la littérature le sollicitait invinciblement. Fils d'ouvriers, il rêvait déjà le pouvoir d're, dans la forme pittoresque qui le caractérise, les souffrances des prolétaires. Il débuta dans la *Revue fantaisiste*, par des nouvelles qu'il traite lui-même d'échevelées. Mais bientôt, grâce à l'influence que prit sur lui son maître et son ami Charles Baudelaire, son style se modifia profondément. Son premier livre : les *Martyrs ridicules (1862)*, avec une préface magistrale de l'auteur des *Fleurs du mal* et des *Curiosités esthétiques*. Jules Janin, le premier, signala, dans le *Journal des Débats*, l'ouvrage du jeune écrivain qui, entraîné par le succès, se jeta dans la mêlée politique. Après quelques nouvelles populaires émouvantes au *Boulevard* et au *Nain Jaune*, il écrivit *Pierre Patient*, qui parut en feuilletons dans l'*Europe*, où M. Léon Cladel avait pour collaborateurs MM. Gambetta, Floquet, Castagnary, Spuller, Frédéric Morin, Arthur Ranc, etc., et interdit en France précisément à cause de son feuilleton. La réputation de M. Léon Cladel s'en accrut considérablement ; tous les journaux lui furent ouverts désormais, et par une série de nouvelles très étudiées, il préluda, dans le *Siècle*, le *Rappel*, le *Corsaire* de 1869, aux succès qui l'attendaient en librairie, après les événements de 1870. Le *Bouscassié*, qu'il publia en 1869, sanctionna définitivement sa réputation de styliste, et ce fut avec une très vive curiosité qu'on lut sa *Fête votive de Saint-Bartholomée Porte-Glaive (1872)*, ouvrage dont Louis Veuillot avait déjà fait un éloge pompeux dans un *Premier-Paris* de l'*Univers*, à l'époque où il paraissait en feuilletons dans le *Constitutionnel*. Le livre, auquel servait de préface l'article de Louis Veuillot, accompagné d'une réponse du romancier, eut un double succès politique et littéraire. Tous les journaux démocratiques louèrent l'écrivain que les journaux réactionnaires ne se faisaient pas faute d'insulter, particulièrement les journaux bonapartistes, que la publication des *Fiancés de Champigny*, dans la *République française*, acheva de mettre en fureur. Deux autres nouvelles parurent peu après ; une *Lutte*, dans le *Rappel* et *Nazi*, l'*Événement*, qui firent également quelque bruit. En 1873 parurent les *Va-nu-pieds*, qu'une hostile bonapartiste s'empressa de signaler à l'autorité : mais en présence des éloges qu'en faisaient les meilleurs critiques, l'ouvrage ne fut pas poursuivi ; toutefois, on lui interdit la voie publique. Plus tard (1876), des poursuites furent dirigées contre M. L. Cladel, pour une nouvelle intitulée : une *Maudite*, parue dans l'*Événement*, et dans laquelle fut relevé le délit d'attentat à la morale publique. M. Léon Cladel fut condamné à un mois de prison, qu'il fit à Saint-Pélagie, et qui ne paraît pas l'avoir le moins du monde refroidi. — M. Léon Cladel a publié, outre les ouvrages cités plus haut : l'*Homme de la Croix-aux-Bœufs (1876)*; *Crête-Rousse*, le *Tombeau des lutteurs (1878)*; *Héros et Pantins*, *Quelques sires*, *N'a qu'un œil*, les *Petits Cahiers (1885)*, etc. Enfin il a collaboré au *Pirate*, à la *Revue fantaisiste*, au *Boulevard*, à l'*Europe*, à la *Revue nouvelle*, à la *Revue française*, au *Club*, au *Nain Jaune*, au *Figaro*, au *Siècle*, au *Corsaire*, à la *Situation*, au *Constitutionnel*, au *Rappel*, à la *République française*, à l'*Événement*, à l'*Avenir national*, à l'*Opinion nationale*, au *Radical*, au *Bien public*, au *Gil Blas*, etc.

CLAIRIN, Georges Jules Victor, peintre français, né à Paris le 11 septembre 1843, élève de Pivot et de Pils. Ami intime d'Henri Regnault, sur qui il publiait récemment (1866) des souvenirs extrêmement intéressants, il l'accompagna dans ses excursions en Bretagne, en Espagne, au Maroc, et était à ses côtés à Buzenval où le glorieux et infortuné artiste fut tué. Il fut le collaborateur en même temps que l'ami de Regnault, et a exposé notamment : un *Épisode du « Conscrit de 1813 » (1866)*; *Brûleuses de varech en Bretagne*, *Pilleurs d'épaves de la baie des Trépassés (1868)*; les *Volontaires de la liberté*, épisode de la révolution espagnole de 1868 *(1869)*; *Portrait de Mlle Sarah Bernhardt (1873)*; le *Massacre des Abencérages à Grenade*, un *Conteur arabe à Tanger (1874)*; *Moïse*, *la Fils du cheik (1878)*; *Portrait de Mme Gabrielle Krauss*, de l'*Opéra (1883)*; *Portrait de Mlle Zucchi (1884)*; *Après la victoire*, les *Maures en Espagne (1885)*, etc. — M. Clairin a obtenu une 3e médaille en 1882, et une 2e en 1885.

CLAMAGERAN, Jean Jules, économiste et homme politique français, né à la Nouvelle-Orléans le 29 mars 1827, vint faire ses études à Paris. Sorti du collège Henri IV en 1846, il suivit les cours de la Faculté de droit, fut reçu licencié en 1850, docteur en 1851, et remporta en 1852 la première médaille d'or, au concours ouvert entre les docteurs de la Faculté de droit. Il se consacra dès lors à des travaux d'économie politique, prit part au congrès de Lausanne en 1860, puis à ceux de Gand, de Bruxelles, de Genève, de Londres ; poursuivi en 1861, sous prévention d'avoir fait partie d'une réunion illicite de plus de vingt personnes, l'année précédente, pour avoir fait en réalité partie du comité électoral dit des *treize*, il fut condamné à 500 francs d'amende. Nommé adjoint au maire de Paris, après le 4 septembre, il donna sa démission le 15 février 1871. Le 28 mai 1876, M. Clamageran était élu membre du Conseil municipal de Paris pour le quartier des Bassins (XVIe arrondissement), en remplacement de M. le Dr Marmottan, élu député le 20 février précédent. Réélu le 6 janvier 1878, il se présenta à la députation dans le VIIIe arrondissement, en remplacement de l'amiral Touchard, décédé, le 6 avril 1879, mais il échoua, et fut nommé conseiller d'État le 14 juillet suivant. Le 7 décembre 1882, M. Clamageran était élu sénateur inamovible, en même temps que M. Bardoux. Il accepta le portefeuille des finances dans le cabinet Brisson, le 7 avril 1885, mais donna sa démission dès le 17. — Dans la question des princes, M. Clamageran a voté l'expulsion. — On lui doit : *Des obligations naturelles*, thèse pour le doctorat (1851) ; *Du louage d'industrie*, du *Mandat et de la Commission*, dans le droit romain, dans l'ancien droit français et dans le droit actuel *(1856)*; couronné par la Faculté de droit ; *De l'état actuel du protestantisme en France (1857)*; *Manuel électoral*, avec MM. Hérold, Dréo, E. Duriez, J. Ferry et Floquet (1861) ; *Histoire de l'impôt en France* (3 vol., 1867-1876) le *Matérialisme contemporain (1869)*; *Souvenirs du siège de Paris*, cinq mois à l'*Hôtel de Ville (1872)*; la *France républicaine*, études constitutionnelles, économiques et administratives (1878), etc. Il a collaboré à la *Revue pratique de jurisprudence*, au *Journal des économistes*, ainsi qu'à divers journaux démocratiques parisiens. — M. Clamageran est membre de la Société d'économie politique de Paris; protestant, il a pris part, en juin 1872, aux discussions du synode général des Églises réformées de France.

CLARETIE, JULES ARNAUD ARSÈNE, littérateur français, né à Limoges le 3 décembre 1840; il vint à Paris avec sa famille en 1850, fit ses études au lycée Bonaparte et au collège Chaptal, collaborant dès le collège à divers journaux littéraires. Il débuta par des articles insérés dans le *Diogène*, l'*Artiste*, la *Revue fantaisiste*, la *Patrie*, la *France* (dans ce dernier journal, sous le pseudonyme d' « Olivier de Jalin »); la *Revue française*; puis, passa au *Figaro*, où il signa *M. de Cupidon*, en collaboration avec M. Ch. Monselet d'abord, et ensuite seul. Il y rédigea pendant trois années les « échos de Paris ». En 1866, il entra à l'*Avenir national* pour y faire une causerie quotidienne, en même temps qu'il donnait des articles à l'*Evénement*. M. Jules Claretie avait déjà publié plusieurs volumes: une *Drôlesse* (1863); les *Ornières de la vie*; *Pierrille*, roman champêtre qui lui valut les éloges de George Sand; les *Victimes de Paris* (1864); les *Contemporains oubliés* : *Elisa Mercœur*, *Georges Farcy*, *Alphonse Rabbe* (1865); les *Voyages d'un Parisien* (1865); *Petrus Borel, le lycanthrope, sa vie et ses œuvres*; un *Assassin* (1866), réimprimé depuis sous le titre de *Robert Burat*. Cette même année, 1866, il suivait en Italie la campagne contre l'Autriche, en qualité de correspondant de l'*Avenir national*. Il entra en 1870 à l'*Opinion nationale*, succédant à M. Francisque Sarcey dans la rédaction du feuilleton dramatique, et publiant la même année *Madeleine Bertin*, dont le succès fut grand et qui inaugurait le genre du roman politique dont on a beaucoup usé depuis. De cette époque date également une étude historique considérable: les *Derniers Montagnards*, qui valut à l'auteur des félicitations de Michelet. Citons encore, comme appartenant à cette période: *Mademoiselle Cachemire* (1867); la *Libre Parole* (1868), recueil d'articles et de conférences préparées que l'autorité avait interdites à deux reprises. En 1869, M. Jules Claretie était condamné à 1,000 francs d'amende pour avoir raconté, dans le *Figaro*, sous le pseudonyme de « Candide », la double exécution de Martin, dit Bidauré, par ordre du préfet du Var Pastoureau. En 1870, il suivait l'armée à Metz et envoyait des lettres du théâtre de la guerre à l'*Opinion nationale*, à l'*Illustration* et au *Rappel*. Le 4 septembre, il fut nommé par Gambetta secrétaire de la Commission des papiers des Tuileries; puis, ayant donné bientôt sa démission de ces fonctions, chargé par M. Étienne Arago, maire de Paris, d'organiser une bibliothèque et une salle de conférences dans chacun des vingt arrondissements de Paris. — Il avait en moment commandé le 2ᵉ bataillon des volontaires de la garde nationale, qui fut dissous par le général Clément Thomas lorsque ces volontaires furent remplacés par les gardes nationaux mobilisés. M. Jules Claretie assista à presque tous les engagements livrés sous Paris, et, le 20 janvier 1871, en qualité d'officier d'état-major, il négociait avec l'aide de camp du prince royal de Prusse, la trève qui permettrait d'enlever les morts du champ de bataille de Buzenval. — Porté candidat aux élections générales du 8 février 1871, dans le département de la Haute-Vienne, M. Jules Claretie obtenait 16,000 voix, sans être élu; la liste républicaine, victorieuse à Limoges, ayant été écrasée par le vote des campagnes. Il reprit alors ses travaux littéraires, sa correspondance de quinzaine à l'*Indépendance belge*, un moment délaissée, et écrivit cette *Histoire de la Révolution de 1870-71*, le seul ouvrage de cette importance qui ait été publié sur l'ensemble des événements de cette époque mémorable, et dont le succès devint si populaire. M. Jules Claretie a donné depuis une *Histoire de Camille Desmoulins* (1874), qui est la digne pendant de ses *Derniers Montagnards*; les *Muscadins* (1875); le *Beau Solignac*, le *Renégat* (1876); le *Train 17* (1877); la *Maison vide* (1878); les *Amours d'un interne*, la *Maîtresse*, le *Troisième dessous*, *Une femme de proie*, la *Fugitive*, le *Petit Jacques*, *Michel Berthier*, le *Million*; *M. le Ministre* (1882); *Noris*, le *Prince Zilah* (1884); *Jean Mornas* (1885), romans d'histoire ou de mœurs; *Molière et ses œuvres*, la *Vie moderne au théâtre*, *Cinq ans après*: l'*Alsace et la Lorraine depuis l'annexion*, livre pour lequel il fit un voyage à Metz et à Strasbourg; les *Prussiens chez eux*, ouvrages qui ont précédé les écrits, d'ailleurs si intéressants, de M. Tissot sur l'Allemagne; et enfin le *Drapeau* (1886). — Au théâtre, M. Jules Claretie a donné la *Famille des Gueux*, avec M. Petruccelli della Gattina, député au Parlement italien (1869); *Raymond Lindsay* (1869); les *Ingrats* (1875); les *Muscadins* (1875); le *Père* (1877), 4 actes, au Gymnase; le *Régiment de Champagne*, 5 actes, au Théâtre historique (1877); *Petit Jacques*, 5 actes, à l'Ambigu (1881); *M. le Ministre*, 5 actes, au Gymnase (1883); le *Prince Zilah*, 4 actes, au même théâtre (1885), etc. Il a fait, en outre, de nombreuses conférences ou lectures, et a ouvert, en qualité de vice-président de la Société des gens de lettres, la séance inaugurale de la lecture des *Châtiments*; il a été, depuis, président de cette société. En 1875, il succédait à Paul Foucher au feuilleton de la *Presse*. Quelques années plus tard, il entrait au *Temps* pour y rédiger une revue de quinzaine: la *Vie à Paris*, qu'il n'a abandonnée qu'au mois d'octobre 1885. — M. Jules Claretie a été nommé, le 21 octobre 1885, administrateur général de la Comédie-Française. Il a été décoré de la Légion d'honneur le 7 février 1878.

CLARK, ALVAN, graveur, peintre, opticien et astronome américain, fils d'un petit fermier du Massachusetts, est né le 8 mars 1804 à Ashfield, dans cet État. A dix-huit ans, il occupait la position de graveur pour impressions sur calicot, dans la ville manufacturière de Lowell. Neuf ans plus tard, il s'établissait peintre de portraits à Boston. Il avait plus de quarante ans lorsque l'idée lui vint de s'occuper d'optique; et, aidé de ses fils, il construisit plusieurs télescopes d'une grande puissance d'une grande exactitude. Il a inventé dans cette voie, entre autres, un instrument à double oculaire pour mesurer les petits arcs célestes. En 1863, l'Académie française a décerné à M. Clark le prix Lalande, pour la découverte que cet ingénieux savant a faite, à l'aide d'un télescope construit par lui-même sur des principes nouveaux, d'une nouvelle étoile près de Sirius. La liste de ses découvertes astronomiques, qui est longue, se trouve dans les *Proceedings of the Royal astronomical Society* de Londres, vol. XVII. Les *Comptes rendus* de l'Académie des sciences en ont mentionné plusieurs.

CLARKE, HYDE, philologue anglais, né à Londres en 1815. Il est secrétaire pour l'étranger et secrétaire de philologie comparée à la Société ethnographique de Londres; ancien secrétaire correspondant de l'Asie septentrionale à la Société d'anthropologie, membre correspondant des Sociétés orientalistes d'Amérique et d'Allemagne et de la Société royale des antiquaires du Nord, de Copenhague, il a occupé diverses fonctions administratives aux Indes et en Turquie. Il est l'auteur de *Theory of Railway Investment* (Théorie de l'établissement des chemins de fer, 1846); *Engineering of Holland* (les Machines en Hollande, 1849); *Colonisation indienne* (1857); *Philologie comparée* (1858); *Grammaire anglaise contenant une prosodie nouvelle* (1853); *Dictionnaire anglais* (1855); *Aide-mémoire de la langue turque* (1877). Il s'est voué plus particulièrement dans ces dernières années à l'étude des langues caucaso-thibétaines et à des recherches de philologie préhistorique. On a de lui, dans cet ordre de travaux: les *Habitants ibériens et pré-helléniques de l'Asie Mineure* (1864); les *Amazones*; la *Langue paléo-georgienne et les établissements du Caucase-Thibétains en Asie*; la *Terre sainte et l'Europe* (1870); *Classification de la langue basque et de la langue scytique*; *Rapports de la Grammaire comparée du Japonais et du basque* (1872); *Rapports des langues de l'Inde avec celles de l'Afrique*, *Philologie préhistorique comparée* (1875); le *Khita et l'époque khita-péruvienne* (1877); les *Populations méditerranéennes, d'après des monnaies autonomes* (1882), etc. M. Clarke a, en outre, collaboré activement à la presse périodique scientifique, sur des sujets d'ethnographie, de philologie ou d'archéologie, ainsi qu'aux publications des diverses sociétés dont il fait partie.

CLARKE, MARY NOVELLO, dame COWDEN, femme de lettres anglaise, fille aînée du compositeur de musique Vincent Novello et sœur de la cantatrice anglaise Clara Novello, comtesse Gigliucci, est née en juin 1809, et s'est mariée, en 1828, à M. Charles Cowden Clarke, homme distingué, ami des Lamb, des Keats, des Hazlitt, des Leigh Hunt, en un mot des gens de lettres les plus distingués de ce temps. Un an après son mariage, Mᵐᵉ Clarke commença cette minutieuse analyse de Shakspeare dans laquelle elle rapporte tout progrès à l'illustre poète anglais et qui lui prit seize années de travail constant: *Complete concordance to Shakspeare* (1845). Cet ouvrage eut un grand succès, et plusieurs éditions successives s'épuisèrent en peu de temps. Outre cet ouvrage, caressé avec tant d'amour, on doit à Mᵐᵉ Clarke : les *Aventures de Kit Bam, matelot (1848)*; l'*Enfance des héroïnes de Shakspeare (1850)*; le *Cousin de fer* (The Iron Cousin, 1854); la *Chanson d'une Goutte d'eau, par Harry Wandworth Shortfellow (1856)*; les *Femmes du Monde (1857)*; une édition, revue avec le plus grand soin, comme on peut croire, des *Œuvres de Shakspeare* (Shakspeare's Works, with a scrupulous revision of the text); *Trust and Remittance, Love Stories*, etc. (1873); *A Rambling Story* (Histoire vagabonde, 1874, 2 vol.). Elle a également collaboré à plusieurs des principaux magazines, revues, etc., principalement sur des sujets de haute littérature dramatique, sans parler de quelques poèmes ou contes en vers, non imprimés à part. Elle a, en outre, publié en collaboration avec son mari, une édition annotée du *Théâtre de Shakspeare* (Shakspeare's Plays, 1869); et *Beaucoup d'heureux retours de ce jour*, livre des anniversaires de naissance (Many Happy Returns of the Day : a Birthday book, 1847 et 1860).

CLAUDE, Nicolas, industriel et homme politique français, sénateur, né à Celles-sur-Plaine (Vosges) en 1823 ; il débuta dans l'industrie cotonnière comme contremaître dans la manufacture dont il est aujourd'hui directeur, et devint promptement l'un des membres les plus importants du Comité industriel de Mulhouse. Partisan, en économie commerciale, d'une « sage » protection, il a défendu avec énergie, souvent avec éloquence, sa doctrine économique. M. Claude a coopéré, en janvier 1861, à la fondation du journal le *Temps*. Maire de Saulxures, au moment de l'invasion, M. Claude sut remplir ses délicates fonctions avec tact et dignité, et s'acquérir ainsi le respect de l'ennemi et la reconnaissance de ses concitoyens. Par ces raisons, le « Gouvernement de Combat » parait n'avoir pas osé révoquer M. le maire de Saulxures, quoique républicain ; mais, après le vote de la loi municipale du 20 janvier 1874, celui-ci réclama contre cette *injustice*, dans une lettre à M. de Broglie, où il déclarait attendre, « non sans impatience, que l'Assemblée de Versailles cède enfin aux nécessités les plus pressantes qui aient jamais pesé sur notre pays, et qu'elle veuille bien, en prononçant sa dissolution, rendre à la France sa grande voix ». Et il lui fut donné satisfaction. M. Claude avait été élu représentant des Vosges à l'Assemblée nationale le 8 février 1871 ; il faisait partie du groupe de la gauche républicaine. Membre de plusieurs commissions importantes, il y montra toujours un esprit pratique et très libéral, même dans les questions économiques. Parmi ses votes que sa place sur les bancs de l'Assemblée ne trahissent pas nécessairement, nous citerons son vote contre la paix et son vote pour le retour de l'Assemblée à Paris. — Aux élections sénatoriales du 30 janvier 1876, la liste républicaine passa tout entière dans les Vosges, et M. Claude fut élu avec MM. Claudot et Georges, contre MM. Buffet, premier ministre, Mongeot et Grandjean ; bientôt, il remplaçait ce dernier à la présidence du Conseil général des Vosges. Au Sénat, M. Claude siège au centre gauche républicain. Il s'est abstenu dans le vote sur l'expulsion des princes. — M. Claude est président du Comité industriel de l'Est, qui a remplacé l'ancien Comité industriel de Mulhouse.

CLAUDIN, Gustave, littérateur français, né en 1823 à la Ferté-sous-Jouarre. Il fit ses études à la maison et sous la direction paternelle, vint ensuite faire son droit à Paris et se fit recevoir licencié. M. Gustave Claudin débuta dans le journalisme à vingt-deux ans, collabora à la *Presse*, à l'*Assemblée nationale (1848)*, puis alla, en 1850, rédiger le *Nouvelliste de Rouen*. Revenu à Paris en 1855, il entra au *Pays*, d'où il passa au *Moniteur universel* en 1858. Il est resté depuis attaché à ce dernier journal, auquel il a fourni un grand nombre d'articles-variétés et rédigé même le feuilleton des Théâtres à la place de Théophile Gautier, pendant les voyages que fit celui-ci en 1861 et 1862, tout en collaborant au *Petit Moniteur*, à la *Petite Presse*, au *Courrier français*, au *Courrier de Paris*, au *Messager de Paris*, au *Figaro*. M. G. Claudin s'est aussi beaucoup occupé du blason. — Il a publié, depuis 1849, un certain nombre de romans, recueils de nouvelles, etc., parmi lesquels nous citerons : *l'Asambleu*, roman ; *Point et virgule*, nouvelles ; *Paris-Histoire ; Entre minuit et une heure*, roman ; *Biographie de Méry ; Paris nouveau, jugé par un flâneur ; Trois roses dans la rue Vivienne*, roman ; les *Caprices de Dioméde*, ibid. ; *Fosca*, ib. ; *Tout à l'ambre et tout à l'ail*, ib. ; *Tarte à la crème*, histoires humoristiques ; les *Vingt-huit jours d'Anaïs*, roman ; *Lady don Juan*, ib. ; le *Store baissé*, ib. ; *Mes souvenirs, les boulevards de 1840 à 1870 (1884)* ; les *Joyeuses commères de Paris (1885)* ; le *Mariage de la Diva*, roman (1886) et des brochures de circonstance. — M. Gustave Claudin est chevalier de la Légion d'honneur depuis 1862.

CLAYS, Paul Jean, peintre belge, né à Bruges en 1819. Il vint à Paris, ayant déjà fait ses études artistiques, et fréquenta l'atelier de Gudin. On cite de cet artiste, qui débuta au Salon de 1844 : *Chebec portugais désemparé, en vue de l'escadre française* et plusieurs autres « marines », jusqu'à l'Exposition universelle de 1855, où il avait envoyé : *Côtes de Flandre, Plage aux environs du Tréport*, toiles exposées aux salons précédents ; et depuis : *Vue de la digue d'Ostende, Baie de la Somme, Plage du bourg d'Ault (1857)* ; *l'Escaut à Anvers, effet du matin (1859)* ; *Temps de grain*, le *Mardyk*, un *Gros temps, Calme plat*, le *Rupel* (Exposition universelle, 1867) ; *Entrée de la rivière de Southampton, Calme sur l'Escaut (1868)* ; *Coup de vent sur l'Escaut (1874)* ; *Calme par un temps orageux*, la *Tamise aux environs de Londres (1875)* ; *Bruges*, la *Mer du Nord (1876)* ; le *Zuyderzée par un temps calme*, un *Canal en Zélande (1877)* ; la *Rade de Dordrecht, sortie du bassin d'Anvers*, la *Tamise, calme dans le Waring Wiet*, la *Rade d'Anvers* (Exposition universelle, 1878) ; le *Port d'Ostende ; Zierkzee*, île de Schouwen, en Hollande (1883) ; *Accalmie aux environs d'Amsterdam*, effet du matin : *Mer houleuse, côte de Flandre (1884)* ; *En rade de Dunkerque ; Brume*, effet du matin (1885) ; *Entrée en rivière* (Hollande), *Mer du Nord (1886)*. — M. Clays a obtenu une médaille de 2ᵉ classe en 1867 et une autre en 1878 ; décoré de la Légion d'honneur en 1875, il a été promu officier en 1881.

CLÉMENCEAU, Georges Benjamin Eugène, médecin et homme politique français, né à Mouilleron (Vendée) le 28 septembre 1841, fit ses études à Nantes, vint achever sa médecine à Paris en 1865 et, ayant été reçu docteur en 1869, alla s'établir à Montmartre. Après le 4 septembre 1870, il fut nommé maire du 18ᵉ arrondissement et membre de la Commission d'enseignement communal ; il fut maintenu dans ses fonctions de maire, quoique ayant donné sa démission quelques jours auparavant, par le vote du 5 novembre. Aux élections du 8 février 1871, il fut élu représentant de la Seine à l'Assemblée nationale, le vingt-septième sur quarante-trois, alla prendre place à l'extrême-gauche, et vota contre les préliminaires de paix. Le 18 mars 1871, M. Clémenceau, apprenant le danger qui menaçait les généraux Lecomte et Clément Thomas, courut rue des Rosiers ; mais il arriva trop tard ; les deux malheureux officiers généraux venaient d'être exécutés. Son intervention tardive faillit lui coûter cher : Le Comité central, siégeant à l'hôtel de ville, le décréta d'accusation ; il put échapper aux agents de police de l'insurrection chargés de l'arrêter, mais ce n'est assurément pas la faute de ses adversaires politiques si ceux du gouvernement légal ne se livrèrent pas à la même tentative. Le 29 novembre 1871, il comparaissait comme témoin devant le 3ᵉ Conseil de guerre, jugeant à Versailles les meurtriers des deux généraux ; son retard à intervenir dans le drame sanglant de la rue des Rosiers lui fut durement reproché ; quelques témoins contredirent même son témoignage sur divers points. Un de ces derniers, M. le commandant de Poussargues, ayant continué la discussion dans l'auditoire, en des termes naturellement moins mesurés que ceux qu'il avait employés à la barre, M. Clémenceau qui se trouvait près de lui intervint ; un duel au pistolet s'ensuivit et M. de Poussargues fut blessé à la jambe. Poursuivi le mois suivant pour cette affaire, M. le Dʳ Clémenceau fut condamné à quinze jours de prison et 25 francs d'amende par la 7ᵉ chambre correctionnelle. Contrairement aux errements suivis jusque-là en pareil cas, son adversaire n'avait pas été compris dans la poursuite. S'il avait été vivement attaqué devant le Conseil de guerre, par certains témoins, M. Clémenceau avait été non moins chaudement défendu par le colonel Langlois et lavé par lui, pour tous les esprits impartiaux, des imputations dont sa conduite à Montmartre, le 18 mars, avait été l'objet. — Dès le 20 mars, M. Clémenceau avait déposé sur le bureau de l'Assemblée une proposition tendant à autoriser les élections municipales à Paris, et signa le manifeste des maires et députés fixant les élections au 26 mars. Il prit part ensuite aux tentatives de conciliation entre Versailles et Paris, et, voyant leur inutilité, donna à la fois sa démission de représentant et de maire. Élu, le 23 juillet suivant et réélu le 29 novembre 1874, membre du Conseil municipal de Paris, il en devint successivement secrétaire, vice-président et enfin président en novembre 1875. Partisan de la laïcité entière de l'enseignement, et ayant une proposition tendant à écarter des conseils de l'instruction les ministres de tous les cultes reconnus, et prit une part importante aux discussions du Conseil municipal relatives à l'enseignement et aux questions budgétaires. — Elu député de la Seine dans le 18ᵉ arrondissement de Paris, le 20 février 1876, par une majorité des quatre cinquièmes, M. Clémenceau devint secrétaire de la Chambre. Il donnait sa démission de conseiller municipal de Paris au mois d'avril et y était remplacé par M. Songeon aux élections municipales complémentaires du 28 mai. Réélu le 14 octobre 1877, il était élu à la fois dans les deux circonscriptions du 18ᵉ arrondissement de Paris et dans celle d'Arles, le 21 août 1881. Il opta pour la 2ᵉ circonscription du 18ᵉ arrondissement de Paris (Montmartre). Au moment de la plus critique des menées monarchistes, sous l'administration du général de Rochebouët, M. Clémenceau fit partie du comité de résistance formé par la réunion des gauches. Doué d'une grande éloquence et d'un esprit politique incontestable, M. Clémenceau vit grandir progressivement son influence, et ne tarda pas a être reconnu pour le chef du parti radical à la Chambre. Il eut l'habileté de forcer le chef du parti opportuniste, Gambetta, dont il était devenu le rival, à prendre en main le pouvoir dans un moment inopportun, afin de l'user vite sinon complètement ; de même, il sut réduire à plusieurs reprises le ministère Jules Ferry à ses dernières ressources, le repêchant au moment suprême, pour le sacrifier définitivement au moment qu'il avait lui-même choisi. Choisira-t-il aussi sûrement son heure ou, se laissant aller aux suggestions intéressées de ses adversaires, aux sollicitations non moins intéressées peut-être d'amis à courte vue, finira-t-il par le devancer, en acceptant prématurément le pouvoir, pour s'user plus vite encore et peut-être plus radicalement que Gambetta ? L'avenir seul peut nous l'apprendre ; mais jusqu'ici, le fait est qu'il a su parfaitement éviter le péril dont il a fait faire à d'autres la ruineuse expérience et vers lequel on n'a pas laissé échapper une seule occasion de le pousser. Aux élections d'octobre 1885, M. Clémenceau a été élu simultanément, au scrutin du 18, député de la Seine et député du Var. Il a opté pour ce dernier département. — Sur la question des princes, il a voté le projet d'expulsion totale.

M. Clémenceau est propriétaire et directeur politique du journal la *Justice*, qu'il a fondé en 1880 et dont M. Camille Pelletan est le rédacteur en chef.

CLEMENS, Samuel Langhorne, plus connu, même en France, sous son bizarre pseudonyme de **Mark Twain**, romancier et écrivain humoristique américain, né à Florence, dans l'État de Missouri, le 3 novembre 1835. A l'âge de treize ans, il entra comme apprenti chez un imprimeur de sa ville natale, puis exerça sa profession acquise à Saint-Louis du Missouri, à Cincinnati, à Philadelphie et enfin à New-York. En 1853, en descendant le Mississipi jusqu'à la Nouvelle-Orléans, il se lia d'amitié avec les pilotes des bateaux à vapeur qui sillonnent ce fleuve sans relâche, partageant leurs travaux, et devenant à la fin, pilote de rivière lui-même. En 1861, son frère ayant été nommé secrétaire pour le Territoire (depuis l'État) de Nevada, « Mark Twain » le suivit en qualité de secrétaire privé, position officielle qui était une véritable sinécure, mais à laquelle n'était attaché aucune rétribution. Il visita les mines dont cet État est si riche, et, s'il faut l'en croire, y fit et défit plusieurs fortunes et d'où, ce qui est plus vraisemblable, il envoyait des correspondances aux journaux californiens. Il se rendit, en 1864, aux îles Hawaï, y séjourna environ six mois, et à son retour fit quelques conférences humoristiques sur ses impressions de voyage dans la Californie et la Nevada. En 1867, il visita les États atlantiques, où il publia *The Jumping Frog* (La grenouille qui saute), nouvelle humoristique. La même année, il s'embarquait avec un grand nombre d'autres voyageurs pour une excursion de plaisir dans la Méditerranée, en Égypte et en Terre-Sainte. Il a donné une curieuse relation de cette excursion dans son livre : les *Innocents en voyage* (*The Innocents abroad*, 1869). Il se retira alors à Buffalo, New-York, où il devint rédacteur en chef d'un journal quotidien et épousa une femme qui lui apporta en dot une grande fortune. Sous ce titre : *Roughing it*, il a publié, en 1872, une sorte d'autobiographie où l'imagination paraît jouer un rôle considérable. La même année, il fit un voyage en Europe, donnant en Angleterre quelques « lectures » humoristiques qu'un éditeur de Londres rassembla et publia, mais en y ajoutant un certain nombre de pages dont Mark Twain déclina hautement la paternité. En 1874, il a fait représenter à New-York une comédie, *The Gilded Age* (l'Age d'oré), qui eut un grand succès. En Europe, où il a fait plusieurs voyages, il a souvent été accrédité comme correspondant des principales feuilles américaines, notamment l'un des correspondants du *New York Herald* chargés du compte rendu des fêtes données au shah de Perse, lors de son voyage en Europe, en 1873, à Londres et à Paris. En juillet 1876, Mark Twain commençait, dans le *Temple Bar Magazine*, de Londres, un récit de mœurs américaines, intitulé, *The Facts concerning the recent carnival of crime, in Connecticut*. Il a donné depuis : les *Aventures de Tom Sawyer* parues à Londres et à New-York simultanément, en septembre 1876 ; *Frappez, frères ! frappez* (1878) ; *A Tramp abroad* (1880) ; le *Prince et l'indigent*, roman ; l'*Éléphant blanc volé et autres histoires*, recueil de nouvelles (1882) ; la *Vie sur le Mississipi* (1883) ; les *Aventures de Huckleberry Finn* (1885), etc.

CLÉMENT, Pierre Léon, homme politique français, né le 20 octobre 1820 à Orsennes (Indre), fit son droit à Paris et acquit une charge d'avocat au Conseil d'État et à la Cour de cassation. Membre et président du Conseil général de l'Indre, M. Léon Clément fut élu le 8 février 1871 représentant de ce département à l'Assemblée nationale. Il montra d'abord une certaine hésitation dans la conduite qu'il devait tenir, prit place au centre gauche et appuya la politique de M. Thiers ; mais il prit part ensuite aux tentatives de restauration monarchique (1873), pour en venir, en désespoir de cause, au vote des lois constitutionnelles (1875). Le 30 janvier 1876, M. L. Clément était élu sénateur de l'Indre, à une assez faible majorité ; il prit place à droite. Son mandat lui fut renouvelé par les électeurs sénatoriaux de l'Indre, le 5 janvier 1879, à une majorité encore plus faible (160 sur 301), mais après tout suffisante. M. Léon Clément est secrétaire du Sénat.

CLERCQ (de), Louis, homme politique français, né vers 1828. Grand propriétaire agriculteur, membre du Conseil général du Pas-de-Calais, maire d'Oignies, président du Comice agricole de la circonscription de Carvin, arrondissement de Béthune, M. de Clercq fut élu représentant du Pas-de-Calais à l'Assemblée nationale le 8 février 1871. Il siégea au centre droit, et par ses tentatives pour former une réunion composée de toutes les fractions de la droite et connue sous le nom de « groupe de Clercq », il donna à son nom une assez grande notoriété. On sait que ce groupe, fameux dans l'histoire des intrigues monarchistes de cette époque, repoussa de son vote les lois constitutionnelles, n'y trouvant pas de garanties « conservatrices », suffisantes, suivant l'heureuse expression de M. de Clercq lui-même. Malgré une célébrité parlementaire si rapidement conquise et à si peu de frais, malgré sa grande influence locale, M. de Clercq échouait dans la 2ᵉ circonscription de Béthune, aux élections du 20 février 1876, contre le candidat républicain, M. Brasme. Mais celui-ci étant mort dans l'intervalle, M. de Clercq fut élu à sa place, comme candidat officiel, le 14 octobre 1877. Il échoua de nouveau aux élections générales du 21 août 1881. Enfin, le 4 octobre 1885, M. de Clercq triompha dans le Pas-de-Calais avec toute la liste réactionnaire, et vint reprendre sa place à la Chambre sur les bancs de la droite.

CLÈRE, Georges, sculpteur, né à Nancy le 15 novembre 1829, fit ses études à Dijon, et suivit simultanément les cours de l'École secondaire de Médecine et ceux de l'École des Beaux-Arts de cette ville ; ayant remporté la médaille d'honneur au concours de cette dernière école, en 1848, avec une *Figure d'après le modèle vivant*, il vint à Paris et entra dans l'atelier de Rude. Il a débuté au Salon de 1853, avec un groupe en plâtre : *Malvina au tombeau d'Oscar*. On cite de cet artiste : une *Vénus agreste*, marbre, au Louvre, cour François Iᵉʳ ; un *Faune gymnaste*, acquis par le grand duc Michel de Russie (1859) ; *Histrion*, statue bronze, au palais de Fontainebleau (1862) ; *Hercule étouffant le lion de Némée*, bronze, à M. V. Sardou (1865) ; un *Bellaire*, bronze (1865, et à l'Exposition universelle de 1867) ; *Phœbé*, statue, cour Caulaincourt (1866) ; un médaillon en bronze du *Baron Larrey* (1863) ; *Jeanne d'Arc écoutant les voix célestes* (1869), etc. On lui doit encore les groupes de l'*Hiver*, la *Force*, la *Marine*, et le fronton les *Vendanges*, au nouveau Louvre : des frontons, des cariatides, etc., aux Tuileries, pavillon de Flore ; divers travaux de sculpture architecturale à la préfecture de Versailles, au Palais des facultés de Nancy, et à plusieurs résidences particulières. — M. Georges Clère a obtenu une médaille de 2ᵉ classe en 1872.

CLÈRE, Eugène Jules, publiciste français, né à Paris le 19 octobre 1850, y fit ses études au collège Henri IV et à l'École de droit. Entré de bonne heure dans le journalisme, il publia au *Courrier de Paris* par des articles de critique littéraire signés du pseudonyme anagrammatique de Jules Rècle. Il écrivit ensuite, tant sous son propre nom que sous ce pseudonyme et celui de E. Bussières, de nombreux articles dans le *Courrier*, l'*Industriel*, l'*Avenir*, journal du Quartier latin, la *Réforme*, le *Courrier français*, la *Revue de Décentralisation*, dont il fut secrétaire de la rédaction, la *Revue universelle*, le *National*, le *Petit National*, etc. Attaché depuis 1871 à la rédaction du *National*, il y a rédigé à plusieurs reprises le bulletin politique, et y a fait régulièrement, depuis 1872, la revue des livres. On doit en outre à M. Jules Clère: les *Hommes de la Commune (1871)*, étude biographique intéressante et écrite avec impartialité; *Histoire du Suffrage universel, depuis 1789 jusqu'à nos jours (1873)*, deux éditions; *Biographie des députés, avec leurs principaux votes (1875)*; *Biographie complète des sénateurs (1876)*; *Biographie complète des députés, avec toutes les professions de foi, circulaires électorales*, etc. (1876): cette dernière se rapporte naturellement aux membres de la deuxième législature de la République et diverses brochures sur des questions de droit international, notamment: *Etude historique sur l'arbitrage international (1874)*; le *Congrès de Bruxelles (1875)*, etc. — Membre de la Société d'économie politique et d'autres sociétés littéraires ou savantes, M. Jules Clère est devenu secrétaire-rédacteur à la Chambre des députés.

CLEVELAND, Grower, vingt-deuxième président des Etats-Unis de l'Amérique du Nord, est né à Caldwell, dans l'Etat de New-Jersey, où son père exerçait les fonctions de ministre de l'Eglise presbytérienne, le 18 mars 1837. Il fit ses études à Clinton (New-York), s'y établit ensuite comme instituteur, puis revint dans sa famille. Désireux d'une position plus brillante que celle de maître d'école, il résolut d'aller dans l'Ouest, comme c'était alors le temps d'en faire au moins la tentative, dans l'intention d'y faire fortune. Il choisit pour but de son voyage, à cause de la similitude de nom, à ce qu'on dit, la ville de Cleveland (Ohio). Mais au cours du voyage, il se rappela qu'il avait à Buffalo un oncle maternel, homme de loi, nommé Allen, et jugea qu'il était de son devoir de rendre visite à ce parent qu'il ne connaissait pas. Celui-ci retint le jeune aventurier, en fit son clerc et l'initia à la pratique du droit. Inscrit au barreau de Buffalo en 1859, M. Grower Cleveland s'occupa dès lors de politique et se fit connaître dans les réunions du parti démocrate. Elu sheriff du comté d'Erié en 1870, il créait l'année suivante à New-York un cabinet d'affaires sous la raison Cleveland, Bissel et Sicard, qui se fit rapidement une grande clientèle. Elu maire de Buffalo en 1881, comme démocrate-réformiste, il était élu gouverneur de New-York, sur le même ticket, en 1882, pour prendre ses fonctions au commencement de l'année suivante. Le 11 juillet 1884, la Convention nationale de Chicago choisissait à l'unanimité pour candidat à la présidence des Etats-Unis, M. Grower Cleveland, gouverneur de l'Etat de New-York. Elu en conséquence, M. Cleveland prenait possession de la Maison-Blanche le 4 mars 1885, remplaçant M. Chester A. Arthur.

CLOUÉ, Georges Charles, amiral français, ancien ministre, est né le 20 août 1817. Entré à l'Ecole navale à quinze ans, il était promu successivement enseigne en 1839, lieutenant de vaisseau en 1846, capitaine de frégate en 1855, capitaine de vaisseau en 1862, contre-amiral en 1867 et enfin vice-amiral le 17 décembre 1874. Il commanda, en sous-ordre, à partir de 1862, la division navale des Antilles; devint plus tard major général à Cherbourg, puis gouverneur de la Martinique. En janvier 1875, l'amiral Cloué fut appelé à la préfecture maritime de l'arrondissement de Cherbourg; en octobre 1878, il recevait le commandement de l'escadre d'évolution de l'océan Atlantique. L'amiral Cloué a été ministre de la marine et des colonies, dans le premier cabinet Jules Ferry, du 23 septembre 1880 au 10 novembre 1881. — Grand officier de la Légion d'honneur depuis 1872, il a été promu grand'croix de l'ordre le 6 juillet 1881. A été nommé pour trois ans, membre du Bureau central météorologique, en 1885.

On doit à l'amiral Cloué quelques ouvrages spéciaux, notamment: *Renseignements hydrographiques sur la mer d'Azof (1858)* et le *Pilote de Terre-Neuve (1870, 2 vol.)*.

COBBE, miss Frances Power, femme de lettres et philosophe socialiste anglaise, née le 4 décembre 1822 à Brighton, où elle fit ses études. Elle a de bonne heure collaboré à la presse périodique courante, et c'est l'auteur des ouvrages suivants: le *Dépôt de charité considéré comme hôpital* (the Workhouse as an hospital, 1861); les *Filles sans appui, comment les secourir* (Friendless girls, and how to help them, 1861); *Education des femmes (1862)*; l'*Action de grâce, chapitre des devoirs religieux* (Thanksgiving, etc., 1863); le *Drapeau rouge aux yeux de John Bull* (the Red flag in John Bull's eyes, 1863); *Essais sur le travail des femmes* (Essays on the pursuits of women, 1863); *Clartés intermittentes, Enquête sur l'état présent et à venir de la foi religieuse (1864)*; les *Cités du passé (1864)*, extraits du *Fraser's Magazine*; *Devoirs religieux (1864)*; les *Italiques, courtes notes sur la politique, le peuple et les villes d'Italie (1864)*; *Etudes anciennes et nouvelles sur des sujets de morale et de philosophie sociale (1865)*; *Heures de travail et de récréation (1867)*; les *Confessions d'un chien perdu (1867)*; *Lumières naissantes, Recherches sur les résultats séculaires de la Réformation nouvelle (1868)*; *Criminels, idiots, femmes et mineurs, n'est-ce pas là la classification orthodoxe? Examen des lois relatives à la propriété des femmes mariées (1869)*; la préface de *Seul à seul* (Alone tho the alone), *prières à l'usage des Déistes, par divers collaborateurs (1871)*; le *Darwinisme dans la morale, et autres essais (1872)*; les *Espérances de la race humaine en ce monde et dans l'autre, essai sur la vie et la mort et sur l'évolution du sentiment social* (the Hopes of the human race hereafter and here, essays on the life and death, and the evolution of social sentiment, 1874); *Re-échos (1876)*; *Aspects moraux de la vivisection (1877)*; les *Devoirs des femmes, cours de lectures (1881)*.

COBBOLD, Thomas Spencer, médecin anglais, né à Ipswich le 26 mai 1828, fit ses études à l'université d'Edimbourg et y fut reçu docteur en médecine en 1851. Aussitôt après, il fut nommé curateur du Musée anatomique de l'université, et fit, avec la sanction du sénat académique, des cours d'anatomie. Il s'occupait en même temps de géologie et d'histoire naturelle, sous la direction d'Edward Forbes, et publiait de nombreux article, et mémoires dans les journaux scientifiques. Vers cette époque également, il fut nommé vice-président de la Société physiologique d'Edimbourg. A la mort de Forbes, il alla s'établir à Londres et fut appelé peu après à la chaire de botanique de l'hôpital Sainte-Marie. En 1860, il obtint la chaire de botanique, puis la chaire d'anatomie comparée à l'hôpital de Middlesex et en 1868, à la recommandation de sir R. Murchison, la chaire de géologie de Swiney, au Musée britannique, où un auditoire innombrable ne tarda pas à suivre assidûment ses cours. Le sujet préféré de ses études semble avoir été l'helminthologie; il a publié sur cette branche des sciences naturelles une quantité d'ouvrages, tant grands ouvrages illustrés que courtes notices, sans parler d'une centaine d'articles divers, la plupart ayant d'abord fait l'objet de lectures préalables à la Société royale, aux Sociétés linnéenne et zoologique ou à l'Association britannique pour l'avancement des sciences. Le Dr Cobbold a, malgré ses nombreux travaux scientifiques, pratiqué longtemps la médecine, se vouant tout particulièrement au traitement des affections parasites internes. En récompense des services qu'il a rendus à la biologie, qui comprend naturellement l'helminthologie, l'Académie des sciences naturelles de Philadelphie lui a conféré le titre de correspondant honoraire et l'Académie royale d'Agriculture de Turin celui de membre étranger. Il est en outre membre de la Société royale, de la Société linnéenne, de la Société zoologique, etc.

COCHERY, Louis Adolphe, homme politique français, né à Paris le 19 août 1820, fit ses études au collège Bourbon, suivit ensuite les cours de l'Ecole de droit, fut reçu avocat en 1840 et devint secrétaire de Liouville, puis de Crémieux. Après la révolution de février, il suivit celui-ci au ministère de la justice et devint son chef de cabinet. Il quitta peu après le ministère, en ayant même refusé de plus sûres, sinon de plus importantes, reprit sa place au barreau de Paris. Il y plaida dans beaucoup d'affaires politiques, défendit notamment la *Voix du Peuple*, la *Réforme*, le *National*, la *République*, etc., et collabora plus tard à divers journaux libéraux. La loi de 1868 permit à M. Cochery de fonder à Montargis l'*Indépendance de Montargis*. Il habite près de cette ville, le château de Lisledon. — Aux élections législatives de 1869, il se présenta comme candidat de l'opposition démocratique, contre le candidat officiel, M. le marquis de Grouchy, dans la 3e circonscription du Loiret, et fut élu au second tour en dépit de l'action administrative, qui alla jusqu'à la suspension de son journal. Il vint siéger au centre gauche, au Corps législatif, signa la demande d'interpellation des Cent-Seize, fit partie de la Commission du budget et s'associa à tous les votes de la gauche. En juillet 1870, il interpella le Gouvernement au sujet de la candidature de Hohenzollern au trône d'Espagne; il vota ensuite contre la guerre.

M. Cochery resta étranger au mouvement du 4 septembre. Il prit part à la séance *in extremis* du Corps législatif, dans laquelle il fut résolu que les pouvoirs du gouvernement de la Défense nationale seraient législativement confirmés, à la condition du maintien provisoire de la Chambre actuelle, et fut délégué avec M. Grévy à l'Hôtel de Ville pour y porter cette proposition aux membres du gouvernement. Nommé commissaire général dans le Loiret, quelques jours après, il assista aux combats qui se livrèrent devant et à Orléans ; puis, il accompagna M. Thiers dans ses démarches relatives aux négociations pour amener une suspension d'armes. Il alla rejoindre ensuite le gouvernement à Tours, puis à Bordeaux, réclamant opiniâtrement la convocation d'une Assemblée nationale. Aux élections du 8 février 1871, M. Cochery fut élu représentant du Loiret le premier de la liste. Aux élections du 20 février 1876, aucun concurrent ne se présenta pour lui disputer les votes de l'arrondissement de Montargis. Vice-président du Conseil général du Loiret, il a été maintenu dans ses fonctions à chaque renouvellement du bureau, puis élevé à la présidence de cette assemblée.
Membre de la Commission du budget et rapporteur des budgets de la Guerre et de l'Algérie sous la précédente législature, M. Cochery a été investi de fonctions semblables dans la législature qui s'étend de 1876 à 1881, ayant été réélu le 14 octobre 1877. Il était appelé au ministère des finances, en qualité de sous-secrétaire d'État, le 1er mars 1878. M. Cochery était appelé à la direction des postes et télégraphes réunis, direction qu'un décret du 5 février 1879 transformait en ministère. Il a conservé ce portefeuille, malgré les changements ministériels qui se sont produits dans l'intervalle, jusqu'à l'avènement du cabinet Brisson (6 avril 1885), dans lequel il fut remplacé par M. Sarrien. Il a laissé, du reste, des traces de son passage à ce ministère, qu'on ne saurait oublier sans ingratitude, car on lui doit la création du service des colis postaux, de celui des recouvrements et des abonnements, de la caisse d'épargne postale, l'abaissement du port des lettres, l'introduction de l'usage pratique du téléphone en France, et d'autres réformes qui nous échappent en ce moment et auxquelles il a prélude par l'organisation de l'Exposition internationale d'électricité de 1881. — M. Adolphe Cochery, qui avait été réélu à Montargis le 21 août 1881, fut élu député du Loiret, avec la liste républicaine tout entière, au scrutin du 18 octobre 1885. Il a voté l'expulsion des princes.

COCHERY, Georges Charles Paul, homme politique français, fils du précédent, est né à Paris le 20 mars 1855. Élève de l'École polytechnique, il en sortit en 1876 dans l'artillerie, mais donna sa démission d'officier en 1877, pour prendre la direction du cabinet de son père, qu'il suivit dans les finances aux postes et télégraphes. M. G. Cochery seconda activement son père dans l'accomplissement des réformes que nous avons mentionnées, et prit une part directe à la conclusion de diverses conventions internationales relatives au service des postes et à la télégraphie. Il a été, en outre, délégué comme commissaire général français à l'Exposition internationale d'électricité de Vienne, en 1883. M. G. Cochery a naturellement suivi son père dans sa retraite, en avril 1885. Membre du Conseil général du Loiret, où il représente le canton de Bellegarde, il a été élu député républicain du Loiret au scrutin du 18 octobre 1885, a pris place à gauche et a voté l'expulsion des princes. — M. Georges Cochery est chevalier de la Légion d'honneur depuis 1881.

CODRINGTON, sir William John, général anglais, né en novembre 1804, fit ses études à l'université de Cambridge et entra dans l'armée aux « Coldstream Guards », en 1821. Colonel depuis 1846, il l'était encore en 1854, au moment où éclatait la guerre d'Orient; mais il reçut le brevet de major général à Varna, et se distingua ensuite à l'Alma et à Inkermann. Successivement commandant de la première brigade de la division légère, puis de cette division elle-même, sir William Codrington fut appelé au commandement en chef de l'armée d'opération au mois de novembre 1855. Depuis son arrivée en Crimée jusqu'à son évacuation, le 12 juillet 1856, le général Codrington n'avait pas un instant quitté l'armée. Il fut fait commandeur de l'ordre du Bain pendant la guerre et grand'croix en 1865. Il est en outre grand officier de la Légion d'honneur, grand croix de l'ordre militaire de Savoie et décoré du Medjidié, première classe. — En 1857, sir W. Codrington fut élu membre de la Chambre des communes par Greenwich ; il résigna son siège en 1859, ayant été nommé gouverneur et commandant en chef de Gibraltar. Promu lieutenant général en 1857, il fut, en outre, nommé colonel du 23e régiment de fusiliers le 27 décembre 1860. Il a été promu au rang de général le 27 juillet 1863, et placé dans le cadre de réserve en octobre 1877.

COLBERT-LAPLACE (comte de), Pierre Louis Jean-Baptiste, homme politique français, fils du marquis de Colbert-Chabannais, qui fut député au Corps législatif, et petit-fils de l'illustre géomètre, marquis de Laplace, est né à Lisieux le 7 août 1843. Il fit de brillantes études, après lesquelles il entra au ministère des affaires étrangères, fut attaché à la légation française à Washington de 1864 à 1865 et à l'ambassade de Saint-Pétersbourg en 1866. Rentré au ministère l'année suivante et nommé secrétaire d'ambassade peu après, M. de Colbert servit pendant la guerre comme sous-officier dans les mobiles du Calvados. Il quitta la diplomatie après le 4 septembre. Après avoir échoué à une élection partielle qui se produisit dans le Calvados en 1872, M. de Colbert-Laplace fut élu député du Calvados, qui avait été autorisé à modifier ainsi son nom par un décret de décembre 1875, se porta candidat à la députation à Lisieux le 20 février 1876, et fut élu au scrutin de ballottage. Il prit place au groupe de l'Appel au peuple, et fut réélu le 14 octobre 1877 et le 21 août 1881. Aux élections d'octobre 1885, M. de Colbert-Laplace fut député du Calvados avec toute la liste monarchique. — Il a publié quelques brochures, notamment : le *Système des deux Chambres (1871) ; Observations sur la dernière lettre de M. Louis Blanc (1872) ; Suffrage universel et monarchie (1873)*.

COLE, Vicat, peintre paysagiste anglais, né à Portsmouth en 1833, est élève du son père. Il a exposé, pour la première fois, à la British Institution, en 1852, un tableau représentant la *Colline de Leith, vue de Ranmoor Common*. En 1858, il fut élu membre de la Société des artistes britanniques et fut, pendant plusieurs années successives un exposant assidu aux salons de cette Société. Une de ses plus belles toiles exposées d'abord à cette société : un *Champ de blé*, parut en 1862 à la Galerie nationale et remporta la médaille de la Société pour l'encouragement des beaux-arts. En 1864, à l'exemple, d'ailleurs, de beaucoup d'artistes célèbres, M. V. Cole se retira de la Société des artistes pour briguer les honneurs de l'Académie royale. Les toiles les plus importantes qu'il exposa à cette société académique sont : le *Déclin du jour (1864)* ; le *Printemps (1865)*, inspiré d'une chanson de la comédie shakspearienne « Peines d'amour perdues » ; le *Repos du soir* et la *Couronne d'or de l'été (1866)* ; la *Baie de Saint-Bride*, scène de tempête à la mer (1867); les *Rayons du soleil dorant les cimes des forêts d'automne (1868)*; une *Halte pendant l'orage, au coucher du soleil* et *Fleurs d'été (1869)* ; *Ondées aux rayons du soleil* et le *Soir (1870)*; l'*Or de l'automne (1871)*; *Midi (1872)*; la *Fenaison* et *Pluie d'été (1873)*; le *Centre du Surrey* et une *Matinée brumeuse (1874)*; *Richmond Hill*; le *Lac Scavaig, dans l'île de Skye*; *Midi en été (1875)*; le *Déclin du jour (1876)*; *Pluies d'été, Arundel (1877)* ; un *Jour pluvieux*, les *Alpes à Rosenlaui*, une *Pastorale dans le Surrey (1878)* ; *Rayons de soleil qui mûrissent, Leith Hill* et *Box Hill (1879)*; les *Feuilles mortes*, *Sur la Tamise (1880)*, *Journée d'août, Wargrave Streatley (1881)*; les *Sources de la Tamise, Solitude dans les bois (1882)*; *Windsor, Matinée d'automne (1883)*, etc. M. V. Cole a été élu associé de l'Académie royale en février 1870, et membre titulaire le 16 juin 1880.

COLFAVRU, Jean Claude, homme politique français, né à Lyon le 1er décembre 1820, est fils de modestes ouvriers de cette ville. Ayant pris part, en juillet 1830, à une manifestation armée contre l'Hôtel de Ville, en qualité de tambour, il resta attaché à la garde nationale de Lyon jusqu'au mois de décembre suivant, et entra, le 22 de ce mois, comme boursier, au collège de Lyon. Ses études terminées, il entra comme professeur dans une institution libre de Grenoble, faisant son droit en même temps qu'il y remplissait ses devoirs de professeur. Reçu avocat en 1845, il se fit inscrire au barreau de Paris vers la fin de la même année et se fit un des membres du parti démocratique. Il fut élu représentant à l'Assemblée législative par le département de Saône-et-Loire, et fit une vive opposition à la politique napoléonienne. Arrêté à la suite du coup d'État de décembre 1851, il fut ensuite expulsé et se réfugia en Angleterre. Rentré après l'amnistie de 1859, M. Colfavru reprit sa place au barreau de Paris. Élu chef du 85e bataillon de la garde nationale après le 4 septembre 1870, il était nommé juge de paix du 17e arrondissement le 18 du même mois, mais il donna sa démission le 31 octobre suivant, pour prendre le commandement des compagnies de marche de son bataillon, avec lesquelles il assista aux combats de Champigny et de Buzenval. M. Colfavru a été décoré de la Légion d'honneur, comme soldat, le 12 février 1871. En 1880, après plusieurs années passées en Égypte, M. Colfavru fondait, à Paris, une revue ayant pour titre : la *Révolution sociale*. Porté, aux élections d'octobre 1885, sur la liste radicale de Seine-et-Oise, M. Colfavru a été élu député au scrutin du 18. Il a pris place à l'extrême gauche et a voté l'expulsion totale des princes. — On a de lui : le *Droit commercial comparé de la France et de l'Angleterre (1861)*; *Du mariage et du Contrat de mariage en France, en Angleterre et aux États-Unis (1868)*, etc.

COLLADON, Jean Daniel, ingénieur et physicien genevois, né le 15 décembre 1802. Venu à Paris en 1826, ayant fait au cours des années précédentes, avec son compatriote Sturm, des expériences sur la pression de l'eau et de la propagation du son dans l'eau, dans le lac de Genève, il présenta à l'Académie des sciences un mémoire renfermant les résultats de ces expériences, conduites avec un soin minutieux assez rare par les deux collaborateurs. Ce mémoire : *Sur la compression des liquides et la vitesse du son dans l'eau*, fut récompensé, en 1827, par le grand prix de l'Académie des sciences. M. Colladon fut appelé, en 1829, à la chaire de mécanique de l'École des arts et manufactures, qu'il occupa plusieurs années ; puis il accepta la même chaire à l'université de sa ville natale. On lui doit de nombreux mémoires sur l'acoustique, la pneumatique et l'électricité, dont plusieurs insérés dans le *Recueil de l'Académie des sciences*, qui l'a élu son correspondant à Genève en 1876 ; l'invention de divers instruments d'expériences et d'application pratiques, notamment d'un dynamomètre et des pompes de compression, à grande vitesse, qui ont servi au percement du Gothard. C'est à lui qu'on doit également l'emploi de l'air comprimé pour le percement des tunnels adopté, sous sa direction d'abord, au Mont-Cenis, puis au Saint-Gothard ; il a écrit, sur ces grands travaux, des mémoires extrêmement intéressants. — M. Daniel Colladon a été décoré de la Légion d'honneur en 1874.

COLLINS, William Wilkie, romancier anglais, fils aîné d'un paysagiste distingué, William Collins, et de la sœur de M. Carpenter, peintre de portraits, qui eut une grande renommée dans son pays, est né à Londres, en janvier 1814. Son éducation terminée, il passa deux ans en Italie avec ses parents, puis au retour, entra chez un négociant, en vertu d'un contrat dûment paraphé qui le liait pour quatre ans au commerce du thé. À la mort de son père, il avait abandonné le commerce et suivait les cours de droit de l'école de Lincoln's Inn. Sa première œuvre littéraire est une biographie de son père, avec un choix de ses notes de voyage et de sa correspondance : *Memoirs of the life of W. Collins*, etc. (1848, 2 vol.). À partir de cette époque, M. Collins se livra entièrement à la littérature et publia successivement : *Antonia ou la chute de Rome*, roman du quinzième siècle (1850, 2 vol.) ; *Promenades au delà des Chemins de fer, ou notes, prises à pied, sur le Cornouailles (1851)* ; *Basil, histoire de la vie moderne (1852, 3 vol.)* ; *A Cache-Cache (Hide and Seek, 1854, 3 vol.)*. Vers cette époque, M. Collins devint l'un des collaborateurs des *Household Worlds*, revue populaire dirigée par Charles Dickens : *A la nuit (1856, 2 vol.)* ; et le *Lourd Secret (1857, 2 vol.)*, y parurent d'abord. Vinrent ensuite : la *Reine des Cœurs (1859, 3 vol.)* ; la *Femme en blanc (1860, 3 vol.)* ; *Sans nom (1862, 3 vol.)*. Ces deux derniers parurent dans les colonnes du journal par lequel Ch. Dickens avait remplacé le précédent : *All the year round*, avant de prendre la forme de volumes. Puis : *Mes mélanges (1863, 2 vol.)* ; *Armadale (1866, 2 vol.)* ; la *Pierre de Lune (1868, 3 vol.)* ; *Homme et femme (1870, 3 vol.)* ; *Pauvre Miss Finch ! la Morte vivante (1872)* ; *Mademoiselle ou Madame, et autres histoires à l'état d'ébauche, la Nouvelle Madeleine (1873)* ; la *Loi et la Femme*, qui parut d'abord dans le *Graphic*, où il en fut dit beaucoup de mal, la publication achevée (1875) ; *Deux destinées (1876)* ; *l'Hôtel hanté (1878)* ; les *Feuilles tombées* ; la *Vie d'un vagabond, depuis sa naissance jusqu'à son mariage (1879)* ; *Cœur et Science (1883)*, etc.

Les principaux ouvrages de M. Collins, outre un grand nombre d'éditions en Angleterre et aux États-Unis, ont été traduits en français, en italien, en allemand, en hollandais, en danois, en russe, etc. Il est membre de la Société (Guild) de littérature et d'art, et a toujours pris une part très active aux représentations d'amateurs données à son bénéfice. Il a écrit, pour le théâtre : le *Phare* (the Lighthouse), d'abord joué chez Charles Dickens, et transporté ensuite sur la scène du Théâtre Olympique (1855) ; *l'Abîme* (the Frozen Deep), joué également chez Dickens, et par lui, assisté d'autres amateurs, puis à la « Gallery of Illustrations », au bénéfice de la souscription Jerrold ; enfin, au Vaudeville, à Paris, en 1868 ; *Noir et Blanc*, en collaboration avec Fechter, joué au théâtre d'Adelphi en 1869 ; la *Pierre de Lune*, d'après son roman, au théâtre Olympique (1877), et *Rang et fortune*, au théâtre d'Adelphi (1883).

COLOMB (de), Louis Joseph François Isidore, général français, né à Figeac (Lot) le 6 janvier 1823. Élève de Saint-Cyr, il en sortit en 1844, comme sous-lieutenant d'infanterie, alla rejoindre son régiment en Algérie et ne quitta plus la colonie pendant vingt-six ans. Il y conquit naturellement tous ses grades : promu lieutenant en 1849, capitaine aux chasseurs à pied en 1854, il fut nommé chef de bataillon au 90e de ligne en 1859, passa au 2e régiment étranger, devint lieutenant-colonel au 3e régiment de tirailleurs en 1860, passa au 2e régiment de même arme, et fut promu colonel du 17e de ligne le 12 août 1864. M. de Colomb s'est signalé dans la plupart des expéditions contre les tribus insoumises et a mérité plusieurs citations à l'ordre du jour de l'armée. Appelé au commandement du cercle de Tiaret en 1867, puis successivement à celui de la subdivision d'Aumale et de la subdivision de Mascara, il fut nommé général de brigade le 30 mars 1870, et fit en cette qualité d'expédition de l'Oued Guir et celle d'Aïn Chair, sous le commandement du général de Wimpffen. Maintenu en Algérie, par besoin d'hommes spéciaux, lors de l'ouverture des hostilités contre les Prussiens, le général de Colomb remplaça le général Chanzy à la division de Tlemcen, quand celui-ci fut appelé au commandement de l'armée de la Loire. Nommé toutefois, à son tour, au commandement de la 1re division du 15e corps, il quitta l'Algérie, pour la première fois depuis son entrée dans la carrière, le 23 décembre 1870 ; il passa peu après du 15e au 17e corps, et prit part à la bataille du Mans, où, à la tête d'une faible division, il tint tête, pendant toute une journée, sur le plateau d'Auvones, devant Yvrée, à des forces beaucoup supérieures, dirigées par le prince Frédéric-Charles. Après la retraite de la seconde armée de la Loire, M. le général de Colomb fut appelé au commandement de l'armée de Bretagne, qui était à organiser et devait être licenciée avant, en vertu de l'armistice. Nommé général de division à la fin de décembre 1870, M. de Colomb fut maintenu dans son grade par la Commission de revision des grades, pour prendre rang du 16 septembre 1871. Il fit ensuite partie de la Commission de classement de l'infanterie au ministère de la guerre. M. le général de Colomb est grand officier de la Légion d'honneur depuis le 8 juillet 1881 ; il est également commandeur de l'ordre de Saint-Olaf de Suède et Norvège.

COLOMBET (de), Bernard Joseph Anatole, homme politique français, né le 7 septembre 1833 à Langogne (Lozère). Grand propriétaire, maire de sa ville natale qu'il représente au Conseil général, M. de Colombet fut élu représentant de la Lozère à l'Assemblée nationale le 8 février 1871 ; il siégea à l'extrême droite et fit partie de la réunion dite des Réservoirs. Signataire de la proposition de rétablissement de la monarchie légitime et de l'adresse au pape, à propos du *Syllabus*, il fut l'auteur de l'amendement aux lois constitutionnelles qui interdit à tout membre des familles ayant régné en France la présidence de la République, amendement qui fut repoussé par l'Assemblée. Le 30 janvier 1876, M. de Colombet se faisait élire sénateur de la Lozère, et devint secrétaire du Sénat ; mais au premier renouvellement triennal (5 janvier 1879), il fut pas réélu. Aux élections du 4 octobre 1885 pour la Chambre des députés, M. de Colombet se porta sur la liste monarchique, qui triompha dans la Lozère.

COLONNE, Édouard, musicien et chef d'orchestre français, né à Bordeaux vers 1838 ; il entra au Conservatoire, où il fut élève de M. Girard pour le violon, et y remporta un premier prix de fugue. Il a fait partie de l'orchestre de l'Opéra et de la Société de musique de chambre fondée par M. Lamoureux. Vers 1872, il fondait lui-même l'Association artistique, qui donna ses concerts d'abord à l'Odéon, puis au Châtelet. C'est à ce dernier théâtre qu'ont été exécutés : *Marie Magdeleine*, oratorio de M. Massenet ; la *Forêt*, poème symphonique de Mme de Grandval ; *Phaëton*, de M. C. Saint-Saëns ; des fragments de *Fiesque*, opéra inédit de M. Édouard Lalo ; ainsi que la plupart des compositions émanant des jeunes musiciens français. Sous ce rapport, M. Colonne a certainement rendu de véritables services. C'est d'ailleurs un artiste intelligent, actif et capable.

COMBES, François, littérateur français, ancien professeur d'histoire à la faculté des lettres de Bordeaux, né à Alby le 27 septembre 1816, fit ses études dans sa ville natale et fut reçu agrégé d'histoire en 1850 et docteur ès lettres en 1856. Professeur au collège de l'amiens depuis 1844, il passa en la même qualité à Paris, au collège Stanislas en 1848 et au lycée Bonaparte en 1853 ; fut nommé inspecteur d'Académie à Lons-le-Saulnier en 1856 et professeur d'histoire à la faculté des lettres de Bordeaux en 1860. M. F. Combes a été mis à la retraite au mois d'août 1886. Chargé de diverses missions scientifiques à l'étranger : en Hollande en 1857, en Italie en 1864 et en Suisse en 1865, il en a publié le résultat, au retour, dans divers *mémoires* sur les documents historiques découverts dans les archives des pays qu'il venait de visiter, préalablement lus aux réunions annuelles des Sociétés savantes, à la Sorbonne. — Il a publié : l'*Abbé Suger, histoire de son ministère et de sa régence (1853)*, honoré d'une mention au concours de l'Institut; *Histoire générale de la Diplomatie européenne (1854-55*, 2 vol.); la *Russie en face de Constantinople et de l'Europe (1856)*; la *Princesse des Ursins, essai sur sa vie et son caractère politique (1858)*; le *Maréchal de Montmorency*, tragédie en 4 actes, jouée en 1866 sur le théâtre de Bordeaux, avec Ligier dans le rôle principal, et *Catherine de Médicis*, autre tragédie, en 3 actes (1874); *Correspondance française inédite du Grand-Pensionnaire Jean de Witt*, dans la Collection des Documents inédits sur l'Histoire de France (1873). On cite parmi les cours les plus remarquables professés par M. F. Combes, depuis 1866 notamment : *Histoire de la Monarchie prussienne et de sa fondation, principalement d'après la correspondance de Voltaire et de Frédéric II*; *Histoire des Invasions germaniques en France, depuis Clovis jusqu'à nos jours*; *Histoire des libérateurs de nations*, etc. — Membre de plusieurs sociétés savantes, il est chevalier de la Légion d'honneur depuis 1869.

COMBESCURE, Édouard Jean Clément, médecin et homme politique français, né le 15 janvier 1819 à Gignac (Hérault). Régent de mathématiques élémentaires au collège de Pézenas en 1843, il fut nommé à la chaire de mathématiques du lycée de Montpellier en 1852; mais ses opinions ouvertement républicaines le forcèrent bientôt à abandonner l'enseignement. Il étudia alors la médecine, et reçu docteur, alla s'établir à Pézenas. Pendant la dernière guerre, il servit en qualité de chirurgien, fut fait prisonnier dans l'action, mais réussit à s'évader des mains des Prussiens. — M. Combescure a été élu sénateur de l'Hérault au premier renouvellement triennal, le 5 janvier 1879. Il a pris place dans les rangs de la gauche républicaine et a voté l'expulsion des princes.

COMETTANT, Oscar, compositeur de musique et écrivain français, né en 1820 à Bordeaux, où il a fait ses études. Après un séjour assez prolongé aux États-Unis, il revint en France et collabora à divers journaux parisiens, notamment au *Siècle*, dont il est devenu le feuilletoniste musical et au *Menestrel*, journal de musique. Entre temps il composait des romances, des morceaux de musique pour piano, et se produisait comme virtuose dans des concerts où il exécutait surtout des morceaux de sa composition. Il a fondé, en 1871, avec Mme Comettant, l'*Institut musical*, école de musique pour dames, où sont donnés des cours de solfège, chant, piano, orgue, harmonie, accompagnement, etc. qui semblent avoir eu du succès. Au mois de mai 1886, M. Oscar Comettant a été chargé par le ministère de l'Instruction publique d'une mission dans la Suède et la Norwège, pour l'étude des airs populaires scandinaves. — On a de M. Comettant: *Trois ans aux États-Unis (1857)*; la *Propriété intellectuelle*, le 30 janvier 1832, fit ses études *et du progrès (1857)*; *Histoire d'un inventeur au dix-huitième siècle, Adolphe Sax, ses ouvrages et ses luttes (1860)*; le *Nouveau Monde, scènes de la vie américaine (1864)*; *Musique et musiciens (1862)*; les *Civilisations inconnues (1863)*; l'*Amérique telle qu'elle est, voyage anecdoctique de Marcel Bonneau dans le Nord et le Sud des États-Unis (1864)*; le *Danemark tel qu'il est (1865)*; *Voyage pittoresque et anecdotique dans le Nord et le Sud des États-Unis d'Amérique (1865)*, illustré ; *De haut en bas, impressions pyrénéennes (1868)*; la *Musique, les musiciens et les instruments de musique chez les différents peuples du monde (1869)*; *Francis Planté, portrait musical (1874)*, etc. — M. Oscar Comettant a été décoré de la Légion d'honneur le 9 juillet 1886.

COMPAYRÉ, Jules Gabriel, pédagogue et homme politique français, né à Albi le 2 janvier 1843, fit ses études à Castres, à Toulouse et enfin à Paris, au lycée Louis-le-Grand, d'où il passa à l'École normale supérieure, section des lettres, en 1862. M. Compayré se fit ensuite recevoir agrégé de philosophie, et alla professer successivement, à partir de 1866, aux lycées de Pau, de Poitiers et enfin de Toulouse, où, s'étant fait recevoir docteur en 1873, il est devenu titulaire, en 1876, de la chaire de philosophie de la faculté des lettres ; il a été, en outre, chargé d'un cours de pédagogie à l'école normale d'institutrices de Fontenay-aux-Roses, à l'ouverture de cet établissement, en novembre 1880. — M. Compayré a été élu député, comme candidat républicain, dans l'arrondissement de Lavaur, le 21 août 1881 ; il prit place au groupe de l'Union républicaine et devint secrétaire de la Chambre ; il a été rapporteur de la commission de l'enseignement secondaire libre. Aux élections du 4 octobre 1885, M. Compayré a été élu député du Tarn, le deuxième sur six. Il a voté l'expulsion des princes.

On doit à M. Compayré : *De Ramundo Sebondo ac de theologiæ naturalis libro* et *Philosophie de David Hume*, ses thèses de doctorat (1873); une traduction de la *Logique*, de Bain (1876, 2 vol.); *Histoire critique des doctrines de l'éducation en France*, qui obtint le prix Bordin (1879); des *Éléments d'éducation civique et morale (1881)*, lesquels ont été l'objet d'attaques très vives de la part des adversaires politiques de l'auteur. — Il a été décoré de la Légion d'honneur le 14 juillet 1880.

CONIL, Pierre, publiciste français, né à Saint-Denis (île de la Réunion) le 30 janvier 1832, fit ses études à Paris. Fils d'un ancien rédacteur en chef du *Temps*, en 1840, il débuta de bonne heure dans le journalisme. Il rendit compte du Salon de 1857 dans le *Messager de Paris*, fonda en 1859 la *Gazette des Étrangers*, sous le pseudonyme de « Paul de Chalandré, » et devint successivement rédacteur en chef de la *Gazette de Savoie*, de Chambéry, en 1860, du *Progrès de la Sarthe* en 1861 et du *Courrier des Deux Charentes* en 1862. Revenu à Paris vers le commencement de 1865, M. Conil a collaboré successivement au *Moniteur*, à l'*International*, au *Siècle*, à la *Liberté*, au *XIXe Siècle*, au *Gaulois* où, pendant le siège de Paris, il rédigeait une *Chronique de la Garde nationale*; et dirigé, de 1865 à 1872, l'*Illustration militaire*. Il a aussi collaboré au grand *Dictionnaire du XIXe siècle* de P. Larousse. On a de cet écrivain, outre les travaux indiqués ci-dessus: une traduction de la *Francesca di Rimini*, de Silvio Pellico (1853); *Liberté, égalité, fraternité, argent, crédit, association*, brochure (1870); *Monographie de la question des sucres (1871)*, où il prend la défense des intérêts économiques des colonies. Auteur de l'*Encyclopédie Populaire*, abrégé complet, en 2,300 pages, des connaissances humaines jusqu'à nos jours, M. P. Conil a été, en outre, rédacteur en chef de l'*Ordre* en 1881 et rédacteur du *Don Fabrice*, en 1883. Il est actuellement Directeur politique du *Libéral de l'Yonne*, du *Libéral de l'Yonne* et du *Bonhomme champenois*, à Troyes, 1885-86.

CONKLING, Roscoe, homme politique américain, né à Albany (New York) en 1828. Avocat, il fut élu représentant au Congrès en 1858 et réélu à chaque renouvellement jusqu'en 1867, époque à laquelle il devint sénateur. Réélu en 1873 et 1879, il acquit bientôt une influence considérable parmi les chefs du parti républicain et, en 1876, fut un des candidats à la présidence des États-Unis; mais on sait que ce fut M. Hayes qui fut définitivement choisi par la Convention nationale. En 1880, M. Conkling fit tous ses efforts pour assurer au général Grant une troisième élection, mais il avait contre lui l'immense majorité de l'opinion, qui regardait avec raison une troisième élection, refusée jadis par Washington lui-même, comme un danger pour la République. Il se tourna alors contre le président Garfield, auquel il fit toute l'opposition imaginable, combattant principalement ses nominations de fonctionnaires; toutefois, voyant, qu'il ne trouvait aucun appui sérieux dans le Sénat, il resigna son siège au commencement de 1881 ; mais lorsqu'il voulut le reprendre, il échoua, ainsi que son collègue privée. A son avènement au pouvoir après l'assassinat de Garfield, le président Arthur offrit à M. Conkling le poste de président de la Cour suprême des États-Unis, mais il refusa, et reprit l'exercice de sa profession d'avocat à New-York.

CONNAUGHT (duc de), Arthur William Patrick Albert, chevalier de la Jarretière, du Chardon, de Saint-Patrick, grand'croix de l'ordre de Saint-Michel et Saint-George, prince du Royaume-Uni, duc de Saxe, prince de Cobourg et Gotha, troisième fils du feu prince d'Angleterre, est né au palais de Buckingham le 1er mai 1850. Entré à l'Académie militaire de Woolwich, en qualité de cadet, en 1866, il en sortit comme lieutenant dans le corps du génie royal, en 1868, et passa avec son grade dans l'artillerie royale, en février 1869. Il fut nommé lieutenant dans la Rifle brigade en août 1869 et promu capitaine à la suite en 1871. Il atteignait cette année-là sa majorité, et à cette occasion, le parlement d'Angleterre lui vota une liste civile de 15,000 livres (375,000 fr.) par an. — Le prince Arthur a été créé duc de Connaught et Strathearn et comte de Sussex, le 26 mai 1874, et prit possession de son siège à la Chambre des lords, le 8 juin suivant. Il a épousé à Windsor, le 13 mars 1879, la princesse Marguerite-Louise de Prusse, troisième fille du prince Frédéric-Charles et petite-nièce de l'empereur Guillaume ; sa liste civile fut en conséquence augmentée de 150,000 fr. Après avoir passé aisément d'un grade à l'autre, le duc de Connaught, qui avait été adjudant-général adjoint à Gibraltar d'octobre 1875 à avril 1876, fut fait général de brigade en 1880. Il commandait la brigade de la garde dans la première division de l'armée d'Égypte, en 1882.

CONSTANS, Jean Antoine Ernest, jurisconsulte et homme politique français, né à Béziers le 3 mai 1833. Après avoir fait ses études de droit, il partit en Espagne où il s'occupa de commerce pendant plusieurs années : puis il revint en France, se fit recevoir agrégé et alla professer le droit aux facultés de Douai, de Dijon et enfin de Toulouse. Devenu membre du conseil municipal et adjoint au maire de cette dernière ville, M. Constans s'occupa particulièrement de l'organisation des écoles laïques communales. Il donna sa démission d'adjoint en 1873. Aux élections générales de 1876, M. Constans se présenta dans la 1ʳᵉ circonscription de Toulouse et fut élu député au scrutin du 5 mars. Il s'inscrivit à l'Union républicaine et fut réélu le 14 octobre 1877. Le 27 décembre 1879, il entrait comme sous-secrétaire d'État au ministère de l'intérieur et des cultes ; il succédait au titulaire, M. Lepère, démissionnaire, le 17 mai 1880, et conservait son portefeuille après la retraite de M. de Freycinet, président du conseil, dans le cabinet reconstitué par M. Jules Ferry, le 23 septembre 1880. C'est à M. Constans qu'incomba plus particulièrement la mission de faire exécuter les décrets du 29 mars contre les congrégations religieuses non autorisées, et il la remplit avec une vigueur qui ne fut pas du goût de tout le monde, mais qui, peut-être, était nécessaire. Réélu le 21 août 1881 à Bagnères-de-Bigorre et à Toulouse, il opta pour Toulouse. Le 10 novembre suivant, il quittait le pouvoir avec ses collègues. En mars 1884, M. Constans déposait sur le bureau de la Chambre le projet de rétablissement du scrutin de liste d'après lequel ont été faites les élections de 1885. Après la retraite du second cabinet Ferry (mars 1885), M. Constans fut chargé de former un nouveau cabinet, mais il y renonça après quelques jours de négociations vaines. Il a été élu député de la Haute-Garonne, où le scrutin de liste a bien failli lui jouer un mauvais tour, au scrutin du 18 octobre 1885. M. Constans a voté l'expulsion des princes. — Il était nommé ministre plénipotentiaire en Chine, au mois de juin 1886, et s'embarquait à Marseille pour se rendre à son poste le 18 juillet suivant.

CONSTANT, Jean Joseph Benjamin, peintre français, élève de M. Cabanel et de l'École des beaux-arts, est né à Paris le 10 juin 1845, et a débuté au Salon de 1869. On a de cet artiste : *Hamlet et le roi (1869)* ; *Trop tard (1870)* ; *Samson et Dalila (1872)* ; *Femmes du Riff, Bouchers maures à Tanger (1873)* ; *Coin de rue et carrefour à Tanger (1874)* ; *Prisonniers marocains, Femmes du harem*, portrait du Dʳ Guéneau de Mussy *(1875)* ; *Entrée de Mahomet II à Constantinople, le 29 mai 1453* et un portrait de *M. Emmanuel Arago* (1876) ; la *Soif*, le *Harem* ; *Hamlet au cimetière*, dessin (1878) ; l'*Entrée de Mahomet II à Constantinople*, reparu à l'Exposition universelle de 1878 ; le *Soir sur les terrasses* (Maroc), la *Favorite de l'émir (1879)* ; le *Caïd Tahamy (1883)* ; les *Chérifas (1884)* ; la *Justice du Chérif*, Espagne mauresque du XVᵉ siècle (1885) ; *Judith, Justinien (1886)* ; un certain nombre de *Portraits*, etc. — M. Benjamin Constant a obtenu une 3ᵉ médaille en 1875, une 2ᵉ médaille en 1876 et une 3ᵉ en 1878. Nommé chevalier de la Légion d'honneur en 1878, il a été promu officier le 13 juillet 1884.

CONSTANTIN, Nicolaïevitch, second fils et quatrième enfant du feu czar Nicolas Iᵉʳ et oncle du czar actuel, Alexandre III, grand-duc de Russie, grand amiral de la flotte impériale, etc., est né le 9/21 septembre 1827. Il fut élevé spécialement en vue du poste important qu'il occupe à la tête de la marine de l'empire et eut en conséquence pour précepteur le célèbre navigateur, amiral Lütke, sous les ordres duquel il servit ensuite et devint capitaine. Les deux grands-ducs Alexandre et Constantin différaient absolument de nature et d'opinions. Celui-ci était l'homme du vieux parti russe, tandis que celui qui devait être par la suite Alexandre II avait une tendance marquée vers le progrès et le libéralisme. Dans une certaine circonstance le grand-duc Constantin, grand amiral, se permit de mettre aux arrêts son frère aîné, qui se trouvait à bord de son vaisseau, action que l'empereur Nicolas punit de la peine du talion, en mettant aux arrêts l'amiral lui-même, et pour un temps assez long. Le grand-duc Constantin a fait une visite en Angleterre en 1847. Il a épousé le 30 août 1848, la princesse Alexandra, fille de Joseph, duc de Saxe-Altenbourg, dont il a eu plusieurs enfants. Outre son grade de grand amiral, le grand-duc Constantin est commandant de la 4ᵉ brigade d'infanterie de la garde, colonel du régiment de hussards du grand-duc Michel Paulowitch, membre du Conseil des écoles militaires et président du grand Conseil de l'empire. A la mort de l'empereur Nicolas, on craignait que le grand-duc de Constantin ne se posât en chef de l'opposition, étant, comme nous avons dit, le chef du parti national moscovite, ou vieux parti russe, en hostilité complète avec le parti modéré dont le grand-duc Alexandre était considéré comme le représentant. C'est cette crainte qui inspira au vieux czar moribond la pensée d'appeler ses deux fils à son lit de mort, et là, de faire renouveler à Constantin, en présence de sa mère, le serment de rester fidèle à l'héritier du trône, qu'il lui avait arraché déjà lors de la naissance du fils aîné d'Alexandre, devenu Alexandre III (1843). Peu après, Nicolas Iᵉʳ expirait heureux, ayant donné sa bénédiction à ses deux enfants (2 mars 1855). — En 1857, le grand-duc Constantin faisait un voyage en France et en Angleterre, visitant avec attention les ports et les arsenaux de ces deux puissances. En juin 1862, il fut nommé vice-roi de Pologne, où les premiers symptômes de l'insurrection se manifestaient. Quoique reçu avec acclamation à son arrivée à Varsovie, il s'aperçut bientôt que toute sa bonne volonté échouerait en présence de l'exaltation des esprits. Il donna sa démission au bout de quelques mois. En 1871, il fit un nouveau voyage en Angleterre. Il s'est beaucoup occupé depuis son retour de la réorganisation de la flotte russe. Il a fait en outre de fréquents voyages en France. — On a de lui : *Histoire et description de la ville de Pavlowsk*, ouvrage anonyme.

CONYBEARE, Henry, ingénieur et architecte anglais, fils d'un géologue distingué, né à Brislington, dans le comté de Somerset, le 22 février 1823. En quittant Rugby, où il avait terminé ses études classiques, il alla suivre les cours de génie civil au Collège du roi, à Londres, pendant trois années, suivant en même temps les cours particuliers d'un professeur de mathématiques, M. Hall, qui l'accompagna en Cornouailles pour y étudier les mines, à l'époque de l'organisation de l'École des mines de Cornouailles. En quittant le Collège du roi, M. Conybeare passa trois ans dans une manufacture de machines à vapeur de Newcastle, pour se mettre au courant du travail mécanique. Son éducation professionnelle ainsi complétée, il partit pour les Indes avec le corps des ingénieurs du « Great Indian Peninsula Railway », et remplit les fonctions d'ingénieur civil de l'île de Bombay de 1849 à 1852, période pendant laquelle il rédigea un grand nombre de rapports sur le drainage, l'approvisionnement d'eau et de gaz de Bombay, qui furent publiés dans les livres bleus du gouvernement de l'Inde. A propos du manque d'eau dont souffrit Bombay à cette époque, il fut invité en 1854, par le gouvernement de cette présidence, à rédiger un mémoire sur les moyens les meilleurs de faire cesser cette terrible disette, en apportant dans la ville et dans l'île une provision d'eau suffisante. Le mémoire terminé, et approuvé par le gouvernement suprême des Indes, il fut nommé directeur des travaux nécessaires à l'exécution de son plan. — Comme architecte, M. Conybeare, pendant sa résidence à Bombay, a dessiné les plans de l'église élevée à Colaba, à la mémoire des soldats tombés dans la campagne de l'Afghanistan, de l'église Saint-Jean, à Satara, ainsi que ceux de beaucoup de monuments publics et de maisons particulières. En qualité de juge de paix, il prit une grande part aux affaires judiciaires de Bombay, et lors des désordres provoqués par les musulmans en 1854, il fut nommé second magistrat de police rétribué. Pendant les six dernières années de son séjour aux Indes, il fut le correspondant indien du *Times*. Depuis son retour en Angleterre, en 1855, il a été ingénieur en chef de beaucoup de compagnies de chemins de fer et a été nommé membre de l'Institut des ingénieurs civils, aux discussions duquel il a toujours pris une part très active. En 1856, il dressa le plan des docks du port de Bombay et, la même année, fut nommé professeur de génie civil théorique et pratique au champ d'instruction du corps royal du génie, à

Chatham. Le cours qu'il fit en cette qualité, et qui fut publié en 1867, contient pour la première fois la recommandation d'employer le fer dans les défenses de terre, ainsi que diverses autres suggestions, passées depuis dans la pratique. En avril 1869, M. Conybeare a été choisi par le ministre de l'Intérieur pour faire le plan et exécuter les travaux de drainage ordonnés à Southover, dans le Sussex, sous la direction du ministère et du gouvernement local. En 1878, il acceptait l'entreprise de travaux importants à exécuter à Caracas (Venezuela).

COOKE, JOHN ESTEN, littérateur américain, né à Winchester, dans l'État de Virginie, le 3 novembre 1830. Il étudia le droit et fut reçu avocat en 1851 ; mais il abandonna bientôt la profession légale pour la littérature. Il écrivit alors plusieurs romans et nouvelles dont les sujets sont empruntés aux sites et aux mœurs virginiens des premiers temps de la colonisation. — Pendant une partie de la guerre de Sécession, il servit dans l'état-major du général confédéré *Stonewall* Jackson, puis dans celui du général R. E. Lee. Après la guerre, il résida quelque temps à New-York où il s'occupa de journalisme, mais retourna bientôt à la ferme qu'il possède aux environs de Winchester. Outre de nombreuses esquisses, nouvelles et articles divers disséminés dans la presse périodique, on a de M. Cooke: *Bas de cuir et soie* (Leather Stocking and Silk, — 1854); la *Jeunesse de Jefferson (1855);* les *Comédiens de la Virginie (1855);* le *Dernier des forestiers (1856); Ellie (1857); Henry Saint-John, gentleman (1858).* Depuis la guerre, les ouvrages écrits par M. Cooke ont plus particulièrement un caractère historique, quoique la plupart conservent la forme du roman : Ce sont: *Inspection du nid de l'Aigle, Vie de Stonewall-Jackson (1866),* augmentée d'un travail anonyme antérieur; *Vêtu de gris (1867); Mohun, ou les derniers jours de Lee et de ses paladins (1868); Garde contre garde, ou jours et nuits sur le Shenandoah* (Hilt to hilt, etc., 1869); *Rapière et marteau (1870); Vie de Robert E. Lee, Sorti de l'écume (1871);* le *Docteur Van Dyke (1872); Sa Majesté la reine (1873); Justin Harley (1874); Canolles (1877); Histoire de l'ancienne Possession (1879);* l'*Idée de M. Grantley (1880),* etc.

COOPER, THOMAS SIDNEY, peintre anglais, né à Canterbury le 26 septembre 1803. Ses parents étant dans une situation presque misérable, il fut d'abord obligé d'apprendre un métier; mais sa vocation artistique l'emporta. Il dessina pendant longtemps sans avoir reçu la moindre instruction artistique, empruntant les sujets de ses croquis aux monuments de sa ville natale et aux sites de la campagne environnante, et trouvant à les vendre, non pas un très haut prix naturellement. A dix-sept ans, il devint peintre de décors au théâtre d'Hastings et, pendant les trois années qu'il conserva cette position, put mettre quelque argent de côté. Il devint ensuite maître de dessin à Canterbury, mais, en 1827, un dessinateur français, étant venu s'établir à Canterbury, lui enleva tous ses élèves. Il continua toutefois, dans ses rares loisirs, à étudier au Musée britannique, à la Galerie Angerstein et à l'Académie royale En 1827 il partit pour le continent et, de Calais à Bruxelles, esquissa littéralement toutes les scènes qu'il rencontra sur son chemin, payant ses notes d'auberge en faisant des portraits des aubergistes. Mais à Bruxelles, il trouva des partisans et des amis, et par conséquent l'emploi de son talent. Il s'y établit donc, s'y maria, et s'y lia avec l'élite des artistes flamands. Il peignit dès cette époque le paysage, et aborda le genre de peinture qui lui a fait la haute réputation dont il jouit aujourd'hui : la peinture d'animaux. La révolution de 1830 le força de quitter la Belgique avec sa famille, et il reprit le chemin de l'Angleterre. Il exposa pour la première fois à la galerie de la Société des artistes anglais en 1833, un magnifique paysage qui lui valut, de la part de M. Vernon, la commande d'un tableau. Dix ans plus tard environ, il exposa à l'Académie royale ses groupes de *Bestiaux allant au pâturage, à l'abreuvoir, reposant au soleil d'une belle après-midi d'été,* et qui établirent définitivement sa réputation (1842). Depuis son début à l'exposition des artistes, le talent de M. Cooper n'a pas cessé de grandir, et son succès avec lui. Il a exposé également aux Expositions universelles de 1855 et 1867. Il a été élu associé de l'Académie royale des Beaux-Arts de Londres en 1845, et académicien royal en 1867. En 1882, M. Cooper fit don à la ville de Canterbury de la galerie artistique fondée par lui une douzaine d'années auparavant et dans laquelle il donnait depuis des leçons gratuites, à la condition que l'enseignement y fût continué gratis aux étudiants ouvriers.

COOPER, THOMAS, poète et publiciste anglais, né le 28 mars 1805 à Leicester. Il apprit le métier de cordonnier qu'il exerça à Gainsborough, comté de Lincoln, où il était grand camarade d'enfance avec feu Thomas Miller, le poète-vannier, mort le 23 octobre 1874. Il employa ses loisirs à l'étude, apprit lui-même le latin, le grec, l'hébreu et le français, et devint maître d'école à vingt-trois ans. Ayant en même temps collaboré, comme correspondant ou *reporter*, à divers journaux de la province, il devint le chef des chartistes de Leicester en 1841, faisant des discours aux ouvriers des « potteries » à l'époque des émeutes. Il fut arrêté et écroué à la prison de Stafford, sous prévention de conspiration et de rébellion en 1842, jugé coupable, condamné ensuite à deux années d'emprisonnement. Pendant sa captivité, il écrivit son poème épique: le *Purgatoire des suicides,* et une série d'histoires intitulée: *Adages judicieux et exemples modernes* (Wise saws and modern instances), publiés, l'un et l'autre, en 1845. Son petit poème : la *Fête de Noël du baron* (Baron's Yule Feast) parut en 1846. Pendant la seconde partie de cette même année, il publia, dans le *Newspaper* de Douglas Jerrold, une série d'articles sur la *Condition du peuple,* explorant le nord de l'Angleterre et rendant compte de ses observations. Il publia en 1847 les *Triomphes de la persévérance* et les *Triomphes de l'initiative.* En 1848, il devint un orateur politique et historique fort répandu à Londres, et fonda en 1849 le *Plain Speaker* (Franc Parleur), journal politique radical hebdomadaire à deux sous (un penny); puis, en 1850, un journal hebdomadaire de philosophie sceptique, également à un penny: le *Cooper's Journal.* En 1851 et 1852, il fut surtout conférencier voyageur, parlant histoire, poésie et littérature générales. En 1853, il publia un roman: *Alderman Ralph* et un autre en 1854 : le *Fief de famille* (the Family feud). Revenu à Londres à la fin de 1856, il y entreprit une série de conférences du dimanche soir pour combattre les opinions sceptiques qu'il avait jusque-là professées, et dont le néant le tourmentait depuis plus d'un an. Il continua ces conférences, agrémentées de discussions avec ses adversaires, jusqu'à la fin de mai 1858. A partir de cette époque, il n'a guère interrompu ses voyages en Angleterre et en Écosse, semant sur son chemin conférences, discours et sermons sur l'évidence du Christianisme. — M. T. Cooper a publié son autobiographie en 1872, et une édition de ses *Œuvres poétiques,* en 1878.

COPE, CHARLES WEST, peintre anglais, né à Leeds, en 1811. Après de sérieuses études artistiques, sous la direction de M. Sass, d'abord, puis à l'Académie royale, son premier tableau, une *Sainte famille,* qu'il exposa, à peine âgé de plus de seize ans, attira vivement sur lui l'attention publique. M. Cope est un de ces rares privilégiés dont l'élévation a été sanctionnée, mais surtout aidée, par les décisions favorables de la Commission royale des beaux-arts. La série de ses nombreuses expositions régulières commence en 1831. Ces principales toiles sont: *Agar et Ismael (1836);* les *Compères et Paolo et Francesca (1837); Osteria di campagna, près de Rome (1838);* une *Mère flamande (1839); Assiste ton père dans sa vieillesse (1840);* l'*Aumône,* les *Curateurs de la loi des pauvres.* l'*Enfance (1841);* le *Maître d'école,* inspiré de Goldsmith; le *Buisson d'épines,* etc., dus à la même inspiration (1842); le *Samedi soir (1843).* Cette même année 1843, il remporta un prix de 7,500 fr. au concours de Westminster Hall, avec son carton: la *Première épreuve du Jury;* et en 1844, au concours des fresques, sa *Rencontre de Jacob et de Rachel* lui valut la commande de l'une des six fresques destinées à la décoration de la nouvelle Chambre des lords, laquelle représente *Edouard III conférant l'ordre de la Jarretière au Prince Noir.* Il reçut ensuite une commande particulière du prince Albert: les *Derniers Jours du cardinal Wolsey (1846);* puis d'autres commandes pour le nouveau palais: la *Première épreuve de Griselda;* la *Soumission du prince Henry,* etc. Vincent ensuite toute une série de tableaux de genre: la *Jeune mère,* l'*Enfant en prière* et *Méditation de jeune fille (1847);* l'*Allegro* et il *penseroso (1848);* le *Coin du feu (1849);* le *Premier né (1849);* le *Rêve de Milton (1850); Rampant comme un serpent* et *Florence Cope à l'heure du dîner (1852); Étude de tête d'enfant* et la *Tournure de Baby (1853);* les *Amis (1854).* Nous retournons maintenant à la peinture historique et nous citons: les *Prisonniers royaux* et la *Mort de la princesse Élisabeth, fille de Charles Ier (1855); Départ des Pères Pèlerins,* peint à la fois à l'huile et à fresque (1856); *Enterrement de Charles Ier,* fresque (1857); les *Regards au ciel (1858); Cordelia recevant la nouvelle des mauvais traitements infligés à son père,* la *Sœur ainée, Repos (1859); Prière du soir*

(1860); *Adieux de lord et lady Russell*, fresque (1861); *Convalescent (1862)*. Les huit fresques du corridor de la Chambre des pairs, dès lors terminées, représentent une série de tableaux de l'histoire d'Angleterre, indiquant les importantes modifications apportées à la constitution pendant les luttes du temps de Charles Ier, etc. Elles sont placées quatre de chaque côté, et offrent des scènes dont les sujets sont empruntés aux partis opposés, suivant le côté ou elles se trouvent. Quelques-unes de ces fresques ont été citées dans la nomenclature précédente ; les autres sont: l'*Etendard royal déployé*, la *Défense de Basing House*, l'*Expulsion des fellows d'Oxford ayant refusé de signer le traité d'alliance*, d'un côté ; et de l'autre: le *Président Lenthal défendant les privilèges des Communes*, et la *Marche des convois allant au siège de Gloucester*. Entre temps, il ne fut guère possible à M. Cope de s'occuper de grands travaux de peinture à l'huile, et il n'a produit en effet, à cette époque, que *Deux Mères, Contemplations* et autres petites toiles peu importantes. Depuis l'achèvement de ses fresques de la Chambre des pairs, M. Cope a repris la série de ses expositions à l'Académie royale. Les principales toiles qui ont figuré à ces expositions sont; *Shylock et Jessica (1867)*; *Othello racontant ses aventures* et les *Deux Disciples d'Emmaüs (1868)*; un *Chapelain domestique* et *Rêves du foyer (1869)*; la *Sieste de Launcelot Gobbo (1870)*; *Noble et Simple* et *Guy considérant les plans de son hôpital (1871)*; *Oliver Cromwell recevant une députation* et *Education de George Herbert (1872)*; *Oui et non* et l'*Art noble (1873)*; *Tait-toi, baby* et la *Mégère domptée (1874)*; l'*Attraction du foyer* et les *Deux captifs (1875)*; le *Choix des tableaux pour l'exposition de l'Académie royale (1876)*, les *Amoureux* de *Bianca (1877)*; la *Réception du lieutenant Cameron au retour de ses explorations en Afrique (1878)*; *Hamlet et Ophélie*, un *Chef de province dans l'ancien temps (1879)*; le *Bon pasteur*, une *Enquête (1880)*; *Jeannette sauvée, Pensées lointaines (1881)*; *Temps d'été, Anne Page et Slender (1882)*, etc. — M. Cope a été élu en 1843 associé de l'Académie royale, et académicien royal en 1848, il est membre du Club des aqua-fortistes depuis l'origine. Il a été nommé en 1867 professeur de peinture à l'Académie royale, mais donna sa démission en 1874. Plusieurs de ses tableaux ont figuré aux Expositions universelles de Paris de 1855 et 1867.

COPE, EDWARD DRINKER, naturaliste américain, né à Philadelphie le 28 juillet 1840, fit ses études à l'université de Pensylvanie, puis alla demander aux universités d'Europe un complément d'instruction scientifique. En 1864, il devint professeur de sciences naturelles au collège d'Haverford ; mais il dut se retirer, à cause de sa mauvaise santé, en 1867 et se voua dès lors à l'étude de la zoologie et de la géologie. Sur ces sujets intéressants, il a écrit une quantité innombrable d'articles dans la presse scientifique périodique, parmi lesquels il importe de citer spécialement ses articles sur l'*Erpétologie des contrées tropicales* et sur l'*Ichtyologie*. Parmi ses autres ouvrages, nous citerons : *Synopsis des cétacés disparus des États-Unis* (Synopsis of the extinct cetacea of the U. S., 1867-68); l'*Origine de Genève (1868)*; *Synopsis des batraciens, reptiles et oiseaux disparus du nord de l'Amérique (1869)*; *Rapports systématiques des poissons (1871)*; *Méthode de la création*, ou les *Les lois du développement organique (1872)*; les *Vertébrés éteints des terrains éocènes du Wyoming et de la Nevada (1872)*; les *Nouveaux vertébrés du terrain tertiaire du Colorado (1873)*, etc., etc. La plupart des ouvrages du professeur Cope sont, d'ailleurs, des sortes de rapports d'explorations géologiques et paléontologiques qui lui ont été confiées à diverses époques. Il a publié, en outre, de nombreux articles sur la doctrine de l'évolution, dans les recueils des sociétés savantes de Philadelphie et le *Pensylvania Monthly Magazine*. De ces explorations, il est résulté, parallèlement à la création d'une collection de plus de 600 espèces d'animaux vertébrés disparus, dont M. Cope a fait connaître au moins les deux tiers et décrit la structure étrange dans de nombreux mémoires communiqués aux sociétés scientifiques américaines. Il est membre de l'Académie nationale des sciences et codirecteur de l'*American Naturalist*.

COPPÉE, FRANÇOIS EDOUARD JOACHIM, poète français, né à Paris le 12 janvier 1842. Il fut quelque temps employé au ministère de la guerre, où son père était également commis, et devint, en 1866, l'un des collaborateurs du *Parnasse contemporain*, recueil de poésies édité par un libraire à qui sa jeunesse donnait un rare courage, M. Alphonse Lemerre, et qui d'ailleurs a réussi. La même année, M. Coppée publiait un volume : le *Reliquaire*, et un autre en 1868 : les *Intimités*. En 1869, il faisait représenter, sur la scène de l'Odéon, un petit acte en vers, sans queue ni tête, mais plein de grâce et de fraîcheur : le *Passant*, qui obtint un succès très vif. Au mois de novembre de la même année. Beauvallet déclamait de lui, toujours à l'Odéon, un poème alors inédit : la *Grève des Forgerons*, dont nous ne voulons pas juger la forme, mais dont le fond est un tissu de banalités « anti-socialistes » débitées non pas contre le système ruineux des grèves, mais contre les grévistes, qui sont tous des coquins, à n'en pas douter — du moins M. Coppée n'en doute pas. On cite encore de cet écrivain : les *Poèmes modernes (1869)*; *Deux Douleurs*, drame en un acte, joué au Théâtre-Français (1870); *Lettre d'un mobile breton*, en vers, lue au Français (1870); *Fais ce que dois*, un acte, à l'Odéon, et l'*Abandonnée*, deux actes, au Gymnase (1871); les *Humbles*, poésies, et les *Bijoux de la délivrance*, scène en vers (1872); le *Cahier rouge (1874)*; une *Idylle pendant le siège*, roman, et *Olivier*, poème (1875); le *Luthier de Crémone*, un acte, en vers, au Français (mai 1876); l'*Exilée* (novembre 1876); *Severo Torelli*, drame en 5 actes, en vers, à l'Odéon (1883); les *Jacobites*, drame en 5 actes, en vers, au même théâtre (1885).

Nommé sous-bibliothécaire du Luxembourg en 1870, M. François Coppée a donné sa démission en 1872. Il fut nommé bibliothécaire-archiviste de la Comédie française en 1878, mais il donna également sa démission de ce poste, en janvier 1885, à la suite d'un échange de lettres avec M. Coquelin. M. Coppée a été élu membre de l'Académie française en remplacement du poète de Laprade, le 21 février 1884, et a été reçu solennellement le 10 décembre suivant. Il a été nommé chevalier de la Légion d'honneur le 9 février 1876.

COQUELIN, BENOÎT CONSTANT, comédien français, né à Boulogne-sur-Mer le 23 janvier 1841, est fils d'un boulanger de cette ville. Entré au Conservatoire vers la fin de 1859, il devint bientôt le meilleur élève de Régnier, remporta le second prix de comédie l'année suivante, et débuta au Théâtre-Français, dans le rôle de Gros-René du *Dépit amoureux*, le 17 décembre 1860. Il y fut bien accueilli, et poursuivit ses succès dans le répertoire classique, en même temps qu'il reprenait ou créait divers rôles du répertoire moderne de manière à fixer définitivement les sympathies du public du Théâtre-Français. Citons les rôles d'Annibal, dans l'*Aventurière* ; de Balandard, dans une *Chaîne* ; de Lafleur, dans le *Baron Lafleur* ; d'Anatole, dans une *Loge à l'Opéra* ; de Julien, dans *Gabrielle* ; de Gagneux, dans *Jean Baudry* ; de Michaud, dans la *Maison de Penarvan* ; de Destournelles, dans Mlle *de la Seiglière* ; de Vincent, dans l'*Œillet blanc* ; d'Aristide, dans le *Lion amoureux* ; de Gringoire, dans... *Gringoire* ; de Viviau, dans *Galilée* ; de Beaubourg, dans Paul Forestier ; de Diogène, dans la *Revanche d'Iris* ; de Marcel, dans les *Ouvriers* ; de Languinhate, dans le *Testament de César Girodot*, passé en répertoire de Français ; de Tabarin, dans la pièce du même nom (1871) ; de Roblot, dans *Jean de Thomeray (1874)*; de Charveron, dans *Chez l'avocat (1875)*; de Filippo, dans le *Luther de Crémone (1876)*; du duc de Septmonts, dans l'*Etrangère (1876)*; de Léopold, dans les *Fourchambault (1878)*, etc. En 1879, il alla jouer à Londres avec Mme Sarah Bernhardt, qu'il avait accompagner l'année suivante ; mais l'administration de la Comédie française s'y opposa. On sait comment sa pétulante camarade enfreignit seule cette défense et quitta la Comédie française. — M. Coquelin a remporté, d'autre part, de grands succès à réciter des pièces de vers, soit dans les salons, soit dans des reunions diverses. Il a publié, en 1884, une étude très remarquable sur *Tartufe*. Elu sociétaire de la Comédie française dès 1863, M. Coquelin serait, d'après des bruits persistants, décidé à donner sa démission (1886). Il a, en tout cas, donner quinze représentations. du 1er au 15 décembre 1886, dans une tournée limitée à l'Alsace-Lorraine, et s'embarquer ensuite pour l'Amérique. Il donnait, en août 1886, des représentations en province.

COQUELIN, ERNEST ALEXANDRE HONORÉ, dit COQUELIN CADET, comédien français, frère du précédent, est né à Boulogne-sur-Mer le 16 mai 1848. Il fut d'abord employé au chemin de fer du Nord, puis vint à Paris et, entraîné par la vocation ou par l'exemple des succès de son frère aîné, entra au Conservatoire en 1865, dans la classe de Régnier et obtint un premier prix de comédie en 1867. Il débuta à la même année à l'Odéon avec succès, dans l'ancien répertoire, et entra à la Comédie française en 1868. Pendant la guerre de 1870-71, M. Coquelin cadet servit dans un régiment de marche et reçut la médaille militaire pour sa belle conduite devant l'ennemi, à Buzenval. En 1874, ne pouvant réussir à se faire admettre comme socié taire, M. Coquelin cadet quitta la Comédie française et obtint un engagement aux Variétés. En 1876, il rentrait toutefois à la Comédie française, où il eut du reste de très beaux succès, dans les rôles de son emploi, du répertoire classique particulièrement, et aussi dans les rôles comiques du nouveau répertoire, tels que celui d'Isidore du *Testament de César Girodot*; d'Ulrich, dans le *Sphynx*; de Frippesauce, dans *Tabarin*; de Frédéric, dans l'*Ami Fritz*, etc. — M. Coquelin Cadet s'est fait, en outre, une spécialité de l'interprétation de monologues, de saynètes cocasses, dont c'est lui l'auteur bien souvent, et qui font la joie des salons, salles de conférences, réunions littéraires, etc., où il consent à paraître, et il y consent facilement. On lui doit, en outre, le *Livre des convalescents (1855)*. Il a d'ailleurs collaboré à divers journaux, au *Figaro* et à son supplément, par exemple.

CORBON, CLAUDE ANTHIME, homme politique français, sénateur, né à Arbigny-sous-Varennes (Haute-Marne) le 23 décembre 1808. Fils d'ouvriers, il entrait dès l'âge de sept ans dans une manufacture où il fut employé comme rattacheur de fils. Venu de bonne heure à Paris, il y devint compositeur typographe, s'occupa de suppléer par l'étude à l'instruction qui lui manquait, à quoi il réussit fort bien, et devint sculpteur sur bois. En 1840, il fondait le journal l'*Atelier*, avec le concours de quelques camarades instruits. Il prit bientôt la direction et lui donna cette couleur particulière empruntée aux doctrines de Buchez qui, d'ancien *carbonaro*, était devenu catholique libéral, et avait fondé une sorte d'école aux vues nuageuses et mystiques, absolument vagues par prétention à trop de largeur et qui n'a jamais eu qu'un fort petit nombre de disciples. M. Corbon dut à sa position de directeur de l'*Atelier* d'entrer, en février 1848, au gouvernement provisoire, en qualité de secrétaire. Il mit dès lors son journal au service du parti modéré ou « modérateur » suivant le jargon du temps; c'est-à-dire qu'il combattit les démocrates avancés, les socialistes, au profit de la politique du *National*. Élu représentant de la Seine à la Constituante par la bourgeoisie, il fut choisi comme vice-président de l'Assemblée par la majorité, laquelle se faisait une espèce de malin plaisir à opposer cet ouvrier honnête, laborieux, instruit, arrivé, aux « hommes du Luxembourg ». M. Corbon, qui n'était pas orateur, brillait bien plus au fauteuil présidentiel qu'à la tribune. Il vota constamment avec le parti modéré, — du moins dans tous les cas où quelque question importante ne mettait pas en désarroi les votes de ce parti. Par exemple, M. Corbon, vota la loi *sur les attroupements* présentée par Marie le 7 juin, et qui eut contre elle beaucoup de gens plus modérés; en revanche, il fit partie de la majorité qui repoussa l'amendement Grévy, en bonne compagnie d'ailleurs. Le 23 juin, M. Corbon fut un de ceux qui tentèrent de s'opposer à la suppression immédiate des ateliers nationaux, proposée par M. de Falloux, l'apologiste de l'Inquisition et de la Saint-Barthélemy, impatient de voir éclater l'insurrection. Mais il était trop tard. Après le 10 décembre, M. Corbon se rapprocha de la gauche; mais trop tard encore. Il ne fut pas réélu à la Législative. Le 2 décembre l'éloigna définitivement de la vie politique, et il reprit courageusement le ciseau et la gouge. Il est devenu, vers 1863, collaborateur du *Siècle*, auquel il a donné quelques articles philosophiques et des études sur les *Hommes de 1848* fort intéressantes, dans lesquelles perce une sympathie réelle pour des hommes qu'il avait autrefois combattus. Après la révolution du 4 septembre, M. Corbon fut nommé maire du XVe arrondissement de Paris, nomination qui fut confirmée par le vote du 5 novembre suivant, bien qu'il eût pour concurrent Victor Hugo : mais il est juste de dire que l'illustre poète avait décliné cette candidature. Il donna sa démission à l'armistice, fit partie de la « ligue des droits de Paris » qui, au commencement de la Commune, fit de courageux mais inutiles efforts pour prévenir la lutte. Candidat aux élections du 8 février 1871, dans le département de la Seine, il échoua; mais il fut élu aux élections complémentaires du 2 juillet suivant et alla siéger à l'extrême gauche. A l'Assemblée, M. Corbon a pris la parole contre M. Dufaure sur l'Internationale, qu'il déclara inutile et dangereuse, contre l'érection de l'église du Sacré-Cœur sur la butte Montmartre; enfin il a appuyé la demande de crédit pour l'envoi d'ouvriers à l'Exposition de Vienne. Il a été élu sénateur inamovible, le 15 décembre 1875. M. Corbon est questeur du Sénat. Il a voté l'expulsion des princes. — On lui doit: *De l'enseignement professionnel (1859)*; le *Secret du peuple de Paris (1863)*, outre les articles signalés. Ses opinions politiques et philosophiques se sont modifiées d'une manière sensible;

nous l'avons indiqué, à propos de ses études sur les *Hommes de 1848*, pour la politique. Quant à la philosophie, nous dirons seulement que l'ancien directeur de l'*Atelier*, si amèrement antivoltairien en 1848, a fait partie de la Commission chargée de l'emploi des fonds de la souscription du *Siècle* pour élever une statue à Voltaire.

CORBOULD, EDWARD HENRY, peintre anglais, né à Londres le 5 décembre 1815, est fils et petit-fils de peintres distingués. Ambitieux de se distinguer lui-même dans cet art, il peignait pour son début une *Chute de Phaéton*, pour laquelle il obtint la médaille d'or d'Isis de la Société des arts, en 1834. Il obtint le même prix l'année suivante, avec un *Saint Georges et le Dragon*, et une grande médaille d'or, en 1836, pour une *Course de chars*, inspirée d'Homère. Il exposa à l'Académie royale et à la Galerie de la Société des artistes anglais quelques toiles, la plupart inspirées de la *Reine des fées*, de Spencer, et se voua ensuite définitivement à l'aquarelle. Ses premières grandes compositions en ce genre sont : la *Réunion des pèlerins de Canterbury à l'auberge Tabard, Southwark*; la *Femme adultère*, le *Tournoi d'Eglington, Sous la Rose, Salomé dansant devant Hérode*, la *Peste de Londres*, le *Baptême d'Ethelbert, Guillaume d'Eynesham racontant la victoire de Towton Field, Scène du « Prophète »*, *Florette de Nérac, le premier amour de Henri IV de France*, *l'Entrée de l'Enfant-roi à Londres après son sacre à Paris*, la *Destruction des idoles, à Bâle*, etc. De 1851 à 1872, M. Corbould remplit les fonctions de précepteur de peinture historique dans la famille royale, lesquelles furent longtemps une sinécure, et finirent par lui échapper, faute d'élèves. M. Corbould a envoyé à l'Exposition universelle de Paris, en 1855, trois aquarelles; et à celle de 1867, une toile : la *Mort d'Arthur*, inspirée de Tennyson, achetée en 1864 par la reine pour la princesse Louise, et généralement considérée comme son meilleur ouvrage.

CORCELLES (de) CLAUDE FRANÇOIS PHILIBERT TIRCUIR, diplomate français, né à Marcilly-d'Azergue (Rhône), le 27 juin 1802. Son père, député sous la Restauration et la monarchie de Juillet faisait partie, sous ces deux gouvernements, de l'extrême gauche. En 1836, M. de Corcelles fut élu député par l'arrondissement de Sécz, et siégea avec les libéraux indépendants. Élu à la Constituante par le département de l'Orne, après la révolution de 1848, il soutint l'élu du Dix décembre avec une fermeté d'autant plus grande que l'expédition de Rome, en flattant ses sentiments de fervent catholique, lui rendait plus sympathique. Il fut envoyé à Rome et désavoua, au nom du gouvernement français, le traité conclu par M. Ferdinand de Lesseps avec les triumvirs, et depuis la prise de Rome par les troupes françaises, il prit une part très active au rétablissement du gouvernement pontifical. Aux élections pour l'Assemblée législative, M. de Corcelles fut réélu représentant; il y siégea, comme à la Constituante, à droite; mais il ne tarda pas à rompre avec l'Élysée, et se retira de la vie publique après le coup d'État de décembre 1851, pour n'y plus rentrer qu'après la chute de l'empire. Aux élections du 8 février 1871, M. de Corcelles fut élu membre de l'Assemblée nationale par le département du Nord et prit place à l'extrême droite, avec laquelle il a constamment voté toutes les propositions réactionnaires aussi bien économiques que purement politiques. Nommé, le 12 janvier 1873, ambassadeur de la République française auprès du Saint-Siège. M. de Corcelles a donné sa démission de ce poste le 25 octobre 1876.

CORDEBO (chevalier), ANDREA, auteur dramatique italien, d'une famille patricienne distinguée, né à Modène en 1821, fit ses études au Collège des nobles de sa ville natale, d'où, entré en 1831, il sortit en 1841. Il publia aussitôt un volume de vers: *I Miei studi poetici*, dans lequel plusieurs pièces furent remarquées, notamment celle ayant pour titre : *Mia madre non è più* (ma mère n'est plus) et le sonnet, au milieu d'autres également dignes d'être cités, intitulé : *Una Morta*. Mais bientôt retentit un cri de guerre qui lui fit abandonner la plume pour l'épée ; il entra dans les rangs de l'armée piémontaise, où il servit comme officier des bersaliers et s'acquit une réputation de courage civil autant que militaire. Le thermomètre politique s'étant tout à coup abaissé à bas, le chevalier Cordebo donna sa démission d'officier et se mit à écrire pour le théâtre. Il commença par des livrets d'opéra, entre autres, pour laquelle, quelques bons ouvrages : *Camoëns, Stradella*, etc. ; quelques bons ouvrages : *Camoëns, Stradella*, etc. ; *Arturo, Onta per Onta, l'Avventuriero*, etc. Mais il y eut peu de réussite, et put se convaincre que le temps n'était plus où le spectateur aimait à pleurer ou à s'échauffer le sang au spectacle des misères ou des crimes de l'humanité. Il aborda en conséquence un genre bien différent, un genre dont il fut l'introducteur sur la scène italienne, le genre de la comédie satirique, qui rit de tout et de tous et ne combat les mœurs qu'avec une sorte d'arme : le ridicule. Nous citerons parmi les pièces du chevalier Cordeho qui appartiennent à cette catégorie : *I Dramm. francesi*, la *Mascherata*, *Otello*, *l'Accademia*, *Gli Zuavii Miss Ella*, la *Contradanza*, etc.

CORDELET, Louis Auguste, homme politique français, né le 17 janvier 1834 à Perigné-l'Évêque (Sarthe). Avocat, ancien suppléant de juge de paix, M. Cordelet est devenu, en 1878, président du Conseil général de la Sarthe, où il représente le 3e canton du Mans depuis 1874, et maire de cette ville. Après avoir échoué aux élections de 1876 pour la Chambre des députés, contre le député inamovible de la 2e circonscription du Mans, feu M. Haentjens, M. Cordelet fut élu sénateur de la Sarthe au renouvellement partiel du 8 janvier 1882, et le premier sur la liste. Il a pris place à gauche, et, dans la question des princes, venue devant le Sénat le 22 juin 1886, il a voté l'expulsion. — M. Cordelet a été décoré de la Légion d'honneur en juin 1880.

CORDIER, Alphonse Stanislas, industriel et homme politique français, sénateur, né à Ecouché (Orne) le 27 février 1820 ; il fit ses études au collège de Lisieux. Venu à Paris en 1838, comme commis dans une maison de tissus, il s'associa en 1845 à un chimiste et prit la direction d'une manufacture de toiles peintes, près de Rouen. Membre de la Société libre du commerce et de l'industrie en 1850, il en devint vice-président dès 1851, fut élu, en 1857, membre et peu après secrétaire de la Chambre de commerce de la Seine-Inférieure, et en 1869, conseiller municipal de Rouen. — Aux élections du 8 février 1871, M. Cordier fut le représentant de la Seine-Inférieure à l'Assemblée nationale, le troisième sur seize ; il prit place au centre gauche et fut l'un des vice-présidents de la réunion de ce groupe parlementaire. Au renouvellement des conseils généraux, le 8 octobre 1871, M. Cordier a été élu membre de celui de la Seine-Inférieure. Républicain conservateur en politique, en économie il est partisan du système prohibitionniste comme M. Pouyer-Quertier, quoique n'ayant pas les mêmes raisons que celui-ci, et comme M. Thiers, qui l'a, en conséquence, choisi pour diverses missions en Alsace ayant pour objet l'industrie dont il est l'un des représentants les plus distingués. M. Cordier a été élu, le 10 décembre 1875, sénateur inamovible. Il a voté l'expulsion des princes. — On lui doit : *Exposition universelle de 1855*, avec MM. J. Girardin et Burel (1855), *Étude sur les industries textiles du Nord (1860)*; *Rapport sur la crise cotonnière (1864)*; *Étude et enquête sur les industries de la Seine-Inférieure (1869)*; diverses brochures sur des questions d'industrie, de finance, d'agriculture, de colonisation, etc. — M. Cordier est membre du Conseil supérieur du commerce, de l'agriculture et de l'industrie ; il a fait partie de la Commission des Expositions internationales créée par décret du 30 décembre 1871, du jury international de l'Exposition de Vienne (5e groupe : *Industrie des matières textiles*, etc.) en 1873 et de celui de l'Exposition universelle de 1878. Chevalier de la Légion d'honneur depuis 1855, M. Cordier a été promu officier le 20 octobre 1878.

CORDIER, Henri Joseph Charles, sculpteur français, né à Cambrai le 19 octobre 1827. Il vint à Paris où il entra, en 1845, à l'École des Beaux-Arts et fut élève de Fauginet et de Rude. Il débuta au Salon de 1848, et fit ensuite un voyage en Afrique, aux frais du gouvernement, avec mission d'étudier les types des races humaines habitant ces contrées. On a de cet artiste : le buste de *Saïd Abdallah* ; la *Vénus africaine* ; *Époux chinois* ; *Types nègres et mongols* (reparus à l'Exp. univ. de 1855) ; une *Tête de Vierge* ; le buste du *Lieutenant E. Cordier*, son frère ; le *Maréchal Randon* et *Madame Randon* ; douze bustes d'*Algériens (1857)* ; *Amphitrite*, groupe plâtre ; statue du *Maréchal Gérard*, pour la ville de Verdun (inaugurée en 1856) ; la *Bella Gallinara*, statue marbre ; la *Caprese*, buste marbre et bronze ; un *Palicare grec* ; *Amphitrite*, statue marbre ; l'*Impératrice*, buste ; une *Juive d'Alger*, buste, bronze émaillé ; une *Mulâtresse* ; une *Femme arabe* ; une *Femme du Transtevère* ; un *Fellah du Caire*, *Portrait du général Fleury*, buste (Exp. univ. 1867) ; *Cheik arabe d'Égypte*, buste, bronze ; *Fontaine égyptienne*, plâtre (1869) ; *Fraternité*, groupe, marbre ; *Fellah lampadaire*, bronze, marbre et onyx (1870) ; *Ibrahim Pacha*, vice-roi d'Égypte, statue équestre, bronze (1872) : l'*Harmonie*, la *Poésie* ; *Triton et Néréide*, groupe, plâtre, e

Portrait de Madame B..., buste, marbre (1873) ; *Prêtresse d'Isis jouant de la harpe*, bronze émaillé (1874) ; *Christophe Colomb*, réduction onyx mexicain et argent d'un monument élevé à Mexico, et un buste en marbre : *Portrait de M. A. Violet (1876)* ; *Psyché*, statuette, marbre (1877) ; deux bustes d'*Esquimaux*, homme et femme (1878) ; *Ariane abandonnée*, statuette en marbre et un *Portrait de femme*, buste, marbre (1883) ; *Romaine*, buste en marbre ; *Marraine et bébé*, groupe en marbre (1884) ; *Portrait de Mme Cordier*, médaillon en marbre, et un autre médaillon (1885) ; le *Vice-amiral Courbet*, buste en marbre, pour le musée de Versailles (1886), etc. — M. Cordier a obtenu une 3e médaille en 1851, une 2e en 1853 et le rappel en 1857 ; il a été décoré de la Légion d'honneur le 15 août 1860.

CORDIER, Julien, homme politique français, né à Toul le 16 février 1844. Reçu licencié en droit, il se fit inscrire au barreau de Nancy, devint conseiller municipal de Toul en 1874 et conseiller général de Meurthe-et-Moselle, pour le canton de Domèvre, en 1877. Il fut élu, enfin, député de Meurthe-et-Moselle le 4 octobre 1885, avec toute la liste républicaine. M. J. Cordier collaborait, sous l'empire, au journal d'opposition démocratique intitulé *Journal de la Meurthe et des Vosges* ; depuis, il a donné des articles au *Courrier de Meurthe-et-Moselle* ; il a aussi publié quelques brochures de circonstance, telles que : *Lettre à un monarchiste (1874)*; les *Élections sénatoriales (1875)*; les *Trois cent soixante-trois devant le suffrage universel (1877)*. — Il a voté l'expulsion des princes.

CORELLI, Pietro, auteur dramatique et romancier italien, né à Casale, province de Montferrat, le 27 avril 1820. Dès l'âge de quinze ans, c'est-à-dire en 1835, il faisait représenter sur le théâtre de sa ville natale, par la compagnie Verguano, une tragédie intitulée : *Dirce*, qui réussit pleinement, et valut au jeune auteur l'amitié de Silvio Pellico, pour lors de passage à Casale. En 1841, il fit représenter à Turin une nouvelle tragédie : *Rosmonda*, laquelle obtint assez de succès pour être reprise presque aussitôt à Venise et à Florence. Ensuite, furent jouées, par la Compagnie royale sarde, de 1842 à 1844, les tragédies suivantes du même auteur : *I Correggeschi di Parma*, *Alvise Pisano*, *Tancredi* et *Corrado di Monferrato*, représentées dans plusieurs des principales villes d'Italie successivement. L'*Alvise Pisano* fut même jouée, par une exception presque unique, au Théâtre-Royal de Turin, au carnaval de 1843, sur les instances de la duchesse Marie-Adélaïde de Savoie, qui y fit appeler auteur et acteurs dans ce but. M. Corelli donna en 1848 une nouvelle tragédie, dont l'épopée dantesque lui avait fourni le sujet ; titre : *Farinata degli Uberti* ; puis, en 1860, un drame : *La Rivoluzione di Napoli del 1799*, joué par la compagnie Morelli, au théâtre Carignan (Turin). Nous citerons encore, parmi les œuvres dramatiques de cet auteur : *Lodovico il Moro*, *Luigia de La Vallière*, *Oliviero Cromwell*, *Caterina dei Medici* o la *Notte di san Bartolomeo*, *Il Conte Verde*, *Molière* e il suo *Tartufo*, *La Cortigiana di Robespierre*, etc. On doit en outre à M. P. Corelli un certain nombre de romans d'histoire ou de mœurs, parmi lesquels nous devons citer : *Oliviero Capello*, *Fra Girolamo Savonarola*, *Emanuele Filiberto*, *Carlo Emanuele I*, *Vittorio Amedeo II*, ces quatre derniers réunis sous le titre général : *Du San-Quintino ad Oporto*. Ajoutons encore : *Gli Eroi di Casa Savoia*, ouvrage orné de gravures ; la *Povera Donna*, roman intime ; un grand nombre de nouvelles, légendes nationales, articles, poésies, etc.

CORMON, Pierre Étienne Piestre, dit Eugène Cormon (Cormon est le nom de sa famille maternelle), auteur dramatique français, né à Lyon, le 5 mai 1811. Venu de bonne heure à Paris, il débutait au théâtre dès 1832. A quelques rares exceptions près, il a toujours écrit en collaboration avec des auteurs dramatiques en renom, notamment avec MM. Grangé, Dennery, Laurencin, Lockroy, Michel Carré, Raymond Deslandes, etc., ou de jeunes auteurs dont il s'agissait de faciliter les débuts, les nombreuses pièces, drames, comédies, vaudevilles et librettos qu'il n'a cessé de produire à la scène depuis plus d'un demi-siècle. — Nous citerons parmi les plus connus : les *Faussaires anglais (1833)* ; les *Gueux de mer (1835)* ; le *Vagabond (1836)* ; le *Pensionnat de Montereau* (même année) ; *Raphaël ou les mauvais conseils (1838)* ; *Paul et Virginie (1841)* ; *Paris la nuit (1842)* ; le *Canal Saint-Martin (1845)* ; *Corneille et Rotrou* (Français, 1845) ; un *Mari qui se dérange (1846)* ; *Philippe II, roi d'Espagne (1846)* ; *Gastibelza*, opéra comique (1847) ; les *Paysans*, drame (1847) ; le *Moulin des Tilleuls (1849)* ; la *Ferme de Primerose (1851)* ; *Paris qui pleure et Paris qui rit (1852)* ; la *Foire aux plaisirs*

(1855); le *Billet de faveur (1856)*; *Don Pedro*, opéra comique *(1857)* ; les *Crochets du Père Martin (1858)* ; les *Ducs de Normandie*, drame historique *(1859)* ; le *Château Trompette*, opéra comique (1860); les *Dragons de Villars*, opéra comique ; les *Pêcheurs de Catane*, drame lyrique (1861); *Jocrisse*, opéra comique (1862); les *Pêcheurs de perles*, opéra comique (1863); le *Docteur Magnus*, opéra (1864); *Lara*, opéra comique (1865); le *Trésor de Pierrot*, opéra comique (1865); *José Maria*, opéra comique (1866); *Robinson Crusoé*, opéra comique (1867); les *Bleuets*, opéra comique (1868); *Mme Turlupin*, opéra comique (Athénée, 1872); les *Deux Orphelines*, drame (Porte-Saint-Martin, 1874); la *Filleule du Roi*, opéra comique (Renaissance, 1875); le *Carosse du Gouverneur*, opéra comique en 3 actes; *Gazouillette*, opérette, 1 acte; *Pierre*, vaudeville (1877), etc. etc. M. Cormon a été quelques années administrateur du Vaudeville, depuis 1874.

CORNE, Hyacinthe Marie Augustin, homme politique et littérateur français, né à Arras le 28 août 1802; il fit ses études au collège des Jésuites de Saint-Acheul, près d'Amiens, et son droit à Paris. Nommé conseiller-auditeur à la cour de Douai en 1826, il devint, en 1830, président du tribunal de première instance de cette ville. Il fut élu, en 1837, député de Cambrai, et siégea jusqu'en 1846 sur les bancs de l'opposition. Il ne fut pas réélu, et prit une part active à la campagne des banquets dans le Nord. Nommé, au lendemain de Février, procureur général à Douai, il fut appelé en la même qualité, au mois de juin suivant, à la Cour d'appel de Paris. Élu représentant du Nord à la Constituante, le second sur vingt-huit, il prit place sur les bancs de la gauche modérée, et quoique son opposition se sentît de cette modération, d'ailleurs naturelle à M. Corne, il avait remplacé comme procureur général à la Cour d'appel de Paris, par M. Baroche, le lendemain de l'élection de Louis-Napoléon à la présidence de la République. M. Corne fut réélu à la Législative par le département du Nord, mais seulement le dix-neuvième. Le Deux décembre, contre lequel il protesta à la tribune du Xe arrondissement, le rendit à la vie privée. Il n'en sortit qu'aux élections générales de 1869, peu favorables aux esprits « modérés » ; aussi y échoua-t-il. Mais, aux élections du 8 février 1871, il fut élu en tête de la liste des vingt-huit représentants du Nord à l'Assemblée nationale, et vint y prendre place au centre gauche. M. Corne a fait partie à l'Assemblée nationale de plusieurs commissions importantes, la commission des grâces, notamment; il a été président de la commission de réorganisation de la magistrature et de la commission de la presse. Il a été enfin président de la réunion du centre gauche. M. Corne a été élu sénateur inamovible, par l'Assemblée, dans sa séance du 10 décembre 1875. Il a voté contre l'expulsion des princes. — M. Corne a publié : *Essai sur la littérature considérée dans ses rapports avec la constitution politique des différents peuples (1826)* ; *Du Courage civil et de l'éducation propre à inspirer les vertus publiques (1828)*, ouvrage couronné l'année précédente au concours de la Société de morale chrétienne; *De l'éducation publique dans ses rapports avec la famille et avec l'État (1842)*; *Rapport et projet de loi sur les jeunes détenus*, présentés à l'Assemblée législative le 14 décembre 1849 *(1851)*; le *Cardinal Richelieu (1853)* ; le *Cardinal Mazarin* (même année, 2e édition 1867) ; *Lettres à Adrien (1856)*; *Marcel (1858.* 2 vol.); *Souvenirs d'un proscrit polonais (1861)*; *Education intellectuelle (1873)*, etc.

CORNEAU, Émile Joseph, industriel et homme politique français, né à Charleville le 17 août 1820. Maître de forges et fonderies, maire de Charleville, il se présenta comme candidat républicain dans l'arrondissement de Mézières, à une élection complémentaire pour la Chambre des députés, motivée par le passage de M. Gailly, et fut élu le 5 septembre 1880. Il s'inscrivit au groupe de l'Union républicaine, et fut réélu le 21 août 1881, à une énorme majorité. Le 4 octobre 1885, M. Corneau figurait sur la liste radicale, qui triompha dans les Ardennes au scrutin de ballottage. — Il a voté l'expulsion des princes.

CORNIL, André Victor, médecin et homme politique français, né à Cusset le 17 juin 1837; fit ses études médicales à Paris, devint interne des hôpitaux et prit le grade de docteur en 1864. Plusieurs fois lauréat de l'Institut et de l'Académie de médecine, il fut nommé chef de clinique en 1866, professeur agrégé de la faculté de médecine de Paris en 1869, et médecin des hôpitaux en 1871. Élu membre du Conseil général de l'Allier au mois de juin suivant, il fut nommé préfet de ce département par décret du 6 septembre 1870, mais donna sa démission le 23 du même mois. Réélu membre du Conseil général, au renouvellement de ces conseils, le 8 octobre 1871, M. Cornil en devint président peu après. Il a été du député de l'arrondissement de la Palisse, le 20 février 1876, et a pris place sur les bancs de la gauche, Réélu le 14 octobre 1877 et le 21 août 1881, M. Cornil a été élu sénateur de l'Allier au troisième renouvellement triennal, le 25 janvier 1885. — Il a voté contre l'expulsion des princes.

M. le docteur Cornil s'est surtout occupé, dans ses recherches scientifiques comme dans son enseignement, d'histologie pathologique; il a fondé, rue Christine, un laboratoire important. On lui doit : de l'*Erysipèle du pharynx (1862)*; *Mémoires sur les lésions du rein dans l'albuminurie*, sa thèse de doctorat (1864); de la *Phtisie pulmonaire*, avec M. Hérard (1867); *Manuel d'histologie pathologique*, avec M. Ranvier (1869); *Manuel d'hygiène (1872)*; les *Bactéries et leur rôle dans l'anatomie et dans l'histologie pathologique des maladies infectieuses (1885*, 2e édition 1886), etc. Il a collaboré au Dictionnaire encyclopédique des sciences médicales et à diverses autres publications spéciales, périodiques ou non. — M. le docteur Cornil est chevalier de la Légion d'honneur.

CORNU, Marie Alfred, physicien français, né à Paris le 6 mars 1841. Élève de l'École polytechnique et de l'École des mines, il reçut son diplôme d'ingénieur en 1866, et est devenu ingénieur en chef des mines de 2e classe. Professeur de physique à l'École polytechnique depuis 1867, M. Cornu a été élu membre de l'Académie des sciences, en remplacement de Becquerel père, le 3 juin 1878. M. Cornu a attiré l'attention du monde savant par ses belles expériences tendant à déterminer la vitesse de la lumière et la densité moyenne de la terre. La Société royale de Londres lui a décerné, en 1878, sa grande médaille de Rumford. — On a de ce savant: *Recherches sur la réflexion cristalline*, thèse de doctorat; *Sur un nouveau polarimètre (1870)*; *Sur le renversement des raies spectrales des vapeurs métalliques (1871)*; *Sur le spectre de l'aurore boréale du 4 février 1872 (1872)*; *Extension des résultats au mode mineur (1873)*, et divers mémoires sur l'optique, l'acoustique, etc., insérés au Journal de l'École polytechnique et aux Comptes rendus de l'Académie des sciences. — M. Cornu est officier de la Légion d'honneur depuis le 10 décembre 1884.

CORNUAU, Charles Jules, administrateur et homme politique français, né à Saint-Amand-du-Cher le 16 septembre 1822. Ses études à peine terminées, il débuta dans la carrière administrative, comme chef de cabinet du préfet de l'Indre, en 1839, devint successivement chef de division à la préfecture de la Manche en 1843, sous-préfet de Château-Gonthier en 1849, secrétaire général de la Loire-Inférieure en 1853 et préfet des Landes le 30 octobre 1854. Nommé secrétaire général du ministère de l'intérieur, sous le général Espinasse, le 7 février 1858 et, le 7 novembre suivant, conseiller d'État en service ordinaire hors sections, il fut nommé, au retour aux affaires de M. de Persigny (14 décembre 1860), préfet de la Somme et conseiller d'État en service extraordinaire. Lors de l'épidémie cholérique qui sévit en 1866 à Amiens, le préfet de la Somme et surtout Mme Cornuau, firent preuve d'un véritable dévouement pour les victimes du fléau, et sans doute beaucoup de ses anciens administrés en ont conservé le souvenir. En tout cas, M. Cornuau en fut récompensé par le cordon de grand officier de la Légion d'honneur. Nommé préfet de Seine-et-Oise, le 30 janvier 1869, la révolution du 4 septembre 1870 a éloigné M. Cornuau de la vie publique. Il essaya pourtant d'y rentrer à la faveur d'une élection complémentaire à l'Assemblée nationale, ouverte dans la Somme, pour pourvoir au remplacement de M. Dauphin, démissionnaire, et qui eut lieu le 9 juin 1872; mais il échoua contre le candidat républicain, M. Jules Barni.

CORNULIER (marquis de), Gaston Charles Joseph, homme politique français, né en 1825. Grand propriétaire agriculteur, éleveur de chevaux, dans le Calvados, l'un des fondateurs et le président de la Société d'encouragement pour l'élève du demi-sang. M. le marquis de Cornulier était porté, aux élections d'octobre 1885, sur la liste monarchique, qui triompha tout entière dans le Calvados.

CORNULIER-LUCINIÈRE (comte de), Alphonse Jean Claude René Théodore, amiral français, frère puîné du sénateur mort au commencement de 1886, né à Lucinière (Loire-Inférieure) le 16 février 1811. Il entra dans la marine en 1827, servit dans l'escadre de la Méditerranée, puis dans les mers du Sud, et prit part à l'expédition du Tage en 1831. En 1832, il faisait partie du détachement de marins qui s'emparèrent de la Casbah de

Bône, et reçut la croix de la Légion d'honneur pour sa belle conduite dans cette affaire. Nommé enseigne de vaisseau le 1ᵉʳ janvier 1833, il participa aux diverses expéditions entreprises sur la côte algérienne (1833-34), fit partie d'une expédition en Islande et au Groënland (1836), d'une autre dans l'Inde (1838-39) et fut promu lieutenant de vaisseau en 1840. Employé dans diverses stations et croisières dans l'intervalle, il était nommé capitaine de frégate le 2 décembre 1852. Appelé au commandement de la frégate le *Sané* dans la mer Noire, lors de la guerre d'Orient, il prit ensuite celui de la batterie cuirassée la *Lave*, avec laquelle il coopéra à l'attaque de Kinburn, et fut promu capitaine de vaisseau le 1ᵉʳ décembre 1855. M. de Cornulier-Lucinière servit ensuite dans les mers du Sud comme commandant de la *Galathée*. Adjoint au Conseil d'amirauté à son retour en France, il fut promu contre-amiral le 4 mars 1868 et nommé inspecteur général des équipages de la flotte à Cherbourg, Lorient et Rochefort, et préfet maritime provisoire à Cherbourg. Il fut, en 1869, commandant en chef en Chine et au Japon, puis gouverneur intérimaire de la Cochinchine en 1870. En cette qualité, il eut à négocier avec le roi de Siam et l'empereur d'Annam au nom de la colonie et réussit au mieux de ses intérêts; il mit, en outre, lors de la guerre de 1870-71, les côtes et les rivières de la Cochinchine en état de défense et inquiéta, autant qu'il le put, le trafic allemand dans ces contrées. — Rentré en France au commencement de 1871, M. le contre-amiral de Cornulier-Lucinière fut nommé grand officier de la Légion d'honneur le 14 mai. Il est, en outre, grand officier de l'ordre du Cambodge et de l'Éléphant blanc de Siam, commandeur de l'ordre de Pie IX, officier de l'ordre de la Tour et l'Épée de Portugal, et décoré du Medjidié (4ᵉ classe). — Nommé maire de Nantes par le gouvernement du 24 mai, M. l'amiral de Cornulier-Lucinière a donné sa démission à la suite des élections municipales suivantes, favorables à l'opinion républicaine.

CORRAL, Casimiro, homme politique et diplomate bolivien, né à la Paz le 4 mars 1831, y fit ses études et prit le grade de docteur en droit à l'université de cette ville en 1858, ayant déjà professé les mathématiques et les sciences naturelles dans diverses institutions et collaboré, en 1855 et 1856, à divers journaux. Secrétaire du conseil d'État de Bolivie sous l'administration du docteur Linarès, il protesta contre le coup d'État du 20 octobre 1861 et la massacre qui s'ensuivit, et finit par s'enrôler parmi les révolutionnaires, en 1862. Il prit part dans leurs rangs à la bataille de San Juan, et combattit avec courage derrière les barricades de la Paz. Cette double tentative ayant échoué, le docteur Corral se réfugia au Pérou; il s'établit à Lima et y fonda le *Mercurio*, feuille libérale, collaborant en même temps à diverses revues de cette ville. Lorsqu'éclata la révolution de 1865, contre Melgasajo, le docteur Corral retourna en Bolivie; les insurgés le nommèrent préfet de la Paz qui, grâce à son courage et à son abnégation, fut sauvée du pillage. Après l'avortement de l'insurrection, Melgasajo, qui connaissait sa conduite, chercha à se l'attacher et lui offrit le portefeuille du Trésor, qu'il refusa, mais il accepta le poste de juge à la Cour de justice. Lors de l'incroyable agression de l'Espagne, l'alliance contre cette puissance ayant été décidée, le docteur Corral fut envoyé comme ministre plénipotentiaire de la République de l'Équateur, y représentant à la fois la Bolivie et le Pérou. Après la conclusion de la paix (1868), mécontent du despotisme toujours croissant de Melgasajo, il donna sa démission et travailla activement à en affranchir son pays, à quoi il parvint enfin, après une longue campagne, le 15 janvier 1871. L'Assemblée constituante de 1871 lui vota des remerciements, et il accepta le portefeuille des affaires étrangères sous le gouvernement du général Moralès; il le conserva, après la mort de celui-ci, sous l'administration de Frias, mais ne tarda pas à donner sa démission pour prendre la direction du parti démocratique civil, qui le pressait de préparer sa candidature à la présidence de la République. Ayant échoué dans cette campagne aventureuse, il fut nommé ministre plénipotentiaire près la république de l'Équateur. Il est actuellement (1886) ambassadeur de la république de Bolivie à Washington.

CORVO Y CAMOENS, João de Andrade, écrivain et diplomate portugais, pair du royaume, est né à Torrès-Novas, dans l'Estramadure, le 30 janvier 1824. Il fit ses études à Lisbonne, entra à l'École royale du génie, d'où il sortit lieutenant en 1843, et suivit en même temps les cours de l'École de médecine. Il entra alors dans l'enseignement, devint professeur de botanique et d'économie rurale dans les grandes institutions d'enseignement de l'État, et fut élu membre de l'Académie de Lisbonne en 1855. La même année, il faisait partie du jury international de l'Exposition universelle de Paris, fonctions qu'il a remplies de nouveau aux expositions suivantes. M. de Andrade Corvo a été, en outre, chargé de missions scientifiques à l'étranger. Il a publié divers mémoires dans le recueil de l'Académie de Lisbonne, notamment: *Memoria sobre doença das vinhas na Madeira*; et publié à part: *Relatorio sobre a Exposição universal de Paris (Agricultura); Estudó economico y higienico sobre a cultura do arroz; Um anno na corte*, roman historique, etc. Il a également fourni au théâtre: *D. Maria Telles* et *O Astrologo*, drames; *Um conto ao serão*, comédie, etc. — M. de Andrade Corvo a été nommé envoyé extraordinaire et ministre plénipotentiaire du roi de Portugal près la République française, le 27 juillet 1883. Il est correspondant de l'Académie des sciences (section d'économie rurale), et grand'croix de la Légion d'honneur.

COSSON, Ernest Saint-Charles, médecin et botaniste français, né à Paris le 22 juillet 1819. Élève de Richard, d'Adrien de Jussieu et de Brongniard, en même temps qu'il étudiait la botanique avec une assiduité particulière, M. Cosson suivait les cours de l'École de médecine et se faisait recevoir docteur en 1847. Établi dans le VIIᵉ arrondissement de Paris, il y remplit, de 1847 à 1850, les fonctions gratuites de médecin du bureau de bienfaisance; fut attaché, en 1851, à la Commission scientifique de l'Algérie et fit dans notre colonie, de 1852 à 1861, six voyages d'exploration scientifique, grâce auxquels on connaît maintenant la flore et les lois qui président à la distribution des végétaux dans les diverses régions de l'Algérie. Membre de la Société botanique de France, il en a été, depuis 1854, secrétaire, vice-président et enfin président; il est en outre membre de la Société philomatique, de la Société de géographie, membre du conseil d'administration de la Société d'acclimatation, etc.; et a été élu à l'Académie des sciences en mars 1873, en remplacement du maréchal Vaillant. Il a été membre du Conseil général du Loiret, de 1869 à décembre 1870, pour le canton de Ferrières. — On doit à ce savant: *Observations sur quelques plantes critiques des environs de Paris*, avec M. E. Germain de Saint-Pierre (1840); et avec le même collaborateur: *Flore descriptive et analytique des environs de Paris (1840); Synopsis de la Flore des environs de Paris*, destiné aux herborisations, etc. (1842); *Supplément au Catalogue raisonné des plantes vasculaires des environs de Paris (1845)*; Avec M. L. Krakli: *Sertulum tunetatum, notes sur quelques plantes du sud de la Régence de Tunis (1847).* Viennent ensuite, après ses *Notes sur quelques plantes exotiques, rares ou nouvelles*, et *Additions à la Flore des environs de Paris*, publiées en 1849, ses importants travaux sur l'Algérie: *Rapport sur un voyage botanique en Algérie, d'Oran au Chott-el-Chergui (1853); Rapport sur un voyage botanique en Algérie, de Philippeville à Biskra et dans les monts Aurès (1856); Itinéraire d'un voyage botanique en Algérie, dans le sud des provinces d'Oran et d'Alger (1857); Considérations générales sur le Sahara algérien et ses cultures (1859); Flore de l'Algérie (1867);* un ouvrage considérable sur la flore de l'Algérie, de Tunis et du Maroc: *Sylloge Floræ Algeriensis*, etc. Il a collaboré aux *Annales des sciences naturelles*, au *Bulletin de la Société botanique de France*, au *Bulletin mensuel de la Société d'acclimatation* et aux publications des mêmes sociétés savantes dont il fait partie. — M. Cosson a été promu officier de la Légion d'honneur le 12 juillet 1880.

COULLIÉ, Pierre Hector, prélat français, né à Paris le 14 octobre 1829. Après avoir terminé ses études au séminaire de Saint-Sulpice, il fut ordonné prêtre et nommé vicaire à Sainte-Marguerite, d'où il passa à Saint-Eustache, puis à Notre-Dame-des-Victoires. En 1874, M. l'abbé Coullié était nommé promoteur du diocèse de Paris, en remplacement de M. l'abbé d'Hulst; puis il devint chanoine de Nancy et de Saint-Dié. Nommé archevêque de Sidonie *in partibus infidelium* et coadjuteur de l'évêque d'Orléans, le 23 août 1876, il fut préconisé le 29 septembre et sacré à Notre-Dame de Paris le 19 novembre. Il a été nommé évêque d'Orléans, en remplacement du célèbre M. Dupanloup, décédé la veille, le 12 octobre 1878.

COURCELLE-SENEUIL, Jean Gustave, économiste français, né à Seneuil (Dordogne) le 22 décembre 1813. D'abord négociant, il abandonna les affaires pour se livrer entièrement à l'étude de l'économie politique, et collabora dès lors à divers journaux ou publications périodiques: le *National*, la *Réforme*, le *Bon* sens, le *Droit*, la *Revue républicaine*, la *Semaine*, la *République*, le *Temps*, etc.; ainsi qu'au *Dictionnaire politique* de Pagnerre et au *Dictionnaire de l'économie politique*. Nommé directeur des domaines au ministère des finances, après la révolution de février, il abandonna ce poste peu après, et fut chargé d'une mission en Angleterre. Il occupa ensuite la chaire d'économie politique à l'Institut national de Santiago de Chili, mais il donna sa démission, après quelque temps d'exercice et revint en France. M. Courcelle-Seneuil a été nommé conseiller d'État en 1879. Il a été nommé depuis maître d'une conférence d'économie politique à l'École normale supérieure et élu membre de l'Académie des sciences morales et politiques (section d'économie politique). — Il est chevalier de la Légion d'honneur. — On a de M. Courcelle-Seneuil: *Lettres à Édouard sur les révolutions (1833)*; le *Crédit, la banque*, etc. (1840); *Traité théorique et pratique sur les opérations de banque (1852)*; *Traité... des entreprises commerciales, industrielles et agricoles (1854)*; *Traité... d'économie politique (1858, 2 vol.)*; *Études sur la science sociale (1862)*; *Leçons élémentaires d'économie polititique (1864)*; *Agression de l'Espagne contre le Chili (1866)*; la *Banque libre (1867)*; *Liberté et socialisme (1868)*; l'*Héritage de la Révolution*, etc.; outre ses articles au *Dictionnaire de l'économie politique*, etc.

COUSIN, JULES, littérateur français, né à Paris le 4 mars 1830, y fit ses études et entra, en 1856, à la bibliothèque de l'Arsenal; devenu conservateur, il se retira en 1870 et fut nommé conservateur honoraire. Chargé de reconstituer la bibliothèque de la ville de Paris, incendiée pendant la Commune, M. J. Cousin offrit sa propre collection, formée de 6,000 volumes et plus de 8,000 estampes concernant spécialement l'histoire de Paris, et s'occupa aussitôt d'installer la nouvelle bibliothèque municipale, augmentée de dons sollicités de toutes parts, dans l'hôtel Carnavalet, ancienne résidence de Mme de Sévigné. Il en a été nommé conservateur. M. Jules Cousin est l'un des fondateurs de la Société de l'Histoire de Paris. — On lui doit: l'*Hôtel de Beauvais*, la *Cour du Dragon*, le *Tombeau de Watteau à Nogent-sur-Marne (1865)*; le *Comte de Clermont, sa cour et ses maîtres (1867, 2 vol.)*, etc., outre des notices et articles publiés dans diverses revues. — M. J. Cousin est membre de la Commission de l'inventaire général des richesses d'art de la France. Il est chevalier de la Légion d'honneur.

COUSSET, CAMILLE, homme politique français, né à Chambon (Creuse) en 1833. Fils d'un proscrit de décembre réfugié à Chambéry, c'est au barreau de cette ville que M. Cousset voulut se faire inscrire aussitôt sa licence obtenue. Nommé procureur de la République après le 4 septembre 1870, il fut révoqué après la Commune, sans doute par défaut de complaisance, et reprit sa place au barreau de Chambéry. Il fonda à cette époque, avec le docteur Carret, son collègue à la Chambre, la *Savoie républicaine*. Après un court passage dans sa ville natale, M. Cousset alla s'établir à Limoges, où il parut comme défenseur dans plusieurs procès de presse. — Il a été élu député de la Creuse, sur la liste radicale, au scrutin du 18 octobre 1885, et a pris place à l'extrême gauche. Il a voté l'expulsion totale des princes.

COUTURIER, HENRI JEAN-BAPTISTE, médecin et homme politique français, né à Vienne (Isère) le 17 juillet 1813. Reçu docteur en 1841, il s'établit dans sa ville natale. Il était vice-président du Conseil général de l'Isère, lorsqu'il fut élu député de la 2e conscription de Vienne le 20 février 1876, il s'inscrivit au groupe de l'Union républicaine, et fut réélu le 14 octobre 1877 et le 21 août 1881. — Il a été élu sénateur de l'Isère, en remplacement de M. Michal-Ladichère, décédé, le 25 janvier 1885. M. Couturier a voté l'expulsion des princes.

COVARRUBIAS, don ALVARO, homme d'État chilien, né en 1826. Élevé à l'Institut national dans son pays, qui est un des établissements universitaires les plus célèbres de l'Amérique du Sud, il fut reçu avocat en 1847 et, en 1848, ne pouvant être investi du mandat de membre du Congrès, élu par l'opposition secrétaire de la Chambre des députés. Il quitta ces fonctions en 1851, pour avoir refusé de contresigner une proclamation du président de la République. Il prit alors place au barreau de Santiago, où il se fit une grande réputation et une clientèle brillante. En 1857, il fut élu député par le département de Rancagua, prit place sur les bancs de l'opposition, et combattit avec ardeur le gouvernement impopulaire de Montt. La même année, il avait été nommé membre de l'Université, pour la faculté des lois et sciences politiques. A la faveur du mouvement libéral de 1858, le gouvernement s'empressa de se débarrasser de cet adversaire dangereux; il fut déclaré déchu de son mandat de député, et sa place de membre de l'Université vacante, et fut poursuivi comme complice des auteurs du soulèvement. Acquitté par les tribunaux, Don Alvaro Covarrubias n'en fut pas moins tenu éloigné des affaires publiques jusqu'en 1861. Cette année-là, les élections présidentielles portèrent à la tête de la république Don Jose Joaquim Pérez, esprit sagement libéral. M. Covarrubias se rallia au parti représenté par le nouveau président et fut, aux élections de 1863, renvoyé à la Chambre des députés par les électeurs de Santiago. L'année précédente un vote de ses anciens collègues de l'Université lui avait rendu son siège à la faculté des lois et sciences politiques. Quelques mois après son élection à la Chambre des députés, il était nommé par le pouvoir exécutif, président de la Cour d'appel de Santiago. En 1864, un événement politique inouï vint, pour la première fois peut-être, faire sentir aux républiques de l'Amérique du Sud la nécessité de l'union, de l'entente commune, de la solidarité. Le 14 avril, l'amiral espagnol Pinzon s'emparait sans autre forme de procès, des îles Chincha, appartenant à la République du Pérou; ce fut une clameur universelle. Au Chili, le ministère Tocarnal, paraissant insuffisamment disposé à agir directement dans cette affaire, pour la défense de l'intégrité du territoire américain, fut renversé, et M. Covarrubias fut chargé de former un nouveau cabinet. Il choisit le portefeuille des affaires étrangères et se montra du premier coup à la hauteur d'une mission que les circonstances rendaient plus difficile encore. Il entama, avec l'Espagne, des négociations diplomatiques qui aboutirent à la convention connue sous le nom de traité Covarrubias-Tavira, assurant la paix et donnant satisfaction aux susceptibilités américaines, lequel, par malheur, ne fut pas sanctionné par le gouvernement de Madrid. C'était la guerre; et cette guerre a pu se prolonger jusqu'en 1867, époque à laquelle la médiation des États-Unis, repoussée par M. Covarrubias, lui parut sur le point d'être acceptée par le président de la République. Il donna alors sa démission et fut élevé à la dignité de conseiller d'État en quittant le ministère, et en mai suivant (1867), président de la Cour suprême de justice. Élu membre du Sénat, en 1870, il fut aussitôt porté au fauteuil présidentiel par le vote de ses collègues. Forcé, par sa santé chancelante, d'entreprendre un voyage en Europe, M. Covarrubias résigna la présidence du Sénat, dont il a été réélu membre à chaque renouvellement depuis. En 1871, le parti libéral modéré le proclama candidat aux élections présidentielles; mais il déclina la candidature, et pria ses amis de reporter leurs suffrages sur Don Federico Errazuriz, qui fut élu en effet. — Don Alvaro Covarrubias a été nommé, en 1872, ministre plénipotentiaire de la République du Chili près de l'empire d'Allemagne.

COWEN, FREDERICK HYMEN, musicien anglais, né le 29 janvier 1852, à Kingstown (Jamaïque). Il montra tout enfant un amour et une aptitude également extraordinaires pour la musique. Amené en Angleterre à l'âge de quatre ans, ses dispositions musicales, qui ne cessaient de se développer, inspirèrent l'idée de le faire instruire, malgré son extrême jeunesse, dans cet art pour lequel il semblait si évidemment né. Il fut d'abord placé sous la direction des professeurs Benedict et Goss, et y resta jusqu'à l'hiver de 1865. Il alla étudier ensuite aux Conservatoires de Leipzig et de Berlin et revint à Londres en 1868. Son premier essai de composition musicale est une valse écrite à l'âge de six ans; puis vinrent de nombreux morceaux de genres divers, notamment une « operetta » intitulée *Garibaldi*. Après son retour de Berlin, il produisit une sonate, un trio, un quatuor, un concerto pour piano, et une symphonie en ut mineur; celle-ci exécutée dans un concert donné par l'auteur même, puis au palais de Cristal. Il a donné, en novembre 1875, à Saint-James's Hall, avec un grand succès, une cantate: la *Rose virginale*, et un autre: le *Corsaire*, au festival de Birmingham (1876). Il a écrit depuis: *Pauline*, opéra; le *Déluge*, oratorio; deux *Symphonies scandinaves*; *Sainte Ursule*, cantate sacrée, exécutée au festival de Norwich en 1881; enfin des ouvertures, des morceaux pour le piano et pour la voix, dont une quantité innombrable de romances, ballades, chansons, la plupart devenues populaires.

COWPER, JOHN CURTIS, tragédien anglais, né à Manchester le 7 juin 1830. Après avoir reçu une bonne éducation, il se prépara à la carrière dramatique pour laquelle il se sentait une vocation décidée. Il devint un membre actif de la Société de l'Athénée littéraire, et dramatique de Manchester, où il prit des leçons de déclamation et d'art dramatique de Samuel Butler, alors un des principaux artistes du Théâtre-Royal de cette ville et de John Vandenhoff. Avant d'avoir atteint sa majorité, M. Cowper, qui s'occupait d'affaires commerciales, partit pour les États-Unis, d'où il revint au bout de quatre ans, pour prendre la direction d'une maison de Manchester en rapports avec celle qu'il quittait. Il succomba dans la crise commerciale de 1855 ; alors, à l'instigation de nombreux amis, il sollicita et obtint son premier engagement artistique au Théâtre-Royal, où il parut dans le rôle de Roméo, ayant pour Juliette une débutante également, et qui devait faire aussi parler d'elle plus tard, Miss Amy Sedgwick. M. Cowper obtint pour ses débuts un véritable succès. Ayant terminé son engagement, il fit une tournée en province, choisissant de préférence les théâtres les plus modestes, et conséquemment les plus mal organisés des petites villes, afin de se rompre aux difficultés de la scène. Il parut enfin à Liverpool, à l'Amphithéâtre royal, le 26 avril 1858, dans le rôle d'Iago, et y fut si bien accueilli, qu'il obtint un second engagement en juin, pendant lequel il joua *Claude Melnotte*, *Hamlet*, *Don César*, *Macbeth*, *The Stranger*, *Richard III*, etc. M. Cowper fit sa première apparition à Londres, au théâtre d'Adelphi, vers la fin de 1862, dans une représentation donnée au bénéfice de miss Avonia Jones. Il donna sa représentation d'adieux à Liverpool en octobre 1865, puis revint à Londres, où il débuta au théâtre de Sadler's Well, le 25 octobre, dans le rôle de Claude Melnotte. Il fut engagé à ce théâtre, comme acteur principal, pour la saison. Il joua Roméo avec miss Bateman, dans la représentation d'adieux de cette artiste au théâtre de Sa Majesté, le 22 décembre de la même année, après quoi il s'embarqua pour les États-Unis où il joua avec un grand succès à New-York et à Boston. De retour en Angleterre en mai 1866, il reparut à l'Amphithéâtre de Liverpool, le 25 juin et au Lyceum de Londres, le 13 septembre, dans le drame de M. Dion Boucicault : *The Long Strike*. Ensuite, il parut à Drury-Lane, dans le rôle de Jacob Blount, membre du Parlement, de la *Grande Cité*, drame qui fut joué pendant tout l'été de 1867 ; puis dans celui de Bertuccio du *Doge de Venise*, et dans celui de Joe, de l'*Enfant de personne* (Nobody's Child). — En août 1868, il entra au théâtre d'Holborn, où il joua John Drummond, de *Coup pour coup*. Lorsque M. B. Sullivan prit la direction de ce théâtre, M. Cowper y joua uniquement les grands premiers rôles de drame. Cette direction eut une fin soudaine et prématurée dont les intérêts de M. Cowper ne paraissent pas toutefois avoir beaucoup souffert, et il est resté engagé sous la direction suivante dans les mêmes conditions. Ses vacances sont employées à de fructueuses tournées dans les principales villes de la province.

COX, Samuel Sullivan, homme politique américain né à Zanesville (Ohio) le 30 septembre 1824. Il fit ses études à l'université de Brown, devint homme de loi, puis éditeur, et voyagea en Europe pendant quelques années. Nommé, en 1855, secrétaire de la légation du Pérou, il était élu l'année suivante membre du Congrès des États-Unis, pour l'État de l'Ohio, et continua à être réélu en 1858, 1860 et 1862. Étant démocrate, il fit à l'administration une vive opposition pendant la guerre civile. Ayant fixé, en 1866, sa résidence à New-York, il fut élu par cette cité membre du Congrès en 1868 et en 1870, et a été au Congrès un des chefs du parti démocrate. Il a échoué en 1872, avec tous les amis politiques portés avec lui sur la même liste électorale, mais fut renvoyé au Congrès en 1874, par une circonscription de New-York qui l'a réélu constamment depuis, et il a présidé cette assemblée, par intérim, à plusieurs reprises. Il a fait de nombreuses conférences et a publié divers ouvrages parmi lesquels nous citerons : *Huit ans au Congrès (1865)* et *À la recherche d'un rayon de soleil en hiver*, impressions de voyage en Italie, en Corse, en Algérie et en Espagne (1870) ; *Pourquoi nous rions (1876)* ; *Terre libre et commerce libre (1880)* ; *Rayons du soleil arctique et Rayons du soleil d'Orient (1882)*, etc.

COXWEL, Henry Tracey, aéronaute anglais, né le 2 mars 1819, à Wouldham, près du château de Rochester, fit ses études à l'École militaire de Chatham. Il était destiné par sa famille à la carrière militaire, mais à la mort de son père, le capitaine Coxwell de la Marine royale, il abandonna ses études spéciales, vint à Londres, et se fit chirurgien-dentiste. Tout enfant, il avait manifesté une vocation réelle pour les ascensions aérostatiques et avait fait avec d'autres aéronautes quelques voyages dans les régions élevées, lorsqu'il résolut, vers 1844, de s'en faire une carrière professionnelle sérieuse. Il fonda, en 1845, et dirigea l'*Aerostatic Magazine*, et a fait depuis cette époque plus de sept cents ascensions, dont l'une des plus célèbres est certainement celle du 17 juillet 1862, dans laquelle, parti de Wolverampton, sous le patronage et dans l'intérêt de l'Association britannique pour l'avancement des sciences, il s'éleva à sept milles de hauteur (plus de 11,000 mètres, si ce chiffre n'est pas exagéré) avec M. Glaisher. Celui-ci était devenu insensible et son compagnon ne valait guère mieux ; heureusement, M. Coxwell, saisissant la corde entre ses dents, parvint à ouvrir la soupape : le ballon put alors descendre et la vie des aéronautes fut sauvée. M. Coxwell a écrit de nombreux articles et fait de non moins nombreuses conférences ou lectures sur l'aéronautique.

CRANBROOK (vicomte), Gathorne Hardy, homme d'État anglais, né à Bradford le 1er octobre 1814, fit ses études à l'école de Shrewsbury et au collège Oriel, à Oxford. M. Hardy a représenté Leominster à la Chambre des communes de 1856 à juillet 1865, époque où il fut élu, contre M. Gladstone, après une lutte très vive, par l'université d'Oxford. Nommé sous-secrétaire d'État au département de l'intérieur sous la seconde administration de lord Derby en 1858, à la formation du troisième cabinet présidé par le même homme d'État, en juillet 1866, M. Hardy fut nommé président du Bureau de la loi des pauvres et, en mai 1867, M. Walpole ayant donné sa démission, il devenait secrétaire d'État à l'intérieur, poste qu'il conserva jusqu'à la chute du cabinet tory, en décembre 1868. M. Gathorne Hardy est revenu aux affaires avec son parti, en février 1874, comme ministre de la guerre. En mai 1878, il était élevé à la pairie, au titre de vicomte Cranbrook, de Hemstead, dans le comté de Kent. Il succéda au marquis de Salisbury, comme secrétaire d'État pour l'Inde, et conserva ce poste jusqu'à la chute de son parti en mai 1880. Lord Cranbrook a été rappelé aux affaires, dans le ministère formé par le marquis de Salisbury le 2 août 1886, en qualité de lord président du conseil.

CRAUK, Gustave Adolphe Désiré, sculpteur français, élève de Ramey, Pradier et Dumont, est né à Valenciennes le 16 juillet 1827. Grand prix de Rome en 1851, il n'exposa au Salon qu'après son retour de la villa Médicis. — On cite de lui : *Bacchante et Satyre*, groupe en bronze (1857) ; *Omphale*, groupe, marbre (1860) ; *Faune*, statue, bronze (1861) ; *Saint Jean-Baptiste*, en pierre (1863) ; la *Victoire couronnant le drapeau français (1864)* ; *Fronton de la manufacture de Sèvres*, plâtre (1866) ; *Dupuytren*, statue en bronze (1869) ; le *Crépuscule*, groupe, marbre (1870) ; l'*Intendant d'Etigny*, statue, plâtre (1873) ; les portraits du *Maréchal de Mac-Mahon*, président de la République, buste en plâtre, et de *Nasser-ed-Din*, shah de Perse, buste en bronze argenté ; le *Maréchal Niel*, statue au plâtre (1884) ; les bustes en marbre du *Général Changarnier* et de l'architecte *E. Gilbert*, membre de l'Institut (1875) ; le *Maréchal Niel*, en bronze, et la statue en marbre de Claude Bourgelat, fondateur des écoles vétérinaires (1876) ; les bustes en marbre de *Samson* et de Mlle *Favart*, et plusieurs des œuvres déjà citées, la *Victoire couronnant le drapeau*, *Bacchante et Satyre* (Expos. univ. 1878) ; le *Général Faidherbe*, commandant en chef de l'armée du Nord, en 1870 et 1871, statue, plâtre, et le *Portrait de M. Victor Tissot*, buste en marbre (1883) ; la *Jeunesse et l'Amour*, groupe, marbre, et *Portrait d'Eugène Pelletan*, buste, plâtre (1884) ; le *Général Chanzy*, statue en bronze destinée au monument commémoratif de l'armée de la Loire, au Mans ; le *Général de Gallifet*, buste, plâtre (1885) ; *Edmond About*, de l'Académie française, statue, plâtre, pour son tombeau ; *Portrait de M. Francisque Sarcey*, buste, plâtre (1886) ; quantité de bustes, médaillons, etc. — M. Crauk a obtenu une 3e médaille en 1857, une 2e en 1859, une 1re en 1861 avec rappel en 1863 et 1864, une 1re médaille à l'Exposition universelle de 1867 et rappel à l'Exposition universelle de 1878. Décoré de la Légion d'honneur en 1863, il a été promu officier le 20 octobre 1878.

CRÉMIEUX, Hector Jonathan, auteur dramatique français, né à Paris le 10 novembre 1828, fit ses études au lycée Bourbon et à l'École de droit, et fut ensuite employé au ministère des finances, après avoir été officier de mobiles en 1848-49. Il a débuté en 1852 par une tragédie en 5 actes et 8 tableaux, écrite avec son frère Émile : *Fiesque*, d'après Schiller. Il a donné depuis, en collaboration avec divers autres écrivains dramatiques, une quantité de pièces et de livrets d'opérettes pour les scènes de genre de Paris, parmi lesquels nous citerons : *Qui perd gagne*, com. 1 acte, à l'Odéon et le *Financier et le Savetier*, opérette, aux Bouffes parisiens (1856) ; *Orphée aux Enfers*, opérette, dont le succès colossal n'est pas encore épuisé (1858) aux Bouffes ; *Germaine*, drame en 5 actes, à la Gaîté

(1858); le *Savetier de la rue Quincampoix*, ib., ib. (1859); la *Voie sacrée ou les étapes de la gloire*, drame en 5 actes et 8 tableaux, joué à la Porte-Saint-Martin, en 1859, à l'occasion de l'entrée triomphale des troupes de l'armée d'Italie; la *Chanson de Fortunio*, opérette, aux Bouffes (1861); le *Pont des Soupirs*, ib. (1861); la *Baronne de San Francisco*, ib. (1862); les *Bergers*, op. com. en 3 actes (1863); la *Bonne aux Camélias*, vaudeville en 1 acte, aux Bouffes (1867); le *Petit Faust*, musique de M. Hervé, aux Folies-Dramatiques (1869); les *Turcs*, aux Folies-Dramatiques, et le *Petit de la Jardinière*, au Vaudeville, opéras bouffes, musique du même compositeur (1870); le *Trône d'Ecosse*, opéra bouffe, 3 actes (1871); le *Tour du cadran*, vaudeville, 5 actes (1873); la *Bagatelle*, opéra comique, 1 acte et le *Salon cerise*, comédie en 1 acte, à la Renaissance; la *Famille Trouillat (1874)*, et la *Jolie Parfumeuse (1875)*, opérettes, au même théâtre, ces trois dernières pièces en collaboration avec M. Ernest Blum; la *Belle Poule*, opéra bouffe (1876); la *Carte forcée*, 2 actes, avec M. Pernetty, au Gymnase (1882); *Autour du Mariage*, comédie, 5 actes, avec « Gyp », même théâtre (1883); la *Charbonnière*, drame en 5 actes, avec M. P. Derourcelle, à la Gaité (1884), etc.

CRÉMIEUX, FERNAND, homme politique français, né à Pont-Saint-Esprit (Gard) en 1860. Avocat du barreau de Nîmes, M. Fernand Crémieux est cousin de Gaston Crémieux, fusillé à Marseille en 1871, par le parti de l'ordre, victorieux du mouvement communaliste dont cette ville avait été le théâtre, à l'époque où l'armée y était commandée par le général Espivent de la Villeboisnet. M. Fernand Crémieux fut porté sur la liste radicale du Gard aux élections d'octobre 1885, et fut élu au scrutin du 18. L'un des plus jeunes (s'il n'est le plus jeune) membres de la Chambre des députés, M. F. Crémieux a été appelé, en cette qualité, aux fonctions de secrétaire provisoire. Il a voté l'expulsion totale des princes.

CRISAFULLI, HENRI, littérateur et auteur dramatique français, est né à Naples en 1827 et a fait ses études à Paris, au collège Charlemagne (Institution Massin). Il a débuté au théâtre par un drame en 5 actes : *César Borgia*, joué à l'Ambigu en 1855. Il n'a pas cessé de produire, depuis cette époque, et a donné successivement soit seul, soit en collaboration, à l'ancien Cirque : *Marie Stuart en Ecosse*, drame en 5 actes; les *Deux faubouriens*, ib., ib.; le *Roi Lear*, ibid., ibid.; *Giroflé Girofla*, drame en 5 actes, à la Gaité; *Esther Ramel*, comédie en 3 actes, au Vaudeville; les *Démons du jeu*, comédie en 5 actes, au Gymnase; *M. et M*^{me} *Fernel*, comédie en 5 actes, tirée du roman de M. L. Ulbach, au Vaudeville; le *Passé de M. Jouanne*, comédie en 4 actes, au Gymnase; le *Fou d'en face*, un acte, au Vaudeville; *Autour du lac*, 1 acte, et les *Loups et les Agneaux*, comédie en 5 actes, au même théâtre; à l'Ambigu : la *Chouanne*, les *Postillons de Fougerolles*, la *Falaise de Penmarck (1873)*; l'*Affaire Coverley*, drame en 5 actes *(1876)*; l'*Idole*, pièce en 4 actes, au théâtre des Arts *(1874)*; *Lord Harrington*, comédie en 5 actes, au théâtre Cluny; l'*Hôtel Godelot*, comédie en 3 actes, au Gymnase (1876); *Une Perle*, comédie en 3 actes, avec M. H. Bocage, à la Comédie parisienne (1882); le *Vertigo*, opérette, 3 actes, avec le même, musique de M. Hervé, à la Renaissance (1883), etc. — M. H. Crisafulli a publié, en outre, un certain nombre de romans, parmi lesquels nous citerons : les *Invisibles de Paris (1866-67*, 5 vol.); la *Belle Rivière* (2 vol.); le *Roi Marthe (1872*, 1 vol.); *Max Havelaar* (2 vol.), traduction du hollandais; les deux premiers en collaboration avec Gustave Aimard.

CRISPI, FRANCESCO, homme politique italien, né à Ribera, province de Girgenti le 4 octobre 1819; fit ses études à Palerme d'où, reçu avocat, il alla se faire inscrire au barreau de Naples. Il prit, avec toute la jeunesse napolitaine, aux conspirations provoquées par la tyrannie de Ferdinand II et qui amenèrent le soulèvement général de 1848. L'un des chefs de l'insurrection de Palerme, il fut élu député et devint secrétaire général à la guerre, en quelle qualité il sut prolonger, pendant deux ans, la résistance de la Sicile. Après la défaite, M. Crispi se réfugia en France, travaillant sans cesse, dans la mesure du possible, à l'affranchissement de son pays. Il fomenta, en 1859 et 1860, la révolution sicilienne, décida Garibaldi à passer alors en Sicile et débarqua avec lui à Palerme (mai 1860). Après avoir pris une part active aux combats qui eurent lieu alors, il s'occupa de réorganiser l'administration en Sicile, laissant Garibaldi marcher contre Naples, et préparant cette part considérable de l'unification italienne. Il fut élu député de Palerme au premier parlement italien, devint, grâce à son rare talent d'orateur aussi bien qu'aux services rendus à la cause italienne, le chef autorisé de l'opposition constitutionnelle, et favorisa, par esprit de conciliation, l'avènement du dernier ministère Rattazzi en 1867. M. Crispi a été réélu député aux élections de novembre 1876 et aux élections qui ont suivi, le plus souvent dans plusieurs collèges parmi lesquels il a choisi invariablement celui de Bari. Elu, le 21 novembre 1876, président de la Chambre des députés, il acceptait le portefeuille de l'intérieur dans le cabinet Depretis remanié, le 27 décembre 1877, mais donnait sa démission dès le 6 mars 1878, forcé à cette résolution par une affaire scandaleuse, une accusation de bigamie dont il se défendit plus que mal.

On lui doit, outre sa collaboration à divers journaux démocratiques, quelques brochures d'actualité, entre autres : *Republica e Monarchia*, brochure anti-mazzinienne (1865); les *Rayes d'outre-tombe*, réponses aux lettres de G. La Farina, publiées sous le titre : l'*Epistolaire*, par Ausonio Franchi (1869), etc. Il a fondé, à Palerme, les journaux l'*Apostolato* en 1846 et le *Precursore* en 1859, et à Florence, en 1865, puis à Rome, la *Riforma*. En avril 1882, à l'occasion de l'anniversaire des Vêpres siciliennes célébré à Palerme (on se demande pourquoi), M. Crispi, qui avait depuis longtemps oublié sa mésaventure de 1878, écrivait dans la *Riforma* une lettre ridiculement malveillante pour la France, qui pourtant est bien pour quelque chose dans l'unité italienne; mais depuis son voyage à Berlin, en 1877, M. Crispi est devenu gallophobe. — Heureusement pour la France, qu'elle peut collectionner sans danger ses ennemis de la valeur morale de M. Crispi.

CROIZETTE, SOPHIE ALEXANDRINE, comédienne française, née à Saint-Pétersbourg le 19 mars 1847. Après avoir fait ses études à Versailles et obtenu le brevet d'institutrice, elle entra au Conservatoire, dans la classe de Bressant, en 1867, obtint un premier accessit de l'année suivante et le premier prix de comédie en 1869. Engagée au Théâtre-Français, elle y débuta en janvier 1870 dans le rôle de la reine Anne du *Verre d'eau*, joua ensuite Marthe de *Dalila*, Elianthe du *Misanthrope*, Mme de Prie de Mlle de *Belle-Isle*, Hildegarde de la *Part du roi*, quelques autres rôles dans lesquels elle passa à peu près inaperçue, et enfin Suzanne du *Mariage de Figaro*, où elle fut remarquée. Son premier succès date, toutefois, de l'*Eté de la saint Martin (1872)*. Elle joua dès lors, avec un succès croissant, dans le *Gendre de M. Poirier*, *Mademoiselle de la Seiglière*, *Jean de Thomeray*; mais le rôle de Blanche, du *Sphynx (1874)*, fut son triomphe, et un triomphe bruyant et par conséquent populaire, grâce au réalisme, jugé brutal par quelques délicats, avec lequel elle y mourait sous les étreintes du poison. Elle s'est fait applaudir depuis lors dans les rôles de la baronne d'Ange du *Demi-Monde*, la duchesse de *l'Etrangère*, Elise de la *Marquise de Villemer*, etc. C'est aux leçons de Régnier, en somme, que Mlle Croizette dut ses premiers succès. Elle fut élue sociétaire le 1er avril 1873, aussitôt après pour ainsi dire. Mlle Croizette a quitté le théâtre en 1881.

CROOKES, WILLIAM, chimiste et physicien anglais, né à Londres en 1832, y fit ses études et entra en 1848 au Collège royal de chimie, où il devint l'élève du Dr Hofmann, actuellement professeur à l'université de Berlin, et dont il devint le préparateur. En 1854, il fut nommé directeur de la section météorologique à l'observatoire d'Oxford, puis professeur de chimie au collège des sciences de Chester en 1855. En 1859, M. Crookes fonda les *Chemical News*, dont il a conservé la direction, et en 1864, il devint en outre rédacteur en chef du *Quarterly journal of Science*. Dès 1851, il publiait dans le *Quarterly journal of the Chemical Society*, son premier mémoire *Sur les séleno-cyanures*. Il découvrait en 1861, au moyen d'observations spectroscopiques et de réactions chimiques, le métal connu sous le nom de *thallium*, sur lequel il communiqua une note détaillée à la Société royale de Londres en février suivant, et dont il étudia, dans la suite, la nature et les propriétés, ainsi que celles de ses combinaisons, entretenant la Société royale en temps de ses découvertes, la Société royale, qui l'admit dans son sein dès 1863. En 1871, il découvrait l'amalgame de soude pour séparer l'argent du minerai d'or. En 1871, il faisait partie de l'expédition envoyée à Oran pour observer l'éclipse totale de soleil qui se produisit au mois de décembre de cette année. L'année suivante, il abordait ses expériences célèbres ayant pour objet la répulsion résultant de la radiation, sur lesquelles il lisait son premier mémoire à la Société royale, le 11 décembre 1873 et qui ont résulté l'invention du radiomètre. En 1875, la Société royale récompensait les travaux de M. Crookes en lui décernant sa médaille royale. Nommé vice-président de la Société chimique en 1876 et membre du conseil de la Société royale en 1877, M. Crookes poursuivit avec succès le cours de ses expériences sur la « matière radiante » et la physique moléculaire. Devant l'Association britannique pour le développement des sciences, en 1879, il démontra, dans des expériences fort curieuses, que les gaz très raréfiés perdent la plupart des propriétés ordinaires des corps gazeux et « passent » un état ultragazeux » constituant comme un quatrième état physique : l'état radiant. Ici, l'éminent chimiste est allé évidemment trop loin, et quoique notre Académie des sciences lui ait décerné une médaille d'or et un prix de 3,000 fr. en 1880, pour ses découvertes, elle n'a pas été elle-même fort satisfaite en ceci du résultat des expériences du savant anglais, et son quatrième état des corps est, en fin de compte, resté dans les limbes de la science. Membre du jury de l'Exposition internationale d'électricité en 1881, M. Crookes ne reçut point de récompense nouvelle à cette occasion, mais le rapport officiel constate, et ce n'est que justice, que c'est à un vide plus complet obtenu grâce à ses travaux, qu'est dû le succès des lampes à incandescence. M. Crookes est, en outre, le premier qui ait appliqué la photographie à l'analyse du spectre solaire.

On a de ce savant éminent : *Méthode excellente d'analyse chimique*, dont la 2ᵉ édition a paru en 1884 ; *Fabrication du sucre de betterave en Angleterre, Guide de la teinture et de l'impression du calicot, Manuel de teinture et d'impression des tissus (1882), Manuel de technologie chimique*, pour les candidats aux examens de l'Institution de Londres ; des traductions anglaises du *Traité de Métallurgie* de Kerl, de l'*Aniline et ses dérivés* de Reimann, de la *Technologie chimique* de Wagner, de l'*Anthracène et ses dérivés* d'Auerbach, et des *Engrais artificiels* de G. Ville ; il a publié trois éditions successives du *Manual of Practical Essaying* de Mitchell, outre des brochures sur des questions d'hygiène publique, telles que : une *Solution de la question des égouts*, la *Disposition la plus avantageuse qu'on puisse donner aux égouts* et quantité de mémoires répandus dans les recueils périodiques spéciaux.

CROSS, sir RICHARD ASSHETON, homme d'État anglais, né à Red Scare près de Preston, le 30 mai 1823. Il fit ses études à l'école de Rugby, puis au collège de la Trinité, à Cambridge, et a été admis au barreau, à l'Inner Temple, Londres, en 1849. Il fut quelque temps attaché au ressort judiciaire du Nord, puis, en mars 1857, fut élu membre de la Chambre des communes par les conservateurs de Preston, et continua à représenter ce bourg jusqu'en mars 1862. Depuis décembre 1868, il représente à la Chambre des communes la circonscription sud-ouest du comté de Lancastre. Lors de la formation du cabinet Disraeli, en février 1874, sir Richard A. Cross fut nommé secrétaire d'État au département de l'intérieur, et conserva ce portefeuille jusqu'à la chute de son parti en avril 1880 ; mais il le reprit au retour des conservateurs au pouvoir, le 18 juin 1885, pour le résigner de nouveau, et dans les mêmes circonstances, le 1ᵉʳ février 1886. Enfin, sir Richard A. Cross fait partie du ministère formé par lord Salisbury le 2 août 1886, comme ministre des Indes. — On a de lui plusieurs ouvrages de jurisprudence criminelle. Il a été longtemps président des sessions trimestrielles du Lancashire.

CROWE, EYRE, peintre anglais, né à Londres en octobre 1824. Élève de Paul Delaroche, il suivit ce maître avec ses autres élèves, à Rome, en 1844. Il s'attacha ensuite, comme secrétaire, au célèbre romancier anglais William M. Thackeray et visita avec lui les États-Unis en 1852-53. Il a été inspecteur du département de la science et des arts, de 1859 à 1873. M. Crowe a peint : les *Pleureuses de Goldsmith (1865)* ; les *Amis (1871)* ; *Blue-coat subjects (1872)* ; *Après une course* et les *Frères de la brosse (1873)* ; *Savants français en Égypte (1875)* ; la *Répétition (1876)* ; les *Vers à soie* ; le *Cortège nuptial à Pas-Miclon, à Rouen (1877)* ; le *Repas à l'école (1878)* ; *Marat, le 13 juillet 1793* ; l'*Aveugle mendiant, l'Exécution du duc d'Enghien en 1804* ; la *Reine de mai (1879)* ; le *Tombeau de la reine Éléonore*, le *Sacrifice (1880)* ; *Explosion de la porte de Cachemire à Delhi, en septembre 1857* ; *sir Roger de Coverley et le Spectator à l'abbaye de Westminster (1881)* ; la *Défense de Londres en 1848 (1882)* ; *Vieux porche à Evesham*, la *Place du marché à Evesham, Un vieux bidet est un bidet rasé (1883)*, etc. — M. Crowe a été élu associé de l'Académie royale des beaux-arts en 1876.

CROWE (dame). Voy. **Bateman**.

CROWTER, SAMUEL AUJAÏ, prélat nègre africain, élevé dans l'esclavage, est né vers le commencement de ce siècle. Son nom originaire est **Adjaï**, et sa famille vivait à Ochougou, dans le pays de Yoroubou, à 150 kilomètres environ à l'intérieur des terres, dans la baie de Benin. En 1821, il fut enlevé par les mahométans Eyo, et livré en échange d'un cheval ; objet d'un nouvel échange, à Dahdah, il eut à subir de cruels traitements de son nouveau propriétaire, qui finit par le céder pour du tabac à un négrier. Celui-ci avant été pris par un navire de guerre anglais, Adjaï fut débarqué à Sierra-Leone, en 1822. Baptisé en 1825, il prit, par reconnaissance, les noms du vicaire évangélique de l'église du Christ, Newgate Street : Samuel Crowter. Il épousa, en 1829, une fille indigène nommée Asano, qui avait été élevée à la même école que lui ; fut ensuite quelque temps maître d'école à Regent's Town ; puis, il accompagna la première expédition du Niger. Arrivé en Angleterre, il fut envoyé au collège des Missions, à Islington, et fut ensuite ordonné par l'évêque de Londres. En 1854, il accompagna la seconde expédition du Niger, dont il se fit avec succès l'historiographe ; puis il exerça activement la profession cléricale à Akessa, traduisit la Bible en dialecte yoroubou, et se livra à divers autres travaux littéraires importants, d'un caractère spécialement religieux, pour le bénéfice de ses frères d'Afrique. Il fut consacré premier évêque du territoire du Niger, Afrique occidentale, le 29 juin 1864. — La Société royale géographique de Londres lui a remis, en mai 1880, une magnifique montre d'or, en reconnaissance des services qu'il a rendus à la géographie.

CROZET-FOURNEYRON, industriel et homme politique français, né à Saint-Étienne le 22 avril 1837. Grand constructeur-mécanicien, il fut secrétaire général de la préfecture de la Loire pendant la guerre ; il est membre du Conseil municipal de Saint-Étienne, et du Conseil général de la Loire depuis 1871. Élu député de la 2ᵉ circonscription de Saint-Étienne le 20 février 1876, il siégea à la Chambre sur les bancs de l'Union républicaine, fut réélu le 14 octobre 1877 ; mais il échoua aux élections du 21 août 1881, contre le candidat radical. M. Girodet. — Il a été élu député de la Loire dans des conditions identiques au scrutin du 18 octobre 1885, et a voté l'expulsion des princes.

CRUVELLI, SOPHIE CRUWELL (dite), vicomtesse **Vigier**, cantatrice allemande, née à Bielefeld (Prusse) le 29 août 1824, d'une famille d'origine italienne. Après avoir chanté sur différentes scènes allemandes, elle passa en Italie, modifia son nom, ou peut-être se borna à lui rendre son ancienne orthographe, et parut successivement à Venise, Milan et Gênes, où elle obtint bientôt un succès si retentissant, qu'elle fut engagée au Théâtre-Italien de Londres (1852). Elle y poursuivit le cours de ses études dans la *Norma*, la *Sonnambula*, la *Figlia del Reggimento*, *Fidelio*, *Nabucco*, etc., et fut engagée, en 1854, à l'Opéra de Paris, où elle parut notamment dans les *Huguenots* et les *Vêpres siciliennes*, et les applaudissements du public parisien confirmèrent sa grande réputation acquise sur les principales scènes de l'étranger. Vers la fin de 1856, Mˡˡᵉ Sophie Cruvelli épousa le baron, depuis vicomte Vigier, et quitta la scène. Elle a chanté depuis dans quelques salons amis et surtout dans des concerts de charité. On lui doit quelques compositions musicales.

CUCHEVAL-CLARIGNY, PHILIPPE ATHANASE, littérateur et journaliste français, né à Calais le 1ᵉʳ février 1822, y commença ses études, qu'il vint terminer à Paris, au collège Henri IV, puis entra à l'École normale. Reçu agrégé d'histoire, il n'aborda pas toutefois la carrière de l'enseignement, préféra suivre les cours de l'École des chartes et se fit recevoir archiviste. Il obtint alors la place de bibliothécaire à l'École normale, et devint ensuite conservateur à la bibliothèque Sainte-Geneviève. M. Cucheval-Clarigny fit partie de la rédaction du *Constitutionnel*, de 1845 à 1848, et fut l'un des fondateurs de la *Liberté de penser*. Porté candidat à la Constituante, dans le Pas-de-Calais, il échoua, et reprit sa place au *Constitutionnel*, dont il eut la direction après le 2 décembre. Forcé de donner sa démission, pour avoir mal rendu, sans doute, la pensée officielle dont le *Constitutionnel* était l'organe privilégié, M. Cucheval-Clarigny collabora pendant plusieurs années au *Moniteur* (alors officiel), à la *Patrie*, à la *Revue des Deux-Mondes*, etc., et devint, en 1866, directeur de la *Presse*, position qu'il ne conserva que peu de temps. La révolution du 4 septembre le rendit à la vie privée ; sauf quelques intrigues électorales bonapartistes dans le Pas-de-Calais, auxquelles son nom a été mêlé, M. Cucheval-Clarigny ne paraît pas avoir pris de part bien active à la politique actuelle. — On doit à cet écrivain : *Histoire de la presse en Angleterre et aux États-Unis*, ouvrage curieux, mais insuffisant (1857) ; les *Budgets de* la guerre et de la marine en France et en Angleterre (1860); Considérations sur les banques d'émission (1864); Histoire de la Constitution en 1852 (1869); Des institutions representatives et des garanties de la liberté (1874), etc. — Il est officier de la Légion d'honneur depuis 1860.

CUNEO D'ORNANO (baron), Gustave, journaliste et homme politique français, né à Rome, de parents corses alliés à la famille Bonaparte, le 17 novembre 1845. Avocat du barreau de Paris, M. Cuneo d'Ornano servit pendant la guerre de 1870-71, comme officier des mobiles de la Seine, et comme volontaire dans les rangs de l'armée de Versailles contre la Commune. Il entra ensuite à la rédaction du *Courrier de France*, dirigée par M. Robert Mitchell qu'il suivit à la *Presse*, rédigea le *Charentais* d'Angoulême, puis fonda dans la même ville le *Suffrage universel des Charentes*, après le vote de la Constitution de février 1875, et s'y distingua par une polémique bonapartiste des plus violentes. Élu député de Cognac au second tour, le 5 mars 1876, son élection fut invalidée par la Chambre; mais il était réélu le 21 mai suivant avec une majorité plus considérable, et prenait place au groupe de l'Appel au peuple. M. Cuneo d'Ornano a été réélu le 14 octobre 1877 et le 21 août 1881. Il a été élu le 4 octobre 1885, avec toute la liste monachiste, député de la Charente, et a repris sa place parmi les membres les plus bruyants du parti bonapartiste à la Chambre.

CUNLIFFE-OWEN, sir Francis Philip, administrateur anglais, né le 8 juin 1828. Fils d'un capitaine de vaisseau, il entra lui-même dans la marine à l'âge de douze ans, mais fut forcé d'abandonner cette carrière, par raison de santé, après cinq années de service. Attaché d'abord, en 1854, à la section des Arts et des Sciences à Marlborough House, embryon du musée actuel de South-Kensington, puis à ce dernier établissement lors de sa création en 1857, M. Cunliffe-Owen fit partie, en 1855, de la commission britannique, de l'Exposition universelle de Paris; il fut directeur de la section étrangère à celle de Londres en 1862, commissaire exécutif adjoint à celle de Paris en 1862 et secrétaire de la commission britannique à l'Exposition de Vienne en 1873 (le président de cette commission étant le prince de Galles). A la suite de cette dernière exposition, il était nommé compagnon de l'ordre du Bain (1874). La même année, il était nommé directeur du musée de South-Kensington, en remplacement de sir Henry Cole, démissionnaire. En juin 1875, il se rendit en Amérique, comme commissaire général, près l'Exposition du Centenaire, tenue à Philadelphie l'année suivante, mais il résigna ces fonctions en décembre suivant et revint à la direction du musée de South-Kensington, où il s'occupa très activement de l'organisation de la galerie scientifique. Enfin, M. Cunliffe-Owen était secrétaire de la commission royale britannique, présidée par le prince de Galles, à l'Exposition universelle de Paris en 1878. A la suite de cette exposition, il recevait la croix de chevalier-commandeur de l'ordre de Saint-Michel et Saint-George (3 octobre) et était créé chevalier par la reine, à Windsor, le 27 novembre suivant. Depuis lors, aucune exposition importante n'a eu lieu que sir Francis P. Cunliffe-Owen n'y ait mis la main. La dernière, ouverte par la reine à South-Kensington le 4 mai 1886, est certainement l'exposition coloniale la plus belle, la plus complète et la mieux organisée qui se soit encore vue. Promu dans la Légion d'honneur à chacune de ses missions à Paris, il est devenu grand officier de l'ordre. — Sir Francis P. Cunliffe-Owen a épousé, en 1854, la fille aînée du feu baron von Reitzenstein, ancien commandant de la garde royale prussienne.

CURTIS, George William, écrivain américain, né à Providence (Rhode Island) le 24 février 1824. Il avait à peine quinze ans quand sa famille vint se fixer à New-York, où il fut, pendant un an, commis chez un négociant. En 1842, il partit avec son frère aîné pour se joindre à l'Association phalanstérienne de la ferme de Brook, dans le comté de Rosbury (Massachusetts), où ils demeurèrent dix-huit mois. Les deux frères se rendirent ensuite à Concord et s'engagèrent chez un fermier, où ils travaillèrent à la terre pendant dix-huit autres mois. En 1846, M. George W. Curtis fit un voyage en Europe, résida tour à tour en Allemagne et en Italie, puis fit une excursion en Égypte et en Syrie; de retour en Amérique en 1850, il publia *Notes de voyage d'un Howadji* (touriste) *au Nil*. Attaché peu après à la rédaction du *New York Tribune*, il écrivit dans ce journal, en 1851, des lettres datées de diverses villes d'eaux, réunies ensuite en un petit volume illustré sous le titre : les *Mangeurs de lotus*. En 1852, il publia : l'*Howadji* en *Syrie*, suite de ses « Notes de voyage » en Orient. Vers la fin de cette même année parut le premier numéro du *Putnam's Monthly*, dont M. Curtis fut dès l'origine un des principaux rédacteurs. Trois ans après, cette revue passait en d'autres mains, et il en devenait copropriétaire, ayant consacré une somme de 50,000 francs à la création de la maison qui l'avait acquise, et qui faisait en même temps le commerce de librairie. Malheureusement, en 1857, cette maison suspendit ses payements et, quoi qu'il n'eût jamais pris aucune part à son administration, M. Curtis fut considéré comme associé de fait et responsable des dettes de la maison. Toute sa fortune privée, déjà considérable, y passa et il demeura, malgré tout, si grandement endetté envers les créanciers de cette lamentable entreprise, que ce ne fut qu'en 1873 qu'il se trouva définitivement libéré. Collaborateur du *Harper's Magazine*, il devint en 1857, à la fondation du *Harper's Weekly*, le rédacteur en chef de ce journal, et l'un des principaux rédacteurs du *Harper's Bazar*, fondé par la même maison en 1867. Il commença, dans ce dernier journal, une série d'« essays » sous le titre : *Mœurs de grands chemins* (Manners upon the Road), qu'il a continuée jusqu'en 1873. Il était en même temps l'un des conférenciers (lecturers) les plus populaires du pays, et visitait en cette qualité, presque toutes les parties des États-Unis, prenant à l'occasion une part importante aux débats politiques. Il avait d'ailleurs été, lors des élections présidentielles de 1856, un des orateurs républicains les plus ardents, tandis que les articles politiques du *Harper's Weekly* concouraient d'autre part au succès de ce parti. En 1862, le président Lincoln offrit à M. Curtis le poste de consul général en Égypte, mais il le refusa. En 1864, les électeurs républicains le choisirent pour candidat au Congrès, mais il ne fut pas élu, les démocrates étant en majorité dans le district. Cette même année, il fut nommé un des régents de l'université de l'État de New-York. Il fut élu, en 1867, délégué à la convention chargée de reviser la constitution de l'État de New-York et en 1868, électeur présidentiel. En 1871, le président Grant le nomma membre de la commission chargée de rédiger un nouveau règlement d'administration civile, puis membre de la chambre du conseil dans laquelle cette commission se fondit bientôt. Il résigna ce poste en 1873, pour cause de dissentiment avec l'administration. En outre, ce qui fait singulièrement honneur à sir John sens et à son patriotisme, M. Curtis combattit avec énergie, en 1876 et 1880, les prétentions de Grant à une troisième présidence, et fut un des chefs du parti qui élut successivement MM. Hayes et Garfield. — Outre les ouvrages cités plus haut, M. Curtis a publié : les *Mémoires de Putiphar* (The Potiphar Papers, 1853) ; *Prudence et moi* (Prue and I, 1856), extraits du « Putnam's Monthly »; *Trumps*, roman (1859), extraits du *Harper's Weekly* de 1858 et 1859.

CURZON (de), Paul Alfred, peintre français, né à Poitiers (Vienne) le 7 janvier 1820, élève de Drœlling et de M. Cabat, il débuta au Salon en 1843, et fit ensuite un voyage en Italie. En 1849, il remportait, à l'École des Beaux-Arts, le second prix de paysage historique et obtenait d'être envoyé en Italie pour un séjour de deux années. En revenant en France, il explora la Grèce, avec des compagnons de voyage tels qu'Edmond About, Théophile Gautier, M. Charles Garnier, etc. On doit à M. de Curzon : *Petit paysage (1843)*, sa toile de début ; les *Houblons (1845)* ; *Vue des bords du Clain*, les *Rives de la Loire (1846)* ; les *Parques de Béranger*, etc., (1848) ; *Au bord de l'eau (1849)* ; *Démocrite en méditation*, les *Ruines de Pæstum*, *Vue de Terracine*, envoi de Rome (1852-54) ; l'*Acropole d'Athènes*, les *Bords du Céphise (1855)* ; *Dante et Virgile sur la route du Purgatoire*, *Aveugles grecs*, *Vue d'Ostie, (1858)* ; le *Tasse à Sorrente*, *Environs de Civitta Castellana*, *Près des murs de Foligno (1858-59)* ; *Ecco fiori!* souvenir des bouquetières de Naples, une *Lessive*, *Au fond des bois*, *Halte de pèlerins à Subiaco*, *Pêcheurs de Capri*, l'*Ilissus et les Propylées au ternie de Jupiter, près d'Athènes (1861)* ; le *Vésuve*, une *Petite fille de Galinaro (1863)* ; la *Vendange à Procida*, etc. (1864) ; l'*Ange consolateur*, *Au bord d'un torrent dans les Apennins (1865)* ; *Rêve*, *dans les ruines de Pompeï (1866)* ; la *Devineresse (1868)* ; *Vue prise sur la côte de Sorrente*, les *Bords du Clain à Poitiers (1869)* ; la *Naissance d'Homère*, *Au bord de l'Océan (1870)* ; *Au bord d'un ruisseau*, *Vue de Toulon (1873)* ; le *Premier portrait*, *Sérénade dans les Abruzzes (1874)* ; *Tryptique (1875)* ; *Ruines du temple de Jupiter*, près d'Athènes (1876) ; *Grazicella (1877)* ; *Près d'un puits public à Amalfi*, les *Ruines de l'Acropole en 1852 (1878)* ; *Pèlerins romains*, *Vue de la rade de Toulon* et plusieurs des précédents

(1878, Exp. un.); *Acropole et campagne d'Athènes*; *Au pied du Taygète, Morée (1883)*; *Bords de Teverone, près de Lunghezza, dans la campagne de Rome*; *Campagne et golfe d'Athènes, vue prise de la colline de l'Observatoire (1884)*; *Dans la Forêt-Noire, près de Badenweiler (1885)*; la *Source du lion (1886)*; quelques *Portraits*, des aquarelles, des pastels et plusieurs lithographies.

M. P. de Curzon a obtenu une médaille de 2ᵉ classe en 1857, des rappels en 1859, 1861 et 1863, une médaille de 3ᵉ classe à l'Exposition universelle de 1867, une médaille de 2ᵉ classe, à l'Exposition universelle de 1878, et une médaille à l'Exposition universelle de Philadelphie en 1876. Il a été nommé chevalier de la Légion d'honneur en 1865.

CUVILLIER-FLEURY, Alfred Auguste, littérateur français, membre de l'Académie Française, né à Paris le 18 mars 1802; il fit ses études au collège Louis-le-Grand et devint, en 1820-21, secrétaire du prince Louis Bonaparte, ex-roi de Hollande, en Italie. Entré au collège Sainte-Barbe, comme directeur des études, en 1823, le roi Louis-Philippe lui confia, en 1827, l'éducation du duc d'Aumale, qui le conserva près de lui, son éducation terminée (1839), en qualité de secrétaire de ses commandements. M. Cuvillier-Fleury faisait déjà partie, depuis 1834, de la rédaction du *Journal des Débats*, dont il est resté l'un des principaux collaborateurs. En 1846, M. Cuvillier-Fleury se porta candidat à la députation à Guéret (Creuse); mais en dépit de l'appui et des efforts zélés de l'administration, il échoua. Les événements de février 1848 ne lui permirent pas de renouveler la tentative. Mais il demeura attaché au *Journal des Débats*, dans lequel il ne cessa de soutenir la cause de la famille royale exilée. Le 12 avril 1866, M. Cuvillier-Fleury était élu membre de l'Académie française, en remplacement de Dupin. Officier de la Légion d'honneur depuis 1845, il est, en outre, décoré de divers ordres étrangers. — Ses articles de critique bio-bibliographique ont été, pour la plupart, recueillis en volumes (une douzaine environ) publiés successivement, depuis 1851. Il n'a pas publié autre chose, sauf la *Duchesse d'Aumale (1870)* et *Réforme universitaire (1872)*.

CUVINOT, Louis Joseph, ingénieur et homme politique français, né à Liancourt (Oise) le 1ᵉʳ juin 1837. Élève de l'École polytechnique et de l'École des ponts et chaussées, il fut nommé en 1860 ingénieur hydrographe dans le département du Doubs, puis à Mantes (Seine-et-Oise). Pendant la guerre de 1870-71, M. Cuvinot fut chargé d'établir dans le lit de la Seine un câble destiné à mettre Paris en rapport avec la province, et fut attaché à la commission d'armement. Après un séjour de trois années à Saint-Dizier (1872-76), il fut rappelé à Paris et chargé de la direction du service de la navigation. M. de Freycinet, devenu ministre des travaux publics en décembre 1877, appela auprès de lui M. Cuvinot, qu'il avait déjà eu dans ses bureaux à Tours, après l'abandon de son projet de câble sous-fluvial, le nomma directeur du personnel de son ministère et chef de cabinet, et de plus ingénieur en chef. Le 5 janvier 1879, M. Cuvinot fut élu sénateur de l'Oise, sur le *ticket* républicain. Il s'inscrivit à la gauche républicaine, avec laquelle il vota constamment. — Il a toutefois voté contre l'expulsion des princes, demandée par son ancien patron, M. de Freycinet.

CZACKI, Vladimir, prélat romain, cardinal, né en Pologne en 1834, d'une famille noble d'origine hongroise. De santé faible, resté boiteux à la suite d'un accident de son enfance, il fut amené fort jeune à Rome, auprès de la princesse Odescalchi, sa tante, dont il n'a guère quitté le palais depuis. Ayant embrassé la carrière ecclésiastique, il fut de bonne heure attaché au Vatican, et se fit si bien remarquer du cardinal Antonelli, que lorsque celui-ci imagina de faire deux sections du secrétariat d'État, pour n'avoir plus à s'occuper que de politique, c'est à M. Czacki qu'il confia la direction des « affaires ecclésiastiques ». Dans ce poste, M. Czacki commença à se faire connaître comme un très habile diplomate, et s'éleva de plus en plus dans la faveur du souverain pontife sous les administrations successives des cardinaux Simeoni, Franchi et Nina, qui ont précédé celle du cardinal Jacobini, au point que le pape Léon XIII prit à la fin l'habitude de le consulter journellement sur les affaires du Saint-Siège, comme s'il était son secrétaire d'État. M. Czacki prit notamment une grande part aux négociations qui ont précédé la reprise des relations avec l'Allemagne, à l'établissement d'universités catholiques en France et à la correspondance échangée avec le gouvernement russe au sujet des catholiques de Pologne. Envoyé à Paris en octobre 1879, comme nonce apostolique, en remplacement de M. Meglia, il fut aussi créé archevêque de Salamine *in partibus infidelium*, puis créé cardinal par le pape Léon XIII dans le consitoire tenu au Vatican le 25 septembre 1882, et reçut le chapeau des mains de M. Grévy, à l'Élysée, le 4 octobre suivant. Il a été remplacé à la nonciature de Paris par M. di Rende, archevêque de Bénévent.

D

DABERT, Nicolas Joseph, prélat français, né à Henrichemont (Cher) le 17 septembre 1811, fit ses études au grand séminaire de Bourges et au séminaire de Saint-Sulpice, à Paris. Ordonné prêtre en 1835, il fut nommé la même année professeur de philosophie, et en 1836 professeur de théologie morale, au séminaire de Viviers; collaborateur de M. Guibert, alors évêque de Viviers, dans la rédaction des statuts diocésains publiés en 1851, il devint son vicaire général. Il était en même temps directeur de plusieurs communautés religieuses. M. l'abbé Dabert a été appelé au siège épiscopal de Périgueux par décret du 16 mai 1863, et sacré le 22 novembre de la même année. — Il a publié une *Histoire des hérésies*; une nouvelle édition du *Solitaire des rochers*; *Vie de Ch. Vernet, supérieur du séminaire de Viviers*; *Histoire de saint Thomas de Villeneuve, dit l'Aumônier de l'ordre des Ermites de saint Augustin, évêque de Valence (Espagne)*; la *Bonne mère Saint-Jean, vie de Mᵐᵉ Julie Malleval, religieuse ursuline du couvent de Sainte Marie, à Annonay*; *Vie de la Révérende mère Arsène, deuxième supérieure générale des sœurs de la présentation de Marie*; *Histoire de saint François de Paule et des Minimes*, etc.

DALHOUSIE (comte de), John William Ramsay, lord Ramsay dans la pairie du Royaume-Uni et comte de Dalhousie, en Écosse, est né en 1847. Il fit ses études à Oxford, entra ensuite dans la marine et devint lieutenant en 1867 et capitaine de vaisseau en 1874, écuyer du duc d'Édimbourg, en 1880, lord Ramsay se présenta à Liverpool à une élection partielle pour la Chambre des communes; il échoua, mais fut élu aux élections générales qui suivirent à quelques mois de distance, et ne siégea d'ailleurs que peu de temps aux Communes, car au mois d'août de la même année, il héritait de la pairie et prenait siège à la Chambre des lords en conséquence. Il reçut en novembre 1881 les insignes de l'ordre écossais du Chardon.

DALLOZ, Édouard Victor, jurisconsulte et homme politique français, fils aîné du savant jurisconsulte Désiré Dalloz, mort en 1869, est né à Paris le 24 mai 1827. Aux élections de 1852, il se présenta, comme candidat officiel, aux électeurs de la première circonscription du Jura, qui l'envoyèrent siéger au Corps législatif et le réélirent en la même qualité en 1857, 1863 et 1869. Il a été secrétaire du Corps législatif pendant plusieurs années. La révolution du 4 septembre l'a fait rentrer dans la vie privée. M. Édouard Dalloz a collaboré aux récentes éditions du *Répertoire méthodique et alphabétique de jurisprudence générale*, de son père. On lui doit en outre un *Traité sur la propriété des mines*, un *Commentaire des lois et décrets relatifs à la garde nationale* ; le *Code civil annoté et expliqué (1873-75*, 2 vol.) ; *Code de l'enregistrement*, avec MM. Ch. Vergé, Gavois et Jamet (1878), etc. — Il est commandeur de la Légion d'honneur depuis le 14 août 1869 et commandeur de l'ordre de Guadalupé, du Christ de Portugal, etc.

DALLOZ, Paul, journaliste français. frère du précédent, né à Paris le 18 novembre 1829. Devenu, après le coup d'État de décembre 1851, codirecteur du *Moniteur universel*, il a activement collaboré à ce journal. En 1864, le gouvernement ayant résolu, en présence du succès du *Petit Journal*, fondé par Millaud en 1863, d'établir au même prix, c'est-à-dire à cinq centimes, une sorte de rejeton de l'organe officiel, M. P. Dalloz présida à l'organisation du *Petit Moniteur universel du soir*, qui eut promptement un très grand succès. Lorsqu'à la fin de 1868, le caractère officiel fut retiré par le gouvernement aux deux journaux dirigés par M. P. Dalloz, sur la proposition de M. Rouher, les deux *Moniteurs* n'en continuèrent pas moins d'exister, mais comme journaux d'opposition libérale. Et ils sont restés dans l'opposition, quoique l'épithète ait changé avec la forme du gouvernement. — M. Paul Dalloz a été élu membre suppléant des jurys internationaux de l'Exposition universelle de Londres, en 1862 et de celle de Vienne, en 1803. — Il est officier de la Légion d'honneur depuis le 16 mai 1874.

DALMAS (comte de), Pierre Albert, homme politique français, né à Paris le 10 juin 1822, y fit ses études et fut admis au barreau en 1843. Après s'être occupé quelque temps de journalisme, il fut attaché au ministère des affaires étrangères en 1849, et envoyé en mission dans l'Amérique du Sud. Passé au ministère de l'intérieur à son retour, M. de Dalmas prit aux événements du 2 décembre 1851 et surtout à leur préparation une part importante qui le fit remarquer du prince président, lequel se l'attacha, d'abord comme sous-chef de son cabinet, ensuite comme secrétaire, lorsqu'il fut empereur, fonctions qu'il conserva dix ans. En 1859, M. de Dalmas se présenta comme candidat officiel au Corps législatif, à l'occasion d'une élection complémentaire, et fut élu sans opposition. Il fut réélu au même titre aux élections générales de 1863 ; mais, s'étant séparé, dans la suite de cette législature, de la majorité ministérielle, pour se rapprocher du tiers parti libéral, le ministère lui opposa, sans pouvoir le faire échouer, un candidat ouvertement investi de sa confiance. Il fut dans cette dernière législature de l'empire, l'un des promoteurs de l'interpellation des 116. La révolution du 4 septembre le rendit momentanément à la vie privée. L'un des fondateurs du chemin de fer de Vitré à Fougères, le premier chemin de fer départemental créé en France, M. de Dalmas se présenta, sans succès, aux élections sénatoriales du 30 janvier 1876, pour le département d'Ille-et-Vilaine. Aux élections du 20 février suivant, pour la Chambre des députés, il sollicita les suffrages des électeurs de l'arrondissement de Fougères, par une profession de foi portant engagement de défendre la constitution du 25 février et, dans le cas de revision, de voter « son affermissement et son amélioration dans le sens libéral ». Cette déclaration fort nette lui assura le succès : le premier tour de scrutin n'ayant pas donné de résultat, le candidat républicain se désista en faveur de M. de Dalmas, qui fut élu le 5 mars 1876, contre M. de la Villegonthier candidat du parti légitimiste. M. de Dalmas prit place au centre droit constitutionnel. Mais après avoir donné au gouvernement du 16 mai son vote de confiance, n'ayant point obtenu son appui en retour, il ne se présenta pas aux élections du 14 octobre 1877, ni aux suivantes. — Outre diverses publications de circonstance, on doit à M. de Dalmas : le *Roi de Naples, sa vie, ses actes, sa politique*, qui lui valut la croix d'officier de l'ordre de François Ier. Il est officier de la Légion d'honneur depuis 1859.

DALTON, John Call, médecin et physiologiste américain, né à Chelmsford (Massachusetts) le 2 février 1825 ; il prit ses grades au collège d'Harvard en 1844, et fut reçu docteur à l'école de médecine de cette université en 1847. En 1851, il remporta le prix offert par l'Association médicale américaine, pour son *Essai sur le « Corpus luteum »*. Il publia, dès 1859, son *Traité de la physiologie humaine (1885*, 8e édit.), qui le plaça du coup au premier rang des physiologistes de l'Amérique et lui firent offrir les chaires de physiologie de plusieurs écoles de médecine. Il en accepta deux : celle de l'École médicale de la ville de New-York et celle du Collège de l'hôpital de Long-Island, à Brooklyn. Pendant la guerre de sécession, le docteur Dalton servit comme chirurgien de volontaires. Il a publié, en 1868, un *Traité sur la physiologie de l'hygiène des écoles, des familles et des collèges*, et, en 1882, une *Méthode expérimentale de médecine*; plus un grand nombre de mémoires et articles sur sa spécialité, dans les journaux et revues de médecine et de physiologie ; il fut un des principaux collaborateurs de l'*American Cyclopædia (1873-76)* et de l'*Universal Cyclopædia* de Johnson (1874-77).

DALY, César Dalcy (dit), architecte français, né à Verdun le 19 juillet 1811 ; fit ses études à Douai, puis vint à Paris, où il étudia l'architecture sous la direction de F. Duban. Il fut chargé, à partir de 1840, de divers travaux d'architecture, principalement de la restauration de la cathédrale d'Albi, et exposa au Salon de 1841 un *Projet de décoration intérieure de chapelle* et à celui de 1846, les *Dessins de la cathédrale d'Albi*, lesquels, présentés de nouveau à l'Exposition universelle de 1855, valurent une médaille de 2e classe à leur auteur. Associé dans sa jeunesse au mouvement d'idées mises en circulation par les publications fourriéristes, M. Daly, dans le cours d'un long voyage d'exploration artistique, alla visiter en 1855 la colonie communiste fondée par Cabet en Amérique ; il explora, dans la même occasion, tout le continent américain, étudiant les vestiges d'une architecture disparue. Il visita ensuite l'Orient : la Grèce, la Turquie, l'Asie Mineure, la Syrie, la Palestine. Architecte diocésain du Tarn, M. Daly est, en outre, membre d'un grand nombre de sociétés artistiques ou savantes ; décoré du Medjidié de Turquie (3e classe), commandeur de l'ordre de Saint-Stanislas de Russie, il est chevalier de la Légion d'honneur depuis 1861. — On a de lui : *Des concours pour les monuments publics*, etc. (1861) ; l'*Architecture privée au XIXe siècle, sous Napoléon III* (1860-70, 7 vol.) ; *Motifs historiques d'architecture et de sculpture d'ornement* (1864-76, 4 vol.) ; *Des décorations intérieures et extérieures* (3 vol.) ; *Architecture funéraire (1873)* ; les *Théâtres de la place du Châtelet (1875)*, etc. ; publications médaillées aux Expositions universelles de 1855, 1862 et 1867, à Paris et à Londres. M. C. Daly a publié également un certain nombre de brochures sur les questions d'architecture et des arts qui s'y rapportent. Il a fondé, en 1839, la *Revue générale de l'architecture et des travaux publics*, dont il a conservé la direction et qui forme aujourd'hui une collection de plus de 30 volumes d'un très grand intérêt.

DANA, Charles Anderson, journaliste américain, né à Hinsdale (New-Hampshire) le 8 août 1819. Entré au collège d'Harvard en 1839, il n'y put rester que deux années, à cause d'une affection des yeux qui lui interdisait l'étude assidue. En 1842, il devint membre de la communauté de la ferme de Brook, espèce de phalanstère établi à Roxbury (Massachusetts), et qu'il quitta en 1844. Peu après, il fondait avec George Ripley, Parke Godwin et John S. Dwight, *the Harbinger* (l'Avant-Coureur), journal hebdomadaire fouriériste, mais faisant, tout en laissant une large place à la littérature (1841-47), et pendant une partie de la même période, le *Boston Chronotype*. Dès 1847, il entra à la rédaction du *New York Tribune*, dont il devint administrateur de 1856 à 1861. Dès 1855, il projetait, en société avec M. George Ripley, la *New American Cyclopædia*, en 16 volumes, dont ces deux messieurs se firent les éditeurs responsables, et qui, terminée en 1863, a été l'objet d'une nouvelle édition revue et augmentée, dont la publication, commencée en 1873, a été terminée en 1876. Il publia également, en 1858, un choix considérable de poésies lyriques empruntées aux meilleurs auteurs anglais et américains, sous le titre de *Household Book of Poetry* (Recueil de poésies pour les familles). De 1862 à 1865, il remplit les fonctions officielles d'auditeur des comptes du département militaire occidental, et ensuite celles de secrétaire-adjoint à la guerre, pendant deux années. Vers 1866, il devint rédacteur en chef, copropriétaire du *Chicago Republican*, journal quotidien publié à Chicago (Illinois) ; mais il abandonna ce journal dans l'automne de 1867, et en 1868, il achetait une part de propriété du *New York Sun*, journal quotidien (quelque chose comme le *Petit Journal* de New-York), dont il devint bientôt rédacteur en chef et directeur, et qui s'est fait particulièrement remarquer par son opposition passionnée à l'administration du général Grant. — M. Dana est un homme d'un savoir étendu, malgré des commencements que l'état de sa santé rendit pénibles, d'une profonde érudition et d'une remarquable éloquence; c'est un « public speaker » renommé et il possède parfaitement plusieurs langues Enfin c'est surtout un journaliste de tempérament. Au mois de juillet 1876, il n'hésitait pas à aller au-devant de don Carlos, débarqué à New-York, dans l'espoir (qui ne devait pas être déçu) d'en tirer le premier quelques colonnes de *bonne copie*.

DANA, James Dwight, naturaliste américain, né à Utique (New-York) le 13 février 1813; il fit ses études au collège d'Yale, où il prit ses grades en 1833, et fut professeur de mathématiques dans l'escadre méditerranéenne de la marine des Etats-Unis, de 1833 à 1835, puis devint préparateur de chimie, de géologie, etc.. du professeur Silliman. En décembre 1836, il fut adjoint à l'expédition d'exploration scientifique commandée par le commodore Wilkes, en qualité de géologue et minéralogiste et l'accompagnait quelques mois plus tard pour revenir seulement en 1842. Il avait, dès 1837, publié son premier ouvrage : *Mineralogy*, lequel, après plusieurs éditions, revu et considérablement augmenté, reparaissait en deux volumes, en 1868-69. Depuis 1846, M. James D. Dana est rédacteur de l'*American Journal of science*, et il a, dans ces dernières années, assumé presque tout le poids de cette importante publication, fondée par Silliman en 1818. Pendant plusieurs années, il avait été presque entièrement occupé par la préparation et la classification des trésors scientifiques apportés du Pacifique dans le long voyage accompli sous la direction du commodore Wilkes, ainsi que par la rédaction de ses trois rapports différents, accompagnés d'atlas où figurent diverses espèces animales nouvelles, ainsi que des formations géologiques inconnues et découvertes par lui; soit : *Sur les zoophytes* (1846, in-4º de 740 p.); *Sur la géologie du Pacifique* (in-4º de 756 p., 1849); et *Sur les crustacés* (in-4 de 1620 pages, avec atlas de 96 desseins, 1852-54). Nommé professeur d'histoire naturelle et de géologie à l'université d'Yale en 1830, il ne put prendre possession de sa chaire qu'en 1855. Il l'a conservée jusqu'ici et est, en même temps, membre du conseil de l'École scientifique de Sheffield, annexe de Yale Collège. — Outre les ouvrages déjà cités, on doit au savant: un *Traité élémentaire de géologie pour les écoles et les académies* (1864, 3º édition, 1860); *les Coraux et les îles du corail (1872)*, une 3º édition, très augmentée, de ce dernier ouvrage a paru à la fin de 1882; *Histoires géologiques brièvement racontées (1875)*, etc. — M. James D. Dana a été président de l'Association américaine pour l'avancement des sciences; il est membre actif et officier de l'Académie nationale des sciences et membre correspondant d'un grand nombre de sociétés scientifiques européennes. La Société géologique de Londres lui a décerné, en 1872, sa médaille d'or de Wollaston, et la Société royale sa médaille de Copley en 1877.

DANCLA, Jean Charles, violoniste et compositeur français, né le 19 décembre 1817 à Bagnères-de-Bigorre. Il reçut, de son père, les éléments de son art et devint ensuite élève de Baillot. Entré, en 1828, au Conservatoire de Paris, il y remportait le premier prix de violon en 1833, puis apprenait la composition avec Halévy et l'harmonie avec M. Barbereau. Il obtint un prix de fugue en 1837 et, l'année suivante, le second grand prix de Rome. M. Ch. Dancla a été nommé, en 1857, professeur de violon au Conservatoire. M. Dancla s'est produit comme virtuose dans un grand nombre de concerts, tant en France qu'en Angleterre, en Allemagne, en Russie, etc., avec un succès qui ne s'est jamais démenti. Il a obtenu, dans les concours divers, des médailles d'or, prix, distinctions de toute sorte, notamment en 1862, le prix de musique de chambre, prix décernés par l'Institut. Il est, en outre, chevalier de la Légion d'honneur depuis 1867. — Comme compositeur, on doit à M. Dancla de nombreux morceaux pour son instrument : trios, quatuors, morceaux d'ensemble, fantaisies, rêveries, etc. Il a publié des *Œuvres choisies de Viotti*, compositeur italien, et quelques brochures, notamment: *Lettre à M. Ch. Gounod*, à propos de la direction des orchestres par les compositeurs (1873); *Miscellanées musicales (1877)*.

DANELLE-BERNARDIN, Jean-Baptiste Fernand, industriel et homme politique français, né à Montreuilsur-Blaise (Haute-Marne) le 16 septembre 1826. Il succéda à son père dans l'exploitation des forges du château de Buisson, en 1850. Membre du Conseil d'arrondissement de Vassy-sur-Blaise depuis 1856, M. Danelle-Bernardin a été élu, le 8 octobre 1871, membre du Conseil général pour le canton de Vassy. En 1863, il avait posé sa candidature dans la première circonscription de la Haute-Marne, en opposition avec celle de M. le baron Lespérut, candidat officiel, mais sans succès. Il voulut renouveler la tentative aux élections du 8 février 1871, et ne réussit pas mieux ; mais, M. Lespérut mort, une élection complémentaire eut lieu le 29 mars 1874, dans laquelle M. Lespérut fils briguait la succession de son père. Cette fois, les électeurs de la Haute-Marne préférèrent M. Danelle-Bernardin qui, d'ailleurs, avait réuni près de 18,000 voix aux élections de février 1871. L'honorable candidat s'était prononcé nettement en faveur de la République non pas la veille du scrutin, mais dès 1870 : il obtint 35,000 voix et fut élu. — A l'Assemblée, il se fit inscrire au centre gauche, puis à la gauche républicaine. Aux élections du 20 février 1876, il fut élu sans concurrent député de l'arrondissement de Vassy-sur-Blaise. Sa profession de foi était une confirmation pure et simple de ses déclarations républicaines précédentes. Réélu le 14 octobre 1877 et le 21 août 1881, il fut élu député de la Haute-Marne, le 4 octobre 1885, sur la liste républicaine. Il a voté l'expulsion des princes. — M. Danelle-Bernardin est maire de Louvemont depuis 1859, membre du Conseil général de la Haute-Marne depuis 1871 et président de la Chambre consultative des arts et manufactures de Joinville. Il est, en outre, vice-président du conseil d'administration du chemin de fer de Vassy à Saint-Dizier, qu'il n'a pas peu contribué à faire construire.

DARCEL, Alfred, administrateur et écrivain d'art français, né à Rouen le 4 juin 1818. Ses études achevées, il vint à Paris et entra à l'École centrale des arts et manufactures, d'où il sortit ingénieur civil en 1843. Après avoir dirigé pendant quelques années, à Rouen, une manufacture de produits chimiques, il revint à Paris, fut attaché au service des expositions en 1852, puis entra comme employé au musée du Louvre. Nommé en 1862 conservateur des monuments du moyen âge et de la renaissance, puis administrateur de la manufacture des Gobelins en 1871, M. Darcel était nommé directeur du musée des Thermes et de l'hôtel de Cluny, en remplacement de M. du Sommerard, décédé, le 24 février 1885. Il est en outre membre de la Commission de l'inventaire des richesses d'art de la France. Chevalier de la Légion d'honneur depuis 1869, il a été promu officier le 25 juillet 1885. — On doit à M. Alfred Darcel : l'*Album de Villard de Honnecourt, d'après les notes de Lassus (1858)*; le *Trésor de l'église de Conques (1861)*; *Notices des faïences italiennes du musée du Louvre (1864)*; *Notice des émaux et de l'orfèvrerie du musée du Louvre (1867)*; *Recueil de faïences italiennes*, avec M. Delange (1869); *Collection Bazilewski*, précédé d'un *Essai sur les arts industriels (1874*, 2 vol.). Il a collaboré aux *Annales archéologiques*, à la *Gazette des Beaux-Arts*, à la *Chronique des Arts et de la Curiosité*, à l'*Illustration*, au *Journal de Rouen*, etc.

DARGENT, Edouard Yan', peintre français, né en 1824 à Saint-Servais (Finistère). — On a de cet artiste, qui a débuté au Salon de 1851 : le *Retour*, les *Baigneuses (1851)*; *Au bord de la mer (1852)*; les *Déniicheurs (1853)*; les *Bords de la mer à Lokirech*, *Sauvetage à Guissény (1857)*; les *Lavandières de la nuit*, ballade bretonne (1861); les *Vapeurs*, un *Soir dans la lande (1863)*; la *Vache récalcitrante (1864)*; *Mort du dernier barde breton (1865)*; *Souvenir d'enfance*, le *Menhir (1866)*; la *Roche Maurice*, *Kloarek en vacances (1868)*; le *Petit Poucet (1869)*; l'*Intempérance* et le *Travail (1870)*; le *Charron de Cuzac (1872)*; le *Puits de Santa* et le *Sentier aux ramiers à Brézal*, dans le *Finistère*; l'*Education de la sainte Vierge* et *Sainte Anne visite la sainte Famille à Bethléem*, pour la cathédrale de Quimper (1873); *Saint Roch dans la solitude* et *Korn-bouod, aux environs de Saint-Pol de Léon*; la *Mort de saint Joseph* et la *Fuite en Egypte*, ces deux dernières toiles pour la cathédrale de Quimper (1874); *Sentier près de Telgruc*, *Conversation extatique de saint Corentin* et de *saint Primel*, *Falaise à Goullien (1875)*; *Baptême de Notre-Seigneur Jésus-Christ*, *Prédication de saint Jean-Baptiste*, pour la cathédrale de Quimper (même année); les *Bords du Scorf-an-Sac'h*, *Falaise à Morgat*; pour la cathédrale de Quimper : la *Conversion de saint Paul* et *saint Paul devant l'Aréopage (1876)*; outre plusieurs peintures murales et surtout de nombreux dessins sur bois pour les publications illustrées. — Il est chevalier de la Légion d'honneur depuis 1877.

DARISTE. Voy. Ariste (d').

DARLEY, Félix, dessinateur américain, né à Philadelphie le 20 juin 1822. D'abord commis dans une maison de commerce, il employait ses loisirs à l'étude du dessin, pour lequel il avait une vocation décidée ; il publia dès lors quelques produits de son crayon qui lui firent remarquer, et ses travaux en ce genre lui furent si bien payés qu'il se décida à abandonner la carrière commerciale. Il travailla plusieurs années à Philadelphie, produisant toute une série de dessins pour la *Bibliothèque des œuvres humoristiques américaines*; puis alla se fixer à New-York, où les illustrations des œuvres de Washington Irving lui furent d'abord confiées. Ces illustrations, principalement celles de *Rip Van Winkle*, de la *Legend of Sleepy Hollow* et de la *Magaret* de Judd (1856), le placèrent au rang des artistes les plus délicats et les plus sympathiques du jour. Il donna en outre plus de 500 dessins pour les œuvres de James Fenimore Cooper, illustra également quelques ouvrages de Charles Dickens, fournit aux principaux magazines des dessins innombrables, et dessina la plupart des bons du Trésor, billets de banques, etc., aux lignes compliquées pour le désespoir des contrefacteurs. En 1859 parut sa splendide composition du « Cortège de noces » pour le *Courtship of Miles Standish* de Longfellow. Il composa ensuite plusieurs grands dessins, parmi lesquels quatre commandés par le prince Napoléon à son passage à New-York. À la fin de la guerre de sécession, M. F. Darley fit son premier voyage en Europe, séjourna quelque temps à Rome, et rapporta dans sa patrie (1868) une quantité de dessins et d'esquisses, dont il publia une partie sous le titre de : *Sketches abroad with pen and pencil* (Esquisses des pays étrangers, à la plume et au crayon), dont il fournit aussi bien le texte que les illustrations. Il a entrepris, en 1875, une série de 500 dessins destinés à illustrer l'*Histoire des Etats-Unis*, dont le texte est dû à la plume de M. B. J. Lossing. Il est membre de l'Académie américaine et de la Société des aquarellistes américains.

DARU (comte), NAPOLÉON, homme politique français, ancien pair de France sous la monarchie de Juillet, ancien ministre sous le second empire, ancien sénateur de la République, est né à Paris le 11 juin 1807. Il est filleul de Napoléon 1ᵉʳ et de l'impératrice Joséphine et fils du littérateur et homme d'État éminent du premier empire, mort en 1829. M. le comte Daru fit ses études au lycée Louis-le-Grand, puis entra à l'Ecole polytechnique en 1825 et passa en 1827 à l'Ecole d'application de Metz, comme sous-lieutenant-élève. Entré dans l'artillerie en 1830, il prit part à l'expédition d'Alger, où il fut blessé. Lieutenant en 1834, capitaine en 1836, capitaine en premier en 1840, M. le comte Daru donnait sa démission en 1847. Entré à la Chambre des pairs en 1832, il devint un des plus fermes soutiens de la Monarchie de Juillet; toutefois, après le 24 février, il fit acte d'adhésion au nouvel ordre de choses. Elu représentant de la Manche à la Constituante, puis à la Législative, M. le comte Daru prit place à la droite de l'une et de l'autre assemblées ; il fut vice-président de l'Assemblée législative en 1850 et 1851. Il avait été, en 1849, un des membres les plus remuants du comité de la rue de Poitiers. — Au 2 décembre 1851, M. le comte Daru réunissait chez lui, rue de Lille, un grand nombre de représentants à la tête desquels en sa qualité de vice-président de l'Assemblée, il prenait, vers dix heures du matin, le chemin du Palais législatif, manifestation qui n'était pas sans péril, après tout, puisque les honorables représentants, appartenant à peu près tous à la droite, furent fort mal reçus en arrivant place de Bourgogne, par la troupe, qui avait précisément mission de s'opposer à la tentative en question. Les représentants insistèrent, mais ils furent bousculés, quelques-uns même blessés légèrement et durent s'en retourner comme ils étaient venus. Réunis de nouveau à l'hôtel Daru, ils résolurent de se rendre à la mairie du Xᵉ arrondissement et de s'y constituer régulièrement en Assemblée nationale. Ainsi firent-ils. Et l'on sait ce qu'il advint de cette séance extraordinaire, close sur ce cri héroïque : *Qu'on nous emmène à Mazas!* (sous-entendant, peut-être : « On y est plus en sûreté qu'ici »). Avec un certain nombre de ses collègues, M. le comte Daru, dont nous ne voyons pas cependant le nom figurer sur la liste de l'appel nominal fait à la caserne d'Orsay, pas plus que parmi ceux des membres du bureau de la réunion de la mairie du Xᵉ arrondissement, fut quelques jours retenu prisonnier à Vincennes. Rendu à la liberté, il se retira dans son département, et ne reparut dans l'arène politique qu'aux élections de 1869, où il fut élu, au scrutin de ballottage, député de la 4ᵉ circonscription de la Manche, comme candidat de l'« Union libérale ». Il prit place au centre gauche et fut l'un des promoteurs de l'interpellation des 116. Elu vice-président de l'Assemblée en décembre, il acceptait le portefeuille des affaires étrangères dans le cabinet du 2 janvier 1870. Les plus grandes difficultés, que rencontra M. Daru dans le poste qu'il avait accepté, lui vinrent du Concile du Vatican et des débats sur la doctrine du *Syllabus*; mais il s'en tira ce ne faisant rien. A la Chambre, il fut chargé d'exposer le programme du nouveau cabinet, de répondre aux interpellations sur la politique intérieure, toutes choses qui n'étaient pas essentiellement de son ressort, de même que ses talents oratoires plus qu'insuffisants ne pouvaient justifier un pareil choix. Au mois d'avril, M. Daru donnait sa démission : il est admis depuis longtemps que le motif de cette détermination se trouve dans l'imminence du plébiscite, manœuvre à laquelle M. Daru était opposé. Membre du Comité de défense au début de l'invasion prussienne, M. le comte Daru se retira dans le département de la Manche après la révolution du 4 Septembre. Président du Conseil général de ce département, il s'y occupa activement de l'organisation de la défense, protesta contre la dissolution des conseils généraux (janvier 1871), puis se porta candidat à l'Assemblée nationale aux élections du 8 février. Il fut élu en tête de la liste et alla siéger au centre droit, puis se fit inscrire au groupe de Clercq. Président de la commission d'enquête sur la révolution et le gouvernement du 4 Septembre et de la commission d'enquête sur les événements du 18 mars, les procès-verbaux de cette dernière commission provoquèrent de nombreuses réclamations dont il fallut reconnaître le bien fondé, malgré qu'on en eût. Il a fait partie, en outre, de la commission des lois constitutionnelles, de la commission du budget, etc. En 1873, M. le comte Daru faisait partie de la commission des *neuf* qui s'était imposé la mission difficile de rétablir en France la monarchie légitime. — Aux élections des sénateurs inamovibles, le nom de M. Daru figurait sur la liste de droite, qui échoua (décembre 1875); mais il fut élu le 30 janvier 1876, sénateur de la Manche, comme candidat de l'Union conservatrice, et prit place au Sénat sur les bancs de la droite. Il n'a pas été réélu à l'expiration de son mandat, le 5 janvier 1879 : il n'obtint même qu'une minorité dérisoire, et se retira décidément de la lutte.

M. le comte Daru a collaboré au *Correspondant*; il est auteur d'un traité des *Chemins de fer*, publié en 1843, et d'une étude sur le *Comte Beugnot*, publiée en 1865. Il est membre de l'Académie des sciences morales et politiques depuis 1860, et officier de la Légion d'honneur depuis 1840.

DARWIN, GEORGES HOWARD, physicien anglais, fils ainé de l'illustre naturaliste Charles DARWIN, est né en 1846. Il fit de brillantes études à l'université de Cambridge, collège de la Trinité, et fut reçu *fellow* de son collège en 1868 ; il s'adonna ensuite à l'étude du droit et fut admis au barreau de Lincoln's Inn en 1872, mais il n'aborda même pas la pratique de la profession d'avocat et retourna à Cambridge en 1873. En 1870-74, il avait fait partie d'une expédition chargée d'observer une éclipse de soleil en Sicile, mais que le mauvais temps avait empêché de remplir sa mission. Un mémoire sur l'*Influence des changements géologiques sur la rotation de l'axe terrestre*, inséré dans les *Transactions* de la Société royale en 1876, et suivi de divers autres, notamment un sur l'*Histoire des commencements de la terre (1878)*, le fit admettre dans le sein de cette société savante en 1879. M. Darwin s'est principalement occupé, depuis 1875, de recherches physiques et mathématiques relatives à l'astronomie, quelquefois en collaboration avec son frère, M. F. Darwin. A sa réunion en 1882, l'Association britannique pour l'avancement des sciences le chargeait, avec un autre savant, de reviser la méthode d'observation des marées ; il assistait sir William Thomson dans la préparation d'une nouvelle édition de la *Physique* de Thomson et Tait. Il collabore activement, enfin, à la revue scientifique *Nature* et à d'autres recueils scientifiques estimés. M. G. Darwin a été nommé, le 16 janvier 1883, professeur d'astronomie et de physique expérimentale à l'université de Cambridge.

DAUBRÉE, GABRIEL AUGUSTE, géologue français, né à Metz le 25 juin 1814. Entré à l'Ecole polytechnique, il en sortit en 1834 dans le corps des mines, fut nommé en 1838, ingénieur des mines du département du Bas-Rhin et professeur de géologie et de minéralogie à la faculté des sciences de Strasbourg, dont il devint doyen en 1852. Nommé ingénieur en chef en 1855, il fut appelé, en 1861, à la chaire de géologie du Museum d'histoire naturelle, à Paris, et l'année suivante, à la chaire de minéralogie de l'Ecole des mines, dont il est devenu directeur au mois de juin 1872. Il a pris sa retraite au mois d'août 1884. Elu membre de l'Académie des sciences en 1861, M. Daubrée était nommé inspecteur général des mines le 24 février 1867. — On a de ce savant : *Carte géologique du département du Bas-Rhin*, avec texte descriptif (1852) ; *Observations sur le métamorphisme (1858)* ; *Recherches expérimentales sur le stringe des rochers dû au phénomène erratique* (même année) ; *Recherches expérimentales sur les phénomènes qui ont pu produire le métamorphisme (1860)* ; la *Chaleur intérieure du globe, son origine, ses effets (1866)* ; *Expériences synthétiques relatives aux météorites (1866)* ; *Classification adoptée pour la collection des roches du Muséum d'histoire naturelle de Paris (1867*, broch. in-8e) ; *Rapports sur les progrès de la géologie expérimentale*, dans la collection des « Rapports officiels » sur l'Exposition universelle de 1867 ; *Études synthétiques de géologie comparée (1879)*, etc. M. Daubrée a publié en outre, sur les résultats de ses recherches dans les diverses branches de la géologie, au cours des missions qu'il a remplies à l'étranger, principalement en Hollande en en Suède, une foule de mémoires dans les *Comptes rendus de l'Académie des sciences*, les *Annales des Mines*, etc. Décoré de plusieurs ordres étrangers, M. Daubrée, commandeur de la Légion d'honneur depuis 1865 a été promu grand croix le 11 juillet 1881. Il est membre d'un grand nombre de sociétés savantes nationales et étrangères.

DAUDET, ERNEST, littérateur et publiciste français, né à Nîmes le 31 mai 1837, fit ses études dans son pays natal et vint à Paris en 1857. Il débuta dès lors dans la presse politique légitimiste et écrivit dans l'*Union* et le *Spectateur* (ancienne *Assemblée nationale*) ; il collabora ensuite à la *Nation*, au *Nord*, à l'*International*, à l'*Univers illustré*, à la *Revue française*, à la *Nouvelle Revue de Paris*, etc., ainsi qu'à divers journaux de province, en qualité de correspondant. Devenu, vers 1860, secrétaire-rédacteur au service des procès-verbaux et du compte rendu du Corps législatif, il était, dans les dernières années de l'empire, secrétaire de la présidence du Sénat. — M. E. Daudet a publié : *Thérèse*, roman (1859) ; les *Journaux religieux et les journalistes catholiques*, brochure (1860) ; la *Trahison d'Emile Ollivier*, broch. (1864) ; les *Duperies de l'Amour*, roman (1865) ; la *Vénus de Gordes*, avec M. Adolphe Belot (1866), roman, transporté au théâtre et représenté sur la scène de l'Ambigu en 1875 ; le *Crime de Jean Malory*, *Jean le Gueux*, *Marthe Varades*, la *Petite sœur*, le *Prince Pogoutzine*, le *Roman de Delphine*, *Jourdan coupe-têtes* ; *Diplomates et hommes d'État contemporains* : *le cardinal Consalvi, 1800-1824 (1867)* ; la *Succession Chavanet*, roman (1868, 2 vol.); le *Missionnaire (1869)*; *Fleur de péché (1872)* ; un *Mariage tragique (1873)* ; les *Aventures de Raymond Rocheray (1875)*; *Henriette, fragments du journal du marquis de Boisguerny*, député (1875); la *Terreur blanche* (même année); *Mon frère et moi, souvenirs de jeunesse (1882)*; *Mademoiselle Vestris (1884)* ; *Histoire de l'émigration : les Bourbons et la Russie pendant la Révolution française (1886)*, etc. Après l'échec des tentatives de fusion entre les deux branches de la « Maison de France », tentatives auxquelles il avait participé dans la mesure de ses moyens (1873), M. E. Daudet fit paraître une brochure anonyme : la *Vérité sur la fusion* qui fit quelque bruit tant qu'on n'en connut point le véritable auteur, et qu'on ne se fit pas faute d'imputer à une foule de personnages qui n'y étaient pour rien, ou pour fort peu de chose. — On lui doit encore : la *France et les Bonapartes, lettre à M. Conti (1874)* ; le *Ministère de M. de Martignac, sa vie politique et les dernières années de la Restauration (1875)*, ouvrage auquel l'Académie française, sur le rapport de M. de Sacy, a, dans sa séance du 11 mai 1876, décerné le prix Bordin, en partage avec le *Corneille inconnu*, de M. Levallois (ce prix a été maintenu aux deux mêmes ouvrages, le 16 novembre 1876); le *Procès des ministres*, broch. (1877).

Au nombre des modifications de personnel amenées dans les branches les plus diverses de l'administration par l'avènement au pouvoir du ministère de combat dont M. le duc de Broglie fut le chef, il faut citer la nomination de M. Ernest Daudet comme rédacteur en chef du *Journal officiel*, en remplacement de M. Kaempfen (février 1874). Le résultat des élections de février 1876 força naturellement M. Daudet à se retirer. Le 1er mai suivant, il prenait la rédaction en chef de l'*Estafette*, sorte de *Figaro* du soir, créé par Villemessant. M. Daudet conserva cette position jusqu'au 5 juillet, époque à laquelle Villemessant disposant de l'entreprise mauvaise, cédait le journal, son titre et sa clientèle à M. Léonce Détroyat, propriétaire du *Bon Sens*. — M. Daudet est chevalier de la Légion d'honneur depuis 1868.

DAUDET, ALPHONSE, littérateur français, né à Nîmes le 13 mai 1840. Il est frère du précédent, avec lequel il vint à Paris en 1857. Attaché au cabinet de M. de Morny, président du Corps législatif, depuis 1861, il perdit cette position à la mort de celui-ci (mars 1865) et se consacra entièrement à la littérature. Il avait débuté par des poésies qui avaient eu un succès mérité : les *Amoureuses (1858)* et in *Double conversion (1861)*, sans parler des vers insérés dans diverses publications périodiques, notamment le *Monde illustré*. En 1862, il faisait représenter au Théâtre Français : la *Dernière Idole*, écrite en collaboration avec M. Ernest Lépine. En 1863, il débutait dans le roman par le *Roman du petit Chaperon rouge*, en revenant en 1865 au Théâtre Français, avec une nouvelle petite pièce due à la même collaboration que la première : l'*Œillet blanc*. M. A. Daudet a donné depuis lors au théâtre : les *Absents*, musique de M. Poise, à l'Opéra-Comique (1865) ; le *Frère aîné*, comédie, avec M. Lépine (Manuel), au Vaudeville (1865) ; le *Sacrifice*, au Vaudeville ; l'*Arlésienne*, même théâtre (1872), reprise à l'Odéon en 1886, avec un certain succès ; *Lise Tavernier*, à l'Ambigu (1872) ; *Fromont jeune et Risler aîné*, drame tiré de son roman, par M. A. Belot, au Vaudeville (1876) ; le *Char*, opéra comique, avec M. P. Arène, à l'Opéra-Comique (1878); les *Rois en exil*, source identique, avec M. P. Delair, au Vaudeville (1882) ; *Sapho*. ibid., avec M. A. Belot, au Gymnase (1885). Il a collaboré à un assez grand nombre de journaux, notamment au *Figaro* où ses chroniques rimées, signées « Jean Froissart » et ses « Lettres de mon moulin » n'ont eu un véritable succès ; et il est devenu l'un des collaborateurs littéraires habituels du *Moniteur universel*, où ont paru beaucoup de ses romans et nouvelles publiés depuis en volume ; écrivit au *Journal officiel*, sous la direction de son frère et depuis, à l'*Evénement*, etc. Nous citerons parmi ses ouvrages ou recueils d'articles publiés à part : le *Petit chose*, *Tartarin de Tarascon*, *Robert Helmont*, *Lettres de mon moulin*, *Lettres à un absent*, *Contes du lundi* ; les *Femmes d'artistes* ; et, plus récemment : *Jack, histoire d'un ouvrier (1873*, 2 vol.); *Fromont jeune et Risler aîné (1874)*, ouvrage auquel l'Académie française a décerné le prix Jouy, en juin 1875 ; le *Nabob (1879)* ; les *Rois en exil (1880)* ; l'*Evangéliste (1883)* ; *Sapho (1884)* ; *Tartarin sur les Alpes (1886)*. Le bruit ayant couru de sa candidature à l'Académie aux élections de décembre 1884, il adressa aux journaux une lettre dans laquelle il dit : « Je ne me présente pas, je ne me suis jamais présenté, je ne me présenterai jamais. » Dont acte. — M. Alphonse Daudet est chevalier de la Légion d'honneur.

DAUMAS, AUGUSTIN HONORÉ, homme politique français, né à Toulon le 25 mai 1826. Il exerçait la profession d'ouvrier mécanicien, lorsque, impliqué dans le « complot de Lyon » (1851), il fut condamné à dix ans de détention qu'il subit à Belle-Isle-en-Mer et au Mont Saint-Michel. Nommé par le gouvernement de la Défense nationale sous-préfet provisoire de Toulon, le 6 septembre 1870, il donnait sa démission qui ne fut pas acceptée, huit jours après. Aux élections complémentaires du 2 juillet 1871, M. Daumas fut élu représentant du Var à l'Assemblée nationale par près de 30.000 voix, et vint siéger à l'extrême gauche. Il y prit plusieurs fois la parole, notamment dans la discussion de la loi sur les Conseils généraux pour protester contre le principe de la gratuité des fonctions. Il s'abstint lors du vote des lois constitutionnelles. Porté candidat dans la première circonscription de Toulon, aux élections du 20 février 1876, M. Daumas fut élu au premier tour, bien qu'il eût contre lui trois adversaires de nuances diverses, lesquels eurent de la peine à réunir 1,800 voix à eux trois, tandis que le candidat républicain en obtenait 6.500. Réélu le 16 octobre 1877 et le 21 août 1881, il fut porté en octobre 1885 sur la liste radicale et fut élu, le 18, député du Var. Il a repris sa place à l'extrême gauche et a voté l'expulsion totale des princes.

DAUPHIN, ALCIDE, homme politique français, sénateur, né à Amiens le 26 août 1827. Reçu licencié en droit, il s'inscrivit au barreau de la ville natale et devint bâtonnier de son ordre. Il était maire d'Amiens lorsqu'éclata la guerre de 1870, et fut maintenu dans ses fonctions par le gouvernement de la Défense nationale. Pendant la durée de l'occupation allemande, M. Dauphin montra autant de tact que d'infatigable dévouement et rendit à ses concitoyens et aux habitants du pays environnant les services les plus précieux dans d'aussi tristes circonstances ; il refusa du reste la candidature à l'Assemblée nationale, le 8 février 1871, pour ne point abandonner son poste de maire. Chargé de la direction de la préfecture, à titre provisoire, le 7 mars, il fut nommé préfet de la Somme le 28, et se retira en juillet. Le 9 janvier 1872, il fut élu contre son gré représentant de la Somme à l'Assemblée, en remplacement du général Faidherbe, qui avait donné sa démission parce qu'il jugeait que l'Assemblée outrepassait ses droits en siégeant après le vote du traité de paix. M. Dauphin, qui était du même avis, refusa de siéger et fut remplacé. Il donnait sa démission de maire d'Amiens le lendemain du 24 mai, en manière de protestation. M. Dauphin n'était pourtant pas un radical, tant s'en faut; ce n'est pas même comme républicain, mais comme constitutionnel, qu'il se présenta aux élections sénatoriales du 30 janvier 1876, dans son département. Il fut élu à une faible majorité, et prit place au centre gauche. Il est président du Conseil général de la Somme. Au renouvellement partiel du 8 janvier 1882, il a été réélu sénateur de la Somme en tête de la liste républicaine, et a voté l'expulsion des princes. M. Dauphin a rempli les fonctions de procureur général près la Cour d'appel de Paris, de 1879 à 1882. Chevalier de la Légion d'honneur depuis 1871, il a été promu officier le 11 juillet 1881, et nommé officier de l'instruction publique le 15 juillet 1886.

DAUPHINOT, Jean Simon, industriel et homme politique français, sénateur, né à Reims le 24 janvier 1821. L'un des grands manufacturiers de la contrée, M. Dauphinot a été élu juge au tribunal de commerce en 1852, et président de ce tribunal en 1864; vice-président de la chambre de commerce de Reims en 1868, il en devenait président en 1872. Conseiller municipal depuis 1860, il était nommé maire de Reims en 1868 et élu membre du Conseil général en 1869. L'attitude de M. Dauphinot comme maire de Reims pendant la douloureuse époque de l'occupation allemande, qui ne dura pas moins de sept mois, lui mérita la reconnaissance de ses concitoyens, et il fut élu, le 8 février 1871, représentant de la Marne à l'Assemblée nationale, où il vint siéger au centre gauche, dont il devint un des vice-présidents. Il donna alors sa démission de maire de Reims. M. Dauphinot a toujours voté avec la fraction sincèrement républicaine du groupe parlementaire dont il faisait partie dans l'Assemblée précédente. Porté sur la liste républicaine, aux élections sénatoriales du 30 janvier 1876, il fut le sujet de cette liste. Il s'est fait inscrire au centre gauche du Sénat, et a été élu questeur de cette assemblée parlementaire. Il a été réélu, au renouvellement partiel du 5 janvier 1879, a voté contre l'expulsion des princes. M. Dauphinot a été membre du jury de l'Exposition internationale de Vienne, de 1873, pour le 5ᵉ groupe (Industrie des matières textiles, etc.). Il est officier d'Académie, et officier de la Légion d'honneur depuis le 20 octobre 1878.

DAUTRESME, Auguste Lucien, homme politique français, ingénieur, compositeur, né à Elbeuf le 21 mai 1826. Élève de l'École polytechnique, M. L. Dautresme abandonna la carrière d'ingénieur qu'il avait d'abord embrassée, étudia la musique et se livra avec ardeur à la composition. Il a donné à l'ancien Théâtre Lyrique deux petits ouvrages qui n'ont pas de valeur : *Cardillac* et *Sous les charmilles*. Conseiller général de la Seine-Inférieure, il a été élu, le 20 février 1876, député de la 2ᵉ circonscription de Rouen et siégea au centre gauche. Il a été réélu le 14 octobre 1877 et le 21 août 1881 par le même collège et le 4 octobre 1885, sur la liste des républicains « progressistes », député de la Seine-Inférieure. Le 9 novembre suivant, M. Dautresme remplaçait au ministère du commerce M. Pierre Legrand, démissionnaire; il résignait ses fonctions le 29 décembre, avec tous ses collègues du cabinet Brisson. — M. Dautresme a voté l'expulsion des princes.

DAVIDSON, Thomas, naturaliste écossais, vice-président de la Société paléontologique de Londres, membre de la Société royale, de la Société géologique, de la Société linnéenne, etc., est né à Édimbourg le 17 mai 1817. Il fit presque entièrement son éducation en Italie et à Paris, où il fréquenta même pendant plusieurs années l'atelier de Paul Delaroche, tout en suivant assidûment les cours de la faculté des sciences. Ses études scientifiques se portèrent principalement vers la géologie et la paléontologie, et il les dirigea d'une manière spéciale dans le sens de l'éclaircissement des caractères, classification, histoire, distribution géographique et géologique des brachiopodes récents et fossiles. Son grand ouvrage sur les *British Fossil Brachiopoda* (5 vol. in-4°, 230 gravures), est considéré comme une des plus importantes et des plus complètes monographies scientifiques jusqu'ici publiées. Il a également publié un grand nombre d'articles ou de mémoires sur des sujets scientifiques variés. Secrétaire honoraire de la Société géologique, en 1858, il recevait du conseil de cette société, en 1865, la médaille d'or de Wollaston, et en 1868, des mains de sir R. Murchison, l'un des pères incontestés de la géologie britannique, la médaille dite *silurienne*, en reconnaissance de son ouvrage intitulé : *Illustrations and history of the Silurian Life*. La Société royale lui décernait à son tour, en 1870, sa grande médaille d'or et la Société paléontologique récompensait également ses intéressants travaux l'année suivante. M. Thomas Davidson a pris la part la plus grande à l'organisation du nouveau Museum de Brighton, est président du comité directeur de ce musée depuis sa fondation. Il a, en outre, deux fois rempli les fonctions de vice-président de section aux réunions de l'Association britannique pour l'avancement des sciences, et fait partie du comité général. Il a été chargé de la description des brachiopodes apportés par le *Challenger*, de sa mémorable exploration des fonds marins.

DAVIS, Jefferson, homme d'État américain, ex-président de la Confédération des États du Sud, pendant la guerre de Sécession, est né dans le Kentucky le 3 juin 1808. Il était encore enfant quand sa famille émigra dans l'État de Mississipi. Après avoir commencé ses études au Transylvania Collège (Kentucky) où il resta jusqu'en 1824, il entra à l'Académie militaire de West Point, d'où il sortit, comme second lieutenant, en 1828. La première période de sa carrière militaire ne dura pas moins de sept années, pendant lesquelles il servit avec distinction contre diverses tribus indiennes hostiles. Devenu premier lieutenant, il quitta le service militaire et retourna au Mississipi, où, ayant épousé la fille du général Taylor, qui fut ensuite président des États-Unis, il devint planteur de coton, occupation dans laquelle il resta confiné jusqu'en 1843. A cette époque, il prit part à la politique militante dans les rangs des démocrates, et s'employa efficacement en faveur de l'élection de Polk à la présidence des États-Unis. Élu membre du Congrès en 1845, il prit une part brillante aux débats relatifs au « tarif », à la question de l'Orégon, aux affaires militaires, aux préparatifs de l'expédition mexicaine, etc. Cette dernière résolue, M. Jefferson Davis fut élu colonel des volontaires du Mississipi, et alors, résignant son siège au Congrès, il alla rejoindre, sur le Rio-Grande, l'armée du général Taylor. Il assista au siège et à la prise de Monterey, et fut un des commissaires désignés pour traiter de la capitulation de la place (septembre 1846); il se distingua de nouveau à la bataille de Buena-Vista (février 1847). A son retour, le président Polk lui offrit le grade de général de brigade de volontaires; mais il refusa, sous prétexte que le pouvoir exécutif n'avait aucun droit à nommer les officiers de volontaires, ce droit appartenant, d'après la constitution, exclusivement aux États. En 1847, il fut élu sénateur du Mississipi, devint, en 1850, président du Comité des affaires militaires, et se distingua par son zèle dans la défense des droits particuliers de chaque État de l'Union et de la légitimité de l'esclavage. En 1851, il se démit de son siège au Sénat et s'occupa activement à faire triompher la candidature de Franklin Pierce à la présidence des États-Unis. Celui-ci, ayant été élu, confia à M. Jefferson Davis le portefeuille de la guerre. Il introduisit, dans son département et dans l'administration militaire en général, des réformes importantes, et se retira du ministère à l'accession de M. Buchanan à la présidence suprême. Il fut réélu au Sénat, mais à l'élection de Lincoln, il se retira, rappelé par le Mississipi, qui venait de prononcer sa séparation de l'Union. Le Congrès des États confédérés, réuni à Montgomery le 4 février 1861, l'élut président provisoire de la Confédération, en quelle qualité il fut installé le 22 février. L'année suivante, il était maintenu à la présidence des États confédérés pour six années consécutives, par des élections régulières.

Après la chute de Richmond, le président Davis, qui se disposait à la fuite, fut arrêté à Irwinsville, dans la Géorgie, le 10 mai 1865, et fut écroué à la forteresse Monroe, où il resta deux ans, attendant qu'on lui fît son procès. On le mit enfin en liberté provisoire sous caution, dans l'été de 1867. Il fut ensuite compris dans l'amnistie générale du 25 décembre 1868. M. Jefferson Davis fit alors un voyage en Europe et, à son retour, prit sa résidence à Memphis, dans le Tennessee. — Il a publié en 1881 : *The Rise and Fall of the Confederate Government* (2 vol.).

DAVIS, Henry William Banks, peintre et sculpteur anglais, né à Finchley le 26 août 1833; fit ses études dans sa ville natale et vint ensuite à Londres; il y suivit les cours de l'Académie royale des Arts où, en 1854, il obtint deux médailles d'argent : l'une pour la perspective et l'autre pour le modèle vivant. Il a exposé à l'Académie : *Rough Pasturage (1864)*; *The strayed Herd* (Le Troupeau égaré, 1865); *Spring Ploughing* (Labour de printemps, 1866); *Dewy Eve* (Rosée du soir, 1870); *Moonrise* (Lever de lune, 1871); *The Prætorium, at Neufchatel (1871)*; *A Panic (1872)*; *A Summer, afternoon* (Une après-midi d'été, 1873), etc., etc. Il a également exposé, en 1872, à l'Académie royale, un *Taureau trottant* (Trotting Bull), bronze, lequel reparut à l'Exposition de Vienne en 1873, et y obtint une des médailles décernées à la sculpture. Il a exposé depuis : *Chemin bordé de haies, en France*; la *Fin du jour*; *En Picardie (1874)*; une *Matinée de printemps*; *Jument et poulain, en Picardie (1876)*; *Contentement*, *Après le soleil couché (1877)*; *l'Approche de la nuit*, *Lumière matinale (1878)*; le *Forage de la côte française*, une *Nuit d'été*, les *Vagabonds*, un *Troupeau en Picardie*, *Nuage et rayon de soleil (1879)*; *Affection de famille*, le *Retour au parquage (1880)*; *Mère et fils*, *Midi*, *l'Etoile du soir (1881)*; *Dans le Rossshire*, *Vagues de mer et vagues de terre*, *Pluie de juin (1882)*; le *Rassemblement du troupeau*, *Ben Eay*, *A Kinlochewe (1883)*, etc. — M. Henry B. Davis a été élu associé de l'Académie royale des Arts en 1873 et membre titulaire le 18 juin 1877.

DAWKINS, WILLIAM BOYD, géologue anglais, né au presbytère de Buttington, à Welshpool, dans le comté de Montgomery le 26 décembre 1838; il commença ses études à l'école de Rossall et alla les terminer à l'université d'Oxford. Devenu préparateur de géologie en 1862 et géologue principal en 1867, il a été nommé curateur du Museum de Manchester en 1869, professeur de géologie au collège Owen de la même ville en 1870, et président de la Société géologique en 1874. M. le professeur Dawkins est auteur d'un grand nombre de mémoires ou d'études insérés dans les publications spéciales de la Société royale et des Sociétés géologique, paléontologique et anthropologique, principalement sur les mammifères fossiles. On lui doit encore : *Cave-Hunting: Researches on the Evidences of caves respecting the early inhabitants of Europe* (Recherches sur l'évidence de l'usage des cavernes par les premiers habitants de l'Europe, 1874), et *Early man in Britain, and his place in the tertiary période (1880)*. En 1875, il fit un voyage au tour du monde par l'Australie et la Nouvelle-Zélande et, en passant en Amérique, fit une série de lectures à l'Institut Lowell, à Boston. En 1882, il fut nommé membre du comité scientifique du tunnel de la Manche (dont l'entreprise ne tarda guère à être abandonnée grâce aux intelligentes suggestions du général Wolseley et de quelques autres culottes de peau britanniques), et chargé des études géologiques nécessaires sur les côtes d'Angleterre et de France. Président de la section anthropologique de l'Association britannique pour l'avancement des sciences, en 1882, M. W. B. Davis fut élu la même année *fellow* du collège de Jésus, à l'université d'Oxford.

DAWSON, JOHN WILLIAM, savant paléontologiste canadien, né à Picton, dans la Nouvelle-Ecosse, en 1820. Il alla faire ses études à l'université d'Edimbourg, et après son retour au Canada, se consacra à l'étude de l'histoire naturelle et de la géologie de la Nouvelle-Ecosse et du Nouveau-Brunswick. Il a publié le résultat de ces études dans son *Acadian Geology* (3ᵉ édit. 1886). Collaborateur, depuis 1843, des *Proceedings* de la Société géologique de Londres, ainsi que de plusieurs publications scientifiques de la métropole et de la colonie, il a en outre publié un certain nombre de monographies estimées sur des sujets d'histoire naturelle et de géologie. On cite tout spécialement ses deux volumes, illustrés de dessins dus au crayon de sa fille, sur la *Devonian and Carboniferous Flora of Eastern North America*, ouvrage considéré comme le plus important qui ait été encore publié sur ce sujet. Citons entre autres : *Archaia, or Studies on the Cosmogony and Natural History of the Hebrew Scriptures (1858)*; et *The Story of the Earth and Man* (l'Histoire de la terre et de l'homme, 1872), ouvrage dans lequel il combat la théorie darwinienne de l'origine des espèces; *The Dawn of Life*, description des débris fossiles les plus anciens et de leurs rapports avec la période géologique et le développement du règne animal (1875); *The Origine of the World* (l'Origine du monde) (1877); *Fossil Men and their modern representatives* (les Hommes fossiles et leurs représentants modernes, 1878); *The Change of Life in the geologica time*, esquisse de l'origine et de la succession sur le globe des plantes et des animaux (1880), etc. — M. John W. Dawson est membre d'un grand nombre de sociétés savantes américaines et européennes; il est inspecteur de l'Education publique pour la Nouvelle-Ecosse depuis 1850 ; nommé principal de l'université Mac Gill, de Montréal, en 1855, il en est devenu depuis vice-chancelier. — On doit à ce savant la découverte de l'*eozoon canadense*, la plus ancienne forme connue de la vie animale. Il a été décoré de l'ordre de Saint-Michel et Saint-George en 1881, et nommé la même année, par le gouverneur général, marquis de Lorne, président de la Société royale du Canada.

DE AMICIS, Voy. Amicis (de)

DEANDRÉIS, ELISÉE LÉON, homme politique français, né à Montpellier le 21 juin 1838. Vice-président du camp de Montpellier, pendant la dernière période, il a fait partie du Conseil municipal de sa ville natale de 1874 à 1879. Il est banquier et membre de la chambre de commerce de Montpellier. Porté sur la liste républicaine, il a été élu député de l'Hérault le 4 octobre 1885. Il a pris place à la gauche radicale et a voté l'expulsion totale des princes. — M. Déandréis a été l'un des fondateurs, en 1869, de la *Liberté de l'Hérault*, journal d'opposition démocratique de Montpellier

DEBANS, JEAN-BAPTISTE CAMILLE, littérateur et journaliste français, né à Cauderan (Gironde) le 10 mai 1834, a fait son éducation au lycée de Bordeaux, puis son droit à Toulouse. Destiné par sa famille au notariat, il fut d'abord clerc de notaire, puis occupa un emploi chez un banquier. C'est en quittant ce dernier qu'il fonda à Bordeaux le journal le *Bonhomme* qui eut un certain retentissement et, à diverses reprises, un vif succès. Venu à Paris en 1 59, il débuta presque aussitôt au *Figaro* bi-hebdomadaire ; puis il écrivit dans diverses feuilles, revint au *Figaro*, le quitta, et publia un roman de longue haleine : *Octave Kellner*, au *Temps*. Il avait donné au public en 1862 un petit volume : *Sousclef*, souvenir de quelques semaines passées sous les verrous pour avoir été mêlé à un duel malheureux ; il eut plus tard, à Bordeaux, un autre duel. M. Debaus a publié dans *Paris Magasine* et dans d'autres feuilles des nouvelles assez alertes, dont l'une : *l'Homme aux deux âmes*, est très originale. Il a donné, aussi sans nom d'auteur, un volume intitulé : *Discours contre le Spiritisme* ; puis un autre ouvrage, sous ce titre : les *Drames à toute vapeur*, recueil de nouvelles très dramatiques et très mouvementées. Entré au *Petit Moniteur* comme secrétaire de la rédaction, il est resté huit ans dans la maison Dalloz et y a occupé diverses fonctions. Pendant la guerre, il fit le *Moniteur universel* et le *Petit Moniteur* à Tours et à Bordeaux. Ces travaux excessifs altérèrent sa santé et il s'adonna définitivement au roman. Il a publié *Mademoiselle La Vertu*, le *Capitaine Marche-ou-Crève*, *Go ahead*, *l'Aiguilleur* ; la *Cabanette (1884)*; les *Malheurs de John Bull (1885)*, etc.

DEBERLY, ALBERT, homme politique français, né à Amiens le 31 mai 1844. Reçu avocat, M. Deberly s'inscrivit au barreau de sa ville natale. Il prit part à la défense de Paris comme lieutenant des mobiles de la Somme, et alla reprendre sa place au barreau d'Amiens après la guerre. Candidat malheureux aux élections pour le Conseil municipal d'Amiens et pour le Conseil général de la Somme, M. Deberly a été élu député de ce département, le dernier de la liste monarchique, au scrutin de ballottage du 18 octobre 1885. Il siège à droite.

DE BASSINI, ACHILLE BASSI (dit), chanteur italien, fils d'un ancien soldat de Napoléon, est né à Milan en 1820. Il fit ses études classiques dans sa ville natale et étudiait la philosophie au lycée Sant' Alessandro, en même temps qu'il cultivait la musique avec une ardeur qui ne devait bientôt plus laisser de place à d'autres soucis intellectuels. Il s'y consacra bientôt tout entier. Ses succès au théâtre l'ont fait surnommer par ses compatriotes, bons juges en pareille matière, *il secondo Ronconi*. Il s'est fait entendre sur les principales scènes de l'Italie, à Saint-Pétersbourg et à Paris, où nous l'avons encore entendu en 1874, notamment dans un concert donné par M. Lopez, ténor et compositeur espagnol de beaucoup de talent. La belle voix de baryton de M. de Bassini n'avait rien perdu de son timbre magnifique, et le chanteur lui-même rien des qualités d'artiste et d'homme de monde qui ont tant aidé à sa grande renommée.

DEBRAY, JULES HENRI, chimiste français, né le 26 juillet 1827, fit ses études à Paris et fut admis à l'Ecole normale supérieure en 1847. Reçu agrégé en 1850 et docteur ès sciences en 1855, il devint successivement professeur au lycée Charlemagne, préparateur de chimie, puis maître des conférences à l'Ecole normale, examinateur d'admission à l'Ecole polytechnique, essayeur à la Monnaie, enfin professeur de chimie à la faculté des sciences de Paris et membre du Conseil supérieur de l'instruction publique. Il est entré à l'Académie des sciences en 1877, en remplacement de Balard. M. le D' Debray est officier de la Légion d'honneur. — On lui doit : *Du glucinum et de ses composés*, thèse de doctorat (1855); *Métallurgie du platine et des métaux qui l'accompagnent (1864)*; *Cours élémentaire de chimie (1871-76*, 2 vol., 3e éd.); outre de nombreux mémoires, la plupart en collaboration avec H. Sainte-Claire Deville, sur l'osmium, l'iridium et d'autres corps simples encore peu connus. C'est aussi à cette collaboration qu'est dû le mètre étalon adopté par la Commission internationale.

DECAUX, Georges, éditeur et journaliste français, né en 1845. Après s'être occupé principalement de travaux bibliographiques, M. Decaux fonda en 1870, avec M. F. Polo, directeur du journal l'*Eclipse*, une librairie populaire qui prit rapidement de l'importance. A la mort de son associé, en 1874, M. Decaux devint seul propriétaire de la maison d'édition, qui prit le nom de *Librairie illustrée* qu'elle a conservé depuis.

Aussi bien par ses publications personnelles que par celles dont il a suggéré l'idée, soit à des éditeurs, ses confrères, soit à des littérateurs, M. Decaux a exercé une influence marquée sur le mouvement de la librairie contemporaine. Certaines de ses créations, telles que le *Musée universel (1872)* et le *Journal des Voyages (1877)*, ont suscité des imitations nombreuses, qui ont, en quelque sorte, renouvelé la forme du journalisme hebdomadaire illustré. M. Decaux a fondé un nombre considérable de journaux, qui en font l'émule de Girardin, de Villemessant et de Millaud. C'est ainsi qu'il a publié, en 1869, le *Petit Journal comique*; en 1870, la *Semaine illustrée*, le *Ballon-poste*; en 1872, le *Musée universel*; en 1873, le *Magasin illustré*, le *Monde pittoresque*; en 1875, *Sur terre et sur mer*, la *Science illustrée*; en 1876, les *Beaux-arts illustrés*, la *Revue de la musique*; en 1877, le *Journal des Voyages*; en 1878, l'*Exposition de Paris*; en 1879, le *Magasin de lecture*, le *Journal-pour tous*, le *Père Gérard*, *La Récréation*; en 1880, la *Caricature*; en 1881, le *Magasin littéraire*; en 1882, la *Vie élégante*; en 1884, la *Mode*, l'*Actualité*, journal quotidien.

Comme éditeur, M. Decaux, si on laisse de côté une grande quantité d'ouvrages d'actualité, de brochures politiques, d'almanachs et de livraisons illustrées sans grande importance, a publié l'*Histoire de la Révolution de 1870-71*, de M. Jules Claretie, l'*Homme qui rit* et les *Travailleurs de la mer*, de Victor Hugo, remarquablement illustrés par Vierge; le *Vingtième siècle*, et tous les autres amusants volumes de M. A. Robida; la *Hollande et la Flandre à vol d'oiseau*, de beaux livres de M. Henry Havard, illustrés par M. Maxime Lalanne; l'*Art et l'Industrie de tous les peuples à l'Exposition de 1878*; le superbe *Rabelais* illustré par M. Robida; le *Drapeau*, de Claretie, illustré par A. de Neuville et Morin; les *Nouvelles conquêtes de la Science*, de M. Louis Figuier; le *Nouveau Dictionnaire encyclopédique*, de M. Jules Trousset. Enfin M. Decaux a mis en lumière de jeunes hommes de talent tels que MM. Jean Richepin, Louis Boussenard et Louis Morin, etc.

DECAZES (duc), Louis Charles Élie Amanieu, duc de Decazes en France, et duc de Glucksberg en Danemark, homme d'État français, né le 9 mai 1819. Fils de l'ancien ministre de la Restauration, mort en 1860, il entra dans la carrière diplomatique de bonne heure; il fut d'abord secrétaire d'ambassade à Londres, puis envoyé extraordinaire et ministre plénipotentiaire près les cours d'Espagne et de Portugal. Après la révolution de février 1848, M. Decazes, marquis Decazes alors, se retira avec son père de la vie publique. Il s'occupa d'affaires industrielles, devint membre du Conseil général de la Gironde et tenta, par deux fois, en 1863 et 1869, de se faire élire député au Corps législatif par les électeurs de la 5e circonscription de ce département, lesquels lui préférèrent, dans les deux cas, le candidat officiel, M. Chaix d'Est-Ange. Il fut élu, le 8 février 1871, le troisième sur quatorze, représentant à l'Assemblée nationale et prit place au centre droit. M. le duc Decazes a, dès lors, pris part à toutes les attaques qu'eut à subir, de la part des monarchistes, le gouvernement de M. Thiers, et après le triomphe de ses amis, le 24 mai 1873, il fut nommé ambassadeur à Londres (11 septembre). Le 26 novembre suivant, il était appelé au ministère sous le portefeuille des affaires étrangères qu'il a conservé depuis dans tous les cabinets qui se sont succédé et malgré le profonde modification de la politique gouvernementale qui dut forcément suivre les élections de 1876; il ne s'est retiré que le 30 octobre 1877. Il est vrai que M. le duc Decazes, comme beaucoup de monarchistes instruits par l'expérience, s'était, dans les derniers temps du gouvernement de combat, rapproché sensiblement de la République. Sans cette évolution opérée à propos, il était fort à craindre que M. le duc Decazes partageât l'infortune de M. Buffet, aux élections législatives de février-mars 1876. Porté à la fois à Villefranche (Aveyron) et dans le 8e arrondissement à Paris, dans la première de ces deux circonscriptions, il fut battu complètement dès le premier tour par le candidat républicain, M. Médal, ancien constituant de 1848; et à Paris, après avoir eu contre lui M. Raoul Duval fils, bonapartiste, M. Riant, légitimiste, et M. Victor Chauffour, républicain, il fut élu au scrutin de ballottage du 5 mars, surtout grâce à la retraite de M. Victor Chauffour, qui fit reporter sur son nom la plus grande partie des voix nettement républicaines. M. le duc Decazes a profité de l'ouverture de la session d'avril 1876, pour attester son respect profond de la loi et, en particulier, des lois « qui ont organisé le gouvernement de la République et les pouvoirs de son illustre président ». On ne saurait y voir une bien grande passion républicaine, cela est vrai; mais non plus une hostilité systématique, et c'est quelque chose. — Incertain toutefois d'un collège électoral qui voulût bien l'accepter franchement, M. le duc Decazes se porta, aux élections du 14 octobre 1877, dans la 2e circonscription de Libourne et dans l'arrondissement de Puget-Théniers. Il échoua à Libourne et à Puget-Théniers, son élection, à une faible majorité, avait eu lieu dans des circonstances telles, que la Chambre crut devoir en prononcer l'annulation (décembre 1878), après enquête. M. le duc Decazes parait avoir dès lors renoncé à la vie politique. — Haut dignitaire de la plupart des ordres étrangers, il est grand officier de la Légion d'honneur depuis 1876; il est, en outre, chambellan honoraire du roi de Danemark.

DECOURCELLE, Adrien, auteur dramatique français, né à Amiens le 28 octobre 1824, a fait ses études à Paris, au lycée Charlemagne. Il débuta de très bonne heure à la scène par des vaudevilles et des petites comédies fort bien accueillis. Devenu gendre de M. Dennery, voué au drame sombre et inextricable, M. A. Decourcelle n'a toutefois jamais abandonné le vaudeville et la comédie de genre, où il excelle. — Il a écrit, seul ou en collaboration, un grand nombre de pièces, dont quelques-unes sont restées populaires. Nous citerons: une *Soirée à la Bastille*, 1 acte en vers (1845); *Don Guzman, ou la journée d'un séducteur*, 5 actes en vers (1846); la *Marinette*, ou le *Théâtre de la farce*, 1 acte en vers (1847), au Théâtre-Français; les *Mémoires de Grammont*, 1 acte, au Gymnase; le *Roi de cœur*, 1 acte, au Vaudeville; *Un et un font un*, avec M. Deslandes; les *Portraits*, les *Douze travaux d'Hercule*, un *Vilain Monsieur*, avec Th. Barrière (1848); la *Petite Cousine*, avec le même; *Oscar XXVIII*, *Agénor le Dangereux*, avec M. Labiche; le *Bal du prisonnier*, avec Guillard (1849); *Diviser pour régner*, et le *Président de la Bazoche*, seul; un *Monsieur qui suit les femmes*, avec Th. Barrière; les *Petits moyens*, avec M. Labiche; l'*Echelle des femmes*, avec M. Dennery; *Jenny l'ouvrière*, avec M. Jules Barbier (1850); les *Dragons de la reine*, seul; un *Roi de la mode*, *Tambour battant*, l'*Enseignement mutuel*, *English Exhibition*, avec Th. Barrière; *Pierrot*, avec Lefrane (1851); une *Vengeance*, les *Femmes de Gavarni*, la *Tête de Martin*, avec Th. Barrière; la *Perdrix rouge*, avec Lambert Thiboust (1852); un *Ménage à trois*, avec Anicet Bourgeois et les *Orphelines de Valneige*, drame en 3 actes, tiré de *Geneviève*, de Lamartine (1853); le *Château des Tilleuls*, avec Jaime; la *Bête au bon Dieu*, avec M. Deslandes et A. Rolland (1854); *Monsieur mon fils*, avec Th. Barrière; *Je dîne chez ma mère*, avec Lambert Thiboust; la *Joie de la maison*, avec Marc Fournier; le *Fils de M. Godard*, avec Anicet Bourgeois (1855); un *Tyran domestique*, avec Lambert Thiboust; *Fais que dois*, 3 actes en vers, au Français, avec M. H. de Lacretelle (1856); *J'enlève ma femme*, avec Anicet Bourgeois; les *Petites lâchetés (1857)*; les *Mariages d'aujourd'hui*, avec Anicet Bourgeois; *Ma Femme est troublée (1859)*; la *Pupille d'un viveur*; le *Locataire du troisième*, seul (1867); les *Tribulations d'un témoin*; un *Jeune homme timide (1868)*; *Marcel*, avec J. Sandeau, au Français (1871); *Pierre Maubert (1872)*; le *Numéro 13 (1873)*; le *Premier tapis (1876)*; les *Débuts de Pluchette (1882)*, etc. — M. Adrien Decourcelle a publié, en outre, divers feuilletons dans la *Patrie*; et, dans le *Figaro*, de joyeux conseils quotidiens, sous le titre de *Formules du Dr Grégoire*, lesquelles formules ont été réunies plus tard en volume sous ce même titre. On lui doit enfin un roman publié chez Dentu: un *Homme d'argent*.

DEFFÈS, Pierre Louis, compositeur français, né à Toulouse le 24 juillet 1819. D'abord employé de commerce dans sa ville natale, il vint à Paris à vingt ans et se fit admettre, en 1839, au Conservatoire où il fut élève de Berton, puis d'Halévy et obtint le grand prix de l'Institut en 1847. Il passa trois années en Italie d'où il apportait une *Messe solennelle*, exécutée avec succès à Paris en 1858, puis en Allemagne, et débuta à la scène en 1855, par l'*Anneau d'argent*, représenté à l'Opéra-Comique. Il a donné depuis : la *Clef des champs*, 1 acte (1857), au même théâtre ; *Brakovano*, opéra comique en 2 actes (1858), les *Petits violons du Roi*, 3 actes (1859). le *Café du Roi*, 1 acte (1861), au Théâtre Lyrique. Ce dernier ouvrage avait paru préalablement sur la petite scène du Kursaal d'Ems (même année), et fut repris en 1868, à l'Opéra-Comique. A quoi nous devons ajouter : les *Bourguignonnes*, jouées à Ems en 1862 et à l'Opéra-Comique l'année suivante : une *Botte à surprises*, au Kursaal d'Ems et aux Bouffes parisiens (1864) ; *Passé minuit*, Bouffes (1864); la *Comédie en voyage*, à Ems (1867); les *Croqueuses de pommes*, 5 act., aux Menus-Plaisirs (1868); *Petit Bonhomme vit encore*, aux Bouffes (1868) : *Valse et menuet*, 1 act., Athénée (1870), représenté en 1865 à Ems; le *Trompette de Chamborom*, op. com., 2 act., au théâtre de Dieppe (1877); les *Noces de Fernande*, opéra comique en 3 actes, à l'Opéra-Comique (1878), etc.

DEFFIS, Amand, général et homme politique français, né à Momères (Hautes-Pyrénées) le 6 février 1827. Entré à Saint-Cyr en 1848, il quitta l'Ecole peu après et s'engagea dans un régiment d'infanterie, où il obtint dès 1852 l'épaulette de sous-lieutenant. Il prit part à la campagne de Crimée et fut promu lieutenant en janvier et capitaine en décembre 1855. Il devint alors successivement chef de bataillon en 1868, lieutenant colonel le 2 octobre 1870, colonel le 16 septembre 1871 et général de brigade le 3 juin 1879. Appelé d'abord au commandement de la 4e brigade d'infanterie, à Saint-Omer, il était nommé commandant de l'Ecole militaire de Saint-Cyr en 1881, membre du Comité consultatif de l'infanterie et enfin du Comité consultatif d'état-major, M. le général Deffis s'est présenté aux élections sénatoriales du 8 janvier 1882 dans les Hautes-Pyrénées, et a été élu. Lors du vote de la loi d'expulsion des princes (22 juin 1886), il s'est abstenu. — Chevalier de la Légion d'honneur depuis 1865, le général Deffis a été promu officier en 1872 et commandeur le 5 juillet 1882; il est grand officier de l'ordre de l'Etoile de Roumanie, etc.

DE GIOSA, Nicola, compositeur italien, né à Bari le 5 mai 1820, est élève de l'Ecole napolitaine. Nous citerons parmi ses œuvres les plus connues : la *Casa degli artisti*, opéra bouffe, au théâtre Nuovo, de Naples ; *Elvina*, opéra semi sérieux, au même théâtre ; l'*Arrigo del signor Zio*, opéra bouffe, au théâtre Sutera, de Turin ; *Ascanio il Gioielliere*, opéra semi sérieux, au théâtre d'Angennes, à Turin ; le *Due Guide*, tragédie lyrique, à la Pergola, de Florence ; *Lo Zingaro*, tragédie lyrique, au San Carlo, de Naples ; *Folco d'Arles*, tragédie lyrique, au même théâtre ; *Don Cecco*, opéra bouffe, au théâtre Nuovo, de Naples ; la *Modista*, au même théâtre ; *Il Marito della vedova*, à Naples et à Gênes ; *Napoli di Carnevale*, au théâtre Nuovo (1877), etc. — On doit en outre à ce musicien quelque trois cents compositions diverses, symphonies, messes, morceaux détachés, albums de romances et chansons napolitaines, etc.

DEJARDIN, Ernest, industriel et homme politique français, né à Cambrai le 19 juin 1840. Il fit son droit et s'inscrivit au barreau de Paris, puis devint secrétaire de M. Cresson, lequel devait être préfet de police pendant le siège de Paris, tandis que M. Déjardin, après avoir participé à la mise en défense de Cambrai, revêtait la tunique galonnée de chef d'escadron de l'artillerie mobilisée du Nord. Passé avec le même grade dans l'armée territoriale, M. Déjardin donna sa démission le jour où la République montra qu'elle était décidée à ne pas laisser aux mains des ennemis, la plupart aussi bien préparés que M. Déjardin lui-même pour remplir le poste qui leur avait été confié, le commandement des régiments territoriaux. En 1876, M. Ernest Dejardin succédait à son père comme administrateur de la Société des mines d'Aniches ; il est en outre président de la commission de vérification de la Compagnie des chemins de fer Paris-Lyon-Méditerranée. — Aux élections du 4 octobre 1885, M. Déjardin fut porté sur la liste monarchique, qui a triomphé entièrement dans le département du Nord. Il siège à droite.

DELABORDE (vicomte), Henri, peintre et littérateur français, né à Rennes le 2 mai 1811, fils du général de l'empire, comte Delaborde, est élève de Paul Delaroche. — On cite, parmi ses principales toiles : *Agar dans le désert (1836)*; la *Conversion de saint Augustin (1837)*; la *Mort de Monique (1838)*; la *Prise de Damiette (1841)*; *Offrande à Hygie (1842)*; les *Chevaliers de Saint-Jean de Jérusalem (1845)*; *Dante à l'Averno (1847)*; la *Passion du Christ (1848)*; les *Confessions de saint Augustin (1853)*, etc. — Il a publié : *Etudes sur les Beaux-Arts en France et à l'étranger (1864, 2 vol.)*; *Lettres et pensées d'Hippolyte Flandrin (1865)*; *Mélanges sur l'Art contemporain (1866)*; *Ingres, sa vie, ses travaux, sa doctrine (1870)*; le *Cabinet des estampes de la Bibliothèque nationale (1875)*; la *Gravure (1883)*, etc., et collaboré à la *Gazette des Beaux-Arts*, à la *Revue des Deux-Mondes*, à divers autres recueils périodiques et à l'*Histoire des Peintres de toutes les écoles*. Nommé conservateur-adjoint au cabinet des estampes de la Bibliothèque nationale en 1855, puis conservateur en 1858, M. le vicomte Delaborde est aujourd'hui conservateur-honoraire de cet important établissement; il a été élu membre de l'Académie des Beaux-Arts en 1868, et est devenu secrétaire perpétuel de cette académie en 1874. Chevalier de la Légion d'honneur depuis 1860, il a été promu officier en 1878. — M. le vicomte Delaborde est membre du Conseil supérieur de l'instruction publique, du Conseil supérieur des Beaux-Arts, etc.

DELAFOSSE, Jules Victor, journaliste et homme politique français, né à Pontfarcy (Calvados) le 2 mars 1841. Il commença ses études au collège de Vire et vint les terminer à Paris, où il suivit les cours de la faculté des lettres et se fit recevoir licencié. Entré au *Journal de Paris* en 1870, il succéda à M. Weiss, après le 24 mai 1873, au *Paris-Journal*. Vers la fin de 1876, il fondait, avec M. Albert Duruy, le journal bonapartiste la *Nation*, qui n'eut qu'une courte existence et fut censé fusionner avec l'*Ordre*. M. Jules Delafosse fonda alors à Caen l'*Ami de l'Ordre*. Il s'était déjà présenté aux élections générales du 20 février 1876, dans l'arrondissement de Vire, comme candidat conservateur, et avait échoué ; il y revenait le 14 octobre, comme candidat officiel et nettement bonapartiste, quoiqu'ayant débuté dans la presse orléaniste, et réussissait à se faire élire; mais la Chambre, peu tendre pour les candidats officiels de l'étrange régime sous lequel nous vivions alors, annula l'élection de Vire; M. Delafosse fut élu de nouveau, dans le même collège le 21 août 1881. Il a même été élu député du Calvados, en tête de la liste monarchique triomphante, le 4 octobre 1883. — Il est chevalier de la Légion d'honneur.

DELAPLANCHE, Eugène, sculpteur et peintre français, élève de Duret pour la sculpture et de Pelouze pour la peinture, est né à Belleville (Paris) le 28 février 1836. Il remporta le grand prix de Rome en 1864, sujet : *Ulysse bandant l'arc que les prétendants n'ont pu ployer*, après avoir remporté un second prix en 1858, avec un *Achille saisissant ses armes*, et débuta au Salon de 1861 par un buste de *Jeune fille*. Il a exposé depuis : un *Petit pâtre (1863)*; *Enfant monté sur une tortue*, plâtre (1866) ; le bronze de la précédente statue et divers ouvrages exécutés pendant son séjour à Rome (Exposition universelle, 1867) ; un *Pecoraro*, statue, plâtre (1868); le bronze de la précédente (1869); *Eve après le péché*, marbre (1870); le *Message d'amour*, plâtre; *sainte Agnès*, marbre, pour l'église Saint-Eustache (1872); *Education maternelle*, groupe en plâtre *(1873)*; *Agar et Ismaël*, marbre; *Livie*, buste, marbre ; le *Message d'amour*, marbre; la *Charpente* et la *Terrasse*, frontons de l'avant-foyer, au nouvel Opéra (1874); l'*Education maternelle*, marbre; *Esquisse d'un monument élevé à Mgr Affreingue à Notre-Dame de Boulogne-sur-Mer*, plâtre (1875) ; la *Vierge*, *Saint-Joseph*, l'*Enfant sainte-Agnès*, marbre, pour l'église Saint-Joseph; *Portrait de M*me *Eugénie Doche*, buste, marbre (1876); la *Musique*, statue en plâtre (1877); le marbre de la précédente et la *Vierge* su lis, marbre (1878); l'*Education maternelle*, *Eve*, le *Message d'amour* et quelques autres ouvrages déjà cités ont reparu à l'Exposition universelle. Citons encore : l'*Ensommeillée*, statue en plâtre (1883); l'*Aurore*, statue, marbre; la *Sécurité*, groupe en pierre, pour l'escalier du préfet de la Seine, à l'Hôtel de ville (1884); *Circé*, plâtre et *Portrait de M. François Coppée*, de l'Académie française, buste en marbre (1885); la *Danse*, statue ou plâtre (1886), et un certain nombre de bustes divers. — M. Delaplanche a exposé en outre quelques paysages, notamment, au Salon de 1875 : la *Bièvre à Verrières-le-Buisson*, et à celui de 1884 : la *Rabette à Clairfontaine*. Il a obtenu des médailles aux Salons de 1865, 1868 et 1870, la médaille d'honneur au Salon et une 1re médaille à l'Exposition, en 1878 ; chevalier de la Légion d'honneur depuis 1876, il a été promu officier en 1886.

DELANNOY, Léopold Emile Edmond, acteur français, fils d'un officier supérieur du premier empire, est né à Arras le 7 février 1817. Il commença à jouer la comédie sur des théâtres de province, à Elbeuf, La Rochelle, etc., entra au théâtre de Montmartre en 1840, et obtint un engagement à Lille en 1843. Après avoir parcouru la Belgique, et avoir été même quelque temps directeur du théâtre des Nouveautés, à Bruxelles, il débuta au Vaudeville en 1848, dans la *Propriété c'est le vol*, bouffonnerie de Clairville, et y obtint un succès complet. Il parut ensuite, sur la même scène, dans les petites pièces politico-bouffonnes qui eurent une si grande vogue à cette époque : l'*Exposition des produits de la République*, la *Foire aux idées*, les *Représentants en vacances*, etc. Après un nouveau tour en Belgique, où il joua à l'occasion les premiers rôles, descendant aux troisièmes comiques le lendemain si besoin était, il revint à Paris et entra au Palais-Royal en 1858. M. Delannoy est rentré au Vaudeville quelques années plus tard, et ne l'a guère quitté, si ce n'est momentanément, pendant près de vingt ans. — Parmi les rôles, trop nombreux pour être tous mentionnés, qu'il a créés ou repris à ce théâtre, nous citerons : Chaboulard, du *Passé minuit*; Fromentel, des *Ganaches*; Marécat, de *Nos intimes*; Péponnet, des *Faux bonshommes*; Blandinet, des *Petits oiseaux*; François, du *Choix d'un gendre*; Samuel, de l'*Oncle Sam*; Lobligeois, du *Cachemire X. B. T.*; celui de Delobelle, dans la pièce de MM. Alphonse Daudet et Belot: *Fromont jeune et Risler aîné*; celui de Ribaudet, dans les *Mariages riches*, de M. Abraham Dreyfus (1876-77); celui de Lecouvreur, des *Députés en robe de chambre* (1879), repris en 1886 à la Renaissance, etc.

DE LA RAMÉE, Louisa, Voy. **La Ramée** (de).

DE LA RUE, Warren, physicien et industriel anglais, né dans l'île de Guernesey le 18 janvier 1815. Il fit ses études au collège Sainte-Barbe, à Paris et fut ensuite associé à la grande manufacture et vente en gros de papeterie connue sous la raison sociale Thomas De La Rue et Cie, dont il est aujourd'hui le chef, il appliqua à l'industrie de la papeterie une foule de perfectionnements puisés dans ses connaissances scientifiques, qui sont très étendues, employa des procédés nouveaux de fabrication, inventa des machines dont plusieurs ont été brevetées, notamment des machines à imprimer en couleur et à plier les enveloppes de lettres. Il fut membre du jury et rapporteur de la classe xxix, à l'Exposition de 1851 ; juré de la classe x, à l'Exposition de Paris, en 1855, président de la section B de la classe xxviii, à l'Exposition de Londres de 1862, membre du jury de l'Exposition d'électricité et du Congrès électrique international tenus à Paris en 1881, et du Conseil consultatif de l'exposition analogue tenue à Londres l'année suivante.

M. De La Rue a inséré divers mémoires scientifiques dans les publications des sociétés savantes dont il est membre. Il a en outre établi à Cranford (Middlesex), un observatoire, démantelé depuis, et dont les instruments ont été offerts, en 1873, à l'université d'Oxford. Mais où il s'est particulièrement distingué, c'est dans l'application de la photographie aux études astronomiques. Il s'embarqua pour l'Espagne en 1860, avec l' « Himalayan Expédition », et obtint une collection de photographies des plus intéressantes de l'éclipse totale de soleil du 18 juillet. Il a publié, avec MM. Balfour Stewart et B. Loewy : *Recherches sur la physique solaire*, résultat des observations faites sous sa direction à l'observatoire de Kew. Il a pris également une grande part aux préparatifs pour les observations photographiques du passage de Vénus, en 1874. M. Warren De La Rue donnait, le 30 janvier 1881, lecture à l'Institution royale d'un mémoire sur le *Phénomène de la décharge électrique*, accompagnée d'expériences faites à l'aide d'une batterie de 14,400 éléments, celle dont il se sert actuellement dans son laboratoire privé n'en compte pas moins de 15,000. — M. W. De La Rue est membre de la Société royale de Londres ; il a été élu, le 27 décembre 1880, correspondant de l'Académie des sciences (section de l'astronomie) et est correspondant ou associé d'un grand nombre d'autres sociétés savantes nationales et étrangères. Promu commandeur de la Légion d'honneur en 1881, M. Warren de la Rue est en outre dignitaire d'un grand nombre d'ordres étrangers.

DELASIAUVE, Louis Jean François, médecin aliéniste français, né à Garennes (Eure) en 1804, fit ses études à Paris où il prit le grade de docteur en 1830, et alla pratiquer la médecine dans son pays. Revenu à Paris en 1839, ayant délaissé la pratique pour les recherches scientifiques, il collabora à divers journaux spéciaux : la *Revue médicale*, les *Annales médico-psychologiques*, l'*Expérience*, etc. Il fit un cours à l'École pratique de la faculté de médecine et fut nommé, au concours, médecin de l'hôpital des aliénés de Bicêtre. Il a pris sa retraite en 1879. — On doit au docteur Delasiauve de nombreux mémoires sur l'aliénation mentale et les maladies qui s'y rapportent : un *Examen des diverses critiques de la phrénologie* (1844); *Essai de classification des maladies mentales*, *De l'organisation médicale en France sous le triple rapport de la pratique, des établissements de bienfaisance et de l'enseignement* (1845); *Traité de l'épilepsie, histoire, traitement, médecine légale* (1854); *Des pseudomanies* (1859). Il rédige, depuis 1861, le *Journal de médecine mentale*, publication mensuelle. — M. le docteur Delasiauve est chevalier de la Légion d'honneur.

DELATTRE, Paul Eugène, homme politique français, avocat, né à Ramburelles (Somme) le 3 janvier 1830. Il fit son droit et s'inscrivit au barreau de Paris en 1852. Tout en exerçant sa profession, il s'occupait beaucoup de politique ce était sur la fin de l'empire fort répandu dans les réunions publiques, comptant au nombre des orateurs radicaux les plus écoutés. Il fut en conséquence nommé préfet de la Mayenne aussitôt après le 4 septembre. Remplacé à cette préfecture le 20 mars de l'année suivante, il était élu par le quartier de la Villette au Conseil municipal de Paris, en 1874, et réélu aux deux renouvellements de 1877 et 1881. Aux élections générales d'août-septembre 1881, pour la Chambre des députés, M. Delattre fut élu au scrutin de ballottage dans la 1re circonscription de Saint-Denis, et prit place à l'extrême gauche. Il a été élu député de la Seine au scrutin du 18 octobre 1885. Il a voté l'expulsion totale des princes. — M. Delattre a plaidé dans de nombreux procès politiques et de presse. A la Chambre, sauf quelques interpellations, il s'est occupé principalement des questions relatives aux chemins de fer. Il a publié : *Tribulations des voyageurs et des expéditeurs en chemin de fer* (1858); *Canaux et chemins de fer* (1861); *Devoirs du suffrage universel* (1863); la *Justice dans les prochaines élections* (1864); les *Etrangleurs de la Bourse: illégalité de l'escompte des valeurs cotées* (1866), etc.

DELAUNAY, Louis Arsène, comédien français, né à Paris le 21 mars 1826. Entré au Conservatoire en 1843, il en sortit en 1845, ayant obtenu un accessit de comédie, et débuta au mois d'octobre de la même année sur la scène de l'Odéon, où il tint avec succès, jusqu'en 1848, les emplois de jeune premier rôle. Il débuta au Théâtre-Français en avril 1848, dans le rôle de Dorante, du *Menteur*. M. Delaunay qui, dès lors, se distinguait par une grande pureté de diction, beaucoup de naturel, une grâce élégante et de la chaleur, fut toutefois accueilli par la critique, sur notre première scène dramatique, avec une faveur modérée; mais cette quasi-hostilité disparut bientôt pour faire place à la sympathie la plus franche et d'ailleurs la plus méritée. En 1850, M. Delaunay était élu sociétaire de la Comédie Française, dont il est aujourd'hui, avec M. Got, admis à la même époque, le doyen. M. Delaunay a rempli, avec le plus franc succès, beaucoup de rôles importants du répertoire classique et du répertoire moderne, et fait un assez grand nombre de brillantes créations. Nous citerons : le rôle de Dorante, du *Menteur*; ceux de Clitandre, des *Femmes savantes*; d'Horace, de l'*École des femmes*; de don Juan, dans la comédie de Molière; de Télémaque, d'Ulysse; de Hernani, dans le drame de Victor Hugo; de Valentin, dans *Il ne faut jurer de rien*; de Fortunio, du *Chandelier*; de Perdican, dans *On ne badine pas avec l'amour*; du duc de Richelieu, dans *Mlle de Belle-Isle*; d'Albert, du *Péril de la demeure*; d'Olivier de Jalin, du *Demi-Monde*; du vicomte, du *Lion amoureux*; de Gaston de Presle, du *Gendre de M. Poirier*; de Pierre Champillon, des *Lions et renards*; de Paul de Vineuil, de la *Cigale chez les fourmis*; de H. de Savigny, dans le *Sphynx*; dans les *Effrontés*, le *Fils de Giboyer*, *Maître Guérin*, *Paul Forestier*, le *Fils*, *Jean Baudry*, les *Faux ménages*, etc. — M. Delaunay est professeur de déclamation dramatique au Conservatoire. Il est chevalier de la Légion d'honneur, ayant été décoré en mai 1883, non comme professeur, mais comme artiste, ce qui est le premier exemple d'une semblable récompense donnée à un comédien. — Il a pris sa retraite de sociétaire de la Comédie française (liquidée à 8,000 fr.), en 1886.

DELAUNAY, Jules Elie, peintre français, élève de J. Sotta, H. Flandrin et L. Lamothe, est né à Nantes le 12 juin 1828. Après avoir obtenu un second prix de Rome en 1853, avec *Jésus chassant les marchands du temple*, il remporta le premier en 1856, avec le *Retour du jeune Tobie*. Il avait débuté au Salon de 1853. Nous citerons de cet artiste : les *Paludiers de Guérande* (1853); la

Leçon de flûte (1859) ; le *Serment de Brutus, Mort de la nymphe Hespérie (1863)* ; la *Communion des apôtres (1866)* ; la *Peste à Rome*, le *Secret de l'Amour (1869)* ; le *Calvaire*, la *Mort de Nessus (1870)* ; *Diane (1872)* ; *Ixion précipité dans les Enfers* ; les *Quatre grands prophètes : Isaïe, Jérémie, Ezéchiel, Daniel*, dans le transept de l'église Saint-François-Xavier ; douze *Figures personnifiant les Ministères*, au Conseil d'Etat (1876) ; *David triomphant*, portrait de M. *Legouvé lisant*, d'autres portraits et la *Peste à Rome*, à l'Exposition universelle (1878) ; *Portrait de M. H. Meilhac (1886)*, et une quantité innombrable d'autres portraits, généralement anonymes, ainsi que des peintures murales dans divers monuments publics, outre celles déjà citées. — M. Elie Delaunay a obtenu une 3º médaille en 1859, une 2º en 1863, une médaille en 1865, une 2º médaille en 1867 et une 1ʳᵉ en 1878. Chevalier de la Légion d'honneur en 1867, il a été promu officier en 1878. Enfin, il a été élu membre de l'Académie des Beaux-Arts en 1879.

DELDEVEZ, Edouard Marie Ernest, violoniste, compositeur et chef d'orchestre français, né à Paris le 31 mai 1817. Entré au Conservatoire en mars 1825, il y fut élève d'Habeneck pour le violon, d'Halévy pour le contrepoint et la fugue, et de Berton pour la composition idéale ; il remporta dès 1829 un second prix de solfège, et le premier prix en 1831 ; la même année, il obtenait un second prix de violon, et le premier deux ans plus tard ; en 1837, un second prix de contrepoint et fugue, et en 1838, le premier prix de cette classe. Enfin il obtenait, cette même année, le second prix au concours de l'Institut, avec sa cantate *Loyse de Montfort*. Il quitta alors le Conservatoire et se produisit comme virtuose dans les concerts, tout en se livrant avec ardeur à la composition. Devenu premier violon, puis, en 1859, second chef d'orchestre à l'Opéra, M. Deldevez prit sa retraite en cette dernière qualité ; mais il rentra à l'Opéra comme premier chef d'orchestre après la mort de Georges Hainl (juin 1873) et devint à la même époque chef d'orchestre de la Société des concerts du Conservatoire. Il a été en outre professeur de la classe d'ensemble instrumental à cet établissement. Des raisons de santé ont forcé M. Deldevez de se démettre de ses fonctions de chef d'orchestre à l'Opéra, en juillet 1877, puis de ses fonctions au Conservatoire. Il est chevalier de la Légion d'honneur depuis 1874. — On doit à M. Deldevez un grand nombre de compositions pour son instrument, pour l'orchestre, la voix, etc., cantates, scènes lyriques, concertos, fantaisies, études pour piano, violon et violoncelle, ouvertures, symphonies, quatuors, trios, ainsi que de nombreux ballets, des morceaux de musique religieuse, des romances, ballades, etc. Nous citerons : *Paquita*, *Vert-Vert*, *Eucharis*, *Yanko le bandit*, *Lady Henriette*, la *Péri*, ballets ; *Robert Bruce*, ouverture ; une *Messe de Requiem*, pour les funérailles d'Habeneck, etc. Il a enfin publié : *Notation de la musique classique comparée à la notation de la musique moderne (1868)* ; les *Curiosités musicales (1873)* ; l'*Art du chef d'orchestre (1878)*.

DELELIS, Jules, homme politique français, né près de Dunkerque en 1826. Il s'occupa d'abord d'agriculture, puis s'établit à Dunkerque, dont il devint adjoint au maire en 1855 et maire en 1865, fonctions qu'il résigna au 4 septembre 1870. Il est président de la Société d'agriculture de Dunkerque depuis 1880. M. J. Delelis a été élu député du Nord le 4 octobre 1885, avec tous les amis de la liste monarchique. Il est chevalier de la Légion d'honneur depuis 1867.

DELIBES, Léo, compositeur français, membre de l'Institut, né à Saint-Germain-du-Val (Sarthe) en 1836. Entré au Conservatoire à douze ans, il devint en 1853 organiste de l'église Saint-Jean-Saint-François et accompagnateur au Théâtre Lyrique, en 1865, second chef des chœurs de l'Opéra, fonctions qu'il résigna peu de temps après. M. L. Delibes est devenu professeur de composition, contrepoint et fugue au Conservatoire et membre du conseil d'enseignement pour les études musicales à cet établissement. — On lui doit : *Deux sacs de charbon*, opérette, 1 acte (1885) ; *Maître Griffard*, opéra-comique (1857) ; l'*Omelette à la Follembuche*, opérette (1859) ; *M. de Bonne-Etoile*, ib. (1860) ; le *Jardinier et son seigneur*, ib. (1863) ; le *Serpent à plumes*, ib. (1864) ; le *Bœuf Apis*, ib. ; la *Source*, ballet en 3 actes et 4 tableaux, à l'Opéra (1866) ; *Coppélia*, ballet en 3 actes, à l'Opéra (1870) ; le *Roi l'a dit*, opéra comique, 2 actes, à l'Opéra-Comique (1873) ; *Sylvia*, ballet en 3 actes, à l'Opéra (1876) ; la *Mort d'Orphée*, scène lyrique (1877) ; *Lakmé*, opéra comique en 3 actes, à l'Opéra-Comique (1883) ; des chœurs pour voix d'hommes, de nombreuses *mélodies*, une *messe*, etc. — M. Léo Delibes a été élu membre de l'Académie des Beaux-Arts le 5 décembre 1884. Il est chevalier de la Légion d'honneur et décoré de l'ordre du Lion et du Soleil de Perse (3ᵉ classe).

DELISLE, Léopold Victor, historien français, né à Valognes (Manche) le 24 octobre 1826, fit ses études à Paris ; admis à l'École des chartes en 1847, il obtint le diplôme d'archiviste-paléographe, et entra comme employé au département des manuscrits, à la Bibliothèque nationale, en 1852. Il en est devenu conservateur en 1871, et en 1874, administrateur général. — M. Léopold Delisle a donné à la « Bibliothèque de l'École de chartes » divers mémoires parmi lesquels il faut mentionner à part : ses *Recherches sur les revenus publics en Normandie au douzième siècle* et ses *Recherches sur les monuments paléographiques concernant l'usage de prier pour les morts*, mémoires auxquels l'Institut décerna sa deuxième médaille d'or au concours des antiquités nationales de 1849. Ses *Recherches sur la condition de la classe agricole en Normandie au moyen âge*, qui obtinrent le prix du concours ouvert sur cette question par la Société des lettres, sciences et arts du département de l'Eure, en 1846, imprimées en 1851, reçurent en outre, la même année et l'année suivante, le prix Gobert de 8.000 francs de l'Académie des inscriptions et belles-lettres. Parmi les autres ouvrages de M. Léopold Delisle, nous citerons : *Cartulaire normand de Philippe-Auguste (1852)* ; *Catalogue des actes de Philippe-Auguste (1856)* ; *Recueil des jugements de l'Echiquier de Normandie au treizième siècle (1864)* ; *Documents sur les fabriques de faïences de Rouen*, recueillis par Haillet de Couronne (1865) ; *Observations sur l'origine de plusieurs manuscrits de la collection de M. Barrois (1866)* ; *Histoire du château et des sires de Saint-Sauveur-le-Vicomte (1867)* ; le *Cabinet des manuscrits de la Bibliothèque impériale (1868-78, 2 vol.)* ; *Inventaire des manuscrits du fonds latin (1868-71)* ; *Inventaire général et méthodique des manuscrits français (1876 et suiv.)*, ce dernier ouvrage devant former environ huit vol. in-8º, etc., etc. — M. L. Delisle a publié également un grand nombre de mémoires dans le recueil de la Société des antiquaires de Normandie dont il est membre ; il est aussi membre de la Société des antiquaires de France depuis 1855, de la Commission de publication du Recueil des historiens de France, du Comité des travaux historiques au ministère de l'instruction publique, du Comité de publication de la Société de l'École des chartes, etc. Il a été élu membre de l'Académie des inscriptions et belles-lettres en 1857. Chevalier de la Légion d'honneur depuis 1857, M. Léopold Delisle a été promu officier en 1877 et commandeur le 3 mai 1883. Il est en outre commandeur de l'ordre du Danebrog, de Danemark (2ᵉ classe).

DELLESTABLE, François Antoine, homme politique français, médecin, né à Neuvic (Corrèze) le 31 décembre 1851. Fils d'un notaire de cette ville, il étudia la médecine, prit le grade de docteur et vint s'établir à Neuvic, dont il est devenu maire ; il représente en outre le canton au Conseil d'arrondissement. M. Dellestable a été élu député de la Corrèze, comme candidat radical, au scrutin du 18 octobre 1885. Il a pris place à l'extrême gauche et a voté l'expulsion totale des princes.

DELPIT, Albert, littérateur français, né à la Nouvelle-Orléans (Louisiane) le 30 janvier 1849, d'une famille de négociants d'origine française. Venu en France pour faire ses études, qu'il commença à Sainte-Barbe et alla terminer au lycée de Bordeaux, il retourna ensuite dans son pays natal, mais il ne tarda pas à revenir en France et se fixa à Paris où il se lança dans la carrière littéraire sans le moindre retard. Il collabora d'abord aux journaux d'Alexandre Dumas le *Mousquetaire* et le *d'Artagnan*, et remporta en 1870 le prix offert par M. Ballande pour une *Apothéose de Lamartine*, qui fut jouée à la Gaîté. Il avait déjà publié alors un volume de poésies : les *Malédictions*, qui avait été très remarqué, et fait jouer à l'Odéon un acte en vers : la *Voix du maître*. Survint la guerre, pendant laquelle M. Albert Delpit se conduisit de telle sorte que, sur la proposition de l'amiral Saisset, il reçut la croix de la Légion d'honneur. Il publiait cependant, en novembre 1870, un nouveau volume de vers intitulé l'*Invasion*, dont une seconde édition augmentée, remportait en 1872 le prix Montyon en 1872. La *Chasse aux Prussiens par quinze francs-tireurs* parut en 1871 ; puis vint un poème : le *Repentir* ou *Récit d'un curé de campagne*, sur les derniers moments de *Morvorel*, qui a son auteur une nouvelle récompense de l'Académie. M. Albert Delpit, à dater de cette époque, aborda à la fois, avec des destins divers, le théâtre et le roman. Dans ce dernier ordre d'ouvrages, il s'est assez rapidement acquis une réputation enviable. Nous citerons: les *Compagnons du roi (1873)*; *Jean Nu-Pieds* (2 vol.), la *Vengeresse (1874)*; le *Mystère du Bas-Meudon (1876)*; les *Fils de joie*. le *Dernier gentilhomme (1877)*; la *Famille Cavalié (1878*, 2 vol.); le *Fils de Coralie (1879)*; le *Supplice d'une mère*, *Solange de Croix-Saint-Luc (1885)*; les *Fils du siècle* et *Mademoiselle de Bressier (1886)*, etc. — Il a donné au théâtre: *Robert Pradel*, drame en 4 actes, à l'Odéon (1883); *Jean Nu-Pieds*, drame, 4 actes, en vers, tiré de son roman, au Vaudeville (1875); le *Message de Scapin*, comédie, un acte, en vers, au Théâtre-Français; les *Chevaliers de la Patrie*, drame, 5 actes, au Théâtre-Historique (1876); les *Maucroix*, pièce en 3 actes, au Théâtre-Français; le *Père Martial*, comédie, 4 actes, au Gymnase (1883), etc. — M. Delpit a collaboré à divers journaux et revues, notamment à la *Revue des Deux-Mondes*.

DELSOL, JEAN JOSEPH, homme politique français, né à Saint-Christophe (Aveyron) le 27 octobre 1827; commença ses études au lycée de Rodez, vint les terminer à Paris au collège Henri IV, suivit les cours de la faculté de droit et, reçu licencié en 1849, puis docteur en 1851, se fit inscrire au barreau de Paris, où il se fit bientôt une place des plus honorables. Il prononça comme discours de rentrée de la conférence des avocats stagiaires, en 1854, l'*Éloge d'Antoine Lemaistre*. Il publia vers cette époque un commentaire estimé du Code civil: le *Code Napoléon expliqué d'après les doctrines généralement adoptées à la Faculté de Paris (1854-55*, 3 vol.). Membre du Conseil général de l'Aveyron, pour le canton de Conques, depuis 1864, il fut élu représentant de l'Aveyron à l'Assemblée nationale, le 8 février 1871. M. Delsol avait publié à cette occasion une profession de foi républicaine, où le principe de la résistance à outrance était posé et développé; une fois élu, il vota les préliminaires de paix; et le 24 mai 1873, il se rallia à l'ordre du jour Ernoul qui renversait M. Thiers. Il est vrai qu'au début, il s'était fait inscrire à la réunion Feray; mais il n'avait pas tardé à passer au centre droit et faisait, vers la fin de la législature, partie du groupe orléano-bonapartiste de Clercq. M. Delsol a fait partie, dans la première Assemblée républicaine, de plusieurs commissions importantes, et a été chargé du rapport de quelques-unes, notamment de la commission chargée d'examiner le projet de loi sur la fabrication des armes de guerre. Ayant échoué comme candidat de la droite aux élections des membres inamovibles du nouveau Sénat, M. Delsol se présenta dans son département et fut élu au scrutin du 30 janvier 1876. Son mandat lui ayant été renouvelé aux élections du 25 janvier 1885, il a repris au Sénat sa place au centre droit réactionnaire, clérical et monarchique. — M. Delsol a publié, outre l'ouvrage cité plus haut, une *Étude sur La Roche-Flavin*, savant jurisconsulte du XVIᵉ siècle, premier président de la Chambre des requêtes au parlement de Toulouse. Il est membre de la Société des lettres, sciences et arts de l'Aveyron.

DELUNS-MONTAUD, PIERRE, homme politique français, né à Allemans (Lot-et-Garonne) le 5 juin 1845. Avocat du barreau de Marmande et adjoint au maire de cette ville, il y fut élu député, le 6 avril 1879 en remplacement de M. Faye, passé au Sénat, et s'inscrivit au groupe de la gauche républicaine; il fut réélu le 21 août 1881. Il a été élu député du Lot-et-Garonne le 4 octobre 1885, et a voté l'expulsion totale des princes. — M. Deluns-Montaud est membre du conseil de direction du journal la *République française*.

DEMIAUTTE, LOUIS, industriel et homme politique français, né à Saint-Léger (Pas-de-Calais) le 15 octobre 1829. Agriculteur et fabricant de sucre, il est secrétaire de la Chambre consultative d'agriculture d'Arras. Il a été élu sénateur du Pas-de-Calais au renouvellement partiel du 8 janvier 1882, comme candidat républicain. M. Demiautte a voté l'expulsion des princes.

DEMÔLE, CHARLES ÉTIENNE ÉMILE, homme d'État français, né à Charolles (Saône-et-Loire) le 22 mars 1828. Il fit son droit à Paris et, sa licence obtenue, vint s'inscrire au barreau de sa ville natale. Élu sénateur de Saône-et-Loire à une élection complémentaire, le 5 janvier 1879, M. Demôle prit place au groupe de l'Union républicaine. Il a été réélu au renouvellement partiel du Sénat du 8 janvier 1882. — M. Demôle a été appelé à faire partie du cabinet Brisson, avec le portefeuille des travaux publics, en remplacement de M. Sadi-Carnot, passé aux finances, par décret du 16 avril 1885. Il se retirait avec tous ses collègues le 29 décembre suivant, mais pour revenir en janvier, comme garde des sceaux, ministre de la justice, dans le cabinet présidé par M. de Freycinet, constitué par décret du 7 janvier 1886.

DENIAU, EUGÈNE, homme politique français, né à Saint-Claude (Loir-et-Cher) le 1ᵉʳ janvier 1834. M. Deniau est un ancien négociant, devenu garde de sa ville natale et membre du Conseil général de Loir-et-Cher. Élu député de la 1ʳᵉ circonscription de Blois à une élection partielle, le 9 avril 1880, il s'inscrivit au groupe de l'Union républicaine; il fut réélu le 21 août 1881. Aux élections d'octobre 1885, M. Deniau a été élu député de Loir-et-Cher au scrutin du 18. Il a voté l'expulsion totale des princes.

DENNERY, ADOLPHE PHILIPPE (dit), auteur dramatique français, né à Paris, de parents israélites, le 17 juin 1811. Il débuta dans la carrière au théâtre, après avoir été clerc de notaire et avoir commencé l'étude de la peinture, et a écrit seul ou en collaboration, et pour commencer sous les noms d'Adolphe, de Philippe, d'Eugène, et enfin sous le pseudonyme de Dennery ou d'Ennery, environ deux cent cinquante pièces de genre divers, mais surtout des drames à spectacle, dont un certain nombre sont demeurés populaires. — Son premier drame, écrit en société avec Charles Desnoyer, a pour titre: *Émile, ou le fils d'un pair de France*, et date de 1831. Viennent ensuite parmi les plus connus: l'*Honneur de ma Fille*, *Tiburce (1835)*; le *Changement d'uniforme*, *Dolorès* ou le *pensionnat de Montereau (1836)*; le *Portefeuille*, ou *les deux familles (1837)*; *Femmes et pirates*, le *Mariage d'orgueil*, et Mᵐᵉ *Pinchon*, la *Reine des blanchisseuses*, *Gaspard Hauser (1836)*; *Pierre d'Arezzo*, *Jeanne Hachette*, ou le *siège de Beauvais (1839)*; le *Dernier oncle d'Amérique*, l'*Amour en commandite*, le *Tremblement de terre de la Martinique (1840)*; la *Grâce de Dieu*, la *Citerne d'Albi*, les *Pupilles de la Garde*, la *Dette à la bamboche*, *Paris dans la Comète (1841)*; la *Nuit aux soufflets*, *Faryeau*, *Amour et Mystère*, le *Nourrisseur*, *Halifax*, *Pauvre Jeanne*, *Feu Peterscott (1842)*; les *Mémoires de deux jeunes mariées*, les *Nouvelles à la main*, les *Bohémiens de Paris (1843)*; *Marjolaine*, *Pulcinella*, *Paris voleur*; *Colin Tampon*, le *Bal d'Enfants*, *Don César de Bazan*, la *Journée d'une jolie femme (1844)*; le *Marché de Londres*, les *Compagnons de la mansarde*, *Marie-Jeanne* ou la *femme du peuple*, la *Dame de Saint-Tropez*, l'*Île du Prince Toutou*, *Parlez au portier*, *V'la c'qui vient d'paraître!* le *Porteur d'eau*, *Paris et la Banlieue*, *Noémi*, la *Vie en partie double (1845)*; l'*Étoile du Berger*, le *Temple de Salomon*, l'*Angélus*, l'*Article 213*, le *Roman comique*, la *Mère de famille (1846)*; la *Duchesse de Marsan*, le *Mari anonyme*, *Mademoiselle Agathe*, le *Maréchal Ney*, *Gastibelza* ou le *fou de Tolède (1847)*; le *Chemin de traverse*, les *Sept péchés capitaux (1848)*; le *Bouquet de violettes*, le *Marquis de Carabas* et la *princesse Fanfreluche*, *Maurisette (1849)*; la *Paysanne pervertie (1851)*; *Si j'étais Roi*, la *Bergère des Alpes (1852)*; la *Prière des Naufragés*, les *Sept merveilles du Monde*, la *Case de l'oncle Tom*, les *Mémoires de Richelieu (1853)*; les *Oiseaux de proie*, les *Cinq cents diables*, féeries; les *Lavandières de Santarem*, op. com. (1854); la *Bonne aventure*, le *Médecin des Enfants (1855)*; le *Donjon de Vincennes*, le *Paradis perdu (1856)*; les *Orphelines de la charité*, le *Fou par amour*, l'*Aveugle (1857)*; *Cartouche*, les *Fiancés d'Albano*, *Faust (1858)*; le *Naufrage de La Pérouse*, le *Savetier de la rue Quincampoix (1859)*; l'*Histoire d'un drapeau (1860)*; le *Lac de Glenaston*, la *Prise de Pékin*, *Valentine d'Armentières*, la *Fille du paysan*, le *Marchand de coco*, le *Sacrifice d'Iphigénie (1861)*; le *Château de Pontalec*, *Rothomago*, la *Chatte merveilleuse (1862)*, l'*Aïeule*, *Aladin* ou la *lampe merveilleuse (1863)*; *Marie de Mancini*, les *Drames du cabaret (1864)*; les *Mystères du vieux Paris (1865)*; les *Amours de Paris (1866)*; le *Premier jour de bonheur*, opéra comique d'Auber (1868); le *Dompteur*, le *Centenaire (1873)*; le *Prince de Moria (1873)*; le *Tour du monde en quatre-vingts jours*, les *Deux orphelines*, la *Fiancée du roi de Garbe*, opérette de M. Liffoll (1874); la *Comtesse de Lerins*, drame en 5 actes, au Théâtre-Historique (octobre 1876). Le succès obtenu par l'adaptation à la scène du *Tour du monde* de M. J. Verne induisit les deux auteurs à renouveler l'expérience, et c'est ainsi que nous avons vu: les *Enfants du capitaine Grant (1879)*; *Michel Strogoff (1881)*; *Voyage à travers l'impossible*, pièce en 25 tableaux, à la Porte-Saint-Martin (1882); *Kéraban le Têtu*, à la Gaîté (1883). Il a donné, en outre: l'*Amour*, au Vaudeville et la *Nuit aux soufflets* aux Nouveautés (1884), le premier de ces vaudevilles remis à neuf, le second transformé en opéra-comique, et tous deux ayant plus de quarante ans d'âge dans leur première forme. Il est aussi l'un des collaborateurs, avec MM. L. Gallet et Blau, au livret du *Cid* de M. Massenet (1885). Enfin, citons *Martyre!* drame en 5 actes, à l'Ambigu (1886), d'après le propre. l'unique roman de l'auteur, paru pour la première fois dans le *Petit Journal*, avec un succès modéré, en 1885, puis en volume in-18, puis en édition grand in-8°, illustrée, chez J. Rouff et Cie. *Martyre!* ce premier roman d'un auteur de soixante-quinze ans est tout simplement le roman intime le plus attachant, le plus dramatique, le plus exact dans les détails de la vie qui ait été écrit depuis longtemps. — Les collaborateurs ordinaires de M. d'Ennery, au théâtre, sont ou ont été MM. Alexandre Dumas, Brésil, Anicet Bourgeois, Cormon, Grangé, Gustave Lemoine, Dumanoir, Ferd. Dugué, Charles Desnoyer, Edouard Plouvier, Brisebarre, Decourcelle, Mallian, Albert, Gabet, Paul Foucher, Charles Edmond, Dartois, Clairville, Hector Crémieux, Hostein, Chabrillat, Jules Verne, Louis Davyl, Gallet, Blau, etc., sans parler des collaborateurs anonymes. M. d'Ennery a été, pendant quinze jours, directeur du Théâtre-Historique du boulevard du Temple (nov. 1850). Sociétaire, puis secrétaire général et, enfin, directeur-gérant de la Société thermale de Cabourg-Dives, il a su transformer le désert aussi complètement et aussi heureusement que s'il se fût agi d'un simple changement de décors et du déplacement de quelques portants. Il est devenu maire de cette ville qu'il a presque créée. — M. Dennery est officier de la Légion d'honneur depuis 1859.

DENORMANDIE, Louis Jules Ernest, homme politique français, sénateur, est né à Paris le 6 août 1821. Après avoir terminé son droit et secondé son père dans la direction de son étude d'avoué près le tribunal civil de la Seine, il lui succéda en 1865, et fut plusieurs fois président de la Chambre des avoués de Paris, — Nommé, après le 4 septembre 1870, adjoint au maire du VIIe arrondissement, il se porta candidat aux élections du 8 février 1871 pour l'Assemblée nationale, et ne fut pas élu ; mais il fut plus heureux aux élections complémentaires du 2 juillet suivant, où il était patronné par l'Union parisienne de la presse, et l'avait même été au début par l'Union républicaine, circonstance qui n'est peut-être pas étrangère à son succès. Élu, comme représentant de la Seine à l'Assemblée nationale, M. Denormandie déclara se rallier au programme de M. Thiers. Il prit place au centre gauche, mais ne vota pas toujours avec ce groupe, n'entendant évidemment rien à la tactique parlementaire et n'ayant peut-être pas de convictions politiques bien arrêtées, si ce n'est qu'avoué de la famille d'Orléans, il est assez naturel qu'il éprouve de la sympathie pour ses clients. C'est ainsi qu'après avoir publiquement adhéré au programme de M. Thiers, il se crut obligé de venir le défendre, dans la mémorable séance du 24 mai 1873 ; mais il le fit de telle sorte, avec des réserves, des restrictions telles, qu'il a beaucoup mieux été valu qu'il ne bougeât : il fut le Target de l'autre bord. Paris, en tout cas, a toujours eu en M. Denormandie un défenseur énergique et convaincu. Il n'a jamais laissé passer une occasion de défendre les intérêts et l'honneur de la grande ville calomniée, et certainement avec plus d'éloquence, d'à-propos et de tact que la plupart de ses collègues. quelle que soit d'ailleurs la bonne volonté de ceux-ci. Inutile de dire qu'il vota le retour de l'Assemblée à Paris. Mais après avoir voté contre le renversement de M. Thiers, il n'en a pas moins voté en faveur du ministère de Broglie, pour la loi des maires, l'état de siège, l'église du Sacré-Cœur, et contre la dissolution. en 1874. Il a voté, d'autre part, la proposition Casimir Périer, l'amendement Wallon, l'ensemble des lois constitutionnelles (25 février 1875). Il s'est, en somme, vers la fin de la législature, laissé doucement entraîner vers la République, et, lors des tentatives de restauration monarchique, était déjà de ceux dont. sans qu'ils se fussent nettement prononcés, on considérait le vote comme acquis à la République. — Il a été élu, par l'Assemblée nationale, sénateur inamovible, comme candidat des gauches, le 16 décembre 1875. Entre autres votes caractéristiques, il votait contre la dissolution de la Chambre après l'acte du 16 mai. Nommé gouverneur de la Banque de France en 1879, il y a été remplacé par M. Magnin. M. Denormandie a été créé chevalier de la Légion d'honneur le 6 avril 1876.

DENTU, Edouard Henri Justin, libraire-éditeur français, fils de Gabriel André Dentu, éditeur et imprimeur, mort en 1849 et petit-fils de Jean Gabriel Dentu, fondateur de la maison, mort en 1840, est né à Paris le 21 octobre 1830 et y est mort le 13 avril 1884.

En 1794, J. G. Dentu s'établissait libraire-imprimeur dans l'ancien passage Feydeau, qu'il quittait peu après pour s'installer définitivement au Palais-Royal. Il donna dès le début, une grande extension à sa nouvelle maison ; fonda le *Journal des Dames*, qui fut, croyons-nous, la première publication périodique de ce genre en France et obtint un succès éclatant; édita des ouvrages de géographie, de voyages et d'histoire naturelle. signés de Dureau de la Malle, d'Eyriès, de Pauqueville, de Walknaenaer, etc.; les œuvres de Bitaubé, de Vauvernagues; la traduction d'Ossian de Letourneur,; les lettres de Bolingbroke ; des œuvres diverses de Suard, Dulaure, l'abbé Galiani ; les ouvrages sur le magnétisme du marquis de Puységur, etc.; sans parler d'un choix intelligent, fait aussi pour la première fois, des meilleurs romans traduits de l'allemand et de l'anglais. C'est aussi jusqu'au fondateur de la maison Dentu qu'il faut remonter pour constater la création d'une de ses plus importantes spécialités : la brochure d'actualité politique. Pendant les Cent-Jours, la publication d'une brochure de M. de Kergorlay : *Des lois existantes et du 9 mai 1815*, causa même l'arrestation du libraire, signalé du reste par l'ardeur de ses opinions légitimistes ; et la seconde restauration le trouva en conséquence sous les verrous. En 1819. J. G. Dentu fonda le journal le *Drapeau blanc* qui, d'abord hebdomadaire, ne tarda pas à devenir quotidien et, sous cette nouvelle forme, fournit une longue et brillante carrière. Enfin, en 1826, il se retirait des affaires, laissant sa maison à son fils, alors âgé de trente ans, étant né en 1796.

Gabriel André Dentu, légitimiste encore plus fougueux que ne l'était son père, eut sous la monarchie de juillet une existence assez agitée, ayant eu à soutenir vingt-sept procès de presse. En 1833, notamment, la publication de trois pamphlets de Bérard *(Cancans décisifs, Cancans inflexibles et Cancans flétrissants)* lui coûtait 500 francs d'amende et six mois de prison. G. A. Dentu continua de produire des ouvrages d'histoire naturelle. Parmi les ouvrages d'histoire et de littérature qu'il publia également, il nous suffira de citer l'*Histoire comparée des littératures espagnole et française*, de M. du Puybusque ; la *Collection des meilleures dissertations sur l'histoire de France*, de Leber (12 vol.) ; l'*Histoire des Morisques ou Arabes d'Espagne sous la domination des chrétiens*, de M. de Circourt. Ajoutons à cela une collection de bijoux typographiques, tels que le *Voyage sentimental* de Sterne, traduction de M. Moreau-Christophe et le *Werther* de Gœthe, traduction de M. de Sorlinges.

A la mort de son père, en 1849, Edouard Dentu, qui n'avait pas vingt ans, prit la suite des affaires, du moins comme libraire-éditeur, l'imprimerie avant été vendue. Il continua la publication des brochures d'actualité, et eut dans cette spécialité des succès incroyables. Dans une période qui s'étend de la guerre de Crimée à Sadowa, il en plut littéralement dans ses vitrines, mais surtout à l'époque où la question italienne était dans toute son intensité (1859-60) : on en vit paraître jusqu'à trois ou quatre par jour. Le souvenir de plusieurs de ces écrits de circonstance est resté dans la mémoire de tous. Nous rappellerons: le *Pape et le Congrès*, dont la vente, tant en France qu'à l'étranger, y compris les traductions, dépassa 500.000 exemplaires; *Napoléon III et l'Italie*, attribuée à Arthur de la Guéronnière, dont le tirage ne fut pas beaucoup moins élevé ; la *Paix*, par E. de Girardin ; la *Prusse*, par Edmond About ; *Lettre de Rome*, par M. de Persigny ; la *Nation en deuil*, de Montalembert ; l'*Appel à la nation*, du marquis de la Rochejaquelein ; la *Fédération et l'Unité italienne*, de P. J. Proudhon, — En 1859, E. Dentu obtenait le titre de libraire de la Société des gens de lettres, et il publiait dès lors un grand nombre d'œuvres d'imagination dont nous citerons au hasard les auteurs les plus populaires: Paul Féval, Arsène Houssaye. Auguste Barbier, Hector Malot, Alfred Assolant, Émile Goriau, Ponson du Terrail, Xavier de Montépin, les frères de Goncourt, Adolphe Belot, Alphonse et Ernest Daudet, Philibert Audebrand, Emmanuel Gonzalès, Tony Révillon, Victor Tissot, etc., etc. ; et dans un autre ordre, les œuvres philosophiques, d'économie politique ou d'histoire des Louis Blanc, des Lamennais, des Edgar Quinet, des Proudhon, des Le Play, etc.; et les ouvrages d'art et de recherches littéraires des MM. de Goncourt, Edouard Fournier, Champfleury, Delvau, Guigard et tant d'autres. Les événements de 1870-71 ont encore fourni à M. Dentu une nouvelle catégorie d'écrits spéciaux, rédigés par les acteurs les plus considérables de ces drames aussi bien que par de simples comparses. Mais il faut borner nos citations. Propriétaire-gérant de la *Revue européenne*, de 1858 à 1862, il se rendit adjudicataire du *Catalogue officiel de l'Exposition de 1867*. dont le tirage fut fait avec une rapidité prodigieuse.

La notice relative à la classe VI (imprimerie et librairie) est de Dentu lui-même, qui avait été nommé membre du Comité d'admission de cette classe, ainsi que de la Commission d'encouragement pour les études d'ouvriers. Enfin, en 1869, E. Dentu devenait libraire de la Société des auteurs et compositeurs dramatiques. En cette qualité, il a édité deux nouvelles séries de publications sous les titres suivants : *Bibliothèque spéciale de la Société des auteurs et compositeurs dramatiques* et *Répertoire du Théâtre moderne*, lesquels comptent aujourd'hui une longue liste d'ouvrages dramatiques variés. — Édouard Dentu est mort le 13 avril 1884, comme nous l'avons dit, laissant à son gendre, M. Edmond Hippeau, la direction de la librairie toujours connue sous son nom, c'est-à-dire sous le nom de son fondateur.

DEPEYRE, Octave, homme politique français, ancien ministre, ancien sénateur, né en 1812, à Cahors. Son droit terminé, il se fit inscrire au barreau de Toulouse où il se fit une place honorable et devint rédacteur de la *Gazette du Languedoc*, feuille légitimiste et cléricale publiée dans cette ville. Sa réputation ne franchit toutefois de quelques stades les limites de sa province que lorsqu'il défendit devant le tribunal les étudiants compromis dans les troubles de l'école de droit de Toulouse. Aux élections générales de 1869, M. Depeyre, patronné par l' « Union libérale », posa sa candidature à Toulouse contre le candidat officiel, sans succès. Mais il fut élu le 8 février 1871, représentant de la Haute-Garonne, le dernier sur une liste de dix, et alla prendre place sur les bancs de la droite modérée. Il se fit rapidement une place importante dans son parti, par son activité autant et plus peut-être que par ses grandes dispositions à prendre la parole. Il fit partie de la fameuse députation qui vint apporter à M. Thiers l'*ultimatum* de la majorité, et ne cessa jamais de se montrer au premier rang des adversaires les plus acharnés de la politique de cet homme d'État. Auteur du projet de loi portant prorogation des pouvoirs du maréchal de Mac-Mahon, comme président de la République, pour sept années, adopté dans la séance du 20 novembre 1873, il était appelé, le 26, à remplacer M. Ernoul au ministère de la justice. Son passage aux affaires fut signalé par diverses mesures empreintes de l'esprit de réaction qui n'a jamais cessé de tourmenter les anciens nourrissons de l'Union libérale. Son acceptation de la succession de M. Ernoul, aussi bien que l'obligation qui en résultait pour lui de ne plus être d'accord sur tous les points avec son parti, le rendit suspect à celui-ci. Il fut remplacé au ministère de la justice le 23 mai 1874, par M. Tailhand, et a voté depuis contre l'amendement Wallon et l'ensemble des lois constitutionnelles, et en faveur de la loi sur l'enseignement supérieur. — Porté sur la liste de droite aux élections des sièges inamovibles du Sénat (9-21 décembre 1875), M. Depeyre échoua avec ses amis. Il ne se crut pas assez sûr, paraît-il, des suffrages des électeurs privilégiés de la Haute-Garonne, car ce fut dans son département natal, le Lot, qu'il posa sa candidature au Sénat. Il fut élu au second tour. Son mandat, qui expirait en 1879, ne lui fut pas renouvelé. M. Depeyre a remplacé M. de Germiny, démissionnaire, comme administrateur de l'Université catholique de Paris, au commencement de 1878.

DÉPRET, Louis, littérateur français, né à Lille le 9 octobre 1837, fit ses études et y débuta de très bonne heure dans la carrière littéraire, par des poésies. — On a de cet écrivain : la *Cloche*, poème héroï-comique (1854) ; les *Feux-follets*, poésies (1855) ; les *Étapes du cœur, Gretchen*, ib. (1859), le *Va-et-Vient*, notices littéraires (1860) ; *Rosine Passmore*, roman (1861), les *Demi-vertus (1862)* ; *Si jeunesse pouvait (1863)* ; *Windsor, le chique*, etc., récits et souvenirs (1864)) ; *Contes accélérés (1865)* ; *Amours du Nord et du Midi : De Liège à Anvers, en passant par la Hollande (1866)* ; le *Mot de l'énigme (1868)* ; *Lucie, En Autriche (1869)* ; *Eucharis (1870)* ; la *Fraynoise (1871)* ; *Reine Planterose, Maurice Le Grandier (1872)* ; *Contes de mon pays*, l'*Album de Karl (1874)* ; *Silhouettes de villes, Mémoires de n'importe qui (1875)* ; *Comme nous sommes*, notes et opinions ; *Nouvelles anciennes (1876)* ; *Vous et moi*, le *Premier ami (1880)*, etc. M. Louis Dépret a collaboré au *Figaro*, au *Moniteur universel*, au *Monde illustré*, à la *Revue de l'instruction publique*, au *Musée universel*, à l'*Illustration*, etc. Il avait fait représenter sur le théâtre de Lille, en 1856, une comédie en prose, en un acte : la *Jalousie en partie double*.

DEPRETIS (commander), Agostino, homme d'État italien, né en 1811 à Stradella (Piémont), fit ses études à l'université de Turin et, reçu avocat, s'inscrivit au barreau de sa ville natale. Il s'occupa principalement de politique, collabora à divers journaux, et fut élu député en 1850. Il prit place à la Chambre de Turin sur les bancs du tiers-parti, et fut constamment réélu par le collège de Stradella comme candidat de ce groupe parlementaire, qui siégeait au centre gauche ; il devint enfin vice-président de la Chambre des députés. Après la guerre de 1859, dont le résultat fut la réunion de la Lombardie au Piémont et la création du royaume d'Italie, le comte Cavour nomma M. Depretis préfet de Brescia, et l'année suivante, ayant donné sa démission pour suivre Garibaldi en Sicile, celui-ci le nommait à son époque prodictateur de sa conquête, on se retirant de l'île. Le 3 août 1861, M. Depretis proclamait à Palerme la constitution italienne. Cette manifestation n'ayant pas été du goût du général, M. Depretis se retira et reprit la route du continent. Il fut réélu député de Stradella et reprit sa place au centre gauche de la Chambre italienne, siégeant maintenant à Florence. En mai 1862, il acceptait le portefeuille des travaux publics dans le cabinet Rattazzi. Démissionnaire en décembre, il rentrait au pouvoir comme ministre de la marine dans le cabinet Ricasoli, formé le 20 juin 1866, c'est-à-dire à une époque particulièrement grave ; il eut beaucoup de peine à persuader l'amiral Persano de se rendre à son poste où, peut-être à cause de ses atermoiements voulus, il devait être si bien battu, à Lissa, par la flotte autrichienne, commandée par l'amiral Tegetthoff. Après le vote défavorable émis par la Chambre sur le projet Laugrand-Dumonceau relatif aux biens du clergé, le cabinet subit un remaniement dans lequel M. Depretis échangea son portefeuille contre celui des finances, mais l'état de choses nouveau ne dura que jusqu'au mois de mai. M. Depretis reprit sa place à la Chambre et devint, après la mort de M. Rattazzi (mai 1873) le chef de l'opposition constitutionnelle de toute nuance. Après la chute du ministère Minghetti (19 mars 1876), il fut chargé de former un nouveau cabinet, dans lequel il prit le portefeuille des finances avec la présidence du conseil. Il s'occupa aussitôt de réformer l'impôt sur la mouture ; et après la dissolution (7 octobre), les élections du 19 novembre ayant donné une forte majorité à son gouvernement, il fit adopter l'abolition de la contrainte par corps, l'impôt sur les sucres, etc. Sous son ministère également, fut adoptée la loi interdisant les manifestations religieuses hors de l'église, celle tendant à la répression des abus commis par les ministres des cultes dans l'exercice de leurs fonctions, et la loi de réorganisation de l'enseignement supérieur. Remplacé comme chef par M. Cairoli en mars 1878, il lui succédait le 15 décembre suivant, il était de nouveau remplacé par lui, la Chambre ayant finalement repoussé son projet d'abolition de l'impôt sur la mouture, en juillet 1879. Au mois de novembre suivant, M. Cairoli était obligé de remanier son ministère, et M. Depretis acceptait dans la nouvelle combinaison le portefeuille de l'intérieur. En mai 1881, M. Cairoli ayant été forcé de donner sa démission et M. Sella ayant échoué dans la mission de former un nouveau ministère que le roi lui avait confiée, M. Depretis fut une fois de plus rappelé au pouvoir. Depuis lors, sauf de courts interrègnes qui prirent fin en mars 1884 et juin 1885, et par le moyen de remaniements habiles, M. Depretis s'est presque constamment maintenu au pouvoir jusqu'au moment actuel où il a conservé le portefeuille de l'intérieur. Il a profité des vacances du parlement italien pour venir faire une cure aux eaux de Contrexéville (juillet-août 1886). — M. le commandeur Depretis est grand croix de la Légion d'honneur.

DEPREZ, Marcel, ingénieur électricien français, né à Châtillon-sur-Loing (Loiret) le 19 décembre 1843. Dès le début de ses études, il manifesta pour la mécanique, en prenant ce mot dans son acception la plus étendue, une vocation aussi exclusive qu'irrésistible ; il ne put donc s'astreindre absolument à la discipline de l'enseignement officiel et préféra marcher en toute liberté dans la voie qu'il avait choisie. Il avait à peine vingt ans lorsqu'il eut la bonne fortune de se faire admettre comme secrétaire auprès de M. Combes, membre de l'Institut, professeur d'exploitation à l'École des mines et mathématicien très distingué. Dans ce milieu propice, l'esprit inventif de M. Marcel Deprez put se développer à l'aise. Il s'adonna d'abord à l'étude des machines à vapeur, puis des pressions élevées et des mouvements très rapides et peu étendus en proportion, et enfin se donna tout entier à l'électricité, bien préparé qu'il était par ses études précédentes aux découvertes que cette voie allait lui offrir, et où il débuta par l'invention des instruments nécessaires à ses recherches sur le transport de la force par cet agent assez peu maniable et mal connu encore, mais que la connaissance du principe de réversibilité des machines dynamo-électriques lui avait inspirées. C'est au Congrès international des électriciens, réuni à Paris à l'occasion de l'Exposition internationale d'électricité, en 1881, que M. Marcel Deprez développa ses idées sur le transport de la force par l'électricité, idées résultant de recherches et d'études constantes remontant à 1870, et s'appuyant sur des expériences souvent répétées et concluantes, dans une grande mesure. Des objections s'élevèrent ; on loua M. Deprez de ses efforts, mais on contesta la possibilité d'obtenir l'électricité à haute tension nécessaire pour transmettre par son moyen la force à une certaine distance. Le fait est que la chose n'était pas possible avec les machines dynamo-électriques en usage, mais avec les modifications que l'inventeur lui-même leur fit subir, l'objection a perdu, au moins depuis, beaucoup de sa force ; et en tout cas on aurait pu l'inviter à essayer. Ce fut à Munich, l'année suivante, que M. Deprez obtint cette satisfaction. Avant exposé ses théories devant la commission de l'Exposition d'électricité de cette ville, il lui fut répondu par l'invitation de les appliquer sur l'heure, en mettant à sa disposition un fil télégraphique de 50 kilomètres de longueur. L'expérience, au moyen de deux machines dynamo anciennes, tirées de Paris, l'une agissant comme génératrice, l'autre renvoyant à la première le courant qu'elle en avait reçu, donna les résultats annoncés, avec un rendement estimé à 30 pour 100 de la force transmise. Le résultat n'était pas suffisant pour en permettre l'application pratique, sans doute, mais il l'était pour faire entrevoir la possibilité de cette application à bref délai. Ce fut alors que M. Deprez se mit à modifier les machines connues de manière à leur faire produire l'électricité à haute tension. En mars 1883, de nouvelles expériences eurent lieu dans les ateliers du chemin de fer du Nord, avec des machines transformées. Elles ne se sont plus arrêtées depuis ; au mois de mai suivant, c'est de Vizille à Grenoble (14 kilomètres) que la force d'une chute d'eau était transportée par l'électricité, avec un rendement de 62 pour cent. En octobre 1885, sur l'initiative et avec l'aide pécuniaire de M. de Rothschild, les expériences furent reprises, de la gare de Creil à celle de la Chapelle (Paris), c'est-à-dire à une distance de 56 kilomètres (soit 112 kilomètres de GI). En juillet 1886, enfin, on actionnait diverses machines-outils dans les ateliers de la gare de la Chapelle avec la force prise à Creil et transmise par la génératrice dynamo-électrique installée à la station de cette ville. Nous ne pouvons malheureusement pas entrer ici dans les détails de ces intéressantes expériences, qui amèneront dans un avenir peu éloigné, nous en avons la ferme confiance, une transformation radicale des procédés industriels ; et on ne peut être reconnaissant à l'inventeur de sa persévérance dans la poursuite de ce grand résultat. — M. Marcel Deprez a été créé chevalier de la Légion d'honneur.

DERBY, (comte de), EDWARD HENRY SMITH STANLEY, homme d'État anglais, fils aîné du quatorzième comte de Derby, auquel il succéda après sa mort (23 octobre 1869), est né à Knowstey (comté de Lancastre) le 21 juillet 1826 ; il fit ses études à l'école de Rugby et au collège de la Trinité, à Cambridge, où il prit ses grades en 1848. La même année il posait, sans succès, sa candidature à Lancastre ; il s'embarquait ensuite pour l'Amérique, et c'est pendant le voyage et conséquemment en son absence, qu'il était élu, le 16 décembre 1848, pour prendre à Lynn Regis, en remplacement de lord G. Bentinck. Ce collège ne cessa de réélire lord Stanley jusqu'à son accession à la pairie, au titre de comte de Derby, en 1869. Après un tour aux Indes occidentales, il revint en Angleterre, prit son siège à la Chambre des communes, et, pendant la session de 1850, fit son premier discours à propos de la question des sucres. Il repartit pour l'Orient et était de nouveau aux Indes lorsqu'il reçut, en mars 1852, la nouvelle de sa nomination au poste de sous-secrétaire d'État aux affaires étrangères, dans le premier ministère de lord Derby, son père, qui devait prendre fin au mois de décembre de la même année. Au printemps de 1853, il présentait, à la Chambre des communes, un projet de réforme des affaires indiennes plus complet que celui du gouvernement. La mort de sir W. Molesworth (1855) ayant rendu vacant le ministère des colonies, lord Palmerston offrit ce portefeuille à lord Stanley, dont il avait su apprécier les talents et la popularité. Mais accepter eût été renier son père, lord Stanley refusa donc. Il devint, un peu plus tard, secrétaire d'État pour les Indes, lors du retour aux affaires de lord Derby (1858-59), et ce fut sous son administration que la direction des affaires des Indes fut transférée du bureau des directeurs de la Compagnie des Indes orientales entre les mains d'un délégué responsable de la Couronne. Après avoir suivi son père dans sa retraite (15 juin 1859), lord Stanley revint avec lui au pouvoir, en juillet 1866), comme secrétaire d'État aux affaires étrangères. Dans ce poste, il contribua beaucoup au règlement amiable des difficultés soulevées par la question du Luxembourg, et se rendit par là très populaire. Il conserva le portefeuille des affaires étrangères jusqu'à l'arrivée au pouvoir du parti libéral, représenté par M. Gladstone, en décembre 1868. Lord Stanley fut alors installé comme lord recteur de l'université de Glasgow (1er avril 1869). La mort de son père, le 23 octobre de cette même année, le fit entrer à la Chambre des pairs, avec le titre de comte de Derby. Il s'y fit bientôt une place considérable par la part qu'il prit aux plus importantes discussions de cette assemblée. En février 1874, lorsque Disraeli, depuis comte de Beaconsfield, fut chargé de former un nouveau cabinet, lord Derby accepta de nouveau le portefeuille des affaires étrangères. Il fut élu lord recteur de l'université d'Édimbourg au mois de novembre suivant. Le 23 janvier 1878, le conseil du cabinet ayant décidé d'envoyer l'ordre à la flotte britannique de franchir les Dardanelles, lord Derby donna sa démission, en même temps que lord Carnarvon ; mais celle-ci fut seule acceptée, et l'ordre concernant la flotte ayant été contremandé, lord Derby consentit à reprendre la sienne ; mais ce fut pour peu de temps, et il se retirait le 28 mars d'une manière définitive. Il expliqua plus tard pourquoi il était opposé au projet de ses collègues, qui consistait à s'emparer de Chypre et d'un port de la côte de Syrie, par le moyen d'une expédition militaire envoyée de l'Inde, avec ou sans le consentement du sultan. Le marquis de Salisbury eut beau nier (tout mauvais cas est niable), l'avenir devait bientôt témoigner en faveur de lord Derby, qui fit plus, car il se séparait, en avril 1879, des associations conservatrices du Lancashire et déclarait nettement, dans une lettre adressée, le 22 mars 1880, au comte de Sefton, que non seulement il ne pouvait appuyer la politique extérieure du cabinet conservateur, mais encore qu'il considérait comme son devoir de la combattre. Et en effet, il acceptait le portefeuille des colonies dans le cabinet Gladstone, le 16 décembre 1882. Il ne fit toutefois pas partie de la dernière administration libérale (4 février-21 juillet 1886).

Avant son entrée à la Chambre des lords, lord Derby avait fait partie de plusieurs commissions parlementaires et extra-parlementaires importantes : notamment de la commission royale des marchés de l'armée, en 1856-57 ; de la commission de l'université de Cambridge, en 1856-60 ; de la commission pour l'organisation de l'armée des Indes, en 1858-59, et avait été président de la commission d'enquête sur l'état sanitaire de l'armée des Indes (1859-61) et de la commission des brevets (1863-64). — Il a été créé chevalier de la Jarretière en mai 1884.

DÉROULÈDE, PAUL, littérateur et homme politique français, né à Paris le 2 septembre 1846. Neveu d'Émile Augier et arrière-petit-fils de Pigault-Lebrun, M. Déroulède appartient par son père à une vieille famille charentaise qui a donné à la France plusieurs officiers de mérite, entre autres le colonel Déroulède, tué en Cochinchine, lors de la conquête (1860). Après de fortes études dans divers lycées de Paris, M. Paul Déroulède se destinait à la carrière du barreau et aux lettres ; il avait terminé ses études de droit, et donné sous la signature de « Jean Rebel » un certain nombre de poésies au journal républicain la *Revue Nationale*, et le succès d'un acte en vers, représenté sous son nom au Théâtre français, *Juan Strenner*, semblait lui présager un brillant avenir dramatique, lorsque la guerre de 1870 l'appela à d'autres destinées, et fixa son rôle et sa vie. D'abord sous-lieutenant de mobiles, puis engagé volontaire au 3me zouaves, Paul Déroulède prit part à la bataille de Sedan, et fut un de ceux qui tentèrent de percer les lignes ennemies : son jeune frère ayant été blessé à ses côtés, M. Paul Déroulède se sacrifiant pour le soigner, fut fait prisonnier dans ces circonstances particulièrement cruelles, et interné à Breslau, d'où il s'évada au prix des plus grands périls. Nommé par Gambetta sous-lieutenant aux tirailleurs indigènes, M. Déroulède prit part à la campagne des armées de la Loire et de l'Est, et fut cité à l'ordre du jour et décoré pour sa belle conduite dans l'affaire de Montbéliard. La paix signée, M. Paul Déroulède resta au service, et porta les armes contre l'insurrection communaliste, guidé par une pensée de patriotisme supérieur et déclarant qu'il « ne voulait pas que la Prusse fit en France la police de la France ». Après avoir contribué par son courage et sa modération à réprimer le mouvement dans l'un des arrondissements excentriques de Paris, M. Déroulède eut le bras cassé d'un coup de feu, à l'assaut d'une barricade de Belleville. C'est durant les loisirs forcés de sa convalescence qu'il écrivit et publia le fameux volume de *Chants du Soldat*, dont le retentissement fut grand et plaça le jeune auteur au premier rang des poètes patriotes. Successivement les *Nouveax Chants*, les *Marches et Sonneries*, ont confirmé la renommée de M. Déroulède, dont l'œuvre a été souvent comparée à celle des allemands Arndt et Kœrner, et présente, avec des sentiments plus chevaleresques, la même ardeur, la même foi, le même éclat de formes populaires et justes. M. Paul Déroulède avait gardé son rang d'officier, et pendant six ans, il servit dans l'armée, jusqu'au jour où une chute de cheval l'obligea à renoncer au métier qu'il adorait. Son nom est encore entouré dans toute l'armée d'une sympathie des plus rares, qui prouve que là aussi M. Déroulède eût pu acquérir des titres nouveaux à l'estime de son pays. M. Déroulède possède le grade de lieutenant de réserve aux chasseurs à pied.

En 1876, M. Déroulède donna à l'Odéon son grand drame en vers, *l'Hetman*, qui lui valut un véritable triomphe. Le langage hardi de cette composition patriotique caractérise d'ailleurs la manière toute virile du poète, élevé à l'école de Corneille et dans les enseignements des tragiques espagnols et romains. Une grande propension aux antithèses vives et fortes, opposant les idées par le contraste des mots, dénote chez l'auteur la pratique quotidienne des œuvres de Sénèque; c'est en effet, avec Paul-Louis Courier, son livre le plus familier. En 1881, M. Paul Déroulède allait donner au Théâtre français un second drame, la *Moabite*, lorsque la pièce fut interdite par la censure, comme pouvant provoquer des polémiques religieuses; dans cette œuvre considérable, se trouve en effet développée une thèse chère à l'auteur: la nécessité d'un culte public pour mettre un frein aux passions sociales. Les critiques se sont accordés pour reconnaître que la noblesse du but et de la forme, la beauté du vers, la vigueur et la concision du dialogue, font de la *Moabite*, l'œuvre capitale de M. Déroulède. Il écrivait un troisième drame, *Pierre le Grand*, destiné à plaider la cause de l'autorité en matière de gouvernement, lorsque M. Paul Bert l'appela à la Commission d'éducation militaire (janvier 1882). Après de vifs débats, qui ont fait l'objet d'une brochure publiée au mois de mars par M. Déroulède, le poète et ses amis adressèrent leur démission à M. Ferry, qui avait succédé à M. Paul Bert, et pour mettre en pratique les idées par eux soutenues, résolurent de fonder une association qui prit son titre et son programme définitif dans une séance de l'Association des sociétés de gymnastique de la Seine, le 18 mai 1882, et s'appela la *Ligue des Patriotes*. Successivement délégué et président (avril 1885) de la Ligue, M. Déroulède en a été considéré à bon droit comme le principal inspirateur. Il a révélé, à la tête de cette puissante société, des qualités d'orateur et de publiciste vraiment remarquables; prodiguant sa parole dans des centaines de conférences applaudies par la France entière, il a en outre fondé d'une manière durable les concours nationaux de tir (1884 et 1885), dépensant pour le premier près de quatre-vingt-dix mille francs, et contribué à accroître l'importance des concours fédéraux de gymnastique. M. Déroulède s'est en outre signalé par une campagne très active en faveur de la protection du travail français; une brochure dite le *Discours de Rouen*, ou la *Défense Nationale* a été publiée par lui sur les questions commerciales et a fourni le sujet de nombreux débats dans la presse et le public. Rappelons enfin que M. Paul Déroulède a inspiré la publication du journal le *Drapeau*, dont il a été constamment le principal rédacteur, qu'il a mené contre l'exhibition du drapeau rouge aux cérémonies patriotiques une campagne couronnée de succès, qu'il a été candidat à la députation au scrutin d'octobre 1885 à Paris, et est arrivé en tête de la liste d'union républicaine, avec plus de 105,000 voix. Depuis cette époque, M. Paul Déroulède, qui avait déjà établi entre les tireurs français et suisses des relations officielles, a entrepris à travers l'Europe un long voyage d'études, dont l'épisode le plus saillant a été sa participation généreuse aux dernières tentatives des Grecs en faveur des provinces grecques non encore délivrées des Turcs. — M. Paul Déroulède a publié durant ces derniers mois deux ouvrages, une biographie de *La Tour d'Auvergne* et la préface d'un fameux livre anonyme *Avant la bataille* (Paris, A. Lévy et Cie, 1886). Ce dernier morceau passe à bon droit pour la page maîtresse de ses écrits en prose.

DERVICH PACHA, général et diplomate ottoman, né à Constantinople (faubourg d'Eyoub) en 1817, d'un père iman, c'est-à-dire prêtre musulman. Entré à douze ans à l'Ecole du génie militaire, de fondation toute récente, il fit partie d'un convoi de jeunes gens envoyés en 1837 en Europe, par le sultan Mahmoud, pour y compléter leurs études. Il se rendit d'abord en Angleterre, puis vint à Paris en 1839, et y suivit les cours de l'Ecole des mines. De retour à Constantinople en 1842, il fut envoyé dans l'Asie Mineure comme ingénieur en chef des mines, puis fut rappelé à Constantinople pour professer, à l'Ecole militaire, la chimie et la physique. Nommé peu après directeur de l'Ecole, avec rang de brigadier général, il était promu général de division en 1849. Commissaire de la Porte pour la délimitation des frontières entre la Turquie et la Perse, Dervich Pacha, cette mission remplie, fut chargé d'aller réinstaller les hospodars Stirbey et Ghika à la tête des principautés moldo-valaques (1854). En 1855, il était nommé commandant en chef des Ecoles militaires de l'Empire ottoman. Délégué à la Conférence de Paris en 1856, puis chargé, comme commissaire spécial, d'assurer la rectification de la frontière de Bessarabie, il fut nommé par le nouveau sultan, Abd-ul-Azis, en 1861, directeur général des mines. Après avoir pris la plus grande part à la guerre avec le Monténégro en 1862, à la pacification du Liban en 1866, et rempli diverses missions diplomatiques, Dervich Pacha fut appelé au commandement de la place de Batoum, pendant la guerre avec la Russie (1878), et repoussa toutes les tentatives des assiégeants, ce qui n'empêcha pas le traité de paix qui suivit d'attribuer aux Russes la possession de Batoum, à la seule condition d'en faire un port franc, condition qu'a même été éludée ouvertement et impunément par la suite (juillet 1886). Lorsqu'il fallut remettre Batoum aux mains des Russes, le gouverneur civil s'y opposa et 10,000 *lazis*, qui avaient défendu si vaillamment déjà cette ville, se disposèrent à la défendre de nouveau. Dervich eut donc la pénible mission de les convaincre par la force de remettre la ville à ceux qui l'avaient gagnées seulement par voie diplomatique. Deux ans après, il remplissait une mission analogue à Dulcigno, en présence d'une démonstration de la flotte combinée des puissances européennes. Comme il avait fait pour les lazis de Batoum, Dervich Pacha dut forcer la Ligue albanaise de céder ce port au Monténégro; il y réussit qu'en battant les troupes de la Ligue (20 avril 1881). Au commencement de juin 1882, Dervich Pacha était envoyé en mission en Egypte par le sultan, pour tâcher de mettre d'accord les choses existant entre le khédive et le parti militaire et national ayant à sa tête Arabi-Pacha (Voy. ce nom). Il arrivait au Caire le 7 juin. Le 11 juillet, Alexandrie était bombardée par la flotte anglaise, et Arabi, au lieu d'obéir à l'ordre de se rendre à Constantinople dont il lui faisait part au nom du sultan, se disposait, à la tête de l'armée, à résister à l'invasion anglaise. On sait quel fut le dénouement de cette triste affaire et comment la mission de Dervich ne put être remplie.

DESCAURE, Jean Pierre Alexandre Charles, homme politique français, né à Fresnoy-la-Chaussée (Somme) le 11 mai 1848. Grand propriétaire agriculteur, maire de Fresnoy, membre du Conseil général de la Somme depuis 1875, membre et secrétaire de la Société hippique du sud de la Somme, M. Descaure a été élu député de ce département, sur la liste monarchique, le 4 octobre 1885.

DESCHANEL, Emile Augustin Etienne Martin, littérateur et homme politique français, né à Paris le 14 novembre 1819, fit ses études au collège Louis-le-Grand et entra à l'Ecole normale en 1839, ayant été treize fois lauréat au concours général. Nommé en 1842 professeur de rhétorique au collège de Bourges, il revint peu après professer la même classe à Paris et fut nommé maitre des conférences à l'Ecole normale, pour la littérature grecque: il professa successivement, à Paris, aux lycées Charlemagne, Bonaparte et Louis-le-Grand. Il collaborait, en outre, à divers recueils et journaux: à la *Revue des Deux-Mondes*, à la *Revue indépendante*, à la *Liberté de penser*, au *National*, etc. M. Deschanel était professeur à Louis-le-Grand lorsque, ayant publié dans la *Liberté de penser*, en 1850, une étude de philosophie sociale intitulée: *Catholicisme et socialisme*, il fut cité devant le Conseil de l'instruction publique, non sans doute pour fournir des explications, mais pour entendre prononcer sa suspension de ses doubles fonctions. Il entra dès lors ouvertement dans la presse républicaine, et le 2 décembre l'ayant trouvé sans peine, il fut proscrit après une courte détention. Il se réfugia à Bruxelles, où il fit avec succès des cours publics, et refusa une chaire de littérature française que lui offrait la ville de Lausanne. Rentré après l'amnistie de 1859, il prit, au *Journal des Débats*, la place devenue vacante par la mort d'Hippolyte

Rigault, qui l'avait remplacé, en 1851, comme professeur à Louis-le-Grand, et y publia une revue de quinzaine, où il était parlé de littérature, de théâtre, d'histoire, de voyages, etc. Il fut, en 1864, l'un des fondateurs des conférences de la rue de la Paix, pour souvenir de celles qu'il avait fondées à Bruxelles, et y eut beaucoup de succès. — Porté candidat aux élections complémentaires du 2 juillet 1871, dans le département de la Seine, M. Deschanel échoua avec 80,000 suffrages. Il se présenta de nouveau aux élections du 20 février 1876, dans la troisième circonscription de Saint-Denis, et fut élu au scrutin de ballottage du 5 mars suivant. Réélu le 14 octobre 1877, il fut nommé professeur de littérature française moderne au Collège de France, le 23 janvier 1881 et dut se représenter devant ses électeurs, qui ne jugèrent pas à propos de lui confirmer le mandat parlementaire, à l'élection du 27 février 1878. Mais, le 23 juin suivant, M. Émile Deschanel était élu sénateur inamovible. Il siège à gauche et a voté l'expulsion des princes.

M. Émile Deschanel, outre les journaux et recueils cités plus haut, a collaboré à l'*Indépendance belge* et, dans ces derniers temps, au *National de 1869*. Il a publié à part : les *Courtisanes de la Grèce (1854)*; le *Mal qu'on a dit des femmes*, le *Bien qu'on a dit des femmes*, le *Mal qu'on a dit de l'Amour*, le *Bien qu'on a dit de l'Amour*, le *Bien et le Mal qu'on a dit des enfants*, petits volumes de compilation ingénieuse (1855-58); *Histoire de la conversation (1858)*; la *Vie des comédiens (1860)*; *Causeries de quinzaine*, extraites du *Journal des Débats*, *Christophe Colomb*, extraits du même journal (1861); *A pied et en wagon (1862)*; *Physiologie des écrivains et des artistes*, ou *Essai de critique naturelle (1864)*; *Études sur Aristophane*, en partie extraites d'articles publiés en 1849 dans la *Liberté de penser*, mais revus et augmentés (1867); *A Bâtons rompus (1868)*; *Annuaire des Conférences et de la Littérature (1869)*; la *Question des femmes et la morale laïque*, discours prononcé à l'occasion du couronnement de la rosière de Puteaux (1870); le *Romantisme des classiques* : 1. Corneille, Rotrou, Molière, etc.; 2. Racine; 3. Pascal, Larochefoucauld, Bossuet; 4. le *Théâtre de Voltaire (1882-86, 5 vol.)*; une *Étude sur les «Maximes» de Larochefoucauld*, des éditions de la *Médée* d'Euripide, du *Brutus* de Cicéron, etc.

DESCHANEL, PAUL EUGÈNE LOUIS, littérateur et homme politique français, fils du précédent, né le 13 janvier 1856 à Bruxelles. Il fit ses études à Paris, au collège Sainte-Barbe et au lycée Condorcet, puis suivit les cours de l'École de droit et se fit recevoir licencié en 1872 ; il avait déjà pris le grade de licencié ès lettres. M. Paul Deschanel débuta dans la carrière politique comme secrétaire de M. de Marcère, ministre de l'intérieur, en 1877 ; il remplit les mêmes fonctions auprès de M. Jules Simon, président du conseil avec le même portefeuille, et suivit cet homme d'État dans sa retraite, le 16 mai 1877. Nommé sous-préfet de Dreux en décembre suivant, il devint successivement secrétaire général de la préfecture de Seine-et-Marne en mai 1879, sous-préfet de Brest en décembre de la même année et sous-préfet de Meaux le 4 avril 1881. Un groupe d'électeurs républicains de Dreux lui ayant offert la candidature aux élections générales du 21 août 1881, M. Paul Deschanel accepta, donna sa démission de sous-préfet, et échoua contre M. Gatineau, député sortant, candidat radical. Porté sur la liste républicaine modérée, aux élections d'octobre 1885, il fut élu député d'Eure-et-Loir au scrutin du 18 octobre. Il a pris place sur les bancs de la gauche républicaine et a voté contre le projet d'expulsion des princes.

M. Paul Deschanel a collaboré à la *Revue politique et littéraire*, au *Journal officiel*, etc., et est attaché à la rédaction du *Journal des Débats* depuis 1876. Il a publié à part : la *Question du Tonkin (1883)*; la *Politique française en Océanie*, à propos du canal de Panama, avec préface de M. Ferdinand de Lesseps (1884).

DES CLOIZEAUX, ALFRED LOUIS OLIVIER LEGRAND, physicien et minéralogiste français, né à Beauvais le 17 octobre 1817. Élève de l'École normale supérieure, il fit plusieurs voyages d'exploration scientifique dans le nord de l'Europe après avoir achevé ses études, et assista en 1845 à une éruption de l'Hecla. De retour à Paris, il entra comme répétiteur à l'École centrale, devint maître des conférences à l'École normale en 1858 et fut appelé en 1876 à la chaire de minéralogie du Muséum d'histoire naturelle. M. Des Cloizeaux a été élu membre de l'Académie des sciences, en remplacement du vicomte d'Archiac, le 15 novembre 1869 ; il est en outre membre de la Société royale de Londres et des principales sociétés savantes d'Europe, et a reçu de l'université de Leyde le titre honorifique de docteur en philosophie en 1875. —

M. Des Cloizeaux a fourni de nombreux mémoires aux *Annales des mines*, aux *Annales de physique et de chimie* et aux *Comptes rendus de l'Académie des sciences* principalement, sur l'éruption de l'Hecla dont il fut témoin, sur les geysers d'Islande, sur les observations physiques, géologiques et minéralogiques faites au cours de ses voyages, etc. On a de lui, outre cela : *Sur la cristallisation et la structure intérieure du quartz (1855)*; *De l'emploi des propriétés optiques biréfringentes en minéralogie : Leçons de cristallographie*, professées à l'École normale (1861); *Manuel de minéralogie (1862-70, 2 vol., pl.)*; *Nouvelles recherches sur les propriétés optiques des cristaux naturels ou artificiels (1867)*, etc. — M. Des Cloizeaux est chevalier de la Légion d'honneur depuis 1863 ; il est aussi décoré de l'ordre de Saint-Stanislas de Russie (2ᵉ classe).

DESCLAUZAS, MARIE, actrice française, née à Paris en 1842. Elle débuta sur la scène à l'âge de treize ans, et grâce à l'appui de Clarisse Miroy, qui l'avait remarquée, elle entrait quelques années plus tard au Cirque reconstruit sur la place du Châtelet et devenu peu après (1862) Théâtre du Châtelet. Elle y parut successivement dans la *Poule aux œufs d'or*, la *Prise de Pékin*, *Rothomago*, *Fanfan-la-Tulipe*, *Don César*, la *Jeunesse du roi Henri*, le *Diable boiteux* et surtout dans le rôle du prince Charmant de *Cendrillon*. Après cette série de succès, Mˡˡᵉ Desclauzas alla chanter en Amérique le répertoire d'opérettes d'Hortense Schneider ; tournée fructueuse, au retour de laquelle elle visita les principales villes de France, puis revint à Paris et débuta à l'Athénée, dans *Fleur du thé*, de M. Lecocq (avril 1868). Elle poursuivit dès lors, avec un succès grandissant, la carrière d'opérette ouverte par les douloureux interméde de la guerre, toutefois, pendant lequel elle servit à Paris comme ambulancière. Le rôle de Mˡˡᵉ Lange de la *Fille de Madame Angot*, qu'elle vint jouer à Paris (1873), après l'avoir interprété à Bruxelles avec un succès étourdissant, fait le reste mis le sceau à sa réputation. Depuis lors, Mˡˡᵉ Marie Desclauzas a paru dans la plupart des opérettes et des féeries qui ont eu quelque succès dans ces dernières années aux Folies-Dramatiques, à la Renaissance, au Châtelet, etc. Elle était engagée de nouveau à ce dernier théâtre, en août 1886, pour jouer le principal rôle dans *Frivoli*, l'opérette-féerie de M. Charles Lecocq dont l'Angleterre a eu la primeur.

DES ESSARTS, ALFRED STANISLAS LANGLOIS, littérateur français, né à Passy (Paris) le 9 août 1814, fit ses études au collège Henri IV. Dès l'âge de seize ans, il publiait quelques poésies dans la presse périodique du temps. Chargé de la critique littéraire et dramatique à l'*Écho français* en 1836, il conserva ce poste jusqu'en 1846. Il fut trois fois lauréat au concours de poésie de l'Académie, en 1841, 1843 et 1847 et entra en 1846, à la bibliothèque Saint-Geneviève, comme sous-bibliothécaire ; il y est devenu conservateur et a aujourd'hui le titre de conservateur honoraire. — M. Alfred des Essarts a publié : une *Perle dans la mer (1841)*; le *Lord bohémien (1842)*; *Sous les ombrages (1845)*; les *Chants de jeunesse (1846)*; l'*Univers illustré (1847)*; la *Comédie du monde*, roman in-8vo (1851); les *Hommes de la guerre d'Orient (1855)*; *Galerie de neuf peintres célèbres (1858)*; *François de Médicis*, le *Tour du cadran*, *Lectures d'hiver (1859)*; la *Gerbe*, récits historiques (1860); les *Deux veuves (1861)*; les *Célébrités françaises (1861)*; *Contes Pompadour (1862)*; les *Fêtes de nos pères (1862)*; *Valentin (1863)*; *Souffrir c'est vaincre*, le *Champ de roses (1864)*; *Marthe (1865)*; *Roquefeuille (1868)*; les *Masques d'or*; l'*Enfant volé (1870)*; *Récits légendaires (1872)*; le *Roman des mères*, la *Gerbe d'or (1875)*. Il a fait jouer au Français : la *Ligue des amants*, en vers, et au Vaudeville la *Noix dorée*. — M. Alfred Des Essarts est chevalier de la Légion d'honneur depuis 1868.

DES ESSARTS, EMMANUEL ADOLPHE LANGLOIS, littérateur français, fils du précédent, né à Paris le 2 août 1839, fit ses études au lycée Napoléon (Henri IV) et fut élève de l'École normale de 1858 à 1861. Nommé à sa sortie professeur de rhétorique au collège d'Avignon, il professa successivement la même classe aux lycées de Moulins, d'Orléans, de Nancy, de Nîmes. Il a été reçu docteur ès lettres de la Faculté de Paris en 1871, a occupé depuis la chaire de littérature française à la Faculté des lettres de Dijon, et occupe aujourd'hui la même chaire à la Faculté de Clermont-Ferrand.

M. Emmanuel Des Essarts, qui remporta sur les bancs du collège, un prix de poésie offert par la Société des gens de lettres, a débuté dans la carrière d'écrivain par deux volumes de poésies : les *Parisiens (1862)* et les *Élévations (1864)*. Il a publié : les *Voyages de l'esprit*, recueil d'articles (1869); l'*Hercule grec*, étude mythologique (1871); *Origines de la poésie lyrique en France, au seizième siècle* (1873); les *Prédécesseurs de Milton* (1874); le *Génie de Châteaubriand* (1876); *Poèmes de la Révolution* (1879); etc. Il a collaboré aux *Sonnets et Eaux-fortes*, au Parnasse contemporain et à divers journaux et revues. Il a aussi fait précéder d'une « Introduction » le livre de son père intitulé : *Souffrir, c'est vaincre (1864)*. — M. Emmanuel des Essarts est chevalier de la Légion d'honneur.

DESGOFFE, Blaise Alexandre, peintre français né à Paris en 1830, élève de Flandrin et de M. Bouguereau. Il s'est voué spécialement, et avec grand succès, à la nature morte reproduite en miniature. Nous citerons seulement quelques ouvrages de M. B. Desgoffe : *Deux coupes d'agate orientale du XVI° et du XVII° siècle (1857); Aiguière en sardoine onyx du XVI° siècle et tapis turc (1859); Fruits et bijoux (1864); Statuette de marbre, verre gravé et fruits (1865); Fruits, fleurs et bijoux (1867,* Exposition universelle); *Réchaud en vermeil (1869); Gibier sur tapis de velours bleu (1870); Casque de Henri IV (1872); Porcelaines, Frise de bois sculpté (1874); Thé dans une chambre d'artiste (1875); Casque et bouclier de Charles IX (1877); Vase en cristal de roche (1878); Statuette de buis, Etrier de François I°°, Pommeau d'épée,* etc. (1883); *Raisins, pêches, prunes et bijoux; Majoliques, dahlias et étoffe brodée (1884); Objets d'art ancien de la collection de sir Richard Wallace,* à Londres, etc. (1885); *Raisins, coupe en cristal de roche et vase de porcelaine de Sèvres,* etc. (1886). — M. Blaize Desgoffe a obtenu une 3° médaille en 1857, une 2° médaille en 1863 et la croix de la Légion d'honneur en 1878.

DESJARDINS, Abel, professeur et historien français, né à Paris en 1814. Elève de l'Ecole normale supérieure, il fut reçu agrégé d'histoire en 1843 et docteur ès lettres l'année suivante. Nommé professeur d'histoire à la faculté des lettres de Dijon en 1847, il fut transféré à la ville de Caen en 1856, et en 1857 à celle de Douai, dont il est devenu doyen. M. Abel Desjardins a été élu correspondant de l'Institut (Académie des inscriptions et belles-lettres) en 1878. — On lui doit : *l'Empereur Julien*, thèse de doctorat (1844); *Etude sur saint Bernard (1849);* une *Vie de Jeanne d'Arc (1854); l'Esclavage dans l'antiquité (1857); Papiers relatifs aux rapports diplomatiques de la France et de la Toscane aux XV° et XVI° siècles,* recueillis par l'auteur dans deux missions officielles en Italie, en 1852 et 1853, et publiés dans les « Documents inédits pour servir à l'Histoire de France » (1859); *Charles IX, deux années de règne, 1570-1572 (1874);* une *Congrégation générale de cardinaux en 1595 (1875),* etc. — M. Abel Desjardins a été promu officier de la Légion d'honneur le 27 août 1867.

DESJARDINS, Ernest, historien et archéologue français, frère du précédent, né le 30 septembre 1823 à Noisy-sur-Oise (Seine-et-Oise). Successivement professeur à Angers, à Dijon, à Alençon, à Paris (lycée Bonaparte), puis maître de conférence de géographie à l'Ecole normale, M. Ernest Desjardins fut chargé de plusieurs missions en Italie et en Egypte, devint membre de la Société de géographie et fut élu en 1875 membre de l'Académie des inscriptions et belles-lettres en remplacement d'Avezac-Macaya. Il fit partie, comme secrétaire, de la Commission de publication des œuvres et de la correspondance du comte Borghesi, savant italien mort en 1860. — On a de M. E. Desjardins : un *Atlas de géographie ancienne de l'Italie (1852); De Tabulis alimentariis et Sur la topographie du Latium,* ses thèses de doctorat (1854); *Voyage d'Horace à Brindes (1855); Parme,* ses antiquités, *le Corrège,* etc. (1856); le *Pérou avant la conquête espagnole (1858);* le *Grand Corneille historien (1861); Notice sur le musée Napoléon III, Du patriotisme dans les arts (1862); Aperçu historique sur les embouchures du Rhône,* récompensé par l'Institut; les *Juifs de Moldavie (1867);* la *Table de Peutinger,* d'après l'original conservé à Vienne (1869-78); *Géographie historique et administrative de la Gaule (1870-85,* 3 vol.); *Musei nationalis hungarici (1873); Notices sur les monuments épigraphiques de Bavay et du musée de Douai (1874); Desiderata de Corpus inscriptionum latinorum de l'Académie de Berlin (1874-77);* et une foule de mémoires dans le *Recueil des comptes rendus de l'Académie des inscriptions,* créé par lui en 1857. — M. Ernest Desjardins a été élu membre de la Commission des inscriptions et médailles de l'académie dont il fait partie, le 20 novembre 1885, en remplacement de feu Egger. Il est chevalier de la Légion d'honneur.

DESLANDES, Raymond, auteur dramatique français,

né à Yvetot le 12 juillet 1825. Sa famille le destinant au barreau, il vint à Paris, après avoir terminé ses études au collège de Rouen, sous prétexte de faire son droit; il y débuta bientôt dans la petite presse, mais ses goûts le portaient surtout vers la littérature dramatique et il ne tarda pas à trouver bientôt l'occasion de les satisfaire. Il commença à donner, seul ou en collaboration avec MM. Armand Durantin, Clairville, Decourcelle, Delacour, Labiche, Cormon, Pol Mercier, Louis Lurine, J. Petit, Montjoie, Moreau, E. Grangé, et plus récemment MM. Busnach, Gondinet, etc., une série de pièces, vaudevilles, comédies ou drames qui, aujourd'hui, s'élèvent à un chiffre des plus respectables. Nous citerons : *Un et un font un (1848);* les *Trois Racan (1849);* la *Terre promise (1850);* le *Méridien (1852); On dira des bêtises (1853);* le *Château des Tilleuls, D'une fenêtre à l'autre, Eca (1854);* la *Femme d'un grand homme (1855); l'Amant aux bouquets, Madame Bijou,* le *Camp des révoltées,* la *Boîte d'argent (1856);* les *Comédiennes (1857);* le *Dompteur de femmes (1859);* une *Chasse à Saint-Germain (1860); Colombe et Pinson,* les *Domestiques (1861);* le *Marquis Harpagon (1862);* la *Dernière grisette (1863);* un *Mari qui lance sa femme (1864);* les *Sabots d'Aurore,* un *Gendre (1866);* le *Porte-cigare, J. Rosier, 34, rue Mogador (1871);* le *Train des cocottes (1872);* une *Fille d'Eve, Gilberte (1874);* le *Comte Kostia,* la *Fillette du roi,* opérette (1875); *Antoinette Rigaud,* comédie en 3 actes, au Français (1883), etc. — M. Raymond Deslandes est directeur du théâtre du Vaudeville. Il est chevalier de la Légion d'honneur depuis 1866.

DESMONS, Frédéric, homme politique français, pasteur de l'Eglise réformée, est né à Brignon (Gard) le 14 octobre 1832. Elève de la faculté de théologie de Strasbourg, il y obtint le grade de docteur en 1856, et devint pasteur à Saint-Geniès et président du consistoire de Saint-Chaptes. M. Desmons est en outre membre du conseil du Grand Orient de France. Sa candidature complémentaire à la Chambre des députés s'étant produite en mars 1878 dans la 1° circonscription d'Alais, M. Desmons s'y présenta, mais se désista au second tour en faveur d'un autre candidat républicain, M. Favand, qui avait réuni un plus grand nombre de voix. Celui-ci étant mort, M. Desmons fut élu à sa place le 19 juin 1881 et réélu aux élections générales du 21 août suivant. Il prit place à l'extrême gauche, et fut élu député du Gard au scrutin du 18 octobre 1885. M. Desmons a voté l'expulsion totale des princes. — On lui doit un *Essai historique sur le Mormonisme,* sa thèse de doctorat (1856); une *Réponse à la Lettre de l'évêque de Nîmes aux protestants du Gard (1859)* et quelques autres brochures de circonstance.

DESNOIRETERRES, Gustave Le Brisoys, littérateur français, né à Bayeux (Calvados) le 20 juin 1817, fit ses études dans sa ville natale, et vint ensuite à Paris. En 1839, il publiait, le *Journal général de France,* un roman : la *Pensionnaire et l'artiste.* Deux ans plus tard, il fondait la *Province à Paris,* revue mensuelle, qui dura peu; il collabora à la *Revue de Paris,* à la *Revue française,* à l'*Epoque,* à la *Semaine,* au *Globe,* au *Commerce,* à la *Paix.* Il a publié à part : la *Chambre noire (1843); Jarnowick (1844); Entre deux amours, Mademoiselle Zacharie (1845),* romans; une *Etude sur Balzac (1851);* une édition annotée du *Tableau de Paris,* de Mercier et un autre roman : un *Amour en diligence (1853);* les *Talons rouges,* esquisses contemporaines (1854). A partir de cette époque, M. Desnoireterres s'est à peu près exclusivement borné à des études historiques ayant le dix-huitième siècle pour objet et dont la plupart furent d'abord insérées, au moins en partie, dans quelque revue, comme les *Intérieurs de Voltaire,* dans la *Revue de Paris (1855);* les *Originaux,* dans la *Revue française (1855-58),* etc. Citons: la *Jeunesse de Voltaire (1867); Voltaire à Cirey (1868); Voltaire à la cour (1869); Voltaire et Frédéric (1870);* la *Musique française au dix-huitième siècle (1872); Voltaire aux Délices (1873),* série d'ouvrages réunis sous le titre général de *Voltaire et la société française au dix-huitième siècle,* à l'Académie française a récompensée par le prix Bordin, le 1° juin 1875 et à laquelle l'auteur a donné pour complément: *Iconographie voltairienne (1878,* in-4°, pl.). On doit encore à cet écrivain: les *Cours galantes (1859-64,* 4 vol.); *Grimod de la Reynière et son groupe (1877); Epicuriens et lettrés (1879);* le *Poète satirique au dix-huitième siècle (1885),* et une comédie en 1 acte, jouée au Vaudeville en 1861: *Monsieur Prosper.* — M. Gustave Desnoireterres est chevalier de la Légion d'honneur depuis 1869.

DESPREZ, Julien Florian Félix, prélat français, cardinal, né à Ostricourt, village de l'arrondissement de Lille, le 14 avril 1807. Devenu curé de Notre-Dame de Roubaix, M. Desprez fut nommé évêque de Saint-Denis de la Réunion par décret du 12 juillet 1850, transféré à l'évêché de Limoges le 19 mars 1857 et promu à l'archevêché de Toulouse le 30 juillet 1859, préconisé en cette qualité le 26 septembre suivant. Créé cardinal le 12 mai 1879, il recevait la barrette des mains de M. Grévy, président de la République. M. le cardinal Desprez est officier de la Légion d'honneur depuis 1865. — Il a publié un assez grand nombre de *mandements* et d'*instructions pastorales*.

DESROUSSEAUX, Alexandre Joachim, chansonnier français, né à Lille le 1er juin 1820. Il se rendit, dès l'âge de seize ans, populaire dans son pays, et bientôt après dans tout le Nord, par des chansons en patois lillois, dont il composait la musique aussi bien que les paroles et qui, d'abord chantées par lui à ses camarades d'atelier, car il était ouvrier, se répandirent rapidement, furent publiées dans divers recueils, notamment dans le recueil de la société chansonnière « les fils de Béranger », dont il faisait naturellement partie, et enfin à part, avec un véritable succès. Tombé au sort en 1840, il servit jusqu'en 1847 dans un régiment de ligne, où il fut chargé d'un cours de solfège. Revenu avec son congé, il devint employé, puis chef de bureau à la mairie de Lille. Encouragé par le succès de ses premières chansons, il employa ses loisirs à en écrire de nouvelles, qu'il interpréta lui-même, le plus souvent dans les concerts de bienfaisance que donnaient les principales villes du Nord, avec un très grand succès. Outre ses propres chansons, il a également composé la musique d'un certain nombre d'autres, notamment celle du recueil de M. C. Faucompret, intitulé : *Sous les saules*, album de cinquante mélodies, publié en 1854. Ses propres chansons ont été publiées sous le titre général de *Chansons et pasquilles lilloises* et forment aujourd'hui cinq volumes (1851-55-57-65-74). Il a également publié, de 1859 à 1861, des almanachs intitulés : *Mes étrennes*. M. Desrousseaux a reçu divers témoignages de reconnaissance, notamment une cafetière d'argent offerte par les habitants de Seclin (Nord), qu'il avait récréés à une certaine occasion de sa chanson sur le *Café*; il a reçu aussi, en 1861, une médaille d'or de la Société des sciences de Lille. Il est membre de plusieurs sociétés littéraires et artistiques et correspondant de la Société liégeoise de littérature wallonne.

DESTREMX DE SAINT-CHRISTOL, Léonce, agronome et homme politique français, né à Alais le 5 décembre 1820, est arrière-petit-fils de Jacques Destremx, conseiller-secrétaire du roi près le parlement de Metz qui, devenu propriétaire de la terre seigneuriale de Saint-Christol, Montmoirac et Montèzes, se consacra à l'agriculture, comme devaient le faire après lui ses descendants, y compris celui qui fait l'objet de cette notice et qui ne compte plus les distinctions de tout genre obtenues dans les concours régionaux de la France entière. M. Destremx de Saint-Christol a fait en outre les plus louables efforts pour le développement de l'instruction élémentaire et de l'instruction agricole dans son département, créé des cours d'adulte, fondé des salles d'asile, etc. Membre du Conseil général de l'Ardèche pour le canton de Joyeuse depuis 1864, maire de Lablachère, il posait sa candidature aux élections générales de 1869 contre la candidature officielle, mais sans succès. Il fut élu représentant de l'Ardèche à l'Assemblée nationale, le 8 février 1871, comme candidat du comité national républicain, et se fit inscrire au centre gauche et à la gauche républicaine. Porté sur la liste républicaine, avec le comte Rampon, aux élections sénatoriales du 30 janvier 1876, il échoua contre M. Tailhand, ancien ministre de la Justice. — M. L. Destremx se présenta, le 20 février suivant, dans la 2e circonscription de Largentière, et fut élu député au premier tour. Mais aux élections d'octobre 1885, faites au scrutin de liste, M. Destremx, porté sur la liste radicale de l'Ardèche, échoua. — On doit à M. Léonce Destremx, outre sa collaboration à divers journaux ou recueils périodiques, principalement sur des questions d'économie agricole : *Légendes et Chroniques du Languedoc (1857)*; *Essai d'économie rurale et d'agriculture pratique (1861)*; *Agriculture méridionale: le Gard et l'Ardèche (1866)*; le *Chemin de fer d'Alais au Pouzin*, trois brochures (1868-70), etc. Il est membre de l'Académie du Gard, président de la Société littéraire et scientifique d'Alais, dont il est fondateur, membre correspondant de la Société nationale et centrale d'agriculture de France, et de l'Académie royale de Turin, etc.

DETHOU, Alexandre René, homme politique français, né à Bléneau (Yonne) le 18 avril 1819. Riche propriétaire, connu depuis dix ans par ses opinions républicaines, il fut compromis dans le courageux soulèvement des départements de la Nièvre et de l'Yonne contre le coup d'État du 2 décembre 1851, et vécut exilé en conséquence jusqu'en 1859. Profitant de l'amnistie, M. Dethou rentra en France, mais ne s'occupa point de politique militante jusqu'aux élections de février 1871, auxquelles il obtint dans son département une minorité de plus de 12,500 voix. Élu le 20 février 1876 dans l'arrondissement de Joigny, il s'inscrivit au groupe de la gauche républicaine, et fut réélu par le même collège le 14 octobre 1877 et le 21 août 1881. Aux élections d'octobre 1885, M. Dethou a été élu, au scrutin du 18, député de l'Yonne. Il a voté l'expulsion totale des princes.

DÉTROYAT, Pierre Léonce, ancien officier de marine, journaliste et auteur dramatique français, né à Bayonne le 7 septembre 1829. Après avoir terminé à Lorient ses études classiques, il entra à l'École navale en 1845, fut embarqué comme aspirant en 1847, et fit partie, sous les ordres de l'amiral Page, d'une campagne dans la mer des Indes. Promu enseigne de vaisseau en 1852, il fit en cette qualité la campagne de Crimée, puis celle de Chine, y fut blessé (21 décembre 1859), mis à l'ordre du jour, et décoré de la Légion d'honneur en récompense de sa belle conduite dans cette affaire. Promu lieutenant de vaisseau en 1860, il prit part à l'expédition du Mexique dans les états-majors des généraux Berthier, F. Douay et Bazaine, et fut promu officier de la Légion d'honneur en 1864. Peu après, il devint sous-secrétaire d'État au département de la marine de l'empire mexicain et chef du cabinet militaire de Maximilien. Ce fut lui qui accompagna l'impératrice Charlotte à son fatal voyage en Europe. Son appréciation de la situation au Mexique, et particulièrement de l'attitude de Bazaine, lui fit interdire le retour dans ce pays. Il épousa, en 1866, Mlle Hélène Garvo, nièce d'Émile de Girardin et, après avoir obtenu un congé de non-activité (1867), entra à la rédaction de la *Liberté* où, sous le pseudonyme de L. du Bourneuf, il traita principalement les questions militaires et de finance et la question espagnole. En 1869, il achetait ce journal, qui se rapprocha davantage du gouvernement sous sa direction, et en 1870, un organe de propagande plébiscitaire. Il le transporta à Bordeaux à la veille de l'investissement de Paris. En décembre 1870, il fut nommé général au titre auxiliaire et appelé au commandement du camp de la Rochelle. Aux élections du 8 février 1871, M. Détroyat, partisan de la résistance, posait sa candidature à l'Assemblée nationale dans le département d'Indre-et-Loire ; mais sa circulaire n'étant pas du goût de l'autorité nouvelle, qui voulait peut-être plus énergiquement la paix que les plus pacifiques d'entre nous, força, par un commencement de poursuites, M. Détroyat à abandonner la partie. Ayant alors fait liquider sa pension de retraite d'officier de marine, il reprit la direction de son journal, momentanément confiée à Gregory Ganesco. Au mois de mai 1876, M. Léonce Détroyat quittait la *Liberté* et fondait, quelques semaines plus tard, le *Bon Sens* : enfin, le 5 juillet, il prenait la suite des affaires de l'*Estafette*, fondée par Villemessant au commencement de mai, et devenait en conséquence directeur politique d'un journal ayant pour titre : l'*Estafette*, pour sous-titre *Estafette et Bon Sens réunis*, et qui n'était autre que l'ancienne *Liberté*, sans que la nouvelle eût changé d'une manière bien sensible. Après avoir soutenu la politique du gouvernement du 16 mai (1877), M. Détroyat échouait aux élections du 14 octobre suivant, dans la circonscription de Neuilly, et conseillait en conséquence au maréchal Mac-Mahon de se soumettre au verdict populaire. Quelque temps après, il quittait l'*Estafette* et le *Bon Sens* réunis, et enfin devenait acquéreur, en 1885, du *Constitutionnel*, auquel il donnait une allure plus libérale, sans être absolument républicaine.

M. Léonce Détroyat a publié à part : la *Cour de Rome et l'empereur Maximilien (1868)*; l'*Intervention française au Mexique* (même année); le *Recrutement, l'organisation et l'instruction de l'armée française (1870)*, ouvrages composés en partie d'extraits du journal la *Liberté*. Il a également fait représenter au Vaudeville, en 1870, une comédie en un acte: *Entre l'enclume et le marteau*; et plus tard : *Henri VIII*, opéra en 4 actes, avec M. Armand Silvestre, musique de M. C. Saint-Saëns, à l'Opéra (1883); *Aben Hamet*, opéra en 4 actes, avec M. de Lauzière-Thémines, musique de M. Th. Dubois, au Théâtre-Italien; et *Pedro de Zulamea*, opéra en 4 actes, avec M. Armand Silvestre, musique de M. B. Godard, au Théâtre d'Anvers (1884). Décoré de l'ordre de Saint-

Ferdinand d'Espagne en 1859. M. Détroyat, directeur politique de l'organe du parti alphonsiste en France, et qui assistait à Madrid à l'entrée triomphale du jeune roi Alphonse XII (janvier 1875), a reçu depuis les insignes les plus élevés des ordres espagnols, outre la rosette d'officier de la Légion d'honneur (11 février 1864).

DEVADE, GUILLAUME AMÉDÉE, homme politique français, médecin, né le 11 janvier 1818 à Saint-Martin-de-Vers. Après avoir obtenu son diplôme de docteur en médecine de la faculté de Paris, il s'établit à Gien, et devint médecin en chef de l'hôpital de cette ville en 1847. Très populaire déjà comme médecin, il le devint davantage par l'expression de ses sentiments républicains, à partir de 1848 ; de sorte que le gouvernement du 2 décembre, ne voyant pas de raisons suffisantes pour le proscrire, le révoqua, du moins, de ses fonctions de médecin en chef de l'hôpital de Gien. Conseiller municipal de cette ville depuis 1860. Ayant mérité la croix de la Légion d'honneur pour ses services dans les ambulances de l'armée de la Loire en 1870-71, M. le docteur Devade fut élu député de l'arrondissement de Gien, avec une majorité des deux tiers, le 20 février 1876, et s'inscrivit à la gauche républicaine. Réélu le 14 octobre 1877 et le 21 août 1881. M. Devade a été réélu député du Loiret le 14 octobre 1885. Il a voté l'expulsion des princes.

DEVELLE, LOUIS CHARLES EDMOND, homme politique français, né à Bar-le-Duc le 6 avril 1831. Avoué à Bar-le-Duc, conseiller général de la Meuse, il fut élu député de l'arrondissement de Bar-le-Duc le 6 avril 1879, en remplacement de M. Grandpierre, démissionnaire, et s'inscrivit au groupe de la gauche républicaine. Réélu par le même collège le 21 août 1881, sans concurrent, M. Develle était élu sénateur de la Meuse le 25 janvier 1885, en remplacement de M. Vivenot, décédé. Il a voté l'expulsion des princes.

DEVELLE, PAUL JULES, homme politique français, frère du précédent, né à Bar-le-Duc le 12 avril 1845. Il fit son droit à Paris et s'inscrivit au barreau de cette ville en 1865. A la rentrée de la conférence des avocats stagiaires, en 1869, M. Jules Develle prononça le discours d'usage, dont le sujet était l'éloge de Berryer. Ancien secrétaire de M. Jules Grévy, il fut appelé en 1872 à la sous-préfecture de Louviers, d'où il passa à la préfecture de l'Aude en 1876. Révoqué par le gouvernement du 16 mai, M. J. Develle mit à profit les bons souvenirs qu'il avait eu le temps de laisser dans l'arrondissement de Louviers, où il accepta la candidature républicaine aux élections du 14 octobre 1877. Il fut élu contre M. Raoul Duval, député bonapartiste sortant, et prit place sur les bancs de la gauche républicaine. Nommé sous-secrétaire d'Etat à l'intérieur le 13 février 1879, il quittait ses fonctions le 4 mars suivant, en même temps que son chef, M. de Marcère. M. Jules Develle fut réélu député de l'arrondissement de Louviers le 21 août 1881 ; mais aux élections d'octobre 1885, faites au scrutin de liste, le département de l'Eure ne lui offrant pas une garantie de succès suffisante, il préféra poser sa candidature dans son département natal, et il a été en effet député de la Meuse, sur la liste républicaine, au scrutin du 18. M. Jules Develle a été appelé au ministère de l'agriculture, dans le cabinet présidé par M. de Freycinet, le 7 janvier 1886.

DE VERE, AUBREY THOMAS, poète et publiciste irlandais, né à Curragh Chase, dans le comté de Limerick, en 1814, fit ses études au collège de la Trinité, à Dublin. Il a publié, en fait de poésies : les *Waldenses, ou la chute de Rora, histoire lyrique (1842)* ; *A la recherche de Proserpine, Souvenirs de la Grèce et autres poèmes (1843)* ; *Poésies diverses et sacrées (1856)* ; *Chansons du printemps* (May Carols, 1857 et 1881) ; les *Sœurs et autres poèmes (1861)* ; la *Noce de l'Infant* etc. (1864) ; *Odes irlandaises (1869)* ; *Légendes de saint Patrick (1872)* ; *Alexandre le Grand*, poème dramatique (1874) ; *Saint Thomas de Canterbury*, poème dramatique (1876) ; *Légendes des saints saxons (1879)* ; *Légendes des temps héroïques de l'Irlande (1882)*. Nous citerons parmi ses ouvrages en prose : *Tyrannie anglaise et crimes irlandais* (English misrule and Irish misdeeds (1848) ; *Esquisses pittoresques de la Grèce et de la Turquie (1850*, 2 vol.) ; *l'Etablissement de l'Eglise d'Irlande, ou Hibernia Pacanda (1866)* ; *Propriété de l'Eglise d'Irlande et son légitime usage (1867)* ; *Plaidoyer en faveur de la sécularisation (1867)* ; *Action politique constitutionnelle et inconstitutionnelle (1881)*, etc. — Il a en outre rédigé, en 1878, sous le titre *Proteus and Amadeus*, une correspondance religieuse et philosophique.

DEVÈS, PIERRE PAUL, homme politique français, né à Aurillac le 3 novembre 1837. Avocat du barreau de Béziers, il fut nommé, après le 4 septembre 1870, procureur de la République au parquet de cette ville, fonctions qu'il ne conserva pas longtemps. Elu le 20 février 1876 député de la 2ᵉ circonscription de Béziers, M. Devès siégea à gauche, et fut réélu le 14 octobre 1877. Il devint président de la gauche républicaine et membre de la commission du budget pendant toute la durée de cette législature. Réélu en 1881, au scrutin du 4 septembre, par le même collège, M. Devès entra dans le cabinet formé par Gambetta le 14 novembre suivant, avec le portefeuille de l'agriculture. Le 18 décembre, il se faisait réélire, ayant abandonné Béziers, député de Bagnères-de-Bigorre, en remplacement de M. Constans, élu à la fois dans cet arrondissement et à Toulouse et qui avait opté pour ce dernier. Le 26 janvier suivant, il quittait le ministère avec tous ses collègues. M. Devès accepta ensuite le portefeuille de la justice dans le cabinet Duclerc (7 août 1882) et le conserva dans le cabinet suivant, présidé par M. Fallières (29 janvier 1883), simple remaniement du précédent nécessité par la démission de MM. Duclerc, président du conseil, le général Billot et l'amiral Jauréguiberry, ministres de la guerre et de la marine, qui ne faisait place à un cabinet Jules Ferry le 21 février 1883. Aux élections d'octobre 1885, M. Devès se portait sur la liste républicaine des Hautes-Pyrénées ; mais ce fut la liste monarchique qui triompha dans ce département. Il faisait une nouvelle tentative aux élections complémentaires de la Seine du 13 décembre suivant, mais également sans résultat.

DHULEEP SINGH, (le maharadjah), fils du fameux **Runjeet Singh**, rajah du Punjaub, est né en 1838. Il était encore enfant quand son père mourut, et l'administration anglaise, témoin de l'état de démoralisation dans lequel se trouvait cette principauté, se l'annexa, par pure commisération pour le jeune maharajah, auquel échéait un si triste héritage. Cette annexion fut consentie toutefois, à certaines conditions, à la condition, notamment, de servir au prince Dhuleep une pension annuelle de quatre lacs de roupies (un million de francs). Ce prince, qui avait vendu, ou plus exactement, dont on avait ainsi vendu la principauté, parait s'être facilement habitué à sa nouvelle condition ; cependant, il crut sans doute prudent de se tenir éloigné de ses anciens sujets, car il établit sa résidence en Angleterre, où il naturalisser et se convertit au christianisme. Sa mère, la princesse Rance, l'avait accompagné en Angleterre, où elle mourut en 1863 ; mais, en dépit de ses obsessions, elle était demeurée fidèle à la foi de ses ancêtres. Le Maharadjah a épousé, au consulat anglais d'Alexandrie d'Egypte, une jeune dame anglaise. Il a acheté, près de Thetford, un riche domaine qu'il habite ordinairement.

DICEY, EDWARD, journaliste anglais, né à Claybrook Hall, comté de Leicester, en mai 1832 ; fit son grand collège de la Trinité, à Cambridge, et prit le grade de bachelier ès arts en 1854. Il fut ensuite à Londres et collabora à la *Fortnightly Review*, au *Saint-Paul's Magazine*, au *Macmillan's Magazine* et autres publications périodiques. Il fut attaché pendant assez longtemps au *Daily Telegraph*, dont il fut le correspondant spécial sur divers points du continent européen et en Orient. Il était justement en Orient lorsque la rédaction en chef du *Daily News* lui fut offerte ; il accepta, mais il ne garda ce poste que trois mois (1870), au bout desquels il se retira, indiquant dans une lettre adressée au *Spectator* que c'était pour cause de divergence d'opinion entre le propriétaire du journal et lui, et aussi de dissentiment sur les conditions auxquelles il avait consenti à prendre le poste qu'il résignait. Aussitôt qu'il eut quitté le *Daily News*, la direction de l'*Observer* lui fut offerte à M. Dicey, qui l'a acceptée et exerce jusqu'ici. — Il a publié : *A Memoir of Cavour: Rome in 1860* ; the *Schleswig-Holstein war (1864)* ; *The Battle-fields of 1866* (les Champs de bataille de 1866) ; *Un mois en Russie, à l'époque du mariage du czarewitch (1867)* ; le *Pays du Levant* (the Morning Land, relation d'un tour de trois mois en Orient, 1870) ; *Victor Emmanuel*, dans la publication appelée le « Nouveau Plutarque », etc.

DICKINSON, ANNA ELIZABETH, oratrice et femme de lettres américaine, née à Philadelphie le 28 octobre 1842. Restée à deux ans orpheline et la plus jeune de cinq enfants, que la mort du chef de la famille laissait dans la détresse, elle fut instruite aux écoles gratuites de la Société des Amis, à laquelle appartenait sa famille. A l'âge de quatorze ans, elle écrivit un « essai » qui fut publié dans un journal anti-esclavagiste : *The Liberator*, dirigé par William-Lloyd Garrison. Elle quitta l'école à d...

sept ans, fut institutrice pendant deux années et fit son premier discours public dans une réunion de quakers tenue à Philadelphie en janvier 1860, sur ce sujet : les *Droits et les torts de la femme* (Woman's Rights and Wrongs). A dater de ce moment, elle prit fréquemment la parole dans ces sortes de réunions, soit en faveur de la tempérance, soit contre l'esclavage. Elle obtenait pendant ce temps une place à la Monnaie des Etats-Unis, à Philadelphie, mais elle la perdit pour s'être exprimée d'une manière trop libre sur la bataille de Ball's Bluff, qui fut l'un des premiers engagements de la guerre de Sécession. Dès lors, elle se fit oratrice de profession, et prit la parole sur des questions de politique actuelle avec un véritable succès et une influence indéniable. Au commencement de 1863, le comité républicain du New Hampshire l'invita à prendre part aux discussions amenées par les élections présidentielles prochaines; elle fut de même engagée dans divers autres Etats, et le triomphe du parti républicain est bien dû, dans une certaine mesure, à miss Anna E. Dickinson. Elle n'a, toutefois, pas une méthode bien suivie, ni des vues politiques d'une netteté absolument limpide : elle combattit, en 1863, la réélection du président Lincoln et, en 1871, celle de Grant, assurément bien moins justifiée que la première. Miss Anna E. Dickinson a aussi publié, en 1868, un roman : *What answer?* (Que répondre?) et en 1879, *A Ragged Register of People, Places and Opinion*. — Vers 1875, elle voulut aborder le théâtre, à la fois comme autoresse et comme actrice; elle écrivit deux drames : *Marie Tudor (1876)* et *Anna Boleyn (1877)*, dans lesquels elle remplit des rôles principaux, non sans succès.

DIDE, Auguste, publiciste et homme politique français, né à Nîmes en 1840, vint faire son droit à Paris, et fonda au quartier latin, avec Gaston Crémieux, plus tard fusillé à Marseille pour donner satisfaction aux rancunes aveugles du grand parti de l'ordre, un journal littéraire qui dura peu, mais dans lequel ces jeunes gens, et particulièrement M. Dide, avaient eu le temps de donner la mesure de leurs aspirations républicaines. Signalé en conséquence, M. Dide fut arrêté et interné à Nîmes, puis alla à Nice, après l'attentat d'Orsini (14 janv. 1858). De cette dernière ville, encore italienne, M. Dide adressait au *National* de Bruxelles des correspondances qui émurent le gouvernement français, lequel demanda, par l'intermédiaire de notre ambassadeur en Italie, l'expulsion de ce correspondant mal avisé. Conduit sous tous les honneurs à la frontière suisse, M. Dide poursuivit sa route jusqu'à Genève, dont il fréquenta la faculté de théologie protestante, tout en correspondant avec les quelques journaux avancés qui paraissaient au quartier latin et, sous couleur de littérature et de philosophie, y professaient l'amour de la République et la liberté de penser; il publia aussi à cette époque un travail sur Paul-Louis Courier qui fut couronné par l'Académie de Genève. Il vint ensuite passer sa thèse à Strasbourg. Dans cette thèse, sur la *Conversion de saint Paul*, le miracle du chemin de Damas était nié, et par suite tous les miracles. L'audacieux récipiendaire fut toutefois reçu pasteur. Il revint alors à Paris, mais sans l'espoir d'exercer le saint ministère. Il y prit la direction d'un journal nouveau : le *Protestant libéral*; puis, en 1868, devint pasteur de l'Eglise libérale fondée par Athanase Coquerel. Dans le synode de 1872, dont il fit partie, il présenta un projet de résolution favorable à la séparation immédiate de l'Eglise et de l'Etat, mais le synode ne voulut pas le suivre jusque-là. M. Auguste Dide, qui s'est fait une réputation d'orateur en même temps que d'écrivain, a collaboré à la *Revue du protestantisme*, au *Lien*, au *Bien public*, à la *Nation*, au *XIXe Siècle*, etc. et a publié à part quelques volumes composés d'extraits de ces journaux. — Au troisième renouvellement triennal du Sénat, M. le pasteur Dide se porta candidat dans le département du Gard. Il fut élu, et prit place à l'extrême gauche du Sénat. Il a voté contre l'expulsion des princes.

DIDIER, Henry Gabriel, homme politique français, né le 12 avril 1807 à Fresnes-en-Woëvre (Meuse). Il fit son droit à Paris et se fit recevoir licencié, tout en collaborant au *Bon sens*; puis il alla s'inscrire au barreau de Sedan, en 1834, et y fonda le *Nouvelliste des Ardennes*; il revint ensuite à Paris, s'inscrivit au barreau, et fut nommé juge-adjoint près le tribunal d'Alger en 1844. Devenu successivement procureur du roi à Philippeville, puis à Blidah, et enfin substitut du procureur général d'Alger en 1847, M. Didier fut élu représentant à l'Assemblée constituante (1848), puis à l'Assemblée législative (1849) par les électeurs d'Alger. Il siégea à gauche dans ces deux assemblées, et fit une vive opposition à la politique de l'Elysée; de sorte qu'après le coup d'Etat de décembre 1851, il ne lui resta qu'à reprendre sa place au barreau de Paris. Aux élections générales de 1869, M. H. Didier posa sa candidature à Paris, mais sans succès. Après le 4 septembre, 1870, il accepte de nouveau les fonctions de procureur de la République à Alger, qu'il résigna le 15 novembre 1871, pour revenir à Paris : il avait refusé les fonctions de gouverneur général civil de l'Algérie. Avant échoué aux élections sénatoriales du 30 janvier 1876, dans la Meuse, il reprit sa place au barreau de Paris et fut nommé conseiller à la Cour de cassation en février 1879. — M. Henri Didier a été élu sénateur inamovible le 21 mai 1881, et a voté l'expulsion des princes. Il est conseiller honoraire à la Cour de cassation.

DIDIERJEAN, Marie Eugène, ingénieur français, né le 8 décembre 1835 à Azerailles (Meurthe). Sorti de l'Ecole centrale des arts et manufactures en 1857, avec le diplôme d'ingénieur, il entra, en qualité de chimiste, à la Compagnie des cristalleries de Baccarat, d'où il passa, au commencement de 1862, à celle des cristalleries de Saint-Louis, y devint la même année directeur de la fabrication, et administrateur-gérant de la compagnie en 1866. Parmi les progrès les plus importants que l'industrie de la cristallerie doit à M. Didierjean, nous citerons la production de verres opaques colorés au moyen de sels métalliques ou de sulfures et la fabrication du cristal à creusets découverts au moyen de la houille seule. Il est membre de la Société des ingénieurs civils, correspondant de la Société de secours des amis des sciences, et chevalier de la Légion d'honneur depuis 1867.

DIDON (le R. P.), prédicateur français, de l'ordre des dominicains, est né en 1842 à Grenoble. Entré chez les dominicains à l'âge de dix-huit ans, il y prononça ses vœux et fut envoyé à Rome, au collège de la Minerve, en 1862. De retour en France, il débuta dans la prédication à Saint Germain-des-Prés en 1868, avec succès. On cite particulièrement du P. Didon, son oraison funèbre de l'archevêque de Paris, M. Darboy, prononcée à Nancy en 1871 et son *Discours sur le patriotisme*, fait à Marseille l'année suivante. Il fut nommé, cette même année 1872, prieur des dominicains de la rue Saint-Jean-de-Beauvais, à Paris. Ses conférences sur l'*Homme selon la science et selon la foi*, à la chapelle des dominicains (1875); sur l'*Indissolubilité du mariage et le divorce*, à Saint-Philippe-du-Roule (1879); sur l'*Eglise devant la société moderne*, à la Trinité (1880), etc. ne furent pas toutes également bien accueillies par l'autorité diocésaine : celles sur le divorce furent suspendues par ordre de l'archevêque; celles sur l'Eglise et la société le firent appeler à Rome et condamner à passer plusieurs années dans un couvent corse; sans avoir pu obtenir une audience du pape, sur les sympathies duquel il croyait pouvoir compter, le P. Didon se résigna et se rendit en Corse au couvent de Corbara, où il a en effet résidé environ quatre ans. A la mort de Claude Bernard (février 1878), le P. Didon affirma, en dépit des affirmations contraires, avoir opéré la conversion *in extremis* de l'illustre savant. — Le P. Didon a publié plusieurs volumes de *Discours* et de *Conférences* et une brochure d'actualité : l'*Enseignement supérieur et les universités catholiques (1875)*. On a encore de lui un ouvrage intitulé : les *Allemands (1884)*.

DIDOT, Alfred Firmin, libraire, imprimeur et philologue français, fils d'Ambroise-Firmin Didot, de l'Institut, mort en février 1876 et neveu d'Hyacinthe Firmin Didot, mort en août 1880, est né à Paris en 1828. Principal représentant aujourd'hui de la célèbre famille d'imprimeurs et libraires Firmin Didot, établie à Paris en 1713, M. Alfred Didot, qui avait pris depuis longtemps déjà une part très active aux affaires de la maison en est devenu le chef. Nous ne donnerons pas la liste des belles et utiles publications qui ont rendu célèbre le nom de Firmin Didot; nous citerons seulement, entre autres auxquelles il a donné plus particulièrement ses soins, la *Chasse illustrée*, revue hebdomadaire illustrée de chasse et de sport en général, que M. Alfred Didot a fondée en 1867 et dont il a conservé la direction. Adonné spécialement à l'étude des langues anciennes, M. Alfred Didot a donné plusieurs traductions, notamment une traduction des *Fragments inédits de Nicolas de Damas*, récemment découverts (1852), insérés dans le tome III des « Fragments des historiens grecs » faisant partie de la *Bibliothèque grecque* publiée par la maison. — M. Alfred Didot est chevalier de la Légion d'honneur.

DIETZ-MONNIN, Charles Dietz, industriel français, né à Barr (Bas-Rhin) le 13 septembre 1826, d'une famille vouée depuis longtemps à l'industrie cotonnière (filature et teinture), fit ses études aux collèges de Strasbourg et de Nancy, et entra à son tour dans la carrière industrielle. En 1853, il épousait Mlle Monnin-Japy et entrait dans la maison Japy frères et Cie, propriétaires d'établissements considérables d'horlogerie, quincaillerie, etc., dans le Haut-Rhin, dont il devint associé en 1863. Il fut nommé vice-président de la Chambre syndicale de la quincaillerie, en 1866, et président en 1869, puis directeur du Comptoir des quincailleries de l'Est, à Paris et enfin juge-suppléant au tribunal de commerce de la Seine, la même année. Pendant le siège de Paris, M. Dietz-Monnin fut chargé, par la mairie du Xe arrondissement, de l'organisation de la cantine municipale de la Porte Saint-Martin, qu'il dirigea jusqu'à la fin de mars 1871. Élu représentant de la Seine, aux élections complémentaires du 2 juillet 1871, il siégea au centre gauche. Il échoua aux élections de février-mars 1876, dans le IIIe arrondissement, contre M. Spuller. Il représente le quartier des Bassins (XVe arrondissement) au Conseil municipal de Paris, et a été élu sénateur inamovible en 1885. Il a voté l'expulsion des princes. — M. Dietz-Monnin a été, à l'Exposition universelle de 1867, secrétaire de la classe 94, délégué de la classe 40 et adjoint au jury de la classe 85 ; à Philadelphie, en 1876, il a fait partie de la section française du jury international, pour le 2e département (produits manufacturés) ; enfin il était directeur de la section française à l'Exposition universelle de 1878. — Nommé chevalier de la Légion d'honneur le 10 avril 1877, M. Dietz-Monnin a été promu officier à la suite de l'Exposition universelle de 1878 et commandeur le 11 août 1883, comme président du tribunal de commerce de Paris. Il est en outre décoré de l'ordre de Saint-Stanislas de Russie (2e classe) de l'ordre de la couronne de fer d'Autriche (2e classe), commandeur de l'ordre royal de Wasa de Suède, de l'ordre du Christ de Portugal, etc.

DILKE, sir CHARLES WENTWORTH, baronnet, publiciste et homme politique anglais, né à Chelsea (Londres) le 4 septembre 1843, fit ses études à Cambridge (Trinity Hall) et se fit admettre au barreau, à Middle Temple, en 1866. Peu après son admission, il s'embarqua pour le Canada et les États-Unis, où il voyagea seul pendant plusieurs mois ; mais ayant rencontré, au mois d'août, Hepworth-Dixon à Saint-Louis, il traversa avec lui les Grandes Plaines et visita les cités mormones. Les deux voyageurs se séparèrent à Salt-Lake City. Dixon retournant en Angleterre, où bientôt il publiait et dédiait à sir Charles Dilke sa *New America*. Ce dernier poursuivit son excursion, traversa la Nevada et la Californie et, après un séjour assez prolongé à San Francisco, s'embarqua pour Panama, d'où il se rendit ensuite à la Nouvelle-Zélande, visita la Tasmanie, l'Australie, étudiant la politique des colonies et leurs espérances commerciales, fondées sur un présent plein de promesses. Il passa ensuite de l'Australie occidentale à Madras, visitant Ceylan en passant, puis Calcutta, d'où il atteignit Lahore, traversant toute l'Inde supérieure, et retourna en Angleterre par l'Indus, Kurrachee, Bombay, et l'Égypte, accomplissant ainsi le tour du globe. Il publia à son retour : *Greater Britain, a record of travel in english-speaking Countries, during 1866-67* (la Très grande Bretagne, Journal de voyage dans les pays de langue anglaise pendant les années 1866-67, 2 vol., 1868), ouvrage dans lequel l'auteur traite avec véritable talent le sujet nouveau, ainsi traité, de l'influence de la race sur le régime politique et du climat sur la race, et qui eut un succès considérable. Ce succès ne fut pas lui-même sans influence sur l'élection de l'auteur, cette même année 1868, à la Chambre des communes, comme candidat radical, par le nouveau bourg de Chelsea, avec une majorité des deux tiers au moins. M. Dilke n'avait tout juste que vingt-cinq ans, et l'on fit à ce propos la remarque que jamais un collège électoral de la métropole n'avait auparavant choisi un représentant aussi jeune. Il s'occupa surtout, au parlement, des questions relatives aux Indes, aux colonies et à la politique étrangère. En 1871, il fut accusé de nourrir des préférences coupables pour la forme républicaine. Sir Charles Dilke n'hésita pas le moins du monde à répondre qu'en effet, il jugeait la forme républicaine bien préférable à la forme monarchique constitutionnelle. En conséquence, sa candidature à Chelsea fut combattue avec la dernière violence, aux élections de février 1874 ; mais il triompha malgré cela, et se vengea de l'opposition qu'on lui avait faite par une brochure satirique anonyme, dont on chercha longtemps l'auteur, laquelle, intitulée *Chute du prince Florestan de Monaco* (the Fall of prince Florestan of Monaco), eut trois éditions successives et les honneurs de la traduction en français. Sir Charles Dilke a succédé à son père et à son grand-père dans la propriété de l'*Athenœum*, revue critique jouissant d'une grande estime et qui a eu pour correspondant parisien Edmond About, succédant à Philarète Chasles. Sir Charles Dilke, à l'exemple de son grand-père, s'est réservé la rédaction en chef de ce recueil. Il a en outre la propriété des *Notes and Queries*, et est le copropriétaire principal du *Gardener's Chronicle* et de l'*Agricultural Gazette*, publications bien connues par leur situation prospère. — Il a publié en 1875 les œuvres de son grand-père, précédées d'une notice sur sa vie, sous ce titre : *Papers of a Critic*. La même année, il entreprenait un nouveau tour du monde et envoya de la Chine et du Japon des correspondances à ses publications périodiques.

Comme député, sir Ch. Dilke s'est surtout occupé des écoles, a demandé la franchise municipale pour les femmes à défaut de la jouissance des droits de citoyen ; il a obtenu en 1878 l'extension de la durée du scrutin pour les élections parlementaires, ce qu'on a appelé par la suite la loi Dilke (Dilke's Act). A la formation du ministère Gladstone en mai 1880, sir Charles Dilke fut nommé sous-secrétaire d'État aux affaires étrangères, et en décembre 1882, président de la direction du gouvernement local avec siège au cabinet, poste où il a été remplacé par M. Chamberlain dans le cabinet libéral du 4 février 1886. C'est que, dès lors, sir Charles Dilke était sous le coup d'un procès scandaleux en adultère, intenté sur la dénonciation de sa prétendue complice elle-même, dans une intention trop claire pour qu'il soit besoin d'y insister. Avec une habileté qu'il faut reconnaître, le procès Crawford-Dilke fut de nouveau évoqué devant la cour « dans l'intérêt de la loi », au moment de la crise provoquée par la discussion du projet de M. Gladstone relatif au *home rule* de l'Irlande, et qui se dénoua par la dissolution du parlement, suivie de nouvelles élections et d'un changement de ministère. Sir Charles Dilke, qui n'était pas directement en cause cette fois, au procès qui n'a pas cessé de porter son nom pour étiquette, et qui, par suite, dut se laisser insulter par l'avocat de la partie adverse, M. H. Mathews, sans pouvoir lui répondre, se présenta dans ces conditions à ses électeurs de Chelsea ; pour le coup, le candidat radical si énergiquement combattu, mais en pure perte, dans les élections précédentes, succomba avec une minorité de 176 voix (juillet 1886). Voilà une « manœuvre électorale » qui aura du succès, quoiqu'il n'y ait pas lieu de s'en vanter. Mais ce n'est pas tout : l'avocat H. Mathews, qui a joué dans cette affaire un si beau rôle et avec un si grand succès, en a été récompensé par le portefeuille de l'intérieur dans le ministère conservateur du 2 août 1886.

DILLMANN, CHRISTIAN FRIEDRICH AUGUST, orientaliste allemand, né le 25 avril 1823 à Illingen, district de Maulbronn (Wurtemberg) ; fit ses études au gymnase de Stuttgart et au séminaire de Schœnthal. De 1840 à 1844, il étudia spécialement la philosophie, la philologie orientale et la théologie à l'université et au séminaire de Tübingen. Ayant passé ses premiers examens officiels de théologie dans l'automne de 1844, il consacra une nouvelle année à l'étude des langues orientales. En 1845, il devint vicaire du paroisse à Tersheim, en Würtemberg. Reçu maître ès arts et docteur en philosophie de l'université de Tübingen, en mai 1846, M. Dillmann entreprit un voyage d'exploration qui dura de 1846 à 1848, à travers les bibliothèques de Paris, de Londres et d'Oxford, où il reçut des administrations de ces établissements la proposition de dresser les catalogues de leurs manuscrits Æthiopiens. A son retour en Würtemberg, en avril 1848, il devint répétiteur au séminaire de Tübingen ; en même temps il occupait la chaire d'exégèse de l'Ancien Testament à l'université, et continuait de l'occuper pendant les quatre années que l'absence d'Ewald la laissa vacante. Nommé professeur à la faculté de théologie de Tübingen en 1852, il était appelé en 1854, comme professeur extraordinaire de langues orientales, à l'université de Kiel, dans le Holstein, alors province danoise, et devenait professeur ordinaire à la même université le 2 décembre 1859. Il conserva cette chaire jusqu'à la guerre (1864), et accepta alors sa nomination de professeur ordinaire de théologie à l'université de Giessen (Grand-Duché de Hesse), où il resta jusqu'à octobre 1869, et fut deux fois investi des fonctions de recteur de cette université ; après quoi, il prit la chaire d'exégèse de l'Ancien Testament à la faculté de théologie de l'université de Berlin, où il est encore aujourd'hui. — On doit au Dr Dillman : *Catalogus codicum manuscripti orientalium qui in Museo Britannico asservantur. Pars III, codices Æthiopicos continens. Londini, impensis curatorum Musei Britannici* (1847) ; *Catalogus codicum MSS Bibliothecæ Bodleianæ Oxoniensis. Pars VII,* codices Æthiopici (1848); Liber Henoch, Æthiopice, ad quinque codicum fidem editus cum variis lectionibus (Leipzig, 1851); Das Buch Henoc ubersetzt und erklart, von A. Dillmann (Le livre d'Enoch, traduit et expliqué, etc., Leipzig, 1853); le Livre des jubilés ou la petite Genèse, traduit de l'Æthiopien et éclairé par les observations (1850-51), et le Livre d'Adam oriental, traduit également de l'Æthiopien (1853), ces deux mémoires parus aux dates indiquées, dans le Jahrbuch der Biblischen Wissenschaft, d'Ewald (Gœttingen). Le Dr Dillmann a aussi entrepris la traduction en éthiopien de l'Ancien Testament. Nous citerons encore de ce savant, dont les publications sont beaucoup trop nombreuses pour être toutes indiquées : Gramatick der Æthiopischen Sprache (Grammaire de la langue éthiopienne, 1857); Lexicon linguæ Æthiopicæ, cum indice Latino (Leipzig, 1865, gr. in-4° de 1522 col. de texte) ; Chrestomathia Æthiopica edita et Glossario explanata (1866); Nouveau commentaire du Livre de Job (1869), etc. — Le Dr Dillmann a reçu, en octobre 1862, le titre honorifique de docteur en droit de l'université de Leipzig ; il est membre correspondant de la Société royale des sciences de Gœttingen, et chevalier de l'ordre du Mérite (première classe) de Philippe le Magnanime, de Hesse, etc.

DITTMAR, WILHELM, chimiste allemand, né à Umstadt, près Darmstadt, le 14 avril 1833 ; a fait ses études à l'École polytechnique de Darmstadt. Reçu pharmacien en 1856, il partit pour Heidelberg, où il devint élève de Bunsen, qui l'employa dans son laboratoire en qualité de préparateur. M. Dittmar se rendit ensuite en Angleterre, devint préparateur du docteur H. E. Roscoe, au collège Owen, à Manchester, puis préparateur en chef au laboratoire de chimie de l'université d'Édimbourg, de 1861 à 1869. Il fut nommé, en mars 1873, professeur suppléant au collège Owen et en septembre 1874, professeur titulaire à l'université Anderson, de Glasgow. — Le Dr Dittmar a publié un grand nombre de mémoires sur des recherches personnelles, ainsi que des articles importants dans le Dictionary of Watt, et dans le Handwörterbuch, de Liebig. Il a collaboré en outre au Jahresbericht üher die Fortschritte der Chemie pour 1870.

DOBSON, WILLIAM CHARLES THOMAS, peintre anglais, né à Hambourg, d'un père anglais, en 1817. Il vint à Londres étudier la peinture à l'Académie royale, fut élu membre associé de ce corps en 1860 et est devenu Académicien royal en 1872. Il a été élu membre de la Société des aquarellistes en 1874. — Les œuvres principales de M. William C. Dobson sont : Tobie et l'ange (1853) ; la Charité de Dorcas (1854) ; les Bonnes œuvres de Dorcas (1855), peint par ordre de la reine ; les Jours heureux de Job (1856) ; la Lecture des psaumes et l'Enfant Jésus descendant à Nazareth avec ses parents (1857), un de leurs dernières faisant partie de la galerie de la baronne Burdett Coutts ; les Contes de fées (1858); Nazareth, le Christ au temple, la « Paix soit dans cette demeure », l'Aumône, Saint Paul à Philippes, toile qui lui valut son diplôme d'Académicien royal (1872); Pyrrha, Kate Kearney (1873); les Enfants des enfants sont la couronne du vieillard et l'Âme baigneur (1875) ; l'Offrande, Rébecca (1876); le Cueilleur de figues, Una fascina di olive (1877); la Mère et l'enfant, la Mascarade, Ligeia (1878) ; une Jeune vénitienne (1879); Ione, Mignon (1880) ; Ada aux cheveux d'or, Kezia (1881) ; les Carillons de Noël, l'Âge d'or (1882); Bianca Capello, le Matin (1883), etc. La plupart de ces tableaux ont été reproduits par la gravure. Parmi les aquarelles de M. Dobson, nous citerons : la Jeune nourrice ; le Camélia (1873); les Contes de nourrice (1874), etc.

DOCHE (dame), MARIE CHARLOTTE EUGÉNIE, actrice française, née à Bruxelles le 4 novembre 1823, de parents d'origine irlandaise. Élevée à Paris, elle débuta dans la carrière dramatique à Versailles, ayant à peine quatorze ans. Dès l'année suivante (janvier 1838), elle entrait au Vaudeville, où elle débutait dans Renaudin de Caen. Elle épousait en 1839 le chef d'orchestre de ce théâtre, Doche, violoniste distingué, qui mourut à Saint-Pétersbourg en 1849, séparé de sa femme depuis cinq ans au moins. Cependant Mme Doche quittait tous les succès ; mais pour nous en tenir à l'art dramatique, elle quittait en 1845 le Vaudeville pour le Gymnase, où elle débutait dans l'Image en avril, pour reprendre dès le mois de décembre le chemin du Vaudeville, où la vogue la suivit. En 1848, le Vaudeville étant fermé, Mme Doche fit une grande tournée, visitant la Suisse, la Belgique, Londres, les principales villes de France, et enfin rentra au Vaudeville, où elle créa la Marguerite Gautier de la Dame aux camélias en 1852, avec un succès étourdissant. Elle joua ensuite sur la même scène : Louise de Nanteuil, la Vie en rose, Madame Lovelace, la Pénélope normande, le Diable à Paris. A partir de 1857, elle joua à l'Ambigu : Rose Bernard ; à la Porte-Saint-Martin : Sconzone de Benvenuto Cellini, Mme Bonacieux de la Jeunesse des Mousquetaires, etc. Rentrée au Vaudeville en 1863, elle y reprit la Dame aux camélias et y créa Sophie de la Jeunesse de Mirabeau, Pauline de Jean qui rit, Balbine de M. de Saint-Bertrand. Engagée à l'Odéon en 1865, elle y joua dans les Parasites et dans la Contagion, où elle créa le rôle de Navarette ; puis elle reparut au Vaudeville, dans la Dame aux camélias, la Fiammina, etc. Engagée à l'Odéon en 1873, au retour d'une tournée à l'étranger, Mme Doche y joua dans Cendrillon, le Petit Marquis, le Marquis de Villemer, etc. Elle alla jouer à la Porte-Saint-Martin, en 1875, les Deux Orphelines ; revint encore au Vaudeville (1877), entreprit une nouvelle tournée à l'étranger au cours de laquelle elle joua à Bruxelles (1878) les Bourgeois de Pont-Arcy, etc.

DODGE, MARY ABIGAIL, femme de lettres américaine, plus connue sous le pseudonyme de **Gail Hamilton**, formé de la dernière syllabe de son prénom jointe au nom de sa ville natale, est née à Hamilton (Massachusetts) vers 1830. En 1851 et pendant deux ou trois années ensuite, elle enseignait les sciences physiques à l'École supérieure publique de Hartford, dans l'État de Connecticut, et collaborait en même temps au New York Independent et à la National Era de Washington. Elle devint ensuite correspondant régulier du Congregationalist, et fut attachée, presque dès le début, à la rédaction de l'Atlantic Monthly, auquel elle a collaboré régulièrement pendant plusieurs années. Elle a écrit, en outre, dans diverses autres publications périodiques, notamment au Magazine, au Weekly et au Bazar des Harpers. Un certain nombre de ses articles ainsi disséminés ont été réunis plus tard en volumes. — On doit à cet écrivain : Country Living and Country Thinking (la Vie et les opinions au village); Stumbling-Blocks (les Pierres d'achoppement); Gala days (les Jours de fêtes); Woman's Wrongs (les Torts de la femme); A Counter-Irritant; A New Atmosphere; Twelve miles from a lemon (A douze milles d'un citron); Nursery noonings (Les méridiennes chez la nourrice, 1874); Sermons adressés au lergé (1875); Que pensez-vous du Christ? et le Premier amour est le meilleur (1877); Notre système d'écoles communales (1880); la Direction divine, memorandum d'Allen N. Dodge (1881), etc.

DŒLLINGER, JOHANNES JOSEPH IGNATIUS, théologien catholique et historien allemand, né à Bamberg (Bavière) le 28 février 1799, fit ses études à l'université catholique de Munich et fut ordonné prêtre en 1822. Presque aussitôt. il était nommé chapelain du diocèse de Bamberg. En 1826, il publiait un ouvrage sur la Doctrine de l'Eucharistie dans les trois premiers siècles de l'Église, et était nommé, la même année, à la chaire d'histoire ecclésiastique de l'université de Munich. La substance de ses cours parut en 1828, sous ce titre : Manuel de l'Histoire de l'Église. Le sujet, repris ensuite et développé, produit le Cours d'histoire de l'Église (Lehrbuch der Kirchengeschichte), publié en 1838 et plusieurs fois réimprimé. En 1845, M. Dœllinger se tourna vers la politique; il représenta l'université de Munich au parlement bavarois, puis, en 1851, fut délégué au parlement de Francfort, où il se déclara en faveur de la séparation de l'Église et de l'État. En 1851 aussi, il conseilla, par des discours publics et par des écrits qui firent alors beaucoup de bruit, l'abandon pur et simple du pouvoir temporel du Saint-Siège. Nous citerons par exemple : la Papauté et le pouvoir temporel (1861), traduit en français et en anglais l'année suivante, et plusieurs brochures. Plus récemment, M. Dœllinger s'est acquis une notoriété universelle par son opposition persistante aux décrets du concile du Vatican, notamment à celui qui déclare le pape infaillible. Il est devenu de fait le chef de la section des membres de l'Église catholique que cette prétention a séparés du Saint-Siège. Sa conduite, à cette occasion, lui approuvée par le gouvernement bavarois, quoiqu'il eût été formellement excommunié par l'archevêque de Munich le 18 avril 1871. Il avait été élu, le 28 février de la même année, par 54 voix contre 6, recteur de l'université de Munich. En 1872, le roi de Bavière lui conféra la croix de l'ordre du Mérite; l'université d'Oxford lui avait conféré, le 6 janvier 1871, le titre honorifique de docteur en droit civil; celle d'Édimbourg lui conférait, en 1872, celui de docteur en lois. A la mort du baron Liebig, en mai 1873, le docteur Dœllinger fut nommé président de l'Académie royale des sciences de Munich, et au commencement de 1874, l'empereur d'Allemagne, dont l'attitude du savant théologien faisait si bien l'affaire, le décora de l'ordre de l'Aigle rouge (2ᵉ classe).

En 1872, le docteur Dœllinger faisait à Munich, sur la possibilité de réunir les différentes Églises catholiques dissidentes, une conférence qui fut fort remarquée. Il en faisait une autre en septembre 1874, à Bonn, à l'occasion du Congrès des « vieux catholiques », où il allait encore plus loin, déclarant que lui et ses coreligionnaires ne se considéraient pas du tout comme liés par les résolutions du concile de Trente. Il déclarait, en outre, que la célébration du mystère de l'eucharistie dans l'Église romaine n'a aucun rapport avec le grand sacrifice propitiatoire, dont il ne peut être considéré comme la continuation ou comme la résurrection. Le docteur Dœllinger n'a jamais varié dans son opinion sur la séparation absolue de l'Église et de l'État, où il allait, au contraire, d'autre issue pratique aux difficultés nées de la révolution religieuse, dont les promoteurs du dogme de l'infaillibilité papale doivent bien un peu porter la responsabilité.

On doit à ce savant théologien, outre les ouvrages cités : les *Origines du christianisme (1853-85)* ; la *Religion de Mahomet (1838)* ; la *Réformation, son développement intérieur et ses conséquences (1846-48)* ; *Luther (1851)* ; l'*Église et les Églises, ou la Papauté et le pouvoir temporel (1861)* ; les *Prophéties et l'esprit prophétique dans l'ère chrétienne, essai historique (1872)*, etc. Plusieurs de ces ouvrages ont été traduits en français, et presque tous, y compris le dernier, l'ont été en anglais. Le docteur Dœllinger a écrit, de plus, un grand nombre de brochures de circonstance, politiques ou théologiques, dont plusieurs furent également traduites dans les deux langues, ainsi qu'en italien, pour servir d'aliment à une polémique dont l'ardeur n'est qu'à peine, et depuis peu de temps, sensiblement calmée.

DOLLFUS, Jean, industriel et économiste alsacien, né à Mulhouse le 25 septembre 1800. Mis de bonne heure à la tête de l'établissement paternel, comprenant la filature, le tissage, la teinture, l'impression des étoffes de coton, avec ses frères pour associés, il ne cessa de lui donner de l'extension et d'y développer tous les progrès facilités par les découvertes de la science. Il fit plus, il fonda en 1853, autour de sa manufacture, une vaste cité ouvrière, une ville dans la ville, célèbre aujourd'hui dans le monde entier et s'efforça d'assurer, par tous les moyens suggérés par une sage philanthropie, le bien-être de ses ouvriers. Les produits de la maison Dollfus, comme conséquence, ont remporté les plus hautes récompenses à toutes les expositions et ses propriétaires ont été décorés de la Légion d'honneur. M. Jean Dollfus est commandeur de l'ordre depuis 1867. — Comme économiste, M. Jean Dollfus a constamment défendu, dans la presse et dans quelques brochures, les principes du libre échange, qu'il est venu défendre, en outre, et très éloquemment, devant la grande Commission d'enquête sur la situation économique, dont les séances avaient lieu au palais Bourbon, en 1870. — Après la guerre, M. Jean Dollfus, que des intérêts plus élevés que son propre intérêt retenaient à Mulhouse, est devenu Allemand. Aux élections de janvier 1877, ses concitoyens l'envoyèrent siéger au Reichstag, comme député de la protestation ; et il y protesta, en effet, contre l'annexion. Il n'a pas cessé depuis d'y siéger.

DOLLFUS, Charles, littérateur alsacien, né à Mulhouse le 27 juillet 1827, fils du précédent. Il fit ses études en Suisse et à Paris, où il fit son droit et fut reçu avocat ; s'inscrivit au barreau de Paris en 1849 et à celui de Colmar en 1852. Il ne tarda pas, toutefois, à suivre ses goûts littéraires et philosophiques. Revenu à Paris, il fonda, avec Nefftzer, en 1857, la *Revue germanique*, dont il devint directeur et à laquelle il donna le titre de *Revue moderne*. Dans l'intervalle, il était entré à la rédaction du *Temps*, fondé en avril 1861, sous la direction de Nefftzer. M. Charles Dollfus a également collaboré à quelques autres revues. Il a publié à part : *Lettres philosophiques (1851)* ; le *Calvaire (1855)* ; *Essai sur la philosophie sociale (1856)* ; *Révélation et Révélateurs, Liberté et centralisation (1858)* ; la *Confession de Madeleine*, le *Saule*, le *Docteur Fabricius*, nouvelles (1859) ; *Études sur l'Allemagne (1864)* ; *Méditations philosophiques*, le *Dix-neuvième siècle*, et une traduction de la *Nouvelle vie de Jésus de D. F. Strauss*, avec Nefftzer (1865) ; *Murdoche*, la *Revanche du hasard*, la *Villa*, nouvelles (1867) ; *De la nature humaine (1868)* ; *Considérations sur l'histoire*, le *Monde antique*, la *Revanche de Sadowa (1872)* ; *Dialogue sur la montagne, Loi et morale*, lettre au P. Hyacinthe (1874) ; l'*Âme dans les phénomènes de conscience (1876)* ; le *Roman de Darwin (1877)*, etc.

DOMENECH (abbé), Emmanuel Henri Dieudonné, voyageur et écrivain français, né à Lyon le 4 novembre 1825, fit ses études au collège de Perpignan. Après avoir abordé diverses carrières sans s'arrêter à aucune, il se rendit en Sardaigne en 1842, entra chez un négociant de Sassari et compléta son instruction à l'université de cette ville. En 1843, il partait avec une société de missionnaires à destination du Texas, et après des pérégrinations prolongées, était ordonné prêtre, en 1848, à San Antonio de Béjar ; après quoi il reprenait le cours de ses explorations dans le Texas et le Nouveau-Mexique. Venu en France, en 1850, pour recruter de jeunes missionnaires, il repartait bientôt pour l'Amérique, et ne revenait en Europe qu'en 1853. En Europe, M. l'abbé Domenech ne laissa pas que de donner satisfaction à son incessant besoin de locomotion et parcourut tour à tour l'Italie, la Suisse et la Grande-Bretagne. En 1861, il se rendait en Irlande à la recherche d'anciens manuscrits celtes relatifs aux premières émigrations irlandaises en Amérique, aux cinquième et sixième siècles. Retourné au Mexique en 1864, il y devint l'année suivante aumônier du corps expéditionnaire et en profita pour réunir diverses collections anthropologiques, ethnographiques, etc. Il fut peu après appelé à la direction de la presse par l'empereur Maximilien. De retour à Paris après la fin tragique de l'empereur mexicain, l'abbé Domenech fut attaché au bureau du colportage au ministère de l'Intérieur, spécialement chargé de l'examen des ouvrages politiques religieux. Pendant la guerre de 1870-71, il fut attaché, comme aumônier des ambulances, au corps d'armée du maréchal Mac-Mahon et prit part en cette qualité aux campagnes de la Moselle, de la Meuse et de la Loire. L'abbé Domenech a publié : *Journal d'un missionnaire au Texas, 1846-52*, inséré d'abord dans la *Revue des Deux-Mondes* (1857) ; *Voyage dans les solitudes américaines* ; le *Minnesota (1858)* ; *Manuscrit pictographique américain, précédé d'une notice sur l'idéographie des Peaux-Rouges (1860, in-8°, 228 pl.)*, fac-similé d'un manuscrit de la bibliothèque de l'Arsenal, dans lequel le savant abbé avait cru découvrir tout un système idéographique indien fort ancien, mais où la critique allemande ne voulut voir qu'un cahier de gamin fantaisiste de sept ou huit ans, contenant des essais de dessin expliqués par des légendes en allemand vulgaire pur et simple. Ces critiques, reproduites en France, amenèrent une réplique de l'abbé Domenech : la *Vérité sur le Livre des sauvages (1861, 10 pl.)* où, admettant la présence de caractères allemands dans le manuscrit en question, il suppose, ou plutôt juge évident qu'il est l'œuvre d'un missionnaire cherchant à reproduire des faits historiques par l'idéographie, ou d'un aventurier allemand devenu chef de tribu. Quoi qu'il en soit, cette publication, faite avec le concours du gouvernement, eut un grand succès de curiosité, et l'édition s'épuisa rapidement ; mais il n'en fut pas entrepris d'autre. On a encore de cet écrivain : l'*Empire au Mexique (1862)* ; les *Gorges du diable, voyage en Irlande (1864)* ; *Légendes irlandaises, souvenirs d'un touriste (1865)* ; *Voyages et aventures en Irlande, la Chaussée des Géants* (même année) ; le *Mexique tel qu'il est (1867)* ; *Études géographiques et géodésiques sur les Hauts Plateaux du Mexique (1867)* ; *Bergers et bandits, souvenirs d'un voyage en Sardaigne (1867)* ; *Histoire du Mexique, depuis les temps les plus reculés jusqu'à l'exécution de Maximilien (1868, 3 vol.)* ; *Quand j'étais journaliste*, le *Chemin des Femmes, étude de mœurs (1869)* ; *Histoire de la campagne de 1870-71 (1871)* ; *Voyage dans l'Ancienne Ichnusa (1874)* ; la *Prophétie de Daniel (1875-76, 2 vol.)*. M. l'abbé Domenech a publié en outre l'*Histoire du jansénisme*, du P. Rapin, et collaboré avec M. de Falloux à la publication des *Œuvres de Madame Swetchine*. Il a été, en 1863 et 1864, le rédacteur principal du journal l'*International*, et a collaboré à divers autres journaux et publications périodiques. — Il est chevalier de la Légion d'honneur et décoré de plusieurs ordres étrangers.

DOMPIERRE D'HORNOY (de), Charles Marius Albert, amiral et homme politique français, né à Hornoy (Somme) le 24 février 1816. Il est petit-fils du président au parlement de Paris et petit-neveu de Voltaire. M. de Dompierre d'Hornoy est entré dans la marine en 1828, est devenu successivement enseigne en 1834, lieutenant de vaisseau en décembre 1841, capitaine de frégate en mai 1849, capitaine de vaisseau le 17 octobre 1854, contre-amiral le 13 août 1864 et vice-amiral le 4 juin 1871. Il assista en 1854, en qualité d'enseigne, à la prise de Saint-Jean d'Ulloa et combattit devant Sébastopol, où il conquit l'épaulette de capitaine de vaisseau, à bord du vaisseau-amiral la *Ville de Paris*, placé sous son commandement. Il fut appelé ensuite au poste de chef d'état-major de la station du Levant de l'escadre d'évolution, nommé membre du Conseil d'amirauté, puis commandant de la division navale des côtes d'Islande. Comme contre-amiral, il fut appelé au commandement de l'*Aigle* et des yachts impériaux, et conduisit l'empereur sur les côtes algériennes en 1865; il passa ensuite au commandement de la division des navires cuirassés de la Manche, puis fut nommé directeur du personnel au ministère de la marine, en septembre 1869. Après le 4 septembre, l'amiral de Dompierre d'Hornoy fut nommé ministre de la marine par intérim, le titulaire étant le vice-amiral Fourichon; il remplaça de nouveau ce dernier à Paris, lorsqu'il fut envoyé à Tours avec la Délégation du gouvernement. Le 8 février 1871, il fut élu représentant de la Somme en tête de la liste, et prit place à droite. Les votes et l'attitude de l'amiral de Dompierre-d'Hornoy n'ont donc pas besoin d'être autrement caractérisés, excepté en ce point, qu'il a combattu avec une énergie digne d'une meilleure cause l'amendement tendant à restituer aux colonies le droit d'être représentées dans les Chambres. Il occupa de nouveau le ministère de la marine du 24 mai 1873 au 22 mai 1874. — Aux élections sénatoriales du 30 janvier 1876, M. de Dompierre s'est présenté isolément aux électeurs de la Somme, affectant une attitude de parfaite indifférence politique, mais de résolution inébranlable quant à la défense des grands principes : « de l'ordre social, de la religion, de la famille, de la propriété. » Il fut élu par 482 voix sur 933 électeurs. Mais le 8 janvier 1882, les électeurs sénatoriaux de la Somme ne lui renouvelèrent pas son mandat. Alors M. de Dompierre vint demander une nouvelle investiture au suffrage universel, et il fut élu député de la Somme, comme candidat monarchiste, le 4 octobre 1885. Il était également candidat dans la Gironde, où la liste monarchiste fut complètement battue. — M. l'amiral de Dompierre d'Hornoy est grand officier de la Légion d'honneur depuis 1869.

DONNOT, Alexandre Edmond, homme politique français, né le 18 octobre 1827 à Orquevaux (Haute-Marne). Maire de Chaumont-en-Bassigny, où il dirige une maison de banque, de 1873 à 1880, président du tribunal de commerce et de la chambre de commerce de St-Dizier, M. Donnot fut élu sénateur de la Haute-Marne le 8 janvier 1882, en remplacement de M. Robert-Dehault, décédé, et prit place sur les bancs du centre gauche. Il a voté contre l'expulsion des princes. — M. Donnot a été décoré de la Légion d'honneur en 1878.

DOO, George Thomas, graveur anglais, né en janvier 1800. Il étudia sous les meilleurs maîtres et publia, en 1824, son premier ouvrage : le *Duc d'York*, d'après sir Thomas Lawrence, qui lui valut le titre de graveur de Son Altesse Royale. Il se rendit l'année suivante à Paris, travailla quelque temps dans l'atelier de Suisse et suivit les cours de Gros, dont il étudia particulièrement l'art d'enseigner le dessin d'après la figure humaine. Au retour, il prit part à la fondation d'une académie pour l'étude du modèle vivant et des meilleurs modèles de l'antiquité. Il fit des cours de gravure théoriques et pratiques d'histoire de cet art au Kensington Museum, et à Harrow et en différents lieux, sur l'origine et les progrès de la peinture dans la Grèce antique, sur la renaissance des arts au douzième siècle en Italie, puis dans l'Europe occidentale. M. Doo fut nommé graveur historique ordinaire du roi George IV en 1836, et de la reine Victoria en 1842. Il est membre de la Société des arts d'Amsterdam, de l'Académie des Beaux-Arts de Pensylvanie, de l'Académie impériale de Saint-Pétersbourg, et membre correspondant de l'Académie de Parme. Associé de l'Académie royale des Arts, de Londres, en 1855, il est devenu Académicien royal en 1856. — On doit à cet artiste un grand nombre de reproductions de tableaux célèbres dont voici les principales : le *Christ enfant*, d'après Raphaël ; *Ecce homo*, d'après le Corrége; les *Enfants de Calmady*, d'après Lawrence; le *Prêche de J. Knox*, d'après Wilkie; *Pèlerins en vue de la Ville sainte*, d'après Eastlake; la *Resurrection de Lazare*, d'après Sébastien del Piombo (1864); *Gervatius*, d'après Van Dyck, et cinq autres planches publiées dans le « National gallery Work », et six autres pour l' « Elgin Work », publié par le Musée britannique, etc. Outre plusieurs des gravures mentionnées ci-dessus admises à l'Exposition universelle de Paris, en 1855, M. Doo a envoyé à celle de 1867 : la *Résurrection de Lazare* et un *Portrait de Mme Holland*, d'après Ary Scheffer, exposés en 1864 à l'Académie royale de Londres et, de plus, le *Saint Augustin et sainte Monique*, d'après ce dernier peintre, gravure qui a eu un grand succès en France. — M. George T. Doo a obtenu une troisième médaille à l'Exposition universelle de 1855.

DOUCET, Charles Camille, auteur dramatique français, secrétaire perpétuel de l'Académie française, est né à Paris le 16 mai 1812. Après avoir fait son droit et s'être fait recevoir avocat, il entra dans une étude de notaire, qu'il quitta au bout de fort peu de temps pour entrer, en 1837, dans l'administration de la liste civile. La Révolution de février le rendit à la vie privée et à ses travaux littéraires; mais il devint, en 1852, chef de la division des théâtres au ministère d'État, puis directeur de l'administration des théâtres au ministère de la Maison de l'empereur en 1863, et enfin, lors de la suppression de la surintendance, directeur général de l'administration des théâtres (1866). — M. Camille Doucet a donné à la scène ; *Léonce*, vaudeville, avec Bayard *(1838)*; *Versailles (1840)*; un *Jeune homme (1841)*; l'*Avocat de sa cause (1842)*; le *Baron Lafleur (1843)*; le *Chant du cygne*, le *Six juin 1806*, la *Chasse aux fripons (1846)*; le *Dernier banquet de 1847*, *Velasquez (1847)*; la *Barque d'Antonio (1849)*; les *Ennemis de la maison (1850)*; le *Seize mars 1856 (1856)*; le *Fruit defendu (1857)*; la *Considération (1860)*. Un choix des premières de ces pièces a été publié en 1858, en 1 vol. in-8°, sous le titre de *Comédies en vers*. Il a publié, en outre, d'assez nombreuses poésies détachées et fait le feuilleton dramatique du *Moniteur parisien*. M. Camille Doucet a été élu membre de l'Académie française le 7 avril 1865, en remplacement d'Alfred de Vigny. Il y a remplacé Patin comme secrétaire perpétuel, en avril 1876. — M. Camille Doucet a été membre du Conseil général de l'Yonne pour le canton de Villeneuve-l'Archevêque. — Il est commandeur de la Légion d'honneur depuis 1867.

DOUGLASS, Frederick Bailey, journaliste et homme politique américain, mulâtre, est né à Tuckahoe, dans l'État de Maryland, vers 1817. Il est fils d'un blanc et d'une négresse esclave appartenant au colonel Lloyd, et esclave lui-même, par *droit de naissance*, suivant l'usage établi. Lorsqu'il eut à peu près neuf ans, son maître le *prêta* à un de ses parents; celui-ci traita le jeune garçon avec bonté, et il eut assez de loisirs dans sa nouvelle condition pour apprendre à lire, écrire et calculer, quoique, en principe, son maître fût opposé à ce qu'il employât son temps à des choses aussi inutiles... à un esclave. En 1832, il fut vendu à un constructeur de navires de Baltimore, qui l'employa d'abord à servir les ouvriers et ensuite comme calfat. Mais son instruction, tout élémentaire qu'elle fût, se trahissait à chaque instant, et n'était pas du goût de son nouveau maître qui, jugeant que son esclave en tirait une vanité hors de propos, conçut le projet de la soumettre par une exagération de mauvais traitements, et comme il avait sans doute peu de confiance dans ses propres moyens, il le confia dans ce but à un réputé dresseur ou plutôt *briseur* d'esclaves (negro-breaker). Il consentit en fin de compte à ce que son esclave indocile, ou prétendu tel, lui rachetât son propre temps moyennant trois dollars (15 francs) par semaine. Cet arrangement dura quelques années, jusqu'en septembre 1838, époque à laquelle Frederick, après une première tentative vaine, parvenait à s'enfuir et à se réfugier à New Bedford, où il obtenait du travail comme ouvrier calfat et se mariait bientôt après. Il prit alors le nom de Douglass, afin de dérouter les recherches possibles. Peu après, il fit la connaissance de William Lloyd Garrison, célèbre orateur abolitionniste, qui, découvrant dans cet esclave fugitif des dispositions intellectuelles peu ordinaires, l'encouragea et l'aida efficacement dans ses efforts pour s'instruire. Il assistait régulièrement aux *meetings* anti-esclavagistes et ne tarda pas à y prendre la parole. Sa réputation d'orateur fut établie en peu de temps et, en 1841, il était employé par la Société anti-esclavagiste américaine, comme un de ses orateurs publics officiels. Il remplissait cet office avec un véritable dévouement et un talent qui faisait se presser autour de lui une foule compacte et émue, quand il fallait peindre les tristes scènes de la vie d'esclave. En 1845, il publia son autobiographie sous ce titre : *My Bondage and my Freedom* (Ma servitude et ma liberté), dont il publiait, en 1855, une édition nouvelle, revue et très augmentée. Accusé par le gouverneur de la Virginie, M. Wise, d'avoir pris part à la révolte de John Brown (1859), et poursuivi dans l'État de Michigan, où il résidait alors, il quitta les États-Unis et se rendit en Angleterre où son éloquence lui attira un public nombreux et sympathique. Une souscription fut ouverte, qui produisit bientôt la somme largement suffisante (3,750 fr.) pour désintéresser son maître, à qui cette somme fut envoyée. Douglass était désormais légalement libre, s'étant racheté, et n'avait donc plus rien à craindre, des revendications de son ancien maître. Après quelques années passées dans l'exercice de la parole, il s établit à Rochester, dans l'Etat de New-York, où il fonda et rédigea un journal hebdomadaire auquel il donna d'abord le titre de *Fred. Douglass' Paper*, et ensuite celui de *The North Star* (l'Etoile du Nord). Pendant la guerre de Sécession, il y défendit naturellement avec énergie la cause du Nord ; deux de ses fils servaient dans les rangs de l'armée fédérale, et lui-même s'occupait avec activité de l'enrôlement des soldats de couleur. Après la fameuse proclamation d'émancipation générale, le président Lincoln l'appela souvent à Washington pour donner son avis, à lui ou à son ministère, relativement aux besoins et aux intérêts de la race dont il était « le représentant le meilleur et le plus capable ». En 1870, il devint rédacteur en chef du journal *The New National Era*, publié à Washington, et dont il a abandonné depuis la direction à ses fils Lewis et Frederick. En 1871, il fut nommé secrétaire de la Commission de Saint Domingue et, à son retour, le président Grant le nomma membre du Conseil territorial du district de Colombie. Choisi, en 1872 et en 1876 comme électeur présidentiel pour l'Etat de New-York, il fut « marshal » des États Unis pour le district de Colombie de 1877 à 1881, époque à laquelle il s'est retiré de la vie publique.

DOUVILLE-MAILLEFEU (comte de), Louis MARIE GASTON, ancien officier de marine, homme politique français, appartient à une très ancienne famille, fixée à Abbeville dès le XIIIe siècle, et est né à Paris le 7 août 1835. Il a assisté, comme officier de marine, au siège et à la prise de Bomarsund, a servi en Italie, en Chine, au Japon, et s'est retiré en 1860. Il reprit du service lors de la guerre de 1870-71, et servit comme adjudant-major du génie pendant le siège de Paris. Avant de venir s'enfermer à Paris, M. le comte de Douville avait tenté de lever une compagnie dont il eût pris le commandement et avec laquelle il eût concouru à la défense de son propre pays, plus directement menacé ; il sollicita du sous-préfet d'Abbeville l'autorisation nécessaire ; mais cette autorisation ne venant pas, malgré l'imminence du péril, M. de Douville se rendit chez le sous-préfet pour avoir des explications. Probablement les explications qu'il en obtint ne lui parurent pas satisfaisantes, car, dans un moment d'irritation, il se laissa aller à le souffleter ce fonctionnaire. Poursuivi pour ce fait, et cité à comparaître devant le tribunal correctionnel d'Abbeville le 31 août 1870, M. de Douville ne put se présenter et fut condamné par défaut à deux ans de prison. Il fit appel; mais, n'ayant encore pu se présenter en temps opportun, un arrêt du 16 mars 1871 confirma par défaut le jugement du 31 août précédent. Opposition fut faite à cet arrêt, et le 8 juillet intervenait un arrêt définitif, toujours rendu par défaut. M. de Douville eût pu se présenter à cette dernière date; s'il ne le fit pas, c'est, paraît-il, pour obéir aux conseils d'Ernest Picard, alors ministre de l'intérieur, qui jugea que, dans un intérêt d'ordre public, il ferait mieux de s'abstenir. Le 22 août suivant, M. de Douville obtenait du président de la République remise entière de la peine prononcée contre lui. — Seulement, ce procès devait avoir d'autres inconvénients pour celui qui qui en avait été l'objet. La commission municipale d'Huchenneville, avant même que l'arrêt prononcé contre M. de Douville fût devenu définitif, le rayait comme indigne de la liste électorale. (26 avril 1871); nommé conseiller municipal le 30 du même mois, son élection était en conséquence cassée le 24 mai par le Conseil de préfecture, dont l'arrêt était confirmé par décret du Conseil d'Etat du 23 mai 1872. Mais, ayant été élu conseiller général, le 8 octobre 1871, son élection était validée, et il avait pu exercer ces fonctions, tandis que celles de conseiller municipal lui étaient interdites!

Resté à Paris lorsque éclata la révolution du 18 mars, M. de Douville fut arrêté avec le général Clément Thomas et conduit avec lui rue des Rosiers. Il fut témoin de l'exécution de celui-ci et du général Lecomte, et sa déposition sur cette scène tragique a été, on le conçoit, d'une grande importance, lors de l'enquête sur les événements du 18 mars et au procès des individus compromis dans cette affaire. Incertain le même sort ne lui était pas réservé, il put en tout cas s'y soustraire par la fuite. Porté candidat dans la seconde circonscription d'Abbeville, aux élections législatives du 20 février 1876, il fut élu comme républicain constitutionnel, et vint prendre place au centre gauche sur les bancs de l'Assemblée, où il a fini par siéger à l'extrême-gauche. Il vota l'amnistie pleine et entière. Lors de la vérification des pouvoirs, l'élection de M. le comte de Douville-Maillefeu fut vivement combattue par les membres de la droite, amis de son concurrent, M. Briet de Rainville...

lers ; et aux détails sommaires que nous venons de donner relativement à ses démêlés avec le sous-préfet Mennecier et aux conséquences qui en résultèrent, on comprend qu'ils avaient beau jeu. La majorité de l'Assemblée, toutefois, passa outre et vota les conclusions du rapport de la commission chargée de l'examen de de cette élection : la validation. Le 14 octobre 1877, M. de Douville-Maillefeu échouait contre le même concurrent, candidat officiel ; mais cette élection ayant été annulée par la Chambre, il triomphait à son tour au scrutin du 3 mars 1878, et était réélu, toujours dans les mêmes conditions de concurrence, le 21 août 1881. Aux élections d'octobre 1885, le scrutin de liste ne lui ayant pas été favorable dans la Somme, M. le comte de Douville-Maillefeu se présenta dans la Seine et fut élu au scrutin de ballottage des élections partielles de décembre, nécessitées par l'option pour les départements des députés élus dans plusieurs collèges (27). — Il a voté l'expulsion totale des princes.

DRANER, JULES RENARD (dit), dessinateur belge, né à Liége en novembre 1838. Après divers voyages à l'étranger, M. Renard, qui n'a appris le dessin que pendant trois mois, venait se fixer à Paris en 1861. Il a débuté par des aquarelles militaires signées du pseudonyme anagrammatique de *Draner* qui eurent un très grand succès. Encouragé par ce début, M. Renard entreprit la publication des *Types militaires*, collection qui ne compte pas moins, actuellement, de cent cinquante grandes lithographies (Paris, Dusacq). Collaborateur du *Charivari*, depuis près de vingt ans et de l'*Eclipse*, il a également fourni des dessins à l'*Esprit Follet*, au *Journal amusant*, au *Monde comique*, à *Paris comique*, etc., et publié pendant le siége de Paris une série d'albums dont plusieurs planches ont été popularisées par les assiettes de la manufacture de Creil et Montereau. Il a dessiné, en outre, les costumes des principales opérettes des théâtres de genre, ainsi que ceux de certaines grandes féeries de la Gaîté. — M. Renard ne fait de dessin qu'en dehors de ses occupations administratives et la Société de la Vieille Montagne, à laquelle il est attaché depuis très longtemps.

DRAPER, JOHN CHRISTOPHER, chimiste et physiologiste américain, né dans l'Etat de Virginie le 31 mars 1835 ; il fit ses études à l'université de la cité de New-York, où il fut reçu docteur en médecine en 1857, et occupa la chaire de physiologie à la faculté de médecine de 1858 à 1860. Il fut ensuite, pendant trois ans, professeur de chimie à la Cooper Union, puis professeur de chimie également au collége Union de l'université et professeur de physiologie et d'histoire naturelle au collége de la cité de New-York. Il occupe encore aujourd'hui ces deux dernières chaires. — M. John C. Draper a collaboré activement aux journaux scientifiques des Etats-Unis et de la Grande-Bretagne et publié un traité sur la *Respiration*, et un *Manuel d'anatomie*, de physiologie et d'hygiène très estimés.

DRÉOLLE, ERNEST, publiciste et homme politique français, né à Libourne le 1er juillet 1829. Il était attaché au cabinet du grand référendaire de la Chambre des Pairs, lorsqu'il débuta, en 1846, dans la carrière du journalisme. Il écrivit d'abord dans la *France théâtrale*, devint collaborateur du *Pays* en 1849, fondait en 1850 l'*Echo de la marine*, puis prenait la direction du *Journal de Saint-Quentin* en 1852. En 1857, il était rappelé à Paris, et, sur la proposition de M. Mocquard, secrétaire particulier de l'empereur, attaché au *Constitutionnel* comme rédacteur principal ; en 1860, il passait à la *Patrie* comme rédacteur en chef. Forcé, par des difficultés intérieures, de quitter la *Patrie*, il fondait, en 1868, un nouveau journal ultra-gouvernemental, le *Public*, sous le patronage direct de M. Rouher. Candidat officiel dans la quatrième circonscription de la Gironde aux élections de 1869, il fut élu et alla siéger à la droite gouvernementale. Au Corps législatif comme dans son journal, il devint dès lors un des adversaires les plus acharnés du tiers-parti libéral, et, par suite, du ministère du 19 janvier 1870. Il fut un des « sept sages » et l'un des membres les plus actifs du comité de la rue de l'Arcade. En 1870, M. Dréolle fit partie de la Commission d'enquête sur la marine marchande, où il se trouva en communion d'idées avec plus d'un républicain. Aux élections du 20 février 1876, il se présenta dans l'arrondissement de Blaye avec une double profession de foi ouvertement bonapartiste, sous les auspices du « comité national conservateur » et fut élu à une grande majorité. Il est allé siéger sur les bancs de l'Appel au peuple. Réélu le 14 octobre 1877 et le 21 août 1881, M. Dréolle arrivait dernier sur la liste réactionnaire, qui échoua dans la Gironde, aux élections d'octobre 1885.

M. Dréolle a été membre du jury international de l'Exposition universelle de 1867 ; il est fondateur de l'Association nationale pour l'encouragement au bien, membre de la Société de secours aux naufragés, etc. Il est officier de la Légion d'honneur depuis 1866, décoré de divers ordres étrangers et officier de l'instruction publique, il a publié un *Éloge biographique de M. Q. de la Tour, peintre du roi Louis XV*, avec notes et documents historiques (1856) ; une *Étude biographique sur M. Billault* (1853), et un certain nombre de petites brochures de propagande bonapartiste (1874 et suiv.).

DREUX, PIERRE HONORÉ, agriculteur et homme politique français, né à Villampuy (Eure-et-Loir) le 20 avril 1820, fit ses études au collège d'Orléans, puis revint à Cormainville seconder son père dans l'exploitation du domaine considérable qu'il possède en ce pays, depuis 1824. Il y succéda à son père en 1854 ; il lui succéda également comme maire de Cormainville en 1865, puis comme suppléant du juge de paix. Élu président du comice agricole de l'arrondissement de Châteaudun, il a été membre du Conseil d'arrondissement de 1867 à 1871 et est conseiller général d'Eure-et-Loir depuis 1870. — Aux élections législatives du 20 février 1876, M. Dreux s'est porté candidat avec une profession de foi nettement républicaine, dans l'arrondissement de Châteaudun, contre M. Amédée Lefèvre-Pontalis, et fut élu à une imposante majorité. Réélu le 14 octobre 1877 et le 21 août 1881, il a été élu sénateur d'Eure-et-Loir à l'élection complémentaire du 13 décembre 1885, pour le remplacement de M. Jumeau, décédé, et a pris place à gauche. Il s'est abstenu dans le vote de la loi sur l'expulsion des princes.

DREUX-BRÉZÉ (de), PIERRE SIMON LOUIS MARIE, prélat français, troisième fils du grand maître des cérémonies de la cour de Louis XVI, est né le 2 juin 1811 à Brézé (Maine-et-Loire). Il fit ses études au séminaire de Saint-Sulpice, fut ordonné prêtre en 1835 et, fort peu de temps après, devenait vicaire général de l'archevêché de Paris, M. de Quelen, avec le titre de chanoine honoraire. Nommé évêque de Moulins par décret du 28 octobre 1849, il était sacré au mois d'avril suivant. Les agissements de M. de Dreux-Brézé, dont les sentiments légitimistes et ultramontains n'avaient jamais été un secret, motivèrent deux appels comme d'abus devant le Conseil d'État, et lui attirèrent à deux reprises la censure des actes incriminés. La première fois, il s'agissait de l'emploi d'un petit moyen fort habile pour avoir entre les mains, avec leur avenir, leur existence même, les curés cantonaux, inamovibles en droit, mais en fait, et par le moyen de la démission en blanc que M. de Dreux-Brézé exigeait d'eux, étaient on ne peut plus incertaines du lendemain. La seconde déclaration d'abus fut motivée par la lecture publique dans son diocèse, malgré la défense du gouvernement, de l'encyclique du 8 décembre 1864. Cette attitude systématiquement hostile à l'autorité civile, arrêta net l'avancement de M. de Dreux-Brézé, si rapide au début : il avait été le plus jeune évêque de France. — On vante, d'autre part, ses efforts en faveur des établissements religieux de son diocèse et de l'amélioration du sort du clergé pauvre. Le besoin d'une autorité despotique et sans contrôle sur le bas clergé, qu'indique l'adroit système de la démission en blanc, n'exclut pas nécessairement tout esprit de charité.

DREYFUS, FERDINAND CAMILLE, publiciste et homme politique français, né à Paris le 19 août 1851. Engagé volontaire pour la durée de la guerre, en 1870, quoique fils de veuve, M. Camille Dreyfus, qui avait fait de brillantes études scientifiques, professa les mathématiques, la paix revenue ; puis il alla au Mans, en 1873, prendre la direction de l'*Avenir de la Sarthe*, qui lui valut une condamnation à cinq mois de prison, comme convaincu d'outrages à l'adresse du maréchal-président. Il dirigea ensuite le *Libéral de la Vendée*, et finalement revint à Paris, où il collabora à la *Lanterne* et fonda plus tard la *Nation*, journal radical (avril 1884). En 1879, M. Camille Dreyfus avait été nommé chef du cabinet de M. Wilson, sous-secrétaire d'État au ministère des finances. Commissaire du gouvernement à l'Exposition internationale de Bruxelles, il fut au retour décoré de la Légion d'honneur. Conseiller municipal de Paris pour le quartier du Gros-Caillou, élu le 24 décembre 1882 et réélu le 4 mai 1884, il prit une grande part aux discussions relatives aux questions de finance, de commerce et de travaux publics, fut plusieurs fois rapporteur de commissions chargées de l'examen de telles questions, et, pour le reste, votant invariablement avec le groupe autonomiste du Conseil, dont il fut quatre fois élu secrétaire. — Aux élections pour la Chambre des députés qui eurent lieu en octobre 1885, M. Camille Dreyfus a été élu, au scrutin du 18, par près de 284,000 voix. Il prit place à l'extrême gauche, traita principalement des mêmes questions, agrandies, qu'au Conseil municipal de Paris et se fit une réputation d'économiste. — Il a voté le projet d'expulsion totale des princes.

M. Camille Dreyfus a publié plusieurs ouvrages estimés d'économie politique et financière. Il dirige, en outre, la rédaction de la *Grande Encyclopédie*, véritable monument de la littérature et des sciences contemporaines, dont il est le secrétaire général.

DROZ, GUSTAVE, peintre et littérateur français, né à Paris le 9 juin 1832, est fils du sculpteur Jules-Antoine Droz, mort en janvier 1872. Il fit ses études aux collèges Henri IV et Stanislas, puis il entra à l'École des Beaux-Arts en 1852 et devint élève de Picot. Après avoir exposé à divers salons, il débuta dans une carrière différente, en 1864, par des articles humoristiques sur la vie élégante, publiés dans le journal que venait de fonder Marcellin, son ami : la *Vie parisienne*. Le charme spirituel et enjoué de ses observations fit un grand succès à leur auteur, qui signait alors « Gustave Z. », et fit avidement rechercher tout ce qui portait cette signature, dont on eût bien voulu lever le masque. Cet accueil encourageant engagea M. Gustave Droz à réunir en volume ses premiers articles, qui n'eurent pas moins de succès sous cette nouvelle forme. Il a ainsi donné successivement : *Monsieur, Madame et Bébé* (1866) ; *Entre nous* (1867) ; le *Cahier bleu de M*^{lle} *Cibot* (1868) ; *Autour d'une source* (1869) ; un *Paquet de lettres* (1870) ; *Babolain* (1872) ; les *Étangs* (1875) ; une *Femme gênante* (1876) ; *Tristesses et sourires* (1884) ; l'*Enfant* (1885), etc. Il a collaboré, en outre, à l'*Opinion Nationale* et à la *Revue des Deux-Mondes*, où ont paru d'abord la plupart de ses derniers ouvrages.

M. Gustave Droz a posé sa candidature au fauteuil laissé vacant à l'Académie française par la mort d'Edmond About, en concurrence avec MM. Manuel et Léon Say. Ce fut de dernier qui triompha en fin de compte ; mais à la première tentative d'élection, qui eut lieu le 25 juin 1885, l'Académie fatiguée, après cinq tours de scrutin sans résultat, dut renvoyer à six mois une nouvelle épreuve. C'est dire que l'élection de M. Droz est certaine dans un délai peu éloigné.

DUBIEF, LOUIS, administrateur français, directeur de l'institution Sainte-Barbe, est né à Paris le 1er novembre 1821, et a fait ses études à l'institution dont il est devenu le chef. Après de brillants succès universitaires, il suivit les cours de la faculté de droit, tout en s'occupant de travaux littéraires, collabora à diverses revues et entra dans l'administration sous le ministère de M. de Fortoul. Inspecteur d'académie dans la Meurthe, l'Allier, les Alpes-Maritimes et les Bouches-du-Rhône, de 1850 à 1861, M. Dubief devint, au mois de juin de cette dernière année, chef du cabinet de M. Rouland, ministre de l'instruction publique. Il résigna ses fonctions à l'avènement de M. Duruy, en juillet 1863, et fut nommé inspecteur de l'Académie de Paris, délégué à la préfecture de la Seine et chargé de la surveillance des écoles primaires et municipales de Paris. Membre du conseil d'administration de l'institution Sainte-Barbe depuis 1864, il fut choisi par ses collègues, en mars 1866, pour prendre la direction de cette institution, en remplacement de M. Labrouste qui venait de mourir. — Membre de la commission d'examen des livres scolaires depuis 1863, du Conseil de l'enseignement secondaire spécial depuis 1864, il était nommé, à la fin de 1866, membre du Conseil supérieur de l'instruction publique, position dans laquelle il s'est maintenu jusqu'ici. M. Dubief est officier de l'instruction publique depuis 1854 ; chevalier de la Légion d'honneur depuis 1862, il a été promu officier le 20 octobre 1878. — Il n'a pas publié autre chose que ses thèses de doctorat ès-lettres.

Aux élections municipales du 23 juillet 1871, M. Dubief fut élu au premier tour membre du Conseil municipal de Paris, pour le quartier de la Sorbonne (5e arrondissement). Il se représenta aux élections du 29 novembre 1874 ; mais cette fois il échoua, et ce fut M. Massol, son concurrent, qui fut élu, également au premier tour.

DU BODAN, CHARLES MICHEL CHRISTOPHE GUILLO, ancien magistrat et homme politique français, né à Quimper le 23 mai 1827. Procureur impérial à Orléans pendant la guerre, il résista énergiquement et non sans danger aux prétentions des Prussiens, maîtres de cette ville, et donna sa démission après la signature de la paix. Élu représentant du Morbihan le 27 avril 1873, en remplacement de M. Bouchet, et député de la première circonscription de Vannes le 20 février 1876, M. du Bodan, clérical ardent, habitué des pélerinages, rallié au parti légitimiste, siégea à droite. Il a été réélu le 14 octobre 1877 et le 21 août 1881. Porté sur la liste monarchiste du Morbihan aux élections générales du 4 octobre 1885, M. du Bodan a été élu avec ses amis, la liste républicaine ayant été complètement battue dans ce département.

DUBOIS, ALPHÉE, graveur en médailles, né à Paris le 17 juillet 1831 ; est élève de son père, mort en 1863, de l'arre père et de Duret, et remporta le grand prix de Rome au concours de 1855, sujet : *Guerrier mourant sur l'autel de la patrie*. On cite parmi ses envois de Rome : le *Pape bénissant le prince impérial à sa naissance*; et parmi ses œuvres exposées aux salons annuels : la médaille commémorative de la *Réception des ambassadeurs du roi de Siam à Fontainebleau*, des médailles à l'effigie de Viennet, de *M. de Montigny (1863)*; de *l'Empereur*, de *M. Menier*, bronze (1864); deux camées : *l'Empereur et l'Impératrice*, sardonyx, et une *Transtévérine*, agate-onyx (1865); une médaille commémorative de l'*Inauguration de la statue de Napoléon Ier à Rouen*, et une autre à l'effigie du *Roi de Suède (1866)*; médaille commémorative de l'*Exposition internationale de pêche*, de *Boulogne-sur-Mer (1868)*; méd. com. de la *Découverte de la 100e petite planète*, et méd. de *Récompense pour les horticulteurs (1869)*; méd. com. de la *Découverte de l'atmosphère solaire*, et méd. com. du *Centenaire de Napoléon (1872)*; méd. com. de l'*Emprunt national de 1872*; *M. Chevreul, membre de l'Académie des sciences*, médaille, bronze, face et revers; la *Paix et le Progrès*, partie centrale d'une décoration pour Costa-Rica, bronze doré, face et revers (1873); *Becquerel père*, médaille en plâtre, modèle et épreuve en bronze, ib., ib., commandée par l'Académie des sciences (1874); le *Maréchal Reille*, épreuve argent, face et revers; *Louis Pasteur*, épreuve bronze, id. pour l'Académie des sciences ; médaille pour les récompenses de 2e et 3e classes (section de peinture), épreuve argent, ib., commandée par le ministère de l'instruction publique et des beaux-arts (1875). Il avait envoyé à l'Exposition de 1867, dix-huit médailles. Au Salon de 1876, il avait trois *Médailles militaires*, pour le Danemark, épreuves argent, face et revers. Citons encore de cet artiste : *M. J.-B. Dumas*, médaille en bronze et cliches, face et revers, bronze doré, pour l'Académie des sciences (1883); *Médaille de Le Verrier*, épreuve, plâtre, face et revers; *l'Étude de la géographie*, médaille, plâtre, et un *Portrait*, médaillon en plâtre (1884); la *Médaille de Le Verrier*, en bronze; une méd. com. de la *Mission scientifique du cap Horn*; et *l'Étude de la géographie*, en bronze (1885). — M. Alphée Dubois est, en outre, l'auteur des coins de la monnaie de bronze frappée en 1866 par le gouvernement espagnol, et d'un grand nombre de coins de jetons de présence pour administrations. Il a obtenu des médailles en 1868 et une en 1869, et la croix de la Légion d'honneur en 1883.

DUBOIS, FRANÇOIS AUGUSTE, homme politique français, né à Arnay-le-Duc (Côte-d'Or) le 28 mars 1814. Après avoir exercé, jusqu'en 1865, les fonctions d'avoué à la Cour de Dijon, M. F. Dubois céda son étude et fut, cette même année, élu membre du Conseil municipal et nommé adjoint au maire de Dijon. Nommé maire en août 1870, il y fut maintenu après le 4 septembre, et remplit ses fonctions à l'époque douloureuse de l'occupation allemande, de telle sorte que la population dijonnaise lui remit, après la paix, une adresse de félicitations des plus flatteuses et des plus honorables. Aux élections générales du 8 février 1871, il fut élu, en tête de la liste, représentant de la Côte-d'Or à l'Assemblée nationale. M. Dubois prit place dans les rangs de la gauche républicaine. En 1872, il donna sa démission de maire de Dijon. Il est membre du Conseil général de la Côte-d'Or, pour le canton d'Arnay-le-Duc, depuis 1871. Malgré une menace de concurrence bonapartiste, M. François Dubois se présentait seul aux élections générales du 20 février 1876. Il fut élu par 11,000 voix et revendre sa place à la gauche de la Chambre des députés. Réélu le 14 octobre 1877 et le 21 août 1881 dans la même circonscription, M. Fr. Dubois se présenta aux élections d'octobre 1885 sur la liste radicale et fut le seul candidat élu député de la Côte-d'Or au premier tour. Il a voté l'expulsion totale des princes.

DUBOIS, PAUL, sculpteur et peintre français, né à Nogent-sur-Seine (Aube) le 18 juillet 1829. Destiné par sa famille à la carrière de la magistrature, il suivit, après de brillantes études littéraires, les cours de la faculté de droit de Paris, mais peu longtemps; et entrait dans l'atelier de A. Toussaint, où il resta de 1856 à 1858, pour y étudier la statuaire. En 1859, sur les conseils de son maître, il entreprenait un voyage d'étude en Italie, qui devait durer jusqu'en 1862, et au cours duquel il visita Florence, Rome, Naples, étudiant les grands maîtres avec passion. M. Paul Dubois a exposé aux Salons annuels d'une manière assez irrégulière; nous citerons, un *Buste d'enfant* et un *Portrait (1857)*; un *Médaillon*, en marbre (1859); *Narcisse au bain, Saint Jean-Baptiste (1863)*; *Saint Jean-Baptiste enfant (1864)*, d'après le *Chanteur florentin au quinzième siècle (1865)*, acquis par la princesse Mathilde, et qui fut le succès du salon de cette année-là; la *Vierge et l'Enfant Jésus*, à l'Exposition universelle de 1867, en compagnie du *Chanteur florentin* et des principales de ses œuvres précédentes. Citons encore : *Eve naissante*, statue, plâtre (1873); *Narcisse*, statue, marbre (1874); *Portrait de M. Henner*, buste, plâtre, *Portrait du Dr J. Parrot*, buste, plâtre, *Portrait d'un enfant*, buste, plâtre (1875); le *Courage militaire* et la *Charité*, figures destinées au monument du général Lamoricière, à Nantes (1876), lesquelles ont reparu à l'Exposition universelle, avec la statue couchée du *Général Lamoricière* et le buste de *Paul Baudry (1878)*. Citons encore de M. Paul Dubois : la statue équestre du connétable *Anne de Montmorency*, en plâtre, pour le château de Chantilly et le *Portrait de M. Charles Gounod, membre de l'Institut*, buste en bronze (1880). — M. Paul Dubois a également exposé quelques dessins et quelques toiles, notamment : le *Christ mort*, d'après Sébastien del Piombo; *Tête de madone*, d'après Léonard de Vinci; *Portrait de femme*; *Adam et Eve*, d'après la fresque de Raphaël; la *Magdeleine*, d'après Andrea del Sarte; des *Portraits*, etc., dessins. Nous citerons également les toiles suivan es : *Portrait de mademoiselle L...*, *Portrait du jeune B... (1873)*; *Portrait de mademoiselle B. M. (1875)*; et au Salon de 1876 : *Portraits de mes enfants* et *Portrait de madame ****, et d'autre *Portraits* anonymes, notamment aux Salons de 1883, 1884, 1885 et 1886. — M. Paul Dubois a obtenu, pour la sculpture : une 2e médaille en 1863, la médaille d'honneur en 1865, une 2e médaille en 1867 et de nouveau la médaille d'honneur en 1876 et en 1878; et pour la peinture : une 1re médaille en 1876 et une autre 1re médaille en 1878. Chevalier de la Légion d'honneur en 1867, il a été promu officier en 1874 et commandeur le 9 juillet 1886. Membre du comité des Beaux-Arts pour les Expositions internationales, il a fait partie du jury de l'Exposition de Vienne en 1873, pour le 25e groupe (beaux-arts). Il avait été élu, le premier, juré d'admission pour la section de sculpture à l'Exposition universelle de 1878. Élu membre de l'Académie des beaux-arts, en remplacement de Perraud, le 30 décembre 1876, M. Paul Dubois a succédé à M. Guillaume comme directeur de l'École des beaux-arts le 30 mai 1878.

DU BOIS-REYMOND, ÉMIL HEINRICH, physiologiste allemand, descendant d'une famille d'origine française expatriée pour cause de religion (quoiqu'il n'ait pas manifesté une grande sympathie pour la France ni un respect exagéré pour la science française, dans des circonstances qu'il est inutile de rappeler), est né à Berlin le 7 novembre 1818. Il fit ses études aux universités de Bonn et de Berlin, dans cette dernière l'intime Johann Muller pour professeur d'anatomie et de physiologie. En 1851, ses recherches sur l'électricité animale, entreprises sur les conseils de son maître, lui ouvraient les portes de l'Académie royale, aujourd'hui impériale, dont il devenait le secrétaire perpétuel en 1858. La même année, il succédait à Johann Muller à la chaire d'anatomie et de physiologie de l'université de Berlin. — On a de ce savant : *Quæ apud veteres de piscibus electricis extant argumenta*, sa thèse de doctorat ès-sciences naturelles (1843); *Recherches sur l'électricité animale (1848-49-60*, 3 vol.); *De fibræ muscularis reactione ad chemicis visa est acida (1859)*; *Description de quelques appareils et de quelques expériences dans les recherches électro-physiologiques (1859)*; *Sur l'enseignement des universités (1870)*; les *Idées de Leibnis et les sciences naturelles modernes (1871)*; les *Limites de la connaissance de la nature (1872)*; etc. Il a collaboré aux *Annales de Poggendorf*, aux *Actes de l'Académie des sciences de Berlin* et dirige les *Archives d'anatomie et de physiologie*. M. Du Bois-Reymond est en outre directeur du laboratoire et des appareils de physiologie et membre du Conseil privé de l'empereur.

DUBOST, HENRI ANTOINE, dit ANTONIN, publiciste et homme politique français, né à l'Arbresle (Rhône) le 6 avril 1842. Il fut d'abord clerc dans une étude d'avoué, à Lyon, puis vint à Paris, et collabora aux journaux d'opposition radicale, tels que le *Courrier français*, la *Marseillaise*, etc. Nommé secrétaire général de la Préfecture de police, au 4 Septembre, il remplit ces fonctions pendant six semaines, fut nommé préfet de l'Orne le 3 janvier et alla prendre possession de sa préfecture par la voie aérienne; il donna sa démission au mois de mai suivant. Il devenait en février 1879 chef du cabinet du ministre de la justice et était nommé en même temps conseiller d'État en service extraordinaire. Une élection partielle s'étant offerte dans l'arrondissement de la Tour-du-Pin, par suite de la mort de M. Reymond le 19 décembre 1880, M. Antonin Dubost s'y présenta, fut élu et prit place au groupe de l'Union républicaine. Réélu par le même collège le 21 août 1881, M. Dubost est monté assez souvent à la tribune et a fait partie de nombreuses commissions dont plusieurs l'ont choisi pour rapporteur. Il a été élu député de l'Isère le 4 octobre 1885 et a voté l'expulsion totale des princes. — M. Antonin Dubost a publié: les *Suspects en 1858*, avec M. Ténot (1868); et diverses brochures: *Des conditions du gouvernement en France*, *Danton et la politique contemporaine*, *Danton et les massacres de septembre*, la *Situation actuelle et le régime parlementaire*, etc.

DUBOYS-FRESNEY, ÉTIENNE, général et homme politique français, sénateur, fils d'un colonel du génie, est né à Saint-Servan le 15 août 1808. Entré à l'École polytechnique en 1825, il en sortit en 1827 dans l'arme du génie. Il fut député de Château-Gontier de 1842 à 1846 et siégea sur les bancs de l'opposition, devint commandant en second de l'École polytechnique et fut promu général de brigade en 1867. — Élu représentant de la Mayenne à l'Assemblée nationale le 2 juillet 1871, le général Duboys-Fresney prit place au centre gauche républicain. Aux élections sénatoriales du 30 janvier 1876, il fut le seul candidat du parti républicain dans le département de la Mayenne, qui avait deux sénateurs à élire: il fut élu le premier des deux, et prit place à la gauche républicaine. Au renouvellement partiel du Sénat, qui eut lieu le 5 janvier 1879 pour la Mayenne, le général Duboys-Fresney fut réélu dans les mêmes conditions. Il a voté contre l'expulsion des princes.

Membre de la commission d'enquête sur l'affaire de l'École polytechnique (communication de l'épure à certains élèves), le général Duboys-Fresney fut amené, avec MM. le général de Chanal, Sacaze et Sadi-Carnot, à protester contre le rapport trop partial de M. Bertrand (juillet-août 1876), lequel pour arrondir la phrase finale, jugée défectueuse, n'avait su trouver que des mots blâmant la conduite des élèves qui avaient dénoncé la fraude. — M. le général Dubois-Fresney est grand officier de la Légion d'honneur depuis le 25 janvier 1871.

DUBRAY, VITAL GABRIEL, sculpteur français, né à Paris le 27 février 1818. Élève de Ramey fils, il débuta au Salon de 1840 par un *Buste*. Nous citerons parmi les œuvres qu'il a exposées depuis: *Sainte Philomène (1842)*; *Saint Jean-Baptiste prêchant (1843)*; *Joueur de trottola (1844)*; *Saint Sébastien (1845)*; *Spontini et le génie de la musique* et un buste *d'Eschyle (1846)*; le *Maître à tous (1847)*; l'*Enfant prodigue (1849)*; le *Général Charles Abbatucci (1850)*; *Prévost d'Exiles (1854)*; *Napoléon III (1853)*; *M. Rouher*, l'*Amour vainqueur (1855)*; l'*Impératrice Joséphine*, au musée de Versailles, *Clodion*, *Sully*, *Lannes*, le *Sacre de Joséphine*, l'*Été*, pour le nouveau Louvre, le *Cardinal Fesch*, pour la ville d'Ajaccio (1857); *Joseph Pothier (1859)*; le *Colonel Abbatucci (1861)*; l'*Incorrigible (1863)*; *Édouard Adam*, pour la ville de Montpellier (1864); *Napoléon Ier*, statue équestre, pour Rouen (1865); *Saint Bernard (1866)*; le *Poète Jasmin (1867)*, bronze; *Œdipe et le sphynx (1868)*; *Joseph Bonaparte (1869)*; le *Pauvre aveugle (1872)*; *Ange funèbre*, statue en bronze, destinée à la décoration d'une chapelle élevée à Canton à la mémoire des soldats français morts pendant l'expédition de Chine (1876); *Portrait de Mlle Giovanna Dubray*, terre cuite (1883); *Portrait de M. P. Calla*, buste en marbre, la *Nuit*, buste, marbre (1886) et une quantité de portraits-bustes anonymes. Citons encore les dix bas-reliefs en bronze qui décorent la statue de *Jeanne d'Arc* à Orléans et qui retracent les faits principaux de sa vie (1861); un *Saint Benoît*, à l'Église Saint-Étienne-du-Mont (1863); le fronton du théâtre de la Gaîté (1864); l'*Apparition du Sacré Cœur*, groupe, pierre; un *Saint Joseph* et une *Vierge immaculée*, statues en pierre, pour l'église Sainte-Paterne, à Orléans (1884), etc. — M. Vital Dubray a obtenu une 3e médaille en 1844; il a été nommé chevalier de la Légion d'honneur en 1857 et promu officier en 1865.

DUBRUJEAUD, ALBERT, journaliste français, né à Paris le 21 février 1852. Après avoir collaboré à diverses petites feuilles éphémères écloses au quartier latin, M. Albert Dubrujeaud parut abandonner le journalisme pour le commerce et devint le principal associé d'une importante maison de librairie. Il demeura muet pendant cinq années, au bout desquelles il fit paraître, à ses propres risques, un pamphlet hebdomadaire: les *Propos d'un frondeur*, qu'il rédigea seul et dont il a mis tous ses soins, depuis, à retirer de la circulation jusqu'au dernier exemplaire. Devenu rédacteur au *Gaulois*, sous la direction de M. Robert Mitchell, il suivit celui-ci dans sa retraite. En 1884, M. Aurélien Scholl, qui allait fonder l'*Écho de Paris*, ayant remarqué les chroniques de M. Albert Dubrujeaud, l'appela auprès de lui; et c'est à sa collaboration à ce journal que le jeune chroniqueur doit surtout la notoriété assez considérable qui s'est attachée à son nom. Il a également collaboré au *XIXe Siècle* et à d'autres journaux sous le pseudonyme d'«Albert Darnelle», et a donné sous celui de «Puck», en collaboration avec un jeune avocat de ses amis, quelques fantaisies au *Figaro*.

DU CAMP, MAXIME, littérateur français, né à Paris le 8 février 1822. Ses études terminées, il fit, en 1844-45, un voyage en Orient, au retour duquel il s'occupa de photographie. En 1848, il combattit l'insurrection de Juin dans les rangs de la garde nationale, fut blessé et reçut la croix de la Légion d'honneur. Il fut chargé, l'année suivante, par le ministère de l'instruction publique, d'une mission spéciale en Orient, et parcourut l'Égypte, la Nubie, la Palestine, l'Asie Mineure, prenant sur son chemin des vues intéressantes, et rapporta à son retour, en 1851, une nombreuse collection de clichés photographiques destinés à l'illustration du grand ouvrage qu'il publiait peu après, dans lequel ce genre d'illustration fut employé pour la première fois. Dès 1851, il prenait part à la fondation de la *Revue de Paris*, à laquelle il collabora jusqu'à sa suppression en 1858. Il a également collaboré à la *Revue des Deux-Mondes*, à la *Revue de France*, au *Moniteur universel*, etc. — On doit à M. Maxime Du Camp: *Souvenirs et Paysages d'Orient*, *Smyrne*, *Éphèse*, *Magnésie*, *Constantinople*, *Scio (1848)*; *Égypte*, *Nubie*, *Palestine*, *Syrie (1854)*, in-fo; le *Livre posthume, mémoires d'un suicidé (1853)*; le *Nil, lettres sur l'Égypte et la Nubie (1853)*; les *Chants modernes*, poésies (1855); les *Beaux-Arts à l'Exposition universelle de 1855 (1855)*; l'*Eunuque, mœurs musulmanes (1856)*; les *Six aventures (1857)*; le *Salon de 1857 (1857)*; *Mes Convictions*, poésies (1858); *En Hollande, lettres à un ami (1859)*; le *Salon de 1859 (1859)*; *Expédition des Deux-Siciles, souvenirs personnels (1861)*; le *Salon de 1861 (1861)*; l'*Homme au bracelet d'or (1862)*; le *Chevalier du Cœur-Saignant (1862)*; les *Buveurs de cendres (1862)*; les *Beaux-Arts à l'Exposition universelle de 1867*, les *Forces perdues (1867)*; *Orient et Italie, souvenirs de voyages et de lectures (1868)*; *Paris, ses organes, ses fonctions, sa vie (1869-75, 6 vol. in-8o)*, peut-être le livre le plus curieux et en même temps le plus complet qui ait jamais été écrit sur la capitale de la France et qu'il a, en quelque sorte, continué dans les ouvrages suivants: *Souvenirs de l'année 1848 (1876)*; les *Ancêtres de la Commune, l'Attentat Fieschi (1877)*; les *Convulsions de Paris (1878-80, 2 vol.)*; la *Charité privée à Paris (1884)*.

M. Maxime Du Camp figurait sur la dernière liste des sénateurs de l'empire, composée par M. Émile Ollivier, à côté d'Émile de Girardin; le décret de nomination était signé, mais les événements politiques ne permirent pas de le promulguer, et bientôt le Sénat lui-même disparut avec les autres institutions impériales. M. Du Camp a été élu membre de l'Académie française, le 26 février 1880, au fauteuil de Saint-René Taillandier. Il représentait l'Académie aux fêtes du cinq-centième anniversaire de l'université d'Heidelberg (août 1886). — M. Du Camp est officier de la Légion d'honneur depuis 1853.

A l'Académie, M. Maxime Du Camp s'est signalé à deux reprises par un esprit d'intolérance plus remarquable, à cause de son passé, chez lui que chez beaucoup d'autres. Il était directeur en 1885, et en conséquence, l'usage voulait qu'il représentât l'Académie française aux obsèques de Victor Hugo et fit un discours sur sa tombe. M. Du Camp se récusa, Victor Hugo ayant été, comme tout le monde sait, un partisan de la Commune, ou du moins un ami des hommes qui y ont participé ou ont été convaincus d'y avoir participé, et dont M. Maxime Du Camp s'est fait des ennemis personnels pour arriver plus sûrement à l'Académie. En 1886, c'est autre chose: M. Du Camp se récuse encore, et cette fois dans un cas où jusqu'à lui, personne n'avait même songé à le faire: la réception d'un nouveau collègue. Il a fallu que l'Académie désignât d'office un de ses membres pour répondre à M. Leconte de Lisle; et pourquoi? parce que c'est à Victor Hugo que M. Leconte de Lisle succède. Il suffit, vraiment, de signaler des faits pareils. Nous n'irons pas jusqu'à dire que M. Dupanloup est dépassé par M. Du Camp, mais c'est tout.

DU CHAILLU, Paul Belloni, voyageur américain d'origine française, né à Paris le 31 juillet 1835. Son père, agent consulaire, possédait un établissement commercial, près de l'embouchure du Gabon, sur la côte occidentale d'Afrique, où le jeune Paul se rendit de bonne heure et se familiarisa promptement avec les mœurs et le langage des tribus avoisinantes, s'occupant beaucoup en même temps d'histoire naturelle. En 1852, il se rendit aux États-Unis, où il se fit plus tard naturaliser, avec une cargaison de bois d'ébène. Il y publia alors, dans le *New-York Tribune*, une série d'articles sur le Gabon. En octobre 1855, il s'embarqua à New-York à destination de l'Afrique, se proposant d'explorer les régions, jusque-là inconnues, qui s'étendent à deux degrés de chaque côté de l'équateur. Il passa environ quatre ans dans ces régions, pénétrant jusqu'à 14° 15′ Est, et visitant des parties du globe non encore explorées par aucun blanc. Pendant le cours de cette campagne, il tua et empailla deux mille oiseaux rares, parmi lesquels il s'en trouvait soixante espèces inconnues jusqu'à ce jour aux naturalistes, outre mille autres animaux divers, dont plusieurs gorilles d'espèces à peu près inconnues, et vingt espèces d'animaux non classés. Il revint à New-York en 1859, rapportant une collection nombreuse d'armes, d'outils et ustensiles de toute sorte en usage dans les tribus qu'il avait visitées et une énorme quantité de spécimens d'histoire naturelle ; le tout y fut exposé publiquement et la plupart de ces objets furent ensuite achetés pour le Musée britannique. La relation de cette expédition a été publiée sous ce titre : *Explorations et aventures dans l'Afrique équatoriale* (New-York et Londres, 1861 ; nouvelle édition, revue, 1871). La publication de cet ouvrage fut, en Angleterre, l'objet d'une polémique ardente, où l'auteur avait pour adversaire le professeur Gray et pour défenseurs Owen et sir Roderick Murchison. Du Chaillu reçut les critiques du premier avec une loyauté et une déférence telles, qu'il ne voulut avoir recours à d'autres moyens, pour se justifier de l'accusation d'erreur et d'exagération qui pesait sur lui, qu'à celui d'une nouvelle exploration des mêmes contrées. Il s'y prépara par l'étude des sciences dont il ne possédait qu'une teinture superficielle, et apprit l'usage des instruments de physique et d'astronomie, ainsi que l'art de la photographie. Il fréta alors une goélette, partit d'Angleterre le 6 août 1863 et atteignit l'embouchure de l'Ogobai le 10 octobre suivant. Malheureusement, le canot qui portait ses instruments s'envasa et fut perdu ; il fut, en conséquence, obligé de renvoyer en Angleterre pour en obtenir de nouveaux. En les attendant, il se livra à quelques campagnes de chasse qui lui fournirent les moyens d'étudier sur nouveaux frais les mœurs du gorille. En septembre 1864, ses instruments lui étant parvenus, il se dirigea vers l'intérieur, revit quelques-uns des lieux qu'il avait déjà parcourus, fit beaucoup d'observations minutieuses et pénétra enfin au milieu de tribus inconnues jusque-là de l'homme civilisé. A la suite d'un conflit avec une de ces tribus, conflit dans lequel il perdit tout ce qu'il possédait, excepté les plus importantes de ses notes, il dut battre en retraite vers la côte, en septembre 1865. Il a publié le récit de cette expédition sous ce titre : *Voyage à la terre d'Ashango* (Londres et New-York, 1867). Il passa ensuite quelques années aux États-Unis, faisant avec succès des lectures, écrivant pour la jeunesse des livres de lecture instructive et agréable, dont les épisodes saillants de ses aventures de voyage font le sujet. Ces ouvrages sont : *Histoire du pays des gorilles (1868)* ; la *Vie sauvage sous l'équateur (1869)* ; *Perdu dans les jungles (1869)* ; *Mon royaume d'Apengé (1870)* ; et le *Pays des nains* (The Country of the dwarfs, 1871). En 1872, M. du Chaillu fit un voyage en Suède, en Norwège, en Laponie et dans la Finlande. Il était de retour à New-York en décembre 1873. Il publia, plus tard, la relation de ce voyage sous ce titre : *The Land of the midnight sun* (la Terre du soleil de minuit, 1881).

Sauf quelques erreurs de dates sans importance, résultant de la perte de ses notes, la véracité des relations de voyage de M. du Chaillu a été maintes fois confirmée par les voyageurs qui ont visité les mêmes régions. Il ne semble pas toutefois qu'aucun autre voyageur, après lui, ait pénétré dans le pays du gorille et fait pu l'étudier, pour ainsi parler, chez lui. Les gorilles empaillés et les squelettes montés que M. du Chaillu a rapportés sur lui, les notes descriptives qu'il a publiées sur cette espèce gigantesque de la famille des singes, est à peu près tout ce que nous en savons encore aujourd'hui.

DUCHASSEINT, Jean-Baptiste Félix Delapchier, homme politique français, né le 20 janvier 1814 à Lezoux (Puy-de-Dôme). Licencié en droit, membre du Conseil d'arrondissement depuis 1840 et du Conseil général depuis 1848, M. Duchasseint protesta contre le coup d'État du 2 décembre 1851 par une lettre rendue publique, donna sa démission et rentra dans la vie privée, d'où il ne sortit qu'après la chute de l'empire, s'occupant principalement d'agriculture et prenant aux concours régionaux une part brillante. De nouveau conseiller général du Puy-de-Dôme depuis 1871, M. Duchasseint fut élu député de l'arrondissement de Thiers le 20 février 1876, et prit place dans les rangs de la gauche. Réélu le 14 octobre 1877 et le 21 août 1881, il figurait aux élections d'octobre 1885 sur la liste républicaine du Puy-de-Dôme et au scrutin du 18. Il a voté l'expulsion totale des princes.

DUCHATEL (comte), Charles Jacques Marie, diplomate et homme politique français, né à Paris le 19 octobre 1838, est fils de l'ancien ministre de Louis-Philippe. Il fit ses études à Paris et se fit recevoir avocat. Commandant de la garde nationale mobilisée de l'arrondissement de Jonzac (Charente-Inférieure) pendant la dernière guerre, M. le comte Duchâtel fut élu représentant de ce département à l'Assemblée nationale le 8 février 1871, et au canton de Mirambeau au Conseil général au mois d'octobre suivant. Il prit place au centre gauche de l'Assemblée, et est l'auteur de la proposition de transfert des pouvoirs publics de Versailles à Paris. Battu aux élections du 20 février 1876, dans l'arrondissement de Jonzac, par M. Eschasseriaux fils, candidat bonapartiste, M. le comte Duchâtel était nommé en octobre suivant envoyé extraordinaire et ministre plénipotentiaire de la République française en Danemark, transféré en 1878 à Bruxelles en la même qualité et nommé ambassadeur à Vienne au mois d'avril 1880. Il donnait sa démission de ce dernier poste en juillet 1883, en manière de protestation contre les mesures dont étaient l'objet les princes de la famille d'Orléans. Aux élections d'octobre 1885, M. le comte Duchâtel se présenta isolément au premier tour et sur la liste républicaine au scrutin de ballottage, dans la Charente-Inférieure. Il fut élu le 18 octobre et reprit sa place au centre gauche. Inutile d'ajouter qu'il repoussa de son vote les deux propositions d'expulsion des princes.

DUCHÉ, Antoine Marie Scævola, homme politique français, fils d'un proscrit du 2 décembre, est né en 1843 à Saint-Étienne. Ayant nécessairement suivi son père dans son exil, en Angleterre, il rentrait avec lui en 1865 et prenait part dès lors aux luttes du parti républicain contre l'empire. Aux élections de février 1871, M. Duché échoua dans la Loire, après une majorité importante. Conseiller général de ce département depuis 1880, successivement rédacteur à *l'Éclaireur de Saint-Étienne*, à la *République des Paysans*, au *Républicain de la Loire*, M. Scævola Duché fut élu député de la Loire au scrutin du 18 octobre 1885. Il siège à gauche et a voté l'expulsion des princes (projet Brousse).

DUCHER, Claude, homme politique français, médecin, né à Carmartin (Saône-et-Loire) en 1833. Il fit ses études médicales à Paris, fut nommé sous-aide major et fit en cette qualité la campagne de Crimée. De retour en France, il quitta l'armée, s'établit à Thoissey (Ain) et devint médecin en chef de l'Hôtel-Dieu. Membre du Conseil général de l'Ain depuis 1871 et maire de Thoissey depuis 1875, M. le docteur Ducher se présenta aux élections, comme de la liste républicaine, le 4 octobre 1885, et fut élu. Il a pris place à gauche, et a voté l'expulsion totale des princes.

DUCHESNE, Albert, homme politique français, né à Paris vers 1848. Avocat à la Cour d'appel de Paris, secrétaire de M. Rousse, de l'Académie française, M. Albert Duchesne a présidé la conférence Molé. Il est en outre attaché à la rédaction de la *Gazette des tribunaux* et a collaboré à un grand ouvrage de jurisprudence criminelle publié par son père, M. Duchesne, greffier à la Cour de cassation, chevalier de la Légion d'honneur. Après avoir échoué aux élections de 1881 dans l'arrondissement de Compiègne, où se trouvent ses propriétés, M. Albert Duchesne a été élu député de l'Oise au scrutin du 18 octobre 1885, et a pris place dans les rangs de la droite, non parmi ceux de ses membres qui se font le plus remarquer par le calme de leur attitude.

DUCLERC, Charles Théodore Eugène, publiciste et homme politique français, ancien ministre, sénateur, né à Bagnères-de-Bigorre le 9 novembre 1812, fit ses études dans sa ville natale et vint ensuite à Paris où, bientôt aux prises avec les difficultés de la vie, il entra comme correcteur au journal le *Bon sens*, en 1836. Il devint peu après l'un des principaux rédacteurs de cette feuille, puis de la *Revue du progrès (1838)* et passa ensuite au *National*, auquel il resta attaché de 1840 à 1846 et où il traita spécialement et avec une très grande compétence les questions économiques et financières. Il collabora en outre au *Dictionnaire politique* de Pagnerre. Nommé, le 25 février 1848, adjoint au maire de Paris, il suivit Garnier Pagès au ministère des finances, en qualité de sous-secrétaire d'État, et le remplaça peu après (10 mai) comme ministre, à la tête de ce département. M. Duclerc avait été élu représentant des Landes à la Constituante. Il vota constamment avec la gauche, et se fit remarquer dans plusieurs circonstances par une attitude à la fois énergique et humaine. Pendant les journées de Juin, notamment, il exposait plusieurs fois sa vie, cherchant à ramener le peuple en armes à des sentiments plus justes (peut-être) des intentions de l'Assemblée à son égard, et revenait à l'Assemblée tenter de ramener celle-ci à une appréciation certainement plus saine, en tout cas plus humaine, de la situation, s'écriant : « Le peuple est bon, seulement il souffre horriblement... » A quoi Garnier Pagès répondait quelques minutes après par son trop fameux : « Il faut en finir avec les agitateurs ! » M. Duclerc, après l'écrasement de l'insurrection, combattit courageusement, mais vainement, toutes les mesures de répression proposées et finalement adoptées par l'Assemblée : l'état de siège, les transportations sans jugement, etc. ; et lorsque ces mesures furent adoptées, il résigna son portefeuille, en manière de protestation. Il reprit alors son siège de représentant, qu'il conserva jusqu'à la dissolution de l'Assemblée constituante, puis rentra volontairement dans la vie privée, quelque peu dégoûté, croyons-nous, de la vie politique à laquelle il échappait. Il s'occupa dès lors d'affaires industrielles, devint administrateur de la Société de la canalisation de l'Èbre, en Espagne, puis directeur du Crédit mobilier espagnol. — Sous le second empire, M. Duclerc refusa plusieurs candidatures au Corps législatif. Il ne reparut sur la scène politique qu'après le 4 septembre : il fut nommé par le gouvernement de la Défense Nationale, le 29 décembre 1870, président de la commission de vérification des comptes des ministres pour 1870. Élu, le 8 février 1871, représentant des Basses-Pyrénées à l'Assemblée nationale, il prit place à gauche, devint président de la réunion de la gauche républicaine et vice-président de l'Assemblée nationale du 16 mars 1875 à la dissolution. M. Duclerc a fait partie des diverses commissions du budget et pris une part toute particulière aux discussions financières. Il a fait également partie de la Commission supérieure des expositions internationales, créée par décret du 30 décembre 1871. M. Duclerc a été élu par l'Assemblée, le 10 décembre 1875, au second tour de scrutin et le cinquième, sénateur inamovible. Il devint peu après vice-président du Sénat.

Lors de la crise ministérielle que signala le commencement de décembre 1876, il fut très sérieusement question que le maréchal-président avait jeté les yeux sur M. Duclerc pour lui confier la formation d'un nouveau cabinet. Mais une autre combinaison finit par prévaloir. Mais il accepta cette mission de M. Grévy, à la suite du vote de la Chambre refusant au ministère Freycinet les crédits nécessaires pour engager contre l'Égypte une action commune avec l'Angleterre. Le cabinet Duclerc était constitué le 7 août 1882 ; M. Duclerc y prenait, avec la présidence du conseil, le portefeuille des affaires étrangères. Dans la première session de 1883, plusieurs propositions d'ordre politique assez grave, notamment au sujet des princes prétendants, furent soulevées à la Chambre et dans le sein du conseil, y produisirent un désaccord irrémédiable. M. Duclerc donna en conséquence la démission le 28 janvier, suivi dans sa retraite par les ministres de la marine et de la guerre, MM. le général Billot et l'amiral Jauréguiberry. Il fut remplacé par M. Fallières et reprit son siège de sénateur. Dans le vote de la loi sur l'expulsion des princes M. Duclerc s'est abstenu.

DUCROZ, ALBERT, homme politique français, ancien suppléant de juge de paix, avoué, maire de Bonneville (Haute-Savoie), est né à Sallanches le 21 mai 1820. Élu, le 20 février 1876, député de Bonneville, il siégea au centre gauche. M. Ducroz a été réélu, le 14 octobre 1877 et le 21 août 1881. Il a voté à peu près constamment avec le groupe de l'Union républicaine. Élu député de la Haute-Savoie le 14 octobre 1885, M. Ducroz a repris son siège à la gauche de l'assemblée. Il a voté l'expulsion totale des princes.

DUFAY, JEAN FRANÇOIS CHARLES, médecin et homme politique français, né à Blois le 24 juin 1815, fit ses études au collège de sa ville natale et sa médecine à Paris, où il fut reçu docteur en 1843. Il s'établit alors dans sa ville natale, devint rédacteur en chef du *Républicain de Loir-et-Cher (1848-1849)*, puis médecin des tribunaux, de la gendarmerie, des prisons et des enfants assistés (1850-1855). Son dévouement pour les victimes du choléra de 1849 lui valut une médaille d'argent du ministère de l'intérieur. Président de l'Association médicale de Loir-et-Cher depuis 1854, M. le docteur Dufay est, en outre, membre du Conseil central d'hygiène et de salubrité publiques, de l'Association scientifique de France, de l'Association française pour l'avancement des sciences, etc. Nommé maire de Blois en 1871, M. Dufay a été élu, le 2 juillet de la même année, représentant de Loir-et-Cher à l'Assemblée nationale, et a pris place dans les rangs de la gauche républicaine, avec laquelle il a constamment voté. Il s'est présenté dans son département aux élections sénatoriales du 30 janvier 1876, mais sans succès. Le 20 février suivant, il se présentait comme candidat républicain à la députation dans la première circonscription de Blois ; il en appelait, pour employer ses propres expressions, « du suffrage restreint au suffrage universel ». Il fut élu à une très grande majorité, et son mandat lui fut renouvelé aux élections sénatoriales du 5 janvier 1879. M. le docteur Dufay a voté l'expulsion des princes. Il est membre du Conseil général de Loir-et-Cher.

On a de M. le docteur Dufay : *De l'Affection varioleuse*, sa thèse de doctorat ; divers mémoires adressés à l'Académie des sciences, sur : *l'Épidémie de choléra de 1849*, la *Fièvre typhoïde*, l'*Éthérisation*, l'*Hydrothérapie*, etc. ; il a collaboré à la *Gazette hebdomadaire de médecine et de chirurgie*, à l'*Union médicale*, à the *Lancet*, de Londres, etc.

DUFF, MOUNTSTUART ELPHINSTONE GRANT, homme politique et magistrat anglais, fils de l'auteur de l'*Histoire des Mahrattes*, est né en 1829. Il fit ses études à Edimbourg et au collège Balliol, à Oxford, et fut admis au barreau à l'Inner Temple en 1854. Il est député-lieutenant pour les comtés d'Elgin et d'Aberdeen, et magistrat pour les comtés d'Elgin, Banff et Aberdeen. Il représente le comté d'Elgin à la Chambre des communes depuis décembre 1857, et a été installé lord recteur de l'université d'Aberdeen le 22 mars 1867. Nommé sous-secrétaire d'État pour les Indes en décembre 1868, il conserva ce poste jusqu'à la chute du ministère Gladstone, en février 1874 ; il le reprit au retour de son parti au pouvoir, en mai 1880, et entra du même coup au Conseil privé. Nommé gouverneur de Madras en juillet 1881, M. Grant Duff donnait peu après sa démission de ses doubles fonctions. — Il a publié : *Études sur la politique européenne* ; *Un plan de politique* ; *Discours d'Elgin (1871)*, etc.

DUFFERIN (comte de), FRÉDÉRIC TEMPLE BLACKWOOD, pair d'Angleterre, né à Florence en 1826 ; fit ses études à Eton, puis à l'Église du Christ, à Oxford ; mais il quitta l'Université sans avoir pris aucun grade. Il succéda au titre paternel le 21 juillet 1841, et fut gentilhomme de la chambre de la reine sous la première administration de lord John Russell (1846-52), charge qu'il remplit de nouveau de 1854 à 1858. A l'époque de la famine (1846-47), il se rendit en Irlande, accompagné d'un ami, et publia à son retour une relation de ce voyage : *Narration of a journey from Oxford to Skibbereen, during the year of the Irish famine*. En février 1855, il fut attaché à la mission de lord John Russell à Vienne. En 1859, il faisait un voyage en Islande, dont il publiait la relation l'année suivante, sous ce titre : *Letters from high latitudes*. Il fut envoyé en Orient par lord Palmerston, en 1860, comme membre de la commission d'enquête sur les massacres de Syrie et, en récompense de la fermeté qu'il avait déployée dans cette occasion, fut fait chevalier-commandeur de l'ordre du Bain. Sous-secrétaire d'État pour l'Inde, de 1864 au commencement de 1866 et sous-secrétaire d'État à la guerre, de cette dernière date au mois de juin suivant, il fut nommé, à l'avènement du ministère Gladstone en 1868, chancelier du duché de Lancastre et conserva ce poste jusqu'en avril 1872, époque où il fut nommé gouverneur général du Canada. Remplacé dans ce poste par le marquis de Lorne, en octobre 1878, lord Dufferin était nommé ambassadeur à Saint-Pétersbourg, en remplacement de lord Loftus, en février 1879, d'où il fut transféré à Constantinople en mai 1881 ; et en cette dernière qualité, il conclut avec la Porte une convention militaire relativement à l'expédition d'Égypte, laquelle n'eut d'ailleurs aucune suite. Au mois d'octobre suivant, lord Dufferin était chargé d'une mission au Caire, au sujet du soulèvement du parti national dont Arabi Pacha (voy. ce nom) était le chef. On sait que lord Dufferin eut peu d'influence sur les événements qui se produisirent alors, et que son intervention avait servi de peu, en somme, lorsqu'il rentra en Angleterre en 1883. Il n'en fut pas moins promu grand croix du Bain. Lord Dufferin a été nommé vice-roi des Indes en septembre 1884. — Il avait été créé baron en 1850 et comte de l'ordre du Royaume-Uni en novembre 1871. Il est chevalier de l'ordre de Saint-Patrick depuis 1863. Outre les ouvrages précités, on lui doit divers ouvrages de littérature légère, parmi lesquels une satire sur la *High life* au dix-neuvième siècle, intitulée *The Honourable Impulsia Gushington*. Il est aussi auteur de plusieurs ouvrages sur l'Irlande : *Irish emigration and the tenure of Land in Ireland* ; *M. Mill's plan for the pacification of Ireland examined*; et *Contributions to an Inquiry, into the state of Ireland*. Il a été publié en 1882, une collection de ses *Speeches and Addresses*.

DUFFY, sir CHARLES GAVAN, journaliste irlandais et homme d'État australien, d'une famille ancienne, ayant fourni nombre de professeurs et d'ecclésiastiques éminents, est né à Monaghan, en 1816. A vingt ans, M. Duffy était rédacteur en chef-adjoint du *Dublin Morning Register* et, peu après, rédacteur en chef d'un journal important de Belfast. Il retourna à Dublin en 1842, et y fonda la *Nation*, avec Thomas Davis et John Dillon. La *Nation*, organe du parti de la « Jeune Irlande », eut bientôt le plus grand tirage et l'influence la plus considérable qu'un journal eût jamais obtenus dans ce pays. C'est dans ce journal que M. Duffy publia d'abord ses *Ballades irlandaises* (Ballad Poetry of Ireland), lesquelles eurent un si grand succès, sous la forme de volume, que le volume atteignait sa quarantième édition en 1870. En 1844, il fut impliqué dans le procès d'O'Connell, comme atteint et convaincu de sédition ; mais il fut acquitté devant la Chambre des lords. En 1846, O'Connell se brouilla avec la Jeune Irlande, qui repoussait la politique de temporisation, l' « opportunisme » du grand agitateur, et se sépara d'elle. La Jeune Irlande établit alors une Confédération irlandaise, dont M. Duffy fut l'un des chefs fondateurs. Il fut de nouveau poursuivi, avec plusieurs autres chefs, pour crime de haute trahison ; mais il fut de nouveau acquitté. Il ressuscita alors la *Nation*, supprimée un moment, et, après avoir exercé la profession d'avocat (ayant été admis au barreau irlandais en 1846) pendant quelques années, il se porta candidat à New-Ross, contre sir Thomas Redington, sous-secrétaire d'État pour l'Irlande, et qui l'avait persécuté, en conséquence, avec un zèle excessif. Il battit son adversaire et fut élu membre de la Chambre des communes en juillet 1852. M. Duffy a été l'un des fondateurs de la Ligue des fermiers et, avec MM. Frederick Lucas et George-Henry Moore, du parti irlandais indépendant à la Chambre des communes. Mais la défection d'un certain nombre de membres de ce parti l'induisit à résigner son siège en 1856, et il émigra en Australie, où il se fit inscrire au barreau de Melbourne. Il revint bientôt à la politique et, dès 1857, devint ministre des travaux publics dans le premier cabinet responsable de Victoria. En 1858, il devint ministre des terres, et accepta de nouveau ce portefeuille en 1862, dans la troisième administration coloniale. M. Duffy fut président d'une commission parlementaire et ensuite d'une commission royale ayant pour objet la fédération des colonies australiennes. Après un voyage de deux années en Europe, il retourna en Australie, rentra au parlement de Victoria et devint premier ministre de la colonie en 1871. Comme tel, en juin 1872, M. Duffy essuya un échec parlementaire qui lui fut fort sensible, et il demanda la dissolution ; mais le gouverneur de Victoria, vicomte Canterbury, s'y étant opposé, il donna sa démission. Peu après, le gouverneur offrit à M. Duffy l'ordre de Saint-Michel et Saint-George, qu'il refusa ; mais les services qu'il avait rendus à la colonie réclamaient une récompense ; sans se froisser de ce refus, le vicomte Canterbury réécrivit à un ex-premier ministre, lui offrant cette fois le titre de chevalier. Malgré ses scrupules, M. Duffy finit par accepter et fut créé chevalier le 31 mai 1873. Après un voyage de deux années en Europe, sir Gavan Duffy était de retour à la colonie au commencement de 1876. A la première vacance qui se produisit, il fut de nouveau élu membre de l'Assemblée législative, dont il devint président en mai 1877, il recevait la même année, et acceptait cette fois, les insignes de chevalier de l'ordre des saints Michel et George. — Sir Gavan Duffy est président du Comité directeur de la Galerie nationale de Victoria, et a pris une part très active à toutes les mesures adoptées pour l'encouragement des arts, de la littérature et des entreprises industrielles dans cette colonie éloignée. Il a publié : la *Jeune Irlande, fragment de l'histoire irlandaise*, 1840-1850 (1880) et *Quatre ans de l'Histoire d'Irlande*, 1845-1849, suite ou plutôt accompagnement du précédent (1883).

DUFOUR (baron), AUGUSTE FRANÇOIS BERTRAND MARIE DÉSIRÉ, homme politique français, fils d'un général du premier empire, est né à Lanzac (Lot) le 3 avril 1824. Sans antécédents politiques, il fut élu député de Gourdon le 20 février 1876 et siégea au groupe de l'Appel au peuple. Il est l'auteur d'une proposition de poursuites contre les auteurs du 4 Septembre. M. le baron Dufour a été réélu le 14 octobre 1877 et au scrutin de ballottage du 4 septembre 1881 dans la même circonscription. Aux élections d'octobre 1885, il figurait sur la liste monarchique du Lot, et fut élu au scrutin du 18.

DUFOUR, PAUL GUILLAUME, homme politique français, né à Paris le 23 février 1840. Il fut chargé, sous l'Empire, de diverses missions en Amérique et dans l'extrême Orient. Pendant le siège de Paris, il servait comme capitaine aux mobiles de l'Indre. Élu député de la deuxième circonscription de Châteauroux le 20 février 1876, il siégea au groupe de l'Appel au peuple. M. P. Dufour a échoué, le 14 octobre 1877, contre M. le Dr David, candidat républicain. Le 4 octobre 1885, il faisait naturellement partie du groupe de candidats monarchistes qui triompha tout entier dans ce département.

DUGUÉ, FERDINAND, littérateur et auteur dramatique français, né le 18 février 1815 à Paris où, ses études terminées, il put se livrer sans contrainte à ses goûts littéraires. Il débuta de bonne heure, en conséquence, dans la carrière qu'il avait choisie et publia d'abord un roman : la *Semaine de Pâques* (1825) ; puis un recueil de poésies : les *Horizons de la poésie* (1836) ; puis *Geoffroy Rudel*, roman en deux volumes (1838). Cette même année 1838, il débutait à l'Odéon par un drame en vers : *Castille et Léon*, que suivait de près un autre drame en vers, joué au même théâtre : *Gaiffer (1839)*. Il publiait en même temps : les *Gouttes de rosée*, cent sonnets (1836), et le *Vol des heures*, poésies (1840). A partir de cette époque, il s'est voué presque exclusivement au théâtre. Nous citerons, parmi les nombreuses pièces de tout genre qui ont rendu populaire le nom de cet auteur : le *Béarnais*, comédie en trois actes, en vers (1843) ; *Pharaons*, drame en vers (1838) ; la *Misère* (1850) ; *Mathurin Régnier*, en vers ; *Salvator Rosa*, en prose ; *M. Pinchard*, drame en prose, interdit en France et joué à Bruxelles (1851) ; l'*Ambigu en habit neuf*, prologue de réouverture ; *Roquelaure* ; la *Prière des naufragés*, avec M. Dennery (1853) ; le *Paradis perdu*, avec le même ; *William Shakspeare* ; *France de Simiers*, avec le même (1856) ; les *Fugitifs*, avec Anicet Bourgeois ; les *Pirates de la savane*, avec le même ; *Cartouche*, avec M. Dennery (1858) ; la *Fille du Tintoret*, avec Jaime fils (1859) ; le *Marchand de coco*, avec M. Dennery ; le *Cheval fantôme*, avec Anicet Bourgeois (1860) ; les *Trente-deux duels de Jean Gigon*, avec Antoine Gandon ; la *Fille du chiffonier*, avec A. Bourgeois (1861) ; la *Bouquetière des Innocents*, avec le même ; le *Château de Pontalec*, avec M. Dennery (1861) ; l'*Enfant de la Fronde* (1862) ; *Marie de Mancini*, avec M. Dennery (1864) ; les *Mystères du vieux Paris*, avec M. Dennery (1865) ; les *Treize*, avec M. Peaucellier (1868) ; les *Couteaux d'or* (1860) ; *Ivrène*, comédie (1873) ; *Cocagne*, avec Anicet Bourgeois (1874) ; *Henri de Senneterre* (1876) ; le *Bellon Morel* (1878) ; etc. — M. Ferdinand Dugué a publié encore quelques recueils de poésies : l'*Oasis* (1850) ; *Payol et autres poèmes* (1860) ; les *Éclats d'obus* (1871) ; *Satires et poèmes* (1676) ; les *Ressouvenirs* (1886). — Il est chevalier de la Légion d'honneur depuis 1862.

DUGUÉ DE LA FAUCONNERIE, HENRI JOSEPH, publiciste et homme politique français, ancien sous-préfet, né à Paris le 11 mai 1835, est neveu du précédent. Il fit ses études classiques au collège Charlemagne et son droit à Strasbourg. Après avoir obtenu le grade de licencié, il entra dans l'administration, fut attaché au cabinet du préfet de l'Orne, devint conseiller de préfecture dans la Mayenne, puis dans le Pas-de-Calais, sous-préfet à Saint-Jean d'Angély et ensuite à Mamers, et donna sa démission en 1860. Élu à la même époque membre du Conseil général de l'Orne, il devint président du Comice agricole de l'arrondissement de Mortagne. Aux élections générales de 1869, il fut porté comme candidat officiel dans la deuxième circonscription de l'Orne, et fut élu. Il prit place, au Corps législatif, parmi les défenseurs les plus énergiques de l'empire, entre le baron Jérôme David et M. de Guilloutet, et, lors du passage aux affaires de M. Émile Ollivier, fut un des plus intraitables adversaires du cabinet du 10 janvier. — Après le 4 septembre, M. Dugué de la Fauconnerie se retira dans le département de l'Orne, où il s'occupa de la défense, en même temps que du ravitaillement éventuel de la capitale. Rentré à Paris après la paix, il prenait, en 1872, la direction du journal bonapartiste l'*Ordre*, abandonnée par Clément Duvernois, et dont il se démettait à son tour au profit de MM. Jules Richard et Amigues, le 22 juillet 1876. — Aux élections législatives de février-mars 1876, M. Dugué de la Fauconnerie se présenta aux électeurs de la première circonscription de l'arrondissement de Mortagne et ne fut élu qu'au scrutin de ballottage du 5 mars, à une assez faible majorité. Il si gea sur les bancs de l'Appel au peuple. Il parut toutefois vouloir se rapprocher de la République, et peut-être eût-il persévéré dans ce sens si la République avait pu se résoudre à supporter les attaques des partis monarchistes sans y répondre, ce qui est assez difficile ; et cela sans trop se compromettre auprès de ses électeurs, car, ainsi qu'il eut la franchise de le dire dans une certaine occasion, on s'inquiète assez peu, dans les campagnes, de la forme gouvernementale. En tout cas, il s'est présenté aux élections d'octobre 1885 sur la liste réactionnaire de l'Orne, dans laquelle les électeurs ont fait un choix qui, du moins, lui a été personnellement favorable. M. Dugué de la Fauconnerie a publié : le *Tribunal de la Rote (1859)* ; la *Bretagne et l'empire (1861)* et diverses brochures de propagande bonapartiste, notamment : les *Calomnies contre l'empire (1874)*. — Il est chevalier de la Légion d'honneur depuis 1866, et officier de l'ordre italien des SS. Maurice et Lazare.

DUJARDIN-BEAUMETZ, Georges S., médecin français, né à Barcelonne le 27 novembre 1833 ; il fit à Paris ses études médicales, était reçu interne des hôpitaux en 1858 et remportait, en 1861, le prix de l'internat et celui de l'École pratique, et le prix des thèses en 1862. Reçu docteur en 1862, il était nommé, en 1865, chef de clinique de la faculté de Paris, attaché de la qualité de médecin à l'Exposition universelle de 1867, et nommé médecin des hôpitaux en 1870. Pendant le siège de Paris, M. le Dr Dujardin-Beaumetz, chirurgien-major du 84e bataillon de marche, a été cité à l'ordre du jour de l'armée pour son dévouement auprès de nos malheureux blessés de Montretout, a été fait chevalier de la Légion d'honneur en 1871. Il est aujourd'hui médecin du ministère des travaux publics, de l'École des ponts et chaussées et de l'École normale supérieure des filles de la ville de Paris. Il a publié divers mémoires : sur l'*Ataxie locomotrice*, sa thèse de doctorat (1862) ; les *Troubles de l'appareil oculaire dans les maladies de la moelle (1868)* ; *Emploi du phosphore en médecine (1869)* ; *De la myélite aiguë (1872)* ; *Recherches expérimentales sur les alcools obtenus par fermentation (1875)* ; *Leçons de clinique thérapeutique (1878-81*, 3 vol.) ; *Recherches expérimentales sur la puissance toxique des alcools*, avec le docteur Audige (1880), etc. M. le docteur Dujardin-Beaumetz est en outre rédacteur en chef du *Bulletin de thérapeutique*. Il a été fait membre de l'Académie de médecine le 15 juin 1880, et promu officier de la Légion d'honneur le 7 juillet 1883.

DUMAINE, Louis François, artiste dramatique français, né à Lieusaint (Seine-et-Marne) au mois d'août 1831. Il vint fort jeune à Paris, où sa sœur aînée, Mme Person, jouait au Théâtre-Historique le répertoire d'Alexandre Dumas. D'abord employé de commerce, il devint. en 1848, secrétaire du célèbre écrivain, et enfin se produisit en son tour à la scène sur les théâtres de la banlieue. En 1849, il parut même au Théâtre-Français dans un bout de rôle du *Moineau de Lesbie*. Il joua ensuite au Havre, puis à Marseille et revint à Paris en 1852, y joua quelque temps à la Gaîté et entra à l'Ambigu en 1853. Il s'y produisit avec un succès qui alla toujours grandissant depuis lors, dans les grands premiers rôles, et souvent dans les troisièmes rôles (traîtres). Il passa de l'Ambigu à la Porte-Saint-Martin, puis à la Gaîté, au Cirque, plus récemment au Châtelet, à la Gaîté de nouveau, et de nouveau à la Porte-Saint-Martin. Ses principales créations, celles qui ont commencé sa réputation, appartiennent notamment aux pièces suivantes : le *Pendu*, l'*Homme à trois visages*, la *Légende de l'homme sans tête*, *César Borgia* (rôle de César), *Faust* (rôle de Faust), le *Paradis perdu*, le *Fils du diable*, les *Massacres de Syrie*, etc. A ses créations plus récentes, il a mêlé d'importantes reprises de rôles, principalement des drames d'Alexandre Dumas, dans lesquels il a repris les rôles de d'Artagnan, dans la *Jeunesse des Mousquetaires* et *Vingt ans après* ; celui du duc de Guise, dans *Henri III et sa cour*, etc. (Porte-Saint-Martin) Ses dernières grandes créations

sont : de Rysoor, dans *Patrie*, de M. Victorien Sardou (1869) ; Henri de Lorraine, dans le drame de ce nom, de Victor Séjour ; Chopin, dans la *Charmeuse*, de Touroude (Ambigu, 1870) ; Archibald Corsican, du *Tour du Monde en quatre-vingts jours (1874-75)* ; Jean la Poste, dans le drame du même nom, et Coq-Hardy, également dans le drame de ce nom (1876), à la Porte-Saint-Martin. Au même théâtre, il a aussi repris le rôle de Coronas, de la *Reine Margot*, et celui de Crèvecœur des *Bohémiens de Paris*.

DUMAS, Alexandre, littérateur et auteur dramatique, membre de l'Académie française, fils de l'auteur des *Mousquetaires*, de *Monte-Christo* et de quelques centaines d'autres romans, sans parler des pièces de théâtre, vers et prose, mort en 1870, est né à Paris le 28 juillet 1824, fit ses études au collège Bourbon, et, poussé par une vocation précoce, publia dès 1841 un volume de vers ayant pour titre : *Péchés de jeunesse*. Après un voyage en Espagne et en Afrique, en compagnie de son père, il publia : *Histoire de quatre femmes et d'un perroquet (1846-47*, 6 vol.), roman fantastique qui eut surtout un succès de curiosité. Vinrent ensuite le *Docteur Servans*, *Catherine*, la *Dame aux camélias*, le *Roman d'une femme (1848)*, dont les deux derniers surtout établirent sa réputation en même temps que sa personnalité, car il n'y avait plus aucune préoccupation de l'imitation paternelle, qui se trahissait trop dans son premier roman. Vinrent ensuite: *Antonine (1849)* ; *Tristan le Roux*, *Trois hommes forts (1850)* ; *Grangette*, *Diane de Lys (1851)* ; les *Revenants*, le *Régent Mustel*, fantaisie littéraire qui réunit Paul et Virginie, Manon Lescaut et Desgrieux sous un même toit (1852) ; *Contes et nouvelles*, *Sophie Printemps (1853)* ; la *Dame aux perles (1854)* ; la *Boîte d'argent (1855)* ; la *Vie à vingt ans (1856)* ; l'*Affaire Clémenceau (1867)* ; *Thérèse*, nouvelles (1875) ; *Entr'actes*, recueil d'articles (1877-78, 2 vol.) ; outre diverses nouvelles « études » non réunies en volumes et publiées dans la *Gazette de France*, la *Presse*, le *Gaulois*, etc., et des brochures à prétentions philosophiques dont quelques-unes ont fait un bruit exagéré : *Lettres sur les choses du jour (1871)* ; *Nouvelle Lettre sur les choses du jour* (février 1872) ; l'*Homme-Femme* (juillet 1872) ; une nouvelle *Lettre sur l'Affaire Marambat (1875)* ; les *Femmes qui tuent et les femmes qui volent (1880)*, etc. En 1869, la maison Michel Lévy frères a commencé la publication du *Théâtre complet* de M. Alexandre Dumas, avec une préface inspirée du même esprit que les *Lettres et Brochures* précitées, et qui a eu un succès de curiosité. — M. Alexandre Dumas a suivi un exemple devenu commun aujourd'hui, en transportant à la scène ses romans principaux. Il débuta dans cette voie nouvelle avec la *Dame aux camélias* qui, d'abord interdite pour cause d'immoralité, fut représentée au Vaudeville en 1852 ; ce même sujet, transformé en opéra sous le titre de la *Traviata*, musique de M. Verdi, était représenté à Venise en 1853. Vinrent ensuite : *Diane de Lys*, au Gymnase (1853) ; le *Demi-Monde*, au même théâtre (1855) ; la *Question d'argent (1857)* ; le *Fils naturel (1858)* ; le *Père prodigue (1859)* ; l'*Ami des femmes (1864)* ; le *Supplice d'une femme*, en collaboration avec Émile de Girardin, lequel, trouvant que cette collaboration avait été sa pièce, la répudia et se brouilla bruyamment avec ce collaborateur trop laborieux (1865) ; *Héloïse Paranquet*, avec M. Armand Durantin, pièce d'abord annoncée comme l'œuvre d'un inconnu (1866) ; les *Idées de madame Aubray (1867)* ; le *Filleul de Pompignac*, sous le pseudonyme d' « Alphonse de Jalin » (1869) ; *Une visite de noces (1871)* ; la *Princesse Georges (1873)* ; l'*Étrangère*, au Français, et la *Comtesse Romani*, au Gymnase, cette dernière en collaboration avec Gustave Fould et signée : « Gustave de Jalin » (1876) ; *Joseph Balsamo*, d'après le célèbre roman paternel, drame, à l'Odéon (1878) ; la *Princesse de Bagdad*, au Théâtre-français (1881) ; *Denise*, pièce en 4 actes, au Théâtre-français (1885). — Le Théâtre-Français a également accueilli plusieurs pièces de M. Alexandre Dumas créées sur la scène du Gymnase et ailleurs, le *Demi-Monde* et le *Fils naturel*, notamment.

M. Alexandre Dumas a été élu membre de l'Académie française, en remplacement de Pierre Lebrun le 30 janvier 1874. — Il est officier de la Légion d'honneur depuis 1867.

DUMAS, Ernest Charles Jean-Baptiste, chimiste, ancien député, fils de l'illustre chimiste J.-B. Dumas, de l'Institut, est né en avril 1884, est né à Paris le 26 février 1827, y fit ses études aux collèges Henri IV et Charlemagne, et entra à l'École des Mines en 1847. Reçu en 1848 essayeur du commerce, il devint secrétaire particulier de son père, lors du passage de celui-ci au ministère de l'agriculture et du commerce (1850), secrétaire du Conseil des haras et secrétaire des *Annales agronomiques* en 1851. Nommé directeur de la Monnaie de Rouen en 1852, il passa en la même qualité à Bordeaux en 1860, et fut appelé en 1868, comme essayeur, au bureau de la garantie de la Monnaie de Paris. Il a été membre du jury international des expositions universelles, de Paris en 1855 et de Londres en 1862. — Elu comme candidat officiel dans la 3e circonscription du Gard, député au Corps législatif, à une élection partielle de 1868, il fut réélu en la même qualité aux élections générales de 1869. Il n'a pas reparu sur la scène politique depuis la révolution du 4 septembre 1870. Il est chevalier de la Légion d'honneur depuis 1858 et est également décoré de divers ordres étrangers. — On a de M. Ernest Dumas : *Lois et règlements relatifs au drainage en Angleterre (1854)*; *Essai sur la fabrication des monnaies (1856)*; *Notes sur l'émission en France des monnaies décimales de bronze (1868)*; *Fabrication des monnaies en Angleterre (1874)*; *Histoire générale des monnaies de cuivre et de bronze en France (1875)*, etc.

DU MAURIER, George Louis Palmella Busson, dessinateur anglais d'origine française, est né le 6 mars 1834 à Paris, où il fit ses études. Il appartient à une famille bretonne qui émigra en Angleterre pendant la Terreur. Retourné à Londres, à l'âge de dix-sept ans, il étudia la chimie au Collège de l'université, sous la direction du Dr Williamson, puis revint à Paris et suivit l'atelier de Gleyre. — M. Du Maurier a fourni un grand nombre de dessins aux publications anglaises illustrées, notamment au *Once a Week*, au *Punch*, au *Cornhill Magazine*, etc. Entre autres ouvrages importants, il a illustré, en outre, le *Henry Esmond*, de Thackeray, et l'*Histoire d'une plume* (the Story of a Feather). Il est actuellement attaché au *Punch* d'une manière plus spéciale. La renommée de M. Du Maurier, du reste, s'étend à la patrie de ses ancêtres et les grands périodiques illustrés de Paris publient depuis quelque temps de ses dessins.

DUMESNIL, Antoine Jules, écrivain et homme politique français, sénateur, né à Puiseaux (Loiret) le 25 novembre 1805. Ayant terminé son droit à Paris, il fit une courte apparition dans la magistrature et devint avocat à la Cour de cassation en 1833. Elu la même année membre du conseil général du Loiret pour le canton de Puiseaux où il possède de riches propriétés, il y a toujours été réélu depuis, et est, en conséquence, le doyen des conseillers généraux de France. Enfin, M. Dumesnil est maire de Puiseaux depuis 1846. Après avoir écrit un assez grand nombre d'ouvrages de législation et de jurisprudence estimés, M. Dumesnil se tourna, après la révolution de février, vers la littérature artistique. Il fit, en 1850 et 1856, deux voyages en Italie, utiles aux travaux littéraires qu'il avait alors en préparation. M. Dumesnil, qui ne s'était, comme on voit, jamais occupé de politique jusque-là, manifesta hautement, lors des élections de 1874 pour les conseils généraux, la confiance que lui inspirait la République, confiance née de l'expérience suffisante qui avait été déjà faite de cette forme gouvernementale; à l'occasion des élections sénatoriales du 30 janvier 1876, il renouvela cette déclaration, ajoutant qu'il ne consentirait à la révision de la Constitution du 25 février « qu'autant qu'elle devrait consolider, en améliorant, les institutions républicaines ». Il fut élu au premier tour et a pris place au centre gauche, puis réélu le premier au renouvellement triennal du 5 janvier 1879. M. Dumesnil siège à gauche. S'est abstenu lors du vote de la loi sur l'expulsion des princes. — M. Dumesnil a publié : *De l'organisation et des attributions des conseils généraux et des conseils d'arrondissement (1837)*; *Lois et règlements de la Caisse des dépôts et consignations dans ses rapports avec les particuliers (1839)*; *Manuel des pensionnaires de l'État (1841)*; *Traité de la législation spéciale du Trésor public en matière contentieuse (1846)*; *Résumé du Droit français pour les propriétaires, fermiers*, etc. *(1847)*; et depuis, outre la préparation des éditions subséquentes de ces ouvrages spéciaux, dont la plupart ont 5 et 6 éditions : *Histoire des plus célèbres amateurs d'art italiens, et de leurs relations avec les artistes (1853)*; *Histoire des plus célèbres amateurs français (1856-58, 3 vol.)*; *Histoire des plus célèbres amateurs d'art étrangers, espagnols, anglais, flamands, hollandais*, etc. *(1859-60, 2 vol.)*; *Les voyageurs français en Italie, du seizième siècle jusqu'à nos jours (1864)*; une étude historique sur *Sixte-Quint (1868)*; une autre sur *Jules II (1874)*, etc. M. J. Dumesnil est officier de la Légion d'honneur depuis 1868. Il était membre du jury d'admission des œuvres d'art à l'Exposition universelle de 1878, pour la section de gravure.

DÜMICHEN, Johann, égyptologue allemand, né le 15 octobre 1833 à Wissholz, près de Grossglogau, en Silésie, où il reçut les premiers éléments de l'instruction de son père, qui était ecclésiastique; il étudia ensuite au gymnase de Glogau, puis aux universités de Berlin et de Breslau, où il apprit la théologie et la philosophie. Il fut ensuite quelques années précepteur particulier, puis il retourna à Berlin dans le dessein d'étudier la langue et l'archéologie égyptiennes, sous la direction de Lepsius. En octobre 1862, il fit partie d'une expédition archéologique en Egypte, sous les auspices du gouvernement prussien. Arrivé à destination, il avança son voyage à la Nubie et au Soudan, et passa plusieurs années à explorer la vallée du Nil. Dans ce troisième voyage d'avril 1865, chargé d'un portefeuille rempli d'inscriptions qu'il avait copiées et de notes de voyage. Il fit un second voyage en Egypte, en 1868, par ordre du roi de Prusse, et ajouta considérablement à son trésor de notes, d'inscriptions et de photographies de monuments. Le résultat de ces excursions fut publié à Berlin en deux splendides volumes, en 1869 et 1870. L'ouverture du canal de Suez lui fournit l'occasion, sur l'invitation expresse du khédive, de visiter une troisième fois les contrées arrosées par le Nil. Dans ce voyage, il servit, en outre, de cicérone au prince héritier de Prusse dans ses excursions à travers l'Egypte. — Outre l'ouvrage mentionné, on doit à M. Dümichen : *Baukunde der Tempelanlagen von Dendera* (Leipzig, 1865); *Geographische Inschriften* (2 vol. et 1 vol. de texte explicatif; Leipzig 1865-66); *Altægypten Kalendarinschriften*. (Leipzig, 1866, 120 planches); *Altægypten Tempelinschriften (1867*, 2 vol.); *Die Flotte einer ægypt. Kœnigin (1868*, 33 planches et texte); ouvrage publié simultanément à Leipzig et, en anglais, à Londres, le texte anglais, ou la traduction, dûe à la femme de l'auteur, sous le titre : *Historische Inschriften altægypt. Denkmæler (1867-69*, 2 vol. in-f°); *Eine altægypt. Getreiderechnung (1870)*, etc., outre de nombreux articles publiés dans le *Journal de langue et d'antiquités égyptiennes*, de Lepsius et Brugsch. — M. Dümichen est actuellement professeur d'égyptologie à l'université de Strasbourg.

DÜMMLER, Ernst Ludwig, historien allemand, né à Berlin le 2 janvier 1830, fit ses études aux universités de Bonn et de Berlin, puis alla se fixer en 1855 à Halle, où il est devenu professeur extraordinaire d'histoire en 1858 et professeur ordinaire en 1866. Il est membre de l'Académie de Munich depuis 1871 et correspondant de l'Institut de France depuis 1882. — On cite, parmi les principaux ouvrages de ce savant : le *Pèlerin de Passau et l'archevêché de Lorch (1854)*; *Sur l'histoire primitive des Slaves en Dalmatie (1856)*; le *Formulaire de l'évêque de Constance Salomon III (1857)*; *Histoire du royaume des Francs d'Orient (1862-65*, 2 vol.); *Auxilius et Bulgarius (1866)*; *Anselme le Péripatéticien (1672)*; l'*Empereur Othon le Grand (1876)*, etc.

DUMON, Jean-Baptiste Augustin, homme politique français, sénateur, né à Agen le 20 septembre 1820. Elève de l'Ecole polytechnique, il en sortit en 1841 dans l'arme de l'artillerie, mais donna sa démission presque aussitôt, pour s'occuper de l'exploitation de ses vastes propriétés du Gers, consistant principalement en vignobles. Il était maire de Séailles depuis longtemps et membre du Conseil général du Gers, lorsqu'il fut élu, le 8 janvier 1871, représentant de ce département à l'Assemblée nationale. Il siégea à l'extrême droite et signa la proposition de rétablissement de la monarchie présentée à l'Assemblée par M. de La Rochefoucauld-Bisaccia (1874), et l'adresse au pape. Il repoussa les lois constitutionnelles, vota en un mot toutes les mesures réactionnaires, — et fut en récompense porté sur la liste des gauches aux élections des sénateurs inamovibles. Il fut élu le vingt-sixième, le 11 décembre 1875, et poursuivit au Sénat ses errements de l'Assemblée nationale.

DUNCAN, James Matthews, médecin écossais, né le 29 avril 1826 à Aberdeen; fit ses études à Aberdeen, au collège Mariscal, et à l'université, passa ensuite quelques mois à l'université d'Edimbourg, et vint étudier la médecine à Paris, où il se fit recevoir docteur. Il a été membre du conseil de la Société royale d'Edimbourg et est aujourd'hui membre du conseil du Collège royal des médecins. Le docteur Duncan a pris, en 1847, une part importante à l'étude des propriétés anesthésiques du chloroforme ainsi qu'à la diffusion de cette découverte. Il a contribué à étendre les opérations de la Caisse de bienfaisance médicale d'Edimbourg et a commencé, avec quelques collègues, l'organisation des services de l'Hôpital des enfants malades de cette ville, qui est devenu un des plus importants et des meilleurs hôpitaux de cette sorte du monde entier. Il avait commencé, dès 1853, des cours publics d'accouchement et des maladies des femmes et des enfants, sous les auspices de l'École médicale des chirurgiens. S'étant présenté, en 1878, comme candidat à la chaire d'accouchement de l'université d'Edimbourg, il échoua grâce à des intrigues qui soulevèrent l'indignation publique; et un meeting fut tenu à Londres par les intéressés, qui signifièrent à l'université d'Edimbourg d'avoir à s'assurer d'une méthode plus loyale d'élection de ses professeurs. Il était nommé en 1877 médecin accoucheur et professeur d'obstétrique à l'hôpital Saint Barthélemy, à Londres, et s'établit dès lors dans cette ville. — On doit au docteur Duncan: *On Perimetritis and Parametritis; Researches in obstetricts; Fecundity, fertility, sterility, and allied topics; On the mortality of childbed and maternity Hospitals; Contributions to the mechanism of natural and morbid parturition*, etc.

DUPLESSIS, GEORGES VICTOR ANTOINE GRATET, littérateur et iconographe français, né à Chartres le 19 mars 1834. Entré comme employé au département des estampes de la Bibliothèque nationale le 1853, M. Duplessis est devenu conservateur de ce département, en franchissant tour à tour tous les degrés hiérarchiques. On lui doit un grand nombre d'ouvrages relatifs à l'histoire, à la biographie et surtout à la bibliographie des beaux-arts, parmi lesquels nous citerons : la *Gravure française au Salon* et une édition du *Livre des peintres et graveurs* de l'abbé de Marolles (1855); les *Mémoires de J. G. Wille (1857)*; *Notice sur la vie et les travaux de Gérard Audran (1858)*; *Histoire de la gravure en France (1861)*, *Essai de bibliographie*, etc. sur l'histoire de la gravure (1862); *Costumes historiques des XVI*, *XVII* *et XVIII*, *siècles*, texte descriptif et historique des dessins de F. Lechalier-Chevignard gravés par Léopold Flameng et autres (1864-73, 2 vol.); la révision et la mise en ordre des trois derniers volumes du *Peintre-graveur français* de Robert-Dumesnil (1865); *Essai d'une Bibliographie générale des beaux-arts (1867)*; les *Merveilles de la gravure*; *Michel de Marolles, amateur d'estampes (1869)*; le *Cabinet du roi*, collection d'estampes commandées par Louis XIV (1870); un *Curieux au XVII*, *siècle*, *Michel Bégon, intendant de La Rochelle*; les *Ventes de tableaux, dessins, estampes, etc. aux XVII*, *et XVIII* *siècles, essai de bibliographie (1874)*; *Histoire de la gravure de portrait en France*, et le texte des *Albums d'héliogravures d'Armand Durand (1875)*; *Gavarni*; le *Livre de Bijouterie de René Boyvin, d'Angers*, et *Mémoire sur vingt-quatre estampes italiennes du XV*, *siècle (1876)*; *Inventaire de la collection Michel Hennin, léguée à la Bibliothèque nationale (1877)*, etc. etc. — M. G. Duplessis a collaboré à la *Gazette des Beaux-Arts*, à la *Revue universelle des arts*, à la *Revue anecdotique* et autres recueils spéciaux. Il a été décoré de la Légion d'honneur en 1874.

DUPORTAL, PIERRE JEAN LOUIS ARMAND, journaliste et homme politique français, né à Toulouse le 17 février 1814. Dès l'âge de dix-huit ans, il collaborait à la presse démocratique toulousaine et, en 1848, entrait à l'*Émancipation*, feuille républicaine avancée qu'il devait ressusciter vingt ans plus tard. Le coup d'État de 1851 l'ayant fait disparaître en même temps que son rédacteur était transporté en Afrique. Rentré en France sur sa demande, en 1853, M. Duportal occupa un emploi aux chemins de fer du Midi; puis devint secrétaire général d'une maison de banque de Paris, du *Crédit minier*, lequel lui fit confier la direction de divers établissements miniers à l'étranger. En 1868, il faisait reparaître l'*Émancipation* à Toulouse; le 4 septembre 1870 le trouvait à Sainte Pélagie, où il purgeait une dernière condamnation pour délit de presse. Nommé préfet de la Haute-Garonne, il mit à l'accomplissement de ses fonctions toute l'ardeur révolutionnaire qui est en lui et les conserva, bien que sa démission lui eût été demandée. Démissionnaire à la conclusion de la paix, il était compromis dans les troubles qui eurent lieu à Toulouse le 25 mars 1871; traduit devant la Cour d'assises de Pau, avec quelques amis, il fut acquitté. M. Duportal reprit alors l'*Émancipation*, qui fut bientôt suspendue et reparut quelques mois plus tard sous le nom d'*Émancipateur*. Candidat aux élections générales de 1869 et à celles de 1871, M. Duportal avait échoué dans ces deux tentatives; mais il fut élu député de la deuxième circonscription de Toulouse le 5 mars 1876, grâce au désistement de M. Gatien-Arnoult qui avait obtenu la majorité relative au premier tour. Il siégea à l'extrême gauche.

M. Duportal a collaboré au *Peuple*, et fondé ou plutôt ressuscité, à Paris, la *Marseillaise*, puis le *Mot d'ordre* et enfin le *Réveil*, journaux auxquels les poursuites ne manquèrent pas plus qu'à l'*Émancipation*. Dans la chaleur d'une polémique engagée avec la *République française*, en 1878, M. Duportal se laissa emporter si loin, suivant sa coutume, que pour se débarrasser de lui, la feuille opportuniste publia la lettre par laquelle le fougueux journaliste radical sollicitait sa grâce en 1853, et offrait du même coup ses services à l'empire. M. Duportal répondit à cette révélation qu'il n'y avait là rien de plus qu'une manœuvre... Ses électeurs de Toulouse accepterent sans doute cette explication, car l'ayant réélu avant, ils le choisirent de nouveau pour leur député le 21 août 1881; enfin, aux élections d'octobre 1885, après pointage laborieux et ballottage, il a été élu député de la Haute-Garonne, et a repris sa place à l'extrême gauche. — M. Duportal a voté l'expulsion des princes.

DUPOUY, BERNARD EUGÈNE ALEXANDRE, avocat et homme politique français, né à Bordeaux le 1er juillet 1825. Élu représentant de la Gironde à une élection partielle du 27 avril 1873 et député de la troisième circonscription de Bordeaux, le 20 février 1876, il siégea à gauche. M. Dupouy a été réélu le 14 octobre 1877. Il avait posé sa candidature aux élections sénatoriales de la Gironde le 30 janvier 1876, et n'avait échoué que faute d'un petit nombre de voix. Au premier renouvellement partiel du Sénat (5 janvier 1879), qui affectait précisément son département, M. Dupouy renouvela sa tentative, et fut élu, cette fois, comme sénateur républicain de la Gironde, le deuxième sur quatre. Il a voté l'expulsion des princes.

DUPRATO, JULES LAURENT ANACHARSIS, compositeur français, né à Nîmes le 20 avril 1827. Entré au Conservatoire à quatorze ans, il remportait le grand prix de Rome au concours de l'Institut, en 1848. De retour de Rome, M. Duprato a fait représenter sur différentes scènes de Paris des opéras comiques et d'autres ouvrages qui ont mis en lumière son talent musical, certainement hors ligne. — Nous citerons: les *Trovatelles*, un acte à l'Opéra-Comique (1854); *Pâquerette*, un acte, à l'Opéra-Comique; *Mossieu Landry*, un acte, aux Bouffes (1856); *Salvator Rosa*, 3 actes, à l'Opéra-Comique (1861); la *Déesse et le Berger*, œuvre charmante, véritable chef-d'œuvre de poésie, joué au même théâtre (1863); *Sacripant*, opérette en 2 actes; le *Baron de Groschaminel*, opérette en 1 acte, aux Fantaisies Parisiennes; le *Chanteur florentin*, 1 acte, au même théâtre (1866); la *Fiancée de Corinthe*, 1 acte, à l'Opéra (1867); le *Cerisier*, opéra comique en 1 acte, à l'Opéra-Comique (1874), etc. — M. Duprato a été nommé professeur d'harmonie au Conservatoire en 1866 ; il est devenu depuis membre du jury d'examen des candidats aux emplois de chef et de sous-chef de musique dans l'armée, et cela très heureusement pour lui, car c'est grâce à ces dernières fonctions que l'auteur de tant d'œuvres charmantes, après vingt ans d'excellents services dans l'enseignement et à près de soixante ans d'âge, a été décoré de la Légion d'honneur, « sur la proposition du Ministre de la guerre », le 6 août 1880.

DUPRÉ, GERMAIN, médecin et homme politique français, né à Argelès le 11 janvier 1811, fit ses études médicales à Montpellier, où il prit le grade de docteur en 1834. Il se fit agréger, et devint professeur de clinique à la faculté de Montpellier. Il était président du Conseil général des Hautes-Pyrénées lorsqu'il se présenta aux élections sénatoriales du 30 janvier 1876 dans ce département, comme candidat républicain, mais sans succès. Plus heureux au renouvellement partiel du 8 janvier 1882, M. G. Dupré fut élu sénateur des Hautes-Pyrénées, sur le général Defils, et prit place au centre gauche. Il a voté contre l'expulsion des princes. — M. le docteur Dupré est correspondant de l'Académie de médecine de Paris et chevalier de la Légion d'honneur.

DUPRÉ, JULES, peintre français, né à Nantes en 1812. Il suivit d'abord, tout en prenant des leçons de dessin, l'industrie paternelle, qui était la fabrication de la porcelaine. Il aborda ensuite la peinture à l'huile et exposa, au Salon de 1831, cinq paysages. On cite encore de cet artiste: *Intérieur de cour rustique*; *Environs d'Abbeville*; divers *Paysages du Limousin*, de la *Creuse*, de l'*Indre*, de la *Corrèze*; plusieurs *Vues prises en Angleterre*; un *Pacage*; l'*Entrée d'un hameau dans les Landes*; *Soleil couchant*, etc. Après une dizaine d'années d'abstention, M. Jules Dupré reparaissait à l'Exposition de 1867, avec: un *Passage d'animaux sur un pont, dans le Berry*; la *Gorge des Eaux-Chaudes* (Basses-Pyrénées), la *Forêt de Compiègne*, une *Bergerie dans le Berry*, *Environs de Saint-Junien* (Haute-Vienne), *Souvenir des*

Landes, Marais dans la Sologne, Route dans les Landes, la *Route tournante de la forêt de Compiègne,* la *Vanne. Cours d'eau en Picardie,* la *Saulée,* le *Retour du troupeau.* Quelques toiles seulement exhibées depuis, et M. Jules Dupré n'a plus, de nouveau, donné signe de vie. — Il a obtenu deux médailles de 2e classe : une en 1833 et une en 1867, a été nommé chevalier de la Légion d'honneur en 1849 et promu officier en 1870.

DUPREZ, Gilbert Louis, célèbre chanteur et compositeur français, né à Paris le 6 décembre 1806, reçut d'un amateur, ami de sa famille, les premières notions de l'art musical, entra en 1816 au Conservatoire et suivit les cours de l'école de musique religieuse de Choron. En 1820, il chantait, pour la première fois, au Théâtre-Français, dans les chœurs d'*Athalie*. Après avoir consacré à l'étude de l'harmonie et de la composition le temps de mue de sa voix, il débutait à l'Odéon en 1825, dans le rôle du comte Almaviva du *Barbier de Séville*. Vers la fin de 1827, il épousait une jeune cantatrice, élève de Choron comme lui, Mlle Alexandrine Duperron. Il débutait peu après à l'Opéra-Comique dans la *Dame Blanche*, jouait quelques autres rôles du répertoire, puis partait en 1828, avec sa femme, pour l'Italie. Le 3 décembre 1828, ils débutaient tous deux à la Scala de Milan, dans *Sémiramide*, l'un dans le rôle d'Idrene, l'autre dans celui d'Azema ; ils jouaient après cela, à Come, *Tancrède* ; ils passèrent ensuite à Varèse, puis à Novare, puis à Venise, au théâtre San Benedetto, et revinrent à Milan, d'où ils retournèrent peu après à Turin, où ils jouèrent *Olivo e Pasquale* et *il Pirata*, et de Turin à Lucques, engagés par l'impresario Alessandro Lanari, pour y jouer *Guillaume Tell* à des appointements dont le montant devrait être établi sur celui des recettes *(in ragione del pien esito)*, et ce fut une bonne affaire pour les artistes. Ils visitèrent successivement, après Lucques, Sinigaglia, Florence, Bologne, Rome et Naples, accueillis partout avec enthousiasme. Le 23 décembre 1836, ils abandonnaient l'Italie pour la France. M. Duprez débutait à l'Opéra en 1836, dans le rôle d'Arnold de *Guillaume Tell*, qui fut son triomphe, comme il l'avait d'ailleurs été en Italie. Il y joua ensuite, avec un succès inouï et des appointements absolument fabuleux pour l'époque, la *Juive*, *Robert le Diable*, la *Muette*, les *Huguenots*, le *Lac des fées*, *Stradella*, *Guido et Ginevra*, les *Martyrs*, etc. Il n'était pas de bourgade en France, en Europe peut-être, où l'on ne parlât de l'*ut de poitrine* de Duprez ; mais ses qualités incomparables de chanteur et de comédien justifiaient bien plus sérieusement, à l'appréciation de véritables dilettantes, la vogue dont jouissait cet artiste. Professeur au Conservatoire de 1842 à 1850, il faisait ses adieux au théâtre en 1849 et parcourait, l'année suivante, avec quelques élèves formant le noyau de son école de chant dès lors projetée, les principales villes des départements. Au nombre de ces élèves, il nous suffira de nommer la fille du célèbre ténor, Mme Van den Heuvel (morte en avril 1875), Mmes Carvalho-Miolan, Mlle Puinsot, etc. M. Duprez faisait ensuite construire, dans son hôtel de la rue Turgot, en 1852, un théâtre à l'usage de ses élèves, où furent exécutées plusieurs de ses propres compositions. On a de M. L. Duprez, comme compositeur : la *Cabane du pêcheur*, au théâtre de Versailles (1825) ; *Joannita*, au Théâtre-Lyrique (1852) : la *Lettre au bon Dieu*, au même théâtre (1853) ; *Jeanne d'Arc*, au Grand Théâtre parisien (1865), opéra en 5 actes, avec prologue, paroles de Méry et d'Édouard Duprez, frère du chanteur (mort en juin 1879), auteur également des paroles des deux précédents ouvrages. M. L. Duprez a, en outre, écrit quelques courtes partitions pour son théâtre particulier, où il n'est pas rare non plus de voir représenter les productions de quelques autres musiciens ; nous citerons, par exemple, la *Sérénade*, opéra bouffe en un acte, représenté en mai 1874 à la « Salle Duprez », dont les paroles sont d'Édouard Duprez et la musique de M. C. de Colbert. Nous citerons encore de M. Louis Duprez un oratorio (paroles et musique) : le *Jugement dernier*, exécuté au Cirque des Champs-Élysées en 1868, quelques compositions pour la voix, notamment la *Chute des feuilles*, etc. — M. Duprez est chevalier de la Légion d'honneur depuis 1865.

DUPUY, N., médecin et homme politique français, né à Boismont (Aisne) en 1846. Il fit ses études médicales à Paris, y fut interne des hôpitaux et y prit le grade de docteur en 1874. Établi médecin à Vervins, il s'y rendit bientôt populaire, et ayant hautement protesté contre la politique du gouvernement du 16 mai, fut élu conseiller général de l'Aisne et devint, peu après, maire de Vervins. Porté aux élections d'octobre 1885, sur la liste républicaine la plus avancée du département, M. le docteur Dupuy fut élu au scrutin du 18 octobre et prit place à gauche. Il a voté l'expulsion totale des princes.

DUPUY, Charles Alexandre, homme politique français, né au Puy-en-Velay le 5 novembre 1851. M. Ch. Dupuy est agrégé de la faculté des lettres de Clermont et officier de l'instruction publique. Porté sur la liste républicaine de la Haute-Loire aux élections d'octobre 1885 pour la Chambre des députés, il a été élu en tête de cette liste au scrutin du 18. Il a pris place à gauche et a voté l'expulsion totale des princes.

DU PUYNODE, Michel Gustave Partounneau, économiste français, né le 23 novembre 1817 aux Forges-de-Verrières (Vienne), fit son droit à Paris et prit le grade de docteur en 1841. Attaché au ministère de la justice en 1845, il donna sa démission après la révolution de février, et refusa même un emploi supérieur qui lui était offert par le nouveau gouvernement pour se consacrer tout entier à des travaux de jurisprudence et d'économie politique. — On a de M. du Puynode : *Études d'économie politique sur la propriété territoriale*, parues l'année précédente dans la *Revue du droit français et étranger (1843)* ; *De l'esclavage aux colonies (1845)* ; *Des lois du travail et des classes ouvrières (1847)* ; *Lettres économiques sur le prolétariat (1848)* ; *De l'administration des finances en 1848 et 1849 (1850)* ; *De la monnaie, du crédit et de l'impôt (1853, 2 vol.)* ; *Des lois du travail et de la population (1860, 2 vol.)* ; *Études sur les principaux économistes (1868)* ; les *Grandes crises financières de la France (1875, 1 vol. in-8°)* etc. — M. G. du Puynode a collaboré au *Journal des économistes*, dont il est devenu un des principaux rédacteurs, à la *Revue du droit*, à l'*Artiste*, dans lequel il a inséré beaucoup de critique littéraire et quelques poésies, etc. Il a fait en 1867 et 1869, un cours d'économie politique à l'École de médecine de Paris. — M. du Puynode est correspondant de l'Institut (Académie des sciences morales et politiques), et chevalier de la Légion d'honneur. Membre du Conseil général de l'Indre, il s'est présenté aux élections sénatoriales de ce département, au renouvellement partiel du 5 janvier 1879, mais sans succès.

DURAND, Émile Auguste Charles, dit **Carolus Duran,** peintre français, né à Lille le 4 juillet 1837. Il suivit d'abord les cours de l'École municipale de dessin de sa ville natale, puis vint à Paris où, en lutte avec les plus impérieuses difficultés de la vie, il n'en poursuivit pas moins courageusement ses études artistiques. Ayant remporté au concours le prix Wicar, consistant en une pension léguée aux jeunes artistes d'avenir, pour leur permettre un séjour de plusieurs années en Italie, par ce peintre lillois dont les débuts avaient été également fort pénibles, M. Carolus Duran partit pour l'Italie. Il débuta au Salon de Paris en 1865. — On cite de cet artiste : la *Prière du soir (1865)* ; l'*Assassiné*, épisode de la campagne de Rome et le *Portrait de M. Ed. Reynart (1866)*. Après un voyage en Espagne, il envoya au Salon de 1868 un *Saint François d'Assises*, où se trahit l'influence des maîtres espagnols qu'il venait d'étudier. Il a exposé depuis : *Au bord de la mer*, *Portrait de Jacques *** (1873)* ; *Dans la rosée*, *Portrait de Mme la comtesse de ****, *Portrait de Mlle M.-A Carolus Duran (1874)* ; *Fin d'été*, *Portrait de Mlle Sabine Carolus Duran* et un autre *Portrait (1874)* ; *Portrait de M. Émile de Girardin*, *Portrait de la marquise A... (1876)*. A l'Exposition universelle de 1878, M. Carolus Duran avait envoyé plusieurs des portraits ci-dessus, et d'autres, soit : le portrait équestre de Mlle Croizette, de la Comédie-Française (*Au bord de la mer*) ; ceux d'Émile de Girardin, de Mlle Marie-Anne Carolus Duran, de Mme Feydeau, de Mme de Pourtalès, de M. Pasdeloup, de Gustave Doré, etc. ; et au Salon : *Gloria Mariæ Medicis*, plafond pour une salle du musée du Luxembourg. On doit encore citer parmi ses portraits, ceux de MM. Jules Claretie, Falguière, Ph. Burty, de Lescure, de Mme Vandal ; *Vision (1883)* ; *Éveil (1886)* ; et une quantité de portraits anonymes. — Enfin M. Carolus Duran s'est exercé à la sculpture et a produit quelques bustes, notamment le *Portrait de Mme Carolus Duran*, au Salon de 1873 et le *Portrait de Pisan*, de celui de 1874, bustes en bronze. — M. C. Duran a obtenu des médailles aux Salons de 1866, 1869 et 1870, une 2e médaille à l'Exposition universelle de 1878 et la médaille d'honneur au Salon de 1879. Décoré de la Légion d'honneur en 1872, il a été promu officier le 20 octobre 1878.

DURAND, Eugène François Joseph, jurisconsulte et homme politique français, né à Tinténiac (Ille-et-Vilaine) le 13 avril 1838, fit toutes ses études à Rennes. Professeur titulaire de code civil à la faculté de Rennes, auteur de plusieurs ouvrages de droit fort estimés, membre du Conseil général d'Ille-et-Vilaine, M. Eugène Durand a été élu député de la deuxième circonscription de Saint-Malo, en remplacement de M. Le Pomellec, décédé, le 6 mai 1877. Il eut à peine le temps de prendre son siège à gauche, avant la dissolution de la Chambre. Il a été réélu le 14 octobre 1877 et le 21 août 1881, et a rempli dans cette dernière législature les fonctions de sous-secrétaire d'État au ministère de l'instruction publique. Élu député d'Ille-et-Vilaine le 4 octobre 1885, M. Durand reprit sa place au groupe opportuniste. Il a repoussé de son vote les projets d'expulsion des princes.

DURAND (dame), dite Henry GRÉVILLE. — Voy. Gréville.

DURAND-SAVOYAT, Émile, agronome et homme politique français, né à Monestier (Isère) le 14 février 1847, et fils d'un ancien représentant du peuple de 1848. Reçu licencié en droit en 1869, M. Émile Durand-Savoyat s'inscrivit au barreau de Grenoble, devint membre du Conseil municipal et adjoint au maire de cette ville, puis conseiller général de l'Isère, en 1880, pour le canton de Monestier. Il a été élu député de l'Isère le 4 octobre 1885, sur la liste républicaine unique, et a pris place à gauche. M. Durand-Savoyat a voté l'expulsion totale des princes.

DURANTIN, ANNE ADRIEN ARMAND, auteur dramatique français, né à Senlis le 4 avril 1818 ; fit ses études à Paris et se fit inscrire au barreau de cette ville. M. Armand Durantin a débuté de bonne heure à la scène, en faisant jouer sur le petit théâtre du Panthéon, dès 1840, quelques vaudevilles signés du pseudonyme d' « Armand de Villevert ». Il a donné depuis : un *Déshonneur posthume (1842)* ; un *Tour de roulette*, avec J. de Rieux, à l'Odéon ; l'*Italien et le Bas-Breton (1843)* ; l'*Oncle à succession (1844)*, le *Serpent sous l'herbe (1846)*, au Gymnase ; les *Spéculateurs*, drame en cinq actes, en vers (1846), au Théâtre-Français ; l'*Étui du clocher (1848)*, à l'Odéon ; un *Mariage par procuration*, avec M. Raymond Deslandes (1848) ; le *Chaperon du prince*, au Vaudeville (1848) ; la *Mort de Strafford*, drame en cinq actes, en vers (1849), à l'Odéon ; les *Viveurs de la Maison d'Or*, avec M. L. Monrose (même année) ; les *Trois Racan*, avec M. Deslandes (1850), au Théâtre-Historique ; la *Terre promise*, avec le même (1850), au Vaudeville ; les *Gaietés champêtres*, avec Guyard et Desnoyers (1852), au Vaudeville ; la *Femme d'un grand homme*, avec M. Deslandes, à l'Odéon, et la *Mère Rainette*, avec Charles Deslys, au Théâtre de Belleville (1855) ; le *Luxe des femmes (1857)*, à l'Odéon ; *M. Acker*, au Gymnase (1858) ; les *Comédiens de salon*, avec Anicet Bourgeois (1859), au Vaudeville ; *Héloïse Paranquet*, avec M. Alexandre Dumas fils (1866), au Gymnase, comédie présentée d'abord sous le voile de l'anonymat le plus mystérieux, bien qu'elle dût réussir par son seul mérite ; *Thérèse Humbert (1868)*, au même théâtre. — M. Armand Durantin a collaboré aux *Français peints par eux-mêmes*, au *Cabinet de lecture*, à la *France littéraire*, à l'*Écho français*, à l'*Estafette*, à la *Revue et Gazette des théâtres*, au *Messager des théâtres*, au *Journal des chasseurs*, à la *Chasse illustrée*, etc. Il a publié un certain nombre de romans et ouvrages divers estimés : la *Légende de l'Homme éternel (1863)* ; *Histoire du palais de Saint-Cloud (1864)* ; *Un mariage de prêtre (1871)* ; *Un Jésuite de robe courte (1872)* ; les *Drames mystérieux (1875)*. — M. Durantin est chevalier de la Légion d'honneur depuis 1870 et décoré de plusieurs ordres étrangers.

DURUOF, CLAUDE JULES DUFOUR (dit), aéronaute français, né à Paris le 9 décembre 1841. Ses débuts dans la carrière aéronautique datent des premières expériences du *Géant* de M. Nadar, à Lyon, puis à Amsterdam (1864-1865). Depuis lors, M. Duruof s'est occupé de la construction des aérostats a fait, tant en France qu'en Italie, en Belgique, en Hollande et en Angleterre, un grand nombre d'ascensions dont plusieurs ont été marquées par des péripéties dramatiques terribles. Le 15 août 1865, il en faisait une à Calais, en compagnie de M. Gaston Tissandier (voyez ce nom) et d'un autre voyageur, dans laquelle, deux fois entraîné au-dessus de la mer par un courant aérien rapide, il sut deux fois gouverner de manière à trouver un courant opposé qui le ramenât à terre. A Monaco, le 26 septembre 1870, il fut, dans des circonstances semblables, entraîné au-dessus de la Méditerranée, à une distance assez considérable, et dut descendre et raser les eaux pour retarder la rapidité de sa marche, jusqu'à ce qu'un courant contraire intervint qui le ramena à San Remo. Par ces deux exemples on peut juger de l'habileté, mais surtout du sang-froid que M. Duruof sait apporter à la manœuvre des ballons ; on peut ajouter à ces qualités une audace rare, quoique nous ne manquions pas absolument d'exemples : il suffit de rappeler la mort glorieuse de Sivel et de Croce-Spinelli (15 avril 1875) pour le prouver. C'est à cette audace, à cette confiance en soi, mais sans doute aussi à une susceptibilité exagérée, qu'il faut attribuer l'ascension mémorable du 30 août 1874, à Calais, dans les conditions atmosphériques les plus défavorables. On se rappelle l'aventure, et comment M. Duruof et sa jeune femme dont c'était le début, pour échapper aux réclamations ridicules d'une foule insensée, malgré le temps, malgré le danger imminent et palpable, s'élevèrent dans les airs, emportés par un vent violent jusqu'à la mer du Nord, où des pêcheurs finissaient par les recueillir après une véritable chasse de plusieurs heures, exténués, brisés, trempés jusqu'aux os. Nous ne pouvons suivre ici dans cette odyssée terrible, qu'une fin tragique paraissait seule capable de dénouer, les courageux voyageurs aériens. Ils ont fait bien d'autres ascensions depuis, et nous espérons bien qu'ils en feront de plus nombreuses encore. Au commencement du siège de Paris, M. Duruof, avec le ballon *le Neptune*, gonflé sur la place Saint-Pierre de Montmartre, inaugurait la poste aérienne. Le premier, il traversa les lignes prussiennes (23 septembre 1870) et allait atterrir près d'Évreux. Il fut chargé à Tours de l'organisation des compagnies d'aérostiers militaires de l'armée de la Loire et de l'entretien des ballons venant de Paris. De retour à Paris dès l'ouverture des portes, il s'y trouvait au moment de l'explosion inopinée du 18 mars. Requis par la Commune, il fut bien obligé de se mettre à sa disposition et fut, en conséquence, longtemps poursuivi par les clameurs et les dénonciations des journaux qui, restés à Paris derrière l'armée de l'ordre, se sont fait autant qu'ils ont pu les pourvoyeurs des conseils de guerre ; ils n'ont rien pu contre M. Duruof, toutefois, excepté de le faire écarter de la distribution des récompenses, à laquelle beaucoup ont été admis qui l'avaient moins mérité que lui.

DURUY, JEAN VICTOR, historien français, ancien ministre, ancien sénateur, membre de l'Institut, né à Paris le 11 septembre 1811, fit ses études au collège Rollin et entra à l'École normale en 1830. Envoyé à Reims en 1833, comme professeur d'histoire, il fut rappelé peu de temps après pour professer la même classe au collège Henri IV, puis au lycée Saint-Louis. Reçu docteur ès-lettres en 1853, il devint en 1861 inspecteur de l'Académie de Paris, maître des conférences à l'École normale et, en 1862, inspecteur général de l'enseignement secondaire et professeur d'histoire à l'École polytechnique ; il fut enfin nommé ministre de l'instruction publique par décret du 23 juin 1863. Dès 1833, M. Duruy collaborait à divers ouvrages spéciaux d'histoire ; cette collaboration était toutefois anonyme. Son premier ouvrage paraissait seulement en 1838 : *Géographie historique de la république romaine et de l'empire*, avec neuf cartes. En 1843, la publication des deux premiers volumes de son *Histoire romaine* lui valut la croix de la Légion d'honneur. Enfin, cette *Histoire romaine* elle-même devait causer la fortune de son auteur. L'empereur, qui méditait sa fameuse *Histoire de Jules César*, ayant pris goût à la lecture des ouvrages de M. Duruy, voulut connaître celui-ci, qu'il reçut, en effet, en décembre 1859, et avec lequel il eut une longue entrevue. Cette entrevue faillit faire d'emblée un inspecteur général de M. Duruy, dès 1861 ; le mauvais vouloir du ministre qu'il devait remplacer deux ans plus tard, M. Rouland, s'y opposa. Il ne fut cette fois qu'inspecteur de l'Académie de Paris ; mais il devenait inspecteur général l'année suivante, puis ministre. Il avait été, pendant plusieurs mois, depuis décembre 1862 jusqu'à l'époque des inspections, employé pendant quelques heures par jour dans le cabinet de l'empereur. Chargé dans le cours de son inspection de voir les hauts fonctionnaires, les magistrats, les évêques, et de rendre compte à son souverain de l'impression qu'il recevait de ces visites, M. Duruy se défend d'en avoir rien fait, comme il se défend d'avoir collaboré à l'*Histoire de Jules César* autrement que par des réponses laconiques aux questions posées par l'impérial auteur. Sa nomination au ministère l'alla trouver dans cette tournée d'inspection, qui fut interrompu. Les réformes introduites par M. Duruy, pendant son passage aux affaires, ne satisferont pas toujours le parti libéral ; mais elles lui aliénèrent surtout le parti clérical, qui lui manifesta, comme d'usage, une véritable animosité. En vain voulut-il l'amadouer par des concessions, qui n'étaient à ses yeux que preuve de la faiblesse d'un adversaire prêt à succomber ; en vain poussa-t-il la complaisance jusqu'à retirer sa chaire d'hébreu à M. Renan ; les conjurés, loin de céder, redoublèrent d'efforts, et M. Duruy dut remettre son portefeuille (17 juillet 1869) à M. Bourbeau (ce qui pouvait lui être une espèce de consolation, car il était bien loin d'être remplacé) et fut créé sénateur. Il était grand officier de la Légion d'honneur depuis 1867.

M. Duruy siégea au Sénat jusqu'à la révolution du 4 septembre 1870. Pendant le siège de Paris, on put le voir, revêtu de l'uniforme de garde national, avec la plaque de grand-officier de la légion d'honneur, faisant courageusement, malgré son âge, le service des remparts. Aux élections sénatoriales du 30 janvier 1876, M. Duruy s'est présenté, mais sans succès, aux électeurs privilégiés du département de Seine-et-Oise. Il s'était déclaré dans sa profession de foi, datée de Villeneuve-Saint-Georges, 5 janvier 1876, pour « l'appel direct à la nation » à l'expiration du septennat.

Il est nécessaire de passer une rapide revue des réformes apportées par M. Duruy dans l'enseignement. Nous citerons le rétablissement de l'agrégation de philosophie, l'introduction de l'enseignement de l'histoire contemporaine dans les lycées, l'institution d'un tribunal arbitral dans les affaires des professeurs révoqués, la création de bibliothèques scolaires un peu partout, de cours d'adultes, de l'enseignement secondaire spécial (1865) pour les jeunes gens voués aux professions industrielles, et qui peuvent y apprendre les langues vivantes, la comptabilité, l'histoire et la géographie commerciales, les éléments des sciences appliquées, du droit civil, etc. ; la suppression du système de la bifurcation des études, invention de M. Fortoul ; l'introduction dans les lycées des exercices de gymnastique et des manœuvres militaires, qui eurent ce singulier résultat que, dans certaine ville de province, en 1870, ce fut à un élève en rhétorique qu'incomba la mission d'instruire la garde nationale. Nous devons citer encore l'organisation de l'instruction secondaire des filles, en dépit de l'hostilité cléricale, la création de l'École des Hautes études, à laquelle le Jury international de l'exposition de Vienne a décerné, en 1873, sa médaille d'honneur unique ; l'admission dans les cours libres de la Sorbonne de l'enseignement homéopathique, la création de laboratoires d'enseignement et de recherches, la réorganisation du Muséum, principalement dans le sens d'une part à accorder à l'enseignement agronomique ; la proposition (repoussée par la Chambre) de l'instruction primaire gratuite et obligatoire ; les encouragements donnés aux sociétés savantes de province et la centralisation de leurs travaux, etc., etc. On peut encore regarder comme un bienfait l'augmentation considérable du budget de l'instruction publique, due aux instances de M. Duruy, augmentation de 45 pour cent qu'il eût encore élevée, sans aucun doute, s'il fût demeuré au ministère. Au Sénat, M. Duruy, partisan de la liberté de l'enseignement supérieur dans le sens restreint que les cléricaux prêtent à cette expression, sauf la réserve de la collation des grades en faveur de l'État, présenta un projet de loi conforme à ces vues ; il en présenta un autre, relatif à la réorganisation de nos facultés ; enfin il en préparait un troisième, assurant à toutes les communes de France le service médical. Mais les événements de 1870 s'opposèrent à la réalisation, d'ailleurs fort aléatoire, de ces projets.

Écrivain extrêmement laborieux, M. Duruy a publié un grand nombre d'ouvrages d'éducation, dont la plupart ont atteint le tirage énorme de seize cent mille exemplaires. Nous citerons les principaux : *Géographie politique de la république romaine et de l'empire (1838)* ; *Géographie historique du moyen âge (1839)* ; *Géographie historique de la France (1840)* ; *Atlas de géographie historique universelle (1841)* ; *Histoire des Romains et des peuples soumis à leur domination (1840-53, 3 vol.)* ; *Histoire sainte d'après la Bible (1845)* ; *Histoire romaine jusqu'à l'invasion des Barbares (1848)* ; *Histoire grecque (1851)* ; *Histoire de France (1852, 2 vol.)* ; *Histoire de la Grèce ancienne (1862, 2 vol.)*, couronnée par l'Académie ; *Histoire des temps modernes, depuis 1453 jusqu'en 1789 (1863)* ; *Histoire populaire contemporaine, illustrée (1864)* ; *Introduction générale à l'Histoire de France (1865)*. *Histoire des Romains depuis les temps les plus reculés jusqu'à la fin du règne des Antonins (1870-76, 5 vol.)*. — M. Duruy a été élu membre de l'Académie des inscriptions et belles-lettres en 1873, en remplacement de Vitet ; membre de l'Académie des sciences morales et politiques en 1879, en remplacement de Naudet ; enfin membre de l'Académie française le 4 décembre 1884, en remplacement de Mignet. Membre du Conseil supérieur de l'instruction publique, M. Duruy donnait sa démission lors de la réunion de ce conseil en juillet 1886, en la motivant sur les fatigues de l'âge.

DURUY, Albert, journaliste français, fils du précédent, est né à Paris le 3 janvier 1844. Élève de l'École normale supérieure, il en sortait quelques mois seulement après son entrée, pour prendre la direction du cabinet de son père, devenu ministre de l'instruction publique (juin 1863). Après la retraite de ce dernier (juillet 1869), M. Albert Duruy se lança dans le journalisme. Il collabora d'abord au *Peuple français* sous le pseudonyme d'Albert Villeneuve, probablement en mémoire de Villeneuve-Saint-Georges, déjà résidence de la famille Duruy. Il passa ensuite à la *Liberté*, où il signa son vrai nom. C'est là que le trouva la guerre, au début de laquelle il s'engagea dans un régiment de turcos. Il prit part avec une réelle distinction aux combats de Wœrth et de Gravelotte, fut blessé à Sedan, et après la capitulation, fait prisonnier et interné à Mayence par les Allemands. Après la paix, il revint à Paris, collabora à la presse bonapartiste, fit un court passage au *Constitutionnel*, prit en mains la rédaction de la *Liberté* au printemps de 1875 et fonda en 1876 la *Nation*, qui se fondit peu après avec le *Petit Caporal*. M. Albert Duruy n'a pas cessé, de reste, d'appartenir à la presse bonapartiste. — Il a été décoré de la médaille militaire à Gravelotte.

DUSOLIER, François Alexis Alcide, littérateur et homme politique français, né à Nontron le 21 septembre 1836. Il fit ses études à Paris et débuta de bonne heure dans la carrière des lettres. Collaborateur du *Boulevard*, du *Nain jaune* et d'autres journaux analogues, il a publié à part : *Ceci n'est pas un livre*, recueil d'articles (1860) ; *Jules Barbey-d'Aurevilly*, biographie avec portrait (1862) ; *Nos gens de lettres (1864)* ; les *Spéculateurs et la mutilation du Luxembourg (1866)* ; *Propos littéraires et pittoresques de Jean de la Martrille (1867)* ; *Politique pour tous (1869)* ; *Ce que j'ai vu du 7 août 1870 au 1er février 1871 (1871)*, etc. — Nommé sous-préfet après le 4 septembre, à Nontron, M. Alcide Dusolier conserva quinze jours ses fonctions, qu'il abandonna pour celles de secrétaire du cabinet du ministre de la guerre à la Délégation de Tours, puis de Bordeaux. Membre du Conseil général de la Dordogne, il se présenta aux élections du 14 octobre 1877 dans l'arrondissement de Nontron, mais sans succès. Il renouvela la tentative le 21 août 1881, et cette fois fut élu, et prit place sur les bancs de l'Union républicaine. Aux élections pour le renouvellement partiel du Sénat, du 25 janvier 1885, M. Alcide Dusolier fut élu sénateur de la Dordogne. — Il a voté l'expulsion totale des princes.

DUSSAUSSOY, Paul Antoine François, industriel et homme politique français, ancien garde général des Forêts, est né à Toulouse le 6 septembre 1820. Élu, le 8 février 1871, représentant du Pas-de-Calais, et député de la 2e circonscription de Boulogne-sur-Mer le 5 mars 1876, il siégea au groupe de l'Appel au peuple. Il a été réélu le 14 octobre 1877 ; mais son élection ayant été invalidée par la Chambre, M. Dussaussoy ne parvint à se faire réélire qu'à la faveur du scrutin de liste. Il figurait en effet sur la liste monarchique, qui triompha dans le Pas-de-Calais aux élections du 4 octobre 1885. M. Dussaussoy siège à la droite de la Chambre.

DUTAILLY, Didier Edme Rodolphe Gustave, naturaliste et homme politique français, né le 2 août 1846 à Meuvy (Haute-Marne). Il fit de brillantes études scientifiques à Lyon, prit le grade de docteur ès-sciences naturelles, fut chargé en 1879 d'un cours de botanique à la faculté des sciences de cette ville, et devint titulaire de la chaire de botanique l'année suivante et directeur du Jardin botanique. Il a publié divers mémoires dans les publications de la Société de botanique. — Aux élections du 21 août 1881, M. Dutailly se présenta dans l'arrondissement de Langres, comme candidat radical, et fut battu au scrutin du 4 septembre. A celles du 4 octobre 1885, il fut élu au premier tour, député de la Haute-Marne, et prit place à l'extrême gauche. Il a voté l'expulsion totale des princes.

DUVAL, Charles Edmond Raoul, magistrat et homme politique français, né à Amiens le 6 mars 1807. Fils d'un conseiller à la cour d'Amiens, M. Duval était destiné, pour ainsi dire dès le berceau, à la carrière de la magistrature. Il fit en conséquence son droit à Paris, puis devint substitut à Lyon en 1830, procureur du roi à Péronne en 1832, conseiller à la cour d'Amiens en 1837, avocat général à Rennes en 1845, et procureur général à Nantes en 1846. Révoqué par le Gouvernement provisoire le 19 mars 1848, il était nommé procureur général à Dijon le 6 janvier 1849, et fit en cette qualité partie des commissions mixtes instituées pour statuer sur le sort des citoyens compromis dans la courageuse opposition du droit à l'usurpation du 2 décembre, ou simplement suspects de ne la point approuver. Nommé procureur général à Orléans au mois d'octobre 1852, il passait à Bordeaux au même titre deux mois plus tard. Il a été nommé premier président de la cour impériale de Bordeaux le 3 octobre 1861. Il occupait ce poste lors de la révolution du 4 Septembre, et prit nécessairement sa part du décret rendu par M. Crémieux (20 janvier 1871), excluant de la magistrature ceux de ses membres, qui avaient fait partie des commissions mixtes. L'Assemblée nationale ayant annulé ce décret, M. Raoul Duval reprit possession de son siège le 30 mai 1873. — Il a été élu sénateur de la Gironde le 30 janvier 1876, et est venu siéger sur les bancs du parti de l'Appel au peuple. Lors du vote du projet de loi sur l'enseignement supérieur relatif à la collation des grades, M. Raoul Duval se sépara de la droite, qui résolut de se venger. En effet, au renouvellement triennal du Sénat, le 5 janvier 1879, ses anciens collègues de la Gironde repoussèrent M. Duval de leur liste, — laquelle échoua tout entière... M. Charles Raoul Duval se retira dès lors de la vie publique. Il est commandeur de la Légion d'honneur depuis 1859.

DUVAL, Edgar Raoul, ancien magistrat, homme politique français, fils du précédent, est né à Laon le 9 avril 1832. Il entra dans la magistrature en 1856, comme substitut du procureur impérial à Nantes; puis devint avocat général à Angers en 1861, à Bordeaux en 1864 et à Rouen en 1866; surpris dans ce dernier poste par la révolution du 4 Septembre 1870, il donna sa démission. Élu représentant de la Seine-Inférieure à l'Assemblée nationale, aux élections complémentaires du 2 juillet 1871, il prit place au centre droit et vota généralement avec les membres du parti de l'Appel au peuple, sans toutefois se faire inscrire à ce groupe parlementaire. M. E. Raoul Duval ne tarda pas à se signaler comme un des membres les plus remuants de l'Assemblée. Le 20 décembre 1871, il déposait une demande d'interpellation sur l'attitude du ministère relativement à « plusieurs membres de la Commune de Paris, notamment au sieur Ranc ». Cette interpellation ne devait produire d'effet que dix-huit mois plus tard; elle produisit toutefois un certain tapage immédiat. Il développait une autre interpellation, le 25 avril 1873, relativement à la participation de magistrats municipaux à des « manifestations hostiles à l'autorité de l'Assemblée ». Enfin M. Duval a pris surtout à tâche, un moment, de montrer la plus grande hostilité envers les membres du gouvernement du 4 Septembre, attaquant tous leurs actes, suspectant leurs intentions, épluchant leurs marchés avec le soin qu'on mettrait à retourner les poches d'un employé infidèle, et réussissant le plus souvent à mettre la majorité dans son jeu. Il est toutefois l'auteur d'un projet de loi d'un esprit excellent, repoussé par la commission d'initiative, demandant la création d'une chambre spéciale aux Conseils de prud'hommes, pour juger les différends pouvant survenir entre les Compagnies de chemins de fer et leurs ouvriers (février 1872). — M. Édgar Raoul Duval s'associa à la campagne entreprise contre M. Thiers et dont le 24 mai 1873 vit le triomphe. Mais lorsque, profitant des vacances de l'Assemblée, messieurs les monarchistes commencèrent à démasquer leurs batteries, il paraît en avoir éprouvé quelques regrets. Le président du fameux Comité des neuf, avec l'esprit d'à-propos dont il a si souvent donné des preuves, ne l'invita pas moins à se joindre à ce comité, en d'autres termes à participer à la restauration du trône légitime. Le général Changarnier s'attira, par cette démarche intempestive, une réponse très nette, qui fut publiée, par laquelle l'honorable député de la Seine-Inférieure, outre un refus péremptoire, donnait sur l'impopularité de la royauté légitime en France, dans les campagnes comme dans les villes, des renseignements dont le Comité des neuf se serait passé volontiers. Il combattit avec énergie la proposition de prorogation pour sept ans des pouvoirs du maréchal de Mac-Mahon, et souvent des arguments d'une réelle valeur, et choisit cette occasion pour déposer une proposition d'appel au peuple qui fut repoussée. Des le 9 juillet 1873, il déposait sur le bureau de l'Assemblée une proposition de dissolution, appuyait invariablement les divers projets de lois constitutionnelles, appuyait une nouvelle proposition de dissolution présentée par la gauche (février 1875), mais toujours en vain. Enfin, après avoir criblé d'amendements, repoussés d'ailleurs sans persévérance, le dernier projet de constitution du Sénat présenté le 22 février, il vota contre l'ensemble des lois constitutionnelles. En dehors de l'Assemblée, M. E. Raoul Duval prononça dans cette période plusieurs discours qui eurent un certain retentissement, notamment

à Ménilmontant (8 mai), à Évreux (7 septembre) et à Louviers (21 octobre 1875). Aux élections législatives du 20 février 1876, M. Duval avait posé sa candidature à la fois dans le VIII° arrondissement de Paris et dans l'arrondissement de Louviers; il dut, dans ces deux arrondissements subir l'épreuve d'un second tour de scrutin et ne fut élu que dans celui de Louviers, et à une très faible majorité. Il fonda à Paris, en octobre 1876, un nouvel organe de l'Appel au peuple: la *Nation*, avec M. Albert Duruy pour rédacteur en chef. — Il fut, dans cette courte législature, rapporteur du budget de la marine et des colonies pour 1877 et, lors de la discussion de ce budget (8-9 novembre 1876). donna des preuves de connaissances étendues et d'un esprit libéral qui eût, certes, pu donner des fruits bien différents sous l'influence d'une autre éducation. Il refusa, du reste, son vote de confiance aux hommes du 16 mai. Après avoir échoué à Louviers aux élections du 14 octobre 1877, et à celles du 21 août 1881, contre M. Develle; il se présentait à Bernay, à l'élection complémentaire nécessitée par la mort de M. Janvier de la Motte père (1884), et était élu. Enfin, il était élu député de l'Eure le 4 octobre 1885 sur la liste monarchique. Il est conseiller général de l'Eure pour le canton de Pont-de-l'Arche. — Pendant les vacances d'août 1886, un programme d'entente entre les partis modérés, dressé l'hiver précédent par M. Édgar Raoul Duval, député de l'Eure, et Lepoutre, député du Nord, fut publié par le *Temps* (n° du 22). C'est, comme on l'a dit, une sorte de projet de constitution de *droite républicaine*, bien conçu, d'ailleurs, très politique, trop politique, et qui ne paraît pas devoir, par cela même, obtenir de nombreux adhérents.

M. E. Raoul Duval a collaboré au *Dictionnaire d'économie politique*, et a publié quelques discours de rentrée: *Étude d'histoire des lois sur les céréales*, *M. de Martignac* et *De l'influence de Voltaire sur nos mœurs judiciaires*.

DUVAL, Joseph César, homme politique français, pharmacien, né à Saint-Julien (Haute-Savoie) le 20 janvier 1841. Pendant la dernière guerre, M. J. C. Duval servit en qualité d'aide-chirurgien major aux mobilisés de son département. Il est maire de Saint-Julien depuis 1881. Le 6 mai 1883, une élection complémentaire dans l'arrondissement de Saint-Julien, pour remplir le siège rendu vacant par la mort de M. Th. Dupont, envoyait M. J. C. Duval à la Chambre des députés; il s'est fait inscrire à l'Union républicaine. Élu député de la Haute-Savoie, en tête de la liste républicaine, le 4 octobre 1885, il reprit sa place à la gauche de l'Assemblée, et vota l'expulsion des princes. — On doit à M. J. C. Duval quelques ouvrages, principalement des notices d'histoire locale: un *Curé de Collonge-sous-Salève il y a cent ans, notes anecdotiques sur l'état de la Savoie au dix-huitième siècle (1874)*; *Ternier et Saint-Julien. essai historique*, etc., couronné par la Société florimontaine (1879); les *Terres et le chapitre de Saint-Victor dans l'ancien bailliage de Ternier (1880)*; les *Procès de sorciers à Viry, de 1534 à 1548*; la *Famille Paget*, biographie (1881); l'*Administration municipale de la commune et du canton de Viry, département du Mont-Blanc, de l'an I à l'an VII de la République française (1883)*, etc. Il est officier d'académie.

DUVAUX, Jules Yves Antoine, homme politique français, agrégé de l'Université, ancien professeur au lycée de Montpellier puis à celui de Nancy, est né dans cette dernière ville le 21 mai 1827. Président du cercle local de la Ligue de l'enseignement, conseiller municipal de Nancy, membre de la gauche du Conseil général de Meurthe-et-Moselle, M. J. Duvaux, bien que sa conduite comme professeur fût on ne peut plus correcte, fut envoyé par M. de Fourtou à Besançon, en 1878; mais il refusa et fut déclaré démissionnaire. Élu le 20 février 1876, à une majorité énorme, député de la première circonscription de Nancy, il siégea à gauche. Il a été réélu le 14 octobre 1877 et le 21 août 1881. Enfin le 4 octobre 1885, il était élu député de Meurthe-et-Moselle avec la liste républicaine, triomphante dans ce département. M. Jules Duvaux fut appelé par M. Jules Ferry, comme sous-secrétaire d'État, au ministère de la justice, dans le cabinet du 31 janvier 1882, présidé par M. de Freycinet, et qui donnait sa démission le 29 juillet, à la suite du vote de la Chambre refusant les crédits nécessaires à l'entreprise projetée contre l'Égypte de conserve avec l'Angleterre. Dans le cabinet suivant, formé par M. Duclerc, M. Duvaux acceptait le portefeuille de l'instruction publique; il le conservait sous l'administration suivante, présidée par M. Fallières (29 janvier 1883), pour le résigner à la chute de ce ministère, le 21 février suivant, entre les mains de son ancien chef, M. Jules Ferry, devenu président du conseil. M. Duvaux reprit alors son siège de député. — Il a voté l'expulsion des princes.

DUVERGER, Théophile Emmanuel, peintre français, né à Bordeaux le 17 septembre 1821. D'abord peintre de décors, il se mit à l'étude et à la reproduction des scènes de mœurs, et grâce au travail et à la persévérance, réussit à se faire une place honorable parmi nos peintres de genre les plus aimés. — Nous citerons de M. Duverger : l'*Attente du matin*, la *Gamelle du grand-papa* (1861); les *Derniers sacrements* (1862); les *Bohémiens*, la *Recette de l'aveugle* (1863); la *Retenue*, *Cache-Cache* (1864); la *Paralytique*, le *Laboureur et ses enfants* (1865); la *Fille repentante* (1866); la *Confirmation* (1867); le *Berceau vide*, la *Première fredaine* (1868); *Sollicitude filiale et Sollicitude maternelle*, *vingt ans après* (1869); *Vice et misère*, *Travail et bonheur* (1870); les *Cascarotes* (1872); la *Retenue* (1873); *Quand les chats n'y sont pas, les souris dansent* (1874); l'*Enfant aux fruits*, le *Retour du marché* (1875); *Trop de reconnaissance* (1876); *Qui cherche trouve* (1883); la *Veille du marché*, les *Poupées* (1884); le *Nid*, *En recette* (1885); *Sous les tilas*, le *Cachot* (1886). — M. Duverger a obtenu une 3ᵉ médaille en 1861, un rappel de 3ᵉ médaille en 1863 et une médaille en 1865.

DUVEYRIER, Henry, géographe et explorateur français, fils d'un auteur dramatique et publiciste saint-simonien, est né à Paris en 1840. Dès 1859, M. Henry Duveyrier, pris de la passion des voyages, partait pour l'Algérie. Il explora, cette même année, diverses parties du Sahara algérien, atteignit El Goléa, mais fut obligé de rebrousser chemin devant l'attitude menaçante des indigènes. L'année suivante, il recommençait sa tentative et visitait le Sahara tunisien. Dans son voyage de 1861, il atteignit Ghadamès sans encombre, mais ne put pénétrer beaucoup plus avant ; il réussit toutefois à lier des relations avec des chefs touaregs dont trois consentirent à l'accompagner à Paris et furent présentés par ses soins à l'empereur (1862). Il fut décoré de la Légion d'honneur et reçut la grande médaille d'or de la Société de géographie, qui l'accueillit dans son sein. M. Duveyrier a pris aux travaux de cette société une part très active ; il y fit partie de ses commissions les plus importantes, concernant plus spécialement l'Afrique septentrionale ; il en devint secrétaire en 1865 et président en 1884. En 1874, il avait accompagné feu le commandant Roudaire dans son exploration des chotts algériens, en vue de la création d'une mer intérieure, et dont il dressa des cartes très exactes. On lui doit : *Exploration du Sahara*, *les Touaregs du Nord* (1864); *Histoire des explorations au sud et au sud-ouest de Géryville*, *Carl Claus von der Decken*, *Livingstone* et *les explorations dans la région des lacs de l'Afrique orientale* (1873); *Voyage au Sahara par Norbert Dournaux-Dupéré* (1874); *Rapport sur la mission des chotts du Sahara* (1875); *De Mogador au Djebel Tabayoudt*, *Itinéraire de Methîli à Hassi et d'El Golea à Methîli*; *Voyage dans l'Aouras*, *Sculptures antiques de la province marocaine de Sous*; *Traversée de la zone sud de l'Afrique équatoriale*, *1873-1875* (1876), etc.; outre de nombreux mémoires insérés principalement au *Bulletin de la Société de Géographie* ou dans l'*Année géographique*, dont il a repris la publication avec M. C. Maunoir, secrétaire général de la société. — M. Henry Duveyrier a été promu officier de la Légion d'honneur le 1ᵉʳ juin 1884.

DUVIVIER, Nicolas Eugène, homme politique français, né à Rouen le 10 août 1817. Ancien négociant, juge au tribunal de commerce, il se porta comme candidat de l'extrême gauche dans la première circonscription de Rouen, où une élection avait lieu le 29 mai 1881, pour remplacer M. L.-Ph. Desseaux, décédé. Élu sans concurrent, M. Duvivier était réélu le 21 août suivant. Il triomphait enfin, dans la Seine-Inférieure, avec ses amis de la liste républicaine, aux élections du 4 octobre 1885. — M. Duvivier a voté l'expulsion totale des princes.

DYER, Thomas Henry, historien anglais, né à Londres le 4 mai 1804, reçut son instruction de précepteurs particuliers. Pendant la première partie de sa vie, M. Dyer fut associé d'une maison de commerce importante des Indes occidentales, dont l'émancipation des esclaves amena la ruine. Il se tourna alors vers la littérature. M. Dyer a beaucoup voyagé sur le continent européen et s'est principalement voué à l'étude de la topographie et des antiquités de Rome, d'Athènes, de Pompéi. Il a reçu en 1865, le titre honorifique de docteur en lois de l'université de Saint-Andrews. — On doit à M. Dyer *Vie de Calvin* (1850); *Histoire de l'Europe moderne* (1861, 3 vol.); *Histoire de la cité de Rome* (1865); *Pompéi* (1867); *Histoire des rois de Rome* (1868); *Athènes ancienne* (1873); outre un grand nombre d'articles dans le *Classical Museum*, dans le *Dictionnaire de biographie*, du Dʳ Smith, etc.

E

EAR

EARLY, Jubal A., général confédéré américain, né vers 1815, dans l'État de Virginie, est élève de l'Académie militaire de West-Point. Sorti de cette école comme lieutenant d'artillerie, il donna sa démission, étudia le droit et se fit recevoir avocat. Il reprit du service dans l'armée lors de la guerre avec le Mexique et devint major d'un régiment de volontaires virginiens. Lorsqu'éclata la guerre de Sécession, il entra dans l'armée confédérée, prit part à la plupart des batailles qui signalèrent la première partie de cette longue lutte, et devint général. En mai 1863, il tenait les lignes de Fredericksburg, tandis que Lee était engagé avec Hooker à Chancellorsville, et en juillet, il commandait une division à Gettysburg. En 1864, il commandait dans la vallée du Shenandoah où il remporta d'abord des succès signalés, mais fut finalement mis en déroute par Sheridan. Il fut relevé de son commandement en mars 1865. Après la guerre, il se réfugia en Europe. De retour dans son pays, à la faveur de l'amnistie, il reprit sa place au barreau de Richmond. — Il a publié, en 1867, des *Souve-

EAS

nirs de la dernière année de la guerre* (Memoirs of the last year of the war.)

EASTLAKE (dame), Elizabeth Rigby, femme de lettres anglaise, veuve du célèbre peintre sir Charles Lock Eastlake, mort le 23 décembre 1865, est née à Norwich en 1816. Son premier ouvrage, publié en 1841 : *Lettres des bords de la Baltique*, fit sa réputation ; c'était une sorte de journal d'une visite rendue à sa sœur, établie depuis son mariage dans une ville des côtes de la Baltique. Elle a publié ensuite : *Contes livoniens*, comprenant trois petites histoires : *le Disponant*, *les Loups* et la *Juive* (1846); on lui doit enfin, à des dates plus récentes : une *Histoire de Notre-Seigneur*; *Vie de John Gibson*, académicien royal. — Lady Eastlake a en outre collaboré à la *Quarterly Review* et à l'*Edinburgh Review*, où deux de ses séries d'articles, sur la *Toilette* et sur la *Musique*, ont été réimprimées à part dans la « Home and Colonial Library. »

EASTMAN (dame), Mary Henderson, femme de lettres américaine, née à Warrenton (Virginie) en 1817. Mariée en 1835 au capitaine Seth Eastman, de l'armée des États-Unis, auteur lui-même de plusieurs publications relatives aux Indiens, elle suivit son mari dans diverses stations de la frontière, où elle put à son tour étudier à loisir le caractère et les mœurs des Indiens, qu'elle a dépeints, avec un grand talent et un souci évident de la vérité, dans ses ouvrages. Nous citerons : le *Dacotah, ou vie et légendes des Sioux (1849)*; le *Roman d'une vie indienne (1852)*; *American Aborigina Portfolio*, illustré par M. Seth Eastman (1853); *Chicora et autres régions des conquérants et des conquis (1854)*. A quoi il faut ajouter un roman : la *Cabane de tante Phillis*, réponse à la *Cabane de l'oncle Tom (1852)*, ouvrage qui fut tiré à 18,000 exemplaires en quelques semaines.

ECCARIUS, Johann Georg, ouvrier tailleur et journaliste allemand, secrétaire général de l'Association internationale des travailleurs, est né le 23 août 1818, à Friedrichroda, dans le duché de Gotha, où son père exerçait le métier de tailleur. Le jeune Johann entra en apprentissage dès l'âge de dix ans. Sa matinée était toutefois consacrée à l'étude, et elle se composait de cinq heures de travail consécutives; après midi, il travaillait avec son père pendant sept heures au moins, souvent pendant dix heures. Il suivait très assidûment, en outre, l'école du dimanche et au premier examen public, il reçut la première médaille d'argent décernée au meilleur élève de cette école, de toute la ville, dans les mathématiques et la géométrie. Il fut ensuite chargé de l'enseignement des plus jeunes élèves. Il se rendit à Londres en 1846, et y fit partie de l'Arbeiter Bildungs Verein. Il débuta dans la presse par un article sur la profession de tailleur telle qu'elle est exercée à Londres, publié dans la revue *Neuen Rheinischen Zeitung*. Un autre article sur le même sujet publié en anglais dans le *Red Republican* de Julian Harney, lui ouvrit les colonnes de la presse chartiste, à laquelle il collabora *gratis*, jusqu'à la disparition du *People's Paper*, d'Ernest Jones. M. J. Eccarius prit une part très active à la fondation de l'Association internationale des travailleurs, en 1864 ; il fut membre de la première commission exécutive de la Ligue de la réforme, en 1865, mais donna peu après sa démission. En février 1866, il fut nommé rédacteur en chef de la *Commonwealth* (la République); mais il conserva peu de temps ces fonctions et reprit l'exercice de sa profession de tailleur. Il a publié en 1867, sous le titre de : *Réfutation de Stuart Mill par un ouvrier* (A Working Man's refutation of Stuart Mill), un recueil d'articles parus précédemment dans la *Commonwealth*, dont une édition en allemand, très augmentée, a été depuis publiée à Berlin, par Eichhoff (1869). M. J. Eccarius a été élu, en juillet 1867, secrétaire général de l'Association internationale des travailleurs.

EDHEM PACHA, diplomate et homme politique ottoman, né de Circassie en 1820. Amené à Paris dès l'âge de dix à onze ans, il y fit ses études, suivit les cours de l'École des mines, faisant entre temps quelques voyages d'étude et d'exploitation minière, tant en France que dans ces contrées voisines. Il entra ensuite dans l'armée ottomane, avec le grade de capitaine, se distinguant principalement par ses travaux d'ingénieur, en quelle qualité il fut employé dans les mines d'Argana, en Asie Mineure; puis il fut nommé membre du Conseil des mines, élevé au rang de général de brigade, aide de camp du padischah, et enfin chef de sa maison militaire et général de division. Edhem Pacha accompagnait Abdul-Medjid dans son voyage en Asie Mineure en 1853, portait au prince de Serbie, en 1854, le décret garantissant les privilèges accordés à son pays, et prenait part, au retour, à la campagne de Crimée, toujours à la tête de la maison militaire du sultan poste qu'il quittait en 1856. Il fut alors nommé membre du Conseil des réformes administratives (Tanzimat), et fut appelé peu après au ministère des affaires étrangères, élevé au rang de muchir (maréchal), en remplacement d'Aali, nommé grand vizir, en janvier 1858, poste auquel il fut rappelé à différentes reprises, après l'avoir quitté l'année suivante, puis devint président du Conseil d'État, enfin nommé à l'ambassade de Berlin en 1875, poste dont lequel il ne fut pas assez heureux pour obtenir l'adhésion du grand chancelier. Il fut alors envoyé en mission extraordinaire auprès du czar, et reçut à cette occasion (1876) les insignes de l'ordre d'Alexandre Newski. A la conférence de Constantinople (1876-77), Edhem Pacha représentait son gouvernement comme second délégué; son attitude peu conciliante, et non sans raison, y fut très remarquée. Appelé au grand vizirat en remplacement de Midhat Pacha, en février 1877, Edhem-Pacha donnait sa démission en février 1878, après avoir inutilement lutté contre des difficultés sans cesse renaissantes. Il était nommé ambassadeur à Vienne à la fin de cette même année.

EDIMBOURG (duc d'), Prince ALFRED ERNEST ALBERT, duc de Saxe, prince de Cobourg-Gotha, chevalier de la Jarretière et de Saint-Patrick, second fils de la reine Victoria, est né au château de Windsor le 6 août 1844. Après avoir eu successivement pour précepteurs, MM. H. N. Birch et F. W. Cribs, le prince Alfred, confié aux soins du major du génie Cowell, allait étudier les langues modernes à Genève (1856-57). Il se résolut alors à entrer dans la marine; il revint en Angleterre où il se prépara aux examens nécessaires sous la direction du Rev. W. R. Jolly, à Alverbank, près de Grosport. Le 31 août 1858, il passait ses examens, était admis comme « naval cadet », et s'embarquait à bord de la frégate à vapeur de Saxe, à 51 canons, *Euryalus*. Le 27 octobre, il entrait sérieusement dans le service actif à la mer. Il fit partie des diverses stations étrangères, à bord du *Saint-George*, visita la plus grande partie des contrées voisines des côtes méditerranéennes et, plus tard, étendit ses voyages à l'Amérique et aux Indes occidentales. En 1862, l'offre du trône de Grèce lui fut faite, mais il la déclina. En février 1866, le Parlement lui vota une liste civile annuelle de 250,000 francs, plus une même somme de 250,000 francs à l'occasion de son mariage. Il fut créé duc d'Edimbourg, comte de Kent et comte d'Ulster, et pair du Royaume-Uni le 24 mai 1866, et prit possession de son siège à la Chambre des Lords le 8 juin suivant. Le même jour, il recevait le titre de bourgeois de la Cité de Londres. Il avait été reçu maître de Trinity House, réunion d'officiers de la marine, le 21 mars précédent. Au commencement de 1867, il fut nommé au commandement de la frégate *Galathée*, sur laquelle il visita à peu près toutes les parties du monde. Le 26 février, la *Galathée* quittait Plymouth, se rendant directement en Australie. Le duc d'Edimbourg fut reçu par la population de la colonie avec un véritable enthousiasme ; — toutefois, il fut, à Clontarf, près de Port-Jackson, dans la Nouvelle-Galles du Sud, l'objet d'un attentat de la part d'un Irlandais, nommé O'Farrell, lequel lui tira un coup de pistolet dans le dos (12 mars 1868). Le prince ne fut que légèrement blessé. L'assassin, arrêté sur-le-champ, était jugé le 31 mars, reconnu coupable et exécuté le 21 avril. En quittant l'Australie, le duc d'Edimbourg se rendit au Japon, où il fut reçu par le Mikado, tant officiellement qu'une manière privée et toute amicale ; puis il visita la Chine et l'Inde. Il voyageait en Italie en 1873 et obtenait une audience du pape, au Vatican, le 20 avril. Le 23 janvier 1874, le mariage du prince avec la grande-duchesse Marie, fille unique d'Alexandre II, empereur de Russie, était célébré à Saint-Pétersbourg avec pompe. — Le duc d'Edimbourg a été promu vice-amiral en novembre 1882.

EDISON, Thomas Alva, inventeur américain, né à Akron (Ohio) en 1847. Il fit, à l'école primaire de son pays natal, des études qui ne durèrent pas plus de huit semaines, mais auxquelles suppléèrent amplement les soins de sa mère d'abord, et quand il sut lire, sa propre passion pour la lecture. Il avait un goût particulier pour les sciences physiques et, en particulier, pour la chimie, lequel se manifesta dès le début; malheureusement, il fut obligé de se suffire étant encore enfant, et se fit vendeur de journaux ambulant sur une ligne de chemin de fer : il n'avait que onze ans à cette époque. On le retrouve peu plus tard faisant le même métier, mais vendant, au lieu des journaux des autres, un journal rédigé et imprimé par lui-même, ce qui suppose un apprentissage vaille que vaille dans une imprimerie. Il employait ses loisirs à des expériences de chimie, et c'est ainsi qu'un jour où c'était le phosphore qui servait à ses expériences, il mit le feu au train sur lequel il avait licence de vendre son journal et s'en fit ignominieusement chasser. Il devint alors employé du télégraphe et servit, en cette qualité, sur diverses lignes, principalement dans l'État de Michigan. Les phénomènes électriques frappèrent l'imagination du jeune homme dès le début, et il se mit à les étudier avec une passion exclusive; il ne tarda pas à aborder la série presque innombrable des inventions dont cet agent devait lui fournir la matière. Il remplissait les fonctions d'opérateur de nuit, lorsqu'après des expériences répétées, sûr de lui, pensait-il, il proposa à son chef d'établir un système télégraphique permettant d'envoyer simultanément deux dépêches dans deux directions différentes avec un même fil. Le chef ouvrit de grands yeux, ne doutant pas que son employé ne fût devenu fou, s'empressa de se débarrasser de lui. Or, un monsieur, à qui le chef avait exposé le cas du jeune Edison, réalisait très peu de temps après le projet de celui-ci. M. Edison réclama, mais il n'obtint pas autre chose qu'un peu de bruit autour de son nom ; ce bruit, toutefois, lui facilita une terrible erreur. Il prétendait faire communiquer télégraphiquement deux trains en marche : on l'avait déclaré fou à sa première conception de génie, on se garda bien de tomber dans la même erreur cette fois, et on le crut sur parole. L'expérience eut donc lieu, et il en résulta une collision entre les deux trains. L'inventeur, terrifié, s'enfuit. C'est à cette époque, croyons-nous, qu'il établit, à Adrian (Michigan), un atelier pour la réparation des appareils télégraphiques. D'Adrian il alla à Indianopolis (Indiana), où il inventa son répétiteur automatique, et enfin s'établit à Cincinnati (Ohio). Il s'y fit rapidement une grande réputation, et comme constructeur d'appareils télégraphiques, et comme inventeur, et fut nommé inspecteur de la Compagnie de l'indicateur de l'or pour les mines, dont le siège était à New-York. Il s'y transporta donc, et bientôt établit ses ateliers à Newark (New-Jersey). Devenu ingénieur-électricien de la Compagnie de l'Union télégraphique de l'Ouest, il inventa en 1874, avec son collègue, M. George Prescott, un appareil permettant la transmission simultanée de quatre dépêches avec un seul fil, deux dans une direction et les deux autres dans une direction opposée. Avant cette invention, M. Edison était déjà à la tête de soixante brevets concernant la télégraphie électrique, dont la Compagnie de l'Union s'était assuré l'exploitation par un traité avec l'inventeur. En 1876, M. Edison quitta la Compagnie de l'indicateur de l'or, voulant se vouer exclusivement aux travaux d'électricité expérimentale, il s'établit à cet effet à Menlo Park, à 40 kilomètres environ de New-York, où il installa une véritable usine avec un laboratoire muni des appareils, machines et ustensiles divers les plus nouveaux, à mesure qu'ils voient le jour. Il a cependant été obligé de quitter cette retraite en 1882, afin de surveiller lui-même l'installation et l'entretien de son système d'éclairage électrique. — Nous ne saurions donner une liste complète des inventions de M. Edison, et qui, outre la télégraphie, ordre d'inventions dont l'exploitation est réservée à l'Union télégraphique de l'ouest, comme nous l'avons dit, embrassent à peu près toutes les branches de la physique. Nous citerons seulement son téléphone perfectionné, son phonographe, sa lampe électrique à incandescence qui lui a pris tant d'années de recherches et de travail ; l'aérophone, la plume électrique, le micro-tasimètre et divers modèles de machines dynamo-électriques propres à des applications variées, et dont on a pu voir, d'ailleurs, les principaux types à notre Exposition internationale d'électricité (1881), à l'issue de laquelle M. Edison a été créé officier de la Légion d'honneur.

Peu de personnages célèbres ont exercé plus que M. Edison l'imagination des chroniqueurs. On s'est plu surtout à le marier et de toutes façons bizarres imaginables. M. Edison s'est marié, en effet, le plus naturellement du monde : il a épousé Mlle Mina Miller, fille d'un riche manufacturier de l'Ohio, le 24 février 1886. — Il est retourné depuis Newark, où il s'est fait construire un établissement dont on dit merveille, et dont il est toujours l'ouvrier le plus laborieux.

EDWARDS (miss), AMELIA BLANDFORD, femme de lettres anglaise, appartenant par sa mère à la famille Walpole, est née en 1831. Elle montra de fort bonne heure un goût très vif pour les arts et la littérature, et se fit connaître dès 1853, par sa collaboration à la presse périodique. Depuis lors, quoique connue surtout comme romancière, elle a écrit plusieurs ouvrages d'éducation ou de récréation pour la jeunesse, outre des articles de critique d'art et de bibliographie, et même des articles de fond (leading articles) politiques, dans plusieurs des journaux hebdomadaires ou quotidiens de Londres. — Parmi les romans les plus connus de Miss Edwards nous citerons : la *Femme de mon frère* (1855); l'*Echelle de la vie* (1857); la *Main et le gant* (1859); l'*Histoire de Barbara* (1864); un *Demi-Million*, paru d'abord par feuilletons dans le *All the Year Round* (1865); le *Vœu de Debenham*, paru d'abord dans le *Goods Words* (1870); *Au temps de ma jeunesse* (1872); *Monsieur Maurice* (1873); *Miss Carew* (1874); etc. Ajoutons ce choix, parmi les autres œuvres de miss Edwards : *Abrégé de l'histoire de France*, publié dans la « Useful Library » de MM. Routledge et Cie; le texte de la *Galerie de portraits historiques photographiques* de MM. Colnaghi ; un volume de *Ballads*, publié en 1865 ; *Untrodden peaks and unfrequented valleys* (Montagnes non frayées et vallons peu fréquentés), relation de voyage dans la région dolomite, ornée d'illustrations d'après les dessins de l'auteur (1873); l'*Egypte, la Nubie et le Nil*, autre relation de voyage, illustrée dans les mêmes conditions (1875); un *Millier de milles sur le Nil* (1878); *Zoan* (1886), etc.

EDWARDS, EDWARD, bibliographe et numismate anglais, né à Londres en 1812. Après avoir été employé pendant plusieurs années au nouveau Catalogue général des imprimés du Musée britannique, M. Edwards est devenu, en 1851, bibliothécaire principal des bibliothèques libres de la ville de Manchester, les premières établies à la faveur de la loi de 1850. Il a conservé cette position jusqu'en 1858. Il a édité : les *Grands sceaux d'Angleterre* (1836) et les *Médailles de Napoléon* (1837); ouvrages qui faisaient connaître pour la première fois en Angleterre le procédé appliqué à la gravure des médailles en France et inventé par Achille Collas. Il est auteur de : *Remarques sur le projet ministériel d'un comité central d'examen aux concours de l'Université* (1836); *Catalogue descriptif de la collection de médailles françaises du cabinet du Musée britannique* (1838); l'*Economie des Beaux-Arts en Angleterre* (1840); *Lettres sur l'état actuel de la question de l'éducation* (1846); et de diverses autres publications sur la question des bibliothèques publiques en Angleterre et aux Etats-Unis ; de nombreux articles bibliographiques et autres, dans la 8e édition de l'*Encyclopédie britannique*; et, dans les *Transactions de la Société historique de Liverpool* : *Considérations sur les divers systèmes qui ont été proposés pour la classification des connaissances humaines*, etc.

EDWARDS, ALPHONSE MILNE, médecin et naturaliste français, fils du professeur H. Milne Edwards, administrateur du Muséum, mort en juillet 1885, est né à Paris le 13 octobre 1835. Reçu docteur en médecine en 1859, et docteur ès sciences en 1861, il fut nommé aide naturaliste au Muséum d'histoire naturelle en 1862 et professeur de zoologie à l'Ecole de pharmacie en 1865. Il a remplacé son père à la chaire de zoologie (mammifères et oiseaux) et comme administrateur du Muséum, en 1876, et a été élu membre de l'Académie des sciences en avril 1877. — On a de lui : *De la famille des solanacées* (1864); *Histoire des crustacés podophtalmaires fossiles* (1865 et suiv.); *Recherches anatomiques et paléontologiques pour servir à l'histoire des oiseaux fossiles de la France* (1866-74); *Recherches sur la faune ornithologique éteinte des îles Mascareignes et de Madagascar* (1866-74); *Précis d'histoire naturelle*, de la collection du baccalauréat ès sciences (1868); *Recherches pour servir à l'histoire des mammifères*, avec son père (1870 et suiv.); les *Expéditions du Travailleur* (1883); l'*Expédition du Talisman* (1884), etc. M. Alphonse Milne Edwards dirige la partie paléontologique des *Annales des sciences géologiques*, fondées en 1870 ; on lui doit en outre un certain nombre de rapports ou mémoires insérés dans les recueils scientifiques spéciaux. En 1880, 1881, 1882 et 1883, M. Alphonse Milne Edwards a dirigé dans la Méditerranée et dans l'Atlantique des explorations des fonds marins qui ont été extrêmement fructueuses pour la science, tant par la mesure des fonds qu'elles ont rectifiée que par les constatations thermométriques, etc., que par la découverte de nombreux spécimens inconnus d'une faune vivante, à près de 3,000 mètres de profondeur. L'éminent naturaliste a communiqué à l'Académie des sciences d'importants mémoires sur ces découvertes et en a publié à part la relation. — Chevalier de la Légion d'honneur depuis 1868, M. A. Milne Edwards a été promu officier le 19 août 1884, et a reçu la même année la grande médaille d'or de la Société de géographie.

EDWARDS, HENRY SUTHERLAND, journaliste et littérateur anglais, correspondant spécial du *Times* de Londres, est né en 1828 à Londres. Il a fait ses études à l'une des succursales du Collège du roi ; il vint les terminer à Paris, où il vécut plusieurs années, puis prit occasion du couronnement de l'empereur Alexandre II, en 1856, pour visiter la Russie. Il séjourna quelques mois à Moscou et utilisa ce séjour à apprendre la langue russe. De retour à Londres, il publia, d'abord dans un magazine, puis en volume : les *Russes chez eux* (Russians at home, 1858) ; suivi, en 1862, d'une *Histoire de l'Opéra*. Dans cette même année, M. Edwards se rendit en Pologne, où il semblait qu'un soulèvement se préparât et en Russie, où l'on se préparait aux mesures relatives à l'émancipation des serfs. Il était dans cette occasion accrédité comme « commissaire » du *Times*. Il publia au retour : la *Captivité polonaise* (1863). Lors de l'insurrection polonaise de 1863, il fut de nouveau envoyé sur les lieux par le *Times*, il y prit part aux principales expéditions de la Gallicie contre la Pologne, et la décrivit dans ses lettres. Après la soumission de l'insurrection, il se rendit à Varsovie ; mais, au débotté, il reçut l'ordre de quitter la ville dans les vingt-quatre heures. On lui laissa pourtant le choix de la route, et il en profita pour prendre la plus longue, se rendit à Saint-Pétersbourg, de Saint-Pétersbourg à Moscou et le sud de la Russie, retournant en Gallicie par Kiev et la Volhynie. En 1864, il publia une *Histoire intime d'une insurrection polonaise* (Private History of a Polish insurrection). Il partit comme correspondant spécial du *Times* dans le Luxembourg, en 1867, époque où la « question du Luxembourg » semblait ne pouvoir se résoudre que par la guerre ; et, en juillet 1870, il fut accrédité en la même qualité auprès de l'état-major prussien, avec mission de suivre les opérations et d'en rendre compte. Il suivit le quartier général du roi Guillaume de Saarbrück à Beaumont, et, après Beaumont et Sedan, alla rejoindre le général von Werder devant Strasbourg, se rendit en Normandie après la capitulation de cette ville et demeura à Rouen, puis à Amiens, avec l'armée allemande du Nord, jusqu'à la fin de la guerre. M. Henry S. Edwards, outre les ouvrages cités, a écrit quelques romans et quelques pièces de théâtre. Le dernier de ses romans, paru en 1871, a pour titre : *Malvinal* (3 vol.). Il a publié depuis une traduction de la *Statistique de tous les pays*, du Dr Otto Hübner, directeur des archives statistiques prussiennes (1872), et une relation de l'invasion allemande intitulée : les *Allemands en France (1874)*.

EHNINGER, John Whetton, peintre et aquafortiste américain, né à New-York le 22 juillet 1827. Après avoir achevé ses études au collège de Colombie, à New-York, il vint à Paris en 1847 et suivit pendant deux années l'atelier de Thomas Couture, qu'il quitta pour aller poursuivre ses études dans les académies allemandes, notamment à Düsseldorf. De retour dans son pays, il y exposa en 1850 son premier tableau : *Peter Stuyvesant*, dont le sujet était emprunté à l'*Histoire de New-York*. A l'apparition du poème de Longfellow : *Miles Standish*, M. Ehninger prépara une série de huit illustrations de ce poème, dont la reproduction photographique est devenue extrêmement populaire de l'autre côté de l'Atlantique. Cet artiste s'est en outre beaucoup occupé de dessin d'illustration, et a obtenu dans ce genre de travail une très grande réputation. Il a pris part également à la mise en pratique d'un procédé de gravure photographique dont nous ignorons le sort final. On cite parmi ses meilleures toiles ; *Qui m'aime aime mon cheval* ; l'*Epée* ; le *Foray* ; *Lady Jane Grey*. On cite aussi tout particulièrement une collection d'eaux-fortes destinées à l'illustration du *Pont des Soupirs* (Bridge of Sighs), de Hood et Cie.

EICHTHAL (d'), Gustave, littérateur et ethnographe français, d'une famille de banquiers israélites d'origine allemande, est né à Nancy le 22 mars 1804 ; il fit ses études au collège de sa ville natale, s'occupa ensuite, pendant quelques années, d'affaires financières et d'études économiques, puis fit partie de l'école saint-simonienne, dirigée alors par le P. Enfantin, en devint promptement l'un des membres les plus actifs et collabora aux publications de la société. Après la dispersion de celle-ci, au soutien de laquelle il avait sacrifié une grande partie de sa fortune, M. d'Eichthal se rendit en Grèce et voyagea quelque temps en Orient. De retour en France, il fit paraitre un ouvrage anonyme destiné à servir d'introduction à la *Turquie et ses ressources*, de M. David Urquhart, et intitulé : les *Deux mondes*. Il publia ensuite, dans les *Mémoires de la Société d'ethnologie*, dont il fut un des fondateurs : *Histoire et origine des Foulhas ou Fellahs* et une *Etude sur l'histoire primitive des races océaniennes et américaines*. Ces deux études furent publiées à part ensuite, la première en 1842, la seconde en 1845. M. d'Eichthal est membre de la Société de géographie et a fait partie de la commission centrale de cette société. Après le 4 septembre 1870, il avait cru prudent de se réfugier en Angleterre, mais il est revenu depuis en France. — On doit à M. G. d'Eichthal, outre les travaux cités : *Lettres sur la race noire et blanche (1839)*, avec M. I. Urbain ; *Les Evangiles (1863)* ; *Etudes sur la philosophie de la Justice*, Platon *(1864)* ; *De l'usage pratique de la langue grecque* (même année), avec M. Renieri, d'Athènes ; les *Trois grands peuples méditerranéens et le Christianisme (1865)* ; *Etudes sur les origines bouddhiques de la civilisation américaine* (même année), parues en 1863 dans la *Revue archéologique* ; la *Sortie d'Egypte, d'après les récits combinés du Pantateuque et de Manethon (1872)* ; *Mémoire sur le texte primitif du premier récit de la Création*, le *Site de Troie selon M. Le Chevalier ou selon M. Schlieman (1875)*, etc.

EISENLOHR, August, égyptologue allemand, né le 6 octobre 1832 à Mannheim (grand-duché de Bade), où son père exerçait la profession de médecin ; il commença ses études au lycée de sa ville natale, entra à l'université d'Heidelberg en 1850, y aborda l'étude de la théologie protestante, qu'il alla continuer à Goettingen, et revint en 1853 à Heidelberg. Tombé malade peu après son retour, l'étude lui fut rigoureusement interdite pour plusieurs années et, lorsqu'il fut en état de s'y remettre, son goût pour la théologie avait disparu ; il se voua désormais à l'étude des sciences physiques, spécialement de la chimie, sous les professeurs R. Bunsen et Erlenmeyer, et prit le grade de docteur en philosophie en 1859. Après cela, il fonda une manufacture de produits chimiques. Ses rapports commerciaux avec la Chine le familiarisèrent avec la langue de ce pays, ce qui l'amena à l'étude des caractères hiéroglyphiques, étude qu'il a poursuivie avec une véritable passion depuis 1864, aidé des conseils de MM. Chabas et Brugsch. Il quitta les affaires commerciales pour la carrière universitaire et obtint son diplôme de professeur particulier de langue et d'archéologie égyptiennes, puis une thèse sur la partie démotique de l'inscription de Rosette : *Die analytische Erklarung des demotischen Theils der Rosettana* (Theil I, Leipzig, 1869). Explication analytique de la partie démotique de l'inscription hiéroglyphique de Rosette. La même année, il entreprenait, aidé généreusement par le grand-duc, une exploration scientifique en Egypte. S'étant trouvé à l'inauguration du canal de Suez, il remonta le Nil jusqu'à la seconde cataracte de Wadi Halfa, étudiant, copiant, photographiant les inscriptions qu'il rencontrait. Il eut, en outre, la bonne fortune de pouvoir étudier le fameux papyrus magique de Harris, dans la maison même du feu consul anglais Harris, à Alexandrie ; et il en prit des extraits qu'il traduisit ensuite. Il retournait dans son pays en mars 1870. En 1872, il se trouvait à Londres, et dans cette occasion, il aida Miss Harris, la fille du consul, à vendre au Musée britannique, pour une somme de 3,300 livres (82,500 fr.), la riche collection de papyri que lui avait léguée son père, et dont M. Eisenlohr a donné une description, avec traduction et commentaires, dans une brochure intitulée : *Der gross Papyrus Harris, ein Wichtiges Beitrag zur Ægyptischen Geschichte, ein 3,000 jahr alte Zeugniss, für die Mosaische Religionstiftung enthalten* (Le grand papyrus Harris, contribution des plus importantes à l'histoire de l'Egypte, etc. 1872). Il traita en outre la même question dans les *Transactions de la Société d'archeologie biblique de Londres*, ou un article intitulé : *De la condition politique de l'Egypte avant le règne de Ramsés III* ; mais ses assertions furent vivement critiquées par Chabas, dans les *Recherches pour servir à l'histoire de la XIXe dynastie (1873)*, critiques auxquelles M. Eisenlohr a répondu la même année dans l'*Ægyptische Zeitschrift*, où il publia la traduction complète du grand papyrus Harris. — En décembre 1872, M. le Dr Eisenlohr a été nommé professeur extraordinaire à l'université d'Heidelberg. Il a été élu membre de la Société d'archéologie biblique de Londres et de la Société *El Chark* de Constantinople. Il assistait au Congrès des orientalistes tenu à Londres en 1874.

ELIOT, Samuel, historien et professeur américain, né à Boston le 22 décembre 1821, fit ses études au collège d'Harvard, qui est redevable à son initiative de la fondation de la chaire Eliot, et y prit les plus hauts grades en 1839. Il publia un *Manuel de l'Histoire des Etats-Unis de 1492 à 1850*, très estimé pour le mérite de la composition et la clarté du style ; et en 1880, un choix de *Poésies pour les enfants*. — Professeur d'histoire et de science politique au collège de la Trinité, à Hartford, de 1856 à 1864, M. S. Eliot a été président de ce collège de 1860 à 1866, et est aujourd'hui professeur de science politique et de droit constitutionnel à la même institution. Il a été chargé de cours à l'université d'Harvard de 1871 à 1873, principal de l'Ecole supérieure des filles de Boston de 1878 à 1880 et inspecteur général des écoles publiques de cette ville de 1878 à 1881.

ELLIOTT, Charles Wyllys, industriel et écrivain américain, descendant direct de « John Elliot, » l'*Apôtre indien*, est né à Guildford (Connecticut) le 27 mai 1817.

Après quelques années passées dans le commerce, il étudia l'horticulture et le jardinage paysager et exerça cet art de 1840 à 1848, à Cincinnati (Ohio); après quoi il retourna à New-York et s'associa à son frère, établi dans le commerce du fer, réservant toutefois une bonne part de son temps à des travaux littéraires et philanthropiques. Il fut un des fondateurs de la Société protectrice de l'enfance (Children's aid Society, en 1853), société ayant pour mission de venir en aide aux enfants négligés ou abandonnés de New-York, principalement en trouvant à la campagne des maisons qui les recueillent. En 1857, il fut nommé membre de la commission chargée de la transformation du Parc Central. Il s'est depuis retiré dans sa ville natale. — Il a publié : *Cottages and Cottage Life (1848)*; *Mysteries, or Glimpses of the supernatural* (les Mystères, ou Coup d'œil sur le monde surnaturel, 1852); *San-Domingo, its Revolution and its Hero (1855)*; *The New-England History (1857)*; *Remarkable Characters and Places in the Holy Land* (Personnages et lieux remarquables de la Terre-Sainte, 1867); *Wind and Whirlwind* (Vent et tourbillon), roman (1868); *Intérieurs américains (1877)*; *Poterie et porcelaine (1880)*, etc.

ELLIS, ALEXANDER JOHN, philologue et acousticien anglais, né à Hoxton le 14 juin 1814; fit ses études à Shrewsbury, à Eton et à Cambridge (collège de la Trinité), où il devint professeur. Il a été élu membre de la Société philosophique de Cambridge en 1837, membre de la Société royale en 1864, de la Société des antiquaires en 1870, du Collège des précepteurs en 1873; il a été président de la Société philologique pour 1872-74 et 1880-82. Il est en outre membre de la Société mathématique de Londres. Il s'est fait recevoir avocat à Middle-Temple, mais n'a jamais exercé. — On a a de savant : *Alphabet of Nature (1848)*; *Essentials of phonectics (1848)*; *Plea of phonetic spelling* (Défense de l'épellation phonique, 1848); *Universal Writing and Printing* (Écriture et impression universelles, 1856); *Early English pronunciation, with especial reference to Chaucer and Shakspeare (1869 à 1886, 6 parties)*; *Glossic (1870)*; *Practical hints* (Conseils pratiques) on *the quantitative pronunciation of Latin (1874)*; *On the English, Dionysian and Hellenic pronunciation for Singers (1877)*; *Speech in Song (1878)*, ainsi que plusieurs autres ouvrages ou traités sur la « Phonétique ». Propriétaire et principal rédacteur du recueil intitulé *Phonetic News*, il a en outre collaboré à une foule de compilations, traductions, travaux originaux, dont nous citerons les suivants : *Only English Proclamation of Henry III (1868)*; la traduction de l'ouvrage allemand du professeur Ohm, sur *l'Esprit de l'analyse grammaticale (1843)*; celle du savant ouvrage d'Helmholtz : *Die Lehre von den Tonempfindungen*, sous ce titre : *Sensations of tone as a physiological basis for the theory of Music*, avec un appendice (1875) ainsi que de nombreux articles sur la musique, l'hypsométrie barométrique, la logique, la signification géométrique des hallucinations, stigmatisations, etc., dans les *Proceedings of the Philological society*, qui contient également ses discours présidentiels annuels et sur des sujets de pédagogie et sur la morale ; dans *l'Educational Times* et dans le *Journal of the Society of arts*, où deux de ses articles : *On the measurement and settlement of Musical pitch (1877)* et *On the history of Musical pitch (1880)* furent récompensés l'un et l'autre par une médaille d'argent de la Société des arts.

ELLIS, GEORGE EDWARD, biographe américain, né à Boston le 2 août 1814, fit ses études au collège d'Harvard et au séminaire de Cambridge (Massachusetts) et, après un voyage d'une année en Europe, fut ordonné, en 1840, pasteur de l'Église unitaire d'Harvard, à Charlestown, fonctions qu'il résigna en 1869. De 1857 à 1864, il fut professeur de théologie doctrinale au séminaire de Cambridge. Il fut longtemps rédacteur en chef du *Christian Register*, organe des unitaires du Massachusetts, puis, avec le théologien George Putnam, du *Christian Examiner*. Il a, en outre, publié des sermons et des discours et collaboré activement à la presse périodique. On lui doit les biographies de *John Mason, Ann Hutchinson* et *William Penn*, dans l'*American Biography*, de Sparks; et il a publié à part: *The half-century of the Unitarian controversy* (Un demi-siècle de controverse, etc., 1857); *The aims and purposes of the founders of Massachusetts* (le But et les aspirations des fondateurs du Massachusetts, 1869); *Memoirs of Jared Sparks (1869)*; *Memoirs of sir Benjamin Thompson, comte Rumford (1871)*; *Histoire de la bataille de Bunker's Hill (1875)*; *Mémoires de Jacob Bigelow (1881)*; *l'Homme rouge et l'homme blanc (1882)*, etc.

ELSSLER, TERESA et FANNY, célèbres danseuses autrichiennes, nées à Vienne, la première en 1808, la seconde en 1811. Quoique les deux sœurs dansassent presque toujours ensemble, la célébrité de la plus jeune fut beaucoup plus grande que celle de l'aînée, et il est assez habituel de faire précéder le nom commun d'Elssler du seul prénom de Fanny, comme si la gloire de la famille lui fût due à elle seule. Fanny Elssler eut pour premier maître Herschelt, maître de ballet de l'Opéra viennois, et parut sur la scène du Kærnther Theater dès l'âge de six ans. Elle suivit alors les leçons d'Aumar, et des cours d'esthétique du baron F. Von Gentz. En 1827, les deux sœurs partirent pour Naples, où elles obtinrent toutes deux un engagement et s'occupèrent surtout de compléter leur éducation. De retour en Allemagne, en 1830, elles parurent d'abord à Berlin, où elles causèrent une sensation extraordinaire, mais Fanny était déjà distinguée de sa sœur, et les ovations continuelles la poursuivirent partout; la passion s'en mêla souvent, comme de juste, et à Vienne, la malignité publique imputa à l'aérienne Fanny le crime, d'ailleurs pardonnable, d'avoir hâté les jours du jeune duc de Reichstadt. De Vienne, les deux sœurs se rendirent à Saint-Pétersbourg et de Saint-Pétersbourg à Paris (1834), où Fanny réussit presque à faire oublier la Taglioni. Son triomphe était la *Cachucha*. Il était vraiment prodigieux de voir exécuter à cette « frêle et délicate » jeune fille les tours de force que certains ballets lui imposaient, mais lorsqu'elle dansait la *Cachucha*, tout Paris était à ses pieds. Une quantité d'offres matrimoniales, et des plus brillantes, sans parler de celles du docteur Véron, lui furent faites, mais en vain. Les deux sœurs partirent pour Londres en 1838 et s'embarquèrent pour les États-Unis en 1841. — Teresa et Fanny se séparèrent en 1851 : la première pour épouser morganatiquement le prince Adalbert de Prusse, cousin de l'empereur d'Allemagne (25 avril), lequel l'a laissée veuve en 1873; la seconde, pour se retirer, avec une fortune énorme, dans un château magnifique qu'elle venait d'acheter aux portes de Hambourg, et où l'on annonce, depuis quelque temps, qu'elle prépare des mémoires sur sa vie d'ins l'intention de les publier bientôt (1886). — Teresa ELSSLER est morte le 19 novembre 1878.

ENAULT, LOUIS, littérateur français, né à Isigny en 1824. Il fit ses études à Paris et se fit admettre au barreau en 1846. Arrêté après l'insurrection de juin 1848, sous prétexte d'intrigues avec le parti légitimiste, qu'on voulait rendre responsable dans une certaine mesure des événements douloureux qui venaient de se produire, il resta détenu pendant quelques jours, à la suite desquels il entreprit un voyage dans les îles Britanniques, en Belgique et en Allemagne. De retour en 1861, il repartit pour une excursion en Orient en 1853. L'année suivante, il repartait, cette fois pour les pays Scandinaves et chargé d'une mission officielle. Attaché au journal belge le *Nord* et au *Constitutionnel*, où il a longtemps fait la critique artistique, en qualité de rédacteur littéraire, M. Louis Enault a également collaboré à la *Liberté de France*, au *Pays*, à la *France*, au *Figaro*, à l'*Illustration*, à la *Correspondance littéraire*, à l'*Athenæum français*, à la *Revue de France*, etc. Il a publié à part : *Promenade en Belgique et sur les bords du Rhin (1852)*; le *Salon de 1852*, l'*Oncle Tom*, traduit de l'anglais (1853); la *Terre Sainte, histoire de quarante pèlerins (1854)*; *Constantinople et la Turquie, tableau historique*, etc., et une traduction de *Werther (1855)*; la *Norwège (1857)*; *Christine*, roman (même année); la *Vierge du Liban (1858)*; *Alba, Nadèje*, deux romans, et un *Itinéraire de Paris à Cherbourg (1859)*; *De la littérature des Indous, Hermine (1860)*; l'*Amour en voyage*, nouvelles (même année); un *Amour en Laponie (1861)*; *Pêle-mêle*, recueil de nouvelles et la *Méditerranée, ses îles et ses bords (1862)*; *Stella (1863)*; *En province, Olga (1864)*; *Irène*, un *Mariage impromptu, Deux villes mortes (1865)*; l'*Amérique centrale et méridionale*, roman (1866); le *Roman d'une veuve (1867)*; *Frantz Muller, Axel*, le *Rouet d'or*, nouvelles (1868); le *Secret de la confession (1870)*; *Paris brûlé (1871)*; le *Baptême du sang (1873)*; la *Vie à deux (1874)*; *Londres illustré (1876)*; les *Diamants de la Couronne (1885)*, etc. — M. Louis Enault est chevalier de la Légion d'honneur depuis 1861.

ERCKMANN-CHATRIAN, (ÉMILE **Erckmann** et ALEXANDRE Chatrian, littérateurs français, nés, le premier à Phalsbourg. Le second à Soldatenthal, hameau du même ancien département français de la Meurthe ; M. Erckmann le 20 mai 1822, M. Chatrian le 18 décembre 1826. Fils d'un libraire de Phalsbourg, M. Émile Erckmann fit ses études au collège de sa ville natale.

après quoi il vint à Paris où il commença l'étude du droit. M. Alexandre Chatrian, qui appartenait à une famille de verriers alsaciens, avait lui-même suivi d'abord cette carrière, après avoir terminé ses études au collège de Phalsbourg. Il occupait un emploi important dans une verrerie belge, lorsqu'il accepta, éloigné de l'industrie par un goût très vif pour la littérature, la place de maître d'études au collège de Phalsbourg, où il fit la connaissance de M. Erckmann, par l'intermédiaire d'un des professeurs de cet établissement, resté en relations avec lui (1847). Cette connaissance se transforma bientôt en intimité à la faveur de goûts identiques et évidemment de cette parité de sentiments et d'humeur qui se remarque dans leurs œuvres, aujourd'hui que l'on sait qu'elles sont dues à deux auteurs, et qui ne laissa jamais soupçonner, avant cette découverte, qu'Erckmann-Chatrian ne fût pas une seule et même personne. Les deux nouveaux amis ne tardèrent pas à entamer cette collaboration devenue si féconde. Dès 1848, le *Démocrate du Rhin* publiait des feuilletons signés Erckmann-Chatrian, qui figurent dans leurs recueils de nouvelles. Ils travaillèrent également pour le théâtre, et firent représenter à Strasbourg un drame historique l'*Alsace en 1814*, fort bien accueilli, excepté de la préfecture, qui en interdit une troisième représentation. Ils avaient également présenté à l'Ambigu, qui l'avait accepté à *correction*, un autre drame: le *Chasseur des ruines*; mais ils préférèrent le retirer purement et simplement que de se soumettre aux modifications indiquées. Ils étaient pourtant loin d'être arrivés, et quoique produisant sans cesse, le revenu que leur plume paraissait capable de leur assurer était assez sensiblement inférieur à la somme de leurs besoins. Découragés, ils se séparèrent (1857). M. Erckmann reprit ses études de droit interrompues et qu'il ne devait pas achever, et M. Chatrian obtint un emploi dans une compagnie de chemin de fer. Sans doute, ils n'avaient pas abandonné la littérature sans esprit de retour; encore qu'ils en eussent eu l'intention, ils ne le pouvaient pas. Ils ne sont pas les seuls qui, ayant pris semblable détermination, n'ont plus trouvé de repos qu'ils n'y aient manqué. Donc, en 1859, ils publiaient un nouvel ouvrage: l'*Illustre docteur Matheus* dont le succès rappela promptement leur courage un instant abattu. — Nous citerons parmi les ouvrages devenus populaires en France et traduits en allemand et en anglais sous la plupart, que ces deux écrivains ont publiés depuis cette époque, outre l'*Illustre docteur Matheus* (1859), les *Contes fantastiques* et les *Contes de la Montagne* (1860); *Maître Daniel Rock* (1861); *Contes des bords du Rhin*, le *Fou Yégof* (1862); les *Confidences d'un joueur de clarinette*, paru d'abord au Journal des Débats et la *Taverne du jambon de Mayence* (1863); *Madame Thérèse* (même année); l'*Ami Fritz, Histoire d'un conscrit de 1813* (1865); *Waterloo* et *Histoire d'un homme du peuple* (1865); la *Guerre*, la *Maison forestière* (1866); le *Blocus*, *Contes populaires* (1867); *Histoire d'un paysan*, roman historique divisé en quatre volumes portant des titres distincts : 1er les *Etats généraux*; 2e la *Patrie en danger*; 3e l'*An Ier de la République*; 4e le *Citoyen Bonaparte* (1868); *Histoire d'un sous-maître*, les *Deux frères* (1870); *Lettre d'un électeur à son député* et *Histoire du plébiscite racontée par un des 7.500,000 « oui »* (1872), paru d'abord dans le *Soir* (direction H. Pessard); une *Campagne en Algérie*, récits d'un chasseur d'Afrique (1874); le *Brigadier Frédéric* (1875); *Maître Gaspard Fix*, *Histoire d'un conservateur*, l'*Isthme de Suez*, souvenirs d'un chef de chantier, suivi de l'*Exilé* (1876); *Contes vosgiens* (1877); les *Vieux de la vieille* (1882); l'*Art et les idéalistes*, *Alsace 89* (1885). La plupart des romans de MM. Erckmann-Chatrian ont été traduits dans les principales langues de l'Europe, surtout en anglais. En 1859, MM. Erckmann-Chatrian faisaient représenter, avec un très grand succès, au théâtre de Cluny, une pièce en 3 actes empruntée à un de leurs « romans nationaux »: le *Juif polonais*. L'*Ami Fritz*, comédie en 3 actes des mêmes auteurs, que plusieurs mois à l'avance quelques journalistes bonapartistes avaient désignée aux sifflets de leurs amis, était représentée pour la première fois, au Théâtre-Français, le 4 décembre 1876, avec un très grand succès. Ils ont fait jouer depuis, sur divers théâtres: la *Taverne des Trabans*, opéra comique, en 3 actes, avec M. J. Barbier, musique de M. H. Maréchal, à l'Opéra-Comique; les *Rantzau*, comédie en 4 actes, au Français; *Madame Thérèse*, drame en 5 actes, au Châtelet (1882); le *Fou Chopine*, 1 acte, musique de M. Seilenick, à la Renaissance (1883); *Myrtille*, opéra comique en 3 actes, avec M. Maurice Drack, musique de M. Lacôme, à la Gaîté; la *Guerre*, drame en 4 actes et 9 tableaux, au Châtelet (1885), etc.

ERICSSON, JOHN, ingénieur américain d'origine suédoise, est né dans la province de Vermeland (Suède) en janvier 1805. Il servit dans la marine suédoise et avait atteint le grade de lieutenant lorsqu'il se rendit en Angleterre, en 1826, pour présenter sa machine à flamme, destinée, dans sa pensée, à supplanter la machine à vapeur, mais qui n'eut aucun succès. En 1829, il prit part au concours de locomotives ouvert par la Compagnie de Liverpool-Manchester, avec une machine pourvue d'une chaudière de son invention, appelée *Novelty*; mais on sait que ce fut la *Fusée* de George Stephenson qui remporta le prix. La *Novelty* avait bien fourni une vitesse extraordinaire, supérieure même à celle de la *Fusée*, mais elle était détraquée au second tour. M. Ericsson, qui avait donné sa démission d'officier de la marine suédoise, pour se livrer entièrement à la construction des machines en Angleterre, poursuivit encore, pendant dix ans, le cours de ses travaux et de ses inventions. En 1839, il s'embarqua pour les Etats-Unis et s'établit à New-York. Deux ans après, il construisait le premier vapeur ayant son appareil propulseur au-dessous de la ligne de flottaison et, par conséquent, à l'abri de l'artillerie ennemie. Le vapeur le *Princeton* est, en fait, le premier navire à hélice. A l'Exposition de Londres, en 1831, M. Ericsson avait envoyé plusieurs de ses inventions, pour lesquelles il reçut les plus hautes récompenses. L'année suivante, il construisait l'*Ericsson*, navire de 2,000 tonneaux, mû par une machine à air chaud qu'il avait inventée en 1833, pendant son séjour en Angleterre, et qui n'avait pas reçu l'approbation des hommes compétents. Le fait est que cette machine ne développait pas une force suffisante pour communiquer au navire la vitesse nécessaire. L'inventeur se borna dès lors à appliquer son système aux machines fixes. Mais c'est pendant la guerre de sécession qu'il acquit une grande célébrité, par l'invention de ses navires en fer avec batteries tournantes auxquels il donna le nom de *Monitors*, que l'expérience leur a confirmé. On se rappelle que le premier *Monitor*, qui avait été construit en *cent jours*, réussit à couler, en mars 1862, le gros cuirassé confédéré *Merrimac*, qui avait détruit, sans la moindre peine, les deux plus belles frégates de la marine fédérale. Toutes les puissances voulurent alors avoir des *monitors*, et la construction de ces bâtiments valut à l'inventeur une fortune colossale. On lui doit aussi un système de batteries sous-marines. Il s'est occupé spécialement, dans ces derniers temps, du perfectionnement de la machine solaire. Veuf et sans enfants, M. J. Ericsson vit fort modestement à New-York. — A l'occasion de son quatre-vingtième anniversaire (janvier 1885), le roi d'Espagne Alphonse XII envoyait à M. Ericsson le grand cordon de l'ordre de Charles III avec plaque ornée de pierres précieuses.

ERNEST II, AUGUSTE CHARLES JEAN LEOPOLD ALEXANDRE ÉDOUARD, duc régnant de SAXE-COBOURG-GOTHA, né à Cobourg le 28 juin 1818, succéda à son père, le duc ERNEST Ier, le 29 janvier 1844, tandis que son frère puîné était, depuis quatre ans, prince-époux de la reine d'Angleterre. Il étudia principalement les sciences naturelles, l'économie politique et la philosophie, à l'université de Bonn, et cultiva la musique avec passion; ses études achevées, il voyagea dans les diverses parties de l'Europe et en Afrique, d'abord avec son frère, le prince Albert, puis seul, et, au retour, entra dans la cavalerie des duchés. Il y devint major-général, puis général de cavalerie et colonel des cuirassiers dans l'armée prussienne. Peu après son avènement, le duc Ernest donnait à ses duchés de Saxe et de Cobourg une Constitution libérale commune (1846), qui lui valut la paix lors des troubles qui agitèrent le reste de l'Allemagne en 1848 et 1849. Il prit une grande part aux tentatives d'unification de l'Allemagne faites à cette époque, fit la guerre au Danemark et, en 1850, essaya de s'opposer au mouvement de réaction provoqué chez les vainqueurs par les troubles des années précédentes. Il se prononça, dès 1863, contre le Danemark dans la question des duchés et tenta en 1866, mais sans succès, d'empêcher le conflit entre la Prusse et l'Autriche. — En 1862, il avait fait, avec la duchesse sa femme, née princesse Alexandrine de Bade, un voyage en Egypte, dont il publia la relation en 1864. Mais c'est surtout comme musicien que le duc Ernest s'est fait connaître. On cite de lui plusieurs opéras: *Zaïre*, *Casilda*, *Santa-Chiara*, représenté sur la scène de l'Opéra de Paris en 1855; *Diane de Solanges*, joué à Cobourg en 1858; ainsi que des *hymnes*, des *lieder*, etc., dont plusieurs ont obtenu la popularité.

ESCANDE, JOSEPH ANTOINE GEORGES FROST, homme politique français, médecin, né à Saint-Vincent-de-Cussé, canton de Saint-Cyprien (Dordogne), le 13 août 1847.

Etabli médecin au chef-lieu de canton, dont il est devenu maire, et qu'il représente au Conseil général de la Dordogne, le docteur Escande échoua aux élections du 14 octobre 1877 pour la députation, dans la 2ᵉ circonscription de Sarlat; mais à celles du 21 août 1881, il triompha du même concurrent bonapartiste et vint siéger, à la Chambre, sur les bancs de l'Union républicaine. Il fut élu le 4 octobre 1885, au premier tour, député de la Dordogne. M. Escande a voté l'expulsion totale des princes.

ESCARGUEL, Lazare, homme politique français, riche minotier, né à Routier (Aude) le 23 mars 1816. M. Escarguel fit une ardente opposition à l'administration impériale et appuya la candidature de M. Emmanuel Arago aux élections de 1869. Nommé maire de Perpignan, où il réside, le 4 septembre 1870, il fut élu le 2 juillet 1871, représentant des Pyrénées-Orientales, et député de la 1ʳᵉ circonscription de Perpignan le 20 février 1876. Dans les deux Assemblées, M. Escarguel siégea à gauche. Il fut réélu, le 14 octobre 1877 et le 21 août 1881. Enfin il a été élu sénateur des Pyrénées-Orientales en 1883, en remplacement de M. Achille Farines, démissionnaire. Il a voté l'expulsion des princes.

ESCHASSERIAUX (baron), René François Eugène, homme politique français, né le 25 juillet 1823 aux Arènes (Charente-Inférieure), est petit-fils de François Eschassériaux, membre de la Convention, rallié plus tard à l'Empire, et fils d'un ancien député de la Restauration, grand propriétaire dans la Charente-Inférieure Après avoir terminé son droit à Paris, M. Eschassériaux se fit inscrire au barreau de cette ville. Elu représentant de la Charente-Inférieure à l'Assemblée législative, il prit place à droite et appuya la politique de l'Elysée. Il fit partie de la Commission consultative après le coup d'État de décembre 1851. Aux élections générales de 1852, il fut élu député de la 3ᵉ circonscription de la Charente-Inférieure au Corps-Législatif, en qualité de candidat officiel, et fut réélu en la même qualité en 1857, 1863 et 1869. Il avait siégé au bureau de la Chambre, comme secrétaire, pendant la première législature impériale. En 1869, M. le baron Eschassériaux fit partie du nouveau tiers-parti et signa, en conséquence, la demande d'interpellation des Cent-Seize. Il a pris plus particulièrement la parole dans les discussions relatives au système économique, en faveur du maintien des traités de 1860, dans la question des bouilleurs de crû, l'impôt sur les alcools, etc. Après le 4 septembre, le parti qu'il représentait étant naturellement en suspicion, M. le baron Eschassériaux ne fit pas tout ce que son patriotisme lui inspirait pour l'organisation de la défense; il fit toutefois ce qu'il put. Elu représentant de la Charente-Inférieure à l'Assemblée nationale, le 8 février 1871, il s'inscrivit à la réunion de l'Appel au peuple, dont il fut président. En novembre 1873, après avoir dénoncé les tentatives de restauration bourbonnienne, il déposait sur le bureau de l'Assemblée une proposition d'appel au peuple, qui fut naturellement repoussée. Comme pendant la dernière législature impériale, M. le baron Eschassériaux se prononça contre la dénonciation du traité de commerce avec l'Angleterre (31 janvier 1872). Aux élections du 20 février 1876, M. le baron Eschassériaux a été élu député de la 1ʳᵉ circonscription de l'arrondissement de Saintes; il a été réélu le 14 octobre 1877 et le 21 août 1881, cette dernière fois par l'arrondissement de Jonzac, un moment représenté par son fils. Aux élections d'octobre 1885, il n'a été élu qu'au second tour député de la Charente-Inférieure. — M. Eschassériaux est officier de la Légion d'honneur depuis 1868.

ESCHASSÉRIAUX, René, fils du précédent, est né à Agen le 11 mai 1850. Destiné à la carrière diplomatique, M. René Eschassériaux venait d'être nommé attaché à la légation de France près le gouvernement de Victor-Emmanuel, lorsqu'éclata la guerre avec la Prusse. Il s'engagea aussitôt dans un régiment de lanciers et prit part aux combats de Beaugency, Vendôme, du plateau d'Auvours, près le Mans, etc. Il a pris également part au siège de Paris contre la Commune et aux combats livrés dans les rues du 21 au 27 mai. Il quitta ensuite l'armée et alla prendre possession de son poste à Rome. En 1872, M. René Eschassériaux donna sa démission et voyagea quelque temps, parcourant une partie de l'Europe. — Le 20 février 1876, il posait sa candidature, contre celle du comte Duchâtel, dans l'arrondissement de Jonzac, sous les auspices du « Comité national conservateur ». Il fut élu et a pris place dans les rangs de l'Appel au peuple. Réélu le 14 octobre 1877, il ne s'est pas représenté aux élections suivantes.

ESCOFFIER, Marie Henri Amédée, journaliste et littérateur français, né en 1837 à Sérignon (Vaucluse).

Il fit son droit à Paris et prit le grade de licencié. Destiné à succéder à son père, qui dirigeait une étude de notaire, il préféra la carrière des lettres et débuta à vingt ans au *Courrier de Paris*. Après avoir collaboré à divers journaux, il entrait au *Petit Journal* sitôt créé. Il en est devenu le rédacteur en chef en 1873, et c'est lui l'auteur de presque toutes les chroniques quotidiennes de ce journal qui portent la signature « Thomas Grimm ». Il y fait en outre, chaque année, depuis déjà longtemps, une revue du Salon très appréciée. — Il a publié à part : la *Grève des patrons et des bourgeois (1874)* ; le *Mannequin (1875)* ; les *Femmes fatales: la Vierge de Mabille (1876)* ; *Chloris, la goule (1878)* ; *Blonde aux yeux noirs (1884)*. — M. Escoffier est chevalier de la Légion d'honneur.

ESPIVENT DE LA VILLEBOISNET (comte), Henry, général et homme politique français, sénateur né à Prinquiau (Loire-Inférieure) le 30 mai 1813, entra à l'École de Saint-Cyr en 1830, à l'École d'état-major en 1832, fut nommé peu après sa sortie, aide-de-camp du général Bedeau et servit en Algérie en cette qualité. Promu lieutenant en 1835, il devint successivement capitaine en 1839, chef d'escadron en 1847, lieutenant-colonel en 1849, colonel en 1852, général de brigade en 1860, et général de division le 14 juillet 1870. M. Espivent de la Villeboisnet, outre ses campagnes en Algérie, a fait l'expédition de Rome en 1849 et celle d'Italie dix ans après ; il fut nommé chef d'état-major de l'armée de Lyon, au retour de cette dernière. Il prit part, enfin, aux opérations du 5ᵉ corps d'armée, pendant la guerre de 1870. M. Espivent de la Villeboisnet commandait la division de Marseille lors de la tentative communaliste du 23 mars 1871, dont il ne crut pas possible d'avoir raison sans le secours d'un bombardement en règle. D'une famille légitimiste de la Bretagne, M. Espivent de la Villeboisnet a conservé des convictions légitimistes et cléricales, qu'il a d'ailleurs manifestées en toute occasion, et en reconnaissance desquelles il a été créé comte romain par le pape en 1875. Nommé, le 28 septembre 1873, au commandement du 15ᵉ corps d'armée, avec résidence à Marseille (on pourrait aussi bien dire maintenu). il fut transféré au commandement du 11ᵉ corps, à Nantes, le 28 septembre 1876 et placé dans la section de réserve en 1878. — L'ex-commandant du 15ᵉ corps avait signalé son passage à Marseille par des mesures de rigueur incessantes, même depuis la levée de l'état de siège ; on ne crut donc pas pouvoir l'y maintenir, à l'expiration du terme légal de trois années ; mais on n'avait pu se résoudre à le priver de commandement : on eut du moins l'heureuse inspiration de l'envoyer dans son pays.

Porté aux élections sénatoriales dans la Loire-Inférieure sur la liste légitimiste, le général Espivent de la Villeboisnet fut élu avec ses collègues de cette liste, MM. de Lavrignais et de Lareinty. Il prit place à l'extrême droite, agit en conséquence et fut réélu au renouvellement du 5 janvier 1879. M. le général Espivent de la Villeboisnet est grand croix de la Légion d'honneur du 28 mai 1873.

ESTANCELIN, Louis Charles Alexandre, homme politique français, né à Eu (Seine-Inférieure) le 6 juillet 1823, fit ses études à Paris, au collège Henri IV, où il eut pour condisciple et pour ami le duc d'Aumale. Ses études terminées, il entra dans la diplomatie et devint rapidement secrétaire d'ambassade. Le 24 février 1848, M. Estancelin se trouvaient à Paris, pour cacher chez lui la duchesse de Montpensier, à laquelle il parvint ensuite à faire quitter Paris sans être inquiétée. Elu représentant de la Seine-Inférieure à l'Assemblée législative, en 1849, M. Estancelin prit place sur les bancs de la droite et fit aux institutions républicaines une guerre acharnée, à laquelle le coup d'État du 2 décembre vint mettre un terme, en faisant rentrer M. Estancelin dans la vie privée. Aux élections législatives de 1869, il se présenta comme candidat de l'opposition libérale, dans la 4ᵉ circonscription de la Seine-Inférieure et fut élu au second tour de scrutin. Il prit place au centre gauche, à côté de M. Thiers, et signa la demande d'interpellation des *Cent Seize*. Lors de la demande en autorisation de poursuites contre M. Henri Rochefort, M. Estancelin proposa l'ordre du jour pur et simple (10 janvier 1870), qui fut repoussé. Il défendit, le 2 juillet suivant, la pétition demandant l'abrogation des lois d'exil, au moins en ce qui concernait les princes d'Orléans, et le fit avec une chaleur de cœur dont la tribune parlementaire offre bien rarement le spectacle. Ce fut littéralement les larmes aux yeux qu'il rappela le temps où les fils du roi étaient, comme lui et avec lui, de simples écoliers partageant les triomphes et les *pensums* du premier venu, ceci pour prouver qu'il connaissait bien leur cœur, lui qui était resté leur ami si sincère et si dévoué, et qu'il savait bien que s'ils avaient « accepté le principe de la souveraineté nationale avec toutes ses conséquences et mis au-dessus des prérogatives de leur naissance, leurs droits de citoyens », contrairement au comte de Chambord qui avait déclaré ne pouvoir rentrer en France que comme roi, c'était sans arrière-pensée coupable. Son discours, qui dégageait pourtant une émotion intense, n'impressionna que le public des tribunes, mais ne produisit aucun effet sur ses collègues, dont le siège était fait. Ce fut en vain que, le 11 août suivant, il revint à la charge, à propos d'une lettre collective des princes demandant à défendre leur pays contre l'étranger à quelque titre que ce fut, lettre dont il donna communication à la Chambre.

M. Estancelin avait été nommé, le 11 février, membre de la Commission d'enquête sur la marine marchande, dont la guerre interrompit les travaux, et au sein de laquelle, aussi entêté protectionniste qu'orléaniste fervent, quoiqu'avec de moins bonnes raisons, il n'avait soulevé plus d'un « grain ». Après le 4 septembre, il fut nommé commandant supérieur de gardes nationales de la Seine-Inférieure. Il organisa la défense, créa des compagnies de francs-tireurs normands, avec plus d'activité et de bonne volonté sans doute que de science militaire. Après les défaites successives des armées de l'Ouest et du Nord, incapable de tenir à Rouen, il fit enclouer la grosse artillerie et se replia sur le Havre. — Candidat à l'Assemblée nationale dans la Seine-Inférieure, aux élections du 8 février 1871, M. Estancelin ne fut pas élu. Il n'eut pas plus de succès le 20 février 1876. Après une nouvelle tentative, qui ne servit qu'à accentuer encore son insuccès, M. Estancelin se le tint pour dit et ne reparut plus sur les hustings.

ESTOURMEL (marquis d'), MARIE REINHOLD, homme politique français, né à Paris le 15 janvier 1841. Elu député de la 3ᵉ circonscription de la Somme à une élection partielle ouverte en 1867, comme candidat de l'Union libérale, M. d'Estourmel vit son élection annulée, mais ses électeurs l'envoyèrent siéger au Corps législatif aux élections générales de 1869, en dépit du candidat officiel et de l'administration qui le soutenait. Il prit place au centre droit, signa l'interpellation des Cent Seize et vota contre la guerre. Aux élections d'octobre 1885, M. le marquis d'Estourmel figurait sur la liste monarchiste ; il a été élu député de la Somme au scrutin du 18.

ETEX, ANTOINE, sculpteur, peintre, graveur et architecte français, né à Paris le 20 mars 1808. D'une famille d'artistes, il reçut de son père les premiers éléments de la sculpture, puis fut élève de Dupaty, de Pradier, d'Ingres et de Duban. Second grand prix en 1828, il obtint une pension et se rendit en Italie pour y étudier les maîtres pendant un séjour de deux années. A l'expiration de ces deux années, il visita l'Algérie, la Corse, l'Espagne, l'Allemagne et l'Angleterre. Ses œuvres principales sont, en sculpture : le Jeune Hyacinthe tué par Apollon, groupe, sujet du concours de 1828 ; Caïn, groupe colossal (1833) ; les statues de Leda, Olympia, Rossini, à l'ancien Opéra ; le Choléra, Blanche de Castille, au musée de Versailles ; Héro et Léandre, musée de Caen ; Charlemagne, au Luxembourg ; Saint Augustin, à la Madeleine ; le Général Lecourbe, à Lons-le-Saulnier ; René et Outougamis, groupe colossal ; les deux groupes : Mil-huit-cent-quatorze et Mil-huit-cent-quinze de l'Arc-de-Triomphe de l'Etoile ; le Tombeau de Géricault ; le monument du Maréchal Vauban, aux Invalides ; Saint Louis, statue, à la barrière du Trône ; François Iᵉʳ, à Cognac ; les bustes du Duc d'Orléans, de MM. Thiers, Louis Blanc, Odilon Barrot, Vitet, Lablache, Dupont (de l'Eure), Rostan, Sappey, Charlet, Proudhon, Pierre Leroux, Châteaubriand, Alfred de Vigny, le Général Cavaignac, Mᵐᵉˢ Lenormand et Eugénie Garcia, Mˡˡᵉˢ Cambardi (1857) ; ceux de MM. Liouville, Martinet, Emile Chevé (1864) : le Génie du XIXᵉ Siècle, l'Amour piqué par une abeille (même année) ; le Cardinal Antonelli, Mgr de Mérode, Mgr de Dreux-Brézé, bustes (1863) ; le buste de M. Louis Veuillot, la Vierge immaculée (1864) ; Saint Benoît (1865) ; Sainte Madeleine, le Bonheur maternel, statues (1866) ; les Naufragés, groupe marbre et quelques bustes précédemment exposés (Exp. univ. de 1867) ; Berryer, buste, plâtre (1868) ; le monument d'Ingres et le buste de M. Ferdinand de Lesseps (1869) ; plus une quantité innombrable de portraits, médaillons, bas-reliefs, etc. Nous citerons encore, parmi ses plus récentes expositions : Pierre Leroux, buste en fonte, et le Général Chanzy, buste en bronze (1873) ; Enfant endormi, statue en marbre, Joseph explique les songes à ses frères, bas-relief en marbre et Portrait de M. Solacroup, buste en marbre (1874) ; Portrait de M. H. Labrouste, buste en plâtre ; Alexandre Dumas père, buste en bronze et Suzanne surprise au bain, statue en marbre (1875) ; Châteaubriand et Eugène Delacroix, bustes en plâtre (1876) ; Emile de Girardin, M. H. Marinoni, bustes en marbre (1877) ; le buste de M. de Lesseps, le Monument d'Ingres, etc. (1878, Exp. univ.) ; les portraits de M. P. E. Mangeant et de Millière, médaillons en bronze (1884) ; le buste en bronze de Géricault et la Ville de Paris, statue en plâtre (1885). Au Salon de 1874, M. A. Etex avait également, à la suite des ouvrages d'architecture, exposé les photographies du Monument funéraire de T. Aligny, peintre de paysages et du Tombeau de François Huet, philosophe, érigés par lui au cimetière Montparnasse.

En peinture, on doit à M. A. Etex : les Médicis, Saint Sébastien, martyr, et Joseph expliquant les songes à ses frères (1844) ; le Christ prêchant, Sapho, Roméo et Juliette, Dante et Béatrix, Faust et Marguerite, les Grands hommes des Etats-Unis (à l'Hôtel de ville de New-York) ; Jacob allant trouver Joseph en Egypte, les Deux fils de Joseph bénis par Jacob, Funérailles de Jacob, la Fuite en Egypte (1864) ; la Mort de l'enfant Adeodatus (1875), projet de décoration ; un Christ, la Gloire des Etats-Unis, allégorie (1885) ; des portraits, des pastels, ainsi qu'un grand nombre de dessins, aquarelles, gravures, etc. — Parmi ses principaux travaux d'architecture, nous citerons : le Tombeau de Napoléon ; ceux de Mᵐᵉ Raspail, de Mᵐᵉ Schœlcher, d'Armand Marrast, de Géricault, de Brizeux ; divers projets d'embellissement de Paris ; un projet d'Opéra pouvant contenir deux mille spectateurs, exposé au Salon de 1861 ; un projet de Fontaine monumentale (1862) ; projet d'Ecole de natation pour les lacs des bois de Boulogne et de Vincennes (1863) ; projet d'Eglise des Sept sacrements et des Sept péchés capitaux (1864), etc., etc. — Enfin, M. A. Etex a publié : un Essai sur le Beau (1851) ; un Cours élémentaire de dessin appliqué à la peinture, à l'architecture et à la sculpture (1853) ; des études biographiques sur J. Pradier et Ary Scheffer (1859). Il a fait des cours publics et de nombreuses conférences sur l'art, etc. ; collaboré à un certain nombre de journaux et de recueils périodiques non seulement comme critique d'art, mais aussi comme écrivain politique. Combattant de Juillet 1830, républicain convaincu, il tenta en 1848 de se faire élire député à la Constituante, mais sans succès ; il reprit alors sans trop de regret le chemin de l'atelier.

M. A. Etex est chevalier de la Légion d'honneur depuis 1841. Il est également décoré de l'ordre de Saint-Grégoire le Grand.

ETEX, LOUIS JULES, peintre français, frère du précédent, né à Paris en 1810, est élève d'Ingres. Il débuta au Salon de 1833 et fut, quelques années plus tard, chargé par le gouvernement de copier la Madone de Saint-Sixte de Raphaël, à Dresde, pour la cathédrale d'Agen. Apres un nouveau voyage en Saxe, un autre en Italie, M. L. J. Etex a donné aux divers salons annuels, depuis 1838 : la Promenade du matin, pastel ; Première impression de la mer sur l'homme, le Religieux et le philosophe, les portraits de Berryer et de Decamps, une Porteuse de fruits ; Télésille, dame d'Argos ; Diligence au bord de la mer, par un temps d'orage ; Résurrection du fils de la veuve de Naïm ; Lascaris, accompagné de savants grecs, au porter en Italie, après la prise de Constantinople par Mahomet II, les trésors des Belles-Lettres et des Arts, en 1463 ; les Fiancés, famille de pêcheurs assistant à un sinistre, le Manteau et la lanterne (1858-59) ; Portrait de Mᵐᵉ C... (1863) ; Vestale rentrant au temple et tombant évanouie à la vue du feu éteint (1868) ; Vestale se laissant entraîner hors du temple, Souvenir de La Varenne (1869) ; Sainte Geneviève, Jeune chasseresse, Portrait de M. L..., Portrait de M. A. B... (1876), et d'autres portraits, etc. — M. Louis Jules Etex a obtenu une médaille de 2ᵉ classe en 1833 et une autre en 1836 ; la première pour le portrait, la seconde pour la peinture historique.

EU (comte d'), prince LOUIS PHILIPPE MARIE FERDINAND GASTON D'ORLÉANS, fils aîné du duc de Nemours et petit-fils de Louis Philippe Iᵉʳ, né au château de Neuilly le 28 août 1842. Il n'avait donc que six ans, lorsqu'il dut prendre avec sa famille le chemin de l'exil (février 1848). Il y reçut une éducation toute militaire et partit pour l'Amérique du Sud. En 1864, il épousait la princesse Isabelle, fille aînée de Don Pedro II, empereur du Brésil, née le 29 juillet 1846. Il reçut, comme cadeau de noces, le titre de maréchal de l'empire. Depuis cinq ans, le Brésil était en lutte avec le Paraguay, dont le président, Lopez, n'avait cessé de tenir l'empire en échec, au grand détriment de la fortune publique, des deux côtés bien entendu. Le comte d'Eu, quoique encore bien jeune, voulut prendre occasion de cette guerre interminable pour justifier son élévation à la plus haute dignité militaire. Il se fit confier le commandement en chef de l'armée brésilienne et marcha contre Lopez, résolu à tenter un suprême et décisif effort. En 1869, il attaquait le dictateur dans une position formidable, à Peribebutry, d'où il le délogeait, après une lutte terrible et prolongée, le 12 août. Poursuivant ses succès, le jeune prince battait, deux nouvelles fois en l'espace d'un mois, l'intrépide Paraguayen, lequel, surpris à Aquidubon, le 1er mars 1870, à la tête d'un infiniment petit corps d'armée resté fidèle à son destin, par le général de cavalerie brésilien Camara, et ayant refusé de se rendre, fut tué dans cette suprême et inégale rencontre. Quelques jours plus tard, le comte d'Eu faisait son entrée triomphale à Rio de Janeiro, à la tête de l'élite de son armée victorieuse, et acclamé par une population en délire, comme c'est l'usage. — Dans les différentes occasions où l'empereur du Brésil s'absente de son empire, c'est au comte d'Eu qu'il en confie les rênes; et elles sont entre bonnes mains, à ce qu'il semble.

EUGÉNIE, Eugénie Marie de Guzman de Montijo, comtesse de Teba, ex-impératrice des Français, née à Grenade (Espagne) le 5 mai 1826, est fille de doña Maria Manuela Kirkpatrick, comtesse douairière de Montijo, dont le père était consul d'Angleterre à Malaga lors de son mariage avec le comte de Montijo, officier de l'armée espagnole, qui avait été partisan du premier empire, plus ou moins apparenté avec la famille du duc de Frias qui compte parmi ses ancêtres plusieurs amiraux de Castille et avec celle du duc de Fyars, et descendant des anciens rois d'Aragon. A la mort du comte de Montijo, sa veuve resta en possession d'une fortune d'ailleurs suffisante pour maintenir son rang avec dignité, avec deux filles, dont l'aînée épousa le duc d'Albe et Berwick, descendant direct de Jacques II et de miss Churchill; quant à la seconde, on sait qu'une destinée plus haute encore lui était réservée. Elevée tour à tour en France, où elle accompagnait sa mère dans des voyages presque continuels, elle se trouvait, avec celle-ci, à Paris en 1851. Elle y assista aux brillantes réceptions de l'Elysée, où elle fut remarquée tant par sa beauté et la grâce élégante de son attitude que par son esprit, plus cultivé que ne l'est d'ordinaire celui de ses compatriotes, ce qu'il faut attribuer à son éducation surtout anglaise et aussi à ses voyages, et elle y eut en conséquence un très grand et très légitime succès.

Peu après l'abandon de son projet d'union avec la princesse Carola Wasa de Suède, à laquelle les grandes puissances du Nord s'étaient vivement opposées, l'ex-président de la République française, devenu l'empereur Napoléon III, convoqua aux Tuileries les grands corps de l'Etat (22 janvier 1853) et leur fit officiellement part de sa résolution de prendre pour femme la fille de la comtesse de Montijo, dont il leur détailla toutes les qualités, en la comparant à l'impératrice Joséphine. Cette communication ne fut pas accueillie avec une satisfaction unanime, et plusieurs ministres parlèrent de se retirer; mais le temps faisait défaut pour une manifestation de ce genre, car la cérémonie devait avoir lieu sous huitaine. Pendant ce court intervalle, Mme de Montijo et sa fille s'installèrent au palais de l'Elysée. Le mariage était célébré le 29 janvier 1853, avec une pompe tout impériale. Le Conseil municipal (non élu, non entendu) de Paris, vota une somme de 600,000 francs pour offrir une parure à la jeune mariée; mais celle-ci voulut que cette somme fût affectée à la fondation d'une école professionnelle pour les jeunes filles pauvres, idée qui ne fût jamais venue au Conseil municipal d'alors, il faut bien le reconnaître. La vie de l'impératrice Eugénie se passa dès lors dans la routine habituelle de l'étiquette des cours. Elle passait avec l'empereur une partie de l'année à Saint-Cloud; faisait, dans la saison, un séjour à Biarritz, la station préférée de sa famille au temps heureux de son enfance, et d'où elle faisait, de temps à autres, quelques excursions en Espagne. Elle fit aussi plusieurs voyages dans diverses parties de la France, accompagnant également l'empereur, qu'elle accompagna également en Angleterre en 1855. Ayant donné le jour à un héritier de la maison des Bonaparte, le 16 mars 1856, lorsque l'empereur partit pour la campagne d'Italie, en 1859, elle fut investie de la régence, comme elle devait l'être plus tard, dans une circonstance autrement grave. L'année suivante, elle l'accompagnait dans son voyage dans le midi de la France, Nice et la Savoie nouvellement annexées, et en Algérie. Elle fit seule un voyage en Angleterre et en Ecosse en 1861, et en 1864 séjourna dans quelques stations balnéaires allemandes. En juillet 1866, après sa visite courageuse aux cholériques d'Amiens, elle faisait, avec le prince impérial, un voyage en Lorraine, et assistait à la fête donnée à Nancy en commémoration de la réunion de la Lorraine à la France, réunion qui, hélas! devait avoir bien peu de durée à dater de ce moment; et en 1869, à l'occasion du centenaire de Napoléon Ier, elle se rendit en Corse, également accompagnée du prince impérial, qu'il s'agissait de montrer aux populations attendries. Enfin, au mois d'octobre de la même année, l'impératrice Eugénie entreprenait, à bord du vapeur l'*Aigle*, un voyage en Orient. Elle se rendit d'abord à Venise, puis à Constantinople et à Port-Saïd, et assista à l'ouverture du canal de Suez (17 novembre). Elle visita les monuments principaux de l'Egypte et de la Turquie, et était de retour en France à la fin de novembre. — Ici se ferme la période de prospérité de l'existence de l'ex-impératrice des Français.

Au début de la guerre avec la Prusse, Eugénie fut de nouveau investie des fonctions de régente (23 juillet 1870), l'empereur ayant pris, par une déplorable inspiration, le commandement de l'armée. Le 4 septembre trouva absolument abandonnée, dans le désastre qui entraînait la dynastie à laquelle elle avait donné un héritier, cette femme aux pieds de laquelle, la veille encore, s'entassaient les protestations de dévouement sans bornes. Le soir même, sous la protection de M. de Lesseps, elle pouvait fuir ce palais, témoin de tant de platitudes, et quittait la France, où elle n'était plus en sûreté. Elle débarquait à Ryde, dans l'île de Wight, le 9 septembre 1870, et allait quelques jours plus tard rejoindre à Hastings son fils, qui l'avait devancée en Angleterre. La famille impériale de France choisit, peu après, pour résidence Camden House, Chislehurst, où l'ex-empereur s'éteignait, inconscient, le 9 janvier 1873.

L'impératrice Eugénie ne s'occupa plus désormais que de l'éducation de son fils, qu'elle se flattait de ramener vers les hautes destinées marquées par sa naissance, mais par la route droite et non par les sentiers tortueux suivis par son père. Elle voulait qu'il fût un soldat, et un vaillant si c'était possible, au lieu d'être un simple soldat de parade, un polichinelle comme avaient été son père et ses oncles, et capable de se faire tuer à la tête de son armée, plutôt que de se livrer, lui et les siens, sans souci d'autre chose que de sauver sa misérable vie. Et elle y réussit dans la mesure du possible: le jeune prince sortait en effet de l'Académie militaire de Woolwich, le septième sur trente-quatre, au concours de février 1875. En février 1879, il quittait l'Angleterre pour le Cap, allant rejoindre l'armée d'Angleterre en lutte contre les Zoulous. C'était le baptême du feu qu'il allait recevoir, d'une manière plus sérieuse et surtout moins grotesque qu'à Wissembourg : mais ce n'était alors qu'un enfant. — Combien sa mère serait fière de lui, au retour!... Oui, mais il ne revint pas : il s'était tombé sous les coups de ces sauvages de l'Afrique australe, pas même dans une grande bataille, mais dans une embuscade, surpris au cours d'une sorte de reconnaissance inutile et sans but sérieux. La douleur de la pauvre mère eût certainement tuée, si elle n'avait été soutenue par la volonté de visiter le théâtre de son malheur et d'en ramener le corps de son fils. Elle remplit de point en point ce programme, malgré l'énergie tant physique que morale qu'il lui fallut déployer, ne rencontrant, d'ailleurs, sur sa route que respect et commisération pour une aussi grande infortune. De retour en Angleterre, et les derniers devoirs rendus à la dépouille de son fils, l'impératrice Eugénie achetait le domaine de Farnborough, dans le Hampshire, pour 1,125,000 francs, et quittait Camden House pour cette nouvelle résidence, au commencement de 1881.

EVARTS, William Maxwell, jurisconsulte américain, né à Boston le 6 février 1816. Il fit ses études au collège de Yale, puis suivit les cours de l'Ecole de droit d'Harvard et se fit inscrire au barreau de New-York, où il se fit promptement une brillante position, en 1841. Lors du procès du président Andrew Johnson, en 1868, M. Evarts fut le premier avocat du défendeur, et juillet 1868 à la fin de l'administration de Johnson, il remplit les fonctions d'attorney general des Etats-Unis. En 1872, il fut envoyé, comme avocat des Etats-Unis, près le tribunal arbitral de Genève réuni pour résoudre la question de l'Alabama. En 1875, M. Evarts assistait, comme principal conseil, M. H. W. Beecher (Voyez ce nom) dans le procès qui lui soutenait contre Tilton. Enfin, il a été secrétaire d'Etat pendant la durée de l'administration du président Hayes (1877-81). M. Evarts n'a publié que quelques discours, parmi lesquels nous citerons: *Centemial oration before the Linonian Society of Yale Collège (1853)*, et *Address before the New England Society (1854)*. Il a reçu le titre de docteur en lois du collège de l'Union, à New-York, en 1857, du collège d'Yale en 1865, et de celui d'Harvard en 1870.

EYMARD-DUVERNAY, JEAN MARIE MICHEL ADOLPHE, homme politique français, né à Miribel (Isère) le 3 janvier 1816. Avocat du barreau de Grenoble, grand propriétaire foncier, M. Eymard-Duvernay avait été membre du Conseil général de 1848 au coup d'État. Aux élections du 8 février 1871, il fut élu, le troisième sur onze, représentant de l'Isère à l'Assemblée nationale, où il siégea à gauche, et rentra au Conseil général au mois d'octobre suivant. A l'Assemblée, M. Eymard-Duvernay fuit de ceux qui trouvèrent que la majorité abusait un peu de la situation pour s'éterniser sur les bancs parlementaires où elle sentait bien qu'elle ne reviendrait pas: il présenta donc une proposition de dissolution pour février 1873, laquelle fut naturellement repoussée. Élu sénateur de l'Isère le 30 janvier 1876, M. Eymard-Duvernay était réélu au renouvellement partiel du 5 janvier 1879, en tête de la liste. Il siégea à la gauche républicaine et, ayant déjà voté à l'Assemblée nationale contre l'abrogation des lois d'exil, a voté l'expulsion des princes.

EYRE, EDWARD JOHN, célèbre administrateur anglais, ancien gouverneur de la Jamaïque, est né dans le comté d'York en 1815; il fit son éducation aux écoles de Louth et de Sedbergh. N'ayant pu obtenir une commission dans l'armée, il résolut d'aller chercher fortune en Australie et s'embarquait en conséquence, lesté d'un capital de 10,000 francs, en 1833. En Australie, il s'occupa de cette industrie alors peu développée encore et qui devait faire la fortune de la colonie en faisant celle des colons: l'élevage des moutons pour leur laine et le transport des bestiaux. Il y réussit à merveille et employa les profits de son industrie à l'achat d'un vaste domaine situé sur le Murray inférieur, où il demeura plusieurs années, pendant lesquelles il fut nommé magistrat résident de son district et « protecteur des aborigènes », chargé de régler les différends qui s'élevaient fréquemment entre les naturels et les colons. Il publia en 1845 un ouvrage ayant pour titre: *Discoveries in Central Australia*, dans lequel il plaidait, d'ailleurs, énergiquement en faveur des tribus aborigènes nomades. A cette époque, M. Eyre se distingua également comme explorateur: il explora toute l'étendue de côtes, inconnues jusque-là, situées entre le 118e et le 134e degrés de longitude est, entre le détroit du roi George, dans l'Australie occidentale et Port Lincoln, dans l'Australie méridionale. M. Eyre put alors se convaincre qu'il n'existait aucune route praticable pour le transport des bestiaux dans cette direction, ainsi que le prétendait la rumeur publique, à laquelle il était au reste absolument opposé. Parti le 20 juin 1840, à la tête d'une expédition entreprise dans ce but, il atteignait Albany, sur le détroit du roi George, le 8 juillet 1847, après toute sorte de vicissitudes et de privations parfaitement édifiantes: il y avait longtemps qu'on les croyait perdus, à Sidney,

lorsqu'on reçut enfin de leurs nouvelles. — M. Eyre retourna en Angleterre en 1845, et en 1816, il fut nommé par le comte Grey, alors secrétaire d'État pour les colonies, lieutenant-gouverneur de la Nouvelle-Zélande. Il y resta six ans. Rentré en Angleterre en 1853, ayant accompli le terme officiel de ses fonctions dans la Nouvelle-Zélande, il était dès l'année suivante nommé gouverneur de l'île Saint-Vincent. Après six ans passés dans ce nouveau poste, il fut transféré à l'île d'Antigua, comme gouverneur intérimaire des îles Leeward, dont le titulaire se trouvait en congé d'absence. Il revint en Angleterre en 1860. En 1862, il était choisi par le nouveau secrétaire d'État pour les colonies, duc de Newcastle, comme gouverneur en chef de la Jamaïque et de ses dépendances, en remplacement du gouverneur Darling, en congé pour cause de santé. Mais celui-ci avant renoncé à son gouvernement, M. Eyre fut nommé capitaine-général, gouverneur, général en chef et vice-amiral de l'île de la Jamaïque, le 15 juillet 1864. En octobre 1865, par des raisons difficiles à pénétrer, une insurrection éclatait dans l'île: une simple émeute disent quelques-uns, une révolution terrible suivant M. Eyre et ses tenants. Le gouverneur, quoi qu'il en soit, proclama la loi martiale et employa les mesures les plus vigoureuses pour comprimer le mouvement. Les événements, leurs conséquences immédiates, la mise en jugement de M. le gouverneur Eyre, accusé par la voix publique d'excès de pouvoir et de cruauté gratuite, firent alors un grand bruit en Europe. Le procès, la condamnation, l'exécution du mulâtre George-William Gordon, dans la même journée, parut un tour de force de répression vraiment excessif. Le cœur se soulevait aux récits des exploits du gouverneur Eyre. Des manifestations se produisirent, qui provoquèrent l'institution d'une commission d'enquête, laquelle fut envoyée à la Jamaïque, pour s'éclairer sur les faits; et M. Eyre, suspendu de son commandement, y fut remplacé provisoirement par sir Henry Storks. En juin 1866, la commission rapportait son rapport, exonérant le gouverneur de la Jamaïque des accusations terribles portées contre lui. Il fut néanmoins rappelé pour être déféré aux tribunaux et remplacé définitivement par P. Grant. M. Eyre revint alors en Angleterre. Il débarquait à Southampton le 11 août, et le 21, il assistait à un banquet organisé en son honneur par d'ardents partisans de la répression à outrance. Un comité se forma: le *Jamaïca Committee*, comité formé de « noblemen » et de « gentlemen » et présidé par le comte de Shrewsbury, pour la défense du gouverneur et de ses officiers compromis, recueillant des souscriptions importantes. Deux officiers, le colonel Nelson et le lieutenant Brand, accusés de meurtre, étaient acquittés par le grand jury le 11 avril 1867: cela promettait. Et en effet, les magistrats de Market Drayton, devant lesquels M. Eyre était traduit sous la même prévention de meurtre, le renvoyèrent absous. Pendant plus de quatre années, l'ex-gouverneur de la Jamaïque fut poursuivi devant toutes les juridictions criminelles ou civiles; mais il y avait précédent, et il devait s'en tirer le mieux du monde, quoique au prix de 250,000 francs environ de dépenses et frais de toute sorte, à ce qu'on assure. — Heureusement, les souscriptions étaient là.

F

FABINY, THÉOPHILE, jurisconsulte et homme d'État hongrois, né à Pesth en octobre 1822. Il fit à Pesth ses études classiques, puis alla suivre les cours de l'académie de droit d'Eperies, qui lui décerna le diplôme d'avocat en 1845. Entré dans la magistrature en 1850, M. Fabiny occupa le siège de juge dans divers tribunaux jusqu'en 1869, époque à laquelle il fut nommé conseiller à la Cour de cassation. Il entra ensuite à la Cour des magnats hongrois, à Pesth, dont il devint vice-président en

1873, et fut nommé président de section à la Haute-Cour de justice en 1880. — Le 17 mai 1886, M. Théophile Fabiny était appelé par l'empereur-roi à prendre le portefeuille de la justice dans le ministère hongrois, en remplacement de M. Pauler, mort quelques jours auparavant.

FABRE, FERDINAND, littérateur français, né en 1839 à Bédarieux (Hérault), d'un père architecte. Destiné dès l'enfance à l'état ecclésiastique, il fut élevé par son oncle, l'abbé Fulcran, curé de Camplong, prêtre austère et convaincu, et soigneusement entretenu dans l'idée que sa vocation l'appelait au sacerdoce, par une tante, dévote extatique, qui n'avait d'autre ambition dans cette vie que de voir son neveu officier à l'autel et de mourir ensuite. Il quitta son oncle pour entrer au petit séminaire de Saint-Pons, d'où il passa au grand séminaire de Montpellier. Mais renonçant décidément à sa prétendue vocation, il vint à Paris, se fit d'abord clerc d'avoué et ne tarda guère à débuter, dans la carrière littéraire, par un volume de poésie : *Feuilles de lierre (1855)*. Après quelques années passées dans sa famille à rétablir sa santé compromise, il revint à Paris avec un bagage littéraire d'une valeur peu commune, et publia, sous le titre général de *Scènes de la vie cléricale*, deux volumes coup sur coup : les *Courbezon (1862)*, qui établit sa réputation et fut couronné par l'Académie française, et *Julien Savignac (1863)*, fort utile à la critique pour établir une comparaison avec le premier, et de déductions en déductions, tirer l'horoscope du jeune auteur. Il donna ensuite, avec un succès toujours croissant: *Mademoiselle de Malavieille (1865)* ; le *Chevrier*, scènes de la vie rustique, écrites en vieux langage (1868) ; l'*Abbé Tigrane, candidat à la papauté (1873)*; le *Marquis de Pierrerue*, en deux parties : le *Carmel de Vaugirard* et la *Rue du puits qui parle (1874)* ; *Barnabé (1875)* ; la *Petite mère*, en quatre parties : la *Paroisse du Jugement dernier*, le *Calvaire de la baronne Fuster*, le *Combat de la fabrique Bergonnier* et l'*Hospice des enfants assistés (1876-1878)* ; le *Roman d'un peintre*, biographie du peintre Jean-Paul Laurens, ami de l'auteur (1878) ; l'*Hospitalière (1880)* ; *Mon oncle Célestin (1883)* ; le *Roi Ramire, Lucifer (1884)* ; *Monsieur Jean (1886)*. Il publiait, en août 1886, dans la *Revue bleue*, l'histoire de sa jeunesse sous ce titre : *Ma vocation*, qui sera probablement celui d'un prochain volume. M. F. Fabre a été nommé conservateur de la bibliothèque Mazarine en avril 1883, en remplacement de Jules Saudeau, décédé. Il a été décoré de la Légion d'honneur.

FAED, John, peintre écossais, né en 1820 à Burley Mill, dans le district de Kirkcudbright, où son père était ingénieur, ayant pour spécialité la construction des moulins. Son goût pour la peinture se manifesta dès sa plus tendre jeunesse et à l'âge de douze ans, il terminait un tableau avec un succès qui décida de son avenir. Il se mit dès lors à peindre des miniatures dans son voisinage. En 1841, il se rendait à Édimbourg, où il trouvait de l'occupation comme dessinateur et exposait quelques tableaux représentant des scènes de la vie modeste et vulgaire, et un tableau intitulé *Shakspeare et ses contemporains (1850)*. Il dessina également, à Édimbourg, deux séries d'illustrations : le *Samedi soir* et le *Retour du soldat*, de Cotter. Il vint à Londres en 1864 et y exposa : le *Concours de tir* (the Wappenshaw or Shooting match); *Catherine Sefton*; la *Vieille mode* (the old Style); *Tom O'Shanter*; *Haddon Hall of Old* ; la *Chanson* (the Ballad); *l'Ancien temps* (Old Age); le *Coup de l'étrier* (the Stirrup Cup); le *Vieux potier* (the Old Crockery man); *John Anderson, my Jo*; la *Séparation d'Évangeline et de Gabriel*; le *Vieux brocart*: *Auld mare Maggie* (la Vieille jument Maggie, écoss.); la *Fille du garde-chasse* (Gamekeeper's Daughter); la *Foire du louage* (the Hiring Fair), etc. — Il est membre de l'Académie royale écossaise.

FAED, Thomas, peintre écossais, frère du précédent, né à Burley Mill en 1826. Il perdit son père dans son enfance, mais il fut aidé par son frère, exerçant son art à Édimbourg avec succès, et put suivre ses penchants artistiques. Il étudia à l'École de dessin d'Édimbourg, où il eut quelque temps sir W. Allan pour maître, et remporta un certain nombre des prix décernés annuellement par cette école. La première œuvre qu'il exposa publiquement fut une aquarelle : le *Vieux baron anglais*. Il se consacra ensuite à la peinture à l'huile, se bornant à peu près, au début, à la représentation de jeunes bergers, de joueurs de dames et autres sujets semblables. Il fut élu associé de l'Académie royale écossaise en 1849, et, après avoir encore exposé à Édimbourg, parmi d'autres œuvres estimées, son tableau populaire de *Walter Scott et ses amis à Abbotsford*, d'Atlantique, s'établir à Londres, en 1852, et exposa dès lors ses tableaux à l'Académie royale. Nous citerons : l'*Enfant sans mère* (the Mitherless Bairn, écoss.), en 1855, que la critique proclama « le tableau de la saison »; *Home and the Homeless (1856)*; the *First break in the family* (le Premier vide dans la famille, 1857), etc. Ses œuvres les plus récentes sont : *Sunday in the backwood*; *His only pair*; *From dawn to Sunset* (De l'aurore au coucher du soleil); *Baith Faither and Mither* (A la fois père et mère, écoss.); the *Last o' the Clan* (le dernier du Clan); *Pourquoi ai-je quitté mon pays ?* (Highlander assis, rêveur, au bord du lac Ontario, 1886), etc. — Associé de l'Académie royale des beaux-arts depuis 1859, M. T. Faed a été élu académicien royal en 1864, et membre honoraire de l'Académie royale de Vienne en janvier 1875.

FAGOT, Jean-Baptiste, homme politique français, né à Mazerny (Ardennes) le 1er janvier 1831. Grand agriculteur, il a obtenu dans les expositions et les concours régionaux, de nombreuses récompenses, et le prix de culture dans son département en 1878. Maire de sa commune, M. Fagot, connu par ses opinions républicaines, fut révoqué en 1877, après le 16 mai. Il est, du reste, le fondateur du *Nord-Est*, journal républicain de Mézières-Charleville, dans lequel il a publié des articles d'économie politique et rurale principalement. — Porté sur la liste radicale des Ardennes aux élections d'octobre 1885, M. Fagot a été élu au scrutin du 18, le troisième sur cinq. Il a voté l'expulsion des princes.

FAIDHERBE, Louis Léon César, général et savant ethnographe et philologue français, né à Lille le 3 janvier 1818. Admis à l'École polytechnique en 1838, il la quittait en 1840, pour entrer comme sous-lieutenant élève à l'École d'application du génie en 1842. Il servit en cette qualité dans la province d'Oran, en 1844 et 1845, fut nommé capitaine en 1848 et envoyé à la Guadeloupe. S'étant beaucoup occupé de la question de colonisation, et dès lors habitué à la vie des tropiques, le capitaine Faidherbe adressait, en 1850, une demande au ministre de la guerre afin d'être attaché à l'état-major du Sénégal ; mais comme il n'existait aucune vacance, il ne put être fait droit à sa requête, et il retourna en Algérie, dans la province de Constantine, où il construisit le fort avancé de Bou-Saada et prit part à la campagne de Kabylie sous le général Saint-Arnaud (1851) et sous le général Bosquet (1852). Les services signalés qu'il rendit à l'époque du désastre qui termina cette dernière campagne, lui valut la croix de la Légion d'honneur. A la fin de la même année, ayant réitéré sa demande relative au Sénégal, il y fut envoyé comme sous-directeur du génie et, après deux années de séjour, il avait visiblement acquis une si parfaite connaissance des besoins, des dangers, de la politique pratique de la colonie, que le ministre de la marine, qui était alors M. Ducos, n'hésita pas à lui en confier le gouvernement suprême (1854). Il avait été presque simultanément promu chef de bataillon. Le commandant Faidherbe, à partir de ce moment, se dévoua entièrement à la tâche qu'il avait toujours désiré entreprendre : la rénovation de la colonie. Après une guerre de quatre années, pendant et à la fin de laquelle il était promu lieutenant-colonel (1856) puis colonel (1858), il reprit sur les Moors la rive gauche de la rivière Trarza (1858), annexa aux possessions françaises les côtes de Baool, Sine, Saloum et Cazamanza ; établit un système de forts, forteresses et blockaus en bois, garantissant la sécurité de la colonie ; construisit un réseau télégraphique ; ouvrit de nouveaux comptoirs à Dagana, Podor, Matam et Saldé ; et finalement engagea une guerre d'extermination contre le prophète El Hadji Omar, qui avait conçu le projet magnifique de fonder un vaste empire musulman dans l'Afrique centrale, en expulsant les étrangers et en réunissant les tribus aborigènes en une sorte de confédération. Cette guerre, qui était pour la colonie française une question de vie ou de mort, s'étendait sur un territoire ne mesurant pas moins de 300 lieues, et ses résultats magnifiques, la soumission d'El Hadji Omar et l'annexion de 400 kilomètres carrés de nouveaux territoires (1860), peut être considérée comme l'exploit capital de M. Faidherbe, et bien suffisant à la gloire d'un homme, si ambitieux soit-il. Après avoir couronné son œuvre par l'établissement de communications régulières avec le royaume de Cayor, état puissant qui sépare nos deux établissements de Saint-Louis et de Gorée, il quitta le Sénégal, en octobre 1861, comme général commandant de la subdivision de Sidi-bel-Abbès, et y fut remplacé par M. Jauréguiberry. Il avait été promu commandeur de la Légion d'honneur le 10 août précédent. Pendant son absence des côtes de l'Atlantique, il semble que les autorités coloniales dédaignèrent, ou simplement négligèrent, l'application d'un programme où la longue et laborieuse expérience avait suggéré au colonel Faidherbe. Il s'ensuivit une crise menaçante, que le gouvernement métropolitain ne crut pouvoir conjurer qu'avec le secours de l'ancien gouverneur du Sénégal. En conséquence, M. Faidherbe, promu général de brigade le 20 mai 1863, allait reprendre les rênes du gouvernement sénégalien. Deux ans plus tard (juillet 1865), l'état de sa santé le forçait à demander lui-même son rappel pour des cieux plus cléments, et il était nommé au commandement de la subdivision de Bône.

Lorsqu'éclata la guerre avec la Prusse, le général Faidherbe fit de vaines démarches pour obtenir un emploi dans l'armée d'opération, et fut maintenu en Algérie, où il commandait alors la division de Constantine; mais après le 4 septembre, ayant renouvelé sa demande au nouveau ministre de la guerre, Gambetta, il fut appelé au commandement en chef de l'armée du Nord (22ᵉ corps) en formation, et nommé général de division le 23 novembre 1870. Il livra peu après, au général Manteuffel, la bataille de Pont-Noyelles, près d'Abbeville, laquelle dura deux jours, et eut au moins pour résultat de dégager le Havre et la côte normande, tout en infligeant des pertes énormes à l'ennemi. Les 3 et 4 janvier, il livrait et gagnait la bataille de Bapaume, après laquelle il marchait sur Péronne, afin de dégager cette place, prématurément rendue par le commandant. Enfin, le 19 janvier, jour de la sortie de Montretout, il se portait sur Saint-Quentin, livrait au général Von Gœben une bataille dans laquelle il n'avait malheureusement à engager qu'une armée insuffisante, harassée, mal équipée et mal armée, formée de mobilisés et de jeunes recrues, avec les débris de laquelle il fut, en fin de compte, obligé de se replier sur Lille et Cambrai, après avoir toutefois fait subir des pertes sensibles à l'ennemi, et en emmenant son artillerie et ses équipages. — C'était la fin !...

Le 8 février 1871, le général Faidherbe était élu représentant de la Somme à l'Assemblée nationale, mais donnait sa démission dans la séance du 19. Réélu aux élections complémentaires du 2 juillet, dans la Somme, le Pas-de-Calais et le Nord, avec une majorité énorme dans chacun de ces départements, il ne crut pas devoir, cette fois, repousser une pareille marque d'estime et de reconnaissance. Il opta pour son département natal, et alla siéger à la gauche de l'Assemblée. Après le vote sur le pouvoir constituant (20 août), il donnait de nouveau sa démission de représentant, motivée sur ce que « l'Assemblée s'attribuait d'autres droits que ceux qui lui avaient été conférés par les électeurs ». Ce qui était incontestablement vrai, en dépit de toute la casuistique parlementaire. Le général Faidherbe était également opposé à la suppression des gardes nationales. Mis depuis quelque temps en disponibilité, sur sa demande, le gouvernement le chargea d'une mission scientifique dans la Haute-Egypte. De retour au mois de février 1872, les villes de Saint-Quentin et d'Amiens lui remettaient, en juillet suivant, une épée d'honneur obtenue par souscription publique. Il avait été promu grand officier de la Légion d'honneur le 15 juin 1871.

Aux élections sénatoriales du 30 janvier 1876, le général Faidherbe était candidat dans le Nord; il échoua : cela doit paraître étrange, mais le fait est qu'il échoua. Au renouvellement triennal du 5 janvier 1879, au centre, il fut élu le troisième sur cinq, et prit place à la gauche du Sénat. Quelques jours plus tard (le 13 janvier), le général Borel ayant été obligé de quitter le ministère de la guerre, le portefeuille vacant fut offert au général Faidherbe, qui ne put accepter, à cause de l'état déjà fort précaire de sa santé, qui devait bientôt, du reste, lui interdire tout moyen de locomotion autre qu'un fauteuil mécanique : et c'est dans ce fauteuil, et porté à la tribune du Sénat par quatre de ses collègues, la droite s'étant opposée à ce que l'urne lui fût portée à son banc, que le général Faidherbe vota, dans la séance du 22 juin 1886, pour le projet d'expulsion des princes prétendants. — Le 28 février 1880, le général Faidherbe était nommé grand chancelier de la Légion d'honneur en remplacement du général Vinoy, presque moribond et qui s'éteignait le 29 avril suivant. Il avait été promu grand croix de la Légion d'honneur le 3 février. — Il a été élu membre de l'Académie des inscriptions et belles-lettres le 4 avril 1884, comme académicien libre.

On a du général Faidherbe : *Notice sur la colonie du Sénégal et sur les pays qui sont en relations avec elle (1859)*; *L'Avenir du Sahara et du Soudan (1863)*, avec cartes; *Chapitres de géographie sur le Nord-Ouest de l'Afrique, avec une carte de ces contrées, à l'usage des écoles de la Sénégambie (1865)*; *Recherches anthropologiques sur les dolmens d'Algérie (1868)*; *Inscriptions lybiques et aperçus ethnographiques sur les Numides (1870)*; *Epigraphie phénicienne (1873)*; *Essai sur la langue poule (1875)*; *le Zenaga des tribus sénégalaises, étude sur la langue berbère (1877)*, etc.; outre un grand nombre de mémoires publiés dans le *Bulletin de la Société de géographie*, les *Nouvelles annales des voyages* et autres publications périodiques. Il a fondé, en 1860, un *Annuaire du Sénégal en quatre langues : français, yolof, toukouleur et sarrakholé*. Enfin, il a publié en 1871 une brochure ayant pour titre : *Bases d'un projet de réorganisation d'une armée nationale* et une relation de la *Campagne de l'armée du Nord*, dédiée à Gambetta. — Les Sénégalais se préparent à élever au général Faidherbe, sur une place de la ville de Saint-Louis, un monument en bronze, témoignage de leur reconnaissance pour les services qu'il a rendus à la colonie, comme gouverneur (août 1886).

FAILLY (de), PIERRE LOUIS CHARLES ACHILLE, général français, ancien sénateur, né le 21 janvier 1810 à Rozoy-sur-Serre (Aisne). Sorti de Saint-Cyr en 1828, comme sous-lieutenant d'infanterie, il assista à la prise d'Alger et fut promu lieutenant au mois de décembre 1830. Capitaine en 1837, il devint officier d'ordonnance de Louis Philippe en 1841, fut promu chef de bataillon en 1843, lieutenant-colonel en 1848, appelé peu après au commandement de l'École secondaire de tir de Toulouse et, promu colonel du 20ᵉ de ligne en 1851, servit trois années en Algérie. Le 2 avril 1854, il partait à la tête de son régiment pour l'expédition de Crimée en cette qualité. Nommé général de brigade sur le champ de bataille de l'Alma (29 août), il assista ensuite à la bataille de Balaklava, fut chargé du commandement supérieur à Constantinople, puis placé à la tête de la 2ᵉ brigade de la 5ᵉ division le 5 septembre. Il se signala à l'attaque du Mamelon-Vert (8 juin 1855), et surtout à la défense du pont de Tracktir, ce qui lui valut une citation spéciale à l'ordre du jour de l'armée. Appelé au commandement de la 1ʳᵉ brigade des voltigeurs de la garde, le 29 août, il prit part à l'assaut de Malakoff et fut promu le jour même (22 septembre) général de division. De retour en France, le général de Failly fut nommé aide de camp de l'empereur le 12 mai 1856. Dans la campagne d'Italie, il commandait la 3ᵉ division du 4ᵉ corps, commandé par le maréchal Niel ; il prit part en cette qualité à la bataille de Magenta et à celle de Solférino où il se signala tout particulièrement, perdit deux colonels, quatre chefs de bataillon et eut un cheval tué sous lui. En octobre 1867, M. de Failly recevait le commandement du chef du corps expéditionnaire chargé de défendre Rome contre les garibaldiens, et d'expérimenter le fusil Chassepot, qui « fit merveille », comme on sait, à Mentana (4 novembre). Cette expédition, couronnée par la victoire de Mentana, rendit le nom du général de Failly populaire, mais dans le mauvais sens du mot, surtout à cause de cette expression malheureuse de son rapport constatant les « merveilles » accomplies par un instrument meurtrier dont la perfection ne pouvait cependant faire oublier l'usage, et qui était en si flagrant désaccord avec la réserve naturellement imposée au vainqueur, même peu généreux. Quoi qu'il en soit, M. de Failly était, en récompense des services rendus à Rome, nommé sénateur le 12 mars 1868. Au mois d'octobre 1869, il était appelé au commandement du 5ᵉ corps d'armée, à Nancy. La déclaration de guerre à la Prusse le trouva dans cette situation où, bien placé pour connaître au moins une partie de la vérité sur les forces et les dispositions militaires de nos ennemis, il fit, dit-on, son possible pour empêcher le gouvernement de se lancer dans cette désastreuse aventure, mais sans succès. Le 15 juillet 1870, il était appelé au commandement du 5ᵉ corps d'armée, qui fut échelonné entre ceux du général Douay et du maréchal Mac-Mahon, à portée de secourir l'un et l'autre. Appelé au secours de Mac-Mahon à Reischoffen, il arriva trop tard. Le 30 août, il se laissait lui-même surprendre à Beaumont par l'armée fort supérieure en nombre du prince Frédéric Von der Thann. Le lendemain, il était remplacé à la tête du 5ᵉ corps par le général de Wimpffen, appelé d'Algérie en toute hâte, mais trop tard également. Après avoir assisté aux dernières péripéties du désastre de Sedan, il fut fait prisonnier et emmené en Allemagne, où il fut interné à Mayence, puis à Wiesbaden. A sa rentrée de captivité, le général de Failly publia à Bruxelles une brochure justificative de sa conduite, dans laquelle il rappelle dans les plus petits détails le rôle quotidien du 5ᵉ corps d'armée, et conclut pour sa part à l'irresponsabilité. C'est trop car les faits sont patents. En tout cas, le général de Failly, en disponibilité depuis 1871, supporte avec une fermeté triste le sort que la fatalité lui a fait, si c'est la fatalité qu'il faut accuser de nos malheurs et s'il n'est pas lui-même. Il habite Compiègne, et passe la belle saison au château de la Chesnaye, près de Pierrefonds, menant une existence fort retirée et relativement modeste. Un de ses fils est officier de cavalerie. — Le général de Failly est grand officier de la Légion d'honneur depuis 1869.

FAIRÉ, ALEXANDRE, homme politique français, né à Laval le 1ᵉʳ mars 1824. Reçu avocat en 1848, il s'inscrivit au barreau d'Angers, où il s'est fait une clientèle considérable et est devenu bâtonnier de l'ordre. Membre du Conseil municipal d'Angers depuis 1870 et adjoint au maire depuis 1874, M. Fairé fut élu député par la 2ᵉ circonscription de cette ville le 21 février 1876; mais l'élection fut annulée par la Chambre. Le 14 octobre 1877, M. Fairé fut élu de nouveau député de la 2ᵉ circonscription d'Angers, et de nouveau son élection fut annulée (2 mai 1878), sans qu'il réussit à se faire réélire. M. Fairé avait du moins eu le temps de marquer sa place à droite et l'occasion de manifester ses sentiments à la tribune. C'était assez pour trouver accueil parmi les candidats monarchiques, dont la liste triompha dans le département de Maine-et-Loire, aux élections du 4 octobre 1885; et M. Fairé fut enfin élu tout de bon, le dernier des huit députés de ce département. Il a repris son siège à droite.

FAITHFULL, miss Emily, économiste pratique et femme de lettres anglaise, née au rectorat de Headley (Surrey), dont son père était titulaire, en 1835. Elevée dans un pensionnat de Kensington, elle s'y distingua surtout par l'énergie et l'indépendance de son caractère. Présentée à la cour à l'âge de vingt et un ans, elle partagea quelque temps les plaisirs mondains de la vie de Londres ; mais bientôt elle s'intéressa vivement à la condition des femmes en général et en particulier des femmes appartenant fatalement aux classes laborieuses, et se mit en tête d'élargir à leur profit la sphère des occupations rémunératrices, si étroite pour elles. En 1860, elle rassembla une *équipe* de femmes compositeurs-typographes et, en dépit des difficultés, fonda une imprimerie dans Great-Coram street, où elle n'employa que des femmes comme compositeurs, fondation pour laquelle elle reçut l'approbation de la reine Victoria. Parmi les travaux de premier ordre sortis de ses presses, nous citerons le *Victoria Regia*, dédié à la reine par autorisation spéciale, et qui valut à miss Faithfull le brevet d'imprimeur et éditeur ordinaire de la reine. En mai 1863, elle commença la publication d'une revue mensuelle intitulée le *Victoria Magazine*, dans lequel elle traitait avec talent et énergie la question si intéressante du travail des femmes. Au printemps de 1868, miss Faithfull publia un roman: *Changement sur changement* (Change upon change), qui fut très bien accueilli, tant par le public que par la presse, et qui en eut une seconde édition dans le mois même de son apparition. Peu après, elle faisait son début comme conférencière dans les salons d'Hanover square, où elle traita particulièrement des sujets relatifs aux grandes institutions littéraires et philosophiques. En 1872-73, miss Faithfull visita les Etats-Unis, où elle reçut, à Steinway Hall, la plus flatteuse réception qui jamais y ait été faite, dit-on, à une femme. — A son retour en Angleterre, elle publia un journal hebdomadaire à un penny (10 centimes), intitulé : *Women and Work* (les Femmes et le Travail), qui n'est pas seulement un journal de doctrine, mais un guide à consulter pour les ouvrières en quête d'ouvrage et les personnes qui ont besoin d'ouvrières.

FALCON, Marie Cornélie, cantatrice française, née à Paris le 28 janvier 1814, entra au Conservatoire à l'âge de treize ans et y devint élève de Pellegrini pour le chant et d'Adolphe Nourrit pour la déclamation lyrique. Mˡˡᵉ Falcon obtenait en 1830 le premier prix de vocalisation, et le premier prix de chant l'année suivante, ainsi que le premier prix d'opéra. Elle débutait à l'Opéra en juillet 1832, dans le rôle d'Alice, de *Robert le Diable*, avec un très grand succès. Parmi ses plus brillantes créations, nous rappellerons le rôle de la *Juive (1835)* et celui de Valentine, des *Huguenots (1836)*. Malheureusement, Mˡˡᵉ Falcon perdit, peu après cette dernière création, cette voix magnifique qui avait fait une si vive impression sur les habitués de notre première scène lyrique, et dut se résoudre à abandonner le théâtre qui lui promettait les plus éclatants triomphes. Elle parut encore de temps en temps dans divers concerts.

FALGUIÈRE, Jean Alexandre Joseph, sculpteur et peintre français, élève de Jouffroy et de l'Ecole des beaux-arts, est né à Toulouse le 7 septembre 1831. Après avoir débuté au Salon de 1859, avec une statue en plâtre de *Thésée enfant*, il remportait le grand prix de Rome en 1859, pour la sculpture. — On cite parmi les œuvres exposées par cet artiste: le *Vainqueur au combat de coqs*, statue en bronze (1864) ; *Tarcinus, martyr chrétien*, plâtre (1867) ; le marbre de la statue précédente (1868) ; *Ophélie*, plâtre (1869) ; *Pierre Corneille*, statue en marbre pour la Comédie-Française, et la précédente en marbre (1872) ; *Danseuse égyptienne*, statue en marbre (1873) ; *La Suisse accueille l'armée française*, groupe en plâtre offert à la Suisse par la ville de Toulouse (1874) ; *Lamartine*, statue en plâtre ; *Portrait de M. Carolus Duran*, buste en bronze (1875) ; *Lamartine*, en bronze, pour la ville de Mâcon (1877) ; le *Tarcinus*, le *Vainqueur au combat de coqs*, etc., ont reparu à l'Exposition universelle de 1878. Citons encore: l'*Asie*, statue en marbre (1883) ; *Nymphe chasseresse*, statue en plâtre; *Portrait de Mˡˡᵉ Mary Kalb*, de la Comédie-Française, buste en marbre (1884) ; la *Nymphe chasseresse*, en bronze (1885) ; *Bacchantes*, groupe en plâtre et *Portrait de M. Coquelin cadet*, buste en marbre (1886). M. Falguière est aussi l'auteur d'un projet de décoration de l'arc de triomphe de l'Etoile, le modèle en plâtre couronne depuis plusieurs années ce monument, en butte aux traits de la critique et des injures du temps. — Nous devons aussi mentionner les toiles exposées par M. Falguière, soit : *Près du château (1873)*, *Lutteurs (1875)*; *Caïn et Abel (1876)* ; la *Décollation de saint Jean-Baptiste (1877)*; le *Sphynx*, *Portrait de Mᵐᵉ C*** (1883)*; *Hylas, Offrande à Diane (1884)*; *Acis et Galatée (1885)*; l'*Aïeule et l'enfant*, inspiré des *Contemplations* de Victor Hugo (1886). — M. Falguière a obtenu, pour la sculpture, une médaille en 1864, une autre en 1867 et une 1ʳᵉ médaille à l'Exposition universelle la même année, la médaille d'honneur en 1868 et un rappel de 1ʳᵉ médaille à l'Exposition universelle de 1878 ; pour la peinture, une médaille de 2ᵉ classe en 1875. Décoré de la Légion d'honneur en 1870, il a été promu officier en 1878. Il a été élu membre de l'Académie des beaux-arts en 1882.

FALLIÈRES, Clément Armand, homme politique français, est né à Mézin (Lot-et-Garonne) le 6 novembre 1841. Avocat distingué du barreau de Nérac, connu par ses opinions républicaines, il fut nommé maire de Nérac après le 4 septembre 1870, puis révoqué par le gouvernement au mois de mai 1873. Devenu membre du Conseil général de Lot-et-Garonne, M. Fallières fut élu député de l'arrondissement de Nérac le 20 février 1876, prit place à gauche, et vota la proposition d'amnistie pleine et entière. Réélu le 14 octobre 1877, il était nommé sous-secrétaire d'Etat au ministère de l'intérieur et des cultes. Il fut de nouveau élu député de Nérac le 21 août 1881. Le 10 novembre suivant, il siégeait au ministère avec ses collègues du cabinet J. Ferry ; il était élu vice-président de la Chambre le 11 février 1882. Le 7 août 1882, M. Fallières acceptait le portefeuille de l'intérieur dans le cabinet présidé par M. Duclerc, à qui il succédait comme président du conseil le 29 janvier 1883, prenant par surcroît l'intérim des affaires étrangères. Il donnait sa démission le 21 février suivant et était remplacé, comme président du conseil, par M. Jules Ferry. — M. Fallières a été élu député de Lot-et-Garonne le 4 octobre 1883. Il a voté l'expulsion totale des princes.

FANTIN-LATOUR, Ignace Henri Jean Théodore, peintre et lithographe français, élève de son père et de M. Lecoq de Boisbaudran, est né à Grenoble le 14 janvier 1836. Il fréquenta quelque temps l'atelier de Courbet, et débuta au Salon de 1861. — On cite parmi les tableaux de cet artiste exposés aux salons annuels : la *Lecture (1863)* ; *Hommage à Delacroix*, portrait du maître entouré de ceux de ses principaux partisans (1864) ; le *Toast*, ouvrage du même genre, groupant des artistes et des écrivains contemporains autour d'une statue de la Vérité (1865) ; *Portrait d'Ed. Manet (1867)*; le *Lever (1869)*; un *Atelier aux Batignolles (1870)*; *Coin de table (1873)*; *Fleurs et objets divers (1874)*; *Fleurs*, l'*Anniversaire*, en l'honneur de Berlioz ; la *Lecture*, plus deux pastels : *Souvenir de Beyrouth* et *Festival de Richard Wagner*, et deux lithographies: l'*Anniversaire*, cité plus haut comme toile et une *Scène du « Tannhauser » (1877)*; *Duo des « Troyens »*, *« Rynaldo »* de J. Brahms, pastels; *Scènes du « Rheingold »*, lithographie; un groupe de portraits de famille, peinture (1878) ; *Peinture*, l'*Aurore*, pastels; *Evocation*, *Parsifal*, lithographies, etc. (1883) ; *Nuit de printemps*, l'*Etude*, lithographies; *Sarah la baigneuse*, l'*Anniversaire*, pastels; *Tannhauser*, de Wagner, *Harold*, de Berlioz, la *Péri et la Péri*, de Schumann, *Musique et Poésie*, 4 lithographies (1884) ; *Autour du piano*, peinture ; *Frontispice* et *Erda*, pour le *Siegfried*, de Wagner; *Italie*, pour les *Croyances*, de Berlioz ; *Gotterdammerung*, de Wagner, lithographies (1885) ; *Tannhauser*, peinture ; *Siegfried et les filles du Rhin*, le *Jugement de Paris*, pastels; *Frontispice*, le *Vaisseau fantôme*, *Lohengrin*, *Tristan et Iseult*, *Chute du Rhin*, *Apothéose*, pour le *Richard Wagner* de M. Adolphe Jullien; *Poème d'amour*, de J. Brahms et *Parsifal*, de Wagner, lithographies (1886); plus un assez grand nombre de portraits anonymes, etc. — M. Fantin-Latour a obtenu, comme peintre, une médaille en 1870 et une 2ᵉ médaille en 1875, et comme lithographe une mention honorable; il a été décoré de la Légion d'honneur en 1879.

FARCY, Eugène Jérôme, ancien officier de marine, inventeur et homme politique français, né à Passy (Paris) le 20 mars 1829. Embarqué en 1845 sur le navire-école l'*Oriental*, il fit le tour du monde et devint successivement aspirant en 1847, enseigne de vaisseau en 1851 et lieutenant de vaisseau en 1859. Il s'était livré, depuis 1852, à des recherches scientifiques et avait fait diverses inventions, telles que: modèles de fusils, de cartouches, d'affûts d'artillerie; un indicateur à sonner le, et enfin la canonnière qui porte son nom et qui, malgré le succès incontestable des expériences, ne fut toutefois pas acceptée par le conseil des travaux de la marine (1868). Lors de la guerre de 1870-71, une canonnière Farcy venait d'être terminée, sur commande du Danemark. L'inventeur réussit, non sans peine, à la faire employer à la défense de Paris, où elle donna les meilleurs résultats. Cette canonnière se compose d'un affût flottant de 15 mètres de longueur sur une largeur de 4 mètres 60, d'un tirant d'eau d'un mètre seulement, afin de pouvoir passer impunément au-dessus des torpilles et toucher terre à peu près partout. Une hélice fait marcher l'embarcation; une autre hélice, indépendante de la première, la fait tourner sur elle-même au besoin. Sur cet affût, un canon rayé de 24; dix hommes d'équipage, commandant compris: tels sont l'engin, ses accessoires et son personnel. Promu capitaine de frégate, puis officier de la Légion d'honneur (28 janvier 1871), il a quitté depuis le mar ne. Le 8 février 1871, M. Farcy était élu, le dernier de la liste, représentant de la Seine à l'Assemblée nationale; il prit place à l'extrême gauche, vota les préliminaires de paix et la dissolution des gardes nationales et pout le retour de l'Assemblée à Paris; ses autres votes s'expliquent d'eux-mêmes par la place qu'il occupait à l'Assemblée. En juillet 1871, il a présenté un projet de *Réorganisation de l'armée en armée nationale de quatre millions d'hommes*, que M. Thiers ne pouvait naturellement pas préférer au sien. Aux élections législatives de 1876, il a été réélu par le XII° arrondissement de Paris, au scrutin de ballottage du 5 mars. Réélu le 14 octobre 1877 et le 21 août 1881, M. Eugène Farcy avait sollicité et obtenu sa mise à la retraite, la loi constitutionnelle ayant établi l'incompatibilité entre le mandat législatif et le grade d'officier, même supérieur. Il n'a pas cessé depuis de perfectionner sa principale invention, et l'on sait que la canonnière Farcy a été employée au Tonkin avec succès. — M. Farcy a été élu député de la Seine au scrutin du 18 octobre 1885. Il a repris sa place à l'extrême-gauche et voté l'expulsion des princes.

FARGUEIL, Anaïs, actrice française, née à Toulouse le 21 mars 1819. Se destinant à la carrière lyrique, elle entra en 1831 au Conservatoire de Paris, où elle eut pour maîtres Panseron et Marco Bordogni, et remporta le premier prix de chant en 1834. En février 1835, elle débuta à l'Opéra-Comique, dans la *Marquise* à quatre, et parut ensuite dans le *Diable à quatre*, le *Cheval de bronze*, etc.; mais une maladie du larynx la forçant à abandonner la carrière lyrique, elle accepta, en 1838, un engagement au Vaudeville, où elle débuta avec un très grand succès dans le *Démon de la nuit*. Après une tournée fructueuse en province, elle revint à Paris, joua au Palais-Royal (1842-43), puis au Gymnase (1844-45), fit une nouvelle tournée, et rentra en 1852 au Vaudeville, auquel elle est demeurée attachée jusqu'en 1873, sauf quelques courtes absences, par exemple en 1866 et en 1869. Elle a depuis paru dans divers théâtres, engagée seulement pour un nombre de représentations déterminé, mais toujours bien accueillie.

Nous citerons parmi les rôles que M°° Fargueil a créés avec talent de comédienne si élevé, dans cette dernière période de sa vie artistique: ceux d'Olympe, dans *Mariage d'Olympe*; de Lucie, dans *Lucie Didier*; de Madeleine, dans *Filles de Marbre*; de Leonora, dans *Dalila*; de Thérèse, dans les *Lionnes pauvres*; de Madeleine, dans *Rédemption*; de Claire, dans les *Femmes fortes*; de Cécile, dans *Nos intimes*; de Claire, dans *Maison neuve*; de Fernande, dans *Miss Multon*, rôle qu'elle a repris à l'Ambigu, en 1876. Toutes ces pièces appartiennent au répertoire du Vaudeville. Citons encore; Dolorès, dans *Patrie (1869)*, à la Porte-Saint-Martin; Suzanne, dans les *Pattes de mouche*, au Vaudeville; et plus récemment: M°° Bellamy, dans l'*Oncle Sam*, au Vaudeville (1873); Rose Michel, dans la pièce de ce nom, à l'Ambigu (1875); la comtesse, dans la *Comtesse de Lérins*, au Théâtre-Historique (1876). À la fin de 1876, M°° Fargueil partait pour Saint-Pétersbourg, où l'appelait un engagement au grand théâtre de cette ville. Revenue à Paris, elle donnait sa représentation de retraite au Vaudeville, le 8 novembre 1883. — Elle s'est vouée depuis au professorat libre.

FARLEY, James Lewis, économiste et littérateur irlandais, né à Dublin le 9 septembre 1823. Sa famille le destinait à la profession légale. Mais ayant terminé ses études à l'université de Dublin, au moment où, après la guerre de Crimée et le traité de Paris (1856), des capitalistes anglais fondèrent la Banque ottomane, il accepta le poste de chef de la comptabilité générale de la banque d'Etat de Turquie, à Constantinople, qui fusionna ensuite avec la Banque impériale ottomane. M. James L. Farley a collaboré fréquemment aux journaux de la métropole, traitant principalement les questions relatives au commerce et aux finances de la Turquie, et fut le correspondant spécial du *Daily News* à l'époque du voyage en Egypte du sultan Abd-ul-Azis (1863), et pendant les visites impériale et royale à Constantinople en 1869. Il est également l'auteur de plusieurs ouvrages de valeur, notamment: *Deux ans en Syrie (1858)*; les *Druses et les Maronites (1861)*; les *Ressources de la Turquie (1862)*; la *Banque en Turquie (1863)*; *Turquie (1866)*. — M. Farley est considéré comme l'homme qui a fait le plus pour renseigner son pays sur la richesse naturelle et la condition sociale de la Turquie. En reconnaissance de ses services rendus dans cette voie si mal famée de la publicité, il a été nommé, en mars 1870, consul de Turquie à Bristol. Depuis lors, il a publié dans une feuille de cette ville des *Lettres sur la Turquie* d'un grand intérêt pratique, et fait tous ses efforts pour développer le commerce de son port avec le Levant. Il est membre de la Société de statistique de Londres et de l'Institut égyptien d'Alexandrie, fondé, comme on sait, par Napoléon I°.

FARRE, Jean Joseph Frédéric Adolphe, général français, sénateur, est né le 5 mai 1816 à Valence-sur-Rhône. Sorti de l'École polytechnique en 1837, dans l'arme du génie, il devint successivement lieutenant en 1839, capitaine en 1843, chef d'escadron en 1858, lieutenant-colonel en 1863, colonel en 1868 et général de brigade le 31 octobre 1870. Il commandait le génie de l'armée d'occupation des Etats pontificaux lorsqu'éclata la guerre franco-allemande; rappelé en France, il fit alors partie de l'armée de Metz, et réussit à s'échapper de la place livrée par Bazaine, avec d'autres officiers, avant d'être fait officiellement prisonnier. Le colonel Farre se rendit alors à Tours, où siégeait la Délégation gouvernementale, et reçut un commandement dans l'armée du Nord, commandée par le général Faidherbe; il prit part à toutes les opérations de cette armée, et après la guerre fut envoyé en Algérie comme commandant supérieur du génie. Promu divisionnaire le 30 septembre 1875, le général Farre fut nommé membre du Comité des fortifications, puis chargé de l'inspection générale permanente des travaux d'armement des côtes. Proposé pour le ministère de la guerre en 1879, cette proposition n'obtint pas l'approbation du maréchal-président, l'impétrant étant suspect d'opinions insuffisamment « conservatrices ». Il fut toutefois appelé à remplacer le général Bourbaki à la tête du 14° corps d'armée et au commandement militaire de Lyon. Le 27 décembre 1879, le général Farre acceptait le portefeuille de la guerre dans le cabinet Freycinet; il le conserva après la démission de ce dernier (19 septembre 1880), dans le cabinet présidé par M. Jules Ferry; mais il se retira avec ses collègues, le 10 novembre 1881. Il avait été élu sénateur inamovible, comme candidat des gauches, le 25 novembre 1880. Quoique ayant atteint la limite d'âge pour le service actif, le général Farre a été maintenu dans la 1° section de l'état major général. Il a été nommé membre, pour trois ans, du Bureau central météorologique, le 10 juillet 1884. Comme sénateur, le général Farre a voté l'expulsion des princes. Il est grand officier de la Légion d'honneur depuis le 16 juillet 1880.

FAUCIT, Hélène, actrice anglaise, née en 1816. Fille d'artiste, elle se destina de bonne heure au théâtre et fit son début à Covent-Garden, le 5 janvier 1835, dans le rôle de Julia, du *Hunchback* (le Bossu). Elle fit de rapides progrès et devint bientôt l'un des membres les plus importants de la troupe de Macready, jouant Shakspeare à Covent-Garden et à Drury-Lane. Elle parut ensuite dans la *Lady of Lyons*, *Money*, *The Sea captain*, *Richelieu* et *The Duchess de la Vallière*, de Lord Lytton; *Strafford*, *The Blot on the scutcheon* (la Tache à l'écusson) de M. Robert Browning; la *Fille de Patricien*, le *Cœur et le monde* (The Heart and the World) et *Marie de Méranie*, de M. Westland Marston; *Aina Sforza*, de M. Troughton, etc., etc. Elle interpréta également avec un très grand succès les rôles shakespeariens de Juliette. Béatrice, Constance, Imogène, Portia, Rosalinde et Lady Macbeth; et parut enfin dans deux « adaptations » du danois : *Antigone* et la *Fille du Roi René*, de M. Theodore Martin, qu'elle a épousé en 1851. — Mme Martin n'a plus paru sur la scène depuis son mariage, qu'à de rares intervalles. Elle a pourtant accepté un engagement au théâtre de Drury-Lane, en 1864 et 1865, pour un nombre de représentations limité.

FAURE, Pierre Hippolyte, homme politique français, pharmacien, né à Châlons-sur-Marne le 26 août 1816. Reçu pharmacien à vingt-cinq ans, il s'établit dans sa ville natale, s'intéressa aux affaires de son pays et fit partie de son Conseil municipal. Devenu maire de Châlons et conseiller général de la Marne, il se présenta le 20 février 1876 dans son arrondissement, mais échoua contre le « candidat du maréchal », dont il triompha toutefois aux élections prochaines du 14 octobre 1877. Il prit place au groupe de la gauche républicaine et fut réélu le 21 août 1881. Aux élections d'octobre 1885, M. Hippolyte Faure, qui figurait sur la liste républicaine, fut élu député de la Marne au scrutin du 18. Il a voté l'expulsion des princes. — Au mois d'août 1886, un groupe d'électeurs sénatoriaux lui ayant offert la succession de M. Le Blond, décédé, M. H. Faure répondit, dans une lettre adressée au *Libéral* de Châlons, qu'il préférait conserver « le mandat que lui avaient confié 52,000 électeurs ».

FAURE, Jean-Baptiste, chanteur français, né à Moulins le 15 janvier 1830, vint fort jeune à Paris, où son père devint chantre à Notre-Dame. Lui-même entrait, dès l'âge de neuf ans, comme enfant de chœur à cette église. Il avait à peine douze ans lorsqu'il fut admis au Théâtre-Italien, comme soprano-choriste, et peu après comme soliste à la maîtrise de la Madeleine, quoique ayant été refusé à celle de Notre-Dame. Il y reçut des leçons d'Hippolyte Trévaux, maître de chapelle, entra ensuite au Conservatoire, dont il suivit les cours dès 1843, mais où il ne fut admis comme pensionnaire qu'en 1850, non sans peine, et devint élève de Ponchard. L'époque de la mue de la voix fut terrible pour M. Faure, il dut passer cette époque critique à jouer de la contre-basse à l'Odéon, et aussi, dit-on, dans les bals publics; il remplit aussi quelque temps les fonctions d'organiste à Saint-Nicolas. Enfin, la voix lui revint; mais au lieu du jeune soprano à qui elle avait naguère appartenu, elle revenait à un baryton superbe. Le 20 octobre 1852, M. Faure débutait à l'Opéra-Comique en sa nouvelle qualité de baryton, modestement, jouant des bouts de rôles du répertoire. Et, chose étrange pour un chanteur célèbre à juste titre, dont les commencements ont été si pénibles, M. Faure n'a jamais dédaigné de jouer à l'occasion quelque bout de rôle oublié. Il fut enfin appelé à doubler Battaille, et ne tarda pas, dans cette nouvelle situation, à révéler toute l'étendue de son talent dans l'*Etoile du Nord*, surtout dans *Joconde*, où il eut un succès éclatant (1857); il reprit également *Don Juan*, *Manon Lescaut*, le *Chien du jardinier*, créa *Quentin Durward* (1858) et se fit, en fin de compte, une réputation si parfaitement établie, que c'est expressément à son intention que Meyerbeer écrivit le rôle de Hoël, du *Pardon de Ploërmel*, son triomphe (1859). Alphonse Royer, alors directeur de l'Opéra, voulut s'attacher M. Faure qui, malgré les représentations de la critique, débuta sur notre grande scène lyrique le 14 octobre 1861, et y réussit à merveille. Il y chanta successivement dans *Pierre de Médicis*, la *Favorite*, *Moïse*, l'*Africaine*, opéra dans lequel Meyerbeer lui avait destiné le rôle de Nelusko; le *Don Juan* de Mozart, le *Don Carlos* de M. Verdi, *Hamlet*, de M. Ambroise Thomas, le *Faust* de M. Gounod, le *Charles VI* d'Halevy, etc. Pendant les vacances, qui concordent justement avec les « saisons » de Bade et de Londres, M. Faure a chanté dans ces deux villes son répertoire (pas à Bade depuis la guerre, bien entendu). Il parut notamment, en juin 1873, au théâtre de Covent-Garden, à Londres, dans une représentation donnée au théâtre du Covent-Garden, à Londres, dans une représentation donnée en l'honneur du shah de Perse, portant à son programme les deuxième et troisième actes de *Faust*. Au mois d'octobre 1874, à la suite d'un désaccord grave survenu entre le directeur de l'Opéra, M. Halanzier et M. Faure, celui-ci crut devoir donner sa démission. La cause de cette détermination fâcheuse était celle-ci : Un engagement verbal existant entre l'artiste et le directeur interdisait à ce dernier d'allouer, à aucun artiste nouveau à l'Opéra, des appointements plus élevés que ceux dont M. Faure se contentait. Malgré cela, M. Halanzier avait engagé la Patti pour un certain nombre de représentations, à raison de 5,000 francs l'une, et pour tirer de ce capital important la plus grosse somme d'intérêts possible, avait élevé le prix des places pour le jour de ces représentations coûteuses. M. Faure se fâcha avec d'autant plus de raison, que M. Halanzier, très avare de son baryton, n'avait pas voulu, quelques jours auparavant, permettre qu'il prît part à une soirée donnée au bénéfice des Alsaciens-Lorrains. Il donna donc sa démission. L'affaire fit grand bruit; les journaux se divisèrent en deux camps, les uns prenant parti pour M. Halanzier, qui avait tort et ne le niait en aucune façon, les autres pour M. Faure; les premiers reprochaient au baryton de Faure d'avoir de percées dont il avait besoin, pour aller tendre ses poches à « l'or de l'étranger », étrange accusation, en vérité, adressée à un artiste qui, sauf l'emploi légitime de vacances bien gagnées, n'a jamais voulu quitter son pays, malgré les offres les plus brillantes. Quoi qu'il en soit, l'affaire s'arrangea à la fin, à la satisfaction de tout le monde. Il a fait, vers la fin de 1876, une tournée fructueuse en province. Après un long silence, M. Faure reparaissait en public, au concert Colonne, le 21 mars 1886, y chantait des fragments des *Pêcheurs de perles* de Georges Bizet, une mélodie de M. Paladilhe et la célèbre romance de Martini : *Plaisir d'amour*, et y retrouvait ses succès d'antan.

En 1857, M. Faure a remplacé son ancien maître, Ponchard, comme professeur au Conservatoire. Il épousait, en 1860, Mlle Caroline Lefebvre, artiste de l'Opéra-Comique. On lui doit un certain nombre de morceaux de musique sacrée fort estimés. Il a publié, en 1886 : la *Voix et le chant, traité pratique*, qui a été apprécié à une haute valeur par la critique compétente. — M. Faure est décoré des divers ordres de Belgique, d'Italie, d'Espagne, de Portugal et de Turquie.

FAURE, François Félix, homme politique français, né à Paris le 30 janvier 1841, armateur au Havre, consul du royaume de Grèce, membre et ancien président de la chambre de commerce et juge au tribunal de commerce de cette ville, M. Félix Faure servit, pendant la dernière guerre, comme commandant d'un bataillon des mobiles de la Seine-Inférieure. Il devint ensuite membre du Conseil municipal et adjoint au maire du Havre. Elu député de la 3e circonscription de cet arrondissement, le 21 août 1881, M. Félix Faure siégea à gauche; il remplit les fonctions de sous-secrétaire d'Etat pour les colonies au ministère du commerce de novembre 1881 à janvier 1882, et au ministère de la marine du 24 septembre 1883 à mai 1885. M. F. Faure a pris part aux discussions des questions relatives aux colonies principalement et des questions économiques; il a fait partie de la commission du budget, de celle chargée du projet de conversion de la rente, de celle relative aux conventions avec les chemins de fer, etc., a été le rapporteur du budget du ministère du commerce en 1883. M. F. Faure a été élu député de la Seine-Inférieure le 4 octobre 1885 a repris sa place à gauche. Il a voté contre les projets d'expulsion des princes.

FAURE, Maurice, publiciste, administrateur et homme politique français, né à Saillans (Drôme) le 17 janvier 1850. Il se fit ses études à Paris et s'occupa de bonne heure de journalisme. Il fonda à Paris le *Sifflet*, journal satirique illustré, collabora à l'*Evénement*, à l'*Indépendant du Midi*, au *Petit méridional*, au *Journal de Valence*, et est l'un des fondateurs des sociétés des Félibres et de la Cigale. Il a collaboré, en outre, au *Dictionnaire de l'administration française* de M. Maurice Block. Entré au ministère de l'intérieur à l'époque du séjour à Bordeaux de la Délégation gouvernementale, M. Maurice Faure y devint chef du cabinet de la direction pénitentiaire. L'un des fondateurs et secrétaire-général adjoint de la Société de patronage des libérés, il a été le secrétaire du Congrès international pénitentiaire tenu à Paris en 1878. Il est lauréat de la Société d'encouragement au bien. — Aux élections du 4 octobre 1885, M. Maurice Faure a été élu député de la Drôme. Il a pris place à gauche a voté l'expulsion des princes.

FAURE, Fernand, homme politique français, économiste, né en 1853. Agrégé des facultés de droit, M. F. Faure est professeur d'économie politique à la faculté de Bordeaux. Il s'est fait une certaine notoriété par ses conférences d'économie politique en opposition aux doctrines socialistes et spécialement aux doctrines collectivistes, et par sa collaboration à la presse républicaine locale. A ces causes peut être attribuée son élection à la Chambre des députés, sur la liste de l'Union républicaine de la Gironde, au scrutin du 18 octobre 1885. M. Fernand Faure a voté l'expulsion des princes.

FAURÉ, Justin François, homme politique français, ancien magistrat, né à Lombez, où son père était juge d'instruction, le 3 janvier 1842. Il était substitut du procureur impérial de Lectoure depuis le mois de janvier

1870, lorsque la révolution du 4 Septembre le rendit à la vie privée. Il s'inscrivit alors au barreau de Lectoure et se mêla activement aux intrigues des partisans de l'Appel au peuple, si remuants dans le Gers. Devenu conseiller général de ce département, il se présenta à la députation, comme bonapartiste, aux élections du 20 février 1876, dans l'arrondissement de Lombez, et fut élu. Il fut réélu le 14 octobre 1877 et le 21 août 1881 par le même collège, et aux élections du 4 octobre 1885, député du Gers sur la liste monarchiste triomphante.

FAVART (Mlle), PIERRETTE IGNACE PINGAUD, actrice française, fille adoptive de M. Favart, fils des comédiens de ce nom et ancien consul, est née à Beaune le 16 février 1833. Après de brillantes études au Conservatoire de Paris, elle débuta en 1848 au Théâtre-Français, où elle joua fort longtemps des rôles tragiques du répertoire classique. En 1851, elle parut aux Variétés; mais elle retourna bientôt au Français où, délaissant la tragédie, elle aborda les rôles d'ingénue d'abord, pour en venir progressivement aux premiers rôles de comédie moderne. Elle a été admise comme sociétaire de la Comédie-Française en 1854, en même temps que Bressant, et a pris sa retraite depuis plusieurs années. — Le talent de Mlle Favart dans le genre qu'elle a définitivement choisi, a pris un développement rapide qui l'a fait placer, très jeune encore, au rang des premières comédiennes de son temps. Nous citerons parmi ses plus heureuses créations : Élise, de *Rêves d'amour*; Laure, de la *Considération* ; Célie, de l'*Aventurière* ; Camille, d'*On ne badine pas avec l'amour*; Adrienne Lecouvreur, dans la pièce de ce nom (reprise); Louise, d'*Une chaîne* (reprise); Mathilde, du *Supplice d'une femme*; le *Fils de Giboyer*, *Maître Guérin*; Geneviève, du *Fils*; Antoine, de *Galilée*; Dona Sol, de *Hernani* (reprise), Lea, de *Paul Forestier*; la Muse, de la *Nuit d'octobre*; Esther, des *Faux ménages* ; le principal rôle, dans *Julie*; Catherine, de *Lions et renards*; Leonora, de *Dalila*; la baronne, de *Jean de Thommeray*; la Marquise, de *Jean Dacier*, etc. Mlle Favart jouait aussi à l'occasion ses anciens rôles du répertoire classique, dans la tragédie aussi bien que dans la comédie, et les jouait supérieurement. Elle a fait en province et à l'étranger de brillantes et fructueuses tournées.

FAVE, ILDEPHONSE, général et écrivain militaire français, né à Dreux le 12 février 1812. Élève de l'École polytechnique, il en sortit dans l'artillerie en 1832. Il était en 1859 colonel et officier d'ordonnance de l'empereur, avec lequel il a longuement collaboré sur l'histoire de l'artillerie. Professeur d'art militaire à l'École polytechnique depuis 1855, il était nommé commandant en chef de cet établissement en 1865, et promu général de brigade le 13 août de la même année. Passé dans le cadre de réserve en 1874, le général Favé était élu membre de l'Académie des sciences le 10 juillet 1876, en remplacement du baron Séguier. — Le général Favé a publié : *Nouveau système de défense des places fortes*, avec atlas ; *Histoire et tactique des trois armes et particulièrement de l'artillerie de campagne*, avec atlas (1845) ; *Histoire de l'artillerie*, avec M. Reinaud (1845-47, 2 vol. et atlas) ; *Nouveau système d'artillerie de campagne du prince Louis-Napoléon Bonaparte (1851)* ; *Histoire des progrès de l'artillerie*, rédigé d'après les notes de l'empereur (1862, in-4°, pl.) et divers autres ouvrages dus à la même collaboration et formant le complément des *Études sur le passé et l'avenir de l'artillerie* dont Napoléon III avait commencé la publication en 1846 (1846-72, 6 vol.) ; la *Décentralisation (1870)* ; *Nos revers (1871)* ; *Deux combats d'artillerie sous Paris ; Champigny, Ville-Evrard* ; *M. le duc d'Audiffret-Pasquier et la réforme administrative du département de la guerre (1874)* ; *De la réforme administrative de l'armée française*, avec un projet de loi annexé; *l'Armée française depuis la guerre (1875)*, etc. — Il est grand officier de la Légion d'honneur depuis le 7 mars 1874.

FAYARD, ENNAMOND DOMINIQUE NICOLAS, magistrat et homme politique français, né à Saint-Vallier (Drôme) en 1816. Reçu licencié en droit, il s'inscrivit au barreau de Lyon, puis entra peu après dans la magistrature, passa dans la magistrature assise et devint conseiller à la Cour d'appel de Lyon. Il a fait partie du conseil d'administration des hôpitaux et hospices de cette ville. Sans autres antécédents, sauf la publication d'un assez grand nombre d'ouvrages de jurisprudence et d'administration, visant surtout l'assistance publique et plus spécialement les enfants trouvés, M. Fayard se présenta aux élections sénatoriales de la Drôme le 25 janvier 1885, comme candidat républicain, et fut élu. Il a pris place à gauche et a voté l'expulsion des princes. M. Fayard est chevalier de la Légion d'honneur.

FAYE, HERVÉ AUGUSTE ETIENNE ALBANS, astronome français, né à Saint-Benoit-du-Sault (Indre) le 5 octobre 1814. Entré à l'École polytechnique en 1832, il n'y resta guère plus d'une année, se rendit en Hollande et s'occupa d'industrie jusqu'en 1836, époque à laquelle, sur la recommandation d'Arago, il entrait à l'Observatoire de Paris en qualité d'élève astronome En 1844, l'Académie des sciences lui décernait le prix Lalande pour sa découverte, le 22 novembre de l'année précédente, de la comète qui porte son nom. En 1846, il présentait à cette académie un mémoire sur la *Parallaxe d'une étoile anonyme de la Grande Ourse*, et un second mémoire sur un *Nouveau collimateur zénithal et une limite zénithale nouvelle*. Le 18 janvier de l'année suivante, il était élu membre de l'Académie des sciences (section d'astronomie) en remplacement de Damoiseau. M. Faye a été, de 1848 à 1854, chargé du cours de géodésie à l'École polytechnique et fut nommé, plus tard, recteur de l'Académie de Nancy et professeur d'astronomie à la faculté des sciences de cette ville. Il est devenu successivement, depuis, inspecteur général de l'enseignement secondaire pour les sciences, membre titulaire du Bur au des longitudes (1862), membre du Conseil supérieur de l'instruction publique (1864) ; professeur d'astronomie à l'École polytechnique (1873), président du Bureau des longitudes (1876) et inspecteur général pour l'enseignement supérieur des sciences, en remplacement de Leverrier (1877). — M. Faye a commencé, en 1846, une traduction du *Cosmos* d'Alexandre de Humboldt, en collaboration avec M. Ch. Galusky (2° édition, 1864, 4 vol.). Il a publié en outre : *Leçons de cosmographie* (1852) : *Sur une méthode nouvelle proposée par M. de Littrow, pour déterminer en mer l'heure et la longitude (1854)* ; et lu devant l'Académie des sciences de nombreux mémoires, parmi lesquels nous citerons ceux sur *l'Anneau de Saturne*, les *Déclinaisons absolues*, la *Formation des nuages*, la *Formation de la grêle*, les *Taches du soleil*, etc.

La gloire du savant ne lui suffisant plus, sans doute, M. Faye se portait aux élections du 14 octobre 1877, comme candidat du maréchal de Mac-Mahon à la députation, dans le XVI° arrondissement de Paris; ayant échoué avec une minorité dérisoire, il acceptait le portefeuille de l'instruction publique, abandonné par M. Brunet, dans le ministère de Rochebouët, le 23 novembre suivant; il quittait le pouvoir le 13 décembre, après vingt jours d'exercice, avec ses collègues, abandonnant non sans regrets leurs projets de coup d'État, ont ils ne disposé, croyons-nous, à renouveler cette triste expérience. — M. H. Faye est commandeur de la Légion d'honneur depuis le 7 août 1870.

FAYE, ÉTIENNE LÉOPOLD, avocat et nomme politique français, né à Marmande le 16 novembre 1828. Avocat du barreau de sa ville natale et lié avec les membres les plus influents du parti démocratique, quoique, à proprement parler, sans passé politique, M. Faye fut nommé maire de Marmande après le 4 Septembre. Aux élections du 8 février 1871, il posa sa candidature à l'Assemblée, sans succès, mais fut élu, aux élections complémentaires du 2 juillet suivant, représentant de Lot-et-Garonne. Il se fit inscrire à la réunion de la gauche républicaine, vota en conséquence et déposa sur le bureau de la Chambre, sans le moindre succès, une proposition tendant à rendre applicable aux élections pour les conseils généraux la loi relative aux réunions publiques électorales politiques. Aux élections du 20 février 1876, M. Faye se porta candidat dans l'arrondissement de Marmande et fut élu. Élu questeur de la Chambre, après la mort de M. Ricard et son remplacement au ministère de l'intérieur par M. de Marcère (mai 1876), M. Faye fut nommé sous-secrétaire d'État à ce ministère. Il donnait sa démission le 13 décembre pour suivre dans sa retraite M. de Marcère, remplacé au ministère de l'intérieur par M. Jules Simon. — Après avoir été élu membre du Conseil général du Lot-et-Garonne pour le canton de Marmande, en 1871, et réélu en 1874, M. Faye devenait président de cette assemblée départementale. Réélu député de Marmande le 14 octobre 1877, il se présentait avec succès aux élections sénatoriales du 5 janvier 1879 dans son département. Il siège au Sénat sur les bancs de la gauche et a voté l'expulsion des princes. — M. Léopold Faye est conseiller-maître à la Cour des comptes depuis le 28 mai 1879.

FEBVRE, ALEXANDRE FRÉDÉRIC, acteur français, fils d'un officier d'administration, est né à Paris le 21 février 1835. Ayant fait d'assez bonnes études musicales, il dirigeait, à ses moments perdus, l'orchestre peu nombreux d'un petit théâtre de société, et c'est sur ce théâtre qu'il débuta, remplaçant au pied levé l'amoureux absent au moment solennel, dans une pièce qui ne pouvait s'en passer. Il y eut un succès tel que, quelques jours plus tard, il était engagé au Havre. De retour à Paris, après une année d'absence à peu près, il joua successivement à Beaumarchais, dans *Paul d'Artenay*, *André le Mineur*, et surtout dans le *Mauvais gas*, de M. Henri de Kock (1853), où il fit une véritable impression sur le public de l'endroit, pas aussi facile à émouvoir et surtout à tromper qu'on pourrait le supposer. Il parut ensuite à l'Ambigu, à la Gaîté, à l'Odéon, où ses créations dans le *Rocher de Sisyphe*, *Daniel Lambert*, et principalement celle de Célestin du *Testament de César Girodot* (1858), établirent sa réputation. Il passa l'année suivante à l'Ambigu, où il parut dans la *Maison du pont Notre-Dame*; retourna à l'Odéon, pour s'y essayer dans le répertoire classique, et entra au Vaudeville en 1861, pour y remplir le rôle de Perrin dans les *Mariages de Paris*, d'Edmond About. Il y créa successivement Maurice, dans *Nos intimes* (1861); Richard, dans un *Homme de rien* (1863); Mirabeau, dans la *Jeunesse de Mirabeau* (1864); Didier, dans la *Famille Benoiton*; pièces auxquelles il nous faut ajouter: la *Frileuse*, l'*Attaché d'ambassade*, le *Vrai courage*, les *Plantes parasites*, un *Duel sous Richelieu*, les *Brebis de Panurge*, *Germaine*, le *Mariage d'Olympe*, les *Ressources de Quinola*, le *Roman d'un jeune homme pauvre*, le *Drac*, *Jean qui rit*, la *Belle au Bois dormant*, *Monsieur de Saint-Bertrand*, les *Deux sœurs*, etc. Entré au Théâtre-Français en septembre 1866, il était reçu sociétaire le 1ᵉʳ mai 1867. Nous citerons parmi les rôles créés ou repris à ce théâtre par M. Febvre, dont le talent n'a fait que s'affirmer de jour en jour : Philippe II, dans *Don Juan d'Autriche*; Georges Bernard, dans *Par droit de conquête*; Stamply, dans *Mademoiselle de la Seiglière*; Saint-Géran, dans *Une chaîne*; d'Aubigny, dans *Mademoiselle de Belle-Isle*; Maurice de Cambry, dans *Julie* (1869); de Vaugris, dans le *Lion amoureux*; André Roswein, dans *Dalila* (1870); Georges, dans l'*Autre motif*; Nanjac, dans le *Demi-Monde*: Louis de Nohant, dans *Petite pluie*; le comte de Briac, dans la *Grand'maman* (1875); Clarkson, dans l'*Étrangère* (1876); Fritz Kobus, dans l'*Ami Fritz*, de MM. Erckmann-Chatrian (1876). Nous citerons encore les pièces suivantes dans lesquelles M. Febvre a créé ou repris le rôle principal: le *Baiser anonyme*, la *Valise de Molière*, *A deux de jeu*, la *Parvenue*, *Bataille de dames*, *Mercadet*, les *Fausses confidences*, le *Jeu de l'amour et du hasard*, *Tartufe* (rôle de Tartufe), les *Femmes savantes*, *Ruy-Blas*, etc. — On doit en outre à M. Febvre un certain nombre de compositions musicales légères. Il est décoré de plusieurs ordres étrangers.

FÉRAUD, François Tiburce, homme politique français, né à Arreau (Hautes-Pyrénées) le 19 août 1821, est le petit-neveu du conventionnel Féraud, tué d'un coup de revolver par une mégère, en voulant s'opposer à l'invasion de l'assemblée par l'émeute, le 1ᵉʳ prairial an III, et dont la tête fut ensuite portée au président Boissy d'Anglas, au bout d'une pique. — M. Féraud s'était présenté sans succès à une élection législative sous l'empire, et n'avait pas renouvelé la tentative. Nommé préfet des Hautes-Pyrénées par M. Thiers, il donna sa démission après la mort de M. de Goulard, son beau-frère (juillet 1874). Il fut peu après nommé trésorier général de l'Aude, fonctions dont il fut révoqué en octobre 1884. Il s'était encore une fois présenté sans succès à une élection partielle, en 1879, mais aux élections générales d'octobre 1885, M. Féraud triompha avec la liste monarchique, et fut élu député des Hautes-Pyrénées.

FÉRAY, Ernest, industriel et homme politique français, sénateur, né à Paris le 29 mai 1804. M. Féray, petit-fils d'Oberkampf, exploite à Essonnes (Seine-et-Oise) un établissement industriel considérable, comprenant des ateliers de filature et de tissage, de construction de machines diverses, une fonderie de fer, etc. Maire d'Essonnes depuis 1858, ancien membre de la Chambre de commerce de Paris, M. Féray s'était exclusivement renfermé dans l'industrie et n'avait en conséquence nul antécédent politique, lorsqu'éclata la révolution du 4 septembre 1870, provoquée par des désastres lamentables. Sa ferme et patriotique attitude en présence des envahisseurs, le désignèrent naturellement aux suffrages de ses concitoyens, et aux élections du 8 février 1871, il fut élu représentant de Seine-et-Oise, le quatrième sur onze. A Bordeaux, M. Féray fonda une réunion qui prit son nom, dont firent partie la plupart des membres de l'Assemblée appartenant à l'industrie; le programme de la réunion Féray était : « reconstitution du pays par des institutions libérales et sous la forme républicaine, la constitution définitive à donner à la France étant réservée. » Il appuya constamment la politique de M. Thiers et déclarait, dans une lettre adressée aux journaux, en avril 1873, qu'il y avait nécessité impérieuse à proclamer définitivement la République. Il était devenu vice-président du groupe Casimir Périer; après le 23 mai, il devint vice-président du centre gauche. Il combattit avec énergie le ministère de combat, et protesta contre les tentatives de restauration monarchique. En juillet 1875, il opposait à une demande de prorogation présentée par M. Malartre, une proposition contraire, c'est-à-dire tendant à ce que l'Assemblée ne prit pas de vacances avant l'achèvement de la discussion des lois organiques et l'élection des sénateurs inamovibles. Mais ce fut la proposition de prorogation qui l'emporta. M. Féray a fait partie, en novembre 1875, de la commission de permanence de l'Assemblée. Aux élections sénatoriales du 30 janvier 1876, M. Féray était porté sur la liste républicaine avec M. Gilbert-Boucher, président du Conseil général de ce département et Léon Say, ministre des finances. On sait quel bruit ce rapprochement de noms, aussi honorables et aussi modérément républicains l'un que l'autre, et par conséquent tout naturel, fit dans le camp des réactionnaires; nous avons dit comment M. Buffet (voyez ce nom), suffoqué d'indignation, exigea de son collègue aux finances qu'il faussât compagnie à ses amis compromettants pour donner sa démission de ministre, et comment, M. Léon Say ayant renoncé à son portefeuille, ses collègues, simplement jaloux de leur propre dignité, déclarèrent le suivre dans sa retraite, contraignant ainsi M. Buffet à rester seul ou à ronger son frein. De même la presse à la dévotion de M. Buffet jeta feu et flammes, représentant le ministre des finances comme à jamais compromis, perdu par ses relations avec les « pires ennemis du maréchal » avec des « radicaux » tels que MM. Gilbert-Boucher et Féray ! Malgré toutes ses misérables criailleries, la liste républicaine passa tout entière dans le département de Seine-et-Oise (Il est vrai qu'en revanche, M. Buffet ne passa dans aucun). Au renouvellement partiel du 8 janvier 1882, les trois sénateurs républicains de Seine-et-Oise étaient réélus. M. Féray a voté contre le projet d'expulsion des princes. — M. Féray a fait partie du Conseil général de Seine-et-Oise de 1840 à 1870 ; il est membre du consistoire de l'Eglise réformée de Paris. Comme industriel, il a reçu diverses récompenses aux expositions ; officier de la Légion d'honneur depuis 1842, il a été promu commandeur à la suite de l'Exposition universelle de 1878.

FERGUSSON, James, architecte écossais, né à Ayr en 1808. Après avoir commencé ses études à l'Ecole supérieure d'Edimbourg, il vint les achever en Angleterre, dans une institution particulière, entra ensuite dans une maison de commerce importante, qui l'alla, peu après, représenter aux Indes et dont il devint ensuite associé. Ayant, jeune encore, quitté les affaires, il parcourut l'Orient dans le but d'en étudier les richesses architecturales. L'un des premiers résultats de ces études nouvelles, fut la publication d'un ouvrage intitulé: *Illustrations of the Rockcut Temples of India* (1845), orné de gravures et de plans dus, aussi bien que le texte, à M. Fergusson. Vinrent ensuite : *Picturesque Illustrations of Ancient Architecture in Hindostan* et un *Essay on the Ancient Topography of Jerusalem* (1847); *Historical inquiry into the true Principles of Art, more especially with reference to Architecture* (1848); *Essay on a proposed new system of Fortification* (1849), ouvrage indiquant un système nouveau d'ouvrages de terre qui, accueilli favorablement par l'armée anglaise, fut appliqué par les Russes à la défense de Sébastopol et plus tard par les Américains, à l'époque de la guerre de Sécession. On doit encore à M. James Fergusson: *the Palaces of Nineveh and Persepolis restored* (1851), ouvrage qui lui fit confier la construction de la salle ninivite du palais de cristal de Sydenham ; *Handbook of Architecture* (1855); *History of the modern styles of Architecture* (1862); *History of Ancient and Modern Architecture* (1865, 3 vol., 2ᵉ édition, 1875, 4 vol.); *Tree and Serpent Worship* (le culte de l'Arbre et du Serpent), ouvrage publié aux frais du gouvernement indien, illustré de plus de 100 planches et dessins dans le texte (1868, in-4°; 2ᵉ édition, 1873); *the Temples of the Jews and the other Buildings in the Haram Area at Jerusalem* (les Temples des Juifs et autres édifices, etc., 1878). — L'Institut royal des Architectes britanniques a décerné sa grande médaille d'or annuelle à M. James Fergusson, en 1871. Il est membre de la Société royale de Londres et de plusieurs autres sociétés savantes, et a reçu de l'université d'Edimbourg le titre honorifique de docteur en lois en 1882.

FERGUSSON, sir JAMES, baronnet, administrateur anglais, né à Édimbourg en 1832, fit ses études à l'école de Rugby et entra ensuite aux grenadiers de la Garde, où il devenait capitaine en 1854. Peu après, il donnait sa démission. Il représenta le comté d'Ayr à la Chambre des communes, comme député conservateur de 1854 à 1857 et de 1859 à 1868; fut sous-secrétaire d'État pour les Indes de juin 1866 à juillet 1867; passe en la même qualité, à cette dernière date, au ministère de l'intérieur, et conserva ce dernier poste jusqu'au mois d'août 1868, époque où il fut nommé gouverneur de l'Australie méridionale et membre du Conseil privé. Nommé gouverneur de la Nouvelle-Zélande, le 2 mars 1873, sir James Fergusson donnait sa démission l'année suivante. Il a été nommé gouverneur de Bombay en 1880. Lors du retour aux affaires du parti conservateur, en août 1886, sir J. Fergusson est entré dans le ministère constitué sous la présidence du marquis de Salisbury, comme sous-secrétaire d'État aux affaires étrangères.

FERNI, VIRGINIA et CAROLINA, violonistes italiennes, nées à Côme (Lombardie), Virginia en 1840, et Caroline en 1842. Leur père cultivait lui-même le violon, et elles l'accompagnaient dans ses tournées artistiques en Italie et en Suisse. Étant à Genève, elles assistèrent à un concert donné par deux de leurs compatriotes, les sœurs MiIanollo, que la mort ne devait pas tarder à séparer, et dont l'archet magique décida de leur vocation. Les deux sœurs Ferni reçurent les premières leçons de violon de Bianchi et du célèbre Gamba, et aussitôt qu'elles se jugèrent en état de le faire, elles se mirent à voyager en Italie, en Suisse, en Belgique, en Hollande, recevant partout un accueil sympathique de plus en plus mérité. Elles revinrent ensuite à Genève; de là, passèrent à Lyon, puis à Marseille, visitèrent les principales villes du midi de la France, et enfin Paris (1854-55). Là, ayant eu recours aux conseils des grands violonistes de l'époque, d'Allard, de Robbretsh, de Bériot, de Dancla et de Vieuxtemps, elles se produisirent hardiment et avec un très grands succès, à la salle Herz, dans divers salons, au concert de la France musicale, aux Italiens et à l'Opéra. Dès lors, elles se mirent à parcourir, avec pleine confiance, les principales villes de l'Europe, marchant de triomphe en triomphe. — Le contraste du jeu de ces deux artistes est frappant : Celui de Virginia exprime la douceur, la tendresse, la mélancolie qui se borne aux larmes et aux soupirs; tandis que Caroline est l'énergie même, la vigueur, la chaleur, la passion ardente; « *l'una*, dit un de leurs biographes, *è l'angelo del suo istrumento, l'altra ne è il demonio*.

FERRARI, PAOLO, poète et critique dramatique italien, né à Modène en 1820, fit de brillantes études, prit le grade de docteur ès lettres et se livra de bonne heure à la littérature dramatique; mais ses premières productions en ce genre sont absolument sans valeur et, à la vérité, peu de celles qui suivirent ne surpassent de beaucoup. Sa *Poltrona Storica* eut toutefois un très grand succès. Son ouvrage sur *Goldoni et le sue sedici Commedie nuove*, fit en peu de temps, par contre, le tour de l'Italie, et établit la réputation d'écrivain critique du docteur Ferrari. Il fit paraître ensuite, avec un succès presque égal : *Parini e la sua Satira*. La *Prosa*, qui parut un peu plus tard, fut très vivement critiquée par les adversaires de l'auteur, qui n'y virent qu'une audacieuse apologie personnelle et des attaques peu mesurées à l'adresse de ceux qui ne passaient pas parfaites toutes ses œuvres et principalement sous la rubrique dialecte de Modène, lesquelles ne valent pas le diable, comme nous avons dit ; ce qui ne saurait empêcher le docteur Ferrari d'en faire lui-même l'éloge, dans son propre ouvrage. Il a été nommé professeur d'histoire à l'université de Modène en novembre 1859. — Le 24 mars 1875, on donnait au Théâtre Manzoni, de Milan, une représentation au profit du monument à élever à Venise à Carlo Goldoni, laquelle s'ouvrait p. r un *Prologo* du Dr Ferrari, dont le sujet roule sur une curieuse histoire de supercherie dramatique qui avait fait beaucoup de bruit en Italie peu auparavant : Un certain M. Barti, fatigué de se voir refuser les nombreux manuscrits qu'il colportait de théâtre en théâtre, s'était avisé d'écrire à l'impresario Bellotti-Bon, directeur du théâtre Manzoni, qu'il venait de découvrir un ouvrage inédit de Goldoni intitulé : *l'Egoista per progetto*, et le mettait à sa disposition. M. Bellotti-Bon accepta, reçut le manuscrit, dont l'auteur n'était autre que ce M. Barti, lequel avait été repoussé avec empressement partout, et se disposait à le mettre à la scène lorsque, nous ne savons pas bien de quelle manière (par la déclaration du *trovarobe* Barti lui-même, il nous semble, pourtant), la supercherie fut découverte. C'est cet événement mémorable dans les fastes dramatiques d'Italie que M. Paolo Ferrari a traités dans son *Prologue*. Mais il faut bien dire que, si l'amusante scène du poète, dite excellemment par l'acteur Ceresa, a mis de son côté les rieurs, dans la soirée du 24 mars 1875, ces mêmes rieurs, pendant un bon bout de temps, n'avaient pas été précisément du côté qu'elle dansait avec le célèbre Mérante, en 1844. A partir de ce moment, la jeune danseuse avança dans la carrière au milieu des triomphes. Engagée au théâtre San-Carlo de Naples, son engagement y fut renouvelé trois fois; elle passa ensuite trois saisons au Théâtre royal de Turin, deux au Carlo-Felice, de Gênes, deux au Théâtre de la Reine, à Londres, une à Vienne, une à Sinigaglia, deux à Vicence, deux à Milan, puis à Florence ; puis elle accepta un engagement pour une tournée artistique à Vérone, Mantoue et Trente. Après avoir dansé au théâtre Apollo, à Rome (1854-55), elle était engagée en 1856 à l'Opéra de Paris, auquel elle resta attachée pendant plusieurs années sans voir se ralentir le cours de triomphes que lui faisait l'enthousiasme public, lequel prenait les formes les plus variées, dans ces manifestations sans cesse renaissantes. En 1864, la Ferraris quittait Paris pour Bruxelles. — Le répertoire de la Ferraris est très étendu, nous citerons parmi les ballets où elle eut le plus de succès : le ballet de *Faust*, ceux d'*Esmaralda*, d'*Odetta*, de *Gisella*, de la *Figlia del bandito*, la *Silfide*, la *Peri*, la *Vivandiera*, etc. ; outre ceux qui ont été expressément écrits pour elle, comme *Diana ed Endimione*, à Turin ; *Ondina*, *Armida*, la *Regina dellerose*, *Fiorita*, à Naples ; le *Delizie del serraglio*, *l'Isola degli amori*, et *Il passo delle grazie* (avec Maria Taglioni et Carlotta Grisi), à Londres ; *l'Encantadora di Madrid* et *l'Ammante Zeffiro*, à Gênes ; *Diavoletta e Paquita*, à Milan ; *Raffaelle e la Fornarina*, à Florence ; *il Giucatore*, *Iberia*, à Rome, etc. A Paris, elle parut principalement dans « divertissement » introduit dans *Pierre de Médicis*, du prince Poniatowski, et intitulé : les *Amours de Diane*; dans *Sacountala*, *Orfa*, les *Elfes*; à Bruxelles, dans l'*Étoile de Messine*, etc. — Elle a quitté le théâtre depuis quelques années déjà.

FERRARY, BARTHÉLEMY AMÉDÉE, homme politique français, entrepreneur de travaux publics, est né à Embrun le 29 avril 1827. Il alla terminer ses études à Aix, puis revint à Embrun, continua l'industrie paternelle, et fut nommé maire de sa ville natale en 1871. Démissionnaire après la chute de M. Thiers, M. Ferrary était élu député d'Embrun à l'élection partielle nécessitée par la mort de M. de Césanne, en septembre 1876, et prit place à gauche. Battu aux élections d'octobre 1877, par son concurrent légitimiste, M. de Prunières, il obtenait de la Chambre l'annulation de cette élection, et triomphait de nouveau à l'élection du 7 juillet 1878. Réélu sans concurrent le 21 octobre 1881, M. Ferrary siégea à la gauche radicale, et c'est comme candidat radical qu'il fut élu député des Hautes-Alpes au scrutin du 18 octobre 1885. Il a voté l'expulsion totale des princes.

FERRIER, PAUL, auteur dramatique français, né en 1843 à Montpellier. Il vint faire son droit à Paris, mais en s'abandonnant volontiers au penchant qui l'entraînait vers la littérature, et principalement vers la littérature dramatique. Il débuta heureusement au Théâtre-Français, en 1868, par la *Revanche d'Iris*, comédie en un acte, en vers ; et à dater de cette première pièce, il ne cessa plus de produire des pièces diverses pour les théâtres de genre et des livrets d'opéras comiques et d'opérettes. Nous citerons: *Un mari qui voisine* (1869), *Une femme est comme votre ombre* (1870), comédies en 1 acte, en vers, au Vaudeville ; la *Crémaillère*, 1 acte en vers, à l'Odéon (1872); *Gilbert*, 3 actes, en prose, même théâtre (1872); *Chez l'avocat*, saynète en vers libres, jouée par M. Coquelin et Mme Sarah Bernhardt, au Français ; les *Incendies de Massoulard*, vaudeville en 1 acte, au Palais-Royal (1873); *Tabarin*, comédie en 2 actes, en vers, au Français (1874) ; la *Partie d'échecs*, vaudeville en 1 acte, au Palais-Royal ; les *Cinq filles de Castillon*, 1 acte, au Gymnase ; les *Compensations*, 3 actes en vers, même théâtre (1876); *Au grand col*, vaudeville en 1 acte, et la *Chaste Suzanne*, comédie-vaudeville en 2 actes, au Palais-Royal (1877). La réputation de M. Ferrier était désormais établie ; il avait surtout acquis l'expérience scénique qui lui fit quelque temps défaut, et il marcha dès lors de succès en succès, les partageant toutefois avec quelque habile collaborateur le plus souvent. Nous rappellerons, parmi ses derniers ouvrages : le *Parisien*, vaudeville en 3 actes, avec MM. Vast-Ricouart (1881) ; *Fanfan la Tulipe*, opéra-comique en 3 actes, avec M. Prével, musique de M. L. Varney, aux Folies-Dramatiques ; la *Rue Bouleau*, avec MM. Vast-Ricouart, pièce en 3 actes, aux Menus-Plaisirs (1882) ; la *Vie facile*, avec M. Albéric Second, comédie en 3 actes, au Vaudeville ; *Madame est jalouse*, 1 acte au Palais Royal (1883) ; la *Flamboyante*, comédie en 3 actes, avec MM. Félix Cohen et Albin Valabrègue, au Vaudeville ; *Babolin*, opérette en 3 actes, avec M. Prével, musique de M. d'Ennery, musique de M. Hervé, au même théâtre (1884) ; la *Doctoresse*, comédie en 3 actes au Gymnase, avec M. Henri Bocage ; *Tabarin*, opéra en 2 actes, musique de M. Emile Pessard, à l'Opéra ; *Coco-Fété*, féerie en 4 actes, avec MM. P. Burani et Ed. Floury, au Châtelet ; les *Petits Mousquetaires*, opéra comique en 3 actes, avec M. J. Prével, musique de M. L. Varney, aux Folies-dramatiques ; la *Vie Mondaine*, opérette en 4 actes, avec M. de Najac, musique de M. Ch. Lecocq, aux Nouveautés (1885) ; *Joséphine vendue par ses sœurs*, avec MM. Carré et V. Roger, aux Bouffes (1886). — M. P. Ferrier a publié en outre, en 1885, un volume de vers intitulé : les *Muses*.

FERROUILLAT, Jean-Baptiste, homme politique français, sénateur, né le 4 mai 1820 à Lyon, d'une famille appartenant à l'industrie ; il fit ses études au collège de sa ville natale et son droit à la faculté de Paris, fut reçu docteur en 1843 et devint secrétaire de Bethmont. Il fut élu, en 1848, représentant à la Constituante et fit partie, comme l'un de ses membres les plus jeunes, du bureau provisoire de l'Assemblée, en qualité de secrétaire. Il vota ordinairement avec les démocrates modérés, appuya la politique de l'Elysée après le Dix Décembre ; mena en un mot si bien la barque qu'il ne fut pas réélu à la Législative. Il se fit alors inscrire au barreau de Paris. En 1856, M. Ferrouillat quittait Paris et entrait au barreau de Lyon ; il était élu membre du Conseil général du Rhône en 1864, pour la deuxième canton de Lyon ; démissionnaire en 1867, avec plusieurs de ses collègues, en protestation de l'interdiction qui leur était signifiée de formuler des vœux relatifs à la municipalité lyonnaise ; il était, avec les autres conseillers démissionnaires, réélu à une grande majorité. Elu conseiller municipal de Lyon après le 4 Septembre, M. Ferrouillat y présida, pendant la guerre, le comité de résistance. Il fut élu représentant du Var à l'Assemblée nationale, aux élections complémentaires du 2 juillet 1871, et prit place à l'extrême gauche. Il a pris plusieurs fois la parole à l'Assemblée, principalement pour défendre le Conseil municipal de Lyon et pour combattre le projet de réorganisation municipale de la cité suspecte, supprimant la mairie centrale. Porté sur la liste républicaine, aux élections sénatoriales du Var, le 30 janvier 1876, M. Ferrouillat a été élu avec son ancien collègue de la gauche à l'Assemblée, M. Charles Brun. Les deux honorables sénateurs républicains du Var ont été réélus au renouvellement du 8 janvier 1882. M. Ferrouillat a pris place à l'extrême gauche du Sénat. Il fut l'un des signataires de la proposition d'amnistie pleine et entière présentée par Victor Hugo, et, en juin 1886, a voté le projet d'expulsion des princes.

FERRY, Jules François Camille, homme d'Etat français, avocat, né à Saint-Dié (Vosges) le 5 avril 1832, fit ses études de droit à Paris, où il se fit admettre au barreau en 1854. Collaborateur de la *Gazette des Tribunaux*, il publia, en 1861, avec MM. Clamageran, Hérold, Floquet et Hérold, un *Manuel electoral* qui eut de nombreuses éditions, et une brochure sur la *Lutte électorale* en 1863. Cette même année 1863, une vacance s'étant produite dans la 5e circonscription de Paris, par suite de l'option pour Lyon de Jules Favre, M. J. Ferry y posa sa candidature en concurrence avec celle de Garnier-Pagès ; mais il se retira avant le scrutin. Impliqué dans le procès intenté par le ministère public au comité électoral dit des Treize, il fut condamné en 1864 pour délit d'association illicite. En 1865, il entrait à la rédaction du *Temps*, où il commençait presque aussitôt cette série d'articles dirigés contre l'administration du préfet de la Seine, qui furent réunis ensuite sous le titre heureux de *Comptes fantastiques d'Haussmann*. Ce titre était une véritable trouvaille, et valut à M. J. Ferry une réputation d'homme d'esprit parmi tous ceux (et le nombre en est grand) qui, dans un livre, ne consultent jamais que le titre. Porté de nouveau, cette fois dans la 6e circonscription de la Seine, aux élections législatives de 1869, M. Jules Ferry fut élu au second tour de scrutin. Il avait eu pour concurrents au premier tour Augustin Cochin et Adolphe Guéroult, mais celui-ci s'étant désisté, il n'avait plus en face de la sienne que la candidature de Cochin au ballottage. Il alla prendre place sur les bancs de la gauche, à côté de Jules Favre, son maître et son modèle. Ce fut avec lui qu'il ne cessa de marcher. Il fit partie de diverses commissions importantes, notamment de la commission chargée de régler le budget extraordinaire de la ville de Paris, — en souvenir sans doute des fameux « Comptes fantastiques » et se signala par des interpellations nombreuses, remarquables par leur peu de clarté en général et quelquefois par leur véhémence insolite. Parmi les propositions qu'il soumit à la Chambre, nous citerons celle relative à l'élection du Conseil municipal de Paris et celle portant abolition de la juridiction de la Haute Cour de Justice, qui venait d'acquitter le prince Pierre Bonaparte. En mai 1870, M. Jules Ferry organisa le comité démocratique parisien antiplébiscitaire. Il s'éleva, avec ses collègues de la gauche, contre la guerre et, après la déclaration, réclama sans succès l'abrogation de la loi de 1834 sur la fabrication des armes, ou tout au moins sa suspension. Membre du gouvernement provisoire, dit de la Défense nationale, comme député de Paris, le 4 septembre 1870, il était nommé secrétaire du gouvernement le 5, et préfet de la Seine le 6 (toujours en souvenir des « Comptes fantastiques »). Nous ne dirons rien de son administration : le poste eût été difficile pour n'importe qui à une époque pareille, et personne n'eût pu se livrer à plus d'efforts tendant au mieux que ne le fit M. J. Ferry. Lors de la tentative du 31 octobre, il fut quelques heures prisonnier à l'Hôtel de Ville, puis délivré par la garde nationale de l'Ordre. La légende du 22 janvier 1871 assure que M. Ferry résista courageusement à la tentative coupable des bataillons révolutionnaires contre l'Hôtel de Ville, littéralement bondé de mobiles. — Il avait présidé quelques jours auparavant la réunion des maires qui avait résolu le rationnement du pain (mesure tardive et devenue bien inutile, puisque les chiens même le refusaient) et les perquisitions non moins tardives à la recherche des comestibles cachés. Le 26 janvier, Paris capitulait.

Aux élections du 8 février 1871, M. Jules Ferry était élu représentant non de la Seine, qu'il avait administrée et qui le connaissait assez, mais des Vosges, son département natal, et le cinquième sur huit. Il donna alors sa démission de préfet de la Seine, quoiqu'il dût rester en fonctions jusqu'au 18 mars. Rentré à Paris derrière l'armée de Versailles, le 22 mai, il était de nouveau nommé préfet de la Seine par M. Thiers le 24. Cette nomination souleva une protestation unanime, laquelle contraignit celui qui en était l'objet à se retirer au bout de dix jours. Il fut remplacé par M. Léon Say, et, on ne peut porter à son avoir aucune brochure à titre humoristique, du moins et incontestablement un administrateur. Mais M. Ferry avait des amis puissants autant que hardis : on parla comme d'une chose décidée de sa nomination au poste de ministre de France à Washington (mars 1872). Nouvelles clameurs, et si peu mesurées, que la nomination n'osa se montrer officiellement, et M. Ferry dut se contenter du poste de ministre à Athènes (15 mai), où il parvint avec assez de succès à débrouiller l'affaire des mines du Laurium. Il donna sa démission après le 24 mai (1873), et reprit sa place dans les rangs de la gauche républicaine de l'Assemblée dont il devint président. Réélu député de l'arrondissement de Saint-Dié, aux élections générales du 20 février 1876, M. Jules Ferry était de nouveau élu président de la gauche républicaine, dont il exposait le programme, dans un discours fort discuté, lors de la rentrée des Chambres. Elu membre du Conseil général des Vosges pour le canton de Thillot, contre M. Buffet, le 8 octobre 1871, il devint vice-président, puis président de cette assemblée départementale. A la Chambre M. Ferry prit part, dans cette courte législature, à toutes les discussions politiques importantes, comme orateur de la gauche républicaine ; il fut rapporteur de la loi d'organisation municipale et, naturellement, l'un des 363 adversaires déclarés du cabinet de Broglie. Réélu député de Saint Dié le 14 octobre 1877, il reprit sa position à la Chambre, et ne tarda pas à ouvrir le feu de son éloquence contre le ministère non plus de combat, mais d'attaque, présidé par le général de Rochebouët, dont aucun des membres n'appartenait au parlement qui dut, faute de mieux, céder la place à un ministère Dufaure. M. J. Ferry eut à cette époque, entre autres fonctions, la présidence de la commission du tarif général des douanes. Les élections sénatoriales du

5 janvier 1879 ayant enfin donné une majorité républicaine à la première Chambre, la gauche se sentit maîtresse du terrain parlementaire et prit ses dispositions pour en profiter. Dès le 20 janvier, un ordre du jour de confiance en faveur du ministère Dufaure, rédigé par M. Jules Ferry, de manière à ce qu'il n'y eût pas de doute possible sur son véritable caractère de mise en demeure, était voté à une grande majorité. Mais les élections sénatoriales devaient avoir d'autres conséquences: le 30 janvier, le maréchal de Mac-Mahon, décidé à ne pas se soumettre, donnait sa démission, et était remplacé à la présidence suprême par M. Jules Grévy. M. Dufaure ayant voulu suivre le maréchal dans sa retraite, un nouveau cabinet fut constitué sous la présidence de M. Waddington, dans lequel M. Jules Ferry entra, avec le portefeuille de l'instruction publique et des beaux-arts réunis (4 février).

Grâce à une étonnante faculté d'assimilation et à une puissance de travail extraordinaire, le nouveau ministre de l'instruction publique et des beaux-arts se mettait au courant des affaires de son département, pour ainsi dire du jour au lendemain, avec le secours, toutefois, du sous-secrétaire d'État qu'il s'était adjoint pour les beaux-arts, M. Edmond Turquet, député de l'Aisne. Pour ce qui revient plus spécialement à M. J. Ferry des réformes alors effectuées ou simplement projetées, nous signalerons la suppression des lettres d'obédience et son projet de loi sur l'enseignement supérieur restituant à l'État le droit exclusif de collation des grades, dont le fameux article 7, interdisant l'enseignement aux membres des congrégations non légalement reconnues devait produire une agitation si grande, et son rejet par le Sénat des conséquences si graves, voire tout à fait dramatiques en divers points de la France. En effet, l'article 7 rejeté par le Sénat, c'était le droit d'enseignement reconnu, sanctionné pour les congrégations religieuses non autorisées, jésuites, dominicains, etc. Le gouvernement ne tint pas pour battu, et puisque les congrégations, il avait le droit strict de chasser du territoire de la République, conservaient malgré lui le droit d'enseigner la haine de la République, il n'y avait qu'un moyen d'avoir raison d'elles, et il y recourut sans hésitation: les congrégations non autorisées par la loi, en général parce qu'elles avaient dédaigné de solliciter cette autorisation, furent décrétées expulsées de France (septembre 1880). La difficulté, maintenant, était d'assurer l'exécution de ces décrets, car on pense bien que les membres des congrégations enseignantes frappées ne devaient se soumettre qu'à la force, appuyés, encouragés dans leur résistance par toutes les notabilités cléricales, parlementaires et extra-parlementaires. M. de Freycinet, qui avait succédé à M. Waddington, le 27 décembre 1879, ne se sentit pas le courage de mener à bien cette entreprise, dont il prévoyait sans doute les difficultés terribles, jugeant probablement aussi que l'homme d'État assez aveuglément audacieux pour l'entreprendre échouerait, and se rendrait à tout jamais impossible. Il donna sa démission (19 septembre), et fut aussitôt remplacé à la présidence du conseil par l'homme audacieux en question, par M. Jules Ferry, qui saisit cette occasion, non sans plaisir fût, d'arriver enfin au faîte du pouvoir (23 septembre); et les décrets furent exécutés, non sans délai ni sans peine, mais ils le furent, et le chef actuel du cabinet n'en fut que plus solidement assis.

Ayant conservé le portefeuille de l'instruction publique, M. Jules Ferry s'occupa activement de réaliser dans l'école le triple principe de la gratuité, de l'obligation et de la laïcité, et lutta avec énergie pour écarter les obstacles que lui suscitait le Sénat, dont la majorité républicaine n'était pas aussi compacte, aussi « radicale » surtout, prise en masse, que celle de la Chambre des députés. En dehors de l'instruction publique, et comme chef du cabinet, il faut aussi attribuer à M. Ferry la direction imprimée aux affaires d'Algérie et de Tunisie, la guerre contre les Khroumirs de la frontière et l'établissement du protectorat français à Tunis, au milieu de complications de tout genre qui, plus d'une fois, mirent le chef de cabinet dans un grand embarras vis-à-vis des chambres. Mentionnons encore les tentatives, rarement couronnées de succès, de renouvellement des traités de commerce avec les puissances étrangères dont les traités étaient près d'expirer. Survinrent les élections du 21 août 1881 (date anticipée), et M. J. Ferry fut réélu, à une très forte majorité, député de la 1re circonscription de Saint-Dié. La rentrée des chambres eut lieu le 28 octobre, et toute affaire cessante, le ministère fut mis sur la sellette. Le président du conseil défendit sa politique avec son énergie et son éloquence ordinaires, et il eut fort à faire, surtout au sujet des affaires tunisiennes, plus spécialement visées par les interpellateurs de toute nuance; enfin, il fallut clore cette discussion par le vote d'un ordre du jour qui décidât du sort du cabinet : il en fut rédigé vingt-six! L'ordre du jour voté par la Chambre, et à une énorme majorité (365 contre 68), approuvait, en somme, la politique ministérielle; mais il avait pour auteur Gambetta, et ce vote était trop visiblement dû à son influence, pour que M. Jules Ferry ne reconnût pas que le maître de la situation n'était pas lui-même, mais son rival, et quel rival!... Il jugea donc le moment bien choisi pour lui transmettre la suite de ses affaires, passablement embrouillées et qu'il allait être évidemment forcé d'abandonner, de manière ou d'autre, dans un délai de quelques jours. Le lendemain donc (10 novembre), le cabinet Jules Ferry avait vécu.

Le cabinet constitué par Gambetta le 15 novembre 1881, dans de telles circonstances, se suicidait en quelque sorte le 26 janvier 1882, et était remplacé le 30 du même mois par un nouveau cabinet Freycinet, dans lequel M. Jules Ferry reprenait son portefeuille de l'instruction publique et des beaux-arts, dans les anciennes conditions. Le vote de la Chambre refusant au ministère les crédits nécessaires pour coopérer avec l'Angleterre à la pacification de l'Égypte (29 juillet) ayant provoqué la retraite de M. de Freycinet, M. J. Ferry quitta le pouvoir avec ses collègues. Le 21 février 1883, il acceptait la mission de former un nouveau ministère, en remplacement du ministère Fallières, qui avait succédé au précédent. Il y reprit le portefeuille de l'instruction publique, mais ayant été chargé, pendant l'absence de M. Challemel-Lacour, de l'intérim des affaires étrangères, il prit définitivement ce portefeuille après la démission du titulaire (21 novembre 1883). Les affaires de Madagascar et du Tonkin, les négociations avec la Chine au sujet de son intervention hostile dans celles-ci et la guerre qui s'ensuivit avec cette puissance, tels sont, rappelés sommairement, les événements qui amenèrent cette modification, événements qui appartiennent à l'histoire et qui ne sauraient être analysés ici, à propos d'une administration politique dont ils provoquèrent la chute prématurée par leurs complications inattendues. A la suite d'une communication faite à la Chambre sur le désastre de Langson, dans les termes les plus pitoyables, par le chef du cabinet croyant sans doute enlever plus aisément par ce moyen le vote des crédits nécessaires pour poursuivre l'aventure du Tonkin, un vote de défiance forçait M. Jules Ferry à donner sa démission (29 mars 1885). Il était remplacé au pouvoir par M. Henri Brisson le 6 avril suivant. — Peu d'administrations ont été autant remplies d'événements aussi importants. Le chef de cette administration, pour la peine, y a pu donner la vraie mesure de sa valeur en tant qu'homme d'État, après avoir donnée comme administrateur depuis longtemps: c'est toujours l'homme des « Comptes fantastiques »; mais il est du métier, et nous ne désespérons nullement de le voir présider de nouveau aux destinées de la France. Il faut reconnaître, d'autre part, qu'il a eu toutes les chances: jusqu'à une tentative d'assassinat, ou quelque chose qui pouvait en avoir l'air de loin, mais qui n'a jamais été bien élucidée, dirigée contre lui (ou à côté)! Après avoir enterré son rival et l'avoir remplacé à la tête de l'Union républicaine, il avait l'occasion de prononcer, à l'érection de sa statue à Cahors, le 14 avril 1884, un discours accueilli par des applaudissements enthousiastes. Après sa retraite précipitée de fin mars 1885, M. Jules Ferry fit un voyage à Rome et y eut avec les hommes d'État du royaume d'Italie, en fonctions ou en disponibilité, des entrevues très agréables pour son amour-propre d'homme d'État incompris. Il rentra en France, devint directeur politique du journal le Temps, dont il avait été l'un des collaborateurs les plus modestes au début de sa carrière; puis il quitta ce journal pour la République française, voulant jusqu'au bout, sans doute, marcher dans les bottes de Gambetta. — Aux élections du 4 octobre 1885, M. Jules Ferry était élu député des Vosges en tête de la liste républicaine. Il a voté l'expulsion des princes. Il a été réélu conseiller général des Vosges et maintenu comme président lors de la session d'août 1886. Au comice agricole de Saint-Dié, tenu à la même époque, M. Jules Ferry faisait un discours approuvé par tous les agriculteurs de la région; c'est à croire qu'il s'occupe lui-même d'agriculture d'une manière toute spéciale — ou qu'il suffit d'être avocat.

FERRY, ALBERT JOSEPH, homme politique français, né à Fraize (Vosges) le 27 février 1833, est complètement étranger à la famille du précédent. Avocat du barreau de Saint-Dié, il est maire de cette ville, membre et secrétaire du Conseil général des Vosges, où il représente le canton de Gérardmer. Il a été élu député de la 2e circonscription de Saint-Dié, en même temps que M. Jules Ferry de la 1re, le 21 août 1881 ; et le 4 octobre 1885, député des Vosges sur la liste républicaine. M. Albert Ferry siège au groupe de la gauche républicaine. Il a voté l'expulsion des princes.

FEUILLET, Octave, littérateur français, né à Saint-Lô, où son père était secrétaire général de la préfecture, le 11 août 1822, fit de brillantes études au collège Louis-le-Grand, à Paris, et débuta dans la carrière littéraire par la publication, au feuilleton du *National*, d'un roman écrit en collaboration avec MM. Paul Bocage et Albert Aubert : le *Grand Vieillard (1845)*. M. O. Feuillet, qui avait signé cet essai du pseudonyme de « Désiré Hazard », publia, dès lors sous son véritable nom, un certain nombre de romans, nouvelles, etc., parus d'abord, au moins pour la plupart, dans quelque recueil périodique : la *Revue nouvelle*, la *Revue des Deux-Mondes*, notamment. Nous citerons : *Alix (1848)* ; *Rédemption (1849)* ; *Bellah (1850)* ; la *Partie de dames*, la *Clef d'or (1853)* ; l'*Hermitage*, le *Village* ; l'*Urne*, poésies (1852) ; le *Cheveu blanc (1853)* ; la *Petite comtesse (1856)* ; le *Roman d'un jeune homme pauvre (1858)* ; *Histoire de Sibylle (1862)* ; *Monsieur de Camors (1866)* ; *Julia de Trécœur (1872)* ; un *Mariage dans le monde (1875)* ; les *Amours de Philippe (1877)* ; le *Journal d'une femme (1879)* ; la *Morte (1884)*, etc. Il a donné au théâtre : la *Nuit terrible*, au Palais-Royal (1846) ; le *Bourgeois de Rome*, à l'Odéon (1847) ; la *Crise* et le *Pour et le contre*, au Gymnase (1854), ces deux pièces avaient été précédemment publiées dans la *Revue des Deux-Mondes* ; *Péril en la demeure (1855)*, et le *Village (1856)*, au Théâtre-Français ; la *Fée*, le *Cheveu blanc (1856)*, *Dalila (1857)*, le *Roman d'un jeune homme pauvre (1858)* ; la *Tentation*, la *Rédemption (1860)*, au Vaudeville ; *Montjoye*, au Gymnase (1863) ; la *Belle au bois dormant*, au Vaudeville (1865) ; le *Cas de conscience*, au Français (1867) ; *Julie*, au Vaudeville (1869) ; la *Clé d'or*, opéra comique, musique de M. Eug. Gautier ; l'*Acrobate*, un acte, au Français (1873) ; le *Sphynx*, drame en 4 actes, au Français (1874) ; les *Portraits de la marquise*, comédie en un acte, au Français ; un *Roman parisien*, comédie en 5 actes, au Gymnase (1882) ; la *Partie de dames*, comédie en un acte, au même théâtre (1883) ; *Chamillac*, au Français (1886), etc. ; sans parler d'une collaboration anonyme, souvent considérable, à plusieurs pièces de MM. Alexandre Dumas père et P. Bocage. — M. Octave Feuillet a été élu membre de l'Académie française, en remplacement de Scribe, le 3 avril 1862. Il est officier de la Légion d'honneur depuis 1863.

FEUILLET DE CONCHES (baron), Félix Sébastien, littérateur français, ancien fonctionnaire, né à Paris le 4 décembre 1798. Entré au ministère des affaires étrangères à vingt ans, il prenait sa retraite, comme directeur, en 1874, après avoir rempli divers emplois ou missions, l'emploi d'introducteur des ambassadeurs sous l'empire notamment. — M. Feuillet de Conches, qui a collaboré à la *Biographie universelle*, à l'*Encyclopédie des gens du monde*, à la *Revue des Deux-Mondes*, etc. a donné à part : *Léopold Robert, sa vie, ses œuvres et sa correspondance (1845)* ; *Méditations métaphysiques et correspondance de Malebranche avec Dortous de Mairan (1848)* ; *Réponse à une incroyable attaque de la Bibliothèque nationale touchant une lettre de Montaigne (1851)* ; *Contes d'un vieil enfant (1859)* ; *Causeries d'un curieux, variétés d'histoire et d'art tirées du cabinet d'autographes et de dessins (1861-67, 4 vol.)* ; *Lettres inédites de Michel de Montaigne et de quelques autres personnages (1863)* ; *Louis XVI, Marie-Antoinette et Madame Elisabeth, lettres et documents inédits (1864-73, 6 vol.)* ; *Correspondance de Madame Elisabeth de France (1867)* ; *Souvenirs de jeunesse d'un curieux septuagénaire (1877,* anonyme) ; les *Salons de conversation du XVIIIe siècle (1883)*, etc. — M. Feuillet de Conches est commandeur de la Légion d'honneur depuis 1856. Il est en outre décoré du Nicham Iftikhar de Turquie (1re classe), commandeur des ordres de Charles III et d'Isabelle la Catholique d'Espagne, de Saint-Jacques de Portugal, de l'ordre royal de François Ier des Deux-Siciles, du Lion de Zaehringen (Bade), de Louis (Hesse grand-ducale) et du Danebrog de Danemark.

FÉVAL, Paul Henri Corentin, littérateur français, né à Rennes le 27 septembre 1817, d'une famille de magistrats, fit toutes ses études dans sa ville natale, où il fut admis au barreau en 1837. Après une première cause, il abandonna la carrière d'avocat et vint à Paris pour tenter celle des lettres. Il eut des débuts difficiles et dut se faire correcteur d'épreuves pour vivre, sa mère, qui l'avait d'abord soutenu et dont les ressources étaient bornées, n'ayant pu continuer. Il réussit pourtant à faire insérer dans le *Nouvelliste*, auquel il était attaché comme correcteur, quelques articles, travailla pour la librairie et brossa des couplets de vaudeville. Le peu de loisirs que lui laissait cette besogne multiple, peu attrayante, mais qui lui assurait l'indépendance, il l'employait à des travaux littéraires d'un ordre différent, vers lequel sa vocation l'entraînait. En 1841, la *Revue de Paris* publiait son premier roman : le *Club des phoques*, bientôt suivi des *Chevaliers du firmament*, puis du *Loup blanc (1843)* dans le *Courrier français*, dont le rédacteur en chef demanda aussitôt à M. P. Féval de lui écrire un long roman d'aventures ayant pour titre : les *Mystères de Londres*, et qu'il signerait d'un nom anglais. La publication des *Mystères de Londres*, par « Francis Trolloppe », commença au *Courrier français* en 1844, et le roman eut un succès presque aussi grand que les *Mystères de Paris*, qui l'avaient évidemment inspiré. Dès lors, M. Paul Féval était un homme « arrivé », que les journaux s'arrachaient. Il publiait ensuite, à l'*Epoque*, le *Fils du diable* ; les *Mystères* et les *Amours de Paris*, au *Journal des Débats*, etc. — Après le 24 février 1848, M. Paul Féval, subissant l'influence des temps, voulut tâter de la politique et collabora à quelques journaux frondeurs attaquant, de tout leur cœur, le nouvel ordre de choses. Il fonda même le *Bon Sens du peuple* et dirigea un certain *Avenir national* ; mais tout cela dura peu et M. P. Féval, qui en appelait si éloquemment au bon sens des autres, eut celui de revenir à ses romans, dont il lui parut plus intelligent de fournir à leurs nombreux existants que d'en faire concurrence à ceux-ci. Il publia en conséquence : les *Belles de nuit*, dans l'*Assemblée nationale* ; les *Parvenus*, dans la *Revue contemporaine* ; le *Paradis des femmes*, dans la *Presse* ; *Madame Gil-Blas ou Mémoires d'une femme de notre temps*, dans le même journal ; le *Bossu*, au *Siècle* ; l'*Homme de fer*, les *Compagnons du silence*, au *Journal pour tous* ; les *Errants de nuit*, au *Pays*. Nous citerons encore de M. Paul Féval, à partir de cette époque, où il menait quatre feuilletons à la fois dans quatre journaux de Paris (1856-57) : le *Tueur de tigres*, le *Mendiant noir*, les *Couteaux d'or*, la *Louve*, *Bouche de fer*, *Cœur d'acier*, les *Habits noirs*, la *Fabrique de mariages*, *Roger Bontemps*, *Annette Lais*, la *Duchesse de Nemours*, le *Jeu de la mort*, les *Nuits de Paris*, *Aimée*, la *Cavalière*, le *Capitaine fantôme*, le *Château de velours*, *Jean Diable*, les *Fanfarons du roi*, le *Quai de la ferraille*, les *Nuits de Paris*, l'*Arme invisible*, le *Chevalier de Keramour*, les *Compagnons du trésor*, la *Fée des grèves*, la *Fontaine aux perles*, la *Pécheresse*, le *Cavalier Fortune*, le *Dernier vivant*, le *Chevalier Ténèbre*, *Maman Leo*, *Mademoiselle Saphir*, l'*Avaleur de sabres*, la *Reine des épées*, les *Deux femmes du roi*, *Contes bretons*, le *Drame de la jeunesse*, la *Province de Paris*, la *Cosaque*, la *Rue de Jerusalem*, les *Revenants*, la *Bande Cadet*, l'*Hôtel Carnavalet*, la *Tontine infernale*, le *Volontaire*, l'*Homme du Gaz*, la *Tache rouge*, la *Ville vampire*, *Gavotte*, les *Cinq*, l'*Ogresse*, *Premières aventures de Corentin Quimper*, etc. (1856-76). — M. Paul Féval a transporté à la scène, avec divers collaborateurs, quelques-uns de ses romans les plus populaires et donné quelques drames originaux, le tout avec des fortunes diverses, sans succès comparables à ceux que lui ont valu ses romans. Nous citerons les *Mystères de Londres*, le *Fils du diable (1847)* ; *Frère Tranquille*, à la Porte-Saint-Martin (1853) ; les *Belles de nuit*, les *Puritains d'Ecosse*, les *Mousquetaires du roi*, le *Bonhomme Jacques*, *Cotillon III*, *Mauvais-Cœur*, le *Bossu (1862)*, ce dernier mis à un point par M. Victorien Sardou ; *Jean qui rit (1865)* ; la *Chouanne (1867)*, etc.

De 1873 à 1875, M. P. Féval a fait quelques conférences spéciales, notamment aux matinées Ballande, dans lesquelles la question d'un théâtre des familles ou d'un « théâtre pour tous » fut traitée avec un très grand succès actuel, qui eût pu faire croire que quelque chose en ce genre était faisable ; mais le bruit qu'on fit d'abord à ce propos alla s'éteignant graduellement, et il n'en fut bientôt plus question. Il en resta toutefois un livre de M. P. Féval : le *Théâtre-Femme*, qui vaut la peine d'être lu, quoique sérieux. Il avait fait précédemment d'assez nombreuses conférences, sur des sujets variés, et tenté d'acclimater en France les « lectures » dont nos voisins d'outre-Manche et les Américains font tant de cas, même lorsqu'il leur faut entendre un « lecturer » beaucoup moins éloquent que M. Paul Féval. Mais il n'y réussit pas. Il a publié en 1881 une *Histoire des Tribunaux* en 8 volumes, qui devait être suivie d'une foule d'autres « histoires » dont il a abandonné le projet pour retourner au roman. Une adaptation de son *Cavalier Fortune* à la scène américaine, sous le titre de : *The*

Hero of the Hour, a été produite à New-York à la fin de 1874 ; mais, malgré un commencement de négociations préalables, l'auteur français, négligé par l' « adaptateur » américain, a dû décliner toute participation à cette besogne. M. Paul Féval a été président de la Société des gens de lettres et vice-président de la Société des auteurs dramatiques. Il est officier de la Légion d'honneur depuis 1869. — Victime de mauvaises spéculations financières, de son propre aveu, M. Paul Féval consentait, vers la fin de 1876, à se laisser représenter comme revenu à la foi de son enfance, et conformément à un traité passé avec une société catholique, il publiait des éditions « expurgées » de quelques-uns de ses romans de jeunesse, outre quelques ouvrages nouveaux : les *Étapes d'une conversion*, *Château pauvre (1877)*; les *Merveilles du Mont-Saint-Michel (1879)*. Cette même année 1879, M. Paul Féval perdait un procès que lui avait intenté un éditeur catholique de province, pour avoir manqué aux dispositions d'un traité consenti entre eux, relatives aux délais dans lesquels il devait livrer à cet éditeur la copie d'un ouvrage religieux. — Peu après, le malheureux écrivain, déjà ruiné, était frappé de paralysie.

FEYEN-PERRIN, AUGUSTIN FRANÇOIS NICOLAS, né à Bey-sur-Seille (Meurthe-et-Moselle) en 1829, reçut à l'école de dessin de Nancy les premiers éléments de son art, puis vint à Paris où il fréquenta l'École des Beaux-Arts et fut élève de Léon Cogniet et de M. Yvon. Il débuta au Salon de 1855, et figura dès lors avec succès aux salons annuels, quoique ayant échoué au concours pour le prix de Rome, par manque de persévérance surtout. — On cite de M. Feyen-Perrin : le *Retour à la chaumière (1855)*; la *Barque de Caron (1857)*; le *Cercle des voluptueux*, de l' « Enfer » de Dante (1859); une *Fête vénitienne (1861)*; la *Muse de Béranger (1863)*; la *Leçon d'anatomie du Dr Velpeau*, reproduite à très grand nombre par la gravure; la *Grève (1864)*; *Charles le Téméraire retrouvé après la bataille de Nancy*, et l'*Élégie (1865)*; *Femmes de l'île de Batz attendant la chaloupe du passeur (1866)*; la *Vanneuse (1867)*; *Naufrage de l' « Evening Star » (1868)*; la *Ronde des Étoiles (1869)*; *Mélancolie (1870)*; le *Printemps de 1872 (1872)*; *Cancalaise à la source*, *Retour du marché (1870)*; *Retour de la pêche des huîtres (1874)*; trois portraits, dont celui du *Général Billot (1875)*; les *Cancalaises*, *Portrait de M. Alphonse Daudet (1876)*; la *Parisienne à Cancale (1877)*; la *Mort d'Orphée (1873)*; *Printemps*, la *Danse au crépuscule (1883)*; le *Bain*, *Armorica (1884)*; le *Remords*, *Rêverie, souvenir de Cancale (1885)*; *Nymphe*; *Rentrée des glaneuses d'huîtres, souvenir de Cancale (1886)*. — M. Feyen-Perrin a obtenu des médailles aux Salons de 1865 et 1867, une 3e médaille à celui de 1874 et a été décoré de la Légion d'honneur en 1878.

FFOULKES, EDMUND SALUSBURY, théologien anglais, né à Eriviatt, comté de Denbigh (Galles) le 12 janvier 1819, fit ses études à l'école de Shrewsbury et au collège de Jésus, à Oxford, dont il devint professeur. En 1855, il donnait sa démission et se faisait admettre dans l'Église catholique. Il est retourné à l'Église d'Angleterre en 1870. M. Ffoulkes a publié un *Manuel d'histoire ecclésiastique*; les *Divisions du christianisme*; deux lettres à l'archevêque Manning : *The Church's creed and the Crown's creed* et *The Roman Index (1869)*; le *Symbole de saint Athanase* (the Athanasian creed), *par qui il a été écrit et par qui publié*; les *Difficultés actuelles, comment on peut les combattre*; *Huit sermons prêchés à l'église Saint-Augustin, Queen's Gate* (1872), etc.

FIELD, CYRUS WEST, industriel américain, auquel est due l'idée de relier les deux mondes par un câble télégraphique sous-marin, ainsi que les premières tentatives faites dans ce but, est né à Stockbridge (Massachusetts) le 30 novembre 1819 ; il fit ses études dans sa ville natale et entra ensuite dans un comptoir de New-York, où il devint bientôt lui-même propriétaire d'un établissement considérable dont la prospérité rapide lui permit de quitter les affaires dès 1853. Après un voyage dans l'Amérique du Sud, M. Cyrus W. Field conçut, en 1854, le projet des fils télégraphiques sous-marins, et s'occupa sans tarder de la réalisation de la pensée. Il obtint de la Législature de Newfoundland (Terre-Neuve), le privilège lui garantissant le droit exclusif, pendant cinquante ans, d'établir un télégraphe sous-marin reliant le continent américain à cette colonie et celle-ci à l'Europe. Depuis lors, M. Cyrus W. Field s'est exclusivement dévoué à cette grande entreprise. Il s'occupa d'abord de la construction des lignes télégraphiques de terre dans l'île de Terre-Neuve, puis des deux tentatives successives pour relier le cap Ray au cap Breton à l'aide de câbles immergés à travers le golfe Saint-Laurent. Il fit ensuite deux voyages en Angleterre, en 1854 et en 1856, et accompagna les deux expéditions de 1857 et 1858 pour la pose du câble entre Terre-Neuve et Valentia (Irlande). Nous ne pouvons raconter ici les péripéties de ces deux audacieuses expéditions, dont la seconde devait enfin se terminer par le triomphe non seulement de la science, mais du courage et de l'opiniâtreté humaines. Le 18 août 1858, M. Cyrus W. Field pouvait envoyer d'Amérique en Europe une dépêche qui avait traversé l'Océan en trente-cinq minutes ! Il avait été reçu, à son arrivée aux États-Unis, par des ovations répétées. En 1859, il retourna en Angleterre et prit une part active aux nouvelles expéditions de 1865 et 1866, avec le *Great Eastern*, et le succès final de cette dernière année a été en grande partie dû à ses efforts. Pendant cette campagne, il avait traversé l'Atlantique plus de cinquante fois. Le 14 mars 1867, la chambre de commerce américaine de Liverpool offrait un banquet à M. Field et à ses collaborateurs. Le Congrès des États-Unis lui décerna une médaille d'or, ainsi qu'à plusieurs de ces derniers, et l'Exposition universelle de Paris sa grande médaille d'honneur. Le chef du ministère britannique exprima le regret qu'il ne fût pas citoyen anglais, afin de pouvoir lui décerner les plus grands honneurs nationaux. — M. Cyrus West Field n'a pas cessé de s'occuper de télégraphie sous-marine. En 1871, il fut l'un des fondateurs d'une nouvelle compagnie ayant pour objet l'établissement d'un câble sous-marin à travers l'océan Pacifique, par les îles Sandwich, la Chine et le Japon ; et à partir de 1877, il s'est occupé activement de la construction du chemin de fer suspendu de New-York, en qualité de président d'une des compagnies qui ont exécuté cette grande entreprise.

FIELD, STEPHEN JOHNSON, magistrat américain, frère du précédent, né à Haddam (Connecticut) le 4 novembre 1816. A l'âge de treize ans, il se rendit en Orient pour se livrer à l'étude des langues orientales vivantes, et séjourna environ trois années, tant à Smyrne qu'à Athènes. Au bout de ce temps, il retourna aux États-Unis et entra au collège Williams, où il prit ses grades en 1837. Il étudia ensuite le droit avec son frère aîné, dont il devint l'associé. En 1849, il partit pour la Californie, où il réside depuis lors. En 1857, il devenait juge de la Cour suprême de l'État et *Chief Justice* en 1859. Nommé par le président Lincoln, en 1863, juge à la Cour suprême des États-Unis, il fut nommé en 1873, par le gouverneur de l'État de Californie, membre de la commission d'examen du code des lois de cet État, chargée d'y proposer des amendements. Membre de la commission des quinze nommée par le Congrès pour décider qui avait obtenu le plus de voix, de M. Hayes républicain ou de feu M. Tilden, démocrate, à l'élection présidentielle de 1877, M. S. J. Field fit partie de la minorité de sept (contre huit) qui se prononça en faveur de ce dernier et avec justice. Mais ce fut M. Hayes qui l'emporta.

FIELD, HENRY MARTIN, littérateur américain, frère des précédents, né à Stockbridge le 3 avril 1822. Il fit ses études au collège Williams, y prit ses grades en 1838, et étudia ensuite la théologie. En 1842, il devint pasteur d'une église presbytérienne à Saint-Louis du Missouri, mais il donna sa démission en 1847 et vint en Europe, où il résida pendant deux années. Nommé à son retour, en 1851, pasteur à West-Springfield (Massachusetts), il est devenu en 1854 l'un des propriétaires du *New York Evangelist*, journal religieux. Il fit en 1858 un nouveau voyage en Europe et un troisième en 1867, pour visiter l'Exposition universelle de Paris, et comme délégué de l'Église libre d'Écosse et de l'Église presbytérienne d'Irlande. — Il a publié : le *Bien et le mal dans l'Église catholique romaine (1848)*; les *Confédérés irlandais, épisode de l'insurrection de 1798 (1851)*; *Scènes d'été de Copenhague à Venise (1860)*; *Histoire du télégraphe atlantique (1872)*; *Voyage autour du monde (1876)*; *Des lacs de Killarney à la Corne d'or* et *De l'Égypte au Japon (1878)*, etc.

FIGUIER, GUILLAUME LOUIS, écrivain scientifique français, né à Montpellier le 15 février 1819, fit ses études dans sa ville natale sous la direction de son oncle, Pierre Figuier, professeur de chimie, à l'École de pharmacie de cette ville et se fit recevoir docteur en médecine en 1841. Venu à Paris la même année, il entra au laboratoire de chimie de la Sorbonne. Après avoir concouru, dès 1844, pour l'agrégation, il fut nommé professeur à l'École de pharmacie de Montpellier, en 1846, prit le grade de docteur ès sciences à Toulouse en 1850, et fut reçu agrégé à l'École de pharmacie de Paris, en 1853. Il s'était fait connaître, depuis 1847, par une collaboration assidue au *Journal de pharmacie*, aux *Anna-*

les des sciences et à la *Revue scientifique*. En 1855, il entrait comme rédacteur du feuilleton scientifique à la *Presse*, qu'il quitta en 1862 pour entrer à la *France* au moment de sa fondation. Il est rentré depuis à la *Presse*, mais pour peu de temps, ce journal ayant disparu après une courte carrière comme journal à un sou. — On a de M. Louis Figuier, ses thèses pour l'agrégation et le doctorat: *Du tissu adipeux et des matières grasses dans la série animale (1844)*; *Sur le dosage du brôme et Action de la lumière sur quelques substances (1850)*; *De l'application méthodique de la chaleur aux composés organiques et De l'importance et du rôle de la chimie dans la médecine (1853)*. Puis viennent les grands ouvrages de vulgarisation scientifique qui ont rendu son nom populaire: *Exposition et histoire des principales découvertes scientifiques modernes (1851-53*, 3 vol.); *l'Alchimie et les alchimistes (1854)*; *Histoire du merveilleux dans les temps modernes (1859-60*, 4 vol.); la *Photographie au Salon de 1859 (1860)*; les *Eaux de Paris et le Savant du foyer (1861)*; la *Terre avant le Déluge (1862)*; la *Terre et les plantes (1863)*; *Histoire des plantes (1864)*; la *Vie et les mœurs des animaux (1865)*; *Vie des savants illustres depuis l'antiquité jusqu'au XIXᵉ siècle (1866-72*, 5 vol.); les *Merveilles de l'industrie (1872-76*, 4 vol.); le *Lendemain de la mort ou la Vie future selon la science (1872)*; les *Races humaines* (2 édit., 1873); les *Grandes inventions dans les sciences, l'industrie et les arts (1873-74*, 1 vol.): le *Grand tunnel du mont Saint-Gothard (1876)*; *Connais toi toi-même*, éléments de physiologie humaine (1878); les *Nouvelles conquêtes de la Science (1881-85*, 4 vol.); le *Téléphone*; les *Chemins de fer métropolitains de Londres. New-York, Philadelphie, Berlin et Paris (1886)*, etc. Il publie en outre, régulièrement chaque année, depuis 1856, l'*Année scientifique et industrielle*, ou *Exposé des travaux scientifiques en France et à l'étranger pendant le cours de l'année*, recueil estimé, dont la circulation est énorme, et qui est le type des publications de même sorte fondées depuis en France. — Ses principaux ouvrages de vulgarisation scientifique ont été traduits en plusieurs langues. Il en existe notamment diverses éditions littérales ou abrégées en Angleterre et aux Etats-Unis.
M. Louis Figuier a voulu acclimater au théâtre le drame scientifique, inspiration louable, mais qui lui a coûté cher, car ce n'est qu'à ses risques qu'il a pu en essayer la réalisation, et les risques étaient grands. C'est ainsi qu'il a donné, notamment, les *Six parties du Monde*, drame à grand spectacle, au Théâtre-Cluny (1878) et *Denis Papin*, drame en 5 actes, à la Gaîté (1882); ensuite il a essayé d'une tournée en province et en Alsace-Lorraine, où il a rencontré le même insuccès ruineux. Est-ce à dire que le drame scientifique est impossible, comme le prétendait tout récemment encore un critique dramatique? Non. Seulement, il ne faut pas qu'il ait l'air de ce qu'il est, autrement le public croit qu'on veut le mener à l'école et n'y va qu'en rechignant. *Le Drame au fond de la mer*, de feu Richard Cortambert et de M. Ferd. Dugué est aussi une pièce scientifique: elle n'en fut pas moins jouée avec un très grand succès au Théâtre-Historique, en 1878, et reprise plusieurs fois depuis; mais parce que c'est un « drame », outre ses qualités scéniques, qu'il se passe au fond de la mer ou ailleurs: si ce drame se fût appelé le *Scaphandre* ou le *Câble atlantique*, personne n'aurait voulu en entendre parler. — M. L. Figuier est chevalier de la Légion d'honneur depuis 1859.

FISH, Hamilton, homme d'Etat américain, né à New-York le 3 août 1808, d'une des plus anciennes familles de cette ville. Il y fit ses études, au collège Columbia, où il prit ses grades en 1828, fit son droit et fut admis au barreau de New-York en 1830. Elu membre de la législature de l'Etat en 1837, puis membre du Congrès des Etats-Unis en 1842, il fut gouverneur de New-York de 1847 à 1850 et élu sénateur des Etats-Unis en 1851. A l'expiration de son mandat, en 1857, M. Hamilton Fish fit, avec sa famille, un voyage de plusieurs années en Europe, étudiant les mœurs gouvernementales et les institutions des diverses nations qu'il visitait. Il était de retour aux Etats-Unis au début de la guerre civile et employa toute son influence, ses efforts et sa fortune à maintenir intactes les institutions de son pays. En 1869, M. E. B. Washburne ayant donné sa démission de secrétaire d'Etat et été nommé ambassadeur en France, le président Grant appela M. Fish pour le remplacer, et le maintint dans ce poste après sa réélection à la présidence (4 mars 1873). — A M. H. Fish appartient l'idée de la commission supérieure anglo-américaine réuni en 1871, pour régler diverses difficultés survenues entre les deux nations. Dans les négociations relatives au traité de Washington, il fit preuve des plus hautes qualités diplomatiques. En novembre 1873, il négociait avec le ministre d'Espagne, amiral Polo, le règlement de l'épineuse affaire du *Virginius*, vaisseau américain saisi par les autorités espagnoles pour avoir transporté des hommes, des armes et des munitions à Cuba, au profit des insurgés. M. Hamilton Fish a suivi le général Grant dans la retraite en 1877.

FITZGERALD, Percy Hetherington, magistrat et littérateur irlandais, né à Fane Valley, comté de Louth, en 1834, fit ses études au collège de Stonyhurst et à l'université de Dublin, et fut admis au barreau, puis nommé procureur royal *(crown prosecutor)* dans le ressort judiciaire du nord-est. Il est l'auteur d'un assez grand nombre de romans et de nouvelles, qui n'ont pas tous été réunis en volumes: *Jamais oublié*, la *Seconde madame Tillotson*, la *Chère fille*, le *Zéro fatal*, la *Mixture du docteur*, le *Pont des soupirs* et l'*Amoureux entre deux âges* (The Middle aged Lover), parus d'abord dans *l'All the year round*; puis: *Bella Donna*, dans le *Dublin University Magazine*; l'*Avocat Mildrington*, *75 Brook Street*, dans la même revue; *Beauty Talbot, Jenny Bell, Polly*, l'*Epée de Damoclès*, publiés d'abord dans *Once a week*; le *Révérend Alfred Hoblush*, la *Femme aux cheveux jaunes*, dans le *Household Words*; la *Malle de nuit, Diana Gay*, la *Fée Alice*. Nous citerons encore, dans un ordre de travaux différent: la *Vie de Sterne* (2 vol.); la *Vie de Garrick* (2 vol.); *Charles Townshend*; un *Faux célèbre, ou Vie du docteur Dodd*; *Charles Lamb*; *Principes de la comédie*; le *Sport à Bade*; *Proverbes et comédiettes (1869)*; les *Jours d'école à Saxonhurst*, autobiographie d'un petit garçon; les *Amours des hommes célèbres*; *Scènes de la vie d'écolier et de l'enfance*; *Histoire de mon oncle Toby*; les *Kembles* (2 vol., 1871); *Vie et aventures d'Alexandre Dumas*; le *Roman du théâtre anglais*; une édition de la *Vie de Boswell*, de Johnson, en 3 volumes; *Voyages de jeunes Célèbes* (3 vol.); *Vie de George IV* (2 vol.); les *Récréations d'un homme de lettres* (2 vol.) le *Monde vu de derrière la toile*; une *Nouvelle Histoire du théâtre anglais* (2 vol., 1882); les *Ducs et princesses de la famille de George III* (2 vol.); *Rois et reines d'une heure, souvenirs d'amours, de romans, de singularités et d'aventures (1884*, 2 vol.), etc.

FITZPATRICK, William John, littérateur et magistrat irlandais, né le 31 août 1830, à Griffinrath, comté de Kildare, commença ses études dans une école protestante et les termina au collège catholique de Clongowes Wood. Il est magistrat et membre du Grand Jury pour le comté de Dublin. Il a publié: le *Docteur Doyle, évêque de Kildare et Leighlin, sa vie, son temps et sa correspondance* (2 vol.); *Lord Cloncurry, sa vie, son temps, ses contemporains*; les *Amis, les ennemis et les aventures de Lady Morgan*; *Lady Morgan, sa carrière littéraire et personnelle*, suite du précédent; *Mémoires anecdoctiques sur l'archevêque Whately* (2 vol.); *Lord Edward Fitzgerald et ses dénonciateurs*, un *Notes sur les Papiers de Cornwallis*; le *Prétendu Squire et les « Informers » de 1798*; l'*Irlande avant l'union*; le *journal inédit du lord Chief Justice Clonmel, 1774-1798*; *Génies et hommes illustres de l'Irlande*, compris le docteur *Lanigan, sa vie et son temps (1873)*; une biographie du romancier irlandais *Charles Lever*, etc., outre un certain nombre de brochures de circonstance. — A la mort de M. Moore, le représentant populaire de Tipperary, M. Fitzpatrick fut désigné par la presse et par le public comme seul digne de le remplacer à la Chambre des communes; mais par une lettre écrite au *Times* et conçue dans les termes les plus modestes, il déclina l'offre flatteuse de cette candidature. M. Fitzpatrick a collaboré à l'*Athenœum*, à *Fraser's Magazine*, au *Dublin University Magazine*, à l'*Imperial Dictionary of Biography* et à plusieurs des grandes revues trimestrielles du Royaume-Uni. Il est membre de l'Académie royale irlandaise, et membre à vie de la Société royale de Dublin. Nommé professeur d'histoire à la *Royal Hibernian Academy* en 1876, il était nommé haut shériff du comté de Longford, pour la seconde fois, en 1883.

FLAMENG, Léopold, graveur et aquafortiste français, né à Bruxelles, de parents français, le 22 novembre 1831, est élève de Calamatta. Venu à Paris en 1853, il s'y fit promptement connaître par de nombreuses eaux-fortes et gravures au burin, sa collaboration à la *Gazette des Beaux-Arts* et l'illustration de plusieurs ouvrages de luxe, tels que *Picciola, Christophe Colomb*, le *Sabot de Noël*, les *Récits enfantins*, etc., ainsi que des scènes de romans, frontispices, etc., ornant des livres nouveaux. M. Léopold Flameng a, en outre, exposé aux divers salons annuels depuis 1859 : le portrait de la *Comtesse d'Agout*, d'après Claire-Christine et celui de *Miss Graham*, d'après Gainsborough (1859) ; *Saint Sébastien*, d'après Léonard de Vinci et *Monuments et scènes parisiennes* (1861) ; *Angélique*, la *Source*, d'après Ingres (1862) ; le *Buveur*, d'après Rembrandt (1863) ; la *Naissance de Vénus*, d'après M. Cabanel, *Marguerite à la fontaine*, d'après Ary Scheffer, eaux-fortes (1864) ; la *Dernière poupée*, d'après Amaury-Duval, *Jésus au milieu des docteurs*, d'après M. Bida (1865) ; *Portrait de Mgr Mermillod* (1866) ; *Marino Faliero*, d'après Eugène Delacroix, l'*Innocence*, d'après Prudhon, etc., à l'Exposition universelle de 1867 ; le *Secret de l'amour*, d'après M. Jourdan, et trois eaux-fortes (1868) ; *Stratonice*, d'après Ingres, et cinq eaux-fortes (1869) ; *Brevet pour les belles actions civiles*, d'après M. Mazerolle, commandé par le ministère de l'Intérieur, et *Portrait de M. P. H.*, eau-forte (1873) ; la *R nde de nuit*, d'après Rembrandt, eau-forte (1874) ; l'*Abondance*, d'après Rubens, pour la calcographie du Louvre (1875) ; la *Leçon d'anatomie* et les *Syndics*, eaux-fortes d'après Rembrandt (1876) ; *Portrait de Rubens et de sa femme*, d'après Rubens (1877) ; *Gille*, d'après Watteau ; la *Sainte Vierge en prière*, d'après Murillo (1878), plus une vingtaine de planches, à l'Exposition universelle. Citons enc re : *Darwin*, d'après John Collier ; les *Accordailles*, d'après M. Mosler (1883) ; le *Veuf*, d'après Luke Fildes ; *Huxley*, d'après J. Collier (1884) ; la *Mort de sainte Geneviève*, d'après M. Jean Paul Laurens (1886). Il a exposé en outre quelques toiles, notamment : *Au coin de l'âtre* (1884) et le *Feu sous la cendre* (1885). — M. Léopold Flameng a obtenu trois médailles, en 1864, 1866 et 1867, et une médaille à l'Exposition de Philadelphie (1876), une 3ᵉ médaille à l'Exposition universelle de 1878 et la médaille d'honneur en 1886. Il a été nommé chevalier de la Légion d'honneur en 1870.

FLAMENG, François, peintre français, fils du précédent, né à Paris en 1859, élève de son père et de MM. Cabanel, Jean-Paul Laurens et Hédouin. Il a débuté par des eaux-fortes, mais s'est voué depuis à la peinture et au dessin d'illustration, où il s'est acquis une grande notoriété. On a de cet artiste : un *Lutrin* et un portrait de femme (1875) ; un portrait d'évêque espagnol, et *Barberousse visitant le tombeau de Charlemagne* (1876), *Portrait de M. Léopold Flameng* (1877) ; l'*Appel des Girondins, le 30 octobre 1793* (1879) ; *Un duel* (1883) ; le *Massacre de Machecoul, le 10 mars 1793* (*Guerre de la Vendée*), une *Répétition au XVIIIᵉ siècle* (1884) ; *Joueurs de boules, Marie-Antoinette allant au supplice (16 octobre 1793)*, toiles, et dix dessins pour l'illustration des *Œuvres de M. François Coppée* (1885) ; le *Bain* (*XVIIIᵉ siècle*), le *Jeu de fusil, de Dieppe, en 1795*, toiles, et douze dessins pour l'illustration des *Œuvres de Victor Hugo* (1886). — M. François Flameng a obtenu une 2ᵉ médaille et le prix du Salon en 1879, et la médaille d'honneur (section gravures et dessins) en 1886. Il a été décoré de la Légion d'honneur en 1885.

FLAMMARION, Camille, astronome français, né à Montigny-le-Roi (Haute-Marne) le 25 février 1842, commença ses études au petit séminaire de Langres, qu'il quitta en 1856 pour venir les terminer à Paris. Bachelier ès lettres, et ès sciences physiques et mathématiques, il entrait, en 1858, comme élève astronome, à l'Observatoire de Paris, suivant en cela les conseils de Babinet qui, à la suite de ses examens, avait reconnu chez le jeune bachelier une aptitude toute particulière pour l'astronomie. Il fut, jusqu'en 1862, attaché au bureau des longitudes pour les calculs de la connaissance du temps. Il donna sa démission à cette époque, à la suite de difficultés survenues entre le directeur de l'Observatoire, Leverrier, et lui. Il entra alors au *Siècle* pour y rédiger le feuilleton scientifique, remplaça à la direction du *Cosmos* l'abbé Moigno et fit des conférences pour l'astronomie qui le rendirent promptement populaire. En 1864, il fondait à l'Ecole municipale Turgot un cours public et gratuit d'astronomie. Enfin il étendit ses départements, comme membre de l'Association polytechnique, le bienfait de ses utiles et intéressantes conférences. Nommé officier d'Académie en 1868, il présida cette même année le jury de la section des sciences à l'exposition maritime du Havre. En 1868 également, il commençait l'application des ascensions aérostatiques à l'étude des phénomènes météorologiques. Il a depuis fait un grand nombre de ces voyages aériens d'exploration scientifique, lesquels ont donné d'excellents résultats. M. Flammarion est président de la Ligue de l'enseignement, vice-président de la Société aérostatique de France, membre du conseil de la Société pour l'instruction élémentaire et d'un grand nombre de sociétés savantes françaises et étrangères. Il est chevalier de la Légion d'honneur. — M. Camille Flammarion a publié : la *Pluralité des mondes habités* (1862) ; les *Mondes imaginaires et les mondes réels* (1864) ; les *Merveilles célestes* (1865) ; *Dieu dans la nature* (1866) ; *Histoire du ciel* (1867) ; les *Derniers jours d'un philosophe*, traduit de l'anglais de sir Humphrey Davy (1868) ; *Contemplations scientifiques* (1868) ; *Voyages aériens* (1869) ; l'*Atmosphère* (1871), *Vie de Copernick* (1872) ; *Récits de l'Infini*, *Lumen*, *Histoire d'une planète* (1873) ; les *Terres du ciel* (1876) ; l'*Astronomie populaire* (1862) ; le *Monde avant la création de l'homme* (1885), etc. ; outre un grand nombre de *Mémoires* présentés à l'Académie des sciences et pour la plupart insérés dans ses *Comptes rendus*. Il a fondé en outre, en 1882, l'*Astronomie*, revue mensuelle d'astronomie et de physique du globe, dont le succès est universel.

FLANDRIN, Jean Paul, peintre français, frère d'Hippolyte Flandrin, mort en 1864, est né à Lyon le 8 mai 1811. Elève d'Ingres, M. Paul Flandrin étudia simultanément la peinture historique et le paysage et finit par se consacrer à peu près exclusivement au dernier genre. Il débuta au Salon en 1834. Parmi les plus connues de ses premières œuvres, on cite : les *Adieux d'un proscrit*, les *Pénitents de la Campagne de Rome* ; des *Vues des Alpes*, de *la villa Borghèse*. *de Rivoli* ; *Promenade du Poussin sur les bords du Tibre*, *Rêverie*, *Dans les bois*, *Dans les montagnes*, *des Portraits* ; les *Bords du Rhône*, les *Gorges de l'Atlas*, une *Nymphée*, la *Lutte*, les *Bords du Gardon*, les *Tireurs d'arc*, *Verger*, *Jésus et la Chananéenne*, *Environs de Marseille*, portrait de *M. Ambroise Thomas*, les *Falaises du Tréport*, le *Ruisseau*, *Souvenir de Provence*. *Vue du parc de Vaux-le-Peny*, la *Fuite en Egypte*, *Vallée de Montmorency*, *A Brunoy*, *Souvenir de l'Yères*, *Souvenir du Midi*, et un assez grand nombre d'autres paysages et de portraits (1835-65). Nous citerons encore, parmi les œuvres plus récentes de M. Paul Flandrin : *Paysage du Languedoc*, *Souvenir du Bugey* (1866) ; *Solitude*, *Paysage en Provence* et des dessins (Exposition universelle, 1867) ; *Au bord de l'eau*, *Carrière abandonnée* (1868) ; *Idylle*, *Pendant la moisson*, aux environs de Montmorency (1869) ; le *Palais des Papes, vu de Villeneuve-lès-Avignon*, *Groupe de chênes verts* (1870) ; portrait de *M. Godard Faultrier*, dessin, etc. (1872) ; *Souvenir de Provence* ; portrait de *M. A. D.*, dessin (1873) ; *Souvenir de Provence*, *Idylle*, une *Prairie près de Nantua*, et trois dessins (1874) ; *Souvenir du Bas-Bréau*, *forêt de Fontainebleau* ; *Lisière d'un bois de pins*, et trois dessins (1875) ; *Paysage*, *Dans les bois*, et des dessins (1876) ; les *Bords du Gardon* (1877) ; *Près d'Etretat* (1878) ; *Paysage*, *En automne près de Montmorency* ; *Portrait d'Ingres* et *Têtes d'étude d'après nature*, dessins (1883) ; *En automne*, *Terrassiers au travail*, et sept dessins (1884) ; *Souvenirs d'automne dans les montagnes du Bugey*, *Ombrages*, et trois dessins (1885) ; la *Vallée du Chalet à Thenay-Bugey*, toile, et un *Portrait*, dessin (1886). On doit encore à M. P. Flandrin des peintures murales, notamment à la chapelle baptismale de l'église Saint-Séverin et à l'Hôtel de Ville (quant à ces dernières, elles n'existent naturellement plus), ainsi que dans plusieurs résidences particulières. — Cet artiste a obtenu une deuxième médaille en 1839, une première en 1847 et une deuxième en 1848. Il est chevalier de la Légion d'honneur depuis 1852.

FLINT, Austin, physiologiste américain, fils du médecin du même nom, professeur à l'hôpital de Long-Island, à Brooklyn, mort en mars 1886, est né à Northampton (Massachusetts) le 28 mars 1836 ; étudia la médecine et fut nommé, dès 1858, professeur de physiologie au Collège médical de New-York. Il fit ensuite un voyage d'études en Europe, et à son retour, en 1861, fut appelé à la chaire de physiologie de l'hôpital de Bellevue, à New-York, chaire qu'il occupe encore aujourd'hui. Il a obtenu un prix Monthyon de 1,500 fr., décerné par l'Académie française, en 1869. On lui doit, entre autres ouvrages, une *Physiologie de l'Homme*, en 5 volumes, dont le premier parut en 1866 et le dernier à la fin de 1874 et qui est très estimé ; un *Traité de physiologie humaine* (1875) ; les *Sources de la force musculaire* (1878), etc. Comme son père, M. Flint a été l'un des collaborateurs de l'*American Cyclopædia*.

FLOQUET, Charles Thomas, avocat et homme politique français, né à Saint-Jean-Pied-de-Port le 5 octobre 1828, fit ses études à Paris, au lycée Saint-Louis, et entra en 1848 à l'Ecole d'administration. A la suppression de cette école, M. Floquet profita de la compensation offerte à ses élèves sous forme d'inscriptions de droit, suivit les cours de la Faculté, fut reçu avocat et s'inscrivit au barreau de Paris en 1851. Il devint vice-président de la conférence Molé, plaida dans un grand nombre de procès politiques, notamment dans l'affaire de l'Opéra-Comique et de l'Hippodrome, et collabora à la presse démocratique : au *Siècle*, au *Temps*, etc. En 1861, il publia avec MM. Hérold, Dréo, Clamageran et Jules Ferry, un *Manuel électoral* qui eut une très grande circulation. Aux élections de 1863, il se porta candidat à la fois dans l'Hérault et dans la Côte-d'Or, mais sans succès. Impliqué dans le procès des Treize, il était l'année suivante condamné à l'amende pour association illicite. En 1867, il poussait au nez du czar Alexandre II, venu pour assister à l'Exposition universelle et qu'attendaient d'autres désagréments, le cri inopportun de « Vive la Pologne! » Il fut ensuite poursuivi et condamné pour cela. Aux élections générales de 1869, il se présentait de nouveau, mais encore sans succès, dans la deuxième circonscription de l'Hérault : il obtint pourtant une minorité importante de près de 9,000 voix. L'année suivante, M. Ch. Floquet se faisait remarquer dans les réunions antiplébiscitaires. Lors du procès du prince Pierre Bonaparte devant la Haute Cour de Justice réunie à Tours, après le meurtre de Victor Noir, il plaida avec succès la question des dommages civils envers la famille de la victime. Le 5 septembre 1870, M. Charles Floquet était nommé adjoint au maire de Paris. Le 31 octobre, il acceptait les conditions des chefs improvisés du mouvement et consentait à ce qu'il fût procédé à des élections municipales. Mais le lendemain, désavoué par les membres du gouvernement, dont quelques-uns avaient fait la même concession au moment du danger plus apparent que réel qui les menaçait, il donnait sa démission, en même temps que son collègue Henri Brisson, que M. Etienne Arago, son chef à la mairie centrale et que d'autres fonctionnaires : le clan des susceptibilités naïvement ombrageuses. Elu représentant de la Seine, le trentième sur quarante-trois, aux élections du 8 février 1871, M. Floquet votait contre les préliminaires de paix, pour le retour de l'Assemblée à Paris, etc. Il prit part, lors du soulèvement du 18 mars, aux tentatives de conciliation faites par les députés de la Seine unis aux maires et aux adjoints de Paris. C'est en présence de l'inutilité de ces courageux efforts qu'il s'oublia jusqu'à traiter de *fous*, en pleine séance, les membres de la droite de l'Assemblée, qui ne voulaient rien entendre. Il fut rappelé à l'ordre pour cela, bien que, peu de temps après, les mêmes représentants dussent s'attirer du chef du pouvoir exécutif une mercuriale autrement humiliante (dont ils tirèrent vengeance en le temps, ainsi que M. Thiers l'avait d'ailleurs prédit). Le jour de l'ouverture des hostilités, c'est-à-dire le 2 avril 1871, M. Charles Floquet résigna son mandat de député, déclarant vouloir « partager les souffrances et les périls réservés à ses mandataires ». Il avait signé avec MM. Lockroy, Tolain, Clémenceau et Greppo, l'affiche engageant les Parisiens, même et surtout ceux hostiles au mouvement communaliste, à se rendre au scrutin, le jour fixé par le comité central, c'est-à-dire le 26 mars. On le lui a beaucoup reproché, comme à ses collègues. On a malheureusement pu s'apercevoir aux conséquences que le conseil était sage et qu'il aurait été désirable qu'il fût suivi. Il prit part ensuite à la *Ligue d'union républicaine des droits de Paris*, dans un but de conciliation que nul cœur un peu généreux ne pouvait complètement abandonner, et en fut élu président. Il partit au mois de mai, comme délégué par la *Ligue*, avec MM. Clémenceau, Corbon, Lechevalier et Villeneuve, pour se rendre auprès du congrès des conseils municipaux, projeté à Bordeaux, dans le but de rechercher un moyen pratique de mettre fin à la lutte. Mais poursuivi par les clameurs de la presse réactionnaire, qui le dénonçaient comme agent de la Commune, chargé de soulever la province, il fut arrêté et conduit au château de Pau, où il resta jusqu'à la fin du mois suivant. Le 29 avril 1872, il était élu conseiller municipal de Paris pour le quartier Saint-Ambroise (XIe arrondissement), en remplacement de M. Mottu, démissionnaire, et réélu le 29 novembre 1874. Au mois de janvier 1875, il était élu premier vice-président du conseil, président au mois de mai suivant, et maintenu en cette qualité en juillet, en dépit des efforts de la presse réactionnaire qui nous menaçait presque d'une invasion russe pour avoir placé à la tête du Conseil municipal de la capitale de la France celui qui, en 1867, criait : vive la Pologne ! en présence de l'autocrate qui avait rayé de la carte de l'Europe le nom même de cette nation malheureuse. C'était là prêter au czar, ce nous semble, des sentiments un peu bien prudhommesques ; il ne manqua pourtant pas de pauvres hères disposées à croire qu'il justifierait ce prêt. Comme conseiller général de la Seine, M. Floquet signait, le 14 mai 1872, l'adresse au chef du pouvoir exécutif en faveur de l'amnistie et de la levée de l'état de siège.

Après avoir échoué aux élections sénatoriales de la Seine, le 30 janvier 1876, M. Charles Floquet était élu député du XIe arrondissement de Paris, aux élections législatives du 20 février 1876, par 21,889 voix contre 4,664 données à son concurrent, M. Mazaroz. Réélu le 14 octobre 1877, il fit partie du comité de vigilance, dit des dix-huit, chargé d'organiser la résistance aux manœuvres méditées par le cabinet de Rochebouët. Il fit partie ensuite de la grande commission d'enquête électorale. Les électeurs du XIe arrondissement de Paris lui ayant renouvelé son mandat le 21 août 1881, M. Ch. Floquet fut appelé le 6 janvier suivant à la préfecture de la Seine, en remplacement de M. Hérold, décédé, et résigna en conséquence son mandat de député de la Seine. Il maintint dix mois et demi dans ce poste difficile, entretenant d'assez bonnes relations avec le Conseil municipal d'une part et le gouvernement central de l'autre, et supportant assez bien les criailleries d'ennemis politiques qui ne laissaient jamais échapper une occasion, et qui firent particulièrement beau tapage à propos de l'expulsion des sœurs de l'école de la rue de la Lune (septembre); ce bruit fait autour d'un arrêté de son prédécesseur dont il n'avait fait que retarder l'exécution, joint aux difficultés résultant de l'opposition systématique du gouvernement central au principe de l'autonomie communale de Paris, dont il est lui-même partisan, le décidèrent à donner sa démission de préfet de la Seine (29 octobre 1882), afin de profiter d'une élection partielle à Perpignan, pour se faire rouvrir les portes de la Chambre des députés. Aux élections d'octobre 1885, M. Floquet, porté dans la Seine et dans les Pyrénées-Orientales, fut élu dans ce département au second tour, et dans la Seine au premier et le second de la liste. Il a opté pour la Seine. Il avait remplacé au fauteuil de la présidence de la Chambre des députés, le 8 avril 1885, M. Brisson, devenu premier ministre ; la Chambre l'a maintenu au fauteuil à chaque nouvelle session depuis lors. C'est en cette qualité que M. Floquet s'est abstenu lors du vote de l'expulsion des princes.

FŒRSTER, Ernest Joachim, peintre et iconographe allemand, frère de l'historien et poète distingué Friedrich Fœrster, mort en 1868, est né à Munchengossersteadt le 8 avril 1800. Il étudia d'abord la théologie et la philosophie, mais sa vocation artistique ne tarda pas à l'emporter, et il entra dans l'atelier de Peter Cornelius, à Munich. Il a travaillé aux fresques de l' « Aula, » à Bonn, et à celles de la Glyphothèque et des Arcades, à Munich ; mais il doit surtout sa réputation à la découverte de tableaux anciens et à ses travaux sur l'histoire de l'art. Sa trouvaille la plus importante est celle des fresques d'Avanzo, datant de 1376, dans la chapelle de San Giorgio à Padoue. Quant à ses ouvrages écrits en allemand, nous citerons : *Etudes relatives à l'Histoire de l'art moderne (1836)* ; *Lettres sur la peinture (1838)* ; *Histoire de l'art allemand* ; *Monuments de l'architecture, de la sculpture et de la peinture allemandes (1855)* ; *Histoire de l'Art italien (1869)* ; des *Guides du voyageur* à Munich, en Allemagne et en Italie très estimés, etc. M. Fœrster a publié également une *Vie de Jean Paul Richter* et édité plusieurs de ses ouvrages.

FOLLIET, André Eugène, publiciste et homme politique français, avocat, né à Saint-Jean-de-Maurienne (Savoie) le 18 mars 1838, fit ses études à Turin et y fut reçu docteur en droit en 1861. L'année suivante, devenu Français par l'annexion de son pays, il s'inscrivit au barreau de Paris. Il se livra dès lors à des travaux de littérature et de jurisprudence, et collabora, jusqu'en 1869, à la *Nouvelle Revue de Paris*, à la *Revue libérale*, à la *Revue moderne*, à l'*Investigateur*, journal de l'Institut historique de France, et aussi au grand *Dictionnaire universel du dix-neuvième siècle*, de P. Larousse. En 1871, il collaborait au *Peuple souverain*, alors dirigé par Pascal Duprat. — Aux élections complémentaires du 2 juillet 1871, M. Folliet fut élu représentant de la Haute-Savoie contre M. le baron d'Yvoire, monarchiste clérical, et prit place sur les bancs de la gauche républicaine avec laquelle il a constamment voté. Il est auteur de diverses propositions, notamment d'impôts sur les valeurs mobilières, de retenues sur les gros traitements et tendant à la distraction des dettes dans le paiement des droits de succession. Il a combattu très vivement le projet de loi présenté par le gouvernement, au mois d'août 1871, contre certaines intrigues séparatistes dont les départements annexés en 1860 se trouvaient alors le théâtre. Il a écrit, à ce sujet, deux *Lettres* qui furent publiés par le *Peuple souverain*. Aux élections législatives du 20 février 1876, M. André Folliot était le candidat républicain de l'arrondissement de Thonon; mais il échoua contre le candidat « conservateur », M. de Boigne. La Chambre ayant annulé cette élection, M. Folliot triompha de son adversaire, le 21 mai suivant, avec près de 1,200 voix de majorité. Réélu le 14 octobre 1877 et le 21 août 1881, il a fait partie de diverses commissions importantes et a été rapporteur de la loi municipale. Il a été élu député de la Haute-Savoie, avec toute la liste républicaine, le 4 octobre 1885, et a voté l'expulsion des princes prétendants. — On a de M. Folliot, outre sa collaboration aux publications citées et à d'autres encore : *De la décentralisation administrative (1861)*, sa thèse de doctorat; la *Presse italienne et sa législation (1869)* et diverses brochures d'économie politique. — Il est officier d'Académie.

FONBELLE, Georges, homme politique français, né à Labachellerie (Dordogne) le 29 juin 1846. Il fit son droit à Paris et fit partie, comme secrétaire, d'un des comités électoraux du 7ᵉ arrondissement de Paris qui appuyaient la candidature de Jules Favre contre celle de M. Henri Rochefort, en 1869. De retour dans sa ville natale, où il s'est établi notaire, M. Fonbelle fut l'un des organisateurs du cercle périgourdin de la Ligue de l'enseignement. Membre du Conseil général de la Dordogne, il était porté sur la liste républicaine qui triompha dans ce département le 4 octobre 1885, et vint prendre sa place à la Chambre sur les bancs de la gauche républicaine. Dans la question de l'expulsion des princes, M. Fonbelle s'est abstenu. — Il est officier d'Académie.

FONTENEAU, Jean Émile, prélat français, né à Bordeaux le 14 août 1825. Il était vicaire général à Bordeaux lorsqu'il fut nommé au siège épiscopal d'Agen par décret du 14 novembre 1874. Il a été promu à l'archevêché d'Albi par décret du 22 septembre 1884. M. Fonteneau est comte romain; il avait reçu, en outre, du pape Pie IX les titres de prélat de sa maison et d'assistant au trône pontifical. Il est chevalier de la Légion d'honneur. On a, de ce prélat, un certain nombre de *mandements* et d'*instructions pastorales*, dont plusieurs ont été fort remarquées.

FONTPERTUIS (de), Adalbert Frout, publiciste français, né à Rennes le 8 décembre 1825, fit ses études aux collèges d'Auray et de Lorient, et s'engagea en 1844 au régiment d'artillerie de la marine et des colonies, qu'il quitta en 1851 avec le grade de maréchal-des-logis, comptant quatre années de séjour aux Antilles françaises. Il entra alors dans les bureaux de la préfecture d'Ille-et-Vilaine, devint chef de cabinet, puis chef de division à la préfecture de la Haute-Loire (1853-1865), collaborant en même temps aux feuilles locales et publiant divers ouvrages. Il écrivit à cette époque, dans la *Haute-Loire*, sous le titre de : *Lettres du Velay*, une série d'articles d'archéologie et d'histoire locales ; puis, une *Étude sur la misère*, d'abord insérée dans les *Annales* du Congrès scientifique de France pour 1855 ; les *Biens communaux*, dans les *Annales* de la Société académique du Puy, dont l'auteur est membre ; *Analyse des procès-verbaux inédits du Conseil général de la Haute-Loire de 1800 à 1842*; deux brochures sur l'*Organisation des bureaux de préfecture (1858-1863)*; *Études de littérature étrangère* (Le Puy, 1859) ; *Études sur les enfants assistés* (Paris, Guillaumin, 1860) ; *Contarini Fleming*, traduction du roman de lord Beaconsfield (Le Puy, 1863) ; les *Français en Amérique* : *le Canada (1865)*; les *États-Unis de l'Amérique septentrionale, leur origine, leur émancipation et leurs progrès (1873)*; *Chine, Japon, Siam et Cambodge (1882)*; *États latins de l'Amérique (1883)*. M. de Fontpertuis a fourni en outre un grand nombre d'articles d'économie politique, de géographie, etc., à la *Revue du monde catholique (1869-70)*, au *Journal des économistes*, à l'*Economiste français*, fondé au mois d'avril 1873, dont il a été pendant quinze mois le secrétaire et où il a principalement traité la question sociale et ouvrière en Angleterre et aux États-Unis, à la *Revue de France*, à la *Revue scientifique*, à la *Revue politique et littéraire*, à la *Nature*, au *Sur terre et sur mer*, à la *Science illustrée*. Il a été également attaché à la rédaction du journal le *XIXᵉ siècle*, à sa fondation, et y a traité pendant neuf mois les questions militaires et administratives. — M. Adalbert F. de Fontpertuis est membre du « Cobden club », de Londres.

FONVIELLE (de), Wilfrid, physicien et publiciste français, né à Paris en 1828, fit ses études au collège Sainte-Barbe et se voua ensuite à l'étude des sciences. Après avoir professé quelque temps les mathématiques, il renonça à la carrière de l'enseignement, collabora à divers journaux et publications périodiques, notamment à la *Presse*, à la *Liberté*, à l'*Histoire*, au *Petit moniteur*, au *Monde illustré*, au *Musée universel*, à la *Nature*, au *Journal des voyages*, etc., et a été rédacteur en chef de la revue scientifique l'*Électricité (1881-82)*; il publia des ouvrages de vulgarisation scientifique et des brochures d'actualité, fit des conférences sur des sujets variés et surtout une part active aux progrès de la science aérostatique appliquée dans ces dernières années, ainsi qu'aux tentatives avant la navigation aérienne pour objet. Il a accompli un nombre incroyable d'ascensions intéressantes pour la science et dont quelques-unes n'ont pas été sans danger. Pendant le siège de Paris, il a pu franchir les lignes prussiennes en ballon. Pendant la Commune, il aurait été, paraît-il, condamné à mort. — Parmi les ouvrages scientifiques de M. de Fonvielle, nous citerons : l'*Homme fossile*, étude de philosophie (1865) ; les *Merveilles du monde invisible* (même année) ; *Éclairs et tonnerre (1866)* ; l'*Astronomie moderne (1868)* ; les *Voyages aériens (1870)* ; les *Ballons pendant le siège de Paris (1871)* ; *Physique des miracles (1872)* ; la *Conquête de l'air (1875)* ; *Aventures aériennes (1876)* ; *Comment se font les miracles en dehors de l'Église (1879)* ; l'*Espion aérien (1884)* ; les *Affamés du pôle nord (1885)* ; les *Voyages d'un enragé (1886)*, dans le « Journal des voyages », etc. On lui doit en outre : le *Souverain (1853)*, imprimé à Jersey ; l'*Insurrection de l'Inde*, avec L. Legault (1857) ; l'*Entrevue de Varsovie (1860)* ; la *Croisade en Syrie* (même annee) ; *Plaidoyer en faveur de Paris*, la *Terreur*, *Paris en flammes*, la *Foire aux candidats*, les *Dernières causeries de Rochefort*, *M. Thiers historien de la Révolution*, *Lettre d'un condamné à mort par la Commune*, *Confession d'un peuple souverain*, etc., brochures de circonstance.

FORBES, Archibald, littérateur et journaliste écossais, né en 1838, dans le comté de Moray. Après avoir terminé ses études à l'université d'Aberdeen, il servit quelque temps dans les dragons royaux, ce qui le prépara le mieux du monde aux fonctions de correspondant militaire du *Daily News*, qu'il remplit pendant la guerre franco-prussienne de 1870-71. M. Archibald Forbes a suivi l'armée allemande depuis le commencement jusqu'à la fin de cette terrible campagne, assista aux combats livrés par l'armée régulière aux fédérés communalistes, et à la fin sinistre de la Commune, visita les Indes pendant la famine de 1874 et fut témoin des principaux combats dont l'Espagne a été le théâtre dans ces derniers temps, tantôt mêlé aux carlistes, tantôt aux alphonsistes, tantôt aux républicains. Il accompagna ensuite (1875-76) le prince de Galles dans son voyage dans l'Inde. Durant l'été et l'automne de cette dernière année, il assistait aux combats qui eurent lieu entre les Turcs et les Serbes, du côté de ceux-ci ; puis fit avec l'état-major russe la campagne de 1877, assistant notamment à la bataille de Plevna et à celle de la passe de Chipka (juillet) ; aux assauts désespérés, cinq fois repoussés par les Turcs, dont Plevna fut l'objet en septembre, et finalement à la prise de cette place. En 1878, il se rendait à Chypre, toujours comme « commissaire » du *Daily News*. On est d'ailleurs assuré de le voir sur quelque point du globe où se dérouleront des événements d'un intérêt capital ou du plus grand intérêt relatif. — M. Archibald Forbes s'est marié le 19 juin 1886. Il a épousé la fille du général Meigs, de l'armée britannique. Parmi les ouvrages publiés par M. Forbes, nous citerons: *Tiré de la vie* (Drawn from Life), roman militaire ; *Mes souvenirs de la guerre entre la France et l'Allemagne* (My Experiences of the war between France and Germany, 1872) ; *Guerroyant et écrivaillant* (Soldiering and scribbling, a series of sketches, 1884), etc. Ses « Expériences » de la guerre franco-allemande ont été traduites en français et publiées dans le *Constitutionnel*.

FORCKENBECK (von), Max, homme politique allemand, né à Munster le 21 octobre 1821. Il fit ses études aux universités de Giessen et de Berlin, se fit recevoir avocat et entra de bonne heure dans la magistrature. Juge au tribunal de Glogau en 1847, M. de Forckenbeck se jeta dans le mouvement politique qui aboutissait, l'année suivante, à un soulèvement général. Après la défaite et la dissolution de l'Assemblée nationale allemande (1849), il présida le comité électoral libéral de Silésie ; mais forcé de quitter cette province sous l'administration de Manteuffel, il passa dans la Prusse propre et s'établit à Mohrungen. Élu député de Kœnigsberg à la Chambre prussienne en 1858, il fut réélu en 1866, puis en 1869 par Cologne, et par le district d'Elbing-Marienbourg depuis lors, et devint bourgmestre de Breslau en 1873. La même année, M. de Forckenbeck entrait à la Chambre des seigneurs. Successivement membre du parlement de l'Allemagne du Nord, du parlement douanier, puis du Reichstag de l'empire, il devenait président de cette dernière assemblée en 1874, en remplacement du Dr Simson. Dans les diverses assemblées dont il fit partie, M. de Forckenbeck s'occupa principalement des questions économiques et budgétaires, et par suite des questions de réorganisation militaire. Maintenu au fauteuil le 28 mai 1879 et réélu d'autre part premier bourgmestre de Berlin, M. de Forckenbeck résignait ces deux postes peu après, opposé qu'il était à l'élévation des droits sur les céréales demandée par M. de Bismarck, et reprenait son siège sur les bancs du parti national-libéral.

FORGEMOL DE BOSTQUÉNARD, LÉONARD LÉOPOLD, général français, né à Azerables (Creuse) le 17 septembre 1821. Il commença ses études au prytanée de la Flèche et, entré à l'École militaire de Saint-Cyr en 1839, en sortit dans l'état-major, le cinquième sur 159, en 1841. Capitaine en 1846, il fit les deux campagne de Kabylie, de 1854 et 1857, comme aide de camp du général Maissiat; puis il fut chargé, vers la fin de cette dernière année, du commandement du cercle de la Calle. Peu de temps après, un effroyable incendie de forêt lui fournissait l'occasion de se signaler autrement que comme soldat, et il était porté à l'ordre du jour de la division. Transféré à la tête du cercle de Biskra en 1859, il était promu chef d'escadron en 1860 et lieutenant-colonel en 1865. Promu colonel à la veille de la guerre de 1870, il demanda à faire partie de l'armée du Rhin, mais fut maintenu en Algérie et nommé chef du bureau politique des affaires arabes, en remplacement du général Gresley qui, lui, était appelé en France; mais il ne tarda guère à être appelé à son tour au secours de la patrie envahie. Le colonel Forgemol fit alors partie du 17e corps de l'armée de la Loire, comme chef d'état major de la 3e division d'infanterie d'abord, et ensuite comme chef d'état major général, ayant été promu général de brigade le 30 janvier 1871. La commission de revision des grades maintint le général Forgemol dans le grade auquel il n'avait été nommé qu'à titre provisoire. Nommé chef d'État major général de l'armée de Versailles en 1872, le général Forgemol passait en la même qualité au 7e corps d'armée, alors commandé par le duc d'Aumale, au commencement de 1874, et était appelé peu après, comme secrétaire, au Conseil supérieur de guerre. Il était promu général de division le 4 mars 1879 et appelé au commandement de la division de Constantine. Il était donc tout porté pour prendre le commandement de l'armée d'opération contre les Khroumirs, qui devint, plus vite qu'on n'était en droit de l'espérer, l'armée d'occupation de Tunisie, après avoir, toutefois, réprimé le soulèvement menaçant des tribus de l'Aurès (1879). C'est aussi au général Forgemol que nous devons, outre la conquête de la Tunisie, l'organisation de cette conquête, de quelque nom qu'on préfère l'appeler, sur des fondements qui ne paraissent pas facilement ébranlables. Rappelé en France et placé à la tête du 11e corps d'armée dont le quartier général est à Nantes, le général Forgemol de Bostquénard a été maintenu dans le cadre d'activité sans limite d'âge, par décret du mois d'août 1886. — Créé chevalier de la Légion d'honneur en 1852, il a été promu successivement officier en 1862, commandeur en 1875 et grand officier le 13 juillet 1881.

FORNEY, JOHN WEIN, journaliste américain, né à Lancastre (Pensylvanie) le 30 septembre 1817. En 1833, il apprenait comme apprenti dans l'imprimerie du journal de sa ville natale et devenait, en 1837, rédacteur et copropriétaire du *Lancaster Intelligencer*, avec lequel le *Lancaster Journal* fusionnait en 1840. En 1845, M. Forney alla s'établir à Philadelphie, où il devint rédacteur du *Pennsylvanian*, journal démocrate important. Choisi comme secrétaire de la Chambre des représentants en 1851, il fut réélu à ce poste en 1853. Après avoir été quelque temps rédacteur en chef de l'*Union*, organe des démocrates de Washington, M. Forney donna sa démission en 1856. En 1857, il posait sa candidature au Sénat des États-Unis dans la Pensylvanie, mais sans succès. Au mois d'août de la même année, il fondait à Philadelphie un journal démocrate indépendant qui, depuis, est devenu l'un des plus importants de cette ville : *The Press*, où il s'entoura d'écrivains de talent, parmi lesquels nous citerons le Dr R. Shelton Mackenzie. Hebdomadaire à l'origine, la *Philadelphia Press* devint quotidienne au mois d'octobre 1862. Il avait fondé quelques années auparavant, à Washington, un journal hebdomadaire : the *Chronicle*, qu'il transforma en journal quotidien en même temps que la *Press*. Il céda quelques années après sa part de propriété dans le *Chronicle*. — Secrétaire du Sénat des États-Unis, de 1861 à 1868, M. Forney fit en 1867 un voyage en Europe, d'où il envoya à ses journaux des correspondances, plus tard réunies en volume sous ce titre : *Letters from Europe (1869)*. Il publia également en 1873 : *Anecdotes of public Men* (Anecdotes relatives à des hommes publics), extraits d'articles parus dans le *Chronicle* et la *Press*. En novembre 1874, M. Forney vendait à M. Alexander Mac-Clure sa part de propriété (la moitié) du journal la *Press* pour la somme de 700.000 francs. Il vint ensuite en Europe comme commissaire général de l'Exposition de Philadelphie, et résida quelque temps à Paris, ne laissant pas que d'envoyer de spirituelles correspondances aux journaux pensylvaniens.

FORSTER, WILLIAM EDWARD, homme d'État anglais, né à Bradpole, comté de Dorset, le 11 juillet 1818. Il fit ses études à l'école de la Société des Amis de Tottenham, et devint ensuite filateur de laines à Bradford. Candidat libéral à Leeds, en avril 1859, il échoua; mais il fut envoyé, en février 1861, à la Chambre des communes par les électeurs de Bradford, qu'il n'a pas cessé d'y représenter depuis. M. W. Forster a été sous-secrétaire pour les colonies dans l'administration de lord Russell, de novembre 1865 à juillet 1866, et vice-président du comité du Conseil pour l'éducation, de décembre 1868 à février 1874. Il fit preuve de tact et d'habileté politique dans beaucoup de circonstances, notamment lors de la discussion du *bill* d'éducation, en 1870, et de celui sur le scrutin secret, en 1871. Lorsque M. Gladstone donna sa démission de chef de l'opposition, au commencement de 1875, M. Forster fut regardé comme son successeur possible à la tête du parti libéral, dans la Chambre des communes; mais il s'empressa, par une lettre datée du 1er février, de détourner ses amis de le choisir, déclarant que, dans sa conviction, il ne pourrait sans doute pas réunir autour de lui toutes les forces du parti libéral, et par conséquent les diriger comme il serait désirable dans toutes les circonstances. Ce fut alors que le choix du parti se porta sur le marquis de Hartington. — Au retour au pouvoir des libéraux, en avril 1880, M. Forster fut nommé secrétaire pour l'Irlande, avec siège dans le cabinet. Ce fut sous son administration que le *land bill* fut voté et que des mesures de répression furent prises contre les agitateurs irlandais : la *land league* fut dissoute, les prisons se remplirent de suspects, compris M. Parnell et quelques autres membres du parlement. Plusieurs membres du cabinet ayant émis l'avis de relaxer les prisonniers appartenant à la Chambre des communes, M. Forster et le comte Cowper, vice-roi d'Irlande, donnèrent leur démission en avril 1882. M. Forster n'a plus fait partie, depuis lors, d'aucune combinaison ministérielle libérale. Membre de la Société royale depuis 1875, il fut élu le 13 novembre de la même année lord recteur de l'université d'Aberdeen, laquelle université lui conférait, en 1876, le titre honorifique de docteur en lois. — M. Forster a publié : la relation d'une visite qu'il fit alors en Irlande (1847); *William Penn et T. B. Macaulay, brèves observations sur les accusations portées contre le caractère de William Penn dans l'Histoire d'Angleterre de Macaulay (1849)*; *Comment nous traitons l'Inde : conférence sur la condition de l'Inde sous le gouvernement britannique (1858)*; *Discours prononcé à la pose de la première pierre de la première école construite par le Bureau des écoles de Liverpool (1873)*. Il est magistrat et député-lieutenant du district ouest du comté d'York.

FORSYTH, WILLIAM, magistrat et homme politique anglais, né à Greenock en 1812, fit ses études au collège de la Trinité, à Cambridge, où il prit le grade de maître ès-arts en 1837 et suivit ensuite les cours de droit de l'Inner Temple, où il fut admis au barreau en 1839. Il alla exercer dans le ressort judiciaire nord, devint avocat de la reine en 1857 et avocat plaidant à l'Inner Temple. Il est conseil du secrétariat d'État pour les Indes et commissaire de l'université de Cambridge. M. Forsyth avait été élu membre de la Chambre des communes par le bourg de Cambridge, comme candidat conservateur, en juillet 1865; mais il fut, cette fois, invalidé, en conformité des conclusions d'une pétition déclarant incompatibles avec le siège de député ses fonctions de conseil dans un ministère, considérées comme fonctions gouvernementales rétribuées. Il se présenta sans succès à Bath, en octobre 1873; mais il était enfin, aux élections générales de février 1874, élu par le bourg de Marylebone, qu'il a représenté à la Chambre des communes jusqu'à 1880. — M. Forsyth est l'auteur d'un projet de loi tendant à accorder aux femmes le droit de suffrage.

Ce projet de loi, venu en seconde lecture à la Chambre des communes le 26 avril 1876, fut repoussé, mais seulement par 239 voix contre 157, ce qui mérite certainement d'être constaté. Il a publié un certain nombre d'ouvrages de jurisprudence et de littérature. Nous citerons : *On the law of composition with creditors (1841)*; *Hortensius, or the duty and office of an advocate (1849)*; *On the law relating to the custody of infants (1850)*; *The History of trial by jury (1852)*; *Napoleon at St-Helena and sir Hudson Lowe (1853)*; *The Life of Cicero (1864)*; *Cases and opinions in constitutional Law (1869)*; *The Novels and novelists of the eighteenth century, in illustration of the manners and morals of the age (1871)*; *Hannibal in Italy, an historical drama (1872)*; *Essays, critical and narrative (1874)*; *The Slavonic Provinces south of the Danube (1876)*. etc... Il a aussi collaboré aux *Quarterly* et *Edinburgh Reviews* et à diverses autres publications périodiques importantes.

FORTESCUE (comte), Hugh Fortescue, pair d'Angleterre, né le 4 avril 1818. Élevé à Harrow, il entra au parlement en 1841, étant encore vicomte Ebrington, élu par Plymouth, qu'il a représenté, comme député libéral, jusqu'en 1852. A cette dernière date, il se présentait sans succès, à Barnstaple. En décembre 1854, il était réélu par Marylebone, et résignait son siège le 5 décembre 1855, étant appelé à la Chambre-Haute comme successeur de son père à la baronnie de Fortescue, auquel il succédait comme troisième comte, à sa mort, le 14 septembre 1861. Le comte Fortescue a été lord de la Trésorerie de 1846 à 1847, et secrétaire du Comité de la loi des pauvres de 1847 à 1851 ; il fut en même temps membre actif, puis président des diverses commissions des égouts qui se succédèrent. En mai 1856, en visitant un hôpital militaire, dans le but de préparer une proposition de réforme sanitaire dans l'armée, qu'il présenta en effet, en 1858, il attrapa une ophtalmie qui lui fit perdre un œil et atteignit assez gravement le second pour le tenir éloigné de la Chambre des communes. — Lord Fortescue est l'auteur de brochures sur l'*Hygiène des villes (1844)*; les *Salaires officiels (1852)*; *Représentative Self-Government for the Metropolis (1854)*; la *Réforme parlementaire (1859)*; et d'un ouvrage assez considérable sur les *Ecoles publiques pour les classes moyennes (1864)*.

FOUCAUX, Philippe Édouard, orientaliste français, né à Angers le 15 septembre 1811. Ses études terminées au collège de sa ville natale, il vint à Paris en 1838 et suivit, au Collège de France, les cours de sanscrit d'Eugène Burnouf. En même temps, il apprenait absolument seul le thibétain, l'un des idiomes les plus rebelles de l'Asie, et parvenait à s'en rendre maître dans un temps fort court; dès 1842, il était chargé d'un cours de langue thibétaine à la Bibliothèque royale. Il devint, en 1852, suppléant de Burnouf à la chaire de sanscrit au Collège de France, fut chargé plusieurs fois du cours et devint enfin titulaire de cette chaire en 1864. — On cite parmi les principaux ouvrages de M. Édouard Foucaux : *Grammaire de la langue thibétaine (1839)*; *Histoire du Buddha Sakya Mouni*, texte et traduction (1848, 2 vol.); *Parabole de l'enfant égaré*, sanscrit, thibétain et français (1854); le *Trésor des belles paroles*, choix de sentences, etc. (1858); *Vikramôrvaça*, drame de Kalidâsa (1861); *Onze épisodes du Mahâbhârata (1861)*; *Doctrine des Bouddhistes sur le Nirvana (1864)*; *Sakountalâ*, autre drame sanscrit de Kalidâsa (1867); le *Religieux chassé de la Communauté*, conte bouddhique (1873), etc. M. Ed. Foucaux est chevalier de la Légion d'honneur depuis 1864.

FOUCHER DE CAREIL (comte), Louis Alexandre, littérateur, publiciste et diplomate français, sénateur, né à Paris le 1er mars 1826 ; il est fils d'un général de l'empire. Après de brillantes études universitaires, M. Foucher de Careil entreprit d'importants voyages d'études, en Europe d'abord, et puis tant aux États-Unis. S'est fait de bonne heure une réputation d'écrivain philosophique par ses travaux sur Leibniz, dont il avait puisé les éléments à des sources nouvelles que lui avaient décelées ses recherches dans les bibliothèques de l'Allemagne. Ces travaux étaient déjà, pour la plupart, publiés et il avait été décoré de la Légion d'honneur (1859), lorsqu'il fut élu membre du Conseil général du Calvados pour le canton de Dozulé, où il possède de grandes propriétés (1864). Il y fut constamment réélu jusqu'en 1870. Il fit, en cette qualité, une vive opposition à l'empire, presque dès le début, quoique ne s'étant point présenté comme un adversaire de ses institutions et de la politique impériales. A Paris, il fit des conférences qui eurent tous les succès, même celui d'être interdites par l'autorité. Aux élections législatives de mai 1869, M. le comte Foucher de Careil se portait candidat de l'opposition démocratique dans la 1re circonscription du Calvados, contre M. de Germiny, candidat officiel, mais sans succès. C'est alors qu'il partit pour les États-Unis. De retour en France au moment de la guerre, M. Foucher de Careil fut directeur général des ambulances des légions mobilisées de la Bretagne. Nommé préfet des Côtes-du-Nord le 23 mars 1871, il passait à la préfecture de Seine-et-Marne le 8 mai 1872. Il fut révoqué peu après la chute de M. Thiers. En 1875, il se portait candidat à une élection partielle des Côtes-du-Nord, contre M. de Kerjégu, candidat légitimiste, appuyé par le gouvernement; mais ce fut celui-ci qui l'emporta. Porté sur la liste républicaine, aux élections sénatoriales du 30 janvier 1876 dans le département de Seine-et-Marne, il fut élu, et réélu au renouvellement partiel du 8 janvier 1882. Nommé ambassadeur à Vienne le 4 août 1883, en remplacement du comte Duchâtel, M. Foucher de Careil donnait sa démission de ce poste à la suite du vote, par le Sénat, de la loi d'expulsion des princes (juin 1886).

On doit à M. Foucher de Careil, outre son édition des *Œuvres de Leibniz* : *Réfutation inédite de Spinosa par Leibniz (1854)*; *Lettres et opuscules inédits de Leibniz (1854)*; *Nouvelles lettres et opuscules inédits de Leibniz (1857)*; *Lettres de Leibniz, Bossuet, Pellisson*, etc. (1859); *Mémoire sur le projet d'expédition en Égypte présenté par Leibniz à Louis XIV*; *Rome, ou Espérances et chimères de l'Italie (1860)*; *Leibniz, la philosophie juive et la cabale (1861)*; *Descartes et la princesse Palatine (1862)*; *Hegel et Schopenhauer (1862)*; *Leibniz, Descartes et Spinosa (1863)*; *Gœthe et son œuvre (1865)*; *Leibniz et les deux Sophies (1876)*; diverses études sur Gœthe, Dante, etc.; une polémique savante soutenue contre M. Albert de Broglie sur le *Systema theologicum*, de Leibniz; des brochures de circonstance : la *Liberté des haras et la crise chevaline en 1864*; le *Luxembourg à la Belgique*, avec pièces justificatives (1867); les *Habitations ouvrières et les constructions civiles (1873)*; un volume de *Discours* sur la décentralisation, la dépopulation des campagnes, etc. Dans cette liste incomplète des œuvres de M. Foucher de Careil, figurent les volumes parus de son édition de Leibniz, qu'on reconnaît sans peine aux titres. — M. le comte Foucher de Careil a été promu officier de la Légion d'honneur en septembre 1871 et décoré de l'Ordre du Mérite agricole le 1er janvier 1885. Il est, en outre, décoré des ordres des Saints Maurice et Lazare d'Italie, de l'Étoile polaire de Suède, grand croix de l'ordre de Saint-Étienne d'Autriche-Hongrie, etc. Il est membre de la Société nationale d'agriculture et de la Société d'économie politique.

FOURNEL, François Victor, littérateur français, né à Cheppy (Meuse) le 8 février 1829, fit ses études à Verdun et à Paris, où il prit le grade de licencié ès-lettres, et embrassa la carrière littéraire. Il collabora d'abord à la *Revue de Paris (1854)*; puis à l'*Athenæum français*, devenu ensuite la *Revue contemporaine*, au *Musée des familles*, à l'*Illustration*, à l'*Artiste*, à la *Revue française*, au *Journal pour tous*, à l'*Ami de la religion*, à la *Liberté* (direction Ch. Müller), à la *Gazette de France*, au *Français*, au *Journal de Bruxelles*, etc. — On doit à M. V. Fournel : *Ce qu'on voit dans les rues de Paris (1858)*; *Du rôle des coups de bâton dans les relations sociales et en particulier dans l'histoire littéraire* (même année); *Curiosités théâtrales anciennes et modernes (1859)*; les *Spectacles populaires (1860)*; *Tableau du vieux Paris (1852)*; la *Littérature indépendante et les écrivains oubliés du XVIIe siècle (1864)*; le *Danemark en 1867 (1868)*; *Par ballon monté (1871)*; *Paris et ses ruines en mai 1871 (1874)*, in-f°, pl.); les *Vacances d'un journaliste (1876)*; *Esquisses et croquis (1876-78, 2 vol.)*; les *Contemporains de Molière (4 vol.)*; les *Rues du vieux Paris (1879)*, etc. On lui doit en outre une édition du *Roman comique* et du *Virgile travesti*, de Scarron, ainsi que de divers autres ouvrages.

FOURNIER, Hugues Marie Henri, homme politique et diplomate français, né à Paris le 29 juillet 1821. Entré aux archives des affaires étrangères en 1814. M. H. Fournier devint successivement attaché à la légation de Carlsruhe, secrétaire d'ambassade de 2e classe à Saint-Pétersbourg en 1851, secrétaire à la légation de Hanovre en 1852, à celle de la Haye en 1854 ; secrétaire d'ambassade de 1re classe à Francfort-sur-le-Mein en mai 1857, à Madrid en août suivant, à Saint-Pétersbourg en 1859 ; ministre plénipotentiaire à Stockholm en 1862 et à Rome en 1872 et 1873. Au mois de décembre de cette dernière année, M. H. Fournier refusa la légation de Washington qui lui était offert, avec le titre de ministre plénipotentiaire de 1re classe, et fut mis en disponibilité sur sa demande. Aux élections sénatoriales du 30 janvier 1876, M. Fournier, conseiller général d'Indre-et-Loire, se présenta comme candidat républicain dans ce département; mais il échoua. En 1878, il accepta l'ambassade de Constantinople, il remplit ses fonctions au mieux des intérêts de la République, pendant une période particulièrement difficile, et fut, en récompense de ses services, promu grand officier de la Légion d'honneur le 30 juillet; il était commandeur depuis 1865. — Élu sénateur d'Indre-et-Loire au renouvellement partiel du 5 janvier 1879, M. Fournier prit place à gauche. Il a voté contre le projet d'expulsion des princes.

FOURNIER, Casimir Ignace Joseph, homme politique français, avocat, né au Quesnoy (Nord) le 19 février 1826, fit ses études à Valenciennes et son droit à Paris. Reçu licencié en 1848 et docteur en droit en 1850, il devint avocat au Conseil d'État et à la Cour de cassation, charge qu'il abandonna en 1871, pour devenir successivement chef du cabinet des ministres de l'intérieur Hérold, Picard et Lambrecht, puis directeur du service de l'Algérie et conseiller d'État en service extraordinaire. La chute de M. Thiers, dont il était l'ami, entraîna la révocation de M. Casimir Fournier, qui se présenta aux élections sénatoriales du 30 janvier 1876 dans le département du Nord, échoua cette première fois, mais fut élu au renouvellement triennal qui, pour les sénateurs du Nord, s'effectuait le 5 janvier 1879. Il siégea à gauche et vota en conséquence, notamment pour la loi d'expulsion des princes. — M. C. Fournier a publié un *Manuel des pensions civiles*, un *Traité des contributions directes*, etc.; il a collaboré à diverses revues et recueils spéciaux, dont le *Dictionnaire d'économie politique* de M. Maurice Block. Il a été décoré de la Légion d'honneur pour services rendus pendant la guerre, en 1871.

FOURNIER, Henry, publiciste et homme politique français, sénateur, né à Bourges, le 1er septembre 1830. Il vint à Paris faire son droit et fut en même temps élève à l'École des chartes. Reçu avocat en 1852, il s'inscrivit au barreau de sa ville natale, où il exerça jusqu'en 1865. Élu à cette époque membre du Conseil municipal de Bourges, il fut en outre conseiller d'arrondissement puis conseiller général pour le canton de Levet, en 1869. M. H. Fournier est l'un des fondateurs de la *Revue du Berry*; outre sa collaboration plus assidue à ce journal, il a également publié divers travaux historiques dans les *Mémoires de la Société historique du Cher*, dont il fait partie. Élu représentant du Cher à l'Assemblée nationale le 8 février 1871, M. H. Fournier prit place au centre droit et fit partie de la réunion Saint-Marc Girardin. Il a été rapporteur de la loi Tréveneuc sur le rôle des conseils généraux et prit part, mais sans grande autorité, à diverses discussions importantes, notamment sur la loi électorale et le droit de pétition. Il a signé l'adresse d'adhésion au *Syllabus*. Candidat de l'« Union conservatrice » dans le Cher, aux élections sénatoriales du 30 janvier 1876, M. H. Fournier, orléaniste, a été élu avec M. le duc de Rivière, légitimiste, porté sur la même liste que lui: un trait d'union clérical rapprochant suffisamment ces deux honorables sénateurs; mais le renouvellement partiel du Sénat, le 25 janvier 1885, leur enlev.. leurs sièges pour les donner à deux républicains.

FOURTOU (de), Marie François Oscar Bardy, homme politique français, né à Ribérac le 3 janvier 1836. Après avoir fait son droit à Poitiers, M. de Fourtou se fit inscrire au barreau de Bergerac; il fut même quelque temps sous-préfet de l'arrondissement dont Bergerac est le chef-lieu, dans les dernières années de l'empire. Élu représentant de la Dordogne à l'Assemblée nationale le 8 février 1871, il prit place au centre droit bonapartiste. M. de Fourtou prit une part active, dès le début, aux travaux de la Chambre, le 3 avril 1871, il se faisait l'avocat du vote au canton; au mois d'août de la même année, il présentait à l'Assemblée le rapport concluant à l'abrogation du décret du 24 octobre 1870, par lequel Crémieux naturalisait en masse tous les israélites indigènes de l'Algérie. Là, M. de Fourtou avait certainement beau jeu; mais il préféra s'en tenir aux lieux communs et dauber sur le gouvernement du 4 Septembre. Et, en effet, ce décret, que l'honorable ministre de la justice du gouvernement de la Défense nationale rendait avec la certitude de faire beaucoup de bien à ses coreligionnaires algériens, n'en faisait peut-être pas autant qu'il se l'imaginait à certains pauvres diables d'israélites, pour en faire plus, et même trop, à certains gros turbans du négoce. Mais M. de Fourtou ne paraît pas s'être douté des arguments qu'il avait à sa disposition contre l'économie même du décret. Il eut à prendre de nouveau la parole en diverses circonstances; mais nous ne pouvons y découvrir ce qui put attirer sur lui le choix de M. Thiers, qui l'appelait, le 7 décembre 1872, à succéder à M. de Larcy, au ministère des travaux publics. M. de Fourtou conserva le portefeuille des travaux publics jusqu'au 19 mai 1873, date à laquelle il l'échangea contre celui des cultes, détachés de l'instruction publique, et qu'il résignait le 24 mai, avec ses collègues les leurs, suivant, ne fût-ce que pour peu de temps, M. Thiers dans sa retraite. Le 20 novembre suivant, M. de Fourtou rentrait au ministère, remplaçant M. Batbie au département de l'instruction publique et des cultes de nouveau réunis. Il signala son passage à ce ministère important par une mesure d'une grande importance aussi: il remplaça sur la porte d'un lycée le nom de *Condorcet* par celui de *Fontanes*. Le 23 mai 1874, le maréchal-président l'appelait au ministère de l'intérieur en remplacement de M. le duc de Broglie. Il n'y resta que peu de temps: M. Magne ayant donné sa démission, M. de Fourtou insista pour qu'il fût remplacé dans le cabinet par un membre du même parti, c'est-à-dire par un bonapartiste; n'avant pu obtenir cette satisfaction, il se retira lui-même le 19 juillet 1874. Il ne prit plus aux discussions de l'Assemblée qu'une part insignifiante, agissant surtout par ses votes: il vota, par exemple, contre les lois constitutionnelles. Porté sur la liste du « Comité national conservateur », dans l'arrondissement de Ribérac, M. de Fourtou a été élu député aux élections législatives du 20 février 1876 avec une profession de foi « constitutionnelle ». Il reprit sa place à droite, et entrait le 16 mai 1877 dans le gouvernement de combat, où sa place était marquée d'avance, avec le portefeuille de l'intérieur. Il procéda sans tarder à une hécatombe de préfets, de sous-préfets et autres administrateurs dépendant de son ministère, si peu que ce fût soupçonnés de préférences pour la forme du gouvernement dont ils étaient les représentants, sans parler des maires révoqués en masse. Tout ce monde de fonctionnaires était remplacé par un autre monde de fonctionnaires d'opinions diamétralement opposées, quoique peu d'accord entre elles, et le prétexte, c'est que ces fonctionnaires, ainsi que les députés de la gauche, voire du centre gauche, étaient tous des partisans avérés de la Commune. A la rentrée des Chambres, le 16 juin, M. de Fourtou vint défendre devant la Chambre des députés, dont il demandait la dissolution, le message présidentiel; la discussion qui s'ensuivit fut close par un ordre du jour de défiance adopté par 363 députés de la gauche et du centre gauche. On sait comment il fut répondu à ce vote; un « gouvernement de combat » n'agit pas, d'ailleurs, comme un gouvernement ordinaire: le 23 juin, le Sénat, dont la majorité était alors monarchique et par conséquent gouvernementale, accorda la dissolution ce qu'il lui demandait, et la Chambre des députés fut dissoute.

Nous ne rappellerons pas dans quelles conditions furent faites les élections d'octobre 1877, ni les manœuvres de tout genre qui les préparèrent, le cheminement mené à travers la France par M. de Fourtou pour être exhibé comme une pièce curieuse aux populations ravies, le manifeste du 19 septembre appelant les électeurs au scrutin, que M. de Fourtou rédigeait et contresignait dans sa propre maison de Ribérac, où il recevait avec éclat le maréchal de Mac-Mahon, qui n'eut au su de tous ses électeurs, manifeste où il était dit que si les électeurs renvoyaient à la Chambre des députés hostiles à la politique du maréchal, celui-ci se passerait de cette Chambre et gouvernerait avec le Sénat seul. Toute cette agitation, toutes ces menaces ne paraissent avoir pesé qu'à M. de Fourtou, qui fut réélu, le 14 octobre, avec une énorme majorité: un candidat qui reçoit chez lui le président de la République, maréchal de France par-dessus le marché, vous pensez! Les choses ont autrement tourné depuis pour M. de Fourtou, mais alors.. L'ensemble des élections, somme toute, eut pour résultat de donner à la Chambre une majorité républicaine plus nombreuse, plus compacte et surtout plus déterminée. Le ministère n'en resta pas moins à son poste de combat, cachant autant que possible son découragement sous un masque de rage impuissante; et M. de Fourtou particulièrement osa venir défendre devant les députés sa propre conduite et celle du gouvernement. La Chambre, pour toute réponse, élut une commission chargée de faire une enquête sur les abus de pouvoir exercés pendant la période électorale. Le ministère donna enfin sa démission le 23 novembre. Le rapport de la commission d'enquête, lu à la tribune par M. Ch. Floquet, eut pour conséquence, en ce qui concerne le député de Ribérac, l'invalidation de son élection (18 novembre 1878) dont la vérification avait été renvoyée au terme des travaux de l'enquête. C'est dans cette séance mémorable qu'après s'être attiré une verte réplique de M. Dufaure, ministre en exercice, qu'il attaquait pour faire diversion, il reçut de Gambetta un démenti formel. Un duel au pistolet s'ensuivit entre les deux hommes d'État, un de ces duels ridicules où, après l'échange d'une balle qui ne touche jamais personne, l'honneur est invariablement déclaré satisfait.

Cependant, M. de Fourtou se présentait de nouveau devant ses électeurs de Ribérac, et était réélu député le 2 février 1879, mais avec près de 2,700 voix de moins que le 14 octobre 1877, le maréchal n'étant plus là. Une proposition de mise en accusation du cabinet de Broglie-Fourtou ayant été déposée, M. de Fourtou eut du moins le bon esprit de ne point la combattre, sachant parfaitement que ces choses-là se termineraient comme les duels au pistolet; celle-ci, toutefois, se termina par un vote de flétrissure (mars 1879), imprimé et placardé dans toutes les communes de France, et qui aurait pu produire quelque effet si c'eût été aux frais du flétri. — Le 7 mars 1880, une vacance s'étant produite dans la représentation sénatoriale de la Dordogne, M. de Fourtou fut élu à une assez faible majorité, laquelle lui fit même complètement défaut au renouvellement triennal du 25 janvier 1885. De sorte que l'homme qui, il y a quelques années à peine, a fait tant de bruit dans un grand pays comme la France, est redevenu dans ce même pays, en tant qu'homme public, un simple petit avocat de province.

FOUSSET, Ernest Eugène, homme politique français, négociant, né à Orléans le 24 juillet 1830. Adjoint au maire de sa ville natale, juge au tribunal de commerce, M. E. Fousset fut élu député de la 1re circonscription d'Orléans le 6 avril 1879, en remplacement de M. Robert de Massy, devenu sénateur, et prit place au groupe de l'Union républicaine. Réélu le 21 août 1881, il figurait aux élections d'octobre 1885 sur la liste républicaine du Loiret, et fut élu au scrutin du 18. Il s'est abstenu dans le vote sur l'expulsion des princes.

FOWLER, John, ingénieur anglais, président de l'Institution des ingénieurs civils, est né à Sheffield en 1817. Après ses études terminées, il devint élève de l'éminent ingénieur hydraulicien J. F. Leather qui, à cette époque, dirigeait la construction des immenses réservoirs fournissant l'eau à la ville de Sheffield. Il acquit en même temps des connaissances spéciales dans la construction des chemins de fer, et fut chargé du tracé de la ligne de Stourbridge à Birmingham, par Dudley et Wolverhampton, que Brunel commençait seulement vingt ans plus tard et que lui, M. Fowler, était chargé d'achever. Comme employé de M. Rastrick, il compléta d'ailleurs son éducation dans cette branche spéciale. A vingt-sept ans il était choisi comme ingénieur pour la construction du réseau de chemins de fer connu sous le nom de « Manchester, Sheffield and Lincolnshire railway » et des ouvrages d'art qui en dépendent. Il s'établit ensuite à Londres, où il n'a pas cessé d'être employé à la construction de nouvelles lignes ferrées, de docks, etc., tant dans le Royaume-Uni que sur le continent. Mais il s'est fait surtout un nom populaire par la construction de l'*inner circle*, c'est-à-dire la portion souterraine du chemin de fer métropolitain et de ses locomotives, à ce point qu'on le désigne familièrement comme le *Fowler du chemin de fer souterrain* (Fowler of the underground Railway). — M. Fowler est ingénieur consultant de la compagnie du chemin de fer de Manchester-Sheffield et Lincolnshire, du Great-Western, etc.; il est en outre ingénieur en chef du gouvernement égyptien, pour lequel il a dirigé d'importants travaux jusqu'à la dernière crise, qui a démontré au khédive, entre autres choses, la nécessité impérieuse de faire des économies.

FRANÇAIS, François Louis, peintre français, né à Plombières le 17 novembre 1814. Il se destinait à l'École polytechnique et étudiait les mathématiques dans le but de s'y faire admettre; mais il ne put achever ses études spéciales, à cause de la position de fortune modeste de ses parents. Venu à Paris en 1829, il obtint un emploi de garçon de magasin chez un libraire, étudia le dessin avec passion et, après cinq ans de lutte et de privations, appuyé par quelques gens de lettres avec lesquels son humble position le mettait en rapports, il obtint des commandes de vignettes et de lithographies pour des éditions de luxe telles que le *Paul et Virginie* de Curmer et la *Touraine* de Mame, et de dessins pour des journaux tels que l'*Illustration*; il se fit, surtout dans la lithographie, une réputation honorable. Étudiant en même temps la peinture avec Corot et M. Gigoux, il débutait au Salon de 1837 par une *Chanson sous les saules*, peint en collaboration avec H. Baron. De l'œuvre devenue considérable de M. Français, nous citerons : *Jardin antique (1840)*; un *Chemin dans la forêt de Fontainebleau (1841)*; le *Parc de Saint-Cloud (1846)*, avec figures de M. Meissonnier; *Soleil couchant sur les Marais Pontins (1848)*, au musée du Luxembourg; *Paysan rabattant sa faulx (1849)*; la *Fin de l'hiver (1850)*; le *Ravin de Nepi (1851)*; *Vue des environs de Rome (1853)*; le *Ruisseau de Neufpré*, environs de Plombières; un *Buisson, Souvenir de la vallée de Montmorency*, un *Sentier dans les blés (1857)*; *Étude d'hiver*, vallée de Munster; une *Belle journée d'hiver (1858)*; les *Bords du Gapeau*, les *Hêtres de la côte de Grâce (1859)*; *Vue prise au Bas-Meudon*, le *Soir (1860)*; le *Bord de l'eau*, environs de Paris (1861); *Orphée au tombeau d'Eurydice (1863)*, au musée du Luxembourg ; une *Villa italienne aux environs de Rome*, le *Bois sacré*, au musée de Lille (1864); les *Nouvelles fouilles de Pompéi (1865)*; *Environs de Rome*, le soir aux bords du Tibre et *Environs de Paris*, le matin aux bords de la Seine et par le brouillard (1866); *Maison de campagne*, et plusieurs autres toiles parues aux salons des années précédentes (Exposition universelle, 1867); les *Regains*, vallée de Munster ; l'*Arrivée*, villa d'Este, avec H. Baron (1868); le *Mont Blanc vu de Saint-Cergues (1869)*; *Daphnis et Chloé*, *Vue prise aux Vaux de Cernay (1872)*; *Souvenir de Nice*, *Portrait de M. Ildefonse Rousset (1873)*; la *Source*, une *Terrasse à Nice (1874)*; le *Ravin du Puits-Noir*, le matin (1875); le *Miroir de Scey*, à la tombée de la nuit, souvenir de Franche-Comté (1876); le *Mont Cervin*, le *Lac de Nemi (1878)*; la *Vallée de Rossillon*, le *matin (1879)*; *Rivage de Capri*, panneau décoratif; un *Coin de villa*, à Nice (1883); une *Matinée à Clisson*; *Derniers jours d'automne sur les bords du Gêhard*, dans les *Vosges (1884)*; le *Lac de Nemi*, vue prise des hauteurs; *Rivière ombragée*, à *Clisson (1885)*; *Dans un ravin, près de Plombières*, étude de printemps; *Pont sur l'Eaugronne*, près de Plombières (1886); des dessins, des aquarelles, des lithographies. — M. Français a obtenu une médaille de 3e classe en 1841, des médailles de 1re classe en 1848, 1855 (Exposition universelle) et 1867 (Exposition universelle) et la médaille d'honneur à l'Exposition universelle de 1878. Décoré de la Légion d'honneur en 1853, il a été promu officier en 1867.

FRANCE, Jacques Anatole, littérateur français, fils de libraire, né à Paris le 16 avril 1844, fit ses études au collège Stanislas et débuta dans la carrière des lettres par une étude biographique sur *Alfred de Vigny (1868)*. M. A. France a publié depuis : les *Poèmes dorés (1873)*; les *Nuits corinthiennes*, poésies (1876); *Jocaste*, roman, suivi du *Chat maigre*, nouvelle; et une étude sur *Lucile de Châteaubriand*, sa vie, ses contes, ses poèmes et ses lettres (1879), etc. il a été attaché en 1876 à la bibliothèque du Sénat, a écrit des études littéraires placées en tête d'éditions de bibliophiles de divers ouvrages célèbres, du XVIIe siècle principalement. M. Anatole France a collaboré, en outre, à plusieurs journaux et revues et a succédé en octobre 1885 à M. Jules Claretie, nommé administrateur général de la Comédie Française, comme chroniqueur du *Temps*, chargé de l'article hebdomadaire intitulé : la *Vie à Paris*.

FRANCESCHI, Louis Julien ou Jules, sculpteur français, élève de Rude, né à Bar-sur-Aube le 11 janvier 1825, de parents d'origine italienne. On cite de cet artiste: *Jeune berger soignant son chien malade*, plâtre (1850); les *Roses*, plâtre (1852); *Napolitain jouant à la morra*, statue en plâtre (1853); *Jeune chasseur attaquant un renard* et *Andromède*, plâtres (1857); *Miecislas Kamienski, tué à Magenta*, statue en bronze pour son tombeau (1861); *Danaïde*, marbre et *M. L. H.*, aspirant de marine, statue en bronze (1863); la *Foi (1864)*; *Saint Sulpice (1867)*; le *Réveil*, plâtre (1869); le *marbre de la statue précédente (1873)*; *Mort du commandant Baroche*, au Bourget, le 30 octobre 1870, basrelief pour la chapelle du Bourget; *Portrait de M. Régnier*, de la Comédie-Française, buste en plâtre (1874); *Portrait de Mme Carvalho*, buste en marbre (1878); *Portrait de M. le docteur E. Mesnet*, buste en marbre (1884); *Portrait de M. Émile Augier* et *Portrait de Mme Baretta-Worms*, bustes en marbre (1885); la *Fortune*, statue en marbre, et un grand nombre de bustes en plâtre, en marbre et en bronze. — M. J. Franceschi a obtenu une médaille de 3e classe en 1861, des médailles en 1864 et 1869, et la croix de la Légion d'honneur en 1874.

FRANCHI, Ausonio (Francesco Bonavino, dit), philosophe italien, né en 1828 à Pegli, province de Gênes. Il étudia la théologie et fut ordonné prêtre à vingt-cinq ans; mais l'étude assidue des philosophes rationalistes ayant détruit toute foi en lui, il donna sa démission en 1849, abandonnant jusqu'à l'institution prospère qu'il dirigeait à Gênes, et se composant un pseudonyme caractéristique (de *Ausonio*, italien et *franco*, libre), il s'institua philosophe et mena la vie indépendante de l'homme de lettres. — On a de lui : une *Grammaire latine* et une *Grammaire générale italienne (1850)*; la *Philosophie des écoles italiennes (1852)*; *Etude philosophique et religieuse du Sentiment (1854)*; le *Rationalisme du peuple* (Paris, même année) : la *Religion du XIXe siècle*, etc. Il publia, en 1868, sous ce titre : l'*Epistolario*, une collection de lettres de Giuseppe La Farina, mort en 1863, à laquelle M. Crispi, qui n'est pas courage, répondit par son pamphlet : les *Rages d'outre-tombe*, ce qui ne calma qu'à demi l'émotion produite parmi les membres de la gauche parlementaire par cette publication inattendue. — Ausonio Franchi avait fondé à Turin, en 1854, une revue hebdomadaire : la *Ragione* (la Raison).

FRANCILLON, ROBERT EDOUARD, littérateur anglais, d'une famille d'origine française, né à Gloucester en 1841. Il fit ses études au collège de Cheltenham et à l'université de Cambridge, où il prit les plus hauts grades en 1862, fut reçu au barreau à Gray's Inn en 1864, et fut quelque temps attaché au cercle judiciaire d'Oxford en 1867, il était rédacteur en chef du *Law Magazine* et fit partie un peu plus tard de la rédaction du *Globe* de Londres. Mais il avait débuté de bonne heure dans la littérature d'imagination. On cite de M. Francillon en ce genre : l'*Engagement de Grace Owen*, paru dans le *Blackwood Magazine*, en 1868 ; et qui fut suivi de : le *Repaire du comte (1870)*; *Perle et Emeraude (1872)*; la *Fortune de Zelda (1873)*; *Olympia (1874)*; *Un chien et son ombre (1876)*; *Eaux bizarres (1878)*, etc. Il a été le principal rédacteur des publications de Noël intitulées : *En boule de neige (1874)* ; *Rayé d'or (1875)* et le seul de celles intitulées : *Bonheur rare (1876)*; *Dans l'ombre (1877)*, etc. Il a fourni, en outre, nombre de nouvelles, d'historiettes et d'articles variés au *Blackwood Magazine*, au *Gentleman's Magazine*, à l'*All the year round* et à diverses autres publications périodiques, et a publié dans un autre ordre de travaux : *Caractères notionaux* et *Flore et faune de Londres (1872)*, esquisses parues d'abord dans le *Globe*. On doit enfin à M. Francillon nombre de chansons et romances mises en musique et les paroles des cantates de M. F. H. Cowen (Voy. ce nom) : la *Rose virginale* et le *Corsaire*.

FRANCIS, FRANCIS, naturaliste et littérateur anglais, né en 1822 à Seaton, dans le comté de Devon, fit ses études à l'école de Saint-Paul, de Southsea. M. Francis a collaboré de bonne heure à la presse périodique et publié divers ouvrages. Nommé commissaire des pêcheries d'huîtres d'Irlande, en 1869, il fut directeur du Hammam, ou Bain Turc, a été longtemps celui de l'aquarium de Brighton et est chargé depuis un demi-siècle environ de la rédaction de la partie « Pêches et pêcheries » du recueil spécial important intitulé *the Field*, de Londres. M. Francis a étudié sur place les pêcheries d'huîtres de la France et de la Grande-Bretagne et les pêches maritimes d'Irlande. On lui doit plusieurs ouvrages spéciaux : *the Angler's register* (le Carnet du pêcheur à la ligne); *Fish culture* (Pisciculture) ; *A Book on angling* (Traité de la pêche à la ligne); *By lake and river (1871)*; *Sporting sketches*; divers rapports relatifs à la *Pêche du saumon*, etc. Il a écrit également plusieurs ouvrages d'imagination : *Pickafax*; *The Real salt*; *Newton Dogane*; *Sidney Bellew*, etc. — M. Francis a obtenu diverses médailles des gouvernements de la France et de l'Australie pour les services qu'il a rendus à l'industrie de la pêche.

FRANCK, ADOLPHE, littérateur et philosophe français, né à Liocourt (Meurthe) le 9 octobre 1809, appartient à une famille israélite. Il fit ses études classiques à Nancy, puis étudia à la faculté de Toulouse le droit, la théologie et la philosophie, à laquelle il finit par se consacrer tout entier. Reçu le premier agrégé de philosophie au concours du 1842, il professa successivement cette classe à Douai, à Nancy, à Versailles, puis au collège Charlemagne à Paris (1840). Il se faisait recevoir la même année agrégé pour les facultés, au concours nouveau institué par Cousin pour l'établissement d'un cours public de philosophie. Elu membre de l'Académie des sciences morales et politiques en 1844, il ouvrait un nouveau cours public de philosophie sociale à la Sorbonne, en 1847, suppléait M. Barthélemy Saint-Hilaire au Collège de France de 1848 à 1852 et, chargé du cours depuis 1854, devenait titulaire de la chaire de droit international, au Collège de France, en 1856. Membre du Conseil supérieur de l'instruction publique depuis 1858, M. A. Franck a été nommé conservateur-adjoint à la Bibliothèque nationale en remplacement de Walkenaer. Il a été nommé vice-président du Consistoire central des israélites de France. — Outre un certain nombre de *Notices critiques et historiques* sur divers personnages appartenant plus ou moins à la philosophie, publiées dans le *Recueil* spécial de l'Académie des sciences morales, des mémoires ou articles insérés au *Journal des savants*, à la *Liberté de penser*, au *Journal des Débats*, dont il est un des plus anciens collaborateurs, au *Journal des économistes* et ailleurs, on a de M. Adolphe Franck : *Esquisse d'une histoire de la logique (1838)*; la *Kabbale, ou philosophie religieuse des Hébreux (1843)*, traduit en allemand ; le *Communisme jugé par l'histoire (1849*, 3e édit. 1871); *Etudes orientales (1861)*; *Réformateurs et publicistes de l'Europe (1863)*; *Philosophie du droit pénal* et *Philosophie du droit ecclésiastique (1864)*; la *Philosophie mystique en France à la fin du dix-huitième siècle (1866)*; *Philosophie et religion (1867)*; *Morale pour tous (1868)*; *Moralistes et philosophes (1871)*; *Essais de critique philosophique*; la *Religion d'Etat (1885)*, etc. Il a aussi dirigé la publication du *Dictionnaire des sciences philosophiques* auquel il a personnellement beaucoup travaillé (1844-62, 6 vol., nouv. édit. 1875). — M. Adolphe Franck est commandeur de la Légion d'honneur depuis 1869.

FRANÇOIS, ALPHONSE, graveur français, né à Paris en 1811, élève de l'Ecole des beaux-arts et de M. Henriquel-Dupont. Il a débuté au Salon de 1842, par un *Portrait du Titien*. Il a donné depuis, principalement, des reproductions des œuvres de Paul Delaroche : *Pic de la Mirandole (1853)*; *Bonaparte franchissant les Alpes (1853)*; *Marie-Antoinette après sa condamnation (1857)*; puis un grand nombre de *Portraits*; à l'Exposition universelle de 1867 : le *Couronnement de la sainte Vierge*, d'après Fra Angelico, etc. — M. A. François a obtenu une médaille de première classe (taille-douce) en 1851, un rappel en 1857 et la médaille d'honneur en 1867. Nommé chevalier de la Légion d'honneur en 1857, il a été promu officier en 1867. Il a enfin été élu membre de l'Académie des Beaux-Arts en 1873 et vice-président de cette Académie pour 1876. Il faisait partie du jury d'admission des ouvrages d'art à l'Exposition universelle de 1878, pour la section de gravure.

FRANÇOIS II, FRANÇOIS MARIE LÉOPOLD DE BOURBON, ex-roi de Naples, né le 31 janvier 1836, succéda en 1858 à son père Ferdinand II, mieux connu sous le nom de *Bomba*. Il commença par rendre à la liberté Poerio, Settembrini et autres détenus politiques, et l'Angleterre et la France, qui avaient rompu les relations impossible roi Bomba, s'empressèrent d'accréditer des représentants auprès de son successeur. On pouvait espérer, en effet. du jeune François II des réformes désirables et un système gouvernemental moins follement despotique ; mais la coupe était remplie, et si les intentions que nous prêtons au dernier roi des Deux-Siciles étaient bien les siennes, le temps de les réaliser ne devait pas lui être laissé. En 1860, une insurrection éclata en Sicile ; Palerme et Messine furent bombardées ; mais bientôt une expédition dirigée par Garibaldi débarquait dans l'île et battait les Napolitains dans toutes les rencontres. Peu après (7 septembre), Naples était occupée par les Garibaldiens, qui avaient poussé l'audace jusqu'à y annoncer leur entrée à jour fixe, ce qui avait permis au roi de s'enfuir la veille. Il se retira à Gaëte avec sa famille, et là, du moins, se défendit bravement, et ne céda, après un siège de six mois, que devant l'intervention piémontaise, le 14 juillet 1861. — François II se retira à Rome, d'où d'inutiles protestations à toutes les autres cours européennes, et tenta, également en vain, de faire naître dans les anciens Etats des soulèvements contre le nouvel ordre de choses. Il a résidé depuis à Saint-Mandé, près de Paris, se contentant de protester de temps à autre contre la détention abusive de ses Etats par le roi d'Italie, notamment en janvier 1879, après la mort de Victor Emmanuel et l'accession au trône du roi Humbert Ier.

FRANÇOIS-JOSEPH Ier, FRANÇOIS JOSEPH CHARLES DE HABSBOURG-LORRAINE, empereur d'Autriche, roi de Hongrie et de Bohême, etc., né le 18 août 1836 et élevé au trône le 2 décembre 1848, à l'abdication de son oncle Ferdinand Ier. Il est le fils de l'archiduc sFrançois Charles, héritier du trône, l'empereur Ferdinand, son frère, n'ayant pas d'enfants; mais, par un accord tacite, l'abdication de l'empereur fut immédiatement suivie de la renonciation de son héritier direct au profit de son fils, déclaré majeur peu de jours auparavant. François Joseph trouva, à son avènement au trône, l'empire d'Autriche fort ébranlé. La Hongrie, en pleine insurrection, refusa de le reconnaître comme souverain et se consti-

tua en république, sous la présidence de Kossuth, et l'on était en guerre avec le Piémont. Le jeune monarque s'était annoncé par des promesses de réformes libérales, qui ne tardèrent pas à recevoir un commencement d'exécution apparente, par la charte constitutionnelle qu'il octroyait à ses sujets, le 4 mars 1849. Cependant, le 23 du même mois, la victoire de Novare mettait fin à la guerre, et lui permettait de tourner toute son attention et tous ses efforts contre la Hongrie, qu'un contingent de 100,000 Russes venait aider l'Autriche à écraser. En septembre suivant, l'insurrection hongroise était en effet vaincue complètement, et ses principaux chefs condamnés à mort et exécutés. Alors l'empereur abrogea la charte constitutionnelle dont on n'avait encore pu faire le moindre usage. Par l'édit de Schœnbrunn du 26 septembre 1851, il déclara le ministère responsable envers nulle autre autorité politique que le trône. En un mot, c'était le rétablissement pur et simple du pouvoir absolu, auquel son prédécesseur avait dû renoncer. Assisté du prince Schwarzenberg, et après sa mort, du comte Buol et du baron Bach, il mettait à exécution son projet de centralisation du pouvoir, réunissant en un seul faisceau les Etats divers, les nationalités hétérogènes qui constituent l'empire d'Autriche, et avec l'aide de M. de Bruck, inaugura une série de réformes commerciales et fiscales, telles que l'abolition des douanes qui séparaient ses provinces allemandes de ses provinces italiennes ou hongroises, créa des Etats provinciaux, purement consultatifs et dont les éléments étaient choisis avec soin, et chercha à s'attacher la bourgeoisie par diverses autres réformes qui pouvaient lui être profitables. —
En 1853-54, l'empereur François-Joseph tenta, mais sans succès, de détourner l'empereur Nicolas de ses projets ambitieux contre la Turquie, et se l'aliéna en refusant de l'assister contre les puissances occidentales, sans se rendre sympathiques la France ni l'Angleterre avec lesquelles, ayant signé le traité d'alliance du 2 décembre 1854, il refusait néanmoins de marcher, sous le prétexte des satisfactions données par la Russie sur divers points qui lui suffisaient. Cette attitude prudente, habile même en apparence, n'en est pas moins la cause évidente des désastres qui ne devaient pas tarder à fondre sur l'empire d'Autriche. — Marié en 1854, à la princesse Elisabeth Amélie Eugénie, fille de Maximilien Joseph, duc de Bavière, il faisait avec l'impératrice, en 1857, une visite à ses Etats italiens et hongrois, et saisissait cette occasion d'amnistier les condamnés politiques de ces deux nations. Bien accueilli partout, ainsi que la jeune souveraine, peut-être rentra-t-il à Vienne satisfait du présent et confiant dans l'avenir; cependant 1859 était proche. Refusant de soumettre à l'arbitrage d'un congrès européen la question du royaume Lombard-Vénitien, il donnait l'ordre au général Gyulay d'envahir le Piémont. Celui-ci, après avoir un instant menacé Turin, était battu à Montebello par ses troupes, le 20 mai, et était obligé de repasser en hâte le Tessin; battu à Magenta, il était forcé d'évacuer Milan. Enfin, le 24 juin, la perte de la bataille de Solférino, où François Joseph avait donné lui-même les plus grandes preuves de bravoure, terminait cette courte campagne. Les préliminaires de Villafranca, ratifiés par le traité de Zurich, lui conservaient la Vénétie, mais lui faisaient perdre la Lombardie. Cependant l'agitation continue dans la Vénétie, et la Hongrie est dans un état d'ébullition constante; le moindre incident pourrait provoquer une explosion. L'expédition de Garibaldi dans les Deux-Siciles augmente d'autre part les inquiétudes de François-Joseph, qui se décide à inaugurer une politique libérale. Il accorde donc, et suivant les nationalités, les institutions constitutionnelles à ses peuples. Ces mesures conjurent une crise imminente; mais c'est de la politique étrangère de l'Autriche, qui a trouvé des admirateurs partout, que doivent naître tous ses malheurs. Unie à la Prusse pour faire valoir contre le Danemark de prétendus droits de l'Allemagne sur les duchés de Schleswig-Holstein, l'Autriche recevait pour sa part, en vertu de la convention de Gastein, signée le 14 août 1865, le Holstein, tandis que la Prusse s'emparait du Schleswig. Tout semblait devoir être terminé, et François-Joseph publiait un manifeste contenant l'exposé des intentions les plus conciliatrices à l'égard de ses peuples de la Hongrie et de la Croatie. En décembre, il allait ouvrir en personne la Diète hongroise. En janvier 1866, un traité de commerce était échangé entre l'Autriche et l'Angleterre. Au commencement de 1865, l'empereur avait aussi gracié le général polonais Joseph Langiewicz. Enfin, il semblait que les réformes intérieures, dans le sens de la conciliation, devaient occuper toute la sollicitude de l'empereur d'Autriche, lorsque M. de Bismarck imagina qu'il pourrait bien y avoir quelques doutes sur les droits dont il s'était fait l'un des champions contre le Danemark, et une certaine disposition à soutenir ceux que le duc d'Augustenbourg prétendait avoir sur les duchés partagés. Il s'ensuivit des discussions très vives, de celles qui ont pour conséquences premières les armements ruineux et pour résultat la guerre. Le 6 mai, un ordre impérial établissait l'armée sur le pied de guerre et prescrivait la concentration de l'armée du Nord sur les frontières de la Bohême et de la Silésie et, le 12 juin, le ministre de Prusse recevait ses passe-ports. — Le 3 juillet suivant, le général Benedeck essuyait la terrible et décisive défaite de Sadowa. Dans l'impossibilité de couvrir sa capitale et de continuer la guerre, François-Joseph accepta les préliminaires de Nicolsbourg (22 juillet), ratifiés par le traité de Prague. Son adversaire ayant pour alliée l'Italie, il avait donc été attaqué simultanément au nord et au sud; vainqueur des Italiens, il avait cependant été obligé de battre en retraite par ses défaites dans le nord, et dut plus tard abandonner la Vénétie, qu'il remit à la France, pour ne pas la remettre à un adversaire qu'il avait vaincu (septembre). — Cette campagne désastreuse paraissait devoir amener la dislocation prompte de l'empire d'Autriche. C'est précisément le contraire qui arriva. François-Joseph résolut d'entrer franchement, cette fois, dans la voie des réformes libérales et, pour l'y aider, il appelait dans ses conseils, dès le mois d'octobre, l'ancien premier ministre de Saxe, comte de Beust (voyez ce nom), qui resta au pouvoir jusqu'en novembre 1870, époque où il fut remplacé par le comte Andrassy. Nous nous sommes occupés ailleurs des réformes apportées au régime politique de l'Autriche par M. de Beust, dont l'un des principaux résultats fut la réconciliation avec la Hongrie et le couronnement de l'empereur d'Autriche comme roi de Hongrie, le 8 juin 1867, à Pesth.

L'empereur François-Joseph assistait à l'ouverture du canal de Suez, en novembre 1869. En 1871, il eut à Gastein une entrevue mémorable avec son ancien ennemi, le nouvel empereur d'Allemagne. Nous rappellerons encore l'entrevue des trois empereurs d'Autriche, de Russie et d'Allemagne, à Berlin, dans l'automne de 1872, entrevue qui s'est renouvelée en 1875-1876 et bien souvent depuis, mais où leurs ministres remplissaient les rôles les plus en vue, raison pour laquelle nous n'y insistons pas, renvoyant aux notices relatives à ceux-ci. En février 1874, l'empereur François-Joseph était, en outre, allé rendre visite à l'empereur Alexandre II à Saint-Pétersbourg. Il se rencontrait, événement plus caractéristique encore, avec Victor Emmanuel à Venise, en avril 1875. En 1878, le Congrès de Berlin autorisait l'Autriche à occuper, c'est-à-dire à s'annexer la Bosnie et l'Herzégovine, ce qui ne se fit pas sans peine, mais ce qui se fit, après tout. Depuis lors, les deux events de 1866 n'ont pas cessé d'échanger les témoignages d'une heureuse entente et de la plus parfaite cordialité. — Au mois d'avril 1879, l'empire d'Autriche célébrait par des réjouissances variées et au milieu d'une pompe tout impériale les noces d'argent de ses souverains, l'empereur François-Joseph et l'impératrice Elisabeth de Bavière.

FRANKLAND, EDWARD, chimiste anglais, né à Churchtown, près de Lancastre, le 18 janvier 1825, fit ses études au collège de Lancastre, au Muséum de géologie pratique, à Londres et en Allemagne, aux universités de Marbourg et de Giessen. Il fut nommé successivement professeur de chimie au collège Owen, à Manchester, en 1851 ; à l'hôpital Saint-Barthelemy à Londres, en 1857 ; à l'Institution royale de la Grande-Bretagne en 1863, au Collège royal de chimie (Ecole royale des mines) en 1865, à l'Ecole normale des sciences du musée de South Kensington en 1881 ; commissaire royal d'enquête sur les causes de la corruption des rivières en 1868, président de la Société de chimie en 1871 et président de l'Institut de chimie en 1877. Le Dr Frankland a été élu membre de la Société royale de Londres en 1853, membre correspondant de l'Académie des sciences de Paris (section de chimie) en 1866, membre étranger de l'Académie royale de Bavière en 1868 et des académies de sciences de Berlin, de Saint-Pétersbourg, etc. — On a de lui : *Recherches sur l'isolation des radicaux des composés organiques, et autres recherches de chimie organique*, récompensé par une médaille d'or de la Société royale en 1858 ; *Recherches sur la manufacture et la purification du gaz de houille* ; *De l'influence de la pression atmosphérique sur la lumière du gaz, de la bougie et autres flammes* ; *Sanitariums d'hiver dans les Alpes et ailleurs* ; *Recherches sur la composition et les qualités de l'eau potable* (Composition and qualities of water used for drinking and other purposes); *Purification des eaux ménagères des villes et autres liquides souillés*. Il est également le coauteur, avec M. J. Norman Lockyer, des intéressantes *Recherches sur l'atmosphère du soleil* (Researches connected with the Atmosphere of the Sun). En 1882, il fit, au cours du soir de l'institution royale de la Grande-Bretagne, une conférence sur le *Climat dans les villes et à la campagne*, qui eut un très grand succès.

FRANKLIN, ALFRED LOUIS AUGUSTE, littérateur et bibliophile français, né à Versailles le 16 décembre 1830, fit ses études à Paris, au collège Bourbon et débuta dans la carrière littéraire par des feuilletons et des revues dramatiques publiés dans la presse périodique de l'époque. En 1856, il publiait une brochure politique : *l'Intervention à Naples et le règne de Ferdinand II.* Attaché peu après à la bibliothèque Mazarine, cette position décida de sa carrière d'écrivain. Nous voyons dès lors M. A. Franklin collaborer au *Bulletin du bouquiniste* au *Bulletin du bibliophile*, au *Bibliophile illustré*, à la *Nouvelle biographie générale*, à *Paris à travers les âges*, au *Bulletin de la Société de l'histoire du protestantisme français*, dont il est membre, au *Protestant libéral*, au *Lien*, au *Disciple de Jésus-Christ*, à l'*Intermédiaire des chercheurs et des curieux*, qu'il a dirigé quelque temps, etc. Il a été nommé administrateur-adjoint de la bibliothèque Mazarine en janvier 1865, en remplacement de M. Baudry, décédé.

On doit à M. Alfred Franklin : *Histoire de la bibliothèque Mazarine depuis sa fondation jusqu'à nos jours (1860)* ; la *Bibliothèque impériale, son organisation, son catalogue (1861)* ; les *Origines du palais de l'Institut, recherches historiques sur le Collège des Quatre-Nations, d'après des documents entièrement inédits (1862)* ; *Recherches sur la bibliothèque publique de l'église Notre-Dame au XIIe siècle, d'après des documents inédits (1863)* ; *Recherches historiques sur la bibliothèque de la faculté de médecine de Paris*, ibid, ibid. *(1864)* ; *Histoire de la bibliothèque de l'abbaye Saint-Victor de Paris*, ibid. *(1865)* ; les *Anciennes bibliothèques de Paris : églises, monastères, collèges* (Imprimerie nationale, 1867-73, 3 vol. in-fol.), ouvrage commandé par le préfet de la Seine ; *Préface du catalogue de la bibliothèque Mazarine, rédigée en 1751 par le P. Desmarais, bibliothécaire, traduite en français et annotée (1867)* ; *Etude historique et topographique sur le plan de Paris de 1540*, dit « plan de tapisserie » *(1869)* ; *Mémoire confidentiel adressé à Mazarin par Gabriel Naudé, après la mort de Richelieu, publié d'après le manuscrit autographe et inédit (1870)* ; *Estat, nom et nombre de toutes les rues de Paris en 1636 (1873)* ; les *Rues et les cris de Paris au treizième siècle (1874)* ; *Ameline Dubourg*, couronné par l'Académie ; *Dictionnaire des noms, surnoms et pseudonymes latins de l'histoire littéraire du moyen âge (1875)* ; les *Sources de l'histoire de France (1877)* ; les *Anciens plans de Paris (1878-80)*, etc. Ajoulons à cette nomenclature incomplète une édition de la *Vie de Calvin*, de Théodore de Bèze, augmentée et précédée d'une introduction (1864). M. A. Franklin a été décoré de la Légion d'honneur le 9 février 1876, pour ses « travaux importants relatifs à la Ville de Paris ».

FRÉBAULT, CHARLES VICTOR, général français, sénateur, ne le 1er février 1813. Entré en 1833 à l'École polytechnique, il en sortait deux ans après comme sous-lieutenant dans le corps d'artillerie de la marine. Il fut promu successivement lieutenant en 1837, capitaine en 1840, commandant en 1848, lieutenant-colonel en 1854, colonel en 1856, général de brigade en 1861 et général de division le 6 novembre 1867. Il a été, dans le cours de sa carrière, attaché à la direction de l'artillerie, à Brest, puis à l'inspection générale de l'artillerie de la marine, directeur de la fonderie de Nevers, commandant de l'école de pyrotechnie de Toulon et membre du Conseil des travaux de la marine. Nommé gouverneur de la Guadeloupe en 1859, il était rappelé en France en 1864 et nommé directeur de la marine au ministère de la marine et des colonies. Commandant en chef de l'artillerie de la 2e armée, au siège de Paris, il l'assista en cette qualité à la bataille de Champigny, où il se signala d'une manière particulière. — Aux élections du 8 février 1871, le général Frébault fut élu représentant de la Seine, le vingt-sixième, et alla prendre place à la gauche de l'Assemblée, avec laquelle il vota constamment. Il prit part avec autorité, mais sans succès, à la discussion des lois militaires. Le 10 décembre 1875, il était élu par l'Assemblée nationale sénateur inamovible le troisième sur soixante-quinze. Au Sénat, comme à l'Assemblée nationale, il fait partie de la gauche. Il a voté l'expulsion des princes. — Grand officier de la Légion d'honneur depuis 1866, le général Frébault a été promu grand croix le 16 décembre 1870. Il a été maintenu dans le cadre de l'activité, quoique ayant atteint la limite d'âge, par décret du 29 janvier 1878.

FRÉBAULT, FÉLIX CHARLES, médecin et homme politique français, né à Metz le 7 mars 1825. Reçu docteur en médecine de la faculté de Paris en 1849, il s'établit dans le quartier du Gros-Caillou, où il est demeuré depuis. Il servit comme chirurgien du 15e bataillon de la garde nationale pendant le siège de Paris et eut, en outre, la direction de trois ambulances pendant le second siège. Arrêté lors de l'entrée à Paris des troupes régulières, il fut, toutefois, aussitôt relâché. Le docteur Frébault qui s'est acquis, dans son quartier, une légitime popularité, était élu, le 30 juillet 1871, au second tour de scrutin, membre du Conseil municipal de Paris pour le quartier du Gros-Caillou (7e arrondissement), et était réélu au même titre, mais au premier tour et à une grande majorité, le 29 novembre 1874. M. le docteur Frébault a été élu député du VIIe arrondissement de Paris, au scrutin de ballottage du 5 mars 1876, contre M. Bartholoni, candidat bonapartiste, et siégea à l'extrême gauche. Réélu le 14 octobre 1877 et 21 août 1881, il poursuivit la même politique, s'occupant, quant aux questions spéciales, d'instruction populaire surtout. Aux élections d'octobre 1885, le docteur Frébault figurait sur la liste radicale. Il fut élu au scrutin du 18. — Il a voté l'expulsion totale des princes.

FRECHETTE, LOUIS HONORÉ, littérateur et journaliste franco-canadien, né à Levis, près de Québec, le 16 novembre 1839, fit ses études aux collèges Sainte-Anne et Nicolet de cette dernière ville, fit son droit, et fut admis au barreau du Bas-Canada en 1864. Il s'occupa de bonne heure de journalisme, collabora activement à la presse française de la province, puis fonda successivement le *Journal de Québec* et le *Journal de Levis*. En 1862, il publiait un volume de poésies intitulé : *Mes loisirs* ; puis deux drames : *Papineau* et *l'Exilé*. Elu membre de la législature locale de Québec par sa ville natale, il fut élu député au parlement du Dominion, en 1872, et y a représenté, jusqu'en 1878, la ville de Levis. M. Frechette a publié pendant cette période : les *Fleurs boréales* et les *Oiseaux de neige*, poésies qui furent couronnées par l'Académie française en 1880 ; un autre volume de poésies, intitulé *Pêle-mêle*, en 1877, etc.

FRÉDÉRIC-GUILLAUME, NICOLAS CHARLES, fils aîné de l'empereur Guillaume Ier et héritier présomptif de la couronne impériale d'Allemagne, est né le 18 octobre 1831. Entré de bonne heure dans l'armée prussienne, il était promu lieutenant-général en 1860, faisait en cette qualité la campagne des duchés (1864), dans l'état-major du feld-maréchal Wrangel et était nommé général au début de la guerre avec l'Autriche, en 1866, et placé à la tête de trois corps d'armée, outre les gardes du corps commandés par le prince Auguste de Wurtemberg. Le prince Frédéric-Guillaume conduisit son armée, forte de 125,000 hommes, de la Silésie prussienne en Bohême, par les passes des monts Sudètes, opération pleine de difficultés dont il triompha, poursuivant sa route au prix de quelques combats livrés à Trantenau, Nachod, Skaelitz et Schweinschadel, réussissant à opérer sa jonction avec l'armée du prince Frédéric-Charles en plein champ de bataille de Sadowa (3 juillet 1866), au moment où les Autrichiens ne l'attendaient plus, et décidant évidemment le succès de la journée. Sa marche hardie, marquée par des succès répétés, à travers la Bohême, l'action décisive de son intervention à Kœniggrätz établirent sa réputation militaire qui n'avait guère eu l'occasion de s'affirmer jusque-là et, lorsqu'éclata la guerre de 1870, il fut placé à la tête de la troisième armée allemande, comprenant les 5e, 6e et 11e corps de la Confédération du Nord et les 1er et 2e corps bavarois ainsi que les contingents badois, württembergeois et hessois : en tout, environ 200,000 hommes et 500 canons. Le 4 août, il attaquait les positions du général Abel Douay, à Wissembourg. Victorieux, comme on ne le sait que trop, il l'emportait, le 6, à Reichshoffen, une victoire plus brillante encore sur le maréchal Mac-Mahon. Arrivé le 5 au lac de Wissembourg avec 130,000 hommes, il attaquait les positions françaises le lendemain à sept heures. L'armée française était de moitié moins nombreuse ; ses lignes furent tournées sur deux points, sa gauche et son centre forcés, en dépit de la charge désespérée ordonnée par le maréchal en dernier ressort et dont l'histoire perpétuera l'héroïque souvenir. Après une série de mouvements dus à un tacticien consommé et un chef d'armée d'une remarquable décision, l'armée de Frédéric-Guillaume jointe à celle de Frédéric-Charles et appuyée par les Bavarois sous les ordres du général Von der Tann, faisait subir, à Sedan, à l'armée française commandée par le maréchal de Mac-Mahon, blessé dès le début de l'affaire, un de ces désastres irréparables comme l'histoire en compte bien peu (1er septembre). On sait le résultat de cette douloureuse affaire : l'empereur, dont il est presque impossible que la présence au milieu de l'armée n'ait pas entravé ou gêné le commandement, faisait hisser le drapeau blanc à 4 heures, et capitulait avec 83,000 hommes, 10,000 chevaux et 400 pièces de canon. L'émotion produite à Paris fut immense et douloureuse; aussi est-ce unanimement que la révolution du 4 Septembre, qui s'ensuivit, y fut acclamée. Après Sedan, le prince Frédéric-Guillaume se dirigea vers Paris et entrait à Versailles, le 20 septembre, sans avoir rencontré d'obstacles sur sa route. Il commença, dès lors, l'investissement sérieux de la capitale, dont son armée occupa les positions de la rive gauche, tandis que celle du prince royal de Saxe investissait la rive droite. Il demeura, quant à lui, avec ses troupes jusqu'à la conclusion de la paix. Nous ne raconterons pas les épisodes du siège : le bombardement de Paris, qui devait amener ce « moment psychologique » sur lequel nos ennemis comptaient tant et qui ne vint pas; la capitulation (26 janvier 1871); la Commune, dont le spectacle sinistre dut singulièrement régaler nos vainqueurs. Ces événements appartiennent exclusivement à l'histoire générale. — Le prince Frédéric-Guillaume créé feld-maréchal de Prusse en même temps que son cousin, le prince Frédéric-Charles (28 octobre 1870), était créé feld-maréchal de Russie le 8 novembre suivant. En juillet 1871, il faisait un voyage en Angleterre, avec la princesse Victoria, sa femme, et devenait l'hôte de sa belle-mère, la reine Victoria, à Osborne, après quelques jours passés à Londres. Il a été depuis chargé de diverses missions, notamment en Italie et en Espagne, et désigné comme régent par l'empereur son père, blessé par la balle d'un assassin en 1878. — Il a épousé, le 25 janvier 1858, Victoria Adélaïde, princesse royale de la Grande Bretagne, dont il a eu sept enfants : Frédéric Guillaume Victor Albert, né le 27 janvier 1859; Victoria Elisabeth Augusta Charlotte, née le 24 juillet 1860; Albert Guillaume Henry, né le 20 août 1862; Frédérica Amélia Wilhelmina Victoria, née le 12 avril 1866; Joachim Frédéric Ernest Waldemar, né le 10 février 1868; Sophie Dorothée Ulrique Alice, née le 14 juin 1870; et Marguerite Béatrix Féodore, née le 22 avril 1872.

FREMIET, Emmanuel, sculpteur français, né en 1824 à Paris, est élève de Rude, son oncle. Après avoir exécuté, pendant plusieurs années, des *études anatomiques* destinées au musée Orfila, il débutait au Salon de 1843, par une *Gazelle*, étude en plâtre. Il a donné depuis un *Dromadaire*, en cire (1847); *Ravaude et Mascareau*, études de chiens (1848); *Matador*, chien; plusieurs groupes de *Chats*; *Renard, Héron, Chameau tartare* (1849); *Ours blessé, Chien courant blessé*, au musée du Luxembourg; *Poules cochinchinoises* (1850); *Ravageot et Ravageode*, deux études de chiens et le *Cheval à Montfaucon*, ce dernier acheté par le ministère d'Etat (1853); *Carabinier, Artilleur à cheval, Gendarme à cheval, Voltigeur, Brigadier des guides*, statuettes (Exp. univ., 1855); le *Centaure, Chat de deux mois (1861); Cavalier gaulois (1862); Centaure emportant un ours (1863); Paon et ours, un Chef gaulois*, statue équestre (1864); *Cavalier romain* (Exp. univ., 1867); *Napoléon Ier*, statue équestre, *Métamorphose de Neptune en cheval (1868)*; un *Marabout*, statuette, bronze (1869); *Fauconnier*, statuette, bronze argenté et *Damoiselle*, ibid., ibid. (1873); *Jeanne Darc*, statue équestre commandée par le ministère des Beaux-Arts et érigée sur la place de Rivoli, œuvre vivement critiquée et avec raison : c'était une erreur de l'artiste lui-même a, croyons-nous, reconnue (1874); *Jeanne Darc*, statue tumulaire en bronze, *Homme de l'âge de pierre*, statue en bronze, étude magnifique, faite à l'aide de la reconstitution du squelette sur des fragments humains de pierre, *Menestrel du XVe siècle*, statuette, bronze argenté (1875); *Rétiaire et gorille*, groupe, terre cuite, d'une belle et juste exécution et une *Dame de la cour, au XVIe siècle (1876)*; *Saint Grégoire de Tours*, statue en pierre; *Chevalier errant*, statue équestre, plâtre (1878); *Saint Michel*, un *Spadassin*, statuette en bronze doré et argenté (1880); *Porte-falot à cheval du XVe siècle*, plâtre; *Charmeur de serpents*, statuette en bronze (1883); *Ours et hommes de l'âge de pierre*, groupe en plâtre; *Chevaux de courses*, groupe en bronze (1885); *Chiens courants et Levriers*, bronze (1886). — M. E. Fremiet a produit, en outre, pour les éditeurs, un grand nombre de statuettes en bronze, plâtre, etc., une statue équestre de Napoléon III et pour lui, ainsi qu'une collection complète des armes de l'armée française. — Il a obtenu deux médailles de 3e classe, en 1849 et 1853, et deux médailles de deuxième classe, en 1851 et 1867; décoré de la Légion d'honneur en 1860, il a été promu officier en 1878. M. E. Fremiet a été nommé professeur de dessin d'animaux au Museum d'histoire naturelle, en remplacement de Barye, en 1875.

FRÉMONT, John Charles, général, homme politique et explorateur américain, d'origine française, né à Savannah, dans l'Etat de Georgie, le 21 janvier 1813. Son père, émigré de peu de ressources, s'était établi d'abord à Norfolk, dans la Virginie, comme professeur de français. Il mourut en 1818, laissant une veuve et trois enfants. John Charles, entré au collège de Charleston (Caroline du Sud) à quinze ans, ne tarda guère à s'en faire expulser sommairement. Il se fit alors professeur de mathématiques et prit la direction d'une école du soir. En 1833, il devint professeur de mathématiques à bord du sloop de guerre *Natchez*, prêt à prendre la mer pour une croisière dans l'Amérique du Sud. De retour après une absence de deux années, il fut nommé professeur de mathématiques de la marine. Mais il donna bientôt sa démission et devint inspecteur de chemins de fer. En 1839, le président Van Buren lui donna une commission de lieutenant dans le corps du génie topographique. En 1841, il s'enfuyait avec une fille du sénateur Benton, du Missouri, dont la main lui avait été refusée et qu'il épousait. En 1842, M. Frémont entreprenait le relevé géographique de toute la région s'étendant du fleuve Missouri à l'océan Pacifique. Pendant sa première expédition, il explora le passage au sud par les montagnes Rocheuses dont le gravit le sommet le plus élevé, appelé depuis par cette raison le pic Frémont, qui a 13,570 pieds d'élévation. Il publia en 1843 son rapport sur cette expédition et en entreprit immédiatement une autre, ayant pour but le relèvement des contrées inconnues situées entre les montagnes Rocheuses et le Pacifique. Il partit en mai 1843, avec trente-neuf hommes, et le 6 septembre, après avoir franchi une distance de 1,700 milles, il atteignait le Grand Lac Salé, sur lequel on n'avait encore que des renseignements fort vagues; son rapport sur la partie qui l'entoure eut une influence décisive sur l'immigration mormonne dans l'Utah. Du Grand Lac Salé, M. Frémont se dirigea vers la source du fleuve Columbia, dont il descendit ensuite le cours jusqu'au fort Vancouvert, près de son embouchure, et se disposait, le 10 novembre, à effectuer son retour dans les Etats, par la route Nord-Est, à travers un pays traversé par des chaînes de montagnes escarpées. Il ne tarda pas à y rencontrer des neiges épaisses qui lui interdirent le passage des montagnes, et il lui fallut redescendre dans une plaine immense et déserte, avec la perspective plus ou moins prochaine de mourir de froid et de faim, lui et ses compagnons. Ayant constaté, par des observations astronomiques, qu'il se trouvait à peu près sous la même latitude que la baie de San Francisco, quoique séparé de la Californie par des montagnes couvertes de neige que les Indiens déclaraient inaccessibles à l'homme, il en entreprit le passage sans guide, et après quarante jours de marche, atteignit le fort Sutter, sur le Sacramento, au commencement de mars. Ses hommes étaient réduits à l'état de squelettes, et sur soixante-sept chevaux, il lui en restait trente-trois vivants. Il se remit en route le 24 mars et atteignit le Kansas en juillet (1844), ayant été absent quatorze mois. Ayant reçu le brevet de capitaine, il entreprit, au commencement du printemps de 1845, une troisième expédition ayant pour objectif le grand bassin et la région maritime de l'Orégon et de la Californie. L'été fut employé à l'examen des eaux supérieures des fleuves qui ont leurs sources dans les montagnes séparant la vallée du Mississipi du Pacifique, et, au mois d'octobre, il campait de nouveau sur les bords du Grand Lac Salé. De là, traversant la Sierra Nevada au milieu de l'hiver, il se dirigea, avec quelques hommes, vers la vallée de San Joaquin, en Californie, où il laissa reposer ses hommes et se rendit à Monterey, la capitale, pour obtenir des autorités mexicaines la permission de poursuivre son voyage. Cette permission, d'abord accordée, lui ayant été presque aussitôt retirée, M. Frémont refusa d'obéir à cette tardive interdiction. En conséquence, le gouverneur général Castro rassembla ses troupes, avec l'intention de s'opposer par la force aux projets des aventuriers américains. Ceux-ci, de leur côté, se mirent en devoir de résister. Frémont avait avec lui soixante-deux hommes bien armés et pourvus abondamment de munitions; il fit abattre des arbres, construire une sorte de fort primitif, mais d'une solidité éprouvée, avec les troncs de ces arbres, et attendit l'attaque des Mexicains. L'attaque ne s'étant pas produite, après quatre jours d'attente, il reprit son voyage le soir du quatrième jour et traversa sans être inquiété, toute la vallée du Sacramento, jusqu'à l'Orégon. Au commencement de mai 1846, il fut rejoint par une expédition envoyée à sa recherche, avec des dépêches de Washington lui donnant pour instruction de veiller sur les intérêts américains en Californie, attendu qu'il y avait quelque raison de craindre que les Mexicains ne fussent en train de négocier la cession de cette contrée à la Grande-Bretagne. Il retourna en conséquence en Californie, tandis que le général Castro réunissait ses troupes pour détruire les établissements américains du Sacramento. Les settlers se réfugièrent dans le camp de Frémont ; et peu après, la Californie septentrionale était affranchie de la domination mexicaine, et M. Frémont élu gouverneur de cette nouvelle terre américaine. Vers le même temps, la guerre éclatait entre le Mexique et les États-Unis, et les Américains s'emparaient de Monterey, fait d'armes initial d'une campagne qui ne devait se terminer que par la conquête de la Californie, sanctionnée par le traité conclu le 13 janvier 1847, entre le commodore Stockton et les autorités mexicaines. Le commodore Stockton avait nommé Frémont commandant militaire et gouverneur civil de la Californie, lorsqu'arriva le général Kearny, à la tête d'un détachement de dragons. Celui-ci voulut prendre le commandement général, que le commodore Stockton ne voulut pas lui céder ; il s'ensuivit des ordres contradictoires adressés à Frémont par ses deux supérieurs en état d'hostilité ; mais il ne consentit à en recevoir que du commodore. De Washington cependant, Stockton reçut bientôt l'ordre de remettre le commandement au général Kearny et celui-ci se vengea de Frémont, désormais sous ses ordres, en le faisant arrêter et écrouer au fort Leavenworth, où il avait pris la précaution, plus habile que noble, de se faire accompagner par lui sous un prétexte quelconque. A force de réclamer sa mise en jugement, Frémont obtint de passer devant une cour martiale, à la fin de janvier 1848, sous prévention de rébellion contre son supérieur. Jugé coupable, il fut condamné à être rayé des cadres de l'armée. Tout en approuvant la sentence, le résident Polk voulut conserver son grade à un officier aussi méritant que le capitaine Frémont ; mais celui-ci s'opposa à cet acte de clémence, et donna sa démission. Au mois d'octobre suivant, il partait pour une quatrième expédition, organisée à ses propres frais. Avec trente-trois hommes et cent vingt mules, il se mit en marche. Longeant le cours supérieur du Rio Grande, à travers un pays occupé par des tribus indiennes hostiles, dans le but de trouver par là une route praticable conduisant en Californie. En traversant la Sierra Nevada, son guide s'égara, et l'expédition eut cruellement à souffrir, tant du froid que de la faim. Quelques malheureux se livrèrent même au cannibalisme ; un tiers des hommes et tous les animaux périrent, et il fut forcé de rétrograder vers Santa Fé, dans le Nouveau-Mexique. Là, il réunissant sa troupe, repartit avec trente hommes et réussit enfin à découvrir une route nouvelle, par laquelle il atteignit le Sacramento au printemps de 1849. Il résolut alors de s'établir en Californie où il avait acheté, en 1847, la propriété de Mariposa, dont une étendue considérable était traversée par de riches mines d'or. Ses titres à cette propriété lui furent longtemps contestés et ce n'est qu'en 1855 que la Cour suprême des États-Unis prononça son arrêt en sa faveur. — En 1849, M. Frémont fut élu sénateur de la Californie, devenu l'un des Etats de l'Union américaine. Le plus court terme lui étant échu au sort, son mandat expirait le 4 mars 1851. Il ne fut pas réélu, pour avoir affirmé des opinions anti-esclavagistes qui n'étaient pas du goût des Californiens. En 1852, il entreprit un voyage en Europe, qu'il prolongea pendant deux années. Mais ayant appris que le Congrès avait résolu d'envoyer à la découverte de trois routes de la vallée du Mississipi au Pacifique, il organisa immédiatement une nouvelle expédition à ses frais, pour compléter les études qu'il avait faites du sujet dans une précédente occasion, quitta Paris au mois de juin 1853, trouva les passes dans les montagnes entre les 38° et 39° degrés de latitude et atteignit la Californie, non sans de laborieux efforts. Au printemps de 1855, il s'établit à New-York et écrivit la relation de cette dernière expédition. Le nom de Frémont commençait à être prononcé dans les discussions préparatoires aux élections présidentielles, dans les cercles politiques opposés à l'extension de l'esclavage. La Convention nationale républicaine, réunie à Philadelphie le 17 juin 1856, le choisit pour candidat, tandis que le parti dit « américain » choisissait Filmore, et les démocrates Buchanan. Ce fut ce dernier qui l'emporta par 174 voix, émanant de 19 Etats et représentant un voix populaire de 1,838,000 voix. Frémont obtint, de 11 Etats, 114 voix, représentant 1,341,000 voix du premier degré, et Filmore eut les 8 voix de l'Etat de Maryland, représentant 874,000 votes populaires. — De 1858 à 1860, Frémont résida principalement en Californie. Lorsque la guerre civile éclata, il fut fait major général et appelé au commandement du district occidental, avec son quartier général à Saint-Louis. Le 8 août 1861, il proclamait l'émancipation des esclaves appartenant aux citoyens de ce district, en armes contre l'Union. Le président Lincoln, jugeant la mesure prématurée, rapporta cet ordre. En novembre, Frémont fut relevé de son commandement ; mais, trois mois plus tard, il reçut celui du district montagneux de la Virginie, où il dirigea contre Stonewall Jackson des opérations malheureuses. Peu après, le général Pope ayant été nommé au commandement général de l'armée de Virginie, Frémont donna sa démission pour ne pas servir sous un officier d'un rang moins élevé que le sien, et ne prit plus aucune part à la guerre. — En mai 1864, une fraction du parti républicain, mécontent de Lincoln, choisit Frémont pour candidat à la présidence. C'est alors qu'il fonda un journal, dont Cluseret fut le rédacteur en chef. Mais, en septembre suivant, convaincu que sa candidature n'avait aucun succès, il y renonça, ainsi qu'au journalisme, et ne prit plus aucune part aux affaires publiques. Il s'occupa toutefois activement, et ce n'est sans doute pas ce qu'il fit de mieux, à en juger par les résultats, de l'établissement de ce fameux Transcontinental railroad, dont des titres, venus sur le marché français par le canal des tripoteurs d'affaires, et cotés à la Bourse de Paris, entraînèrent la ruine de bon nombre de souscripteurs naïfs, tout en enrichissant les intermédiaires. Un procès retentissant s'ensuivit, dans lequel le général Frémont fut impliqué (mars 1873) ; mais il ne jugea pas à propos de se présenter, et laissa condamner ses mandataires, y compris son propre gendre, et lui même. — Il est vrai que le général Frémont a protesté de son ignorance des moyens employés en France pour duper ses malheureux actionnaires du Transcontinental-Memphis-El Paso, et pour conséquent de son innocence. Il est également vrai qu'après l'arrêt de la 7ᵉ chambre correctionnelle de Paris, le condamnant à l'amende et à la prison, la presse américaine se montra unanime pour attester la probité inattaquable du général Frémont. Mais on ne peut nier qu'il eût eu plus de gloire à se présenter devant les tribunaux français et à y donner des explications qui lui eussent peut-être évité une condamnation, en tout cas fâcheuse, et l'eussent probablement évitée aussi à quelques autres, dont le nom se trouvait mêlé, pour la première fois, et à cause de lui, à celui d'un essaim de tripoteurs qu'une autre affaire avait mis aussi bien ou ils soient, à défaut de celle du « Transcontinental ». — Le général Frémont a été gouverneur du territoire de l'Arizona de 1878 à 1881. Il s'est ensuite retiré à New-York, où il exerce, dit-on, la profession d'avocat.

FRÉMY, Arnould, littérateur français, né à Versailles le 17 juillet 1809, fils de Charles Frémy, savant chimiste et ancien professeur à l'Ecole de St-Cyr, fit ses études à Paris et se fit recevoir docteur ès-lettres en 1843, avec une thèse sur les *Variations du style français au dix-septième siècle*. M. Arnould Frémy, cependant, était depuis longtemps déjà lancé dans la carrière d'écrivain et même, qui pis est, de « petit » journaliste ; aussi, nommé professeur suppléant de littérature française à Lyon, il fut bientôt révoqué pour cette seule cause. Rentré dans l'enseignement en 1847, comme suppléant à la même chaire, à Strasbourg, la révolution de février le décidait à abandonner définitivement cette carrière et à s'en tenir à celle d'homme de lettres, quelque honnie qu'elle soit des hommes graves. — On doit à M. Arnould Frémy : *Elfride*, les *Deux anges (1833)* ; une *Fée de salon (1836)* ; la *Chasse aux fantômes*, les *Roués de Paris (1838)* ; les *Femmes proscrites (1840)* ; *Physiologie du rentier*, avec Balzac (1841) ; le *Journal d'une jeune fille (1854)* ; les *Maîtresses parisiennes (1855-58, 2 vol.)* ; les *Confessions d'un bohémien (1857)* ; les *Mœurs de notre temps (1860)* ; les *Amants d'aujourd'hui (1862)* ; la *Comédie du printemps (1863)* ; *Révolution dans le journalisme (1865)* ; les *Batailles d'Adrienne (1866)* ; les *Gens mal élevés (1867)* ; la *Guerre future (1875)*, etc. Il a collaboré en outre à une foule de journaux ou de revues, notamment au *Peuple*, au *Siècle*, au *Charivari*, à la *Revue de Paris*, à la *Revue britannique*, etc., et fait représenter à l'Odéon : le *Loup dans la bergerie*, 1 acte (1853) et la *Réclame*, 5 actes (1857).

FRÉMY, Edmond, chimiste, frère du précédent, né à Versailles le 28 février 1814. Elève de son père, il devint dès 1831 préparateur du cours de Pelouzo à l'École polytechnique, le suivit en la même qualité au Collège de France en 1836, puis devint successivement répétiteur à l'Ecole polytechnique en 1840, suppléant de Gay-Lussac au Muséum en 1842, professeur titulaire à l'École polytechnique en 1846, et professeur de chimie minérale au Muséum en 1850. En 1857, il était élu membre de l'Académie des sciences, en remplacement de Thénard. L'enseignement expérimental de la chimie, inauguré au Muséum en 1864, est l'œuvre de M. Frémy. Il a été enfin nommé directeur de ce grand établissement scientifique en février 1879, en remplacement de M. Chevreul. Membre de la Société philomatique depuis 1836, il est également membre de la plupart des sociétés savantes européennes. Il est commandeur de la Légion d'honneur depuis le 20 octobre 1878 et décoré de plusieurs ordres étrangers. — On doit à M. Edmond Frémy un très grand nombre de *mémoires* insérés dans les *Comptes rendus* de l'Académie des sciences et dans les *Annales de chimie et de physique*. On lui doit en outre : *Traité de chimie générale, analytique, industrielle et agricole (1844-57*, 6 volumes; 3e édit., 1867, 7 volumes) avec Pelouze; *Abrégé de chimie*, avec la même collaboration (6e édit. 1869, 3 vol.); le *Métal à canon (1874)* ; *Sur la génération des ferments (1875)*, etc.

FREPPEL, Charles Émile, prélat français, né à Obernai (Bas-Rhin) le 1er juin 1827, fit ses études à Strasbourg, au petit, puis au grand séminaire, et fut ordonné prêtre en 1850. Il devint alors successivement professeur au petit séminaire de Strasbourg, professeur de philosophie à l'école des Carmes, à Paris, chapelain de Sainte-Geneviève, et fut appelé, en 1854, à la chaire d'éloquence sacrée de la faculté de théologie de Paris. L'abbé Freppel se fit bientôt une grande réputation comme professeur, comme prédicateur, et nous pouvons ajouter comme écrivain. Ses cours de la Sorbonne furent très suivis; de même ses conférences, dédiées surtout à la jeunesse des écoles. Il a prêché le Carême à la chapelle des Tuileries en 1862. Nommé chanoine honoraire de Troyes, de Strasbourg et de Notre-Dame de Paris en 1864, il devint en 1867 doyen du chapitre de l'église Sainte-Geneviève. Appelé à Rome, au mois d'août 1869, pour prendre part aux travaux préparatoires du Concile œcuménique, il était nommé évêque d'Angers par décret impérial en date du 27 décembre suivant, préconisé le 21 mars, et sacré à Rome le 18 avril 1870. Il était à peine installé que la guerre éclatait. M. Freppel s'empressa d'organiser des secours, établissant des ambulances jusque dans son palais épiscopal; il écrivit, lui Alsacien, une lettre au roi de Prusse, l'adjurant de cesser la guerre, mais inutilement, cela va sans dire; il protesta alors contre l'annexion de l'Alsace à l'empire allemand. Porté aux élections complémentaires pour l'Assemblée nationale du 2 juillet 1871, dans le département de la Seine, l'éminent évêque échoua, avec 68,300 voix, minorité fort respectable. Il fut élu député de la 3e circonscription de Brest, le 6 juin 1880, en remplacement de M. de Kerjégu, décédé, et réélu par le même collège le 21 août 1881; enfin il a été élu député du Finistère le 4 octobre 1885. M. Freppel a fréquemment pris la parole à la tribune de la Chambre pour la défense du clergé le plus souvent, il est vrai, mais aussi pour des questions plus hautes et dans lesquelles son attitude est celle du patriote avant tout. C'est ainsi qu'il vota les crédits du Tonkin, expliquant que « lorsque le drapeau est engagé, on ne doit pas regarder aux mains qui le tiennent ». Quelques jours après (2 janvier 1884), en présence du mécontentement de la droite, il montait de nouveau à la tribune pour établir et caractériser le rôle politique d'un clergé patriote, sans avoir l'air de s'apercevoir qu'il parlait à des sourds. — Tenace, on pourrait dire entêté comme un Alsacien dans ce qu'il croit être son droit, l'éminent prélat s'est laissé déférer comme d'abus au Conseil d'État sur une question d'administration de fonds (caisse des vieux prêtres du diocèse d'Angers), et a été déclaré tel le 27 mars 1884.

On a de M. Freppel : les *Pères apostoliques et leurs époques (1859)*; les *Apologistes chrétiens du deuxième siècle (1860)*; *Saint Irénée et l'éloquence chrétienne dans la Gaule aux deux premiers siècles (1861)*; *Examen critique de la « Vie de Jésus », de M. Renan (1863)*; *Conférences sur la divinité de Jésus-Christ (1863)*; *Tertullien (1864)*; *Saint-Cyprien et l'Église d'Afrique au troisième siècle (1864)*; *Clément d'Alexandrie (1865)*; *Examen critique des « Apôtres », de M. Renan (1866)*; *Origène (1868)*; *Discours et panégyriques (1869)*; *Œuvres oratoires et pastorales (1869-83*, 8 vol.); *Œuvres polémiques (1874-85*, 3 vol.); plus quelques conférences, discours, oraisons funèbres tirés à part. La plus grande partie des ouvrages de M. Freppel se composent, d'ailleurs, de ses leçons faites à la Sorbonne, de ses discours, sermons, articles de critique et de recherches historiques publiés dans le *Monde*, dont il a été longtemps le collaborateur ou dans diverses revues catholiques. Il y a en outre plus de dix ans qu'on a parlé pour la première fois d'un grand drame sacré intitulé *Sainte-Geneviève*, dont le poème serait dû à la plume de l'évêque d'Angers et dont M. Gounod aurait écrit la musique; mais cet ouvrage n'a pas vu le jour encore, et peut-être ne le verra-t-il jamais. — M. Freppel est chevalier de la Légion d'honneur depuis 1868 et officier de l'Université depuis 1869.

FRÈRE, Charles Théodore, peintre français, né à Paris le 24 juin 1815. Élève de J. Coignet et de C. Roqueplan, il débuta au Salon de 1834. En 1836, il partait pour l'Algérie ; il y assista à la prise de Constantine, puis parcourut le désert, visita l'intérieur de la province, ainsi que celles d'Oran et d'Alger. Il explora ensuite la Grèce, Constantinople, l'Asie-Mineure, la Syrie, l'Égypte; accompagna l'impératrice Eugénie dans son voyage sur le Nil, en 1869, et exécuta, sur son ordre, un Album d'aquarelles, représentant les principaux sites parcourus dans cette occasion. M. Ch. Théodore Frère finit par se fixer au Caire, où il demeura longtemps ; puis il revint à Paris. — On a principalement de cet artiste : *Vue de Strasbourg*, sa toile de début (1834); une *Écurie dans le Loiret (1835)*; le *Pont de Saint-Ouen (1835)*, le *Pont des Carmes (1836)*; le *Faubourg Bab-el-Oued*, le *Marché de l'Arva*, la *Rue des Juifs*, à *Constantine*, la *Caravane au gué*, le *Bazar de Janina*, le *Marché de Constantine (1840-48)*; *Halte d'Arabes (1850)*; une *Mosquée à Beyrouth*, une *Rue de Constantinople*, un *Bazar à Damas*, une *Cour à Tauthat (1855)*; *Bazar à Beyrouth*, une *Halte à Gyzeh (1857)* ; un *Harem au Caire*, *Ânes et âniers du Caire*, le *Café Mohammed*, *au Caire (1859)* ; *Halte du soir à Minieh*, *Arabe buvant à une fontaine* (Caire), *Restaurant arabe à la porte de Coubrah (1860)*; une *Fête chez un uléma*, à *Constantinople (1861)*; *Ruines de Karnac*, à *Thèbes (1862)*; un *Bazar à Girgeh*, un *Potier à Esné*, dans la Haute-Égypte (1863); *Okalé*, le *matin (1864)*; le *Café de Galata*, à *Constantinople*, l'*Île de Philæ*, en Nubie (1865); une *Noce arabe au Caire*, la *Prière du soir (1864)*; plusieurs toiles déjà exposées, notamment le *Café de Galata* (Exposition universelle, 1867); le *Simoun (1869)* ; le *Théâtre de Karagheuz*, *Halte du soir au bord du Nil (1870)*; *Caravane de la Mecque*, appartenant à Nubar-Pacha, et *Crépuscule au Caire*, outre deux fusains: *Halte d'une caravane aux environs du Caire* et *Arabes syriens en voyage (1875)* ; l'*Île de Philœ, en Nubie* ; *Tombeaux des califes au Caire (1876)*; un *Soir dans la Haute-Égypte (1877)*; le *Nil, le soir*, le *Désert à midi (1878)*; le *Caire, côté nord (1883)*; le *Nil à Nagadi*, *Haute-Égypte*, le *matin (1884)*; *Pyramide et plaine de Gyzeh pendant l'inondation du Nil*, *crépuscule ; Rue de Boulak, au Caire (1885)*; *Gyzeh, environs du Caire (1886)*. — M. Théodore Frère a obtenu une médaille de 2e classe en 1848 et une médaille en 1865.

FRÈRE-ORBAN, Hubert Joseph Walter, homme d'État belge, né à Liège le 22 avril 1812. Ayant fait son droit, en partie à Paris, il s'inscrivit au barreau de sa ville natale, s'y fit promptement une place des plus honorables, en même temps qu'il se créait dans le parti libéral des relations assez puissantes et étendues. Collaborateur de la presse révolutionnaire (1830), membre de diverses associations libérales, il fut élu représentant de Liège par les électeurs libéraux, en 1847. La même année, il acceptait le portefeuille des finances dans le cabinet Rogier ; après avoir été quelque temps ministre des travaux publics, il rentrait, en 1848, aux finances, et dirigea ce département jusqu'en 1852. Nommé de nouveau ministre des finances en 1861, M. Frère-Orban, opposé au traité de commerce avec la France, ayant essuyé un échec sur ce point, donnait sa démission au mois d'avril 1862 ; il était rappelé toutefois au cabinet par le roi, comme ministre d'État, et reprenait à la fin de l'année le portefeuille des finances. Au commencement de 1868, il fut nommé chef du nouveau cabinet. En juillet 1870, le cabinet libéral, M. Frère-Orban en tête, donnait sa démission pour faire place une à administration cléricale, ayant été mis en minorité de quatorze voix par les élections générales de juin. Chef de l'opposition libérale, M. Frère-Orban soutint le principe de la liberté de l'enseignement supérieur et fit voter un projet de loi dans ce sens sur la collation des grades. Les élections générales de 1878 ayant rendu la majorité aux libéraux, M. Frère-Orban fut chargé de former un nouveau cabinet, dans lequel il prit le portefeuille des affaires étrangères (13 juin). Un ministère spécial de l'instruction publique fut alors créé ; une loi sur les écoles primaires, y interdisant l'instruction religieuse (1879), fut votée ; il résulta de ce vote une agitation bruyante et prolongée, provoquée par le parti clérical exaspéré ; mais la loi n'en fut pas moins exécutée. Le dernier cabinet Frère-Orban quittait le pouvoir le 12 juin 1884 et était remplacé par un ministère Malou, auquel a succédé depuis un ministère Bernaerts ; mais les élections de 1886, loin de ramener la majorité aux libéraux, ont accentué au contraire leur mouvement opposé. — Haut dignitaire des divers ordres de chevalerie, grand croix de l'Aigle rouge de Prusse et grand croix de la Légion d'honneur notamment, M. Frère-Orban a reçu de l'empereur d'Autriche les insignes de l'ordre de Saint-Étienne, en mai 1881.

FRESCHEVILLE (de), J. A. Bosquillon, général et homme politique français, né à Cassel (Nord) en 1825. Élève de l'École polytechnique, il en sortit en 1845 dans le corps de l'artillerie, et fit notamment la campagne de Crimée. Il était colonel lorsqu'éclata la guerre de 1870, et fit partie de l'armée de Metz, dont il subit le destin. Après la paix, M. de Frescheville fut appelé au commandement de l'École d'artillerie, puis à la tête du 27° régiment de l'arme. Promu général de brigade, il fut nommé commandant de la 4° brigade d'infanterie (1ᵉʳ corps) à Saint-Omer. Placé dans le cadre de réserve en 1884, il se retira à Cassel, au sein de sa famille, où il s'occupa de travaux agricoles. Aux élections du 4 octobre 1885, pour la Chambre des députés, M. de Frescheville figurait sur la liste monarchique, qui triompha dans le Nord. Il a pris place à droite. — M. de Frescheville est commandeur de la Légion d'honneur depuis le 27 décembre 1884.

FRESNEAU, Armand, homme politique français, né en 1822 à Redon. Il fit ses études à Rennes, se destinant à la carrière diplomatique ; mais la révolution de février 1848 étant survenue, il se présenta aux élections pour l'Assemblée constituante et fut élu représentant d'Ille-et-Vilaine, comme candidat réactionnaire et clérical. Réélu à la Législative sur la liste, M. Fresneau y reprit sa place à l'extrême droite. Il fut rendu à la vie privée par le coup d'État de décembre 1851 et n'en bougea qu'aux élections de février 1871 pour l'Assemblée nationale, où il se présenta dans le Morbihan, et fut élu. Il prit place à l'extrême droite, signa l'adresse au pape et la proposition de rétablissement de la royauté légitime, et présenta une proposition d'organisation du service religieux dans l'armée. Ses votes se devinent. En 1876, M. Fresneau s'abstint, aux élections pour la Chambre des députés comme à celles pour le Sénat. Le 5 janvier 1879, porté sur la liste monarchique, il fut élu sénateur du Morbihan, non sans peine.

FREYCINET (de), Charles Louis de Saulces, ingénieur et homme d'État français, né à Foix le 14 novembre 1828. Admis à l'École polytechnique en 1846, il en sortait le quatrième en 1848, dans le corps des mines, et recevait la même année diverses missions du gouvernement. Nommé ingénieur des mines à Mont-de-Marsan, il passait à Chartres en 1854 et à Bordeaux en 1855, en suivant l'échelle de l'avancement hiérarchique. En 1855, la compagnie des chemins de fer du Midi choisissait M. de Freycinet pour son chef d'exploitation. Pendant les cinq années qu'il remplit ces importantes fonctions, il a su donner à la compagnie du Midi une organisation typique, à laquelle les autres compagnies ne se sont pas fait faute d'emprunter. M. de Freycinet fut alors chargé par le gouvernement de plusieurs missions scientifiques ou industrielles tant à l'étranger qu'en France. Nommé ingénieur ordinaire de première classe en 1864, il faisait en outre partie du Conseil général de Tarn-et-Garonne, au moment de la guerre de 1870. Après le 4 septembre, il fut nommé préfet de Tarn-et-Garonne. Le 10 octobre suivant, Gambetta ayant pris possession, en province, du ministère de la guerre, appela auprès de lui M. de Freycinet, dont il fit son délégué, chargé de la direction supérieure de ce département. Dans ce poste éminent et surtout difficile, M. de Freycinet sut se mettre à la hauteur de toutes les difficultés et s'attirer les suffrages des hommes les plus compétents et les moins bien disposés envers le nouvel ordre de choses. « Il y a un homme, disait, devant la Commission d'enquête sur les actes du gouvernement de la Défense nationale, le général Borel, qui, sous le titre modeste de délégué à la guerre, a rendu d'immenses services que l'on ne lui est pas reconnaissant, parce qu'il n'a pas réussi. Depuis, cet homme s'est effacé ; c'est à lui que nous devons l'improvisation de nos armées, auxquelles manquaient la force morale, la discipline, l'instruction de nos militaires, la confiance en soi et l'organisation que la tradition peut seule nous donner. » — L'homme a fait du chemin depuis, mais c'est surtout aujourd'hui qu'il est à propos de rappeler ces paroles d'un général aussi peu suspect de sympathies *à priori* pour des républicains, et surtout pour des civils se mêlant d'organisation militaire.

La paix conclue, M. de Freycinet s'effaça donc, suivant l'expression du général Borel ; en d'autres termes, il se retira momentanément de la vie politique. Il publia en 1871 : la *Guerre en province pendant le siège de Paris* (in-8°), ouvrage dédié à Gambetta et qui fut l'objet de quelques protestations intéressées, notamment de la part du général d'Aurelles de Paladines. N'y insistons pas. — Aux élections sénatoriales de la Seine (30 janvier 1876), la candidature de M. de Freycinet, appuyée personnellement par Gambetta, triompha sans peine ; il fut élu le premier. Il a pris place dans les rangs de la gauche républicaine du Sénat, qui l'a nommé membre de son comité de direction. Pour répondre aux critiques des adversaires de M. de Freycinet et de ses actes comme délégué à la guerre, il suffit de constater que la Commission de la loi sur l'administration de l'armée, dont M. l'amiral Pothuau était président, le choisit pour rapporteur, et que le Sénat adoptait, en deuxième lecture, les conclusions du rapport de M. de Freycinet, dans sa séance du 21 novembre 1876, sans modifications importantes, à l'unanimité, moins *une* voix. M. de Freycinet était nommé membre du Conseil supérieur du commerce de l'agriculture et de l'industrie (section du commerce), en remplacement de M. Wolowski, le 20 janvier 1877. Le 14 décembre 1877, il entrait dans le ministère Dufaure avec le portefeuille des travaux publics. C'est sous son administration que fut décidé le rachat progressif par l'État des lignes de chemins de fer dont l'ensemble constitue ce qu'on appelle le réseau des chemins de fer de l'État. Il employa les vacances qui suivirent en voyages dans le nord et l'ouest, ayant surtout pour but l'étude de nos ports de commerce et les projets d'agrandissement qu'il serait possible de leur appliquer, accompagné le plus souvent par M. Léon Say, ministre des finances, qui appuyait de son autorité les déclarations de son collègue. Au retour, dès l'ouverture de la session parlementaire, M. de Freycinet présentait au maréchal de Mac-Mahon son rapport sur les voies navigables à réorganiser et à compléter, rapport dont l'approbation eut pour conséquence la création de commissions techniques chargées de dresser le programme des travaux à exécuter dans les cinq bassins de la France. — Le 30 janvier 1879, M. Grévy était appelé par le Congrès à la présidence suprême, en remplacement du maréchal de Mac-Mahon, démissionnaire. Un nouveau ministère était formé sous la présidence de M. Waddington (4 février), dans lequel M. de Freycinet conserva son portefeuille. Le 27 décembre, M. Waddington s'étant retiré, il était appelé à la présidence du conseil, et échangeait dans cette nouvelle combinaison le portefeuille des travaux publics pour celui des affaires étrangères. L'exécution des décrets contre les congrégations religieuses ayant amené des complications au milieu desquelles il préférait qu'un autre se débattit, M. de Freycinet donnait sa démission le 19 septembre 1880, et était remplacé à la présidence par M. Jules Ferry (voy. ce nom), dont c'était plutôt l'affaire, en effet.

Aux élections sénatoriales du 8 janvier 1882, pour le deuxième renouvellement triennal de la haute assemblée, M. de Freycinet fut élu dans quatre collèges : la Seine, l'Ariège, le Tarn-et-Garonne et l'Indre française. Il opta pour la Seine. Cependant, un ministère Gambetta avait succédé au ministère Ferry (15 novembre 1881), lequel tombait le 26 janvier 1882 sous un vote de la Chambre, hostile au scrutin de liste que Gambetta lui proposait prématurément. M. de Freycinet fut de nouveau chargé de la formation du cabinet, qu'il constitua le 31, et dans lequel il reprit le portefeuille des affaires étrangères, déclarant être du lendemain ajourner les questions qui avaient si profondément troublé le parlement, pour s'occuper spécialement des questions de politique pratique. Après le vote de la Chambre refusant les crédits nécessaires pour permettre en Égypte une action commune avec l'Angleterre (29 juillet), M. de Freycinet se retirait et était remplacé par M. Duclerc à la présidence du conseil dans une administration nouvelle, à laquelle succédèrent les ministères Fallières (29 janvier 1883) et Ferry (21 février). Ce dernier poursuivit sa carrière agitée jusqu'au 29 mars 1885, et dut alors se retirer devant un vote de la Chambre, condamnant les agissements à propos des affaires du Tonkin et ne parlant de rien de moins qu'une mise en accusation. M. de Freycinet, chargé par le président de la République, dans ces circonstances particulièrement difficiles, de constituer un ministère nouveau, se vit forcé de renoncer à accomplir cette mission, après plusieurs jours de démarches et de négociations, et ce fut M. H. Brisson qui s'en chargea (5 avril). Le cabinet Brisson, le lendemain de la réélection de M. J. Grévy à la présidence de la République (28 décembre 1885) par le Congrès, donnait sa démission, et M. de Freycinet constituait, cette fois sans peine, le ministère du 7 janvier 1885, dans lequel il a repris le portefeuille des affaires étrangères. Parmi les événements mémorables qui ont marqué cette administration, il nous suffira de rappeler le vote de la loi d'expulsion des princes prétendants par la Chambre le 11 et par le Sénat le 22 juin et l'expulsion de M. le duc d'Aumale, en réponse à la lettre de protestation contre sa radiation des cadres de l'armée française, que celui-ci avait adressée au président de la République. Si ces faits n'ont pas une aussi grande importance que veulent bien lui en donner les adversaires du gouvernement, ils sont, du moins, de ceux qui ont le plus passionné l'opinion publique dans ces derniers temps.

Le 29 octobre 1885, M. de Freycinet, en traversant en voiture le pont de la Concorde, avait été l'objet apparent d'un attentat commis par un malheureux fou, qui avait tiré un coup de revolver pour attirer l'attention sur lui, faute d'un meilleur moyen. Nous devons dire cependant que, contrairement à l'attitude ordinaire en pareil cas de tout homme publié assez heureux pour avoir été l'objet d'un attentat, il fut le premier à protester contre le tapage qu'on en faisait, déclarant que le coupable n'avait certainement pas tiré sur lui.

Outre la *Guerre en province pendant le siège de Paris*, on doit à M. de Freycinet un certain nombre d'ouvrages techniques et scientifiques de grande valeur, soit : un *Traité de mécanique rationnelle (1858)*; *De l'analyse infinitésimale (1860)*; *Des pentes économiques en chemins de fer (1861)*; *Emploi des eaux d'égout en agriculture (1869)*; *Principes de l'assainissement des villes* et *Traité d'assainissement industriel (1870)*. Depuis cette époque, la politique l'a entièrement absorbé.

FREYTAG, Gustav, romancier, auteur dramatique et journaliste allemand, né à Kreuzbourg, dans la Silésie prussienne, le 13 juillet 1816, reçut l'instruction élémentaire au collège d'Oels, puis étudia aux universités de Breslau et de Berlin. Docteur en philosophie en 1638, agrégé de la faculté des lettres de Berlin en 1839, il fondait à Leipzig, en 1847, avec Julian Schmidt, un journal auquel il donna le nom de *Der Grentzboten* (le Messager de la frontière) et dont il fut le rédacteur principal. Il avait publié, deux années auparavant, un volume de poésies intitulé : *A Breslau*, et une comédie historique : les *Fiançailles*, ou *Kuntz von Rosen*, couronnée au concours du Théâtre-Royal de Berlin. Vinrent ensuite : *Valentine (1847)*, le *Comte Waldemar (1848)*, drames; les *Journalistes* (Die Journalisten), comédie (1854); auxquels il faut ajouter : le *Savant*, drame; une *Pauvre âme de tailleur*, comédie, etc. Les œuvres dramatiques de M. G. Freytag ont été réunies en volumes. Il convient de citer, tout particulièrement, le beau roman qui valut à M. G. Freytag un succès populaire des mieux mérités : *Soll und Haben* (Leipzig, 1855, 3 vol.), traduit en français, en 1857, par M. W. de Suckau, sous le même titre : *Doit et Avoir* (Paris, 3 vol.) et la même année en anglais, par Mme Macolm : *Debit and Credit* (Londres, 1 vol. in-8°). et par L. C. C., même titre (Edinbourg, 2 vol.). M. Freytag a donné depuis : *Scènes du passé allemand (1858)*; *Nouvelles scènes de la vie allemande* (Neue Bilder aus dem Leben des deutschen Volkes, Leipzig, 1862); le *Manuscrit perdu* (Die verloren Handschrift, Leipzig, 1864); le *Nid du roitelet (1873)*; le *Roi Marcus (1876)*, etc. — A la suite de différends avec l'éditeur du *Grentzboten*, M. Gustav Freytag abandonnait, en 1870, la direction de ce journal, qu'il avait conservée pendant vingt-trois ans, pour en fonder un autre dans la même ville. — Lorsque l'armée allemande occupait déjà une partie importante de notre malheureux pays, il nous souvient d'avoir lu un appel adressé par M. Freytag aux bons sentiments de ses compatriotes, pour les engager à traiter avec humanité et à respecter les vaincus. C'est un exemple que peu d'Allemands, surtout de Prussiens, étaient sans doute disposés à imiter et que peu ont suivi; mais il faut en savoir gré à celui qui a eu le courage et l'honneur de le donner.

FRITH, William Powell, peintre anglais, né à Studley, près de Ripon, en 1819. Orphelin de bonne heure, il entra en 1835 à l'Académie des arts dirigée par M. Sass, où il étudia pendant trois ans le dessin et la composition. En 1839, il exposait à l'Institution britannique le portrait de l'un des enfants de son professeur. Ce début fut suivi, en 1840, par *Othello* et *Desdemone*, toile qui fut favorablement accueillie par la critique, et *Malvolio en présence de la comtesse Olivia*, exposé la même année à l'Académie. Vinrent ensuite : *Entrevue d'adieux entre Leicester et Amy Robsart (1841)*; *Scène du « Voyage sentimental »* de Sterne, et *Scène du « Vicaire de Wakefield »* de Goldsmith : *Olivia et le squire cherchant à s'assurer lequel est le plus grand des deux (1842)*; ce dernier tableau eut un succès immense, et fut acheté dès le lendemain de l'ouverture de l'Exposition; *Dolly Varden*, du « *Barnaby Rudge* » de Dickens; la *Scène du duel*, de la « *Nuit des Rois* » de Shakespeare, et *Falstaff et ses amis avec les joyeuses commères de Windsor (1843)*; *Entrevue de Knox et de Marie, reine d'Écosse* et le *Squire décrivant ses expériences de la vie à la ville à Mlle Primrose et à ses filles*, autre scène du *Vicaire de Wakefield (1844)*; *Sterne dans la boutique de la grisette* et le *Pasteur de village (1845)*. C'est à ce dernier tableau qu' M. Frith dut son admission comme associé de l'Académie royale. Il a exposé depuis : *Norah Creina*, une *Scène du « Bourgeois gentilhomme »* de Molière, et le *Retour du labour (1846)*; un *Divertissement anglais d'il y a cent ans*, et la *Tête de Sarrazin*, inspiré d'une anecdote du *Spectator (1847)*; *Vieille femme accusée d'avoir jeté un sort à une fille de paysan, sous le règne de Jacques Ier*; une *Diligence en 1850*, et une autre *Scène du « Bourgeois gentilhomme » (1848)*; la *Majorité (1849)*; *Portrait d'une lady*, *Scène du « Goodnatured man »* (Bon enfant), et *Sancho racontant une histoire au duc et à la duchesse*, etc. (1850); le *Glaneur*, *Hogarth arrêté comme espion et conduit devant le gouverneur de Calais (1851)*; *Enfant faisant sa prière du soir*, *Yeux pervers*, portrait de femme, et *Pope faisant la cour à lady Mary Wortley Montagu (1852)*; la *Vie au bord de la mer*, acquis par la reine Victoria, le *Gage d'amour*, *Portrait d'Ann Page*, *Scène de la « Fiancée de Lammermoor »*, la *Coupe de poison (1854)*; *Maria dupant Malvolio*, les *Amoureux*, une *Dame à l'Opéra*, *Scène « Veaux à l'engrais » (1855)*; le *Parterre*, *Beaucoup d'heureux retours de ce jour*, *Rêve d'avenir (1856)*; les *Sables de Ramsgate*, le *Jour du Derby (1858)*; *Portrait de Charles Dickens (1859)*; *Claude Duval (1860)*; la *Station du chemin de fer*, à la galerie de Haymarket, et le *Portrait de Th. Creswick*, de l'Académie royale (1862); *Juliette au balcon (1863)*; le *Mariage de LL. A. R. le prince de Galles et la princesse Alexandra de Danemark* à la chapelle Saint-George de Windsor, le 10 mars 1863, pour la reine (1865); la *Veuve Wadman fait le siège de mon oncle Tobie (1866)*; le *Dernier dimanche de Charles II (1867)*; *Avant le dîner, chez Boswell*, dans *Bond-street*, en 1769, toile vendue 125,000 fr. en 1875 (1868); *Espoir et crainte*; *Altisidora, se prétendant amoureuse de Don Quichotte, feint de s'évanouir à sa vue*; *Homme armé de pied en cap*, *Nell Gwyn*, *Malvolio rêveur (1870)*; *Sir Roger de Coverley et la perverse veuve*, *Amy Robsart et Jeannette (1871)*; le *Salon d'or à Hambourg* et *Je connais une fille belle à voir (1871)*; *Henry VIII et Anne de Boleyn chassant le daim dans la forêt de Windsor (1872)*; la *Bénédiction des petits enfants, scène de la grande procession annuelle de Notre-Dame à Boulogne (1874)*; *Tom Jones et Sophie (1875)*; une scène de l'*Amour médecin* de Molière et une autre du *Vicaire de Wakefield*; *Sous le palais du doge à Venise*, en 1460 (1876); le *Chemin de la ruine*, 5 tableaux (1878); *Pêcheuses* et *Marchandes de crevettes de Tenby (1880)*; *Pour le mieux et pour le pire*, *Swift et Vanessa (1882)*; *Lune de miel en Suisse*, *Kate Kearney*, un *Joueur de guitare (1883)*; le *Dr Johnson (1886)*, etc.

Cet artiste, qui a exposé en France à quelques salons et surtout aux Expositions universelles de 1855, 1867 et 1878, avait envoyé à cette dernière : le *Salon d'or de Hambourg*, le *Jour du Derby*, la *Station de chemin de fer*, le *Dernier dimanche de Charles II* et *Sous le palais du doge à Venise*, déjà cités; il a obtenu une médaille de 2e classe en 1855 et a été décoré de la Légion d'honneur à la suite de l'Exposition de 1878. Membre de l'Académie royale des beaux-arts de Londres depuis 1852, il était élu membre honoraire de l'Académie de Vienne en 1869, de celle de Belgique en 1871, de l'Académie royale de Suède en décembre 1873, etc.

FROMENT, Eugène, graveur français, né à Sens (Yonne) le 2 décembre 1844. Il vint de bonne heure à Paris où il fit ses premières études artistiques à l'École nationale de dessin, et devint ensuite élève de M. Tauxier. Après avoir travaillé pour divers journaux, M. E. Froment partit pour Londres, où il pensait trouver les moyens de développer ses idées particulières sur la gravure sur bois. Il y trouva en effet ce qu'il cherchait et interpréta avec succès les splendides dessins de MM. Gregory, Small, Green, Gascow, etc. Après avoir résidé quelque temps à Londres, M. Eugène Froment, revenu à Paris, a principalement collaboré aux journaux anglais illustrés : le *Graphic* et l'*Illustrated London News*, et a exposé aux divers Salons des travaux remarqués, parmi lesquels nous pouvons citer : *Descente d'un bateau de sauvetage*, d'après M. Gregory, les *Docks de Londres*, d'après M. Small (1874) ; la *Caronade*, la *Barque*, d'après M. Small (1874) ; *Bateau de Maharagah*, *Spectateurs*, d'après M. C. Gascow ; *Pèlerinage à Balda* (Irlande), d'après M. Green (1875) ; la *Décoration du Serapis*, par son *équipage*, d'après M. Small (1876) ; les *Oies de la Saint-Michel*, d'après Emslie ; *A l'office*, d'après Junning Ring (1883) ; *Scène de la guerre de l'indépendance d'Amérique (1884)* ; les *Cherifas*, d'après M. Benjamin Constant (1886). — M. Eugène Froment a obtenu une médaille de 3ᵉ classe au Salon de 1875 et une médaille de 2ᵉ classe à celui de 1884.

FROMENTEL (de), LOUIS ÉDOUARD GOURDAN, médecin et paléontologiste français, né à Champlitte (Haute-Saône) le 27 août 1824, fit ses études au collège de Langres, puis se rendit à Strasbourg où il commença l'étude de la médecine et fut successivement externe à l'hôpital de Strasbourg et préparateur de chimie et de physique à l'Académie de médecine de cette ville. Il se voua plus particulièrement à l'étude de l'histologie et de l'anatomie microscopique, se fit admettre à l'hôpital du Val-de-Grâce et vint alors à Paris, où il fut reçu docteur en médecine en 1849. Il alla s'établir à Gray, où il eut bientôt à se signaler auprès des victimes du choléra. Il y a été nommé successivement médecin des épidémies et médecin cantonal en 1851, membre de la commission de statistique en 1852, membre du conseil d'hygiène en 1853, vice-président de ce conseil en 1854, et la même année médecin des prisons. Il a reçu des médailles pour son dévouement pendant les épidémies cholériques de 1849 et 1854. Enfin, M. de Fromentel a été élu conseiller d'arrondissement, pour le canton de Champlitte, en 1869, 1871 et 1874. — Outre sa thèse de doctorat, qui fut alors très remarquée : *Essai sur le suc nourricier et ses modifications pathologiques*, M. de Fromentel a publié : *Description des polypiers fossiles de l'étage néocomien (1857)* ; *Introduction à l'étude des polypiers fossiles (1858-61)* ; *Introduction à l'étude des éponges fossiles (1859)* ; *Catalogue des spongitaires de l'étage néocomien (1860)* ; *Monographie des polypiers jurassiques supérieurs (1862)* ; *Polypiers coralliens des environs de Gray (1865)* ; *Études sur les microzoaires ou infusoires proprement dits (1872-76)*, etc. Il a donné à la *Paléontologie française* une monographie des *Zoophytes du terrain crétacé*, présenté divers mémoires à l'Académie des sciences et à l'Académie de médecine de Paris et collaboré aux publications spéciales des sociétés savantes dont il est membre, et qui sont : la Société d'émulation du Doubs, les Sociétés des sciences historiques de Bordeaux, de l'Yonne et de Maine-et-Loire, la Société linnéenne de Normandie, etc. Il est également membre fondateur du comité paléontologique de la Société géologique de France. — On doit aussi à M. de Fromentel diverses inventions ou perfectionnements mécaniques importants, notamment : un appareil de plongeur et un ventilateur d'une grande puissance qu'il a baptisé du nom caractéristique d'*aérospire*, lequel a obtenu une médaille d'or au concours régional de Gray. M. de Fromentel a été lauréat du concours des Sociétés savantes en 1872. Il a été décoré de la Légion d'honneur en 1874.

FROUDE, JAMES ANTHONY, littérateur anglais, né à Dartington, dans le Devonshire le 23 avril 1818, fit ses études à Westminster et à Oxford, et fut élu *fellow* du collège d'Exeter en 1842. Il fut quelque temps attaché au parti de la Haute Église d'Angleterre, et collabora aux *Vies des Saints anglais*. Il publia ensuite : les *Ombres des nuages* (The Shadows of the clouds) en 1847 et la *Némésis de la Foi* en 1849, deux ouvrages condamnés par les autorités universitaires. En 1850, il devint collaborateur de la *Westminster Review* et du *Fraser's Magazine*, auxquels il donna principalement des études sur l'histoire d'Angleterre. En 1856, il publia les deux premiers volumes de son *Histoire d'Angleterre depuis la chute de Wolsey jusqu'à la défaite de l'Armada espagnole*, dont les deux derniers (vol. 11 et 12) ont été publiés en 1870. Ses *Petites études sur de grands sujets*, extraites de diverses publications périodiques, parurent en 1867. M. Froude fut installé recteur de l'université de Saint-Andrews le 23 mars 1879, et reçut à cette occasion le titre de docteur en lois. Il fut quelque temps rédacteur en chef du *Fraser's Magazine*, mais il résigna ces fonctions au mois d'août 1874. Dans l'automne de 1872, M. Froude fit un voyage aux États-Unis où il donna une série de conférences sur les rapports de l'Angleterre avec l'Irlande. Suivant l'orateur anglais, les Irlandais ne devraient s'en prendre qu'à eux-mêmes de l'abaissement de leur propre pays, dû en grande partie à leur propre jalousie, à leurs luttes intestines, à leur manque de patriotisme. Ces conférences furent suivies de discussions passionnées entre M. Froude et le P. Thomas Burke, l'orateur dominicain. A la fin de 1874, M. Froude était envoyé par le comte de Carnarvon, secrétaire d'État des colonies, au Cap de Bonne Espérance, pour y faire une enquête sur les causes de l'insurrection cafre. Il était de retour à Londres en mars 1875. Ses plus récents ouvrages sont : l'*Angleterre en Irlande au XVIII*ᵉ *siècle (1871-75*, 3 vol.) ; *César, esquisse (1879)* ; *Souvenirs du rétablissement de la Haute-Église (1881)*. Nommé exécuteur testamentaire de Thomas Carlyle, il publia des *Réminiscences* sur ce grand écrivain (1881, 2 vol.) ; *Thomas Carlyle, histoire des quarante premières années de sa vie (1882)* et *Réminiscences de son journal irlandais en 1849 (1883)*.

En novembre 1876, M. Froude, qui est un conférencier distingué, mais surtout audacieux, faisait une « lecture » à Edimbourg, sur la propriété territoriale, où il vantait l'excellence du système anglais, réunissant dans quelques mains une propriété foncière immense, la loi de primogéniture si favorable à ce système, ainsi que le despotisme exercé par certains *landlords* sur leurs malheureux fermiers. Il donnait ses preuves, citait des exemples que nous sommes obligé, malheureusement, de négliger ici ; et, tout en reconnaissant que la division de la propriété en France avait donné naissance à une classe de paysans, petits propriétaires industrieux, économes, bons cultivateurs et dans une situation prospère évidente, n'ayant aucun rapport avec celle de leurs ancêtres d'avant la Révolution, il concluait que rien ne serait plus désastreux pour l'Angleterre, que l'adoption d'un pareil système, qui serait la mort de toute industrie et ferait croître l'herbe dans les rues de Manchester *(Grass would grow in the streets of Manchester !)*. La presse française, suivant son habitude, a laissé passer inaperçues ces allégations ridicules, mais la presse américaine, après avoir rendu justice au système français, nous pourrions dire au système révolutionnaire, invite le conférencier anglais à visiter plus attentivement, qu'il ne l'a sans doute fait la première fois, les grandes villes industrielles des États-Unis, et de lui dire s'il y trouvera beaucoup d'herbe entre les pavés des rues, quoique la terre y soit très divisée.

FUERTES, MARIANO SORIANO, compositeur et musicographe espagnol, né à Madrid en 1820. Il eut pour premier maître son père, chef de la musique de la chambre de Ferdinand VII, qui, sans doute, n'était pas satisfait de sa condition, car il fit tout ce qu'il put pour empêcher son fils de se consacrer à la carrière artistique et lui faire embrasser celle des armes. Mais M. Soriano Fuertes, devenu officier de cavalerie, ne put résister à sa vocation. Il donna sa démission et fonda le premier journal de musique qui ait paru en Espagne : la *Feria musical y literaria*. Il fonda ensuite un théâtre de musique, devint professeur à l'Institut espagnol et directeur des théâtres de Madrid, Cadix, Séville et des lycées de Cordoue et de Barcelone. Il trouva dans ces fonctions diverses la fortune en même temps que la réputation. — On cite parmi les compositions dramatiques de M. Soriano Fuertes : *Geronima la Castanera*, el *Ventorillo* (l'auberge) *de Alparache*, la *Feria de Santiponce*, *A bolen van los zagales*, el *Tio Caniyitas*. On lui doit en outre plusieurs publications très estimées d'histoire et d'érudition musicales : *Histoire de la musique espagnole depuis l'arrivée des Phéniciens jusqu'à l'année 1850* (4 vol.) ; *Histoire de la musique arabe* ; les *Orphéons et les Sociétés chorales en Espagne*, avec une *Préface* de Rossini, etc.

FULLERTON, Lady GEORGIANA, femme de lettres anglaise, seconde fille du premier comte Granville, qui fut pendant plusieurs années ambassadeur à la cour de France sous le gouvernement de Juillet, est née vers 1815. En 1833, elle épousait, à Paris, M. Alexander George Fullerton. Elle débuta dans la carrière littéraire en 1844, par un roman intime : *Ellen Middleton*, bientôt suivi de : *Grantley Manor*, roman du temps des guerres de religion. Puis vinrent : *Lady Bird (1852)*, roman publié peu après la conversion de l'auteur à la religion catholique, et qui a été traduit en français sous le titre de : l'*Oiseau du bon Dieu* ; *Vie de sainte Françoise de Rome (1857)*, également traduite en français ; la *Comtesse de Bonneval* et *Rose Leblanc*, romans écrits en français par l'auteur même (1860) ; *Laurencia, histoire japonaise (1861)* ; *Trop étrange pour n'être pas vrai (1864)* ; *Constance Sherwood*, autobiographie (1865) ; *Une existence orageuse (1867)* ; la *Nièce de madame*

Gérald *(1869)*; *Vie de Louisa de Carvajal (1873)*; *Vie du P. Henry Young, de Dublin (1874)*, etc.

FUSTEL DE COULANGES, NUMA DENIS, historien français, né à Paris le 18 mars 1830. Élève de l'École normale supérieure et de l'Ecole française d'Athènes, il se fit recevoir agrégé en 1857 et docteur ès lettres en 1858. D'abord professeur de rhétorique au lycée d'Amiens (1857), M. Fustel de Coulanges fut rappelé à Paris et nommé professeur suppléant d'histoire au lycée Saint-Louis en 1859. Deux ans après, il était envoyé à Strasbourg comme professeur d'histoire à la faculté des lettres de cette ville. Nommé maître des conférences à l'Ecole normale supérieure, M. Fustel de Coulanges devint directeur de ce grand établissement. Il a pris sa retraite en octobre 1883 et a été nommé directeur honoraire. Il a été élu membre de l'Académie des inscriptions et belles-lettres en remplacement de Guizot, le 15 mai 1875.
— On doit à ce savant professeur: *Quid Vestæ cultus in institutis veterum privatis publicisque valuerit et Polybe ou la Grèce conquise par les Romains*, ses thèses de doctorat (1858); *Mémoire sur l'île de Chio (1857)*; la *Cité antique, étude sur le culte, le droit, les institutions de la Grèce et de Rome*, ouvrage qui a eu plusieurs éditions et a été couronné par l'Académie française (1864); *l'Alsace est-elle allemande ou française (1870)*; *Histoire des institutions politiques de l'ancienne France*, également couronnée par l'Académie française (1875-83, 4 vol.). M. Fustel de Coulanges a été promu officier de la Légion d'honneur le 13 juillet 1881.

G

GAD

GACHARD, LOUIS PROSPER, historien et littérateur belge, d'origine française, est né à Paris en 1800. Il quitta la France pour la Belgique vers 1820, prit part à la Révolution de 1830, et se fit naturaliser citoyen belge l'année suivante. Il devint alors successivement archiviste général du royaume de Belgique, secrétaire de la Commission historique et fut élu, en 1834, membre de l'Academie de Bruxelles. M. Gachard a été chargé, à plusieurs reprises, de recherches relatives à l'histoire de la Belgique, dans les bibliothèques tant nationales qu'étrangères. Il a publié: *Analectes belgiques (1830)*; *Rapport sur les produits de l'industrie belge (1835)*; *Documents politiques et diplomatiques sur la révolution belge de 1790 (1843)*; *Documents inédits (1845)*; *Extraits des registres des consaux de Tournai (1846)*; *Relation des troubles de Gand sous Charles Quint (1846)*; *Mémoires sur les bollandistes et leurs travaux depuis 1773 jusqu'à 1789 (1847)*; *Inventaire des Archives du royaume (1849)*; *Correspondance de Guillaume le Taciturne (1851-59, 6 vol.)*; *Correspondance de Charles-Quint et d'Adrien VI (1859)*; *Don Carlos et Philippe II (1863, 2 vol.)*; *Actes des Etats-Généraux des Pays-Bas, de 1576 à 1585 (1866)*; la *Belgique sous Philippe V (1867)*; *Correspondance de Marguerite d'Autriche avec Philippe II (1867-70)*; *Jeanne la folle (1869)*, ouvrage dans lequel M. Gachard apporte, sur le cas de l'infortunée mère de Charles-Quint, des renseignements et des appréciations en opposition avec ceux de George Bergenroth; *les Archives farnésiennes, à Naples (1869)*; la *Bibliothèque des princes Corsini, à Rome (1870)*; la *Bibliothèque du Vatican (1874)*; *les Bibliothèques de Madrid et de l'Escurial (1875)*; *Notices et extraits des documents manuscrits de la Bibliothèque nationale de Paris, concernant l'Histoire de la Belgique (1876-79, 8 vol.)*; *Philippe II (1884)*. — M. Gachard a été élu membre correspondant de l'Académie des sciences morales et politiques dans la section d'histoire, le 30 décembre 1876.

GADAUD, ANTOINE, homme politique français, médecin, né vers 1838. Reçu docteur en médecine, il s'établit à Périgueux d'où, lorsqu'éclata la guerre de 1870, il partit avec les ambulances de l'armée, assista aux batailles de Sedan, de Coulmiers, et fut décoré de la Légion d'honneur pour les services qu'il a rendus dans ses fonctions de chirurgien militaire volontaire. M. le docteur Gadaud est maire de Périgueux et conseiller général de la Dordogne. Porté sur la liste républicaine de ce département aux élections générales du 4 octobre 1885, il a été élu député de la Dordogne par plus de 61,000 voix. Il a pris place à gauche et a voté contre les projets d'expulsion des princes.

GADE, NIELS WILHELM, compositeur danois, né à Copenhague le 22 octobre 1817. Il montra de bonne heure de grandes dispositions pour la musique, et ce fut sans le moindre effort qu'il devint un virtuose très distingué

GAG

sur le violon et sur le piano. Il accepta alors un emploi de premier violon à la chapelle royale Il se livrait dès cette époque (1840) à la composition et obtenait le prix de la Société musicale de Copenhague, pour une ouverture intitulée: *Echo d'Ossian*. Le roi de Danemark lui accorda alors un subside pour faire un voyage d'études à l'étranger, et il partit aussitôt pour l'Allemagne. En 1843, il faisait exécuter à Leipzig, avec succès, une *symphonie* et une *ouverture* de sa composition. Il fit ensuite un voyage en Italie, puis revint à Leipzig où, en l'absence de Mendelssohn, la direction de la salle des concerts lui fut confiée. Il la conserva jusqu'en 1849, et retournait en 1850 à Copenhague, où il devenait aussitôt chef d'orchestre de l'Union musicale. En 1875, il célébrait le 25e anniversaire de son entrée dans ces dernières fonctions et recevait, à cette occasion, un cadeau d'une valeur de 9,000 couronnes. M. Niels Gade est devenu maître de la chapelle du roi de Danemark en 1862, et chef d'orchestre du Theatre royal de Copenhague peu après. Il a été élu membre étranger de l'Academie des arts de Berlin en 1874. En 1876, la Chambre des députes (Folkething) danoise a voté deux pensions viagères de 3.000 couronnes, pour deux compositeurs, dont l'un est M. Niels Gade. Enfin il a été élu correspondant de l'Académie des Beaux-Arts en novembre 1878. M. N. Gade a fait, depuis son retour dans son pays, de fréquents voyages en Allemagne, où il a mandé à plusieurs reprises, et où il écrivit, pour un « festival », une cantate intitulée: *the Crusaders*; mais il est resté peu connu en France, où l'on n'a guère exécuté que son *Echo d'Ossian*, une ou deux *symphonies* et son *andante sostenuto* pour orchestre, aux Concerts populaires. Ou lui doit une quantité de symphonies, cantates, ouvertures, compositions dramatiques pour voix seules, pour chœurs et orchestre; *Comalo*, drame lyrique; les *Niebelungen*, opéra; des mélodies, etc.

GAGNEUR, JUST CHARLES WLADIMIR, homme politique et économiste français, né à Poligny (Jura) le 9 août 1807. Ayant terminé son droit à Paris, il retourna dans sa ville natale et s'y occupa d'economie sociale, s'efforçant de propager parmi les ouvriers, surtout les ouvriers agricoles, les idées d'association. Après la révolution de 1848, M. Gagneur se mêla à la politique plus activement qu'il ne l'avait fait jusque-là, se jeta dans le mouvement républicain et, lors du coup d'État, se trouva être l'un des organisateurs de ce mouvement insurrectionnel de Poligny, qu'on exagéra si fort par la suite, pour la plus grande gloire de M. le comte de Chambrun, alors préfet du Jura, lequel en avait triomphé non pas tout à fait modestement. Toutefois M. Gagneur, pris « les armes à la main », mais sans s'en être autrement servi, fut condamné à dix ans de transportation à Cayenne. Cette condamnation commuée en exil, il se rendit à Bruxelles, où le gouvernement belge le chargea d'un rapport sur les associations agricoles françaises. Peu après, il lui était permis de rentrer en France, et il reprenait ses travaux socialistes à peu près où il les avait laissés, c'est-à-dire sans y mêler de préoccupation politique, collaborant à divers journaux et publiant des brochures. Il avait déjà publié avant cette époque, à Poligny, un écrit tendant à provoquer la création d'associations ouvrières pour la fabrication des fromages : les *Fruitières (1839)*; un autre sur le crédit : le *Crédit à bon marché, ou Guerre à l'usure (1849)*; le *Socialisme pratique*, ouvrage contenant la description d'associations agricoles modèles (1850), etc. Aux élections législatives de mai 1869, M. W. Gagneur acceptait la candidature d'opposition démocratique dans la 3ᵉ circonscription du Jura. Cette candidature, appuyée par M. Jules Grévy, quoique tardivement présentée, triompha au premier tour. M. Gagneur, élu député, vint prendre place au Corps législatif, sur les bancs de la gauche. Il fut, en 1870, président du Comité antiplébiscitaire et vota contre la guerre. Après le 4 Septembre, il fit partie de la commission chargée de dépouiller et de publier les *Papiers et Correspondance de la famille impériale* trouvés aux Tuileries. Le 8 février 1871, M. Gagneur échouait avec près de 20,000 voix. Aux élections complémentaires du 27 avril, il était élu membre de l'Assemblée nationale par 43,209 voix. Le 20 février 1876, il était élu député de l'arrondissement de Poligny, et réélu par le même collège le 14 octobre 1877 et le 21 août 1881. Enfin M. Gagneur, dont l'attitude et les votes n'ont jamais varié, était élu député du Jura, comme candidat radical, le 4 octobre 1885. — Il a voté l'expulsion totale des princes.

GAGNEUR (dame), Marie Louise Mignerot, femme de lettres française, épouse du précédent, née à Domblans (Jura) vers 1837, fut élevée dans un couvent. En 1855, elle publiait une brochure sur les associations ouvrières dont la lecture fit naître dans l'esprit de M. Gagneur, son compatriote, bon juge en pareille matière, le désir de connaître l'auteur. Peu après, il l'épousait. Depuis son mariage, Mᵐᵉ Gagneur a publié une série de romans socialistes et anti-cléricaux qui lui firent rapidement une grande notoriété. Nous citerons : *Une expiation (1859)*; *Une femme hors ligne (1864)*; *Un drame électoral (1863)*; la *Croisade noire (1865)*, roman qui souleva une véritable tempête dans le camp clérical, excellente réclame, d'ailleurs, qui le fit avidement rechercher ; il eut donc une circulation énorme et fut traduit en plusieurs langues; le *Calvaire des femmes (1867)*; les *Réprouvés (1867)*; les *Forçats du mariage (1869)*; les *Crimes de l'amour (1870)*; *Chair à canon (1872)*; les *Droits du mari (1876)*, et le *Roman d'un prêtre*, publié en feuilletons dans le journal la *Tribune*, dont il causa la saisie au 26ᵉ feuilleton (7 novembre 1876). Une protestation de M. W. Gagneur, insérée le lendemain dans la *Tribune*, nous apprend même qu'il était question de saisir le roman, manuscrit, par conséquent, ce qui eût été une innovation assez curieuse dans cette voie de la répression, déjà si féconde pourtant. Il demeure entendu, toutefois, que nous nous garderons bien de juger l'œuvre de Mᵐᵉ Gagneur et de décider si la saisie de ce qui en avait déjà été publié était une mesure justifiée. En tout cas, l'affaire n'eut pas d'autre suite — du moins pour son auteur.

GAILHABAUD, Jules, archéologue français, né à Lille le 29 août 1810. D'une famille de commerçants, il débuta lui-même dans cette carrière, après avoir fait de bonnes études dans sa ville natale, et vint en 1834 à Paris ,où, tout en consacrant la plus grande partie de son temps au commerce, il occupait ses loisirs aux recherches historiques et archéologiques, auxquelles il finit par se vouer tout entier, à partir de 1839. Au mois de novembre de la même année, il commençait la publication, par livraisons ,des *Monuments anciens et modernes (1839-50, 4 vol. in-4°)*. Dans les mêmes conditions, il avait publié en même temps : la *Bibliothèque archéologique, ou Recueil de documents sur l'histoire, l'archéologie, etc. (1845-46)*. Vincent ensuite : *l'Architecture et les arts qui en dépendent, du Vᵉ au XVIIᵉ siècles (1850-58, 4 vol. in-f°)*; *l'Art dans ses diverses branches, ou l'architecture, la peinture, la sculpture, la fonte, la ferronnerie, le mobilier*, etc., *chez tous les peuples et à toutes les époques, jusqu'en 1789 (1863-65, 1 vol. gr. in-4°)*; *Quelques notes sur Jean Goujon*, etc. *(1863)*. M. Jules Gailhabaud a fondé la *Revue archéologique*, qu'il dirigea quelque temps au début; il a collaboré au *Moyen âge archéologique*, à l'*Univers pittoresque*, etc. — M. Jules Gailhabaud, avait amassé, de 1830 à 1866, une « collection historique » unique, formée d'environ 8,500 volumes, tant manuscrits qu'imprimés, et de 25,000 dessins ou gravures. En 1866, il vendait cette magnifique collection à la Ville de Paris. Elle a été entièrement détruite dans l'incendie de l'Hôtel de Ville, en mai 1871. Il reste infatigable et savant collectionneur une collection d'œuvres d'art, ainsi qu'un immense Recueil de documents archéologiques auxquels il ne cesse d'ajouter.

GAILLARD, Claude Ferdinand, peintre et graveur français, né à Paris le 5 janvier 1834, entra à l'Ecole des Beaux-Arts, suivit l'atelier de Léon Cogniet et remporta le prix de Rome (gravure) en 1856. Parmi les ouvrages que M. Gaillard a exposés aux divers salons (peintures, gravures ou dessins), nous citerons : *l'Education d'Achille*, gouache, d'après une peinture de Pompéi (1863); *Tête de vieillard*, *Etude d'enfant*, peintures; la *Joconde*, portrait d'après Bellini; *Horace Vernet*, d'après un dessin de P. Delaroche, gravures (1864); *Tête de jeune fille*, peinture (1865); la *Vierge*, d'après G. Bellini; *Statue équestre de Gatta Malata*, gravures; la *Toilette*, aquarelle, d'après une peinture antique du musée de Naples (1866); *Portrait du Pérugin*, gouache, *Marie de Médicis*, d'après Van Dick ; la *Cène*, d'après L. de Vinci, dessins; *Vénus et Mercure*, d'après Thorvaldsen, gravures (1867); *Portraits du comte et de la comtesse R. D.*, peintures; *Œdipe*, d'après Ingres, dessin (1868); *l'Homme à l'œillet*, de Van Dick ; la *Vierge de la maison d'Orléans*, de Raphaël, gravures (1869); Portraits de Mᵐᵉ *Anderdon*, de l'*abbé Rogerson*, de *M. Ferry d'Escland*, du *Prince Dadian de Mingrélie*, *Tête de femme de la Franche-Comté*, peintures; la *Sainte Vierge*, de Botticelli, calrographie (1872); *Portrait du comte de Chambord*, peinture (1873); *Portrait de S. S. Pic IX*, dessin et gravure (1874); *Portrait du prince B.*, et de *Mgr de Mérode*, dessins et gravures; *Cécile*, d'après Michel-Ange, pour la *Gazette des Beaux-Arts*, gravure au burin (1876); le *Christ au tombeau (1878)*; *Tête d'enfant*, aquarelle; les *Pèlerins d'Emmaüs*, d'après Rembrandt et un *Portrait* à l'huile (1883); *Portrait de Mgr de Ségur*, dessin (1884); la *Vierge au lis*, toile; *Saint-Georges*, d'après Raphaël et portrait du R. P. Hubin, gravure (1885); et nombre de portraits anonymes, peinture, dessin et gravure. — M. Gaillard a obtenu des médailles aux Salons de 1867 et 1869, une médaille de première classe (gravures et dessins) et une médaille de deuxième classe pour la peinture au Salon de 1872, et une de 1ʳᵉ classe à l'Exposition universelle de 1878. Il a été nommé chevalier de la Légion d'honneur en 1876.

GAILLARD, Gilbert, homme politique français, manufacturier, né en 1843 à Maringues (Puy-de-Dôme), est élève de l'Ecole polytechnique et dirige à Clermont une importante manufacture. Elu conseiller municipal de Clermont en 1870, adjoint au maire en 1871, il donnait sa démission le 24 mai 1873 ; reélu à la même fonction, il se retirait de nouveau après le 16 mai 1877; il fut réélu aux élections suivantes et est devenu maire de Clermont en mai 1880. Elu député de Clermont à une élection partielle qui eut lieu en avril 1883, M. G. Gaillard s'inscrivit à l'Union républicaine. Il fit partie dans cette législature de plusieurs commissions importantes, dont quelques-unes le choisirent pour rapporter. Aux élections d'octobre 1885, M. Gilbert Gaillard a été élu député du Puy-de-Dôme le troisième sur neuf, par plus de 78.000 voix. — Il a voté l'expulsion des princes. — M. G. Gaillard est chevalier de la Légion d'honneur et officier d'Académie.

GAILLARD (de), Léopold, publiciste français, né à Bollène (Vaucluse) le 20 avril 1820, fit ses études à Fribourg (Suisse), et au collège de Nîmes, son droit à Toulouse, et s'y fit inscrire au barreau de cette dernière ville en 1847. Il n'exerça point, toutefois, et entra presque aussitôt à la *Gazette du Languedoc*, journal légitimiste et clérical de Toulouse; en février 1848, il alla fonder à Avignon, avec Rousset-Boulbon, son ami, la *Liberté*, journal de même nuance. Après le coup d'Etat de décembre 1851, contre lequel il avait courageusement protesté, il entra à l'*Assemblée nationale* de Paris, qui ne tarda guère à être supprimée. Il prit peu après la direction de la *Gazette de Lyon*, laquelle subit le même sort. Le journalisme lui étant de la sorte interdit en fait, M. Léopold de Gaillard se tint pour dit et n'essaya pas de faire accepter sa collaboration compromettante. En 1863 et 1869 il posa, dans la première circonscription de Vaucluse, sa candidature au Corps législatif contre le candidat officiel, mais sans succès. M. Léopold de Gaillard, d'abord rédacteur politique du *Correspondant*, est devenu directeur de cette importante revue. Ami du comte de Montalembert, il a été chargé de la publication de ses œuvres posthumes, avec MM. Cochin, le vicomte de Meaux et Léon Cornudet. — Il a été élu par l'Assemblée nationale, le dernier sur vingt-deux, membre du conseil d'État réorganisé, le 26 juillet 1872, et a donné sa démission en 1879. — Outre un certain nombre de brochures politiques de circonstance, notamment: les *Montagnards*, les *Socialistes*, la *Terreur*, etc., publiées à Avignon, en 1849, on a de M. Léopold de Gaillard: *Lettres politiques sur la Suisse*, dédiées à M. le comte de Montalembert (1852, Genève); *Questions italiennes: voyage, histoire, politique (1860)*; l'*Expédition de Rome*, en 1849, avec pièces justificatives et documents inédits (1861); *Nicolas Bergasse, publiciste, avocat au parlement de Paris, député de Lyon à l'Assemblée constituante*, discours de réception à l'Académie de Lyon (1862); les *Candidatures officielles autrefois et aujourd'hui*, adresse au Corps législatif *(1864)*; *Venise et la France (1866)*; l'*Agriculture et la démocratie (1869)*; la *Leçon du plébiscite (1870)*; les *Étapes de l'opinion, 1871-1872 (1873)*, etc.

GAILLY, Gustave, industriel et homme politique français, né à Charleville (Ardennes) le 25 janvier 1825, fit ses études au collège de sa ville natale. Riche maître de forges, il a été président du tribunal de commerce de Charleville, et était maire de cette ville à l'époque de l'invasion. Le 8 février 1871, il était élu, le troisième sur six, représentant des Ardennes à l'Assemblée nationale où, quoique « venu sans parti pris », comme il le dit plus tard, il ne tarda pas à prendre place au centre gauche, qu'il choisit pour questeur, et à adopter sincèrement les idées républicaines. Le 8 octobre suivant, M. Gailly était élu conseiller général des Ardennes pour le canton de Charleville; réélu en 1873, il devint vice-président de ce conseil. Le 20 février 1876, M. Gailly a été élu député de l'arrondissement de Mézières, par 12,570 voix. La Chambre des députés l'a élu questeur, le premier, par 352 voix, et réélu le 11 janvier 1877. Réélu député de Mézières le 14 octobre 1877, il fut élu sénateur des Ardennes, en remplacement de M. Cunin-Gridaine, décédé, le 9 mai 1880, et réélu au renouvellement triennal du 25 janvier 1885. M. Gailly a voté l'expulsion des princes.

GALE, James, inventeur anglais, aveugle, né à Crabtree près de Plymouth en juillet 1833, fit ses études à Tavistock. Il fut affligé de la perte totale de la vue étant tout jeune encore, mais supportant avec courage cette terrible épreuve, il se voua à l'étude, devint associé dans une manufacture et exerça ensuite à Plymouth la profession de médecin électricien. Son nom vint à la connaissance du public en 1865, lorsqu'il annonça qu'il venait de découvrir le moyen de rendre la poudre à canon explosive et explosive ensuite à volonté, moyen très simple, peu coûteux, attendu que la quantité de poudre servant à la démonstration peut être aisément débarrassée de la substance qui la rend inexplosive et être utilisée comme devant. Des expériences eurent lieu à Plymouth le 27 juin 1865, en présence d'un grand nombre d'officiers de la marine et de l'artillerie, et produisit les meilleurs résultats. Ces expériences furent reproduites avec le même succès à Wimbledon, à Londres, à Woolwich et sur la côte du Sussex, ainsi qu'en présence de la reine et de la famille royale, par l'inventeur lui-même. Le procédé consiste à mélanger avec la poudre du verre pulvérisé, ce qui la rend inexplosible, et à en éliminer le verre, ce qui rend à la poudre ses propriétés ordinaires. M. Gale a également inventé un fusil, divers systèmes de bombes et d'obus, etc. Il a été membre de la Société de chimie en 1866, de la Société royale géologique la même année, et a reçu le diplôme de docteur en philosophie de l'université de Rostock en 1867. Il a paru à Londres, en 1868, une notice biographique sur le Dr Gale, écrite par M. John Plummer, sous ce titre: *The Story of a Blind Inventor* (Histoire d'un inventeur aveugle).

GALEZOWSKI, Xavier, médecin oculiste français, d'origine polonaise, né le 5 janvier 1833, fit ses études à Saint-Pétersbourg, où il fut reçu docteur en médecine et obtint une médaille d'or en 1858. Venu à Paris ensuite, il se fit admettre dans les services des docteurs Nélaton, Trousseau, Barthez et Desmarres, fut chef de clinique oculistique de ce dernier de 1859 à 1864, et prit en 1863 le grade de docteur en médecine de la faculté de Paris. Sa thèse: *Étude sur les altérations du nerf optique et les maladies cérébrales dont elles dépendent*, fut couronnée par la faculté Paris. C'est à cette époque que M. le Dr Galezowski fondait sa clinique des maladies des yeux, où il a acquis et opéré gratuitement un grand nombre de malades pauvres. Pendant le siège de Paris, il servit comme chirurgien-major au 53e bataillon de la garde nationale, faisant en même temps le service de chirurgien à l'ambulance de l'église Saint-Gervais. Il avait pris soin de se faire préalablement naturaliser français. — On a du Dr Galezowski: *Observations cliniques sur les maladies des yeux (1862)*; *De la pupille artificielle et de ses indications (1863)*; *Recherches ophtalmoscopiques sur les maladies de la rétine et du nerf optique (1878)*; *Tableaux synoptiques de la réfraction: choix des lunettes (1865)*; *Sur l'existence de vaisseaux capillaires d'origine cérébrale dans la pupille du nerf optique (1865)*, mémoire lu à l'Académie des sciences; *Sur les altérations de la pupille et de la choroïde dans la diathèse tuberculeuse*, mémoire lu au Congrès scientifique international (1867); *Du diagnostic des maladies des yeux par la chromatoscopie rétinienne*, précédé d'une *Étude sur les lois physiques et physiologiques des couleurs (1868)*, in-8°, 31 fig., une échelle chromatique à 14 teintes, etc.); *Traité des maladies des yeux (1871-72)*, 2 vol. in-8°, 350 fig.), etc. M. le Dr Galezowski est professeur d'ophtalmologie à l'École pratique de la faculté de Paris, membre de la Société d'émulation, etc. Chevalier de la Légion d'honneur du 16 mars 1872, il a été promu officier le 10 juillet 1885.

GALLAIT, Louis, peintre belge, né à Tournai en 1810. Élève de l'Académie royale des beaux-arts d'Anvers et de l'École des beaux-arts de Paris, il débuta à Bruxelles, au Salon de 1833, par *Montaigne visitant le Tasse dans sa prison*, tableau qui eut un vif succès et établit du coup la réputation du jeune artiste. Ses autres toiles sont principalement inspirées de l'histoire des Pays-Bas. Nous citerons parmi ses ouvrages exposés aux salons de Paris: le *Duc d'Albe dans les Pays-Bas*, les *Musiciens ambulants (1835)*; la *Mort de Palestrina*, aquarelle (même année); *Job et ses amis*, au Luxembourg; le *Maréchal de Gontaut*, galeries de Versailles (1837); la *Bataille de Cassel*, la *Prise d'Antioche*, *Baudouin couronné empereur de Constantinople*, aux galeries de Versailles (1840); l'*Abdication de Charles-Quint (1841)*; le *Maître des pauvres*, *Art et liberté*; une *Séance du Conseil de sang*, la *Tentation de saint Antoine*, les *Derniers moments d'Egmont (1842-53)*. Ce dernier tableau, l'*Abdication de Charles-Quint* et un troisième: les *Derniers Honneurs rendus aux comtes d'Egmont et de Horn*, figuraient dans la galerie étrangère de l'Exposition internationale de Londres, en 1862. Ils y eurent un très grand succès et les artistes et amateurs de la Grande-Bretagne donnèrent un banquet magnifique à leur auteur. — M. Gallait a obtenu à Paris deux médailles de deuxième classe, en 1835 et en 1848, et la croix de chevalier de la Légion d'honneur en 1841. Membre de l'Académie royale de Belgique, il a été élu membre honoraire de l'Académie royale de Londres le 15 décembre 1879, et associé étranger de notre Académie des Beaux-Arts, le 29 janvier 1870, à la place laissée vacante par la mort du peintre allemand Overbeck.

GALLES (prince de), Albert Édouard, duc de Cornouailles, dans le « peerage » d'Angleterre, duc de Rothsay, baron de Renfrew et lord des Îles en Écosse, et comte de Dublin et de Carrick en Irlande, duc de Saxe et prince de Saxe-Cobourg-Gotha, chevalier de la Jarretière, général dans l'armée et colonel du 10e hussards, fils aîné de la reine Victoria et du feu prince Albert, héritier présomptif de la couronne britannique, est né au palais de Buckingham le 9 novembre 1841. Il fit ses études d'abord sous divers précepteurs particuliers, puis successivement à Edimbourg, à Oxford (Église du Christ) et à Cambridge, où il suivit les cours publics. En 1858, il était nommé colonel dans l'armée et en cette qualité résida quelque temps au camp de Curragh, où il alla rejoindre son régiment en juin 1861. L'année précédente il avait employé la plus grande partie de l'été à un voyage aux États-Unis et au Canada, où il fut accueilli avec une vive sympathie (1860). En 1862, le prince de Galles entreprenait un nouveau voyage, en Orient cette fois, accompagné du doyen Stanley, avec lequel il visita Jérusalem et la Terre Sainte. Le 10 mars 1863, il épousait la princesse Alexandra Caroline Marie Charlotte Louise Julie, fille du prince Christian de Danemark, devenu le 15 novembre suivant, roi de Danemark, sous le nom de Christian IX.

Vers la fin de 1871, le prince de Galles fut atteint de la fièvre typhoïde, et sa vie fut même, pendant plusieurs semaines, sérieusement en danger. Il se remit cependant, quoique avec lenteur, et pouvait assister au memorable service d'actions de grâces célébré à la cathédrale de Saint-Paul en reconnaissance de sa guérison, le 22 février 1872. Il fut élu en 1874 grand maître des francs-maçons d'Angleterre, en remplacement du marquis de Ripon, et admis comme tel à la loge tenue à l'Albert

Hall, South Kensington, le 28 avril 1875. Dans l'automne de cette même année 1875, l'héritier de la couronne d'Angleterre s'embarquait à bord du *Sérapis*, pour un voyage aux Indes, une des plus merveilleuses excursions qu'il pût faire. Arrivé à Bombay le 8 novembre, il en repartait le 13 mars 1876 et était de retour en Angleterre le mois suivant, fort satisfait de ce qu'il avait vu et de l'accueil qui lui avait été fait. Il a rapporté de ce voyage des collections de toute sorte, entre autres, une collection d'histoire naturelle, qui, réunie dans la galerie de peinture des jardins de la Société zoologique de Londres, a été ouverte au public au commencement de 1877. Nous avons pu la voir à notre tour (en partie), au Champ-de-Mars, l'année suivante. Le prince de Galles présidait la Commission royale britanique près l'Exposition universelle de Paris en 1878. — A l'occasion des noces d'argent du prince Frédéric-Guillaume de Prusse, marié avec une princesse d'Angleterre, auxquelles il assistait en mars 1883, le prince de Galles fut nommé par l'empereur feld-maréchal de l'empire d'Allemagne.

De son mariage avec la princesse Alexandra de Danemarck, le prince de Galles a eu plusieurs enfants : le prince Albert Edward Victor Christian, duc de Cornouailles, né à Frogmore le 8 janvier 1864 ; le prince George Frederick Ernest Albert, né à Marlborough House le 3 juin 1865 ; la princesse Louise Victoria Alexandra Dagmar, née le 20 février 1867 ; la princesse Victoria Alexandra Olga Mary, née en juillet 1868 et la princesse Maud Charlotte Mary Victoria, née le 26 novembre 1869.

GALLETTI-GIANOLI, Isabella, cantatrice italienne, considérée par ses compatriotes comme leur plus grande chanteuse dramatique actuelle, est née vers 1835. C'est en effet une artiste d'une très grande valeur, tant au point de vue du sentiment scénique que par sa voix sonore, souple, étendue et l'art avec lequel elle la conduit. Son embonpoint exagéré, par malheur, et qui évidemment la gêne, n'ôte rien pourtant à la grâce, à l'élégance de la virtuose ni au charme de sa voix. La preuve, c'est qu'elle était engagée, vers la fin de 1870, au théâtre Apollo, de Rome, pour une série de représentations, moyennant 1,800 francs par soirée, chiffre exorbitant pour l'Italie. Mme Galletti-Gianoli, qui n'a pas, croyons-nous, quitté l'Italie, s'est en revanche fait applaudir sur les principales scènes de son pays, notamment à Milan, au théâtre dal Verme, dans la *Favorite*, en 1873 et dans la *Dolores* de M. Anteri Manzocchi, à Florence, en 1875, etc.

GALLI, Amintore, compositeur et musicographe italien, né à Rimini le 12 octobre 1845, fit ses études au gymnase de sa ville natale, et après y avoir suivi spécialement les cours de dessin, de mathématiques et de philosophie, se tourna tout à coup vers la musique et entra au Conservatoire de Milan, où il devint l'élève de M. G. B. Croff pour la composition. Il a fait exécuter dans cet établissement, en 1867, une cantate intitulée : *l'Espiazione*. Après avoir passé quelque temps à Modène, comme directeur d'une école de musique, il se livra ardemment à la composition et à la littérature musicale. Il produisit dès lors plusieurs opéras: *Cesare al Rubicone*, *il Risorgimento* (à Rome), *il Corno d'oro*; puis plusieurs *messes*, un *Stabat Mater* et un oratorio: *Cristo al Golgota*, accueilli avec une très vive sympathie. Il publiait en même temps : *l'Arte fonetica* et la *Musica ed i musicisti, dal secolo X sino ai nostri giorni, ovvero Biografie cronologiche d'illustri maestri* (Milan, Canti, 1871, in-8º). Ce dernier ouvrage est surtout pédagogique ; la seule partie originale, l'opinion de l'auteur sur le génie de certains *maestri* contemporains, a été vivement critiquée, et non sans raison : nous citerons, pour preuve, son appréciation du génie de M. Ambroise Thomas qui, suivant lui, est « l'heureux disciple de Wagner ». — M. A. Galli dirige à Milan le grand établissement musical de M. Edoardo Sonzogno, occupé à répandre en Italie les chefs-d'œuvre de l'école française, et il écrit les notices de toutes les partitions faisant partie de la *Musica per tutti*, que publie cette maison ; il est en outre le rédacteur musical du *Secolo*, toujours du même propriétaire. Il a publié en 1877, un opuscule intitulé l'*Ortofonia*, et depuis : la *Musica militare in Europa*, ouvrage à la fois théorique et historique (1880), etc.

GALLI-MARIÉ (dame), chanteuse dramatique française, fille de M. Marié, baryton, qui fut pendant une quinzaine d'années attaché à l'Opéra. Douée de très grandes aptitudes scéniques, et malgré le peu d'étendue de sa voix de mezzo-soprano elle embrassa de bonne heure la carrière du théâtre et tint avec succès l'emploi des fortes chanteuses d'opéra dans plusieurs villes importantes de province. Elle était à Strasbourg en 1859, à Toulouse en 1860 et en 1861 à Lisbonne, où elle chantait le répertoire italien au théâtre San-Carlos. En 1862, elle jouait à Rouen, avec un très grand succès; elle y créait au mois d'avril le rôle principal dans la *Bohémienne*, opéra de Balfe encore inconnu à Paris. Le bruit de ses succès parvint aux oreilles de M. Perrin, alors directeur de l'Opéra-Comique ; il se rendit aussitôt à Rouen, entendit Mme Galli-Marié, et l'engagea séance tenante. La jeune artiste débutait à l'Opéra-Comique au mois d'août suivant, dans la *Servante maîtresse* de Pergolèse, qui n'avait pas été représentée depuis quelques quatre-vingt-dix à cent ans et qu'on avait exhumée exprès pour elle. Elle fut accueillie avec une très vive sympathie, tant par la critique que par le public, surtout pour son goût musical, sa diction élégante et juste et son talent de comédienne. Son engagement à Rouen n'étant pas expiré, elle dut se partager pendant toute la fin de la saison théâtrale entre Paris et Rouen ; après quoi, elle fit exclusivement partie du personnel de l'Opéra-Comique, où elle fit plusieurs créations importantes qui montrèrent l'étonnante souplesse de son talent et ce tempérament artistique d'une incomparable originalité qui lui permet de faire siens absolument les rôles dont on lui confie la reprise. Mme Galli-Marié s'est fait applaudir à l'Opéra-Comique dans une foule d'ouvrages où elle représentait des personnages de caractères différents, quelquefois radicalement opposés, avec la même aisance et le même succès: *Lara*, *le Capitaine Henriot*, *Fior d'Aliza*, la *Petite Fadette*, *José Maria*, *Robinson Crusoé*, *Fantasio*, le *Passant*, *Don César de Bazan*, *Carmen*. Citons en outre, parmi les pièces du répertoire qu'elle a reprises : *Marie*, les *Porcherons*, les *Amours du Diable*, les *Dragons de Villars*, etc., etc. — Après une courte absence, pendant laquelle elle parcourut la Belgique, Mme Galli-Marié est rentrée à l'Opéra-Comique au mois d'octobre 1874. Elle y donnait sa représentation d'adieux en décembre 1883, et partait aussitôt après pour l'Italie. Elle y rentrait de nouveau le 27 octobre 1884, dans *Carmen*.

GALLIFFET (marquis de), Gaston Alexandre Auguste, général français, né à Paris le 23 janvier 1830. Engagé volontaire aux chasseurs d'Afrique en 1848, il passa par tous les grades et obtint l'épaulette de sous-lieutenant en décembre 1853. Il devint alors successivement lieutenant en 1857, capitaine en 1860, chef d'escadrons en 1863, lieutenant-colonel en 1865, colonel en 1867 et placé à la tête du 3e régiment de chasseurs d'Afrique. Rappelé d'Algérie à la déclaration de guerre de juillet 1870, avec son régiment, le colonel de Galliffet fut partie de l'armée du Rhin ; il fut promu général de brigade le 30 août. Pendant la lutte contre la Commune de Paris, le général de Galliffet commandait une brigade de l'armée de Versailles, avec laquelle il participa à la répression sommaire qui suivit la défaite de l'armée insurrectionnelle. Nommé au commandement de la subdivision de Batna en 1872, il prit une part considérable au châtiment des tribus soulevées. A la réorganisation des corps d'armée, il fut appelé au commandement de la 31e brigade de cavalerie à Bourges. Il était promu général de division le 3 mai 1875 et placé à la tête de la 15e division d'infanterie, à Dijon ; puis appelé au commandement du 9e corps d'armée, ayant son quartier général à Tours, en février 1879. Lors des grandes manœuvres de cavalerie, le général de Galliffet se distingua d'une manière toute particulière. Il ne s'est pas fait moins remarquer par ses relations avec Gambetta et la manifestation de plus en plus accentuée de ses sympathies pour le gouvernement, et par suite pour le parti républicain, qui n'a pas hésité à le considérer, dans des circonstances difficiles, comme l'un de ses soutiens éventuels. Le général de Galliffet est membre du Conseil supérieur de la guerre et président du Comité consultatif de la cavalerie. Il a été promu grand officier de la Légion d'honneur le 12 juillet 1880.

GALPIN, Gaston Georges, homme politique français, né à Alençon le 9 janvier 1841. Entré jeune dans l'administration, il fut successivement chef du cabinet du préfet de la Moselle, puis de celui de la Côte-d'Or, et enfin conseiller de préfecture à la préfecture de l'Yonne, où le 4 Septembre étant venu le trouver, il donna sa démission. M. G. Galpin fut attaché au quartier général de la deuxième armée de la Loire en qualité de sous-intendant militaire auxiliaire. Conseiller général de la Sarthe, maire d'Assé-le-Boisne, commune qu'habite sa famille, M. Gaston Galpin a fondé en 1881 le comice agricole de Fresnay-sur-Sarthe, dont il est président. Il a été élu député de la Sarthe sur la liste monarchique, au scrutin du 18 oct. 1885 et a pris place à la droite bonapartiste.

GALTIER. Jean Antoine Auguste, homme politique français, né en 1841 au Caylar (Hérault). Avocat du barreau de Montpellier, il fut fait sous-préfet de Lodève après le 4 Septembre, mais donna sa démission peu après et fut placé à la tête d'un bataillon de mobilisés de son département. Appelé à la sous-préfecture d'Aix en 1878, il devint successivement préfet de l'Aveyron, puis du Doubs. Il donna sa démission en 1883, et fut élu député à une élection partielle qui eut lieu cette année-là dans une circonscription de Montpellier. Il prit place à gauche, et fut élu député de l'Hérault le 4 octobre 1885. M. Galtier a voté l'expulsion totale des princes.

GALTON, Francis, médecin et voyageur anglais, petit-fils d'Erasmus Darwin, cousin, par conséquent, de feu Charles Darwin, est né à Duddleston, près de Birmingham, en 1822. Il commença l'étude de la médecine à l'hôpital de Birmingham, alla la continuer au Collège du roi, à Londres, et prit ses grades à l'université de Cambridge en 1844. En 1846, il entreprenait un voyage dans l'Afrique septentrionale et explorait le Nil-Blanc, alors rarement visité. En 1850, il faisait un nouveau voyage d'exploration, cette fois dans les régions occidentales de l'Afrique du Sud, et dont au retour il publiait la relation sous ce titre : *Narrative of an explorer in tropical South-Africa (1853)*. La Société royale géographique lui avait décerné, en 1852, sa médaille d'or. M. Galton prit dès lors une grande part aux travaux de cette société, dont il devint successivement membre du conseil, secrétaire, puis vice-président. M. Galton est aussi l'auteur d'un ouvrage sur la pratique des voyages, très utile et en conséquence très apprécié des voyageurs et des émigrants, et qui atteignit rapidement sa cinquième édition : *Art of travel, or shifts and contrivances in wild countries* (l'Art de voyager, ou expédients et subterfuges pour se tirer d'affaire dans les contrées désertes), et d'une carte météorographique qui est, croyons-nous, le premier ouvrage de cette sorte : *Meteorographica (1863)*. Nommé, sur la présentation de la Société royale, membre du comité du Bureau du commerce, il fut un des membres du comité directeur du « Meteorological Office. » — On doit à ce savant, outre les ouvrages précités : *Hereditary genius, its laws and consequences (1869)*; *English men of science, their nature and nurture (1874)*; ainsi que divers mémoires sur des sujets scientifiques variés, principalement relatifs à l'hérédité, dans les *Proceedings de la Société royale* et autres publications spéciales. Il a été secrétaire général de l'Association britannique pour l'avancement des sciences, de 1863 à 1868, et président de sa section géographique à Brighton, en 1872, vice-président de la Société royale, de la Société géographique, de la Société anthropologique et membre des conseils de plusieurs autres corps savants.

GAMBETTA, Léon Michel, homme d'État français, né à Cahors, de parents français mais d'origine génoise, le 2 avril 1838, fit son droit à Paris et se fit inscrire au barreau de cette ville en 1859. Secrétaire de Crémieux, président de la conférence Molé, il débuta au Palais, en mars 1862, dans l'affaire des cinquante-quatre (Greppo, Miot, etc.) accusés de société secrète. Dès l'année suivante, il prenait une part active à l'agitation électorale, et se trouva un moment impliqué dans l'affaire dite des Treize. Gambetta plaida dès lors avec éclat dans plusieurs procès politiques et de presse ; mais sa popularité date incontestablement de sa plaidoirie en faveur du journal le *Réveil*, poursuivi pour avoir ouvert dans ses colonnes une souscription publique à l'effet d'élever un représentant Baudin, tué le 3 décembre 1851 sur la barricade du faubourg Saint-Antoine, un monument funèbre à la place de la pierre modeste et rongée de mousse qui recouvrait sa dépouille au cimetière Montmartre. Dans cette plaidoirie, ou plus exactement dans cet acte d'accusation dressé contre l'empire, le *Réveil* était bien un peu oublié, volontairement sans doute, mais les auteurs du 2 décembre y étaient flagellés en termes sanglants, comme ils ne l'ont jamais été, ni avant ni depuis, et il faut s'être trouvé sous le charme de la parole chaude, entraînante, persuasive du jeune avocat pour comprendre comment le tribunal le laissa aller jusqu'au bout. L'empire y était condamné par les considérations les plus péremptoires ; puis, semblant oublier que c'était précisément pour s'opposer à ce qu'une telle chose pût se produire que son client était traduit devant le tribunal, il s'écriait dans un magnifique élan d'enthousiasme : « Désormais, nous aurons une fête civique à célébrer au nom de nos martyrs: ce sera le 2 Décembre ! » Le *Réveil* fut condamné, comme de raison ; mais l'empire le fut à la même heure par la conscience du pays tout entier. Beaucoup qui, par insouciance ou par ignorance des faits, n'avaient jamais songé à interroger le passé, l'oreille bercée par la musique énervante du langage officiel, se prirent à réfléchir ; en un mot, la conscience publique se réveilla aux éclats de cette parole accusatrice et, nous le répétons le réveil de la conscience publique, c'était la condamnation sans appel possible du pouvoir né du 2 Décembre 1851. — La lecture de la plaidoirie de Gambetta dans cette affaire produisit donc une véritable explosion ; on ne pouvait croire que cela eût été dit sans provoquer l'écroulement des murs du prétoire, et on exaltait, non pas tout à fait à tort, le courage de celui qui avait osé faire entendre de telles paroles à des juges. Après le *Réveil*, ce fut le tour du *Progrès du Nord*, que Gambetta alla défendre à Lille ; puis celui de l'*Emancipation* de Toulouse, à l'occasion duquel il fut accueilli par de bruyantes ovations. Désormais, le jeune avocat était devenu un homme politique, et justement l'homme politique nécessaire, attendu ; il lui était impossible désormais de se choisir une autre destinée. Aux élections générales de 1869, les comités républicains posaient la candidature de Gambetta, à la fois dans la première circonscription de Paris (Belleville) et dans la première circonscription des Bouches-du-Rhône (Marseille), et il déclarait, dans sa circulaire, qu'il n'acceptait « d'autre mandat que le mandat d'une opposition irréconciliable ». A Paris, où il avait pour concurrent, M. Carnot, il fut élu au premier tour par 21,734 voix, contre 9,142 ; à Marseille, il fut élu au second tour par 12,865 voix, après avoir obtenu au premier une majorité relative contre des hommes tels que MM. Thiers, Ferdinand de Lesseps et le marquis de Barthélemy. Il opta pour Marseille et vint prendre place sur les bancs de l'extrême gauche au Corps législatif. Mais la rude campagne électorale qu'il venait de faire, les nombreux discours qu'il lui avait fallu prononcer, avaient altéré sa santé et il fut forcé de se tenir quelque temps éloigné de la Chambre où, une laryngite incomplètement guérie ne lui permit pas tout de suite, lorsqu'il y eut repris son siège, de prendre part, autrement qu'en tirailleur, aux luttes de la tribune. Le 7 février 1870, toutefois, il protestait par un discours indigné contre l'arrestation dont M. Henri Rochefort, qui avait été élu à sa place par les électeurs de Belleville, avait été l'objet à la sortie du Palais-Bourbon. Mais le 5 avril suivant, à l'occasion du plébiscite, il prononça ce discours mémorable dans lequel, discutant juridiquement, pour ainsi dire, la valeur, la raison d'être, l'économie des divers systèmes politiques, il exposait comment et pourquoi le système républicain était préférable à tous les autres, et semblait presque inviter cette chambre profondément antirépublicaine à en faire l'essai, sans s'attirer la moindre protestation, l'interruption la plus anodine, — si ce n'est : *Reposez-vous, reposez-vous, vous êtes fatigué !*... car le larynx était toujours un peu malade et l'on s'en apercevait ; en un mot, pendant plus de trois heures, une assemblée notoirement hostile à ses idées et à lui-même sous le charme de sa puissante éloquence. Il ne pouvait pas, par exemple, ambitionner d'autre triomphe: il charma mais il ne persuada point. Il signa le manifeste de la gauche, invitant les électeurs plébiscitaires à voter non ; peu après, il avait à s'élever contre la déclaration de guerre ; enfin, le 3 septembre, il signait la proposition de Jules Favre déclarant déchue la dynastie napoléonienne. Lors de l'envahissement de la Chambre, le lendemain, il insista auprès de la foule pour qu'un caractère légal pût être donné à la Révolution, par le vote de la proposition de déchéance ; mais ce fut en vain. Il se porta donc, avec ses collègues de la Seine, à l'Hôtel de Ville, et fut proclamé membre du gouvernement provisoire et choisi par ses collègues comme ministre de l'intérieur.

Le ministre de l'intérieur du gouvernement de la Défense nationale demeura peu à Paris. Ses collègues comptaient beaucoup, et avec raison, sur son activité, sa jeune énergie et la magie de sa parole pour soulever les populations de la province contre l'envahisseur et faire face à toutes les nécessités de ce cruel moment. Il partit donc de Paris, en ballon, le 8 octobre, et alla toucher terre dans le département de la Somme, près de Montdidier. Le 9, il était à Tours, où se trouvaient déjà MM. Crémieux, Glais-Bizoin et Fourichon, formant la délégation gouvernementale de province. Il adressa aussitôt aux populations une proclamation dans laquelle, exaltant le sentiment patriotique, il faisait des moyens de défense dont Paris disposait un tableau sans doute un peu exagéré, mais destiné à la fois à relever le courage abattu des nôtres et à montrer à l'ennemi qu'il avait affaire à des adversaires résolus et puissants en dépit des désastres qui les avaient frappés. Il y adjurait les « citoyens des départements » de ne pas se laisser distraire du seul vrai but : la guerre, la défense à outrance, par des considérations politiques, et d'accepter le gouvernement sorti surtout de la nécessité, quitte à le discuter après. Cet appel fut entendu, et les hommes les plus opposés, par leurs convictions, à l'état de choses politique actuel, les adversaires les plus irréconciliables sur ce terrain dangereux, se tendirent la main dans un élan de patriotisme et s'offrirent à exécuter les ordres de ce gouvernement qui, lui-même, avec une modestie dont on ne lui sut pas un gré suffisant, s'intitulait simplement : « Gouvernement de la Défense nationale ».

Un autre que Gambetta aurait-il pu accomplir un tel miracle ? Il nous sera au moins permis d'en douter.

Il prenait en même temps la direction des deux départements les plus importants : l'intérieur et la guerre, et devenait en réalité, quoique sans parti ce évidemment, un véritable dictateur, mais un dictateur bienveillant et surtout bien agissant, créant des armées, organisant la résistance, parcourant les pays menacés, communiquant à tous son ardeur patriotique, allant, venant, haranguant, ne se lassant jamais. Certes, nous ne pouvons oublier qu'on a traité cette dictature de « dictature de l'incapacité » ; mais que n'attendre point d'un milieu où des officiers, victimes ou complices d'une capitulation honteuse, reprochent à ceux qui n'ont pas capitulé le temps passé dans une casemate ? Cette dictature de l'incapacité, pour y revenir, menaça pourtant un instant de changer le sort des armes ; par malheur survint la capitulation de Metz qui, libérant une armée considérable d'un service ardu et tout forcé, jetait en même temps toutes les forces de l'ennemi sur nos armées de province à peine organisées. Le courage du dictateur ne se laisse pas abattre, pourtant ; de nouvelles armées sont en formation : alors voici que Paris aussi a capitulé, et qu'un armistice a été conclu ! Les hostilités sont donc interrompues forcément ; mais Gambetta, tout en se soumettant, proteste en demandant « la guerre à outrance et la résistance jusqu'à complet épuisement ». Il publie le décret de convocation des électeurs pour l'Assemblée nationale, mais en stipulant l'inéligibilité des anciens fonctionnaires de l'empire et des anciens candidats officiels. A cette mesure, M. de Bismarck, qui était le maître beaucoup plus qu'il ne l'eût espéré au fond, répondait par une protestation « au nom de la liberté des élections stipulée par l'armistice ». Et le gouvernement central, lui donnant raison, annulait le décret de Gambetta. Celui-ci résista un moment ; mais l'arrivée de M. Jules Simon, chargé de faire exécuter le décret de convocation tel qu'il avait été conçu par le gouvernement central, c'est-à-dire sans la disposition complémentaire de Gambetta, porta celui-ci à résigner ses pouvoirs et à se retirer d'un gouvernement avec lequel il était désormais en plein désaccord. Nous devons rappeler maintenant les actes politiques principaux pour lesquels il signala son passage au pouvoir, principalement ceux qui lui furent le plus durement reprochés par les intéressés, ceux qu'il se fût bien gardé d'accomplir si, dans ce moment, il n'eût songé qu'au soin de sa popularité : la dissolution des conseils généraux élus sous la pression de l'administration impériale et la destitution des membres de la magistrature, même inamovibles, ayant fait partie des commissions mixtes de 1852.

Aux élections du 8 février 1871, Gambetta fut élu représentant de l'Assemblée nationale dans dix départements : le Bas-Rhin, le Haut-Rhin, la Moselle, la Meurthe (votes significatifs), les Bouches-du-Rhône, le Var, la Seine, Seine-et-Oise, Alger et Oran. Il opta pour le Bas-Rhin, comme protestation contre tout projet de traité portant démembrement de la France. Il s'éleva avec une chaleureuse indignation, dans les bureaux, contre le traité de paix soumis à la ratification de l'Assemblée, refusa de le voter, et signa aussitôt après le vote la lettre de démission des représentants de l'Alsace devenue allemande. Il se retira alors en Espagne, à Saint-Sébastien, où il demeura jusqu'aux élections complémentaires du 2 juillet. A cette date, il fut élu représentant dans les Bouches-du-Rhône, le Var et la Seine, et opta pour ce dernier département. Il prit place à l'extrême gauche et se fit inscrire à l'Union républicaine, qui le choisit pour son président. En butte à des attaques incessantes et passionnées à propos de son passage au pouvoir, Gambetta s'est fait une loi de n'y jamais répondre, que ces attaques aient été de personnel. Son attitude à l'Assemblée, jusqu'au 23 mai 1873, a toujours été celle de la conciliation ; même après, sous le « gouvernement de combat », on ne peut dire qu'il fit une opposition systématique à l'état de choses existant. Décidé à apporter au gouvernement de M. Thiers le concours de son parti, parce qu'il le voyait clairement accomplir l'œuvre rêvée : la fondation de la République, il s'en sépara pourtant dans une occasion, ainsi que de toute la gauche républicaine, M. Jules Grévy en tête, pour appuyer à Paris la candidature de M. Barodet en opposition à celle de M. de Rémusat. Par contre, si nous pouvons dire, il fit tous ses efforts pour amener ses amis de l'extrême gauche (et ces efforts ont été pénibles dans une certaine mesure) à voter l'ensemble de la constitution du 25 février 1875.

Ce serait sans doute ici le lieu de parler des voyages politiques de Gambetta ; nous ne pouvons le faire que d'une manière sommaire. A l'occasion des élections de janvier 1872, il parcourait le Midi ; l'année suivante, c'était le Nord et l'Ouest qui étaient l'objet de ses visites. En 1872 encore, il assistait à Versailles au banquet donné à l'occasion de l'anniversaire de Hoche ; le 14 juillet suivant, à l'occasion de l'anniversaire de la prise de la Bastille, il prononçait à la Ferté-sous-Jouarre un discours empreint surtout de cet esprit de conciliation qui n'exclut pas l'énergie des convictions, mais en fait comprendre la légitimité aux masses irréfléchies et les leur fait souvent adopter ; le 1er octobre, c'est à Annecy qu'il parlait, puis à Grenoble, une évocation des « nouvelles couches sociales » eut tant d'écho, jusque dans les profondeurs des couches anciennes, que le président de la République fut vivement interpellé à ce sujet au sein de la commission de permanence et que le général Changarnier, qui ne pouvait pourtant prendre la chose sur sa personnalité, interpellait quelques jours après le gouvernement à l'Assemblée nationale de nouveau réunie. Gambetta se donna la peine, dans une séance suivante, d'expliquer ce qu'il entendait par couches sociales anciennes et nouvelles. Après le vote de la constitution, il venait l'expliquer et en faire l'apologie dans une réunion privée tenue à Belleville, démontrant que cette seconde chambre, le Sénat, à l'institution de laquelle il s'était opposé en principe, serait, par son organisation même, comme un « grand conseil des Communes françaises », — ce qui pouvait bien être, après tout, qu'une simple illusion d'optique politique, à moins que ce ne fût tout simplement une façon habile de dorer la pilule. Peu après, le 29 mars, il prononçait, sur la tombe d'Edgar Quinet, un nouveau discours d'appel à la conciliation.

En juin 1874, l'agitation provoquée par l'affaire du comité central de l'Appel au peuple amena des incidents de séance fort orageux, au milieu desquels Gambetta souffleta les bonapartistes de l'épithète de *misérables*. Ce n'était pas la première fois, si nous avons bonne mémoire. Mais cette fois-là, quelques bonapartistes, que la chose touchait d'une façon plus sensible, se fâchèrent ; il y eut à la gare Saint-Lazare, aux heures de départ et d'arrivée des trains parlementaires, des désordres ; et il se trouva un bonapartiste, un certain M. de Sainte-Croix, qui aurait eu, à ce qu'il semble, un intérêt bien entendu à cacher mieux ses antécédents, pour venir frapper Gambetta en plein visage. — Signe des temps ; il s'en fallut de peu que ce ne fût Gambetta qu'on arrêtât, et il y eut en effet quelques députés momentanément appréhendés. Mais la chose dut tourner autrement à la fin, et l'opinion publique fit connaissance avec le bonapartiste Sainte-Croix et avec, à ce qui logique excessive, des conséquences peu favorables aux autres.

— En janvier 1876, Gambetta faisait à Aix un discours exposant, avec cette clarté dont il avait le secret, les devoirs des délégués des conseils municipaux chargés de l'élection des sénateurs. Aux élections du 20 février suivant, il se présentait à la fois à Belleville, à Marseille, à Lille, à Bordeaux et à Avignon, cherchant par ce moyen à faire juger dans divers collèges, les plus éloignés possibles les uns des autres, la « politique d'opportunité » qu'il avait adoptée définitivement. Il se vouait sur tous ces points si opposés, pour défendre lui-même sa cause et celle de sa politique. Il n'échoua qu'à Avignon, où les partisans de son adversaire avaient ameuté contre lui tout ce qu'il y avait de plus avoué dans le pays. Cette manière de triompher sur le *poll* ne fut toutefois pas approuvée par l'Assemblée, qui ordonna une enquête sur l'élection de l'arrondissement d'Avignon, et qui, après enquête, l'annula, renvoyant le concurrent heureux de Gambetta, M. du Demaine, devant ses aimables électeurs (novembre 1876). Gambetta soutenait en même temps, dans le 8e arrondissement de Paris, la candidature M. Victor Chauffour contre celle de M. le duc Decazes, qui ne fut élu qu'au second tour et après désistement de M. Chauffour. Quant à lui, il opta pour la Seine. — Dans la question de l'amnistie, Gambetta s'était prononcé pour l'amnistie par catégories. Cette attitude lui fut durement reprochée par un certain nombre de ses électeurs de Belleville, auxquels il voulut donner des explications, dans une réunion privée tenue le 27 octobre 1876. Gambetta partait invariablement de ce principe qu'il faut demander peu, demander ce que l'on pourrait, avec quelque complaisance, consentir à vous donner, plutôt que de demander beaucoup et de se voir refuser net. C'est là une appréciation, et il est possible qu'elle soit juste. Il est d'ailleurs incontestable que la République doit beaucoup à l'*opportunisme*, comme on dit dans le jargon du jour ; mais il serait peut-être dangereux d'en abuser. — Élu successivement membre des deux commissions du budget de 1877 et 1878, Gambetta fut deux fois choisi pour président par ses collègues. Il fit, dans cette situation délicate et nouvelle, preuve d'un tact qui ne saurait étonner, mais aussi de capacités spéciales qui n'ont pas tardé à réduire au silence les critiques de la première heure. — Gambetta prononçait un nouveau grand discours parlementaire dans la séance du 28 décembre 1876, à propos de la question de savoir si la Chambre devait discuter à nouveau le budget des dépenses pour l'exercice 1877, qui lui était renvoyé amendé par le Sénat. Il défendit avec une grande énergie, s'appuyant uniquement sur des considérations juridiques, les prérogatives constitutionnelles de la Chambre des députés en matière de finances ; remonta des antécédents les plus lointains de l'histoire parlementaire et prouva qu'accéder aux prétentions du Sénat, admises par le gouvernement, c'était faire une innovation que nul n'avait osé faire jusque-là, et une innovation dangereuse. La Chambre, toutefois, sous la crainte d'un conflit dont la menace était au moins dans l'air, repoussa par son vote les conclusions absolument justes de l'honorable député de la Seine.

Cette session, signalée par une série de luttes sur tous les terrains entre le « gouvernement de curés » de MM. de Fourtou et de Broglie et les républicains, était fatalement condamnée à une clôture anticipée ; mais ce ne fut pas seulement la session, ce fut la législature elle-même qui fut close, après l'acte inqualifiable du 16 mai 1877. Le Sénat, s'empressa de donner au gouvernement et au maréchal-président l'autorisation de dissoudre cette Chambre qui osait leur tenir tête, ces républicains qui défendaient la République. « En 1830, on est parti 221 et l'on est revenu 270, disait Gambetta au ministère dans la séance tumultueuse du 16 juin. J'affirme que, partant 363, nous reviendrons 400. » Si ce n'a pas été cela tout à fait, il s'en est fallu d'assez peu. L'agitation électorale recommença, en attendant, dans toute la France, avec des péripéties que nous laisserons à l'histoire. Gambetta se multiplia. A Lille, le 15 août, après un banquet que lui avaient offert les anciens députés du Nord ayant à leur tête M. Testelin, sénateur du département, Gambetta prononçait ce discours fameux, qui se terminait par ces mots dont le retentissement fut immense : « Quand la France aura fait entendre sa voix souveraine, croyez-le bien, messieurs, il faudra se soumettre ou se démettre ». Poursuivi pour ce discours, avec M. Murat, gérant de la *République française*, qui l'avait reproduit, et comme complice de ce dernier, Gambetta et son coaccusé étaient condamnés par le tribunal correctionnel le 11 septembre 1877, à trois mois de prison et 2,000 fr. d'amende chacun, par défaut, le tribunal ayant refusé une remise nécessitée par l'état de santé de Mᵉ Bétolaud, bâtonnier, défenseur de Gambetta et par la remise tardive en conséquence du dossier au nouveau défenseur, Mᵉ Allou. L'affaire revenue à l'audience du 22 septembre, les conclusions d'incompétence développées par Mᵉ Allou ayant été repoussées par le tribunal, le jugement du 11 fut confirmé par défaut. Gambetta fut en outre poursuivi pour la publication aux électeurs du XXᵉ arrondissement de Paris. Ce dernier procès fut jugé le 12 octobre, avant-veille des élections. Gambetta et l'imprimeur de sa circulaire, M. Lefebvre, qui y était impliqué, furent condamnés *par défaut*, le premier à trois mois de prison et 4,000 fr. d'amende et le second à 15 jours et 2,000 fr. Le surlendemain, Gambetta était élu député du XXᵉ arrondissement de Paris, par 13,912 voix, environ 2,500 de plus qu'en 1876.

Cependant, un fait considérable s'était produit, la mort de M. Thiers (3 sept.), qui faisait en quelque sorte Gambetta son héritier et, par suite, le chef unique de l'opposition républicaine de toutes les nuances, sauf les extrêmes. Dès ce moment, on peut remarquer que la *République française*, considérait la démission du maréchal comme inévitable, présente M. Jules Grévy comme son successeur nécessaire. A la rentrée, Gambetta fut choisi de nouveau pour président de la commission du budget : il votait avec les autres membres de cette commission. le 24 novembre, le refus d'examiner le budget tant que le ministère de Rochebouët resterait en fonctions, vote qui amena un premier acte de soumission : le 14 décembre un ministère Dufaure était constitué. Gambetta profita des vacances du jour de l'an pour aller en Italie ; il y rendit visite à plusieurs hommes d'État et déjeuna avec le roi Humbert, à la stupéfaction générale, sans parler du grand dîner que lui offrit le duc de Noailles, ambassadeur de France. Pendant les vacances de septembre, outre ses voyages politiques semés de discours, Gambetta figurait de nouveau au Palais, comme avocat de M. Challemel-Lacour, dans un procès en diffamation intenté par celui-ci à un journaliste clérical, qu'il faisait condamner à 10,000 fr. de dommages-intérêts. — Après la rentrée, Gambetta reprit la présidence de la commission du budget. Lors de la vérification de pouvoirs de M. de Fourtou, dont nous avons raconté l'odyssée électorale d'octobre 1877, il se laissa emporter à traiter de mensonges certaines allégations de celui-ci : il y eut rencontre entre les deux hommes d'État, et échange d'une balle de pistolet qui ne fit pas autre chose que de donner satisfaction à l'honneur de chacun.

Le 30 janvier 1879, enfin, le maréchal Mac-Mahon donnait sa démission et était remplacé à la présidence de la République par M. Jules Grévy ; Gambetta accepta alors la succession de celui-ci à la présidence de la Chambre des députés, où 314 voix sur 405 le portèrent. Aux élections de 1881, il se présenta de nouveau à Belleville, divisé en deux circonscriptions, et ne voulut se présenter que là. La lutte fut extrêmement vive dans ces deux circonscriptions du XXᵉ arrondissement, qui avaient continué de marcher en avant et étaient secondées par des candidats plus avancés encore. Gambetta fut cependant élu au premier tour dans la première ; dans la seconde, il avait été proclamé élu également, mais vérification faite, il n'y avait pas obtenu tout à fait la majorité absolue. Il se contenta de son succès acquis. Pendant la période électorale, il avait renouvelé ses voyages de propagande, sur lesquels on nous permettra de ne pas insister. A la rentrée, il fut réélu à la présidence de la chambre, où il devait conserver une très grande autorité jusqu'à la fin. Le 9 novembre, M. Jules Ferry donne sa démission, après le vote d'un ordre du jour rédigé par Gambetta et appuyé naturellement par lui, qui était toutefois un vote de confiance, celui-ci, qui avait décliné si souvent l'offre de constituer un ministère, reconnut qu'il ne pouvait plus se dérober. Il prit donc le pouvoir, avec le portefeuille des affaires étrangères, en s'entourant d'hommes nouveaux et plus ou moins préparés (14 novembre). Les élections sénatoriales du 8 janvier 1882 ayant renforcé encore la majorité républicaine dans la Haute Chambre, il se crut probablement autorisé, malgré ses déclarations récentes, à aborder une réforme qu'il avait particulièrement à cœur, et présenta en conséquence à la Chambre un projet de revision des lois constitutionnelles dans lequel le scrutin de liste était substitué au scrutin d'arrondissement pour l'élection des députés. La Chambre accueillit tout d'abord cette proposition, et la commission de trente-trois membres à laquelle elle fut confiée fut trouvée y être hostile à l'unanimité moins une voix. Le 23 janvier suivant, toutes les démarches pour faire revenir sur la résolution le président du conseil étant restées vaines, le rapporteur de la commission, M. Andrieux, apportait à la tribune ses conclusions, soit le rejet de la proposition ministérielle. La discussion eut lieu le 26 ; le résultat ne pouvait être douteux : par 268 voix contre 218, les conclusions du rapport de M. Andrieux étaient adoptées. Le même jour, le ministère Gambetta avait vécu ; mais on a pu dire avec grande apparence de raison, quelles que soient les difficultés qui aient pu l'y pousser, qu'il est mort par suicide, c'est-à-dire de la propre main de son président. Le fait que ce « grand ministère » dont les intéressés avaient fait tant de bruit avant son avènement, n'avait montré de vraiment grand que celui-ci.

Gambetta reprit tranquillement sa place à la Chambre et à la tête de la *République française*. Son administration ayant été taxée du gouvernement personnel, il réunissait au pavillon d'Armenonville, le 6 avril, ses anciens collaborateurs et un certain nombre d'amis politiques, auxquels il exposait ses idées sur la direction à donner à la politique républicaine, saisissant cette occasion de protester contre l'accusation en question. Quant à cela, par exemple, nous doutons qu'il eût pu appuyer sa protestation de quelque fait absolument probant. Quelques jours plus tard, il prenait officiellement la présidence de la commission de la réorganisation de l'armée. Il assistait, le 10 mai, avec Victor Hugo, à un banquet organisé par les mécaniciens et chauffeurs de chemin de fer en l'honneur de l'un d'eux, créé chevalier de la Légion d'honneur, et y prononçait un discours politique. Il ne devait plus reprendre, aux discussions de la

Chambre, la part importante qui lui revenait toujours de droit. Le 28 novembre, on apprenait que Gambetta, qui habitait la propriété des Jardies, illustrée déjà par le séjour de Balzac, à Ville d'Avray, s'était blessé à la main et à l'avant-bras, en maniant imprudemment un revolver qu'il ne savait pas chargé. On n'y fit pas attention, et ces blessures paraissaient en pleine voie de guérison (du moins ses amis, qui laissaient pénétrer peu de monde jusqu'à lui, présentaient-ils les choses ainsi), lorsque le 30 décembre, on apprit, avec une émotion singulière, que des complications étaient survenues, dues à une diathèse organique spéciale, mais peut-être insuffisamment caractérisée, et que tout était à craindre. Et en effet, dans la nuit du 31 décembre 1882 au 1ᵉʳ janvier 1883, Gambetta rendait le dernier soupir. La fin prématurée de cet homme de quarante-quatre ans, en pleine gloire, comme on eût pu le croire en pleine vie, produisit une émotion que les frontières françaises furent impuissantes à contenir. Le moment n'est pas encore venu, croyons-nous, de juger les actes de cet homme d'État avec le sang-froid nécessaire. Mais n'oublions jamais que, de son vivant même, ses adversaires les plus irréconciliables (je parle seulement des adversaires sérieux et honorables) n'ont cessé de rendre justice à ce grand caractère, à cette âme chaude, loyale et juste, que dans l'entraînement de discussions passionnées et passagèrement (car qu'il aurait pu se vanter d'avoir fait sortir de terre des armées pour la défense du sol envahi, dans le moment même où tant de grands personnages n'étaient occupés que du soin d'y faire rentrer ce qu'ils en rencontraient à la surface, de peur de s'attirer les représailles de l'envahisseur.

Le 6 janvier avaient lieu les obsèques solennelles de cet homme justement illustre. La journée fut trop courte pour le défilé de toutes les délégations tant nationales qu'étrangères qui y assistaient. C'est tout ce que nous en dirons, si ce n'est qu'une solennité pareille ne s'était pas encore vue. Les restes de Gambetta ne sont toutefois pas restés à Paris. Par les soins de son père, ils étaient transportés au cimetière de Nice quelques jours après.

Gambetta avait fondé en 1868, avec MM. Challemel-Lacour, Henri Brisson, Allain-Targé et Clément Laurier, la *Revue politique*, dont l'existence fut brillante, mais courte. Il avait été, un peu auparavant, correspondant de l'*Europe* de Francfort, et avait publié quelques portraits des maîtres du barreau dans une revue spéciale. Il fondait, le 5 novembre 1871, le journal la *République française*, organe du parti dont il était le chef. La plupart de ses discours parlementaires ont paru isolément, en éditions populaires; en outre, il existe une publication intitulée: *Discours et plaidoyers de Gambetta*, dont le second volume a paru en 1884. Il a été enfin publié, en cette même année 1884: le *Ministère Gambetta*, par M. J. Reinach, et *Gambetta, sa vie, ses idées politiques*, par M. Neucastel (1885).

GAMBON, Charles Ferdinand, homme politique français, ancien représentant, ancien membre de la Commune de Paris, est né à Bourges le 19 mars 1820. Il fit son droit à Paris, fut reçu avocat en 1839 et nommé juge suppléant au Tribunal de Cosne (Nièvre) en 1846. Organisateur du banquet démocratique de Cosne en 1847, il y prononça un discours où il affirmait la souveraineté du peuple, et refusa de porter la santé du roi. Il fut condamné, pour ce fait, à cinq ans de suspension. Élu représentant de la Nièvre à la Constituante en 1848, il prit place à la Montagne et vota contre l'ensemble de la constitution. Adversaire résolu de la politique de l'Élysée, il signa la demande de mise en accusation du président et de ses ministres à l'occasion de l'expédition de Rome. Il fut réélu, le premier de la liste des représentants de la Nièvre, à l'Assemblée législative, prit place à l'extrême gauche et fit partie d'une « Solidarité républicaine ». Compromis dans l'attentat du 13 juin, il fut condamné avec ses coaccusés, sauf deux ou trois, à la déportation, par la Haute Cour de Versailles. Il fut écroué au fort de Belle-Isle et y demeura jusqu'à l'amnistie de 1859. Rendu à la liberté, M. F. Gambon retourna dans la Nièvre et s'occupa d'agriculture, mais non sans faire une vive opposition au gouvernement de l'empereur. Il lui arriva même de conseiller, comme la meilleure forme d'opposition à mettre en pratique, le refus de l'impôt. Il prêcha d'exemple, et en conséquence, son modeste bien fut saisi à la requête du fisc, y compris, comme de raison, la vache unique qui vivait tranquille et étrangère aux agitations politiques dans son étable. La manifestation, courageuse après tout, de M. Gambon ne produisit pas l'effet qu'il en attendait sans doute: tous les journaux à caricatures offriront au public le portrait authentique de « la vache à Gambon »,

il y eut des chansons sur « la vache à Gambon » — et ce fut tout pour le moment. Cependant, aux élections du 8 février 1871, M. Gambon était élu représentant de la Seine à l'Assemblée nationale, le quatorzième, par 136,249 électeurs dont l'immense majorité s'était beaucoup amusée naguère de sa vache. Le 26 mars suivant, il était élu membre de la Commune de Paris pour le Xᵉ arrondissement, par 10,734 voix, acceptait ce dernier mandat et résignait celui de représentant: les deux mandats ayant été déclarés incompatibles par la Commune. Il fut successivement adjoint à la Commission de justice, délégué aux prisons, membre du second Comité de salut public, après avoir voté pour l'institution du premier. M. F. Gambon faisait, en conséquence, partie de cette majorité de la Commune que l'histoire a traitée de « fous frénétiques ». Il prit part, en effet, aux mesures les plus radicales et signa les ordres et les proclamations terrifiantes des derniers jours du règne de l'insurrection. À la rentrée des troupes de l'ordre à Paris, il réussit à s'échapper et à quitter la France. — M. F. Gambon a collaboré à la presse républicaine dès l'époque où il était étudiant et où il participa à la fondation du *Journal des Écoles*; depuis son retour en France, il avait écrit occasionnellement dans les journaux d'opposition de la Nièvre et de Paris, et collaborait, pendant le siège de la Commune, au *Vengeur*, puis à la *Commune*. — Aux élections d'octobre 1885, M. Gambon était porté dans la Seine sur les listes du comité central radical socialiste, de la coalition socialiste révolutionnaire et fédérale socialiste; mais il échoua: il y avait des nouveaux, et le suffrage universel est de son essence très volage et absolument ingrat.

GAMUCCI, Baldassare, compositeur et musicographe italien, né à Florence le 14 décembre 1822, fit ses études au séminaire de cette ville, tout en travaillant le piano avec Carlo Fortini, puis étudia la contrepoint et la composition sous la direction de Luigi Picchianti. Il s'adonna ensuite à l'enseignement et à la composition, et, tout en écrivant des œuvres nombreuses et importantes, fonda en 1849 la Société chorale, *del Carmine*, qui eut une existence longue et prospère et dont la plupart des élèves furent ensuite incorporés dans l'École chorale de l'Institut musical de Florence, école dont M. Gamucci est actuellement directeur. M. Gamucci est aussi membre de l'Académie de l'Institut de Florence. — On doit à cet artiste: six messes de *Gloria*, à trois ou quatre voix; une messe de *Requiem*, à quatre voix d'hommes avec orchestre; diverses autres messes *a capella*; *Beatrice*, *Gli Esuli in Babylonia* et une paraphrase italienne du *Psaume XIV*, cantates exécutées dans la salle de la Société philarmonique de Florence; des psaumes, motets, introïts, graduels, litanies, hymnes, etc.; ainsi qu'un grand nombre de morceaux de piano et de chant. Il a écrit, en outre, la musique d'un opéra en 4 actes: *Ghismonda di Salerno*. Enfin, M. Gamucci a collaboré à divers journaux musicaux, notamment au *Boccherini*, et a publié: *Intorno alla vita ed alle opere di Luigi Cherubini, Fiorentino, ed il Monumento esso innalzato in Santa-Croce* (Florence, 1869); Un manuel élémentaire de musique: *Rudimenti di lettura musicale, per uso di tutti gl' istuti, si publici che privati, d'Italia*. Il a de plus communiqué à l'Académie de l'Institut musical plusieurs mémoires importants, insérés dans les *Actes* de cette société.

GANAULT, Gaston Alfred Auguste, homme politique français, né à Laon le 15 mai 1841. Avocat du barreau de Laon, membre du Conseil municipal, il fut nommé adjoint au maire après le 4 Septembre. Élu député de l'Aisne à l'Assemblée nationale aux élections complémentaires du 2 juillet 1871, M. Ganault prit place à gauche. Après la dissolution de l'Assemblée, il reprit sa place au barreau de Laon et ne se présenta plus aux suffrages de ses électeurs qu'aux élections du 21 août 1881, en remplacement de M. Aimé Roux, qui se retirait. Il fut élu député de Laon, et s'inscrivit au groupe de l'Union républicaine. Il prit une grande part aux discussions économiques, dans l'intérêt des principes protectionnistes, et fit partie de diverses commissions. Aux élections d'octobre 1885, M. Ganault a été élu député de l'Aisne au scrutin du 18. Il a voté l'expulsion des princes.

GANIVET, Louis Alban, homme politique français, né à Angoulême le 12 août 1819. Avocat du barreau d'Angoulême, il fut élu représentant de la Charente le 8 février 1871, et député de la deuxième circonscription d'Angoulême le 20 février 1876; il siégea dans les deux assemblées au groupe de l'Appel au peuple, dont il fut un des membres les plus actifs. M. Ganivet a été réélu le 14 octobre 1877 par la même circonscription; mais il y échoua d'emblée aux élections du 21 août 1881. A celles du 4 octobre 1885, il fut élu sur la liste monarchiste, et vint reprendre sa place au groupe bonapartiste. — M. Ganivet est chevalier de la Légion d'honneur.

GARNIER, Jean Louis Charles, architecte français, né à Paris le 6 novembre 1825, étudia d'abord la rondebosse et la sculpture à l'Ecole spéciale de dessin, puis entra à l'Ecole des Beaux-Arts en 1842, devint élève de Leveil et de Lebas et remporta le grand prix d'architecture en 1848, le sujet du concours étant : un *Projet de Conservatoire pour les Arts-et-Métiers*. Après le séjour réglementaire à Rome, M. Charles Garnier explora le reste de l'Italie, la Grèce et une partie de la Turquie ; il revint en France en 1854, et fut nommé sous-inspecteur des travaux de la Tour Saint-Jacques-la-Boucherie, puis de ceux exécutés aux anciennes barrières, et devint en 1860 architecte de deux arrondissements de Paris. En 1861, il prenait part au concours ouvert pour la construction d'une nouvelle salle d'Opéra à Paris, et voyait son plan adopté, à l'unanimité, par le jury. Il fut en conséquence chargé de son exécution. Cette œuvre colossale, commencée en 1863, n'a été terminée qu'en 1874 ; il est vrai de dire que des événements terribles survenus dans l'intervalle en avaient fait suspendre forcément les travaux. Nous n'entreprendrons ni de la décrire, ni même de rappeler les critiques dont chaque partie importante fut l'objet à son apparition. L'œuvre est là, dans sa splendeur coûteuse, avec ses défauts, mais aussi avec de merveilleuses qualités artistiques. L'inauguration eut lieu le 5 janvier 1875 ; à cette occasion, M. Charles Garnier recevait la rosette d'officier de la Légion d'honneur. — M. Charles Garnier a figuré à divers Salons, notamment avec le *Forum de Trajan* (1849) le *Temple de Jupiter Serapis*, à Pouzzoles (1854); *Restauration polychrome du Temple de Jupiter panhellénien*, dans l'île d'Egine (1851), reparue à l'Exposition universelle de 1855 ; plus divers dessins ou aquarelles pris de ses œuvres en cours d'exécution en 1857, 1859 et 1863. Il a publié : *Mémoires explicatifs sur le temple d'Egine (1865)*, dans la *Revue archéologique*; *A travers les arts*, causeries et mélanges (1869); *Etudes sur le théâtre (1871)*, manuel de l'architecture spéciale aux salles de spectacle ; *Histoire du nouvel Opéra*, publication splendide, par fascicules in-f° (1876 et suiv.), etc. ; il a collaboré à la *Revue de l'architecture*, à la *Revue de l'Orient*, à la *Science pour tous*, au *Dictionnaire encyclopédique*, à la *Gazette des Beaux-Arts*, au *Temps*, au *Moniteur universel*, etc. — M. Charles Garnier a obtenu une médaille de troisième classe au Salon de 1857 et une médaille de première classe en 1863 ; nommé chevalier de la Légion d'honneur en 1864, il a été promu officier de l'ordre en 1875. Il a été élu membre correspondant de l'Institut des architectes anglais en 1867 et membre de l'Institut de France (Académie des Beaux-Arts) en remplacement de Baltard le 14 mars 1874. Il est membre du Conseil supérieur d'enseignement à l'Ecole nationale des Beaux-Arts et de diverses commissions relatives aux beaux-arts, et inspecteur général des bâtiments civils.

GARRIGAT, Jean Zacharie Albert, médecin et homme politique français, né à Bergerac le 25 janvier 1839. Il se fit remarquer sous l'empire par son ardente opposition au plébiscite et servit pendant la guerre comme médecin major des mobilisés de la Dordogne. Elu député de la première circonscription de Bergerac, le 20 février 1876, M. le Dr Garrigat siégea à gauche. Réélu au scrutin de ballottage du 28 octobre 1877 et le 21 août 1881, il se présentait aux élections sénatoriales de la Dordogne le 25 janvier 1885, et était élu le second sur trois. Il a voté l'expulsion des princes.

GASCOIGNE, Caroline Leigh, femme de lettres anglaise, fille de feu John Smith, qui fut longtemps membre de la Chambre des communes et femme du général Gascoigne, née à Dall Park le 2 mai 1813. Mme Gascoigne s'est fait de très bonne heure une place distinguée dans la littérature de son pays. On lui doit : *Temptation, or a wife's perils* et *The School for wives* (Tentation, ou les périls d'une femme, et l'Ecole des femmes, 1839); *Evelyn Harcourt (1842)*; *Belgravia*, poème (1851); *Spencer's Cross, Manor-House*, conte sur les enfants et *Recollections of the Crystal Palace*, poème (1852); the *Next door neighbours* (les Plus proches voisins, 1855); *Doctor Harold (1865)*; *My Aunt Prue's railway journey* (le Voyage en chemin de fer de ma tante Prue, 1866); *Doctor Harold's Note-Book* (le Carnet du docteur Harold, 1869), etc.

GASTELIER, C., homme politique français, né à Montanglaust (Seine-et-Marne) en 1830. D'abord ouvrier briquetier, comme son père avant lui, il devint, par son intelligence et sa persévérance au labeur, d'ouvrier patron, et fut bientôt à la tête de deux usines céramiques considérables. Président de l'Union céramique et chaufournière de France, conseiller municipal de Coulommiers, conseiller général de Seine-et-Marne, M. Gastelier a été élu le 4 octobre 1885, le troisième sur cinq, député de Seine-et-Marne sur la liste républicaine. Il a pris place à gauche et a voté l'expulsion des princes.

GASTINEAU, Benjamin, littérateur et journaliste français, né à Montreuil-Bellay (Maine-et-Loire) le 12 juillet 1823. D'abord compositeur d'imprimerie, M. Benjamin Gastineau prit part, dès 1843, au mouvement socialiste et publia divers ouvrages imbus de cet esprit. Il collabora en même temps à plusieurs journaux socialistes de Paris et de la province, et se mêla activement à la politique après la révolution de Février, sans toutefois se compromettre sérieusement. Mais après le coup d'Etat de décembre 1851, il fut arrêté à Auch, où il dirigeait l'*Ami du peuple*, et traduit devant la cour d'assises pour y répondre d'articles insérés dans ce journal, on sait avec quelle impression. Acquitté par lui, M. Benjamin Gastineau fut déporté en Algérie par décision de la commission mixte du Gers. Rentré en France en 1854, il devint en 1856 rédacteur du *Guetteur de Saint-Quentin*. En 1858, à la suite de nous ne savons plus quel complot, il fut de nouveau déporté en Algérie sans autre forme de procès. De retour en France en 1861, il allait rédiger à Tours un journal d'opposition démocratique et y entreprenait la publication d'un ouvrage assez important : la *Touraine illustrée*. Il vint ensuite à Paris, collabora à divers journaux et publia quelques petits ouvrages purement littéraires. Rédacteur du *Combat* pendant le siège de Paris et la Commune, M. Benjamin Gastineau fut nommé par le gouvernement insurrectionnel directeur de la Bibliothèque nationale ; or disposait à un immense travail de classement des trésors de la Bibliothèque, lorsque l'entrée des troupes regulières vint s'opposer à cette audacieuse entreprise. Il réussit à quitter Paris et se réfugia en Belgique. Un conseil de guerre l'a condamné, par contumace, à l'emprisonnement pour usurpation de fonctions. — On a de cet écrivain : *Lutte du catholicisme et de la philosophie (1844)*; le *Bonheur sur terre* (même année ; 2e édit., 1845); *l'Orpheline de Waterloo (1847)*; le *Règne de Satan (1848)*, ouvrage qui eut un succès populaire et fut souvent réimprimé, tant sous ce titre que divisé en deux parties : *Comment finissent les pauvres (1849)* et *Comment finissent les riches (1850)*. Depuis son retour d'Algérie, il a publié : les *Femmes et les mœurs de l'Algérie (1861)*, *Histoire de la folie humaine*, le *Carnaval ancien et moderne (1862)*; les *Femmes des Césars (1863)*; les *Amours de Mirabeau et de Sophie de Monnier (1864)*; les *Génies de la Liberté*, les *Socialistes*, la *Dévote*, les *Drames du mariage (1865)*; les *Petits romans de Paris (1866)*; *Nouveaux romans de Paris*, les *Victimes d'Isabelle II (1868)*; la *Vie en chemin de fer*, les *Transportés de Décembre 1851 (1869)*; *l'Impératrice du Bas-Empire (1870)*; les *Deux ménages*, les *Romans du mariage (1875)*, etc. Il a collaboré à la presse algérienne, au *Courrier du Dimanche*, à la *Revue de Paris*, à la *Presse*, au *Siècle*, etc.; et fait jouer, en 1856, un *Mari dans les nuages*, vaudeville en un acte.

GATIEN-ARNOULT, Adolphe Félix, littérateur et homme politique français, né à Vendôme le 30 octobre 1800, fit ses études à Vendôme, puis à Orléans, où il prit ses grades, et se consacra à l'enseignement. Il professa la philosophie successivement à Bourges de 1824 à 1826, à Reims de 1826 à 1827 et à Nancy de 1827 à 1830 ; prenant en même temps les grades de licencié, de docteur et enfin d'agrégé de la faculté des lettres de Paris. En 1830, il publiait à Nancy un *Programme d'un cours complet de philosophie* qui attira sur lui l'attention de M. Cousin, lequel profita de son passage au pouvoir pour nommer le jeune professeur à la chaire de philosophie de la faculté de Toulouse. Il y eut dès le début un très vif succès, du moins auprès de ses élèves, grâce à l'esprit très libéral dont il donna les preuves dans son enseignement ; par contre, il s'attira les rigueurs cléricales, et fut signalé nominativement à la haine des dévots, dans un mandement de M. d'Astros, archevêque de Toulouse, visant plus particulièrement sa *Doctrine philosophique*, qu'il venait de publier (1835). Dès lors, le parti libéral le reconnut pour un de ses chefs. Elu mainteneur des Jeux floraux en 1833, il fut élu également membre de l'Académie des sciences, inscriptions et belles-lettres de Toulouse, et fut secrétaire perpétuel depuis 1864. — M. Gatien-Arnoult était conseiller municipal et adjoint au maire de Toulouse pour la seconde fois, lorsqu'éclata la révolution de février 1848; président de la commission municipale provisoire de cette ville qui proclama la République, il fut porté aux fonctions de maire. L'un des chefs principaux du parti démocratique libéral, il avait concouru à la fondation du journal l'*Emancipation*; mais il avait quitté ce journal lorsqu'il était devenu ce qu'il devait redevenir en 1868, sous la direction de M. Armand Duportal, l'organe de la démocratie avancée. Il n'en fut pas moins élu représentant de la Haute-Garonne à la Constituante, le quatrième sur douze, comme candidat de la liste démocratique. Il prit place à l'extrême gauche, avec laquelle il vota ordinairement, et fit une vive opposition à la politique de l'Elysée après l'élection du 10 décembre, combattant avec une énergie particulière l'expédition contre Rome. M. Gatien-Arnoult fit, comme membre de la Constituante, partie du comité de l'instruction publique. Aux élections pour la Législative, la loi sur les incompatibilités le contraignant à opter entre sa chaire à la faculté de Toulouse et son siège au parlement, M. Gatien-Arnoult refusa la candidature. Il a conservé sa chaire pendant toute la durée de l'empire et a été nommé recteur de l'Académie de Toulouse au mois d'avril 1871. Il a pris sa retraite en 1873 et a été nommé recteur honoraire.

De nouveau président de la commission municipale provisoire et maire de Toulouse après le 4 Septembre, M. Gatien-Arnoult donnait sa démission au commencement de février 1871, à la suite de dissentiments avec la préfecture, alors dirigée par M. Armand Duportal. Le 8, il était élu, en tête de la liste, représentant de la Haute-Garonne à l'Assemblée nationale ; il fut l'un des organisateurs de la réunion dite de la gauche républicaine, groupe parlementaire qui touchait, sans s'y confondre, à l'Union républicaine ou extrême gauche, et fut choisi comme président de cette réunion par ses collègues. Ses votes n'ont pas besoin d'être relevés, étant conséquents avec l'attitude du groupe dont il faisait partie, sauf pourtant ceux donnés en faveur du retour de l'Assemblée à Paris et contre l'abrogation des lois d'exil. Il a également voté les préliminaires de paix. Aux élections de 1876, M. Gatien-Arnoult se présentait dans la deuxième circonscription de Toulouse en concurrence avec M. Armand Duportal, républicain de nuance plus foncée, un candidat légitimiste et un candidat bonapartiste. Au scrutin du 20 février, M. Gatien-Arnoult obtenait la majorité relative; il se retira néanmoins de la lutte, laissant le champ libre à son concurrent républicain, qui fut élu à une très grande majorité au scrutin du 5 mars. — Membre d'un grand nombre de sociétés savantes, M. Gatien-Arnoult a publié, outre les ouvrages précités : *De la liberté d'enseignement et de l'instruction publique* (*1831*); *Cours de lectures philosophiques* (*1838*); *Eléments généraux de l'histoire comparée de la philosophie, de la littérature et des événements publics, depuis les temps les plus reculés jusqu'à nos jours* (*1841*); *Histoire des doctrines morales, politiques et religieuses en Gaule, avant la domination romaine* (*1856*); *Histoire de la philosophie en France* (*1859*); *Victor Cousin, l'école éclectique et l'avenir de la philosophie française* (*1867*), etc. Il a, de plus, revu, complété et publié la traduction des *Monuments de la littérature romane depuis le XIVe siècle*, intitulée *les Fleurs du Gai-Savoir*, de MM. d'Aguilar et d'Escouloubre.

GATLING, Richard Jordan, inventeur américain, né dans la Caroline du Nord le 12 septembre 1818. Étant encore enfant, il aidait son père à perfectionner une machine à semer la graine de cotonnier et une autre pour le travail de la plante. Il inventa à son tour une machine à semer le riz, qu'il appliqua à Saint-Louis, où il s'établit en 1844, au semage du blé. En 1849, M. Gatling allait s'établir à Indianapolis où il s'occupa d'entreprises de chemins de fer et de spéculation sur les immeubles; il y inventait, en 1850, une machine à double action pour battre le chanvre, en 1857, une charrue à vapeur qui ne parait pas avoir donné de grands résultats pratiques. Enfin, en 1861, M. Richard J. Gatling, inventait le canon-revolver, ou à batterie tournante, qui porte son nom. Il en construisit six à Cincinnati, mais ils furent détruits dans un incendie qui réduisit sa fabrique en cendres. Il en fit cependant fabriquer douze autres dans des manufactures voisines, lesquels furent employés sur la rivière James, par le général Butler, pendant la guerre de Secession. En 1865, il apporta à son invention des perfectionnements qui la faisaient admettre l'année suivante, après des expériences satisfaisantes, dans l'armement des États-Unis. Ce canon a été également adopté par plusieurs gouvernements européens. — M. Gatling réside actuellement à Hartford, dans l'État de Connecticut. Il est docteur en médecine, mais n'a jamais pratiqué. Il a fait toutefois, dans diverses circonstances, des conférences médicales, notamment à Cincinnati.

GAUDIN DE VILLAINE, Adrien Paul Marie Sylvain, homme politique français, né au château de Moulines (Manche) le 12 décembre 1852. Il se préparait à entrer à Saint-Cyr lorsque la guerre survint la guerre, et s'engagea alors dans un bataillon de chasseurs, où il atteignit en quelques mois le grade de lieutenant, et fut attaché à l'état major du général Bruat. En mars 1871, il fut arrêté à Paris, conduit à la prison de la Santé, et ne dut vraisemblablement son salut qu'à l'intervention de Charles Beslay, un « communard » à qui le grand parti de l'ordre paraît commencer à rendre justice, depuis tantôt dix ans qu'il est mort. M. Gaudin de Villaine quitta l'armée en 1875 et rentra dans sa famille. Il devint successivement conseiller municipal, puis maire de Saint-Jean (1881) et conseiller général de la Manche (1883); il a été élu, comme monarchiste, député de la Manche le 4 octobre 1885. M. Gaudin de Villaine est membre de la Société des agriculteurs de France.

GAUDINEAU, Jean-Baptiste François, homme politique français, sénateur, né à Saint-Michel-en-l'Herm (Vendée) le 24 mai 1817. Conseiller général de ce département pour le canton de Luçon, dont il a été vingt-cinq ans maire, M. Gaudineau s'est présenté aux élections du 30 janvier 1876 pour le Sénat. Elu, il prit place à l'extrême droite de la Haute Chambre, où il a voté très assidûment avec ses collègues légitimistes, sans jamais faire entendre le moindre mot. Il a été réélu, le dernier des trois sénateurs de la Vendée, au renouvellement triennal du 25 janvier 1882. M. Gaudineau est décoré de la Légion d'honneur.

GAUDRY, Albert, savant géologue français, membre de l'Institut, est né à Saint-Germain-en-Laye, en 1827. Il fit ses études à Paris et se fit recevoir docteur ès sciences naturelles. Après avoir voyagé pendant plusieurs années en Orient, il revint à Paris en 1860 et fut nommé aide-naturaliste, préparateur du cours de paléontologie au Muséum d'Histoire naturelle. Il a été nommé à cette chaire de paléontologie en 1872 et a été élu membre de l'Académie des sciences, section de minéralogie, en 1883. M. Albert Gaudry est chevalier de la Légion d'honneur.
— On doit à ce savant : *Recherches scientifiques en Orient* (*1855*); *Contemporanéité de l'espèce humaine et de diverses espèces animales aujourd'hui éteintes* (*1861*); *Géologie de l'île de Chypre* (*1862*); *Considérations générales sur les animaux de Pikermie* (*1866*); *Animaux fossiles et géologie de l'Attique* (*1867*); *Des lumières que la géologie peut jeter sur quelques points de l'histoire ancienne des Athéniens* (*1868*); *Animaux fossiles des monts Lébéron, Considérations sur les mammifères de l'époque miocène* (*1873*); *Cours de paléontologie*, *Etude des temps primaires* (*1874*); *Matériaux pour l'histoire des temps quaternaires* (*1876*); *les Enchaînements du monde animal dans les temps géologiques* (*1878*); etc.

GAUDY, François Étienne Félix, homme politique français, né à Besançon le 3 mars 1832. Grand propriétaire, maire de Vuillafans, conseiller général du Doubs, M. Gaudy fondait à Besançon, en 1871, le *Républicain de l'Est*, dont il confia la rédaction à M. Léon Beauquier, député. Elu représentant du Doubs à l'Assemblée nationale, le 2 juillet 1871, il s'inscrivit au groupe de l'Union républicaine, dont il devint secrétaire. Elu député de la 2e circonscription de Besançon, le 20 février 1876, puis réélu le 14 octobre 1877 et le 21 août 1881. Au renouvellement triennal du Sénat, le 25 janvier 1885, M. Gaudy était élu sénateur du Doubs. Il a voté l'expulsion des princes.

GAUTHIER, Charles, sculpteur français, né à Chauvirey-le-Châtel (Haute-Saône) le 7 décembre 1831. Élève de Jouffroy, il a débuté au Salon de 1861. — On cite parmi les œuvres de cet artiste: *Pêcheur lançant l'épervier*, statue en plâtre (1861); *la Marguerite*, statue en plâtre (1863); *Agar dans le désert*, statue en plâtre (1865); *Saint Sébastien*, statue en plâtre; *Saint Mathieu*, statue en pierre; *Agar dans le désert*, bronze (1865); *Portrait de Weber*, buste en plâtre (1867); *Portrait d'Amédée Hédin*, buste en bronze (1868); *Jeune braconnier*, groupe en plâtre ; *Portrait de M. Th. L.*, buste en plâtre (1869); *Episode d'un naufrage*, statue en plâtre (1870); *le Jeune braconnier*, en marbre (1872); *Andromède*, statue en plâtre (1873); les portraits de *M. Marcel Fiorentino*, statue en terre cuite; de *Mademoiselle C. Hédin*, buste en plâtre et de *M. Artur*, buste en terre cuite (1874); *Andromède*, statue en marbre (1875); *Portrait de madame Gauthier*, médaillon en pierre et la *France triom-*

pnante à l'*Exposition de Vienne*, statue en marbre (1876); la *Seine* et la *Marne*, modèles de bas-reliefs (1883); *Premières leçons*, groupe, en plâtre (1884); *Claude de Jouffroy, marquis d'Abbans*, modèles en plâtre de la statue inaugurée à Besançon en 1884 et des trois bas-reliefs ornant le piédestal de cette statue (1885); le *Matin*, statue en plâtre et *l'ortrait de M. Noirot*, buste en bronze (1886). On doit encore à M. Ch. Gauthier, outre divers travaux particuliers: la *Modération*, statue en marbre, au foyer de l'Opéra et quatre *Statues d'enfants*, en bronze, à la fontaine de la place du Théâtre-Français. — Médaillé aux Salons de 1865, 1866 et 1869, M. Charles Gauthier a été nommé chevalier de la Légion d'honneur en 1872.

GAUTIER, Émile Théodore Léon, littérateur français, né au Havre le 8 août 1832, fit ses études au collège de Laval et entra comme élève à l'École des chartes en 1852. Nommé archiviste de la Haute-Marne en 1855, puis correspondant du ministère de l'instruction publique, il fut rappelé à Paris en 1859, comme archiviste aux Archives nationales. M. Léon Gautier a été nommé, en septembre 1874, professeur de paléographie à l'École des chartes. Il est chevalier de la Légion d'honneur depuis 1870. — Il a publié: *Œuvres d'Adam de Saint-Victor, précédées d'une Introduction sur sa vie et ses ouvrages* (1858, 2 vol.); *Comment faut-il juger le moyen âge?* (1858); *Quelques mots sur l'étude de la paléographie et de la diplomatique* (1858); *Définition catholique de l'histoire* (1860); *Scènes et nouvelles catholiques* (1861); *Voyage d'un catholique autour de sa chambre* (1862); *Benoît XI, étude sur la papauté au XIVe siècle* (1863); *Études historiques pour la défense de l'Église* (1864); *Études littéraires pour la défense de l'Église* (1865); *Études et controverses historiques* (1866); les *Épopées françaises*, étude sur les origines de la littérature nationale (1866-67, 2 vol.), ouvrage qui a remporté deux fois le second prix Gobert, en 1866 et 1867, et le premier en 1868; *Portraits littéraires* (1868); une édition de la *Chanson de Roland* (1874, 3e édit., 1872), qui obtint le second prix Gobert en 1872 et le prix Guizot en 1875; *Portraits contemporains et questions actuelles* (1873), etc. Il a collaboré en outre au journal le *Monde* ainsi qu'à la plupart des publications périodiques catholiques, d'où sont extraits d'ailleurs une grande partie de ses derniers ouvrages, et a écrit, pour le *Charlemagne* de M. A. Vétault (Tours, Mame, 1878), une introduction remarquable.

GAUTIER, Judith, femme de lettres française, fille du poète et critique dramatique Théophile Gautier, mort le 23 octobre 1872, est née à Paris en 1850. Elle apprit fort jeune la langue chinoise d'un lettré réfugié, commença de son père, et débuta dans la carrière littéraire, à dix-sept ans à peine, par une collection de pièces diverses, vers et prose, traduites du chinois sous ce titre: le *Livre de Jade* (1867), signé Judith Walter. Elle publia ensuite: le *Dragon impérial*, roman chinois (1869), signé Judith Mendès. Elle avait en effet, dans l'intervalle, épousé un jeune écrivain de talent, M. Catulle Mendès; mais elle se sépara bientôt de son mari et, reprenant sa liberté, reprit tout simplement son nom de jeune fille. Elle a publié depuis sous ce nom: *l'Usurpateur*, roman japonais, couronné par l'Académie française (1875, 2 vol.); le *Jeu de l'amour et de la mort*, Lucienne (1877); les *Peuples étranges*, recueil d'articles publiés dans le *Rappel* sur la section ethnographique de l'Exposition de 1878. Elle a également rendu compte dans ce journal du salon annuel des beaux-arts et de diverses expositions particulières d'un caractère identique. Citons encore: *Iskender, histoire persane* (1886).

GAVARDIE (de), Henri Edmond Pierre Duraur, homme politique français, sénateur, né à Rennes le 2 décembre 1823, fit ses études au prytanée de la Flèche; mais, renonçant à la carrière militaire que son père, ancien officier supérieur, désirait lui voir embrasser, il vint à Paris, suivit les cours de l'École de droit, se fit recevoir avocat en 1845 et s'occupa de journalisme. Après s'être politiquement rallié au coup d'État du 2 décembre 1851, il sollicita et obtint d'entrer dans la magistrature et fut nommé successivement substitut à Orthez le 21 août 1852, à Mont-de-Marsan en 1853, procureur impérial à Dax en 1855, à Pau en 1858 et substitut du procureur général à la cour de cette même ville en 1860. Rétrogradé au poste de procureur impérial de sixième classe en 1864, il donna sa démission et demeura deux ans éloigné de la magistrature. Il y rentra en 1866, comme procureur impérial à Saint-Sever-sur-l'Adour, où le 4 Septembre le retrouva et l'eût vraisemblablement laissé en paix s'il n'avait jugé à propos de se mêler aux réunions publiques pour y attaquer avec véhémence l'état de choses nouveau. Il avait même un ami bien influent dans les conseils de la Délégation de province, M. de Freycinet, et il ne négligea pas d'y recourir, lorsqu'il eut reconnu son erreur par le châtiment qu'elle lui attirait; mais il était trop tard: M. de Gavardie fut révoqué le 20 décembre 1870. Comme compensation, il fut élu représentant des Landes à l'Assemblée nationale, aux élections du 8 février 1871; il prit place à l'extrême droite et se fit inscrire à la réunion dite des Réservoirs. On devine l'attitude que prit M. de Gavardie en face du gouvernement qu'il avait attaqué et qui n'avait pas voulu le reprendre après l'avoir révoqué; la place qu'il avait choisie à l'Assemblée indique suffisamment la nature et la signification de tous ses votes. Il s'est fait en outre une grande réputation, comme interrupteur infatigable et comme auteur de diverses propositions caractéristiques, parmi lesquelles nous nous bornerons à citer la proposition de créer à l'École des Beaux-Arts une chaire de théologie ainsi qu'un conseil supérieur des Beaux-Arts surtout composé d'évêques, à fin de nous mettre à l'abri de ce fléau des « filles de marbre » qui décorent nos jardins et nos monuments publics sous les noms les plus divers, mais que M. de Gavardie appelle des « nymphes républicaines », puisque, ajoute-t-il finement, elles sont « sans culottes... » — Par cet exemple, on peut juger de l'éloquence parlementaire selon M. de Gavardie. Aux premières élections sénatoriales, il se porta dans les Landes, sur la même liste que M. de Ravignan, et fut élu, le second sur deux, au scrutin de ballottage du 6 février 1876. Il fut réélu, au troisième tour, au renouvellement triennal du 5 janvier 1879. Inutile d'ajouter qu'il a suivi au Sénat les mêmes errements qu'à la Chambre des députés. — M. de Gavardie a publié des *Études sur les vraies doctrines sociales et politiques* (1869) et divers autres ouvrages peu importants de politique et de jurisprudence.

GAVAZZI, Alessandro, prédicateur et homme politique italien, né à Bologne en 1809. Admis dans les ordres mineurs en 1825 il devint ensuite professeur de rhétorique à Naples. Doué d'une vive éloquence, il entreprit de faire des conférences dans les principales villes d'Italie, et y traita les matières de religion de façon à se faire accuser d'hérésie. À l'avènement de Pie IX au trône pontifical, en 1846, il crut le moment venu de faire connaître les idées qu'il nourrissait depuis si longtemps sur les rapports entre le pays et l'Église sur les bases d'une liberté progressive. Lorsqu'on eut appris à Rome l'insurrection lombarde et la défaite des Autrichiens, Gavazzi, invité par le peuple à parler, se rendit au Capitole et prononça une touchante et chaleureuse oraison funèbre sur les patriotes tombés à Milan. Il prit pour étendard la croix tricolore, et harangua le peuple pendant plusieurs semaines sans désemparer, dans le Colisée, sur les droits et sur l'avenir des Italiens. Pie IX, qui avait accueilli favorablement ces tentatives de réunion en faveur de la nation italienne, le nomma aumônier général du corps expéditionnaire en voie d'organisation, et forma des gardes nationales et de volontaires, destiné à soutenir la cause de l'Italie, et il suivit en cette qualité l'armée romaine sous les murs de Vicence. Mais, sous l'influence néfaste d'Antonelli, l'esprit hésitant de Pie IX s'était ravisé, et la légion romaine fut rappelée, Gavazzi se rendit alors en Toscane et souleva Florence par ses appels patriotiques: chassé du duché, il se réfugia à Gênes, d'où il fut peu après rappelé pour ramener le calme à Bologne soulevée contre l'autorité papale. Lorsqu'il fut à bonne portée, le ministre Rossi, devenu l'un des principaux conseillers de Pie IX, le fit arrêter et conduire à la prison de Cornetto, sous une formidable escorte; mais les habitants de Viterbe s'étant soulevés et se portant au-devant du cortège pour délivrer le prisonnier, Pie IX donna ordre de le relâcher. Après la fuite du pape et le meurtre de Rossi, le gouvernement républicain de Rome rendit à Gavazzi son titre d'aumônier général de l'armée; il prit la surveillance des hôpitaux militaires et organisa une société de dames, appartenant pour la plupart à la noblesse romaine, pour assurer des soins aux blessés, pendant la guerre qui suivit et le siège de Rome. Il accompagna en outre Garibaldi sur les champs de bataille, notamment lorsque, durant l'armistice conclu avec le général Oudinot, les Romains exécutèrent une sortie sous le commandement de Garibaldi, pour rejeter hors de leur territoire qu'elles venaient d'envahir les troupes du roi de Naples. Après la défaite des envahisseurs, il assista avec une véritable charité chrétienne les blessés et les mourants des deux partis. Il rentra ensuite à Rome dont il ne cessa d'encourager les défenseurs jusqu'au moment où ils durent céder devant les forces bien supérieures des Français. Après la prise de Rome, Gavazzi quitta sa patrie. Il gagna l'Angleterre, où il dut, par nécessité de gagner sa vie, enseigner la langue italienne ; puis il entreprit une série de conférences contre l'Eglise catholique qui eurent un grand succès. Pendant plus de six mois, il y eut foule autour de lui, à Londres. Il visita ensuite l'Ecosse, où son succès fut au moins aussi grand. En 1851, il publia ses *Mémoires* en anglais et en italien, et quelques mois plus tard, ses *Harangues*. D'Ecosse, il passa aux Etats-Unis, où il fut moins bien accueilli, et des Etats-Unis au Canada, foyer de papisme exalté, de ce que nous appellerions en France l'ultramontanisme, sans pouvoir faire comprendre l'exagération d'attachement aveugle au Vatican qui distingue le catholique canadien. Le P. Gavazzi, qui ignorait sans doute cette particularité, fut reçu au Canada comme un chien dans un jeu de quilles et, après avoir presque provoqué une émeute par ses premiers discours, dut s'enfuir au plus vite sous peine d'être lapidé... De retour en Angleterre, il reprit ses occupations habituelles, ne cessant toutefois de se tenir en correspondance avec son pays et d'y entretenir autant que possible l'esprit national et patriotique. En 1860, il accompagnait Garibaldi en Sicile. — Depuis que Rome est devenue capitale de l'Italie, le P. Gavazzi y a pris sa résidence. Il a fait à diverses reprises des voyages en Angleterre, mais de peu de durée. Félix Moriaud avait publié en 1860 un recueil des *Sermons du P. Gavazzi*, traduits en français.

GAVINI, Denis, homme politique français, né à Campile (Corse) le 8 octobre 1820, vint faire son droit à Paris et se fit inscrire au barreau de sa ville natale en 1842. En 1848, il fut élu, comme candidat très nettement républicain, représentant de la Corse à l'Assemblée constituante ; il y siégea à gauche et, lors de l'agitation électorale pour la présidence suprême, il se livra dans son département à une active propagande en faveur du général Cavaignac. Réélu à la Législative, il se rallia à la politique de l'Elysée et approuva le coup d'Etat du 2 Décembre. En janvier 1852, pour la peine, il entrait au Conseil d'Etat comme maître des requêtes ; six mois après, il fut appelé à la préfecture du Lot, qu'il quitta pour celle de l'Hérault en 1856. M. Gavini était préfet des Alpes-Maritimes depuis 1861 lorsqu'éclata la révolution du 4 Septembre. Il donna sa démission. Elu représentant de la Corse, le premier des cinq, aux élections du 8 février 1871, il fit à l'Assemblée partie du groupe de l'Appel au peuple et fut l'un des cinq députés bonapartistes qui protestèrent à Bordeaux contre le vote de déchéance de la dynastie impériale. Il est presque inutile d'ajouter qu'il vota toutes les propositions d'appel au peuple qui se produisirent dans le cours de cette longue législature. Aux élections du 20 février 1876, M. Gavini se présenta dans l'arrondissement de Corte, sous les auspices du « comité national conservateur » et fut élu à une assez importante majorité, contre M. Limperani, député sortant, appartenant au centre gauche républicain. La Chambre ayant, dans sa séance du 28 mars, annulé son élection, M. Gavini reparut le 14 mai suivant, en présence du même concurrent, devant ses électeurs qu'il se borna à prier de maintenir et faire respecter leur volonté. Il fut réélu à peu près dans les mêmes conditions. Aux élections du 4 octobre 1885, M. Gavini figurait sur la liste bonapartiste, qui passa tout entière dans la Corse ; mais la Chambre ayant annulé cette élection, ce fut la liste républicaine qui triompha définitivement le 14 janvier 1886. M. Gavini en tête de l'autre. — L'un des agents bonapartistes les plus actifs, M. Gavini, bien qu'ayant rarement abordé la tribune, s'y est toutefois révélé comme orateur et comme homme d'affaires. Membre du Conseil général de la Corse depuis longtemps, il a en été vice-président. — M. D. Gavini est commandeur de la Légion d'honneur depuis 1864.

GAYOT, Emile René, homme politique français, ancien magistrat, fils d'Amédée Gayot, mort sénateur de l'Aube le 6 novembre 1880, est né à Troyes le 2 février 1834. Entré dans la magistrature en 1860, comme juge suppléant au tribunal civil de Nogent-sur-Seine, il passa en la même qualité à Châteaudun l'année suivante, puis devint juge à Dreux en 1864, à Epernay en 1865, à Troyes en 1866 et juge d'instruction au tribunal civil de la Seine le 9 mars 1880. A l'élection sénatoriale qui eut lieu dans l'Aube le 26 décembre 1880, après la mort de son père, M. Gayot fut élu et alla occuper au Sénat la place que celui-ci avait laissée vacante à la gauche républicaine. Il fut réélu le premier des deux, au renouvellement triennal du 25 janvier 1885. M. Emile Gayot a voté contre l'expulsion des princes. Il juge honoraire au tribunal civil de la Seine.

GEFFROY, Edmond Aimé Florentin, comédien e peintre français, né en 1806 à Maignelay (Oise), fit ses études à Angers, puis devint clerc d'avoué, d'abord dans cette ville, puis à Senlis. Gendre d'une actrice en renom, Mme Eulalie Dupuis, qui lui facilita l'accès d'un milieu de sa nature fort exclusif, il débutait au Théâtre-Français en 1829, était élu sociétaire en 1836 et prenait sa retraite en 1865. On cite parmi les rôles où M. Geffroy obtint ses plus brillants succès et est resté comme un type inimitable, les principaux rôles des pièces suivantes, si divers, si opposés même et interprétés malgré cela avec une perfection égale : la *Mort de Chatterton*, la *Famille de Lusigny*, *Louis XI*, *Tartufe*, le *Bourgeois gentilhomme*, le *Misanthrope*, etc. En 1867, il rentrait occasionnellement au Théâtre-Français, pour y créer le rôle du *Galilée* de Ponsard. En février 1877, il créait à l'Odéon le rôle de Gherasz, dans l'*Hetman*, drame en 5 actes et en vers, de M. Paul Déroulède. — Comme peintre, on cite de M. Geffroy, élève de M. Amaury-Duval : la *Vierge et l'enfant Jésus*, *Pierre Corneille*, l'*Acteur Mirecourt (1840)*; les *Sociétaires de la Comédie-Française* ou le *Foyer du Français (1841)*; *Ariane et Thésée (1844)*; *Molière et les caractères de ses comédies (1857)*; *Sganarelle, dans l'Ecole des maris (1863)*; les *Sociétaires de la Comédie-Française, années 1863 et 1864*; *Hylas (1868)*. — M. Geoffroy a obtenu au Salon, une médaille de 3e classe en 1840, une de 2e classe en 1841 et un rappel en 1857.

GEFFROY, Mathieu Auguste, littérateur français, né à Paris le 21 avril 1820, y fit ses études au collège Charlemagne. Entré en 1840 à l'Ecole normale, il en sortit en 1843 et fut envoyé, comme professeur d'histoire, au collège de Dijon. Reçu agrégé en 1845 et docteur ès lettres en 1848, il professa successivement la même classe au lycée de Clermont en 1846-47 et à Louis-le-Grand en 1847-48. Appelé à la chaire d'histoire de la faculté de Bordeaux en 1852, M. A. Geffroy est devenu successivement maître des conférences à l'Ecole normale, professeur suppléant, puis titulaire d'histoire ancienne à la faculté de Paris, directeur de l'Ecole archéologique et membre de l'Académie des sciences morales et politiques en 1874. Il était nommé, le 22 novembre 1875, directeur de la nouvelle Ecole française à Rome, établie par décret en date du 20. — On a de M. A. Geffroy : *Histoire des Etats scandinaves (1851)*; *Lettres inédites de Charles XII*, texte et traduction (1852). Ses études spéciales sur les Etats scandinaves, que ces deux ouvrages signalaient à l'attention, le firent charger par le gouvernement d'une mission de recherches dans les bibliothèques de ces Etats. Il en rapporta l'ouvrage suivant : *Notices et extraits des manuscrits français en Suède et en Danemark (1855)*, et reçut la croix de la Légion d'honneur, sa mission lui ayant déjà valu, en Suède et en Danemark, les décorations du Danebrog et de l'Etoile polaire. M. Geffroy a publié depuis lors : *Lettres inédites de Madame des Ursins*, avec une introduction et des notes (1860); *Gustave III à la cour de France (1867, 2 vol. in-8o)*, ouvrage couronné par l'Académie française; la *Germanie de Tacite (1878)*; *Correspondance de Marie Antoinette, reine de France*, avec Marie Thérèse, accompagnée des rapports secrets adressés par le comte de Mercy-Argenteau à l'impératrice (1873-74, 3 vol. 2e édition, 1876), ouvrage publié en collaboration avec M. d'Arneth, directeur des Archives impériales de Vienne; *Rome et les barbares (1874)*, etc. — Il a été promu officier de la Légion d'honneur le 18 janvier 1881.

GEIKIE, Archibald, géologue écossais, né à Edimbourg en 1835, fit ses études à l'université de sa ville natale. Entré à la « Geological Survey » en 1855, il est membre des Sociétés royales de Londres et d'Edimbourg, de la Société géologique de Londres, président de la Société géologique d'Edimbourg, etc. M. Geikie a publié un grand nombre de mémoires sur la géologie dans le *Quarterly Journal of the Geological Society* d'Edimbourg, dans les *Transactions de la Société royale* de la même ville, les *Memoirs of the Geological Survey*, la *Quarterly Review*, la *North-British Review*, *Nature*, etc. — On lui doit en outre : *The Story of a Boulder (1858)*; *The Life of professor Edward Forbes*, en collaboration avec le docteur George Wilson (1861); *The Phenomena of the glacial drift of Scotland (1863)*; *The Scenery of Scotland viewed in connection with its physical geology (1865)*; *Geology*, one of the « Science Primers » *(1874)*; *Memoir of sir Roderick I. Murchison, with Notices of his scientific contemporaries and of the rise and progress of Palæozoic Geology in Britain (1874-75, 2 vol.)*; *Carte géologique de l'Ecosse (1876)*; *Manuel de géographie physique (1878)*; *Outlines of field-geology (1879)*; *Geological Sketches at home and abroad (1882)*; *Text-book of Geology (1883)*. M. Geikie a été le collaborateur de sir Roderick Murchison dans la détermination de la véritable composition géologique des highlands écossaises, dans la préparation du *Mémoire* relatif à cette région et d'une nouvelle carte géologique de l'Ecosse, que tous deux publièrent en 1861. Lors de l'extension donnée au service géologique, en 1867, il fut nommé directeur de ce service en Ecosse, et en decembre 1870, il fut appelé, le premier, par sir Roderick Murchison lui-même, à la nouvelle chaire de minéralogie et géologie fondée à l'université d'Edimbourg par ce savant et par la Couronne. Il a été nommé docteur en lois de l'université de Saint-André en février 1872, directeur général du service géologique du Royaume-Uni, et directeur du Muséum de géologie pratique de Londres en 1881.

GÉLIBERT, Jules Bertrand, peintre français, élève de son père et de l'Académie de Toulouse, est né à Bagnères-de-Bigorre le 27 novembre 1834. Il s'est voué exclusivement, et avec succès, à la peinture d'animaux et de sujets de chasse. — On cite de cet artiste : *Quête de lièvre, Chiens briquets et de chenil* (1859); *Souvenirs des hauts pâturages dans la vallée de Campan* (1868); le *Lancer d'un lièvre* et le *Loup dans la bergerie* (1861); *Départ d'une caille, Prise d'un lièvre, Quête d'un lièvre* (1863); *Épisode de chasse au marais, Intérieur de bergerie* (1864); *Hallali de chevreuil, Chasse au renard* (1865); *Chevreuil hallali courant, Hallali de sanglier* (1866); *Sanglier faisant tête aux chiens, Briquets ardennais* (1867); *Coup double*, les *Toutous et le gibier, Cerf au bat-l'eau*, fusain (1868); *Loup faisant tête aux chiens, Rallye Sivry! Sanglier faisant tête aux chiens* (1869); *Bataille, Hautes-Pyrénées; Ruslaud, Fondras, Cerbère et Louveteau, griffons vendéens* (1870); la *Sortie du chenil* (1872); *Sanglier hallali courant, forêt de Fontainebleau* (1873); *Mare, près de la Belle-Croix, forêt de Fontainebleau; Relais dans les bois, Au coin du feu, Harde de cerfs au ressui*, fusain (1874); *Spunkes! Épisode de chasse en Ecosse, Hallali de cerf dans les mares de Belle-Croix, forêt de Fontainebleau; Nouvelles connaissances* (1875); *Prise d'un brocart, Hallali d'un tiers-an, près le carrefour de Clair-Bois*, forêt de Fontainebleau; *Un relais*, fusain (1876); *Prise d'un renard, Chasse d'un vieux loup*, toiles; un *Chenil, Retour de chasse*, aquarelles (1883); *Limiers pour loup, Prêts à partir* (1884); *Prise d'un louvart*, équipage du baron de Ruble, et *Écoutant les chiens d'attaque* (1885); *Dans les bois*, tryptique cynégétique, et *Chasse au chien d'arrêt : arrêt, coup de fusil et rapport*, toiles; « *Ferme roulant* », fusain rehaussé (1886). — M. Jules Gélibert a exécuté, en outre, un assez grand nombre de travaux pour la décoration d'opulentes résidences particulières et a fourni des dessins au *Journal des chasseurs*, à la *Chasse illustrée* et à diverses autres publications spéciales. Il a obtenu une médaille en 1869 et une 2ᵉ médaille en 1883, ainsi que plusieurs autres médailles dans les expositions de province.

GENT, Joseph Antoine Alphonse, avocat et homme politique français, né à Roquemaure (Gard) le 27 septembre 1813, fit ses études à Nimes, puis vint à Paris, où il commença son droit, qu'il alla terminer à Aix. Inscrit d'abord au barreau de Nimes, il se fit inscrire ensuite à celui d'Avignon, se lia avec les principaux membres de l'opposition démocratique de cette ville, et devint, dès le 25 février 1848, président du comité central républicain de Vaucluse. Nommé peu après maire d'Avignon, il ne conserva ses fonctions que quelques jours, ayant été choisi comme commissaire du gouvernement dans le département de Vaucluse. Il occupait encore ce poste important, lorsqu'il fut élu représentant à la Constituante, à une élection complémentaire de mai, ce qui fit cause que cette élection fut invalidée. Réélu en novembre, il avait, à la suite de la lutte électorale, deux duels : un avec Raousset-Boulbon, rédacteur en chef du journal légitimiste la *Liberté*, d'Avignon, et l'autre avec M. Léo de Laborde qui lui cassait le bras d'un coup de pistolet. Il ne put en conséquence prendre son siège à l'Assemblée qu'au mois de décembre, et siégea à la Montagne. Il ne fut pas réélu à la Législative. — Au mois de novembre 1849, M. Alphonse Gent se rendait à Lyon pour défendre devant le conseil de guerre un lot d'accusés de complot. Il s'occupa ensuite d'organiser dans le Midi la résistance au coup d'Etat que chacun pressentait, cette résistance étant le seul moyen de déjouer un « complot » quand ce sont les puissants qui complotent. M. Gent, qui ne se doutait peut-être pas que c'était lui qui complotait, fut arrêté le 24 octobre 1850 et, après dix mois et plus de prison préventive, il fut condamné par un conseil de guerre séant à Lyon, le 28 août 1851, à la déportation *simple*, comme coupable de complot contre la sûreté de l'Etat. Il fut en conséquence enchaîné avec deux autres condamnés coupables du même crime et conduit de la sorte de Lyon à Brest, étape par étape. Pendant ce temps, le vrai complot éclatait et réussissait au delà des espérances de leurs auteurs — qui devaient rester impunis. Quant à M. Gent, plusieurs députés avaient, sans résultat, rappelé à l'Assemblée qu'il avait, le 13 juin 1849, sauvé la vie au ministre Lacrosse; il fut embarqué pour Noukahiva, le 21 décembre. Il avait fallu faire une application rétroactive de la loi pour en faire profiter ce condamné exceptionnellement dangereux; en arrivant à Noukahiva, on l'enferma dans un fort, pour lui donner une idée de ce qu'on entendait par déportation *simple* quand besoin était. Il y demeura jusqu'en 1854, époque où Noukahiva fut délaissé comme lieu de déportation, et sa peine fut alors commuée en celle du bannissement. M. Gent avait toutefois une bien grande consolation dans son malheur : sa courageuse femme l'avait accompagné et avait partagé sa longue captivité. Conduit au Chili, M. Gent s'établit avocat à Valparaiso, où il demeura jusqu'en 1861. A cette époque, il se rendit en Italie, puis se fixa, en 1863, à Madrid, d'où il envoyait des correspondances au *Siècle* et au *Temps*. — Aux élections générales de 1869, M. Gent posa sa candidature dans la 2ᵉ circonscription de Vaucluse, et tint en échec le candidat officiel, qui ne triompha qu'au scrutin de ballottage et avec une majorité tout juste suffisante. Il échouait de nouveau au mois de novembre suivant, dans la 8ᵉ circonscription de la Seine, où il avait pour concurrent M. Emmanuel Arago. — Après le 4 septembre 1870, M. Gent, qui avait refusé les fonctions de commissaire de la Défense nationale dans le département de Vaucluse, fut envoyé en mission extraordinaire en Algérie. Nommé préfet des Bouches-du-Rhône au commencement de novembre, investi de pleins pouvoirs administratifs et militaires, il arrivait à Marseille alors en pleine anarchie, avec Cluseret à la préfecture, fit une proclamation empreinte d'un esprit conciliant qui fut bien accueillie; mais, en pénétrant seul dans la préfecture, malgré les vociférations des quelques énergumènes qui l'occupaient, il reçut un coup de pistolet qui, fort heureusement, ne lui fit qu'une contusion grave, mais sans danger. Il réussit néanmoins à rétablir l'ordre à Marseille, et obtint de l'industrie privée quatre-vingts batteries d'artillerie pour la défense — qui ne devaient servir à rien. Il donna sa démission à l'armistice. Élu représentant de Vaucluse à l'Assemblée nationale le 8 février 1871, le deuxième sur onze, il donnait sa démission avec ses collègues du même département, à la suite de la demande d'enquête en bloc formulée par l'Assemblée. Il fut réélu le 2 juillet suivant, ainsi que ses collègues, avec une majorité plus considérable encore que la première fois. Il siégea à l'extrême-gauche et fit partie de la réunion de l'Union républicaine, dont il fut l'un des vice-présidents, puis le président. M. Alphonse Gent a été élu le 20 février 1876, député de l'arrondissement d'Orange. Il échouait le 14 octobre 1877, avec tous les candidats républicains, d'ailleurs, grâce à la pression administrative, mais les élections du département de Vaucluse ayant été annulées, après enquête, il triomphait définitivement de son concurrent légitimiste, au scrutin du 7 avril 1878. — M. Gent fut nommé gouverneur civil de la Martinique le 21 octobre 1879; mais les journaux bonapartistes, qui avaient déjà porté contre M. Gent des imputations diffamatoires, ayant pour objet des faits antérieurs à 1848, s'attaquèrent à lui avec un acharnement tel, que le gouvernement crut devoir revenir sur cette nomination (25 novembre). M. Gent, qui avait donné sa démission de député, dut se représenter devant les électeurs, qui le réélirent sans difficulté (21 décembre). Réélu le 21 août 1881, il se présentait au renouvellement de la représentation sénatoriale de Vaucluse, le 8 février 1882, et était élu. Il siège à l'extrême-gauche du Sénat et a voté l'expulsion des princes.

GEORGE, Eustache Émily, homme politique français, né à Ville-sur-Ollen (Vosges) le 3 octobre 1830. Il fit son droit à Paris et, reçu licencié, s'inscrivit au barreau d'Épinal. L'un des chefs du parti démocratique, il fut choisi pour préfet des Vosges par le gouvernement du 4 Septembre. Il fit preuve, pendant l'occupation allemande, de beaucoup d'énergie et d'un dévouement absolu à la chose publique, et fut en récompense élu représentant des Vosges à l'Assemblée nationale le 8 février 1871. Il vota contre les préliminaires de paix et donna sa démission avec ses collègues des territoires retranchés de la France en vertu du traité de paix, mais son propre pays restant français, après tout, il retira sa démission au bout de quelques jours, et siégea à la gauche républicaine. Aux élections du 30 janvier 1876 pour le Sénat, M. George fut élu sénateur des Vosges, et ses électeurs lui ont confirmé son mandat au renouvellement du 8 janvier 1882. M. George a voté l'expulsion des princes. Il est conseiller général des Vosges.

GEORGE Ier, Christian Guillaume Ferdinand Adolphe George, roi de Grèce, second fils du roi de Danemark Christian IX, né le 24 décembre 1845. Après l'abdication d'Othon Ier, en 1863, le trône de Grèce fut offert au prince Alfred d'Angleterre, depuis duc d'Edimbourg ; mais le gouvernement anglais refusa l'offre. On s'adressa alors au prince Ernest de Saxe Cobourg-Gotha, qui refusa également ; puis au prince Christian de Danemark, lequel, avec l'assentiment de sa famille et des grandes puissances, accepta et devint roi des Hellènes sous le nom de Georges Ier, abdiquant ses droits au trône de Danemark, par acte en date du 12 septembre, au profit de son frère cadet et de ses descendants mâles. Il débarquait à Athènes le 30 octobre suivant (1863). Le 28 novembre 1864, il prêtait serment à la nouvelle charte constitutionnelle de la Grèce.

Son règne a été signalé principalement par des difficultés avec l'empire ottoman, suzerain du royaume hellène, au sujet de l'insurrection crétoise. La Porte accusait le gouvernement d'Athènes de donner des encouragements et même des secours. Les rapports diplomatiques furent même suspendus, et une conférence se réunit à Paris en janvier 1869, pour dénouer le conflit. Par une véritable injustice, pour ne pas dire davantage, on ne voulut y accorder que voix consultative à l'envoyé grec, M. Rizo Rangabé, l'un des hommes les plus distingués de son pays, tandis que voix délibérative était accordée au représentant ottoman. M. Rangabé se retira après la première séance. Les difficultés n'en furent pas moins levées, moyennant une déclaration conforme aux conclusions de la conférence, acceptée par le roi George. Malgré la bonne volonté du jeune roi pour assurer la prospérité intérieure du pays, il est certain qu'il est placé de manière à recevoir le contrecoup des agitations, modifications, révolutions dont Constantinople est le siège, état de fièvre intermittent qui se trahit presque exclusivement, pour l'étranger, indifférent par situation géographique, par des changements de ministère répétés. — Le roi George Ier a épousé le 27 octobre 1867, à Saint-Pétersbourg, la princesse Olga, fille du grand-duc Constantin de Russie, née le 3 septembre 1851 et dont il a eu six enfants : trois fils et trois filles. En 1876, LL. MM. faisaient en Europe un assez long voyage ; elles se trouvaient à Rome au mois de mai et visitaient Pie IX et le cardinal Antonelli. Il semble que les instances de leurs ministres n'aient pas été inutiles, quoique longtemps impuissantes, pour les arracher aux agréments de ce voyage de touristes royaux et les ramener aux tristes réalités du pouvoir. Pendant la guerre de 1876-78, le roi George fut contraint, par la désorganisation de son armée, à garder l'expectative, quand il aurait pu tirer le plus grand profit de la situation ; il n'a même pas pu profiter de l'importante extension de frontière que lui assurait le traité de Berlin, grâce à l'initiative de la France. Par contre, en 1885-86, des difficultés avec les puissances garantes, la France exceptée, à raison des armements de la Grèce, pendant le conflit serbo-bulgare, faillirent compromettre gravement la sécurité de cette puissance, qui dut céder devant une manifestation, suivie de blocus, de la flotte combinée, manifestation suggérée, d'ailleurs, par une mauvaise foi évidente.

GÉRARD (baron), Henri Alexandre, homme politique français, neveu de l'illustre peintre, baron de l'empire, est né à Orléans le 22 mars 1818. Attaché comme vérificateur à la direction des impôts de 1840 à 1849, il s'est retiré dans le Calvados et est devenu maire de Barbeville et membre du Conseil général du département. Il a fait partie, en outre, du conseil d'administration des Chemins de fer de l'Ouest. Aux élections du 28 septembre 1881, il fut élu, au second tour, député de l'arrondissement de Bayeux, et prit place à droite. Porté sur la liste monarchiste du Calvados, le 4 octobre 1885, il a été élu le deuxième. — M. le baron Gérard a fait imprimer : *Œuvres du baron François Gérard, avec notice et éclaircissement (1852)* et *François Gérard, correspondance (1867)*. Ce dernier ouvrage n'a pas été mis dans le commerce.

GERMAIN, Antoine Marie Henri, administrateur et homme politique français, né à Lyon le 19 février 1824. Gendre de feu M. Vuitry, qui fut sous le second empire ministre président du Conseil d'État, M. Germain dirige depuis une vingtaine d'années l'important établissement connu sous le nom de Crédit Lyonnais. Aux élections législatives de 1869, il se porta dans la 3e circonscription de l'Ain, comme candidat de l'opposition libérale, contre M. Bodin, candidat officiel, et triompha avec plus de 8,000 voix de majorité. Il siégea sur les bancs du centre gauche. Lors du plébiscite, M. Germain compta un assez grand nombre de ses collègues, plus opposés que lui en principe, peut-être, au système et plus résolument opposés à l'empire, mais ennemis des révolutions, engagea ses électeurs à voter oui, attitude qui devait naturellement le rendre suspect aux hommes du 4 Septembre. — Élu, le 8 février 1871, représentant de l'Ain, le troisième sur sept, il reprit sa place au centre gauche et s'inscrivit à la réunion Saint-Marc Girardin. Il ne tarda pas trop, toutefois, à se rapprocher des républicains, auquel il apporta l'appoint de son vote dans diverses circonstances importantes. Il a pris la parole principalement dans les discussions relatives aux finances, avec l'autorité d'un praticien consommé et d'un orateur disert, et a parlé notamment en faveur de l'impôt sur le revenu. Aux élections du 20 février 1876, il s'est présenté dans l'arrondissement de Trévoux et a été élu sans concurrent à la presque unanimité des votants : 1,500 voix environ s'étaient égarées sur le nom du colonel Denfert-Rochereau, qui ne s'était pas porté candidat. Le centre gauche parlementaire choisit M. Germain pour président dès ses premières réunions. — Dans diverses circonstances, M. Germain a prononcé quelques discours parlementaires, surtout vers la fin de l'Assemblée nationale, dans lesquels se trahissait une tendance progressive vers la forme républicaine, qu'il a définitivement et sincèrement adoptée. Membre de toutes les commissions budgétaires de l'Assemblée nationale, il a fait également partie de la commission du budget de 1877, à la Chambre des députés. Président du Conseil général de l'Ain, où il représente le canton de Châtillon-sur-Chalaronne, il a été réélu à la session d'août 1875. Membre de la Commission du budget de 1877, M. Germain a décliné sa candidature pour celle du budget de 1878. Il fut réélu député de Trévoux le 14 octobre 1877 et le 21 août 1881 ; mais aux élections du 4 octobre 1885, s'étant présenté isolément, en dehors de toute liste, il échoua. — Il a publié une brochure sur l'*État politique de la France en 1886*, dont le pessimisme pourrait bien n'avoir d'autre source d'inspiration que cet échec.

GERNSHEIM, Friedrich, pianiste et compositeur allemand, d'origine israélite, né à Worms, dans le Palatinat, le 17 juillet 1839. Il commença à apprendre le piano avec sa mère, pianiste amateur de premier ordre, et montra dès l'enfance une vocation véritable pour la musique. Ses parents, quoique riches, encouragèrent ces dispositions, et lui donnèrent pour professeur de piano Louis Liebe, directeur de musique à Worms. Il se rendit ensuite à Francfort, puis, après un tour en Italie, entra au Conservatoire de Leipzig, où il reçut les conseils de Moscheles, de Rietz et du célèbre professeur de contrepoint Hauptmann. De Leipzig, M. Gernsheim vint à Paris, où il resida six années. En 1861, il acceptait à Sarrebrück la place de directeur de musique, qu'il conserva quatre ans. Il fut ensuite nommé professeur de piano au Conservatoire de Cologne. En 1870, M. Gernsheim est venu se faire entendre à Paris, au Conservatoire. Il s'est fixé depuis 1874 à Rotterdam, où il dirige la musique de la Société pour l'encouragement de l'Art musical. On doit à cet artiste un grand nombre d'ouvrages, pour la plupart publiés, et parmi lesquels nous citerons : trois quatuors pour instruments à cordes, deux quatuors pour piano, violon et violoncelle ; une symphonie à grand orchestre, une ouverture ; un concerto pour piano et orchestre, un *Salve Regina* pour chœur de femmes, solo et orchestre ; *Nordische Sommernacht* (Nuit d'été dans le Nord), pour chœur et orchestre ; *Salamis* ; plusieurs recueils de *lieder* et d'ouvrages pour le piano.

GÉROME, Jean Léon, peintre français, fils d'orfèvre, né à Vesoul le 11 mai 1824. Ses études terminées, il vint à Paris en 1841 et entra peu après dans l'atelier de Paul Delaroche. Il suivit quelque temps également les cours de l'École des Beaux-Arts. En 1844, Paul Delaroche faisait un voyage en Italie, accompagné de ses élèves, parmi lesquels figuraient M. Gérôme, comme nous avons dit. — M. Gérôme a débuté au Salon en 1847. On cite de cet artiste, qui a fait une des plus grandes réputations de ce temps : *Jeunes Grecs faisant combattre des coqs (1847)* ; la *Vierge, l'enfant Jésus et saint Jean* ; *Anacréon, Bacchus et l'Amour (1848)* ; *Bacchus et l'Amour ivres, Souvenir d'Italie, Intérieur grec (1850)* ; *Pæstum (1852)* ; la *Frise du Vase commémoratif de l'Exposition de Londres de 1851*, pour la Manufacture de

Sèvres; *Idylle, Étude de chien (1853)*; *Gardeur de troupeaux, Pifferaro*, le *Siècle d'Auguste et la Naissance de Jésus-Christ (1855)*; la *Sortie du bal masqué, Recrues égyptiennes traversant le désert, Chameaux à l'abreuvoir, Memnon et Sésostris, Vue de la plaine de Thèbes*, la *Prière chez un chef arnaute, Pifferari (1857)*; les *Gladiateurs* (Ave, Cæsar imperator. etc.), le *Roi Candaule (1859)*; *Socrate venant chercher Alcibiade chez Aspasie, Phryné devant le tribunal*, les *Deux augures, Hache-paille égyptien, Rembrandt faisant mordre une planche à l'eau-forte, Portrait de Rachel (1861); Louis XIV et Molière*, le *Prisonnier, Boucher turc à Jérusalem (1863)*; l'*Almée*, un *Portrait (1864)*; *Réception des ambassadeurs siamois par l'empereur au palais de Fontainebleau*, la *Prière (1865); Porte de la mosquée El Assanein au Caire, Cléopâtre et César (1866); Marché d'esclaves*, la *Mort de César, Arnautes jouant aux échecs*, et plusieurs autres toiles déjà parues aux Salons précédents (Exp. univ. de 1867); le *Sept septembre 1815, à neuf heures du matin; Jérusalem (1868); Promenade du harem, Marchand ambulant au Caire (1869); Rex tibicen, Une collaboration*, l'*Éminence grise (1874); Santon à la porte d'une mosquée. Femmes au bain (1876)*. — En dehors de ses envois aux Salons, on doit à M. Gérôme : la *Peste à Marseille* et la *Mort de saint Jérôme* à l'église Saint-Séverin; *Lionne rencontrant un jaguar*, toile qui appartint à Théophile Gautier, et divers ouvrages de peinture décorative. A l'Exposition universelle de 1878, il avait envoyé plusieurs des toiles précédentes, les *Femmes au bain*, le *Santon*, l'*Éminence grise* notamment. Il a encore exposé, dans ces dernières années : *Vente d'esclaves à Rome*, la *Nuit au désert (1884); Grande piscine de Brousse(1885); Œdype*, le *Premier baiser du soleil (1886)*.
— Nommé professeur à l'École des Beaux-Arts en 1843, M. Gérôme a été élu membre de l'Institut en 1865. Il a obtenu une médaille de 3e classe en 1847, des médailles de 2e classe en 1848 et 1855, la médaille d'honneur à l'Exposition universelle de 1867, de nouveau la médaille d'honneur en 1874 et le rappel de médaille d'honneur en 1878. Chevalier de la Légion d'honneur depuis 1855, il a été promu officier en 1867 et commandeur en 1878. Il est également décoré de plusieurs ordres étrangers. Enfin M. Gérôme s'est aussi occupé de sculpture, et avec assez de succès pour avoir mérité une médaille de 2e classe en 1878 et une de 1re classe en 1881.
— Il est membre de la Commission supérieure des Expositions internationales. Membre du jury international de l'Exposition universelle de 1867, il a fait également partie de celui de l'Exposition de Vienne en 1873. Il a été nommé membre du Conseil supérieur des Beaux-Arts en octobre 1876 et membre de la commission d'admission et de classification de l'Exposition historique de l'Art ancien dans tous les pays et de l'ethnographie des peuples étrangers à l'Europe, groupe de l'Exposition universelle de 1878 (9e section, Ethnographie, etc.).

GEVAERT, François Auguste, compositeur belge, né le 30 juillet 1828 à Huysse, près de Gand. D'une famille de laboureurs, il fut lui-même employé tout jeune aux travaux des champs. Dès cette époque il montra des aptitudes musicales telles que, sans même avoir appris à solfier, il chantait derrière la charrue des airs de sa composition. Ses dispositions précoces frappèrent plusieurs personnes intelligentes du village, notamment le médecin, qui finit par persuader le père du futur directeur du Conservatoire de Bruxelles de confier son fils aux soins d'un artiste distingué, Mengal, professeur au Conservatoire de Gand. Admis dans cet établissement, M. Gevaërt fit des progrès rapides. Il remporta successivement le prix d'harmonie et celui de contrepoint, et, en 1847, le grand prix de Rome. Ses parents, craignant pour un si jeune homme les conséquences d'un voyage en Italie, demandèrent et obtinrent un délai de deux années. Le lauréat employa bien ces deux années, pendant lesquelles il fit représenter sur le théâtre de Gand : *Hugues de Zonnerghem*, opéra en 3 actes et un petit opéra comique : la *Comédie à la ville*, 1 acte. Avant de se rendre en Italie, M. Gevaërt vint faire une visite à Paris, où il séjourna quelques mois. Après son séjour à Rome, il visita tour à tour, aux frais du gouvernement belge, l'Italie, l'Espagne, la France et l'Allemagne. En 1853, M. Gevaërt venait se fixer à Paris. Il fit représenter la même année, au Théâtre-Lyrique, un opéra bouffe: *Georgette*, l'année suivante; le *Billet de Marguerite*, opéra comique en 3 actes qui eut un très vif succès; puis, les *Lavandières de Santarem (1856); Quentin Durward*, à l'Opéra-Comique (1857); le *Diable au moulin*, 1 acte, à l'Opéra-Comique, et le *Retour de l'armée*, cantate, à l'Opéra (1859); les *Deux amours*, opéra comique en 2 actes, au Théâtre de Bade (1861); le *Capitaine Henriot*, 3 actes, à l'Opéra-Comique (1864); la *Poularde de Caux*, opérette en 1 acte, jouée au Palais-Royal, en collaboration avec MM. Bazille, Clapisson, Gautier, Jonas, Mangeant et Poise. Parmi les compositions non dramatiques de M. Gevaërt, nous citerons *Canticum natalitix*, solo et chœur, avec accompagnement de piano et orgue; les *Filles de Marie*, chœur religieux à trois voix, avec orgue; les *Cloches de Noël* solo avec orgue; *Au nouveau lévite*, solo et chœur, avec accompagnement de piano et harmonium; le *Départ*, cantate à trois voix; *Jérusalem*, double chœur, sans accompagnement; *Chants lyriques de Saül, Madrid*, le *Mois de mai, Seigneur, protège-nous, Sur l'eau*, la *Bienfaisance*, l'*Absence*, l'*Adieu du brave*, l'*Amitié, Gentille blonde*, le *Drapeau*, la *Fraternité*, l'*Exode*, le *Chant du crépuscule, Chanson bachique*, les *Émigrants irlandais*, la *Veillée du nègre*, la *Grande route. Toulouse*, le *Lion flamand*, les *Nornes*, sérénade; les *Orphéonistes*, les *Proscrits*, les *Ouvriers*, les *Pêcheurs de Dunkerque*, chœurs sans accompagnement; *Jacques van Artevelde*, cantate avec orchestre; *Flandre au lion*, ouverture pour harmonie militaire, etc.

M. Gevaërt a été nommé, en 1867, directeur de la musique à l'Opéra, emploi supprimé depuis la mort de Girard et rétabli en sa faveur, en dépit des critiques. Il avait tenté, dans les années précédentes, de faire représenter à l'Opéra un ouvrage en 3 actes, mais sans succès; il parut dès lors renoncer à la composition dramatique et s'occuper de travaux de théorie, d'archéologie et d'instructions musicales. Il publia d'abord un *Traité d'instrumentation*, puis annonça un recueil d'un grand intérêt, dont malheureusement le seul volume a seul paru : les *Gloires de l'Italie, chefs-d'œuvre de la musique vocale italienne aux XVIIe et XVIIIe siècles*, collection de morceaux de théâtre, de concert et de chambre, recueillis et publiés avec accompagnement de piano par F. A. Gevaërt, traduction française par Victor Wilder (Paris. 1868, in-fol.), collection précédée d'une introduction historique et de notices biographiques sur les compositeurs dont les œuvres y figuraient. Très versé dans la connaissance des langues et de l'histoire de la musique, M. Gevaërt s'occupa de ce moment de réunir les matériaux de son grand ouvrage sur la musique grecque. Il faisait en même temps, à la Société des compositeurs de musique, des conférences sur l'Histoire de l'harmonie et collaborait à la *Revue des lettres et des arts* et à la *Revue et Gazette musicale*. En 1870, dès les premières menaces d'investissement, M. Gevaërt quitta Paris et retourna à Bruxelles ; à la mort de Fétis, l'année suivante, il fut appelé à lui succéder comme directeur du Conservatoire de cette ville. — Outre les ouvrages cités plus haut, l'éminent directeur du Conservatoire de Bruxelles a édité un certain nombre de morceaux de musique ancienne faisant partie du répertoire de la Société des concerts de l'établissement qu'il dirige ; collaboré à la publication des *Chansons du XVe siècle, publiées d'après le manuscrit de la Bibliothèque nationale, par G. Paris*, et, accompagnées de la musique, transcrite en notation moderne, par F. A. Gevaërt (Paris, 1875, in-8o); et publié: *Histoire et théorie de la musique de l'antiquité* (Gand, 1875-78, 2 vol. in-8o), ouvrage d'un intérêt capital, d'une science et d'une érudition peu communes et, d'autre part, unique; *Académie royale de Belgique : Discours prononcé dans la séance publique de la classe des Beaux-Arts, en présence de Leurs Majestés le roi et la reine, le 24 septembre 1876, par François Auguste Gevaërt, directeur de la classe* (1876, in-4o). — M. Gevaërt a été élu associé étranger de l'Académie des Beaux-Arts en remplacement de Mercadante, en janvier 1873 ; il est commandeur de la Légion d'honneur.

GÉVELOT, Jules Félix, industriel et homme politique français, né à Paris le 6 juin 1826. M. Gévelot possède aux Moulineaux, près de Paris, une manufacture de capsules et de cartouches auxquelles il a donné son nom ; il est en outre grand propriétaire dans l'Orne et membre du Conseil général de ce département pour le canton de Messey. Aux élections législatives de 1869, il se présenta, comme candidat indépendant, dans la 3e circonscription de l'Orne et fut élu contre le candidat officiel, M. le marquis de Torcy. Il prit place au centre gauche, s'éleva contre les candidatures officielles, et appuya la déclaration de guerre. Pendant le siège de Paris, M. Gévelot a été président de la commission d'armement du ministère des travaux publics et membre du comité scientifique de défense. Élu, le troisième sur huit, représentant de l'Orne à l'Assemblée nationale, aux élections du 8 février 1871, il prit place au centre gauche républicain, avec lequel il vota constamment. Il se présenta aux élections sénatoriales du 30 janvier 1876, dans l'Orne, sur la liste républicaine et échoua faute de quelques voix. Le 20 février suivant, il était élu, à une grande majorité, député de la 2ᵉ circonscription de Domfront, contre le candidat légitimiste, et réélu depuis sans difficulté, le 14 octobre 1877 et le 21 août 1881. M. Gévelot est président du comice agricole de Domfront. Il a obtenu des récompenses, comme industriel, à de nombreuses expositions, entre autres à l'Exposition universelle de Philadelphie, de 1876, où les compétitions étaient peut-être plus nombreuses. — Aux élections du 4 octobre 1885, M. Gévelot a été l'unique candidat de la liste républicaine élu dans l'Orne, et le premier des deux députés élus au premier tour, l'autre étant M. de Mackau. Il a repris sa place à gauche, et a repoussé de son vote les propositions d'expulsion des princes.

GHIKA, Hélène, princesse Koltzoff-Massalsky, connue dans le monde des lettres sous le pseudonyme de **Dora d'Istria**, nièce de l'ex-hospodar Alexandre Ghika, fille du grand ban Michel Ghika, tous deux morts aujourd'hui et femme du prince russe, ou plutôt slave, Koltzoff-Massalsky Rurikovitch, qu'elle épousa en 1849. Mᵐᵉ Dora d'Istria est née à Bucarest le 22 janvier 1829; elle fit de très solides études sous la direction du célèbre professeur et archéologue grec G. G. Pappadopoulos, visita dans sa première jeunesse les principales villes de l'Europe, apprit les langues des diverses peuples européens et s'acquit de bonne heure une légitime réputation de savoir. A quinze ans, elle traduisait l'Iliade en allemand et écrivait couramment pour le théâtre. Après son mariage, elle suivit son mari en Russie et prit rang à la cour. Artiste aussi bien que savante, elle exposait à Saint-Pétersbourg, en 1854, deux *Paysages*, pour lesquels elle reçut une médaille d'argent. Elle reprenait dès l'année suivante le cours de ses voyages, visitant la Suisse, la Belgique, la Hollande, l'Italie, etc. Après avoir résidé longtemps en Suisse, elle a fait dans ces dernières années un séjour assez prolongé en France; elle réside actuellement, croyons-nous, en Italie. En 1867, la Chambre des députés d'Athènes, par loi spéciale votée d'acclamation, conférait à Mᵐᵉ Dora d'Istria la grande naturalisation. Elle est membre d'un grand nombre d'académies et de sociétés littéraires et savantes, même de celles qui, jusque-là, n'avaient pas admis de femmes. — Nous citerons parmi ses ouvrages principaux, semés un peu partout et écrits en des langues diverses: la *Vie monastique dans l'Eglise orientale* (1855); *Gli Eroi della Rumenia* et *I Rumeni ed il Papato* (1857), en italien; les *Femmes en Orient* (Zurich, 1858: 2 vol.); *Des Femmes, par Une femme* (Paris, 1864); la *Vénitienne* (ibid.) Elle a collaboré en outre à une foule de journaux et de recueils littéraires de l'Allemagne, de la Belgique, de la Suisse, de l'Italie, de la Grèce, etc.: au *Diritto*, à la *Revue des Deux-Mondes*, à l'*Americano*, revue espagnole publiée à Turin, etc., etc.

GHISLANZONI, Antonio, littérateur italien, né à Lecco le 25 novembre 1824. Après de brillantes études littéraires, il aborda celle du chant et fut engagé comme baryton, au théâtre Carcano, à Milan; mais il n'y resta que peu de temps et embrassa d'une manière définitive la carrière des lettres. Tour à tour, à même à la fois, romancier, journaliste, critique musical, auteur dramatique, M. Ghislanzoni s'est fait dans ces dernières années une réputation considérable comme librettiste, qui le fait ardemment rechercher des compositeurs et par suite des directeurs de théâtres d'opéra. Son éducation musicale le sert d'ailleurs merveilleusement dans cette sorte de travail et, jointe à ses relations habituelles, elle le porte à émailler ses romans de chapitres très intéressants sur la musique ou les musiciens. Nous citerons par exemple: *Gli Artisti dal teatro* (Milan, 1858, 3 vol. in-12), dont une centaine de pages sont consacrées à des notes biographiques sur les virtuoses, les chanteurs et les compositeurs de l'Italie contemporaine. Dans un autre ouvrage: *Reminiscenze artistiche*, dont le titre indique au reste suffisamment le sujet, il a introduit une notice sur le pianiste compositeur *Adolfo Fumagalli*, un autre sur la *Casa di Verdi a Sant' Agata* et plusieurs autres chapitres relatifs à la musique. — M. Ghislanzoni, qui est un des principaux rédacteurs de la *Gazetta musicale*, de Milan, a écrit plus de cinquante livrets d'opéra, parmi lesquels il faut citer: *Salvator Rosa*, musique de M. Gomez; *I Lituani*, de M. Ponchielli, *I Promessi Sposi*, de M. Petrella; *Papa Martin*, de M. Cagnoni; *Aïda*, de M. Verdi; *Sara* de M. Gibelli (1876), etc. Il est aussi l'auteur des paroles de la cantate: *Omaggio a Donizetti*, mise en musique par M. Ponchielli.

GIACOMOTTI, Félix Henri, peintre français, né à Quingey (Doubs) le 18 novembre 1828. Elève de Picot et de l'Ecole des Beaux-Arts, M. Giacomotti remportait le grand prix de Rome en 1854, le sujet de ce concours étant: *Abraham recevant les anges*. Il s'est fait depuis, tant dans le portrait que dans la peinture historique, une très honorable réputation. — On cite de cet artiste: le *Martyre de saint Hippolyte, Nymphe et satyre* (1861); l'*Amour se désaltérant* (1863); *Agrippine quitte le camp* (1864); l'*Enlèvement d'Amymone, fille de Danaüs* (1865), au Luxembourg; le *Christ bénissant les enfants* (1867); la *Dernière épingle de Carmela* (1868); la *Pentecôte* (1870); *Vénus et l'Amour* (1873); le *Calvaire* (1875); *A Sonnino* (Italie), souvenir (1876); la *Gloire de Rubens*, panneau décoratif pour le musée du Luxembourg (1878): l'*Hiver*, panneau décoratif (1883); l'*Innocence* (1884); *Mirage*, *Lady Macbeth* (1886). Quant aux portraits, dont il a exposé un grand nombre aux divers salons, nous citerons ceux de MM. *Edmond About*, le *Comte de Montholon*, de *Saint-Brice, Hood, Hornby* et de Mᵐᵉˢ *J. David*, la *Comtesse de Moreton-Chabrillan*, la *Marquise de Canisy*, la *Marquise de Venneuelles*, la *Comtesse de Jourdan-Savonnières*, *Paillet*, de *Roux-Lurcy*, *Barthe-Banderali* (1874), *Dugué de la Fauconnerie* (1877); sans compter la foule des portraits anonymes. Il a en outre exécuté pour l'église Saint-Etienne-du-Mont, qui possède plusieurs autres de ses toiles, le *Christ au milieu des docteurs*; pour la mairie de Besançon, les portraits en pied des généraux *Marulaz* et *Morand*, et celui du *Chancelier d'Aguesseau*, au Palais de Justice de Paris (1878). — M. F. Giacomotti a obtenu des médailles en 1864, 1865 et 1866 et a été décoré de la Légion d'honneur en 1867.

GICQUEL-DESTOUCHES, Albert Auguste, amiral français, fils d'un capitaine de vaisseau, est né à Brest le 10 avril 1818. Entré dans la marine en 1832, il était promu successivement enseigne en 1839, lieutenant de vaisseau en 1843, capitaine de frégate en 1859, capitaine de vaisseau en 1858, contre-amiral le 6 avril 1867 et vice-amiral le 3 août 1875. Comme capitaine de vaisseau, M. Gicquel-Destouches, outre divers commandements, exerça les fonctions de chef d'état-major de l'escadre d'évolution de la Méditerranée, puis celle de directeur du personnel au ministère de la marine. En 1867, il reçut le commandement de la division navale de la Méditerranée. En 1870, M. le contre-amiral Gicquel-Destouches faisait, devant la commission d'enquête sur la marine marchande, une substantielle déposition concluant principalement au maintien de l'inscription maritime. On lui doit, au reste, une brochure sur cette importante question du recrutement des équipages de la flotte. — Commandeur de la légion d'honneur depuis 1864, l'amiral Gicquel-Destouches a été promu grand officier le 27 décembre 1872. Il a fait partie, comme ministre de la marine, du cabinet éphémère du 16 mai 1877.

GIDE, Théophile, peintre français, né à Paris le 15 mars 1822. Elève de Paul Delaroche et de Léon Cogniet, M. Gide a abordé divers genres avec un égal succès. Son tableau de début au Salon, la *Chute des feuilles*, fut bientôt suivi du *Retour du marché* (Pyrénées). Il a exposé depuis: *Messe dans une église des Pyrénées*, le *Jugement de Cinq-Mars et de Thou* (1855); *Résurrection du fils de la veuve de Naïm* (1857); *Louis XI et Quentin-Durward*, *Messe dans la campagne des environs de Naples*, *Italienne* (1859); le *Récit, Episode de la jeunesse de Lesueur*, la *Récréation au couvent* (1861); *Sully quittant la cour de Louis XIII*, les *Femmes à la fontaine* (Pyrénées), *Neuvaine à la madone* (1863); les *Adieux au couvent*, *Chanteurs napolitains* (1864); une *Présentation*, *Moines à l'étude* (1865); *Répétition d'une messe en musique* (1866); *Visite de S. S. le Pape dans un couvent*, la *Partie d'échecs* (1867); le *Réfectoire de la Grande-Chartreuse*, la *Dictée* (1868); *Chœur du couvent de Saint Barthélemy, près de Nice* (1869); l'*Ecole*, les *Derviches hurleurs de Scutari* (1870); une *Ambulance au couvent de Cimiès*, à Nice; *Terrasse du couvent de Saint-Barthélemy* (1872); *Lesueur chez les chartreux*, le *Cavalier galant* (1873); *Le 22 août 1572, Coligny ayant été blessé grièvement d'un coup d'arquebuse, en sortant du Louvre*, *Charles IX, Catherine de Médicis, les deux ducs d'Anjou et d'Alençon avec plusieurs de leurs grands serviteurs, se rendirent chez l'amiral*; *Deux mauvaises connaissances*; *L'Atelier du tonnelier* (1874); une *Confidence indiscrète*, « *Encore un verre!* » (1875); *Charles IX est contraint de signer l'ordre de massacrer les huguenots*, le 24 août 1572, jour de la Saint-Barthélemy, une *Querelle de jeu (1876)*; l'*Importun*, les *Visiteurs au palais de Fontainebleau* (1883); *Prenez garde, Echec et mat (1884); Qui s'y frotte s'y pique (1885); Goûtez-moi ça (1886)*. — M. Théophile Gide a obtenu une médaille de 3e classe en 1861, une médaille en 1863, une médaille et la croix de la Légion d'honneur en 1866.

GIDEL, Charles Antoine, littérateur français, né à Gannat (Allier) le 5 mars 1823, fit ses études au collège de cette ville et à l'Ec le normale supérieure, et fut reçu licencié ès lettres en 1850, premier agrégé des classes supérieures en 1853 et docteur ès lettres en 1857. Professeur de quatrième au collège du Puy en 1852, il professa la classe de rhétorique à Brest de 1853 à 1855, à Angers de 1855 à 1857 et à Nantes de 1857 à 1860; il occupait en même temps, dans cette dernière ville, la chaire de littérature française à l'école préparatoire. En 1860, il fut appelé à Paris et chargé du cours de troisième au lycée Bonaparte où il devint professeur de rhétorique en 1864. Cette même année 1864, l'Académie des inscriptions et belles-lettres décernait un de ses prix Bordin à M. Gidel, pour un *Mémoire sur les imitations faites en grec, depuis le XIIe siècle, de nos anciens poèmes de chevalerie*, et l'Académie française lui le prix d'éloquence, en 1866, pour une *Etude sur Saint-Evremond* et en 1868, pour un *Discours sur Jean-Jacques Rousseau*. Il a pris une part très active aux conférences libres ou officielles depuis l'adoption chez nous de ce système d'enseignement, notamment à la Sorbonne (1863), et depuis en divers lieux, mais surtout au théâtre de la Gaîté, sur les chefs-d'œuvre du répertoire classique. Nommé proviseur au lycée Henri IV en 1872, il était transféré à Louis-le-Grand en 1876. — M. Gidel a publié: les *Troubadours et Pétrarque* et *De Philippide Guillelmi Britonis (1857)*, ses thèses de doctorat; *Nouveau recueil de morceaux choisis d'auteurs français (1865); Etudes sur la littérature grecque moderne (1866-78, 2 vol.)*, recommandées par l'Académie; une édition annotée du *Conciones*; une édition des *Œuvres de Boileau*, précédée d'une substantielle et très intéressante *Etude sur Boileau et l'histoire littéraire du XVIIe siècle (1869)*; les *Français du XVIIe siècle (1873)*; *Etudes sur la littérature moderne: la Littérature française (1875)*, etc. On lui doit encore la publication de divers manuscrits grecs, des *Œuvres choisies de Saint-Evremond* et de plusieurs éditions d'ouvrages classiques, ainsi qu'une collaboration active à la *Revue de l'instruction publique*, à la *Revue de l'Anjou*, à la *Revue archéologique*, à la *Revue Contemporaine*, à la *Revue des Cours littéraires*, à l'*Annuaire de l'Association pour l'encouragement des études grecques*, aux *Proceedings de la Société philologique de Londres*, etc. — Chevalier de la Légion d'honneur depuis 1869, M. Gidel a été promu officier le 31 décembre 1884. Il est en outre décoré de l'ordre du Sauveur de Grèce, et officier d'Académie.

GIERS (de), Nicolas Carlovitch, diplomate et homme d'Etat russe, né le 9 mai 1828. Il fit ses études au lycée impérial de Tzarskoe-Selo et entra à dix-huit ans au ministère des affaires étrangères, comme attaché au département asiatique. En 1841, il fut attaché au consulat russe en Moldavie; en 1848, un ordre impérial l'envoyait au quartier général des troupes russes en Transylvanie, durant la campagne de Hongrie, en qualité d'agent diplomatique sous les ordres du commandant en chef, général Lueders. Le zèle et l'habileté qu'il déploya dans cette occasion lui valurent le titre de conseiller de cour et la décoration de l'ordre de Saint-Stanislas (4e classe). Après son retour de Transylvanie, en 1850, M. de Giers fut nommé premier secrétaire d'ambassade à Constantinople; de là il fut transféré en Roumanie, comme directeur de la chancellerie du ministre plénipotentiaire russe dans ce qu'on appelait encore, à cette époque (1853), les Principautés de Moldavie et de Valachie, et y demeura une année entière. Lorsqu'éclata la guerre avec la Turquie et ses alliés d'Occident, M. de Giers fut rappelé au ministère, puis envoyé, en 1855, avec des instructions importantes, auprès des gouverneurs généraux de la Nouvelle-Russie et de la Bessarabie. En 1856, il fut nommé conseiller d'Etat, et consul général en Egypte; d'où il fut transféré, au bout de deux ans, en Moldo-Valachie, en la même qualité, mais dans la position de conseiller d'Etat en service ordinaire Il y resta cinq ans, et fut récompensé des services importants qu'il avait rendus dans ce poste difficile par la décoration de l'ordre de Sainte-Anne, première classe. En 1863, M. de Giers fut envoyé à Téhéran, comme envoyé extraordinaire et ministre plénipotentiaire. On attribue à la présence et à l'action de cet habile diplomate à la cour du schah de Perse le maintien des bonnes relations entre son pays et celui-ci, objet d'intrigues si acharnées, au moindre point noir qui se montre au ciel de l'Orient, toujours prêt à se tourner contre les Russes dans leurs conflits périodiques avec leurs voisins de Turquie, et qui ne le fait presque jamais. A son retour, en 1869, M. de Giers fut décoré de l'ordre Saint-Wladimir (2e classe) et entra au Conseil privé; puis il fut nommé ministre à Berne. Remplacé dans ce poste au bout de trois ans, par le fils du prince Gortchakoff, M. de Giers alla de son côté remplacer en la même qualité M. Daschkoff à Stokholm. Il demeura plus longtemps en Suède, et reçut de son souverain les ordres élevés de l'Aigle blanc et de Saint-Alexandre Nevski, comme marque de sa satisfaction pendant qu'il y exerçait ses fonctions. Lors de la visite du roi de Suède au czar, en 1875, M. de Giers fut appelé à Saint-Pétersbourg et resta attaché à Sa Majesté scandinave tout le temps que celle-ci passa en Russie. En décembre de la même année, il était nommé adjoint au ministre des affaires étrangères ayant la direction du département des affaires asiatiques. Il faudrait refaire l'histoire des événements qui se sont produits en Asie, et surtout de ceux qu'on ont amenés la rivalité de l'Angleterre et de la Russie dans l'Asie centrale, pour donner une idée de l'importance de ce poste en Russie et de l'activité incessante, des connaissances étendues, de l'habileté diplomatique consommée qu'il exige de l'homme qui l'occupe, surtout quand cet homme arrive à satisfaire les intérêts de son pays comme l'a fait M. de Giers.

A partir de 1876, à raison des fréquentes absences du prince Gortchakoff, qu'il remplaçait dans ces occasions à la tête du ministère, on peut dire que M. de Giers est de fait le ministre des affaires extérieures de l'empire russe. Il l'y devint en effet, en 1876 d'abord, pendant sept mois de l'année 1877, durant la guerre turque; puis en 1878, pendant la durée du congrès de Berlin, où le prince Gortchakoff représentait la Russie. Dès la fin de ce mémorable congrès, le chancelier impérial donna des signes de la fatigue intellectuelle qui le rendit bientôt incapable de s'occuper d'affaires; il passa la plupart du temps à la recherche de la santé qu'il a perdue, occupé surtout à retenir la vie qui lui échappe; il n'est pas remplacé officiellement dans son poste de chancelier de l'empire, mais un autre en remplit effectivement les fonctions, et cet autre est naturellement M. de Giers. Enfin, au mois d'avril 1882, le prince Gortchakoff se retire, et M. de Giers est nommé à sa place. — Presque aussitôt, il adopte les habitudes erratiques qui, depuis quelque temps distinguent les chanceliers de Russie et d'Autriche-Hongrie. Dès le commencement de décembre, il est à Rome et obtient une audience du pape; quelques jours plus tard, il était à Varzin; en janvier, il était à Vienne et était reçu par l'empereur François-Joseph le 26. L'année suivante, après le sacre du czar Alexandre III (mai), il adressait ses remerciements, accompagnés d'assurances de paix générale, comme toujours, aux puissances qui s'étaient fait représenter à cette cérémonie. L'automne venu, il reprenait le chemin de Berlin... Il y est encore.

GIGOUX, Jean François, peintre français, né à Besançon le 8 janvier 1809, élève de l'Ecole des Beaux-Arts, M. Jean Gigoux débuta au Salon de 1831 par quelques dessins et portraits à la mine de plomb et des lithographies. Il a ensuite abordé la peinture à l'huile et successivement exposé, tant toiles que dessins *Henri IV écrivant des vers sur le missel de Gabrielle*, la *Toilette de Mme Dubarry*, la *Mort de Léonard de Vinci*, la *Bonne aventure*, la *Mort de Cléopâtre*, le *Martyre de sainte Agathe*, le *Corps du Christ veillé par les anges, Antoine et Cléopâtre après la bataille d'Actium*, le *Comte de Comminges reconnu par sa maîtresse*, le *Baptême de Clovis, Saint Pierre-ès-liens, le Christ au jardin des Oliviers*, la *Manne dans le désert, Saint Philippe guérissant des malades, Saint Louis enterrant les morts sur un champ de bataille, Saint Louis pardonnant aux révoltés après la bataille de Taillebourg*, le *Mariage de la Vierge, Héloïse recevant les restes d'Abeilard au Paraclet, Sainte Geneviève*, la *Nativité, Madeleine pénitente*, la *Mort de Manon Lescaut, Charlotte Corday*, dessin. etc. (1833-1852); et depuis: *Galathée*, les *Vendanges (1853)*; la *Moisson (1855)*: ces deux tableaux, qui ornaient le grand escalier de la Cour des comptes, ont été détruits par les incendies de mai 1871; le *Bon Samaritain*, la *Veille d'Austerlitz (1857)*; une *Arrestation sous la Terreur (1859)*; une *Tête de Sarrasin, Portrait du comte de Muszech (1861)*; *M. Lefebvre-Duruflé, sénateur (1865)*; la *Poésie du Midi (1866)*; *Première rêverie (1868)*; le *Dernier ravissement de Sainte Marie-Madeleine (1870)*; le *Pêcheur et le petit pois-*

son *(1872)*; le « *Père Lecour* » *(1875)*; un *Jeune garçon (1876)*; la *Jeunesse de Ruyter (1877)*; la *Fontaine de Jouvence, Sainte Madeleine au désert (1878)*; un *Paresseux (1885)*; le *Dernier jour de Jeanne d'Arc à Domrémy, Tête de jeune fille*, étude *(1886)*. Il faut ajouter, à cette liste, un certain nombre de portraits à l'huile; ceux de *Charles Fourier*, du *Roi Jérôme*, du *Général Donzelot*, du *Maréchal Moncey*, du *Général Dwernicki*, du *Comte Ostrowski*, de *G. Laviron*, de la *Comtesse George de Müszech*, de *M. Arsène Houssaye*; et ceux du *Baron Gérard*, de *Paul Delaroche, Eugène Delacroix, Barrye, Lamartine, Considérant, Alfred de Vigny, Sigalon*, les frères *Johannot, Taillandier*, etc. (pastels ou lithographies); un grand nombre de dessins d'illustration, notamment 500 vignettes pour les *Aventures de Gil Blas de Sentillane*; la *Prise de Gand*; et le *Portrait de Charles VIII* pour les salons de Versailles; la *Fuite en Egypte*, le *Repos de la Sainte-Famille*, la *Mise au tombeau du Christ*, la *Résurrection*, à l'église Saint-Gervais-et-Saint-Protais, ainsi que divers travaux de peinture décorative à la chapelle Sainte-Geneviève de l'église Saint-Germain-l'Auxerrois, à l'église Saint-Merry, etc. — M. Jean Gigoux a obtenu une médaille de 2e classe en 1833, une médaille de 1re classe en 1835 et une autre en 1848. Chevalier de la Légion d'honneur depuis 1842, il a été promu officier le 12 juillet 1880.

GILBERT, sir John, peintre anglais, président de la Société des aquarellistes, est né en 1817. Il débuta à la Société des artistes anglais en 1836, par une aquarelle : *l'Arrestation de lord Hastings par le Protecteur, Richard duc de Gloucester*; il avait toutefois, la même année, une peinture à l'huile admise à l'Académie royale. Il exposa pour la première fois à l'Institution britannique en 1839, et a continué depuis lors à envoyer ses ouvrages à cette galerie artistique, ainsi qu'à celle de l'Académie royale, au moins de temps en temps. Nous citerons, parmi les œuvres les plus distinguées de sir John Gilbert : *Don Quixote donnant des conseils à Sancho Panza (1874)*, accompagné ou suivi de divers autres sujets empruntés à Cervantes; puis : *l'Education de Gil Blas*; une scène du *Tristram Shendy* de Sterne; *Othello devant le Sénat*; le *Meurtre de Thomas Becket*; le *Théâtre de Shakespeare*, réunion des principaux caractères du Théâtre du « cygne de l'Avon »; *Charge de cavaliers à Naseby*; un *Drawing-room au palais de Saint-James*; un *Régiment de cavalerie royaliste*; *Rubens et Téniers*; *l'Atelier de Rembrandt*; *Wolsey et Buckingham*; une *Convocation du clergé*; *Entrée de Jeanne d'Arc à Orléans*, etc. Ses plus récentes expositions sont : le *Camp du drap d'or (1874)*, *l'Abbaye de Tewkesbury*; la *Reine Marguerite amenée captive à Edouard après sa défaite*; *Don Quixote et Sancho au château du Duc et de la Duchesse (1875)*; les *Croisés*, *Richard II résignant la couronne entre les mains de Bolingbroke (1876)*; le *Cardinal Wolsey à l'abbaye de Leicester*, *Doge et sénateurs de Venise (1877)*; *Vite! et Rosée de mai (1878)*. Il avait à l'Exposition universelle de 1878 : le *Cardinal Wolsey à l'abbaye de Leicester*, *l'Abdication de Richard II et Doge et sénateurs de Venise*, envoi qui lui valut une 3e médaille et la croix de la Légion d'honneur. — Sir John Gilbert a en outre collaboré, comme dessinateur, à diverses publications de luxe ainsi qu'à bon nombre de journaux illustrés, notamment à l'*Illustrated London News*, pendant plusieurs années à partir du premier numéro. La plupart des meilleures éditions des classiques anglais ont été illustrées par lui, y compris une édition de Shakespeare à laquelle il travailla trois ans. — Sir John Gilbert a été élu associé en 1852 et en 1853 membre titulaire de la Société des aquarellistes, dont il est devenu le président en 1871. Peu après, il était créé chevalier. Il est membre honoraire de la Société des aquarellistes et de la Société des artistes de Belgique, président honoraire de la Société des peintres d'aquarelle de Liverpool et a été élu membre de l'Académie royale des arts de Londres, dont il était associé depuis 1872, le 29 juin 1876.

GILBERT, Pascal, homme politique français, né en 1835. M. P. Gilbert dirige à Blaye une maison de banque et y est vice-président du tribunal de commerce. Vice-président du cercle local de la Ligue de l'enseignement, il est membre du Conseil municipal et a été adjoint au maire de Blaye. Aux élections d'octobre 1885, M. P. Gilbert a été élu député de la Gironde, comme candidat républicain, au scrutin du 18, par 68,740 suffrages, et a pris place à gauche. Il a voté l'expulsion des princes.

GILBERT, William Schwenck, auteur dramatique anglais, né à Londres le 18 novembre 1836. Après avoir pris ses grades à l'université de Londres, il suivit les cours de droit de l'Inner Temple et se fit recevoir avocat en novembre 1864. Il avait été attaché au secrétariat du Conseil privé de 1857 à 1862, et fut nommé capitaine des Highlanders royaux du comté d'Aberdeen (milice) en 1868. M. William S. Gilbert collabora de bonne heure à la presse périodique, et débutait au théâtre en janvier 1866. Sa première pièce : *Dulcamara*, fut jouée au théâtre de Saint-James, à la date que nous venons d'indiquer. Il a donné depuis, sur diverses scènes, un certain nombre de pièces, principalement de comédies-féeries : *Old Score, The Princess, Ages ago, Randall's Thumb, Creatures of impulse, A Sensation novel, Happy Arcadia, The Palace of Truth (1870), Pygmalion and Galatea (1871), The Wicked World (1873), Charity*, pièce en 4 actes (1874) au théâtre de Haymarket, où furent également jouées les trois précédentes, toutes trois comédies-féeries en trois actes; *Sweet hearts* (Les amants), drame en deux actes, joué au théâtre du prince de Galles en novembre 1874; *Broken hearts* (Cœurs brisés), comédie féerie au Théâtre de la Cour : *Tom Cobb*, comédie bouffe en 3 actes, à Saint-James (1876); *Trial by jury, Daniel Bruce, Engaged*, au même théâtre et *Ne'erdo-Weel*, à l'Olympic (1878); *Gretchen*, à l'Olympic : *Foggerty's Fairy (1879)*, au Criterion. M. Gilbert a écrit aussi, le plus souvent avec M. Arthur Sullivan, de nombreux livrets d'opéras comiques, opéras bouffes, opérettes, etc. Nous citerons : le *Sorcier*, 2 actes (1877); *Pinafore*, les *Pirates de Penzance, Patience (1881)*. Les opérettes de M. Gilbert ont eu, pour la plupart, une vogue inouïe. On doit encore à M. W. Gilbert quelques publications humoristiques : *Bab ballads*, d'abord publié dans le *Fun*, journal satirique de Londres, a, par exemple, paru depuis en volume.

GILLE, Philippe Emile François, auteur dramatique et journaliste français, né à Paris le 18 décembre 1831, y fit ses études et entra comme employé à la préfecture de la Seine. Il étudia la sculpture, puis devint en 1861 secrétaire du Théâtre-Lyrique et, les relations aidant, s'occupa de journalisme. M. Philippe Gille collabora principalement aux journaux de Millaud : le *Petit-Journal*, le *Soleil*, l'*Histoire*, puis au *Figaro*, où il rédige, en ore aujourd'hui (1886) le bulletin bibliographique. Il a écrit en outre, seul ou en collaboration, un assez grand nombre de comédies, vaudevilles, livrets d'opéras comiques, d'opérettes et de ballets, dont plusieurs ont eu un vif succès; d'autres n'ont pas fait ce qu'il a commencé. — Nous citerons : la *Prêtresse*, opérette, musique de Georges Bizet, jouée à Bade en 1854; *Vent du soir (1857)*; *M. de Bonne-Etoile*, musique de M. Delibes (1860); le *Bœuf Apis*, avec le même (1863); les *Bergers*, opéra comique en 3 actes, avec M. H. Crémieux, musique d'Offenbach; la *Cour du roi Pétaud*, musique de M. L. Delibes; les *Horreurs de la guerre*, musique de M. Jules Costé (1865); les *Prés Saint-Gervais*, tiré de la pièce de M. Sardou, musique d'Offenbach; *Garanti dix ans*, comédie, avec M. E. Labiche (1874); les *Trente millions de Gladiator*, avec le même (1875); *Pierrette et Jacquot*, opérette, aux Bouffes (1876); les *Charbonniers*, le *Docteur Ox*, opéra comique en 3 actes tiré de l'amusante nouvelle de M. J. Verne, musique d'Offenbach, aux Variétés (1877); *Yedda*, ballet, musique de M. Olivier Métra, à l'Opéra (1879); la *Farandole*, ballet, musique de M. Th. Dubois, à l'Opéra (1881). Il a donné dans ces derniers temps, avec M. H. Meilhac : le *Mari à Babette*, comédie en 3 actes, au Palais-Royal (1882); *Ma camarade*, 5 actes, au même théâtre (1883); la *Ronde du commissaire*, 3 actes, au Gymnase; *Rip van Winkle*, opéra comique en 3 actes, musique de M. Planquette, aux Folies-Dramatiques; *Manon*, opéra comique, 5 actes et 6 tableaux, musique de M. Massenet, à l'Opéra-Comique (1884), etc.

GILLET, René, homme politique français, médecin, né à Ligny-sur-Ornain (Meuse) le 5 août 1845. Reçu docteur en médecine, il s'établit à Beauzée en 1871, devint conseiller municipal puis maire de cette ville (1875) et conseiller général de la Meuse en 1880. Son dévouement aux intérêts bien entendus du département, particulièrement en ce qui concerne l'établissement de lignes locales de chemins de fer le fit remarquer au conseil départemental et porter sur la liste républicaine de la Meuse aux élections d'octobre 1885, où il fut élu député de ce département au scrutin du 18. M. le Dr Gillet siège à gauche, quoique n'appartenant officiellement à aucun groupe. Il a voté l'expulsion totale des princes.

GILLMORE, Quincy Adams, officier supérieur du génie et écrivain militaire américain, ancien général de division de volontaires pendant la guerre de Sécession, est né dans le comté de Lorraine (Ohio) le 28 février 1825. Il fit ses études à l'Académie militaire de

West-Point, d'où il sortit premier en 1849 ; il fut alors employé comme sous-lieutenant du génie aux fortifications de Hampton Roads. De 1852 à 1856, il servit à West-Point comme instructeur-adjoint de génie pratique, fut promu lieutenant en premier à cette dernière date, et employé à New-York à l'achat et au transport des matériaux pour les fortifications en cours de construction, ainsi qu'à l'édificati n du nouveau fort de Sandy-Hook. C'est à cette dernière occupation que le surprit l'explosion de la guerre secessionniste (1861). Il fut promu capitaine du génie et attaché à l'état-major du général Sherman, commandant le corps d'expédition de la Caroline du Sud. En cette qualité, il ouvrit les opérations contre le fort Pulaski, près de Savannah (Géorgie), en février 1862, et il commandait les colonnes d'assaut qui s'emparèrent de ce fort peu après. Nommé brigadier-général de volontaires, il fut envoyé dans l'Ouest, comme commandant du district de la Virginie occidentale, du département militaire de l'Ohio. Peu après. il fut appelé au commandement d'une division dans l'armée du Kentucky. Envoyé ensuite dans la Caroline du Sud, il prit le commandement de l'armée de terre employée au siège de Charleston, et fut promu au rang de major général de volontaires. Lorsque le général Grant fut devenu commandant en chef des armées des États-Unis, le général Gillmore reçut l'ordre de se porter avec ses troupes vers le général Butler, à la forteresse de Monroe, comme commandant du dixième corps d'armée, et il coopera avec ce dernier à l'occupation de la rive sud du fleuve James, ainsi qu'à diverses autres opérations importantes. Il coopera également avec le général Sherman, au mouvement exécuté par celui-ci à travers la Caroline du Sud, et fut placé à la tête du nouveau département militaire embrassant tout Etat tout entier, le 27 juin 1865. Mais il fut remplacé dans son commandement quelques mois plus tard, par le général Sickles. Après la paix, le général Gillmore quitta le service volontaire, mais il fut maintenu avec le grade de major (chef de bataillon à l'équivalent) dans le corps du génie des Etats-Unis, et chargé spécialement des travaux de défense des côtes de l'Atlantique. — On a de M. Gillmore : *A Practical Treatise on limes, hydraulic cements and mortars (1863)*; *Siege and reduction of Fort Pulaski, Georgia (1863)*; *Official reports of operations against the defences of Charleston Harbour (1865)*; *A Supplementary report on the engineer an artillery operations (1865)*; *Coignet-béton et autres pierres artificielles (1871)*; *A Practical Treatise on construction of roads, streets and pavements*; et un *Rapport sur la force des pierres à bâtir des Etats-Unis (1876)*; outre des articles scientifiques dans l'*American Cyclopædia* (New-York, 1873-76), et dans l'*Universal Cyclopædia* de Johnson.

GILLY, Numa, industriel et homme politique français, né à Sommières (Gard) en 1834. Établi tonnelier à Nîmes en 1859, il s'est de bonne heure fait remarquer par ses opinions avancées, a été vice-président de la Ligue républicaine du Midi et est devenu, sous la République, conseiller municipal, puis adjoint au maire de Nîmes (1881). Porté aux élections d'octobre 1885 sur la liste radicale du Gard, M. Numa Gilly a été élu député au second tour. Il a pris place à l'extrême-gauche et a voté contre les lois d'expulsion des princes.

GINAIN, Louis Eugène, peintre français, né à Paris le 26 juillet 1818. Élève de Charlet et d'Abel de Pujol, il débuta au Salon de 1839, fit un voyage en Afrique et suivit en 1844 le duc de Montpensier en Espagne. — On cite principalement de cet artiste : le *Duc d'Aumale pendant la campagne du Teniah*, le *Colonel Daumas recevant la soumission de Mahi-ed-Din en 1835, Attelage à la Daumont, la Bataille de Marengo, le Combat de l'Affroun, les Zouaves, le Camp de Châlons*; *Exercices militaires*; la *Rentrée à Paris de l'armée d'Italie*, le 12 août 1859, pour les galeries de Versailles (1841-1861) ; le *Printemps*; *Voyage de l'empereur à Alger* ; l'*Automne (1863)*; *Fantasia (1864)*; *Chevaux de halage, Cavalier arabe (1865)*; le *Grand chérif Hadj-Ali-ben-Brahim (1866)*; *El Halib (1868)*; le *Retour d'une colonne après une razzia (1869)*; *Cheval de Ganda (1870)*; *Campagne d'Algérie de 1840 (1872)*; la *Revue du 29 juin 1871 (1873)*, commandée par le ministre de l'instruction publique et des beaux-arts ; *Convocation d'un goum par le caïd (1874)*; *Sur la route : chevaux de poste*; *Entrée de l'écurie: chevaux de poste*; *Obstacle : chevaux de chasse (1875)*; le *Chérif, souvenir de Mostaganem* (province d'Oran) ; la *Retraite, Cavaliers réguliers d'Abd-el-Kader (1876)*; *Artillerie en marche (1878)*, etc. — M. Ginain a obtenu une médaille de 3e classe en 1857, un rappel en 1861 et une médaille de 2e classe en 1863. Il a été décoré de la Légion d'honneur en 1878.

GINOUX DE FERMON (comte), César Auguste, homme politique français, petit-fils d'un ministre de Napoléon Ier, est né à Paris le 20 avril 1828. Ancien auditeur au Conseil d'Etat, il fut élu représentant de la Loire-Inférieure le 8 février 1871 et député de Châteaubriant au scrutin de ballottage du 5 mars 1876. Il siégea dans les deux chambres au groupe de l'Appel au peuple. Réélu le 14 octobre 1877 et le 21 août 1881 par le même collège, il figure en tête de la liste monarchique élue dans la Loire-Inférieure le 4 octobre 1885.

GIORZA, Paolo, compositeur italien, né à Milan en 1832, reçut les premiers éléments de son art de son père, célèbre baryton et miniaturiste de talent. Nommé, devenu organiste à Desio, et atteint de paralysie, s'adjoignit son fils, qui fut chargé de toucher l'orgue pour lui. Mais Paolo n'était pas destiné à remplir cette mission, pour laquelle il n'avait aucun goût; sa destinée était d'écrire la musique d'une quantité innombrable de ballets qui ont rendu son nom célèbre dans son pays. Il voulut aussi tenter la fortune dans l'opéra, mais son *Corrado*, à *Console Lombardo* éprouva une chute si lourde que l'auteur en revint promptement et sagement à ses ballets. En février 1864, M. Giorza faisait représenter à Paris, sur la scène de l'Opéra, un ballet écrit expressément pour la circonstance : *la Maschera*, qui loin d'avoir le succès que sa réputation faisait espérer, peut-être est-ce la raison pour laquelle la tentative ne fut pas renouvelée. — Quant aux ouvrages qui l'ont rendu célèbre de l'autre côte des Alpes, nous citerons : *Un Ballo*, o il *Fornaretto* e i *Bianchi ed i Negri (1853)*; *il Giucatore (1854)*; *Shakespeare, ossia il Sogno di una notte d'estate (1855)*; *il Conte di Monte-Cristo (1857)*; *Rodolfo (1858)*; *il Pontoniere* et *Cleopatra (1859)*; *Giorgio Reeves (1860)*; *il Vampiro, la Contesa d'Egmont (1861)*, à la Scala, de Milan ; *un' Avventure di Carnevale à Parigi (1863)*, au Carlo Felice, de Gênes ; *Farfaletta (1863)*, à Londres ; la *Maschera ou les Nuits de Venise (1864)*, à Paris ; *Leonilda (1865)*; *Fiammella*, avec M. Meiners et *Emma*, avec M. Bernardi (1866), à la Scala, de Milan ; et plus récemment : *la Capanna del zio Tom*, à la l'ergola, de Florence ; *Folgore*, o l'anello infernale, *Nostradamus*, la *Silfide a Pechino*, avec MM. Madoglio et Sarti ; *il Biricchino di Parigi*, un *Ballo Nuovo. Carlo il Guastatore*, i *Palleschi* ed i *Piagnoni*, uno *Spirito maligno*, il *Sogno dell' esule, il Genio Anarack*; *Jola Bader, Zagravella, Funerali e Danze, l'Ultimo Abencaragio*, *la Giocoliera, Gazelda, Don Cesare di Bazan, Cherubina* o *la Rosa del Posilippo. Salammbo, la Vendetta, Pedrilla*, etc. En dehors de ses ballets, M. P. Giorza a publié un assez grand nombre de morceaux de musique de danse, principalement sous forme d'albums : *Alle Dame milanesi, Pierrot* o la *Settimana grassa a Milano*; *Maschere italiane*; *Petit Bouquet*; *Quattro Salti, Alle Dame fiorentine, l'Album à Rigoletto*, etc. On lui doit aussi quelques compositions légères pour le piano, des mélodies vocales et divers morceaux de musique religieuse. Au début de la guerre de 1866, M. Giorza écrivit la musique d'un hymne guerrier dont les paroles étaient de M. Plantuli, secrétaire du général Garibaldi. C'est du reste sur l'invitation de l'illustre patriote, qui l'en remercia par une lettre de félicitations peut-être un peu hyperboliques, et l'on considère que l'hymne en question est parfaitement oublié aujourd'hui, que M. P. Giorza avait écrit ce morceau.

GIRARD, Jules Auguste, littérateur français, né à Paris le 24 février 1825, fit ses études au collège Louis-le-Grand et entra à l'Ecole normale supérieure en 1844. Agrégé des lettres en 1847, il fut envoyé comme professeur de rhétorique au collège de Vendôme et entra l'année suivante comme élève à l'École française d'Athènes, d'où il était de retour à Paris en 1851. Il fut nommé aussitôt professeur de rhétorique au lycée de Lille, passa dans la même qualité au lycée de Montpellier en 1853 et, ayant pris le grade de docteur ès lettres, fut chargé de la conférence de littérature grecque (2e et 3e années) à l'École normale en 1854, dont il devint titulaire trois ans plus tard. En 1868, il fut chargé d'un cours complémentaire de littérature grecque à la faculté des lettres de Paris et nommé en 1869 suppléant de Patin à la chaire de poésie latine. Il y occupe aujourd'hui, depuis 1874, la chaire de poésie grecque. Chevalier de la Légion d'honneur depuis 1863, et aussi décoré de l'ordre du Sauveur de Grèce, M. J. Girard a été élu membre de l'Académie des inscriptions et belles-lettres le 29 mai 1873. Il a été promu officier de la Légion d'honneur le 18 janvier 1881. — M. Girard a publié : *Mémoire sur l'île d'Eubée*, inséré dans les *Archives des missions scientifiques et littéraires (1852)*; ses thèses de doctorat : *Des caractères de l'atticisme dans l'éloquence de Lysias* et *De Megarentium ingenio et moribus (1854)*; *Thucydide (1860)*, couronné par l'Académie française; *Hypéride, sa vie et ses écrits (1861)*; un *Procès en corruption chez les Athéniens (1862)*; le *Sentiment religieux en Grèce, d'Homère à Eschyle (1868)*, couronné par l'Académie française; *Etude sur l'éloquence attique*; *Lysias, Hypéride, Démosthène (1875)*, etc.

GIRARDIN, MARIE ALFRED JULES, littérateur français, né à Loches le 4 janvier 1832, fit ses études à Châteauroux et à Paris. Élève de l'École normale supérieure, il se fit agréger pour les classes de grammaire et celles des lettres, et alla professer dans divers lycées de province; il est attaché actuellement au lycée de Versailles. M. J. Girardin a collaboré à la *Revue européenne*, à la *Mosaïque*, au *Magasin pittoresque*, à la *Revue des Deux-Mondes*, et est un des collaborateurs habituels du *Journal de la jeunesse*, auquel il donne principalement des nouvelles d'un style aimable et gracieux et d'une portée morale évidente. — On cite de cet écrivain : les *Braves gens*, couronné par l'Académie (1874); *Nous autres (1875)*; la *Toute petite, Fausse route (1876)*; *l'oncle Placide (1877)*; le *Neveu de l'oncle Placide (1878-79, 3 vol.)*; *Petits contes alsaciens*, *Un peu partout*, les *Gens de bonne volonté*, *Chacun son idée*, la *Disparition du grand Krause*, etc. Il a traduit de l'anglais, *Pascarel*, roman de Ouida (miss De la Ramée), *Tom Brown à l'école* et la *Terre de servitude*, de H. M. Stanley; de l'allemand, *Mycènes*, du docteur Schliemann; du russe, des contes, etc. — M. J. Girardin est chevalier de la Légion d'honneur depuis 1877.

GIRAUD, SÉBASTIEN CHARLES, peintre français, élève de son frère, est né à Paris le 18 janvier 1819. Il suivit, à partir de 1835, les cours de l'École des Beaux-Arts et se livra à la peinture de genre. De 1843 à 1847, il fit un voyage aux îles Haïti et en Amérique, et accompagna le prince Napoléon dans le Nord en 1856. M. Charles Giraud a été nommé chevalier de la Légion d'honneur à son retour d'Amérique en 1847. — On cite principalement de cet artiste : *Scène d'atelier (1850)*; *Souvenir d'Haïti (1853)*; la *Fin de la guerre d'Haïti*, la *Salle à manger de la princesse Mathilde (1855)*; la *Pêche aux phoques (1857)*; le *Salon de la princesse Mathilde*, le *Cabinet de M. de Nieuwerkerke (1858)*; un *Intérieur au XVᵉ siècle*, *Vue de Tinyvalla (Islande)* et deux autres *Intérieurs (1861)*, *Retour du chasseur*, *Intérieur d'une chambre au XVᵉ siècle (1862)*; *Intérieur d'une serre*, *Cabaret en Bretagne (1865)*; *Musée Napoléon III au Louvre*, *Intérieur d'un salon (1866)*; *Galerie des armes au musée de Cluny*, la *Salle des Preuses au château de Pierrefonds (1868)*; *Jeu de boules à Pont-Aven (1869)*; *Retour de la pêche (1870)*; *Fileuses en Bretagne (1873)*; le *Débarcadère de Brientz, en Suisse (1874)*; *l'Adieu (1875)*; *Intérieur flamand (1876)*; la *Cueillette des pommes (1877)*; un *Dimanche en Bretagne (1878)*; *Intérieur au XVᵉ siècle (1883)*; *Intérieur d'atelier (1885)*, etc.

GIRAUD, ÉTIENNE HENRI, homme politique français, président honoraire du tribunal de civil de Niort, ancien maire de cette ville en 1848, démissionnaire après le 2 décembre 1851, est né à Montreuil (Vendée) le 2 septembre 1814. Aux élections du 20 février 1876, M. Giraud, candidat républicain dans l'arrondissement de Melle (Deux-Sèvres), échoua contre M. Aymé de la Chevrelière, membre de la droite de la précédente assemblée. Mais l'élection ayant été annulée, il fut élu, le 21 mai suivant, et prit place au centre gauche. Réélu contre le même adversaire le 14 octobre 1877, puis le 21 août 1881, M. Henri Giraud a pris, dans cette dernière législature, la parole contre le projet de loi de M. Naquet sur le rétablissement du divorce. Il a aussi voté contre le scrutin de liste. Il n'en a pas moins été élu député des **Deux-Sèvres** par ce même scrutin de liste, au scrutin du 18 octobre 1885. M. Henri Giraud n'a pas pris part au vote sur l'expulsion des princes, étant absent par congé. Il est président de la Société d'agriculture des Deux-Sèvres et chevalier de la Légion d'honneur.

GIRAULT, JEAN, homme politique français, né au Moulin-des-Forges, près de Saint-Amand (Cher) le 11 octobre 1825. Associé de bonne heure aux travaux de son père, meunier du Moulin-des-Forges, il avait en fait la direction de cet établissement dès l'âge de quinze ans. Très populaire dans son pays, grâce à son esprit libéral, il fut, en 1848, l'un des organisateurs du comité démocratique de Saint-Amand, et délégué par la garde nationale du canton pour assister à la fête de la Constitution, à Paris. Il protesta contre le coup d'État de décembre 1851, tout en employant son influence à calmer les esprits, à Saint-Amand, émus par les nouvelles venues de Paris et bientôt irrités au dernier point par le meurtre gratuit d'un citoyen, accompli froidement par le commissaire de police de cette ville. Il se livra ensuite tout entier à son industrie, délaissant volontiers la politique. En 1867, M. Girault se retirait des affaires avec une petite fortune noblement acquise. Jeune encore, il résolut de consacrer ses loisirs, dans la mesure de ses moyens, aux affaires publiques. Aux élections générales de 1869, il se présenta dans la 2ᵉ circonscription du Cher contre M. Massé, candidat officiel, et fut élu au second tour. Le Corps législatif, lors de la vérification des pouvoirs, invalida l'élection par un vote de surprise, sans discussion, sans qu'on s'en doutât presque, sans que M. Girault, qui était présent à la séance et, comme de raison, fort tranquille au milieu du calme qui l'entourait, se doutât un instant qu'on méditât son exécution et quittât son banc, en conséquence, pour défendre une élection qui n'était pas combattue. Un violent tumulte s'éleva pour répondre à cet acte inouï; l'élection de la 2ᵉ circonscription du Cher fut remise, ou plutôt mise en discussion, et M. Girault monta à la tribune pour la défendre, sans aucun embarras, avec une grande simplicité de langage et un accent de terroir exempt de tout maladroit effort de dissimulation et plein de la plus incontestable franchise. Le *meunier du Cher* gagna aisément sa cause et put aller, triomphant et chaudement félicité, reprendre la place qu'il s'était choisie sur les bancs de l'extrême gauche. M. Girault fut l'un des membres les plus actifs de l'opposition pendant la dernière législature impériale. Il se fit également entendre dans diverses réunions publiques où il devint très populaire à Paris, où il n'eût tenu qu'à lui de l'être davantage. Si les choses eussent tourné autrement et qu'il eût bien voulu donner son adhésion à ce projet, nous savons, en effet, qu'il était fort question dans les groupes démocratiques avancés d'offrir à M. Girault une candidature à Paris à la première occasion. Au Corps législatif, il protesta contre l'arrestation de Rochefort et fut un de ceux qui s'élevèrent le plus énergiquement contre la guerre; il avait donné à ses électeurs le conseil de voter NON au plébiscite de 1870, et avait également pris part, avec une certaine autorité, à la discussion relative aux traités de commerce. Le 4 septembre 1870, lors des premières tentatives d'invasion de la salle des délibérations, il réussit à maintenir le président sur son fauteuil et obtint même un moment l'évacuation de la salle. Le lendemain, il acceptait de Gambetta la mission d'organiser la défense dans son département, mais il donnait sa démission huit jours après, en présence de la mauvaise volonté qu'il avait rencontrée et contre laquelle il lui était impossible de lutter. Conseiller général du Cher pour le canton de Saint-Amand, il fut réélu avec une grande majorité le 8 octobre 1871. Mais, après avoir échoué aux élections du 8 février précédent pour l'Assemblée nationale, il échouait de nouveau aux élections complémentaires du 2 juillet suivant, quoique avec une importante minorité : c'est là, d'ailleurs, une des surprises assez ordinaires du scrutin de liste. Le 20 février 1876, M. Girault était élu député du Cher, au premier tour, pour la première circonscription de l'arrondissement de Saint-Amand, par 6,884 voix, contre 4,186 obtenues par le candidat bonapartiste, baron Corvisart et 2,001 par le candidat « conservateur », M. de Bonnault. Il reprit sa place à l'extrême gauche et vota l'amnistie pleine et entière. Réélu le 14 octobre 1877 et le 21 août 1881, il se présenta à l'élection pour le renouvellement triennal du Sénat, le 25 janvier 1885; il fut élu le premier, et seul au premier tour. M. Girault, sénateur radical du Cher, a voté le projet de loi sur l'expulsion des princes. — Il a publié quelques articles ou *Lettres* à ses électeurs dans divers journaux de Paris, notamment dans la *Tribune* (1876).

GIRDLESTONE, EDWARD, ecclésiastique anglais promoteur de l'Union des travailleurs agricoles, est né à Londres le 6 septembre 1805. Il fit ses études à l'université d'Oxford, y prit le grade de maître ès arts en 1829 et devint vicaire de Deane, dans le comté de Lancastre, en 1830. Après divers changements, le Rév. Edward Girdlestone était nommé en 1872 au « vicarage d'Olveston, près de Bristol. Depuis 1867, il n'a pas cessé de défendre publiquement, et avec insistance, la cause de l'ouvrier des champs. A une assemblée de l'Association britannique, tenue à Norwich en 1868, il fut lui qui, le premier, suggéra l'idée d'une Union des travailleurs agricoles. A partir de ce moment, à Londres, à Exeter, à Bristol, à Bath, etc., aux *meetings* de l'Association britannique, au congrès de la Science sociale, au congrès ecclésiastique, il ne cessa de faire des conférences ou de prononcer des discours en faveur de la réalisation de cette idée féconde. Il alla plus loin : il fit émigrer non moins de 600 familles d'agriculteurs des districts de l'ouest, où ils étaient payés d'une façon dérisoire, aux districts du nord où la main d'œuvre était beaucoup mieux rétribuée. C'est donc avec raison qu'on peut dire que M. Girdlestone a donné la première impulsion à ce grand mouvement, devenu général par la suite, et qui a fait de l'amélioration du sort des ouvriers agricoles de la Grande-Bretagne, dont nul ne s'était inquiété jusque-là, du moins à ce point, une des questions les plus importantes du problème social et à la solution de laquelle les esprits les plus rebelles doivent accorder l'attention qu'elle mérite. — Le Rev. Edward Girdlestone a publié un volume de sermons sous ce titre : *Reflected Truth*, et diverses brochures de circonstance, principalement sur la question des ouvriers agricoles.

GIRERD, Cyprien Jean Jacques Marie Frédéric, avocat et homme politique français, né à Nevers le 1er mai 1832, est fils d'un ancien représentant du peuple. Après avoir terminé son droit, il se fit inscrire au barreau de sa ville natale où il prit bientôt une place distinguée, et devint bâtonnier de l'ordre. Adversaire déclaré de l'empire, il fonda pour mieux le combattre un journal démocratique, l'*Indépendant du Centre*, qui fut maintes fois l'objet des rigueurs administratives. Nommé préfet de la Nièvre après le 4 Septembre, son attitude relativement indépendante, dictée d'ailleurs par un patriotisme ardent et sincère, le fit révoquer le 11 janvier 1871. Elu le 8 février suivant représentant de la Nièvre, le troisième sur sept, M. Cyprien Girerd siégea à gauche et prit part à plusieurs discussions importantes. Avant, peu de temps après l'élection de Bourgoing, trouvé dans un wagon certain document compromettant pour le parti bonapartiste, il donna lecture à l'Assemblée de ce fameux document, coté L. B. 17, et le publia dans le *République de Nevers*. Ce fut le point de départ de l'enquête contre les menées bonapartistes et le « comité central de l'Appel au peuple », lequel, suivant M. Rouher, n'était autre chose qu'un simple *comité de comptabilité*, qui donna lieu à la déposition mémorable du préfet de police d'alors, M. Léon Renault, et au non moins mémorable rapport de M. Savary. L'affaire fit beaucoup de bruit, en somme ; mais ce fut à peu près tout. Aux élections sénatoriales du 30 janvier 1876, M. Girerd échoua avec une minorité importante. Il fut élu, le 20 février suivant, député de la 1re circonscription de Nevers, contre deux concurrents, l'un « conservateur », l'autre bonapartiste. M. Cyprien Girerd a fait partie des commissions du budget pour 1877 et 1878. Réélu le 14 octobre 1877, il fit partie du cabinet Dufaure comme sous-secrétaire d'Etat au ministère de l'agriculture et du commerce, et eut une grande part à l'organisation de l'Exposition de 1878. Il n'en échoua pas moins aux élections d'août 1881.

GIROT-POUZOL, François Jean Amédée, homme politique français, né au Broc (Puy-de-Dôme) le 18 avril 1832, est fils d'un ancien représentant du peuple et petit-fils d'un conventionnel. M. Amédée Girot-Pouzol débuta dans la vie politique à l'occasion de la mort de M. de Morny, qui laissait vacant le siège de député de la 2e circonscription du Puy-de-Dôme au Corps législatif ; il se présenta, comme candidat indépendant, aux élections de juin 1865, et fut élu contre le candidat officiel. Il vota avec la gauche. Aux élections générales de 1869, combattu avec la dernière énergie par l'administration, il échouait, quoique avec une importante minorité. Nommé préfet du Puy-de-Dôme le 5 septembre 1870, M. Girot-Pouzol donnait sa démission le 6 février 1871, et se portait candidat à l'Assemblée nationale, aux élections du 8. Elu, le troisième sur neuf, par 75.000 suffrages, il donnait sa démission le 4 mars, déclarant ne pouvoir se résoudre à voter le traité de paix présenté la veille à l'Assemblée, tout en reconnaissant que la grande majorité de ses électeurs serait sur ce point d'un avis différent. Il se représenta à une élection partielle le 12 octobre 1873, fut élu sans concurrent, et prit place sur les bancs de la gauche républicaine avec laquelle il a constamment voté. Aux élections du 20 février 1876, M. Girot-Pouzol était réélu député du Puy-de-Dôme pour l'arrondissement d'Issoire, contre M. O. Burin-Desroziers, son concurrent heureux de 1869. Réélu le 14 octobre 1877 et le 21 août 1881, il était élu sénateur du Puy-de-Dôme à une élection partielle, en 1885. M. Girot-Pouzol a voté contre l'expulsion des princes.

GLADSTONE, William Ewart, homme d'Etat anglais, quatrième fils de feu sir John Gladstone, baronnet, de Fasque, dans le comté de Kincardine (Ecosse), riche négociant de Liverpool, est né le 29 décembre 1809. Il fit ses études à Eton, puis à l'Eglise du Christ à Oxford, où il fut reçu grades en 1831. Il fit alors un voyage sur le continent, et à son retour, aux élections générales de décembre 1832, il fut élu, comme candidat conservateur, représentant de Newark à la Chambre des communes. Il entrait au parlement au moment où la lutte des partis avait atteint sa période aiguë ; l'année suivante, il se faisait admettre au barreau, que ses succès politiques devaient lui faire abandonner au bout de six ans. Son origine, ses succès universitaires, son habitude des affaires, son caractère élevé le firent promptement remarquer de sir Robert Peel qui, en décembre 1834, le nommait lord adjoint de la Trésorerie et, en février 1835, sous-secrétaire aux affaires coloniales. M. Gladstone suivait, au mois d'avril suivant, son chef ministériel dans la retraite, et restait dans l'opposition jusqu'au retour aux affaires de sir Robert Peel, en septembre 1841. Dans cette administration, M. Gladstone acceptait les doubles fonctions de vice-président du Bureau de commerce et de directeur de la Monnaie, et entra au conseil privé. Dans sa nouvelle position, il eut à expliquer et à défendre dans la Chambre basse la politique commerciale du gouvernement, et, fils de marchand, on comprend combien ses connaissances pratiques lui facilitèrent sa tâche. La revision du tarif, en 1842, fut presque exclusivement son œuvre, œuvre considérée comme si parfaite de tout point, que les deux chambres l'approuvèrent à peu près sans discussion. En 1843, M. Gladstone remplaça le comte de Ripon comme président du Bureau du commerce. Mais il donna sa démission au recommencement de 1845. En janvier 1846, sir Robert Peel ayant annoncé qu'il proposerait une modification aux lois sur les céréales, M. Gladstone, qui avait remplacé lord Stanley (depuis lord Derby, père du lord Derby actuel) au poste de secrétaire d'Etat pour les colonies, adhérait aux projets de sir Robert Peel ; mais, comme il devait sa position, c'est-à-dire son entrée au parlement, au patronage du duc de Newcastle, qui était d'un avis contraire, il ne voulut pas avoir à combattre celui à qui il devait le siège qu'il occupait à la Chambre des communes, et, ayant résigné ce siège, il se trouva quelque temps éloigné du parlement. Ce fut pour peu de temps, pourtant, car aux élections générales d'août 1847, il fut, avec sir Robert Harry Inglis, élu par l'université d'Oxford. Pendant la législature de 1847-52, de graves questions furent agitées au sein du parlement, parmi lesquelles celles de la réforme de l'Université et de l'admission des israélites au parlement. Ses sympathies premières attachaient évidemment M. Gladstone à la Haute-Eglise et au parti tory ; il sentait toutefois que, sur ces deux points spéciaux, les exigences des temps réclamaient au moins d'importantes concessions, et, en conséquence, après s'être maintes fois trouvé en désaccord avec ses anciens amis, il se séparait du « grand parti conservateur » (c'est également le terme usuel en Angleterre), en février 1851. Aux élections générales de juillet suivant, M. Gladstone fut réélu par l'université d'Oxford, malgré la plus vive opposition. A la formation du cabinet Aberdeen, désigné sous le nom de « ministère de coalition », en décembre 1852, M. Gladstone fut nommé chancelier de l'Echiquier, poste dans lequel il trouva de nouveau l'emploi de ses connaissances spéciales, développées encore par une expérience déjà longue, et fut d'un grand secours au ministère. Après la retraite du cabinet Aberdeen, ou plutôt sa reconstitution sous la direction de lord Palmerston, au commencement de 1855, M. Gladstone conserva d'abord le même poste ; mais il se retira au bout de quelques semaines, le ministère, pris collectivement, ne se montrant pas disposé à s'opposer au vote de censure qu'impliquait la proposition de M. Roebuck de nommer une commission d'enquête relative à la condition de l'armée britannique devant Sébastopol et aux causes de ses souffrances. Pendant un certain temps, M. Gladstone resta sans position officielle, appuyant toutefois officieusement le cabinet. Dans l'hiver de 1858-59, il accepta, dans la seconde administration de lord Derby, une mission spéciale aux îles Ioniennes, pour résoudre certaines difficultés survenues dans l'administration de cette possession ; en juin 1859, il reprit les fonctions de chancelier de l'Echiquier, dans le nouveau cabinet de lord Palmerston. C'est alors qu'entre autres mesures excellentes, il provoqua le rappel de l'impôt sur le papier, et fut l'un des promoteurs des négociations dont Cobden eut la direction et qui eurent pour résultat le traité de commerce entre la France et l'Angleterre. Quoique opposé en principe à l'intervention de l'Etat dans la question de la réforme universitaire, il prêta de temps en temps un concours utile au gouvernement, en appuyant les propositions des commissaires de l'université d'Oxford. dont il était le représentant au parlement, et grâce à son influence personnelle et officielle sur les autorités de cette université.

Homme d'État éminent, M. Gladstone s'est acquis en outre une célébrité de bon aloi comme écrivain. Son premier ouvrage fut un traité intitulé: l'*État dans ses rapports avec l'Église*, publié en 1838 (4ᵉ édition, augmentée, 1841), suivi, en 1841, des *Principes de l'Église considérés dans leurs résultats*. Ces deux ouvrages sont dédiés à l'université d'Oxford, comme les premiers fruits, d'ailleurs reconnaissables, de l'enseignement et de l'éducation que l'auteur y avait reçus. Aussitôt après leur apparition, ils furent l'objet d'un long examen dans la *Revue d'Édimbourg*, de la part de lord Macaulay. Ses *Observations sur la législation commerciale récente*, publiées en 1845, à la veille d'un changement important dans le système commercial, avaient été conçues dans le but de préparer à une modification du système restrictif des lois sur les céréales, et contiennent une explication sommaire, très lucide, des bienfaits résultant du tarif de 1842. Dans un voyage qu'il fit à Naples en 1850, il apprit qu'un grand nombre de citoyens honorables de cette ville, qui avaient fait partie de l'opposition à la Chambre des députés, avaient été exilés ou emprisonnés par Ferdinand II, et avait entendu affirmer que plus de 20,000 personnes gémissaient dans les prisons du royaume de Naples comme simplement soupçonnées de « dissentiment politique ». S'étant assuré de la vérité des faits, M. Gladstone écrivit au comte d'Aberdeen pour obtenir qu'il intervint en faveur de ces malheureux. Mais les remontrances du noble lord n'ayant eu aucun résultat, M. Gladstone publia une *Lettre* indignée sur les persécutions de Naples, qui fut aussitôt (1851) traduite dans toutes les langues de l'Europe. Elle fut envoyée par Lord Palmerston aux ambassadeurs et aux ministres de la Grande-Bretagne sur le continent, avec ordre d'en faire remettre des exemplaires aux cours près desquelles ils étaient accrédités. En 1858, M. Gladstone publia un ouvrage considérable sur Homère: *Studies on Homer and the Homeric Age* (3 vol.). — Il avait traduit, en outre, de l'italien, l'*Histoire des États romains*, de Farini (1851-52. 3 vol.).

Au mois de juillet 1861, les électeurs libéraux de la circonscription sud du comté de Lancastre offrirent la candidature à M. Gladstone. Le succès était certain; mais M. Gladstone ne voulut pas abandonner ses anciens commettants, et refusa l'offre. Aux élections générales de 1865, ce furent pourtant ceux-ci qui abandonnèrent leur ancien et fidèle mandataire, et M. Gladstone accepta alors, quoique tardivement, les propositions des électeurs du South-Lancashire, qui le renvoyèrent à la Chambre. Après la mort de lord Palmerston (18 octobre), il conserva les fonctions de chancelier de l'Échiquier dans la seconde administration de lord John Russell. Dans la discussion du *bill* de réforme électorale, au commencement de la session de 1866, une motion contre le gouvernement ayant été votée (18 juin) à une majorité de onze voix, M. Gladstone et ses collègues donnèrent leur démission. La division qui s'était produite dans les rangs des libéraux l'avait empêché de vaincre M. Disraeli, son heureux adversaire, auteur du bill de Réforme, auquel il était vivement opposé. Dans la première partie de la session de 1868, M. Gladstone, devenu chef de l'opposition, présenta et fit accepter par la Chambre des communes une série de résolutions ayant pour objet l'abolition de l'Église établie d'Irlande, dont la proposition fut formulée dans un bill spécial, lequel fut adopté en seconde lecture par la Chambre des communes, le 22 mai 1868, par 312 voix contre 258, mais fut rejeté peu après par la Chambre des lords, à une majorité de 95 voix. Cette question de la suppression de l'Église privilégiée d'Irlande passionnait au dernier point les esprits et était particulièrement propre (comme aujourd'hui la question du *home rule*) à diviser les partis, car, de même que bien des conservateurs ou *tories* y étaient favorables, un plus grand nombre encore de libéraux y étaient opposés. Le résultat de cette campagne fut, pour M. Gladstone, qu'après une lutte acharnée, il échoua dans le South-Lancashire, aux élections générales de 1868; mais un autre collège, Greenwich, avait adopté spontanément sa candidature, et lorsqu'il fut démontré que le scrutin lui était défavorable dans le comté de Lancastre, il y avait déjà plusieurs jours qu'il était devenu le représentant de Greenwich. Au mois de décembre suivant, le cabinet Derby-Disraeli ayant été forcé de se retirer, M. Gladstone fut appelé à former un ministère libéral. Il choisit le portefeuille de premier lord de la Trésorerie, et appela aux affaires, entre autres, le célèbre agitateur reformiste, M. Bright (Voyez ce nom). Les principaux actes de son administration furent: l'adoption de la loi portant abolition de l'Église d'Irlande, que la Chambre Haute n'avait votée d'abord qu'avec certains amendements, pour ne pas se dédire tout à fait, mais que, mise au pied du mur, elle se décida à adopter telle quelle (1869); de la loi sur la possession des terres en Irlande et de celle sur l'éducation élémentaire (1870); de l'abolition de l'achat des grades, obtenue par décret royal après rejet par la Chambre des lords, et la négociation du traité de Washington, sur les réclamations relatives à l'Alabama (1871); l'adoption de la loi sur le scrutin secret (1872); l'adoption de la loi de judicature (1873). La plus importante mesure proposée par le gouvernement dans la session de 1873 fut celle relative à l'éducation universitaire en Irlande, qui fut vivement combattue par les représentants catholiques irlandais, lesquels votant dans cette occasion avec les conservateurs, c'est-à-dire contre la proposition, le firent rejeter par 287 voix contre 284 (11 mars). Après cet échec, M. Gladstone envoya sa démission à la reine, qui fit appeler M. Disraeli. Mais M. Disraeli, n'étant pas prêt, déclina l'invitation de constituer un cabinet. En conséquence, M. Gladstone reprit, quoique avec répugnance, la direction des affaires (16 mars). Au mois d'août suivant, aussitôt après la clôture de la session, le cabinet fut considérablement modifié et M. Gladstone y prit le portefeuille de chancelier de l'Échiquier outre celui de premier lord de la Trésorerie. Le 23 janvier 1874, quinze jours avant l'ouverture de la session, on apprit avec quelque surprise que la chambre était dissoute. Dans la circulaire que M. Gladstone adressait ensuite à ses commettants de Greenwich, en vue des nouvelles élections, il promettait l'abolition de l'*income tax* et diverses autres réformes susceptibles de rendre le corps électoral favorable au gouvernement, c'est-à-dire aux candidats du parti libéral. Les élections de février 1874, qui eurent lieu, pour la première fois en Angleterre, au scrutin secret, furent au contraire fatales au cabinet Gladstone. Tout compte fait, elles donnaient 351 conservateurs pour 302 libéraux, encore comprenait-on dans ce dernier chiffre les membres irlandais *home rulers*, qui font indépendants et votent tantôt avec un parti, tantôt avec l'autre. Dès lors, il n'y avait pas à hésiter, M. Gladstone n'hésita pas: il donna immédiatement sa démission et Disraeli fut chargé de former un nouveau ministère, mission que, cette fois, il accepta. Dans la session de 1874, M. Gladstone, qui avait été réélu par Greenwich, ne fit que de rares apparitions à la Chambre des communes. Il fit toutefois, vers la clôture, une vive opposition à la loi sur les travaux publics.

Dans l'agitation de la vie politique, M. Gladstone n'a toutefois jamais cessé de consacrer une partie de son temps aux travaux littéraires. Il a publié dans les *Goods Words*, puis à part, sous forme de volume: *Ecce Homo (1868)* et la même année, une brochure sur la question de l'Église d'Irlande, intitulée: un *Chapitre d'autobiographie*; puis: *Juventus mundi*, ou les dieux et les hommes des temps héroïques (1869). En octobre 1874, il donnait à la *Contemporary Review* un article sur le *Ritualisme* qui souleva des discussions animées. Dans cet article, il combattait vivement le Vatican, qu'il accusait de faire appel à une politique de violence et de mépriser l'histoire ancienne aussi bien que la pensée moderne. Sommé de s'expliquer par ceux de ses amis qui appartiennent à la foi catholique, il publiait, le 7 novembre suivant, une brochure importante intitulée: *The Vatican Decrees in their bearing on civil Allegiance: a political expostulation*, laquelle lui attira de nombreuses réponses de Mgr Capel, du docteur Newman, de l'archevêque Manning et des membres distingués de l'Église catholique romaine. M. Gladstone répliqua à son tour une nouvelle brochure: *Vaticanism, an Answer to replies and reproofs (24 février 1875)*. Il poursuivit ses attaques contre l'Église catholique romaine dans un article sur les *Discours de Pie IX* (The Speeches of Pius IX) dans le numéro de la *Quarterly Review* de janvier 1876.

Trois semaines avant l'ouverture du parlement M. Gladstone, dans une lettre adressée à lord Granville (13 janvier 1875), exprimait le ferme intention d'abandonner la direction du parti libéral: à l'âge de soixante-cinq ans, disait-il dans cette lettre, et après quarante-deux ans de vie publique laborieuse, je me crois autorisé à prendre ma retraite. Cette détermination m'est dictée par mes opinions personnelles sur la meilleure manière de passer les dernières années de mon existence ». Après bien des démarches, bien des discussions qui, un moment, amenèrent une rupture entre les radicaux et les libéraux, l'entente finit par se faire sur le nom du marquis de Hartington (Voyez ce nom), qui devint en conséquence le *leader* de l'opposition libérale à la Chambre des communes, tandis que lord Granville la dirigeait à la Chambre des lords. M. Gladstone, en dépit de ces projets de retraite, n'a pas cessé de prendre une part active aux discussions de la Chambre, et même à divers *meetings*, notamment à ceux de la fin de 1876, meetings d'indignation contre la Turquie et les horreurs commises par ses troupes irrégulières sur les Bulgares et les insurgés slaves et, en fin de compte, fort hostiles à la politique extérieure du gouvernement. Mais être opposé à la politique extérieure d'un ministre qui fait mal, n'est pas une preuve qu'on ferait mieux à sa place. — Lors de la guerre franco-prussienne, c'était M. Gladstone qui était premier ministre et lord Granville était chef du Foreign Office. Or le cabinet Gladstone ne s'est aperçu que sa politique extérieure était déplorable que lorsque la Russie, profitant de notre écrasement et de l'isolement volontaire de la Grande-Bretagne, réclama, par la voix du prince Gortchakoff, la revision des traités de 1856 : qu'elle obtint comme de raison, et qui annulait d'un trait de plume les résultats si péniblement acquis de la guerre de Crimée ! L'Angleterre était aussi intéressée que nous au maintien des traités, sinon plus ; mais, pour nous abandonnés à nous-mêmes sans la défaite, quelque fautes que nous eussions commises, elle ne pouvait plus appuyer utilement ses justes prétentions, c'est-à-dire lutter avec la Russie et l'Allemagne coalisées de fait. Les conséquences de cette maladresse indisposèrent une grande partie du pays, et à partir de ce moment, le cabinet Gladstone ne se maintint aux affaires qu'au prix de luttes sans cesse renaissantes. Les élections du 24 février 1874 lui firent enfin comprendre qu'il avait totalement perdu la confiance du pays.

Au sujet des affaires d'Orient et des actes de barbarie commis par les Turcs dans les provinces soulevées, M. Gladstone ne s'est pas borné à protester par la parole contre cet actes, il a publié une brochure sur les *Atrocités bulgares et la question d'Orient*, qui eut immédiatement un tirage de cent mille exemplaires et fut traduite en français, forme sous laquelle elle eut également un grand succès (novembre 1876). A la *Pall Mall Gazette* qui, ne pouvant nier les faits articulés dans cette brochure, prétendait que les Russes ne s'étaient pas conduits d'une manière moins cruelle à l'égard du Turkestan, M. Gladstone répondit par une réfutation en règle, fort lumineuse sans doute, mais peut-être pas aussi exacte qu'elle en a l'air, intitulée : *Lessons in massacre, an Exposition of the conduct of the Porte in and about Bulgaria, since May 1876 (1877)*. Il prit, en fait, la part la plus active au mouvement de réprobation provoqué en Angleterre par les massacres de Bulgarie, et dirigé surtout contre la politique étrangère du parti conservateur, laquelle, en passant par le traité de Berlin, aboutit à la convention anglo-turque d'octobre-novembre 1877. Il fit aussi, à cette époque, une visite à l'Irlande, et reçut en passant le droit de bourgeoisie de la cité de Dublin. Le 15 novembre, il était élu lord recteur de l'université de Glasgow, en remplacement de lord Beaconsfield.

Le 9 mars 1878, M. Gladstone écrivait au président du comité libéral de Greenwich, pour lui annoncer qu'il ne représenterait plus ce collège que jusqu'aux élections générales prochaines. Au cours de l'année suivante, il collabora à la *Quarterly Review* par un article sur le mouvement religieux et publia une collection de pièces fugitives sous ce titre : *Gleanings of Past Years*. Malgré sa prétendue détermination de rentrer dans la vie privée, M. Gladstone s'était laissé gagner par les instances des électeurs libéraux du Midlothian, et après la dissolution de 1880 et une campagne électorale laborieuse à l'excès, avec échange de discours et d'ovations enthousiastes, jusqu'à perte d'haleine, M. Gladstone rentrait à la Chambre des communes où, vérification faite, il se trouva que les élections avaient choisi 349 libéraux contre 243 conservateurs ; de sorte qu'il fallut bien que l'élu du Midlothian reprît le pouvoir. La reine avait bien envoyé chercher le chef officiel du parti, le marquis de Hartington, mais sur l'avis même de celui-ci, c'est à M. Gladstone qu'elle s'adressa en fin de compte, et M. Gladstone accepta la mission de former un nouveau cabinet, remettant à plus tard la réalisation de sa théorie sur la meilleure manière d'achever sa vie (23 avril) ; il y prit même, comme il l'avait déjà fait, le double portefeuille de premier lord de la Trésorerie et de chancelier de l'Échiquier ; il résigna toutefois ce dernier en faveur de M. Childers (voy. ce nom) en 1881. Au commencement d'août 1880, celui qu'on commençait à appeler *the Great old Man* (le Grand Vieillard) fut atteint d'un maladie assez sérieuse, dont il se remit toutefois avec l'heureuse hâte de la jeunesse ; une promenade autour des îles Britanniques, sur le yacht d'un ami, acheva la convalescence. Cette administration de M. Gladstone fut signalée par des événements très importants, surtout à l'extérieur où, sans parler de celles de l'Extrême-Orient, il se produisit en Égypte des complications d'une gravité particulière. M. Gladstone avait essayé d'entraîner la France à une action commune contre l'Égypte, dont le succès eût été, certes, plus profitable à son pays qu'au nôtre. Après le vote de notre Chambre des députés, repoussant la demande de crédits indispensables, M. Gladstone venait assurer à la Chambre des communes que rien ne serait entrepris contre l'Égypte qui pût rompre l'entente avec la France (août 1882). Quelques mois plus tard M. Gladstone, qui avait célébré le 11 décembre 1882 le cinquantième anniversaire de son entrée dans la vie parlementaire, voulut faire une visite aux hommes d'État de la France et à M. Grévy en particulier. Il semble avoir remporté de ce voyage une nouvelle provision de confiance dans l'avenir, fort bien venue dans l'état présent des affaires, des affaires extérieures surtout ; quant aux questions intérieures, son projet de dégrèvement des impôts locaux, après l'avoir conduit deux fois au bord du précipice, provoque enfin sa chute. Le 8 juin 1885, le ministère libéral donne sa démission et est remplacé au pouvoir par un cabinet conservateur présidé par le marquis de Salisbury. A la fin de cette même année, des élections nouvelles avaient lieu, qui donnaient une majorité relative aux libéraux, relative en ceci que les Parnellistes pouvaient déplacer cette majorité ; mais ils votaient assez souvent avec les conservateurs pour que ceux-ci n'en prissent pas grand ombrage. Toutefois, le 1er février 1886, lorsque Sir Michael-Hicks Beach vint annoncer à la Chambre des communes le dépôt prochain d'un *bill* pour la suppression de la Ligue nationale irlandaise, l'affaire fut aussitôt jugée et le cabinet Salisbury, mis en minorité sur la première question venue, dut donner sa démission.

M. Gladstone était donc au pouvoir de nouveau (4 février 1886). Dès la rentrée des chambres, il annonçait son intention de leur présenter un bill sur le gouvernement de l'Irlande et sur le rachat des terres dans ce pays. Ce dépôt était fait le 8 avril, et M. Gladstone défendit ce jour-là et bien des jours ensuite ses deux projets, accueillis, surtout celui relatif à l'autonomie irlandaise, avec une hostilité évidente, même dans les rangs des amis du premier ministre. Dès lors, le gouvernement se divisa, lord Hartington, sir H. James, MM. Goschen, Chamberlain, Trevelyan donnèrent leur démission ; le parti libéral se divisa de même, en *Gladstoniens* et *Unionistes* ; des meetings se formèrent dans les deux camps, au dehors ; à la Chambre, douze séances furent employées à la discussion des « bills irlandais » ; en dépit des atermoiements obtenus par M. Gladstone, de ses concessions même, les bills revinrent repoussés, dans la séance de nuit du 7 juin, par 341 voix contre 314. Le Grand Vieillard ne voulut pas se tenir pour battu, et quelques jours plus tard, la Chambre était dissoute ; mais les élections de juin-juillet étaient décidément défavorables aux Gladstoniens et aux *home rulers*, et le ministère donnait sa démission le 21 juillet. — M. Gladstone a publié depuis (août) une brochure substantielle où il examine la question et prédit son sort avec une clairvoyance rare, à notre sens, mais dans laquelle il s'applique surtout à prouver qu'il n'a nullement, comme on l'en a accusé, jeté la question du *home rule* dans les jambes de ses amis », sans crier gare, sans qu'ils pussent s'attendre à une pareille algarade, et s'il n'y réussit pas absolument, ce n'est certes pas sa faute. — M. Gladstone est associé étranger de notre Académie des Sciences morales et politiques.

GLAIZE, Auguste Barthélemy, peintre français, élève d'Achille et d'Eugène Devéria, est né à Montpellier en 1813. Il débuta au Salon de 1836. — On cite de cet artiste : *Luca Signorelli*, *Après la guerre*, *Faust et Marguerite*, *Pauvre famille*, *Psyché*, la *Fuite en Égypte*, les *Baigneurs du palais d'Armide*, *Sainte Élisabeth de Hongrie*, *Suzanne au bain* (pastel) ; le *Sang de Vénus*, *Dante écrivant son poème*, la *Mort du Précurseur*, les *Femmes gauloises*, *Portrait de l'auteur*, *Portrait de madame Ducos*, le *Pilori*, galerie historique des génies persécutés, que l'auteur a reproduite lui-même en lithographie ; *Ce qu'on voit à vingt ans (1856-1855)* ; *Devant la porte d'un changeur*, les *Amours à l'encan (1857)* ; *Allocution de l'empereur à la distribution des aigles (1858)* ; *Portrait de M. Louis Figuier (1859)* ; la *Pourcoyeuse Misère*, *Autour de la gamelle*, un *Trou de meulière à la Ferté-sous-Jouarre (1861)*, les *Écueils (1864)* ; un *Esclavage (1865)* ; la *Mort et la Volupté (1866)* ; *Mort de saint Jean le Précurseur (1868)* ; *Insulte au*

Christ, une *Facétie de Caligula (1869)*; *Jésus rédempteur*, *Psyché abandonnée par l'Amour (1870)*; *Spectacle de la folie humaine (1872)*; *Salomé*, la *Mort de Saint Jean*, *Hérodiade*, triptyque (1873); les *Cendres*, une *Allée à Rosebois (1874)*; la *Femme adultère est traînée devant le Christ*, l'*Insecte (1875)*; *Cynique et philanthrope (1876)*; l'*Aveugle et le paralytique (1877)*; la *Force (1878)*; *Deux voisines (1879)*; le *Vote de Gaspard Duchâtel (1883)*; *Autour de la Vérité*, les *Heures de la vie (1884)*. — M. Glaize a obtenu une médaille de 3ᵉ classe en 1842, une médaille de 2ᵉ classe en 1844, une de 1ʳᵉ classe en 1845. deux de 2ᵉ classe en 1848 et 1855. Il a été décoré de Légion d'honneur en 1855.

GLOVER, sir JOHN HAWLEY, marin et administrateur anglais, né à Cologne, où son père était chapelain anglican, en 1829. Il entra de bonne heure dans la marine, fut promu lieutenant en 1851 et fit en cette qualité la campagne de la Baltique en 1854; il fut appelé ensuite au commandement du vapeur l'*Otter*, employé au service spécial de la côte occidentale d'Afrique, en mars 1855, et promu capitaine de frégate *(commander)* en 1862. Il quitta peu après le service de la mer pour entrer dans l'administration coloniale, et devint gouverneur de Lagos, île et port de la côte de Guinée, où il se fit bientôt une grande réputation d'habile administrateur. Sir John H. Glover résigna le poste de gouverneur de Lagos en 1872. L'année suivante, il était nommé commissaire spécial près des chefs indigènes amis des établissements anglais de la Côte-d'Or, avec mission de lever une armée de plusieurs milliers d'hommes destinée à prendre les Ashantis par le flanc droit, en partant du Volta dans la direction du nord-ouest. A la fin de décembre 1873, il franchissait ce fleuve à la tête de 12,000 hommes, marchant vers la rivière Prah. Arrivé à Adoumassie, à vingt milles de Coomassie, le commissaire Glover fit halte, attendant des ordres du commandant en chef de l'expédition. Le 8 février 1874, il apprit la capture de la capitale des Ashantis par le général Wolseley. Il ouvrit alors des communications avec ce dernier, et put, en traversant Coomassie, atteindre la côte sans rencontrer d'opposition. A son retour en Angleterre, le Parlement vota des remerciments à sir John Hawley Glover, qui fut en outre créé grand croix de l'ordre des Saints Michel et George. Nommé gouverneur de Terre-Neuve en 1876, il conserva ce poste jusqu'en juin 1881, et reçut alors le gouvernement des îles Leeward.

GLYN, ISABELLA, actrice écossaise, née à Édimbourg le 22 mai 1825. Appartenant à une famille presbytérienne de mœurs fort sévères, son goût pour le théâtre fut longtemps contrarié; mais le hasard l'ayant mise en rapport avec une société d'amateurs qui s'étaient engagés à donner une représentation au théâtre Saint-James de Londres, elle les y suivit et y tint le premier rôle de femme. Elle se rendit ensuite à Paris, prit des leçons de Michelot au Conservatoire et se prépara à la scène française; puis, de retour dans son pays en 1846, elle aborda définitivement la carrière dramatique anglaise. Charles Kemble l'aida puissamment de ses conseils dans ses études de Shakespeare, et lui obtint une audition au Théâtre-Royal de Manchester le 8 novembre 1847, dans le rôle de Lady Constance, du *Roi Jean*, laquelle lui valut aussitôt un engagement au Théâtre-Olympique de Londres, où elle parut dans le rôle de lady Macbeth. Lors de la retraite de madame Warner du théâtre de Sadler's Wells, miss Glyn fut engagée pour la remplacer et commença en septembre 1848 une série de représentations par le rôle de Volumnia, de *Coriolan*. Elle y fit une impression très favorable qui se trouva confirmée par les divers rôles qu'elle interpréta ensuite, notamment ceux d'Hermione, de *Belvidera*, et surtout celui de la Reine Catherine. Pendant la saison suivante, outre ces rôles, elle joua ceux de Marguerite d'Anjou, de Portia dans le *Marchand de Venise*, d'Isabella dans *Mesure pour mesure*, d'Emilia dans *Othello*, de Cléopâtre dans *Antoine et Cléopâtre* et de Julia dans le *Bossu* (The Hunchback), avec un succès toujours grandissant. Dans la troisième année de son engagement, miss Glyn compléta son triomphe en jouant *Isabella*, la tragédie de Southern, dont le premier rôle est considéré comme abordable seulement par une grande artiste. Elle joua avec un égal succès Bianca, dans *Fazio* et la duchesse de Malfi, dans le drame du même nom, de Webster, en 1852. Après avoir donné, tant en province que dans la métropole, des lectures publiques de Shakespeare, partout accueillies avec enthousiasme, miss Glyn reparut en 1867 au Théâtre-de-la-Princesse, dans le rôle de Cléopâtre. En 1870, elle partait pour les États-Unis, en tournée de lectures. — Mariée en 1853, à Glasgow, à un M. Dallas, son mariage a été dissous en 1874, par la cour des divorces, sur sa propre requête.

GOBATI, STEFANO, compositeur italien dont la célébrité soudaine fit naguère beaucoup de bruit dans l'Europe artiste. est né vers 1830, dans un village de la Lombardie. M. Gobati n'avait pas plus de vingt ans lorsqu'il écrivit son premier opéra : *i Goti*, qu'il s'empressa d'aller porter à la Scala de Milan. Mais les *impresarii* italiens ne sont pas plus confiants dans la jeunesse que les directeurs français; il leur faut une bonne marque, c'est une condition rigoureuse; et la marque Gobati n'ayant pas encore cours, le jeune compositeur se vit éconduit. Il partit pour Bologne, et fut assez heureux pour rencontrer un directeur ayant précisément besoin d'un ouvrage nouveau et qui n'en avait pas sous la main; il accepta donc l'ouvrage de ce jeune inconnu, le monta et en fut largement récompensé par un succès inouï, qui répandit aussitôt le nom de M. Gobati non seulement par toute l'Italie, mais jusqu'au quatre coins de l'Europe. Ceci se passait vers la fin de 1873. Lorsque les Bolonais l'eurent assez applaudi pour le moment, l'opéra *i Goti* fut reproduit, avec le même succès sur les principales scènes de l'Italie. Le directeur du Théâtre communal de Bologne commanda aussitôt un nouvel ouvrage à M. Gobati, et ce second ouvrage, dont le sujet est emprunté à l'histoire de la domination espagnole à Naples et le titre *Luce*, opéra en cinq actes, fut représenté pour la première fois à Bologne le 25 novembre 1875. avec un succès égal à celui du premier. Depuis lors, le succès a continué de sourir à l'heureux compositeur.

GOBLET, RENÉ MARIE, homme politique français, né à Aire-sur-la-Lys le 26 novembre 1828, fit son droit à Paris, où il prit les grades de licencié en 1848 et de docteur en 1850, et s'inscrivit au barreau d'Amiens. Il s'y fit bientôt une place importante et devint bâtonnier de l'ordre lorsqu'éclata la révolution du 4 Septembre. L'un des membres les plus constituants du parti démocratique et fondateur du *Progrès de la Somme* en 1869. M. René Goblet fut nommé procureur général d'Amiens le 7 septembre 1870. Il se disposait à se porter candidat aux élections complémentaires du 2 juillet 1871, lorsqu'une circulaire ministérielle du 19 juin enjoignit aux magistrats amovibles d'opter entre leur posit on de magistrat et la candidature à l'Assemblée; il donna donc sa démission, posa sa candidature et fut élu représentant de la Somme à l'Assemblée nationale par 75.503 voix. Il prit place dans les rangs de la gauche républicaine, dont il devint l'un des membres les plus influents. Porté aux élections de février-mars 1876, dans la 2ᵉ circonscription d'Amiens, M. René Goblet échouait contre M. le baron de Septenville, candidat bonapartiste, au scrutin de ballottage du 5 mars; mais le 14 octobre 1877, ayant déserté la 2ᵉ circonscription pour la première, il était réélu, et entrait comme sous-secrétaire d'État au ministère de la justice en février 1879. Réélu par le même collège le 21 août 1881, M. René Goblet acceptait le portefeuille de l'intérieur dans le cabinet Freycinet (du 30 janvier au 29 juillet 1882). Lors de la formation du ministère Henri Brisson, le 6 avril 1885, M. Goblet fut appelé au ministère de l'instruction publique, des beaux-arts et des cultes. Il a conservé ce portefeuille dans le cabinet présidé par M. de Freycinet, qui a succédé à celui-ci le 7 janvier 1886.

GOBRON, GUSTAVE, homme politique français, né à Buzency le 15 juin 1846. Avocat du barreau de Paris, puis conseiller à la préfecture des Ardennes, il servit pendant la guerre comme officier d'ordonnance du général Chauzy, son parent, et fut décoré de la Légion d'honneur pour sa conduite dans ces fonctions. Il est capitaine dans l'armée territoriale. Conseiller général des Ardennes depuis 1875, M. G. Gobron était porté aux élections d'octobre 1885 sur la liste républicaine des Ardennes, et fut élu au second tour. Il a voté l'expulsion totale des princes.

GODDARD, miss ARABELLA, dame DAVISON, pianiste anglaise, née à Saint-Servan (Ille-et-Vilaine), de parents anglais, en janvier 1836. Elle avait un peu plus de quatre ans lorsqu'elle parut en public, dans un concert de charite, où elle exécuta une fantaisie sur des motifs du *Don Juan* de Mozart, et y eut un tel succès que ses parents l'emmenèrent à Paris, où elle reçut des leçons de Kalkbrenner. De retour à Londres après la révolution de février, M. et Mᵐᵉ Goddard confièrent à Mᵐᵉ Anderson, pianiste de la reine, le soin de continuer l'éducation musicale de leur enfant. Peu après, elle était invitée à jouer au palais de Buckingham, devant la reine et le prince Albert, qui la complimentèrent vivement. Après avoir achevé son éducation musicale sous la direction de

Thalberg, elle se produisit, d'une manière sérieuse cette fois, en public dans une matinée donnée par son père à sa propre résidence, le 30 mars 1850, et débuta aux grands Concerts nationaux, en octobre suivant, exécutant une fantaisie intitulée l'*Elisire*, et la *Tarentella* de Thalberg avec un très vif succès. A partir de cette époque, miss Arabella Goddard joua fréquemment dans les concerts des morceaux variés de Thalberg. Prudent et autres. Après avoir joué aux concerts du Théâtre-de-Sa Majesté des œuvres appartenant principalement à l'école romantique moderne, et avoir abordé avec un égal succès les œuvres classiques, elle étudia l'harmonie et la composition avec M. G. A. Macfarren; puis elle visita successivement Paris, Leipzig, Berlin, Vienne, Florence et à peu près toutes les principales villes de France, d'Allemagne et d'Italie, y donnant des concerts. De retour en Angleterre, elle épousait en 1860 M. Davison, le critique musical du *Times*, conservant en public son nom de jeune fille, dès lors célèbre. Miss Goddard a fait ses adieux au public anglais à Saint-James Hall, le 11 février 1873, et peu après elle s'embarquait pour une tournée artistique en Australie et en Amérique. Elle était retour en Angleterre en 1876.

GODEBSKI, Cyprien, sculpteur polonais, fils de Xavier Godebski, écrivain polonais réfugié en France en 1832 et petit-fils de Cyprien, le poète-soldat tué à la bataille de Raszyn en 1809, est né à Méry-sur-Cher le 30 octobre 1835, fit ses études à l'école polonaise des Batignolles, où son père était professeur, puis suivit l'atelier de Jouffroy et débuta au Salon de 1857, par le buste en plâtre de l'*Amiral Lassus*. Occupé surtout de l'exécution d'importantes commandes, M. C. Godebski a exposé assez irrégulièrement. On cite parmi les envois aux divers Salons : la *Pologne*, groupe en plâtre (1864); le *Réveil*, statue en marbre, et *Rossini*, buste en marbre (1866); l'*Enfant au Chevreau*, groupe en marbre (1867); le portrait de *Madame Sophie Godebski*, buste en marbre et celui de *M. G. Maillard*, médaillon en marbre (1868); la *Délivrance*, statue en marbre (1872); *Odium* (la Haine), buste en plâtre galvanisé (1876). *Moujik ivre*, buste en marbre (18.8); *Portrait de Vieuxtemps*, buste en marbre (1878) ; *Portrait du prince Gortchakoff*, buste en marbre et *Portrait du général Microszlawski*, buste en bronze (1883); l'*Ange de la patrie prenant sous sa protection deux orphelins*, bas-relief en plâtre; *Portrait d'Armand Sylvestre*, buste en terre cuite (1884); *Tombeau de M*^{me} *Tamberlick*, marbre; *Persuasion*, groupe en bronze (1886). — En dehors de ses expositions, on doit à cet artiste la décoration de l'*Hôtel des Invalides* de Lemberg (Gallicie); les statues en marbre des généraux *Landon* et *Lassy*, pour l'arsenal de Vienne (Autriche); celle du célèbre violoncelliste belge *François Servais*, son beau-frère, érigée sur la place de l'Hôtel de Ville de Hal (Belgique) ; le monument du compositeur polonais *Moniusko*, pour la cathédrale de Varsovie; le monument commémoratif de la *Guerre de Crimée*, pour la ville de Sébastopol; le monument funèbre de *Théophile Gautier*, au cimetière du Nord, à Paris (1874), etc., etc. — M. Cyprien Godebski est chevalier de l'ordre de Léopold de Belgique. Il est en outre membre de l'Académie de Saint-Pétersbourg.

GODET DE LA RIBOULLERIE, Louis, agriculteur et homme politique français, né dans la Vendée en 1828. Grand propriétaire, président du comice agricole de Fontenay, conseiller général de la Vendée, M. Godet de la Riboullerie fut élu, le 8 février 1871, représentant à l'Assemblée nationale. Il siégea à droite et s'inscrivit à la réunion Saint-Marc Girardin. Il ne s'est représenté aux suffrages des électeurs de la Vendée qu'aux élections d'octobre 1885, et a été élu au premier tour, le quatrième sur sept, la liste monarchiste ayant triomphé tout entière dans ce département.

GODWIN, Parke, littérateur et journaliste américain, né à Paterson, dans le New-Jersey, le 25 février 1816 ; il fit ses études au collège du Princeton où il prit ses degrés en 1834, fit ensuite son droit, mais, reçu avocat, il se livra à la littérature de préférence à la profession du barreau. Devenu le gendre du poète-journaliste William C. Bryant, mort le 12 juin 1878, il a été depuis 1837, sauf quelques intervalles, l'un des principaux rédacteurs du *New-York Evening Post*, journal de son beau-père. En 1843 et 1844, il dirigea le *Pathfinder*, journal littéraire qui disparut pour cause de faillite de l'éditeur. Il fut l'un des collaborateurs de la *Democratic Review*, le directeur du *Putnam's Magazine* pendant une assez longue période commençant avec les débuts de ce journal, qualité en laquelle il fut attaché au *Putnam's Monthly* réorganisé, pendant tout le cours de son existence (1867-70) M. Parke Godwin a traduit l'*Autobiographie* et le *Wilhelm Meister* de Gœthe; les *Nouvelles*. *Ondine*, *Sintram et ses compagnons* de Zschokke ; publié un *Manuel de biographie universelle* (1851), dont une nouvelle édition a été publiée en 1871, sous le titre de *Cyclopædia of Biography*. Citons en outre, parmi ses œuvres originales: *Aperçu populaire des doctrines de Fourier (1844)*; *Constructive Democracy (1851)*; *Vala, histoire mythologique (1848)*; une *Histoire de France* dont un seul volume a paru ; deux volumes d'articles de critique et d'érudition littéraire extraits du *Magazine* de Putnam, sous ce titre : *Out of the Past*; *Histoire et organisation du travail (1876)*; *Moisson d'hiver* (Winter Harvest, 1877) et un volume sur le *Dix-neuvième siècle, ses hommes illustres et ses actes* (1880).

GOLDSCHMIDT (madame), Jenny Lind, célèbre cantatrice suédoise, fille d'un professeur de langues de Stockholm, où elle est née le 21 octobre 1821. Douée de dispositions précoces et vraiment extraordinaires pour la musique, elle pouvait, dès l'âge de trois ans, chanter un morceau quelconque qu'elle avait entendu une seule fois. Malheureusement, la situation de ses parents ne leur permettait pas de lui donner les maîtres qu'une vocation aussi victorieusement démontrée semblait exiger ; mais grâce à l'appui d'une actrice distinguée de Stockholm, Mme Lundberg, qui avait eu l'occasion de l'entendre, elle fut placée sous la direction du célèbre professeur Croelius. Bientôt, sur la recommandation de Croelius et du comte Pücke, directeur du Théâtre-de-la-Cour, qui d'abord n'avait pas voulu entendre parler de cette enfant, mais l'avait admise avec enthousiasme à la première audition, elle entra à l'Académie de musique, où elle ne tarda pas à faire de rapides progrès. Jusqu'à l'âge de douze ans, elle remplit au théâtre de Stockholm, à diverses reprises, des rôles d'enfant; mais à cet âge, sa voix subit la crise ordinaire, et elle dut se borner à l'étude théorique de la musique pendant les quatre années qui suivirent. Au bout de ce temps, une occasion de tenter de nouveau l'épreuve se présenta : on préparait un grand concert à l'Académie de musique, au programme duquel figurait le quatrième acte de *Robert le Diable*, et personne ne voulait se charger du modeste rôle d'Alice. Le directeur de l'Académie, Berg, quoique peu rassuré, le confia à sa jeune pensionnaire. Jenny Lind l'accepta avec reconnaissance, et prouva bientôt que son registre avait recouvré toute sa puissance et toute sa pureté. Elle fut accueillie avec enthousiasme. Elle fut aussitôt engagée au théâtre, et y débuta dans le rôle d'Agathe du *Freischutz*, avec le plus éclatant succès. Pendant dix-huit mois, elle demeura l'étoile de la scène de Stockholm ; cependant elle ne se jugeait pas aussi favorablement que ses auditeurs, et son rêve était de venir à Paris compléter son éducation. N'ayant pas les moyens suffisants pour accomplir son projet, elle entreprit une série de concerts dans les villes principales de la Suède et de la Norwège, qui les lui fournirent bientôt. Arrivée à Paris en 1841, Jenny Lind prit des leçons de Garcia, qui ne l'encouragea guère au début, qui faillit même la décourager, en dépit de tous ses triomphes passés : Garcia jugeait tout simplement qu'il n'y avait rien à faire d'une voix de ce genre et d'étendue. Heureusement que Meyerbeer était d'un autre avis; grâce à son appui, elle put poursuivre ses études, et obtint même du directeur de l'Opéra, qui était alors M. Léon Pillet, une audition, puis un début ; mais ce début fut pour elle un échec complet. Comment cela put-il se faire ? On parla, à l'époque, de la jalousie puissante d'une cantatrice qui, voyant en elle une rivale, fit tout pour l'éloigner de son voisinage (1843). Le fait est que Jenny Lind échoua dans cette occasion, le fut si mortifiée de cet échec qu'elle se jura à elle-même de ne jamais reparaitre devant un public français — parole qu'elle a rigoureusement tenue. Meyerbeer n'était pas homme à renoncer à l'opinion qu'il s'était faite de la jeune cantatrice suédoise pour si peu qu'une mésaventure due à une intrigue de coulisses; il lui offrit un engagement magnifique à Berlin. Mais elle refusa, préférant retourner dans sa patrie, où elle fut accueillie avec un fol enthousiasme.

En 1844, Jenny Lind se rendit à Dresde; en 1845, elle chantait dans les fêtes données sur le Rhin à l'occasion de la visite de la reine d'Angleterre, à Berlin; elle passa de Berlin à Francfort, puis à Cologne, puis à Vienne, où elle parut dans la *Fille du Régiment*, la *Norma*, le *Camp de Silésie*, provoquant invariablement l'enthousiasme de ses auditeurs. En mai 1847, elle paraissait pour la première fois à Londres; elle fit son début devant le public anglais dans son premier rôle d'Alice, de *Robert le Diable*, puis parut dans la *Somnambule*, la *Fille du Régiment*, les *Puritains*, etc., accueillie à chaque nouvelle apparition avec un enthousiasme confinant à la frénésie, et comme la scène anglaise n'en avait pas encore eu d'exemple. En 1848, elle chanta pour la première fois dans un oratorio sacré : *L'Élijah*, de Mendelssohn, exécuté à Exeter Hall, au profit d'une fondation de chaires musicales en l'honneur de Mendelssohn. En 1850, elle allait visiter les États-Unis, sous les auspices du célèbre M. Barnum (voyez ce nom), avec lequel elle parcourut les principales villes de l'Union. Son engagement avec M. Barnum était de 150 concerts ; mais elle le rompit après le quatre-vingt-treizième, en juin 1851, et se maria avec M. Otto Goldschmidt, pianiste et chef d'orchestre très distingué. Mme Goldschmidt abandonna dès lors le théâtre. Elle y reparut cependant, pour quelques soirées seulement, en 1855, en 1861, en 1863 en 1864, et a participé à bon nombre de concerts de bienfaisance, notamment en 1866, à Cannes. Bienfaisante habituellement d'ailleurs, elle a beaucoup donné, en tout temps, aux établissements de charité des pays qu'elle a visités. — Il a été un moment question de sa réapparition à Paris dans un concert, au commencement de 1886, mais ce projet, s'il exista jamais sérieusement, ne s'est point réalisé.

GOLDSCHMIDT, Meyer, poète, romancier et journaliste danois, d'origine israélite, né à Vordinborg, dans l'île de Jutland, le 26 octobre 1819 ; il fit ses études à l'université de Copenhague, au sortir de laquelle il collabora à divers journaux, puis fonda, en 1840, le *Corsaire*, journal hebdomadaire satirique, dans lequel il combattit le gouvernement, alors despotique, de son pays, en dépit des persécutions, qui ne lui manquèrent pas. Traduit devant la Haute Cour en 1843, pour attaques contre le gouvernement, il fut condamné à la prison ; mais son opposition ne se refroidit pas pour si peu, et le triomphe final de la politique libérale devait le récompenser des luttes soutenues et des persécutions subies. En 1848, il prit la direction d'un magazine : *Nord et Sud*, dans lequel il s'appliqua surtout à l'éducation du peuple, afin de le préparer à jouir de ses droits avec intelligence, et à combattre cette politique qu'il prévoyait devoir causer fatalement les désastres que le Danemark subit en effet. — On doit à M. Meyer Goldschmidt : *Un Juif*, ouvrage d'esthétique morale qui fut traduit en anglais et en allemand ; *Sans abri* (Hjembœs), roman également traduit en anglais et en allemand ; *l'Héritier*, le *Rocher*, romans ; *Histoires d'amour de divers pays*, etc. Il a publié également plusieurs poèmes et drames, dont deux ont été couronnés par l'Académie de Copenhague.

GOMEZ, Carlos A., compositeur brésilien, né à Campinos le 11 juillet 1839. Il commença dans son pays son éducation musicale, que l'empereur du Brésil l'envoya compléter en Europe. Il se rendit à Milan et étudia sous la direction de M. Lauro Rossi, alors directeur du Conservatoire de cette ville. M. Gomez fit ses débuts de compositeur dramatique à Milan, par la musique d'une revue jouée au petit théâtre Fossati, en janvier 1867 : *Se sa minga!* (On ne sait pas !) Il écrivit aussi vers le même temps une chanson, dite du *Fusil à aiguille*, qui devint rapidement populaire. Il donna en mars 1870, au théâtre de la Scala, un opéra : *il Guarany*, interprété par Mme Marie Sass, MM. Villani, Storti et Maurel. Au même théâtre paraissait, en 1873 : *Fosca*, opéra, qui fut un échec, malgré des qualités réelles ; et, en 1874, au théâtre Carlo-Felice, de Gènes : *Salvator Rosa*, opéra en 4 actes qui, après avoir obtenu un grand succès sur ce théâtre, a été applaudi sur plusieurs autres scènes de l'Italie. Enfin, M. Gomez a écrit, pour les fêtes de centenaire de l'Indépendance américaine et de l'Exposition de Philadelphie, en 1876, un grand hymne patriotique intitulé : le *Salut du Brésil*, sur l'invitation expresse de son souverain. Cet hymne a été exécuté dans le palais de l'Exposition.

GOMOT, Pierre Eugène Hippolyte, homme politique français, ancien magistrat, né à Riom le 12 octobre 1838. Avocat du barreau de sa ville natale, M. Gomot entrait dans la magistrature en 1864, comme substitut du procureur impérial à Gannat ; transféré à Riom dès 1865, en la même qualité, il y fut maintenu par le gouvernement du 4 Septembre et nommé procureur de la République au même lieu en 1874. Il donna sa démission pour protester contre les violences du 16 mai (1877) et reprit sa place au barreau ; il reçut dès 1878 la récompense de son attitude, par sa nomination au siège de conseiller à la cour d'appel de Riom. Ses concitoyens l'avaient déjà envoyé siéger au Conseil général du Puy-de-Dôme.

Lors de la retraite de M. Rouher, député de la 1re circonscription de Riom, en 1881, M. Gomot se porta dans cette circonscription, comme candidat républicain, et fut élu contre le candidat bonapartiste, avec une majorité des deux tiers. Il s'inscrivit à l'Union républicaine et fit partie de nombreuses commissions, dont beaucoup le choisirent pour rapporteur ; il se fit dès lors apprécier comme orateur, mais comme un député laborieux et capable. Aux élections du 4 octobre 1885, M. Gomot figurait dans la liste républicaine du Puy-de-Dôme ; il fut élu, le deuxième sur neuf, au scrutin de ballottage. Le 6 novembre, un décret du président de la République l'appelait au ministère de l'agriculture en remplacement de M. Hervé Mangon, à qui les élections au scrutin de liste avaient été défavorables et qui avait donné sa démission en conséquence. M. Gomot quittait le pouvoir le 29 décembre suivant, avec tous ses collègues du cabinet Henri Brisson, et reprenait son siège de député. Il a repoussé de son vote les deux propositions d'expulsion des princes. — M. Gomot a collaboré à divers journaux et revues, notamment au *Temps*. Il a donné à la *Revue libérale* une étude sur le peintre Marilhat, et a publié deux volumes d'histoire locale : le *Château de Tournoel* et l'*Abbaye de Mozat*, auxquels on reconnaît un véritable mérite.

GONCOURT (de), Edmond Louis Antoine et Jules Alfred Huot, littérateurs français, nés le premier à Nancy le 22 mai 1822, et le second à Paris le 17 décembre 1830. Bien que ce dernier soit mort depuis seize ans, il nous serait à peine possible de séparer son nom de celui de son frère, tant ces deux noms se trouvent intimement liés dans leur œuvre commune. Fils d'un ancien officier supérieur de cavalerie et petits-fils d'un député à l'Assemblée nationale de 1789, ils se vouèrent de bonne heure à la carrière des lettres, s'occupant de critique d'art, d'études historiques et morales, romans, théâtre, etc., fondant des journaux littéraires tels que l'*Eclair*, *Paris*, la mort seule ayant eu le pouvoir de rompre cette collaboration fraternelle constante et d'ailleurs heureuse. — Nous citerons parmi les œuvres de MM. de Goncourt : *En 185...* (1851) ; le *Salon de 1852* ; les *Mystères des théâtres*, la *Lorette* (1853) ; *Histoire de la Société française pendant la Révolution* (1854) ; la *Révolution dans les mœurs*, la *Société française pendant le Directoire*, la *Peinture à l'Exposition universelle de 1855*, les *Actrices*, une *Voiture de masques* (1855) ; *Sophie Arnould, d'après sa correspondance et ses mémoires inédits* (1857) ; *Portraits intimes du XVIIIe siècle* (1857-58, 2 vol.) ; *Histoire de Marie-Antoinette* (1858) ; les *Saint-Aubin* (1859) ; les *Maîtresses de Louis XV* (1860, 2 vol.) ; *l'Art au XVIIIe siècle* (1860-70, 18 vol.) ; les *Hommes de lettres* (1860) ; *Sœur Philomèle* (1861) ; la *Femme au XVIIIe siècle* (1862) ; *Renée Mauperin* (1864) ; *Germinie Lacerteux* (1865) ; *Idées et sensations* (1866) ; *Manette Salomon* (1867, 2 vol.) ; *Madame Gervaisais* (1868) ; *Gavarni, l'homme et l'artiste* ; la *Patrie en danger*, drame non représenté (1873) ; *Charles Demailly*, nouvelle édition des *Hommes de lettres* (1876), etc., etc. Ajoutons à cette liste un drame en trois actes, en prose : *Henriette Maréchal*, admis au Théâtre-Français grâce à une haute intervention, et joué en décembre 1865, au milieu d'un tapage infernal, protestation évidente contre les hardiesses de l'œuvre elle-même ou plutôt contre la haute intervention grâce à laquelle elles étaient interprétées sur notre première scène comique : c'est là une question non encore résolue. Le fait est que *Henriette Maréchal* dut disparaître promptement de l'affiche du Théâtre-Français. Il est vrai qu'on a vivement reproché à MM. de Goncourt l'exagération réaliste qui caractérise leurs ouvrages ; mais c'est là une querelle d'école qui n'ôte rien à leur valeur littéraire considérable. Quant au drame bruyamment sifflé au Français, il fut aussitôt publié en volume, précédé d'un *Exposé historique* et d'un *Prologue* en vers de Théophile Gautier, et a été repris à l'Odéon, avec succès, en 1885. Un nouvel ouvrage signé E. et J. de Goncourt : *Quelques créatures de ce temps*, a paru en 1876, mais ne serait qu'une refonte de la *Voiture de masques*. — M. Edmond de Goncourt a publié seul, la même année, un *Catalogue raisonné de l'Œuvre de Prud'hon*. La librairie Charpentier a entrepris d'autre part, en 1876 également, la réimpression des œuvres principales de ces deux écrivains, sous la direction du survivant, qui a donné depuis : *l'Œuvre de Watteau*, catalogue raisonné ; la *Fille Elisa*, roman ultra-naturaliste (1877) ; les *Frères Zemgano* (1879), et quelques autres romans. Enfin le *Figaro* a commencé, au mois d'août 1886, la publication du *Journal des Goncourt*, d'un intérêt rétrospectif assez peu commun. — M. Edmond de Goncourt est chevalier de la Légion d'honneur depuis 1867. Son frère Jules est mort le 20 juin 1870.

GONDINET, EDMOND, auteur dramatique français, né le 7 mars 1829 à Laurière (Haute-Vienne). Il entra d'abord dans l'administration des finances, où il devint sous-chef; mais ses succès au théâtre lui firent donner sa démission en 1868, pour suivre en toute liberté cette nouvelle carrière. Aujourd'hui, les pièces de tout genre que M. Gondinet a écrites, seul ou en collaboration, ont atteint un chiffre énorme, qui grossit encore tous les jours. — Nous citerons: *Trop curieux*, 1 acte en vers, au Théâtre Français (1863); les *Victimes de l'argent*, 3 actes, en vers, au Gymnase et les *Révoltées*, 1 acte (1865); la *Cravate blanche*, 1 acte, en vers libres, même théâtre (1867); le *Comte Jacques*, 3 actes, et les *Grandes demoiselles*, 1 acte (1868), même théâtre ; *Gavaud, Minard et Cie*, 3 actes et le *Plus heureux des trois*, avec M. Labiche, au Palais-Royal (1869-70); *Christine*, 4 actes, au Français ; *Paris chez lui*, 3 actes, au Gymnase (1872); *Le roi l'a dit*, opéra comique en 3 actes, musique de M. Léo Delibes, à l'Opéra-Comique (1873) ; *Libres!* drame en 5 actes à la Porte-Saint-Martin ; le *Chef de division*, 3 actes et le *Homard*, 1 acte, au Palais-Royal ; *Gilberte*, 4 actes, avec M. Deslandes, au Vaudeville (1874); le *Panache*, 3 actes, au Palais-Royal (1875); le *Dada*, 3 actes (1876) ; le *Tunnel*, 1 acte ; les *Convictions de papa*, 1 acte ; le *Professeur pour dames*, 1 acte, même théâtre, le *Club*, 3 actes, avec M. Jules Cohen, au Vaudeville ; la *Belle madame Donis*, 4 actes, avec M. H. Malot, au Gymnase (1877); les *Vieilles couches*, 3 actes ; *Tant plus ça change...*, 3 actes, au Gymnase ; les *Cascades*, 1 acte, avec M. P. Véron, au Gymnase (1878); les *Tapageurs*, 3 actes, au Vaudeville (1879) ; le *Volcan*, 3 actes, au Palais-Royal (1882); les *Affolés*, 4 actes, avec M. Pierre Véron, au Vaudeville ; *Peau neuve*, 3 actes, avec M. Debrit, au Palais-Royal (1883); *Lackmé*, opéra comique en 3 actes, musique de M. Leo Delibes, à l'Opéra-Comique, *Clara Soleil*, 4 actes, avec M. Civrac, au Vaudeville : *Mam'zelle Gavroche*, 3 actes, avec MM. E. Blum et Saint-Albin, aux Variétés (1885), etc. — M. Gondinet est chevalier de la Légion d'honneur depuis 1869.

GONZALÈS, LOUIS JEAN EMMANUEL, littérateur français, né à Saintes le 25 octobre 1815, est le fils du médecin en chef de l'hôpital militaire de cette ville et descend d'une des familles anoblies par Charles-Quint dans la principauté de Monaco. Il fit ses études à Nancy, où son père avait été transféré, et vint ensuite à Paris, où il aborda le droit, mais le délaissa bientôt pour la littérature, carrière dans laquelle il avait déjà débuté à Nancy, sur les bancs du collège, par des nouvelles et des articles divers, signés de pseudonymes, insérés dans le *Patriote de la Meurthe*. A Paris, il collabora presque dès le début, soit sous son nom soit sous des pseudonymes pittoresques et variés, à une foule de publications littéraires et participa à la fondation de la *Revue de France*. Il fut enfin admis à la *Presse*, pour y écrire des articles sur l'Espagne auxquels sa signature authentique ne pouvait faire moins que de donner une saveur particulière. Il entra ensuite au *Siècle*, où il a succédé à Louis Desnoyers, comme directeur de la partie littéraire, en 1868. Il a été également rédacteur en chef de la *Caricature*, a publié pendant trois ou quatre ans une *Revue des voyages* et n'a pas cessé de collaborer à la presse littéraire. Vice-président de la Société des gens de lettres de 1852 à 1855, il en a été président en 1864 et en est aujourd'hui président honoraire et délégué. — On cite de cet écrivain, parmi ses nombreux romans, dont quelques-uns écrits en collaboration, et qui tous ont paru d'abord en feuilletons dans le *Siècle*, la *Patrie*, le *Courrier Français*, etc. : *Souffre douleur (1838);* les *Mignons de la lune (1839);* le *Livre d'amour (1840);* les *Frères de la côte* ou les *Pêcheurs de perles (1841);* la *Belle novice* ou les *Francs-Juges (1847);* les *Sept baisers de Buckingham (1848);* *Esaü le lépreux (1850-51);* le *Vengeur du mari (1852);* le *Chasseur d'hommes (1853);* la *Fille de l'aveugle (1854);* les *Mémoires d'un ange (1855);* une *Princesse*, le *Serment de la veuve (1856);* le *Prince noir*, les *Chercheurs d'or (1857);* la *Table d'or (1859);* les *Trois fiancés (1860);* les *Sabotiers de la Forêt-Noire*, le *Maréchal d'Ancre (1861);* la *Maîtresse du proscrit (1862);* l'*Hôtesse du connétable (1863);* l'*Epée de Suzanne*, les *Proscrits de Sicile (1865);* l'*Heure du berger*, les *Amours du vert-galant (1866);* la *Fiancée de la mer (1867);* les *Gardiennes du trésor (1872);* les *Danseuses du Caucase (1875)*. etc. Un drame en cinq actes et huit tableaux a été tiré de son roman les *Frères de la côte*, avec la collaboration de M. Henri de Kock, et joué en 1856 à l'ancien théâtre du Cirque, avec succès. — M. Emmanuel Gonzalès est chevalier de la Légion d'honneur depuis 1861.

GOSCHEN, GEORGE JOACHIM, homme d'État anglais, fils d'un négociant de Londres d'origine allemande, est né à Londres en 1831, et a fait ses études à l'école de Rugby et au collège Oriel, à Oxford. M. Goschen a beaucoup écrit sur des questions de finances et on lui doit, entre autres, un ouvrage important sur la *Theory of Foreign Exchanges*, qui a été traduit en français par M. Léon Say. Élu représentant libéral de la cité de Londres à la Chambre des communes, à une élection complémentaire, en mai 1863, il prit une part active au mouvement en faveur de l'admission des dissidents dans les universités et de l'abolition, par suite, du certificat de religion. Il fut réélu, le premier, par la cité de Londres aux élections générales de juillet 1865, devint vice-président du Bureau du commerce le 20 novembre de la même année, puis membre du Conseil privé et chancelier du duché de Lancastre le 26 janvier 1866. Il suivit dans sa retraite le ministère Russell au mois de juin suivant. A l'avènement de M. Gladstone, en décembre 1868, M. Goschen fut nommé président du Comité de la loi des pauvres, poste qu'il quitta, pour celui de premier lord de l'Amirauté. Il se retirait à la chute du parti libéral, en février 1874, et était le seul candidat libéral élu par la Cité aux élections générales qui suivirent. En 1876, M. Goschen fut choisi, en même temps que M. Joubert en France, comme délégué des créanciers de la dette égyptienne chargé de concerter, avec son collègue français et le gouvernement, les mesures relatives à la conversion de cette dette, mission qui se termina par l'arrangement du 18 novembre. M. Goschen prit ensuite part à la conférence monétaire internationale tenue au ministère des affaires étrangères, à Paris, en août 1878. Il ne s'était pas présenté aux élections générales de cette année ; mais au retour des libéraux au pouvoir, en mai 1880, il accepta le poste d'ambassadeur extraordinaire à Constantinople, en remplacement de sir Henry Layard, censé en congé. Dans cette situation, M. Goschen visita les centres politiques les plus importants de l'Europe, dans le but de préparer les voies au « concert européen », en vue de la réalisation des articles du traité de Berlin jusque-là négligés, ou, en tout cas, à la conférence de Constantinople qui eut lieu l'année suivante. La rectification de la frontière grecque qui résulta de la conférence, ne fut, à la vérité, accueillie par les puissances directement intéressées qu'avec mécontentement ; mais M. Goschen n'en est pas moins enchanté de passer pour avoir eu la part la plus importante à ce semblant de solution. — M. Goschen est l'un des membres du parti libéral que la question du *home rule* a séparés, prend violemment et bruyamment pour que ce soit sans esprit de retour, de M. Gladstone, et il s'est fait élire dans son ancien collège de la Cité contre le candidat gladstonien, aux élections générales de juillet 1886.

GOSSELIN, ATHANASE LÉON, chirurgien français, né à Paris le 16 juin 1815, fit ses études à Versailles et à Paris, au collège Charlemagne et à l'École de médecine. Reçu docteur en 1838, il tourna ses études vers la médecine opératoire ; il fut nommé professeur à l'École pratique en 1842, reçu agrégé en 1844 et nommé chef des travaux anatomiques en 1846. Chirurgien des hôpitaux depuis 1848, il était attaché, en cette qualité, à l'hôpital Cochin en 1854. Au mois de décembre 1858, M. le docteur Gosselin fut appelé à la chaire de pathologie chirurgicale de la faculté de médecine. Élu membre de l'Académie de médecine en 1860, il remplaçait Velpeau à la chaire de clinique chirurgicale de l'hôpital de la Charité en 1867. M. Gosselin a été élu membre de l'Académie des sciences, en remplacement de Nélaton, le 16 mars 1874. Il est commandeur de la Légion d'honneur depuis 1871. — On doit au docteur L. Gosselin : *Des pansements rares (1854);* *Recherches sur les kystes synoviaux de la main et du poignet (1852);* *Traité des maladies des yeux (1855);* *Sur les résultats obtenus par l'opération de la temporisation dans l'étranglement herniaire (1861);* *Traité des hémorrhoides (1866);* *Tumeurs circulées artérielles chez les adolescents et les adultes (1867);* *Mémoire sur l'origine par contusion des sciences, en remplacement de Nélaton, conjonctivites catarrhales (1869);* *Clinique chirurgicale de l'hôpital de la Charité (1872-73,* 2 vol.); *l'Urine ammoniacale et la fièvre urineuse (1874),* etc. Il a pris, avec M. C. Denonvilliers, à partir de la 8e livraison, la continuation du *Compendium de chirurgie pratique* de A. Bérard de Denonvilliers, et collabore au *Nouveau dictionnaire de médecine et de chirurgie pratiques*, aux *Mémoires de l'Académie de médecine*, aux *Archives de médecine* et autres publications spéciales.

GOSSELIN, CHARLES, peintre paysagiste français, élève de Gleyre et de M. Ch. Busson, est né à Paris le 26 janvier 1834, et a débuté au Salon de 1863. — On a de cet artiste : *Bois de chênes et de pins en automne (1863)* ; *Soir d'automne (1864)* ; *Une route, le soir (1865)* ; *Environs de Beuzeval*, Calvados *(1866)* ; *Intérieur de forêt (1867)* ; *l'Abreuvoir*, *Crépuscule dans le bois (1868)* ; *Chemin creux, environs de Foncine-le-Bas*, Jura (1869) ; *Route dans une forêt*, *Bord de l'Ain (1870)* ; *Soir d'été (1872)* ; *Ferme d'Hédouville*, Seine-et-Oise ; *Environs du Crotoy*, Somme (1873) ; les *Bûcherons (1874)* ; *Marée basse*. *Lisière de bois (1875)* ; *Pâturage dans les dunes*, *Baie de Somme (1876)* ; le *Château d'Arques (1883)* ; *Entre Dieppe et Trouville (1884)* ; le *Grand Berneval*, dans la Seine-Inférieure (1885) ; le *Sphynx (1886)*, etc. — M. Charles Gosselin a obtenu des médailles en 1865 et 1870 et une médaille de 2ᵉ classe en 1874. Il a été décoré de la Légion d'honneur.

GOT, FRANÇOIS JULES EDMOND, comédien français, né à Lignerolles (Orne) le 1ᵉʳ octobre 1823, fit ses études à Paris, au collège Charlemagne, et commença à suivre les cours de l'École de droit : mais il y renonça bientôt, fut quelque temps employé à la préfecture de la Seine, fit un court passage à la rédaction du *National* et finalement entra au Conservatoire, dans la classe de Provost. Il obtenait le second prix de comédie en 1842, et le premier en 1843. Conscrit l'année suivante et tombé au sort, il fut désigné pour la cavalerie où il servit pendant quelques mois, se fit ensuite remplacer et vint débuter au Théâtre-Français à la fin de l'été de 1844. Il alla jouer ensuite au Grand-Théâtre de Nantes ; mais il revenait à Paris dès le mois d'avril 1845, rappelé par un engagement en bonne et due forme au Français. Il s'y fit promptement une grande réputation, d'abord dans les emplois de valet de l'ancien répertoire, ensuite dans les rôles comiques les plus divers, enfin dans beaucoup des rôles principaux des comédies de genre modernes. Élu sociétaire en 1850, M. Got est aujourd'hui le doyen de la société du Théâtre-Français et membre du comité d'administration. — Homme indépendant autant qu'artiste supérieur, M. Got donnait ou plutôt renouvelait sa démission, au printemps de 1865 et intentait un procès à la Société, dont il se séparait pour des raisons que nous n'avons pas à examiner ici, mais qui avaient pour l'artiste toute l'importance d'une question de dignité. L'affaire, en somme, après avoir fait beaucoup de tapage, n'eut pas de suite. Comme contre-partie de cet incident de la vie artistique de M. Got, nous devons rappeler son attitude, encore pleine de dignité suivant nous, quoique jugée diversement, à l'occasion de la représentation extraordinaire donnée par la Société des gens de lettres sur la scène du Théâtre-Français, au mois de novembre 1870 et portant sur son programme la lecture des *Châtiments* de Victor Hugo. L'artiste refusa par une lettre adressée au président de la Société des gens de lettres, dans laquelle il expliquait, et justifiait à notre appréciation, son refus dans ces termes : « Un sentiment que je n'ose pas bien définir ici, mais que j'éprouve invinciblement au fond de la conscience, m'empêche de venir m'associer à une lecture des *Châtiments* sur une scène qui acceptait si bénévolement ; il y a quelques semaines, le titre de Théâtre des *Comédiens ordinaires de l'empereur*. Les cadeaux, les dîners et les fêtes, de Compiègne et de Fontainebleau, m'ont toujours soulevé le cœur, je l'atteste et on le sait ; mais si j'étais un des rares opposants de la veille, qu'on me permette aujourd'hui de ne me tenir encore à part des trop nombreux fanfarons du lendemain... » Pendant le siège de Paris, M. Got servit dans la garde nationale, faisant avec zèle, quoique probablement sans plaisir, son service aux remparts. — Parmi les principaux rôles de l'ancien et du nouveau répertoire qu'il a créés ou repris avec un véritable bonheur, il nous faut citer ceux de Sganarelle, de Maître Jacques, de l'Intimé, de Purgon, de Gros-René, de Petit-Jean ; de Cliton, dans le *Menteur* ; de Trissotin, d'Arnolphe, d'Hector, dans le *Joueur* ; de Figaro, de Michonnet, dans *Adrienne Lecouvreur* ; de Noël, dans la *Joie fait peur* ; de Mercadet, dans la pièce de ce nom ; de Rodolphe, dans l'*Honneur et l'argent* ; de Dubois, dans les *Fausses confidences* ; de Clérambeau, dans *Une chaîne* ; de Poirier, dans le *Gendre de M. Poirier* ; d'Hippolyte Richoud, dans le *Demi-Monde*, etc. Et parmi ses principales créations : l'Abbé, dans *Il ne faut jurer de rien* ; Tibia, dans les *Caprices de Marianne* ; le capitaine Baudrille, dans le *Cœur et la dot* ; Spiegel, dans la *Pierre de touche* ; Francisque, dans les *Jeunes gens* ; Jean de Rieux, dans le *Duc Job* ; Giboyer, dans les *Effrontés (1861)* et le *Fils de Giboyer (1863)* ; le rôle principal, dans *Maître Guérin* et celui de la Porcheraie, dans *Moi (1864)* ; Pierre de Bréville, dans *Henriette Maréchal* et Dumont, dans le *Supplice d'une femme (1865)* ; Mauvergnat, dans *Jean Baudry (1866)* ; André Lagarde, dans la *Contagion*, qu'il alla jouer, par autorisation impériale, à l'Odéon (1866) puis sur les principales scènes de province, avec une troupe organisée dans ce but ; Michel, dans *Paul Forestier (1868)* ; Favart, dans *Maurice de Saxe* ; Raymond, dans le *Dernier quartier (1870)* ; Jonquières, dans *Jean de Thomeray (1873)* ; le docteur Rémonin, dans *l'Étrangère (1876)* ; David Sichel, dans l'*Ami Fritz (1878)*, etc., etc. — On doit en outre à M. Got, entre autres travaux littéraires, le livret de *François Villon*, opéra en un acte, joué à l'Opéra en 1857 ; et celui de l'*Esclave*, en collaboration avec Edouard Foussier, opéra en 5 actes et 6 tableaux, musique de Membrée, de même que *François Villon*, joué sur la même scène, le 15 juillet 1874, après avoir failli être joué au Français, mais alors comme tragédie, en 1851. Professeur de déclamation dramatique au Conservatoire, M. Got a été décoré de la Légion d'honneur en cette qualité.

GOUIN, EUGÈNE, homme politique français, sénateur, né à Saint-Symphorien (Indre-et-Loire) le 18 septembre 1818, est fils de l'ancien ministre de Louis-Philippe, député, puis sénateur sous l'empire, mort en mai 1872. En 1843, M. Eugène Gouin prenait la direction de la maison de banque Gouin frères de Tours. Il devint successivement juge au tribunal de commerce de cette ville en 1848 et conseiller municipal la même année, membre de la chambre de commerce en 1853, président de cette chambre en 1858 et maire de Tours en 1866. Une élection complémentaire, nécessitée par l'entrée de M. Gouin père au Sénat, ayant eu lieu en janvier 1868, dans la 1ʳᵉ circonscription d'Indre-et-Loire, M. Gouin fils s'y présenta, espérant d'autant plus raisonnablement recueillir l'héritage paternel que l'appui de l'administration lui était assuré ; il échoua pourtant, contre M. Houssard, candidat de l'opposition libérale, et ne se présenta pas aux élections générales de 1869. Pendant l'invasion, M. Eugène Gouin, étant toujours maire de Tours, rendit à sa malheureuse population des services dont elle devait lui être reconnaissante. Aux élections du 8 février 1871, il était en effet élu représentant d'Indre-et-Loire à l'Assemblée nationale, le douzième sur six. Il se fit inscrire aux deux centres, vota ordinairement avec le centre gauche, jusqu'au 24 mai 1873, où il se prononça contre l'ordre du jour Ernoul, et d'autres termes contre le renversement de M. Thiers. L'acte consommé, il se rapprocha de la droite ; mais en 1875, il se rallia, avec MM. de Lavergne et Wallon, aux lois constitutionnelles qui ont fondé la république le 25 février. M. Gouin, très compétent en ces matières, a fait partie de toutes les commissions du budget et a été nommé rapporteur général de plusieurs. Porté sur la liste de gauche, il a été élu sénateur inamovible par l'Assemblée nationale, le 15 décembre 1875. Il siège au centre constitutionnel. Il s'abstint lors du vote sur la demande de dissolution de la chambre des députés en juin 1877. Dans la question de l'expulsion des princes, venue au Sénat le 22 juin 1886, il a voté contre le projet de loi. — M. Gouin est officier de la Légion d'honneur depuis le 17 octobre 1871.

GOULD, BENJAMIN ARTHUR, astronome américain, né à Boston le 27 septembre 1824, fit ses études au collège d'Harvard, puis traversa l'Atlantique et alla étudier à l'université de Gœttingen, où il prit ses grades en 1848. Il fut quelque temps aide-astronome à l'observatoire d'Altona. Après avoir visité les principaux observatoires de l'Europe, il retourna en Amérique, fut employé d'abord au relevé des côtes, avec pour mission spéciale la détermination des longitudes, et apporta de grands perfectionnements à la méthode employée jusque-là à cette opération. En 1856, il fut nommé directeur de l'observatoire Dudley, à Albany, capitale de l'État de New-York ; mais il abandonna ce poste au commencement de 1859, par suite de dissentiments avec les administrateurs de cet établissement, et bien qu'une commission de savants lui ayant entièrement donné raison. En 1868, M. Gould fut appelé par le gouvernement de la République argentine pour organiser et diriger l'observatoire de Cordova. L'édifice construit, il se mit aussitôt au travail avec quatre aides, en 1870. Depuis lors, il a complété une série de cartes des étoiles visibles de l'observatoire, à l'œil nu, et entrepris des séries d'observations par zones, des étoiles du sud, dont plus de 83,000 avaient été déjà observées en 1874. M. Benjamin A. Gould avait fondé dès 1849, à Cambridge (Massachusetts), l'*Astronomical Journal*, qu'il rédigea jusqu'en 1861 et entretint à ses propres frais et à ceux de quelques amis pendant tout ce temps. Ses principaux ouvrages sont : *Rapport sur la découverte de la planète Neptune*, dans les Rapports de l'Institution smithsonienne (1850): *Recherches sur l'orbite de la comète V.* (1847); *Discussion des observations faites par l'expédition astronomique des Etats-Unis au Chili, pour déterminer la parallaxe du soleil (1856); Sur la longitude transatlantique (1868); Statistique militaire et anthropologique des soldats américains (1869);* les *Ancêtres de Zacheus Gould (1872);* ainsi que diverses cartes des corps célestes. — M. B. A. Gould a été élu correspondant de notre Académie des sciences (section d'astronomie).

GOUNOD, Charles François, compositeur français, né à Paris le 17 juin 1818, fit ses études au lycée Saint-Louis et entra au Conservatoire en 1836. Elève de Reicha, dont il prenait déjà les leçons avant son entrée au Conservatoire, de Lesueur et d'Halévy, il remportait un second prix en 1838 et le grand prix de Rome en 1839. Il résida en Italie quatre ans, fit ensuite un voyage en Allemagne et, à son retour à Paris, fut attaché comme maître de chapelle à l'église des Missions étrangères. Il professait une passion véritable pour la musique sacrée ; ayant fait exécuter aux Missions plusieurs messes de sa composition, il songeait, pour ne plus se séparer de l'Eglise, à se faire prêtre et entrait en 1845 au séminaire de Saint-Sulpice. Il en sortait en 1848. fort peu résolu encore sur la carrière qu'il devait choisir. L'année suivante, il faisait exécuter à Saint-Eustache une *Messe solennelle* qui eut un très grand succès et attira l'attention sur lui. Enfin, en 1850, Mme Pauline Viardot lui ouvrait les portes de l'Opéra, indiquant au jeune compositeur la voie à suivre et lui en facilitant l'accès. En dépit des chicanes d'une critique méticuleuse, l'auteur de *Faust* est incontestablement une des gloires les plus éclatantes de l'Art français. Son génie, d'une si grande puissance, est vivement discuté, d'accord ; mais il ne le serait pas, il n'aurait pas lieu de l'être, si l'on avait d'abord pris soin de le nier. Son immense talent participe, par part presque égale, de l'inspiration et de la science. M. Gounod n'est pas seulement un homme d'une instruction littéraire très étendue, dans la connaissance des langues et des chefs-d'œuvre de la littérature et de l'art ; son érudition musicale est presque illimitée ; il n'est pas un grand musicien, en tout cas, qu'il ne sache, pour ainsi parler, par cœur. L'étude, et une étude constante, constitue donc une base inébranlable à l'édifice de son talent, et c'est le cas de tous les artistes vraiment supérieurs. D'autre part, une extrême impressionnabilité, une tendance mystique que nous avons déjà signalée, une profonde connaissance du cœur humain, lui permettent de donner à son œuvre la couleur personnelle et originale, et caractérisent son génie d'une manière toute spéciale. M. Gounod a touché à peu près à tous les genres, et y a réussi. Ses nombreuses mélodies vocales, qui rappellent le *lied* allemand, ses chœurs orphéoniques, ses cantates, ses chœurs avec orchestre, renferment de ces beautés qui ne donnent pas seulement la vogue, mais le succès durable aux vicissitudes des temps. Mais c'est surtout dans ces compositions de musique religieuse, où les tendances de son esprit trouvaient amplement à se donner carrière, qu'il a attiré et séduit l'attention publique. Nous n'en citerons aucune, car on les trouvera toutes à la liste qui termine cette notice. Rappelons seulement qu'il y a quelques années, on a parlé beaucoup d'un grand drame sacré, intitulé *Sainte Geneviève*, dont M. Gounod avait écrit la musique et M. Freppel, alors doyen du chapitre de Sainte-Geneviève de Paris, aujourd'hui évêque d'Angers, avait écrit le poème, ouvrage qui n'a pas encore vu le jour. — A l'époque de la guerre de 1870, M. Gounod se rendit à Londres, où il a résidé plusieurs années. Il y forma un chœur d'amateurs des deux sexes, qui prit le nom de « Chœur de Gounod » *(Gounod's Choir)*, avec le secours duquel il a donné de nombreuses séances musicales où furent exécutées beaucoup de ses compositions. Le public anglais n'a pas cessé de montrer à l'illustre compositeur français une sympathie enthousiaste, saisissant avec empressement toutes les occasions favorables pour se manifester, comme on peut en voir une exemple dans l'accueil qu'on lui fit à l'Albert Hall, lors de l'inauguration de l'Exposition universelle, le 1er mai 1871, à l'occasion de laquelle il fit exécuter sous sa direction sa grande cantate: *Gallia*, écrite expressément pour la circonstance (et remarquons en passant que de semblables manifestations s'arrêtent brusquement à l'homme qui en est l'objet immédiat, mais s'étendent à la nation à laquelle il appartient, surtout lorsqu'à cette nation, malheureuse et abandonnée, il faut

pleurer devant un auditoire ému, les larmes éloquentes de Jérémie !) Cependant, il se trouva, en 1872, une bonne plume de petit journaliste parisien pour insinuer que *l'anglais* Gounod s'inquiétait assez peu des malheurs de sa patrie, excepté pour en repousser le partage, et songeait à se faire naturaliser (nous croyons même qu'il fut dit nettement qu'il l'était) anglais. L'auteur de *Gallia*, instruit de cette petite infamie, y répondit par une protestation pleine de dignité et de mesure en même temps, qu'on ne pouvait faire moins que d'accueillir. Il y avouait que l'accueil dont il avait été l'objet en Angleterre ne le trouvait pas ingrat ; que, s'il n'était français, il voudrait être anglais ; mais il ajoutait que, sans vouloir juger les personnes qui se font naturaliser, la notion de patrie n'était, à ses yeux, « nullement une notion géographique, mais une notion morale. » Il rappelait enfin que Haendel n'avait pas renié son pays pour avoir passé trente ans de sa vie en Angleterre, ni Meyerbeer, ni Rossini les leurs, pour avoir résidé de longues années en France. M. Gounod a fait mieux : il est revenu dans son pays et s'est remis à l'œuvre aussitôt. C'est pendant son séjour en Angleterre qu'il termina sa partition de *Polyeucte*, commencée depuis longtemps, et celle de *Georges Dandin*, sur la prose même de Molière. Depuis son retour, il s'est occupé de la musique de *Cinq Mars*, opéra comique dont le livret a pour auteurs MM. Poirson et Louis Gallet. — M. Charles Gounod a été nommé, en 1852, directeur du chant de la ville de Paris, fonctions qui lui inspirèrent la plupart de ses beaux chœurs orphéoniques. Il a été élu membre de l'Institut de France (Académie des Beaux-Arts), en remplacement de Clapisson, le 19 mai 1866. La même année, il était promu officier de la Légion d'honneur, étant chevalier de l'ordre depuis 1857 ; il a été promu, depuis, commandeur en 1877 et grand officier le 12 juillet 1880. Enfin M. Gounod a été nommé membre de la Commission supérieure des Beaux-Arts, en novembre 1876.

Voici la liste, aussi complète que possible, des œuvres de M. Gounod : — 1° Musique dramatique : *Sapho*, opéra en 3 actes, à l'Opéra (1851), remanié, mis en 4 actes et joué à l'Opéra-Comique en 1884 ; Chœurs pour *Ulysse*, tragédie de Ponsard, au Français (1852) ; la *Nonne sanglante*, opéra en 5 actes, à l'Opéra (1854) ; le *Médecin malgré lui*, opéra comique en 3 actes, au Théâtre Lyrique (1848), repris à l'Opéra-Comique ; *Faust*, opéra en 5 actes (1859), repris à l'Opéra comique, après les remaniements nécessaires, en 1869 ; *Philémon et Baucis*, opéra en 3 actes, au Théâtre Lyrique (1860), repris à l'Opéra-Comique en 1866 ; la *Reine de Saba*, opéra en 4 actes, à l'Opéra (1862) ; *Mireille*, opéra comique en 5 actes, bientôt réduit en 3 actes, tiré du poème provençal *Mireio*, de M. Frédéric Mistral, au Théâtre-Lyrique (1864), repris à l'Opéra-Comique, sous sa dernière forme, en 1874 ; *Roméo et Juliette*, opéra en 5 actes, au Théâtre-Lyrique (1867), repris à l'Opéra-Comique en 1873 ; Chœurs et musique symphonique pour *Deux reines de France*, drame en 4 actes de M. Ernest Legouvé, au Théâtre Ventadour (1872) ; Chœurs et musique symphonique pour *Jeanne d'Arc*, drame de M. J. Barbier, à la Gaîté (1874) ; *Georges Dandin* ; *Cinq Mars*, 4 actes et 8 tableaux, à l'Opéra-Comique (1877) ; *Polyeucte*, à l'Opéra (1879) ; le *Tribut de Zamora*, au même théâtre (1881). — 2° Musique religieuse : Messe de *Requiem*, exécutée à l'église Saint-Charles, de Vienne (1842) ; Messe solennelle, à Saint-Eustache, de Paris (1849) ; Messe brève ; deuxième messe de *Requiem* ; deux Messes ; *Messes du Sacré cœur de Jésus*, pour quatre voix. chant et orchestre, exécutée à Saint-Eustache (1876) ; *Stabat Mater* ; *Tobie*, oratorio ; les *Sept paroles du Christ* ; Messe *Angeli custodes* ; *Pater Noster* ; *Près du fleuve étranger*, motet avec accompagnement d'orchestre : *Jesus de Nazareth* ; *Ave verum* ; *O salutaris hostia*, pour voix seule, avec chœur et orgue ; *Te Deum* ; *Magnificat* ; *Vexilla regis* ; *Christus factus est*, le tout à une voix ; six nouveaux *Cantiques*, pour solo ou chœurs ; le *Ciel a visité la terre*, le *Nom de Marie*, *Chantes voix bénies*, le *Départ des Missionnaires*, l'*Anniversaire des Martyrs* et *Notre-Dame des petits enfants*. — 3° Musique symphonique : Première symphonie en ré ; Deuxième symphonie en mi-bémol ; la *Reine des apôtres*, symphonie ; *Marche romaine* ; Prélude de Bach, orchestré, exécuté aux Concerts populaires en décembre 1867. — 4° Musique instrumentale : *Méditation* sur le 1er prélude de Bach, pour soprano, violon, piano et orgue ; le *Calme*, méditation pour violon solo, avec orchestre ; la *Pervenche*, le *Ruisseau*, le *Soir*, le *Calme*, *Chanson de printemps*, romances sans paroles, pour piano ; *Marche pontificale*, pour piano ; *Valse* ; la *Valse de fiancés* ; le *Rendez-vous*, suite de valses ; Souvenance, nocturne ; *Convoi funèbre d'une marionnette:* le tout pour piano; *Dodelinette,* berceuse à quatre mains; une *Méthode de cor à piston,* contenant, avec les principes élémentaires de l'instrument, des mélodies et des morceaux d'étude. — 5° Musique vocale : *Hymne à la musique,* pour l'inauguration du Théâtre-Lyrique, salle nouvelle (1862); *A la frontière!* cantate exécutée à l'Opéra, le 8 août 1870 ; *Gallia,* élégie biblique avec chœurs, soli, orchestre et orgue, exécutée pour la première fois au Royal-Albert Hall, de Londres, le 1er mai 1871 ; la *Rédemption,* exécutée au festival de Birmingham en 1882 ; *Mors et vita,* au festival de 1886 de la même ville. Douze chœurs et une cantate : le *Vendredi-Saint,* à six voix ; la *Nuit,* à six voix; *Ave verum,* à cinq voix ; la *Chasse,* à quatre voix ; *Noël,* à trois voix : *D'un cœur qui t'aime,* double chœur ; *Stabat Mater,* à six voix ; l'*Affût,* à quatre voix ; *Sicut servus,* motet à quatre voix ; *Prière du soir,* à six voix : le *Crucifix,* à six voix ; *Matinée dans la montagne,* à six voix ; et le *Temple de l'Harmonie,* cantate avec chœurs, avec accompagnement ; Chœurs orphéoniques à quatre voix d'hommes, sans accompagnement : la *Cigale et la fourmi,* le *Corbeau et le renard,* la *Danse de l'épée, Chœur de chasseurs,* le *Vin des Gaulois, Vive l'empereur! Hymne à la France,* l'*Enclume, Chœur des amis,* etc. ; *Dans une étable,* chœur avec accompagnement d'orchestre; les *Gaulois,* id. ; *En avant!* chanson militaire pour solo et chœur, avec accompagnement d'orchestre; *Chants lyriques de Saül ; Pastorale* sur un *Noël* du XVIIIe siècle, chœur et orchestre ; Chœurs dédiés à la société chorale de l'Albert Hall (Londres, 3 vol.); Quatre recueils de mélodies, pour chant et piano ; Quinze duos, id., id. ; *Biondina,* poème lyrique comprenant douze mélodies écrites sur des paroles italiennes de M. Zaffira ; outre un grand nombre d'autres mélodies écrites sur des paroles anglaises, françaises et italiennes, notamment: *If thou art sleeping, maiden ; O happy home! Evening song; Sweet baby; O that we two...,* avec accompagnement d'alto; *April song ; the Worker ; the Maid of Athens ; Thy wille be done ; My beloved spake,* avec accompagnement de violoncelle ; *My true love hath my heart; the Fountain mingles with the river; the Sea hath its pearls ; To God ye choir above ; There is dew; When in the early morn ; Queen of love ; Loin du pays ; Ma belle amie est morte; Fauvette ; Si vous m'ouvrez ;* le *Pays bienheureux; Heureux sera le jour ; the Message of the breeze* (duo) ; *Little Celandine* (duo); *Perchè piangi? Quanti mai; Barcarola* (duo); la *Siesta* (duo); *Sotto un capello rosa,* etc., etc.

Il a été beaucoup question dans la presse, ces temps derniers (1886), d'un grand ouvrage que M. Ch. Gounod destinerait à l'Opéra, mais pour être représenté seulement en 1889. Le sujet de cet ouvrage serait tiré de l'histoire ou de la légende d'Héloïse et Abélard. Au reste, et comme il s'agit ici d'une forme nouvelle de l'art, voici ce que le *Figaro* nous apprenait de cette œuvre nouvelle de l'illustre maître français, que les détails ne sauraient être lus avec indifférence : « C'est un poème intitulé *Maître Pierre,* dont il avait été déjà question il y a huit ans, et qui, primitivement, avait été conçu sous la forme dramatique ordinaire. Mais M. Ch. Gounod a renoncé à le traiter sous cette forme. Le poème de *Maître Pierre,* agencé par M. Louis Gallet, ne représente plus, à proprement parler, un ouvrage dramatique ; il n'en a plus, du moins, l'esprit de suite. C'est plutôt un cycle légendaire en quatre parties, reproduisant les principaux épisodes de la vie du célèbre docteur. Les tableaux se succèdent, le lieu de l'action se déplace, sans souci des transitions. Cela fournit une série de scènes commençant à la dispute célèbre de Guillaume de Champeaux et de Maître Pierre Abélard et finissant à la mort d'Héloïse. *Maître Pierre* ne sera ni un opéra ni un drame lyrique, mais une suite dramatique en quatre actes. Il n'y a que quatre ou cinq rôles et d'importantes masses chorales. La composition est depuis longtemps achevée. Les interprètes sont choisis, idéalement du moins, il n'y a pas lieu de les nommer actuellement, car trois années peuvent modifier bien des éléments dans la composition de la troupe de l'Opéra. »

GOURDON DE GENOUILLAC, Nicolas Jules Henri, littérateur français, né à Paris le 25 décembre 1826. Élève de l'institut polymathique, il débuta de bonne heure dans la carrière littéraire, en donnant quelques vaudevilles sur les scènes secondaires : le *Droit au travail* (1849), l'*Ecran du roi,* une *Pluie de bouquets,* la *Banlieue de Paris,* etc.; puis il fournit des nouvelles et des romans-feuilletons à divers journaux. Il s'occupa ensuite de recherches héraldiques, et dans cet ordre de travaux, on a de M. Gourdon de Genouillac: *Grammaire héraldique* (1853); *Dictionnaire héraldique des ordres de chevalerie (1854); Histoire des grandes charges, dignités et titres créés en France (1856); Recueil d'armoiries des maisons nobles de France (1860); Dictionnaire des fiefs, seigneuries, châtellenies de l'ancienne France (1862); Nobiliaire des Bouches-du-Rhône,* avec M. le marquis de Pialenc (1863); les *Mystères du blason, de la noblesse et de la féodalité (1868); les Ordres religieux, histoire, constitution,* etc., (même année); *Supplément au Dictionnaire des ordres de chevalerie (1869); Dictionnaire des anoblissements* (même année); *Histoire de l'abbaye de Fécamp et des abbés (1872).* — Parmi ses romans-feuilletons, la plupart réunis en volumes, nous citerons : la *Misère en habit noir,* la *Chevalière d'Armenson,* les *Filets de Versailles,* les *Convulsionnaires de Paris,* les *Accapareurs;* puis: l'*Amour à coups d'épée (1864); Comment on tue les femmes (1865);* *Un noyé (1866);* les *Damnés de l'Autriche (1867); Une lionne (1870);* le *Crime de 1804 (1872);* les *Chasseurs de nuit (1873) ;* le *Capitaine Bernard (1884);* le *Roi rouge (1885);* l'*Eglise et la chasse (1886),* etc. Nous citerons à part: *Paris à travers les siècles (1879-82,* 5 vol. in-8° illustrés, Paris, F. Roy, éditeur). — M. Gourdon de Genouillac a collaboré en outre au *Grand Dictionnaire du XIXe siècle* de P. Larousse, et à un assez grand nombre de journaux tant politiques que spéciaux. Il a été rédacteur en chef de l'*Indicateur,* du *Mercure galant,* du *Passe-Temps,* du *Journal des employés,* du *Journal des médaillés de l'empire,* du *Journal de Fécamp* et a fondé en 1862 le *Monde artiste.* Il est membre de plusieurs sociétés savantes des départements et de l'étranger et décoré de divers ordres étrangers.

GOURKO (comte), Joseph Vasilievitch, général russe, d'origine polonaise, est né en 1828. Élevé au corps impérial des pages, il entra aux hussards de la garde, avec le grade d'enseigne à dix-huit ans, il était promu capitaine en 1857, chef d'escadrons en 1860 et colonel en 1861. En 1866, le comte Gourko était placé à la tête du 4e régiment de hussards de Marinpol ; l'année suivante, il était promu major général et recevait le commandement des grenadiers de la garde impériale, puis celui de la 1re brigade de la 2e division de la cavalerie de la garde en 1873. Le comte Gourko prit part, en qualité de lieutenant, à la guerre de Crimée, avec son régiment, cantonné un moment à Belbeck, près de Sébastopol. Pendant la guerre russo-turque de 1877, il commandait l'avant-garde de l'armée moscovite. Le 25 juin, avec un détachement de cavalerie et une batterie d'artillerie, il s'emparait par un hardi coup de main de la ville de Tirnovo, fortement occupée et défendue. Le 5 juillet, il occupait Késanlyk et le village de Chipka, puis la passe de Chipka qu'il mit en état de défense, Hanko et divers autres points importants; après quoi, avec le général Radetzky, il traversa les Balkans en plein hiver, en dépit de la gelée et des tempêtes de neige, ne subissant au total que des pertes insignifiantes et amenant les troupes russes victorieuses dans les riantes et fertiles vallées qui s'étendent au delà, occupant tour à tour Sofia, Philopopoli et Andrinople. Le général Gourko s'est conduit dans toute cette campagne avec la bravoure aventureuse d'un excellent général de cavalerie. Traverser les Balkans en hiver est un de ces exploits qu'on ne recommence pas; quand le succès a couronné une première tentative de ce genre, on doit se regarder comme amplement satisfait. Il a réussi, c'est fort bien, c'est d'autant mieux qu'après tout les passes étaient bravement défendues ; les pertes qu'il y a subies sont-elles aussi insignifiantes qu'on le prétend ? c'est une autre affaire. — Promu adjudant-général et décoré de l'ordre de Saint-George (2e classe) en récompense, le général Gourko fut en outre créé comte par l'empereur en avril 1878.

GOUTAY, J. T., homme politique français, né à Paris en 1804, y fit son droit et alla s'inscrire au barreau de Thiers. Représentant du Puy-de-Dôme à l'Assemblée nationale en 1848, M. Goutay vota généralement avec les démocrates modérés ; il combattit la politique napoléonienne après le 10 décembre et présenta à l'Assemblée un rapport concluant à l'amnistie des transportés. M. Goutay ne fut pas réélu à la Législative et se retira dès lors de la vie politique et alla s'établir à Riom. Aux élections sénatoriales du 30 janvier 1876, M. Goutay se présenta sans succès dans son département. Il échoua de nouveau à une élection complémentaire. Enfin au renouvellement triennal du 8 janvier 1882, il fut élu sénateur du Puy-de-Dôme. — Il a pris place à gauche et a voté l'expulsion des princes.

GRAMMONT (marquis de), FERDINAND, homme politique français, né à Villersexel (Haute-Saône) le 6 juin 1805. En 1837, M. Ferdinand de Grammont succédait à son père à la Chambre des députés, comme député de Lure, et il continua de représenter ce collège jusqu'en 1848, dans les rangs de l'opposition. Il ne prit toutefois aucune part à l'agitation des banquets. En 1848, M. le marquis de Grammont fut élu, en tête de la liste, représentant de la Haute-Saône à la Constituante et prit place dans les rangs de la droite modérée. Il vota cependant contre le cautionnement des journaux et le remplacement militaire, et fit partie de diverses commissions parlementaires importantes. Non réélu à la Législative, il acceptait, en 1852, le patronage officiel; il fut élu, dans ces conditions, député au nouveau Corps législatif, pour la deuxième circonscription de la Haute-Saône et réélu en 1857; en 1863, il était réélu sans patronage, mais aussi sans hostilité de la part du gouvernement, et l'était encore en 1869, cette fois malgré l' « activité dévorante » déployée contre lui par l'administration. Pendant la dernière législature impériale, M. le marquis de Grammont siégea au centre gauche et signa la demande d'interpellation des *Cent-Seize*. Aux élections de février 1871, M. de Grammont fut élu représentant de la Haute-Saône et vint siéger au centre droit; il vota, avec ce groupe, toutes les propositions réactionnaires que l'Assemblée vit défiler dans sa longue carrière, jusques et y compris l'ordre du jour Ernoul, entraînant la retraite de M. Thiers. C'est à lui, en outre, qu'était due quelques semaines plus tôt la retraite de M. J. Grévy, comme président de l'Assemblée. C'est, en effet, M. de Grammont qui traita d'*impertinence* l'emploi, par M. Le Royer, du mot *bagage* pour qualifier l'ensemble des arguments invoqués contre la mairie de Lyon; c'est lui que M. Grévy rappela à l'ordre en conséquence, et c'est à la suite du tumulte provoqué par ce rappel à l'ordre, sur les bancs de la droite, que M. Grévy abandonna le fauteuil de la présidence (1er avril 1873). — M. de Grammont se présenta, avec cette recommandation de son plus récent passé, devant les électeurs sénatoriaux de la Haute-Saône, le 30 janvier 1876, mais il ne fut pas élu. Il se le tint pour dit et ne se présenta même pas au renouvellement de 1882.

GRANDPERRET, MICHEL ETIENNE ANTHELME THÉODORE, homme politique français, ancien magistrat, ancien garde des sceaux de l'empire, est né à Cafuire (Lyon) le 26 janvier 1818, fit ses études auprès de son père, chef d'institution distingué et archiviste de la ville de Lyon, et son droit à Paris. Inscrit au barreau de Lyon en 1844, M. Th. Grandperret s'occupa d'histoire locale et de littérature à l'exemple de son père qui, devenu directeur du journal le *Rhône*, organe de la préfecture, lui ouvrit les colonnes de cette feuille; il faisait, en même temps, la critique des théâtres du *Courrier de Lyon*. Nommé, en 1849, substitut du procureur de la République, puis en 1852, du procureur général de Lyon, il devint avocat général à Bourges en 1855, puis à Toulouse en 1859, procureur général à Orléans en 1861 et enfin procureur général près la cour de Paris en 1867. Il était nommé, en outre, conseiller d'Etat en service ordinaire hors sections. M. Th. Grandperret a eu à s'occuper, dans le cours de sa carrière de magistrat, d'une foule d'affaires importantes, mais les dernières ont eu trop de retentissement pour permettre aux souvenirs de remonter plus haut; nous voulons parler, à quelques semaines de distance, des affaires Troppmann et Pierre Bonaparte (décembre 1869, janvier 1870). On cite surtout, comme un pur chef-d'œuvre, le réquisitoire qu'il prononça, le 26 mars, devant la Haute-Cour de justice de Tours, dans cette dernière affaire; et l'on sait que Napoléon III lui en fit parvenir de chaleureux compliments. A ces affaires retentissantes, il faut pourtant ajouter celle du complot pré-plébiscitaire, sur lequel il adressait au nouveau garde des sceaux le 5 mai, autre chef-d'œuvre, auquel l'imagination n'était pas sans avoir une certaine part. Le 11 juin suivant, il était nommé procureur général près la Haute-Cour de Blois, convoquée pour juger les accusés; mais la nouvelle de nos premiers désastres interrompit les plaidoiries et précipita le verdict. D'ailleurs, le lendemain ou le surlendemain, le ministère Ollivier tombait sous un vote humiliant, et M. Th. Grandperret était appelé à succéder à M. Emile Ollivier, comme garde des sceaux, ministre de la justice, dans le cabinet du 10 août. La date du 4 Septembre étant peu éloignée de cette dernière, on voit que M. Grandperret ne fut pas longtemps ministre. Depuis la paix, il s'est fait inscrire au barreau de Paris. Dans cette situation, il défendit M. Paul de Cassagnac dans le procès en diffamation que lui intenta le général de Wimpffen au commencement de 1875, et en 1878, les prétentions des héritiers de l'ex-empereur concernant la dotation mobilière de la couronne, le musée chinois et les collections de Pierrefonds. La majorité sénatoriale, alors monarchiste, ne pouvait laisser dans l'ombre salutaire la vie privée un homme de la valeur et surtout de la notoriété de M. Grandperret. Elle le choisit donc pour candidat au siège immovible laissé vacant par la mort de M. Lepetit; et il y fut élu, en effet, en novembre 1877. M. Grandperret a pris naturellement place au groupe de l'Appel au peuple. Il est commandeur de la Légion d'honneur depuis 1878. — Orateur élégant, M. Grandperret passe, en outre, pour un musicien distingué et un connaisseur au goût fin et sûr en matière de littérature et d'art. Il a été deux fois lauréat de l'Académie de Lyon, dont il est membre depuis 1847, avec un travail intitulé: *De l'état politique de la ville de Lyon depuis le Xe siècle jusqu'à l'année 1789 (1843)*, et avec un *Eloge de Madame la marquise d'Aligre (1844)*.

GRANDVAL (vicomtesse de), MARIE FÉLICIE CLÉMENCE DE REISET, musicienne française, née au château de la Cour-du-Bois (Sarthe) le 21 janvier 1830. Elle étudiait la musique dès l'âge de six ans et, à douze, elle s'exerçait à la composition sous la direction de M. de Flotow ami de sa famille. Mais celui-ci quitta la France peu après, laissant fort incomplète l'éducation de son élève, qui ne s'en mit pas moins à composer vaille que vaille de la musique instrumentale, de nombreuses mélodies vocales, et même à ébaucher quelques opéras. Devenue vicomtesse de Grandval, elle se confia à la direction de M. C. Saint-Saëns pour refaire son éducation musicale. Douée d'une vive imagination, d'une faculté de production vigoureuse et, en somme, d'un réel talent, Mme de Grandval n'a pas cessé de produire depuis lors, abordant avec succès les genres les plus divers. — On lui doit en fait de musique dramatique: le *Sou de Lise*, opérette en 1 acte (sous le pseudonyme de « Caroline Blangy »), joué aux Bouffes-Parisiens (1859); les *Fiancés de Rosa*, opéra comique en 1 acte (sous le pseudonyme de « Clémence Valgrand »), au Théâtre-Lyrique (1863); la *Comtesse Eva*, opéra comique en 1 acte, au théâtre de Bade (1864); la *Pénitente*, opéra comique en 1 acte, à l'Opéra-Comique (1868); *Piccolino*, opéra italien en 3 actes, au Théâtre-Italien (1869); la *Forêt*, poème lyrique en 3 parties (paroles et musique), pour soli, chœurs et orchestre, exécuté à la salle Ventadour, le 30 mars 1875. A quoi nous devons ajouter, pour la musique religieuse: plusieurs *Messes*; deux *O Salutaris*, pour une ou deux voix; un *Stabat Mater*, pour soli, chœurs et orchestre, exécuté au Conservatoire au printemps de 1870, au profit d'une œuvre de bienfaisance: un *Pater Noster*, pour soprano, avec piano et orgue; *Sainte Agnès*, oratorio exécuté à l'Odéon, dans un concert spirituel, le 13 avril 1876. Mme de Grandval a produit, en outre, des *Esquisses symphoniques* (Concerts populaires, 1874); des morceaux variés, trios, duos, sonates, nocturnes, concertinos, musettes, pour piano, piano et flûte, piano et violon, piano, violons et violoncelle, violons, etc., et de nombreux morceaux pour la voix, dont voici les principaux: *Jeanne Darc*, scène pour contralto, avec piano et orgue; un album de sept mélodies: *Barcarole*, la *Cloche*, *Consolatrix*, *Chant d'hiver*, la *Fleur*, le *Grillon et Promenade*; les *Lucioles*, rêverie pour mezzo-soprano, violon solo, piano et orgue; *Rose et Violette*, duo pour deux sopranos; le *Bal*, valse chantée; et enfin des mélodies, rêveries, chansons, dont plusieurs sont devenues populaires: l'*Attente*, les *Clochettes*, *Chrysa*, *Chanson*, la *Jeune fille et le lis*, *Mignonne*, *Ne le dis pas*, la *Chanson de la coquille*, *Dieu seul peut tout savoir*, l'*Etoile du soir*, *Juana*, la *Fileuse*, la *Chanson de Barberine*, *Ne grandis pas*, le *Myosotis*, *Pâquerette*, *Petit oiseau*, *Rappelle-toi*, le *Rendez-vous*, *Rosette*, la *Sirène*, *Si tu m'aimais*, la *Source*, *Trilby*, etc., etc.

GRANET, ETIENNE ARMAND FÉLIX, homme politique français, arrière-petit-fils du conventionnel Omer Granet, est né à Marseille le 20 juillet 1849. Il était secrétaire de la commission départementale des Bouches-du-Rhône pendant la guerre. Nommé secrétaire général de la préfecture de la Lozère en 1876, il était transféré l'année suivante à celle de Montpellier. Révoqué au 16 mai, il était nommé préfet de la Lozère le 18 décembre suivant (1877), passait à la préfecture de la Vienne en septembre 1879 et était appelé au ministère de l'Intérieur, comme directeur du personnel, le 15 juin 1880. Il donna sa démission de ces fonctions en 1881, pour se présenter aux élections générales du 21 août, dans l'arrondissement d'Arles, et obtint une minorité très importante au premier tour, mais il se désista au second, au profit de M. Clémenceau, qui fut élu. Celui-ci, élu dans plusieurs départements, ayant opté pour celui de la Seine, une élection complémentaire eut lieu à Arles le 18 décembre suivant, à laquelle M. Granet fut élu député à une forte majorité. Il prit place à l'extrême gauche de la Chambre. Porté sur la liste radicale, aux élections d'octobre 1885, M. Granet fut élu député des Bouches-du-Rhône, au scrutin du 18, le deuxième sur huit. Il a été appelé au ministère des postes et télégraphes, en remplacement de M. Sarrien, passé au département de l'intérieur, dans le cabinet présidé par M. de Freycinet constitué par décret du 7 janvier 1886. — M. Granet a été créé chevalier de la Légion d'honneur, le 12 juillet 1880.

GRANGÉ, Pierre Eugène Basté (dit), auteur dramatique français, né à Paris le 16 décembre 1813. Depuis quarante ans, M. Grangé, seul ou avec un ou plusieurs collaborateurs, a fourni aux scènes les plus diverses de Paris une quantité innombrable de vaudevilles, comédies, drames, pièces, opéras comiques, opérettes, etc., lesquels ont eu pour la plupart un succès populaire. Les collaborateurs ordinaires de M. Grangé, pour ne pas répéter leurs noms à chaque instant, ont été ou sont : MM. Cormon, Dumas père, Lambert Thiboust, Dennery, Clairville, Raymond Deslandes, X. de Montépin, de Najac, Dupeuty, Emile Abraham, Thierry, Tréfeu, Albert Wolf, Koning, Jules Noriac, V. Bernard, H. Buguet, Alb. Millaud, etc. Nous citerons, parmi les ouvrages les plus connus : le *Fils du portier*, 1 acte et *Eric le fou*, 2 actes (1837); les *Enfants d'Adam et d'Ève*, 2 actes (1840); *Amour et amourette*, 5 actes (1842); *Pauvre Jeanne*, 3 actes, et les *Bohémiens de Paris*, 8 tableaux (1843); les *Premières armes du diable*, 5 actes (1844); les *Amours d'une rose*, 3 actes (1846); les *Paysans*, 5 actes (1847); les *Premiers beaux jours*, 3 actes (même année); *Fualdès*, 5 actes et le *Journal d'une grisette*, 3 actes (1848); les *Chevaliers du lansquenet*, 10 tableaux et les *Frères corses*, 5 tableaux (1850); la *Gothon de Béranger*, 2 actes (1851); les *Sept merveilles du monde*, féerie en 5 actes et le *Carnaval des maris*, 3 actes (1853); les *Lavandières de Santarem*, opéra comique en 3 actes, musique de M. Gevaërt (1854); la *Foire aux plaisirs*, 5 tableaux (1855); le *Donjon de Vincennes*, 5 actes (1856); le *Punch Grassot*, l'*Ut-dièze*, la *Mariée du mardi-gras*, la *Fête des loups*, la *Clef sous le paillasson* (1857-58); la *Chasse aux papillons*, le *Théâtre des zouaves*, les *Domestiques*, la *Beauté du diable*, *Mimi Bamboche*, la *Sirène de Paris*, 8 tabl.; le *Crétin de la montagne*, 5 actes (1859-61); *Salvator Rosa*, opéra comique, musique de M. Duprato (1861); la *Boîte au lait*, 5 actes (1862); le *Pays des chansonnettes*, 2 actes (1862); *Sortir seule!* les *Chevaliers du pince-nez* (1863); les *Coiffeurs*, 3 actes (1864); la *Voleuse d'enfants* (1865); le *Supplice d'un homme*, 3 actes et un *Clou dans la serrure*, 1 acte (1865); la *Bergère d'Ivry*, 5 actes (1866); les *Thugs à Paris*, 3 actes (même année); *Voyage autour du demi-monde* (1867); les *Croqueuses de pommes*, 5 actes; le *Lis dans la vallée*, 3 actes (1868); le *Puits qui chante* (1871); *Entre deux trains*, la *Dame au passe-partout*, au Vaudeville; le *Grelot*, musique de M. L. Vasseur; le *Baptême du petit Oscar*, com. vaud., 5 actes (1873); le *Chignon d'or*, opérette, musique de M. Jonas, avec Variétés (1874); les *Flâneurs de Paris*, les *Hannetons*, revue de printemps, avec musique d'Offenbach (1878); le *Moulin du Vert-Galant*, opérette, musique de M. Serpette; la *Boîte au lait*, opérette en 4 actes, musique de M. J. Offenbach, laquelle est le produit d'un profond remaniement du vaudeville en 5 actes de 1862, exécuté par les auteurs mêmes, MM. Grangé et Jules Noriac; ces deux opérettes jouées aux Bouffes-Parisiens; *Voyage à Philadelphie*, à l'Ambigu (1876); les *Cricris de Paris*, revue de l'année (1877); la *Brebis égarée*, 3 actes au Palais-Royal (1882), etc. — On doit en outre à M. E. Grangé, un grand nombre de romances, mélodies et chansonnettes qui ont été, en leur temps, en possession incontestée de la vogue. Membre de la société du *Caveau* depuis un temps infini, il en a été élu président en 1868 et réélu très fréquemment depuis. Il a publié en 1871 un volume de chansons politiques intitulé les *Versaillaises*.

GRANT, James, littérateur écossais, né à Edimbourg le 1er août 1822. Fils d'un officier d'infanterie qui, ayant été placé à la tête d'un détachement destiné à Terre-Neuve, l'emmena avec lui alors qu'il avait à peine dix ans. Le jeune James mena en Amérique, où il demeura près de sept années, la vie des camps à laquelle il doit le style et le caractère même de la plupart de ses ouvrages. De retour en Angleterre en 1839, il obtint une commission d'enseigne au 62e régiment d'infanterie, dont il alla rejoindre le bataillon provisoire à Chatham, et eut l'année suivante le commandement du dépôt. Il donna sa démission peu après, pour se vouer entièrement à la littérature et à l'étude des antiquités écossaises. Son premier ouvrage : le *Roman de la guerre, ou les Highlanders en Espagne*, parut en 1840; l'année suivante, il ajoutait un nouveau volume au *Roman de la guerre*, avec ce sous-titre : les *Highlanders en Belgique*. Suivirent : les *Aventures d'un aide-de-camp, ou une campagne en Calabre (1848)*; *Mémoires de Kircaldy de Grange (1849)*; *Walter Fenton, ou le cavalier écossais*; *Souvenirs du château d'Edimbourg*, illustrés par l'auteur (1850); *Bothwell, ou le siècle de Marie, reine d'Ecosse*; *Mémoires de sir John Hepburn*, maréchal de France et colonel de la brigade écossaise (1851); *Jane Seton, ou l'avocat du roi (1853)*; *Philip Rollo, ou les mousquetaires écossais (1854)*; *Frank Hilton, ou le bien de la reine*; la *Frégate jaune (1855)*; le *Régiment fantôme, Harry Ogilvie, ou le dragon noir (1856)*; *Laura Everingham*; *Mémoires du marquis de Montrose*, illustrés de dessins de l'auteur (1857); *Arthur Blane, ou les cent cuirassiers*, les *Cavaliers de fortune (1858)*; *Lucy Arden, histoire de 1715*; les *Légendes de la garde noire (1859)*; *Marie de Lorraine (1860)*; *Olivier Ellis, ou les fusiliers (1861)*; *Dick Rodney, ou les aventures d'un collégien d'Eton*; *Capitaine de la garde*; *Aventures de Rob Roy (1862)*; le *Second de personne (1864)*; l'*Entourage du roi (1865)*; le *Connétable de France (1866)*; la *Cocarde blanche (1867)*; *Premier amour et dernier amour, épisode de la rébellion indienne (1868)*; la *Dépêche secrète*, la *Jeune fille qu'il épousa (1869)*; le *Vœu de lady Wedderburn*, épisode de la guerre de Crimée (1870); *Un seul drapeau (1871)*; *Sous le dragon rouge (1872)*; les *Batailles anglaises sur terre et sur mer* (1er vol. 1873; 2e vol. 1875); les *Héros anglais des guerres étrangères (1873*, nouvelle édition); *Plus belle qu'une fée, L'obtiendrai-je? (1874)*; *Il y a six ans (1877)*, etc. — La plupart de ces ouvrages ont été réimprimés aux Etats-Unis : tous ont été traduits en danois et en allemand; plusieurs l'ont été également en français. M. James Grant a collaboré, en outre, au *Dublin university Magazine*, à l'*United service magazine*, etc., principalement par des notices biographiques. En décembre 1875, il abjura le protestantisme et fut reçu membre de l'Église catholique romaine par le cardinal archevêque de Westminster.

GRANVILLE (comte), Granville George Leveson-Gower, homme d'État anglais, fils aîné du premier comte Granville, est né le 11 mai 1815. Après avoir achevé, à l'université d'Oxford, ses études commencées à Eton, il fut, en 1835, attaché à l'ambassade de Paris. L'année suivante, il entra à la Chambre des communes comme représentant libéral du bourg de Morpeth, qui le réélut en 1837. En 1840, il acceptait le poste de sous-secrétaire d'État aux affaires étrangères, qu'il résigna, à la chute de son parti, en septembre 1841. L'année d'après, il rentrait à la Chambre des communes comme représentant de Lichfield. Lord Leveson-Gower (tel était le nom qu'il portait alors) se fit surtout remarquer aux Communes par sa défense énergique et couvaincue des principes du libre-échange. En 1846, il succédait au titre de son père et à son siège à la Chambre des lords. Lord Granville fut nommé en 1848 vice-président du Bureau de commerce, puis entra au cabinet le 24 décembre 1851, en remplaçant aux affaires étrangères lord Palmerston, que son empressement maladroit à approuver le coup d'État bonapartiste du 2 décembre avait rendu momentanément impossible. Mais il se retirait avec le ministère Russell, battu par les tories, en février suivant. Lord Granville, qui a, en outre, occupé les postes de grand veneur, de payeur général de l'armée, de trésorier de la marine et de chancelier du duché de Lancastre, fut nommé président du Conseil privé en 1853 et devint l'orateur du ministère à la Chambre des lords. Vice-président, en 1850, de la commission royale pour la grande Exposition de 1851, dont il fut un des membres les plus laborieux, il acceptait en 1860 la présidence de la nouvelle commission pour l'Exposition internationale de 1862. En 1856, lord Granville fut envoyé en mission extraordinaire à Saint-Pétersbourg, pour y représenter l'Angleterre au couronnement du czar Alexandre II. Il quittait, en février 1858, la présidence du Conseil privé, suivant dans sa retraite le ministère Palmerston; mais il la reprenait en juin 1859, après avoir échoué lui-même dans la mission de former un cabinet, sous la seconde administration de lord Palmerston. Il conserva ce poste jusqu'à la défaite de la seconde administration de lord Russell, en juin 1866. Il avait été nommé, en décembre 1865, lord gardien des Cinq Ports. En décembre 1868, lord Granville acceptait, dans le ministère Gladstone, le poste de secrétaire d'État pour les colonies ; il remplaçait, en juillet 1870, le comte de Clarendon aux affaires étrangères, et quittait les affaires à la chute du ministère libéral, en février 1874. Au commencement de l'année suivante, lord Granville, d'un consentement unanime, devenait le chef de l'opposition libérale, en remplacement de M. Gladstone, qui avait déclaré, dans une lettre adressée au noble lord, en date du 13 janvier, renoncer à ce poste de confiance. On sait que lord Hartington était choisi peu après comme orateur du parti à la Chambre des communes. On ne sait pas moins bien, sans doute, que M. Gladstone, revenu sur sa résolution, reprenait le pouvoir en mai 1880 : lord Granville reprit alors le portefeuille des affaires étrangères, qu'il conserva pendant une période singulièrement agitée : les affaires d'Orient, d'Égypte, de Tunisie, de Madagascar, ne lui laissèrent, certes, que peu de loisir. On ne pouvait donc s'étonner qu'en quittant le pouvoir, en juin 1885, il déclarât renoncer à la vie politique et se retirer dans son château de Windsor, laissant la direction du parti à lord Roseberry. Et en effet, au retour des libéraux aux affaires, en février 1886, lord Roseberry remplaçait lord Granville au ministère des affaires étrangères.

GRAY, Asa, botaniste américain, né à Paris, dans le comté d'Oneida (New-York) le 18 novembre 1810, fit ses études médicales au collège de Fairfield, où il prit le grade de docteur en 1831. Après quelques années de pratique, il abandonna la médecine et étudia exclusivement la botanique. Nommé en 1834 botaniste attaché à l' « United-States exploring Expédition », il donnait sa démission en 1837, époque à laquelle cette expédition n'était pas encore prête à prendre la mer. Il fut nommé en 1842 à la chaire d'histoire naturelle du collège d'Harvard. Outre ses cours professés à ce collège (université de Cambridge), il a fait à l'Institut Lowel, à Boston, d'autres cours de botanique. — On doit au D' Asa Gray : *Éléments de botanique*, publiés en 1836, repris ensuite, augmentés des publiés sous le titre de : *Botanical text-book*; *The Flora of North-America*, commencée en 1838, avec le D' Torrey (3 vol.); *Manuel de botanique pour les États-Unis du Nord (1848)*; *Genera Boreali-Americana Illustrata* (1er vol. 1848), cet ouvrage, dont trois volumes sont parus, n'est pas encore achevé : chaque espèce et chaque genre, dans les limites de chacun des États organisés de l'Union, y sont décrits avec soin ; *Botany of the United-States Pacific Exploring Expedition, under Captain Wilke (1854-57)*. On lui doit de plus un certain nombre d'ouvrages, la plupart classiques, publiés depuis, notamment : *Comment croissent les plantes*; *Leçons de botanique, avec dessins d'après nature*; *Manuel de botanique*; *Livre de botanique pour l'école et le terrain*; *Botanique méthodique et systématique*; *Guide de botanique*, avec 1,300 illustrations; *Flore des États-Unis du Sud*; *Libre examen du traité de Darwin (1861)*; *Darwiniana (1876)*; *Nouvelle Flore de l'Amérique septentrionale (1878)*; *Science et Religion naturelle (1880)*, etc., etc. — Le professeur Gray a visité l'Europe pendant les années 1838-39 et 1850-51. En 1873, il a quitté l'enseignement actif, se vouant à des recherches scientifiques et aux soins que réclame le magnifique herbier du collège d'Harvard. Il a été nommé, en 1874, régent de l'Institution smithsonienne en remplacement d'Agassiz. Enfin, il a été élu correspondant de l'Académie des sciences (section de botanique) en juillet 1878.

GREGOROVIUS, Ferdinand, historien allemand, né à Neidenbourg (Prusse) en 1821. Il fit ses études à l'université de Kœnigsberg, après quoi il fit un assez long séjour en Italie. De retour, il se voua à la littérature et plus spécialement aux travaux historiques. On cite de cet écrivain : *Waldemar et Wladislas (1845)*; le « *Wilhelm Meister* » *de Gœthe et ses éléments sociaux (1849)*; la *Mort de Tibère (1851)*; *Histoire de l'empereur romain Hadrien et de son temps* (même année); la *Corse (1854, 2 vol.)*; *Figures, histoires et scènes d'Italie* (2 vol.); *Voyage à Naples et dans la Sicile (1855)*; *Euphorion*, épopée pastorale inspirée de l'antiquité (1857); les *Tombeaux des papes de Rome (1858)*, ouvrage traduit en italien en 1879 par ordre de la municipalité et qui valut à l'auteur le droit de bourgeoisie de cette cité. Citons encore de M. Gregorovius sa *Lucrèce Borgia*, d'après des documents inédits et des correspondances contemporaines (1874), ouvrage qui eut un succès de curiosité, l'auteur y refutant les accusations terribles et pour la plupart invraisemblables, d'ailleurs, que l'histoire fait peser sur cette princesse.

GREGORY, Charles Hutton, ingénieur anglais, fils d'un mathématicien distingué, est né en 1817. Après avoir terminé ses études, qu'il fit dans une institution particulière, il entra comme élève chez l'ingénieur Timothy Bramah. Il fut ensuite attaché, comme aide-ingénieur, à Robert Stephenson, sur le « Manchester-and-Birmingham railway », puis à M. James Walker, à l'arsenal de Woolwich, et devint, en 1840, ingénieur-président du « London-and-Croydon railway ». Le chemin de fer de Croydon à Epsom fut construit sous sa direction, et il succéda à Brunel, en 1846, comme ingénieur en chef de la ligne de Bristol à Exeter; en cette dernière qualité il eut à établir plusieurs lignes nouvelles dans l'ouest de l'Angleterre. En 1853, il fut nommé par le gouvernement membre du comité supérieur de l'artillerie, poste qu'il conserva environ trois années. Il a été pendant assez longtemps attaché à la direction générale des Postes, ayant principalement dans ses attributions l'établissement, après discussion contradictoire, du prix à payer pour les trains-poste. M. Gregory a exécuté divers grands travaux à l'étranger; notamment le dessèchement du lac Fucino en Italie et le chemin de fer de Béziers à Graissessac en France furent commencés sous sa direction et d'après ses plans. Il est l'auteur, avec M. Horace Jones, d'un plan d'élargissement du pont de Londres annexé à la dernière pétition adressée dans ce but au parlement (1874), et qui fut dès l'abord accepté en principe. Enfin, M. Gregory est ingénieur en chef des chemins de fer « Somerset-Central » et « Dorset-Central », ingénieur consultant des chemins de fer de Ceylan et de Pernambuco et, depuis 1868, président de l'Institution des ingénieurs civils. — Il a été créé compagnon de l'ordre de Saint-Michel et Saint-George en 1876 et promu commandeur en 1883.

GREPPO, Louis, homme politique français, né à Pouilly (Rhône) le 8 janvier 1810, vint de bonne heure à Lyon pour y faire son apprentissage de canut, et devint, d'ouvrier, chef d'atelier dans une manufacture de soieries. Il appartenait, sous la monarchie de Juillet, au parti républicain avancé et fit partie de l'association des *Mutuellistes*; puis, cette association ayant été dissoute, des diverses sociétés secrètes qui lui succédèrent. L'un des chefs reconnus du parti avancé et jouissant d'une grande popularité, lorsqu'éclata la révolution de 1848, il fut élu représentant du Rhône à l'Assemblée constituante et alla siéger à la Montagne : il y fit partie du comité du travail. Dans la séance du 31 juillet, il protesta seul, par son vote, en apparence favorable à la proposition par laquelle Proudhon voulait que l'État s'emparât d'un tiers des fermages, des revenus, etc., contre l'ordre du jour motivé par lequel l'Assemblée le repoussait, en la déclarant « une atteinte odieuse aux principes de la morale publique et un appel aux plus mauvaises passions ». M. Greppo a d'ailleurs constamment repoussé l'accusation d'avoir eu, dans cette circonstance, l'intention de donner une adhésion au système de Proudhon, et il est bien clair qu'en votant contre un pareil ordre du jour, on ne vote pas nécessairement pour la proposition que cet ordre du jour repousse en des termes blessants pour son auteur et dans un jargon dont heureusement nous commençons à nous déshabituer. Après l'élection du 10 décembre, M. Greppo fit une vive opposition à la politique de l'Élysée, combattit le projet d'expédition de Rome, signa la demande de mise en accusation du président Louis-Napoléon et de ses ministres et vota contre la Constitution. Réélu à l'Assemblée législative, le septième sur quatorze (il n'avait été élu que le dernier à la Constituante), avec place à l'extrême-gauche et son attitude d'opposition à la politique de l'Élysée. Au coup d'État du 2 Décembre, M. Greppo fut en conséquence arrêté, emprisonné puis expulsé du territoire, après avoir touché de fort près la déportation à Cayenne. Il se retira d'abord en Belgique, puis en Angleterre, d'où il revint en France à l'amnistie générale de 1859. Mais dès 1862, il était poursuivi, avec Jules Miot et cinquante autres accusés, sous l'inculpation de délit de société secrète, et condamné à la prison. — Nommé maire du 4e arrondissement de Paris, après le 4 Septembre, M. Greppo donna sa démission à la suite des événements du 31 octobre. Élu le 8 février 1871, le vingt-quatrième sur quarante-trois, représentant de la Seine à l'Assemblée nationale, il signa, après l'explosion du 18 mars, la proclamation des députés de la Seine et des maires de Paris, acceptant pour le 26 les élections municipales, et prit part à toutes les tentatives de conciliation entre Versailles et Paris, faites alors avec tant d'insistance et si inutilement. A l'Assemblée, M. Greppo siégea à l'extrême gauche et en conséquence : il vota notamment contre les préliminaires de paix et pour l'ensemble des lois constitutionnelles. Aux élections du 20 février 1876, il s'est présenté dans le XII⁰ arrondissement de Paris, et a été élu au premier tour. Il a repris sa place à l'extrême-gauche et a été élu vice-président de ce groupe parlementaire. M. Greppo, qui a voté l'amnistie pleine et entière, était trésorier de la caisse de secours aux familles des détenus politiques. Réélu le 14 octobre 1877 et le 21 août 1881, dans le même arrondissement, M. Greppo, porté sur la liste de l'alliance républicaine, a échoué aux élections générales de la Seine d'octobre 1885. — On lui doit quelques brochures politiques de circonstance.

GRESLEY, Henri François Xavier, général et homme politique français, né à Vassy (Haute-Marne) le 9 février 1819. Entré à l'École polytechnique en 1838, il en sortit dans l'état-major en 1840 ; promu lieutenant en 1843 et capitaine en 1845, il était nommé aide de camp du général Herbillon, en Algérie, en 1847, et assistait à la prise de Zaatcha, à laquelle il fut blessé (1849). Il fut promu ensuite chef d'escadron en 1855, lieutenant-colonel en 1861 et colonel en 1865. Le colonel Gresley était, depuis près de vingt ans, dans le service des affaires arabes, il avait commandé le cercle à Djijelli et dirigé le bureau politique à Alger, lorsqu'éclata la guerre de 1870. Promu général de brigade le 12 août 1870, chef d'état-major de la cavalerie du 1ᵉʳ corps, il assista aux batailles de Bazeilles, Balan et Sedan. Sous-chef d'état-major général au ministère de la guerre, au retour de la paix, le général Gresley a pris une part considérable aux travaux de réorganisation de l'armée ; il fut nommé chef d'état-major général en 1874 et promu divisionnaire le 3 mai 1875. Nommé conseiller d'État en service extraordinaire, le 14 avril 1876, il défendit devant les deux Chambres, comme commissaire du gouvernement, les projets relatifs à l'armée. A la formation du ministère de Rochebouët, le général Gresley quitta le ministère de la guerre. — L'un des candidats des gauches à une élection de sénateurs inamovibles, le 15 novembre 1878, le général Gresley échoua de 4 voix contre l'avocat Numa Baragnon, candidat des droites. Appelé au ministère de la guerre en remplacement du général Borel, démissionnaire, le 12 janvier 1879, le général Gresley conserva son portefeuille dans le premier ministère de la présidence de M. Jules Grévy, qui succédait au maréchal de Mac-Mahon le 30 janvier. Le 27 mai suivant, il était élu sénateur inamovible. Le 28 décembre de la même année, après la discussion d'une interpellation qui avait froissé sa susceptibilité, le général Greslay donnait sa démission et remettait son portefeuille au général Farre. Il reprit son siège au centre gauche du Sénat, où il a voté contre la loi sur l'expulsion des princes. — Il est grand officier de la Légion d'honneur depuis le 8 février 1880, et décoré de la médaille militaire.

GRÉVILLE, Henry (Alice Marie Céleste Henry, dame Durand, dite), femme de lettres française, née à Paris le 12 octobre 1842. Elle avait reçu une brillante instruction de son père, qu'elle suivit à Saint-Pétersbourg, où il était nommé professeur à l'université et à l'école de droit. Pendant son séjour en Russie, Mˡˡᵉ Henry se mit aisément au fait de la langue et des mœurs du pays et débuta de bonne heure dans la carrière littéraire, par la publication dans les journaux et revues russes de nouvelles signées déjà Henry Gréville. Mariée à M. Durand, professeur à l'école de droit de Saint-Pétersbourg et lui-même écrivain distingué, elle revint en France avec son mari en 1872 et commença à publier, dans le Figaro, le Siècle, le Temps, le Journal des Débats, le Petit Journal, la Revue des Deux-Mondes, etc., des récits pleins d'intérêt dont sa parfaite connaissance des mœurs et coutumes du peuple russe lui fournit les sujets les plus ordinaires. — Nous citerons, parmi les ouvrages, devenus fort nombreux, publiés par Mᵐᵉ Henry Gréville : Dosia, l'Expiation de Saveli, la Princesse Oghérof (1876) ; les Koumiassine (2 vol.), A travers champs, Autour d'un phare, Suzanne Normis, Sonia, Pierrot ermite, comédie en 1 acte, en vers (1877) ; la Maison de Maurèze, Nouvelles russes, l'Amie (1878) ; le Violon russe (1880) ; le Vœu de Nadia, Rose Rozier (1883) ; Perdue, un Crime, Idylle (1884) ; le Mors aux dents, Clairefontaine (1885).

GRÉVIN, Alfred, dessinateur français, né en janvier 1827 à Épineuil, près de Tonnerre. Il débuta par être employé de chemin de fer. Tout en griffonnant des états dans les bureaux de la compagnie Paris-Lyon-Méditerranée, il risquait d'ici et de là, quelques croquis qui venaient pour ainsi dire tout seuls au bout de sa plume de bureaucrate ; car, sans études préalables et sans visées à la production artistique, il ne dessinait guère que pour s'amuser et d'inspiration. Il fallut, pour la convaincre de la valeur relative de ses essais, que quelques-unes de ces pochades aient été montrées par un ami à Philipon, le directeur du Journal amusant, qui appela à lui le jeune employé, lui donna des conseils et ne tarda pas à se l'attacher comme collaborateur ordinaire. L'apparition de Grévin fut remarquée, bien qu'il ne dût arriver que quelques années plus tard à se créer une manière qui lui fût personnelle. « Il reflète, dit M. P. Véron, les ridicules et les vices avec la rapidité de l'objectif photographique, s'emparant de l'image qui passe devant lui... Un trait alerte enveloppe, d'un seul coup, le personnage mis en action. Les femmes, qu'il excelle à photographier, sont marquées à son empreinte. On dirait que son crayon ait glissé le long de leur corps à la façon d'une caresse. » Ajoutons que la plupart des légendes qui accompagnent les compositions de Grévin sont frappées au meilleur coin de la fine observation, de la mordante ironie. Il en est beaucoup qui sont devenues fameuses : entre autres cette exclamation d'un flâneur en arrêt devant une partie à la ligne : « Faut-il que des gens aient de la patience !... Il y a deux heures que je le regarde, et il n'a pas pris un malheureux goujon !... » Grévin s'est fait, à côté de sa réputation de dessinateur amusant, une véritable notoriété comme peintre de costumes pour les pièces à spectacle. — Propriétaire à Saint-Mandé, qu'il habite, Grévin a fait, pendant plusieurs années, partie du Conseil municipal de cette ville, et il eut même, dans l'exercice de ses fonctions, à faire plus d'une fois preuve de qualités fort étrangères à son art, par exemple pendant le siège et pendant la Commune. — Il a collaboré à quelques pièces, notamment au Bonhomme misère, 3 actes, écrit avec M. Ernest d'Hervilly et représenté à l'Odéon en 1877 Enfin, il créait peu après, au passage Jouffroy, le Musée Grévin, exposition plastique des scènes d'actualité les plus empoignantes à un titre quelconque.

GRÉVY, François Paul Jules, homme d'État, président de la République française, est né à Mont-sous-Vaudrey (Jura) le 15 août 1813, d'une famille de cultivateurs. Après avoir fait ses études aux collège de Poligny et de Besançon, il vint à Paris pour faire son droit. La révolution de juillet 1830, à laquelle il prit une part active, interrompit ses études, mais il les reprit aussitôt le calme revenu. Reçu avocat, il se fit inscrire au barreau de Paris, où il s'acquit une réputation honorable et une grande notoriété en plaidant dans divers procès politiques, notamment pour les accusés Quignot et Philippe, membres de la société des Saisons, compromis avec Barbès, Blanqui et autres dans la tentative d'insurrection du 12 mai 1839 et la prise du poste de la Conciergerie. M. J. Grévy ne prit pas autrement part à la vie politique sous le gouvernement de Juillet, mais il était notoirement connu pour un des membres les plus distingués du parti démocratique. Après la révolution de février 1848, il fut en conséquence choisi par le gouvernement provisoire comme commissaire du Jura. Il s'acquit promptement, dans ce poste difficile, l'estime de tous, par sa fermeté unie à la modération et par une impartialité entière servie par la rectitude du jugement, qualités fort rares en des temps pareils. Aux élections générales pour la Constituante, M. J. Grévy fut élu représentant du Jura en tête de la liste et à la presque unanimité des suffrages. Il prit place à la gauche de l'Assemblée, fut élu vice-président et fit partie du comité de justice. M. Grévy prit part à beaucoup de discussions importantes, et se fit dans le début la réputation d'un orateur précis, sobre et habile en même temps, dans son éloquence simple, quoique loin de manquer d'élégance. Mais son nom est surtout resté attaché à l'amendement qui, présenté par la commission disait : « Le peuple français délègue le pouvoir exécutif à un citoyen qui reçoit le titre de « président de la République ». » et l'art. 44 : Il est élu pour quatre ans, etc. » L'amendement Leblond demandait purement et simplement que le président de la République fût élu par l'Assemblée, au lieu d'être élu par le peuple ; tandis que l'amendement Grévy supprimait la fonction de président de la République, pour qu'il modifiait profondément les conditions dans lesquelles la fonction qu'il y substituait, pour ainsi dire, serait exercée. Voici du reste le texte de cet amendement : « l'Assemblée nationale délègue le pouvoir exécutif à un citoyen qui reçoit le titre de Président du conseil des ministres. — Le président du conseil des ministres est nommé par l'Assemblée nationale, au scrutin secret et à la majorité absolue des suffrages. — Élu pour un temps illimité, il est toujours révocable. » M. Grévy défendit son amendement dans un discours où il faut bien reconnaître un sens politique supérieur et une perspicacité qui lui donne en quelque sorte le don de prophétie. En relever les traits principaux ne saurait être hors de saison, car la vérité est de tous les temps, quoiqu'il soit rare qu'on l'entende s'exprimer en des termes aussi lucides. « Je dis que le seul fait de l'élection populaire, disait M. Grévy, donnera au président une force excessive. Oubliez-vous que ce sont les élections de l'an X qui ont donné à Bonaparte la force de relever le trône et de s'y asseoir? voilà le pouvoir que vous élevez. Et vous dites que vous voulez fonder une République démocratique! Que feriez-vous de plus si vous vouliez, sous un nom différent, restaurer la Monarchie? Un semblable pouvoir conféré à un seul, quelque nom qu'on lui donne, roi ou président, est un pouvoir monarchique; et celui que vous élevez est plus considérable que celui que vous avez renversé. Il est vrai que ce pouvoir, au lieu d'être héréditaire, sera temporaire et électif; mais il n'en sera pas plus dangereux pour la liberté. Êtes-vous bien sûrs que, dans cette série de personnages qui se succéderont tous les quatre ans *au trône de la Présidence*, il n'y aura que de purs républicains empressés d'en descendre? Êtes-vous sûrs qu'il ne se trouvera jamais un ambitieux tenté de s'y perpétuer? Et si cet ambitieux est un homme qui a su se rendre populaire, si c'est un général victorieux, entouré de ce prestige de la gloire militaire auquel les Français ne savent pas résister; si *c'est le rejeton d'une des familles qui ont régné sur la France*, et s'il n'a jamais renoncé expressément à ce qu'il appelle ses droits; si le commerce languit, si le peuple souffre, s'il est dans un de ces moments de crise où la misère et la déception le livrent à ceux qui cachent sous des promesses des projets contre sa liberté, répondez-vous que cet ambitieux ne parviendra pas à renverser la République?... » — Éloquence perdue! l'amendement fut repoussé par 643 voix contre 158 (7 octobre 1848).

Après l'élection du 10 décembre, M. Grévy fit une vive opposition à la politique de l'Élysée et s'éleva notamment contre l'expédition de Rome. Réélu à la Législative, il vint reprendre sa place dans les rangs de la représentation démocratique. Il est bien de remarquer, toutefois, que M. Grévy, malgré son énergique opposition à toutes les mesures despotiques présentées aux deux assemblées et votées par elles, telles que la loi sur l'état de siège, sur les attroupements, etc., malgré ses préférences *radicales* et surtout radicalement républicaines, a toujours tenu à honneur de ne s'inspirer que de sa conscience, ne faisant cause commune avec aucun groupe. — Lors du coup d'État, M. Grévy, arrêté à la mairie du X⁵ arrondissement, fut quelque temps détenu à Mazas. Rendu à la liberté, il n'a plaidé, en fait de procès politiques, depuis lors, que dans le procès des *Treize (1864)*. En août 1868, déjà membre du conseil de l'ordre des avocats de Paris, il était élu bâtonnier. La même année, cédant enfin aux sollicitations de ses amis, il acceptait la candidature dans une élection partielle de la 2ᵉ circonscription du Jura, où il fut élu contre le candidat officiel, avec une majorité de plus de deux mille voix. M. Grévy s'était montré jusque-là absolument rebelle au serment préalable, au prix duquel seulement il était possible de se présenter comme candidat au Corps législatif; en acceptant cette nécessité, il n'est pas niable qu'il n'ait obéi à des considérations politiques supérieures à toute préférence personnelle; mais sa réputation d'intégrité, de rectitude était telle qu'aucun de ceux qui, comme lui, avaient opiniâtrement refusé de s'y soumettre, n'aurait osé revenir sur sa résolution s'il n'avait fait les premiers pas. Il faut reconnaître que ce fut des premiers pas date; ou comme, une œuvre nouvelle pour la cause démocratique, quelles que soient les conséquences qu'on veuille tirer de l'événement. M. Grévy vint prendre place sur les bancs de la gauche. Aux élections générales de 1869, le gouvernement ayant reconnu l'inutilité de combattre sa candidature, ne trouva rien de mieux à faire que de remanier les circonscriptions électorales du Jura, abandonnant à M. Grévy, de bonne grâce, toutes les voix qui lui étaient notoirement acquises, mais enlevant à la 2ᵉ circonscription du Jura, pour en renforcer les autres, le plus possible de celles qui devaient s'évertuer en vain contre lui. On n'a jamais fait plus habilement la part du feu, quoiqu'il n'y eût pas grand'chose à gagner. Il est inutile de dire que M. Grévy eut une majorité énorme. — Dans la dernière législature de l'empire, M. Grévy prit part à plusieurs discussions importantes. On se rappelle la discussion qui eut lieu à propos de la pétition des princes d'Orléans demandant le rappel des lois de bannissement 2 juillet 1870», et dans laquelle, ne voulant pas donner son vote à une loi de proscription, mais ne tenant « ni de ses commettants ni de sa conscience » le droit de rouvrir les portes à la royauté. M. Grévy voulut expliquer le sentiment qui le contraignait à s'abstenir. M. Thiers l'interrompit par cette exclamation (le *Journal officiel* dit « une voix derrière l'orateur », mais cette voix était celle de M. Thiers) : « C'est parler en soutien du gouvernement! » — « C'est parler, lui rétorqua M. Grévy, en républicain qui ne veut être *ni dupe ni complice* de la royauté. » Il présida la réunion de la rue de la Sourdière, qui prit le nom de « gauche fermée », produit d'une scission de la gauche, amenée par la formation d'un groupe distinct, sous la présidence d'Ernest Picard, au commencement de 1870, et que M. Grévy, dans une lettre rendue publique, avait qualifiée « *une gauche ouverte* aux compromis dynastiques ». Il combattit le plébiscite à la tribune et signa le manifeste de la gauche et de la presse démocratique. Il voulut enfin s'opposer à la déclaration de guerre, mais dut renoncer à la parole en présence de l'hostilité bruyante de la majorité. — Dans la dernière séance du Corps législatif, le 4 Septembre, M. Grévy se ralliait, à la tribune, à la proposition J. Favre, tendant à faire proclamer par un vote de la Chambre la déchéance de la dynastie impériale. L'envahissement de la salle des délibérations empêcha qu'il eût donné suite à cette proposition, et M. Grévy se renferma alors dans une attitude passive vis-à-vis de ce gouvernement qu'il considérait comme fondé illégalement, ne cessant de réclamer la convocation d'une Assemblée. Mais, trop prudent toujours, il ne fut pas écouté, comme c'est assez l'habitude des gens isolés, et conséquemment impuissants, fussent-ils cent fois raison. Lors de la dissolution des conseils généraux, il protesta contre cette mesure arbitraire.

Aux élections du 8 février 1871, M. J. Grévy fut élu représentant à l'Assemblée nationale dans les Bouches-du-Rhône et le Jura; dans la Seine où il ne s'était pas porté, 51,560 suffrages s'étaient spontanément portés sur son nom. Il opta pour le Jura et reprenait à gauche sa place à l'Assemblée de Bordeaux; il y fut l'un des signataires de la proposition tendant à nommer M. Thiers chef du pouvoir exécutif de la République française. Cette proposition adoptée, M. Grévy fut élevé à la présidence de l'Assemblée (15 février 1871) par 519 suffrages sur 536 votants. Il fut maintenu au fauteuil par huit votes successifs, presque unanimes. Le 2 avril 1873, il donnait sa démission à la suite d'un incident de séance ridicule. Dans la discussion relative à la municipalité lyonnaise, M. Le Royer, représentant du Rhône, combattant les conclusions du rapporteur, M. le vicomte de Meaux, s'était servi, pour qualifier l'ensemble des arguments invoqués, du mot *bagage*, à coup sûr bien innocemment. La droite protesta avec bruit, et M. le marquis de Grammont, qui n'est plus en situation de faire de semblables interruptions, s'écria que c'était une « impertinence ». Sur quoi, rappel à l'ordre, suivi d'un tumulte inouï; le président prit alors la parole en ces termes: «... Je n'ai ni demandé ni recherché les fonctions dont vous m'avez investi. Je les ai remplies selon mes forces, dans toute ma justice et mon impartialité. Si je ne trouve pas en retour, chez vous, messieurs, la justice à laquelle je crois avoir droit, je saurai ce qu'il me reste à faire. » Il leva la séance et se retira. Le lendemain, il donnait sa démission. Un scrutin eut lieu sur l'heure, pour lequel les droites présentèrent M. Buffet; M. Grévy fut néanmoins réélu par 340 contre 234 données à M. Buffet. Mais il maintint sa démission. M. Buffet fut donc élu à sa place, par 348 voix sur 536 votants: on peut ainsi faire un rapprochement instructif; malgré cela, on peut dire que l'impartialité ne siégeait pas précisément au fauteuil de la présidence, à la célèbre séance du 24 mai, et la chute de M. Thiers suivit de près celle de M. Grévy, chutes voulues toutes les deux ou au moins consenties, bien entendu, mais chutes.

M. Grévy reprit son siège dans les rangs de la gauche et se fit inscrire à la réunion de la gauche républicaine. Il se renferma dans la plus grande réserve pendant quelque temps, à l'Assemblée; au dehors, il prit avec énergie la défense de la candidature de M. de Rémusat, à Paris, contre celle de M. Barodet, ancien maire de Lyon. On sait que c'est ce dernier qui fut élu (29 avril). À l'époque des intrigues fusionnistes, quelques mois plus tard, il publiait une substantielle brochure: le *Gouvernement nécessaire*, concluant ainsi: « La France ne trouvera son salut que dans l'organisation de la démocratie. » Il combattit, dans la séance du 19 novembre, le projet de prorogation des pouvoirs du maréchal de

Mac-Mahon. Ayant refusé de reconnaître à l'Assemblée le pouvoir constituant, il s'abstint lors du vote des lois constitutionnelles. De même, ayant toute sa vie été contraire au système des deux chambres, il refusa de se laisser porter sur la liste des candidats au siège de sénateur inamovible, en décembre 1875. Ses votes à l'Assemblée nationale ont été rares, parce que, président de cette Assemblée, il s'est constamment abstenu, par une réserve que rien dans nos lois ne lui impose, bien qu'elle soit expressément imposée, et avec raison, croyons-nous, au *speaker* de la Chambre des communes d'Angleterre; autrement il a voté la paix, le retour de l'Assemblée à Paris, le traité douanier et, comme nous avons dit, la proposition Rivet; il a voté contre la dissolution des gardes nationales, la loi sur l'enseignement supérieur, le scrutin d'arrondissement, l'ajournement de la loi municipale, etc.

Aux élections du 20 février 1876, M. Jules Grévy était élu député du Jura pour l'arrondissement de Dôle, par 12,417 voix, contre 5,300 accordées à son concurrent réactionnaire, M. Picot d'Aligny. Nommé président provisoire de la Chambre des députés à la rentrée, le 9 mars, il était maintenu au fauteuil lors de la constitution définitive du bureau, par 462 voix sur 468, les 6 voix d'écart étant représentées par des bulletins blancs. Nous passerons sur les difficultés qu'à une époque aussi troublée le président d'une chambre républicaine, et par conséquent suspecte au gouvernement, devait nécessairement rencontrer de la part d'une minorité dite « conservatrice » qui, se sentant au pouvoir et, quoique minorité, triomphante de ses adversaires, ne gardait plus aucune retenue, pas même celle qu'impose le respect de soi-même aux gens bien élevés; des événements plus sérieux nous sollicitent, quoique les plus graves de ces violences aient été provoquées par l'émotion résultant du coup de force du 16 mai 1877. Quelques jours après, le ministre de l'intérieur, M. de Fourtou, venait lire à la tribune le message de prorogation. Il n'y avait pas à douter, la Chambre ainsi congédiée ne serait pas rappelée, ou ne le serait que pour s'entendre inviter à partir une bonne fois. Quand le ministre eut achevé sa lecture, M. Grévy se leva : « Restez dans la légalité. Messieurs, dit-il aux députés si lestement traités, restez-y avec fermeté, avec confiance. » Et il leva la séance. Le 23 juin suivant, la Chambre était de nouveau réunie, c'était pour entendre la lecture du décret de dissolution, le Sénat ayant, pendant qu'il le pouvait encore, sacrifié l'autre chambre aux intrigues gouvernementales. La crise électorale était donc de nouveau à l'ordre du jour. Nous n'en referons pas l'histoire. Nous rappellerons seulement que Gambetta en profitait pour poser nettement la candidature éventuelle de M. Jules Grévy à la présidence de la République. Le 14 octobre 1877, M. Grévy était élu dans le IX⁰ arrondissement de Paris et dans l'arrondissement de Dôle, pour lequel il opta. Il n'avait, d'ailleurs, accepté la candidature à Paris que comme une sorte d'héritage de M. Thiers, mort le 8 septembre précédent, et sur la tombe duquel il avait pris le premier la parole, pour exprimer les regrets qui, dans ces circonstances particulièrement critiques, étaient celles du cœur de tous les républicains, si peu républicain que fût, au fond, cet homme d'État. Cependant la nouvelle Chambre, quoique sa composition fût loin de répondre aux espérances du maréchal de Mac-Mahon qui avait pourtant menacé les électeurs de se passer d'elle pour gouverner si elle s'avisait de contrecarrer sa politique, était convoquée le 12 novembre, et elle choisissait de nouveau M. Grévy comme président. Le ministère qui avait fait les élections, peu soucieux de se retrouver en présence d'une Chambre au moins autant républicaine que celle qu'il avait dissoute, s'était retiré; et le maréchal-président n'avait trouvé rien de mieux, pour le remplacer, qu'une petite collection de personnages d'aussi grande valeur, sans aucun doute, mais choisis en dehors du parlement et présidés par un général ! On était en pleine crise; le soupçon d'un coup d'État imminent, ayant pour lui toutes les vraisemblances, était partout; il fallait mettre un terme à cet état de choses dangereux. Les présidents des deux Chambres, MM. Grévy et d'Audiffret-Pasquier fut mandés à la présidence, et ils n'hésitèrent pas, plus l'un que l'autre, à démontrer au duc de Magenta qu'il lui fallait avant tout rentrer dans les principes du régime parlementaire, et donner à un pays aussi nettement républicain un gouvernement républicain, c'est-à-dire choisi dans les rangs de la majorité parlementaire, ou tout craindre. Cette entrevue donna, au moins, au maréchal une notion plus saine et plus exacte de la situation, et en dépit des intrigues, des excitations, des injures presque du parti monarchique, le ministère de Rochebouët était remplacé par un ministère Dufaure, républicain dans une certaine mesure. en tout cas intéressé au maintien de la République (14 décembre).

Plutôt que de céder spontanément à ce qu'il pouvait regarder comme les exigences du suffrage universel, le maréchal de Mac-Mahon eût préféré se retirer dès lors; s'il ne le fit pas, ce fut sur les instances des présidents des deux Chambres. Mais il est bien certain qu'un ministère républicain n'était pas de son goût, et qu'il ne s'entendrait avec un pareil gouvernement qu'à la condition de concessions multipliées et sans réciprocité aucune. Vinrent enfin les élections pour le premier renouvellement triennal du Sénat; il faudrait voir ce qu'elles donneraient : elles donnèrent une majorité républicaine à cette Chambre sur laquelle il s'était promis de s'appuyer, le cas échéant ! Dès ce moment, la retraite du maréchal de Mac-Mahon était décidée; une difficulté avec ses ministres au sujet des grands commandements militaires, question sur laquelle il était moins disposé à transiger que sur toute autre, et il donnait sa démission (30 janvier 1879). Le même jour, M. Jules Grévy était élu président de la République pour sept ans, par les Chambres réunies en Congrès, 563 suffrages sur 713 votants s'étant portés sur son nom. Ce n'était pas sans une grande appréhension que les plus sages entrevoyaient le moment critique de la transmission du pouvoir suprême : cette transmission s'était affectuée dans le plus grand calme, sans le plus petit incident. On peut dire que, ce jour-là, un immense soupir de soulagement s'exhala de la poitrine de la France, aspirant surtout à la tranquillité, et par conséquent au maintien et au développement naturel des institutions républicaines. Le 6 février, le nouveau chef de l'État adressait aux Chambres un message dont nous ne voulons retenir que le passage où il promet de ne jamais entrer en lutte avec la volonté du pays, parce que c'est le point capital. Il a tenu cette promesse. et chef d'État avant un ministère responsable, il a toujours su se garder des erreurs dangereuses du gouvernement personnel.

Le 28 décembre 1885, les Chambres, de nouveau réunies en congrès à Versailles, pour procéder à l'élection du président de la République, réélisaient M. Jules Grévy pour sept nouvelles années, par 457 voix sur 576. Les droites s'étaient abstenues, autrement le nombre d'électeurs se serait élevé à 867. Mais cette séance est mémorable surtout par le scandale — non pas sans précédent, pourtant — dont les droites abstentionnistes jugèrent à propos de l'agrémenter. — J'ai entendu émettre l'avis que le bulletin de vote était une arme qui n'avait pas sur les autres l'avantage de la légalité, et que ceux qui dédaignent de s'en servir ne font qu'à se taire ; mais ce n'est pas dans le parlement que cet avis a chance d'être accueilli, encore moins dans un groupe conservateur.

M. Jules Grévy est de ces hommes qu'on peut juger exactement sur leurs actes, parce qu'ils n'ont jamais dévié. Avec plus de vérité que beaucoup, que trop d'autres candidats, il pouvait dire, aux élections de 1876, à ses anciens commettants: « Vous me connaissez depuis longtemps ; il y a vingt-huit ans que vous m'avez honoré pour la première fois d'un mandat législatif. Ce que j'étais alors, je le suis aujourd'hui... » Un tel homme n'est pas seulement l'honneur d'un parti, mais encore l'honneur de l'humanité. — Dans sa déposition devant la commission d'enquête sur les causes de la Révolution du 4 Septembre, feu M. Schneider, ancien président du Corps législatif impérial, s'exprimait ainsi sur le compte de M. Grévy : « Dans un temps où il y a tant d'affaissement des caractères, on éprouve un véritable bonheur à trouver un caractère aussi grave, aussi intact et aussi élevé que celui de M. Grévy. » — Une appréciation d'un caractère différent, car elle porte surtout sur l'avocat, est due à un de ses confrères au barreau et à la Chambre, où il siégea d'abord près de lui, et ensuite fort loin; nous voulons parler de M. Clement Laurier. Voici en quels termes il s'exprime : « A la barre, il est un redoutable adversaire, précis, serré, incisif, professant et pratiquant l'horreur de la phrase. Il plaide avec une simplicité extraordinaire, sans faste, presque sans bruit. comme un homme qui ne s'attache qu'au raisonnement et ne fait aucun cas du reste. Il parle d'une voix claire, nette, peut-être un peu molle, contraste singulier avec le nerf de sa dialectique. Mais avec cette parole négligée et comme flottante, on sent bien vite une argumentation de premier ordre. Incapable d'ailleurs d'employer un moyen non mauvais, mais douteux, préoccupé non de séduire, mais de convaincre, il plait néanmoins malgré lui par une espèce de bonhomie ronde et chaleureuse en même temps, qui donne à sa logique une saveur particulière et fait de lui une sorte de Phocion légèrement teinté de Franklin. » Enfin voici le portrait que trace de M. Grévy, dans son *Histoire de la Révo_*

lution de 1848, Daniel Stern, l'historien regretté, au sujet des discussions relatives à la loi sur l'état de siège, en juin 1848 : « L'un des représentants qui parla le plus fortement dans les bureaux contre l'état de siège, ce fut M. Grévy, représentant du département du Jura. C'était un esprit ferme et tempéré, à qui l'amour du bien et l'habitude des choses honnêtes traçaient toujours, sans qu'il eût besoin d'efforts, la ligne la plus droite. Sa parole était grave, lucide ; il possédait cette logique invincible de la sincérité qui gagne tous les bons esprits. L'un des nouveaux venus dans l'Assemblée, il s'y était promptement acquis, sans intrigue et même sans ambition, une considération particulière. Républicain par réflexion plutôt que par entraînement, il ne concevait le progrès que par la liberté. Se tenant dans cette notion très simple, mais bien rare dans les querelles de parti, il parut constamment au sein de l'Assemblée comme une expression modeste de sa meilleure conscience, comme un exemple parfait de l'esprit parlementaire appliqué dans toute sa sincérité à l'affermissement et à l'extension des institutions démocratiques. » — Ces appréciations empruntées à des sources aussi diverses, émanant toutes de juges désintéressés, peignent un homme, où rien ne serait capable de le faire. Nous n'y ajouterons rien, si ce n'est ce mot, qui est du lui : Ce qu'il était au début de sa carrière, il l'est à la fin ; et jamais carrière plus glorieuse n'aura été mieux remplie, en dépit des injures de ses adversaires politiques, et que la politique seule peut inspirer.
M. Jules Grévy, qui n'était pas même chevalier de la Légion d'honneur à son accession au pouvoir suprême, est grand maître de l'ordre et grand croix du 4 février 1879. Il est de plus chevalier de la Toison d'or et haut dignitaire de la plupart des ordres étrangers.

GRÉVY, Paul Louis Jules, général et homme politique français, frère du précédent, né à Mont-sous-Vaudrey le 5 septembre 1820. Élève de l'École polytechnique, il en sortit en 1843 dans l'arme de l'artillerie. Il servit en Algérie, fit la campagne de Crimée, celle d'Italie comme capitaine et fut promu chef d'escadron en 1864, lieutenant-colonel le 17 août 1870, colonel en août 1871 et général de brigade le 30 décembre 1875. Il fut appelé au commandement de la 4ᵉ brigade d'artillerie du 4ᵉ corps d'armée, au Mans, puis à celui de la brigade du 19ᵉ corps, et enfin promu général de division en 1882. Le général Grévy a été élu sénateur du Jura à l'élection complémentaire, le 15 août 1880, en remplacement de M. Tamisier, décédé. Il a pris place à gauche et a voté l'expulsion des princes. — Il a été promu grand officier de la Légion d'honneur le 29 décembre 1882, et a pris sa retraite en 1885. Le général Grévy est membre du conseil de l'ordre de la Légion d'honneur.

GRÉVY, Albert, homme politique français, frère des précédents, est né à Mont-sous-Vaudrey le 23 août 1824. M. Albert Grévy fit son droit à Paris et s'inscrivit au barreau de cette ville où il fit son stage en se fit remarquer à la conférence des jeunes avocats, de 1850 à 1852. Inscrit ensuite au barreau de Besançon, il y devint bâtonnier, outre qu'il y fut l'un des principaux chefs reconnus de l'opposition démocratique. En 1870, à l'occasion du plébiscite, il ouvrit au théâtre de Besançon des conférences dans lesquelles il démontra la nécessité de voter non et les dangers du vote contraire. Après le 4 Septembre, le gouvernement de la Défense nationale nomma M. Albert Grévy commissaire général dans les départements du Doubs, de la Haute-Saône et du Jura ; mais il donna sa démission peu de temps après. Aux élections du 8 février 1871, il fut élu représentant du Doubs à l'Assemblée nationale en tête de la liste. Il se fit inscrire à la gauche républicaine, dont il fut élu président. Il prit la parole dans diverses discussions importantes et fut rapporteur de la loi ayant pour objet la répartition sur toute l'étendue du territoire de la France des sacrifices imposés par la guerre et ses conséquences, de la commission d'enquête sur les agissements du « comité de comptabilité » bonapartiste, à l'occasion de la lecture à la tribune, par M. Girerd, du document L. B. 17, et du projet de loi connexe sur la presse et la levée de l'état de siège. Dans cette dernière occasion, M. Albert Grévy demanda la disjonction, concluant au rejet de la loi sur la presse et à la levée de l'état de siège. Ces conclusions furent repoussées. Aux élections du 20 février 1876, M. Albert Grévy se présenta dans la 1ʳᵉ circonscription du Doubs. Il fut élu par 6.965 voix contre 1.658 obtenues par son concurrent. La gauche républicaine le choisit de nouveau pour son président. Il fut remplacé au fauteuil pour l'exercice 1877 par M. Leblond, et élu membre du comité de direction le 24 janvier 1877. Vice-président de la commission du budget de 1877, M. Albert Grévy déclinait la candidature pour celle du budget de 1878. Il a fait partie de plusieurs autres commissions importantes, et a été président de celle chargée de reviser et de codifier les lois sur la presse. Réélu le 14 octobre 1877, il fit partie de la grande commission d'enquête électorale. Envoyé en Algérie comme directeur civil politique, à titre de mission temporaire, par décret du 15 mars 1879, M. Albert Grévy était maintenu dans ses fonctions, pour une nouvelle période de six mois, comme le veut la loi, le 15 septembre suivant. De retour au commencement de 1880, il était élu sénateur inamovible en remplacement de Crémieux, le 6 mars. En mai 1879, il avait eu à réprimer une insurrection d'indigènes à Batna. — M. Albert Grévy a voté l'expulsion des princes.

GRIFFE, Charles Antoine Jules, homme politique français, magistrat, né à Thézan (Hérault) le 18 octobre 1825. Après avoir fait son droit et pris le grade de licencié à la faculté de Toulouse, en 1847, il alla s'inscrire au barreau de Béziers. En novembre 1870, M. Griffe était nommé président du tribunal civil de Nîmes. Il est conseiller général de l'Hérault depuis 1871. — M. Griffe, qui avait échoué aux élections sénatoriales de l'Hérault, le 30 janvier 1876, a été plus heureux au renouvellement triennal du 5 janvier 1879. Il a pris place à la gauche républicaine du Sénat, et a voté l'expulsion des princes. — M. Griffe est chevalier de la Légion d'honneur depuis 1879.

GRIPON, Émile, physicien français, né à Château-Gontier le 26 avril 1825, commença ses études au collège de sa ville natale et vint les terminer à Paris au collège Charlemagne. Reçu à la fois, en 1844, à l'École polytechnique et à l'École normale supérieure, il opta pour celle-ci, résolu à se vouer à l'enseignement. Agrégé des sciences physiques en 1848, il professa successivement la classe de physique à Saint-Étienne, à Avignon, à Brest et à Angers, et créa dans cette dernière ville des cours publics de physique appliquée à l'industrie, en 1855. Reçu docteur ès sciences physiques en 1865, M. Gripon était appelé la même année à la chaire de physique de la faculté des sciences de Lille, et passa en la même qualité à la faculté de Rennes, où il est encore, en 1868. — On a, de M. E. Gripon, un certain nombre de *Mémoires*, notamment sur l'acoustique, et plusieurs *Traités élémentaires de physique appliquée*. Il est officier de l'Instruction publique et chevalier de la Légion d'honneur.

GROS, Louis Jules, homme politique français, né à Besançon le 17 janvier 1838. Avocat de Besançon, il fut l'un des fondateurs, en 1869, du journal d'opposition démocratique le *Doubs*, dans cette ville ; puis il devint, après le 4 Septembre, rédacteur en chef de la *Démocratie franc-comtoise*. Il vint ensuite à Paris, collabora à la presse républicaine, et fut nommé sous-préfet de Montbéliard en 1878 ; nommé administrateur du territoire de Belfort en 1880, il donnait sa démission en 1882, et fondait à Besançon le *Petit-comtois*, journal quotidien *ferryste*. Porté sur la liste républicaine unique, M. J. Gros fut élu député du Doubs le 4 octobre 1885. Il a voté l'expulsion totale des princes.

GROUSSET, Paschal, littérateur et homme politique français, ancien membre de la Commune de Paris, né en Corse vers 1842, fit ses études à Paris, suivit les cours de la faculté de médecine et débuta très jeune dans le journalisme. Lors de la fondation de l'*Époque*, en 1865, par Ernest Feydeau, il fut attaché à ce journal comme rédacteur scientifique. Ses feuilletons furent très remarqués, autant par la vivacité et la correction du style que par la valeur irréprochable du fond, de sorte que, dès que l'*Époque* se trouva la proie des vicissitudes qui devaient amener sa transformation, le *Figaro* recueillit avec empressement les nouvelles recrues scientifique, lequel y écrivit, sous la signature *Docteur Blasius*, des chroniques dont le ton s'accordait parfaitement avec le reste du journal. A l'*Époque*, M. Grousset avait fait la connaissance de Victor Noir ; au *Figaro*, il fit celle de M. Henri Rochefort qu'il suivait, après avoir collaboré assez irrégulièrement à quelques feuilles éphémères d'opposition, à la *Marseillaise*. Corse, il devint par surcroît le correspondant parisien d'un journal républicain fondé en Corse par M. Tommasi : la *Revanche*, lequel commença bientôt avec l'*Avenir de la Corse* une polémique irritante qui devait avoir une issue tragique. A la suite d'un article violent, publié par le prince Pierre Bonaparte dans cette dernière feuille contre la *Revanche* et ses rédacteurs, et d'une non moins violente réplique, non seulement de la *Revanche* mais aussi de la *Marseillaise*, le prince Pierre Bonaparte adressait un cartel à M. Henri

Rochefort, ne voulant pas avoir affaire à « ses manœuvres ». Mais celui-ci n'eut pas le temps d'y répondre, ou du moins ses témoins arrivaient à peine à Auteuil que ceux de M. Groussel, MM. Ulric de Fonvielle et Victor Noir avaient déjà eu une entrevue avec le prince Pierre, et que le prince Pierre avait tué Victor Noir d'un coup de revolver et tenté à plusieurs reprises de faire subir le même sort au second témoin de M. Groussel (9 janvier 1870). Arrêté et mis au secret, où il fut maintenu deux mois, M. Groussel comparut devant la Haute-Cour de Tours (mars) en qualité de témoin, s'il faut en croire la citation, mais bien plus comme accusé, à en juger par la façon dont il y fut traité. On sait que le prince meurtrier fut acquitté. M. Groussel commença alors dans la *Marseillaise* une campagne bien plus violente que jamais contre l'empire, laquelle lui valut une série de condamnations sévères. Finalement, la révolution du 4 Septembre lui ouvrit les portes de Sainte-Pélagie. M. Henri Rochefort, en sa qualité de membre du gouvernement de la Défense nationale, étant astreint à une réserve ne lui permettant pas de reprendre la direction de son journal qui, suspendu pendant quelques jours, après son arrestation (9 février), avait volontairement disparu le 25 juillet, M. Groussel prit la résolution de ressusciter la *Marseillaise* (9 septembre). Ce premier numéro, qui fut le seul, contenait un article du général Cluseret, d'une telle violence, que M. Henri Rochefort protesta contre cet article dans une lettre indignée et que cet unique numéro d'une *Marseillaise* mal venue fut aussitôt saisi par la foule et publiquement lacéré et brûlé. M. Paschal Groussel, jugeant qu'au reste il y avait quelque chose de meilleur à faire dans un pareil moment, s'engagea dans un bataillon de chasseurs. Libéré après l'armistice, il fondait, après le 18 mars, la *Nouvelle République* (19 mars à 1er avril 1871), qu'il remplaçait le 2 avril par l'*Affranchi* (2 à 25 avril) ; mais, dès le 22 avril, une note annonçait que M. Groussel était étranger à la rédaction de cette feuille depuis plus de huit jours. Il avait été, dès le 22 mars, délégué aux relations extérieures par le Comité central et, élu membre de la Commune pour le XVIIIe arrondissement, le 26 mars, il avait été maintenu dans ces fonctions par la constitution de la Commune de Paris, et nommé en outre membre de la Commission exécutive le 21 avril, date à laquelle il faut faire remonter sa retraite du journalisme. Dans son poste de délégué aux affaires étrangères, sinécure apparente, M. Groussel a déployé une activité qu'on eût pu croire impossible dans les circonstances, comme le prouvent sa correspondance avec le général prussien Fabrice, ses manifestes adressés à la province, etc. Le 5 avril, il notifiait officiellement aux représentants étrangers, la constitution du gouvernement communal de Paris. Lors de l'entrée des troupes régulières à Paris, M. Groussel réussit à se tenir caché, et ne songea à fuir que le 3 juin, déguisé en femme. Il fut reconnu et arrêté. Il était condamné, le 3 septembre 1871, à la déportation dans une enceinte fortifiée, et embarqué le 13 juin 1872, pour la Nouvelle-Calédonie. Dans la nuit du 19 au 20 mars 1874, M. Paschal Groussel s'évadait sur un trois-mâts anglais, en compagnie de M. Henri Rochefort et de quatre autres condamnés pour participation à la Commune. Il a collaboré depuis, avec l'ancien rédacteur en chef de la *Marseillaise* et du *Mot d'ordre*, à une nouvelle série de *Lanternes*, publiée d'une façon un peu ambulante, dit-on, à divers journaux radicaux de Paris. Après avoir quelque temps résidé en Belgique, en Suisse et en Angleterre, visité l'Allemagne, la Russie, etc., M. Paschal Groussel rentrait en France en 1881. Quelque temps après, il était attaché à la rédaction du *Temps* où, sous le pseudonyme de **Philippe Daryl**, il n'a cessé de donner des études très intéressantes sur l'Angleterre, l'Irlande, etc., des traductions d'ouvrages anglais et des articles ou des feuilletons originaux. Il collabore également, sous le même pseudonyme, à l'*Illustration*. — On cite de M. Paschal Groussel : le *Bilan de l'année 1868*, avec MM. Castagnary, Ranc et Francisque Sarcey ; la *Conspiration du général Malet*, les *Origines d'une dynastie (1869)*, etc. ; et de Philippe Daryl : *Wasili Tamarin, Signe Meltroe (1883); Lettres de Gordon à sa sœur, la Vie publique en Angleterre, le Monde chinois (1885)* ; la *Petite Lambton (1886)*.

GROVE, sir WILLIAM ROBERT, physicien et magistrat anglais, né à Swansea le 14 juillet 1811, fit ses études à Oxford (Brasenose college), où il prit le grade de maître ès arts en 1833, puis suivit les cours de l'école de droit de Lincoln's Inn, où il fut reçu avocat en 1835. Forcé, par la maladie, de suspendre momentanément l'exercice de sa profession, il occupa ses loisirs de convalescent à l'étude de l'électricité, et réussit, en 1839, à construire la puissante batterie électrique qui porte son nom. Il fut professeur de philosophie expérimentale à l'Institution de Londres de 1840 à 1847 et, comme membre du conseil de la Société royale, prit une part très active à la réforme de la constitution de cette société, effectuée en 1847 après des débats longs et animés. Cette même année 1847, il recevait la médaille de la Société royale, pour ses cours sur l'*Ignition voltaïque* et sur la *Décomposition de l'eau par la chaleur*. Sir W. Grove est auteur d'un *Cours sur le Progrès des sciences physiques depuis l'origine*, imprimé pour l'Institution de Londres (1842); d'un traité de la *Corrélation des forces physiques*, développement du principe posé dans le « cours » précédent, lequel a été publié en 1846 et est aujourd'hui à sa sixième édition. Ce traité a été traduit en français, en allemand, en flamand, etc., et réimprimé en Amérique. Il a publié un grand nombre de mémoires sur ses découvertes, dans les *Transactions* de la Société royale, le *Philosophical Magazine*, l'*Electrical Magazine*, etc. Ses principales découvertes sont : la pile voltaïque de Grove, d'abord ; puis la pile à gaz, l'action moléculaire de l'étincelle électrique, l'électricité de la flamme, la gravure voltaïque des plaques daguerriennes, la polarité électro-chimique des gaz, des combinaisons nouvelles des verres objectifs de télescopes, etc., etc. Sir William Grove présida l'Association britannique, réunie à Nottingham, en 1866; il choisit pour sujet de son discours d'ouverture, la *Continuité des phénomènes naturels démontrée par les progrès récents de la science*, dans lequel il cherche à prouver que les changements produits dans le monde inorganique, la succession des êtres organisés et le progrès des connaissances humaines sont le résultat de variations imperceptibles, mais continues. Nommé conseil de la reine en 1853, sir W. Grove a exercé quelque temps à la tête des ressorts judiciaires de South-Wales et de Chester. Il est membre de la commission métropolitaine des égouts et de la commission royale de la loi des brevets. Il a été nommé juge de la cour des plaids communs en novembre 1871, fonctions dont il s'est démis en 1875, et a été créé chevalier le 21 février 1872.

GUBERNATIS (de), ANGELO, littérateur, poète dramatique et orientaliste italien, né à Turin le 7 avril 1840, fit ses études à l'université de sa ville natale, où il reçut le grade de docteur en philologie et fut nommé, en 1860, professeur de rhétorique au gymnase de Chiari. En 1862, il était envoyé, aux frais du gouvernement, à Berlin, où il étudia sous les professeurs Bopp et Weber, devint en 1863 professeur extraordinaire de sanscrit et de littérature comparée à l'*Istituto di studii superiori ed il perfezionamento*, de Florence, et professeur ordinaire en 1869. M. de Gubernatis s'est fait une très grande réputation à la fois comme poète dramatique et lyrique, comme journaliste, critique, orientaliste et mythologue. Il a débuté par une tragédie : *Pier delle Vigne*, dans laquelle le célèbre acteur italien Ernest Rossi remplissait le rôle principal. Il a publié, depuis, les drames en vers suivants : *La Morte di Catone, Romolo (1874)* ; *Il ré Nala, Il ré Dasaratha e Mâyâ*, drames indiens; *Romolo Augustolo, Savitri: idillio dramatico indiano (1878)* et fondé ceux journaux ou revues : l'*Italia letteraria (1869)*, la *Civiltà italiana (1866)*, la *Rivista orientale (1867)*, la *Rivista europea (1869)*, et le *Bolletino italiano degli studii orientali (1876)*. La *Revista europea*, dont il a conservé la direction, est promptement devenue la plus populaire des grandes revues italiennes. M. de Gubernatis est, en outre, le correspondant italien de l'*Athenæum* et de la *Contemporary Review* de Londres, de l'*International Review* de New-York de la *Deutsche Rundschau* de Berlin, de la *Wiesnik Evropy* de Saint-Pétersbourg et de la *République française* de Paris. Parmi les ouvrages d'érudition de M. de Gubernatis, nous citerons : *Piccola Enciclopedia indiana* et *Fonti vediche dell'epopea* (Florence, 1867); *Memoria sui viaggiatori italiani nelle Indie orientali* (Florence, 1868); *Storia comparata degli usi nuzziali indo-europei* (Milan, 1869); *Zoological Mythology, or the Legends of animals*, publiée en anglais (Londres, 1872, 2 vol.), traduite en allemand et publiée à Leipzig en 1873, et en français et publiée à Paris en 1874; *Ricordi biografici, Letture sopra la Mitologia vedica* (Florence, 1874); *Storia dei viaggiatori italiani nelle Indie* (Livourne, 1875); *Matériaux pour servir à l'histoire des études orientales en Italie* (Paris et Florence, 1876); *Storia comparata degli usi funebri e natalizi* (Milan, 1877); *Mythologie des plantes* (Paris, 1878, 2 vol.), etc. — M. Angelo de Gubernatis est secrétaire général de la Société orientale italienne, membre étranger de l'Institut royal de philologie et d'ethnographie des Indes neerlandaises, etc., etc. En 1878, il donnait à Oxford une série de trois lectures sur la vie et les œuvres du poète Manzoni, qu'il a réunies ensuite et publiées à Florence sous ce titre : *Alessandro Manzoni, studio biografico (1879)*.

GUEYDON (comte de), Louis Henri, amiral et homme politique français, né à Granville le 22 novembre 1809, entra à l'école navale d'Angoulême en 1825. Sorti avec le numéro 1 en 1827, il était promu enseigne de vaisseau en 1830, lieutenant de vaisseau en 1835 et capitaine de corvette en 1840, ayant été proposé, au lendemain de l'affaire de Saint-Jean d'Ulloa (décembre 1838), en récompense de sa brillante conduite. Le capitaine de Gueydon, qui avait déjà servi au Brésil, en Hollande, à la Martinique, dans la Méditerranée, sur les côtes d'Espagne, à Cuba et au Mexique, fit la campagne de l'Archipel, comme second de l'*Inflexible*. On lui doit la création des rôles d'équipages, précisément vers cette époque (1842). Il prit ensuite le commandement du brick le *Génie*, avec lequel il fit campagne dans les mers du Sud, fut promu capitaine de vaisseau en 1847 et nommé membre du Conseil des travaux de la marine. Appelé, en 1850, au commandement du *Henri IV*, il fut envoyé dans le Tage pour assurer la protection de nos nationaux pendant un mouvement révolutionnaire, prit part au bombardement de Salé (Maroc) et fut de nouveau rappelé dans le sein du Conseil des travaux en 1852. Gouverneur de la Martinique de 1853 à 1856, M. de Gueydon fut nommé contre-amiral le 2 décembre 1855. Deux ans commandant de la station des Antilles et du Mexique, il fut ensuite nommé préfet maritime de Lorient en 1858, et de Brest en 1861. Le 4 mars 1864, il était promu au grade de vice-amiral. Il fut appelé, en 1866, au commandement de l'escadre d'évolutions, nommé vice-président du Comité consultatif des colonies en 1868, et membre du Conseil d'amirauté le 2 mai 1870. — Après la révolution du 4 Septembre, l'amiral de Gueydon fut appelé au commandement de l'une des deux escadres de la mer du Nord, avec laquelle il dirigea, sur les côtes allemandes, une croisière exceptionnellement pénible, jusqu'à la signature de l'armistice. Le 2 mai 1871, M. de Gueydon était nommé gouverneur civil de l'Algérie. Il alla prendre son poste en pleine insurrection arabe, dont il réussit à triompher en dépit d'obstacles terribles et de plus d'un genre, et réussit, en outre, à réparer chez les colons qui avaient souffert de l'insurrection, à l'aide de la participation de guerre imposée aux tribus soulevées. Parvenu à la limite d'âge, l'amiral de Gueydon quittait le gouvernement de l'Algérie, où il était remplacée, le 11 juin 1873, par le général Chanzy. Il fut maintenu, toutefois, dans le cadre de l'activité, par décret, comme ayant commandé en chef devant l'ennemi. — Aux élections générales d'octobre 1885, l'amiral de Gueydon se laissa porter sur la liste monarchiste de la Manche, qui triompha dans ce département, et il siège à la droite de la Chambre des députés. Promu grand croix de la Légion d'honneur le 28 janvier 1871, il est, en outre, décoré de la médaille militaire, sans compter un certain nombre de décorations étrangères.

GUEYMARD (dame), Pauline Deligne-Lauters, cantatrice belge, fille d'un peintre distingué, professeur à l'Académie royale des Beaux-Arts de Bruxelles, est née dans cette ville le 1er décembre 1834. Elle se destinait à la peinture et reçut de son père les premiers éléments de cet art; mais, douée d'une voix extrêmement remarquable à la fois par le timbre, le caractère et l'étendue des amis lui conseillèrent vivement de la cultiver, et elle finit par céder à leurs instances. Après de bonnes études au Conservatoire de Bruxelles, Mlle Lauters, qui avait obtenu un premier prix de chant, épousait un artiste appelé Deligne et venait à Paris en 1854. Elle se produisit d'abord dans plusieurs concerts et fut enfin engagée au Théâtre-Lyrique, où elle débutait sous le nom de Mme Deligne-Lauters, le 7 octobre 1855, dans un opéra de son compatriote, M. Gevaërt : le *Billet de Marguerite*. La jeune débutante fit sensation et remporta, du premier coup, un succès complet de talent, de grâce et de beauté. Elle parut peu après dans un nouvel opéra de M. Gevaërt : les *Lavandières de Santarem*, puis dans le rôle d'Annette de *Robin des Bois*. A la fin de 1856, Mme Deligne-Lauters était engagée à l'Opéra; elle y débutait, le 12 janvier suivant, dans le *Trouvère*, avec un succès éclatant. Elle avait d'ailleurs fait de grands progrès depuis son arrivée à Paris, tant sous le rapport du chant que pour les qualités scéniques que la pratique peut seule faire acquérir, et l'on se plaisait à saluer en elle l'aurore d'une grande artiste. Devenue veuve, Mme Deligne-Lauters épousait, en 1858, M. Gueymard, artiste de l'Opéra, mort à son tour, en juillet 1880. Sous son nom nouveau de Mme Gueymard, elle a paru dans plusieurs ouvrages du répertoire : la *Favorite*, les *Huguenots*, le *Prophète*, *Roméo et Juliette*, *Don Juan*, etc., et créé les rôles principaux d'œuvres nouvelles importantes : la *Reine de Saba*, la *Magicienne*, *Herculanum*, *Pierre de Médicis*, *Roland à Roncevaux*, *Don Carlos*, *Hamlet*, la *Coupe du roi de Thulé*. Chacun de ces rôles fut un triomphe pour Mme Gueymard; mais, dans aucun peut-être, elle ne s'est élevée aussi haut que dans ceux de Valentine des *Huguenots*, et de Fidès du *Prophète*. La voix de mezzo-soprano de Mme Gueymard est d'une ampleur, d'une puissance, d'un timbre presque incomparables; son étendue est de plus de deux octaves; c'est un instrument merveilleux guidé avec une intelligence et un goût rares. Ajoutons que plus de vingt ans d'un usage constant ne lui a rien fait perdre de sa fraîcheur et de son charme. Mme Gueymard est, en outre, douée d'un profond sentiment dramatique et d'une intelligence musicale tout à fait hors ligne. En 1874, Mme Gueymard chantait le rôle de Marie Madeleine dans le drame sacré de Massenet, et dans le *Messie*, oratorio du même compositeur, avec un grand succès. Elle créa, au Théâtre-Italien, en 1876, le rôle d'Amnéris, dans *Aida*, de M. Verdi.

GUIGARD, Joannis, bibliographe et écrivain héraldique français, né à Lyon le 4 novembre 1825, fit ses études à Paris, où il suivit, comme externe, les cours de l'École polytechnique, et fut ensuite employé aux études préliminaires de plusieurs lignes de chemins de fer départementales. M. J. Guigard a été attaché à la Bibliothèque nationale de 1859 à 1866. — On a de lui : *Bibliothèque héraldique de France*, comprenant la bibliographie systématique et raisonnée de tous les ouvrages qui ont paru sur le *Blason*, etc. (1861); l'*Indicateur du Mercure de France*, contenant les noms des maisons nobles sur lesquelles le *Mercure* donne des renseignements biographiques, généalogiques, etc., avec les numéros des tomes et des pages où se trouvent ces renseignements (1868); *Armorial du bibliophile (1869)*; *Histoire des fiefs lyonnais (1870)*, etc. Il a en outre fourni un grand nombre d'articles, principalement de critique littéraire et de bibliographie à l'*Illustration*, au *Monde illustré*, au *Bulletin du bibliophile*, à la *Revue moderne*, au *Messager de Paris*, au *Progrès de Lyon*, au *Journal de Rouen*, etc., et collaboré au *Grand Dictionnaire du XIXe siècle* de P. Larousse.

GUIGUE, Marie Claude, archéologue français, né à Trévoux le 16 octobre 1832. Élève de l'École des chartes, il reçut, en 1856, le diplôme d'archiviste-paléographe. M. Guigue est devenu successivement correspondant de la Commission de la topographie des Gaules en 1865, associé-correspondant de la Société des antiquaires de France et correspondant du ministère de l'Instruction publique pour les travaux historiques et archéologiques en 1868, archiviste du département de l'Ain en 1873 et archiviste en chef du Rhône et de la ville de Lyon en 1877. — On lui doit : *Notice sur l'ancienne imprimerie de Trévoux (1855)*; *Notice historique sur le château de Trévoux (1856)*; *Essai sur les causes de dépopulation de la Dombes et sur l'origine de ses étangs (1857)*; *Testament de Guichard III et d'Humbert IV de Beaujeu (1858)*; *Notice historique sur Reyrieux (1859)*; *Histoire de la question de la Dombes (1860)*; *Notice généalogique sur la famille de Chollier de Ciheins*; *Notice généalogique sur la famille de Garnier des Garets (1861)*; *Histoire de la souveraineté de Dombes*, par Samuel Guichenon, avec notes, etc.; *Notes historiques sur les fiefs et paroisses de l'arrondissement de Trévoux*; *De l'origine de la signature et de son emploi au moyen âge, principalement dans les pays de droit écrit (1863)*; *Lettre à M. Valentin Smith sur une inscription bilingue trouvée à Genay (1863)*; *Cartulaire de l'église collégiale de Notre-Dame de Beaujeu (1864)*; *Inscriptions de l'arrondissement de Trévoux du XIIIe au XVIIIe siècle (1865)*; *Histoire de l'hôpital de Trévoux par de Graire (1866)*; *Mémoires pour servir à l'histoire de Dombes*, par Louis Aubret (1866, 3 vol.); *Notes sur les deniers du Xe siècle au nom de Sabon, archevêque de Vienne, de Conrad le Pacifique et de Hugues, comte de Lyon, trouvés à la Villette d'Authon (1866)*; *Obituarium Lugdunensis ecclesiæ*, etc., du IXe au XXe siècle (1867); *Documents pour servir à l'histoire de Dombes, du XIe au XVe siècle*; *Notice sur la Chartreuse d'Arvières-en-Bugey (1869)*; *Cartularium sancti Pauli Lugdunensis*, du IXe au XIIIe siècle (1872); *Topographie historique du département de l'Ain, ou notices sur les communes*, etc.. *des anciennes provinces de Bresse, Bugey, Dombes, Valromey, pays de Gex et Franc-Lyonnais, etc., (1873)*; *Necrologium ecclesiæ sancti Petri Matisconensis*, du IXe au XIIIe siècle (1874); le *Réseau des voies antiques du grand Lugus Lugdunensis, déterminé par les hôpitaux du moyen âge*

(1876); *Voies antiques du Lyonnais, du Forez, du Beaujolais*, etc. (1878), etc.; outre de nombreux articles dans les journaux et les publications particulières de diverses sociétés littéraires et savantes. — M. Guigue a été nommé chevalier de la Légion d'honneur en avril 1878.

GUILBERT, Aimé Victor François, prélat français, né à Cerisy-la-Forêt (Manche) le 15 novembre 1812, fit ses études au collège de Saint-Lô, et entra ensuite au séminaire de Coutances, y devint professeur et reçut les ordres en 1836. Nommé peu après professeur de rhétorique au petit séminaire de Muneville-sur-Mer, il devint, en 1851, chanoine honoraire de Coutances et supérieur du petit séminaire de Mortain ; puis il alla fonder le collège diocésain de Valognes, en 1853. Il fut nommé en 1855 curé-archiprêtre de Valognes et vicaire général du diocèse, chanoine honoraire de Luçon en 1858 et d'Auch en 1864. Nommé au siège épiscopal de Gap le 16 mai 1867, il était préconisé au mois de septembre suivant et sacré le 19 novembre à l'église de Valognes. M. Guilbert fut transféré à l'évêché d'Amiens le 2 septembre 1879 et promu archevêque de Bordeaux par décret du 5 juin 1883. — On doit à ce prélat, outre ses *mandements, instructions et lettres pastorales*, un ouvrage de philosophie religieuse : la *Divine synthèse, ou l'Exposé, dans leur enchaînement, des preuves de la religion révélée (1864)*. Chevalier de la Légion d'honneur, du 11 août 1866, il a été promu officier de l'ordre le 30 janvier 1877.

GUILLAUME, Claude Jean-Baptiste Eugène, sculpteur français, né à Montbard (Côte-d'Or) le 3 février 1822, fit ses études à Dijon et vint ensuite à Paris, où il entra à l'Ecole des beaux-arts et suivit l'atelier de Pradier. Grand prix de Rome en 1845, au concours ayant pour sujet : *Thésée trouvant sur un rocher l'épée de son père*, il envoyait de la villa Médicis : le *Démon de Socrate*, bas-relief ; une *Amazone*, *Anacréon*, un *Faucheur* et le *Tombeau des Gracques*. De retour à Paris, il exposait aux divers salons, d'abord son *Anacréon (1852)* ; puis: les *Hôtes d'Anacréon*, bas-relief et les *Gracques*, double buste en bronze (1853) ; le buste de *M. Hittorff* (1855, Expos. univ.) ; la *Vie de sainte Clotilde* ; la *Vie de sainte Valère*, pour l'église sainte Clotilde ; le *Fronton* et les *Cariatides* du pavillon Turgot et la statue de *L'Hospital*, pour le nouveau Louvre (1857) ; le *Monument de Colbert*, pour la ville de Reims, modèle en plâtre (1861) ; *Napoléon Iᵉʳ*, buste en marbre (1862), reparu avec sept autres bustes en marbre de *Napoléon Iᵉʳ*, le représentant aux principales époques de sa vie, à l'Exposition universelle de 1867, etc. Ses expositions les plus récentes sont : *Source de poésie*, statue en marbre et *Mgr Darboy* buste en plâtre (1873) ; *Mgr Darboy*, buste en marbre et le *Terme*, modèle en plâtre (1875) ; le *Terme* en marbre et *Tombeau d'une Romaine*, buste en plâtre (1876) ; *Mariage romain*, groupe et le buste d'*Ingres*, plâtres (1877) ; *Rameau*, statue en marbre pour la ville de Dijon ; *Orphée*, plâtre (1878) ; *M. Buloz*, buste en bronze (1879) ; *Castalie*, statue en marbre ; *Portrait de M. Patin, secrétaire général de l'Académie française*, buste en marbre (1883) ; *Monument élevé à Duban à l'Ecole des beaux-arts*, buste en bronze ; *J.-B. Dumas, de l'Académie française, secrétaire perpétuel de l'Académie des sciences*, buste en plâtre (1884) ; les bustes en marbre de *J.-B. Dumas* et de *Paul de Saint Victor (1885)* ; *Portrait de M. Henri Germain* et *Portrait de mon père*, buste en marbre (1886).

M. Guillaume a été élu membre de l'Institut (Académie des beaux-arts), en remplacement de Pétitot, en 1862 ; nommé professeur à l'Ecole des beaux-arts à l'époque de sa réorganisation, à la fin de 1863, directeur de l'Ecole le 20 décembre 1865, en remplacement de M. Robert Fleury nommé directeur de l'Académie de France à Rome, il remplaçait M. de Chennevières à la direction générale des Beaux-Arts le 27 mai 1878, fonctions qu'il conserva jusqu'à leur suppression, en février 1879. M. Guillaume, dont le talent est fort apprécié à Londres, où son *Tombeau des Gracques* figura avec honneur à l'Exposition universelle de 1862, a été élu, en outre, membre honoraire de l'Académie royale des beaux-arts de Londres le 15 décembre 1869. — Il a obtenu une médaille de 2ᵉ classe en 1852, une médaille de 1ʳᵉ classe à l'Exposition universelle de 1855 et la médaille d'honneur à l'Exposition universelle de 1867. Chevalier de la Légion d'honneur depuis 1855, il a été promu successivement officier en 1867 et commandeur de l'ordre en 1875. M. Guillaume est en outre membre du Conseil supérieur de l'instruction publique, de la Commission supérieure des beaux-arts, de celle des expositions internationales, de la commission de perfectionnement de la manufacture nationale de Sèvres, etc., etc. Il était président du jury du 9ᵉ groupe (céramique, etc.) à l'Exposition de Vienne, en 1873, membre du jury des beaux-arts à l'Exposition internationale de 1878, etc. Il a collaboré à la *Revue des Deux Mondes*.

GUILLAUME Iᵉʳ, Frédéric Louis, empereur d'Allemagne et roi de Prusse, fils de Frédéric Guillaume III et de la princesse Louise de Mecklembourg-Strélitz et frère puîné du précédent roi de Prusse, Frédéric Guillaume IV, est né le 22 mars 1797. Entré fort jeune dans l'armée, il prit part aux campagnes de 1812 et 1815. Nommé gouverneur de Poméranie en 1840, à l'avènement au trône de son frère, il conserva ce poste jusqu'à la révolution de 1848, qui le contraignit à chercher un refuge en Angleterre. Élu membre de l'Assemblée constituante en mai 1848, il retourna à Berlin et prit son siège le 8 juin. Au mois de juin 1849, il fut nommé commandant en chef des forces prussiennes envoyées contre les insurgés de Bade. Après la pacification, il fut fait gouverneur militaire des provinces rhénanes, et en 1854, il fut nommé colonel-général de l'infanterie et gouverneur de Mayence. Lorsqu'éclata la guerre d'Orient, il protesta contre l'attitude passive adoptée par la Prusse. Il devint vers cette même époque président de toutes les loges maçonniques de son pays. En 1858, la santé de son frère étant compromise au point d'influer considérablement sur ses facultés intellectuelles, il fut nommé régent. Il manifesta dès lors la résolution d'adopter une politique libérale, peut-être seulement en haine du parti aristocratique qui avait cherché à s'opposer à son accession au pouvoir comme régent, peut-être simplement pour se rendre populaire en vue de l'avenir. Le 2 janvier 1861, Frédéric Guillaume IV mourait sans enfants, laissant par conséquent la couronne de Prusse à son frère. La cérémonie du couronnement eut lieu à Kœnigsberg, en quelle occasion Guillaume Iᵉʳ crut devoir insister avec énergie sur le droit divin des rois, déclarant que c'était à Dieu seul qu'il reconnaissait devoir la couronne qu'il se plaçait sur la tête en même temps. Quelques jours plus tôt, le roi de Prusse était allé faire une visite à l'Empereur Napoléon III. Les dispositions libérales qu'avait montrées le prince-régent avaient fait espérer que le roi de Prusse, Guillaume Iᵉʳ, gouvernerait dans un sens identique. Mais celui-ci n'était pas plus tôt solidement assis sur son trône qu'il montrait très clairement qu'on s'était trompé sur son compte. En opposition violente dès le début avec la Chambre des députés, les élections générales qui venaient d'avoir lieu, lors de la cérémonie du couronnement, avaient été favorables à l'opposition, et c'était évidemment pour marquer qu'il n'avait aucun compte à tenir de cette manifestation imposante de l'opinion publique qu'il s'était livré, à Kœnigsberg, à cette exhumation de la théorie du droit divin qui n'eût été que ridicule dans toute autre circonstance, et sur laquelle il revint dans son discours d'ouverture des chambres avec une insistance bien inutile. Inutile en effet, car la Chambre des députés n'en tint aucun compte et vota contre le gouvernement, en dépit du droit divin, à l'occasion de la discussion du budget. Aussi le roi n'accepta pas la démission de ses ministres, conséquence naturelle de ce vote. La Chambre des députés, réunie le 14 janvier (1862), était dissoute le 11 mars ; et le pays, de nouveau convoqué dans ses comices, la Prusse, renforcée encore dans le sens de l'opposition. Cette fois, le roi ne voulut point ouvrir la session en personne. Il sentait bien que son système d'intimidation ne valait rien et, bien qu'il n'en voulût pas démordre, il doutait en vérité de l'excellence de sa théorie du droit divin. En effet, quelques jours après l'ouverture de la session, la Chambre des députés repoussait, à une imposante majorité, les demandes de crédit du gouvernement pour la réorganisation de l'armée. M. de Bernstorff avait succédé au prince de Hohenlohe à la tête du cabinet ; le roi Guillaume ne savait plus trop à qui confier la succession de M. de Bernstorff : ce fut alors qu'il appela M. de Bismarck (22 septembre 1862) de l'ambassade de Paris, qu'il occupait seulement depuis le mois de mai, et le fit premier ministre, avec le titre de ministre de la Maison du roi et des affaires étrangères.

M. le comte de Bismarck n'obtint pas plus de la Chambre des députés que ne l'avaient fait ses prédécesseurs, qui eussent trouvé tout aussi bien que lui, s'ils l'y avaient cherché, un appui dans la Chambre des seigneurs. Cette Chambre osa déclarer nul le vote de la Chambre élective, et autoriser les dépenses qu'elle avait interdites. Les députés protestèrent : il leur fut répondu par la brusque clôture de la session. Des journalistes, des fonctionnaires, des magistrats protestèrent au nom de la légalité, de la constitution ; les poursuites, les suppressions, les destitutions répondirent. Mais la situation était trop tendue pour qu'il fût permis d'y espérer une solution prochaine et satisfaisante ; en fait, on se trouvait à la veille d'une guerre civile, et les complications survenues, avec les troubles de Pologne, pour la répression desquels la Prusse conclut un traité secret avec la Russie (février 1863), contrairement aux vœux du pays, n'étaient pas faites pour éclaircir l'horizon. Ce traité est en effet blâmé par la Chambre des députés. Le gouvernement, voyant l'audace même le mal servir, emploie l'impertinence : les ministres refusent de reconnaître l'autorité du président, ou du moins d'en tenir compte en ce qui les concerne : ils sont bien au-dessus d'un méchant président de Chambre élective ! — et le fait est que Guillaume Ier leur donne raison. La Chambre est dissoute une fois de plus en mai 1863, par impossibilité de trouver un autre moyen de se passer d'elle. — Mais ici, il nous semble à propos de rappeler que l'histoire de la Prusse, de sa politique, de ses accroissements successifs et enfin de la reconstitution de l'empire d'Allemagne à son profit de son roi, est intimement liée à l'histoire personnelle de M. de Bismarck (voyez ce nom), et nous avons déjà eu à nous en occuper à propos de cet homme d'État. Il nous suffira de dire que, sans la diversion heureuse produite par le triomphe facile des armes prusso-autrichiennes dans le Schleswig-Holstein, la guerre civile éclatait inévitablement en Prusse ; Guillaume Ier n'aurait probablement jamais osé espérer ceindre la couronne de l'empire d'Allemagne, malgré son insatiable ambition et sa présomption rare ; et M. de Bismarck, l'homme d'État désormais illustre et auquel on ne peut refuser au moins l'habileté à profiter des événements et une brutalité d'action qui est son côté le plus original, serait demeuré au rang effacé de ces petits politiciens de circonstance dont l'histoire a toutes les peines du monde à se souvenir. La guerre contre le Danemark ayant distrait l'attention publique des affaires intérieures de la Prusse, en flattant le sentiment patriotique, très ardent dans ce pays, il s'agissait de profiter de ce revirement, qui pouvait n'être que passager. Puisqu'il n'y avait qu'en l'éblouissant par des faits d'armes brillants que l'on pouvait avoir raison de ce peuple affamé de liberté, mais de gloire plus encore, il était d'une politique habile, quoique dangereuse, de porter ses coups au dehors ; et c'était la politique que M. de Bismarck devait faire prévaloir. Plus d'une fois, certainement, le premier ministre du roi Guillaume sentit qu'il jouait le tout pour le tout ; et plus d'une fois le roi Guillaume, qui ne le sentait pas moins, tâcha de s'opposer aux projets de son ministre. Mais celui-ci parvint toujours à avoir le dernier mot, notamment dans cette guerre contre l'Autriche, entreprise après que des préparatifs formidables avaient été achevés, mais contre le gré de roi de Prusse, dont l'audace était loin d'atteindre le niveau de celle de son ministre. Une alliance offensive et défensive fut conclue avec l'Italie, un ultimatum adressé aux petits États du nord de l'Allemagne, qui envoyaient aussitôt leur contingent, sauf quelques-uns qui hésitaient ou prenaient ouvertement parti pour l'Autriche et devaient subir les conséquences de leur loyale attitude ; et cette guerre rapide, terminée à Sadowa (3 juillet 1866) par la défaite complète des Autrichiens, était aussitôt entreprise (17 juin). Les conséquences de cette campagne aussi décisive que rapide, sanctionnée par le traité de Nickolsbourg, on les connaît et nous n'y reviendrons pas en détail. En fait, le roi de Prusse se trouvait, en 1867, le chef suprême de la puissante confédération de l'Allemagne du Nord, composée de vingt-deux États, comptant une population de 29 millions d'habitants, et soumis à une Constitution fédérale unique ; un Conseil fédéral formé des délégués de chaque État et une seconde Chambre élue par le suffrage universel, telles sont les bases de cette nouvelle constitution, laquelle est en vigueur le 1er juillet 1867, en même temps que M. de Bismarck est nommé chancelier de la Confédération germanique et président du Conseil fédéral. Nous passons rapidement sur les difficultés qui menacèrent un moment de nous mettre les armes à la main, si nous avions eu des armes, contre la nouvelle Confédération, à l'occasion du Luxembourg. Nous avons dit ailleurs (Voyez BISMARCK) la raison qui, malheureusement, nous força de baisser pavillon à cette époque. Cependant, l'armée et la marine ne cessaient d'être, pour le roi Guillaume et son chancelier, l'objet de la plus vive sollicitude ; et il est clair que les améliorations constantes dont ils les faisaient profiter cachaient des projets ou des appréhensions de guerre prochaine. Nous pourrions sans doute ajouter que la rupture entre la Prusse et la France, rendue définitive par l'incroyable démarche de M. Benedetti (Voyez ce nom) à Ems, le 14 juillet 1870, était prévue depuis longtemps comme une éventualité fatale ; mais nous n'irons pas jusqu'à dire que le roi de Prusse eut l'*habileté* de se faire déclarer la guerre par l'empereur des Français ; il a eu cette fortune incroyable, il est vrai, mais nous croyons qu'il ne l'espérait pas et nous serions étonné qu'il l'eût désirée. La chose une fois résolue, par exemple, il l'accepta peut-être avec satisfaction. Le 28 juillet, le roi quittait Berlin, qu'il déclarait en état de siège ; il proclamait l'amnistie des crimes et délits politiques, supprimant quelques journaux pour faire contre-poids, et tirait de l'oubli le vieil ordre de la Croix de fer, pour l'usage des héros auxquels il allait fournir l'occasion de se signaler dans une série de victoires inouïes. Pendant cette guerre si désastreuse pour la France et si glorieuse, après tout (quoique cette gloire ne soit pas sans taches), pour les armes allemandes, le roi Guillaume ne se manifeste guère que par ses lettres hypocritement pathétiques, pour qui connaît l'homme, adressées des divers champs de bataille à la reine Augusta, et par celle qu'il écrivit à « Monsieur son frère » à Sedan pour lui dire qu'il acceptait son épée. — Enfin, on le voit paraître dans un cadre qu'il affectionne, au milieu de la pompe d'un nouveau couronnement, non plus à Kœnigsberg, mais à Versailles, dans le palais légendaire des rois de France, ce qu'il n'oubliie pas de constater, dans la Galerie des glaces ; et ce n'est plus une simple couronne royale, mais la couronne de l'empire d'Allemagne qu'il ceint, le 18 janvier 1871, aux applaudissements des princes plus ou moins dépossédés qui ne sont plus que ses humbles vassaux, bien que quelques-uns d'entre eux fussent naguère aussi puissants que lui. La guerre ayant pris fin peu après, il retournait en Allemagne, où les populations, plus disposées à le lapider quelques années seulement plus tôt, l'acclamèrent avec enthousiasme. Le Reichstag, qui ne craignait rien un peu de l'opposition, approuva le grand événement arrivé à Versailles, parce qu'il approuvait en même temps l'unification de l'Allemagne.

Il faut signaler parmi les actes du gouvernement de Guillaume Ier, empereur d'Allemagne, la lutte ardente soutenue contre les catholiques et l'expulsion des jésuites (4 juillet 1872) ; la réunion des trois empereurs de Russie, d'Autriche et d'Allemagne à Berlin, dans l'automne de la même année ; la double visite rendue par l'empereur Guillaume au czar, à Saint-Pétersbourg, au mois d'avril 1873, et à l'empereur François-Joseph, à Vienne, en octobre suivant ; la visite d'Alexandre II à Guillaume Ier à Berlin, au mois de mai 1873, et le renouvellement de cette visite un an après, presque jour pour jour. Enfin, on se rappelle la correspondance échangée entre le Pape et l'empereur d'Allemagne, à propos des persécutions exercées contre l'Église catholique, et qui a été publiée à Berlin le 14 octobre 1873. Quant aux visites faites et rendues entre empereurs, et dont les dernières ont eu la question d'Orient pour objet, elles n'ont pas cessé d'être accompagnées de visites semblables et d'entretiens probablement plus décisifs entre *chanceliers*, de sorte que nous avons eu déjà à nous en occuper aux notices relatives à ces derniers. Elles ont, du reste, perdu tout leur intérêt, depuis qu'elles semblent passées à l'état d'habitude ; et le reste de l'Europe, qu'elles avaient le don d'émouvoir au début, commence à n'y voir qu'une comédie trop prolongée dont les acteurs ne résisteraient probablement pas au premier coup de sifflet. — Dans l'après-midi du 11 mai 1878, l'empereur Guillaume passait en voiture découverte dans l'allée des Tilleuls, lorsqu'un prétendu socialiste, un pauvre diable sans ressources nommé Hœdel, tira sur lui deux coups de revolver sans l'atteindre. L'assassin ne tarda pas à être arrêté ; il fut jugé, condamné à mort et exécuté, comme il devait s'y attendre. Mais un autre attentat contre l'empereur, qui eut des conséquences plus graves pour ce dernier, était perpétré, toujours *Unter den Linden* (sous les Tilleuls), dès le 2 juin suivant, par un certain docteur Nobiling, qui l'atteignit de deux coups de fusil, chargés de balles mâchées, au bras et au cou. Nobiling, tourna son arme contre lui, et c'est de la blessure qu'il s'était infligé lui-même qu'il mourut à l'hôpital quelques jours après. Quant à Guillaume Ier, longtemps malade de ses blessures, il dut appeler à la régence le prince-héritier ; il se remit toutefois, après une convalescence lente et douloureuse, et reprit les rênes du gouvernement, ou du moins les remit à M. de Bismarck, pour les croyait bien perdues à tout jamais pour lui. Ces deux attentats, à un intervalle si court, contre la vie du souverain furent mis naturellement au compte des partis politiques dont le chancelier de fer avait quelque bonne petite vengeance à tirer, et il ne laissa pas échapper l'occasion. Les persécutions contre les socialistes principalement, le rapprochement plus ou moins sincère entre l'Allemagne protestante et le Saint-Siège (1885), etc. sont les fruits de la politique de M. de Bismarck, et nous pourrions nous dispenser même de les signaler dans une notice consacrée à l'empereur Guillaume. Pour ce qui le concerne d'une manière tout à fait directe, la Bourse est agitée par intermittences de la nouvelle qu'il est indisposé, malade, mort même, invariablement démentie par les dépêches du soir, mais destinée à être vraie un jour, pourtant, et sous sa forme la plus décisive : je présume que personne n'en doute.

Guillaume Ier a épousé, le 11 juin 1829, la princesse Marie Louise Catherine *Augusta*, fille de Charles Frédéric, duc de Saxe-Weimar, dont il a eu deux enfants : le prince *Frédéric-Guillaume* Nicolas Charles, héritier présomptif de la couronne royale de Prusse et de la couronne impériale d'Allemagne, né le 18 octobre 1831 et la princesse Marie Louise Elisabeth, née le 3 décembre 1838, mariée le 20 septembre 1856 au prince Frédéric Guillaume Louis, grand-duc de Bade.

GUILLAUME III, Alexandre Paul Frédéric Louis, roi des Pays-Bas, prince d'Orange-Nassau, grand-duc de Luxembourg et duc de Limbourg, fils aîné du feu roi Guillaume II et de la reine Anne Pauline, sœur du czar Nicolas Ier, est né à Bruxelles le 19 février 1817. Il succéda à son père le 17 mars 1849, et se voua au développement sincère des institutions libérales dont Guillaume II avait doté récemment le pays, à l'amélioration des services publics et des finances, donnant ce rare exemple de désintéressement du faire réduire sa liste civile de 1,200,000 à 800,000 florins, et allégeant ainsi, autant qu'il était possible, le fardeau d'impôts qui pesait sur son peuple, tout en ne négligeant aucun des travaux nécessaires à l'augmentation du bien-être matériel et au progrès du trafic commercial. Parmi les travaux les plus importants accomplis en Hollande sous le règne de Guillaume III, nous devons citer le dessèchement de la mer de Haarlem (1855), rendant à l'agriculture une énorme étendue de terrain que la mer avait envahie en 1531 ; en 1875, une entreprise plus grande encore, le dessèchement du Zuyderzee (lac ou mer du sud), formé de la même manière, était résolue et des fonds votés pour cet objet par les chambres. Ce sont là des victoires autrement glorieuses, à notre appréciation, que celles dont le sort des armes seul décide, et qui font en même temps la prospérité d'un peuple, quand les autres causent infailliblement sa ruine, immédiate ou différée. La politique coloniale de Guillaume III a été longtemps tout aussi fortunée que sa politique intérieure ; malheureusement, depuis 1874, des soulèvements se sont produits parmi les indigènes de l'Inde hollandaise, dont la répression a nécessité de fort lourds sacrifices de toute nature.

— Le roi Guillaume est en outre célèbre dans le monde entier comme musicien et protecteur vigilant et éclairé des arts et des artistes. Dans sa jeunesse, il a pris des leçons de chant de la célèbre Malibran ; il est compositeur ; et, doué d'une organisation toute particulière, possédant une connaissance approfondie de tout ce qui touche au domaine de la musique, il possède un jugement très sûr, qui ne permet pas à ses bienfaits de s'égarer misérablement. En 1871, le roi des Pays-Bas, de sa propre initiative, a fondé une institution où des pensionnaires reçoivent une éducation musicale complète, dans le chant, l'art lyrique et dramatique, le piano, le violon, le violoncelle et la composition, le tout à ses propres frais. Il a acheté à Bruxelles un hôtel destiné aux demoiselles pensionnaires de la classe de chant naguère dirigée par M. G. Cabel ; où elles sont logées et placées sous la surveillance d'une dame de compagnie, et peuvent compléter leurs études pour aborder ensuite la carrière dramatique. Pour être admise comme pensionnaire pour le chant, il faut passer un examen préalable devant le commissaire du roi, M. Van der Does, travailler pendant six mois avec un professeur désigné par lui et donner des preuves non équivoques d'aptitudes sérieuses pour le chant et pour la scène. Le roi a en outre décrété qu'un examen comparatif sera fait tous les trois ans, ainsi qu'un concours de chant où sera décernée une médaille d'or enrichie de diamants, dite *médaille Malibran*, en mémoire de son propre professeur, aux pensionnaires de première classe pour l'art lyrique et dramatique. Un autre concours triennal, pour les pensionnaires instrumentistes et compositeurs, a été institué par le roi Guillaume ; trois médailles y sont distribuées : une médaille d'or pour la meilleure composition d'une symphonie ou d'une ouverture à grand orchestre ; une médaille d'argent pour la meilleure œuvre de musique de chambre, trio, quatuor ou quintette pour piano et instruments à cordes ; enfin, une médaille de bronze pour le meilleur ouvrage pour piano seul ou pour chant avec accompagnement de piano. Tous les ans, Guillaume III donne, à son château du Loo, de splendides fêtes musicales pour l'audition de ses meilleurs pensionnaires, en présence d'un jury composé d'artistes néerlandais et de maîtres étrangers, lesquels, conviés à ces solennités par invitation spéciale, sont toujours sûrs de trouver à la résidence royale un accueil des plus sympathiques et des plus courtois.

Le roi des Pays-Bas a épousé, le 18 juin 1839, la princesse Sophie Frédérique Mathilde, fille du roi Guillaume Ier de Würtemberg, née le 18 juin 1818, morte le 3 juin 1877, dont il a eu deux fils, morts également tous deux. Il a épousé en secondes noces, le 7 janvier 1879, la princesse Adélaïde Emma de Waldeck-Pyrmont, née le 2 août 1858, de qui il a une fille : Wilhelmine Hélène Pauline Marie, née le 31 août 1880.

GUILLAUMOT, Auguste Alexandre, graveur et dessinateur français, élève de Lemaître et de Viollet-le-Duc, est né à Paris en 1813. Il a fourni de bonne heure une quantité de planches à diverses publications artistiques, parmi lesquelles nous pouvons mentionner : les *Monuments de Ninive*, le *Voyage en Perse*, la *Monographie de la cathédrale de Chartres*, les *Promenades artistiques dans Paris et ses environs*, etc. Nous citerons parmi ses expositions : *Porche sud de la cathédrale de Chartres, Sculptures relevées à Ninive, Phalante et Ethra, Sculptures françaises au XIIIe siècle, Panorama d'Oran (1845-52)*; la *Statuaire de la cathédrale de Chartres*, et plusieurs des précédents (1857, Exposition universelle) ; le *Parc de Marly*, d'après un dessin original et la *Sainte-Chapelle*, d'après M. Adams (1857) ; *Vue de Marly-le-Roi (1859)*; *Vue restaurée de la Demi-lune*, dans l'ancien parc de Marly-le-Roi, aquarelle, et *Façade principale du Palais du commerce à Lyon*, gravure au trait, d'après M. R. Dardel (1864) : *Vue de l'ancien parc de Marly-le-Roi (1865)*; *Stalles du chœur de la cathédrale d'Auch (1866)*; *Porche nord de la cathédrale de Chartres* (Exposition universelle de 1867) ; *Couronne patriarcale du trésor de Moscou, Paysages*, panneaux décoratifs (1868) ; *Château de Marly-le-Roi*, quatre gravures (1869) : *Entrée principale du château de Marly-le-Roi en 1680*, restitution d'après les documents des archives et de la Bibliothèque nationale, dessin ; *Emplacement du château de Marly-le-Roi et Cadre décoratif, style Louis XVI*, eaux-fortes (1874) ; *Hallebarde provenant du château de Marly-le-Roi*, dessin (1876) ; *Château de la Morlaye*, d'après M. Sanson ; *Grille du château de la Lua (1883)*; *Château de Tracy-le-Val*, d'après M. Sanson (1886). — M. Auguste Guillaumot a obtenu une médaille de 3e classe en 1845, le rappel en 1861 et 1863 et une médaille en 1864.

GUILLEMAUT, Charles Alexandre, général et homme politique français, sénateur, est né à Louhans (Saône-et-Loire) le 18 septembre 1809. Élève de l'École polytechnique, il en sortit en 1830 dans l'arme du génie, où il fit toute sa carrière, et fut directeur des fortifications au Havre, ayant atteint le grade de colonel ; en quelle qualité il contribua à la défense de Paris pendant le siège, et se distingua particulièrement au plateau d'Avron. Il fut promu général de brigade, le 16 septembre 1871 et passa peu après dans le cadre de réserve. — Porté comme candidat républicain, aux élections complémentaires du 2 juillet 1871, M. Guillemaut fut élu représentant de Saône-et-Loire par 78,074 voix, et membre du Conseil général pour le canton de Louhans, le 8 octobre suivant. Il se fit inscrire, à l'Assemblée nationale, à la réunion de la gauche républicaine. Il y prit une part importante aux discussions des lois sur l'armée, combattit la création de l'aumônerie militaire, vota contre la construction de l'église du Sacré-Cœur, la loi sur l'enseignement supérieur, le pouvoir constituant, etc., et en faveur du retour de l'Assemblée à Paris, de la proposition Casimir-Périer et de l'ensemble des lois constitutionnelles. Aux élections du 30 janvier 1876, M. le général Guillemaut était élu sénateur de Saône-et-Loire avec deux autres candidats républicains, MM. Charles Rolland et Pernette ; il a été réélu le premier, au renouvellement triennal du 8 janvier 1882. Le général Guillemaut fait partie de la gauche républicaine du Sénat, comme il l'a fait de l'Assemblée nationale, et il a voté la loi sur l'expulsion des princes. — Il est commandeur de la Légion d'honneur depuis 1868.

GUILLEMAUT, Lucien Alexandre, médecin et homme politique français, neveu du précédent, est né à Louhans le 21 août 1842. Reçu docteur en médecine, M. Guillemaut s'établit dans sa ville natale. Il est devenu maire et qu'il représente au Conseil général de Saône-et-Loire ; il est en outre président de la société

d'agriculture de l'arrondissement. La mort de M. Logerotte, député de l'arrondissement de Louhans, ayant ouvert une vacance, M. le docteur Guillemaut se présenta pour la remplir, et fut élu le 8 juin 1884. Il prit place à gauche, sans s'inscrire à aucun groupe parlementaire, et vota généralement avec la gauche radicale. Porté sur la liste républicaine du département de Saône-et-Loire, M. Guillemaut a été élu le deuxième, au premier tour.
— Il a voté l'expulsion totale des princes.

GUILLEMIN, Amédée Victor, écrivain scientifique et publiciste français, né à Pierre (Saône-et-Loire) le 5 juillet 1826, fit ses études à Beaune, puis à Paris, et professa les mathématiques de 1850 à 1860, tout en se livrant au journalisme. Il se voua ensuite plus particulièrement aux travaux de vulgarisation scientifique, et s'est fait dans cette voie une réputation considérable. Aux élections générales de 1871, M. Amédée Guillemin était porté sur la liste des candidatures républicaines dans son département natal; il obtint le chiffre considérable, mais pourtant insuffisant de 40,000 voix. Il n'a pas fait d'autre tentative. — On doit à M. Guillemin: les *Mondes, causeries astronomiques (1861)*; les *Chemins de fer (1862)*; le *Ciel (1864)*, ouvrage traduit en anglais, en allemand et en italien; la *Lune (1865)*; les *Phénomènes de la physique, Éléments de cosmographie (1868)*; le *Soleil (1869)*; l'*Instruction républicaine (1872)*, en partie extrait de l'*Avenir national*; les *Applications de la physique (1873)*; la *Vapeur* (même année); la *Lumière et les couleurs (1874)*; les *Comètes (1875)*; le *Son (1876)*; le *Monde physique (1881-85*, 5 vol.), etc. Il a en outre écrit les articles concernant l'astronomie, dans la 2ᵉ édition du *Dictionnaire d'histoire naturelle* de d'Orbigny, et collaboré à la *Revue philosophique*, à l'*Illustration*, à l'*Avenir national*, à la *République française*, etc. Il a dirigé un journal d'opposition démocratique fondé à Chambéry aussitôt après l'annexion: la *Savoie*, mais peu de temps, l'administration impériale n'étant pas d'humeur à laisser longtemps vivre, nulle part, un journal hostile.

GUILLOT, Louis, homme politique français, né à Grenoble le 7 novembre 1844. D'abord élève en médecine, puis interne des hôpitaux de la marine, M. Guillot se tourna vers la carrière légale, se fit recevoir licencié en droit et s'inscrivit au barreau de Lyon en 1867. Il y plaida surtout des procès politiques, simple matière dans des temps comme ceux-ci, et défendit quelques membres de la Commune devant les conseils de guerre. En 1874, M. Louis Guillot était élu au Conseil général de l'Isère; rédacteur au *Petit Lyonnais*, par surcroît, une élection partielle qui se produisit dans la 3ᵉ circonscription de Grenoble, le 7 juillet 1878, par suite de la mort de M. Breton, l'envoya siéger à la Chambre des députés, où il s'inscrivit à la fois aux deux groupes de l'Union républicaine et de la gauche radicale, puis se retira de tous les deux. Il fut réélu, sans concurrent, le 21 août 1881. Aux élections du 4 octobre 1885, M. L. Guillot a été élu député de l'Isère en tête de la liste républicaine. Il a voté l'expulsion totale des princes.

GUILLOUTET (marquis de), Louis Auréman, homme politique français, né le 6 août 1819. Riche propriétaire du département des Landes, il était membre du Conseil général de ce département et maire de Parleboscq, lorsqu'il fut choisi, aux élections générales de 1863, comme candidat du gouvernement à opposer à Victor Lefranc dans la première circonscription des Landes. Il fut élu et vint prendre place parmi les dévoués de l'empire, opiniâtrement rebelles à toute concession du pouvoir personnel et absolu. M. le marquis de Guilloutet ne prit guère la parole pour lancer çà et là une interruption plus ou moins bruyante à travers les discours d'un adversaire, sauf dans une circonstance mémorable. Lors de la discussion de la loi sur la presse, dans la séance du 11 février 1868, il fit accepter un amendement, devenu l'article 11 de la loi, portant que le parquet peut poursuivre d'office, le simple consentement de la partie intéressée, toute allégation relative à la vie privée, faite par la voie de la presse. M. de Guilloutet, en développant son amendement, s'était surtout appuyé sur l'inviolabilité du « mur de la vie privée ». Cette figure heureuse, quoique peu neuve, lui fit en moins de rien la plus grande notoriété dont se puisse vanter un député que ne désigne pas à l'attention une grande valeur personnelle ou une extravagance de paroles et d'actes hors de pair. Il ne fut plus question que du « mur Guilloutet ». Plusieurs théâtres s'emparèrent de la formule et donnèrent au public le spectacle d'un « mur de la vie privée », escaladé avec une plus ou moins grande adresse et les engins les plus inattendus. Quant à M. le marquis de Guilloutet, désormais populaire, il fut ou abaissé à la condition de maçon de la vie privée ou élevé à la dignité de duc du Mur. — Aux élections générales de 1869, il l'emportait de nouveau sur son concurrent de 1863. Victor Lefranc. Il vint reprendre sa place au Corps législatif, où il fut des sept sages qui restèrent fidèles, jusqu'au dernier moment, au pouvoir personnel dans toute son intégrité; il faisait partie de la réunion de la rue de l'Arcade, fondée en 1868, et dont Granier de Cassagnac père était l'un des chefs principaux. — Nommé chef du 2ᵉ bataillon de la garde nationale des Landes, presque au début, M. de Guilloutet se réfugia derrière le « mur de la vie privée » aussitôt après la guerre. Il fut toutefois réélu membre du Conseil général des Landes, le 8 octobre 1871. Aux élections du 20 février 1876, il se présenta dans la première circonscription de Mont-de-Marsan et fut élu député; il prit naturellement place au groupe de l'Appel au peuple. Réélu le 14 octobre 1877 et le 21 août 1881, M. de Guilloutet figurait sur la liste monarchiste qui triompha, dans le département des Landes, le 4 octobre 1885. Seulement, la Chambre ayant annulé l'élection des Landes, ce fut l'autre liste qui fut élue au scrutin du 14 février 1886, et M. de Guilloutet dut se réfugier de nouveau derrière son « mur ». Il est officier de la Légion d'honneur depuis 1869. — Maintenant, nous devons reconnaître que le fameux mur que nous-même nous sommes laissé entraîner à plaisanter n'était pas une construction aussi ridicule qu'on a voulu le faire croire: mais c'est contre les amis de M. de Guilloutet qu'il faudrait l'élever aujourd'hui.

GUILMANT, Félix Alexandre, organiste et compositeur français, né à Boulogne-sur-Mer le 12 mars 1837, eut pour premier maître son père, organiste de l'église Saint-Nicolas de cette ville. À douze ans, il le remplaçait déjà à l'orgue; à partir de cet âge, il reçut des leçons d'harmonie de M. Gustave Carulli, fils de ce fameux guitariste de ce nom. On peut presque dire cependant que M. Alexandre Guilmant s'est formé seul. À force de travail et de volonté, lisant de nombreux traités, étudiant les œuvres des maîtres et s'imprégnant de leur génie, s'enfermant chaque jour deux ou trois heures dans l'église pour y travailler l'instrument qu'il adorait, enfin écrivant constamment et méditant sans cesse sur son art. À peine âgé de seize ans, il était nommé organiste de l'église de Saint-Joseph, et à dix-sept ans, il faisait exécuter à Saint-Nicolas sa première messe solennelle (en *fa*), bientôt suivie de deux autres messes (en *sol* mineur et en *mi* bémol majeur), et de plusieurs motets, également avec orchestre, œuvres accueillies avec une égale faveur. Devenu, en 1857, maître de chapelle de Saint-Nicolas, il était, peu de temps après, nommé professeur de solfège à l'école communale de musique. Il s'occupa alors de la création d'un orphéon qui, sous sa direction, remporta des prix importants à divers concours. Enfin, vers le même temps, il tenait l'orgue d'allo à la Société philarmonique. En 1860, le célèbre organiste belge Lemmens, ayant eu l'occasion de l'entendre, fut frappé de ses qualités et lui offrit ses conseils; le jeune artiste accepta et devint l'élève favori du maître. Bientôt M. Guilmant se fit remarquer lors de nombreuses séances données dans différentes villes pour l'inauguration de nouvelles orgues. Son talent s'y affirma avec un éclat particulier. Après avoir participé avec plusieurs autres artistes à l'inauguration de l'orgue admirable de Saint-Sulpice, à Paris, le 29 avril 1862, il donnait seul, le 2 mai suivant, une séance particulièrement intéressante sur ce merveilleux instrument. M. Guilmant vint à Paris en 1871, mais sa réputation était déjà solidement établie, comme on voit, et elle ne fit que s'accroître encore par les voyages qu'il eut l'occasion de faire à l'étranger, particulièrement en Angleterre, où son talent est surtout apprécié, pour l'inauguration des orgues de diverses églises. L'une des séances qui lui firent le plus d'honneur, nous le rapport, est celle qui eut lieu à Paris, pour l'inauguration du grand orgue de Notre-Dame, et dans laquelle il fit entendre, avec un grand effet, sa superbe *Marche funèbre*. Chauvet, organiste de la Trinité, étant mort au mois de janvier 1871, d'une maladie de poitrine, M. Guilmant fut appelé à le remplacer, et depuis lors, il a pris place au nombre de nos meilleurs artistes en ce genre. M. Guilmant possède en effet toutes les qualités qui font les grands organistes: à une instruction solide, étendue et variée, à une ardeur de lecture infatigable, à une mémoire toujours exercée et tenue en haleine qui lui permet de retenir les plus grandes œuvres des maîtres immortels de l'art, il joint les connaissances théoriques et pratiques qui forment le musicien consommé; enfin par l'étude constante qu'il a faite des ressources multiples de l'instrument, de l'emploi du mélange de ses divers jeux, il en sait tirer les effets les plus opposés, les plus inattendus et les plus variés. Son talent comme compositeur, n'est pas moins remarquable. Les œuvres de M. Guilmant, dont le succès est toujours considérable en Angleterre, comprennent quatre messes solennelles, des motets à plusieurs voix, des recueils de cantiques, un psaume à quatre voix seules et chœur, avec orgue; un recueil de pièces de différents styles pour orgue, un autre recueil du même ordre : l'*Organiste pratique;* une sonate pour le grand orgue, un grand nombre de morceaux pour harmonium, des duos pour piano et harmonium; enfin quelques morceaux de genre pour le piano et pour la voix, plus un oratorio-symphonie en deux parties : *Geneviève de Paris,* etc., etc.

GUIMET, Émile, industriel, musicien et littérateur français, né à Lyon le 2 juin 1836, est fils de J.-B. Guimet, ingénieur en chef des ponts-et-chaussées, inventeur d'un procédé économique de fabrication du bleu d'outre-mer qu'il exploita lui-même, et qui est mort le 8 avril 1871. Après avoir fait d'excellentes études dans sa ville natale, M. Émile Guimet seconda activement son père, auquel il a fini par succéder dans la direction de sa manufacture, dont les produits ont obtenu de nombreuses récompenses aux expositions, et a été décoré à la suite de celle de Philadelphie, en 1876. Les affaires, cependant, ne l'empêchèrent pas de se livrer à son penchant pour la musique, d'ailleurs irrésistible; il l'étudia au contraire avec passion, travailla le piano, puis se livra à l'étude de l'harmonie successivement avec MM. Joseph Luigini, Debillemont et Richard Lindau. Dès 1859, il publia un recueil de *Dix scènes et mélodies* (Paris, Flaxland), qu'il fit bientôt suivre d'une série de petites pièces pour le piano, intitulées : *Croquis espagnols.* On lui doit en outre la musique d'un ballet en 2 actes et 4 tableaux, représenté au Grand-Théâtre de Lyon, le 26 novembre 1867 : l'*Œuf blanc et l'œuf rouge* et un grand oratorio, ou plutôt une « Orientale symphonique » : le *Feu du ciel,* vaste composition pour soli, chœurs, orchestre et fanfare, écrite sur des vers de Victor Hugo, que l'auteur fit exécuter pour la première fois à Londres, au Saint-James Hall, en juillet 1872, puis à Paris, au théâtre du Châtelet, dans deux concerts donnés par lui en février 1873. La partition du *Feu du ciel* a été très favorablement accueillie par la critique, qui y trouva du talent, de la verve, de la grandeur. M. Guimet a publié aussi quelques chœurs orphéoniques : l'*Hymne à la Musique,* le *Conscrit,* le *Saint-Jean,* les *Faucheurs,* etc. Comme écrivain, M. Émile Guimet a publié la relation d'un *Voyage en Espagne* (1862); des *Croquis égyptiens* (1867); l'*Orient d'Europe au fusain* (1869); *Cinq jours à Dresde,* relation intéressante de la grande fête des chanteurs donnée dans cette ville du 22 au 26 juillet 1865 ; la *Musique populaire; Esquisses scandinaves* (1875); *Aquarelles africaines* (1877); *Promenades japonaises,* illustrées par M. F. Régamey (1878), etc. M. Guimet a beaucoup aidé, par ses efforts personnels autant que par sa fortune, au progrès du mouvement musical et en particulier du mouvement orphéonique à Lyon. Il est membre de l'Académie des sciences, belles-lettres et arts de cette ville, que son père a longtemps présidée, et officier d'académie.

Les ouvrages de M. Guimet sont le fruit de nombreux voyages, notamment en Amérique, en Afrique, en Chine, au Japon, dans l'Inde, dont il a rapporté également des objets d'art et d'ethnographie extrêmement intéressants et assez nombreux pour constituer un musée. Une partie de ces collections a figuré à l'Exposition universelle de 1878. L'ensemble forme, en effet, un musée très important, que M. Guimet, après l'avoir installé et entretenu pendant assez longtemps à Lyon, a offert à la ville de Paris, sous le nom caractéristique de *Musée des religions.*

GUIRAUD, Ernest, compositeur français, né à la Nouvelle-Orléans (États-Unis) le 23 juin 1837, est fils d'un musicien, et offre un curieux exemple, et le seul connu, d'un fils de prix de Rome, prix de Rome à son tour. Élevé dans un milieu essentiellement artiste et doué de précieuses facultés, M. Ernest Guiraud reçut de son père son éducation musicale. Lorsqu'il eut une douzaine d'années, celui-ci l'amena à Paris, non pour ly laisser, mais, à ce qu'il semble, pour lui montrer la terre promise et stimuler son ambition. Après l'avoir présenté à ses anciens camarades et à ses amis et avoir fait choix d'un certain nombre de livrets d'opéras, dans le but de l'exercer à la composition, M. Guiraud repartit avec son fils pour l'Amérique. Parmi ces livrets achetés à Paris, M. Ernest Guiraud, âgé d'environ quinze ans, s'empara de celui du *Roi David,* le premier ouvrage de M. Mermet, qui avait été représenté à l'Opéra en 1846, et le remit en musique. Le nouveau *Roi David* fut joué par la troupe française de la Nouvelle-Orléans et obtint un véritable succès. Peu après ce début M. Ernest Guiraud quittait l'Amérique et venait à Paris pour y compléter son éducation musicale, et s'y préparer l'avenir de ses rêves. Il n'était pas un étranger à Paris, qu'il avait vu, et où il se trouva naturellement en relations avec les amis de son père, des membres de sa famille même, dès son arrivée. Il entra presque aussitôt au Conservatoire dans la classe de piano de M. Marmontel, dont il devint en peu de temps un des meilleurs élèves, obtint un premier accessit en 1855, le second prix en 1857, et le premier en 1858. En même temps il étudiait l'harmonie avec M. Barbereau, qui avait été élève de Reicha avec M. Guiraud père, puis entrait dans la classe de composition d'Halévy. Il fit des progrès d'une rapidité extraordinaire et, dès 1859, à son premier concours à l'Institut, il remportait le grand prix de Rome, qui lui fut décerné à l'unanimité. La cantate de concours avait pour titre : *Bajazet et le joueur de flûte;* l'auteur des paroles était Édouard Monnais, mort en 1868. M. Guiraud quitta en conséquence le modeste emploi de timbalier qu'il tenait à l'orchestre de l'Opéra-Comique et partit pour Rome, d'où il envoya à l'Académie des beaux-arts, la première année une messe solennelle, la seconde année un opera bouffe italien : *Gli Avventurieri,* et la troisième un opéra comique en un acte : *Sylvie.* Par une fortune dont peu de prix de Rome peuvent se vanter, M. Ernest Guiraud était à peine de retour à Paris, que l'Opéra-Comique donnait *Sylvie* (14 mai 1864). Ce petit ouvrage, d'une facture charmante, fut très bien accueilli ; cependant son auteur, qui avait débuté sous d'aussi heureux auspices, attendit cinq ans une nouvelle occasion de se produire. Le 5 mars 1869, enfin, il faisait représenter au Théâtre-Lyrique un nouvel ouvrage en un acte : *En prison* (ajoutons que ce fut même contre le gré du compositeur, mécontent du livret et même de sa partition, que cet acte fut joué). L'année suivante, il donnait à l'Opéra-Comique un troisième ouvrage en un acte : le *Kobold,* qui réussit parfaitement, mais dont les événements arrêtèrent le succès : la première représentation avait lieu le 3 juillet 1870. Quinze jours plus tard, il était question de bien autre chose que d'opéras comiques! Dès nos premiers désastres, M. Ernest Guiraud, dédaigneux de l'exemption de service militaire attachée à sa qualité de prix de Rome, s'engagea dans un régiment de marche. Il prit part notamment aux deux sanglantes batailles de Champigny et de Montretout, et eut le bonheur de s'en tirer sans blessure. Le 28 janvier 1872, M. Guiraud faisait exécuter aux Concerts populaires une *Suite d'orchestre* qui fut très remarquée; le 28 novembre suivant, il donnait au théâtre de l'Athénée : *Madame Turlupin,* opéra comique en deux actes, accueilli par la critique avec une distinction marquée; puis, le 5 mai 1873, à l'Opéra : *Gretna Green,* ballet en un acte. L'année suivante il reparaissait aux Concerts populaires avec une *Ouverture de concert* (mars) et un *Air de ballet* (décembre). Enfin, le 11 avril 1876, M. Guiraud donnait un ouvrage en 3 actes : *Piccolino,* également bien reçu de la critique et du public. Outre les partitions dramatiques précités, cet artiste a publié : *Suite d'orchestre* en 4 parties, partition d'orchestre et arrangement à quatre mains ; *Mignonne,* mélodie ; *Sérénade de Ruy-Blas ; Crépuscule,* mélodie, etc. Il a donné à l'Opéra-Comique, en 1882, *Galante aventure,* op. com. en 3 actes. — M. Guiraud a été nommé professeur d'harmonie et accompagnement au Conservatoire, en remplacement d'Édouard Batiste, en novembre 1876, d'où il est passé depuis à la classe de composition, contre-point et fugue. Il est décoré de la Légion d'honneur.

GUINOT, Charles, homme politique français, entrepreneur de chemins de fer, maire d'Amboise, est né dans cette ville le 17 octobre 1827. Il a reçu une médaille d'or pour services rendus lors de l'inondation de la Loire. Élu représentant d'Indre-et-Loire le 2 juillet 1871, et député de la deuxième circonscription de Tours le 20 février 1876, M. Ch. Guinot a siégé à gauche dans ces deux Assemblées. Il a été réélu à une majorité énorme, le 14 octobre 1877, malgré tous les efforts de l'administration, qui soutenait la candidature monarchiste de M. Houssard fils; et au premier renouvellement partiel du Sénat, le 5 janvier 1879, il était élu sénateur d'Indre-et-Loire, le premier. M. Ch. Guinot siège à la gauche du Sénat et a voté l'expulsion des princes. Il est président du Conseil général d'Indre-et-Loire.

GUIZOT, Maurice Guillaume, littérateur et professeur français, fils de l'homme d'État et historien illustre mort le 14 septembre 1874, est né à Paris le 11 janvier 1833, fit ses études au collège Bourbon, puis suivit les cours de la faculté de droit et fut reçu licencié en 1857. En 1864. M. Guillaume Guizot fut appelé à suppléer M. de Loménie à la chaire de langue et de littérature françaises modernes au Collège de France. Nommé chef de la division des cultes non catholiques, au ministère de l'instruction publique, des cultes et des beaux-arts, après la révolution du 4 septembre 1870, M. G. Guizot fut nommé professeur de langues et de littératures d'origine germanique au Collège de France, en remplacement de Philarète Chasles, en février 1874 Il a été décoré de la Légion d'honneur par décret du 9 décembre 1876. — On a de lui : *Ménandre, étude historique sur la littérature et sur la comédie et la société grecques (1855)*, ouvrage couronné par l'Académie française.

GULL, sir WILLIAM WITHEY. baronet, médecin anglais, fils, dit-on, d'un pauvre batelier, est né dans le comté d'Essex en 1816. Élevé dans une école particulière, il alla ensuite faire ses études médicales à l'hôpital de Guy, à Londres, et se fit recevoir docteur en médecine à l'université de cette ville en 1846. Le docteur Gull a été professeur de physiologie à l'Institution royale de la Grande-Bretagne, de 1847 à 1849, et de 1847 à 1867, médecin et professeur à l'hôpital de Guy, où il est rentré, en 1871, comme médecin de consultation. Il a été élu membre du Collège royal des médecins en 1848. Le 20 janvier 1872, le docteur Gull fut créé baronet, en reconnaissance des soins qu'il avait prodigués au prince de Galles, atteint d'une maladie dangereuse, vers la fin de l'année précédente ; le mois suivant, il était nommé médecin extraordinaire de Sa Majesté. Sir William Gull est président de la Société clinique, membre de la Société royale médico-chirurgicale, du Conseil général médical, docteur honoraire en droit civil de l'université d'Oxford, et membre de la Société royale (1869). — On a de lui : *Gulstonian lectures on paralysis* ; *Report on cholera (1854)*, pour le Collège royal des médecins ; *l'Observation clinique dans ses rapports avec la médecine moderne (1861)* ; son *Harveian Oration*, discours prononcé devant le Collège royal des médecins le 24 juin 1870, et dans lequel il attaque la théorie vitaliste, ce qui lui a valu une réplique du docteur Lionel S. Beale, et divers traités sur *l'Hypocondrie*, sur les *Abcès du cerveau*, etc., etc. — Le docteur Gull a été appelé à donner ses soins à l'ex-empereur Napoléon III, dans sa dern ière maladie ; il y eut moins de succès, on se le rappelle. qu'avec le prince de Galles, car son impérial client mourait le 3 juin 1873. Il ne nous appartient pas de nous étendre sur la polémique entre savants qui suivit cet événement. — Il a résigné, en 1883, ses fonctions de membre du Conseil médical général.

GÜNTHER, ALBERT KARL LUDWIG GOTTHILF, naturaliste allemand, né à Esslingen (Würtemberg) le 3 octobre 1832, fit ses études aux universités de Tübingen, Berlin et Bonn, et prit le grade de docteur en médecine. En 1858, il entrait, comme aide-naturaliste, au département zoologique du Musée britannique, et est devenu conservateur de ce département en 1875. Il est membre de la Société royale de Londres et de plusieurs autres Sociétés savantes allemandes ou anglaises. — On a du docteur Günther, en allemand : *Die Fische des Neckar (1853)* ; *Medicinische zoologie (1858)* ; en anglais : *Catalogue of colubrine snakes of the British Museum (1858)* ; *Catalogue of the batrachia salientia in the collection of the British Museum (1859)* ; *the Reptiles of British India (1864)* ; *Catalogue of fishes (1859-70, 8 volumes)* ; *the Fishes of the south seas (1873-78)* ; *the Gigantic land tortoises, living and extinct (1875)* ; outre de nombreux articles dans les *Philosophical Transactions*, les *Proceedings* de la Société zoologique, etc... Il a fondé à Londres le *Record of zoological literature*, dont il a redigé les six premiers volumes (1864-70), et collabore aux *Annals and Magazine of natural history*, etc.

GUYOT, ARNOLD HENRY, géographe et naturaliste suisse, né à Neufchâtel le 8 septembre 1807, fit ses études au collège de Neufchâtel, aux gymnases de Stuttgart et de Carlsruhe et à l'université de Berlin. A Carlsruhe, il rencontra Agassiz, avec lequel il se lia intimement et qui eut sur son avenir une salutaire influence. Il étudia pendant quatre ans la théologie à Neufchâtel et à Berlin ; cependant ses propres goûts, aussi bien que la société d'Agassiz, de Carl Ritter, de Steffens et de Humboldt, le décidèrent à se consacrer exclusivement à l'étude des sciences naturelles. Ayant pris, en 1835, le grade de docteur en philosophie à l'université de Berlin, il vint à Paris, suivit divers cours scientifiques et fit plusieurs voyages d'étude en France, en Belgique, en Hollande et en Italie, explorant principalement les glaciers. En 1839, il retournait à Neufchâtel, où il fut, jusqu'à 1848, professeur de géographie historique et physique à l'Académie de cette ville. En 1848, à la suite d'un soulèvement politique, l'Académie fut dissoute. Agassiz qui, depuis 1846, avait émigré aux Etats-Unis, occupait alors une chaire à l'université de Cambridge (Massachusetts), et s'y trouvant bien, il engagea vivement son ami à venir le rejoindre. M. Guyot s'embarqua. Il demeura pendant plusieurs années auprès d'Agassiz, à Cambridge. Dès l'hiver de 1848-49, il y ouvrait un cours, en français, sur les rapports de la géographie physique et de l'histoire, qui eut un grand succès et fut traduit en anglais et publié par le professeur Felton, sous le titre de la *Terre et l'homme (The Earth and Man)*. Il fut peu après employé, par le Bureau d'éducation du Massachusetts, pour instruire les élèves professeurs, dans les écoles normales, des meilleures méthodes de l'enseignement de la géographie ; puis, par l'Institution smithsonienne, pour la détermination de la structure physique et de l'élévation du système des monts Alleghanies. En 1855, il fut nommé professeur de géographie physique au collège de New-Jersey, à Princeton. — M. Arnold H. Guyot a publié une série d'ouvrages classiques très estimés sur la géographie, parmi lesquels nous citerons : *Géographie primaire (1846)* ; *Géographie secondaire (1870)* ; *Géographie physique*, avec une collection de cartes murales (1874). Il a fait des cours scientifiques nombreux et très suivis et a laborieusement collaboré à la presse scientifique périodique. M. Guyot a été l'un des principaux rédacteurs de l'*Universal Cyclopædia*, de Johnson (1874-77), dont il a, en fait, partagé la direction avec le président Barnard, du collège Columbia (New-York). Outre les ouvrages cités, on doit à ce savant professeur : *Instructions pour les observations météorologiques (1850)* ; *Tables météorologiques (1852)* ; *Introduction à l'étude de la géographie (1866)* ; *Geographie des écoles secondaires (1874)*, etc. Il s'est appliqué à déterminer l'altitude exacte d'un grand nombre de montagnes américaines et publié des cartes à l'appui de ses travaux, notamment la *Carte des monts Catskill*, en 1879.

GUYOT, ÉMILE, homme politique français, médecin à Saint-Georges-de-Reneins (Rhône), est né à Saint-Dizier, le 13 mars 1830. Elu le 11 mai 1873, avec M. Ranc, représentant du Rhône à l'Assemblée nationale, comme candidat du comité de la rue Grolée, il a été élu député de la première circonscription de Villefranche, le 20 février 1876. M. le docteur Guyot a siégé à l'extrême gauche dans les deux chambres et a été réélu le 14 octobre 1877 et le 21 août 1881. Aux élections sénatoriales pour le renouvellement de la représentation du Rhône, le 8 janvier 1882, M. Emile Guyot a été élu le troisième. Il a voté l'expulsion des princes.

GUYOT, YVES, publiciste et homme politique français, né à Dinan le 6 septembre 1843, fit ses études à Rennes et vint à Paris en 1863, déterminé à se faire aéronaute. Il entra en effet à la rédaction de la petite revue ayant pour titre l'*Aéronaute*, dont il devint secrétaire, fut attaché peu après comme reporter à la *Liberté* dont Émile de Girardin venait de prendre la direction, puis collabora à la *Pensée nouvelle* et au *Courrier français*. Il alla, vers la fin de 1868, fonder à Nimes l'*Indépendant du midi*, et, l'année suivante, les actionnaires de ce journal s'étant ralliés à l'empire libéral, il fondait les *Droits de l'homme* à Montpellier. Revenu à Paris, il fut secrétaire du comité de la rue de la Sourdière pendant la campagne antiplébiscitaire, puis entra au *Rappel*. Au début de la Commune, il fit partie de la Ligue d'union républicaine. Il quitta peu après le *Rappel* pour le *Radical*, d'où il passa au *Bien public*, devenu la propriété de Menier, le fabricant de chocolat, député de Seine-et-Marne, en qualité de rédacteur en chef ; M. Yves Guyot était devenu quelque temps auparavant secrétaire de cet homme politique frais émoulu. Il a fondé depuis les *Droits de l'homme*, à Paris ; et c'est à la direction de ce journal, qui lui valut une condamnation à six mois de prison, entre autres, il devint rédacteur de la *Lanterne*. Elu conseiller municipal de Paris pour le quartier Notre-Dame, en 1874, M. Yves Guyot y fit partie de l'extrême gauche et du groupe autonomiste. Il ne se présenta pas aux élections de 1878, étant pour lors occupé à soigner sa candidature à la députation, à une élection partielle de Bordeaux, où il échoua d'ailleurs. Aux élections générales d'octobre 1885, M. Yves Guyot, porté sur la liste radicale patronnée par M. Clémenceau, fut élu député de la Seine au scrutin du 18. Il a pris place à l'extrême gauche et a voté l'expulsion totale des princes. — On a de M. Yves Guyot : *l'Inventeur*, livre remarquable, surtout pour une œuvre de début (1866) ; les *Lieux communs*, les *Préjugés politiques*, *Etudes sur les doctrines sociales du christianisme*, *l'Histoire des prolétaires*, avec M. Sigismond Lacroix (1873); la *Vérité sur l'empire (1875)*; une remarquable étude sur la *Prostitution (1882)*; la *Famille Pichot, scènes de l'enfer social (1883)*; *Un fou (1884)*; *Un drôle, Lettres sur la politique coloniale (1885)*; *Paris ouvert*, brochure exposant les avantages qui résulteraient de la démolition des fortifications de Paris (1886), etc.

GUYOT-DESSAIGNE, Edmond, homme politique français, né à Brioude le 25 décembre 1833, est le frère de feu Guyot-Montpayroux, ancien député de la Haute-Loire sous l'Empire et sous la République. Il fit son droit à Paris, prit le grade de licencié en 1856 et celui de docteur en droit en 1859, et se fit inscrire u barreau de Paris d'abord, à celui de Clermont-Ferrand ensuite. Entré peu après dans la magistrature, comme substitut du procureur impérial à Clermont, procureur impérial à Issoire, avocat-général près la cour de Riom, puis juge au tribunal de la Seine. Il donna sa démission en 1880 et se retira, avec le titre de juge honoraire, à Cunlhat, chef-lieu de canton du Puy-de-Dôme, qu'il allait représenter au Conseil général l'année même et dont il devenait maire en 1881. Porté sur la liste républicaine du Puy-de-Dôme aux élections d'octobre 1885, M. Guyot-Dessaigne fut élu au scrutin du 18. Il a voté l'expulsion totale des princes. — Il est chevalier de la Légion d'honneur.

GUYOT-LAVALINE, Jean-Baptiste Charles, homme politique français, né à Vic-le-Comte (Puy-de-Dôme) le 15 juillet 1827. Conseiller général depuis 1856, maire de sa ville natale, M. Guyot-Lavaline était destitué en 1865 pour cause d' « opinions subversives » trop ouvertement manifestées. Ses fonctions lui furent rendues après le 4 Septembre, et il devenait vice-président du Conseil général en 1874. M. Guyot-Lavaline fut élu sénateur du Puy-de-Dôme à la faveur d'une élection partielle, le 8 janvier 1879 et réélu le 9 janvier 1882, au renouvellement triennal. Il siège à la gauche républicaine et a voté l'expulsion des princes.

H

HAE

HACHETTE, Jean Georges, libraire français, fils de Louis Hachette, fondateur de l'importante librairie connue sous son nom, mort en 1864. est né à Paris le 8 février 1838; il fit ses études au lycée Louis-le-Grand, suivit les cours de la faculté de droit et prit le grade de licencié en 1861. Associé aux affaires de la librairie deux ans plus tard, M. Georges Hachette eut sous sa direction spéciale les publications scientifiques et géographiques. Il est juge au tribunal de commerce de la Seine. Président du cercle de la librairie et de l'imprimerie en 1878, il fit partie du comité d'installation de la classe de la librairie à l'Exposition universelle. A la suite de l'Exposition internationale de Vienne, en 1873, il avait été nommé chevalier de la Légion d'honneur. — A l'Exposition de 1878, la librairie Hachette, dont il n'y a plus à faire l'histoire, recevait une grande médaille dans la classe librairie et imprimerie, une autre grande médaille dans la classe géographique, une médaille d'or dans la classe enseignement primaire et enfin une autre médaille d'or dans la classe enseignement secondaire. La mention de ces récompenses, venues après tant d'autres, suffit pour l'éloge d'une si maison.

HAECKEL, Ernst Heinrich, naturaliste allemand, né à Potsdam le 18 février 1834, fit ses études aux universités de Berlin et de Würtzbourg, et fut reçu docteur en 1857. Après un voyage en Italie, il se faisait agréger à l'université d'Iéna. Nommé en 1862 professeur extraordinaire d'anatomie comparée à cette université, puis professeur ordinaire de zoologie (chaire nouvelle) en 1865, il se rendait à Londres en 1866, liait connaissance avec l'illustre Charles Darwin, puis visitait Madère, Ténériffe, les Canaries, les côtes du Maroc et l'Espagne, étudiant principalement l'anatomie et les mœurs des animaux inférieurs de ces contrées. Le vice-roi d'Egypte ayant mis un navire à sa disposition en 1873, il en profitait pour aller étudier les récifs de corail de la mer Rouge. M. Haeckel a adopté les théories de Darwin, et cherche à ramener à un organisme primitif rudimentaire toutes les espèces; comme son illustre maitre, il ne manque pas d'adversaires habiles, mais ils ont aussi affaire à forte partie. — On a de ce savant: les *Radiaires*, avec un atlas (1862); *Morphologie générale des organismes (1866, 2 vol.)*; *Histoire naturelle de la création des êtres organisés (1868)*; *Sur le développement des syphonophores (1869)*; *Des monères, Origine et généalogie de l'espèce humaine, la Vie dans les profondeurs de la mer (1870)*; *Monographie des spongiaires calcaires (1872)*; *Anthropogénie (1873)*; le *Corail de l'Arabie (1877)*; le *Règne des protistes*, la *Psychologie cellulaire (1879)*, etc. Les plus importants de ces ouvrages ont été traduits en français et en anglais.

HAENEL DE CRONENTHALL (de), Louise Augusta Marie Julia, marquise d'**Héricourt de Valincourt**, musicienne française d'origine allemande, née en Saxe en 1839. elle n'aborda qu'à dix-sept ans l'étude de la musique, en même temps qu'elle achevait en France ses études littéraires. Successivement élève de Tariot, Franchomme, Camille Stamaty, Eugène Prevost, Demerssemann. elle fit des progrès rapides, et ne tarda pas à se livrer avec ardeur à la composition. On doit à Mᵐᵉ de Haenel de Cronenthall, nom sous lequel elle s'est fait connaitre, une centaine de compositions diverses, dont une grande partie a été publiée, et parmi lesquelles nous citerons: la *Cinquantaine villageoise*, épisode de la vie de campagne, *Salut au printemps*, la *Fantastique, Apollonia*, symphonies; *Bonheur pastoral*, la *Simplicité, Graciosa*, la *Bonne journée, Vieux style*, la *Dramatique, Leontia, Une partie de chasse, Mittweyda, Satisfaction, Heureux jour*, la *Pathétique, Naïveté, Maestosa, Gaieté classique*, l'*Enfance de Beethoven, Georgina*, sonates; *Cremone*, quatuor pour instruments à cordes; *Nocturne, Regrets et souvenirs*, la *Patrie absente, Ne m'oublie pas, Filius dolorosus, Florence*, nocturnes; *Au bord de la mer, Villanelle, Méditation, Fragilité de la vie*, l'*Adieu, Rêve sur l'océan, Crépuscule, l'Horizon*, le *Naufrage du bonheur*, romances sans paroles; le *Retour des moissonneurs*, marche; *Musettes gasconnes*, en forme de rondes; les *Cloches du soir*, fantaisies, la *Pastorale*, bluette; la *Source, impromptu*; *Alla militare*, scherzo capricioso; *Ophelia*, romance dramatique pour piano et violoncelle; *Joyeuse humeur*, rondo; *l'Elégance*, polonaise; *Jonquille*, gavotte; des valses, polkas, mazurkas, varsoviennes, etc., lesquelles, arrangées à grand orchestre. ont fait longtemps partie du répertoire du concert des Champs-Elysées, plus un certain nombre de romances et mélodies vocales. A l'Exposition universelle de 1867, Mᵐᵉ de Haenel, qui est également auteur d'un opéra comique *la Journée d'épreuves*, a transcrit pour l'orchestre du Jardin chinois, quelques airs populaires de l'Empire du Milieu, et a reçu en récompense la grande médaille d'honneur de l'Exposition et celle des commissions impériales française et chinoise. Plusieurs de ces morceaux, transcrits pour le piano, ont été publiés; ce sont : la *Descente de l'hirondelle*, air faisant partie du recueil des chants populaires de Confucius; la *Grande tournante*, danse en l'honneur des sacrifices offerts par l'empereur sur l'Autel Rond; la *Chanson du thé*, composée par l'empereur Khieu-Long: le *Chalumeau de Niou-Va*, pastorale composée par Ta-Joun, musicien de l'empereur Hoang-Ti, en l'honneur de la princesse Niou-Va; la *Danse des plumes*, ballet dont l'objet est d'inviter à la fête des Lanternes de Yang-Cheu les esprits des quatre parties du monde; la *Tasse d'or*, chanson à boire de l'empereur Hoang-Ti et la *Joueuse de flûte de Sou-Tchou-Fou*, couplets et refrain.

HALANZIER-DUFRENOY, Olivier, administrateur français, ancien directeur de l'Opéra, fils d'une comédienne d'un très grand talent qui fut longtemps directrice de théâtres en province, est né à Paris en 1818 et a fait ses études à Fontainebleau. Après la mort de sa mère, M. Halanzier devint à son tour directeur de théâtre; mais contrairement à celle-ci, qui ne s'est jamais occupée que de comédie, il aborda presque immédiatement l'opéra. M. Halanzier a successivement dirigé des théâtres à Strasbourg, Marseille, Bordeaux, Lille, Bruxelles et Lyon. Se trouvant à Paris lors de la démission de M. Emile Perrin, en 1871, il s'offrit pour gérer provisoirement l'Opéra, pour le compte des artistes et fut agréé; ce fut dans le cours de cette gestion qu'il monta l'*Erostrate* de M. Reyer, retiré par l'auteur après la seconde représentation, bien qu'il eût droit à une troisième épreuve. Malgré cet échec, les affaires de l'Opéra arrangées, M. Halanzier en fut nommé le directeur, poste qu'il convoitait depuis longtemps et où il a, du reste, amplement justifié la confiance qu'on lui a montrée. Administrateur d'une grande habileté, il a su, tout en faisant, dans une carrière ardue, une fortune assez considérable, laisser des regrets partout où il a passé et où nul, aussi largement et aussi loyalement que lui, ne tira jamais le meilleur parti possible des subventions accordées à l'art dramatique et lyrique et qu'il sut plus d'une fois faire augmenter. Il quitta la direction de l'Opéra à l'expiration de son traité et y fut remplacé par Vaucorbeil en mai 1879. — M. Halanzier a été décoré de la Légion d'honneur en 1870, c'est-à-dire avant d'être à Paris et a été promu officier le 7 février 1878. On lui doit plusieurs *mémoires* sur sa gestion, adressés à l'Assemblée nationale.

HALE, Edward Everett, théologien et littérateur américain, né à Boston le 3 avril 1822, fit ses études au collège d'Harvard et au séminaire de Cambridge. Nommé pasteur d'une église unitaire de Worcester, il fut rappelé à Boston en la même qualité, en 1856. Rédacteur en chef pendant plusieurs années du *Christian Examiner*, que son père avait fondé, il dirigea ensuite le *Old and New Magasine* avec lequel l'*Examiner* avait fusionne. Il a enfin collaboré laborieusement à plusieurs revues et magazines de Boston, notamment à l'*Atlantic Monthly*, et lu un assez grand nombre de mémoires historiques devant l'*American Antiquarian Society*, qui les a publiés dans son recueil spécial. — On doit en outre à M. Hale: l'édition bostonienne de l'*Histoire d'Angleterre* de Lingard, et parmi ses œuvres originales: le *Rosaire* (1848); *Margaret Percival en Amérique* (1850); *Scènes de l'histoire chrétienne* (même année); *Kansas et Nebraska* (1855); the *Ingham Papers*; l'*Homme sans patrie*; le *Pain quotidien et autres histoires* (1870); *Dix fois un font dix* (même année); *Ça et là*; la *Meilleure direction*; *Sybaris et autres lieux* (1871); les *Ménages d'ouvriers*, *Vacances d'été*, *En son nom* (1874); *Notre nouvelle croisade*, une *Centaine d'années* (1875); les *Amis de Philippe Nolan* (1876); *G. T. T.*, ou les *Aventures merveilleuses d'un « pullmann »* (1877); les *Elèves de M*me* Merriam* (1878); la *Bible et sa révision*, la *Vie en commun et autres sermons* (1879); *Crusoé à New-York*, *Histoires de la guerre* (1880); *Histoires de la mer*, *Excursion d'une famille à travers la France*, l'*Allemagne*, etc. (1881 et *Excursion d'une famille à travers l'Egypte et la Syrie* (1882), ces deux derniers avec la collaboration de Mme Hale; *Histoire d'Espagne* (1886), outre divers recueils de sermons, d'articles, etc.

HALÉVY, Léon, littérateur français d'origine israélite, frère de l'illustre compositeur F. Halévy, mort en 1862, est né à Paris le 14 janvier 1802. Après de brillantes études au lycée Charlemagne, il fit son droit et devint, de 1831 à 1834, professeur adjoint de littérature à l'Ecole polytechnique. Entré au ministère de l'instruction publique en 1837, il y était devenu chef du bureau des Monuments historiques, lorsqu'il finit mis en disponibilité en 1853. M. Léon Halévy débuta dans la carrière littéraire par des traductions d'Horace, en vers, publiées dans l'*Israël français* et par une cantate, *Egée*, dès 1817. Nous citerons parmi ses autres ouvrages les plus nombreux : *Emma ou la nuit de noces* (1820); le *Vieux guerrier au tombeau de Napoléon*, élégie (1821); la *Peste de Barcelone*, poème 1822); les *Cyprès*, élégie (1824); *Bessière et l'Empecinade*, poème (1825); *Opinions littéraires, philosophiques et industrielles*, avec MM. le Dr Bailly, H. Saint-Simon et O. Rodrigue (1825); *Résumé de l'Histoire des Juifs* (1827-28, 2 vol.); *Poésies européennes* (1827); *Saint-Simon*, ode (1831); les *Œuvres lyriques d'Horace* (1834); *Luther*, poème dramatique (1834); *Histoire résumée de la littérature française* (1838, 2 vol.); deux recueils de *Fables* (1843-53), couronnés par l'Académie; la *Grèce tragique*, traduction en vers des principales tragédies grecques (1845-58-61, 3 vol.), couronnée par l'Académie; une traduction en vers de *Macbeth* (1853); *Fr. Halévy, sa vie et ses œuvres* (1862); *Martin Luther*, ou la *Diète de Worms*, autre poème dramatique (1866); la *Mort de Nostradamus*, poème dramatique (1875), etc. — Il a donné au théâtre, outre une quantité de vaudevilles et de livrets d'opérettes en collaboration; le *Duel*, 1 acte au Français (1826); le *Czar Démétrius*, tragédie en cinq actes, même théâtre (1827); l'*Espion*, drame en cinq actes, avec Fontan et Drouineau, à l'Odéon (1828); la *Dilettante d'Avignon*, opéra comique en un acte, musique de Fr. Halévy, au théâtre Feydeau (1829); *Beaumarchais à Madrid*, drame en trois actes, à la Porte-Saint-Martin (1831); *Indiana*, d'après George Sand, drame en cinq actes, avec Fr. Cornu, à la Gaîté (1833) le *Chevreuil*, comédie en trois actes, avec Jaime, aux Variétés (1834); la *Rose jaune*, un acte, au Vaudeville (1839); *Leone Leoni*, drame en trois actes, d'après George Sand, à l'Ambigu (1840); *Un mari S. V. P.*, avec Pitre Chevalier, au Vaudeville (1843); le *Balai d'or*, vaudeville en trois actes, avec Jaime, au même théâtre (1843); un *Fait-Paris*, avec M. Ludovic Halévy, aux Variétés (1859); *Ce que fille veut*, à l'Odéon (1858); *Electre*, tragédie en quatre actes, au même théâtre (1864), etc. — M. Léon Halévy est chevalier de la Légion d'honneur depuis 1846.

HALÉVY, Ludovic, de l'Académie française, auteur dramatique, neveu du célèbre compositeur F. Halévy et fils de M. Léon Halévy, est né à Paris en 1834, fit ses études au lycée Louis-le-Grand et entra dans l'administration, comme rédacteur au secrétariat général du ministère d'Etat, en 1852. En 1858, M. Ludovic Halévy quitta le ministère d'Etat et devint chef de bureau au ministère de l'Algérie et des colonies; il conserva ces nouvelles fonctions jusqu'en 1861, époque à laquelle il devint rédacteur au Corps législatif. Il a, depuis, donné sa démission, pour se consacrer entièrement au théâtre. — On doit surtout à M. Ludovic Halévy, avec quelques actes de début signés « Jules Servières », une quantité de livrets d'opéras comiques et d'opérettes, écrits en collaboration avec MM. Léon Halévy, Léo Battu, Hector Crémieux, mais principalement avec M. Henri Meilhac, et le plus souvent ornés de la musique d'Offenbach, dont quelques-uns ont eu un succès fou. Nous citerons: *Bataclan* (1856); l'*Impresario* (1856); *Rose et Roselle* (1858); le *Mari sans le savoir*, son père, et mis en musique par le duc de Morny (1860); *Orphée aux enfers*, la *Chanson de Fortunio*, le *Pont des soupirs* (1861); les *Brebis de Panurge*, la *Clef de Metella* (1862); les *Moulins à vent*, le *Brésilien* (1863); le *Train de minuit*; *Nemea*, ballet, à l'Opéra (1864); la *Belle Hélène* (1865); le *Singe de Nicolet*, un acte, *Barbe Bleue* (1866); la *Vie parisienne* (même année); la *Grande-Duchesse de Gerolstein* (1867); la *Périchole* (1868); le *Château à Toto*, le *Bouquet*, *Fanny Lear*, comédie en cinq actes (1868); la *Diva*, *Froufrou*, comédie en cinq actes, au Gymnase (1869); les *Brigands*, opéra bouffe en trois actes aux Variétés; les *Méprises de Lambinet*, un acte au même théâtre (1870); *Tricoche et Cacolet*, 5 actes, au Palais-Royal (1871); *Madame attend Monsieur*, un acte; les *Sonnettes*, un acte, aux Variétés; le *Réveillon*, trois actes, au Palais-Royal (1872); *Toto chez Tata*, un acte, au Gymnase; le *Roi Candaule*, un acte, au Palais-Royal; *Pomme d'api*, un acte; l'*Eté de la Saint-Martin*, comédie en un acte, au Théâtre-Français (1873); l'*Ingénue*, un acte, aux Variétés; la *Petite marquise*, 3 actes, aux Variétés; la *Veuve*, 3 actes, au Gymnase; la *Boule*, 3 actes S. l. M.-Carême, un acte, au Palais-Royal (1874); le *Passage de Venus*, un acte; la *Boulangère a des écus*, opéra bouffe en 3 actes, aux Variétés (1875); l'*Homme à la clef*, un acte; *Loulou*, un acte; le *Prince*, 4 actes, au Palais-Royal (1876); la *Cigale*, 3 actes (1877); le *Petit hôtel*, comédie en un acte, au Théâtre-Français; *Samuel Brohl*, comédie en 5 actes, tirée du roman de M. V. Cherbuliez; le *Mari de la débutante*, 4 actes, au Palais-Royal; les *Petites Cardinales*, ibid. (1880), etc. — M. Ludovic Halévy a collaboré en outre à divers journaux, principalement au *Temps* et à la *Vie parisienne*. Il a publié l'*Invasion*, recueil d'articles extraits du premier de ces journaux (1872); *Madame et Monsieur Cardinal*, scènes parues d'abord dans la *Vie parisienne*; puis, dans un genre un peu différent : *Mon oncle Constantin (1882)*; *Criquette (1883)*; *Trois coups de foudre (1886)*, etc. — M. L. Halévy est chevalier de la Légion d'honneur depuis 1864. Il a été élu membre de l'Académie française, en remplacement du comte d'Haussonville, le 4 décembre 1884.

HALLIWELL, JAMES ORCHARD, bibliographe anglais, né à Chelsea (Londres) le 21 juin 1820, fit ses études au collège de Sutton et à l'université de Cambridge. Doué d'un goût très vif pour les recherches bibliographiques, il publiait, dès 1839, son premier ouvrage : une édition des *Œuvres de sir John Mandeville*; et, dès 1841, il commençait la publication de ses travaux sur Shakespeare : *Shakspeariana*, suivi, l'année suivante, de la *Première esquisse des Joyeuses commères de Windsor*. Cette même année 1842 voyait paraître de M. Halliwell : *Histoire primitive de la franc-maçonnerie en Angleterre*, *Torrent de Portugal* et un *Catalogue des manuscrits européens de la Bibliothèque Chatam*, à Manchester. Il publia en 1843 : *Chansons de nourrice d'Angleterre* et une *Vie de Shakespeare*, suivie bientôt d'un *Index descriptif des Archives de Stratford-sur-Avon*, patrie de Shakespeare. Citons encore les *Romances de Thornton (1844)*, un *Dictionnaire des expressions archaïques et provinciales (1844-45, 2 vol.)*; *Lettres des rois d'Angleterre (1846)*; *Chansons populaires et contes de nourrice*, et *Notice descriptive des contes populaires (1849)*; une édition illustrée, avec notes et commentaires, des *Œuvres de Shakespeare*, publiée par souscriptions privées (1852-65, 16 vol., in-f°); *Explication de la New Place*, à Stratford-sur-Avon *(1864)* et un dernier ouvrage sur le grand poète anglais, sous ce titre : *Illustration of the Life of Shakespeare in a discursive series of Essays on a variety of subjects connected with the personal and literary history of the great dramatist (1874-78, 2 parties)*. — M. James O. Halliwell est membre de la Société royale de Londres et de plusieurs autres sociétés littéraires ou savantes.

HAMEL, LOUIS ERNEST, historien et journaliste français, né à Paris le 2 juillet 1826, fit ses études au collège Henri IV, où il eut pour condisciples les princes d'Orléans, et suivit les cours de l'Ecole de droit de 1845 à 1848. Nommé lieutenant de la garde nationale, il combattit l'insurrection de juin, dont les vraies causes lui échappaient. Inscrit au barreau de Paris, il plaida pendant plusieurs années, mais plutôt pour donner satisfaction à sa famille. Il s'occupait en revanche, avec la plus grande ardeur, de travaux littéraires, accumulant poésies, romans, comédies, drames, etc. Nous pouvons citer, par exemple, en fait de théâtre : *Etienne Marcel*, la *Jeunesse de Louis XI*, les *Vanités bourgeoises*, une *Vengeance du duc de Guise*, *Lorenzo*, la *Femme trompée*; cette dernière pièce seule vit la rampe, encore était-elle signée d'un pseudonyme. En 1851, M. Ernest Hamel publiait les *Derniers chants*, recueil de poésies fort mêlées dénotant surtout une grande incertitude d'opinion, le tâtonnement d'un esprit qui se cherche et échappe avec peine aux tendances réactionnaires de la première éducation. Appartenant à une famille imbue de sentiments bonapartistes, ce ne fut qu'au spectacle même du césarisme en action qu'il dut de reconnaître son erreur. Ce phénomène, qui s'accomplissait vers 1853, l'amena à se consacrer d'une manière exclusive aux études historiques, philosophiques et politiques. En 1857, il publiait une brochure contre les titres de noblesse : les *Principes de 1789 et les titres de noblesse*. Aux élections générales de la même année, il se présentait dans la circonscription de Péronne contre le candidat officiel, le docteur Conneau, ami de l'empereur. Il échoua avec 2,500 voix. Dès cette époque, M. Hamel préparait l'histoire du conventionnel *Saint-Just*, qu'il publia en 1859, avec une préface contenant une profession de foi républicaine des plus accentuées. L'ouvrage fut saisi, poursuivi et sommairement brûlé dans les cours du Palais de Justice. L'année suivante, il publiait l'*Histoire de Marie Tudor* (Marie la Sanglante), précédée d'une étude sur la papauté en Angleterre; puis une brochure sur *Victor Hugo*, éloge chaleureux du grand proscrit; vint ensuite l'*Histoire de Robespierre (1862-65, 3 vol.)*. Après la publication du premier volume, les éditeurs, menacés, refusèrent de continuer l'impression; un procès s'ensuivit, et MM. Lacroix et Verboeckhoven furent condamnés à remplir leurs engagements avec l'auteur à leurs risques et périls. En même temps, M. Ernest Hamel collaborait à l'*Opinion nationale*, au *Courrier du dimanche*, au *Siècle*, à la *Presse libre*, à la *Réforme*, au *Réveil (1864-70)*; il faisait, en outre, des conférences à l'Athénée et à la salle du boulevard des Capucines, on lui prit la parole lui fut enfin interdite, à l'occasion de sa conférence annoncée sous le titre d'un *Duel littéraire sous Louis-Philippe*. En 1867, il fit paraître la *Statue de J.-J. Rousseau*. Vinrent ensuite : *Michelet historien (1868)*; *Précis de l'Histoire de la Révolution (1870)*; *Histoire de la République sous le Directoire et le Consulat (1871)*; *Histoire de la deuxième République* et *Histoire du second Empire (1872-1874, 8 vol. illustrés)*; *Histoire des deux conspirations du général Malet (1873)*. — M. Ernest Hamel s'était encore porté candidat de l'opposition démocratique dans la 3° circonscription de la Somme, contre le docteur Conneau, aux élections générales de 1863, et avait obtenu, cette fois, 5,000 suffrages; il se présentait de nouveau dans la Somme le 8 février 1871, et échouait avec toute la liste républicaine. Enfin, en 1876 il échouait, avec 7,470 voix, contre M. Jametel, républicain centre-gauche. Aux élections d'octobre 1885, il figurait sur la liste radicale, qui échoua complètement dans la Somme. Il est membre du Conseil municipal de Paris pour le quartier des Quinze-Vingts (11° arrondissement) depuis janvier 1878. — M. Ernest Hamel a fondé, vers la fin de 1876, avec Louis Blanc, le journal l'*Homme libre*, dont il est devenu le directeur politique en 1877, mais qui dura peu.

HAMILTON, lord GEORGE FRANCIS, homme politique anglais, troisième fils du duc d'Abercorn, est né à Brighton en décembre 1845 et a fait ses études au collège d'Harrow. Nommé enseigne dans la Riffle brigade en 1864, il passa en 1865 en qualité au Coldstream guards en 1868. Aux élections générales de décembre 1868, il fut envoyé à la Chambre des communes par les représentants du comté de Middlesex qu'il y représente encore aujourd'hui, ayant été de nouveau réélu par le même collège en juillet 1886. A la formation du cabinet Disraeli, lord George Hamilton a été nommé sous secrétaire d'Etat parlementaire au ministère de l'Inde; il était nommé vice-président du comité du Conseil d'éducation le 4 avril 1878, et entrait au Conseil privé. Démissionnaire à la chute de son parti, en avril 1880, il faisait de nouveau partie du ministère formé par le marquis de Salisbury (juin 1885-février 1886), et revenait au pouvoir avec le même homme d'Etat, comme premier lord de l'Amirauté, le 2 août 1886.

HAMILTON, GAIL. Voy. Dodge.

HAMLIN, HANNIBAL, homme d'Etat américain, né à Paris, dans le comté d'Oxford (Maine), le 27 août 1809. Reçu avocat en 1833, il exerça sa profession à Hampden, dans le même Etat, jusqu'en 1851. De 1836 à 1840, M. Hamlin a été membre de la législature du Maine et président de la Chambre pendant trois ans. En 1843, il fut nommé membre du Congrès par les démocrates, quoique favorable à l'abolition de l'esclavage. Il fut réélu en 1845 et s'acquit la réputation d'un des plus intelligents et des plus laborieux membres du Congrès. Une élection partielle l'envoya siéger, en 1848, au Sénat des Etats-Unis où le confirmèrent, pour six années, les élections de 1851. Ayant abandonné le parti démocrate en 1856, il fut élu, par les républicains, gouverneur de l'Etat du Maine et résigna son siège au Sénat au mois de janvier 1857, lors de son installation comme gouverneur. Réélu sénateur une troisième fois, par la législature du Maine, il acceptait de nouveau ce mandat et donnait sa démission de gouverneur le 4 mars suivant (1857), les deux fonctions étant incompatibles. En novembre 1860, M. Hamlin fut élu vice-président des Etats-Unis, avec Abraham Lincoln comme président; mais à la deuxième élection de ce dernier (1864), Andrew Johnson fut préféré à M. Hamlin, sans cause sérieuse, puisqu'il jouissait de l'estime et de la sympathie générales et de la confiance de son parti, mais par un de ces incidents de scrutin qu'on ne saurait prévoir. Lors de l'élévation de Johnson à la présidence, après l'assassinat de Lincoln (1865), le nouveau président nomma son ancien compétiteur directeur des douanes du port de Boston, poste qu'il résignait l'année suivante, parce que la politique du président n'était plus la sienne. En 1869, M. Hamlin a été réélu sénateur pour une nouvelle période de six années, en février 1875. En 1881, il était nommé ministre des Etats-Unis en Espagne.

HAMMAN, EDOUARD JEAN CONRAD, peintre belge, né à Ostende le 24 septembre 1819. Elève de l'Ecole des beaux-arts d'Anvers et de N. de Kayser, il débuta aux salons de Bruxelles, et vint se fixer à Paris en 1846. L'année suivante, il exposait au Salon. On a de lui : le *Réveil de Montaigne enfant*; *Préparatifs pour la séré-*

nade, ou *les Etudiants espagnols*; la *Lecture pantagruélique*, ou *Rabelais à la cour*; *Hamlet*; *Charles IX et Ambroise Paré*; la *Visite du doge*; la *Fille du supplicié (1847-53)*; *Christophe Colomb*; le *Compositeur flamand Adrien Villaert à Venise (1855)*; l'*Etude du blason*, le *Commencement et la fin (1857)*; *Stradivarius*, *André Vesale professeur à Padoue*. *Dante à Ravenne (1859)*; les *Contes de Marguerite d'Angoulême*; *Premier épisode de la Journée des dupes, 11 novembre 1630*; les *Adieux (1861)*; *Enfance de François Ier*, *Enfance de Charles-Quint*, *Marie Stuart quittant la France (1863)*; les *Femmes de Sienne travaillant aux retranchements de la ville assiégée par Charles Quint*, la *Galerie du Titien (1864)*; *Evviva la sposa! (1865)*; *Bluette*, la *Dernière entrevue (1866)*; la *Fête du Bucentaure à Venise*, l'*Éducation de Charles-Quint (1867)*; l'*Oratoire*, la *Tentation (1868)*; l'*Enfant trouvé*, l'*Atelier de Stradivarius (1869)*; *Famille protestante fugitive après la révocation de l'édit de Nantes (1870)*; les *Secrets de Madame*, le *Secret de la soubrette (1873)*; le *Roman*, la *Leçon d'aquarelle (1877)*; *Haendel (1878. Exp. un.)*; les *Souvenirs du père*; l'*Attente*, aquarelle (1878); les *Brisants*, côtes de Normandie (1884); un *Portrait au fusain* (1886). M. Hamman a exécuté en outre beaucoup de travaux pour le gouvernement belge, et fourni des dessins à plusieurs publications françaises et belges illustrées. Il a obtenu une médaille de 3e classe en 1853 et en 1855, une de 2e classe en 1859, le rappel en 1863, et la croix de la Légion d'honneur en 1864. Il est également décoré de l'ordre de Léopold de Belgique.

HAMMOND, William Alexander, médecin américain, né à Annapolis (Maryland) le 28 août 1828, fit ses études à l'université de New York et y reçut docteur en médecine en 1848. En 1849, il entrait dans le service médical de l'armée des Etats-Unis en qualité d'aide-chirurgien ; devenu chirurgien, avec assimilation au rang de capitaine, en 1860, il se retira, fut nommé à la chaire d'anatomie et de physiologie de l'université de Maryland, à Baltimore, et se fit dans cette ville une clientèle riche et étendue, comme praticien. Pendant ses jeunes années de service militaire, le Dr Hammond avait pu visiter et étudier avec soin le service médical des armées et des hôpitaux militaires des principaux Etats européens; aussi, lorsqu'au début de la guerre civile, il abandonnait sa position sans marchander, pour entrer dans l'armée de l'Union comme simple aide-chirurgien, ses rares capacités d'organisateur furent-elles promptement remarquées. La réorganisation du Bureau médical, en avril 1862, lui en ayant offert l'occasion, la Commission de santé des Etats-Unis le proposa pour le poste de chirurgien général de l'armée, et il y fut nommé en effet. Mais, en dépit de son activité infatigable, des merveilles de transformation qu'il sut accomplir dans le service médical, le jeune chirurgien général devait échouer contre l'hostilité systématique des anciens qui ne pouvaient lui pardonner de leur avoir passé sur le dos et d'être devenu leur supérieur. Épié constamment, il fut à la fin dûment constaté que si les malades et les blessés n'avaient jamais été si bien et si efficacement soignés que sous sa direction, du moins le chirurgien général n'était pas homme à pousser jusqu'à leurs extrêmes limites les minuties d'une comptabilité assez compliquée et, en s'y prenant mieux, on découvrit enfin quelques irrégularités dans divers marchés passés avec les fournisseurs des ambulances, hôpitaux, etc. Dénoncé, il fut contraint à donner sa démission en 1864, et quitta l'armée. Mais en 1878, le président et le Congrès réformèrent la sentence prononcée contre lui, il fut réintégré dans son grade et placé dans le cadre de réserve. — Le Dr Hammond, aussitôt qu'il eut quitté l'armée, avait été nommé professeur à l'hôpital Bellevue, au Collège de médecine de New-York et médecin en chef de l'hôpital de l'Etat de New-York pour les maladies du système nerveux, double position qu'il a jusqu'ici conservée. Rédacteur en chef du *Journal de médecine psychologique*, le Dr Hammond a en outre publié : *Hygiène militaire et Mémoires de physiologie (1863)*; *Maladies vénériennes (1864)*; le *Sommeil et ses accidents nerveux* (Sleep, *its nervous derangements*, 1869); *Physique et physiologie du spiritisme*; *Étude médico-légale sur le cas de Daniel Mac Farland (1870)*; *Traité des maladies du système nerveux (1871)*; l'*Aliénation mentale dans ses rapports avec le crime* (Insanity in its relations to crime, 1873); *Sur le travail mental et les désordres causés par l'émotion*; *Hyperémie cérébrale (1878)*; le *Jeûne mental (1879)*, etc.

HAMPTON, Wade, général américain confédéré, né à Columbia (Caroline-du-Sud) en 1818. Son père, mort en 1835, était probablement le plus riche planteur des Etats-Unis ; il était propriétaire de 3.000 esclaves. Le fils, qui fait l'objet de la présente notice, fit ses études à l'université de la Caroline-du-Sud, y compris son droit, et fut élu presque aussitôt après membre de la législature de l'Etat. Au début de la guerre de Sécession, il prit du service dans l'armée confédérée à la tête d'un régiment de cavalerie qu'il avait levé, monté et équipé et qu'il commandait à la bataille de Bull Run. Il fut, à la suite de cette affaire, qui se termina par la victoire des Confédérés, promu général de brigade, servit en cette qualité pendant la campagne de la Péninsule (1862) et fut blessé à Gettysburg, le 2 juillet 1864. En 1864, il fut fait lieutenant-général et commanda un corps de cavalerie en Virginie ; il fut ensuite envoyé dans la Caroline-du-Sud, au commencement de 1865, pour prendre le commandement de l'arrière-garde de l'armée confédérée, qui fut défaite par le général Sherman. D'énormes quantités de coton étaient en réserve à Columbia ; à l'approche des forces de l'Union, on l'empila sur une place ouverte, le feu y prit et une grande partie de la ville devint la proie des flammes, qu'il fut impossible de circonscrire. Qui mit le feu à cette agglomération de coton ? Il semble que ce doive être par l'autorité confédérée, ou tout au moins par son ordre, qu'il fut mis. D'ailleurs, c'est sous cet aspect que l'événement fut présenté, principalement de ce côté de l'Atlantique. Cependant, les généraux Hampton et Sherman s'en accusèrent réciproquement avec une grande véhémence et une bonne foi égale ; et on ne doute guère plus, en effet, que la conflagration n'a été purement accidentelle. S'il reste aux Etats-Unis des doutes sur ce point, nous devons à la vérité de dire que c'est justement le général confédéré qui en profite. Elu gouverneur de la Caroline-du-Sud en 1876 et 1878, le général Wade Hampton a été élu sénateur des Etats-Unis en 1880 et réélu en 1885.

HANOTEAU, Hector, peintre français, né à Decize (Nièvre) le 25 mai 1823. Il s'était déjà livré à la peinture de genre, lorsqu'il se décida pour le paysage et entra dans l'atelier de M. J. F. Gigoux ; il débuta au Salon de 1847. — On doit à cet artiste : *Sur l'herbe et Vue prise dans la forêt de Compiègne (1847)*; quatre paysages : *Soleil couchant, Pêche, Chasse, Étude (1848)*; *Etude d'après nature au Jean-de-Paris, dans la forêt de Fontainebleau (1849)*; le *Bon samaritain* ; *Troncs de bouleau*, *étude d'après nature*; les *Bords de l'Yonne*, une *Cabane*, *Gibier*, *Fruits (1850)*; *Rendez-vous de chasse*, *Souvenir du Moreau*, la *Cave (1852)*. A cette époque, M. Hanoteau fit un voyage en Algérie, d'où il rapporta quelques sujets de tableaux, mais il tint de préférence aux paysages français. Il reparut à l'Exposition universelle de 1855, avec un *Campement arabe sous les murs d'El-Aghouat* ; et a exposé depuis : un *Etang dans le Nivernais*, l'*Etang de Charancy*, la *Vigneron (1857)*; une *Matinée sur les bords de la Canne*, le *Picotin (1858)*; le *Gué de Charancy*, la *Canne au Chaillou*, une *Prairie sur les bords de la Laudarge (1859)*; les *Environs de Saint-Pierre-le-Moustier*, une *Matinée de pêche*, un *Ruisseau à Charancy (1861)*; la *Nourrice du pauvre*, *Chevaux libres dans les bois du Nivernais (1855)*; la *Hutte abandonnée*, le *Paradis des oies (1864)*; un *Coin de parc dans le Nivernais (1865)*; *Après la pêche*, le *Soir à la ferme (1866)*; un *Lièvre aux écoutes*, les *Heureux de l'ouverture (1867)*; le *Garde manger des renardeaux (1868)*; la *Passée du grand gibier*, les *Roseaux (1869)*; l'*Appel*, la *Mare (1870)*; une *Chaumière (1872)*; *Chèvrefeuille (1873)*; la *Loge du bûcheron*, le *Poirier de Messire-Jean*, le *Bois coupé (1874)*; les *Grenouilles (1875)*; l'*Eau qui vit*, les *Biquets (1876)*; le *Moulin*, le *Chef de l'âtre (1877)*; *Portrait du général Hanoteau*, la *Tournée du meunier (1878)*; une *Victime du réveillon (1879)*; la *Haie mitoyenne (1883)*; *Septembre, Avril (1884)*; les *Pics du bocage*, l'*Homme vite (1885)*; les *Nénufars*, le *Bois des nids (1886)*, etc., et de nombreux portraits. — La plupart des sujets traités par M. Hector Hanoteau ont été popularisés par la gravure et la lithographie. Médaillé aux Salons de 1864, 1868 et 1869, sans parler de plusieurs récompenses obtenues dans les expositions de province, cet artiste a été décoré de la Légion d'honneur en 1870.

HARCOURT, sir William George Granville Venables Vernon, jurisconsulte et homme politique anglais, né le 14 octobre 1827, fit ses études au collège de la Trinité, à Cambridge, et fut reçu avocat à l'Inner Temple en 1854. Il exerça dans le ressort judiciaire de l'intérieur et dirigea, entre autres, la défense du colonel Crawley devant la cour martiale d'Aldershot, en décembre 1863. M. Harcourt fut nommé avocat de la reine en 1866 et élu professeur de droit international à l'université de Cambridge le 2 mars 1869. Élu membre de la Chambre des communes, comme représentant libéral de la cité d'Oxford en 1868, M. Harcourt a cessé de représenter ce collège en 1880, époque à laquelle, après avoir échoué à Oxford, il était élu par Derby. Il a fait partie des commissions royales relatives à l'amendement des lois de neutralité et des lois de naturalisation. Nommé solicitor-général en novembre 1873, il fut créé chevalier à cette occasion. Au mois de février suivant, la retraite du cabinet Gladstone le forçait à résigner ses fonctions. Au retour des libéraux au pouvoir, sir W. Harcourt fut nommé secrétaire d'État au département de l'intérieur (mai 1880). Il fit également partie des divers cabinets libéraux qui se sont succédé depuis, avec M. Gladstone pour premier ministre, et du dernier (février à août 1886) comme chancelier de l'Échiquier. — Sir W. Harcourt a été l'un des rédacteurs d'origine de la *Saturday Review* et a écrit plusieurs brochures politiques. Il a aussi publié au *Times*, sous le pseudonyme de *Historicus*, des lettres sur le droit international qui ont été fort remarquées, et ont été depuis réunies en volume. La ville de Glasgow lui a décerné le droit de bourgeoisie en octobre 1881.

HARCOURT (comte d') PIERRE LOUIS BERNARD, officier français, ancien représentant, né à Paris le 10 août 1842. Sorti de Saint-Cyr en 1864, il entra au 1er régiment de chasseurs d'Afrique comme sous-lieutenant ; il prit part à plusieurs expéditions en Algérie ; il assistait notamment à la campagne du Maroc, au commencement de 1870. Appelé en France avec les troupes algériennes au début de la guerre avec la Prusse, il devint officier d'ordonnance du maréchal Mac-Mahon, et assista en cette qualité aux batailles de Wissembourg, de Reichshoffen et de Sedan, et fut fait prisonnier. De retour après l'armistice, il reprit son poste d'officier d'ordonnance du duc de Magenta et prit part avec lui à la campagne contre la Commune de Paris. Il était promu lieutenant au mois de juillet 1871. — Élu, aux élections complémentaires du 2 juillet, représentant du Loiret, où se trouve le château de la Forêt, propriété personnelle de Mme la duchesse de Magenta, sa parente, M. Bernard d'Harcourt siégea au centre droit. Il a été rapporteur de la loi relative à l'option des Alsaciens-Lorrains. Resté attaché à la personne du maréchal-président, M. le comte d'Harcourt a été vivement attaqué par la presse républicaine à propos de son attitude ouvertement sympathique aux membres les plus compromis de l'ex-gouvernement de combat, malgré la réserve que devaient lui imposer ses fonctions quasi-officielles. Aux élections du 20 février 1876, il se présenta dans l'arrondissement de Pithiviers, comme candidat constitutionnel ; mais ce fut le candidat bonapartiste M. Brierre, maire de Pithiviers (destitué peu après l'élection), qui fut élu. Le même fait se reproduisit le 17 octobre 1877. — M. le comte Bernard d'Harcourt est chevalier de la Légion d'honneur du 2 juin 1871.

HARDY, L. PHILIPPE ALFRED, médecin français, né le 30 novembre 1811 à Paris, où il fit toutes ses études, et fut reçu docteur en médecine en 1830. Ancien interne, puis chef de clinique à la Charité, fut attaché au bureau central de 1841 à 1845, nommé médecin de l'hôpital de Lourcine en 1846 et de l'hôpital Saint-Louis en 1851. Reçu la même année au concours d'agrégation, il a été nommé professeur à la faculté de médecine de Paris en 1867, et élu membre de l'Académie de médecine. — On doit au docteur A. Hardy : *Leçons sur les maladies de la peau*, professées à l'hôpital Saint-Louis et recueillies par deux de ses élèves (1858-59, 2 vol.) ; *Sur un moyen nouveau pour reconnaître la pureté du chloroforme ; De la diffusion moléculaire et de la dyalise dans leurs rapports avec la physiologie ; Leçons sur les affections cutanées dartreuses (1862) ; Leçons sur la scrofule et scrofulides, Des effets toxiques de la digitaline (1864) ; Clinique photographique de l'hôpital Saint-Louis (1867 et suiv.)*, etc. Nous devons citer à part son *Traité élémentaire de pathologie interne*, écrit en collaboration avec M. Béhier (2e édition, 1858-64-72-79, 4 vol.). Le docteur Hardy a collaboré à plusieurs publications spéciales notamment au *Nouveau Dictionnaire de médecine et de chirurgie pratiques*. — Il est officier de la Légion d'honneur depuis le 7 août 1870.

HARDY, LÉOPOLD AMÉDÉE, architecte français, né à Paris en 1834. M. Hardy est architecte diocésain du département de Meurthe-et-Moselle, et à ce titre on lui doit d'importants travaux d'architecture, notamment la restauration de nombreuses églises de ce département ; mais il est surtout connu comme l'architecte du palais du Champ-de-Mars, de l'Exposition universelle de 1878. En 1867, il avait eu déjà une très grande part à la construction du palais de l'Exposition élevé sur le même lieu ; il concourut de nouveau en 1878, et son projet ayant été couronné par le jury, il fut chargé de l'exécution. Nommé chevalier de la Légion d'honneur en 1867, M. Hardy était promu officier le 1er mai 1878, jour de l'ouverture de l'Exposition. Après l'Exposition, il reprenait son poste à Nancy.

HARDY, GATHORNE, homme d'État anglais. — Voy. **Cranbrook** (vicomte).

HARGRAVES, EDMOND HAMMOND, voyageur anglais célèbre par la découverte des mines d'or de l'Australie, est né à Gosport en 1815. Embarqué comme mousse à quatorze ans, après une navigation de plusieurs années il s'établissait en Australie, ayant à peine dix-huit ans. En 1849, il suivait le mouvement qui entraînait les aventuriers des deux mondes vers la Californie, n'ayant sans doute pas fait fortune encore. Tout en travaillant aux mines, M. Hargraves remarquait que la formation géologique des terrains dans lesquels on trouvait l'or, en Californie, ressemblait étonnamment à celle de certains terrains australiens bien connus de lui. A son retour, en 1851, il chercha à s'assurer si, dans ces derniers terrains, l'or ne se trouverait pas également : il ignorait, tout naturellement, qu'il en avait été trouvé accidentellement bien avant cette époque et ne comptait guère sur le succès. Ce fut à Bathurst, dans la Nouvelle-Galles du Sud, dont la colonie de Victoria faisait alors partie, que l'ancien mineur californien fit sa première découverte, en avril ; quatre mois plus tard, il découvrait à Ballarat un gisement d'une grande richesse évidente, propre à être mis immédiatement en exploitation. Il fit part de cette découverte au secrétariat colonial ; il organisa une compagnie de mineurs, les dirigea sur Ballarat et se mit, en vertu de sa mission officielle, à la recherche des gisements aurifères que pouvait receler la contrée. Sa mission terminée, M. Edmond Hargraves donna sa démission. Il reçut une pension de 250,000 francs que lui vota par reconnaissance le Conseil législatif de la Nouvelle-Galles du Sud, ainsi que d'autres riches présents, soit des autres colonies australiennes, soit d'associations particulières, enrichies par sa découverte, et retourna en Angleterre en 1854. L'année suivante, il publiait à Londres, sous ce titre : *Australia and its goldfields*, une intéressante relation de ses découvertes.

HARISPE, JEAN CHARLES, homme politique français, né à Saint-Étienne-de-Baigorry le 17 juillet 1817. Parti très jeune pour l'île de Cuba, il s'y livra longtemps au commerce et revint dans son pays avec une belle fortune. Il était conseiller général des Basses-Pyrénées, lorsqu'il se présenta dans l'arrondissement de Mauléon, aux élections générales du 20 février 1876, comme candidat réactionnaire ; il fut élu et prit place dans le groupe de l'Appel au peuple. Réélu le 14 octobre 1877, il échouait aux élections d'août 1881 contre le candidat républicain. Mais le 4 octobre 1885, il a été élu député des Basses-Pyrénées, en tête de la liste monarchiste triomphante.

HARPIGNIES, HENRI JOSEPH, peintre français, élève de J. Achard, est né à Valenciennes en 1829. Il débuta au salon de 1853. — On cite de cet artiste : *Chemin creux près de Valenciennes (1853) ; Vue de Capri (1855) ; les Chercheurs d'écrevisses (1857) ; un Orage (1859) ; Lisière de bois, le Soir sur les bords de la Loire (1861) ; les Corbeaux (1863) ; la Promenade (1864) ; Rome vue du mont Palatin (1865) ; le Soir, le Vésuve (1866) ; Solitude, Prairie (1867) ; Souvenir de la Meurthe (1868) ; la Rivière, le Chemin des roches (1869) ; la Vallée d'Égérie*, panneau décoratif pour l'Opéra (1870) ; *Ruines du château d'Hérisson (1872) ; le Saut du loup (1873) ; l'Aumance, un Public bienveillant (1874) ; Chênes de Château-Renard, la Vallée de l'Aumance (1875) ; Prairie du Bourbonnais (1876) ; le Village de Chastelay (1877)* ; divers paysages déjà cités à l'Exposition universelle de 1878. Il a encore exposé depuis : les *Bois de la Trémellerie à Saint-Privé*, et une *Après-midi à Saint-Privé*, département de l'Yonne (1883) ; le *Loing, vue prise dans le bois de la Trémellerie* et un *Lever de lune vue d'étang de Grande-Rue*, dans l'Yonne (1884) ; la *Loire à Briare*, la *Ferme de la Cour-Chaillot* (1885) ; *Saules et aulnes, souvenir de Saint-Privé ; De Saint-Privé à Bléneau (1886)*. — M. Harpignies a obtenu des médailles aux salons de 1866, 1868 et 1869 et une médaille de 2e classe à l'Exposition universelle de 1878 ; décoré de la Légion d'honneur en 1875, il a été promu officier en 1883.

HARRISON, FREDERICK, jurisconsulte et philosophe positiviste anglais, né à Londres, le 18 octobre 1831, fit ses études au Collège du roi, à Londres, et à l'université d'Oxford, où il prit le grade de maître ès-arts en 1857, et se fit admettre au barreau, à Lincoln's Inn, en 1859. Après avoir pratiqué quelque temps comme *conveyancer* (avocat rédacteur de contrats) et comme avocat plaidant en Chancellerie, M. Harrison devint membre de la Commission royale des associations ouvrières (1867-69), secrétaire de la Commission du Digeste (1869-70) et fut nommé en 1873, par le Conseil d'éducation légale, examinateur en droit civil, jurisprudence et droit international. Il s'est beaucoup occupé des questions ouvrières, et a étudié avec soin les sociétés coopératives, industrielles et d'éducation, principalement dans les comtés populeux d'York et de Lancastre; a été l'un des fondateurs du Collège des ouvriers et du Collège des ouvrières, ainsi que de l'École positiviste, en 1870, et de la Newton Hall, en 1881. — M. F. Harrison a écrit un certain nombre d'articles dans la *Westminster Review* de 1860 à 1863 et dans la *Fortnightly Review* de 1863 à 1874; il est un des collaborateurs du *Nineteenth Century*, de la *Contemporary Review* et du *Times*. Il a publié à part : le *But de l'histoire (1862)*; la *Politique internationale (1866)*, en collaboration; *Questions relatives à la réforme du parlement (1867)*; la *Loi martiale* (même année), publié par le comité de la Jamaïque formé pour la défense du gouverneur Eyre (voyez ce nom); *Ordre et progrès (1875)* et une traduction anglaise de la *Statique sociale (1876)* formant le 2ᵉ volume de l'édition anglaise de la *Politique positiviste*, d'Auguste Comte, dont M. Frédéric Harrison est un disciple fervent et éclairé. Le 13 juin 1886 (25 Saint-Paul du calendrier positiviste), il venait à Paris, à la tête de près de deux cents positivistes anglais, faire une sorte de pèlerinage à l'ancien appartement d'Auguste Comte, situé 10, rue Monsieur le Prince, et à divers autres lieux consacrés, pèlerinage auxquels se joignirent les positivistes parisiens, ayant M. P. Laffitte à leur tête, et qui se terminai par un banquet.

HARTE, Francis Bret, poète et littérateur américain, né à Albany (New-York) le 25 août 1839. Parti en Californie en 1854, il y fut successivement mineur, maître d'école, messager, imprimeur et finalement journaliste. Nommé, en 1864, secrétaire de la succursale de la Monnaie des États-Unis, à San-Francisco, poste qu'il conserva jusqu'en 1870, il collabora activement dès cette époque à la presse périodique californienne, à laquelle il fournit des poésies, des esquisses et des nouvelles, et, à la fondation de l'*Overland Monthly*; en 1868. Il devint rédacteur en chef de ce recueil. En 1869, M. Bret Harte publiait un poème humoristique intitulé *the Heathen Chinee*, qui eut un très grand succès et eut plusieurs éditions consécutives. Vers la même époque, il était nommé professeur de littérature moderne à l'université de Californie. En 1871, il retourna dans l'Est et fixa sa résidence d'abord à New-York et ensuite à Boston. Ses ouvrages qui, pour la plupart, ont préalablement paru dans quelque recueil périodique, lui ont fait une réputation devenue européenne maintenant que celle du titre de *Récits californiens (1873)*, et de *Nouveaux récits californiens (1876)*, Mᵐᵉ Th. Bentzon a traduit en français un choix de ses plus aimables nouvelles. — Nous citerons de M. Bret Harte : *Condensed Novels (1867*, nouv. édit. augmentée, 1871); *Poems (1870)*; *Luck of Roaring Camp, and other sketches (1870)*; *East and West Poems (1871)*; *Poetical Works*, illustrés (1871); *Mrs Skagg's Husbands* (les Époux de madame Skagg, 1872); *Poèmes choisis, Echoes of the Foot Hills (1874)*; *Tales of the Argonauts, Daniel Conroy*, roman (1875), transporté à la scène et joué à New-York en 1876; *Two men of Sandy Bar*, drame extrait également d'un roman portant le même titre, joué pour la première fois le 27 juillet 1876 à l'Union Square Theatre; *Thanksul Blossom (1877)*; *Story of a mine, Drift from two shores (1878)*; *The Twins of Table Mountain, and other stories*, recueil de nouvelles (1879); *In the Carquines Woods (1883)*; *The Queen of the Pirate isle*, conte de Noël illustré par miss Kate Greenaway (1886), etc.

HARTINGTON (marquis de), Spencer Compton Cavendish, homme d'État anglais, fils aîné de William, 7ᵉ duc de Devonshire et de Lady Blanche Georgina Howard, quatrième fille de George, 6ᵉ comte de Carlisle, est né le 23 juillet 1833 et a fait ses études au collège de la Trinité, à Cambridge, où il prit le grade de bachelier ès arts en 1854 et fut fait docteur en lois en 1862. Il fut attaché à la mission spéciale du comte Granville en Russie, en 1856 et, en mars 1857, il était élu membre du parlement, comme candidat libéral, pour le district nord du comté de Lancastre. A l'ouverture du nouveau parlement, en 1859, il provoqua contre le gouvernement de lord Derby un vote de défiance qui réunit 323 voix contre 310. Nommé lord de l'Amirauté en mars 1863, il était nommé sous-secrétaire d'État au ministère de la guerre le mois suivant. Dans la reconstitution de la seconde administration de lord Russell, en février 1866, le marquis de Hartington fut secrétaire d'État au département de la guerre, et se retira avec ses collègues au mois de juillet de la même année. Aux élections générales de décembre 1868, lord Hartington perdit son siège dans le North-Lancashire, mais il fut aussitôt réélu par le bourg de Radnor et nommé directeur général des Postes dans le cabinet de M. Gladstone. Il conserva le poste jusqu'en janvier 1871, époque à laquelle il remplaça M. Chichester Fortescue comme secrétaire en chef pour l'Irlande. Il quitta enfin le pouvoir, avec ses collègues, à la suite des élections générales de février 1874, qui mettaient les libéraux en minorité. — Lorsque, un peu avant l'ouverture de la session de 1875, M. Gladstone annonça sa résolution d'abandonner le poste de chef du parti libéral, il y eut réunion des membres de l'opposition au Reform Club (3 février), sous la présidence de M. John Bright. Sur la proposition de M. Villiers, appuyée par M. Samuel Morley, la réunion résolut d'inviter lord Hartington à prendre la succession de M. Gladstone, c'est-à-dire le poste de chef de l'opposition libérale à la Chambre des Communes. Cette résolution lui ayant été notifiée, le marquis de Hartington, après réflexion, accepta ce poste honorable. Il ne devait pas le conserver longtemps. Les élections d'avril 1880, auxquelles il fut réélu dans le Nort-East Lancashire, ayant ramené la majorité aux libéraux, la reine voulut lui confier la mission de former le nouveau cabinet, qui devait succéder au cabinet tory, démissionnaire; mais il déclina cette mission, et le comte Granville en ayant fait autant, le « Grand Vieillard » dut reparaître en scène. Dans le ministère formé en conséquence par M. Gladstone (mai), le marquis de Hartington reprit le portefeuille de la guerre. Des dissentiments, survenus principalement au sujet de la question irlandaise, ont séparé depuis le marquis de Hartington de M. Gladstone, sur lesquels nous n'insisterons pas ici, l'ayant déjà fait assez compendieusement dans la notice consacrée à cet éminent homme d'État, notice à laquelle nous renvoyons le lecteur. — Aux élections de juillet 1886, lord Hartington a été réélu à Rosendale, comme *unioniste* (un nouveau vocable de la langue politique anglaise) avec une énorme majorité. Il avait été élu lord recteur de l'université d'Édimbourg en 1879.

HATIN, Louis Eugène, littérateur et bibliographe français, né à Auxerre le 8 septembre 1809. Il fit ses études au collège de sa ville natale et vint ensuite à Paris où, en remplissant les fonctions absorbantes de correcteur d'épreuves typographiques, il se livrait à divers travaux anonymes de librairie. Il a collaboré en outre au *Dictionnaire des dates*, à l'*Histoire des villes de France*, au *Complément de l'Encyclopédie du XIXᵉ siècle*, etc., et publié les ouvrages suivants : *Histoire pittoresque de l'Algérie (1840)*; la *Loire et ses bords (1843)*; *Histoire pittoresque des voyages dans les cinq parties du Monde (1843-47*, 5 vol. in-8°, grav. et cartes); *Histoire du journal en France (1846)*, nouvelle édition, considérablement augmentée (1853) ; *Histoire politique et littéraire de la presse en France (1859-61*, 8 vol.) ; les *Gazettes de Hollande et la presse clandestine aux XVIIᵉ et XVIIIᵉ siècles (1865)* ; *Bibliographie historique et critique de la presse périodique française (1866)*; la *Presse périodique dans les deux Mondes, essai historique sur les origines du Journal (1866)*; *Manuel théorique et pratique de la liberté de la presse (1868*, 2 vol.), etc. — M. Eugène Hatin est chevalier de la Légion d'honneur depuis 1867.

HATTON, Joseph, journaliste et littérateur anglais, né à Andover en 1837, est fils d'un éditeur de province, propriétaire d'un journal, le *Derbyshire Times*, où il commença de très bonne heure la carrière de journaliste. Après avoir collaboré à diverses feuilles, il devint à son tour propriétaire du *Berrow's Worcester Journal*. En 1861, il publia un petit volume composé d'articles et de nouvelles extraites du *Bristol Mirror*, journal qu'il avait dirigé pendant plusieurs années; il fut attaché à la direction des magazines *London Society* et *Belgravia* et collabora au *Graphic*. Il a publié : *Douceurs amères*, une *Histoire d'amour (1865*, 3 vol.) ; *Contre le courant (1866)* ; les *Tallants of Barton (1867)*. En 1868, il devint rédacteur en chef du *Gentleman's Magazine*, dont il fit, d'un grave et érudit archéologue, un recueil de littérature pure et souvent même légère, où il publia notamment : *the Memorial window* et un roman intitulé *Christopher Kenrick*. Il abandonna le fauteuil directorial après six ans d'exercice et reçut de ses principaux collaborateurs, à l'occasion de sa retraite, un service d'argenterie accompagné d'une adresse de compliments et de regrets. Il fonda alors le *School-Board Chronicle* et peu après, l'*Illustrated Middland News*. le premier journal illustré paru en province. — Les plus récents ouvrages publiés par M. Joseph Hatton sont : *Pippins and cheese* (Pommes de reinette et fromage); *Kites and Pigeons* (Milans et pigeons); *With a Show in the North: Reminiscences of Mark Lemon (1874)*; *The Valley of Poppies* (la Vallée des Pavots, 1864, 2 vol.); *In the Lap of Fortune* (Dans le giron de la Fortune, 1872, 3 vol.); *Clytie (1874*, 3 vol.); la *Reine de Bohême (1877-78*, 2 vol.); *Londres cruel (1878*, 3 vol.); *Trois Conscrits (1880*, 3 vol.); l'*Amérique aujourd'hui* (2 vol.), et le *Nouveau Ceylan (1884)*; *Londres journaliste (1882)*; *Terre-Neuve*, avec M. Harvey, et un *Moderne Ulysse (1883)*, etc. Il a en outre adapté au théâtre plusieurs de ses romans, notamment *Clytie* et écrit quelques pièces en collaboration. — En 1876, M. Hatton a fait un voyage aux Etats-Unis et au Canada, au retour duquel il fut accrédité comme correspondant du *New York Times* à Londres. Il est retourné en Amérique depuis, et en 1881, il se trouvait à New-York, d'où il envoyait au *Standard* de Londres des câblogrammes quotidiens ; on cite tout particulièrement la dépêche dans laquelle il décrivait dans les moindres détails l'assassinat du président Garfield, et qui était la plus étendue qui eût jamais traversé l'Atlantique. Pendant son séjour en Amérique, M. Hatton collabora au *Harper's Magazine* et à d'autres publications.

Son fils, M. Frank HATTON, jeune explorateur du plus bel avenir, et qui lui avait fourni les matériaux de son livre : le *Nouveau Ceylan*, a été tué il y a quelques années dans cette île, au cours d'une chassée à l'éléphant.

HAURÉAU, JEAN BARTHÉLEMY, historien, publiciste et administrateur français, né à Paris le 9 novembre 1812, y fit ses études aux collèges Louis-le-Grand et Bourbon et débuta dès 1832 dans la carrière de publiciste, par une brochure politique intitulée : la *Montagne*. Il entra aussitôt au journal la *Tribune*, et fut successivement attaché au *Peuple* et au *National*, tout en collaborant au *Droit* et à la *Revue du Nord*. En 1838, il accepta la direction du *Courrier de la Sarthe*, journal publié au Mans, et auquel il sut donner une importance peu ordinaire dans la presse départementale française, surtout dans les villes secondaires. Il devint bibliothécaire de la ville du Mans peu après son arrivée et profita de ses fonctions pour poursuivre ses études favorites d'histoire et d'érudition. Destitué de sa place de bibliothécaire à la suite du discours adressé au duc de Nemours par M. Trouvé-Chauvel, son ami, M. Hauréau quitta le Mans (1845) et revint à Paris. Rentré au *National*, il fut nommé, après la révolution de février, conservateur des manuscrits à la Bibliothèque nationale ; quelques jours plus tard, le département de la Sarthe l'envoyait siéger à la Constituante, où il vota pour le parti du *National*. Resté étranger à la politique depuis la dissolution de la Constituante, M. B. Hauréau donnait sa démission de conservateur de la bibliothèque fatalement destinée à devenir impériale dans un avenir prochain, après le coup d'État du 2 décembre. — En 1848, M. B. Hauréau avait obtenu le prix proposé par l'Académie des sciences morales et politiques pour un *Examen critique de la philosophie scolastique*; les tomes XIV, XV et XVI de la *Gallia Christiana*, dont il est l'auteur, obtenaient le grand prix Gobert décerné cinq fois de suite par l'Académie des inscriptions et belles-lettres (1856-65). Nommé bibliothécaire de l'ordre des avocats de Paris, en 1861, il était élu membre de l'Académie des inscriptions et belles-lettres le 5 décembre suivant, et décoré de la Légion d'honneur en 1863. Après le 4 Septembre, M. Hauréau a été nommé, par le gouvernement de la Défense nationale, directeur de l'Imprimerie nationale. Il a résigné ce poste depuis quelques années, tout en restant attaché à la Commission des demandes d'impression gratuite. M. Hauréau a été promu officier de la Légion d'honneur en 1875 et commandeur le 12 juillet 1880. — On a de ce savant écrivain : *Critique des hypothèses métaphysiques de Manès Pelage*, etc. (Le Mans, 1840); *Histoire littéraire du Maine* (Le Mans et Paris, 1843-1877, 2ᵉ édit., 12 vol.); le *Manuel du clergé, ou examen de l'ouvrage de M. Bouvier* (Angers, 1844); *Histoire de la Pologne* (Paris, 1844); *Examen critique de la philosophie scolastique (1848)*; *Charlemagne et sa cour (1852)*; *François Iᵉʳ et sa cour (1853)*; *Gallia Christiana (1856-70*, tomes XIV, XV et XVI), ces trois derniers volumes de l'œuvre commencée, et poursuivie jusqu'au treizième volume par les bénédictins de la congrégation de Saint-Maur, ont été écrits en latin par M. B. Hauréau, afin de conserver son unité à l'œuvre tout entière; *Hugues de Saint-Victor (1859)*; *Singularités historiques et littéraires (1861)*; *Catalogue chronologique des œuvres de J.-B. Gerbier (1863)*; *Histoire de la philosophie scolastique (1873*, t. 1); *Bernard Délicieux et l'inquisition albigeoise (1877)*, etc. ; ainsi que diverses traductions, notamment celles de la *Pharsale* de Lucain et de la *Facétie sur la mort de Claude*, pour la *Collection des classiques latins*, de M. Nisard.

HAUSSMANN (baron), GEORGES EUGÈNE, administrateur français, né à Paris le 27 mars 1809. Il venait d'être reçu avocat lorsqu'éclata la révolution de Juillet, et profita des profonds remaniements qui suivirent pour entrer dans l'administration. Secrétaire général de la préfecture de la Vienne en 1831, il devint successivement sous-préfet d'Issingeaux en 1832, de Nérac en 1833, de Saint-Girons en 1840, de Blaye en 1842. La révolution de février 1848 le rendit momentanément à la vie privée, mais il ne perdit rien pour attendre : nommé préfet du Var le 23 janvier 1849, il passait à la préfecture de l'Yonne l'année suivante, à celle de la Gironde en 1851, et enfin était appelé à remplacer M. Berger à la préfecture de la Seine, le 23 juin 1853. M. Haussmann a administré Paris et le département de la Seine jusqu'à l'avènement du ministère Ollivier. Ayant alors à donner sa démission, il s'y refusa et fut, en conséquence, « relevé de ses fonctions » par décret impérial du 5 janvier 1870 et remplacé par M. Henri Chevreau (Voyez ce nom). M. Haussmann a profondément transformé Paris, dont il étendit l'enceinte aux fortifications. Nous ne suivrons pas jour à jour les progrès de cette transformation inouïe, de même que nous ne pouvons suivre les opérations financières, emprunts ostensibles ou déguisés, virements, etc., qui en furent la conséquence. Les *Comptes fantastiques d'Haussmann* ont été l'objet d'attaques très vives de la presse, mais ne peuvent faire ici l'objet d'un examen minutieux. Nous nous bornerons à constater qu'à son départ de la préfecture de la Seine, M. Haussmann laissa la ville de Paris avec un passif de plus de 600 millions, outre la dette constituée par les emprunts. Quant à lui, sa pension de retraite fut liquidée à 6,000 fr. (mars 1870), et il jouit dans une magnifique villa qu'il possède à Nice, et où le surprit la révolution du 4 Septembre. Il quitta la France en toute hâte, mais revint peu après la conclusion de la paix. — Créé baron par l'empereur, M. Haussmann a été élevé à la dignité de sénateur au mois d'août 1857. Il a été élu membre libre de l'Académie des beaux-arts, en remplacement de M. Fould, le 7 décembre 1867 et a fait partie du Conseil impérial de l'Instruction publique. Porté candidat à l'Assemblée nationale, aux élections complémentaires de la Seine du 2 juillet 1871, M. Haussmann se rendit promptement compte du peu de succès qui attendait sa candidature, et se retira avant le scrutin. Aux élections du 20 février 1876, pourtant, il se présenta dans le premier arrondissement de Paris et, après avoir obtenu 2,930 voix au premier tour, ne jugea pas à propos de pousser l'expérience jusqu'à son extrême limite, c'est-à-dire jusqu'au scrutin de ballottage. Aux élections d'octobre 1885, toutefois, M. Haussmann, qui figurait sur la liste monarchiste de la Gironde, obtint au premier tour 65,069 voix, mais le second tour fut décidément fatal à cette liste. M. Haussmann a été nommé directeur du Crédit mobilier en septembre 1871. Il est grand-croix de la Légion d'honneur depuis 1862.

HAUSSONVILLE (vicomte d'), PAUL GABRIEL OTHENIN de CLÉRON, littérateur et homme politique français, fils de l'académicien mort en 1884, est né à Gurcy-le-Châtel le 21 septembre 1843, et a fait ses études à Paris.— Aux élections pour l'Assemblée nationale du 8 février 1871, il se présenta à Paris, où il obtint 39,687 voix, à peu près la dixième des suffrages exprimés, et dans le département de Seine-et-Marne, où il fut élu le cinquième sur sept. Il prit place au centre droit de l'Assemblée et vota en conséquence, par exemple l'ordre du jour Ernoul (24 mai 1873) qui provoqua la retraite de M. Thiers. Il a fait partie de la commission de permanence, en 1872. Aux élections générales de 1876, M. d'Haussonville se présenta à Provins, où un second tour de scrutin fut nécessaire; à ce second tour (5 mars), il échouait avec 5,990 voix contre 6,953 obtenues par le candidat républicain, M. Sallard. Il échoua de même le 14 octobre 1877, quoique candidat officiel, et se tint pour dit. — M. d'Haussonville, littérateur distingué, collaborateur à la *Revue des Deux-Mondes*, a publié à part : *Sainte-Beuve, sa vie et ses œuvres (1875)*; les *Établissements pénitentiaires en France et aux co-*

lonies, couronné par l'Académie (même année), l'*Enfance à Paris (1879)*, etc.

HAVET, ERNEST AUGUSTE EUGÈNE, littérateur français, né à Paris le 11 avril 1813, fit de brillantes études au lycée Saint-Louis et fut admis à l'École normale en 1832, dans les deux sections littéraire et scientifique à la fois. Agrégé des classes supérieures en 1834, il fut nommé professeur de rhétorique au collège de Dijon. Rappelé à Paris en 1836, il fut chargé, en 1840, de la conférence de littérature grecque à l'École normale, et de la conférence de littérature française en 1841. Il prit le grade de docteur en 1843, fut n mmé, l'année suivante, professeur suppléant à la chaire d'éloquence latine à la Sorbonne et devint professeur titulaire du même cours au Collège de France, en 1854. M. Havet a été, en outre, professeur de littérature à l'École polytechnique, de 1853 à 1863. Il a été élu membre de l'Académie des sciences morales et politiques, en remplacement de Louis Reybaud, le 1er février 1880. — On a de M. Havet, ses thèses de doctorat : *De la Rhétorique d'Aristote* et *De Homericorum poematum origine et unitate (1843)*; une édition, accompagnée d'une *Étude sur l'auteur, de notes et de commentaires, des Pensées de Pascal (1852)*; diverses *Notices* sur les manuscrits grecs relatifs à la musique et sur d'autres sujets, ainsi qu'une brochure intitulée : *Pascal a-t-il imité Bossuet ? (1858-59)*; *Discours d'Isocrate sur lui-même*; *Sur l'« Antidosis »*, traduit par Auguste Cartelier, revu et annoté (1862); *Jésus dans l'histoire*, à propos de la *Vie de Jésus de M. Renan* (1863); le *Christianisme et ses origines (1872-80,* 4 vol.); *Mémoire sur la date et les écrits qui portent les noms de Bérose et de Manéthon (1874)*, et de nombreux mémoires insérés dans le recueil de l'Académie des sciences morales et politiques. M. Ernest Havet a collaboré au *Journal de l'instruction publique*, au *Temps*, à la *Revue moderne*, à la *Revue contemporaine*, à la *Revue des Deux-Mondes*, etc. — Officier de la Légion d'honneur depuis 1875, il a été promu commandeur le 20 octobre 1878. Il fait partie du Conseil de l'ordre depuis 1879.

HAVRINCOURT (marquis d'). ALPHONSE PIERRE de CARDENAC, industriel et homme politique français, d'une des plus nobles familles de l'Artois, est né le 12 septembre 1806. Sorti de l'École polytechnique en 1828, comme sous-lieutenant élève d'artillerie, il entra à l'École d'application de Metz et en sortit comme lieutenant. Il donna sa démission en 1832 et se retira dans le Pas-de-Calais où il fonda une fabrique de sucre. Conseiller général pour le canton de Bertincourt depuis 1846, il fut élu représentant du Pas-de-Calais à l'Assemblée législative, en 1849, et siégea à droite. Il ne reparut sur la scène politique qu'aux élections générales de 1863, comme candidat officiel, dans la sixième circonscription du Nord, où triompha de M. Thiers. Mais aux élections de 1869, il échoua à son tour. Après avoir échoué de nouveau aux élections du 20 février 1876, M. le marquis d'Havrincourt était élu le 14 octobre 1877, comme candidat officiel encore une fois, député de la deuxième circonscription d'Arras. Il ne se présenta pas aux élections de 1881, ni même aux élections sénatoriales de janvier 1882 ; mais il fut élu sénateur du Pas-de-Calais à l'élection partielle nécessitée par la mort de M. V. Hamille, contre M. Camescasse, candidat républicain, le 14 février 1886, et reprit son siège à droite, au groupe bonapartiste.

HAWTHORNE, JULIAN, littérateur américain, fils du célèbre romancier Nathaniel Hawthorne, mort en 1864, est né à Boston le 22 juin 1846; il fit ses études au collège d'Harvard, entra ensuite à l'École scientifique, qui forme des ingénieurs, mais n'y resta que quelques mois, et partit au mois d'octobre 1868 pour l'Europe. Il passa deux années à l'École d'arts et manufactures de Dresde, au bout desquelles il retourna aux États-Unis, chassé par la guerre franco-allemande. Il fit alors partie du corps des ingénieurs hydrographes de New-York, auxquels il resta attaché jusqu'en 1872; mais dès 1871, il publiait des articles et de courtes nouvelles dans les recueils périodiques, et le succès ayant répondu à ses efforts dans cette voie, il se décida pour la littérature. En 1872, il fit un nouveau voyage en Europe, séjourna quelque temps en Angleterre, puis retourna à Dresde où il passa encore près de deux années, pendant lesquelles il publia en Angleterre et en Amérique ses deux premiers romans : *Bressart (1873)* et *Idolatry (1874).* En 1875 il retournait en Angleterre, et y publiait dans la *Contemporary Review,* puis en volume, ses *Saxon Studies (1875),* puis un roman intitulé : *Garth (1877).* Vers cette époque, il fit en France un séjour de plusieurs mois, continuant sa collaboration aux périodiques anglais. Il publia pendant cette période : *The Laughing Mill*, recueil de nouvelles; *Archibald Malmaison*, nouvelle; *Ellice Quentin*, et autres nouvelles; *la Femme du prince Savoni*, etc.; *Yellop-Cap*, histoires fantastiques, parues en Angleterre et en Amérique simultanément, en 1880. Dans l'automne de 1881, M. J. Hawthorne visita le sud de l'Irlande, il résida trois mois dans le voisinage de Cork, puis repartit pour l'Amérique en mars 1882. Il a publié depuis, outre un roman posthume de son père, intitulé : le *Secret du docteur Grimshaw (1882)* et sa biographie (1883) : *Fortune's Fool (1883)*; *Love and Name (1885)*; *John Parmelee' Curse* (Londres 1886), etc.

HAY (sir), JOHN CHARLES DALRYMPLE, baronet, amiral et homme politique anglais, né le 11 février 1821 à Dunragit (Wigtonshire), fit ses études à Rugby et entra de bonne heure dans la marine. Il servit, comme aspirant, pendant les opérations de 1841 sur les côtes de Syrie, assista au siège de Saint-Jean d'Acre. et, comme lieutenant de pavillon de sir Thomas Cochrane, prit une grande part aux opérations des côtes de Bornéo en 1846. Commandant du *Columbine*, en 1849, il coopéra à la destruction de quelques pirates qui inquiétaient sérieusement le commerce de la Chine, et reçut comme marque de reconnaissance un service en argenterie des négociants chinois, sans compter sa promotion au grade supérieur. Pendant la guerre de Crimée, sir John commandait l'*Hannibal*, avec lequel il prit part à la prise de Kertch et de Kinburn et au bombardement de Sébastopol. Il commanda ensuite l'*Indus*, dans l'Amérique du Nord et les Indes occidentales (1857-59). De retour en Angleterre, il occupa divers emplois importants; il succéda à son père comme troisième baronet, en mars 1861. En 1862, sir John fut élu, comme conservateur, représentant de Wakefield à la Chambre des communes : il perdit son siège aux élections générales de juillet 1865 et essuya un nouvel échec à Tamworth la même année; mais le collège de Stamford l'élut en mai 1866 et n'a cessé depuis de le réélire, qu'en 1880, époque à laquelle il fut heureusement repêché par le bourg de Wigtown. Il a été promu contre-amiral en 1866 et placé dans le cadre de réserve en 1870. — Sir John Ch. Darlymple Hay a publié : *The Flag list and its prospects*; *Our naval Defences*; *the Reward of Loyalty*, considérations relatives aux colonies américaines (1862); *Memorandum on my compulsory retirement from the Bristish Navy (1870)*; *Remarks on the loss of the « Captain » (1871)*; *Ashanti and the Gold-Coast, and what we know of it*, a *Sketch (1874).* Il a été lord de l'Amirauté de juin 1866 à décembre 1868, et est vice-président de l'Institut des architectes de la marine. Décoré de trois médailles commémoratives de faits militaires et de l'ordre turc du Medjidié (4e classe), sir John est en outre compagnon de l'ordre du Bain et commandeur de la Légion d'honneur. Il est aussi membre de la Société royale.

HAYES, RUTHERFORD BIRCHARD, dix-neuvième président des États-Unis de l'Amérique du Nord, est né à Delaware (Ohio) le 14 octobre 1822 ; il fit ses études dans sa ville natale et à l'université d'Harvard, à Cambridge (Massachusetts), d'où, ayant pris le grade de bachelier en droit en 1845, il alla s'établir avocat à Cincinnati. Il s'y était fait une brillante position, tant par son talent que par la droiture de sa conduite et l'affabilité de ses manières, lorsqu'éclata la guerre de Sécession. Il prit alors les armes pour défendre l'Union menacée, et entra dans le 23e régiment des volontaires de l'Ohio, où il reçut une commission de major. M. R. Hayes se distingua dans plusieurs affaires importantes, fut blessé et atteignit le rang de brigadier-général de volontaires. La paix conclue, il reprit sa place au barreau de Cincinnati, puis fut élu, successivement, membre de la Législature de l'État, et enfin gouverneur de l'Ohio, fonctions dans lesquelles une réélection l'avait maintenu, lorsqu'au printemps de 1876, l'agitation commença en vue de la prochaine élection présidentielle. Il est remarquable toutefois que c'est à peine si, au début, il est question de M. Hayes; cinq ou six candidatures d'hommes influents dans le parti républicain sont mises en avant par la presse et discutées avec passion, mais on parle à peine de celle qui, en définitive, sera choisie, la veille même de la réunion de la Convention nationale républicaine. Le seul grand avantage qu'il semble y avoir eu pour M. Hayes, dans cette occasion solennelle, bien qu'il se tînt tranquillement à sa résidence officielle de Columbus, capitale politique de l'Ohio, se trouve dans ce fait que la Convention se réunit de tradition à Cincinnati. Hors de son État natal, le futur président de la grande République américaine, comme tous les hommes sans ambition malsaine ou bruyante personnalité, était peu connu ; mais là, il n'y avait qu'une voix pour célébrer l'honnêteté de sa vie, la sincérité de ses convictions républicaines, son ardent désir de réforme administrative (la grande question du parti) et la fermeté inébranlable de son caractère. Comment ne pas subir l'influence de cette renommée locale? Il fut donc choisi pour candidat par la Convention républicaine (juin 1876), en opposition avec le candidat de la Convention démocratique de Saint-Louis, M. Tilden, mort en juillet 1886. La lutte entre les républicains et les démocrates fut chaude, et l'on sait que c'est à une voix de majorité seulement, après un interminable pointage des votes et des discussions sans fin, que M. Hayes fut proclamé président des États-Unis, le 4 mars 1877, et comme tel installé à la Maison Blanche, dont M. Grant lui remit aussitôt les clefs, après le petit discours d'usage. — L'administration de M. Hayes a été remarquable bien plus par une grande honnêteté que par une politique particulière bien caractérisée. En retirant, toutefois, les troupes de l'Union, qui occupaient encore les États du Sud et en rendant à ceux-ci leur autonomie locale, il a fait, en tout cas, tout ce qui était possible pour rayer de la politique générale une question irritante au suprême degré. Il introduisit dans l'administration quelques réformes utiles, pas autant qu'il l'eût voulu peut-être ; et enfin, il eut quelque peu à souffrir de l'ardeur d'opposition de M. Conkling (voy. ce nom), son adversaire déclaré dans le Sénat sur cette question des réformes. Le 4 mars 1881, M. Rutherford B. Hayes remettait à son tour le pouvoir à son successeur, l'infortuné M. Garfield, et retournait dans l'Ohio reprendre tranquillement ses anciennes occupations.

HAZLITT, William Carew, littérateur et bibliographe anglais, petit-fils du célèbre « essayeur », né le 22 août 1834 à Londres, où il fit ses études à l'école des Marchands tailleurs, puis suivit les cours de droit de l'Inner Temple y fut reçu avocat en 1861. — M. Hazlitt est l'auteur d'une *Histoire de la République de Venise, son développement, sa grandeur et sa civilisation* (1860, 4 vol.) et d'un roman : *Sophy Laurie (1865, 3 vol.)*. Il a publié en outre des éditions nouvelles des *Poésies de Henry Constable (1859)*, de *Richard Lovelace (1864)* et de *Robert Herrick (1869, 2 vol.)* ; le *Old English Jest-Book* (Recueil des vieilles plaisanteries anglaises, 1864, 3 vol.) ; les *Premières poésies populaires d'Angleterre 1863-66*, 4 vol) ; les *Œuvres de Charles Lamb (1866-71, 4 vol.)* ; *Mémoires de William Hazlitt, 1778-1830 (1877, 2 vol.)* ; *Bibliographie de la littérature anglaise ancienne (1867)* ; *Proverbes anglais et phrases proverbiales*, avec notes (1869) ; *Antiquités populaires de la Grande-Bretagne (1870, 3 vol.)* ; *Histoire de la Poésie anglaise*, de Warton (1871, 4 vol.) ; une édition des *Tenures of land and customs of manors*, de Blount (1874) et *Mary and Charles Lamb, poems, letters, and remains, now first collected, with reminiscences and notes* (Marie et Charles Lamb, poésies, lettres et manuscrits inédits, recueillis pour la première fois, et publiés avec des notes et souvenirs ; *Contes de fées, légendes et romans éclairant Shakespeare et autres vieux écrivains anglais* ; *Bibliothèque shakespearienne* (6 vol.) ; *Œuvres de Thomas Randolph* ; *Œuvres fugitives* (écrites en vers) expliquant l'état du sentiment religieux et politique en Angleterre et la condition de la société dans ce pays pendant une durée de deux siècles, 1493-1700 (2 vol.) : tous ces ouvrages ont paru en 1875 ; *Collections et notes bibliographiques (1876-82, 2 séries)* ; les *Chants et chansons anciens de Ritson* ; *Recréations poétiques (1877)* ; les *Essais de Montaigne (1878, 3 vol.)* ; *Essais et critiques sur les beaux arts*, de *Thomas-Griffiths Wainewright (1880)* ; *Catalogue of the Huth library*, 5 volumes, etc.

HÉBERT, Edmond D., géologue français, né à Villefargeau (Yonne) le 12 juin 1812, fit ses études à Auxerre et entra à l'École normale (section des sciences) en 1833. Nommé professeur à Meaux, en 1835, il fut rappelé à Paris en 1838 et rentra à l'École normale comme préparateur du cours de chimie. Tour à tour répétiteur de physique, conservateur des collections, sous-directeur puis directeur des études scientifiques et maître des conférences de géologie (1852), il prit le grade de docteur ès sciences naturelles en 1857 et fut nommé à la chaire de géologie de la faculté des sciences de Paris, chaire qu'il occupe encore. Il est en outre directeur du laboratoire de géologie à l'École pratique des hautes études. — On a de M. Hébert : *les Mers anciennes et leurs rivages dans le bassin de Paris (1857)* ; *Mémoires sur les fossiles de Montreuil-Bellay (1861)*, *les Oscillations de l'écorce terrestre (1868)*, etc. Il a publié en outre un grand nombre de *mémoires*, *notes*, etc., sur la géologie, dans les *Comptes rendus* de l'Académie des sciences et plusieurs recueils spéciaux de sociétés savantes françaises et étrangères, et a fondé avec M. Alphonse Milne Edwards, en 1870, les *Annales des sciences géologiques*. M. E. Hébert a été élu membre de l'Académie des sciences (section de géologie), en remplacement de Ch. Sainte-Claire Deville, le 19 mars 1877. Chevalier de la Légion d'honneur depuis 1847, il a été promu officier en 1878 et commandeur le 3 août 1885.

HÉBERT, Antoine Auguste Ernest, peintre français, né à Grenoble le 3 novembre 1817, fit ses études au collège de sa ville natale et vint à Paris en 1835, pour y faire son droit. En même temps, il suivit l'atelier de David d'Angers, puis celui de Paul Delaroche. Il ne semble pas que l'intention de M. Hébert fût alors de se faire une carrière dans les arts, mais sur les avis de son dernier maître, il concourut pour le prix de Rome en 1839, et le remporta. Le sujet du concours était : la *Coupe trouvée dans le sac de Benjamin*. Au lieu des cinq années réglementaires, il en passa huit en Italie, d'où il revint le carton gonflé de dessins et de croquis et rapportant même quelques toiles toutes faites. Il avait envoyé de la villa Medici deux *Odalisques* et une copie de la *Sybille Delphica*, et avait fait admettre au Salon de 1839 une toile déjà remarquable : le *Tasse en prison*, achetée pour le musée de Grenoble. M. Hébert a exposé depuis son retour d'Italie : *Rêverie orientale*, la *Sieste*, *Pâtre italien*, l'*Almée*. *le Matin au bois*, *Paysanne de Guérande battant du beurre (1848)* ; la *Mal'aria (1850)* ; le *Baiser de Judas*, le *Prince Napoléon*, et autres portraits (1853) ; la *Crescenza*, les *Filles d'Alvito (1855)* ; les *Fienaroli de Sant'Angelo offrant du foin (fieno) à l'entrée de la ville de San-Gennaro (1857)* ; *Rosa Nera à la fontaine des Cervaroles (1859)* ; une *Rue de Cervara*, *Portrait de la princesse Marie-Clotilde (1861)* ; une *Rue de Cervara*, *la Jeune fille au pistil*, *Pasqua Maria (1863)* ; deux *Portraits (1864)* ; le *Banc de pierre*, *Perle noire (1865)* ; deux *Portraits (1866)* ; la *Zingara*, les *Feuilles d'automne*, *Portrait de David d'Angers*, et trois autres *Portraits (1867)* ; la *Lavandára*, la *Pastorella (1869)* ; le *Matin et le soir de la vie*, la *Muse populaire italienne (1870)* ; la *Madonna addolorata*, la *Tricoteuse (1873)* ; *Portrait de la princesse de W... (1874)* ; trois *Portraits* anonymes (1875) ; la *Muse du bois (1877)* ; la *Sultane (1879)* ; le *Petit violonneux (1883)* ; la *Muse (1884)* ; *Mélodie irlandaise*, inspirée de Thomas Moore (1885) ; deux *Portraits* anonymes (1886) et quantité d'autres portraits. — Directeur de l'Académie de France à Rome de 1866 à 1873, M. Hébert a été rappelé à ce poste le 22 juillet 1884. Il a été élu, en 1874, membre de l'Institut (Académie des Beaux-Arts). Cet artiste éminent a obtenu deux premières médailles en 1851 et 1855 (Exposition universelle) et une médaille de 2e classe à l'Exposition universelle de 1867. Chevalier de la Légion d'honneur en 1853, il a été promu officier de l'ordre en 1867 et commandeur en 1874.

HÉBRARD, François Marie Adrien, journaliste et homme politique français, sénateur, né à Grisolle (Tarn-et-Garonne) le 1er janvier 1834. Il fit ses études à Toulouse, vint ensuite à Paris où il s'occupa principalement de journalisme. Entré au *Temps*, peu après sa fondation en 1861, M. Hébrard en est le directeur politique depuis plus de dix ans, et c'est à lui qu'on attribue la prospérité toujours croissante de cet organe accrédité de l'opinion républicaine libérale. On lui attribue également diverses améliorations d'ordre administratif, qui ont une grande importance auprès du public, quoique beaucoup de journalistes de profession n'y accordent qu'une attention médiocre ; l'agrandissement du format du *Temps*, par exemple, remonte à l'ouverture de l'Exposition universelle de 1878, seulement à titre d'essai, croyons-nous, en permettant de donner un plus grand développement à certaines matières généralement négligées faute de place, malgré leur intérêt, telles que les comptes rendus des séances des académies et sociétés savantes, les correspondances de l'étranger, a certainement concouru à augmenter la circulation du journal de M. Hébrard, très exactement informé, d'autre part, grâce aux grandes et nombreuses relations de son directeur. — Porté aux élections du 8 février 1871 à l'Assemblée nationale dans le département de la Seine, M. A. Hébrard échoua avec 47,322 voix. Au premier renouvellement partiel du Sénat, il se présenta dans la Haute-Garonne, comme candidat républicain, et fut élu le 5 janvier 1879, le second sur trois, sénateur de ce département. Il s'est distingué par le vote de la loi d'expulsion des princes prétendants. — M. A. Hébrard est membre de la Commission supérieure des bâtiments civils et palais nationaux, du Conseil supérieur des Beaux-Arts, du Conseil supérieur des monuments historiques, etc.

HÉDOUIN, Edmond, peintre et graveur français, né à Boulogne-sur-Mer en 1819. Élève de Célestin Nanteuil et de Paul Delaroche, il se livra principalement au paysage animé et débuta au Salon de 1844. — Nous citerons de cet artiste : les *Bûcherons des Pyrénées (1844)*; la *Halte (1846)*; *Souvenir d'Espagne (1847)*; *Café nègre, Moulin arabe à Constantine (1848)*; *Femmes d'Ossau (Basses-Pyrénées) à la fontaine (1850)*; *Soirée chez les Arabes (1852)*; la *Moisson dans le Loiret*, les *Scieurs de long (1855)*; *Glaneuses*, la *Chasse*, la *Pêche (1857)*; un *Semeur à Champbaudoin*, *Berger*, *Porchère (1859)*; *Colporteurs espagnols (1861)*; le *Marché aux moutons à Saint-Jean-de-Luz (1863)*; *Feuille d'éventail*, quatre *Médaillons* pour le foyer du Théâtre Français (1864) : *Sardinières de Fontarabie débarquant à Hendaye*, une *Allée des Tuileries (1865)*; un *Café à Constantinople (1866)*; le *Printemps*, *Coin de parc au mois de mai (1873)*; *Intérieur d'une cour à Constantinople (1874)*; le *Marché aux cochons à Saint-Jean-de-Luz (1875)*; *Paysanne ossalaise (1876)*; une *Vieille femme espagnole (1878)*; *Arabes sous la tente (1879)*; quatre gravures pour une édition des *Œuvres de Molière* et un *Portrait (1883)*; autres gravures pour l'édition de *Molière*, aux salons de 1884, 1885 et 1886 ; plus deux gravures, d'après M. Bida, pour une édition du *Cantique des cantiques (1886)*. M. Edmond Hédouin est aussi l'auteur d'un assez grand nombre d'eaux-fortes remarquables, notamment : cinq *Eaux-fortes*, d'après M. Bida, pour une édition des *Saints Évangiles*; les *Invalides*, d'après sir Henry Roeburn ; les *Oranges*, d'après Mme Harriet Browne (1873) ; le *Printemps*, d'après Panteur (1874) ; Six *Eaux-fortes* pour une édition du *Voyage sentimental*: *Portrait de Sterne*, la *Tabatière*, le *Mari*, le *Pâtissier*, la *Tentation*, le *Cas de délicatesse*; et le frontispice du *Livre de Ruth* : « Elle prit l'enfant et le mit dans son sein », d'après M. Bida (1876). — M. Hédouin a obtenu, pour la manière : une médaille de 2e classe en 1848, une de 3e classe en 1855 et un rappel en 1857 ; pour la gravure : une médaille en 1868 et une médaille de 1re classe en 1872. Il a été nommé chevalier de la Légion d'honneur en 1872.

HEFELE (von), Karl Joseph, historien et théologien catholique allemand, évêque de Rottenberg, est né le 15 mars 1809, à Unterkochen, dans le district de Aalen (Würtemberg), fit ses études à Ellwangen et à Ehingen, puis suivit les cours de philosophie et de théologie de l'université de Tübingen où il prit ses grades en 1834. Il se fit précepteur particulier en 1836 et, en 1838, fut reçu docteur en théologie. En 1840, il fut nommé professeur d'histoire et d'archéologie ecclésiastiques à la faculté de théologie de l'université de Tübingen. Peu après, il fut créé chevalier de l'ordre de la Couronne de Würtemberg. De 1842 à 1845, le D^r von Hefele fut membre de la Chambre des députés du royaume de Würtemberg. — Il a été consacré évêque de Rottenberg en 1869 et, peu après, se rendit à Rome pour assister au concile du Vatican. Il était alors considéré comme « inopportuniste », mais sa conduite au concile fut dictée sans doute par son élévation récente à l'épiscopat. Le fait est qu'il donna son entière adhésion à la doctrine de l'infaillibilité papale. En octobre 1874, il refusa l'archevêché de Fribourg, que lui offrait le gouvernement badois, arguant de l'impossibilité où il se trouvait, pour obéir à sa conscience, de prêter le serment exigé des prélats en Prusse et à Bade, de se soumettre aux nouvelles lois ecclésiastiques. L'ouvrage le plus important du D^r von Hefele est son *Histoire des conciles, d'après les documents originaux*, publiée par séries, à Tübingen (1855-74), et qui s'étend depuis l'origine jusqu'au concile de Nicée, en 325. Ses autres ouvrages sont : l'*Introduction du Christianisme dans le sud-ouest de l'Allemagne (1837)*; le *Cardinal Ximenès et la situation de l'Église en Espagne au XVe siècle (1851, 2e édit.)*; une édition des *Œuvres des Pères apostoliques (1855, 4e édit.)*; un choix des *Homélies de Chrysostome*, traduites en allemand ; *Chrysostomus Postille (1857, 3e édit.)*; *Contributions à l'histoire, l'archéologie et la liturgie de l'Église (1864-65, 2 parties)* ; *Honorius et le sixième concile œcuménique*; la *Question d'Honorius (1870)*, etc. — Tous ces ouvrages ont été publiés à Tübingen ; la plupart ont été traduits en anglais, quelques-uns en français, notamment son *Histoire des conciles*, traduite par l'abbé Goschler et l'abbé Delarc (Paris, 1869-76, 11 vol. in-8°).

HEILBUTH, Ferdinand, peintre français d'origine allemande, né à Hambourg vers 1828. Au début de sa carrière, M. Heilbuth se fit un certain renom comme dessinateur de costumes ; mais il ambitionnait davantage, et alla en conséquence continuer ses études artistiques en France et en Italie. Fixé définitivement à Paris, il a exposé assez régulièrement aux salons annuels depuis trente ans. Pendant la guerre franco-allemande, M. Heilbuth, dont les sympathies étaient pour la France, se réfugia en Angleterre. Il revint à Paris en 1873 et obtint des lettres de grande naturalisation en juillet 1879. — On cite de cet artiste : *Une répétition chez Palestrina (1857)*; l'*Autodafé*, la *Boutique du prêteur sur gage (1831)*; le *Tasse et les deux Léonora*, *Cardinaux prenant de l'exercice sur le monte Pincio (1862)*; l'*Absolution à Saint-Pierre de Rome*. *Il*'Antichambre du cardinal*, exposés à l'Académie royale de Londres ; *Printemps*, les *Bords de la Seine*, la *Moisson d'amour*, exposés à Berlin (1871); les *Bords de la Tamise*, exposé à Glasgow (1878); la *Promenade (1884)*; *Lawn-tennis*, la *Présentation (1885)*; *Villégiature*, un *Samedi sur les bords de la Seine (1886)*; de nombreux *Portraits*, etc. — M. Heilbuth a obtenu une médaille de 2e classe en 1857 et le rappel de cette médaille en 1856 et 1861 ; nommé chevalier de la Légion d'honneur en 1861, il a été promu officier le 13 juillet 1881.

HEILLY (d'), Georges. — Voyez **Heylli** (d'), etc.

HELLER, Stephen, pianiste et compositeur hongrois, né à Pesth le 15 mai 1813. Ses parents, qui le destinaient au barreau, consentirent avec peine à le laisser suivre son penchant pour la musique. Il reçut des leçons d'un artiste du nom de Meixner, puis d'un des professeurs les plus distingués de Pesth, le pianiste F. Braener. Il alla en 1826 compléter ses études à Vienne, sous la direction de Halm. Il donna avec succès plusieurs concerts à Vienne, s'étant du reste produit en public à Pesth dès l'âge de neuf ans. De retour à Pesth en 1828, il y fit exécuter quelques-unes de ses compositions, qui furent accueillies avec sympathie. L'année suivante, accompagné de son frère, il entreprenait une tournée artistique, visitant la Hongrie, la Pologne et l'Allemagne. Il s'arrêta à Augsbourg, seul, et y résida six années, poursuivant ses études et se livrant avec ardeur à la composition, tout en se produisant comme virtuose dans divers concerts. Ce fut en 1838 que, sur les conseils de Kalkbrenner, M. Heller vint à Paris, avec l'intention d'y passer un hiver, — et où il est encore aujourd'hui et a produit tant de charmantes compositions, d'une délicatesse si exquise et d'une si gracieuse originalité, qui ont de bonne heure fait placer leur auteur au premier rang. — Au nombre des œuvres principales de cet artiste, nous citerons : plusieurs recueils d'*Études pour le piano*; *Caprice symphonique*; la *Chasse*, étude caractéristique; *Caprice*, sur le *Déserteur*; *Valse élégante*, *Valse villageoise*, *Valse sentimentale*, *Arabesques*, *Tarentelles*, *Scènes pastorales*, *Vénitienne*, *Sérénade*, *Fantaisie*, *Rêverie*, *Canzonetta*, *Scherzo fantastique*, *Sonates*, *Capricio*, *Presto capriccio*, *Chant national de Mendelssohn*, *Chant du matin*, *Chant du dimanche*, *Chant du troubadour*, *Chant du chasseur*, *Chant du berceau*, l'*Adieu du soldat*, *Saltarello*, *Promenades d'un solitaire*, *Nouvelle suite de promenades*, *Préludes*, *Nuits blanches*, *Scènes italiennes*; *Trente mélodies de Schubert*, transcrites pour piano ; *Pensées fugitives*, pour piano et violon, plusieurs en collaboration avec M. H. W. Ernst ; la *Vallée d'amour*, mélodie de Mendelssohn ; la *Fontaine*, mélodie de Schubert; *Dans les bois*, *Pastorale*, *Aux mânes de Chopin*, élégie et marche funèbre ; des *Valses*, *Feuillets d'album*, etc., ainsi que des *Caprices* ou des *Fantaisies* sur des motifs d'opéras : la *Favorite*, le *Chérif*, le *Guitarrero*, *Richard Cœur-de-Lion*, la *Juive*, le *Val d'Andorre*, *Charles VI*, l'*Enfant prodigue*, le *Prophète*, etc., etc. — M. Stephen Heller a été décoré de la Légion d'honneur en février 1884.

HELMHOLTZ (von), Hermann Louis Ferdinand, physicien et physiologiste allemand, fils d'un professeur au gymnase de Potsdam, où il est né le 31 août 1821, et où il fit ses études. Il partit ensuite pour Berlin, étudia la médecine à l'Institut militaire de cette ville, fut quelque temps attaché à l'hôpital de la Charité, puis retourna à Potsdam comme chirurgien militaire. Nommé, en 1848, professeur d'anatomie à l'Académie des beaux-arts de Berlin, il était appelé en 1850 à la chaire de physiologie de l'université de Kœnigsberg, passait en la même qualité à l'université de Bonn en 1855, puis à celle d'Heidelberg en 1858. Il est, depuis 1871, professeur de physique à l'université de Berlin, après y avoir occupé la chaire de physiologie. — Le Dr Helmholtz est l'auteur d'un grand nombre de mémoires ou articles sur des questions d'optique, d'acoustique et d'électricité, insérés dans les *Annales de Poggendorff*, les *Archives d'anatomie*, de J. Müller et autres publications scientifiques spéciales ; mais les ouvrages qui ont rendu son nom célèbre dans les deux mondes, sont surtout ses études physiologiques sur les impressions des sens. Nous citerons : *Ueber die Erhaltung der Kraft (1847)*, traduit en français sous le concours de l'auteur, par M. Louis Pérard, professeur à l'université de Liège, sous ce titre : *De la conservation de la force* (Paris, 1869); *Handbuch der Physiologisch Optik (1856)*, traduit par MM. le Dr Em. Javal et Th. Klein, sous le titre d'*Optique physiologique*; *Die Lehre von den Tonempfindungen (1865)*, traduit en français par MM. G. Guéroult et Wolf, sous le titre de *Théorie physiologique de la musique*, fondée sur l'étude des sensations auditives (1868 in-8°, fig.) et en anglais, par M. Alexandre John Ellis, sous le titre de *Sensations of Tone, as a Physiological basis for the Theory of Music (1875)*, augmenté d'un appendice. Il a également paru à Londres, en 1873, un recueil des principaux cours et conférences publiés de l'illustre savant allemand, réunis et traduits par le Dr E. Atkinson sous ce titre : *Popular Lectures on scientific Subjects*. Il a aussi publié, en 1875 : la *Chaleur considérée comme source des mouvements*, d'après Tyndall. Une conférence sur le *Son et la musique*, faite occasionnellement à l'université de Bonn en 1877, a été traduite en français par M. Blaserna, professeur à l'université de Rome. — La Société Royale de Londres a décerné à M. Helmholtz, le 1er décembre 1873, la médaille de Copley, pour services rendus à la science. L'Académie des sciences l'a élu correspondant de sa section de physique en 1870. M. Helmholtz est commandeur de la Légion d'honneur. Le 1er février 1883, l'empereur d'Allemagne lui conférait des lettres de noblesse.

HÉMENT, Félix, professeur et écrivain scientifique français, né à Avignon le 22 janvier 1827. M. Hément a pris le grade de licencié ès-sciences mathématiques en 1853; après avoir professé pendant plusieurs années en province, il revint à Paris et y professa successivement au collège Chaptal, à l'école Turgot, à l'école polonaise et au grand séminaire israélite. Il a été nommé officier d'Académie en 1864 et officier de l'Instruction publique en 1869. Il est membre de l'Association philotechnique, des Sociétés pour l'instruction élémentaire, d'économie politique, géographique, etc., inspecteur de l'instruction primaire de la Seine, délégué récemment dans les fonctions d'inspecteur général, et membre du Conseil supérieur de l'instruction publique. M. Félix Hément, qui a pris une grande part au développement de l'instruction populaire, autant par la création de bibliothèques et de conférences que par ses publications scientifiques, a collaboré à un assez grand nombre de journaux, notamment à la *France*, au *Siècle*, au *Petit journal*, au *Journal littéraire*, au *Journal de Paris* et à l'*Ordre*, et a lu à l'Académie des sciences, un assez grand nombre de mémoires sur divers sujets. Il a publié : *Premières notions d'histoire naturelle*, *Premières notions de physique et de météorologie*, *Premières notions de géométrie*, l'*Aluminium*, conférence à l'Asile de Vincennes, *Premières notions de cosmographie*, *Menus propos sur les sciences*, la *Toilette d'Alice*, l'*Agriculture et l'industrie en France*, l'*Homme primitif*, les *Conférences du quai Malaquais*, les *Grandes évolutions du globe*, *De la force vitale*, etc. — M. Hément a été nommé chevalier de la Légion d'honneur le 8 février 1877.

HENNEQUIN, Alfred Nicolles, auteur dramatique français d'origine belge, né à Liège le 13 janvier 1842. Élève de l'École royale des mines de Liège, il obtint le diplôme d'ingénieur et fut attaché, en cette qualité, aux chemins de fer de l'État, mais il s'occupait dès lors de théâtre. Il fit représenter, en 1869, aux Galeries-Saint-Hubert, à Bruxelles, sous un pseudonyme : *J'attends mon oncle*, comédie en 2 actes, qui réussit; l'année suivante, il y donnait les *Trois chapeaux*, comédie en 3 actes. Venu à Paris vers cette époque, comme directeur d'une entreprise de tramways, il obtint de la direction du Vaudeville la reprise des *Trois chapeaux (1871)*, qui eut du succès; mais la pièce qui établit à Paris la réputation de M. Hennequin, c'est le *Procès Vauradieux (1875)*, dont le succès n'est pas encore épuisé et induisit l'auteur à abandonner ses fonctions administratives pour se consacrer entièrement à la carrière dramatique. Vinrent ensuite : les *Dominos roses*, au même théâtre (1876), nouveau succès; *Bébé*, 3 actes, avec M. E. de Najac, au Gymnase (1877); *Nounou*, même théâtre (1878). Ses ouvrages les plus récents sont : *Lili*, comédie vaudeville en 3 actes, avec M. Albert Millaud, musique de M. Hervé, aux Variétés; *Ninetta*, opéra comique en 3 actes, avec M. A. Bisson, musique de M. Raoul Pugno, à la Renaissance (1882); le *Train de plaisir*, 4 actes, avec MM. Mortier et Saint-Albin, au Palais-Royal; les *Trois devins*, avec M. Valabrègue, opérette en 3 actes, musique de M. Okolovitz, à l'Ambigu; le *Présomptif*, opérette, avec le même. musique de M. de Gregh, à la Renaissance (1884); *Cherchez la femme*, 3 actes, avec M. de Najac, au Vaudeville; le *Gant de Suède*, 1 acte, aux Variétés (1885). — M. Hennequin est chevalier de la Légion d'honneur.

HENRION, Paul, compositeur français, né à Paris en 1818. M. Henrion s'est fait de bonne heure une très grande popularité dans le genre de la romance et de la chansonnette et a écrit, de son propre aveu, environ douze cents compositions de ce genre. Ceci explique pourquoi nous renonçons à en donner la liste : nous nous bornerons à rappeler le titre de quelques-unes des plus populaires, dont tout le monde se souvient : *Bouquet fané*, *Moine et bandit*, la *Gitana*, les *Vingt sous de Périnette*, *Vive le roi!* le *Muletier*, le *Pandero*, la *Pavana*, *Si loin!* la *Fille de Simonette*, *Ne pars point, mon fils*; la *Manola*, la *Reine des prairies*, *Sarah la bohémienne*, etc., etc. M. Henrion qui, au début, signait ses compositions du pseudonyme d'«Henri Charlemagne», chantait dans les salons et les concerts ses propres œuvres. Il s'est essayé à la musique dramatique et a donné, au Théâtre-Lyrique, le 26 avril 1854, un opéra comique en deux actes : *Une rencontre dans le Danube*, qui n'eut aucun succès. Il revint donc à ses compositions légères qui s'attenduaient des succès certains. Il a également écrit plusieurs opérettes pour les cafés-concerts : le *Soleil et la lune*, *Estelle et Némorin*, *A la bonne franquette*, les *Suites d'une polka*, *Balayeur et balayeuse*, l'*Etudiant de Heidelberg*, *Cupidon, Paolo et Pietro*, etc. Ajoutons la *Treille du roi*, opérette non représentée, publiée dans le *Magasin des Demoiselles*.

HENRIQUEL-DUPONT, Louis Pierre, graveur français, né à Paris le 13 juin 1797. Il étudia d'abord la peinture dans l'atelier de Pierre Guérin, où il entra en 1812. Mais au bout de trois ans, il se décida pour la gravure et devint élève de Bervic. Ouvrant à son tour un atelier en 1818, il travailla d'abord pour la librairie. Il débuta au Salon de 1822, avec un *Portrait en pied d'une jeune femme avec son enfant*, d'après van Dyck. A partir de cette époque, M. Henriquel-Dupont exposa successivement : *Portrait de M. de Pastoret*, *Strafford*, l'*Ensevelissement du Christ*, d'après P. Delaroche; l'*Abdication de Gustave Wasa*, d'après L. Hersent; le *Portrait de Louis-Philippe*, d'après Gérard; le *Portrait de M. Bertin*, d'après Ingres; le *Christ consolateur*, d'après Ary Scheffer; la *Grande fresque de l'hémicycle des Beaux-Arts*, d'après Paul Delaroche, qui lui coûta dix années de travail (1853); la *Sainte Vierge et l'enfant Jésus*, d'après le dessin de Raphaël; *Carle Vernet*, *Mirabeau* et deux autres *Portraits*, d'après P. Delaroche; *Tardieu*, d'après Ingres; *Alexandre Brongniard* et un autre portrait, d'après ses propres dessins; ces derniers ouvrages et plusieurs des précédents à l'Exposition universelle de 1855. On lui doit encore : *Cromwell*, d'après P. Delaroche, aquatinta; le *Mariage mystique de Sainte Catherine*, d'après le Corrège; *Moïse*, d'après P. Delaroche; le *Général Larboisière* et son fils, d'après les portraits de Gros; *Ary Scheffar*, d'après Benouville : ces cinq dernières gravures à l'Exposition universelle de 1867; les *Pèlerins d'Emmaüs*, d'après Paul Véronèse (1869), etc. — M. Henriquel-Dupont a obtenu une médaille de 2e classe en 1822, la médaille d'honneur en 1853 et la grande médaille d'honneur à l'Exposition universelle de 1855; chevalier de la Légion d'honneur en 1831, il a été promu officier en 1855 et commandeur le 20 octobre 1878. Élu membre de l'Académie des Beaux-Arts en 1849, en remplacement de Richomme, il était nommé, en décembre 1863, professeur de gravure en taille-douce à l'École des Beaux-Arts. M. Henriquel-Dupont a été élu membre honoraire de l'Académie royale de Londres, le 15 décembre 1869. Il a été nommé membre de la Commission supérieure des Beaux-Arts en 1876.

HERBERT, John Rogers, peintre anglais né à Maldon (Essex), où son père était receveur des Douanes le 23 janvier 1810. Encouragé par celui-ci dans son penchant pour la peinture, il entra à l'Académie royale de Londres en 1826; mais, devenu orphelin en 1828, il dut interrompre ses études artistiques et se créer des ressources. Il se mit alors à peindre des portraits, et avait acquis, à vingt-quatre ans, la confiance et la protection de plusieurs hauts personnages, parmi lesquels il faut citer la princesse Victoria, depuis reine d'Angleterre. M. Herbert débuta aux expositions artistiques, en 1830, par des portraits et en 1834, dans le genre de genre, par une petite toile ayant pour titre l'*Heure du rendez-vous* (the Appointed Hour); laquelle fut suivie de *Haydée* et la *Prière (1835)*; *Captifs rançon-*

nés par des condottieri (1836); Desdemone intercédant pour Cassio (1837); la Constance, l'Amour éludant la surveillance d'un gardien assoupi et les Fiancées de Venise : la Procession de 1528 (1839); Monastère du XIV° siècle, Chasseur de sangliers rafraichis à la porte d'un monastère et le Signal, sujet du temps de la chevalerie (1840). ce dernier tableau obtint le prix de l'Institution britannique; Pirates de l'Istrie enlevant les fiancées de Venise (1841); Première introduction du Christianisme en Grande-Bretagne (1842); le Christ et la femme de Samarie (1843); Sir Thomas Moore et sa fille témoins de l'exécution de quatre moines (1844); Saint-Grégoire enseignant le chant aux enfants de Rome (1845); Notre Sauveur soumis à ses parents, à Nasareth (1847); Saint Jean devant Hérode (1848); Lear déshéritant Cordelia (1849), envoyé à l'Exposition universelle de Paris en 1855. En 1848, M. Herbert fut chargé de la décoration d'une grande partie des salles du nouveau Palais du parlement, notamment de la salle des poètes, par des sujets tirés de Shakespeare, et de plusieurs salles de la Chambre des lords par des sujets tirés de l'Ancien Testament, entre autres une série ayant pour titre général : *Illustration of Justice on the Earth and its Development in Law and Judgment*, qui fut complétée en 1864 et lui valut une gratification en sus du prix fixé, que lui vota le parlement. Son *Moïse descendant du Sinaï avec les tables de la loi*, se trouve dans la principale salle des comités de la Chambre des lords. On cite parmi ses autres fresques à sujets bibliques : le *Jugement de Salomon*, *Visite de la reine de Saba*, la *Condamnation des faux prophètes*, *Daniel dans la fosse aux lions*, l'*Édification du temple*, etc. Il a exposé encore, en 1881, le *Jugement de Daniel*, tableau destiné à la chambre des Lords, et en 1886, un autre *Daniel*, *Jésus calmant les flots* et *Jésus marchant sur la mer de Génésareth*. — En 1856, M. Herbert eut la douleur de perdre son fils ainé, Arthur J. Herbert, qui était en même temps son élève, et dont le *Philippe et Velasquez*, exposé la même année, donnait de réelles espérances, ruinées par cette mort prématurée. Depuis cette époque, il s'est exclusivement livré à la peinture religieuse, et beaucoup de ses sujets ont été empruntés à la Vie de sainte Marie-Madeleine. Il s'était converti au catholicisme pendant un séjour à Venise, vers 1839. Associé de l'Académie royale de Londres depuis 1842, M. Herbert fut élu membre titulaire en 1846; il a été élu correspondant de l'Académie des Beaux-Arts en décembre 1869, en remplacement du feu baron Leys.

HEREDIA (de), SEVERIANO, homme politique français d'origine espagnole, ou plutôt cubaine, étant né à La Havane le 8 novembre 1836. Riche planteur, élevé en France, il y revint au moment où l'île de Cuba était en pleine insurrection contre le gouvernement métropolitain, et se fit naturaliser français en octobre 1870. Au mois d'avril 1873, M. de Hérédia était élu conseiller municipal de Paris pour le quartier des Ternes, et réélu par le même quartier jusqu'en 1881, époque à laquelle les élections du 21 août l'envoyèrent siéger à la Chambre comme député de la 1re circonscription du XVIIe arrondissement de Paris. Candidat radical dans la Seine aux élections d'octobre 1885, il fut élu au scrutin du 18. M. de Hérédia, qui siège à la gauche radicale de la Chambre, a voté l'expulsion des princes. — Il a pris part, en 1876, à la fondation du journal radical la *Tribune*, quotidien, dirigé par M. F. Trébois.

HÉRISSON, ANNE CHARLES, avocat et homme politique français, né à Surgy (Nièvre) le 12 octobre 1831, fit ses études au collège de Clamecy et à Paris, au lycée Saint-Louis, suivit les cours de l'École de droit et, reçu avocat en 1853, se fit inscrire au barreau de Paris. Lauréat de la faculté, il prenait le grade de docteur en 1855. En 1859, il achetait une charge d'avocat au Conseil d'État et à la Cour de cassation. L'un des membres les plus actifs du parti démocratique, il prit part à l'agitation électorale de 1863 et, impliqué dans le procès des Treize, il fut condamné à 500 francs d'amende, comme les autres prévenus, avec la plupart desquels il avait collaboré, en 1861, au *Manuel électoral*. Il a collaboré en outre à la *Revue pratique du droit français* de MM. Demangeat et Émile Ollivier, à la *Revue critique de législation*, à plusieurs journaux politiques de Paris, et dirigé le *Bulletin des Tribunaux* (1863-64). — Le 5 septembre 1870, M. Hérisson fut nommé maire provisoire du VIe arrondissement de Paris et membre de la commission d'enseignement communal; le 13 octobre suivant, il était nommé adjoint au maire de Paris. Confirmé dans les fonctions de maire du VIe arrondissement par les élections du 5 novembre, il fut expulsé de la mairie le 18 mars 1871, non sans avoir opposé une vive résistance. Il fut porté néanmoins, sans son aveu, aux élections pour la Commune. le 26 mars, et obtint une minorité considérable. Nommé préfet de la Marne quelques jours plus tard, il refusait ce poste et reprenait possession de la mairie du VIe arrondissement de Paris, le 25 mai suivant. Le 8 août, il donnait sa démission. Aux élections complémentaires pour l'Assemblée nationale, du 2 juillet 1871, M. Hérisson échouait dans la Seine avec près de 80,000 voix : il se portait candidat, le 30 du même mois, au Conseil municipal de Paris, dans le quartier de la Monnaie et, sur 2,840 votants, obtenait juste la moitié, c'est-à-dire 1,420 voix, qui est le chiffre également obtenu par son concurrent, M. L. Bréton, associé de la maison Hachette. Celui-ci fut toutefois proclamé membre du Conseil municipal de Paris au bénéfice d'âge et siégea pendant trois mois, au bout desquels, vérification faite des listes d'émargement, et sur la requête de M. Hérisson, l'élection fut annulée. Renvoyé devant ses électeurs, le 26 novembre suivant, M. Hérisson fut élu. Au mois de mars 1872, il était élu vice-président du Conseil. Lors des élections complémentaires du 8 février 1874, pour l'Assemblée nationale M. Hérisson était élu représentant de la Haute-Saône; il prit place à gauche et se présenta aux élections générales du 20 février 1876, dans l'arrondissement de Lure; mais il échoua contre le candidat « conservateur » M. Émile Deslove. De nouveau candidat aux élections municipales complémentaires de Paris, mai-juin 1876, dans le XIXe arrondissement (quartier d'Amérique), il était élu au scrutin de ballottage du 4 juin, et porté par ses collègues au fauteuil présidentiel, le 4 juillet suivant. Réélu en 1878 pour le quartier Notre-Dame des Champs, il se portait le 7 juillet suivant candidat à la députation dans le VIe arrondissement, pour remplacer le colonel Denfert-Rochereau, décédé. Élu, il donnait sa démission de conseiller municipal de Paris et prenait place à la Chambre sur les bancs de l'Union républicaine. Il fut réélu le 21 août 1881. Le 21 février 1883, M. Hérisson était appelé au ministère du commerce dans le cabinet présidé par M. Jules Ferry. Il donnait sa démission le 9 mars 1885, et était remplacé par M. Rouvier. Il ne s'est pas présenté aux élections de 1885.

HÉRISSON, MARIE SYLVESTRE, homme politique français, frère du précédent, né à Surgy vers 1828. Avoué dans sa ville natale, il y devint maire et fut élu au Conseil général de la Nièvre. Aux élections du 21 août 1881, M. Hérisson se présenta dans l'arrondissement de Clamecy contre M. Le Pelletier d'Aulnay, député sortant, bonapartiste. Il fut élu, et s'inscrivit à la gauche radicale. Porté sur la liste radicale de la Nièvre aux élections d'octobre 1885, il fut élu au scrutin du 18. Il a voté l'expulsion totale des princes.

HERKOMER, HUBERT, peintre anglais, d'origine allemande, né à Waal (Bavière) en 1849, d'un père graveur sur bois, qui émigra aux États-Unis avec sa famille en 1851, vint en Angleterre et s'établit à Southampton en 1857. Il entra à l'école d'art de cette ville en 1864, et y emporta une médaille de bronze. En 1865, il alla à Munich avec son père, chargé d'un travail qui nécessitait ce voyage, et y reçut les conseils du professeur Echter. En 1866, il entra à l'école de South-Kensington, mais au bout de cinq mois, il retournait à Southampton, où il ouvrit une école de dessin pour l'étude du modèle vivant. Ayant imaginé de faire une exposition des travaux de ses élèves et des siens à la Noël de cette année, il y vendit son premier tableau. Il rentra à South-Kensington en 1867, pour quelques mois, puis alla s'établir au village de Hythe, et y peignit deux tableaux, qu'il exposa à la galerie Dudley en 1868. Il se rendit ensuite à Londres, où il fit surtout des aquarelles et des dessins sur bois pour la gravure, sans négliger la peinture, et commença à exposer aux diverses galeries, principalement des dessins de sujets bavarois et quelques portraits, puis des tableaux parmi lesquels nous citerons : *Après le travail du jour* (1873), qui eut un grand succès à l'Académie royale; la *Dernière revue*, son tableau célèbre, représentant les pensionnaires de l'hôpital de Chelsea, vieux marins invalides, suivant le service du dimanche, et qui, après son succès à la salle de lecture de Burlington House, en 1875, parut à l'Exposition universelle de 1878, remportant une des deux grandes médailles d'honneur obtenues par les artistes anglais. Il a exposé depuis à l'Académie royale : *A la porte de la mort*, paysans des Alpes bavaroises attendant le retour du prêtre en train d'administrer les derniers sacrements à un membre de la famille (1876); *Der Bittgang*, paysans bavarois priant pour avoir une bonne récolte (1877); la *Soirée*, scène à l'Union de Westminster; une *Femme galloise*; *Souvenir de Rembrandt* (1878); *Racontant* son aventure *(1879)*; le *Reliquaire*, le *Favori de grand papa*, les *Deux côtés de la question* et *Balayé par le vent (1880)*, *Manquant*, scène aux portes de l'arsenal de Portsmouth après le naufrage de l' « Atalanta » (1881); *Chez soi (1882)*; les *Ennemis naturels (1883)*; outre des aquarelles, des dessins et des gravures. — M. Herkomer, qui a obtenu une grande médaille d'honneur, comme nous l'avons dit, à l'Exposition universelle de 1878, avec son admirable tableau: la *Dernière revue*, était élu associé de l'Académie royale de Londres l'année suivante, et la même année, membre honoraire de l'Académie impériale de Vienne; il recevait, en septembre 1881. le diplôme de membre et maître de l'Institut *(Hochstiftung)* de Francfort-sur-le-Mein.

HERMARY, Jules Hippolyte Joseph, homme politique français, né le 15 décembre 1834 à Barlin (Pas-de-Calais). Élève de l'École centrale des arts et manufactures, il y obtint le diplôme d'ingénieur civil et retourna dans son pays, où il se fit brasseur. Maire de sa ville natale depuis 1865, conseiller général du Pas-de-Calais depuis 1868, secrétaire du comice agricole de l'arrondissement de Béthune, M. Hermary fut élu député de la 1re circonscription de Béthune le 20 février 1876, comme candidat « constitutionnel ». Il prit place au centre droit, fut réélu le 14 octobre 1877, mais échoua le 21 août 1881. Il échouait également aux élections sénatoriales du 8 janvier 1882. Aux élections du 8 octobre 1885, M. Hermary figurait sur la liste monarchiste, qui a triomphé dans le Pas-de-Calais.

HERMITE, Charles, mathématicien français, né à Dieuze (Meurthe) le 25 décembre 1822. Entré à l'École polytechnique en 1842, il publiait dès l'année suivante un remarquable travail sur les fonctions abéliennes; il résolut dès lors de se consacrer à l'étude et à l'enseignement des mathématiques et refusa d'entrer dans les services publics à sa sortie de l'École. En 1848, il fut nommé répétiteur d'analyse mathématique et examinateur d'admission à l'École polytechnique, et y devint examinateur de sortie en 1863; nommé maître de conférences à l'École normale en 1864 et professeur d'analyse à l'École polytechnique en 1869, M. Hermite est devenu, en 1870, professeur d'algèbre supérieure à la faculté des sciences de Paris. Chevalier de la Légion d'honneur depuis 1859, il a été promu officier en 1857 et commandeur le 13 juillet 1884. — M. Ch. Hermite est membre de l'Académie des sciences (section de physique générale), où il remplace Binet, depuis 1856. — Les travaux de M. Ch. Hermite se rapportent principalement à la théorie des nombres et à celle des fonctions elliptiques et ultra-elliptiques ou *abéliennes*; ils ont été insérés dans les *Comptes rendus de l'Académie des sciences*, le *Recueil des savants étrangers*, le *Journal des mathématiques pures* de Liouville, les *Œuvres complètes de Jacobi*, le *Journal de Crelle* et dans diverses autres publications spéciales de la France et de l'étranger. Il a publié à part plusieurs mémoires, notamment: *Théorie des fonctions modulaires*, *De la réduction des formes cubiques à deux indéterminées (1859)*; *Théorie des fonctions elliptiques*, *Sur les fonctions de sept lettres (1863)*; *Sur l'équation du 5e degré (1866)*; *Sur la fonction exponentielle (1874)* et son *Cours d'analyse professé à l'École polytechnique (1873* et suiv.).

HERNANDO, Rafael José Maria, compositeur espagnol, né à Madrid le 31 mai 1822. Il fit ses études musicales au Conservatoire de Madrid, où il entra en 1837, sous la direction de Ramon Carnicer, et vint à Paris en 1843, se perfectionner dans son art. Il commença dès lors à se livrer à la composition et écrivit un *Stabat Mater* qui fut exécuté, avec quelques autres œuvres, aux concerts de la société Sainte-Cécile, puis un opéra italien qu'il ne réussit pas à faire jouer. De retour à Madrid après quelques années de séjour en France, il écrivit une saynète: *las Sacerdotisas del Sol* (les Prêtresses du Soleil) qui fut représentée sur le théâtre de l'Instituto. Il donna ensuite en 1849: le *Bâton d'aveugle* (El Palo de Ciego), zarzuela en un acte qui eut beaucoup de succès et *Étudiants et soldats* (Colegiales y Soldados). C'est du succès de cette dernière qu'est due la formation d'une entreprise pour l'exploitation, au théâtre des Variétés, du genre national de la « zarzuela ». M. Hernando fut choisi pour directeur du théâtre, auquel il s'engagea à fournir quatorze actes de musique par année, au besoin; mais son *Esprit follet* (El Duende) représenté pour la première fois le 6 juin 1849, eut cent vingt représentations consécutives et sa seconde pièce *Bertoldo y Comparsa*, zarzuela en 2 actes, n'eut pas moins de succès. — En 1851, il se forma à Madrid une société d'auteurs pour cultiver le genre lyrique espagnol; M. Hernando fut nommé président de cette société; il écrivit à cette époque la musique de plusieurs zarzuelas: *El Novio pasado por agua*, 3 actes; *Cosas de Juan*, 3 actes; *Una Noche en el Serallo*, 2 actes (non représentée); *El Tambor*, 1 acte, au bénéfice des soldats de l'armée d'Afrique; *Aurora*, 3 actes et quelques ouvrages écrits en collaboration: *Escenas de Chamberí*, *Por Seguir a una mujer*, *Dom Simplicio Bobadilla*, etc. En 1852, M. Hernando fut nommé secrétaire du Conservatoire de Madrid, position dans laquelle il rendit d'éminents services administratifs. Il y écrivit en outre: un hymne inaugural chanté par les élèves du Conservatoire au théâtre du Palais-Royal; une fantaisie symphonico-religieuse, et *Nacimiento*, pour la séance musicale donnée au Conservatoire à la naissance du prince des Asturies, depuis Alphonse XII; *Premios à la Virtud*, hymne exécuté par les élèves, sous sa direction, à la première distribution des prix du Conservatoire; enfin un *Chœur* et une *Marche triomphale*, exécutés par les élèves du Conservatoire et ceux de l'Université, au retour de l'armée d'Afrique. M. Hernando a publié un *Proyecto-Memoria para la creacion de una Academia espanola de música y de fomento del arte*, accueilli avec une grande faveur, mais resté lettre morte. Nommé professeur d'harmonie supérieure au Conservatoire, M. Hernando se démit de ses fonctions de secrétaire pour se dévouer tout entier à l'enseignement. Il a fondé une société artistique musicale de secours mutuels, dont il fut élu aussitôt secrétaire général. — Outre ses compositions dramatiques, on doit à M. Hernando un certain nombre d'œuvres de musique religieuse; parmi lesquelles on cite tout particulièrement une *Messe votive*, exécutée à l'église de Notre-Dame-de-Lorette (de Madrid), le 22 novembre 1867, jour de la Sainte-Cécile.

HERVÉ, Florimont Ronger (dit), compositeur et auteur dramatique anglais, d'origine française, né à Houdain (Pas-de-Calais) le 30 juin 1825. Il fit ses études musicales à Paris, à la maîtrise de Saint-Roch, et devint organiste dans diverses églises. Il écrivit, en 1848, la musique d'une espèce d'intermède intitulé *Don Quichotte et Sancho Pança*, qu'il chanta lui-même, avec Joseph Kelm, lequel devait être longtemps son partenaire dans la suite, à l'Opéra-National. En 1851, il devenait chef d'orchestre du Palais-Royal, et prenait en 1854 la direction d'un café-concert appelé les Folies-Mayer, du nom de son fondateur, et situé sur le boulevard du Temple. Ces « Folies-Mayer » à la suite de transformations diverses et de non moins diverses modifications de titre, sont du reste redevenues le Théâtre-Déjazet. Il obtint, par privilège spécial, l'autorisation de transformer son établissement en petit théâtre, où il put jouer des saynètes musicales à deux personnages et des pantomimes, et cela fait, l'ayant baptisé Folies-Concertantes, il l'ouvrit plein de confiance. M. Hervé était à la fois ou tour à tour, à son théâtre, auteur, compositeur, chanteur, chef d'orchestre, décorateur et machiniste, écrivant lui-même les paroles et la musique de la plupart des pièces qu'il donnait, en jouant souvent le rôle principal, s'emparant du bâton de chef d'orchestre lorsqu'il n'était pas retenu sur la scène. Par cette infatigable activité, il sut amener le succès sur cette petite scène. Il y donna, en 1855 et 1856, une série de pochades musicales, ultra-fantaisistes quant aux paroles, mais d'une valeur réelle et d'un tour aimable quant à la musique, qui lui firent dès lors une certaine réputation et qui ont donné naissance au genre de l'opérette. Nous citerons parmi les ouvrages de M. Hervé datant de cette époque: *Vadé au cabaret*, Un drame en 1779, le *Compositeur toqué*, la *Fine fleur de l'Andalousie*, la *Perle de l'Alsace*, la *Belle Espagnole* (paroles et musique, sauf *Vadé*); *Fifi et Nini*; a outons la musique de plusieurs pantomimes: le *Pendu*, *Bébé*, *Les rosières*, *Pierrot amoureux*, etc. M. Hervé cédait en 1856, à MM. Huart et Altaroche, la direction de cet établissement, qui prit dès lors le titre de Folies-Nouvelles, y restant toutefois attaché tant comme acteur que comme compositeur. Une aventure malheureuse, dont nous n'avons pas à nous occuper autrement, mais dont le souvenir n'est probablement pas étranger à son récent changement de nationalité, en tenant forcément M. Hervé éloigné de cette scène, empêcha que cette clause du traité pût être remplie. Mais il continua de fournir les Folies-Nouvelles de petites pièces qu'il signait de pseudonymes divers. A cette période appartiennent: *Toinette et son carabinier*, et *Femme à vendre*, signées « Brémond »; le *Pommier ensorcelé*, *Dent de sagesse*, *Alchimiste*, signées « Louis Heffer » (1856-58). A cette dernière date, M. Hervé acceptait un engagement au grand théâtre de Marseille, en compagnie de Joseph Kelm, pour y jouer son répertoire. De Marseille, il se rendit à Montpellier comme se cond ténor, et la chronique provinciale affirme qu'il y joua imperturbablement les rôles de Cantarelli du *Pré aux clercs*, d'Hector de Biron des *Mousquetaires de la reine*, voire d'Arthur de *Lucie!* De retour à Paris, après une excursion au Caire, il fit jouer sur la petite scène des Délassements-Comiques, en 1862 : le *Hussard persécuté* (paroles et musique) et la *Fanfare de Saint-Cloud*. Il fut ensuite engagé au café-concert de l'Eldorado, comme comédien, chef d'orchestre et compositeur, et produisit à cet établissement une quantité innombrable de chansons, chansonnettes, saynètes, opérettes, etc.; quittant fort souvent, dans la même soirée, l'orchestre pour la scène et la scène pour l'orchestre. Indépendamment d'un pareil labeur, écrasant pour plus d'un autre, M. Hervé trouvait encore le moyen et le temps d'écrire la musique, et souvent les paroles, de nombreuses pièces, telles que : les *Toreadors de Grenade*, un acte, paroles et musique, au Palais-Royal (1863) ; le *Joueur de flûte*, un acte, aux Variétés (1864) ; une *Fantasia*, un acte, même théâtre (1865) ; la *Revue pour rien, ou Roland à Ronge-veau*, parodie en deux actes, aux Bouffes (1865) ; les *Chevaliers de la Table-Ronde*, trois actes, aux Bouffes (1866). En 1865, M. Hervé quittait l'Eldorado et reparaissait à la Porte-Saint-Martin, comme acteur, dans la *Biche aux bois*, vieille féerie qu'il avait, par surcroît, rajeunie de quelques airs nouveaux ; puis dans une grande revue, en 1867, également relevée de quelques airs de sa composition. Cependant, M. Hervé voyait avec douleur un rival heureux s'emparer d'un genre qu'il avait effectivement créé, en se bornant à en étendre le cadre, et remporter des succès étourdissants avec *Orphée aux enfers*, *Barbe Bleue*, la *Grande-Duchesse*, la *Belle Hélène*, etc. En un mot les lauriers d'Offenbach empêchaient de dormir M. Hervé, d'autant plus qu'il les considérait comme cueillis dans son propre jardin. C'est à ce sentiment de jalousie que nous devons l'*Œil crevé*, trois actes (paroles et musique), représenté avec un succès étourdissant aux Folies-Dramatiques (1867). Il donna ensuite, au Palais-Royal : le *Roi d'Amatibou*, pochade musicale en un acte, (1868) ; puis, aux Folies-Dramatiques, une nouvelle pièce en trois actes, paroles et musique : *Chilpéric (1868)*, qui n'atteignit pas le niveau du succès de l'*Œil crevé*, et dont il donnait néanmoins la parodie à l'Eldorado, deux mois après la première représentation, sous le titre de *Chilméric*. Ce fut ensuite le *Petit Faust (1869)*, opérette en trois actes, dont il n'écrivit que la musique, et qui obtint un succès non encore épuisé ; puis, les *Turcs*, au même théâtre (même année), trois actes ; le *Trône d'Ecosse*, trois actes, aux Variétés (1871) ; le *Nouvel Aladin*, trois actes, au théâtre Déjazet (1871), pièce jouée d'abord en anglais, à Londres, et dont le livret, écrit par M. Thompson, fut traduit en français par M. Hervé lui-même ; la *Veuve du Malabar*, trois actes, aux Variétés (1873) ; le *Hussard persécuté*, deux actes, amplification de l'acte joué aux Délassements-Comiques plus de dix ans auparavant (1875) ; *Alice de Nevers*, trois actes, paroles et musique, aux Folies-Dramatiques (1875) ; la *Belle Poule*, trois actes, au même thé tre (1875) ; *Estelle et Némorin*, trois actes à l'Opéra-Bouffe, ancien théâtre des Arts (1876) ; la *Marquise des rues*, 3 actes et *Panurge*, idem, aux Bouffes (1879) ; *Lili*, 3 actes, aux Variétés (1882) ; *Mam'zelle Nitouche*, 3 actes, même théâtre (1883) ; la *Nuit aux soufflets*, 3 actes, aux Nouveautés (1884) ; *Fla Fla*, 3 actes, aux Menus-Plaisirs (1886), insuccès complet, etc. — Nous devons ajouter à la nomenclature incomplète qui précède, la partition d'une opérette en un acte : *Deux portières pour un cordon*, représentée en 1869 au Palais-Royal et que M. Hervé a écrite en société avec MM. Ch. Lecocq et Legouix, sous le pseudonyme collectif d'Alcindor ; celle de la *Cocotte aux œufs d'or*, avec MM. Cœdès et Raspail (Menus-Plaisirs, 1873) ; sans parler d'une foule de pochades de cafés-concerts : *Entre deux vins*, *Moldave et Circassienne*, *Trombolino*, les *Métamorphoses de Tartempion*, etc., etc.

M. Hervé, nous en avons eu des exemples, possède au plus haut degré l'intelligence de tout ce qui touche à la scène, une activité littéralement infatigable et enfin une faculté d'assimilation étonnante. C'est ainsi qu'en 1870, il acceptait hardiment un engagement à Londres, pour y jouer son répertoire en anglais — ne sachant pas un traître mot d'anglais. Mais c'est là un détail puéril : quelques mois d'études, et le voilà au courant de la chose, parfaitement en état de paraître sur une scène anglaise et de se faire applaudir par un auditoire anglais, à cent lieues de se douter de rien. Il met de la musique sur une partition anglaise (le *Nouvel Aladin*), rapporte à son retour (1871) la pièce à Paris, la traduit en français, et la donne au Théâtre-Déjazet — non pas sans doute avec un succès fou : M. Hervé n'en a plus eu guère depuis le *Petit Faust*. En 1874, ayant pris langue, comme on dit, il retournait à Londres et organisait, au théâtre de Covent-Garden, des promenades concerts, dont il conduisait l'orchestre, et qui furent une des *great attractions* de la *season* cette année-là. Finalement, il s'est si bien habitué aux personnes et aux choses de l'Angleterre, qu'il s'est fait Anglais et qu'il ne nous appartient plus. On en parlait depuis quelque temps, mais sans être sûr de rien, lorsque M. Hervé prit la peine d'éclairer l'opinion par une lettre adressée au *Figaro*, datée de Paris, où il dirigeait les répétitions de *Fla-Fla*, 16 août 1886. Dans cette lettre, le compositeur de tant de pochades nous apprenait qu'ayant passé l'âge de la lutte, il avait acheté une « modeste propriété » à Folkestone, et s'était fait naturaliser Anglais pour éviter l'expulsion « en cas de conflit international ». M. Hervé est donc bel et bien Anglais, et il assure que cela ne regarde personne. Sans doute. Toutefois, c'est d'un autre ton qu'un compositeur français, qui vaut bien M. Hervé, au moins, répondait à l'accusation d'avoir foulé aux pieds sa qualité de Français (voy. GOUNOD).

HERVÉ, AIMÉ MARIE EDOUARD, journaliste, membre de l'Académie française, né à Saint-Denis (Ile de la Réunion) le 28 mai 1835, est fils d'un professeur de mathématiques au collège de cette ville, où il commença ses études, terminées d'une manière particulièrement brillante à Paris, au lycée Napoléon. Entré en 1854, premier de la promotion, à l'Ecole normale (section des lettres), il donnait sa démission peu de temps après pour se faire journaliste. M. Hervé collabora d'abord à la *Revue de l'instruction publique* et à la *Revue contemporaine*, où il fut chargé, en 1860, du bulletin politique ; il fut ensuite rédacteur du *Courrier du Dimanche* en 1863, du *Temps* en 1864, de l'*Epoque* (direction Feydeau) en 1865. Les tracasseries de l'administration avant rendu à peu près impossible sa collaboration à un journal français, il devint, vers la fin de 1865, correspondant du *Journal de Genève*. Mais à la suite de la lettre impériale du 19 janvier, M. Hervé voyait rentrer à la scène parisienne en fondant, avec M. J.-J. Weiss, qui, lui, venait de quitter le *Journal des Debats*, le *Journal de Paris*, dont le premier numéro parut le 28 avril 1867, et le dernier le 28 avril 1876. — Aux élections générales de 1869, M. Hervé se porta candidat de l'opposition libérale dans la première circonscription du Pas-de-Calais, contre M. Seus, candidat officiel ; mais celui-ci fut élu à une grande majorité. M. Emile Ollivier, à son avènement au pouvoir (2 janvier 1870), lui offrit la préfecture de Bordeaux, qu'il refusa, comme il devait refuser d'autres offres, plus tard, voulant rester, dit-il, journaliste ; il ne laissa pas, toutefois, que de donner son appui à cet essai tardif, et d'ailleurs peu loyal, du gouvernement parlementaire, étant parlementaire avant tout ; mais il s'en sépara dès la première proposition, si peu parlementaire, du plébiscite. En même temps que M. Hervé refusait une préfecture de première classe, son ami et collaborateur, M. Weiss, acceptait les fonctions de secrétaire-général au ministère des Beaux-Arts, dont le titulaire était, comme on sait, M. Maurice Richard ; de sorte que M. Hervé resta dès lors seul directeur du *Journal de Paris*. Resté à Paris pendant le siège, il ne le quitta pas davantage pendant la Commune. Il signa la protestation des journalistes contre les élections décrétées par le Comité central et combattit avec une ardeur qu'on devine, mais avec une convenance de termes qu'on serait bien embarrassé de trouver dans le démenti de la presse conservatrice, les actes et les proclamations, ordres, décrets, etc. de la Commune de Paris. Ce ne fut pourtant que le 15 mai que parut l'arrêté du délégué à la Sûreté générale, Ferré, supprimant le *Journal de Paris*, qui avait eu le tort de protester contre la suppression de six autres journaux opérée la veille. En conséquence, le *Journal de Paris* ne parut pas le 17 mai ; ce fut l'*Echo de Paris*, lequel était à son tour supprimé le 19 mai, par arrêté du Comité de salut public, cette fois. Le *Journal de Paris*, naturellement, reparut aussitôt après l'occupation de Paris, ou plutôt du quartier où se trouvait son imprimerie, par les troupes du gouvernement. Lorsque, le calme rétabli dans une mesure suffisante, l'Assemblée nationale eut repris le cours de ses travaux, M. Edouard Hervé, qui le suivait avec une profonde attention, appuya d'abord le gouvernement de M. Thiers ; mais lorsque celui-ci eût vu celui-ci décidé à fonder la République, il se tourna brusquement contre lui et prit à la campagne qui devait amener la bataille alors décisive du 24 mai 1873, une part très active. Il avait fondé, le 27 février précédent, le *Soleil*, grand journal à un sou, renfort assez important dans la circonstance. Quelques mois après cette journée mémorable du 24 mai, une polémique fort vive s'établit entre le *XIX° Siècle* et le *Journal de Paris*, à l'occasion des intrigues fusionnistes ; les rédacteurs en chef de ces deux journaux, MM. Edouard Hervé et Edmond About ne crurent pouvoir mieux faire pour la terminer que de se rencontrer à longueur d'épée. M. About fut légèrement blessé dans cette rencontre (6 août) et les choses reprirent alors leur trantran accoutumé. — Le 28 avril 1876, M. Edouard Hervé annonçait aux lecteurs du *Journal de Paris* la disparition de ce journal, après neuf années d'une existence agitée ; il est resté depuis à la tête du *Soleil*. On a peu de chose de M. Hervé, en dehors de ses travaux de journaliste et de ses études historiques et politiques insérées dans diverses publications périodiques. Il a publié à part, en 1869, *Une page d'histoire contemporaine*, étude sur les hommes d'Etat et les hommes politiques de l'Angleterre, et en 1885, une autre étude, sur la *Crise irlandaise*. Ses remarquables études sur l'Angleterre, sur ses hommes d'Etat, sur ses élections, sur le fonctionnement du système parlementaire, etc., ont fait également l'objet de quelques conférences à la salle du boulevard des Capucines. Mais M. Hervé n'est pas orateur; sa voix douce, sympathique, ne saurait convenir au *lecturer* public, qui doit faire violence à son auditoire, l'*empoigner*, pour parler net. — Aux élections d'octobre 1885, M. Edouard Hervé était porté sur la liste conservatrice présentée aux électeurs du département de la Seine, et qui échoua complètement ; mais M. Hervé tenait la tête de cette liste, avec 136,000 voix, au second tour. Il prenait sa revanche à l'Académie française, où il était élu au premier tour, en remplacement du duc de Noailles, le 10 février 1886. — Il est chevalier de la Légion d'honneur depuis le 11 octobre 1873.

HERVÉ-MANGON. Voyez **Mangon**, Hervé.

HERVILLY (d'), Marie Ernest, littérateur et auteur dramatique français, né à Paris le 26 mai 1839. Il fit ses études au lycée de Versailles et entra au chemin de fer du Nord, en qualité de dessinateur en 1858 ; il devint, l'année suivante, piqueur des ponts et chaussées ; mais ses préférences pour la carrière littéraire ne lui permirent pas de conserver longtemps ces fonctions. Il collabora au *Diogène*, au *Boulevard*, à l'*Artiste*, au *Grand Journal*, à la *Lune*, à l'*Eclipse*, à *Paris-Caprice*, au *Nain jaune*, au *Sur terre et sur mer*, au *Rappel*, et publia successivement : la *Lanterne en vers de couleurs*, plaquette in-8° (1868) ; les *Baisers*, poésies (1872) ; le *Harem*, poésies et *Contes pour les grandes personnes* (1874) ; *Mesdames les Parisiennes* (1875) ; *Histoires divertissantes* (1876) ; *D'Hervilly-Caprices* (1877) ; *Histoires de mariage* (1879) ; l'*Heureux jour* (1884), etc. — Il a donné, en outre, au théâtre : le *Malade réel* (1874) ; le *Docteur Sans-Pareil* (1875) et la *Belle Saïnara*, 1 acte en vers (1876), à l'Odéon ; le *Magister*, au Théâtre-Français ; le *Bonhomme Misère*, légende en 3 tableaux, avec M. A. Grévin, à l'Odéon ; le *Bibelot*, 1 acte, au Palais-Royal (1877) ; l'*Ile aux corbeaux*, 1 acte en vers, à l'Odéon ; *Mal aux cheveux*, 1 acte, au Palais-Royal (1885) ; *Molière en prison*, à-propos en 1 acte, en vers, au Théâtre-Français (1886) ; des saynètes, dont plusieurs insérées dans le *Théâtre de campagne*, publié par M. P. Ollendorf, etc.

HEULHARD, Louis Octave Arthur, journaliste et écrivain musical français, né à Lormes (Nièvre) le 11 mai 1849. Il débuta de très bonne heure dans la presse démocratique parisienne et fut attaché successivement au *Courrier de Paris*, journal hebdomadaire, à la *Réforme*, dont il fut secrétaire de la rédaction, et au *Courrier français* (1869-70). Il rédigeait dans ce dernier journal, qui cessa de paraître au moment de l'investissement de Paris par l'armée allemande, une chronique politique quotidienne. Dilettante éclairé, M. Heulhard était, en même temps, collaborateur de l'*Art musical* et de la *France chorale*. Il a publié à part, une *Etude* sur une *Folie à Rome*, opéra bouffe de Federico Rici (in-12 avec portrait, 1870) ; puis, la *Fourchette harmonique, histoire de cette société gastronomique, littéraire et musicale*, avec des notes sur la musicologie en France (in-12, 1872). Au mois de juillet 1873, M. Arthur Heulhard fondait la *Chronique musicale*, recueil unique en ce genre dans le monde entier, sous le rapport des conditions littéraires et artistiques, et qui fut honoré d'une souscription de la direction des Beaux-Arts à titre d'encouragement. M. Heulhard a été le rédacteur musical du journal l'*Evénement* pendant environ une année (1874-75) ; plus récemment (1876), il a rédigé la Chronique parisienne des *Nouvelles de Paris*. Il a publié depuis : la *Foire Saint*-*Laurent* (1877, 1 vol. in-12) ; *Rabelais et son maître* (1884) ; *Bravos et sifflets* (1886), etc.

HEUZEY, Léon, archéologue français, né à Rouen le 1er décembre 1831. Elève de l'Ecole normale et de l'Ecole française d'Athènes, il est devenu professeur d'histoire et d'archéologie à l'Ecole des beaux-arts et membre du conseil supérieur d'enseignement de l'Ecole ; il est en outre professeur d'archéologie orientale à l'école du Louvre et conservateur du département des antiquités orientales et de la céramique antique au Musée, membre du Conseil supérieur des beaux-arts, du Comité des travaux historiques et scientifiques, etc. Il a été nommé membre de l'Académie des inscriptions et belles-lettres, en remplacement de M. Beulé, en mai 1875. — M. L. Heuzey a publié : le *Mont Olympe et l'Acarnanie* (1862) ; *Mission archéologique de Macédoine* (1864 et suiv.) ; *Reconnaissance archéologique d'une partie du cours de l'Erigan et des ruines de Stobé* (1873) ; les *Figurines antiques de terre cuite du musée du Louvre* (1878 et suiv.), etc. — Décoré de la Légion d'honneur en 1865, M. Léon Heuzey a été promu officier le 13 juillet 1882.

HEYLLI (d'), Georges (Edmond Poinsot, dit Georges d'Heylli, puis), littérateur français, né à Nogent-sur-Seine (Aube) le 16 août 1833. S'étant fait connaître dans les lettres sous un pseudonyme qui se trouvait être le nom véritable d'une famille aussi obscure que pointilleuse, M. Poinsot dut, en 1869, aux réclamations de cette famille, modifier l'orthographe de ce nom, dont la notoriété acquise lui rendait l'abandon pénible. Collaborateur du *Mousquetaire* d'Alexandre Dumas, du *Journal de Paris*, du *Figaro*, etc., M. Georges d'Heylli a publié : le *Scandale au théâtre* (1861, in-18) ; *Maladie et mort de Louis XV* (1866, in-16) ; *Morts royales : Louis XIV. Mme de Maintenon, Pierre III, Catherine II, Paul Ier, Napoléon II, Marie-Amélie*, etc. ; *Cotillon III : Mme Dubarry* (1867, in-18) ; les *Fils de leurs œuvres* (1868, in-16) ; *Extraction des cerceuils royaux à Saint-Denis, en 1793* (1868, in-18) ; *Dictionnaire des pseudonymes, Procès du maréchal Ney* (1869, in-18) ; *Madame Emile de Girardin* (Delphine Gay), notice biographique (1869, in-16) ; *Entrevue de Ferrières* (1870, in-18) ; *Télégrammes militaires de M. Gambetta, Journal d'un habitant de Neuilly pendant la Commune, les Manifestes du comte de Chambord, le Livre rouge de la Commune, M. Thiers à Versailles* (l'Armistice de 1870), *la Légion d'honneur et la Commune, Victor Hugo et la Commune* (1874, in-18) ; *Journal du siège de Paris* (1874, 3 vol. in-8°) ; le *Procès prussien de Versailles* (1874, 2 vol. in-8°) ; le *Cercueil retrouvé du cardinal de Retz* (1876) ; *Régnier, de la Comédie-Française*, notice biographique (1872, in-18) ; *Histoire de la Comédie-Française, 1680-1874* (1874) ; *Lettres inédites de Th. Desmiens* ; l'*Opéra, histoire et répertoire* (1875, in-18) ; *Madame Arnould-Plessy*, notice biographique (1876) ; *M. Bressant, de la Comédie-Française*, notice biographique (1877) ; *Léon Guillard, archiviste de la Comédie-Française*, avec portrait (1878) ; *Journal intime de la Comédie-Française, 1852-70* (1879), etc. — M. Georges d'Heylli a donné en outre des éditions du *Théâtre complet de Beaumarchais* (4 vol. in-18), du *Diable boiteux*, de *Manon Lescaut*, de *Vert-Vert*, du *Théâtre de Marivaux*, du *Théâtre de Sedaine*, du *Théâtre de Regnard* (2 vol.), etc. Il a fondé le 1er janvier 1879 la *Gazette anecdotique*, publication bi-mensuelle. Il est chevalier de la Légion d'honneur depuis 1880.

HICKS-BEACH, sir Michael. Voy. **Beach**.

HIGNARD, Jean Louis Aristide, compositeur français, né à Nantes le 20 mai 1822. Il vint à Paris compléter son éducation musicale, fut admis en 1845 au Conservatoire dans la classe de composition d'Halévy, et remporta au concours de l'Institut, en 1850, le deuxième second grand prix. Il faisait représenter, dès le mois de janvier de l'année suivante, sur le théâtre de sa ville natale, un opéra comique en un acte : le *Visionnaire*. Il a donné depuis, à Paris : le *Colin-Maillard*, un acte (1853), et les *Compagnons de la Marjolaine*, un acte (1855), au Théâtre-Lyrique ; *M. de Chimpanzé*, un acte (1858) et le *Nouveau Pourceaugnac* (1860), aux Bouffes-Parisiens ; l'*Auberge des Ardennes*, 2 actes (1860), au Théâtre-Lyrique ; les *Musiciens de l'orchestre*, 2 actes (1861), aux Bouffes, avec MM. Léo Delibes et Erlanger. Depuis lors, M. Hignard n'a pu de nouveau aborder la scène. Il a écrit un grand opéra. Ou plutôt une « tragédie lyrique » en 5 actes, *Hamlet*, qu'il a fait entendre par fragments, dans diverses réunions intimes, et dont la partition pour chant et piano a été gravée chez l'éditeur Heu. — On doit à M. Hignard un très grand nombre de compositions vocales, parmi lesquelles il nous faut citer: *Rimes et mélodies*; plusieurs *Chœurs*, avec accompagnement d'orchestre; six chœurs pour voix de femme avec accompagnement de piano à quatre mains; douze chœurs pour voix d'homme, sans accompagnement; des duos, des *Valses concertantes* et des *Valses romantiques* pour piano à quatre mains, etc.; enfin deux opérettes de salon : le *Joueur d'orgue* et *A la porte*. — L'Académie des beaux-arts lui a décerné le prix Trémont en 1871.

HILLEMACHER, EUGÈNE ERNEST, peintre français, élève de M. Léon Cogniet, est né à Paris en 1820. — On cite de cet artiste : *Saint Sébastien mourant (1842)*; la *Madeleine au sépulcre (1845)*; la *Vieille et les enfants (1847)*; *Pécheurs napolitains*, le *Confessionnal (1848)*; le *Satyre et le passant (1850)*; les *Assiégés de Rouen en 1418 (1852)*; le *Voyage de Vert-Vert (1853)*; le *Dimanche des Rameaux*, *Rubens faisant le portrait de sa femme (1855)*; les *Deux écoliers de Salamanque*, la *Partie de whist (1857)*; l'*Enfance de Jupiter (1858)*; *Molière consultant sa servante*, *Boileau et son jardinier (1859)*; un *Cierge à Notre-Dame des Sept douleurs dans l'Église Saint-Laurent, à Paris*; *Présentation du Poussin au roi Louis XIII par Cinq-Mars*; *Jean Gutenberg, aidé de Jean Faust, fait ses premières épreuves typographiques (1860)*; *James Watt*, la *Poste enfantine*, les *Bulles de savon (1861)*; *Napoléon I*[er] *avec Goethe et Wieland*, *Antoine ramporté mourant à Cléopâtre*, les *Deux Corneille (1863)*; *Philippe IV et Velasquez*, *Don Juan (1864)*; *Psyché aux enfers, d'après Apulée*; l'*Amateur de bouquins (1859)*; *Marguerite d'Anjou arrêtée avec son fils Edouard par un brigand*, l'*Indécision (1866)*; le *Petit Jehan de Saintré et la Dame des belles cousines*, *Souvenirs (1868)*; *Aristide et le paysan*, un *Portrait (1869)*; le *Bourgeois gentilhomme et ses professeurs*, *Jameray Duval gardant les vaches de l'ermitage Sainte-Anne (1873)*; le *Jeune Turenne endormi sur l'affût d'un canon*, le *Coffre de mariage (époque Louis XIII)*, *Voisinage (1874)*; la *Belle au bois dormant*, un *Repas de famille en Picardie*, *Souvenir du bourg d'Ault*, un *Portrait (1875)*; *Entrée des Turcs dans l'église Sainte-Sophie, lors de la prise de Constantinople, en 1453*; le *Ménage du serrurier*, autre souvenir du bourg d'Ault, dans le département de Somme (1876); *Archimède*, *Phidias (1877)*; *Julien de Médicis (1878)*; *Astolphe et Joconde consultant la Fiammetta*, *Piccola moneta (1879)*; *Edward Jenner faisant ses premières expériences de vaccine à Berkeley*, *Lisabetta de Messine (1884)*; *Enée et Didon (1885)*; le *Vieux Mortimer et son neveu Richard Plantagenet (1886)*; un certain nombre de portraits, etc. — M. Hillemacher a obtenu une médaille de 2e classe en 1848, un rappel en 1857, une médaille de 1re classe en 1861 et le rappel de cette médaille en 1863. Il a été nommé chevalier de la Légion d'honneur en 1865.

HILLION, JOSEPH LAURENT MARIE, homme politique français, né à Bourbriac (Côtes-du-Nord) le 3 septembre 1821. Il fit son droit, prit le grade de licencié et devint juge de paix. Membre du Conseil général des Côtes-du-Nord depuis 1867, la loi de 1870 sur les incompatibilités le força à donner sa démission; mais révoqué comme juge de paix en 1882, il fut réélu en 1883. Il est, en outre, président du comice agricole du canton de Bourbriac. — M. Hillion a été élu député des Côtes-du-Nord sur la liste réactionnaire, le 4 octobre 1885.

HIMLY, Louis AUGUSTE, historien et géographe français, né à Strasbourg le 28 mars 1823, commença ses études dans sa ville natale, les continua à Berlin et vint les terminer à Paris, où il entra ensuite à l'École des chartes en 1845. Reçu agrégé en l'histoire en 1843, il fut nommé, l'année suivante, professeur d'histoire au collège Rollin, quitta l'École des chartes en 1848 et prit le grade de docteur ès-lettres en 1849; nommé suppléant à la chaire de géographie de la Sorbonne, il en est devenu titulaire en 1863, et la conservée jusqu'ici, tout en devenant doyen de la faculté des lettres. M. Himly est, en outre, membre du Conseil académique, du Comité des travaux historiques et scientiques, membre et vice-président de la Société de géographie, etc., et a été élu membre de l'Académie des sciences morales et politiques, le 14 juin 1884, en remplacement de Mignet. Nommé chevalier de la Légion d'honneur en 1867, il a été promu officier le 31 décembre 1881; il est aussi officier de l'instruction publique. — On a de M. Himly: *Walla et Louis le Débonnaire* et *De Sancti romani imperii nationis germanicæ Indole*, etc. (1849), ses thèses de doctorat; *De la décadence carlovingienne (1851)*; *Histoire de la formation territoriale de l'Europe centrale (1876)*, etc.

HIND, JOHN RUSSELL, astronome anglais, fils d'un fabricant de dentelles de Nottingham, où il introduisit l'un des premiers les métiers Jacquard, est né dans cette ville le 12 mai 1823. Dès l'âge de six ans, il manifesta une véritable passion pour l'astronomie, dévora tous les ouvrages traitant de cette science et collabora, en 1839-40, aux publications locales : le *Nottingham Journal*, le *Dearden's Miscellany*, auxquels il fournit des articles intéressants sur divers problèmes d'astronomie. En 1840, il se rendit à Londres et entra chez un ingénieur civil; mais il réussit à obtenir, par l'intermédiaire de Wheatstone, qui l'appuya auprès de M. Airy, une place d'aide, dans la section de magnétisme et météorologie, à l'Observatoire royal de Greenwich. En 1843, il fut employé pendant trois mois, comme membre de la commission gouvernementale, au relevé de la longitude exacte de Valentia (Irlande). En 1844, il quittait Greenwich et était attaché à l'Observatoire particulier de M. G. Bishop, dans Regent's Park; il était nommé, en décembre suivant, membre de la Société astronomique. — M. Hind a publié son premier ouvrage, le *Système solaire*, en 1846. En 1847, il acceptait le poste de secrétaire de la Société royale astronomique pour l'étranger; il recevait une médaille d'or du roi de Danemark pour la découverte d'une nouvelle planète qu'il avait faite au mois de février, et était élu correspondant de la Société philomatique de Paris en 1848. Cette même année 1848, il publiait son *Expected return of the great comet of 1264 and 1556* et était nommé correspondant de l'Institut de France (Académie des sciences), pour la section d'astronomie, au mois de mai 1850, en remplacement du professeur Schumacher, d'Altona. Le 13 septembre de la même année, il découvrait la planète *Victoria*; puis *Irène*, le 19 mai 1851; *Melpomène*, le 24 juin 1852; *Fortuna*, le 22 août 1852; *Calliope*, le 16 novembre 1852; *Thalie*, le 15 décembre 1852. Il publia, en 1851, son *Vocabulaire astronomique*. La même année, la Société royale astronomique lui décernait la médaille d'or, il recevait du gouvernement une pension annuelle de 5,000 fr. et l'Académie des sciences de Paris lui décernait, pour la troisième fois, le prix Lalande, pour la découverte de quatre nouvelles planètes dans la courte période d'une année. Il publiait également, en 1852, ses *Réponses aux questions relatives à la comète de 1556*. En 1853 parut son *Illustrated London Astronomy*, et il découvrait la même année, le 8 novembre, une nouvelle planète, *Euterpe*, et une autre, *Uranie*, le 22 juillet de l'année suivante. M. Hind a publié depuis : *Éléments d'algèbre (1855)*; *Traité descriptif sur les comètes (1857)*, etc. Il a collaboré aux *Transactions* de la Société royale astronomique, aux *Comptes rendus* de l'Académie des sciences de Paris, aux *Astronomische Nachrichten* d'Altona, à *Nature*, à l'*Athenæum*, etc. Il a présidé la Société royale astronomique pendant l'exercice 1882.

HIOLLE, ERNEST EUGÈNE, sculpteur français, élève de Jouffroy et de Grandfils, est né à Valenciennes le 5 mai 1834. Il suivit en outre les cours de l'École des beaux-arts et remporta le grand prix de Rome en 1862. — On cite de cet artiste : *Brutus*, marbre et *Arion*, esquisse en plâtre (1867); *M. Robert Fleury*, marbre et un buste en bronze anonyme (1868); un buste d'enfant et *Narcisse*, statue, marbre (1870); le buste de *Mademoiselle Ballue* et un autre (1872); bustes du *Général de Martimprey* et de *M. Cantagrel (1873)*; la *Statue commémorative du monument élevé par Cambrai aux soldats morts pendant la guerre franco-allemande* et les bustes de *Viollet-le-Duc* et de *M. Chenavard (1874)*; le *D*[r] *Dereins*, buste (1875); *Saint-Jean de Matha*, statue en plâtre (1876); les bustes de *Jouffroy* et de *Carpeaux (1877)*; la statue en bronze du *Général Foy*, pour la ville de Ham et un *Enfant (1878)*; l'*Arion* et le *Narcisse*, déjà nommés, à l'Exposition universelle de 1878; le buste en plâtre teinté de *M. Mascart*, professeur *(1879)*; le *Général de Lafayette*, statue en bronze pour la ville du Puy; *Eve*, statue en marbre (1883); *Portrait du frère Libanos* et une *Jeune Italienne*, bustes en plâtre (1884); *Portrait de M. Harpignies*, buste en plâtre et le *Modèle*, figure en plâtre (1885); un buste de *Jeune fille*, en marbre (1886); enfin, on lui doit encore les *deux groupes entourant le cadran de l'Hôtel de Ville de Paris* (1883). — M. E. Hiolle a obtenu des médailles aux salons de 1867, 1869 et 1870, deux médailles d'honneur au salon de 1870 et à l'Exposition universelle de 1878; il a été décoré de la Légion d'honneur en 1873.

HIRN, GUSTAVE ADOLPHE, physicien alsacien, né au Logelbach, près de Colmar le 21 août 1815. Entré à dix-neuf ans dans la manufacture de cotons imprimés tenue par son grand-père il en eut bientôt la direction, et fit profiter cet établissement de ses connaissances scientifiques étendues et auxquelles il n'a cessé d'ajouter. De nombreux mémoires insérés au *Bulletin* de la Société industrielle de Mulhouse, dont il est membre, puis aux *Comptes rendus* de l'Académie des sciences, le faisaient nommer par ce dernier corps savant, dès 1867, son correspondant pour la section de physique générale. — M. Hirn a publié à part : *Recherches sur l'équivalent mécanique de la chaleur (1858)* ; *Théorie mécanique de la chaleur (1865)* ; *Conséquences philosophiques et métaphysiques de la thermodynamique, Analyse élémentaire de l'univers (1869)* ; *Mémoire sur les anneaux de Saturne (1872)* ; *Sur les propriétés optiques de la flamme des corps en combustion (1873)* ; *Étude sur une classe particulière de tourbillons (1878)*. — En mai 1880, l'empereur du Brésil lui faisait remettre la plaque de commandeur de l'ordre de la Rose.

HODGSON, JOHN EVAN, peintre anglais, né à Londres le 1er mars 1831. Il passa une partie de ses premières années en Russie, où son père s'était établi négociant en 1835, fit ses études en Angleterre, à l'école de Rugby et fut ensuite attaché à la maison de commerce paternelle. Mais, en 1863, il retournait en Angleterre, abandonnant les affaires, et entrait comme élève à l'Académie royale. Il exposa sa première toile en 1856 et a continué depuis à figurer à presque toutes les expositions. Il commença par des tableaux de genre, puis aborda la peinture historique, en 1861 ; en 1869, un voyage dans le nord de l'Afrique apporta, avec de nouveaux sujets, une modification nouvelle dans sa manière. — On cite de M. Hodgson : *Arrestation d'un braconnier (1857)* ; le *Dépouillement du scrutin (1858)* ; la *Femme du patriote* (la *Femme d'un prisonnier politique subornant un geôlier autrichien pour qu'il lui donne accès auprès de son mari, 1859)* ; une *Répétition de musique dans une ferme (1860)* ; la *Fille de sir Thomas More dans l'atelier d'Holbein (1861)* ; *Retour de Cadix de sir Francis Drake (1862)* ; *Première apparition de l'Armada (1863)* ; la *Reine Élisabeth à Purfleet (1864)* ; la *Mariée conduite à sa nouvelle demeure (1865)* ; *Juive accusée de sorcellerie (1866)* ; *Plaint chant, intérieur d'une église du Shropshire (1867)* ; *Dames chinoises et Curiosités européennes (1868)* ; *Trirème romaine à la mer (1868)* ; *Conteur arabe (1869)* ; *Arabes prisonniers, Gardes noirs du Bacha, Arabes pasteurs (1870)* ; la *Poste*, un *Patriarche arabe (1871)* ; la *Réorganisation de l'armée au Maroc*, le *Charmeur de serpents*, un *Beau chaland (1872)* ; *Jack Ashore et un Marchand d'oiseaux tunisien (1873)* ; un *Rémouleur besogneux*, le *Salut rendu*, *Petit poisson (1874)* ; *Boutique de barbier à Tunis*, le *Talisman*, un *Combat de coqs (1875)* ; le *Temple de Diane à Zaghouan, suivant la charrue (1876)* ; l'*Activité commerciale en Orient (1877)* ; une *Question d'Orient*, le *Pacha (1878)* ; *Ghâzi, la servante d'Élisha* et le *Naturaliste français à Alger (1879)* ; *Retenu à la maison (1880)* ; *Naufragé quittant une voile (1881)* ; *Un jour passé depuis longtemps, Peintre et critique, le Pays d'Hobbema, Dans les Pays-Bas (1882)* ; l'*Égypte, Ragass-el-ma, la Danse de l'eau (1883)*, etc. — Associé de l'Académie royale depuis 1879, il a été élu membre titulaire en 1881.

HOE, RICHARD MARSH, inventeur américain, fils d'un habile mécanicien anglais établi à New-York, où il est né le 12 septembre 1812. Il prit, en 1842, la suite des affaires de son père, appela bientôt l'attention publique par de nombreuses inventions ou des perfectionnements d'instruments divers, machines et machines-outils ; mais son nom est devenu célèbre dans les deux mondes surtout par les perfectionnements qu'il a apportés à la machine à imprimer et par ses inventions de presses spécialement destinées à l'impression des grands journaux quotidiens. En 1873, il inventait sa fameuse presse à journaux donnant vingt-quatre mille exemplaires à l'heure, imprimés des deux côtés.

HOFMANN, AUGUST WILHELM, chimiste allemand, né le 18 avril 1818 à Giessen. En 1836, il entrait comme étudiant à l'université de cette ville et y prenait le grade de docteur en philosophie en 1842. Il entra ensuite, comme préparateur de chimie, dans le laboratoire du baron Liebig, et y resta jusqu'en 1844. En 1845, il fut nommé répétiteur de chimie à l'université de Bonn, et devint la même année professeur au Collège royal de chimie, puis, en 1853, à l'École royale des mines, de Londres. Nommé en 1863, professeur de chimie à l'université de Bonn, le Dr Hoffmann y fut chargé de l'organisation du nouveau laboratoire ; en 1865, il était transféré à Berlin, en remplacement de Mitzscherlich, et eut à s'y occuper également de l'organisation d'un nouveau laboratoire. On doit au Dr Hofmann un très grand nombre de monographies chimiques, principalement de chimie organique, et plusieurs rapports relatifs aux expositions industrielles. Nous citerons à part son *Introduction à l'étude de la chimie moderne*, ouvrage très estimé. — Il est membre de l'Académie impériale des sciences de Berlin et de la Société royale de Londres, et correspondant de l'Institut de France et des Académies de Saint-Pétersbourg, de Vienne, d'Amsterdam, de Bavière et de beaucoup d'autres sociétés scientifiques ; il est en outre docteur en médecine de l'université de Bonn et docteur en lois des universités d'Aberdeen et de Cambridge ; officier de la Légion d'honneur, chevalier de l'ordre de la Couronne de Prusse, des SS. Maurice et Lazare et de la Couronne d'Italie, chevalier-commandeur de l'ordre de François-Joseph d'Autriche, etc. En 1875, la Société royale de Londres lui a décerné sa médaille de Copley pour ses nombreux travaux de chimie.

HOHENLOHE-SCHILLINGSFURST (prince de), CLODWIG CARL VICTOR, diplomate et administrateur allemand, né à Rothenburg le 31 mars 1819, est le second fils de François Joseph, prince de Hohenlohe-Schillingsfürst, de la branche de Waldenbourg. Le prince Clodwig venait de terminer ses études de droit à l'université de Gœttingen lorsque son père mourut, en 1841. Un an plus tard, ayant passé brillamment ses examens, il était admis comme stagiaire *(auscultator)* au barreau d'Ehrenbreitstein. Il devint référendaire du gouvernement à Potsdam. Sur ces entrefaites, le landgrave de Hesse-Rheinfels-Rothenburg mourut sans héritiers directs, laissant à la maison de Hohenlohe les titres et possessions, y compris les domaines de Ratibor et Corvey, auxquels le roi Guillaume IV ajouta le titre de duc et qui allèrent au frère aîné du jeune prince, dont la position ne fut pas changée. Mais à la mort de son frère Philippe Ernest (1845), le prince Clovis succéda, avec le consentement de son frère aîné, à la principauté de Schillingsfürst en Bavière. Il quitta dès lors le service de la Prusse et s'établit sur sa nouvelle principauté. Devenu, par suite de cette option, membre héréditaire du parlement bavarois, il fut nommé successivement ambassadeur à Athènes, à Florence et à Rome et était de retour à Francfort en 1849. Marié, depuis 1848, à la princesse Marie de Sayn-Witgenstein-Berlebourg, dont il a eu une nombreuse famille, le prince de Hohenlohe demeura pendant une dizaine d'années éloigné des affaires publiques, faisant d'assez fréquents voyages, notamment en France, en Italie et en Angleterre. Il reparut d'une manière sérieuse au parlement en 1860, et se montra favorable à l'alliance prussienne. Ayant été prié par le jeune roi de Bavière, vers la fin de 1866, de lui soumettre son programme politique, et ce programme ayant reçu l'approbation du ministre, le prince de Hohenlohe fut nommé, le 1er janvier 1867, ministre de la maison du roi et des affaires étrangères et président du conseil, en remplacement du baron de Pfordten. Toutes les puissances secondaires de l'Allemagne acceptèrent le programme de M. de Hohenlohe et, en 1868 et 1869, il fut élu vice-président du parlement douanier de la Confédération germanique. L'influence qu'il avait acquise lui fit attribuer, par les journaux de M. de Bismarck, le projet d'élever contre la Confédération de l'Allemagne du Nord une Confédération du Sud hostile aux tendances envahissantes du ministre prussien. Que ce fût en effet le projet de M. de Hohenlohe, les événements politiques se précipitèrent avec une telle rapidité, malheureusement pour nous, qu'ils le déjouèrent. À l'intérieur, l'administration de M. de Hohenlohe s'est surtout fait remarquer par l'appui donné aux « vieux catholiques » dans leur opposition aux décisions du concile du Vatican et par son énergique défense des principes de la civilisation moderne contre les agissements de Rome, prenant à ce propos l'initiative de démarches auprès des principaux cabinets européens, dans le but d'une entente efficace. Élu, après la guerre, membre du premier Reichstag allemand par le collège de Forchheim, il fut choisi pour vice-président par ses collègues. M. le prince de Hohenlohe a succédé à M. le comte d'Arnim, au mois de mai 1874, comme ambassadeur d'Allemagne près la République française. En 1878, il fut un des plénipotentiaires allemands au congrès de Berlin. — Nommé statthalter d'Alsace-Lorraine en juillet 1885, en remplacement du maréchal de Mantcuffel, décédé, il était remplacé à Paris par M. le comte de Munster le 5 novembre 1885. — M. le comte de Hohenlohe-Schillingsfürst est grand croix de la Légion d'honneur.

HOHENZOLLERN-SIGMARINGEN (prince de), LÉOPOLD ÉTIENNE CHARLES ANTOINE GUSTAVE ÉDOUARD THASSILO, fils aîné du feu prince Charles Antoine de Hohenzollern-Sigmaringen, seconde branche non-régnante de la maison de Hohenzollern, est né le 22 septembre 1835. Il fit ses études aux universités de Bonn et de Berlin et devint major à la suite dans le premier régiment d'infanterie de la garde prussienne. Marié, le 12 septembre 1861, à la princesse Antonia de Portugal, appartenant lui-même à la religion catholique et de plus, très versé, dit-on, dans la langue, dans la littérature et l'histoire de l'Espagne, le prince Léopold de Hohenzollern dut à toutes ces qualités l'honneur de fixer le choix du maréchal Prim, qui lui offrait, en juillet 1870, la couronne d'Espagne, refusée déjà une demi-douzaine de fois. — On sait ce qu'il advint de l'acceptation, bientôt retiré d'ailleurs, de cette couronne d'un placement si difficile, par le prince Léopold : la déclaration de guerre du 15 juillet et les désastres inouïs de 1870-71. — Nous n'avons pas à y insister.

HOLL, Frank, peintre anglais, né à Kentish Town le 4 juillet 1845. Après avoir fait de bonnes études au collège de l'université de Londres, il entra comme élève à l'Académie royale en 1860. Deux ans après, il obtenait une médaille d'argent pour le meilleur dessin d'après l'antique et un prix de 250 francs. Vers le même temps, il peignait pour un marchand de Rochedale, une *Mère et son enfant malade*, qui ne fut pas exposé. En 1863. M. Holl obtenait au concours de l'Académie une médaille d'or pour la peinture historique, et une bourse de 1,375 francs pendant deux années, avec son *Sacrifice de Jacob*, plus une médaille d'argent pour le dessin d'après nature. Il débuta aux expositions de l'Académie royale en 1864, avec un *Portrait* et une toile intitulée : *Chassé de l'église*. Il a exposé depuis : un *Cueilleur de fougères (1865)*; l'*Épreuve (1866)*, un *Convalescent* et *Face au feu (1867)*; le *Portrait* de son père (1868). « *Le seigneur me l'avait donné, le Seigneur me l'a repris: que le nom du Seigneur soit béni » (1869)*, toile qui valut à l'artiste une bourse de voyage de deux années: *Mieux vaut un dîner d'herbes avec l'amour qu'un bœuf à l'étable avec la haine (1870)*; l'*Hiver* et *Nouvelles de la mer*, commandé par la reine (1881) ; *Je suis la résurrection et la vie »*, *funérailles au village (1872)*; le *Départ*, scène à une station de chemin de fer (1873) ; *Déserté (1874)* ; *Son premier-né (1876)*; *Allant à la maison (1877)* ; *Newgate : en prévention (1878)* ; *Présents des fées*, la *Fille de la maison*, *Caché (1879)* ; *Placé de face (1880)* ; le *Retour au foyer (1881)* ; *Millicent (1883)*, et de nombreux portraits. — M. Frank Holl a été élu associé de l'Académie royale de Londres en 1878, et membre titulaire le 29 mars 1883.

HOLLINGSEAD, John, journaliste, littérateur et directeur de théâtre anglais, né à Londres le 9 septembre 1827. Il fit ses études à Homerton et entra de bonne heure dans la pratique des affaires commerciales, dont ses goûts littéraires finirent toutefois par le détourner complètement. Il collabora à divers journaux quotidiens ou hebdomadaires, ainsi qu'aux principaux magazines de la métropole, fut attaché aux *Household Words* en 1857 et travailla également à l'*All the Year Round*, au *Cornhill Magazine*, aux *Good Words*, à l'*Once a week*, etc. En 1859, il publiait un volume composé d'extraits du premier de ces magazines, intitulé *Sous les cloches* (*Under how Bells*), scènes de la vie de Londres; puis, en 1868, un autre recueil d'articles, politiques et d'économie sociale ceux-là, sous le titre pittoresque : *Rubbing the gilt off* (Enlevons la dorure), et un choix amusant de *Petits voyages* (*Odd Journeys*), extraits de l'*All the Year Round*. Citons encore : *Ways of life* (les Chemins de la vie, 1861) ; *Ragged London in 1861* (Londres dégueuillé en 1861), promenade d'une gaieté contestable à travers les ménages pauvres de Londres ; *Underground London* (Londres souterrain), description des égouts et des conduites d'eau et de gaz de la capitale anglaise (1869) ; *Rough Diamonds* (Diamants bruts), recueil de contes (1863) ; l'*Histoire officielle de l'Exposition internationale*, préparée pour la Commission royale (1863) ; *Aujourd'hui* (To day), mélanges (1864), etc. M. Hollingshead a écrit également deux ou trois pièces de théâtre originales et adapté, sous le titre : *The Grasshopper*, qui est la traduction de son titre français, la *Cigale* de MM. Meilhac et L. Halévy (1877). Une édition de ses œuvres choisies a été publiée en 1874, sous ce titre : *Miscellanies : Stories and Essays* (3 vol.). Enfin M. Hollingshead a été, pendant dix ans, le critique dramatique du *Daily News* et de la *London Review*. Il est membre de la Société des auteurs dramatiques anglais. — Libre-échangiste en économie politique, M. Hollingshead a poursuivi en toute circonstance l'application des principes de la liberté commerciale, mais tout particulièrement à l'occasion de la lutte soutenue par les salles de concerts (Music-Halls) contre les directeurs de théâtre, résolus à maintenir rigoureusement ce qu'ils croyaient être leurs privilèges. D'accord avec M. Dion Boucicault (Voyez ce nom), il organisa une puissante « agitation » en faveur des Music-Halls ; en présence de cette agitation, le parlement s'émut, une commission parlementaire fut chargée d'étudier la question (1866) et, après avoir entendu M. Hollingshead, elle conclut dans son sens, c'est-à-dire à la liberté des théâtres. Ce mouvement eut encore un autre résultat, qui fut d'attirer l'attention des capitalistes sur la situation défectueuse, au point de vue de l'installation, des scènes les plus importantes de Londres. Dix-huit théâtres nouveaux furent bâtis en conséquence. En décembre 1868, M. Hollingshead prenait la direction de l'un de ces nouveaux théâtres : la Gaité, dans le Strand, laquelle est toujours entre ses mains. Du reste, M. Hollingshead a eu jusqu'à trois théâtres métropolitains à la fois sous sa direction, avec la troupe d'artistes la plus intelligemment formée. Il est, de plus, directeur du principal théâtre de Manchester. En 1879, il invita les artistes de la Comédie-française à visiter Londres et les retint à la Gaîté pendant six semaines ; c'est à lui, par conséquent, qu'est due la rupture de Mme Sarah Bernhardt avec notre première scène dramatique.

HOLMES, Olivier Wendell, médecin et poète américain, né à Cambridge (Massachusetts) le 29 août 1809, fit ses études dans sa ville natale, au collège d'Harvard, y prit ses grades en 1829, et aborda l'étude du droit, qu'il abandonna bientôt pour celle de la médecine. Après un voyage en Europe, durant lequel il suivit les hôpitaux de Paris et d'autres capitales, il revint s'établir à Boston en 1835, et se fit recevoir docteur en médecine l'année suivante. En 1338, il fut élu professeur d'anatomie et de physiologie au collège de Darmouth ; il donna sa démission deux ans plus tard, et fut nommé à une même chaire au collège d'Harvard en 1847. En 1849, il se retirait définitivement pour se livrer à la littérature et plus spécialement à la poésie. Dès 1836, le Dr Holmes collaborait à la presse périodique et sa réputation de poète s'était promptement établie parmi ses compatriotes, qui lui donnent aujourd'hui la première place parmi leurs poètes lyriques ; ses poésies sont surtout remarquables par le fond de bon sens et de bonne humeur qui les pénètre. Il publia successivement plusieurs « essais » en vers et se fit également une réputation de conférencier populaire. En 1857, il commençait dans l'*Atlantic Monthly* une série d'articles sous le titre de *the Autocrat of the Breakfast Table*, suivie plus tard de *the Professor at the Breakfast Table*, et complétée en 1872 par une troisième série : *the Poet at the Breakfast Table*. En même temps paraissait : *Elsie Venner, a romance of Destiny* (1861), traduit en français l'année suivante, par M. E. D. Forgues ; *Songs in many keys*; *Soundings from the Atlantic* (1864) ; *the Guardian Angel* (1868) ; *Mechanics in thought and morals* (1870) ; *Songs of many seasons* (1874) ; *John L. Motley*, notice biographique (1878) ; *The Iron Gate* (la Porte de fer) et autres poèmes (1880), etc. Une édition de ses œuvres poétiques a paru en 1881. Le Dr Wendell Holmes s'est aussi distingué par ses recherches sur l'auscultation et la micrographie et par une collaboration importante à la presse périodique médicale. Au printemps de 1886, le Dr Olivier W. Holmes fit un dernier voyage en Europe, et un accueil particulièrement sympathique lui fut fait en Angleterre, — mais il était malade au retour.

HOLYOAKE, George Jacob, publiciste et sociologue anglais, né à Birmingham le 13 avril 1817, fit ses études à la Mechanics' Institution de cette ville. Il fut nommé directeur du personnel de la première exposition des arts et manufactures tenue à Birmingham en 1839, et devint ensuite professeur de mathématiques à la Mechanics' Institution et chargé du cours d'analyse du système social de Robert Owen (1841). M. Holyoake a publié un grand nombre d'ouvrages sur l'éducation des classes laborieuses, la critique théologique, la politique et la coopération. Nous citerons : *Uses of Euclid; Logic of facts; Public speaking and debate; Trial of theism; History of Middlesborough-on-Tees; Letters to lord John Russell on an Intelligence franchise; the History of co-operation in Rochdale*, ouvrage dont la publication donna lieu à la fondation de plus de deux cent cinquante sociétés coopératives en deux ans, et qui fut traduit dans les principales langues de l'Europe et de l'Inde; *History of the cooperative and social Institutions of Halifax; History of the cooperation in England* (2 vol.) ; *A New Defence of the ballot*, etc. Il a rédigé trente volumes du *Reasoner* et est aujourd'hui rédacteur en chef du *Présent*, revue coopérative et « séculariste ». M. Holyoake a eu l'honneur d'être la dernière personne emprisonnée en Angleterre sous l'accusation d'athéisme (six mois de prison), et la dernière aussi poursuivie pour avoir publié des journaux non timbrés, pour venir en aide à la Société pour le rappel des « droits sur l'intelligence » (taxes upon knowledge). De ce chef, M. Holyoake avait encouru des amendes dont la somme totale s'élevait à la bagatelle de plus de 15,000,000 de francs (600.000 liv. st.), qu'il avait dû prier le chancelier de l'Echiquier de vouloir bien recevoir seulement par fractions hebdomadaires, lorsque le rappel de la loi sur le timbre des journaux vint interrompre les poursuites et lui faire faire une assez notable économie. M. Holyoake eut également une grande part à l'acceptation de l'« Evidence Amendment Bill », admettant la validité légale de la simple affirmation au lieu du serment : ce que nous n'avons pas encore en France. Ce courageux citoyen avait toute sa vie refusé de prêter serment, et comme il s'était trouvé dans une foule de circonstances où le serment était légalement exigé, sous des peines plus ou moins sévères, les persécutions ne lui avaient pas non plus fait défaut de ce côté. On doit à M. Holyoake l'idée, et aussi le plan jusque dans ses plus petits détails, du dernier *Livre Bleu* publié par lord Clarendon, le premier d'une série de renseignements pleins d'intérêt, sur la *Condition des classes industrielles à l'étranger* (Condition of the industrial classes in Foreign Countries), dont la publication est assurée par le Foreign Office. — Il a fait partie de la légion britannique du général Garibaldi, en qualité de secrétaire (acting secretary). Enfin M. Holyoake est le fondateur du système social et antireligieux connu sous le nom de *Sécularisme*, basé sur l'accord complet de la morale et de la science à l'exclusion de l'athéisme et de la théologie. Le fond de la doctrine du « sécularisme » est que, si Dieu existe, ce qu'il se garde bien de nier, il est impossible d'en rien savoir et, partant, il est inutile de s'en inquiéter ; de même, notre origine et notre fin étant des problèmes parfaitement impénétrables, nous devons les regarder avec indifférence et vivre le plus honnêtement possible « dans le siècle ». Cette doctrine, publiquement soutenue, ne l'a pas toujours été sans danger. Nous venons de dire qu'il avait été emprisonné sous prévention d'athéisme ; mais on voit qu'il n'en faisait pas absolument profession. — Son dernier ouvrage est une *Vie de Joseph Rayner Stephens, prédicateur et orateur politique (1882)*.

HOOKER, sir JOSEPH DALTON, botaniste et voyageur anglais, né à Halesworth (Suffolk) le 30 juin 1817, fit ses études à l'université de Glasgow, où il prit le grade de docteur en médecine en 1839 ; il se fit admettre comme aide-chirurgien à bord de l'*Érèbe*, armé pour une expédition dans l'océan Antarctique, sous le commandement de sir James Ross, dans le but d'étudier, outre le phénomène du magnétisme terrestre, la botanique des contrées traversées par l'expédition. De retour, après quatre années d'absence, il publia sa *Flora antarctica*, contenant la description d'un grand nombre de plantes nouvelles et leur comparaison avec celles de même famille existant dans d'autres parties du monde. Cet ouvrage a eu une grande influence sur le progrès de nos connaissances de la distribution des plantes sur la surface de la terre. En 1847, le Dr Hooker entreprit un voyage scientifique dans l'Inde. De retour en 1851, il publia les résultats de ses explorations en deux volumes, sous le titre de : *Himalayan Journals*. Étant encore dans l'Inde, en 1850, il avait publié quelques notes intéressantes sur les *Rhododendrons de l'Himalaya*, qui furent plus tard publiées en Angleterre. Les expéditions scientifiques entreprises par le Dr Hooker l'ont été en partie à ses propres dépens, quoique sous le patronage et avec une subvention plus ou moins considérables du gouvernement. Avant de partir pour l'Inde, il remplissait les fonctions de botaniste au service géologique de la Grande-Bretagne, sous la direction de sir H. De la Beche ; il avait collaboré aux *Transactions* de cette institution, par des notes ou mémoires sur la *Végétation de la période carbonifère comparée à celle de l'époque actuelle* et sur la *Structure des charbons fossiles*. Il fut nommé, en 1855, directeur-adjoint des jardins botaniques de Kew, près de Londres, dont son père avait la direction, et à la mort de celui-ci, en 1865, il lui succéda comme directeur de ces jardins. Il a été quelque temps examinateur des sciences naturelles pour les candidats aux emplois du service médical militaire et du service des Indes orientales et examinateur de botanique à l'université de Londres et à la Société des apothicaires. Le Dr Hooker a présidé l'Association britannique pour l'avancement des sciences en 1868, et a été nommé compagnon de l'ordre du Bain (section civile) en 1869. Il est membre et a été président de la Société royale de Londres, membre des sociétés linnéenne et géologique et d'un assez grand nombre d'autres sociétés savantes nationales et étrangères. — En avril 1871, le Dr Hooker entreprit un nouveau voyage d'exploration scientifique, cette fois au Maroc, contrée peu éloignée, il est vrai, mais peut-être, sous quelques rapports, moins connue que l'Inde. Le 16 mai, il faisait avec ses compagnons l'ascension du Grand-Atlas, dont le sommet n'avait jamais porté un pied européen auparavant, croyons-nous. A la fin de juin, il était de retour à Kew, avec une ample collection de plantes marocaines. En 1877, il était créé chevalier commandeur de l'Étoile de l'Inde. La même année il faisait une visite aux États-Unis pour répondre à une invitation du directeur du service topographique et géologique à participer à une exploration du Colorado et de l'Utah, et à la suite de laquelle il visitait, avec le Dr Asa Gray, professeur de botanique à l'université d'Harvard, la Nevada et la Californie, rédigeant au retour, avec le même savant, un *Rapport* sur la botanique des contrées explorées. A son retour, en octobre, le Dr Hooker rapporta à Kew un herbier annoté d'un millier de plantes d'Amérique, des graines, etc. Élu président de la Société royale en 1873, il donnait sa démission en décembre 1878. Il reçut cette année-là la médaille de fondateur de la Société royale de géographie et en 1883, la médaille Albert de la Société des Arts. Il est correspondant de l'Institut de France depuis 1866.

Outre les ouvrages cités, on doit au Dr Hooker : *Botany of the antarctic voyage (1847-60,* 6 vol.) ; *Rhododendrons of the Sikkim Himalaya (1849-51)* ; la *Flore de la Nouvelle-Zélande (1852)* ; *Himalayan Journals (1855,* 2 vol.) ; *Illustrations of Himalayan plants (1855)* ; *Flora Tasmanica (*1re* partie, 1856)* ; *Genera Plantarum (1862-83)* ; *the Student's Flora of the British Islands (1870)* ; *the Flora of British India (1874)* ; *Journal of a tour in Morocco and the Great Atlas (1878)*, etc.

HORTEUR, JULES FRANÇOIS, homme politique français, avocat, né le 17 septembre 1842 aux Chavannes (Savoie), avocat. Il est en outre conseiller général de la Savoie pour le canton de La Chambre, depuis 1871. Élu, le 5 mars 1876, député de l'arrondissement de Saint-Jean-de-Maurienne, comme candidat républicain, M. Horteur prit place à la gauche républicaine. Il fut réélu le 14 octobre 1877 et le 21 août 1881 par le même collège électoral, et fit en dernier lieu partie du groupe de l'Union républicaine. Aux élections du 4 octobre 1885, M. Horteur a été élu député de la Savoie en tête de la liste républicaine. Il a voté l'expulsion des princes.

HOUDAILLE, JEAN NICOLAS PIERRE, homme politique français, avocat, né à Avallon le 24 avril 1816, fit son droit à Paris, fut reçu licencié, alla s'inscrire au barreau de sa ville natale. Devenu successivement conseiller municipal, adjoint, puis maire d'Avallon et enfin conseiller général de l'Yonne, il est en outre président du comice agricole et industriel d'Avallon depuis 1879 et membre de diverses commissions ayant charge des intérêts agricoles ou viticoles de la contrée, ainsi que de plusieurs sociétés de bienfaisance. Aux élections d'octobre 1885, M. Houdaille, qui figurait sur la liste républicaine progressiste, fut élu député de l'Yonne au scrutin du 18. Il s'abstint dans le vote des projets d'expulsion des princes. Il est officier d'académie.

HOUSSAYE, ARSÈNE, littérateur français, né à Bruyères (Aisne) le 28 mars 1815, d'une famille de cultivateurs, dont les goûts précoces pour la littérature et surtout pour la poésie ne faisaient pas précisément l'affaire. Son père, même, s'opposa d'une manière absolue à leur développement. Ce que voyant, le jeune Arsène s'enfuit de la maison paternelle et vint à Paris, déterminé à rimer à loisir. Il avait alors à peu près dix-sept ans. Pendant quatre années, il eut à lutter contre les difficultés d'un début difficile, faisant des vers, pour dire le mot, faisant de gros mélodrames condamnés à n'être jamais joués, des chansons trop chantées, se livrant en un mot à toutes sortes de travaux purement littéraires, quoique des gens incapables d'autre chose ne se gênent pas pour s'octroyer le titre de « littérateurs ». M. Arsène Houssaye était capable de beaucoup mieux et ne tarda pas à le prouver. Dès 1835, il publiait un roman, qui fut assez bien accueilli pour que son libraire lui en demandât un second, mais à des conditions ridicules, qui furent repoussées. Ce premier livre s'appelle la

Couronne de bluets; le second parut l'année suivante, mais chez un autre libraire ; il a pour titre : la *Pêcheresse*, et valut à l'auteur une lettre de félicitations, puis l'amitié du « prince des critiques », Jules Janin. Il était déjà intimement lié avec Théophile Gautier, Gérard de Nerval, Alphonse Esquiros, Ourliac, Roger de Beauvoir, Clésinger le sculpteur, le peintre Célestin Nanteuil, etc , ces vrais créateurs de la bohème artiste et littéraire, dont M Houssaye est le seul survivant. Vers 1838, M. Arsène Houssaye entrait à la *Revue de Paris*, pour y faire le compte rendu des salons de peinture et de sculpture, qu'il continua jusqu'en 1843. En 1840, il faisait en Hollande un voyage d'exploration artistique, puis un second en 1843, dont il rapporta les matériaux de son *Histoire de la peinture flamande et hollandaise* (1846), vivement attaquée par M. Alfred Michiels, critique d'art flamand, qui accusa M. Houssaye de plagiat, sans preuves bien établies, à ce qu'il nous semble. Néanmoins, M. Michiels eut ses partisans, et les articles et les brochures d'attaque plurent naturellement sur M. Houssaye, qui répondit par une brochure pétillante d'esprit et de bon sens, qui lui assura le dernier mot : *Un martyr littéraire, touchantes révélations* (1847). Son *Histoire de la peinture flamande* valut à M. Arsène Houssaye la croix de la Légion d'honneur. — En 1843, M. Arsène Houssaye achetait l'*Artiste*, qu'il a dirigé jusqu'en 1849 d'abord, mais dont il a repris la direction. Il y a repris ses comptes rendus des expositions artistiques, et c'est de l'*Artiste* que fut extraite sa *Revue du Salon de 1844* (1844). Il continua toutefois sa collaboration à la *Revue de Paris*, et c'est à cette même époque qu'il y commença ses *Portraits du dix-huitième siècle*, continués au *Constitutionnel* et réunis ensuite en trois volumes. Il collaborait également à la *Presse*, dont il devint plus tard l'un des principaux propriétaires. Mêlé activement à l'agitation réformiste, en 1848, M. Arsène Houssaye présida le banquet des étudiants, au Château-Rouge, fonda un club et se présenta aux élections pour la Constituante, comme candidat démocratique, dans l'Aisne, mais sans succès. Peu fait pour la lutte politique, il ne tarda pas à revenir à ses travaux littéraires, qu'il regrettait peut-être d'avoir jamais quittés. Au mois de novembre 1849, il était nommé administrateur de la Comédie-Française, dont la société était en république depuis la retraite de M. Buloz, après la révolution de Février. Sous sa direction, la Comédie-Française revit des jours prospères depuis longtemps oubliés, grâce au système qui, sacrifiant tout le reste à Rachel, n'amenait dans la caisse que deux jours de recettes par semaine. M. Houssaye fit jouer un grand nombre d'ouvrages nouveaux de MM. Victor Hugo, Émile Augier, Jules Sandeau, Léon Gozlan, Alfred de Musset, Ponsard, Félicien Mallefille, Alexandre Dumas, Mme Ém. de Girardin, etc., sans négliger les pièces de l'ancien répertoire où la présence de l'illustre tragédienne ne se justifiait pas ; il utilisa comme il méritait de l'être le talent insuffisamment employé dans la précédente direction des Samson, des Réguier, des Provost, des Got, de Mlles Brohan, Denain, Delphine Fix, etc. ; fit restaurer la vieille salle, renouveler les costumes et les décors, etc. En 1856, une femme aimée, mère d'une union de neuf années à peine, le détermina à quitter la direction de la Comédie-Française, où il fut remplacé par Empis. Il fut alors nommé inspecteur général des musées de province, poste créé exprès pour lui. Devenu en janvier 1861 directeur littéraire de la *Presse*, il y publia un nouveau laissé assez grand nombre de variétés littéraires, sous un feuilleton hebdomadaire intitulé : l'*Histoire en pantoufles* et signé « Pierre de l'Estoile. » Parmi les nombreux pseudonymes de M. Houssaye, nous citerons celui de « René de la Ferté », le plus connu de tous, au point qu'on crut un moment qu'il cachait une personnalité distincte. En 1871, M. Arsène Houssaye fondait un grand journal quotidien, la *Gazette de Paris*, dont le premier numéro parut le 4 octobre. Au nombre des collaborateurs de la *Gazette* figuraient : MM. J. Janin, Théophile Gautier, Paul de Saint-Victor, Théodore de Banville, Théodore Barrière, Henri Houssaye, etc. ; une pareille *équipe* devait être un gage de succès en tout autre temps ; en ce temps-là, on y fit à peine attention. Le journal, au bout de quelques mois, passait aux mains d'une société de spéculateurs qui finit mal. C'est dans la *Gazette de Paris* que parut d'abord l'étrange roman de M. Houssaye intitulé : le *Chien perdu et la femme fusillée*.

Nous citerons de cet écrivain, dont l'œuvre est si nombreuse et si variée : la *Couronne de bluets* (1835); la *Pècheresse* (1836); les *Aventures galantes de Margot* (1837); le *Serpent sous l'herbe*, la *Belle au bois dormant* (1858); les *Revenants*, avec J. Sandeau (1839);

les *Onze maîtresses délaissées* (1840); les *Sentiers perdus*, poésies (1841); Mme de Vandeuil, Mlle de Kerouare (1842); *Milla et Marie* (1843); la *Vertu de Rosine* (1844); la *Poésie dans les bois* (1845); *Romans, contes et voyages* (1846); les *Trois sœurs* (1847); le *Voyage à Venise* (1849); *Philosophes et comédiennes*, volume complémentaire de la *Galerie de portraits du XVIIIe siècle*, citée plus haut (1850); la *Pantoufle de Cendrillon*, *Voyage à ma fenêtre* (1851); les *Filles d'Eve*, *Sous la Régence et sous la Terreur* (1852); le *Repentir de Marion* (1854); l'*Histoire du 41e fauteuil de l'Académie française* (1855); les *Poëmes antiques* (1855); le *Violon de Franjolé* (1856); le *Roi Voltaire*, sa généalogie, sa cour, ses ministres, son peuple, sa dynastie, etc. (1858); Mlle *Mariani* (1859); *Histoire de l'Art français*, Mlle de la *Vallière et* Mme *de Montespan* (1860); les *Femmes comme elles sont* (1861); les *Femmes du temps passé* (1862); les *Charmettes ; J.-J. Rousseau et* Mme *de Warens* (1863); *Blanche et Marguerite*, Mlle *Cléopâtre* (1864); le *Roman de la duchesse*, les *Légendes de la jeunesse* (1865); *Notre-Dame de Thermidor* (même année), le *Palais pompéien de l'avenue Montaigne*, avec Théophile Gautier et Ch. Coligny (1855); la *Symphonie des vingt ans*, poésies (1867); les *Grandes dames*, les *Courtisanes du monde* (1868); les *Parisiennes* (1869); la *Question des jeux*, les *Mille et une nuits parisiennes*. *Cent et un sonnets* (1870); le *Chien perdu et la femme fusillée* (1872); *Tragique aventure du bal masqué* (1873); la *Belle Rafaella*, les *Mains pleines de roses, pleines d'or et pleines de sang*; le *Roman des femmes qui ont aimé, par madame la Princesse ***, commenté par Arsène Houssaye* (1874); *Lucie, histoire d'une fille perdue*, les *Amours de ce temps-là*, les *Dianes et les Vénus* (1875); *Histoire étrange d'une fille du monde*, les *Femmes du diable* (1876); *Bianca*, Mlle *Phryné*, *Alice*, le *Roman de la duchesse*, les *Trois duchesses* (1877); les *Charmeresses*, les *Larmes de Jeanne* (1878); la *Robe de la mariée* (1879); les *Princesses de la Ruine*, *Molière, sa femme et sa fille*; *Histoire du XVIIIe siècle*: la *Régence*, *Louis XV*, *Louis XVI*, la *Révolution* (4 vol.); les *Destinées de l'âme* (1880-83); la *Comédienne*, les *Douze nouvelles nouvelles* (1884); les *Confessions* (1885); les *Comédiens sans le savoir* (1886), etc. — M. Arsène Houssaye a donné au théâtre : les *Caprices de la marquise*, 1 acte, à l'Odéon (1844); la *Comédie à la fenêtre* (1852); les *Comédiennes*, comédie en 5 actes, reçue aux Variétés en 1857, puis retirée par l'auteur; Mlle *Trente-six vertus*, 5 actes, à l'Ambigu (1873). En somme, M. Houssaye n'a pas trouvé au théâtre les succès que lui ont valu ses romans et ses études sur le XVIIIe siècle, et il n'y a pas insisté plus qu'il n'était nécessaire pour s'en convaincre. Ses recueils de poésies, sauf les *Cent et un sonnets*, ont été réunis et publiés soit sous le titre de *Poésies complètes*, soit sous celui d'*Œuvres poétiques* et en plusieurs éditions. Parmi les publications périodiques auxquelles a collaboré M. Arsène Houssaye, outre celles déjà indiquées, nous devons mentionner la *Revue des Deux-Mondes*. — Le 15 juillet 1875, M. Arsène Houssaye fut choisi, parmi d'assez nombreux compétiteurs, pour directeur du Théâtre national Lyrique ; mais, en présence des obstacles incroyables qu'il rencontra dans l'accomplissement du mandat qu'il avait accepté, il y renonçait définitivement le 30 octobre suivant. — L'auteur du *Quarante et unième fauteuil* a pris plus au sérieux, un moment, les quarante autres. Le 8 juin 1876, notamment, il se portait candidat au fauteuil laissé vacant à l'Académie française par la mort de Patin, en concurrence avec M. Gaston Boissier, qui fut élu, il est vrai, mais en ne laissant à M. Arsène Houssaye, au premier tour, une magnifique minorité d'onze voix (sur 34 votants), qui était une promesse pour l'avenir ; il n'y est pourtant pas revenu. — M. Arsène Houssaye a été élu président de la Société des gens de lettres le 30 mars 1884. Créé chevalier de la Légion d'honneur en 1846, il est officier de l'ordre depuis le 30 juillet 1858.

HOUSSAYE, Henri, littérateur français, fils du précédent, est né à Paris le 24 février 1848. Ses études, en partie faites au lycée Napoléon, M. Henri Houssaye les termina sous la direction particulière de Philoxène Boyer, puis il se tourna vers la peinture, qu'il abandonna bientôt, du reste, pour se vouer tout entier, à ce qu'il semble, à l'étude de l'antiquité, et principalement de l'antiquité grecque. Pour rassembler les matériaux des ouvrages qu'il avait en projet, il fit, en 1868, un voyage en Grèce. Pendant le siège, M. H. Houssaye servit en qualité d'officier au 4e bataillon des mobiles de la Seine, et assista à la plupart des combats livrés sous Paris, notamment aux affaires de Bagneux, Châtillon,

Choisy-le-Roi et à la bataille de Champigny. Il a été nommé chevalier de la Légion d'honneur le 28 octobre 1871. Il est, en outre, officier d'académie et officier de l'instruction publique. A la suite de son voyage en Grèce, il avait été décoré de l'ordre du Sauveur; il est également décoré de plusieurs autres ordres étrangers. — M. Henri Houssaye a publié : *Histoire d'Apelles, études sur l'art grec (1867)*, qui eut trois éditions en un an, et fut traduit en anglais et en allemand; *Histoire d'Alcibiade et de la République athénienne, depuis la mort de Périclès jusqu'à l'avènement des trente tyrans (1873*, 2 vol.), ouvrage qui obtint le prix Thiers de 20,000 fr., en 1874; outre des études d'histoire et d'archéologie grecques dans divers journaux ou publications périodiques et dont plusieurs ont été imprimées à part, notamment : *l'Armée dans la Grèce antique (1867)*; la *Grèce à l'Exposition universelle (1867)*; une *Peinture antique inédite (1869)*; et depuis : le *Premier siège de Paris, en 52 avant J.-C. (1876)*, nouvelle édition sous le titre : *Athènes, Rome, Paris (1878)*, etc. — M. H. Houssaye a collaboré à l'*Artiste*, à la *Gazette des Beaux-Arts*, à la *Revue française*, à la *Revue du XIXe Siècle*, à la *Presse*, à la *Gazette de Paris*, au *Journal des Débats*, à la *Revue des Deux-Mondes*, etc. Il est membre du comité des Sociétés des beaux-arts des départements.

HOUZEAU, Jean Charles, astronome belge, né à Mons le 7 octobre 1820, fit ses études à l'université de Bruxelles, puis vint à Paris, où il suivit assidûment les cours de la faculté des sciences. De retour à Bruxelles, il entra à l'observatoire royal de cette ville, où il était nommé aide-astronome en 1846. Deux années plus tard, il était obligé de quitter cet établissement, et même son pays, pour cause d'opinions démocratiques trop ouvertement manifestées. Il séjourna plusieurs années tour à tour en Allemagne et en Angleterre, puis passa aux États-Unis, d'où, au début de la guerre de Sécession, il était obligé de fuir à la Jamaïque, ayant défendu trop énergiquement l'émancipation des nègres dans un pays esclavagiste. Peu après, il rentrait en Belgique. Il avait été élu membre de ce corps savant, avec lequel il n'avait pas cessé de se tenir en relations, en 1856. Rentré à l'observatoire royal de Bruxelles, M. J. C. Houzeau a été nommé directeur de ce grand établissement en 1876, il a résigné ces fonctions au commencement de 1884. — Il a collaboré très activement à la presse périodique, à l'*Annuaire de l'Académie des sciences de Belgique* et à celui de l'observatoire royal de Bruxelles, à la *Revue de questions scientifiques*, à *Ciel et Terre*, revue populaire d'astronomie et de météorologie à la fondation de laquelle il a contribué (1er mars 1881), etc. ; et a publié à part : *Physique du globe et météorologie et Règles de climatologie (1852)*; *Essai d'une géographie physique de la Belgique (1854)*; *Histoire du sol de l'Europe (1857)*; *Études sur les facultés mentales des animaux comparées à celles de l'homme (1872)*; le *Ciel mis à la portée de tout le monde (1873)*; *Étude de la nature, ses charmes et ses dangers (1876)*; *Uranométrie (1878)*; *Bibliographie générale de l'astronomie, ou catalogue méthodique des ouvrages, des mémoires et des observations astronomiques publiés depuis l'invention de l'imprimerie jusqu'en 1880*, avec M. A. Lancaster (1880-82, t. I et II); *Vade-Mecum de l'astronome (1882)*; *Traité élémentaire de météorologie*, avec M. Lancaster (1883), etc.

HOVELACQUE, Abel, littérateur, linguiste et homme politique français, né à Paris le 14 novembre 1843, y fit son droit, mais se livra de préférence aux études de linguistique, d'anthropologie et d'ethnographie, et devint professeur libre à l'École d'anthropologie fondée par Broca en 1876, et directeur de la *Revue de linguistique*. Il a publié : la *Théorie spéciause de Lautverschiebung (1868)*; *Racines et éléments simples dans le système linguistique indo-européen*, *Grammaire de langue zende (1869)*; *Instructions pour l'étude élémentaire de la linguistique indo-européenne (1872)*; *Mémoire sur la primordialité de la prononciation du R vocal sanskrit (1873)*; la *Linguistique (1875)*; le *Chien dans l'Avesta (1876)*; *Notre ancêtre, recherches d'anatomie et d'ethnographie (1877)*; *Études de linguistique et d'ethnographie*; l'*Avesta, Zoroastre et le mazdéisme (1878)*; *Mélanges de linguistique et d'anthropologie (1880)*; les *Débuts de l'humanité (1882)*, etc. — Élu en 1878 et en 1881 conseiller municipal de Paris pour le quartier de l'École militaire, M. Hovelacque fit partie de l'extrême-gauche et du groupe autonomiste de cette assemblée, où il a rendu des services très sérieux, surtout dans les questions d'enseignement. Il a échoué aux élections de 1884, mais a été réélu aux élections complémentaires du 31 janv. 1886, par le quartier de la Salpêtrière. Aux élections d'octobre 1885 pour la Chambre des députés, il figurait sur la liste du comité central radical socialiste mais il n'obtint qu'un chiffre de voix presque insignifiant.

HOVIUS, Auguste Jean, homme politique français, né à Saint-Malo le 1er août 1816. Armateur, président du tribunal de commerce et de la chambre de commerce, maire de Saint-Malo, membre du Conseil général d'Ille-et-Vilaine, M. Hovius fut chargé de recevoir en 1874, au nom de la chambre de commerce de Saint-Malo, le président de la République, maréchal de Mac-Mahon, en voyage d'exploration politique, et prononça à cette occasion un discours dans lequel les causes de la crise industrielle, qui sévissait déjà alors, étaient exposées et caractérisées d'une façon peu agréable pour l'illustre visiteur. Aux élections du 20 février 1876, M. Hovius se présenta dans la 1re circonscription de Saint-Malo, comme candidat républicain, contre M. Lachambre; il échoua, de quelques voix seulement, et renouvela la tentative le 14 octobre 1877, également sans succès; mais la Chambre ayant annulé l'élection de M. Lachambre, M. Hovius triompha enfin de son concurrent le 7 avril 1878. Il prit place dans les rangs de la gauche républicaine et fut réélu le 21 août 1881. Élu député d'Ille-et-Vilaine le 4 octobre 1885, il a voté contre les projets d'expulsion des princes. M. Hovius est chevalier de la Légion d'honneur.

HOWARD, Oliver Otis, général américain, né à Leeds (Maine) le 8 novembre 1830, fit ses études au collège Bowdoin, où il prit ses grades en 1850, puis entra à l'école militaire de West-Point. En 1854, il en sortait comme second lieutenant dans l'artillerie. Promu lieutenant en premier et professeur suppléant à la chaire de mathématiques de West-Point en juillet 1857, il donna sa démission de son grade dans l'artillerie et ça sa place de professeur en 1861, lorsqu'éclata la guerre de Sécession, pour accepter une commission de colonel dans un régiment de volontaires. Il commandait une brigade à la bataille de Bull-Run, où sa brillante conduite fut récompensée par le grade de brigadier-général de volontaires, le 3 septembre 1861. La brigade du général Howard fit partie de l'armée du Potomac, commandée par le général Mac Clellan, sous les ordres duquel il combattit. A la bataille de Fair-Oaks, le 31 mai 1862, il perdit le bras droit. Après la bataille d'Antietam (septembre) il prenait malgré cela le commandement de la division de Sedgwick, dans le corps d'armée de Sumner, faisant partie de l'aile droite de l'armée du Potomac, et fut fait major-général de volontaires le 29 novembre 1862. Appelé au commandement du 11e corps le 1er avril 1863, il reçut le premier choc de la furieuse attaque de « Stonewall » Jackson, à Chancellorsville (2 mai) et le 11e corps, culbuté sur le centre de l'armée, fut mis en pleine déroute; il se releva de cet échec à Gettysburg (1-3 juillet) et reçut des remerciements du président et du Congrès pour la bravoure qu'il avait déployée dans cette affaire, dont les résultats devaient être décisifs. Le 11e corps, réuni au 12e, fut ensuite désigné pour aller renforcer l'armée de l'Ouest à Chattanooga. Il prit une part glorieuse à la prise de Fort Buchan, à Mission-Ridge, le 25 novembre, poursuivit l'ennemi avec ardeur les jours suivants et se porta au secours de Burnside, à Knoxville. Le général Howard prit part, ensuite, à la campagne de l'Atlantique et fut appelé au commandement en chef de l'armée du Tennessee, le 21 juillet 1864. Les 29 et 31 août, il livra aux confédérés deux des plus rudes batailles de la campagne, lesquelles assurèrent l'occupation d'Atlanta par les forces de l'Union; puis il suivit sa marche vers la mer, dans laquelle il tenait l'aile droite de l'armée, ainsi que dans la campagne des Carolines, qui vint après. Le 21 décembre 1864, le général Howard fut promu brigadier-général dans l'armée régulière et reçut, en mars 1865, le brevet de major-général. Le 12 mai suivant, il fut ainsi nommé membre du « Bureau of Freedmen, Refugees and Abandoned Lands, » et fut chargé de la liquidation des comptes de cette commission, fonctions qui l'occupèrent jusqu'en 1872. En 1869, il fut nommé président de l'université Howard pour les élèves de couleur », dont il était administrateur depuis plusieurs années, poste qu'il résigna en 1873. Il avait été envoyé, comme commissaire spécial, aux Indiens du Nouveau-Mexique et de l'Arizona, en mars 1872. Dans l'été de 1874, le général Howard, accusé de malversation dans la direction du Bureau des Affranchis (freedmen), fut traduit devant une cour martiale, mais il fut acquitté. — Il a servi depuis, et jusqu'en 1881, sur la frontière indienne; puis à la tête de l'Académie militaire de West-Point depuis cette époque, il a été élevé au rang de général en janvier 1886.

HUBBARD, Nicolas Gustave, économiste français, né à Fourqueux (Seine-et-Oise) en 1829. Élève de l'École d'administration en 1848, il profita des inscriptions de droit offertes en compensation aux élèves de cette école, lors de sa suppression en 1849, suivit les cours de la faculté, se fit recevoir avocat et s'inscrivit au barreau de Paris. Il a été, en 1851, secrétaire du comité pour la propagation des sociétés de prévoyance. Républicain convaincu, M. Gustave Hubbard, dont le frère, Arthur, était condamné comme faisant partie d'une société secrète, après le procès de l'Opéra-Comique, jugea plus sûr de s'expatrier momentanément et passa en Espagne, d'où il ne revint qu'en 1868. M. Gustave Hubbard est membre de la Société d'économie politique et de plusieurs autres sociétés savantes. On a de lui: *Défense de l'Ecole d'administration (1849); De l'organisation des sociétés de prévoyance et de secours mutuels, et des bases scientifiques sur lesquelles elles doivent être établies (1852),* ouvrage couronné par l'Académie des sciences morales et politiques (médaille d'or du prix de statistique); *Saint-Simon, sa vie et ses travaux,* suivi de fragments de ses écrits (1857); *Histoire contemporaine de l'Espagne (1869-79,* 4 vol.); *Histoire de la littérature contemporaine en Espagne (1876),* etc. Il a collaboré à la *Presse,* au *Journal des économistes,* à l'*Industrie,* à la *Nation souveraine (1871),* etc. — Secrétaire de la commission du budget de 1876, M. Gustave Hubbard a été chargé, au mois d'avril de cette année, d'une mission en Angleterre afin d'étudier à fond le système d'impôt sur le revenu *(income-tax)* en vigueur de l'autre côté du détroit, pour l'édification de la commission. Il a été nommé depuis secrétaire général de la questure de la Chambre des députés.

HUBBARD, Gustave Adolphe, homme politique français, fils du précédent, est né à Madrid le 22 mai 1858. Rentré en France avec sa famille en 1868, il fit ses études à Paris, prit le grade de licencié en droit et succéda à son père dans les fonctions de secrétaire de la commission du budget de la Chambre des députés, quand celui-ci fut appelé au secrétariat général de la questure, puis devint chef du cabinet du sous-secrétaire d'Etat au ministère de la guerre, dans le cabinet Gambetta. Elu au Conseil municipal de Paris, pour le quartier Montparnasse, aux élections municipales du 4 mai 1884, M. Hubbard se présentait pour la députation, sur la liste radicale, dans le département de Seine-et-Oise, aux élections du 4 octobre 1885, et était élu. Il a pris place à l'extrême-gauche et a voté l'expulsion totale des princes.

HUBNER (baron de), Joseph Alexandre, diplomate et littérateur autrichien, né à Vienne le 26 novembre 1811, fit ses études à l'université de cette ville et fut attaché en 1833 au cabinet de M. de Metternich, à la Chancellerie d'Etat. En 1837, il suivit l'ambassade de Paris M. le comte d'Apponyi, mais il la quittait l'année suivante, rappelé à Vienne par M. de Metternich. Nommé, en 1840, secrétaire de l'ambassade autrichienne près la reine Maria de Portugal, il passait comme chargé d'affaires, en 1844, à Leipzig, où il fut élevé peu après au rang de consul général. Pendant les troubles de 1848, M. de Hübner fut chargé de la correspondance de l'archiduc Renier, vice-roi de Lombardie, avec les princes italiens, et fut détenu comme otage par l'insurrection milanaise triomphante, puis échangé. Il alla ensuite rejoindre, à Olmütz, l'empereur d'Autriche, chassé de Vienne par la révolution. En 1849, le baron de Hübner, venu à Paris avec une mission spéciale, était nommé ambassadeur près du prince-président, et en cette qualité, siégeait au Congrès de Paris, réuni après la guerre de Crimée, et signait le traité du 30 mars. Ce fut au baron de Hübner que Napoléon III manifesta, en janvier 1859, son mécontentement de l'attitude de l'Autriche vis-à-vis de l'Italie. Il fut rappelé de Paris à la suite de cette déclaration, fut employé dans diverses missions délicates, auxquelles elle avait donné naissance, notamment à Naples et à Rome, et finalement rentrait à Vienne au mois d'août 1859, rappelé pour prendre dans le nouveau ministère le portefeuille de la police, qu'il quitta au bout de quelques mois. Nommé ambassadeur à Rome en janvier 1866, M. de Hübner fut chargé, l'année suivante, des négociations relatives à l'abolition du concordat. Il fut rappelé peu de temps après, se retira définitivement en 1868 et commença sa « promenade autour du monde », comme lui-même qualifie ce grand voyage. — On doit à M. le baron de Hübner plusieurs ouvrages publiés à Paris, notamment : *Sixte-Quint, sa vie et son temps (1870),* et *Promenade autour du monde en 1871 (1875,* édit. de luxe, illustrée, 1876). M. le baron de Hübner a été élu associé étranger de notre Académie des sciences morales et politiques en 1877. Il est grand officier de la Légion d'honneur.

HUDE, Antoine Auguste, homme politique français né à Bercy (Paris) le 6 juillet 1831. Simple garçon marchand de vin au début, puis employé chez un négociant en vins, il est depuis 1877 à la tête d'une importante maison de vins en gros d'Issy. Mêlé de bonne heure au mouvement politique, il fondait dès 1873 un comité républicain à Issy, et à Sceaux un comité cantonal dont il fut élu et réélu secrétaire. Il est conseiller municipal et maire d'Issy depuis 1878. Porté à la fois sur les listes patronnées par MM. Clémenceau et Rochefort, aux élections d'octobre 1885, M. Hude, à peu près inconnu en dehors du canton de Sceaux (sauf des syndicats de son industrie), n'en fut pas moins élu au scrutin du 18, par près de 280,000 suffrages. Il a pris place à l'extrême-gauche, et voté l'expulsion totale des princes.

HUGGINS, William, astronome anglais, né à Londres le 7 février 1824, commença ses études à l'école de la Cité de Londres, puis aborda les mathématiques et les langues classiques et vivantes avec des maîtres particuliers et se livra avec ardeur à des expériences de chimie, de magnétisme, d'électricité, etc., pour lesquelles il réunit un grand nombre d'appareils et d'instruments qui concoururent à ses progrès rapides dans l'étude de ces sciences. Il fut de bonne heure attiré d'une façon toute particulière vers l'astronomie, mais comme il résidait à Londres avec ses parents, ses observations n'eurent pas d'abord un très grand succès, pratiquées qu'elles étaient avec peine entre les cheminées fumeuses de la métropole. Il aborda aussi d'une manière spéciale l'étude du microscope, et fut élu en 1852 membre de la Société microscopique de Londres. En 1855, M. Huggins établissait, à sa résidence d'Upper-Tulse Hill, un observatoire convenablement pourvu d'instruments, parmi lesquels un équatorial de cinq pouces d'ouverture, qu'il remplaça en 1858 par un télescope de huit pouces, construit par M. Alvan Clark (V. ce nom). Dès le début de ses études astronomiques, M. Huggins résolut d'abandonner les sentiers battus pour s'occuper de l'application à cette science d'observation des connaissances qu'il possédait déjà dans les autres branches de la physique et de la chimie. La découverte par Kirchhoff de la méthode d'analyse chimique des corps éloignés au moyen du prisme, par la décomposition de leur lumière, lui vint puissamment en aide : ce ne fut toutefois qu'au commencement de 1862 qu'il la mit sérieusement en pratique. Il travailla alors assidûment, avec son ami, feu le Dr William Allen Miller, à la comparaison du spectre des étoiles et des nébuleuses avec celui de diverses matières connues d'origine terrestre. Ces deux savants firent dans cette voie quelques intéressantes découvertes, en partie analysées dans les *Philosophical Transactions* pour 1864. Elu membre de la Société royale de Londres le 1er juin 1865, M. Huggins obtenait en novembre 1866 l'une des médailles royales mises à la disposition de cette société. En 1867, la médaille d'or de la société astronomique fut décernée à MM. Huggins et Miller conjointement, pour les recherches auxquelles ils avaient pris part ensemble. M. Huggins a continué ses recherches avec le secours d'un puissant spectroscope ; il a étudié le spectre de quatre comètes et a pu constater que leur lumière est distincte de celle du soleil, découverte que confirma pleinement son observation de la planète Coggia, dans l'automne de 1874, et qui l'a conduit à conclure que le carbone, probablement en combinaison avec l'hydrogène, constitue l'un des éléments de la matière des comètes. M. Huggins a également étudié avec fruit le mouvement propre des étoiles, le spectre des protubérances solaires et modifié la méthode d'observation pratiquée jusque-là. Il a pu aussi déterminer la somme de chaleur que la terre reçoit de quelques étoiles fixes. Il a été chargé, en 1869, d'un cours sur les recherches astronomiques à l'aide du spectroscope, à l'université de Cambridge. La Société royale lui remit, en 1871, un télescope de quinze pouces de diamètre, construit à ses frais par MM. Grubb, de Dublin, pour être placé dans son observatoire de Upper-Tulse Hill. L'Académie des sciences de Paris lui décernait, en octobre 1872, le prix Lalande pour ses recherches sur la constitution physique des corps célestes. M. Huggins a été élu membre étranger de l'Academia dei Lincei, de Rome, en 1872, de la Société royale de Danemark et de la Société philosophique de Lund (Suède) en 1873, membre correspondant de l'Académie des sciences de Paris en janvier 1874, de la Société royale de Gœttingen et de la Société royale de Bohême en 1877. Il est docteur en lois des universités de Cambridge (1870) et d'Edimbourg (1871), docteur en droit civil de l'université d'Oxford (1870) et docteur ès-sciences physiques et mathématiques de l'université de Leyde (1875). — En mars 1873, l'empereur du Brésil fit une longue visite à l'observatoire de M. Huggins, et conféra au savant astronome, comme marque de sa satisfaction, la croix de commandeur de l'ordre de la Rose. Le 13 janvier 1877, M. Huggins qui, depuis longtemps, s'occupait avec des succès partiels d'obtenir la photographie du spectre des étoiles, communiquait à la « Physical Society » de Londres les résultats, couronnés cette fois d'un plein succès, de ses dernières expériences, et montrait une photographie très nette du spectre de l'étoile A de la Lyre, à laquelle, seule, une des lignes du calcium manquait. Il est vrai que, suivant M. Lockyer, il est douteux que le calcium soit un corps élémentaire. En tout cas, le résultat obtenu par M. Huggins est d'une grande importance pour la science, et le premier obtenu, après beaucoup d'efforts.

HUGO (comte), VICTOR MARIE, célèbre poëte et littérateur français, membre de l'Académie française, sénateur, est né à Besançon le 26 février 1802. Son père, qui était alors colonel, après s'être engagé comme volontaire dans l'armée républicaine, fut l'un des généraux les plus distingués de l'Empire et remplit les fonctions de gouverneur de plusieurs provinces importantes de l'Espagne et de l'Italie, notamment de la province d'Avellino, en Calabre, où il donna une chasse terrible au bandit Fra Diavolo. Après avoir suivi l'armée avec son père, qui l'emmena à l'île d'Elbe d'abord, mais trop jeune pour pouvoir affirmer avec certitude qu'il la vit ; à Paris (1805-06), puis en Italie, à Rome, à Florence, à Naples, etc., le jeune voyageur, qui avait, suivant son expression propre, parcouru « l'Europe avant la vie », rentra à Paris en 1809, et fut placé au couvent des Feuillantines, où il demeura deux ans avec sa mère, recevant les leçons du général royaliste proscrit, Victor de Lahorie, son parrain qui, trahi à la fin, fut livré à l'autorité impériale, condamné et exécuté. En 1811, il alla rejoindre son père à Madrid et entra au séminaire des nobles de cette ville, où il demeura un peu plus d'une année, et revint en 1813 au couvent des Feuillantines. En 1814, sou père le plaçait, avec son frère Eugène, dans une école préparatoire à l'école polytechnique, ayant résolu de faire des soldats de ses deux fils, résolution qui rencontra, de la part du jeune Victor du moins, une résistance involontaire mais opiniâtre, à laquelle le général comte Hugo eut le rare esprit de céder. Le poète en naissant. Victor Hugo faisait des vers, et des vers déjà remarquables, à dix ans ; à quatorze ans, outre quelques poésies lyriques, il écrivait une tragédie intitulée *Irtamène*, et à quinze, il concourait pour le prix de poésie offert par l'Académie française, sur ce sujet : les *Avantages de l'étude*. La pièce de Victor Hugo méritait incontestablement le prix, et l'illustre aréopage le lui eût décerné sans hésiter, si le jeune poëte n'avait compris l'imprudente coquetterie d'y insérer un hémistiche : « Poète de quinze ans » qui fut pris en mauvaise part, l'Académie soupçonnant l'auteur de vouloir se moquer d'elle, ou tout au moins de vouloir influencer sa décision ; comme elle se devait à elle-même de ne pas repousser la meilleure pièce du concours par pure susceptibilité, elle lui accorda une mention. Il envoya au concours des Jeux floraux : les *Vierges de Verdun*, le *Rétablissement de la statue de Henri IV* et *Moïse sur le Nil* (1819-21), odes qui furent toutes les trois couronnées, et publia en 1822 le premier volume des *Odes et Ballades*, dont le succès fut immense. Arrivé dès lors à la gloire, à l'âge où le commun des hommes, même les grands, cherchent encore leur voie, il devint l'ami de toutes les célébrités du temps ; mais un triomphe autrement précieux pour lui, ce fut d'obtenir la main de M⁰⁰ Foucher, qui avait été sa compagne d'enfance au couvent des Feuillantines, et qu'il aimait peut-être depuis lors ; cette main si ardemment convoitée, on la lui avait jusque-là toujours refusée, prétextant sa jeunesse et surtout son manque absolu de position. Sa position était donc regardée comme faite et l'avenir du poète comme assuré. Après la publication de *Han d'Islande* (1823), il fonda un *cénacle* romantique, composé de jeunes gens, comme lui animés d'idées de révolution dans la littérature et dans l'art, ou entraînés par son exemple, et parmi lesquels Sainte-Beuve, Émile et Antony Deschamps, Louis Boulanger, Alfred de Vigny, Alfred de Musset, etc. Ils fondèrent un « organe », la *Muse française*, dans lequel fut publié le manifeste de la nouvelle école. En 1825, Victor Hugo publiait un nouveau roman : *Bug Jargal* et le second volume des *Odes et ballades* en 1826. Il reçut la croix de la Légion d'honneur en 1825. Ses ouvrages se succédèrent bientôt rapidement, et leur apparition était toujours un événement littéraire, discuté avec chaleur par les classiques et les romantiques, désormais aux prises. *Cromwell*, drame qui fut écrit en vue de présenter une sorte de type dramatique de la nouvelle école, mais non destiné à la scène, parut en 1827, précédé d'une préface importante tant par les théories qui y étaient développées que par son étendue. Viennent ensuite : les *Orientales*, poésies (1828) ; le *Dernier jour d'un condamné* (1829). Il écrivit vers ce même temps son drame de *Marion de Lorme*, pour obéir aux sollicitations de ses admirateurs ; mais la censure, qui ne comptait sans doute pas parmi ces derniers, en interdit la représentation, qui ne put avoir lieu qu'après la révolution de Juillet. En attendant, Victor Hugo écrivait sa seconde pièce : *Hernani* qui, en dépit de l'opposition la plus violente et la plus insensée, manifestée jusqu'aux pieds du trône royal, fut représentée au Théâtre-Français, le 26 février 1830. Cette date mérite d'être conservée, car elle a marqué dans les fastes dramatiques, d'abord par les scènes tumultueuses du parterre du Théâtre-Français, ensuite par le triomphe incontestable et définitif du drame sur la tragédie. *Marion de Lorme*, sauvée des mains de la censure, put être enfin représentée au mois d'août 1831, à une époque où le gouvernement de Juillet ne pouvait pas encore reprendre d'une manière ostensible les errements du gouvernement auquel il succédait, sous prétexte d'un esprit plus libéral ; mais lorsqu'il fut un peu plus vieux, il s'empressa d'interdire, après la première représentation (22 novembre 1832), le nouveau drame de Victor Hugo : le *Roi s'amuse*, dans lequel, à ce qu'il paraît, l'auteur était accusé de vouloir enlever à François Iᵉʳ, ce qui eût été vraiment condamnable, le prestige dont l'histoire officielle a entouré ce vertueux roi. Vinrent ensuite, sans trop d'encombre : *Lucrèce Borgia* et *Marie Tudor* (1833) ; *Angelo* (1835) ; *Ruy-Blas* (1838) ; les *Burgraves*, le seul de ses drames qui ne puisse être repris à la scène, du moins sans de profondes modifications et qui n'eut aucun succès à son apparition, quoique d'une lecture si attachante. Entre temps, Victor Hugo publiait un assez bon nombre de volumes, vers et prose, qui ajoutaient encore à sa réputation. Ce fut d'abord, en 1831, son magnifique roman de *Notre-Dame de Paris*, qui produisit tant d'imitations grotesques et fut traduit dans plusieurs langues, notamment en anglais et, ce qui est bizarre, sous un titre qui semble prouver que ce que nos voisins y ont trouvé de plus intéressant, c'est Quasimodo : *The Hunchback of Notre-Dame* (Le Bossu de Notre-Dame) ; puis vinrent les *Feuilles d'automne* (1831) ; une *Étude sur Mirabeau* et *Littérature et philosophie mêlées* (1834) ; *Claude Gueux* (même année) ; les *Chants du crépuscule* (1835) ; les *Voix intérieures* (1837) ; les *Rayons et les Ombres* (1840) ; le *Rhin*, souvenirs de voyage (1842).

La popularité de Victor Hugo était immense, mais sa renommée n'était pas moins grande, à quelque école qu'ils appartinssent, dans le monde des artistes et des lettrés : on ne nie pas la lumière, quelque goût que l'on professe pour l'obscurité. On peut donc exactement dire que Victor Hugo força les portes de l'Académie, où il n'avait que des adversaires, et les bienveillants, car c'est à eux surtout qu'il devait l'interdiction de ses premières pièces, sans parler des attaques continuelles dont il était l'objet de la part des écrivains de l'école classique. Cette assemblée hostile l'élut donc au nombre de ses membres, en remplacement de Népomucène Lemercier, le 7 janvier 1841, et le reçut solennellement le 3 juin suivant. Le 16 avril 1845, il était élevé à la dignité de pair de France. Il ne prit toutefois de rôle politique qu'après la révolution de février, lorsque, élu représentant de Paris à la Constituante, aux élections partielles du 4 juin, il se trouva jeté dans la mêlée. Dans des temps calmes, Victor Hugo fût sans doute resté simplement un grand poëte et un philosophe humanitaire, bienveillant et ému ; mais, justement à cause de son grand cœur, il ne pouvait rester indifférent aux luttes politiques et aux dangers que ne manquent pas de faire courir au pays les mesures arbitraires, vexatoires, parfois même coupables, recours ordinaire contre le peuple qui les a acclamées, de ceux qui gouvernent dans les temps de crise et dont l'oreille est trop souvent ouverte aux conseils de l'ambition, du ressentiment ou de la peur. Incertain d'abord de la place qui lui convenait dans cette cohue, comme tout homme sincère, exempt d'ambition et de parti pris, il siégea à droite et fit partie du comité de la rue de Poitiers, simplement parce qu'il appartenait d'instinct au parti de l'ordre ; mais il vota avec indépendance, et selon son inspiration. C'est ainsi qu'il repoussa les demandes en autorisation de poursuites contre Louis Blanc et Caussidière, ainsi que la proposition de déclarer que Cavaignac avait bien mérité de la patrie, et qu'il vota contre l'ensemble de la constitution, surtout parce que, partisan de l'institution des deux chambres, et considérant celle d'une chambre unique comme extrêmement périlleuse, il n'avait pas cru devoir, ainsi qu'il l'écrivit au *Moniteur* (6 novembre) « voter une constitution où ce germe de calamité est déposé. » On peut n'être pas de son avis en ce point et pourtant reconnaître qu'une seconde chambre aurait pu opposer au coup d'État de décembre 1851 un obstacle probablement invincible. Par contre il s'associa aux votes de la droite contre les clubs, l'abolition du remplacement militaire, etc. et repoussa, en compagnie fort convenable, et surtout mêlée, l'amendement Grévy. — A peine est-il utile de rappeler que l'auteur du *Dernier jour d'un condamné* et de *Claude Gueux* réclama, en vain, bien entendu, l'abolition de la peine de mort.

— Après avoir appuyé la candidature du prince Louis Napoléon, par la plume autant que par la parole (il avait fondé un journal : l'*Événement*, auquel les persécutions ne devaient pas être longtemps ménagées). Victor Hugo, réélu à la Législative, fit à la politique de l'Élysée une opposition des plus vives et devint un des orateurs, un des chefs de la gauche. Son éloquence ne manquait pas d'aliment, et quoiqu'on ait pu dire, il nous paraît que l'évolution politique, d'ailleurs lente, progressive de Victor Hugo fut provoquée, ou mieux entraînée par les événements, plutôt que déterminée par les sollicitations d'amis ou par aucun sentiment personnel. En présence des mesures réactionnaires chaque jour proposées, des audacieuses palinodies dont la tribune parlementaire était le théâtre, était-il possible de ne point s'indigner ? L'expédition de Rome, résolue par ceux-là même qui avaient été naguère des apôtres de la fraternité des peuples, pouvait-elle le laisser indifférent ? Il parla également avec énergie contre la loi Falloux sur l'enseignement, contre la loi électorale, le cautionnement et le timbre des journaux, la mutilation du suffrage universel (loi du 31 mai), la loi de déportation, le projet de révision de la constitution, etc., avec une véhémence souvent jugée excessive par ses adversaires, mais avec la conviction profonde d'accomplir un devoir, non pas toujours, sans doute, d'habile politique, mais d'honnête homme. De tant d'admirables discours, nous ne relèverons que ces paroles étrangement prophétiques de celui qu'il prononça lors de la discussion de la loi du 31 Mai : « Messieurs, il y a une intrigue, j'ai le droit de la fouiller : je la fouille. Allons ! le grand jour sur tout cela ! Il ne faut pas que la France soit prise par surprise et se trouve un beau matin avoir un empereur sans savoir pourquoi !... Quoi ! parce que, après des années d'une gloire immense, d'une gloire presque fabuleuse à force de grandeur, il (Napoléon Ier) a, à son tour, laissé tomber d'épuisement ce glaive et ce sceptre, après avoir accompli tant de choses colossales, vous voulez, vous, les ramasser après lui, comme il les avait ramassés, lui Napoléon, après Charlemagne ! Vous voulez prendre dans vos petites mains ce sceptre des titans, cette épée des géants ! Pourquoi faire ?... Quoi ! après Auguste, Augustule ! Quoi ! parce que nous avons eu Napoléon le Grand, il faut que nous ayons Napoléon le Petit ! » On ne pouvait rien, ou tout au moins que bien peu de choses contre le représentant du peuple : il en était autrement du journaliste. En conséquence, l'*Événement*, poursuivi, traqué, condamné, fut à la fin supprimé. Il reparut toutefois, en changeant une lettre à son titre, et vraiment cette modification faisait de ce titre même une ironie : l'*Avénement*. Dans un procès intenté à son journal pour un article contre la peine de mort, Victor Hugo plaida lui-même, et ce qui lui fut l'occasion d'un de ses plus beaux triomphes oratoires, mais de rien de plus. Maintenant, il était naturel que l'évolution vers la démocratie de l'auteur des *Odes et ballades* ne se fît pas sans soulever les clameurs de ses amis de la veille. M. de Montalembert fut un des plus acharnés à lui reprocher sa « désertion » ; il était accompagné ordinairement d'un chœur d'interrupteurs jetant à la face de son adversaire les vers de sa jeunesse, presque de son enfance. Nous n'exhumerons pas les répliques, victorieuses à notre appréciation, de Victor Hugo ; mais nous pouvons citer les quelques lignes suivantes, tirées de la préface de l'édition de 1853 des *Odes et ballades*, qui exciteraient en peu de mots un phénomène assez rare, après tout, car une évolution dans le sens contraire, c'est-à-dire vers le pouvoir, est malheureusement jugée plus politique, presque plus honorable et à coup sûr plus fructueuse : « De toutes les échelles qui vont de l'ombre à la lumière, la plus méritoire et la plus difficile à gravir, certes, c'est celle-ci : être né aristocrate et royaliste et devenir démocrate... Dans cette âpre lutte contre les préjugés sucés avec le lait, dans cette lente et rude élévation du faux au vrai, qui fait en quelque sorte de la vie d'un homme et du développement d'une conscience le symbole abrégé du progrès humain, à chaque échelon qu'on a franchi, on a dû payer d'un sacrifice matériel son accroissement moral, abandonner quelque intérêt, dépouiller quelque vanité, renoncer au bien et aux honneurs du monde, risquer sa fortune, risquer son foyer, risquer sa vie. Aussi, ce labeur accompli, est-il permis d'en être fier... surtout, lorsque l'ascension faite, on a trouvé au sommet de l'échelle de lumière la proscription, et qu'on peut dater cette préface de l'exil. »

En effet, le grand poète datait maintenant de l'exil tout ce qu'il écrivait : dans les petits travaux préparatoires du 2 Décembre, son nom figurait en vedette sur la première liste de proscription. Le décret parut le 9 décembre. Victor Hugo se retira avec sa famille dans l'île de Jersey, qu'il dut quitter en 1855, pour avoir signé une protestation contre l'expulsion des trois réfugiés français : les autres signataires de cette protestation furent également expulsés de Jersey. Il s'établit alors à Guernesey. Il publia dans l'exil *Napoléon le Petit*, pamphlet d'une violence extrême contre le héros de Décembre, interdit en France, bien entendu, mais qu'on lisait ouvertement dans les ateliers du faubourg Saint-Antoine quinze jours après son apparition à Bruxelles ; les *Châtiments*, poésies inspirées du même esprit (1853) ; les *Contemplations*, la *Légende des siècles* (1856) ; les *Misérables* (1862, 10 vol.), ouvrage traduit d'avance en plusieurs langues et publié le même jour dans les principales capitales de l'Europe et à New-York : une étude sur *William Shakespeare* (1864) ; les *Chansons des rues et des bois* (1865) ; les *Travailleurs de la mer* (1866, 3 vol.) ; l'*Homme qui rit* (1869, 4 vol.). — Ayant déjà repoussé l'amnistie en 1859, par la raison qu'il niait le droit, usurpé par celui qui s'appelait alors Napoléon III, de le condamner comme de lui faire grâce, il repoussa avec plus de hauteur encore la dernière amnistie du règne, celle du 15 août 1869 : au moment du plébiscite de mai 1870, il protesta dans le *Rappel*, avec une extrême vivacité, contre cette manœuvre et se vit poursuivi par le journal pour excitation à la haine et au mépris du gouvernement. Il ne rentra en France qu'après le 4 Septembre et s'enferma dans Paris. Il y fut reçu avec enthousiasme et fit don à la Défense de deux canons qui furent baptisés le *Victor-Hugo* et le *Châtiment*. Après avoir obtenu plus de 4,000 suffrages dans le 15e arrondissement aux élections des maires et adjoints de Paris, du 5 novembre 1870, bien qu'il eût refusé toute candidature, Victor Hugo était élu représentant de la Seine, le second sur quarante-trois, aux élections générales du 8 février 1871. Il alla siéger à l'Assemblée de Bordeaux dans les rangs de l'extrême-gauche et s'éleva contre les préliminaires de paix, qu'il repoussa ensuite de son vote (1er mars). Dans le débat qui s'éleva sur la vérification des pouvoirs du général Garibaldi, élu représentant du peuple français dans plusieurs départements, notamment dans celui de la Seine, le troisième, mais qui avait donné sa démission depuis près d'un mois, Victor Hugo prit la parole pour rappeler les services de l'illustre Niçois. L'Assemblée ne tarda pas à couvrir la voix de l'orateur par les éclats de protestations violentes, qui n'avaient évidemment pas d'autre but. En présence de cette hostilité voulue, Victor Hugo descendit de la tribune, s'arrêta près de la table des sténographes et, empruntant à l'un d'eux sa plume, rédigea, debout, sa lettre de démission, ainsi conçue : « Il y a trois semaines, l'Assemblée a refusé d'entendre Garibaldi ; elle refuse de m'entendre : je donne ma démission. » Et il quitta immédiatement la salle. Vingt-quatre heures furent employées à tâcher de le faire revenir sur sa détermination ; mais ces tentatives, faites par des amis sincères, sans doute, mais incontestablement maladroites, restèrent vaines, et M. Grévy, président de l'Assemblée, n'eut plus d'autre alternative que de lire la lettre de démission de cet homme illustre que tel de... collègues étaient résolus, paraît-il, à tolérer seulement dans les rôles muets.

Peu de jours après (13 mars), Victor Hugo, condamné à voir tomber autour de lui tous les siens, sa fille Léopoldine, morte noyée avec son mari, Charles Vacquerie, dans une joyeuse promenade en mer, au Havre (1843), jusqu'au dernier de ses fils, François-Victor (1873), perdait l'aîné de ceux-ci, Charles, frappé d'une congestion cérébrale. Il rapporta son corps à Paris, où il arrivait précisément le 18 mars. L'enterrement eut lieu au milieu d'une foule énorme et sympathique, empressée de rendre ce témoignage public au grand poète, au grand patriote, au grand citoyen, si douloureusement frappé dans ses affections. Victor Hugo demeura quelque temps à Paris ; il protesta à la fois, dans une pièce de vers insérée au *Rappel*, contre les décrets de la Commune ordonnant la destruction de la colonne Vendôme et contre Versailles bombardant l'Arc de Triomphe. Force de se rendre à Bruxelles, où l'appelaient les intérêts de ses petits-enfants et pupilles, il écrivait, après l'écrasement de l'insurrection communaliste, une lettre par laquelle il offrait aux réfugiés l'abri de sa propre maison. Aussitôt, le ministre belge lui intima l'ordre de quitter la Belgique, et pendant la nuit, sa maison fut l'objet d'un attentat sauvage de la part d'une foule fanatique, aux brutalités de laquelle la police ne put le faire échapper qu'avec peine. Rentré à Paris, après une excursion dans le Luxembourg et un voyage à Londres, vers la fin de l'année, Victor Hugo acceptait de nouveau la candidature à l'Assemblée nationale, aux élections complémentaires du 7 juin 1872, contre M. Vautrain. Dans cette occasion, et pour la première fois, il fut question du *mandat contractuel*, qu'il définit, substitua au mandat impératif et déclara accepter. Il obtint 95,000 voix sans être élu et ce fut M. Vautrain qui l'emporta. — Dès son retour, il intercéda vivement en faveur de plusieurs chefs de la Commune condamnés, ainsi que pour M. H. Rochefort ; mais ce fut sans succès : l'heure de la clémence était loin de sonner. Élu délégué du Conseil municipal de Paris pour les élections sénatoriales, Victor Hugo adressait aux communes de France un manifeste les appelant à voter de manière à assurer la consolidation de la République. Il était élu lui-même, au second tour de scrutin et le quatrième sur cinq, sénateur de la Seine, le 5 février 1876. Il prit place à l'extrême-gauche. Il déposa, dès les premières réunions, sur le bureau du Sénat, une proposition d'amnistie pleine et entière pour les condamnés de la Commune, laquelle fut, comme on sait, repoussée. — Le 16 avril 1876, Victor Hugo faisait, avec Louis Blanc, une conférence au théâtre du Château d'Eau, dont le produit fut consacré à l'envoi d'une délégation des ouvriers de Paris à Philadelphie. Une autre conférence, qu'il fit avec Louis Blanc également, en faveur des ouvriers lyonnais, le 25 mars 1877, fut l'occasion de quelques troubles causés surtout par le zèle de la police. Après le 16 mai, Victor Hugo fit partie du comité de résistance organisé par les diverses fractions républicaines pour « résister » au coup d'État que l'on pressentait. C'est à cette occasion qu'il publia le premier volume de l'*Histoire d'un crime*. En janvier 1879, il présentait au Sénat une nouvelle proposition d'amnistie générale, qu'il défendit à la tribune avec une ardeur digne d'un meilleur sort. Il était réélu sénateur de la Seine, à sa vraie place cette fois, c'est-à-dire en tête de la liste, au renouvellement triennal du 8 janvier 1882.

Pour fêter son entrée dans sa quatre-vingtième année, une immense manifestation nationale eut lieu en l'honneur de Victor Hugo le 26 février 1881. Toute la journée et toute la nuit, le petit hôtel qu'il habitait avenue d'Eylau fut assiégé par une foule enthousiaste venant, bon nombre de ceux qui la composaient chargés de présents, souhaiter à l'illustre poète, « beaucoup de retour de cet heureux anniversaire » ; cette manifestation se termina par un hommage municipal que celui qui en était l'objet dut être très sensible : la partie de l'avenue d'Eylau qu'il habitait fut débaptisée et devint l' « avenue Victor-Hugo ». L'année suivante, à la même date, nouvelle manifestation, moins imposante, mais non moins enthousiaste. Décidément, c'était une habitude prise. Chaque année désormais, le 26 février, Paris tout entier, au moins, fêterait ainsi l'anniversaire du poète. Mais cela ne devait pas durer bien longtemps : deux fêtes encore, et la série allait se trouver brusquement close. — Le *Rappel* du 18 mai 1885 nous apprenait que Victor Hugo, qui avait été pris le 14 d'une indisposition d'apparence légère, était atteint d'une congestion pulmonaire.

Pendant quelques jours les bulletins des docteurs A. Vulpian, Germain Sée et Émile Allix se succédèrent, notant les alternatives d'espoir et de crainte qu'inspiraient les phases de la maladie du grand poète ; l'émotion était générale, on s'arrachait les bulletins, c'est-à-dire les journaux qui les publiaient, à l'époque des crises politiques les plus intenses. Le 22 mai, enfin, à une heure de l'après-midi, le grand homme, chez lequel le bulletin de la veille indiquait un mieux sensible, rendait le dernier soupir. La nouvelle de cette mort d'un homme, pour ne parler ni du poète ni de l'homme politique, qu'on avait pu voir quelques jours seulement auparavant, robuste et plein de vie, causa une stupeur profonde et générale ; c'est tout au plus si les affaires n'en furent point suspendues, mais elles subirent certainement un ralentissement notable. Le Sénat, le Conseil municipal de Paris suspendirent leur séance. La foule se pressait bientôt vers la maison du grand mort, et à la sortie des ateliers cette foule s'augmentait encore de tous les ouvriers, qui voulurent prendre leur part à cette grande manifestation de douleur. Les bouquets, les couronnes, arrivaient dès 3 heures, et dans la soirée des télégrammes de condoléance affluaient de tous les points du globe où la nouvelle avait été portée de la même manière. Ce n'était pas seulement un deuil national, mais un deuil universel. Les obsèques eurent lieu le 1ᵉʳ juin. Nous n'en saurions rappeler que les traits principaux : l'exposition du corps sous l'Arc de Triomphe, dans un catafalque exécuté sur les dessins de M. Charles Garnier; la foule stationnant jour et nuit autour de cette chambre mortuaire d'un nouveau genre, emplissant les avenues, pourtant assez larges, qui y convergent, surtout pendant la dernière nuit ; les manifestations sans cesse répétées ; la marche de l'immense cortège, son arrivée au Panthéon, désaffecté et rendu une fois de plus à la sépulture des hommes illustres de la France; les discours au départ et à l'arrivée ; enfin le dépôt dans les caveaux du Panthéon. On n'avait encore rien vu d'aussi magnifique, d'aussi imposant que les funérailles de Gambetta : les funérailles de Victor Hugo furent bien autre chose. C'est que Gambetta appartenait à la France, et encore une partie de la France persistait-elle à le rejeter, comme funeste à ses aspirations politiques ; tandis que Victor Hugo, le poète, l'homme de génie, appartenait à l'humanité.

Victor Hugo a publié, depuis son retour en France : l'*Année terrible*, poésies (1872) ; la *Libération du territoire*, vendu au bénéfice des Alsaciens-Lorrains ; *Quatre-vingt-treize*, grand roman historique, publié en plusieurs langues en même temps (1873) ; *Mes fils* et *Actes et paroles : Avant l'exil (1874), Pendant l'exil (1875)* et *Depuis l'exil (1876)* ; la *Légende des siècles*, deuxième série (1877, 2 vol.) ; l'*Art d'être grand père (1877)* ; l'*Histoire d'un crime (1877-78, 2 vol.)* ; le *Pape (1878)* ; la *Pitié suprême (1879)* ; *Religions et Religion (1880)* ; les *Quatre vents de l'esprit (1880-81, 2 vol.)* ; *Torquemada (1882)*. Il préparait une édition définitive de ses *Œuvres complètes*, quand la mort est venue l'interrompre dans ce travail. Cette édition n'en suit pas moins son cours, et elle a donné, en fait d'œuvres inédites : *Théâtre et liberté* et la *Fin de Satan*, qui est une suite à la *Légende des siècles (1886)*. — En mars 1875, il adressait au maréchal de Mac-Mahon un éloquent plaidoyer, intitulé : *Pour un soldat*, en faveur d'un malheureux soldat condamné, auquel il priait le président de la République de faire grâce, comme il l'avait fait grâce à l'ex-maréchal Bazaine. Il eut cette fois le bonheur d'être écouté. Son éloquent appel *Pour la Serbie*, publié dans le *Rappel* du 30 août 1876, n'était pas destiné au même succès. — On lui doit, outre des ouvrages que nous avons cités et qui sont les plus importants de son œuvre immense et glorieuse : un *Choix moral des lettres de Voltaire (1824, 4 vol.)* ; puis un premier drame, écrit avec Ancelot : *Amy Robsart*, joué à l'Odéon en 1826 ; un opéra en 4 actes, tiré de *Notre-Dame*, joué en 1836 : la *Esmeralda* ; des recueils de *Discours*, prononcés tant à la Chambre des pairs qu'aux Assemblées constituante et législative et à l'Académie française ; sa *Circulaire électorale* de 1848 ; *Œuvres oratoires et Discours de l'exil (1853)* ; les *Enfants, livre des mères*, recueil de poésies qu'il a dédiées à l'enfance, ou que l'enfance lui a inspirées (1858) ; *John Brown (1859)* ; une *Voix de Guernesey*, protestation contre le combat de Mentana (1868), etc. Outre le *Rappel* et, en d'autres temps, l'*Événement* et l'*Avènement*, il a collaboré au *Conservateur littéraire*, à la *Revue des Deux-Mondes*, au *Globe* et à diverses revues anglaises.

— Dessinateur distingué, Victor Hugo a fourni en outre des esquisses extrêmement remarquables à plusieurs publications, notamment à l'*Artiste*, au *Livre d'étrennes*, à *Paris à l'eau-forte*. Il a été publié, en 1862, une collection de ses dessins, accompagnés d'un texte de Théophile Gautier ; enfin, plusieurs des illustrations qui ornent l'édition populaire de *Quatre-vingt-treize*, publiée en 1876, sont également dues au crayon de Victor Hugo, ainsi que plusieurs de celles de la splendide édition nouvelle de la *Notre-Dame de Paris (1877* et suiv.)

HUGOT, Louis Anatole, homme politique français, né à Montbard (Côte-d'Or) le 3 avril 1836. Nommé maire de Montbard en 1871, révoqué après le 25 mai 1873, M. A. Hugot fut élu député de Semur, le 20 février 1876, et siégea à la gauche républicaine. Réélu le 14 octobre 1877 et le 21 août 1881 dans le même arrondissement, il se présentait aux élections pour le renouvellement triennal du Sénat dans la Côte-d'Or, le 25 janvier 1885, et fut élu le deuxième. M. Hugot s'est abstenu dans le vote sur l'expulsion des princes.

HUGUES, Clovis, poète et homme politique français, né à Ménerbes (Vaucluse) le 3 novembre 1851. Il débuta très jeune dans la presse démocratique, et en 1871, Marseille étant sous le régime de l'état de siège, un article publié dans le *Journal la Fraternité*, de cette ville, lui valait une condamnation à trois ans de prison et 6,000 francs d'amende ou deux années de contrainte par corps : il fit cinq ans. Entré en 1876 à la *Jeune République*, il avait en décembre 1877 un duel avec un rédacteur de l'*Aigle*, journal bonapartiste, qui l'avait grossièrement insulté dans sa vie privée, et le tuait. Il se réfugia précipitamment en Italie, voulant avant tout éviter la prison préventive. Traduit pour ce fait devant la cour d'assises d'Aix, le 22 février 1878, il fut acquitté. Après la mort de Raspail, M. Clovis Hugues se présenta candidat à la députation dans la 2e circonscription de Marseille, contre M. Amat : il échoua de 140 voix au scrutin du 17 mars 1878 ; mais il fut élu au second tour, dans la même circonscription, le 4 septembre 1881, et prit place à l'extrême-gauche. Aux élections d'octobre 1885, il était élu député des Bouches-du-Rhône au scrutin du 18. Il a voté l'expulsion totale des princes. — En 1883, M. Clovis Hugues intentait un procès en diffamation à un agent d'affaires véreux qui, une victime lui étant nécessaire, n'avait trouvé rien de mieux que de mêler le nom de Mme Clovis Hugues aux débats d'un procès scandaleux auquel elle avait incontestablement tous les droits à rester étrangère ; exaspérée des lenteurs d'une affaire conduite en réalité par son trop habile adversaire et des insultes dont celui-ci n'avait cessé de l'abreuver, Mme Clovis Hugues, rencontrant cet homme au Palais, déchargea sur lui plusieurs coups de revolver (27 novembre). Quelques jours plus tard, le malheureux succombait à ses blessures. Immédiatement arrêtée, Mme Clovis Hugues comparaissait devant la cour d'assises de la Seine le 8 janvier 1884, et était acquittée. Inutile d'ajouter que cet arrêt fut fort discuté dans la presse et ailleurs : la grande majorité, toutefois, l'approuva. On peut, certes, condamner l'acte même, et tenir compte pourtant de l'affreuse situation faite à cette jeune femme non seulement par les insultes d'un homme que sa mort défend désormais, mais également par la lenteur indifférente de la justice. — M. Clovis Hugues a publié quelques brochures politiques de circonstance, mais surtout des volumes de vers tels que la *Petite Muse* et *Poèmes de prison (1875)* ; les *Évocations (1885)*, etc., qui font regretter qu'il n'en ait pas publié davantage.

HUGUET, Auguste Victor, homme politique français, né à Boulogne-sur-Mer le 21 décembre 1822. Nommé adjoint au maire de Boulogne après le 4 Septembre, il en devenait maire en 1871, mais était révoqué par le ministre de l'intérieur, M. Beulé, en novembre 1873. quoiqu'il dût conserver assez longtemps encore ses fonctions, faute d'un remplaçant. Élu sénateur du Pas-de-Calais le 30 janvier 1876, M. Huguet siège au centre gauche républicain. Il a été réélu, en tête de la liste, au renouvellement triennal du 8 janvier 1882, et a voté l'expulsion des princes.

HUMBERT, Gustave Amédée, jurisconsulte et homme politique français, sénateur, né à Metz le 28 juin 1822, fit ses études au lycée de sa ville natale et son droit à Paris. Reçu docteur en 1844, il obtint l'année suivante le premier prix au concours entre docteurs, avec un mémoire sur les *Conséquences des condamnations pénales*. Devenu répétiteur de droit, ses opinions républicaines bien connues le firent nommer après la révolution de février 1848, sous-préfet de Thionville. Révoqué en 1851, il rentra dans l'enseignement, obtint en 1857 un prix de l'Institut avec un mémoire sur les *Régimes nuptiaux*, se fit recevoir agrégé de la faculté de droit de Paris en 1859, et fut nommé professeur-suppléant et chargé de cours à Toulouse, puis à Grenoble, pour revenir dans la première de ces villes, comme titulaire de la chaire de droit romain, en 1861. Il n'a plus quitté Toulouse, dont l'Académie de législation le nommait son secrétaire perpétuel en 1864. — Élu le 8 février 1871 représentant de la Haute-Garonne à l'Assemblée nationale, le troisième sur dix, M. Humbert se fit inscrire à la gauche républicaine, dont il fut vice-président puis président. Il a été l'auteur d'une proposition de retour de l'Assemblée à Paris, repoussée par l'Assemblée (décembre 1871) et d'un article additionnel à la loi électorale, établissant une pénalité pour les fonctionnaires convaincus d'avoir pris part à la distribution de circulaires ou de bulletins électoraux. M. G. Humbert a pris en outre la parole dans beaucoup de discussions importantes, notamment sur la condition civile des déportés, sur la propriété en Algérie, sur le projet de modification de l'article 331 du code civil, dont il obtint le renvoi au Conseil d'État. Rapporteur de la proposition de dissolution présentée par M. Raoul Duval en juillet 1871, il conclut à l'adoption, mais la Chambre repoussa ses conclusions. Il a été président de la commission relative au projet de réforme judiciaire en Égypte, etc. M. Humbert élu sénateur inamovible par l'Assemblée nationale, le 11 décembre 1875, au troisième tour de scrutin, a repris au Sénat sa place sur les bancs de la gauche républicaine. — On doit à M. Gustave Humbert un assez grand nombre de travaux de jurisprudence, d'histoire et d'archéologie, publiés dans des recueils spéciaux, tels que le *Recueil de l'Académie de législation*, de Toulouse, la *Revue de Toulouse* ; la *Revue historique de droit*, etc. Il a collaboré également au *Dictionnaire d'antiquités grecques et romaines*, de MM. Ch. Daremberg et E. Saglio. M. G. Humbert se faisait recevoir franc-maçon par la « Loge encyclopédique » de Toulouse, le 28 septembre 1875. Il fut nommé procureur général à la Cour des comptes en 1877, à l'avènement du cabinet Dufaure, mais donna sa démission pour prendre le portefeuille de la justice et des cultes, dans le cabinet de Freycinet, du 30 janvier au 29 juillet 1882. M. G. Humbert est premier vice-président du Sénat. Il a voté l'expulsion des princes. — Chevalier de la Légion d'honneur du 18 janvier 1879, il était promu officier le 12 juillet 1880.

HUMBERT, Frédéric, homme politique français, fils du précédent, est né le 19 juillet 1857 à Paris, où il fit son droit et s'inscrivit au barreau. Nommé chef du cabinet de son père, devenu ministre de la justice et des cultes, dans le cabinet de Freycinet succédant au cabinet Gambetta, en janvier 1882, à la chute de ce cabinet, en juillet suivant, il se retirait dans sa propriété de Melun-et-Marne, s'y occupait d'agriculture et se faisait élire peu après au Conseil général pour le canton de Melun-Sud. — Aux élections du 4 octobre 1885, M. Fr. Humbert a été élu député de Seine-et-Marne sur la liste radicale. Il a voté l'expulsion totale des princes. — On cite de lui un ouvrage intéressant sur l'*Invasion de 1814 en Seine-et-Marne*.

HUMBERT, Pierre François Albert, écrivain et dessinateur français, né à Vesoul le 24 février 1835. Après avoir terminé ses études au collège de sa ville natale, il vint à Paris et débuta en 1857, au *Journal amusant* ; puis il travailla à la *Vie parisienne*. M. A. Humbert a d'ailleurs plus ou moins activement collaboré à la plupart des journaux comiques illustrés qui se sont produits à Paris depuis cette époque. Huit jours après la publication du premier numéro de la *Lanterne* de M. H. Rochefort, il publiait le *Réverbère de deux sous*, « imprimé sur du papier à chandelle ». Enfin, en juillet 1868, il fondait sa désopilante *Lanterne de Boquillon*, dont le succès ne s'est pas démenti. — On doit en outre à M. Humbert un certain nombre de romans comiques, écrits dans le style désopilant inauguré par l'immortel Boquillon.

HUMBERT, Ferdinand, peintre français, né à Paris le 8 octobre 1842, élève de Picot, de Fromentin et de M. Cabanel. — Cet artiste a exposé, notamment : la *Fuite de Néron (1865)* ; *Œdipe et Antigone retrouvant les corps d'Étéocle et de Polynice (1866)* ; l'*Enlèvement (1867)* ; *Ambroise Paré implorant la pitié du duc de Nemours (1869)* ; *Messaouda (1869)* ; *Saint Jean-Baptiste*, une *Tireuse de cartes (1872)* ; *Dalila* et un *Portrait (1873)* ; la *Vierge, l'enfant Jésus et saint Jean-Baptiste (1874)* ; *Jésus-Christ à la colonne (1875)* ; la *Femme adultère (1877)* ; l'*Enlèvement de Déjanire (1878)* ; *Portrait d'enfant (1884)* ; la *Fin de la journée*, panneau décoratif pour la salle des mariages de la mairie du Xe arrondissement de Paris (1885) ; *En temps de guerre*, panneau décoratif destiné à la mairie du 13e arrondissement de Paris ; *Pro Patria*, panneau décoratif destiné au panthéon (1886), et un certain nombre de portraits. — M. Humbert a obtenu des médailles en 1865, 1867 et 1869, et une médaille de 3e classe à l'*Exposition universelle* de 1878, avec la *Vierge, l'enfant Jésus et saint Jean-Baptiste* ; décoré de la Légion d'honneur en 1878, il a été promu officier le 11 juillet 1885.

HUMBERT Ier, Humbert Renier Charles Emmanuel Jean Marie Ferdinand Eugène, roi d'Italie, fils aîné du feu roi Victor Emmanuel, est né le 14 mars 1844. Mêlé de bonne heure, par le roi son père, à la vie politique et militaire, il assistait à la guerre de l'indépendance italienne en 1859, quoique trop jeune pour y prendre une part active. Il prit, par exemple, une part plus importante dans les événements qui suivirent, tendant à compléter l'unification de l'Italie. C'est ainsi qu'il participa aux travaux de réorganisation, en province italienne, de l'ancien royaume des Deux-Siciles. En 1866, la guerre entre la Prusse et l'Autriche étant imminente et l'alliance de l'Italie avec la Prusse un fait accompli, le prince Humbert fut envoyé à Paris pour s'assurer que cette alliance n'était pas vue d'un trop mauvais œil par le gouvernement français. Les hostilités ouvertes, il prit le commandement d'une division avec le grade de lieutenant général, dans l'armée du général Cialdini, et se signala à Custozza non seulement par sa bravoure, mais aussi par son sang-froid et sa prudence, qui prévinrent incontestablement une première catastrophe. Il était nommé, en août 1866, président honoraire de la section italienne à l'Exposition de Paris. Après la prise de Rome par les troupes italiennes, en 1870, le prince Humbert se fixait, avec la famille royale et la cour, dans la Ville Éternelle. A la mort de son père, le 9 janvier 1878, le prince Humbert fut proclamé roi d'Italie. L'année même, à son entrée à Naples, en voiture, le 17 novembre, un assassin nommé Giovanni Passanante tentait de poignarder le jeune roi, qui ne reçut qu'une égratignure, grâce au dévouement de son ministre, M. Cairoli (Voy. ce nom), qui l'accompagnait, lequel, en voulant détourner l'arme de la poitrine du roi Humbert, fut lui-même grièvement blessé. L'assassin, condamné à mort, vit sa peine commuée par le roi (mars 1879). — Le roi Humbert a épousé, le 22 avril 1863, la princesse Marguerite Marie Thérèse Jeanne de Savoie, fille du feu duc Ferdinand de Gênes, frère de Victor Emmanuel. Le 11 novembre 1869, à Naples, la princesse donnait le jour à un fils qui reçut les noms de Victor Emmanuel Ferdinand Marie Janvier et le titre de prince de Naples.

HUNT, William Holman, peintre anglais, l'un des membres fondateurs les plus distingués de l'école dite préraphaélite, est né à Londres en 1827. Il débuta aux expositions de l'Académie royale en 1846. — On cite de cet artiste : le Dr *Rochecliffe célébrant le service divin dans la maison de campagne de Jocelina Joliffe*, à *Woodstock (1847)*; la *Fuite de Madeline et de Porphyre*, emprunté à la *Sainte-Agnès* de Keat *(1848)*; *Rienzi jurant d'obtenir justice du meurtre de son frère (1849)*; une *Famille britannique convertie donnant asile à un apôtre chrétien contre les persécutions des Druides (1850)*; *Valentin recevant Sylvie et Protée (1851)*; le *Berger mercenaire (1852)*; *Claudio et Isabella* et *Nos côtes d'Angleterre (1853)*; la *Lumière du monde* et le *Réveil de la conscience (1854)*. A l'Exposition universelle de Paris, de 1855, il avait envoyé la *Lumière du monde*, *Claudio et Isabella* et une nouvelle toile : les *Moutons égarés*. Il a donné ensuite : le *Bouc émissaire* (the Scapegoat), en 1856; *Découverte du Sauveur dans le Temple (1860); Après le coucher du soleil, en Espagne (1862)*; le *Pont de Londres, le soir du mariage du prince de Galles (1864)*, envoyé à l'Exposition universelle de Paris, en 1867; le *Festival de saint Swithin (1868)*, etc. M. W. Holmann Hunt a fait, dans ces derniers temps, un séjour de quatre ans en Palestine. Il en a rapporté sa plus grande toile : *the Shadow of Death* (l'Ombre de la mort), représentant la prévision du crucifiement (1873). Il y est retourné en 1876 et s'est installé à Jérusalem.

HUON DE PENANSTER, Charles Marie Pierre, homme politique français, né à Lannion le 11 octobre 1832. Riche propriétaire, représentant le canton de Plestin au Conseil général des Côtes-du-Nord depuis 1861, M. Huon de Penanster fut élu représentant de son département à l'Assemblée nationale, le 8 février 1871, et prit place à l'extrême-droite. Il conserva, pendant toute la durée de l'Assemblée nationale, une attitude conforme à ce choix, et fut élu député de la première circonscription de Lannion le 20 février 1876, et réélu le 14 octobre 1877, après avoir approuvé la politique du cabinet de Broglie-Fourtou. C'est M. Huon de Penanster qui, frappé de rappel à l'ordre pour cause d'interruption, dans la séance du 24 février 1879, par le président Gambetta, rappela à celui-ci, en donnant les preuves officielles à l'appui, certaine séance où il avait interrompu dix-huit fois l'orateur à la tribune sans s'attirer un seul rappel à l'ordre; il obtint ainsi le retrait des deux siens, car il y en avait deux. — Après le terme de cette législature (1881), M. Huon de Penanster ne s'est plus présenté à aucune élection, jusqu'au 27 juin 1886, où il s'agissait de remplacer au Sénat M. Le Provost de Launay, décédé. Il fut élu, à cette date, sénateur des Côtes-du-Nord et a repris à la Haute Chambre son siège à l'extrême-droite.

HURLBERT, William Henry, journaliste américain, né à Charleston (Caroline du Sud) le 23 juillet 1827, fit ses études au collège d'Harvard et alla les compléter à Berlin, sous la direction de Ritter, de von Raumer et de Ranke. De retour aux Etats-Unis en 1851, il étudia le droit pendant deux ans. En 1855, il devint rédacteur du *Putnam's Magazine*, de New-York, puis fut attaché à la rédaction du *New-York Times*, de 1857 à 1861. Au commencement de la guerre de Sécession, en juin 1861, obligé de se rendre à Charleston, sa ville natale, pour affaires particulières, M. Hurlbert fut arrêté comme espion par les autorités confédérées, envoyé à Richmond et écroué à la prison de cette ville, d'où il parvint à s'échapper au bout de quatorze mois de captivité. Il entra dès lors (octobre 1862) à la rédaction du *New-York World*, dont il a pris la direction, en juin 1876, en remplacement de M. Manton Marble. M. William H. Hurlbert a voyagé, en qualité de correspondant des journaux auxquels il a appartenu, au Mexique, dans l'Amérique centrale et méridionale et dans diverses contrées de l'Europe; il a, en outre, collaboré à la presse périodique newyorkaise et écrit divers poèmes, dont quelques hymnes faisant partie des collections de l'Eglise unitaire, et publié : *Gan Eden, or Pictures of Cuba (1854); General Mac Clellan and the Conduct of the War (1864)* et un ouvrage sur le *Pacific Countries of South-America (1876)*. Il a quitté la direction du *World* en 1885 et réside maintenant à Londres comme correspondant du *Sun* de New-York.

HUXLEY, Thomas Henry, naturaliste anglais, né à Ealing, dans le Middlesex, le 4 mai 1825, fit ses études au collège de sa ville natale et vint ensuite à Londres où il suivit les cours de l'école de médecine de l'hôpital de Charing-Cross. Nommé en 1846 aide-chirurgien à bord du *Rattlesnake*, avec lequel il prit part à l'exploration du sud de l'océan Pacifique et du détroit de Torres, il revint en Angleterre en 1859 et était élu deux ans après membre de la Société royale, dont il devint secrétaire en 1873. En 1855, il remplaçait Edward Forbes comme professeur d'histoire naturelle à l'Ecole des mines ; il était nommé, la même année, professeur de physiologie à l'Institution royale et examinateur de physiologie et d'anatomie comparée à l'université de Londres. Membre du comité des écoles de Londres, en 1870, il prit une part très active aux délibérations de ce comité, dont il s'est retiré en janvier 1872. En 1875 et 1876, il a remplacé à la chaire d'histoire naturelle d'Edimbourg le professeur Wyville Thomson, attaché à l'expédition du *Challenger*. M. Huxley a été lord recteur de l'université d'Aberdeen pendant trois ans, de 1874 à 1878. Il est l'auteur d'un grand nombre de *mémoires* sur l'histoire naturelle, publiés dans les *Transactions* et *Journaux* des Sociétés royale, linnéenne, géologique et zoologique et dans les *Memoirs of the Geological survey of Great Britain*, sociétés dont il fait partie. On doit en outre à ce savant professeur : les *Hydrozoaires océaniens (1862)*; la *Place de l'homme dans la nature (1863)*; *Leçons d'anatomie comparée (1864)*; *Leçons de physiologie élémentaire (1865)*; *Introduction à la classification des animaux (1869)*; *Sermons laïques, allocutions et critiques (1870)*; *Manuel d'anatomie des animaux vertébrés (1871)*; *Critiques et discours (1873)*; *Instruction pratique sur la biologie élémentaire (1875)*; *Hume, sa vie et ses travaux*; *Discours d'Amérique, avec une « lecture » sur l'étude de la biologie (1877)*; *Physiologia, introduction à l'étude de la nature*; *Anatomie des invertébrés (1878)*; la *Seiche, introduction à l'étude de la zoologie (1879)*; *Science et culture (1882)*, etc. Le professeur Huxley a reçu la médaille de Wollaston de la Société géologique en 1876; il a été élu correspondant de l'Académie des sciences française, pour la section d'anatomie et zoologie en juin 1879, et membre étranger du conseil de l'Académie nationale des Etats-Unis en 1883.

HYACINTHE, Louis Hyacinthe Duflost (dit), acteur comique français, né à Paris le 25 avril 1814, faisait partie, dès l'âge de sept ans, du fameux théâtre des « Jeunes élèves » de Comte. Lorsqu'il eut atteint sa seizième année, il fut poliment mais inexorablement expulsé de la jeune troupe, encore par amour grandi d'une manière presque soudaine, en tout cas, dans des proportions démesurées. Il entra alors au Vaudeville, où il fit peu parler de lui ; puis, vers 1836, aux Variétés, où il commença sa réputation, par la création de types ridicules fort bien réussis, dans les pièces suivantes, entre autres : le *Maître d'école*, *Ma maîtresse et ma femme*, les *Saltimbanques*, les *Cuisinières*, etc. En 1847, M. Hyacinthe entrait au Palais-Royal, qu'il n'a plus quitté. Il y joua d'abord le répertoire d'Alcide Touzez, qui venait de mourir, et s'y fit promptement remarquer. Ainsi que dans beaucoup de créations heureuses, parmi lesquelles, n'en pouvant donner la liste complète, nous rappellerons le rôle de l'eau-de-Satin, dans la *Mariée du mardi gras (1857)*; Choufleury, dans les *Mémoires de Mimi-Bamboche (1861)*; divers rôles, dans *Fernandinette, ou la rosière d'en face*, le *Sabot de Marguerite*, etc.; ceux de Rasoir, dans *Pioréte*; de Gondremarck, dans la *Vie Parisienne*; de Castel-Bombé, dans la *Vie de château (1869)*; d'Alfred, dans le *Réveillon (1872)*; de Gargaret, dans *Doit-on le dire ?* de Hochart, dans les *Samedis de madame*; du duc Emile, dans *Tricoche et*

Cacolet; d'Ernest Fador, dans la *Pièce de chambertin*; de Mavanchard, dans la *Mi-Carême (1874)*; d'Alcide de Malicorne. dans *Ici, Médor!* de Bivochet, dans le *Panache (1875)*; de Frédéric. dans *Loulou*; de Marocain. dans les *Jocrisses de l'amour*; de M. de Catalpa, dans *Mon mari est à Versailles (1876)*; du prince Poupoulos, dans la *Clef (1877)*, etc., etc.

HYACINTHE (le Père). — voyez **Loyson**, CHARLES HYACINTHE.

I

IGN

IDDESLEIGH (comte d'), STAFFORD HENRY NORTHCOTE, homme d'État anglais, né à Londres le 27 octobre 1818, fit ses études à Eton et au collège Balliol, à Oxford, puis se fit admettre au barreau à l'Inner Temple, en 1847. Il débuta dans la vie publique comme secrétaire particulier de M. Gladstone, alors vice-président du Bureau du commerce et directeur de la Monnaie (1841); secrétaire de l'Exposition industrielle en 1851, il fut créé compagnon du Bain, section civile, pour services exceptionnels rendus dans ces fonctions. Élu, en qualité de conservateur, représentant de Dudley à la Chambre des communes, en mars 1855, il échoua dans la circonscription nord de Devon aux élections de mars 1857, mais il fut réélu par Stamford en juillet de l'année suivante et continua de représenter ce bourg jusqu'en mai 1866. époque où il fut élu de nouveau par le North-Devon, qu'il a représenté jusqu'à son élévation à la pairie. Sir Stafford Northcote (tel était alors son nom, ayant hérité le titre de baronet de son grand-père en 1851) a été secrétaire financier à la Trésorerie de janvier à juin 1859. Président du Bureau du commerce dans le cabinet Derby, en 1866, il fut secrétaire d'État pour les Indes de juillet 1867 à décembre 1868. Élu directeur de la compagnie de la baie d'Hudson, le 12 janvier 1869, il présida le congrès de l'Association de la science sociale tenu à Bristol la même année et fut nommé, le 2 novembre 1870, commissaire chargé de faire une enquête sur les sociétés mutuelles. En 1871, il a fait partie de la haute commission dont les travaux aboutirent au traité de Washington. Lors du retour de son parti aux affaires, en février 1874, sir Stafford Northcote a été nommé chancelier de l'Échiquier; au mois d'août 1872, M. Disraëli ayant été élevé à la pairie avec le titre de comte Beaconsfield, il l'avait remplacé à la Chambre des communes comme orateur du gouvernement, poste rendu exceptionnellement épineux par les complications extérieures. La veille de la retraite du cabinet dont il faisait partie, en avril 1880, il était promu grand officier du Bain. Il fit de nouveau partie du ministère conservateur présidé par le marquis de Salisbury, de juin 1885 à février 1886, et à la chute de ce ministère, il entra à la Chambre des lords, au titre de comte d'Iddesleigh. Le 2 août 1886, les conservateurs ayant ressaisi le pouvoir, lord Iddesleigh fut appelé au ministère des affaires étrangères dans le cabinet constitué par le marquis de Salisbury. — Le comte d'Iddesleigh est membre de la Société royale de Londres depuis 1875: il faisait partie de la commission royale britannique près l'Exposition universelle de 1878.

IGNATIEF, NICOLAS PAULOVITCH. général et diplomate russe, né à Saint-Pétersbourg le 29 janvier 1832, est fils d'un capitaine d'infanterie qui, lors de l'insurrection militaire provoquée à Saint-Pétersbourg par l'avènement un peu forcé du grand-duc Nicolas au trône de Russie, en 1825, passa le premier, avec sa compagnie, du côté du nouveau czar, défection qui assura le triomphe de celui-ci et valut au capitaine Ignatief et à sa famille la puissante protection de Nicolas I. Celui qui fait l'objet de cette notice eut, pour commencer, l'empereur pour parrain. Élevé à l'École des cadets, il fit brillamment ses premières armes sur les bords de la mer Caspienne. De retour à Saint-Pétersbourg, il entra dans la Chancellerie, comme attaché à la section asiatique de la Chancellerie; deux ans plus tard, ayant atteint (1858) le grade de major général, il était nommé ministre plénipotentiaire à

IRV

Pékin (1860); en 1864, il était appelé à l'ambassade de Constantinople. Dans ce poste important, il sut mettre le sceau à sa réputation d'habileté, qui date de ses débuts, releva rapidement le prestige de la Russie et ne tarda pas à devenir même une sorte de conseil du sultan Abdul-Azis, après avoir complètement rassuré sur les intentions de son gouvernement. D'autre part, il s'était acquis une popularité considérable par sa bienveillance et son affectation de protection des faibles, c'est-à-dire des habitants non-musulmans de la Turquie, si bien qu'on le désignait habituellement sous le nom de *roi de Péra*. Le général Ignatief était donc une véritable puissance à Constantinople, et le czar n'avait qu'à se louer de son représentant qui, tout en endormant le Turc, avait su réveiller ou du moins accroître les sympathies des populations chrétiennes pour la Russie. La déposition d'Abd-ul-Azis, le 30 mais 1876. événement imprévu par lui, qui croyait tout prévoir, vint renverser l'édifice si habilement construit. Après l'avortement de la conférence de Constantinople et le départ des plénipotentiaires (décembre), le général Ignatief faisait une tournée diplomatique à Vienne, Berlin, Paris et Londres, dont le résultat fut la signature du protocole de Londres (mars 1877). Remplacé à Constantinople par le prince Labanoff le 2 mai 1878, le général Ignatief resta quelque temps sans emploi officiel, et vint même passer une partie de l'hiver de 1879 à Nice. Il avait été un moment question de l'investir de la souveraineté bulgare, mais cette idée n'avait pas eu de suite. Quelque temps après, il était appelé au pouvoir comme ministre de l'Intérieur, mais il resignait son portefeuille en juin 1882. — Le général Ignatief est sénateur, membre du Conseil de l'empire et président de l'Académie impériale de Saint-Pétersbourg. Il est grand officier de la Légion d'honneur.

IMBERT, AGAMEMNON, ingénieur et homme politique français, né en 1835 à Bourg-Saint-Andéol (Ardèche), où son père exerçait l'état de maréchal-ferrant. Élève des écoles d'arts et métiers, M. Imbert travailla d'abord lui-même comme ouvrier forgeron, puis comme dessinateur mécanicien. Ayant obtenu le diplôme d'ingénieur civil, il est devenu directeur d'une usine de construction de chaudières à vapeur, câbles métalliques. etc., connue sous la raison sociale Imbert frères, à Saint-Chamond, dont les produits, récompensés à toutes les expositions, obtenaient notamment une médaille d'or à l'Exposition universelle de 1878 (cl. LIV, machines et appareils de la Mécanique générale). Conseiller municipal de Saint-Chamond depuis près de vingt ans, M. Imbert était porté, aux élections d'octobre 1885, sur la liste républicaine de la Loire. Élu député au scrutin du 18, il a pris place à gauche et a voté l'expulsion totale des princes.

IRVING, JOHN HENRY BRODRIBB, acteur anglais, né à Keinton, près de Glastonbury, le 6 février 1838. fit ses études dans une institution de Londres. Il parut pour la première fois sur la scène au théâtre de Sunderland, le 29 septembre 1856. Après avoir passé deux ans et demi à Édimbourg, il débuta le 25 septembre 1859, au théâtre de la Princesse, à Londres, où il resta trois mois, fit ensuite quelques conférences dramatiques à la salle Crosby, puis partit pour Glasgow au mois d'avril 1860, resta attaché au théâtre de cette ville jusqu'en septembre suivant, et joua ensuite au Théâtre-Royal de Manchester jusqu'à fin mars 1865. Cette année-là, il prit part, avec M. Macrabe, à des représentations données pour servir de cadre aux fameuses « spiritual séances » des frères Davenport. De janvier à juillet 1866, il fut engagé au théâtre du Prince-de-Galles, à Liverpool, puis revint à Manchester, engagé par M. Dion Boucicault, avec Miss Kate Terry, pour jouer dans son nouveau drame intitulé *Hunted Down*. Cette circonstance lui valut un engagement sérieux à Londres, où il débuta au théâtre Saint-James, dans le rôle de Doricourt du *Belle's Stratagem*. Il passa au Théâtre-de-la-Reine en décembre 1867, fit quelques tournées en province, et entra au mois de mai 1870 au théâtre du Vaudeville, dans le rôle de Digby Grant des *Deux roses*, comédie de M. Albery, qui eut trois cents représentations consécutives. En novembre 1871, il paraissait au Lyceum dans les *Bells*, adaptation du *Juif polonais* de MM. Erckmann-Chatrian. Il parut ensuite dans les rôles de *Charles Ier*, *Richelieu*, *Eugène Aram*, etc. En 1874, il donna une série de représentations d'*Hamlet* accueillies avec enthousiasme par le public, mais dont la critique a vivement discuté le mérite. M. Irving est revenu depuis principalement aux *Bells*, qu'il a jouées de nouveau au Lyceum en 1876 et 1877, avec un succès toujours plus grand. Il parut également dans le rôle de Philippe de la *Reine Marie*, drame de Tennyson (1876); dans celui de Lesurgues du *Courrier de Lyon (1877)*; dans le principal rôle de *Vanderdecken*, drame de MM. Percy Fitzgerald et W. G. Wills (1878). La retraite de Mme Bateman lui ayant laissé la direction du Lyceum, il y reprit, le 30 décembre 1878, ses représentations shakespeariennes par la tragédie d'*Hamlet*. Il y joua ensuite: les *Frères Corses*, la *Coupe*, le *Belle's Stratagem*, etc. En juillet 1883, il partait pour les Etats-Unis, emmenant avec lui la troupe du Lyceum. A cette occasion, un banquet d'adieux lui était offert à Saint-James Hall, dans lequel c'était lord Coleridge, le lord *Chief Justice* d'Angleterre, qui occupait le fauteuil de la présidence. Après une tournée fructueuse, M. Irving revenait en Angleterre et reprenait la direction du Lyceum. Il y jouait, dans la saison de 1886, entre autres pièces shakespeariennes et autres, *Faust*, drame de MM. W. G. Wills, qui a eu sur la scène anglaise un succès énorme et qu'un correspondant conseillait récemment d'adapter à la scène française.

ISABELLE II, Maria Isabella Luisa, reine-mère d'Espagne, née à Madrid le 30 octobre 1830, fille aînée de Ferdinand VII et de sa quatrième femme, Marie-Christine, sous l'influence de laquelle il signa, le 29 mars 1830, la Pragmatique sanction, abolissant la loi salique en Espagne. En conséquence de cette mesure, par laquelle Ferdinand VII, n'ayant pas d'enfants mâles, dépouillait son frère et héritier don Carlos, la jeune princesse Isabelle fut proclamée reine à la mort de son père (29 septembre 1833), sous la régence de sa mère Marie-Christine, et une insurrection formidable éclatait, qui n'était que le prologue d'un drame dont nous n'avons, sans doute, pas encore vu l'épilogue. Pendant sept ans, pour commencer, les *Carlistes* et les *Christinos* en lutte désolèrent la malheureuse Espagne. Enfin, les victoires d'Espartero et la capitulation de Bergara (31 août 1839) mirent fin à la lutte pour cette fois. Don Carlos, dont les Cortès avaient prononcé la déchéance, en sanctionnant les droits d'Isabelle, se réfugia en France, frappé d'exil ainsi que ses principaux partisans. Cependant, ce succès obtenu, on crut pouvoir se passer des Cortès, et elles furent dissoutes dès le mois qui suivit la victoire décisive remportée sur les Carlistes (septembre). Une révolte formidable souleva à la fois Madrid et Barcelone, en réponse à cet acte impolitique, et la reine-régente, contrainte par Espartero, habile à profiter de la circonstance, se démit de la régence en faveur de celui-ci et se réfugia en France à son tour. Confirmé dans ce poste par un vote des Cortès, le 8 mai 1841, qui remettait aux mains d'Arguelles la tutelle de la jeune reine, Espartero fut impuissant à ramener le calme dans son pays, et ne parait d'ailleurs pas avoir tenté de bien sincères efforts dans ce sens. Un goût trop prononcé pour les répressions sanglantes et les violences sauvages finit par le perdre. Deux fois bombardée par ses soins, en moins d'un an, Barcelone se soulevait une troisième fois, organisait un gouvernement provisoire qui déclarait le régent traître à la patrie et déchu de toutes ses dignités (juillet 1843), et envoyait contre Madrid un nombreux corps d'insurgés, commandé par Narvaez. Mais le régent avait si bien travaillé, qu'abandonné de tous, il avait dû se réfugier à bord d'un bâtiment anglais, laissant le champ absolument libre à son ennemi Narvaez. Après la fuite d'Espartero, la régence fut confiée au général Castanos, qui ne la conserva que quelques mois, les Cortès ayant déclaré la reine Isabelle majeure le 15 octobre 1843. L'Espagne n'en fut pas moins courbée sous le joug de la dictature militaire de Narvaez, ayant l'état de siège comme moyen de gouvernement. La reine Marie-Christine revint de France et reprit à peu près son influence sur la direction des affaires, comme si sa fille était toujours mineure. Cette influence se manifesta tout particulièrement dans la question des mariages espagnols, qui remua bientôt toute l'Europe. Ce grand remue-ménage s'explique par la raison que chaque puissance présentait son candidat à la main de la jeune reine. La Russie appuyait le comte de Montemolin, fils de don Carlos, le meilleur choix politique peut-être qui pût être fait dans la circonstance ; l'Angleterre avait pour client le prince Léopold de Cobourg; puis venait le comte de Trapani, fils du roi des Deux-Siciles et enfin don Maria Fernand Francisco-de-Assis, fils de l'infant Dona Francisco-de-Paula, cousin d'Isabelle, candidat de Marie-Christine et de la France. Ce fut celui-ci qui triompha, et tandis que la reine Isabelle II épousait son cousin Francisco-de-Assis, sa propre sœur, l'infante Dona Maria Luisa Fernanda de Bourbon épousait le duc de Montpensier (10 octobre 1846), moyen ingénieux de créer un nouveau prétendant à la couronne d'Espagne, ainsi que l'avenir le prouva. Cet heureux évènement eut pour effet de faire appeler les libéraux au pouvoir, dans la personne de MM. Serrano et Salamanca, mais immédiatement toutefois, mais seulement en septembre 1847 ; et encore Narvaez était-il rappelé le mois suivant. Le comte de Montemolin, qui avait une double raison de rancune contre la reine d'Espagne, profitait des évènements de 1848, pour faire, avec l'aide de Cabrera, une nouvelle tentative armée, qui n'eut, il est vrai, aucun résultat.

Le 20 décembre 1851, la reine Isabelle avait une fille. Le 2 février 1852, comme elle allait faire ses relevailles, elle était frappée d'un coup de couteau par un prêtre carliste, nommé Martin Merino. Cet attentat fut le prétexte de nouvelles mesures réactionnaires. Les Cortès, coupables de s'être donné un président libéral, furent dissoutes ; la nouvelle chambre de 1853, grâce à une nouvelle coalition comme en provoquent toujours les gouvernements despotiques, qui ne tiennent compte de l'opinion que pour la combattre, présenta une opposition autrement formidable que la précédente aux agissements du gouvernement. Elle fut de nouveau dissoute (8 avril) ; mais le gouvernement n'y survécut pas. Il fit place à un ministère absolutiste, qui débuta par le bannissement des généraux appartenant au parti constitutionnel. L'armée se souleva ; le nouveau ministère fut renversé et remplacé le 18 juillet par un ministère conservateur, sous la présidence du duc de Rivas, lequel est désigné par le nom caractéristique de ministère des *Quarante heures*, ayant été à son tour renversé par une émeute madrilène quarante heures après son installation. A la suite de cet évènement, la reine Marie-Christine reprenait le chemin de la France et Espartero était de nouveau appelé à former un ministère définitif, mais d'une nature peu rassurante, car il y avait pour collaborateur l'un de ses adversaires les plus résolus : O'Donnell. L'entente entre ces deux hommes ne pouvait pas être de longue durée, et comme ils représentaient deux partis différents, la division qui régnait entre eux avait pour corollaire la division du pays, désolé à la fois par les émeutes partielles, une crise financière terrible, l'agitation religieuse et en proie par conséquent à une instabilité intolérable. En présence de l'impossibilité de vivre en bonne intelligence avec son cabinet et de la préférence dont il était évidemment l'objet à la cour, Espartero se retira le 14 juillet 1856. Une insurrection souleva la retraite du duc de la Victoire, mais comme celui-ci ne donna pas signe de vie, elle fut promptement écrasée, et servit comme toujours de prétexte à de nouvelles rigueurs et à des mesures de réaction qui n'eurent d'autre terme que la chute d'O'Donnell, son remplacement par Narvaez à la tête d'un cabinet un peu plus libéral (8 octobre 1857). Mais ce cabinet ne tint pas longtemps et ce fut un nouveau cabinet O'Donnell qui le remplaça, le 1er juillet 1858. Celui-ci dura, grâce surtout à une politique extérieure d'une habileté incontestable. A la suite de la guerre du Maroc, terminée par une paix glorieuse pour l'Espagne (février 1860), le gouvernement français agissait diplomatiquement auprès des autres gouvernements pour faire reprendre à cette grande nation son rang de puissance de premier ordre, que ses dissensions intestines lui avaient fait perdre ; ce qui ne l'empêchait pas, après avoir agi sa situation avec l'Angleterre et la France au Mexique, d'abandonner celle-ci au dernier moment. — Cependant deux nouveaux soulèvements avaient lieu, en janvier 1866 et au mois d'août 1867. Ils furent réprimés et, par extraordinaire, le dernier fut suivi d'une amnistie. Malgré cela, toute une année fut encore marquée par des émeutes partielles, qui donnèrent lieu à toute sorte de rigueurs contre les journalistes et contre les généraux dont la sympathie paraissait douteuse. Plusieurs, condamnés à mort, vinrent se réfugier en France. Enfin, le 16 septembre 1868, une révolution décisive éclata. Le signal fut donné par la flotte de Cadix, et qui se répandit bientôt d'un bout à l'autre de la Péninsule. Le 29, la reine Isabelle, qui s'était par précaution rapprochée de la frontière française, était déclarée déchue du trône d'Espagne et se réfugiait au château de Pau avec son mari, ses enfants et son conseiller intime Marfori, dont les conseils autant que l'intimité étaient certainement pour beaucoup dans sa chute et dans les tribulations qui l'avaient précédée. Un gouvernement provisoire fut installé à Madrid, dont faisaient partie les généraux Prim et Serrano et l'amiral Topete. Quelques semaines plus tard, la reine détrônée venait s'installer à Paris, où elle ne parut s'intéresser à la politique qu'autant qu'on l'y contraignit. Le 25 juin 1870, elle abdiquait ses droits au trône d'Espagne en faveur du prince des Asturies, son fils aîné. Pendant la guerre franco-prussienne, la reine Isabelle se réfugia à Genève, mais dès que le calme y fut rétabli, elle revint à Paris, qu'elle quittait, le 28 juillet 1876, pour aller rejoindre son fils, roi d'Espagne. Elle emmenait de sa suite ordinaire, y compris le « conseiller » Marfori; mais celui-ci fut expulsé d'Espagne par mesure spéciale, et, comme il n'approuvait pas la mesure, et qu'il s'avisa de la publier dans les termes injurieux pour le gouvernement d'Alphonse XII, il fut appréhendé, jugé et condamné à la prison comme un simple mortel. Quant à la reine Isabelle, elle rentrait en France le 2 octobre 1886. — La reine Isabelle a eu cinq enfants: l'infante Marie Isabelle Françoise-d'Assise Christine Françoise-de-Paule Dominguca, née le 20 décembre 1851 ; Alphonse XII, roi d'Espagne, né le 28 novembre 1857, mort le 25 novembre 1885; l'infante Maria-de-Pilar, etc., née le 4 juin 1861 ; l'infante Maria-de-la-Paz Jeanne Amélie, etc., née le 23 juin 1862, et l'infante Marie Eulalie, née le 12 février 1864.

ISAMBERT, GUSTAVE FRANÇOIS, littérateur et journaliste français, né à Châteaudun le 20 octobre 1841, fit ses études au lycée de Vendôme et s'occupa dès lors de journalisme. Il débuta, en 1858, à l'*Union agricole* de Chartres. Venu à Paris vers la fin de 1860, il prit successivement une part active à la rédaction de la *Jeune France*, de la *Jeunesse*, du *Mouvement* et de la *Voix nouvelle*, journaux d'étudiants. De 1862 à 1865, M. Gustave Isambert fut l'un des principaux rédacteurs du *Courrier du Dimanche*, qu'il quitta à la suite de dissentiments intérieurs. Il entra alors au *Temps*, où il rédigea le « bulletin du jour »; puis alla, en 1868, fonder à Reims l'*Indépendant rémois*. Après avoir quitté, en 1870, ce journal où son opposition à l'empire paraissait trop accentuée aux propriétaires, il revint au *Temps*, dont il fut l'un des correspondants militaires au début de la guerre. En cette qualité, il fut arrêté et emprisonné à Rethel par ordre du colonel Stoffel, prévôt de l'armée de Châlons. Après le 4 Septembre, M. Isambert entra au ministère de l'Intérieur et fit partie de la délégation du gouvernement de la Défense nationale, à Tours et à Bordeaux, d'abord comme attaché à la direction du personnel, puis comme chef du service de la presse. Il donna sa démission lors de la retraite de Gambetta (3 février 1871). Aux élections du 8, 8,000 voix se portèrent sur son nom dans le département d'Eure-et-Loir. Rentré à Paris, il fut, pendant la Commune, l'un des secrétaires de la Ligue d'union républicaine des droits de Paris. Il a été, en novembre 1871, l'un des fondateurs et est resté jusqu'à la fin de 1883, l'un des rédacteurs les plus actifs de la *République française*, dont il avait, dans les derniers temps, la direction. — M. Gustave Isambert a publié: la *Loi militaire expliquée*, avec Coffinhal-Laprade (1868), ouvrage qui a eu dix-sept éditions; l'*Impôt et son emploi*, même année ; *Combat et incendie de Châteaudun (1871)*, et des éditions, avec préface, des *Lettres de M*^{lle} *de Lespinasse* (Lemerre, 1876, 2 vol. in-16), et du *Neveu de Rameau* (Decaux, 1876, in-32). Il a aussi collaboré au *Livre d'or des peuples*, à l'*Encyclopédie générale*, à la *Vie littéraire*, etc., et fait, en 1875, une série de conférences remarquées sur le xvIII^e siècle.

ISELIN, HENRI FRÉDÉRIC, sculpteur français, né à Clairegoutte (Haute-Saône) en 1824, est élève de Rude.— On cite de cet artiste, qui a débuté au Salon de 1849 par des *Bustes: Jean Goujon*, statue ; *Jeune Romain*, buste (1852); *Murat*, buste, pour la Galerie de Versailles; l'*Observation*, buste allégorique (1855) ; le *Génie du feu*, groupe (1856), au nouveau Louvre; le *Duc de Beaufremont*, M. *Lefébure*, bustes (1857); *E. Picard*, buste (1859); le *Duc de Morny*, Huguet, professeur à l'Ecole de droit; *Desloyes*, le *Président Boileau*, bustes (1861); *Napoléon III*, le *Comte de Persigny (1862)*; *Augustin Thierry, Courtenay (1864)*; un nouveau *Napoléon III*, pour le Corps législatif (1865); un nouveau *Duc de Morny (1866)*; une statue d'*Euryale*, au Louvre; l'*Elégance*, statue, au foyer de l'Opéra (1872); le *Baron Poysson* et un autre *Portrait*, bustes en marbre (1873); le *Général Lamoricière* et un *Portrait*, bustes en marbre (1875); un *Portrait*, médaillon en bronze (1876); l'*Abbé Cochet*, pour le musée de Rouen, buste en bronze; *Lagrange*, pour le bureau des longitudes, buste en marbre (1877); *Claude Bernard*, pour les galeries de Versailles, buste en marbre (1879); M. *Durot*, buste monumental en bronze, destiné à une place publique; *François Miron*, statue en pierre, pour la façade principale de l'Hôtel de Ville de Paris (1883); *Portrait de feu Henry*, architecte de l'Ecole polytechnique (1884); *Portrait de M*^{me} *la vicomtesse Chandon de Briailles*, buste en marbre (1886), et bon nombre d'autres portraits. — M. Iselin a obtenu une médaille de 3e classe en 1852 et en 1855, le rappel en 1857, une médaille de 2e classe en 1861, le rappel en 1863; il a été décoré de la Légion d'honneur en 1863.

ISIDOR, LAZARE, grand rabbin du consistoire central des Israélites de France, est né à Lixheim (Meurthe) le 15 juillet 1813. Après avoir terminé ses études à l'Ecole rabbinique de Metz, il fut nommé rabbin à Phalsbourg en 1837. Appelé à succéder à M. Ennery, comme grand rabbin à Paris, en 1847, M. Isidor est devenu, en 1866, grand rabbin du consistoire central. Il s'est fait, dans ses fonctions diverses, une grande réputation de charité, et a prêté son concours empressé à toutes les œuvres ayant pour objet le développement de l'instruction parmi ses coreligionnaires. — Chevalier de la Légion d'honneur depuis 1859, M. Isidor a été promu officier le 12 mars 1878.

ISMAEL, JEAN VITAL ISMAEL JAMMES (dit), chanteur dramatique français, né à Agen le 28 avril 1827. Fils d'un pauvre tailleur de cette ville, ses parents ne pouvaient lui fournir les moyens de cultiver ses heureuses aptitudes musicales et de développer, par l'étude, une magnifique voix de baryton. Ce que voyant, et poussé par une vocation irrésistible, le jeune Ismaël abandonna le toit paternel, se rendit à pied à Bordeaux, puis à Nantes, s'arrêtant de ville en ville en faisant, pour vivre, le métier précaire de chanteur ambulant. A Nantes, il fut assez heureux pour obtenir un engagement de choriste au Grand-Théâtre et, l'occasion aidant, fut appelé, un beau jour, à remplir le rôle de Max dans le *Chalet*; il avait à peine seize ans. Venu peu après à Paris, il ne put réussir à se faire admettre au Conservatoire, prit quelques leçons d'un artiste de peu de notoriété, et accepta un engagement pour l'emploi de baryton et de basse-chantante dans une petite ville de Belgique. Doué d'une intelligence et d'une force de volonté peu communes, le jeune artiste, qui avait commencé par apprendre seul à lire et à écrire, apprit également la musique presque sans maîtres, se mit en état de lire les partitions et fit, d'une manière absolument pratique, son apprentissage de chanteur et de comédien sur les scènes secondaires de la province. Après Tournai, il vint tenir un emploi à Orléans, puis à Amiens, à Saint-Etienne et enfin à Bordeaux, où il remporta ses premiers grands succès, jouant tous les grands rôles de l'opéra et de l'opéra comique. Dès lors, il se produisit exclusivement sur les scènes des grandes villes de province : Rouen, Lyon, Marseille, ainsi que Bruxelles. La réputation de M. Ismaël avait fini par trouver un écho à Paris, et M. Carvalho, directeur du Théâtre-Lyrique, l'engageait en 1863. Il débuta, le 30 septembre, dans les *Pêcheurs de perles* de G. Bizet. Il se produisit ensuite dans *Rigoletto*. M. Ismaël avait une voix sympathique, joignant à un grand sentiment pathétique la mesure convenable de verve comique; aussi, malgré quelques hésitations, justifiées par certains défauts que contractent forcément en province les artistes les mieux doués, M. Ismaël réussit et devint promptement le favori du public. On lui doit des créations nombreuses dans *Rigoletto*, *Cardillac*, la *Fiancée d'Abydos*, les *Joyeuses commères de Windsor*, *Mireille*, *Macbeth*, etc., au Théâtre-Lyrique ; et, à l'Opéra-Comique, où il a été engagé en 1871, dans *Fantasio*, le *Roi l'a dit*, *Gille et Gillotin*, surtout ce dernier ouvrage, auquel il dut un de ses plus grands succès. Il a, en outre, repris une foule de rôles de son emploi, montrant, en même temps que l'ampleur, la souplesse et la variété de son talent. Atteint, malheureusement, peu après son entrée à l'Opéra-Comique, d'une affection vocale, il a été, à plusieurs reprises, contraint de se tenir éloigné de la scène. Chanteur et acteur éminemment distingué, M. Ismaël est, en outre, un artiste soigneux de toutes choses, précieux sous tous les rapports. Le Conservatoire l'avait placé à la tête de sa classe d'opéra depuis déjà plusieurs années, lorsqu'il fut révoqué par arrêté ministériel du 29 décembre 1876, à la suite du refus de donner sa démission, qui lui était demandée. Il n'est pas intérêt de constater, sans vouloir autrement entrer dans la discussion des actes de l'administration du Conservatoire, que *treize* (sur *quatorze*) des élèves de la classe d'opéra ont voulu protester contre la révocation un peu sommaire de leur professeur, et que cette manifestation leur fut interdite sous menace de renvoi. — M. Ismaël a pu reparaître depuis au théâtre. Il chantait à Toulouse au printemps de 1886.

ISMAIL-PACHA, ex-khédive d'Égypte, petit-fils du célèbre Mehemet-Ali, est né au Caire en 1830 et succéda à son oncle, Saïd-Pacha, le 18 janvier 1863. Il fit ses études à Paris et suivit les cours de l'Ecole d'état-major. De retour en Égypte en 1849, il fit une vive opposition au vice-roi Abbas-Pacha, lequel chercha à s'en venger en l'accusant d'assassinat, en 1853, et en commençant contre lui des poursuites criminelles que des influences puissantes arrêtèrent toutefois à temps. En 1855, il vint en France, chargé d'une mission confidentielle, puis se rendit à Rome, où il porta de riches présents au pape. Il remplit diverses fonctions importantes sous le gouvernement de Saïd, fut membre du Conseil d'Etat et même la direction intérimaire du gouvernement pendant un voyage du vice-roi aux Lieux-Saints (1861). Nommé à la fin de cette même année, général en chef de l'armée égyptienne, il eut à réprimer le soulèvement des tribus de la frontière du Soudan. En montant sur le trône, Ismaïl-Pacha déclara qu'il suivrait en tout la politique de son prédécesseur, qui peut se résumer dans le développement des richesses naturelles du pays. Il donna, en effet, une extension considérable à la culture du coton, source de richesse pour l'Égypte, surtout pendant la guerre de Sécession américaine (1864-65), mais cette extension eut pour effet immédiat d'enlever beaucoup de bras à la Compagnie du canal de Suez, qui, forte des clauses de son traité, se fâcha; diverses autres difficultés avaient surgi dans le même temps entre le khédive et la Compagnie, habituée à plus de bienveillance de la part de Saïd, qui furent soumises à l'arbitrage de Napoléon III, accepté par Ismaïl-Pacha, et arrangées en conséquence. À partir de ce moment (août 1864), le khédive prit à l'entreprise un très vif intérêt et, en 1869, l'œuvre étant près de son terme, il rendit visite à la plupart des souverains, qu'il invita aux fêtes de l'inauguration. Ces démarches, ses rapports directs et comme d'égal à égal du vice-roi d'Égypte avec les souverains européens, indisposèrent vivement contre lui son suzerain, le sultan, qui en manifesta beaucoup d'irritation, lui retira tous les privilèges accordés et lui signifia même la résolution de présider l'inauguration du canal de Suez, de manière à bien constater que c'était lui, sur son territoire, administré pour lui par son vassal Ismaïl, que la chose avait lieu. Après bien des négociations épineuses, le vassal pourtant put faire aux étrangers les honneurs de chez lui, lors de l'inauguration du canal, le 29 novembre 1869. Un nouveau firman fut publié qui maintenait et confirmait les privilèges accordés précédemment au khédive, et qu'il avait, en somme, bien payés, et lui fut notifié avec toutes les formalités voulues. Enfin, un nouveau firman du sultan au khédive, en date du 8 juin 1873, sanctionne l'entière autonomie de l'Égypte et déclare exécutoire la loi de 1866 portant, contrairement à la loi d'hérédité musulmane, que la transmission du trône de l'Égypte se fera désormais, dans la famille d'Ismaïl-Pacha, en ligne directe. Dans son désir d'acclimater en Égypte les pratiques de l'Europe civilisée, Ismaïl-Pacha créa, en 1866, un parlement égyptien. On lui doit aussi, avec le secours de Nubar-Pacha, l'introduction dans son pays de l'opérette. Ismaïl-Pacha introduisit, somme toute, assez de réformes heureuses dans son pays, mais il négligea d'apporter des réformes, de plus en plus nécessaires pourtant, dans ses folles dépenses, de sorte qu'il conduisit l'Égypte à deux doigts de la banqueroute. Ce que voyant, les puissances européennes, créancières de l'Égypte, intervinrent, on fit déclarer par la cour d'appel, récemment instituée, les biens du khédive saisissables, qu'un agent anglais estima 175 millions (mai 1876). Les commissaires anglais et français, M. de Blignières et sir Charles Rivers Wilson, rédigèrent un rapport dont les conclusions étaient l'abandon par le khédive de tous ses biens personnels. ce rapport fut présenté le 19 août 1868 à Ismaïl-Pacha, qui l'approuva et en accepta les conclusions, avec trop de facilité vraiment, si ce n'eût été pour avoir la paix et pour gagner du temps. En effet, le khédive se débarrassait, en février 1879, de MM. Wilson et de Blignières, à la faveur d'une émeute. Il n'y gagna pas grand'chose : un nouveau ministère fut constitué, sous la présidence de son fils et héritier Tewfik, dans lequel les représentants européens avaient voix prépondérante. Ismaïl ne tarda pas à trouver que ce ministère administrait mal, et que les mesures qu'il prenait étaient contraires aux intérêts des porteurs de *bonds* et dommageables pour le crédit public; et en conséquence, il le révoqua (avril). Au milieu des difficultés croissantes, que la mauvaise volonté évidente du khédive n'était pas faite pour débrouiller, on s'adressa au sultan, son suzerain, pour qu'il obtint sa démission. Ismaïl déclina d'abord l'invitation, mais il finit par se décider, et abdiqua en faveur de son fils Tewfik-Pacha, le 26 juin 1879. Le 1er juillet, il quittait l'Égypte et allait s'établir à Naples, le sultan lui ayant refusé Constantinople. Il fut bien reçu du roi Humbert, qui mit à sa disposition le palais de la Favorite. Ismaïl habite également Rome, où il a loué la villa Telner. Il était à Paris au commencement d'octobre 1886.

ISRAELS, Jozef, peintre hollandais, né à Groningue en 1824, étudia la peinture à Amsterdam, sous la direction de Kruseman, puis vint à Paris, où il suivit l'atelier de Picot. M. J. Israëls a exposé à Paris, à Bruxelles, à Rotterdam, à Londres et obtenu des récompenses à toutes ces expositions. Longtemps établi à Amsterdam, il réside maintenant à la Haye. — On cite principalement de cet artiste : la *Maison tranquille*, à Bruxelles; les *Naufragés* et le *Berceau*, à M. Arthur Lewis, à Londres ; *Intérieur d'un orphelinat à Katwick*, le *Vrai soutien*, appartenant au comte de Flandres; la *Mère*, à M. Forbes, de Londres ; les *Enfants de la mer*, faisant partie de la collection de la reine de Hollande. En 1863, M. Jozef Israël exposait à la Galerie française de Pall Mall, à Londres : la *Garde du troupeau*, au salon de Paris : les *Dormeuses (1868)* ; le *Débarquement des pêcheurs (1869)* ; *Préparatifs pour l'avenir (1873)* ; un *Intérieur de village (1876)* ; les *Bons camarades (1877)* ; *Seul au monde*, l'*Anniversaire*, le *Dîner des savetiers*, les *Pauvres du village*, à l'Exposition universelle (1878) ; *Beau temps*, l'*Enfant qui dort (1883)* ; la *Lutte pour l'existence*, la *Rentrée (1884)* ; *Quand on devient vieux (1886)*. — M. J. Israël a obtenu en France une médaille de 3e classe et la croix de la Légion d'honneur à l'Exposition universelle de 1867, une médaille de 1re classe à celle de 1878 à la suite de laquelle il a été, en outre, promu officier de la Légion d'honneur. Il est également décoré de l'ordre de Léopold de Belgique.

ISSARTIER, Henri, homme politique français, médecin, né à Miramont (Lot-et-Gar.) en 1816, fit sa médecine à Paris et fut reçu docteur en 1840. Établi à Monségur (Gironde), le docteur Issartier s'occupa, en même temps que de la pratique de son art, d'entreprises agricoles. Devenu maire de Monségur en 1848, il n'abandonna ces fonctions qu'au moment du plébiscite de 1870, auquel il lui répugnait de participer. Il rentra à sa mairie après le 4 septembre, et après le vote de la nouvelle loi municipale, y fut maintenu par le suffrage de ses collègues du Conseil. Révoqué trois fois, en 1873, 1876 et 1877 (après le 16 mai), il fut trois fois réélu. Aux élections sénatoriales du 30 janvier 1876, M. Issartier figurait sur la liste républicaine qui, pour cette fois, échoua dans la Gironde ; mais il fut élu, la troisième sur quatre, au renouvellement partiel du 5 janvier 1879, et s'inscrivit à la gauche républicaine du Sénat. M. Issartier a voté l'expulsion des princes. — On lui doit : *Culture des arbres fruitiers (1869)*; *Cours familier d'agriculture (1864)*; le *Trésor du cultivateur (1875)*; des *Rapports* aux congrès régionaux, etc.

J

JACCOUD, François Sigismond, médecin français, né à Genève le 20 novembre 1830, fit dans sa ville natale ses études littéraires, puis vint à Paris pour y étudier la médecine. Reçu externe (1854), puis interne des hôpitaux (1855), il remportait la grande médaille d'or au concours des internes en 1859; il prit le grade de docteur en 1860, fut reçu le premier, au concours, médecin des hôpitaux en 1862 et agrégé de la faculté en 1863. Chargé la même année d'une mission du gouvernement en Allemagne, pour y étudier l'organisation des facultés de médecine, il publiait au retour un *Rapport* très remarquable sur les résultats de sa mission. M. le docteur Jaccoud fut chargé, en 1866, du cours de pathologie médicale à l'hôpital de la Charité, en remplacement du Dr Natalis Guillot, dont il avait été suppléant et qui venait de mourir. Il devint ensuite médecin de l'hôpital Lariboisière, et est actuellement médecin en chef de l'hôpital de la Pitié. En 1867, il remplit les fonctions de secrétaire-général au congrès médical international. M. le docteur Jaccoud a été nommé professeur de pathologie interne (2ᵉ chaire) à la faculté de Paris le 16 décembre 1876 et élevé à la première chaire le 13 janvier suivant. Il a été transféré, sur sa demande, à la chaire de clinique médicale en octobre 1883. Il a été élu membre de l'Académie de médecine (section de pathologie médicale) le 3 janvier 1877. — Il a publié : *Conditions pathogéniques de l'albuminurie (1860)*, thèse de doctorat; *l'Humorisme ancien comparé à l'humorisme moderne (1863)*, thèse d'agrégation; un ouvrage sur les *Paraplégies* et *l'ataxie*, un autre de *Clinique médicale*; les *Paraplégies du Congrès médical international de 1867*; un *Traité de pathologie interne (1875, 3 vol.)*, etc. Il dirige la rédaction du *Nouveau dictionnaire de médecine et de chirurgie pratiques*, magnifique publication en cours, qui ne formera pas moins de 30 volumes in-8° de 800 pages, avec gravures dans le texte. — Chevalier de la Légion d'honneur depuis 1866, M. le Dr Jaccoud a été promu officier de l'ordre le 10 avril 1877.

JACOBINI, Lodovico, prélat romain, cardinal, secrétaire d'État du Saint-Siège, est né à Genzano, dans la Campagne romaine, le 6 mai 1832. Il fut, sous Pie IX, prélat domestique et référendaire au sceau ; puis secrétaire de la section de la Congrégation de *propaganda fide* chargée de la surveillance des Églises d'Orient. Il devint ensuite *consultore* de la Propagande, ayant dans son département l'examen des décrets et ordonnances des synodes provinciaux, lesquels il avait à faire son rapport. En 1867, il fit partie de la commission chargée d'étudier et de préparer les matières destinées à être présentées à l'approbation du concile œcuménique projeté. En 1874, il fut appelé à la nonciature de Vienne en remplacement de M. Falcinelli-Antoniacci, rappelé à Rome et créé cardinal. A cette occasion, il reçut la consécration épiscopale avec le titre d'archevêque de Thessalonique *in partibus infidelium*. Il fut créé cardinal à son tour. le 19 septembre 1879; mais l'habileté diplomatique dont il avait donné des preuves dans ses difficiles fonctions l'y firent maintenir, afin de lui permettre de poursuivre les négociations qu'il avait entamées pour l'Allemagne et la Russie, et de régler avec l'Autriche-Hongrie les nouveaux arrangements ecclésiastiques concernant la Bosnie et l'Herzégovine, mais conformément à l'étiquette pontificale, qui interdit d'employer un cardinal aux fonctions de nonce, le cardinal Jacobini, après son élévation à la pourpre, prit le titre de *pro-nuncio*. Son Éminence fut rappelée de Vienne en octobre 1880 et nommée secrétaire d'État par Léon XIII, en remplacement du cardinal Nina. L'habileté diplomatique du cardinal Jacobini est aussi proverbiale que sa taille exiguë, son éternel sourire et, pouvons-nous ajouter, l'austérité de sa vie privée. On a l'habitude de l'opposer au cardinal Czacki (voyez ce nom), lequel, théoricien politique parfait, précieux dans les conseils, ne vaudrait rien dans l'action par trop de fougue : il ne vaudrait rien, du moins, dans la pensée de Léon XIII, qui lui est cependant fort attaché. Par contre, la prudence extrême, la constante diplomatie, tranchons le mot, la duplicité du cardinal Jacobini font absolument l'affaire du pape, dont le caractère absolu et autoritaire, en tout état de cause, ne saurait s'accommoder que d'un ministre docile, recevant ses ordres sans discussion et les exécutant non seulement fidèlement, mais avec une habileté extrême. Il n'est pas étonnant que, dans de telles conditions et sans en avoir l'air, le cardinal Jacobini ait une très grande influence sur l'esprit du pontife, ce dont ne tardent pas à s'apercevoir les diplomates étrangers accrédités auprès du Saint-Siège. Récemment (fin août 1886) il a couru certains bruits sur l'état de santé du secrétaire d'État du Saint-Siège et sur l'imminence de sa retraite ; on a même nommé son remplaçant, M. Vanutelli, nonce à Lisbonne. Le fait est que M. Jacobini est de santé précaire, très fatigué et que, dépourvu d'ambition personnelle, il ne demanderait pas mieux que de se reposer ; il a donc, à plusieurs reprises déjà, sollicité du pape l'autorisation de le faire ; mais celui-ci n'a jamais voulu y consentir : « Nous nous en irons ensemble », lui aurait-il répondu dans une occasion récente.

JACOLLIOT, Louis, littérateur français, né en 1837 à Charolles (Saône-et-Loire). Il fit son droit à Paris, prit le grade de licencié et entra dans la magistrature des colonies. Président du tribunal de Chandernagor, puis de Taïti, il occupa ses loisirs à l'étude de la langue et des mœurs des peuples qui l'entouraient, et à son retour en France, tira d'abord le plus heureux parti de ces études. — Il a publié : la *Bible dans l'Inde, Vie de Jezeus Cristna*, la *Devanassi (1868)*; la *Vérité sur Taïti, affaire de la Roncière*, brochure (1869); les *Fils de Dieu*, les *Mœurs et les femmes dans l'extrême Orient, Voyage au pays des bayadères (1873)*; *Cristna et le Christ, Histoire des Vierges, les Peuples et les continents disparus (1874)*; le *Spiritisme dans le monde, l'initiation et les sciences occultes dans l'Inde et chez tous les peuples de l'antiquité*; *Fétichisme, polythéisme, monothéisme, la Genèse de l'humanité*; *Manou, Moïse, Mahomet, traditions religieuses comparées*; *Voyage aux ruines de Golconde et à la Cité des morts (1875)*; la *Côte d'ébène, le Dernier des négriers*; le *Paria dans l'humanité*; les *Législateurs religieux*; les *Traditions indo-européennes et africaines (1876)*; *Voyage au pays de la liberté, la vie communale aux États-Unis*; *Voyage au pays des éléphants, Voyage au pays des perles, Trois mois sur le Gange et le Brahmapoutre*; *l'Afrique mystérieuse, les Animaux sauvages*; *Voyage humoristique au pays des kangourous (1884)*; les *Mangeurs de feu (1886)*, etc. etc. Il a collaboré à divers journaux et recueils périodiques, notamment au *Figaro*, au *Journal des voyages*, au *Monde pittoresque*, à la *Science populaire*, et a été rédacteur en chef de la *Médecine populaire (1881-82)*. M. L. Jacolliot a fait aussi, à la salle du boulevard des Capucines et ailleurs, de nombreuses conférences sur des sujets scientifiques divers.

JACQUEMART, Henri Marie Alfred, sculpteur français, né à Paris le 24 février 1824, fut quelque temps élève de Paul Delaroche et débuta au Salon de 1847. — On a de cet artiste : *Hérons*, groupe en plâtre (1847); *Étude de cheval tunisien (1849)*; *Tigre à l'affût (1850)*; *Lion (1855)*; *Lion de ménagerie (1857)*; *Molock*, étude de chien courant, en marbre, et une *Statue équestre du général Bonaparte en 1796*, en plâtre (1863); la *Statue équestre* précitée, coulée en bronze (1864); *Prisonnier livré aux bêtes (1865)*; *Michel Ney, le 7 décembre 1815*, statue en plâtre (1868); *Louis XII*, statue équestre, haut relief en bronze, pour l'Hôtel de ville de Compiègne (1869); *Statue équestre de Napoléon III*, en plâtre (1870); statue équestre colossale de *Méhémet-Ali Pacha*, sur la place des Consuls, à Alexandrie d'Égypte (1872); quatre *Lions* colossaux pour la décoration du pont de

Kars-el-Nil, au Caire (1873); *Suleiman-Pacha, major-général de l'armée égyptienne sous Ibrahim,* statue en bronze (1874), destinée à la décoration d'une place publique, au Caire; *Mohamed Bey Lazzoglou, premier ministre de Mehemet-Ali,* même destination (1875); *Jeune bûcheron,* buste en plâtre; un *Chamelier de l'Asie mineure,* groupe en plâtre (1877); le *Chamelier* précédent, en bronze (1878); *Dromadaire nubien,* en bronze (1879). On doit, en outre, à cet artiste les deux *Griffons* de la fontaine Saint-Michel, des travaux de restauration à la fontaine de la Victoire, place du Châtelet, et divers autres travaux aux monuments publics de Paris. — M. H. Jacquemart a obtenu une médaille de 3ᵉ classe en 1857, le rappel en 1863, une médaille en 1865 et la croix de la Légion d'honneur en 1870.

JACQUEMART, Eugène Alfred, homme politique français, né le 3 octobre 1836 à la Neuville-aux-Tournes (Ardennes), fit ses études à Paris, puis s'adonna à la culture des sciences et à leur enseignement. En 1870, M. Jacquemart faisait partie du comité anti-plébiscitaire. Il servit, pendant la guerre, dans les rangs des volontaires Schœlcher. Depuis, il a fait de nombreuses conférences scientifiques, notamment à la salle du boulevard des Capucines; et aux élections du 21 août 1881, il se porta candidat dans l'arrondissement de Charleville, mais sans succès. Aux élections d'octobre 1885, M. Jacquemart, porté dans les Ardennes sur la liste radicale, fut élu au scrutin du 18. Il a pris place à l'extrême-gauche et voté l'expulsion des princes. — Il est officier d'Académie.

JACQUES, Remy, homme politique français, avocat, né à Breteuil (Oise) le 17 janvier 1817, fit son droit à Paris et, reçu licencié, alla s'inscrire au barreau d'Oran. Aux élections pour l'Assemblée nationale, le 7 juillet 1871, M. Jacques fut élu représentant de l'Algérie; mais le recensement des votes ne s'étant pas effectué régulièrement, l'Assemblée annula l'élection; le 7 janvier 1872, M. Jacques était réélu à une grande majorité et venait reprendre à l'Assemblée son siège à l'extrême-gauche. Le 20 février 1876, il était élu député de la 2ᵉ circonscription d'Oran sans concurrent, et était réélu dans le même collège le 21 août 1881. Après avoir refusé la candidature au Sénat en 1876, M. Jacques l'acceptait au renouvellement partiel du 8 janvier 1882 : 70 voix sur 76 se portèrent sur son nom. M. Jacques siège au Sénat, comme à l'Assemblée nationale et à la Chambre des députés, sur les bancs de l'extrême-gauche. Il a pris une grande part à toutes les discussions touchant à l'Algérie et a fait partie de diverses commissions, notamment de la commission du budget; il a voté l'expulsion des princes.

JACQUET, Jean Gustave, peintre français, élève de M. Bouguereau, est né à Paris le 25 mai 1846, et a débuté au Salon de 1865. Cet artiste, qui s'est fait assez rapidement une honorable réputation, a exposé jusqu'ici : la *Modestie* et la *Tristesse (1865); Portrait de M. J. Jacquet, Portrait de M. Guillemin en costume du XVIᵉ siècle (1866); Portrait de Mˡˡᵉ Fanny Mengozzy* et *l'Appel aux armes, XVIᵉ siècle (1867); Sortie d'armée au XVIᵉ siècle :* lansquenets, soldats, mercenaires allemands *(1868);* la *Judice, Jardin dans le Finistère (1869); Jeune fille tenant une épée (1872); Grande fête en Touraine au XVIᵉ siècle* et *Portrait de Mˡˡᵉ A. H.* (1873); l'*Atelier mystérieux (1874);* la *Rêverie, Halte de lansquenets, Vedette (1875);* la *Paysanne, Portrait de Mᵐᵉ Jacquet (1876);* la *Pauvrette (1877); Jeanne Darc priant pour la France (1878);* la *Première arrivée (1879);* la *Pavane, danse solennelle du XVIᵉ siècle (1880);* l'*Espiègle,* la *Reine du camp (1885); Portrait de Mᵐᵉ la duchesse d'Uzès (1886),* etc. — M. Gustave Jacquet a obtenu une médaille en 1868, une médaille de 1ʳᵉ classe en 1875 et une de 3ᵉ classe à l'Exposition universelle de 1878. Il a été décoré de la Légion d'honneur en 1879.

JACQUIER, Jean Louis, homme politique français, né à Belfort le 26 octobre 1835. La conscription le fit soldat à vingt ans; libéré, il entra dans les ateliers du chemin de fer de Paris-Lyon-Méditerranée, à Oullins, puis à Lyon. Dès la fin de l'empire, M. Jacquier avait collaboré aux journaux lyonnais d'opposition démocratique; il avait été l'un des organisateurs de la fameuse manifestation de l'Alcazar du 24 février 1879. Pendant la guerre, il servit comme capitaine de la garde nationale lyonnaise. Dès lors conseiller municipal de la commune de Sainte-Foy, dont il est devenu maire, M. Jacquier quitta le chemin de fer pour se consacrer à la politique. Il a collaboré au *Défenseur des droits de l'homme,* à la *République républicaine,* à la *France républicaine,* au *Progrès de Lyon,* au *Petit Lyonnais,* etc. En 1871, le procureur de la République Andrieux le poursuivait pour des articles relatifs à la Commune et publiés dans le *Vengeur;* sous le préfet Ducros, il était obligé de quitter Lyon, où il était de retour en 1876. Membre des divers groupes radicaux représentés au comité de la rue Grolée, M. Jacquier s'employa activement, avec ses collègues, à faire triompher les candidats radicaux dans les élections. Son tour vint enfin, et aux élections d'octobre 1885, il était élu député du Rhône au scrutin du 18. Il a pris place à l'extrême-gauche et voté l'expulsion totale des princes.

JALABERT, Charles François, peintre français, né à Nîmes le 1ᵉʳ janvier 1819. Venu à Paris à vingt ans ayant commencé ses études artistiques, il entra à l'Ecole des Beaux-Arts et suivit l'atelier de Paul Delaroche. Il prit part à trois concours pour le prix de Rome et obtint enfin le second prix en 1842. Il se rendit alors en Italie, d'où il ne revint qu'après un séjour, bien employé, de près de quatre ans, et débuta au Salon de 1847 avec son *Virgile chez Mécène lisant les Géorgiques,* au musée du Luxembourg. Il a exposé depuis : la *Villanella, souvenir de Rome (1849);* les *Nymphes écoutant Orphée (1850);* les *Quatre évangélistes,* sur émail, pour la manufacture de Sèvres (1852); l'*Annonciation (1853),* à la chapelle des Tuileries; le *Christ au jardin des oliviers,* au Luxembourg: *Portrait de M. Adolphe Fould (1855); Roméo et Juliette, Raphaël dans son atelier (1857);* une *Veuve, Portrait de Mᵐᵉ Adolphe Fould (1861); Maria Abruzze,* le *Christ marchant sur la mer (1862);* sept *Portraits* de femmes (1864-69); *Portrait de la Grande-Duchesse Marie de Russie (1870);* le *Réveil (1872);* deux *Portraits* de femmes (1873), etc. — On lui doit en outre un assez grand nombre de portraits non exposés, notamment ceux de la comtesse de Montijo et de la duchesse d'Albe, du comte et de la comtesse de Paris, du duc et de la duchesse d'Aumale, du duc et de la duchesse de Chartres, de la princesse Marguerite de Nemours et d'importantes peintures décoratives pour des hôtels particuliers. — M. Jalabert a obtenu une médaille de 3ᵉ classe en 1847, une médaille de 2ᵉ classe en 1851, une médaille de 1ʳᵉ classe en 1853, une autre à l'Exposition universelle de 1855 et une médaille de 2ᵉ classe à l'Exposition universelle de 1867. Chevalier de la Légion d'honneur en 1855, il a été promu officier de l'ordre en 1867. Il a été membre du jury d'admission des ouvrages d'art à l'Exposition universelle de 1878.

JAMAIS, Emile, homme politique français, avocat, né à Aigues-Vives (Gard) en 1857. Il fit brillamment son droit à Paris et prit le grade de docteur en droit en 1881. Inscrit au barreau, il était chargé en 1880 du discours de rentrée à la conférence des avocats stagiaires, et choisissait pour sujet : l'*Esprit libéral au barreau sous la Restauration.* En dehors du palais, M. Emile Jamais a fait à la salle du boulevard des Capucines des conférences sur la politique étrangère révélant une parfaite connaissance du sujet. Aux élections d'octobre 1885, M. Emile Jamais figurait sur la liste républicaine du Gard; il fut élu au scrutin de ballottage, prit place à gauche et vota l'expulsion totale des princes. — On lui doit quelques brochures : l'*Armée et l'Ecole (1883); Projet de construction des canaux dérivés du Rhône,* les *Idées politiques de Diderot (1884).* Il est membre du comité de l'Union française de la jeunesse.

JAMES, Constantin, médecin français, né à Bayeux en 1813, étudia la médecine à Paris, fut interne des hôpitaux et prit le grade de docteur en 1840. L'année suivante, il ouvrait un cours de médecine à l'Athénée. En 1853, le Dʳ Constantin James recevait du gouvernement la mission d'aller inspecter les eaux minérales de l'île de Corse. Il a été chargé depuis de diverses autres missions scientifiques officielles. — On cite principalement du Dʳ Constantin James: *Leçons sur les phénomènes physiques de la vie (1837,* 3 vol.*) et Leçons sur le système nerveux (1839,* 2 vol.), traduites de l'anglais, de Magendie; *Des névralgies et de leur traitement (1841); Voyage scientifique à Naples (1844); Etudes sur l'hydrothérapie (1846); Guide pratique aux eaux minérales (1851); Rapport sur les eaux minérales de la Corse (1854); De l'emploi des eaux minérales (1855); Toilette d'une Romaine au temps d'Auguste et cosmétiques d'une Parisienne au XIXᵉ siècle (1865); Premiers soins à donner avant l'arrivée du médecin (1868); Des causes de la mort de l'empereur (1873);* le *Darwinisme et l'homme-singe (1877),* etc. Il a écrit en outre de nombreux mémoires sur divers sujets de médecine et collabore à plusieurs journaux, notamment au *Figaro.* — M. Constantin James est chevalier de la Légion d'honneur depuis 1854.

JAMETEL, Gustave Louis, homme politique français, né à Paris le 28 mai 1821, suivit les cours de la faculté de droit et se fit recevoir avocat en 1845. Agréé au tribunal de commerce de la Seine en 1851, il se retirait en 1861 et allait s'établir dans le département de la Somme, à Marmoutiers, où il s'occupa dès lors d'agriculture. Maire de sa commune sous l'empire, il se présentait pour le Conseil général de la Somme aux élections du 8 octobre 1871, avec une profession de foi où il se déclarait, en politique, pour une « République sagement organisée », et fut élu. Candidat républicain conservateur, aux élections législatives du 20 février 1876, dans l'arrondissement de Montdidier, M. Jametel fut élu contre M. Ernest Hamel, républicain d'une nuance plus accentuée, et prit place au centre gauche. Il fut réélu le 14 octobre 1877 et le 21 août 1881. M. Jametel a été membre de la commission du budget et l'un des rapporteurs de la commission des tarifs de douane. Porté aux élections d'octobre 1885 sur la liste républicaine de la Somme, M. Jametel a été élu au scrutin du 18. Il s'est abstenu lors du vote sur l'expulsion des princes.

* **JANET**, Paul, philosophe et littérateur français, né à Paris le 30 avril 1823, fit ses études au lycée Saint-Louis et entra à l'École normale en 1841. Reçu agrégé de philosophie en 1844, il fut appelé à professer cette classe au collège de Bourges en 1845, se fit recevoir agrégé des facultés, et docteur ès-lettres en 1848; nommé la même année professeur de philosophie à la faculté de Strasbourg, il était rappelé à Paris pour occuper la chaire de logique au lycée Louis-le-Grand, en 1857, et nommé, en 1864, à la chaire d'histoire de la philosophie moderne à la Sorbonne. Le 13 février de la même année, M. Paul Janet était élu membre de l'Académie des sciences morales et politiques, en remplacement de Villermé. — On lui doit : *Essai sur la Dialectique de Platon*, thèse de doctorat (1848); la *Famille, leçons de philosophie morale (1855)*, couronné par l'Académie; une traduction des *Confessions de saint Augustin (1857)*; *Histoire de la philosophie morale et politique dans l'antiquité et les temps modernes (1858, 2 vol.)*, mémoire couronné, en 1853, par l'Académie des sciences morales et politiques; *Études sur la dialectique, dans Platon e-Hegel (1860)*; *Essai sur le médiateur plastique de Cudworth* (même année) : ces deux derniers ouvrages sont, en fait, deux secondes éditions de ses thèses de doctorat et d'agrégation, dont la première est citée plus haut et dont la seconde était publiée en même temps en latin : *De Plastica Naturæ vita*, etc.; la *Philosophie du bonheur (1862)*; le *Matérialisme contemporain en Allemagne, examen du système du docteur L. Büchner (1864)*; la *Crise philosophique (1865)*; le *Cerveau et la pensée (1867)*; *Elements de morale (1870)*; *Histoire de la science politique dans ses rapports avec la morale (1872)*, sorte d'édition nouvelle, très augmentée, du mémoire couronné en 1853 par l'Académie des sciences morales et politiques et publié en 1858; a été, sous cette nouvelle forme, couronné par l'Académie française; les *Problèmes du XIXᵉ siècle (1872)*; la *Morale (1874)*; *Philosophie de la Révolution française (1875)*; les *Causes finales (1876)*; *Saint-Simon et le saint-simonisme*; et une traduction de *Dieu, l'homme et la béatitude*, de Spinoza (1878); la *Philosophie française contemporaine* (1879), etc. Il a, en outre, collaboré aux principaux recueils périodiques : la *Liberté de penser*, la *Revue des Deux-Mondes*, etc., ainsi qu'au journal le *Temps* et au *Dictionnaire des sciences philosophiques*. — M. Paul Janet, chevalier de Légion d'honneur depuis 1860, a été promu officier de l'ordre le 8 février 1877. Il est membre de la section permanente du Conseil supérieur de l'instruction publique.

JANSSEN, Pierre Jules César, physicien et astronome français, né à Paris le 22 février 1824. Après de brillantes études classiques, il suivit les cours de la faculté des sciences et y obtint successivement les grades de licencié ès sciences mathématiques en 1852, de licencié ès sciences physiques en 1855 et de docteur ès sciences physiques en 1860. Suppléant de cours scientifiques au lycée Charlemagne dès 1853, il fit un cours de physique générale à l'École spéciale d'architecture de 1865 à 1871. Élu membre titulaire de la Société philomatique en 1865, M. Janssen recevait la même année une récompense de 1,500 fr. sur le prix Bordin, pour ses travaux d'optique; en 1868, il obtenait le prix Lalande *porté au quintuple*, en récompense de sa découverte, au cours de son voyage d'observation dans l'Inde, de la nature des protubérances solaires et de la méthode pour les étudier en tous temps. Il était élu correspondant de l'Académie royale de Rome, associé de la Société astronomique et membre étranger de la Société royale de Londres en 1872; membre de l'Académie des sciences (section d'astronomie) en remplacement de Laugier, le 10 février 1873, et au mois de mai suivant, membre du Bureau des longitudes. Nommé en septembre 1875 directeur de l'Observatoire d'astronomie physique de Meudon, la Société royale de Londres lui décernait sa médaille Rumford en novembre 1876. Chevalier de la Légion d'honneur depuis 1868, M. Janssen a été promu officier le 8 février 1877.

Outre sa thèse de doctorat : *Sur l'absorption de la chaleur rayonnante obscure dans les milieux de l'œil*, publiée dans les *Annales de chimie et de physique*, on a de M. Janssen un grand nombre de mémoires sur les observations et les découvertes faites au cours de ses missions, également nombreuses, et publiés dans le recueil précité, dans les *Archives des missions scientifiques* et enfin dans les *Comptes rendus de l'Académie des sciences*. Les missions dont ce savant éminent a été chargé à diverses époques de sa laborieuse carrière, sont les suivantes : Mission au Pérou et à l'Équateur, travaux de physique du globe et en particulier détermination de l'équateur magnétique sur la côte du Pérou (1857-58); études des raies telluriques du spectre solaire en Italie (1861-62); continuation de la précédente dans les Alpes (1864); observation de l'éclipse annulaire à Traui (Italie); études optiques, magnétiques et topographiques sur le volcan de Santorin, alors en éruption; études magnétiques et topographiques des Açores, avec Charles Sainte-Claire Deville (1867); observation, en Asie, de l'éclipse du 18 août 1868; Érection et surveillance d'observatoires militaires pendant le siège de Paris, avec le colonel Laussedat; observation de l'éclipse du 22 décembre 1870, en Algérie (pour laquelle M. Janssen, parti de Paris en ballon le 2 décembre, traversa les lignes prussiennes et alla atterrir en Bretagne, à Savenay, cinq heures après); dans cette ascension, M. Janssen fit diverses observations scientifiques et imagina le *compas aéronautique*, permettant de fixer à chaque instant sur la carte la position de l'aérostat; observation de l'éclipse totale du 12 décembre 1871, en Asie, pendant laquelle il découvrit une dernière enveloppe gazeuse du soleil, à laquelle il donna le nom de *coronale*, et détermina la position de l'équateur magnétique pour l'inclinaison au sud de l'Inde; il en rapporta, en outre, une collection d'animaux vivants ou conservés pour le Muséum; en septembre 1874, M. Janssen est nommé chef de la mission envoyée au Japon pour l'observation du passage de Vénus; en avril 1875, il va observer dans le royaume de Siam une éclipse totale de soleil; enfin, il se rend encore en Océanie, pour observer, des îles Carolines, l'éclipse de soleil du 8 juillet 1883.

JAURÉGUIBERRY, Jean Bernard, amiral et homme d'État français, né à Bayonne le 26 août 1815. Entré à l'école navale de Brest en 1831, il devint successivement aspirant en 1832, enseigne en 1839, lieutenant de vaisseau en 1845, capitaine de frégate en 1856 et capitaine de vaisseau en 1860. Il prit part en 1832-33, au blocus des ports de la Hollande et, en 1839-40, à la campagne de la Plata. Chargé de diverses missions importantes de 1852 à 1854, il dut rentrer en France, son équipage ayant été décimé par la fièvre jaune. M. Jauréguiberry fit alors partie de l'escadre de l'armée d'Orient, se signala comme commandant de la canonnière *la Grenade* à la prise de Kinburn et fut cité à l'ordre du jour de l'armée : il prit ensuite une part des plus brillantes à la campagne de Chine, assista à la prise de Touranne, de Saigon, de Pékin, etc., exerça divers commandements et fut plusieurs fois porté à l'ordre du jour. Appelé à remplacer le colonel Faidherbe, comme gouverneur du Sénégal, en octobre 1861, il était obligé de remettre, au mois de courant de 1863, le gouvernement aux mains de celui qui'il y avait remplacé et dont la grande expérience des besoins et des aspirations de la colonie était devenue nécessaire pour la sauver d'une crise (Voyez Faidherbe). Après avoir exercé divers commandements de la flotte, M. Jauréguiberry était promu contre-amiral, le 24 mai 1869, et nommé major de la flotte à Toulon. Au début de la guerre avec la Prusse, l'amiral Jauréguiberry reçut le commandement d'une division de l'escadre de la mer du Nord, puis fut chargé du commandement en chef des lignes de Carentan (septembre). Enfin, mis à la disposition du ministre de la guerre, il était appelé au commandement de la 1ʳᵉ division du 16ᵉ corps d'armée, avec laquelle il se distingua à la bataille de Patay (1ᵉʳ décembre), et fut cité à l'ordre du jour de l'armée. Le 6 décembre, le général Chanzy ayant été appelé au commandement en chef de l'armée de la Loire, il le remplaçait à la tête du 16ᵉ corps. Il fit preuve, dans les pénibles événements qui suivirent, d'une indomptable énergie que les dépêches officielles constatèrent en mainte occasion, et réussit. après la bataille du Mans, à couvrir la retraite de l'armée, attaquée, dans son mouvement vers la Mayenne (15 janvier 1871), par des forces ennemies considérables. M. Jauréguiberry fut élevé au grade de vice-amiral, pour prendre rang du 9 décembre 1870. — Candidat à l'Assemblée nationale, le 8 février 1871, dans la Sarthe et les Basses-Pyrénées, il fut élu représentant par ce dernier département, le sixième sur neuf, et alla prendre place au centre droit. Nommé, le 29 mai, préfet maritime à Toulon, et la loi sur le cumul lui faisant une nécessité d'opter entre ses fonctions et son mandat de représentant, il résignait celui-ci le 4 décembre. Entre au Conseil d'amirauté en septembre 1875, l'amiral Jauréguiberry était appelé au commandement en chef de l'escadre d'évolutions de la Méditerranée en septembre 1876. Lors de la formation du premier ministère de l'administration de M. Jules Grévy, sous la présidence de M. Waddington, le 4 février 1879, l'amiral Jauréguiberry y accepta le portefeuille de la marine; il le conserva dans la combinaison suivante, avec M. de Freycinet, qu'il suivit dans la retraite le 18 septembre 1880. Il avait été élu sénateur inamovible le 27 mai 1879. M. de Freycinet, étant revenu au pouvoir le 30 janvier 1882, après la chute du ministère Gambetta, confia de nouveau la marine à l'amiral Jauréguiberry, qui consentit à conserver ce portefeuille dans le cabinet Duclerc (7 août); mais déjà mécontent des lenteurs apportées à la direction de l'impopulaire expédition du Tonkin, lors de la discussion des premières mesures hostiles aux princes prétendants, le ministre de la marine manifesta l'intention bien arrêtée de se séparer de ses collègues, et il donna en effet sa démission le 27 janvier 1883, avec le ministre de la guerre, général Billot, suivi de près, au reste, par M. Duclerc lui-même. M. Jauréguiberry a repris son siège à la gauche du Sénat, et a voté contre l'expulsion des princes venue devant le Sénat le 22 juin 1886. — Il est grand croix de la Légion d'honneur depuis le 14 janvier 1879.

JAURÈS, Constant Louis Jean-Baptiste, amiral et homme politique français, sénateur, né à Alby le 3 février 1823, est fils du vice-amiral Jaurès, mort en juillet 1870. Entré à l'école navale de Brest en 1839, il fut nommé successivement aspirant en 1841, enseigne en 1845, lieutenant de vaisseau en 1850, capitaine de frégate en 1861 et capitaine de vaisseau le 22 mai 1869. M. Jaurès prit part aux campagnes de Crimée, d'Italie, de Chine, de Cochinchine et du Mexique, et au début de la guerre de 1870, reçut le commandement de la frégate cuirassée l'*Héroïne*, dans l'escadre de la mer du Nord. Mis par le ministre de la marine à la disposition de son collègue de la guerre, M. Jaurès fut nommé général de brigade et chargé de l'organisation du 21e corps, dont il prit le commandement en novembre. A la tête de ce corps d'armée, le général Jaurès donna des preuves d'une grande valeur personnelle, d'une énergie indomptable et de capacités militaires dont bien des terriens pouvaient être jaloux. Après le combat de Namers, il réussit, par une retraite habile à travers les collines du Perche, à dérober à l'ennemi 12,000 hommes, qu'il ramenait au Mans, après vingt-sept heures d'une marche pénible, mais au prix de laquelle ils échappaient à un écrasement complet, inévitable. Le général Jaurès prit part, d'ailleurs, dans cette courte et pénible campagne, à une série de combats, ceux de Marchenoir, Vendôme, Lorges, Bonnétable, Lambron, le Pont-de-Gennes, Savigné-l'Evêque, Sillé-le-Guillaume, etc., qui marquent combien elle fut laborieuse pour les siens. A la suite de cette dernière affaire (16 janvier 1871), M. Jaurès fut promu général de division. Après la signature de la paix, la commission de révision des grades, qui ne pouvait naturellement maintenir dans l'armée de terre un officier de marine aussi distingué, invitait le ministre de la marine à le nommer au grade de contre-amiral « en reconnaissance des services éminents qu'il avait rendus ». Ce qui fut fait, par décret en date du 16 octobre suivant. — Aux élections du 8 février 1871, la candidature de l'amiral Jaurès, produite spontanément dans son département natal, avait réuni 38,000 suffrages, chiffre insuffisant ; mais aux élections complémentaires du 2 juillet, il fut élu représentant du Tarn par 46,111 voix. Sa profession de foi contenait une adhésion formelle au « gouvernement représenté par M. Thiers ». Il prit place au centre gauche, dont il fut un des membres les plus distingués. Il a été vice-président de ce groupe parlementaire. L'amiral Jaurès a voté, entre autres propositions, en faveur du retour à Paris, de la proposition Casimir Périer, de la dissolution en 1874 ; contre le pouvoir constituant, la loi des maires, l'état de siège, la loi sur l'enseignement supérieur, etc. Il a été élu par l'Assemblée sénateur inamovible, le 13 décembre 1875.
— En mai 1876, M. l'amiral Jaurès prit le commandement de la division navale envoyée à Salonique pour obtenir satisfaction de l'assassinat commis sur le consul français dans cette ville, M. Paul Moulin, le 6 mai, et sa patriotique fermeté sut avoir raison à la fin du mauvais vouloir, ou tout au moins de l'indifférence coupable du gouvernement ottoman. Au mois d'octobre suivant, il était appelé au commandement de l'escadre de la Manche. Promu vice-amiral le 31 décembre 1878, l'amiral Jaurès était nommé ambassadeur à Madrid le 12 décembre suivant. Nommé à Saint-Pétersbourg le 17 février 1882, il était remplacé dans ce poste important par le général Appert le 10 novembre 1883 et venait reprendre son siège à la gauche du Sénat. Dans le vote de la loi sur l'expulsion des princes, l'amiral Jaurès s'est abstenu. — Il a été promu grand officier de la Légion d'honneur le 10 juillet 1880.

JAURÈS, Jean, homme politique français, parent du précédent, est né à Castres le 3 septembre 1859. Elève de l'École normale supérieure, agrégé des facultés des lettres, il professa d'abord au lycée d'Albi, en 1879 et 1880, puis fut envoyé comme maître de conférences à la faculté de Toulouse. Porté sur la liste républicaine dans son département natal, aux élections d'octobre 1885, M. Jaurès fut élu député du Tarn, en tête de la liste et au premier tour. Il a pris place à gauche et a voté l'expulsion totale des princes.

JAVAL, Louis Emile, homme politique français, médecin, né à Paris en 1839. Reçu docteur en médecine de la faculté de Paris en 1868, il se fit une spécialité de l'étude des maladies des yeux et devint directeur du laboratoire d'ophtalmologie de la Sorbonne. Il a collaboré à la *Revue scientifique*, aux *Annales d'oculistique*, etc. M. le docteur Javal a été élu membre de l'Académie de médecine; il est également membre de la Société de biologie. Entré dans la vie parlementaire aux élections de 1881, le docteur Javal s'inscrire à aucun groupe, vota ordinairement avec la gauche. Il a été élu député de l'Yonne, le 18 octobre 1885. Il s'est abstenu dans le vote sur l'expulsion des princes.

JEAFFRESON, John Cordy, littérateur anglais, né à Framlingham (Suffolk) en janvier 1831. Ses études achevées, il aborda la médecine, mais il renonça bientôt et entra au collège Penbroke, à Oxford, prit le grade de bachelier ès arts en 1852, suivit les cours de l'école de droit de Lincoln's Inn et fut admis au barreau en 1859. Étudiant à Oxford, il collaborait déjà aux journaux et aux magazines ; il se consacra définitivement à la littérature malgré son admission au barreau. Il avait publié, dès 1854, son premier roman : *Crewe Rise*, suivi de *Hinchbrook*, publié dans le *Fraser's Magazine* en 1855; puis de *Isabel, the young wife and the old love*, *Novels and novelists from Elizabeth to Victoria* et *Miriam Copley*. Vinrent ensuite : *Sir Everard's daughter* (la Fille de sir Everard), traduit en français, et *Book about doctors* (1860); *Olive Blake's good work* (1862); *Live it down* (1863), traduit également : *Not dead yet* (Pas encore mort), et *Life of Robert Stephenson* (1864); *A Book about lawyers* (1866); *A Noble woman* (1868); *A Book about clergy* (2 vol.), *Annals of Oxford* (1870, 2 vol.); *A Woman in spite of herself* (Femme en dépit d'elle-même), et *Brides and bridals* (Mariées et mariages, 1872, 2 vol.); *Lottie Darling* (1873, 3 vol.); *A Book about the table* (Traité de la table, 1874, 2 vol.); *A young squire of the seventeenth century* (1877); *The Napiers of Regent's Park* (1878); *The Real life of lord Byron, new views of the poet's life* (1883, 2 vol.), etc.

JEFFERSON, Joseph, acteur américain, né à Philadelphie le 20 février 1829, est petit-fils d'un acteur anglais émigré aux Etats-Unis en 1795 et qui s'y fit un grand renom, et fils d'une cantatrice américaine, qui fut célèbre aussi dans son pays : Mme Burke. M. Joseph Jefferson, qui débuta fort jeune au théâtre, s'y est fait rapidement une grande réputation d'acteur comique, en Angleterre aussi bien qu'aux Etats-Unis. Son répertoire est des plus étendus ; on cite d'une manière toute spéciale le rôle de *Rip van Winkle*, dans la pièce du même nom, tirée du roman de Washington Irving par M. Dion Boucicault. Cet artiste a joué les principales scènes des Etats-Unis, mais aussi en Angleterre et en Australie; mais depuis quelques années, une affection des yeux ne lui permet d'aborder le théâtre que par intervalles irréguliers. Il n'est, d'ailleurs, pas, M. J. Jefferson possède dans l'État de New-Jersey, à quelques milles seulement de New-York, une ferme magnifique, ainsi qu'une riche plantation sucrière en Louisiane, où il passe ordinairement l'hiver, quand il ne joue pas.

JENNER, sir WILLIAM, baronet, médecin anglais, ne à Chatham en 1815, fit ses études au Collège de l'université de Londres et étudia la médecine. D'abord attaché à la Maternité, comme chirurgien-accoucheur, il prit le grade de docteur en 1844. En 1848, il devint membre du Collège royal des médecins et fut nommé, la même année, professeur d'anatomie pathologique au Collège de l'université et médecin-adjoint à l'hôpital de ce collège. Chargé d'un cours au Collège des médecins en 1852, il fut nommé, la même année, médecin de l'hôpital des enfants malades qui venait d'être fondé, médecin-adjoint de l'hôpital des fiévreux de Londres en 1853, médecin de l'hôpital du Collège de l'université en 1854 et professeur de clinique médicale en 1857. En 1861, il fut appelé à succéder au feu docteur Baly comme médecin extraordinaire de la reine, dont il devint médecin ordinaire en 1862. En 1862 également, il fut appelé à la chaire des principes et de la pratique de la médecine au Collège de l'université, et fut nommé médecin ordinaire du prince de Galles en 1863. A sa nomination de médecin ordinaire de la reine, le docteur Jenner résigna ses fonctions de médecin de l'hôpital des fiévreux et celles de médecin de l'hôpital des enfants malades. Il a soigné avec dévouement, pendant sa dernière maladie, le feu prince-consort, ainsi que le prince de Galles, atteint de la fièvre typhoïde, à la fin de 1871. En récompense, il fut créé baronet en 1868 et nommé chevalier-commandeur de l'ordre du Bain, le 20 janvier 1872. — On doit à sir William Jenner de nombreux travaux sur la *Fièvre*, les *Maladies spécifiques aiguës*, la *Diphtérie*, les *Maladies des enfants*, les *Maladies du cœur et des poumons*; les *Maladies de la peau*; sur les *Ressemblances et les dissemblances qui existent entre la fièvre typhoïde et le typhus*, etc., la plupart disséminés dans les recueils spéciaux. — Il a été élu membre de la Société royale en 1864, et président du Collège des médecins en 1881.

JENSEN, ADOLPHE, compositeur allemand, né à Kœnigsberg le 12 janvier 1837. Il apprit tout seul les éléments de la musique, puis, pendant deux années, reçut les conseils bienveillants d'Ehlert et de Marpurg, que son talent précoce avait séduits. Grâce aux études sérieuses qu'il fit sous leur direction, il fut bientôt en état d'écrire de nombreuses compositions: sonates, ouvertures, quatuors, lieder; mais ces professeurs ayant quitté la ville, le jeune compositeur se retrouva, sans maîtres sous une éducation incomplète. Il se rendit en Russie en 1856, dans le but de donner des leçons de piano et de gagner, par ce moyen, l'argent nécessaire pour se rendre auprès de Schumann, dont il avait toujours rêvé d'être l'élève. Mais, bien avant d'avoir atteint son but, il apprit la mort du grand musicien. De retour en Allemagne en 1857, il résida successivement à Berlin, Leipzig, Weimar et Dresde. Nommé, la même année, chef d'orchestre du théâtre de Posen, il n'occupa ce poste que peu de temps et se rendit à Copenhague, où il fit la connaissance de Niels Gade. Deux années plus tard, il revenait à Kœnigsberg et s'y livrait avec succès à l'enseignement. Nommé premier professeur à l'École de virtuoses de Berlin, en 1866, il quittait cette position en 1868 pour aller à Dresde, puis à Gratz, en Bohême, où il s'est fixé. — Les œuvres de M. A. Jensen sont très nombreuses. Elles comprennent des morceaux de musique d'orchestre, de musique de piano et un grand nombre de morceaux pour la voix dont nous ne saurions donner la liste. Assez peu connu en France, un seul des recueils publiés en Allemagne par ce musicien, celui qui porte le titre d'*Erotikon*, a été publié à Paris, par Flaxland, sous celui de *Chants d'Ionie*. Il se compose de sept esquisses antiques d'une mélodie élégante, d'une harmonie pleine d'intérêt, mais d'une exécution assez difficile.

JOACHIM, JOSEPH, violoniste et compositeur autrichien, né à Kittsee, près de Presbourg, de parents israélites, le 15 juillet 1831. Il entra très jeune au Conservatoire de Vienne, où il fut élève de Joseph Boehm. A douze ans, il se produisit à Leipzig où son talent précoce fit une profonde sensation, et à quatorze ans, c'est-à-dire en 1845, il remportait à Londres, où Mendelssohn l'avait emmené, de véritables triomphes. De retour à Leipzig vers la fin de cette même année, il reprit la place qu'il avait obtenue dans l'orchestre de la Gewandhaus, où il exécutait, dans un concert donné au mois de décembre, un adagio et rondo, avec accompagnement d'orchestre, qui est sa première composition. En même temps il poursuivait ses études sous la direction de Hauptmann et de M. Ferdinand David. En 1850, M. Joachim fit son premier voyage à Paris, et se fit entendre dans quelques concerts où il fut bien accueilli. Nommé cette année même directeur des concerts à Weimar, il quitta ces fonctions en 1854, pour celles de maître de la chapelle royale de Hanovre, auxquelles il fut obligé de renoncer après les événements de 1866 et l'annexion du Hanovre à la Prusse. Il vint alors à Paris où il se fit entendre à l'Athénée et aux Concerts populaires et remporta de nouveaux triomphes. Sa renommée était d'ailleurs européenne, et à bon droit; car il n'est pas seulement un virtuose de premier ordre, mais aussi un des plus admirables quartettistes que l'on puisse entendre, et avec cela chef d'orchestre habile et compositeur distingué. Enfant prodige, son talent n'a pas cessé de grandir avec l'âge, jusqu'à ce qu'il eût atteint le développement merveilleux qui fait de cet illustre virtuose l'un des plus grands violonistes dont on puisse citer le nom dans toute l'histoire de l'art. M. Joachim est aujourd'hui fixé à Berlin, où il est devenu directeur du conservatoire particulier fondé en cette ville sous le titre d'Académie de musique et a été élu membre de l'Académie des arts. Il a de plus été élu docteur de musique de l'université de Cambridge (Angleterre), le 8 mars 1877. On lui doit, outre l'ouvrage cité, d'assez nombreux morceaux symphoniques et plusieurs concertos de violon, parmi lesquels on remarque surtout son *Concert à la mode hongroise* (Concert in ungarischer Weise). Il a été nommé, en 1882, directeur de l'Académie royale de musique de Berlin et directeur pour la musique de l'Académie royale des arts de cette ville. — M. Joachim a épousé, en 1863, une cantatrice d'un grand talent, mademoiselle Amélie Weise, qui se fait surtout remarquer dans l'exécution des *Lieder*.

JOBARD, LOUIS CHARLES, industriel et homme politique français, sénateur, né à Gray le 11 décembre 1821. Il fit son droit à Dijon et, ayant pris le grade de docteur, aida son père dans la direction de son établissement d'exploitation minière et forestière, qu'il a dirigé depuis avec son frère. Successivement membre du Conseil municipal et du Conseil d'arrondissement de Gray et membre du Conseil général de la Haute-Saône, il fut nommé maire de Gray en 1869, et maintenu dans ses fonctions, après le 4 Septembre, par le vote de ses collègues du Conseil municipal. Le fléau de l'invasion offrit à M. Jobard l'occasion de donner à ses concitoyens des preuves de dévouement et de fermeté dont ils lui surent évidemment gré, et qui rendirent inattaquable, même pour le « gouvernement de combat », la position qu'elles lui avaient faite. M. Jobard a été élu sénateur de la Haute-Saône, comme candidat républicain, le 8 janvier 1876, et a pris place au centre gauche. Réélu au renouvellement partiel du 8 janvier 1882, il a voté l'expulsion des princes. — M. Jobard a collaboré au journal l'*Agriculteur*, dont il est l'un des fondateurs.

JOBBÉ-DUVAL, ARMAND MARIE FÉLIX, peintre et homme politique français, né à Carhaix (Finistère) le 16 juillet 1821, était encore enfant lorsqu'il vint à Paris. Élève de Paul Delaroche et de Gleyre, il remporta plusieurs médailles à l'Ecole des Beaux-Arts et débuta au Salon de 1841. On cite de cet artiste: *Portrait de M. Kgron* (1841); *Portrait de M. Théophile Gautier* (1842); le *Cercueil*, le *Repas* (1843); *Marguerite dans le jardin de Marthe* (1845); la *Sainte famille au nid* (1848); la *Moisson*, l'*Évanouissement de la Vierge*, le *Baiser* (1849); l'*Hiver*, le *Printemps*, la *Jeune malade* (1850); *Portrait de M. Jobbé-Duval père*, la *Fiancée de Corinthe* (1853); l'*Oaristis*, inspiré d'André Chénier, la *Toilette d'une fiancée*, *Portrait de M. Bellot* (1855); le *Calvaire*, le *Rêve*, les *Juifs chassés d'Espagne* (1857); trois *Portraits* (1859); *Marthe et Marie-Madeleine au tombeau du Christ* et deux *Portraits* (1863); *Saint François commence à Thonon la conversion des protestants*, *Saint François apporte des secours à des malheureux réduits à la misère par la chute d'avalanches*, peintures à la cire pour l'église Saint-Louis-en-l'Ile (1864); la *Conscience soutient le Devoir* (1865); *Descente du calvaire*, la *Douleur* (1866); *Portrait de Mlle Jobbé-Duval* (1869); *Portraits de M. Camescasse et de M. Parent*, architecte (1870); *Désirs*, *Bouquet de roses* (1872); les *Mystères de Bacchus* (1873); *Portrait de l'auteur*, *Portraits de Mlle J. Jobbé-Duval* et de *Mme Guinan-Locoureins* (1874); trois *Portraits* anonymes (1875); la *Mer* (1878); *Bords de l'Isolle*, Finistère 1879); *Electre* (1883); le *Bureau du Conseil municipal de Paris, qui a pris possession du nouvel Hôtel de Ville le 14 juillet 1883* (1885), etc. En dehors des expositions, M. Jobbé-Duval a exécuté un grand nombre de *Portraits* et d'importants travaux dans les monuments publics: les *Vertus théologales*, la *Peste de Milan*, la *Mort* et l'*Apothéose de saint Charles Borromée*, pour une chapelle de l'église Saint-Séverin, à Paris (1853); quatre sujets religieux pour la chapelle du monastère de la Visitation, à Troyes : l'*Agriculture et le Commerce*, l'*Industrie et l'Art*, deux médaillons au Tribunal de commerce de la Seine : la décoration de la grande salle des fêtes de l'Hôtel de Ville de Lyon, le plafond de la cour d'assises, au Palais de Justice de Bordeaux : le *Crime, poussé par les mauvaises passions, répand la désolation sur la terre*; la *Vérité confond les criminels*; la *Justice, assistée du Droit et de la Loi, renvoie l'innocence et remet le criminel entre les mains de la Force*; la décoration de la Chapelle des âmes du purgatoire, à l'église Saint-Gervais, à Paris (1873), etc. M. Jobbé-Duval a obtenu une médaille de 3e classe en 1851 et le rappel en 1857. Il a été nommé chevalier de la Légion d'honneur en 1861. — Après la révolution du 4 septembre 1870, M. Jobbé-Duval fut nommé adjoint au maire du 15e arrondissement de Paris, fonctions dans lesquelles les élections du 7 novembre le confirmèrent. Candidat à l'Assemblée nationale dans son département, il ne fut pas élu. Lors de l'insurrection du 18 mars, il se maintint courageusement dans sa mairie, qu'il ne quitta qu'après les élections du 26 à la Commune. L'un des organisateurs de la Ligue républicaine des droits de Paris, il fit, avec ses collègues de la ligue, les efforts les plus louables, quoique malheureusement vains, pour prévenir les terribles événements qui devaient suivre. — M. Jobbé-Duval a été élu, le 23 juin 1871, membre du Conseil municipal de Paris pour le quartier Necker (15e arrondissement), qui l'a réélu à une très grande majorité, le 29 novembre 1874. Le 20 janvier 1876, il se portait candidat à la députation dans son arrondissement, mais n'ayant réuni qu'une faible minorité au premier tour de scrutin, il se retirait avant le second tour. Il a été constamment réélu au Conseil municipal, en 1878, 1881 et 1884, par le quartier Necker.

JOHNSON, Eastman, peintre américain, né à Lowell (Maine) le 29 juillet 1824. Après avoir commencé à se faire connaître par des dessins, il partit pour l'Europe, étudia à l'Ecole des Beaux-Arts de Düsseldorf pendant deux années, puis se rendit à La Haye, où il résida quatre ans, et donna, outre de nombreux portraits : le *Savoyard* et les *Joueurs de cartes*, ses premières compositions en peinture à l'huile. M. Johnson visita ensuite les principaux musées d'Europe et résida quelque temps à Paris, puis il retourna aux Etats-Unis en 1856. Il a donné, depuis cette époque, de nombreuses toiles justement estimées, inspirées principalement des scènes rustiques avec accompagnement de nègres, qu'offre la vie américaine. Nous citerons : *The Old Kentucky Home (1859)*; *Mating (1860)*; *the Farmer's sunday morning* (le Dimanche matin chez le fermier, 1860); *the Village blacksmith* (le Forgeron de village, 1861); *Fiddling his way (1865)*; *the Boyhood* (l'Enfance) *of Abraham Lincoln (1867)*; *the Barefoot boy* (l'Enfant aux pieds nus, 1867); *the Old stage coach* (l'Ancienne diligence, 1871); *the Wounded drummer* (le Tambour blessé, 1872); *the Pedlar* (le Colporteur, 1873); *Dropping off (1875)*; *A Glass with the Squire (1880)*; *The Founding Bill (1882)*, etc. — La plupart de ces tableaux ont été popularisés en Amérique par la chromo-lithographie.

JOHNSTON, Joseph Eccleston, général confédéré américain, né en février 1807 dans l'Etat de Virginie (comté du Prince Edward). Elevé à l'Académie militaire de West-Point, il en sortit en 1829, comme second lieutenant d'artillerie, fut promu lieutenant en premier en 1834 et servit comme aide de camp du général Scott dans la guerre contre les Séminoles. En 1837, il quittait l'armée pour devenir ingénieur civil, mais il y rentrait l'année suivante, avec son grade de premier lieutenant, cette fois dans le corps du génie topographique; il prit part à diverses missions dépendant de son service, tant sur les côtes que pour fixer les limites frontières entre les Etats-Unis et les possessions britanniques, puis servit, comme capitaine du génie, dans la guerre du Mexique. Deux fois blessé, il fut promu successivement, dans le cours de cette campagne, major, lieutenant-colonel et colonel du régiment des voltigeurs, corps spécial qui fut licencié en 1848. M. Johnston rentra dans l'armée régulière avec son grade de capitaine. Employé aux travaux d'amélioration des fleuves de l'Ouest de 1853 à 1855, il remplit ensuite diverses missions dans le Kansas, l'Utah, etc. En 1860, il fut fait brigadier-général et chargé du service de l'Intendance. Le 22 avril 1861, le général J.-E. Johnston résignait sa commission et passait à l'armée confédérée. Il reçut le commandement de l'armée qui devait combattre à Bull Run; mais, arrivé seulement quelques heures avant l'action, ce fut au plan du général Beauregard que fut donnée la préférence. Pendant la première partie de la campagne du général Mac Clellan, en 1862, le général Johnston commandait les forces confédérées dans la péninsule de la Floride et de Richmond. Il fut grièvement blessé à la bataille de Fair Oaks (31 mai) et tenu plusieurs mois éloigné du champ de bataille. En novembre, il reprenait son service, et appelé au commandement du département du Tennessee, malgré l'hostilité personnelle du président Davis. Pendant la campagne de Vicksburg, dirigée par le général Grant, et avec une armée relativement faible, il tenta de porter secours au général Pemberton, mais il fut repoussé à Jackson (Mississipi) le 14 mai 1863, et contraint d'abandonner Vicksburg à sa destinée; cette ville capitula le 4 juillet. Après la défaite de Braxton Bragg, en novembre suivant, le général Johnston fut nommé commandant de l'armée de l'Ouest et du Sud, ayant son quartier général à Dalton (Georgie). Les positions ayant été tournées par l'armée du général Sherman, il se retira successivement devant des forces beaucoup plus considérables à Resaca, Allatoona Pass et Kenesaw Mountain; il prit enfin position à Atlanta, place militaire d'une grande importance, renfermant d'ailleurs les manufactures d'armes et les munitions des confédérés. Il était résolu à la défendre jusqu'à la dernière extrémité; mais les autorités de Richmond, mécontentes de ses revers, lui envoyèrent l'ordre de remettre son commandement, le 17 juillet 1864, et il resta pendant quelques mois en disponibilité. Vers la fin de février 1865, lorsque le général Sherman, après avoir pu, sans rencontrer d'obstacles, executer sa marche d'Atlanta à Savannah, la poursuivait vers la Caroline du Sud, le général Johnston, sur les instances de Lee, fut appelé à prendre le commandement de ce qui restait de l'armée du Tennessee et de toutes les forces de la Caroline du Sud, de la Georgie et de la Floride; mais toute l'armée qu'il put réunir était de beaucoup inférieure en nombre aux troupes fédérales, et il lui fut impossible de s'opposer à la marche en avant de l'armée victorieuse, en dépit d'un succès partiel remporté à Bentonville, dans la Caroline du Nord, le 18 mars. La nouvelle de la capitulation de Lee lui étant ensuite parvenue, il capitulait à son tour, à Durham Station. — Depuis la conclusion de la paix, le général Johnston s'est employé avec zèle à la reconstitution du Sud. principalement en ce qui concerne les entreprises agricoles, industrielles et commerciales. Il réside à Savannah, dans l'Etat de Georgie. Il est considéré comme l'un des généraux les plus capables, et par beaucoup même comme le plus capable général que les confédérés aient eu à leur service. Il a publié une *Relation des opérations militaires, par lui dirigées, pendant la guerre entre les Etats* (New-York, 1874).

JOIGNEAUX, Pierre, agronome, publiciste et homme politique français, né à Varennes (Côte-d'Or) le 23 décembre 1815, fit ses études à Paris, où il suivit les cours de l'Ecole centrale des arts et manufactures et collabora de bonne heure à la presse démocratique. Il écrivit notamment au *Journal du peuple* et à l'*Homme libre*. Sa collaboration à ce dernier journal, qui s'imprimait clandestinement, lui valut une condamnation à trois ans d'emprisonnement. Il fut traité en prison avec la dureté ordinairement employée envers l'espèce dangereuse de criminels à laquelle il appartenait; sa santé en fut notablement altérée et il acheva sa peine, sur l'intervention personnelle du directeur de la prison, dans une maison de santé. Rendu à la liberté, il publia: les *Prisons de Paris*, par un « ancien détenu » (1841), retourna dans son département peu après et y fonda, à Beaune, les *Chroniques de Bourgogne*; il alla ensuite diriger à Dijon le *Courrier de la Côte-d'Or*, le *Vigneron des deux Bourgognes* et la *Revue industrielle et agricole de la Côte-d'Or*. Il se livra ensuite à l'agriculture, exploita une ferme près de Beaune, puis une autre, la ferme des Quatre-Bornes, près de Châtillon-sur-Seine, qu'il dirigeait encore lorsque éclata la révolution de février 1848. Nommé sous-commissaire du gouvernement de la République dans l'arrondissement de Châtillon-sur-Seine, M. P. Joigneaux fut ensuite élu représentant de la Côte-d'Or, le huitième sur dix, à l'Assemblée constituante, où il siégea à l'extrême-gauche. Il y fit partie du comité des travaux publics et vota avec la Montagne, notamment contre l'ensemble de la constitution. Après l'élection du 10 décembre, il combattit ardemment la politique de l'Elysée. Réélu à la Législative, il reprit sa place à la Montagne. Désigné pour la transportation, lors du coup d'Etat du 2 décembre, il réussit à gagner la Belgique, où il se réfugia à Saint-Hubert, dans la province de Luxembourg, reprit ses travaux agricoles, fonda un journal spécial : la *Feuille du cultivateur*, prit part avec grand succès aux divers concours et expositions, organisa un grand nombre de sociétés d'agriculture et fonda littéralement l'enseignement agricole et horticole en Belgique. Le gouvernement belge lui offrit, à plusieurs reprises. des récompenses et des distinctions, mais il les refusa constamment. M. Joigneaux ne rentra en France qu'après l'amnistie de 1859. Il collabora dès lors à divers journaux démocratiques, notamment au *Siècle*, auquel il a continué d'écrire jusqu'ici, et publia quelques ouvrages d'agriculture. Aux élections générales de 1869, il fut présenté simultanément par les comités démocratiques dans la Côte-d'Or et la Sarthe et échoua dans ces deux circonscriptions, mais avec une minorité imposante. Lors de l'investissement de Paris, il fut chargé de la création de cultures maraîchères dans les terrains vagues, pour l'alimentation de la capitale assiégée, et rendit dans cette mission, de grands services. Il rédigeait en même temps le *Moniteur des communes*. — Aux élections du 8 février 1871, M. P. Joigneaux fut élu représentant à l'Assemblée nationale, le neuvième sur quarante-trois, par la population parisienne reconnaissante, et le quatrième sur huit par son département natal, en faveur duquel il opta. Il prit place à l'extrême-gauche. La conduite de M. Joigneaux fut toujours d'une telle rectitude que ses votes n'ont aucun besoin d'être relevés, sauf son vote contre les préliminaires de paix ; il ne prit autrement de part active qu'aux discussions intéressant l'agriculture. Élu conseiller général de la Côte-d'Or pour le canton sud de Beaune, lors du renouvellement du 9 octobre 1871, et réélu en 1874 et depuis, M. Joigneaux a organisé l'enseignement de l'agriculture dans les écoles primaires de son département. Aux élections du 20 février 1876, il était élu dans la première circonscription de l'arrondissement de Beaune, par 10.811 voix, contre 5,531 accordées à son concurrent, candidat du comité « conservateur », M. Dupont-Marey et reprit sa place à l'extrême-gauche (Union républicaine). Il a été ré lu le 14 octobre 1877 et le 21 août 1881. Enfin, aux élections du 4 octobre 1885, il a été élu député de la Côte-d'Or le second sur six. — M. P. Joigneaux a été l'ami et le collaborateur de Proudhon. Outre sa collaboration à une foule de journaux et de publications spéciales, et la rédaction de sa *Feuille du village*, dont nous avons omis de mentionner la fondation en 1848, on lui doit : *Histoire anecdotique des professions en France (1843)* ; les *Paysans sous la royauté (1850-51,* 2 vol.) ; *Dictionnaire d'agriculture pratique (1855,* 2 vol.) ; *l'Agriculture dans la Campine (1859)* ; *Légumes et fruits (1860)* ; les *Veillées de la ferme du Tourne-Bride, ou Entretiens sur l'agriculture,* etc. (1861), sous le pseudonyme de P. J. de Varennes ; *Conseils à la jeune fermière (1861)* ; le *Livre de la ferme et des maisons de campagne,* avec la collaboration d'une société d'agronomes (1861-64, 2 vol. avec 1,720 fig.) ; *Culture de la vigne et fabrication des vins en Belgique (1862)* ; *Pisciculture et culture des eaux (1864)* ; *Causeries sur l'agriculture et l'horticulture* (même année) ; *Conférence sur le jardinage et la culture des arbres fruitiers (1865)* ; *Agriculture,* dans la collection de *l'Ecole mutuelle (1865)* ; *Journal de la ferme et des maisons de campagne,* revue complémentaire du *Livre de la ferme,* publié du 1er janvier 1865 au 31 décembre 1866, sous la direction de M. Joigneaux ; *Traité des graines de la grande et de la petite culture (1867)* ; *Nouvelles lettres aux paysans (1871)* ; les *Ephémérides Joigneaux (1878)*, etc.

JOINVILLE (prince de), FRANÇOIS FERDINAND PHILIPPE LOUIS MARIE D'ORLÉANS, troisième fils de Louis Philippe, est né à Neuilly (Paris) le 14 août 1818. Il fit, comme ses frères, ses études à Henri IV. sous la direction d'un précepteur particulier et, après quelques excursions préparatoires sur les côtes méditerranéennes, entra à l'école navale de Brest. Il devint successivement enseigne en 1835, et lieutenant de vaisseau en 1836, rallia en cette qualité l'escadre du Levant, avec laquelle il visita les côtes de Syrie, etc. En 1837, étant à bord d'un vaisseau chargé d'une mission transatlantique, il débarquait à Bône dans l'intention d'assister au siège de Constantine. Il ne put qu'entrer tranquillement dans la ville déjà prise. Il se rembarqua alors, visita les Etats-Unis et le Brésil, puis, en 1838, prit part, à bord de la corvette la *Créole*, à la guerre du Mexique, notamment à l'attaque de Saint-Jean d'Ulloa, où sa belle conduite le fit citer à l'ordre du jour de l'armée. A la tête de ses compagnies de débarquement, il força les portes de la Vera-Cruz, entra dans la place et fit lui-même prisonnier le général Arista. Il fut promu, en récompense de ce brillant fait d'armes, capitaine de vaisseau et décoré de la Légion d'honneur. Après la paix, il alla rejoindre l'escadre du Levant, comme chef d'état-major de l'amiral Lalande puis, nommé au commandement de la *Belle-Poule*, il fut chargé, en 1840, de ramener de Sainte-Hélène en France le corps de Napoléon 1er. L'année suivante, il était détaché à la station de Terre-Neuve, puis aux Etats-Unis et au Sénégal. Le 1er mai 1843, il épousait à Rio de Janeiro la sœur de l'empereur actuel du Brésil, don Pedro II, la princesse Francisca de Bragance, et était nommé au retour contre-amiral et membre du Conseil d'amirauté, avec voix délibérative. En 1845, il commandait l'expédition du Maroc, bombardait Tanger et prenait Mogador et, promu vice-amiral, était appelé, en 1846, au commandement de l'escadre d'évolutions de la Méditerranée. En 1847, il faisait élever aux îles Baléares un monument en l'honneur des victimes de la capitulation de Baylen. Le prince de Joinville se trouvait à Alger, avec son frère le duc d'Aumale, gouverneur de l'Algérie, lorsque éclata la Révolution de février 1848. Il remit aussitôt son commandement aux mains des autorités républicaines et alla rejoindre en Angleterre la famille royale exilée. Il se contenta de protester avec beaucoup de dignité contre le décret portant bannissement de la branche cadette, et demeura scrupuleusement éloigné de toutes les intrigues politiques nées des événements sanglants qui bouleversaient alors l'Europe tout entière. Le 21 août suivant, il se signalait de la manière la plus généreuse, en aidant efficacement au sauvetage des passagers de l'*Ocean Monarch* dévoré par les flammes au large de Southampton. Vers la fin de 1861, le prince de Joinville accompagnait aux Etats-Unis son fils et ses neveux, le comte de Paris et le duc de Chartres. Après avoir fait entrer son fils à l'Ecole de marine, il se rendait au camp du général Mac Clellan, qui admit les deux jeunes gens comme officiers dans son armée, tandis que leur oncle suivait, avec l'état-major du général américain, toute la campagne de Virginie, de 1862, dont il a d'ailleurs donné une relation très remarquable à la *Revue des Deux-Mondes,* l'année suivante.

Par une pétition venue en discussion dans la séance du Corps législatif du 2 juillet 1870, les princes d'Orléans, confiants dans les promesses libérales de l'empire devenu vieux, demandaient l'abrogation du décret de bannissement qui les frappait, il n'est que juste de le dire, bien innocemment, et l'autorisation de rentrer dans leur pays en qualité de simples citoyens. Malgré l'éloquence émue de leur avocat, M. Estancelin (Voyez ce nom), leur pétition fut repoussée par une majorité énorme. Le 11 août suivant, époque à laquelle la nouvelle de nos premiers désastres venait de leur parvenir, M. Estancelin montait de nouveau à la tribune pour donner communication à la Chambre d'une lettre collective par laquelle les princes d'Orléans demandaient à défendre leur pays contre l'étranger à quel que titre que ce fût. Démarche vaine encore. En même temps, le prince de Joinville s'adressait isolément à son ancien compagnon d'armes, l'amiral Rigault de Genouilly, alors ministre de la marine, pour obtenir son appui. Mais tout fut inutile. Après la révolution du 4 septembre, lorsque la nouvelle vint les trouver à Bruxelles, le duc d'Aumale, le prince de Joinville et le duc de Chartres se coururent à Paris, espérant que la loi qui les frappait d'exil pouvait être considérée comme abrogée ; mais le nouveau gouvernement leur ayant représenté le danger que leur présence ne pouvait manquer de faire courir à la tranquillité publique, ils reprirent le chemin de l'Angleterre. Mais les princes ne se considéraient pas comme battus, et le prince de Joinville moins qu'un autre. Il finit par obtenir du général d'Aurelle de Paladines l'autorisation de servir dans l'armée de la Loire, sous le nom de Lutherod, colonel de l'armée des Etats-Unis. Il assista aux combats qui furent livrés autour d'Orléans et défendit cette ville contre l'ennemi avec les batteries de l'artillerie de marine. Au mois de décembre suivant, le prince de Joinville était présenté au général Chanzy par l'amiral (alors général) Jaurès, et bien accueilli du général en chef, qui permit au colonel Lutherod de suivre les opérations de son armée, sauf toutefois l'approbation du ministre de la guerre. Le ministre de la guerre donna si peu son approbation à ce compromis, qu'il fit arrêter, conduire à Saint-Malo et embarquer pour l'Angleterre le pseudo-colonel américain (janvier 1871). — Aux élections du 8 février 1871, le prince de Joinville fut élu représentant du peuple à l'Assemblée nationale par les départements de la Manche, le premier sur onze et de la Haute-Marne, le premier sur cinq. Il opta pour ce dernier. Les princes ne purent siéger, d'abord, avant que les lois d'exil fussent rapportées ; conformément à une convention intervenue entre eux et M. Thiers, ils ne prirent même pas possession de leur siège après la validation de leurs pouvoirs (8 juin) ; ils la prirent toutefois, malgré les termes formels de cette convention, aussitôt après le vote de la proposition Rivet, attribuant, pour deux années à M. Thiers la présidence de la République, arguant de ce fait, qu'il y avait une forme définitive de gouvernement (19 décembre 1871). Le prince de Joinville n'a d'ailleurs pris part à aucun vote important. si ce n'est qu'il s'est déclaré en faveur du retour de l'Assemblée à Paris et a écrit qu'il l'eût voté s'il avait été présent à la séance du 2 janvier 1872. Il n'a également pris aucune part aux discussions purement politiques. En 1872, il obtenait sa réinscription dans le cadre de la marine, comme vice-amiral. Il était admis dans la 2ᵉ section du cadre de réserve de l'état-major de l'armée navale le 14 août 1883, et enfin rayé des cadres, à la suite du vote de la loi d'expulsion des prétendants (juin 1886) qui, du moins, le laisse libre de résider en France. Le prince de Joinville paraît avoir accepté cette situation. A l'exemple des autres membres de sa famille, il avait refusé toute candidature à partir des élections générales de 1876.

Le prince de Joinville a eu deux enfants : la princesse Françoise Marie Amélie d'Orléans, né le 14 août 1844, et le prince Pierre Philippe Jean Marie d'Orléans, duc de Penthièvre, né le 14 novembre 1845, admis en 1871 à servir dans la marine française avec le grade, qu'il avait acquis régulièrement aux Etats-Unis, de lieutenant de vaisseau, et rayé également depuis.

On doit au prince de Joinville plusieurs ouvrages importants publiés d'abord dans la *Revue des Deux-Mondes* : des études sur la marine, la guerre de Chine, la guerre de Sécession américaine, etc. Nous citerons : *Notes sur l'état des forces navales de la France (1844)*; *Études sur la marine (1859)*, recueils d'articles; *l'Angleterre, étude sur le self-government (1860)*; la *Guerre d'Amérique* : campagne du Potomac *(1863)*; une étude comparative des *Flottes des Etats-Unis et de la France (1865)*; une autre sur la *Campagne de Sadowa et la réorganisation militaire en France (1868)*, etc. — Ces articles, réunis ou non en brochures, ne portent point la signature de l'auteur. Dans la *Revue des Deux-Mondes*, ils sont généralement signés soit du nom d'un des collaborateurs de la revue, soit de celui du gérant.

JOKAI, Maurus, littérateur et journaliste hongrois, né à Komorn le 19 février 1825. Son père était avocat ; il appartenait à la secte calviniste et éleva en conséquence son fils dans les doctrines puritaines les plus strictes, au moins jusqu'à l'âge de douze ans, époque à laquelle celui-ci devint orphelin. A la mort de son père, il était depuis deux ans à Presbourg, où il apprenait la langue allemande ; il fut alors envoyé à l'École supérieure de Pápa où il demeura jusqu'en 1840, puis à celle de Kecskemét qu'il quittait en 1842, ses études achevées. Il avait eu, dans l'une et dans l'autre de ces deux écoles, le poète Petœfi pour condisciple. En 1844, il se rendit à Pesth pour étudier le droit et se fit recevoir avocat, bien qu'il ne dût jamais pratiquer. Dès 1846, il était rédacteur du journal hebdomadaire *Wochenblatt*, et prenait part au soulèvement de 1848. La même année, M. Jókai épousait la célèbre tragédienne hongroise Rosa Laborfalvi. En 1849, il suivit le gouvernement hongrois à Debreczin, où il fonda l'*Abendblatter*. Il assista à la capitulation de Vilagos le 28 août, et, fait prisonnier, il était résolu d'échapper par le suicide à ses ennemis, lorsque l'arrivée de sa femme le détourna de ce fatal projet. Mᵐᵉ Jókaï avait quitté Pesth à la hâte, après avoir converti en argent ses bijoux, pour courir au secours de son mari ; elle parvint à assurer sa fuite. Traversant l'armée russe, ils trouvèrent un refuge momentané dans la forêt de Bukk, et purent atteindre Pesth sans encombre. Dans les dix années qui suivirent ces douloureux évènements, la littérature hongroise n'exista pour ainsi dire plus, ou, du moins, ne se manifestait-elle par aucune œuvre de quelque valeur. Maurus Jókaï résolut de la tirer de la tombe : le journalisme politique étant devenu bien décidément impraticable, il se voua à la littérature d'imagination et ne tarda pas à donner des preuves non de son talent d'écrivain, qui était bien connu, mais d'une fécondité inouïe. Un de ses biographes, qui écrivait en 1875, établissait qu'à cette époque Maurus Jókaï avait publié 160 volumes, 25 romans, 320 nouvelles et 6 drames, dont il avait été tiré plus d'un demi-million d'exemplaires pour les six millions de Magyares qui constituent la population de la Hongrie, sans parler des traductions qui en furent faites en plusieurs langues. Les ouvrages les plus populaires de M. Jókaï sont : les *Bons vieux assesseurs* ; un *Nabab hongrois* ; le *Sultan carpathe* (Zoltán Kárpáthy), suite du précédent ; *Tristes temps* ; *Océanie* ; la *Rose blanche* ; la *Famille maudite* ; l'*Age d'or de la Transylvanie* ; les *Turks en Hongrie* ; les *Derniers jours des janissaires en 1829* ; *Pauvres gens riches* ; le *Monde sens dessus dessous*; *Administration des asiles d'aliénés*; le *Nouveau propriétaire*; les *Diamants noirs (1870)*; *Et pourtant elle tourne! (1872)*; le *Roman du siecle prochain (1878)*; les *Comédiens de la vie (1877)*, etc., etc. La plupart de ces ouvrages, dont quelques-uns comportent jusqu'à huit volumes et plus, ont été traduits en allemand, et quelques-uns en anglais. En 1863, M. Jókaï a fondé à Pesth, le *Hon* (la *Patrie*), organe de la gauche, qui est le journal hongrois le plus répandu.

JOLIBOIS, Claude Émile, archéologue français, né à Chaumont-en-Bassigny le 5 mai 1813, fit ses études au collège de sa ville natale et se consacra à l'enseignement. Professeur d'histoire au lycée de Colmar de 1845 à 1849, il fut mis en disponibilité à cette dernière date, pour cause politique, et prit la direction du *Républicain du Rhin*. Au coup d'État du 2 décembre 1851, le *Républicain* fut supprimé et son directeur arrêté. Redevenu libre en 1853, M. Jolibois vint à Paris et s'y livra à l'enseignement libre. Il a été nommé archiviste du département du Tarn en 1859. Correspondant de l'Académie des sciences et belles-lettres de Toulouse ainsi que de plusieurs autres corps savants, le Congrès archéologique lui décernait une médaille de vermeil en 1863 et la ville d'Albi une médaille d'or en 1866, en récompense de ses travaux d'histoire et d'archéologie sur cette ville. — M. Jolibois a publié : la *Diablerie de Chaumont (1838)* ; les *Chroniques de l'Évêché de Langres*, du P. Jacques Vignier, traduites et annotées (1843) ; *Histoire de la ville de Rethel (1847)* ; *Histoire de la ville de Chaumont (1856)* ; la *Roue de fortune*, chronique du xivᵉ siècle, traduite et commentée (1857) ; la *Haute-Marne ancienne et moderne (1858-64)* ; le *Livre des consuls de la ville d'Albi (1865)* ; *Inventaire sommaire des archives communales de la ville d'Albi*. *Notice sur les bibliothèques publiques du Tarn (1870)* ; *Albi au moyen-âge (1871)* ; *Dévastation de l'Albigeois par les compagnies de Montluc (1872)* ; *Inventaire sommaire des archives de la ville de Gaillac (1873)* ; *Inventaire sommaire des archives départementales du Tarn (1873-75*, 2 vol. in-4°), etc. ; outre divers mémoires sur les *Archives de la Haute-Marne*, sur *Quelques monnaies de Champagne* et des notices biographiques sur Bouchardon, Guyard et P. A. Laloy. — M. Jolibois a été chargé, en 1860, de la rédaction historique de l'*Annuaire du Tarn*, dont la publication continue, et il a fondé en 1876 la *Revue historique, scientifique et littéraire* du département du Tarn (ancien pays d'Albigeois).

JOLIBOIS, Eugène, homme politique français, ancien magistrat, ancien administrateur de l'Empire, est né à Amiens le 4 juin 1819. Après avoir achevé son droit à Paris, il se fit inscrire au barreau de cette ville, puis entra dans la magistrature et devint procureur-général. Il quitta ensuite la magistrature pour l'administration et fut nommé préfet de la Savoie, puis entra au Conseil d'Etat. Après la révolution du 4 septembre 1870, M. Jolibois rentra au barreau de Paris et plaida dans divers procès intentés aux journaux bonapartistes. ses clients, avec un succès qui ne fut guère démenti. Aux élections du 20 février 1876, M. Jolibois se présentait dans la 2ᵉ circonscription de Saintes avec la recommandation puissante de M. le baron Eschassériaux. Il fut élu par 6,933 voix contre 6,526 obtenues par son concurrent républicain constitutionnel, M. Anatole Lemercier, et réélu le 14 octobre 1877 et le 21 août 1881 par le même college. M. Jolibois est un des orateurs les plus brillants et des interrupteurs les plus bruyants du parti de l'Appel au peuple, et ses succès à la tribune parlementaire ne font aucun tort à ses succès de palais, qu'il a soin de renouveler de temps en temps. Aux élections d'octobre 1885, il a été élu député de la Charente-Inférieure au scrutin du 18. — Il est officier de la Légion d'honneur depuis 1864.

JOLIET, Charles, littérateur français, né à Saint-Hippolyte-sur-le-Doubs le 8 août 1832, fit ses études au collège de Chartres et au lycée de Versailles, prit son diplôme de bachelier ès-lettres en 1851. Entré au ministère des finances en 1854, il suivit la campagne d'Italie en 1859, comme attaché à la trésorerie de l'armée. Après la campagne, il reprit sa place au ministère. Il collaborait sous son nom ou sous divers pseudonymes, notamment sous celui de « J. Telio », anagramme de *Joliet*, à la plupart des revues et des journaux littéraires : à l'*Artiste*, à la *Revue française*, à la *Revue européenne*, à la *Revue fantaisiste*, au *Monde illustré*, au *Musée des familles*, à l'*Illustration*, au *Journal amusant*, à la *Vie parisienne*, au *Boulevard*, au *Figaro*, au *Grand Journal*, à l'*Évènement*, au *Charivari*, etc. En 1864, il quittait l'administration pour se consacrer entièrement à ses travaux littéraires. —

M. Charles Joliet a publié : l'*Esprit de Diderot (1859)*; la *Bougie rose*, comédie en un acte (1863); le *Médecin des dames*, suivi de deux petites comédies : la *Pluie* et le *Baiser de Judas (1865)*; les *Athéniennes*, poésies; *Romans microscopiques*, nouvelles; l'*Envers d'une campagne*, le *Roman de deux jeunes mariés (1856)*; *Une reine de petite ville*, les *Pseudonymes du jour*, *Huit jours en Danemark (1867)*; le *Livre noir*, le *Livre rouge*, la *Société des gens de lettres*, brochures (1868); *Dominique*, les *Fils d'amour*, le *Comte Horace*, le *Mariage de Frédérique*, *Mademoiselle Chérubin*, la *Vie parisienne (1870)*; *Trois hulans*; *Carnet de campagne : Paris, Tours, Bordeaux, Versailles 1870-71 (1871)*; *l'Almanach de la guerre*, la *Foire aux chagrins*, le *Roman de Bérengère*, le *Train des maris (1872)*; les *Filles d'enfer*, la *Vicomtesse de Jussey*, le *Gardien du phare (1873)*; le *Budget d'un Parisien*, en *1873*; *Écritures secrètes dévoilées*; le *Mariage d'Alceste*, comédie en un acte, en vers (1874); *Carmagnol (1875)*; *Jeune ménage*, la *Balle de cuivre*, nouvelle publiée dans la *Chasse illustrée (1876)*; *Robinson*, nouvelle (1877), dans le *Journal de la Jeunesse*; *Diane (1878)*; *Roche d'or (1880)*; le *Capitaine Harold (1886*, 2ᵉ éd.), etc.

JONAS, Émile, compositeur français, né à Paris le 5 mars 1827, entra au Conservatoire en 1841, obtint le 1ᵉʳ prix d'harmonie en 1857 et le second grand prix de Rome en 1859. Professeur de solfège depuis 1847, il fut chargé d'une des classes d'harmonie créées au Conservatoire pour les élèves militaires, lors de la suppression du Gymnase musical (1859). Il était en même temps chef de musique d'une des subdivisions de la garde nationale de Paris. Nommé, en 1867, secrétaire du comité d'organisation des festivals militaires de l'Exposition universelle, il eut à s'occuper de presque tout le travail de ces festivals, et fut, en récompense, nommé chevalier de la Légion d'honneur. — On lui doit, comme compositeur : *Job et son chien*, un acte, aux Bouffes-Parisiens (1863); le *Manoir de la Renardière (1864)*, un acte; *Avant la noce*, un acte (1865), au même théâtre; les *Deux arlequins*, un acte, aux Fantaisies-Parisiennes (1866); *Marlb'rough s'en va-t-en guerre*, 4 actes, avec MM. Léo Delibert, Bizet et Legouix, à l'Athénée (1867); le *Duel de Benjamin*, un acte, aux Bouffes-Parisiens (1868); le *Canard à trois becs*, 3 actes, aux Folies-Dramatiques (1869); *Désiré, sire de Champigny*, un acte, aux Bouffes (1869); *Javotte*, 3 actes, à l'Athénée (1871), ouvrage représenté à Londres, au théâtre de la Gaîté, quelques mois auparavant sous le titre de *Cinderella*; le *Chignon d'or*, 3 actes, à Bruxelles (1874); la *Bonne aventure*, opérette bouffe, 3 actes, à la Renaissance (1882); le *Premier baiser*, opéra comique, 3 actes, aux Nouveautés (1883), etc. Il lui revient en outre, une part avec MM. Bazille, Clapisson, Eugène Gautier, Gevaërt, Mangeant et Poise, dans la musique de la *Poularde de Caux*, opérette représentée au Palais-Royal.

JONCIÈRES (de), Félix Ludger, dit Victorin, compositeur et critique musical français, fils d'un journaliste officieux du second empire, qui avait été saint-simonien, est né à Paris le 1ᵉʳ avril 1839. Il reçut fort jeune, d'une de ses tantes, les premiers principes de l'art musical et aborda l'étude du piano. Entré ensuite au lycée Bonaparte, il y avait terminé ses études à seize ans. Son père destinait le jeune bachelier au barreau; mais lui, sûr d'une vocation qu'il estimait invincible, voulut se faire peintre et suivit en conséquence l'atelier de Picot. Il reprit toutefois, mais seulement comme amateur, l'étude de la musique; il écrivit même la partition d'un petit opéra comique, brodé par un de ses amis sur le thème du *Sicilien ou l'Amour médecin*, de Molière, lequel fut représenté sur la petite scène du Théâtre de la Tour d'Auvergne, par des élèves du Conservatoire, en 1859. Le critique de la *Patrie*, Franck Marie, qui assistait à la représentation, engagea très fort le jeune compositeur-amateur à abandonner le pinceau et à se vouer exclusivement à la musique. M. de Joncières suivit ce conseil; il fit un cours d'harmonie sous la direction d'Elwart, et entra ensuite au Conservatoire, dans la classe de fugue et de contrepoint de M. Leborne. Il se préparait à concourir à l'Institut, lorsqu'à la suite d'une discussion avec son professeur, à propos de Richard Wagner, qui venait de donner son premier concert au Théâtre-Italien, il quitta le Conservatoire. Il se livra dès lors sérieusement à la composition; fit jouer aux Concerts Musard, une ouverture, une marche et des fragments d'orchestre; puis écrivit, sur l'*Hamlet* de MM. A. Dumas et P. Meurice, une partition comprenant une ouverture, une marche, des entr'actes et des mélodrames, qu'il fit entendre, en 1864, dans un concert organisé à ses frais. En 1867, il se rendait à Nantes, pour en diriger l'exécution dans une représentation d'*Hamlet* au Grand-Théâtre de cette ville, où Mᵐᵉ Judith, de la Comédie-française, remplissait le rôle d'Hamlet. L'année suivante, le même drame, joué par le même artiste, paraissait sur la scène de la Gaîté, accompagné de la musique de M. de Joncières. Dès le 8 février 1867, le jeune compositeur avait fait de véritables débuts à la scène, en donnant au Théâtre-Lyrique un grand opéra en 3 actes, *Sardanapale*, dans lequel Mˡˡᵉ Nilsson, dont c'était la première création, remplissait le principal rôle. Malgré cette bonne fortune, *Sardanapale* n'eut qu'un médiocre succès. Le *Dernier jour de Pompéi*, opéra en 4 actes, donné au même théâtre, ne réussit pas mieux; la critique le trouva même inférieur au précédent. Il eut plus de succès avec *Dimitri*, opéra en 5 actes, écrit sur des paroles de MM. de Bornier et Armand Sylvestre, représenté sur le nouveau Théâtre national Lyrique, le 5 mai 1876. Citons encore : la *Reine Berthe*, opéra en 2 actes, joué trois fois à l'Opéra (1878); le *Chevalier Jean*, drame lyrique en 4 actes, écrit sur un livret de MM. Louis Gallet et Ed. Blau, à l'Opéra-Comique (1885). On lui doit, en outre, quelques romances, des morceaux pour le piano, un concerto de violon, exécuté au Conservatoire par M. Danbé, en 1870; une *Symphonie romantique*, exécutée au Concert national au mois de mars 1873, etc. — M. Victorin de Joncières rédige, depuis 1871, le feuilleton musical du journal la *Liberté* sous son propre nom, et sous le pseudonyme de « Jennius », la chronique théâtrale quotidienne du même journal. — M. de Joncières a été nommé chevalier de la Légion d'honneur le 8 février 1877.

JOUAUST, Damase, libraire et imprimeur français, né à Paris le 25 mai 1834, fit ses études au collège Bourbon, suivit les cours de l'École de droit et prit le grade de licencié. Il entra ensuite dans l'imprimerie de son père avec lequel il travailla jusqu'en 1864, époque de la mort de celui-ci. Resté seul à la tête de l'imprimerie, M. D. Jouaust, tout en poursuivant les perfectionnements d'exécution qu'il y avait abordés dès le début, fondait en 1869 la Librairie des bibliophiles, aujourd'hui universellement connue et appréciée comme elle le mérite, et qui a déjà donné tant d'éditions remarquables d'œuvres anciennes et aussi d'ouvrages nouveaux choisis avec goût. Le mérite des éditions publiées par la maison Jouaust réside surtout dans le soin que son chef apporte aux plus petits détails et le choix intelligent de la matière comme lui, servi par un goût sûr et de rares connaissances artistiques et littéraires, peut seul réussir. M. D. Jouaust n'emploie à l'impression de ses ouvrages que des caractères elzéviriens, gravés exprès sur les modèles les plus élégants du xviᵉ siècle; lorsqu'il appelle à son aide l'art du dessinateur et du graveur, c'est aux meilleurs artistes qu'il s'adresse : les Gérôme, les Flameng, les Hédouin, etc. — Pendant le siège de Paris, M. Jouaust conçut et mit en pratique l'idée de publier la *Lettre-Journal*, gazette des absents, feuillet double portant, imprimé sur deux pages, le résumé des événements et des impressions du moment, et dont les deux autres pages, restées blanches étaient réservées à la correspondance et à l'adresse du destinataire; le tout ne pesait que bien juste le poids réglementaire de 4 grammes qui en permettait le transport par les ballons. La *Lettre-Journal* eut un succès immense et dut paraître trois fois par semaine, ayant commencé par paraître deux fois seulement. Elle donna lieu à de nombreuses imitations; mais celles-ci ne réussirent point. M. Jouaust a obtenu des récompenses aux Expositions universelles de Paris (1867 et 1878), Lyon (1872), Vienne (1873) et Philadelphie (1876). Il a été nommé chevalier de la Légion d'honneur en 1872. — M. Jouaust s'est associé récemment M. Sigaux, un autre lettré.

JOUBERT, Léo, littérateur et journaliste français, né à Bourdeilles (Dordogne) le 13 décembre 1826. Il fit ses études à Périgueux et à Paris, et débuta dès l'âge de vingt ans dans la carrière littéraire. En 1846, il acceptait une place de précepteur en Moldavie. De retour en 1850, il collabora au journal l'*Ordre* et, de 1852 à 1862, à la *Biographie générale* publiée par la maison Firmin Didot, fournissant en même temps des articles à la *Revue européenne* et à la *Revue contemporaine*, dont il devint secrétaire de la rédaction littéraire en 1862. Il a également fourni des articles sur la littérature anglaise au *Dictionnaire des littératures* de M. G. Vapereau. Depuis lors M. Léo Joubert a collaboré à divers journaux quotidiens, notamment à l'*Époque* et au *Moniteur universel*, dont il est devenu le rédacteur principal en 1869 et qu'il a quitté en 1877.
— Il a publié : *Essais de critique et d'histoire*, recueil

d'articles de revues (1863); *Lœna, histoire athénienne (1867)*; la *Bataille de Sedan (1873)*. — M. Léo Joubert a été nommé chevalier de la Légion d'honneur le 12 octobre 1873.

JOUBERT, Léon, homme politique français, né à Chinon le 26 septembre 1845, est fils du docteur Léon Joubert, ancien député républicain de Chinon dans la précédente législature, mort en 1885. Porté sur la liste républicaine du département d'Indre-et-Loire aux élections d'octobre 1885, M. Léon Joubert fut élu au scrutin du 18, et prit place à gauche. Il a voté l'expulsion totale des princes.

JOUFFRAULT, Camille, homme politique français, avocat, né à Argentan-Château (Deux-Sèvres) le 22 mars 1845. Il fit son droit à Paris et s'inscrivit au barreau. Membre du Conseil municipal et maire d'Argentan depuis 1877, membre du Conseil général des Deux-Sèvres depuis octobre 1877. M. Jouffrault l'emporta sur M. de la Rochejaquelein aux élections du 14 octobre 1877, dans l'arrondissement de Bressuire, et s'inscrivit au groupe de l'Union républicaine; mais il échoua contre le même concurrent le 21 août 1881. — Aux élections du 4 octobre 1885, M. Jouffrault fut élu député des Deux-Sèvres sur la liste républicaine. Il a voté l'expulsion totale des princes.

JOULE, James Prescott, physicien anglais, né à Salford le 24 décembre 1818, d'une famille de brasseurs, fit ses études dans sa ville natale et sous la direction de maîtres particuliers. Il est auteur d'un ouvrage intitulé: *Découverte des lois relatives à l'émission de la chaleur par les courants électriques*, et d'un autre: *Découverte de l'équivalent mécanique de la chaleur*, qui sont très estimés. Le 30 novembre 1870, la Société royale décernait la médaille de Copley à M. Joule, après lui avoir décerné sa médaille royale dès 1850, en récompense de ses recherches sur la théorie dynamique de la chaleur. Il a présidé le congrès de l'Association britannique tenu à Bradford en 1873. — M. Joule est docteur en lois de l'université d'Édimbourg depuis 1871, et docteur en mathématiques et physique de l'université de Leyde depuis 1875. Il est membre de la Société royale de Londres et de diverses autres sociétés savantes nationales ou étrangères, et a été élu correspondant de notre Académie des sciences en mai 1870. Il reçoit de l'État, depuis 1878, une pension annuelle et viagère de 5,000 francs en récompense de ses précieuses découvertes et spécialement de sa découverte de l'équivalent mécanique de la chaleur et des applications avantageuses qui en ont été faites.

JOURNAULT, Louis Geneviève Léon, publiciste et homme politique français, né à Paris le 25 février 1827. Il venait d'être reçu avocat lors du coup d'État de décembre 1851 et se mit à la disposition du comité de résistance organisé par Victor Hugo. Devenu plus tard principal clerc de M. Péan de Saint-Gilles, notaire à Paris, M. Léon Journault, quoique toujours attaché au parti républicain, se tint en dehors des agitations politiques jusqu'en 1869, époque à laquelle il entra à la rédaction de la *Tribune*, journal hebdomadaire fondé par MM. Pelletan, Glais-Bizoin et Hénon. Il collaborait en même temps au *Libéral* et à l'*Union libérale* de Seine-et-Oise. Après la révolution du 4 Septembre, il fut nommé maire de Sèvres et remplit ces fonctions difficiles, en face de l'invasion, de sorte que le Conseil municipal vota, après la signature de la paix, la déclaration que « M. Journault avait bien mérité de la commune de Sèvres ». Élu représentant de Seine-et-Oise à l'Assemblée nationale, le sixième sur onze, aux élections du 8 février 1871, M. Léon Journault se fit inscrire à la réunion de la gauche républicaine, avec laquelle il a constamment voté. Il a fait partie de plusieurs commissions importantes, notamment des commissions de permanence. Très porté à protester les actes d'arbitraire commis par les agents de l'administration, il fut, l'un des premiers, révoqué de ses fonctions de maire de Sèvres, dès que M. de Broglie fut armé de la fameuse loi des maires (janvier 1874). Aux élections du 20 février 1876, M. Journault fut élu député de la deuxième circonscription de l'arrondissement de Versailles, par 5,078 voix, contre 3,315 données à son concurrent conservateur. Il reprit sa place au groupe de la gauche républicaine, qui le choisit pour secrétaire. M. Journault a été rapporteur de la loi sur l'Exposition universelle de 1878, des propositions relatives à la publicité des comptes rendus des séances des conseils généraux, de la loi sur les chemins de fer algériens, etc. Nommé, le 11 novembre 1879, secrétaire général du gouvernement de l'Algérie, dont le titulaire était M. Albert Grévy, et conseiller d'État en service extraordinaire, il resigna son mandat de député. Mais s'étant trouvé en désaccord avec M. A. Grévy, il donna bruyamment sa démission le 1er mars 1880. Candidat républicain dans la première circonscription de Lorient, dans une élection partielle qui eut lieu le 20 juin suivant, M. Journault échoua. Mais A. Joly, député de la première circonscription de Versailles, étant venu à mourir, il fut élu à sa place, sans concurrent, le 23 janvier 1881, et réélu aux élections générales du 21 août suivant. Porté sur la liste républicaine opportuniste de Seine-et-Oise, aux élections d'octobre 1885, M. Journault échoua encore. Il a été élu sénateur de Seine-et-Oise le 18 avril 1886, en remplacement de M. Tréville, décédé. — M. Journault a voté l'expulsion des princes.

JOUVENCEL (de), Paul, écrivain et homme politique français, né à Versailles en 1818, fit son droit à Paris et prit le grade de licencié, puis se livra à l'étude de l'économie politique et des sciences naturelles. Nommé commissaire du gouvernement dans le département de Seine-et-Oise, après la révolution de 1848, M. Paul de Jouvencel n'accepta pas et se présenta aux élections pour la Constituante, étant venu à mourir, il fut élu à sa place, ainsi qu'aux élections pour la Législative, quoique avec une minorité très importante. Son attitude, principalement comme membre du comité démocratique de la Seine, le fit proscrire après le coup d'État de décembre; il se réfugia en Belgique et ne rentra en France qu'à l'amnistie générale de 1859. — Aux élections législatives de 1863, M. de Jouvencel se présenta à Paris, dans la sixième circonscription, mais sans le moindre succès; il était toutefois élu en 1869, comme candidat de l'opposition démocratique, dans la deuxième circonscription de Seine-et-Marne. Il prit place au centre gauche. Il vota notamment contre le plébiscite et contre la guerre. Après le 4 Septembre, il organisa le corps franc des chasseurs de Neuilly, puis il alla rejoindre la délégation gouvernementale de province par la voie aérienne (22 octobre), fut nommé colonel au titre auxiliaire et placé à la tête d'un régiment de mobilisés. Après avoir refusé la candidature en Seine-et-Oise pour l'Assemblée nationale de 1871, il se portait à une élection partielle de juillet 1878, dans la cinquième arrondissement de Paris, et échouait. Porté sur la liste radicale de Seine-et-Oise aux élections d'octobre 1885, il fut élu député de ce département au scrutin du 18. Il a voté l'expulsion totale des princes.

M. Paul de Jouvencel a publié: *Du droit de vivre, de la propriété et du garantisme (1847)*; *Genèse selon la science: les commencements du monde* (Bruxelles, 1858); la *Vie, sa nature et son origine* (Bruxelles, 1859); les *Déluges*, *Des développements du globe et de l'organisation géologique (1861)*; *De l'emploi du pouvoir financier, lettres à MM. Pereire (1863)*; *l'Allemagne et le droit des Gaules (1867)*; les *Élections prochaines (1868)*; *Récits du temps: Siège de Paris, Campagne de 1870 (1872)*; *Aide-mémoire du partisan (1875-77, 2 vol.)*; *De la diffamation en matière législative (1878)*, etc.

JUDIC (dame), Anna Damiens, actrice française, née à Semur le 18 juillet 1850. Petite nièce de Lemoine-Montigny, directeur du Gymnase, ses parents la destinaient au commerce et elle fut même quelque temps employée dans un magasin de lingerie; mais sa vocation l'emportant, elle entra, grâce à l'influence de son grand-oncle, au Conservatoire, dans la classe de Régnier, et prit concurremment des leçons de chant et de piano. Enfin, elle débuta au Gymnase le 2 juin 1867; mais, plus portée vers le chant, elle y restait peu et signait, en 1868, un engagement de trois ans pour l'Eldorado, dont le directeur engageait en même temps, comme régisseur général, M. Judic, qu'elle avait épousée le 25 avril 1867 et qui est mort en juillet 1884. Mme Judic devint bientôt la chanteuse favorite de l'Eldorado et fit le succès de bien des chansonnettes et autres morceaux de musique vocale qui autrement ne valaient pas le diable. Survint alors la guerre, et la jeune cantatrice se trouva forcée à une tournée artistique qui la conduisit successivement à Bruxelles, Liège, Anvers, etc., où elle remporta de véritables triomphes. Au commencement de 1871, elle donna à Lille une représentation très fructueuse au profit des blessés, en reconnaissance de laquelle la municipalité lui fit présent d'un magnifique médaillon. Elle alla ensuite chanter à Marseille, puis revint à Paris. Mme Judic a paru successivement, à Paris, aux Folies-Bergère, dans *Ne me chatouillez pas, Memnon*, etc.; puis à la Gaîté, où elle remplit le rôle de Cunégonde dans le *Roi Carotte*; aux Bouffes-Parisiens, où elle a paru successivement dans la *Timbale d'argent (1872)*; la *Rosière d'ici*, le *Grelot*, le *Mouton enragé*, la *Petite reine*, la *Quenouille de verre (1873)*; les *Parisiennes*, la *Branche cassée*, *Mariée depuis midi*, Mme *l'Archiduc*. Mlle *Bagatelle (1874)*; la *Créole (1875)*, etc. Cette artiste, dès lors populaire, a pu employer très fructueusement ses vacances à Bruxelles et à Londres, où le succès l'a accompagnée. En 1876, elle quittait les Bouffes-Parisiens et entrait aux Variétés. Elle parut à ce théâtre dans diverses opérettes en vogue persistante, telles que la *Belle Hélène*, la *Périchole*, le *Docteur Ox* (rôle de Praskuvia), les *Charbonniers*, etc.— Mme Judic rentrait à Paris, de sa dernière tournée à l'étranger, le 20 septembre 1886, ayant en perspective, aux Variétés toujours, la création de Mlle *Labadens*, de MM. Philippe Gille et A. Millaud, et la reprise de *Lili*, de la *Belle Hélène*, la *Grande Duchesse* et autres triomphes d'Hortense Schneider et d'elle-même.

JULLIEN, Philippe Emile, homme politique français, né à Mer (Loir-et-Cher) le 10 juillet 1845. Avocat du barreau de Blois, conseiller général de Loir-et-Cher. M. Jullien, après avoir échoué à une élection partielle, dans la première circonscription de Blois, en avril 1879, était élu député de Romorantin, en remplacement de M. Lesguillon, décédé, le 27 février 1881 et réélu aux élections générales du 21 août suivant. Il s'inscrivit au groupe de l'Union républicaine et fut secrétaire de la Chambre. M. Jullien a été élu député de Loir-et-Cher en tête de la liste, le 4 octobre 1885. Il a voté l'expulsion totale des princes.

JURIEN DE LA GRAVIÈRE, Jean-Baptiste Pierre Edmond, amiral français, né à Brest le 19 novembre 1812, est fils d'un vice-amiral, pair de France sous la monarchie de juillet. Entré à l'École navale en 1828, il devenait aspirant de la même année, puis successivement enseigne en 1832, lieutenant de vaisseau en 1837, capitaine de corvette en 1841 et capitaine de vaisseau en 1850. Après avoir navigué, comme aspirant et comme enseigne, dans les mers du Sud, sur les côtes du Sénégal et du Levant, il faisait en 1841, comme commandant de la corvette la *Bayonnaise*, une campagne dans les mers de Chine. Pendant la guerre d'Orient, il fut employé dans la mer Noire, comme chef d'état-major de l'amiral Bruat, et assista à la prise de Kinburn. Le 1er décembre 1855, M. Jurien de la Gravière était promu contre-amiral et appelé à la présidence de la commission de réorganisation des équipages de la flotte. Nommé, en 1858, au commandement de la division de l'Adriatique, il eut pour mission de bloquer pendant la campagne de 1859, le port de Venise. En 1861, il fut nommé commandant de la division du golfe du Mexique; au mois de décembre suivant, il était placé à la tête de l'expédition française contre la République mexicaine, avec des pouvoirs politiques aussi bien que militaires. Il signait, en conséquence, au nom de la France, la fameuse convention de la Soledad, avec les représentants de l'Espagne et de l'Angleterre; cette convention mettait fin à l'expédition, mais on sait que le gouvernement français désavoua son représentant, résolu qu'il était à faire seul la guerre, à tous risques. Au moment de l'ouverture des hostilités, l'amiral Jurien de la Gravière remettait le commandement des troupes de terre au général Lorencez, conservant seulement celui de la flotte. Promu vice-amiral le 15 janvier 1862, M. Jurien de la Gravière entrait au Conseil d'amirauté le 20 juin 1863, et était nommé aide de camp de l'empereur le 25 janvier 1864. Appelé au commandement de l'escadre d'évolutions de la Méditerranée en 1868, il était chargé de sa réorganisation en décembre 1870, en prévision de complications possibles amenées en Orient par la révision du traité de 1856, que la Russie réclamait avec insistance, désirant profiter de l'impossibilité où nous nous trouvions de nous y opposer. Cette escadre, toutefois, ne quitta pas le golfe Jouan, ou plutôt nos côtes méditerranéennes qu'elle surveilla quelque temps. Il a été nommé depuis au commandement de la station du Levant. Atteint par la limite d'âge, il a été maintenu dans le cadre de l'activité, comme ayant commandé en chef devant l'ennemi. L'amiral Jurien de la Gravière a collaboré à la *Revue des Deux-Mondes* et publié : *Guerres maritimes sous la République et l'Empire* (1844, 2 vol., plusieurs éditions); *Rapport sur la campagne de la corvette la Bayonnaise dans les mers de la Chine* (1851); *Voyage en Chine et dans les mers et archipels de cet empire, pendant les années 1847, 1848, 1849 et 1850* (1854, 2 vol.); *Souvenirs d'un amiral* (1860, 2 vol.), d'après les notes de son père; la *Marine d'autrefois* (1865); la *Marine d'aujourd'hui* (1871); la *Station du Levant* (1876); les *Marins du XVe et du XVIe siècles, origines de la marine moderne* (1879); les *Marins de Ptolémée* (1883); *De la guerre navale*, les *Derniers jours de la marine à rames* (1885); *Doria et Barberousse, épisode de la lutte de la chrétienté contre les Ottomans* (1886), etc. — L'amiral Jurien de la Gravière est grand croix de la Légion d'honneur depuis le 4 janvier 1876 et a été décoré de la médaille militaire en 1870. Il a été élu membre de l'Académie des sciences (Section de géographie et navigation), en 1866. Directeur du dépôt des cartes et plans au ministère de la marine, il a été nommé membre de la commission scientifique de l'Observatoire, le 25 janvier 1877.

JUSTE, Théodore, historien belge, né à Bruxelles en 1818. M. Th. Juste est devenu successivement secrétaire de la Commission centrale d'instruction, membre de l'Académie archéologique belge, de la Société des lettres, sciences et arts du Hainaut, etc., et conservateur du Musée royal d'artillerie. Outre une collaboration considérable aux journaux et revues, on a de cet écrivain un grand nombre d'ouvrages relatifs à l'histoire de la France et à celle des Pays-Bas. — Nous citerons : *Histoire élémentaire et populaire de la Belgique* (1838); *Histoire populaire de la Révolution française : Un tour en Hollande* (1839); *Histoire du Consulat et de l'Empire* (1840); *Essai sur l'histoire de l'instruction publique en Belgique* (1844); *Précis de l'Histoire moderne considérée dans ses rapports avec la Belgique* (1845); *Histoire de la Révolution belge de 1790* (1846, 3 vol.); *Charlemagne* (1846); *Précis de l'histoire du moyen âge* (1848, 3 vol.); *Histoire des Pays-Bas sous Philippe II* (1855, 2 vol.); *Charles-Quint et Marguerite d'Autriche* (1858); les *Pays-Bas au XVIe siècle* (1858-63, 2 parties); la *Belgique en 1860*; *Christine de Lalaing, princesse d'Épinoy* (1861); *Histoire du soulèvement des Pays-Bas contre la domination espagnole* (1862-63, 2 vol.); *Souvenirs diplomatiques du XVIIIe siècle* (1863); *Histoire des États-généraux des Pays-Bas* (1864, 2 vol.); les *Fondateurs de la monarchie belge* (1865); le *Comte Lehon et le Régent* (1867); le *Soulèvement de la Hollande en 1813 et la fondation du royaume des Pays-Bas* (1867); *Notes historiques et biographiques*, formant une suite aux *Fondateurs de la monarchie belge* (1871); la *Révolution belge de 1830* (1872, 2 vol.); *Guillaume le Taciturne* (1873), etc.

K

KAEMPFEN, Albert, journaliste français, né à Versailles le 15 avril 1826, d'un père suisse d'origine, qui servit comme chirurgien-major dans l'armée française. M. Kaempfen, son droit terminé, se fit naturaliser français et inscrire au barreau de Paris en 1849. Collaborateur à la *Gazette des tribunaux*, de 1855 à 1866, il fut ensuite chargé de l'*Illustration de la « gazette du Palais »* et du « courrier de Paris. » Il fournit en outre des articles au *Courrier de Paris*, au *Courrier du dimanche*, à l'*Époque*, à la *Revue des provinces*, à la *Revue moderne*, à la *Vie parisienne*, à l'*Univers illustré*, au *Magasin des demoiselles*, au *Magasin d'éducation et de récréation*, au *Rappel*, au *Temps* dont il rédigeait la « chronique parisienne » sous le pseudonyme de N. Feyrnel, à la *Discussion* de Lyon, dont il fut le correspondant parisien, etc. M. A. Kaempfen a été rédacteur en chef du *Journal officiel*, de février 1871, époque à laquelle il y remplaça M. Lavertujon, nommé consul général à février 1874, époque à laquelle il fut remplacé dans ces fonctions par M. Ernest Daudet. Rentré à l'*Univers illustré*, il a été nommé directeur des Beaux-Arts, au ministère de l'instruction publique et des beaux-arts en 1879. — On a de M. Kaempfen, outre ses travaux de journaliste : la *Tasse à thé*, roman (1865) ; *Paris capitale du monde*, avec M. Edmond Texier (1867), etc. Il a signé la plupart de ses articles de journaux de pseudonymes dont les principaux sont : *X. Feyrnet, Henrys* et *Henri d'Este*. En 1869, il assistait comme journaliste à l'inauguration du canal de Suez. — Il est chevalier de la Légion d'honneur.

KALAKANA, David, roi des îles Sandwich ou Hawaï, est né en 1838. Il appartient à l'une des familles les plus considérables de l'île. A la mort de Kamehameha V, en 1872, David Kalakana posait sa candidature au trône vacant en concurrence avec William Lunalilo ; celui-ci fut élu par plébiscite, sanctionné par le vote de la Législature. Lunalilo régna un peu plus d'une année et mourut à son tour. Alors, une assemblée de députés fut spécialement convoquée, le 12 février 1874, pour élire son successeur : et cette assemblée choisit pour roi des îles Sandwich, par trente-six voix contre six accordées à la reine Emma, veuve de Kamehameha IV, mort en 1863, David Kalakana. Cette élection n'alla pas toute seule : les partisans du jeune Emma se soulevèrent, bousculèrent les cinq députés chargés de notifier sa nomination à Kalakana, après avoir brisé leurs voitures ; puis ils envahirent la maison du Congrès, maltraitèrent les députés qui y étaient réunis, brisèrent les meubles et se fussent infailliblement livrés à toutes les extrémités sans l'intervention opportune de détachements de matelots anglais et américains, qui réussirent à rétablir l'ordre pour ce jour-là. — Le roi Kalakana a reçu une excellente éducation ; ses mœurs sont exemplaires, ses manières élégantes ; il parle plusieurs langues, l'anglais surtout, dans la perfection. L'ordre rétabli par les matelots américains et anglais et maintenu par eux pendant quelques jours, fut de nouveau troublé après leur départ, et les Sandwich se trouvèrent en proie à l'insurrection. Cependant, contrairement aux prévisions d'Emma, le gouvernement anglais reconnut le nouveau roi, et la reine Victoria lui envoyait, dès le mois de juin, une lettre de félicitations au sujet de son élévation au trône. Cette démarche officielle fit cesser les hostilités, et Kalakana régna désormais sans opposition. Il a fait, à la fin de 1874 et au commencement de 1875, un assez long voyage aux États-Unis, et a conclu avec cette nation un traité de commerce et d'amitié. Il a fait, en Europe, un court voyage en Europe en 1881. — Le roi Kalakana, n'ayant pas d'enfants, a proclamé héritier présomptif du trône hawaïen, son frère William Pitt Leleiohoku, né vers 1852, ayant reçu une éducation soignée et, dit-on, très aimé dans le pays.

KAMECKE (von), Georg Arnold Karl, général prussien, né le 14 juin 1817. Entré dans l'arme du génie en 1834, il devenait capitaine en 1850, passait dans l'état-major d'où, après avoir occupé plusieurs emplois, il passait dans l'arme de l'infanterie et devenait colonel en 1861. Nommé major général en 1865, il fit la campagne de 1866 contre l'Autriche, comme chef d'état-major du 2e corps d'armée. Nommé directeur du génie en 1867, il était promu lieutenant général en 1868, et appelé au commandement de la 14e division d'infanterie (1re armée), lors de la campagne de 1870. Il prit une grande part aux combats livrés sous Metz et, après la capitulation de cette place, fut chargé de mettre en état de siège Thionville, Verdun et La Fère, mission qu'il remplit trop bien. Appelé alors devant Paris, le général de Kamecke y reprit le commandement du génie. C'est le général de Kamecke qui commandait les 30,000 allemands qui occupèrent le quartier des Champs-Élysées pendant vingt-quatre heures, aux termes de la capitulation de Paris, signée le 26 janvier 1871. — Rentré en Allemagne, le général de Kamecke fut nommé chef-adjoint des affaires militaires, avec rang de ministre, en janvier 1873 ; en novembre suivant, il remplaçait M. le maréchal von Roon au ministère de la guerre. Promu général d'infanterie le 22 mars 1875, il quittait le ministère, où il était remplacé par le général Bronsart von Schellendorf (voy. ce nom), le 7 mars 1883.

KARCHER, Théodore, publiciste français, né à Saar-Union le 21 décembre 1821, fit ses études littéraires à Bouxwiller et son droit à Strasbourg, puis se lança dans le journalisme. Rédacteur en chef du *Républicain des Ardennes*, à Sedan, en 1848, il prit une part active à l'organisation des associations ouvrières du département. En 1850, il encourait une double condamnation à deux ans de prison pour avoir attaqué la loi du 31 mai, restrictive du suffrage universel. Il réussit à passer en Belgique, mais il en fut expulsé et se réfugia en Angleterre, où il collabora à la *Voix du Proscrit*. Après le coup d'État, la commission mixte des Ardennes condamnait M. Théodore Karcher à l'exil perpétuel, soi-disant en raison des articles par lui publiés dans ce dernier journal. Il se fixa dans le pays hospitalier où il se trouvait déjà depuis près de deux ans et fut successivement nommé professeur à l'Académie militaire de Woolwich en 1858, examinateur aux fonctions civiles de l'administration des Indes et examinateur à l'université de Londres en 1864. Porté aux élections du 8 février 1871, sur la liste républicaine des Ardennes, en son absence, M. Théodore Karcher obtint 9,000 voix sans être élu. Aux élections de 1876, il se présentait dans l'arrondissement de Rethel, où, après avoir obtenu la majorité relative au premier tour de scrutin, il échouait au second tour (5 mars), de quelques centaines de voix, contre M. Drumel, républicain de nuance moins accusée. — M. Karcher est allé reprendre sa chaire à l'Académie militaire de Woolwich ; il est également professeur à l'institution des Hautes études d'artillerie. Il a publié : *Biographies militaires* (Londres, 1861) ; *Rienzi*, drame en vers (1864) ; les *Écrivains militaires de la France* (1865) ; *Questionnaire français* (1865) ; *Études sur les institutions politiques et sociales de l'Angleterre* (1867) ; *Impressions recueillies dans les départements français occupés par l'armée prussienne* (1872), etc. On lui doit également des traductions d'ouvrages politiques ou historiques de divers auteurs anglais, notamment la traduction de la première partie de l'*Histoire de la Guerre de Russie*, de M. Kinglake, intitulée : *l'Invasion de la Crimée, origine et histoire de la guerre d'Orient jusqu'à la mort de lord Raglan* (Bruxelles, 1864, 3 vol.), ouvrage qui eut beaucoup de succès, mais hors de la France, dont l'accès lui fut interdit, principalement à cause du chapitre publié ensuite à part par M. Karcher, sous le titre d'*Histoire du Deux-Décembre* (Bruxelles, Londres et New-York, 1867). M. Théodore Karcher a collaboré, en outre, au *Spectator* anglais, au *Pionnier* allemand et au *Courrier* (français) *de Londres* ; au *Barreau*, à la *Revue du progrès*, à la *Revue nationale*, à la *Revue moderne*, à la *République française*, etc.

KARR, Jean-Baptiste Alphonse, littérateur français, né à Paris le 24 novembre 1808, fit ses études au collège Bourbon, où il devint ensuite professeur de cinquième. Une pièce de vers adressée au *Figaro* lui ouvrit les portes de ce journal et celles de la carrière des lettres ; on n'insèra pas, bien entendu, ses vers, mais on lui demanda des articles. Au commencement de 1839, il devenait rédacteur en chef du *Figaro* et fondait, à la fin de la même année, une sorte de revue satirique mensuelle, intitulée les *Guêpes*, et qui, abandonnée et reprise plusieurs fois, se publiait encore en 1877, à Nice. La vivacité mordante de cette petite brochure rapporta surtout à M. Alphonse Karr des inimitiés non moins vives, sans parler d'un léger coup de poignard porté par une main féminine aujourd'hui glacée. — Aux élections pour l'Assemblée constituante, en 1848, M. Alphonse Karr, qui avait toutes les ambitions, se présentait dans le département de la Seine-Inférieure, sous prétexte qu'il y avait découvert Étretat ; mais ce fut sans succès. Il fonda alors le *Journal*, organe officieux du gouvernement du général Cavaignac et parti qui le représentait à l'Assemblée. En 1852, il écrivait au *Siècle* une série d'articles sous le titre de *Bourdonnements*, suite ou continuation des *Guêpes*. Dans cette même période il publiait quelques brochures politiques à prétentions plus sérieuses et, enfin, quittait Paris en 1858 pour aller s'occuper, à Nice, d'horticulture, non sans y entreprendre des lors une nouvelle série de *Guêpes*. — Outre les journaux que nous avons cités, M. Alphonse Karr a collaboré à l'*Artiste*, aux *Cent et un*, à la *Revue des Deux-Mondes*, à l'*Esprit*, aux *Français peints par eux-mêmes*, aux *Fleurs animées*, au *Courrier du dimanche*, à l'*Opinion nationale*, au *Figaro quotidien*, etc., etc. Il a publié : *Sous les tilleuls*, sorte d'autobiographie (1832) ; *Une heure trop tard (1833) ; Fa-dièse (1834) ; Vendredi soir*, nouvelles (1835) ; le *Chemin le plus court*, autre quasi-autobiographie (1836) : *Einerley (1837) ; Ce qu'il y a dans une bouteille d'encre (1838) ; Clotilde (1839) ; Hortense (1842) ; Am Rauchen* (même année) ; *Pour ne* pas être treize et *De midi à quatorze heures (1843)*; *Feu Bressier (1844)*; *Voyage autour de mon jardin (1845)*; *la Famille Alain*, le *Livre des cent vérités (1848)*; *Histoire de Rose et de Jean Duchemin (1849)*; les *Fées de la mer (1850)*; *Clovis Gosselin (1851)*; *Contes et nouvelles*, *Agathe et Cécile (1852)*; *Fort en thème*, les *Soirées de Sainte-Adresse (1853)*; les *Femmes*, *Lettres écrites de mon jardin (1854)*; *Raoul Desloges*, *Au bord de la mer (1855)*; *Promenades hors de mon jardin (1857)*; *Une poignée de vérités* (même année ; la *Pénélope normande, Trois cents pages*; le *Canotage en France*, avec Léon Gatayes, le comte de Chateauvillard, etc. *(1858)*; *Menus propos (1859)*; la *Pêche en eau douce et en eau salée*. etc. (1860); *Dieu et diable, Sous les Orangers, En Fumant (1862)*; les *Dents du dragon (1869)*; les *Gaietés romaines*, la *Maison close (1870)*; la *Queue d'or (1872)*; la *Promenade des Anglais (1874)*; *Plus ça change... (1875)*; *...Plus c'est la même chose* (même année); le *Credo du jardinier (1876)*; *Notes de voyages d'un casanier (1877)*; le *Livre de bord, souvenirs personnels* (1879, 3 vol.); les *Points sur les i (1882)*; *A bas les masques (1883)*; *Roses et chardons (1886)*, outre plusieurs volumes de *Guêpes*. — La librairie Charpentier a mis en vente, au commencement de 1877, un volume intitulé: *l'Esprit d'Alphonse Karr*. — M. Alphonse Karr a donné au théâtre : la *Pénélope normande*, pièce en 5 actes, au Vaudeville (1860) et les *Roses jaunes*, comédie, au Français (1866). Ces deux ouvrages tirés de deux de ses romans. Il est chevalier de la Légion d'honneur depuis 1845 et décoré de plusieurs médailles d'honneur pour faits de sauvetage.

KATE (ten), HERMANN FRÉDÉRIC CHARLES, peintre hollandais, né à la Haye le 16 février 1822. Élève de C. Kruseman, à Amsterdam, il vint à Paris en 1848 et y résida pendant environ une année, quoique dans un moment fort agité, avec l'intention de s'y perfectionner dans son art. De retour à Amsterdam en 1849, il s'est établi depuis à la Haye où il réside actuellement. — On cite principalement, parmi les œuvres de M. ten Kate, remarquables par l'esprit d'observation : plusieurs *Intérieurs*; les *Prisonniers calvinistes sous Louis XIV*, la *Bénédiction paternelle*, etc.; et parmi celles qui ont figuré aux divers Salons de Paris: les *Discussions politiques*, *Fête champêtre (1855)*; *l'Enrôlement militaire*, les *Pêcheurs de Marken*, au Musée de Bordeaux (1857); *l'Alerte*, les *Joueurs au cabaret (1859)*, etc. — M. ten Kate a obtenu plusieurs médailles dans les Expositions nationales, notamment la grande médaille d'or à l'Exposition de La Haye en 1857. — Il faisait partie de la Commission néerlandaise à l'Exposition universelle de Paris de 1878, à laquelle il avait envoyé: la *Pointe de l'épée* et la *Pointe du pinceau*, toiles ; le *Vainqueur et le vaincu* et le *Corps de garde*, aquarelles.

KAYSERLING, Moïse, rabbin et écrivain israélite allemand, né à Hanovre le 17 juin 1829, fit ses études dans sa ville natale et à l'université de Berlin. Nommé, en 1861, rabbin des israélites suisses par le gouvernement du canton d'Argovie, le docteur Kayserling était nommé, en 1870, rabbin et prédicateur de la communauté israélite de Pesth (Hongrie). — On a de M. Kayserling: *Sephardim: Romanische Poesien der Juden in Spanien (1859)*; *Ein Feiertag in Madrid, zur Geschichte der Spanisch-Portugiesischen Juden* (un Jour de fête à Madrid, chapitre de l'histoire des Juifs hispano-portugais, 1859); *Geschichte der Juden in Spanien und Portugal* (Histoire des israélites d'Espagne et de Portugal, 1860); *Menasse-ben-Israel*, sein Leben und Wirken (Menasse ben I., sa vie et ses œuvres, 1861); *Geschichte der Juden in England (1861)*; *Moses Mendelssohn, sein Leben und Wirken (1862)*; *Zum Siegesfeste, Danknerdigt und Danklieder von M. Mendelssohn (1866)*; *Der Dichter Ephraim Kuh, ein Beitrag zur Geschichte der deutschen Literatur* (le Poète E. Kuh, contribution à l'histoire de la littérature allemande, 1867); *Die Rituale Schlachtfrage mit ist Thierquælerei (1867)*; *Schlachten Bibliothek jüdischer Kanzelredner* (Bibliothèque du prédicateur israélite, etc.), publication commencée à Berlin en 1870, et qui est continuée. Le docteur Kayserling a publié, en outre, un certain nombre de sermons et fourni des articles de littérature et d'histoire au *Deutsche Museum* de Prutz, au *Frankel's Monatschrift*, au *Jahrbuch für Israeliten in Wien*, à la *Steinschneider's hebraïsche Bibliographie*, etc.

KELLER, EMILE, homme politique français, né à Belfort le 8 octobre 1828, fit de brillantes études au collège Louis-le-Grand et passa avec succès les examens pour l'École polytechnique en 1846 ; il n'y entra pas, cependant, retourna dans sa famille et s'occupa d'études historiques et de philosophie religieuse. Élu député de la troisième circonscription du Haut-Rhin, comme candidat officiel, en 1857, il se montra au Corps législatif l'un des plus zélés défenseurs du pouvoir temporel du pape, en 1859, et combattit sur cette question la politique impériale. En souvenir de cette opposition, la candidature de M. Keller, présentée cette fois dans la quatrième circonscription, fut vivement combattue par l'administration aux élections générales de 1863, et elle échoua; mais M. Keller fut réélu, aux élections de 1869, député de la quatrième circonscription du Haut-Rhin, et prit place au centre droit. Au mois d'août 1870, il demandait en vain, au gouvernement aveugle de cette néfaste époque, l'armement des gardes nationaux et des francs-tireurs de l'Alsace, livrée en quelque sorte pieds et poings liés à l'invasion, ainsi que l'envoi à Strasbourg d'un commissaire extraordinaire chargé d'y organiser la résistance, ajoutant ces paroles d'une ardeur patriotique sincère : « Si l'honneur d'être désigné comme commissaire m'était fait, je pourrais y laisser ma vie, mais les choses se passeraient autrement qu'elles se passent aujourd'hui ! » Le gouvernement ayant combattu cette proposition, il serait difficile de dire pourquoi, et elle ne réunit pas seulement le quart des votes de la Chambre. Aux premières nouvelles qu'il reçut du bombardement de la capitale de l'Alsace, M. Keller vint dénoncer le fait à la tribune. Il obtint, cette fois, le vote unanime d'une motion ainsi conçue : « L'héroïque population de Strasbourg a bien mérité de la patrie. Jamais, jamais elle ne cessera d'être française !...

Après le 4 Septembre et la dissolution du Corps législatif, M. Keller se rendit en hâte en Alsace et organisa un corps de volontaires à la tête duquel, avec un courage infatigable, il ne cessa de se distinguer pendant cette douloureuse campagne. Élu représentant du Haut-Rhin, le premier sur onze, aux élections du 8 février 1871, M. Keller protesta contre l'annexion à l'Allemagne de l'Alsace et de la Lorraine, dans un discours émouvant auquel il fut répondu par des « paroles de sympathie »; et son opposition n'empêcha ni ne retarda le vote des préliminaires de paix. Il signa alors la lettre de démission collective des représentants d'Alsace-Lorraine. Aux élections complémentaires du 2 juillet 1871, M. Keller se présenta dans l'arrondissement de Belfort contre le défenseur de cette place, le colonel Denfert-Rochereau et lui fut préféré ; il prit place dans les rangs de la droite cléricale, avec laquelle il a constamment voté, fut rapporteur du projet de loi sur la composition du conseil de guerre chargé de juger Bazaine et de ce qui a trait à l'édification sur la butte Montmartre de l'église du Sacré-Cœur; prit part aux plus importantes discussions, notamment sur le projet de réorganisation de l'armée, se prononçant pour le service obligatoire et le terme de trois ans, bien qu'il dût, en février 1877, combattre un projet émanant de la gauche reproduisant précisément cette disposition, sous prétexte que l'admettre serait jeter la perturbation dans l'armée, prétexte spécieux d'ailleurs. Il a pris également la parole pour combattre le maintien au gouvernement de la collation des grades, point de discussion passionnée du projet de loi sur la liberté de l'enseignement supérieur. — Aux élections du 20 février 1876, M. Keller, qui avait refusé sa candidature au Sénat inamovible dont le succès ne pouvait faire aucun doute, ne voulant pas, dit-il, y trouver un refuge contre le jugement de ses électeurs, se présenta dans l'arrondissement de Belfort, après y avoir appuyé, le 30 janvier précédent, la candidature sénatoriale de M. Thiers. Il fut élu par 7,673 voix, contre 4,650 données au candidat républicain. — Politiquement, M. Keller est surtout clérical, aussi a-t-il pu se donner à ses électeurs comme constitutionnel. Les malheurs de son pays l'ont rendu l'un des ennemis les plus implacables de l'Empire, dont il juge sainement les actes, avec sa haute intelligence et son cœur de patriote. Réélu le 14 octobre 1877, il échouait le 21 août 1881 ; aux élections d'octobre, il était élu l'un des deux députés du territoire de Belfort, et même le dernier, au scrutin du 18.— On doit à M. Keller une *Histoire de France (1858, 2 vol.)*; *l'Encyclique et les libertés de l'Eglise gallicane (1866)*, brochure; *l'Encyclique du 8 décembre 1864 et les principes de 1789 (1865)*; le *Général Lamoricière, sa vie militaire, politique et religieuse (1873, 2 vol.)*, et diverses autres brochures de circonstance.

KELLOG (miss), CLARA LOUISA, cantatrice américaine, née à Sumter (Caroline du Sud) en juillet 1842, montra de bonne heure de grandes aptitudes musicales et, après plusieurs années d'études spéciales sérieuses, débuta à l'Académie de musique de New-York en 1860. Un premier, puis un second échec ne la découragèrent pas et elle eut, dans une troisième tentative, un succès modéré qui donnait au moins des espérances. Un banquier de New-York, M. H. G. Stibbins voulut bien se charger alors des frais nécessaires au complément de l'éducation musicale de la jeune cantatrice. Elle fut déjà beaucoup mieux accueillie en 1861, lorsqu'elle reparut à l'Académie musicale, dans le rôle de Gilda de *Rigoletto*; mais ce ne fut qu'après quatre années d'études assidues qu'elle fut en état de donner la mesure de son talent. Pendant la saison 1864-65, elle joua le rôle de Marguerite, du *Faust* de M. Gounod, de manière à se faire proclamer par ses compatriotes une des plus grandes cantatrices de son temps. Son succès ne fut pas moins grand dans *Crispino*, la *Linda di Chamouni*, il *Barbiere di Seviglia*, la *Sonnambula*, *Lucia di Lammermoor* et autres opéras, dans lesquels elle parut au cours des deux années qui suivirent. Elle se rendit ensuite à Londres, et y débuta avec un franc succès dans son rôle de Marguerite, de *Faust*, qu'elle reprenait après la Patti, Christine Nilsson, Pauline Lucca et autres *prime donne* dont la réputation était établie depuis longtemps. De retour aux Etats-Unis en 1868, miss Kellog revenait à Londres en 1872, et y jouait à Drury-Lane. Pendant l'hiver de 1873-74, elle organisa une troupe d'opéra anglais avec laquelle elle parcourut les principales villes des Etats-Unis, d'où elle n'est plus revenue.

KEMBLE, Frances Anne (dite Fanny), tragédienne et femme de lettres anglaise, fille ainée du célèbre tragédien Charles Kemble et nièce de Mᵐᵉ Siddons, non moins célèbre tragédienne, est née à Londres en 1811. Son prénom de Frances n'a pas été, à proprement parler, modifié par elle au celui de Fanny : Fanny est tout bonnement le diminutif de Frances, ou *Françoise*. Fanny Kemble débuta à la scène, le 5 octobre 1829, au théâtre de Covent-Garden, alors dirigé par son père, dans le rôle de Juliette, auquel elle prêta une grâce si touchante que ce début fut un triomphe. Le 9 décembre suivant, on exhumait exprès pour elle *Venise sauvée*, drame dans lequel elle joua Belvidera avec un égal succès, qui établit dès lors sa réputation. Elle demeura trois ans attachée au théâtre de Covent-Garden, dont elle fit la gloire, en même temps qu'elle relevait la fortune compromise de sa famille ; elle y parut successivement dans les rôles suivants du répertoire tragique anglais, dont il est à peu près inutile, même pour un lecteur français, de rappeler la source : la Fille grecque, Mᵐᵉ Beverley, Portia, Isabella, lady Townley, Calista, Bianca, Béatrice, Constance, lady Teazle, la reine Catherine, Louise de Savoie (dans sa propre tragédie de *François I*ᵉʳ), lady Macbeth, Julia du *Bossu*), etc. En 1832, elle fit avec son père un voyage aux États-Unis, et parut avec lui dans une série de représentations données dans les principales villes, qui ajoutèrent encore à sa réputation. Pendant son séjour aux Etats-Unis, miss Fanny Kemble épousa un M. Pierre Butler, planteur et propriétaire d'esclaves dans la Caroline du Sud, lequel passait le meilleur de son temps à Philadelphie, où elle le rencontra. Après avoir résidé une année sur une de ses plantations, elle obtenait le divorce contre lui en 1839. M. Butler est mort en 1867. Quant à miss Kemble elle reprit son nom de fille après le divorce et se retira à Lenox, dans l'Etat de Massachusetts, où elle résida, sauf une absence d'une année passée en Italie, pendant vingt ans. De retour en Angleterre en 1860, elle reprenait le chemin de Lenox en 1866. Elle fit un nouveau voyage en Europe en 1869 et donna, dans diverses villes, des lectures sur l'art dramatique, sur Shakespeare principalement. Elle est retournée aux Etats-Unis en 1873 et s'est établie, definitivement, à ce qu'il semble, près de Philadelphie. — On doit à miss Fanny Kemble : *François I*ᵉʳ, tragédie, écrite par elle à l'âge de dix-sept ans, représentée au théâtre de Covent-Garden en 1829 ; *Journal d'un séjour en Amérique (1835)*; l'*Etoile de Séville*, drame (1837) ; un volume de *Poésies (1842)*; la traduction de plusieurs drames de Schiller, etc.; *Une année de consolation (1847)*, souvenirs d'un séjour d'une année passée en Italie dans la maison de M. Sartoris, mari de sa sœur Adélaide, morte en 1879 ; *Résidence sur une plantation géorgienne*, en 1838-39 *(1863)*; *Souvenirs du temps où j'étais jeune fille (1878*, 3 vol *)*; *Souvenirs de ma vie récente (1882*, 2 vol.). Des passages inédits de ces « souvenirs » avaient paru auparavant dans l'*Atlantic Monthly*.

KENT, William Charles Mark, poète et journaliste anglais, né à Londres le 3 novembre 1823; il fit ses études aux collèges catholiques de Prior Park et d'Oscott, et se fit admettre au barreau de Middle Temple, en 1859. M. Charles Kent est petit-fils du navigateur qui découvrit le groupe d'îles portant son nom dans le golfe de Saint-Vincent. Il se livra de bonne heure à la poésie, et publia son premier ouvrage : *Aletheia, ou la condamnation de la Mythologie*, avec quelques autres poèmes, en 1850, publication qui lui valut les félicitations de Lamartine ; il publia ensuite, en fait de vers : le *Pays des rêves, ou les poètes chez eux (1862)*. M. Ch. Kent a publié également un certain nombre d'ouvrages en prose : la *Vision de Cagliostro* ; le *Ministère Derby*, série de portraits des membres de ce ministère, signée du pseudonyme de « Marck Rochester » ; un *Dictionnaire mythologique* ; un traité politico-religieux : le *Catholicisme dans les siècles d'ignorance*, « par un Oscottien » ; *Chemin battu (1864)*; le *Gouvernement Gladstone*, « par un étudiant en droit » (1869), nouvelle série de portraits d'hommes d'Etat. Son poème de bienvenue, adressé à *Longfellow en Angleterre*, parut à cette époque dans le *Times*, signé des initiales C. K. et fit le tour de la presse anglaise et américaine. En 1870, il publiait une édition de ses *Poésies complètes*, et en 1872, simultanément en Angleterre et aux Etats-Unis, son *Charles Dickens conférencier* (Ch. Dickens as a reader). Lié d'amitié avec l'éminent écrivain, c'est lui qui reçut la dernière lettre qu'il dût écrire, dans laquelle Dickens lui donnait rendez-vous pour le lendemain, presque à l'heure précise où il mourait. Egalement lié avec le célèbre romancier et homme d'Etat lord Lytton, M. Charles Kent était chargé par ce dernier, en 1874, du soin de diriger la publication de l'édition, dite de Knebworth, de toutes ses œuvres diverses. Il a publié en outre la *Popular centenary edition of the Works of Charles Lamb*, avec introduction et notes (1875) ; les *Poetical Works of Robert Burns (1879)*; la *Centenial edition of the Works of Thomas More (1879)*; les *Works of Father Prout (1881)*; les *Sept Merveilles du monde moderne*, revue des principales et des plus récentes inventions (1884), etc. — M. Charles Kent a été pendant vingt-cinq ans (1845-70) rédacteur en chef, et pendant les huit dernières années propriétaire du journal *the Sun*. Il a pris, en 1874, la rédaction en chef du *Weekly Register and Catholic Standard*, qu'il a abandonnée en 1881. Il a, en outre, collaboré à la *Westminster Review*, la *Dublin Review*, au *Blackwood's Magazine*, aux *Household Words* à l'*Athenœum* et autres recueils périodiques éminents, et a fourni de nombreuses biographies à l'*Encyclopædia Britannica*, actuellement en cours de publication.

KEPPEL, sir Henry, amiral anglais, frère puîné du comte d'Albemarle, est né le 14 juin 1809. Entré fort jeune dans la marine, il devint successivement lieutenant en 1829, major en 1833 et capitaine de vaisseau en 1837. Comme commandant du *Childers*, il servit sur les côtes méridionales de l'Espagne pendant la guerre civile de 1834-35, puis sur la côte occidentale d'Afrique ; il fut ensuite employé de 1841 à 1845, comme commandant du *Dido*, d'abord en Chine pendant la guerre de 1842, puis à la destruction des pirates qui infestaient l'archipel Indien. De 1847 à 1851, il commanda le *Meander* aux stations des mers de Chine et du Pacifique et, en mai 1853, fut appelé au commandement du *Saint-Jean-d'Acre*, de 101 canons ; il servit dans la Baltique et la mer Noire, échangea son commandement contre celui du *Rodney* et obtint enfin le commandement de la brigade navale opérant devant Sébastopol. Après la chute de cette place, le capitaine Keppel, de retour en Angleterre, reçut le commandement du *Colossus*; en 1856, il prenait celui du *Raleigh* et faisait voiles vers la Chine ; mais arrivé presque à destination, il fit naufrage, ayant donné contre un écueil qu'aucune carte ne signalait. Il concourut néanmoins à la destruction de la flotte de guerre chinoise dans la baie de Fa-Tshan, le 1ᵉʳ juin 1857. Il reçut, en récompense de ses services dans cette campagne, la croix de chevalier commandeur de l'ordre du Bain. En 1859, il fut nommé gentilhomme de la chambre de la reine, charge qu'il résigna en 1860 pour prendre le commandement naval en chef du Cap de Bonne-Espérance, d'où il fut nommé ensuite à la station du Brésil. En janvier 1867, sir Henry Keppel arborait son pavillon à bord du *Rodney*, comme vice-amiral commandant en chef la station de la Chine et du Japon. De retour en Angleterre en décembre 1869, il fut promu amiral, reçut le diplôme de docteur en droit civil de l'université d'Oxford en 1870, et fut promu grand-croix du Bain en 1871. Il est en outre commandeur de la Légion d'honneur, décoré du Medjidié, seconde classe, et est devenu amiral de la flotte en 1877. — L'amiral Keppel a publié : *Expédition à Bornéo, relation accompagnée du journal du Itajah Brooke (1847)* et *Visite à l'archipel Indien (1853)*.

KERATRY (comte de), Emile, écrivain et homme

politique français, né à Paris le 20 mars 1832, est fils d'un pair de France et petit-fils d'un président des États de Bretagne ; il fit ses études aux lycées Saint-Louis et Louis-le-Grand, et s'engagea au 1er régiment de chasseurs d'Afrique en 1854, fit la campagne de Crimée avec ce régiment, puis, après être passé successivement aux spahis et au 1er cuirassiers, fut nommé sous-lieutenant au 5e lanciers en 1859 et passa en 1861 au 3e chasseurs d'Afrique, avec lequel il fit la campagne du Mexique. Capitaine provisoire commandant le 2e escadron de la sinistre contre-guérilla du colonel Dupin, en 1864, il devint ensuite officier d'ordonnance du maréchal Bazaine. M. de Kératry avait été nommé chevalier de la Légion d'honneur en 1863, après le combat de San-Lorenzo ; il était porté pour l'avancement, au choix, pour le grade de lieutenant, lorsqu'il donna sa démission en 1865. Il vint alors à Paris et publia dans la *Revue contemporaine* des articles très vifs contre les agissements du gouvernement et la conduite personnelle de Bazaine dans la campagne du Mexique. Il prit peu après la direction de la *Revue moderne*, où il poursuivit la même campagne et dénonça la trop fameuse affaire des bons Jecker, que le gouvernement semblait considérer comme une plaisanterie mais sur laquelle il ne consentit toutefois pas à ce que M. de Kératry, suivant son offre désintéressée, fit plus de lumière. Il fondait vers le même temps, à Brest, un journal d'opposition : l'*Electeur du Finistère* et, aux élections générales de 1869, posait sa candidature dans la 2e circonscription de Brest. Il fut élu au second tour de scrutin, en dépit de la plus vive opposition, tant de la part de l'administration que de celle du clergé, et prit place au centre gauche. M. de Kératry, dans la très courte session de 1869, signa l'interpellation des Cent-Seize ; la prorogation de la Chambre dépassant les limites constitutionnelles, il en réclama hautement la convocation au plus tard pour le 26 octobre, invitant, dans le cas de refus, tous les députés indépendants à lutter contre le gouvernement sur le terrain de la légalité et à se joindre à lui pour siéger, convoqués ou non, au Palais-Bourbon. Cet appel, comme de raison, n'eut pas d'écho ; on se moqua tout bas de M. de Kératry et la journée du 26 octobre, attendue avec tant d'anxiété, ne fut marquée que par un archi-discours de feu M. Gagne à l'obélisque. A l'ouverture de la session de 1870, M. de Kératry se rapprocha sensiblement de la gauche et finit par faire partie du groupe présidé par Ernest Picard sous le nom de gauche ouverte. Il demanda au cabinet du 2 janvier la restitution aux Archives nationales de documents qui en avaient été détournés dans l'intérêt de la famille régnante ; présenta plusieurs propositions relatives à la réorganisation de l'armée et une proposition tendant à éloigner du scrutin les électeurs ne sachant pas lire. Il prit part à diverses discussions importantes, notamment sur la question algérienne et à propos de la pétition des princes d'Orléans, demandant s'il existait « un seul fait justifiant la peine du bannissement qui les frappait ». Sur les affirmations du gouvernement que nous étions « prêts », il vota la guerre. Mais le 11 août, en présence de nos premiers désastres et de l'évidence du mensonge dont la Chambre avait été la dupe, lorsque le maréchal Lebœuf avait déclaré qu'il ne manquait pas « un bouton de guêtre », M. de Kératry demanda l'institution d'une commission d'enquête chargée d'appeler à sa barre le maréchal et l'intendance ; ce fut en vain. Il ne fut pas plus heureux, lors de l'organisation du Comité de défense, dans sa proposition d'adjoindre neuf députés à ce comité, pour laquelle il demandait l'urgence. Au 4 Septembre, M. de Kératry fut nommé préfet de police. Il profita de cette situation pour faciliter la fuite de l'impératrice et faire quitter sans bruit la capitale au prince de Joinville, au duc d'Aumale et au duc de Chartres, qui étaient venus pour offrir leurs services au gouvernement de la Défense nationale, et leur permettre de regagner l'Angleterre avant qu'on se fût douté de leur présence en France. Il fit expulser des départements de la Seine et de Seine-et-Oise les Allemands qu'on y avait tolérés, révoqua les employés de la police politique, licencia le corps des sergents de ville, qu'il transforma en troupe active, le remplaça par le corps des gardiens de la paix, et, après quelques autres mesures radicales exigées par les circonstances, adressa au gouvernement, qui l'approuva d'abord, un rapport très remarquable, quoique reproduisant tous les arguments connus des adversaires de cette institution, proposant la suppression de la Préfecture de police. L'affaire, malgré l'approbation du gouvernement, n'eut pas d'autre suite, et celui qui l'avait proposée donnait sa démission le 10 octobre. Il était remplacé le 11 par Edmond Adam. Le 13, M. de Kératry chargé d'une mission en Espagne,

quittait Paris en ballon ; puis il se rendait à Tours. Nommé le 22 octobre, général de division commandant en chef les forces mobilisées de la Bretagne, il fit appel aux anciens marins et rassembla au camp de Coulie plus de 6.000 mobilisés ; mais les retards de l'administration de la guerre, des dissentiments survenus entre Gambetta et lui, amenèrent M. de Kératry à donner, le 27 novembre, sa démission, qu'il motiva dans une lettre très vive, suivant son habitude. M. de Kératry se retira momentanément de la vie publique ; mais, le 27 mars 1871, M. Thiers le nommait à la préfecture de la Haute-Garonne. Son caractère énergique bien connu le désignait évidemment au choix de M. Thiers, car Toulouse était depuis deux jours en proie au désordre le plus accentué, en fait la Commune y avait été proclamée. Il parvint néanmoins à se rendre maître de la situation, sans arrestations et sans violence ; ce qui mérite d'être noté. Appelé à la préfecture des Bouches-du-Rhône le 15 novembre 1871, dans des circonstances également difficiles, il n'hésita pas cette fois à recourir à la force des armes pour réprimer quelques tentatives de désordre qui ne semblaient pas réclamer cependant des moyens plus extraordinaires à Marseille que ceux qui lui avaient réussi à Toulouse. Lors de la première démission de M. Thiers (19 janvier 1872) et de la crise qui suivit, M. de Kératry prit des mesures formidables pour prévenir tout mouvement, prenant soin d'annoncer à la presse, sur un ton où l'on a voulu voir une intention provocatrice, qu'il était résolu à réprimer vigoureusement les troubles qui pourraient se produire. La note une fois donnée, il était bien difficile au préfet des Bouches-du-Rhône d'y mettre une sourdine, et son administration fut désormais marquée par une série de conflits avec la Commission départementale, puis avec le Conseil municipal de Marseille, dont il finit par réclamer la dissolution. N'ayant pu obtenir satisfaction sur ce point, il donnait sa démission le 4 août 1872. — M. de Kératry se présentais dans le département de Seine-et-Oise, en qualité de candidat « septennaliste » lors de l'élection partielle à l'Assemblée nationale nécessitée par la mort de M. de Pourtalès, le 7 février 1874. Il obtint 4,121 voix sur 101,861 suffrages, dont le surplus se partagea entre M. Valentin, ancien préfet de Strasbourg plus tard sénateur de Seine-et-Oise, qui fut élu et le candidat bonapartiste, duc de Padoue.

On a de M. de Kératry, outre sa collaboration à divers journaux et revues, notamment au *Soir* et à la *Revue des Deux-Mondes*, pour ne pas rappeler ceux déjà cités : *A bon chat bon rat*, comédie en un acte (1856) ; la *Toile de Pénélope*, proverbe en un acte (1858) ; la *Guerre des blasons*, comédie en trois actes (1860) ; la *Vie de club*, drame en cinq actes (1862) ; la *Contre-guérilla au Mexique et la Créance Jecker* (1867) ; *l'Elévation et la chute de Maximilien* (1868) ; le *Camp de Conlie*, etc. (1873) ; *l'Armée de Bretagne, 1870-1871* (1874) ; *Mourad V, prince, sultan, prisonnier d'Etat* (1878), etc. — Chevalier de la Légion d'honneur depuis 1863. M. de Kératry était promu officier en 1871 et commandeur en 1872 ; il est en outre grand-croix de l'ordre d'Isabelle-la-Catholique et commandeur de celui de Charles III, d'Espagne, décoré de l'ordre de Medjidié, de celui de Notre-Dame de Guadalupe et d'une médaille d'honneur pour fait de sauvetage.

KERDREL (de), AUDREN. — Voy. **Audren de Kerdrel**.

KERGARIOU (de), CHARLES MARIE, homme politique français, avocat, né en 1846. Capitaine des mobiles des Côtes-du-Nord, il est de ceux qui ont pris part à la défense de Paris, pendant le dernier siège. Membre du Conseil général des Côtes-du-Nord et du Conseil municipal de Lannion, il représentait la 1re circonscription de ce département sur les bancs de la droite de la Chambre des députés, pendant la législature 1881-1885. Il a été élu député des Côtes-du-Nord le 4 octobre 1885 sur la liste monarchiste.

KERMENGUY (vicomte de), EMILE CILLART, agriculteur et homme politique français, né à Saint-Pol de Léon le 12 décembre 1810. Grand propriétaire dans le Finistère, il s'est occupé de bonne heure d'agriculture, et était membre du Conseil général depuis 1842 et maire de sa commune depuis 1848, lorsqu'il donna sa démission de ces doubles fonctions après le coup d'État de décembre 1851. Aux élections générales de 1863, il se présenta dans la circonscription de Morlaix, comme candidat de l'opposition légitimiste et cléricale ; il échoua avec une minorité importante. Le 8 février 1871, il était élu représentant du Finistère, le cinquième sur treize ; il prit place à l'extrême-droite, et fit partie de la réunion dite des « chevau-légers, » signa la proposition de rétablissement de la monarchie et l'adresse d'adhésion au *Syllabus*, et figura au pèlerinage de Paray-le-Monial. Le 20 février 1876. M. de Kermenguy, candidat dans la deuxième circonscription de Morlaix, était élu député par 7.480 voix contre 5.005 données au candidat républicain. Réélu le 14 octobre 1877 et le 21 août 1881, il figurait aux élections du 4 octobre 1885 sur la liste monarchiste, qui triompha entièrement dans le Finistère.

KERN, Jacques Conrad, diplomate et homme d'Etat suisse, né à Berlingen, dans le canton de Thurgovie, en 1808. Après avoir terminé ses études au gymnase de Zurich, il entra à l'université de Bâle pour étudier la théologie. Il abandonna bientôt la théologie pour le droit, qu'il alla d'abord étudier à Berlin, puis à Heidelberg et enfin à Paris. Représentant de son canton, soit à la Diète sous l'ancien système, soit à l'Assemblée fédérale, depuis 1833, après y avoir débuté, en 1832, comme député au grand conseil de Thurgovie, M. Kern remplit, en outre, à dater de 1837, les fonctions de président du tribunal suprême et celles de président du conseil de l'instruction publique dans le canton de Thurgovie. Connu depuis longtemps pour ses tendances libérales, il prit une grande part à la réorganisation des institutions cantonales. En 1838, le gouvernement français ayant insisté par l'entremise de son ambassadeur, le duc de Montebello, pour obtenir l'expulsion du prince Louis Bonaparte, qui résidait avec la reine Hortense, sa mère, dans le canton de Thurgovie, M. Kern protesta au sein de la Diète contre les prétentions de toute puissance étrangère à s'immiscer dans les affaires intérieures de la Suisse pour y réglementer le droit d'hospitalité et y entraver la liberté des citoyens. A son retour, il rendit compte de sa conduite au grand conseil de Thurgovie, dans un discours où il engageait ses concitoyens à ne pas se laisser intimider par les menaces de la France, et qui se terminait par ces fières paroles : « Faisons ce que nous devons, advienne que pourra. » Un vote unanime du conseil approuva ses conclusions. Heureusement le départ volontaire du prince prévint un conflit qui n'eût certes pas été à l'honneur de la France. En 1849, M. Kern faisait partie de la Diète qui vota la dissolution du Sonderbund par les armes. Il y siégeait parmi les principaux chefs des douze, à côté d'Ochsenbein, de Drucy, de Munzinger, de Furrer, de James Fazy, etc. Il fut l'un des sept membres de la Diète chargés, sous le nom de « commission extraordinaire», d'aviser aux moyens d'exécuter le décret de dissolution; puis il alla avec M. Naef à Lucerne, pour y faire les dernières démarches pacifiques auprès des sept cantons ligués. Après la victoire de l'armée fédérale et la dissolution du Sonderbund, M. Kern fit partie, avec Drury, des commissions de la Diète constituante chargées de rédiger les rapports sur le projet de constitution, et, lors de la formation des grands corps du nouvel Etat fédéral, M. Kern fut élu membre du tribunal fédéral, dont il a été le premier président. En 1852, il était nommé président de l'Ecole polytechnique. — Les événements de 1856 et le conflit de Neuchatel allaient le mettre plus en relief encore. Le Conseil fédéral adjoignit M. Kern, dont le nom devait être particulièrement sympathique à Napoléon III, au ministre suisse à Paris, ce lui-ci, Barman. L'empereur fit bon accueil à son ancien compatriote et lui fit des offres de médiation si positifs que le Conseil fédéral crut pouvoir les accepter et les fit admettre aux Chambres. Si la guerre a été ainsi évitée, on le dut en grande partie à l'influence du Dr Kern. En 1857, celui-ci remplaça définitivement à Paris le colonel Barman. Il ne cessa d'y rendre des services importants. En 1860, il n'eut pas trop de toute son influence pour apaiser le conflit naissant au sujet de l'annexion de la Savoie. En 1864, il présida aux délibérations relatives au projet de traité de commerce conclu par la Suisse avec la France. Les événements de 1870 firent aussi à M. Kern un rôle important. Il était déjà doyen du corps diplomatique accrédité à Paris et, comme tel, fut chargé par le corps diplomatique de protester, auprès du grand état-major allemand de Versailles, contre le bombardement de la capitale. La carrière publique de M. Kern embrasse un demi-siècle tout entier : de 1832 à 1857 en Suisse et de 1857 à 1882 à Paris. Jugeant en conséquence qu'il avait bien droit au repos, il donnait sa démission de ministre à Paris en novembre 1882 et était remplacé dans ce poste le 1er mars 1883, par M. Lardy.

KERVYN DE LETTENHOVE (baron), Joseph Marie Bruno Constantin, homme d'Etat et historien belge, né à Saint-Michel, près de Bruges, le 17 août 1817. Il s'est livré de bonne heure à l'étude de l'histoire et de l'archéologie, rassemblant les matériaux des ouvrages qui lui ont valu une si grande réputation tant en France qu'en Belgique. En 1850, l'Académie française couronnait un ouvrage remarquable de M. Kervyn de Lettenhove : *Etude sur les Chroniques de Froissart*. Membre de l'Académie royale de Belgique, il était élu correspondant de l'Académie des sciences morales et politiques, dans la section d'histoire générale et philosophique, en 1863. Depuis longtemps l'un des membres les plus distingués du parti conservateur catholique à la Chambre des représentants belges, il acceptait en 1870 le portefeuille de l'intérieur dans le cabinet d'Anéthan ; il le résignait en décembre 1871 et se retirait avec ses collègues, pour reprendre sa place sur les bancs de la droite. On doit à ce savant écrivain : une traduction nouvelle des *Œuvres choisies de Milton*, publiée à Paris (1839, anonyme); *Histoire de Flandre* (Bruxelles, 1847-50, 6 vol.); une édition des *Chroniques des comtes de Flandre* (Bruges, 1849) et des *Mémoires de Jean de Dadizeele, souverain bailli de Flandre, haut bailli de Gand, 1431-1481* (Bruges, 1850); *Etude sur les Chroniques de Froissart (1857)*; *Jacques d'Artevelde* (Gand, 1863); une édition des *Lettres et négociations de Philippe de Commines*, avec un commentaire historique et biographique (Bruxelles, 1868); *Lettres inédites de Marie-Thérèse et de Joseph II*; la *Flandre pendant les treize derniers siècles (1876)*, etc. Sa magnifique édition de *Froissart* a été complétée par la publication des quatre derniers volumes (du XIVe au XVIIe siècle), en 1872.

KHALIL-CHÉRIF PACHA, homme d'Etat ottoman, connu auparavant sous le nom de Khalil Bey, est né à Siout, capitale de la Haute-Egypte, le 20 juin 1831. Il vint en 1843 à Paris, où il fit son éducation, étudiant simultanément les langues, les sciences, la jurisprudence, et retourna dans son pays en 1849. Le vice-roi Abbas Pacha l'attacha à sa personne comme second secrétaire ; il remplit ensuite diverses fonctions administratives jusqu'à la mort de ce dernier, puis, après l'avènement de Said Pacha, fut envoyé à Paris comme commissaire près l'Exposition universelle de 1855. Mais l'ambition de Khalil Bey était d'entrer dans l'administration de la Porte et il offrait l'année suivante ses services à A'ali Pacha, qui l'accompagnait à Paris, où il se rendait comme l'un des plénipotentiaires chargés de la conclusion du traité du 30 mars 1856. A son retour à Constantinople, le grand vizir nomma Khalil Bey envoyé extraordinaire et ministre plénipotentiaire de la Porte à Athènes. Il occupa ce poste jusqu'en 1849, époque à laquelle une grave affection des yeux lui fit solliciter un congé. Abd-ul-Aziz, lorsqu'il monta sur le trône (juin 1861), nomma Khalil-Bey envoyé extraordinaire et ministre plénipotentiaire à Saint-Pétersbourg, où il devint rapidement l'ami du czar et de toute la haute société russe. On voit dans la salle d'entrée de son palais de Foundoukli, sur le Bosphore, une preuve palpable de l'amitié dans laquelle le tenait Alexandre II ; cette preuve, c'est un ours empaillé, d'une taille gigantesque, offert au ministre ottoman par le czar, qui l'avait tué de sa propre main. D'ailleurs Khalil Bey refusait, dès 1864, le poste d'ambassadeur à Vienne, pour ne pas quitter Saint-Pétersbourg ; mais la rigueur du climat, qui devait être plus sensible encore à un Egyptien, le forçait à se retirer de lui-même en 1866. Il établit alors sa résidence à Paris, où la fortune considérable que lui avait laissée son père, mort l'année précédente, lui permit de faire des largesses et de mener une vie fastueuse qui lui firent une popularité rapide. On citait sa galerie de tableaux comme une des plus belles et des plus riches collections particulières de la France ; on sait en outre que c'est lui qui faisait courir sous le nom de *major Fridolin* et que son écurie était célèbre autant en Angleterre qu'en France. Cette écurie a été vendue le 2 décembre 1875. Khalil Bey retournait à Constantinople en 1868, et devenait peu après sous-secrétaire d'Etat *(mustechar)* au ministère des affaires étrangères. Lors du conflit survenu entre le khédive et le sultan, à propos de l'inauguration du canal de Suez, il rendit de très grands services aux deux parties par son esprit éminemment conciliant, et reçut en récompense, en février 1870, le grand cordon de l'ordre du Medjidié. Au mois d'août suivant, il était nommé ambassadeur de la Sublime Porte à Vienne. En septembre 1872, il succédait à Djémil Pacha comme ministre des affaires étrangères, et, en présentant ses lettres de rappel à l'empereur d'Autriche, il recevait de ce souverain la grande croix de l'ordre de Saint-Etienne. Il avait été élevé au rang de *muchir* le 10 août 1881, et avait à cette occasion ajouté le nom de son père à son propre nom, pour s'appeler désormais Khalil-Chérif Pacha. Un moment des affaires publiques, Khalil-Chérif Pacha rentrait au ministère des affaires étrangères à l'avènement de Mourad V. Remplacé peu après par Safvet Pacha, il était nommé ambassadeur près la cour de Berlin, mais celle-ci refusa de ratifier cette nomination (janvier 1877). Khalil-Chérif Pacha fut alors nommé ambassadeur près la République française en mars 1877, en remplacement de Sadyk Pacha. Il était remplacé par Aarifi Pacha le 3 septembre de la même année.

KIENER, Chrétien Henri, homme politique français, né le 16 novembre 1805 à Hunawihr (Alsace). Propriétaire de grandes manufactures de coton, tant en Alsace que dans les Vosges, M. Kiener a opté pour la nationalité française et réside dans ce dernier département, à Eloyes. Il a été maire d'Epinal de 1867 à 1877 et président de la chambre de commerce de cette ville, et fut élu, en 1871, conseiller général des Vosges. Il a été élu sénateur des Vosges au renouvellement du 8 janvier 1882, sur la liste républicaine, et s'est abstenu au vote de la loi sur l'expulsion des princes.

KIMBERLEY (comte de), John Wodehouse, homme d'État anglais, né le 7 janvier 1826, fit ses études à Eton et à Oxford (Eglise du Christ), succéda à son grand-père comme troisième baron Wodehouse le 29 mai 1846, et fut créé comte de Kimberley le 1er juin 1866. En décembre 1852, il accepta le poste de sous-secrétaire d'État des affaires étrangères, qu'il conserva sous l'administration de lord Aberdeen et sous celle de lord Palmerston, jusqu'en 1856, époque où il fut nommé ambassadeur à Saint-Pétersbourg. De retour en 1858, il reprit ses fonctions de sous-secrétaire d'État aux affaires étrangères sous la seconde administration Palmerston, le 19 juin 1859, pour les résigner le 14 août 1861. En 1863, il fut envoyé en mission spéciale dans le nord de l'Europe, relativement à la question du Schleswig-Holstein. En octobre 1864, il succédait au comte de Carlisle, comme lord lieutenant d'Irlande, fonctions dont il se démit à la chute du second ministère Russell, en juillet 1866. Le comte de Kimberley a rempli les fonctions de lord du sceau privé sous l'administration Gladstone, de décembre 1868 à juillet 1870 et celles de secrétaire d'État pour les colonies depuis cette dernière date jusqu'à la chute du parti libéral, en février 1874. Il reprit ce portefeuille au retour de son parti au pouvoir en mai 1880, l'échangeant en juin 1882 pour celui de chancelier du duché de Lancastre, abandonné par M. Bright, et prenait, en décembre suivant, celui de l'Inde. Dans le dernier cabinet Gladstone (février-juillet 1886), le comte de Kimberley occupait de nouveau le ministère des colonies.

KINGLAKE, Alexander William, écrivain et homme politique anglais, né en 1811 à Wilton House, près de Taunton, fit ses études à Eton et à Cambridge, puis suivit les cours de droit à Lincoln's Inn et fut admis au barreau en 1837. Il a quitté le barreau en 1856. M. Kinglake s'est fait une grande réputation par la publication d'un ouvrage ayant pour titre le seul mot grec *Eothen* (D'Orient), en 1844, et qui eut une circulation énorme, bien que tous les libraires, unis à tous les directeurs de publications périodiques, se fussent opiniâtrement refusés, pendant plusieurs années, à le publier. Elu en mars 1857, comme candidat libéral, représentant de Bridgewater à la Chambre des communes, il prit une part active à plusieurs discussions importantes, notamment à propos du *Cagliari*, en 1858 et du *Charles et George*, en 1859, et s'éleva avec beaucoup d'énergie, en 1860, contre l'annexion à la France de la Savoie et du comté de Nice. M. Kinglake publia, en 1863, la première partie de son *Histoire de la guerre de Russie de 1854-56*, intitulée : *l'Invasion de la Crimée*, dont un long chapitre surtout, traduit à part en français par M. Théodore Karcher (voyez ce nom), sous le titre d'*Histoire du Deux Décembre*, fut publié en même temps à Londres, à Bruxelles et à New-York et eut une très grande circulation: mais non pas en France, dont l'entrée lui fut interdite, et pour cause. Le cinquième et dernier volume de cet important ouvrage a paru en 1875. En 1868, M. Kinglake fut de nouveau élu représentant de Bridgewater, mais son élection fut invalidée. Depuis lors, demeuré la mise en pratique de la réforme électorale, ce bourg a été destitué de son représentant.

KLAPKA, Georges, général et homme politique hongrois, né à Temesvar, le 7 avril 1820. Entré dans l'armée en 1838, il fut d'abord attaché à l'artillerie, compléta son éducation à Vienne et fut envoyé, en 1847, dans un régiment faisant le service de la frontière. Ce poste ne tarda pas à lui déplaire et il donna sa démission. Il se préparait à un grand voyage à l'étranger lorsqu'éclata la révolution de 1848. Il s'empressa d'offrir ses services à son pays, fut chargé d'abord d'une mission en Transylvanie puis, lorsque la levée en masse fut décrétée, il prit le commandement d'une compagnie de *honveds*, se distingua sur le Danube contre les Serbes, devint chef d'état-major du général Kis et, promu général, fut appelé à remplacer Messaros au ministère de la guerre, en janvier 1849. Dans ce poste élevé, il se distingua autant par sa prudence que par sa bravoure et infligea de terribles échecs, avec ses soldats improvisés, aux vieilles troupes de l'Autriche, en mainte rencontre. Lorsque, le gouvernement transporté à Debreczin, Kossuth eut proclamé l'indépendance de la Hongrie, le général Klapka fut nommé ministre de la guerre. Il entra franchement dans les vues de Kossuth et prépara la campagne d'été de manière à porter la guerre chez l'ennemi même, c'est-à-dire en Autriche; mais Gœrgei était opposé à ce système et voulut, contre l'avis de Klapka, reprendre la ville d'Ofen, dont il entreprit aussitôt le siège, donnant ainsi le temps aux Autrichiens de se refaire en attendant l'intervention russe. Après la prise d'Ofen, le général Klapka donna sa démission et prit le commandement de la place de Komorn. Il fit des efforts inutiles, malheureusement pour la cause magyare, pour réconcilier Kossuth et Gœrgei. Celui-ci semblait d'ailleurs agir en dépit du bon sens, et l'histoire va trop loin en le flétrissant du nom de traître, au moins faut-il croire que l'orgueil et l'envie l'inspiraient plus qu'un ardent patriotisme. Tandis que le général Klapka tenait à Komorn, tandis que, par des sorties audacieuses et répétées, il avait réussi à débloquer cette place, à la ravitailler et menaçait de nouveau l'Autriche, Gœrgei, en effet, débattait avec l'ennemi les conditions de la capitulation de Vilagos (13 août 1849). Lorsque la nouvelle de cet événement désastreux parvint au général Klapka, il s'enferma dans Komorn, résolu à tenir jusqu'à la dernière extrémité. Toute la Hongrie soumise, Komorn restait seule, faisant échec à toute l'armée impériale. De cette résistance héroïque date la popularité universelle de ce jeune général. Forcé enfin de capituler, le 27 septembre, il obtint du moins, contrairement aux premières prétentions de la cour de Vienne, la vie sauve et la liberté pour les héroïques défenseurs de Komorn. M. Klapka quitta son pays et se rendit à Londres, puis en Allemagne, en Italie et enfin à Genève, où il se fixa et se fit naturaliser Suisse. En 1856, il fut élu membre du Conseil fédéral. En 1859, il se préparait à provoquer le soulèvement de ses compatriotes du littoral de l'Adriatique, lorsque la paix de Villafranca vint rendre inutile cette diversion; mais, lorsque le général Garibaldi se disposa à envahir les Etats-Pontificaux et publia, en juillet 1862, un appel à l'insurrection adressé aux Hongrois et daté de l'alarme, M. Klapka répondit par une proclamation qui invitait à rester chez eux et leur démontrait, ou du moins prétendait leur démontrer qu'un soulèvement, suivi de leur reunion aux partisans italiens, attirerait sur la tête des uns et des autres les conséquences les plus terribles. Les Hongrois ne bougèrent donc pas, et sûrement cette attitude n'était pas dangereuse pour eux ; mais les Garibaldiens auraient eu de la peine à plus mal rencontrer, s'ils se fussent soulevés. Ayant cru l'heure choisie, après la défaite de l'Autriche à Sadowa, en 1866, le général Klapka tenta, mais en vain, de soulever ses compatriotes. L'échec fut complet, et il dut s'enfuir au plus vite. En 1873, l'agitateur hongrois acceptait du gouvernement ottoman la mission de réorganiser l'armée turque. Son attitude dans la question d'Orient, telle qu'elle s'est de nouveau présentée dans ces derniers temps, ne saurait étonner. Serbes et Magyars éprouvèrent les uns pour les autres une de ces haines de races qui ne cèdent qu'après l'écrasement complet de l'une des parties, et le général Klapka verrait avec moins de déplaisir l'Europe courbée sous la domination du Croissant que les Serbes vengés et indépendants, surtout quand la Hongrie restera, elle, résignée et asservie. En septembre 1875, il refusait le commandement que lui offraient les Herzegoviniens soulevés; il se rendait ensuite à Constantinople, où il obtenait un poste plus de son goût dans l'armée ottomane, mais que la jalousie des généraux indigènes ne permit pas de lui confirmer. M. Klapka a publié des *Mémoires*, à Leipzig, en 1850, suivis de la *Guerra nationale en Hongrie et en Transylvanie (1851*, 2 vol.) On lui doit en outre plusieurs brochures patriotiques de circonstance, des proclamations, etc.

KLEMING, Gustave Edouard, littérateur et archéologue suédois, né à Stockholm le 5 septembre 1823, fit ses études à l'université d'Upsal et entra, en 1847, à la bibliothèque royale de Stockholm, dont il est devenu directeur. Ses études des manuscrits les plus rares du moyen âge, qu'il s'est appliqué dès 1840 à traduire en langue moderne, l'ont conduit à l'exécution de son œuvre la plus importante de son œuvre. — On doit à ce savant écrivain la traduction de *Flore et Blanchefiore (1844)*,

Valentin et Urson *(1846)* et le *Duc Frédéric de Normandie (1853)*, romans suédois du moyen âge ; la *Bible suédoise du moyen-âge (1848-55,* 2 vol.) ; les *Révélations de sainte Brigitte (1857-62,* 4 vol.); *Méditations de saint Bonaventure sur la vie du Christ (1860)* ; *Desiderata Bibliothecæ regiæ Holmiensis (1863-67,* 3 vol.); *Littérature dramatique suédoise (1855)* ; la *Chronique rimée de la Suède au moyen âge (1865-68,* 3 vol.); *Extraits des collections d'un annotateur (1869),* etc.

KNAUS, Louis, peintre allemand, né à Wiesbaden (Nassau) le 10 octobre 1829. Elève de Jacobi, peintre de la cour, il fut envoyé à Dusseldorf aux frais de l'État. Il y débuta aux expositions de l'Académie par une *Fête rustique (1847);* puis il exposa successivement : le *Jeu de cartes,* aujourd'hui au musée de Dusseldorf ; l'*Instituteur et ses abeilles,* la *Fête du village,* le *convoi funèbre,* auquel une médaille d'or fut décernée à l'Académie de Berlin (1852). Peu après, M. Knaus faisait un voyage à Paris, et il s'y plut si bien qu'il n'en repartit qu'après un séjour de huit années. Il donnait à l'Exposition universelle de 1855 : le *Matin après une fête de village,* l'*Incendie de la ferme* et un *Campement de bohémiens.* Il a exposé depuis aux salons annuels et aux Expositions universelles : *Convoi funèbre,* les *Petits fourrageurs (1857)*; la *Cinquantaine (1859)*; le *Départ pour la danse,* le *Saltimbanque (1863)*; la *Femme du cordonnier, son enfant et un apprenti regardant une souris prise dans une souricière; Femme jouant avec deux chats, Paysanne cueillant des fleurs,* un *Invalide, Paysans recevant une réprimande de leur curé, Garçons cordonniers (1867);* un *Enterrement, Paysans délibérant,* un *Elève plein d'avenir, Fête d'enfants,* une *Bonne affaire (1878).* — Cet artiste a obtenu à Paris : une médaille de 2ᵉ classe en 1853, une médaille de 1ʳᵉ classe en 1855, des rappels de 1ʳᵉ médaille en 1857 et 1859 et une médaille d'honneur en 1867 ; chevalier de la Légion d'honneur depuis 1859, il a été promu officier en 1867.

KOCK (de). Henri, littérateur français, fils du célèbre romancier Paul de Kock, est né à Paris en 1821. Il débuta de bonne heure dans la carrière littéraire, où il ne tarda pas à donner des preuves d'une rare fécondité. Il a produit un grand nombre de nouvelles et de romans dans tous les genres, publiés soit en feuilletons dans les journaux, soit en volumes, et donné au théâtre, la plupart du temps en collaboration, des pièces d'une égale variété. — Nous citerons parmi les romans de M. Henri de Kock : *Berthe l'amoureuse (1843);* le *Roi des étudiants et la reine des grisettes (1844)*; *Lorettes et gentilshommes (1847)* ; les *Lorettes vengées (1853)*; l'*Amant de Lucette (1855),* les *Femmes de la Bourse (1857);* *Brin d'amour,* le *Médecin des voleurs* (même année), la *Dame aux émeraudes (1859)*; les *Baisers maudits (1860)*; la *Haine d'une femme,* l'*Héritage maudit (1861)*; le *Démon de l'alcôve (1862),* les *Buveurs d'absinthe,* les *Démons de la mer (1863)* ; les *Hommes volants,* les *Mémoires d'un cabotin,* la *Nouvelle Manon (1864)*; les *Treize nuits de Jeanne, Ma petite cousine (1865)*; la *Reine des grisettes,* l'*Auberge des treize pendus,* la *Tigresse (1866)*; les *Amoureux de Pierrefonds (1867);* le *Marchand de curiosités,* le *Crime d'Horace Lignon (1868)*; la *Tribu des gêneurs,* les *Petits chiens de ces dames,* les *Petites chattes de ces messieurs,* la *Chute d'un petit, Nini Guignon,* la *Fée aux amourettes, Ni fille, ni femme, ni veuve,* la *Fille à son père,* Mᵐᵉ *Croquemitaine (1871);* les *Alcôves maudites (1874);* le *Futur de ma cousine,* les *Trois lyonnes (1876),* etc. ; outre diverses compilations prétendues historiques pouvant servir de base aux spéculations de la librairie populaire. — Il a donné au théâtre : l'*Eau et le feu (1846),* avec P. de Kock ; la *Danse aux écus (1849)*; l'*Hôtel de Nantes (1850)*; le *Mauvais gars (1853)*; la *Vie en rose,* avec M. Th. Barrière (1854) ; les *Frères de la côte,* avec M. Emmanuel Gonzalès (1856) ; *Après la pluie (1857);* *Une maîtresse bien agréable (1858)*; *Il n'y a plus d'enfants,* comédie, avec M. Ernest Blum (1859) ; la *Maison du pont Notre-Dame,* avec M. Th. Barrière (1861) ; la *Fée aux amourettes (1866),* etc. — Depuis plusieurs années déjà, M. Henri de Kock vit retiré dans sa propriété de Limay, près de Mantes.

KOLB-BERNARD, Charles Louis Henri, industriel et homme politique français, sénateur, né à Dunkerque le 16 janvier 1798. Il entra de bonne heure dans l'industrie et devint associé d'une importante maison de fabrication et de raffinage de sucre Lilloise, qui obtint des récompenses à plusieurs expositions et lui valut la croix de la légion d'honneur en 1849. Membre du Conseil municipal et président du tribunal de commerce de Lille, il fut élu représentant du Nord à la Législative en 1849, siégea à droite et rentra dans la vie privée après le coup d'État, contre lequel toutefois il ne parait pas qu'il ait protesté. A une élection partielle d'août 1859, M. Kolb-Bernard était élu député au Corps législatif, comme candidat officiel, pour la 2ᵉ circonscription du Nord. Il fut réélu au même titre en 1863 et, en 1869, seulement comme candidat « agréé », ayant tout récemment fait preuve d'un certain libéralisme en votant l'amendement des Quarante-cinq. Il signait, par suite, la demande d'interpellation des Cent-seize. Les principaux traits qui caractérisent M. Kolb-Bernard sont son ardent cléricalisme et son attachement, qu'explique sa situation industrielle, au système protecteur en économie politique. Elu représentant du Nord, le onzième sur vingt-huit, aux élections du 8 février 1871, M. Kolb-Bernard siégea dans les rangs de la droite cléricale. avec laquelle il a constamment voté. Signataire de l'adresse d'adhésion au *Syllabus,* il fut en outre vice-président du congrès des comités catholiques de France tenu à Paris en 1874. — M. Kolb-Bernard, porté sur la liste de droite, aux élections des sénateurs inamovibles, fut élu, grâce à l'appoint des voix de l'extrême-droite qui lui valurent ses convictions catholiques, le 11 décembre 1875. — Il est officier de la Légion d'honneur depuis 1869.

KOSSUTH, Louis, homme politique, dictateur de la Hongrie pendant la révolution de 1848-49, est né à Monok, dans le comitat de Zemplin, le 16 septembre 1802, d'une famille noble de fortune modeste. Il fit ses études au collège protestant de Scharos-ehpatack et fut reçu avocat en 1826. Devenu, en 1830, agent de la comtesse Szapary, il siégea à l'Assemblée du comitat où ses discours libéraux lui firent dès lors une certaine popularité; il s'établit ensuite à Pesth comme avocat, et siégea à la Diète de Presbourg comme représentant d'un magnat. Il imagina alors de publier des comptes rendus critiques des débats de la Diète, d'abord lithographiés, pour échapper à la loi qui en interdisait la publication dans les journaux, puis, ces feuilles lithographiées ayant été supprimées par l'autorité, sous forme de circulaires manuscrites. Cette publicité clandestine donnée aux débats parlementaires contribuait puissamment à développer l'esprit politique chez les Hongrois et, à ce titre, ne pouvait être tolérée par le gouvernement. Kossuth et ses amis, dressés « complices » si l'on veut, furent poursuivis sous l'inculpation de crime de haute trahison et condamnés à quatre années d'emprisonnement (1839). Après dix-huit mois environ de captivité, une amnistie vint les rendre à la liberté. En janvier 1841, M. Kossuth devenait rédacteur en chef du *Pesti Hirlap,* organe du parti libéral, qui ne tarda pas à avoir un tirage considérable ; mais l'éditeur de ce journal ayant manqué aux conventions, qui portaient augmentation du traitement du rédacteur en chef proportionnellement à celui du chiffre des abonnés, il l'abandonna en 1844. Il créa ensuite une association nationale de secours mutuels ayant des succursales dans tout le pays, création qui eut pour conséquence de l'appauvrir peut-être un peu, mais de répandre son nom jusque dans les plus petites bourgades de la Hongrie et d'accroître singulièrement son influence sur ses compatriotes. Elu représentant du comitat de Pesth à la Diète de Presbourg en 1847, il y devint promptement le chef reconnu du parti démocratique et dressa le programme des revendications de ce parti, en tête duquel figuraient l'affranchissement des paysans et la liberté de la presse. Lors du triomphe de la révolution du 13 mars, il se rendit à Vienne à la tête d'une députation, félicita les insurgés triomphants et réclama la mise en pratique des réformes demandées par son parti. Il obtint que la Hongrie aurait une administration particulière, sous la vice-royauté de l'archiduc Etienne; un ministère distinct lui fut donné, dont le comte Batthyany prit la présidence et lui-même le portefeuille des finances. Ce ne fut pas sans beaucoup de défiance que le patriote hongrois accepta ces concessions, aussi s'empressa-t-il d'assurer des ressources à son pays par l'émission de billets de banque garantis par le comte Esterhazy, et qui, toutefois, lithographiés par une maison de Londres, firent l'objet en 1860 d'un procès intenté contre cette maison (Day and Sons) par le gouvernement autrichien, au profit duquel satisfaction fut donnée à ce dernier. — Cependant, les appréhensions de M. Kossuth ne tardèrent pas à se vérifier : l'Autriche souleva en effet, contre la Hongrie, les Dalmates, les Croates, les Esclavons, etc., la contraignant ainsi à abandonner ses alliés d'Italie et provoquant dans le ministère nouveau des conflits qui se terminèrent par la retraite de ses membres modérés, à commencer par le comte Batthyany, son président. M. Kossuth assuma dès lors toute la responsabilité, avec le titre de président du Comité de défense, activa les armements et transporta le siège du gouvernement à Debreczin, où, le 14 avril 1849, étaient proclamés l'indépendance de la Hongrie et l'établissement de la République. — Nous ne suivrons pas dans toutes ses péripéties l'histoire de la Révolution hongroise; les plus importantes ont nécessairement été signalées ailleurs, et nous savons déjà combien l'indiscipline manifeste (pour ne pas dire plus) de Gœrgei, encouragée, suivant quelques auteurs, par la faiblesse dont le dictateur fit preuve, contraint, absolument ou non, envers lui, fut fatale à la cause musyale. Toutefois, n'oublions pas que le dénouement de ce drame héroïque fut surtout dû à l'intervention de cent mille Russes, et qu'il se fût produit dans de tout autres conséquences, si le gouvernement révolutionnaire avait consenti à placer sur la tête d'un prince russe la couronne de Saint-Étienne. En tout cas, persuadé de l'impossibilité d'une résistance plus longue, après avoir abdiqué en faveur (en faveur est peut-être exagéré) de Gœrgei, à qui il laissait la responsabilité de la capitulation désastreuse mais inévitable de Vilagos (13 août 1849), M. Kossuth passa en Turquie, espérant, de Constantinople, s'embarquer pour un port de l'Angleterre. Il atteignit Schumla, avec Bem, Dembinski, Perczel et Guyon, suivis de 5,000 hommes. Mais il fut arrêté et interné avec quelques-uns de ses compagnons à Widdin, en Serbie. La Russie et l'Autriche firent alors des démarches auprès du gouvernement ottoman, pour obtenir l'extradition des réfugiés, et cet excellent ami des Hongrois s'y fût probablement décidé sans l'intervention énergique des gouvernements français et anglais: il refusa donc. Les réfugiés furent ensuite transportés à Koutahia, dans l'Asie mineure, lieu de leur internement jusqu'au 22 août 1851, date à laquelle les réclamations constantes des gouvernements de l'Angleterre et des États-Unis, auxquelles il devenait à la fin assez dangereux d'opposer le silence qui constitue le fond de la politique orientale, les firent rendre à la liberté. M. Kossuth quitta Koutahia le 1er septembre et, après avoir touché à la Spezia, où le peuple lui fit une ovation, débarqua à Marseille, espérant pouvoir traverser la France; mais l'autorisation lui en fut refusée. Il se rembarqua aussitôt, passa à Gibraltar et à Lisbonne, où il fut reçu avec enthousiasme, et atteignit Southampton le 28 octobre. Il s'embarquait pour les États-Unis le 21 novembre. En Amérique, il fit de nombreuses conférences en faveur de la nationalité hongroise et de la politique de non-intervention, contre la Russie, qui avait manqué à ce principe et contre la maison de Habsbourg. Il retourna au bout de peu de mois en Angleterre, où il résida quelque temps, écrivant pour les journaux et faisant des conférences. En 1861, le patriote hongrois s'établissait définitivement dans la modeste habitation, située près de Turin, qu'il occupe encore aujourd'hui. La même année, il publiait dans la *Perseveranza*, de Milan, une longue lettre dans laquelle, exposant la situation de la Hongrie, il engageait vivement les Italiens à attaquer l'Autriche, afin de permettre aux Hongrois de développer leurs forces contre cette puissance. De nouveau le 6 juin 1866, il publiait une adresse chaleureuse à ses compatriotes, pour les porter à un soulèvement ; et, après la défaite des Autrichiens, il les engageait à rejeter les concessions de l'empereur François-Joseph (Voyez ce nom).

Élu député à la Diète hongroise pour Waitzen, le 1er août 1867, M. Kossuth n'accepta pas ce mandat. Les complications survenues en Orient, en 1875-1877 notamment, lui inspirèrent plusieurs lettres adressées à la nation hongroise, qui ont fait alors beaucoup de bruit. Il est bien entendu que ces lettres avaient pour objet d'animer ses compatriotes contre les Russes, les Serbes par extension, et en faveur des Turcs. Une autre lettre du célèbre agitateur, adressée à un membre du Reischrath de l'Empire, combattait la politique étrangère du gouvernement autrichien, qui lui semblait disposé à suivre la Russie, quand précisément il devait, à tout prix, s'opposer à un accroissement de ses forces et à l'envahissement de l'Europe par le panslavisme; pouvant tenir pour assuré, d'ailleurs, que toutes les chances seraient du côté de l'Autriche dans le cas d'un conflit avec la Russie. Cette attitude fut vivement approuvée par ses compatriotes, qui se livrèrent à des manifestations significatives ; et la ville de Czégleel élut M. Kossuth député au Reischrath de l'Empire (janvier 1877). Mais de nouveau il refusa ce mandat, ne voulant, dit-il, pactiser ni de près ni de loin avec la monarchie. La monarchie s'en vengea, en faisant voter par la Chambre des députés hongrois, en novembre 1879, une loi déclarant que tout citoyen hongrois résidant volontairement à l'étranger plus de dix ans, perdrait *ipso facto* son état civil. — Dans ces dernières années, l'ancien dictateur de la Hongrie s'est beaucoup occupé de recherches scientifiques. Il a écrit, en allemand, un ouvrage remarquable sur le changement de couleur des étoiles: *Farbenveranderung der Sterne (1871)*. Il a en outre écrit ses *Mémoires*, dont la publication a été terminée en 1882.

KOUANG-SIU, empereur de Chine, né le 15 août 1871. Il est fils du prince Chun, septième fils de l'empereur Tao-kwang, mort en 1850 et frère de Hieng-foung, père du dernier empereur, Toung-tchi, mort le 12 janvier 1875. Il avait donc un peu plus de quatre ans lorsqu'il fut proclamé empereur, et en cette année 1886, où il commence à exercer personnellement le pouvoir, il a quinze ans. Avant son avènement au trône, le très jeune empereur s'appelait Tsae-tin, nom suivant l'usage traditionnel pour les souverains du Céleste Empire, on lui donna alors celui de Kouang-siu, qui signifie « succession illustre ». Le souverain actuel de la Chine est le neuvième successeur de Taï-tsou, le fondateur de la dynastie tartare des Taï-thsing (extrêmement pure), qui succéda en 1616 à la dynastie des Ming.

KRANTZ, JEAN-BAPTISTE SÉBASTIEN, ingénieur et homme politique français, sénateur, né à Givet le 17 janvier 1817, fit ses études à Paris, où il fut successivement élève de l'École polytechnique et de l'École des ponts-et-chaussées. Nommé ingénieur ordinaire de 2e classe en 1843, il fut promu à la première classe en 1853 et devint enfin ingénieur en chef de 1re classe le 12 mars 1864. Il fut, en cette qualité, chargé de la direction du chemin de fer Grand-Central, puis, en 1867, de la construction du palais de l'Exposition universelle. Auteur de divers travaux hydrauliques remarqués, M. Krantz fut mis à la tête du service de la navigation de la Seine au commencement de 1870. Pendant le siège de Paris, il fut appelé à diriger les travaux de défense d'une partie de l'enceinte et fit exécuter les ponts mobiles au moyen desquels l'armée du général Ducrot passait la Marne le 1er décembre, à Champigny ; mais un retard malheureux dans l'accomplissement de cette opération, en permettant la concentration de l'ennemi, ne permit pas d'en tirer tout le parti qu'on était en droit d'espérer. C'est encore à cet ingénieur qu'on doit l'installation à Paris des moulins à vapeur qui réduisent en farine toutes ces matières hétéroclites dont on fit le « pain du siège ». — Aux élections du 8 février 1871, M. Krantz obtenait à Paris, sans être élu, 61,081 voix (le dernier élu en comptait 69,798); mais aux élections complémentaires du 2 juillet, il devenait le quatorzième sur vingt et un, avec 108,319 voix. Il prit place au centre gauche républicain, et fit partie de plusieurs commissions importantes. Il a été notamment rapporteur de la commission d'enquête sur la navigation intérieure et de divers projets relatifs aux chemins de fer, à quelle occasion il combattait avec énergie, et souvent avec succès, le ministre des travaux publics d'alors, zélé partisan des grandes compagnies, M. Caillaux (voyez ce nom). Porté sur la liste de gauche, aux élections des sénateurs inamovibles, M. Krantz a été élu le quatrième sur soixante-quinze, le 10 décembre 1875. — Nommé, par décret du 5 août 1876, commissaire-général pour l'Exposition universelle de 1878, M. Krantz était admis, par décret du 12 février 1877, à faire valoir ses droits à la retraite comme ingénieur en chef de première classe, et nommé inspecteur général des ponts-et-chaussées. Il est grand officier de la Légion d'honneur depuis le 20 octobre 1878. — M. Krantz a publié : *Étude sur l'application de l'armée aux travaux d'utilité publique* et *Projet de création d'une armée des travaux publics*, brochures in-8o (1847); *Études sur les mers de réservoirs (1870)* ; *Observations sur les chemins de fer économiques* et *Observations sur les chemins de fer d'intérêt général et local* et *Observations sur les chemins de fer d'utilité normale et à voie réduite (1875)*, etc. — Lorsque la loi sur l'expulsion des princes est venue en discussion au Sénat (22 juin 1886), M. J.-B. Krantz l'a repoussée de son vote.

KRANTZ, JULES FRANÇOIS ÉMILE, amiral français, frère du précédent, né à Givet le 29 décembre 1821, entra dans la marine en 1837 et devint successivement aspirant en 1839, enseigne en 1843, lieutenant de vaisseau en 1848, capitaine de frégate en 1861 et capitaine de vaisseau le 6 avril 1867. En 1869, il était appelé au commandement du *Louis XIV*, vaisseau-école de canonnage et, le 15 septembre 1870, commandant du fort d'Ivry, il fut en outre chargé, pendant l'armistice, du commandement des douze bataillons de marins réunis à l'École militaire. Nommé chef du cabinet de l'amiral Pothuau, ministre de la marine, et directeur du mouvement de la flotte, le 19 janvier 1871, il était promu contre-amiral le 4 juin suivant. — Il quittait le ministère après le 24 mai. Nommé, le 20 octobre suivant (1873), au commandement en chef de la division des mers de la Chine, il fut quelque temps gouverneur intérimaire de nos possessions de Cochinchine (1874-75). Revenu en France, il était promu vice-amiral en 1877. Il fut de nouveau, en décembre, chef de cabinet de l'amiral Pothuau, redevenu ministre de la marine (1877-79). Il est commandant en chef et préfet du cinquième arrondissement maritime à Toulon. — On doit à l'amiral Krantz des travaux techniques importants publiés dans les recueils périodiques speciaux. Il a publié en outre à Toulon, en 1852, un ouvrage très estimé ayant pour titre : *Eléments de la théorie du navire*, etc. (in-8°); et en 1867, un autre ouvrage intitulé : *Considérations sur le roulis des bâtiments (1867)*.

KRAUSS, Gabrielle, cantatrice autrichienne, née à Vienne le 24 mars 1842. Elle montra dès l'enfance des dispositions extraordinaires : à six ans, elle chantait dans la perfection la cantate d'Haydn, *Ariane à Naxos*; à onze, elle était admise au Conservatoire de Vienne, où elle aborda au début l'étude du piano et de l'harmonie. A dix-huit ans, elle débutait dans le rôle de Mathilde, de *Guillaume Tell*, à l'Opéra impérial; après quoi elle paraissait successivement, et avec un succès toujours grandissant, dans les rôles de Bertha, du *Prophète*: d'Alice, de *Robert le Diable*; de Pamina, de la *Flûte enchantée*; d'Elisabeth, du *Tannhäuser*; d'Elsa, de *Lohengrin*; de Valentine, des *Huguenots*; de Leonora, du *Trovatore*; d'Agathe, du *Freischütz*; d'Anna, de la *Dame blanche*, etc. — En avril 1868, elle chantait à la salle Ventadour, à Paris, l'*Ave Maria* de Schubert et le *Sabat* de Rossini. Elle parut ensuite, avec un succès qui finit par la fixer en France, dans *Fidelio*, le *Freischütz*, *Otello*, *Norma*, le *Trovatore*, etc. Mlle Krauss inaugurait enfin la nouvelle salle de l'Opéra, le 5 janvier 1875, dans la *Juive*. Elle y parut ensuite dans la *Jeanne d'Arc*, de Mermet (1876); dans le *Polyeucte*, de Gounod (1878); dans le *Faust*, du même, dont elle abordait, pour la première fois, le rôle de Marguerite, le 13 janvier 1882, etc. En mai 1886, elle chantait le *Mors et vita* de ce dernier compositeur, dans l'immense salle des fêtes du Trocadéro. Vers le même temps, elle quittait l'Opéra, à la suite de dissentiments avec la nouvelle administration sur la question d'appointements; mais elle y rentrait dès le mois d'août suivant. Mlle Krauss est une artiste dont on ne se sépare pas de gaieté de cœur, d'autant moins qu'elle ne montre pas toute l'exigence qu'elle pourrait.

KRUPP, Frédéric, fondeur prussien, propriétaire de l'immense manufacture d'Essen, célèbre dans le monde entier par les énormes canons en acier fondu qui portent son nom, mais qui a toutefois d'autres titres et des meilleurs à la célébrité. M. F. Krupp est né vers 1815; son père fondait en 1827 cette manufacture, aujourd'hui la plus vaste peut-être du monde entier, et dans laquelle la collaboration de deux ou trois ouvriers lui suffit longtemps. Sous la direction de son fils, la maison devait prendre progressivement des proportions colossales. M. Frédéric Krupp est le premier qui obtint l'acier fondu en grandes masses; dès l'Exposition de Londres de 1851, il pouvait offrir un bloc d'acier fondu pesant plus du double de ce qu'on pouvait obtenir jusqu'à cette époque. Ce poids même (45 quintaux allemands) a été dépassé depuis dans des proportions fabuleuses, puisqu'il peut être obtenu un bloc d'acier de près de cinq mille quintaux. La fonderie d'Essen produit en grande quantité une foule d'articles utiles aux travaux de la paix, mais son nom est plus particulièrement attaché à cette terrible artillerie de siège dont un spécimen parut à l'Exposition universelle de Paris, en 1867, avec un succès qui ne devait être dépassé que par sa seconde apparition, autrement imposante, chez nous : nous voulons dire à l'occasion du siège et du bombardement de Paris. M. Frédéric Krupp, à qui la découverte d'un procédé pour obtenir, comme il le fait, de pareilles masses d'acier fondu, méritait assurément de hautes récompenses, ne vit les honneurs pleuvoir sur sa tête qu'à propos de ses engins de mort. En 1864, il avait le bon esprit de refuser des lettres de noblesse que lui offrait le roi de Prusse, dont il a incontestablement fait la fortune.

KUPPER, sir Augustus Leopold, amiral anglais, né en 1809. Il entra dans la marine en 1823, fut employé successivement aux stations de l'Amérique du Sud et de la Méditerranée et, en 1841, servit avec distinction en Chine, où il prit une part active aux opérations contre Canton. Major depuis 1839, il fut promu capitaine de vaisseau en 1841, et contre-amiral en 1861. Cette même année, il était nommé commandant en chef de la station de l'Inde orientale et de la Chine, avec rang temporaire de vice-amiral et, en cette qualité, dirigea les opérations sur les côtes du Japon en 1864. Promu amiral en 1872, il était placé dans le cadre de réserve en 1875. Il jouit, depuis 1874, d'une pension annuelle de 7,500 fr. — Nommé chevalier commandeur du Bain en 1864, l'amiral Kupper a été promu grand croix de l'ordre en 1869. Il est, en outre, grand officier de la Légion d'honneur.

L

LAB

LABAT, Jean François Jules, homme politique français, né à Bayonne le 28 janvier 1819. Maire de sa ville natale de 1853 à 1870, M. Labat a essayé, sous son administration, d'y apporter des embellissements presque aussi considérables, comparativement, que ceux dont M. Haussmann a doté Paris, quoique plus utiles, à tout prendre. Bayonne lui doit en effet ses halles, un hôpital magnifique, des ponts, sans parler des travaux d'assainissement dans des quartiers qui en avaient bien besoin. Convive bien reçu de Napoléon III, toutes les fois qu'il passait quelque temps à Biarritz, M. Labat mit à profit autant qu'il le put, pour le bien de sa ville, ses relations avec son impérial hôte; mais il ne put obtenir de lui la démolition des remparts qui étouffent Bayonne, à son appréciation du moins. — Aux élections générales de 1869, M. Labat fut envoyé au Corps législatif, comme candidat officiel, par l'immense majorité des électeurs de Bayonne. Il siégea sur les bancs de la majorité, fit partie, en 1870, de la commission d'enquête sur la marine marchande, et vota la guerre. Retiré à Biarritz depuis le 4 septembre 1870, M. Labat se présentait aux élections du 20 février 1876, comme candidat à la députation, toujours animé de sentiments bonapartistes, au choix des électeurs de l'arrondissement de Bayonne. Il fut élu au scrutin de ballottage du 5 mars et prit place au groupe de l'Appel au peuple. Réélu le 14 octobre 1877 et le 21 février 1881, il figurait, aux élections du 4 octobre 1885, sur la liste réactionnaire, qui triompha d'emblée dans ce département.

LA BATIE (de), Marie Julien, homme politique français, ne au Puy le 8 septembre 1832. Il fit son droit à Paris. Reçu licencié, il alla s'inscrire au barreau de sa ville natale, et devint plusieurs fois bâtonnier de son ordre. Conseiller municipal du Puy depuis l'année précédente, M. de la Batie fut porté candidat à la députation dans la Haute-Loire, aux élections d'octobre 1885, en tête de la liste monarchiste : il fut le seul de cette liste qui fût élu au scrutin du 18.

LA BATUT (vicomte de), Anne Charles Ferdinand de la Batut, homme politique français, né à Bergerac le 9 mai 1854. Il fit son droit à Paris, prit le grade de docteur et entra dans la magistrature; il est juge-suppléant au tribunal de première instance de la Seine. Maire de Montbazillac et conseiller général de la Dordogne, M. de la Batut figurait aux élections du 4 octobre 1885 sur la liste républicaine, qui a triomphé dans ce département. Il a voté contre l'expulsion des princes.

LABICHE, Eugène Marin, auteur dramatique français, membre de l'Académie française, né à Paris le 5 mai 1815 ; il fit ses études au collège Bourbon, puis suivit les cours de l'École de droit, s'occupant toutefois dès lors de travaux littéraires. A vingt ans il débutait dans la petite presse du temps, collaborait bientôt à la *Revue de France* et publiait en 1838 un roman : la *Clef des champs*. Mais il y avait déjà deux ans qu'il avait débuté au théâtre du Palais-Royal, auquel il devait fournir une si nombreuse kyrielle de comédies de genre et de bouffonneries, par un vaudeville écrit en collaboration avec Lefranc qui, avec Marc Michel et Édouard Martin, fut un de ses premiers et de ses plus fidèles collaborateurs. Nous citerons parmi les pièces de M. Labiche jouées au Palais-Royal, aux Variétés, au Vaudeville, au Gymnase, etc. : une *Femme tombée du ciel*, avec Lefranc (1836) ; *Coyllin, ou l'homme infiniment poli*, avec le même et M. Michel (1838), pour les débuts de Grassot ; l'*Article 960*, avec Ancelot et Lefranc (1839) ; *Pascal et Chambord*, le *Fin mot* (1840) ; un *Grand criminel* (1841) ; une *Femme compromise* (1842) ; *Deux papas très bien* (1845) ; *Frisette* (1846) ; l'*Enfant de Quelqu'un*, une *Existence décolorée* (1847) ; *Madame Larifla*, un *Tigre du Bengale* (1849) ; *Embrassons-nous, Folleville* (1850) ; *En manches de chemise*, les *Petits moyens*, un *Chapeau de paille d'Italie*, une *Femme qui perd ses jarretières* (1851) ; *Edgar et sa bonne*, le *Misanthrope et l'Auvergnat*, *Maman Sabouleux* (1852) ; un *Ut de poitrine* (1853) ; *Otez votre fille, S. V. P.* (1854) ; *Si jamais je te pince* (1855) ; la *Perle de la Canebière* (1856) ; l'*Affaire de la rue de Lourcine* (1857) ; *En avant les Chinois!* (1858) ; l'*Omelette à la Follembûche*, les *Petites mains* (1859) ; le *Voyage de M. Perrichon*, au Gymnase avec Éd. Martin (1860) ; la *Poudre aux yeux*, les *Vivacités du capitaine Tic* (1861), avec le même : la *Station de Champbaudet*, avec Marc Michel ; les *Petits oiseaux* (1862) ; *Célimare le bien-aimé*, les *Trente-sept sous de Montaudouin*, les *Finesses de Bouchavannes* (1863) ; *Moi*, comédie en 3 actes, avec Édouard Martin, jouée à la Comédie-Française (1864) ; un *Mari qui lance sa femme*, le *Point de mire*, la *Cagnotte* (1864) ; l'*Homme qui manque le coche*, avec Delacour ; le *Premier prix de piano* (1865) ; *Un pied dans le crime* (1866) ; le *Fils du brigadier*, opéra comique en 3 actes, avec Delacour (1867) ; le *Papa du prix d'honneur*, avec Théodore Barrière (1868) ; le *Choix d'un gendre* (1869), pour l'inauguration de la nouvelle salle du Vaudeville ; le *Plus heureux des trois*, au Palais-Royal, avec M. Gondinet. 1870 ; le *Petit voyage*, l'*Ennemie*, avec M. Delacour, au Vaudeville ; un *Mouton à l'entresol* ; *Vingt-neuf degrés à l'ombre* ; *Doit-on le dire ?* le *Cachemire X. B. T.* ; la *Mémoire d'Hortense*, *Brûlons Voltaire*, *Garanti dix ans*, la *Pièce de chambertin* ; *Madame est trop belle*, avec M. Duru (1871-74) ; les *Samedis de Madame*, avec le même : les *Trente millions de Gladiator*, avec M. Ph. Gille et la *Guigne*, avec MM. Leterrier et Vanloo, aux Variétés (1873) ; la *Grammaire*, un *Jeune homme pressé* ; le *Prix Martin*, avec M. Augier, aux Variétés ; le *Roi dort*, vaudeville féerie en 3 actes, avec Delacour, aux Variétés (1876) ; la *Clef*, avec M. Duru, au même théâtre (1877), etc., etc. — M. Labiche a été élu membre de l'Académie française, en remplacement de M. Saint-René Taillandier, le 26 février 1880. Il est officier de la Légion d'honneur depuis août 1878.

LABICHE, Jules Hyacinthe Romain, homme politique français, né à Sourdeval (Manche) le 9 août 1826. Après un certain nombre d'années passées aux États-Unis, où il se livra avec succès au commerce des cotons, M. J. Labiche revint se fixer dans son pays natal. Conseiller municipal de Sourdeval depuis 1860, membre du Conseil général de la Manche depuis 1871, il échoua aux élections générales du 20 février 1876, dans l'arrondissement de Mortain, contre un candidat bonapartiste ; il renouvela la tentative le 14 octobre 1877, et avec le sort pareil. Mais aux élections du 5 janvier 1879, pour le renouvellement partiel du Sénat, il fut élu, et prit place au groupe de la gauche républicaine. M. J. Labiche était absent lors du vote de l'expulsion des princes.

LABICHE, Émile Charles Didier, homme politique français, né le 25 novembre 1827 à Béville (Eure-et-Loir). Il fit son droit à Paris et y prit le grade de docteur en 1852. Grand propriétaire dans le département d'Eure-et-Loir, il y combattit les candidatures officielles sous l'Empire, et se porta lui-même candidat aux élections de 1869, mais sans succès, dans la 1re circonscription de ce département, contre le candidat de l'administration, M. Reille. Après le 4 Septembre, il fut appelé à la préfecture d'Eure-et-Loir, d'où il passa, en février 1871, au secrétariat général du ministère de l'intérieur. Démissionnaire le 11 juin suivant, M. Émile Labiche se présentait dans son département, aux élections sénatoriales du 30 janvier 1876. Élu, il s'inscrivit au groupe de la gauche républicaine et prit part, en dehors des questions purement politiques, aux discussions agricoles et financières plus particulièrement. Il a été réélu, le premier, au renouvellement triennal du Sénat du 25 janvier 1885. — M. Émile Labiche a voté contre l'expulsion des princes.

LABORDÈRE, Jean Marie Arthur, officier supérieur et homme politique français, fils d'un ancien magistrat, ancien représentant du Nord aux assemblées constituante et législative de 1848, mort en 1881, est né à Beauvais le 12 octobre 1835. Entré à Saint-Cyr en 1854, il en sortait deux ans après comme sous-lieutenant d'infanterie, et était promu successivement lieutenant en 1859, capitaine en 1867, major en 1876 et chef de bataillon en 1877, ayant fait les campagnes d'Italie en 1859 et de l'Est en 1870-71. A la tête d'un bataillon du 11e régiment d'infanterie de ligne, en garnison à Limoges, à l'époque où l'attitude du gouvernement du maréchal de Mac-Mahon justifiait les craintes d'un coup d'État imminent, confirmées d'ailleurs par les ordres venus du ministère de la guerre, le commandant Labordère protesta ouvertement, déclarant qu'il ne prêterait pas les mains à un coup d'État. Il fut mis en retrait d'emploi et le général commandant la brigade dans laquelle s'était produit un fait aussi anormal fut lui-même mis en disponibilité. Le retrait d'emploi du commandant Labordère ne fut pas de longue durée : un emploi de son grade étant venu à vaquer au 41e de ligne, il y était appelé en mars 1879. L'acte du commandant Labordère a été diversement apprécié ; et si l'on s'en tient à l'opinion des avocats, il est certain que c'est un acte abominable, subversif de toute discipline militaire, attendu que le soldat n'est pas autre chose qu'un automate, et que, pour agir, il doit attendre qu'un avocat le remonte. Il est probable, toutefois, qu'il a suffi, quoiqu'isolé, à nous épargner au moins les engagements d'une tentative criminelle contre la République, dont le projet était beaucoup plus sérieux qu'on n'a affecté de le croire depuis que le danger a disparu. — Lors des élections de janvier 1882 pour le renouvellement partiel du Sénat, les électeurs délégués de la Seine offrirent la candidature au commandant Labordère, qui accepta, et fut élu comme candidat radical socialiste, au second tour. Il prit place à l'extrême gauche, participa aux discussions relatives aux questions militaires, à la révision de la constitution, etc., et avec si peu de succès, qu'il finit par donner sa démission, le 11 décembre 1884. Il se présenta l'année suivante aux élections pour la Chambre des députés, dans le département de la Seine également, et fut élu, mais seulement le 25 décembre 1885, au scrutin de ballottage des élections complémentaires. Il a voté l'expulsion totale des princes. — M. le commandant Labordère est chevalier de la Légion d'honneur depuis 1870.

LABOULAYE (de), Charles Pierre Lefebvre, industriel et écrivain scientifique français, né à Paris en 1813. Entré à l'École polytechnique en 1831, d'où il passait à l'École d'application de Metz en 1833, il était promu lieutenant d'artillerie en 1835, et donnait sa démission l'année suivante pour se consacrer à l'industrie. Il entra d'abord dans la maison Didot, où il se mit au courant de la fonte des caractères typographiques, puis créa lui-même un établissement dans lequel, grâce à ses connaissances spéciales, il sut apporter à la fonte des caractères des améliorations très importantes ; et ses produits, présentés aux diverses expositions depuis 1839, lui valurent plusieurs médailles d'or. Membre du jury international de l'Exposition de Londres en 1862, il était créé chevalier de la Légion d'honneur à la suite de cette solennité. M. Ch. Laboulaye a été président du cercle de la Librairie ; il fait partie de diverses sociétés savantes, notamment de la Société d'encouragement pour l'industrie nationale, qui l'a choisi pour secrétaire en 1877. — On doit à M. Charles Laboulaye : *Dictionnaire des Arts et Manufactures*, avec plusieurs collaborateurs (1847, 2 vol. gr. in-8°, fig.; 3e édit. 1876-84, 5 vol.) *Organisation du travail* (1848) ; *De la démocratie industrielle* (1848) ; *Traité de cinématique* (1849) ; *Note sur l'Imprimerie nationale* (1851) ; *Essai sur l'art industriel* (1856) ; *Essai sur l'équivalent mécanique de la* *chaleur (1858)*; *De la production de la chaleur par les affinités chimiques et des équivalents mécaniques (1860)*; *Almanach des progrès de l'industrie et de l'agriculture (1862)*; le *Droit des ouvriers (1873)*, etc.

LABOULBÈNE, Jean Joseph Alexandre, médecin et naturaliste français, né à Agen le 25 août 1825, fit ses études au collège de sa ville natale et vint ensuite à Paris pour suivre les cours de la faculté de médecine. Reçu interne des hôpitaux en 1849, il remportait la même année le premier prix de l'Ecole pratique et la grande médaille d'or de l'internat en 1853. Il prenait le grade de docteur en 1854 et recevait l'année suivante une médaille d'argent en récompense de son dévouement pendant l'épidémie cholérique. Nommé agrégé en 1860 et médecin des hôpitaux en 1861, il est devenu médecin de l'hôpital Necker, puis de l'hôpital de la Charité, où il est encore, et a été élu membre de l'Académie de médecine en 1873. Il a été nommé en 1879 à la chaire d'histoire de la médecine à la faculté. — On doit au Dr Laboulbène : *Sur le nœvus en général et sur une modification particulière et non décrite, observée dans un nœvus de la paupière supérieure (1854)*, sa thèse de doctorat ; *Faune entomologique française*, avec M. L. Fairmaire (1856) ; *Observation sur les insectes tubérifores, et réfutation de l'erreur qui, attribuant les truffes à la piqûre des insectes, les a fait assimiler aux galles végétales* ; *Des névralgies viscérales*, thèse d'agrégation (1860) ; *Recherches cliniques et anatomiques sur les affections pseudomembraneuses (1861*, gr. in-8°, planches coloriées), ouvrage couronné par l'Institut ; *Des corps étrangers dans le larynx (1872)*; *Nouveaux éléments d'anatomie pathologique (1878)*, etc. Il a collaboré en outre au *Dictionnaire encyclopédique des sciences médicales*, du docteur A. Dechambre, et à diverses publications spéciales, périodiques ou non. — Chevalier de la Légion d'honneur depuis 1860, le docteur Laboulbène a été promu officier de l'ordre en 1871.

LA BOURDONNAYE (vicomte de), Raoul Marie Ferdinand, homme politique français, né à Paris en 1837. Entré à vingt ans au ministère des affaires étrangères, M. de la Bourdonnaye fut successivement attaché à l'ambassade de Londres en 1859, secrétaire d'ambassade à Vienne en 1864, et mis en disponibilité sur sa demande en 1867. Conseiller général de Maine-et-Loire, pour le canton de Champtoceaux, depuis 1871, il était élu député de la 2ᵉ circonscription de l'arrondissement de Cholet, en remplacement du comte de Durfort de Civrac, décédé, le 6 avril 1884. Il prit place à droite, faisant d'ailleurs partie du comité royaliste de Maine-et-Loire. M. de la Bourdonnaye a été élu député de Maine-et-Loire, on sait sur quelle liste, le 4 octobre 1885. Il est chevalier de la Légion d'honneur depuis 1867.

LABUSSIÈRE, Alphonse René Claude Antoine, homme politique français, ancien magistrat, né à Chantelle-le-Château (Allier) le 1ᵉʳ février 1845. Avocat du barreau de Clermont-Ferrand, où il s'était fait inscrire en 1875, M. Labussière était nommé, en novembre 1879, procureur de la République près le tribunal de cette ville. Aux élections du 21 août 1881, pour la Chambre des députés, il se présenta et fut élu dans l'arrondissement de Gannat, et s'inscrivit au groupe de l'Union républicaine. Il se distingua à la Chambre, principalement dans les discussions d'affaires. Elu député de l'Allier le 4 octobre 1885, il a voté l'expulsion des princes.

LACAVE-LAPLAGNE, Louis, homme politique français, fils d'un ancien ministre des finances du gouvernement de Juillet et petit-fils d'un membre du Tribunat, est né à Paris le 3 octobre 1835. Conseiller général du Gers depuis 1861, il tenta par deux fois de faire échec, à Mirande, au candidat du gouvernement, A. Granier de Cassagnac, mais sans succès ; il fut enfin élu représentant du Gers à l'Assemblée nationale le 8 février 1871, prit place au centre droit réactionnaire, repoussa l'amendement Wallon et s'abstint sur le vote des lois constitutionnelles. Aux élections sénatoriales du 30 janvier 1876, il était élu, en qualité de candidat « constitutionnel » attendant « l'heure légale », sénateur du Gers, et réélu au renouvellement partiel du 5 janvier 1879. Il a été un moment secrétaire du Sénat.

LA CAZE, Louis Jacques, homme politique français, est à Paris le 20 janvier 1826, y fit ses études, fut reçu licencié en droit et entra comme auditeur au conseil d'Etat en 1850. Fils d'un ancien député et neveu d'un ancien pair de France sous la monarchie de Juillet, M. Louis La Caze appartenait, par ses relations comme par ses propres préférences, au parti orléaniste. Il donna sa démission après le coup d'Etat, et se retira dans les Basses-Pyrénées, berceau de sa famille. Conseiller général du département, pour le canton de Lasseube, depuis 1850, il a été réélu en 1871 et depuis. Aux élections générales de 1863 et 1869, M. Louis La Caze se présenta, sans succès, dans la 2ᵉ circonscription des Basses-Pyrénées, contre M. Chesnelong, alors candidat du gouvernement impérial ; à cette dernière date, pourtant, il avait obtenu 13.000 voix contre 19.000 données à son heureux concurrent. Le 8 février 1871, il était élu représentant de son département, le premier sur six, et prenait place à l'Assemblée nationale dans les rangs du centre gauche ; il devint l'un des vice-présidents de ce groupe parlementaire. Rallié le 14 octobre 1877 et le 21 août 1881, il acceptait toutefois la candidature au renouvellement partiel du Sénat, et était élu le 8 janvier 1882. M. La Caze siège au centre gauche au Sénat comme il a fait à la Chambre. Il a voté contre la loi d'expulsion des princes. — On doit à M. Louis la Caze : les *Libertés provinciales en Béarn, archives inédites d'un pays d'Etat (1867)* et plusieurs brochures politiques : une *Lettre d'un conseiller général sur les dépenses départementales*. Des discours contre la décentralisation, sur la Légion d'honneur, etc., prononcés à l'Assemblée nationale.

LACAZE-DUTHIERS (de), Félix Joseph Henri, savant naturaliste français, né en 1821. Il étudia la médecine, mais s'adonna bientôt exclusivement à l'étude des animaux inférieurs. Nommé professeur de zoologie à la faculté des sciences, il allait explorer, en 1862, par mission du gouvernement, les fonds de la Méditerranée, exploration qu'il devait renouveler plus tard aux mêmes lieux et ailleurs. Il fut nommé en 1864 maître des conférences à l'Ecole normale; suppléant de Valenciennes à la chaire de zoologie du Muséum, il lui succédait en 1865, d'où il passait à la faculté des sciences en 1868, pour y occuper la même chaire. En 1873, M. de Lacaze-Duthiers créait sur la côte de Bretagne, à Roscoff, le premier laboratoire zoologique de ce genre qu'il y ait eu en France, évidemment inspiré de celui qu'Agassiz avait créé à New-York plusieurs années auparavant et qui a servi de modèle à bien d'autres. Cet établissement, et les sondages presque incessants qu'il facilite, ont rendu d'immenses services, surtout pour l'étude des zoophytes marins. M. de Lacaze-Duthiers a été élu membre de l'Académie des sciences, en remplacement de Longet, le 21 juillet 1871. Il a été élu membre de la Société nationale d'agriculture et membre libre de l'Académie de médecine en 1886. Il est officier de la Légion d'honneur depuis 1878. On doit à ce savant : *Histoire de l'organisation et du développement des mœurs du dentale (1858)*; *Histoire naturelle du corail (1863)* et de nombreux mémoires et rapports sur ses sondages et les travaux du laboratoire de Roscoff. Il a fondé en 1873 les *Archives de zoologie expérimentale*.

LACOME D'ESTALENX, Paul Jean Jacques, compositeur français, né le 4 mars 1838, à Hauga (Gers). Fils et petit-fils de musiciens amateurs distingués, il reçut dès l'enfance les principes de son art et poursuivit ses études musicales en même temps que ses études universitaires. Tout jeune et sans aucune notion de l'harmonie, il écrivit plusieurs actes d'opéra comique, même un grand opéra complet. Il avait dix-neuf ans lorsqu'il fit la connaissance de l'organiste d'Aire-sur-l'Adour, don Jose Nunez y Absubide, contre-pointiste de beaucoup de talent qui, pendant trois ans, lui enseigna la composition. M. Lacome avait terminé son cours lorsque, répondant à l'appel du *Musée des familles*, qui mettait au concours une opérette destinée aux Bouffes-Parisiens, il prit part à ce concours, remporta le prix et vint alors à Paris. Mais les Bouffes-Parisiens changeaient alors fréquemment d'administration, au grand détriment de la malheureuse opérette : le *Dernier des paladins* qui, ballottée de l'une à l'autre, finit par être laissée entièrement de côté. Pendant ce temps, M. Lacome avait réussi à faire accepter sa collaboration à divers journaux : le *Musée des familles*, le *Grand Journal*, le *Menestrel*, le *Magasin d'éducation et de récréation*, l'*Art musical*, l'*Armée illustrée*, la *Revue et Gazette musicale*, la *Chronique musicale*, etc. lui insérèrent beaucoup d'articles

D'autre part, il se livrait courageusement à la composition et publiait un certain nombre de morceaux de genres divers. En juillet 1870, il faisait représenter sur la scène des Folies-Marigny : *Épicier par amour*, opérette en un acte; en 1872, à la Tertulia : *J' veux mon peignoir* et *En Espagne*; puis, en 1873, à l'Athénée : *la Dot mal placée*, opéra bouffe en 3 actes, très favorablement accueilli et qui, traduit, fut peu après représenté sur une scène espagnole. Il donnait la même année, aux Bouffes, une saynète intitulée *le Mouton enragé*; et en 1874, à la salle Taitbout : *Amphitryon*, ouvrage en 1 acte d'une importance réelle, tiré exprès des cartons de l'Opéra-Comique, où il sommeillait depuis neuf ans. Il avait, un peu auparavant, fait exécuter sur la même scène un acte de *Callirhoé*, opéra de Destouches, dont il avait retouché et augmenté l'orchestration, tout en respectant le caractère de l'œuvre. Enfin les Folies-Dramatiques donnaient pour la première fois, le 26 octobre 1876, un opéra comique en 3 actes de M. Lacome : *Jeanne, Jeannette et Jeanneton*, livret de Clairville et Delacour. — Citons enfin : la *Nuit de la saint Jean*, opéra comique en 1 acte, à l'Opéra-Comique (1882); *Madame Boniface*, opéra comique en 3 actes, aux Bouffes (1883) et *Myrtille*, opéra comique en 3 actes, paroles de MM. Erckmann-Chatrian, à la Gaîté (1885). — M. Lacome a publié, outre les ouvrages cités, un grand nombre de morceaux divers pour piano, violoncelle, instruments à vent, pour la voix, etc., et édité : le *Bon vieux temps; Douze airs de société, à fredons, à danser et à boire*, à une voix, par divers auteurs oubliés des XVIIe et XVIIIe siècles, transcrits avec accompagnement de piano ; *Échos d'Espagne, chansons et danses populaires, recueillies et transcrites par P. Lacome et J. Puig y Absubide, traduction française de Paul Lacome et du comte J. de Lau de Lusignan*; le *Tour du monde, en dix chansons nationales et caractéristiques*. — Il a enfin publié, avec M. Edmond Neukomm : l'*Année musicale (1867)*, publication qui n'a eu que ce volume.

LACOTE, AUGUSTE, homme politique français, médecin, né en 1838 à Dun-le-Palleteau (Creuse) où, reçu docteur en médecine, il vint se fixer en 1864. Devenu conseiller général de la Creuse, il se présenta aux élections du 21 août 1881 pour la Chambre des députés, dans l'arrondissement de Guéret, comme candidat radical, et fut élu. Il figurait également sur la liste radicale aux élections d'octobre 1885, où il fut élu député de la Creuse au scrutin du 18. M. le docteur Lacôte a voté l'expulsion totale des princes.

LACRETELLE (de), HENRI, littérateur et homme politique français, fils de l'historien et neveu de l'encyclopédiste du même nom, est né à Paris le 21 août 1815 ; il fit ses études au collège Bourbon et se consacra ensuite à la littérature. Propriétaire dans le département de Saône-et-Loire et professant des opinions démocratiques, M. H. de Lacretelle fit partie, en 1848, de la commission préfectorale de ce département. Il s'est présenté, comme candidat de l'opposition, dans la circonscription de Mâcon, aux élections législatives de 1863, mais sans succès. Élu représentant de Saône-et-Loire aux élections complémentaires du 2 juillet 1871, il se fit inscrire au groupe de l'Union républicaine, avec lequel il a constamment voté, et a déposé sur le bureau de l'Assemblée plusieurs propositions de loi tendant au développement de l'instruction et à l'augmentation du traitement des instituteurs. Élu le 20 février 1876, dans la deuxième circonscription de Mâcon, par 11,320 voix contre 2,038, M. de Lacretelle reprit son siège à l'extrême-gauche et vota l'amnistie pleine et entière. Il a été réélu par le même collège le 14 octobre 1877 et le 21 août 1881. Aux élections d'octobre 1885, il figurait sur la liste radicale et fut élu au scrutin du 18. M. de Lacretelle a voté l'expulsion totale des princes. — On lui doit, comme écrivain ; les *Cloches*, poésies (1841); *Dona Carmen (1844)*; *Valence de Simian (1845)*; *Nocturnes*, poésies (1846); les *Vendeurs du temple*, dans le journal la *Réforme (1847)*; *Henri de Bourbon*, dans l'*Événement (1851)*; *Jean Huss, Gabrielle d'Estrée, les Saturnales*, drames réunis sous le titre d'*Avant-scènes (1855)*; *Fais ce que dois*, comédie en trois actes, en vers, avec Decourcelle, jouée au Français (1856); *Contes de la méridienne*, les *Noces de Pierrette (1859)*; les *Nuits sans étoiles*, poésies; l'*Amant malgré lui*, la *Poste aux chevaux (1861)*; le *Colonel Jean (1863)*; le *Notaire de province*, dans le journal la *Presse (1866)*; le *Capitaine Tranquille*, dans l'*Époque (1867)*; le *Chef de bandes*, dans la *Presse (1867)*; le *Salon de Fernande*, dans le *Figaro*; et le *Malfaiteur*, dans la *Liberté (1868)*; *Sous la hache*, dans le *National (1872)*; les *Filles de Bohême (1877, nouv. édit.)*, etc.

LACROIX, JULES, littérateur français, né à Paris le 7 mai 1809. Il s'est fait d'abord connaître par un grand nombre de romans, à peu près oubliés aujourd'hui, mais doit surtout sa réputation à ses œuvres dramatiques, dont plusieurs ont eu un véritable succès. Nous citerons : le *Testament de César*, drame en cinq actes et en vers (1849); *Valéria*, drame en cinq actes, en vers également, en société avec M. Auguste Maquet (1851), joués tous deux au Théâtre-Français; la *Fronde*, grand opéra, avec le même, musique de Niedermeyer (1853); *Œdipe roi*, traduction littérale de la tragédie de Sophocle, jouée au Français (1858) et qui valut à son auteur le grand prix de dix mille francs de l'Académie française en 1862 ; la *Jeunesse de Louis XI*, à la Porte-Saint-Martin (1859); le *Roi Lear*, traduit de Shakespeare, à l'Odéon (1868). On doit, en outre, à M. Jules Lacroix quelques volumes de vers : les *Pervenches (1838)*; une traduction de *Macbeth (1860)*; l'*Année infâme (1872)*. — M. Jules Lacroix est le frère du bibliophile Jacob, mort en 1884. Il a épousé une sœur de feu Mme H. de Balzac, née princesse de Rzewuska. Chevalier de la Légion d'honneur depuis 1847, il a été promu officier en 1865.

LACROIX, SIGISMOND KSYRASOWSKI, publiciste et homme politique français, d'origine polonaise, né à Varsovie le 26 mai 1845. Venu jeune en France, avec ses parents, il fit ses études au lycée d'Angers, puis vint à Paris, où il fit son droit et prit le grade de licencié. Secrétaire de M. Émile Acollas, il entra ensuite dans les bureaux de la ville. Mais il s'occupa de bonne heure d'agitation politique et de journalisme. Secrétaire du comité républicain de Maine-et-Loire qui appuyait la candidature de M. Maille à la députation, il a collaboré à la *Lanterne*, au *Réveil social*, à la *Vérité*, au *Radical* et a fondé la *Révolution française*; il a écrit : l'*Histoire des prolétaires*, avec M. Yves Guyot (1873) et diverses brochures, dont les *Glorieux droits de l'homme (1876)*, au nom desquels il fut frappé d'une condamnation à trois mois de prison. Naturalisé français aussitôt que cela lui fut légalement possible, il était élu membre du Conseil municipal de Paris pour le quartier de la Salpêtrière (XVe arrondissement) en 1874 ; il fut réélu en 1878 et en 1881, et devint successivement secrétaire, vice-président et enfin président (1884) de cette assemblée, où il s'est fait remarquer par des connaissances profondes et variées et une activité infatigable. Il a fait partie, au Conseil municipal, de nombreuses commissions et a été rapporteur, notamment, du projet d'organisation municipale de la ville de Paris, concluant à l'autonomie. Après avoir contesté la candidature de Gambetta aux élections d'août 1881, M. Sigismond Lacroix était élu à sa place député de la première circonscription du XXe arrondissement en 1883. Il prit place à l'extrême-gauche, et poursuivit à la Chambre sa campagne en faveur de l'autonomie communale de Paris. Aux élections d'octobre 1885, porté à la fois sur les deux listes radicale et intransigeante, il fut élu au scrutin du 18. Il a voté l'expulsion totale des princes.

LADMIRAULT (de), LOUIS RENÉ PAUL, général français, sénateur, né à Montmorillon (Vienne) le 17 février 1808, fit ses études militaires à l'École de Saint-Cyr. Nommé sous-lieutenant du 62e régiment d'infanterie de ligne le 1er octobre 1831, M. de Ladmirault alla rejoindre son régiment en Afrique, où il servit jusqu'en 1852, et conquit par campagne tous ses grades. Il se distingua à la prise de Constantine, à l'affaire de la Mouzaïa (1840), où il commanda le premier bataillon de chasseurs et fut cité à l'ordre du jour de l'armée, et dans diverses autres expéditions. Appelé, l'année suivante, au commandement du cercle de Cherchell, il fut promu en 1844 colonel de zouaves, et nommé en 1845 au commandement du cercle d'Aumale. Le colonel de Ladmirault prit part ensuite, sous le commandement du maréchal Bugeaud, à l'expédition de la Grande Kabylie, où il se distingua de nouveau, fut cité à l'ordre du jour et promu commandeur de la Légion d'honneur. Il fut nommé général de brigade le 12 juin 1848, commanda successivement les subdivisions de Batna et de Médéah, dirigea plusieurs expéditions dans le Sud en 1849 et 1851, puis fut appelé en 1852 au commandement de la subdivision de Versailles. Promu général de division le 13 janvier 1853, il fut appelé, l'année suivante, au commandement d'une division du camp de Boulogne, passa ensuite à l'armée de Paris et fut placé en 1859 à la tête de la 2e division du 2e corps de l'armée d'Italie, avec laquelle il combattit à Melegnano (Marignan) et à Solférino, où il fut blessé. Au retour de cette campagne, le Conseil municipal de sa ville natale lui faisait présent d'une épée d'honneur. Appelé au commandement de la 1re division de l'armée de Paris, puis d'une division de la garde, le général de Ladmirault fut nommé sous-gouverneur de l'Algérie, dont le maréchal de Mac-Mahon était gouverneur, en 1864. Le 20 décembre 1866, il était nommé sénateur. Nommé commandant supérieur du 2ᵉ corps d'armée, à Lille, le 2 mars 1867, puis commandant supérieur du camp de Châlons, il avait repris le commandement du 2ᵉ corps lorsqu'éclata la guerre de 1870. Il reçut alors le commandement du 4ᵉ corps de l'armée du Rhin. Après nos premiers désastres, le général de Ladmirault dut se replier sous Metz et prit part aux combats livrés autour de cette place, et qui se terminèrent par son investissement. Emmené prisonnier en Allemagne après la capitulation, il rentra en France le 12 mars et se mit à la disposition du gouvernement de Versailles, qui lui confia le commandement du 1ᵉʳ corps d'armée opérant contre Paris (6 avril 1871); il pénétra dans cette place par la porte Saint-Ouen, le 22 mai, et s'emparait le lendemain des buttes de Montmartre. Le 24 juin, le général de Ladmirault était nommé gouverneur de Paris et commandant de la 1ʳᵉ (aujourd'hui 20ᵉ) division militaire. Le 3 juin 1873, il était nommé, en outre, commandant en chef de l'armée de Versailles. Promu grand officier de la Légion d'honneur le lendemain de la bataille de Solférino, le général de Ladmirault était élevé à la dignité de grand-croix de l'ordre en 1867, et décoré de la médaille militaire en 1871. — Après avoir échoué dans le département de la Vienne, aux élections complémentaires du 2 juillet 1871, M. de Ladmirault a été élu, le 30 janvier 1876, le second des deux sénateurs de ce département et prit place à droite. Il a été vice-président du Sénat de 1876 à 1879, et a été réélu sénateur de la Vienne au renouvellement triennal du 8 janvier 1882. Maintenu dans le cadre de l'activité, quoique ayant atteint la limite d'âge, comme ayant commandé en chef devant l'ennemi, le général de Ladmirault a rempli, jusqu'en février 1878, le poste de gouverneur de Paris.

LA FAYETTE (de), Edmond François du Motier, homme politique français, sénateur, né en 1818 à Chavignac (Haute-Loire), dans le château de son grand-père, le général de la Fayette. Il fit ses études à Paris, fut reçu avocat et, en 1848, se présenta aux électeurs de la Haute-Loire, qui l'envoyèrent siéger à la Constituante, le troisième sur huit; il devint l'un des secrétaires de cette assemblée. M. Edmond de la Fayette siégea d'abord à droite; mais, après l'élection présidentielle du 10 décembre, il combattit la politique de l'Élysée et se rapprocha de la gauche, avec laquelle il vota désormais jusqu'à la dissolution. Il ne fut pas réélu à la Législative. — Aux élections sénatoriales du 30 janvier 1876, M. Edmond de la Fayette qui, depuis 1849, n'avait pas pris part aux luttes de la vie politique autrement que comme conseiller général, se présenta dans la Haute-Loire sur la liste républicaine et fut élu avec M. Jacotin, le second candidat de cette liste. Il s'inscrivit à la gauche républicaine, et son mandat lui fut confirmé au renouvellement partiel du 5 janvier 1879.

LA FERRONNAYS (marquis de), Henri Marie Auguste Ferron, officier et homme politique français, né à Paris le 15 septembre 1842. Engagé volontaire dans l'arme de l'artillerie en 1861, il entrait à Saint-Cyr en 1863, et en sortait en 1865 avec le grade de sous-lieutenant dans un régiment de cuirassiers. Admis à l'École d'état-major, il obtenait ensuite l'autorisation de se joindre à la légion pontificale d'Antibes, avec laquelle il fit la campagne de 1867, et devint adjudant major. Rentré au 7ᵉ cuirassiers comme sous-lieutenant, au moment de la guerre, il se signala à Rezonville et fut cité à l'ordre du jour. Enfermé à Metz, il y fut fait prisonnier à la capitulation et emmené en Allemagne. Après la paix, M. de la Ferronnays rentra à son régiment, puis fut envoyé à l'ambassade de Berlin comme attaché militaire, et promu lieutenant (1871). Promu capitaine en 1875, il était attaché à l'ambassade de Berne, puis à celle de Londres, et enfin envoyé à la conférence de Berlin, comme deuxième commissaire technique pour la France, sur la question de la délimitation des frontières de Grèce. Il était porté au tableau d'avancement pour le grade de chef d'escadrons, lorsque les décrets rendus contre les congrégations religieuses le décidèrent à donner sa démission, en novembre 1880. — Conseiller général de la Loire-Inférieure depuis 1876, député de Saint-Mars-la-Jaille, M. le marquis de la Ferronnays a été élu député de la Loire-Inférieure sur la liste monarchiste, le 4 octobre 1885. Chevalier de la Légion d'honneur depuis 1872, il est en outre décoré des ordres pontificaux.

LAFOND DE SAINT-MUR (baron), Guy Joseph Rémy, homme politique français, né à la Roche-Canillac (Corrèze) le 8 décembre 1817. Il fit son droit à Paris, entra ensuite dans l'administration, et devint conseiller de préfecture, puis secrétaire général de la préfecture de la Corrèze. Choisi comme candidat officiel dans la première circonscription de la Corrèze, aux élections générales de 1857, il quitta l'administration, après dix ans d'exercice. Élu sans peine au Corps législatif, il fut réélu de même en 1863 et en 1869. La révolution du 4 Septembre le rendit momentanément à la vie privée. Mais aux élections sénatoriales du 30 janvier 1886, M. Lafond de Saint-Mûr fut élu, le premier, sénateur de la Corrèze, et prit place au groupe de l'Appel au peuple. Il a été le 25 janvier 1885, comme candidat républicain, et s'est abstenu sur la question de l'expulsion des princes. — Il est officier de la Légion d'honneur depuis 1866.

LAFONT, Jean Anne Antoine, homme politique français, né à Toulouse le 2 avril 1825. Il vint de bonne heure à Paris, s'occupa de journalisme et fit à l'Empire toute l'opposition possible. Attaché à la rédaction du Temps, il y remplit jusqu'au 4 septembre les fonctions de reporter parlementaire. Il participa très activement à l'organisation de la garde nationale de Paris, s'il ne put, étant boiteux, en faire lui-même partie, et devint adjoint de M. Clémenceau, maire du XVIII° arrondissement. En cette qualité, il fut quelque peu accusé, comme ce dernier, de complicité dans l'exécution sommaire des généraux Lecomte et Clément Thomas, accusation dont le témoignage du colonel Langlois réussit à le justifier. Il avait, d'autre part, été emprisonné pendant la Commune. Élu, en juillet 1871, membre du Conseil municipal de Paris, pour le quartier des Grandes-Carrières (XVII° arrondissement), il fut réélu en 1874, 1878 et 1881. Le 21 août de cette dernière année, M. Clémenceau était élu député dans les deux circonscriptions de Montmartre; il optait pour la deuxième, et M. Lafont se présentait, le 18 décembre suivant, pour le remplacer dans la première. Sa tentative fut couronnée de succès, et il vint prendre sa place à l'extrême-gauche de la Chambre. Aux élections d'octobre 1885, M. Lafont fut élu député de la Seine au scrutin du 18, et vota l'expulsion totale des princes.

LAFONTAINE, Louis Marie Henri Thomas (dit), acteur et littérateur français, né à Bordeaux le 29 novembre 1826, commença ses études au séminaire de sa ville natale, dont il s'enfuit pour s'embarquer comme matelot à bord d'un bâtiment marchand faisant voiles pour la Réunion ; à son retour, il devint employé de commerce, et ce fut à cette époque que l'occasion s'offrit pour lui d'aborder la scène, pour laquelle il s'était toujours senti un irrésistible attrait ; il y parut dans la Tour de Nesle, sous un premier pseudonyme. Décidé à venir tenter fortune à Paris, mais dépourvu des ressources nécessaires pour les frais d'un pareil voyage, il se chargea d'une balle de colporteur, et ce fut à pied et dans cet équipage qu'il fit la route. Il débuta au théâtre des Batignolles, dans l'Éclat de rire, en 1847. Après un court passage à la Porte Saint-Martin, M. Lafontaine obtenait en 1850 un engagement au Gymnase, où il se fit rapidement une grande réputation. Il y parut notamment dans Brutus, lâche César ! Faust ; la Femme qui trompe son mari ; le Mariage de Victorine (1852) ; Un fils de famille, Philiberte, Diane de Lys (1853) ; le Pressoir (1854) ; Flamminio (1855), etc. Du Gymnase, M. Lafontaine alla débuter au Français, d'où il passa au Vaudeville, où il joua successivement dans : Dalila (1857) ; le Roman d'un jeune homme pauvre (1858) ; la Seconde jeunesse (1859), etc. De retour au Gymnase, il s'y fit de nouveau applaudir dans : les Pattes de mouches (1860) ; la Famille Puymené, le Gentilhomme pauvre, la Vertu de Célimène (1861) ; la Perle noire, l'Échéance, les Ganaches (1862) ; le Démon du jeu (1863). — Le 23 février 1863, M. Lafontaine épousait une de ses jeunes camarades, Mˡˡᵉ Victoria (voyez ci-après), avec laquelle il passait au Français, où tous deux étaient admis comme sociétaires. M. Lafontaine y débuta dans le Dernier quartier (1864), et y parut depuis dans le Supplice d'une femme (1865) ; Gringoire (1866) ; Julie (1869), etc., quant aux créations, il a en outre repris avec succès les grands rôles du répertoire classique ainsi que plusieurs de son propre répertoire, dans des pièces nouvelles. — Démissionnaire en 1871, M. Lafontaine a paru depuis sur diverses scènes parisiennes, notamment à l'Odéon, dans le rôle de Ruy Blas (1872) ; à la Gaîté, où il a créé le rôle d'Orso Savagnano, dans la Haine (1874) ; au Vaudeville, pour y créer celui de Rodolphe Cavérlet, dans Madame Caverlet, de M. Émile Augier (1876), etc. Il a fait également plusieurs tournées artistiques en province. — Enfin M. Lafontaine s'est adonné, dans ces derniers temps, non sans succès, à la littérature d'imagination. Il a publié plusieurs romans et nouvelles, notamment : la *Servante (1883)* et les *Bons camarades (1885)*. Du premier de ces deux ouvrages il a tiré une pièce qui, après avoir été acceptée par M⁽ᵐᵉ⁾ Sarah Bernhardt pour la Porte Saint-Martin, est annoncée pour l'hiver 1886-87, à Bruxelles et dans laquelle il remplira le rôle principal.

LAFONTAINE (dame), VICTORIA VALOUS, actrice française, née à Lyon vers 1840. Après avoir cultivé très jeune l'art dramatique sur un petit théâtre d'amateurs lyonnais, elle partit avec une troupe qui exploitait les principales villes de la France méridionale ; puis elle vint à Paris, où elle débutait au Gymnase en 1857. Elle s'y fit promptement une place considérable et mérite non seulement par son talent et sa beauté, mais surtout par le travail, la conscience qu'elle mettait au service de son art. Les pièces où elle brilla principalement au Gymnase, sont : *Piccolino (1861)* ; la *Perle noire*, les *Fous*, les *Ganaches (1862)* ; le *Démon du jeu (1864)*. Mariée, le 23 février 1863, avec M. Lafontaine (voyez ci-dessus), elle passait avec lui au Théâtre-Français, où elle parut successivement dans : *Il ne faut jurer de rien*, d'Alfred de Musset, son début ; puis dans : *Madame Desroches (1867)* ; *Paul Forestier (1868)* ; *Maurice de Saxe (1870)* et dans divers rôles du répertoire classique, par exemple dans celui d'Agnès, de l'*Ecole des femmes*. M⁽ᵐᵉ⁾ Victoria a quitté le Théâtre-Français avec son mari, en 1871. Elle a paru depuis sur divers théâtres, notamment en 1873, au Châtelet, dans la reprise de la *Maison du baigneur*, et a créé au Vaudeville, en 1876, le rôle de Claire Fromont, dans *Fromont jeune et Risler aîné*, etc.

LA FORGE (de), ANATOLE, publiciste et homme politique français, né à Paris le 1ᵉʳ avril 1821, fit ses études au collège Louis-le-Grand et à la faculté de droit et entra dans la carrière diplomatique. Après avoir été attaché à la légation de Florence, puis secrétaire d'ambassade à Turin et à Madrid, il était chargé, en 1846, d'une mission spéciale en Espagne, et était au retour décoré de la Légion d'honneur. En 1848, M. Anatole de la Forge se lançait dans le journalisme. Après avoir collaboré au *Portefeuille* et à l'*Estafette*, il entrait au *Siècle* pour y traiter les questions de politique étrangère. Il y rédigeait depuis plusieurs années la chronique parlementaire, lorsqu'éclata la révolution du 4 septembre 1870. Nommé préfet de l'Aisne, quand la moitié du département, chef-lieu compris, était déjà au pouvoir de l'ennemi, M. Anatole de la Forge installa son administration à Saint-Quentin, où il organisa la défense et soutint, à la tête des gardes nationaux et de la compagnie de pompiers de cette courageuse ville, l'attaque des troupes allemandes bien supérieures en nombre, sans parler de retraite. Blessé grièvement à la jambe presqu'au commencement de l'action, l'énergique préfet de l'Aisne ne voulut se retirer que lorsqu'il eut vu l'ennemi battre en retraite. C'était le premier exemple d'une ville ouverte résistant à l'invasion, aussi M. Anatole de la Forge, publiquement félicité par le gouvernement de la Défense nationale, fut-il promu officier de la Légion d'honneur. Nommé à la préfecture des Basses-Pyrénées en février 1871, M. de la Forge y fit une ardente propagande en faveur de l'idée d'une résistance à outrance. Il donnait sa démission à la suite du vote des préliminaires de paix, et reprenait sa place à la rédaction du *Siècle*. — Après avoir échoué dans le VIIIᵉ arrondissement de Paris, contre l'amiral Touchard, aux élections du 14 octobre 1877, il était nommé directeur de la presse au ministère de l'Intérieur dont le titulaire était M. de Marcère, dans le cabinet Dufaure, constitué le 4 décembre 1877, et résignait ces fonctions en mai 1879. Le 29 mai 1881, il était élu député du IXᵉ arrondissement de Paris, en remplacement d'Emile de Girardin, décédé. Aux élections générales du 21 août suivant, l'arrondissement ayant été divisé en deux sections, M. de la Forge se présentait avec succès dans la première. Aux élections d'octobre 1885, il était élu député de la Seine la troisième. M. Anatole de la Forge siège à l'extrême-gauche, son caractère d'une parfaite rectitude nous dispense d'insister sur ses actes et sur ses votes, cette mention faite. Il a repoussé les deux propositions d'expulsion des princes. M. de la Forge est vice-président de la Chambre des députés depuis le 5 mai 1885. — Il a publié: l'*Instruction publique en Espagne (1847)* ; *Des vicissitudes politiques de l'Italie dans ses rapports avec la France (1850)* ; *Histoire de la République de Venise sous Manin (1853, 2 vol.)* ; la *Peinture contemporaine en France (1856)* ; la *Guerre c'est la paix*, l'*Autriche devant l'opinion*, la *Question des duchés*, brochures (1859) ; les *Utopistes en Italie*, la *Liberté (1862)* ; la *Pologne devant la Chambre (1863)* ; la *Pologne en 1864, lettres à M. Emile de Girardin (1864)* ; *Lettres à Mgr Dupanloup à propos de la Pologne (1865)*, etc. Outre la rosette d'officier de la Légion d'honneur, M. de la Forge est décoré de la médaille militaire.

LAGACHE, CÉLESTIN, sténographe et homme politique français, né à Courcelles-Epayelles (Oise) le 28 août 1809. Il vint terminer ses études à Paris et devint sténographe au *Moniteur* en 1830. Après la révolution de février 1848, il se présenta dans son département natal, aux élections pour l'Assemblée constituante, comme candidat du parti avancé, et fut élu représentant du peuple, le quatrième sur dix. Il n'en vota pas moins avec la droite, et, pour la peine, ne fut pas réélu pour l'Assemblée législative. Entré, sous l'empire, au service sténographique du Corps législatif, il en devint le directeur, conserva ses fonctions après le 4 septembre, et a pris depuis sa retraite, avec le titre de directeur honoraire. Aux élections sénatoriales du 5 janvier 1879, M. Célestin Lagache a été élu sénateur de l'Oise. Il a pris place au centre gauche et a repoussé de son vote le projet d'expulsion des princes. M. Lagache est officier de la Légion d'honneur depuis 1874.

LAGRANGE, VICTOR ETIENNE, homme politique français, né à Dijon le 3 janvier 1845. D'abord ouvrier typographe, employé à l'imprimerie du *Progrès de la Côte-d'Or*, il devint gérant de ce journal et subit en cette qualité plusieurs condamnations. Après la guerre, M. Lagrange se fixa à Lyon, où il collabora à la *République républicaine*, au *Censeur*, à la *Tribune des travailleurs*, au *Progrès*, et fut élu conseiller municipal. Le 14 décembre 1881, il était élu député dans la 3ᵉ circonscription de Lyon, en remplacement de M. Bonnet-Duverdier, et prenait place à la gauche radicale. Aux élections d'octobre 1885, M. Lagrange était élu député du Rhône au second tour. Il a voté l'expulsion totale des princes.

LAGUERRE, GEORGES, avocat et homme politique français, né à Paris le 24 juin 1858. Ayant fait ses études de droit et pris le grade de licencié, il s'inscrivit au barreau de Paris, fut secrétaire de la conférence des avocats et collabora au journal de M. Clémenceau, la *Justice*. Au barreau, il se fit rapidement une grande réputation par une éloquence incisive particulièrement appropriée aux nombreux procès politiques qu'il a plaidés. Il a défendu notamment Blanqui, M⁽ˡˡᵉ⁾ Louise Michel, les principaux accusés de la grève de Montceau-les-Mines, sans parler de criminels aux procès retentissants, tels que Pel et le pseudo Campi. Peu après le procès des grévistes de Montceau-les-Mines, une vacance s'étant produite dans le département de Vaucluse, la candidature y fut offerte à M. Laguerre, qui accepta et fut élu député. Il prit place à l'extrême-gauche. Aux élections d'octobre 1885, il figurait, dans le même département, sur la liste radicale, et fut élu au scrutin du 18. Il a voté contre les deux projets de loi tendant à l'expulsion des princes.

LAING, SAMUEL, administrateur anglais, neveu de Malcolm Laing, l'auteur de l'*Histoire d'Ecosse*, est né à Edimbourg en 1810, fit ses études à Cambridge, où il resta d'abord comme professeur de mathématiques, suivit les cours de droit de Lincoln's Inn et se fit admettre au barreau en 1840. Peu après, il devenait secrétaire particulier de M. Labouchère, ministre du commerce (mort en 1869) qui l'attacha à la nouvelle division des chemins de fer en qualité de secrétaire. Il se distingua bientôt dans l'application de ses connaissances spéciales à cette branche nouvelle de l'activité humaine, et donna, en 1844, un *Rapport sur les chemins de fer anglais et étrangers* qui fut très remarqué. Membre de la commission des chemins de fer instituée l'année suivante, sous la présidence de Lord Dalhousie, il eut à rédiger un nouveau rapport dans lequel il recommandait des mesures qui, on le reconnut trop tard, eussent prévenu la crise industrielle d'alors si on les avait prises. Mais le parlement repoussa ses conclusions et la commission fut dissoute. M. Laing, en conséquence, se démit des fonctions qu'il avait occupées jusque-là sous diverses administrations et reprit sa place au barreau. En 1848, il occupa les fonctions de président du conseil d'administration, directeur de la compagnie du chemin de fer de Brighton, dont il sut doubler le trafic en cinq ans; il devint, en 1852, président de la Société du Palais de Cristal, fonctions qu'il résigna en 1855 en même temps que celles de directeur du chemin de fer de Brighton. En juillet 1852, M. Samuel Laing fut élu, comme candidat libéral, représentant du district de Wick à la Chambre des communes. Réélu en 1859, il donnait sa démission en octobre 1860, pour aller remplir aux Indes le poste de ministre des finances. De retour en Angleterre en 1865, M. Laing était réélu député de Wick en juillet suivant; il y échoua cependant aux élections de novembre 1868, mais fut élu, en janvier 1873, représentant des îles Orkney et Shetland. Secrétaire des finances à la Trésorerie, de juin 1859 à octobre 1860, M. Samuel Laing a de nouveau accepté, en 1867, la présidence de la compagnie du chemin de fer de Brighton. Nous devons ajouter que le nom de M. Laing est attaché à beaucoup d'autres grandes opérations de chemins de fer nationaux ou étrangers, notamment aux chemins du Centre de la France, à ceux d'Anvers et de Rotterdam, au Grand-Ouest canadien, etc.

LAISANT, Charles Anne, mathématicien et homme politique français, né le 1er novembre 1841, à Basse-Indre (Loire-Inférieure). Élève de l'École polytechnique, il en sortait en 1863 dans l'arme du génie et avait atteint le grade de capitaine en 1870. Pendant le siège de Paris, il fut chargé des travaux de défense du fort d'Issy. En octobre 1871, il était élu conseiller général de la Loire-Inférieure, et quoique envoyé en Corse, puis en Algérie avec sa compagnie, il ne laissa pas en souffrance ses devoirs politiques, et combattit ardemment dans le sein du conseil l'administration réactionnaire. Ayant résigné son grade vers la fin de 1875, il se présentait dans la 1re circonscription de Nantes, comme candidat républicain, le 20 février 1876 et était élu député. Il s'inscrivit à l'Union républicaine et vota notamment l'amnistie pleine et entière. Réélu le 14 octobre 1877 et le 4 septembre 1881 par le même collège, c'est dans la Seine qu'il se présentait aux élections d'octobre 1885, admis sur trois listes radicales de nuance peu différente. Il fut élu au second tour et reprit sa place à l'extrême-gauche. M. Laisant est l'auteur d'une proposition de réduction à trois ans de la durée du service militaire et de suppression du volontariat, présentée à la Chambre en 1876, reprise en 1877, 1878 et plus tard, sans succès jusqu'ici, mais fatalement destinée à aboutir. Il prit en 1879 la direction du *Petit Parisien*, où les questions militaires furent surtout traitées avec une compétence particulière, mais qu'il ne conserva que peu de temps. M. Ch. Laisant a voté l'expulsion totale des princes. — M. Laisant s'est fait recevoir docteur ès-sciences en 1877. On lui doit: les *Applications mécaniques du calcul des quaternions et Nouveau mode de transformation des courbes et des surfaces*, ses thèses de doctorat; *Introduction à l'étude des quaternions (1881)*; une traduction de l'*Exposition des méthodes des équipollences* de Bellavitis, etc.

LAJARTE (de), Théodore Édouard Dufaure, compositeur et musicographe français, né à Bordeaux le 18 juillet 1826; il étudia la musique dans sa ville natale, y travailla le violon et le piano et vint à Paris, où il fut admis au Conservatoire dans la classe de fugue et composition de Leborne, en 1850. Leborne prit en amitié son élève; il le conduisit chez Seveste, alors directeur du Théâtre-Lyrique, auquel il le recommanda chaudement, et lui fit obtenir un poème : le *Secret de l'oncle Vincent*, opéra comique en un acte qui fut joué, en 1855, soixante-dix fois consécutives. M. de Lajarte donna ensuite au même théâtre : le *Duel du Commandeur*, 1 acte (1857); *Mam'selle Pénélope*, 1 acte (1859); et le *Neveu de Gulliver*, opéra ballet en 3 actes (1861). Il a fait jouer depuis : la *Farce de maistre Villon*, 1 acte à l'Athenée (1872); *Pierrot ténor*, un acte, joué par les artistes de l'Opéra-Comique à Enghien (juillet 1876). Comme compositeur de musique militaire, M. Th. de Lajarte a fait exécuter à Saint Roch, le 18 mars 1857, par cent cinquante choristes militaires et la musique du 1er grenadiers de la garde, une *Messe militaire*; et il a publié les compositions suivantes : l'*Orphéon de l'armée*, six chœurs avec accompagnement de fanfare, dédiés au maréchal Niel; *Nouveau répertoire des musiques d'harmonie et des fanfares civiles et militaires*, vingt-cinq marches et pas redoublés; *Six pas redoublés*; *Marche triomphale*, pour harmonie; *Fantaisie symphonique*, pour harmonie; *Six ouvertures*, pour harmonie; *Air de ballet*, pour harmonie; le *Beau grenadier*, pas redoublé pour fanfare, etc. — M. Théodore de Lajarte, comme écrivain spécial, a collaboré à la *Presse*, à la *Patrie*, à l'*Avenir libéral*, au *Globe*, au *Public*, à l'*Assemblée nationale* de 1871, au *Courrier diplomatique*, au *Moniteur des arts*, à la *France musicale*, au *Ménestrel*, à la *Chronique musicale*, à l'*Illustration*, au *Monde illustré*, etc., et a publié, en 1867, une brochure intitulée : *Instruments Sax et fanfares civiles*. Attaché depuis 1873 aux Archives de l'Opéra, il a su y rendre de grands services, en mettant dans la bibliothèque un ordre inconnu avant lui, et en en dressant scrupuleusement l'inventaire. Ce travail d'ordre lui inspira l'idée d'un ouvrage intitulé : *Bibliothèque musicale du théâtre de l'Opéra, catalogue historique, chronologique, anecdotique, publié sous les auspices du ministère de l'Instruction publique et des beaux-arts, et rédigé par Théodore de Lajarte*, bibliothécaire attaché aux Archives de l'Opéra (Paris, Jonaust, 1876-80, 3 vol. in-8°). On doit encore à M. de Lajarte un petit recueil des *Airs à danser, de Lulli à Méhul, transcrits d'après les manuscrits originaux de la bibliothèque de l'Opéra*; quelques autres travaux de bibliographie musicale et un petit opéra de salon: *On guérit de la peur*. — Il a donné encore au théâtre, dans ces derniers temps: le *Portrait*, opéra comique en 2 actes, joué à l'Opéra-Comique et le *Roi de carreau*, opéra comique en 3 actes aux Nouveautés (1883).

LALANDE, François Louis Armand, industriel et homme politique français, né à Bordeaux le 10 décembre 1820. Grand propriétaire, négociant en vins, ancien président de la chambre de commerce et ancien maire de Bordeaux, ancien vice-président du bureau de bienfaisance et directeur de la caisse d'épargne, M. A. Lalande fut élu député de l'arrondissement de Lesparre le 4 septembre 1881 à une grande majorité, et prit place au groupe de l'Union républicaine. Il a été élu député de la Gironde au scrutin de ballottage le 18 octobre 1885, et a voté contre les projets d'expulsion des princes. — M. Armand Lalande a pris part aux discussions économiques principalement. Il est libre-échangiste, bien entendu, et l'un des fondateurs de la société du libre-échange de Bordeaux. Récompensé d'un diplôme d'honneur à l'Exposition universelle de 1878 pour ses vins, exposés par la chambre de commerce, il fut promu officier de la Légion d'honneur le 20 octobre suivant, étant chevalier depuis 1862. Il a publié en août 1886 son *Discours sur la politique coloniale*.

LALANNE, Léon Louis Chrétien, ingénieur français, sénateur, membre de l'Institut, né à Paris le 3 juillet 1811. Élève de l'École polytechnique, il en sortait en 1831 dans le service des ponts et chaussées, et s'occupa particulièrement de recherches scientifiques et adjoint aux fonctions d'instruments, travaux consignés dans de nombreux mémoires récompensés de médailles d'or par la Société des ingénieurs. Constructeur, avec M. Arnoux, du chemin de fer de Paris à Sceaux, en 1846, il fut encore, en 1848, à la tête des Ateliers nationaux. En 1852, il acceptait la direction des travaux publics en Valachie, d'où l'invasion russe le fit partir. Il a dirigé depuis les travaux de diverses lignes de chemins de fer étrangers, notamment ceux de l'Ouest-Suisse et du Nord de l'Espagne. Il avait atteint le grade d'inspecteur général de première classe des ponts et chaussées depuis plusieurs années, lorsqu'il fut appelé, par décret du 20 janvier 1877, à la direction de l'École des ponts et chaussées. Il a été élu membre libre de l'Académie des sciences en 1879 et sénateur inamovible en 1883. En cette dernière qualité, il a voté contre la loi sur l'expulsion des princes prétendants. — On doit à M. Léon Lalanne: *Essai philosophique sur la technologie (1840)*; *Tables nouvelles pour abréger divers calculs (même année)*; *Table graphique à l'usage des chemins de fer (1843)*; *Description et usage de l'abaque, ou compteur universel (1845)*; *Instruction sur les règles à calcul (1851)*, etc. Il a collaboré en outre à une foule de publications et de journaux spéciaux : les *Annales des ponts et chaussées*, l'*Encyclopédie nouvelle*, l'*Instruction populaire*, les *Cent traités*, un *Million de faits*, *Patria*, la *Biographie portative universelle*, etc., etc. — Il est grand officier de la Légion d'honneur.

LALANNE, Maxime Ludovic Chrétien, littérateur et archiviste français, frère du précédent, est né à Paris le 23 avril 1815. Élève de l'École des chartes, il fut attaché en 1846 à la Commission des travaux historiques. En cette qualité, il fut désigné, en 1850, comme expert dans l'affaire du trop célèbre bibliophile Libri, condamné à dix ans de réclusion (20 juin), pour soustraction de livres et manuscrits précieux au préjudice de diverses bibliothèques. Directeur de l'*Athenæum français* de 1852 à 1856, il a dirigé, à partir de cette dernière date et jusqu'en 1865, la *Correspondance littéraire*. M. Ludovic Lalanne a collaboré en outre à la *Bibliothèque de l'École des chartes*, aux *Archives de l'art français*, au *Million de faits*, à la *Biographie portative*, à *Patria*, etc. — M. Ludovic Lalanne a publié à part: *Recherches sur le feu grégeois et sur l'introduction de la poudre en Europe (1841)*, couronnées par l'Académie des inscriptions et belles-lettres; *Curiosités littéraires*, *Curiosités bibliographiques*, *Curiosités biographiques*, *Curiosités des institutions, mœurs et légendes*, *Curiosités militaires (1845-47, 5 vol.)*; *Dictionnaire de pièces autogra-*

plies volées (affaire Libri) aux bibliothèques publiques de France (1651-52), avec M. Bordier: *Dictionnaire historique de France (1872)*, et des éditions de d'Aubigné, Marguerite de Navarre, des *Mémoires et correspondance de Bussy-Rabutin*, de *Malherbe*, dans les *Grands écrivains de la France (1862-1869*, 5 vol.), pour la Société de l'histoire de France, etc. — M. Ludovic Lalanne est sous-bibliothécaire à la bibliothèque de l'Institut depuis 1875.

LALO, Édouard, violoniste et compositeur français, est né vers 1830 et a fait ses études musicales au Conservatoire de Lille. Venu ensuite à Paris, il se produisit comme virtuose dans les séances de musique de chambre fondées par MM. Armingaud et Léon Jacquard, tout en se livrant à la composition. Il publia dès lors des mélodies vocales et quelques œuvres instrumentales empreintes d'un sentiment élevé de l'art et de tendances progressives en avance sur le goût public, qui furent très remarquées en Allemagne, mais pas du tout à Paris. Découragé par l'accueil fait à ses travaux dans son pays, M. Lalo fut plusieurs années sans rien produire. Toutefois, le Théâtre-Lyrique ayant ouvert un concours d'opéra, il y prit part avec un grand opéra en trois actes: *Fiesque*, dont M. Charles Beauquier avait écrit le poème. Dans ce concours, auquel prirent part cinquante-deux compositeurs, ce fut le *Magnifique*, de M. Philippot qui remporta le prix; mais des sept ouvrages qui suivaient l'ouvrage couronné, et qui furent mentionnés élogieusement par le jury, le premier classé était la *Coupe et les lèvres*, de M. Canoby et le second *Fiesque*. Un membre du jury parla de cette partition à M. Perrin, alors directeur de l'Opéra. Celui-ci voulut l'entendre, fut frappé des qualités de la musique, mais trouva le poème défectueux. On tomba d'accord pour qu'il fût remanié, et tout devait aller au mieux, si M. Lalo, fatigué des lenteurs malheureusement habituelles en pareil cas, ne se fût décidé à retirer sa partition et à la publier. Quelques années plus tard, l'intervention de M. Gounod amenait le directeur du théâtre de la Monnaie, de Bruxelles, M. Vachot, à s'engager à représenter *Fiesque*; mais la chose entendue, les rôles distribués, l'ouvrage prêt à entrer en répétitions, M. Vachot se trouve en désaccord avec la municipalité de Bruxelles et donne sa démission. *Fiesque* ne put donc être représenté à Bruxelles plus qu'à Paris, bien que ce soit une œuvre de valeur, dont plusieurs fragments exécutés dans les concerts et la publication de la partition pour piano et chant on pu faire apprécier tout le mérite. Après avoir publié plusieurs mélodies nouvelles et composé un *Divertissement* pour orchestre, exécuté avec succès dans les concerts, M. Lalo commença un opéra, *Savonarole*, sur un poème de M. Armand Silvestre, et écrivit sur la demande de M. Sarasate un *concerto* de violon avec accompagnement d'orchestre, qui fut exécuté par ce virtuose au Concert national le 18 janvier 1874, et ensuite aux Concerts populaires, avec un franc succès; puis, pour M. Sarasate encore, une *Symphonie espagnole*, exécutée l'année suivante; et enfin un *Allegro symphonique* exécuté aux Concerts populaires, en janvier 1876. — M. Lalo a publié, en fin de compte, une quantité d'œuvres variées, très remarquables par l'élégance, le style et la couleur. L'Opéra a donné de lui, en 1882, un ballet en 2 actes: *Namouna*, qui a eu beaucoup de succès.

LA MARTINIÈRE (de), Édouard Marie Tirel, homme politique français, né à Rennes le 17 février 1849. Il fit son droit à Paris, prit le grade de docteur et fut nommé au concours auditeur au Conseil d'État, en 1873. Six années plus tard, il devenait chef de cabinet du sous-secrétaire d'État au ministère de l'intérieur dans le « gouvernement de combat » et devint ensuite chef-adjoint du cabinet du ministre et directeur du personnel, puis chef de cabinet du vice-président du conseil (avril 1874), fonctions qu'il remplit jusqu'en mars 1875. Nommé en 1877 substitut du procureur de la République près le tribunal de la Seine, M. de la Martinière était révoqué au mois de mars 1879, dès que la République fut enfin maîtresse de la situation. Il songea dès lors à se faire mieux connaître dans le département de la Manche, où est sa résidence, et où il avait déjà figuré pendant la guerre comme capitaine de mobiles (à vingt et un ans!) et devint successivement maire de Vindefontaine, membre du Conseil général de la Manche, président du comice agricole. Enfin, il se présentait à la députation, sur la liste réactionnaire, aux élections du 4 octobre 1885, qui l'envoyèrent siéger à la Chambre. Il a pris place au centre droit. — M. de la Martinière est chevalier de la Légion d'honneur.

LAMARZELLE (de), Gustave Louis Édouard, homme politique et jurisconsulte français, né à Vannes le 4 août 1852. Il fit son droit à Paris, prit le grade de docteur et s'inscrivit au barreau de la Cour d'appel; il est enfin professeur à la faculté de droit de l'Institut catholique de Paris. M. de Lamarzelle, jurisconsulte éminent, a été élu député du Morbihan le 4 octobre 1885, sur la liste monarchiste. Il est secrétaire de la Chambre des députés.

LAMBER, Juliette. — Voyez **Adam** (dame).

LAMBERT, Louis Eugène, peintre français, né à Paris en 1825, élève d'Eugène Delacroix. — On cite de cet artiste : *Intérieur d'étable (1852)*; *Dans la coulisse (1855)*; *l'Expiation*, *Chat et perroquet (1857)*; *Remède pire que le mal*, un *Marché de petite ville (1861)*; *Chasse à courre*, *l'Abreuvoir (1864)*; *Terrier de renard*, une *Horloge qui avance (1865)*; *Relais de chasse (1866)*; la *Cheminée du garde*, la *Place enviée (1867)*; un *Orage qui gronde*, *Vol avec escalade (1868)*; les *Maîtres de la maison (1869)*; *Chatte et ses petits*, l'*Antichambre (1870)*; *Grandeur déchue*, *Convoitise (1872)*; « *A boire!* » le *Sommeil interrompu (1873)*; *Installation provisoire*, l'*Heure du repas (1874)*; *Jack*, *Sam*, *Shot*; l'*Ennemi*, *Enroi (1875)*; *Pepito*, *Tor*, *d'Artagnan*. *En famille (1876)*; *Pendant l'office (1877)*; les *Chats du cardinal de Richelieu (1878)*, etc. — M. Eugène Lambert a obtenu des médailles en 1865, 1866 et 1870, une médaille de 3ᵉ classe en 1878, et a été décoré de la Légion d'honneur en 1875.

LAMBERTERIE (baron de), Paul, administrateur et homme politique français, né à Paris le 29 mai 1840. Il fit son droit et entra dans l'administration à vingt-six ans. Sous-préfet de Briançon en 1870, il servit pendant la guerre, comme officier, dans les mobilisés de la Haute-Vienne, et redevint sous-préfet après la conclusion de la paix. Il administrait l'arrondissement de Saintes, lorsque la chute du ministère de Broglie et Fourtou vint l'avertir que l'heure de la retraite avait également sonné pour lui. Il donna sa démission, se retira dans le Lot et s'occupa d'agriculture. Il a été élu député du Lot au scrutin du 18 octobre 1885, comme candidat monarchiste. — M. de Lamberterie est chevalier de la Légion d'honneur.

LAMI, Louis Eugène, peintre français, né à Paris le 12 janvier 1800. Élève de Gros, d'Horace Vernet et de l'École des beaux-arts, il débuta au salon de 1824. M. Lami s'occupa concurremment de gravure sur pierre, de lithographie et d'aquarelle, et fut en ceci le professeur des princes d'Orléans. Il collabora à de nombreuses publications illustrées et publia divers recueils de lithographies de genre, notamment un *Voyage en Angleterre et en Écosse* qui eut du succès. M. Lami a fait divers voyages dans lesquels il a visité à peu près toute l'Europe et notamment la Crimée, au moment de la guerre. — On cite, parmi les expositions de cet artiste : le *Combat de Puerto-Miravente*, *Études de chevaux*, le *Combat de Tramerced*, une *Mêlée dans la campagne du Balkan*, *Charles Iᵉʳ recevant une rose en se rendant au piège*, les *Manœuvres russes au sacre de Nicolas Iᵉʳ*, *Attelage rustique*, *Course au moulin*, *Trait de bravoure moscovite*, une *Voiture de masques*, *Cromwell*, la *Scène du sonnet du Misanthrope* et de nombreux *Portraits (1854-53)*; la *Bataille de l'Alma (1855)*, etc. Parmi les aquarelles, genre auquel il s'est presque exclusivement consacré dans ces derniers temps, nous citerons : un *Bal aux Tuileries*, *Courses à Chantilly*, la *Prise de Constantine*, la *Revue des chasseurs*, un *Bal à l'Opéra*, les *Palais Durazzo et San Lorenzo*, une *Via Novissima à Gênes*, le *Lever de la reine d'Angleterre*, l'*Orgie*, *Sujets tirés des Œuvres d'Alfred de Musset*, l'*Escalier de marbre à Versailles*, *Costumes de 1760*, l'*Abdication de Marie Stuart* (Expos. univ., 1867); le *Dernier autodafé à Madrid*, en 1670; *Trianon en 1750 (1853-73)*, etc. Enfin il a peint pour les Galeries de Versailles : le *Combat d'Hondschoot*, la *Bataille de Castano*, l'*Affaire de la Claye*, la *Prise de Maestricht*, la *Capitulation d'Anvers*, etc. — M. Eugène Lami a obtenu une médaille de 2ᵉ classe en 1833 (Expos. univ.) avec sa *Bataille de l'Alma*; chevalier de la Légion d'honneur depuis 1857, il a été promu officier en 1862.

LAMOUREUX, Charles, violoniste et chef d'orchestre français, né le 28 septembre 1834 à Bordeaux, où il commença l'étude du violon. Venu à Paris en 1850, il entra au Conservatoire, dans la classe de Girard, alors chef d'orchestre de l'Opéra. Après avoir obtenu un second accessit en 1852, il remportait, en 1853, le second prix, et enfin le premier violon dans l'orchestre du Gymnase, il entra bientôt à celui de l'Opéra. Il continuait néanmoins ses études musicales, apprenant l'harmonie avec Tolbecque, le contre-point avec Leborne, et achevait ses études théoriques avec Chauvet. Après quoi, M. Lamoureux se consacra à l'enseignement et fonda, avec MM. Colonne, Adam et Régnault, une Société de musique de chambre dont les séances eurent beaucoup de succès. Devenu sous-chef d'orchestre de la Société des concerts du Conservatoire, M. Lamoureux songea à doter son pays d'une institution toute nouvelle pour lui. Il fit plusieurs voyages en Angleterre et en Allemagne, où il se lia avec les deux célèbres chefs d'orchestre Michaël Costa et Ferdinand Hiller, et étudia alors les moyens de faire connaître en France, à leur imitation, les œuvres impérissables des Bach, des Hændel et des Mendelssohn. Malgré les obstacles que les hommes d'initiative rencontrent toujours sur leur voie, M. Charles Lamoureux fondait en 1873 la « Société de l'harmonie sacrée », sur le modèle de la *Sacred harmonic Society* de Londres, avec ses seules ressources. Il organisa un orchestre, un nombreux personnel choral, qu'il mit sur-le-champ aux prises et, le 19 décembre 1873, avait lieu, dans la salle du Cirque des Champs-Elysées, la première audition du *Messie*, oratorio de Haendel. L'orchestre et les chœurs étaient dirigés par M. Lamoureux. L'exécution fut admirable et le succès prodigieux. Après plusieurs auditions du *Messie*, M. Lamoureux donna la *Passion* de Jean-Sébastien Bach; puis, la saison suivante, le *Judas Macchabée* de Haendel, qui eut un succès inouï. Pour varier ses programmes, en réservant une place à l'élément contemporain, il fit exécuter la cantate de M. Gounod : *Gallia*, et le « mystère » en trois parties de M. Massenet : *Eve*. Ces œuvres remarquables furent accueillies avec la faveur la plus marquée, et leur exécution révéla M. Lamoureux comme un chef d'orchestre hors ligne. Il fut chargé de la direction musicale des fêtes du centenaire de Boïeldieu, données à Rouen en 1875. Lorsque M. Carvalho fut nommé directeur de l'Opéra-Comique, en remplacement de M. du Lorle, il s'empressa d'attacher M. Lamoureux à ce théâtre, en qualité de chef d'orchestre (1876). M. Ch. Lamoureux a donné sa démission de ces dernières fonctions au commencement de mai 1877, et n'a pas cessé depuis de diriger les Concerts auxquels il a donné son nom.

LANDELLE, Charles, peintre français, né à Laval le 2 juin 1821. Elève de Paul Delaroche, il s'est principalement consacré à la peinture historique et religieuse, sans préjudice d'un assez grand nombre de portraits, a débuté au salon de 1841 avec son propre portrait. — Nous citerons : *Portrait de l'auteur à l'âge de vingt ans (1841)*; *Fra Angelico da Fiesole (1842)*; l'*Idylle*, l'*Elégie*, la *Charité (1854)*; la *Vierge et les saintes femmes*, *Fleurette abandonnée par Henri IV (1845)*; les *Petits bohémiens*, *Jeune juif (1846)*; *Portrait d'enfant*, *Jeune égyptienne (1847)*; *Sainte Cécile*, *Sainte Clotilde*, *Eucharis (1848)*; la *République (1849)*; *Jésus-Christ et ses apôtres Pierre et Jean*, *Sainte Véronique (1850)*; *Béatitude (1852)*; la *Renaissance*, l'*Antiquaire (1853)*; le *Repos de la Vierge (1855)*; la *Messe du dimanche à Béost (Basses-Pyrénées)*, les *Vanneuses de Béost (1856)*; la *Juive de Tanger*, *Jeune fille finlandaise*, *Femme arménienne (1857)*; le *Pressentiment de la Vierge*, la *Jeune fille aux oiseaux*, *Jeune fille de la campagne de Rome*, les *Deux Sœurs*, *Génie funèbre (1859)*; les *Femmes de Jérusalem captives à Babylone*, *Visite de l'empereur et de l'impératrice à la manufacture de Saint-Gobain et Chauny*, *Chemin de croix (1861)*; *Far niente (1862)*; le *Réveil (1864)*; *Pensierosa (1865)*; *Femme jellah*, *Arménienne du Caucase (1866)*; l'*Enfant d'Aïssaoui*, *charmeur de serpents*, la *Prison de Tanger*, et plusieurs toiles exposées aux précédents salons (Exp. univ. 1867); *Femme mauresque*, et *Paul et Georges*, enfants de la précédente (1868); *Montagnard aragonais*, l'*Enfant malade (1869)*; *Velléda (1870)*; l'*Aimée (1872)*; *Jeune bohémienne serbe*, la *Samaritaine (1873)*; *Rêverie de seize ans (1874)*; la *Mort de Saint Joseph*, esquisse d'une peinture pour l'église Saint-Sulpice ; l'*Ange de pureté*, l'*Ange des douleurs* fragments du tableau : la *Mort de Saint Joseph (1875)*; *Salmacis (1877)*; *Isménis (1878)*; la *Sirène*, la *Messagère des tempêtes (1879)*; *Jeune fille polonaise*, pastel ; *Femme de Bethléem*, *Bazar des tapis au Caire*, toiles (1883); le *Pays des fruits d'or (1884)*; le *Droit moderne* : la *Liberté, la Loi, la Justice et le Droit*, pour la ville de Laval, la *Petite orpheline (1885)*; l'*Aveugle de Biskra*, la *Saison des oranges à Alger*, toiles ; *Jeune fille et Portrait de M. Hetzel*, pastel (1886). — On doit en outre à M. Ch. Landelle des peintures murales : la *Loi*, la *Justice et le Droit*, dans la salle d'attente du Palais du Conseil d'Etat, incendié en mai 1871 ; six *Dessus de porte*, pour le salon des aides-de-camp, au palais de l'Elysée ; la décoration des deux *Salons des arts* de l'Hôtel de ville, également détruits en 1871, etc. Au nombre des portraits exposés par lui à diverses époques, nous devons mentionner ceux de *Stackelberg*, de l'*Amiral Baudin*, de la famille *Hély d'Oissel*, des *Filles de la baronne Mallet*, de Mme *Achille Fould*, de la *Princesse de Broglie*, de la *Princesse d'Essling*, d'*Alfred de Musset*, de *Delphine Fix*, de la *Comtesse d'Andlau*, de la *Comtesse Fitz-James (1874)*, d'*Hetzel (1886)* et un grand nombre de portraits anonymes. — M. Charles Landelle a obtenu une médaille de 3e classe en 1842, une médaille de 2e classe en 1845, une médaille de 1re classe en 1848 et une de 3e classe en 1855 (Exposition universelle); il a reçu également une médaille à l'Exposition de Philadelphie en 1877. Il est chevalier de la Légion d'honneur depuis 1855.

LANESSAN (de), Jean Marie Antoine, naturaliste et homme politique français, né à Saint-André de Cubzac (Gironde) le 13 juillet 1843. Il commença à Bordeaux ses études médicales et s'embarqua, en 1862, comme aide-chirurgien à bord d'un navire. De retour en France, il vint terminer ses études à Paris, se fit recevoir docteur en 1868, et fut nommé, en 1876, professeur agrégé d'histoire naturelle à la faculté de médecine. Pendant la guerre, il servit comme chirurgien dans des mobilisés de la Charente-Inférieure. En 1879, le docteur de Lanessan était élu conseiller municipal de Paris pour le quartier de la Monnaie (VIe arrondissement) et réélu en 1881, et y fit partie du groupe autonomiste. Aux élections du 21 août 1881, il se présenta comme candidat de l'extrême-gauche à la députation, dans la deuxième circonscription du Ve arrondissement de Paris, et fut élu. Il prit place à l'extrême-gauche, fit partie de diverses commissions, notamment de la commission du budget, en fut rapporteur de quelques-unes. Aux élections d'octobre 1885, il était élu député de la Seine au scrutin du 18. Il a voté l'expulsion des princes. — M. de Lanessan fonda, en octobre 1881, le *Réveil*, journal quotidien de Paris pour le compte du *Marseillaise* quelques mois plus tard. Il dirige, en outre, la revue *Science et nature*. Il a publié, enfin : *Du protoplasma végétal*, thèse (1876); *Manuel d'histoire naturelle médicale*; la *Matière, la vie et les êtres vivants (1879)*; *Etudes sur la doctrine de Darwin (1881)*; une traduction du *Manuel de zootomie* de Mojsicovics Elder ; l'*Expansion coloniale de la France*, étude économique, politique et géographique sur les établissements français d'outre-mer (1886), etc. — M. de Lanessan a été, en août 1886, chargé d'une mission officielle dans nos colonies, à l'effet de étudier les ressources ainsi que les meilleures conditions dans lesquelles la colonisation peut en être effectuée, pour celles ou c'est encore une question non résolue. Après une première tournée, M. de Lanessan faisait, au Cercle des conférences internationales, le 3 septembre, une conférence sur la Tunisie qui nous fait bien augurer de sa mission... pourvu qu'on l'écoute.

LANGÉNIEUX, Benoît Marie, prélat français, cardinal, né à Villefranche-sur-Rhône le 15 octobre 1824. Il fit ses études au séminaire de Saint-Nicolas, à Paris, et débuta comme vicaire à Saint-Roch. En 1859, M. Morlot, archevêque de Paris, l'appelait à la chancellerie archiépiscopale. Curé de Saint-Ambroise en 1863 et de Saint-Augustin en 1867, il était nommé archidiacre de Notre-Dame et vicaire général en 1871. Nommé évêque de Tarbes le 18 juin 1873 et préconisé le 25 juillet suivant, il était promu à l'archevêché de Reims le 11 novembre 1874 et préconisé le 21 décembre suivant. Il a été créé cardinal par Léon XIII, dans le consistoire tenu au Vatican le 7 juin 1886. — M. Langénieux est chevalier de la Légion d'honneur depuis mars 1870.

LANGEVIN, Hector Louis, homme d'Etat canadien, né à Quebec le 15 août 1820. Après avoir achevé ses études au collège de sa ville natale, il alla suivre les cours de l'école de droit de Montréal et se fit admettre au barreau en 1850. Il fut quelque temps rédacteur en chef des *Mélanges religieux*, journal paraissant à Montréal trois fois par semaine, puis devint l'un des rédacteurs du *Courrier du Canada*, journal quotidien de Québec, et publia : *Droit administratif des paroisses, or Parochial laws and customs of Lower-Canada (1862)*, dont le titre est écrit dans les deux langues ainsi que nous le reproduisons. — Elu maire de Quebec en 1857, M. Langevin a été réélu en 1858. Le 2 janvier 1858, il était élu membre du Parlement provincial, comme candidat du parti conservateur, pour le comté de Dorchester. En mars 1864, il devint solicitor général pour le Bas-Canada, avec siège dans le cabinet de sir E. P. Tache ; il échangea ces fonctions pour celles de directeur général des postes en novembre 1866. Lors de la réorganisation du cabinet du *Dominion* en 1867, M. Langevin fut nommé secrétaire général du Canada, surintendant général des affaires des Indes et registrar-général ; puis, ministre des travaux publics en novembre 1869, fonctions qu'il résigna à la chute du gouvernement Macdonald, en 1873. Aux élections de 1878, il fut élu député de Trois-Rivières, qu'il n'a pas cessé de représenter depuis, et redevint, la même année, directeur général des postes, dans le ministère conservateur-libéral ; en mai 1879, il échangeait ce portefeuille contre celui du ministre des travaux publics. Décoré de l'ordre du Bain en 1866, M. Langevin a été nommé chevalier-commandeur de l'ordre de Saint Michel et Saint George en 1881.

LANGLOIS, AMÉDÉE JÉRÔME, homme politique français, fils du peintre de ce nom, membre de l'Institut, est né à Paris le 7 janvier 1819. Il entra à l'École navale en 1833, et devenait successivement aspirant en 1838 et enseigne de vaisseau en 1841 ; détaché en 1847 au ministère de la marine pour y remplir les fonctions de secrétaire de la Commission supérieure chargée de réviser le règlement général des bâtiments de la flotte, il donna sa démission après la révolution de 1848, pour se lancer dans la politique militante. Il entra au journal le *Peuple*, de Proudhon, dont il devint le disciple et l'ami et qui le nomma son exécuteur testamentaire, lorsqu'il mourut, presque dans ses bras, en 1865. Porté en 1849, aux élections pour la Législative, sur la liste démocratique-socialiste de la Seine, M. Langlois échoua avec 105.000 voix. Arrêté pendant le *Peuple*, à l'occasion de la manifestation du 13 juin 1849, il était condamné par la Haute Cour de Versailles, le 13 novembre suivant, à la déportation, comme coupable de complot ayant pour but de changer la forme de gouvernement. M. Langlois revint en France après l'amnistie de 1859. En janvier 1865, comme nous l'avons dit, il assistait, dans ses derniers moments, Proudhon, mort à Passy le 26 de ce mois ; après quoi, en sa qualité d'exécuteur testamentaire du défunt, il surveillait, avec la plus grande sollicitude, l'impression de ses œuvres posthumes. Il prenait, en outre, une part personnelle très active au mouvement socialiste, et publiait en 1867 un ouvrage remarquable, exposé substantiel de ses doctrines, qu'il dédiait à Proudhon : l'*Homme et la Révolution* (2 vol.). En 1869, il assistait, comme délégué de la section française de l'Association internationale, au Congrès de Bâle, où il prit la défense de la propriété individuelle. De 1868 à 1870, M. Langlois fut très répandu dans les réunions publiques organisées sous l'empire de la nouvelle loi, et le 12 juillet 1870, il protestait publiquement contre la guerre, à la tête d'une manifestation qui fut dispersée violemment par la police, par manière de contre-protestation. Lorsque la nouvelle du désastre de Sedan fut connue à Paris, il fut un des premiers organisateurs des manifestations en faveur de la déchéance de la dynastie impériale. Élu, après la révolution du 4 Septembre, chef du 116e bataillon de la garde nationale de Paris, il organisa le premier bataillon de marche, à la tête duquel il se signala à la prise de la Gare-aux-Bœufs et fut cité à l'ordre du jour de l'armée. Promu lieutenant-colonel commandant le 18e régiment de Paris, M. Langlois donnait de nouvelles preuves de courage militaire à la gare de Montretout et à Buzenval, où il fut blessé grièvement, cité de nouveau à l'ordre du jour et décoré de la Legion d'honneur. Le 18 mars 1871, dès qu'il eut appris la tournure que les choses avaient prises à Montmartre, à la suite de l'inqualifiable tentative faite pour s'emparer des canons parqués sur les buttes, M. Langlois s'employa avec la plus louable activité pour amener une solution pacifique de ce regrettable incident (il n'était pas encore question, bien entendu, de la double exécution des généraux Lecomte et Thomas) ; mais ce fut sans succès, et on le vit sortir désespéré d'une conférence qu'il venait d'avoir avec le chef du gouvernement, absolument intraitable, à ce qui paraît avéré. M. Langlois avait, dès lors, accepté le commandement en chef des gardes nationales de Paris ; il résignait ce commandement le 19 mars au matin, le remettait aux mains de l'amiral Saisset et acceptait, le 20, le poste de chef d'état-major de l'amiral, lequel devait échouer dans sa mission, comme on sait, bien qu'on sache beaucoup moins ce qu'il tenta d'utile pour y réussir.

Aux élections du 8 février 1871, le colonel Langlois avait été élu représentant de la Seine, le vingt-cinquième sur quarante-trois, et siégeait dans les rangs de la gauche. On raconte que, souffrant encore de sa blessure et le bras en écharpe, le colonel Langlois, se trouvant dans un café de Bordeaux où un lieutenant traitait de lâches, sans doute de bonne foi, tant la légende en avait été habilement répandue dans les rangs de l'armée régulière, les gardes nationaux de Paris, ne put contenir son indignation et s'offleta l'officier : argument *ad hominem* qui devait lui prouver son erreur, venant d'un colonel de ladite garde nationale. — M. Langlois fit partie, à l'Assemblée nationale, de plusieurs commissions importantes, notamment de la commission du budget. Il est l'auteur d'une proposition d'impôt sur les revenus et a pris la parole contre la loi sur l'Internationale, et dans la discussion des impôts nouveaux, celle de la loi sur les cadres de l'armée, etc. — Aux élections de 1876, M. Langlois, après avoir décliné la candidature sénatoriale que lui offraient les républicains de Seine-et-Marne, se porta candidat à la députation dans la deuxième circonscription de Pontoise, et fut élu au scrutin de ballottage du 5 mars 1876. Il reprit son siège à gauche, a fait partie de la commission du budget pour 1877 et 1878, et a été rapporteur du budget de la guerre. Il a pris notamment la parole dans la discussion de la loi sur les aumôniers militaires, de la proposition de M. Laisant tendant à modifier la loi du 27 juillet 1872 sur le recrutement de l'armée, de celles relatives à la création d'un port et d'un chemin de fer à la Réunion, au service hospitalier de l'armée, dans la discussion des lois de finances, etc. — D'un tempérament fougueux, d'une irrésistible impétuosité de parole, M. Langlois est un de ces rares caractères qui jouissent de l'entière estime, nous dirions presque de la sympathie de tous, même de leurs adversaires politiques les plus résolus. Cependant, il échouait dans le département de Seine-et-Oise, aux élections d'octobre 1885. — M. Langlois a publié : *Correspondance de P. J. Proudhon, 1837-49*, précédé d'une *Notice* (1875, 3 vol.).

LANJUINAIS (comte), PAUL HENRI, petit-fils du célèbre membre de la Convention, homme politique français, né à Paris le 24 juillet 1834. Élève de l'école militaire de Saint-Cyr, il en sortit comme officier de cavalerie, mais donna bientôt sa démission. Aux élections du 21 août 1881, il se porta dans la 1re circonscription de Pontivy, comme candidat légitimiste : il fut élu, prit place à l'extrême-droite, et en dehors de la politique courante, prit une grande part aux discussions sur l'organisation de l'armée. Aux élections du 4 octobre 1885, il figurait naturellement sur la liste monarchiste, qui triompha au premier tour dans le Morbihan.

LANSAC (de), FRANÇOIS EMILE, peintre français, né à Tulle en 1805 ; élève d'Ary Scheffer et de Langlois, il se consacra d'abord à la peinture historique et, dans ces dernières années, plus spécialement à la peinture d'animaux et de sujets de chasse ; on lui doit également de nombreux portraits très estimés. — On cite principalement de cet artiste : *Épisode du siège de Missolonghi*, *Jeune fille à la fontaine*, *Trait de courage du commandant Daru* (1842) ; *Sujet tiré des Confessions de J. J. Rousseau* (1846) ; les *Chasseurs au marais* (1852) ; les portraits équestres de *Napoléon Ier*, *Olivier de Clisson*, le *Duc d'Orléans*, le *Prince Louis-Napoléon* ; puis le *Trompette des guides*, l'*Aumônier du régiment* (1855) ; *Chevaux en liberté*, *Chien terrier anglais* (1857) ; le *Siège de Vallon*, *Costume des Pyrénées* (1859) ; la *Mort de Ravenswood*, inspiré de la *Fiancée de Lammermoor* et *Vaches dans la prairie* (1861) ; *Déjanire et le centaure Nessus* (1863) ; *Chien terrier-bull*, *Charles II* (1864) ; *Saint Gérard de Lunel*, *Portrait équestre du baron d'Or* (1866) ; la *Sangle cassée* (1868) ; *Attelage russe* (1870) ; *Départ pour la chasse au faucon*, *Cheval de phaéton* (1874) ; *Animaux à la fontaine* (1875) ; un *Commandant de chasseurs montagnards*, *Chasse en hiver* (1876) ; *Charles Ier* (1877) ; un *Page* (1878), etc. — M. de Lansac a obtenu une médaille de 3e classe en 1836 et une de 2e classe en 1838.

LANSYER, MAURICE EMMANUEL, peintre français, né à l'Île-de-Bouin (Vendée) le 18 février 1835. Se destinant d'abord à l'architecture, il fut élève de Viollet-le-Duc, puis il suivit les ateliers de Courbet et de M. Harpignies et adopta la peinture de marine et de paysage, dans des sujets tirés pour la plupart des départements bretons. M. Lansyer débuta au Salon de 1854, avec deux toiles portant le même titre : *Pins maritimes sur les côtes de Bretagne*, offrant, l'une un effet du matin, l'autre un effet du soir. Il a exposé depuis : *Matinée de Septembre à Douarnenez* et les *Bords de l'Ellré*, au *Faouet* (1865) ; une *Rivière en Bretagne*, un *Lavoir à marée basse sur les côtes de Bretagne* (1866) ; *Femmes à la fontaine* (1867) ; une *Source en Bretagne* (1868) ; le *Château de Pierrefonds*, le *Bac de Port-Rue* (1869) ; *Promenade en automne*, la *Rivière de Pouldahut à marée basse* (1870) ; les *Alpes ligurienne de Menton à la Bordighera*, une *Citerne sous les oliviers à Menton* (1871) ; l'*Anse de Treffontec à marée montante*, les *Récifs de Kilvouarn*, vues prises de la baie de Douarnenez (1873) ; une *Vue prise au pied du pont des Arts, à Paris*, et plusieurs des toiles citées plus haut ont figuré à l'Exposition universelle de Vienne (1873); les *Brisants du Stang*, la *Lande de Kerlouarneck*, *Marée basse à Tréboul*, toiles; *Capucine et cyclamen dans un vase japonais*, *Fantaisie japonaise* et un *Coin de mon atelier*, aquarelles (1874); les *Rochers d'Arvechen à marée basse*. *Marée montante à Ploumanac'h*, l'*Anse de Plomarc'h* (1875); la *Mort d'un chêne*, un *Grain sur la côte du Finistère* (1876); *Avril en fleurs*, *Moulins à vent des environs de Lille* (1877); *Landes fleuries* (1878); la *Baie de Douarnenez à marée basse*, *Pleine mer à Granville* (1879); l'*Ecueil*, la *Rosée* (1883); *Brume d'octobre*, la *Falaise* (1884); les *Pampres de Mariaude, près Loches*; *Lever de soleil sur la mer* (1885); le *Menhir, Ouessant* (1886). M. Lansyer a exécuté en outre, dans le grand vestibule du palais de la Légion d'honneur, une grande peinture représentant une *Vue du palais de la Légion d'honneur, prise du quai d'Orsay* (1876). — Cet artiste a obtenu des médailles en 1865 et 1869 et une médaille de 3ᵉ classe en 1873. Il a été décoré de la Légion d'honneur en 1881.

LA POMMERAYE (de), PIERRE HENRI VICTOR BERDALLE, littérateur et conférencier français, né à Rouen le 20 octobre 1839. Il fit son droit à Paris, fut reçu avocat, mais n'exerça pas. Entré comme employé à la préfecture de la Seine, il était nommé chef du service des pétitions, au Sénat, en 1865. Dès 1862, M. de la Pommeraye s'était fait connaître comme conférencier à l'Association polytechnique, et s'est fait une réputation comme tel en prenant la parole à la salle du boulevard des Capucines, aux matinées littéraires du Théâtre-Cluny, de la Gaîté, etc. et en créant, en 1874, le « feuilleton parlé », ou critique dramatique orale. Il avait débuté en 1871, au *Bien public*, dans le « feuilleton écrit », et entrait en 1874 à la *France* en cette même qualité de critique dramatique. Il a depuis collaboré au *Rappel*, etc. Nommé secrétaire-rédacteur au Sénat en 1876, M. H. de la Pommeraye était appelé, en 1878, à la chaire d'histoire et de littérature dramatique au Conservatoire, chaire qu'il occupe encore. — Il a publié : *les Sociétés de secours* (1867); *les Invalides du travail*, l'*Art d'être heureux* (1868); *Un conseil par jour* (1870); la *Critique de la « Visite de noces »*, de M. Alexandre Dumas (1871); *Histoire du début d'Alexandre Dumas fils au théâtre*, *les Jeunes* (1872); *Molière et Bossuet* (1877), etc. M. H. de la Pommeraye est chevalier de la Légion d'honneur.

LAPORTE (de), JEAN ROGER AMÉDÉE, homme politique français, avocat, né à Niort le 20 juin 1848. Il fit de brillantes études au collège de sa ville natale, vint faire son droit à Paris, fut reçu avocat en 1869 et s'inscrivit au barreau de Paris. Nommé au concours auditeur au Conseil d'État en 1873, il fut chef du cabinet du ministre des travaux publics, M. Christophle, de mars 1876 à mai 1877. Le 14 octobre suivant, il était élu député de la 2ᵉ circonscription de Niort. Il s'inscrivit au groupe de la gauche républicaine, puis à celui de l'Union républicaine, dont il devint secrétaire. Réélu le 21 août 1881, il était nommé administrateur des chemins de fer de l'État en janvier 1882, mais donnait sa démission en juillet 1883, à la suite de la discussion des conventions avec les grandes compagnies, qu'il avait énergiquement combattues. M. de Laporte a été élu député des Deux-Sèvres, en tête de la liste républicaine, le 4 octobre 1885. Il a voté l'expulsion des princes. — M. de Laporte a été nommé sous-secrétaire d'État aux colonies, dans le cabinet du 7 janvier 1886.

LARCHEY, ÉTIENNE LORÉDAN, littérateur français, fils d'un général d'artillerie mort en janvier 1881, est né à Metz le 26 janvier 1831 a fait ses études au collège de sa ville natale et au lycée Saint-Louis, à Paris; après quoi il suivit quelque temps les cours de l'École de droit, puis s'engagea dans un régiment d'artillerie. En 1850, au terme de son engagement, il revint à Paris, devint élève de l'École des chartes et fut attaché à la Bibliothèque Mazarine en 1852. Chargé de plusieurs missions, notamment en 1855 et 1859, M. Lorédan Larchey était devenu bibliothécaire à la Bibliothèque Mazarine depuis plusieurs années, lorsqu'il fut nommé conservateur-adjoint à la bibliothèque de l'Arsenal, en janvier 1874. Il est devenu conservateur de cette bibliothèque, et a été créé chevalier de la Légion d'honneur en 1877. — M. Lorédan Larchey a collaboré à un grand nombre de journaux et revues, notamment la *Revue contemporaine*, la *Bibliothèque universelle de Genève*, le *Courrier de Paris*, le *Figaro*, le *Moniteur universel*, le *Paris-Magazine*, le *Bibliophile français*, le *Monde illustré*, la *Mosaïque*, fondé en 1855, la *Revue anecdotique*, qu'il a dirigée jusqu'en 1861, et la *Petite Revue* (1863-64); et publié : *Journal de Jehan Aubrion, bourgeois de Metz, avec sa continuation par Pierre Aubrion, 1465-1512* (1857); les *Excentricités du langage* (1860); le *Roman de Parise la duchesse* (1861); les *Bombardiers de Metz* (1861); *Origine de l'artillerie française* (1862), suivi, ou plutôt accompagné de *Planches autographiées d'après les monuments des XVIᵉ et XVIIᵉ siècles, avec texte descriptif* (1863, in-fol.); les *Mystifications de Caillot-Duval* (1864); *Jean Boukier, président du parlement de Dijon* (s. d.), avec M. E. Mabille; *Correspondance intime de l'armée d'Égypte* (1865); *Notes du lieutenant de police d'Argenson*, avec M. Mabille (1866); les *Joueurs de mots* (1867); *Gens singuliers* (1867); *Documents pour servir à l'histoire de nos mœurs* (1869 et suiv.); *Almanach des assiégés* (1870); *Mémorial illustré des deux sièges de Paris* (1871); *Bibliothèque des Mémoires du XIXᵉ siècle* (1872); *Dictionnaire des noms* (1880); *Dictionnaire historique d'argot*. 9ᵉ édition des *Excentricités du langage* (1882).

LAREINTY (baron de), CLÉMENT GUSTAVE HENRI DE BAILLARDEL, homme politique français, né à Toulon le 19 janvier 1824. Il débuta de bonne heure dans la carrière diplomatique, mais la révolution de 1848 l'en détourna. Devenu capitaine d'état major de la garde nationale de Paris et officier d'ordonnance du général Changarnier, il se retira vers la fin de cette année. Il avait pris part à la répression de l'insurrection de juin 1848. Retiré dans la Loire-Inférieure, où il possède de grandes propriétés, il fut conseiller général de ce département à partir de 1861. Pendant la guerre, M. de Lareinty se trouva à la tête d'un bataillon de mobiles Bretons, enfermés dans Paris assiégé, et à la défense duquel il prit une grande part; il fut fait prisonnier à Montretout le 19 janvier 1871 et interné en Allemagne. Il était de retour, lorsqu'éclata l'insurrection du 18 mars. Ayant reçu mission de dégager, s'il était possible, les généraux Lecomte et Clément Thomas, prisonniers des insurgés, il faillit rester lui-même entre les mains de ceux-ci; le dévouement de deux officiers fédérés lui permit de s'en échapper à temps. Il prit place alors dans les rangs de l'armée de Versailles, qui faisait subir à Paris un second siège, sous les yeux même de l'ennemi heureux de le voir se charger d'une besogne qu'ils n'eussent peut-être pu mener à si bonne fin; et il était récompensé de ses services par la rosette d'officier de la Légion d'honneur, qui lui fut décernée le 8 juin. — Élu sénateur de la Loire-Inférieure, comme légitimiste et clérical, le 30 janvier 1876, M. de Lareinty était réélu dans les mêmes conditions le 5 janvier 1879. A la suite du vote de la loi d'expulsion des princes prétendants (22 juin 1886), le duc d'Aumale rayé des cadres de l'armée, ayant protesté par une lettre peu mesurée à l'adresse du président de la République, était expulsé à son tour par décret. Le gouvernement fut interpellé à cette occasion au Sénat, par M. Chesnelong, le 15 juillet; et le général Boulanger, ministre de la guerre, pour justifier la mesure, insista sur la lettre *impertinente* du prince, expression qui souleva une tempête sur les bancs de la droite, et au cours de laquelle, M. de Lareinty se laissa emporter à qualifier de *lâcheté* le fait d'attaquer ainsi un absent, qu'il reprochait au ministre. Le surlendemain, l'« affaire » n'ayant pu s'arranger, M. de Lareinty et le général Boulanger (Voy. ce nom) se rencontraient le pistolet au poing dans le bois de Chalais; ils s'échangèrent une balle, et la paix fut rétablie à peu près, car la presse fit beaucoup de bruit autour de cette affaire assez peu intéressante en elle-même, mais qui servit de prétexte à la presse monarchique pour poursuivre ses brocards du ministre de la République et élever une sorte de piédestal au représentant de la réaction monarchiste, peut-être un peu honteux lui-même de son intervention brutale, et surtout des suites grotesques que lui donnaient des amis aussi mal inspirés que l'ours de Lafontaine.

LARGENTAYE (baron de), MARIE ANGE RIOUST, homme politique français, d'une riche famille des Côtes-du-Nord anoblie en 1814, est né à Pluduno le 26 octobre 1820. Conseiller général pour le canton de Plancoët sous l'empire, il a été réélu en 1871 et devenu vice-président de cette assemblée. Il était, en outre maire de la commune de Saint-Lormel lorsqu'il fut élu, le 8 février 1871, représentant des Côtes-du-Nord à l'Assemblée nationale, le neuvième sur treize; il prit place à droite et s'inscrivit aux réunions Colbert et des Réservoirs. Légitimiste-fusioniste, M de Largentaye eut pour concurrents, aux élections du 20 février 1876, M. J. P. de Champagny, bonapartiste et M. de Lorgeril fils, légitimiste intransigeant; il fut, malgré cela, élu au premier tour député de la deuxième circonscription de l'arrondissement de Dinan et réélu par cette même circonscription le 14 octobre 1877 et le 21 août 1881. Il était, enfin, élu député des Côtes-du-Nord le 4 octobre 1885, sur la liste monarchiste.

LA ROCHEFOUCAULD-BISACCIA (de), Charles Gabriel Marie Sosthène, comte de La Rochefoucauld, duc de Bisaccia, dans les Deux-Siciles, homme politique et diplomate français, fils du grand d'Espagne, intendant des Menus plaisirs sous Charles X, mort en 1864, est né à Paris le 1er septembre 1825. Resté jusque-là étranger à la politique, M. de La Rochefoucauld-Bisaccia était élu, le 8 février 1871, représentant de la Sarthe à l'Assemblée nationale, le dernier sur neuf. Il prit place à l'extrême-droite et devint bientôt l'un des chefs les plus actifs du parti légitimiste. Le 28 juin 1872, il fit partie de la délégation de la majorité, dite des *bonnets à poil*, chargée d'imposer à M. Thiers une politique conforme à ses vues, fut un des membres du comité électoral qui appuyait la candidature Stoffel contre les candidatures Barodet et de Rémusat à Paris, en avril 1873, et joignit sa signature aux signatures bonapartistes recommandant aux électeurs, dans des proclamations affichées à profusion, cette candidature vouée d'avance à l'insuccès. Après avoir participé de son mieux au renversement de M. Thiers, M. de La Rochefoucauld-Bisaccia fut nommé ambassadeur de la République française à Londres, le 6 décembre 1873, et l'y représenta avec un faste dont les chroniques mondaines ont retenti, soutenant ses intérêts, par exemple, avec une sollicitude pleine de discrétion, dont on peut trouver le commentaire dans la proposition de rétablissement de la monarchie qu'il présentait à l'Assemblée nationale le 15 juin 1875, comme une réponse à la proposition contraire de M. Casimir Périer. Il avait donné sa démission d'ambassadeur à Londres le 20 avril 1874, en présence des dispositions assez naturelles de la gauche, d'interpeller le gouvernement sur son maintien dans ce poste de confiance, en dépit de ses intrigues peu dissimulées en faveur d'une restauration monarchique. — Aux élections sénatoriales de 1876, M. de La Rochefoucauld-Bisaccia se présenta dans la Sarthe ; mais en présence des nombreuses compétitions « conservatrices » ne lui laissant que peu de chance de succès, il se retirait avant le scrutin, pour se présenter le 20 février comme candidat à la députation, dans la première circonscription de Mamers. Il fut élu au scrutin de ballottage du 3 mars, par 6,526 voix, grâce au désistement en faveur du candidat bonapartiste, contre 6,102 voix obtenues par M. Granger, candidat républicain qui avait obtenu une majorité relative considérable au premier tour. Il s'était également présenté dans le VIIe arrondissement de Paris, mais s'était désisté avant le scrutin. Réélu le 14 octobre 1877, il voyait son élection annulée par la Chambre, où ses électeurs le renvoyaient siéger le 3 mars 1878, bien qu'il eût déclaré être fier d'en sortir. Il était élu de nouveau à Mamers le 21 août 1881. Enfin, le 4 octobre 1885, M. de La Rochefoucauld-Bisaccia était élu député de la Sarthe.

LA ROCHEJACQUELEIN (marquis de), Julien Marie Gaston du Vergier, homme politique français, petit-fils du général en chef de l'armée vendéenne, tué en 1815 en commandant l'armée impériale et fils de l'ancien pair de France sous la Restauration, mort sénateur de l'Empire en 1867, est né à Chartres le 27 mars 1833. Riche propriétaire dans les Deux-Sèvres, conseiller général d'un des cantons de Bressuire, M. de La Rochejacquelein se présentait aux élections générales de 1869, comme candidat de l'opposition légitimiste, mais sans succès. Élu représentant des Deux-Sèvres à l'Assemblée nationale, le cinquième sur sept, le 8 février 1871, il prit place sur les bancs de la droite cléricale et s'inscrivait à la réunion des Réservoirs. Le 15 juin 1874, il signa la proposition de rétablissement de la monarchie présentée par M. de La Rochefoucauld-Bisaccia ; il avait voté, malgré l'engagement contraire pris dans sa circulaire électorale, la loi du 20 janvier 1874, qui enlevait aux conseils municipaux la nomination des maires et adjoints, et prit la parole en quelques occasions habituelles, par exemple lors de la discussion des lois constitutionnelles, qu'il repoussa de son vote. Élu, au scrutin de ballottage du 5 mars 1876, député de l'arrondissement de Bressuire, par 8,998 voix contre 8,769 données au candidat républicain, M. Bernard, grâce encore au désistement motivé du candidat bonapartiste, le marquis de La Rochejacquelein vit son élection annulée dans la séance du 31 mars, pour les excès auxquels s'étaient livrés ses partisans en cette élection, notamment en faisant distribuer une circulaire aux « habitants du Bocage » dans laquelle les républicains étaient dénoncés comme étant en disposition de célébrer leur victoire du 20 février en pendant les curés et vendant les églises. M. de La Rochejacquelein, nous devons le dire, a regretté lui-même ces excès, auxquels il s'est déclaré étranger. Il était réélu le 21 mai suivant par 8,934 voix contre 8,918. — Le 14 octobre 1877, il était de nouveau élu de Bressuire, dans des conditions analogues à celles de février-mars 1876. Invalidé encore, il échouait contre le candidat républicain à l'élection du 2 février 1879, et donnait après cet échec sa démission de conseiller général des Deux-Sèvres, paraissant décidé à abandonner la vie politique. — Il allait pourtant au-devant d'un nouvel échec, en se présentant aux élections du 4 octobre 1885.

LAROCHE-JOUBERT, Edgar, homme politique français, fils d'Edmond Laroche-Joubert, ancien député, fondateur de la papeterie coopérative d'Angoulême, mort en 1884, est né à Angoulême vers 1844. Après de brillantes études, il fut associé à la maison de son père, qu'il seconda très activement et fut bientôt en état de suppléer d'une manière complète. Élu conseiller municipal d'Angoulême, puis adjoint au maire en 1870, il était conseiller général de la Charente depuis quelques mois et le devenait quand son père mourut. En septembre suivant (1884), il était réélu à sa place député de la 1re circonscription d'Angoulême. Il prit place sur les bancs du groupe de l'Appel au peuple. Aux élections du 4 octobre 1885, M. Laroche-Joubert fut élu député de la Charente en tête de la liste monarchiste. — Ce serait pourtant une question de savoir s'il est bien réellement « monarchiste ».

LAROCHETTE (de), Ernest Léon Zacharie Poictevin, homme politique français, fils d'un sénateur inamovible mort, avant d'avoir siégé, en janvier 1876, et frère puîné de M. Antoine de la Rochette, député aux mois de mars 1879. M. Ernest de la Rochette est né à Asserac (Loire-Inférieure) le 20 mai 1847. Élu député de la 2e circonscription de Saint-Nazaire, en remplacement de son frère, le 6 avril 1878, il prit place à droite. Il a été élu, le 4 octobre 1885, député de la Loire-Inférieure sur la liste monarchiste.

LAROZE, Alfred, homme politique français, avocat, né dans la Gironde le 5 avril 1831. Inscrit au barreau de Bordeaux en 1856, ancien bâtonnier, il fut élu, le 4 septembre 1881, député de l'arrondissement de Bazas, comme candidat républicain, et s'inscrivit au groupe de l'Union républicaine. Il fut sous-secrétaire d'État au ministère de l'intérieur, dont le titulaire était M. Waldeck-Rousseau, de 1884 à mars 1885. Aux élections d'octobre 1885, M. Alfred Laroze a été élu député de la Gironde au scrutin du 18. Il a voté l'expulsion des princes.

LAROZE, Léon, homme politique français, né en 1835. Il est grand propriétaire agriculteur, vice-président du comice agricole de La Réole et maire de Saint-Martin-de-Lern (Gironde). Il a été élu député de la Gironde le 18 octobre 1885, a pris place au groupe de l'Union républicaine et voté l'expulsion des princes.

LARREY (baron), Félix Hippolyte, médecin français, de l'illustre chirurgien de l'Empire, est né à Paris le 18 septembre 1808 et a fait ses études au collège Louis-le-Grand. Entré à l'hôpital militaire du Val-de-Grâce en 1828, comme élève du service de santé militaire, il fut nommé chirurgien sous-aide à l'hôpital militaire de Strasbourg en 1829, puis rappelé à Paris, à l'hôpital de la garde royale du Gros-Caillou. Les soins qu'il donna, lors des journées de Juillet, aux blessés civils aussi bien que militaires, lui valurent la croix de Juillet. En 1832, M. H. Larrey prenait le grade de docteur à la faculté de Paris et était chargé la même année du service de l'hôpital Picpus, en pleine épidémie cholérique ; il assistait comme chirurgien aide-major au siège d'Anvers, à la suite duquel il fut porté pour la croix de la Légion d'honneur, qu'il n'obtint pas cette fois, et fut décoré de l'ordre de Léopold de Belgique. Reçu agrégé en 1835, M. H. Larrey fit à l'École pratique un cours de chirurgie militaire, et un autre à l'hôpital de la Clinique, et obtint au concours, en 1841, la chaire de la pathologie chirurgicale du Val-de-Grâce. Promu chirurgien en chef de l'hôpital du Gros-Caillou en 1850, il passait en la même qualité au Val-de-Grâce en 1852, et devenait successivement chirurgien consultant de la Légion d'honneur et chirurgien ordinaire de l'empereur en 1852, directeur du service de santé de la garde impériale au camp de Châlons en 1857 et inspecteur du service de santé des armées. Il avait été élu membre de l'Académie de médecine en 1850. Il a fait la campagne d'Italie (1859) en qualité de médecin en chef de l'armée et eut un cheval tué sous lui à Solferino. M. le baron Larrey fait partie d'un grand nombre de société savantes ; il a été président de l'Académie de médecine, de la Société de chirurgie de Paris et de la Société médicale d'émulation, et est membre du Conseil d'hygiène et de salubrité de la Seine. Il a été élu membre libre de l'Académie des sciences, en remplacement de Civiale, en 1867. Président du Conseil de santé des armées, M. Larrey, qui était chevalier de la Legion d'honneur depuis 1843 et avait été promu commandeur après Solferino, fut nommé grand officier de l'ordre en octobre 1871, en prenant sa retraite. Il est, en outre, haut dignitaire des principaux ordres de l'Europe ainsi que de la Perse et du Brésil. — M. le D' Larrey a publié un grand nombre de mémoires ou d'articles sur des sujets de médecine, de chirurgie et d'hygiène militaires, principalement dans la *Clinique*, la *Gazette médicale*, la *Gazette des Hôpitaux*, etc., et à part : *Relation chirurgicale des événements de Juillet à l'hôpital militaire du Gros-Caillou (1830)* ; *Histoire chirurgicale du siège de la citadelle d'Anvers (1833)* ; *Du meilleur traitement des fractures du col du fémur* (sa thèse d'agrégation, 1835) ; *Discours sur la méthode analytique en chirurgie (1841)* ; *Kyste pileux de l'ovaire, etc. (1846)* ; *Mémoire sur l'adénite cervicale (1852)* ; *Diagnostic et curabilité du cancer (1854)* ; *De l'éthérisation sous le rapport de la responsabilité médicale (1857)* ; *Notes sur quelques accidents de la revaccination (1858)* ; *Rapport chirurgical sur le camp de Châlons (1859)*, etc.

Après avoir échoué aux élections du 20 février 1876, dans l'arrondissement de Baguères-de-Bigorre, M. le baron Larrey était élu député de ce même arrondissement le 14 octobre 1877, comme candidat du gouvernement. Il siégea au groupe de l'Appel au peuple. Mais il ne se représenta pas aux élections du 21 août 1881, ni depuis.

LASALLE (de), ALBERT, journaliste et musicographe français, né au Mans le 16 août 1833, fit ses études à Paris, prit les grades de bachelier és-lettres et ès-sciences physiques et de licencié en droit, puis se tourna vers la musique, pour laquelle il avait toujours eu beaucoup d'aptitude et de goût. Dès 1854, M. Albert de Lasalle débutait dans la presse, comme collaborateur de l'*Illustration*, et, à la fondation du *Monde Illustré*, en 1858, il était chargé dans ce journal, qu'il n'a plus quitté depuis, de la critique musicale. Il a souvent été appelé aux mêmes fonctions dans d'autres recueils, en même temps qu'il les continuait au *Monde illustré*, par exemple à la *Nouvelle revue de Paris*. Il a également collaboré au *Figaro*, au *Charivari*, au *Moniteur universel*, au *Petit Moniteur*, au *Journal amusant*, à la *Vie Parisienne*, au *Boulevard*, à la *Chronique musicale*, et publie à part plusieurs ouvrages d'histoire, de biographie ou de fantaisie musicales, notamment : *Histoire des Bouffes-parisiens (1860)*, la *Musique à Paris (1863)*, avec M. E. Thoinan, annuaire musical de 1862, très estimé ; *Meyerbeer, sa biographie et le catalogue de ses œuvres*, l'*Hôtel des haricots*, maison d'arrêt à l'usage de la garde nationale (1864) ; *Dictionnaire de la musique appliquée à l'amour (1868)*, ouvrage de fantaisie aimable et savante, accompagné d'une liste annotée de tous les Dictionnaires de musique publiés en français ; la *Musique pendant le siège de Paris*, impressions du moment et souvenirs anecdotiques sur la *Marseillaise*, le *Rhin allemand*, les *Girondins*, le *Chant du départ*, les chansons de la rue et des théâtres, la musique religieuse, les concerts de l'Opéra, les concerts au profit des canons, les instruments de musique militaire, etc. (1872) ; les *Treize salles de l'Opéra (1875)*, histoire et chronique de l'Opéra d'après les salles qu'il a successivement occupées ; *Mémorial du Théâtre-Lyrique*, catalogue raisonné des 182 opéras qui y ont été représentés depuis sa fondation jusqu'à l'incendie de la salle du Châtelet, etc. (1877).

LASBAYSSES, JEAN MARIE JOSEPH JULES, homme politique français, avocat, né le 12 février 1831 à Lozat (Ariège). Inscrit au barreau de Pamiers, maire de cette ville, révoqué après le 16 mai 1877, il était élu député de l'arrondissement le 14 octobre suivant comme candidat républicain, et venait s'inscrire au groupe de l'Union républicaine. Réélu le 21 août 1881 dans le même collège à une majorité énorme, il était élu député de l'Ariège le 4 octobre 1885, sur la liste radicale. M. Lesbaysses a voté l'expulsion totale des princes.

LA SICOTIÈRE (de), PIERRE FRANÇOIS LÉON DUCHESNE, archéologue et homme politique français, humaniste, né à Valframbert (Orne) le 3 février 1812, fit ses études au collège d'Alençon et à la faculté de droit de Caen, où il fut reçu avocat en 1835. Inscrit au barreau d'Alençon, il s'y fit rapidement une place distinguée et fut plusieurs fois bâtonnier de l'ordre. Elu membre du Conseil municipal d'Alençon en 1842 et du Conseil d'arrondissement en 1845, il donna sa démission après le coup d'Etat, fut élu, en 1862, membre du Conseil général de l'Orne, dont il devint vice-président élu en 1870, mais ne fut pas réélu en 1871. Aux élections du 8 février 1871 pour l'Assemblée, la Sicotière fut élu représentant de l'Orne, le deuxième sur huit, et prit place au centre droit libéral, fit partie de diverses commissions importantes, fut chargé du rapport de plusieurs et fut en outre rapporteur de l'enquête sur la situation de l'Algérie sous le gouvernement de la Défense nationale. Il a voté les lois constitutionnelles Il a été élu, le premier, sénateur de l'Orne, le 30 janvier 1876 et a été réélu le 8 janvier 1882. Il siège au Sénat, comme à l'Assemblée, au centre droit. Membre de plusieurs sociétés savantes, notamment de la Société des antiquaires de Normandie dont il est, depuis 1843, le président, correspondant du ministère de l'instruction publique pour les travaux historiques, M. de la Sicotière a publié un assez grand nombre d'ouvrages d'archéologie et d'histoire, parmi lesquels nous citerons : *Mémoire sur le roman historique (1839)* ; la *Cour de la reine de Navarre à Alençon, Considération sur le Symbolisme religieux, Etude sur Jehan Riqueur, poëte du XVI° siècle (1844)* ; l'*Orne pittoresque et archéologique (1845-52, in-f°)* ; *Notes statistiques sur le département de l'Orne (1861)* ; *Bio-bibliographie de Marie-Antoinette (1863)* ; *A propos d'autographes : Marie-Antoinette, M™° Roland, Charlotte Corday (1864)* ; *Documents pour servir à l'histoire des élections aux Etats-Généraux de 1789, dans la généralité d'Alençon (1866)* ; *Notes pour servir à l'histoire des jardins, etc., dans le département de l'Orne (1867)* ; *Notice sur G. Mancel, conservateur de la bibliothèque de Caen (1870)* ; *Coup d'œil sur les historiens du Perche (1874)* ; le *Curé Canticeau* ; *Notes sur les Cathelineau* ; la *Mort de Jean Chouan et sa prétendue postérité (1877)*, etc. Il a, de plus, collaboré au journal le *Droit*, aux *Supercheries littéraires* de Quérard, aux *Anonymes*, à la *Revue des questions historiques*, à la *Revue de la Normandie*, au *Bulletin monumental*, et autres publications de sociétés de province.

LASSERRE, JOSEPH, homme politique français, né à Toulouse le 23 mai 1836. Grand propriétaire de Tarn-et-Garonne, maire de Saint-Nicolas-de-la-Grave, M. Lasserre fut élu, le 8 octobre 1871, membre du Conseil général de Tarn-et-Garonne pour son canton ; c'était son début dans la vie publique. Le 20 février 1876, il se présentait, comme candidat républicain, dans l'arrondissement de Castelsarrazin. Il n'avait, dans le principe, que M. Belmontet pour concurrent, mais la « candidature ambulante » de M. Buffet survint, devant laquelle celle du poète impérial jugea « magnanime » de s'effacer ; on peut croire que la lutte fut sérieuse : elle le fut à tel point que le maire de Castelsarrazin s'oublia jusqu'à frapper l'innocent afficheur de M. Lasserre. Mais malgré des faits d'intimidation révoltants, dont il nous suffit de rappeler celui-là, M. Lasserre fut élu au premier tour, par 9,642 voix contre 9,096 obtenues par le maître de l'administration et des élections, qui devait échouer encore plus complètement partout où il avait osé se présenter. M. Lasserre, républicain par réflexion, s'était nettement exprimé sur l'impossibilité « de tous les trônes », sur sa résolution formelle de s'opposer à toute révision de la constitution du 25 février 1875, « qui s'attaquerait au principe du gouvernement établi ». Il prit place au centre gauche et fut réélu dans le même collège le 14 octobre 1877 et le 21 août 1881. Aux élections d'octobre 1885, la liste monarchiste passa tout entière dans le département de Tarn-et-Garonne, mais cette élection ayant été annulée par la Chambre, l'élection complémentaire qui s'ensuivit fut favorable à M. Lasserre, qui a repris son siège à gauche et voté l'expulsion totale des princes.

LATHAM, ROBERT GORDON, médecin et philologue anglais, né à Billingborough, dans le comté de Lincoln en 1812, fit ses études à Eton et à Cambridge. Il aborda ensuite la médecine et devint médecin assistant à l'hôpital de Middlesex, où il fut chargé d'un cours de médecine légale et de matière médicale. Il est toutefois plus connu dans le monde savant par ses recherches ethnologiques et philologiques. On lui doit dans cet ordre de travaux : la *Norwege et les Norwégiens* ; une traduction du suédois du *Frithiof Saga* et d'*Axel*, de Tegner (1840) ; les *Variétés de l'espèce humaine*, l'*Ethnologie de l'Europe (1852)* ; la *Langue anglaise (1855)* ; *Ethnologie descriptive (1859)* ; les *Nationalités de l'Europe (1863)* ; *Philologie comparée (1860)* ; divers articles sur la *Logique* et une édition nouvelle du *Dictionnaire de Johnson (1870)* ;

Esquisses de philologie générale et les Russes et les Turcs considérés d'un point de vue géographique, etnographique et historique (1878), etc. — M. Latham est membre de la Société royale de Londres.

LATOUR SAINT-YBARS, Isidore Latour (dit), poète dramatique et littérateur français, né à Saint-Ybars (Ariège) le 19 mars 1807, fit toutes ses études à Toulouse et s'inscrivit au barreau de cette ville en 1832 ; mais il s'occupa surtout de travaux littéraires, collaborant à la presse locale et prenant part aux concours de l'Académie des Jeux floraux, et vint à Paris dès 1835. Aux élections générales de 1857, M. Latour Saint-Ybars voulut tenter la fortune politique, et se présenta dans l'Ariège, comme candidat de l'opposition monarchiste, mais sans le moindre succès. — On doit à cet écrivain : *Suzanne de Foër* et le *Comte de Gowrie (1835-36)*, drames joués, non sans succès, sur le théâtre de Toulouse ; *Vallia*, tragédie, au Théâtre-Français (1841) ; le *Tribun de Palerme*, drame en prose, à l'Odéon (1842) ; *Virginie*, tragédie, jouée par Rachel (1845) et le *Vieux de la Montagne (1847)*, au Français ; le *Syrien*, à l'Odéon (1847) ; les *Routiers*, à la Porte Saint-Martin (1851) ; le *Droit chemin*, à l'Od'on (1853) ; *Rosemonde*, au Français (1862) ; la *Folle du logis*, comédie en prose, au Gymnase (1863) ; *Alexandre le Grand*, tragédie, reçue à correction, pour ne pas dire refusée, par le comité de la Comédie-Française, non sans bruit (1868) ; l'*affranchi*, à l'Odéon (1870), etc. M. Latour Saint-Ybars a collaboré au *Figaro* en 1868 et à publié : *Chants du néophyte*, poésies catholiques (1837) et une *Histoire de Néron (1865)*, d'une valeur réelle à coup sûr, mais où l'essai de réhabilitation du tyran tenté par l'auteur n'a été pris au sérieux par personne. — M. Latour Saint-Ybars est chevalier de la Légion d'honneur depuis 1846.

LAUGÉE, Désiré François, peintre français, né à Maromme (Seine-Inférieure) le 25 janvier 1823. Élève de Picot et de l'École des Beaux-Arts, il débuta au Salon de 1845, par des *Portraits* ; il aborda ensuite la peinture historique et la peinture de genre. — On cite de cet artiste : *Van Dyck à Saventhem*, le *Meurtre de Rizzio*, la *Mort de Zurbaran (1850)* ; le *Siège de Saint-Quentin*, *Mort de Guillaume le Conquérant (1853)* ; *Lesueur chez les chartreux (1855)* ; *Sainte Élisabeth de France*, le *Déjeuner du moissonneur*, *Sur le pas de la porte (1857)* ; les *Maraudeurs*, la *Leçon d'équitation (1859)* ; la *Récolte des œillettes*, la *Sortie de l'école*, la *Bonne nouvelle (1861)*, *Saint Louis lavant les pieds aux pauvres*, la *Bouillie*, le *Nouveau-né (1863)* ; *Épisode des guerres de Pologne en 1863*, le *Repos (1864)* ; *Sainte Élisabeth de France lavant les pieds aux pauvres (1865)*, reparu à l'Exposition universelle de 1867 ; la *Via dei Tolomei*, *Jeune fille de Picardie (1869)* ; *Louis IX et ses trois intimes* (trois vieux pauvres), *Hymne à Sainte Cécile (1874)* ; la *Jeune ménagère (1875)* ; *Ange thuriféraire (1876)* ; *Allant à matines*, le *Cierge à la madone (1877)* ; une *Vieille femme* et un *Vieillard (1878)* ; le *Triomphe de Flore (1879)* ; le *Linge de la ferme*, *Pour la soupe (1883)* ; le *Battage des œillettes en Picardie*, les *Pelerins (1884)* ; le *Jour des pauvres*, à *Nauroy (1885)* ; *Victor Hugo sur son lit de mort (1886)* ; un grand nombre de *Portraits* ; des peintures murales dans diverses églises, notamment à Saint-Pierre-Saint-Paul, de Saint Quentin et à la Tr nité de Paris (chapelle de saint Denis) : la *Mort de saint Denis* et *Saint Denis portant sa tête (1876)*. — M. D. Laugée a obtenu une médaille de 3ᵉ classe en 1851, une médaille de 2ᵉ classe à l'Exposition universelle de 1855, une médaille de 1ʳᵉ classe en 1861, et le rappel en 1863. Il est chevalier de la Légion d'honneur depuis 1865.

LAURENCIN, Paul Aimé Chapelle (dit), auteur dramatique français, né à Honfleur le 10 janvier 1806, vint de bonne heure à Paris et débuta au théâtre vers 1832, signant de pseudonymes divers, jusqu'à ce qu'il adoptât celui de *Laurencin*, probablement parce que le succès l'avait particulièrement favorisé. Il a fourni, depuis cette époque, à divers théâtres, un nombre presque incalculable de pièces variées, principalement de vaudevilles et de comédies-bouffes, soit seul, soit en collaboration avec MM. Michel Delaporte, Varin, Duport, Labiche, Grangé, Adenis, etc. — Nous citerons : *Ibrahim*, drame (1833) ; *Mathilde ou la jalousie*, *Ma femme et mon parapluie (1835)* ; *Lestocq (1836)* ; *Une maîtresse femme (1837)* ; *Matteo ou les deux Florentine* ; *Peau d'âne*, féerie ; le *Bon ange*, drame (1838) ; le *Père Pascal (1839)* ; *Bocquet père et fils (1840)* ; *l'Abbé galant*, la *Fille du militaire*, *l'Aveugle et son bâton (1841)* ; *Quand l'amour s'en va (1843)* ; *Turlurette (1844)* ; le *Vicomte Giroflée (1846)* ; la *Chasse aux millions*, *Simon le voleur (1847)* ; les *Cascades de Saint-Cloud (1849)* ; *Paris qui pleure*, *Paris qui rit (1850)* ; la *Douairière*, le *Sire de Beaudricourt*, *J'ai marié ma fille (1851)* ; les *Filles sans dot (1852)* ; un *Brelan de maris (1854)* ; le *Billet de faveur (1856)* ; le *Beau-père (1857)* ; la *Nouvelle Hermione (1858)* ; les *Trois fils de Cadet-Roussel (1860)* ; une *Femme emballée (1861)* ; *M. et Mᵐᵉ Denis*, *opérette (1862)* ; *Polumbö*, parodie de *Salammbô (1863)* ; *Lord Kineester (1864)* ; *Ces scélérates de bonnes (1866)* ; *Trois fenêtres sur le boulevard (1870)* ; les *Dames avant tout (1879)* ; le *Portrait*, opéra comique en 2 actes, musique de M. de Lajarte, à l'Opéra-Comique (1883), etc. — M. Paul Laurencin a été directeur du théâtre des Variétés de 1854 à 1856.

LAURENCIN, Paul Adolphe Chapelle, publiciste et écrivain scientifique français, né à Paris en 1837, fit ses études, suivit les cours de la faculté de médecine et s'occupa de bonne heure de vulgarisation scientifique. Collaborateur à la *Science du foyer*, à l'*Illustration*, à l'*Universel*, au *Gaulois*, au *Temps*, rédacteur scientifique du *Public* en 1870 et plus tard de l'*Ordre*, il est devenu rédacteur en chef de la *Science pour tous*. M. Paul Laurencin a publié d'abord un volume de nouvelles intitulé : *Des Batignolles à Landerneau (1868)*. Il a donné depuis : l'*Étincelle électrique (1870)* ; un *Almanach scientifique (1870 et suiv.)* ; la *Pluie et le beau temps (1873)*, etc. On lui doit encore une traduction des *Œuvres de lord Byron*.

LAURENÇON, Léon André Hippolyte, homme politique français, avocat, né le 16 octobre 1841 à Saint-Chaffrey (Hautes-Alpes). Il fit son droit, prit le grade de docteur, s'inscrivit au barreau de Briançon et devint conseiller général des Hautes-Alpes. L'un des hommes éminents du département qui avaient accueilli la candidature officielle de Clément Duvernois, c'est également comme candidat officiel qu'il fut élu député de l'arrondissement de Briançon le 14 octobre 1877. Il prit néanmoins place au centre gauche, se représenta, aux élections du 21 août 1881, comme candidat républicain modéré. Élu de nouveau, sans concurrent d'ailleurs, M. Laurençon vota généralement avec la gauche républicaine. Aux élections du 4 octobre 1885, il se présenta dans les Hautes-Alpes comme candidat indépendant, ne figurant sur aucune liste : il fut le seul candidat élu au premier tour. M. Laurençon a voté contre les propositions d'expulsion des princes.

LAURENS, Jules Joseph Augustin, peintre et lithographe français, né à Carpentras en 1825, est élève de son frère, J. B. Laurens et de Paul Delaroche. Il débuta au Salon de 1840. En 1847, chargé d'une mission officielle, il parcourut une grande partie de l'Orient avec le voyageur Hommaire de Hell, et rapporta de cette excursion un grand nombre de dessins dont une partie réunis et publiés. — On cite de cet artiste, quant à ses expositions : *Vue de la Grande-Chartreuse*, les *Environs de Vaucluse*, les *Bords du Danube*. *Téatich*, *sur la route de Théhéan* ; *Campagne de Téhéran* ; *Près de Marlotte*, toiles (1840-57) ; *Méditation*, *Chiens*, d'après Diaz, le *Christ au tombeau*, l'*Amour couronné*, *Solitude*, *Religieuse*, lithographies (1840-59) ; la *Mer Noire à Sinope*, *Batteuse de beurre*, *Paysage dans l'ancien Comtat Venaissin*, toiles ; la *Sadzowio de Tauves*, aquarelle ; l'*Abreuvoir* d'après Mˡˡᵉ Rosa Bonheur ; *Jeune ménage*, d'après Van-Muyden ; *Velléda*, d'après M. Cabanel, lithographies (1861) ; *Village fortifié de Lasguirt dans le Khorassan* ; *Station de Tcharvadars*, tableaux ; *Étude de canards*, eau-forte : l'*Amour désarmé*, d'après Diaz ; *Cerfs et biches*, d'après Mˡˡᵉ Rosa Bonheur ; *Passage d'un gué*, d'après Aug. Bonheur, lithographies (1863) ; *Téhéran*, *Laveuses de Tauves*, toiles ; le *Lac*, d'après Decamps ; *Moine romain*, d'après M. Cabanel, lithographies (1864) ; *Sur les toits de Téhéran*, *Souvenir de décembre*, toiles ; *Plaisirs d'été*, d'après Diaz ; *Chienne perdue*, d'après Ph. Rousseau, lithographies (1865) ; *Cimetière turc*, *Tcheschmek-Ali*, à *Rey*, toiles ; *Truands de campagne*, eau-forte ; *Dormoir*, d'après A. Bonheur ; *Chloé*, d'après Cœssin-Delafosse, lithographies (1866) ; l'*Hiver en Perse*, toile (Exp. univ. 1867) ; *Forêt de Fontainebleau*, *Plateau d'Auvergne*, toiles et huit lithographies (1868) ; le *Chemin des sables*, *Giroflées et chrysanthèmes*, et neuf lithographies (1869) ; *Sodome* : la *femme de Loth*, etc. ; *Au faubourg d'Eyoub*, à *Constantinople*, toiles ; un *Jannissaire*, d'après Decamps, lithographie (1873) ; le *Bosphore*, à *Tauris (Perse)*, *Reines marguerites*, tableaux ; l'*Arrêt*, d'après Barye ; *Vaches normandes*, d'après Troyon ; la *Tempête*, d'après M. Isabey ; *Pivoines*, d'après Diaz (1874) ; une *Halte à la porte de Téhéran*, *Lac* et *forteresse de Van (Arménie)*, à *Christ-Wuast par un temps de pluie*, toiles ; *Laperean*, eau-forte typographique, et plusieurs chromo-lithographies

(1875); *Frontières du Khorassan et de l'Asterabad, Lavandières auvergnates*, tableaux ; la *Campagne romaine*, d'après le marquis de Sabran ; le *Soir*, d'après Corot, lithographie (1876); *Chrysanthèmes (1877); Temple antique à Vernègues, Dahlias de Provence* et huit gravures (1878) ; l'*Ermitage de Humières, Reines marguerites de Provence;* trois *Vues des Vosges*, d'après M. Bellel, lithographies (1879); *Campagne de Constantinople, Chrysanthèmes (1883);* le *Mont Ventoux (1884); Souvenir d'Anatolie (1885);* la *Route de Carpentras à Bedoin, au pied du Mont-Ventoux, Etude de fleurs (1886)*. Ajoutons enfin à cette nomenclature, son *Voyage en Turquie et en Perse*, nombreuse collection de dessins publiés par livraisons grand in-folio (1856-58), et dont plusieurs ont été exposés ou insérés dans nos principaux recueils périodiques. — M. J. Laurens a obtenu, pour la peinture, une médaille de 3ᵉ classe en 1857 et une médaille en 1867, et pour la lithographie, une médaille de 3ᵉ classe en 1853, un rappel en 1859 et une médaille de 2ᵉ classe en 1861. Il est chevalier de la Légion d'honneur depuis 1868.

LAURENS, JEAN PAUL, peintre français, né à Fourquevaux (Haute-Garonne) le 29 mars 1838, élève de l'Ecole des Beaux-Arts de Toulouse, puis de Léon Cogniet et de M. Bida, il débuta au salon de 1863. M. Ferdinand Fabre, dans son *Roman d'un peintre*, a raconté les débuts laborieux et pénibles de ce grand artiste, dont les œuvres principales sont : la *Mort de Caton (1863)*; la *Mort de Tibère (1864); Hamlet (1865); Après le bal (1866);* « *Moriar !* » *Jésus et l'Ange de la mort*, le *Souper de Beaucaire, Portrait de l'auteur (1867); Vox in deserto, Portrait de M. Ferdinand Fabre;* l'*Apothéose d'Hercule*, faïence (1868) ; *Jésus guérissant un démoniaque, Hérodiade et sa fille*, la *Vision d'Ezéchiel*, dessin ; la *Séduction*, faïence (1869) ; *Jésus chassé de la synagogue, Saint Ambroise instruisant Honorius (1870);* la *Mort du duc d'Enghien*, le *Pape Formose et Etienne VII (1872);* la *Piscine de Betsaïda, à Jérusalem (1873); Saint Bruno refusant les offrandes de Roger comte de Calabre*, le *Cardinal, Portrait de Marthe (1874);* l'*Excommunication de Robert le Pieux*, l'*Interdit*, un *Portrait (1875); François de Borgia devant le cercueil d'Isabelle de Portugal, Portrait de l'auteur* et onze dessins pour une édition de l'*Imitation de Jésus-Christ (1876);* l'*Etat-major autrichien devant le corps de Marceau (1877);* Ses principales toiles depuis 1872 (Exp. univ. 1878) ; *Bernard Délicieux délivrant les emmurés de Carcassonne (1880);* le *Pape et l'inquisiteur*, les *Murailles du Saint-Office (1883);* la *Vengeance d'Urbain VI (1884); Faust (1885);* le *Grand inquisiteur chez les rois catholiques. Portrait de Marthe (1886).* — M. J. P. Laurens a obtenu une médaille en 1869, une médaille de 1ʳᵉ classe en 1872 et la médaille d'honneur en 1877 ; chevalier de la Légion d'honneur en 1874, il a été promu officier le 28 octobre 1878.

LAURENT, MARIE LUGUET, dame LAURENT, puis dame DESRIEUX, actrice française née à Tulle en 1826, est fille d'artistes et sœur de M. René Luguet du Palais-Royal et d'Henri Luguet, professeur au Conservatoire, mort en septembre 1875. Mᵐᵉ Marie Laurent joua dès l'enfance sur diverses scènes de province. En 1843, elle débuta à l'Odéon, dans le rôle de Tullie de la *Lucrèce* de Ponsard et, en 1846, elle était engagée au théâtre de Bruxelles pour y tenir les premiers emplois. Elle parut ensuite à Marseille, sous le nom de Marie Laurent, (1846), puis revint à Paris et y joua successivement à l'Odéon, à l'Ambigu, à la Porte Saint-Martin, à la Gaîté, au Châtelet et au Théâtre-Historique. Nous citerons parmi les pièces où elle a particulièrement brillé : *François le Champi*, à l'Odéon (1849) ; *Maître Favilla*, au même théâtre (1851); la *Poissarde*, la *Case de l'oncle Tom*, à l'Ambigu (1853); le *Fils de la Nuit*, les *Chevaliers du Brouillard*, rôles de Jack Sheppard, qu'elle a repris à la théâtre de la Gaîté en 1872, à la Porte Saint-Martin (1857), etc. Elle a créé ou repris dans ces dernières années divers rôles de drame dans lesquels elle a constamment remporté les plus francs succès : la *Czarine*, Porte Saint-Martin (1858); *Marianne*, Ambigu (1860); *Lucrèce Borgia*, avec Melingue, Porte Saint Martin (1870); *Uberta* dans la *Haine*, à la Gaîté (1874) ; *Marie Jeanne ; Sara Walters* dans la *Voleuse d'enfants* ; Regina dans *Regina Sarpi*, au Théâtre-Lyrique-Dramatique (1875) ; Suzanne dans les *Fugitifs*, au Châtelet (1875), rôle créé par elle à l'Ambigu en 1858 ; Géméa dans la *Tireuse de cartes*, au Théâtre-Historique ; Marthe dans l'*Espion du Roi*, à la Porte Saint-Martin (1876); la Marucha dans l'*Hetman*, (1877); Mᵐᵉ de La Marche dans *Martyre!* à l'Ambigu (1886), etc. — Au mois d'août 1886, Mᵐᵉ Marie Laurent formait avec MM. Lacressonnière, Taillade, Villeray et autres, une association d'artistes pour l'exploitation de l'ancien Théâtre des Nations, sous le titre de Théâtre de Paris.

LAURENT DE RILLE, FRANÇOIS ANATOLE, compositeur français, né à Orléans en 1828. Après avoir commencé l'étude de la peinture, il se décida pour la musique, prit d'abord des leçons d'un maître italien nommé Comoglio, puis devint élève de M. Elwart. Toutes les questions relatives au chant populaire l'intéressèrent de bonne heure ; il devint inspecteur de l'enseignement du chant dans les lycées et les écoles normales et écrivit un grand nombre de chœurs orphéoniques qui obtinrent pour la plupart une véritable vogue, d'ailleurs méritée. Nous citerons seulement quelques-uns des plus remarquables : le *Martyr aux arènes*, la *Noce du village*, les *Buveurs*, la *Saint-Hubert*, le *Chant des travailleurs*, la *Révolte à Memphis*, le *Soir*, la *Retraite*, les *Fils d'Egypte*, l'*Orphéon en voyage*, le *Départ du régiment*, les *Ruines de Gaza*, les *Batteurs de blé*, etc. M. Laurent de Rillé a également écrit quelques opérettes : *Trilby*, 1 acte; *Aimé pour lui même*, 1 acte ; *Bel-Boul*, 1 acte ; le *Jugement de Paris*, 1 acte (1857); *Achille à Scyros*, le *Moulin de Catherine*, la *Demoiselle de la Hochetromblon (1858)*, le *Sultan Mysapouf (1859)*, toutes ces opérettes, en 1 acte, représentées aux Folies-Nouvelles ; *Frasquita*, 1 acte, aux Bouffes-Parisiens (1859) ; *Au fond du verre*, 1 acte, au théâtre de Bade ; le *Petit Poucet*, 3 actes et 4 tableaux, à l'Athénée (1868) ; *Pattes blanches*, 1 acte, aux Bouffes-Parisiens (1873); la *Liqueur d'or*, 3 actes, au théâtre des Menus-Plaisirs, 1873), etc. Ajoutons à cette liste, une opérette en 1 acte : la *Part à Dieu*, publiée dans le *Magasin des demoiselles* (non jouée), et **1867**, cantate exécutée le 15 août 1867 à l'Opéra-Comique. — On doit encore à M. Laurent de Rillé plusieurs ouvrages de musique religieuse. Il a publié : *Messe brève facile*, à deux voix égales, avec accompagnement d'orgue *ad libitum; Messe*, à deux ou quatre voix, avec accompagnement d'orgue ou de fanfare ; un *Recueil de Morceaux de chant à une, deux ou trois voix, composés on choisis pour les cours de chant des lycées impériaux, des écoles normales et des écoles primaires (1870);* et un petit roman musical : *Olivier l'orphéoniste*, publié chez Hachette. Enfin un drame en cinq actes et sept tableaux, intitulé *Tête noire*, signé Laurent de Rillé et Baric, a été représenté au Théâtre-Montparnasse, en 1877. — M. Laurent de Rillé est chevalier de la Légion d'honneur.

LAUSSEDAT, AIMÉ, officier supérieur du génie et savant français, né à Moulins le 19 avril 1818. Sorti de l'Ecole polytechnique dans l'arme du génie, en 1840, M. Laussedat fut employé aux fortifications de Paris, aux travaux de défense de nos frontières des Pyrénées orientales, remplit diverses missions à l'étranger et devint répétiteur des cours d'astronomie et de géodésie à l'Ecole polytechnique en 1851. Nommé professeur titulaire de ce cours en 1856, puis professeur suppléant de géométrie appliquée aux arts à l'Ecole des Arts et Métiers en 1865, il est devenu titulaire de cette dernière chaire en 1873, et directeur du Conservatoire des arts et métiers, en remplacement de M. Hervé Mangon devenu député, le 25 octobre 1881. Il avait résigné sa chaire de l'Ecole polytechnique en 1871. M. Laussedat avait été promu commandant en 1863 et lieutenant-colonel en novembre 1870 ; promu colonel le 11 novembre 1874, il a pris sa retraite comme tel en 1879. On doit au colonel Laussedat l'invention ou le perfectionnement de divers instruments scientifiques, entre autres, celui d'observation ; notamment l'application de la chambre claire de Wollaston au lever des plans, celle de la photographie aux observations astronomiques et l'invention, dans ce but, d'un appareil adopté pour l'observation du passage de Vénus sur le soleil (1874). Pendant la guerre de 1870-71, M. le colonel Laussedat présidait une commission de savants chargés spécialement d'établir, par-dessus les lignes ennemies, des correspondances optiques. Il s'est, en outre, beaucoup occupé depuis d'expériences d'aérostation militaire, et l'on se rappelle, sans doute, la catastrophe de l'*Univers*, suivant de près celle du *Zénith*, quoique due à une cause différente. Le 9 décembre 1885, l'*Univers* enlevait le colonel Laussedat, MM. Albert Tissandier, Eugène Godard et plusieurs officiers du génie. La température était extrêmement défavorable ; sous l'influence du givre, le ballon se déchira soudain à quelque 250 mètres d'élévation, et se mit à descendre vertigineusement, quoi qu'on fit pour la modérer. Le colonel Laussedat eut la jambe droite cassée, le commandant Magnin la jambe gau-

43

che, le capitaine Bitard les deux péronés, M. Eugène Godard la rotule brisée; les autres voyageurs n'avaient que des contusions sans gravité. — M. le colonel Laussédat a publié: *Leçons sur l'art de lever les plans (1860)*; la traduction des deux premiers volumes des *Mémoires de la commission de la carte d'Espagne (1860-63)*; *Notice biographique sur Gustave Froment (1865)*, etc.; ainsi que de nombreux mémoires dans les *Comptes rendus* de l'Académie des sciences, les *Annales du Conservatoire des Arts et Métiers*, la *Revue scientifique*, les *Comptes rendus de l'Association française pour l'avancement des sciences*, le *Mémorial de l'officier du génie*, le *Spectateur militaire*, le *Bulletin de la réunion des officiers*, etc. Membre de plusieurs sociétés savantes, il a été président, en 1876, de la Société française de navigation aérienne. Il est en outre membre du Conseil supérieur de l'instruction publique. — Officier de la Légion d'honneur depuis 1868, M. le colonel Laussédat a été promu commandeur le 13 janvier 1871; il est, en outre, décoré de l'ordre de Charles III d'Espagne et officier de l'instruction publique.

LAVALLEY, Alexandre Théodore, ingénieur français, sénateur, né en 1821, fit ses études au collège de Tours et à l'Ecole polytechnique, d'où il sortit en 1842, dans le génie militaire. Il quitta l'armée peu après son incorporation, résolu à aborder la carrière du génie civil, passa en Angleterre, et travailla comme ouvrier mécanicien dans les principales usines ; se fit chauffeur de locomotives, puis mécanicien, et réussit de cette façon à acquérir les connaissances pratiques les plus étendues et qui font malheureusement le plus défaut à la grande majorité de ses confrères français. Mis par ce long apprentissage en état de gagner, comme ouvrier, les salaires les plus élevés. M. Lavalley revint en France, il entra dans les ateliers de M. Ernest Gouin, son ancien condisciple, qui lui confia la direction de ses travaux les plus importants, notamment la construction des locomotives, qu'il avait étudiées de si près et dans leurs plus petits détails. Lors de l'ouverture des travaux de percement du canal de Suez, M. Lavalley s'associa avec feu l'ingénieur des ponts-et-chaussées Borel, pour l'entreprise du dragage du canal, à l'aide de machines dont l'action équivalait à la somme de travail de plus de cent mille hommes, et qui ont été présentées à l'Exposition universelle. M. Lavalley a obtenu, avec M. Pallu de la Barrière, du Conseil général de l'île de la Réunion, la concession des travaux de construction et de l'exploitation du port de la Pointe des Gallets et d'un chemin de fer reliant ce port à tous les districts producteurs de l'île, concession approuvée, après une longue et intéressante discussion, par la Chambre des députés, le 19 février, et par le Sénat le 1er mars 1877. — Candidat républicain à la députation dans l'arrondissement de Lisieux, aux élections du 20 février 1876 et du 14 octobre 1877, sans succès, M. Lavalley a été élu sénateur du Calvados au renouvellement triennal du 25 janvier 1885, il s'était absent au moment du vote de la loi d'expulsion des princes.

LAVELEYE (de), Emile, Louis Victor, économiste et littérateur belge, né à Bruges le 5 avril 1822, commença dans sa ville natale ses études qu'il vint terminer à Paris, au collège Stanislas, puis suivit les cours de droit de l'université de Gand. Voué entièrement aux études d'économie politique à partir de 1848, il défendit dans la presse belge et française ses principes et publia en 1858 dans la *Revue des Deux-Mondes*, un article extrêmement remarquable sur la *Lombardie*, qui le fit attacher à la collaboration régulière de ce recueil. En 1861, M. de Laveleye se portait candidat à la députation, et échouait, faute d'un petit nombre de voix. En 1864, il était appelé à la chaire d'économie politique à l'université de Liège, et il faisait partie du jury de l'Exposition universelle de 1867, dans la section de peinture, dont il fut secrétaire. Membre correspondant de l'Académie royale de Belgique, il était élu, en 1869, correspondant de notre Académie des sciences morales et politiques. — M. Emile de Laveleye a publié notamment : *Mémoire sur la langue et la littérature provençales (1844)*; *Histoire des rois francs (1847)*; *l'Armée et l'enseignement (1848)*; le *Sénat belge (1849)*; *l'Enseignement obligatoire (1859)*; la *Question de l'or (1860)*; une traduction des *Nibelungen (1861)*; *Questions contemporaines*, *Essai sur l'économie rurale de la Belgique (1863)*; *Études d'économie rurale*, la *Néerlande (1864)*; le *Marché monétaire depuis cinquante ans (1865)*; *Rapport sur l'Exposition universelle de Paris, peinture, sculpture, etc. (1868)*; *Études et essais (1869)*; la *Prusse et l'Autriche depuis la bataille de Sadowa (1870)*; *l'Instruction du peuple (1872)*; le *Parti cléricial en Belgique. Des causes actuelles de la guerre en Europe et de l'arbitrage international (1873)*; *De la liberté et de ses formes primitives (1874)*; *De l'avenir des peuples catholiques, le Protestantisme et le catholicisme (1875)*; *Du respect de la propriété privée en temps de guerre (1876)*; *l'Afrique centrale et la Conférence géographique (1878)*; *Éléments d'économie politique (1882)*; *Lettres d'Italie (1883)*; *Nouvelles lettres d'Italie (1885)*, etc. Il a collaboré à la *Revue des Deux-Mondes*, à la *Libre recherche*, à la *Revue trimestrielle*, à la *Revue Britannique*, à la *Revue Germanique*, etc., etc. — M. Emile de Laveleye est officier de la Légion d'honneur.

LAVERGNE, Bernard Martial Barthélemy, médecin et homme politique français, né à Montredon (Tarn) le 11 juin 1815. Représentant du Tarn à la Législative, en 1848, il y siégea à la gauche modérée. Il combattit l'empire dans la *Gironde*, le *Temps*, et a collaboré depuis au *Patriote albigeois*. Après avoir échoué aux élections du 8 février 1871, il fut élu député de Gaillac, le 20 février 1876 et siégea au centre gauche. Poursuivi pour la publication de deux écrits en patois, adressés *as paysans : Lou 16 de mai* et *Las affitsos de la Commune*, M. Bernard Lavergne, condamné à 50 fr. d'amende pour le premier, était acquitté par le tribunal d'Albi, le 30 août 1877, pour le second ; mais, sur appel *à minima* du ministère public, la cour de Toulouse condamnait M. B. Lavergne, pour son dernier écrit, à 500 fr. d'amende, et l'imprimeur à 200 fr., le 17 septembre. Le 14 octobre suivant, il était réélu député de Gaillac, et l'était de nouveau le 21 août 1881. Il a siégé dans ces deux législatures au groupe de l'Union républicaine. Elu député du Tarn le 4 octobre 1885, M. Bernard Lavergne a repris sa place à gauche et a voté l'expulsion totale des princes. Il est maire de Montredon. On lui doit un certain nombre d'ouvrages principalement relatifs à l'agriculture : *Agriculture des terrains pauvres (1863)*; *l'Enquête et les souffrances de l'agriculture (1866)*; la *Crèche (1869)*; et diverses brochures politiques, parmi lesquelles, outre des brochures en patois citées plus haut : les *Élections de 1869, Au clergé catholique (1869)*; *l'Ultramontanisme et l'État (1875)*. Il est un des principaux collaborateurs de la *Revue générale*.

LAVERTUJON, André Justin, journaliste et homme politique français, né le 23 juillet 1827 à Périgueux, où il fit ses études et débuta dans la presse, comme collaborateur du *Républicain de la Dordogne*, dès 1849. Il vint à Paris la même année et fut membre du comité démocratique. Au coup d'État, il quitta la France, se rendit dans les Principautés danubiennes, d'où il revint en 1854 seulement. L'année suivante, il était nommé rédacteur en chef du journal la *Gironde*, de Bordeaux, conservateur alors, fondé d'ailleurs par M. Delamarre, de la *Patrie*, et alimenté dans le principe par les articles tout clichés du journal parisien. Aux mains de M. Lavertujon, la *Gironde* devint rapidement, au prix de persécutions de tout genre dont le défilé serait fastidieux, l'organe du parti démocratique local, un de ces principaux journaux d'opposition de la province. Candidat du parti démocratique dans la première circonscription de la Gironde, aux élections générales de 1863 et de 1869, M. Lavertujon échoua, dans ces deux tentatives, faute de quelques voix, et obtint chaque fois une grande majorité dans la ville même de Bordeaux. En 1868, il fondait à Paris, avec E. Pelletan et Glais-Bizoin, le journal hebdomadaire la *Tribune*. Nommé secrétaire-général du gouvernement de la Défense nationale, le 5 septembre 1870, il devint rédacteur en chef du *Journal officiel* et vice-président de la commission chargée de réunir et de publier les *Papiers et correspondance de la famille impériale* trouvés aux Tuileries. A l'armistice, il fut désigné pour accompagner à Bordeaux M. Jules Simon, chargé d'opérer une « entente » assez difficile entre le Gouvernement et sa Délégation de province. Il fut peu après nommé consul général à Amsterdam, fonctions qu'il résigna après la chute de M. Thiers (27 mai 1873). Depuis, M. Lavertujon a collaboré à divers journaux de Paris, au *Temps* notamment. On lui doit quelques travaux sur les questions d'intérêt local, des brochures de circonstance et une *Histoire de la législature de 1857-63* (Bordeaux, 1863). Appelé à remplacer le comte de Montebello comme président de la délégation française de la Commission internationale des Pyrénées, M. A. Lavertujon vient d'être nommé ambassadeur à Athènes le 31 juillet 1886, en remplacement de M. de Mouy.

LAVILLE, André Gilbert Adolphe, homme politique

français, né à Montaigut (Puy-de-Dôme) le 6 juin 1831. M. Laville a été notaire dans sa ville natale, dont il est devenu maire; il est conseiller général du Puy-de-Dôme depuis trente ans et chevalier de la Légion d'honneur. Élu le 21 août 1881 député de la 2e circonscription de Riom, il s'inscrivit à l'Union républicaine. Il a été élu député du Puy-de-Dôme le 4 octobre 1885 et a voté l'expulsion totale des princes.

LAVOIX, HENRI MARIE FRANÇOIS, littérateur et administrateur français, né à Paris le 26 avril 1846, est fils d'un ancien conservateur-adjoint au cabinet des médailles de la Bibliothèque nationale, et est entré lui-même, ses études terminées, en 1866, au département des imprimés du même établissement. M. H. Lavoix, animé d'un goût très vif pour la musique, a étudié le contrepoint et l'harmonie avec M. H. Cohen. Il s'est surtout distingué par ses intéressantes recherches historiques sur la musique, et on lui doit, dans cet ordre de travaux, plusieurs ouvrages estimés pour la sûreté des informations qu'ils contiennent et leur caractère ingénieux. Ce sont : les *Traducteurs de Shakespeare en musique (1869)*; la *Musique dans la nature (1873)*; la *Musique dans l'Ymagerie au moyen-âge (1875)*. Au concours ouvert en 1875, par l'Académie des Beaux-Arts, pour le meilleur mémoire sur l'*Histoire de l'instrumentation depuis le XVIe siècle jusqu'à nos jours*, le travail présenté par M. Henri Lavoix a obtenu une mention (1878). M. Lavoix a collaboré au *Monde artiste*, à la *Revue nationale et étrangère*, à la *Gazette musicale*, au *Moniteur universel*, à la *Mosaïque*, à la *Revue de France*, à la *Chronique musicale*, etc. — Il a été nommé administrateur de la bibliothèque Sainte-Geneviève, en remplacement de M. X. Marmier, en janvier 1885. M. H. Lavoix est chevalier de la Légion d'honneur.

LAYA, ALEXANDRE, littérateur français, fils de l'auteur de l'*Ami des Lois*, et frère aîné de Léon Laya, suicidé le 5 décembre 1872, est né à Paris en novembre 1809. Entré jeune au ministère de l'intérieur, alors dirigé par M. de Montalembert, il y devint chef de bureau, puis donna sa démission et fit un séjour assez prolongé en Angleterre. Il vint ensuite s'inscrire au barreau de Paris. Quelque temps rédacteur en chef de l'*Ordre (1849)*, il passa en Suisse après le coup d'État et fut chargé successivement des cours de droit romain, de droit anglais, puis de droit international à l'académie de Genève, par l'influence de James Fazy. Dans les dernières années de l'empire, M. Alexandre Laya prit une grande part à l'agitation politique, parcourut les réunions publiques et y posa même, quoique sans succès, sa candidature au Corps législatif, aux élections générales de 1869. Après la révolution du 4 Septembre, il fonda à Paris, avec James Fazy, un journal quotidien : la *Nouvelle République*, qui eut six numéros (26 octobre au 1er novembre 1870). M. Alexandre Laya a fait avec succès, en 1876-78, des conférences littéraires: il a traité dans un grand nombre de journaux les questions de politique, de jurisprudence, de littérature et d'histoire, notamment au *Bien-Être universel*, au *Siècle*, au *Temps*, à la *Revue parlementaire et administrative*, etc. — M. A. Laya a publié : *Œuvres de J. L. Laya*, son père, en collaboration avec Léon Laya (1836, 5 vol.); le *Guide municipal, etc.*, pour 1843; *Droit anglais, ou résumé de la législation anglaise sous forme de codes (1845, 2 vol.)*; *Études historiques sur la vie privée, politique et littéraire de M. Thiers, Histoire de quinze ans (1846, 2 vol.)*; *De la présidence de la République (1848)*; les *Romains sous la République (1850)*; le *Congrès des peuples à Paris (1849)*; *Philosophie du droit (1865)*; l'*Armée noire et Caïn*, drame biblique (1873); des brochures d'actualité, etc. Il a paru, en 1854, sous le titre de *Théâtre de M. Alexandre Laya*, un recueil de pièces non publiées jusque-là, dont quelques-unes l'ont été depuis, notamment *Corinne*, au Théâtre Taitbout (1875).

LAYARD, AUSTIN HENRY, antiquaire et diplomate anglais, né à Paris le 5 mars 1817. Ayant commencé l'étude du droit, son éducation terminée, il l'abandonna subitement et entreprit avec un ami, en 1839, un voyage en Orient. Il se rendit par l'Albanie et la Roumélie, à Constantinople, où il s'arrêta quelque temps, adressant des correspondances à un journal de Londres; puis, il parcourut diverses parties de l'Asie, apprit les langues arabe et persane et dirigea son attention sur les points de ces contrées regardés comme recélant des vestiges d'antiques cités. A Mossoul, près de la digue de Nimroud, lieu où l'histoire voulait que se fût élevée Ninive, il apprit que Botta, consul de France, y ayant exécuté des fouilles pour le compte de son gouvernement, avait fait, en effet, de précieuses découvertes; il n'en fallait pas davantage pour faire naître dans l'esprit de M. Layard la louable ambition d'enrichir son propre pays des trésors que lui promettait un travail intelligent. Il retourna à Constantinople et exposa ses projets à l'ambassadeur anglais, sir Stafford Canning, qui, en 1845, s'offrit généreusement à contribuer aux dépenses nécessitées par de pareils travaux. M. Layard repartait à l'automne suivant pour Mossoul et commençait aussitôt des fouilles dans un lieu désert et tranquille. Il ne tarda pas à y faire la découverte de nombreux spécimens de l'art assyrien, dont il enrichit le Musée britannique, bien que les autorités de cet établissement, ainsi que le gouvernement, fussent quelque temps avant de se décider à apprécier à leur véritable valeur les travaux de M. Layard et leurs résultats. M. Layard fut nommé, le 5 avril 1849, attaché à l'ambassade de Constantinople, puis sous-secrétaire d'État aux affaires étrangères sous la première administration de lord Russell en 1852. Il ne conserva ce poste que quelques semaines : lord Derby, à son avènement au pouvoir, en février de la même année, lui avait offert de l'y conserver jusqu'à l'arrivée de lord Stanley, en Angleterre lui confier ensuite un poste diplomatique, mais il refusa; il refusa de même l'offre de diverses fonctions sous le cabinet de conciliation de lord Aberdeen. En 1853, la Cité de Londres lui décernait le droit de bourgeoisie, en reconnaissance de ses découvertes des ruines de Ninive et, la même année, il suivait lord Stratford de Redcliffe à Constantinople; mais n'ayant pu s'entendre avec son chef, il revenait en Angleterre au bout de peu de mois. M. Layard, élu représentant d'Aylesbury, prit son siège à la Chambre des communes, il s'y fit rapidement une grande place dans le parti libéral et parla en faveur d'une action plus décisive dans la question d'Orient. En 1854, il partit de nouveau pour l'Orient et suivit en spectateur les opérations de la guerre de Crimée, fut témoin de la bataille de l'Alma, dont il suivit les péripéties du haut du grand mât de l'*Agamemnon*, et demeura en Crimée jusqu'après la bataille d'Inkermann. De retour à Londres, il fut l'un des plus énergiques parmi les membres de la Chambre des communes demandant l'institution d'une commission d'enquête sur la situation de l'armée, qu'il avait étudiée de près. On sait que cette demande fut couronnée de succès à la formation du ministère Palmerston, un poste officiel lui fut de nouveau offert, mais il le refusa, et devint l'un des chefs de l'association pour la réforme administrative, dont il porta, mais vainement, les doléances à la Chambre des communes. M. Layard se rendit aux Indes, à l'occasion de la révolte de 1857-58, voulant se rendre compte des causes qui l'avaient amenée. Réélu par Aylesbury en 1852, M. Layard échouait aux élections générales de 1857 et à une élection complémentaire à York, en avril 1859; mais il fut élu l'un des représentants du bourg de Southwark (Londres), en décembre 1860. Sous la seconde administration de lord Palmerston, en juillet 1861, il accepta le poste de sous-secrétaire d'État aux affaires étrangères, et l'abandonna seulement à la chute de la seconde administration de lord Russell, en juillet 1866. Nommé commissaire général des travaux publics sous le ministère Gladstone, en décembre 1868, il quittait le parlement en novembre 1869, ayant reçu extraordinaire et ministre plénipotentiaire à Madrid. Il était nommé en même temps membre du Conseil privé. M. Layard a été nommé ambassadeur à Constantinople, en remplacement de sir Henry Elliot le 30 mars 1877. Au retour de M. Gladstone au pouvoir, en avril 1880, il fut placé en congé d'absence et bientôt après remplacé par M. Goschen. M. Layard a été lord recteur de l'université d'Aberdeen en 1855 et 1856 et a été nommé administrateur du Musée britannique en février 1866. Il a été élu correspondant de l'Institut de France (Académie des Inscriptions et Belles-Lettres), en 1854. — M. Layard a publié, en 1848-49 : *Ninive et ses ruines*, ouvrage auquel il a donné une seconde partie en 1853; les *Monuments de Ninive (1849-53)*, et une édition abrégée du premier de ces ouvrages en 1851. Il a été fait grand croix de l'ordre du Bain en juin 1878.

LAZERGES, JEAN RAYMOND HIPPOLYTE, peintre français, né à Narbonne le 5 juillet 1817. Fils d'un boulanger dont toute l'ambition était de voir son fils lui succéder dans l'exploitation de sa maison de commerce, il ne put d'abord utiliser les aptitudes artistiques qu'il avait manifestées dès son jeune âge. Ce ne fut qu'à vingt ans qu'il put enfin se livrer à ses goûts. Venu à Paris en 1837, M. Lazerges suivit successivement les ateliers de David d'Angers et de Bouchot, et débuta au Salon de 1841, avec un *Portrait*. — Il a exposé depuis : une *Descente de croix*, pour la chapelle du château d'Eu (1842); *Jésus au jardin des oliviers (1843)*; *Saint Jean l'évangéliste (1844)*; *Notre-Dame de résignation, Femmes d'Alger*

(1845); *Rêve de jeune fille*, la *Foi et l'Espérance*, *Bergers arcadiens (1847)*; *Refugium peccatorum (1848)*; le *Printemps*, figure de jeune fille *(1849)*; le *Génie éteint par la Volupté*, *Sommeil de la Vierge (1850)*; l'*Éden (1852)*; la *Mort de la Vierge*, pour la chapelle des Tuileries *(1853)*; nouvelle *Descente de croix*, *Ecce Homo*, *Saint Sébastien mis au tombeau (1855)*; la *Vierge et l'enfant Jésus*, *Suzanne au bain*, l'*Empereur distribuant des secours aux inondés de Lyon*, l'*Albane regardant jouer ses enfants (1857)*; *Reniement de Saint Pierre*, *Jésus embrassant la croix*, *Dernières larmes de la Sainte Vierge*, le *Printemps*, *Rêverie (1859)*; *Kabyles moissonnant dans la plaine de la Mitidja*, *Sid'n Aissa revenant de la prière au jardin des oliviers*, la *Danse des Aissaouas (1861)*; *Jésus priant pour ses persécuteurs (1864)*; le *Christ priant pour l'humanité (1865)*; autre *Descente de croix*, *Évanouissement de la Vierge (1866)*; le *Christ après la flagellation*, *Madeleine voyant Jésus pour la première fois (1867)*; le *Christ au calice (1868)*; *Foyer du théâtre de l'Odéon un soir de première (1869)*, galerie de portraits des personnages célèbres de l'époque, popularisée par la lithographie et fort critiquée par ceux qui n'y figurent pas; le *Chemin du calvaire (1870)*; *Ave (1872)*; le *Christ au XIXᵉ siècle (1873)*; *Stabat Mater (1874)*; la *Résurrection*, *Louis XVI et Marie Antoinette à Versailles*, *Jésus est conduit en prison (1875)*; *Caravane de Kabyles (1876)*; *Fatma la chanteuse (1877)*; *Biskri et Jésus charpentier (1878)*; son *Épave (1883)*; *Femmes kabyles (1884)*; *Descente de croix (1885)*; les *Trois compagnons*, *route de la Maison carrée*, *près d'Alger (1886)*; un certain nombre de portraits, etc. On doit à M. Lazerges, en dehors de ses expositions, divers travaux, notamment à Notre-Dame de Bon-Secours, près de Rouen, et à la chapelle du couvent des Dames de la Providence dans cette ville ; le plafond du théâtre de Nantes, etc. — Il a obtenu une médaille de 3ᵉ classe en 1843, une médaille de 2ᵉ classe en 1848, le rappel de cette dernière en 1857, et la croix de la Légion d'honneur en 1867.

M. Hippolyte Lazerges est aussi musicien, on lui doit dans cet art un assez grand nombre de mélodies vocales dont plusieurs, comme : *Vive Paris !* et le *Retour en France* sont devenues populaires. Il a enfin collaboré à divers journaux et publié : l'*Institut et l'Ecole des Beaux-Arts (1868)*; *Des associations artistiques* (même année) et *De la réorganisation des Beaux-Arts (1871)*.

LE BASTARD, Edgar Denis Marie François, industriel et homme politique français, né à Tinchebray (Orne) le 21 janvier 1836. Il fit ses études à Rennes, où il prit le grade de licencié en droit, et fonda ensuite une tannerie très considérable. Membre du Conseil municipal, devint adjoint, puis maire de Rennes après le 4 Septembre; il est, en outre, président de la chambre de commerce de cette ville depuis 1877, et représente un des cantons au Conseil général d'Ille-et-Vilaine. Républicain convaincu, M. Le Bastard présida, après le 16 mai, le comité électoral républicain de son département, et fit le succès des plus brillants aux élections du 14 octobre suivant. M. Le Bastard a été élu sénateur d'Ille-et-Vilaine au renouvellement partiel du 5 janvier 1879. Il a pris place au groupe de la gauche républicaine et a voté l'expulsion des princes.

LEBLANC, Edmond Marie Lucien, homme politique français, né au Rilay (Mayenne) en 1840. Avocat du barreau de Mayenne depuis 1865, il devint membre du Conseil général du département en 1877. Il appartient au parti de la réaction et c'est sur la liste monarchiste qu'il a été élu député de la Mayenne aux élections du 4 octobre 1885.

LEBŒUF, Edmond, maréchal de France, ancien ministre de l'Empire, est né à Paris le 5 novembre 1809. Entré à l'Ecole polytechnique en 1828, il prit part à la révolution de juillet 1830, coopéra à la prise de la caserne de Babylone et reçut la croix de Juillet. Entré peu après, comme sous-lieutenant élève, à l'Ecole d'application de Metz, il en sortit avec le numéro un, lieutenant en second d'artillerie, en 1832, fut promu lieutenant en premier l'année suivante, capitaine en second en 1837, en premier en 1841, chef d'escadron en 1846, lieutenant-colonel en 1850 et colonel en 1852. Comme lieutenant et comme capitaine, M. Lebœuf servit avec distinction en Algérie, notamment à la prise de Constantine, où il reçut la croix. Officier d'ordonnance du maréchal Vallée en 1838, il était cité à l'ordre du jour de l'armée pour sa belle conduite dans l'expédition de Djidjelli et au combat de l'Oued-Halleg (1839) et méritait deux autres citations l'année suivante, à l'occasion des expéditions de Médéah et de Milianah, et la rosette d'officier de la Légion d'honneur. Commandant en second à l'Ecole polytechnique de 1848 à 1850, il était nommé chef d'état-major de l'artillerie à l'armée d'Orient le 15 avril 1854. Promu général de brigade au mois de novembre suivant, il était cité trois fois à l'ordre du jour, et promu commandeur de la Légion d'honneur en 1855. Le général Lebœuf, à son retour de Crimée, fut placé à la tête de l'artillerie de la garde impériale. Il assistait la même année aux cérémonies du couronnement du czar Alexandre II, et était promu général de division le 31 décembre 1857. Commandant en chef de l'artillerie de l'armée d'Italie, en 1859, le général Lebœuf inaugura le nouveau système de canons rayés qui venait d'être adopté. Il devint aide de camp de l'empereur en novembre suivant et président du Comité de l'artillerie, dont il était membre depuis 1858, en 1864. En 1866, le général Lebœuf fut envoyé à Venise comme commissaire impérial, pour remettre au gouvernement italien, après plébiscite, la province que l'Autriche vaincue nous avait abandonnée. Nommé commandant en chef du camp de Châlons en 1868, il prenait le commandement du 6ᵉ corps d'armée, à Toulouse, en janvier 1869. Le 21 août suivant, il remplaçait le maréchal Niel au ministère de la guerre. Démissionnaire avec ses collègues le 27 décembre suivant, il reprenait son portefeuille dans le cabinet du 2 janvier 1870, et peut-être eût-il mieux fait de le refuser, même dans l'intérêt de sa propre gloire. Le 24 mars suivant, il était élevé à la dignité de maréchal de France.

Nous ne pouvons passer en revue tous les actes de M. Lebœuf, en tant que ministre de la guerre, actes jugés avec passion depuis que nous ont frappés les désastres dus en grande partie, sans aucun doute, à l'ignorance des faits où le ministre de la guerre était tenu. Certes, quand le maréchal Lebœuf affirmait qu'il ne nous manquait pas un « bouton de guêtre », il n'est personne de bonne foi qui puisse douter de sa sincérité : il ne fut pas le premier ministre de la guerre de l'Empire trompé à ce point; mais cette fois, les résultats devaient être terribles. Quant à l'organisation d'une garde mobile, résolue par son prédécesseur, et qui avait reçu un commencement d'exécution, il n'est pas exact de dire que M. Lebœuf n'y renonça que contraint par l'opinion ou par l'opposition, qui voulait réaliser des économies sur le budget de la guerre. M. Lebœuf y renonça parce qu'il était opposé à ce système autant qu'on peut l'être, au point qu'il ne pouvait en parler sans manifester, ne fût-ce que par un sourire, tout le dédain qu'il lui inspirait. Un sentiment identique l'animait visiblement pour « l'utopie » d'un gouvernement civil de l'Algérie, question qu'il eut à discuter avec forte partie, défendue qu'elle était à la fois à droite et à gauche du Corps législatif, par le comte Le Hon et par Jules Favre.

Le maréchal Lebœuf, nommé, le 15 juillet 1870, major général de l'armée, ne fut pas remplacé au ministère de la guerre; le général Dejean fut simplement appelé à gérer *ad interim* ce département pendant l'absence du titulaire. Après les défaites de Wissembourg, de Reichshoffen et de Forbach, il résigna les fonctions de major général de l'armée (12 août). Quelques jours plus tard, malgré les protestations véhémentes de l'opinion, malgré les accusations d'incurie que l'opposition ne lui ménageait pas au Corps législatif, il prenait le commandement du 3ᵉ corps d'armée. D'une bravoure personnelle inattaquable, le maréchal Lebœuf fit des prodiges de valeur à la tête de son corps d'armée à Rezonville, à Saint-Privat, à Noisseville, Gravelotte, etc. Dans son chagrin de voir les désastres succéder aux désastres, on a prétendu qu'il cherchait la mort sur les champs de bataille : c'est en tout cas la preuve qu'il y paya largement de sa personne. Enfermé dans Metz, il se prononça contre la capitulation. Sa voix fut impuissante, et il dut se rendre, le 29 octobre 1870, avec ses troupes. Prisonnier de guerre en Allemagne, il se retira en Hollande après la signature de la paix. En décembre 1871, le maréchal Lebœuf fut appelé à déposer devant la Commission d'enquête sur les actes du gouvernement de la Défense nationale, puis devant le Conseil d'enquête sur les capitulations, où il s'éleva, avec une grande énergie, contre les agissements de Bazaine à Metz. — Promu grand officier de la Légion d'honneur à la suite de la campagne d'Italie, le maréchal Lebœuf fut fait grand croix de l'ordre en 1865 et décoré de la médaille militaire en 1867. Il est, en outre, décoré d'un grand nombre d'ordres étrangers.

LEBOURG, Charles Auguste, sculpteur français, né à Nantes le 29 septembre 1830, élève de Rude, débuta au Salon de 1853. — On cite de cet artiste : *Enfant nègre jouant avec un lézard*, statuette en bronze (1853), rue à l'Exposition universelle de 1855; *Joueur de binou dansant*, statuette en bronze (1857); *Vierge gauloise marchant au sacrifice*, statue en marbre (1859); une

Mère, groupe en marbre, la *Rosée* et le *Parfum*, statuettes en terre cuite; *Danaé*, statue en plâtre (1861); *Homéride*, statue en marbre (1864); *Jeune mère*, groupe en plâtre; la *Folie*, buste en terre cuite (1865); *Saint Jacques*, statue en pierre pour l'église de la Trinité; *Jeune oiseleur rendant la liberté à une hirondelle et Enfant jouant avec une sauterelle*, statues en plâtre (1866); les *Jeux de l'amour*, groupe en terre cuite; Mme *A. Sarry*, buste en marbre (1867); le *Jeune oiseleur* et l'*Enfant à la sauterelle*, en bronze (1868); le *Centaure Eurytion enlevant la fiancée de Pirithoüs*, groupe en plâtre (1869); *Prêtresse du temple d'Eleusis*, statue en plâtre; *M. Emile Barrault*, buste en bronze (1870); *Lady Wallace*, buste en marbre (1872); *Portrait de M. A. Boissage*, statuette en marbre (1873); la *Prêtresse d'Eleusis*, en bronze; le *Discobole*, statue en plâtre; le *Joyeux devis*, groupe en faïence (1874); *Eole et Thétis*, bas-relief en terre cuite; le *Joyeux devis*, en bronze (1876); le *Travail*, statue en plâtre; Mlle *Feyghine*, buste en plâtre (1883); le *Travail*, en bronze (1885), etc. En dehors de ses expositions, M. Lebourg a exécuté de nombreux portraits, notamment ceux de MM. Garnier-Pagès, Havin, le général Mellinet, le marquis d'Hartford; de Mmes de Metternick, de Morny, etc.; la statue en marbre de Mme la vicomtesse de Tocqueville; les deux modèles des fontaines Wallace, ainsi que de nombreux travaux décoratifs, notamment *Pygmalion et Galathée*, bas-relief en pierre dure, à l'entrée principale du magasin de nouveautés de Pygmalion; la décoration de l'hotel du journal le *Siècle*; celles de plusieurs maisons particulières à Paris, de l'Hôtel de Ville de Fontainebleau, etc., etc. — M. Lebourg a obtenu une médaille de 3e classe au Salon de 1853, le rappel de cette médaille à celui de 1859 et une médaille en 1868.

LECHERBONNIER, AUGUSTE, avocat et homme politique français, né à Issoudun le 9 septembre 1822, vint faire son droit à Paris où, en 1843, il fondait le *Journal des Ecoles*, et se lia avec les membres principaux représentants du jeune parti démocratique. Reçu avocat, il se fit inscrire au barreau de sa ville natale. Après la révolution de février, M. Lecherbonnier fut secrétaire général à la préfecture de l'Indre, mais il fut révoqué en 1849 et encourut même une condamnation à huit mois de prison pour son opposition décidée à l'esprit de réaction qui triomphait désormais. Enfin, le coup d'État de décembre 1851 le chassa de son pays, sans toutefois l'expulser de France. M. Lecherbonnier se réfugia à Brives (Corrèze) et chercha, vainement d'abord, à se faire admettre au barreau de cette ville; il y réussit à la fin, et fut élu conseiller municipal en 1865. Après le 4 septembre 1870, M. Lecherbonnier opéra sur la scène politique une rentrée remarquée, fort utile à l'idée républicaine, à en juger sur les apparences : il fonda la *République de Brives*. Enfin, il se présentait aux élections de 1876, dans la première circonscription de l'arrondissement de Brives, et, après avoir obtenu une majorité relative considérable, était élu au scrutin de ballottage du 5 mars, par 8,143 voix contre 3,449 obtenues par M. de Jouvenel, monarchiste, député sortant. M. Lecherbonnier siégea à gauche, et fut réélu député de Brives le 14 octobre 1877 et le 21 août 1881. Au renouvellement triennal du 25 janvier 1885, M. Lecherbonnier fut élu sénateur de la Corrèze le premier des deux. Il a voté l'expulsion des princes.

LECKY, WILLIAM EDWARD HARTPOLE, historien irlandais, né près de Dublin le 26 mars 1830, fit ses études au collège de la Trinité de cette ville, y prit le grade de maître ès-arts en 1863 et se consacra aux travaux littéraires et historiques qui lui ont fait une grande réputation, justement méritée. — On cite principalement de cet écrivain : les *Meneurs de l'opinion publique en Irlande* (1841), anonyme; nouvelle édition, avouée, 1871-72); *Histoire de l'origine et de l'influence de l'esprit rationaliste en Europe* (1865, 2 vol.); *Histoire des mœurs européennes d'Auguste à Charlemagne* (1869, 2 vol.); *Histoire de l'Angleterre au XVIIIe siècle* (1878-82, 4 vol.), etc.

LECOCQ, ALEXANDRE CHARLES, compositeur français, né à Paris le 30 juin 1832. Il était déjà pianiste habile lorsqu'il fut admis au Conservatoire, dans la classe d'harmonie et accompagnement de M. Bazin, le 5 novembre 1849. Dès l'année suivante, il obtenait un premier prix, entrait dans la classe de fugue et de composition d'Halévy, puis devenait élève de M. Benoist pour l'orgue. Après avoir remporté un second accessit de fugue en 1851, le second prix en 1852, et un premier accessit d'orgue, il quitta le Conservatoire en 1853 et se voua à l'enseignement, non toutefois sans ambitionner secrètement les succès du compositeur; mais l'occasion est plus rare et plus chauve pour un jeune musicien que pour tout autre mortel au monde, peut-être. Elle se présenta pourtant une première fois à bonne portée, et M. Lecocq s'empressa de la saisir: Offenbach venait de fonder le théâtre des Bouffes-Parisiens; il ouvrit un concours pour la composition d'une opérette en un acte, intitulée : le *Docteur Miracle*, et M. Lecocq, avec soixante-dix-sept concurrents, entra en lice. Classé d'abord parmi les six premiers, avec MM. Bizet, Demerssemann, Erlanger, Limagne et Mauniquet, il vit en fin de compte sa partition couronnée avec celle de Georges Bizet. Le *Docteur Miracle*, en conséquence de ce double choix, fut représenté pour la première fois sur la scène des Bouffes, avec la musique de M. Lecocq, le 8 avril 1857 et avec celle de Bizet le lendemain, pour alterner ainsi jusqu'à extinction de succès, ce qui ne fut pas long, aucune des deux partitions n'ayant produit un très vif enthousiasme. Après deux ans d'attente vaine, M. Lecocq donnait aux Folies-Nouvelles, le 29 janvier 1859, une opérette en un acte : *Huis clos*, qui ne fut pas même achevée, par la faute du livret. Il lui fallut encore attendre plusieurs années l'heure de la revanche. Il réussit enfin à faire représenter au petit théâtre des Champs-Elysées plusieurs opérettes en un acte, dont l'inspiration facile et la facture gracieuse finirent par attirer l'attention sur le compositeur. Ce sont: le *Baiser à la poste*, *Liline* et *Valentin*, les *Ondines au champagne* (1865), et le *Cabaret de Ramponneau* (1867). En mai 1866, il avait fait représenter au Palais-Royal une opérette en un acte : *Myosotis*, dont il avait écrit la musique sur un livret très spirituel et très gai de Cham, l'excellent caricaturiste, et qui avait eu un succès véritable. Lors de la fondation de l'Athénée, M. Lecocq fit jouer à ce théâtre: l'*Amour et son carquois* (janvier 1868), opéra comique en deux actes, et au mois d'avril suivant: *Fleur de Thé*, opérette bouffe en 3 actes, qui fut son premier succès retentissant, et eut plus de cent représentations consécutives. Cette pièce fut reprise plus tard aux Variétés et aux Folies-Dramatiques, puis traduite en plusieurs langues et jouée à l'étranger avec autant de succès qu'à Paris. La partition *Fleur de Thé*, sans briller par les qualités d'originalité de premier ordre, décelait au moins chez son auteur un souci de la forme qui est devenu un des traits caractéristiques de son talent et le distinguait des futurs maîtres de l'opérette, faisant aisément pressentir les succès qui l'attendaient dans un avenir prochain. Il écrivit la même année, pour le théâtre de l'Athénée, les *Jumeaux de Bergame*, opéra comique en un acte, qui n'y fut pas représenté, et quelques morceaux nouveaux pour un vaudeville en 5 actes : le *Carnaval d'un merle blanc*, joué au Palais-Royal; et l'année suivante, deux opérettes en un acte : *Gandolfo* et le *Raiah de Mysore*. Il donnait également deux opérettes au même théâtre dans le courant de 1870 ; le *Testament de M. de Crac* et le *Barbier de Trouville*. Pendant la guerre de 1870-71, M. Ch. Lecocq, dont les services ne pouvaient être d'aucune utilité à la patrie (affligé d'une douloureuse infirmité, M. Lecocq ne peut se mouvoir qu'à l'aide de deux béquilles), s'était retiré Bruxelles, où il fit jouer, avec un succès éclatant, les *Cent vierges*, opéra bouffe en 3 actes, qui aurait fourni plus de cent représentations à Bruxelles, devait avoir un succès encore plus prolongé à Paris, où il fut représenté sur la scène des Variétés, le 13 mai 1872. Cependant, ce succès fut dépassé de bien loin par celui de la *Fille de Mme Angot*, autre ouvrage en 3 actes, donné également à Bruxelles d'abord, le 4 décembre 1872, puis aux Folies-Dramatiques, le 21 février 1873, et qui eut plus de quatre cents représentations consécutives, sans parler des reprises, dont le chiffre dépasse certainement celui de la première série. Desormais populaire, le nom de M. Ch. Lecocq devint le rêve de toutes les affiches de théâtre. En conséquence, il donnait presque en même temps (1874) : *Giroflé Girofla*, à la Renaissance, opérette jouée à Bruxelles d'abord, et les *Prés Saint-Germain* aux Variétés, succès modeste celui-ci; puis viennent : le *Pompon*, aux Folies-Dramatiques (novembre 1875); également sans succès, mais par la faute évidente du livret ; la *Petite mariée*, à la Renaissance (1875), qui fut une brillante revanche des échecs précédents; *Kosiki*, opéra comique en 3 actes, au même théâtre (1876); la *Marjolaine*, opéra bouffe en 3 actes, même théâtre, et le *Dompteur*, opérette, aux Variétés (1877); le *Petit Duc*, opérette en 3 actes; la *Camargo*, ibid., à la Renaissance (1878); le *Cœur et la main*, ibid., aux Variétés (1882); la *Princesse des Canaries*, ibid., aux Folies-Dramatiques (1883); l'*Oiseau bleu*, ibid., aux Nouveautés (1884); la *Vie mondaine*, opéra bouffe en 4 actes, même théâtre (1885), etc.

Les ouvrages de M. Ch. Lecocq, que les théâtres secondaires, vouées au culte de l'opérette, ont pu seuls faire connaître, trahissent chez leur auteur une sorte de révolte constante contre le rôle que les circonstances lui ont imposé. Artiste instruit et distingué, loin de rabaisser la musique, comme ce semble être le souci des créateurs de l'opérette, Offenbach et Hervé, afin de la mettre au niveau des instincts grossiers du public, on sent que M. Lecocq cherche, au contraire, à épurer le goût de ses auditeurs, à leur inspirer le désir d'autre chose. Il y a une abîme entre la véritable opérette et ce que M. Lecocq est obligé d'appeler de ce nom; chez lui, l'opérette tourne visiblement à l'opéra comique, c'est-à-dire à la comédie et non à la bouffonnerie musicale; il accepte le titre qu'il tient des exigences des temps, mais tout ce qu'il peut faire pour modifier la chose elle-même, il le fait et il réussit. ma foi, trop bien dans ses efforts pour permettre de croire qu'il n'a pas raison. — M. Lecocq a publié, en dehors du théâtre, un certain nombre de compositions, parmi lesquelles nous citerons : *Miettes musicales*, vingt-quatre esquisses de style pour le piano (Paris, d'Aubel) ; les *Fantoccini*, ballet pantomime pour le piano ; *Gavote*, pour le piano ; *Noël*, à deux voix ; *Berceuse*. mélodie vocale ; *Lettre d'une cousine à son cousin*, *Ma femme est blonde*, le *Langage des yeux*, chansons (Paris, Brandus) ; *Garde à vous !* la *Grosse gourmande*, le *Pays des amours*, chansons (Paris, Feuchot). Il a, en outre, écrit en société avec MM. Hervé et Legouix, sous le pseudonyme collectif d'Alcindor, la musique de *Deux portières pour un cordon*, opérette en un acte. représentée sur le théâtre du Palais-Royal, en mars 1860.

LECOINTE, Alphonse Théodore, général et homme politique français, né à Evreux le 12 juillet 1817. Elève de Saint-Cyr, il en sortit dans l'infanterie en 1839, fut promu lieutenant en 1841, capitaine en 1848, major en 1854, lieutenant-colonel en 1859 et colonel en 1864. Lorsqu'éclata la guerre de 1870-71, M. Lecointe, qui avait fait les campagnes de Crimée, d'Italie et du Mexique, était à la tête du 2ᵉ régiment de grenadiers de la garde impériale, avec lequel il prit part à la campagne de France et se distingua d'une manière toute particulière à Rezonville (16 août). Enfermé dans Metz, il parvint à s'échapper au moment de la capitulation et vint offrir son épée au gouvernement de Tours. Nommé général de brigade le 14 novembre, il reçut le commandement d'une division de l'armée du Nord, et se distingua de nouveau au combat de Villers-Bretonneux, chassa l'ennemi de Gentelles en lui infligeant des pertes très sensibles, et dix jours plus tard (8 décembre), lui reprenant Saint-Quentin et Ham. Le 24, le général de Manteuffel l'attaqua vainement et fut forcé de se retirer. Le 3 janvier 1871, il rejetait sur Bapaume la division Kummer. Le général Lecointe, dans cette malheureuse campagne, ne compta que des succès, était promu divisionnaire le 16 septembre 1871 ; appelé d'abord au commandement de la 1ʳᵉ division du 1ᵉʳ corps, à Lille. Il était placé, en décembre 1878, à la tête du 17ᵉ corps. à Toulouse. En janvier 1880, il remplaçait le général Farre comme gouverneur militaire de Lyon, et en mars 1881 le général Clinchant, décède, comme gouverneur de Paris. Elu sénateur de l'Eure en remplacement de M. Lepouzé, dont l'élection avait été annulée et qui ne se représentait pas (il est mort le 16 février 1882), le 26 février 1882, le général Lecointe a été réélu au renouvellement triennal du 25 janvier 1885. Il siège à gauche et s'est abstenu lors du vote de la loi d'expulsion des princes prétendants. — Le général Lecointe est grand officier de la Légion d'honneur depuis le 8 janvier 1881. Il a été maintenu par décret dans le cadre de l'activité, sans limite d'âge, comme ayant commandé en chef devant l'ennemi.

LECOINTRE, Marie François Louis, homme politique français, né à Poitiers le 8 septembre 1840. Grand propriétaire agriculteur et viticulteur. M. Lecointre est membre du Conseil municipal de Poitiers, et du Conseil général de la Vienne depuis 1880. Il a été élu député de la Vienne, sur la liste monarchiste, le 4 octobre 1885.

LECOMTE DU NOUY, Jules Jean Antoine, peintre français, élève de Gleyre et de MM. Signol et Gérôme, est né à Paris le 10 juin 1842 ; il débuta au Salon de 1863 et remporta en 1865 le second grand prix de Rome, avant pour sujet : la *Mort de Jocaste*. — On a de cet artiste : *Francesca di Rimini et Paolo Malatesta aux enfers* (1868) ; les *Portraits de M. et de Mᵐᵉ Morin* (1864) ; *Sentinelle grecque* (1865) ; l'*Invocation à Neptune* (1866) ; *Job et ses amis*, *Danseuse fellah* (1867) ; la *Folie d'Ajax le Télamonien* (1868) ; l'*Amour qui passe et l'Amour qui reste*, *Portrait de la femme a* châle (1869) ; le *Charmeur* (1870) ; les *Porteurs de mauvaises nouvelles*, au Luxembourg ; *Démosthène s'exerçant à la parole* (1872) ; le *Philosophe sans le savoir* (1873) ; *Eros*, imité d'une pierre antique ; *I Macellaj* (les Bouchers) de Venise (1874) ; la *Lune de miel* (*Venise au XVIᵉ siècle*), le *Songe de Cosroa*, inspiré des *Lettres persanes* (1875) ; *Saint Vincent-de-Paul ramène les galériens à la foi*, pour l'église de la Trinité, *Homère mendiant* (1876) ; la *Porte du sérail et le Portrait de l'auteur* (1877) ; les *Chrétiennes au tombeau de la Vierge*, Portrait d'Ad. Crémieux (1878) ; *Saint Vincent-de-Paul secourant les Alsaciens et les Lorrains après leur réunion à la France* (1879) ; les *Travailleurs de la mer*, fragment d'un pentaptyque ; le *Marabout-prophète Sidna-Aïssa*, au Maroc (1884) ; les *Orientales*, les *Contemplations*, inspirées de Victor Hugo (1885) ; un grand nombre de *Portraits*, etc. En dehors de ses expositions, on doit à M. Lecomte du Nouy un certain nombre de tableaux pour des galeries particulières, notamment : *Marchande à Pompéi*, *Chrétiennes au tombeau de la Vierge*, *Prêtre mendiant* (égyptien). le *Repos du chérif*, la *Nuit de Noël à Jérusalem*, *Chloé à la fontaine*, etc. ; quelques portraits, celui de *Bérenger de la Drôme*, pour le musée de Valence, entre autres, etc. — Il a obtenu une médaille en 1866 et 1869 et une médaille de 2ᵉ classe en 1872 ; et aux expositions étrangères, il a reçu des récompenses à Londres en 1862, à Vienne en 1873, etc. Il a enfin été décoré de la Légion d'honneur en 1876.

LE CONTE, Joseph, médecin et naturaliste américain, né le 26 février 1823, dans le comté de Liberty (Géorgie), fit ses études au collège de médecine et de chirurgie de New-York, y prit le grade de docteur en 1846 et alla s'établir à Macon, dans l'Etat de Géorgie. En 1850, il se rendit à Cambridge (Massachusetts) et devint un des disciples d'Agassiz, qu'il accompagna dans son expédition scientifique en Floride. Il devint ensuite professeur dans divers collèges, notamment professeur de chimie et géologie au collège de la Caroline du Sud (1856-60), et à l'université de Californie, où il occupe depuis 1869 la chaire de géologie et d'histoire naturelle. — On a du Dʳ Joseph Le Conte, outre un certain nombre de mémoires et d'articles sur l'éducation et les beaux-arts. divers ouvrages dont voici les principaux : l'*Action du Gulf Stream dans la formation de la péninsule de la Floride* ; *De la corrélation de la force vitale avec les forces chimiques et physiques* ; *Sur le phénomène de la vision binoculaire* ; *Théorie de la formation des grands linéaments de la surface de la terre* ; *Sur quelques-uns des anciens glaciers des Sierras* ; *Sur la formation et l'âge des montagnes de la Cascade* ; *Sur le grand courant de lave du Nord-Ouest* ; les *Rapports mutuels de la religion et de la science* (1874) ; la *Vue* (1881), etc.

LECONTE DE LISLE, Charles Marie, poète français, membre de l'Académie française, est né à Saint-Paul (Réunion) le 23 octobre 1818. Ses études terminées, il fit plusieurs voyages, notamment dans l'Inde, vint ensuite en France et se fixa à Paris en 1847. En 1848, il prit une certaine part à l'agitation révolutionnaire, mais il retourna bientôt aux travaux littéraires et particulièrement à la poésie, pour laquelle il avait de très bonnes manifesté de grandes dispositions. La *Revue des Deux-Mondes* lui ouvrit ses portes et il y publia d'abord la plupart de ses *Poèmes antiques*, qui firent d'emblée sa réputation. Cependant, la poésie n'étant pas assez productive pour que M. Leconte de Lisle, dont les ressources étaient bornées, pût se dispenser entièrement d'un travail plus rémunérateur : il donna des leçons de grec, ce qui l'amena naturellement à traduire les poètes de la Grèce antique. Il s'y prit d'une ardeur particulière et il en vint, grâce à son respect pour l'original. trop visible dans l'exactitude de la traduction, à traiter son sujet de manière à faire dresser les cheveux au calme, savant et excellent père de *Peisistratos* Caxton, le héros de Bulwer. Malgré les protestations des modernes, on ne saurait se refuser à reconnaître la profonde érudition, en rien préjudiciable à la grâce de la forme, dont les travaux de M. Leconte de Lisle fournissent la preuve évidente. En 1855, il lui fut accordé, sans sollicitation de sa part, mais aussi sans que le donateur ignorât qu'il eût affaire à un adversaire politique, une pension de 3,600 francs sur la cassette impériale, ce qui lui permit de poursuivre ses travaux d'érudition sans crainte des soucis énervants que causent trop souvent les exigences de la vie matérielle. Cette pension lui fut beaucoup reprochée depuis, non par ses coreligionnaires politiques, mais par les autres, surtout lorsqu'en 1871, il publia son *Petit caté-*

chisme républicain. Il est pourtant bien clair qu'il ne s'agissait là, en aucune façon, d'attaques envers l'homme qui l'avait pensionné, mais tout au plus de mise en garde contre l'ambition de ceux qui, sans avoir osé rien faire ouvertement pour se débarrasser de cet homme, méditaient de le remplacer. — M. Leconte de Lisle a publié : *Poèmes antiques (1853)*; *Poèmes et poésies (1855)*; *Poésies complètes*, contenant un certain nombre de pièces inédites (1858) : *Idylles de Théocrite et Odes anacréontiques*, traductions (1861); *Poésies barbares (1862)*; l'*Iliade*, traduction (1867); *Hésiode et Hymnes orphiques*, traductions (1869); l'*Odyssée*, traduction (1870); le *Sacre de Paris*, le *Soir d'une bataille (1871)*; *Œuvres complètes d'Eschyle (1872)*; *Œuvres d'Horace (1873, 2 vol.)*; les *Erinnyes*, drame antique, en vers, en deux parties, représenté à l'Odéon en janvier 1873 ; *Œuvres de Sophocle (1877)*, etc. Il a collaboré à la *Revue des Deux-Mondes*, à la *Revue française*, au *Parnasse contemporain*, etc. — Attaché à la bibliothèque du Luxembourg en 1872, M. Leconte de Lisle a été nommé sous-bibliothécaire en 1873 ; la même année il posait, sans succès, sa candidature au fauteuil du P. Gratry, à l'Académie française. Mais il était élu membre de l'illustre assemblée, au fauteuil de Victor Hugo, le 10 février 1886. Chevalier de la Légion d'honneur depuis 1870, il était promu officier le 12 juillet 1883.

LECOQ DE BOISBAUDRAN, PAUL EMILE FRANÇOIS, chimiste français, d'une vieille famille protestante du Poitou, est né à Cognac en 1838. Il fit toutes ses études à la maison paternelle ; porté vers l'étude de la chimie, il s'y adonna complètement, et par des expériences isolées, fut conduit à des découvertes importantes. C'est ainsi qu'il découvrit le nouveau métal auquel il donna le nom de *gallium (1870)*, découverte qui fut récompensée, en 1872, par le prix Bordin de l'Académie des sciences et par des distinctions de toutes sortes décernées à M. Lecoq de Boisbaudran par divers corps savants de la France et de l'étranger. On lui doit des mémoires et des notes insérés dans les *Comptes rendus* de l'Académie des sciences et d'autres publications spéciales, sur la chimie, l'électricité, la physique moléculaire, la spectroscopie, etc., et un ouvrage intitulé : *Spectres lumineux, spectres prismatiques, destinés aux recherches de chimie minérale (1874)*. — M. Lecoq de Boisbaudran a été élu membre de l'Académie des sciences, section de chimie, le 10 juin 1878. La même année, il recevait un grand prix à l'Exposition universelle et la même suivante, la Société royale de Londres lui décernait la grande médaille d'or de Davy ; enfin, l'Académie des sciences lui décernait, en 1880, le prix Lacaze de 10,000 francs, il a été nommé chevalier de la Légion d'honneur en 1876 et officier d'académie le 1er mai 1885.

LE COUR DE GRANDMAISON, CHARLES, homme politique français, armateur, né à Nantes le 12 février 1848. Docteur en droit, juge au tribunal de commerce et membre de la chambre de commerce de sa ville natale, M. Le Cour est en outre conseiller général de la Loire-Inférieure. Il a été élu député de la Loire-Inférieure, le 4 octobre 1885, sur la liste monarchiste et a pris place à l'extrême-droite de la Chambre.

LEDOCHOWSKI (comte), MIECISLAS, prélat polonais, cardinal, ancien archevêque de Gnesen et Posen et primat de Pologne, est né à Gorki, d'une famille polonaise ancienne et illustre le 29 octobre 1822. Il commença ses études théologiques chez les Lazaristes du collège Saint Jean, à Varsovie, et à l'âge de dix-huit ans reçut les ordres et l'habit des mains de l'évêque de Sandomir. Après quelques études à Vienne, il se rendit à Rome et entra à l'*Academia ecclesiastica*, fondée par Pie IX pour donner un enseignement spécial aux jeunes ecclésiastiques qui se sont distingués par leur intelligence et leurs connaissances acquises. Pie IX le nomma successivement prélat domestique et protonotaire apostolique, l'envoya à Madrid, en mission diplomatique, puis, comme auditeur de la nonciature, à Lisbonne, à Rio de Janeiro et à Santiago de Chili. Nommé archevêque de Thèbes *in partibus infidelium* et nonce du Saint-Siège à Bruxelles le 30 septembre 1861, il était nommé, en janvier 1866, archevêque de Gnesen et Posen, siège qui lui donnait le titre de primat de Pologne. La résistance énergique opposée par M. Ledochowski aux lois ecclésiastiques prussiennes (1874), donnèrent lieu à des poursuites contre ce prélat, suivie d'une condamnation à l'emprisonnement, qu'il subissait au donjon d'Ostrowo, lorsqu'il fut créé cardinal par le pape dans un consistoire secret tenu à Rome le 15 mars 1875. Rendu à la liberté le 3 février 1876, M. Ledochowski fut conduit sous escorte, par Berlin, à la frontière de Bohême. De Prague, où il fut reçu avec acclamation, il se rendit à Cracovie et, sur l'invitation du gouvernement autrichien de ne pas prolonger son séjour en Gallicie, il partit pour Rome, où il arriva le 6 mars et où une réception magnifique lui fut faite par les soins des hauts dignitaires de l'Eglise. Comme de Rome, il ne cessait de diriger les affaires de son diocèse, le cardinal Ledochowski se vit l'objet de poursuites répétées pour infractions aux lois de mai, devant les tribunaux allemands, poursuites invariablement suivies de condamnations de plus en plus sévères, mais qu'il ne pouvait être forcé de subir, étant en loin pour cela. Enfin, cette lutte quelque peu ridicule a pris fin, l'empire d'Allemagne s'étant réconcilié avec le Saint-Siège ; mais le cardinal Ledochowski n'y a pas gagné grand'chose, car le prince Bismarck ayant exigé que les catholiques allemands fussent dirigés par des prélats allemands, Léon XIII, en dépit qu'il en eût, consentit à donner à l'ancien archevêque de Posen, un remplaçant allemand, dans la personne de M. Dinder (mai 1886).

LEES, EDWIN, botaniste anglais, né à Worcester le 12 mai 1800, fit ses études dans sa ville natale et à Birmingham, et entra dans le commerce ; mais il abandonna bientôt cette carrière pour l'étude de l'histoire naturelle et plus particulièrement de la botanique. Il s'occupa surtout de l'histoire naturelle du Worcestershire et aida sir Charles Hastings d'une Société d'histoire naturelle dans ce comté, dont il fut le premier curateur honoraire ; il devint ensuite le premier président du Club des naturalistes du Worcestershire et le premier vice-président de celui de Malvern. M. Edwin Lees, bien connu par ses cours de botanique, est l'auteur de : l'*Herborisateur* (the Botanist looker-out) *en Angleterre et dans la principauté de Galles*; *Affinités des plantes et des animaux, leurs analogies et associations*: *Tableaux de la nature sur les coteaux de Malvern et dans la vallée de la Severn*; la *Botanique des montagnes de Malvern*; la *Botanique du comté de Worcester (1868)*; de poésies et de nombreux articles disséminés dans les recueils périodiques d'histoire naturelle et dans ceux des diverses sociétés savantes, dans le *Worcester Journal*, etc. Nous devons citer à part une série d'articles sur les vieux arbres curieux, reliques des forêts de l'Angleterre, publiés en 1874 et 1875 dans le *Gardeners' Chronicle*, et réunis en volume, sous ce titre : *The Forest en chace of Malvern, its ancient and present state (1877)*. Son dernier ouvrage est intitulé : *Scenery and Thought, in poetical Pictures of various Landscape scenes and Incidents*, et a été publié en 1880. En 1869, les membres du Club des naturalistes du Worcestershire et de Malvern se sont cotisés pour offrir à M. Edwin Lees son portrait et un service de déjeuner en argenterie, en reconnaissance des services qu'il a rendus à la science locale pendant plus d'un quart de siècle. — Il est membre de la Société linnéenne et de la Société géologique.

LEFÉBURE, ALBERT LÉON, économiste et homme politique français, né à Colmar le 31 mars 1838, vint faire son droit à Paris et, après des voyages en Europe et en Algérie, entra comme auditeur au Conseil d'Etat en 1864. Propriétaire dans la province d'Oran il avait été élu, l'année précédente, membre du Conseil général de cette province, dont il était devenu secrétaire, et devenait également, en 1867, conseiller général et secrétaire du Haut-Rhin. Aux élections générales de 1869, M. Léon Lefébure, candidat agréée, fut élu député de la première circonscription de ce département. Député laborieux et extrêmement actif, M. L. Lefébure fit partie de plusieurs commissions importantes et prit part aux discussions sur le régime économique, sur la situation de l'Algérie, etc. Il prit place dans les rangs du tiers-parti libéral et signa l'interpellation des Cent-Seize. Secrétaire de la commission d'enquête sur le régime économique, il fut chargé du rapport sur les admissions temporaires qui, seul, fut prêt avant que les événements vinssent interrompre les travaux de la commission. Pendant la guerre M. L. Lefébure combattit dans les rangs de la garde mobile du Haut-Rhin et, après l'armistice, opta pour la nationalité française. Le 2 juillet 1871, représentant de la Seine à l'Assemblée nationale, par plus de cent mille suffrages, il siégea au centre droit et prit, comme toujours, une part considérable aux travaux de l'Assemblée. Nommé membre du Conseil supérieur de l'agriculture, du commerce et de l'industrie en 1873, M. Magne le choisissait, le 26 novembre suivant, comme sous-secrétaire d'Etat au ministère des finances ; il conserva ce poste jusqu'en juillet 1874. M. Léon Lefébure ne s'est plus présenté aux élections suivantes. — Membre d'un grand nombre de sociétés savantes ou d'utilité publique, il a été secrétaire du jury spécial à l'Exposition universelle de Paris en 1867, et membre de la section française du jury international à celle de Vienne en 1873. Il est chevalier de la Légion d'honneur depuis 1867. — M. L. Lefebure a collaboré au *Temps*, à la *France*, à la *Presse*, à l'*Industriel alsacien*, à la *Revue contemporaine*, etc., et a publié à part : une étude sur l'*Economie rurale*, avec M. Tisserand ; une autre *Étude sur la condition de l'ouvrier et sur les institutions rurales de l'Alsace au moyen âge* ; l'*Allemagne nouvelle (1872)* ; *Questions vitales (1875)* ; la *Renaissance religieuse en France (1886)*, etc.

LEFEBVRE, CHARLES, homme politique français, né en 1825. Maire d'Avon, il était en outre conseiller général de Seine-et-Marne, lorsqu'il fut élu député de l'arrondissement de Fontainebleau le 21 août 1881. Il prit place à la gauche radicale. Porté sur la liste radicale, aux élections du 8 octobre 1885, le M. Ch. Lefebvre a été élu député de Seine-et-Marne, le deuxième sur cinq. Il a voté l'expulsion totale des princes.

LEFEBVRE, JULES JOSEPH, peintre français, né à Tournan le 10 mars 1836; élève de l'école municipale de dessin d'Amiens et de Léon Cogniet, il débuta à l'Exposition universelle de 1855, avec le portrait de son premier maître de dessin, M. *Fusilier*, et remporta le grand prix de Rome en 1861, le sujet du concours étant : la *Mort de Priam*. — On a de cet artiste : *Portrait de Mme Lemaire (1857)* ; *Portrait de M. Lemaire, Portrait du père de l'auteur (1859)* ; la *Veille de Noël, Portrait de M. Pelpel (1864)* ; *Jeune homme peignant un masque tragique* (envoi de Rome) ; et au Salon : la *Charité romaine (1864)* ; *Pèlerinage au Sacro Speco, couvent de San-Benedetto*, et *Jeune fille endormie (1865)* ; *Nymphe et Bacchus (1866)* ; *S. S. Pie IX à Saint Pierre de Rome (1867)* ; *Femme couchée, Portrait de la sœur de l'auteur (1868)* ; *Pascuccia, Portrait de Mme Laisné (1869)* ; la *Vérité, Portrait de Mme la marquise de Montesquieu (1870)* ; la *Cigale (1872)* ; *Portrait du prince impérial (1874)* ; *Rêve*, inspiré d'Ossian ; *Chloé*, inspiré d'André Chénier ; un *Portrait de femme (1875)* ; *Madeleine, Portrait de M. Léonce Reynaud, directeur général des phares (1876)* ; *Pandore (1877)* ; *Mignon (1878)* ; *Diane surprise (1879)* ; *Psyché (1883)* ; l'*Aurore (1884)* ; *Laure (1885)* ; de nombreux portraits, etc. — M. Jules Lefebvre a obtenu des médailles en 1865, 1868 et 1870, une médaille de 1re classe en 1878 et la médaille d'honneur en 1886, il a été décoré de la Légion d'honneur en 1870 et promu officier le 20 octobre 1878.

LEFEBVRE, CHARLES ÉDOUARD, compositeur français, né à Paris le 19 juin 1843. Élève de M. Ambroise Thomas, il reçut aussi des leçons et des conseils de M. Gounod. M. Lefebvre prit part, en 1870, au concours de l'Institut et obtint le premier grand prix de Rome conjointement avec M. Henri Maréchal, pour la cantate intitulée le *Jugement de Dieu*, dont les événements empêchèrent l'exécution en séance publique. Il fit ensuite un voyage à Rome et dans le reste de l'Italie, en Grèce et en Turquie, et à son retour, fit exécuter dans une séance publique de l'Institut, le 15 novembre 1873, une ouverture portant le même titre que sa cantate de concours. Il a fait entendre au Conservatoire, à la séance d'audition des envois de Rome, le 23 mai 1874, une *Suite symphonique*, déjà produite au mois d'avril précédent dans une séance de la Société nationale de musique, et le *Psaume XXIII* pour chœur et orchestre. Après un second voyage à Rome, où il écrivit une symphonie en mi bémol et un drame lyrique en trois parties : *Judith*, M. Ch. Lefebvre faisait entendre, dans la séance d'audition des envois de Rome du 27 mai 1875, des fragments de ces deux œuvres importantes, qui furent très favorablement accueillis. — On doit encore à M. Lefebvre les compositions suivantes : *Pièces symphoniques*, exécutées aux concerts du Châtelet (1875) ; un *Chœur* et une *Romance* pour cor, à la Société nationale de musique (même année) ; *Ouverture dramatique*, aux concerts du Châtelet ; *Dalila*, scènes pour orchestre, d'après le roman de M. Octave Feuillet, à la Société nationale de musique (1876), etc. Il a aussi publié : *Six poésies mises en musique* (Paris, Hartmann) ; plusieurs morceaux détachés pour chant et piano et sa *Judith*, drame lyrique en 3 parties et 4 tableaux, partition chant et piano réduite par l'auteur (Paris, Mackar, 1877, in-8o).

LEFÈVRE, FRANÇOIS ERNEST, publiciste et homme politique français, né au Havre le 15 août 1833. Il fit ses études au lycée de sa ville natale et son droit à Paris ; reçu licencié, il s'inscrivit au barreau de la capitale, et devint rédacteur et administrateur du journal le *Rappel* dès sa fondation en 1869. Élu conseiller municipal de Paris en 1874, pour le quartier des Epinettes (XVIIe arrondissement) et réélu en 1878, il est devenu président de ce conseil et du Conseil général de la Seine. Après avoir échoué dans la 1re circonscription du Havre, aux élections générales du 21 août 1881, M. Ernest Lefèvre était élu le 4 décembre suivant député de la 2e circonscription du Xe arrondissement de Paris, en remplacement de M. Camille Pelletan, optant pour Aix, qui l'avait également élu. Il prit place à l'extrême-gauche. Aux élections d'octobre 1885, il était élu député de la Seine au scrutin du 18. Il a été vice-président de la Chambre. — On a de M. E. Lefèvre : *Des légistes et de leur influence aux XIIe et XIIIe siècles (1858)*.

LEFÈVRE, ANDRÉ, littérateur français, né à Provins le 9 novembre 1834, fit ses études au collège Sainte-Barbe, suivit ensuite les cours de la faculté de droit et entra à l'École des chartes ; il fut reçu archiviste-paléographe en 1857, prit aussi le grade de licencié en droit et débuta de bonne heure dans la carrière des lettres. M. André Lefèvre a surtout collaboré au *Magasin pittoresque*, à l'*Histoire de France par les monuments*, de MM. Ed. Charton et Bordier, à la *Revue des Deux-Mondes* et à l'*Illustration*, où il a remplacé J. de Wailly, comme critique littéraire, en 1864. Il a également collaboré à la *Libre pensée* et à la *Pensée nouvelle* et devint, à la fondation, directeur de la partie littéraire de la *République française*. — Il a publié : les *Finances de la Champagne aux XIIIe et XIVe siècles (1857)* ; la *Flûte de Pan*, poésies (1861) ; la *Vallée du Nil*, d'après les notes de M. H. Cammas, photographe (1863) ; les *Merveilles de l'architecture* et la *Lyre intime*, poésies (1865) ; *Virgile et Kâlidâsa* : les *Bucoliques* et le *Nuage messager*, traductions en vers français (1866) ; les *Parcs et les jardins*, dans la « Bibliothèque des Merveilles » (1867) ; l'*Epopée terrestre*, poème (1868) ; la *Nature*, traduit de Lucrèce ; les *Finances particulières de Napoléon III*, d'après les documents recueillis aux Tuileries (1876) ; *Religions et mythologies comparées (1877)* ; la *Philosophie (1878)* ; l'*Homme à travers les âges (1880)*, etc.

LEFÈVRE-PONTALIS, GERMAIN ANTONIN, homme politique français, né à Paris le 19 août 1830, fit ses études au collège Bourbon et à la faculté de droit, et prit le grade de licencié ès lettres en 1852 et celui de docteur en droit en 1855. Il avait été admis comme auditeur au Conseil d'État dès 1852, mais à l'approche des élections générales de 1863, il donna sa démission et se présenta dans la 2e circonscription de Seine-et-Oise, comme candidat de l'opposition ; il échoua avec une très forte minorité, mais aux élections du mai 1869, il fut élu dans la même circonscription, malgré les efforts de l'administration ; il prit place au centre gauche du Corps législatif, et signa la demande d'interpellation des Cent-Seize. Élu, le 8 février 1871, représentant de Seine-et-Oise à l'Assemblée nationale, M. Antonin Lefèvre-Pontalis s'inscrivit à la réunion Feray (centre gauche) ; mais après la chute de M. Thiers, il se rapprocha de la droite, avec laquelle il vota souvent ; il vota toutefois les lois constitutionnelles. Il n'en échoua pas moins aux élections du 20 février 1876, dans la 2e circonscription de Pontoise et dans l'arrondissement d'Avesnes (Nord) où il se présentait également, ainsi qu'à celles du 14 octobre 1877 et du 21 août 1881. Le scrutin de liste lui fut plus favorable, et il a été élu député du Nord le 4 octobre 1885, mais sur la liste monarchiste. Il siège donc décidément à la droite monarchiste. — M. Antonin Lefèvre-Pontalis a publié : la *Condition légale de la femme mariée*, sa thèse de doctorat (1855) ; la *Hollande au XVIIe siècle (1864)* ; les *Lois et les mœurs électorales en France et en Angleterre (1865)* ; *Jean de Witt (1885)*. Il a collaboré à la *Revue des Deux-Mondes*, au *Journal des Débats*, etc.

LE FLO, ADOLPHE EMMANUEL CHARLES, général et homme politique français, ancien ambassadeur à Saint-Pétersbourg, né à Lesneven (Finistère) le 2 novembre 1804. Entré à l'École militaire de Saint-Cyr en 1823, il en sortit en 1825, comme sous-lieutenant au 2e léger, fut promu lieutenant en 1830 et partit pour l'Afrique avec son régiment l'année suivante ; promu capitaine en 1835, il était nommé chef de bataillon aux zouaves en 1840, puis, successivement, lieutenant-colonel au 1er léger en 1841, colonel du 32e régiment de la même arme en 1844, et enfin, général de brigade le 12 juin 1848. Il prit part en Algérie, où il demeura jusqu'à sa nomination au grade de général de brigade, à un grand nombre d'affaires, et fut blessé notamment à Constantine, par l'explosion d'une mine (octobre 1837), à l'Oued-Djir le 30 avril 1840, à Milianah peu après, et obtint dix citations à l'ordre du jour de l'armée. Chargé d'une mission diplomatique à Saint-Pétersbourg au mois d'août 1848, le général Le Flô était élu, le 17 septembre suivant, représentant du Finistère à l'Assemblée constituante et résignait, à la fin de l'année, ses fonctions diplomatiques pour venir siéger à l'Assemblée, où il prit place dans les rangs de la droite et appuya la politique de l'Elysée. Réélu à la Législative, il reprit sa place parmi les adversaires de la République, jusqu'à la scission qui se produisit dans les rangs de la droite parlementaire; alors il combattit avec ardeur la politique napoléonienne et, comme questeur, tenta de s'opposer, jusqu'au dernier moment, aux empiétements du pouvoir exécutif. Arrêté à l'hôtel de la Présidence, dès le matin du 2 Décembre, il fut quelque temps enfermé au fort de Ham, puis expulsé du territoire français en janvier 1852. Le général Le Flô se retira en Belgique, puis à Jersey où il demeura jusqu'en 1859. Rentré en France, le général Le Flô vécut dans la retraite jusqu'au moment où la nouvelle de nos premiers désastres vint le trouver à son château de Hec'hoât; alors il fit des démarches pour être autorisé à apporter son concours à la défense du pays, mais ce fut en vain. Le 4 septembre 1870, il était nommé ministre de la guerre et, le 16, réintégré dans les cadres de l'armée, avec le grade de général de division, pour prendre rang du 2 septembre 1851. Pendant le siège de Paris, le général Le Flô travailla dans la mesure du possible, sans doute, à l'armement des gardes nationales et de l'armée; partisan des mesures énergiques de résistance, avec le concours des gardes nationales, pour lesquelles l'état-major général affichait un dédain qu'il eût été au moins plus convenable de dissimuler sinon possible, il est certain qu'il ne put faire ce qui eût été facile en d'autres circonstances. Élu représentant du Finistère aux élections du 8 février 1871, le premier sur treize, le général Le Flô fut maintenu au ministère de la guerre dans le cabinet de conciliation formé par M. Thiers le 19 du même mois. Dans le conseil des ministres tenu le 17 mars, il se prononça énergiquement, dit-on, contre le procédé plus audacieux qu'habile, pour ne rien dire de plus, grâce auquel le général Vinoy prétendait enlever les canons parqués sur la butte Montmartre : protestation vaine, comme on le sait trop. Le 5 juin suivant, le général Le Flô quittait le ministère et était nommé ambassadeur à Saint-Pétersbourg, fonctions dans lesquelles il fut remplacé par le général Chanzy en février 1879. Le général Le Flô, qui avait refusé aux gauches la candidature à un siège sénatorial inamovible, ne se présenta pas davantage à la députation, et a vécu, depuis 1879, dans la retraite. Le bruit a couru qu'il y préparait ses *Mémoires*. — Il a été promu grand-officier de la Légion d'honneur le 5 novembre 1873.

LE FORT, Léon Clément, médecin français, né à Lille le 5 décembre 1829, fit ses études dans sa ville natale et y entra à l'hôpital militaire en 1848. Venu à Paris en 1850, il était reçu externe la même année et interne en 1852, entrait dans le service de Malgaigne, à l'hôpital Saint-Louis, en 1853, et devint aide d'anatomie en 1858 et prosecteur en 1860. Reçu docteur en 1858 et agrégé de la faculté en 1863, il était nommé chirurgien des hôpitaux la même année et professeur de médecine opératoire à la faculté de médecine en 1873, puis de clinique chirurgicale. M. Le Fort s'est occupé d'une façon toute spéciale des questions hospitalières a fait, dans ce but, plusieurs voyages en Angleterre, en Hollande, en Suisse, en Allemagne et en Russie. Il a été successivement chirurgien de l'hospice des Enfants assistés, de l'hôpital du Midi, des hôpitaux Cochin, Lariboisière, Beaujon et enfin de l'hôpital Necker où il est actuellement. Après avoir fait la campagne d'Italie, en 1859, comme chirurgien volontaire, il allait étudier, en 1864, les ambulances des armées en présence pendant la guerre du Schleswig-Holstein, ces études spéciales lui permirent de rendre à l'armée française, pendant la dernière guerre, de grands services. Nommé chirurgien en chef, il organisa les premières ambulances volontaires et dirigea une de ces ambulances pendant toute la durée du siège de Metz. Il a été élu membre de l'Académie de médecine en 1876. — On cite principalement du docteur Le Fort: *Recherches sur l'anatomie du poumon (1858); De la résection du genou (1859); De la résection de la hanche (1861); Mémoire sur l'hygiène hospitalière en France et en Angleterre (1862); Des anévrysmes (1866); Des maternités (1866, in-4°, 11 pl.); Des indications du trépan dans les fractures du crâne; De l'influence du recrutement de l'armée sur le mouvement de la population (1867); Plaies et anévrysmes de la carotide*, etc. (1868); *Des hôpitaux sous tente (1869); la Chirurgie militaire et les Sociétés de secours en France et à l'étranger (1872); Étude sur l'organisation de la médecine en France et à l'étranger (1875)*, etc. — Il a collaboré à la *Revue des Deux-Mondes*, à la *Gazette hebdomadaire*, au *Dictionnaire encyclopédique des sciences médicales*, etc. — Chevalier de la Légion d'honneur depuis 1870, le docteur Le Fort a été promu officier le 12 juillet 1884.

LE GAVRIAN, Paul, homme politique français, ingénieur civil. est né à Lille en 1825. Élève de l'École centrale des arts et manufactures, il y obtenait le diplôme d'ingénieur en 1858 et succédait, l'année suivante, à son père, décédé, à la tête d'une importante usine de constructeur mécanicien, dont il a conservé la direction jusqu'en 1882. Juge au tribunal de commerce et membre de la chambre de commerce de Lille, il a été élu député du Nord, le 4 octobre 1885, sur la liste monarchiste, qui a totalement triomphé dans ce département.

LÉGLISE, Félix, homme politique français, né à Bayonne le 13 décembre 1846. Il a été élu député de la deuxième circonscription de Dax, comme candidat républicain, le 21 août 1881, battant le député sortant, bonapartiste, de 2,000 voix. Aux élections d'octobre 1885, il échouait dans les Landes, avec la liste républicaine tout entière; mais cette élection ayant été annulée par la Chambre, ce fut le contraire qui se produisit à l'élection partielle du 14 février 1886, et M. Léglise fut élu député des Landes en tête de la liste républicaine. — Il a voté l'expulsion totale des princes.

LEGOUVÉ, Gabriel Jean-Baptiste Ernest Wilfrid, littérateur français, fils de l'auteur du *Mérite des femmes*, est né à Paris le 15 février 1807. Il débuta dans la carrière par un poème sur la *Découverte de l'imprimerie*, auquel l'Académie française accorda le prix de poésie en 1827. Il publia, à partir de cette époque, des ouvrages nombreux et variés. En 1847, il faisait, au Collège de France, un cours gratuit sur l'*Histoire morale des femmes*; il a fait, depuis, beaucoup de conférences sur la même question et des causeries sur divers sujets, toujours accueillies avec une grande sympathie. M. Ernest Legouvé a été élu membre de l'Académie française, au fauteuil d'Ancelot, en 1855; la dernière réception qu'il y fit d'un nouveau membre, en qualité de directeur, est celle de M. Gaston Boissier, le 21 décembre 1876. — On cite de M. Ernest Legouvé: *Max*, roman (1833); les *Vieillards*, poème (1834); *Édith de Falsen*, roman (1840); *Guerrero, ou la trahison*, tragédie non représentée (1845); *Histoire morale des femmes (1847);* les *Morts bizarres*, poèmes dramatiques (1852); *Béatrix* ou *la Madone de l'Art (1860); Lectures à l'Académie (1862);* la *Croix d'honneur et les comédiens (1863);* la *Femme en France au XIX*e *siècle*, brochure et *Jean Reynaud*, biographie (1864); *Messieurs les enfants (1868);* les *Pères et les enfants au XIX*e *siècle (1870, 2 vol.); Un tournoi au XIX*e *siècle*, relatif à l'étude de l'escrime. Nous M. Legouvé est un des maîtres reconnus (1872); *Conférences parisiennes;* l'*Art de la lecture (1877); Petit traité de lecture à haute voix (1878);* la *Lecture en actions (1882); Soixante ans de souvenirs (1886)*, etc. — Il a donné au théâtre: *Louise de Lignerolles*, drame en 5 actes, en prose, avec P. Dinaux (1840); *Adrienne Lecouvreur (1849); Bataille de dames* et les *Contes de la reine de Navarre (1851)*, avec Scribe : ces quatre pièces ont été représentées au Théâtre-Français et font partie du répertoire, tragédie en cinq actes, *Médée*, écrite pour Rachel, qui avait donné un si éclatant succès à *Adrienne Lecouvreur*, fut en fin de compte refusée par elle ; un procès s'ensuivit, que l'illustre tragédienne perdit, naturellement, ce qui ne la fit point revenir sur son refus. *Médée*, en conséquence, devenue *Medea*, fut jouée par la Ristori, avec beaucoup de succès, d'abord au Théâtre-Italien de Paris, puis dans toutes les capitales de l'Europe et a fini, je crois, par passer l'Atlantique avec la grande artiste italienne. En Italie, on l'a, de plus, transformée en opéra. M. Legouvé a donné depuis au Français: *Par droit de conquête (1855);* le *Pamphlet*, comédie satirique (1857); les *Doigts de fée*, avec Scribe (1858); *Béatrix*, comédie en cinq actes en prose, qui fut ses débuts sur la scène française de Mme Ristori, à l'Odéon (1861), pièce tirée du roman plus haut : *Béatrix* ou *la Madone de l'Art; Un jeune homme qui ne fait rien*, un acte en vers, au Français (1861); *Miss Suzanne*, comédie en quatre actes, au Gymnase (1867); *A Deux* de *jeu*, un acte en vers, au Français (1868); les *Deux reines de France*, drame en quatre actes et en vers, dont M. Legouvé lisait des fragments à la séance annuelle de l'Institut, dès 1864, joue pour la première fois au théâtre Ventadour, avec des chœurs et des morceaux symphoniques de M. Gounod, en 1872; l'*Amour africain*, opéra comique en un acte, tiré d'une nouvelle de Prosper Mérimée, musique de

M. Paladilhe, à l'Opéra-Comique ; la *Cigale chez les fourmis*, un acte, avec M. Labiche, au Français (1876) ; la *Fleur de Tlemcen*, un acte, joué à la Porte Saint-Martin, dans une représentation donnée par l'Association de l'Union française de la jeunesse (8 avril 1877) ; *Anne de Kervilliers*, un acte en prose, au Français (1879), etc. — Aux élections sénatoriales de janvier 1876, un groupe d'électeurs offrit une candidature à M. Legouvé. mais il la refusa. Il est officier de la Légion d'honneur depuis 1864.

LEGRAND DE LECELLES, Louis, homme politique français, avocat, né à Saint-Amand (Nord) en 1827. Avocat du barreau de Douai, membre et vice-président du Conseil général du Nord et vice-président du conseil d'administration des mines de Douchy, M. Legrand (de Lecelles) fut inscrit sur la liste monarchiste du Nord aux élections du 4 octobre 1885, et triompha avec ses amis. Il siège à droite.

LE GUAY (baron), Léon, homme politique français, né à Paris le 3 juillet 1827. Grand propriétaire agriculteur dans le Maine-et-Loire, il fut nommé préfet de ce département en mars 1871, puis appelé par Beulé au ministère de l'intérieur, comme secrétaire général, le 17 juin 1873 et nommé conseiller d'État en service extraordinaire. Nommé en décembre suivant préfet du Nord, il était élu sénateur de Maine-et-Loire, sur la liste de l'Union conservatrice le 30 janvier 1876, et prenait place à droite. Il fut réélu, avec quelque peine, au renouvellement triennal du 5 février 1879. — Il est officier de la Légion d'honneur depuis 1873 ; il est de plus commandeur de l'ordre pontifical de Saint-Grégoire le Grand.

LEIGHTON, sir Frederick, peintre anglais, né à Scarborough le 3 décembre 1830. Il montra fort jeune une très vive passion pour les arts du dessin, et reçut sa première éducation artistique à Rome, vers l'âge de onze ans. Entré en 1843 à l'Académie de Berlin, il alla continuer ses études à Francfort. Pendant l'hiver de 1845-46, qu'il passa à Florence avec son père, celui-ci résolut sur l'avis motivé du sculpteur Hiram Power, de le destiner à la peinture. Le jeune artiste reprit au printemps suivant ses études à Francfort et les continua de 1846 à 1848 ; il se rendit alors à Bruxelles, où il produisit sa première œuvre : *Cimabué rencontrant Giotto dessinant dans les champs*. Venu à Paris, où il s'occupa à copier les maitres, au Louvre, il retourna ensuite à Francfort, où il fut pendant trois années élève du professeur E. Steinle, de Vienne. Il produisit sous la direction de cet élève d'Overbeck plusieurs ouvrages remarquables, notamment un grand tableau représentant la *Mort de Brunellesco*. Les hivers de ces trois années, M. Leighton les passa en grande partie à Rome, et c'est dans cette période qu'il y peignit une autre grande toile : *Cimabué*, représentant la *Madonna* de ce maitre illustre promenée en triomphe dans les rues de Florence. Ce tableau fut exposé à l'Académie Royale de Londres en 1855, et y fit d'autant plus sensation qu'il venait d'un artiste anglais absolument inconnu dans son pays. Il fut acheté par la reine. M. Leighton revint alors à Paris, où il prit résidence et reçut les conseils d'Ary Scheffer, de Robert Fleury et d'autres peintres célèbres. M. Leighton a produit depuis cette époque un grand nombre de toiles importantes, dont plusieurs ont figuré à divers Salons de Paris et en parmi lesquelles nous citerons : le *Triomphe de la musique*, *Orphée arrachant sa femme aux enfers (1856)* ; les *Pêcheurs et la sirène*, une *Scène de Roméo et Juliette (1858)* ; les *Champs en automne (1859)* ; *Capri, au lever du soleil (1860)* ; *Paolo et Francesca*, *Lieder ohne Worte* (Romances sans paroles) et un *Rêve (1861)* ; l'*Odalisque*, l'*Etoile de Bethléem* et *Michel-Ange soignant son serviteur mourant (1862)* ; *Achab et Jezabel*, *Jeune fille donnant à manger à un paon*, *Jeune fille portant un panier de fruits* et un *Arbalétrier italien (1863)* ; *Orphée et Eurydice*, *Heures dorées* et *Dante en exil (1854)* ; *David*, *Hélène de Troie*, la *Mère* et l'*enfant (1865)* ; *Fiancée syracusaine conduisant des bêtes féroces en procession au temple de Diane (1866)* ; une *Vénus nue*, *Danseuse espagnole de Cadix*, le *Joueur d'osselets (1867)* ; *Jonathas fait un présent à David*, *Ariane abandonnée par Thésée*, *Acmé et Septimius et Actéa, la nymphe du rivage (1868)* ; *Saint Jérôme*, *Dédale et Icare*, *Electre au tombeau d'Agamemnon*, *Helios et Rodos (1869)* ; une *Femme du Nil (1870)* ; *Hercule disputant à la Mort le corps d'Alceste*, *Filles grecques ramassant des cailloux dans la mer* et *Cléobule instruisant sa fille Cléobuline (1871)* ; *Après vêpres*, *Lune d'été* et un *Condottière (1872)* ; *Tressant la couronne*, les *Arts industriels de la paix (1873)* ; *Jardin moresque*, un *Rêve de Grenade*, le *Vieillard de Damas*, une *Jongleuse antique*, *Clytemnestre épiant les murs d'Argos les signaux lumineux qui doivent annoncer le retour d'Agamemnon (1874)* ; *Partie de l'intérieur de la grande mosquée de Damas*, la *Petite Fatima*, *Jeune fille vénitienne*, *Frondeur oriental attrapant des oiseaux (1875)* ; la *Daphnéphoria*, *Paolo*, *Térésina*, *Portrait du capitaine Burton (1876)* ; la *Leçon de musique*, l'*Atelier (1877)* ; *Nausicaa*, etc. (1878) ; *Elie dans le désert*, *Biondina*. *Catarina (1879)* ; *Baiser de sœur*, la *Lumière du harem (1880)* ; *Elie relevant le fils de la Sulamite* ; *Portrait du peintre*, pour la collection de portraits d'artistes peints par eux-mêmes de la Galerie des Offices, de Florence ; *Idylle*, *Viola*, *Bianca (1881)* ; *Rêves du jour*, *Phryné à Eleusis*, *Antigone*. *Melittion (1882)* ; la *Danse*, frise décorative, les *Iris (1883)*, etc. Il avait envoyé à l'Exposition universelle de 1878 : la *Leçon de musique*, *Elie dans le désert* et le *Portrait du capitaine Burton*, outre un groupe en marbre : *Athlète luttant avec un python*. A l'exposition annuelle de l'Académie royale, sir Frederick Leighton avait encore, en 1886, un plafond ; *Mnémosyne et ses filles*. destiné au salon de musique d'un millionnaire américain. M. Frédéric Leighton a exécuté aussi quelques dessins pour la librairie ; parmi ses travaux de cette sorte, nous devons mentionner spécialement ses illustrations de la nouvelle florentine de George Eliot, intitulée : *Romola*. — Il a été élu membre de l'Académie royale des arts en 1869 et a obtenu une médaille de 2e classe au Salon de Paris de 1859, une médaille de 1re classe à l'Exposition universelle de 1878 et la croix d'officier de la Légion d'honneur. Il était nommé, en novembre la même année, président de l'Académie royale et était créé chevalier quelques jours plus tard. En 1883, il présidait la commission anglaise près l'exposition internationale des arts graphiques de Vienne. Il faisait partie du jury de la classe de peinture à l'Exposition de 1878, et ce cette qualité refusa toute récompense ; aussi est-ce comme sculpteur qu'il a été médaillé et fait officier de la Légion d'honneur. Il est en outre associé de notre Académie des beaux-arts.

LEITNER, Gottlieb Wilhelm, philologue et orientaliste hongrois, né à Pesth le 14 octobre 1830, fit ses études à Constantinople, à Brousse, à Malte, et vint les terminer à Londres, au Collège du roi, qu'il quitta en 1855 pour prendre, au Commissariat britannique, les fonctions d'interprète de première classe, qu'il remplit pendant toute la durée de la guerre d'Orient. Chargé de cours d'arabe, de turc et de grec moderne au Collège du roi en 1859, il y devint professeur d'arabe et de droit mahométan en 1861, époque de la création d'une division orientale à ce collège. En 1862, l'université de Fribourg lui conférait les grades de maîtres ès-arts et de docteur en philosophie. Le Dr Leitner a fondé, tant en Angleterre qu'aux Indes, une soixantaine d'institutions diverses, collèges, écoles, sociétés littéraires. bibliothèques libres, etc., et créé six journaux publiés en anglais, en arabe, en ourdou. etc. En 1866, il révélait au monde les idiomes des peuplades du Dardistan, puis de celles situées entre Kaboul, Kashmir et Badakhshar. A l'Exposition universelle de Vienne, en 1873, le Dr Leitner obtint le seul grand diplôme d'honneur accordé pour l'avancement de l'instruction, pour lequel il se trouvait naturellement en compétition avec tous les ministres de l'instruction publique. M. Leitner a pu amener en Europe le premier « Yarkandi » et le premier « Siah Posh Kafir », ainsi que la plus vaste collection de curiosités et d'antiquités de l'Asie centrale. — On a de lui : *Théorie et pratique de l'éducation*, *Grammaire philosophique de la langue arabe*. qu'il a traduite ensuite en arabe et en ourdou ; le *Sinin-ul-Islam* (Histoire et littérature du Mahométisme, avec leurs rapports avec l'histoire générale) ; les *Races de la Turquie* ; *Grammaire et vocabulaire comparatifs des langues dardou* ; *Dialogues dans les langues dardou* ; *Histoire du Dardistan, chants, légendes*, etc. ; *Découvertes greco-bouddhistes* ; une *Université nationale au Punjaub* ; *Aventures d'un « Siah Posh Kafir »*, etc. Il a présidé, en 1878, le congrès des orientalistes tenu à Florence. Le Dr Leitner lit, parle et écrit vingt-cinq langues ou idiomes différents.

LEJEUNE, Pierre. homme politique français, né à Paris en 1842. Propriétaire agriculteur dans l'Indre, il servit pendant la guerre de 1870-71 comme officier des mobiles de ce département, devint chef de bataillon, se distingua à la bataille de Champigny et fut décoré de la Légion d'honneur. Il commandait, le 31 octobre 1870, le bataillon de l'Indre chargé de la garde de l'Hôtel de ville de Paris. Maire de Buzançais et membre du Conseil général de l'Indre depuis 1871, M. Lejeune, connu par ses opinions réactionnaires, fut inscrit sur la liste monarchiste de ce département, dont il fut élu député le 4 octobre 1885.

LELAND, Charles Godfrey, littérateur américain, né à Philadelphie le 15 août 1824. Après avoir pris ses grades au collège de Princeton en 1846, il partit pour l'Europe, fréquenta les universités de Heidelberg, de Munich et de Paris, où il se trouvait lorsqu'éclata la révolution de Février et lors de la terrible insurrection de juin 1848. Dans l'automne de cette année, il rentrait le chemin des États-Unis, aborda l'étude du droit, fut admis au barreau en 1851, mais se tourna de préférence vers la littérature, collabora activement à la presse périodique et publia, entre autres ouvrages, la plupart comiques ou humoristiques ; *Poésie et mystère des songes (1855)*; le *Livre d'esquisses de Meister Karl* (même année) ; *Scènes de voyage*; une traduction des *Reisebilder* de Heine (1856), édition complète, 1870); *Rayons de soleil dans la pensée (1862)*; les *Légendes des oiseaux (1864)*; les *Ballades de Hans Breitmann*, écrites dans un patois fabriqué du mauvais allemand pensylvanien mélangé d'anglais (1867-68, 5 parties ; édition complète, 1870); les *Leçons de musique de Confucius, et autres poésies (1871)*; *Gaudeamus*, traduction des poèmes comiques de Scheffel (1872) ; *Croquis égyptiens* et les *Gypsies anglais et leur langage (1873)*; *Fow-Sang ou la Découverte de l'Amérique par des prêtres boudhistes chinois au Ve siècle (1875)*; *Chansons des Gypsies anglais (1876)*; *Abraham Lincoln (1879)*; les *Arts mineurs (1880)*; les *Gypsies (1883)*; les *Légendes des Algonquins de la Nouvelle-Angleterre (1885)*, etc.

LELEUX, Adolphe, peintre français, né à Paris le 15 novembre 1812, apprit son art absolument seul et, pour se créer les ressources dont il avait impérieusement besoin, pendant qu'il poursuivait ses études, il exécuta des photographies, des vignettes, des dessins d'illustration. Il débuta au Salon de 1835, et commença aussitôt un premier voyage artistique. M. Adolphe Leleux a parcouru tour à tour la Bretagne et les côtes de la Manche, les Pyrénées aragonaises, l'Algérie, dont il a reproduit dans ses tableaux les types et les scènes de mœurs avec un succès peu ordinaire, principalement dû à la minutieuse exactitude qu'il y met. — On a de cet artiste : le *Voyageur*, aquarelle (1835) ; *Chasseur des côtes de Picardie (1836)*; *Gardeur de porcs, Joueur de musette (1837)*; *Mendiant dans son intérieur*, un *Marché en Basse-Bretagne (1838)*; *Braconniers bretons (1839)*; *Jeunes filles bretonnes, Bûcherons bas-bretons (1840)*; le *Rendez-vous de chasse (1841)*; la *Danse bretonne*, le *Paralytique (1842)*; *Pêcheurs picards, Chanteur espagnol à la porte d'une posada (1843)*; *Cantonniers navarrais (1844)*; *Départ pour le marché, Pâtres bas-bretons (1845)*; *Faneuses bas-bretonnes, Chariot de bœufs, Contrebandiers espagnols (1846)*; *Départ du contrebandier espagnol*, aquarelle ; les *Bergers des Landes, Retour du marché, Jeunes pâtres espagnols (1847)*; *Faneuses bretonnes*, l'*Improvisateur arabe, Femmes arabes du désert (1848)*; la *Danse des Djinns*, le *Mot d'ordre (1849)*; *Patrouille de nuit à cheval*, la *Sortie*, scènes de février et de juin 1848 ; *Chemin creux*, la *Forge et l'étable, Famille de Bédouins attaquée par des chiens, Promenade publique à Paris (1850)*; un *Suicide breton, Petits marchands de hannetons*, un *Jeune marchand de chiens (1851)*; un *Convoi de prisonniers de juin 1848*, la *Place du marché à Dieppe, Paysage bourguignon, Chien tourmenté par des dindons (1852)*; le *Dépiquage des blés en Algérie*, la *Demande en mariage* (scène de *François le Champi*); l'*Arrivée au champ de foire, Petits Bedouins à une source*, les *Terrassiers (1853)*; *Poules et coqs, Enfants conduisant des oies, Deux jeunes pâtres, Portrait de jeune fille*, le *Champ de foire de Saint-Fargeau (1855)*; la *Petite Provence à Paris, Cour de cabaret, Enfants effrayés par un chien, Jeunes tricoteuses, Pêcheurs à l'étang, Machine à battre (1857)*; *Marche de bestiaux, Bûcherons à l'heure du repas, Moissonneurs (1859)*; une *Noce en Bretagne, Joueurs de boules*, le *Maréchal ferrant bas-breton (1861)*, les *Pêcheurs de Villerville, Marché conclu*, une *Noce en Basse-Bretagne (1863)*; *Halte de chasseurs, Lutteurs bas-bretons (1863)*; un *Jour de fête en Basse-Bretagne*, le *Meunier, son fils et l'âne (1865)*; *Vanneur breton, Femme de pêcheur attendant le retour des barques sur la falaise (1866)*; *Enterrement en Bretagne, Paysan breton*, le *Repos, Village breton*, une *Étable*, une *Rencontre, Fileuse, Maréchal ferrant (1867)*; la *Récolte des noix (1868)*; deux *Portraits (1869)*; *Rendez-vous de chasseurs*, une *Table dans une cour d'auberge bretonne (1870)*; *Petits pâtres bretons*, le *Coup de l'étrier (1872)*; l'*Enfant et le maître d'école*, les *Voleurs et l'âne*, inspirés de Lafontaine (1873) ; *Fleurs printanières, Aux environs d'une ferme* et une *Salle à manger de Crénille*, dans le département de Seine-et-Marne (1874); un *Jour de marché dans le Finistère*, le *Col d'Anterne dans les Alpes, Gibier (1875)*; *Tonnelier et vigneron*, et *A Crénille*, dans le département de Seine-et-Marne (1876) ; *Famille de sabotiers (1877)*; *Lavandières dans le Berry (1878)*; *Chasseurs et rabatteurs (1879)*; les *Lutteurs* (Basse-Bretagne) ; le *Chasseur au repos (1883)*; l'*Abreuvoir*, en Bretagne ; l'*Ânier*, en Brie (1884) ; *Meulières à Mers* (Somme) ; *Terrassiers à Paris (1885)*; *Douce ivresse* (Basse-Bretagne), *Portrait de l'auteur (1886)*, etc. — Outre d'assez nombreuses récompenses dans les expositions de province, M. Adolphe Leleux a obtenu au Salon de Paris une médaille de 3e classe en 1842, des médailles de 2e classe en 1843 et 1848, et a été décoré de la Légion d'honneur en 1855.

LELOIR, Jean-Baptiste Auguste, peintre français, né à Paris le 27 juillet 1801, est élève de Picot et de l'École des Beaux-Arts, et débuta au Salon de 1835, par un *Portrait*. — Les œuvres principales exposées par cet artiste sont : *Ruth et Noémi*, la *Parabole des dix vierges*, le *Bon ange, Sainte-Cécile, Marguerite en prison (1839)*; *Homère, Jeunes paysans au bas de la Voie sacrée (1842)*; la *Cène*, le *Christ et la Samaritaine, Famille chrétienne livrée aux bêtes*, la *Nuit de la Toussaint*, les *Athéniens captifs à Syracuse*, les *Chrétiens dans les catacombes*, la *Vierge et saint Jean après la mort du Christ (1855)*; le *Départ du jeune Tobie (1857)*; la *Mort d'Homère (1859)*; *Daphnis et Chloé, Portrait de Petitot (1863)*; *Sapho au cap Leucade (1864)*; *Jeanne Darc en prison*, une *Âme au ciel (1865)*; la *Madeleine au tombeau (1866)*; *Saint-Vincent diacre à Valence*, en 204 (1866); *Jeanne Darc enfant, Barcarolle (1869)*; *Au printemps*, un *Portrait (1873)*; le *Mariage de la Vierge (1874)*; un *Martyr ; couloir du colisée conduisant dans l'arène (1876)*; la *Sainte famille en Égypte (1877)*; *Horace à Tibur (1878)*; *Renaud et Armide (1879)*; *Portrait de M. Henri de Chennevières*, la *Femme du pêcheur (1883)*; de nombreux portraits, des études d'enfants, etc. On lui doit également divers travaux décoratifs, notamment aux églises Saint-Germain l'Auxerrois et Saint-Merry à Paris, à celle de Saint-Leu-Taverny et à l'église Saint Jean de Belleville (1874), etc. — M. Auguste Leloir a obtenu une médaille de 3e classe en 1839 et une de 2e classe en 1841 ; il a été nommé chevalier de la Légion d'honneur en 1870.

LEMOINNE, John Émile, publiciste, membre de l'Académie française, est né à Londres le 17 octobre 1815 et a fait ses études mi-partie en Angleterre et en France, possédant également bien, les deux langues et les deux littératures. Entré en 1840 au *Journal des Débats*, spécialement chargé de la correspondance d'Angleterre, M. John Lemoinne y a en outre traité les questions de politique étrangère générale d'une manière suivie, et incidemment la politique intérieure ; il y a également inséré des articles de critique littéraire, de biographie et d'histoire ; enfin, il en est devenu le rédacteur en chef en 1873. C'est alors que, parlementaire avant tout, M. John Lemoinne comprit que, dans la situation, une République parlementaire était la seule forme gouvernementale qui convint à la France. Il prit en conséquence hautement la défense de la République et combattit avec ardeur, avec la logique éloquente d'une conviction arrêtée et avec esprit, ce qui ne gâte rien, de 1873 à 1877, un gouvernement dont toutes les aspirations étaient tendues vers une restauration monarchique. Et, certes, il est bien pour quelque chose dans le triomphe final de la République, par la conviction qu'il a fait passer dans l'esprit d'une classe de lecteurs d'abord rebelle à l'idée républicaine, qu'en dehors d'elle, tout n'était que confusion et malheur. M. John Lemoinne a aussi collaboré assidûment à la *Revue des Deux-Mondes*, et réuni en volumes un certain nombre des études historiques, biographiques et littéraires publiées dans cette revue et aux *Débats*. — M. John Lemoinne a été élu membre de l'Académie française, en remplacement de Jules Janin, le 15 mai 1875, et y a été solennellement reçu, le 2 mai 1876, par M. Cuvillier-Fleury. Élu sénateur inamovible le 23 février 1880, il était nommé ministre plénipotentiaire à Bruxelles le 17 avril, mais donnait sa démission quinze jours après. Il siège au Sénat sur les bancs du centre gauche. Il a naturellement voté contre l'expulsion des princes. — M. J. Lemoinne est chevalier de la Légion d'honneur.

LE MONNIER DE LARIÈRE, Pierre Jean-Baptiste, médecin et homme politique français, maire de

Château-du-Loir, est né à Lucé (Sarthe) le 5 septembre 1814. Suspect au gouvernement impérial, à cause du peu de sympathie qu'il lui avait toujours manifesté, M. le docteur Le Monnier fut arrêté chez lui, en vertu de la loi de sûreté générale, en 1858, et transporté en Afrique sans autre forme de procès. Élu député de l'arrondissement de Saint-Calais le 20 février 1876, il prit siège à gauche. Réélu le 14 octobre 1877 et le 21 août 1881, M. Le Monnier a été nommé sénateur de la Sarthe au renouvellement partiel du 8 février 1882. Il a voté l'expulsion des princes.

LEMOYNE, CAMILLE ANDRÉ, poète français, né à Saint Jean-d'Angély le 22 novembre 1822, fit son droit à Paris et s'inscrivit au barreau de cette ville en 1847. Des revers de fortune ne lui ayant pas permis d'attendre une clientèle lente à venir, il dut se faire ouvrier typographe. Tout en exerçant cette profession il collaborait à divers recueils périodiques, notamment à l'*Artiste*, à la *Revue de Paris* et à la *Revue française*, et plus récemment au *Parnasse contemporain*, etc. — M. André Lemoyne a publié : *Stella Maris, Ecce Homo, Renoncement*, une *Larme de Dante*, etc., poésies (1860), couronnées par l'Académie française, les *Sauterelles de Jean de Saintonge* (1863); les *Roses d'antan* (1865), également couronnées par l'Académie; les *Charmeuses* (1867); une *Idylle normande*, roman (1874); *Alice d'Evran*, roman (1876), etc. Le libraire Lemerre a publié en 1874 ses *Poésies complètes*, en un volume de sa « Bibliothèque elzévirienne. » — L'Académie a décerné en 1876 le prix Maillé-Latour-Landry à M. Lemoyne, pour son *Idylle normande*, en partage avec M. Alexandre Piédagnel. M. André Lemoyne est chevalier de la Légion d'honneur depuis 1870.

LENEPVEU, JULES EUGÈNE, peintre français, né à Angers le 12 décembre 1819. Élève de Picot, il remporta le grand prix de Rome au concours de 1847, le sujet étant : la *Mort de Vitellius*. Il avait débuté au Salon de 1843. — On a de cet artiste : *Une idylle* (1843); *Portrait d'enfant* (1844); *Saint Saturnin* (1847); les *Martyrs aux Catacombes*, Pie IX à la Chapelle Sixtine, le Jour de la Fête-Dieu à Venise (1855, Exposition universelle); *Noce vénitienne* (1857); *Moïse secourant les filles de Madian*, l'*Amour piqué* (1859); la *Vierge au calvaire* (1861); *Hylas* (1865); des *Portraits*, des *Dessins*, etc. — En dehors de ses expositions, M. Lenepveu a exécuté de nombreux travaux décoratifs, notamment dans le chœur de la chapelle de l'hospice Sainte-Marie, à Angers; à la chapelle de la Vierge et au transept de l'église Sainte-Clotilde, à la chap-lle Saint-Denis de l'église Saint-Louis-en-l'Île et à la chapelle Sainte-Anne de l'église Saint-Sulpice, à Paris; à la préfecture de Grenoble; la coupole du Nouvel Opéra, à Paris, etc. — M. Lenepveu a obtenu une médaille de 3ᵉ classe en 1847, une de 2ᵉ classe en 1855 (Exposition universelle), le rappel en 1861. Chevalier de la Légion d'honneur depuis 1862, il a été promu officier le 11 janvier 1876. M. Lenepveu a été élu membre de l'Académie des Beaux-Arts en 1869 et a été directeur de l'Académie de France à Rome, de 1873 à 1878.

LENEPVEU, CHARLES FERDINAND, compositeur français, né le 4 octobre 1840 à ROUEN, où il fit ses études classiques. Son père, avocat du barreau rouennais, le destinait à la même carrière et s'opposait en conséquence à toute préoccupation susceptible de l'en détourner. Le jeune homme, qui se sentait une véritable vocation pour la musique, dut se soumettre, du moins momentanément. Reçu bachelier ès lettres en 1859, il manifesta le désir d'aller suivre à Paris les cours de la faculté de droit. L'autorisation paternelle lui ayant été accordée, il vint à Paris, étudia loyalement le Code et le Digeste, mais pour se délasser de cet exercice antipathique, il prit simultanément, et pendant trois années consécutives, des leçons de solfège et d'harmonie de M. Augustin Savard, professeur au Conservatoire. Au cours de ses études, et la Société des Beaux-Arts de Caen ayant mis au concours une cantate destinée à la célébration du centième anniversaire de la fondation de la Société d'agriculture et de commerce de la même ville, M. Lenepveu prit part à ce concours, remporta le premier prix, consistant en une médaille d'or, et sa cantate fut exécutée à l'hôtel de ville de Caen le 29 juillet 1862. Ce premier succès encouragea beaucoup le jeune compositeur; il obtint l'année suivante son admission au Conservatoire dans la classe de M. Ambroise Thomas, grâce à l'appui de M. Savard et, après deux années consacrées à l'étude du contre-point, de la fugue et de la composition idéale, il se présenta au concours pour le prix de Rome en 1865, fut reçu second en loge, et remporta le grand prix au concours définitif. Avant son départ pour Rome, M. Lenepveu fit entendre, dans la salle des concerts du Conservatoire, le 5 janvier 1866, sa cantate : *Renaud dans le jardin d'Armide*. Un duetto extrait de cette partition a été publié par l'éditeur Heilard. Pendant son séjour à Rome, M. Lenepveu se livra à divers travaux de composition. Il prit part à l'un des concours de composition dramatique ouverts par le ministère des Beaux-Arts, et revint à Paris, en juillet 1868, avec sa partition du *Florentin* entièrement terminée. En attendant le résultat du concours, il reprit ses études de contre-point et fugue avec le regretté Alexis Chauvet, l'éminent organiste de la Trinité. Le 15 novembre 1869, M. Lenepveu était proclamé lauréat du concours d'opéra comique, auquel soixante-trois compositeurs avaient pris part. Malheureusement pour lui, les événements politiques retardèrent longtemps la représentation du *Florentin*, qui ne put avoir lieu, après des démarches sans nombre, que le 26 février 1874, sur la scène de l'Opéra-Comique. Ce premier ouvrage dramatique du jeune lauréat fut assez favorablement accueilli. — En attendant la représentation sans cesse remise du *Florentin*, M. Lenepveu écrivit une messe de *Requiem*, qui fut exécutée pour la première fois à Bordeaux, le 20 mai 1871, au profit des victimes et des orphelins de la guerre; des fragments de ce *Requiem* ont été exécutés à Paris en 1872, par la Société des concerts du Conservatoire, et aux Concerts populaires en 1873. L'œuvre entière a vu depuis de nouvelles auditions à Bordeaux. M. Charles Lenepveu a publié, outre les ouvrages cités, des morceaux de piano d'une excellente facture : *Barcarole, Berceuse*, etc., et un certain nombre de mélodies : la *Jeune captive, Rappelle-toi, Chanson, Je ne le dirai pas*, etc. (Paris, Heilard). La partition du *Florentin* a été publiée chez M. Achille Lemoine, à Paris.

LENIENT, CHARLES FÉLIX, littérateur français, né à Provins le 4 novembre 1826, fit ses études au collège de sa ville natale et au collège Henri IV, à Paris, où il remporta divers premiers prix, et fut admis à l'École normale supérieure, le premier, en 1847. Reçu également le premier à la licence ès-lettres l'année suivante, et à l'agrégation des classes supérieures en 1850, M. Lenient fut nommé professeur de seconde au lycée de Montpellier, puis rappelé à Paris quelques mois après, comme suppléant la classe de troisième au lycée Napoléon, où il devenait, en 1854, professeur-adjoint de rhétorique; reçu docteur ès-lettres l'année suivante, il fut nommé professeur titulaire au même lycée quelque temps après. En 1863, M. Lenient a pris une part brillante aux conférences de la Sorbonne. Il a été nommé maître des conférences à l'École normale en 1865, et professeur de poésie française à la faculté des lettres de Paris. Il a été appelé, en outre, à la direction de l'École normale primaire de la Seine et est membre du Conseil supérieur de l'instruction publique. — On doit à M. Ch. Lenient : *Étude sur Bayle* et *De Ciceroniano bello*, thèses de doctorat (1855); la *Satire en France au moyen âge* (1859), ouvrage couronné par l'Académie l'année suivante; la *Satire en France ou la littérature militante au XVIᵉ siècle* (1866). — M. Lenient est chevalier de la Légion d'honneur depuis 1863.

LENOEL, ÉMILE LOUIS, homme politique français, né à Carentan le 23 mars 1827, fit son droit à Paris, s'inscrivit au barreau de cette ville en 1847 et prit le grade de docteur en droit en 1848. En 1851, M. E. Lenoel était devenu chef de cabinet du ministre de l'intérieur, M. de Thorigny, et ce fut lui qui reçut, le 2 décembre, M. de Morny, venu, escorté d'une manière imposante, pour s'emparer nuitamment du portefeuille de ce ministre, qui n'était pas dans la confidence. Toute résistance étant impossible, M. Lenoel se borna à protester et, refusant l'offre que lui fit le nouveau ministre de l'intérieur de passer « du côté du manche » avec lui, il reprit sa place au barreau parisien. L'année suivante, M. E. Lenoel achetait une charge d'avocat au Conseil d'État et à la Cour de cassation. Membre du Conseil municipal de Montmartin (Manche), en 1862, puis du Conseil d'arrondissement, il se présenta, sans succès, aux élections générales de 1869, dans la 1ʳᵉ circonscription de la Manche. Nommé préfet de la Manche après le 4 septembre, il donnait sa démission au commencement de 1871 et était élu, le 8 février, représentant de la Manche à l'Assemblée nationale, le neuvième sur onze. Mais aux élections du 20 février 1876, il échouait dans l'arrondissement de Saint-Lô, avec 5,206 voix contre 6,143 obtenues par son concurrent bonapartiste, M. Rauline, maire de Saint-Lô. Devenu directeur des affaires criminelles et des grâces au ministère de la justice et conseiller d'État en service extraordinaire, le 8 mars 1877, il donna sa démission à la chute du cabinet Jules Simon, le 17 mai suivant. M. Lenoel a été élu sénateur de la Manche au renouvellement triennal du 5 janvier 1879, et a pris place à la gauche républicaine. Il a repoussé de son vote la loi portant expulsion des princes prétendants. — M. E. Lenoel a publié : les *Nègres libres et les travailleurs indiens (1857)* ; *Des sciences politiques et administratives et de leur enseignement (1864)*, couronné par l'Institut; *Des actionnaires ruinés par la jurisprudence (1867)*; *Qu'est-ce que la République?* etc.; il a collaboré aux recueils de jurisprudence et à divers journaux.

LÉON (prince de), ALAIN CHARLES LOUIS de ROHAN-CHABOT, homme politique français. né à Paris le 1er décembre 1844. Il servit, pendant la dernière guerre, comme officier des mobiles du Morbihan. C'est au prince de Léon qu'est due la création dans ce département du premier cercle catholique d'ouvriers. Élu, le 20 février 1876, député de l'arrondissement de Ploërmel, il prit naturellement place à l'extrême-droite légitimiste et cléricale, et fut plusieurs fois élu secrétaire de la Chambre. Réélu député de Ploërmel le 14 octobre 1877 et le 21 août 1881, M. le prince de Léon a été élu député du Morbihan, le deuxième sur huit, aux élections du 4 octobre 1885.

LÉON XIII, VINCENZO GIOACCHINO, comte PECCI, pape et le deux cent cinquante-septième successeur de saint Pierre, est né le 2 mars 1810 à Carpineto, dans les anciens États de l'Église. En 1818, il entrait, avec son frère aîné Giuseppe, au collège des jésuites de Viterbe, et en novembre 1824, il se rendait à Rome et entrait au collège romain, dont la direction avait été remise aux jésuites, et y abordait en 1827 l'étude des mathématiques. L'année suivante, il remportait le premier prix de physique et de chimie et un premier accessit de mathématiques. Il aborda alors l'étude de la philosophie, dont il fut bientôt en état de donner des répétitions au collège allemand, et de la théologie. Reçu docteur en 1831, il suivit les cours de droit civil et de droit canon à l'université, prit le grade de docteur en droit, et fut fait prélat domestique et référendaire au sceau par le pape Grégoire XVI, en mars 1837; le 23 décembre suivant, il était ordonné prêtre par le cardinal Carlo Odescalchi, célèbre par son humilité, qui le porta à renoncer à la pourpre pour revêtir l'habit des jésuites. Grégoire XVI le nomma alors protonotaire apostolique, délégué dans les provinces de Bénévent, Pérouse et Spolète. En 1843, il était nommé nonce en Belgique et préconisé archevêque de Damiette *in partibus infidelium*. Il était nommé évêque de Pérouse, et rappelé en conséquence de Bruxelles, le 19 janvier 1846. Au mois de juin suivant, Pie IX remplaçait Grégoire XVI sur le trône pontifical, mais M. Pecci n'y perdit rien. Le 19 décembre 1853, le nouveau pontife le créait cardinal. Nommé camerlingue de la Sainte Église romaine, en remplacement du cardinal de Angelis, décédé en septembre 1877, il agissait en cette qualité, après la mort de Pie IX (7 février 1878), comme chef de l'Église en matière temporelle, ordonna les obsèques solennelles du pontife, reçut les ambassadeurs et enfin prépara le conclave qui devait nommer le nouveau pape. Soixante-deux cardinaux prirent part à ce conclave, qui commença ses travaux le 18 février. Au premier scrutin, le cardinal Pecci obtint dix-neuf voix ; au second, qui eut lieu le mardi soir (19), il en avait trente-quatre ; enfin, au troisième scrutin, fermé seulement le 20 au matin, le cardinal camerlingue était élu pape par quarante-quatre voix. A une heure un quart, ce grand événement était annoncé au peuple du haut de la galerie de Saint-Pierre ; et on apprenait en même temps que le nouveau pontife prenait le nom de Léon XIII. Le 3 mars suivant, il était couronné à la chapelle Sixtine avec toutes les cérémonies d'usage, sauf pourtant la bénédiction *urbi et orbi*, que le nouveau pontife aurait dû donner suivant la coutume de donner du haut de la *loggia* de Saint Pierre, et dont Léon XIII s'abstint.

Les conditions particulières dans lesquelles Léon XIII est monté sur le trône pontifical, qui n'est plus, en fait, un trône souverain, du moins sous le rapport temporel, diminuent considérablement l'importance de son action sur le monde politique et même l'influence de ses décisions sur les esprits en général. Néanmoins, comme chef de l'Église catholique romaine, cette influence est très réelle sur les gouvernements, qui comptent tous un grand nombre de catholiques romains parmi leurs sujets, même ceux chez lesquels ceux-ci sont en minorité sensible. Il ne laisse pas, du reste, d'avoir un secrétaire d'État, qui est actuellement le cardinal Jacobini (Voy. ce nom), et des représentants auprès des gouvernements étrangers, chargés de les rappeler de temps en temps, aux conventions quelconques qui les lient avec le Saint Siège, et qui ne le font pas toujours inutilement. Il faut d'ailleurs reconnaître qu'avec la République française, dont tous les actes n'ont pas été pour lui plaire, et même avec le nouveau royaume d'Italie. Léon XIII a observé une réserve digne, dont l'habileté n'est pas discutable. Cette habileté est encore plus évidente, peut-être, dans les résultats que sa diplomatie obtient actuellement en Allemagne, et qu'on eût pu croire impossibles il y a quelques mois à peine. — On doit à Léon XIII, ou plutôt au cardinal Pecci, quelques écrits, notamment : *l'Église et la civilisation*, ouvrage qui a été traduit en français.

LÉOPOLD II, LÉOPOLD LOUIS PHILIPPE VICTOR, roi des Belges, fils du feu roi Léopold Ier, auquel il succéda après sa mort (10 décembre 1865), est né à Bruxelles le 9 avril 1835. Comme duc de Brabant, avant son avènement au trône, il prit part, dans le sein du Sénat belge, à diverses discussions importantes ; il avait dans l'armée le grade de major-général et le titre de commandant du régiment de grenadiers. Le roi des Belges a fait, comme prince royal, de très fréquents voyages dans les diverses cours de l'Europe, voyages souvent commentés par les journaux. Son règne continua sans transition appréciable celui de son père, dont Léopold II avait déclaré vouloir suivre la politique libérale à l'intérieur et conciliatrice au dehors, ce qu'il fit ; il n'a pourtant pas été jusqu'ici absolument paisible. Après un commencement de brouille avec la France, en 1868, à l'occasion de la question du Luxembourg, la Belgique eut à subir, en 1874, les menaces de sourdard de M. de Bismarck, cela parce que les rênes du gouvernement belge étant passées aux mains des cléricaux, les journaux de ce parti tonnaient — non pas tout à fait à tort — contre les lois ecclésiastiques allemandes et les rigueurs exercées en leur nom contre le clergé catholique. Par malheur, survint la découverte du complot Duchesne, contre la vie du grand chancelier ; ce fut le comble. Après avoir lutté courageusement contre les exigences de l'Allemagne prussienne et avoir donné le spectacle d'une attitude pleine de dignité, exempte d'un petit état offert aux plus grands, la Belgique, convaincue que son puissant voisin avait raison, surtout en ce point que « la force prime le droit », céda, et introduisit dans le Code de ses lois une disposition tendant à punir le délit ou le crime que le sieur Duchesne s'était soi-disant offert à commettre, et à permettre à M. de Bismarck un sommeil exempt de mauvais rêves. Nous n'insisterons pas sur les désagréments, légers en comparaison, qui peuvent être résultés pour le gouvernement belge de la présence sur le territoire du royaume des réfugiés de la Commune et de ceux du droit divin; il est possible d'ailleurs que ces désagréments ne se fussent pas produits sous une administration différente. — Le roi des Belges a épousé le 22 août 1853, l'archiduchesse Marie d'Autriche, née le 23 août 1836. Il eu a eu trois enfants : Louise Marie Amélie, duchesse de Saxe, née à Bruxelles le 18 février 1858, mariée, le 4 février 1875, au prince Philippe de Saxe-Cobourg ; Léopold Ferdinand Élie Victor Albert Marie, duc de Brabant, comte de Hainault, etc., prince royal de Belgique, né à Laeken le 12 juin 1859, mort le 22 janvier 1869 ; et Stéphanie Clotilde Louise Hermine Marie Charlotte, née à Laeken le 21 mai 1864. — Le 22 août 1878, le roi Léopold célébrait comme un bon bourgeois, mais à peu de frais, ses noces d'argent, à l'occasion desquelles il y eut de grandes réjouissances publiques.

L'ÉPINE, ERNEST LOUIS VICTOR JULES, littérateur et musicien français, connu aussi sous les pseudonymes de E. MANUEL, PIERRE LE HESTRE et surtout sous celui de QUATRELLES, est né à Paris le 12 septembre 1826. Après avoir abordé l'étude de la peinture et suivi les ateliers de Schopin et de Léon Cogniet, étudiant en même temps la musique sous Barbereau et Clapisson, il entra dans l'administration des postes en 1849 et devint, en 1853, secrétaire particulier puis, l'année suivante, chef du cabinet du duc de Morny, devenu président du Corps législatif. Celui-ci ayant été nommé ambassadeur à Saint-Pétersbourg en 1856, M. L'Épine l'accompagna, et passa à cette occasion une année en Russie. A la mort du duc de Morny, il fut nommé conseiller référendaire à la Cour des comptes (1865). Attaché à la classe Instruction publique, à l'Exposition universelle de 1867, il y exerça les fonctions de secrétaire du comité de composition musicale ; il représentait en outre, comme délégué, l'île de Cuba à l'Exposition. Pendant le siège de Paris, M. L'Épine a rempli les fonctions de chef de la cinquième ambulance active. Il est officier de la Légion d'honneur depuis 1878, et décoré des ordres d'Isabelle la Catholique, et de Charles III d'Espagne, du Medjidié, et de Saint-Stanislas de Russie (commandeur). Il a collaboré,

sous ses divers pseudonymes, à un assez grand nombre de journaux et de recueils périodiques, notamment au *Moniteur universel* au *Monde illustré*, à *Paris-Journal*, à la *Vie Parisienne*, au *Ménestrel*, etc.; publié beaucoup d'ouvrages d'une grande variété, travaillé pour le théâtre et cultivé la musique avec assiduité, tout en remplissant ses fonctions administratives. — M. L'Epine a d'abord composé la musique d'une opérette en un acte: *Croquignolle XXVI*, représentée aux Bouffes-Parisiens le 14 janvier 1860. Il a donné depuis au théâtre: la *Dernière idole*, à l'Odéon (1862); l'*Œillet blanc*, au Français (1865); le *Frère aîné*, au Vaudeville (1867); trois comédies en un acte, en prose, écrites en société avec M. Alphonse Daudet; le *Sapeur et la maréchale*, au Palais-Royal (1871).
— Il a publié: *Histoire aussi intéressante qu'invraisemblable de l'intrépide capitaine Castagnette (1862)* et la *Légende de Croquemitaine (1863)*, ouvrages destinés à l'enfance; les *Joies dédaignées (1865)*; la *Princesse Éblouissante*, conte pour les enfants (1870); le *Chevalier Beautemps*, *Voyage autour du grand monde (1872)*; la *Vie à grand orchestre (1873)*, la *Guerre à coups d'épingle*, *Sans queue ni tête (1874)*; *A coups de fusil (1875)*; l'*Arc-en-ciel (1876)*; *Une date fatale (1878)*; *Mon petit dernier (1885)*, etc. Parmi les nombreuses romances composées et publiées par M. Ernest L'Epine, nous citerons: *A qui pense-t-il? Madrid*, *Chinoiserie*. *Barcarole*, l'*Enfant*, *Si j'étais le bon Dieu*, *Cousine Marie*, *Mon petit ange*, l'*Ombre des blés*, *Isabella*, le *Printemps*, *Sous les tilleuls*, les *Goélands*, *A bord*, le *Bois-Joli*, *Regrets d'amour*, etc., etc.; plus un recueil de vingt-quatre mélodies, intitulé *Scènes et chansons* (Paris, Flaxland, 1868) et un autre recueil de dix mélodies, ayant pour titre *Poésie chantée* (Paris, Hartman, 1874).

LE PROVOST DE LAUNAY, Auguste Louis Marie, avocat et homme politique français, né le 8 juin 1850, est fils de l'ancien préfet de l'empire, ancien sénateur de la République, mort en 1886. Inscrit au barreau de Paris, il s'engagea aux chasseurs d'Afrique au début de la guerre de 1870, fit la campagne de l'Est, et devint sous-officier. Rentré dans ses foyers à la paix, il acheva ses études de droit interrompues, prit le grade de docteur et s'inscrivit au barreau de Paris. Il fut élu conseiller général de la deuxième circonscription de Lannion le 20 février 1876. Il siégea au groupe de l'Appel au peuple. Réélu le 14 octobre 1877 et le 21 août 1881, M. Le Provost de Launay a été élu député des Côtes-du-Nord, le 4 octobre 1885, en tête de la liste monarchiste.

LEQUESNE, Eugène Louis, sculpteur français, né à Paris le 15 février 1815, fit son droit et s'inscrivit au barreau de Paris en 1839; mais il abandonna bientôt la carrière et entra, en 1841, dans l'atelier de Pradier. Il débutait au Salon de 1842, entama un voyage en Italie, et remporta le grand prix de Rome en 1844, avec la *Mort de Priam* pour sujet de concours. Il repartit en conséquence pour l'Italie, d'où il adressa aux Beaux-Arts, entre autres envois, une copie du *Faune de Barbieri*. — On cite de M. Lequesne: une *Tête de saint Joseph (1842)*; *Jeune fille jouant avec une coquille* et un *Buste (1843)*; le modèle en plâtre du *Faune dansant* et un autre *Buste (1850)*; le *Buste d'Étienne*, pour le foyer de l'Opéra (1853); le *Faune dansant* et les bustes d'*H. Guérin*, du *Maréchal Soult* et de *Visconti* (Exposition universelle de 1855). M. Lequesne, qui avait déjà été chargé de l'exécution du *Tombeau de M*ᵐᵉ *de Trayrou*, pour la chapelle du château de Montrichard (Haute-Saône) et, par Pradier, dont la mort était prochaine, de l'achèvement des *Victoires* du tombeau de Napoléon Iᵉʳ, aux Invalides, exécutait en 1835, au nouveau Louvre, les sculptures du couronnement du pavillon Mollien, les œils-de-bœuf du pavillon Denon et la statue de *Philippe de Commines*. Il a exposé depuis: *Lesbie*, une *Baigneuse*, statuettes; le *Maréchal Saint-Arnaud*, statue en pied pour Versailles, *Soldat mourant*, d'après une esquisse de Pradier (1857); *Jeune fille pesant des Amours (1859)*; *Clapisson* et quatre autres *Bustes (1861)*; l'*Esclave romain*, *Portrait* de Mˡˡᵉ *Adelina Patti*, *Griffon ailé*, bronze (1863); l'*Été*, statue en fonte et le buste de M. *Reinaud*, de l'*Institut (1864)*; celui du *Général Daumas (1866)*; un *Nègre (1867*, Exposition universelle); une *Prêtresse de Bacchus*, le *Vicomte de Paiva*, buste (1868); *A quoi rêvent les jeunes filles*, statue en plâtre. *Portrait de M. de Maupas*, ancien ministre, buste en marbre (1874); *Gaulois au poteau*, statue en plâtre (1876); *Laënnec*, buste en plâtre (1879); le même en bronze et *Portrait de M. Lassalle*, buste en plâtre (1883); les portraits de Mˡˡᵉ *Rosita Mauri* et de M. *Mérante*, bustes en plâtre (1884); la *France au Tonkin*, buste en plâtre; *Jeune Romaine*, tête d'étude, en bronze (1885); un nou-

veau *Buste* en plâtre (1886), etc. — M. Lequesne a été chargé, en outre, de divers travaux de décoration à l'église Saint-Augustin, entre autres monuments, ainsi que de l'exécution de la fontaine monumentale élevée sur la place principale de Nevers. — Cet artiste a obtenu une médaille de première classe en 1851 et une autre à l'Exposition universelle de 1855; il avait également reçu, dans l'intervalle, une première médaille à l'Exposition universelle de Londres, de 1852. M. Lequesne est chevalier de la Légion d'honneur depuis 1855.

LE REBOULLET, Adolphe Louis Auguste, publiciste français, né à Strasbourg le 30 mai 1845, fit au lycée de Strasbourg des études très complètes et se fit recevoir bachelier ès sciences et bachelier ès lettres. Son père, doyen de la faculté des sciences et professeur d'anatomie comparée, tout en encourageant sa vocation littéraire, voulut qu'il se préparât aux luttes de l'avenir par une culture scientifique approfondie. Dès sa sortie du collège, M. Ad. Le Reboullet fut nommé préparateur d'anatomie comparée à la faculté des sciences et chargé de la direction du laboratoire: il occupa ce poste de l'âge de dix-huit à l'âge de vingt-cinq ans. Il suivait, en même temps, les cours de la faculté de médecine. Son père vint à mourir dans l'intervalle, frappé d'une attaque d'apoplexie. Livré du jour au lendemain à ses propres ressources, M. Ad. Le Reboullet, sans quitter sa position officielle à la faculté, entra dans un établissement libre d'enseignement secondaire et y enseigna, pendant quatre années, les sciences naturelles, la littérature, l'histoire et la philosophie, sans cesser de s'occuper, en même temps, de politique et de littérature. Collaborateur au *Courrier du Bas-Rhin*, correspondant de l'*Industriel alsacien* de Mulhouse, il publiait également, dans le *Magasin d'éducation et de récréation* de l'éditeur Hetzel, des nouvelles alsaciennes, signées Prosper Chazel. Il prit, d'autre part, en 1870, avec un petit groupe de républicains de Strasbourg, l'initiative d'un vaste pétitionnement en faveur de l'instruction obligatoire. Au bout de trois mois, le comité qui avait répondu à son appel réunit plus de 350,000 signatures. Cette pétition, sans exemple en France et ailleurs, venait d'être déposée sur le bureau du Corps législatif, quand la déclaration de guerre vint en ajourner indéfiniment l'examen. Mais M. Ad. Le Reboullet n'abandonna pas son idée: il la reprit à Paris, deux ans plus tard, avec le concours de la Ligue de l'enseignement. Le pétitionnement arriva au chiffre d'un million deux cent cinquante mille adhésions. Tous ces résultats ont été consignés dans une brochure intitulée: *Un million de signatures*, laquelle a été publiée chez Dentu en 1872. — Les événements de la guerre obligèrent M. Ad. Le Reboullet à renoncer à ses études scientifiques, qui allaient être couronnées par le grade de docteur en médecine et de licencié ès lettres. Le bombardement de Strasbourg lui avait fait perdre ce qu'il possédait. Il fut appelé à Mulhouse pour prendre la rédaction en chef du journal l'*Industriel alsacien*, dont le rédacteur en chef avait été emmené en captivité par les Prussiens. Il réussit, malgré l'occupation allemande, à maintenir, jusqu'au dernier jour, un journal exclusivement rédigé en français. Le 6 février 1871, à la veille des élections, l'*Industriel alsacien* fut saisi, sa publication interdite et M. Ad. Le Reboullet reçut, de l'autorité allemande, l'ordre de quitter l'Alsace dans les quarante-huit heures. Il se rendit à Bordeaux, où il fonda un petit journal, l'*Alsace-Lorraine*, qui cessa naturellement sa publication le jour où les préliminaires de la paix furent approuvés par l'Assemblée nationale. Il entra ensuite au journal la *Gironde* et, quelques jours après, la direction du *Temps* l'attacha définitivement à ce dernier journal. M. Ad. Le Reboullet n'en conserva pas moins des liens étroits avec la *Gironde*, dont il est resté le correspondant politique parisien. Il a publié dans le *Temps* de nombreux articles d'instruction publique, des articles politiques, des variétés littéraires et scientifiques, une revue mensuelle des livres. Depuis 1872, il est chroniqueur en titre du même journal. — Sous son pseudonyme de Prosper Chazel, M. Ad. Le Reboullet a publié, dans l'*Opinion nationale*, un roman-feuilleton intitulé la *Haie Blanche*, diverses nouvelles dans les journaux littéraires, le *Chalet des Sapins*, roman (Paris, Hetzel, 1875), etc.

LEROUX, Marie Guillaume Charles, peintre et homme politique français, né à Nantes le 25 avril 1814. Il fit son droit à Paris, mais, se sentant peu de goût pour la carrière du barreau, il suivit en même temps l'atelier de Corot et débuta au Salon de 1834. En 1842, il quittait Paris et se retirait d'abord dans sa ville natale, puis à Corsept (Deux-Sèvres) dont, s'étant rallié au parti qui triompha au coup d'État du 2 Décembre, il devint maire en 1852. Membre du Conseil général du département pour le canton de Châtillon-sur-Sèvre, M. Ch. Leroux était choisi comme candidat officiel à une élection partielle qui eut lieu en 1860, dans la troisième circonscription des Deux-Sèvres; il fut élu et réélu au même titre en 1863 et 1869. Rendu à la vie privée par la révolution du 4 Septembre, il se présentait comme candidat de l'Appel au peuple aux électeurs de Bressuire, le 20 février 1876, et, n'ayant obtenu au premier tour de scrutin qu'une minorité dérisoire, se désistait au second tour en faveur du candidat légitimiste, M. le marquis de La Rochejacquelein. — M. Ch. Leroux a exposé notamment : *Souvenir de Fontainebleau (1854); Marais de la Sèvre, Allée d'ormes (1842); Fête dans le Haut-Poitou*, une *Mare (1843); Lande (1846);* la *Prière des ormeaux,* les *Dunes d'Escoublac, Ruisseau (1847); Vue du Croisic, Terrain (1848);* le *Bourg de Batz, Souvenir de Pornic (1853);* le *Marais de la Robinière,* un *Vallon, Lisière de bois (1855);* l'*Erdre pendant l'hiver, Marais de Gorion, Bords de la Loire (1857); Iles de la basse Loire, Bords de l'Erdre (1859); Souvenir du Poitou,* une *Mare (1869); Embouchure de la Loire (1870); Souvenir du Poitou (1873); Sous les grands châtaigniers;* l'*Embouchure de la Loire. vue prise au Pasquiau, près Paimbœuf (1874);* un *Marais au lever du soleil;* le *Bourg de Batz* et le *Croisic, par un effet d'orage;* l'*Approche d'un grain sur les côtes de Bretagne (1875);* la *Mer montante à Préfailles, vue prise aux Soulliers.* dans les Deux-Sèvres (1876); les *Bords de la Loire à marée basse (1877);* l'*Allée de châtaigniers (1878); Lever de brume, près de Paimbœuf (1879);* l'*Etang de Thau, près Cette; Environs de Narbonne (1883); Chemin près de Saint-Brévin (Loire-Inférieure); Dunes des chênes verts,* ib. (1884); un *Marais dans la basse Loire,* le *Grand champ du Côteau-aux-Soulliers (1885);* un *Marais du bas de la Loire* et un autre *Marais (1886).* — M. Charles Leroux a obtenu une médaille de 3ᵉ classe en 1843, deux de 2ᵉ classe en 1846 et 1848 et le rappel en 1859. Chevalier de la Légion d'honneur en 1859, il a été promu officier en 1868.

LEROUX, Georges Anne Jean Paul, homme politique français, né à Paris le 24 septembre 1850, est fils de feu M. Alfred Leroux, ancien ministre de l'empire. Il fit son droit à Paris et prit le grade de licencié. Élu député de la 2ᵉ circonscription de Fontenay-Vendée, aux élections générales du 21 août 1881, M. Paul Leroux prit siège à la droite bonapartiste de la Chambre. Il a été élu député de la Vendée, en tête de la liste monarchiste triomphante, le 4 octobre 1885.

LEROY, Paul Arthur, homme politique français, ancien avoué, né à Châtillon-sur-Seine le 8 juillet 1829. Membre du Conseil municipal de sa ville natale depuis 1860, adjoint au maire depuis 1865, il donnait sa démission de ces dernières fonctions en janvier 1870. Nommé sous-préfet de l'arrondissement de Châtillon après le 4 Septembre, il quitta l'administration en avril 1871. Il fait partie du Conseil général de la Côte-d'Or depuis 1874. Après avoir échoué une première fois aux élections du 20 février 1876, dans l'arrondissement de Châtillon, M. Leroy y était élu député le 14 octobre 1877 et se faisait inscrire au groupe de l'Union républicaine. Il fut réélu dans le même arrondissement, le 21 août 1881. Il a fait partie, dans ces deux législatures, de beaucoup de commissions importantes, et plusieurs l'ont choisi pour rapporteur : telle la commission du budget, pour le budget colonial, etc. Le 4 octobre 1885, M. Leroy était élu député de la Côte-d'Or, sur la liste républicaine. Il a voté l'expulsion des princes.

LEROY-BEAULIEU, Pierre Paul, économiste français, né à Saumur le 9 décembre 1843, fit ses études à Paris, au lycée Bonaparte et à l'école de droit, ensuite en Allemagne, en Italie, en Algérie, etc. M. Leroy-Beaulieu s'est livré de bonne heure à l'étude de l'économie politique; rédacteur du *Temps*, puis du *Journal des Débats*, il a également collaboré à la *Revue contemporaine*, à la *Revue nationale*, à la *Revue des Deux-Mondes*, au *Journal des économistes* et fondé, en 1872, l'*Economiste français*, journal hebdomadaire, qui a acquis rapidement une grande autorité. Il a été chargé d'un cours d'organisation financière à l'Ecole libre des sciences politiques, lors de sa fondation (1872); suppléant de Michel Chevalier à la chaire d'économie politique au Collège de France, qu'il occupe toujours, le 1ᵉʳ mai 1880. Après s'être présenté plusieurs fois sans succès, M. Leroy-Beaulieu a été élu membre de l'Académie des sciences morales et politiques le 6 juillet 1878, en remplacement du marquis d'Audiffret. — On doit à M. Paul Leroy-Beaulieu de nombreux travaux d'économie politique et sociale, notamment : *De l'influence de l'état moral et intellectuel des populations sur le taux des salaires (1867);* les *Guerres contemporaines, recherches économiques, historiques et statistiques (1869); De l'impôt foncier et de ses conséquences économiques; De la colonisation chez les peuples modernes; De l'administration locale en France et en Angleterre (1870);* la *Question ouvrière au XIXᵉ siècle (1871); Du travail des femmes au XIXᵉ siècle (1862); Traité de la science des finances (1877,* 2 vol. in-8ᵒ), un *Homme d'Etat russe (1884);* les *Catholiques libéraux (1885),* etc. L'Académie des sciences morales a couronné la plupart de ces ouvrages. M. P. Leroy-Beaulieu s'est présenté à plusieurs reprises, mais inutilement, aux élections municipales de Paris et aux élections législatives dans divers collèges. Il est chevalier de la Légion d'honneur.

LE ROYER, Philippe Elie, homme politique français, né à Genève, d'une famille protestante française établie dans cette ville au XVIᵉ siècle, le 27 juin 1816. Il fit ses études à l'université de Genève, termina son droit à Paris, et en 1839 réclama ses droits de citoyen français, en invoquant les dispositions de la loi des 9 et 15 décembre 1790 (art. 12) qui reconnaît la qualité de Français à tout descendant de français expatriés pour cause de religion. Après avoir figuré successivement au tableau des avocats de Paris, puis de Châlons-sur-Marne, il alla s'inscrire au barreau de Lyon en 1855. C'est là que le trouva la révolution du 4 septembre. Nommé procureur général, il lui fallut une énergie peu commune pour résister aux troubles sans cesse renaissants qui agitèrent Lyon pendant cette période, assez courte, pourtant, puisqu'il donna sa démission dès le mois de janvier 1871. Élu représentant du Rhône à l'Assemblée nationale, le deuxième sur treize, le 8 février suivant, M. Le Royer prit place au groupe de la gauche républicaine, dont il devint président. Mêlé à diverses discussions d'une grande importance, M. Le Royer prit particulièrement à cœur la défense de Lyon, et combattit avec ardeur la loi de réorganisation municipale élaborée en haine de cette ville, par la majorité réactionnaire de l'Assemblée (1873). C'est à propos de cette question que M. Le Royer, épluchant les arguments de la commission, qualifia *bagage* l'ensemble des documents sur lesquels s'appuyait son rapporteur; et c'est alors que la droite protesta avec indignation contre l'emploi de cette expression, et que le marquis de Grammont déclara que c'était une « impertinence ». L'incident, au lieu de se terminer là-dessus, prit au contraire des proportions inattendues, le président de l'Assemblée ayant cru devoir rappeler M. de Grammont à l'ordre. Finalement, M. Grévy donnait sa démission de président de l'Assemblée et refusait obstinément de la reprendre. Dans tout cela, le plus étonné était sans doute M. Le Royer, cause innocente de ce tumulte évidemment prémédité. M. Le Royer fut, plus tard, membre, puis vice-président de la commission des Trente, chargée d'élaborer les lois constitutionnelles. Élu sénateur inamovible au mois de décembre suivant, il vota constamment avec la gauche. En janvier 1879, après le premier renouvellement triennal, qui donnait au Sénat une majorité républicaine, M. Dufaure offrait à M. Le Royer le poste de procureur général à la Cour de cassation, mais il le refusa. Le 4 février, il entrait dans le cabinet Waddington, premier de l'administration de M. Jules Grévy, comme garde des sceaux et ministre de la justice. Il donnait sa démission et cédait son portefeuille à M. Cazot le 27 décembre suivant. Après la démission de M. Martel (mai 1880), M. Le Royer fut élu président du Sénat. Invariablement réélu à chaque session, le président de la République lui a offert à plusieurs reprises la mission de former un cabinet, qu'il s'est toujours refusé. Comme président de la Haute Assemblée, M. Le Royer s'est généralement abstenu, et notamment sur la question de l'expulsion des princes, de prendre part aux votes. — C'est naturellement M. Le Royer qui présidait, le 29 décembre 1885, la séance tumultueuse du Congrès dans lequel M. Jules Grévy a été réélu président de la République.

LESAGE, Casimir, agriculteur et homme politique français, né à Varnay (Cher) en 1826. Devenu maire de sa commune (Verneuil) et conseiller général de son canton (Dun-le-Roi), M. C. Lesage a été élu, le 18 octobre 1885, député du Cher sur la liste républicaine. Il a pris place à gauche et a voté l'expulsion des princes.

LESGUILLIER, Désiré Jules, homme politique français, ingénieur, né à Lhuys (Aisne) le 15 juillet 1825. Élève de l'Ecole polytechnique et de l'Ecole des ponts et chaussées, il était promu ingénieur en chef dans la Haute-Vienne le 12 août 1874, et nommé directeur des chemins de fer de l'Etat en 1878. Elu député de l'arrondissement de Château-Thierry le 6 février 1881, en remplacement de M. de Tillancourt, décédé, il s'inscrivit à l'Union républicaine, et fut réélu sans concurrent, aux élections générales du 21 août suivant. Il fut sous-secrétaire d'Etat aux travaux publics dans le cabinet Gambetta (novembre 1881-janvier 1882). Elu député de l'Aisne, le 4 octobre 1885, M. Lesguillier a voté l'expulsion totale des princes. — Il est chevalier de la Légion d'honneur.

LESLIE, George Dunlop, peintre anglais, fils de Charles Robert Leslie, célèbre peintre, membre de l'Académie royale des arts, mort en 1859, est né à Londres le 2 juillet 1835, fit ses études à l'école des Merciers, et reçut de son père les premiers éléments de son art. Après avoir étudié quelque temps à l'école artistique de M. F. Cary, il commença à suivre les cours de l'Académie royale en avril 1854. Son premier tableau : *Espérance*, parut à l'exposition de l'Institution britannique, en 1857, et fut acheté par lord Houghton. La même année, M. George Leslie exposait deux autres petites toiles à l'Académie royale, aux expositions de laquelle il a depuis régulièrement participé. — On cite principalement de cet artiste : *Mathilde, Bethléem (1860); Jour de jeûne au couvent (1861); Chanson d'été (1862); le Collier perdu* et la *Sommation de guerre (1863); la Fleur et la feuille (1864); la Défense de Latham House (1865); Clarisse (1866)*, admis à l'Exposition universelle de Paris l'année suivante; *Saule, Saule…, les Cousins de campagne, Dix minutes pour se décider, la Moisson de roses (1867); Nouvelles du pays, la Manche vide (1868); le Berceau de Celia, la Malédiction de l'Amour (1869); les Destinées, Apporte! (1870); Nausicaa et ses compagnes (1871); Lavinia, Une évasion en 1790, Lucy et Puck (1872); la Fontaine (1873); Pot-pourri, la Fille aux cheveux châtains, Cinq heures (1874); Retour à l'école, le Sentier de la rivière; Sur les bords de la Tamise, en l'an 200 (1875); les Roses, Mes devoirs envers mes voisins, Violette (1876); les Primevères, la Jeune fille de Richmond Hill (1877); « Home, sweet home » (1878); Méchante Kitty! Alice au pays des merveilles*, tableau contenant les portraits de la femme et de la fille de l'auteur (1879); *Tout ce qui brille n'est pas or, la Poule et les poussins (1880); Molly, Sally, une Sœur de charité (1882); Filles d'Eve, le Repos au bord de la route (1883); Polly*, paysanne, grandeur nature (1886), etc. — M. George D. Leslie a été élu membre titulaire de l'Académie royale des beaux-arts, dont il était associé depuis 1868, le 29 juin 1876.

LESSEPS (vicomte de), Ferdinand, diplomate et ingénieur français, né à Versailles le 19 novembre 1805. Il entra dans la carrière consulaire en 1825, comme attaché au consulat général de Lisbonne; employé au bureau de la direction commerciale au ministère des affaires étrangères en 1827, il fut nommé élève-consul l'année suivante et attaché au consulat général de Tunis, dirigé par son père. Après la conquête d'Alger (1830), il fut envoyé en mission auprès du maréchal Clauzel, relativement à la soumission de la province de Constantine et fut nommé vice-consul en Egypte l'année suivante, puis consul de 2e classe en 1833. Chargé de la gestion du consulat général d'Alexandrie pendant la terrible peste de 1834-35, son dévouement dans ces tristes circonstances lui mérita la croix de la Légion d'honneur (1836). Appelé à prendre la gestion du consulat de Rotterdam en 1838, il fut nommé consul de 1re classe à Malaga en 1839 et à Barcelone en 1842. Pendant l'insurrection et le bombardement de cette ville, au mois de novembre suivant, M. F. de Lesseps s'employa, avec autant d'humanité que d'énergie, à la protection non seulement de nos nationaux, mais de toutes les personnes étrangères au mouvement, menacées dans leur existence aussi bien que dans leur fortune. A cette occasion, il reçut des adresses de remerciements des chambres de commerce de Barcelone et de Marseille, des félicitations publiques et les décorations d'un grand nombre de gouvernements, une médaille commémorative que firent frapper les résidents français et la rosette d'officier de la Légion d'honneur; enfin la chambre de commerce de Barcelone fit exécuter son buste en marbre. En janvier 1847, M. de Lesseps fut élevé sur place au rang de consul général. Rappelé à Paris après la révolution de Février, il était envoyé comme ministre de France à Madrid au mois d'avril suivant. De retour en février 1849, il se disposait à aller prendre la légation de Berne, lorsque l'attaque dirigée contre Rome par l'armée française, le 10 avril, sans ordre précis ou qu'on voulût avouer, l'y fit envoyer comme plénipotentiaire. M. de Lesseps eût le tort de prendre au sérieux sa mission conciliatrice, et, lui qu'on ne pou-

vait guère, même à cette époque, soupçonner de républicanisme outré, osa manifester la bonne impression qu'avaient faite sur son esprit les républicains romains. Il fut rappelé et désavoué, et ordre fut donné de reprendre les hostilités. M. de Lesseps réclama alors sa mise en disponibilité. Cité devant le Conseil d'Etat pour y rendre compte de ses actes, il a publié un *Mémoire au Conseil d'Etat* ainsi qu'une *Réponse à l'examen de ses actes* qui, pour tout homme impartial, sont une même temps une justification complète de ses actes et la condamnation du gouvernement à double face qui osait les inculper.

M. de Lesseps qui, pendant son séjour en Egypte, avait conçu le vaste projet de relier la mer Rouge et la Méditerranée au moyen d'un canal creusé à travers l'isthme de Suez, projet dont les circonstances ne lui avaient pas permis d'aborder la réalisation, se reprit à l'examen de cette grande idée et, en 1852, il s'adressait à la Porte, exposant son projet désormais mûri et demandant l'autorisation de former une société financière pour le mettre à exécution. Renvoyé au gouvernement égyptien, il s'embarquait pour l'Egypte. M. de Lesseps parvint à trouver l'occasion de s'ouvrir de son projet au vice-roi Saïd-Pacha; celui-ci demanda un mémoire détaillé, que M. de Lesseps rédigea aussitôt et publia plus tard sous ce titre : *Percement de l'isthme de Suez, exposé et documents officiels (1856)*. Saïd-Pacha approuva l'entreprise et M. de Lesseps reçut un firman sanctionnant cette approbation, et la concession nécessaire lui fut accordée par le vice-roi en janvier 1856. En 1854-55, l'isthme vit un grand nombre d'explorateurs, dont quelques-uns fort peu favorables à l'entreprise; d'autre part, la plus grande partie des ingénieurs anglais, parmi lesquels feu G. Stephenson, la déclaraient impraticable, sans doute pour n'en pas avoir eu la première idée; enfin la jalousie de l'Angleterre, exerçant sur la Porte une influence fâcheuse, soulevait toute sorte de difficultés; et c'est ainsi que le firman de concession ne put être délivré qu'en janvier 1856 et que les travaux ne purent être commencés qu'en 1859. M. de Lesseps, dont la gloire était fort aventurée dans ces longs atermoiements, ne paraît pas s'être un seul instant laissé décourager. Grâce à une opiniâtreté qu'on voit rarement mise au service d'une aussi grande et noble idée, à une énergie prodigieuse, en multipliant, faisant des démarches, des conférences publiques, il parvint à obtenir des souscriptions pour plus de deux cents millions de francs, sans le secours des banquiers. La Compagnie du canal de Suez formée, les souscriptions réalisées, les travaux commencèrent. Par son traité, la Compagnie était autorisée à employer à ses travaux les *fellahs* égyptiens; à la mort de Saïd-Pacha, en 1863, son successeur Ismaïl, qui paraissait d'ailleurs assez peu favorable à l'entreprise, lui enleva un grand nombre de ces travailleurs pour les employer à la culture du coton, industrie nouvelle, née de la crise américaine; la Compagnie réclama; on lui opposa toute sorte de mauvaises chicanes. Enfin le différend fut porté devant Napoléon III, qui amena les deux parties à se faire quelques concessions mutuelles, au prix desquelles les travaux purent être repris. Le 15 août 1869, les eaux de la mer Rouge et de la Méditerranée se réunissaient et, le 17 novembre suivant, le canal était inauguré solennellement au milieu de fêtes splendides, sur lesquelles nous ne saurions nous étendre. Lorsqu'on songe aux incroyables difficultés que M. de Lesseps eut à surmonter pour atteindre son but, aux obstacles de toute nature que la politique, la mauvaise foi, la spéculation financière semèrent à plaisir sur ses pas jusqu'au dernier moment, à l'hostilité de l'Angleterre qui, après avoir déclaré presque ridicule ce projet grandiose aujourd'hui réalisé, refusait de l'y aider au début et, à la fin, s'empara presque subrepticement de toutes les actions de la Compagnie qu'elle put se procurer et principalement de celles qui se trouvaient en la possession du vice-roi Ismaïl, on est surpris non pas que l'entreprise ait pu être menée à son terme, mais qu'elle ait pu l'être par l'homme qui en fut le promoteur; car le génie ne suffit pas dans de semblables circonstances, il faut encore un tempérament d'une trempe singulière.

M. de Lesseps ne devait pourtant pas s'en tenir là. Le projet de percement de l'isthme de Panama, qu'il roulait depuis longtemps dans sa tête, y avait pris corps enfin, et au commencement de 1879, il entreprenait une vigoureuse campagne en faveur de sa réalisation. Mais l'hostilité des Américains fit échouer la première souscription qu'il avait ouverte dans ce but. — Ce qui est caractéristique de M. de Lesseps, c'est son énergie indomptable et son activité. A chaque instant, malgré ses quatre-vingts ans, on apprend tout à coup que l'infatigable novateur vient de s'embarquer, soit pour l'Égypte, comme dans la récente occasion de la révolution égyptienne dont les Anglais allaient profiter pour confisquer le canal, soit pour l'Amérique, soit pour les antipodes... A cette époque, il n'avait que soixante-quinze ans, il est vrai. Il n'hésita donc pas et partit pour l'Amérique, décidé à combattre l'ennemi dans son propre repaire. Il y fit des conférences, organisa huit expéditions différentes pour aller lever des plans sur le terrain, et prouver par là l'excellence de son projet, défendit enfin sa cause avec la plus surprenante énergie, visitant les hauts fonctionnaires et les chefs de l'opinion aux États-Unis, rencontrant partout sur son chemin les plus vives sympathies personnelles, n'échappant à une ovation populaire que pour tomber dans une autre ; mais n'oubliant jamais son but et y marchant bien lentement sans doute, mais avec assurance. Tant d'efforts, de persévérance, de dévouement à une œuvre quelle qu'elle soit ne peut manquer d'assurer son succès. C'est ce qui arriva pour celle-ci. Une nouvelle souscription, ouverte au retour de M. de Lesseps à Paris (1880), réussit pleinement cette fois, et les travaux du canal de Panama ne tardèrent pas à être entrepris. Ce n'est pas que l'hostilité des États-Unis ait cessé de se manifester depuis lors ; mais en présence des faits, les théories sont impuissantes. Les manœuvres, généralement peu loyales, des adversaires du canal de Panama ont pu influer sur le cours des valeurs de l'entreprise industrielle, dans diverses circonstances ; mais elles n'ont pas réussi à entraver la marche régulière de l'œuvre elle-même, que nous verrons certainement arriver à son terme. Elles ont pourtant, en 1885, contraint M. de Lesseps à un nouveau voyage en Amérique, à de nouvelles démarches auprès des hommes influents et des personnages officiels des États-Unis, à de nouvelles expéditions au canal pour en faire apprécier les travaux aux plus récalcitrants. A son retour, la nécessité de nouveaux fonds pour poursuivre ces travaux étant démontrée, ce qui est une preuve, après tout, que les travaux sont en bonne voie, M. de Lesseps s'adresse au gouvernement pour obtenir l'autorisation d'émettre des valeurs à lots. Mais les atermoiements, les lenteurs parlementaires, prolongées encore par les hésitations de la commission chargée d'examiner sa demande, ses comparutions répétées devant cette commission, qui éprouve à chaque instant le besoin d'être éclairée, fatiguent plus M. de Lesseps qu'autant de voyages aux antipodes. Il renonce donc à son premier projet, remercie par lettre le président de cette commission, M. Germain Casse, de son extraordinaire bonne volonté, et ouvre une souscription qui, sans l'appât de la loterie, est couverte plusieurs fois (juill. 1886). Le canal de Panama se fera donc, et se fera en dehors de toute intervention officielle et contre toutes les hostilités ; cela, parce que c'est M. de Lesseps qui a partout la haute direction de l'affaire, et qu'il n'y a pas au monde un nom comme le sien pour inspirer la confiance, une confiance qui s'appuie sur les garanties offertes par tout un long passé d'honneur et surtout de succès.

Nous n'avons pu que grouper les faits principaux de ce passé, et à grands traits ; de même, nous ne parlerons que des principales récompenses décernées à M. de Lesseps, de celles qui ont une valeur réelle pour un homme de cette importance. En février 1870, la Société de géographie de Paris décernait son nouveau prix de 10,000 francs, fondé par l'impératrice, à M. de Lesseps, qui versait cette somme dans la caisse de la Société pour l'exploration de l'Afrique équatoriale. Le 30 juillet de la même année, la Cité de Londres lui décernait publiquement le droit de bourgeoisie. Promu grand croix de la Légion d'honneur le 19 novembre 1869, il recevait en décembre suivant le grand cordon des SS. Maurice et Lazare d'Italie et était nommé par la reine Victoria, le 19 août 1870, chevalier grand commandeur honoraire de l'Étoile de l'Inde. M. de Lesseps est d'ailleurs membre et haut dignitaire de la plupart des ordres étrangers. Élu membre libre de l'Académie des sciences, en remplacement de M. de Verneuil, en juillet 1873, il fait également partie d'un grand nombre d'autres corps savants. Il a présidé le Congrès des orientalistes réuni à Marseille du 4 au 10 octobre 1876 et a été élu, en mars 1877, président du comité national français de la Commission internationale d'exploration et de civilisation de l'Afrique centrale. Enfin M. de Lesseps était élu membre de l'Académie française, en remplacement d'Henri Martin, le 21 février 1884, et reçu solennellement, par M. Renan, le 23 avril 1885. D'autre part, il avait été porté par la droite sénatoriale, le 15 mars 1876, au siège inamovible laissé vacant au Sénat par la mort H. de la Rochette, mais c'était sans son aveu, et pour faire échec à la candidature de M. Ricard, que la droite s'était emparée de son nom : cette candidature échoua donc, avec 84 voix contre 174. La preuve, du reste, que M. de Lesseps n'ambitionnait pas un siège au Sénat, c'est qu'il refusa la candidature que lui offrait spontanément la population parisienne, représentée par les électeurs de la Seine, en 1885, candidature dont le succès était absolument assuré. — Outre divers mémoires, rapports, etc., publiés dans le cours de l'œuvre gigantesque qui immortalisera son nom, on doit à M. de Lesseps un ouvrage ayant pour titre : *Lettres, journal et documents pour servir à l'histoire du canal de Suez* — 1854, 1855 et 1856 (Paris, Didier, 1876, 2 vol.) et — 1859-60 (ib. ib. 1877, 1 vol.), aux deux premiers volumes duquel l'Académie française a décerné, en 1876, le prix Marcelin Guérin, de la valeur de 5,000 francs. Il a aussi réuni en brochure ses *Conférences sur les travaux du canal de Suez*, etc.

LETELLIER, Alfred Ferdinand Sévère, homme politique français, avocat, né à Alger le 17 mars 1838. Il fit son droit à Paris, fut quelque temps secrétaire de Crémieux et collabora aux journaux avancés du quartier des Écoles et au *Courrier du dimanche*. Il retourna à Alger, y fonda le *Journal des colons* et le *Bulletin judiciaire de l'Algérie*, et devint successivement défenseur près les tribunaux, président de la Commission judiciaire et membre du Conseil général du département. Il se présenta aux élections générales du 21 août 1881 dans la 1re circonscription d'Alger, comme candidat radical, et fut élu contre M. Gastu, député sortant, centre gauche. Il s'inscrivit au groupe de l'Union républicaine. M. Letellier a été élu député de l'Algérie le 14 octobre 1885, et a voté l'expulsion des princes.

LEVALLOIS, Jules, littérateur français, né à Rouen le 10 mai 1829, fit ses études au collège de sa ville natale et vint à Paris en 1850 ; il fut peu après attaché à la rédaction du *Moniteur universel*, et devint secrétaire de Sainte-Beuve en 1853. En 1859, il entrait à la rédaction de l'*Opinion nationale*, dont il dirigea longtemps le feuilleton littéraire ; il quittait ce journal en 1872. M. Jules Levallois a collaboré à la *Revue européenne*, au *Correspondant* et à divers autres recueils ou journaux, il a publié : *Critique militante*, étude de philosophie littéraire (1862) ; la *Piété au XIXe siècle* (1864) ; *Déisme et christianisme* (1866) ; la *Petite bourgeoisie*, les *Contemporains chantés par eux-mêmes* (1868) ; la *Politique du bon sens* (1869) ; *l'Année d'un ermite* (1870) ; *Sainte-Beuve* (1872) ; *Corneille inconnu* (1876), ouvrage auquel l'Académie française décernait, dans sa séance du 11 mai 1876, le prix Bordier de 3,000 francs, en partage avec l'*Histoire du ministère Martignac* de M. Ernest Daudet. — On lui doit aussi, avec M. Milliet, le livret d'un opéra comique en un acte, *Mathias Corvin*, musique de M. de Bertha, représenté à l'Opéra-comique en 1883.

LEVASSEUR, Pierre Émile, historien, géographe et économiste français, né à Paris le 8 décembre 1828, fit ses études au collège Bourbon et entra à l'École normale supérieure en 1849. Professeur de seconde au lycée d'Alençon, de 1852 à 1854, il fut reçu dans cette dernière année, docteur ès lettres en juin et agrégé en octobre, et nommé professeur de rhétorique au lycée de Besançon. Professeur adjoint de seconde, au lycée Saint-Louis, de 1856 à 1861, il était nommé, en février 1861, professeur d'histoire au lycée Napoléon et chargé en 1868 du nouveau cours d'*Histoire des faits et doctrines économiques*, au Collège de France. Il était élu la même année membre de l'Académie des sciences morales et politiques, en remplacement du comte Duchâtel. Il avait été plusieurs fois lauréat de cette Académie. M. Levasseur a été nommé professeur d'économie politique et de législation industrielle au Conservatoire des Arts et Métiers, en remplacement de Wolowski, le 6 septembre 1876. Membre de la commission supérieure des Expositions internationales, il a fait partie de la section française du jury international à l'Exposition de Philadelphie en 1876, et assistait au Congrès de statistique tenu en octobre de la même année à Buda-Pesth. Il a été choisi comme président de la Société des voyages d'étude autour du monde (1877). Il est membre de la Société de géographie, vice-président de la Société de géographie commerciale de Paris, dont il est l'un des fondateurs, président de la Commission de statistique de l'enseignement primaire et membre d'un comité des Sociétés savantes. — On doit à M. E. Levasseur : *Recherches historiques sur le système de Law et De pecuniis publicis apud Romanos* (1854), thèses de doctorat ; la *Question de l'or* (1855) ; *Histoire des classes ouvrières en France depuis la conquête de Jules César jusqu'à la Révolution* (1859, 2 vol.) ; la *France industrielle en*

1789 (1865); l'Imprévoyance et l'épargne, le Rôle de l'intelligence dans la production, l'Assurance, brochure (1866-67); Histoire des classes ouvrières en France depuis 1789 (1867, 2 vol); une série de publications pour l'enseignement géographique, outre de nombreuses cartes murales: la France et ses colonies (1868); Vade mecum du statisticien, annexe du précédent (1869); l'Europe moins la France et la Terre moins l'Europe (1880), accompagnées d'un autre Vade mecum statistique; Cours d'économie rurale, industrielle et commerciale (1869); l'Étude et l'enseignement de la géographie (1871); Cours de géographie à l'usage de l'enseignement secondaire, et Cours complet de géographie, en 3 vol. (1875, atlas); la Question de la houille (1876), etc. — Officier de l'instruction publique depuis 1860, M. Levasseur a été nommé chevalier de la Légion d'honneur en 1866 et promu officier le 9 février 1880 ; il est en outre décoré de plusieurs ordres étrangers.

LÉVÊQUE, Jean Charles, philosophe français, né à Bordeaux le 17 août 1818, fit ses études au lycée de sa ville natale et entra à l'École normale supérieure en 1838. Professeur au lycée d'Angoulême en 1841-42, il fut reçu agrégé de philosophie en 1842 et a professé cette classe au lycée de Besançon jusqu'en 1847. Admis à cette époque à l'École française d'Athènes, qui venait d'être créée, il était de retour l'année suivante et nommé à la chaire de philosophie du lycée de Toulouse. Reçu docteur ès lettres en 1852, après avoir professé quelque temps la philosophie aux facultés de Besançon et de Nancy, il fut rappelé à Paris et délégué à la Sorbonne en 1855, puis chargé du cours de philosophie grecque et latine au Collège de France l'année suivante et nommé titulaire de cette chaire en 1861, en remplacement de M. Barthélemy Saint-Hilaire. M. Charles Lévêque a été élu membre de l'Académie des sciences morales et politiques, en remplacement de Saisset, en 1865. Officier de l'instruction publique, il a été décoré de la Légion d'honneur en 1868 et de l'ordre du Sauveur de Grèce. Il a été promu officier de la Légion d'honneur le 11 juillet 1885. — M. Lévêque a collaboré à la Revue des Deux-Mondes, à la Revue des cours publics, au Journal de l'Instruction publique, au Journal des savants, dont il a été du rédacteur en 1873, etc. On a de lui : le Premier moteur et la nature dans le système d'Aristote, et Quid Phidiâ Plato debuerit (1852), ses thèses de doctorat ; Leçons sur Albert le Grand et saint Thomas (1855); Notice sur la vie et les œuvres de Simart (1856); la Science du Beau, étudiée dans ses principes etc. (1860, 2 vol.) ouvrage auquel l'Académie des sciences morales décernait son prix ordinaire en 1859, l'Académie française le prix Montyon de 3,000 fr. (1860), et que l'Académie des Beaux-Arts couronnait également la même année; Études de philosophie grecque et latine (1863); Du Spiritualisme dans l'Art (1864); la Science de l'Invisible (1865); les Harmonies providentielles (1873), etc.

LÉVÊQUE, Henri Frédéric, homme politique français, né à Léry (Côte-d'Or) le 8 août 1829. Il fit son droit à Dijon, prit le grade de docteur et s'inscrivit au barreau de cette ville, dont il était conseiller municipal et adjoint au maire depuis 1865, lorsqu'il fut nommé procureur de la République après le 4 septembre 1870. L'énergie qu'il y déploya devant l'invasion valut à M. H. Lévêque d'être arrêté par les autorités militaires allemandes (31 octobre), lesquelles l'expédièrent à Épinal, où il fut d'abord emprisonné, puis interné. Il réussit toutefois à s'enfuir, avant son transfert imminent dans une forteresse allemande, et était élu représentant de la Côte-d'Or le 2 juillet 1871. Il siégea à gauche, fut élu député de la deuxième circonscription de Dijon le 20 février 1876, réélu le 14 octobre 1877 et le 21 août 1881, et enfin élu député de la Côte-d'Or le 4 octobre 1885. Il a voté l'expulsion des princes. — M. H. Lévêque fut sous-gouverneur du Crédit foncier de France.

LEVERT, Charles Alphonse, administrateur et homme politique français, né à Sens le 18 juin 1825, fit son droit et fut reçu avocat en 1848. M. Levert entra dans l'administration en octobre 1850, comme conseiller de la préfecture de Lot-et-Garonne, d'où il passait un mois plus tard à celle du Pas-de-Calais; il devint ensuite sous-préfet de Saint-Omer en 1851 et de Valenciennes, en 1853, préfet de l'Ardèche en 1857, d'Alger en 1859, de la Vienne en 1860, du Pas-de-Calais en 1864, de la Loire le 22 février 1866 et des Bouches-du-Rhône le 31 décembre 1869. C'est à Marseille que le trouva la révolution du 4 septembre. Le 5 au soir, l'hôtel de la préfecture était envahi par une foule armée à laquelle il essaya vainement de résister, et il fut même blessé assez grièvement dans la bagarre. Après s'être tenu caché pendant douze heures, dans l'hôtel même, avec sa femme et ses enfants, M. Levert put s'échapper et alla se réfugier en Suisse, puis en Belgique, d'où il se rendit à Wilhelmshoe auprès de l'ex-empereur. M. Levert s'était fait, dans les dernières années de l'Empire, une réputation d'énergie qui l'avait fait classer parmi ceux qu'on appelait alors les administrateurs à poigne; il donna de nouvelles preuves de cette énergie en relevant hardiment, le premier, le drapeau vaincu de l'Empire sur le terrain électoral. Le 7 janvier 1872, le département du Pas-de-Calais, où son administration lui avait créé beaucoup de sympathies et de reconnaissance, l'envoyait siéger à l'Assemblée nationale, comme bonapartiste, par 74,629 voix. Il avait pour concurrent le préfet nommé par le gouvernement de la Défense nationale. Il prit place au groupe de l'Appel au peuple, qui le choisit peu après pour président. Son influence dans le Pas-de-Calais concourut puissamment au triomphe des candidats bonapartistes à l'Assemblée nationale, aux élections partielles qui eurent lieu en février et novembre 1874. Porté aux élections sénatoriales, dans le même département, le 30 janvier 1876, sur la liste bonapartiste dont il tenait naturellement la tête, il y échoua avec ses amis. Le 20 février suivant, il se présentait dans la 2ᵉ circonscription de Saint-Omer, appuyé par le « comité national conservateur ». Il fut élu député par 7,567 voix contre 4,150 obtenues par son concurrent, candidat constitutionnel. Réélu le 14 octobre 1877 et le 21 août 1881, M. Levert était élu député du Pas-de-Calais, le troisième sur douze, aux élections du 4 octobre 1885. Il avait fait liquider sa pension de retraite à 6,000 fr., en 1874. — M. Levert est commandeur de la Légion d'honneur depuis 1867, et officier de l'instruction publique depuis 1860.

LEVET, Jean Georges Auzel, homme politique français, né à Montbrison le 13 avril 1834. Élève de l'École polytechnique, il n'entra pas dans les services publics. Il servit pendant la guerre de 1870 comme lieutenant-colonel des mobilisés de la Loire, puis devint maire de Montbrison et conseiller général de la Loire. Élu député de la 1ʳᵉ circonscription de Montbrison, en remplacement de M. Chavassieu, passé au Sénat, le 6 avril 1879, il s'inscrivit au groupe de l'Union républicaine et fut réélu le 21 août 1881. Il a fait partie notamment de la commission de réorganisation de l'armée, comme partisan de la réduction du service à trois ans et de l'abolition du volontariat, et fut le promoteur de la loi sur la liberté de la fabrication des armes de guerre. Aux élections d'octobre 1885, M. Levet fut élu député de la Loire au scrutin du 18. Il a voté l'expulsion totale des princes. — M. Levet est officier de l'instruction publique.

LÉVIS-MIREPOIX (vicomte de), Félix, homme politique français, né à Paris le 1ᵉʳ mai 1846. Élève de Saint-Cyr, ancien officier de cavalerie démissionnaire, M. de Lévis-Mirepoix servit pendant la dernière guerre dans l'armée de la Loire (15ᵉ corps). Il se retira ensuite dans ses propriétés de l'Orne, où il s'occupa principalement d'agriculture. Aux élections d'octobre 1885, M. de Lévis-Mirepoix a été élu député de l'Orne sur la liste monarchiste, au scrutin du 18.

LÉVY, Émile, peintre français, né à Paris le 29 août 1826, élève d'Abel de Pujol et de Picot, débuta au Salon de 1851 par des Portraits, et remporta le grand prix de Rome en 1854. — On y a de cet artiste : la Célébration de la fête des cabanes dans une famille juive, au moyen âge (1852); Noé maudissant Cham, envoi de Rome (1855, Ex co. univ.); le Souper libre, Ruth et Noémi (1859); la Rentrée des foins (1861); la Paix entre deux nations (1863); la Messe aux champs, Vercingétorix se rendant à César, Vénus ceignant sa ceinture (1863); une Idylle et une Tête de jeune fille (1864); Diane (1865); autre Idylle, le Gué, la Mort d'Orphée (1866); l'Amour des écus, le Vertige, idylle (1867); l'Arc-en-ciel, les Lilas, idylles (1868); l'Hésitation, la Musique (1869); Apollon et Midas, Scène des champs (1870); la Lettre, Jeune fille portant des fruits (1872); le Sentier, idylle, un Enfant (1873), l'Amour et la Folie (1874); le Ruisseau, le Bateau, idylle (1875); le Saule, Baigneuse (1876); Caligula (1878); les Jeunes epoux (1879); Portraits de petites filles (1883); l'Enfance, d'une décoration destinée à la mairie du XVIᵉ arrondissement (1885); la Jeunesse, la Famille, panneaux, même destination (1886). On doit encore, à M. E. Lévy, un assez grand nombre de portraits, exposés ou non, diverses toiles commandées et des travaux décoratifs dans plusieurs hôtels particuliers, au ministère d'État, au théâtre des Bouffes-Parisiens (le plafond), au Cercle de l'Union artistique, à l'église de la Trinité, etc. — M. Émile Lévy a obtenu des médailles de 3ᵉ classe en 1859 et 1867, des médailles en 1864 et 1866, une médaille de

1re classe à l'Exposition universelle de 1878, et la croix de la Légion d'honneur en 1867.

LEYDET, Victor, homme politique français, né à Aix-en-Provence le 3 juillet 1845. Grand négociant en produits du midi, il fut élu conseiller municipal et devint adjoint au maire et juge au tribunal de commerce d'Aix. L'un des fondateurs du *National*, journal républicain de cette ville, il fit partie de la commission de l'Exposition universelle de 1878. M. V. Leydet était conseiller général des Bouches-du-Rhône depuis l'année précédente, lorsqu'il fut élu député dans la première circonscription d'Aix le 4 décembre 1881, en remplacement de M. Lockroy, optant pour la Seine. Il a été élu député des Bouches-du-Rhône le 18 octobre 1885, et a voté l'expulsion totale des princes.

LEYGUES, Jean Claude Georges, homme politique français, né à Villeneuve-sur-Lot en 1857. Avocat du barreau de sa ville natale, il y est devenu adjoint au maire, et y a fondé l'*Avenir de Lot-et-Garonne*; il fait partie de la Ligue de l'enseignement et de la Ligue des patriotes. Aux élections d'octobre 1885, M. Leygues a été élu député de Lot-et-Garonne aux élections du 18, comme candidat républicain. Il a voté l'expulsion des princes. — On doit à M. Leygues deux volumes de poésies : le *Coffret brisé (1880)* et la *Lyre d'airain*, recueil de chants patriotiques couronné par l'Académie française. Il est officier d'académie.

LHOMEL (de), Émile, homme politique français, né à Montreuil-sur-Mer le 11 novembre 1813. Banquier à Saint-Omer, M. de Lhomel est conseiller général du Pas-de-Calais pour le canton de Montreuil, depuis 1848, maire de Montreuil et vice-président de la chambre de commerce de Boulogne. Il a été élu député du Pas-de-Calais, sur la liste réactionnaire, le 4 octobre 1885.

LIAIS, Adrien, homme politique français, ancien magistrat, né à Caen en 1839. Il était procureur de la République à Avranches, lorsqu'il quitta la magistrature en 1883, frappé par la loi de réforme. Porté sur la liste monarchiste, aux élections d'octobre 1885, M. A. Liais fut élu député de la Manche au premier tour, et prit place à droite conformément à ses origines.

LI-HUNG-CHANG, général et homme politique chinois, né à Hoféi, dans la province An-Houei, le 16 février 1823. Son père était un lettré; d'abord professeur au collège impérial de Pékin, il devint ordonnateur des fêtes à la cour; il eut quatre fils, dont celui qui fait l'objet de cette notice est le second. Dès sa plus tendre jeunesse, Li-Hung-Chang manifesta de grandes aptitudes littéraires. Elevé au collège impérial, il était nommé lettré de seconde classe (quelque chose comme docteur chez nous) en 1847, et devint professeur au collège impérial en 1853. Mais il inspirait une telle confiance par ses aptitudes diverses, qu'on l'envoyait presque aussitôt dans sa province, pour organiser les troupes destinées à combattre les Taïpings qui la dévastaient. Ayant réussi dans cette mission et vaincu les rebelles comme s'il n'avait fait que cela toute sa vie, Li-Hung-Chang vit les honneurs pleuvoir sur sa tête. Il reçut le bouton de mandarin de sixième rang et la plume noire des victorieux; puis il reçut la plume de paon, et fut nommé préfet après la prise de Hang-Schienn. Il ne paraît pas que Li ait pris aucune part aux événements de 1860. En 1862, il fut nommé gouverneur de la province de Kiang-sou, étant encore à combattre les Taïpings, avec le concours du général anglais Staveley. Ses rapports avec les soldats européens lui ouvrirent les yeux sur les avantages qu'il y aurait, pour l'armée chinoise, à adopter leur système. Mais l'important, pour le moment, était d'avoir enfin réduit, par une série d'éclatantes victoires (1863-64), les rebelles à merci. A son retour à Pékin, il fut promu au septième rang, grade héréditaire, et nommé gouverneur du prince héritier, puis gouverneur des deux provinces de Kiang. Les Taïpings n'étaient pas aussi écrasés qu'ils en avaient l'air, et, en 1866, leurs forces en vinrent à menacer la capitale. Li-Hung-Chang qui, à la tête des forces de l'empire, n'avait pu s'opposer à la marche audacieuse des rebelles, fut l'objet d'une dénonciation d'incapacité à la cour et tomba en disgrâce, mais sans s'en douter : la lettre impériale qui lui enlevait son commandement et le dépouillait de tous les honneurs et dignités qui lui avaient été précédemment décernés, n'avait pas eu le temps d'arriver à destination, que les Taïpings étaient battus, jetés dans le plus grand désordre, laissant leur chef parmi les morts! De nouveau, Li fut proclamé un héros et au lieu de le destituer, on le nomma premier gouverneur du prince et vice-roi de Houn-Kouang (1867). Mais son destin n'était pas de jouir longtemps des bienfaits de la paix et de la gloire acquise. En 1870, il reprenait les armes pour marcher contre les rebelles mahométans de la province de Schen-se. Il avait à peine pris ses dispositions dans ce but, que l'assassinat du consul français et le massacre des missionnaires à Tien-tsin (juin) nécessitèrent sa présence dans cette ville. Grâce à son habileté diplomatique, Li réussit à maintenir, en dépit des circonstances tragiques, les relations amicales avec la France, sérieusement menacées. En récompense de ce nouveau service rendu à son pays, il fut nommé vice-roi de la province métropolitaine de Tché-li (29 août), poste qu'il conserva jusqu'à la mort de sa mère, affliction qui le tint longtemps éloigné des affaires publiques. Pendant son administration comme vice-roi, Li-Hung-Chang prit part à de nombreuses négociations politiques et diplomatiques de la plus haute importance, dont il se tira toujours avec honneur et profit pour son pays et pour lui-même. Il sut préserver l'intégrité de la Corée, menacée à diverses reprises soit par la Russie, soit par le Japon, résolu à ouvrir cette contrée au commerce général, non par prédilection, mais comme il le disait, dans une certaine occasion, « parce que c'est par le poison qu'on guérit le poison ». Il eut, entre temps, à négocier divers traités avec le Japon (1871), le Pérou (1874), avec l'Angleterre à l'occasion d'un nouveau meurtre d'un agent diplomatique (1876), etc. Au début des difficultés soulevées entre la Chine et la France, à l'occasion des affaires du Tonkin, Li-Hung-Chang était toujours vice-roi du Tché-li. Il prit le commandement en chef de l'armée. Mais il ne tarda pas à être suspect à la cour, où le parti de la guerre, un moment tout-puissant, avait ses créatures. Il fut destitué de la surintendance du commerce des ports du Nord dont il était investi depuis longtemps, en juin 1884; le mois suivant, on lui adjoignait, pour les négociations entamées avec les représentants de la France, un second ayant toutes les apparences d'un surveillant. Il a été aussi plusieurs fois remplacé dans son commandement dans le cours de cette campagne, dont plus d'un côté nous paraît encore étrange et difficile à expliquer, et qui devait se terminer comme on sait. De sorte que le véritable rôle de Li-Hung-Chang ne nous paraît pas plus clair que le reste.

LINDAU, Paul, journaliste et littérateur allemand, né Magdebourg le 3 juin 1839, fit ses études au gymnase de sa ville natale, puis aux universités de Halle, de Leipzig et de Berlin, et vint ensuite à Paris, décidé à acquérir une connaissance approfondie de la langue française non seulement usuelle et de littérature courante, mais ancienne, et y passa en conséquence plusieurs années à poursuivre ce but, avec une ardeur infatigable à l'étude. Il commença dès lors à envoyer quelques articles aux journaux allemands. Après une tournée en Italie, en Angleterre, en Belgique et en Hollande, M. Lindau rentra en Allemagne et prit le grade de docteur. Dans le même temps (1864), il fut nommé rédacteur en chef de la *Düsseldorfer Zeitung*. L'année suivante, il était attaché à l'agence télégraphique Wolf. Devenu rédacteur en chef de l'*Elberfelder Zeitung* en 1866, il conserva cette position jusqu'en 1869 et fonda en 1870 le *Neue Blatt*, à Leipzig. L'année suivante, il se fixait à Berlin où, d'abord, il prit la direction littéraire du *Bazar*, puis fonda en 1872 le *Gegenwart* (le Présent), journal hebdomadaire de politique et de littérature, et en 1878 la revue mensuelle *Nord und Sud*. Il abandonna la direction du *Gegenwart* en 1881, collabora à la *Gazette de Cologne*, puis s'embarqua pour l'Amérique, comme correspondant de la *National Zeitung*, à laquelle il adressa des correspondances pleines d'intérêt, d'abord sur les fêtes de l'inauguration de la ligne du Northern-Pacific Railway, reliant l'Atlantique au Pacifique, puis sur les mœurs et la vie du peuple américain. — Les principaux ouvrages de M. Paul Lindau se ressentent de son séjour en France et de sa prédilection pour la littérature française, prédilection qui n'a pas été sans influence sur son style. Nous citerons de cet écrivain : *A Venise (1863)*; *A Paris (1865)*; *Litterarische Rücksichts losigkeiten (1870)*; *Harmlose Briefe eines deutschen Kleinstädters*, Petites histoires, Contes modernes *(1871)*; *Molière*, dans le supplément de la « Vie des Poètes » (1872); *Beaumarchais, Essais sur la littérature de notre temps*, le *Goût des voyages*, *Dramaturgische Blätter*, 2 vol. (1875); *Froides lettres de Bayreuth (1876)*; *Ueberflüssige Briefe an eine Freundin*, *Wie ein Lustspiel entsteht und vergeht*, *Zwei ernsthafte Geschichten* et *Alfred de Musset (1877)*; *Du Nouveau-Monde, lettres de l'Est et de l'Ouest des Etats-Unis (1885)*, etc. — Il a donné au théâtre : *Marion*, *In diplomatischer*

Sendung, Maria und Magdalena Diana, Ein Erfolg, réunis et publiés sous le titre Theater (1878-75); la Tante Thérésa, la Pomme de discorde (1876); Johannistrieb (1879); la Comtesse Lea, Verschämte Arbeit (1880), etc.

LINTON, WILLIAM JAMES, graveur et publiciste anglais, né à Londres en 1812. Élève de C. W. Bonner, il s'associa en 1842 avec Orrin Smith, l'éminent graveur sur bois, mort en 1845, avec lequel il fut chargé des premiers travaux importants publiés par l'*Illustrated London News*. M. W. Linton s'est fait depuis une réputation de premier ordre dans la gravure sur bois. Zélé chartiste dès sa jeunesse, il s'est lié intimement avec les principaux réfugiés politiques de tous les pays à Londres, les aidant de tout son pouvoir par la plume et par la parole. En 1844, il appelait l'attention de la Chambre des communes sur la violation de la correspondance de Mazzini par sir James Graham, et il fut délégué vers le gouvernement provisoire de Paris, en 1848, pour lui porter la première adresse de félicitations des ouvriers anglais. En 1851, M. Linton prenait une grande part à la fondation du journal radical le *Leader*, dont il se séparait pour divergence d'opinion avec le reste de la rédaction, et devenait, en 1855, le directeur et rédacteur en chef du *Pen and Pencil* (la Plume et le Crayon); il publia régulièrement, pendant plusieurs années, des poésies dans le journal, la *Nation*, de Dublin, sous la direction de M. Duffy (voy. ce nom). Il a collaboré à la *Westminster Review*, à l'*Examiner*, au *Spectator*, etc., et a publié : *Histoire de la gravure sur bois*; une collection des Œuvres des artistes anglais décédés (1860); *Claribel et autres poésies (1865)*; une *Vie de Thomas Paine*; la *République anglaise* (3 vol.), œuvre de propagande républicaine; *Quelques conseils sur la gravure sur bois (1879)*, etc. — En 1867, M. Linton s'embarquait pour les États-Unis. Il résida pendant plusieurs années à New-York, où il eut à exécuter des travaux de gravure importants, et s'établit ensuite à New-Haven, dans l'État de Connecticut, où il dirige un grand atelier de gravure.

LINTON (dame), ELIZA LYNN, romancière et publiciste anglaise, fille d'un vicaire de Cumberland et femme du précédent, est née à Keswick en 1832, débuta de bonne heure dans la carrière des lettres où elle se fit rapidement une grande réputation, et épousa M. William J. Linton en 1858. — On a d'elle écrivain : *Azeth, l'Égyptien (1846)*; *Amymone*, roman du temps de Périclès (1848); *Réalités*, récit de la vie moderne (1851); *Contes de sorcière (1861)*; la *Région du lac*, illustrée par son mari (1864); *Lizzie Lorton de Greyrigg*, et *Qui sème le vent... (1866)*; l'*Histoire véritable de Josuah Davidson, chrétien et communiste*, ou plutôt : l'*Histoire véritable de Jésus, fils de David*, etc. (1872), ouvrage dans lequel Mme Linton suppose un anglais moderne renouvelant les exploits de Jésus de Nazareth, modifiés suivant les exigences du progrès, et poursuivi par des lois également perfectionnées, mais non moins implacables envers les révolutionnaires politiques ou religieux; *Patricia Kemball (1874)*, roman traduit en français par M. Odysse Barot (voyez ce nom); le *Fou Willoughby et autres histoires (1876)*; l'*Expiation de Leam Dundas (1877)*; *Ione (1882)*, etc. On attribue également à Mme Lynn Linton un travail de philosophie socialiste intitulé: la *Fille du Siècle* (Girl of the Period), publié dans la *Saturday Review*, ainsi que la plupart des articles publiés dans ce journal sur la question des femmes. Sur cette même question elle a publié en outre un volume d'« *Essays* » intitulé: *Nous-mêmes* (Ourselves), en 1867.
— Mme Linton a collaboré au *Morning Chronicle*, au *Daily News*, au *Morning Star*, aux *Household Words*, à la *Saturday Review* et à un grand nombre d'autres revues, magazines ou journaux.

LIOUVILLE, HENRI, médecin et homme politique français, né à Paris le 17 août 1837, est fils de l'ancien bâtonnier des avocats de Paris, neveu du mathématicien mort en septembre 1882 et beau-frère de feu Ernest Picard. M. H. Liouville vint terminer à Paris, au collège Sainte-Barbe, ses études commencées au collège de Toul, y suivit les cours de la faculté de médecine, devint interne des hôpitaux en 1865, remporta le prix Corvisart la même année, le prix de médecine et de chirurgie de l'Institut en 1867 et fut nommé, au concours, chef de clinique en 1870. La même année, il avait reçu doctorat avec une thèse sur la *Généralisation des anévrysmes miliaires*, laquelle obtenait une médaille de 1re classe de la faculté et une récompense de l'Académie de médecine. Chargé de diverses missions à l'étranger, M. Liouville se rendait à Amiens en 1866, pour y combattre l'épidémie cholérique. Son dévouement dans cette circonstance lui valut une médaille spécialement frappée par les habitants du faubourg Saint-Pierre, ainsi que diverses autres récompenses, tant de la municipalité d'Amiens que du gouvernement. Au commencement de la guerre, M. le Dr Liouville alla s'enfermer dans Toul, dont l'investissement se complétait pour ainsi dire sur ses talons, y concourut à l'organisation des hôpitaux militaires et se fit remarquer par son dévouement pour les malheureux blessés de manière à se faire citer dans le rapport officiel du commandant de la place et proposer pour la croix. Après la capitulation, il réussit à s'échapper et se rendit auprès de la Délégation de Tours, qui l'envoya à l'armée de la Loire, puis la Société de secours aux blessés lui confia la direction d'une ambulance au Mans, pendant l'investissement de cette ville et la campagne à laquelle elle a donné son nom. Après la paix, le Dr Liouville coopéra activement à l'organisation des laboratoires annexés aux cliniques de la faculté, notamment de celui de l'Hôtel-Dieu, dont il fut nommé chef en 1871. Il a été nommé, depuis, professeur agrégé de la faculté de Paris en 1874 et médecin des hôpitaux en 1876. — Aux élections du 8 février 1871, et en son absence, la candidature de M. le Dr Liouville fut présentée dans le département de la Meurthe: elle y réunit un chiffre de voix considérable, mais insuffisant. Mais le 20 février 1876, il était élu député de l'arrondissement de Commercy, par 10.596 voix contre 8,365 accordées à M. Buffet, président du conseil des ministres. On rappela à cette occasion que M. Buffet avait débuté dans la vie comme secrétaire de M. Liouville père. Le nouvel élu de la Meuse prit place dans les rangs de la gauche républicaine. Réélu le 14 octobre 1877 et le 21 août 1881, il a été élu le 18 octobre 1885 député de la Meuse, et a voté l'expulsion totale des princes. — On doit au Dr Liouville des travaux importants et nombreux sur des questions de médecine, d'hygiène, d'anatomie, de physiologie, etc., publiés dans les *Mémoires de la Société de biologie*, la *Gazette médicale*, les *Archives de physiologie*, le *Bulletin de la Société anatomique*, le *Dictionnaire encyclopédique des sciences médicales*, etc. — Il a publié: *Note sur l'enquête du projet d'un nouvel Hôtel-Dieu de Paris (1864)*; *Considérations diagnostiques et thérapeutiques sur les maladies aiguës des organes respiratoires*, recueillies du professeur Grisolle (1865); *Études sur le curare*, avec le Dr Voisin (1866); *De l'albuminurie argentine (1868)*; *De la diathèse anévrysmatique (1868)*; *Observations détaillées de sclérose en îlots multiples et disséminés du cerveau, de la moelle et des nerfs rachidiens (1868-69, pl.)*; *Coexistence d'altérations anévrysmales dans la rétine avec des anévrysmes des petites artères dans l'encéphale (1870)*; *Relation du cas de transfusion opérée avec succès par le Dr Béhier, de l'Hôtel-Dieu de Paris (1874)*; *De l'abus en thérapeutique (1875)*, M. le Dr Liouville est membre des Sociétés anatomique, de biologie, de médecine légale, de la Société de micrographie, dont il est l'un des fondateurs, ainsi que de diverses autres sociétés scientifiques nationales et étrangères. Il a assisté, comme délégué de la France, au Congrès international d'hygiène tenu à la Haye en 1884.
— Il ne faut pas oublier sa campagne grotesque en faveur de la revaccination obligatoire, car elle obtint un succès part'el de la sottise administrative.

LIPPINCOTT (dame), SARAH JANE CLARKE, dite Grace Greenwood, femme de lettres américaine, né à Pompey, dans l'État de New-York, le 23 septembre 1823. Depuis sa douzième jusqu'à sa dix-neuvième année, elle résida à Rochester, dans le même État, où elle reçut une brillante éducation littéraire. En 1843, elle suivit son frère à New-Brighton (Pensylvanie) et, tout en s'occupant avec zèle des soins du ménage, elle employait ses loisirs à écrire pour les magazines et les journaux périodiques. En 1853, miss Clarke épousait M . Leander K. Lippincott, de Philadelphie, où elle fondait en 1854, le *Petit pèlerin*, journal pour les enfants, qui eut un grand succès. — Mme Lippincott a publié : les *Feuilles de Greenwood (1850-52)*; *Histoire de mes favoris (1850)*, *Poésies (1851)*; *Souvenirs de mon enfance (1852)*; *Aventures et mésaventures d'un voyage en Angleterre (1854)*; la *Joyeuse Angleterre (1855)*; la *Tragédie de la forêt, et autres histoires (1856)*; *Contes et légendes de voyage (1858)*; *Histoire pour les enfants (1858)*; *Histoires tirées des chansons célèbres (1860)*; *Contes de divers pays*; *Histoire et tableaux de France et d'Italie*; les *Heureuses cinq années (1867)*; *Vie nouvelle dans de nouveaux pays (1873)*, etc. — Mme Lippincott a fait, depuis son mariage, plusieurs voyages et parois un séjour assez prolongé en Europe, comme il y paraît assez, d'ailleurs, aux titres de ses ouvrages et aux intervalles existant entre leur publication. Sa dernière visite à nos contrées date seulement de 1876, et son retour aux États-Unis du mois de novembre de cette année-là. Elle s'est fait aussi une grande réputation comme conférencière.

LITOLFF, Henry, pianiste, compositeur et chef d'orchestre français, né à Londres le 6 février 1818, d'un père français. Venu jeune en France, il s'y mariait à dix-huit ans, dans une petite ville où il était professeur de piano; mais ayant perdu sa femme et les enfants qu'il avait eus d'elle, au bout de quelques années de mariage, il vint à Paris en 1839, et commença peu après l'existence vagabonde qu'il a si longtemps menée. Il parcourut la plus grande partie de l'Europe, se produisant à Bruxelles après Paris, puis à Varsovie, à Prague, à Francfort, à Leipzig, à Dresde, Berlin, Amsterdam. La Haye, Brunswick. Vienne, Gotha, Liége, Anvers, Wiesbaden etc., se faisant applaudir partout, tour à tour comme compositeur, comme pianiste et comme chef d'orchestre; semant sur son chemin opéras, symphonies, ouvertures, concertos, morceaux de piano et de chant etc.; œuvres d'une valeur incontestable, mais inégales, fantasques, fiévreuses, images de sa jeunesse agitée et vagabonde. Après avoir été quelque temps maître de chapelle du duc de Saxe-Cobourg-Gotha, il revint à Paris en 1857 et finit par s'y fixer, donnant çà et là quelques concerts, mais visant évidemment un autre but. Il y écrivit, sur un poème d'Édouard Plouvier, un opéra en trois actes : *Nahel*, qui fut joué au Kursaal de Bade en août 1863, et fut bien accueilli. Il écrivit ensuite un autre ouvrage en trois actes : *l'Escadron volant de la reine*, destiné à l'Opéra-Comique, mais qui n'a été joué jusqu'ici ni sur cette scène ni sur aucune autre. En 1860, M. Litolff forma le projet de donner dans la salle de l'Opéra une série de grands concerts où seraient exécutés des œuvres importantes de la musique moderne. Ayant obtenu l'autorisation nécessaire, il ouvrit en effet la série de ses séances, en décembre de la même année; mais l'entreprise échoua. Revenu à la composition dramatique, M. Litolff donnait à la fin de 1871, au théâtre des Folies-Dramatiques, un ouvrage en 3 actes: la *Boîte de Pandore*. La partition bonne, mais le livret ridicule, et, en dépit des qualités musicales signalées par la critique, la *Boîte de Pandore*, n'eut aucun succès. Le 17 octobre 1872, il donnait au même théâtre *Héloïse et Abeilard*, opéra bouffe en 3 actes qui, cette fois, réussit complètement, comme il le méritait. Il donna ensuite, au Châtelet : la *Belle au bois dormant* (avril 1874), opéra féerie en 4 actes, qui n'eut qu'un petit nombre de représentations; puis, la *Fiancée du roi de Garbe*, opéra bouffe en 3 actes, jouée aux Folies-Dramatiques le 29 octobre 1874, et qui n'eut pas un sort meilleur. Enfin, en janvier 1876, M. Litolff donnait aux Fantaisies-Parisiennes, de Bruxelles, un autre ouvrage du même genre : la *Mandragore*, qui ne réussit pas davantage. Parmi les compositions fort nombreuses de cet incontestablement grand artiste, en dehors du théâtre, nous devons signaler : *Ruth et Booz*, petit oratorio; *Marche funèbre* à la mémoire de Meyerbeer; six morceaux caractéristiques pour piano : 1° *Rapsodie hongroise*, 2° *Sur le Danube*, 3° *Rapsodie polonaise*, 4° *le Chant du nautonnier*, 5° *Un rêve*, 6° *Vienne*; un *Ave Maria* à voix seule, trois caprices-valses pour piano : 1° *Légèreté*, 2° *Grâce*, 3° *Abandon*; *l'Invitation à la polka*, *l'Invitation à la tarentelle*; *Caprice de concert*; *Divertissement fantastique*, etc. Il a également écrit et publié un assez grand nombre de mélodies vocales : *J'Aurore*, la *Charité*, le *Poète, Je t'aimerai, la Reine Mab*, valse chantée, *N'effeuillez pas la marguerite*, le *Chant du gondolier*, duo; *Enfants dormez toujours*, etc., etc. Pendant l'été de 1876, M. Litolff a accepté la direction de l'orchestre d'un café-concert aux Champs-Élysées, et a été quelque temps également chef d'orchestre de Fracasti, établissement musical d'ordre inférieur; une faiblesse qui a été appréciée sévèrement dans le monde artiste. — Le 25 janvier 1886, le théâtre de la Monnaie, de Bruxelles, donnait les *Templiers*, opéra en 5 actes et 7 tableaux de M. Litolff, livret de MM. J. Adenis et Arm. Silvestre, qui eut, cette fois, un franc succès.

LIZOT, Pierre Gustave, homme politique français, ancien magistrat, né au Havre le 13 avril 1831. Il fit son droit à Paris, prit le grade de docteur en 1855, puis entra dans la magistrature, comme substitut du procureur imperial à Rouen. Substitut du procureur général près la cour de cette même ville depuis six ans, lors de la révolution du 4 septembre 1870, M. Lizot fut nommé préfet de la Seine-Inférieure le 20 mars 1871, passa à la préfecture du Nord en 1877, fut rappelé à Rouen le 26 mai 1877, et révoqué en décembre suivant. Au renouvellement partiel du Sénat, le 8 janvier 1882, M. Lizot fut élu sénateur de la Seine-Inférieure sur la liste monarchiste, et prit place à droite. — Il est officier de la Légion d'honneur depuis 1874.

LLOYD, Marie Émilie, actrice française, née à Alger le 1er janvier 1845, entra au Conservatoire, dans la classe de Regnier, en 1860. En 1862, Mlle Lloyd remportait le premier prix de comédie et quittait le Conservatoire, et elle débutait à la Comédie-Française, dont elle est devenue sociétaire, en janvier suivant, dans le rôle de Célimène du *Misanthrope*. Elle a paru depuis, avec succès, dans des rôles très divers, tant du nouveau que de l'ancien répertoire, parmi lesquels nous citerons ceux d'Elmire du *Tartufe*, de Dorimène du *Mariage forcé*, d'Armande des *Femmes savantes*, d'Angélique dans *Georges Dandin*, le *Menteur* et de *Chérubin*, d'Élise, de la *Critique de l'École des femmes*, de Céphise d'*Andromaque*, de Josabeth d'*Athalie*, de Lydie d'*Horace et Lydie*, d'Isabelle de l'*École des Maris*, d'Édouard des *Enfants d'Édouard*, de Rosine et de Chérubin dans le *Barbier* et le *Mariage de Figaro*, de madame Montalan des *Deux Ménages*, d'Agathe des *Folies amoureuses*, de la *Princesse d'Adrienne Lecouvreur*, de la comtesse de la *Pluie et le beau temps*, d'Hrteuse du *Testament de César Girodot*, de miss Clarkson de l'*Étrangère* (1876), etc.

LOCKROY, Joseph Philippe Simon (dit), artiste et auteur dramatique français, né à Turin le 17 février 1803. Après avoir abordé l'étude du droit, il se fit acteur vers 1827, c'est-à-dire à peu près en même temps qu'il se faisait connaître comme écrivain, et ne quitta la scène qu'en 1840. Directeur du Vaudeville en 1846, il était nommé commissaire du gouvernement près la Comédie-Française en 1848 ; il a été aussi, pendant quelque temps à partir de sa fondation (1863), directeur du théâtre du Prince-Eugène. M. Lockroy a écrit une grande variété de pièces pour le théâtre, en collaboration avec Scribe, Alexandre Dumas, Arnoud, Anicet Bourgeois, H. Coignard, etc., parmi lesquelles nous pouvons citer : la *Marraine* (1827); *Catherine II* (1831); *Périnet Leclerc*, un *Duel sous Richelieu* (1832); *Pourquoi ?* (1833); l'*Impératrice et la juive*, *C'est encore du bonheur* (1834); *Karl ou le châtiment* (1835); le *Frère de Piron* (1836); la *Vieillesse d'un grand roi*, le *Bon garçon*, opéra comique (1837); *Marie Rémond*, *Passé minuit* (1839); les *Trois épiciers*, le *Chevalier du guet*, la *Première ride* (1840); *Charlot et le maître d'école* (1841); l'*Extase* (1842); les *Deux compagnons du tour de France* (1845); le *Chevalier d'Essonne*, *Irène ou le magnétisme* (1847); la *Jeunesse dorée* (1849); *Bonsoir, M. Pantalon*, opéra comique (1851); la *Croix de Marie*, opéra comique (1852); la *Conscience* (1854); le *Chien du jardinier*, opéra comique (1855); la *Reine Topaze*, les *Dragons de Villars*, opéras comiques (1856); la *Fée Carabosse*, opéra comique (1859); l'*Envers d'une conspiration*, le *Gentilhomme de la Montagne*, avec Alex. Dumas, seul nommé, comme dans la *Conscience* et ailleurs (1860); *Ondine*, opéra comique (1863), etc., etc. — Pendant le siège de Paris, M. Lockroy servait avec bravoure dans les compagnies de marche du 226e bataillon de la garde nationale commandées par son fils (voy. ci-après), et fut blessé à Buzenval. Il est chevalier de la Légion d'honneur depuis 1867.

LOCKROY, Étienne Antoine Édouard Simon (dit), journaliste et homme politique français, fils du précédent, est né à Paris le 17 juillet 1838, y fit ses études et songea d'abord à se destiner à la peinture; mais il interrompit presque dès le début ses études artistiques pour accompagner Alexandre Dumas en Italie : c'est grâce à ce voyage qu'il assista et prit une certaine part aux débuts de la campagne de Garibaldi en Sicile, en 1860. De retour en France, M. Lockroy s'attacha à M. Ernest Renan, qu'il suivit en Orient, surtout en qualité de dessinateur. Ce second voyage achevé, M. Édouard Lockroy se lança dans le journalisme; il collabora d'abord au *Figaro*, puis au *Diable-à-quatre*, où il commença à mettre l'autorité à sa poursuite, et entra enfin au *Rappel*, dont il est resté le collaborateur et dans lequel il rédigea quotidiennement une *Petite guerre*, plus sensible probablement que beaucoup de grandes, puisqu'elle lui valut une condamnation « en quatre mois d'emprisonnement et 3,000 francs d'amende ». Élu chef du 226e bataillon de la garde nationale après le 4 Septembre, M. Édouard Lockroy prit le commandement des compagnies de guerre de son bataillon, à la tête desquelles il se signala à Champigny et à Buzenval, eut son père à ses côtés à cette dernière affaire. — Élu représentant de la Seine à l'Assemblée nationale, le quinzième sur quarante-trois, aux élections du 8 février 1871, M. Lockroy prit place à l'extrême-gauche et vota contre les préliminaires de paix. Au lendemain de la révolution du 18 mars, il signa la proclamation des maires de Paris et des représentants de la Seine, acceptant les élections municipales fixées au 26 par le Comité central; il prit alors une part très active aux tentatives de conciliation entre Paris et Versailles et, en présence de l'inutilité de ses efforts, il donnait sa démission de représentant dès l'ouverture des hostilités (2 avril). Arrêté à Vanves quelques jours plus tard, il fut conduit à Versailles, puis à Chartres, où il demeura emprisonné jusqu'au mois de juin. Rendu à la liberté sans autre forme de procès, M. Lockroy revint à Paris, et était élu, le 23 juillet, membre du Conseil municipal pour le quartier de la Roquette (1er arrondissement). En mai 1872, il devint rédacteur en chef du *Peuple souverain*, petit journal quotidien dans lequel un article signé de lui: *Mort aux traitres!* le fit traduire devant la Cour d'assises, qui l'acquitta. Le 1er juin, il avait, avec M. Paul de Cassagnac, un duel qui l'amenait en police correctionnelle avec son adversaire; tous deux furent condamnés à huit jours de prison, et l'on remarqua, à ce propos, que c'était la première fois qu'en pareille affaire le blessé était poursuivi et surtout condamné. Le 28 mars 1873, un article intitulé la *Libération du territoire* lui valait une nouvelle condamnation à un mois de prison et 500 francs d'amende. — Aux élections partielles du 27 avril 1873, M. Édouard Lockroy, qui avait accepté la candidature radicale dans le Bouches-du-Rhône, était élu représentant de ce département par 57,000 voix. Le 20 février 1876, il était élu à la fois dans le XVIIe arrondissement de Paris et dans la première circonscription de l'arrondissement d'Aix-en-Provence, dans cette dernière, au scrutin de ballottage du 5 mars; il opta pour Aix et reprit sa place à l'extrême-gauche. M. Lockroy a prononcé, dans diverses circonstances importantes, des discours qui ont surtout provoqué de très vives protestations de la part de la droite; il a défendu et voté la proposition d'amnistie pleine et entière; il avait voté, par raison, l'ensemble des lois constitutionnelles. Réélu député de la première circonscription d'Aix, le 14 octobre 1877, il fit partie du comité de résistance aux entreprises du cabinet de Rochebouët élu par la majorité républicaine. Il réclama de nouveau l'amnistie entière et vota la mise en accusation du ministère du 16 mai. Aux élections du 21 août 1881, M. Lockroy fut réélu député par la première circonscription d'Aix, élu par la deuxième circonscription du VIe arrondissement de Paris nouvellement créée. Il opta pour Paris. Aux élections du 4 octobre 1885, il a été élu député de la Seine en tête de la liste. Le 7 janvier 1886, il était appelé, par décret du président de la République, au ministère du commerce et de l'industrie, dans le ministère présidé par M. de Freycinet. — M. Lockroy a publié: *A bas le progrès (1869)*; la *Petite guerre*, le *Sénatus-consulte*, les *Aigles du Capitole (1870)*; la *Commune et l'Assemblée (1871)*; l'*Ile révoltée*, souvenirs de l'expédition de Sicile en 1860 (1877), etc.; outre un vaudeville en un acte, joué en 1868: le *Zouave est en bas*. — Il a épousé, le 3 avril 1877, Mme veuve Charles Hugo.

LOCKYER, Joseph Norman, astronome anglais, né à Rugby le 17 mai 1836, fit ses études partie en Angleterre et partie sur le continent, et entra en 1857 au ministère de la guerre, où il remplit diverses fonctions importantes. En 1870, il fut nommé secrétaire de la Commission royale pour l'instruction scientifique et l'avancement des sciences. M. Lockyer a collaboré laborieusement à la presse scientifique, sur la physique et plus spécialement sur l'astronomie. Nommé membre de la Société royale astronomique en 1866, il a publié, dans les *Mémoires* de cette société, un mémoire substantiel sur la *Configuration de la terre et de l'eau dans la planète Mars*. Vers le même temps, il commençait ses observations télescopiques du soleil et proposait, dès 1866, une méthode nouvelle pour observer les flammes rouges qui se manifestent autour d'une éclipse, méthode que M. Janssen (voy. ce nom) lui appliquaient simultanément, quoique sans entente préalable, en 1868. En commémoration de cette découverte, le gouvernement français faisait frapper une médaille en 1872. M. Lockyer fut élu membre de la Société royale en 1869, et communiqua à cette société, cette même année et les suivantes, soit isolément, soit en collaboration avec M. Franckland, plusieurs découvertes intéressantes. Il fut le chef de l'« English Government Eclipse Expédition » en Sicile en 1870, et dans l'Inde en 1871, et a été chargé d'un cours à l'université de Cambridge en 1871, et d'un autre à la Société royale en 1874. Cette même année, la Société royale lui décernait sa médaille Rumford. — M. Lockyer a publié: *Leçons élémentaires d'astronomie*, *Contributions à la physique solaire (1873)*; le *Spectroscope et ses applications* (même année); le *Premier livre d'astronomie (1874)*; *Études d'analyse spectrale (1878)*; l'*Observation des étoiles du passé et à présent*, etc. Il a été élu membre correspondant de l'Académie des sciences de Paris, dans la section d'astronomie, le 29 janvier 1875; il se rendit à Paris à cette occasion et vint occuper son siège à l'Institut au mois de septembre suivant. Un peu auparavant, il avait été chargé, par son gouvernement, d'une enquête sur la situation de la météorologie en France. M. Lockyer est aussi membre de plusieurs autres académies et corps savants étrangers.

LOFTUS, sir Augustus William Frederick Spencer, plus ordinairement désigné sous le titre de lord Loftus, diplomate anglais, quatrième fils du second marquis d'Ely, est né en 1817, a fait ses études au collège de la Trinité, à Cambridge. Entré de bonne heure dans la carrière diplomatique, il devint successivement attaché surnuméraire à la légation de Berlin en 1837, et attaché à celle de Stuttgart en 1844. Chargé de missions spéciales à Berlin et à Vienne en 1848, il fut nommé secrétaire de légation à Stuttgart en 1852, puis à Berlin l'année suivante, et fut employé comme chargé d'affaires dans cette dernière capitale en 1853, 1855 et 1857. Nommé envoyé extraordinaire à Vienne en 1858, lord Loftus fut transféré en la même qualité à Berlin en 1860, à Munich en 1862 et élevé à la 1re classe à cette occasion, puis de nouveau à Berlin en 1865; accrédité auprès de la Confédération de l'Allemagne du Nord en 1868, il fut appelé à l'ambassade de Saint-Pétersbourg, en remplacement de sir Andrew Buchanan, nommé à Vienne, en juillet 1871. Lord Loftus a quitté ce poste en février 1879, époque à laquelle il a été nommé gouverneur de la Nouvelle-Galles du Sud. Il s'était laborieusement mais inutilement employé, en 1876-77, à résoudre la question d'Orient, réveillée d'une façon si menaçante, une solution pacifique. — Chevalier-commandeur de l'ordre du Bain depuis décembre 1862, lord Loftus a été promu grand croix le 6 juillet 1866.

LOISELEUR, Jean Auguste Jules, littérateur français, né à Orléans le 4 octobre 1816, est devenu, en 1856, bibliothécaire de cette ville, qui doit à son initiative, comme membre du Conseil municipal, la statue équestre de *Jeanne d'Arc*, de Foyatier, qui s'élève sur la principale place publique d'Orléans. Membre de plusieurs sociétés savantes de province, M. J. Loiseleur est, en outre, correspondant du ministère de l'Instruction publique pour les travaux historiques. Il a collaboré aux publications spéciales des sociétés auxquelles il appartient, à divers journaux et recueils périodiques, notamment à la *Revue contemporaine* et au *Journal du Loiret*, et est, depuis un certain nombre d'années, un des collaborateurs du journal le *Temps* et du splendide recueil l'*Art*. — M. Jules Loiseleur a publié à part: *Les Résidences royales de la Loire*, *les Crimes et les peines dans l'antiquité et dans les temps modernes (1863)*; les *Anciennes institutions de la France (1866)*; *Problèmes historiques (1867)*; la *Doctrine secrète des Templiers (1871)*; les *Archives de l'académie d'Orléans (1872)*; *Ravaillac et ses complices (1873)*; les *Points obscurs de la vie de Molière (1877)*; *Trois énigmes historiques (1883)*, et un certain nombre de monographies, telles que: le *Château de Gien*, le *Château de Sully*, le *Masque de fer devant la critique moderne*, *Compte des dépenses faites par Charles VII pour secourir Orléans pendant le siège de 1428*, la *Préméditation de la Saint-Barthélemy*, la *Révolution de Naples de 1647*, la *Mort de Mme Henriette d'Angleterre*, la *Légende du chevalier d'Assas*, etc. Il a fait représenter jadis, sur la scène du Gymnase, une petite comédie intitulée *Lenore*. — M. Loiseleur est chevalier de la Légion d'honneur depuis 1868.

LOMBARD, Louis Félix, homme politique français, né à Vienne le 21 mai 1851. Avocat du barreau de sa ville natale, membre de son Conseil municipal depuis 1877 et du Conseil général de l'Isère depuis 1882, M. Lombard a été élu député de ce département, sur la liste républicaine, le 4 octobre 1885. Il a voté l'expulsion des princes.

LONGSTREET, James, ex-général de l'armée confédérée américaine, est né dans la Caroline du Sud, en 1820. Après de brillantes études, il était admis à l'Académie militaire de Westpoint, comme cadet, en 1838, et entrait dans l'armée des États-Unis, comme second lieutenant d'infanterie, le 1er juillet 1842. Le lieutenant Longstreet fut employé sur la frontière du Mexique jusqu'en 1846, prit part, de 1846 à 1848, à la guerre contre cette puissance, y fut blessé, fut promu au grade de capitaine et reçut le brevet de major. Il servit ensuite dans le Texas, devint trésorier-payeur de l'armée des Etats-Unis, puis major d'etat-major en 1858. Il donna sa démission pour prendre part à la guerre civile, avec le Sud, le 1er juin 1861 ; appelé au commandement de la 4e brigade du 1er corps d'armée du général Beauregard, près de Centreville, il assistait à la bataille de Bull Run le 21 juillet. Pendant la première moitié de 1862, il parvint au grade de major-général et se fit, sous le général Lee, une grande réputation dans les campagnes contre Mac Clellan, Pope et Burnside. Après la bataille de Fredericksburg (13 décembre), le général Longstreet fut appelé au commandement d'un corps d'armée et promu lieutenant-général. Il prit une part active à la bataille de Gettysburg (1-3 juillet), de manière à ajouter encore à sa réputation, se distingua par de grandes qualités militaires de prudence, d'habileté et de résolution, dans la campagne du Désert (1-6 mai 1874) et fut grièvement blessé le 6 mai. — Rétabli, le général Longstreet tenta de porter secours au général Early, dans la vallée de Shenandoah, mais sans succès, et dut se replier sur les lignes de Richmond. Il se rendait avec le général Lee, en avril 1865. — Après la guerre, le général Longstreet employa toute son influence à rétablir la bonne harmonie entre les deux partis, en guerre pendant quatre années, qui divisaient la grande République. Il s'appliqua, pour son compte, à provoquer l'amélioration du système de transports qui, jusque-là, avait toujours laissé à désirer dans son pays, défaut qui allait être évidemment bien plus sensible qu'au temps de l'esclavage. Il prit sa résidence à la Nouvelle-Orléans et s'occupa avec une grande activité de l'extension du réseau des chemins de fer du Sud. Amnistié par le président Johnson, sa conduite conciliante, même cordiale envers l'administration, le fit choisir par le président Grant pour les fonctions d'inspecteur du port de la Nouvelle-Orléans, nomination qui fut confirmée par le Sénat. En 1875, le général Longstreet se retira en Géorgie. Nommé en 1880, ministre des Etats-Unis à Constantinople, il conserva ce poste un peu plus d'une année et revint ensuite en Amérique. Il a été nommé depuis *marshal* des Etats-Unis pour le district septentrional de la Géorgie, où il avait repris sa résidence.

LONLAY (marquis de), EUGÈNE, poète et littérateur français, né à Argentan le 6 mars 1815, fit ses études au lycée de Caen et vint à Paris ayant à peine vingt ans. Le marquis Eugène de Lonlay s'est fait connaître de bonne heure par la publication d'un grand nombre de romances, dont plusieurs, comme le *Lilas blanc*, la *Sœur de lait*, le *Premier bal d'Emma*, etc., ont eu une grande popularité. Il a publié également des nouvelles et des romans originaux ou traduits du russe et de l'allemand, ainsi que de nombreux recueils de poésies. Nous citerons : *Bluettes (1842)* ; *Simples amours (1844)* ; la *Pomme d'Eve (1846)* ; *Chastes paroles (1846)* ; *Larmes de bonheur (1847)* ; *Poésies nouvelles (1851)* ; le *Grand monde russe*, roman traduit du russe, du comte Sollohoub, et *Nouvelles choisies*, du même écrivain (1854) ; *Chansons populaires*, la *Chasse aux jupons* et l'*Héritage imprévu*, comédies en 1 acte (1854) ; *Poésies lyriques (1859)* ; *Poésies intimes (1860)* ; *Éloge des femmes (1862)* ; les *Eaux de Bagnoles*, le *Premier roman d'une jeune femme*, *Octavie de Valdorne*, un *Duel à mort*, traduit du russe, de Lermontof, romans ; l'*Amour et la jeunesse* ; *Anecdotes piquantes* ; *Hymnes et chants nationaux de tous les pays*, etc. (1863) ; la *Chasse aux maris* ; *Chants de jeunesse* ; *Hymnes religieux pour toutes les fêtes de l'Église romaine*, le *Brigand gentilhomme*, traduit de Pouchkine, la *Protégée*, traduit du comte Sollohoub (1865) ; *Ce que vierge ne doit lire*, le *Fruit défendu*, les *Amours d'un page*, *Il Bacio*, série de plaquettes qu'il ne faut pas juger sur le titre, bien que ce soit au titre qu'elles doivent l'énorme circulation qu'elles obtinrent (1864-66) ; *Ce que la forêt se raconte*, traduit de l'allemand (1866) ; le *Faubourg Saint-Germain (1867)* ; *Mes visites académiques* ; les *Derniers jours du bonheur* ; l'*Art de plaire* ; le *Nouvel art d'aimer (1868)* ; *Anacréon, sa vie et ses œuvres* ; le *Fou des Tuileries (1869)* ; *Recueil complet de tous les genres de poésie française (1870)* ; les *Drames de la guerre*, *Éloge de la noblesse*, *Contes historiques* ; *Histoire incroyable du sire de Tournebœuf*, *rôti par le diable* ; le *Page de la reine de Navarre*, diverses *Légendes*, etc., (1872) ; l'*Amour maître chanteur* ; *Argentan et ses légendes*, et autres *Légendes infernales, historiques*, etc. (1873) ; le *Livre d'or des enfants*, la *Grève des femmes*, comédie en 1 acte ; *Légendes fantastiques (1874)*, etc. M. le marquis de Lonlay a fait usage de divers pseudonymes dont le plus connu est *Max d'Apre-*

val ; il a écrit dans ces dernières années quelque petits ouvrages sous un pseudonyme nouveau : *Dom Leylo*, notamment ses *Contes* publiés en 1872. Il est officier d'académie et commandeur de Saint-Grégoire le Grand.

LOOMIS, ELIAS, mathématicien américain, né dans le comté de Tolland (Connecticut) en août 1811, fit ses études au collège d'Yale, et y remplit des fonctions professorales de 1833 à 1836. Il vint ensuite compléter son éducation à Paris, où il demeura un an, et fut à son retour nommé professeur de sciences naturelles au « Western Reserve College » de l'Ohio. Là, il commença ses observations astronomiques et météorologiques. En 1844, il fut appelé à la chaire de physique de l'université de New-York, qu'il conserva jusqu'en 1860, quoique de 1845 à 1849 il dût sacrifier une partie de son temps au service géodésique, pour déterminer la différence de longitude entre New-York et les autres villes de l'Union, au moyen du télégraphe électrique. Pendant ces expériences, il détermina pour la première fois la vitesse du courant électrique suivant le fil télégraphique. M. Elias Loomis est professeur de physique au collège d'Yale depuis 1860. — On a de ce savant : *Trigonométrie plane et sphérique (1845)*, les *Progrès de l'astronomie (1850)* ; *Géométrie et calcul analytique* et *Éléments d'algèbre (1851)* ; *Éléments de géométrie et sections coniques (1852)* ; nouv. édit. augmentée, 1871) ; *Tables des logarithmes (1855)* ; *Astronomie pratique (1856)* ; *Physique (1858)* ; *Éléments d'arithmétique (1863)* ; *Traité de météorologie (1868)* ; *Éléments d'astronomie (1869)* ; et les *Descendants de Joseph Loomis*, son ancêtre (1870). En 1879-80, le professeur Loomis faisait beaucoup parler de lui à propos d'une invention destinée peut-être à mieux réussir avec le temps, et sur laquelle la *Science populaire* s'exprimait en ces termes, en mars 1880 : « Un savant américain, le professeur Elias Loomis, poursuit ses intéressantes expériences dans les montagnes de la Virginie occidentale, pour démontrer qu'à une certaine hauteur existe dans l'atmosphère un courant électrique naturel au moyen duquel on peut envoyer des signaux sans le secours d'aucun conducteur. On prétend qu'il a réussi à envoyer des messages à une distance de onze milles, au moyen de cerfs-volants en communication avec le sol par des fils de cuivre. Lorsque les cerfs-volants ont atteint la même altitude et se trouvent par conséquent dans le même courant, il devient possible d'établir entre eux une communication au moyen d'un appareil ressemblant à celui de Morse. Mais toute communication cesse dès que l'un des cerfs-volants change de hauteur. Pour poursuivre cette expérience, M. Loomis fait construire, sur deux collines éloignées de vingt milles, deux tours au sommet desquelles s'élèvent des tiges d'acier pénétrant dans la région du courant électrique. » Quoique ces expériences, patiemment poursuivies longtemps encore, aient donné des résultats encourageants, il n'en est sorti jusqu'ici rien de pratique.

LORET, CLÉMENT, organiste et compositeur belge, né à Termonde en 1833. Son père et son grand-père, auxquels il doit en grande partie son éducation musicale, furent organistes de l'église Notre Dame de Termonde, et son père, M. Hippolyte Loret, habile facteur d'orgue en même temps, lui faisait dès l'âge de sept ans jouer à l'église de petites offertoires et des sorties. Dès l'âge de huit ans, même, il le remplaçait souvent. M. H. Loret ayant été nommé organiste à Mons en 1840, son fils y acheva ses études de lecture musicale avec Deneln, directeur de l'École de musique, puis entra au Conservatoire de Bruxelles en 1851. Il y fut élève de Fétis pour le contre-point et de Lemmens pour l'orgue, et remporta le premier prix d'orgue en 1853. Il vint à Paris en 1855, et y devint successivement organiste au Panthéon, à Suresnes, à Notre-Dame-des-Victoires. En 1857, Niedermeyer lui confia les fonctions de professeur d'orgue à l'École de musique religieuse qu'il dirigeait. M. Clément Loret, depuis cette époque, a formé un grand nombre d'élèves dont plusieurs occupent actuellement d'honorables positions. Il a beaucoup contribué dès le début à rendre populaires en France les œuvres de Jean Sebastien Bach. Vers le même temps et sur la proposition de Niedermeyer, alors maître de chapelle à Saint Louis d'Antin, il accepta à cette église l'emploi d'organiste, qu'il y occupe toujours. — Dès 1859, M. Loret s'est fait connaître comme compositeur en publiant dans le journal la *Maîtrise*, dirigé par d'Ortigue et Niedermeyer, ses premiers *Exercices d'orgue*, suivis bientôt de *Vingt-quatre études pour le même instrument*. Vinrent ensuite *Cinquante pièces d'orgue pour messes et vêpres* ; *Vingt-quatre morceaux pour orgue sans pédales* ; l'*Office divin*, recueil de morceaux faciles ; trois recueils de *Douze morceaux pour harmonium et piano* ; *Dix mélo-*

dies, *Douze morceaux de piano* et quelques compositions détachées. Il a également publié une série de *Douze concertos de Haendel* pour orgue et orchestre, transcrits par lui pour orgue solo, avec une préface de M. Lefèvre, directeur de l'École de musique religieuse.

LORGERIL (vicomte de), HIPPOLYTE LOUIS, poète et homme politique français, né à Chalonge (Côtes-du-Nord) le 28 mai 1811, fit ses études au petit séminaire de Dinan, puis aux collèges de Rennes et de Nantes. Il se consacra à la littérature, fit quelques voyages insignifiants et vint prendre en 1842, la direction de l'*Impartial de Bretagne*, feuille légitimiste nantaise, qu'il quittait l'année suivante, après y avoir surtout inséré des vers. En 1843, il allait visiter la famille royale réfugiée à Londres. Au retour, il s'occupa exclusivement d'agriculture. Il fut élu membre du Conseil général des Côtes-du-Nord en 1848, pour le canton de Plélan, et y a été réélu depuis 1871 par le canton de Jugon. M. de Lorgeril est en outre membre de la Société d'agriculture du département. Élu le 8 février 1871, le huitième sur treize, représentant des Côtes-du-Nord à l'Assemblée nationale, il prit place à l'extrême-droite, et s'y fit surtout remarquer par ses sorties étranges contre l'École des hautes études, l'École française d'Athènes, l'Opéra nouveau, etc.; par ses attaques passionnées contre M. Thiers, et par ses interruptions fréquentes. L'excès même de son culte légitimiste le porta, lors des élections sénatoriales réservées à l'Assemblée, à prendre part à la coalition de l'extrême-droite et des gauches en haine du centre droit orléaniste ; il fut élu sénateur inamovible en conséquence, le 15 décembre 1875, au sixième tour de scrutin. — M. de Lorgeril a publié diverses lettres politiques dans l'*Univers* et des poésies dans ce même journal et dans la *Revue de la Bretagne et de la Vendée*; on lui doit en outre quelques volumes : une *Étincelle*, poésies ; la *Chaumière incendiée* ; *Récits et ballades* ; l'*Art de parvenir*, poème satirique ; un nouveau recueil de *Poésies (1879)*, etc.

LORNE (marquis de), JOHN GEORGE EDWARD HENRY DOUGLAS SUTHERLAND CAMPBELL, homme politique anglais, fils aîné du duc d'Argyll et gendre de la reine Victoria, est né à Londres en 1845. Élu, en février 1868, membre de la Chambre des communes par le comté d'Argyll, comme représentant libéral, il devint, au mois de décembre suivant, secrétaire privé de son père au ministère des Indes. L'événement principal de la vie du marquis de Lorne est son mariage avec la princesse Louise, quatrième fille de la reine d'Angleterre, à l'occasion duquel il fut créé chevalier de l'ordre du Chardon. Le mariage fut célébré à Windsor, à la chapelle Saint George, par l'évêque de Londres, assisté des évêques de Winchester, d'Oxford et de Worcester. — On doit au marquis de Lorne un ouvrage sans importance publié sous ce titre : *A Trip to the Tropics, and Home through America* (un Voyage aux Tropiques, etc.), publié en 1867, qui fut suivi de : *Guido and Lita, a tale of the Riviera*, poème (1875); les *Psaumes littéralement traduits en vers (1877)*. — Le marquis de Lorne fut nommé en juillet 1878 gouverneur général du Canada, en remplacement de lord Dufferin, poste dans lequel il fut remplacé par le marquis de Lansdowne, en 1883. Il avait été nommé grand croix de l'ordre des Saints Michel et George en 1878.

LOROIS, EDMOND, homme politique français, fils d'un ancien préfet du Morbihan sous la monarchie de Juillet, est né à Laeken (Belgique) le 8 juin 1819. Conseiller général du Morbihan depuis 1871, M. Lorois fut élu député de la deuxième circonscription de Vannes, au scrutin de ballottage du 5 mars 1876, et siégea à droite. Réélu le 14 octobre 1877 et le 21 août 1881, il était élu député du Morbihan le 14 octobre 1885, sur la liste monarchiste.

LOROIS, LÉON PAUL, homme politique français, cousin du précédent, né à Lorient le 13 octobre 1839. Il fit son droit à Paris, fut attaché au ministère des affaires étrangères sous le gouvernement du 16 mai, et ne le quitta que pour se porter comme candidat officiel, monarchiste bien entendu, aux élections du 14 octobre 1877, dans l'arrondissement de Quimperlé, contre M. Corentin Guyho, député sortant, républicain ; il vit son élection annulée par la Chambre, et le 5 mai 1878, c'était son concurrent qui triomphait. Il en fut de même aux élections du 21 août 1881. Enfin, le 4 octobre 1885, M. L. Lorois était élu député du Finistère sur la liste monarchiste.

LORY, CHARLES, géologue français, né à Nantes le 30 juillet 1823, fit ses études au collège de sa ville natale et concourut pour l'École normale supérieure, avec dispense d'âge, en 1840 ; il y fut admis, avec le numéro 2, dans la section des sciences. Reçu agrégé des sciences physiques, il fut nommé professeur au lycée de Grenoble en 1843. Il prit le grade de docteur ès sciences naturelles de la faculté de Paris en 1847, professa successivement aux lycées de Poitiers et de Besançon, devint professeur-suppléant de géologie à la faculté des sciences de cette dernière ville (1849), puis à celle de Grenoble où il fut nommé professeur titulaire en 1852. Chargé, comme suppléant temporaire, du cours de géologie de la faculté de Paris en 1869, M. Ch. Lory a été nommé doyen de la faculté de Grenoble en 1871. Il est en outre directeur du laboratoire départemental d'analyses et de la station agronomique de cette ville. Officier de l'instruction publique, chevalier de la Légion d'honneur depuis 1861, M. Charles Lory, membre de plusieurs sociétés savantes des départements, a été élu correspondant de l'Académie des sciences, dans la section de minéralogie, le 12 février 1877. — On doit à ce savant : *Essai géologique sur le groupe de montagnes de la Grande Chartreuse*, avec cartes (1853) ; *Carte géologique du Dauphiné (1858)* et *Description géologique du Dauphiné*, explication de la carte précédente (1860-64), ouvrage couronné au concours des Sociétés savantes de 1861 ; *Carte géologique du département de la Savoie (1868)*, outre un grand nombre de mémoires géologiques insérés dans les publications spéciales de diverses sociétés savantes.

LOSSING, BENSON JOHN, dessinateur, graveur et écrivain américain, né à Beekman, dans l'État de New-York, le 12 février 1813. Il entra, à l'âge de treize ans, en apprentissage chez un horloger de Poughkeepsie, dans ce même État, et devint successivement l'ouvrier puis l'associé de son patron ; mais il abandonna les affaires en 1835, pour devenir copropriétaire et rédacteur du *Poughkeepsie Telegraph*, auquel il adjoignit peu après un journal littéraire semi-mensuel, le *Poughkeepsie Casket*, apprenant entre temps le dessin et la gravure sur bois, afin d'être en état d'illustrer lui-même son journal. Vers 1838, il alla s'établir à New-York comme graveur sur bois, et y publia le *Family Magazine*. M. Lossing publia en 1841 : *An Outline history of the Fine Arts* (Esquisse d'une histoire des Beaux-Arts), volume faisant partie de la « Bibliothèque des familles » de la maison Harper. Dans l'intervalle de cette publication à la suivante, il fut chargé de l'illustration, dessins et gravure, d'un grand nombre de publications ; puis il donna, en 1847, son *Seventeen Hundred and Seventy-Six* (Dix-sept cent soixante-seize), ouvrage illustré sur la Révolution américaine, suivi des *Vies des signataires de la Déclaration d'Indépendance (1848)*. A la même époque, il publiait aussi le *Miroir de la jeunesse* (the Young people's Mirror), et commençait son *Pictorial Field Book of the Revolution* (Guide pittoresque aux champs de bataille de la Révolution), qui lui coûta quatre années de travail (1848-52), et contient plus de mille dessins exécutés par lui, sur les lieux-mêmes illustrés par la guerre de l'Indépendance. Cet ouvrage fut accueilli par le plus grand succès ; mais malheureusement, la destruction de l'établissement de l'éditeur Harper, chez qui il était en vente, par un incendie, entraîna celle d'une grande partie de la première édition ; la seconde ne put être mise en vente qu'en 1855. Parmi les autres ouvrages de M. Lossing, nous citerons : une *Histoire illustrée des États-Unis*, destinée aux écoles et aux familles (1854) ; *Nos compatriotes, ou courtes notices sur les Américains éminents (1856)*; *Mount Vernon (1859)*; *Souvenirs et notes privées de Washington (1859)*, ouvrage préparé et signé par W. Parke Curtis, mais en fait remanié, annoté et illustré par M. Lossing ; *Philippe Schuyler, sa vie et son temps (1860*, 2 vol.); *Vie de Washington (1861*, 3 vol.); l'*Hudson, depuis le Désert jusqu'à la mer (1863)* ; *Histoire pittoresque de la guerre civile aux États-Unis (1866-69*, 3 vol.), *Histoire pittoresque de la guerre de 1812 (1869*, 2 vol.); *Histoire d'Angleterre*, *Washington et la République américaine (1871)* ; le *Collège Vassar et son fondateur*, *Histoire des États-Unis*, destinée à la jeunesse (1878, gr. in-4°) ; ce dernier ouvrage est illustré de dessins dus au crayon de M. Félix Darley ; *Histoire de nos guerres avec la Grande Bretagne*, le *Centenaire américain (1875)* ; *Histoire de la marine des États-Unis (1880)* ; *Encyclopédie populaire de l'histoire des États-Unis (1883)*, etc. Il a en outre activement collaboré aux recueils périodiques américains, et a rassemblé, dit-on, une collection unique de documents sur l'histoire de son pays. — M. Lossing a reçu en 1842 le diplôme de docteur en droit honoraire de l'université de Michigan.

LOUANDRE, Charles Léopold, littérateur et bibliographe français, fils d'un archiviste d'Abbeville, est né dans cette ville le 15 mars 1812. Il débuta dans sa ville natale par la publication de plusieurs *Essais historiques* écrits seul ou en collaboration avec M. Ch. Labitte, et du *Catalogue de la Bibliothèque communale de la ville d'Abbeville (1838*, 2 vol.). Venu à Paris, M. Ch. Louandre collabora à la *Littérature française contemporaine (1844-48)*, et publia: la *Sorcellerie (1844)*; une traduction nouvelle de *Tacite*, avec texte latin (1845, 2 vol.); des éditions annotées de *Pascal, Lafontaine, Molière, Voltaire, Racine, Montaigne, Machiavel*, etc. (1846-62); les *Arts somptuaires (1857*, 4 vol.); *Dictionnaire de géographie et d'histoire (1859)*; *Dictionnaire usuel des sciences (1862)*; *Histoire de la littérature française par les monuments (1864*, 2 vol.); les *Idées subversives de notre temps*; *Chefs-d'œuvre des conteurs français avant Lafontaine (1873)*; *Chefs-d'œuvre des conteurs français contemporains de Lafontaine (1874)*; *Chefs-d'œuvre des conteurs français après La Fontaine*; les *Œuvres politiques de Benjamin Constant (1875)*, etc., etc. Il a collaboré au *Journal de l'instruction publique*, à la *Revue des Deux-Mondes*, à la *Revue contemporaine* dont il a été quelque temps rédacteur en chef, à la *Revue de Paris*, à l'*Encyclopédie nouvelle*, à *Patria*, etc. — M. Ch. Louandre fait partie du Comité des travaux historiques. Il est chevalier de la Légion d'honneur.

LOUBET, Émile, homme politique français, né à Marsanne (Drôme) le 31 décembre 1838. Avocat du barreau de Montélimar, maire de cette ville, conseiller général de la Drôme, il fut élu député de l'arrondissement de Montélimar le 20 février 1876, sans concurrent, et prit place à la Chambre sur les bancs de la gauche républicaine. Réélu le 14 octobre 1877 au 21 août 1881, il se présentait le 25 janvier 1885 aux élections pour le renouvellement de la représentation sénatoriale de la Drôme et était élu le premier, au premier tour. M. Loubet a repris sa place à gauche dans la haute Chambre et a voté l'expulsion des princes.

LOUDUN, Eugène Balleyguier, (dit), littérateur et publiciste français, né à Lassay, près de Loudun, le 8 juillet 1818, fit ses études à Nantes et son droit à Poitiers, où il prit le grade de licencié en 1843. Après avoir été quelque temps professeur au collège de Châtellerault, il vint à Paris et publia dans divers journaux des articles de critique et de littérature. Attaché à la rédaction de l'*Ère nouvelle* et du *Correspondant* en 1848, il devenait, au commencement de l'année suivante, secrétaire particulier de M. de Falloux, ministre de l'instruction publique. Lors de la retraite de celui-ci (juillet), M. Balleyguier fut nommé sous-bibliothécaire à la bibliothèque de l'Arsenal, où il était devenu conservateur, lorsque la publication d'un almanach de propagande bonapartiste, intitulé l'*Abeille*, commencée en 1872, lui attira le même désagrément, ou à peu près, qu'un almanach républicain publié quelques années plus tôt aurait pu attirer à son auteur: sa révocation. M. Loudun a toutefois le titre de conservateur honoraire depuis cette époque. Sous l'empire, après avoir été rédacteur littéraire de l'*Union*, il avait été chargé de la partie politique au *Journal des instituteurs*. — Il a publié: le *Couvent des carmes pendant la Révolution (1845)*; *Physionomie de l'Assemblée (1848)*; le *Présent et l'avenir de la Révolution* (même année); la *Vendée (1849)*; les *Trois races, ou les Allemands, les Anglais et les Français (1852)*; le *Général Charles Abbatucci (1854)*; les *Derniers orateurs, ou la tribune française de 1848 à 1852 (1855)*; *Étude sur les œuvres de Napoléon III (1857)*; les *Victoires de l'Empire (1859)*; les *Pères de l'Église (1860)*; la *Bretagne, paysages et récits (1861)*; les *Deux paganismes: l'antiquité*; les *Nouveaux jacobins (1869)*; les *Précurseurs de la Révolution (1865-69-74*, 3 vol.); *Journal d'un parisien pendant la Commune, la Révolution de Septembre et la Commune (1871)*; le *Mal et le bien (1876)*; outre plusieurs revues du *Salon de Paris (1852-55-58)*, des articles au *Pays*, à la *Revue du monde catholique*, etc. — M. Eugène Loudun est chevalier de la Légion d'honneur depuis 1860 et décoré de divers ordres étrangers.

LOUSTALOT, Gustave, avocat et homme politique français, né à Dax en 1826. Quatre fois bâtonnier et avocat du barreau de Dax, connu par ses opinions démocratiques, M. G. Loustalot fut nommé sous-préfet de son arrondissement après le 4 Septembre. Élu représentant des Landes le 2 juillet 1871, il échouait le 20 février 1876, dans la première circonscription de Dax, contre M. de Cardenau, légitimiste; mais l'Assemblée ayant annulé l'élection de celui-ci, M. G. Loustalot fut élu le 21 mai 1876. Il siégeait à gauche. Il échouait le 14 octobre 1877, contre son ancien concurrent légitimiste. M. de Cardenau: nouvelle invalidation, nouveau retour de fortune à l'élection particlle du 7 avril 1878, en faveur de M. Loustalot, qui était élu dans la même circonscription le 21 août 1881, sans concurrent cette fois. Le 4 octobre 1885, la liste républicaine échouait tout entière dans les Landes; mais cette élection ayant été annulée par la Chambre, les candidats revenaient en présence le 14 février 1886, et c'était le résultat contraire qui se produisait. M. Loustalot reprit en conséquence sa place à la Chambre des députés, et votait l'expulsion des princes en mars dernier.

LOUIS Ier, Louis Philippe Marie Ferdinand Pierre-d'Alcantara Antoine Michel Raphael Gabriel Gonzague Xavier François-d'Assise Jean Jules Auguste Volfando de Bragance-Bourbon, roi de Portugal et des Algarves, duc de Saxe, second fils, mais l'aîné des survivants, de dona Maria II et de don Fernand, prince de Saxe-Cobourg, est né le 31 octobre 1838, et a succédé au trône de Portugal à la mort de son frère, Don Pedro V, le 11 novembre 1861. Intelligent, animé de sentiments libéraux, le roi de Portugal semble sincèrement résolu à gouverner constitutionnellement, ce qui n'empêche pas que son royaume ait quelquefois été troublé par les agitations politiques. Il a épousé, le 6 octobre 1862, la princesse Maria Pia, fille du roi d'Italie, dont il a eu deux fils: Charles Ferdinand Louis, duc de Bragance, prince royal, né le 28 septembre 1863 et Alphonse Henri Napoléon, duc d'Oporto, né le 31 juillet 1865. — Le règne de Louis I er a été marqué par l'acquisition de la presqu'île de Macao (août 1862); la suppression des passe-ports à l'intérieur (1863); l'Exposition internationale de Porto (1865-66); l'adoption des mesures métriques décimales et la division du Portugal en départements (1867); l'abolition de l'esclavage dans les possessions portugaises, la réduction spontanée de la liste civile par mesure d'économie (1869); le refus formel de la couronne d'Espagne par Don Luis, la vente des biens du clergé et des municipalités pour parer à la crise financière (1869) et par d'autres mesures dénotant une sagesse incontestable et assez rare. En outre, le roi de Portugal est un littérateur distingué. On lui doit notamment une traduction portugaise d'*Hamlet (1877)*, du *Marchand de Venise (1881)*, et de *Richard III (1882)*. La première édition d'*Hamlet*, tirée à petit nombre, avait été distribuée aux amis de Sa Majesté; mais un éditeur brésilien ayant jugé avantageux d'en publier une édition populaire dans son pays, le roi Louis fit présent à un asile de charité de Lisbonne de ses droits d'auteur sur cet ouvrage, dont une seconde édition a été mise en vente dans ces conditions en 1880.

LOWE, Edward Joseph, naturaliste anglais, né à Highfield, près de Nottingham le 11 novembre 1825. Dès 1840, M. Lowe commençait ses observations météorologiques quotidiennes qu'il n'a pas cessées depuis. En 1846, il publiait un *Traité des phénomènes atmosphériques* et en 1849, un petit volume intitulé: *Pronostics du temps* (Prognostications of the Weather). Viennent ensuite: le *Climat du comté de Nottingham* et la *Conchyliologie du comté de Nottingham (1843)*. Il assistait en même temps le professeur Edward Forbes dans la compilation de son ouvrage sur les *Mollusques de l'Angleterre* et publiait en premier volume de son *Histoire naturelle des fougères britanniques et exotiques*, suivi de: les *Graminées anglaises (1858)*; les *Plantes à feuillage ornemental (1861)*; les *Fougères, espèces rares ou nouvelles (1862)*; la *Chronologie des saisons (1875*, 1re partie), etc. M. Lowe a collaboré en outre aux recueils des sociétés savantes et de l'Association britannique. Il a fait partie de diverses expéditions pour l'observation d'éclipses; il envoie quotidiennement, comme nous avons dit, des télégrammes météorologiques au Bureau du commerce, et est l'inventeur de la poudre sèche employée pour les observations de l'ozone, dans les ascensions scientifiques. On lui doit également la découverte d'espèces nouvelles zoologiques et botaniques, principalement dans la famille des fougères. — M. Lowe est membre de la Société météorologique, dont il est l'un des fondateurs, de la Société royale astronomique, des Sociétés linnéenne, géologique, d'horticulture, et de la Société royale.

LOWELL, James Russell, littérateur et diplomate américain, né à Cambridge (Massachusetts) le 22 février 1819. Il a fait ses études à l'université d'Harvard, fut admis au barreau, mais n'exerça point. M. Lowell était encore sur les bancs du collège qu'il publiait des poésies. Il a donné depuis: la *Vie d'une année*, recueil de vers (1841); *Poésies*, volume contenant entre autres, la *Lé-*

gende bretonne, *Prométhée*, etc. (1843); *Entretiens sur quelques anciens poètes (1845)*; un troisième volume de *Poésies*, et la *Vision de sir Launfal*, poème (1848); une *Fable dédiée aux critiques*, revue satirique de la presse américaine et les *Mémoires de Biglow* (the Biglow l'apers), série de poèmes humoristiques sur des sujets politiques, écrits en dialecte *yankee (1858)*; *Voyages au coin du feu*, et la seconde partie des *Biglow Papers (1864)*; *Sous les saules*, et autres poésies (1869); la *Cathédrale*, poème épique (1870); *A travers mes livres*, études (même année); les *Fenêtres de mon cabinet (1871)*; *Trois poèmes commémoratifs (1876)*, etc. Une édition nouvelle de ses *Œuvres complètes* a paru en 5 volumes en 1881. — En 1855, M. James R. Lowell succédait à Longfellow, comme professeur de langue et de littérature modernes, au collège d'Harvard; il a fait en outre, à l'Institut Lowell, à Boston, une série de leçons sur les poètes anglais. De 1857 à 1862, il a dirigé l'*Atlantic Monthly*; il avait collaboré auparavant au *Pioneer*, à l'*Antislavery Standard*, au *Putnam's Monthly*; et a été rédacteur en chef de la *North-American Review* de 1863 à 1872. — Le poste de ministre à Saint-Pétersbourg fut offert en 1874 à M. Lowell, qui le refusait; en mai 1877, celui de Vienne lui était également offert sans succès; mais il acceptait la même, celui du ministre en Espagne, qu'il échangeait en 1880 pour celui de ministre des Etats-Unis dans la Grande-Bretagne.

LOYSEL, Charles-Joseph Marie, général français, né à Rennes le 14 février 1825. Elève de Saint-Cyr et de l'Ecole d'application d'état-major, M. Loysel débuta dans la carrière en Algérie, où il prit part aux principales expéditions; il fit ensuite la campagne de Crimée, assista à la bataille de l'Alma, à la prise de Sébastopol et retourna en Afrique après la paix. En 1859, il prit part à la campagne d'Italie, puis à celle du Mexique et devint aide de camp de l'empereur Maximilien. Il avait atteint le grade de colonel d'état-major lorsqu'éclata la guerre de 1870, et fut employé à l'armée de Metz. Après la capitulation de cette place, il fut emmené prisonnier en Allemagne, mais ayant réussi à s'échapper, il vint offrir ses services au gouvernement de la Défense nationale et fut appelé au commandement d'un corps d'armée en Normandie, avec le grade de général de brigade, dans lequel la commission de révision le maintint, et fut promu divisionnaire en 1878. — Elu le 8 février 1871, représentant d'Ille-et-Vilaine, le deuxième sur douze, le général Loysel siégea d'abord au centre gauche et vota pour le retour à Paris et le message de M. Thiers; ensuite il passa à droite et fut l'un des partisans les plus ardents de l'élévation à vingt-cinq ans de l'âge exigé pour l'électorat : une proposition dans ce sens, présentée par lui, fut repoussée par l'Assemblée, au scrutin secret. Il était élu, le deuxième sur trois, sénateur d'Ille-et-Vilaine, le 30 janvier 1876; mais il échoua au renouvellement partiel du 5 janvier 1879. Appelé peu après au commandement de la division d'Alger, le général Loysel, atteint, pour la seconde fois, d'affection mentale au mois d'août 1886, a dû être relevé de son commandement. — Il avait été promu commandeur de la Legion d'honneur le 10 février 1883.

LOYSON, Charles Hyacinthe, prêtre français, s'est rendu célèbre d'abord sous le nom de Père Hyacinthe, par ses prédications à Notre-Dame de Paris. Il est né à Orléans le 10 mars 1827, et a fait ses études à l'académie de Pau dont son père avait été nommé recteur. Après s'être fait remarquer dès sa première jeunesse par des essais poétiques qui n'étaient pas sans valeur, il entra au séminaire de Saint-Sulpice en 1847 et fut ordonné prêtre en 1851. Nommé professeur de philosophie au grand séminaire d'Avignon; il fut appelé, en 1854, à une chaire de théologie de celui de Nantes et devint vicaire de l'église Saint-Sulpice, à Paris, en 1856. En 1859 et 1860, attiré vers la chaire sacrée, il faisait son noviciat au couvent des carmes de Broussey, près de Bordeaux et fut ensuite admis dans cet ordre à prendre le nom de Père Hyacinthe. Il commença dès lors à se livrer à la prédication dans plusieurs grandes villes de France; il prêcha notamment le carême de 1862 à Lyon, l'avent et le carême de l'année suivante à Bordeaux et le carême de 1864 à Périgueux. Venu dans le courant de la même année à Paris, il parut d'abord à la Madeleine, puis à Notre-Dame, où il prêcha l'avent de 1865 à 1869, et s'y acquit promptement une grande popularité. Toutefois les conférences du P. Hyacinthe ne furent pas toujours du goût du parti ultramontain, dont l'organe favori, l'*Univers*, dénonça le prédicateur de Notre-Dame en cour de Rome, au commencement de 1868. Mandé par le Saint Père, le Père Hyacinthe parvint à se justifier; mais, au mois de juin suivant, dans une séance de la Ligue internationale de la paix, s'étant oublié jusqu'à prononcer un discours empreint du plus louable esprit de tolérance, il fut de nouveau poursuivi. Il répondit aux attaques dont il était l'objet par sa fameuse lettre du 20 septembre, au général des carmes déchaussés, à Rome, dans laquelle il protestait contre la perversion sacrilège de l'Evangile, et déclarait que l'anarchie sociale à laquelle les races latines sont en proie est due à « la manière dont le catholicisme est depuis longtemps compris et interprété. » Cette manifestation avait une importance d'autant plus grande, qu'elle se produisait à la veille du concile. L'excommunication fut prononcée contre son auteur, qui s'embarqua aussitôt pour l'Amérique. — L'ex-Père Hyacinthe débarquait à New-York le 19 octobre 1869. Les principaux membres des diverses sectes protestantes aux Etats-Unis se portèrent à sa rencontre et lui firent un accueil enthousiaste; il y rendit franchement, fraternisa avec ces messieurs, mais ne cessa de protester de son attachement irrévocable à l'Eglise catholique romaine. Après bien des sollicitations, Pie IX consentit enfin à le relever de ses vœux monastiques, en février 1870; et il redevint alors prêtre séculier, sous le nom de l'abbé Loyson. L'abbé Loyson, qui avait protesté avec énergie contre le dogme de l'infaillibilité proclamé par le concile, quitta les Etats Unis et se rendit à Rome, dès que la Cité éternelle fut devenue la capitale de l'Italie, pour y faire des conférences et des discours sur son système d'interprétation du catholicisme et sur la réforme de l'Eglise. Il assista aux congrès des Vieux Catholiques, à Munich en 1871, à Cologne en 1872, à Constance en 1873.

Le 2 septembre 1872, l'abbé Loyson épousait au « Registry Office » de Marylebone, à Londres, une jeune veuve américaine appartenant à l'Eglise catholique, Mme Emily Butterfield, veuve de M. Edwin Ruthven Merriman, en présence notamment du Dr Stanley, doyen de Westminster et de sa femme lady Augusta Stanley. — En 1873, l'abbé Loyson alla faire à Genève des conférences sur les réformes de l'Eglise catholique, à la suite desquelles il fut élu curé de Genève, conformément à la décision du Conseil fédéral, en date du 10 février 1873, établissant qu'à l'avenir les curés de ce canton seraient nommés à l'élection. Le 7 mai suivant, l'abbé Loyson disait sa première messe à l'église protestante : le lendemain, à l'église catholique, il était donné lecture de l'excommunication qui frappait toutes les personnes coupables d'avoir assisté à cette messe, ou de méditer d'assister aux suivantes. Nous n'insisterons pas sur l'agitation dont le canton de Genève fut le théâtre à cette époque, et qui l'amena à rompre toute relation avec le Vatican. Quant à l'abbé Loyson, il rompit lui-même, en 1874, avec les « catholiques libéraux » de Genève, déclarant qu'ils étaient animés d'un esprit qui n'était ni libéral en politique ni catholique en religion. Il continua pourtant ses conférences dans cette ville. En février 1877, il revenait à Paris et demandait l'autorisation de faire, dans la salle du Théâtre des Italiens, des conférences *religieuses*, projet dû évidemment à des réminiscences américaines. Cette autorisation lui fut refusée. Il se résolut alors à faire des conférences *morales* en se servant de la forme légale de la réunion publique; elles furent suivies par un auditoire nombreux, charmé et édifié, en vérité, beaucoup plus qu'à la plupart des sermons orthodoxes. — En 1881, il établit une église gallicane rue d'Arras. Il a donné depuis de nombreuses conférences, notamment au Cirque d'été. — On a de l'abbé Loyson : *Conférences prêchées à Notre-Dame de Paris sur la famille (1866)*; *Conférences etc. sur la société civile dans ses rapports avec le christianisme (1867)*; *De la réforme catholique (1872)*; *Lettre sur mon mariage (1872)*; *Catholicisme et protestantisme*, *l'Ultramontanisme et la Revolution*, etc. — Mme Loyson a également fait un choix de « Lettres, discours et fragments » extraits des œuvres de son mari, qu'elle a traduits et publiés à Londres sous le titre de *Catholic Reform (1874)*, avec préface du feu Dr Stanley, doyen de Westminster.

LUBBOCK, sir John, baronet, banquier, homme politique et naturaliste anglais, né à Londres le 30 avril 1834, fit ses études à Eton. Fils aîné du physicien sir John William Lubbock, le troisième baronet, il succéda au titre de son père, à la mort de celui-ci, en juin 1865. Comme banquier, sir John a été le promoteur de diverses mesures d'intérêt public; il a été, pendant plusieurs années, secrétaire honoraire de la Société des banquiers de Londres. Candidat du parti libéral, dans la circonscription occidentale du Kent, aux élections générales de 1865 et 1868, sir John Lubbock échoua dans ces deux occasions; il fut élu représentant à la Chambre des communes en février 1870, pour le bourg de Maidstone, qui l'a réélu en 1874. En 1880, il perdit son siège, mais il fut presque aussitôt élu par l'université de Londres. — C'est toutefois comme savant que sir John Lubbock s'est fait une réputation étendue et méritée. Il a été président des Sociétés ethnologique et entomologique et de l'Institut anthropologique, vice-président de l'Association britannique, de la Société linnéenne et de la Société royale, membre de Commission internationale monétaire, de la Commission des écoles publiques et de la Commission pour l'avancement des sciences, de la Société des antiquaires, de la Société géologique, de la Société des arts, etc. Il était vice-chancelier de l'université de Londres; mais il dut donner sa démission en devenant représentant de cette université en 1880. Il a été nommé, en 1878, l'un des administrateurs du Musée britannique, et fut choisi pour président de l'Association britannique au « jubilé » tenu à York en 1881. — On doit à sir John Lubbock : les *Temps préhistoriques, d'après les anciens monuments, les mœurs et les usages des sauvages modernes* (3e édition, considérablement augmentée, 1870); *l'Origine de la civilisation et la condition primitive de l'homme*, ouvrage qui a eu, comme le précédent, et à peu près dans le même temps, trois éditions, et qui a été de même traduit en français; *Origine et métamorphoses des insectes (1874)*; les *Fleurs sauvages de l'Angleterre dans leurs rapports avec les insectes (1875)*; *Monographie des thysanoures et des collemboles (1878)*; *Lectures and addresses (1880,* 2 vol.); un ouvrage plus récent sur les *Fourmis, les abeilles et les guêpes*, etc., etc., outre des monographies et une foule de mémoires publiés dans les *Transactions*, journaux ou recueils des Sociétés savantes dont il fait partie, sur des sujets d'archéologie, de physiologie ou de zoologie, notamment sur cet intéressant et inépuisable sujet des rapports des insectes avec les plantes, qui a fourni encore la matière d'une lecture des plus curieuses faite par sir John Lubbock à la Société des arts, en février 1877, et qui constitue véritablement une branche nouvelle des connaissances humaines, dont il aura été l'initiateur.

LUCAS, Charles Jean Marie, administrateur et économiste français, né à Saint-Brieuc le 9 mai 1803, vint faire son droit à Paris et se fit inscrire au barreau de cette ville en 1825. Il s'y fit promptement remarquer en plaidant dans plusieurs procès de presse ou relatifs au commerce de la librairie, pendant qu'il se signalait d'autre part par des pétitions adressées aux Chambres, réclamant des réformes dans l'instruction primaire, le régime pénitentiaire et, plus tard, l'abolition de la peine de mort; il publiait, en même temps, divers ouvrages à l'appui de ses réclamations. Nommé inspecteur général des prisons en 1830, M. Ch. Lucas fondait, en 1833, la Société de patronage pour les jeunes libérés de la Seine, qui fut bientôt suivie de fondations identiques à Lyon (1835), à Besançon (1839) et à Saumur (1841). En 1847, il fondait, sur sa propriété du Val d'Yèvre, à huit kilomètres de Bourges, une colonie pénitentiaire agricole pour les jeunes délinquants acquittés comme ayant agi sans discernement, laquelle a produit des résultats très heureux. M. Ch. Lucas n'a pas cessé de pétitionner en faveur de l'abolition de la peine de mort; il renouvelait ses premières tentatives infructueuses à l'Assemblée constituante de 1848 et au Sénat impérial de 1867 : on sait avec quel succès. Il n'en a tiré jusqu'ici que deux médailles d'or qu'ont frappées, à son intention, les villes de Geneve et de Turin. Devenu président du conseil des inspecteurs généraux des services administratifs du ministère de l'intérieur, M. Lucas a pris sa retraite en 1865. Elu membre de l'Académie des sciences morales et politiques, en remplacement de Rœderer, en 1836, il a été en outre admis, comme membre associé ou correspondant, dans de nombreuses sociétés savantes ou humanitaires de l'Europe et de l'Amérique. Il est commandeur de l'ordre de la Légion d'honneur depuis 1865 et décoré de divers ordres étrangers. — M. Charles Lucas a publié notamment : *Du système pénitentiaire en Europe et aux Etats-Unis (1826-30,* 3 vol.), ouvrage auquel fut décerné le prix Montyon de 6,000 fr., en 1831; *Du système pénal en général et de la peine de mort en particulier (1827)*, couronné dans deux concours ouverts simultanément sur cette question, à Genève et à Paris; *Recueil des débats législatifs sur la peine de mort, Dissertation sur l'usure (1850)*; *De la réforme des prisons, ou de la théorie de l'emprisonnement (1836-38,* 3 vol.); *De la ratification donnée par l'Assemblée nationale au décret de l'abolition de la peine de mort, d'après le résumé des débats législatifs de 1789 et 1848 (1848)*; *Des moyens et des conditions d'une réforme pénitentiaire en France (1848)*; la *Civilisation de la guerre par la codification du droit des gens (1872)*; le *Droit de légitime défense dans la pénalité et dans la guerre (1873)*; la *Conférence internationale de Bruxelles et les lois sur les coutumes de la guerre (1874)*; *l'Orphelinat agricole et l'utilité qu'il peut retirer des résultats de l'essai du Val d'Yèvre*, mémoire lu à l'Académie des sciences morales et politiques en juillet 1876, etc.; outre un grand nombre de mémoires sur de pareils sujets, insérés dans le recueil de cette académie.

LUCCA, Pauline Lucas (dite), cantatrice autrichienne, née à Vienne le 26 avril 1841. Ses parents appartenaient à la foi israélite, qu'elle abjura de bonne heure, et étaient trop pauvres pour donner à leur enfant l'instruction que semblaient réclamer ses grandes dispositions et son intelligence éveillée. Par hasard, un chanteur de profession, nommé Erl, ayant remarqué la voix charmante et pleine de promesses de l'enfant, entreprit généreusement de lui enseigner son art. Il y réussit au mieux, et son élève fit de si rapides progrès qu'à quinze ans elle était engagée au Karinther Thor Theater et était employée le dimanche dans les chœurs à l'église Karl (1856). Ce fut justement l'église qui lui fournit l'occasion de se produire avec avantage, grâce à l'absence d'une soliste qu'elle fut admise à remplacer dans une solennité religieuse. Elle fit littéralement sensation, et comme plusieurs des maîtres de l'art musical viennois assistaient à cette manifestation inattendue, ceux-ci résolurent de compléter l'éducation de la jeune artiste. Dès lors, son travail assuré, car, laborieuse et passionnée pour son art qu'elle était, elle fit des progrès étonnants par leur importance et leur rapidité. Elle put alors accepter un engagement sérieux au théâtre d'Olmütz, où elle débuta en septembre 1859, dans le rôle d'Elvira d'*Ernani*, avec un succès si réel qu'elle reçut immédiatement des offres des théâtres les plus importants de l'Allemagne. Elle demeura au théâtre d'Olmütz, cependant, et y renouvela son premier engagement. Elle devait y rencontrer une aventure qui, pour assez désagréable qu'elle fut dans le moment, ne laissa pas que d'augmenter sa popularité. Ayant été insultée par une de ses camarades, elle informa le directeur qu'elle ne reparaîtrait sur la scène qu'autant qu'elle aurait reçu ample et complète satisfaction. Celui-ci, fort de l'engagement que la Lucca lui avait consenti, la menaça purement et simplement de la prison, si elle ne revenait sur sa décision; mais la jeune et énergique pensionnaire, loin d'être effrayée par cette menace, se rendit délibérément à la citadelle d'Olmütz, où s'y fit bel et bien incarcérer. Vingt-quatre heures après, son directeur, averti par le public qu'il avait fait une sottise, obtenait la réparation demandée et venait réclamer Pauline Lucca à la prison. Après avoir terminé son engagement à Olmütz, elle se rendit à Prague, où elle parut, en mars 1860, dans le rôle de Valentine des *Huguenots*, puis dans *Norma*. Elle y obtint de nouveaux succès et la protection active de la princesse Colloredo, sœur du gouverneur, le comte de Clam-Gallas. Peu après son début à Prague, Meyerbeer qui, avec le directeur du Hof Opera de Berlin, était à la recherche d'une *prima donna* à qui confier le rôle de Selika, dans son dernier ouvrage, *l'Africaine*, tourna les yeux vers cette étoile qui se levait. Il se rendit à Prague, entendit la Lucca dans le rôle de Valentine, en fut littéralement charmé et la fit engager à Berlin pour trois ans, séance tenante. Elle y devint rapidement l'idole du public, qui n'hésita pas à la classer au rang des plus célèbres, les Sontag, les Schrœder-Devrient, les Jenny Lind. La beauté de sa voix était, au reste, appuyée des qualités scéniques rares et d'une souplesse de talent prodigieuse, qui lui permettait de jouer tour à tour, donnant à chaque rôle son caractère propre, Marguerite de *Faust*, Chérubin des *Noces de Figaro*, Valentine des *Huguenots*, Zerline de *Fra Diavolo*. Avec cela, une faculté de travail, une énergie, une force de volonté incomparables, grâce auxquelles elle parvint à se composer un répertoire ne s'élevant pas à moins de cinquante-six rôles aujourd'hui, de genres et de caractères tout à fait différents, notamment le *Trouvère*, *l'Africaine*, la *Favorite*, etc. On a affirmé que Meyerbeer avait écrit le rôle de Selika, de *l'Africaine*, expressément à son intention; ce qui est vrai, car le rôle était écrit avant que Meyerbeer soupçonnât l'existence de la Lucca, c'est qu'il tenait énormément à ce qu'elle vînt le créer à Paris; mais ayant conscience de son détestable accent allemand, celle-ci refusa toutes les propositions qui lui furent faites dans ce sens par le maître lui-même. A cette époque, d'ailleurs, elle semblait résolue à ne jamais quitter Berlin, se bornant à aller passer chaque année trois mois à

Londres. Depuis, elle s'est fait entendre tour à tour à Vienne, Saint-Pétersbourg, New-York et dans plusieurs villes de l'Italie. Engagée par l'impresario Merelli, elle a donné à Bruxelles, au commencement de 1876, une série de représentations qui n'a pas été autre chose qu'une série de triomphes, qu'elle est allée reprendre en décembre suivant. — Mariée à Berlin en 1860, à un officier supérieur de l'armée prussienne, le baron von Rhoden, dont elle a eu une fille, M⁰⁰ Pauline Lucca, en arrivant à New-York, en 1872, commençait contre son mari un procès en divorce, qu'elle gagna. Le 2 juin 1873, en effet, intervenait un arrêt prononçant le divorce à son profit, lui assurant la garde de sa fille et lui permettant de se remarier, faculté que le même arrêt interdisait au mari. Le 4 juin, c'est-à-dire quarante-huit heures après que cet arrêt était rendu, elle épousait M. le baron Émile von Wallhofen, prussien comme son premier mari ; mais le mariage religieux fut célébré seulement le 25 mars 1874, à New-York. Quant à celui-ci, ce fut en vain qu'il interjeta appel, et qu'il épuisa toutes les juridictions pour se faire au moins autoriser, à l'exemple de sa femme, à recommencer l'expérience matrimoniale. — Mᵐᵉ Pauline Lucca excelle surtout dans les rôles animés d'une passion ardente. Elle dépasse parfois le but, en cherchant l'effet, dans les rôles d'un caractère tendre et mélancolique ; cependant, elle sait leur donner généralement une nuance particulière pleine de charme, et lorsqu'elle parvient à se contenir, elle atteint aux dernières limites du pathétique. Elle y est en tout cas incontestablement supérieure sous le rapport du chant proprement dit. Rappelons que, merveilleusement douée par la nature, elle a sans cesse ajouté à un talent magnifique, presque natif, par les plus sérieuses études, par un labeur de tous les instants. Le jugement de ses fanatiques, affirmant qu'elle est sans rivale en tant que tragédienne lyrique, n'est donc pas aussi exagéré qu'il en a l'air, en admettant même qu'il le soit.

LUCE, AUGUSTE SIMÉON, historien et littérateur français, né à Bretteville-sur-Ay (Manche) le 29 décembre 1833, fit ses études à Paris et suivait les cours de l'école de droit lorsqu'il fut admis, le premier, à l'Ecole des chartes, en 1856. Nommé archiviste du département des Deux-Sèvres en 1858, il était élu à l'unanimité auxiliaire de l'Académie des inscriptions et belles-lettres en 1859, et se faisait recevoir docteur ès lettres de la faculté de Paris l'année suivante. Chargé, à diverses époques, par l'Académie des inscriptions, de missions scientifiques importantes, M. Siméon Luce est devenu l'un des directeurs de la *Bibliothèque de l'Ecole des chartes*, archiviste aux Archives nationales en 1866, membre du conseil de la Société de l'histoire de France en 1874, et membre de l'Académie des inscriptions et belles-lettres en 1883. — M. Siméon Luce a publié : *Histoire de la Jacquerie, d'après des documents inédits* (1859) ; *De Gaidone poemate gallico vetustiore, disquisitio critica* (1860) ; *Gaidon, chanson de geste* (1862), dans une collection des *Anciens poètes de la France* ; *Chronique inédite des quatre premiers Valois, 1327-1393*, publiée pour la Société de l'histoire de France (1862) ; les *Chroniques de Froissard*, édition nouvelle devant comprendre vingt volumes (1866-80, 8 vol.), dont les premiers ont obtenu le grand prix Gobert en 1870 ; *Histoire de Bertrand Duguesclin et de son époque* (1876), auquel le premier prix Gobert a été également décerné par l'Académie des inscriptions et belles-lettres, au concours de 1876, etc.

LUGUET, RENÉ, acteur français, frère aîné d'Henri Luguet, mort professeur au Conservatoire, en septembre 1875 et de Mᵐᵉ Marie Laurent (voyez ce nom), est né à Paris en 1820. Embarqué comme mousse à onze ans, après quatre années de navigation pendant lesquelles il eut l'avantage d'assister au siège d'Alger, M. René Luguet songea à choisir une autre scène sur un terrain plus sûr et moins accidenté. Il se fit acteur, comme l'étaient ses parents, et joua successivement à Apt, Nancy, Nantes, Bruxelles, faisant complaisamment tout ce qui concerne son état. Enfin, en mai 1842, grâce à l'appui de Mᵐᵉ Dorval, dont il devint plus tard le gendre, il débutait à Paris, sur la scène du Gymnase, où il fut aussitôt engagé pour y remplir les rôles d'amoureux. En 1845, M. René Luguet quittait le Gymnase pour le Palais Royal, auquel il est revenu, après un intervalle de quatre ans passés au Vaudeville avec M. Bouffé (1848-52), et qu'il n'a plus quitté depuis, au grand avantage de ce théâtre. — Parmi les pièces où il a principalement brillé, soit au Palais-Royal soit au Vaudeville, nous citerons : le *Serment de la reine*, *Daniel le tambour*, *Thomas le rageur*, l'*Amant malheureux*, un *Vieux de la vieille*, *Emma*, l'*Avocat pédicure*, la *Marquise de Prétintaille*, la *Recherche de l'inconnue*, la *Corde sensible*, les *Gaietés champêtres*, la *Dame aux camélias*, le *Décaméron*, l'*Esprit frappeur*, la *Moustache grise*, *Sur la terre et sur l'onde*, un *Drôle de pistolet*, les *Mémoires de Mimi-Bamboche*, les *Suites d'un bal masqué*, la *Consigne est de ronfler*, les *Pommes de terre malades*, le *Baiser de l'étrier*, le *Roman chez la portière*, les *Pommes du voisin*, *Poterie*, *Madame Pot-au-feu*, *Deux portières pour un cordon* (rôle de Mᵐᵉ Chalumeau), *Une noce sur le carré*, la *Cagnote*, *Bobinette*, les *Chemins de fer*, les *Noces de Boisjoli*, le *Roi Candaule*, la *Boule*, une *Avant-scène*, le *Prince*, *Au grand col*, le *Tunnel*, etc., etc.

LUMINAIS, ÉVARISTE VITAL, peintre français, né à Nantes en 1821, est élève de Troyon et de Léon Cogniet, et débuta au Salon de 1843. — On cite principalement de cet artiste : *Scène de guerre civile sous la République*, *Intérieur d'écurie*, *Foire bretonne*, *Jeune fille malade*, *Jeunes filles passant un gué*, *Après le combat*, *Déroute de Germanicus à Tolbiac*, le *Soir*, *Siège de Paris par les Normands*, les *Pilleurs de mer*, le *Retour de la foire*, la *Leçon de musette*, etc. (1843-50) : *Berger breton* (1852), la *Lecture du testament*, la *Récolte du varech* (1853) ; *Dénicheurs d'oiseaux de mer*, le *Grand carillon*, la *Leçon de plain-chant* (1855), le *Pèlerinage*, *Pâtre de Kerlat* (1857) ; *Scène de cabaret*, le *Cri du Chouan* (1859) ; *Retour de chasse*, *Champ de foire* (1861), reparus à l'Exposition universelle de 1867 ; *Une consultation*. *Hallali*, *Tendresse* (1863) ; les *Deux gardiens* (1864) ; *Par-dessus la haie*, la *Veuve* (1865) ; les *Deux rivaux*, *Un braconnier* (1868) ; *Désespérée*, *Vedette gauloise* (1869) ; l'*Eclaireur*, les *Gaulois en vue de Rome* (1870) ; l'*Envahissement : guerriers gaulois surpris à la vue d'une femme noire* ; *Retour de chasse dans les Gaules* (1873) ; *Gauloise à son réveil*, *Brunehaut* (1874) ; le *Roi Morvan*, *Troupeau enlevé à l'ennemi* (1875) ; *A toute volée*, un *Portrait* (1876) ; *A toute volée*, un *Prisonnier en fuite* (1877) ; une *Chasse sous Dagobert*, *Repos d'un chasseur gaulois* (1878) ; *Mort de Chramn* (1869) ; le *Dernier mérovingien : Childéric III* (1883) ; *Fuite du roi Gradlon*, un *Possédé* (1884) ; *Mort de Chilpéric Iᵉʳ* ; *Prisonnières évadées* (1885) ; *Pilleur de mer*, la *Première mère* (1886), outre de nombreux dessins et des portraits. — M. Luminais a obtenu une médaille de 3ᵉ classe en 1852 et une autre à l'Exposition universelle de 1855, et le rappel en 1857 et 1861, ainsi que des récompenses aux expositions étrangères, notamment à celle de Philadelphie (1876). Il est chevalier de la Légion d'honneur depuis 1869.

LUPPÉ (comte de), JOSEPH LOUIS, homme politique français, né en 1837 à Corbères (B.-Pyr.). Conseiller général des Basses-Pyrénées depuis 1871, M. le comte de Luppé échouait dans la 1ʳᵉ circonscription de cette même candidat à la députation, le 20 fév. 1876, contre M. Marcel Bartho. Élu le 14 octobre 1877, grâce aux efforts de l'administration, il avait déjà choisi sa place à l'extrême droite, lorsque la Chambre annula son élection, et il échoua de nouveau à l'élection partielle du 7 juillet 1878, puis au scrutin de ballottage du 4 septembre 1881. Le scrutin de liste fut plus favorable à M. le comte de Luppé, qui fut élu, le 4 octobre 1885, député des Basses-Pyrénées, sur la liste monarchiste.

LURO, BERTRAND VICTOR ONÉSIME, homme politique français, sénateur, né le 16 octobre 1823 à Villecomtal (Gers), fit ses études à Auch, son droit à Paris et s'inscrivit au barreau de cette ville. En 1847, il prit une grande part à l'agitation démocratique, parcourut les clubs et scène, comme vice-président du comité républicain du Gers à Paris, la fameuse proclamation tant reprochée à son président, M. Batbie (voyez ce nom) ; dans le même temps, il publiait une brochure anti-socialiste sur le *Travail*. Il se présenta sans succès, l'année suivante, comme candidat à l'Assemblée législative. Avocat au Conseil d'État et à la Cour de cassation, en remplacement de M. Pascalis devenu conseiller, en 1850, il était chargé après le coup d'État de défendre les pourvois des condamnés en conseil de guerre. M. Luro eut le courage dans cette circonstance de plaider l'incompétence et de la motiver sur ce fait que les citoyens ainsi frappés par la juridiction militaire s'étaient levés uniquement pour la défense de la loi. Il céda sa charge vers 1857 et se retira dans son département. En 1866, le canton de Miélan l'envoyait siéger au Conseil général ; il combattit alors, dans le *Courrier du Gers*, le pouvoir personnel et les candidatures officielles et s'éleva, dans le *Conservateur* du même département, à la révolution du 4 Septembre, contre la politique du gouvernement de la Défense. — Élu, le 8 février 1871, représentant du Gers, le cinquième sur six, M. Luro prit d'abord place au centre droit et combattit la politique républicaine ; ce n'est qu'éclairé par l'inanité de toute tentative de restauration monarchique, qu'il se rapprocha, au commencement de 1875, du parti républicain, vota l'ensemble des lois constitutionnelles et soutint jusqu'à la dissolution la politique de la gauche. M. Luro fut élu sénateur inamovible au quatrième tour, le 13 décembre 1875. Il a voté contre l'expulsion des princes. — On lui doit : *Du travail et de l'organisation des industries dans la liberté (1848)*; et *Marguerite d'Angoulême, reine de Navarre et la Renaissance (1867)*.

LUR-SALUCES (comte de), THOMAS JOSEPH HENRI, homme politique français, né à La Réole le 11 décembre 1808. Ancien officier de cavalerie, démissionnaire en 1830, M. de Lur-Saluces prit le commandement des mobilisés de la Gironde pendant la guerre de 1870-71. Élu député de la quatrième circonscription de Bordeaux le 20 février 1876, il siégea au centre gauche. M. le comte de Lur-Saluces a été réélu le 14 octobre 1877, contre M. de Carayon-Latour, chaudement appuyé par le Maréchal-Président. Porté sur la liste républicaine aux élections pour le renouvellement de la représentation sénatoriale de la Gironde, le 5 janvier 1879, M. le comte de Lur-Saluces a été élu le premier. Il a voté l'expulsion des princes prétendants.

LYONNAIS, ANDRÉ, homme politique français, né au Creusot (Saône-et-Loire) le 30 avril 1842. Entré comme employé à l'usine du Creusot étant encore enfant, il y devint chef de la comptabilité, puis quitta cet établissement en 1873, pour remplir les mêmes fonctions à la société anonyme des constructions navales, au Havre. Enfin, M. Lyonnais se fixait à Paris en 1881, ayant accepté les fonctions de caissier dans une grande maison de commerce. Il avait été, l'année précédente, rapporteur général du Congrès ouvrier du Havre ; il était conseiller municipal de cette ville depuis 1877, et avait précédemment pris part à l'organisation de plusieurs chambres syndicales ouvrières de la Seine-Inférieure. Porté candidat aux élections du 21 août 1881, dans le XVIIe arrondissement de Paris, M. Lyonnais avait échoué. Il a été élu député de la Seine-Inférieure le 4 octobre 1885, et a voté l'expulsion totale des princes. — A la fin de septembre 1886, M. Lyonnais, ayant voulu rendre compte de son mandat à un groupe de ses électeurs ouvriers du Havre, fut quelque peu accusé de trahison par eux, pour avoir un peu trop complètement passé aux « opportunistes ». — Il a été décoré de la médaille militaire pour faits de guerre pendant la campagne de 1870-71.

LYONS (vicomte), RICHARD BICKERTON PEMELL LYONS, diplomate anglais, fils de l'amiral, premier baron Lyons, mort en 1858, est né à Lymington le 26 avril 1817. Après avoir fait ses études à Winchester et à l'Église du Christ, à Oxford, il entra dans la diplomatie comme attaché surnuméraire à Athènes en 1839, passa comme attaché à la même légation en 1844, puis à Dresde en 1852, et à Florence (avec résidence à Rome) en 1853 ; nommé secrétaire de légation au même lieu et dans les mêmes conditions, il fut envoyé en Toscane en 1858, et au mois de décembre suivant, accrédité comme envoyé extraordinaire à Washington. De retour en Angleterre, par raison de santé, en février 1865, lord Lyons était nommé ambassadeur à Constantinople au mois d'août de la même année, et passait à l'ambassade de Paris, qu'il occupe encore, en juillet 1867. — Lord Lyons a été créé chevalier-commandeur du Bain en 1860, et promu grand croix de l'ordre en 1862. Il est de plus grand croix de l'ordre de Saint-Michel et Saint-George. Il est entré au Conseil privé le 9 mars 1865, et a reçu le diplôme de docteur de l'université d'Oxford le 21 juin suivant. En 1881, lord Lyons a été créé vicomte Lyons, de Christ-Church, dans le comté de Southampton, en novembre 1881.

LYTTON (comte), EDWARD ROBERT BULWER-LYTTON, littérateur et diplomate anglais, fils unique du grand littérateur, orateur et homme d'État, longtemps connu sous le nom d'Edward Bulwer, et qui est mort le 18 janvier 1873. Lord Lytton est né le 8 novembre 1831 ; il commença ses études à Harrow et alla les compléter en Allemagne, à l'université de Bonn, où il s'appliqua surtout à l'étude des langues modernes. Vers l'âge de dix-huit ans, il entra dans la diplomatie et fut nommé, le 12 octobre 1849, attaché surnuméraire à Washington où son oncle, sir Henry Bulwer, depuis lord Dalling et Bulwer, mort le 23 mai 1872, était alors ambassadeur ; passé à Florence le 5 février 1852, il était transféré en la même qualité à l'ambassade de Paris, le 12 août 1864 ; nommé attaché à La Haye en 1856, premier attaché à Saint-Pétersbourg en 1858, le 1er avril, il passait à Constantinople au mois de juin suivant en la même qualité, puis à Vienne le 6 janvier 1850. Dans ce dernier poste, il fut chargé à deux reprises, d'importantes missions en Serbie et occupa pendant une couple de mois (février-mars 1860) le consulat général de Belgrade. En récompense de ses services, M. Robert Lytton fut promu second secrétaire d'ambassade de Vienne, le 1er octobre 1862, puis, le 16 janvier 1863, secrétaire de légation à Constantinople, poste dans lequel il dut remplir deux fois les fonctions de chargé d'affaires. Transféré à Athènes le 18 mars 1864, puis à Lisbonne un an plus tard, il eut encore, dans ce dernier poste, à assumer à trois reprises les fonctions de chargé d'affaires, conclut en cette qualité un traité de commerce entre l'Autriche et la Grande-Bretagne, en février 1868, et fut transféré à Madrid à la fin du même mois. Nommé, six mois plus tard, premier secrétaire à l'ambassade de Vienne, il passait en la même qualité à Paris, le 5 octobre 1872 ; il y fut deux fois investi des fonctions de chargé d'affaires et, en 1874, pendant l'absence de son chef, fut accrédité comme ministre plénipotentiaire près le gouvernement français. En décembre 1874, lord Lytton était nommé ambassadeur à la cour de Lisbonne ; après avoir refusé en mai 1875 le gouvernement de Madras, vacant par la mort de lord Hobart, il était nommé, en janvier 1876, vice-roi et gouverneur général des Indes, en remplacement de lord Northbrook. En décembre 1877, après la proclamation de la reine Victoria comme impératrice des Indes, lord Lytton fut fait grand croix de l'ordre du Bain, puis de l'Étoile de l'Inde en 1878. Ayant donné sa démission à la chute du parti conservateur, en avril 1880, lord Lytton fut élevé, le 28 du même mois, au rang de comte de LYTTON, dans le comté de Derby et vicomte KNEBWORTH, dans le comté de Herts.

Lord Lytton a débuté dans la carrière littéraire par un volume de vers, signé « Owen Meredith », pseudonyme qu'il a dès lors adopté, peut-être pour que sa propre renommée ne dût rien à l'éclat dont brillait celle de son père. On a de lui : *Clytemnestre*, le *Retour du comte, l'Artiste, et autres poésies*, par « Owen Meredith » (1836) ; le *Vagabond*, collection de poésies de tous les pays (1857) ; *Lucile*, roman en vers (1860), dont on a fait en 1868 une magnifique édition in-4°, illustrée par M. Du Maurier ; *Tannhäuser, ou la Bataille des bardes (1861)*, écrit en collaboration avec feu son ami Julian Fane, qui signa « Neville Temple », tandis que lui-même signait « Edward Trevor » ; *Serbski Pesme*, recueil des chants nationaux de Serbie (1861) ; l'*Anneau d'Amasis*, roman en prose (1863), soi-disant extrait des papiers d'un médecin allemand ; *Œuvres poétiques d'Owen Meredith*, réunies en deux volumes et publiées en 1867 ; *Orval ou le fou du temps*, poème dramatique, paraphrase du polonais, et fondé principalement sur la *Nieboska Komedyja* (la Comédie infernale) du comte N. A. Z. Kaminski (1869) ; *Julian Fane, notice (1871)* ; *Fables en chansons (1874*, 2 vol.). La même année, lord Lytton publiait également deux volumes de *Discours et écrits politiques inédits* de son père, précédés d'une notice : *Speeches of Edward, lord Lytton, with some of his Political Writings, hitherto unpublished, and a Prefatory Memoir, by his son (1874*, 2 vol.). Il a encore publié, en 1885, un roman en vers intitulé : *Glen Averil, ou les métamorphoses*. — Une traduction des premières *Œuvres poétiques* de lord Lytton, par M. Odysse Barot, a été publiée en 1869. Il avait été également publié une traduction, ou plutôt une imitation de son *Anneau d'Amasis*, dans la « Bibliothèque des meilleurs romans étrangers », plusieurs années auparavant.

M

MAC CABE, Édouard, prélat catholique irlandais, cardinal, archevêque de Dublin, est né dans cette ville en 1816, fit ses études au collège de Maynooth et fut ordonné prêtre en 1839. Nommé à une cure du comté de Clontarf, il fut rappelé à Dublin par l'archevêque Murray en 1853, y occupa divers emplois, fut nommé curé de la paroisse Saint-Nicolas par l'archevêque Cullen en 1856, puis de la paroisse de Kingstown en 1865, et nommé vicaire-général. En 1876, M. Mac Cabe était promu évêque *in partibus infidelium* et nommé coadjuteur du vénérable archevêque de Dublin, auquel il succédait en mars 1879. Il a été créé cardinal de l'ordre des prêtres, dans un consistoire tenu par Léon XIII le 27 mars 1881, et reçut le chapeau des mains de Sa Sainteté le 30.

MAC CARTY, Justin, littérateur et homme politique irlandais, né à Cork en novembre 1830, fit ses études dans sa ville natale et fut attaché, dès 1853, à la rédaction d'un journal de Liverpool. Reporter parlementaire du *Morning Star* en 1860, il devint rédacteur de la partie étrangère, puis, en 1863, rédacteur en chef de ce journal, qu'il quittait en 1868 pour entreprendre aux États-Unis un voyage qui dura trois années. Il en rapporta un ouvrage très intéressant intitulé : la *Législation prohibitive aux États-Unis*, étude sur les effets de l'application des lois sur les spiritueux dans divers États de l'Union. M. Mac Carthy a collaboré aux *Revues Fortnightly*, de Londres, de *Westminster*, au *Nineteenth Century* et à divers autres recueils périodiques anglais et américains. Radical en politique, un groupe d'électeurs lui offrit la candidature aux élections générales de février 1874, mais il les remercia. Il accepta cependant, aux élections générales de 1879, la candidature dans le comté de Longford (Irlande), comme *home ruler*, et fut nommé sans concurrent : il a été réélu dans les mêmes conditions après la dissolution de 1880 et depuis. M. Mac Carthy est vice-président du parti parlementaire irlandais à la Chambre des communes. — M. Mac Carthy a publié, outre l'ouvrage cité plus haut : les *Voisins de Waterdale (1867)*; la *Fille de mon ennemi (1869)*; *Lady Judith (1871)*; *Un vrai Saxon (1873)*; *Linley Rochfort (1874)*; *Chère lady Dédain (1875)*; *Miss Misanthrope (1877)*; *Donna Quichotte (1879)*; la *Comète d'une saison (1881)*; le *Destin (1886)*, romans ; *Con amore*, recueil d'articles de critique ; *Histoire de notre temps*, depuis l'avènement de la reine Victoria jusqu'à 1880 (1878-80), son ouvrage le plus important; *Histoire de l'époque de la Réforme (1882)*, etc.

MACDONALD, George, poète et romancier écossais, né à Huntly, dans le comté d'Aberdeen, en 1824, fit ses études à l'école de sa paroisse puis à l'université d'Aberdeen ; se prépara ensuite à la carrière ecclésiastique au collège indépendant de Highbury, Londres, et exerça quelque temps comme ministre indépendant ; mais il se retira bientôt et s'établit à Londres, résolu à suivre la carrière des lettres. — On a de cet écrivain : *Dedans et dehors*, poème dramatique (1855) ; *Poésies (1857)*; *Phantastes*, roman fantastique (1858) ; *David Elginbrod (1862)*; la *Vie cachée*, et autres poésies (1863) ; *Adela Cathcart* et le *Présage*, une histoire de seconde vue *(1864)*; *Alec Forbes de Howglen (1865)*; *Annales d'un voisinage paisible*, *Sermons non prononcés (1866)*; *Guild Court*, *Rapports avec les Fées (1867)*; la *Discipline* et autres poésies, la *Paroisse au bord de la mer* et *Robert Falconer (1868)*, l'*Enfance de Ronald Bannerman (1869)*; *Derrière le vent du Nord* et un traité théologique sur les *Miracles de Notre-Seigneur (1870)*; *Wilfrid Cumbermede* et la *Princesse et le lutin (1871)*; *Malcolm (1874)*; *Saint George et saint Michel (1875)*; *Thomas Wingfield, curé (1876)*; le *Marquis de Lossie (1878)*; les *Dons de l'Enfant-Christ* et autres poésies, 2 vol; le *Château de Warlock*, 3 vol.; *The Princess and Curdie*, roman fantastique (1882), etc.

MAC DOWELL, Irvin, général américain, né à Columbus (Ohio) le 15 octobre 1818, fit ses études en France et entra à l'Académie militaire de West Point, d'où il sortit second lieutenant d'artillerie en 1838. Il était major lorsqu'éclata la guerre de Sécession et fut nommé brigadier-général et placé à la tête des troupes fédérales cantonnées à Alexandria, puis de l'armée concentrée à Manassas et destinée à opérer contre celle de Beauregard, son ancien condisciple à West-Point (juillet 1861). Cette armée, par malheur, était peu instruite et absolument indisciplinée ; après quelques avantages insignifiants, le général Mac Dowell éprouvait à Bull Run un échec complet (21 juillet). Il fut relevé de son commandement à la suite de cette défaite et remplacé par le général Mac Clellan. Il reçut ensuite le commandement des troupes d'Arlington, fut promu major-général de volontaires le 14 mars 1872 et nommé le 14 avril suivant commandant du département militaire du Rappahannock. Il prit une grande part aux diverses affaires de juin à août 1862, sous le commandement supérieur soit de Mac Clellan soit de Pope ; mais comme il s'y trouva, par une fortune malheureuse, invariablement battu, il fut relevé de son commandement d'une manière définitive le 5 septembre. Après avoir présidé la Cour chargée de la recherche des exportations en fraude du coton et le Bureau de réforme des officiers invalides, il fut investi, de juillet 1864 à juin 1865, du commandement du département militaire du Pacifique. — Retiré du service volontaire en 1866, le général Mac Dowell reçut le brevet de major général dans l'armée régulière en 1872. Il a été placé dans le cadre de réserve en 1882.

MACÉ, Jean, littérateur français, né à Paris le 22 avril 1815, d'une famille d'ouvriers. Élève du collège Stanislas, qu'il quittait en 1835, il y rentra l'année suivante chargé d'un cours préparatoire, devint répétiteur au lycée Louis-le-Grand, puis maître des conférences au lycée Henri IV, et servit comme soldat et comme caporal au 1er léger, de 1842 à 1845. Son ancien professeur d'histoire, Théodose Burette, l'ayant fait remplacer, M. Macé se fit journaliste et collabora notamment à la *République*, après la révolution de Février. Le coup d'État du 2 Décembre expédia de Paris M. Macé, qui entra au pensionnat du Petit-Château à Beblenheim. M. Macé a donné une vive impulsion à l'instruction populaire et à la création des bibliothèques communales, dont on compte un grand nombre aujourd'hui par toute la France, qu'il organisait en 1863 la Société des bibliothèques communales du Haut-Rhin, après avoir fondé la première la bibliothèque communale de Beblenheim ; par la fondation, en 1866, de la Ligue de l'enseignement ; par la propagande active qu'il consacra à ces institutions si utiles. M. Jean Macé, qui a collaboré à une foule de publications périodiques et de journaux, a fondé avec Hetzel, en 1864, le *Magasin d'éducation et de récréation*, qui a obtenu, en 1867, un prix Montyon de l'Académie française. Élu sénateur inamovible en 1883, il s'est abstenu lors du vote de la loi d'expulsion des princes. — On a de M. J. Macé : *Histoire d'une bouchée de pain (1861)*, charmant ouvrage de vulgarisation scientifique destiné à la jeunesse, qui a eu de nombreuses éditions ; les *Contes du Petit-Château* et le *Théâtre du Petit-Château (1862)*; *Arithmétique du grand-papa*, ou *Histoire de deux petits marchands de pommes (1863)*; *Morale en action (1865)*; les *Serviteurs de l'estomac*, suite à l'*Histoire d'une bouchée de pain (1866)*; les *Idées de Jean-François (1872-73)*, etc., plus de nombreuses brochures : *Lettres d'un paysan d'Alsace sur l'instruction obligatoire*, le *Génie de la petite ville*, l'*Anniversaire de Waterloo*, une *Carte de France*, le *Gulf-Stream*, etc., etc.

MAC FARREN, sir George Alexander, compositeur anglais, fils d'un auteur dramatique, est né à Londres le 2 mars 1813 et a fait son éducation artistique à l'Académie royale de musique. Nommé membre du bureau des professeurs de l'Académie en 1860, et du comité de direction en 1868, il est devenu premier président de ce comité et l'un des directeurs de l'Académie en 1875. professeur de musique de l'université de Cambridge en mars de la même et créé docteur de musique de cette université le mois suivant. A cette occasion, le sénat universitaire élevait le traitement annuel attaché à la chaire Gresham, à laquelle M. Macfarren était appelé, à la somme de 5,000 francs. Examinateur des candidats à l'obtention des grades, il fait en outre chaque année un cours d'enseignement musical. Il a été créé chevalier par la reine, au château de Windsor, le 24 mai 1883. — On a de M. Macfarren : *Devil's Opéra*, au théâtre du Lyccum (1838); *Emblematical Tribute*, représenté à l'occasion du mariage de la reine, au théâtre de Drury-Lane (1841); *Don Quixote*, même théâtre (1846); *King Charles II*, au théâtre de la Princesse (1849); *Sleeper awakened* (le Dormeur éveillé), au théâtre de Sa Majesté (1850); *Robin Hood*, même théâtre (1860); *Freya's Gift*, à Covent Garden (1863), à l'occasion du mariage du prince de Galles; *Jessy Lea*, à la Galerie d'Illustration (1863); *She Stoops to conquer* (Elle s'humilie pour mieux triompher), à Covent-Garden (1864); *Soldier's Legacy* (l'Héritage du soldat), à la Galerie d'Illustration (1864); *Helvellyn*, à Covent-Garden (même année); les oratorios de *Saint Jean-Baptiste*, exécuté au festival de Bristol (1873); la *Résurrection*, au festival de Birmingham (1876); *Joseph*, à celui de Leeds (1877); les ouvertures du *Merchant of Venice*, *Romeo and Juliet*, *Chevy Chase*, *Don Carlos* et *Hamlet*; des symphonies; des sonates pour piano et pour piano et flûte; un trio pour piano, violon et violoncelle; des quatuors pour instruments à cordes, un quintette pour violon, viole, violoncelle et double basse; des cantates: *Leonora* (1851), *May-Day* (1856), *Chistmas* (1859); *Songs in a Cornfield* (1868), la *Dame du lac* (1877), et divers autres *Chants* (Songs), tirés des *Idylles* de Tennyson, des *Nuits arabes* de Lane, des *Poèmes* de Kingsley et toute une série de *Shakespeare Songs* à quatre voix, tirés de ses œuvres dramatiques (1860-64). Ajoutons à cela plusieurs centaines de chants, chansons, duos, etc.; des morceaux variés pour des pièces de théâtre et, en fait de musique religieuse: *Cathedral service*, en mi-bémol (1863); *Introits for the Holy Days and Seasons of the English Church* (1866); plusieurs motets, etc. — M. Mac farren a écrit la vie des musiciens pour l'*Imperial Dictionary of universal biography*, a collaboré à diverses autres publications spéciales et publié: *Rudiments of Harmony* (1860), *Six lectures on Harmony* (1867); revu et édité les *Old English Ditties* (Vieilles chansons anglaises), en 13 volumes (1857-59); les *Moore's Irish Melodies* (1859); *Scottish Ditties* (1860-81); *Counterpoint, a course of practical study* (1879, 5ᵉ édition 1885), etc. Il a fait, enfin, des cours ou des conférences sur la musique à l'Institution royale, à l'Institution de Londres et à d'autres établissements.

MAC GREGOR, John, voyageur et écrivain anglais, né à Gravesend le 24 janvier 1825, est le fils ainé du général sir Duncan Mac Gregor. Quelques semaines après sa naissance, son père, alors major, s'embarquait avec sa femme, son jeune fils et son régiment, sur le *Kent*, vaisseau de la compagnie des Indes, qui était la proie des flammes dans la baie de Biscaye, le 1ᵉʳ mars 1825. Celui qui fait l'objet de cette notice, ainsi que ses parents du reste, figurait naturellement au nombre de 557 passagers sauvés de ce désastre par le navire le *Cambria*. Après avoir commencé ses études à Canterbury, il dut les continuer dans les écoles que les changements de garnison de son père mettaient à sa portée, puis il entra à l'université de Dublin et enfin à l'université de Cambridge, où il prit ses grades. En 1845, M. Mac Grégor débutait dans la carrière littéraire comme rédacteur du *Punch* et en 1847, il entrait à l'école de droit de l'Inner Temple. Il se trouvait à Paris pendant la révolution de 1848, visitait ensuite l'Orient, l'Egypte et la Palestine, puis reprenait au retour ses études de droit et était admis au barreau en 1851. Peu après, il entreprenait un nouveau voyage, visitait toute l'Europe, en commençant par la Russie, puis l'Algérie et la Régence de Tunis et enfin les Etats-Unis et le Canada. C'est en 1865 qu'il fit le premier de ces curieux voyages en canot, dont il publia, en 1866, une relation pittoresque qui eut 8 éditions successives: *A Thousand Miles in the Rob Roy canoe, on rivers and lakes of Europe* (Mille milles dans le *Rob Roy*, sur les cours d'eau et les lacs d'Europe). Il fit alors construire un nouveau canot, auquel il donna également le nom de *Rob Roy*, et qui, mesurant 14 pieds de longueur, pesait, gréement et tout, soixante-dix livres (moins de 32 kilog.); il explora avec celui-ci le Schleswig-Holstein, le Danemark, la Suède, la Norvège et la Baltique. Il donna la relation de ce voyage: *The Roy Rob on the Baltic*, puis repartit et fit, dans le canal de la Manche et sur les côtes de France, une excursion de 1500 milles, absolument seul dans sa yole *Rob Roy*. Il en rapporta: *The Voyage alone* (tout seul) *in the yawl Rob-Roy*. Ce voyage fut suivi d'un autre en Egypte, en Palestine et dans les eaux de Damas dont il a également publié le récit: *le Rob-Roy sur le Jourdain* (The *Rob-Roy on the Jordan*, 1869, 4ᵉ édit. 1874). — M. Mac Gregor est capitaine du *Royal canoe Club*, dont le prince de Galles est commodore; il est président du comité des écoles industrielles au Bureau des écoles de Londres. M. Mac Gregor, outre les ouvrages cités, a publié plusieurs brochures de circonstance ou spéciales sur l'art nautique, et a collaboré sur ce dernier sujet aux *Transactions* de l'Association britannique.

MACKAU (baron de), Aimé Frédéric Armand, homme politique français, fils de l'amiral baron de Mackau, ancien ministre sous la monarchie de Juillet, mort sénateur de l'Empire en 1855, et petit-fils d'une sous-gouvernante des enfants de Louis XVI, est né à Paris le 29 novembre 1832, fit son droit à Paris et entra comme auditeur au Conseil d'État. Il fut ensuite attaché au ministère de l'intérieur, puis membre du conseil du sceau. Choisi aux élections générales de 1869, comme candidat officiel dans la 4ᵉ circonscription de l'Orne, il fut élu contre M. le duc d'Audiffret-Pasquier, et prit place à droite. M. de Mackau prit part à plusieurs discussions importantes, notamment sur la marine marchande, et vota la guerre. Rendu à la vie privée par la révolution du 4 Septembre, M. le baron de Mackau ne se représenta à ses électeurs qu'aux élections générales de 1876, où il fut élu, sans concurrent, député de l'arrondissement d'Argentan, et vint siéger sur les bancs du parti de l'Appel au peuple. Réélu le 14 octobre 1:77 et le 21 août 1881, il était élu député de l'Orne sur la liste monarchiste le 4 octobre 1885. — M. de Mackau est chevalier de la Légion d'honneur. Il a publié quelques brochures politiques d'actualité.

MACKAY, Charles, poète écossais, né à Perth, en 1814, appartient à l'ancienne famille montagnarde dont le chef est lord Reay. Il complétait ses études à Bruxelles lorsqu'éclata la révolution de 1830. De retour en Angleterre, il publia, en 1834, un petit volume de poésies qui le fit admettre au *Morning Chronicle*, auquel il resta attaché pendant neuf ans, période pendant laquelle il publia son deuxième volume de vers: *the Hope of the World* (l'Espérance du monde). En 1844, M. Mackay devint rédacteur en chef du *Glasgow Argus*, mais à la suite d'une scission dans le parti libéral, lors des élections générales, il résigna ce poste en 1847 et retourna à Loudres. Il fournit au *Daily News* une suite de poèmes intitulée les *Voix de la foule* (Voices of the Crowd), et il a publié depuis: *Amour et Immortalité* (the Salamandrine, or Love and Immortality (1742); *Légendes des îles* et autres poésies (1845); *Voix des montagnes* (1846); *Chants de la ville* (1847); *Egérie* (1850); *le Tas d'or* (1855); *Sous la ramée* (1857); *un Cœur d'homme* (1860); *Études d'après l'antique et croquis d'après nature* (1864); *Sous le ciel bleu* (1871); *Beautés perdues de la langue anglaise: appel aux écrivains, aux membres du clergé et aux orateurs publics* (1874); *Etymologie gaélique de la langue anglaise* (1880). Il avait déjà publié, en 1841, un ouvrage en prose: *Memoirs of extraordinary popular delusions* (Notices sur d'étranges erreurs populaires), qui eut un grand succès. M. Mackay a collaboré quelque temps à l'*Illustrated London News* et fondé, en 1860, la *London Review*: il a collaboré en outre au *Robin Goodfellow*, à l'*All the Year round* et autres magazines.

MAC MAHON (comte de), Marie Edme Patrice Maurice, duc de Magenta, maréchal de France, ancien président de la République française, est né à Sully le 12 juin 1808; il commença ses études dans un séminaire, les termina à Versailles dans une école préparatoire, et fut admis à l'Ecole militaire de Saint-Cyr, en 1825. Le maréchal de Mac Mahon descend d'une noble famille catholique irlandaise, qui sacrifia tout à son dévouement pour le dernier des Stuarts et le suivit en France après sa chute (1689); son père était pair de France et lieutenant général du royaume sous la Restauration, il fut un des amis personnels de Charles X; le duc de Magenta est le douzième et l'avant-dernier de ses enfants. Sorti de Saint-Cyr dans l'état-major, avec le nᵒ 4, M. de Mac Mahon, d'abord attaché au 4ᵉ hussards, permuta avec un camarade du 20ᵉ de ligne pour faire la campagne d'Alger, fut décoré à l'expédition du col de la Mouzaïa (1830) et rentra en France, comme lieutenant au 8ᵉ cuirassiers, l'année suivante. Aide de camp du général Achard, il assista avec lui au siège d'Anvers et fut promu capitaine en 1833. En 1834, il retournait en Afrique, il se signalait dans diverses occasions et était blessé à l'assaut de Constantine, en montant le premier à la brèche (1837). Promu officier de la Légion d'honneur, il fut rappelé en France en 1838, mais ne tarda pas à retourner en Afrique. Chef d'escadron d'état-major en 1839, M. de MacMahon sollicita et obtint le commandement du 10ᵉ bataillon de chasseurs, qu'il organisa, et à la tête duquel il ne tarda pas à se distinguer, notamment aux Oliviers, à Bab-el-Tayer, Tlemcen, etc. Promu lieutenant-colonel dans la légion étrangère en 1642, il était nommé colonel au 41ᵉ de ligne, en France, en 1845 ; passa au 9ᵉ régiment pour pouvoir retourner en Algérie (1847), prit part aux dernières opérations contre Abd-el-Kader et fut nommé général de brigade et appelé au commandement de la subdivision de Tlemcen, le 1ᵉʳ juin 1848. Le 12 juillet 1852, il était promu général de division et nommé au commandement de la division de Constantine. Rappelé en France et chargé du commandement d'une division de l'armée du Nord en avril 1855. le général de Mac Mahon obtenait au mois d'août suivant le commandement d'une division d'infanterie dans le corps du maréchal Bosquet, faisant partie de l'armée de Crimée. Lorsqu'il s'agit de donner l'assaut général à Sébastopol (8 septembre), le général de Mac-Mahon fut chargé d'enlever avec sa division, à laquelle son caractère éminemment sympathique avait su communiquer son ardeur, les redoutables ouvrages de Malakoff, proprement la clef de la place. Il s'y maintint pendant plusieurs heures, sous une pluie de fer et de feu, repoussant avec une énergie indomptable les attaques désespérées des Russes, qui finirent par céder. Sans nous arrêter à examiner ce qu'ont de vraisemblable, dans ces circonstances, les paroles que lui prête le lyrisme d'admirateurs inconséquents, puisqu'ils ne font que prétention qu'ils l'accusent de désobéissance à des ordres supérieurs dictés peut-être par une modification du plan d'attaque qu'il n'avait pas à discuter, nous pouvons dire que cette action glorieuse entre toutes, presque une seconde, eut encore le mérite d'être décisive, et ajouter que M. de Mac Mahon seul, peut-être, était capable de la conduire à bonne fin. Promu grand croix de la Légion d'honneur, le héros de Malakoff était élevé à la dignité de sénateur à son retour en France (24 juin 1856). Enfin, vers la même époque, il était nommé chevalier grand croix de l'ordre du Bain par la reine d'Angleterre.

Après avoir pris, en 1857, une grande part à la dernière campagne de la grande Kabylie, le général de Mac Mahon était nommé commandant en chef des forces de terre et de mer en Algérie. Mais dès le début de la guerre d'Italie, il fut appelé au commandement du 2ᵉ corps d'armée. Il eut avec l'ennemi quelques combats heureux et arriva juste à temps à Magenta (3 juin) pour décider de la victoire et surtout pour sauver l'armée française qui, fusillée des fenêtres, écrasée par la mitraille dans la lamentable traquenard en entonnoir où elle avait été conduite, était infailliblement écrasée sans son intervention opportune. L'empereur nomma aussitôt M. de Mac Mahon maréchal de France et duc de Magenta, sur le champ de bataille même. A Solférino (24 juin), le nouveau maréchal commandait le centre de l'armée. — Chargé, en 1861, de représenter la France au couronnement du roi de Prusse, Guillaume III, le duc de Magenta déploya dans cette circonstance solennelle une pompe extraordinaire dont on fit alors beaucoup de bruit, mais qui était inspirée par un sentiment d'orgueil patriotique dont la manifestation était parfaitement en son lieu. Appelé en 1862 à la tête du 4ᵉ corps d'armée, en remplacement du maréchal Canrobert, le maréchal de Mac Mahon était nommé, le 1ᵉʳ septembre 1864, gouverneur général de l'Algérie. Il se rendit aussitôt à son poste, chargé de l'application d'un programme tendant visiblement à la création d'un royaume arabe, dont les résultats furent loin de répondre aux idées qu'on s'était faites du système et aux efforts de celui qui l'avait fait sien et dont l'intention ne pouvait être d'amener la ruine et la famine dans ce pays qu'il aime. Que le maréchal de Mac Mahon fût un partisan convaincu et opiniâtre de l'excellence du régime militaire en Algérie, il n'y a rien d'étonnant : tout soldat est du même avis, comme tout colon est de l'avis contraire, à moins de raisons toutes personnelles et par conséquent sans valeur. Nous ne nous étendrons pas davantage sur cette période de la vie publique du duc de Magenta, nous bornant à constater que le système dont il avait tenté l'application, avec un zèle digne d'un objet meilleur, était absolument condamné, lorsque l'avènement du ministère Ollivier (2 janvier 1870) vint fournir un bon prétexte pour y renoncer. Deux fois, en mars et en juin, le maréchal adressa sa démission au cabinet, qui la refusa, espérant l'amener à ses idées et trouver en lui un auxiliaire plutôt qu'un adversaire. Les événements devaient retarder indéfiniment la réalisation d'un semblable projet et et entraîner les esprits à de bien autres préoccupations. Rappelé en France, au début de la guerre avec l'Allemagne, le maréchal de Mac Mahon fut placé à la tête du 1ᵉʳ corps d'armée, et installa son quartier général à Strasbourg. Le 4 août, son avant-garde, commandée par le général Abel Douai, était écrasée à Wissembourg, et celui-ci tué dans l'action, dans des circonstances bien faites pour suggérer l'idée d'un suicide. Attaqué le 6, par l'armée du prince royal de Prusse, il était battu lui-même à Reichshoffen par des forces au moins doubles des siennes, faute d'avoir pu obtenir à temps les secours qu'il avait réclamés par plusieurs dépêches pressantes. Ses positions furent tournées sur deux points et son centre et sa gauche rompus, malgré la charge désespérée et désormais légendaire des cuirassiers du général Michel, et il fut contraint d'abandonner la ligne des Vosges, ralliant avec peine 18,000 hommes, la moitié de son armée, dans sa retraite sur le camp de Châlons. Là, le nouveau ministre de la guerre, comte de Palikao, réunissait une nouvelle armée, forte numériquement, mais sans organisation, sans instruction, à peu près sans armes ; le commandement en était confié au maréchal de Mac Mahon, avec un plan à exécuter qu'il désapprouvait, et non sans raison, mais qu'il se mit aussitôt en mesure de suivre. Il s'agissait de marcher sur Metz au secours de Bazaine ; dans son mouvement, la nouvelle lui parvint que les Allemands devançaient pour continuer leur marche sur Paris. Il les suivaient ; il revint aussitôt à son propre plan, qui était de tenir la campagne sous Paris, pour donner le temps aux armées de province s'organiser ; mais il reçut aussitôt l'ordre de s'en tenir à ses instructions premières et de marcher au secours de Bazaine : le maréchal de Mac Mahon, dans son patriotisme naïf, ne considérait que l'intérêt de la France ; le ministre de la guerre lui apprit un intérêt bien plus grand, celui de la dynastie napoléonienne, primait tout, et que cet intérêt suprême serait à jamais compromis si, l'exécution de son plan, résultait une retraite sous Paris. Il fallait obéir ; mais, tout mauvais que fût le plan suivi, il perdit encore aux hésitations que nous venons de signaler ; cette marche, au lieu d'être rapide autant que les circonstances l'exigeaient, fut d'une désespérante lenteur, entravée par des combats partiels, et aboutit enfin au désastre de Sedan. — Nous ne ferons pas l'histoire de Sedan et de cette capitulation lamentable, eu égard aux circonstances dans lesquelles elle se produisit ; l'héroïque soldat qui fait l'objet de cette notice n'y pouvait rien. Jeté dans un traquenard qu'il ne pouvait éviter, pour avoir suivi un plan qu'il jugeait détestable, il avait été grièvement blessé d'un éclat d'obus dès le matin du 1ᵉʳ septembre. Le bruit de sa mort s'était même répandu à Paris, et quiconque s'y trouvait à cette époque doit se rappeler le deuil immense que cette nouvelle étendit sur la ville ; on a accusé le peuple français, et principalement le peuple de Paris de vouer aux gémonies les généraux vaincus, de les calomnier à plaisir : le maréchal de Mac Mahon était cependant bien un vaincu, et aucun autre ne jouissait au même point que lui de la confiance, du respect et de l'admiration populaires. Ces sentiments, hautement et invariablement manifestés, sembleraient indiquer que d'autres raisons que leur défaite ont empêché certains vaincus d'en profiter au même degré.

Fait prisonnier de guerre sur parole, le maréchal fut transporté dans un village de la frontière belge où il se fit soigner. Guéri, il se rendit en Allemagne et fut interné à Wiesbaden jusqu'à la conclusion de la paix. De retour en France, il trouva Paris en pleine insurrection. M. Thiers le plaça à la tête de l'armée de Versailles avec laquelle il combattit, nous ne dirons plus seulement avec courage, mais avec abnégation, Paris révolté. Lorsqu'il en fut devenu maître, après deux mois de combats dont huit jours dans les rues, il adressait aux habitants une proclamation empreinte de l'esprit de modération qui n'a pas cessé de l'animer, mais dont se sont beaucoup trop départis, certainement à son insu, les officiers de tout grade sous ses ordres. — Aux élections complémentaires du 2 juillet 1871, plusieurs départements lui ayant offert la candidature, le maréchal de Mac Mahon la refusa de tous, déclarant n'être pas et ne vouloir pas devenir un homme politique. Le *Figaro* ayant réuni une somme de 40,000 francs, par voie de souscription, pour lui offrir une épée d'honneur, le maréchal refusa l'épée, mais il accepta la somme, dont il fit don aussitôt à une œuvre de bienfaisance. Prié de nouveau, en janvier 1872, d'accepter la candidature à l'Assemblée nationale dans le département de la Seine, il refusait de nouveau. Le 20 de ce même mois de janvier 1872. M. Thiers, que le vote de l'Assemblée sur l'impôt des matières premières avait vivement affecté, donnait sa démisssion ; le maréchal Mac Mahon se rendit auprès de lui et, au nom de l'armée, le pria de revenir sur sa détermination. Enfin, après avoir refusé aux représentants du centre droit de se laisser porter à la vice-présidence de la République, fonctions qui auraient été infailliblement rétablies s'il avait voulu les accepter, il insistait encore auprès de M. Thiers, le 24 mai 1873, pour lui faire reprendre sa démission, et ce n'est qu'en présence de l'inutilité, évidente cette fois, de ses généreux efforts, qu'il consentit à accepter les propositions des droites de l'Assemblée, qui l'élurent président. Le 20 novembre 1873, les pouvoirs du maréchal président de la République étaient confirmés pour sept années, par 378 voix contre 310. — Les voyages qu'il a faits dans l'Ouest et le Nord en 1874, aussi bien que l'éclatante manifestation d'opinion dont les élections de 1876 ont été l'occasion, semblaient avoir eu une certaine influence sur l'esprit du maréchal de Mac Mahon, favorable à l'idée républicaine. L'acte du 16 mai 1877 pouvait être, après tout, d'un chef constitutionnel impatient, résolu à user en entier des droits que lui conférait la constitution et plus habitué aux manœuvres à découvert des champs de bataille qu'aux « finesses » de la stratégie politique ; mais c'était aussi l'acte d'un esprit mal influencé, mal inspiré, qui courait fatalement à un Sedan parlementaire. Après les élections du 14 octobre 1877, qui maintenaient à la Chambre des députés une majorité républicaine, le maréchal parla déjà de démission : il ne voyait pas d'autre issue aux embarras où il s'était mis, et, voyait juste; sans l'audacieuse mise en demeure de Gambetta : « se soumettre », il se fût certainement retiré à ce moment-là, en dépit de tous les efforts pour le retenir. Mais il eût paru céder, et c'est à cette considération surtout que MM. Grévy et d'Audiffret durent leur victoire. Le maréchal resta, mais il céda quelque peu, en confiant à M. Dufaure la mission de former un cabinet républicain, ou à peu près (13 décembre). Jusqu'au premier renouvellement triennal du Sénat, aux élections du 5 janvier 1879, les choses conservèrent une allure pacifique et tranquille. Mais ces élections, en déplaçant la majorité dans la première Chambre, jusque-là si salutairement antirépublicaine, mettaient le président de la République dans un grave et nouvel embarras : comment se passer de la Chambre des députés et s'appuyer pour gouverner sur le Sénat, désormais infesté du même esprit ? Comment appeler l'une ou chasser l'autre avec la moindre chance de succès ? — Décidément la position n'était plus tenable, elle devenait même dangereuse. Le duc de Magenta n'hésita plus : au premier prétexte, il donnait sa démission (30 janvier 1879) et se retirait avec dignité et calme, très heureux probablement d'avoir secoué le fardeau. Le maréchal de Mac Mahon a publié un *Discours sur une pétition relative à la constitution de l'Algérie (1870)* et son rapport sur les opérations de l'*Armée de Versailles (1881)*. Il est haut dignitaire de la plupart des ordres étrangers qui valent la peine d'être portés ; il recevait notamment les insignes de la Toison d'or, d'Espagne, en avril 1875.

MADIER DE MONTJAU, Noël François Alfred, homme politique français, né à Nîmes le 1er août 1814, fit son droit à Paris, où il se fit inscrire au barreau en 1838. Il s'y fit promptement remarquer en plaidant dans divers procès politiques, notamment dans l'affaire Barbès devant la Cour des pairs et dans l'affaire Meunier et Dupoty. Après la révolution de février 1848, à laquelle il prit une part active, M. Madier de Montjau se présenta aux élections pour la Constituante dans la Seine et le Pas-de-Calais, il échoua dans ces deux départements, avec 106,000 voix dans le premier et 60,000 dans le second. Il défendit ensuite un grand nombre d'insurgés de juin et plaida pour plusieurs journaux républicains, notamment pour le *Peuple*. Élu représentant de Saône-et-Loire à l'Assemblée législative, en mars 1850, son élection fut d'abord annulée, mais il fut réélu, siégea sur les bancs de la Montagne avec laquelle il vota constamment, et prit la parole à diverses reprises pour la défense de la presse et du droit de réunion. Lors du coup d'État de décembre, M. Madier de Montjau prit part aux premières tentatives de résistance ; il signa le placard déclarant Louis-Napoléon traître et hors la loi et, élu membre du comité de résistance, avec Victor Hugo, Schœlcher, Michel de Bourges, Carnot, etc., il participa à la construction de la barricade du faubourg Saint-Antoine, où Baudin devait trouver la mort quelques instants plus tard ; puis, avec Jules Bastide, il allait tenter le soulèvement de Belleville, sur les murs duquel il placardait un énergique appel aux armes. Tous ces généreux efforts devaient échouer devant l'apathie d'une population trop souvent leurrée, trop souvent abandonnée par ceux-là même qu'elle s'est donnés pour guides, qui paye trop cruellement ses erreurs et n'est jamais récompensée de ses sacrifices. Expulsé de France, M. Madier de Montjau se réfugia à Bruxelles d'où, refusant l'amnistie, il ne revint en France qu'après la chute de l'Empire. Aux élections générales de 1869, il avait refusé la candidature démocratique dans le Gard. Il se présenta dans la Drôme à une élection partielle nécessitée par la mort de M. Dupuy, membre de l'extrême-gauche, le 8 novembre 1874, et fut élu représentant par 40,000 voix. Il prit place dans le groupe des républicains intransigeants, qui refusèrent de voter les lois constitutionnelles. En juillet 1875, il déposait, avec plusieurs de ses collègues, une proposition de dissolution et réclamait l'amnistie plénière. — Aux élections du 20 février 1876, il fut élu député de l'arrondissement de Valence avec une majorité énorme. Il a pris souvent la parole dans la nouvelle assemblée, soit pour réclamer l'amnistie, soit pour protester contre certains compromis « opportunistes », accusant en tout cas une grande netteté de vues et une fermeté de convictions inébranlable. Il combattit notamment, à la tribune, les conclusions du rapport sur la demande en autorisation de poursuites formée contre M. Paul de Cassagnac, pour délit de presse (mars 1877), conclusions favorables à la demande du chef du parquet, simplement par la raison qu'étant partisan de la liberté entière de la presse, il ne pouvait donner son autorisation, qui était ici nécessaire, pour exercer des poursuites contre un journaliste : raison qui fut peu goûtée de beaucoup d'autres partisans de cette liberté, dont la casuistique est rarement à court d'arguments.
Réélu le 14 octobre 1877 et le 21 août 1881 dans l'arrondissement de Valence, M. Madier de Montjau ne modifia naturellement pas son attitude. Aux élections d'octobre 1885, il fut élu député de la Drôme en tête de la liste républicaine au scrutin du 4, député du Gard à celui du 18, et opta pour la Drôme. Questeur de la Chambre des députés presque depuis l'origine, M. Madier de Montjau était réélu à ce poste à la rentrée, le 14 novembre 1885. — Il vota l'expulsion totale des princes.

MADVIG, Jean Nicolas, philologue et homme politique danois, d'origine israélite, est né dans l'île de Bornholm le 7 août 1804. Il fit ses études au collège de Frederiksborg et à l'université de Copenhague, où il devenait professeur de langue et littérature latines en 1829. Député à la Diète nationale depuis 1839, il fut l'un des promoteurs des réformes réalisées depuis dans l'enseignement classique et l'avocat le plus ardent des privilèges de l'université. En 1848, il faisait partie du parti radical avancé et devint, en novembre de cette année, ministre des cultes. Il résigna ce portefeuille en janvier 1852 et fut nommé directeur de l'instruction publique. Depuis lors, il a fait partie des Chambres danoises où il eut toujours une influence considérable. — M. Madvig a publié : *De Asconii Pediani commentariis in Ciceronis orationes (1820)*; *Emendationes in Ciceronis libros philosophicos (1827)*; *Epistola critica ad Orellium de orationibus Verrinis (1828)*; une édition du *De finibus bonorum et malorum (1829)* et de douze autres traités de Cicéron (1830-48); des travaux sur Lucrèce, Juvénal, Tite-Live, sur la *Grammaire d'Apulée*, etc.; *Opuscula academica (1834-42*, 2 vol.); *Coup d'œil sur les constitutions de l'antiquité (1840)*; *Grammaire latine à l'usage des écoles*, d'abord en danois (1841), puis en allemand; *De l'essence, du développement de la vie du langage (1842)*; *Sur l'instruction classique supérieure (1843)*; *Sur les fondements de l'ancienne métrique (1845)*; *Syntaxe de la langue grecque (1847)*; *Observations sur divers points du système d'enseignement du latin* (Bemerkungen über verschieden Punkte des Systems der Lat. Sprachlehre), publié en allemand; et plus récemment : *Adversaria critica ad scriptores Græcos et Latinos (1871)*. Un grand affaiblissement de la vue l'a contraint, en 1879, à résigner sa chaire à l'université de Copenhague. Le titre de *rector magnificus* lui a été alors décerné. — M. Madvig a été nommé chevalier de l'ordre du Lion néerlandais en février 1875. L'Académie des Inscriptions et Belles-Lettres l'a élu membre associé en décembre 1876, en remplacement du philologue Ritschl, mort le mois précédent. Il est, en outre, grand officier de la Légion d'honneur.

MADRAZO Y KUNT (de), FREDERICO, peintre espagnol, né à Madrid, d'un père artiste, le 12 février 1815. Il reçut ses premières leçons de son père, puis vint à Paris, fréquenta l'atelier de Winterhalter, et exposa aux Salons annuels. — On cite de cet artiste: *Godefroy de Bouillon (1838)*; *Godefroy proclamé roi de Jérusalem*, au musée de Versailles (1839); *Marie-Christine, en religieuse, au chevet de Ferdinand VII (1843)*; la *Reine Isabelle II (1845)*; la *Duchesse de Medina-Coeli (1847)*; le *Roi don Francisco-de-Assis*, la *Duchesse d'Albe*, MM. *Posada-Herrera*, *Ventura de la Vega*, *P. de Madrazo*, etc.; les *Saintes femmes au tombeau (1855*, Exp. univ.); et de temps à autres un assez grand nombre de portraits, principalement des illustrations espagnoles, en dernier lieu, à l'Exposition universelle de 1878. — M. F. de Madrazo a obtenu aux Salons de Paris: une médaille de 3e classe en 1838, une de 2e classe en 1839, des médailles de 1re classe en 1845, 1855 et 1878. Chevalier de la Légion d'honneur en 1846, il a été promu officier en 1860 et commandeur en 1878. Correspondant de l'Académie des Beaux-Arts depuis 1853, il a été élu associé étranger, en remplacement de Schnorr, en janvier 1873. M. F. Madrazo est directeur de l'Académie des Beaux-Arts de Madrid et sénateur du royaume d'Espagne.

MADRAZO Y KUNT (de), RAIMUNDO, peintre espagnol, fils du précédent, est né à Rome le 24 juillet 1841. Élève de son père, il vint à Paris, où il fit un séjour de quelque durée et suivit les cours de l'École des Beaux-Arts. M. Raymond de Madrazo n'est guère connu en France que par la collection de portraits, pour la plupart costumés d'étoffes aux couleurs vives et chatoyantes qu'il envoya à l'Exposition universelle de 1878, et qui lui a valu une médaille de 1re classe et la croix de la Légion d'honneur.

MAGAUD DOMINIQUE ANTOINE, peintre français, né à Marseille le 4 août 1817. Élève de l'école des Beaux-Arts de sa ville natale et de Léon Cogniet. Il a débuté au Salon de 1841. — On a de cet artiste: *Environs de Marseille (1841)*; *Épisode du massacre des Innocents (1842)*; *Chrétiens en prison secourus par leurs frères (1844)*; le *Christ déposé au pied de la croix*, *Vue des Aygalades*, aux environs de Marseille (1845); *Virgo Divina*, *Femmes à la fontaine (1846)*; *Mgr Douare, évêque d'Amata*, portrait en pied (1848); *Mater dolorosa (1852)*; un *Plafond à Marseille (1855*, Expos. univ.); *Saints Bonaventure et Thomas d'Aquin*, la *Démence de Charles VI*, les *Deux sœurs de lait*, *Bachi-bouzouk*, *Magicien turc (1857)*; *Dante, conduit par Virgile, arrive au sommet du Purgatoire et aperçoit le Paradis, le poète Stace les suit*; *Vue de Marseille et du lazaret, prise du Château-Vert*; *Bienfaisance*; deux cartons d'un *Grand plafond (1859)*; l'*Philosophie*; *Courage civil: les échevins de Marseille pendant la peste de 1720 (1860)*; l'*Agriculture*, la *Musique (1861)*; le *Grand Condé sur le champ de bataille de Rocroi*, *Volta (1863)*; *Saint-Bernard prêchant la croisade à Vezelay*, *Bossuet introduisant le Dauphin (1864)*; *Saint Paul à Athènes (1865)*; quatre *Plafonds* pour l'hôtel de la préfecture de Marseille, cartons (1866); la *France protégeant les arts, les sciences et les lettres*; l'*Empereur et l'impératrice reçus à l'ancienne préfecture*, panneaux, pour le même édifice (1868); la *Paix*, plafond; le *Mariage*, la *Famille*, l'*Instruction*, le *Travail*, médaillons; la *France protégeant l'agriculture*, plafond, même destination (1869); les *Quatre parties du monde*, voussures; le *Génie du Progrès répandant la lumière sur le monde*, plafond, ib. (1872); *Voûte du huitième grand salon des fêtes de la préfecture de Marseille (1873)*; la *Modestie (1874)*; *Portrait de S. S. le Pape Pie IX (1876)*. — On doit à M. Magaud, en dehors de ses expositions, des portraits et tableaux divers et de nombreux travaux décoratifs exécutés à la préfecture de Marseille, au cercle religieux et dans plusieurs établissements publics de la même ville, à la chapelle de la Tour-Sainte à l'église Saint-Pierre de Cette, etc., dont nous citerons les plus récents: une *Descente de croix (1874)*; *Tobie ensevelissant les morts (1875)*, pour la chapelle des Carmélites à Marseille; *Phidias*, *Appelle*, *Ictinus*, trois panneaux dans la grande salle de l'école des Beaux-Arts de Marseille (1883); l'*Orfèvrerie*, les *Vitraux*, la *Tapisserie*, la *Céramique*, figures allégoriques; *Tympans de la même salle et de la bibliothèque du même édifice (1885)*. — Outre un grand nombre de médailles aux expositions de province, M. Magaud a obtenu, aux salons de Paris: une médaille de 3e classe en 1861 et le rappel de cette médaille en 1863. Membre de l'académie de Marseille et directeur de l'école des Beaux-Arts de cette ville depuis 1859, il a été nommé correspondant de l'Institut (Académie des Beaux-Arts), en décembre 1874.

MAGNARD, FRANCIS, journaliste et littérateur français, né à Bruxelles le 11 février 1837, fut élevé à Paris, où il vint fort jeune. Entré dans l'administration des contributions directes, il débuta dans la petite presse, en 1859, par des articles fantaisistes parus dans le *Gaulois*, journal satirique hebdomadaire qui jouissait alors d'une certaine réputation. Il collabora à diverses autres feuilles analogues du même temps, puis entra, en 1863, au *Figaro* périodique et simplement littéraire, où sa collaboration fut tout de suite très appréciée du directeur, H. de Villemessant, pour lequel il devint un auxiliaire particulièrement précieux lorsque le *Figaro* fut transformé en journal politique quotidien (1869) et accompagné d'un frère jumeau, l'*Evénement*. M. F. Magnard donna d'abord à ces deux journaux une revue des journaux ayant pour titre *Paris au jour le jour*, outre quelques articles d'actualité très goûtés. En 1876, la rédaction en chef fut confiée à M. Magnard par Villemessant lui-même, et après la mort de celui-ci, en avril 1879, il fut maintenu dans ces fonctions, outre qu'il fut nommé cogérant du journal, dont la situation n'a jamais été plus prospère, malgré les nombreuses concurrences qui se sont créées dans ces derniers temps. — M. Francis Magnard, qui a fait usage de divers pseudonymes, a collaboré également au *Grand journal*, au *Paris-Magazine*, autres créations de Villemessant; à la *Vogue parisienne*, au *Journal de Paris*, au *Temps*, à l'*Opinion nationale*, et a publié à part: l'*Abbé Jérôme (1869)*; *Vie et aventures d'un positiviste (1877)*, etc.

MAGNIEN, GABRIEL ADOLPHE, homme politique français, né le 5 janvier 1836 à Châlons-sur-Marne. Il fit son droit, prit le grade de licencié et s'établit avoué à Autun. Pendant la guerre de 1870-71, il servit dans l'armée de Garibaldi. Conseiller municipal, puis maire d'Autun, il fut révoqué après l'acte du 16 mai 1877; M. Magnien représente un canton d'Autun au Conseil général de Saône-et-Loire. Élu député de ce département, sur la liste radicale, le 18 octobre 1885, M. Magnien a pris place à l'extrême-gauche; il a voté l'expulsion totale des princes.

MAGNIER, EDMOND, homme politique français, né à Boulogne-sur-Mer en 1841. Il avait publié une étude sur *Dante et le moyen âge* (1860), collaboré aux journaux de sa ville natale, notamment à la *France du Nord* et dirigé à Amiens le journal la *Somme*, lorsqu'il vint à Paris en 1870 et entra à la rédaction du *Figaro*, qu'il dirigea même quelque temps à l'époque du siège de Paris. Il le quitta après la paix, et avec Auguste Dumont, l'administrateur de ce journal, il fonda, en septembre d'avril 1872, l'*Evénement*, concurrence au *Figaro* avec la nuance républicaine pour caractère distinctif. Quelque temps après, Dumont quittait l'*Evénement* pour lui créer une concurrence à son tour, sorte de jeu dont il avait pris l'habitude dans les dernières années de sa vie, laissant M. Magnier maître de la situation. L'*Evénement* soutint d'abord la politique de M. Thiers; en 1873, pourtant, il appuya à Paris la candidature de M. Barodet contre celle de M. de Rémusat; il est républicain, après tout, et c'est déjà quelque chose d'en être assure. — Après avoir échoué le dimanche du 20 février 1876, dans la deuxième circonscription de Saint-Denis (Seine), M. Magnier se portait candidat dans la deuxième circonscription de Nice le 14 octobre 1877, mais sans succès également. Il n'y est pas revenu. — Outre l'ouvrage cité plus haut, on doit à M. Edmond Magnier un travail historique sur sa ville natale, intitulé: *Histoire d'une commune de France au XVIIIe siècle (1875)* et de nombreux articles sur des sujets très variés dans son journal.

MAGNIEZ, VICTOR HENRI EMILE, agriculteur et homme politique français, petit-fils d'un membre de la Convention et fils d'un constituant de 1848; il est maire d'Ytres (Somme), où il est né le 9 septembre 1835, et membre du Conseil général de la Somme. Élu représentant de son département le 8 février 1871, et député de la deuxième circonscription de Péronne le 20 février 1876, M. Magniez fit partie du centre gauche dans les deux chambres. Réélu le 14 octobre 1877 et le 21 août 1881, il se présentait aux élections sénatoriales de la Somme, le 8 janvier 1882, et était élu. Il s'est abstenu lors du vote sur l'expulsion des princes.

MAGNIN, PIERRE JOSEPH, homme politique français, ancien ministre, sénateur, né à Dijon le 1er janvier 1824, est fils d'un ancien constituant de 1848, maître de forges dans la Côte-d'Or. Maître de forges lui-même, membre du Conseil municipal de Dijon et du Conseil général du département, pour le canton de Saint-Jean-de-Losne, M. Joseph Magnin, qui jouissait d'une grande influence dans le pays, où ses opinions démocratiques étaient connues, se présentait dans la première circonscription de la Côte-d'Or, aux élections générales de 1863, contre le candidat officiel, M. Vernier, qui l'emporta sur lui. Mais celui-ci ayant été nommé conseiller d'État, M. Magnin était élu à sa place, le 13 décembre suivant, contre le nouveau candidat officiel, M. Saunac. Il prit place à gauche et se fit bientôt remarquer dans les discussions relatives aux questions économiques et financières. Réélu à une grande majorité en 1869, il devint secrétaire du Corps législatif et fit partie de la commission d'enquête sur le régime économique. Nommé ministre de l'agriculture et du commerce par le gouvernement du 4 septembre 1870, M. Magnin rendit à Paris assiégé tous les services qui lui permirent sa grande intelligence pratique et son activité aux prises avec l'apathie de ceux qui auraient dû le seconder. Après l'armistice, il réussit à assurer le prompt ravitaillement de la capitale affamée, en n'épargnant ni les démarches, ni les voyages, ni les fatigues de toute sorte. Élu représentant de la Côte-d'Or à l'Assemblée nationale, le 8 février 1871, le deuxième sur huit, il prit place sur les bancs de la gauche républicaine qu'il a longtemps présidée. Le 19 février, il quittait le ministère, où il était remplacé par feu M. Lambrecht. Il a fait partie de l'Assemblée de la commission de décentralisation, de plusieurs commissions budgétaires, etc. Réélu membre du Conseil général de la Côte-d'Or en 1871, M. Magnin en est devenu le président. Il a été élu sénateur inamovible par l'Assemblée nationale, le 16 décembre 1875, au septième tour de scrutin, et a pris place au groupe sénatorial de la gauche républicaine, qui le choisit pour son président. M. Magnin a été directeur politique du journal le *Siècle* de janvier 1877 à décembre 1879, époque à laquelle il fut appelé de nouveau au ministère des finances, dans le cabinet présidé par M. de Freycinet, et qui quittait le pouvoir en septembre 1880. Il fut nommé peu après gouverneur de la Banque de France. — M. Magnin a été élu vice-président du Sénat.

MAHY (de), FRANÇOIS CÉSAIRE, médecin et homme politique français, né à Saint-Pierre (île de la Réunion) le 22 juillet 1830, vint à Paris faire ses études de médecine et prit le grade de docteur en 1857. Il alla s'établir alors dans sa ville natale et se fit rapidement une grande popularité par son dévouement pour les malades pauvres. Rédacteur du *Courrier de Saint-Pierre*, journal aussi évidemment républicain qu'il était possible, il y défendit avec une grande énergie les droits et les intérêts de la colonie, pour laquelle il ne cessa de réclamer le régime du droit commun français. Aux élections du 8 février 1871, M. de Mahy fut élu avec M. de Laserve, de Saint-Denis, autre candidat républicain, représentant de la Réunion à l'Assemblée nationale, à une énorme majorité. Il prit place sur les bancs de la gauche républicaine, et fit partie, à dater de 1873, de toutes les commissions de permanence, au sein desquelles il n'a pas cessé de protester contre les excès du fonctionnarisme, avec une énergie digne d'un meilleur succès. A la séance de l'Assemblée du 12 juillet 1873, M. de Mahy protestait, avec bien de la modération suivant nous, contre les allégations de M. Audren de Kerdrel relatives aux troubles de la Réunion, provoquées par les jésuites, en décembre 1868, et dont le bilan se solde par une trentaine de personnes absolument inoffensives tuées ou blessées grièvement dans les rues de Saint-Denis par les aimables sujets des compagnies de discipline, commandées par des chefs qui n'ont pas paru très empressés à s'en vanter depuis. M. de Mahy a pris assez souvent la parole, principalement dans les questions intéressant directement la colonie qu'il représente, comme l'extension du jury aux colonies, les droits sur les sucres coloniaux, etc.; il a fait partie de la commission de la marine marchande et de plusieurs autres commissions importantes, et a présidé celle relative à Madagascar. Aux élections du 15 mars 1876, il fut élu député de la Réunion à l'unanimité moins seize voix, sur 11,095 votants. En février 1877, M. de Mahy a pris une grande part à la discussion relative au projet d'établissement d'un port à la Pointe-des-Gallets, et d'un chemin de fer à la Réunion, qu'il n'a pas hésité à appuyer, quoique peut-être défavorable à sa propre ville en particulier. Réélu en 1877 et 1881, M. de Mahy remplaça le colonel Denfert-Rochereau, décédé, comme questeur de la Chambre des députés. Il a été ministre de l'agriculture dans le cabinet de Freycinet et le cabinet Duvaux qui lui succéda, du 30 janvier 1882 au 20 février 1883. Aux élections d'octobre 1885, M. de Mahy a triomphé de deux concurrents, le petit-fils du ministre de Charles X, M. de Villèle et l'évêque de Grenoble : il a été élu député de la Réunion au scrutin de ballottage et a repris sa place à la gauche de la Chambre. Il a voté l'expulsion des princes.

MAILLÉ, ALEXIS, homme politique français, menuisier, président de la chambre syndicale des entrepreneurs, juge au tribunal de commerce d'Angers, est né dans cette ville le 13 août 1815. Conseiller municipal d'Angers, réélu en 1871 en tête de la liste, il en devint maire à cette époque, mais fut révoqué après le 24 mai 1873. Élu représentant de Maine-et-Loire, au second scrutin, en septembre 1874, il siégea à gauche. Aux élections du 20 février 1876, il échoua contre le candidat clérical; mais l'élection de celui-ci ayant été annulée, il l'emportait sur lui aux élections du 21 mai suivant et reprenait sa place à gauche, comme député de la deuxième circonscription d'Angers. M. Maillé échoua encore le 14 octobre 1877, contre M. Faîré, avocat, candidat légitimiste; mais l'élection ayant été annulée par la Chambre, il était réélu au scrutin du 7 juillet 1878, et le 21 août 1881 sans conteste. Aux élections d'octobre 1885, la liste monarchiste ayant triomphé dans la Maine-et-Loire, M. Maillé échoua avec ses amis.

MAILLÉ DE LA JUMELLIÈRE (comte de), ARMAND URBAIN LOUIS HARDOUIN, homme politique français, maître de forges, né à Paris le 1er juillet 1816. Ancien officier, il commanda pendant la guerre de 1870 les mobiles de Maine-et-Loire. Élu représentant de ce département en février 1871, il fit partie de la commission du 4 Septembre et de la commission des grâces et fut élu député de la première circonscription de Cholet, le 20 février 1876. M. le comte de Maillé a siégé à droite dans les deux assemblées. Il a été réélu le 14 octobre 1877 et le 21 août 1881. Aux élections du 4 octobre 1885, il était élu député de Maine-et-Loire en tête de la liste réactionnaire triomphante.

MAILLET, JACQUES LÉONARD, sculpteur français, né à Paris le 12 juillet 1823, est élève de Fauchère et de Pradier. Il obtint le second prix au concours de l'École des Beaux-Arts en 1841 et le grand prix de Rome en 1847, sur ce sujet : *Télémaque rapportant les cendres d'Hippias à Phalante*. — On cite de cet artiste : *Agrippine et Caligula*, envoi de Rome ; une *Novice de Vesta*, *Portrait de jeune fille*, buste (1853) ; *Primavera della vita*, statue en plâtre et les deux premières des œuvres précédentes (1855, Expos. univ.) ; deux *Groupes* pour le Nouveau Louvre (1857) ; la *Science*, *Gérard Audran*, l'*Abondance*, statues, même destination ; une *Jeune Syracusaine* (1859) ; *Agrippine portant les cendres de Germanicus*, reparu à l'Expos. univ. de 1867, et la *Réprimande* (1861) ; la *Primavera della vita*, en marbre et un *Chasseur* (1863) ; *Chasseurs*, groupe en bronze ; le *Roi Jérôme en 1812*, statue en bronze, destinée au monument de la famille Napoléon à Ajaccio (1864) ; *Charles Christofle*, buste (1865) : *Portrait de M. C. Hippeau*, buste en marbre ; *Portrait de M. H. de Jacobi*, buste en plâtre (1873) ; deux *Portraits médaillons*, l'un en bronze, l'autre en terre cuite (1874) ; le *Satyre et l'Amour*, groupe en plâtre ; *Eurydice*, statuette en terre cuite (1876) ; *César*, groupe en plâtre (1877) ; *Jeune Syracusaine*, *Jeune Corinthienne*, statuettes, terre cuite polychrome (1878) ; et plusieurs des ouvrages cités, notamment le *Satyre et l'Amour*, à l'Expos. univ. 1878. Il a exécuté en outre des travaux décoratifs aux églises Saint-Séverin, Sainte-Clotilde, Saint-Leu, au nouveau Louvre, au nouvel Opéra, etc. — M. Maillet a obtenu une médaille de 1re classe en 1853, une de 2e classe en 1855, un rappel de première médaille en 1857 et une médaille de 3e classe à l'Exposition universelle de 1867. Il est chevalier de la Légion d'honneur depuis 1861.

MAISIAT, JOHANNY, peintre français, né à Lyon le 5 mai 1824, fit ses études artistiques à l'école des Beaux-Arts de sa ville natale. S'occupa d'abord d'art industriel et, après avoir débuté aux expositions artistiques de Lyon en 1849, débuta l'année suivante au Salon de Paris. M. Maisiat s'est fait une spécialité de la peinture des fleurs et des fruits. On a de cet artiste : *Groupe de roses* (1850) ; la *Source* (1652) ; *Églantier dans un bois*, *Bruyères* (1853) ; *Fleurs et fruits d'automne* (1855, Expos. univ.) ; *Fleurs et fruits de Fontainebleau*, *Roses et géraniums*, *Chemin en Touraine* (1857) ; *Nymphes* (1859) ; une *Matinée rose*, *Roses et capucines*, *Vase de fleurs* (1861) ; *Églantier au printemps*, *Bouquet de roses dans un vase* (1863) ; *Fruits cueillis* (1864) ; *Fruits à terre* (1865) ; ces deux dernières toiles ont reparu à l'Exp. univ. de 1867 ; *Roses mousseuses* (1866) ; le *Bord d'un chemin en Touraine*, *Bouquet de roses mousseuses* ; *Fleurs et fruits* (1867) ; *Une ortie* (1868) ; *Fruits tombés*, *Branche de prunier* (1869) ; *Berge de la Loire en Touraine*, *le matin* (1872) ; *Premières fleurs*,

Fruits à terre (1873) ; *Bouquet de roses mousseuses et de roses thé, Raisins et pêches de vigne (1874)* ; *Corbeille de pêches et de raisins, Mousseuses roses et blanches, Coucous et violettes (1875)* ; *Au bord de la Marne, à Vigneul (1876)* ; *Poires et pêches*, une *Branche cassée (1883)* ; les *Rosiers du vieux parc, Fruits (1885)* ; *Fruits (1886)*. — M. J. Maisiat a exposé en outre un assez grand nombre de tableaux à Lyon et dans d'autres villes de province, il a peint aussi beaucoup de portraits accompagnés de fleurs sur pied, dans des vases ou à la main. Il a obtenu au Salon de Paris une mention en 1853, une médaille en 1864, une autre en 1867 et une médaille de 2ᵉ classe en 1872.

MAJOR, RICHARD HENRY, archéologue et bibliographe anglais, né à Londres en 1818. Membre de la Société des antiquaires et de diverses autres sociétés savantes nationales et étrangères, M. Major a été nommé conservateur des cartes et plans au département des imprimés du Musée britannique en janvier 1844. De 1849 à 1858, il a été secrétaire honoraire de la Société Hackluyt, pour laquelle il a publié : *Lettres choisies de Christophe Colomb (1847)* ; *l'Histoire du travail dans la Virginie britannique, par W. Strachey, premier secrétaire de la colonie (1849)* ; *Notes sur la Russie*, traduites du latin de Herberstein (1851-52) ; et écrit des *Introductions* pour la *Chine de Mendoza*, ouvrage publié par sir George Staunton (1853) et les *Conquérants tartares en Chine*, ouvrage publié par le comte d'Ellesmere (1854). On lui doit en outre : *l'Inde au XVᵉ siècle (1857)* ; les *Premiers voyages en Australie (1859)*, ouvrage auquel il a donné comme suite une *Lettre*, lue par lui à la Société des antiquaires en 1861, de laquelle il résulte que, d'après des documents manuscrits, la découverte de l'Australie serait due non aux Hollandais, mais aux Portugais, qui l'auraient faite en 1601. Cette découverte valut à M. Major la croix de la Tour et l'Epée, que lui envoya aussitôt le roi de Portugal, don Pedro V. En 1875, il présentait à la même société un *Mémoire sur une mappemonde de Léonard de Vinci*, qui serait la plus ancienne connue où le nom de l'Amérique fût inscrit ; cette carte se trouve dans la collection royale, à Windsor. En 1868, M. Major publia sa *Vie du prince Henri de Portugal, surnommé le Navigateur*, dont le roi actuel de Portugal, don Luis Iᵉʳ, le remercia en l'élevant au grade d'officier de la Tour et l'Epée et en lui envoyant lui-même le collier d'or insigne de cette dignité ; il l'a créé depuis chevalier-commandeur de l'« très ancien et très noble » ordre de Santiago, et l'empereur du Brésil l'a nommé officier de l'ordre de la Rose. Le roi d'Italie, de son côté, a fait M. Major commandeur de la couronne d'Italie, pour faciliter sa publication des *Voyages des frères Nicolo et Antonio Zeno dans les mers du Nord, au XIVᵉ siècle, comprenant les plus récentes indications connues relatives aux colonies du Northmen en Amérique avant Colomb (1873)*. — M. Major est un des vice-présidents de la Société royale géographique de Londres.

MALEVILLE (marquis de), GUILLAUME JACQUES LUCIEN, ancien magistrat et homme politique français, ancien pair de France, sénateur, né à Sarlat (Dordogne) le 30 août 1805, fit son droit à Paris et entra dans la magistrature en 1827, comme juge-auditeur au tribunal de Reims. Nommé conseiller-auditeur à la cour de Paris en 1830, puis conseiller à la cour de Bordeaux en 1834 et à la cour de Paris en 1843, M. le marquis de Maleville a été mis à la retraite et nommé conseiller honoraire en 1865. Conseiller général de la Dordogne depuis 1837, il fut élu député de l'arrondissement de Sarlat en 1837 et 1842, et créé pair de France en 1846. Il resta éloigné de la politique à partir de 1848, jusqu'aux élections générales de 1869, où il se présenta contre le candidat officiel, M. de Bosredon, dans la 4ᵉ circonscription de la Dordogne, et échoua avec une minorité considérable. Il fut élu représentant du département, le septième sur dix, aux élections du 8 février 1871, et se fit inscrire à la réunion du centre-gauche. Rallié à la République après bien des hésitations, M. le marquis de Maleville fut porté sur la liste de la gauche aux élection des sièges inamovibles du Sénat, et a été élu, le dernier des soixante-quinze privilégiés, le 26 décembre 1875. — Il est officier de la Légion d'honneur depuis 1840.

MALÉZIEUX, FRANÇOIS ADRIEN FERDINAND, homme politique français, né au Petit-Fresnay (Aisne) le 3 janvier 1821, fit son droit à Paris et se fit inscrire au barreau de Saint-Quentin ; mais il dut abandonner momentanément le barreau par raison de santé, et se livra à l'agriculture. Après un voyage d'étude en Orient, puis en Allemagne, en Angleterre et dans les Pays scandinaves, il publia dans les *Annales de l'agriculture française* des *Etudes agricoles sur la Grande-Bretagne*, qu'il réunit ensuite en volumes (1858) ; il publia également diverses brochures ou monographies agricoles, notamment sur la *Question chevaline (1862)*, et une édition nouvelle du *Manuel de la fille de basse-cour* de l'annetin (1866). Elu bâtonnier de son ordre en 1863, M. Malézieux se présentait la même année comme candidat de l'opposition dans la 2ᵉ circonscription de l'Aisne, et avec un plein succès ; il triomphait de nouveau du candidat officiel, aux élections de 1869. M. Malézieux siégea sur les bancs de la gauche au Corps législatif, et signa le manifeste du groupe en octobre 1869. Il vota contre la guerre en 1870. Après le 4 septembre, il fut nommé maire de Saint-Quentin, et prit part, aux côtés de M. Anat de la Forge (voyez ce nom) à l'énergique résistance de cette ville ouverte, dans laquelle l'ennemi comptait, mais sans son hôte, entrer comme chez lui. — Elu en tête de la liste des onze représentants de l'Aisne à l'Assemblée nationale le 8 février 1871, M. Malézieux se fit inscrire aux réunions du centre gauche et de la gauche républicaine. Il fit partie de plusieurs commissions ; délégué de celle des chemins de fer pour aller étudier le fonctionnement des chemins anglais, il fit sur cette question un *Rapport* qui fut très admiré des hommes compétents. Aux élections du 20 février 1876, M. Malézieux était élu, sans concurrent, député de la 2ᵉ circonscription de l'arrondissement de Saint-Quentin. Réélu le 14 octobre 1877 et le 21 août 1881, il se présenta avec succès aux élections pour le renouvellement de la représentation sénatoriale de l'Aisne, le 25 janvier 1885.

MALMESBURY (comte de), JOHN HOWARD HARRIS, homme d'État, pair d'Angleterre, petit-fils du célèbre diplomate du règne de George III, élevé à la pairie en 1788 avec le titre de vicomte Fitz Harris, et fils aîné du deuxième comte de Malmesbury, est né à Londres le 25 mars 1807. Il fit ses études à Eton et au collège Oriel, à Oxford, où il prit le grade de bachelier ès arts en 1828. Elu, comme conservateur, représentant du bourg de Wilton, en juin 1841, il succédait aux titres de son père le 19 septembre de la même année et entrait à la Chambre des lords. Secrétaire d'État aux affaires étrangères sous la première administration de lord Derby, en février 1852, lord Malmesbury se signala assez mal à propos par l'empressement qu'il mit à reconnaître l'Empire, rétabli en France, au profit d'un homme avec lequel il s'était lié d'amitié pendant le séjour de celui-ci en Angleterre, et eut quelque peine à justifier cette hâte intempestive devant le parlement, qui était loin de l'approuver. Il occupa de nouveau le ministère des affaires étrangères sous la seconde administration de lord Derby (1858-59), et chercha dans cette situation à prévenir la guerre entre la France et l'Italie, d'une part, et l'Autriche de l'autre, sans y parvenir, comme on sait. Lors du retour de lord Derby aux affaires, en 1866, lord Malmesbury prétexta des raisons de santé pour décliner l'offre du portefeuille des affaires étrangères, qui lui était faite de nouveau, et ne voulut accepter que le poste du garde du sceau privé, qu'il conserva jusqu'en décembre 1868 et qu'il reprit en février 1874 ; mais il l'a définitivement quitté le 12 août 1876. — Lord Malmesbury a publié les *Diaries and Correspondence* de son grand-père (1844) et *the First lord Malmesbury, his family and friends, a series of letters from 1745 to 1820* (le Premier lord Malmesbury, sa famille et ses amis, recueil de lettres de 1745 à 1820, 1870, 2 vol.). Il est entré au Conseil privé en février 1852 et a été élevé à la dignité de grand croix de l'ordre du Bain en 1859.

MALOT, HECTOR HENRI, littérateur français, né à la Bouille (Seine-Inférieure) le 20 mai 1830, fit ses études à Rouen et à Paris où il suivit les cours de l'Ecole de droit. Sa famille le destinant à la magistrature, il travaillait dans le étude de notaire tout en faisant son droit, mais bientôt il abandonna le tout pour suivre son penchant, qui l'entraînait vers la carrière des lettres. Réduit dès lors à ses propres ressources, il eut des débuts laborieux et difficiles, collabora à divers journaux, à la *Biographie générale* de Didot, à des « machines » mélodramatiques, entreprit des travaux de librairie, rédigea des brochures pour une notoriété politique du Sénat impérial, subit en un mot cette longue et irritante épreuve d'un noviciat qui en a lassé bien d'autres et à laquelle les forts seuls peuvent résister. Enfin, en 1859, il commençait dans le feuilleton du *Constitutionnel* la publication d'une sorte de trilogie, intitulée les *Victimes d'amour*, dont la première partie : les *Amants*, passa sans encombre, mais dont il ne put faire publier les deux autres qu'au moyen d'un jugement en bonne forme obtenu contre le gérant du *Constitutionnel*. La première

partie, publiée en volume, avait pourtant obtenu un franc succès, qui lui ouvrait dans l'intervalle les portes de l'*Opinion nationale*. Dans ce dernier journal, M. Hector Malot a publié, en outre, des correspondances d'Angleterre et des articles variés. Il a depuis fourni des romans et des nouvelles à divers journaux et recueils périodiques : au *Magasin d'éducation et de récréation*, au *Siècle*, etc. — On cite de cet écrivain : les *Amants (1859)*; les *Epoux (1865)*; les *Enfants (1866)*; les *Amours de Jacques (1860)*; la *Vie moderne en Angleterre (1862)*, un *Beau-frère (1868)*; *Romain Kalbris, Madame Obernin (1869)*; *Une bonne affaire (1870)*; *Souvenirs d'un blessé* (2 vol.), un *Curé de province*, un *Miracle (1872)*, un *Mariage sous le second Empire*, la *Belle madame Donis*, *Clotilde Martory (1873)*, le *Mariage de Juliette*, une *Belle-mère*, le *Mari de Charlotte*, la *Fille de la comédienne*, l'*Héritage d'Arthur (1874)*, l'*Auberge du monde (1875-76,* 4 vol.); les *Batailles du mariage (1877,* 3 vol.); *Cara*; *Sans famille*, couronné par l'Académie française *(1878)*, le *Docteur Claude (1880)*; le *Sang bleu (1885)*; *Zyte*, roman parisien (1886), etc. Plusieurs de ses romans ont été ensuite portés à la scène, en tout ou partie, notamment la *Belle Madame Donis*, au Gymnase. — M. Hector Malot est chevalier de la Légion d'honneur.

MAME, ALFRED HENRI ARMAND, imprimeur et libraire français, né à Tours le 17 août 1811. En 1833, M. Alfred Mame prenait, avec son beau-frère et cousin germain, M. Ernest Mame, la direction de l'imprimerie de Tours, fondée par son père trente ans auparavant, mais qui se bornait à peu près jusque-là à l'impression d'ouvrages commandés en grande partie par des éditeurs parisiens et à la clientèle locale. Les deux associés commencèrent à donner une grande extension à la maison ; ils se séparèrent en 1845 et M. Alfred Mame, qui s'est depuis associé avec son fils, M. Paul Mame, resta seul à la tête des affaires. C'est à cette date surtout qu'il faut faire remonter la période d'accroissement continu de cette maison, devenue une immense usine où, entrant à l'état de matière première, dans l'acception stricte du mot, le livre en sort imprimé, relié, orné avec tout le luxe imaginable, cartonné en toute simplicité ou plus modestement encore broché. L'établissement n'occupe pas moins, tant au dehors qu'au dedans, de douze cents personnes, ce qui, dans l'impossibilité où nous sommes d'entrer dans les détails, suffit à donner une idée de son importance. Au fonds primitif, qui se composait de livres de liturgie ou d'éducation religieuse et d'ouvrages pour les distributions de prix, se sont ajoutées des collections remarquables à tous les titres d'ouvrages d'instruction ou de récréation, comme la *Bibliothèque illustrée*, gr. in-8°, composée surtout d'ouvrages de vulgarisation scientifique magnifiquement illustrés. Nous nous bornerons à citer, parmi les livres tout à fait exceptionnels de la Maison Mame, la *Touraine* (in-f°), ouvrage illustré, comme le plus beau qui eût paru jusque-là, et qui remporta la grande médaille à l'Exposition universelle de 1855, la *Sainte Bible*, avec les illustrations de Gustave Doré, les *Jardins*, les *Chefs-d'œuvre de la langue française*, illustrés d'eaux-fortes, etc. A l'Exposition universelle de 1877, la maison Mame obtenait le grand prix unique de sa classe et, la même année, l'un des prix de 10,000 francs destinés aux « établissements modèles où règnent au plus haut degré l'harmonie sociale et le bien-être des ouvriers », ce qui nous dispense d'insister sur les institutions qui lui ont mérité cette récompense, lui était également décerné. Cette maison a, d'ailleurs, remporté beaucoup et des plus hautes récompenses à toutes les expositions nationales ou étrangères, notamment aux Expositions universelles de Londres, de 1851 et 1862. A la suite de cette dernière, M. Alfred Mame, qui avait été nommé chevalier de la Légion d'honneur en 1849, était promu officier de l'ordre. Il a été promu commandeur en 1874. M. Alfred Mame est membre de la Commission supérieure des expositions internationales. Il a fait partie en cette qualité de la section française du jury international à l'Exposition de Vienne, en 1873 (12° groupe, arts graphiques, etc.) — Aux élections générales d'octobre 1877, M. Alfred Mame, demeuré jusque-là en dehors des luttes politiques, accepta la candidature officielle dans la 1re circonscription de Tours ; mais il échoua, et n'y est pas revenu.

MAMIANI (comte), TERENZIO DELLA ROVERE, poète, philosophe et homme politique italien, né à Pesaro, dans les anciens Etats de l'Eglise, en 1800. Il prit une part active au formidable soulèvement qui marqua l'avènement de Grégoire XVI au trône pontifical (février 1831) et s'étendit aux Romagnes et aux duchés de Parme et de Modène, et fit partie du gouvernement provisoire établi à Bologne. Inspirée de la révolution de Juillet, cette révolution italienne espérait l'appui, au moins moral, de la France, mais le gouvernement de Louis-Philippe répondit par une déclaration de non-intervention enveloppée de compliments hypocrites, et l'Autriche, qui n'avait souffle mot, intervint, mais pour comprimer, suivant une habitude invétérée et qui finit par lui coûter cher, cette aspiration intempestive vers l'unité italienne. Le comte Mamiani se réfugia alors en France, et fonda à Paris un comité de propagande dont Leopardi et Mazzini firent partie. Après l'avènement de Pie IX (juin 1846), il rentra en Italie, à la suite de la proclamation d'amnistie sans conditions, qui suivit d'assez près celle d'une amnistie à la condition d'exprimer le regret « des erreurs passées », à laquelle il n'avait pas voulu répondre. Il rentrait à Rome au commencement de 1848, prenait place parmi les membres les plus actifs du parti libéral modéré, et était appelé par Pie IX, le 4 mai, au ministère de l'intérieur et à la présidence du conseil, en remplacement du cardinal Antonelli ; mais il ne put s'y maintenir longtemps, placé qu'il était, lui modéré, philosophe éclectique, entre le pape hésitant mais entraîné vers la réaction et le parti avancé formé de ses anciens amis ; il ne put même parvenir à faire connaître aux Chambres, réunies le mois suivant, son programme, qui était l'indépendance de l'Italie et la formation d'une ligue contre l'Autriche entre Rome, la Toscane, Naples et le Piémont. A la suite d'une émeute dans laquelle un des membres du cabinet s'était compromis, le comte Mamiani donnait sa démission et était remplacé par Edoardo Fabbri. Il se rendit à Turin et fonda, avec Gioberti et autres, la société de l'Union italienne dont il devint consul. Après l'assassinat de Pellegrino Rossi, qui avait succédé à Fabbri (15 novembre), une émeute le ramenait au pouvoir avec MM. Galetti, Sterbini et Rosmini. Il prit dans ce cabinet le portefeuille des affaires étrangères. — Ce fut alors que Pie IX s'enfuit de Rome. En présence de cette complication nouvelle, M. Mamiani déclara rompre toutes relations avec la cour de Gaëte, et un gouvernement provisoire fut installé ; mais refusant de proclamer la déchéance de Pie IX, le comte Mamiani dut se retirer du ministère (décembre). Resté à Rome, cette fois, il accueillit les ouvertures de l'ambassadeur de France, qui proposait une intervention armée ne croyant pas à une solution raisonnable des difficultés pendantes par d'autres secours ; se rendant, surtout, pas au compte exact des conséquences que devait amener cette intervention. Lorsque celle-ci commença à se dessiner, M. Mamiani se retira à Gènes, se fit naturaliser sarde, et fut élu, en 1856, député de cette ville à la Chambre piémontaise. Après la guerre de 1859, il fut élu député au parlement de Turin. Appelé au ministère de l'instruction publique en janvier 1860, il devint ensuite ambassadeur à Athènes en mars 1861 ; il alla également représenter à Berne le gouvernement italien en 1865. En 1870, M. le comte Mamiani est devenu rédacteur en chef de la *Filosophia delle scuole italiane*, revue trimestrielle. Il a collaboré activement, d'autre part, à la presse politique et aux périodiques philosophiques et littéraires de l'Italie, notamment à la *Revista contemporanea* de Turin. Il est de l'Academie philosophique de Gênes. — On cite du comte Mamiani : *Rinnovamento della filosofia antica italiana (1835-36)*; *Poeti dell' Età-Media* (Paris, 1842) : *Dialoghi di scienza prima* (ib. 1846); *Della impossibilità d'una scienza assoluta*. *Del bello in ordine alla teoria del progresso*, *Dell' uso della metafisica nelle scienze fisiche*, *Sull' origine, natura e constituzione della sovranità*, *Del diritto di proprietà*, *Del fondamento della filosofia del diritto* (Gênes et Naples, 1849-51); *Del papato* (Paris, 1851); *Scritti politici* (Florence, 1853); *Poesie* (ib. 1857, nouv. édit.); *il Nuovo diritto europeo* (Turin, 1859); *Teoria della religione e dello stato (1868)*, condamné, avec le *Nuovo diritto*, par la Sacrée Congrégation de l'*index* (1869); *Le meditazioni cartesiane rennovate dal secolo XIX*, *Kant e l'ontologia (1870)*; *Compendio e sintesi della propria filosofia, ossia nuovi prolegomeni od ogni presente e futura metafisica* (Turin, 1876); *Della psicologia di Kant (1877)*; *Critica delle rivelazioni*, la *Religione de l'avvenire (1880)*; *Delle questioni sociali et particolarmente dei proletarj e del capitale (1882)*; de nombreuses brochures de circonstance, poésies, articles, etc., etc.

MANBY, CHARLES, ingénieur anglais, fils du directeur des forges et hauts fourneaux de Horsley, dans le comté de Stafford, où il est né en 1804. Elève de son père, il fut mêlé tout jeune encore à la révolution apportée par l'application de la vapeur dans le matériel de la marine, et dessina et construisit, dès 1820, le premier navire à vapeur en fer qui eût jamais navigué et auquel il donna le nom de son père : *Aaron Manby*. Il dirigea la construction des appareils à gaz pour l'éclairage de Paris, devint l'un des directeurs de l'usine de Charenton, puis entra à celle du Creusot et fut nommé ingénieur en chef des manufactures de tabac par le gouvernement de la Restauration. Retourné en Angleterre à la fin de 1829, il fut d'abord attaché pendant sept ans à une manufacture de fer du pays de Galles, puis s'établit à Londres comme ingénieur civil en 1836. Secrétaire de l'Institut des ingénieurs civils de 1839 à 1859, il est encore aujourd'hui secrétaire honoraire de cette société et chef de la maison Robert Stephenson et Cie, de Newcastle-sur-Tyne. M. Ch. Manby a fait partie, avec M. Barthélemy-Saint-Hilaire et autres, de la commission chargée d'examiner la question du percement de l'isthme de Suez, dont il fut secrétaire-adjoint jusqu'en 1858, ainsi que de beaucoup d'autres commissions scientifiques; il est membre de la Société géologique, de la Société royale, etc., chevalier de la Légion d'honneur, des Saints-Maurice et Lazare d'Italie, du Danebrog de Danemark, officier de la Rose du Brésil et commandeur de l'ordre de Wasa de Suède et Norwège. M. Ch. Manby est, en outre, lieutenant-colonel du corps d'État-major des volontaires ingénieurs et des chemins de fer, qu'il a lui-même organisé.

MANCINI, Pasquale, homme d'État italien, né à Ariano en 1816, fit ses études à l'université de Naples, fut reçu avocat et professait le droit à Naples lorsqu'il épousa, en 1840, non sans avoir eu à surmonter de grandes difficultés, Mlle Beatrice Oliva, qui s'est fait depuis un nom célèbre dans la poésie, et est morte en 1869. M. Mancini prit une part active à la révolution de 1848, et dut s'expatrier aussitôt après le « rétablissement de l'ordre ». Il s'établit alors à Turin, où il n'a plus quitté jusqu'à la constitution du royaume d'Italie. Élu député au parlement italien, il siégea d'abord dans les rangs de la gauche modérée, dont il ne tarda pas à devenir un des chefs reconnus. Au commencement de mars 1862, il prenait le portefeuille de l'instruction publique dans le cabinet Rattazzi, lequel, après une existence extraordinairement agitée et précaire, donnait sa démission le 1er décembre suivant. En 1865, M. Mancini présentait à la Chambre des députés italiens une proposition de loi tendant à l'abolition de la peine de mort ; cette proposition fut adoptée. Mais, en 1874, M. Vigliani, ministre de la justice, présentait à son tour un projet de code unique où la peine de mort était subrepticement rétablie. Ce projet, adopté par le Sénat à la majorité d'une voix, fut repoussé à une grande majorité par la commission de la Chambre des députés. A la chute du ministère Minghetti, le 19 mars 1876, M. Mancini, remplaçant M. Vigliani au ministère de la justice, reprenait, comme de raison, son projet d'abolition de la peine de mort, peine qui disparait en effet du projet de code unique qu'il proposait à l'approbation de la Chambre des députés italiens. Il quittait le pouvoir en mars 1878, pour y rentrer comme ministre des affaires étrangères, en mai 1881, avec M. Depretis. Maintenu aux affaires étrangères dans le remaniement subi par le cabinet Depretis le 30 mars 1884, M. Mancini ne conservait son portefeuille que quelques mois de plus et ne faisait pas partie du nouveau ministère Depretis arrivé aux affaires en juin 1885 et qui s'y est maintenu jusqu'ici. — On doit à M. P. Mancini divers ouvrages de jurisprudence et des brochures d'actualité, principalement relatives à la nécessité de faire disparaître la peine de mort de nos codes. A la séance de l'Académie des sciences morales et politiques du 7 avril 1877, M. Ch. Lucas présentait au nom du ministre de la justice du royaume d'Italie, une *Statistique de la contrainte par corps* et la première partie de son projet de *Code pénal unique*. — M. Mancini est grand croix de la Légion d'honneur.

MANGEANT, Sylvain, violoniste, compositeur et chef d'orchestre français, né vers 1828, fit ses études artistiques au Conservatoire de Paris, où il obtint un accessit de violon en 1847. Peu après, il devint second, puis premier chef d'orchestre ou Théâtre-Historique, remplit les mêmes fonctions à la Gaîté, puis au Palais-Royal, et enfin fut chargé, en 1863, de la direction de l'orchestre du Théâtre-Français de Saint-Pétersbourg, fonctions qu'il a conservées jusqu'ici. M. S. Mangeant a écrit pour le Palais-Royal un certain nombre d'airs de vaudeville, et a fait représenter les opérettes suivantes : la *Recherche de l'inconnue*, 1 acte, aux Folies-Nouvelles (1858) ; *Tu ne l'auras pas, Nicolas*, 1 acte (1859), et *Danaé et sa bonne*, 1 acte (1862), ces deux dernières au Palais-Royal. Il est également l'un des sept musiciens associés auxquels on doit la partition de la *Poularde de Caux*, opérette en 1 acte jouée au même théâtre. Enfin, M. Mangeant a écrit la cantate : la *Savoie française*, exécutée au théâtre du Palais-Royal le 14 juin 1860, à l'occasion de l'annexion à la France de la Savoie et du comté de Nice.

MANGIN, Arthur, écrivain scientifique français, né à Paris en 1824, y fit ses études et suivait les cours de la faculté des sciences avec l'intention de se consacrer à la chimie, lorsque éclata la révolution de février 1848, à laquelle il prit une part active dans les rangs des étudiants. Il entra alors au ministère de l'intérieur avec Ledru-Rollin, qu'il suivit dans sa retraite (24 juin), et cessa bientôt, sans toutefois répudier ses convictions, toute participation à la politique militante, pour se consacrer à des travaux plus tranquilles, et peut-être plus salutaires, de vulgarisation scientifique. Outre de nombreux articles au *Dictionnaire du commerce et de la navigation* et autres publications encyclopédiques, M. Arthur Mangin a collaboré au *Nouveau journal des connaissances utiles*, au *Magasin pittoresque*, au *Musée des familles*, au *Correspondant*, à la *Vie pratique*, à l'*Avenir national*, au *Phare de la Loire*, au *Progrès de Lyon*, etc. Il rédige, depuis 1871, le compte rendu des séances de l'Académie des sciences morales et politiques au *Journal officiel*. Enfin, M. A. Mangin a publié notamment : les *Savants illustres de la France* (1856) ; *Voyage scientifique autour de ma chambre* (1862), *Voyages et découvertes outre mer au XIXe siècle* (même année) ; les *Mystères de l'Océan* (1864) ; l'*Air et le monde aérien* (1865) ; le *Désert et le monde sauvage* (1866) ; les *Jardins* (1867) ; les *Poisons* (1868) ; les *Plantes utiles* (1869) ; *Nos ennemis et nos alliés, études zoologiques* (1870) ; *Voyages et métaux* (1872) ; l'*Homme et la bête* (1873) ; un *Guide des aspirants au volontariat d'un an* (1874-75) ; les *Mémoires d'un chêne* (1866), etc.

MANGON, Charles François Hervé, ingénieur français, ancien ministre, né à Paris le 13 juillet 1821. Sorti de l'École polytechnique en 1842, il entra à l'École des ponts et chaussées et devint ingénieur en chef de 1865. M. Mangon était professeur de travaux agricoles et de génie rural au Conservatoire des arts et métiers et à l'Institut agronomique, et d'hydraulique agricole à l'École des ponts et chaussées, membre de l'Académie des sciences, où il remplace Payen dans la section d'économie rurale, depuis 1872, lorsqu'il fut appelé à la direction du Conservatoire en remplacement du général Morin, décédé, le 17 février 1880. — M. Hervé Mangon, qui s'était présenté sans succès, comme candidat républicain, aux élections d'octobre 1877, dans l'arrondissement de Valognes (Manche), fut élu député de cet arrondissement le 21 août 1881, et fut, lors de son élection, obligé de quitter le Conservatoire, où M. le colonel Laussedat le remplaça. Il a été nommé membre du Bureau central météorologique de France pour une période de trois ans, le 10 juillet 1884, et président de ce bureau pour 1886. — Le 1er avril 1885, M. Mangon entrait dans le cabinet Brisson, avec le portefeuille de l'agriculture. Mais il échouait aux élections générales du 4 octobre suivant, il donnait sa démission de ministre de l'agriculture, le 9 novembre, il remettait son portefeuille à M. Gomot. — On doit à ce savant éminent un assez grand nombre d'ouvrages sur l'agriculture, les constructions et l'hydraulique agricole, outre un *Traité sur le génie rural*, avec gravures dans le texte et un atlas (Paris, 1875-80). Il est commandeur de la Légion d'honneur depuis 1878.

MANNERS, lord John James Robert, homme politique anglais, second fils du feu duc et frère puîné du duc actuel de Rutland, est né le 13 décembre 1818 au château de Belvoir, dans le comté de Leicester, et a fait ses études à Eton et au collège de la Trinité, à Cambridge, où il prit le grade de maître ès arts en 1839. L'un des promoteurs de la Société Camden, fondée pour la restauration des églises sur les principes de l'architecture gothique, il était élu, comme député, représentant le bourg de Newark, au titre conservateur, en juin 1841. Aux élections générales suivantes (1847), il se présentait sans succès à Liverpool et échouait également à une élection partielle de la Cité de Londres, créée par le baron Rothschild, en juin 1849 ; élu en février 1850 par le bourg de Colchester, il échangeait ce mandat en mars 1857, contre celui de représentant de la circonscription nord du comté de Leicester, qui l'a constamment réélu depuis. Lord John Manners est l'un des plus fermes défenseurs des droits de l'Église d'Angleterre et des intérêts de l'agriculture en tant qu'ils s'accordent avec les principes du système prohibitionniste ; il a combattu avec ardeur le projet de rappel des lois sur les céréales (1841), ainsi que les mesures économiques, dans le sens de la liberté des échanges, prises par sir Robert Peel (1835-46). Nommé premier commissaire du Bureau des travaux et membre du Conseil privé sous la première administration de lord Derby (1852) et sous la seconde (1858-59), il y fut réintégré de nouveau, mais avec siège au cabinet, sous la troisième (1866-67). En 1874, au retour des conservateurs au pouvoir, en février 1874, lord John Manners a été nommé directeur-général des Postes. A la retraite de son parti en avril 1880, il fut créé grand croix du Bain. Il fait partie du ministère conservateur constitué, le 2 août 1886, sous la présidence du marquis de Salisbury, avec le portefeuille de chancelier du duché de Lancastre. — On lui doit des *Notes de voyage en Irlande*, une *Croisière dans les eaux écossaises*, autre recueil de *Notes* de voyage d'agrément, deux volumes de *Poésies* et quelques brochures de circonstance.

MANNING, HENRY EDWARD, prélat catholique anglais, cardinal, archevêque de Westminster, né à Totteridge, dans le comté d'Hertford, le 15 juillet 1808, est fils d'un négociant de Londres qui fut membre du parlement. Il fit ses études à Harrow et au collège Balliol d'Oxford, où il prit le grade de bachelier ès arts en 1830. et devint, la même année, agrégé du collège Merton. Après avoir été quelque temps l'un des prédicateurs favoris d'Oxford, il fut nommé, en 1834, recteur de Lavington et Graffham (Sussex), et archidiacre de Chichester en 1840. Mais il donna sa démission et se convertit au catholicisme en 1851. Ordonné prêtre par le cardinal Wiseman, il se rendit à Rome pour étudier la théologie catholique, et revint en Angleterre en 1854. En 1857, il fondait à Bayswater une congrégation religieuse à laquelle il donna le nom d'oblats de Saint Charles-Borromée. Il reçut alors le titre de docteur en théologie de Rome, devint prévôt du chapitre de Westminster, protonotaire apostolique et prélat domestique du pape. A la mort du cardinal Wiseman, le 8 juin 1865, M. Manning fut nommé à sa place archevêque de Westminster. Le pape Pie IX l'a créé cardinal le 15 mars 1875. — Le cardinal Manning a publié, avant sa conversion, quatre volumes de *Sermons* et plusieurs autres écrits théologiques. Depuis, il a donné : les *Fondements de la foi (1852)*; la *Souveraineté temporelle des papes (1860)*; les *Dernières gloires du Saint-Siège plus grandes que les premières (1861)*; la *Crise actuelle du Saint-Siège prévue par les prophéties (1861)*; le *Pouvoir temporel du vicaire de Jésus-Christ (1862)*; *Sermons sur des sujets ecclésiastiques, précédés d'une introduction sur les rapports de l'Angleterre avec le christianisme (1863)*; deux *Lettres à un ami anglican sur le concile (1864)*; la *Mission temporelle de l'Esprit-Saint, ou Raison et révélation (1865)*; la *Réunion de la chrétienté, lettre pastorale au clergé (1866)*; le *Pouvoir temporel du pape considéré au point de vue politique (1866)*; le *Centenaire de Saint Pierre et le concile général et Angleterre et chrétienté (1867)*; l'*Irlande, lettre au comte Grey (1868)*; le *Concile œcuménique et l'infaillibilité du pontife romain*, lettre pastorale au clergé (1869); le *Concile du Vatican et ses définitions*, lettre pastorale (1870); *Petri Privilegium*, trois lettres pastorales au clergé du diocèse de Westminster; la *Quadruple souveraineté de Dieu (1871)*; le *Démon de Socrate (1872)*; la *Mission spirituelle de l'Esprit-Saint (1875)*; les *Décrets du Vatican* (the Vatican Decrees in their bearing on Civil Allegiance), réponse à l'*Expostulation* de M. Gladstone (1875); le *Péché et ses conséquences (1876)*; la *Vraie histoire du concile du Vatican (1877)*; *Miscellanées (1878, 2 vol.)*; l'*Eglise catholique et la société moderne (1880)*; le *Sacerdoce éternel (1883)*, et un grand nombre d'autres brochures de circonstance, lettres pastorales, sermons, etc.

MANTZ, PAUL, littérateur et critique d'art français, né à Bordeaux le 28 avril 1821, fit son droit à Paris et aborda, dès 1844, la carrière littéraire. Il collabora à l'*Artiste*, puis débuta comme écrivain d'art à l'*Evénement*, en 1848. Se bornant désormais à cette dernière branche de la littérature, il écrivit successivement à la *Revue de Paris*, à la *Revue française*, etc., et écrit encore aujourd'hui d'une manière assidue, à la *Gazette des Beaux-Arts* et au journal le *Temps*. M. Paul Mantz, qui s'est acquis une grande réputation de critique savant, élégant et consciencieux, a rédigé de nombreux *Catalogues*, fourni à l'*Histoire des peintres* de nombreuses notices, publié avec M. F. Kellerhoven, les *Chefs-d'œuvre de la peinture italienne*, splendide album in-folio dont il a rédigé les 270 pages de texte (1869), et rédigé le texte d'autres grandes publications artistiques, telles que *Hans Holbein (1879)*, *François Boucher, Lemoine et Natoire (1880)*, etc. — M. Paul Mantz a fait partie du jury d'admission des ouvrages d'art (4ᵉ section, gravure et lithographie), à l'Exposition universelle de 1878. Il a fait également partie du jury de plusieurs salons annuels. Il est directeur général honoraire des Beaux-Arts, membre du Conseil supérieur, etc., et officier de la Légion d'honneur depuis 1881.

MANUEL, EUGÈNE, littérateur français, d'origine israélite, né à Paris le 13 juillet 1823, est fils d'un médecin distingué. Il fit ses études au lycée Charlemagne et fut admis à l'Ecole normale supérieure en 1843. Agrégé des classes supérieures des lettres en 1847, il fut successivement professeur de seconde à Dijon et de rhétorique à Grenoble, puis à Tours. Rappelé à Paris, il fut chargé de l'enseignement spécial au lycée Charlemagne, puis au lycée Saint-Louis, devint suppléant, puis professeur titulaire de seconde au lycée Bonaparte, professeur de rhétorique au collège Rollin, passa en la même qualité au lycée Henri IV et fut, en 1871, chef du cabinet du ministre de l'instruction publique, M. Jules Simon. Nommé, en 1873, inspecteur de l'Académie de Paris, il a été promu inspecteur général de l'instruction publique en 1878. — On a de M. E. Manuel : une édition des *Œuvres lyriques* de *J.-B. Rousseau*, suivies d'un choix des lyriques français, avec notes et commentaires (1852); la *France*, livre de lecture scolaire, avec M. E. Levi-Alvarès (1854-55, nombr. édit.); *Pages intimes*, recueil de poésies, couronné par l'Académie française (1866, 5ᵉ édit., 1877); les *Ouvriers*, drame en 1 acte, en vers, joué au Théâtre-Français en janvier 1870; *Pour les blessés*, scène en vers (1870); *Bon jour, bon an, compliment au public*; *Henri Regnault*; les *Pigeons de la République (1871)*, pièces dites au Théâtre-Français, avec un très vif succès, pendant le siège de Paris; *Poésies populaires (1871, 4ᵉ édit. 1877)*, couronnées par l'Académie française; *Pendant la guerre (1872)*; l'*Absent*, drame en 1 acte, en vers, au Théâtre-Français (1873), etc. — Chevalier de la Légion d'honneur depuis 1866, il a été promu officier le 12 juillet 1883.

MAQUET, AUGUSTE JULES, littérateur français, né à Paris le 13 septembre 1813, fit ses études au collège Charlemagne, où il devint professeur-suppléant en 1831. Après avoir passé, sans succès, ses examens pour le doctorat ès lettres, M. Maquet abandonna la lutte, renonça à l'enseignement et se voua à la littérature. Avec Gérard de Nerval, son ami, il écrivit successivement plusieurs pièces de théâtre, notamment l'*Expiation*, drame en un acte, qui fut, dit-on, reçu à l'Odéon, ne fut toutefois jamais joué. Il présenta ensuite à la Renaissance un drame en prose, en trois actes, qui fut reçu et joué, après remaniement par Alexandre Dumas, sous le titre de *Bathilde*; le titre primitif était un *Soir de carnaval* : telle fut l'origine des relations de M. Auguste Maquet avec le célèbre romancier, dont il devint dès lors le laborieux collaborateur. M. Maquet avait tout prêt un roman : le *Bonhomme Buvat*, dont le placement, malgré son mérite réel, était tout aussi difficile que celui de ses pièces; il le soumit à Alexandre Dumas, qui le fit aussitôt paraître dans le *Siècle*, sous son propre nom et après avoir changé le titre primitif pour celui, plus romantique certainement, de *Chevalier d'Harmental*. La collaboration d'Alexandre Dumas à ce roman de M. Maquet s'est-elle bornée là? nous l'ignorons, mais nous savons, d'après les accusations d'Eugène de Mirecourt et l'écho des procès que M. Maquet, ne pouvant tirer de sa collaboration à l'œuvre du célèbre écrivain, au moins le paiement dont on s'est tenu envers un secrétaire ou un employé, lui fit signant, c'est que M. Maquet a eu une part considérable aux ouvrages les plus populaires et les plus justement estimés parmi ceux qui portent la signature *Alexandre Dumas* pour marque de fabrique. Ce sont, outre le *Chevalier d'Harmental*: les *Trois mousquetaires*, *Vingt ans après* et le *Vicomte de Bragelonne*; *Monte-Cristo*; *Une fille du Régent*; le *Chevalier de Maison-Rouge*; la *Reine Margot*; la *Dame de Monsoreau* et les *Quarante-cinq*; le *Bâtard de Mauléon*; la *Guerre des femmes*; *Joseph Balsamo* et le *Collier de la reine*; *Ange Pitou*; *Olympe de Clèves*; la *Tulipe noire* et *Ingénue*. Outre cette collaboration, qui ne prit fin qu'en 1851, M. A. Maquet a publié, pendant et après : le *Beau d'Angennes (1843)*; *Deux trahisons (1844)*; *Histoire de la Bastille*, avec Arnould et Alboize (1844); les *Prisons de l'Europe*, avec Alboize (1844-46, 8 vol.); la *Belle Gabrielle (1853-55)*; le *Comte de Lavernie (1855)*; la *Maison du baigneur (1856)*; les *Dettes de cœur (1857)*; l'*Envers et l'endroit (1858)*; la *Rose blanche (1859)*; les *Vertes-feuilles (1862)*, publié au *Journal des Débats* l'année précédente; *Voyages au pays bleu*, contes fantastiques (1865). Il a donné au théâtre, avec la collaboration d'Alexandre Dumas, dans des pièces qu'on reconnaîtra : les *Mousquetaires (1846)*; la *Reine Margot*, le *Chevalier de Maison-*

Rouge et Monte-Cristo (1847); Catilina (1848); le Chevalier d'Harmental, la *Guerre des femmes (1849); la Jeunesse des mousquetaires (1850); Urbain Grandier (1851); Valeria,* drame en vers, au Français (même année) et la *Fronde,* opéra, musique de Niedermeyer (1853), avec M. Jules Lacroix; le *Comte de Lavernie (1855);* la *Belle Gabrielle (1857);* les *Dettes de cœur (1859),* seul; la *Dame de Monsoreau (1860),* avec Alexandre Dumas; et seul de nouveau : la *Maison du Baigneur (1864);* le *Hussard de Berchemy (1865).* — M. Auguste Maquet, qui a été plusieurs fois élu président de la Société des Gens de lettres, est officier de la Légion d'honneur depuis 1861.

MARCÈRE (de), ÉMILE LOUIS GUSTAVE DESHAYES, homme politique français, ancien ministre, né à Domfront le 16 mars 1828, fit son droit à Caen et fut attaché au ministère de la justice en 1850. Il devint successivement substitut à Soissons en 1853 et à Arras en 1856, procureur impérial à Saint-Pol en 1857, président du tribunal d'Avesnes en 1863 et conseiller à la cour de Douai le 20 avril 1866. Il occupait ces dernières fonctions lorsqu'il publia, en 1869, une brochure qui fut alors très remarquée de tout le monde, lui valut les éloges de la presse libérale et faillit lui attirer des peines disciplinaires : la *Politique d'un provincial.* Après le 4 Septembre, lorsque la convocation des électeurs paraissait devoir être plus prochaine, il publia une nouvelle brochure : *Lettre aux électeurs à l'occasion des élections pour la Constituante (1870),* dans laquelle il affirmait ses préférences motivées pour la forme républicaine, conclusion résultant naturellement des prémisses posées dans le précédent opuscule. Aux élections du 8 février 1871, M. de Marcère était, en conséquence, élu représentant du Nord, le sixième sur vingt-huit, par 205,588 suffrages. Il se fit inscrire à la réunion Feray, puis fit partie du centre gauche, qui le choisit pour vice-président et plus tard pour président, et ne cessa, en toute occasion, de chercher à démontrer la nécessité de l'établissement définitif de la République. M. de Marcère fit partie de beaucoup de commissions importantes et monta fréquemment à la tribune pour prendre part aux discussions relatives principalement à la magistrature, aux lois municipales, budgétaires, électorales et sur la révision des services administratifs. Son rapport sur le projet de prorogation des conseils municipaux fut imprimé aux frais des trois gauches et répandu à un chiffre énorme d'exemplaires. Il fit également partie de la dernière commission des Trente et rédigea, avec M. Ricard, un rapport sur la loi électorale municipale, qui contient l'apologie de l'élection au scrutin de liste, présentée à la tribune avec une grande éloquence. Aux élections du 20 février 1876, M. de Marcère se présenta dans la deuxième circonscription de l'arrondissement d'Avesnes, qui l'élut par 10,202 vo x contre 7,169 accordées à M. Bottieau, député sortant, appartenant à la droite. Le 12 mars suivant, il suivait au ministère de l'intérieur, comme sous-secrétaire d'État, son ami M. Ricard, dont il avait été le collaborateur en tant d'autres occasions, et auquel il devait succéder après sa mort (15 mai 1876). M. de Marcère quittait le ministère le 13 décembre suivant, remettait son portefeuille à M. Jules Simon et reprenait sa place sur les bancs du centre gauche. Réélu député d'Avesnes le 14 octobre 1877, M. de Marcère faisait partie du comité de résistance dit des Dix-huit, aussitôt la rentrée. Le 14 décembre suivant, il entrait dans le cabinet Dufaure avec le portefeuille de l'intérieur, et apportait dans le personnel administratif, un remaniement général bien nécessaire. Resté dans le cabinet formé après l'élection de M. Grévy, sous la présidence de M. Waddington, M. de Marcère quittait le ministère le 3 mars 1879, à la suite de difficultés avec la gauche, nées principalement de l'enquête sur la préfecture de police, provoquée par les révélations de la *Lanterne,* qui lui fit, pendant quelque temps, l'intérim du ministère des cultes. Aux élections du 21 août 1881, M. de Marcère était réélu député dans la deuxième conscription d'Avesnes. Il était élu sénateur inamovible le 28 février 1884, en remplacement de M. Gauthier de Rumilly, décédé. Il a voté contre la loi d'expulsion des princes prétendants. — Outre les écrits précités, on lui doit : la *République et les conservateurs (1873).*

MARCOU, JACQUES HILAIRE THÉOPHILE, avocat, journaliste et homme politique français, né à Carcassonne le 18 mai 1813. Proscrit de décembre 1851, il se réfugia en Espagne et ne rentra en France qu'en 1867. L'année suivante, il fondait la *Fraternité,* journal d'opposition radicale, dans sa ville natale, où il avait pris place au barreau et était devenu bâtonnier de son ordre. Maire de Carcassonne après le 4 Septembre, révoqué après le 24 Mai, il avait échoué aux élections du 8 février 1871, mais fut élu représentant de l'Aude à l'élection partielle du 14 décembre 1873 et député de Carcassonne le 20 février 1876. Il siégea à l'extrême-gauche dans les deux assemblées. Réélu le 14 octobre 1877 et le 21 août 1881, il se présentait le 25 janvier 1885 aux élections pour le renouvellement de la représentation sénatoriale de l'Aude, et était élu au second tour. Il a pris place à l'extrême-gauche et voté l'expulsion des princes.

MARÉCHAL, CHARLES HENRI, compositeur français, né à Paris le 22 janvier 1842. Il entra au Conservatoire en 1866, dans la classe d'orgue de M. Benoist et dans la classe de composition de Victor Massé. Sans avoir obtenu aucune récompense aux concours de l'École, auxquels nous ignorons d'ailleurs s'il prit part, M. Maréchal se présentait au concours de l'Institut en 1870, et remportait d'emblée le grand prix de Rome, en partage avec M. Charles Lefebvre (voyez ce nom), pour la cantate intitulée le *Jugement de Dieu,* qui ne fut pas exécutée en séance publique, grâce aux trop mémorables événements qui ne tardèrent pas à se produire. En 1875, à la séance d'audition des envois de Rome, on a exécuté au Conservatoire des fragments de la *Nativité,* drame sacré de M. Maréchal, dont plusieurs fragments avaient dé à été entendus aux séances de la Société nationale de musique. Enfin, le 8 mai 1876, M. Henri Maréchal faisait représenter sur la scène de l'Opéra-Comique un ouvrage en un acte : les *Amoureux de Catherine,* écrit sur un poème de M. Jules Barbier, et qui a été fort bien accueilli. Il a donné plus récemment, au même théâtre : la *Taverne des Trabans,* opéra comique en 3 actes, livret de MM. Erckmann-Chatrian et Jules Barbier (1882).

MARET, HENRY, journaliste et homme politique français, né à Sancerre en 1838, fit ses études au lycée de Bourges, puis vint à Paris, où, avec l'appui du duc de Bassano, son parent, il entra dans les bureaux de la préfecture de la Seine. Il débuta de bonne heure, toutefois, dans la carrière des lettres, par des nouvelles insérées dans la *Semaine des familles* et ailleurs; puis collabora au *Charivari,* à l'*Illustration,* à la *Vie parisienne;* donna des feuilletons à l'*Opinion nationale,* au *Temps;* rédigea le feuilleton des théâtres à la *Presse libre,* bientôt devenue la *Réforme* et entra ensuite au *Rappel.* Collaborateur au *Mot d'ordre* de M. Henri Rochefort, son ancien collègue à la préfecture de la Seine, pendant le siège de Paris et la Commune, M. H. Maret se vit condamner par un conseil de guerre à cinq ans de prison et 500 fr. d'amende : c'était une condamnation à mort, s'il avait dû la subir, et assez peu méritée; il en fut quitte pour quatre mois. Rentré dans la vie active, il le était pour temps. M. Maret collabora aux journaux de M. E. Portalis : la *Constitution* et à l'*Avenir national,* puis à la *Marseillaise* nouvelle et au nouveau *Mot d'ordre,* dont il devint rédacteur en chef. Devenu rédacteur principal de la *Vérité* en octobre 1880, il prenait, dix mois après, la direction du *Radical,* qu'il a conservée jusqu'ici. — Élu membre du Conseil municipal de Paris en 1878, pour le quartier des Épinettes, en remplacement de M. Ernest Lefèvre, démissionnaire, M. H. Maret fut réélu le 4 mai 1881. Au scrutin de ballottage du 4 septembre suivant, il était élu député de la 2ᵉ circonscription du XVIIᵉ arrondissement de Paris. Porté aux élections d'octobre 1885 dans la Seine et le Cher, il fut élu dans ces deux départements et opta pour le Cher. Membre de la commission chargée d'examiner la proposition d'expulsion des princes, il se prononça énergiquement contre et décida l'attitude de presque tout le groupe radical sur cette question. — On cite de M. Henry Maret : le *Tour du monde parisien (1862);* les *Compagnons de la Marjolaine (1864); Arcachon, Promenade à travers bois (1865);* on cite aussi les *Parents criminels,* drame avec Gabriel Guillemot (illustré), mais ce roman est resté inachevé. Il a écrit en outre, avec M. Lemœur, le *Baiser de la reine,* comédie en 2 actes (Bordeaux, 1864).

MARGAINE, HENRI CAMILLE, homme politique français, capitaine d'infanterie démissionnaire en 1863, maire de Sainte-Menehould, révoqué après le 24 mai 1873, malgré les services rendus pendant l'occupation, est né dans cette ville le 4 décembre 1829. Il est décoré de la Légion d'honneur. Élu représentant de la Marne le 8 février 1871, et député de Sainte-Menehould le 20 février 1876, il siégea à gauche dans les deux chambres et a été questeur de la seconde. Il a publié dans le *XIXᵉ Siècle* des lettres très remarquables sur la politique du jour. Réélu le 14 octobre 1877 et le 21 août 1881, M. Margaine était élu député de la Marne en tête de la liste républicaine, aux élections d'octobre 1885. Il a voté l'expulsion totale des princes. — M. Margaine a été mandé tenu invariablement dans ses fonctions de questeur à chaque nouvelle session.

MARION (de Faverges), Joseph Édouard, homme politique français, fils d'un ancien magistrat, membre de la Chambre des députés sous la monarchie de Juillet et de la Constituante de 1848, est né à Grenoble le 27 décembre 1829, fit son droit à Paris et se fit recevoir avocat; il exerça ensuite les fonctions d'agent de change à Marseille, puis à Paris et se retira au château de Faverges en 1861, pour se livrer à l'agriculture. Candidat de l'opposition démocratique dans la 4e circonscription de l'Isère, aux élections générales de 1869, il fut élu à une grande majorité; mais son élection fut annulée par des considérations étrangères à la politique, quoiqu'évidemment suggérées par elle; le 7 février 1870, il était réélu avec une majorité augmentée de plus de 2,500 voix et reprenait sa place sur les bancs de la gauche. Après le 4 Septembre, M. Marion fut nommé commissaire du gouvernement dans l'Isère, comme son père l'avait été en 1848, et prit le commandement des mobilisés de son département, avec le grade de général. Il est membre du Conseil général de l'Isère pour le canton de Morestel et maire des Avenières. Aux élections du 20 février 1876, M. E. Marion a été élu député de la 2e circonscription de La Tour-du-Pin, par 8,070 voix contre 4,580 accordées à M. de Quinsonas, député sortant appartenant à la droite. Réélu le 14 octobre 1877 et le 21 août 1881, M. Marion était élu sénateur de l'Isère le 25 janvier 1885, en remplacement de M. Michal-Ladichère, décédé. Il a voté l'expulsion des princes.

MARKHAM, Clements Robert, explorateur et écrivain anglais, né à Stillingfleet, près d'York, le 20 juillet 1830, fit ses études à l'école de Westminster et entra dans la marine en 1844. Embarqué comme élève (naval cadet) sur le *Collingwood*, portant le pavillon de sir George Seymour, pour la station du Pacifique, il devint aspirant en 1846, lieutenant en 1850 et abandonna la carrière en 1851. Employé au Comité de contrôle en 1855, M. Markham devint secrétaire-adjoint au Bureau de l'Inde en 1867 et directeur du département géographique de cette administration en 1868. Il était nommé secrétaire de la Société Hakluyt en 1858 et de la société géographique de Londres en 1863; membre en outre de la Société linnéenne, de la Société des antiquaires et de la Société royale, M. Markham a été créé compagnon de l'ordre du Bain en 1871, commandeur de l'ordre du Christ de Portugal en 1874 et chevalier de l'ordre de la Rose du Brésil la même année. Il a fait partie de l'expédition arctique envoyée à la recherche de sir John Franklin, en 1850-51; exploré le Pérou et les forêts des Andes orientales, en 1852-54; introduit la culture du quinquina dans l'Inde, en 1860-61; visité Ceylan et les Indes en 1865 et 1866; il accompagna, en qualité de géographe, l'expédition abyssinienne de 1867-68, et assista à la prise de Magdala et à la mort de Théodoros, le 13 avril de cette dernière année. Il a publié: les *Traces de Franklin* (1852); *Cuzco et Lima* (1856); *Voyages au Pérou et dans l'Inde* (1862); *Grammaire et Dictionnaire quichua* (1863); *l'Irrigation espagnole* (1867); *Histoire de l'expédition d'Abyssinie* (1869); *Vie du grand lord Fairfax* (1870); *Ollanta, drame quichua;* *Mémoire sur les inspections indiennes* (1871); *Esquisse générale de l'histoire de la Perse* (1873); les *Abords de la région inconnue* (1874); *Notice sur la comtesse de Chinchon* (1875); *Missions au Thibet* (1877); *l'Ecorce péruvienne*, le *Pérou* (1880); la *Guerre entre le Chili et le Pérou*, 1879-81 (1883, 3e édition), etc. Outre la traduction de plusieurs ouvrages pour la Société Hakluyt et de nombreux articles dans le *Journal de la Société géographique*, on lui doit encore les *Rapports sur les progrès matériels et moraux de l'Inde*, pour 1871-72 et 1872-73. — M. Markham a été le rédacteur en chef du *Geographical Magazine*, de 1872 à 1878.

MARMIER, Xavier, littérateur français, né à Pontarlier le 24 juin 1809, fit ses études à Besançon, collabora à la presse locale, puis visita la Suisse, l'Allemagne et la Hollande et vint se fixer à Paris en 1830. Il publia dès son arrivée un volume de poésies, retourna en Allemagne en 1832, puis, de 1836 à 1838, visita les contrées septentrionales de l'Europe, chargé d'une mission archéologique, à l'issue de laquelle il fut décoré de la Légion d'honneur. Familiarisé de bonne heure avec les langues et les littératures du Nord, M. X. Marmier fut rédacteur en chef de la *Revue germanique* de 1832 à 1835; chargé en 1839 du cours de littérature étrangère à Rennes, il était nommé l'année suivante bibliothécaire au ministère de l'intérieur, d'où il passait, à la fin de 1846, à la bibliothèque Sainte-Geneviève en qualité de conservateur. Devenu administrateur de cette bibliothèque, il donnait sa démission de ces fonctions en janvier 1885, conservant le titre d'administrateur-adjoint et remplacé effectivement par M. H. Lavoix. De 1842 à 1849, il fut presque constamment en voyage et visita la Russie, l'Orient, l'Algérie, l'Espagne et l'Amérique. M. X. Marmier a été élu membre de l'Académie française en 1870, en remplacement de Pongerville. Il a été promu officier de la Légion d'honneur en 1873, et est en outre décoré de plusieurs ordres étrangers. — On a de cet écrivain: *Esquisses poétiques* (1830); *Choix de paraboles de Krummacher* (1833); *Pierre ou les suites de l'ignorance*, livres et quelques autres livres destinés à l'enfance (1833-35); *Études sur Gœthe* (1835); *Nouveau choix de paraboles de Krummacher* (1837); *Langue et littérature islandaises* et *Histoire de l'Islande depuis sa découverte jusqu'à nos jours* (1838); *Histoire de la littérature en Danemark* et une nouvelle édition de *l'Allemagne*, de Mme de Staël et une traduction nouvelle du *Théâtre de Gœthe* (1839); *Lettres sur le Nord: Danemark, Suède, Laponie et Spitzberg* (1840, 2 vol.); *Souvenirs de voyages et traditions populaires* et le *Théâtre de Schiller*, traduction (1841); *Chants populaires du Nord*, traduits en français et *Lettres sur la Hollande* (1842); les *Contes fantastiques d'Hoffmann*, traduction (1843); *Poésies d'un voyageur*, *Relation de voyage de la commission scientifique du Nord* (1844); *Nouveaux souvenirs de voyage en Franche-Comté* (1845); *Du Rhin au Nil* (2 vol.), *Lettres sur l'Algérie* (1848); *Lettres sur la Russie, la Finlande et la Pologne* (1848, 2 vol.); *Lettres sur l'Amérique* (1852, 2 vol.); *Lettres sur l'Adriatique et le Monténégro* (1854, 2 vol.); *Un été au bord de la Baltique et de la mer du Nord* (1856); les *Fiancés du Spitzberg*, ouvrage couronné par l'Académie (1858); *Voyage pittoresque en Allemagne* (1858-59, 2 vol.); *En Amérique et en Europe* (1859); *Gazida, fiction et réalité*, roman, couronné par l'Académie, et *Histoires allemandes et scandinaves* (1860); *Voyage en Suisse*, illustré; *Mémoires d'un orphelin* (1861); *Hélène et Susanne*, roman; *Voyages et littérature* (1862); *En Alsace*, *l'Avare* et *son trésor* (1863); *En chemin de fer*, nouvelles de l'Est et de l'Ouest (1864); *Sous les sapins*, nouvelles du Nord (1865); le *Roman d'un héritier*, *Histoire d'un pauvre musicien*, 1770-1793 (1866); *De l'Est à l'Ouest*, *voyages et littérature*; *Souvenirs d'un voyageur* (1867); les *Hasards de la vie*, contes et nouvelles et le *Drames du cœur* (1868); les *Voyages de Nils* (1869); *Robert Bruce* (1871); *En Franche-Comté* (1884); *Esquisses provinciales* (1885); *Passé et présent, récits de voyage* (1886), etc. M. Xavier Marmier a collaboré à de nombreuses publications périodiques: à la *Revue des Deux-Mondes*, à la *Revue de Paris*, à la *Revue germanique*, à la *Revue britannique*, au *Journal des jeunes personnes*, à *l'Histoire des villes de France*, etc. Il a donné en outre un grand nombre de traductions de l'allemand, du danois, du russe, etc., notamment les *Aventures d'une colonie d'émigrants en Amérique* de Gerstaeker, les *Nouvelles danoises* de Heiberg et, avec L. Viardot, les *Scènes de la vie russe* d'Ivan Tourgueneff, qui font partie de la « Bibliothèque des meilleurs romans étrangers ». — Aux élections du 20 février 1876, M. Xavier Marmier se présenta comme candidat conservateur dans l'arrondissement de Villefranche; mais il échoua contre le candidat républicain, M. G. Colin. Il renouvela la tentative le 14 octobre 1877, avec le même succès.

MARMONNIER, Henri, homme politique français, avocat, né à Belleville (Rhône) le 16 septembre 1835. En faisant son droit à Paris, il collaborait à la *Semaine républicaine* et se mêlait activement à l'agitation radicale. Devenu secrétaire de M. Henri Brisson, il le suivit à la présidence de la Chambre des députés comme chef-adjoint de son cabinet (1881) et au cabinet de la justice, le 6 avril 1885, comme chef du cabinet. Docteur en droit, président de la Société d'agriculture de l'arrondissement de Villefranche et secrétaire-général du comice agricole du Beaujolais, dont il est le fondateur, M. H. Marmonnier a été élu député du Rhône au scrutin du 18 octobre 1885, et a pris place à gauche. Il a voté l'expulsion des princes. — M. Marmonnier est un des collaborateurs de la *Grande Encyclopédie*.

MARMONTEL, Antoine François, pianiste et compositeur français, né à Clermont-Ferrand le 16 juillet 1816, est arrière-petit-neveu de l'auteur des *Incas* et des *Contes moraux* et a été élevé par son grand-père, professeur au collège d'Orléans, qui développa de bonne heure ses précoces dispositions pour la musique. M. A. Marmontel fit ses premières études artistiques à Orléans et à Clermont, et, amené à Paris par son grand-père, entra en 1828 au Conservatoire, dans les classes de Zimmermann et de Dourlen. Il devint ensuite élève de Lesueur et d'Halévy et remporta successivement le prix de solfège en 1829, un prix de piano l'année suivante, un second prix d'harmonie en 1832 et un second prix d'accompagnement et fugue en 1835. Il quitta alors le Conservatoire pour se vouer à l'enseignement particulier, dont sa position de fortune lui faisait une nécessité, et se produisait à l'occasion, comme virtuose, dans divers concerts. Nommé en 1836 professeur-adjoint de solfège au Conservatoire, il devint titulaire de cette chaire en 1844, fut chargé, pendant l'absence de M. Henri Herz, parti pour l'Amérique en 1847, de sa classe de piano, et fut nommé à celle de Zimmermann en 1848. — M. A. Marmontel a publié un grand nombre de romances, mélodies, morceaux de piano, sonates, nocturnes, musique de danse, etc. ; des *Études pour piano : études élémentaires, progressives, difficiles, transcendantes*, à deux et quatre mains ; l'*Art de déchiffrer*, l'*École du mécanisme*, etc. On remarque parmi ses autres œuvres: trois *Grandes sonates*, un *Allegro*, plusieurs *Nocturnes*, le *Menuet de M*^{lle} *de La Vallière*, etc. On lui doit enfin un ouvrage intéressant intitulé: *Art classique et moderne du piano, conseils d'un professeur sur l'enseignement technique et l'esthétique du piano (1876)*, et la *Première année de musique (1886)*. Il est chevalier de la Légion d'honneur depuis 1862.

MARQUET DE VASSELOT, JEAN JOSEPH MARIE ANTOINE, sculpteur français, né à Paris le 16 juin 1840, y fit ses études et fut attaché comme rédacteur au ministère de l'intérieur en 1860. Après avoir rempli auprès de l'ambassade du roi de Siam à Paris, en 1863, les fonctions de premier secrétaire, il se décida pour la carrière artistique en 1865, devint élève de MM. Jouffroy, Lebourg et Bonnat et débuta au Salon de 1866 par un portrait de l'*Abbé Listz*, médaillon en plâtre. Ce début fut suivi de: *M*^{me} *L. Marquet de Vasselot*, médaillon en bronze (1866) ; *Honoré de Balzac*, buste en plâtre ; *Abraham Lincoln*, medaillon en terre cuite (1868) ; *Chloé à la fontaine*, statue en plâtre ; *Jeanne de Sombreuil*, médaillon en terre cuite (1869) ; le *Christ au tombeau*, statue en plâtre et *H. de Balzac* en bronze (1870) ; *N.-S. Jésus-Christ*, en marbre, pour la Compagnie de Jésus ; le *Comte de Chambord*, buste en marbre (1872) ; la *Chloé* en marbre (1873) ; *Patrie*, statue en marbre ; les portraits de *M. C. de Wendel* et du *Dr de Wecker*, bustes en marbre (1874) ; *Balzac*, buste en marbre, pour le Théâtre-Français ; *Honneur à nos morts!* bas-relief en plâtre et un *Buste* en marbre (1875) ; *Christ au tombeau*, statue en marbre noir et bronze ; le *Jeune Thésée trouvant l'épée de son père*, statue en plâtre (1876) ; *Ung ymagier du roi*, statue en bronze ; *Portrait de M. Cathelin aîné*, buste en marbre (1883) ; un *Mineur*, statue en bronze à cire perdue ; *Rose Anaïs*, buste en bronze à cire perdue (1884) ; *Henri Martin*, buste en marbre ; le *Souffle suprême*, buste en bronze (1885) ; un *Rabbin*, statue en bronze ; *Jean-Jacques Rousseau*, statuette en bronze (1886). On lui doit en outre un *Fronton* pour le musée de Rouen (1876) et une statue de *Lamartine*, inaugurée au square Lamartine en 1886. — M. Marquet de Vasselot a obtenu une médaille de 3e classe en 1873 et une de 2e classe en 1876, outre de nombreuses récompenses aux expositions de province et de l'étranger, notamment à l'Exposition de Philadelphie, en 1876. Il est décoré de la médaille militaire pour sa belle conduite à la bataille de Buzenval, à laquelle il a pris part comme capitaine au 16e régiment de Paris, d'une médaille d'honneur de sauvetage et de plusieurs ordres étrangers.

MARQUISET, JEAN GASTON, homme politique français, né à Saint-Loup (Haute-Saône) le 4 novembre 1826. Ancien substitut du procureur impérial à Gray, rallié à la République, il se présenta comme tel dans la 2e circonscription de Lure, aux élections du 14 octobre 1877; il échoua de quelques voix contre le candidat officiel, dont l'élection fut invalidée par la Chambre; à une nouvelle épreuve, venue le 27 janvier 1878, M. Marquiset triompha de son adversaire et prit place sur les bancs de la gauche républicaine. Réélu le 21 août 1881, il était élu député de la Haute-Saône le 4 octobre 1885. Il a voté contre les projets d'expulsion des princes. — M. Marquiset est chevalier de la Légion d'honneur.

MARSH, OTANIEL CHARLES, paléontologiste américain, né à Lockport (New-York) le 29 octobre 1831, fit ses études au collège puis à l'école des sciences d'Yale, après quoi il partit pour l'Europe et suivit les universités de Berlin, Heidelberg et Breslau, de 1862 à 1865. A son retour en Amérique, en 1866, il fut nommé professeur de paléontologie au collège d'Yale. Il se voua dès lors à la recherche des espèces éteintes de vertébrés de la région des Montagnes Rocheuses et a organisé chaque année, depuis 1868, des expéditions scientifiques qu'il dirige dans cette région. Dans ces expéditions, M. Marsh a découvert plus de trois cents espèces nouvelles de vertébrés disparus, dont plusieurs constituent des ordres absolument nouveaux, et qu'il a décrits dans de nombreux articles ou mémoires publiés en grande partie dans l'*American Journal of Science*. Parmi ces fossiles découverts et décrits par le savant professeur, nous citerons les *Ichthyornithes*, ordre nouveau d'oiseaux cétacés pourvus de dents et ayant des vertèbres biconcaves ; les premiers *Ptérodactyles*, ou lézards volants, découverts en Amérique, et dont quelques-uns mesurent vingt-cinq pieds d'envergure ; le *Dinocerata*, gigantesque mammifère écorné à six cornes ; le *Brontotheside*, énorme mammifère myocène pourvu d'une seule paire de cornes ; ainsi que les premiers spécimens fossiles de singes, de chauves-souris et de marsupiaux trouvés en Amérique. — Le professeur Marsh a été chargé, en 1874, de préparer un *Rapport* substantiel, destiné à être publié aux frais du gouvernement, avec de nombreuses illustrations, sur ses découvertes dans l'Ouest. Nous ignorons où en est cet important travail.

MARSHALL, WILLIAM CALDER, sculpteur écossais, né à Edimbourg en 1813, commença ses études artistiques dans sa ville natale, puis vint à Londres, où il suivit quelque temps les ateliers de Chantrey et de Bailey, et débuta aux expositions de l'Académie royale en 1835. Après avoir visité Rome en 1836, il revint en Angleterre et se fixa définitivement à Londres en 1839. Élu membre associé de l'Académie royale écossaise en 1842 et associé de l'Académie royale en 1844, il devenait membre titulaire de cette dernière en 1852. — On cite principalement de cet artiste : la *Cruche cassée (1842)* ; *Rebecca (1843)* ; le *Premier murmure d'amour*, primé 7,500 francs par l'Art-Union (1845) ; la *Danseuse au repos*, qui remporta le prix de 12,500 francs offert par la même société (1846) ; *Sabrina (1847)*, réduite en statuette de porcelaine par Copeland, l'*Amour captif (1848)* ; *Zéphir et l'aurore (1849)*, la *Jeune indienne (1852)* ; *Pandore (1853)* ; la *Concorde (1855)* ; *Imogène endormie (1856)*. M. Marshal a été l'un des trois sculpteurs employés à la décoration du nouveau Palais du parlement, pour lequel il a exécuté les statues de *lord Clarendon*, de *lord Somers* ; il a en outre exécuté de nombreuses statues érigées par souscriptions publiques: celle de *Sir Robert Peel*, en bronze, pour Manchester et celles de *Jenner*, de *Campbell*. La statue de *Jenner* érigée d'abord à Trafalgar square, a été transportée depuis au jardin de Kensington. En 1857, M. Marshall remportait le premier prix, de 17,500 francs, pour son dessin d'un monument national destiné au duc de Wellington. Parmi les autres monuments publics exécutés par M. Marshall, nous devons encore mentionner la statue en bronze de *Crompton*, l'inventeur de la machine à filer, pour la ville de Bolton, une statue en marbre de *Sir George Grey*, ancien gouverneur du Cap de Bonne-Espérance, pour Cape Town ; et une statue de *James, septième comte de Derby*, érigée sur le lieu où il fut exécuté, à Bolton. Il avait envoyé à l'Exposition universelle de 1878 une *Nausicaa* et des *Joueurs de tali* qui lui ont valu la croix de la Légion d'honneur.

MARSTON, WESTLAND, poète et auteur dramatique anglais, né à Boston, dans le comté de Lincoln le 30 janvier 1820. Après avoir terminé ses études de droit, entra dans l'étude de son oncle, avoué à Londres, mais il la quitta bientôt pour se livrer à la littérature et principalement à la littérature dramatique, où il a obtenu de grands succès. On cite, parmi les meilleures pièces de M. Marston, la *Fille du praticien*, tragédie (1841) ; le *Cœur et le monde*, comédie (1847) ; *Strathmore*, tragédie (1849) ; *Anne Blake*, comédie (1852), toutes les pièces sont en cinq actes ; puis viennent : *Philippe de France*, tragédie en 5 actes, la *Rançon de la vie*, comédie, la *Politique au village*, pièce comique en 2 actes, une *Lutte cruelle*, drame en un acte ; *Trevanion ou la fausse position*, comédie en 3 actes, en collaboration ; *Or pur*, comédie en 4 actes ; le *Portrait de l'épouse*, drame en 2 actes ; *Donna Diana*, comédie en 3 actes, tirée en partie de données allemandes, le *Favori de la fortune*, comédie jouée au théâtre de Haymarket en 1866, un *Héros de roman*, adapté du français, au même théâtre (1867) ; *Vie pour vie*, comédie en vers blancs, première création de Mlle Neilson, jouée au Lyceum en 1868, etc. — M. W. Marston a été l'un des rédacteurs attitrés du *National Magazine* et a fourni à l'*Athenæum*, plusieurs pièces de vers, parmi lesquelles on cite tout particulièrement celle intitulée : la *Chevau-*

chée de la mort à *Balaklava* (Death Ride at Balaclava), publié en 1856. Il a publié en outre : *Gerald*, poème dramatique, etc. (1842), une *Dame dans son droit*, roman (1860) et un recueil de nouvelles insérées d'abord dans la presse périodique, sous le titre de *Family Credit, and other tales (1861)*.

MARTEL, Louis Joseph, homme politique français, sénateur, ancien ministre de la Justice, né à Saint-Omer le 15 septembre 1813, fit son droit à Paris et se fit inscrire au barreau de sa ville natale, où il était juge au tribunal, lorsqu'il fut élu représentant du Pas-de-Calais à l'Assemblée législative, en 1849. Il y vota avec la droite. Rentré au barreau de Saint-Omer après le coup d'État de décembre 1851, M. Martel fut élu par le canton d'Andruick, membre du Conseil général, où il représente aujourd'hui celui de Calais. En 1863 il était élu, contre le candidat officiel et en 1869, sans concurrent, député au Corps législatif, dont il fut élu secrétaire à plusieurs reprises ; il siégea au centre gauche et signa la demande d'interpellation des Cent-Seize. Élu le 8 février 1871 représentant du Pas-de-Calais à l'Assemblée nationale, le premier sur quinze, M. Martel prit place au centre gauche et appuya la politique de M. Thiers; élu vice-président de l'Assemblée dès la constitution de son premier bureau, il a été constamment maintenu dans ces fonctions jusqu'à la dissolution; il a été plusieurs fois opposé par les groupes de gauche à M. Buffet, depuis la retraite de M. J. Grévy, pour la présidence, mais sans succès. Depuis la chute de M. Thiers, M. Martel s'est de plus en plus intimement associé à la politique du centre gauche et rallié à la République. Il a présidé la commission des grâces. Porté par les gauches aux élections des sénateurs inamovibles, M. Martel a été élu le deuxième au premier scrutin du 9 décembre 1875, et premier vice-président du Sénat à la première réunion du Parlement. — Appelé au ministère de la justice, en remplacement de M. Dufaure, le 13 décembre 1876, dans le cabinet Jules Simon, M. Martel donnait sa démission à la suite de la lettre adressée par le maréchal président de la République à ce dernier, le 16 mai 1877, et quittait le ministère avec la plupart de ses collègues. Après les élections sénatoriales du 5 janvier 1879, qui donnèrent à la première chambre du parlement une majorité républicaine, M. Martel fut élu président ; c'est donc lui qui, le 30 du même mois, présidait le Congrès dans lequel M. J. Grévy fut élu président de la République. Il présidait également, le 18 juin, celui qui décidait le retour du Parlement à Paris. A la fin de 1879, sa santé compromise força M. Martel à prendre un congé illimité; il donna sa démission, que le Sénat n'accepta définitivement que le 25 mai 1880. M. Martel a peu paru aux séances du Sénat depuis lors, sa santé étant restée fort précaire. Il assistait cependant à celle du 22 juin 1886, dans laquelle il votait contre la loi d'expulsion des princes prétendants.

MARTIN, Joseph, dit Martin d'Auray, homme politique français, négociant, est né à Auray en 1833. Entré à l'Assemblée nationale à la faveur d'une élection partielle le 20 octobre 1872, comme représentant monarchiste et clérical du Morbihan, il signa la proposition de rétablissement de la monarchie et l'adresse d'adhésion au *Syllabus*. Après s'être abstenu aux élections de 1876 et 1877, M. Joseph Martin était député de la 2ᵉ circonscription de Lorient au scrutin du 4 septembre 1881. Il a été élu député du Morbihan, sur la liste monarchiste, le 4 octobre 1885.

MARTIN, sir Theodore, littérateur anglais, né à Edimbourg en 1816, fit ses études à l'école supérieure de cette ville et exerça pendant plusieurs années la profession de solicitor (avoué). En 1846, il s'établit à Londres comme solicitor et agent parlementaire pour l'Écosse, et il épousa, en 1851, la célèbre actrice miss Helen Faucit. M. Martin se fit connaître comme écrivain, peu après son arrivée à Londres, par une collaboration active à la presse périodique, sous le pseudonyme de « Bon Gaultier », et par de nombreuses traductions de l'allemand, du danois, de l'italien et du latin. Il publia, avec feu le professeur Aytown, le *Book of ballads* et un volume de traductions des poésies de Gœthe sous le titre de *Poems and ballads of Gœthe (1858)*. Il avait déjà précédemment traduit du danois et adapté à la scène anglaise le magnifique drame de Henri Hartz : la *Fille du roi René*, qui fut représenté avec un très grand succès, auquel Mᵐᵉ Martin ne fut pas étrangère, et a traduit et publié deux autres ouvrages dramatiques danois, de Oehlenschlæger : *Correggio (1854)* et *Aladdin, ou la lampe merveilleuse (1857)*. Vinrent ensuite une traduction de *Catulle (1861)*, un volume de poésies variées originales, et de traductions de Gœthe, Schiller et Uhland, imprimé à petit nombre ; une traduction de la *Vita Nuova* de Dante (1862) ; une *Vie de Son Altesse Royale le Prince-consort (1874-80*, 5 vol.) : les *Poems and ballads* d'Henri Heine (1878), etc. — M. Théodore Martin a été créé compagnon de l'ordre du Bain en mars 1875, et l'université d'Edimbourg lui conféra, le mois suivant, le titre honorifique de docteur en lois. Cinq jours après la publication du dernier volume de sa *Vie du Prince-consort*, le 20 mars 1880, M. Th. Martin était créé chevalier par la reine et promu chevalier-commandeur du Bain, et le 25 novembre suivant, il était élu recteur de l'université de Saint-André.

MARTIN-FEUILLÉE, Félix, avocat et homme politique français, né à Rennes le 25 novembre 1830, y fit toutes ses études et s'y inscrivit au barreau en 1854. Pendant la guerre de 1870-71, il servit comme capitaine des mobiles d'Ille-et-Vilaine, prit part à la défense de Paris et fut décoré de la Légion d'honneur. Président du Conseil général de son département depuis 1871, il s'était présenté sans succès aux élections du 8 février précédent, et échoua de nouveau aux élections sénatoriales du 30 janvier 1876, dans son département. Élu député de la deuxième circonscription de Rennes le 20 février 1876, il siégea à gauche. M. Martin-Feuillée a été réélu le 14 octobre 1877, contre M. le marquis de Piré de Rosnivinen, bonapartiste, ancien député au Corps législatif, de désopilante mémoire. Nommé sous-secrétaire d'État au ministère de l'intérieur en mars 1879, puis au ministère de la justice en décembre suivant, il était réélu sans concurrent député de la 2ᵉ circonscription de Rennes le 21 août 1881. M. Martin-Feuillée était appelé à faire partie du cabinet Ferry, comme garde des sceaux et ministre de la justice, par décret du 21 février 1883. En cette qualité, il eut à appliquer la loi sur la réforme de la magistrature, dirigée contre les magistrats inamovibles hostiles à la République. Il quittait le pouvoir avec ses collègues le 29 mars 1885. — Aux élections d'octobre suivant, M. Martin-Feuillée était élu député d'Ille-et-Vilaine au scrutin du 18. Il a voté contre les projets d'expulsion des princes.

MARTINEZ-CAMPOS, Arsenio, général et homme d'État espagnol, fils de général, est né en 1834. Sorti de l'École d'état major avec le grade de lieutenant, il fit la campagne du Maroc (1859) dans l'état-major d'O'Donnell, et malgré le peu de durée de cette campagne, en revint chef d'escadron. Cinq ans plus tard, il était promu colonel et envoyé à Cuba et, de retour en 1870, était promu brigadier-général et allait rejoindre l'armée du Nord qui combattait les carlistes. Après l'abdication d'Amédée (février 1873), l'attitude hostile du général Martinez-Campos envers le nouvel état de choses le fit mettre en disponibilité d'abord, puis arrêter. De sa prison, il écrivit au ministère de la guerre, général Zabala, pour lui demander la grâce de combattre les carlistes comme simple soldat. On eut la faiblesse de répondre à cet acte de forfanterie non seulement par la mise en liberté de l'auteur, mais en le plaçant à la tête d'une division, avec laquelle il prit part aux combats qui forcèrent les carlistes à lever le siège de Bilbao (1ᵉʳ mai 1874). Il reçut alors, dans l'armée réorganisée par Concha, le commandement du 3ᵉ corps, et prit part avec une grande bravoure. Le 27 juin, jour où Concha était tué à l'attaque de Monte-Moru, le général Martinez-Campos était lui-même assiégé dans Zurruguay, il parvint cependant à s'ouvrir un passage à travers le gros de l'armée ennemie, avec une colonne d'une faiblesse numérique extrême, et à rejoindre le quartier général, à Murillo, d'où il organisa la retraite. Peu après, de complicité avec le général Jovellar, à Sagonte, il proclamait roi d'Espagne don Alphonse prince des Asturies, entraînant ses troupes dans un pronunciamento d'enthousiasme (29 décembre 1874). On sait que ce coup d'audace, considéré par les plus chauds partisans d'Alphonse XII comme un coup de folie, réussit complètement. Le nouveau roi nomma le général Martinez-Campos capitaine général de la Catalogne et commandant en chef de l'armée. Il chassa en quelques semaines les bandes carlistes qui infestaient la contrée, il prit alors le commandement de l'armée du Nord et termina enfin la guerre, pour cette fois, par la prise complète des carlistes à Pena de Plata, en mars 1876. Il fut élevé à la dignité de capitaine général de l'armée en récompense de ses exploits. Il fut comblé d'honneurs par le roi que, nouveau Warwick, il avait fait, et qui lui devait bien cela.

Envoyé à Cuba, soulevée depuis sept ans contre le gouvernement métropolitain, il put s'assurer qu'il serait plus difficile de pacifier cette île que la Catalogne, et, malgré ses succès répétés sur les insurgés, il n'en fût probablement pas venu à bout sans l'intervention du gouvernement de Madrid, d'ailleurs évidemment sollicitée par lui, et sans ses propres promesses : la reconnaissance des droits politiques des Cubains et d'autres concessions réclamées par eux, firent plus en effet que toute une série de victoires. De retour en Espagne, le général Martinez-Campos fut chargé par Alphonse XII de former un ministère, dans lequel il prit naturellement le portefeuille de la guerre (mars 1879). Son premier soin fut de chercher à remplir les promesses qu'il avait faites aux Cubains, pour hâter l'heure de la pacification ; mais rencontrant jusqu'au sein du cabinet une vive hostilité sur ce point, il donnait sa démission au commencement de décembre suivant. Cependant, au commencement de 1881, le cabinet Canovas del Castillo, qui avait succédé au cabinet Martinez-Campos était renversé, et ce dernier revenait au pouvoir, avec M. Sagasta comme président du conseil. Ce ministère était à son tour renversé en octobre 1883 à la suite de l'ovation faite à son passage à Paris au roi d'Espagne de retour de Berlin, où il avait paradé en uniforme de hulan, ovation dont le cabinet Sagasta-Martinez-Campos n'avait pu obtenir la satisfaction qu'exigeaient non des Espagnols, mais les partisans exaltés du jeune roi, dont le tact s'était si heureusement manifesté dans cette occasion. Après la mort du roi Alphonse XII (25 novembre 1885), M. Sagasta fut de nouveau chargé de former un ministère libéral, mais c'est le général Jovellar qui prit le portefeuille de la guerre dans la nouvelle combinaison. — Le général Martinez-Campos est grand croix de la Légion d'honneur.

MARTINS, Charles Frédéric, naturaliste français, né à Paris le 5 février 1805, se fit recevoir docteur à la faculté de médecine en 1834 et agrégé en 1839. Après avoir rempli à la Sorbonne les fonctions d'aide-naturaliste, il y suppléa Constant Prévost, et Achille Richard à la faculté de médecine de Montpellier, en 1851. M. le docteur Martins a fait plusieurs voyages scientifiques au Spitzberg et en Laponie, dans l'Algérie, l'Asie-Mineure, etc., sans parler de plusieurs excursions en France, notamment dans les Alpes et les Pyrénées. En 1844, il fit avec Bravais une ascension scientifique mémorable au Mont Blanc. Membre de la Société géologique, associé de l'Académie de médecine, de l'Association britannique, de la Société géologique de Londres et de plusieurs autres sociétés savantes nationales et étrangères, il est correspondant de l'Académie des sciences (section d'économie rurale) depuis 1863. — On doit à ce savant : *Principes de la méthode naturelle appliqués à la classification des maladies de la peau*, sa thèse de doctorat (1834) ; *Œuvres d'histoire naturelle de Gœthe (1837)*, traduction ; *Causes générales des syphilides, Essai sur la topographie du mont Ventoux (1838) ; Du microscope et de son application à l'étude des êtres organisés (1839) ; Observations sur les glaciers du Spitzberg comparés à ceux de la Suisse ; Délimitation des régions végétales sur les montagnes du continent (1840) ; De la vitesse du son dans deux stations également ou inégalement élevées au-dessus du niveau de la mer*, avec Bravais ; *Sur la croissance du pin sylvestre dans le nord de l'Europe*, du même : *Voyage botanique en Norwège (1841) ; Cours complet de météorologie* de Kaemtz, traduit et annoté (1843) ; *Météorologie et botanique de la France (1845) ; Sur la température de la Mer glaciale (1848) ; De la tératologie végétale ; Terrains superficiels de la vallée du Pô (1851) ; le Jardin des plantes de Montpellier (1854) ; Sur la température des oiseaux palmipèdes du Nord (1856) ; Promenade botanique le long des côtes de l'Asie-Mineure, de la Syrie et de l'Egypte (1858) ; Du froid thermométrique*, etc., 1859 ; *Sur l'accroissement nocturne de la température dans les couches inférieures de l'atmosphère (1861) ; Du Spitzberg au Sahara (1865) ; les Glaciers actuels et leur ancienne extension pendant la période glaciale (1867) ; Essai sur l'ancien glacier de la vallée d'Argelès (1868)*, avec M. Ed Collomb ; *Éléments de botanique* de A. Richard, édition nouvelle, annotée (1870) ; *l'Hiver de 1870-71 au Jardin des plantes de Montpellier ; Observations sur l'origine glacière du Jura (1874) ; Une station géodésique au sommet du Canigou (1872) ; Aigues-Mortes, essai géologique et historique (1874)*, etc., etc. Il a fourni en outre de nombreux mémoires aux recueils académiques, ainsi qu'au *Dictionnaire encyclopédique des sciences médicales*, à *Patria*, à la *Bibliothèque universelle de Genève*, à la *Revue des Deux-Mondes*, etc., et a été, en 1849, l'un des fondateurs de l'*Annuaire météorologique*. — Chevalier de la Légion d'honneur depuis 1846, le Dr Martins a été promu officier en 1870, il est aussi décoré de l'Etoile polaire de Suède.

MASCART, Eleuthère Élie Nicolas, physicien français, membre de l'Institut, né le 20 février 1835 à Quarouble (Nord). Elève de l'Ecole normale supérieure (section des sciences), il fut reçu agrégé en 1864 et docteur ès sciences en 1864. Nommé conservateur des collections scientifiques de l'Ecole, il devint professeur de physique au collège Chaptal, puis suppléant de Regnault à la chaire de physique générale et expérimentale au Collège de France, dont il devint titulaire en mai 1872. Il a été élu membre de l'Académie des sciences le 15 décembre 1884. — On doit à ce savant : *Eléments de mécanique (1866) ; Traité d'électricité statique (1876) ; Leçons sur l'électricité et le magnétisme*, avec M. J. Joubert (1882-84, tomes 1 et 2), etc. — Chevalier de la Légion d'honneur depuis 1871, M. Mascart a été promu officier le 29 décembre 1881.

MASPERO, Gaston Camille Charles, égyptologue français, membre de l'Institut, né à Paris le 24 juin 1846. Elève de l'Ecole normale supérieure (section des lettres), il devint répétiteur d'archéologie égyptienne à l'Ecole des hautes études, puis suppléant de M. de Rougé à la chaire de philologie et d'archéologie égyptiennes, dont il devint titulaire en février 1874. Après la mort de Mariette, il fut appelé à la direction de la mission française au Caire et du musée de Boulaq, et poursuivit les fouilles et les découvertes archéologiques qui avaient illustré le nom de son prédécesseur. M. G. Maspero a été élu membre de l'Académie des inscriptions et belles-lettres le 30 novembre 1883. — On a de lui : *Mémoires sur quelques papyrus du Louvre (1865) ; Essai sur l'inscription dédicatoire du temple d'Abydos et la Jeunesse de Sésostris ; Hymne au Nil, d'après les deux textes du Musée britannique (1869) ; une Enquête judiciaire à Thèbes au temps de la vingtième dynastie (1872) ; De Carchemis oppidi situ et historia antiquissima (1873) ; Histoire ancienne des peuples de l'Orient (1875)* ; une traduction de l'*Egypte ancienne* d'Ebers (1880), etc., plus de nombreux articles et mémoires dans la *Revue archéologique*, la *Bibliothèque de l'Ecole des hautes études*, le *Journal de la Société asiatique*, le *Journal de Paris*, etc. — Nommé chevalier de la Légion d'honneur le 15 janvier 1879, M. G. Maspero a été promu officier le 30 décembre 1882.

MASSE, Jean-Baptiste, homme politique français, né à Germigny (Cher) le 9 mars 1817. Exilé au coup d'Etat de décembre 1851, M. Masse, rentré en France, s'établit à Pougues (Nièvre), dont il devint maire après le 4 septembre 1870. Conseiller général de la Nièvre depuis 1871, il se présenta dans l'arrondissement de Cosne aux élections du 20 février 1876, mais il échoua, quoique avec une très forte minorité. Au renouvellement de la représentation sénatoriale de la Nièvre, le 5 janvier 1879, M. Masse fut plus heureux. Elu sénateur de la Nièvre, il prit place à l'Union républicaine. Il a voté l'expulsion des princes.

MASSENET, Jules Emile Frédéric, compositeur français, né à Montaud (Loire) le 12 mai 1842, est le dernier d'une famille de onze enfants. Entré au Conservatoire à l'âge de dix ans, il obtint dès l'année suivante (1853) un 3e accessit de solfège, et entrait dans la classe de piano de M. Laurent, où il remportait un 3e access-it en 1854, un 1er en 1856 et le 1er prix de piano en 1859, il suivait en même temps les cours d'harmonie de Bazin, qui finit par le traiter de fou et le décourager complètement ; cependant, il trouva chez M. Reber un maître ou plus indulgent ou plus éclairé, suivit sa classe avec succès et remporta un 1er accessit d'harmonie en 1860. Aussitôt après, sur les conseils de son maître, qui le jugeait insuffisamment récompensé de son talent et de sa science acquise, il passait dans la classe de composition de M. Ambroise Thomas. Il s'y signala tout d'abord par l'ardeur avec laquelle il se livrait à la composition : les mélodies, les symphonies, des scènes d'opéra même pleuvaient littéralement de sa plume, et nous en avons dit assez en ajoutant qu'informes sans doute dans l'ensemble, ces morceaux étaient loin d'être sans valeur. En 1862, l'infatigable piocheur obtenait à la fois un 2e prix de fugue et une mention honorable au concours de l'Institut, et l'année suivante le 1er prix de fugue et le grand prix de Rome, avec la cantate de M. Gustave Chouquet, intitulée *David Rizzio*. De Rome, au lieu de s'y tenir le temps réglementaire, M. Massenet fit une visite à l'Allemagne et à la Hongrie. Etant à Pesth en 1865, il écrivit ses *Scènes de bal* pour piano et esquissa ses *Scènes hongroises*. Au commencement de 1866, il envoyait de Rome à l'Académie des Beaux-Arts une *Grande ouverture* de concert et un *Requiem* à quatre et huit voix avec accompagnement de grand orgue, violoncelles et contrebasses. De retour quelques semaines plus tard à Paris, il fit exécuter au Casino une œuvre importante : *Pompeia*, fantaisie symphonique, puis deux autres symphonies pour orchestre aux Champs-Elysées, dès l'été suivant. Sa première *Suite d'orchestre* fut exécutée en mars 1867, aux Concerts populaires, puis aux concerts l'Athénée où M. Pasdeloup voulut la transporter. Le mois suivant, il débutait au théâtre avec un opéra comique en un acte : la *Grand'tante*, joué à l'Opéra-Comique (3 avril 1867). Il prit part au concours pour la cantate de l'Exposition universelle, mais sa partition n'obtint que le numéro 3 ; plus heureux cette fois, sa cantate du 15 août suivant, *Paix et liberté*, fut exécutée au Théâtre-Lyrique. Il échoua de nouveau au concours ouvert par l'Opéra pour la *Coupe du roi de Thulé*, et si justement, de son propre avis, qu'il détruisit sa partition de ses mains. Il entreprit alors d'écrire la musique d'un grand opéra en 5 actes, prologue et épilogue, intitulé *Manfred*, sur un poème de M. Jules Ruelle, mais il y renonça aussitôt pour écrire, sur des vers d'Armand Silvestre, ces deux charmants recueils de fantaisies mélancoliques, sortes de poèmes dramatiques intimes, qui s'appellent le *Poème d'avril* et le *Poème du souvenir*. Il donna encore, vers ce même temps, des mélodies vocales, des *Chants intimes* et l'*Improvisateur*, scène italienne. M. Massenet faisait exécuter sa deuxième *Suite d'orchestre (Scènes hongroises)*, aux Concerts populaires le 26 novembre 1871 ; puis, à la Société classique Armingaud : *Introduction et variations*, pour 2 violons, contrebasse, flûte, hautbois, clarinette, cor et basson, œuvre pleine d'élégance et de charme. Viennent ensuite le *Roman d'Arlequin*, pantomimes enfantines pour le piano, cinq morceaux de caractères différents spécialement écrits pour les petites mains ; la musique écrite pour les *Erinnyes*, tragédie antique de M. Leconte de Lisle, représentée à l'Odéon le 6 janvier 1873, et dont il fit sa troisième suite d'orchestre ; ses *Scènes pittoresques*, quatrième suite, au Concert national ; ses *Scènes dramatiques*, d'après Shakespeare, cinquième suite, aux concerts du Conservatoire, et l'ouverture de *Phèdre*, aux Concerts populaires. M. J. Massenet avait produit, entre temps, un nouvel ouvrage dramatique : *Don César de Bazan*, opéra comique en trois actes, dont il dut écrire la musique en trois semaines, lequel fut représenté à l'Opéra-Comique le 30 novembre 1872, et échoua complètement. Mais l'auteur se releva bientôt et remportait un des plus grands succès que puisse rêver un jeune artiste, avec sa *Marie Magdeleine*, drame sacré en trois parties, représenté sur la scène de l'Odéon le 11 avril 1873. Il donna ensuite, au mois d'avril 1875, au cirque des Champs-Elysées, un ouvrage sacré de proportions plus modeste que le précédent, mais qui fut reçu avec un véritable enthousiasme : *Eve*, oratorio, ou plutôt « mystère », comme l'auteur préfère l'appeler. Enfin, M. Massenet a fait représenter sur la scène de l'Opéra le 27 avril 1877, le *Roi de Lahore*, grand opéra en 5 actes et 6 tableaux. — Il a donné depuis, notamment : *Hérodiade*, opéra, au Théâtre-Italien (1882) ; *Manon*, opéra comique en 3 actes et 6 tableaux, à l'Opéra-Comique (1884) ; le *Cid*, opéra en 4 actes à l'Opéra (1885). — M. Jules Massenet a été nommé chevalier de la Légion d'honneur le 25 juillet 1876. Il est membre de l'Académie des Beaux-Arts, membre du Conseil supérieur des Beaux-Arts, etc.

MASSEY, Gerald, poète anglais, né à Tring, dans le comté d'Hertford le 29 mai 1828. D'une famille absolument indigente, il fut dès son plus jeune âge employé dans une manufacture de soieries, puis devint tresseur de paille. Ne fréquentant guère que les écoles du dimanche, il n'eut donc qu'une instruction première tout à fait misérable, à laquelle il ajoutait autant qu'il pouvait par la lecture de la Bible, de *Robinson Crusoé*, des *Voyages du pèlerin*, de Bunyan, des *Histoires grecque et romaine* élémentaires, seuls ouvrages alors à sa disposition. Son bagage ne se composait pas d'autre chose lorsqu'il se rendit à Londres, à l'âge de quinze ans, pour faire fortune. Il se fit commissionnaire, occupation qui lui permit de s'abandonner à son goût pour l'étude et de s'essayer à la poésie. En 1846 il publiait, à Tring, son premier volume de poésies intitulé *Poèmes et chansons*, fondait en 1848 un journal socialiste : l'*Esprit de liberté* et publiait l'année suivante son deuxième volume : *Paroles de liberté et chants d'amour* (Voices of Freedom and Lyrics of Love). La même année (1849), il était nommé l'un des secrétaires de la Société des socialistes chrétiens, dont l'objet était le développement de l'esprit coopératif parmi les ouvriers. M. G. Massey a publié depuis cette époque : la *Ballade de Babe Crystabel (1855)*, dont une cinquième édition, augmentée de poésies diverses, paraissait dès 1855 ; *Craigcrook Cas-* tle (1856) ; *Havelock's March* et autres poésies (1861), les *Sonnets de Shakespeare et ses amis intimes*, étude biographique et littéraire (1863) ; une *Histoire de l'éternité* et autres poésies (1869). M. G. Massey a collaboré en outre à la presse périodique et fait des conférences sur des sujets très divers. Il a reçu en 1863, une pension sur la liste civile. — En 1873, M. Massey s'embarquait pour les Etats-Unis dans l'intention d'y donner des lectures dans les principales villes. Il n'y obtint qu'un succès médiocre, qui est d'ailleurs la règle pour tout Européen assez hardi pour venir disputer la palme aux lecturers américains. À de bien rares exceptions près ; toutefois, il y fut fait un tapage infernal autour d'une de ses lectures dont le sujet était : *Pourquoi Dieu ne tue-t-il pas le diable ?* (Why does not God kill the Devil ?), question insidieuse et qui fut déclarée nettement blasphématoire.

MASSIET DU BIEST, Emile Louis, homme politique français, ancien juge de paix, né le 2 novembre 1823. Conseiller général du Nord, il fut élu député de la première circonscription d'Hazebrouck, au scrutin de ballottage du 5 mars 1876 et prit place au centre gauche. Empêché de se présenter aux élections du 14 octobre 1877 par la maladie, M. Massiet du Biest était élu sénateur du Nord au renouvellement triennal du 5 janvier 1879. Il siège au centre gauche du Sénat et a voté l'expulsion des princes.

MATEJKO, Jean Aloïs, peintre polonais, né à Cracovie le 30 juillet 1838. Elève de l'Ecole des Beaux-Arts de Cracovie, il suivit en outre les académies de Munich et de Vienne, ainsi que celle de Paris, et a souvent exposé à nos salons annuels. On cite de cet artiste, qui s'est fait une réputation considérable dans la peinture historique : *Charles Gustave devant le tombeau du roi Ladislas (1858)* ; *Sigismond III accordant les privilèges de la noblesse aux professeurs de l'université de Cracovie (1859)* ; *Empoisonnement de la reine Bona (1860)* ; *Jean Sobiesky se préparant à secourir Vienne* ; *Skarga prêchant devant la cour du roi Sigismond (1865)*, la *Diète de Pologne en 1772 (1867)* ; l'*Union de Lublin (1870)* ; *Portrait du roi Etienne Batory (1873)* ; le *Roi Etienne Batory devant Pskow (1884)* ; *Baptême de la cloche Sigismond (1875)*, reparu à l'Exposition universelle de 1878 avec l'*Union de Lublin* ; la *Bataille de Grünwald (1880)* ; *Albert, duc de Prusse, feudataire de la Pologne, prête serment de fidélité au roi Sigismond 1er sur la grande place de Cracovie, le 10 août 1825*. M. Matejko a en outre publié, en 1860, une collection des costumes de la Pologne depuis 1200 jusqu'à 1795, en 11 planches in-f°. Il a obtenu aux salons de Paris : une médaille en 1865, une médaille de 1re classe à l'Exposition universelle de 1867 et une médaille d'honneur à celle de 1878, il a été décoré de la Légion d'honneur en 1870. M. J. Matejko est directeur de l'Académie des Beaux-Arts de Cracovie, correspondant de notre Académie des Beaux-Arts depuis 1873, il était élu associé étranger, en remplacement de Kaulbach, le 21 novembre 1874.

MATHÉ, Henri, homme politique français, né à Moulins le 27 mai 1837. Elève de l'école supérieure de commerce de Paris, il servit pendant le siège dans la garde nationale et fut l'un des fondateurs du comité de secours aux familles des détenus politiques, dont il fut le secrétaire trésorier (1871-80). Entré au Conseil municipal de Paris (quartier de la Roquette), en remplacement de M. Lockroy élu député, le 14 janvier 1881 et 1884, M. H. Mathé siégea à l'extrême-gauche de l'assemblée communale, s'y fit une réputation de conseiller capable et actif et y fut longtemps président de la 7e commission, ayant dans ses attributions ce qui est assez dire, et deux fois président du conseil. Porté sur la liste républicaine aux élections d'octobre 1885, M. H. Mathé a été élu député de la Seine au scrutin du 18. Il a voté l'expulsion totale des princes.

MATHÉ, Félix, homme politique français, frère du précédent, né comme lui à Moulins. Il organisa la défense dans son département dès les débuts de l'invasion, devint conseiller municipal de Moulins en 1881, et a été élu député de l'Allier, le second sur six le 4 octobre 1885. Il siège aux côtés de son frère, à l'extrême-gauche de la Chambre, et a voté comme lui l'expulsion totale des princes.

MATHEY, Alfred, homme politique français, avocat, né à Chalon-sur-Saône le 23 septembre 1818. Il fut son droit à Paris et y exerça la profession d'avocat. Rédacteur au *National* depuis deux ans, lorsqu'éclata la révolution de février, il fut élu capitaine d'artillerie de la garde nationale. En juin, il était nommé préfet des Ardennes. Il quittait l'administration un peu moins d'une année après et reprenait sa place au barreau. M. A. Mathey resta étranger à la politique jusqu'à la révolution du 4 septembre 1870, s'occupant principalement de viticulture. Devenu maire d'Ameugny, conseiller général de Saône-et-Loire, il était élu sénateur de Saône-et-Loire en remplacement de M. Ch. Rolland, décédé, en 1878 ; il a été élu au renouvellement triennal du 8 janvier 1882. M. Mathey siège à gauche et a voté l'expulsion des princes.

MATHILDE (princesse). MATHILDE LAETITIA WILHELMINE BONAPARTE, fille de l'ex-roi Jérôme et de la princesse Catherine de Würtemberg, et cousine de l'ex-empereur Napoléon III, est née à Trieste le 27 mai 1820. Le 10 octobre 1841, elle épousait à Florence le prince russe Anatole Demidoff de San Donato, dont elle était séparée judiciairement au bout de trois ans et demi d'union. Assurée d'une pension considérable que son mari était forcé de lui faire, elle se fixa à Paris, où elle ne tarda pas à être à la mode. Son cousin, le prince Louis-Napoléon, ayant été élu président de la République en décembre 1848, la princesse Mathilde fut chargée de faire les honneurs de l'Elysée aux invités du président. Au rétablissement de l'Empire, et jusqu'à ce que Napoléon III eût pris femme, sa position resta la même auprès de lui ; elle fut comptée au nombre des membres de la famille ayant rang à la cour, et reçut, en conséquence, le titre d'altesse. La princesse Mathilde établit dès lors sa résidence d'été à Saint-Gratien, près d'Enghien ; elle y recevait les notabilités des arts, des lettres, voire des sciences et même de la politique ; d'autre part, elle s'était acquis par sa générosité l'affection et la reconnaissance des gens du pays. Tenue quelque temps éloignée de France par les événements de 1870-71, Mme la princesse Mathilde y est d'ailleurs rentrée depuis et a repris possession du château de Saint-Gratien. — Elève de Giraud, la princesse Mathilde a exposé quelques aquarelles aux Salons de Paris, de 1859 à 1867, et a obtenu une médaille en 1865.

MAUBANT, HENRI POLYDORE, acteur français, né à Chantilly le 23 août 1821. D'abord apprenti horloger à Paris, la fréquentation de la salle Molière fit naître en lui le goût du théâtre ; après s'être exercé quelque temps sur la petite scène du passage du Saumon, il entra au Conservatoire en 1839, y obtint un second prix de tragédie en 1841 et débuta au Théâtre-Français l'année suivante, dans le rôle d'Achille d'*Iphigénie en Aulide*. Il poursuivit ses débuts dans *Manlius* et *Œdipe à Colonne*. Il passa ensuite à l'Odéon, les conditions de l'engagement qu'on lui offrait au Français ne lui ayant pas paru acceptables, surtout en ce qu'elles le privaient de l'espoir de jouer de longtemps des rôles de quelque valeur. Après avoir passé à l'Odéon plusieurs mois peu brillants, il rentra au Théâtre-Français pour y tenir l'emploi de père noble. Artiste soigneux, épris de son art, doué d'un talent véritable dès lors et d'une diction remarquablement correcte, il sa fit bientôt une place importante sur notre première scène, et ne tarda pas à y rendre son remplacement au moins fort difficile, tenant avec un égal bonheur son emploi dans la tragédie et la comédie classiques aussi bien que dans la comédie et le drame modernes. M. Maubant a été élu sociétaire de la Comédie française en 1852 et membre du conseil d'administration en 1864. Parmi les créations les plus remarquables de cet artiste, nous citerons celles de : Danton, dans *Charlotte Corday (1850)* ; Eumée, dans *Ulysse* ; Dumège, dans le *Cœur et la dot (1852)* ; Léonard, dans *Lady Tartufe* ; Vanderk, dans le *Mariage de Victorine* ; Marc-Antoine, dans *Cléopâtre* ; Don Pedre, dans *Dolorès* ; le meunier, dans *Corneille à la butte Saint-Roch (1862)* ; Lacroix, dans la *Volonté (1864)* ; Vidal, dans l'*Œillet blanc (1865)* ; le comte d'Ars ; dans le *Lion amoureux* ; Louis XI, dans *Gringoire (1866)* ; l'inquisiteur, dans *Galilée (1867)* ; Maurice de Saxe, dans le drame de ce nom ; Morin, dans les *Ouvriers (1870)* ; Jumelin, dans l'*Absent* ; le comte, dans *Jean de Thommeray (1873)* ; l'amiral, dans le *Sphinx (1874)* ; Charlemagne, dans la *Fille de Roland (1875)* ; Fabius, dans *Rome vaincue (1876)* ; Berthaut, dans *Jean Dacier (1877)*, etc. Quant aux reprises nombreuses et variées dans lesquelles il a tenu sa place, nous pouvons citer : *Esther*, Phèdre (Thésée), *Zaïre* (Lusignan), *Athalie* (Joad), *Héraclius* le *Cid* (Don Diègue), *Don Juan*, *Don Juan d'Autriche*, les *Enfants d'Édouard*, le *Joueur*, le *Menteur* (Géronte), *Tartufe* (Cléante), *Amphitryon* (Jupiter), l'*École des maris* (Ariste), *Psyché*, la *Mère coupable*, le *Misanthrope* (Alceste), le *Philosophe sans le savoir* (Vanderk),

l'*Aventurière* ; *Monte-Preda*, *Hernani* (Ruy Gomez) etc., etc.

MAUNOURY, JACQUES HIPPOLYTE POL, homme politique français, avocat, ancien magistrat, né à Chartres le 30 juin 1824. Nommé substitut à Chartres en 1848, il donna sa démission motivée après le coup d'État de 1851, puis alla ouvrir un cabinet d'avocat à Alexandrie d'Égypte. Attaché à la compagnie de Suez en qualité de conseil, de 1863 à 1867, M. Maunoury fut chargé par Nubar-Pacha, à cette dernière date, de la préparation d'un code de lois basé sur nos codes français. Il a rempli diverses missions importantes pour le compte du gouvernement égyptien, jusqu'à la retraite de Nubar-Pacha du ministère des affaires étrangères, en 1874. Élu député de la deuxième circonscription de Chartres, le 20 février 1876, il siégea à gauche. M. Maunoury a été réélu le 14 octobre 1877 et le 21 août 1881 par le même collège. Il a été élu député d'Eure-et-Loir au scrutin du 18 octobre 1885 et a voté l'expulsion totale des princes.

MAUPAS (de), CHARLEMAGNE ÉMILE, homme politique, ancien ministre de l'Empire, né à Bar-sur-Aube le 8 décembre 1818. Il fit son droit à Paris et entra dans l'administration en 1845, comme sous-préfet d'Uzès. Transféré à Beaune en 1847, il était révoqué après le 24 février. Après l'élection du 10 Décembre, M. de Maupas noua des relations avec quelques membres influents du parti de l'Élysée et ne tarda pas à être réintégré dans ses fonctions, où son zèle lui valut un avancement exceptionnellement rapide. Nommé à la sous-préfecture de Boulogne-sur-Mer pour commencer, il passait la même année (1849) à la préfecture de l'Allier, puis à celle de la Haute-Garonne en 1850 et enfin à la préfecture de police, en remplacement de Carlier, en novembre 1851 : c'était le coup d'État qui se préparait, et l'on peut deviner que M. de Maupas était dès lors dans la confidence et prêt à tout. La part qu'il y a prise est d'ailleurs connue de tous, et nous n'y insisterons pas. Le 22 janvier 1852, le ministère de la police générale était rétabli au profit de M. de Maupas. Il y déploya une activité extraordinaire, mais sans réussir à justifier l'existence de cette institution, qui fut supprimée le 10 juin 1853. Dix jours après, il était créé sénateur de l'Empire. M. de Maupas fut ensuite nommé ambassadeur à Naples, où il demeura jusqu'au mois d'avril 1854, époque à laquelle il revint à Paris et reprit son siège au Sénat ; il s'y montra invariablement partisan des mesures les plus restrictives et l'adversaire déclaré des propositions quelque peu libérales soumises à l'examen de la haute assemblée. De septembre 1860 à décembre 1866, M. de Maupas administra le département des Bouches-du-Rhône. Enfin le 4 septembre il se rendit à la vie privée. Mais il sut se faire attribuer par le nouveau régime une pension annuelle de 6,000 francs, pour « cause d'infirmités contractées dans l'exercice de ses fonctions ». — Aux élections du 20 février 1876, M. de Maupas posait sa candidature dans l'arrondissement de Bar-sur-Aube, mais sans succès ; il y revenait cependant le 14 octobre 1877, cette fois avec l'appui du gouvernement, mais il n'y réussit pas davantage. Il paraît de l'être tenu pour dit, et a mis à profit les loisirs de sa retraite en écrivant ses *Mémoires du second Empire (1884-85, tomes I et II)*. — M. de Maupas est grand croix de la Légion d'honneur depuis 1866. Il est aussi grand croix de l'ordre royal de saint Janvier et de l'ordre constantinien des Deux-Siciles.

MAUREL, AUGUSTIN BAPTISTIN, homme politique français, né à Toulon le 16 juillet 1841. Ancien avoué, membre du Conseil général du Var, M. Maurel fut appelé le 9 septembre 1870 à la sous-préfecture de Toulon, qu'il conserva deux mois ; il passa successivement à Lodève et à Montluçon et fut révoqué par le gouvernement de combat. Élu député de la 2e circonscription de Toulon le 21 août 1881, M. Maurel prit place à l'extrême-gauche. Il a été élu député du Var sur la liste radicale au scrutin du 18 octobre 1885, et a voté l'expulsion des princes.

MAURICE, LÉON, homme politique français, né à Douai le 2 février 1834. Avocat du barreau de Douai, il fut nommé juge-suppléant au tribunal civil de cette ville en 1859, puis substitut du procureur impérial, substitut du procureur général en 1871 et conseiller à la cour en 1874. Révoqué en 1883, à la suite de la nouvelle loi sur la magistrature, il fut inscrit, aux élections d'octobre 1885, sur la liste réactionnaire, qui triompha tout entière dans le département du Nord.

MAURY, LOUIS FERDINAND ALFRED, littérateur et archéologue français, né à Meaux le 23 mars 1817. Il préparait à l'École polytechnique lorsqu'il fut attaché, en 1836, à la Bibliothèque royale. Cette position convenait mieux à ses goûts, cependant elle exigeait une certaine assiduité qui le dérangeait de ses études, et il la résigna au bout de deux ans, pour pouvoir suivre en liberté les cours publics à la Sorbonne, au Collège de France et ailleurs ; il étudia également la médecine et les sciences naturelles, fit son droit et prit le grade de licencié. Rentré à la Bibliothèque en 1840, M. Maury fut nommé sous-bibliothécaire de l'Institut en 1844, fonctions qu'il résigna en 1857, ayant été élu membre de l'Académie des inscriptions et belles-lettres en remplacement du Dureau de la Malle. Nommé bibliothécaire des Tuileries en 1860, puis professeur d'histoire et de morale au Collège de France, en remplacement de Guigniaut, admis à la retraite, en 1862, il était nommé en 1868 directeur général des Archives en remplacement du marquis de Laborde, élevé à la dignité de sénateur. Il remplaçait en même temps le même sénateur comme membre de la commission de publication de la *Correspondance de Napoléon Ier*, et était appelé à faire partie de la direction de l'Ecole pratique des hautes études. Enfin, la même année encore, il était élu rédacteur du *Journal des savants*. Membre de nombreuses sociétés savantes. M. Alfred Maury a été, de 1855 à 1859, secrétaire général de la Société de géographie ; il a présidé la Société des antiquaires de France en 1853 et l'Académie des inscriptions et belles-lettres en 1875. — On doit à ce savant écrivain : *Essai sur les légendes pieuses du moyen âge (1843)* ; les *Fées du moyen âge (1845)* ; *Histoire des grandes forêts de la Gaule et du moyen âge (1850)*, ouvrage refondu et réédité sous le titre : les *Forêts de la Gaule et de l'ancienne France, aperçu sur leur histoire*, etc. *(1867)* ; la *Terre et l'homme (1856)* ; *Histoire des religions de la Grèce antique (1857-60)* ; la *Magie et l'astrologie (1860)* ; le *Sommeil et les rêves (1861)* ; *Croyances et légendes de l'antiquité (1863)* ; les *Académies d'autrefois : l'Acienne académie des sciences (1864)* ; l'*Ancienne académie des inscriptions et belles-lettres (1865)* ; *Rapport sur les progrès de l'archéologie en France (1867)*, etc. Il a en outre collaboré aux principales publications périodiques et aux *Bulletins, Mémoires* ou *Recueils* des sociétés savantes dont il fait partie, ainsi qu'aux deux derniers volumes des *Religions de l'antiquité* de feu Guigniaut, à l'*Encyclopédie nouvelle*, au *Moniteur*, etc., et a continué la publication du *Musée de sculpture ancienne et moderne* du comte de Clarac. — M. Alfred Maury est commandeur de la Légion d'honneur depuis 1870.

MAY, sir Thomas Erskine, administrateur et écrivain politique anglais, né en 1815, fit ses études à l'école de Bedford et fut nommé bibliothécaire-adjoint à la Chambre des communes en 1831. Il poursuivait en même temps ses études de droit à l'école de Middle-Temple, où il fut admis en 1838. Après avoir rempli diverses fonctions au parlement, il était nommé clerc de la Chambre des communes en 1871. Nommé compagnon de l'ordre du Bain en 1860, sir Thomas E. May était promu chevalier-commandeur en 1866. — On lui doit : *Traité du droit, des privilèges, de la procédure et des usages du Parlement (1844)* ; *Remarques et suggestions tendant à faciliter l'expédition des affaires publiques devant le Parlement (1849)* ; *Sur la consolidation des lois électorales (1850)* ; *Histoire constitutionnelle de l'Angleterre depuis l'avènement de Georges III, 1760-1860*, continuation du grand ouvrage de Hallam (1861-63, nouvelle édition, 1871, 3 vol.) ; *Histoire de la Démocratie en Europe (1877, 2 vol.)*. Il a recueilli et coordonné pour la première fois, en 1854, les *Réglements, ordonnances et formes de procédure de la Chambre des communes*, ouvrage imprimé par ordre de la Chambre. — Sir Thomas E. May a collaboré en outre à la *Penny Cyclopædia*, à l'*Edinburgh Review*, au *Law Magazine*, et autres recueils périodiques.

MAYNARD DE LA CLAYE (de), Auguste Bonaventure Adolphe, homme politique français, grand propriétaire dans la Vendée, où il est né en 1827. Elu député de la 1re circonscription de La Roche-sur-Yon, comme candidat légitimiste et clérical, le 21 août 1881, M. de Maynard de la Claye a été, dans les mêmes conditions, élu député de la Vendée le 4 octobre 1885.

MAYRAN, Casimir Antoine, homme politique français, ancien négociant, né à Espalion le 4 mars 1818. Chef d'une maison de commerce considérable de Paris retiré dans son pays après fortune faite. M. Mayran s'occupa d'agriculture, devint maire d'Espalion et conseiller général de l'Aveyron. Aux élections sénatoriales du 30 janvier 1876, il fut élu sénateur de l'Aveyron comme clérical et monarchiste, le premier sur trois ; au renouvellement triennal du 25 janvier 1885, il fut réélu au même titre, mais seulement le second. — M. Mayran est officier de la Légion d'honneur depuis 1869.

MAZADE-PERCIN (de), Charles, littérateur et publiciste français, né en 1821 à Castelsarrazin, fit ses études au collège de Bazas et son droit à la faculté de de Toulouse. Venu à Paris à vingt ans, il y publia aussitôt un volume de poésies. Après avoir collaboré à la *Presse*, à la *Revue de Paris*, et à divers autres journaux ou recueils périodiques, il entra à la *Revue des Deux-Mondes* en 1852, et ne l'a plus quittée. Outre la chronique qu'il rédigea pendant plusieurs années à cette dernière revue, M. de Mazade y a publié de nombreux articles de critique littéraire et de biographie et des études sur l'Italie, l'Espagne, la Pologne, etc., dont se composent surtout les ouvrages qu'a publiés à part et parmi lesquels nous citerons : l'*Espagne moderne (1855)* ; l'*Italie moderne, récits des guerres et des révolutions italiennes (1860)* ; la *Pologne contemporaine, récits et portraits de la révolution polonaise (1863)* ; l'*Italie et les Italiens (1864)* ; *Deux femmes de la Révolution (1866)* ; les *Révolutions de l'Espagne contemporaine (1868)* ; *Lamartine, sa vie littéraire et politique (1872)* ; la *Guerre de France et Portraits d'histoire politique et morale du temps (1875)* ; le *Comte de Cavour (1877)* ; le *Comte de Serre, la Politique modérée sous la Restauration (1879)* ; *M. Thiers (1880)* ; *Cinquante années d'histoire contemporaine (1884)* ; *Correspondance du maréchal Davout (1885)*. etc. — M. de Mazade a été élu membre de l'Académie française le 7 décembre 1882, en remplacement de M. de Champagny, et reçu solennellement le 6 décembre 1883.

MAZE, Hippolyte, homme politique français, ancien professeur, est né à Arras le 5 novembre 1839. Elève de l'Ecole normale supérieure, il se fit recevoir agrégé d'histoire en 1863, fut chargé de cours au lycée de Douai et appelé à la chaire d'histoire du lycée de Versailles en 1867. Nommé préfet des Landes après le 4 septembre 1870, M. Maze quittait ces fonctions en avril 1871. Il reprenait plus tard sa chaire au lycée de Versailles, d'où il passait à Paris en 1875, à la troisième chaire du lycée Condorcet. Elu le 21 décembre 1879 député de la 2e circonscription de Versailles, il prit place au groupe de la gauche républicaine, et fut réélu dans la même circonscription le 21 août 1881. Aux élections d'octobre 1885, M. Maze, porté sur la liste républicaine de Seine-et-Oise, échouait ; mais il était élu, le 4 avril 1886, sénateur du même département, en remplacement de M. Gilbert-Boucher, décédé. Il a voté l'expulsion des princes.

MAZEAU, Charles Jean Jacques, homme politique français, né le 1er septembre 1825 à Dijon, où il fit ses études et fut reçu docteur en droit en 1848. Venu à Paris, il prenait en 1856 une charge d'avocat au Conseil d'Etat et à la cour de cassation. Conseiller général de la Côte-d'Or depuis 1869, M. Mazeau fut élu représentant de ce département à l'Assemblée nationale, aux élections complémentaires du 2 juillet 1871, et s'inscrivit à la gauche républicaine. Il se présentait avec succès aux élections sénatoriales de la Côte-d'Or le 30 janvier 1876, et était réélu le premier, au renouvellement partiel du 25 janvier 1885. M. Mazeau a voté en faveur de la loi portant expulsion des princes prétendants.

MAZZELLA (le R. P.), cardinal et jésuite italien, né le 10 février 1833 à Vitulano, dans l'archidiocèse de Bénévent. Il fit ses études au collège des jésuites de cette ville, fut ordonné prêtre, par dispense spéciale, à l'âge de vingt-deux ans et entra dans la Compagnie de Jésus deux ans après. Le R. P. Mazzella est un des membres les plus distingués de l'Académie romaine de Saint Thomas-d'Aquin. Il a été créé cardinal par Léon XIII dans un consistoire tenu au Vatican le 7 juin 1886.

MEAUX (vicomte de), Marie Camille Alfred, homme politique français, ancien sénateur ancien ministre, est né à Montbrison le 18 septembre 1830. Gendre de M. de Montalembert, M. de Meaux collabora au *Correspondant*. A l'approche des élections de 1863, il prit une part très active au mouvement d'opinion qui donna naissance au parti de l'opposition libérale, composé d'éléments si hétérogènes et dont l'attitude, sous une apparence de netteté et de franchise, devait être en fin de compte si équivoque. Candidat de cette « opposition libérale » aux élections de 1863 et 1869, dans la troisième circonscription de la Loire, M. de Meaux échoua les deux cas contre le candidat officiel, M. Bouchetal-Laroche, devenu toutefois simplement « agréable » en 1869. Membre du Conseil municipal de Montbrison, lorsque éclata la révolution du 4 Septembre, il signa avec les autres membres de la commission de permanence, la proclamation aux habitants de cette ville contenant une adhésion formelle, pour ne pas dire enthousiaste, à la République

M. de Meaux fut élu, le 8 février 1871, représentant de la Loire à l'Assemblée nationale, le huitième sur onze. Il prit place dans les rangs de la droite, dont il fut un des membres les plus remuants et des orateurs intarissables, et devint secrétaire de l'Assemblée. M. de Meaux a fait partie de plusieurs commissions importantes et a été rapporteur, notamment, de la convention de Francfort, de la commission d'enquête sur le 18 mars, de la commission relative à la proposition de loi sur la municipalité lyonnaise; c'est à l'occasion de son rapport sur cette dernière proposition, dans lequel un représentant de Lyon, M. Le Royer, eut le regret de ne trouver qu'un *bagage* insignifiant et l'audace de le dire, et à la suite des incidents enfantins soulevés par ce mot, que M. J. Grévy quittait la présidence de l'Assemblée (2 avril 1873). Membre de la droite cléricale, les votes de M. le vicomte de Meaux n'ont aucun besoin d'être relevés; mais comme, en politique pratique, les événements ne suivent que par exception une ligne régulière et raisonnable, nous croyons devoir mentionner le dernier vote de M. de Meaux simple représentant: le 25 février 1875, il repoussait l'ensemble des lois constitutionnelles. En conséquence, M. de Meaux entrait, le 11 mars suivant, dans le cabinet Buffet-Dufaure, chargé de l'application de la constitution nouvelle, où il avait jugé tout naturel d'accepter le portefeuille de l'agriculture et du commerce. Élu sénateur de la Loire le 30 janvier 1876, M. le vicomte de Meaux se retirait du ministère avec son chef malheureux. M. Buffet, le 2 mars suivant, remettant à M. Teisserenc de Bort son portefeuille. Après avoir fait entendre un moment, comme ministre de la République, un langage un peu plus libéral que ses actes antérieurs n'autorisaient à l'espérer, M. de Meaux a repris, au Sénat, sa place à l'extrême-droite. Rentré au ministère de l'agriculture et du commerce, en remplacement de M. Teisserenc de Bort, dans le cabinet de Broglie du 17 mai 1877, il y était remplacé par M. Ozenne le 14 novembre suivant, et échouait au renouvellement de la représentation sénatoriale de la Loire, le 5 janvier 1879. Aux élections d'octobre 1885, pour la Chambre des députés, M. de Meaux figurait sur la liste monarchiste de la Loire, mais il échouait encore dans cette dernière tentative. — On lui doit quelques ouvrages, notamment: la *Révolution et l'Empire (1857)*, et les *Luttes religieuses au XVIe siècle (1879)*.

MEDING, Oscar, littérateur allemand, plus connu sous son pseudonyme de **Gregor Samarow**, est né à Kœnigsberg le 11 avril 1829, son père étant gouverneur de la Prusse orientale. Il fit ses études à l'université de sa ville natale et à celles d'Heidelberg et de Berlin (1848-51), puis alla s'établir avocat à Marienwerder. Après un court passage dans la magistrature et dans l'administration, il quittait le service de la Prusse pour celui du Hanovre, où il devint conseiller d'État et fut employé par le roi Georges V à diverses missions confidentielles. Il accompagnait le roi à Francfort en 1863, et était en mission auprès de l'électeur de Hesse en 1866, lorsqu'à son retour en Hanovre, il trouva le royaume envahi par les armées prussiennes. Il rejoignit le roi, qui était à la tête de son armée, et après la catastrophe de Langensalza, il le suivit à Vienne. En 1867, il vint à Paris, en qualité de représentant des intérêts du roi dépossédé. Mais en 1870, M. Meding donnait son adhésion à l'état de choses établi en Allemagne par la Prusse, sans prendre autrement part aux événements. Il passa environ deux années en Suisse et à Stuttgart, puis vint se fixer à Berlin, où, se tenant écarté de la politique et mettant à contribution ses souvenirs personnels, il commença à écrire des romans, qu'il signa du pseudonyme bientôt célèbre de « Gregor Samarow », et dont nous citerons les principaux: *Pour le sceptre et la couronne* (Um szepter und Krouen), dont la première partie, en 4 volumes, portant le titre général, parut à Stuttgart en 1872; les quatre autres parties, portant les titres suivants, ont paru successivement: *Mines et contre-mines d'Europe (1873); Deux couronnes impériales (1875); la Croix et l'épée* (même année) et *Héros et empereur (1876)*. Ses autres ouvrages sont: *l'Expédition romaine des Epigones (1873)*, dont le vrai sujet est le Congrès des princes souverains allemands à Francfort en 1863; le *Salut des legions allant à la mort* (Der Todesgruss der Legionen, 1874); *Hauteurs et profondeurs* (Höhen und Tiefen), roman social ne comprenant pas moins de 20 volumes, divisé en trois parties: *Oublié, Or et sang, Expiation et bénédiction (1879-80)*; la *Reine Elisabeth*, roman historique en 6 volumes (1881), etc. M. Meding a publié en outre, sous son propre nom, des *Mémoires d'histoire contemporaine* (Memoiren zur Zeitgeschichte), dont le premier volume a paru en 1881.

MEILHAC, Henri, auteur dramatique français, né à Paris en 1832, fit ses études au lycée Louis-le-Grand, fut quelque temps commis-libraire et collabora au *Journal pour rire*, comme dessinateur et écrivain tout à la fois, de 1852 à 1855. Il a collaboré à la *Revue de Paris*, à la *Vie parisienne* et à divers autres recueils littéraires; mais c'est au théâtre, où il débuta en 1855, qu'il devait remporter non seulement des succès, mais de véritables triomphes populaires, dans la comédie et surtout dans l'opérette. M. Meilhac a écrit quelques pièces seul, d'autres avec divers collaborateurs et le plus grand nombre avec M. Ludovic Halévy (voyez ce nom). — Nous citerons: *Satania* et *Garde-toi, je me garde*, comédies, chacune en 2 actes, au Palais-Royal (1855); la *Sarabande du cardinal*, un acte, même théâtre (1856); le *Copiste*, un acte, au Gymnase (1857); *l'Autographe*, un acte, même théâtre; *Péché caché*, un acte, au Palais-Royal (1858); le *Petit-fils de Mascarille*, cinq actes; le *Retour d'Italie*, à-propos, un acte (1859); *Ce qui plaît aux hommes*, un acte, aux Variétés, en collaboration avec M. L. Halévy pour la première fois; *l'Étincelle*, un acte, au Vaudeville; *Une heure avant l'ouverture*, prologue en un acte, avec M. A. Delavigne, même théâtre (1860); la *Vertu de Célimène*, cinq actes, au Gymnase; *l'Attaché d'ambassade*, trois actes; les *Bourguignonnes*, opéra comique en un acte; le *Café du Roi*, opéra comique en un acte; le *Menuet de Danaé*, un acte (1861); les *Moulins à vent*, trois actes; *l'Échéance*, les *Brebis de Panurge*, la *Clef de Métella*, un acte (1862); le *Brésilien*, un acte; le *Train de minuit*, deux actes (1863); les *Curieuses*, un acte; *Neméa, ou l'Amour vengé*, ballet en deux actes; la *Belle Hélène*, trois actes; le *Photographe*, un acte (1864); *Fabienne*, trois actes; les *Méprises de Lambinet*, le *Singe de Nicolet*, un acte (1865); *Barbe-bleue*, quatre actes; la *Vie parisienne*, cinq actes; *José Maria*, opéra comique, trois actes (1866); la *Grande-duchesse de Gérolstein*, trois actes; *Tout pour les dames*, un acte (1867); le *Château à Toto*, trois actes; *Fanny Lear*, cinq actes; la *Périchole*, deux actes; le *Bouquet*, un acte; *Suzanne et les deux vieillards*, un acte (1868); *Vert-Vert*, opéra comique en trois actes; la *Diva*, trois actes; *l'Homme à la clef*, un acte; *Frou-Frou*, cinq actes; les *Brigands (1869)*; *Nany*, comédie en quatre actes, avec M. de Najac, au Français; le *Réveillon*, trois actes; les *Sonnettes*, un acte (1872); *l'Élé de la Saint-Martin*, un acte, au Théâtre-Français; le *Roi Candaule*, un acte (1873); *l'Ingénue*, un acte; la *Boule*, trois actes; la *Veuve*, trois actes; *Tricoche et Cacolet*, cinq actes; *Toto chez Tata*, un acte; la *Mi-Carême*, un acte, la *Petite marquise (1874)*; le *Passage de Vénus*, un acte; la *Boulangère a des écus*, trois actes; *Carmen*, opéra comique en quatre actes, musique de feu G. Bizet (1875); *Loulou*, un acte; le *Prince*, quatre actes, au Palais-Royal (1876); la *Cigale*, le *Petit hôtel*, le *Mari de la débutante (1879)*; Mme le *Diable*, féerie opérette en quatre actes, musique de M. G. Serpette, à la Renaissance (1882); le *Nouveau régime*, un acte, avec M. J. Prével, au Gymnase; *Mamz'elle Nitouche*, avec M. Millaud, musique de M. Hervé, aux Variétés (1883); la *Duchesse Martin*, comédie en un acte, au Français; *Manon*, opéra comique en cinq actes et six tableaux, avec M. Ph. Gille, musique de M. Massenet, à l'Opéra-Comique; la *Ronde du commissaire*, trois actes, avec M. Ph. Gille, au Gymnase; la *Cosaque*, comédie vaudeville en trois actes, avec M. A. Millaud, aux Variétés (1884), etc. — Chevalier de la Légion d'honneur depuis 1869, M. Henri Meilhac a été promu officier le 1er janvier 1885.

MEISSONIER, Jean Louis Ernest, peintre français, né à Lyon en 1814. Élève de Léon Cogniet, M. Meissonier a mis d'abord son originalité à faire très petit quoique aussi soigné, sinon plus, dans les détails que les plus grandes toiles, et a mérité ainsi d'être appelé le Metzu ou le Terburg français. — On cite principalement de cet artiste: *Bourgeois flamands (1834)*; *Joueurs d'échecs*, le *Petit messager (1836)*; *Religieux consolant un malade (1838)*; le *Docteur anglais (1839)*; le *Liseur (1840)*; la *Partie d'échecs (1841)*; le *Peintre dans son atelier (1843)*; le *Corps de garde*, la *Partie de piquet (1845)*; *Trois amis*, la *Partie de boules*, les *Soldats (1848)*; le *Fumeur (1849)*; le *Dimanche*, le *Joueur de luth (1850)*; les *Bravi (1852)*; *A l'ombre des bosquets*, *Jeune homme lisant en déjeunant (1853)*; la *Lecture*, la *Rixe*, avec les *Bravi* et la *Partie de boules (1855, Expos. univ.)*; *Confidence*, un *Peintre*, *l'Attente*, *Homme en armes*, un *Homme à sa fenêtre*, *l'Amateur de tableaux*, *Jeune homme du temps de la Régence*, portrait du violoncelliste *Alexandre Batta (1857)*. *Napoléon III à Solférino*, un *Maréchal ferrant*, un *Musicien (1861)*; *l'Empereur* à *Solférino (1864)*; *Suites d'une querelle de jeu*, portrait de *M. Ch. Meissonier (1865)*; une *Halte*, le *Maréchal Ney (1866)*; *Lecture chez Diderot*, le *Capitaine. Cavalier se faisant servir à boire*, le *Général Desaix à l'armée du Rhin*, l'*Ordonnance*, etc. (1867. Expos. univ.): Portrait de *M. Alexandre Dumas fils (1877)*; reparu à l'Exposition universelle de 1878, avec : les *Cuirassiers (1805)*; un *Peintre vénitien, Sur l'escalier*, le *Portrait du sergent, Moreau et son chef d'état-major Dessoles avant Hohenlinden*, un *Philosophe, Vedette, Petit poste de grand'garde*, le *Peintre d'enseignes*, etc., en tout seize toiles. Il a donné, depuis, un *Portrait d'Hetzel (1879)*; le *Voyageur*, l'*Adieu (1880)*, etc. M. Meissonier a exécuté, en outre, beaucoup de travaux commandés qui n'ont pas été exposés; nous nous bornerons à citer son *Mil-huit cent-sept*, acheté par un millionnaire américain, un prix fou. On lui doit aussi des eaux-fortes, des lithographies, ainsi que des dessins fournis à diverses publications illustrées. — M. Meissonier a obtenu une médaille de 3º classe en 1840, une de 2º classe en 1841, une de 1ʳᵉ classe en 1843 et en 1848, la grande médaille d'honneur à l'Exposition universelle de 1855 et à celle de 1867, et le rappel de médaille d'honneur à celle de 1878. Chevalier de la Légion d'honneur depuis 1846, il a été promu officier en 1856, commandeur en 1867 et grand officier le 12 juillet 1880. Il a été élu membre de l'Académie des Beaux-Arts en 1861, en remplacement d'Abel de Pujol et a présidé cette Académie en 1876. M. Meissonier est membre de la Commission supérieure des Beaux-Arts, etc.

MELIKOF (comte), LORIS, général russe, d'origine arménienne, fils d'un négociant de Moscou, y est né en 1824 et a fait ses études à l'Institut de cette ville. Il parle les langues russe, arménienne, tartare, persane et française. Entré jeune dans la carrière militaire, il y débuta dans les hussards, à Saint-Pétersbourg. Il avait atteint le grade de colonel et commandait un régiment de cavalerie légère opérant en Turquie, au début de la guerre de Crimée; il concourut, en cette qualité, à la prise de Kars et fut nommé commandant de cette place avec rang de général. Il prit part également aux opérations militaires dans le Caucase et, après la pacification, fut envoyé comme gouverneur à Vladicaucase, en 1860. Le général Loris Melikof avait pris, dans ces derniers temps, un congé illimité pour des raisons de santé. Il en a profité pour visiter la France, a résidé quelque temps à Paris, puis s'est rendu en Allemagne. Il était à Wiesbaden lorsque la déclaration de guerre de la Russie à la Turquie le rappela au service actif. Nommé adjudant général du grand-duc Michel, lieutenant impérial commandant en chef l'armée du Caucase, c'est lui en réalité qui dirigea toutes les opérations, dans un pays que nul, d'ailleurs, ne connaît mieux que lui; c'est à lui, notamment, qu'est due la prise d'Ardahan par les troupes russes, le 17 mai 1877. La campagne terminée, il fut élevé au rang de général de cavalerie et créé comte, puis nommé gouverneur d'Astrakan, et gouverneur général commandant en chef la circonscription militaire de Kharkoff en avril 1879. Rappelé à Saint-Pétersbourg après l'attentat du 17 février 1880 contre Alexandre II et nommé président de la Commission exécutive aux pouvoirs illimités, créée à cette occasion pour la recherche et le châtiment des nihilistes dans toute l'étendue de l'empire, le général Mélikof fut lui-même l'objet d'un attentat dès le 3 mars : un certain Maladzyetsky lui tirait un coup de revolver qui n'eut de conséquence grave que pour l'auteur de l'attentat, lequel était condamné à mort et exécuté en moins de quarante-huit heures.

MEINADIER, PIERRE JACQUES ERNEST, homme politique et officier supérieur français, né à Saint-André-de-Valborgne (Gard) le 16 juillet 1812. Il était élève de l'Ecole polytechnique depuis un an, lorsque éclata la révolution de Juillet 1830; il y prit part, et fut blessé. Il sortait de l'Ecole l'année suivante, dans l'arme de l'artillerie, et avait atteint le grade de capitaine au moment de la guerre de Crimée. M. Meinadier fit cette campagne, puis celle d'Italie, fut promu après celle-ci lieutenant-colonel et adjoint au commandant de l'artillerie à Bourges. Promu colonel et appelé à la direction de l'artillerie à Strasbourg en 1868, il y prenait sa retraite l'année suivante et se retirait dans son pays. Il était membre du Conseil général du Gard depuis 1871, lorsqu'il se présenta aux élections sénatoriales du 30 janvier 1876, et fut élu le premier. M. le colonel Meinadier s'inscrivit à la gauche républicaine du Sénat, et prit une grande part aux discussions intéressant l'armée. Il vota contre le retour des Chambres à Paris. Le colonel Meinadier a été réélu sénateur du Gard au renouvellement du 25 janvier 1885 et a voté l'expulsion des princes. — Il est officier de la Légion d'honneur depuis 1859.

MÉLINE, FÉLIX JULES, homme politique français, né à Remiremont le 30 mai 1838, fit son droit à Paris, tout en collaborant aux petits journaux du quartier latin : la *Jeunesse*, la *Jeune France*, le *Travail* et autres, fut reçu avocat et s'inscrivit au barreau de Paris. Adjoint au maire du 1ᵉʳ arrondissement pendant le siège, M. Méline était élu membre de la Commune le 26 mars 1871, par les électeurs de cet arrondissement, mais il donnait presque aussitôt sa démission. Il prit part, toutefois, aux tentatives de conciliation entre Paris et Versailles, faites par les maires et les adjoints réunis aux députés de la Seine, et qui n'aboutirent malheureusement pas. M. Méline, qui s'était présenté dans son département natal, comme candidat républicain, aux élections du 8 février 1871, n'avait obtenu que 18,945 voix, chiffre insuffisant ; il se présenta de nouveau le 20 octobre 1872, pour remplacer M. Steinheil, démissionnaire, et cette fois fut élu. Il siégea à gauche et se fit inscrire aux groupes de la gauche républicaine et de l'union républicaine ou extrême-gauche. Le 20 février 1876, il était élu, sans concurrent, député de l'arrondissement de Remiremont. M. Méline est membre du Conseil général des Vosges, dont il a été secrétaire. La nuance politique du député de Remiremont paraît s'être atténuée dans ces derniers temps, ce qui a été quelque peu surpris, notamment, des termes dans lesquels il combattit la proposition d'amnistie plénière présentée par M. Raspail, au commencement de la session de 1876. Nommé sous-secrétaire d'Etat au ministère de la justice, dont le titulaire était M. Martel, le 21 décembre 1876, M. Méline suivait son chef dans la retraite, le 16 mai 1877. Réélu le 14 octobre 1877 et le 21 août 1881, M. Méline fut sous-secrétaire d'Etat au ministère de l'intérieur, sous M. de Marcère, du 4 février au 4 mars 1879. Il entra dans le cabinet formé sous la présidence de M. J. Ferry le 21 février 1883, avec le portefeuille de l'agriculture, et quittait le pouvoir avec ses collègues le 6 avril 1885. C'est à M. Méline ministre que l'on doit l'institution de l'ordre du Mérite agricole. Aux élections du 4 octobre 1885, M. Méline a été élu député des Vosges en tête de la liste républicaine. Il s'est abstenu au vote des projets d'expulsion des princes.

MENABREA (comte), LUIGI FEDERICO, comte MENABREA, marquis de V LHORA, général et homme d'Etat italien, né à Chambéry le 4 septembre 1809, fit ses études à l'université de Turin, y prit le grade de docteur ès sciences mathématiques et entra dans l'armée comme officier du génie. Son service ne l'empêcha pas de se livrer avec ardeur à l'étude des sciences; il publia divers mémoires sur des questions de physique mathématique et de fortification et envoya des communications aux académies des sciences de Turin et de Paris. Professeur à l'université, à l'académie militaire et à l'école d'artillerie de Turin, il était élu membre de l'Académie des sciences de cette ville en 1839. Il avait atteint le grade de capitaine lorsque, en 1848, Charles Albert l'envoya en mission dans les duchés, où il contribua à faire voter l'annexion au Piémont. Elu membre de la Chambre des députés, M. Menabrea fut nommé attaché militaire au ministère de la guerre, puis à celui des affaires étrangères, fonctions dont il se démit peu après, mais qu'il reprit après la défaite de Novare. Lors de la guerre de 1859, le comte Menabrea fut nommé major général commandant en chef du génie de l'armée italienne. On lui doit, notamment, dans cette occasion, les travaux d'investissement de Peschiera; il assista, en outre, aux principales batailles de cette courte campagne : Palestro, Solferino, etc. Lors de l'annexion de son pays à la France, le général Menabrea opta pour la nationalité italienne, bien qu'il eût un frère magistrat qui se décida pour l'option contraire. Victor Emmanuel l'en récompensa en l'élevant à la dignité de sénateur. Promu peu après lieutenant-général et nommé président du Comité du génie, il fut appelé au ministère de la marine par le baron Ricasoli, successeur de Cavour à la présidence du conseil (juin 1861), et suivit son chef dans la retraite, le 2 mars 1862. Il fut nommé, peu après, aide-de-camp du roi d'Italie. — En août 1866, le général Menabrea était envoyé en Allemagne, comme ministre plénipotentiaire d'Italie, en quelle qualité il signait le traité de Prague. Chargé, en 1867, de former un cabinet, il y prit le portefeuille des affaires étrangères et confia celui des finances à M. le comte de Cambray-Digny (voyez ce nom), avec lequel il se maintint au milieu des plus grandes difficultés, principalement financières, et après trois remaniements, jusqu'en décembre 1869, date à laquelle le cabinet Menabrea-Cambray-Digny faisait place au ministère Lanza. Au nombre des difficultés qu'eut à subir le cabinet Menabrea, il ne faut toutefois pas oublier celles résultant de la trop fameuse convention du

15 septembre relative à l'occupation de Rome par les troupes françaises, violée en fait par la tentative de Garibaldi contre la ville éternelle, et celles nées de l'agitation préliminaire pour la convocation prochaine et menaçante du concile œcuménique. En fin de compte, le général Menabrea s'est trouvé aux prises avec les convulsions peut-être les plus terribles qui aient marqué l'enfantement si long et si douloureux de l'indépendance italienne aujourd'hui accomplie. M. le comte Menabrea a été nommé ambassadeur à Vienne, en remplacement de M. Minghetti, au mois de novembre 1870. Il était rappelé, sur sa demande, l'année suivante. Après avoir occupé divers commandements et rempli diverses missions, il a été nommé, le 14 avril 1876, ambassadeur à Londres. d'où il a été transféré à Paris le 21 décembre 1882. Créé chevalier en 1843 et comte en 1861, il a été fait marquis de Valdora en 1875. — Le général Menabrea est chevalier de l'ordre suprême de l'Annunciade, commandeur de la Légion d'honneur et décoré de plusieurs autres ordres nationaux et étrangers. Il a reçu, en juin 1883, le diplôme de docteur ès-sciences de l'université d'Oxford.

MÉNARD-DORIAN, Paul François Marie Antoine, industriel et homme politique français, né à Lunel le 21 avril 1846, est gendre de M. Dorian, ancien ministre de la République, mort en 1873, et auquel il a succédé à la tête de l'usine métallurgique Jacob et Holtzer, d'Unieux (Loire). Élu le 14 octobre 1877, comme candidat républicain, député de la 1re circonscription de Montpellier, M. Ménard-Dorian prit place à l'extrême-gauche et fit partie de la commission d'enquête sur les élections. Il fut réélu le 21 août 1881 dans la même circonscription. M. Ménard-Dorian a été élu député de l'Hérault le 4 octobre 1885. Il a voté l'expulsion totale des princes.

MENDÈS, Catulle, littérateur français, né à Bordeaux en 1840. Il fit ses études à Versailles et à Paris, et se livra de très bonne heure aux travaux littéraires. Dès 1860, il fondait la *Revue fantaisiste*, et y insérait, entre autres travaux, le *Roman d'une nuit*, qui fut poursuivi et valut une condamnation assez sévère à l'imprimeur, l'auteur étant à l'abri de semblable mésaventure à raison de son âge. En 1876, M. Mendès a dirigé la *République des lettres*, et en 1881-83 la *Vie populaire*, publications hebdomadaires. Il a publié : *Philomela*, livre lyrique (1864); *Histoire d'amour*, roman (1868); *Hesperus*, poème swedenborgien (1869); la *Colère d'un franc-tireur*, ode guerrière, et les *Soixante-treize journées de la Commune* (1871); *Contes épiques* (1872); les *Folies amoureuses* (1877); la *Vie et la mort d'un clown* (1879); le *Rose et le noir*, le *Fin du fin*, *Jupe courte*, *Monstres parisiens*, *Lili et Cocotte* (1885); *Contes choisis*; *Zo'har*, roman contemporain (1886), etc. — Il a donné au théâtre : la *Part du roi*, comédie en un acte, en vers (1870); *Justice*, drame en 3 actes à l'Ambigu (1877); les *Mères ennemies*, drame en 3 actes et 11 tableaux, au même théâtre, avec un très grand succès (1882); *Gwendoline*, opéra en 2 actes et 3 tableaux, musique de M. Emm. Chabrier, représenté au théâtre de la Monnaie de Bruxelles, en avril 1886, etc. — M. Catulle Mendès a épousé, en 1866, Mlle Judith Gautier (voyez ce nom), dont il s'est séparé depuis.

MERCIÉ, Marius Jean Antonin, sculpteur et peintre français, né à Toulouse le 30 octobre 1845. Élève de Jouffroy, de M. Falguière et de l'École des beaux-arts, il remporta le grand prix de Rome en 1868. La même année il débutait au Salon par un portrait de *Jeune fille*, médaillon. Il envoya de Rome, en 1872, un *David*, statue en plâtre et une *Dalila*, buste en bronze; et en 1874, son groupe en plâtre, *Gloria Victis!* qui fit sa grande réputation. Avec le bronze de ce groupe, qui fut acheté par l'État et figure aujourd'hui dans le square Montholon, il exposait au Salon de 1875, le *Loup, la mère et l'enfant*, bas-relief en bronze. Viennent ensuite : *David avant le combat*, statuette en marbre et *Fleur de mai*, buste en plâtre (1876); le *Génie des arts*, haut-relief colossal, en bronze, placé au-dessus du guichet des Tuileries et *Junon vaincue*, statuette en marbre (1877); le *Gloria victis* et la statue de *David* en bronze, les statuettes en marbre de *Junon vaincue* et de *David avant le combat* (Exposition universelle 1878); le bas-relief, en plâtre, destiné au tombeau de *Michelet*, au Père Lachaise; la statue d'*Arago* et un des bas-reliefs de son monument à Perpignan, en plâtre (1879); *Judith* (1880); *Portrait* de Mlle *Gabrielle Williams*, médaillon en marbre (1883); le *Souvenir*, marbre funéraire; l'*Art*, statue en pierre et la *Justice*, groupe en pierre, pour l'Hôtel de ville de Paris (1885); *Groupe* en marbre, pour le tombeau du roi Louis Philippe et de la reine Amélie et un *Portrait*, médaillon en marbre (1886). —

M. Antonin Mercié a obtenu une médaille de 1re classe et la croix de la Légion d'honneur pour son début, avec son *Gloria Victis!* en 1872, la médaille d'honneur en 1874 et 1878 (Exposition universelle), et a été promu officier de la Légion d'honneur en 1879.
Depuis quelques années, M. Antonin Mercié se livre également, et avec succès, à la peinture. Nous citerons parmi ses envois au Salon dans ce genre d'ouvrages : une *Vénus* et un *Portrait* de femme, au salon de 1883 (médaille de 3e classe); *Léda* (1884); *Michel-Ange étudiant l'astronomie* (1885); *Sang de Vénus* (1886).

MERCIER, Théodose, homme politique français, né à Nantua le 11 janvier 1825. Professeur au collège de cette ville natale, il fut révoqué en 1848 pour un article de journal. Il entra alors au barreau de Nantua, où il reprit sa place après plusieurs mois de prison subis à l'occasion du coup d'État, et devint bâtonnier. Élu représentant de l'Ain le 2 juillet 1871 et député de Nantua le 20 février 1876, cette dernière fois avec les neuf dixièmes des voix, M. Th. Mercier vota constamment avec la gauche. Il a été réélu le 14 octobre 1877 et le 21 août 1881, dans les mêmes conditions, par le même collège. Enfin, au renouvellement de la représentation sénatoriale de l'Ain, le 25 janvier 1885, M. Th. Mercier était élu sénateur. Il a voté en faveur de la loi sur l'expulsion des princes prétendants.

MEREDITH, George, littérateur anglais, né dans le Hampshire, vers 1828. Il fit ses études en grande partie dans les universités allemandes, fit son droit, mais abandonna promptement la carrière du barreau pour celle des lettres. Il a débuté en 1851 par un volume de *Poems*, suivi de : *The Shaving of Shagpat, an Arabian entertainment*, bouffonnerie mi-partie vers et prose (1855); *Farina, a Legend of Cologne* (1857); *the Ordeal of Richard Feverel*, roman philosophique touchant, avec une réelle autorité, aux plus délicates questions de l'éducation morale (1859); *Mary Bertram* (1860); *Evan Harrington* (1861), paru d'abord dans *Once a Week*; *Modern Love, poems and ballads* (1862); *Emilia in England* (1864), roman d'un vif intérêt et d'une très grande originalité dont E. D. Forgues nous a donné une « réduction » française sous ce titre : *Sandra Belloni* (1866); *Rhoda Fleming* (1865); *Vittoria* (1866); *the Adventures of Harry Richmond* (1871); *The Egoist*, roman en 3 volumes (1881); *the Tragic Comedians*, roman brodé sur le canevas du destin tragique de Ferdinand Lassalle, le socialiste allemand (1881); *Poems and Lyrics of the Joy of Earth* (1883), etc.

MÉRILHON, Daniel, homme politique français, né à Bordeaux en 1852. Avocat du barreau de Bordeaux, conseiller municipal, adjoint au maire, conseiller général de la Gironde depuis 1883. M. D. Mérilhon a été élu député de la Gironde, sur la liste de l'Union républicaine, le 4 octobre 1885. Il s'est abstenu lors du vote sur l'expulsion des princes.

MERLIN, Charles Auguste, homme politique français, né à Lille le 22 décembre 1825, est un descendant du conventionnel Merlin de Douai. Avocat à la cour de Douai, deux fois bâtonnier, il devint maire de Douai après le 4 Septembre et fut révoqué par le « gouvernement de combat ».-Il fut élu, comme concurrent, député de la première circonscription de Douai, le 20 février 1876 et siégea à gauche. M. Merlin a été réélu le 14 octobre 1877, et au renouvellement triennal du 5 janvier 1879, il était élu sénateur du Nord. Il a voté l'expulsion des princes.

MERMET, Auguste, compositeur français, né vers 1820, est fils et neveu de deux généraux de l'Empire, dont l'un a son nom inscrit à l'Arc de Triomphe de l'Étoile, et cousin du baron A. de Pellaert, musicien et littérateur belge. Il se prépara à l'École polytechnique pour obéir aux vœux de son père, qui voulait en faire un soldat; mais un penchant invincible pour la musique, qu'il avait déjà étudiée avec passion, le détourna de cette carrière. Il abandonna les mathématiques, compléta ses études musicales et se livra avec ardeur à la composition. M. Mermet débuta au théâtre par un opéra intitulé : la *Bannière du roi*, dont les paroles étaient de Carmouche et qui fut joué sur le théâtre de Versailles; puis vint le *Roi David*, poème d'Alexandre Soumet et Félicien Malleville, opéra en 3 actes (1845); *Roland à Roncevaux*, opéra en 5 actes, dont il écrivit lui-même le livret et qui, après être resté une vingtaine d'années dans les cartons, fut représenté à l'Opéra en 1864; *Jeanne d'Arc*, opéra en 4 actes, paroles et musique, joué le 5 avril 1876, après quelques dix ans d'attente. — Il est chevalier de la Légion d'honneur.

MERMILLOD, Gaspard, prélat suisse, né à Carouge en 1824. Ordonné prêtre en 1846, il s'adonna à la prédication et se fit bientôt une réputation d'éloquence exaltée en même temps qu'il affirmait ses doctrines ultramontaines. Il vint se faire entendre à Paris en 1862, à Lyon un an plus tard, assez pour se convaincre que son genre d'éloquence ne lui ferait chez nous qu'un fort petit nombre d'admirateurs. Il était devenu quelques années auparavant curé de Genève, et l'évêque de Lausanne venait de le nommer son grand vicaire, chargé de ses pleins pouvoirs dans le canton de Genève, lorsqu'il fut sacré évêque d'Hébron *in partibus infidelium* et nommé officiellement auxiliaire de l'évêque de Lausanne à Genève. M. Mermillod assista au concile œcuménique et profita de l'occasion, tout en se montrant un partisan plus exigeant du principe de l'infaillibilité que le pape lui-même, pour faire un exposé très édifiant de ses doctrines affolées. De retour à Genève, ainsi retrempé, il agit dans son prétendu diocèse comme s'il en était réellement l'évêque, et un évêque singulièrement intolérant. Le Conseil fédéral finit par se fâcher. Opposé à l'établissement d'un nouvel évêché, il représenta à M. Mermillod qu'il ne voulait reconnaître d'autre autorité ecclésiastique catholique que celle de l'évêque de Lausanne, et l'invita à s'abstenir désormais de tout acte épiscopal. Le curé de Genève ne tint aucun compte de ces représentations. Alors le Conseil fédéral supprima purement et simplement son traitement de curé (sept. 1872). En janvier suivant, un bref pontifical instituait le territoire de Genève en vicariat apostolique et y nommait M. Mermillod. Le Conseil d'État, saisi, déclara la décision du Saint-Siège nulle, pour avoir été prise sans avis du pouvoir civil (février) et le Conseil fédéral se prononça de son côté pour la nullité. Défense fut donc faite au « vicaire apostolique » d'exercer ses fonctions. Mais l'évêque d'Hébron, à qui il fallait un scandale à la faveur duquel il pût cueillir la palme des martyrs modernes, refusa de se soumettre à cette décision ; en conséquence, le Conseil fédéral prit contre lui un arrêté d'expulsion (17 février 1873), qui fut exécuté. M. Mermillod fit beaucoup de bruit, à son habitude, cria à la persécution, et au mois d'octobre suivant, se donna la satisfaction d'excommunier l'abbé Loyson (voy. ce nom) qui, ayant été élu curé de Genève, avait eu l'abomination d'accepter. Fixé d'abord à Ferney, M. Mermillod résida à plusieurs reprises, puis à Rome, et fut surtout activement mêlé à toutes les manifestations du parti ultramontain. Enfin, après dix ans d'exil, M. Mermillod rentrait en Suisse par la route droite, ce qui a dû ôter pour lui de la saveur à l'événement. Le 24 mars 1883, il était nommé au siège vacant de Lausanne et préconisé évêque de Lausanne et Genève. Le Conseil fédéral ne fit aucune objection à cette nomination, parfaitement régulière. — On doit à M. Mermillod un grand nombre de sermons, conférences, discours, panégyriques, etc.

MESTREAU, Frédéric, homme politique français, négociant à Saintes, né au Château (île d'Oléron) le 15 février 1825. Il était, sous l'Empire, l'un des chefs reconnus de l'opposition démocratique. Nommé préfet de la Charente-Inférieure le 5 septembre 1871, démissionnaire en février 1871, il fut élu représentant de ce département aux élections complémentaires du 2 juillet suivant. Le 20 février 1876, M. Mestreau échoua dans la première circonscription de Saintes, contre le baron Eschassériaux ; mais il fut élu député de l'arrondissement de Marennes, en remplacement de M. Dufaure, élu sénateur inamovible, le 12 novembre 1876 ; il siégea à gauche. Réélu le 14 octobre 1877 et le 21 août 1881 dans la même circonscription, il était de la Chambre de la Charente-Inférieure, le premier des trois, au renouvellement triennal du 25 janvier 1885. Il a voté l'expulsion des princes.

METTERNICH-WINNEBURG (prince de), Richard Clément Joseph Lothaire Hermann, diplomate autrichien, né à Vienne le 7 janvier 1829. Destiné, pour ainsi dire dès le berceau, à la carrière diplomatique, il suivait son père, nommé ambassadeur à Londres, en 1848, puis à Bruxelles avec lui en 1850, reçevait enfin sa nomination officielle d'attaché d'ambassade à Paris en décembre 1852, et était promu secrétaire d'ambassade en 1854. A l'occasion des difficultés qui devaient amener la guerre de 1859, le prince de Metternich fut envoyé à Paris par son gouvernement, avec une mission spéciale qui échoua ; mais, personnellement, il avait gagné les sympathies de la cour impériale, de sorte qu'après la conclusion de la paix, à la fin de 1859, il fut nommé ambassadeur de l'empire austro-hongrois à Paris. Il avait épousé en 1856 la princesse Pauline Sandor, née le 26 février 1836, et qui, pendant plus de dix ans, donna le ton à la ville aussi bien qu'à la cour, non sans s'attirer de vives critiques et des haines féminines bien trempées. — Nommé conseiller héréditaire de l'empire d'Autriche-Hongrie en 1861, le prince de Metternich a été nommé conseiller intime en novembre 1864. Après les événements de 1870-71, il demanda à être remplacé à l'ambassade de Paris, et le fut en janvier 1872, par le feu comte Rudolph d'Apponyi. — Le prince de Metternich est grand croix de la Légion d'honneur.

MEUNIER, Amédée Victor, publiciste et écrivain scientifique français, né à Paris le 2 mai 1817. M. Victor Meunier a débuté de bonne heure dans la presse scientifique et s'est fait rapidement un nom parmi les premiers et les meilleurs vulgarisateurs ; il a collaboré également, comme écrivain politique, à la presse démocratique et publié diverses brochures de circonstance. — On cite principalement de cet écrivain ; *Embryogénie comparée*, rédigée d'après le cours de M. Coste au Museum d'histoire naturelle, avec M. Gerbe (1837) ; *Histoire philosophique des progrès de la zoologie générale (1839 et suiv.)* ; *Jésus-Christ devant les conseils de guerre*, extrait de la *Démocratie pacifique (1848)*, traduit en plusieurs langues ; *Union démocratique et sociale (1849)* ; les *Cités ouvrières* ; *Essais scientifiques (1851-58, 3 vol.)* ; les *Tables tournantes et parlantes (1854)* ; l'*Apostolat scientifique (1855)* ; *Science et démocratie (1865)* ; les *Grandes chasses (1866)* ; les *Grandes pêches (1867)* ; la *Science et les savants (1867)* ; les *Animaux d'autrefois (1868)* ; la *Philosophie zoologique (1869)* ; les *Ancêtres d'Adam (1875)* : *Paléontologie pratique (1885)* ; les *Animaux perfectibles (1886)*, etc. — M. Victor Meunier a collaboré, au début, à l'*Écho du monde savant* ; devenu en 1842 rédacteur en chef de la *Revue synthétique*, il eut en même temps la direction du *Dictionnaire élémentaire d'histoire naturelle* ; en 1848, il collaborait à la *Phalange* et à la *Démocratie pacifique* ; puis il devint rédacteur scientifique du journal la *Presse*, qu'il quitta en 1855 pour fonder l'*Ami des sciences*. Il a collaboré depuis au *Siècle*, à l'*Opinion nationale*, à l'*Avenir national* et au *Rappel*, auquel il est resté attaché aujourd'hui.

MEUNIER, Étienne Stanislas, géologue français, fils du précédent, né à Paris le 18 juillet 1843. Au cours de ses études scientifiques, il devint préparateur des cours de chimie de M. Frémy à l'École polytechnique. Entré au laboratoire de géologie du Museum d'histoire naturelle en 1866, il fut nommé aide-naturaliste en 1867. En 1869, M. Stanislas Meunier était un docteur ès sciences avec une thèse sur les *Météorites*. M. Meunier organise chaque année pendant la belle saison, depuis déjà longtemps, des excursions géologiques du dimanche très suivies et très fructueuses, dans un rayon assez étendu autour de Paris. On lui doit de nombreux mémoires, principalement sur les *Météorites*, présentés à l'Académie des sciences et plusieurs ouvrages sur le même sujet ou sur la géologie proprement dite : *Étude sur les météorites (1867)* ; *Lithologie terrestre et comparée (1869)* ; le *Ciel géologique (1871)* ; *Cours élémentaire de géologie appliquée (1879)* ; *Cours de géologie comparée (1874)* ; *Géologie des environs de Paris (1875)* ; *Géologie technologique*, traduite de D. Page (1877) ; les *Causes actuelles en géologie (1878)*, etc. — M. Stanislas Meunier a collaboré à plusieurs journaux spéciaux ou politiques, à l'*Opinion nationale*, à la *Nature*, où il rédige le compte rendu des séances de l'Académie des sciences, etc.

MEURICE, François Paul, littérateur et journaliste français, frère du célèbre orfèvre Froment Meurice, mort en 1855, est né à Paris le 18 février 1820. M. Paul Meurice fit ses études au collège Charlemagne et suivit les cours de la faculté de droit ; mais il s'occupait plus de littérature, semble-t-il, que de jurisprudence, car il débutait à l'Odéon, dès 1842, avec une pièce en trois actes et en vers, dont le sujet et le personnage principal étaient empruntés à Shakespeare : *Falstaff*, qu'il avait écrite en société avec Théophile Gautier et M. Auguste Vacquerie. Il donna ensuite au même théâtre, avec M. Vacquerie, une imitation de l'*Antigone* de Sophocle (1844) et le *Capitaine Paroles*, un acte, encore inspiré de Shakespeare ; et au Théâtre-Historique, avec Alexandre Dumas, une traduction d'*Hamlet*, en 5 actes et en vers, reprise avec succès au Français en septembre 1886. — Outre une part de collaboration anonyme à divers ouvrages dramatiques de Dumas, M. Meurice a donné : *Benvenuto Cellini*, drame en cinq actes, écrit expressément pour Mélingue (1852) ; *Schamyl* à la *Porte Saint-Martin* ; l'*Avocat des pauvres*, à la Gaîté (1856) ; *Fanfan la Tulipe (1858)* ; le *Maître d'école (1859)* ; le *Roi de Bohême (1860)* ; les *Beaux mes-*

sieurs de *Bois-Doré*, avec George Sand (1862) et *François les Bas-Bleus (1863)*, à l'Ambigu; le *Drac*, pièce fantastique, avec George Sand, au Vaudeville (1864); les *Deux Dianes*, à la Porte Saint-Martin (1865); la *Vie nouvelle*, quatre actes, à l'Odéon (1867); *Cadio*, avec George Sand, à la Porte Saint-Martin (1868). M. Paul Meurice a aussi publié plusieurs romans: la *Famille Aubry*, les *Tyrans de village* et les *Chevaliers de l'esprit: Cesara*, sans parler de sa collaboration anonyme à divers romans d'Alexandre Dumas: *Ascanio*, les *Deux Dianes*, *Amaury*, etc. Il a donné également des poésies à quelques revues. — Lié depuis longtemps d'amitié avec Victor Hugo et professant d'ailleurs des opinions démocratiques très décidées, M. Paul Meurice participa, en 1848, à la fondation de l'*Evénement*, dont il fut rédacteur en chef et gérant, fonctions qui lui valurent, en 1851, une condamnation à neuf mois de prison, pour avoir inséré un article du grand écrivain sur la peine de mort. Il a de nouveau pris une grande part à la fondation du *Rappel*, en 1869, et a été, jusqu'à ces derniers temps, l'un des rédacteurs en chef, avec M. Auguste Vacquerie. Enfin, Victor Hugo le chargeait, en 1881, de diriger la publication de l'édition définitive de ses *Œuvres complètes*.

MEYER, Marie Paul Hyacinthe, paléographe français, directeur de l'Ecole des chartes, membre de l'Institut, est né à Paris le 17 janvier 1840. Elève de l'Ecole des chartes, il en sortait en 1861 et était nommé archiviste à Tarascon. En 1863, il était attaché au département des manuscrits à la Bibliothèque nationale et nommé archiviste aux Archives nationales, puis secrétaire de l'Ecole des chartes en 1872. Appelé à la chaire de langue romane de l'Ecole, comme suppléant de Guessard, il en est devenu titulaire à la mort de ce dernier; il avait été nommé professeur du cours de langues et de littératures de l'Europe méridionale au Collège de France en 1876. M. Paul Meyer a été nommé directeur de l'Ecole des chartes en remplacement de J. Quicherat, décédé, en 1882. Il a été élu membre de l'Académie des inscriptions et belles-lettres le 30 novembre 1883. — M. Paul Meyer a collaboré à la *Revue archéologique*, au recueil de l'Ecole des chartes et autres publications spéciales, et a fondé la *Revue critique* et la *Romania*. Nous citerons, parmi ses nombreuses publications: *Recherches sur l'épopée française* et le *Salut d'amour dans la littératures provençales (1867)*; *Recherches sur les auteurs de la Chanson de la croisade albigeoise (1868)*; *Documents manuscrits sur l'ancienne littérature de France* conservés dans les bibliothèques de la Grande-Bretagne (1871); *Mémoire sur les dialectes de la langue d'oc au moyen âge*, couronné par l'Académie des inscriptions et belles-lettres (1874), etc. On lui doit aussi des éditions d'anciens ouvrages de littérature méridionale, notamment de la *Chanson de la croisade albigeoise (1875)*; d'un *Recueil d'anciens textes bas-latins, provençaux et français (1870)*, etc. M. P. Meyer est chevalier de la Légion d'honneur.

MÉZIÈRES, Alfred, littérateur et homme politique français, fils de l'ancien recteur de l'académie de Metz, mort en 1872, est né à Rehon, près de Metz, le 19 novembre 1826, fit ses études au lycée de cette dernière ville et entra à l'Ecole normale supérieure en 1845. Il retourna à Metz comme professeur de rhétorique au lycée, en 1848, puis entra à l'Ecole française d'Athènes en 1850. Nommé professeur de rhétorique au lycée de Toulouse en 1853, M. Alfred Mézières fut reçu docteur ès lettres la même année et chargé successivement du cours de littérature à la faculté des lettres de Nancy, devint titulaire de la chaire en 1856, fut chargé du même cours à la Sorbonne en 1861, et nommé titulaire en 1863. M. Alfred Mézières a été choisi pour représenter l'université de France au jubilé de Shakespeare en 1864, et à celui de Dante en 1865; il représentait également l'Académie française au cinquième centenaire de la mort de Pétrarque à Avignon, en juillet 1874. M. Mézières avait été élu membre de l'Académie française, en remplacement de Saint-Marc Girardin, le 29 janvier 1874. Il est, en outre, membre de l'Académie della Crusca. Chevalier de la Légion d'honneur depuis 1865, il a été promu officier le 9 août 1877; il est en outre décoré des ordres du Sauveur de Grèce et des SS. Maurice et Lazare d'Italie. — Aux élections pour la Chambre des députés, du 14 octobre 1877, M. A. Mézières acceptait la candidature républicaine dans l'arrondissement de Briey (Meurthe-et-Moselle), mais il échouait contre le baron de Ladourette. Plus heureux le 21 août 1881, il était élu, et prenait place à gauche. Il a été élu député de Meurthe-et-Moselle le 4 octobre 1885. Il a voté contre les projets d'expulsion des princes. — M. Alfred Mézières a publié, outre sa thèse de doctorat. *De Fluminibus inferiorum (1853)*: *Etudes sur les Œuvres politiques de Paul Paruta (1853)*; un *Mémoire sur le Pélion et l'Ossa* et un autre sur la *Laconie* (même année); *Shakespeare, ses œuvres et ses critiques (1861)*, ouvrage récompensé du prix Montyon par l'Académie française: *Prédécesseurs et contemporains de Shakespeare (1863)*, également couronné par l'Académie; *Contemporains et successeurs de Shakespeare (1864)*; *Dante et l'Italie nouvelle (1865)*; *Pétrarque, Etude d'après de nouveaux documents (1867)*, couronné par l'Académie l'année suivante; la *Société française (1869)*; *Récits de l'invasion, Alsace et Lorraine (1871)*; *Gœthe, les œuvres expliquées par la vie (1872-73*, 2 vol.), etc. — M. Mézières collabore à la *Revue des Deux-Mondes* et au *Temps*.

MICHEL, Alfred, homme politique français, né à Saint-Hippolyte (Vaucluse) le 7 mars 1848. Représentant de commerce, ancien adjoint au maire de Carpentras, M. Alfred Michel a toujours pris une très grande part à l'agitation électorale dans son arrondissement. Il a été élu député de Vaucluse, sur la liste radicale, le 4 octobre 1885 et a voté l'expulsion totale des princes.

MICHEL (grand-duc), Nicolaïevitch, oncle d'Alexandre III, empereur de Russie et quatrième fils du feu czar Nicolas Ier, est né le 13 (25) octobre 1832. Général et grand maître de l'artillerie, aide de camp général du czar, chef de divers régiments d'artillerie, de cavalerie et d'infanterie. Le grand-duc Michel Michel est en outre gouverneur général du Caucase, propriétaire du 26e régiment d'infanterie autrichien, chef du régiment de hussards prussien de Silésie no 4, etc. Il a épousé, au mois d'août 1857, la princesse Olga Feodorovna, fille du feu grand-duc de Bade Léopold, et en a eu plusieurs enfants, dont l'aîné, le grand-duc Nicolas, est né le 26 avril 1859. — Le grand-duc Michel a visité à plusieurs reprises les autres parties de l'Europe, curieux surtout des progrès militaires accomplis chez les autres nations ensuite d'une expérience chèrement acquise. A Paris, en juin 1876, il accompagnait le maréchal de Mac-Mahon à la grande revue passée, le 15, à Longchamp. Il repartait le lendemain. — Dans la dernière guerre d'Orient, le grand-duc Michel avait le commandement en chef de l'armée du Caucase.

MICHEL-LÉVY. Voy. **Calmann-Lévy**.

MICHELIN, Henri, homme politique français, né à Paris le 3 mai 1847. Avocat du barreau de Paris, docteur en droit, professeur libre, il a été adjoint au maire, puis maire du VIIe arrondissement de Paris (1881-82); membre du Conseil municipal, pour le quartier de la Folie-Méricourt (XIe arrondissement), élu à une élection complémentaire du 2 juillet 1882 et réélu aux élections générales du 4 mai 1884, il devint successivement secrétaire, vice-président et enfin président de cette assemblée, et s'y fit remarquer par une grande activité et une compétence incontestable dans les questions les plus ardues. Il a été envoyé comme délégué du conseil au congrès de La Have en 1884, à Londres et au congrès d'hygiène de Bruxelles en 1885. Elu député de la Seine au scrutin du 18 octobre 1885, il a pris place à l'extrême-gauche et voté l'expulsion totale des princes.

MICHIELS, Joseph Alexandre Xavier, littérateur belge, né à Rome le 25 décembre 1813, vint en France, pays de sa mère, étant encore en bas-âge, et fit ses études à Paris, au collège Henri IV et au lycée Saint-Louis. En 1834, il alla suivre les cours de droit de la faculté de Strasbourg, se familiarisa en même temps avec la langue et la littérature allemandes et entreprit ensuite de visiter l'Allemagne à pied. De retour à Paris l'année suivante, il donna au *Temps* des articles dont il prenait les éléments dans ses notes de voyage. En 1840, il faisait un voyage en Angleterre dont les souvenirs lui fournirent les éléments de nouvelles publications; et en 1843, il faisait un séjour à Bruxelles, renouvelé depuis, aux frais du gouvernement belge et pour la préparation de travaux relatifs notamment à l'histoire de la peinture flamande. Il est devenu sous-bibliothécaire à l'école des Beaux-Arts. — On a de M. Xavier Michiels: *Etudes sur l'Allemagne (1839,* 2 vol.); *Histoire des idées littéraires en France au XIXe siècle et de leurs origines dans les siècles antérieurs (1842,* 2 vol.); *Souvenirs d'Angleterre (1844)*; *Histoire de la peinture flamande (1845,* 4 vol., 2e édit. 1864-75, 10 vol.), ouvrage qui provoqua une des plus ardentes polémiques qu'on ait vues, entre M. Michiels et M. Arsène Houssaye, et laquelle fit suivre de deux brochures: *Un entrepreneur de littérature* et les *Nouvelles fourberies de Scapin (1847)*, auxquelles M. Houssaye répondait aussitôt par une autre brochure qui mit, autant qu'il nous en souvienne, les rieurs de son côté : un *Martyr littéraire, touchantes révélations*. M. Michiels a publié depuis : une traduction de la *Case de l'oncle Tom*, de Mᵐᵉ H. Beecher-Stowe, précédée d'une notice biographique sur l'auteur (1852) ; le *Capitaine Firmin, ou la vie des nègres en Afrique (1853)* ; l'*Architecture et la peinture en Europe, depuis le Vᵉ siècle jusqu'à la fin du XVIᵉ siècle* (même année), les *Œuvres de Régnard*, précédées d'une *Théorie du comique et des combinaisons théâtrales (1854)* ; le *Nouveau péché originel*, le *Lundi de la Pentecôte*, les *Bûcherons et les schlitters des Vosges (1856)* ; *Contes des montagnes (1857)*, les *Œuvres poétiques de Philippe Desportes*, précédées d'une *Etude sur Desportes et la littérature française au XVIᵉ siècle (1858)* ; *Histoire secrète du gouvernement autrichien (1859)*, les *Anabaptistes des Vosges*, les *Chasseurs de chamois et les Contes d'une nuit d'hiver (1860)* ; *Histoire de la politique autrichienne depuis Marie-Thérèse (1861)*, l'*Autriche dans la question polonaise (1863)* ; *Drames politiques (1865)*, les *Chefs-d'œuvres des grands maîtres*, avec Kellerhoven (1866) ; les *Droits de la France sur l'Alsace et la Lorraine (1870)* ; le *Comte de Bismarck, sa biographie et sa politique (1871)* ; *Histoire de la guerre franco-prussienne et de ses origines (1872, in-8°, grav.)*, l'*Art flamand dans l'est et le midi de la France (1877)*. Il a paru à part deux extraits importants de son *Histoire de la peinture flamande* : les *Peintres brugeois (1846)*, et *Rubens et l'école d'Anvers (1854)*. — Enfin, M. Alfred Michiels a collaboré, outre le *Temps*, que nous avons cité, à l'*Artiste*, à la *Revue indépendante*, à la *Réforme*, à la *France littéraire*, à l'*Illustration*, au *Siècle*, à la *Revue britannique*, au *Tour du monde*, au *Magasin pittoresque*, à la *Revue de France*, etc.

MILANO Iᵉʳ, Obrenovitch, roi de Serbie, petit-neveu du prince Miloch et cousin issu de germain du précédent prince régnant Michel qui, n'ayant pas eu d'enfants, l'adopta. Le prince Milano est né à Jassy le 18 août 1854 ; envoyé à Paris en 1864, pour y faire son éducation, il suivit les classes du lycée Louis-le-Grand, sous la direction d'un précepteur français, feu François Huet, mais il fut rappelé prématurément en Serbie, par la mort de son père adoptif, assassiné dans le parc de Topchidéré, le 18 juin 1868, par deux partisans du Karageorgévitch. Arrivé à Belgrade, accompagné de son précepteur, le 23 juin 1868, il fut proclamé prince de Serbie par la Skouptchina et sacré le 5 juillet suivant. Le 17 octobre 1875, le prince Milano épousait la princesse Nathalie de Kleyko. La Bosnie et l'Herzégovine étaient déjà en pleine insurrection contre les Turcs, mais il ne semblait pas alors que la Serbie dût prendre une part active aux événements. Ce n'est qu'au mois de juin 1876, que cet incident nouveau de la question d'Orient se produisit. Le 29, les dépêches annonçaient que le prince Milan quittait Belgrade pour aller prendre le commandement de l'armée serbe, qui franchissait la frontière le 3 juillet. Cette expédition ne fut pas heureuse, et, bien que l'armée ait proclamé roi de Serbie le prince Milano, le 18 septembre suivant, le fait est qu'elle avait essuyé de terribles revers et que l'avenir lui en réservait d'autres. Une suspension d'armes avait d'ailleurs été consentie la veille et grâce aux démarches des puissances européennes, après des négociations sans fin pendant lesquelles les hostilités continuaient au grand détriment des Serbes, un armistice de deux mois, conclu le 1ᵉʳ novembre, était prorogé jusqu'au 1ᵉʳ mars 1877. Avant l'expiration de ce terme et après la conférence de Constantinople, dont nous ne pouvons pas suivre ici les travaux et apprécier les résultats, la paix était signée entre la Serbie et la Porte. Le roi de Serbie redevenait, à des conditions honorables et probablement inespérées, prince de Serbie, et se retirait dans sa capitale pacifiée. Après la conclusion de la paix, l'indépendance de la Serbie fut reconnue et ses frontières délimitées par le traité de Berlin (13 juillet 1878). Cependant, la question de transformation de la couronne de Serbie n'était que partie remise, et le 6 mars 1882, la Skouptchina de Belgrade votait la loi qui érigeait la principauté en royaume. Depuis, sauf quelques semaines de lutte contre la Bulgarie au commencement de 1886, le « royaume » de Serbie n'a pas été le théâtre d'aucun événement important. — Il faut toutefois mentionner l'attentat dont le roi Milan fut l'objet de la part d'une dame, la veuve du lieutenant-colonel Markovitch, exécuté comme conspirateur cinq ans auparavant, le 23 octobre 1882. Au moment où le roi et la reine entraient dans la cathédrale de Belgrade, cette malheureuse femme tirait un coup de pistolet sur le roi, et blessait... une femme de l'assistance, tout à fait étrangère à ce drame.

MILLAIS, John Everett, peintre anglais, est né à Southampton le 8 juin 1829, d'une vieille famille de l'île de Jersey, d'origine française. Encore dans sa neuvième année, il entrait à l'école de peinture de Sass, à Londres, et suivait les cours de l'Académie royale des arts dès l'âge de douze ans. Il y remporta les principaux prix de dessin, ayant déjà à neuf ans obtenu sa première médaille à la Société des arts. Il débuta aux expositions de l'Académie des arts en 1846, avec *Pizarre s'emparant de l'Inca du Pérou*. Ce premier tableau fut suivi de la *Reine Elgiva arrêtée par les émissaires de Dunstan* et un immense carton destiné au concours pour la décoration du palais de Westminster : le *Denier de la veuve (1847)* ; la *Tribu de Benjamin enlevant les filles de Shiloh (1848)* ; *Isabella (1849)*. Mécontent de la routine conventionnelle par laquelle l'enseignement académique se distingue, M. Millais, avec ses amis William Holman Hunt et Dante G. Rosetti, prit la résolution de rompre avec ces traditions, qui contraignent à reproduire la nature d'après l'antique et non d'après elle-même, et de s'en tenir au témoignage des sens, comme ce devait être l'usage des artistes antérieurement à Raphaël et aux maîtres du seizième siècle. Ces doctrines nouvelles, que partagèrent bientôt Charles Collins et d'autres jeunes peintres, exigeait la fondation d'une nouvelle école, qui fut désignée, moitié sérieusement moitié par ironie, l'*École préraphaélite* ; il fallut aussi un « organe » pour défendre ces doctrines, et le *Germ, or Art and Poetry*, vit le jour (1850) ; il vécut peu à la vérité. Sous l'influence de ces nouvelles idées, M. Millais donna : *Notre Sauveur et Ferdinand trompé par Ariel* (1850) ; *Marianna dans la ferme isolée*, et la *Fille du bûcheron (1851)* ; le *Huguenot* et *Ophélie (1852)* ; l'*Ordre de mise en liberté* et le *Proscrit royaliste (1853)* ; portrait de *M. Ruskin (1854)* ; le *Secours (1855)* ; la *Paix est conclue*, les *Feuilles d'automne* et l'*Enfant du régiment (1856)* ; un *Rêve du passé : Sir Isumbrus au gué (1857)* ; l'*Hérétique (1858)* ; la *Vallée du repos* et *Fleurs du printemps (1860)* ; le *Black Brunswicker (1861)* ; *Mon premier sermon (1863)* ; *Mon second sermon* et *Charlie est mon favori (1864)* ; *Jeanne d'Arc et les Romains quittant la Grande-Bretagne (1865)* ; le *Sommeil*, le *Réveil*, *Jephté (1867)* ; les *Sœurs*, *Rosalinde et Célia*, *Stella*, les *Pèlerins à Saint-Paul*, *Souvenir de Velasquez (1868)* ; la *Femme du joueur*, *Vanessa*, la *Fin du chapitre* et un *Rêve de l'aube (1869)* ; une *Marée*, le *Chevalier errant*, l'*Enfance de Raleigh (1870)* ; le *Froid octobre*, *Josué combattant avec Amalech*, un *Somnambule*, *Oui ou Non (1871)* ; *Coulant vers le fleuve*, *Coulant vers la mer (1872)* ; les *Anciens jours*, *Œufs frais*, *Lalla Rouck (1873)* ; *Sapins écossais*, *Chauffage d'hiver*, le *Tableau de la santé*, le *Passage Nord-Ouest*, *Attends un moment*, un *Rêve de jour (1874)* ; la *Lisière de la bruyère*, la *Couronne d'amour*, *Non ! (1875)* ; le *Fruit défendu*, etc. (1876), un *Yeoman de la garde*, la *Profondeur de bien des eaux*, *Oui ! (1877)*, les *Princes dans la Tour*, un *Lis de Jersey*, l'*Été de la Saint-Martin*, une *Bonne résolution*, la *Fiancée de Lammermoor (1878)* ; la *Tour de la forteresse* et un *Portrait de M. Gladstone (1879)* ; un *Portrait de l'auteur*, pour la collection des portraits d'artistes peints par eux-mêmes de la Galerie des Offices de Florence, un *Portrait de M. Bright* et « *Cuckoo* » *(1880)* ; portraits de *M. Caird*, du *Comte de Beaconsfield* et de l'*Évêque de Manchester*, et *Cinderella (1881)* ; *Portrait du cardinal Newman (1882)* ; une *Grande dame*, la *Dame grise*, *Portrait du marquis de Salisbury*, « *Ne m'oubliez pas* » *(1883)*. M. Millais a figuré aux Expositions universelles de Paris de 1855, 1867 et 1878, avec plusieurs de ses meilleures toiles, et a obtenu une médaille de 2ᵉ classe à celle de 1855, une médaille d'honneur et la croix d'officier de la Légion d'honneur à celle de 1878. Élu membre associé de l'Académie royale des arts en 1853, il en est devenu membre titulaire en 1868. Il a été élu associé étranger de l'Académie des Beaux-Arts (Institut de France), en remplacement du peintre italien Dupré, en 1882.

MILLAUD, Henri Edouard, homme politique français, né à Tarascon, de parents israélites, le 27 septembre 1834, vint faire son droit à Paris et, reçu avocat, s'inscrivit au barreau de Lyon en 1857. Il collabora activement à la presse démocratique lyonnaise, et était notoirement connu comme l'un des principaux membres du parti, lorsque survint la révolution du 4 septembre 1870. Nommé premier avocat général près la cour de Lyon, M. Millaud eut à remplir, au commencement de 1871, les fonctions de procureur général intérimaire. Forcé de poursuivre des journaux républicains signalés aux foudres du parquet, il préféra donner sa démission, le 14 mai 1872. Le 2 juillet suivant, il était élu représentant du Rhône à l'Assemblée nationale et prenait place au groupe de l'Union républicaine (extrême-gauche); il a pris part à plusieurs discussions importantes et présenté diverses propositions, une entre autres ayant pour objet la saisie et la vente des biens de Napoléon III et l'emploi des fonds ainsi recueillis au payement des frais de guerre. Après avoir échoué aux élections sénatoriales du Rhône, le 30 janvier 1876, M. Millaud était élu, le 20 février suivant, député de la 1re circonscription de Lyon à une majorité de plus des trois quarts des suffrages exprimés. Il reprit sa place à l'extrême-gauche de la nouvelle assemblée, qui le choisit comme vice-président de ses réunions, et fut élu secrétaire de la commission du budget de 1878. Il a voté l'amnistie pleine et entière. Réélu le 14 octobre 1877, il était élu sénateur du Rhône à la faveur d'une élection complémentaire, le 14 mars 1880, et réélu en tête de la liste au renouvellement triennal du 8 janvier 1882. Il a voté l'expulsion des princes. L'un des fondateurs de la Société d'économie politique de Lyon, M. Millaud a fait, en 1869, des conférences économiques favorables au système de la liberté des échanges. Il a publié : *Étude sur l'orateur Hortensius (1859)*; *De l'organisation de l'armée, Daniele Manin, Lois et coutumes de Venise (1867)*; *Devons-nous signer la paix? (1871)*, et plusieurs brochures de circonstance, sans parler de sa collaboration à divers journaux et revues.

MILLET, Aimé, sculpteur français, né à Paris en 1816, fut élève de David d'Angers et hésita quelque temps entre la peinture et la sculpture qu'il avait étudiées concurremment. Pendant une dizaine d'années, de 1842 à 1852, il exposa des dessins au Salon annuel; puis il se décida pour la sculpture et s'y est acquis rapidement une grande réputation. — M. Aimé Millet a débuté comme sculpteur au Salon de 1845, avec une *Bacchante*; il a donné ensuite : *Narcisse*, les bustes du *Dr A. Richard*, et de *Gay-Lussac*; une *Jeune fille couronnée de fleurs (1853)* qui, avec les deux précédents ouvrages, reparut à l'Exposition universelle de 1855; *Ariane*, au musée du Luxembourg (1857); le *Maréchal Magnan, Léon Rocher (1864)*; *Mme Pauline Viardot (1863)*; *Vercingétorix (1865)*; *Enfantin, Portrait de femme*, bustes (1866): reparus avec d'autres ouvrages à l'Exposition universelle de 1867; autre *Portrait de femme (1869)*; *Mme Compoint*, buste en marbre (1872); *Vercingétorix*, statue en pierre, réduction de la statue colossale en cuivre repoussé, érigée à Alise-Sainte-Reine; *Portrait de mademoiselle M. Parant*, buste en marbre (1874); *Cassandre se met sous la protection de Pallas*, statue en marbre (1877); *Edmond Adam*, buste en marbre (1878); *George Sand*, buste en marbre; *Rocafuerte*, ex-président de la république de l'Équateur (Exposition universelle 1878); *Tombeau de S. A. R. le prince de Saxe-Cobourg-Gotha*, mort à *Ebenthal (Autriche) le 26 juillet 1881*; *George Sand*, statue en marbre pour la ville de La Châtre (1884); *Edgar Quinet*, statue en bronze, inaugurée à Bourg le 14 mai 1883; *Portrait de M. Lemercier*, buste en bronze (1883), etc.— On doit en outre à M. Aimé Millet un *Mercure*, au Louvre; la *Justice civile*, à la Mairie du 1er arrondissement de Paris; la *Jeunesse effeuillant des roses*, gracieuse statue allégorique placée sur le tombeau d'Henri Murger au cimetière Montmartre; le beau groupe d'*Apollon élevant la lyre d'or* qui surmonte l'Opéra, etc. — Cet artiste a obtenu une médaille de 2e classe en 1857 et une autre en 1867 (Exposition universelle) et un rappel de 1re médaille à l'Exposition de 1878; nommé chevalier de la Légion d'honneur en 1859, il a été promu officier de l'ordre en 1870. Il est membre du Comité des Beaux-Arts pour les expositions internationales, a fait partie, comme membre suppléant, de la section française du jury de l'Exposition de Vienne en 1873 et a été membre élu du jury d'admission des ouvrages d'art à l'Exposition universelle de 1878.

MILOCHAU, Émile, homme politique français, né au Luot (Eure-et-Loir) le 15 mars 1846. Secrétaire du comice agricole de Chartres pendant quinze ans, il en est devenu vice-président en 1882; il a occupé quelques mois, après le 4 septembre, la sous-préfecture de Châteaudun et est maire de sa commune, Béville-le-Comte. M. Milochau a été élu député d'Eure-et-Loir le 4 octobre 1885, sur la liste républicaine. Il a voté contre les propositions d'expulsion des princes.

MINGHETTI, Marco, économiste et homme d'État italien, né à Bologne le 8 septembre 1818, d'une famille de riches négociants, il fit de bonnes études à l'université de sa ville natale, puis entreprit un voyage en Italie, en France, en Allemagne et en Angleterre où il résida quelque temps, étudiant de préférence les institutions et les lois économiques des pays qu'il visitait. Ces études l'amenèrent à se prononcer en faveur de la liberté du commerce et des échanges et, à son retour à Bologne, en 1846, il donna lecture, à la Société d'agriculture de cette ville, d'un mémoire sur la réforme des lois sur les céréales en Angleterre. Tout imprégné de cette doctrine, l'avènement de Pie IX annonçant l'ouverture d'une ère de liberté jusque-là inconnue, il fonda à Bologne un journal, le *Felsineo*, et fonda des conférences économiques et agricoles. A la fin de 1847, il était appelé à Rome, comme membre de la Consulte des finances. Confiant dans les promesses de libéralisme dont Pie IX fut si prodigue à cette époque, il accepta le portefeuille des travaux publics dans le cabinet du 10 mars 1848, lequel se dispersait avec empressement à la suite de l'encyclique du 29 avril. Radicalement désabusé, M. Minghetti ne resta pas plus longtemps à Rome. Il courut au camp de Charles Albert, qui le nomma capitaine d'état-major, et combattit avec ardeur les ennemis de l'Italie, sûr au moins, cette fois, de ne pas se tromper. Il fut promu major après la bataille de Goïto et décoré de l'ordre des SS. Maurice et Lazare après celle de Custozza. Il refusait, en septembre suivant, l'offre d'un portefeuille qui lui était faite par l'infortuné Rossi et, après la paix de Milan, retournait à Bologne, où il reprit ses travaux et ses études favorites, entretenant avec le comte Cavour des relations suivies, mais ne prenant pas autrement part aux affaires publiques. M. Minghetti, appelé par le Congrès de Paris, en 1856, pour prendre part à la rédaction des mémorandum, entreprenait peu après un voyage en Orient. Mais les événements de 1859, dont l'annonce le vint trouver en Égypte, le firent revenir promptement en Italie. Il fut nommé aussitôt secrétaire général au ministère des affaires étrangères, par Cavour. M. Minghetti conserva ce poste jusqu'à la paix de Villafranca, retourna ensuite à Bologne et fut élu membre de l'Assemblée des Romagnes, dont il devint ensuite président; puis, après l'annexion, député de Bologne au parlement italien. Ministre de l'intérieur, dans le cabinet Cavour, en octobre 1860, à la mort de cet homme d'État (6 juin 1861), il conserva son portefeuille dans l'administration Ricasoli; mais son projet d'organisation intérieure, basé sur le principe des libertés provinciales, ayant échoué devant les chambres, il se retira peu après et fut élu vice-président de la Chambre des députés. A la chute du ministère Rattazzi, dont il avait été l'un des adversaires les plus acharnés (décembre 1862), M. Minghetti était appelé à former un nouveau cabinet où il prit le portefeuille des finances. En juin suivant, il avait un duel à l'épée avec son prédécesseur. — En quittant le cabinet, en juillet 1868, M. Minghetti fut nommé ambassadeur à Londres. En mai 1869, lors du troisième remaniement du cabinet Menabrea-Cambray-Digny, il acceptait modestement, lui, ancien chef du cabinet, le portefeuille de l'agriculture. Ce cabinet cédait avant fait place au cabinet Sella-Lanza (décembre 1869). M. Minghetti fut nommé ambassadeur à Vienne, d'où il fut rappelé sur sa demande, et remplacé par le général Menabrea, en novembre 1870. Le 10 juillet 1873, il était appelé de nouveau à former un cabinet, dans lequel il reprit le portefeuille des finances, qu'il échangea dans la suite pour celui des affaires étrangères. Il donnait sa démission le 19 mars 1876 avec tout son ministère, remplacé par un ministère de gauche sous la présidence de M. Depretis (voyez ce nom). — On a principalement de M. Marco Minghetti: *Della economia publica e delle sue attinenze con la morale e col diritto* (De l'Économie publique dans ses rapports avec la morale et le droit), son ouvrage le plus important et d'une valeur d'ailleurs considérable (Bologne, 1859), traduit en français par M. Saint-Germain Leduc (1863); *Opuscoli letterari ed economici* (Florence, 1872); le *Donne italiane nelle belle arti ai secoli XV e XVI (1877)*; la *Chiesa e lo Stato (1878)*, etc. Elu correspondant de l'Académie des sciences morales et politiques, dans la section d'économie politique (Institut de France), en 1864, il a été élu, en janvier 1879, associé étranger de ce corps savant, en remplacement de Quetelet. — M. Minghetti est en outre honoraire d'état-major et officier d'ordonnance honoraire du roi. Il est grand croix de l'ordre des SS. Maurice et Lazare, grand croix de la Légion d'honneur et haut dignitaire de divers autres ordres nationaux et étrangers.

MISAELIDIS, Misaël, musicien grec, premier chantre et directeur de la musique de l'église Saint-Dimitri, à Smyrne, est l'un des musiciens les plus distingués de l'Orient. M. Bourgault-Ducoudray a dit de cet artiste, dans ses *Souvenirs d'une mission musicale en Grèce et en Orient:* « Misaël Misaëlidis est un homme intelligent et instruit. S'il n'arrive pas à régénérer la musique byzantine, il aura, par ses travaux, rendu d'incontestables services à l'Orient... Il raisonne, il réfléchit, il remonte aux sources. Il a lu les traités des anciens et, dans un ouvrage important, qui n'est malheureusement pas encore imprimé, il montre les contradictions qui existent entre leurs principes et ceux des modernes. Il ne s'est pas contenté de relever les nombreuses erreurs dont fourmillent ces théories qui prétendent donner pour base à la musique byzantine la musique antique, il a fait une grammaire comparée. Grâce à lui, tout musicien byzantin pourra arriver en peu de temps à lire la portée européenne, et *vice versa*, tout Grec connaissant la musique européenne pourra apprendre facilement la notation orientale. — Misaëlidis a compris l'immense intérêt qu'il y aurait à abattre la barrière qui sépare l'Orient de l'Occident au point de vue musical, etc. »

MISTRAL, Frédéric, poète et philologue provençal, né le 8 septembre 1830 à Maillane (Bouches-du-Rhône), fit ses études au lycée d'Avignon, son droit à Aix et se fit recevoir avocat, mais n'exerça pas. Retiré dans son pays natal, il s'occupa surtout d'études philologiques et de poésie dans le dialecte provençal. Il avait déjà publié de nombreuses pièces détachées dans divers recueils, notamment dans l'*Armana prouvençaou*, lorsqu'il fit paraître, en 1859, une sorte de roman en vers, écrits en langue provençale, mais accompagnés de la traduction française et précédés d'une introduction : *Mireille* (Mirèio), auquel l'Académie française décerna une médaille de la valeur de 2,000 francs en 1861, et la critique littéraire ses plus vifs éloges. Avec le concours de Michel Carré, M. Mistral en tira même un livret d'opéra comique en cinq actes (bientôt réduit en trois actes. depuis), dont M. Gounod écrivit la musique et qui fut joué au Théâtre-Lyrique, avec succès, en 1864. M. Mistral a publié depuis, dans le même genre et le même idiome : *Calendau* (1867), les *Sabots d'or* (1875) et *Nerto* (1884). On a annoncé, il y a quelque temps, qu'il mettait la dernière main à un *Dictionnaire de la langue d'oc*, ouvrage considérable embrassant tous les dialectes parlés dans le midi de la France. — M. Frédéric Mistral est chevalier de la Légion d'honneur depuis 1863, il est en outre décoré des ordres d'Isabelle la Catholique et de Charles III d'Espagne, et de l'ordre de la Couronne d'Italie.

MITCHELL, Isidore Hyacinthe Marie Louis Robert, journaliste et homme politique français, né à Bayonne le 21 mai 1839, d'un père anglais et d'une mère espagnole, eut pour parrain Don Carlos qui, en manière de présent de bienvenue, déposa dans son berceau le brevet de capitaine dans son armée, pour lors en pleine débandade. Venu de bonne heure à Paris. il collaborait à la *Presse théâtrale* des 1856; en 1857, il allait rédiger à Londres un journal anglais, l'*Atlas*. Revenu en France, il s'engageait volontairement afin de pouvoir affirmer sa nationalité de Français : il ne resta pas, d'ailleurs, plus qu'il ne fallait pour cet objet, attaché au service militaire, qui ne le séduisait pas. Entré aux « journaux réunis » en 1860, comme rédacteur politique du *Constitutionnel*, il passa, en 1862, au *Pays* en la même qualité; l'année suivante, il quittait ce dernier journal, entrait à la rédaction du *Nord* de Bruxelles, puis à celle de l'*Etendard* en 1865, rentrait au *Constitutionnel* en 1866 et, après un court passage à la *Patrie*, faisait en 1867, une seconde rentrée au *Constitutionnel*, où il remplaçait M. Baudrillart comme rédacteur en chef en 1869. Dans cette situation, M. Robert Mitchell se fit l'organe du nouveau tiers-parti libéral et ne fut pas sans influence sur le mouvement d'opinion qui devait amener M. Emile Ollivier au pouvoir. Il appuya la politique du nouveau gouvernement, sans risquer çà et là quelques critiques trop justifiées, et, dès le début de l'agitation née de l'acceptation de la couronne d'Espagne par un prince allemand, il se prononça contre la guerre avec une énergie d'autant plus louable qu'elle lui valut les injures et les menaces de la tourbe d'agitateurs en blouses blanches très belliqueuse alors, et résolue à entrer à Berlin sans retard. Nommé commandant des mobiles des Basses-Pyrénées au début de la guerre, M. R. Mitchell, n'ayant pu obtenir d'être attaché à un corps d'armée opérant sur le Rhin, donna sa démission et s'engagea aux zouaves de la garde. Il alla aussitôt (17 août) rejoindre l'armée du maréchal de Mac-Mahon, prit part, en conséquence, aux opérations de cette armée et assista au désastre de Sedan, où il fut fait prisonnier. Emmené en Allemagne, il y fut retenu trois mois dans les casemates de Kosel et quatre dans la forteresse de Neisse (Silésie prussienne). De retour en France en avril 1871, il fondait, le 4 décembre suivant, avec M. Hubert Debrousse, le *Courrier de France* qui, au début, parut devoir appuyer la république modérée, en tout cas abandonner toute idée de retour à « un système qui a ruiné la France ». Cependant, le *Courrier de France* ne tarda pas à attaquer M. Thiers et son gouvernement avec un acharnement véritable. M. Debrousse ayant cédé le *Courrier*, M. Robert Mitchell passa à la *Presse*, en 1873, comme rédacteur en chef et y poursuivit la même campagne; mais, loin d'appuyer les projets de fusion, se manifestèrent, il se combattit avec ardeur et dut, en conséquence, quitter la *Presse*. En avril 1874, M. Mitchell prenait la direction du *Soir*, qu'il conserva jusqu'aux élections de 1876. — Elu alors député de la Gironde pour l'arrondissement de la Réole, contre M. Caduc, républicain modéré, député sortant, M. Robert Mitchell prit place au groupe de l'Appel au peuple. Il se fit remarquer à l'Assemblée, peu à son avantage à coup sûr, par ses interruptions bruyantes et répétées et par l'étonnante fantaisie de ses propositions. Reélu le 14 octobre 1877, il ne se représenta pas aux élections du 21 août 1881, mais figura. sans succès, sur la liste monarchiste, à celles d'octobre 1885. — A la nouvelle de la mort de l'ex-prince impérial au Cap (novembre 1878), M. Robert Mitchell se rangea aussitôt sous la bannière du prince Napoléon-Jérôme, dont il n'a cessé de défendre la cause. Il est devenu, en 1885, rédacteur en chef du *Pays* et a fondé la *Souveraineté* en octobre 1886. — M. Mitchell est chevalier de la Légion d'honneur depuis 1868.

MITRE, Don Bartolomé, général et homme d'Etat, ancien président de la République argentine, est né à Buenos-Aires le 26 juin 1821. Il fut élevé avec le plus grand soin par son père, qui remplissait les fonctions d'officier du trésor à Patagonès et, dès l'enfance, manifesta un goût profond pour la littérature. Il avait à peine quinze ans lorsqu'il publia un premier recueil de *Poesies lyriques*. Forcé de fuir les persécutions du dictateur Rosas, son père, qui appartenait au parti libéral et unitaire, se réfugia à Montevideo; sur ce théâtre plus grand, le jeune Bartolome s'empressa de compléter ses études, tout en collaborant aux journaux; enfin, cédant à un enthousiasme soudain, il s'engagea comme simple volontaire dans l'artillerie uruguayenne. Son avancement fut des plus rapides : il était capitaine à dix-huit ans et lieutenant-colonel d'artillerie à vingt-trois. En cette dernière qualité, il se distingua à la défense de Montevideo, ainsi qu'il l'avait déjà fait comme lieutenant en 1838, et comme capitaine à la bataille d'Aguacha en 1839 et dans la campagne d'Entre-Rios, contre Rosas, en 1842. Après la défaite de l'armée libératrice à l'Arroyo Grande, Mitre rentra à Montevideo, qui fut bientôt assiégée par l'infâme lieutenant de Rosas, Manuel Oribe. C'est pendant ce siège mémorable, qui dura de 1843 à 1846, que le colonel Mitre avec son régiment d'artillerie, préposé à la défense des ouvrages extérieurs de la ville, se signalèrent par un héroïsme dont l'histoire américaine a recueilli le souvenir. Ses devoirs de soldat n'empêchèrent pas le jeune colonel de se livrer à ses goûts d'écrivain ; il collabora successivement au *Comercio*, à l'*Iniciador*, au *Nacional* et devint enfin rédacteur en chef de la *Nueva Era*, tous journaux faisant au dictateur, est-il besoin de le dire, une opposition acharnée. Il fondait en même temps, à Montevideo, l'Institut historique et géographique et publiait un traité militaire qui fut très apprécié: *Instruccion practica de artilleria*. Peu après, ayant eu à se plaindre du gouvernement de Montevideo, il quitta cette ville et se rendit en Bolivie, où il fut reçu avec la plus grande cordialité par le président Ballivian, qui lui confia aussitôt la direction d'un collège militaire. Le Pérou et la Bolivie étant à cette époque en hostilité ouverte, quoique en paix apparente, il prit la rédaction en chef de l'*Epoca*, dans laquelle il plaida avec éloquence, et avec l'autorité que lui donnait sa connaissance approfondie de toutes les questions qui pouvaient diviser les républiques du Sud, la cause de la Bolivie. Bientôt éclata contre le gouvernement de Ballivian, à Chuquisaca, une insurrection évidemment fomentée par le Pérou. Il accepta le poste de chef d'état-major de l'armée bolivienne et concourut puissamment à réduire ce mouvement. Mais un autre soulèvement se préparait ; un de ses amis, le général Guilarte, était signalé comme chef du complot. Il alla le trouver et réussit à le dissuader de se mettre à la tête de la révolution ; ce fut tout ce qu'il obtint. La révolution éclata néanmoins et ne trouva devant elle que Mitre et son régiment. Ayant refusé les offres des insurgés vainqueurs, il reçut l'ordre de quitter le pays dans les deux heures et fut conduit sous escorte jusqu'à la frontière du Pérou. Mais le Pérou le reçut en ennemi et le força par ses persécutions, en plein hiver, à traverser la Cordillière déserte pour aller se réfugier à Tapia. Là, il reçut l'offre, d'un parti assez considérable, de prendre le commandement d'un mouvement révolutionnaire avant pour objet l'indépendance du sud du Pérou; mais il refusa et partit pour le Chili. Dans ce pays, il fut tour à tour rédacteur du *Mercurio* de Valparaiso, du *Progreso* et du *Comercio* de Santiago, journaux d'opposition; il prit d'ailleurs la direction de l'opposition, à laquelle appartenait toute la jeunesse chilienne. Il fut poursuivi, mis en prison, transféré sur un ponton, et finalement renvoyé au Pérou, après que les autorités eurent saisi l'imprimerie qu'il avait fondée et le journal qu'il publiait. Au Pérou, il se mêla de nouveau à l'agitation démocratique, combattit le gouvernement par la plume et la parole et eut une influence décisive sur la révolution qui éclata peu après, mais à laquelle il ne paraît pas qu'il ait pris une part active. Il retourna ensuite à Montevideo et, après la chute de Rosas (1852), rentra à Buenos-Aires. Investi dans sa ville natale de diverses fonctions municipales importantes, Bartolomé Mitre fut élu membre de la législature de Buenos-Aires, où il se fit promptement remarquer comme orateur et devint si populaire, qu'aux élections de 1860, ce fut lui qui obtint le plus grand nombre de suffrages, le second élu étant un homme tout jeune encore à cette époque, plus tard président de la République argentine, le docteur Don Nicolas Avellaneda. Nommé ministre de la guerre de l'État de Buenos-Aires, il était nommé gouverneur de cet État et recevait, à l'occasion de la signature de la paix entre les États de la République, le titre de brigadier-général dans l'armée nationale (juillet 1860). Cette paix ne fut pas de longue durée; un soulèvement eut lieu à San Juan, dont le directeur provisoire (le titulaire avant été assassiné) fut exécuté, comme coupable d'y avoir trempé peu ou prou, par ordre d'un simple officier supérieur. Indigné, Mitre demanda au président de la République, Derqui, le désaveu solennel de son subordonné et, n'obtenant pas satisfaction, prit les armes à son tour, après en avoir appelé au Congrès. Il va sans dire que la diplomatie européenne tenta d'arranger les choses et que ce fut avec son insuccès invariable. — Mitre, vainqueur dans toutes ses rencontres avec Urquiza, général de l'armée gouvernementale, concluait la paix avec celui-ci en février 1862, lui laissant le gouvernement de la province d'Entre-Rios, qu'il avait déjà exercé sous Rosas, contre lequel il se tournait en dernier lieu. À l'ouverture de la législature de Buenos-Aires (1er mai), Mitre annonça par un message le triomphe du parti libéral, sans parler de toutes sortes de prévisions rassurantes. Au mois d'août, il était élu unanimement président de la République argentine, pour la période constitutionnelle de six années commençant le 12 octobre 1862; en même temps, par convention spéciale, Buenos-Aires devenait le siège du gouvernement central. Son gouvernement a été principalement marqué par l'alliance avec le Brésil contre le Paraguay, dont le président, Lopez, tint tête pendant cinq ans (1865-70) avec une rare énergie, à des forces coalisées presque toujours beaucoup plus nombreuses que les siennes, les battant invariablement, jusqu'au moment où, épuisé de ressources et déclaré hors la loi par le gouvernement provisoire qui s'était tranquillement, sinon bravement, installé à l'Assomption, pendant qu'il exposait sa vie chaque jour, depuis cinq ans, à la tête de ses soldats, il céda, non sans résistance, aux forces brésiliennes commandées par le comte d'Eu, à qui il était difficile de trouver une meilleure et plus sûre occasion de justifier, par un succès éclatant, sa récente promotion au grade de maréchal de l'armée brésilienne. Céder n'est toutefois pas le mot exact : Lopez mourut les armes à la main, après avoir refusé de se rendre, le 1er mars 1870.

Remplacé au pouvoir suprême, le 12 octobre 1868, par Don D. Faustino Sarmiento, le général Mitre, signataire du traité d'alliance contre le Brésil dans l'occasion que nous venons de rappeler, fut nommé, en 1872, envoyé extraordinaire et ministre plénipotentiaire de la République argentine, près la cour de San Cristobal, avec mission de s'entendre avec les plénipotentiaires brésiliens sur l'interprétation, déjà fort controversée, de ce fameux traité. Porté de nouveau candidat à la présidence de la République en août 1874, en remplacement de M. Sarmiento, il échoua contre Nicolas Avellaneda, déjà nommé. Il prit aussitôt les armes. Mais les mesures énergiques prises par M. Sarmiento, toujours en fonctions jusqu'à l'installation de son successeur, laquelle ne devait avoir lieu que le 12 octobre suivant, eurent cela comme bien d'autres, l'opinion publique n'était pas avec M. Mitre. Celui-ci, forcé de mettre bas les armes (2 décembre), fut quelque temps interné. Il fut gracié en définitive, par le nouveau président, M. Avellaneda et se retira au Chili. Rentré depuis à Buenos-Aires, il y est le chef reconnu du *parti Uni*, en quelle qualité il faisait appel, aux élections présidentielles d'avril 1876, à la lutte... sur le terrain légal d'abord, sur le champ de bataille au besoin. On n'en est pas venu jusque-là, heureusement.

On lui doit, outre les ouvrages cités, *Historia de Belgrano*, ouvrage communiqué avec éloge à l'Académie des Inscriptions et Belles-Lettres, par M. Levasseur, en avril 1882.

MOLESCHOTT, Jacques, physiologiste italien, d'origine hollandaise, membre du sénat du royaume d'Italie, est né à Herzogenbusch le 9 août 1822. Il fit ses études à l'université d'Heidelberg et, fils d'un médecin distingué, suivit lui-même les cours de médecine de cette université, prit le grade de docteur en 1845 et alla s'établir à Utrecht comme médecin. Tout en suivant à Heidelberg les cours de médecine, il se livrait avec passion à l'étude des sciences physiques, et son amour des recherches scientifiques l'empêcha de poursuivre la modeste carrière du médecin praticien. Il revint donc à Heidelberg en 1847, se fit recevoir agrégé et ouvrit des cours particuliers de chimie physiologique et d'anthropologie dans lesquels il ne tarda pas à développer les idées matérialistes dont l'étude l'avait pénétré. Ce fut alors à soutenir une de ces luttes opiniâtres, incessantes, quelque peu envenimées dans lesquelles les ressources de leur imagination et l'élasticité de leurs doctrines servent admirablement les spiritualistes éclectiques, sans parler de l'appui de l'autorité qui, par bon ton, est toujours et partout de leur côté. Le docteur Moleschott se vit bientôt réduit, malgré son énergie, à l'alternative étroite de se taire ou de déguerpir; ce fut à ce dernier parti qu'il se décida. Nommé peu après professeur de physiologie à l'université de Zurich, il passait en même qualité à celle de Turin en 1854. S'y trouvant bien, le docteur Moleschott y pratiqua en même temps la médecine et finalement se fit naturaliser Italien. Son cours, très suivi, ne l'a pas empêché de se livrer à l'étude, de publier divers ouvrages, dont plusieurs très importants, ni de se mêler aux polémiques scientifiques soulevées dans ces derniers temps en Allemagne, en France et ailleurs aussi bien qu'en Italie. Il a été nommé, par décret royal, sénateur du royaume d'Italie, en novembre 1876.

On a surtout de ce savant : *Considérations critiques sur la théorie de Liebig relative à la nutrition des plantes* (Haarlem, 1845), ouvrage couronné par l'Académie de Haarlem ; *De Malpighianis pulmonum vesiculis*, sa thèse de doctorat (Heidelberg, 1845) ; *l'Essai de chimie physiologique* de Mulder, traduit du hollandais en allemand (1846) ; *Physiologie des aliments (1850)*; *Traité populaire de l'alimentation (1850)*; la *Circulation de la vie* (1852, nouv. édit., 2 vol. 1868) ; *Physiologie de la transformation des substances dans les plantes et dans les animaux* (même année) ; *George Forster, le naturaliste du peuple (1854)* ; la *Lumière et la vie (1857)*; *Esquisses physiologiques (1861)*, etc.

MOLESWORTH, Guilford Lindsay, ingénieur anglais, né à Millbrook (Hants), en 1828. Il fit ses études au Collège des ingénieurs civils de Putney, près de Londres, puis devint élève ingénieur-civil, sous la direction de M. Docking, au London and North-Western Railway, et apprit la construction des machines chez sir William Fairbairn, à Manchester. Il fut ensuite employé à divers travaux, spécialement à des travaux de chemins de fer dans le pays de Galles, et devint en 1852 ingénieur en chef-adjoint au chemin de fer de Londres, Brighton et les côtes du Sud. Pendant la guerre de Crimée, M. Molesworth fut chargé de diriger la construction des bâtiments et des machines à l'Arsenal royal de Woolwich et, après la paix, il s'établit ingénieur consultant à Londres. En 1858, il obtint de l'Institution des ingénieurs civils la médaille Watt et le prix Manby, pour son mémoire sur la *Transformation du bois par l'emploi des machines*. L'année suivante, il fut attaché comme ingénieur au chemin de fer de Ceylan, et devint ingénieur en chef des chemins de fer du gouvernement en 1862, directeur-général des chemins de fer en 1865, directeur des travaux publics en 1867 et ingénieur-consultant du gouvernement des Indes en 1871. — M. Molesworth a publié un *Pocket-book of Engineering Formulæ* qui a eu six éditions dans l'année même de son apparition et est considéré comme le *Vade-mecum* indispensable de l'ingénieur.

MOLINARI (de), Gustave, économiste belge, fils du baron Philippe de Molinari, ancien officier de l'empire, qui s'établit plus tard à Bruxelles comme médecin homéopathe et a publié plusieurs ouvrages de médecine, est né à Liège le 3 mars 1819. Venu à Paris dans les dernières années du règne de Louis-Philippe, il collabora aux journaux de l'opposition, notamment au *Courrier français*, ainsi qu'au *Journal des économistes*. En 1846, il prenait part avec Frédéric Bastiat, Wolowski, Joseph Garnier. Michel Chevalier, etc., à la fondation d'une association pour la liberté des échanges, sur le modèle de la ligue fondée en Angleterre par Cobden, et dont les principes venaient d'y triompher, tandis qu'en France tous les efforts dans le même sens devaient rester stériles longtemps encore. L'association fut d'ailleurs dissoute en 1848, et ses membres se bornèrent désormais à combattre dans la presse courante, par des arguments tirés des principes de l'économie politique, les théories socialistes de toutes les écoles. Après le coup d'État de décembre 1851, M. G. de Molinari retourna en Belgique. Il fut nommé professeur d'économie politique au Musée de l'industrie de Bruxelles, et conserva cette chaire jusqu'en 1859, époque vers laquelle il revint à Paris, qu'il n'a plus quitté. A Bruxelles il a fondé avec son frère, M. Eugène de Molinari, avocat, rédacteur de la *Revue trimestrielle* belge et auteur de plusieurs ouvrages estimés, deux journaux spéciaux : l'*Économiste belge* et la *Bourse du travail*. Il a collaboré à Paris, au *Courrier français*, à la *Patrie*, au *Libre-échange*, à la *Revue nouvelle*, au *Journal des économistes* dont il est le rédacteur en chef, au *Journal des Débats* dont il a été le rédacteur en chef de 1871 à 1876 et auquel il a adressé d'Amérique, où il est allé visiter la grande Exposition de Philadelphie en 1876, des lettres très remarquables qu'il a ensuite réunies en volume, etc. M. de Molinari a été élu, le 28 mars 1874, correspondant de l'Institut de France (Académie des sciences morales et politiques). — On doit à ce savant économiste : *Des moyens d'améliorer le sort des classes laborieuses (1844)*; *Études économiques (1846)*; *Histoire du tarif*; les *Fers et les houilles*; les *Céréales (1847)*; les *Soirées de la rue Saint-Lazare (1869)*; les *Révolutions et le despotisme* (Bruxelles, 1852); *Cours d'économie politique* (1855, 2 vol., 2ᵉ édit., 1863); *Conversations familières sur le commerce des grains (1856)*; *Etude sur l'abbé de Saint-Pierre*, en tête d'une édition de ses *Œuvres (1857)*; *De l'enseignement obligatoire (1859)*; *Lettres sur la Russie (1861, 2ᵉ édit., 1877)*; *Napoléon III publiciste (1861)*; *Questions d'économie politique et de droit public (1862*, 2 vol.); le *Congrès européen (1864)*; *Galerie des financiers belges (1866)*; les *Clubs rouges (1870)*; le *Mouvement socialiste (1872)*; la *République tempérée*, broch. in-8° (1875); *Lettres sur les États-Unis et le Canada (1876)*; la *Rue des nations*, études sur l'Exposition universelle de 1878 (1878); l'*Évolution économique au XIXᵉ siècle (1880)*; l'*Évolution politique et la Révolution (1884)*, etc.

MOLTKE (comte de), Hellmuth Carl Bernhart, feld-maréchal de l'empire d'Allemagne, chef d'état-major général des armées allemandes, d'une vieille famille mecklembourgeoise, est né le 26 octobre 1800, à Parchim, près de quelle ville son père, ancien officier du régiment de Mollendorf, possédait le domaine de Gnewitz. Mais peu après la naissance de Hellmuth, ses parents allèrent s'établir dans le Holstein, et quant à lui, il entrait à l'école militaire de Copenhague, n'ayant guère plus de neuf ans. En 1822, il était lieutenant dans l'armée danoise lorsque, mécontent sans doute de l'insuffisance de l'instruction militaire, il demanda un congé de trois années, avec solde, pour y suppléer par des études à l'étranger, principalement en Allemagne, le congé lui fut accordé, non la solde : en conséquence il donna sa démission. Il entra aussitôt dans l'armée prussienne comme lieutenant au 8ᵉ régiment d'infanterie, et suivit les cours de l'Académie militaire. Après avoir passé quelque temps à l'École de division de Francfort-sur-l'Oder, il fut admis dans l'état-major. Ayant obtenu un congé en 1835, il fit un voyage en Orient et fut présenté au sultan Mahmoud qui voulut le charger de la réorganisation de son armée d'après les théories nouvelles, et obtint pour cet objet une prolongation de congé de plusieurs années au jeune officier prussien. Il prit part en 1839 à l'expédition de Syrie contre le vice-roi d'Égypte Mehemet-Ali et Ibrahim Pacha son fils adoptif. De retour en Prusse en 1845, il publiait une relation de ses impressions en Turquie. Il devint l'année suivante aide-de-camp du prince Henri de Prusse, retiré à Rome et, après la mort de celui-ci, en 1847, entra dans l'état-major de l'armée du Rhin et fut nommé en 1849 chef d'état-major du 11ᵉ corps d'armée à Magdebourg. Aide-de-camp du prince Frédéric Guillaume, en 1856, il était nommé en 1858 chef d'état-major-général de l'armée prussienne et, en 1859, promu lieutenant-général. M. de Moltke suivit

la campagne de 1859 dans le quartier-général autrichien. Lors de la guerre contre le Danemark en 1864, ce fut lui qui dressa le plan de campagne, et il assista à son exécution, qu'il dirigeait en fait. Il prit une part semblable à la guerre de 1866 contre l'Autriche, le plan de la campagne de Bohème lui est entièrement dû et, après la bataille de Kœniggrætz, à laquelle il assistait, ce fut lui qui détermina la marche hardie de l'armée prussienne sur Olmutz et Vienne, lui encore qui traita de l'armistice et des préliminaires de paix. Promu général d'infanterie au début de la campagne, il fut décoré, à la suite des négociations de paix, de l'ordre de l'Aigle noire, et reçut une dotation nationale.

Le père Moltke (*Vater Moltke*), comme on l'appelle familièrement, parait-il, dans l'armée prussienne, est considéré à juste titre comme le premier stratégiste de notre temps, mais il a encore un autre don, plus précieux peut-être, celui de la prévision. Personne au monde n'est moins disposé que lui à s'endormir sur ses lauriers, une guerre terrible n'a pas plustôt pris fin qu'il en prévoit — nous ne disons pas qu'il en cherche ou qu'il en rêve — une autre. Un plan dressé par ses soins, longtemps d'avance souvent, a réussi : aussitôt il se remet à l'œuvre, dresse un nouveau plan pour la campagne la plus prochaine, alors que ses prévisions l'en peuvent avertir. C'est ainsi que, depuis longtemps, la campagne de 1870-71 était préparée. On sait avec quelle précision, quelle rigueur et quel bonheur en même temps le plan en fut suivi, sous la direction même de celui qui l'avait préparé et avait reçu le commandement en chef des armées allemandes. Nous n'y insisterons pas davantage. — M. de Moltke fit partie, comme il était juste, de tous les conseils chargés de discuter les conditions de la capitulation de Paris, de l'armistice, des préliminaires de paix et des évacuations successives du territoire français. Baron héréditaire, il fut créé comte le 28 octobre 1870, élevé à la dignité de feld-maréchal de l'empire d'Allemagne le 17 juin 1871, nommé chef d'état-major général des armées allemandes en septembre suivant et membre de la Chambre des seigneurs le 28 janvier 1872. Il lui fut voté en outre une nouvelle dotation nationale. En octobre 1870, le feld-maréchal de Moltke recevait de l'empereur Alexandre II la décoration de l'ordre de Saint-Georges, l'ordre militaire le plus élevé de la Russie, et son propre souverain lui conférait la grande croix de l'ordre de la Couronne de fer le 22 mars 1871. Ajoutons qu'il est également grand croix de la Légion d'honneur. — Jouissant en Allemagne d'une grande popularité aussi bien que d'une grande influence sur l'empereur personnellement et sur la direction des affaires politiques, le maréchal de Moltke est surtout le chef du parti militaire, et il serait merveilleux qu'il en fût autrement. Il semble même que son influence s'étende à la politique extérieure. C'est ainsi que *seul* il accompagnait Guillaume Iᵉʳ lors de sa visite à Victor Emmanuel II, à son arrivée à Milan, le 19 octobre 1873, pour ne citer que cet exemple. A la séance du Reichstag allemand du 24 avril 1877, le maréchal de Moltke, pour obtenir de la commission du budget le supplément de crédit nécessaire à la création de cent cinq emplois nouveaux de capitaine d'infanterie, a prononcé un discours fort commenté, mais qui, au fond, était réellement une menace, ou plutôt une tentative d'intimidation contre la France, indiquant la direction de ses études actuelles et l'objet des plans de cet infatigable organisateur de batailles, qui ne s'est jamais laissé aveugler par la générosité. M. de Moltke représente au Reichstag la ville et circonscription de Memel. Ses électeurs, libre-échangistes, ont protesté en avril 1877, contre ses votes sur la question économique; mais, vérification faite, ils ont reconnu que leur député n'avait jamais émis un vote contraire au gouvernement; et c'est là toute la morale de l'histoire. — M. le comte de Moltke a publié notamment : l'*Expédition turco-russe dans la Turquie d'Europe (1835)*; *Lettres sur les événements de Turquie de 1835 à 1839 (1841)*; l'*Expédition d'Italie en 1859 (1863)*, un travail semblable sur la campagne de 1866; *Observations sur l'influence des armes de précision sur la tactique moderne (1869)*; *Rapport de l'état-major allemand sur la campagne de 1870-1871 (1872)*; *Lettres sur la Russie (1874,* nouv. édit. 1877), etc.

MOMMSEN, Theodor, historien et épigraphiste allemand, né à Garding, dans le Schleswig, le 30 novembre 1817, fit ses études aux universités d'Altona et de Kiel, puis visita aux frais du gouvernement, la France et l'Italie. A son retour, en 1848, il collabora au *Journal du Schleswig-Holstein*, dont il devint presque aussitôt rédacteur en chef, et fut nommé professeur de droit à Leipzig. Révoqué pour s'être compromis dans les événements politiques de l'époque, il passa en Suisse et devint professeur à Zurich en 1852, puis à Breslau, en 1854; en 1858, il était appelé à la même chaire à l'université de Berlin, d'où il est passé à la chaire de jurisprudence de l'université de Leipzig en 1864. Membre de l'Académie des sciences de Berlin, dont il est secrétaire perpétuel depuis 1874, M. Mommsen est correspondant de l'Institut de France depuis 1860; il était aussi correspondant de la Société des antiquaires de France, mais il en a été rayé en février 1872, en représailles de son attitude envers la France, dont il avait été l'hôte bien accueilli, et envers la science française, au moment de nos malheurs, attitude qui donne la mesure du caractère de ce savant. Il est en outre chevalier de la Légion d'honneur et commandeur des Saints Maurice et Lazare d'Italie depuis 1878. Membre de la Chambre des députés de Prusse depuis 1873, il se faisait poursuivre, en juin 1882, devant les tribunaux de Berlin, sous l'inculpation de diffamation, commise dans un discours électoral, envers le prince de Bismarck. Acquitté en première instance, il était de nouveau acquitté par la cour d'appel de Leipzig, le 7 avril 1882. L'opinion, même dans son pays, ne l'a pas encore acquitté de sa diffamation envers la France. M. Mommsen appartient, en politique, au groupe national-libéral. On doit à ce savant de nombreux ouvrages sur l'épigraphie romaine, une étude sur les *Dialecies de la basse Italie (1850)*, une *Histoire de la monnaie chez les Romains (1860)* ; surtout une *Histoire romaine (1853-56,* 3 vol.) qui en est à sa septième édition et a été traduite en anglais et en français.

MONDENARD (de), ADOLPHE JOSEPH, homme politique français, né à Fieux (Lot-et-Garonne) le 26 janvier 1839. Il fit son droit à Paris, se mêlant activement aux manifestations politiques dont le quartier des Ecoles fut le théâtre à diverses reprises, collaborant aux journaux d'étudiants, et n'en fut pas moins reçu licencié. Après le 4 Septembre, M. de Mondenard devint rédacteur en chef du *Réveil de Lot-et-Garonne,* puis de la *Constitution* et enfin de l'*Indépendant* du même département. Il s'occupe en outre de viticulture, et a publié sur ce sujet un *Petit manuel de viticulture franco-américaine* très estimé. Membre du Conseil municipal de sa commune et du Conseil général de Lot-et-Garonne, M. de Mondenard a été élu député de ce département le 18 octobre 1885. Il a voté l'expulsion totale des princes.

MONIS, ERNEST ANTOINE EMMANUEL, homme politique français, né à Châteauneuf (Charente) le 23 mai 1846. Avocat du barreau de Cognac, il eut à plaider plusieurs procès de presse et prit part à l'agitation électorale. Passé au barreau de Bordeaux en 1879, il s'y fit une réputation d'éloquence, en même temps qu'il se faisait connaître en défenseur du prétoire par ses opinions républicaines. M. Monis a été élu député de la Gironde le 4 octobre 1885, sur la liste républicaine. Il a voté l'expulsion totale des princes.

MONNERAYE (comte de la), CHARLES ANGE, homme politique français, né à Rennes le 3 février 1812. Ancien officier d'état-major, membre du Conseil général du Morbihan depuis plus de vingt-cinq ans, M. le comte de la Monneraye était élu député de la 1ʳᵉ circonscription de ce département, comme candidat de l'opposition, aux élections générales de 1869. Aux élections pour l'Assemblée nationale, du 8 février 1871, il était élu représentant du Morbihan, le troisième sur dix. Il siégea à l'extrême-droite, signa la demande de rétablissement de la monarchie et l'adresse au pape et repoussa les lois constitutionnelles. M. de la Monneraye a été élu sénateur du Morbihan le 30 janvier 1876 et ré.lu au renouvellement du 5 janvier 1879. Il n'a jamais pris part aux débats parlementaires autrement que par son vote. — M. de la Monneraye est l'auteur d'un *Essai sur l'histoire de l'architecture religieuse en Bretagne pendant les XIᵉ et XIIᵉ siècles,* qui n'est pas sans mérite.

MONSELET, CHARLES, littérateur français, né à Nantes le 30 avril 1825, commença ses études dans sa ville natale et alla les terminer à Bordeaux, où il débuta brillamment et de fort bonne heure dans la carrière littéraire, tant par des articles, des poésies, des nouvelles fournis au *Courrier de la Gironde,* que par la publication, à dix-sept ans, d'un poème charmant et la représentation de plusieurs pièces, prose ou vers, au théâtre de Bordeaux, notamment une parodie de la *Lucrèce* de Ponsard. Venu à Paris en 1846, il donnait des feuilletons à la *Patrie* et à l'*Epoque* presque au débotté, et collaborait au *Pays,* à l'*Assemblée nationale,* à l'*Athenæum français,* à l'*Artiste,* et plus récemment à la *Revue de Paris,* au *Constitutionnel,* au *Figaro,* au *Moniteur,* au *Monde illustré,* à la *Mosaïque* et enfin à l'*Evénement.* En 1857, il fondait le *Gourmet,* journal hebdomadaire de gastronomie, qui vécut peu. — M. Ch. Monselet a publié : *Marie et Ferdinand,* poème (Bordeaux, 1842) ; *Histoire du tribunal révolutionnaire (1850)* ; *Statues et statuettes,* portraits contemporains (1851) : *Restif de la Bretonne (1853)* ; *Figurines parisiennes (1854)* ; les *Vignes du Seigneur,* poésies (1855) ; la *Lorgnette littéraire,* revue des écrivains contemporains, et les *Oubliés et les dédaignés (1857)* ; les *Chemises rouges,* les *Folies d'un grand seigneur, Monsieur de Cupidon (1858)* ; la *Francmaçonnerie des femmes,* les *Tréteaux de Charles Monselet (1859)* ; *Théâtre de Figaro (1861)* ; l'*Argent maudit,* les *Galanteries du XVIIIᵉ siècle (1862)* ; les *Originaux du siècle dernier (1863)* ; les *Femmes qui font des scènes, Fréron ou l'illustre critique (1864)* ; le *Plaisir et l'amour, De Montmartre à Séville, Monsieur le duc s'amuse* et l'*Almanach du gourmand (1865)* ; *Portraits après décès,* la *Fin de l'orgie, François Soleil (1866)* ; les *Premières représentations célèbres (1867)* ; les *Créanciers,* œuvre de vengeance (1870) ; *Chanvalton, histoire d'un souffleur de la Comédie-Française (1872)* ; *Gastronomie,* les *Frères Chantemesse ;* les *Marges du code ;* le *Canif de Damiens (1873)* ; *Lettres gourmandes ;* les *Amours du temps passé,* les *Années de gaieté (1875)* ; les *Ressuscités, Scènes de la vie cruelle (1876)* ; *Panier fleuri,* prose et vers (1878) ; une *Troupe de comédiens,* le *Petit Paris (1879),* etc., etc. — On lui doit aussi quelques pièces de théâtre, notamment les *Femmes qui font des scènes,* 3 actes, avec M. Alph. Lemonnier (1872) ; *Venez, je m'ennuie,* 1 acte (1873), représenté d'abord au kursaal de Bade ; l'*Ilote,* un acte en vers, avec M. P. Arène, au Français (1875) et la *Revue sans titre,* deux actes, aux Variétés (1876). M. Charles Monselet est chevalier de la Légion d'honneur depuis 1859.

MONTAIGNAC (marquis de), LOUIS RAYMOND DE CHAUVANCE, amiral français, ancien ministre, sénateur, né à Paris le 14 mars 1811. Entré à l'Ecole navale de Brest en 1827, il en sortit à la fin de la même année avec le grade d'aspirant, devint enseigne en 1833, lieutenant de vaisseau en 1840, capitaine de frégate en 1848 et capitaine de vaisseau en 1855. Après avoir fait, comme aspirant, un voyage autour du monde à bord de la frégate l'*Artémise* et pris part à plusieurs autres campagnes, M. de Montaignac était chargé, en 1842, des expériences relatives à l'application de l'hélice. En 1855, il fut appelé au commandement de la batterie flottante la *Dévastation,* avec laquelle il coopéra au bombardement et à la prise de Kinburn. Successivement commandant de la station des mers du Nord, puis de celle de Terre-Neuve, il fut promu contre-amiral en 1865 et nommé major-général de la marine à Cherbourg. En 1869, il était nommé membre du Conseil des travaux de la marine et du conseil de perfectionnement de l'École polytechnique. M. l'amiral de Montaignac était appelé, au moment de l'investissement de Paris par les armées allemandes, au commandement du 7ᵉ secteur, qui fut le plus exposé au feu de l'ennemi. Sa brillante conduite dans ces pénibles circonstances lui valut sa promotion à la dignité de grand officier de la Légion d'honneur, le 23 janv. 1871. — Aux élections du 8 février 1871, M. l'amiral de Montaignac fut élu représentant de la Seine-Inférieure, le huitième sur seize et de l'Allier, le troisième sur sept ; il opta pour ce dernier département et siégea sur les bancs de la droite. Il signa l'adresse d'adhésion au *Syllabus* envoyée au pape par quelques représentants et fut président de la commission de la marine et vice-président de la commission de réorganisation de l'armée. Nommé, le 15 juillet 1871, inspecteur de la marine et des ports de la Manche, il était appelé au ministère de la marine, en remplacement de l'amiral de Dompierre d'Hornoy, le 23 mai 1874, conservait son portefeuille dans le cabinet Buffet-Dufaure du 18 mars 1875 et le remettait enfin à l'amiral Fourichon le 10 mars 1876. — M. de Montaignac a été élu sénateur inamovible par l'Assemblée, le 21 décembre 1875, le *soixante-quatorzième* sur soixante-quinze. Placé dans le cadre de réserve en 1873, il a pris sa retraite au commencement d'octobre 1886.

MONTAUBRY, JEAN-BAPTISTE EDOUARD, chef d'orchestre et compositeur français, né à Niort le 27 mars 1824, est fils d'un musicien de province auquel il dut ses premières leçons. Venu jeune à Paris, il entra au Conservatoire dans la classe d'Habeneck et remporta un accessit de violon en 1843. Il fut nommé peu après second chef d'orchestre au Vaudeville après y avoir tenu l'emploi de premier violon, et y remplaça Doche comme premier chef, lors du départ de celui-ci en Russie. M. Ed. Montaubry se fit d'abord connaître comme compositeur par des couplets, des chansons, des rondes pour quelques pièces représentées à son théâtre et dont plusieurs eurent un succès populaire: nous rappellerons seulement la ronde de Marco, des *Filles de marbre*, et celle de la *Vie en rose*. Quelques livrets d'opérettes lui furent alors confiés : le *Nid d'amours*, le *Rat de ville et le rat des champs*, les *Néréides et les cyclopes*, petits ouvrages qui furent joués avec succès sur la scène du Vaudeville. Il écrivit ensuite un ouvrage en un acte l'*Agneau de Chloé*, représenté au Théâtre-Lyrique (1858). Il reste à ajouter quelques opérettes données aux Folies-Nouvelles: *Freluchette (1856)*; la *Perruque de Cassandre (1858)*; et *Vendredi (1859)*. — Vers 1862, M. Edouard Montaubry, voulant suivre l'exemple de son frère Félix (voyez ci-après), travailla le chant et, abandonnant une position toute faite et fort honorable, partit pour la province où il tint l'emploi des ténors. Cette tentative ne fut pas aussi heureuse qu'il l'espérait, oubliant qu'il n'était plus tout à fait assez jeune pour un débutant.

MONTAUBRY, Achille Félix, chanteur français, frère du précédent, est né à Niort le 12 novembre 1826, tient de son père les premières notions de son art. Élève du Conservatoire de Paris, il fut d'abord musicien d'orchestre, et était violoncelle au Vaudeville lorsque son frère n'y était encore que premier violon. Mais, ayant bientôt découvert qu'il possédait une jolie voix, il s'empressa de rentrer au Conservatoire, y devint élève de l'anseron pour le chant, de Moreau-Sainti pour l'opéra comique et obtint, en 1846, un second prix d'opéra comique. Il accepta alors un engagement pour l'Amérique et fit une campagne très brillante à la Nouvelle-Orléans. Revenu en Europe après deux années d'absence, il y obtint dès lors de grands succès dans l'emploi de ténor léger à Lille, Bruxelles, La Have, Strasbourg, Marseille, Bordeaux, etc. Lorsqu'il prit la direction de l'Opéra-Comique, Roqueplan fit offrir à M. Montaubry un engagement de cinq années aux appointements annuels de 40,000 fr. Celui-ci, ayant accepté, débuta à l'Opéra-Comique le 16 décembre 1858, dans le rôle de Dalayrac, des *Trois Nicolas*, écrit expressément à son intention par Clapisson. Son succès fut dès l'abord très grand, et bientôt M. Montaubry devint l'artiste favori du public, bien qu'il ne fût pas complètement irréprochable sous le rapport du style, de l'élégance et du sentiment dramatique, au contraire. Il reprit avec succès un grand nombre de rôles du répertoire: *Fra Diavolo*, le *Songe d'une nuit d'été*, les *Mousquetaires de la reine*, *Zampa*, le *Postillon de Longjumeau*, le *Petit Chaperon rouge*. *Rose et Colas*; et plusieurs créations importantes: le *Roman d'Elvire*, la *Circassienne*, le *Joaillier de Saint-James*, *Lalla-Roukh*, *Lara*, etc. En 1868, M. Montaubry quittait l'Opéra-Comique, sa voix ayant perdu un peu de sa fraîcheur, et fondait une école de chant. Il acheta bientôt le petit théâtre des Folies-Marigny, dont il se fit directeur, et fit représenter sur cette scène exiguë une opérette de sa composition : *Horace*, où il remplissait lui-même un rôle (1870). Ayant abandonné cette entreprise, il était engagé à la Gaîté en 1873, pour y jouer le rôle principal dans *Orphée aux Enfers*, repris à ce théâtre. — M. Montaubry a épousé, en 1850, à La Haye, Mlle Caroline Prévost, chanteuse de talent, fille d'une cantatrice distinguée, Mlle Zoé Prévost. Dans son premier engagement à l'Opéra-Comique, M. Felix Montaubry avait fait insérer une clause par laquelle ce théâtre devait jouer un ouvrage en deux actes de son frère Édouard, dans lequel il remplirait le premier rôle ; mais celui-ci ne profita pas de cet avantage dû à l'affection fraternelle.

MONTAUT, Louis Bernard, ingénieur et homme politique français, né à Paris en 1823. Élève de l'École polytechnique et de l'École des ponts et chaussées, il reçut son diplôme d'ingénieur et fut nommé à Tarbes, au retour d'une mission en Algérie. Il passa ensuite à Auxerre et fit, en dehors de ses travaux, des cours publics de drainage dans diverses villes de l'Yonne, rendant ainsi de très grands services aux cultivateurs. Attaché aux premiers travaux du canal de Suez, il fut quelque temps vice-consul à Damiette; puis, rentré en France, devint successivement ingénieur dans le Lot, l'Eure et la Seine-et-Marne. Au début de l'invasion, M. Montaut, qui remplissait ses fonctions dans ce dernier département, fut placé à la tête de la garde nationale de Coulommiers, puis vint prendre part à la défense de Paris avec une partie de ses hommes. En 1874, M. Montaut était nommé ingénieur en chef du département de l'Allier, poste qu'il échangeait pour celui d'ingénieur en chef de Seine-et-Marne en 1879. Rappelé à Paris en 1883, il prenait sa retraite en août 1885. — Élu député de Seine-et-Marne le 4 octobre suivant, M. Montaut prenait place à l'extrême-gauche et votait, en juin 1886, l'expulsion totale des princes. Il est chevalier de la Légion d'honneur.

MONTÉGUT, Emile, littérateur français, né à Limoges le 24 juin 1826, fit ses études au collège de sa ville natale et vint commencer son droit à Paris, mais se livra tout aussitôt à des travaux littéraires et publia dès 1847, dans la *Revue des Deux-Mondes*, une intéressante étude sur la doctrine du philosophe américain Ralph Waldo Emerson, mort en 1882, parfaitement ignorée en France. Devenu un collaborateur assidu de cette revue, M. Montégut y remplaçait Gustave Planche en 1857, en qualité de critique littéraire, fonctions qu'il remplit en outre au *Moniteur* (officiel), de 1862 à 1865, sans cesser d'écrire à la *Revue des Deux-Mondes*, qu'il n'a d'ailleurs pas quittée jusqu'ici. Il a collaboré également à quelques autres journaux, dont le *Journal de Paris*, au *Dictionnaire de politique et d'administration* de M. Maurice Block, etc. Enfin, M. Montégut a publié : *Essais de philosophie américaine*, traduction des *Essays* d'Emerson, précédée d'une introduction (1850); la traduction de l'*Histoire d'Angleterre*, de Macaulay (1853 et suiv.); *Du génie français (1857)*; *Libres opinions morales et historiques (1858)*; *Œuvres de Shakespeare*, traduction (1868-70), 3 vol. gr. in-8o illustré, et 10 vol. in-18), ouvrage auquel l'Académie française a décerné, en 1877, probablement de confiance, le prix Langlois (prix de traduction); les *Pays-Bas*, *Souvenirs de Flandre et de Hollande (1869)*; *Impressions de voyage et d'art (1873)*; *Tableau de la France*, *Souvenirs de Bourgogne (1874)*; *En Bourbonnais et en Forez (1875)*; l'*Angleterre et ses colonies australes (1879)*; les *Écrivains modernes de l'Angleterre (1885)*, etc. — M. Émile Montégut est chevalier de la Légion d'honneur depuis 1865.

MONTÉPIN (de), Xavier Aymon, romancier et dramaturge français, né à Apremont (Haute-Saône) le 18 mars 1824, est neveu de l'ancien pair de France, mort en 1873. M. Xavier de Montépin avait déjà fait représenter un vaudeville ou deux et publié une douzaine de volumes de cabinet de lecture lorsque éclata la révolution de février 1848, qui lui fournit l'occasion de manifester son ardeur antirévolutionnaire, d'abord en fondant le *Canard*, ensuite en collaborant à quelques autres feuilles indigentes de nuance pareille, telle que le *Pamphlet* et le *Lampion*, et enfin en publiant une couple de brochures satiriques contre l'ordre de choses nouveau. Quelques mois ayant suffi à cette besogne laborieuse et exceptionnelle, M. de Montépin revint sagement au théâtre et au roman, surtout au roman, qui lui promettait du moins les succès populaires. Parmi ses nombreux ouvrages en ce genre, nous citerons : les *Chevaliers du lansquenet (1847)*; les *Viveurs d'autrefois (1848)*; les *Amours d'un fou*, *Brelan de dames (1849)*; les *Confessions d'un bohème (1850)* ; le *Loup noir*, *Mignonne (1851)*; la *Reine de Saba*, l'*Épée du Commandeur*, le *Vicomte Raphael*, *Geneviève Gaillot*, Mlle *Lucifer (1852)*; un *Roi de la mode*, le *Club des hirondelles*, les *Fils de famille*, les *Oiseaux de nuit*, le *Fil d'Ariane*, les *Valets de cœur (1853)* ; l'*Auberge du Soleil d'or*, un *Gentilhomme de grand chemin (1854)*; la *Perle du Palais-Royal*, les *Amours de Vénus*, les *Filles de plâtre*, ouvrage qui lui valut une condamnation pour outrage aux mœurs (1855); les *Viveurs de Paris (1856)*; l'*Officier de fortune*, *Souvenirs intimes d'un garde du corps (1857)*; la *Maison rose (1858)*; les *Viveurs de province (1859)*; la *Gitane*, le *Compère Leroux (1860)*; un *Amour maudit*, les *Marionnettes du diable (1861)*; les *Compagnons de la torche (1862)*; le *Reine de la nuit (1863)*; les *Pirates de la Seine (1864)*; les *Enfers de Paris*, la *Ferme des Oliviers (1865)*; la *Fille du meurtrier (1866)*; la *Maison maudite*, l'*Homme aux figures de cire*, le *Moulin rouge (1867)*; les *Drames de l'adultère*, les *Tragédies de Paris*, le *Ventriloque*, la *Sorcière rouge*, le *Pendu*, la *Bâtarde (1871-77)*; la *Voyante* (6 vol.); *Sa Majesté l'argent (1877-78*, 5 vol.); les *Drames du mariage (1878*, 2 vol.); le *Médecin des folles (1879-82*, 5 vol.); *P. L. M...*, la *Belle Angèle*, *Rigolo*, les *Yeux d'Emma-Rose (1884-85*, 6 vol.); la *Porteuse de pain*, l'*Incendiaire*, les *Métamorphoses d'Ovide*, *Maman Lison (1885-86*, 6 vol.); *Blanche Vaubaron*, 2 vol.; l'*Agence Rodille*, 2 vol. (1886), etc., etc. : une partie de ces derniers, publiés d'abord au *Figaro* ou au *Petit Journal*, ont paru sous forme de volumes. — Il a donné au théâtre, avec divers collaborateurs, dont Alexandre Dumas, ou seul : les *Fleurs animées*, les *Trois baisers*, le *Rossignol des salons*, vaudevilles en un acte; les *Etoiles*, *ou le voyage de la fiancée*, trois actes; le *Connétable de Bourbon*, cinq actes et douze tableaux ; le *Vol à la Duchesse*, huit tableaux ; *Pauline*, dix tableaux ; les

Chevaliers du lansquenet, dix tableaux; les *Frères Corses*, trois actes et cinq tableaux (1846-51); la *Tour Saint-Jacques-la-Boucherie*, onze tableaux (1856); les *Viveurs de Paris*, huit tableaux (1857); la *Nuit du 20 novembre*, huit tableaux (1858); la *Sirène de Paris*, huit tableaux (1860); l'*Homme aux figures de cire*, cinq actes; *Lantara*, comédie en deux actes (1865); *Bas-de-cuir*, cinq actes; l'*Ile des sirènes (1866)*; la *Magicienne du Palais Royal*, cinq actes; le *Médecin des pauvres*, six actes; le *Talion*, six actes; *Tabarin*, cinq actes; les *Tragédies de Paris*, sept actes; le *Béarnais*, cinq actes et neuf tableaux (1868-76), etc., etc. — Ces pièces ont été jouées, les drames à la Porte-Saint-Martin, à l'Ambigu, au Théâtre-Historique (l'ancien), à la Gaîté, au théâtre Beaumarchais et au théâtre du Château d'Eau; les autres au théâtre Dejazet, au théâtre des Nouveautés, etc.

MONTÉTY(de), Louis Albert Henri, homme politique français, né à Séverac-le-Château (Aveyron) en 1844. Avocat du barreau de Rodez, ancien bâtonnier, conseiller municipal depuis l'année précédente, M. de Montéty a été élu député de l'Aveyron, le 4 octobre 1885, sur la liste monarchiste.

MONTPENSIER (duc de), Antoine Marie Philippe Louis d'Orléans, cinquième fils du roi Louis Philippe, est né à Versailles le 31 juillet 1824; il fit, comme ses frères, ses études au collège Henri IV et se prépara à la carrière militaire. Reçu, après examen, officier d'artillerie en 1842, il entra comme lieutenant au 3ᵉ régiment de l'arme, partit en Afrique comme capitaine en 1844 et prit part aux expéditions de Biskra et du Ziban; blessé légèrement à la tête dans cette dernière, il fut décoré de la Légion d'honneur et promu chef d'escadron. Après avoir accompagné son père dans sa visite à la reine d'Angleterre, en 1845, il retourna en Afrique comme lieutenant-colonel, prit part à quelques nouveaux faits d'armes et partit pour un voyage en Orient, au retour duquel il fut promu colonel du 5ᵉ régiment d'artillerie, général de brigade quelques mois après, grand croix de la Légion d'honneur, et épousait, le 10 octobre 1846, à Madrid, la princesse Marie Louise Fernande de Bourbon, sœur de la reine Isabelle II (voyez ce nom). Cette affaire des mariages espagnols causa une grande irritation en Angleterre et fut bien près d'amener une rupture avec cette puissance. Après la révolution de février 1848, le duc de Montpensier, qui se trouvait alors absent de France, rejoignit sa famille en Angleterre, il passa peu après en Hollande et enfin alla s'établir à Séville et se fit naturaliser espagnol. Il reçut à cette occasion le titre d'infant d'Espagne et en 1859, capitaine-général de l'artillerie espagnole. A la veille de la crise suprême qui détermina la chute d'Isabelle II, le gouvernement espagnol, qui craignait l'influence du duc de Montpensier, l'invita à quitter l'Espagne. Il obéit à cette « invitation », mais auparavant, se démit de son grade dans l'armée et de son titre d'infant et renvoya ses décorations espagnoles. Après le triomphe de la révolution de septembre 1868, il envoya son adhésion au gouvernement provisoire et obtint l'autorisation de rentrer à Séville. Sa candidature au trône d'Espagne devenu vacant ne tarda pas à être posée et appuyée d'une manière sérieuse par le parti libéral presque tout entier; mais son duel malheureux avec son cousin don Enrique de Bourbon (12 mars 1870) vint lui ôter toute chance de succès. L'orgueil national se révolta, on ne vit que ce fait irritant, pour un prince espagnol tué par un prince français! Nous ne pouvons nous étendre sur cet événement sanglant, mais il nous est impossible de ne pas rappeler que ce duel fut amené par une *Lettre aux Montpensiéristes*, datée de Madrid, 7 mars 1870, dans laquelle le prince français était insulté de la manière la plus grossière, et que déjà, le 14 janvier précédent, don Enrique, en demandant au régent sa réintégration dans le grade qu'il avait occupé dans la marine espagnole et dont il avait été destitué par Narvaez plusieurs années auparavant, manifestait pour son cousin de France toute sa haine et tout son mépris, dans des termes qui eussent dès lors amené une rencontre entre de simples particuliers. — Le 12 avril, le duc de Montpensier fut condamné par une cour martiale à un mois de bannissement de la capitale et à payer une indemnité de 30,000 francs à la famille du défunt. Il se rendit à Paris, où la duchesse mit tout en œuvre pour empêcher sa sœur, l'ex-reine, d'abdiquer en faveur de son fils don Alphonse résolution à laquelle elle était vivement poussée par les partisans du jeune prince réunis à ses propres partisans (et elle en avait beaucoup, sans compter le nombre considérable de ses adversaires, qui étaient bien plutôt ceux de son entourage compromettant). Enfin, l'événement que voulaient prévenir la duchesse de Montpensier et ses partisans s'accomplit le 25 juin 1870. Alphonse XII ne fut toutefois proclamé que le 29 décembre 1874. Dans l'intervalle, les Montpensiéristes, d'abord indécis, s'étaient ralliés à la cause de don Alphonse. — Après, l'installation d'Alphonse XII comme roi d'Espagne, le duc de Montpensier est retourné à Séville. Le 23 janvier 1878, il mariait sa troisième fille, la princesse Maria-de-las-Mercedes, née le 24 juin 1860 à Madrid, au roi Alphonse XII : la jeune reine mourait le 26 juin suivant, à l'âge de dix-huit ans tout juste. Sa fille aînée est Mᵐᵉ la comtesse de Paris, et il lui reste un fils : Antoine Louis Philippe Marie, né à Séville le 23 février 1866.

MOORE, Thomas, horticulteur anglais, né à Stoke-près-Guildford le 29 mai 1821. Il est, depuis 1848, administrateur de l'ancien jardin botanique de la Société des apothicaires de Chelsea. Secrétaire du comité floral de la Société royale d'horticulture depuis sa fondation (1859), M. Th. Moore était nommé en 1865 directeur floral des jardins de cette société à Chiswick. Il était secrétaire de la grande exposition internationale d'horticulture ainsi que du congrès botanique tenus à Londres en 1866 et est examinateur de floriculture à la Société des arts et à la Société royale d'horticulture. — On doit à M. Th. Moore : *Culture du concombre et du melon (1844)*; *Manuel des fougères britanniques (1848)*; les *Fougères et les plantes alliées (1851)*; *Fougères de la Grande-Bretagne et de l'Irlande, d'après nature (1856)*; *Eclaircissements sur les orchidées* et *Index Filicum (1857)*; *Atlas des fougères reproduites d'après nature (1859-60, 2 vol.)*; *Guide pratique du botaniste : Iles-britanniques (1862)*; *Eléments de botanique (1865)*, etc. M. Moore a été rédacteur en chef-adjoint du *Gardeners' Magazine of botany* de 1850 à 1852, rédacteur en chef du *Floral Magazine* en 1861 et du *Treasury of botany* en 1866; il a fourni de nombreux articles de botanique et d'horticulture, à la nouvelle édition du *Dictionnaire des sciences* de Brandt (1865-66), l'article *Horticulture* à la nouvelle édition, en cours, de l'*Encyclopædia britannica*, et est actuellement rédacteur en chef du *Florist and Pomologist*. — Il a publié, en 1877, une édition nouvelle du *Gardeners' Assistant* de Thompson, et l'*Orchid Album* en 1880; son dernier ouvrage est intitulé : *Epitome of gardening (1882)*.

MOREAU, Mathurin, sculpteur français, né à Dijon vers 1822, est fils d'un statuaire de talent dont il reçut les premières notions de son art, et suivit à Paris les ateliers de Ramey et de A. Dumont. Il obtint un second prix au concours de l'Institut en 1842, et débuta au Salon de 1848. — On a de cet artiste : l'*Elégie*, statue en plâtre (1848); la *Fée aux fleurs*, groupe en bronze (1853); l'*Eté*, statue en marbre (1855); *Enfants endormis*, groupe en marbre (1857); la *Fileuse*, statue en bronze (1858); l'*Etude*, groupe en bronze; l'*Avenir*, buste en marbre (1859); la *Fileuse*, en marbre; la *Méditation*, groupe en bronze (1861); le *Printemps*, statue en bronze; une *Fontaine monumentale (1863)*; *Etude d'enfant*, statue en plâtre (1864); *Studiosa*, statue en plâtre (1865), en marbre (1866); *Cornelie*, groupe en bronze; les *Bas-reliefs* des portes de l'Eglise Saint-Augustin; *Saint Grégoire le Grand*, *Saint Jérôme*, statues en pierre pour l'Eglise de la Trinité (1865); *Saltarella*, groupe en plâtre; la *Vierge*, buste en plâtre et plusieurs des œuvres précédentes (Exposition universelle 1867); le groupe de *Saltarella*, coulé en bronze et le buste de la *Vierge*, reproduit en marbre (1868); le *Repos*, statue en plâtre, un *Portrait*, buste en marbre (1869); *Néréide*, statue en plâtre (1870); *Primavera*, groupe en bronze (1872); *Circé*, statuette en bronze; *Libellule*, statue en plâtre (1873); le *Sommeil*, groupe en marbre (1874); *Ismaël et Candeur*, deux bustes en bronze (1875); *Baigneuse*, statue en marbre (1876); *Océanie*, *Phryné (1878)*; *Nébuleuse*, statue en plâtre (1880); *Rêverie*, statuette en bronze (1883); les *Exilés*, groupe en plâtre; la *Vigneronne*, statuette en marbre (1884); l'*Avenir*, statue en marbre (1886). — M. Mathurin Moreau a obtenu une médaille de 2ᵉ classe à l'Exposition universelle de 1855, une médaille de 1ʳᵉ classe au salon de 1859, le rappel de cette dernière en 1861 et 1863, une médaille de 2ᵉ classe à l'Exposition universelle de 1867, une médaille pour l'art à l'Exposition universelle de Vienne de 1873 et une médaille de 1ʳᵉ classe à l'Exposition de 1878. Il est chevalier de la Légion d'honneur depuis 1865.

MOREL, Joseph François Marie, homme politique français, né à Arras le 26 août 1844. Il venait d'être reçu licencié en droit au moment de la guerre de 1870, fut incorporé dans la légion des mobilisés du Nord et fit la campagne du Nord comme officier; il est aujourd'hui capitaine dans l'artillerie territoriale. Maire de la commune de Lallaing (Nord) depuis 1874, M. Joseph

Morel a été élu député de ce département sur la liste monarchiste le 4 octobre 1885.

MORLEY, John, publiciste et homme politique anglais, né à Blackburn (Lancastre) en 1838, fit ses études au collège de Cheltenham et à Oxford (collège Lincoln). Quelque temps rédacteur en chef de la *Literary Gazette*, dont le titre fut changé en celui de *Parthenon*, M. J. Morley est devenu rédacteur en chef de la *Fortnightly Review* en 1867. Aux élections générales de 1869, il s'est présenté comme candidat libéral à Blackburn, mais sans succès. Il échoua également à Westminster en 1880, mais fut élu à Newcastle-sur-Tyne, comme libéral avancé, en février 1883. — M. John Morley a publié : *Edmond Burke, étude historique (1867)*; *Mélanges critiques (1871)*; *Voltaire (1872)*; *Sur compromis (1874)*; *J. J. Rousseau (1876)*; *Diderot et les encyclopédistes (1878, 2 vol.)*; *Vie de Richard Cobden (1881)*, etc.

MORTILLET (de), Louis Laurent Gabriel, naturaliste, archéologue et homme politique français, né à Meylan (Isère) le 29 août 1821. Il fit ses études au collège des jésuites de Chambéry, vint ensuite à Paris et suivit plus spécialement les cours du Conservatoire des arts et métiers et ceux du Museum d'histoire naturelle. En même temps il collaborait à la *Revue indépendante*, dont il devint propriétaire en 1847. Lors de la tentative d'insurrection du 13 juin 1849, dont le quartier général était au Conservatoire des arts et métiers, c'est M. Gabriel de Mortillet, qui était attaché au laboratoire de M. Péligot, qui facilita l'évasion de Ledru-Rollin. Poursuivi, il se tint caché quelque temps. Il était de nouveau poursuivi peu après pour la publication d'un pamphlet socialiste, et condamné à deux ans de prison. Alors il se réfugia en Savoie et y occupa principalement ses loisirs à prêcher l'annexion à la France, ce que voyant, le gouvernement sarde le pria d'aller porter ailleurs sa propagande, et il passa en conséquence la frontière suisse. M. de Mortillet résida quelque temps à Genève, où il fut chargé du classement des collections du Musée d'histoire naturelle. En 1856, il quitta Genève pour aller prendre les fonctions d'ingénieur attaché à la construction des chemins de fer de l'Italie centrale. Entre temps, il se livrait à l'étude des glaciers des Alpes, et poursuivait ses études d'archéologie préhistorique commencées à l'époque des premières découvertes de cités lacustres en Suisse. Rentré en France en 1864, il créa presque aussitôt un recueil périodique intitulé *Matériaux pour l'histoire primitive et naturelle de l'homme*. Il s'occupa aussi dès lors de l'organisation de sociétés et de congrès d'anthropologie et d'archéologie préhistoriques, et devint membre, puis président de la Société d'anthropologie de Paris. Chargé de l'organisation de la section préhistorique de la galerie de l'histoire du travail, à l'Exposition universelle de 1867, M. de Mortillet fut attaché en 1868 au Musée des antiquités nationales installé au château de Saint-Germain, et dont il est devenu conservateur-adjoint. Pendant l'occupation prussienne, il réussit à sauvegarder les trésors archéologiques confiées à sa garde du vandalisme prussien. En 1875, il concourut, avec Broca, à la fondation de l'Ecole d'anthropologie de Paris, dont il devint professeur. Après l'Exposition universelle de 1878, où il y avait une exposition d'anthropologie dont l'École faisait presque tous les frais, M. G. de Mortillet fut décoré de la Légion d'honneur. — Ses travaux scientifiques n'empêchaient toutefois pas M. de Mortillet de s'occuper de politique. Il devenait successivement conseiller municipal, puis maire de Saint-Germain-en-Laye, fonctions dans lesquelles il a manifesté dans ces derniers temps un esprit peut-être un peu autoritaire, en s'engageant dans une voie où il vaut mieux ne pas aller trop loin, parce qu'elle tourne décidément un peu court, en des temps comme les nôtres. Enfin, aux élections d'octobre 1885, M. Gabriel de Mortillet, qui figurait sur la liste radicale, a été élu député de Seine-et-Oise au scrutin du 18. Il a pris place à l'extrême gauche et a voté l'expulsion totale des princes.
— M. de Mortillet, qui a collaboré activement à la *Revue archéologique*, au *Bulletin de la Société d'anthropologie*, à la *Revue scientifique*, etc., a publié à part, notamment : *Histoire des mollusques terrestres et d'eau douce de la Savoie et du bassin du Léman (1854)*; un *Guide de l'étranger en Savoie (1856)*; *Revue scientifique italienne (1862)*; une étude sur le *Signe de la croix avant le christianisme (1866)*; *Promenade au musée de Saint-Germain (1869)*; les *Potiers allobroges, ou les sigles figulins étudiés par les méthodes de l'histoire naturelle (1879)*, etc.

MOUCHEZ, Amédée Ernest Barthélemy, amiral français, directeur de l'Observatoire de Paris, est né le 24 août 1821. Elève de l'Ecole navale, il devint aspirant en 1839 et fut promu successivement enseigne en 1843, lieutenant de vaisseau en 1848, capitaine de vaisseau en 1868 et contre-amiral le 29 juin 1878. Chargé par le gouvernement de travaux d'hydrographie sur les côtes d'Algérie et sur celles de l'Amérique du Sud, M. Mouchez était envoyé à l'île Saint-Paul par l'Académie des sciences pour observer le passage de Vénus sur le soleil en décembre 1874. Peu après son retour, le 19 juillet 1875, il était élu membre de l'Académie des sciences, en remplacement de Mathieu, dans la section d'astronomie. Il avait été nommé membre du Bureau des longitudes en juin 1873. Enfin, M. Mouchez était nommé directeur de l'Observatoire de Paris le 26 juin 1878, trois jours avant sa promotion au grade de contre-amiral. — On doit à ce savant : *Recherches sur la longitude de la côte orientale de l'Amérique du Sud (1867)*; les *Côtes du Brésil, description et instructions nautiques (1869-76)*; *Rio de la Plata, description et instructions nautiques (1873)*, etc., publiés par le bureau du Dépôt des cartes et plans de la marine. — M. l'amiral Mouchez est commandeur de la Légion d'honneur depuis le 8 juillet 1875.

MOUCHY (duc de), Antoine Just Léon Marie de Noailles, prince-duc de Poix, homme politique français, grand d'Espagne de première classe, chevalier héréditaire de l'ordre de Malte, d'une des plus anciennes familles de France et fils d'un ancien sénateur du premier Empire, est né à Paris le 19 avril 1841. Propriétaire dans l'Oise, M. le duc de Mouchy y a fondé une société de protection pour l'enfance, placée alors sous le patronage de l'impératrice, et s'est surtout occupé de philanthropie. Marié en 1865 à la princesse Anna Murat, il fit partie de la commission impériale de l'Exposition universelle de 1867, et fut choisi, aux élections générales de 1869, comme candidat officiel dans la première circonscription de l'Oise, où il fut élu presque sans opposition. Dans la session de juillet, il signa l'interpellation des Cent-Seize. Rendu à la vie privée par la révolution du 4 Septembre, M. le duc de Mouchy se présentait à l'élection partielle du 8 novembre 1874, dans l'Oise; il fut élu à une très grande majorité et prit place au groupe de l'Appel au peuple. Aux élections générales du 20 février 1876, il fut élu député de la première circonscription de Beauvais, mais cette fois, à une assez faible majorité : 8,224 voix contre 7,184 obtenues par le candidat républicain. et ne fut pas réélu le 14 octobre 1877, ni le 21 août 1881. Aux élections du 4 octobre 1885, M. le duc de Mouchy a été élu député de l'Oise. Il est chevalier de la Légion d'honneur depuis 1867.

MOUKHTAR PACHA GHAZI, Achmet, muchir ou maréchal de l'empire ottoman, né à Brousse (Turquie d'Asie) en 1837. Après avoir terminé ses études à l'École militaire de Constantinople, il y fut quelque temps, mais peu, précepteur du fils aîné d'Abd-ul-Aziz, Youssouf-Izzeddin (voy. ce nom). Il entra ensuite dans l'état-major, et devint successivement *yusbachi* (capitaine) en 1860, *binbachi* (commandant) en 1862 et colonel en 1865. De 1860 à 1861, il fut détaché au Monténégro, et accompagna en 1867 le sultan dans son voyage en Europe et sa visite à l'Exposition universelle de Paris. Promu *liva* (général de brigade) dès la fin de 1868, Moukhtar Pacha, envoyé à l'armée de l'Yémen, y remplaçait presque en arrivant le général en chef, Rédif Pacha, tombé malade. Après avoir achevé l'insurrection, il était promu presque coup sur coup, en 1869, *férik* (général de division) et *muchir* (maréchal). Nommé alors *vali* ou gouverneur général de l'île de Crète, il fut depuis successivement gouverneur général ou commandant d'armée en Bulgarie, en Arménie et plus récemment en Herzégovine, fut renvoyé en Crète comme vali et peu après rappelé à Constantinople pour prendre part aux négociations de paix avec le Monténégro. Nommé commandant en chef du 4e corps d'armée et chargé de la défense de l'Arménie, dès le début de la guerre avec la Russie, Moukhtar Pacha s'est, en fin de compte, couvert de gloire dans cette mission. Le Sultan lui envoyait, le 2 octobre 1877, la plaque de l'Osmanié en diamants et le titre de *ghasi* (victorieux). — L'armée russe commandée par le grand-duc Michel, ou plutôt par le général Loris Melikoff, et supérieure en nombre de plus du double à celle de Moukhtar Pacha, faisait éprouver à celui-ci, les 14 et 15 octobre 1877, devant Kars, un échec sanglant, à la suite duquel ses communications étant coupées, il ne put que se replier en hâte sur Erzeroum. Rappelé à Constantinople, il fut nommé grand-maître de l'artillerie en avril 1878, puis commandant de Janina, et enfin gouverneur général de l'île de Crète (28 août), dont son caractère bienveillant et l'estime dont il jouit auprès des chrétiens comme des musulmans amena presque facilement la pacification rapide. Envoyé ensuite en Albanie, pour y assurer l'exécution de certaines clauses du traité de Berlin, que les Albanais repoussaient de toutes leurs forces, car il s'agissait d'augmenter à leurs dépens le territoire du Monténégro, il y fut reçu par des manifestations tellement hostiles que le bruit de son assassinat courut un moment. Il réussit finalement à accomplir sa mission, mission inique, il faut le dire, mais qu'il n'a pas la liberté de discuter (1879-80). En 1883, Moukhtar Pacha, avec le titre d'ambassadeur extraordinaire près l'empire d'Allemagne, suivait en Allemagne, les grandes manœuvres d'automne, et avait plusieurs entrevues avec le prince de Bismarck, dans lesquelles il fut supposé qu'il était question de l'admission éventuelle de la Turquie dans l'alliance austro-allemande. Plus récemment, Moukhtar Pacha a été envoyé par le sultan en Égypte, pour tâcher de mettre un terme au désordre général qui désole ce malheureux pays et le livre à l'étranger : il y est encore. — On doit à cet homme éminent un ouvrage d'astronomie : Fenni Bassite, ou la science du cadran solaire, pour la mesure du temps turc, dont l'importance sera comprise lorsqu'on saura que les Turcs mesurent le temps sur la marche du soleil, et que par conséquent l'heure varie tous les jours chez eux.

MOUNET-SULLY, Jean, acteur français, né à Bergerac le 27 février 1841, fit ses études au collège de sa ville natale et à Toulouse dans une institution particulière. Ce ne fut qu'en 1868 qu'il put vaincre la répugnance de sa famille pour la carrière dramatique et entrer au Conservatoire de Paris dans la classe de Bressant. Après avoir remporté, la même année, un prix de comédie et le premier accessit de tragédie, il était engagé à l'Odéon où son passage fut peu remarqué. La guerre venue, M. Mounet-Sully fit partie de l'armée de la Loire comme officier de mobiles, et ne revint à Paris qu'après la Commune. Après une tournée en province avec Mlle Agar, il se représenta à l'Odéon ; mais les offres qu'on lui fit le découragèrent complètement ; il les refusa et n'aurait peut-être plus fait aucune tentative pour rentrer dans la carrière sans l'intervention de Bressant, grâce à l'appui duquel il fut engagé au Théâtre-Français et débuta dans le rôle d'Oreste d'*Andromaque*, le 4 juillet 1872, avec succès. Il parut ensuite dans *Britannicus*, *Phèdre*, *Zaïre*, *Marion Delorme*, etc., etc., avec un succès qui ne s'est plus démenti, qui au contraire n'a fait que s'affirmer. Parmi les quelques créations heureuses qu'il put faire dans un temps si court, nous citerons : Jean, dans *Jean de Thommeray (1873)* ; Gérald, dans la *Fille de Roland (1875)* ; Gérard, dans l'*Étrangère* ; Vestapor, dans *Rome vaincue (1876)* ; *Hernani*, etc. — M. Mounet-Sully a été élu sociétaire de la Comédie française en 1874.

MOURAD V, Mehemet, ex-sultan ou empereur des Turcs, né le 21 septembre 1844, est le fils aîné d'Abd-ul-Medjid et le neveu du précédent padishah, Abd-ul-Azis, dont il aurait été, en même temps, l'héritier présomptif, si ce dernier n'avait jugé à propos de changer l'ordre de succession établi par la loi ottomane et de substituer son fils à son neveu. Mourad-Effendi, pour n'être plus héritier du trône, n'en était pas moins tenu dans un isolement énervant. Il avait pu toutefois, grâce aux soins de son père, acquérir une instruction assez étendue ; il parle dit-on, plusieurs langues, au moins le français, l'anglais et l'italien, outre le turc et l'arabe, et possède une bonne instruction. L'ardeur de la jeunesse poussait Mourad-Effendi à échapper par tous les moyens à l'étouffement du sérail. On a raconté qu'il avait sollicité de Napoléon III un grade dans l'armée française, où il n'aurait pas manqué de faire de l'effet, quoiqu'on le dise bon soldat. Cette satisfaction ne put lui être accordée. Le 30 mai 1876, Mourad-Effendi était proclamé sultan par les *softas* et les principaux membres du ministère, qui venaient d'arracher son abdication à Abd-ul-Azis. Mais l'ombre dans laquelle il avait vécu planait toujours sur son esprit, du moins il faut le croire, la rumeur publique, après s'être fait l'écho des réjouissances officielles, des expressions bruyamment exprimées, après avoir répété sur tous les tons l'énumération complaisante des talents et des vertus du nouveau padishah, commença bientôt à parler de la mauvaise santé, de la faiblesse d'esprit de Mourad V. Enfin, au bout de trois mois de règne, le successeur d'Abd-ul-Azis était à son tour déposé, remplacé par son frère Abd-ul-Hamid II, et voici en quels termes l'ambassade ottomane à Paris communiquait cette nouvelle aux journaux :

« Constantinople, 31 août, 1 h., soir.

» La cruelle maladie dont le sultan Mourad-Khan a été atteint dès le dixième jour de son avènement au trône et qui n'a fait que s'aggraver depuis, l'aya..t mis dans l'impossibilité manifeste de tenir plus longtemps les rênes de l'empire, S. M. le sultan Hamid II, héritier présomptif du trône impérial, a été proclamé empereur de Turquie, en vertu du *fetva* rendu par S. A. le cheikh-ul-islam, et conformément aux lois qui règlent l'exercice de la souveraineté dans l'empire »

On n'en a plus entendu parler depuis.

MULLER, Charles Louis, peintre français, né à Paris le 27 décembre 1815, entra à l'École des Beaux-Arts en 1832 et suivit les ateliers de Gros et de Léon Cogniet. M. Charles Müller, qui s'est fait dans la peinture historique une très grande réputation, s'est livré également avec succès à la peinture de genre ; il a débuté au Salon de 1833. — On cite dans cet artiste : *Éloïne et Edwig (1833)* ; une *Taverne (1836)* ; le *Lendemain de Noël (1837)* ; le *Martyre de saint Barthélemy (1838)* ; l'*Assassinat du duc de Bretagne*, *Diogène cherchant un homme*, *Saint Jérôme en extase (1839)* ; *Sultan emportant Jésus sur la montagne*, le *Massacre des Innocents (1840)* ; une *Fête d'Heliogabale*, les *Centaures et les Lapithes (1841)* ; *Entrée de Jésus à Jérusalem (1844)* ; le *Sylphe endormi*, *Fanny Puck (1845)* ; *Primavera (1846)* ; la *Ronde de mai*, la *Folie d'Haydée (1848)* ; l'*Appel des victimes de la Terreur (1850)* ; *Vive l'empereur !* et la toile précédente, qui ont suffi à illustrer le nom de l'auteur (1855, Expos. univ.) ; la *Reine Marie-Antoinette à la Conciergerie* et l'*Arrivée de la reine d'Angleterre à Saint-Cloud (1857)* ; *Proscription des jeunes Irlandaises catholiques en 1655 (1859)* ; *Madame Mère*, *Léda (1864)* ; le *Jeu*, une *Messe sous la Terreur (1863)* ; *Tête de mendiante*, dessin (1856) ; la *Captivité de Galilée*, *il Penseroso (1867)* ; *Desdemona*, un *Écolier (1868)* ; *Lanjuinais à la tribune (1869)*, etc. Après un assez long silence, M. Ch. Müller a reparu à quelques Salons avec : *Démence du roi Lear*, *Attente* et *Un instant seul (1875)* ; *Mort d'un Gitano (1876)* ; *Mater Dolorosa* et *Thomas Diafoirus (1877)* ; la *Déesse Raison (1883)*, etc. — On lui doit, en outre, les travaux décoratifs de la salle des États, au Louvre, ceux de la coupole du pavillon Denon, etc. — M. Charles Müller a obtenu une médaille de 3e classe en 1838, une de 2e classe en 1846, une de 1re classe en 1848 et une autre en 1855. Chevalier de la Légion d'honneur depuis 1849, il a été promu officier de l'ordre en 1859. Il a été élu membre de l'Académie des Beaux-Arts, en remplacement d'Hippolyte Flandrin, en 1864.

MULLER, Friedrich Max, orientaliste allemand, fils du poète Wilhelm Müller, est né à Dessau le 6 décembre 1823, fit ses études à l'université de Leipzig, où il prit ses grades en 1843, puis se livra tout entier à l'étude du sanscrit sous la direction du professeur Brockhaus, et publia dès 1844, à Leipzig, un recueil de fables sanscrites intitulé : *Hitopadesa*. Il se rendit ensuite à Berlin pour y suivre les cours de Bopp et de Schelling et y étudier les manuscrits sanscrits, et, l'année suivante, partit pour Paris, afin de compléter son instruction sous la direction d'Eugène Burnouf, lequel lui donna des conseils et de précieuses indications pour préparer son édition du *Rig-Veda* et les commentaires du *Sayanâcârya*. Après avoir achevé la copie et le collationnement des manuscrits de la Bibliothèque royale, M. Müller se rendit en Angleterre, en juin 1846, pour en faire autant des manuscrits appartenant au Musée des Indes orientales et à la Bibliothèque bodléienne, d'Oxford. Il était sur le point de s'en retourner en Allemagne lorsque, ayant fait la connaissance du chevalier de Bunsen, alors ambassadeur de Prusse à Londres, celui-ci l'engagea vivement à y demeurer ; et, grâce à son appui et à celui du professeur Wilson, M. Müller obtint de la Compagnie des Indes orientales qu'elle se chargerait des dépenses de son édition du *Rig-Veda*. En 1848, il s'établit à Oxford, où son ouvrage devait être imprimé, et le premier volume, de mille pages in-4°, parut en effet dès 1849. Invité par l'université d'Oxford à faire des cours de philologie comparée, comme professeur-adjoint, en 1850, il devint titulaire de cette chaire en 1854, sans parler des honneurs académiques qui lui furent en même temps décernés, et administrateur de la Bibliothèque bodléienne en 1856. Candidat à la chaire de sanscrit de l'université d'Oxford en 1860, il échoua contre une coalition des partis théologiques. En 1868, l'université ayant fondé une nouvelle chaire de philologie comparée, M. Max Müller en fut désigné, dans les statuts de fondation même, comme le premier titulaire. Il a résigné cette chaire en décembre 1875 ; mais l'université le retint, lui nomma un suppléant et le chargea de la traduction des *Livres sacrés de l'Orient*. Une première série de ces ouvrages, comprenant 22 vol., était publiée en 1881, et M. Max Müller en abordait la seconde série en 1883. Membre de l'Académie de Munich depuis 1852, il a été élu correspondant de l'Institut de France (Académie des Inscriptions et Belles-Lettres) en 1858 et associé étranger en 1869. Il est aussi membre d'un grand nombre d'autres corps savants et chevalier de l'Ordre du Mérite de Prusse. — Outre l'*Hitopadesa*, déjà cité, M. Max Müller a publié : *Meghadûta*, élégie indienne de Kalidâsa, avec des notes (Kœnigsberg, 1848); *Essai sur le bengali et ses rapports avec les langues aryennes*, dans les Transactions de l'Association britannique indienne (même année); *De la philologie comparée des langues indo-européennes*, etc. (1849), mémoire qui a obtenu le prix Volney; *Essai sur la Logique indienne, dans les « Lois de la pensée » de Thompson (1853); Propositions pour un alphabet uniforme des missions, et Suggestions sur l'érudition et les langues du siège de la guerre en Orient*, avec une carte linguistique (1854); *Lettre au chevalier de Bunsen, sur la classification des langues touraniennes dans son ouvrage : « le Christianisme et l'humanité » (1855); les Hymnes du Rig-Veda*, avec le texte et la traduction du *Prâtiçâkhya*, ouvrage ancien sur la grammaire et la prononciation sanscrites (Leipzig, 1856-57), l'édition d'Oxford de cet ouvrage était à peine terminée (1849-54-56, 3 vol. in-4°) que celle de Leipzig paraissait, enrichie de l'appendice important dont nous avons parlé; le *Bouddhisme et les pèlerins bouddhistes (1857); les Classiques allemands du IV° au XIX° siècle, et Essai de mythologie comparée (1859); Histoire de la littérature sanscrite ancienne (1860*, 2° édit.); *Lectures sur la science du langage (1860-63*, 8° édit., 1875); *Grammaire sanscrite pour les commençants (1860*, 2° édit., 1870); *Copeaux tirés d'un atelier allemand* (Chips from a German Workshop), recueil d'Essais, divisé en trois parties : *Essais sur la science de la religion; Essais sur la mythologie, les traditions et les coutumes; Essais de littérature, de biographie et d'archéologie*, la plupart parus isolément dans les années précédentes (1868-70, 3 vol.); un choix en a été publié, en 1880, sous ce titre : *Selected Essays*, en 1882; les *Hymnes aux Maruts ou dieux de la tempête*, premier volume de sa traduction anglaise du *Rig-Veda*, parurent en 1869; en 1873, il publiait son édition des lectures en 1874, le 6° et dernier volume de sa grande édition du *Rig-Veda* avec les commentaires du *Sâyanâcârya*. — M. Max Müller a collaboré, en outre, à diverses publications académiques, aux *Revues d'Edimbourg* et *Trimestrielle* (Quarterly), au *Times*, et à beaucoup d'autres publications littéraires ou savantes de l'Angleterre, de la France et de l'Allemagne. Il a fait en décembre 1873, sur l'invitation du doyen Stanley, une intéressante conférence sur les *Religions de l'univers*, à l'abbaye de Westminster.

A partir de l'année 1879, le professeur Max Müller s'est surtout dévoué à l'éducation de plusieurs prêtres bouddhistes qui lui ont été envoyés du Japon pour apprendre le sanscrit, et qu'il est même venu présenter à l'Académie de Paris; ce qui le conduisit à apprendre qu'il existait au Japon des manuscrits sanscrits de la plus haute antiquité, à l'aide desquels il fut en état de publier divers textes bouddhistes, tels que le *Sukhâvativyûha*, dans le *Journal de la Société asiatique* (1880) et le *Vagrakkhedikâ* dans les *Anecdota oxoniensia (1881)*, tandis qu'un de ses disciples, M. Bunyiu Nanjio dressait un catalogue complet du *Tripitaka* bouddhiste, le canon sacré des bouddhistes chinois et japonais (1883). M. Max Müller a encore publié dans ces derniers temps : une édition de la *Correspondance de Schiller avec le prince Frédéric Christian de Schleswig (1875)*; une étude biographique sur *J.-B. Basedow*, son arrière grand-père (1877) et une nouvelle traduction de la *Critique de la raison pure* de Kant (1884).

MULLER, Eugène, littérateur français, né le 31 juillet 1826 à Vernaison, petit village du Lyonnais, où son père, élève de Redouté, était dessinateur dans une manufacture d'indiennes. Rien ne faisait prévoir qu'il dût suivre un jour la carrière des lettres, car, outre qu'il ne fréquenta guère les classes après sa onzième année, il embrassa la profession paternelle, qu'il exerça, pour ainsi dire, jusqu'au jour de ses débuts littéraires, qui furent relativement tardifs. Relativement, disons-nous, car si, dès l'âge de seize ans, encouragé, soutenu par sa mère, femme d'une intelligence remarquable, il écrivait et rima, ce ne fut que douze ou treize ans plus tard, que, après avoir fait seul ses études classiques, il vint à Paris tenter la publicité par des vers, des comédies, des drames, dont aucun d'ailleurs ne principal voir le jour. Il collabora d'abord à plusieurs petites feuilles fantaisistes, qui laissaient son nom dans l'obscurité, quand l'attention fut attirée sur lui par la publication d'un simple récit villageois intitulé : la *Mionette*, qui fut un des événements littéraires de l'année 1858, et dont le succès n'a pas été épuisé par les nombreuses éditions ou reproductions qui en ont été faites depuis. Les grands journaux et les revues ayant dès lors recherché sa collaboration, il donna plusieurs autres romans fort bien accueillis. Il prenait place en même temps parmi les écrivains spéciaux, en publiant, dans les journaux et collections destinés à la jeunesse de nombreux articles de vulgarisation scientifique et industrielle, et plusieurs livres très goûtés. Après avoir été, pendant plusieurs années, chroniqueur scientifique du *Monde illustré*, il devint rédacteur en chef de la *Mosaïque*, puis du *Musée des familles*. Il est collaborateur assidu du *Journal de la jeunesse*, où il écrit souvent sous le pseudonyme de « Oncle Anselme », du *Magasin d'éducation et de récréation*, du *Journal des demoiselles*, etc. — Il a fait jouer en 1860, au théâtre du Vaudeville, une comédie rustique, le *Trésor de Blaise*, qui a eu une cinquantaine de représentations. En 1873, il a obtenu des prix Montyon de l'Académie française pour un recueil de nouvelles, les *Récits champêtres*. Elu membre du comité de la Société des gens de lettres en 1860, il a été vice-président de cette Société en 1870 et président en 1873. Il est devenu, en décembre 1884, conservateur, chargé de la comptabilité, à la bibliothèque de l'Arsenal, délégué cantonal pour l'instruction primaire, et secrétaire de la caisse des écoles du XIII° arrondissement. Il a été nommé officier d'Académie en janvier 1876, et chevalier de la Légion d'honneur le 15 janvier 1879. — Les principaux ouvrages de M. E. Muller sont : la *Mionette (1858)*; *Véronique*, M™° *Claude (1860)*; *Récits enfantins (1861)*; *Contes rustiques (1862)*; *Jeunesse des hommes célèbres (1863)*; *Pierre et Mariette*, la *Driette (1865)*; les *Filles du sonneur, Jacques Moutier (1866)*; l'*Héritage de Jean Rémy*, la *Boutique du marchand de nouveautés*, le *Chef-d'œuvre du père Victor (1867)*; les *Mémoires d'un franc-tireur (1871)*; *Robinsonette (1873)*; *Jacques Brunon (1875)*; les *Femmes d'après les auteurs français, Morale en action par l'histoire (1876)*; la *Forêt (1877)*; un *Français en Sibérie (1878)*; le *Géant et l'oiseau (1880)*; *Entretiens de science familière*; *Niselle*, souvenirs d'un orphelin (1886); des *Lettres sur la botanique*, sur l'*Origine des professions industrielles*, etc.

MULOCK, Miss Dinah Maria, femme de lettres anglaise, veuve du littérateur anglais George Lillie Craik, est née en 1826 à Stoke-sur-Trent, dans le comté de Stafford. Miss Mulock s'est livrée de bonne heure à la littérature d'imagination et s'y est rapidement acquis une réputation populaire. Elle a publié : les *Ogilvies (1849)*; *Olive (1850)*, le *Chef de la famille*, tableau de la vie bourgeoise en Ecosse, de 1852; le *Mari d'Agathe (1853)*; *John Halifax, gentleman (1857)*; *Vie pour vie (1859)*, l'*Erreur d'un chrétien (1860)*; *Deux mariages (1863)*; *Noble existence (1866)*, la *Mauvaise parole, et autres histoires (1869)*, la *Belle France, impressions d'un voyageur (1870)*, l'*Eclat modeste d'un jour de fête*, *scènes de la vie (1871)*; *Hannah* (même année, 2 vol.); les *Aventures d'un lutin (1872)*; *Ma mère et moi (1884)*, le *Petit prince boiteux et son manteau de voyage, Sermons hors de l'église (1875)*; *Un Testament, ou vie et mort de John Martin, maître d'école et poète (1878*, 2 vol.), la *Libre parole (1882)*, etc. Elle a publié, en outre, une assez nombreuse collection d'œuvres fugitives, telles que ; *Contes romantiques, Contes domestiques, Rien de nouveau, Etudes d'après nature, Pensées d'une femme pour les femmes*, un volume de *Poésies*, des livres destinés à la jeunesse, notamment : *Comment on se fait aimer, ou la leçon de Rhoda*; *Cola Monti, ou l'histoire d'un génie*; un *Héros, ou le livre de Philippe*; *Little Lychetts*, *Notre année*, le *Pain et l'eau*, etc. — En 1864, miss Mulock obtenait une pension littéraire annuelle de 1,500 francs. L'année suivante, elle épousait George Lillie Craik, qui mourut au mois de juin 1866. Les ouvrages de miss Mulock, depuis 1857, ont été signés *l'auteur de John Halifax*.

MUN (comte de), Albert, homme politique français, né à Lumigny (S.-et-M.) le 28 février 1841. Officier de cuirassiers, M. de Mun trouva l'emploi de ses loisirs dans la création de nombreux « cercles catholiques d'ouvriers » et fit, au profit de l'œuvre, des conférences ultracléricales dont le retentissement le contraignit bientôt à donner sa démission. Elu député de Pontivy, au scrutin de ballottage du 4 mars 1876, après une lutte d'autant plus acharnée que le clergé lui-même était aux prises (le principal concurrent de M. de Mun étant l'abbé Cadoret, chanoine de Saint-Denis), et dans laquelle intervinrent l'évêque de Vannes, l'archevêque de Paris et jusqu'au pape, la Chambre décida qu'une enquête aurait lieu sur cette élection, qu'elle annula, lorsqu'elle fut pleinement éclairée. M. le comte de Mun fut réélu le 27 août 1876 et admis le 15 décembre suivant. Réélu, le 14 octobre 1877, dans des conditions analogues, son élection fut de nouveau l'objet d'une enquête, puis annulée le 6 décembre 1878, le 3 février 1879, il se représentait devant les électeurs, mais il échouait. Il était élu de nouveau, le 21 août 1881, dans la 2ᵉ circonscription de Pontivy, nouvellement établie, et reprenait sa place à l'extrême-droite. M. le comte de Mun a été élu député du Morbihan le 4 octobre 1885. — Il est assez piquant de rappeler que M. de Mun est l'arrière-petit-fils d'Helvétius.

MUNIER, Louis Auguste, homme politique français, né à Gex le 21 novembre 1821. Ancien avoué à Lyon, premier adjoint au maire, il a été élu sénateur du Rhône au renouvellement du 8 janvier 1882, comme candidat républicain. M. Munier a voté la loi portant expulsion des princes prétendants.

MUNIER, Marie Charles Louis, homme politique français, né Pont-à-Mousson le 17 mai 1837. Ancien notaire, adjoint au maire de sa ville natale depuis 1871, M. Munier a été élu député de Meurthe-et-Moselle, comme candidat républicain, le 4 octobre 1885. Il a voté l'expulsion des princes.

MUNKACSY, Mihaly (Michel), peintre hongrois, né en 1844 à Munkacs. Fils de parents tombés victimes de l'intervention russe, lors de la révolution de 1849, il était orphelin à cinq ans, et commença la vie comme apprenti emballeur à Pesth, maniant dès lors le pinceau pour illustrer les caisses d'emballage des initiales et signes conventionnels des destinataires, et ne laissant pourtant pas de manifester à l'occasion ses dispositions extraordinaires pour la peinture. Il avait près de dix-neuf ans, lorsqu'il réussit enfin à obtenir quelques leçons de Ligeti, paysagiste distingué. Il partit peu après pour Vienne, où il fréquenta l'Académie des beaux-arts, puis résida tour à tour à Munich et à Düsseldorf. Il exposa à l'Académie de Düsseldorf, en 1868 et 1869 : *Pâques*, l'*Enrôlement* et la *Fiancée*, toiles qui commencèrent à attirer l'attention sur lui. Venu ensuite à Paris, il exposait au salon de 1870 son *Dernier jour d'un condamné*, qui établit sa réputation et a été popularisé par la gravure. Il a exposé depuis : *Épisode de la guerre de Hongrie en 1848*, femmes faisant de la charpie en écoutant le récit d'un blessé (1873), le *Mont de piété* et les *Rôdeurs de nuit (1874)*, le *Héros du village*, en Hongrie (1875), *Intérieur d'atelier (1876)*, le *Récit de chasse (1877)*; *Milton aveugle dictant le « Paradis perdu » à ses filles*, les *Recrues hongroises (1878)*. — Il a obtenu une médaille au salon de 1870, une médaille de 2ᵉ classe à celui de 1874 et une médaille d'honneur à l'Exposition universelle de 1878; nommé chevalier de la Légion d'honneur en 1877, il a été promu officier en 1878. Depuis lors, M. Munkacsy n'a plus paru qu'à des expositions particulières, à Paris et à Vienne principalement, avec un succès toujours grandissant. Son *Christ au tombeau*, promené pendant plusieurs années d'exposition en exposition, a été surtout très remarqué.

MURAT (comte), Joachim Joseph André, homme politique français, fils d'un ancien député et petit-fils du frère aîné du roi de Naples, est né à Paris le 12 décembre 1828. Entré de bonne heure dans la diplomatie, il fut successivement attaché à la légation de Florence en 1849 et à celle de Stockholm en 1850, puis chargé d'affaires dans la première de ces villes en 1852 et dans la seconde année suivante. Il faisait partie, en 1856, de l'ambassade de M. de Morny qui assista au couronnement du czar Alexandre II à Moscou. En 1854, M. le comte Murat était élu, comme candidat officiel, député de la première circonscription du Lot, à l'élection partielle nécessitée par la mort de M. Lafon de Caix, il était nommé la même année membre du Conseil général du Lot. Réélu député au Corps législatif à chaque renouvellement, il y fut d'abord secrétaire, puis secrétaire élu de 1863 à 1865, époque où il exerça ses fonctions. Il y prit la parole à des intervalles assez éloignés, mais toujours dans d'importantes discussions, surtout celles relatives aux chemins de fer. Dans la courte session de juillet 1869, M. le comte Murat a signé la demande d'interpellation des Cent-Seize, il a fait partie, en 1870, de la commission extra-parlementaire de décentralisation présidée par Odilon Barrot. Membre du Conseil général du Lot, dont il a été secrétaire et vice-président sous l'Empire, depuis 1854, il a été maire de La Bastide-Murat de 1861 à 1870. — Aux élections générales de 1871, M. le comte Murat, qui avait formellement décliné toute candidature et dont le nom ne figurait sur aucune liste, fut néanmoins élu représentant du Lot, le dernier sur six; il siégea parmi les représentants bonapartistes, et protesta contre le vote de déchéance de la dynastie impériale. Aux élections de 1876, il fut élu député par la 1ʳᵉ circonscription de Cahors, contre M. Thiers, dont la candidature ne paraît pas d'ailleurs avoir été sérieusement posée. Il prit place au groupe de l'Appel au peuple, et fut réélu le 14 octobre 1877 et le 21 août 1881. Aux élections du 4 octobre 1885, M. le comte Murat a été élu député du Lot en tête de la liste monarchiste. — M. le comte Joachim Murat a publié: le *Couronnement de l'empereur Alexandre, souvenirs de l'ambassade de France (1856)*. Il est, en outre, l'auteur de plusieurs proverbes joués en société par des artistes du Théâtre-Français. Officier de l'instruction publique, décoré de divers ordres étrangers, il est officier de la Légion d'honneur depuis 1862.

MUSURUS-PACHA, Constantin, diplomate ottoman, né à Constantinople le 18 février 1807. Son père, Paul Musurus, était natif de Retimo, dans l'île de Crète, et descendait d'une ancienne famille patricienne. Constantin fit à Constantinople des études excellentes de littérature grecque et romaine, de langues modernes et de sciences. Secrétaire du prince de Samos, Stefanaki Vogorides, en 1832, il accompagnait l'année suivante les commissaires français, anglais et russe, chargés d'exhorter les habitants de Samos à faire leur soumission à la Porte. Cette démarche ayant échoué, Musurus entreprit la pacification de l'île en 1834, et y réussit fort bien sans moyens violents; il organisa l'administration intérieure sur des bases libérales et gouverna le pays pendant quatre ans à la satisfaction de la population. A son retour à Constantinople, il épousa la princesse Anne, seconde fille du prince Vogorides, née en 1819, laquelle frappée subitement d'une attaque de maladie de cœur, au bal donné dans les salons du Foreign Office, à Londres, le 19 juillet 1867, mourait la nuit même. — En 1840, Musurus fut envoyé à Athènes par la Porte, comme plénipotentiaire; sa mission eut pour dénouement la rupture des négociations entre les deux pays et une tentative d'assassinat sur la personne du diplomate ottoman, mais aussi, en fin de compte, le triomphe de la politique turque. A la fin de 1848, il était rappelé d'Athènes, où il avait été renvoyé en 1847, et nommé ministre à Vienne. Il y fit preuve d'une grande habileté diplomatique, surtout dans la délicate question des réfugiés hongrois qui avaient pris part à la récente insurrection et dont le gouvernement autrichien réclamait l'extradition. Sa réputation s'en accrut considérablement, bien qu'il soit juste de dire que l'opposition de la France et de l'Angleterre aux prétentions de l'Autriche appuyées sur la Russie, l'aida beaucoup en triompher. Nommé envoyé extraordinaire et ministre plénipotentiaire à Londres en 1851, il y était élevé au rang d'ambassadeur le 30 janvier 1856; et à celui de *muchir*, avec le titre de pacha, lors de la visite faite à Londres par le sultan Abd-ul-Azis, en juillet 1867. Maintenu dans ses fonctions d'ambassadeur à Londres par Mourad et Abd-ul-Hamid, ce serait sur une de ses dépêches au ministre des affaires étrangères, que le gouvernement ottoman aurait repoussé le protocole des puissances rédigé après la fameuse conférence de Constantinople (avril 1877). Cette attitude de la Porte a, comme on sait, déterminé la Russie à lui déclarer la guerre. Musurus-Pacha a été nommé membre du premier sénat ottoman, en mars 1877. Il est décoré des ordres du Medjidié et de l'Osmanié de première classe, et haut dignitaire de divers ordres étrangers. — On doit à Musurus-Pacha quelques travaux littéraires, notamment une traduction de l'*Inferno* de Dante, en grec moderne, dont on annonçait la publication à Londres en 1882.

N

NADAR, Félix Tournachon (dit), artiste, littérateur et aéronaute français, né à Paris le 5 avril 1820, fit ses études au collège de Versailles et au lycée Bourbon, puis alla commencer à l'école secondaire de Lyon, berceau de sa famille, l'étude de la médecine ; mais il travailla surtout pour la petite presse lyonnaise et revint à Paris en 1842, dans le but évident d'y poursuivre ce genre de travail. Il collabora à la *Vogue*, au *Négociateur*, à l'*Audience* (le seul journal judiciaire paraissant le lundi !), signant déjà du pseudonyme de *Nadar* ; devint en 1844 secrétaire de M. Ch. de Lesseps, rédacteur en chef du *Commerce* et l'année suivante secrétaire du député d'Elbeuf, Victor Grandin. Doué à la fois d'un véritable talent de dessinateur et d'un esprit quelque peu goguenard qu'il alla promener en Prusse, en 1848, il fut interné à Eisleben pendant près d'un mois, ayant, à ce qu'il semble, fait tout son possible pour faire croire aux autorités prussiennes qu'il était une sorte d'espion activement occupé à lever des plans. De retour à Paris, il fondait en 1849 la *Revue comique*. Il était déjà collaborateur, par la plume et le crayon, du *Corsaire*, du *Charivari*, du *Journal pour rire*, etc. En 1852, M. Nadar fondait rue Saint-Lazare un atelier de photographie qu'il exploita d'abord avec son frère, lui céda, lui reprit en lui faisant interdire par jugement l'usage du pseudonyme *Nadard jeune* dont il avait pris l'habitude (1856) et transporta successivement boulevard des Capucines et en dernier lieu (1872), rue d'Anjou. M. Nadar s'est en outre beaucoup occupé, et d'une manière très active, de navigation aérienne. Il fit des conférences pour démontrer l'excellence de la théorie du « plus lourd que l'air » et résolut de faire des ascensions publiques à l'aide d'un ballon de proportions énormes, afin de frapper l'imagination des spectateurs et de tâcher d'obtenir d'eux les fonds nécessaires à la construction de l'appareil à hélice qu'il méditait. On n'a pas oublié les quatre ascensions du *Géant (1863-64-65)* dont l'une, celle du 18 octobre 1863, fut suivie d'une descente en Hanovre extrêmement périlleuse. En somme, la tentative n'eut aucune réussite ; loin de recueillir l'argent dont il avait besoin, M. Nadar en perdit du sien, et l'aventure se dénoua par un procès avec ses associés, MM. Godard frères. Pendant le siège de Paris, M. Nadar commanda la compagnie d'aérostiers de la place Saint-Pierre de Montmartre, occupée surtout d'observer les mouvements de l'ennemi, de la nacelle d'un ballon captif. — M. Nadar a publié : à *Robe de Déjanire (1841)* ; *Nadar-Jury au Salon*, album comique (1853), la première feuille d'une grande galerie des célébrités contemporaines, annoncée comme devant en avoir quatre, et qui eut un très grand succès sous le nom de *Panthéon Nadar (1854)* ; *Quand j'étais étudiant*, nouvelles (1857) ; *Nadar-Jury au Salon de 1857* ; le *Miroir aux alouettes*, nouvelles (1858) ; *Mémoires du Géant* ; *A Terre et en l'air (1864)* ; le *Droit au vol (1865)* ; les *Ballons en 1870 (1871)*. Il a fait jouer deux pantomimes : *Pierrot ministre*, aux Funambules (1847) et *Pierrot boursier*, aux Folies-Nouvelles (1854), etc.

NADAUD, Martin, homme politique français, né à la Martineche, près de Bourganeuf, le 17 novembre 1815, d'une famille de laboureurs dont le chef faisait à Paris le métier plus lucratif de maçon. Après avoir aidé sa mère aux travaux des champs, le jeune Martin, à peine âgé de 14 ans (mars 1830), accompagnait son père à Paris pour y exercer l'humble métier de manœuvre. Bien qu'il sut à peine lire et écrire, son intelligence était très développée, il devint promptement de manœuvre compagnon et était chef de chantier avant d'avoir atteint sa vingtième année. En 1834, il fut amené par ses relations de chantier à faire partie de la Société des Droits de l'homme ; cette affiliation eut pour effet de le mettre en rapports avec la jeunesse démocratique intelligente et instruite et de lui faire sentir tout ce qui l'en séparait réellement. Dès ce moment, il suivit avec ardeur les cours gratuits, employa tous ses loisirs à la lecture et, à partir de 1838, en consacra une partie à l'instruction de ses compatriotes, ignorants comme il l'avait été. Attiré naturellement vers l'étude des questions sociales, M. Martin Nadaud devint un des plus fervents disciples de Cabet. Les préoccupations de sa propre culture intellectuelle ne le détournaient pas des devoirs de sa profession, qu'il remplit toujours scrupuleusement, et lorsqu'éclata la révolution de Février, il était chargé de conduire les travaux de la mairie du Panthéon. Il présida le club des enfants de la Creuse et, en 1849, fut élu représentant de son département à l'Assemblée législative. Il ne fallait rien de moins pour le décider à abandonner le chantier. M. M. Nadaud siégea dans les rangs des démocrates socialistes, déposa plusieurs propositions en faveur des associations ouvrières, réclama la continuation de divers travaux importants, ainsi que des modifications législatives qui n'avaient aucune chance d'être accueillies, bien que plusieurs d'entre elles n'aient pas attendu la troisième république pour être exécutées sans faire trembler le monde sur ses bases. Arrêté après le coup d'Etat, M. Martin Nadaud fut expulsé de France. On le conduisit à la frontière belge, mais il préféra se réfugier en Angleterre, où il reprit bravement la truelle. Après avoir vécu pendant quatre années de son dur métier de maçon, M. Nadaud tomba malade ; lorsqu'il fut rétabli, quelques-uns de ses compagnons d'exil en Angleterre, de le faire, Louis Blanc notamment, lui firent obtenir une place de professeur de langue française dans une institution de Brighton, d'où il passa en 1858 à l'École militaire de Wimbledon, où il était encore lorsqu'erlata la révolution du 4 Septembre. Il avait refusé, aux élections générales de l'année précédente, la candidature que lui offraient ses compatriotes de la Creuse, parce qu'il s'agissait de serment à prêter ; mais il ne crut pas devoir refuser la préfecture de la Creuse, que lui offrait un ministre républicain, Gambetta. Il donna sa démission quand celui-ci se retira du pouvoir et se présenta aux élections du 8 février 1871 dans son département, mais il échoua, avec 10,500 voix. Rentré à Paris, il fut élu le 23 juillet membre du Conseil municipal de cette ville, pour le quartier du Père Lachaise (XX⁰ arrondissement), et réélu aux élections générales du 29 novembre 1874. — Le 20 février 1876, il était élu député de l'arrondissement de Bourganeuf, par 4,053 voix contre 3,768 partagées entre ses deux concurrents, constitutionnel et bonapartiste, et fut élu questeur peu après la rentrée. Réélu le 14 octobre 1877 et le 21 août 1881, M. Martin Nadaud était élu député de la Creuse en tête de la liste républicaine, le 4 octobre 1885, et le 11 juin 1886, l'expulsion totale des princes. Il a été constamment maintenu dans les fonctions de questeur de la Chambre des députés. M. Martin Nadaud a collaboré, au *Réveil (1860-70)*, au *Rappel (1871)* et depuis à la *République française* ; il a publié une *Histoire des classes ouvrières en Angleterre (1872)* et un *Traité des sociétés coopératives (1873)*, l'un et l'autre très estimés.

NADAUD, Gustave, poète et musicien français, né à Roubaix le 20 février 1820, d'une famille de commerçants, fit ses études à Paris, au collège Rollin, puis retourna dans sa famille et aborda la carrière commerciale à laquelle il était destiné, bien qu'il n'y eût aucun goût. En 1840, il revenait à Paris avec ses parents, qui fondaient, place des Victoires, une maison pour la vente des tissus à la tête de laquelle ils le placèrent. Mais la crise qui suivit la révolution de 1848 le décida à abandonner tout à fait le commerce pour se consacrer à ses goûts, si différents. Les chansons qu'il composait depuis longtemps, et qu'il chantait dans des cercles d'amis, avaient eu, publiées en volume, un très vif succès, qui fut sans doute pour beaucoup dans cette détermination, car la critique n'avait pas hésité à le placer du coup au premier rang de nos meilleurs chansonniers. M. Gustave

Nadaud a publié successivement une quantité presque innombrable de chansons, dont aucune n'est sans valeur et dont beaucoup sont de véritables petits chefs-d'œuvre de grâce, de légèreté, de satire bonhomme ou de sentiment, et pour la plupart desquelles il a écrit la musique qu'il fallait. Il les chante lui-même dans les salons avec un succès toujours renaissant, qui s'adresse moins encore au chanteur qu'au poète et au musicien. Une partie des chansons de M. Nadaud ont été publiées en album et l'ensemble a fait l'objet de nombreuses éditions sans cesse augmentées, de 1847 à 1870, sous le simple titre de *Chansons de Gustave Nadaud*, beaucoup ayant paru d'abord, le plus souvent avec la musique, dans divers recueils périodiques, tels que l'*Illustration*, l'*Univers illustré*, etc. On lui doit en outre quelques opérettes de salon : le *Docteur Vieuxtemps*, la *Volière*, *Porte et fenêtre*, paroles et musique; des *Contes*, *Proverbes*, *Scènes*, et *Récits* en vers; *Idylle*, roman (1861); *Mes notes d'infirmier*, recueillies pendant la guerre par l'auteur, attaché à la 1re ambulance lyonnaise (1871), etc. Une édition de luxe de ses *Chansons* a été publiée en 3 volumes, avec eaux-fortes d'Edmond Morin, en 1880 et 1881 et lui a valu le prix Vitet de l'Académie française en 1882. On lui doit encore : *Solfège poétique et musical* (1886). — M. Gustave Nadaud est chevalier de la Légion d'honneur depuis 1861.

NADAULT DE BUFFON, Alexandre Henri, magistrat et littérateur français, né à Chaumont-en-Bassigny le 16 juin 1831, fit ses études à Paris, au lycée Louis-le-Grand, alors Descartes, suivit les cours de la faculté de droit et s'inscrivit au barreau de Paris en 1853. Entré dans la magistrature comme substitut du procureur impérial à Valognes en 1856, il passa en la même qualité à Châlon-sur-Saône l'année suivante, fut nommé substitut du procureur général à Rennes en 1863 et avocat général près la même cour en 1867. Frappé de cécité depuis 1872, il donnait sa démission au commencement de 1878. Membre de la Société philotechnique, de l'Académie de législation, etc., décoré de la Légion d'honneur le 3 mai 1849, pour avoir été blessé en combattant l'insurrection de juin 1848 dans les rangs de la garde nationale, il a été promu officier de l'ordre le 11 avril 1877; il est enfin décoré d'une médaille d'honneur de 1re classe pour fait de sauvetage et des palmes d'officier de l'instruction publique. — On a de M. H. Nadault de Buffon : *Des donations ayant le mariage pour objet* (1852); *Étude critique sur la loi des aliénés* (1854); *Montbard et Buffon* (1855); *Buffon et Jean Nadault* (1856); *Correspondance inédite de Buffon* (1860, 2 vol.); *Buffon, sa famille, ses collaborateurs et ses familiers* (1863); l'*Éducation de la première enfance* (1864); *Épisode de la vie littéraire de Frédéric le Grand*; les *Musées italiens* : *Milan, Venise, Florence*, etc. (1867); le *Magistrat, étude sur les Parlements* (1866); une *Question de liberté*, à propos de la loi des aliénés; *Rome antique dans Rome moderne*; *Biographie populaire de Buffon* (1866); *Daubenton* (1867); l'*Homme physique chez Buffon, ses maladies, sa mort* (1868); le *Premier président Nadault* (1868); *Notre ennemi le luxe*; le *Colonel Niepce* (1869); *Traité théorique et pratique des eaux de source et des eaux thermales*; le *Comte Louis de Cibrario* (1870); une *Question d'ordre public*, étude sur la surveillance de la haute police; le *Général de Cissey* (1871); les *Temps nouveaux* (1872), etc. — M. H. Nadault de Buffon avait fondé à Rennes un journal illustré: les *Annales du bien*, organe des sociétés de sauvetage, d'assistance mutuelle, etc. qu'il y a également fondées; il a collaboré à la *Revue britannique*, à la *Revue française*, à la *Revue moderne*, à la *Revue pratique de droit français*, à la *Revue archéologique*, au *Messager de la semaine*, à la *Gazette médicale* (sur la question des aliénés), à la *Liberté*, à la *France*, au *Grand dictionnaire de Larousse*, etc.

NAJAC (comte de), Emile Fernand, auteur dramatique français, né à Lorient le 14 décembre 1828, fit ses études à Paris, où il se fixa ensuite, pour suivre le penchant qui l'entraînait vers la littérature dramatique. M. de Najac a donné à divers théâtres un grand nombre de vaudevilles, de comédies, de livrets d'opérettes, même de drames, le plus souvent en collaboration avec MM. Edmond About, Ch. Deulin, Scribe, Grangé, Delacour, Ed. Martin, Decourcelle, Meilhac, Nus, Hennequin, Ferrier, Millaud, H. Bocage, etc. — Nous citerons : *Chasse aux lions* (1852); un *Mari en 150* (1853); une *Soubrette de qualité* (1854); une *Croix dans la cheminée*, *Deux veuves pour rire* (1855); le *Réveil du mari* (1856); *Monsieur et madame Rigolo* (1857); *Plus on est de fous*...; *Mam'zelle Jeanne*, opérette, musique de M. L. Cohen (1858); la *Clef sous le paillasson*, la *Fête des loups*, la *Fille de trente ans* (1859); *Jeuns de cœur*, le *Capitaine Bitter*-

lin (1860); la *Poule et ses poussins*; la *Beauté du diable*, op. com., musique de J. Alary; un *Mariage de Paris* (1861); *Vente au profit des pauvres, Gaëtana*, collaboration anonyme (1862); les *Oiseaux en cage* (1864); *Bégaiements d'amour*, op. com., musique d'Albert Grisar (1863); *Nos gens*, *Au pied du mur*; *Bettina*, op. com., musique de M. L. Cohen (1866); *Petit bonhomme vit encore*, opérette, musique de M. Deffès; *Histoire ancienne* (1868); *Retiré des affaires* (1869); *Calomnie*, opérette, musique de M. Ten Brink (1870); *Garçon de café*, opérette, musique de M. Adrien Talexy; le *Docteur Rose*, op. bouffe, musique de Federico Ricci; *Nany*, comédie en 4 actes, au Français (1872); *Nos maîtres*, 1 acte (1873); la *Dernière poupée*, 1 acte; *Lea*, drame en 3 actes, adapté de l'anglais, de M. Dion Boucicault (1875); *Bébé*, comédie en 3 actes, au Gymnase (1877); *Nounou*, comédie en 3 actes, au même théâtre (1879); la *Bonne aventure*, opérette en 3 actes, musique de M. Jonas, à la Renaissance (1882); le *Premier baiser*, op. com. en 2 actes, avec le même, aux Nouveautés (1883); *Cherchez la femme*, 3 actes, au Vaudeville; *Elle et lui*, 3 actes et *Bijou et Bouvreuil*, 3 actes, au Palais-Royal; la *Vie mondaine*, opérette en 4 actes, musique de M. Ch. Lecocq, aux Nouveautés (1885), etc. — M. Emile de Najac a publié : le *Théâtre des gens du monde*; *Madame est servie* (1875, 2e édit.); l'*Amant de Catherine* (1876); l'*Œuvre de Moreau-le-Jeune*, avec notice (1880).

NAPIER DE MAGDALA (baron), Robert Cornelis Napier, général anglais, fils d'un major d'artillerie, est né à Covlan en 1810, fit ses études au collège militaire d'Addiscombe et entra dans le génie du Bengale en 1828. Il servit avec distinction dans la campagne du Sutlej, à la conclusion de laquelle, ayant atteint le grade de major, il fut choisi par sir Henri Lawrence pour directeur du génie à Lahore. En position d'acquérir une connaissance entière du Punjaub, de ses ressources et de ses besoins, lors du soulèvement du Moolraj, ce fut à lui, en fait, que fut confiée la direction du siège de Mooltan, auquel il assista comme commandant en chef du génie. Après la chute de cette place, il guida le corps du général Wish aux gués du Chenaub et, après la jonction de celui-ci avec lord Gough, prit part à la bataille de Goojerat. Promu colonel et nommé directeur du génie sous la nouvelle administration du Punjaub, il entreprit de couvrir le pays de routes militaires et commerciales, de canaux, de constructions destinées à l'administration, etc. Après plusieurs années de labeurs incessants, il fut appelé à Calcutta et nommé commandant en chef du génie du Bengale. Pendant la rébellion de 1857, sir Robert Napier servit, en qualité de chef du génie de l'armée de sir Colin Campbell, avec une distinction et une habileté qui accrut encore sa renommée. Ce fut lui qui, au siège de Lucknow, dressa et exécuta le plan de jeter un pont sur la Gomtee, manœuvre qui eut une si grande influence sur la fin de la campagne. Il reçut ensuite le commandement des forces employées à l'extermination des rebelles réunis sous les ordres de Tantia Topee, mais sur les réclamations de sir Hugh Rose, il se contenta d'un commandement secondaire. En 1860, il était envoyé en Chine, comme commandant en second sous sir Hope Grant. Pour les services qu'il rendit dans cette nouvelle expédition, il fut promu major-général, fait chevalier-commandeur de l'ordre du Bain et nommé membre militaire du Conseil des Indes en remplacement de sir J. Outram. Il résigna ces dernières fonctions en janvier 1865, pour prendre le commandement en chef de Bombay, avec le rang local de lieutenant-général. — En 1867, le général Napier fut appelé au commandement de l'expédition envoyée en Abyssinie au secours des prisonniers de Théodoros. Malgré les difficultés, une campagne fut courte et heureuse. Le roi Théodoros était complètement battu dans un engagement sur les hauteurs d'Islamgie, le 10 avril 1868, et relâchait bientôt ses prisonniers. Poursuivant cependant sa victoire, le général anglais s'emparait trois jours après de Magdala, et le negus Théodoros, épouvanté, abandonné des siens, se brûlait la cervelle. — A son retour en Angleterre, en juillet suivant, sir Robert Napier fut reçu avec le plus grand enthousiasme. Le parlement lui vota des remerciements d'abord et ensuite une pension annuelle et perpétuelle de 50,000 francs reversible sur son plus proche héritier; déjà nommé chevalier grand commandeur de l'Étoile de l'Inde à ses premiers succès, il fut promu grand croix du Bain et élevé à la pairie avec le titre de baron Napier de Magdala (14 juillet). Enfin la cité de Londres lui présenta des lettres de bourgeoisie et une épée d'honneur d'une valeur de 200 guinées (21 juillet). — Lord Napier de Magdala a été élu membre de la Société royale de Londres le 16 décembre 1869. Nommé commandant en chef de l'armée de l'Inde, avec rang local de général, en janvier 1870, il est devenu, en mai suivant, cinquième membre ordinaire du Conseil du gouverneur général de l'Inde. Nommé gouverneur de Gibraltar en 1875, il était placé, en 1878, à la tête des forces actives de la Grande-Bretagne, en cas de guerre avec la Russie, éventualité à laquelle mit fin le congrès de Berlin.

NAPOLÉON (prince), NAPOLÉON JOSEPH CHARLES PAUL JÉRÔME BONAPARTE, homme politique français, second fils de Jérôme Bonaparte, ex-roi de Westphalie, par son second mariage avec la princesse Frédérique de Würtemberg et cousin de l'ex-empereur Napoléon III, est né à Trieste le 9 septembre 1822. Il passa sa première jeunesse à Vienne, à Trieste, à Rome, en Suisse, et entra en 1827 à l'Ecole militaire de Louisbourg, dans le Würtemberg, où il resta jusqu'en 1840; puis voyagea en Angleterre et en Espagne. En 1845, il obtint du ministère Guizot l'autorisation de visiter Paris sous le nom de comte de Montfort ; mais, s'y étant aussitôt mis en relations avec les principaux membres du parti démocratique, il recevait, au bout de quatre mois de séjour, l'ordre de quitter le territoire sous huitaine. D'Angleterre, où il était retourné auprès de son père, le prince poursuivit ses réclamations contre la loi de proscription qui frappait sa famille; ses efforts ne furent pas vains, car il obtenait, en 1847, l'autorisation de rentrer et de résider provisoirement en France avec son père. Le 24 février, il était un des premiers à se rendre à l'Hôtel de Ville pour y mettre son patriotisme à la disposition du gouvernement provisoire. Aux élections pour la Constituante, il se présenta dans la Corse avec une profession de foi nettement républicaine et fut élu en tête de la liste. Il prit place sur les bancs des modérés et vota généralement avec la droite. Il prit la parole en faveur de la Pologne et pour défendre le « caractère méconnu » de son cousin Louis Napoléon ; vota le maintien de la peine de mort, contre le bannissement de la famille d'Orléans, logique en ceci, etc. Nommé ministre plénipotentiaire à Madrid le 10 février 1849, il était révoqué peu après, pour avoir quitté son poste sans autorisation, et, mécontent, s'enfonça un peu plus, en manière de représailles, dans l'opposition. A la Législative, où il avait été réélu, il vota presque constamment avec l'extrême-gauche ; il protesta notamment contre l'expédition romaine telle qu'elle se poursuivait. Après un semblant de tentative pour se mêler aux représentants républicains décidés à la résistance, après le coup d'Etat, il se tint quelque temps à l'écart; mais au rétablissement de l'Empire, appelé à l'hérédité éventuelle, il recevait, par sénatus-consulte en date du 23 décembre 1852, le titre de prince français, avec siège au Sénat et au Conseil d'Etat, la grand croix de la Légion d'honneur et le grade de général de division. Nommé sur sa demande, en 1854, au commandement d'une division d'infanterie du corps de réserve dans l'armée de Crimée, il assista en cette qualité, non pas de très près sans doute, aux batailles de l'Alma et d'Inkermann. Il fut toutefois bientôt rappelé, pour cause de mauvaise santé, disent les uns, pour avoir fourni les matériaux d'une brochure critique sur la direction donnée à l'expédition et sur les délibérations du conseil de guerre qui l'avait décidée, brochure supprimée en France, mais réimprimée aussitôt à Bruxelles et traduite en anglais. A son retour, le prince Napoléon fut nommé président de la commission impériale de l'Exposition universelle. En 1857, il faisait, à bord de la corvette la *Reine Hortense*, une assez longue excursion dans les mers du Nord. Ministre de l'Algérie et des colonies du 24 juin 1858 au 8 mars 1859, le prince Napoléon, qui venait d'épouser (30 janvier 1859) la princesse Clotilde, fille de Victor Emmanuel, roi d'Italie, fut envoyé, au début de la guerre d'Italie, à Livourne, à la tête d'un corps de réserve.

Au Sénat, le prince Napoléon prit fréquemment la parole et ne tarda pas à se faire une réputation d'orateur tout à la fois et d'esprit libéral. En 1861, notamment, ses discours contre le pouvoir temporel du pape eurent un grand retentissement et lui attirèrent un désaveu poli mais net de l'empereur; la même année, dans une occasion différente, ce fut à la famille d'Orléans qu'il s'en prit, mais avec moins de succès, bien que la réponse du duc d'Aumale, sa *Lettre sur l'Histoire de France*, eût été l'objet d'une saisie, suivie d'un procès qui coûta cher à l'éditeur et à l'imprimeur : un an de prison au premier, six mois au second, sans parler de 10,000 fr. d'amende au total et les frais! — La partie n'était naturellement pas égale, le duc d'Aumale ne pouvant rétablir autant que possible la balance en adressant un cartel au fougueux sénateur et prince ; mais celui-ci était trop habitué à la *réserve* pour tenir aucun compte de façons aussi cavalières de traiter les questions de politique dynastique. En 1862, le prince Napoléon était nommé président de la commission française à la grande exposition de Kensington. Il venait d'être nommé président de la commission impériale de l'Exposition universelle de Paris de 1867, membre et vice-président du Conseil privé, lorsque, à l'occasion de l'inauguration de la statue de Napoléon Iᵉʳ, à Ajaccio, le 27 mai 1865, il commit l'imprudence de parler, comme si cette question avait le moindre rapport avec les fêtes auxquelles il présidait, de « l'organisation de la démocratie » comme étant « le problème de l'avenir ». Une lettre de blâme de son souverain, insérée au *Moniteur*, répondit au discours du prince révolutionnaire, lequel se démit en conséquence des fonctions ennuyeuses dont on venait de l'investir. En fait, toutefois, cette disgrâce fut plus apparente que réelle ; il rentra peu après au Conseil privé, fut chargé de diverses missions et suivit, dans ces conditions, la campagne de 1866 à l'état-major du roi d'Italie. Son influence ne fut pas étrangère assurément à l'évolution libérale de l'Empire, commencée en 1869 et qui portait au pouvoir, le 2 janvier 1870, son ami M. Emile Ollivier, dont il soutint au Sénat et au Conseil d'Etat, comme vice-président d'honneur, la politique et les idées. Cette évolution achevée, à son sentiment probable, et après le succès du plébiscite, qui était la négation de tout ce qui avait été fait jusque-là, le prince Napoléon, satisfait et rassuré, cinglait de nouveau vers la mer du Nord (2 juillet 1870); mais les événements le ramenaient bientôt en France. Il se rendit au quartier général de l'empereur, demanda un commandement ; mais reçut de son cousin la mission, plus conforme à ses aptitudes, d'aller solliciter le concours de son beau-père, Victor Emanuel. Le prince partit aussitôt pour Florence et était encore au palais Pitti, lorsqu'après des désastres répétés, la révolution du 4 Septembre éclata. Ceci résulte des déclarations même du prince Napoléon, dans la brochure qu'il publia en 1871 : la *Vérité à mes calomniateurs*, en réponse aux accusations de Jules Favre.

Après la chute de l'Empire, le prince Napoléon résida quelque temps en Belgique, puis en Angleterre. Aux élections générales du 8 février 1871, il refusa la candidature qui lui était offerte en Corse et dans la Charente-Inférieure. Elu conseiller général de la Corse pour le canton d'Ajaccio, le 8 octobre suivant, il obtint l'autorisation de traverser la France pour aller remplir son mandat; son passage, qui fut partout, provoqua des manifestations hostiles et sa présence en Corse, des désordres assez sérieux pour l'amener de lui-même à donner sa démission. Retiré en Italie, il était de nouveau élu conseiller général pour Ajaccio, à l'élection complémentaire de janvier 1872, acceptait de nouveau et revenait en Corse. Mais sa candidature à la présidence du Conseil ayant échoué, il renonça à siéger et se retira à Prangins. Après un voyage en Italie, un autre auprès de son cousin à Chislehurst, le prince Napoléon rentrait en France en septembre 1872, et s'installa chez M. Maurice Richard, ancien ministre des Beaux-Arts de l'empire libéral, à Millemont (Seine-et-Oise) ; il en fut expulsé, malgré les protestations de son hôte, le 14 octobre. Mais il y rentra sans difficulté après la révolution gouvernementale du 24 mai 1873. En septembre suivant, un journal toujours républicain radical d'apparence, quoi qu'ayant passé par les mains peu révolutionnaires de M. de la Ponterie avant de tomber dans celles de M. Edouard Portalis, proposait, après entente préalable, un *pacte d'alliance* au prince Napoléon, qui acceptait, comme il avait été convenu. Mais il était la formation d'un grand parti national par « l'alliance de la démocratie populaire et des Napoléon ». La « démocratie populaire » répondit en désertant le journal, qu'elle ne lisait déjà qu'avec une certaine méfiance instinctive, malgré la présence de quelques-uns des journalistes qu'elle aime, et le prince en fut réduit à aller créer dans la Charente-Inférieure un autre organe : la *Volonté nationale*, qui prophétisait, dans son numéro du 13 mai 1875 : « un troisième Empire, ayant à sa tête soit le prince Napoléon, soit son neveu, finirait probablement dans le canal Saint-Martin. Ce serait la fin du pays... »

— Aux élections des conseils généraux d'octobre 1874, le prince Napoléon, porté candidat à Ajaccio, échouait dans une lutte d'une passion inouïe, où tous les chefs du parti impérialiste s'étaient ligués contre lui. Il en fut de même aux élections générales du 20 février 1876 pour la députation, où, devant avoir pour adversaire M. Rouher, le prince Napoléon eut encore contre lui l'intervention décisive du prince impérial, engageant, par une lettre rendue publique, les électeurs à rejeter sa candidature et à voter pour son concurrent. Il échoua donc; mais l'élection d'Ajaccio ayant été invalidée par la Chambre et le jeune chef de la dynastie avant déclaré ne vouloir plus lui opposer que « l'indifférence et l'oubli », le prince Napoléon fut élu le 14 mai suivant, sans concurrent bonapartiste, député de l'arrondissement d'Ajaccio. Il prit place à gauche et vota avec les 363 contre le cabinet de Broglie. Aux élections du 14 octobre 1877, il fut combattu avec plus d'ardeur encore par les bonapartistes et aussi par les cléricaux de toute nuance politique, et échoua contre le baron Haussmann.

La mort tragique du prince impérial (1er juin 1879), qui, dans son testament, désignait pour son héritier le prince Victor, fils aîné du prince Napoléon, vint semer la discorde dans le parti, mais sans pouvoir empêcher que le prince Napoléon ne fût bien réellement le chef de la famille Bonaparte; du parti, la discorde gagna la famille même du prince, c'est-à-dire qu'elle se mit entre le père et le fils, malgré les protestations officielles de l'un et de l'autre. Après avoir assisté aux funérailles du jeune prince, en Angleterre, mais sans avoir rendu visite à l'impératrice Eugénie, il revenait à Paris, où il attirait de nouveau l'attention sur lui en publiant, le 16 janvier 1883, un manifeste au peuple français, qu'il fit placarder sur les murs sans parcimonie. Il fut arrêté pour ce fait, conduit à la Conciergerie et un instruction judiciaire fut commencée; mais la chambre des mises en accusation ayant décidé qu'il n'y avait pas lieu à poursuites, le prince était relaxé (9 février). Quelques jours plus tard, le Sénat votait la première loi contre les prétendants, et qui autorisait leur expulsion du territoire français, mais prononcée par le Sénat ou la cour d'assises, en cas de manifestation publique dans le genre de celle dont le prince Napoléon venait de se tirer indemne, faute d'un texte de loi. Le 21, le prince partait à Londres avec son fils Victor, pour montrer aux populations l'entente qui régnait entre eux, mais il était de retour deux jours après. Dans cette affaire, on voit que le tort était du côté des Napoléon, et les autres « prétendants » étaient parfaitement en droit de les rendre responsables de la mesure hostile prise également contre eux, pour ne pas faire de jaloux, par le gouvernement de la République. Ils reçurent leur revanche trois ans plus tard, car c'est en effet, aux agissements du comte de Paris, qui s'était formé une véritable cour en plein Paris, qu'est due la loi d'expulsion de juin 1886, loi qui prononce *ipso facto* l'expulsion des princes prétendants du territoire français et permet celle des autres par simple décret. Donc, en même temps que les princes d'Orléans, les Bonaparte prétendants, le prince Napoléon et le prince Victor, quittaient la France, mais chacun de son côté, pour bien montrer cette entente cordiale, ces liens d'affection et de respect filial qui unissaient le fils au père et dont on nous rebattait les oreilles depuis cinq ou six ans, en dépit des protestations contraires des journaux du parti du prince Victor. Le prince Napoléon se rendit d'abord en Italie, où la princesse supplia son frère d'intervenir pour réconcilier les deux prétendants; mais le roi Humbert, fort sagement, refusa de se mêler de cette affaire de famille, arguant que cette intervention intempestive pourrait être mal vue du gouvernement français, avec lequel il tenait à rester en bons termes.

Presque constamment en voyage pendant la durée de l'empire, le prince Napoléon visita à plusieurs reprises, sur son yacht *Jérôme-Napoléon*, l'Algérie, l'Italie, l'Allemagne et l'Angleterre; en 1861, il s'embarquait avec la princesse Clotilde pour les États-Unis, visitait les principaux hommes d'État de l'Union, ses généraux, puis passait du côté des sécessionnistes et faisait une visite toute spéciale au général Beauregard. En juin 1863, il se rendit en Égypte, étudia le progrès des travaux du canal de Suez, dont il put parler au Sénat en connaissance de cause et en faisant le juste éloge du promoteur de cette gigantesque entreprise, M. F. de Lesseps. En 1868, il fit un voyage, qui fut fort commenté par la presse allemande, dans l'Allemagne du Sud, l'Autriche, la Bohème, la Hongrie et les Principautés danubiennes. Nous avons parlé déjà de ses deux excursions dans les mers du Nord, dont la seconde était interrompue par la guerre de 1870. Ajoutons qu'il a pris une part importante à la publication de la *Correspondance de Napoléon 1er*, du moins de la seconde moitié (dix-sept volumes), qu'il a soigneusement revue et arrangée; il a aussi publié dans la *Revue des Deux-Mondes* du 1er avril 1878, un article sous le titre des *Alliances de l'Empire en 1869 et 1870*, dans lequel il rejetait sur la politique des Tuileries et des diplomates de l'empire l'isolement de la France à cette époque; accusation qui, repoussée par le duc de Gramont, était reproduite par le général Türr aussitôt après. — Rappelons enfin, simplement pour mémoire, le bijou de palais pompéien qu'il s'était fait ériger dans l'avenue Montaigne avec un respect de la tradition peut-être excessif.

De son mariage avec la princesse Clotilde, le prince Napoléon a eu trois enfants : Napoléon Victor Jérôme Frédéric, né le 18 juillet 1862, Napoléon Louis Joseph Jérôme, né le 16 juillet 1864 et Marie Lætitia Eugénie Catherine Adélaïde, née le 20 décembre 1866.

NAQUET, Alfred, médecin, chimiste et homme politique français, né à Carpentras le 6 octobre 1834, d'une famille israélite, fit ses études médicales à Paris et se fit recevoir docteur en 1859 et agrégé de la faculté en 1863. Il s'était déjà fait connaître par des travaux de chimie pure et appliquée à la médecine et des études de philosophie positive, lorsqu'il prit une part active au mouvement d'opposition contre l'Empire qui signala les dernières années de ce régime. En décembre 1867, il était condamné à quinze mois de prison, 500 francs d'amende et l'interdiction de ses droits civils, pour société secrète, manœuvres à l'intérieur, etc.; et en mars 1869, à quatre mois de prison et 500 francs d'amende pour la publication de son livre : *Religion, Propriété, Famille*. Ayant assez de la prison il passa en Espagne, d'où il envoya des correspondances au *Réveil* et au *Rappel*; il prit part à l'insurrection d'Andalousie et fut même quelque temps, dit-on, gouverneur républicain de Séville, mais sans pouvoir prendre possession de son gouvernement. Il profita de l'amnistie de 1869 pour rentrer en France, vint à Paris et collabora, comme écrivain scientifique ou politique, au *Rappel*, à la *Démocratie*, à la *Marseillaise*. L'un des premiers à l'envahissement du Corps législatif, puis à l'Hôtel de Ville, le 4 Septembre, il fut nommé par le gouvernement de la Défense nationale, secrétaire de la commission scientifique d'études des moyens de défense, et suivit la délégation gouvernementale à Tours et à Bordeaux. Élu représentant de Vaucluse le 8 février 1871, M. A. Naquet donnait sa démission, avec ses quatre collègues, après le vote de l'Assemblée (8 mars) ordonnant une enquête sur les élections de ce département. De retour à Avignon, il y rédigea la *Démocratie du Midi* jusqu'au 2 juillet, date de la réélection, à une majorité plus considérable, de toute la représentation démissionnaire de Vaucluse, qui reprit sa place à l'extrême-gauche de l'Assemblée. Il prit notamment la parole en faveur du retour de l'Assemblée à Paris, pour se défendre des attaques dirigées contre lui et Gambetta par la commission des marchés, pour proposer l'appel au peuple sur la forme du gouvernement, lors de la discussion de la prorogation des pouvoirs du maréchal-président, le 19 novembre 1873, mais sans succès, etc. Il soutint à Paris la candidature de M. Barodet (29 avril 1873), dans le département de Vaucluse celle de Ledru-Rollin (1er mars 1874) et, en 1875, se déclara nettement et énergiquement, par des discours prononcés dans plusieurs villes du Midi, contre la politique opportuniste de Gambetta, après avoir voté contre les lois organiques. En décembre 1875, il déposait une proposition d'amnistie pleine et entière qui fut repoussée par la question préalable. Dans la campagne électorale de 1876, M. le Dr Alfred Naquet affirma avec une nouvelle énergie son opposition à la politique de concessions et accepta la candidature à Marseille contre Gambetta et à Apt contre Taxile Delord; battu dans la première de ces deux circonscriptions, il était élu, après désistement de son concurrent républicain, au scrutin de ballottage du 5 mars, député de l'arrondissement d'Apt. Il déposa sur le bureau de la nouvelle assemblée plusieurs propositions, relatives au rétablissement du divorce, à l'abrogation des lois sur la presse, au rétablissement du jury, etc. Le 14 octobre 1877, M. Naquet échouait à Apt contre le candidat officiel, mais l'élection de celui-ci ayant été annulée, il était définitivement réélu. Au commencement de 1879, il renouvelait sa proposition de rétablissement du divorce, qui obtint un premier succès : sa prise en considération par la Chambre (mai). Pour gagner l'opinion à cette réforme, il fit des conférences dans les principales villes. Réélu le 21 août 1881, M. Naquet revenait à la Chambre avec son projet de divorce, pris en considération de nouveau, et enfin adopté. Élu sénateur de Vaucluse le 21 janvier 1883, en remplacement de M. Éléazar Pin, décédé, M. Naquet, avec une persévérance, une opiniâtreté qui devaient recevoir leur récompense, revient à sa proposition de divorce, qu'il est déjà parvenu à faire accepter par la Chambre des députés. Cette proposition vient en discussion au Sénat où, le 30, la clôture de la discussion générale est adoptée et le principe du divorce admis par conséquent, par 130 voix contre 114; la loi est votée, après quelques modifications de détail, le 24 juin ; renvoyée à la Chambre des députés, à raison de ces modifications, elle est votée telle quelle le 24 juillet 1884. C'est un des exemples les plus éclatants de ce que peut la persévérance dans les idées, car il est certain qu'au début, la proposition de M. Naquet ne pouvait se flatter de réunir qu'un très petit nombre de partisans, quelle que fût, au fond, l'opinion de ses adversaires les plus bruyants. — M. Naquet a voté l'expulsion des princes.

M. Alfred Naquet a publié : *Application de l'analyse chimique à la toxicologie*, sa thèse de doctorat (1859); *De l'allotropie et de l'isomérie*, sa thèse d'agrégation (1863); *Principes de chimie fondés sur les théories modernes (1865,* 2 vol.); *De l'atomicité (1868); Propriété, Religion, Famille (1869);* Son *Discours* prononcé le 5 septembre 1871 en faveur du retour de l'Assemblée à Paris (1871); le *Divorce (1876),* etc. Il a collaboré, outre les journaux plus haut cités, au *Moniteur scientifique*, à la *Philosophie positive*, aux *Comptes rendus* de l'Académie des sciences, au *Bulletin* de la Société chimique, à la *Nouvelle encyclopédie générale*, au *Grand dictionnaire universel du XIXe siècle* de Larousse, à l'*Evénement*, à la *Révolution*, etc.

NASMYTH, James, mécanicien et inventeur anglais, né à Edimbourg le 19 août 1808, de parents sans fortune. Dès son enfance employé dans des fabriques diverses, il acquit rapidement une grande habileté au maniement de toute sorte d'outils et des connaissances chimiques étendues, qu'il augmenta encore en fréquentant assidûment l'Ecole des arts et de sa ville natale. Il put, à force de persévérance et de courage, compléter son éducation. Il se rendit alors à Londres, chargé de modèles et de plans, et entra, à des conditions extrêmement modestes, dans la grande manufacture Maudslay and Field. En 1834, il s'établit à Manchester, loua une pièce dans une vieille manufacture de coton et la chargea tellement d'outils, de machines et de modèles, que le plancher creva et qu'il reçut congé. Après bien des traverses, M. Nasmyth fondait à la fin la maison Nasmyth, Gaskell et Cie, dont il se retirait, après fortune, en 1856. Les deux inventions les plus importantes auxquelles il a attaché son nom sont le marteau à vapeur, d'un maniement si facile que, bien qu'il serve à forger les ancres les plus lourds, on peut également le transformer en un délicat casse-noisette ; et le *mouton* à vapeur si utile dans la construction des pilotis, des ports, ponts, etc. Il a toutefois inventé également une artillerie d'une puissance formidable. Enfin, M. Nasmyth s'est aussi occupé d'astronomie pratique et a construit des télescopes d'une puissance énorme à l'aide desquels il a entrepris des recherches intéressantes sur la structure physique de la lune, lesquelles ont été consignées dans un ouvrage intitulé : *la Lune, considérée comme planète, monde et satellite*, par J. Nasmyth et J. Carpenter, ouvrage traduit en allemand par M. H. J. Klein (1877) et sommairement analysé dans le journal le *Temps*.

NASSAU (duc de), Adolph Wilehlm Karl August Friedrich, né le 24 juillet 1817. Il succéda à son père le 20 août 1839. Une sorte de gouvernement constitutionnel existait, avant son accession au pouvoir souverain, dans le Duché, quoique ne fussent les États, et non une chambre élue, qui représentaient la nation. Adolphe-Guillaume laissa subsister cet état de choses, sans paraître disposé à le modifier dans un sens libéral, conformément aux aspirations évidentes du peuple. Le soulèvement de 1848 lui arracha une constitution nouvelle, plus libérale, portant création d'une chambre unique, dont la majorité démocratique vota des lois organiques conformes à ses sentiments et approuvées par le duc. Mais une nouvelle loi électorale donna une majorité réactionnaire à cette chambre ; la constitution fut abrogée en novembre 1851, et tous les avantages obtenus depuis 1848 furent perdus de ce coup. Le duc fut un des princes souverains qui se joignirent à la Confédération germanique sous la présidence du roi de Prusse ; cette confédération dissoute, il se rallia au parti de l'Autriche (1850), et combattit avec celle-ci en 1866. Il subit donc toutes les conséquences du désastre de Sadowa. Par décret en date du 20 septembre 1866, la Prusse s'annexa ses États, dont elle prit officiellement possession le 8 octobre suivant, et confisqua la plus grande partie de ses biens personnels. — Le duc de Nassau avait épousé en 1844 la princesse Elisabeth, fille du grand-duc Michel de Russie, morte le 28 janv. 1845. Il épousa en secondes noces, en 1851, la princesse Adélaïde-Marie, fille du prince Frédéric d'Anhalt-Dessau, dont il a deux fils: Guillaume-Alexandre, né en 1852 et François-Joseph, né en 1859.

NASSER-ED-DIN, schah de Perse, fils aîné du souverain précédent, Mehemet Schah et de la princesse Velliat, de la tribu des Kadjar, et petit-fils d'Abbas-Mirza, est né en 1829 et succéda à son père le 13 octobre 1848. Dès son arrivée au pouvoir, il tenta diverses réformes que l'hostilité du parti de la tradition fit échouer. L'esprit ouvert aux idées modernes quant aux relations internationales, après avoir subi quelque temps et tour à tour l'influence exclusive de ses deux voisins peu commodes, l'Angleterre et la Russie, Nasser-ed-Din concluait avec la France, le 12 juillet 1855, un traité de commerce et d'amitié. Au début de la guerre de Crimée, il avait fait une déclaration de neutralité ; cependant, en décembre 1875, il signait un traité avec la Russie dont la conclusion de la paix vint heureusement prévenir les conséquences menaçantes. L'année suivante, l'occupation d'Hérat par les troupes persanes amenait le gouvernement de l'Inde à lui déclarer la guerre (1er novembre 1856). Après quelques mois d'hostilités et la prise, par le général anglais Outram, de Kurrach, Buschir, Mohammerah, etc., la paix était conclue à Paris, entre lord Cowley et l'ambassadeur persan Ferruck Khan, et un traité signé, qui donnait toutes satisfactions à l'Angleterre (4 mars 1857). Plus tard, le schah eut avec quelques Etats voisins des difficultés dont il se tira avec plus de bonheur, et fit avec succès une expédition contre les Turcomans. Occupé depuis de réformes intérieures, il entreprit en 1860, avec l'aide d'officiers européens, la transformation de son armée ; en 1861, il assistait à l'inauguration de la première ligne télégraphique construite sur ses Etats ; et en 1866, il signait avec l'Angleterre un traité relatif à l'établissement de communications télégraphiques entre l'Europe et l'Inde par la Perse. En 1869, la découverte d'une conspiration contre la vie du schah a donné lieu à des exécutions sauvages, qui ont produit en Europe une vive émotion, et c'est tout. — Le 12 mai 1873, Nasser-ed-Din s'embarquait pour un voyage de touriste en Europe. Après avoir traversé la mer Caspienne à Astrakan et remonté la Volga, il visitait Moscou et Saint-Pétersbourg, puis l'Allemagne, la Belgique, l'Angleterre et arrivait à Cherbourg le 4 juillet ; il visitait ensuite Paris, qu'il quittait le 20, et parcourait la Suisse, l'Italie ; visitait Salzbourg et Vienne ; retournait en Italie pour se rendre à Constantinople par Brindisi ; passait de Constantinople à Poti, d'où il se rendait à Tiflis par chemin de fer et de Tiflis à Bakou en carrosse, pour rejoindre par vapeur son port d'embarquement, Enzeli. Il était de retour à Téhéran le 6 septembre 1873. Pendant cette absence relativement prolongée du souverain, la Perse demeura calme ; cependant le bruit courut que son retour avait été hâté par des nouvelles assez inquiétantes pour son autorité, et le fait est qu'il fut signalé par des destitutions, et peut-être quelque chose de plus, qui remirent tout en bon état. Au mois d'octobre 1875, une révolution militaire contraignit le schah à abandonner Téhéran ; mais la révolution ne tarda pas à être étouffée. — En 1878, le schah tenta un nouveau voyage en Russie, ce qui coupa court à toutes les suppositions faites en Europe sur son attitude probable, dans la question d'Orient.

NATHALIE, Zaïre Martel (dite), actrice française, née à Tournan en 1816, mais venue toute enfant à Paris, avec son père, qui était coiffeur. De bonne heure attirée vers la scène, elle parut pour la première fois au petit théâtre de la Porte Saint-Antoine en 1832, puis obtint un engagement aux Folies-Dramatiques en 1835. Elle y parut avec un égal succès comme actrice et comme danseuse, notamment dans la *Fille de l'air* et passa au Gymnase en 1839, puis au Palais-Royal et enfin au Vaudeville. Entre temps, elle avait fait quelques fructueux voyages en Angleterre. Ses progrès continus en avaient fait une comédienne d'un grand talent, très appréciée au Vaudeville où elle jouait encore en 1848. En 1849, Mlle Nathalie débutait au Français dans la *Camaraderie*. Elle y a tenu depuis avec un talent supérieur l'emploi des mères nobles et autres rôles marqués ou celui des grandes coquettes, tant dans l'ancien répertoire que dans le théâtre moderne. Sociétaire de la Comédie française depuis janvier 1852, Mlle Nathalie a pris sa retraite en 1876 ; sa représentation d'adieux a eu lieu le 1er avril. — Parmi les pièces nombreuses dans lesquelles cette artiste de talent s'est fait applaudir, nous citerons : les *Premières amours*, la *Gitana*, les *Enfants de troupe*, l'*Abbé galant*, la *Fille de l'Avare*, la *Chanoinesse*, la *Demoiselle à marier*, le *Menuet de la reine*, le *Code des femmes*, un *Duel sous Richelieu*, etc. ; au Gymnase ; au Vaudeville : *Ce que femme veut*, le *Chevalier d'Essones*, le *Dernier amour* ; au Français, outre les comédies de Molière : *Une chaîne*, le *Verre d'eau*, la *Camaraderie*, le *Philosophe sans le savoir*, le *Mariage de Figaro*, le

Legs, le *Vieux célibataire*, le *Chevalier à la mode*, Mlle *de la Seiglière*, *Marion Delorme*, *Hernani*, *Bertrand et Raton*, le *Joueur de flûte*, *Lady Tartufe*, *Péril en la demeure*, la *Joie fait peur*, *Il ne faut jurer de rien*, *Bataille de dames*, le *Village*, le *Mariage de Victorine*, le *Duc Job*, *Gabrielle*, *Œdipe*, le *Testament de César*, *Charlotte Corday*, les *Effrontés*, le *Fils de Giboyer*, *Maître Guérin*, les *Ouvriers*, *Hélène*, le *Demi-monde*, etc.

NEMOURS (duc de), Louis Charles Philippe Raphael d'Orléans, deuxième fils du feu roi Louis-Philippe, est né à Paris le 25 octobre 1814. Élevé, comme ses frères, au collège Henri IV, il avait été nommé à douze ans colonel du 1er régiment de chasseurs par Charles X. Après avoir eu déjà l'occasion de refuser le trône de Grèce, le jeune duc de Nemours était élu, en février 1831, roi des Belges par le congrès national séant à Bruxelles; mais le roi Louis-Philippe opposa un nouveau refus à l'offre officielle de cette nouvelle couronne pour son fils. Le duc de Nemours prit part, à la tête de son régiment, devenu le 1er lanciers, aux deux campagnes de la Belgique (1831-32), assista au siège d'Anvers et, au retour, il fut détaché successivement aux camps de Compiègne, de Lunéville et de Saint-Omer puis, après ce stage qui n'avait rien d'excessif, il fut promu maréchal de camp le 1er juillet 1834. Attaché à l'armée d'Afrique, il prit part aux deux expéditions de Constantine (1836 et 1837); moins d'un mois après la prise de cette ville, le duc de Nemours était promu lieutenant général (11 novembre 1837). Rentré en France, il y remplit divers commandements, se maria le 27 avril 1840, avec la duchesse Victoire Augusta Antoinette de Saxe-Cobourg-Gotha, et retourna en Algérie en 1841 pour prendre part aux opérations contre Abd-el-Kader. La mort tragique de son frère aîné, le duc d'Orléans (13 juillet 1842), rappela le duc de Nemours en France; une loi votée par les Chambres lui attribua, au mépris des traditions, la régence pendant la minorité de l'héritier présomptif, s'il venait à succéder au trône. Cette loi, qui dépossédait en fait la duchesse d'Orléans, fut fort mal accueillie et ne contribua pas peu à l'impopularité qui frappa le duc de Nemours à dater de ce moment. Lui-même le comprit, semble-t-il, lorsqu'à la révolution de 1848, devenu régent de droit par l'abdication du roi son père, il s'effaça au contraire complètement et après avoir assuré, aux Tuileries, la retraite des autres membres de sa famille, alla rejoindre à la Chambre des députés l'héritier du trône et sa mère, la duchesse d'Orléans, dont il espérait peut-être voir accepter la régence. On sait que cette démarche de la duchesse d'Orléans, conseillée par ses amis les plus dévoués si non les plus clairvoyants, n'eut aucun succès. Le duc de Nemours alla bientôt rejoindre les autres membres de la famille royale à Claremont et ne revint en France qu'après l'abrogation des lois d'exil, en 1871. Rétabli au cadre d'activité de l'armée comme général de division, puis placé dans le cadre de réserve en 1879, il en a été définitivement rayé, avec les autres princes, en juillet 1886. — Le 2 juillet 1876, le duc de Nemours assistait, avec son fils le duc d'Alençon, accompagné de la duchesse et de sa fille, la princesse Blanche, à la consécration de la nouvelle basilique de Notre-Dame de Lourdes et au couronnement solennel de la statue de l'Apparition.

Veuf depuis le 10 novembre 1857 de la princesse Victoire Augusta Antoinette de Saxe-Cobourg-Gotha, M. le duc de Nemours a quatre enfants : Louis Philippe Marie d'Orléans, comte d'Eu (voyez ce nom), né le 28 avril 1842; Ferdinand Philippe Marie d'Orléans, duc d'Alençon, né le 12 juillet 1844; Marguerite Adélaïde Marie d'Orléans, née le 16 février 1846, mariée à Chantilly, le 15 janvier 1872, avec le prince Ladislas Czartoryski; et Blanche Marie Amélie Caroline Louise Victoire d'Orléans, née le 28 octobre 1857.

NEVEUX, Théophile Armand, homme politique français, né à Seraincourt le 13 mars 1824. Ancien avoué à Rocroi et membre du Conseil général des Ardennes sous l'Empire, aujourd'hui président de cette assemblée, ancien maire de Rocroi, sans autre passé politique, M. Neveux était élu député de l'arrondissement de Rocroi aux élections générales du 20 février 1876, comme candidat républicain. Il s'inscrivit à l'Union républicaine et fut réélu le 14 octobre 1877 et le 21 août 1881. Il a été élu député des Ardennes, en tête de la liste républicaine, au scrutin du 18 octobre 1885. Il était en congé lorsqu'eut lieu le vote des projets d'expulsion des princes. — M. Neveux est chevalier de la Légion d'honneur.

NEWCOMB, Simon, mathématicien américain, né à Wallace, dans la Nouvelle-Écosse, le 12 mars 1835. Émigré jeune aux États-Unis, il y fut précepteur pendant plusieurs années et fut employé, en 1857, aux calculs pour le *National Almanac*. L'année suivante il commençait ses observations astronomiques personnelles et était nommé, en 1861, professeur de mathématiques de la marine. Il fut chargé de négocier le marché pour la construction du grand télescope voté par le Congrès et d'en surveiller l'exécution. M. Simon Newcomb fut nommé secrétaire de la commission nommée par le Congrès de 1871 pour l'observation du passage de Vénus et conserva en cette qualité du choix des observateurs et de l'indication des stations d'observation. En 1873, M. S. Newcomb fut élu membre associé de la Société royale astronomique de Londres, qui lui décernait en 1874 sa médaille d'or, pour ses tables de Neptune et d'Uranus. En 1874 également, il était élu correspondant de l'Institut de France (Académie des sciences), et l'université de Leyde lui conférait en 1875 le diplôme de docteur en mathématiques et de physique. En 1878, la Société des sciences de Haarlem lui décernait son prix biennal. Enfin, M. S. Newcomb était chargé de l'observation du nouveau passage de Vénus le 6 décembre 1882, et faisait cette observation du cap de Bonne-Espérance. — Les principaux ouvrages de M. Simon Newcomb sont : *Sur les variations séculaires, etc., des astéroïdes (1860)*; *Tables de la planète Neptune (1865)*; *Notre politique financière pendant la rébellion sudiste (1865)*; *Recherches sur la parallaxe du soleil (1867)*, *l'Action des planètes sur la lune (1871)*; *Tables de la planète Uranus (1873)*; *Mouvements planétaires (1874)*, *l'A. B. C. de la finance (1877)*, *l'Astronomie populaire (1878)*; *Algèbre (1880)*; *Géométrie (1881)*; *Trigonométrie (1882)*, etc. Il a collaboré à la *North American Review* et à diverses autres publications périodiques.

NEWMAN, John Henry, prélat catholique anglais, cardinal, fils d'un banquier de Londres, où il est né en 1801, fit ses études à l'école d'Ealing et au collège de la Trinité, à Oxford, où il prit le grade de bachelier ès arts en 1820 et devint membre du collège Oriel. En 1825, il devint vice-principal de Saint-Alban's Hall et l'année suivante professeur à son collège, poste qu'il conserva jusqu'en 1831, et fut appelé en 1828 à la cure de Sainte-Marie d'Oxford, recevant en même temps la charge d'aumônier extraordinaire de Littlemore. En 1842, il quittait Oxford et fondait à Littlemore une secte ascétique dont il eût fallu remonter au moyen âge pour retrouver le modèle; il prenait en même temps une grande influence sur la jeunesse des écoles par l'éloquence de ses sermons et ne tardait pas à être reconnu, avec le fameux Dr Pusey, mort en 1882, comme le chef du parti de la Haute-Église. Il prit une grande part avec celui-ci à la publication de la collection de brochures religieuses intitulée *Tracts for the Times* et écrivit notamment la dernière, portant le n° 90, qui fut sévèrement censurée par les autorités universitaires, en ce qu'elle tendait à effacer la ligne de démarcation entre l'Église anglicane et l'Église catholique romaine. En octobre 1845, enfin, il se séparait de l'Église établie d'Angleterre et entrait dans l'Église catholique romaine; ordonné prêtre à Rome peu après, il fut nommé directeur de l'oratoire de Saint-Philippe-de-Neri, à Birmingham. — Il est bon de rappeler qu'avant cette conversion M. Newman, qui appartenait d'abord à l'Église presbytérienne, avait déjà opéré un premier changement de front, de sorte que le bruit mis en circulation, une douzaine d'années plus tard, de son retour à l'anglicanisme n'était peut-être pas aussi dépourvu de fondement que ses amis nouveaux le prétendaient alors, bien qu'il ne se soit pas vérifié. Quoi qu'il en soit, M. Newman était nommé, en 1854, recteur de l'université catholique de Dublin, nouvellement fondée. En 1858, il résignait ce poste et fondait à Edghaston, près de Birmingham, une école pour les enfants de la *gentry* catholique. En 1853, ce converti, qui jugeait mauvais un petit institut, ne craignait pas d'employer contre un prêtre italien, qui avait embrassé l'anglicanisme, l'arme sûre de don Bazile. Condamné comme calomniateur à l'amende et à des dommages-intérêts s'élevant à une somme considérable, il eut la satisfaction de voir couvrir ces frais coûteux par le moyen de souscriptions catholiques auxquelles, comme de juste, participèrent avec enthousiasme les caisses ultramontaines françaises. M. Newman a été créé cardinal, de l'ordre des diacres, par Léon XIII, dans un consistoire tenu le 12 mai 1879. — On a du cardinal Newman : *Vie d'Apollonius de Tyane (1824)*, les *Ariens au quatrième siècle (1833)*; *Lectures sur le romanisme et le protestantisme populaire (1837)*; *Lettres à M. J. Faussett sur certains articles de foi (1838)*; *Sermons paroissiaux (1838-44)*; *Lectures sur la justification*, *l'Église des Pères (1840)*; *Essai sur les miracles au moyen âge (1843)*; *Traduction annotée de Saint Athanase (1843-44)*; *Sermons sur les questions* du jour, *Sermons sur la théorie de la foi religieuse (1844)*; *Développement de la doctrine chrétienne (1846)*, *Perte et gain, ou histoire d'un converti (1848)*; *Discours aux congrégations mixtes*, *Lettres sur certains scrupules*, *Sermons à l'oratoire de Saint-Philippe-de-Neri (1850)*; *Conférences sur l'histoire des Turcs dans ses rapports avec celle du christianisme*; *Callista, histoire du troisième siècle (1854)*; *Discours sur la nature des universités et sur l'œuvre et l'objet des universités (1855-56)*; *Sermons prêchés en diverses occasions (1857)*; *Conférences et études sur des sujets relatifs aux universités (1859)*; *Apologia pro vitâ suâ*, autobiographie (1864); *Histoire de mes opinions religieuses (1865)*; *Lettre au Dr Pusey sur son « Eirenicon » (1866)*, un *Recueil de poésies (1868)*; *Essai sur la complaisance (1870)*; *Lettre adressée à Sa Grâce le duc de Norfolk, au sujet de la récente « Expostulation » de M. Gladstone (1875)*.

NEWTON, CHARLES THOMAS, antiquaire anglais, né à Bredwardine, comté d'Hereford, en 1816. fit ses études à l'école de Shrewsbury et à l'Église du Christ à Oxford, où il prit le grade de maître ès arts. Entré comme employé au département des antiquités au Musée britannique en 1840, il résignait ses fonctions en 1852, entraîné par le désir de pratiquer des fouilles sur les côtes de l'Asie-Mineure et dans les îles de la mer Égée, et obtenait le vice-consulat de Mitylène. Après avoir passé plusieurs années à explorer les îles de l'Archipel, il découvrit à Boudroun, l'antique Halicarnasse, l'emplacement du merveilleux tombeau élevé à son mari Mausole par la reine Artémise. Il y entreprit aussitôt des fouilles qu'il étendit aux environs, notamment aux ruines de Cnide (1856-59), lesquelles lui firent découvrir toute une collection de magnifiques sculptures dont a profité le Musée britannique, qui est en outre redevable à M. Newton d'une quantité d'antiquités grecques, inscriptions, vases, monnaies. etc. Nommé en 1860 consul britannique à Rome, M. Newton était nommé l'année suivante conservateur des antiquités grecques et romaines au Musée britannique. — Correspondant libre de l'Académie des Beaux-Arts (Institut de France) depuis 1866, il a été élu membre honoraire du collège Worcester d'Oxford à la fin de 1874. Il a été créé compagnon de l'ordre du Bain en 1885, nommé professeur d'archéologie au Collège de l'université de Londres en 1880 et antiquaire à l'Académie royale des beaux-arts. — Il a publié : *Notes sur les sculptures de Wilton House (1849)*; *Histoire des découvertes faites à Halicarnasse, Cnide, etc., (1862, 2 vol.)*; *Voyages et découvertes dans le Levant (1865, 2 vol.)*; *Description de la collection Castellani (1874)*; *Guide à la collection d'antiquités de Blacas*, *Synopsis du contenu du Musée britannique dans son département des antiquités grecques et romaines*, et *Essai sur l'art et l'archéologie (1880)*. Il a, en outre, traduit de l'allemand, les *Mœurs et coutumes des Grecs* de Panofka, et édité la *Collection des anciennes inscriptions grecques du British Museum*.

NICOLAS Ier, PETROVITCH NIEGOCH NIKITA, prince régnant du Monténégro, fils de Mirko Petrovitch et neveu de Danilo, premier prince laïque ou knès du Monténégro, mort sans postérité, assassiné à Cattaro le 13 août 1860. est né le 21 septembre 1841 et a été élevé à Paris, où il fit ses études au collège Louis-le-Grand. A la mort de son oncle, et sur le refus de son père Mirko, le prince Nikita fut élu prince du Monténégro par le Sénat réuni en Assemblée solennelle. D'un caractère doux et paisible, le nouveau knès régna moins que Mirko qui, partisan de la guerre, avait déjà été en ceci l'adversaire politique de son frère, prince prudent et réformateur, tombé d'ailleurs victime d'une vengeance politique. La veuve de Danilo, la princesse Darinka Koutchitch, dont Mirko craignait l'influence contraire aux préjugés aveugles qui conduisent périodiquement les Monténégrins dans des aventures sanglantes sans issue et les tiennent éloignés du courant de la civilisation moderne, la princesse Darinka fut écartée et le jeune prince fut marié en grande hâte avec une jeune fille du plus pur sang Monténégrin, Milena Voukotitch, afin de prévenir l'éventualité désastreuse pour le parti de la barbarie d'un mariage avec une princesse étrangère. Dès le mois de février 1861, en conséquence, les hostilités recommençaient, plus acharnées que jamais, avec les Turcs, entraînant la kyrielle des massacres, des pillages, des incendies qui ne manquent jamais d'accompagner le moindre engagement où il puisse se trouver un vaincu, dans ce pays béni du ciel. Cet état de choses se poursuivit jusqu'au 22 septembre 1862, époque de la signature, sous les murs mêmes de Cétigne, d'un traité de paix entre le prince Nikita et Omer Pacha, que le vainqueur aurait pu faire beaucoup plus dur sans qu'on fût en droit de l'accuser d'abuser de la situation. Toutefois, l'article 5 de ce traité portait que « Mirko quitterait le Monténégro et n'y pourrait plus rentrer ». Mais si cette disposition parut excessive au prince, on lui doit cette justice qu'il n'en tint jamais le moindre compte : cependant, pour être juste jusqu'au bout, il faut bien reconnaître que la Porte n'en exigea pas l'exécution, et qu'elle consentit même, un peu plus tard, à ne pas user de tous ses autres droits spécifiés dans ce traité. En 1867, le prince Nikita venait à Paris pour visiter l'Exposition. Son pays était à cette époque la proie du choléra, dont son père, Mirko, fut une des victimes. En 1868, il promulguait une constitution nouvelle, qui donnait au Sénat la direction administrative; mais ce Sénat étant choisi par le prince, et aucun autre pouvoir n'existant pour faire contrepoids, la réforme n'était pas très radicale. La révolte des Dalmates des bouches du Cattaro, en 1869, fit espérer aux Monténégrins que le moment de la revanche était venu; de grandes mesures militaires furent prises afin d'être prêts à profiter des éventualités; mais il n'y eut aucun profit à tirer de l'événement. Un voyage à Saint-Pétersbourg, exécuté par le prince la même année, fut l'objet des interprétations assez justifiées de la presse; mais il n'y avait pas autre chose à faire pour le moment que des réformes militaires et administratives, et on s'y employait avec toute l'ardeur possible dans un tel pays : l'institution des préfets date de 1871 ; celle d'une espèce de ministère de 1873. — En 1874, à l'occasion de l'assassinat d'un musulman de Podgoritza par son valet chrétien et du meurtre de celui-ci par les autres domestiques de la première victime, un soulèvement eut lieu, dans lequel musulmans et chrétiens rivalisèrent de férocité, comme c'est l'habitude. Voici les deux nations de nouveau prêtes à en venir aux mains ; de nouveau la diplomatie européenne en mouvement. Il n'y eut pourtant rien de plus pour cette fois. Ce ne fut même qu'assez longtemps après que l'Herzégovine soulevée se fut battue seule, ou à peu près, contre les Turcs, qu'à l'exemple de la Serbie, le Monténégro se décidait à prendre part à la lutte. Après avoir protesté, à la date du 20 juin 1876, en réponse à une dépêche courtoise du grand vizir, qu'il n'avait pas l'intention de s'immiscer dans la querelle pendante entre la Porte et ses sujets herzégoviniens, le prince Nikita déclarait la guerre le 2 juillet et, à la tête de son armée, envahissait l'Herzégovine et marchait sur Nostar. Nous ne pouvons suivre les péripéties de cette campagne ; nous rappellerons seulement qu'en dépit de l'incapacité militaire notoire de leur prince, et tandis que leurs amis les Serbes se faisaient battre à peu près dans toutes les rencontres, les Monténégrins, eux, faisaient éprouver des échecs cruels, presque constants, à leurs adversaires et qu'un traité de paix ne pouvait être conclu entre eux et la Porte dans les mêmes conditions qu'entre celle-ci et la Serbie, sur l'instance du roi Milan. Leurs agents le firent bien comprendre à Constantinople ; mais la question entrait dans une phase nouvelle : la Russie déclarait la guerre à la Turquie avant que rien fût terminé, laissant, par conséquent, les choses en l'état. Enfin, le traité de Berlin (13 juillet 1878) vint arranger les choses, ici comme un peu partout, en dépouillant Pierre pour couvrir Paul : les frontières du Monténégro furent étendues d'un peu plus de 5,000 kilomètres carrés. Mais comme c'était en grande partie aux dépens de l'Albanie que le Monténégro était ainsi étendu, on se battit d'abord, puis la Porte dut s'en mêler et faire exécuter de force, à ses propres sujets, les décisions du Congrès de Berlin, prises à son propre détriment. — Le prince Danilo Alexandre, né le 30 juin 1871, est le fils unique et l'héritier du prince Nicolas, qui a eu en outre six filles.

NICOLAS (grand duc), NICOLAIEVITCH, troisième fils du feu czar Nicolas Ier, frère d'Alexandre II et oncle d'Alexandre III, empereur de Russie, est né le 27 juillet (8 août) 1831. Destiné à suivre la carrière militaire dans l'arme du génie, il fut élevé en conséquence et entra dans le service actif à l'âge de seize ans. Le grand-duc Nicolas est venu passer quelques jours dans Sébastopol assiégée, en 1855 ; il a été attaché, pendant une couple d'années, à l'état major général de l'armée du Caucase et a assisté, en cette qualité, à quelques escarmouches avec les Tcherkesses. Général et inspecteur général du génie, il commanda en chef toute l'arme, avec le général Todtleben pour adjoint, du moins tant que celui-ci a vécu (il est mort le 2 juillet 1884) ; mais il est inutile d'ajouter que c'est l'adjoint qui commandait effectivement. Il est, en outre, commandant des gardes du corps, chef de divers régiments russes et du 5e cuirassiers prussien, et propriétaire du 2e régiment de hussards autrichiens. Le grand-duc Nicolas est, en outre, président du comité suprême pour l'organisation et l'instruction des troupes. — Dans la dernière guerre contre les Turcs (1877-78), il reçut le commandement en chef de l'armée du Danube, laquelle, à la suite d'un conseil de guerre tenu quelques jours auparavant à Kicheneff, envahissait la Roumanie le 24 avril 1877. Le grand-duc lui-même arrivait à Bucarest le 17 mai et était reçu à la gare, en grande cérémonie, par le prince régnant Charles 1er et par le métropolitain. Il résignait son commandement en avril 1878, sans avoir joué dans cette guerre un rôle personnel bien marqué. — Le grand-duc Nicolas a épousé, le 6 février 1856, la princesse Alexandra, fille du prince Pierre d'Oldenbourg, née le 2 juin 1838. Il en a eu deux fils : le grand-duc Nicolas, né le 18 novembre 1856 et le prince Pierre, né le 22 janvier 1864.

NICOLINI, Ernest Nicolas (dit), chanteur français, né vers 1835, est élève du Conservatoire de Paris, où il obtint en 1855 un premier accessit et l'année suivante un 2e prix d'opéra comique. M. Nicolas débuta peu après à l'Opéra-Comique, où il passa complètement inaperçu. Il entreprit alors la carrière italienne sous le nom de *Nicolini*, et obtint presque aussitôt de grands succès à l'étranger. M. Nicolini a joué successivement à Madrid, Rome, Londres, Bruxelles, Saint-Pétersbourg, Vienne, Paris, etc. — Son nom a été beaucoup mêlé à certaine aventure qui donna naissance au procès en séparation intenté à son mari par Mme Adelina Patti, marquise de Caux, en février 1877. Il a épousé celle-ci, divorcée depuis, le 9 juin 1886, devant le consul français à Swansea.

NICOTERA (baron), Giovanni, homme politique italien, né le 9 septembre 1828 à San-Biase (Calabre). Il fit son droit, mais le soulèvement des Calabres, en 1848, ne lui laissa pas le temps de se choisir une carrière. Affilié de bonne heure à la « Jeune Italie », il prit part à ce soulèvement, puis passa à Rome, qu'il défendit dans les rangs des soldats de la République contre l'armée de la République française, et fut blessé. Après la pacification, le baron Nicotera résida à Turin ; mais ayant pris part à la tentative malheureuse de Pisacane contre le royaume de Naples, en 1857, et ayant été blessé et fait prisonnier, il fut condamné à mort par une cour martiale. Sa peine ayant été commuée en celle des galères à perpétuité, c'est aux galères de Favignana que la révolution de 1860, enfin triomphante, trouva le baron Nicotera, qu'elle rendit à la liberté. Devenu aide de camp de Garibaldi, M. Nicotera combattit à ses côtés dans le Tyrol, dans la campagne de 1866, et dans l'expédition dirigée contre Rome l'année suivante, il commandait les volontaires napolitains. Elu député au premier parlement italien, par le collège de Salerne, M. Nicotera a constamment été réélu depuis, et toujours siégé à l'extrême-gauche, dont il est un des chefs. Il a dirigé le ministère de l'intérieur dans le cabinet Depretis, de mars 1876 à décembre 1877, a repris ensuite sa place à l'extrême-gauche de la Chambre, où les élections de 1886 l'envoyaient siéger pour une nouvelle législature. En décembre 1883, M. Nicotera a eu avec M. Lovito un duel qui a fait quelque bruit. — Il a publié à Salerne, en 1876, une sorte de mémoire à l'adresse de ses électeurs, intitulé : la *Vita ed i discorsi di Giovanni Nicotera*.

NIGHTINGALE, Florence, dame philanthrope anglaise, née à Florence en mai 1820, reçut par les soins de son père, riche propriétaire des comtés de Hamp et de Derby, une brillante et solide éducation et manifesta de très bonne heure ses sentiments philanthropiques au profit des voisins indigents de sa riche demeure. Après s'être activement occupée d'améliorations dans le système des écoles, des hôpitaux et autres institutions charitables anglaises, elle alla poursuivre sur le continent l'enquête commencée en Angleterre, et prit résidence dans l'institution des Sœurs de charité protestantes de Kaiserswerth, sur le Rhin. A son retour, ayant appris que l'établissement similaire de Londres, le *governesses' sanatorium* d'Harley street, languissait faute d'une direction intelligente et aussi de ressources pécuniaires, elle s'empressa de lui apporter généreusement l'un et l'autre. Miss Nightingale avait à peine quitté l'établissement qu'elle avait rendu florissant, pour prendre un peu de repos bien gagné, lorsque, sur les réclamations énergiques provoquées par l'état déplorable des blessés de l'armée anglaise en Orient, le gouvernement songea à former un corps d'infirmières volontaires destinées à être attachées aux hôpitaux et ambulances militaires de Crimée et à lui offrir la direction de ces personnes dévouées. Sollicitée par le feu lord Herbert, secrétaire de la guerre, miss Nightingale procéda immédiatement à l'organisation du corps en question et voulut la faire à ses propres frais. Le 21 octobre, elle s'embarquait avec un premier détachement de quarante personnes de cette glorieuse phalange, qui devait bientôt en compter plus de cent cinquante, dont beaucoup de femmes appartenant aux classes élevées et opulentes. Les services que rendit cette institution nouvelle, ceux de miss Nightingale en particulier, furent énormes, et il n'est plus besoin d'y insister aujourd'hui que la reconnaissance populaire vouée à ces femmes et à celle qui les dirigea avec tant d'intelligence et d'abnégation, malgré les obstacles, malgré la maladie, a pris des proportions d'un véritable culte. A son retour à Londres, miss Nightingale reçut de la reine une lettre de félicitations conçue dans les termes les plus affectueux et un bijou d'un grand prix ; une souscription publique s'organisa pour lui offrir un « testimonial » qui fût à la hauteur des sentiments qu'inspirait sa noble conduite. Cette souscription produisit 1,250,000 francs, qui furent employés, par la volonté expresse de miss Nightingale, à la fondation et à l'entretien d'une institution pour l'éducation des garde-malades *(nurses)*, dont elle rédigea elle-même les statuts. Sa santé, ébranlée par des travaux si considérables et si prolongés, ne lui permettant pas de prendre, comme elle en avait l'intention, la direction active de cet établissement, elle n'a cessé toutefois de l'aider de toutes les façons et de l'appuyer de ses écrits. — Miss Nightingale a publié : *Considérations sur divers sujets relatifs à la santé et à l'efficacité de l'administration hospitalière de l'armée anglaise, fondées principalement sur l'expérience acquise pendant la dernière guerre (1856)* ; *Notes sur les hôpitaux (1859)* ; *Notes sur les soins à donner aux malades*, ouvrage tiré et vendu à plus de cent mille exemplaires (1860), traduit en français par le Dr Daremberg ; *Observations sur l'état sanitaire de l'armée des Indes (1863)* ; *Notes sur les maisons d'accouchement, suivies d'un Projet d'organisation d'une école de sages-femmes et de garde-malades d'accouchement (1871)* ; *la Vie ou la mort dans l'Inde*, mémoire lu à l'assemblée de l'Association nationale pour l'avancement de la science sociale, à Norwich (1873) ; *la Vie ou la mort par l'irrigation (1874)*, etc.

☆ **NIGRA** (comte), Constantino, diplomate italien, né le 12 juin 1827 à Castellamonte (Piémont). Il suivit les cours de droit de l'université de Turin lorsque se produisirent les événements de 1848, et s'enrôla dans l'armée piémontaise pour combattre les Autrichiens. Blessé grièvement à Rivoli, la campagne se termina là pour lui, et il abandonna du coup la carrière des armes. Attaché au ministère des affaires étrangères, M. Nigra accompagnait le comte Cavour au congrès de Paris, en qualité de secrétaire (1856), en 1859, il prenait part aux négociations préliminaires entre la France et son pays, relatives à la guerre avec l'Autriche, qu'il suivit du quartier général de l'empereur des Français. Il suivit ensuite, en qualité de secrétaire, les plénipotentiaires italiens au congrès de Zurich, puis fut nommé ministre plénipotentiaire à Paris. Lorsque la guerre de 1870 devint imminente, M. Nigra fut un de ceux qui firent les plus sérieux efforts pour l'empêcher. Il demeura à son poste jusqu'à la fin, et au 4 septembre, manifesta comme il put son dévouement à l'impératrice déchue et fugitive. Après avoir représenté son pays pendant quinze ans, comme ministre plénipotentiaire, à Paris, M. Nigra était nommé ambassadeur à Saint-Pétersbourg en mars 1876. Transféré à l'ambassade de Londres en novembre 1882, il était élevé au rang de comte par le roi Humbert, en récompense des services qu'il avait rendus à son pays dans le poste précédent. Le 10 novembre 1885, le comte Nigra était nommé ambassadeur à Vienne. Il est grand officier de la Légion d'honneur. — M. Nigra, pendant son séjour en France, présida les fêtes données à Avignon, en juillet 1874, à l'occasion du cinq-centième anniversaire de la mort de Pétrarque, et y prononça un discours remarquable. Il est, du reste, auteur d'ouvrages estimés sur la poésie populaire de l'Italie.

NILSSON, Christine, cantatrice suédoise, née à Wederslœf le 3 août 1843, d'une famille de paysans. Douée de dispositions naturelles pour la musique, elle apprit à jouer de divers instruments. Elle parcourait depuis quelque temps les foires et les marchés, chantant sur la place publique en s'accompagnant du violon, lorsqu'en juin 1857, à la foire de Ljungby, une personne riche et influente, M. F. G. Tornerhjelm, la rencontra, fut frappé de sa grâce et de la puissance latente de son jeune et inculte talent, et résolut de l'arracher à cette vie errante. Elle entra, grâce à son appui, à l'école de Halmstad, puis à celle de Stockholm où elle eut pour maître M. Franz Berwald et débuta à Stockholm en 1860. Elle vint ensuite à Paris, pour compléter son éducation musicale sous la direction de MM. Victor Massé et Wartel, et débuta au Théâtre-Lyrique, dans le rôle de Violetta de la *Traviata*, le 27 octobre 1864. Son succès fut si réel, qu'elle fut aussitôt engagée pour trois ans. Elle parut ensuite à ce théâtre, dans le cours de ce premier engagement, dans la *Flûte enchantée*, *Martha*, *Don Juan*, *Sardanapale*, les *Bluets*, etc. En 1867, elle débutait à Londres, au théâtre de Sa Majesté, auquel elle attira la foule pendant toute la durée de la saison. A son retour à Paris, dans l'automne de la même année, elle était engagée à l'Opéra pour y jouer le rôle d'Ophélie dans l'*Hamlet* de M. Ambroise Thomas. En 1869. elle y reprenait avec succès, quoiqu'après Mme Carvalho, le rôle de Marguerite de *Faust*. En 1870, Mlle Nilsson faisait une tournée dans les principales villes des Etats-Unis où, en moins d'une année, on estimait qu'elle avait recueilli au moins 750.000 fr. Après deux ans d'absence, elle était de retour en Europe en 1872, et reparaissait dans la *Traviata*, au théâtre de Drury-Lane, le 28 mai. Le 27 août suivant, elle épousait M. Aug. Rouzaud, fils d'un grand négociant parisien, à l'abbaye de Westminster. Depuis. Mme Rouzaud a paru à Saint-Pétersbourg et a joué à peu près toutes les saisons à Londres, notamment pendant celles de 1874 et 1875, au théâtre de Sa Majesté, soit l'opéra français, soit l'opéra italien. Elle n'a fait, par contre, qu'une fausse rentrée à l'Opéra de Paris, qu'elle devait inaugurer en janvier 1875, au moment où une indisposition la contraignit, soi-disant, à se retirer à Cannes. En 1876, elle faisait dans les principales villes de Belgique, une tournée fructueuse. Elle retournait ensuite à Saint-Pétersbourg, puis à Londres, et enfin s'embarquait pour les Etats-Unis, où une tournée fut absolument triomphale, et comme on n'en avait pas encore fait, s'il faut en croire les journaux américains de l'époque. Elle donnait enfin sa représentation d'adieu à New-York, devant une foule énorme et enthousiaste, le 16 avril 1883. En octobre 1886, elle devait partir avec M. Maurice Strakosch pour une tournée artistique en Espagne, mais une grave affection des bronches, en la retenant forcément à Paris, la lui a fait manquer. — Veuve depuis le 22 février 1882, Mlle Nilsson ne paraît pas très pressée de convoler en secondes noces, car depuis le commencement de 1886, au moins, on parle de son mariage avec un noble Espagnol très connu à Paris sous le nom modeste d'Angel de Miranda, et ce mariage, toujours à la veille d'être célébré, est toujours remis à plus tard.

NISARD, Jean Marie Napoléon Désiré, littérateur français, ancien sénateur, né à Châtillon-sur-Seine le 20 mars 1806, fit ses études au collège Sainte-Barbe, et entra à la rédaction du *Journal des Débats* en 1826. Après la révolution de Juillet, il entra au ministère de l'instruction publique, où il ne resta que peu de temps. Lié d'amitié avec Armand Carrel, il quitta le *Journal des Débats* pour le *National*, où il fit une ardente opposition au mouvement romantique et combattit Victor Hugo, son chef. En reconnaissance de ce beau zèle, Guizot le nomma maître des conférences de littérature française à l'École normale en 1835; l'année suivante, il était nommé presque simultanément chef du secrétariat du ministère de l'instruction publique et maître des requêtes au Conseil d'État. Élu député de la Côte-d'Or en 1842, M. D. Nisard prit place dans les rangs ministériels et prit quelquefois la parole sur des questions d'instruction publique. En 1843, il était appelé à la chaire d'éloquence latine à la Sorbonne, en remplacement de Burnouf. La révolution de février 1848, en l'écartant naturellement des emplois purement politiques, supprimés de fait, conserva à M. D. Nisard sa chaire à la Sorbonne. Il devenait d'ailleurs, peu de temps après, inspecteur de l'enseignement supérieur et succédait à Villemain, à la chaire d'éloquence française; en 1850, il fut élu membre de l'Académie française, en remplacement de de Feletz. Nommé en 1857 directeur de l'École normale, il fut suppléé dans sa chaire de la Sorbonne, qui lui fut conservée, par M. Demogeot, entra au Conseil supérieur de l'instruction publique et ne quitta la direction de l'École normale que lorsqu'il fut appelé au Sénat par décret du 18 novembre 1867. M. Nisard est commandeur de la Légion d'honneur depuis 1856. — On lui doit: *Études de mœurs et de critique sur les poètes latins de la décadence* (1834, 2 vol.); *Histoire et description de la ville de Nîmes* (1835); *Mélanges* (1838); *Collection des classiques latins*, publiée sous sa direction (1839 et suiv., 27 vol. grand in-8°, 2 col.); *Précis de l'histoire de la littérature française, depuis ses premiers monuments jusqu'à nos jours* (1840); *Histoire de la littérature française*, (1844-49-61, 6e édit., 1877, 4 vol. in-4° et 4 vol. in-18), ouvrage qui a obtenu le prix biennal de 20.000 fr. en 1881; *Études de critique littéraire*, contenant sa belle notice sur Armand Carrel, publiée en 1856

dans la *Revue des Deux-Mondes* (1858); *Études d'histoire et de littérature* (1859); *Nouvelles études d'histoire et de littérature* (1864); *Mélanges d'histoire et de littérature* (1868); divers autres recueils d'articles publiés à la *Revue des Deux-Mondes*, à la *Revue de Paris*, à la *Revue européenne*, à la *Revue contemporaine*, au *National*, au *Journal des Débats*, etc.: quelques traductions de Shakespeare, des discours académiques, etc.; puis: *Portraits et études d'histoire littéraire* (1874); les *Quatre grands historiens latins* (1875); et *Renaissance et Réforme* (1877, 2 vol.).

NISARD, Marie Édouard Charles, littérateur français, frère du précédent, né à Châtillon-sur-Seine le 10 janvier 1808, fit ses études au collège Sainte-Barbe, et, après trois ans passés dans la carrière commerciale, débuta dans celle des lettres en 1829, par une *Épître aux anti-romantiques* qui ne fut pas précisément du goût de son frère Désiré, mais qui rejoint ses adversaires. En tout cas, il s'empressa de la détruire. Attaché en 1831 à la maison du roi, M. Charles Nisard a conservé ses fonctions jusqu'à la révolution de Février et collabora activement aux journaux officiels de l'époque. Sous l'Empire, il a fait partie de la commission de colportage au ministère de l'intérieur. Il est chevalier de la Légion d'honneur depuis 1845. — M. Nisard a été élu membre libre de l'Académie des inscriptions et belles-lettres, en remplacement d'Ambroise Firmin Didot, en avril 1876. — On a de lui: la traduction des *Œuvres de Martial* et de *Valerius Flaccus* et des *Poèmes érotiques d'Ovide*, dans la *Collection des classiques latins* de M. D. Nisard (1839 et suiv.); *Camera lucida*, collection de portraits allégoriques contemporains (1845); le *Triumvirat littéraire au XVIe siècle*, J. Scaliger, J. Lipse et Casaubon (1852); les *Ennemis de Voltaire* (1853); *Mémoires de Huet, évêque d'Avranches*, traduits du latin (même année); *Histoire des livres populaires depuis le XVe siècle jusqu'en 1852* (1854, 2 vol.); les *Gladiateurs de la République des lettres aux XVe, XVIe et XVIIe siècles* (1860, 2 vol.); une édition annotée des *Mémoires du père Garasse* (1861); *Curiosités de l'étymologie française* (1863); *Des chansons populaires chez les anciens et chez les Français* (1866, 2 vol.); *Étude sur le langage populaire ou patois de Paris et de sa banlieue* (1873); *Correspondance inédite du comte de Caylus avec le P. Paciaudi*, d'après les originaux de la bibliothèque de Parme (1877, 2 vol.); *Guillaume du Tillot* (1879), etc.

NISARD, Jean Marie Auguste, professeur français, frère des précédents, né à Châtillon-sur-Seine, en 1809, fit ses études à Paris, au collège Sainte-Barbe, puis entra à l'École normale supérieure. Professeur de rhétorique au collège Bourbon, il prit le grade de docteur ès lettres en 1847. Après avoir occupé diverses chaires dans les facultés, M. Auguste Nisard est devenu recteur de l'Académie de Grenoble, puis inspecteur de l'Académie de la Seine en 1857. M. Auguste Nisard, admis à la retraite en 1873, était nommé doyen de la faculté des lettres de l'université catholique de Paris, le 13 décembre 1875. — On lui doit: *Examen des poétiques d'Aristote, d'Horace et de Boileau*, thèse de doctorat; la traduction de l'*Art poétique* d'Horace et celle des *Œuvres de Virgile*, dans la collection des *Classiques latins* de M. D. Nisard, auquel il a aussi traduit de l'anglais un pamphlet dirigé contre l'usurpateur portugais don Miguel, en 1830. — Il est officier de la Légion d'honneur depuis le 7 août 1870.

NOAILLES (marquis de), Emmanuel Henri Victurnien, diplomate et historien français, second fils du duc de Noailles, membre de l'Académie française, mort en 1883, est né en 1830, s'occupa de bonne heure de travaux historiques et publia notamment: la *Pologne et ses frontières* (1863); la *Poésie polonaise* (1867) et *Henri de Valois et la Pologne en 1572* (1867, 3 vol.), ouvrage couronné par l'Académie française. — Nommé ministre plénipotentiaire de France à Washington, le 12 mars 1872, M. le marquis de Noailles passait en la même qualité à Rome le 6 novembre 1873 et était élevé au rang d'ambassadeur de France près le roi d'Italie le 18 juillet 1876. Il a été successivement transféré depuis à Vienne, puis à Constantinople en la même qualité. Chevalier de la Légion d'honneur en 1873, M. le marquis de Noailles a été promu grand officier le 10 juillet 1880.

NOBLOT, Jean Louis Adolphe, industriel et homme politique français, né à Héricourt (Haute-Saône) le 26 août 1816. Élève de l'École centrale, en sortit en 1837 avec son diplôme, puis devint filateur à Héricourt. Vice-président du Conseil général de la Haute-Saône, M. Noblot se présenta aux élections sénatoriales, comme candidat républicain, le 30 janvier 1876, et fut élu. Il a été réélu au renouvellement du 8 janvier 1882, et a voté l'expulsion des princes. — M. Noblot a été nommé chevalier de la Légion d'honneur en 1880.

NOBLOT. Th. industriel et homme politique français, né à Arconville (Aube) en 1824. Il était à la tête d'une importante manufacture, à Metz, et faisait partie du Conseil municipal de cette ville, lorsqu'éclata la guerre de 1870. Elu représentant de la Moselle à l'Assemblée nationale, le 8 février 1871, M. Th. Noblot donna sa démission avec ses collègues des provinces enlevées à la France, après le vote des préliminaires de paix. Elu député de la 2e circonscription de Nancy à une élection partielle, en août 1883, M. Noblot s'inscrivit à l'Union républicaine. Il a été élu député de Meurthe-et-Moselle le 4 octobre 1885, le deuxième sur la liste républicaine, et a voté l'expulsion des princes.

NOIROT. ALPHONSE XAVIER, avocat et homme politique français, fils d'un ancien constituant de 1848, est né à Vesoul le 2 février 1833. Maire de sa ville natale pendant la guerre, M. Noirot fut élu député du 8 février 1871 dans la Haute-Saône; il fut élu député de l'arrondissement de Vesoul au scrutin de ballottage du 5 mars 1876 et siégea à gauche. Réélu le 14 octobre 1877 et le 21 août 1881, il a été quelque temps sous-secrétaire d'État au ministère de la justice. Aux élections d'octobre 1885. M. Noirot a été élu député de la Haute-Saône au scrutin du 18. Il a voté l'expulsion des princes. — M. Noirot est secrétaire perpétuel de la Société d'agriculture, sciences et arts de la Haute-Saône. Il a fondé à Vesoul, en 1871, l'*Avenir de la Haute-Saône*, journal républicain.

NORDENSKJŒLD (baron), ADOLF ERIK, naturaliste et explorateur suédois, né le 18 novembre 1832 à Helsingfors, ville autrefois suédoise, aujourd'hui capitale du grand-duché russe de Finlande. Son père, Nils Gustaf Nordenskjœld, chimiste et minéralogiste distingué était directeur des mines de Finlande. Il reçut donc de son père les premières notions des sciences naturelles non seulement théoriques, mais pratiques: il entra ensuite au gymnase de Borga, puis à l'université d'Helsingfors (1849), se livrant presque exclusivement aux études scientifiques et passant ses vacances en excursions dans les riches districts miniers de Finlande. Compromis dans je ne sais quelle équipée d'étudiants, M. Nordenskjœld dut passer la frontière avant toute explication, et se réfugia en Suède, où, n'ayant pu obtenir de passeport pour retourner en Finlande, il se fixa. En 1857, époque à laquelle remonte son premier voyage aux régions arctiques, il accompagnait Torell au Spitzberg. A son retour à Stockholm, il fut nommé professeur de géologie et de minéralogie à l'Académie des sciences et conservateur des collections minéralogiques de l'État, qu'il a considérablement enrichies, depuis, du produit de ses expéditions aventureuses. En 1861, il retournait au Spitzberg, pour mesurer un arc du méridien. Le travail n'ayant pu être achevé dans cette expédition, il y retournait trois ans après, cette fois comme chef d'expédition; il achevait la mensuration de son arc du méridien et dressait la carte du Spitzberg du sud. En route, l'expédition rencontra et recueillit des chasseurs de phoques naufragés. Cette augmentation de personnel se fit surtout sentir sur les provisions, et contraignit les explorateurs à un retour prématuré. Aussitôt rentré, M. Nordenskjœld se mit en devoir de préparer une nouvelle expédition: une souscription ouverte par les habitants de Gotenbourg lui en fournit les moyens, d'autant plus facilement que le gouvernement suédois mettait à sa disposition un petit vapeur, la *Sofia*, qui prenait la mer au commencement de septembre 1868. L'expédition atteignit 81°42' de latitude nord, point dépassé seulement par l'américain Hall, et plus tard par l'anglais Nares. Convaincu qu'il était possible d'approcher davantage du pôle, en hivernant au Spitzberg et en faisant usage de traîneaux, M. Nordenskjœld se rendit au Groënland, afin de s'édifier sur la valeur réelle des chiens et des rennes comme attelage de traîneaux dans un pareil voyage; enfin il se dirigea vers le pôle, en 1872, suivi par deux petits bâtiments auxiliaires, bientôt obligés de retourner. L'hiver avait été très précoce, et le *Polhem* fut pris dans les glaces, et, au nord du Spitzberg; mais le temps de cet hivernage fut employé par M. Nordenskjœld et le lieutenant Palander en explorations à terre très fécondes. Enfin, au mois de juillet, la débâcle arriva, et on eût cru, ce retour, qu'on avait souffert beaucoup de privations. M. Nordenskjœld s'occupa alors d'explorer le voisinage des côtes sibériennes, notamment la mer de Kara, réputée couverte de neiges éternelles et l'Iénisseï. En 1875, il traversa cette mer de Kara et remonta le fleuve dans un petit bateau, montrant ainsi que la navigation était possible dans ces parages. Après avoir assisté à l'Exposition universelle de Philadelphie, comme on prétendait qu'il avait accompli son précédent voyage sans obstacle parce qu'il avait été servi par une température exceptionnelle, il le répéta, mais cette fois en commençant par le fleuve et finissant par la mer. Il explora par la même occasion la vallée de l'Iénisseï, et en dehors de la récolte habituelle de spécimens intéressants des trois règnes, découvrait une route commerciale conduisant en Chine à travers la Sibérie, outre la route commerciale à travers la mer de Kara. Cette dernière découverte confirma M. Nordenskjœld dans l'espoir de découvrir le fameux passage nord-est, si souvent entrevu et jamais atteint. De riches particuliers, MM. Oscar Dickson et Sibiriakoff et le roi de Suède prêtèrent leur aide à ce projet, et le 9 juillet 1878. la nouvelle expédition, embarquée sur la *Véga*, quittait Tromsœ: tel est le nom du premier navire (connu) qui ait réussi à doubler le point le plus septentrional de l'ancien monde, le cap Tchélinskine. Il hiverna dans le détroit de Behring, et en juillet 1879, libéré des glaces qui l'avaient retenu captif pendant de longs mois, continuait sa route vers l'Orient, et atteignait le Japon le 2 septembre. A son retour en Europe, l'expédition était saluée par des démonstrations enthousiastes. Le professeur Nordenskjœld, notamment, fut créé baron par le roi Oscar (avril 1880). Il avait d'abord passé par Paris où, après une réception des plus flatteuses, il avait reçu des mains même du ministre de l'instruction publique les insignes de commandeur de la Légion d'honneur. — Il avait été élu correspondant de l'Académie des sciences en janvier 1876.

NORFOLK (duc de), HENRY FITZALAN HOWARD, comte d'ARUNDEL, SURREY et NORFOLK, baron FITZALAN, CLUN, OSWALDESTRE et MALTRAVERS, premier duc et comte, comte maréchal héréditaire, etc., est fils du dix-septième duc de Norfolk et descend des comtes d'Arundel, dont la famille, si ardemment dévouée aux Stuarts, fut élevée à la duché-pairie en 1484. Le duc de Norfolk a le pas sur toute la noblesse britannique. Il est né à Londres, Carlton Terrace, le 27 décembre 1847, et a succédé à son père le 25 novembre 1860. Membre zélé de l'Église catholique romaine, le duc de Norfolk a toujours pris un grand intérêt à tout ce qui concerne la religion à laquelle il appartient, préside fréquemment les assemblées catholiques ou dirige des pélerinages. C'est à lui, en conséquence, que le cardinal Newman crut devoir adresser, en 1875, sa réponse à la brochure de M. Gladstone contre les décrets du Vatican. — Le 8 mai 1877, le duc de Norfolk arrivait à Rome, à la tête de cent dix pélerins anglais et porteur d'une adresse au pape, couverte, dit-on, de près de 500.000 signatures. Le duc de Norfolk est président de l'Union catholique de la Grande-Bretagne.

NORTHBROOK (comte), THOMAS GEORGE BARING, homme politique et administrateur anglais, fils aîné de sir Francis Baring, devenu premier baron Northbrook, est né en 1826 et a fait ses études à l'Église du Christ, à Oxford, où il prit ses grades en 1846. Il fut successivement secrétaire privé de M. Labouchère au ministère du commerce, de sir George Grey au ministère de l'intérieur, de sir Charles Wood à celui des Indes, puis à l'Amirauté. En 1857, il fut élu membre de la Chambre des communes par Penryn et Falmouth, qu'il ne cessa de représenter que lorsque la mort de son père lui ouvrit les portes de la Chambre Haute (1866). Lord Northbrook a fait partie du Conseil d'amirauté de mai 1857 à février 1858, et a été sous-secrétaire d'État pour les Indes de 1859 à 1861, puis sous-secrétaire d'État à la guerre de dernière date à juin 1866. A l'avènement de M. Gladstone au pouvoir, en décembre 1868. il fut de nouveau nommé sous-secrétaire d'État au ministère de la guerre. Après l'assassinat de lord Mayo, lord Northbrook fut choisi pour le remplacer en qualité de vice-roi et gouverneur général des Indes, en février 1872. Il a résigné ce poste et y a été remplacé au commencement de 1876, par lord Lytton (voyez ce nom). A son retour en Angleterre, lord Northbrook, en récompense des services rendus dans son gouvernement, était créé vicomte Baring de Lee dans le comté de Kent, et comte de Northbrook dans le comté de Southampton. Il a été premier lord de l'Amirauté dans le cabinet Gladstone, de mai 1880 à juin 1885.

NORTHCOTE, sir STAFFORD. Voyez **Iddesleigh**.

NOURRISSON, JEAN FÉLIX, philosophe français, né à Thiers le 18 juillet 1825, fit ses études à Paris, au collège Stanislas, et demeura comme professeur suppléant à ce collège, tout en suivant les cours de la faculté de droit. Reçu avocat en 1850, il prit place au barreau de

Paris, fut reçu agrégé de philosophie la même année, nommé professeur de cette classe au collège Stanislas, et prit le grade de docteur ès lettres en 1853. Depuis 1854. M. Nourrisson a professé successivement la philosophie au lycée de Rennes, à la faculté de Clermont et au lycée Napoléon. En 1874, il a été appelé à la chaire de philosophie moderne au Collège de France. Il a été élu membre de l'Académie des sciences morales et politiques en remplacement du duc de Broglie, en 1870. — On a de lui : *Essai sur la philosophie de Bossuet*, thèse de doctorat (1852); le *Cardinal de Bérulle, sa vie, son temps*, etc. (1856); les *Pères de l'Église latine, leurs vies, leurs écrits*, etc. (2 vol.) et *Exposition de la théorie platonicienne des idées* (1857); *Tableau des progrès de la pensée humaine, depuis Thalès jusqu'à Hegel* (1858); *Histoire et philosophie*, études; la *Philosophie de Leibniz*, ouvrage couronné par l'Académie des sciences morales (1860); une *Visite à Hanovre* en septembre 1860 (1861); le *Dix-huitième siècle et la Révolution française* (1862); *Morceaux choisis des Pères de l'Église latine* (1874); *Machiavel* (1875); une *Étude sur la vie, le caractère et le rôle politique de Bailly* (1876); une *Notice sur Jean Toland, publiciste irlandais, auteur du « Pantheisticon »*, lue à l'Académie des sciences morales (1876); *Trois révolutions, Pascal philosophe et physicien* (1885). — M. Nourrisson a collaboré, en outre, aux *Comptes rendus* de l'Académie des sciences morales et politiques, à la *Revue des Deux-Mondes*, au *Correspondant*, à l'*Assemblée nationale de 1848*, au *Journal des Débats*, etc. — Il est chevalier de la Légion d'honneur depuis 1862.

NOVELLO, Clara Anastasia, comtesse Gigliucci, cantatrice anglaise, née à Londres le 10 juin 1818, est la quatrième fille du compositeur Vincent Novello, qui lui donna les premières leçons. En 1828, elle était admise comme élève à l'École de musique sacrée de Choron où elle resta deux ans. À la révolution de Juillet, l'école de Choron étant fermée, elle retourna en Angleterre et se produisit bientôt dans les concerts de la Société philharmonique et d'autres Sociétés musicales importantes. À dix-sept ans, elle était élue associée de la Société philharmonique. Peu après, elle acceptait avec empressement l'invitation de Mendelssohn, de prendre part aux concerts de la Gewand-Haus de Leipzig, qu'il dirigeait. Elle visita ensuite Berlin, où son succès fut si grand que le roi, enthousiasmé, lui donna des lettres d'introduction pour sa sœur, l'impératrice de Russie, et pour la cour de Vienne. Cependant Rubini et la Malibran l'engageaient vivement à se rendre en Italie pour s'y préparer à la scène. Après une visite à Vienne, où son succès fut aussi grand qu'à Berlin, elle était décidée à suivre l'avis des deux grands artistes; elle prit part d'abord à un festival musical donné à Milan, mais des engagements antérieurs l'empêchèrent ensuite de réaliser immédiatement son projet, et ce ne fut qu'après un séjour de quelques mois à Saint-Pétersbourg, à la fin de 1839, qu'elle se rendit à Bologne, où elle passa plus d'un an à l'étude du repertoire dramatique. Elle débuta en 1841 au théâtre de Padoue, dans le rôle de *Semiramide*, avec un succès tel que les offres d'engagement lui vinrent de tous côtés. Elle joua successivement à Bologne, Modène et Gênes, et, en 1842, elle parut alternativement dans cette dernière ville et à Rome, aux fêtes du carnaval. De retour en Angleterre en 1843, elle joua à Londres au théâtre de Drury-Lane, puis à Manchester. Mariée en 1844 au comte Gigliucci, elle quittait la scène; mais les circonstances l'y ayant ramenée, elle joua à Rome, Lisbonne, Madrid, dans diverses villes allemandes, à Milan, à Londres et se retira définitivement du théâtre en 1860.

NUBAR PACHA, homme d'État égyptien, d'origine arménienne, est né à Smyrne en 1825 et a fait son éducation en Suisse et en France. De retour en Égypte n'ayant guère plus de dix-sept ans, il devint secrétaire du ministre du commerce et des affaires étrangères, Bogos Bey, qui était son parent, puis devint deuxième secrétaire-interprète attaché au cabinet de Mehemet-Ali en 1844, et, peu après, premier secrétaire-interprète d'Ibrahim Pacha. Il accompagna ce dernier en Europe, et à son retour, Abbas Pacha l'attacha en la même qualité à sa personne et l'éleva au rang de bey. Chargé d'une mission à Londres, en 1850, pour y faire reconnaître certains droits du vice-roi contestés par le sultan, il y réussit au gré d'Abbas, qui le nomma ministre à Vienne, poste qu'il conserva jusqu'à la mort de celui-ci (juillet 1854), dont le successeur, Said Pacha, s'empressa de le destituer. Mais, deux ans après, Said Pacha rappelait Nubar auprès de lui et lui confiait l'organisation du service du transit pour l'Inde, mission dont il s'acquitta avec beaucoup d'intelligence et de tact. À l'avènement d'Ismail Pacha (janvier 1863), il fut chargé d'aller notifier cet événement au sultan et de traiter avec lui diverses questions pendantes. À son retour, il reçut un grade équivalant à celui de pacha que, du reste, le sultan lui conférait peu après. C'est à Nubar Pacha que le vice-roi confia, en 1864, la mission de régler le différend survenu entre son gouvernement et la Compagnie du canal de Suez, sous l'arbitrage de Napoléon III, accepté par les deux parties. Nommé ministre sans portefeuille à cette occasion, il reçut le portefeuille des travaux publics à son retour et passa, en 1866, aux affaires étrangères. Il fut alors envoyé en mission à Constantinople et obtint, du sultan, le firman qui conférait à Ismail Pacha le titre de khédive, étendait notablement ses pouvoirs et affirmait l'autonomie de son gouvernement (1867). Nubar Pacha aborda alors, avec les puissances européennes, la question de la réforme des juridictions consulaires d'après les capitulations. Cette même année 1867, il représentait l'Égypte à la conférence monétaire de Paris. Démissionnaire en 1874, il restait quelque temps en dehors du pouvoir, mais était enfin rappelé. Dans les difficultés où les prodigalités déraisonnables d'Ismail Pacha entraînèrent l'Égypte, on voit Nubar Pacha lutter avec ce orage pour conjurer la ruine imminente. Au mois d'août 1878, lorsque la commission d'enquête sur les ressources de l'Égypte, instituée par Ismail lui-même, mais pas de bon gré, vint présenter ses conclusions au khédive, parmi lesquelles la nécessité de gouverner avec plus de régularité était présentée d'une manière très nette le khédive, approuvant ces conclusions, chargea Nubar Pacha de former le cabinet nouveau qui devait réaliser les réformes nécessaires, et dans lequel entrèrent MM. de Blignières et Rivers Wilson, représentants de la France et de l'Angleterre (septembre). Mais en avril 1879, une émeute populaire, fomentée par le khédive lui-même, donna à celui-ci l'occasion d'intervenir, et il le fit en revoquant les ministres européens. À la suite de ces événements, Nubar Pacha donna sa démission. Le 26 juin suivant, le mail était contraint d'abdiquer, et Nubar Pacha de quitter l'Égypte en même temps que son maître. Il y rentrait toutefois au bout de quelques mois. Tenu à la plus grande réserve, il resta étranger aux faits qui se sont produits depuis en Égypte et que nous avons rapportés dans la notice consacrée à Arabi Pacha (voyez ce nom). Mais en janvier 1884, il était rappelé au pouvoir par Tewfik Pacha, qui lui confiait la présidence du conseil des ministres, avec le portefeuille des affaires étrangères. Depuis lors, et au milieu des difficultés sans cesse renaissantes, Nubar Pacha s'est maintenu au pouvoir. Dans l'été de 1886, il fit un voyage en Europe. Il était à Paris au mois d'août. — Il est grand officier de la Légion d'honneur depuis 1867.

NUITTER, Charles Louis Étienne Truinet (dit), auteur dramatique et administrateur français, né à Paris le 24 avril 1828, fit son droit et, reçu avocat, s'inscrivit au barreau de sa ville natale en 1849; mais il y exerça peu et se tourna bientôt vers le théâtre où il a donné, soit seul, soit avec divers collaborateurs, mais surtout avec M. Beaumont, un très grand nombre de comédies, de vaudevilles et de livrets d'opéras, d'opéras comiques et d'opérettes, sans parler des traductions et adaptations d'opéras étrangers à la scène française, exécutées en société avec le même M. Beaumont (L. A. Beaume). C'est, en effet, à ces deux écrivains que l'on doit, entre autres, les traductions de *Tannhäuser*, *Obéron*, *Preciosa*, la *Flûte enchantée*, *Macbeth*, *Rienzi*, les *Masques* (*Tutti in maschera*), le *Docteur Crispin*, etc. — Nommé archiviste de l'Opéra en 1866, M. Nuitter a complètement réorganisé les archives et absolument créé la Bibliothèque de ce théâtre. Il a su recueillir et mettre en ordre les milliers de documents complètement épars jusque-là et perdus pour l'étude de l'art sans son intelligente intervention, ou du moins égarés ou détruits en partie en et en partie dispersés comme devant. C'est grâce à lui que des fonds ont été affectés à ces deux importantes annexes de notre première scène lyrique, et que la Bibliothèque de l'Opéra contient aujourd'hui des milliers de volumes, d'œuvres musicales, d'estampes, d'objets précieux de toute sorte; enfin, c'est encore à M. Nuitter qu'est due l'installation du nouveau local de la Bibliothèque. — On a de lui, en tant que vaudevilles et comédies bouffes: la *Perruque de mon oncle* (1852); l'*Amour dans un ophicléide* (1853); le *Manteau de Joseph*, *Monsieur Bannelet* (1854); une *Mèche éventée*, le *Nid d'amours* (1856); un *Fiancé à l'huile* (1857); *X..., une Fausse bonne* (1858); les *Jours gras de Madame*, une *Tasse de thé* (1860); *Flamberge au vent* (1862); *Monsieur et madame Crusoé* (1865); un *Homme à la mer*, *Quinze heures de fiacre*, *Spartacus* (1866); la *Graine d'épinards* (1867); un *Coup d'éventail*, *J'ai perdu mon Andalouse* (1869); etc. Nous citerons parmi ses principaux libretti, outre les traductions déjà citées, une *Nuit à Séville* (1855); *Abou-Hassan* (1859); la *Servante à Nicolas* (1861); les *Bavards* (1863); il *Signor Fagotto* (1864); le *Lion de Saint-Marc*, les *Mémoires de Fanchette*, une *Fantasia*, *Jeanne qui pleure et Jeanne qui rit* (1865); les *Oreilles de Midas*, le *Baron de Grischaminet* (1866); *Cardillac* (1867); le *Fifre enchanté*, le *Vengeur* (1868); *Vert-vert*, le *Dernier jour de Pompéi*, la *Princesse de Trébizonde* (1869); le *Kobold*, 1 acte, à l'Opéra-Comique, musique de M. Ernest Guiraud (1870); *Amphitryon*, 1 acte, au théâtre Taithout, musique de M. P. Lacome (1875); *Piccolino*, opéra comique en 3 actes, avec M. Sardou, musique de M. Ernest Guiraud (1876); l'*Opoponax*, 1 acte, musique de M. Vasseur (1877); le *Cœur et la main*, opérette en 3 actes, musique de M. Ch. Lecocq, aux Nouveautés (1882); les *Jumeaux de Bergame*, ballet pantomime en un acte, avec M. L. Mérante, musique de M. de Lajarte, à l'Opéra (1886), etc. Outre plusieurs scenarios de ballets. *Graciosa* (1861); la *Source* (1866); *Coppelia* (1870); *Gretna-Green* (1873). — M. Nuitter a publié: le *Nouvel opéra* (1875 in-12, plans et vignettes), ouvrage qui contient, en même temps que la description, l'historique le plus complet de ce splendide monument. Il est chevalier de la Légion d'honneur depuis 1870.

NUNEZ, Rafael, publiciste et homme d'État colombien, né à Carthagène-de-Colombie le 28 septembre 1825. Après de brillantes études, il collabora activement à la presse libérale de son pays et devint successivement membre de la Législature provinciale de Carthagène, puis de la Chambre nationale, ministre de l'intérieur, de la guerre, de l'agriculture et du commerce, et trésor et du crédit national. Son passage aux affaires, à ces divers titres, a été signalé par des réformes libérales des plus importantes, parmi lesquelles nous citerons : la décentralisation politique et administrative, la liberté absolue de la presse, l'abolition de l'esclavage, la séparation de l'Église et de l'État (1849-53), l'établissement du tarif douanier jusqu'à réorganisation du crédit intérieur (1856), la suppression des mainsmortes (1862), et la constitution fédérale aujourd'hui en vigueur dans les États-Unis de Colombie (1863). Comme journaliste M. R. Nunez a collaboré principalement à la *Democracia* de Carthagène qu'il a fondée en 1849, au *Neo Granadino* (1853), au *Tiempo* (1855-61) et à la *Opinion* (1854-65), journaux de Bogota, capitale de la république colombienne. Il a dirigé pendant plusieurs mois *El Continental* de New-York, en 1862, y défendant avec énergie la cause du Nord en même temps qu'il combattait la France impériale mexicaine et l'Espagne s'emparant de Saint-Domingue. Depuis 1865, M. Rafael Nunez a rempli en Europe diverses fonctions consulaires, envoyant à la presse hispano-américaine des correspondances politiques et économiques d'un très grand intérêt, notamment au *Diario officiel* de Bogota et au *Nacional* de Lima, dans lequel il signe du pseudonyme de « David de Olmedo ». En 1870, le gouvernement de Colombie offrait de nouveau à M. R. Nunez le portefeuille de la guerre, mais il le refusa. Par contre, sa candidature à la présidence suprême, proposée par divers cercles politiques, aux élections de 1872, ne fut pas accueillie par la majorité du parti libéral, basant son refus sur son absence du pays depuis près de dix années. — M. Rafael Nunez, outre ses travaux de journaliste, a publié quelques recueils de *Poésies philosophiques* et des brochures de circonstance sur des questions politiques, économiques ou sociales. Il est membre de plusieurs sociétés scientifiques ou philanthropiques nationales et européennes.

NUS, Eugène, auteur dramatique français, né à Chalon-sur-Saône en 1816. Venu à Paris à vingt ans, il débuta dans la carrière par écrire au journal l'*Entr'acte* et s'exerça aussitôt dans la littérature dramatique en donnant de courts vaudevilles aux petits théâtres Saint-Marcel, de la Porte Saint-Antoine et du Panthéon, en même temps qu'il se faisait admettre dans la secte saint-simonienne. M. Nus a a publié en 1839, avec F. Fertiault, le *Dix-neuvième siècle*, satires morales. Il a collaboré à quelques romans, notamment aux *Drames de la vie* (1860, 2 séries), avec Édouard Brisebarre, publié seul, en 1866, un ouvrage de philosophie saint-simonienne : les *Dogmes nouveaux*, et écrit dans divers journaux, notamment à la *Démocratie pacifique* ; mais il a surtout produit, en société avec divers auteurs en vogue, de nombreux drames, des comédies, etc., joués sur divers théâtres de Paris, et parmi lesquels nous citerons: *Jacques le corsaire*, drame en 5 actes, avec Ch. Desnoyer, à la Gaîté (1844); l'*Enseignement mutuel*, avec le même, 5 actes (1846); le *Trésor du pauvre*, 3 actes (1847); le *Comte de Sainte-Hélène*, avec Ch. Desnoyer, 3 actes (1849); le *Testament d'un garçon* (1851); le *Voile de dentelle*, 5 actes et 7 tableaux, avec Léonce (1853); le *Vicaire de Wakefield*, 6 actes, avec Tisserant et *Suzanne*, 5 actes, avec Brisebarre (1854); la *Tour de Londres*, 5 actes, avec M. Alphonse Brot (1855); *Jane Grey*, 5 actes, avec le même (1856); la *Servante*, les *Pauvres de Paris*, les *Ménages de Paris*, les *Garçons de ferme*, drames (1851-60); la *Maison Saladier*, scènes de la vie réelle (1861); les *Lettres anciennes*, vaudeville; *Monsieur de la Raclée*, scènes de la vie bourgeoise (1862); *Léonard*, drame en 5 actes et les *Médecins*, pièce en 5 actes (1863), le tout en société avec Éd. Brisebarre; la *Femme coupable*, drame en 5 actes (1863). Avec Brisebarre, son collaborateur le plus fidèle, M. Nus a donné encore, depuis, toute une série de « scènes » variées, sans préjudice des drames, notamment: *Botany-Bay*, drame en 5 actes et 8 tableaux, la *Course au corset*, 2 actes; l'*Automne d'un farceur*, 1 acte, scènes de la vie conjugale; la *Boule de neige*, scène de la vie parisienne en trois parties, les *Trous à la lune*, 1 en quatre parties, etc., avec Raoul Bravard; *Lisez Balzac*, 1 acte; la *Vierge noire*, drame en 5 actes, avec M. Adolphe Belot; *Miss Multon*, adaptation de l'anglais, jouée en 3 actes au Vaudeville, en 1876 et reprise à l'Ambigu, remaniée en 5 actes, en 1876; la *Marquise*, 4 actes, au Gymnase (1873); adapta à la scène française un drame anglais de M. Dion Boucicault intitulée : la *Dépêche ou le fil qui parle* (the Speaking wire), à l'Ambigu; *Jean la Poste*, à la Porte Saint-Martin; *Lea*, au Gymnase (1873-75); seul ou avec divers collaborateurs; le *Testament de la reine Élisabeth*, drame en 5 actes, à la Gaîté (1867); les *Deux comtesses*, comédie en 3 actes, au Gymnase; le *Cachemire X. B. T.*, 1 acte, au Vaudeville (1873) ; une *Pêche miraculeuse*, 2 actes, avec M. A. Durantin, au même théâtre (1875); *Mademoiselle Didier*, 4 actes, avec M. Charles de Courcy, au Gymnase (1876); les *Exilés*, drame en 5 actes, tiré du roman *Fonctionnaires et Bayards*, du prince Lubomirski, à la Porte Saint-Martin (1877); *Madame de Navarret*, com. en 3 actes, avec M. de Courcy, au Vaudeville (1881); *Un mari malgré lui*, 1 acte, au même, même théâtre (1882); *Un mari*, pièce en 4 actes, avec M. Arthur Arnould, à l'Odéon (1884), etc.

O

OLI

OBIN, Louis Henri, chanteur français, professeur au Conservatoire, né à Ascq, près de Lille, le 4 août 1820, fut admis comme élève-pensionnaire au Conservatoire en 1842, dans la classe de Ponchard, et le quitta en 1844. Le 21 octobre de cette même année, il débutait à l'Opéra dans le rôle de Brabantiano d'*Othello*. Il n'y fit qu'un court passage et alla jouer en province, puis, pendant deux ans (1848-50), au Théâtre-Royal de La Haye; il rentra à l'Opéra en 1850, pour créer un rôle dans l'*Enfant prodigue* d'Auber, et y resta cette fois, faisant plusieurs créations importantes dans l'emploi des basses chantantes, notamment dans les *Vêpres siciliennes*, *Pantagruel*, l'*Africaine*, *Don Carlos*, et quelques reprises heureuses dans les *Huguenots*, *Moïse*, *Don Juan*, le *Dieu et la bayadère*, etc. Il avait fini par se créer sur notre première scène lyrique une situation considérable, lorsqu'il la quitta en 1869, après avoir fait liquider sa pension; il y rentra en 1871, mais se retira définitivement peu après. A la retraite de Levasseur (1869), M. Obin fut nommé à sa place professeur de déclamation lyrique au Conservatoire, il abandonna ces fonctions, dans lesquelles il fut remplacé par M. Ismaël (voyez ce nom), en février 1874, mais il y a été rappelé de nouveau, à la place de celui-ci, le 16 janvier 1877, et y est resté depuis. Il est chevalier de la Légion d'honneur.

OBISSIER SAINT-MARTIN, Louis Antoine Marguerite, homme politique français, avocat, né vers 1840. Il figurait au barreau de Libourne, lorsqu'il fut appelé, après le 4 septembre, à la sous-préfecture de Narbonne. Révoqué au 24 mai (1873), il rentrait peu après dans l'administration et était secrétaire général de la préfecture de la Vienne lors du 16 mai (1877), que suivit de près sa mise en disponibilité. Mais avant la fin de l'année, les choses ayant tourné différemment, M. Obissier Saint-Martin était nommé secrétaire général de la préfecture de la Loire, puis préfet de la Vienne. A une élection partielle qui eut lieu dans la 2ᵉ circonscription de Libourne, le 6 juillet 1884, il était élu député par 7,658 voix contre 5,271 obtenues par M. Traplong, candidat bonapartiste, et s'inscrivait à l'Union républicaine. Aux élections générales d'octobre 1885, porté sur la liste opportuniste, il était élu député de la Gironde, le cinquième sur onze, au scrutin du 18. Il a voté l'expulsion des princes.

OLIPHANT (dame), Margaret Wilson, femme de lettres anglaise, née à Liverpool, d'une famille écossaise, vers 1818. Le premier de ses nombreux romans, qui abondent surtout en scènes habilement esquissées de la vie et des mœurs écossaises, parut en 1849: il a pour titre: *Épisodes de la vie de Mrs Margaret Maitland de Sunnyside*. Le succès qui accueillit cette tentative décida de la carrière de Mᵐᵉ Oliphant. Elle a publié depuis, tant romans qu'études biographiques: *Merkland* (1851); *Adam Graeme de Mossgray* (1852); *Harry Muir* (1853); *Madeleine Hepburn* (1854); *Feuilles de Lis* (1855); *Zaidée* (1857); *Katie Stewart* (1858); le *Cœur tranquille* (1860); *Vie d'Edward Irving* (1862); *Chroniques de Carlingford* (1863, anonyme); la *Chapelle de Salem* (1865); *Agnès* (1867); la *Femme du ministre* (1869); *John, histoire d'amour*; *Trois frères*, *Saint François d'Assise* (1870); le *Squire Arden*, *Ombra* (1871); *A sa manière*, *Notice sur le comte de Montalembert* (1872); *Innocent, scène de la vie moderne* (1873); *Rose de juin*, l'*Amour et la vie* (1874), les *Fondateurs de Florence*; *Dante, Giotto, Savonarole et leur ville* (1876); *Madame Arthur*, le *Jeune Musgrave* (1877), le *Sentier aux primevères*, *Dans les limites* (1878); *Qui ne veut pas quand il peut* (1880); *En confidence, histoire d'une dame et de son ami* (1880); *Histoire littéraire de l'Angleterre à la fin du XVIIIᵉ et au commencement du XIXᵉ siècles* (1882, 3 vol.); les *Dames Lindores* (1883); *C'était un amoureux et son amoureuse* (1884); *Massolam, problème de notre temps*; *Effie Ogilvie* (1886),

OLL

etc. — La plupart des romans de Mᵐᵉ Oliphant ont été réimprimés aux États-Unis, quelques-uns ont été traduits en allemand. Sauf un extrait abrégé des *Chroniques de Carlingford*, par E. D. Forgues, qui paraît n'en pas connaître l'auteur, nous ne connaissons aucune œuvre de cet écrivain traduite en français.

OLLIVIER, Olivier Émile, jurisconsulte et homme politique français, ancien ministre, né à Marseille le 2 juillet 1825, fit ses études au collège Sainte-Barbe et à la faculté de droit de Paris et prit place au barreau de cette ville en 1847. Après la révolution de février 1848, Ledru-Rollin, ministre de l'Intérieur, lié d'amitié avec son père, Démosthène Ollivier, bien connu par ses convictions républicaines, le choisit pour commissaire du gouvernement dans les Bouches-du-Rhône et le Var. Il y vint avec des paroles de conciliation qui furent accueillies avec enthousiasme et, loin d'écarter des affaires les adversaires naturels de la République, fit appel aux « hommes éminents de tous les partis ». Il appuya notamment l'élection de Berryer à la Constituante. Nommé préfet des Bouches-du-Rhône le 8 juin, il se trouvait quelques jours plus tard en présence d'un soulèvement qu'il réprima avec une énergie qu'on lui a beaucoup reprochée d'un côté, tandis que d'un autre on ne lui reprochait pas moins « sa mollesse au début ». Envoyé en disgrâce à Chaumont (Haute-Marne), par décret du 11 juillet, M. Émile Ollivier, malgré les sympathies générales qu'il s'était incontestablement acquises dans sa nouvelle résidence, fut révoqué le 11 janvier 1849. Décidé à se rendre en Italie pour se reposer de tant de fatigues, il s'arrêta toutefois dans le Var, se mêla à l'agitation électorale en pleine effervescence et se vit poursuivre par le préfet d'alors, M. Haussmann, devant le tribunal correctionnel de Draguignan, qui l'acquitta (13 avril 1850). Il put alors continuer son voyage, ne resta que peu de temps en Italie et vint reprendre sa place au barreau de Paris. Il alla plaider quelques procès politiques dans le Midi et il était à Montpellier, plaidant pour le *Suffrage universel* de cette ville, journal qu'avait dirigé son frère Aristide, tué en duel le 21 juin précédent par M. de Ginestous, lorsque, rappelé par une lettre de son père, traduit lui-même devant la cour d'assises de la Seine, il arrivait à Paris le 2 décembre 1851 et échappait par cette circonstance aux recherches dont il était l'objet à Montpellier. Il n'en était pas de même de son père, qui fut arrêté le 7 décembre, par les soins d'un ami à qui il avait demandé asile; mais, à force de démarches, et grâce surtout à l'appui du prince Napoléon et du prince Jérôme, il finit par obtenir son élargissement *sans condition* — quoiqu'il eût fort prudemment agi en mettant la frontière entre lui et les meneurs du Deux Décembre, comme l'avenir le prouva. Resté à Paris, M. Émile Ollivier ne fut pas autrement inquiété, si ce n'est que le conseil de l'ordre des avocats, sur la proposition de Mᵉ Marie, le frappa d'une suspension de trois mois. Il fut momentanément réduit en conséquence, s'il faut l'en croire, du moins, à donner des leçons de droit pour vivre. En 1853, cependant, il reparut au barreau, d'abord dans l'affaire Vergniaud, en remplacement d'un confrère malade, puis dans l'affaire de la marquise de Guerry, contre la communauté de Picpus, affaire qu'il gagna en appel, contre des adversaires qui s'appelaient Berryer et Dufaure. Il put dès lors abandonner les leçons, sa place au barreau était faite.

Aux élections générales de 1857, la candidature fut offerte à Paris à M. Émile Ollivier, par les directeurs de la *Presse* et du *Siècle*. Il l'accepta et il fit élu au second tour contre Garnier Pagès, candidat du comité démocratique et M. Monin-Japy, candidat du gouvernement, député sortant de la 3ᵉ circonscription. Il prit place au Corps législatif dans le petit groupe d'opposition appelé plus tard les *Cinq*, dont il devint bientôt l'un des membres les plus brillants; — toutefois, en 1857, ces *Cinq*

n'étaient encore que trois; ce ne fut qu'aux élections partielles d'avril-mai 1858, nécessitées par le refus de serment de Goudchaux, Carnot et Cavaignac que, par l'adjonction de Jules Favre et d'Ernest Picard, ce faible groupe se trouva constitué. M. Émile Ollivier prit part aux principales discussions de cette législature, et avec un courage, au début, qui en eût effrayé beaucoup d'autres, étant alors le seul orateur de l'opposition. Nous ne pouvons insister sur ce sujet et rappeler ses nombreux discours, dont l'esprit est d'ailleurs présent à la pensée de tout le monde. Rappelons seulement qu'entre temps, il défendait devant le tribunal correctionnel M. Vacherot, poursuivi pour la publication de son livre sur la *Démocratie*, et qu'à cette occasion, il était de nouveau frappé d'une suspension de trois mois par le tribunal. Réélu en 1863, en plus nombreuse compagnie, la modération avec laquelle il combattait le pouvoir et qui ne ressemblait pas tout à fait, il faut en convenir, à l'ardeur des premiers jours, où il était seul à porter le poids d'une opposition à peine tolérée, amena quelque froideur entre lui et ses amis de la veille, et sa position au Corps législatif en devint bientôt assez difficile. Dans la session de 1864, il fut rapporteur de la loi sur les coalitions, loi insuffisante, mais qui était certainement un grand avantage obtenu; mais l'étalage de sa satisfaction d'une conquête trop peu considérable, augmenta encore la défiance de la gauche, qui le rejeta en quelque sorte de son sein. Plusieurs fois, vers la fin de 1866, M. Émile Ollivier était allé aux Tuileries conférer avec l'empereur; ambition ou non, il est évident que, dès lors, son but était tout tracé : amener l'Empire à une évolution libérale et parlementaire qui l'eût peut-être sauvé, sans les partisans du pouvoir personnel, qu'une telle évolution devait replonger dans le néant le plus complet. Certes, une fois au pouvoir, avec un tempérament extrêmement impressionnable malgré l'extérieur impassible qu'il réussit presque toujours à revêtir et qui le trompe lui-même, M. Émile Ollivier devait fatalement s'abandonner aux contradictions qui ont signalé son court mais funeste passage aux affaires, où son maintien était, dans son esprit du moins, indispensable au salut du pays, c'est-à-dire à l'accomplissement de son propre programme : ce qui aurait pu être vrai dans la mesure indiquée par lui, au cas où il n'eût rencontré aucun obstacle, aucune opposition sérieuse. Il ne fut pour rien toutefois, s'il faut l'en croire, dans la rédaction de la fameuse lettre du 19 janvier 1867, qui serait œuvre toute personnelle de l'empereur. On sait, d'ailleurs, qu'il devait se passer près de trois ans avant que les promesses libérales que y étaient faites reçussent un semblant d'exécution. Pour le moment, le parti de la réaction l'emportait de nouveau. —
Aux élections de 1869, M. Émile Ollivier se présenta à la fois dans la première circonscription du Var et dans la 3e circonscription de la Seine; il échoua dans cette dernière, qui lui préféra un exilé de Décembre, Bancel; et son apparition dans les réunions électorales, pendant la période préparatoire, fut plus d'une fois le signal de désordres graves; la 1re circonscription du Var l'élut au contraire à une grande majorité, contre Clément Laurier, alors ultra-radical et « irréconciliable ». Dans la courte session de juillet, M. Émile Ollivier devint le chef du nouveau tiers-parti libéral, dont l'avènement devenait de plus en plus certain. Dans la longue prorogation qui suivit, en effet, les negociations furent rouvertes et activement poussées, par l'intermédiaire de Clément Duvernois. Les *Papiers et correspondance de la famille impériale* (9e livraison) contiennent le dossier presque complet et curieux à consulter de cette affaire. Enfin, par une lettre en date du 27 décembre 1869, l'empereur chargeait officiellement M. Émile Ollivier de former le premier cabinet parlementaire de l'Empire, et ce ministère, après des démarches sans fin, entrait en fonctions le 2 janvier 1870. Il devait dès le début se trouver en présence de difficultés inouïes, sans parler des difficultés inhérentes à la transformation qu'il était chargé d'accomplir : le meurtre de Victor Noir par le prince Pierre Bonaparte fut accompli, en effet, le 10 janvier 1870. Cet événement, l'agitation menaçante dont il fut le sujet eurent sans doute une grande influence sur l'attitude autoritaire, agressive même, que prit peu à peu le chef du cabinet. Dès lors, outre les poursuites dirigées contre M. Henri Rochefort, député, des arrestations nombreuses ont lieu; en même temps que se prépare le vote plébiscitaire sur le sénatus-consulte du 28 mars, cause de la démission de MM. Buffet, Daru et de Talhouët qui y voient justement la negation du régime qu'on est censé inaugurer, se découvre un complot avec bombes explosibles, etc., ainsi qu'un attentat contre la sûreté de l'État, dont l'Association internationale est accusée, de sorte qu'une haute cour de justice est convoquée pour juger ces crimes, après qu'une haute cour vient de juger celui du prince Pierre Bonaparte. — Cependant, le plébiscite est voté à une immense majorité. Après cette victoire, que M. Émile Ollivier, par une inspiration malheureuse, appelle un « Sadowa français », il semble qu'on va pouvoir respirer. L'ancien intermédiaire entre l'empereur et M. Émile Ollivier, Clément Duvernois, pour attaquer trop vivement, dans le *Peuple français*, le chef du cabinet qui ne le satisfait plus, est dépossédé de son journal. M. Ollivier triomphe sur toute la ligne, mal il est vrai, mais il triomphe néanmoins, quand l'émotion causée par l'interpellation de M. Mauny sur le percement du Saint Gothard (20 juin) est à peine calmée, que voici l'acceptation de la couronne d'Espagne par un prince de la maison royale de Prusse, qui met de nouveau le feu aux poudres, hélas! sans métaphore, pour notre malheur.
Nous ne suivrons pas dans toutes ses phases l'enfantement lamentable de la guerre de 1870-71, dont nous avons eu déjà, au reste, l'occasion de parler avec détail. La guerre déclarée (15 juillet), le premier ministre, avec cette déplorable intempérance de langage dont le souvenir va bien des fois lui peser, assurait qu'il en acceptait d'un « cœur léger » toutes les conséquences : engagement puéril, sans aucune sanction et qu'il pouvait s'éviter. Nos premiers désastres avaient produit à Paris, comme dans toute la France, une émotion douloureuse qui se transformait peu à peu en colère. En présence des dangers qu'il pressentait, M. Émile Ollivier obtint de l'impératrice-régente la convocation des Chambres pour le 9 août; au début de la séance de ce jour, le Corps législatif votait à une grande majorité un ordre du jour de Clément Duvernois déclarant le cabinet incapable de pourvoir à la sûreté du pays, et ce cabinet se retirait, remplacé par un plus habile sans doute, quoique ce ne soit pas précisément une vérité démontrée : Il avait pourtant à sa tête un général, dont les circonstances justifiaient bien la présence à ce poste, M. le comte de Palikao. Quant au ministre tombé, il se retira à Bella, en Piémont, où il résida jusqu'à la fin de 1872; à cette époque, il est rentré en France et demeura quelque temps à Passy. Il résida ensuite à Marseille. Au mois de mars 1877, les journaux le faisaient voyager à Constantinople, mais c'était à tort. — Aux élections du 20 février 1876, M. Émile Ollivier se portait candidat à la députation dans les deux arrondissements de Draguignan et de Brignoles, mais sans succès. Il renouvelait la tentative le 14 octobre 1877 à Draguignan, avec un résultat encore plus piteux, mais moins, pourtant, que celui qui l'attendait aux élections d'octobre 1885, auxquelles il se présentait comme « candidat indépendant » aux électeurs du Var, qui lui donnèrent 298 voix ! C'est décidément un homme usé, et il est le seul, où à peu près, qui ne s'en doute pas.
Élu membre de l'Académie française, qui ne tarda guère à se regretter ce choix un peu précipité, le 7 avril 1870, en remplacement de Lamartine, on n'avait pas eu le temps de procéder à la réception solennelle du nouveau membre avant son retour du Piémont; mais alors, on s'occupa de préparer cette intéressante cérémonie, et M. Émile Ollivier, toujours très pénétré de sa propre importance, rédigea son discours à loisir. Cela fait, il en donna lecture, suivant l'usage, à une commission de ses collègues, parmi lesquels se trouvait Guizot, lequel arrêta le lecteur sur un passage où la révolution de 1830 était jugée « un coup d'État fait par les 221 ». Les deux hommes ne purent se mettre d'accord sur ce sujet, loin de là, la discussion, commencée en termes courtois, dégénéra en dispute. Finalement, M. Ollivier opposa à une demande de modification de cette partie si importante de son discours, le refus le plus formel. Il s'ensuivit un vote de l'illustre compagnie prononçant l'ajournement indéfini de la réception de l'ancien ministre de l'Empire libéral, tout en le tenant pour reçu, puisqu'il n'y avait pas moyen de faire autrement (mars 1884). Ne pouvant, en conséquence, tirer autrement parti de son discours. M. Ollivier le publia, avec une préface explicative. Cet incident académique ne devait pas être le seul dont M. Émile Ollivier se fit le héros. Après l'élection d'Henri Martin au fauteuil de Thiers, la mission de recevoir le nouveau membre ayant été échue par le hasard à M. Ollivier, celui-ci en profita pour dire son fait au nouvel homme d'État, cela va sans dire, ou du moins il tenta d'en profiter, car cette fois encore l'Académie intervint, priant son membre de supprimer certains passages de son discours tout à fait injurieux pour le membre décédé dont Henri Martin occupait maintenant le fauteuil. Refus absolu, comme on pouvait s'y attendre, de rien changer à ce discours si laborieusement préparé; et ce fut un autre académicien qui répondit au discours d'Henri Martin. M. Émile Olli-

vier fit beaucoup de bruit autour de cet incident, et cria aussi haut qu'il le put qu'il ne paraîtrait plus à l'Académie : il n'a pas tenu sa promesse, toutefois. — Depuis son retour, M. Emile Ollivier a collaboré aux journaux du prince Napoléon, notamment à l'*Estafette* où, en 1880, il engageait avec M. Paul de Cassagnac une polémique extrêmement acerbe, née des conseils paternels qu'il s'étaient cru autorisé à donner aux « prêtres éclairés » de se soumettre aux décrets du 29 mars, qu'il blâmait d'ailleurs.

M. Emile Ollivier a publié : *Commentaires sur les saisies immobilières et ordres*, en collaboration avec M. Mourlou (1859); *Commentaire de la loi du 25 mai 1864 sur les coalitions (1864)*; *Démocratie et liberté (1867)*; le *Dix-neuf janvier (1869)*; *Une visite à la chapelle des Médicis, Dialogue entre Michel-Ange et Raphaël (1872)*; *Lamartine*, précédé d'une préface sur les incidents qui ont empêché son éloge en séance publique à l'Académie française (1874); *Principes et conduite (1875)*; *Mes discours (1875)*; *l'Eglise et l'Etat au concile du Vatican (1879, 2 vol.)*; M. *Thiers à l'Académie et dans l'histoire (1880)*; *Commentaire de l'encyclique de Léon XIII sur la constitution chrétienne des Etats (1886)*, etc. Il a fondé en 1856, avec MM. Mourlon, Demangeat et Ballot, la *Revue du droit pratique*, à laquelle il a fourni de nombreux travaux juridiques, a collaboré à la *Presse*, dont il prit pour peu de temps la direction au départ d'Emile de Girardin, et sur l'avis de celui-ci (1866), à la *Liberté*, à l'*Estafette*, etc. Il est en outre un musicien amateur très distingué; virtuose remarquable sur le violon, il a de plus composé plusieurs concertos pour cet instrument. M. Emile Ollivier a été, de 1865 à 1870, commissaire du gouvernement égyptien près la Compagnie du canal de Suez. Il a constamment refusé toutes les décorations qui lui ont été offertes, compris celle de la Toison d'or, que l'Espagne lui fit offrir par son ambassadeur, feu M. de Olozaga, en mai 1870. — Veuf en premières noces d'une fille du célèbre pianiste et compositeur, abbé Liszt, mort en 1886, M. Emile Ollivier a épousé, en septembre 1869, Mlle Gravier, fille d'un riche négociant marseillais.

OLLIVIER, Auguste Vincent Marie, homme politique français, né à Guingamp le 17 novembre 1828. Membre du Conseil général des Côtes-du-Nord, dont il est devenu vice-président, M. A. Ollivier se présenta comme candidat monarchiste et clérical à une élection partielle ouverte dans la 1re circonscription de Guingamp le 14 septembre 1879, et fut élu; son élection fut invalidée, et M. Ollivier, traduit avec plusieurs de ses grands électeurs devant les tribunaux, sous l'inculpation de corruption, fut condamné à l'amende. Il va sans dire que le procès précéda l'invalidation de l'élection, qui ne fut prononcée par la Chambre que sur l'arrêt du tribunal, le 23 juillet 1881. Le 21 août suivant, M. Auguste Ollivier n'en était pas moins élu dans la même circonscription, avec un chiffre de voix un peu moins considérable que la première fois, mais suffisant. Il siègea à droite, et fut élu député des Côtes-du-Nord, le douzième sur neuf, aux élections générales du 4 octobre 1885. — Alors dans quel but ténébreux aurait-il usé de corruption en 1879 ?...

OLMSTED, Frederick Law, architecte constructeur de jardins et publiciste américain, né à Hartford (Connecticut) le 10 novembre 1822, fit ses études au collège d'Yale. Ayant acheté, en 1848, une ferme dans Staten Island, auprès de New-York, il s'appliqua à l'étude de la construction des jardins paysagers. En 1850, il fit un voyage en Europe, et parcourut à pied l'Angleterre et une partie du continent. Au retour, il publia la relation de ce voyage sous ce titre : *Promenades et causeries d'un fermier américain en Angleterre (1852)*. En 1852-53, il visita les Etats du Sud, comme correspondant du New York Times, avec mission d'étudier l'influence de l'esclavage sur l'agriculture. Il recueillit toutes les lettres adressées à son journal à ce sujet, et les publia en plusieurs volumes portant ces titres : *Voyage sur les côtes des Etats esclavagistes (1856)*; *Voyage au Texas (1857)*; *Voyage dans les campagnes lointaines (1860)*. En même temps, il entreprenait, en 1855, une nouvelle excursion en Europe, afin d'étudier les domaines ruraux et les parcs de l'Allemagne, de la France et de l'Italie. L'année suivante, son projet d'un parc central pour New-York, conçu avec M. Calvert Vaux, obtenait le prix, et il était nommé architecte et ingénieur en chef chargé de sa réalisation. Les travaux furent suspendus en 1861, à cause de la guerre civile qui venait d'éclater, et M. Olmsted devint secrétaire, en fait directeur, de la Commission sanitaire, position qu'il conserva jusqu'à la fin de la guerre. Il reprit ensuite la direction des travaux du Central Park, terminés seulement depuis peu d'années. — On doit, en outre, à M. Olmsted la construction de plusieurs parcs de même nature dans diverses grandes villes des Etats-Unis, notamment le Prospect Park de Brooklyn. Il a beaucoup écrit sur les questions d'hygiène, dans des recueils périodiques spéciaux, et publié quelques ouvrages sur le même sujet.

OPPERT, Jules, orientaliste français d'origine allemande, membre de l'Institut, est né à Hambourg le 9 juillet 1825, de parents israélites. Il commença ses études dans sa ville natale, au Johanneum, et alla les poursuivre à Heidelberg, à Bonn, à Berlin et enfin à Kiel, où il prit le grade de docteur en philosophie en 1847. Il vint aussitôt à Paris, où il devint professeur d'allemand et d'anglais au lycée de Laval en 1848 et à celui de Reims en 1850. Il avait spécialement étudié, à Bonn, le sanscrit et l'arabe, et avait été reçu docteur avec une thèse sur le droit criminel des Hindous; puis, il avait abordé le zend et le persan, et dès 1847, publiait à Berlin une étude sur le *Système vocal du persan ancien*. A Paris, il traita cette même question, entre autres, à la *Revue archéologique*. En 1851, il fit partie, avec F. Fresnel et Thomas, d'une mission scientifique en Mésopotamie, chargée d'explorer les ruines de la Babylonie et de la Chaldée. De retour en France en 1854, il reçut des lettres de grande naturalisation, en reconnaissance des services qu'il avait rendus dans cette occasion à la science française. L'année suivante, il recevait du ministère une nouvelle mission de recherches au Musée britannique, et assistait à la réunion de l'Association britannique, tenue à Glasgow; il exploraît ensuite les musées et collections d'Allemagne au même titre et dans le même but. A son retour, M. J. Oppert était nommé professeur de sanscrit et de philologie comparée à la Bibliothèque impériale (1857) et décoré de la Légion d'honneur. En 1863, il obtenait le grand prix biennal de 20,000 francs de l'Institut, destiné à récompenser « l'œuvre de la découverte la plus propre à honorer ou à servir le pays ». En 1868, il était appelé à la chaire de philologie et d'archéologie au Collège de France. Il a été élu membre de l'Académie des inscriptions et belles-Lettres en 1881. Il est, en outre, membre de diverses académies et sociétés savantes étrangères, notamment correspondant de l'Académie des sciences de Saint-Pétersbourg. — On a de ce savant, outre les travaux précités : l·s *Inscriptions des Achéménides (1852)*; les *Etudes assyriennes (1856)*; l'*Expédition scientifique de France en Mésopotamie (1858 et suiv.)*; les *Inscriptions cunéiformes déchiffrées une seconde fois. Grammaire sanscrite (1859)*; *Elements de la grammaire assyrienne (1860)*; *Etat présent du déchiffrement des inscriptions cunéiformes (1861)*; les *Inscriptions assyriennes des Sargonides et les fastes de Ninive*, les *Fastes de Sargon*, traduction, avec M. J. Menant; *l'Honneur du verbe créateur de Zoroastre (1863)*; la *Grande inscription de Khorsabad (1864-66)*; *Histoire de l'empire d'Assyrie et de Chaldée (1866)*; *Babylone et les Babyloniens, Mémoire sur les rapports de l'Egypte et de l'Assyrie dans l'antiquité (1869)*; la *Chronologie biblique*, les *Inscriptions de Dour-Sarkayan (1870)*; *Mélanges persans (1872)*; *l'Immortalité de l'âme chez les Chaldéens (1875)*; *Salomon et ses successeurs et Documents juridiques de l'Assyrie et de la Chaldée*, avec M. J. Menant (1877); le *Peuple et la langue des Mèdes (1879)*, etc. — M. J. Oppert a été promu officier de la Légion d'honneur le 12 juillet 1886.

ORCHARDSON, William Quiller, peintre écossais, né à Edimbourg en 1835, est élève de la Trustees' Academy de cette ville, où il entra à quinze ans, et débuta avec succès, vers 1856, aux expositions de l'Académie royale écossaise. Il vint à Londres en 1863, et exposa la même année à la Galerie nationale : une *Vieille chanson anglaise* et des *Portraits*; suivis de: *Fleurs de la forêt (1864)*; *Hamlet et Ophélie*, à l'Académie royale et le *Défi*, à la Galerie française de Pall Mall, qui remporta un prix de 2,500 francs (1865); *l'Histoire d'une vie*, à l'Académie royale, et *Christophe Sly*, à la Société des artistes anglais (1866); *Talbot et la comtesse d'Auvergne, Miss Pettie*, le *Choix d'une arme (1867)*; le *Prince Henry, Poins et Falstaff (1868)*; la *Petite marchande du Lido*, les *Rêves du jour*, les *Travailleurs de la mer (1870)*; *Il y a cent ans*, *Sur le grand canal à Venise* et *A Saint-Marc (1871)*; *Casus Belli*, le *Favori de la forêt (1872)*; le *Protecteur, Oscar et Brin, Cinderella (1873)*; *Hamlet et le roi, Ophélie*, un *Marchand de fruits vénitien, Evadé (1874)*; *Trop beau pour être vrai*, et *Clair de lune sur les lagunes (1875)*; *Choses rejetées par la mer et choses jetées à la mer*, le *Vieux soldat*, le *Mémoire (1876)*; la *Reine des épées* et *Jessica (1877)*; *Neu-*

traliif conditionnelle. Torchillon social laissé par la marée, l'Automne (1878); Coup dur, scène de table de jeu (1879); Napoléon 1er à bord du « Bellérophon » (1880); Un ménage dans la lune de miel (1882); Voltaire dînant avec le duc de Sully (1883); une Corde sensible (1886). — A l'Exposition universelle de Paris, en 1867, M. Orchardson avait envoyé deux toiles déjà citées : le *Défi* et *Christophle Sly*, qui furent très remarquées et lui valurent une médaille de 3ᵉ classe; à celle de 1878, il avait : la *Reine des épées, Emprunt sur gage*, la *Piste perdue*, l'*Antichambre*, et obtint une nouvelle médaille de 3ᵉ classe. Associé à l'Académie royale depuis 1868, il a été élu membre titulaire le 13 décembre 1877.

ORDINAIRE, DIONYS LOUIS, littérateur et homme politique français, né à Jougne (Doubs) le 10 juin 1826. Élève de l'École normale, il était reçu agrégé en 1853 et professa la rhétorique à Amiens, puis à Versailles. Nommé secrétaire particulier du préfet du Rhône après le 4 Septembre, il devint ensuite rédacteur de la *République française*, puis rédacteur en chef de la *Petite République française*. Une élection partielle s'étant ouverte dans l'arrondissement de Pontarlier, le 28 décembre 1880, M. Dionys Ordinaire y fut élu député sans concurrent et prit place sur les bancs de l'Union républicaine; il fut réélu dans les mêmes conditions le 21 août 1881. Élu député du Doubs le 4 octobre 1885, il a voté l'expulsion totale des princes. — On doit à M. D. Ordinaire: un *Dictionnaire de mythologie* et une *Rhétorique nouvelle (1866)*; les *Régents de collège*, poésies (1873).

O'REILLY, BERNARD, prélat catholique irlandais, né à Ballybeg, comté de Meath, le 10 janvier 1824, fit ses études au collège catholique de Saint-Cuthbert, à Ushaw, près de Durham, et entra dans les ordres. Il devint chanoine de Liverpool et a été, pendant vingt ans, attaché à l'église Saint-Vincent-de-Paul de cette ville. A la mort de M. Goss (3 octobre 1872), M. O'Reilly fut nommé évêque de Liverpool à sa place et consacré le 19 mars 1873 par l'archevêque Manning.

OSCAR II, FRÉDÉRIC, roi de Suède et de Norvège, connu avant son avènement au trône sous le titre de duc d'OSTROGOTHIE, était alors chef de la brigade de la garde, lieutenant-général et vice-amiral. Il est né le 21 janvier 1829 et a épousé, en juin 1857, la princesse Sophie de Nassau, fille du feu duc Guillaume, née le 9 juillet 1836, de qui il a eu quatre fils : Oscar Gustave Adolphe, duc de Wermland, héritier présomptif actuel du trône, né le 16 juin 1858; Oscar Charles Auguste, duc de Gothie, né le 15 novembre 1859; Oscar Charles Guillaume, duc d'Ostrogothie, né le 27 février 1861 et Oscar Eugène, duc de Nérike, né en août 1865. A la mort de son frère Charles XV (18 septembre 1872), il lui succéda au trône et fut sacré le 18 juillet 1873 à la cathédrale de Drontheim, ainsi que la reine Sophie. Le roi Oscar II jouit d'une liste civile d'un peu moins de 2 millions comme roi de Suède, et comme roi de Norvège, d'une seconde liste civile de 800,000 francs, plus d'une dotation annuelle d'environ 420,000 francs, votée à la famille royale, sur la demande de Charles XIV, pour lui et ses successeurs. — On doit au roi Oscar quelques travaux littéraires, notamment une notice sur *Charles XII (1875)*; une traduction du *Faust* de Gœthe en vers suédois, qui lui valut le titre de correspondant de l'Académie de Francfort (1878); *Poésies et feuillets détachés de mon journal (1880)*; le *Château de Kronberg*, roman (1882), et d'autres traductions d'ouvrages célèbres allemands.

OSMAN PACHA GHAZI, NOURI, général et homme d'État ottoman, né en 1832 à Tokat, dans la Turquie d'Asie. Il commença ses études à l'école préparatoire de Constantinople, où son frère Hussein était professeur d'arabe, puis entra à l'Académie militaire, d'où il sortit comme lieutenant de cavalerie en 1853, et fut attaché à l'état-major d'Omer-Pacha au début de la guerre de Crimée. Après cette campagne, où il s'était distingué par sa bravoure, il était nommé capitaine dans la garde impériale, à Constantinople. Il prit part à la pacification de la Syrie en 1860; il avait alors atteint le grade de commandant *(binbachi)*; puis il combattit l'insurrection crétoise (1866-69) et devint lieutenant-colonel. Après la soumission de l'île, il revint à Constantinople, et fut promu colonel. Promu brigadier général en 1874, il était élevé au rang de divisionnaire l'année suivante, placé à la tête du 5ᵉ corps d'armée, réuni à Widdin et chargé d'opérer contre Zaïtchar. Il enleva brillamment cette position, battit les Serbes dans toutes les rencontres et les contraignit à demander la paix. Il fut alors élevé à la dignité de maréchal de l'empire (muchir) par iradé impérial.

Cependant, désappointés de la manière dont les choses avaient tourné, les Russes franchissaient le Danube en juillet 1877. Osman Pacha était encore à Widdin, son armée augmentée de soixante-huit bataillons, de seize escadrons et de 174 pièces de canon. Il courut au-devant des Russes avec la plus grande partie de ces forces, les battit près de Plevna et fortifia cette ville, qu'il défendit avec un courage et un succès qui auraient changé le sort des armes en faveur des Turcs si la bravoure y avait suffi, contre des forces bien supérieures en nombre et qui augmentaient chaque jour. Le 14 septembre, il inflige à l'armée russo-roumaine une défaite dans laquelle elles laissaient près de 20,000 hommes sur le terrain. Le 2 octobre. Osman Pacha recevait du sultan, avec la plaque en diamants de l'Osmanié, le titre de *ghazi*, ou victorieux, en même temps que Mouklitar Pacha, commandant du 4ᵉ corps. Cependant, Plevna, réduite à la famine, extrémité lamentable que les Parisiens connaissent aussi bien, dut se résoudre à capituler. Cette résolution ne fut prise qu'à la suite d'une tentative désespérée d'Osman pour percer les lignes russes (10 décembre), dans laquelle lui même avait été blessé grièvement aux jambes. Fait prisonnier avec son armée, le général ottoman fut emmené en Russie, où il fut du reste traité avec le respect qu'il méritait; peu après la conclusion de la paix, en mars 1878, il rentrait à Constantinople et était nommé commandant en chef de la garde impériale. Le 10 juin, il était nommé, sans abandonner son commandement, maréchal du Palais et grand maître de l'artillerie, puis gouverneur général de l'île de Crète. Appelé au ministère de la guerre dans le cabinet constitué en décembre 1878, Ghazi Osman Pacha s'occupa activement d'un programme de réorganisation radicale de l'armée ottomane. Il acquit bientôt une si grande influence sur l'esprit du sultan, qu'une accusation de malversation portée contre lui devant celui-ci par deux muchirs, qui n'avaient probablement pas trouvé d'autre moyen de le perdre, n'eut pas de suite. Il quitta toutefois le ministère en juillet 1880, mais pour y revenir en janvier 1881, en remplacement d'Hussein-Husni-Pacha, qui l'y remplaçait à son tour le 3 décembre 1882. Ghazi Osman Pacha est commandeur de la Légion d'honneur. — A l'époque de son héroïque défense de Plevna, les bruits les plus étranges couraient en Europe sur la personnalité de ce général ottoman. On affirmait qu'il était américain, et s'appelait de son vrai nom le colonel Robert Clay Crawford; en France, on inclinait de préférence à croire que le fez d'Osman Pacha cachait le front humilié de l'ex-maréchal Bazaine. Mais il n'en était rien, comme on voit; l'illustre défenseur de Plevna est bien Turc, tout ce qu'il y a de plus Turc; il n'en est pas moins curieux de constater une fois de plus la partialité singulière avec laquelle nous jugeons les Turcs modernes, auxquels il s'en faut de bien peu que nous refusions toute bravoure militaire comme toute qualité administrative. Il y a là une double erreur, que nous ne pouvons malheureusement nous attarder à réfuter: le mal est ailleurs.

OSMOY (comte d'), CHARLES FRANÇOIS ROMAIN LE BŒUF, homme politique français, fils d'un ancien garde du corps de Charles X, est né à Champigny (Eure) le 19 août 1827, fit ses études à Paris. Ami de Bouilhet et de Flaubert, poète lui-même, il aborda la carrière dramatique et fit représenter quelques petites pièces à l'Odéon, au Gymnase et au Palais-Royal. Il l'abandonna toutefois bientôt et se retira sur sa terre d'Osmoy, commune de Champigny, fonda la ligue d'enseignement populaire de l'Eure et succéda à son père, comme membre du Conseil général du département, pour le canton de Quilleboeuf, qui l'a constamment réélu depuis, en 1862. Aux élections législatives de 1869, M. le comte d'Osmoy se présenta comme candidat de l'opposition dans la 2ᵉ circonscription de l'Eure, mais il échoua, quoique avec une minorité honorable, contre le candidat officiel, M. le comte d'Arjuzon. Au commencement de la guerre de 1870-71, M. le comte d'Osmoy se trouvait à Paris, s'engagea dans le corps des éclaireurs de la Seine, devint capitaine au 1er régiment et fut décoré de la Légion d'honneur pour sa belle conduite pendant le siège de Paris. Élu représentant de l'Eure à l'Assemblée nationale, le troisième sur huit, aux élections du 8 février 1871, il prit place au centre gauche républicain, avec lequel il n'a manqué de voter pour voter avec le groupe voisin de la gauche républicaine; il a pris part principalement aux discussions relatives aux Beaux-Arts et a été plusieurs fois rapporteur du budget de ce département. — Aux élections sénatoriales du 30 janvier 1876, M. le comte d'Osmoy porte sur la liste républicaine, qui échoua dans l'Eure; mais le 20 février suivant, il était élu député de l'arrondissement de Pont-Audemer, par 9.950 voix contre 5,761 obtenues par le candidat réactionnaire. Réélu le 14 octobre 1877 et le 21 août 1881, il était élu sénateur de l'Eure, le premier des deux, au renouvellement du 25 janvier 1885. Il a voté contre le projet d'expulsion des princes. — M. le comte d'Osmoy fait généralement partie du jury des salons annuels et des diverses expositions nationales ou internationales pour la section Beaux-Arts et est membre du comité des sociétés des Beaux-Arts des départements. Il a publié en 1880 un recueil de *Mélodies*.

OTTIN, Auguste Louis Marie, sculpteur français, né à Paris le 11 novembre 1811. Élève de David d'Angers et de l'Ecole des Beaux-Arts, il prit part au concours de l'Institut en 1836 et remporta le grand prix de Rome, le sujet du concours étant : *Socrate buvant la ciguë*. Après son retour d'Italie, où il eut à exécuter divers travaux, il exposa notamment : les bustes de *M. Ingres*, en bronze, de *M*lle *Richardot*, de *M*me *Isabelle Constant*; *Hercule au jardin des Hespérides*, l'*Amour et Psyché*, *Leuchosis*, statues en marbre ; le *Chasseur indien et le boa*, le *Coup de hanche des lutteurs*, groupes en plâtre ; *Ecce homo*. *Mater amabilis*, statues en marbre; *Ch. Fourier*, buste en marbre ; la *Justice*, la *Vérité*, statues en marbre : *Acis et Galatée surpris par Polyphème*, groupe en marbre et pierre, pour la fontaine rustique du jardin du Luxembourg et le buste en marbre de *M. Ingres*, à l'Exposition universelle (1840-53) : *Jeune fille portant un vase*, statue en marbre (1857) ; *Napoléon III*, statue en marbre ; l'*Amour et Psyché*, groupe en marbre (1861) ; *M. de Belzunce*, buste (1863) ; *Bethsabée*, statue (1864) ; les *Orphelins*, bas-relief (1866) ; le *Coup de hanche*, en bronze (Expos. univ. 1867) ; *Henri IV*, statue (1868) ; *Thésée précipitant le brigand Scyron à la mer*, groupe en plâtre (1869) ; la *Vérité*, statue en marbre (1874) ; *Campaspe se déshabillant devant Appelle par ordre d'Alexandre*, statue en plâtre (1875) ; le *Thésée précipitant Scyron*, en fonte de fer (1876) ; *Campaspe*, en marbre (1883) ; *Marche triomphale de la République (1885)* ; *Portrait de M. Cantagrel*, buste en marbre (1885). M. Ottin a exécuté en outre de nombreux travaux pour les monuments publics. Nous citerons : la *Cheminée monumentale*, dessinée par Lefuel, pour le palais de Florence, en 1850 ; une *Jeune faune*, une *Chasseresse*, pour la fontaine de Médicis, au jardin du Luxembourg ; les bustes de *Chaptal* et de *Prony*, pour le ministère de l'Intérieur ; un *Hercule*, pour le parc de Saint-Cloud, etc. — M. Ottin a obtenu une médaille de 2e classe en 1842, une de 1re classe en 1846, une autre de 2e classe à l'Exposition universelle de 1867, à la suite de laquelle il a été fait chevalier de la Légion d'honneur.

OUDET, Gustave, homme politique français, né à Beaufort (Jura) le 4 juillet 1810. Ayant fait son droit à Paris, il alla s'inscrire au barreau de Besançon, où il trouva la révolution de Février. Nommé avocat général à Besançon, il donnait sa démission en 1849. Arrêté le 2 décembre 1851, M. Oudet était traduit devant une commission mixte et condamné à la déportation, peine commuée en celle de l'internement à Dijon, aggravée de la surveillance de la haute police, dont il ne fut relevé qu'en 1854. Rentré à Besançon, il était élu au Conseil municipal en 1860 en dépit des efforts de l'administration ; maire de cette ville, dont il représente le canton sud au Conseil général du Doubs depuis 1871, M. Oudet fut élu sénateur du Doubs le 30 janvier 1876, le second, et a été réélu le premier au renouvellement du 25 janvier 1885. Il a voté l'expulsion des princes. — M. Oudet a été décoré, comme maire de Besançon, en 1876, par le maréchal de Mac Mahon. Il est président du Conseil général du Doubs.

OUDINÉ, Eugène André, sculpteur et graveur en médaille français, né à Paris le 1er janvier 1810. Élève de Galle, de Petitot et d'Ingres, il s'adonna plus particulièrement à la gravure en médailles et remporta le grand prix de Rome en 1831. Peu après son retour de Rome, il entrait au Timbre, puis à la Monnaie. — On doit à M. Oudiné, en fait de sculpture : le *Gladiateur blessé*, envoi de Rome (1837) ; le *Général Espagne*, aux Invalides ; le buste du *Prince royal (1842)* ; *Louis VIII*, à Versailles, et la *Charité*, groupe, au Puy (1843) ; la *Vierge et l'enfant*, en marbre (1845) ; le *Duc de Richelieu*, buste, pour la Chambre des pairs ; *Psyché endormie*, la *Reine Berthe*, au jardin du Luxembourg (1848) ; la *Loi*, la *Sécurité*, la *Justice*, à l'hôtel du Timbre ; le *Baptême de Clovis* ; le *Martyre de Sainte Valère*, pour l'église Sainte-Clotilde (1853) ; *Buffon*, statue au nouveau Louvre (1855) ; *Saint Landry*, à la tour Saint-Germain-l'Auxerrois (1861) ; les statues de *Daphné* et d'*Hébé*, pour le palais des Tuileries ; douze *Médaillons des poètes illustres*, pour la Bibliothèque nationale (1866) ; la *Vierge et l'enfant Jésus*, marbre, pour l'église Saint-Ambroise ; le *Bonheur vrai (1868)* ; les bustes d'*Ingres*, du *Général Poncelet*, de *Mathieu (1869)* ; ceux de *Mignet (1872)*, de *Thiers (1874)*, de *Dupin aîné (1875)*, de *P. Flandrin (1876)*, de *M. Hénard* et de *J.-B. Say (1877)*, *Jeune femme à sa toilette*, statuette en marbre (1878) ; *Ingres*, statue en plâtre (1883), reproduite en marbre l'année suivante, et une quantité innombrable d'autres bustes et de médaillons. — Pour la gravure en médailles, nous ne pouvons citer que ses œuvres principales : les médailles de la *Colonne de Boulogne* et de l'*Amnistie (1849)* ; du *Gouvernement provisoire*, et le *Type des monnaies de la République (1848)* ; les médailles du *Deux décembre (1852)*, du *Tombeau de Napoléon Ier (1853)*, de l'*Exposition universelle*, de la *Bataille d'Inkermann (1855)*, de l'*Annexion de la Savoie et du comté de Nice (1861)*, des *Préliminaires de la paix de Villafranca (1863)* ; l'*Apothéose de Napoléon Ier*, d'après le plafond d'Ingres ; la *Médaille de Dumont d'Urville* ; une *Médaille de Cérès*, pour un comice agricole ; les médailles de la *Bienfaisance* et de l'*Assurance maritime (1873)* ; celle de la *Société de tempérance (1874)* ; celles de *Cherubini* et de *Thiers*, argent (1875) ; les épreuves en plâtre d'une quantité de médailles et de projets de médailles, parmi lesquels celui de la *Médaille des aéronautes de Paris* (1876), etc. — M. Oudiné a obtenu, pour la sculpture : une médaille de 2e classe en 1837, une de 1re classe en 1843, une de 2e classe en 1848 et en 1855 ; pour la gravure en médailles : une médaille de 1re classe en 1837, le rappel de cette première médaille et la croix de la Légion d'honneur en 1857.

OUIDA, Louisa de la Ramée (dite), femme de lettres anglaise, d'origine française du côté paternel, est née en 1840 à Bury-Saint-Edmunds. Venue très jeune à Londres, avec sa mère et sa grand'mère maternelle, elle commença de bonne heure une active collaboration aux recueils périodiques de la métropole, signant ses articles et ses nouvelles du pseudonyme de **Ouida**, qui représente une manière de prononciation enfantine de « Louisa », et qu'elle a conservé depuis. Elle écrivit son premier roman, n'ayant guère plus de vingt ans, dans le *New Monthly Magazine* de Colburn. Ce roman, intitulé *Granville de Vigne*, fut publié à part ensuite sous ce titre : *Réduit en esclavage* (Held in bondage, 1863) ; puis vinrent successivement : *Strathmore (1865)* ; *Chandos (1866)* ; *Idalie*, et un recueil de nouvelles : le *Gage de Cecil Castlemaine* et autres histoires (1867) ; *Tricotrin et Sous deux pavillons (1868)* ; *Puck*, ses vicissitudes, aventures, etc. (1869) ; *Folle farine (1871)* ; *Un chien de Flandre* et *Une feuille dans la tempête (1872)* ; *Pascarel (1873)* ; *Deux petits sabots (1874)* ; *Signa (1875)* ; *Dans une ville d'hiver (1876)* ; *Ariane*, histoire d'un rêve (1877) ; *Amitié (1878)* ; *Papillons*, *Pipistrello (1880)* ; *The Village Commune (1881)* ; *Dans la Maremme* ; *Bimbi*, contes pour les enfants (1882) ; *Wanda (1883, 3 vol.)*, etc. — Mlle de la Ramée est particulièrement populaire en France, où plusieurs de ses romans, notamment les *Deux petits sabots* (Two little wooden shoes), et *Wanda* ont été traduits, ainsi que bon nombre de ses nouvelles. Elle réside depuis déjà longtemps dans les environs de Florence.

OUSELEY, sir Frederick Arthur Gore, baronet, compositeur de musique religieuse anglais, fils d'un diplomate, est né à Londres le 12 août 1825, fit ses études à Oxford, où il prit le grade de maître ès arts en 1849, et celui de docteur en musique en 1854. Entré dans les ordres, il tint de 1849 à 1851, une cure à Londres, puis fut nommé grand chantre (precentor) de la cathédrale d'Hereford en 1845, ensuite curé titulaire de la cathédrale Saint-Michael, à Tenbury en 1856. Il a, depuis cette époque, pris une grande part à la fondation du collège Saint-Michael de cette ville, dont il est recteur et où il s'est chargé de l'éducation musicale classique et chorale des enfants. Il est en outre professeur de musique à l'université d'Oxford depuis 1855. — Sir F. Ouseley a composé la musique de plusieurs antiennes très estimées, parmi lesquelles on cite particulièrement : *How goodly are thy tents O Israel!* (Combien tes tentes sont gracieuses, O Israël!), la plus populaire de toutes. Il a publié plusieurs recueils de musique d'église ancienne et moderne, un *Traité d'harmonie*, un *Traité de contrepoint et fugue (1869)* et, en collaboration avec le Dr Monk, les *Chants du psautier anglican (1872)*.

OWEN, Richard, célèbre naturaliste et anatomiste anglais, né à Lancastre le 20 juillet 1804, fit ses études à l'université d'Édimbourg, puis se rendit à Paris, où il suivit pendant plusieurs années les cours de l'école de médecine et de la faculté des sciences, et devint en 1826 membre du Collège royal des chirurgiens de Londres. Ayant presque aussitôt commencé la série de ses catalogues : le *Catalogue descriptif illustré des spécimens de physiologie et d'anatomie comparées*, le *Catalogue d'Histoire naturelle*, celui d'*Ostéologie* et celui des *Débris organiques fossiles* que possède le musée du collège, il fut nommé conservateur de ce musée et professeur d'anatomie et de physiologie au College des chirurgiens en 1835. Il fut un membre très actif de la commission d'enquête sur l'état sanitaire des villes, ainsi que de toutes les commissions d'hygiène de la metropole, et c'est à sa perséverance qu'est due la transformation du marché aux bestiaux de Smithfield, avec ses dépendances ignobles et nauséabondes, en simple marché à fourrage. A l'Exposition universelle de 1851, M. Owen fut président du jury de la section des substances animales, fonctions dont il fut de nouveau chargé, et pour la même classe, à l'Exposition universelle de Paris de 1855. La même année, il publiait à Paris, en français, les *Principes d'ostéologie comparée*. Un os fossile de la Nouvelle-Zélande lui ayant été soumis, en 1837, il y avait reconnu un débris d'un oiseau plus grand que l'autruche, et ses recherches ultérieures le confirmèrent pleinement dans cette idée, qu'il développa dans les *Transactions* de la Société zoologique ; dans le volume de ce recueil pour 1855, il pose les bases de sa théorie de l'extinction des espèces due à la « lutte pour l'existence » provoquée par des influences étrangères. Dans son ouvrage *Sur la nature des membres*, poursuivant ses recherches sur l'unité de plan dans l'organisation animale, il est amené à conclure que les espèces se sont produites par suite d'une cause ou loi secondaire, opérant incessamment et donnant naissance à des espèces nouvelles, quand, par une cause différente, d'anciennes espèces disparaissent, mais dans un mode qui lui échappe. Le professeur Owen, qui a laborieusement collaboré aux recueils spéciaux de la Société royale, des Sociétés linnéenne, géologique, zoologique, médico-chirurgicale et microscopique de Londres, à celui de la Société philosophique de Cambridge, aux *Transactions* de l'Association britannique, etc., a été l'un des fondateurs et le premier president de la Société microscopique et est membre titulaire, correspondant ou associé de la plupart des académies ou sociétés savantes nationales et étrangères, membre associé étranger, notamment, de l'Institut de France (Académie des sciences) depuis 1859 et de l'Académie des sciences de Berlin depuis 1879 ; il est de plus membre étranger de la Société nationale d'agriculture de France. Il a été professeur de paleontologie à l'Ecole des mines du gouvernement et professeur de physiologie à l'Institution royale de la Grande-Bretagne, mais des raisons de santé l'ont contraint à résigner ces deux chaires. Chargé par la reine de donner des leçons à la famille royale, il a reçu de Sa Majesté, pour en jouir sa vie durant, une résidence dans Richmond Park. M. Owen est surintendant des sections d'histoire naturelle au Musée britannique. A la séance de l'Académie des sciences française du 15 mars 1869, il prit possession de son siège en qualité d'associé étranger. Il a été nommé officier de la Légion d'honneur en 1855 et compagnon de l'ordre du Bain le 3 juin 1873 ; il est en outre chevalier de l'ordre du mérite de Prusse. — Outre les ouvrages cités, M. Owen a publié : *Mémoire sur le nautile perlier (1832)* ; *Odontographie (1840)* ; *Mémoire sur une espèce éteinte de paresseux gigantesques (1842)* ; *Leçons d'anatomie comparée des animaux invertébrés (1843)* ; *Leçons d'anatomie comparée des animaux vertébrés* et *Histoire des mammifères et des oiseaux fossiles de la Grande-Bretagne (1846)* ; *Sur l'archétype et les homologies du squelette des vertébrés (1848)* ; *Sur la nature des membres* et *De la parthénogenèse ou génération successive d'individus procréateurs provenant d'un seul œuf (1849)* ; *Histoire des reptiles fossiles de la Grande-Bretagne (1849-51)* ; *Principes d'ostéologie comparée* (Paris, 1855) ; *De la paléontologie* et *Du mégathérium (1860)* ; *Sur le aye-aye ou chiromys (1863)*, le *Gorille (1865)*, le *Dodo. Anatomie et physiologie comparées des vertébrés (1866)* ; *Discours sur l'exécution et le but d'un Muséum d'histoire naturelle nationale (1870)* ; les *Reptiles fossiles de l'Afrique du Sud (1876, 70 pl.)* ; *Sur les mammifères fossiles d'Australie et les marsupiaux éteints d'Angleterre* (1877, 2 vol. in-4° 132 pl. et nombr. grav. dans le texte) ; *Sur les oiseaux aptères fossiles de la Nouvelle-Zélande*, etc. On lui doit également les articles traitant de zoologie, d'anatomie comparée et de physiologie du *Dictionnaire des sciences* de Brandt, dont l'article *Species* contient les dernières considérations du savant professeur sur la nature et l'origine des espèces.

P

PAD

PADOUE (duc de), Ernest Louis Henri Hyacinthe Arrighi de Casanova, homme politique français, ancien ministre, ancien sénateur, fils du général de l'Empire créé duc de Padoue par Napoléon Ier et mort sénateur en 1853, est né à Paris le 26 septembre 1814. Entre à l'Ecole polytechnique en 1833, il en partit deux ans plus tard, le premier de sa promotion, à l'Ecole d'application, et en sortait comme officier du génie ; mais il donna sa démission et se retira dans ses propriétés de Seine-et-Oise. Etranger à la vie publique pendant toute la durée du règne de Louis-Philippe, il fut nommé, après l'élection du 10 décembre 1848, à la préfecture de Seine-et-Oise. Dans ce poste envié, on doit reconnaître qu'il soigna au mieux les affaires de l'Empire prochain. Nommé maître des requêtes au Conseil d'Etat en quittant Versailles (1852), M. Arrighi de Casanova succédait au titre de duc de Padoue à la mort de son père (21 mars 1853), et à son siège de sénateur trois mois plus tard (23 juin). Ministre de l'intérieur du 5 mai au 1er novembre 1859, il fut promu, par distinction spéciale, de simple chevalier grand-croix de la Légion d'honneur en quittant, volontairement d'ailleurs, le pouvoir. Rendu à la vie privée par la révolution du 4 septembre, M. le duc de Padoue parut borner momentanément son ambition à ses fonctions de maire de Courson-l'Aulnay, où se trouvent ses

PAG

propriétés, et de membre du Conseil général de Seine-et-Oise pour le canton de Limours, qu'il remplit depuis 1852 et auxquelles il a été réélu depuis 1881. Le 16 mars 1874, il était, à Londres, à la tête d'une manifestation apportant au prince impérial l'expression de ses vœux à l'occasion de son dix-neuvième anniversaire. Révoqué de ses fonctions de maire de Coursou au retour, il se présentait à l'élection partielle du 18 octobre 1874 à l'Assemblée nationale, et échouait contre M. Senard, il se représentait, et échouait de nouveau contre M. Valentin, à celle du 7 février 1875. Ces deux élections avaient été nécessitées dans le département de Seine-et-Oise par la mort de MM. Labélonye et de Pourtalès. Aux élections du 20 février 1876, M. le duc de Padoue se présenta dans l'arrondissement de Calvi (Corse). Il y fut élu, quoiqu'à une faible majorité, et réélu le 14 octobre 1877. Aux élections du 21 août 1881, ses chances lui ayant probablement paru fort diminuées, même en Corse, M. le duc de Padoue ne posa pas sa candidature ; il ne parut pas davantage aux élections d'octobre 1885.

PAGET (lord), Clarence Edward, amiral anglais, fils du feu marquis d'Anglesey, est né le 17 juin 1811, fit ses études à Wesminster, puis entra dans la marine.

Parvenu au grade de capitaine en 1839, il assista à la bataille de Navarin ; il servit également dans la Baltique pendant la guerre de Crimée. Lord Paget était élu, en 1847, l'un des représentants de Sandwich à la Chambre des communes, comme membre libéral ; aux élections de 1852, il ne se présenta pas, mais il fut réélu par le même bourg à celles de 1857. Il résigna son siège en 1866. Quelque temps secrétaire de son père, grand maître de l'artillerie, il remplit les fonctions de secrétaire de l'amirauté de 1859 à 1866, époque à laquelle, après avoir été promu successivement contre-amiral en 1858 et vice-amiral en 1865, il était appelé au commandement de l'escadre de la Méditerranée. Il a quitté ce commandement en 1869. — L'amiral Paget est chevalier-commandeur de l'ordre du Bain depuis 1856 ; il est aussi commandeur de la Légion d'honneur.

PAILLARD-DUCLÉRÉ, Constant Jules, homme politique français, né à Paris le 20 octobre 1844, y fit son droit et fut reçu licencié. Attaché aux archives du ministère des affaires étrangères en 1866, à la direction politique en 1868, il était nommé successivement secrétaire d'ambassade et sous-chef de cabinet en 1877, et assistait au congrès de Berlin, en juin 1878, comme secrétaire de la mission française. Maire de Monthizot, membre du Conseil général de la Sarthe, il se présenta dans la 2ᵉ circonscription du Mans, comme candidat républicain, le 14 octobre 1877, contre M. Haentgens, bonapartiste, et échoua. Le 21 août 1881, il triomphait de cet adversaire redoutable ; mais vérification faite, il n'avait pas obtenu la majorité absolue, et la Chambre le renvoya devant ses électeurs. A cette nouvelle épreuve, qui avait lieu le 26 février 1882, M. Paillard-Ducléré échouait définitivement. Il était élu député de la Sarthe le 4 octobre 1885. Il siège à gauche et a voté contre l'expulsion des princes. — M. Paillard-Ducléré est chevalier de la Légion d'honneur depuis 1878.

PAILLERON, Édouard, littérateur et auteur dramatique français, né à Paris le 17 septembre 1834, fit son droit et exerça quelque temps la profession de clerc de notaire, tout en se livrant à la poésie et surtout à la poésie dramatique. M. Pailleron débuta à la fois par un volume de vers et par une pièce de théâtre en 1860. — On a de cet écrivain : le *Parasite*, 1 acte en vers, à l'Odéon (1860) ; le *Mur mitoyen*, 2 actes en vers, même théâtre (1861) ; le *Dernier quartier*, 2 actes en vers, au Théâtre-Français (1863) ; le *Second mouvement*, 3 actes en vers, à l'Odéon (1865) ; le *Monde où l'on s'amuse*, 1 acte en prose, au Gymnase (1868) ; les *Faux ménages*, 4 actes en vers, au Théâtre-Français (1869) ; le *Départ*, à-propos lyrique, même théâtre (1870) ; *Prière pour la France*, scène lyrique, ib., ib. (1871) ; l'*Autre motif*, 1 acte, et *Hélène*, 3 actes en vers, ib., ib. (1872) ; *Petite pluie*, 1 acte en vers (1875) ; l'*Étincelle (1879)* ; la *Souris (1886)*, etc., au Théâtre-Français. — Gendre de feu M. Buloz, directeur de la *Revue des Deux-Mondes*, M. Édouard Pailleron a collaboré à ce recueil. Il a, en outre, publié plusieurs volumes de vers : les *Parasites*, satires (1860), *Amours et haines (1870)*, etc. — Il a été, enfin, élu membre de l'Académie française, en remplacement de Charles Blanc, le 7 décembre 1882. M. Pailleron est chevalier de la Légion d'honneur depuis 1867.

PAJOT, Jules Isidore Bernard Fidèle, homme politique français, né à Paris le 1ᵉʳ février 1809. Ancien notaire à Paris, retiré en 1867 avec le titre de notaire honoraire, il devint membre du Conseil général de Lille et fut élu représentant du Nord à l'Assemblée nationale le 8 février 1871, comme monarchiste. Il s'inscrivit à la réunion des Réservoirs et agit en conséquence. Après le vote de la constitution, qu'il avait repoussée, M. Pajot fut porté, comme membre de l'extrême-droite, sur la liste transactionnelle acceptée par les gauches pour l'élection des sénateurs inamovibles ; il fut élu, en conséquence, le vingt-huitième sur soixante-quinze.

PAJOT, Charles, médecin français, né à Paris le 18 décembre 1816, suivit les cours de l'École de médecine et fut reçu docteur en 1842. M. le Dʳ Pajot se consacra aux accouchements, fit des cours à l'École pratique et fut chargé du cours officiel de la faculté en 1850. Reçu agrégé en 1853, M. Pajot, qui a acquis une véritable célébrité comme praticien, a été nommé titulaire de la chaire d'accouchements de la faculté de Paris en décembre 1863, d'où il est passé à celle de clinique d'accouchement. — On a de lui : *Sur les acephalocystes du foie*, thèse de doctorat (1842) ; *Des lésions traumatiques du fœtus dans l'accouchement*, thèse d'agrégation (1853) ; *De la céphalotripsie répétée sans traction (1863)* ; *De la présentation de l'épaule dans les rétrécissements extrêmes du bassin et d'un nouveau procédé d'embryotomie (1865)* ; *Traité complet de l'art des accouchements*, avec le docteur Dubois (1871-75, 2 vol. in-8ᵒ, fig.), etc. Il a fourni, en outre, de nombreux mémoires ou articles, principalement sur des questions d'obstétrique, à la *Gazette des hôpitaux*, au *Dictionnaire encyclopédique des sciences médicales*, etc. — M. le Dʳ Pajot est chevalier de la Légion d'honneur depuis 1860.

PALANDER, Adolphe Arnold Louis, marin suédois, né en 1842 à Carlskrona, chef-lieu de la province de Bleking et station de la flotte de guerre du royaume de Suède. D'une famille de marins, il entra dès l'enfance dans la marine et presque aussitôt commença à prendre part aux explorations aventureuses dont il dirigea les dernières avec l'illustre professeur baron Nordenskjœld (voy. ce nom), et dont le nombre et l'importance font aujourd'hui du commandant Palander, quoique jeune encore, un vétéran des expéditions arctiques. Étant simple aspirant, il fit plusieurs voyages dans diverses parties du monde, dont deux en Islande ; et depuis 1864, époque à laquelle il obtint sa commission d'officier, il a pris part à trois expéditions : c'est lui qui commandait le *Polhem* dans l'expédition de 1872, dirigée par le docteur Nordenskjœld, et qui hiverna au Spitzberg, par 80°42' de latitude nord ; après avoir servi en qualité de second à bord de la *Sophia*, commandée par le capitaine Von Otter, le ministre actuel de la marine suédoise, dans celle de 1868. C'est encore lui qui commandait la *Véga*, le premier bâtiment qui franchit le passage nord-est, grâce à son expérience et à son habileté, et qui le ramena intact de cette dangereuse expédition, contenant et contenu, y compris les membres de la mission scientifique et de l'équipage. Au retour, pour la peine, M. Palander partageait les honneurs décernés partout au professeur Nordenskjœld. Il recevait à son passage à Paris, notamment, la croix d'officier de la Légion d'honneur, à son arrivée à Stockholm, outre sa promotion au grade de capitaine de vaisseau, des lettres de noblesse des mains du roi Oscar.

PALEY, Frederick Apthorp, littérateur et archéologue anglais, né à Easingwold, près York, en 1816, termina à Cambridge ses études commencées à Shrewsbury, y prit le grade de maître ès arts en 1842 et y resta attaché comme professeur jusqu'en 1846, époque à laquelle il se convertit au catholicisme. Il y revint pourtant en 1860, lors de l'abolition partielle des incapacités pour cause de religion, et résida à Cambridge jusqu'en 1874. A cette date, il fut nommé professeur de littérature classique au Collège de l'université catholique de Kensington. Il avait publié dans l'intervalle : *Théâtre d'Eschyle*, avec des notes latines, ouvrage dont la troisième édition contient des notes en anglais, pour la « Bibliothèque classique » ; des éditions des *Fastes* d'Ovide, d'*Euripide*, de *Properce*, de *Théocrite*, de l'*Iliade* d'Homère, d'*Hésiode*, d'*Aristophane*, des *Discours choisis* de Démosthènes, d'un *Choix d'épigrammes* de Martial et une traduction anglaise du livre de Schœmann, sur les *Assemblées des Athéniens*. Il a publié également une traduction en prose du *Théâtre* d'Eschyle (1871, 2ᵉ édit.) et des *Odes* de Pindare (1868) ; une traduction en vers du Vᵉ livre de *Properce* ; des traductions avec notes et introduction du *Philèbe* et du *Thextetus* de Platon et des Vᵉ et Xᵉ livres de la *Morale* d'Aristote, et une traduction en hexamètres latins du *Lycidas* de Milton. Il a écrit, en outre, un *Parallèle entre un manuscrit du XIVᵉ siècle et le « De falsa legatione »* de Démosthènes ; les *Restaurateurs de l'Église*, récit historique ; un *Guide des ecclésiologistes aux églises des environs de Cambridge (1844)* ; *Manuel d'architecture gothique (1846)* ; *Manuel des moulures gothiques (1865)* ; *Remarques sur l'architecture de la cathédrale de Peterborough (1856, 2ᵉ édit.)* ; *Notes sur vingt églises des alentours de Peterborough (1860)*, etc., etc. Il s'est aussi occupé de botanique et a publié deux ouvrages sur cette science : la *Flore de Douvres* et la *Flore de Peterborough*. — M. Paley a collaboré aux *Transactions de la Société philosophique* de Cambridge, au *Journal of philology*, à l'*Ecclesiologist*, l'*Athenaeum*, etc. Il a été examinateur pour l'enseignement classique à l'université de Londres, et l'un des fondateurs et le secrétaire de la Société Camden, de Cambridge, pour la restauration des églises paroissiales et le perfectionnement de l'architecture religieuse.

PALGRAVE, William Gifford, diplomate et voyageur anglais, né à Westminster le 24 janvier 1826, fit ses études au collège de la Chartreuse, à Londres, et à l'université d'Oxford, et entra en 1847 dans l'armée des Indes, comme sous-lieutenant au 8ᵉ régiment d'infanterie indigène de Bombay. Il quitta les Indes en 1853 et voyagea pendant dix ans dans diverses parties de l'Empire ottoman. A son retour (1863), la Société de géographie de Paris lui décernait une de ses medailles d'or. En juillet 1865, M. Palgrave était envoyé en Abyssinie par son gouvernement, avec mission d'obtenir la mise en liberté du consul Cameron et de plusieurs autres prisonniers, et restait en Egypte, par ordre, jusqu'en juin 1866. Nommé consul à Soukhoum-Kalé le 23 juillet suivant, il fut transféré à Trébizonde le 20 mai 1867, puis à l'île Saint-Thomas le 19 février 1873, à Manille en avril 1876, consul général en Bulgarie en septembre 1878 et consul général à Bangkok (Siam) en janvier 1880. — M. Palgrave a publié : *Relation d'un voyage d'une année dans l'Arabie centrale et orientale en 1862-63 (1865*, 2 vol.), traduit en français par M. Emile Jonveaux; *Essai sur les questions d'Orient (1872); Hermann Agha, récit oriental (1873*, 2 vol.); la *Guinée hollandaise (1876)*, etc. Il est membre des Sociétés géographique et asiatique d'Angleterre, et de diverses sociétés savantes étrangères.

PALIZZI, Giuseppe, peintre italien, né à Naples en 1813. étudia d'abord le droit et, par des préventions de famille, ne put commencer sérieusement ses études artistiques que vers 1836. Après avoir exposé quelques toiles à l'Académie de Naples, il vint à Paris, où il finit par se fixer, exposant assez régulièrement aux Salons annuels. — On cite de cet artiste: la *Vallée de Chevreuse (1848)*; le *Retour de la foire (1850)*; le *Printemps (1852)*; *Chèvres ravageant des vignes (1855*, Expos. univ.): *Combat de béliers, Retour des champs, l'Ane complaisant (1857)*; la *Traite des veaux dans la vallée de la Tougue (1859)*; les *Ruines des temples de Pæstum*, la *Forêt (1861)*; les *Anes*, les *Moutons*, la *Normandie (1863)*; *Hautes futaies, Troupeaux de bœufs chassés par l'orage (1864)*; le *Pont de la reine à Fontainebleau*, la *Charbonnière*, la *Petite chaumière, Intérieur de la forêt de Fontainebleau, Petit poney (1867*, Expos. univ.); *Environs de Naples (1868)*; les *Chardons, Moutons allant aux champs (1869)*; *Buffles dans la campagne de Pæstum (1873)*; la *Forêt (1874)*; un *Pâtre italien descend de la montagne, conduisant ses moutons (1875)*; le *Retour de la foire*, la *Route de San Germano près du Mont Cassin (1876)*; *Anes en forêt. Vaches au pâturage (1877)*; *Pluie battante (1878)*; les *Gamins de Castellamare (1879)*; *Petite gardeuse de chèvres dans les Abruzes (1880)*; *Intérieur de bergerie (1883)*; *Pâturage (1884)*; le *Soir, Dans la montagne (1885)*; *Sangliers dans la mare verte, forêt de Fontainebleau*, et *Bûcherons dans les Ventes de la reine*, de la même forêt (1886). — M. G. Palizzi a obtenu une médaille de 2e classe en 1848. Il a été décoré de la Légion d'honneur en 1859.

PALMA, Ricardo, littérateur et homme politique péruvien, est né à Lima le 7 février 1833. Après la révolution de 1860, à laquelle il prit une part active, don Ricardo Palma dut se réfugier au Chili. Peu après le prenait, à Valparaiso, la direction de la *Revista de Sud America*, dans laquelle il publia un très grand nombre de poésies. Eloigné de sa patrie, toutes ses aspirations se portaient visiblement vers elle, et, dans les pays qui lui donnait l'hospitalité, il mettait tous les soins à faire connaître les productions littéraires les plus dignes d'admiration, les poètes et ses écrivains. Il est auteur d'un certain nombre de romans historiques et de légendes locales; on lui doit, en outre, une étude historique publiée en 1863: *Anales de la Inquisicion de Lima*; deux volumes de poésies: *Armonias et Pasionarias*, etc. — Après un voyage en Europe, il rentrait précipitamment dans sa patrie, en 1868, et prenait rang parmi les défenseurs de Callao bombardé. Il a été secrétaire du président Balta et est membre du Sénat de la République.

PALLY, Jean-Baptiste Marie Louis, homme politique français, né à Marseille le 7 janvier 1843, fit son droit et, reçu licencié, s'établit avoué dans sa ville natale. M. Pally a cédé son étude d'avoué et s'est fait inscrire au barreau de Marseille, dont il est devenu conseiller municipal en 1871. Conseiller général des Bouches-du-Rhône depuis 1883, il a été porté sur la liste radicale de ce département aux élections d'octobre 1885, et a été élu député au scrutin du 18. M. Pally a pris place à l'extrême-gauche et a voté contre l'expulsion des princes.

PAPON, Alexandre, homme politique français, né à Evreux le 5 septembre 1821. Ancien négociant, juge au Tribunal de commerce d'Evreux, M. Papon fut exilé comme à consulter; il a publié une brochure, bonne à consulter: le *Coup d'Etat dans le département de l'Eure*. Il fut, au Conseil général de l'Eure, l'un des plus vigoureux adversaires du préfet de l'Empire, Janvier de La Motte, et de ses procédés financiers. Elu député de la deuxième circonscription d'Evreux, le 20 février 1876, il siégea à gauche. Réélu le 14 octobre 1877 et le 21 août 1881, M. Papon figurait sur la liste républicaine de l'Eure aux élections d'octobre 1885. Il est le seul de cette liste qui fut élu, au second tour ; il avait pour concurrent M. le duc de Broglie. M. Papon a voté l'expulsion des princes.

PARENT, Nicolas Eugène, publiciste et homme politique français, fils d'un ancien député du parlement sarde, est né à Sallanches (Haute-Savoie) le 21 mars 1817, et a fait ses études à l'université de Turin, où il prit le grad- de docteur en droit en 1841. Inscrit au barreau de Chambéry en 1844, il y fondait, en 1848, le *Patriote savoisien*, journal démocratique réclamant l'annexion à la France, et la *Feuille des paysans*. Après le coup d'Etat, le *Patriote*, tout en poursuivant sa politique annexionniste, combattait le chef du gouvernement français à l'aide de ses propres œuvres, dont il servait dans chaque numéro un extrait bien choisi à ses lecteurs. Une action diplomatique s'ensuivit, qui contraignit M. Parent à rentrer dans le silence, ou plutôt au barreau où il se fit rapidement une place brillante. Aux élections générales de 1869, la candidature de M. Parent, présentée à la dernière heure, réunit néanmoins une minorité importante. Représentant de la Savoie, le troisième avec cinq, aux élections du 8 février 1871, M. Parent prit place au groupe de la gauche républicaine avec lequel il a constamment voté. Il a pris part à plusieurs discussions d'affaires et est l'auteur de diverses propositions de loi, notamment pour la suppression des logements affectés aux fonctionnaires et pour diverses modifications de l'ordre judiciaire. Aux élections sénatoriales du 30 janvier 1876, M. Parent, échoua avec une minorité de sept voix ; mais il fut élu, le 20 février suivant, député de la première circonscription de l'arrondissement de Chambéry, par 7,470 voix contre 6,373 accordées à son concurrent conservateur, M. Govbet. Réélu le 14 octobre 1877, il entrait au Sénat, à la faveur d'une élection partielle, le 13 juin 1880, et était réélu au renouvellement du 9 janvier 1882. M. Parent a voté l'expulsion des princes.

PARENT, Hortense, pianiste française, née vers 1835, entra de bonne heure au Conservatoire de Paris, où elle suivit simultanément les cours de piano et d'harmonie et d'accompagnement pratique. Elle obtint en 1854 un premier accessit d'harmonie et le premier prix, avec un premier accessit de piano, en 1855; en 1856, le second prix de piano, et le premier prix l'année suivante. — Mme Parent, qui s'est exclusivement consacrée à l'enseignement, a publié : l'*Etude du piano, manuel de l'élève, conseils pratiques (1872)*, ouvrage estimé qu'elle a dédié à M. F. Le Couppey, son maître.

PARFAIT, Noël, littérateur et homme politique français, né à Chartres le 28 novembre 1813. Etudiant à Paris, lorsqu'éclata la révolution de 1830, il y prit une part active et reçut la décoration de Juillet. Mécontent de la tournure des choses, M. Parfait publia, de 1832 à 1834, une série de satires adressées au roi, aux ministres, au peuple, qui furent ensuite réunies en volume, mais qui le conduisirent auparavant, et à trois reprises, sur les bancs de la cour d'assises. L'une de ces satires : l'*Aurore d'un beau jour*, lui valut même, en septembre 1833, une condamnation à deux ans de prison et 1,000 francs d'amende. En novembre suivant, il était impliqué dans le procès des Vingt-sept qui se dénoua par un acquittement général. Collaborateur du *National* et du *Siècle*, il travaillait également à la *Presse*, où il était de notoriété publique qu'il fournissait à Théophile Gautier les matériaux de son feuilleton dramatique. Elu représentant d'Eure-et-Loir à la Législative en 1849, M. Noël Parfait prit place à gauche et combattit énergiquement la politique du comité de la rue de Poitiers aussi bien que celle de l'Elysée, et protesta contre l'augmentation des frais de représentation du président de la République. Expulsé de France après le coup d'Etat, il se réfugia en Belgique, où il s'occupa de travaux littéraires et devint l'un des collaborateurs d'Alexandre Dumas. Rentré en France après l'amnistie de 1859, M. Parfait fut attaché à la librairie Michel Lévy. — Aux élections du 8 février 1871, il fut élu représentant d'Eure-et-Loir à l'Assemblée nationale et y prit place au groupe de la gauche républicaine. Il a fait partie de plusieurs commissions importantes et de toutes les commissions de permanence de cette législature, a pris la parole contre le projet d'imposer aux journaux le compte rendu officiel des séances, s'opposa dans les bureaux au projet de loi de M. Depeyre sur la librairie et signala, comme rapporteur de la liquidation des comptes de l'ancien Corps législatif, pour 1870, l'usage abusif que le président de cette assemblée faisait des fonds alloués pour les dépenses de la Chambre. Aux élections du 20 février 1876, M. Noël Parfait était élu député de la 1re circonscription de l'arrondissement de Chartres, par 8,292 voix contre 2,134 obtenues par le candidat réactionnaire. Réélu le 14 octobre 1877 et le 21 août 1881, il a été élu député d'Eure-et-Loir le 18 octobre 1885, et a voté contre les projets d'expulsion des princes.

On a de M. Noël Parfait : *Philippiques*, satires politiques (1834); *Notice biographique sur A. F. Sergent, graveur en taille-douce, député de Paris à la Convention nationale (1848)*, etc. Il a donné au théâtre : *Fabio le novice (1841)*; un *Français en Sibérie*, avec Ch. Lafont (1843); la *Juive de Constantine*, avec Th. Gautier (1846).

PARIEU (de), MARIE LOUIS PIERRE FÉLIX ESQUIROU, économiste et homme politique français, ancien ministre, ancien sénateur, membre de l'Institut, né à Aurillac le 13 avril 1815, fit ses études aux collèges de Lyon et de Juilly, son droit à Paris et à Strasbourg, où il prit le grade de docteur. Inscrit au barreau de Riom, il s'y était fait une grande réputation méritée par ses connaissances étendues, son talent oratoire et ses habitudes laborieuses, lorsqu'éclata la révolution de Février. Il accueillit l'évènement avec enthousiasme, se rallia sans hésiter à la République et présida même, dit-on, l'un des clubs les plus exaltés de sa ville natale. Élu représentant du Cantal à l'Assemblée constituante, M. de Parieu prit place à gauche et se fit remarquer dans les travaux préparatoires des commissions et enfin dans diverses discussions où il prit la parole, notamment en faveur de l'amendement Leblond, portant que le président de la République serait élu par l'Assemblée. Après l'élection du 10 décembre, M. de Parieu se sépara de la gauche, avec laquelle il avait à peu près toujours voté jusque-là. Réélu à la Législative, il entrait dans le cabinet Rouher du 31 octobre 1849, avec le portefeuille de l'instruction publique et des cultes. Son administration fut signalée par la présentation et le vote de deux lois auxquelles est resté attaché le nom de leurs auteurs : la loi Parieu, qui autorisait les préfets à révoquer les instituteurs primaires et interdisait aux instituteurs révoqués le droit d'ouvrir une école privée dans la commune où la revocation les avait frappés (13 décembre 1849) et la loi Falloux, ou loi organique du 15 mars 1850, qui, en établissant un rectorat et un conseil académique dans chaque département, divisait pour ainsi dire à l'infini l'autorité universitaire et livrait l'enseignement primaire, sans contre-poids appréciable, à l'autorité cléricale. M. de Parieu quitta le ministère en février 1851; après le coup d'État, il fut nommé président de la section des finances au Conseil d'État réorganisé, dont il devint vice-président en 1855. L'avènement du ministère parlementaire du 2 janvier 1870 modifia le titre de M. de Parieu en celui de ministre président du Conseil d'État, qu'il conserva jusqu'à la chute de l'Empire. — M. de Parieu est entré en 1856 à l'Académie des sciences morales et politiques, dans la section d'administration, nouvellement créée; il est en outre membre de l'Académie des sciences, belles-lettres et arts de Clermont-Ferrand et de l'Académie de législation de Toulouse, et président de la Société centrale d'agriculture du Cantal. Lors de l'Exposition universelle de 1867, il a été vice-président de la commission monétaire. — Président du Conseil général du Cantal, il s'est présenté aux élections sénatoriales du 30 janvier 1876, comme candidat de l' « Union conservatrice » dans ce département. Élu le premier des deux, il prit place sur les bancs de la droite et agit en conséquence. Après avoir échoué aux élections de novembre 1877 pour le renouvellement des conseils généraux, M. E. de Parieu n'était pas réélu au renouvellement de la représentation sénatoriale du Cantal, le 25 janvier 1885.

On doit à M. Esquirou de Parieu : *Études historiques et critiques sur les actions possessoires (1848)*; *Essai sur la statistique agricole du département du Cantal (1853)*; *Histoire des impôts généraux sur la propriété et sur le revenu (1856)*; *Traité des impôts considérés sous le rapport historique, économique et politique, tant en France qu'à l'étranger (1862, 4 vol.)*; *Principes de la science politique (1870)*; la *Politique monétaire en France et en Allemagne (1872)*; *Gustave-Adolphe (1875)*; *Brisach en 1639, ou les derniers jours du duc Bernard de Saxe-Weimar (1877)*, etc. Il a collaboré activement à beaucoup de recueils spéciaux, ainsi qu'au *Journal des économistes*, à la *Revue européenne*, à la *Revue contemporaine*, à la *Revue de France*, etc. — Grand croix de la Légion d'honneur depuis 1869, M. de Parieu est également grand croix des ordres de Wasa, de saint Grégoire-le-Grand, de Léopold de Belgique, etc.

PARIS, FRANÇOIS EDMOND, amiral français, né à Paris le 2 mars 1806, entra à l'École navale d'Angoulême en 1820. Aspirant en 1822, il devint successivement enseigne en 1826, lieutenant de vaisseau en 1832, capitaine de corvette en 1840, capitaine de vaisseau en 1846, contre-amiral en 1858 et vice-amiral le 27 janvier 1864. Dès 1826, M. Pâris faisait, à bord de l'*Astrolabe*, commandé par Dumont-d'Urville, un voyage de circumnavigation, puis un autre, en 1829 sur la *Favorite*, en 1829 et un troisième, en 1837, sur l'*Artémise*. C'est pendant ce dernier voyage qu'il perdit la main gauche dans un accident de machine. En 1840, il partait pour une campagne dans les mers de la Chine, à bord de l'*Archimède*. Devenu major-général de la marine à Brest, en 1858, l'amiral Pâris était appelé l'année suivante au commandement d'une division de l'escadre de la Méditerranée. Élu membre de l'Académie des sciences en 1853, en remplacement de Bravais, il remplaçait également l'amiral Deloffre au Bureau des longitudes en 1864. Directeur du dépôt des cartes et plans de la marine, vice-président de la commission des phares, l'amiral Pâris est devenu directeur du Musée de marine. Il a présidé l'Académie des sciences en 1876. — On a de lui : *Essai sur la construction navale des peuples extra-européens (1841, 2 vol. gr. in-f°, pl.)*; *Navigation de la corvette à vapeur l' « Archimède » de Brest à Macao (1845)*; *Dictionnaire de la marine à voiles et à vapeur*, avec M. de Bonnefoux (1848, 2 vol., fig. et pl.); *Catéchisme du mécanicien à vapeur (1850)*; *Traité de l'hélice propulsive (1855)*; *Utilisation économique du charbon à bord des navires à vapeur (1858)*; *l'Art naval à l'Exposition universelle de Londres (1868, pl.)*; *l'Art naval à l'Exposition universelle de 1867 (1867-68, 3 parties, pl.)*; *Souvenirs de marine conservés (1828 et suiv.)*, etc. Outre divers mémoires lus à l'Académie des sciences et des articles dans les recueils spéciaux et au *Moniteur universel* (officiel). — L'amiral Pâris a fait partie du jury international des Expositions universelles de 1867 à Paris, de 1873 à Vienne, etc. Grand officier de la Légion d'honneur depuis 1869, il a été promu grand croix de 12 juillet 1880.

PARIS, AUGUSTE JOSEPH, avocat et homme politique français, sénateur, ancien ministre des travaux publics, est né à Saint-Omer le 12 novembre 1826. Avocat du barreau d'Arras, il a publié quelques ouvrages sur la Révolution, d'ailleurs peu importants et d'intérêt purement local. Élu représentant du Pas-de-Calais le 8 février 1871, il se fit inscrire à la fois aux réunions de la droite, du centre droit et du centre gauche, vota avec la droite et se rallia, en février 1875, aux lois constitutionnelles, dont il fut rapporteur. Il fut également rapporteur du projet de dissolution adopté le 30 décembre 1875. Après avoir échoué, avec ses amis de la droite, aux élections sénatoriales faites par l'Assemblée, M. A. Paris fut élu sénateur du Pas-de-Calais, le 30 janvier 1876, et prit place à droite. Rapporteur des diverses propositions d'amnistie, le vote de ses conclusions sur la proposition Gatineau, après le vote contre l'amendement Bertauld, détermina la chute du cabinet Dufaure (1er décembre 1876). Le 17 mai 1877, M. Paris était appelé au ministère des travaux publics, portefeuille devenu politique par occasion, en remplacement de M. Albert Christophle. Sa conduite dans ce poste restera comme un modèle de pression électorale sur les agents relevant de son ministère et qui, plus que d'autres peut-être, devraient être à l'abri des menaces de l'autorité pourvu qu'ils remplissent les devoirs de leurs charges, fort nettement délimités. Le résultat des élections fut plus funeste à leur chef éphémère qu'à eux-mêmes : M. Paris était forcé d'abandonner le pouvoir, avec ses complices, le 13 novembre suivant. Aux élections pour le renouvellement de la représentation sénatoriale du Pas-de-Calais, en janvier 1882, il resta sur le carreau. Il récupéra toutefois son siège plus tard, ayant été élu sénateur du Pas-de-Calais le 25 janvier 1885, avec M. V. Hamille, en remplacement de MM. Devaux, démissionnaire et Boucher-Cadart, décédé. Il a repris sa place à droite.

PARIS, GASTON BRUNO PAULIN, littérateur français, né à Avenay, le 9 août 1839, fit ses études à Paris, au collège Rollin et passa ensuite deux années dans les universités de Bonn et de Gœttingen. Entré à l'École des chartes en 1858, il suivit en même temps les cours de la faculté de droit et se fit recevoir docteur ès lettres en 1865. Il devint successivement professeur de grammaire française aux cours libres de l'enseignement supérieur, directeur-adjoint, puis directeur des études pour les langues romanes à l'École pratique des hautes études, et suppléant de son père, M. Paulin Paris, mort en 1881, à la chaire de langue et de littérature du moyen âge au Collège de France, dont il devint titulaire le 26 juillet 1872. M. Gaston Paris a été élu membre de l'Académie des inscriptions et belles-lettres en remplacement de Guigniaut, en mai 1876. — M. Gaston Paris a collaboré à la *Bibliothèque de l'Ecole des chartes*, à la *Revue critique*, à *Romania*, etc., et a publié : *Du rôle de l'accent latin dans la langue française* (1863); *De Pseudo Turpino* et *Histoire poétique de Charlemagne*, thèses de doctorat, dont la dernière reçut le prix Gobert de l'Académie des inscriptions (1865); *Grammaire historique de la langue française* (1868); la *Vie de saint Alexis*, texte des XIe, XIIe, XIIIe et XIVe siècles (1872), également honorée du prix Gobert; *Dissertation sur le poème latin « Ligurinus »* (1873); le *Petit Poucet et la Grande Ourse*, les *Contes orientaux dans la littérature française du moyen âge* (1875); les *Miracles de Nostre Dame par personnages* (1877); la *Grammaire des langues romanes* de Friedrich Diez, traduite avec MM. Brachet et Morel-Fatio (1874-78, 3 vol.) ; le *Mystère de la Passion* d'Arnoul Gréban, et *Aucassin et Nicolette*, chante-fable du XIIe siècle (1878); *Deux rédactions du roman des Sept Sages de Rome* (1879), la *Poésie au moyen âge* (1885), etc. — M. Gaston Paris est chevalier de la Légion d'honneur depuis 1875.

PARIS (comte de), Louis Philippe Albert d'Orléans, petit-fils de Louis-Philippe Ier et fils aîné du duc Ferdinand d'Orléans, mort victime d'un accident de voiture en juillet 1842, est né à Paris le 24 août 1838. Il n'avait donc pas dix ans lorsque, conduit par sa mère obéissant aux suggestions de ses amis de la dernière heure, qui n'étaient pas précisément ceux du roi qui venait d'abdiquer, il assista à la scène tumultueuse de la Chambre des députés, le 24 février 1848. Le comte de Paris suivit dans l'exil sa mère, éloignée de la famille de son mari, dont l'antipathie s'était manifestée si souvent, aussi bien contre son fils, alors héritier du trône, que contre elle-même, et qui se retira dans son propre pays, c'est-à-dire en Allemagne. Ce fut à Eisenach (Saxe-Weimar) qu'il passa les premières années de son exil. L'académicien Adolphe Régnier, précepteur des enfants du duc d'Orléans, suivit la duchesse pour continuer ses fonctions, qu'il résigna seulement en 1851 ; il y fut remplacé par M. Baudouin, professeur de mathématiques, qui dirigea surtout les études scientifiques des jeunes princes. Des excursions dans les divers pays de l'Europe le familiarisèrent avec les langues et les mœurs de ces pays, puis il se retira à Claremont, près de sa mère, qui avait alice rejoindre la famille de son mari et y mourut le 18 mai 1858. En 1860, le comte de Paris faisait, avec son frère le duc de Chartres, un voyage en Orient. L'année suivante, les deux princes, accompagnés de leur oncle le prince de Joinville, s'embarquaient pour les Etats-Unis en pleine révolution. A leur arrivée à Washington, ils furent reçus avec la plus grande cordialité par le gouvernement fédéral et par le général Mac Clellan, qui proposa aux deux frères d'entrer dans son état-major. Ils acceptèrent avec empressement et y prirent rang comme capitaines de volontaires, stipulant la condition expresse qu'il ne leur serait pas alloué de solde et qu'ils seraient libres de se retirer quand bon leur semblerait. Le comte de Paris et le duc de Chartres servirent en conséquence dans l'état-major du général Mac Clellan jusqu'à la fin de la campagne de Virginie et la retraite de l'armée du Potomac qui suivit (1862). Les affaires du Mexique menaçant de brouiller les Etats-Unis avec la France, les deux princes français ne voulurent pas attendre et courir les risques d'une pareille éventualité. Ils rentrèrent en Europe et, à part une collaboration assez importante à la *Revue des Deux-Mondes* que le voile d'une signature empruntée ne suffit que rarement à dissimuler, on n'entendit plus parler du comte de Paris jusqu'à l'époque où, profitant des dispositions apparemment libérales de l'Empire, les princes d'Orléans sollicitèrent l'autorisation de rentrer en France comme *simples citoyens*. Le 2 juillet 1870, M. Estancelin (voyez ce nom) montait à la tribune du Corps législatif pour défendre la pétition des princes, dont il avait été l'ami et le condisciple, avec plus de chaleur et plus d'opiniâtreté que de succès. Il nous souvient que cette prétention de rentrer en France comme simples citoyens fut déclarée une fiction, que démentait l'ordre dynastique dans lequel les signatures avaient été apposées au bas de la pétition; faite assez grossière, dans ce cas, de la part des gens auxquels on n'a encore refusé de nulle part une certaine intelligence. Le 11 août suivant, autre pétition des mêmes princes demandant à défendre leur pays à quelque titre que ce fût. Ces deux tentatives, et d'autres qui suivirent, demeurèrent sans résultat. Rentré en France

après le vote de l'Assemblée nationale abrogeant les lois d'exil, le comte de Paris y vécut avec une réserve qui ne peut qu'être louée, jusqu'au moment où, donnant par cette démarche une force considérable, quoique insuffisante, aux intrigues fusionnistes, il rendait, le 5 août 1873, une visite au comte de Chambord, à Frohsdorf et abdiquait de fait entre ses mains, en le reconnaissant comme le seul chef de la maison de France. Il a vécu depuis dans une retraite relative, soit à Paris, soit au château d'Eu. A la fin de 1876, il faisait bien avec sa famille, une visite à Alphonse XII, roi d'Espagne, mais cette démarche ne pouvait guère donner lieu à interprétation. Nommé lieutenant-colonel d'état-major dans l'armée territoriale, il était placé à la suite en mai 1880. Ce qui devait changer la situation politique du comte de Paris, même en dépit qu'il en eût, c'est la mort du comte de Chambord (24 août 1883). Cet événement, en ruinant à peu près l'espoir des légitimistes français, décida la grande majorité d'entre eux à reconnaître le comte de Paris pour ce que cet événement le faisait en effet, le chef de la maison de France. Il ne fut libre alors de se dérober que, quoique avec réserve, profita de toutes les occasions pour affirmer ses droits à la succession de la couronne légitime. Le gouvernement républicain s'émut, d'ailleurs, dès le début. Quelques mois après la mort du comte de Chambord, profitant de sa réunion pour la révision de la constitution, le Congrès décidait que les membres des familles ayant régné sur la France ne pourraient être élus à la présidence de la République. Plus tard et successivement, le Sénat et la Chambre des députés décidaient qu'ils ne pourraient davantage aspirer à siéger dans l'une ou l'autre assemblée. Enfin, en janvier 1886, une proposition d'expulsion était formulée contre les princes à la tribune de la Chambre des députés. Repoussée par la Chambre, sur l'avis du gouvernement, celui-ci toutefois acceptait un ordre du jour qui était pour lui un engagement de prendre les mesures nécessaires dans le cas où la République serait menacée par les menées des prétendants et de prendre au besoin l'initiative d'une loi d'expulsion. C'était un avertissement, expliqua M. de Freycinet, lorsqu'en juin suivant, il soutenait devant les Chambres la proposition d'expulsion du gouvernement, et cet avertissement n'a pas été entendu. Il ne devait pas l'être en effet : on ne se donne pas la peine d'édifier toute une organisation politique pour la renverser d'un coup d'épaule à la première rencontre parlementaire. Une occasion de se compter, d'établir ses forces, allait même se présenter tout naturellement pour le parti royaliste : M. le comte de Paris mariait sa fille, la princesse Amélie d'Orléans au duc de Bragance, prince héritier du trône de Portugal. Une grande manifestation se prépara pour ce jour-là, une manifestation à laquelle, pour ne pas insister sur les détails, les représentants des puissances étrangères étaient conviés, non en leur nom personnel, mais en leur qualité officielle, on comme aurait pu le faire Louis-Philippe II. Et cela se passait à Paris, c'est-à-dire au siège même du gouvernement de la République. C'est alors que M. de Freycinet, président du conseil des ministres, crut le moment venu d'intervenir et de présenter aux Chambres un projet de loi interdisant aux princes prétendants la résidence en la République. Cette loi, dans le sens même qu'avait voulu lui donner le gouvernement, après des discussions passionnées dans les commissions et en séance publique, était votée à la Chambre des députés le 11 et au Sénat le 22 juin 1886, quoique à une faible majorité, surtout à la haute Chambre. Deux jours après cette dernière date, les princes prétendants avaient quitté le territoire français. Mais en partant, comme il voulait se justifier la mesure dont il était l'objet, M. le comte de Paris laissait la protestation suivante, que publiaient les journaux du 25 juin, et que nous croyons devoir reproduire à titre de document historique.

« Contraint de quitter le sol de mon pays, je proteste, au nom du droit, contre la violence qui m'est faite.

» Passionnément attaché à la patrie que ses malheurs m'ont rendue plus chère encore, j'y ai, jusqu'à présent, vécu sans enfreindre les lois. Pour m'en arracher, on choisit le moment où je viens d'y rentrer, heureux d'avoir formé un lien nouveau entre la France et une nation amie.

» En me proscrivant, on se venge sur moi des trois millions et demi de voix qui, le 4 octobre, ont condamné les fautes de la République, et l'on cherche à intimider ceux qui, chaque jour, se détachent d'elle.

» On poursuit en moi le principe monarchique dont le dépôt m'a été transmis par celui qui l'avait si noblement conservé.

« On veut séparer de la France le chef de la glorieuse

famille qui l'a dirigée pendant neuf siècles dans l'œuvre de son unité nationale et qui, associée au peuple dans la bonne comme dans la mauvaise fortune, a fondé sa grandeur et sa prospérité.

» On espère qu'elle a oublié le règne heureux et pacifique de mon aïeul Louis-Philippe et les jours plus récents où mon frère et mes oncles, après avoir combattu sous son drapeau, servaient loyalement dans les rangs de sa vaillante armée.

» Ces calculs seront trompés.

» Instruite par l'expérience, la France ne se méprendra ni sur la cause ni sur les auteurs des maux dont elle souffre. Elle reconnaîtra que la monarchie, traditionnelle par son principe, moderne par ses institutions, peut seule y porter remède.

» Seule, cette monarchie nationale, dont je suis le représentant, peut réduire à l'impuissance les hommes de désordre qui menacent le repos du pays, assurer la liberté politique et religieuse, relever l'autorité, refaire la fortune publique.

» Seule, elle peut donner à notre société démocratique un gouvernement fort, ouvert à tous, supérieur aux partis et dont la stabilité sera pour l'Europe le gage d'une paix durable.

» Mon devoir est de travailler sans relâche à cette œuvre de salut. Avec l'aide de Dieu et le concours de tous ceux qui partagent ma foi dans l'avenir, je l'accomplirai.

» La République a peur ; en me frappant, elle me désigne.

» J'ai confiance dans la France. A l'heure décisive, je serai prêt.

» En, le 24 juin 1886,
» PHILIPPE,
» Comte de Paris ».

On n'est pas plus net, et, certainement, beaucoup de ceux qui avaient voté contre la loi d'expulsion, sans être partisans des princes, seulement par répugnance pour les mesures de proscription quelles que soient les personnes qu'elles atteignent, auraient agi d'une manière différente si ce manifeste avait été publié plus tôt, et ont en tout cas éprouvé quelque dépit de ce soufflet inattendu et surtout immérité.

M. le comte de Paris a épousé le 30 mai 1834 sa cousine, la princesse Marie Isabelle Françoise-d'Assise Antonia Louise Fernande, etc., fille aînée du duc de Montpensier (voy. ce nom), née le 21 septembre 1848. Il en a eu quatre enfants : la princesse Marie Amélie Louise Hélène, née le 21 septembre 1865, mariée le 22 mai 1886, au duc de Bragance ; le prince Louis Philippe Robert, né le 16 février 1869 ; la princesse Louise Hélène, née le 16 juin 1871, et le prince Charles, né le 21 janvier 1875.

Parmi les articles donnés à la *Revue des Deux-Mondes* par le comte de Paris et signés par quelqu'un des rédacteurs ou par le gérant de ce recueil, on cite tout particulièrement : la *Semaine de Noël dans le Lancashire*, étude sur la crise cotonnière (février 1863), une *Lettre sur l'Allemagne et ses tendances nouvelles* (août 1867) ; une *Étude sur l'Église d'État et l'Église libre en Irlande* (mai 1868). Il a publié : *Damas et le Liban*, extraits d'un journal de voyage en Syrie au printemps de 1860 (Londres, 1861) ; les *Associations ouvrières* (Trades Unions) *en Angleterre* (Paris, 1869), ouvrage qui eut plusieurs éditions successives en France et fut traduit dans la plupart des langues européennes, notamment en anglais, l'année même de son apparition, sous ce titre : *the Trades Unions of England*, par M. N. J. Senior; *Histoire de la guerre civile en Amérique (1874-83*, tomes I à IV). — Sous ce titre : *The Battle of Gettysburg, by the Comte de Paris*, un éditeur américain mettait en vente le mois d'août 1886 un volume formé des chapitres choisis dans le troisième volume du grand ouvrage du comte de Paris ayant trait à la bataille de Gettysburg. C'est ce qui s'appelle profiter de l'actualité, d'autant plus que, depuis leur voyage aux États-Unis, les princes d'Orléans sont très populaires en Amérique, où le sens commun n'est pas moins rare qu'en France.

PARNELL, CHARLES STEWART, homme politique irlandais, né à Avondale, comté de Wicklow, en 1846, d'une vieille et illustre famille anglaise originaire de Congleton (Cheshire); son arrière-grand-père, sir John Parnell, fut longtemps chancelier de l'échiquier dans le parlement irlandais et donna sa démission pour ne pas voter l'union, et le fils de celui-ci, sir Henry, fut élevé à la pairie en 1831 avec le titre de lord Congleton ; d'autre part, le grand-père maternel de M. Parnell est l'amiral américain Charles Stewart. Élève de l'université de Cambridge, M. Parnell, ses études terminées, fit un assez long voyage aux États-Unis, et au retour, rentra à Wicklow et devint haut sheriff du comté en 1874. La même année, il posait sa candidature à la Chambre des communes dans le comté de Dublin contre le colonel Taylor, qui venait d'être nommé chancelier du duché de Lancastre dans la seconde administration de lord Beaconsfield, et était par suite soumis à la réélection. M. Parnell échoua dans cette tentative, mais l'année suivante, il était élu par le comté de Meath. Pendant quelque temps, il ne prit que peu de part aux travaux de la Chambre, mais pendant la session de 1876, il commença à se faire remarquer d'abord par quelques conflits avec le gouvernement, dans lesquels il fit preuve d'une rare opiniâtreté. En février 1877, il présentait à la loi sur l'Église d'Irlande un amendement relatif à l'achat par les tenanciers de l'église « désétablie » des terres qu'ils cultivaient, lequel fut repoussé. Peu après, M. Cross présentait son projet sur les prisons, qui fut l'occasion de la première manifestation véritable de la politique d'obstruction inaugurée par les Irlandais. Après avoir fait tous leurs efforts pour éterniser la discussion générale, ils attaquèrent chacun des articles à son tour, les orateurs succédant aux orateurs, et à la fin, les motions d'ajournement répétées empêchèrent le bill de passer. Il en fut de même avec la loi de rébellion ; et la loi concernant l'Afrique du Sud, qui autorisait notamment l'annexion du Transvaal, rencontrant une vive opposition de la part de plusieurs membres libéraux, M. Parnell se joignit à ceux-ci contre le gouvernement, et dans la mémorable séance du 31 juillet, grâce à cette heureuse entente, la Chambre dut siéger vingt-deux heures sans désemparer. Dans le cours de cette session, M. Parnell vint en collision sérieuse à la fois avec l'orateur du gouvernement à la Chambre basse, sir Stafford Northcote (depuis lord Iddesleigh) et avec M. Butt, l'orateur du parti irlandais. Sir Stafford Northcote présenta une résolution tendant à la suspension de M. Parnell, qui, après bien des débats stériles, il dut abandonner et échanger pour une proposition de modification au règlement pour prévenir désormais toute tentative d' « obstruction ». Quant à M. Butt, il désapprouvait la politique de M. Parnell, et manifesta ce sentiment tant par des discours que par des lettres. Mais il lui fut bientôt prouvé que le parti irlandais n'était pas de son avis et que M. Parnell était plus populaire que lui en Irlande : pour preuve, M. Parnell fut élu, au commencement de 1878, président de la *Home Rule Confederation* à sa place, et le remplaça effectivement dès lors comme chef du parti irlandais. Les sessions parlementaires, on peut dire qu'elles offrirent en 1878 et 1879 une répétition sans trop des événements de celle de 1877. De plus, M. Parnell combattit avec son opiniâtreté habituelle une forme barbare et surannée de pénalité qui avait résisté jusque-là à toutes les attaques, le fouet, et réussit enfin à en obtenir l'abolition en 1879.

Cependant, l'Irlande avait eu successivement trois récoltes mauvaises, et était menacée d'une misère profonde et générale ; le moment était donc venu, à la fin de la session de 1879, de commencer une nouvelle agitation pour la réforme des rapports entre propriétaires et fermiers. Un meeting avait déjà eu lieu au commencement d'avril à Irishtown, dans le comté de Mayo, en vue de discuter les bases de cette réforme. Toutefois, ce ne fut pas avant juillet que M. Parnell se joignit au mouvement, ou plutôt en prit la direction. Le 21 octobre suivant, l'*Irish National Land League* était fondée et M. Parnell en était élu le premier président. L'objet de la ligue, était d'obtenir, d'abord, une réduction du taux des fermages, et ensuite, des facilités aux fermiers pour l'acquisition des terres qu'ils occupaient. En décembre, M. Parnell s'embarquait pour les États-Unis, dans le but de recueillir des fonds pour secourir les victimes de la disette et pour aider la ligue. Il y fit de nombreuses conférences, se fit admettre à exposer la situation lamentable des Irlandais au sein même des législatures de plusieurs États, et jusqu'à la Chambre des représentants à Washington. Pendant qu'il conduisait cette campagne, le parlement d'Angleterre était dissous, il accourut donc, prit une part active à l'agitation électorale, et fut lui-même élu par les comtés de Meath et de Mayo et par la ville de Cork, en faveur de laquelle il opta. Au meeting du parti irlandais reconstitué, il fut définitivement choisi pour chef du parti. Dès l'ouverture du parlement, M. Parnell demanda la mise à l'ordre du jour de la question irlandaise ; peu après, le gouvernement faisait voter par la Chambre des communes une loi de répression, appelée *Disturbance Bill*, que la Chambre des lords rejetait, du reste. Dans l'automne de 1880, M. Parnell s'employa activement à l'organisation de la *Land League*, qui devint bientôt le mouvement irlandais le plus puissant qu'on eût jamais vu. Mais dès novembre, une information était ouverte par l'attorney général pour l'Irlande contre l'organisateur et ses complices, les membres du comité exécutif de la ligue. Le procès s'ouvrit à Dublin le 28 décembre, et prit fin, après dix-neuf audiences, pour cause de désaccord entre les jurés. Le gouvernement était battu, il essaya de prendre sa revanche, en présentant à l'ouverture des Chambres son fameux bill de coercition, outre un autre bill sur le port d'armes: une vive opposition de la part des Irlandais, avec l'emploi de leur système d'obstruction, prolongea la discussion pendant sept semaines, au milieu de scènes tumultueuses, et enfin, le 3 février, M. Parnell et trente-quatre de ses amis furent mis dehors par le sergent d'armes. Cependant, la loi sur les terres ayant été votée, M. Parnell réunit une « convention » de la ligue, dans laquelle il fut décidé qu'on la mettrait à l'essai. Il prit part ensuite à plusieurs grandes démonstrations de la ligue, et fut arrêté le 13 octobre et écroué dans la prison de Kilmainham; après quoi, le gouvernement déclara la Land League une association illicite. M. Parnell et ses collègues publièrent en réponse à cet acte d'hostilité leur fameux manifeste: *No Rent!* pas de fermages! Le 10 avril 1882, M. Parnell, étant toujours en prison, fut relaxé sur parole, pour assister aux funérailles d'un parent. Mais le 2 mai suivant, il était définitivement mis en liberté avec ses amis, MM. Dillon et O'Kelly, députés, dont le gouvernement commençait à être fort embarrassé. Dublin et plusieurs autres villes d'Irlande décernèrent à M. Parnell le droit de bourgeoisie à cette occasion. Les sessions suivantes ne furent pas moins agitées, mais l'attitude du parti irlandais, sous la direction de M. Parnell, devint évidemment plus politique, si l'on peut dire. Nous ne parlons, bien entendu, que du parti irlandais parlementaire, et qui n'a jamais été complice par personne de bonne foi comme complice, même moralement, des attentats criminels en trop grand nombre dans ces dernières années. Les meilleurs esprits ont même fini par comprendre que, pour éviter le retour de pareils faits, le seul moyen était d'accorder au parti dont M. Parnell est le chef au moins le minimum des concessions qu'ils réclame. Le parti *home ruler*, c'est-à-dire autonomiste irlandais, n'est pas, en effet, le parti du désordre, comme on se plaît trop à le montrer, c'est au contraire le parti patriote de l'Irlande, qui demande que son pays puisse régler lui-même ses affaires chez lui, et qui, par conséquent, mettrait ordre, plus efficacement que ne pourront jamais le faire les Anglais, toujours suspects et à très bon droit, aux actes criminels dont les auteurs, quand ce ne sont pas de simples malfaiteurs de profession, se croient une sorte de droit à la vengeance, parce qu'ils se considèrent comme en pays ennemi. Les gouvernements qui se sont succédé en Angleterre dans ces derniers temps ont laissé voir une tendance évidente à la conciliation: c'est donc l'opinion publique qui résiste, en Angleterre seulement, à l'idée d'une entente à laquelle il faudra pourtant bien se résoudre, crainte de pis. M. Gladstone (voyez ce nom) a courageusement abordé cette grande difficulté, mais dans sa dernière administration. Il a été jusqu'à faire appel aux électeurs, et a été battu, c'est incontestable. Mais l'opposition qu'il a rencontrée a été justement trop violente, ou plutôt trop bruyante pour n'être pas factice, et le temps est sans doute moins éloigné qu'on ne le croirait aux apparences où, grâce à l'attitude vraiment politique de M. Parnell et de ses partisans, et à la nécessité qui s'impose aux plus de force chaque jour, l'Irlande pourra être enfin pacifiée, dans la meilleure acception de ce mot.

PARRY, Eugène Alexandre, agriculteur et homme politique français, né à Saint-Julien-le-Châtel (Creuse) le 2 mai 1822. Nommé maire de Parsac en 1871, M. Parry fut révoqué le 24 mai 1873. Il fut élu député de Boussac le 20 février 1876 et prit place à gauche. — M. Parry a été réélu le 14 octobre 1877 et le 21 août 1881. Aux élections du 25 janvier 1885 pour le renouvellement de la représentation sénatoriale de la Creuse, M. Parry se présenta et fut élu. Il a voté l'expulsion des princes.

PARRY, Edward, prélat anglican, évêque suffragant de Douvres, seul survivant des fils du célèbre navigateur, contre-amiral sir Edward Parry, est né à Sydney (Nouvelle-Galles du Sud) en 1830. Il fit ses études en Angleterre, à l'école de Rugby et au collège Balliol, à Oxford, et de 1853 à 1855 remplit les fonctions de professeur à l'université de Durham, fut ordonné diacre en 1854, ministre en 1855 et nommé à la cure de Sonning, dans le Berckshire, en 1856. À la fin de cette dernière année, il devint chapelain du Dr Tait, élevé au siège épiscopal de Londres, puis fut recteur d'Acton de 1859 à 1869, et doyen rural d'Ealing dans les six dernières années de cette période. Nommé archidiacre et chanoine de Canterbury en 1869, le Dr Parry était nommé évêque suffragant de Douvres en 1870 et consacré à la chapelle du palais de Lambeth le 25 mars : on fit alors la remarque que c'était le premier évêque suffragant consacré dans l'Église anglicane depuis trois cents ans. En 1882, il était élu par les évêques australiens évêque de Sydney et métropolitain d'Australie et de Tasmanie, mais il déclina cette distinction. — M. Parry a publié plusieurs *Mémoires* sur son père et un ouvrage intitulé: *Mémorials of Commander Charles Parry, R. N. (1870)*, qui a eu plusieurs éditions.

PARTZ DE PRESSY (marquis de), Adolphe-Charles Marie, homme politique français, né à Esquire (Nord) le 5 juillet 1819. Il échoua, comme candidat de l'opposition cléricale, aux élections de 1869. Élu représentant du Pas-de-Calais le 8 février 1871 et député de Saint-Pol le 20 février 1876, il siégea à droite et fit partie de la réunion des Réservoirs. M. le marquis de Partz fut réélu le 14 octobre 1877, mais il échoua aux élections du 21 août 1881, contre le candidat républicain, M. Georges Graux. Aux élections du 4 octobre 1885, M. le marquis de Partz prit sa revanche : il fut élu député du Pas-de-Calais au premier tour, sur la liste monarchiste.

PARVILLE (de), François Henri Peudefer, écrivain scientifique français, né à Évreux le 27 janvier 1838, fit ses études à Paris, au lycée Bonaparte, puis entra à l'École des mines. Après avoir été quelque temps soldat et même, croyons-nous, brigadier au train des équipages militaires ; s'étant fait exonérer du service, il participa à un voyage d'exploration scientifique dans l'Amérique centrale (1859-60), au retour duquel il débutait dans le *Pays* comme rédacteur scientifique. Il écrivit successivement depuis, au même titre, au *Constitutionnel*, à la *Patrie*, au *Moniteur universel*, au *Journal officiel* où il rédigea pendant plusieurs années le compte rendu des séances de l'Académie des sciences, sans préjudice d'une chronique scientifique au *Bulletin français* et d'un feuilleton scientifique bi-mensuel au *Journal des Débats*. En outre, M. de Parville publie chaque année, depuis 1861, sous le titre de *Causeries scientifiques*, un annuaire illustré du progrès scientifique et industriel très estimé. Il a donné à part, notamment : un *Habitant de la planète Mars (1865)*; *l'Exposition universelle de 1867, guide de l'exposant et du visiteur (1867)*, etc. Il a été rédacteur en chef du *Cosmos* en 1862, du *Journal des mines* en 1864, de la *Science pour tous* de 1868 à 1870. On lui doit, comme ingénieur, la construction de diverses machines, l'invention d'un ingénieux baromètre de voyage, etc. — Il est chevalier de la Légion d'honneur depuis 1868.

PASDELOUP, Jules Étienne, compositeur et chef d'orchestre français, né à Paris le 5 septembre 1819. Fils d'un sous-chef d'orchestre à l'Opéra-Comique, qui lui enseigna les premiers éléments de son art, il était déjà d'une force remarquable sur l'alto lorsqu'il entra au Conservatoire en 1829. Élève de Zimmermann pour le piano et de Carafa pour la composition, il remportait le premier prix de piano en 1833 et quittait le Conservatoire pour se livrer à l'enseignement. En même temps, il écrivait d'assez nombreuses compositions pour les éditeurs. M. Pasdeloup fut bientôt à la tête de la première division de l'orphéon de Paris, pour l'enseignement du chant dans les écoles communales. Il dirigea çà et là plusieurs concerts et fonda plusieurs sociétés musicales, entre autres la Société des jeunes artistes, en 1851. En 1861, M. Pasdeloup prenait la direction des Concerts populaires. Il forma un orchestre nombreux et choisi, et offrit au public les œuvres des grands maîtres allemands bien exécutées, régal réservé jusque-là aux privilégiés de la fortune et du rang, et quelques œuvres de nos maîtres français et même de plusieurs jeunes compositeurs de talent. Nous citerons: Mozart, Beethoven, Haydn, Weber, Mendelssohn, Schumann, Richard Wagner, Jean Sébastien Bach, etc.; MM. Ch. Gounod, Ernest Guiraud, Édouard Lalo, J. Massenet, etc. C'est dans le vaste amphithéâtre du Cirque national, comme on sait, qu'ont lieu les exécutions des concerts populaires; M. Pasdeloup a tenté, en 1857, de faire entendre son orchestre dans la salle de l'Athénée, mais cet essai ne fut pas heureux. M. Pasdeloup prit, en octobre 1868, la succession de M. Carvalho à la direction du Théâtre-Lyrique et y transporta ses préférences allemandes. Il y donnait, en 1868, l'*Iphigénie en Tauride* de Glück ; en 1869, le *Rienzi* de Wagner et la même année, la *Bohémienne* de Balfe, compositeur anglais, et un opéra de M. Victorin de Joncières: *le Dernier jour de Pompéi*; fort peu d'ouvrages nouveaux en somme. Néanmoins l'entreprise devint promptement ruineuse pour le nouveau directeur, qui se retira au commencement de 1870. — M. Pasdeloup a fréquemment manifesté une grande prédilection pour Richard Wagner et un merveilleux entêtement à l'imposer au public, bon gré mal gré. Il est certain que c'est un sentiment qui peut se justifier, et que tous les préjugés d'école n'empêcheront pas Wagner d'être un grand musicien: mais même sans insister, quand il vivait, sur les autres raisons que nous avions de n'en pas vouloir, ce n'en est pas une pour nous l'imposer. Vers la fin de 1871, M. Pasdeloup, qui n'est pas de cet avis, se préparait à inscrire sur son programme un morceau quelconque de R. Wagner ; mais son orchestre tout entier protesta. Il n'y est pas revenu tout de suite ; le 29 octobre 1876 seulement, il se décidait à faire exécuter la marche funèbre du *Crépuscule des dieux*, quatrième partie de l'*Anneau des Nibelungen* de ce compositeur. Il y eut tapage ; car s'il y a des patriotes trop exclusifs, il existe également des partisans de l'art pour l'art qui ne le leur cèdent pas assez. Le directeur des Concerts populaires, furieux, fit au public sa petite semonce habituelle, sans rien obtenir de satisfaisant. En fait, si le public n'avait pas raison, M. Pasdeloup avait doublement tort, car la fameuse Marche funèbre des dieux ne vaut assurément pas le diable. — Peu de temps après, M. Pasdeloup abandonnait les Concerts populaires qui, somme toute, n'étaient pas une affaire absolument brillante, sans chercher de son côté à en faire peser la faute. Après plusieurs années de silence, cependant, il s'est ravisé. Les journaux annonçaient, en septembre 1886, la réouverture des Concerts populaires, regrettés d'ailleurs de tout le monde, au même lieu et dans les mêmes conditions que précédemment, et cette réouverture avait lieu en effet le 24 octobre 1886. — M. Pasdeloup est chevalier de la Légion d'honneur.

PASSAGLIA, l'abbé Carlo, théologien italien, né en 1814. Il fit ses études à Rome, fut ordonné prêtre, prit l'habit des jésuites et devint professeur de théologie à l'université romaine. On lui doit divers traités sur l'interprétation des Écritures, notamment: *Commentaire sur les prérogatives de saint Pierre, chef des apôtres*, publié à Ratisbonne en 1850 ; *Sur l'éternité du châtiment*, en faveur du dogme de l'*Immaculée Conception de la Bienheureuse Vierge Marie* ; il a publié, en outre, une édition annotée de la *Théologie dogmatique* de Petavius. En 1861, il publiait une brochure en latin dans laquelle il engageait Pie IX à abandonner le pouvoir temporel, pour obéir au vœu de l'Italie unifiée. Cet écrit fut condamné par la congrégation de l'Index, et son auteur fut obligé de quitter Rome. Il se réfugia à Turin, où il fut nommé, sur les instances du roi, professeur de théologie à l'université, fut élu député au parlement italien en 1863, et prit une part active à l'organisation d'un grand parti catholique libéral. Il fut créé, en récompense, grand croix de l'ordre des Saints Maurice et Lazare. En novembre 1882, l'abbé Passaglia faisait amende honorable, se réconciliait avec le Saint-Siège et reprenait l'habit ecclésiastique, qu'il avait abandonné depuis de longues années.

PASSY, Frédéric, économiste, et homme politique français, né à Paris le 20 mai 1822, y fit son droit et entra au Conseil d'État comme auditeur en 1846. Rendu à la vie privée par la révolution de 1848, M. Frédéric Passy s'occupa d'économie politique, publia de nombreux ouvrages et fit des conférences tendant à la vulgarisation de cette science. Il a été secrétaire de la Ligue internationale de la paix et a déployé, dans ces fonctions, une grande activité dont les résultats n'ont malheureusement pas répondu à ses efforts. — On doit à M. F. Passy : *Mélanges économiques (1858)* ; *De la propriété intellectuelle*, *De l'enseignement obligatoire (1859)* ; *De la souveraineté temporelle des papes (1860)* ; *Leçons d'économie politique (1861, 2 vol.)* ; *De l'influence de la contrainte et de la liberté*, la *Question des octrois (1866)* ; la *Guerre et la paix (1867)* ; *Communauté et communisme*, l'*Industrie humaine (1869)* ; la *Question des jeux (1872)* ; *De l'importance des études économiques (1873)* ; la *Solidarité du travail et du capital (1875)*, etc. — M. Frédéric Passy a été élu membre de l'Académie des sciences morales et politiques en remplacement de Wolowski, le 3 février 1877. Il est chevalier de la Légion d'honneur depuis 1880.
Membre du Conseil général de Seine-et-Oise, M. Frédéric Passy s'était porté, en 1873, à une élection partielle qui s'était produite dans les Bouches-du-Rhône, pour l'Assemblée nationale, mais sans succès. Élu député du VIIIe arrondissement de Paris, le 4 septembre 1881, il prit place à gauche et vota en conséquence. Aux élections d'octobre 1885, M. F. Passy a été élu député de la Seine, le dixième sur trente-huit, au scrutin de ballottage. Il a voté contre l'expulsion des princes.

PASSY, Louis Charles Paulin, économiste, littérateur et homme politique français, cousin du précédent, fils d'Antoine Passy de l'Académie des sciences, mort en 1873, est né à Paris le 4 décembre 1830. Entré à l'École des chartes en 1850, il suivit en même temps les cours de l'École de droit, prit successivement les grades de licencié et de docteur en droit, et s'adonna à l'économie politique et aux recherches d'archéologie et d'histoire. Il a collaboré au *Journal des Débats*, aux *Mémoires de la Société des antiquaires*, à la *Bibliothèque de l'École des chartes*, à la *Revue des Deux-Mondes*, au *Journal des économistes*, etc., et publié à part divers ouvrages. Aux élections législatives de 1863, M. Louis Passy se présenta sans succès dans la première circonscription du département de l'Eure, contre le duc d'Albuféra ; à celles de 1869, les circonscriptions ayant été remaniées, il se présenta dans la même circonscription, contre le même candidat officiel, et dans la quatrième contre M. Guillaume Petit ; il échoua dans chacune, quoique avec une minorité importante. Le 8 février 1871, il était élu représentant de l'Eure à l'Assemblée nationale, le deuxième sur huit. Il prit place au centre droit et signa la fameuse déclaration Target, qui entraîna la chute de M. Thiers (24 mai 1873). Mais, dès les premières tentatives de restauration monarchique, il s'aperçut de l'erreur commise et déclara nettement qu'il voterait « pour la prompte organisation d'une république constitutionnelle ». Il s'est joint, en effet, au groupe Wallon-Lavergne, à la loyale attitude duquel est dû le succès des lois constitutionnelles. M. Louis Passy a fait partie, à l'Assemblée nationale, de plusieurs commissions, notamment de celle du budget, et a été rapporteur de la commission du projet relatif aux indemnités à accorder aux départements envahis. Appelé au ministère des finances, comme sous-secrétaire d'État, au mois d'avril 1874, il a conservé ces fonctions sous l'administration de M. Say. Élu député de l'arrondissement des Andelys, le 20 février 1876, M. Passy reprit ses fonctions de sous-secrétaire d'État aux finances, qu'il résigna à la chute du ministère Jules Simon, le 17 mai 1877. Après avoir appuyé de son vote la politique du cabinet de Broglie, M. Louis Passy était député des Andelys le 14 octobre 1877 et l'était de nouveau le 21 août 1881. Enfin, le 4 octobre 1885, il était élu député de l'Eure en tête de la liste réactionnaire. — M. Louis Passy est membre de la Société des antiquaires de France, de la Société d'économie politique, etc., et administrateur du Crédit foncier. On lui doit, entre autres ouvrages, une étude sur *Frochot, préfet de la Seine, histoire administrative de 1789 à 1815 (1867)*.

PASTEUR, Louis, chimiste français, né à Dôle (Jura) le 27 décembre 1822, fit ses études au collège de Besançon, auquel il resta attaché de 1840 à 1843 comme maître d'études surnuméraire, et entra à l'École normale supérieure. Reçu, en 1846, agrégé et l'année suivante docteur ès sciences physiques, il fut attaché à l'École comme préparateur du cours de chimie jusqu'en 1848, fut nommé professeur de physique au lycée de Dijon et, la même année, professeur suppléant de chimie à la faculté de Strasbourg, puis devint titulaire de cette dernière chaire en 1852. Nommé, en 1854, doyen de la nouvelle faculté des sciences de Lille, il était appelé, en 1857, à la direction scientifique de l'École normale. En 1863, il prit une grande part aux conférences de la Sorbonne, dans lesquelles il traita principalement des *Infusoires*. On se rappelle l'ardente polémique soulevée dans le monde savant entre les partisans de la *génération spontanée*, ou « hétérogénistes » et leurs adversaires, les « panspermistes », dont M. Pasteur est la personnalité de beaucoup la plus marquante. Cependant, malgré tout le bruit qui s'est fait alors et depuis sur ce sujet, malgré des expériences répétées, malgré l'autorité de M. Pasteur, les services qu'il a certainement rendus à la science et à l'hygiène, les récompenses que lui ont valu ses remarquables travaux, nous devons à la vérité de dire que la question est restée pendante pour tous ceux que leurs propres expériences n'ont pas convaincus, à tort ou à raison, et qui ne sont pas absolument décidés à se ranger du parti de celui qui fait le plus de tapage ou qui jouit de la plus grande influence dans les sphères de la science officielle. En décembre 1863, M. Pasteur fut nommé professeur de géologie, physique et chimie à l'École des Beaux-Arts réorganisée ; il ne garda que peu de temps cette chaire et fut nommé professeur de chimie à la Sorbonne en 1867. Élu membre de l'Académie des sciences (section de minéralogie), en remplacement de Sénarmont, en 1862, il était aussi membre étranger de la Société royale de Londres en 1869. Cette même Société royale a décerné à M. Pasteur, à qui ses travaux ont valu, d'autre part, le prix Jenner en 1861, sa médaille de Rumford en 1856 et sa médaille de Copley en 1874. L'année précédente, la Société nationale d'encouragement lui avait décerné un prix de 12,000 francs, et déjà, en 1868, il avait reçu un prix de 10.000 florins du ministère de l'agriculture de l'empire austro-hongrois, pour ses travaux sur les vers à soie. L'Assemblée nationale lui a en outre voté, à titre de récompense nationale. en 1874, pour ses travaux sur la fermentation et les services qu'il a ainsi rendus à la sériciculture et aux industries du vin et du vinaigre, une pension annuelle de 12,000 francs. L'année suivante, il faisait liquider sa pension de retraite de professeur. Elu associé libre de l'Académie de médecine, M. Pasteur était élu membre de l'Académie française en remplacement de Littré en 1881, et reçu solennellement le 27 avril 1882. La même année, le conseil de la Société des arts de Londres lui décernait sa médaille Albert, pour ses recherches sur la fermentation, etc., en juin 1883, il recevait le diplôme de docteur ès sciences de l'université d'Oxford. Mais les récompenses académiques et autres ne devaient pas s'arrêter là pour l'illustre savant, dont la gloire allait grandir encore, dans des proportions décidément inquiétantes. Le 26 octobre 1885, M. Pasteur faisait, à l'Académie de médecine, une communication sur une *Méthode pour prévenir la rage après morsure*, découverte par lui et dont l'expérience lui avait déjà démontré l'efficacité absolue. Cette communication fut accueillie avec enthousiasme, et non pas seulement ce jour-là : dans sa séance publique annuelle du 26 novembre, l'Académie française faisait à son savant collègue une ovation bruyante et chaleureuse. Toutes les réunions, académiques ou non, voulurent avoir M. Pasteur et manifester, à la façon de ces sortes de réunions, leur reconnaissance émue à ce bienfaiteur de l'humanité, qui la débarrassait à tout jamais de ce terrible fléau dont le nom seul fait dresser les cheveux : la rage ! On sait en quoi consiste la découverte de M. Pasteur : à inoculer au malade, c'est-à-dire au mordu, un virus rabique atténué, préparé par les soins de M. Pasteur et de ses savants élèves, ou du moins quelque chose à quoi il donne ce nom, car un membre de l'Académie de médecine et des plus distingués, mort depuis, a très nettement nié l'identité du prétendu virus. Quel qu'il soit, en fait, et comme M. Pasteur n'a pas que des disciples et des thuriféraires, on rappela, dès le premier jour, qu'un malheureux médecin espagnol qui prétendait guérir (et guérissait en effet) le choléra, lui aussi, par l'inoculation d'un virus cultivé, auquel on a donné le nom de vaccin du choléra comme plus tard celui de vaccin de la rage au virus de M. Pasteur, avait été traité de charlatan, trois mois auparavant, parce qu'il s'était refusé à livrer le secret de son virus à une mission scientifique française envoyée vers lui dans ce but, dans cette même mission où la communication de M. Pasteur venait d'être accueillie si chaleureusement. C'est une coïncidence fâcheuse, sur laquelle on a peut-être trop appuyé, et de ce que nous hésitons à traiter le docteur Ferran de charlatan, il ne s'ensuit naturellement pas que nous n'ayons aucune confiance dans le spécifique de M. Pasteur. Dans tous les cas, l'éminent chimiste a été bien vengé de ses adversaires. Les honneurs académiques qui pouvaient lui manquer, et bien d'autres, se sont mis à pleuvoir sur sa tête, et une souscription publique, qui a produit plus d'un million et demi à l'heure actuelle, fut aussitôt ouverte, pour aider à l'édification de l' « Institut Pasteur », destiné au traitement des enragés. De tous les points du globe, et surtout des plus éloignés, des personnes mordues par les bêtes enragées les plus diverses sont venues implorer le secours du virus atténué : jamais on n'eût supposé que tant de gens se faisaient mordre, à moins de le faire exprès. Et presque tous s'en sont retournés guéris ; quant aux autres, il a été facile de démontrer qu'ils étaient morts d'autre chose. La preuve donc paraît faite. Nous attendons pourtant de l'avenir la confirmation complète de l'excellence de la méthode Pasteur. — Grand officier de la Légion d'honneur depuis 1878, M. Pasteur a été élevé à la grand croix le 7 juillet 1881. Il avait déjà été élevé par Napoléon III à la dignité de sénateur, par décret en date du 27 juillet 1870, non promulgué, et dont les *Papiers des Tuileries* ont non relevé l'existence ; et on assure qu'il a été longtemps à se consoler de cette nomination avortée, ce qui n'a rien de bien étonnant.

On doit à M. Pasteur de nombreux mémoires insérés dans le *Recueil des savants étrangers* et dans les *Comptes rendus de l'Académie des sciences*, dans les *Annales de chimie et de physique*, sans parler d'articles fournis au *Dictionnaire encyclopédique des sciences médicales* et ailleurs. Il a publié à part : *Nouvel exemple de fermentation déterminée par des animalcules infusoires*

pouvant vivre sans oxygène libre (1863); Études sur le vin, ses maladies, causes qui les provoquent, etc. (1866); Études sur le vinaigre, sa fabrication, ses maladies, moyen de les prévenir et Nouvelles observations sur la conservation des vins par la chaleur (1866); Études sur la maladie des vers à soie, moyen pratique assuré de la combattre et d'en prévenir le retour (1870, 2 vol.); Études sur la bière (1876); les Microbes, avec M. Tyndall (1878); outre ses récents mémoires sur le traitement de la rage, etc.

PATTI, Adela Maria Clorinda, dite Adelina, cantatrice italienne, fille de Salvatore Patti, artiste distingué, est née à Madrid le 9 avril 1843. Elle étudia la musique dès l'enfance et compléta son éducation sous la direction de son beau-frère, M. Maurice Strakosch. Après avoir figuré, depuis longtemps déjà, dans divers concerts donnés dans les principales villes des Antilles et des États-Unis, elle débutait à l'Opéra italien de New-York, en novembre 1859, dans la *Lucia*, avec un succès éclatant. Elle parcourut de nouveau les principales villes de l'Union, puis passa l'Atlantique, voyage où sa réputation l'avait précédée et débuta à Londres, au théâtre de Covent-Garden, dans le rôle d'Amina de la *Sonnambula*, le 14 mai 1861. Elle fit « sensation », et joua successivement avec le même bonheur : *Lucia*, la *Traviata*, *Don Giovanni*, *Marta*, *il Barbiere*. Après une fructueuse tournée en Hollande, en Belgique, en Prusse et en Autriche, elle revint à Londres où, en 1863, elle aborda pour la première fois le rôle difficile de Ninetta dans la *Gazza ladra*; elle y parut ensuite dans les rôles de Norina de *Don Pasquale* et d'Adina de l'*Elisire d'Amore*, puis, en 1864, dans celui de Marguerite du *Faust* de M. Gounod. Entrée au Théâtre italien de Paris, Mlle Adelina Patti en devint immédiatement un des premiers sujets et l'idole du public. Elle y reparut chaque année, jusqu'en 1870, alternant avec Londres, Bruxelles et autres grandes villes de l'Europe. Après une brillante saison à Saint-Pétersbourg, pendant laquelle le czar lui conféra l'ordre du mérite et le titre de première chanteuse de la cour impériale, la Patti fit une nouvelle excursion aux États-Unis. À son retour, elle joua de nouveau dans les capitales de l'Europe, sans oublier Londres, où un engagement déjà ancien l'appelait pendant la *season* de 1877. Elle avait été en Italie, dans cette dernière période, et chanté notamment *Aida* à l'Apollo de Rome, elle revenait à Paris en 1874, puis, après une tournée artistique dans les grandes villes, chantait tour à tour à Bruxelles (1875), à Saint-Pétersbourg (1876-77), à Vienne ensuite, pour revenir à Paris, où elle devait chanter pendant toute la saison d'hiver, à partir du 3 novembre 1877 — sauf dédit de 100,000 fr. — au Théâtre-Italien. Le répertoire de la Patti est très étendu. Aux opéras que nous avons cités il faudrait ajouter au moins : *Linda*, *Rigoletto*, *Crispino et la comare*, le *Pardon de Ploermel*, *Romeo et Juliette*, etc.

En mai 1868, Mlle Adelina Patti épousait à l'Église catholique de Clapham (Londres) M. le marquis de Caux, écuyer de l'empereur, lequel consentait à ce qu'elle poursuivit la carrière théâtrale. Le marquis de Caux donna sa démission et suivit sa femme dans toutes ses pérégrinations, jusqu'au jour où, à la suite d'un scandale public dont les journaux ont beaucoup parlé, la marquise de Caux engageait, le 15 février 1877, un procès en séparation de corps contre son mari. Cette satisfaction obtenue, la célèbre cantatrice continua ses « tournées » à l'étranger, qu'elle n'avait pas interrompues pour si peu, en compagnie du ténor Nicolini (voyez ce nom), association extrêmement fructueuse dans tous les cas. Ces deux artistes ont reparu à Paris, sur la scène de la Gaité, devenue théâtre lyrique, en 1880. Dans la saison de 1884, où ils jouaient à Londres, les journaux nous ont appris que Mlle Adelina Patti avait paru dans la scène du bal de la *Traviata* avec 2 millions et demi de diamants sur elle. On sait qu'il s'agit de la *Dame aux camélias* transformée en opéra italien, et que d'autres artistes ont fait servir cette scène fameuse à l'exhibition de leurs richesses. Aussitôt qu'il fut possible, la séparation de corps qui avait été prononcée entre M. de Caux et sa femme fut convertie en arrêt de divorce, qui fut suivi rapidement du mariage de Mlle A. Patti avec M. Nicolini, devant le consul français à Swansea (9 juin 1886).

PATTI, Carlotta, cantatrice italienne, sœur de la précédente, née à Florence en 1840, chanta d'abord aux concerts de l'Académie de musique de New-York, où elle débuta en 1861, parcourut ensuite les principales villes de l'Union en fit de même à la scène, où elle parut pour la première fois à l'Opéra italien de New-York, en 1863. Elle vint ensuite en Europe et joua principalement à Londres, à Paris et à Vienne. En 1871, elle partait pour l'Amérique et visitait successivement les Etats-Unis, Rio de Janeiro, Buenos-Aires, Montevideo et Valparaiso où, recevant les premières nouvelles de l'état lamentable dans lequel se trouvait la France, elle organisa immédiatement un concert à son bénéfice, lequel produisit 25,000 francs qui furent envoyés en France aussitôt. De Valparaiso, Carlotta Patti se rendit à Santiago de Chili, puis à Lima. De retour à Paris en 1872, elle organisa au Cirque des Champs-Elysées un grand festival musical au bénéfice des orphelins de la guerre. Elle donna de nouveaux concerts à Nice, à Rome, à Naples, etc., et repartit pour les Etats-Unis, engagée par M. Maurice Strakosch. En 1874, Mlle Carlotta Patti était de retour à Paris, et y chantait notamment dans le concert donné au Grand-Hôtel par Roger, en mai. Elle est retournée aux Etats-Unis, où elle a épousé, au mois d'août 1884, un habile violoncelliste nommé de Muncke. — Malgré un grand talent et une voix admirable, Mlle Carlotta Patti a toujours montré une grande répugnance pour le théâtre, et doit en effet ses plus grands succès à ses concerts. Il faut sans doute attribuer cette préférence à une certaine claudication dont la conscience plutôt que l'effet réel l'impressionnerait trop vivement.

PAULIN-MÉNIER, RENÉ LECONTE (dit), acteur français, fils d'artistes, est né à Nice le 7 février 1829. Il étudia d'abord la peinture, puis s'exerça sur la scène du théâtre Comte et obtint un modeste engagement à l'Ambigu. Dès cette époque, nous avons vu M. Paulin-Ménier alterner presque exclusivement entre les trois principaux théâtres de drame du boulevard : l'Ambigu, la Gaité et la Porte Saint-Martin, dont un seul aujourd'hui paraît survivre à l'immense démolition du boulevard du Temple et à la dispersion des scènes populaires. Il a joué principalement à l'Ambigu, dans les *Mousquetaires*, la *Closerie des Genêts*, *Roquelaure (1853)*; le *Château des Tilleuls (1854)*; *Molière*, les *Paysans*, le *Drame de famille*, etc. ; puis à la Gaité, dans le *Medecin des enfants (1855)* et surtout le *Courrier de Lyon*, si souvent repris, dans lequel sa création du rôle de Chopart est devenue légendaire (1856). Après un premier retour à l'Ambigu, où il paraît dans la *Case de l'oncle Tom (1857)*, M. Paulin-Ménier revient à la Gaité et y joue successivement les *Cosaques*, le *Savetier de la rue Quincampoix (1859)*; *l'Escamoteur (1860)*; la *Fille du paysan (1862)*. Passé à la Porte Saint-Martin, il y joue, entre autres pièces, les *Drames du cabaret (1864)*. — Plus récemment, nous l'avons revu à l'Ambigu dans le rôle de Martel de *Canaille et compagnie (1873)* et dans celui de Mathis du *Juif polonais*, repris à ce théâtre (1877).

PAULMIER, CHARLES ERNEST, homme politique français, né à Caen le 2 avril 1848, est fils d'un ancien député officiel de l'Empire, sénateur du Calvados non réélu au renouvellement du 25 janvier 1885. Il a fait son droit à Paris, s'inscrivit au barreau, mais n'exerça que peu ou point, et devint maire de Bretteville en 1878 et conseiller général du Calvados en 1883. Il a été élu député du Calvados le 4 octobre 1885, sur la liste monarchiste.

PAVET DE COURTEILLE, ABEL JEAN-BAPTISTE, orientaliste français, ne à Paris le 23 juin 1821, fit ses études au lycée de Versailles et se livra aussitôt à l'étude des langues de l'Orient, principalement de la langue turque. Chargé du cours de turc au Collège de France, M. Pavet de Courteille a été élu membre de l'Académie des inscriptions et belles-lettres en mars 1873, en remplacement du vicomte de Rougé; il est membre de la Société asiatique et de plusieurs autres sociétés savantes, et chevalier de la Légion d'honneur depuis 1866. — M. Pavet de Courteille a publié : *Dictionnaire turc puisé aux sources originales (1850)*; *Conseils de Nabi-Effendi à son fils Aboul-Khair*, traduction (1857) ; *Histoire de la campagne de Mohacz*, traduite de Kémal-Pacha-Zâdech (1859) ; les *Prairies d'or*, traduit de l'arabe, de Maçoudi, avec M. Barbier de Meynard (1861-65) ; *Mémoires du sultan Baber, conquérant de l'Inde et fondateur de la dynastie du Grand Mogol (1871)* ; *Etat actuel de l'Empire ottoman, d'après les documents officiels*, avec M. Ubicini (1876), etc.

PEDRO II D'ALCANTARA, JEAN CHARLES LÉOPOLD SALVATOR VIVIEN FRANÇOIS-XAVIER FRANÇOIS-DE-PAULE LÉOCADIO MICHEL GABRIEL RAPHAEL GONZAGUE, empereur du Brésil, né le 2 décembre 1825, est fils de don Pedro Ier et de Léopoldine, archiduchesse d'Autriche, morte en 1826, et le descendant par conséquent des trois grandes maisons royales de Bragance, Bourbon et Habsbourg. En lutte depuis plusieurs années avec les libéraux et les démocrates avancés, que le caractère personnel de son gouvernement avait ligués contre lui, et en présence de l'imminence d'une catastrophe dynastique, Don Pedro Ier abdiquait en faveur de son fils, le 7 avril 1831. Il donnait pour tuteur au jeune souverain l'ancien chef du parti démocratique, exilé, et qui s'était réfugié en France, don Bonifacio Jose de Andrada y Sylva ; mais, comme il arrive infailliblement en pareil cas, l'acceptation par celui-ci de ce poste de confiance lui fit perdre sa popularité. Après l'avoir occupé, au milieu des plus grandes difficultés, pendant deux ans, Andrada fut arraché de force du palais impérial dans un mouvement populaire et fut destitué à la suite de ces événements. Le Conseil de régence eut donc le soin direct de l'éducation du jeune prince, que surveillèrent d'ailleurs avec la plus grande sollicitude ses deux sœurs, dona Januaria, mariée au comte d'Aquila, frère du roi de Naples, et dona Francisca, femme du prince de Joinville. Le 23 juillet 1840, don Pedro II, quoique n'ayant pas seize ans, fut déclaré majeur par les Chambres et couronné solennellement le 18 juillet 1841. Le parti républicain federal répondit par un soulèvement qui prit bientôt, malgré les premiers avantages remportés par le général imperialiste Caxias, une importance menaçante, et qu'il fallut près de dix-huit mois de luttes pour réduire définitivement. Depuis lors, don Pedro II gouverna paisiblement son empire. Les faits de guerre de son règne sont peu nombreux, quoique non entièrement dénués d'importance. En 1851-52, un contingent brésilien combattait sous les ordres du général argentin Urquiza, dans les rangs de l'armée de l'Indépendance, contre le dictateur Rosas, dont ce secours facilita le renversement définitif. En 1862, des difficultés avant surgi entre son gouvernement et celui de la Grande-Bretagne, le cas fut soumis d'un commun accord à l'arbitrage du roi des Belges qui se prononça en faveur du Brésil. En 1865, enfin, don Pedro signait un traité d'alliance avec l'Uruguay et la République argentine contre le Paraguay et son président, l'indomptable Lopez. La guerre, commencée en 1866, se poursuivit avec des fortunes diverses, mais en créant de sérieux périls et en démontant les alliés d'une manière effroyable, jusqu'au 1er mars 1870, jour où Lopez, dont le principal adversaire dans les derniers temps avait été le comte d'Eu (voyez ce nom), gendre de l'empereur, fut surpris par un corps de cavalerie brésilien à Aquidubon, entouré d'un fort petit nombre des derniers soldats restés fidèles à son destin, et tué dans la lutte inégale qui suivit son refus de se rendre. Son intervention contre Rosas valut au Brésil, outre la libre navigation de la Plata, un agrandissement de territoire ; celle contre Lopez lui assura des avantages équivalents, mais l'interprétation des termes du traité faillit amener, en 1872, de nouvelles difficultés, cette fois avec la République argentine. Elles étaient heureusement levées l'année suivante, grâce à l'intervention du plénipotentiaire argentin, général Mitre (voyez ce nom), signataire du traité de 1865.

L'empereur du Brésil est l'un des souverains les plus courtois, les plus libéraux en même temps que les plus instruits des deux hémisphères. Habile à tous les exercices du corps, cavalier accompli, il écrit et parle couramment, outre sa langue maternelle et les divers idiomes de son empire, l'espagnol, l'italien, le français, l'anglais et l'allemand, et est très versé dans les littératures nationales de l'Europe et de l'Amérique. Il a fait les plus intelligents efforts pour le développement de la prospérité industrielle et commerciale de son empire et s'est montré, en toute circonstance, le protecteur éclairé de l'industrie privée, de la science, des lettres et des arts. Enfin, après avoir décrété, en 1850, l'abolition de la traite des esclaves, don Pedro s'est efforcé d'ouvrir aux agriculteurs brésiliens de nouvelles sources où ils pussent obtenir les ouvriers dont ils avaient besoin et, de toutes les façons, de leur ménager une transition supportable entre l'ancien et le nouveau système, entre le travail de l'esclave et le travail libre. Il attira, par des concessions avantageuses, les colons européens au Brésil, favorisa la création de petits établissements à ceux qui, au lieu de louer leur travail, pouvaient s'installer comme petits propriétaires agriculteurs. Le terrain ainsi préparé, il décrétait, en 1871, l'abolition graduelle de l'esclavage au Brésil. En 1860, il visitait en détail son vaste empire, étudiant ses richesses, ses ressources, ses besoins, et ouvrait aux navires de toutes les nations, en 1867, la navigation de l'Amazone. En 1871, il fit un premier tour d'Europe, visitant principalement la France, la Belgique, l'Angleterre et l'Italie. En 1876-77, don Pedro II entreprenait un nouveau voyage, pour le rétablissement de la santé de l'impératrice, dans lequel il visitait les Etats-Unis, puis l'Europe ; fréquentant plus volontiers les corps savants que les théâtres d'opérette, fait bien digne de remarque par sa rareté, il dîne avec le poète Longfellow, à Cambridge (Etats-Unis), après avoir été jeter des fleurs sur la tombe de Washington, serre la main au chimiste Bunsen à son passage à Heidelberg et passe le plus clair d'un séjour prolongé à Paris, en compagnie d'académiciens et de membres des sociétés savantes les plus variées. — Élu membre de la Société de géographie de Paris en 1868, correspondant de l'Académie des sciences le 1er mars 1875 et associé étranger le 25 juin 1877, S. M. don Pedro II a reçu depuis les diplômes de membre associé de la Société américaine de France, membre honoraire de la Société zoologique et, pour tout dire de la plupart des sociétés savantes françaises, sans parler des autres. — L'empereur du Brésil a épousé, le 30 mai 1843, la princesse Thérèse Christine Marie, fille du roi de Naples, feu François Ier, née le 14 mars 1822, dont il a eu : la princesse Isabelle, née le 29 juillet 1846, mariée au comte d'Eu, fils aîné du duc de Nemours, le 1er octobre 1864, héritière du trône impérial, et la princesse Léopoldine, née le 13 juillet 1847.

PÉLIGOT, EUGÈNE MELCHIOR, chimiste français, né à Paris le 24 mars 1811, s'adonna de bonne heure aux recherches scientifiques, bornant d'abord ses travaux à des expériences sur la fabrication du sucre, puis bientôt l'étendant aux expériences de chimie générale. Délégué de la Chambre de commerce de Paris à l'exposition industrielle de Vienne, en 1845, il publia au retour un rapport remarquable sur les produits de cette exposition et fut nommé professeur de chimie générale dans ses rapports avec l'industrie au Conservatoire des Arts et Métiers, chaire qu'il occupe encore, puis essayeur à la Monnaie. M. Péligot a fait partie de diverses commissions officielles, notamment en 1876, de la commission chargée de préparer l'organisation du nouvel Institut agricole. Élu, en 1852, membre de l'Académie des sciences, dans la section d'économie rurale, en remplacement du baron Silvestre, M. Péligot a été vice-président de cette académie en 1876 et président en 1877. — Parmi ses nombreux ouvrages, il faut citer : *Recherches sur l'analyse et la composition chimique de la betterave à sucre (1839); Rapport sur les expériences relatives à la fabrication du sucre et à la composition de la canne à sucre (1842-43); Rapport sur les produits exposés à Vienne en 1845 (1846);* une édition du *Traité pratique d'Analyse chimique* de H. Rose (1848); *Douze leçons sur l'art de la verrerie (1862); le Verre, son histoire, sa fabrication (1877);* outre de nombreux mémoires dans le *Recueil de l'Académie* et des articles dans la presse périodique spéciale. — M. Péligot a été promu grand officier de la Légion d'honneur le 7 juillet 1885.

PÉLISSIER, PHILIPPE XAVIER, général et homme politique français, sénateur, frère du feu duc de Malakoff, est né à Vouges (Côte d'Or) le 4 décembre 1812. Entré à l'École polytechnique en 1832, il en sortit sous-lieutenant élève de l'École d'application, qu'il quitta en 1836 comme lieutenant d'artillerie. Capitaine en 1840, il passa dans l'artillerie de marine, devint commandant en 1852, et fut attaché à son frère en 1854. Il fit, en conséquence, la campagne de Crimée, prit une part active aux opérations du siège de Sébastopol, où il commandait les batteries d'attaque et fut promu lieutenant-colonel en juin 1855. Colonel en juin 1856, il fut nommé général de brigade le 26 août 1861 et devint inspecteur-général de l'artillerie et des forges, fonderies et arsenaux de la marine. Le général Pélissier prit part aux combats livrés autour de Paris pendant le siège et fut blessé d'un éclat d'obus à Nogent-sur-Marne. Nommé général de division le 22 novembre 1870, le général Pélissier a été promu grand croix de la Légion d'honneur le 6 juillet 1872. — Après la conclusion de la paix, il rentra dans ses propriétés de la Haute-Marne et fut élu membre du Conseil général, dont il devint président en 1875; mais il fut remplacé au fauteuil à la session d'août 1876, par M. de Bourges, représentant monarchiste à l'Assemblée non réélu le 20 février précédent. — M. le général Pélissier a été élu sénateur de la Haute-Marne, le premier de la liste, aux élections du 30 janvier 1876, et a pris place au centre gauche. Il a été réélu au renouvellement du 5 janvier 1879. Il est questeur du Sénat depuis janvier 1878.

PELLET, EUGÈNE ANTOINE MARCELLIN, publiciste et homme politique français, né à Saint-Hippolyte-du-Fort (Gard) le 4 mars 1839, fit ses études au lycée de Montpellier et son droit à Paris, fut reçu avocat et s'inscrivit au barreau de la capitale, mais s'occupa surtout de journalisme, collaborant à la *Cloche*, dirigée par M. Louis Ulbach, ainsi qu'à l'*Indépendant*, à l'*Avenir*, à la *République* du Midi, et au *Gard républicain*. Il remplissait en même temps les fonctions de secrétaire auprès de M. Cazot, député du Gard, aujourd'hui sénateur inamovible, lequel appuya chaudement sa candidature auprès des électeurs du Vigan, qui le choisirent pour député le 20 février 1876. Il prit place au groupe de l'Union républicaine et fut réélu le 14 octobre 1877 et le 21 août 1881; mais il échoua aux élections d'octobre 1885. Il a été nommé consul de France à Livourne le 29 août 1886. — M. Marcellin Pellet a fait la campagne de 1870 dans les rangs des mobilisés, à l'armée de la Loire et a été fait prisonnier à la bataille du Mans. — Il a publié : *Élysée Loustalot et les Révolutions de Paris, 1789-1790 (1874)* et les *Actes des Apôtres, ou la presse royaliste en 1789 (1872)*, formant les deux premiers volumes d'une *Encyclopédie de la Révolution française; Vanités révolutionnaires (1884)*, etc.

PELLETAN, CHARLES CAMILLE, publiciste et homme politique français, né à Paris le 23 juin 1846, fils du sénateur républicain, écrivain remarquable, mort en 1884. Il fit ses études à l'École Louis-le-Grand, puis se fit admettre à l'École des chartes et obtint le diplôme d'archiviste paléographe en 1869. Il se lança presque aussitôt dans le journalisme, collaborant principalement à la *Tribune* hebdomadaire, dont son père était un des fondateurs, puis au *Rappel*, qu'il ne quitta que pour prendre la rédaction en chef de la *Justice*, journal fondé par M. Clémenceau, au commencement de 1880. Aux élections du 21 août 1881, M. Camille Pelletan se portait candidat à la fois dans la 2e circonscription d'Aix-en-Provence et dans la 2e circonscription du Xe arrondissement de Paris, comme candidat radical. Élu dans ces deux collèges, il opta pour Aix et prit place à l'extrême-gauche. Aux élections d'octobre 1885, il était élu député des Bouches-du-Rhône au scrutin du 18. Il a voté l'expulsion totale des princes. — On lui doit : la *Forme et la composition des chansons de geste*, sa thèse d'archiviste (1869); le *Théâtre de Versailles*, comptes rendus des séances de l'Assemblée nationale (1876); *Question d'histoire : le Comité central et la Commune (1879);* la *Semaine de mai 1871 (1880)*.

PENCO, ROSINA, dame ELENA, cantatrice italienne, née à Naples, de parents génois, en avril 1830, y fit ses études musicales. Elle parut pour la première fois sur la scène à Copenhague, dans la *Lucia*, fit ensuite une tournée fructueuse dans les provinces du Danemark et de la Suède, où elle joua les meilleurs rôles de soprano du répertoire italien, depuis à Stockholm, où elle reçut un accueil enthousiaste. Elle parut ensuite à Berlin en 1849, à Constantinople en 1850-51; retourna en Italie et joua successivement à Florence, Trieste, Naples, etc., en 1852; à Rome, en 1853; à Gênes, où elle créa l'*Edita*, du comte Litta, et où elle épousa un jeune homme appartenant à une famille distinguée, M. Elena. Elle partit ensuite pour Madrid, où elle joua de manière à ne se laisser point oublier par le public madrilène, la *Traviata*, il *Trovatore*, dont le rôle de Leonora avait été écrit spécialement pour elle à Rome par M. Verdi; les *Vespri siciliani*, *Don Pasquale*. Vers la fin de 1855, Mme Penco était engagée au Théâtre-Italien de Paris, où elle joua jusqu'en 1864, outre les ouvrages déjà cités, *Otello*, *Matilda*, il *Giuramento*, *Polinto*, un' *Ballo in maschera*, etc. A partir de 1859, elle alla chanter pendant la saison à Londres, au théâtre de Covent-Garden, avec un égal succès. En 1865, Mme Penco chantait à Madrid. Elle a depuis reparu en Italie et dans diverses capitales de l'Europe, notamment à Paris en 1872, et à Saint-Pétersbourg en 1874. — Parmi les ouvrages écrits de rappeler, que nous n'avons pas mentionnés, il convient de rappeler : *Elena di Tolosa* et *Marco Visconti* de Petrella, l'*Assedio di Firenze* de Bottesina et le *Comte Leicester*, de Badia.

PÈNE (de), HENRI, publiciste français, né à Paris le 25 avril 1830, fit ses études au collège Rollin, puis suivit les cours de l'École de droit; mais des revers de fortune l'obligèrent à suspendre ses études de droit et à se créer des ressources. Il entra dès lors dans le journalisme. Après avoir collaboré, comme écrivain politique, à l'*Évènement*, il devint, vers la fin de 1849, secrétaire de la rédaction de l'*Opinion publique*, feuille légitimiste dirigée par Alfred Nettement; ce journal n'ayant pas survécu au coup d'État, M. de Pène reprit la chronique de la *Revue contemporaine*, fondée par le marquis de Belleval le 15 avril 1854, jusqu'en 1855, époque à laquelle M. A. de Calonne, devenu propriétaire de ce recueil, le transforma en organe littéraire officieux. De 1855 à 1857, M. de Pène envoya au *Nord* de Bruxelles des « courriers de Paris » signés du pseudonyme de *Nemo*, dont il signa également ses chroniques du *Figaro* de 1857 à 1858. Au mois de mai de cette dernière année, à l'occasion d'une de ses chroniques où, en quelques lignes concises mais fort claires, il traitait d'une manière peu convenable, il faut le dire. les sous-lieutenants de l'armée en général, mais tout particulièrement ceux d'un régiment de chasseurs en garnison dans le voisinage. Il reçut deux provocations presque simultanées, répondit à la première et blessa légèrement son adversaire; mais l'un des témoins de celui-ci, qui n'était autre que son second provocateur, le contraignit à se battre de nouveau, et cette fois M. de Pène fut grièvement blessé. Quels que fussent ses premiers torts, il faut reconnaître qu'ils ont été largement expiés; nous ne saurions en dire autant de ceux de son second adversaire dans ce duel désormais inégal, lesquels soulevèrent d'ailleurs une réprobation unanime. A partir de son rétablissement jusqu'à l'investissement de Paris par les troupes allemandes, M. de Pène a adressé à l'*Indépendance belge* un « courrier de Paris » hebdomadaire, signé d'abord « Mané » puis H. de Pène, et un autre, au *Journal de Saint-Pétersbourg*. Il a collaboré, en outre, à la *France*, lors de sa fondation (1862), à l'*Epoque*, à la *Revue européenne*, etc., et a pris en 1867 la direction de la *Gazette des étrangers*. Il fonda en 1868, avec M. Edmond Tarbé, le journal le *Gaulois*, dont il se sépara avec éclat quelques mois après pour transformer la *Gazette des étrangers* en un journal similaire, dont le type avoué est le *Figaro*, lequel, après avoir végété quelque temps sous le titre un peu bref de *Paris* est devenu *Paris-Journal*, avec M. de Pène pour rédacteur en chef et pour collaborateur excessivement laborieux, usant de divers pseudonymes, afin de dissimuler, autant que possible, son étonnante fécondité, principalement de celui de *Loustalot*. Ce journal a fini par se fondre avec le *Gaulois*. Pendant la commune de Paris, M. de Pène, à la tête de la manifestation pacifique des amis de l'ordre (22 mars 1871), fut blessé d'un coup de feu rue de la Paix. — Il a publié à part : un *Mois en Allemagne*, *Nauheim* ; *Paris intime (1859)*; *Paris aventureux (1860)*; *Paris mystérieux (1861)*; *Paris viveur (1862)*; *Paris effronté (1863)*; *Paris amoureux (1864)*, recueils d'articles ; *Trop be le*, roman (1866), etc. Il a fait représenter à Bade, en 1861 : *A la campagne*, comédie en trois actes, écrite en société avec Mlle Augustine Brohan. — M. de Pène est chevalier de la Légion d'honneur depuis 1861.

PÉRALDI, Nicolas Joseph, homme politique français, né à Ajaccio le 18 mars 1841. Président de la chambre des notaires, maire de sa ville natale, il fut révoqué, en cette dernière qualité, après l'acte du 16 mai 1877, mais réintégré dans ses fonctions après les élections d'octobre et fut élu au Conseil général de la Corse en août 1880. Aux élections de 1881, il se présenta comme candidat républicain dans l'arrondissement d'Ajaccio, fut élu au scrutin du 4 septembre et prit place à gauche. M. Péraldi a été élu sénateur de la Corse le 25 janvier 1885. Il s'est abstenu lors du vote du projet de la loi d'expulsion des princes. — M. Péraldi est chevalier de la Légion d'honneur depuis 1879.

PERCY, John, chimiste et minéralogiste anglais, est né à Nottingham en 1817, et a fait ses études scientifiques à Paris et à Edimbourg. A cette dernière université, il fut élève de sir C. Bell et prit le grade de docteur en médecine. Le docteur Percy est professeur de métallurgie à l'École royale des mines depuis 1851. — On lui doit : la *Métallurgie, ou l'art d'extraire les métaux et de les rendre propres aux divers emplois industriels* (1861, pl.); la *Métallurgie de l'or, de l'argent et du plomb* (1869); la *Métallurgie du plomb*, etc. (the Metallurgy of Lead, including desilversation and cupellation, 1871), etc. Il a reçu la médaille Bessemer de l'Institut du fer et de l'acier en 1877. — Le docteur John Percy est membre de la Société royale.

PEREZ GALDÓS, Benito, littérateur espagnol, né à Las Palmas (Canaries) en 1845. Il fit ses études en Espagne, se fit connaître de bonne heure comme écrivain d'imagination, et fut quelque temps rédacteur en chef de la *Revista de España* à Madrid. — On cite de cet écrivain : la *Fontana de oro* et *El Audace*, romans historiques (1871) ; *Episodios nationales*, ouvrage écrit, en deux séries, à l'imitation des célèbres romans nationaux d'Erckmann-Chatrian et dans la matière est exclusivement respectivement à la guerre de l'indépendance contre Napoléon et aux luttes des libéraux contre la tyrannie de Ferdinand VII (1872-74). Ces romans historiques ont eu un grand succès, tant dans les États de l'Amérique espagnole qu'en Espagne. Ils furent suivis de : *Bailen (1873-75)*; *Napoleon en Chamartin, Cadiz, Juan Martin el Empecinado (1874)*; la *Batalla de los Arapiles (1875)*; *El Terror de 1824 (1877)*; *Doña Perfecta, Gloria (1878)*; *Marianela, la Familia de Leone Roch (1881)*, etc.

PÉRIER, Charles Fortunat Paul, dit Casimir-Périer, frère puîné du ministre de M. Thiers et fils de l'homme d'État célèbre du gouvernement de juillet, est né à Paris le 12 décembre 1872. Armateur au Havre, il accepta, sans passé politique personnel, la candidature républicaine dans la 2e circonscription du Havre, aux élections du 14 octobre 1877. Il échoua. Mais l'élection de son concurrent, trop bien appuyé par l'administration, ayant été annulée par la Chambre, une nouvelle épreuve fit triompher la candidature de M. Périer le 7 juillet 1879. Il s'inscrivit au groupe de la gauche républicaine. Réélu le 21 août 1881, il était élu député de la Seine-Inférieure le 4 octobre 1885, en tête de la liste. M. Périer a voté contre l'expulsion des princes.

PÉRIER, Paul Pierre Jean Casimir, homme politique français, fils du ministre de M. Thiers et petit-fils du célèbre ministre de Louis-Philippe, neveu par conséquent du précédent, est né à Paris le 8 novembre 1847. Il fit de brillantes études et prit le grade de licencié ès-lettres. Pendant la guerre, M. J. Casimir Périer prit part à la défense de Paris comme officier des mobiles de l'Aube, qui se distinguèrent particulièrement au combat de Bagneux, où il porté à l'ordre du jour pour sa conduite dans cette affaire et décoré de la Légion d'honneur. Chef du cabinet de son père, ministre de l'intérieur, d'octobre 1871 à février 1872, il était élu au Conseil général de l'Aube en 1874 et en est devenu le président. Élu député de l'arrondissement de Nogent-sur-Seine le 21 août 1876, sans concurrent, comme candidat républicain. M. J. Casimir Périer s'inscrivit au centre gauche et à la gauche républicaine. Le 14 octobre 1877, il fut élu contre le concurrent bonapartiste que lui avait suscité l'administration, avec une majorité énorme, et le 21 août 1881, contre un candidat radical qui n'obtint qu'un millier de voix. Démissionnaire en février 1883, pour ne pas s'associer aux premières mesures hostiles aux princes des maisons souveraines, ses électeurs le renvoyaient à la Chambre deux mois après. Il a été élu député de l'Aube en tête de la liste républicaine le 4 octobre 1885, et lors du vote des projets d'expulsion des princes, il s'abstint : attitude qui se justifie tout aussi bien qu'une démission. M. Jean Casimir Périer a été sous-secrétaire d'État aux ministères de l'instruction publique et de la guerre dans les précédentes législatures ; il est vice-président de la Chambre des députés.

PÉRILLIER, Jules, homme politique français, avocat, né à Nîmes le 20 novembre 1841. Il fit son droit à Paris et s'inscrivit au barreau, puis s'enrôla au moment de la guerre et fut attaché à l'état-major du général Saussier. Après la paix il rentra au barreau, devint maire de Varennes (Seine-et-Oise) et fut un des organisateurs du comité radical de ce département. Porté aux élections d'octobre 1885 sur la liste radicale de Seine-et-Oise, M. Périllier fut élu député au scrutin du 18 et prit place à l'extrême-gauche. Il a voté l'expulsion totale des princes.

PÉRIN, Georges Charles Frédéric Hyacinthe, avocat et homme politique français, né à Arras le 1er juillet 1838. En 1869, il succéda à feu Élie Ducoudray, comme rédacteur en chef du *Libéral* de Limoges, avec lequel il fit une brillante campagne électorale ; il collabora ensuite à la *Cloche*, et fut nommé, après le 4 septembre 1870, préfet de la Haute-Vienne, puis commissaire extraordinaire au camp de Toulouse. Aux élections du 8 février 1871, il se présenta dans la Haute-Vienne, et échoua, arrivant immédiatement après le second de la liste et le premier de la liste républicaine. Élu, le 11 mai 1873, représentant de ce département, et député de Limoges le 20 février 1876, il siégea à l'extrême-gauche dans les deux assemblées. M. Georges Périn a été réélu le 14 octobre 1877 et le 21 août 1881. Il a pris une grande et sérieuse part aux travaux de la Chambre, traitant plus spécialement les questions économiques relatives au commerce international, à la marine et aux colonies. Aux élections d'octobre 1885, M. George Périn a été élu au scrutin du 18, à la fois dans la Seine le cinquième sur trente-huit, et dans la Haute-Vienne en tête de la liste républicaine. Il a opté pour ce dernier département et a voté l'expulsion totale des princes. — M. G. Périn a publié : le *Camp de Toulouse*, réponse au rapport de M. de Rességuier (1873).

PERRAS, Jean Claude Étienne Edmond, homme politique français, grand manufacturier à Cublize (Rhône), dont il a été maire et a été révoqué le 13 septembre 1877 ; il est né dans cette ville, le 7 juillet 1835. Élu, le 20 février 1876, député de la 2e circonscription de Villefranche, il siégea à gauche. — M. Perras a été réélu le

14 octobre 1877 et le 21 août 1881 dans la même circonscription. Aux élections sénatoriales partielles du 25 janvier 1885, pour le Rhône, il s'est présenté pour remplacer M. Vallier, décédé, et a été élu au troisième tour. Il a voté l'expulsion des princes.

PERRAUD, Charles, prélat, membre de l'Académie française, né à Lyon le 8 février 1828. Élève de l'École normale supérieure, il se fit recevoir agrégé d'histoire en 1850, et professa quelque temps cette classe; puis il entra à l'Oratoire, fut ordonné prêtre et, ayant pris le grade de docteur en théologie, fut appelé à la chaire d'histoire ecclésiastique à la faculté de théologie de Paris. Il a été nommé évêque d'Autun par décret du 10 janvier 1874, préconisé le 4 mai et sacré à Paris le 29 juin. M. Ch. Perraud a été élu membre de l'Académie française, en remplacement d'Auguste Barbier, le 8 juin 1882. On a rappelé à cette occasion qu'il était le quatre-vingt-seizième membre du clergé que l'Académie française admettait dans son sein. — On lui doit: *Études sur l'Irlande contemporaine (1862, 2 vol.)* et l'*Oratoire de France aux XVIIe et XIXe siècles (1865)*, ses deux ouvrages les plus importants; les *Paroles de l'heure présente, 1870-1871*, méditations (1872); des discours, oraisons funèbres, panégyriques, etc., et quelques brochures d'actualité. — M. Perraud est chevalier de la Légion d'honneur depuis 1876.

PERRENS, François Tommy, historien français, né à Bordeaux le 20 septembre 1822, fit ses études au lycée de sa ville natale et fut admis à l'École normale supérieure en 1843. Successivement professeur à Bourges, à Lyon et à Montpellier, il prit le grade de docteur ès lettres en 1853 et devint professeur de la classe de seconde, puis de la classe de rhétorique au lycée Bonaparte et, en 1862, répétiteur de littérature à l'École polytechnique, où il est devenu professeur du même cours et inspecteur de l'Académie de Paris en 1875. — M. T. Perrens a collaboré au *Journal général de l'instruction publique*, à la *Revue des Deux-Mondes*, etc., et a publié: *Jérôme Savonarole, ses prédications*, etc., thèse de doctorat (1853), ouvrage couronné par l'Académie française et traduit en plusieurs langues; *Deux ans de révolution en Italie (1857)*; *Etienne Marcel et le gouvernement de la bourgeoisie au XIVe siècle (1860)*; *Histoire de la littérature italienne (1867)*; les *Mariages espagnols sous Henri IV et Marie de Médicis (1868)*, couronné par l'Académie française; *Éloge historique de Sully (1870)*, également couronné par l'Académie; *l'Église et l'État sous le règne de Henri IV et la régence de Marie de Médicis (1872)*; la *Démocratie en France au moyen âge (1873, 3 vol.)*, pour laquelle l'Académie des sciences morales et politiques lui a décerné le prix Jean Reynaud de 10,000 francs, en 1883; *Histoire de Florence (1876-79, 4 vol.)*, etc. — Chevalier de la Légion d'honneur depuis 1870, M. Perrens a été promu officier le 12 juillet 1885; il est, en outre, chevalier de l'ordre de Charles III d'Espagne, officier de l'ordre des SS. Maurice et Lazare d'Italie, etc.

PERROT, Georges, archéologue français, né à Villeneuve-Saint-Georges le 12 novembre 1832, fit ses études au collège Charlemagne et entra à l'École normale supérieure en 1852, d'où il passa à l'École française d'Athènes en 1855. De retour en 1858, il se fit recevoir agrégé des classes supérieures et professa successivement aux lycées d'Angoulême, d'Orléans et de Versailles. Chargé en 1861 d'une mission officielle dans l'Asie-Mineure, il fut nommé au retour (1863) professeur de rhétorique au lycée Louis-le-Grand. Reçu docteur ès lettres en 1867, M. G. Perrot a été nommé en 1872 maître de conférences à l'École normale, dont il a été nommé directeur, en remplacement de M. Fustel de Coulanges, par décret du 12 octobre 1883, et professeur d'archéologie à la faculté des lettres en 1877; il avait été élu membre de l'Académie des inscriptions et belles-lettres, en remplacement de Guizot, en 1874. Il est, en outre, membre résidant de la Société des antiquaires de France. — On doit à M. Georges Perrot: *Exploration archéologique de la Galatie, de la Bythinie, d'une partie de la Mysie*, etc. (1863 et suiv., in-f°); *Souvenirs d'un voyage en Asie-Mineure*, extraits du précédent; *Mémoire sur l'île de Thasos*; *De l'état actuel des études homériques*; *Leçons sur la science du langage* (Lectures on the science of language), de M. F. Max Müller (1864); *l'Ile de Crète, souvenirs de voyage (1866)*; *Essai sur le droit public et privé de la république athénienne*, ouvrage couronné par l'Académie française et *De Galatia, provincia romana*, thèses de doctorat (1867), les *Précurseurs de Demosthènes (1873)*, ouvrage qui a obtenu le prix Bordin de l'Académie française; la traduction des *Essais sur la mythologie comparée*, de Max Müller (même année); *Mélanges d'archéologie, d'épigraphie et d'histoire (1875)*, etc. M. Perrot a collaboré à la *Revue de l'instruction publique*, à la *Revue archéologique*, à la *Revue des Deux-Mondes*, etc. Chevalier de la Légion d'honneur depuis 1866, il a été promu officier le 13 juillet 1882.

PESSARD, Hector Louis François, journaliste et homme politique français, né à Lille le 22 août 1836, fit ses études au lycée Bonaparte et débuta dans le journalisme à vingt ans. Après avoir collaboré au *Figaro* puis à la *Gironde*, réclamé par la conscription, il resta au service jusqu'en 1860, se fit exonérer à cette époque et entra dans l'administration des douanes. Il était employé dans une petite localité du département du Nord lorsque, l'ancien journaliste reparaissant sous l'enveloppe encore mince du fonctionnaire, il devint collaborateur de l'*Impartial* de Valenciennes. Dans son impartialité, l'administration lui fit comprendre qu'un pareil cumul était impossible; forcé d'opter, il donna sa démission, revint à Paris, où il agit comme correspondant du *Mémorial des Deux-Sèvres* et du *Phare de la Loire*, puis entra au *Temps* en 1866. Il écrivit ensuite au *Courrier du Dimanche*, puis entra à la *Liberté*, dirigée par E. de Girardin, en 1866. L'année suivante, il passait à l'*Époque*, avec Clément Duvernois, y restait assez peu de temps, devenait l'agent de Dusautoy, l'ancien propriétaire de l'*Époque*; puis, abandonnant bientôt cette position, entrait au *Gaulois* au commencement de 1869, comme rédacteur politique de ce journal jusque-là fort peu politique. En mai 1870, M. Hector Pessard devenait rédacteur du *Soir*, qu'il n'a quitté qu'en octobre 1873, après la vente de ce journal. Au mois de février précédent, il avait été appelé par le groupe Casimir Périer à la direction du *Bulletin conservateur républicain*, correspondance adressée à la presse de province. Après la transformation du *Soir*, M. Pessard sollicita, mais en vain, l'autorisation de créer le *Jour* (c'était sous l'empire de l'état de siège); il adressa alors des correspondances particulières, sous le titre de *Lettres du samedi*, aux journaux des départements et écrivit à l'*Epargne française*, journal financier, à l'*Union libérale et démocratique de Seine-et-Oise*, à l'*Evénement*, à l'*Opinion nationale*. Nous devons citer en outre, parmi les recueils auxquels a collaboré M. Hector Pessard, la *Revue moderne*, la *Revue germanique*, le *Dictionnaire général de la politique*, etc. — Lors de l'avènement de M. Ricard au ministère de l'Intérieur, M. Pessard fut nommé directeur de la presse (15 mars 1876); maintenu dans ces fonctions par M. de Marcère, qui n'avait d'ailleurs pas été étranger à sa nomination, il le suivait dans sa retraite en décembre suivant, et devenait peu après rédacteur en chef du *Petit Parisien*, qu'il quittait en août 1877. En décembre suivant, il devenait de nouveau directeur de la presse, mais pour peu de temps. Candidat républicain aux élections municipales de la Seine du 29 novembre 1874, dans le quartier de l'Europe (VIIIe arrondissement), il n'avait obtenu qu'un chiffre de voix insignifiant. Aux élections d'octobre 1885, son nom figurait sur la liste libérale de Seine-et-Oise, qui échouait complètement. M. H. Pessard a été rédacteur en chef du *National de 1869* de décembre 1878 à décembre 1885, et a collaboré ensuite pendant quelque temps à la *République française*. Il est chevalier de la Légion d'honneur. — M. Hector Pessard a publié: *Annuaire parlementaire*, avec Clément Duvernois (1863); *Yo et les principes de 89*, avec préface de Prévost-Paradol (1867); les *Gendarmes*, fantaisie administrative *(1868)*; *Lettres d'un interdit (1874)*.

Son frère, M. Émile Pessard, s'est fait connaître comme compositeur. Il a fait représenter: le *Capitaine Fracasse*, opéra comique en 3 actes, et *Tabarin*, opéra en 2 actes (1885), et publié un recueil de *Fantaisies musicales* intitulé: *Joyeusetés de bonne compagnie*. — Il est professeur d'harmonie au Conservatoire et chevalier de la *Légion d'honneur*.

PETTIE, John, peintre écossais, né à Édimbourg en 1839, est élève de la Trustees' Academy de cette ville et de MM. Robert Scott Lauder et John Ballantyne. En 1862, il s'établit à Londres, prit part aux expositions de l'Académie royale écossaise jusqu'en 1867 et, depuis, à celles de l'Académie royale, où il avait déjà envoyé un tableau en 1861. M. John Pettie a abordé avec succès la peinture de genre et la peinture historique. On cite principalement, parmi ses expositions à l'Académie et ailleurs: *Que desirez-vous, madame?* (What d've had, madam? 1861); le *Trio (1863)*; la *Tonsure, George Fox refusant de prêter serment à Houlker Hall*, en 1663 *(1864)*; *Temps et lieu*, *Sans engagement*, la *Bible et le moine*, une *Visite inquisitoriale*, la *Cour martiale*

(1865); *Arrestation pour cause de sorcellerie (1866)*; le *Docteur, Trahison (1867)*; *Pax nobiscum, Rixe avec un contrebandier (1868)*; la *Disgrâce du cardinal Wolsey*, la *Victime du joueur (1869)*; *Touchstone et Audrey (1870)*; *Scène dans les jardins du Temple (1871)*; *Silvius et Phœbé*, l'*Ultimatum aux assiégés (1872)*; le *Sanctuaire*, le *Drapeau parlementaire (1873)*; *Juliette et frère Laurent*, un *Secret d'État (1874)*; *Scène dans une forge*, les *Jacobites en 1745 (1875)*; la *Menace, Portrait de l'évêque de Birmingham (1876)*; un *Chevalier du XVIIe siècle*, un *Combat à l'épée et à la dague (1877)*; le *Billet de mort (1879)*; *Sa Grâce (1880)*; *Devant ses pairs (1881)*; *Monmouth devenu Jacques II (1882)*; la *Plaisante idée du bouffon*, la *Rançon (1883)*; le *Musicien*, les *Flambeaux (humains) du chef (1886)*, etc. M. Pettie avait envoyé à l'Exposition universelle de 1878 : l'*Ultimatum aux assiégés*, le *Drapeau parlementaire*, la *Menace, Trahison* et plusieurs portraits. — Membre associé de l'Académie royale depuis 1866, M. J. Pettie a été élu membre titulaire, en remplacement de sir Edwin Landseer, le 22 décembre 1873.

PEYRAT, ALPHONSE, publiciste et homme politique français, sénateur, né à Toulouse le 24 juin 1812, fit ses études au séminaire de cette ville et y commença son droit; mais il l'abandonna bientôt et se rendit à Paris, avec l'intention bien arrêtée d'embrasser le journalisme. Il y débuta en 1833 par un coup de maitre : un article publié dans la *Tribune*, dirigée par Armand Marrast, et qui coûta au gérant une légère condamnation à trois ans de prison et 10,000 fr. d'amende. C'était une critique des *Mémoires de la Révolution de 1830*, de Bérard. La *Tribune* n'hésita pas à s'attacher ce dangereux collaborateur, dont elle ne se sépara qu'en disparaissant elle-même, suspendue à la suite des événements d'avril 1834. Après avoir passé quelque temps au *National*, M. Peyrat entra à la *Presse*, qu'il n'a quittée définitivement qu'à la fin de 1862. En 1843, il fit un voyage en Italie et en Espagne, puis un autre en Angleterre. Devenu, en 1847, rédacteur en chef de la *Presse*, en remplacement de Nefftzer, il y publia un article sur le refus de serment des élus du département de la Seine au Corps législatif, M. Carnot et le général Cavaignac, qui lui attira, avec une suspension du journal pour deux mois, de vives difficultés avec ses administrateurs. Il donna sa démission, mais rentra bientôt au journal, décidé à s'y abstenir de politique, sous un régime où la discussion était si dangereuse. M. Peyrat quitta définitivement la *Presse* en décembre 1862. Il écrivit quelque temps au *Siècle*, puis fut placé comme rédacteur en chef, au point d'un journal nouveau : l'*Avenir national*, dont il fit l'organe du parti radical. En 1868, il y adopta avec empressement l'idée émise dans le *Réveil*, par Delescluze, d'une souscription dont le produit serait employé à élever au cimetière Montmartre un monument au représentant Baudin. Il ouvrit cette souscription dans les colonnes de l'*Avenir*, dont les numéros contenant les listes des souscripteurs furent l'objet de saisies répétées en adjudant des poursuites judiciaires, que l'empire eût sans doute mieux fait, dans son propre intérêt, de ne pas entreprendre. M. Peyrat a abandonné qu'en 1872 la direction de ce journal. — Élu représentant de la Seine à l'Assemblée nationale, le 8 février 1871, M. A. Peyrat siégea à l'extrême-gauche, à côté de Louis Blanc, Edgar Quinet, Ledru-Rollin, etc., avec lesquels il a constamment voté, déclaré ne point reconnaître à l'Assemblée le pouvoir constituant, et s'est abstenu lors du vote de la proposition Casimir Périer et de celui sur l'ensemble des lois constitutionnelles. En janvier 1876, il fut élu sénateur de la Seine, prit place à l'extrême-gauche et se fit inscrire à l'Union républicaine, qui le choisit pour son président le 7 mai 1877. Réélu, le deuxième sur cinq, le 8 janvier 1882, M. Peyrat a voté l'expulsion des princes. Il est vice-président du Sénat. — M. Peyrat a publié, outre quelques recueils d'articles politiques et littéraires : *Réponse à l'instruction synodale de l'évêque de Poitiers (1854)*; *Un nouveau dogme, histoire du dogme de l'Immaculée Conception*; *Critique des hommes du jour (1855)*; l'*Empire jugé avec indépendance (1856)*; *Histoire élémentaire et critique de Jésus (1864)*; la *Révolution et le livre de M. Quinet (1866)*, etc.

PEYTRAL, PAUL LOUIS, homme politique français, né à Marseille, où il est établi pharmacien, le 20 janvier 1842. Conseiller général des Bouches-du-Rhône, M. Peytral se présenta aux élections du 21 août 1881, dans la 1re circonscription de Marseille, comme candidat radical, et fut élu au scrutin de ballottage du 4 septembre. Il a été élu député des Bouches-du-Rhône, en tête de la liste, le 4 octobre 1885. Il a été appelé au ministère des finances, comme sous secrétaire d'État, par M. Sadi Carnot, titulaire de ce portefeuille, en janvier 1886. M. Peytral a voté l'expulsion des princes.

PHILIPON, ÉDOUARD PAUL LUCIEN, homme politique français, ancien magistrat, né à Lyon le 8 janvier 1851. Il fit son droit à Paris, suivant en même temps les cours de l'École des chartes, prit le grade de docteur en droit et s'inscrivit au barreau de la capitale en 1880. Peu après, il était nommé substitut à Amiens, d'où il passait à Lyon en 1882. Il a été élu député de l'Ain le 4 octobre 1885 et a voté l'expulsion totale des princes. Il est membre de la Société littéraire de Lyon, au recueil de laquelle il a collaboré, ainsi qu'au *Progrès de l'Ain*.

PHILIPPE, JULES PIERRE JOSEPH, homme politique et littérateur français, né à Annecy le 30 octobre 1827, est petit-fils d'un membre du conseil des Cinq-Cents expulsé au 18 brumaire. Il fit ses études à l'université de Chambéry et commença son droit, puis se lança dans le journalisme et s'occupa en même temps d'études historiques locales. Il débuta en 1848 au *National savoisien*, organe du parti de l'annexion à la France, et fonda en 1850 le *Moniteur savoisien*, feuille libérale avancée, qu'il dirigea pendant quatre ans. Élu en 1854 membre du Conseil municipal d'Annecy, il a fait partie jusqu'en 1870. M. J. Philippe ne vit pas l'annexion en 1860, avec le même enthousiasme qu'il l'eût vue en 1848 : l'Empire ne lui disait rien de bon. Il accepta pourtant les fonctions de membre du bureau d'administration du collège d'Annecy en 1861 et celles d'inspecteur départemental des établissements de bienfaisance en 1862, ces dernières pour peu de temps. Profitant de la loi de 1868, M. Jules Philippe fonda à Annecy le journal les *Alpes*, devenu l'organe principal du parti républicain dans la Haute-Savoie, et y fit une vive opposition au gouvernement impérial. Candidat de l'opposition aux élections législatives de 1869, il échoua avec 11,530 voix contre 17,962 obtenues par le candidat officiel, M. Pissard. Après la révolution du 4 Septembre, M. Philippe fut nommé préfet de la Haute-Savoie ; aux élections du 8 février 1871, il fut élu représentant de la Haute-Savoie à la presque unanimité des suffrages ; mais comme il était demeuré en fonctions, et que l'Assemblée était résolue à casser les élections des préfets non démissionnaires, il résigna son mandat de représentant et conserva la préfecture d'Annecy jusqu'à la chute de M. Thiers (24 mai 1873). Il reprit alors la direction des *Alpes*. Aux élections du 20 février 1876, M. J. Philippe a été élu député de l'arrondissement d'Annecy, par 9,456 voix contre 7,903 partagées entre ses deux concurrents. Il a pris place à gauche. Réélu le 14 octobre 1877 et le 21 août 1881, il était élu député de la Haute-Savoie le 4 octobre 1885. M. Philippe était en congé au moment du vote sur l'expulsion des princes. — M. Jules Philippe est membre correspondant de l'Institut genevois et de la Société d'histoire de Genève, de l'Académie de Chambéry, de la Société littéraire de Lyon, etc. ; l'un des fondateurs et le secrétaire de la Société florimontane d'Annecy, il a fondé et dirige la *Revue Savoisienne*, organe de cette société. Il a publié à part : les *Gloires de la Savoie, Annecy et ses environs, Notice historique sur l'abbaye de Talloires, Chronologie de l'histoire de la Savoie*, les *Poètes de la Savoie*, les *Princes-Loups de Savoie, Profession de foi d'un patriote savoyard, Un moraliste savoyard au XVIe siècle*; *Histoire populaire de la Savoie depuis les temps les plus reculés (1874)* ; *Réformes l'éducation*, etc. — Il est décoré de l'ordre des SS. Maurice et Lazare.

PHILLIPS, WENDELL, orateur public américain, né à Boston le 29 novembre 1811, fit ses études au collège d'Harvard et à l'école de droit de Cambridge, et fut admis au barreau en 1834. En 1837, il prit une part active au mouvement abolitionniste et s'occupa dès lors des grandes questions de réforme politique qui s'agitaient: l'abolition de l'esclavage, la tempérance, les droits de la femme, et donnaient lieu à des fréquents meetings qui ne tardèrent pas à faire de M. W. Phillips l'un des orateurs les plus populaires des États-Unis. Pendant la guerre civile, il ne cessa de réclamer avec la plus grande énergie une politique énergique relativement à l'émancipation des esclaves. Quand la paix fut rétablie, il s'opposa à la dissolution de la Société antiesclavagiste américaine, dont il devint président après la retraite de M. William Lloyd Garrison (mort en mai 1879) et jusqu'à la dispersion définitive de ses membres, en 1870. En 1863, un recueil des *Speeches, Lectures and Letters* de M. Wendell Phillips a été publié ; nous ne croyons pas qu'il en ait paru depuis ailleurs que dans les recueils périodiques et les journaux de la Nouvelle-Angleterre, dont il ne s'écarte guère. M. W. Phillips est l'un des plus recherchés, et par conséquent l'un des mieux payés parmi les *lecturers* américains : il reçoit

250 dollars (1,250 fr.) par lecture. Ses conférences les plus populaires ont pour titre : les *Arts perdus, Daniel O'Connell* et, parmi ses plus récentes : la *Question indienne et Finance*; mais ces dernières sont modestement désignées par lui sous le titre d'entretiens ou causeries *(talks)*.

PI Y MARGALL, Francisco, publiciste et homme politique espagnol, né en 1820 à Barcelone, fit son droit et suivit avec succès la carrière du barreau, tout en étudiant les philosophes français, spécialement Auguste Comte et Proudhon, dont il a traduit plusieurs ouvrages en espagnol. Au barreau, il se fit surtout remarquer dans les procès politiques, comme défenseur des républicains traduits devant les tribunaux pour une cause ou pour une autre. Compromis dans l'insurrection de 1866, il se réfugia en France, vint à Paris et s'y lia avec les hommes politiques du parti républicain de la nuance appelée depuis radicale. Rentré en Espagne après la révolution de 1868, il fut élu député de Barcelone à la Constituante, et s'y prononça énergiquement pour la république. Pendant ce temps, il adressait au *Réveil*, journal de Ch. Delescluze, qui était devenu son ami, des lettres d'Espagne qui furent très remarquées. Député de Barcelone aux Cortès sous le règne du duc d'Aoste, il siégea dans l'opposition et fit partie du centre directeur formé par les députés républicains. La république ayant été proclamée après le départ volontaire d'Amédée, un cabinet fut constitué par les Cortès, où M. Pi y Margall reçut le portefeuille de l'intérieur (13 février 1873). Après les élections et la réunion des Cortès issues d'elles, M. Figueras ayant donné sa démission, M. Pi y Margall fut nommé chef du pouvoir exécutif à sa place (5 juin), et constitua un nouveau cabinet. Mais des dissensions éclatèrent dans le parti républicain, malgré l'appel à la concorde du nouveau chef du pouvoir, et à l'insurrection carliste, à laquelle l'indiscipline de l'armée laissait prendre une extension dangereuse, vint bientôt s'ajouter une insurrection républicaine fédéraliste. En présence des difficultés résultant de cette situation et de l'inanité de ses efforts pour former un ministère de conciliation, M. Pi y Margall résigna le pouvoir (18 juillet) et fut remplacé par M. Salmeron, qui se retirait à son tour au bout de moins de deux mois d'exercice. Il fut alors porté de nouveau candidat au pouvoir (septembre), mais ce fut M. Emilio Castelar qui fut élu. M. Pi y Margall s'abstint dès lors de prendre aucune part aux discussions purement politiques. En 1874, il publia la *République de 1873*, ouvrage dans lequel, justifiant sa conduite, il attaquait violemment M. Castelar, que le coup d'État du général Pavia venait de chasser du pouvoir. M. Castelar, qui n'est jamais à court, répondit dans la *Discusion*, puis à la *République de 1873*, elle avait été saisie par ordre de l'autorité. M. Pi y Margall, que jamais mis à l'écart par l'avènement d'Alphonse XII, n'a plus pris aucune part aux agitations politiques qui agitent périodiquement l'Espagne. Il a publié en 1877 un grand ouvrage : *las Nacionalidades*, qui a été traduit en français. — Il avait été, en 1874, l'objet d'une tentative d'assassinat de la part d'un prêtre qui, ayant complètement échoué, tourna son arme contre lui-même et se tua.

PICARD, Eugène Arthur, journaliste et homme politique français, frère du Ernest Picard, ancien ministre des finances et de l'intérieur, mort le 14 mai 1877. est né le 8 juillet 1823. Il compléta au collège de Juilly ses études commencées au collège Rollin, et fit son droit à Paris ; reçu licencié en 1846, il entra dans l'administration au lendemain du coup d'État, comme sous-préfet du Blanc (février 1852). Il y fut passa à Forcalquier en 1854 et à La Palisse en 1856. Révoqué en 1859, il se lança dans l'opposition, à la suite de son frère qui, d'ailleurs, faisait partie des cinq opposants du Corps législatif depuis avril 1858. Après avoir fourni quelques articles anonymes au *Phare de la Loire*, dit-on, M. Picard obtint de son frère une position à l'*Électeur*, journal hebdomadaire qu'il venait de fonder avec J. Favre, Hénon et autres. Le 24 août 1870, dans la combinaison qui, mariant l'*Électeur* et le *Courrier des Deux-Mondes* de M. Édouard Portalis, en fit un journal quotidien sous le titre d'*Électeur libre*, M. Arthur Picard fut de nouveau admis, avec une position mal définie quant aux attributions, mais que l'entrée de son frère ainé dans le gouvernement, à la révolution du 4 Septembre, en éloignant forcément celui-ci du journalisme militant, lui inspira la malencontreuse idée de définir : cette position, d'après lui, était celle de directeur du journal. Il faut croire que la prétention n'était pas absolument justifiée, car, après une discussion assez vive, son associé donna l'ordre au metteur en pages de changer le titre du journal (8 octobre 1870), et M. Arthur Picard quitta la place, visiblement abasourdi. Quelques jours plus tard, cependant, il relevait le titre, et l'*Électeur libre* parut sous sa direction jusqu'au 18 mars, époque à laquelle il jugea prudent de disparaître et son directeur aussi. — Candidat malheureux aux élections du Conseil général de Seine-et-Oise en 1869, aux élections législatives de la même année dans la quatrième circonscription de la Seine. et aux élections complémentaires pour l'Assemblée nationale du 2 juillet 1871, dans les Basses-Alpes, M. Arthur Picard était élu au scrutin de ballottage du 5 mars 1876, député de l'arrondissement de Castellane (Basses-Alpes), et prenait place au centre gauche. Le 14 octobre 1877, il échouait dans le même collège contre le candidat officiel ; mais l'élection ayant été annulée, il triomphait de son adversaire le 29 juin 1878. Réélu le 21 août 1881, il figurait, aux élections d'octobre 1885. sur la liste républicaine dissidente des Hautes-Alpes, qui échoua complètement au second tour.

PICHON, Pierre Auguste, peintre français, né à Sorèze le 6 décembre 1805, fils d'un musicien distingué, professeur au Conservatoire de Toulouse, il apprit d'abord la musique ; mais après la mort de son père, en 1820, il cultiva exclusivement le dessin à l'académie de Toulouse où il était entré. Il vint ensuite à Paris et suivit l'atelier d'Ingres. — On cite surtout de cet artiste : *Saint Barthélemy, Saint Martin partageant son manteau, le Christ à la colonne, la Vierge aux anges, l'Immaculée conception, Adam et Ève, Saint François recevant les stigmates, la Cène. Saintes femmes au tombeau* ; les portraits de *Don Miguel, Isambert, Jacques Bresson, Henri Prévost, L. Monrose, Eugénie Garcia*, etc., et quelques miniatures (1835-83) ; la *Cène*, reproduction du tableau cité plus haut, qui appartient à la cathédrale d'Amiens (Expos. univ. de 1855) ; *Repos de la Sainte famille (1857) ; l'Annonciation (1859) ; Sainte Memmie ressuscitant un enfant (1861) ; le Centenier (1864) ; le Général Laumières (1865) : le Sacré Cœur de Jésus, Réception au château de Windsor par Richard II (1866) ; le Docteur Blanchet, l'Immaculée conception (1868), l'Annonciation (1869) ; la Résurrection (1873) ; le Vicomte O. de Luppé et un autre Portrait (1874) ; Repos de la Sainte famille pendant sa fuite en Égypte (1875) ; Fleurs d'automne, un Portrait (1876) ; Rosa mystica (1877) ; deux Portraits (1880) ; Jeanne et un autre Portrait (1883)*, etc. M. Pichon s'est adonné exclusivement au portrait dans ses dernières années. On lui doit toutefois, en dehors de ses expositions : *l'Évêque saint Sulpice éteignant un incendie dans une église du Loiret ; le Roi breton saint Judicaël prononçant ses vœux* ; des peintures murales à la chapelle sainte Geneviève de l'église Saint-Eustache (1854) ; *Saint Joseph, l'enfant Jésus et deux anges*, pour l'église Saint-Joseph, à Paris ; *Saint Pierre sur son trône* et dix-huit figures de saints pour l'église des jésuites de Sèvres ; la *Religion recevant les inspirations du Sacré Cœur de Jésus*, pour l'église de Vaugirard (1876), etc. — M. Pichon a obtenu une médaille de 3ᵉ classe en 1843, une de 2ᵉ classe en 1844, une de 1ʳᵉ classe en 1846 et des rappels de cette dernière en 1857 et 1861. Il est chevalier de la Légion d'honneur depuis 1861.

PICHON, Stephen, journaliste et homme politique français, né à Arnay-le-Duc en 1857, fit ses études au lycée de Besançon. M. S. Pichon se faisait remarquer sur les bancs du collège par ses opinions républicaines, et avant de recevoir un prix de philosophie des mains du duc d'Aumale, il le refusa. Ses études terminées, il vint à Paris et collabora à la presse radicale ; notamment à la *Commune affranchie* de Lyon, au *Mot d'ordre*, au *Réveil*, à la *Révolution française* et enfin à la *Justice*. En 1883, M. Pichon fut élu conseiller municipal de Paris, pour le quartier de la Salpêtrière, en remplacement de M. Sigismond Lacroix, député, et prit place au groupe autonomiste ; il était réélu le 4 mai 1884. Élu député de la Seine au scrutin du 18 octobre 1885, il siège à l'extrême-gauche. M. Pichon a voté l'expulsion totale des princes.

PIEROLA, Nicolas, général, ex-président de la République du Pérou, né à Arequipa le 5 janvier 1839. Il fit son droit et se fit recevoir avocat, tout en se mêlant de fort bonne heure aux agitations politiques de son pays. Appelé au ministère des finances en 1869, il fut accusé de mauvaise administration à sa sortie du ministère, et quoiqu'un arrêt d'acquittement eût été rendu en sa faveur, il se retira au Chili, d'où il organisa et dirigea des expéditions contre le gouvernement péruvien en 1874 et 1877, mais sans succès. Forcé de mettre bas les armes, à cette dernière date, il fut simplement banni de son pays. Lorsque éclata la guerre avec le Chili, M. Pierola offrit ses services au général Prado, qui s'empressa de les refuser. Mais après la déposition de ce dernier, il prit en main les rênes du pouvoir et continua la guerre. En janvier 1881, il abandonnait Lima et résignait le pouvoir en novembre suivant. Peu après, il s'embarquait pour l'Europe. Il a résidé en France pendant la plus grande partie de l'année 1882, et allait ensuite s'établir aux États-Unis.

PIERRE-ALYPE, Louis Marie Alype Pierre (dit), publiciste et homme politique français, né à Saint-André (Réunion) le 24 février. Il fit son droit à Paris, collaborant en même temps à la presse démocratique, notamment à la *Réforme*, puis créa, vers la fin de l'Empire, un organe des colonies à Paris, le *Journal d'outre-mer*. Élu député de la Réunion, comme candidat républicain, le 25 septembre 1881, son mandat lui a été confirmé par les électeurs de la Réunion aux élections de 1885. M. Pierre-Alype siège à gauche. — Il a voté l'expulsion des princes.

PIERSON, Blanche Adeline, actrice française, née à Saint-Paul (île de la Réunion) le 9 mai 1842. Fille d'artistes, elle aborda la scène de l'enfance et, en 1856, débutait à l'Ambigu dans une reprise de *Gaspardo le pêcheur*. De ce théâtre, où son passage fut peu remarqué, elle passa au Vaudeville en 1858, parut dans le *Roman d'un jeune homme pauvre* et diverses autres pièces; puis entra au Gymnase, auquel elle est restée attachée plus de dix ans. Ici, aux succès de beauté, qui ne pouvaient lui faire défaut nulle part, elle sut joindre des succès de talent beaucoup plus sérieux pour une artiste véritable, éprise de son art comme elle a prouvé qu'elle l'était. Ses premières créations au Gymnase appartiennent aux pièces suivantes: *Don Quichotte*, l'*Ami des femmes*, *Un mari qui lance sa femme (1864)*; le *Point de mire*, les *Vieux garçons*, le *Lion empaillé (1865)*; *Nos bon villageois (1866)*; la *Cravate blanche (1867)*; les *Grandes demoiselles*, le *Monde où l'on s'amuse*, *Fanny Lear (1868)*; le *Coup d'éventail*, *Froufrou (1869)*; citons plus particulièrement les rôles de Sylvanie dans la *Princesse Georges*, Marguerite dans les *Reflets (1871)*; Lady Hawkins dans *Paris chez lui*, Alice dans la *Comtesse de Sommerive (1872)*, le principal rôle dans *Andréa*, Raymonde dans *Monsieur Alphonse (1873)*; la Comtesse dans la *Veuve*, outre la reprise de Marguerite dans la *Dame aux Camélias (1874)*; la Comtesse de Meursolles dans *Mademoiselle Dupare (1875)*. En décembre 1875, Mlle Blanche Pierson quittait le Gymnase pour le Vaudeville, où elle créait le rôle de Julie Letellier dans les *Scandales d'hier*. Elle y a créé depuis: Mme de Verlière dans le *Post-Scriptum*, Sidonie dans *Fromont jeune et Rissler aîné (1876)*; le principal rôle dans *Dora (1877)*, etc., etc. Mlle Pierson a été admise à la Comédie-Française comme pensionnaire. Dans ces dernières années, elle s'est adonnée à la peinture. Élève de MM. Dubasty et Clairin, elle a exposé à quelques salons, notamment à celui de 1883, une toile de genre remarquable, intitulée *Chez la modiste*.

PILATI, Auguste Pilate (dit), compositeur français, né à Bouchain (Nord) le 29 septembre 1810, commença ses études à l'école communale de Douai, puis entra au Conservatoire de Paris en 1822 et y remporta le 1er prix de solfège l'année suivante. Rayé de la liste des élèves du Conservatoire en juin 1824, il poursuivit néanmoins ses études musicales, publia d'abord des romances et fit jouer en 1836, au Palais-Royal, plusieurs petits ouvrages. En 1837, M. Pilati donnait au théâtre d'Adelphi, à Londres, le *Roi du Danube*. Il a donné depuis à divers théâtres un grand nombre d'ouvrages dramatiques, dont voici la liste à peu près complète: Théâtre des Variétés: la *Modiste et le lord*, 2 actes (1833); l'*Amour et Psyché*, 1 acte (1856). Palais-Royal: la *Prova d'un opera seria* et la *Fermière de Bolbec*, 1 acte (1835); *Léona, ou le Parisien en Corse*, 2 actes (1836). Renaissance: *Olivier Basselin*, 1 acte (1838); *Mademoiselle de Fontanges*, 2 actes; et le *Naufrage de la Méduse*, 4 actes, avec Grisar et de Flotow (1839). Porte-Saint-Martin: les *Farfadets*, ballet féerie en 3 actes (1841); Théâtre-Lyrique: les *Barricades*, 2 actes, avec M. Eug. Gautier (1848); les *Étoiles*, 2 actes (1854). Bouffes-Parisiens: les *Statues de l'alcade*, ballet pantomime en 1 acte (1855). Folies-Nouvelles: *Jean le sot*, 1 acte et une *Devinette*, 1 acte (1856); *Trois dragons* et l'*Île de Calypso*, ce dernier sous le pseudonyme de *Ruytler (1857)*; *Peau d'âne (1858)*, sous le même pseudonyme; *Ignace le recors*, 1 acte (1858). Théâtre Déjazet: l'*Île du Sol-si-ré*, signé encore Ruytler (1860). Théâtre de Lille: *Il Maestro Blaquarino (1865)*. Concert de la Scala: *Rosette et Colin (1874)*. Il a donné encore quelques opérettes oubliées aux théâtres Beaumarchais et des Folies-Marigny et dans plusieurs cafés-concerts; des duos scéniques, des romances; une quantité innombrable de morceaux de chant et de petits moceaux de piano, fantaisies faciles, valses, polkas, quadrilles, etc., la plupart écrits pour les petites mains. On lui doit aussi la musique de la romance chantée dans *Ruy-Blas*. — M. Pilati, outre son pseudonyme de *Ruytler* a souvent employé, dans ces dernières années, celui de A. P. Juliano.

PIM, Bedford Clapperton Trevelyan, marin et homme politique anglais, né à Bideford (Devon) le 12 juin 1826, fit ses études à l'École royale navale et prit d'abord du service dans la marine marchande indienne; de retour en 1842, il entra dans la marine royale. De 1845 à 1851, M. Pim fit, à bord du *Herald*, un voyage autour du monde, au cours duquel il fut employé à la recherche de sir John Franklin dans le détroit de Behring et la baie de Baffin. Ce fut lui, rejoignant l'*Investigator*, fut assez heureux pour sauver l'équipage de ce bâtiment, et il est le premier qui, débarque d'un navire à l'est ait pu passer sur un autre navire à l'ouest du passage Nord-Ouest. M. Pim prit part ensuite aux opérations navales de la guerre de Crimée, puis de celle de Chine, où il reçut dans une affaire six blessures qui mirent longtemps sa vie en danger. Nommé commander en 1858, il fit cette même année un voyage à l'isthme de Suez, et, à son retour, fournit à la Société géographique de Londres un mémoire intéressant sur le *Canal de Suez*. Après avoir rempli diverses missions à l'intérieur, il se rendit sur les côtes de l'Amérique centrale pour s'opposer aux tentatives du général Walker contre le Nicaragua. En novembre 1860, il était envoyé au Cap de Bonne-Espérance, mais, au mois de juin suivant, il rentrait en Angleterre, se retirait du service actif et restait on demi-solde. Promu capitaine le 16 avril 1868, M. Pim, qui s'était mis à l'étude du droit, quittait définitivement le service en avril 1870, et se faisait admettre au barreau à l'Inner Temple, le 27 janvier 1873. Porté sans succès aux élections à la Chambre des communes, à Totnes en 1865 et à Gravesend en 1868, le capitaine Pim fut élu par ce dernier bourg, comme candidat conservateur, aux élections de février 1874, et a conservé ce siège jusqu'en 1880. — Le capitaine Bedford Pim s'est activement occupé, depuis 1862, d'organiser le transit des chemins de fer de l'Atlantique au Pacifique à travers le Nicaragua. Il a publié: *The Gate of the Pacific (1863)*; *Dottings on the roadside, in Panama, Nicaragua, and Mosquito*, avec le feu Dr Berthold Seeman (1869); *Essay on Feudal tenures (1872)*; *The War Chronicle*, chronique de la guerre franco-prussienne (1873); outre de nombreuses brochures et articles, principalement sur des sujets géographiques. Il est propriétaire du journal *The Navy*, membre de plusieurs sociétés savantes et magistrat du comté de Middlesex.

PINARD, Pierre Ernest, homme politique français, ancien magistrat, ancien ministre, né à Autun le 10 octobre 1822, fit ses études de droit à Paris, y fut reçu licencié en 1844, docteur en 1846 et s'inscrivit au barreau de cette ville. Nommé substitut du procureur de la République à Tonnerre en 1849 et à Troyes en 1851, il devint successivement substitut du procureur impérial à Reims en 1852 et en 1853 à Paris, où il fut nommé substitut du procureur général en 1859. Nommé procureur général à Douai en 1861, M. Pinard entra au Conseil d'État en 1866. Peu après, il fut chargé, comme conseiller d'État, de préparer l'exposé des motifs de la loi pour la révision des arrêts criminels et correctionnels et celui de la nouvelle loi sur la presse, et défendit devant la Chambre la première de ces lois en qualité de commissaire du gouvernement. Appelé au ministère de l'intérieur, en remplacement de M. de La Valette, démissionnaire, le 14 novembre 1867, ce fut en cette qualité qu'il eut à défendre devant les Chambres la loi sur la presse qu'il avait préparée, et celle sur le droit de réunion. M. Pinard eut ensuite à les appliquer, et put se rendre compte de la différence qui existe entre la pratique et la théorie. Il sévit avec toute la rigueur possible contre les nouvelles feuilles nées de la loi nouvelle, interdit la vente sur la voie publique du *Courrier français* de Vermorel, poursuivit à outrance la *Lanterne*, dont la grande popularité lui fut ainsi due en grande partie, ainsi que celle de son rédacteur, soudainement transformé en homme politique à son grand étonnement. Il y eut d'autres journaux et d'autres journalistes soumis aux rigueurs de M. Pinard, avide sans doute de prouver à M. Rouher qu'il n'était pas aussi impropre à l'administration qu'il lui plaisait de le dire, mais il n'en est pas aussi de protégés, notamment le *Nain Jaune* et M. Ganesco; mais nous nous bornerons là et rappellerons seulement la fameuse campagne contre les manifestations du cimetière Montmartre, sur la tombe de Baudin et contre

55

les souscriptions organisées pour élever un monument au représentant républicain, un peu bien oublié jusque-là. La campagne, en somme, ne fut pas heureuse pour M. Pinard, qui dut quitter le ministère de l'intérieur la lutte à peine terminée (17 décembre 1868). Il refusa un siège au Sénat et rentra au barreau de Paris. — Candidat de l'administration dans la septième circonscription du Nord, aux élections générales de 1869, M. Pinard fut élu député au Corps législatif, où il vint siéger au centre droit. Il prit la parole dans plusieurs occasions où la question juridique se trouvait soulevée. Il vota le plébiscite et la guerre et, dans la séance du 3 septembre 1870, protesta avec énergie contre la proposition de déchéance présentée par la gauche. Rendu à la vie privée par la révolution du 4 Septembre, M. Pinard reprit sa place au barreau de Paris. Il se présenta aux élections du 20 février 1876 dans la première circonscription d'Autun, mais échoua, avec 4,146 voix contre 7.106 obtenues par son concurrent républicain, M. Grillot, qui fut élu. — Il est commandeur de la Légion d'honneur depuis le 14 août 1863.

PINAULT, Eugène Marie, industriel et homme politique français, né à Rennes le 10 mai 1834. Il a été élu député de la circonscription de Montfort (Ille-et-Vilaine) le 20 février 1876 et a pris place au centre gauche. M. Pinault a été réélu le 14 octobre 1877 et le 21 août 1881. Elu, le 4 octobre 1885, député d'Ille-et-Vilaine, il a voté contre les projets d'expulsion des princes — M. Pinault, ancien tanneur à Rennes, est licencié en droit; il a été adjoint au maire et juge au tribunal de commerce de sa ville natale et représente le canton de Bécherel au Conseil général d'Ille-et-Vilaine.

PIOU, Jacques, homme politique français, né à Angers le 6 août 1838, est fils d'un ancien représentant de la Haute-Garonne à l'Assemblée de 1871, ancien premier président à la cour de Toulouse. Avocat du barreau de cette ville, M. J. Piou a représenté un de ses cantons au Conseil général avant 1871. Il a été élu député de la Haute-Garonne sur la liste monarchiste le 4 octobre 1885.

PITTIÉ, François Gabriel, général français, né à Nevers le 4 janvier 1829, fit ses études à Paris, au lycée Charlemagne, puis entra à l'Ecole militaire de Saint-Cyr. Sorti de l'école en 1849, comme sous-lieutenant d'infanterie, M. Pittié fit comme lieutenant la campagne de Crimée, et fut promu capitaine après la prise de Sébastopol, à laquelle il avait été grièvement blessé. Il fit ensuite la campagne d'Italie (1859), et fut de nouveau blessé à Solférino. Promu major en 1866, il était chef de bataillon lorsqu'éclata la guerre de 1870, fit partie de l'armée de Bazaine et s'échappa de Metz au moment de la capitulation. Ayant réussi à rejoindre Bourbaki, il fut promu lieutenant-colonel et mis à la tête d'un régiment de marche, puis versé dans l'armée du Nord; il prit alors, sous les ordres du général Faidherbe, une grande part aux batailles d'Amiens, de Pont-Noyelles, Bapaume, Saint-Quentin, et fut blessé à Pont-Noyelles. Promu colonel en décembre 1870, il avait reçu le commandement d'une division du 23e corps. Après l'armistice, le colonel Pittié participa aux opérations de l'armée du gouvernement contre la Commune. Remis lieutenant-colonel par la commission de révision des grades, il fut placé au 40e régiment de ligne, puis promu colonel du 61e régiment en décembre 1873, puis détaché auprès de M. Jules Grévy comme chef de sa maison militaire et secrétaire général de la présidence de la République. Nommé général de brigade le 3 juin 1879, le général Pittié était promu divisionnaire le 28 avril 1883. — Chevalier de la Légion d'honneur depuis 1855, il a été promu successivement officier en 1868; commandeur en juin 1871 et grand officier le 7 juillet 1886.

M. le général Pittié occupe ses loisirs à la culture de la poésie, et a inséré des vers dans divers recueils périodiques, parmi lesquels nous citerons: la *Revue de Paris*, la *Revue française*, la *Revue contemporaine*, la *Correspondance littéraire*, la *Revue des poètes*, la *Vie littéraire*, la *France littéraire*, la *Nation suisse*, le *Parnasse contemporain* et la *Revue des Deux-Mondes*. Il a traduit en vers français des poésies de Burns, Gœthe et Heine, notamment. Enfin on cite plusieurs volumes de poésies publiées par le général Pittié, qui sont : le *Roman de la vingtième année (1873); Væ victoribus*, sonnets (1876) et *Scabieuses (1879)*.

PLACE, Charles Philippe, prélat français, cardinal, né à Paris le 14 février 1814. Il se destinait au barreau, fit ses études en conséquence et prit le grade de docteur en droit en 1841; en 1849, il était secrétaire de M. de Corcelles, chargé d'affaires de France auprès du pape Pie IX, réfugié à Gaëte, et conçut dès lors le projet d'entrer dans la carrière ecclésiastique. Rentré en France, il dit dans ce but ses études théologiques, entra dans les ordres et devint supérieur du séminaire d'Orléans, puis du petit séminaire de Paris (1861). En 1863, M. Place, vicaire général de l'évêché d'Orléans, remplaçait M. Lavigerie au tribunal de la Rote. Nommé évêque de Marseille par décret du 6 janvier 1866 et préconisé le 22 juin de la même année, il était promu archevêque de Rennes par décret du 13 juin 1878, en remplacement du cardinal Brossais Saint-Marc, décédé, et préconisé le 15 juillet suivant. M. Place a été créé cardinal par Léon XIII dans le consistoire tenu au Vatican le 7 juin 1886.

PLANQUETTE, Robert, pianiste et compositeur français, né vers 1850. M. R. Planquette a occupé dans l'orchestre des concerts du Châtelet dirigé par M. Colonne, l'emploi de timbalier. Outre un grand nombre de chansons et de chansonnettes pour les cafés-concerts, plus de deux cents, dit-on, il a fait représenter divers ouvrages dramatiques : *Méfie-toi de Pharaon*, à l'Eldorado (1872); le *Serment de Mme Grégoire*, à l'Eldorado et *Paille d'avoine*, aux Délassements-Comiques (1874), opérettes en un acte ; *On demande une femme de chambre*, saynète, paroles de M. P. Véron, jouée par Mme Judic à l'Opéra-Bouffe de Saint-Pétersbourg (1876); les *Cloches de Corneville*, opéra-comique en 3 actes, aux Folies-Dramatiques (1877), qui eut un succès retentissant et prolongé; *Rip van Winckle*, opéra comique en 3 actes, au même théâtre (1884), etc.

PLANTEAU, François Edouard, homme politique français, né à Limoges le 8 janvier 1836, y fit ses études et apprit le métier de peintre sur porcelaine, son père, exilé à la suite du coup d'Etat de décembre, l'ayant laissé forcément à ses propres ressources. Venu à Paris en 1859, M. Planteau devint répétiteur au collège Sainte-Barbe, puis secrétaire du ministre de Venezuela à Paris, s'adonna à l'étude des langues et fut nommé traducteur assermenté près la cour de Paris en 1870. En 1879, il eut le courage d'aborder l'étude du droit, et de plus celui de poursuivre cette étude jusqu'à la licence (1882), mais il ne s'est pas fait inscrire au barreau. Porté sur la liste radicale de la Haute-Vienne, aux élections d'octobre 1885, M. Planteau a été élu député au scrutin du 18. Il a pris place à l'extrême-gauche et s'est abstenu lors du vote des projets d'expulsion des princes. — On lui doit : la *Séparation des Eglises et de l'Etat*, broch. (1882) ; la *Révolution pacifique*, broch. et une *Histoire constitutionnelle des Français (1885*, 2 vol.).

PLANTIÉ, Jean-Baptiste Théodore, homme politique français, né à Bayonne le 20 octobre 1817. Nommé sous-préfet de sa ville natale après le 4 septembre, il ne conserva ces fonctions que peu de temps et devint maire de Bayonne en 1876, fonctions qu'il n'a pas conservées non plus. Après avoir échoué aux élections de février 1876, il était élu député dans la 1re circonscription de Bayonne le 21 août 1881. Il a été élu sénateur des Basses-Pyrénées en remplacement de M. Renaud, décédé, et a voté l'expulsion des princes. — M. Plantié est chevalier de la Légion d'honneur depuis 1879.

PLAYFAIR, sir Lyon, chimiste anglais, né au Bengale, d'une famille écossaise, en 1819, fit ses études à l'université de Saint Andrews (Ecosse) et se tourna de bonne heure vers l'étude de la chimie. En 1834, il devint élève du professeur de chimie Thomas Graham, à l'université de Glasgow et, après un voyage aux Indes, nécessité par le délabrement de sa santé, il alla retrouver son ancien professeur, devenu son ami, et alors professeur à l'université de Londres (1837). En 1838, il partit pour l'Allemagne et alla à Giessen, étudier la chimie organique sous Liebig, dont il traduisit plus tard divers ouvrages. De retour en Ecosse, M. Playfair prit la direction du vaste établissement de coton imprimé de MM. Thompson, de Clitheroe (1841); il alla s'établir ensuite à Manchester (1843), et fut nommé professeur de chimie à l'Institution royale. Nommé, en 1844, membre de la commission d'enquête sur l'état sanitaire des grandes villes et des districts populeux, dont il rédigea le rapport, sir Robert Peel, qui l'avait désigné pour ces fonctions, le nommait après l'achèvement des travaux de la commission, chimiste au Muséum de géologie pratique. En 1851, il fut chargé de préparer l'exposition des produits manufacturés à la grande Exposition de Londres, dont il fut nommé commissaire spécial des jurys. Cette mission avait nécessité des voyages dans les districts manufacturiers, de nombreux dessins des objets destinés à être exposés, leur classification méthodique, etc. A la suite de l'Exposition, M. Playfair fut créé compagnon de l'ordre du Bain, et nommé à un emploi dans la maison du feu prince-consort. A l'Exposition de 1862, M. Playfair remplit les mêmes fonctions qu'à celle de 1851. Secrétaire-adjoint du département de la science et des arts au palais de Cristal, en 1853, il était nommé en 1856 inspecteur général des musées et écoles scientifiques du gouvernement. Elu président de la Société chimique de Londres en 1857, il était nommé l'année suivante professeur de chimie à l'université d'Edimbourg, et avait l'honneur de compter parmi ses élèves le prince de Galles et le prince Alfred, depuis duc d'Edimbourg. Le professeur Playfair a fait partie de nombreuses commissions d'intérêt public, et présida la commission royale des pêches sur les côtes d'Ecosse, ainsi que la commission d'enquête sur l'administration civile, qui conclut à une réorganisation complète (1874). En 1878, il fit partie de la commission britannique près l'Exposition de Paris et fut président du comité des finances. — Le Dr Playfair a été élu membre du parlement, comme candidat libéral, par les universités d'Edimbourg et de Saint-Andrews, aux élections générales de 1868. Il a rempli les fonctions de directeur général des postes en 1873-74 et est entré, à cette dernière date, au Conseil privé. Après les élections générales de 1880, il fut nommé président des voies et moyens et vice-président de la Chambre des communes, mais résigna toutes ses fonctions au début de la session de 1883, et fut alors promu chevalier commandeur du Bain. Il est membre de la Société royale de Londres et de diverses autres sociétés savantes nationales et étrangères et, outre l'ordre du Bain, est décoré de l'ordre portugais de la Conception, de l'ordre de l'Etoile polaire de Suède, de l'ordre de Würtemberg, commandeur de l'ordre de François Joseph d'Autriche et, officier de la Légion d'honneur depuis 1862, fut promu commandeur à la suite de l'Exposition de 1878. — Le Dr Playfair a publié, avec W. Gregory, une édition anglaise de la *Chimie et ses applications à l'agriculture et à la physiologie*, de Liebig. On lui doit en outre : la *Science dans ses rapports avec le travail (1853)*; *Sur l'alimentation de l'homme dans ses rapports avec le travail utile qu'il produit (1865)*; *Sur l'éducation primaire technologique (1870)*; *Sur l'enseignement des universités (1872)*; *Les Universités et leurs rapports avec l'éducation professionnelle (1873)*; *Progrès de la réforme sanitaire (1874)*, etc., etc.

PLAZANET (baron de), officier supérieur et homme politique français, fils de général, est né à Paris le 15 avril 1827. Colonel en retraite, commandeur de la Légion d'honneur, ayant fait notamment les campagnes de Kabylie (1852) et d'Italie (1859) et s'étant particulièrement distingué, en 1870, à Borny, Gravelotte et Saint-Privat, M. de Plazanet, de retour dans son domaine de la Ducherie (Mayenne), se portait candidat à la députation dans la 2e circonscription de Laval, aux élections du 21 août 1881 ; mais il échoua. Il a été élu député de la Mayenne, sur la liste monarchiste, le 4 octobre 1885.

PLICHON, Charles Ignace, homme politique français, ancien ministre, né à Bailleul (Nord) le 28 juin 1814, fit ses études au collège des jésuites de Saint-Acheul et son droit à Paris, où il fut admis au barreau. Après avoir été l'un des fervents de la doctrine saint-simonienne, M. Plichon revint à des idées plus orthodoxes, fut chargé d'une mission officielle en Orient et devint député d'Hazebrouck aux élections de 1846. La révolution de février 1848 fit disparaître M. Plichon, député ministériel, de la scène politique. Aux élections législatives de 1857, il se présenta, comme candidat indépendant, dans la première circonscription du Nord, qui le nomma député au Corps législatif; il fut réélu en la même qualité en 1863 et 1869, et à cette dernière date, à la presque unanimité des suffrages. Il prit place au centre gauche. Zélé partisan du pouvoir temporel du pape, M. Plichon prit fréquemment la parole pour le défendre, ainsi que pour combattre les traités de commerce, n'étant pas moins zélé protectionniste. Il signa, dans la session de juillet 1869, l'interpellation des Cent-Seize. Le 15 mai 1870, il entrait dans le cabinet Ollivier avec le portefeuille des travaux publics, en remplacement du marquis de Talhouët, à qui l'aventure plébiscitaire avait fait donner sa démission. On sait que ce cabinet faisait place, le 9 août suivant, au cabinet Palikao. — Elu, le 8 février 1871, représentant du Nord à l'Assemblée nationale, le vingt et unième sur vingt-huit, il siégea à la droite royaliste et cléricale avec laquelle il a constamment voté. M. Plichon a été élu, le 20 février 1876, député de la 2e circonscription de l'arrondissement d'Hazebrouck, sans concurrent. Reélu le 14 octobre 1877, il échouait aux élections sénatoriales de janvier 1879, mais était élu de nouveau député de la 2e circonscription de Dunkerque le 21 août 1881, et enfin député monarchiste du Nord aux élections du 4 octobre 1885.

PLON, Eugène, imprimeur, libraire et littérateur français, né le 11 juin 1836 à Paris, où il fit ses études. Après avoir pris ses grades universitaires dans les deux facultés des lettres et des sciences, avoir prêté serment d'avocat au barreau de Paris, il fit un assez long séjour en Angleterre et parcourut toute l'Allemagne pour étudier les procédés divers des imprimeurs de ces deux pays ; puis il rentra en France pour prendre part dès lors à la direction de la maison de son père. — Il est fils de Henri Philippe Plon, dont le véritable nom, danois d'origine, est Ploen, et appartient à une famille d'habiles typographes remontant à l'invention de l'imprimerie. M. Henri Plon, associé en 1832 à M. Béthune, entreprit son après la publication du grand *Dictionnaire de la conversation et de la lecture* (52 vol. gr. in-8° à 2 col.), qui fut un des événements littéraires de l'époque. Il s'associa en 1845 ses frères, Hippolyte et Charles, et donna à sa maison une extension considérable au double point de vue de la typographie de luxe et des impressions illustrées, typochromiques, accrut sa fonderie de caractères de tous les nouveaux types de Jules Didot et fonda une librairie qui a pris progressivement une grande importance. Resté seul à la tête de son établissement, qui réunissait dès lors librairie, imprimerie, fonderie, stéréotypie et galvanoplastie, M. H. Plon ne cessa d'en accroître l'importance. Imprimeur de l'empereur depuis 1852, il est l'éditeur des *Œuvres de Napoléon III* et de l'*Histoire de Jules César*. C'est de ses presses que sont sorties toutes les éditions de l'*Histoire du consulat et de l'empire* de M. Thiers, et il a édité notamment toutes les grandes publications historiques des Archives nationales, ainsi qu'une collection des classiques très estimée. Outre la publication de livres luxueusement illustrés, d'ouvrages d'histoire, de voyages, de littérature, de médecine, de jurisprudence, de piété, M. Plon a formé, après la guerre de 1870-71, une collection d'ouvrages spéciaux à cette période de notre histoire, source précieuse de documents fournis par les chefs militaires, les hommes d'Etat, les diplomates qui, à sa prière, y ont raconté les événements dont ils furent acteurs ou témoins. Récompensé à toutes les expositions, notamment à celle de 1855, où il obtint la médaille d'honneur, M. H. Plon était chevalier de la Légion d'honneur depuis 1851 et décoré de plusieurs ordres étrangers. — Il est mort le 25 novembre 1872, laissant deux enfants : M. Eugène Plon, son successeur, qui fait plus particulièrement l'objet de cette notice et une fille mariée à M. Robert Nourrit, avocat au conseil d'Etat, devenu l'associé de son beau-frère. — Outre divers travaux moins importants sur les arts, on doit à M. Eugène Plon : *Torvaldsen, sa vie et ses œuvres (1867, nouv. édit. 1874)*, ouvrage traduit en allemand, en italien et en anglais, avec deux éditions spéciales aux Etats-Unis ; le *Sculpteur danois V. Bissen (1870, 2e édit. 1872)*. — Il est membre de l'Académie royale des Beaux-Arts de Copenhague et chevalier des divers ordres scandinaves.

POCHON, Joseph Marie Alexandre, agriculteur et homme politique français, né à Marbez (Ain) le 7 juin 1840. Conseiller municipal et maire de sa commune natale, conseiller général de l'Ain, il est entré à la Chambre des députés à la faveur d'une élection partielle de la 1re circonscription de Bourg, nécessitée par la mort de M. Tiersot, et y prit place à l'extrême-gauche. Elu député de l'Ain le 4 octobre 1885, M. Pochon a voté l'expulsion totale des princes.

POISE, Jean Alexandre Ferdinand, compositeur français, né à Nîmes le 3 juin 1828, fit ses études au Conservatoire de Paris, où il fut élève d'Adolphe Adam et de Zimmermann, et remporta le second grand prix de composition musicale au concours de l'Institut de 1852. L'année suivante, il débutait de la manière la plus heureuse avec un charmant petit acte, *Bonsoir voisin !* joué au Théâtre-Lyrique par Meillet et sa femme, et qui a été repris plus tard à l'Opéra-Comique avec succès. M. Poise a donné depuis : les *Charmeurs*, un acte, au Théâtre-Lyrique (1855), repris également à l'Opéra-Comique ; le *Thé de Polichinelle*, un acte, aux Bouffes-Parisiens (1856) ; *Don Pèdre*, deux actes, à l'Opéra-Comique (1858) ; le *Jardinier galant*, deux actes, même théâtre (1861) ; les *Absents*, un acte, au même théâtre (1864) ; les *Moissonneurs*, cantate, exécutée à l'Opéra-Comique le 15 août (1866) ; le *Corricolo*, trois actes, à l'Opéra-Comique (1868) ; les *Deux billets*, un acte, à l'Athénée (1870) ; les *Trois souhaits*, un acte, à l'Opéra-Comique (1873) ; les *Surprises de l'amour*, opéra comique en

2 actes, même théâtre (1877); *Joli Gilles*, opéra comique en deux actes, livret de M. Monselet, à l'Opéra-Comique (1884); outre une part de collaboration, avec MM. Bazille, Clapisson, Gautier, Gevaert, Jonas et Mangeant, dans la partition de la *Poularde de Caux*, opérette jouée au Palais-Royal. — M. Poise a arrangé et orchestré la partition du *Sorcier* de Philidor, repris aux Fantaisies-Parisiennes. L'Académie des Beaux-Arts lui a décerné le prix Trémont, en partage avec un sculpteur et un peintre en 1872.

PONCHARD, Charles Marie Auguste, artiste dramatique et chanteur français, fils du célèbre ténor de l'Opéra-Comique et professeur de chant au Conservatoire, mort en 1861, est né à Paris le 17 novembre 1824. Se destinant à la carrière dramatique, mais non lyrique, il suivit les cours du Conservatoire et obtint un accessit de tragédie et un second prix de comédie en 1841, et un second prix de tragédie en 1843. Engagé à la Comédie-Française, M. Ponchard ne demeura guère qu'une couple d'années à ce théâtre, qu'il quitta pour l'Opéra, avant de passer peu après à l'Opéra-Comique, où son talent de comédien fut très apprécié. Malheureusement, le peu de portée et d'étendue de sa voix le força à ne pas sortir de l'emploi des seconds ténors et des *trials*. — M. Charles Ponchard est régisseur de la scène de l'Opéra-Comique; il a succédé à Couderc comme professeur d'opéra comique au Conservatoire.

PONLEVOY (de), Paul Marie Placide Frogier, homme politique français, officier supérieur du génie en retraite, est né à Paris le 9 juillet 1827. Conseiller général des Vosges, il a été élu député de Neufchâteau le 5 mars 1876 et siégea au centre gauche. Réélu le 14 octobre 1877 et le 21 août 1881, il s'inscrivit en dernier lieu à l'Union républicaine. Aux élections du 4 octobre 1885, M. Frogier de Ponlevoy a été élu député des Vosges; il a voté l'expulsion des princes. Il est membre du Conseil supérieur de l'agriculture, du commerce et de l'industrie, et chevalier de la Légion d'honneur.

PONS, Louis, homme politique français, né à Monclar (Lot-et-Garonne) le 20 février 1822. Grand propriétaire et membre du Conseil général de Lot-et-Garonne, M. L. Pons échoua aux élections sénatoriales de son département, le 30 janvier 1876, comme can didat républicain. Il a été plus heureux au renouvellement de la représentation sénatoriale du Lot-et-Garonne, le 5 janvier 1879, et a pris place à la gauche républicaine du Sénat. M. Pons s'est abstenu lors du vote de la loi d'expulsion des princes.

PONSCARME, François Joseph Hubert, sculpteur et graveur en médailles français, né à Belmont-les-Monthureux (Vosges) le 20 mai 1827. Élève de Dumont et de M. Oudiné, M. Ponscarme s'est plus spécialement consacré à la gravure en médailles, et est devenu professeur, chef d'atelier de gravure en médailles et pierres fines à l'École nationale des Beaux-Arts. — Parmi les ouvrages exposés par cet artiste, et dont la plupart sont des bustes, des médaillons et des médailles anonymes, on peut citer : *Léon Plée*, buste en bronze (1861); le *Docteur Bernutz*, buste en marbre et la *Médaille commémorative de l'érection de la statue de Napoléon Ier sur la colonne Vendôme (1864)*; le *Maréchal Forey*, buste en bronze (1866); *M. Victor Duruy*, buste en plâtre (1870); *Victor Schoelcher, Louis Blanc*, médailles en bronze (1872); *Alphonse Lavallée, fondateur de l'École centrale des arts et manufactures*, buste en plâtre; *Alphonse Lavallée*, médaille en bronze; *Portrait de M. A. Dumont*, médaille en bronze (1876); *Alphonse Lavallée*, buste en marbre (1877); *Portrait de M. Cotté*, buste en marbre (1883); *Médaille des conseillers municipaux de France*, bronze, face et revers (1885); *Portrait de M. F. de Lesseps*, médaillon en bronze (1886), etc. — M. Ponscarme a obtenu, pour la gravure en médailles : une médaille de 3e classe en 1859 et le rappel de cette médaille en 1861 et 1863, une médaille de 1re classe à l'Exposition universelle de 1867 et le rappel de médaille de 1re classe à celle de 1878; il est chevalier de la Légion d'honneur depuis 1867.

PONTMARTIN (comte de), Armand Augustin Joseph Marie Ferrard, littérateur français, né à Avignon le 16 juillet 1811, fit ses études au lycée Saint-Louis et faisait son droit lorsque la révolution de 1830 éclata. Il rejoignit sa famille, dont il se mit dès lors à soutenir avec ardeur les opinions légitimistes dans la presse locale, puis dans la presse parisienne, quoique cessant à peine et à de longs intervalles d'habiter la province. M. de Pontmartin, qui a surtout donné à ses attaques contre le parti libéral la forme de la critique littéraire ou de la causerie, a collaboré à la *Gazette du Midi*, à l'*Album d'Avignon*, revue mensuelle fondée par lui, puis à la *Quotidienne*, à laquelle il envoya, de 1839 à 1842, des *Causeries provinciales*, à la *Mode*, à l'*Opinion publique*, à l'*Assemblée nationale* (de 1848), à la *Gazette de France*, au *Figaro* quotidien, à la *Revue des Deux Mondes*, à la *Revue contemporaine*, au *Correspondant*, etc. — Il a publié en volumes la plupart de ses articles, de critique littéraire, de ses nouvelles et romans disséminés çà et là et quelques ouvrages nouveaux; voici les titres de ces diverses publications : *Contes et rêveries d'un planteur de choux (1845)*; *Contes et nouvelles*, les *Mémoires d'un notaire (1853)*; *Causeries littéraires*, le *Fond de la coupe (1854)*; *Réconciliation*, la *Fin du procès (1855)*; *Dernières causeries littéraires (1856)*; *Causeries du samedi*. *Pourquoi je reste à la campagne (1857)*; *Or et clinquant, Nouvelles causeries du samedi (1860)*; le *Père Félix*, étude biographique, *Semaines littéraires (1861)*; les *Jeudis de Mme Charbonneau (1862)*; *Nouvelles semaines littéraires*, les *Brûleurs de temples (1863)*; *Nouveaux samedis (1865-80*, 20 vol.); *Entre chien et loup (1866)*; les *Corbeaux du Gévaudan (1867)*; les *Traqueurs de dot (1870)*; *Lettres d'un intercepté (1871)*; le *Filleul de Beaumarchais*, le *Radeau de la Méduse (1872)*; la *Mandarine (1873)*; *Souvenirs d'un vieux mélomane (1878)*; *Souvenirs d'un vieux critique (1880-86*, 7 series); *Mémoires : enfance et jeunesse (1886)*, etc.

POPE, John, général américain, né à Kaskaskia, (Illinois) en mars 1823. Élève de l'Académie militaire de West Point, il en sortait dans l'arme du génie en 1842. Il fut d'abord employé au service des frontières nord-est, en 1845-46, prit part à la guerre contre le Mexique, où il se distingua, et atteignit le grade de capitaine du génie en 1856. Jusqu'en 1861, il fut principalement employé au tracé des routes nouvelles conduisant au Pacifique, et se fit une certaine réputation par ses essais de percement de puits artésiens dans le grand désert du Texas. Au début de la guerre de Sécession, le capitaine Pope fut nommé brigadier-général de volontaires, et servit dans le Sud-Ouest jusqu'en juin 1862, époque à laquelle il fut placé à la tête de l'armée de Virginie, qui essuya une défaite complète dans l'affaire connue sous le nom historique de seconde bataille de Bull Run (29-30 septembre 1862). Relevé de son commandement sur sa demande, il fut placé à la tête du département militaire du Nord-Ouest, et fit, en 1863-64, une campagne heureuse contre les Indiens. Après avoir occupé divers commandements militaires, le général Pope était appelé en 1872 à celui du Missouri. Brevêté major-général durant la paix, son rang véritable est celui de brigadier-général dans l'armée régulière. — Il a pris sa retraite en janvier 1886.

PORIQUET, Charles Paul Eugène, homme politique français, ancien préfet, né à Paris le 31 juillet 1816, y fit son droit et prit le grade de docteur en 1841, puis entra dans la magistrature l'année suivante, comme substitut du procureur du roi à Pontoise. Il était substitut à Meaux lorsqu'éclata la révolution de février, et dut quitter momentanément l'administration. Il y rentra comme secrétaire général de la Loire-Inférieure en 1852 et était nommé préfet du Morbihan en 1858. Successivement préfet de la Meuse, de la Mayenne et du Maine-et-Loire, la révolution du 4 Septembre interrompit là sa carrière administrative. M. Poriquet, membre du Conseil général de l'Orne, se porta alors, comme candidat bonapartiste dans son département, aux élections sénatoriales du 30 janvier 1876, et fut élu. Il a été réélu au renouvellement du 8 janvier 1882, et a repris sa place dans les rangs des ultimes partisans de l'Appel au peuple. — M. Poriquet est officier de la Légion d'honneur.

PORTER, David Dixon, amiral des États-Unis, né en Pensylvanie le 8 juin 1814, est fils du commodore David Porter, qui commandait la frégate l'*Essex*, pendant la guerre de 1812-1814. Il entra dans la marine, en qualité d'aspirant, en février 1829, et servit quelque temps dans la Méditerranée, passa ses examens en 1835, fut principalement employé au service des côtes et fut promu lieutenant en 1841. Détaché à l'observatoire de Washington en 1845, il donna sa démission l'année suivante pour prendre part à la campagne du Mexique. En 1850, il quittait la marine des États-Unis et acceptait le commandement d'un vapeur de la New-York Pacific Company; mais il reprit du service en 1853 et fut promu major au début de la guerre de Sécession. Au commencement de 1862, il reçut le commandement des canonnières destinées à opérer contre les forts de la Nouvelle-Orléans; après la prise de cette ville, il se rendit à Vicksburg et coopéra au siège de cette ville, qui dut être levé, en fin de compte, le 22 juillet. Il fut appelé en octobre suivant au commandement de l'escadre du Mississipi supérieur, avec rang de contre-amiral, dirigea la construction de cette flotte et prit part avec elle aux opérations entreprises pour ouvrir une route vers le golfe. Il coopéra, dans l'été de 1863, au bombardement de Vicksburg, assiégée pour la seconde fois par les troupes du général Grant, jusqu'à la reddition de cette place, le 4 juillet. L'amiral Porter prit part à diverses expéditions importantes dans le cours de cette guerre, notamment aux deux attaques combinées dirigées contre le fort Fisher (fin 1864 et janvier 1865), dont la première échoua complètement, mais dont la seconde eut un succès non moins complet. — Promu vice-amiral le 25 juillet 1866, il était élevé au mois d'août 1870, à la mort de l'amiral Farragut, au rang d'amiral, qui lui donne le commandement en chef de toute la marine des États-Unis relevant uniquement du président.

POTTER, George, publiciste et homme politique anglais, ouvrier menuisier, né à Kenilworth en 1832. Entré en apprentissage chez un charpentier et menuisier de Coventry, il y travailla quelque temps comme ouvrier après l'expiration de son contrat, travailla ensuite à Rugby, se rendit à Londres en 1853 et entra chez Myers et fils, l'un des plus grands établissements d'entreprise de charpente et menuiserie pour le bâtiment de la métropole. Dès cette époque, M. Potter employa une partie de ses nuits à combler les lacunes de son éducation première forcément négligée, et il ne tarda pas à acquérir sur ses camarades, sans rien faire d'autre pour cela, une influence considérable. En 1857, les ouvriers du bâtiment commencèrent à s'agiter afin d'obtenir une diminution des heures de travail; ils choisirent M. Potter comme délégué de la Société progressive des charpentiers et menuisiers, poste où il se fit aussitôt remarquer par une éloquence naturelle pleine de modération autant que d'habileté, et fut élu secrétaire des délégués. Après deux années passées en discussions, la grève éclata, et M. Potter fut chargé par ses camarades de discuter leurs intérêts avec les patrons. Cette nouvelle phase de la question se prolongea trente-sept semaines, mais se termina à la satisfaction des ouvriers, redevables du jugement supérieur et à l'habileté oratoire de leur délégué de ce résultat inespéré. En 1861, M. G. Potter fondait un journal consacré à la défense des intérêts ouvriers, la *Bee Hive* (la Ruche), journal hebdomadaire qui eut un très grand succès dès son apparition. Il n'a cessé depuis, soit dans les colonnes de son journal, soit dans les nombreux *meetings* organisés dans les principales villes de l'Angleterre, de défendre les intérêts des sociétés ouvrières; il prit, en outre, une grande part à l'agitation réformiste, comme président de l'Association des travailleurs de Londres, et provoqua et dirigea la grande *Trades Reform Demonstration* du 3 décembre 1866. Il a d'ailleurs pris une part active à toutes les manifestations ouvrières, politiques ou sociales, depuis plus de vingt-cinq ans, et, en 1866, ses services furent récompensés par les ouvriers de Londres, qui lui présentèrent, avec une adresse de remerciements, une bourse contenant 7,500 francs. — M. George Potter est membre de Bureau des écoles de Londres pour la cité de Westminster, où il fut élu, le second de la liste, en novembre 1873. Aux élections générales de 1874, il était porté candidat au parlement, à Peterborough; mais il échoua, quoique le 3e candidat de la liste libérale. Il a fourni depuis 1870 à la *Contemporary Review*, de nombreux articles sur le capital et le travail, les associations ouvrières et la coopération ; et publie depuis plusieurs années une série de brochures politiques et sociales, sous le titre de *Tracts for the people*, qui ont un grand succès.

POUCHET, Henri Charles Georges, naturaliste français, fils du savant directeur du Muséum de Rouen, mort le 6 décembre 1872, est né à Rouen en 1833. Il fit ses études scientifiques à Paris, prit en 1864 le grade de docteur en médecine, puis celui de docteur ès sciences naturelles, et fut nommé aide-naturaliste, chef des travaux anatomiques au Muséum d'histoire naturelle. Il a été destitué en 1869, à la suite d'un article publié dans l'*Avenir national* sur la transformation du Muséum en école d'agronomie. Entré peu après au *Siècle*, comme rédacteur du feuilleton scientifique, M. Georges Pouchet est resté attaché à ce journal. Il a été nommé maître de conférences à l'École normale au mois de mai 1876 et professeur d'anatomie comparée au Muséum le 1er août 1879. — M. G. Pouchet a publié : *De la pluralité des races humaines, essai anthropologique (1858)*; *les Colorations de l'épiderme*, thèse de doctorat ; *Précis d'histologie humaine, d'après les travaux de l'école française*, in-8°, fig. (1864) ; *Mémoire sur le grand fourmilier* (in-4°, 16 pl., 1868), etc. Il a collaboré à la *Philosophie positive*, à la *Revue des Deux-Mondes*, etc. — M. G. Pouchet est chevalier de la Légion d'honneur depuis 1880.

POUGIN, François Auguste Arthur Paroisse-Pougin, plus connu sous le nom d'Arthur Pougin, musicien et littérateur français, né à Châteauroux le 6 août 1834. Issu d'une famille de comédiens de province, continuellement en voyage pour l'exercice de leur profession, il commença, à l'âge de neuf ans environ, l'étude de la musique. En 1846, ses parents s'étant établis à Paris dans le but de lui faciliter cette étude, il entra au Conservatoire, d'abord dans la classe de M. Guérin pour le violon, puis dans celle de M. Henri Reber pour l'harmonie. Il fit partie successivement de l'orchestre de plusieurs théâtres : le Cirque, le Vaudeville, le Gymnase, l'Opéra-Comique ; devint chef d'orchestre au Théâtre-Beaumarchais, puis répétiteur et second chef d'orchestre aux Folies-Nouvelles (Théâtre Déjazet). Après avoir fait exécuter quelques ouvertures à l'orchestre restreint du Gymnase, quelques morceaux de danse à la salle Valentino, puis quelques productions un peu plus importantes aux concerts du Casino, alors dirigés par M. Arban, il essaya inutilement d'aborder le théâtre, mais fit représenter dans le salon de Mlle Augustine Brohan (1857) un petit opéra comique en vers, *Perrine*, dont il avait écrit les paroles et la musique. Il se tourna alors vers la littérature et publia la *Revue et Gazette musicale (1859)* quelques travaux de critique spéciale qui furent bien accueillis. L'année suivante, il accepta une collaboration politique à l'*Opinion nationale* qui venait de se fonder et où il resta cinq ans. Pendant ce temps, il prenait part à la rédaction du journal le *Théâtre* et collaborait à plusieurs feuilles littéraires du quartier latin : la *Jeune France*, la *Jeunesse*, le *Mouvement* ; puis aux journaux ou revues : le *Charivari*, le *National*, la *Revue contemporaine*, l'*Éclair*, le *Nain jaune*, le *Figaro-programme*, l'*Année illustrée*, le *Paris-Magazine* (dont il fut un instant le rédateur en chef), le *Journal amusant*, *Paris Cascade*, la *France musicale*, le *Ménestrel*, l'*Art musical*, le *Soleil*, le *Camarade*, l'*Echo de l'agriculture*, la *Presse théâtrale*, le *Journal littéraire*, la *Discussion* (Bruxelles), le *Alpi* (Turin), la *Scena* (Venise), et plus récemment : la *Liberté*, l'*Histoire*, la *Cloche*, le *Bien public*, comme rédacteur politique ; l'*Électeur libre* quotidien, dont il a été secrétaire de la rédaction pendant le siège de Paris ; il a tenu avec un succès mérité, de 1871 à 1874, le feuilleton musical du *Soir*, collaboré au même titre à la *Tribune* en 1876, puis au *Journal officiel* jusqu'à la suppression de la partie littéraire dans ce journal, et fourni de nombreux articles de critique, d'histoire et de biographie musicales à la *Chronique musicale*, à l'*Art*, au *Guide musical* de Bruxelles, etc., etc. M. Arthur Pougin a fondé, au mois d'octobre 1876, la *Revue de la musique*, puis en 1882, la *Musique populaire*. Il est aujourd'hui (1886) secrétaire de la rédaction de l'*Estafette*. Il a écrit en outre, pour le *Grand Dictionnaire du XIXe siècle*, de P. Larousse, toute la partie encyclopédique historique, théorique et didactique relative à la musique, à partir du mot : *Chants populaires*.

En dehors de ces travaux, déjà considérables, M. Pougin a publié un assez grand nombre de livres et de brochures artistiques : *Musiciens au XVIIe siècle : Dezédes, Campra, Floquet, Martini, Gresnick, Devienne* (Paris, 1863-66) ; *Meyerbeer, notes biographiques (1864*, in-12) ; *William-Vincent Wallace (1865*, in-8°) ; *F. Halevy écrivain (1865*, in-8°) ; *Léon Kreutzer (1867*, in-8°) ; *De la littérature musicale en France (1867*, in-8°) ; *Bellini, sa vie et ses œuvres (1868*, in-12), ouvrage dont il a paru une traduction espagnole à Madrid et une traduction anglaise dans un journal américain ; *Albert Grisar (1870*, in-12) ; *Rossini, notes, impressions, etc.* (1872, in-8°) ; *Boïeldieu, sa vie, ses œuvres, son caractère, sa correspondance* (Charpentier, in-12, 1875) ; *Figures d'opéra comique : Elleviou, Mme Dugazon, la famille Gavaudan* (Tresse. in-8°, 1875) ; *Rameau, essai sur sa vie et ses œuvres* (Decaux, in-16, 1876), traduit en anglais ; *Adolphe Adam, sa vie, sa carrière, ses mémoires artistiques* (Charpentier, in-12, 1877) ; *Biographie universelle des musiciens*, supplément au Dictionnaire (Didot, 1877-80. 2 vol. in-8°) ; les *Vrais créateurs de l'opéra français, Perrin et Cambert* (Charavay, 1881, in-12) ; *Dictionnaire historique et pittoresque du théâtre et des arts qui s'y rattachent* (Didot, 1885, in-8°) ; *Verdi, histoire anecdotique de sa vie et de ses œuvres* (Calmann Lévy, 1886, in-12). Il a enfin en préparation : un livre sur *Méhul*, un autre sur *Cherubini*, l'*Opéra sous le règne de Lully*, l'*Opéra comique sous la Révolution*.

Il a publié de plus, sous le couvert de l'anonyme, un

Almanach de la musique dont il a paru trois années : 1866, 1867, 1868 (Paris, in-12). — M. Pougin a fait usage des pseudonymes suivants : Pol Dax, Fanfan Benoiton, Maurice Gray, Octave d'Avril, Auguste Hormot. Il est officier de l'instruction publique.

POUPIN, Paul Victor, littérateur et homme politique français, né à Paris le 3 janvier 1838, fit ses études au collège Sainte-Barbe, suivit l'école de droit et fut reçu licencié, mais abandonna presque aussitôt le barreau pour la littérature. En 1861, il publiait un roman : *Les Labourdière*, dont une nouvelle édition paraissait deux ans après dans la collection de la « Bibliothèque nationale » aux frais de l'auteur (2 vol. in-32), seule raison qui justifiât son admission dans une collection de « chefs-d'œuvre ». Entré au ministère des Beaux-Arts sur la fin de l'Empire, M. V. Poupin y fut maintenu après le 4 septembre, et fut révoqué par M. de Cumont. Il avait fondé la Bibliothèque démocratique, collection de petits volumes de propagande, sur laquelle il a greffé successivement la Bibliothèque des prolétaires et la Bibliothèque des libres-penseurs. M. Poupin, qui a fourni quelques articles au *Siècle*, a publié, outre l'ouvrage cité : *Un mariage entre mille* et *Don Pèdre*, 1 acte en vers (1862); *Théâtre du Luxembourg (1864)*; *Un chevalier d'amour (1865)*; *Un bal à l'opéra (1867)*; la *Dot de madame*, *Un boulet (1869)*; la *Guerre de 1870-1871 (1871)*; les *Princes d'Orléans (1872)*; le *Mandat impératif (1873)*; le *Droit divin*, les *Homélies de Voltaire (1874)*, etc.; outre des traductions de Juvénal et de la *République* de Cicéron, pour la Bibliothèque nationale, et l'*Almanach du bon citoyen*, qu'il publie dans le Jura depuis 1875. — Conseiller général de ce département, M. Victor Poupin échouait à Saint-Claude, aux élections du 21 août 1881. Porté sur la liste républicaine aux élections d'octobre 1885, il fut élu député du Jura au scrutin du 18, et vota l'expulsion totale des princes. M. Poupin est officier d'académie.

POUYER-QUERTIER, Augustin Thomas, industriel et homme politique français, ancien ministre, sénateur, né à Étouteville (Seine-Inférieure) le 3 septembre 1820. Devenu, après des commencements laborieux, directeur d'une grande manufacture à Fleury-sur-Andelle, il fut nommé maire de cette commune, membre du Conseil général de l'Eure pour le canton et de la chambre de commerce de Rouen, administrateur de la succursale de la Banque de France dans cette ville, président du comité de secours pour les ouvriers cotonniers à l'époque de la crise, etc. Choisi comme candidat officiel dans la première circonscription de la Seine-Inférieure, aux élections générales de 1857, M. Pouyer-Quertier fut élu député au Corps législatif, et réélu au même titre en 1863 ; mais aux élections générales suivantes (1869), adversaire du gouvernement sur la question économique, il fut sinon combattu du moins abandonné par l'administration et échoua contre le candidat de l'opposition démocratique, M. Desseaux. M. Pouyer-Quertier signala principalement son passage au Corps législatif par son ardeur à combattre le régime économique inauguré par les traités de commerce de 1860, qui eurent, à vrai dire, un effet désastreux sur les manufactures de son département. Il n'a pas moins ardemment combattu les puissants monopoles des grandes lignes de chemins de fer et les abus financiers du Crédit foncier et de la Ville de Paris; réclamé la réorganisation de la navigation intérieure, l'abaissement des tarifs de transport par voie ferrée, etc., avec un tel succès, quoique avec une force de logique qui n'avait d'égale que son infatigable opiniâtreté et sa parfaite égalité d'humeur. Après avoir échoué à Rouen, en mai 1869, il venait de nouveau tenter la fortune à Paris aux élections partielles de novembre suivant, dans la 3ᵉ circonscription; il échoua cette fois encore contre Crémieux. Exclu de la Chambre, M. Pouyer-Quertier continua au dehors, dans des réunions publiques organisées à Rouen ou ailleurs, l'agitation contre les traités de commerce dont le terme approchait et dont il importait, suivant lui, d'opérer la dénonciation. Délégué par la chambre de commerce de Rouen pour porter la parole devant la commission d'enquête sur le régime économique réunie au Palais-Bourbon, de mars à juillet 1870, nous ne croyons pas qu'il y ait manqué une séance, toujours sur la brèche, faisant déposition sur déposition, discutant, rectifiant, appuyant les dépositions de ses collègues suivant le cas, toujours avec la même sérénité d'esprit et la même absence de fatigue physique apparente. — Élu représentant de la Seine-Inférieure, le deuxième sur seize, aux élections du 8 février 1871, M. Pouyer-Quertier était appelé par M. Thiers, le 25 du même mois, au ministère des finances. Il fut chargé en cette qualité des négociations financières avec l'Allemagne et de la conclusion du traité de Francfort, ainsi que de l'émission du premier emprunt de deux milliards et demi, dont le succès dépassa de beaucoup les prévisions les plus optimistes. Il eut en outre à défendre devant l'Assemblée toute une série d'impôts exigés par la situation que la guerre nous avait faite, tâche ingrate et laborieuse dont il se tira à son honneur. Sur ces entrefaites, M. Janvier de la Motte, ancien préfet de l'Eure, traduit devant la cour d'assises de la Seine-Inférieure sous l'inculpation de détournement de fonds, faux en écriture publique et concussion, en appela au témoignage de M. Pouyer-Quertier. Le ministre des finances de la République n'hésita pas à répondre à l'appel de l'accusé et, certes, il faut l'en louer. Mais en justifiant les procédés financiers de M. Janvier de la Motte, que d'autres, restés indemnes, avaient pratiqués d'ailleurs avant lui et sur une plus vaste échelle encore, M. Pouyer-Quertier se compromit si complètement, qu'à peine de retour à Versailles, il était obligé de donner sa démission (5 mars 1872). Il entra dans les rangs de la droite, avec laquelle il vota constamment, jusques et y compris l'ordre du jour Ernoul, c'est-à-dire le renversement de M. Thiers, dont il avait été le ministre pendant plus d'un an, et la dissolution de la Chambre des députés. — Porté sur la liste de l'Union conservatrice aux élections sénatoriales de la Seine-Inférieure, le 30 janvier 1876, M. Pouyer-Quertier a protesté contre l'élection contre l'inscription de son nom sur la liste particulière de l'Appel au peuple. Il a été élu le premier. Son mandat lui a été confirmé au renouvellement du 8 février 1882. Réélu au Conseil général de l'Eure par le canton de Fleury, en 1871 et depuis, M. Pouyer-Quertier est président de cette assemblée. Officier de la Légion d'honneur, il était promu grand officier le 19 octobre 1871, sans passer par le grade de commandeur, pour les services rendus dans ses négociations avec l'Allemagne.

POWDERLY, Terentius Vincent, grand maître des Chevaliers du travail des États-Unis, est né à Carbondale (Pensylvanie) en 1849, d'une famille d'ouvriers d'origine irlandaise. Après avoir reçu l'instruction élémentaire dans une école de sa ville natale, il entra au service d'une compagnie de chemin de fer à l'âge de treize ans, y devint aiguilleur, puis ouvrier mécanicien, et se fit admettre, en 1870, dans la société l'Union des mécaniciens et forgerons. L'intelligence éveillée, par les discussions auxquelles il assistait et ne tarda pas à prendre part, se porta vers l'étude des questions sociales, de celles relatives aux rapports du travail avec le capital principalement, et il devint bientôt un des orateurs de l'Union, qui le choisit pour son président. Comprenant que les associations particulières, limitées à un seul corps de métier, n'auraient jamais la force nécessaire pour contrebalancer la puissance du capital, en d'autres termes pour imposer leurs conditions aux patrons, et que le vrai moyen d'arriver à ce but était d'organiser une association générale des ouvriers, quel que fût leur métier, il cherchait le moyen d'atteindre cet idéal, lorsque lui fut révélée l'existence, depuis 1869, des Chevaliers du travail, alors société secrète. Il n'hésita pas, se fit mettre en rapports avec cette société, puis obtint de l'Union des mécaniciens et forgerons sa dissolution et son entrée, en corps, dans l'ordre des Chevaliers du travail. Cette révolution accomplie, M. Powderly fut élu grand maître des Chevaliers du travail, ou plus exactement *General master Workman (1879)*. Sur sa motion, l'ordre cessa presque aussitôt d'être société secrète, étant assez puissant désormais pour exercer ouvertement ses revendications, pour soumettre ses actes au soleil de la publicité. Sur sa proposition également, les Chevaliers du travail se rendirent acquéreurs de plusieurs établissements industriels, notamment d'une mine de charbon à Cannelberg, dans l'Indiana, d'une fabrique de calorifères à Beaverfall (Pensylvanie) et d'une fabrique de chapellerie à Haverhill (Massachussetts). — Élu vers le même temps maire de Scranton (Pensylvanie), son administration s'est distinguée par une diminution considérable de la dette de cette ville. M. Powderly est certainement un homme intelligent et sérieux, et un administrateur d'un grand mérite. Très sobre lui-même, il songeait, au commencement de 1886, à faire voter par l'association un règlement portant, entre autres dispositions caractéristiques, exclusion rigoureuse des ivrognes; mais les événements qui se produisirent presque aussitôt détournèrent son esprit de cette salutaire préoccupation. — Il est assez curieux, du reste, de constater que les Chevaliers du travail admettent, de fondation, toute espèce de travailleurs, sauf les marchands de spiritueux, les médecins, les avocats et les tripoteurs financiers : c'est bien le moins que les ivrognes soient également tenus à l'écart, n'étant pas moins dangereux dans une association que les médecins et les avocats.

Les Chevaliers du travail ont tout un programme, et fort bien entendu, de réforme sociale, qu'il serait bien difficile d'étudier ici; mais comme M. Powderly n'a pas manqué d'être *interviewed* par un reporter, sinon par plusieurs, nous savons au moins quels peuvent être au fond les moyens qu'ils comptent employer pour le réaliser.

« La situation des classes laborieuses, a-t-il dit, est, à divers points de vue, lamentable, et je crains qu'elle n'empire encore. Il faut que le capital apprenne, et bientôt, à tenir compte des prétentions des ouvriers. Si cela n'arrive pas, nous aurons une révolution. Les rapports des ouvriers et des entrepreneurs sont, du moins chez nous, aussi peu satisfaisants que possible, et doivent être modifiés. Notre tâche est d'y aider autant que faire se peut. Il y a d'autres moyens, pour aplanir ces différends, que la dynamite. Nous n'en admettons pas d'autres que le bulletin de vote, et c'est pacifiquement que nous entendons résoudre la question ouvrière. » Devant la commission du Congrès nommée, conformément aux vues du président Cleveland, pour étudier les grèves récentes et rechercher leur cause, M. Powderly a de même insisté sur le caractère pacifique de son ordre : « La loi, a-t-il formellement déclaré, est au-dessus de toute organisation ouvrière comme de toute corporation de capitalistes. L'ouvrier qui viole la loi sera exclu de l'organisation, et doit être puni aussi bien que l'homme qui dispose de millions de dollars et viole la loi. » Il serait difficile d'employer un langage plus raisonnable, et sans doute les violences qui ont signalé les grèves des ouvriers des Etats-Unis en 1886, surtout à Chicago, ne sauraient être imputées, comme on l'a fait, à des hommes qui se sont choisi pour chef un homme qui parle ainsi.

Un mot, pour terminer, sur l'association elle-même : elle se compose d'assemblées locales élisant des délégués pour les assemblées régionales, dont les délégués composent à leur tour l'assemblée générale, laquelle se réunit chaque année, en octobre, pour élire le comité exécutif. Ce comité exécutif est formé de cinq membres élus, présidés par le *general master workman*, lequel reçoit un traitement annuel régulier de 1,500 dollars, soit 7,500 francs en chiffres ronds, traitement qui, aux Etats-Unis, est assez maigre. Nous passerons sous silence le système de contributions volontaires qui alimente la caisse de l'association et dont l'étude serait sans intérêt ici.

POYNTER, Edward John, peintre anglais, né à Paris le 20 mars 1836, fit ses études à Westminster et à Ipswich, cultiva ensuite le dessin et la peinture dans diverses écoles artistiques anglaises et revint à Paris, où il suivit l'atelier de Gleyre, de 1856 à 1859. Il a été élu membre associé de l'Académie royale en 1869 et académicien royal le 29 juin 1876, membre de la Société des aquarellistes belges en 1871 et professeur d'art au Collège de l'université de Londres en 1871. — On cite principalement de cet artiste : *Israël en Egypte (1867)*; la *Catapulte (1868)*; *Persée et Andromède (1872)*; *More de More-Hall et le dragon (1873)*; *Rhodope (1874)*; le *Festival* et l'*Age d'or (1875)*; la *Course d'Atalante (1876)*; le *Diseur de bonne aventure (1877)*; *Zénobie captive (1878)*. Il avait, à l'Exposition universelle de 1878, plusieurs tableaux et aquarelles. Depuis lors, M. Poynter paraît s'être voué au portrait; mais il y réussit assez médiocrement, à en juger par ceux qui figuraient à l'exposition annuelle de l'Académie royale en 1886. Il a été créé officier de la Légion d'honneur, comme membre du jury de l'Exposition universelle de 1878. — Il a également exécuté les cartons de la mosaïque de Saint George au palais de Westminster, les peintures à fresque dans l'église Saint-Etienne de Dulwich 1872-73, etc., et exposé, dans diverses galeries, quelques toiles et aquarelles. Il a été, pendant plusieurs années, directeur pour l'art et principal de l'Ecole nationale de l'enseignement des arts à South-Kensington, fonctions qu'il a résignées en 1881, tout en consentant à rester attaché à l'Ecole en qualité de « visiteur ». Il a publié : *Ten Lectures on Art (1879)*.

PRADAL, Victor Gabriel, homme politique français, avocat, né à Aubenas le 23 mars 1844. Inscrit au barreau de sa ville natale, membre du Conseil général de l'Ardèche, il fut élu député de la deuxième circonscription d'Aubenas, comme candidat républicain, à une élection partielle du 10 octobre 1880, et réélu le 21 août 1881. Aux élections sénatoriales pour le renouvellement de la représentation de l'Ardèche, M. Pradal se présenta et fut élu. Il a pris place dans les rangs de l'Union républicaine au Sénat, comme il avait fait à la Chambre des députés, et a voté l'expulsion des princes.

PRADON, Christophe Félix Alphonse, homme politique français, né à Lempdes (Haute-Loire) le 31 mai 1847. Il fit son droit et fut reçu licencié, mais s'occupa surtout de journalisme et devint rédacteur en chef du *Courrier de l'Ain*. Nommé sous-préfet de Gex en novembre 1877, il fut transféré à Saint-Claude en 1879 et fut nommé, en mars 1881, sous-chef du personnel au ministère de l'intérieur. Aux élections générales de 1881, M. Pradon posait sa candidature républicaine à Gex, et était élu au scrutin de ballottage du 4 septembre, plus sûr à la gauche radicale. Elu député de l'Ain le 4 octobre 1885, il a voté l'expulsion totale des princes.

PRAX-PARIS, Joseph Marie Adrien, homme politique français, maire de Montauban sous l'Empire, est né dans cette ville le 2 octobre 1820. Elu député de la première circonscription de Tarn-et-Garonne, comme candidat officiel, en 1869, M. Prax-Paris fut élu représentant du département le 8 février 1871 et, en 1876, député des deux circonscriptions de Montauban, au premier tour dans la seconde et au scrutin de ballottage du 5 mars dans la première; il opta pour celle-ci, plus sûr de l'autre et espérant en conséquence y faire élire son neveu, M. de Locqueyssie; mais ce fut M. Léon Pagès qui l'emporta dans celle-ci au scrutin du 23 avril 1876. M. Prax-Paris siégea, dans les deux dernières chambres, au groupe de l'Appel au peuple, dont il fut un des membres les plus remuants. Il a été réélu député de la première circonscription de Montauban, le 14 octobre 1877 et le 21 août 1881. Aux élections du 4 octobre 1885, il a été élu député de Tarn-et-Garonne en tête de la liste monarchiste. L'élection de Tarn-et-Garonne fut annulée par la Chambre, le 21 novembre 1885; mais M. Prax-Paris fut réélu dans les mêmes conditions.

PRESSAT, Eugène, homme politique français, né le 23 avril 1821 à Bussière-Poitevine (Haute-Vienne). Ancien proscrit de Décembre 1851, M. Pressat était nommé sous-préfet de Saint-Yrieix après le 4 septembre 1870. Révoqué après le 24 mai, il rentrait dans l'administration après les élections d'octobre 1877, comme sous-préfet de Bellac, d'où il passait à Issoudun en janvier 1881. Démissionnaire quelques mois plus tard, il se portait candidat dans son pays natal, aux élections générales d'août, mais sans succès. Plus heureux aux élections d'octobre 1885, il était élu député de la Haute-Vienne au scrutin du 18, prenait place à l'extrême-gauche et votait l'expulsion totale des princes. — M. Pressat est officier d'académie.

PRESSENSÉ (de), Edmond Dehault, pasteur protestant, littérateur et homme politique français, né à Paris le 7 janvier 1824, y fit ses études classiques et sa théologie à Lausanne, puis suivit les universités de Halle et de Berlin. De retour à Paris, il fut nommé pasteur à la chapelle Taitbout et se fit bientôt une grande réputation de prédicateur. M. de Pressensé a pris aussi une certaine part au mouvement d'opposition qui a signalé les dernières années de l'Empire, parlé dans les réunions publiques et fait des conférences qui le rendirent un moment presque populaire; il ne réussit toutefois pas à se faire élire député. Porté à Paris aux élections du 8 février 1871, il échoua avec une importante minorité; mais il fut élu représentant de la Seine à l'Assemblée nationale, aux élections complémentaires du 2 juillet suivant, par 119,000 voix, et siégea à gauche. M. de Pressensé a pris la parole dans plusieurs discussions importantes, à l'occasion de la loi sur l'Internationale, de la loi sur le recrutement de l'armée, sur la liberté de l'enseignement supérieur, etc.; il est l'auteur d'une proposition d'amnistie, qui, prise en considération dans la séance du 8 février 1875, n'en fut pas moins repoussée ensuite. Après avoir échoué aux élections des sénateurs inamovibles, M. de Pressensé se présentait aux élections du 20 février 1876, dans la 1re circonscription de Pontoise, où le candidat bonapartiste, M. Eugène Rendu, l'emporta sur lui de 542 voix sur 12,732 votants. Après avoir échoué dans de nouvelles tentatives, M. de Pressensé était élu sénateur inamovible le 17 novembre 1883, en remplacement de Victor Lefranc. — M. de Pressensé a publié : *Conférences sur le christianisme dans son application aux questions sociales (1849)*; *Du catholicisme en France (1851)*; la *Famille chrétienne, Sermons (1856)*; *Histoire des trois premiers siècles de l'Eglise (1858-62, trois séries)*; *Discours religieux (1859)*, *l'Ecole critique et Jésus-Christ (1863)*; *l'Eglise et la Révolution française*; *Histoire des relations de l'Eglise et de l'Etat de 1789 à 1802 (1864)*; la *Terre de l'Evangile, notes d'un voyage en Orient (1865)*; *Jésus-Christ, son temps, sa* vie, son œuvre (1866); Etudes évangéliques (1867); le Concile du Vatican, son histoire, ses conséquences politiques et religieuses (1872); la Liberté religieuse en Europe depuis 1870 (1874); Histoire des trois premiers siècles de l'Eglise, quatrième série: la Vie ecclésiastique, religieuse et morale aux II⁰ et III⁰ siècles (1877, in-8), etc. La plupart de ces ouvrages ont été traduits en allemand et en anglais, et sous cette dernière forme, ont eu des éditions spéciales aux États-Unis. M. de Pressensé a fondé la Revue chrétienne et le Bulletin théologique et a collaboré en outre à diverses publications protestantes de la France et de l'étranger. L'université de Breslau lui a conféré le titre de docteur en théologie en 1863. Il s'est en outre fait recevoir docteur en théologie à la faculté de Montauban en 1876.

PRESTWICH, Joseph, géologue anglais, né à Pensbury, Clapham, près de Londres, le 12 mars 1812, fit ses études à diverses écoles préparatoires, à la faculté de Paris, etc., et les termina au Collège de l'université de Londres. Forcé par les circonstances d'entrer dans les affaires, M. Prestwich n'en poursuivit pas moins ses recherches scientifiques. Il publia dès 1835, dans les Transactions de la Société géologique, divers mémoires sur les Ichthyolithes de Gamrie, sur la Géologie de Coalbrook-Dale, etc., qui furent suivis d'autres sur la Géologie tertiaire et sur les Couches quaternaires de la vallée de la Somme, publiés dans le journal de la même société et dans les Philosophical Transactions. Il publia ensuite deux petits traités: le Terrain qui s'étend sous nos pieds et les Couches aquifères des alentours de Londres. En 1849, la Société géologique lui décernait sa médaille Wollaston, et la Société royale une médaille royale en 1865, principalement pour un mémoire publié dans les Transactions philosophiques, sur la Découverte d'outils en silex concurremment avec les restes d'animaux d'espèces disparues, dans les couches de la dernière période géologique, en France et en Angleterre. Membre de la commission royale des charbonnages de 1866, dont il fut rapporteur, il fit également partie de la commission relative à l'approvisionnement d'eau, en 1867. Il a été président de la Société géologique pour 1870-72, vice-président de la Société royale pour 1870-71; outre ces deux sociétés, M. Prestwich fait partie d'un grand nombre d'autres corps savants nationaux ou étrangers. Il n'a quitté les affaires qu'en 1872. En 1874, l'Institution des ingénieurs civils lui décernait la médaille Telford et une prime, pour son mémoire sur les Conditions géologiques affectant la construction d'un tunnel entre l'Angleterre et la France. Il a été nommé professeur de géologie à Oxford, le 29 juin de la même année, en remplacement du professeur Phillips, et son discours d'inauguration a été publié sous ce titre: le Passé et l'avenir de la géologie (1875).

PRÉVERAND, Bernard Honoré, homme politique français, né au Donjon (Allier) le 7 novembre 1823. En décembre 1851, M. Préverand prit les armes pour répondre à la provocation du coup d'État. Après la défaite trop facile des rares défenseurs de la loi dispersés sur le sol français, M. Préverand réussissait à gagner la Belgique, pendant que le conseil de guerre réuni à Moulins prononçait contre lui un arrêt de mort. Expulsé de Belgique, il passait à Jersey, d'où il était de nouveau expulsé, avec Victor Hugo et d'autres réfugiés un peu moins illustres, en 1855. M. Préverand revint en France après l'amnistie de 1859. Après le 4 septembre 1870, il fut nommé maire de sa ville natale. Élu député de l'arrondissement de La Palisse en 1885, en remplacement du D⁰ Cornil, démissionnaire, il prit place à l'extrême-gauche. Il a été élu, le 4 octobre 1885, député de l'Allier en tête de la liste républicaine, et a voté l'expulsion totale des princes.

PREVET, Frédéric Alphonse Charles, industriel et homme politique français, né à Paris le 18 mars 1852. A la tête de trois usines de conserves alimentaires, à Meaux, président de la société des grands ateliers de construction de Saint-Denis, membre du conseil d'administration du Petit Journal, maire de Nangis et conseiller général de Seine-et-Marne, M. Prevet a été élu député de ce département, comme candidat radical, le 4 octobre 1885, en tête de la liste des élus. Il s'est abstenu lors du vote sur les projets d'expulsion des princes. — M. Prevet est décoré de la Légion d'honneur.

PRIESTLEY, William Overend, médecin anglais, né près de Leeds, dans le comté d'York, le 24 juin 1829, est fils du petit-neveu de Joseph Priestley, l'illustre chimiste. Il fit ses études à l'université d'Edimbourg et fut reçu docteur en médecine en 1853, après avoir remporté les plus grands honneurs universitaires, notamment la médaille d'or du sénat de l'université. Reçu seulement pour des travaux originaux. Établi à Londres en 1856, le D⁰ Priestley fut chargé d'un cours à l'école de médecine de Grosvenor-Place; puis, à l'hôpital de Middlesex, d'un cours d'accouchement; et enfin nommé professeur d'obstétrique à l'hôpital du Collège du roi, à Londres, en 1863. Il est membre du Collège royal des chirurgiens d'Angleterre et des collèges royaux des médecins de Londres et d'Edimbourg, ainsi que de plusieurs sociétés savantes; il a été examinateur à l'université de Londres, au Collège royal des médecins de la même ville et au Collège royal des chirurgiens d'Angleterre et a présidé l'Obstetrical Society à plusieurs reprises, depuis 1875. — On doit au docteur Priestley un ouvrage intitulé: On the Development of the gravid uterus et une édition des Obstetric Works, de sir J. Y. Simpson, outre de nombreux mémoires sur la médecine et l'histoire naturelle. Il est médecin-accoucheur de la princesse Louis de Hesse, princesse Alice d'Angleterre.

PROCTOR, Richard Anthony, astronome anglais, né à Chelsea (Londres) le 23 mars 1837. D'une santé très délicate, il commença ses études à la maison paternelle, sous des précepteurs particuliers, puis alla les continuer au Collège du roi, de Londres, et les termina au collège Saint-John, à Cambridge, d'une manière brillante; il a été nommé membre honoraire du Collège du roi en 1873. Membre de la Société royale astronomique depuis 1866, il en devint secrétaire honoraire et rédacteur de ses Proceedings en février 1872, fonctions qu'il résigna en novembre 1873, pour faire un voyage en Amérique. M. Proctor n'a jamais voulu se porter candidat à des fonctions salariées d'aucune sorte. Il est bachelier ès arts de l'université de Cambridge, et n'a pas daigné prendre le grade de maître ès arts, uniquement parce que, à cette université, c'est un titre qui se paye et non un grade indiquant un progrès quelconque dans la science, ou une somme de travail plus considérable accomplie. M. Proctor s'est fait connaître de bonne heure par ses travaux astronomiques, notamment par ses recherches sur l'atmosphère solaire, sur les conditions des passages de Vénus en 1874 et 1882 et par la publication de plusieurs cartes, entre autres d'une carte de 324,000 étoiles et de diverses autres représentant l'état du ciel aux passages de Vénus à différentes époques. En novembre 1873, M. Proctor est allé faire une visite aux États-Unis, où il a fait, dans les principales villes, des conférences très suivies. Dans ce pays, où les lecturers étrangers sont généralement reçus avec froideur et défiance, et où ils échouent misérablement en général, trois savants européens ont surtout obtenu de grands succès: Agassiz, presque Américain lui-même, et MM. Tyndall et Proctor; les autres ne comptent guère. Aussi, de retour en Angleterre en 1874, retourna-t-il aux États-Unis en 1875, pour y faire une série de cent quarante-deux lectures. A la fin de 1875, M. Proctor, qui appartenait, depuis quelques années, à la foi catholique, annonçait dans le New-York Tribune qu'il venait de se séparer de cette Eglise, dont la doctrine était, en plusieurs points, incompatible avec les enseignements de la science. — M. Richard A. Proctor a publié: Saturne et son système (1865); Manuel du monde stellaire et Atlas gnomonique des étoiles (1866); Demi-heures passées avec le télescope (1868); Demi-heures avec les étoiles (1869); les Mondes autres que le nôtre et un grand Atlas stellaire (1870); le Soleil, Science superficielle pour les heures de loisir; Eléments d'astronomie (1871); les Planètes de notre orbite, Géographie élémentaire, Atlas classique d'astronomie, Essais d'astronomie (1872); la Lune, les Limites de la science, l'Etendue des cieux, 2⁰ série de Science pour les heures de loisirs (1873); l'Univers et les passages à venir, les Passages de Vénus (1874); un Traité de la cycloide et de toutes les formes de courbes cycloidales dans leurs rapports avec le mouvement des planètes, etc., et Des matières projetées du soleil (1878), etc.

PROTAIS, Paul Alexandre, peintre français, né à Paris vers 1830, fut élève de Desmoulins. Attiré par le pittoresque de la vie des camps, il suivit l'armée en Crimée, puis en Italie, et les scènes qu'il a reproduites de ces deux campagnes lui ont valu une popularité rapide et justifiée. On cite principalement de cet artiste: la Bataille d'Inkermann, Charge commandée par le général Bosquet, Prise d'une batterie au Mamelon vert, le Devoir, Mort du colonel Brancion (1857); Attaque et prise du Mamelon vert, la Dernière pensée (1859); la Brigade du général Clerc sur la route de Magenta, le Passage de la Sesia, une Marche le soir, Deux blessés, une Sentinelle (1861); le Matin; avant l'attaque; le

Soir, après le combat, deux sujets popularisés par la gravure et la lithographie, et qui ont reparu à l'Exposition universelle de 1867; *Retour de la tranchée (1863)*; la *Fin de la halte, Passage du Mincio*, un *Enterrement en Crimée*, les *Vainqueurs, retour au camp (1865)*, le dernier de ces ouvrages a reparu également en 1867, à l'Exposition universelle; *Soldat blessé*, le *Bivouac (1866)*; la *Grand'halte*, la *Prière du soir à bord (1868)*; une *Marée, Percement d'une route (1869)*; le *Repos (1873)*; une *Alerte, Metz (1874)*; *Gardes françaises et gardes suisses*, une *Mare (1875)*; la *Garde du drapeau souvenir de l'armée de Metz*; une *Étape (1876)*; *Passage d'une rivière (1877)*; *En réserve (1878)*; *Marche (1883)*; *En reconnaissance, Passage du gué (1884)*; *Sentinelle avancée, Chasseur à pied (1885)*; *Bataillon carré, 1815 (1886)*, etc. — M. Protais a obtenu une médaille de 3ᵉ classe en 1863, une médaille en 1864, une autre en 1865 et une médaille de 3ᵉ classe en 1878. Chevalier de la Légion d'honneur depuis 1865, il a été promu officier de l'ordre le 10 avril 1877.

PROUST, Antonin, publiciste et homme politique français, né à Niort le 15 mars 1832. Fils d'un ancien député, sous la monarchie de juillet, il s'occupa de bonne heure de journalisme. Après un voyage en Grèce, il vint à Paris et publia en 1860, dans le *Tour du Monde* : le *Mont Athos*, un *Hiver à Athènes*, le *Cydaris*, relations de voyage; collaborant en même temps au *Courrier du dimanche*, sous le pseudonyme d'Antonin Barthélemy, ainsi qu'au *Mémorial des Deux-Sèvres*. Il fournit également des articles à divers autres journaux d'opposition de Paris et fonda, en 1864, la *Semaine universelle*, feuille hebdomadaire imprimée en Belgique. Au début de la guerre contre l'Allemagne, M. Antonin Proust suivit les opérations de l'armée du Rhin, comme correspondant du journal le *Temps*, jusqu'au désastre de Sedan. Revenu à Paris, il devint secrétaire du ministre de l'intérieur, fonctions qu'il conserva après le départ de Gambetta à Tours. Il fut, en outre, chargé de l'administration des populations de la banlieue réfugiées à Paris, pour lesquelles il organisa des municipalités provisoires ainsi qu'un Conseil général présidé par M. Barthélemy Saint-Hilaire. Officier attaché à l'état-major du général Clément Thomas, il reçut la mission d'organiser la légion de Seine-et-Oise, forte de cinq bataillons, et qui prit une part active à la défense de Paris. Après l'armistice, M. Proust se démit de ses fonctions; au mois de novembre suivant, il entrait à la rédaction de la *République française*, où il s'est occupé spécialement de la politique extérieure. — Porté aux élections législatives de 1869, comme candidat de l'opposition, dans la première circonscription des Deux-Sèvres, M. Proust échouait avec 10,000 voix; le 8 février 1871, il obtenait dans le même département, sans être élu, 16.000 voix; mais il était plus heureux le 20 février 1876, dans la 1ʳᵉ circonscription de Niort, où il triomphait, au premier tour, de deux concurrents de nuances diverses. Il s'inscrivit aux groupes de l'Union et de la gauche républicaines, et fut considéré comme l'un des lieutenants de Gambetta. Réélu le 14 octobre 1877, il devint membre de la commission du budget, puis fut nommé, en 1879, membre du Conseil supérieur des Beaux-Arts et de la Commission des monuments historiques; entre temps, il devenait président du Conseil général des Deux-Sèvres. Réélu par la première circonscription de Niort, le 21 août 1881, il faisait partie du grand ministère, présidé par Gambetta, du 14 novembre 1881 au 26 janvier 1882, avec le portefeuille des Beaux-arts, créé à son intention. Aux élections du 4 octobre 1885, M. A. Proust était élu député des Deux-Sèvres, le second sur cinq. Il a voté l'expulsion des princes. — On a de lui : les *Beaux-Arts en Angleterre (1862)*; *Un philosophe en voyage (1864)*; les *Archives de l'Ouest*, recueil des cahiers rédigés dans les provinces de l'ouest, en 1789 (1866-67, 5 vol.); les *Chants populaires de la Grèce moderne*, la *Justice populaire à Niort (1867)*; la *Division de l'impôt (1869)*; *Lettre sur le plébiscite (1870)*; la *Démocratie en Allemagne (1872)*; le *Prince de Bismark, sa correspondance de 1835 à 1876* (Decaux, 1876), etc.

PUVIS DE CHAVANNES, Pierre, peintre français, né à Lyon le 14 décembre 1824, est élève de Couture et de H. Scheffer, et s'adonna plus particulièrement à la peinture murale. — On cite parmi les expositions de cet artiste : un *Retour de chasse (1859)*; *Concordia, Bellum*, peintures allégoriques (1861), complétées par le *Travail* et le *Repos (1863)*, et reparues toutes les quatre à l'Exposition universelle de 1867, outre *Picardia nutrix*, peinture décorative, avec huit figures monumentales, pour le musée d'Amiens (1865); la *Vigilance*, la *Fantaisie*, peintures en camaïeu (1866); le *Jeu*, peinture décorative pour le cercle de l'Union artistique (1868); *Massilia, colonie grecque* et *Marseille, la porte d'Orient*, pour l'escalier d'honneur du musée de Marseille (1869); la *Décollation de saint Jean-Baptiste*, la *Madeleine au désert (1870)*; l'*Espérance (1872)*; l'*Eté (1873)*; *L'an 732, Charles-Martel sauve la chrétienté par sa victoire sur les Sarrazins, près de Poitiers*, peinture; *Sainte Radegonde retirée au couvent de Sainte-Croix*, carton, pour l'hôtel de ville de Poitiers (1874); *Sainte Radegonde*, peinture, exécution du carton précédent, et *Famille de pêcheurs (1875)*; *Sainte Geneviève enfant*, peinture, *Sainte Geneviève et saint Germain*, carton, pour l'église Sainte-Geneviève de Paris, redevenue depuis le Panthéon (1876); l'*Enfant prodigue, Jeune fille au bord de la mer (1879)*; *Pro patria ludus (1880)*; le *Rêve, Portrait de Mᵐᵉ C. (1883)*; le *Bois sacré cher aux arts et aux muses*, panneau décoratif pour l'escalier du musée de Lyon (1884); l'*Automne*, variante d'un même sujet appartenant au musée de Lyon (1885); *Tryptique* : 1. *Vision antique*, 2. *Inspiration chrétienne*, 3. le *Rhône et la Saône*, sorte de complément allégorique du sujet *Bois sacré cher aux arts et aux muses*, précédemment traité (1886). — M. Puvis de Chavannes a obtenu une médaille de 2ᵉ classe en 1861, une médaille en 1864, une médaille de 3ᵉ classe à l'Exposition universelle de 1867 et la médaille d'honneur en 1882. Décoré de la Légion d'honneur en 1867, il a été promu officier le 9 août 1877.

PYAT, Félix, littérateur et homme politique français, né à Vierzon le 4 octobre 1810, fit de brillantes études au lycée de Bourges et vint à Paris en 1826, pour y suivre les cours de la faculté de droit. Après la révolution de Juillet, il se fit un moment remarquer dans les clubs par la hardiesse de ses motions, mais il reprit bientôt le chemin de l'école et fut reçu avocat en 1831. Il se lança presque aussitôt dans le journalisme, collabora d'abord au *Figaro*, au *Charivari*, puis à la *Revue de Paris*, à l'*Artiste*, au *Cent-et-un*, à *Paris révolutionnaire*, au *Salmigondis*, à la *Revue britannique* dont il fut quelque temps directeur, à l'*Europe littéraire*, à la *Revue du progrès*, au *Siècle*, au *National*, à la *Réforme*. Au *Figaro*, M. Félix Pyat avait fait la connaissance de Jules Janin et s'était lié d'amitié avec lui. Il collabora même à son fameux *Barnave*, publié en 1831, et sa part dans cet ouvrage, pour être petite, n'en a pas moins toujours été considérée comme l'une des meilleures : il s'agit de l'épisode des *Filles de Séjan*. Il y avait longtemps que les deux amis étaient brouillés avec Jules Janin, décoré de la Légion d'honneur, lorsque le critique des *Débats*, rendant compte d'une reprise du *Tibère* de Marie-Joseph Chénier, s'avisa d'une sortie des plus violentes contre les hommes et les choses de la Révolution en général et contre l'auteur de *Tibère* en particulier (septembre 1843). M. Félix Pyat répondit dans la *Réforme*, dont il était rédacteur, par une attaque personnelle des plus violentes, publiée ensuite en brochure sous ce titre : *Marie-Joseph Chénier et le prince des critiques (1844)*. Après une hésitation assez prolongée pour permettre une récidive, le « prince des critiques » traduisit son ancien collaborateur en police correctionnelle, et le fit condamner à six mois de prison et 300 francs d'amende. Dans cette première période de sa vie, M. Félix Pyat s'était acquis au théâtre une réputation méritée, et la tendance politique de ses drames lui avait, en outre, valu une grande popularité. En voici la liste : *Une révolution d'autrefois*, drame en 3 actes, avec Théodose Burette, à l'Odéon (1832), interdit le lendemain de la première; *Une conjuration d'autrefois*, avec le même, publiée dans la *Revue des Deux-Mondes*, et *Arabella*, drame allégorique, représentant les auteurs politiques du moment sous le prince de Condé sous les noms espagnols (1833); le *Brigand et le philosophe*, drame en 5 actes, avec Auguste Luchet, à la Porte-Saint-Martin (1834); *Ango*, drame en 5 actes, avec le même, à l'Ambigu, son premier grand succès populaire (1835); les *Deux serruriers*, drame en 5 actes, à la Porte-Saint-Martin (1841), son deuxième et peut-être son plus grand succès; *Cédric le Norvégien*, à l'Odéon (1842); *Mathilde*, avec Eugène Sue, à la Porte-Saint-Martin (même année); *Diogène (1846)* et le *Chiffonnier de Paris (1847)*, où les tendances révolutionnaires sont de plus en plus marquées.

La révolution de février détourna complètement M. Félix Pyat de la littérature pour le jeter dans la politique militante. Nommé commissaire du gouvernement dans le Cher, il était élu représentant de ce département à la Constituante. Il prit place à la Montagne et fit quelque temps partie du bureau de l'Assemblée comme secrétaire. Il prononça à la tribune plusieurs discours, en faveur du droit au travail, de la liberté de la presse, etc., dans cette langue imagée et amoureuse de l'effet qu'il n'a pas cessé de parler. Réélu à la Législative, il accompagnait, le 13 juin 1849, Ledru-Rollin au Conservatoire des Arts et Métiers. Ayant réussi à s'échapper, il se réfugia d'abord en Suisse, puis en Belgique, et enfin en Angleterre, semant sur son passage les brochures, les *Lettres* aux destinataires les plus divers et collaborant aux journaux démocratiques. Une brochure contenant l'apologie de l'attentat du 14 janvier 1858, publiée par lui en Angleterre, fut même déférée aux tribunaux, qui en acquittèrent l'auteur. — M. Félix Pyat, profitant de l'amnistie du 15 août 1869, rentra en France à cette époque. Il devint, dès son arrivée, l'un des collaborateurs du *Rappel*, auquel il attira bon nombre de condamnations, sans parler de nombreux mois de prison à son adresse particulière, mais qu'il ne fit pas, ayant pris soin de se cacher, on ne saurait dire au juste en quels lieux, tant ou en a cité d'extravagants, et publia quelques brochures : le *Proscrit de la France*, les *Inassermentés*, etc. Dans un banquet radical tenu à Saint-Mandé, le 21 janvier 1870, son secrétaire et fidèle disciple, M. A. Gromier, lisait un toast à « une petite balle » qui n'était autre que celle du revolver du prince Pierre Bonaparte, glorifiée d'avoir tué Victor Noir, pour l'avenir nécessairement préparé par un tel événement. Condamné par la haute cour de Blois à cinq ans de prison et 6,000 francs d'amende, il demeura introuvable jusqu'à la révolution du 4 Septembre. Il reparut alors, et fonda, le 16 septembre, le journal le *Combat*, dans lequel il attaqua avec ardeur le gouvernement de la Défense nationale, étant surtout constitué pour l'attaque. Le 28 octobre 1870, le *Combat* annonce aux Parisiens atterrés la capitulation de Metz. Cette nouvelle désolante, mais exacte, M. Félix Pyat la tenait d'un membre du gouvernement dont nous n'avons pas à apprécier l'attitude dans cette circonstance, parce que cela nous entraînerait forcément à nous demander pourquoi ses collègues prétendaient la cacher, non pas toujours, mais un jour ou deux, quelques heures peut-être. Quoi qu'il en soit, le gouvernement commença par le démentir et, forts de ce démenti, les « bons citoyens » saccagèrent les bureaux du journal, détruisirent les exemplaires du numéro indiscret, conduisirent, et pas doucement, le secrétaire de la rédaction à l'Hôtel de Ville et faillirent écharper le rédacteur en chef, rencontré par hasard sur le boulevard de Strasbourg. — Cependant, le démenti officiel était à peine donné, que la confirmation non moins officielle de la douloureuse catastrophe arrivait à son tour, ne pouvant plus être différée. Ce fut sous l'impression de ces faits si tristes et incohérents que se produisit la tentative du 31 octobre, à laquelle M. Félix Pyat prit une grande part. De cette journée nous dirons peu de chose, si ce n'est que, l'Hôtel de Ville repris par les forces du gouvernement, M. Félix Pyat envoya au *Combat* un article intitulé : *Ma part dans la journée des dupes républicaines*, mais se tint prudemment à l'écart. Découvert pourtant quelques jours après, il fut écroué à la Conciergerie (5 novembre) ; mais il était remis en liberté au bout de huit jours, et ne fut pas autrement inquiété jusqu'au 3 février 1871, date de la suppression du *Combat* et du *Réveil*, par le général Vinoy, commandant en chef de l'armée de Paris. Le lendemain, paraissait le *Vengeur*, portant en tête de ses colonnes cette déclaration dénuée d'artifice : « Le *Vengeur* succède au *Combat*, même équipage, même pavillon... » Ce nouveau journal de M. F. Pyat ne fut toutefois supprimé que le 11 mars, par un arrêté du général Vinoy prévoyant, pour l'interdire, la fondation de journaux nouveaux. Porté candidat aux élections générales du 8 février, le directeur du *Vengeur* ne parut nulle part. Il fut élu malgré cela représentant de la Seine, le onzième sur quarante-trois. Il protesta à l'Assemblée contre le vote des préliminaires de paix, par une lettre lue à la tribune, dans laquelle il déclarait se retirer, mais ne pas donner sa démission...

L'explosion du 18 mars paraît avoir produit tout d'abord un bizarre effet sur M. Félix Pyat : il ne donne, au début aucun signe de vie. Élu membre de la Commune de Paris par le X° arrondissement, malgré son goût pour les situations équivoques dont il venait de donner des preuves répétées, il se décida enfin à prendre siège, mais hésitant évidemment, car il offrait sa démission dès le 31 mars. On la refuse, et il demeure et prend son parti des choses : le parti extrême. Dans un numéro du *Vengeur*, qui reparut en même temps que son rédacteur en chef, le 30 mars, M. Félix Pyat déclare qu'il a voté *oui* pour toutes les mesures proposées et exécutées par la Commune, sauf dans deux circonstances : la suppression des journaux et les élections complémentaires à la Commune. Pour ne pas trop nous étendre sur ce sujet, nous nous bornerons à cette citation, en y ajoutant toutefois que, s'il n'a pas voté pour la suppression des journaux, au moins à son instigation la décision a été prise. — Après avoir déclaré Paris indigne d'être la capitale de la France et démontré la nécessité de transporter à Bruxelles et à Londres le siège de ses efforts socialistes, il s'empressa de joindre l'exemple au précepte et disparut, laissant dans le numéro du *Vengeur* du 22 mai, à ce Paris qu'il jugeait si sévèrement, le conseil paternel de résister à outrance. En juin 1871, les journaux suisses, en publiant une lettre de M. Félix Pyat, nous rassurèrent décidément sur son sort. Il en a écrivit beaucoup d'autres, notamment en mai 1872, datée de Londres ; une autre du même lieu, en février 1873, publiée par quelques journaux français poursuivis aussitôt ; une autre en mai de la même année publiée par le *Standard* et reproduite par les mêmes journaux. — Depuis cette époque, ou il n'en écrivit plus ou personne ne se soucia plus de les publier, même hors de portée des poursuites que sa qualité de condamné à une peine infamante déchaînerait aussitôt contre les feuilles françaises qui commettraient cette imprudence. M. Félix Pyat était en effet condamné à mort comme contumax, par le 3° conseil de guerre, le 27 mars 1873. A cette occasion, on a fait le relevé des condamnations encourues par cet agitateur incorrigible, et prononcées invariablement par défaut ou par contumace ; ce curieux bilan se solde par 21,200 fr. d'amende, la déportation, vingt-neuf ans et cinq mois de prison, cinq ans de surveillance, dix ans d'interdiction et, pouvons-nous ajouter, la mort !... Il n'en a pas beaucoup souffert sans doute, et l'amnistie du 14 juillet 1880 a effacé tout cela encore. M. Pyat est donc rentré en France, où il ne courait plus aucun danger, et reprit ostensiblement, dans les journaux radicaux, une collaboration qui devait rester anonyme pendant plusieurs années. Il a, de plus, fait représenter à l'Ambigu, le 24 juin 1885, un drame en 5 actes, intitulé l'*Homme de peine*, dont le succès ne rappelle que de fort loin celui des *Deux serruriers*. — Aux élections d'octobre 1885, le nom de M. Félix Pyat a encore figuré sur plusieurs listes radicales, notamment dans la Seine et le Cher, son département natal, mais sauf dans ce dernier département, où il obtint au premier tour près de 17,300 voix, l'accueil qui lui a été fait n'est vraiment pas encourageant.

Q

QUA

QUANTIN, ALBERT MARIE JÉRÔME, imprimeur et libraire français, né en 1850 à Bréhémont (Indre-et-Loire), fit ses études à Tours, puis vint à Paris, où il suivit les cours de l'École de droit. Retourné à Tours, il entrait dans la maison Mame, imprimerie et librairie, en 1868 ; puis il revenait à Paris, entrait à l'imprimerie Claye, dont il prenait la direction en 1873, et succédait enfin à M. Claye en 1876. Comme typographe, M. Quantin suivit les traditions que lui avait léguées son prédécesseur ; comme libraire-éditeur, il publie des éditions soignées des maîtres de l'art, des conteurs, poètes et romanciers des siècles précédents ; une remarquable collection d'ouvrages spéciaux sous le titre de *Bibliothèque de l'enseignement des beaux-arts* ; une autre intitulée : *Chefs-d'œuvre du roman contemporain*, et a fondé la *Revue des arts décoratifs* et une autre revue, le *Livre*. On lui doit en outre une œuvre personnelle : *Origines de l'imprimerie et son introduction en Angleterre (1877)*. En 1886, M. Quantin apportait dans les habitudes de l'ancienne maison Claye une double révolution, en créant la librairie moderne pour la publication de romans, nouvelles, etc., dans le petit format in-18 consacré par l'usage et en abordant les tirages à grand nombre, par l'impression de l'édition populaire des *Misérables* de Victor Hugo, entreprise par la maison J. Rouff et Cie. — M. Quantin a été décoré de la Légion d'honneur.

QUATREFAGES DE BRÉAU (de), JEAN LOUIS ARMAND, naturaliste français, né à Berthezème (Gard), d'une famille protestante, le 10 février 1810. Il étudia la médecine à l'université de Strasbourg, y prit le grade de docteur ès sciences en 1829, celui de docteur en médecine en 1832, et fut nommé au concours préparateur de chimie à la faculté. L'année suivante, il s'établissait à Strasbourg, poursuivant ses études scientifiques en même temps qu'il pratiquait la médecine. Nommé professeur de zoologie à la faculté des sciences de cette ville en 1838, M. de Quatrefages donna sa démission peu après, résolu à consacrer tout son temps aux recherches scientifiques, et vint à Paris, où il s'y livra avec la plus grande ardeur. Il commença en 1842 des excursions scientifiques sur les côtes de l'Océan et de la Méditerranée, en Italie et sur les côtes de l'Algérie et de la Barbarie, qu'il a souvent renouvelées depuis, au grand avantage de la science. Nommé en 1850 professeur d'histoire naturelle au lycée Napoléon, il était appelé en 1855 à la chaire d'anatomie et d'histoire naturelle de l'homme au Muséum. M. de Quatrefages a été élu, en 1852, membre de l'Académie des sciences, section de zoologie, en remplacement de Savigny. Il fait, en outre, partie de la Société philomatique, de la Société d'ethnographie, de la Société de géographie, dont il a été premier vice-président du conseil pour 1877, de la Société d'acclimatation, dont il est aussi un des vice-présidents, de la Société nationale d'agriculture de France, etc. — M. de Quatrefages a collaboré au *Journal de médecine et de chirurgie* de Toulouse, aux *Annales des sciences naturelles*, au *Bulletin* de la Société d'acclimation et autres publications spéciales des sociétés savantes auxquelles

QUE

il appartient, ainsi qu'à la *Revue des Deux-Mondes*. Il a publié : *Théorie d'un coup de canon*, thèse (1829) ; les *Aérolithes (1830)* ; *De l'extraversion de la vessie*, thèse de doctorat en médecine (1832) ; *Considérations sur les caractères zoologiques des rongeurs (1840)* ; *De l'organisation des animaux sans vertèbres de la Manche (1844)* ; *Recherches sur le système nerveux, l'embryogénie, les organes des sens et la circulation des annélides (1844-50)* ; *Sur l'histoire naturelle des tarets (1849)* ; *Sur les affinités et les analogies des lombrics et des sangsues (1852)* ; *Souvenirs d'un naturaliste (1854*, 2 vol.) ; *Études sur les maladies actuelles des vers à soie (1855*, in-4°, 6 pl. en couleurs) ; *Nouvelles études sur les maladies des vers à soie (1860*, in-4°) ; *Physiologie comparée, métamorphoses de l'homme et des animaux (1862)* ; *les Polynésiens et leurs migrations, La Rochelle et ses environs, Histoire naturelle des annelés marins et d'eau douce (1866*, 2 vol.) ; *Rapport sur les progrès de l'anthropologie (1867)* ; *Éloge historique de M. Isidore Geoffroy-Saint-Hilaire ; Unité de l'espèce humaine ; Ch. Darwin et ses précurseurs*, étude sur le transformisme (1870) ; *la Race prussienne considérée au point de vue ethnographique*, suivi de *Quelques considérations sur le bombardement du Museum d'histoire naturelle*, en janvier 1871 *(1872)* ; *Crania ethnica (1875-80*. 7 vol.) ; *l'Espèce humaine (1877)* ; *Introduction à l'étude des races humaines (1886)*, etc. ; outre quelques conférences : *Histoire de l'homme, le Ver à soie*, etc., faites à l'asile de Vincennes. — Officier de la Légion d'honneur depuis 1863, M. de Quatrefages de Bréau a été promu commandeur en 1885.

QUESTEL, CHARLES AUGUSTE, architecte français, né à Paris le 18 septembre 1807. Élève de Peyre, de Blouet et de Duban et de l'École des Beaux-Arts, il prit part au concours ouvert en 1835 pour la construction de l'église Saint-Paul de Nîmes. Son *Projet* ayant été approuvé, il se mit aussitôt à l'œuvre (1838). L'église Saint-Paul était entièrement terminée en 1849 ; dans l'intervalle, la fontaine de l'esplanade, dans la même ville, était exécutée sur ses dessins. Attaché à la Commission des monuments historiques comme architecte, M. Questel a relevé et dessiné l'*Amphithéâtre d'Arles* avec projet de restauration et le *Pont du Gard*, avec M. Laisné. Ces dessins, avec ceux de l'*Église Saint-Paul* et de la *Fontaine de l'esplanade* de Nîmes, ont été exposés aux Salons de 1846 et 1852, et ont reparu à l'Exposition universelle de 1855. Architecte des châteaux de Versailles et de Trianon, M. Questel a été nommé membre du Conseil des bâtiments civils, puis professeur d'architecture à l'École des Beaux-Arts. Il a été élu membre de l'Académie des Beaux-Arts le 9 décembre 1871, en remplacement de Duban. — M. Questel a obtenu une médaille de 3e classe en 1846, une médaille de 1re classe en 1852, une autre à l'Exposition universelle de 1855 et une médaille de 2e classe à l'Exposition universelle de 1867. Chevalier de la Légion d'honneur depuis 1862, il a été promu officier de l'ordre en 1863.

R

RAINEY, Joseph H., homme politique nègre américain, né dans l'esclavage à Georgetown (Caroline du Sud) en 1832. Il était encore esclave lorsqu'éclata la guerre de Sécession, et dut travailler, en dépit qu'il en eût, aux fortifications élevées à Charlestown par les confédérés. Il réussit pourtant à s'échapper et se réfugia aux Indes occidentales. Quand la paix fut rétablie, il rentra à Georgetown, mais non plus comme esclave. M. Joseph H. Rainey a été plusieurs fois envoyé au Congrès comme représentant du Missouri, et non seulement il s'y est acquis l'estime de ses collègues de couleur différente, mais il a fourni la preuve évidente, même à ses adversaires les plus décidés, les anciens propriétaires d'esclaves, qu'un grand cœur et une intelligence remarquables ne se rencontrent pas moins fréquemment sous une peau noire que sous une autre. La manifestation publique d'admiration et de reconnaissance de feu James Brook, représentant démocrate de New-York, à l'issue de l'affaire du *Crédit mobilier*, alla même jusqu'à la promesse de se montrer désormais, par égard pour lui, l'ami de la race de couleur. — M. Joseph H. Rainey a présidé la Chambre des représentants des États-Unis en 1873.

RAISMES (de). Arnold Joseph Georges Raoul, homme politique français, né à Bourdon (Somme) le 15 mars 1828. Grand propriétaire dans le Finistère, membre du Conseil général, et où il représente le canton d'Arzano, M. de Raismes fut élu, le 30 janvier 1876, sénateur de ce département, et réélu au renouvellement du 25 janvier 1885. Il siège à droite.

RAMBOSSON, Jean Pierre, écrivain scientifique français, né en 1827 à Saint-Julien (Haute-Savoie), fit ses études dans son pays, fréquenta les universités suisses, où il s'adonna principalement à l'étude des sciences, puis vint à Paris. Il y poursuivit ses études scientifiques, tout en donnant des leçons de mathématiques, et entra à la *Gazette de France*, comme rédacteur scientifique, en 1852. Il collabora, en même temps, au *Correspondant*, au *Cosmos*, au *Journal de l'instruction publique*, à la *Science*, à la *Revue des Sociétés savantes* et participa, en 1856, à la fondation de la *Science pour tous*, dont il fut le premier rédacteur en chef. A partir de 1860, M. J. Rambosson fit en Europe, en Afrique et aux Indes des voyages d'exploration scientifique qui durèrent plusieurs années. Plusieurs fois lauréat de l'Institut, il était promu officier de l'instruction publique en 1875. — Outre de très nombreux mémoires sur des sujets variés, communiqués à l'Académie des sciences, à l'Académie des sciences morales et politiques et à l'Académie de médecine, on cite de ce savant écrivain : le *Langage mimique comme langage universel (1853)*; les *Colonies françaises, géographie, histoire, etc.*; *Cours de mathématiques (1855)*; la *Science populaire*, ou *Revue des progrès des connaissances, etc.* (1863-68, 7 vol.); *Cosmographie (1868)*; *Histoire et légendes des plantes utiles et curieuses (1868)*; *Histoire des météores (1869)*; les *Pierres précieuses et les principaux ornements (1870)*; l'*Éducation maternelle d'après les indications de la nature*; les *Lois de la vie et l'art de prolonger ses jours*, couronné par l'Académie française (1871); *Histoire des astres (1874)*; la *Loi absolue du devoir et de la destinée humaine (1875)*; les *Harmonies du son et l'histoire des instruments de musique (1877)*, etc.

RAMEAU, Charles Victor Chevrey, homme politique français, né à Paris le 26 janvier 1806, d'une famille bourguignonne alliée à notre grand compositeur Rameau. Il fit ses études au collège Bourbon et à la faculté de droit et fut reçu avocat en 1830. Inscrit au barreau de Paris, il acheta en 1834 une étude d'avoué à Versailles. Il a dirigé cette étude jusqu'en 1870 et est aujourd'hui avoué honoraire. M. Rameau a présidé longtemps la conférence des avoués de France ; il est administrateur du lycée de Versailles et conseiller municipal de cette ville depuis 1848, et en fut nommé maire après le 4 septembre 1870. Pendant l'occupation prussienne, M. Rameau eut à remplir les fonctions d'administrateur du département de Seine-et-Oise ; il résista avec la plus grande énergie aux exigences des envahisseurs, qui essayèrent de l'intimidation et l'emprise ne purent sans rien obtenir de plus. Ses administrés reconnaissants l'envoyèrent siéger à l'Assemblée nationale, le deuxième sur cinq (le premier étant M. Barthélemy Saint-Hilaire), par 40,437 voix ; le troisième élu n'avait que 25,000 voix. Il prit place dans les rangs de la gauche républicaine, qui le choisit pour son président. Comme les questions d'honorabilité, de dévouement au pays ne sont rien en politique auprès de la question de parti, M. le duc de Broglie crut convenable de révoquer le maire de Versailles dès qu'il fut au pouvoir (1874). Il se produisit alors ce fait curieux, qu'on ne put remplacer M. Rameau par aucun de ses adjoints, et qu'il s'en fallut de peu qu'on ne trouvât pas davantage dans le Conseil municipal quelqu'un de disposé à accepter cette lourde succession. Élu député par la troisième circonscription de l'arrondissement de Versailles, le 20 février 1876, M. Chevrey-Rameau prit place au centre gauche dans la nouvelle Chambre, dont il fut élu vice-président. Il était nommé d'octobre maire de Versailles par décret du 22 février 1877. Réélu par la même circonscription le 14 octobre suivant, M. Rameau est l'auteur de l'ordre du jour de flétrissure adopté en mars 1879 contre les ministères du 16 mai et du 14 novembre 1879 et affiché dans toutes les communes de France. Il fut élu de nouveau député de la 3e circonscription de Versailles le 21 août 1881, cette fois sans concurrent ; mais aux élections d'octobre 1885, il échouait avec la liste républicaine modérée, grâce à la multiplicité déraisonnable des listes, dans le département de Seine-et-Oise, et aux nuances absolument insaisissables pour l'électeur par lesquelles l'ambition de quelques candidats prétendait les distinguer.

On a de M. Rameau : *Du jury en matière civile (1848)*; *Observations sur le projet de loi relatif à l'organisation judiciaire* (même nom); *De la nécessité d'une loi sur les réunions préparatoires électorales*; *De la justice civile pour les indigents (1849)*; *De la saisie immobilière, etc. (1860)*; *Réponse à la proposition relative au rétablissement de la taxe du pain à Versailles (1868)*. Il a professé, en outre, pendant cinq ans un *Cours de législation usuelle*, public et gratuit (1862-67) qui, réuni en volume, a obtenu à l'Exposition universelle de 1867 une mention honorable. M. Chevrey-Rameau a collaboré à la *Revue critique de législation et de jurisprudence*, à la *Gazette des tribunaux*, etc. Il est officier d'Académie et chevalier de la Légion d'honneur du 5 septembre 1871.

RAMÉE, Daniel, architecte, dessinateur et écrivain français, fils de l'architecte qui construisit au Champ de Mars le premier autel de la Fédération, en 1790, est né à Hambourg le 16 mai 1806. Il suivit son père aux États-Unis et revint en Europe en 1818, fit ses études aux collèges de Dinant et de Mézières et vint à Paris en 1823. Il s'était de bonne heure adonné aux études artistiques en général et en particulier à l'étude de l'architecture. Attaché à la Commission des monuments historiques, il fut chargé de la restauration de nombreux monuments, parmi lesquels nous citerons les cathédrales de Senlis et de Beauvais, les abbayes de Saint-Riquier et de Saint-Wulfrand à Abbeville et plusieurs églises en Normandie. Il fut chargé par la Société des antiquaires de cette province, en 1830, de mouler la statue gothique de la reine Nautekield, œuvre exécutée pour la première fois en France. De 1832 à 1848, M. D. Ramée résida la plupart du temps en Italie et fit de nombreuses visites dans le même temps en Allemagne, en Hollande et en Angleterre. Il possède dans la perfection les principales langues de l'Europe. De retour à Paris après la révolution de Février, M. D. Ramée prit une certaine part à l'agitation politique et collabora au *Peuple* de Proudhon, auquel il a donné notamment une *Histoire du drapeau rouge*. Il avait collaboré auparavant aux *Monuments anciens et modernes* de M. Jules Gailhabaud, à la *Revue britannique*, etc., et a fourni depuis des articles au *Nouveau Journal des connaissances utiles*, ainsi qu'à diverses revues et recueils d'architecture, d'archéologie et d'art. — Il a publié notamment : les *Monuments de l'architecture, de la sculpture et de la peinture allemandes*, traduit d'Ernst Foster (1836) ; *Cours de dessin (1840)* ; *Manuel général de l'histoire de l'architecture chez tous les peuples et particulièrement en France au moyen âge* (1843, 2 vol.). ouvrage traduit en anglais et en hollandais par l'auteur même : *Introduction au Moyen âge monumental et archéologique (1843)* ; l'*Ornementation au moyen âge*, traduit de Handeloff (1846, 2 vol.) ; l'*Ornement (1848)* ; *Théologie cosmogonique (1853)* ; des *Cartes d'Orient (1855)* ; *Histoire des carrosses (1856)* ; *Action de Jésus sur le monde (1864)* ; *Sculptures décoratives. motifs d'ornementation, etc., du XII° au XVI° siècles (1864*, 2 vol. in-f°) ; le *Congrès de Vienne (1866)* ; l'*Architecture et la construction pratique mises à la portée des gens du monde (1868)* ; *Dictionnaire général des termes d'architecture, en français, en anglais, en allemand et en italien (1868)* ; la *République*, son développement dans l'*Etat et la Société (1872)* ; *Monographie du château de Heidelberg*, dessins et gravures de R. Pfnor (1873, 2° édit.) ; *Histoire de l'origine des inventions, des découvertes et des institutions humaines (1875)*, etc., etc.

RAMPONT-LECHIN, GERMAIN FRANÇOIS SÉBASTIEN, médecin et homme politique français, sénateur, né à Chablis le 29 novembre 1809, fit ses études médicales à Paris et prit une part active à la révolution de 1830. Reçu docteur en 1834, il alla s'établir dans son pays et y devint bientôt un des chefs du parti démocratique de l'Yonne. Elu représentant de ce département à la Constituante, en 1848, M. Rampont prit place sur les bancs des modérés et ne fut pas réélu à la Législative. Elu membre du Conseil général de l'Yonne en 1861, il se présenta aux élections de 1863 dans la première circonscription de ce département contre M. d'Ornano, et obtint 9,109 voix sans être élu. Plus heureux aux élections générales de 1869, il fut élu dans la même circonscription par 17,829 voix, contre M. Frémy, directeur du Crédit foncier, candidat officiel. Il siégea sur les bancs de la gauche et s'associa à tous ses votes. Depuis longtemps déjà, M. Rampont s'occupait d'agriculture. En 1868, il publia, dans le *Courrier français* de Vermorel, des articles d'économie rurale. — Nommé directeur général des postes le 4 Septembre, il organisa le service des ballons, celui des pigeons voyageurs pour le transport des dépêches pendant le siège, sans parler des tentatives, heureuses quelquefois, de communication par la Seine. Elu représentant de l'Yonne, le troisième sur sept, le 8 février 1871, il siégea à la gauche républicaine ; au lendemain du 18 mars, il transportait le service des postes à Versailles, laissant, jusqu'à la fin de mai suivant, Paris plus isolé que pendant le siège. Après le 24 mai 1873, M. Rampont-Lechin donnait sa démission de directeur des postes (12 juillet). Pendant le cours de son administration, il avait eu à négocier divers traités importants, notamment le traité postal avec l'Allemagne (1871). — Il a été élu sénateur inamovible par l'Assemblée, au sixième scrutin, le 15 décembre 1875. M. Rampont a voté l'expulsion des princes.

RAMSAY, sir ANDREW CROMBIE, géologue anglais, né en 1814, fit ses études à Glasgow, entra en 1841 au service géologique de la Grande-Bretagne, dont il devint directeur en 1845. Nommé professeur au Collège de l'université de Londres en 1848 et chargé d'un cours à l'Ecole royale des mines en 1851, il a présidé la Société géologique en 1862 et 1863, et fait partie de la Société royale depuis 1849. Les travaux scientifiques de M. Ramsay lui ont valu de nombreuses médailles et récompenses universitaires, notamment la médaille d'or de Wollaston que lui a décernée, en 1871, la Société géographique de Londres. Il a été créé chevalier de l'ordre des SS. Maurice et Lazare d'Italie en 1862. Nommé, en 1872, directeur général du Service géologique de la Grande-Bretagne et du Musée de géologie pratique, il était élu membre associé de l'Académie royale des sciences de Belgique en 1873. Lorsqu'il prit sa retraite, en 1881, il fut créé chevalier. — On cite de ce savant : la *Géologie d'Arran (1850)* ; *Géologie de la Galles du Nord (1858)* ; les *Anciens glaciers du nord de la principauté de Galles et de la Suisse (1860)* ; *Géologie et géographie physique de la Grande-Bretagne (1878)* ; de nombreux rapports, mémoires, etc.

RAMUS, JOSEPH MARIUS, sculpteur français, né à Aix-en-Provence le 19 juin 1805. Il commença ses études artistiques à l'académie de sa ville natale, où il remporta tous les prix, vint ensuite à Paris, en 1822, fut élève de Cortot, suivit les cours de l'école des Beaux-Arts et remporta le second grand prix de Rome en 1830. Une mission du gouvernement lui permit de visiter l'Italie, où il fut chargé de mouler, pour le palais des Beaux-Arts, les chefs-d'œuvre de la sculpture au XV° siècle et à l'époque de la Renaissance. M. Ramus débuta au Salon de 1831. — On cite principalement de cet artiste : le *Comte de Forbin*, buste ; *La Fontaine*, *Séquier*, statues ; *Tourville*, *Tournefort*, bustes ; *Portalis*, statue, pour la Chambre des pairs ; *Anne d'Autriche*, statue, au jardin du Luxembourg ; *Daphnis et Chloé*, *Céphale et Procris*, l'*Innocence*, les *Arts*, la *Bienfaisance*, *Première pensée* ; *Portalis*, *Siméon*, statues pour la ville d'Aix ; *Vauvenargues*, buste pour la bibliothèque de la même ville ; *Gassendi*, statue en bronze, pour Digne ; *Belzunce*, *Puget*, statues, pour Marseille ; *Mgr Sibour*, statuette ; *Philippe de Champaigne*, statue ; *Carbonel*, buste ; le *Monument d'Adam de Crapponne*, à Salon (Bouches-du-Rhône) ; *Saint Jean-Baptiste*, statue (1831-53) ; les *Marguerites*, groupe, marbre, le *Docteur Hayer*, buste (1857) ; *David combattant Goliath*, statue (1859), reparue à l'Exposition universelle de 1867 ; *Didon*, statue ; *Mgr de Mazenod*, buste et saint Jean, *Bacchus enfant tourmenté par une nymphe*, etc. (1861) ; les *Enfants au lézard*, groupe ; *Judith*, statue en marbre (1866) ; *Saint Michel et Saint Gabriel*, pour l'église Saint-Eustache (1868) ; *Faucheur au repos*, statue en plâtre ; la *Pêche*, groupe en plâtre (1873) ; *M. Darblay aîné*, buste en marbre (1874) ; la *Déception*, statue en marbre (1875) ; *Portraits des enfants de M. M....*, statuettes en terre cuite (1876) ; *Portraits de M*^{lle} *Lucie Renard et de M. E. Renard*, bustes en marbre (1883) ; *Portrait de Pierre Ramus*, buste en marbre (1884) ; *Portrait de l'auteur*, buste en marbre (1885) ; les *Dénicheurs*, groupe en plâtre (1886) ; de nombreux bustes anonymes en marbre, terre cuite, plâtre, etc. — M. Ramus a obtenu une médaille de 2° classe en 1831 et une de 1re classe en 1839. Il est chevalier de la Légion d'honneur depuis 1852.

RANC, ARTHUR, publiciste et homme politique français, né à Poitiers le 20 décembre 1831, fit ses études au lycée de sa ville natale et son droit à Paris. Mêlé de bonne heure aux manifestations de l'opposition démocratique et suspect en conséquence, il fut impliqué dans le fameux complot de l'Opéra-Comique (1853) et déporté en Algérie d'où, ayant réussi à s'échapper, il passa en Espagne. Rentré en France après l'amnistie de 1859, M. Ranc se fit d'abord correcteur d'épreuves typographiques, puis collabora successivement au *Courrier du dimanche*, au *Journal de Paris*, au *Nain jaune*, au *Réveil*, à la *Cloche*, au *Diable-à-quatre*, au *La Marseillaise*, et fournit des articles à l'*Encyclopédie générale*. Il eut, pendant cette période, à subir plusieurs condamnations pour délits de presse. — Nommé maire du IX° arrondissement de Paris le 4 Septembre, il quittait Paris en ballon, chargé d'une mission à Bordeaux, le 14 octobre suivant. Nommé, quelques jours plus tard, directeur de la sûreté générale au ministère de l'intérieur, il organisa un service de renseignements militaires et de contre-espionnage qui paraît avoir très utilement fonctionné. Il donna sa démission au commencement de février et fut élu, le 8, représentant de la Seine à l'Assemblée nationale, la dix-septième sur quarante-trois. Il prit place à l'extrême-gauche et résigna son mandat après le vote des préliminaires de paix. Le 26 mars, il était élu membre de la Commune de Paris pour le IX° arrondissement. Après avoir tenté, sans succès, d'amener une entente entre les maires de Paris et les pouvoirs insurrectionnels, il répondit par sa démission à la publication du décret relatif aux otages (6 avril) et se tint désormais à l'écart. Le 30 juillet suivant, il était élu membre du Conseil municipal de Paris, pour le quartier Sainte-Marguerite (XI° arrondissement). Appelé à déposer devant la commission d'enquête sur les actes du gouvernement du 4 Septembre, il soutint, avec énergie, la politique de résistance à outrance et eut à peine à se disculper de l'accusation ridicule d'avoir préparé des listes de proscription. Il protesta, en outre, contre les allégations de la commission d'enquête sur le 18 mars (1872). Cependant, bien que membre de la Commune, ne fût-ce que quelques jours, M. Ranc n'avait été poursuivi. Jugeant qu'il y avait à cette exception une flagrante injustice,

M. Édgar Raoul Duval interrogeait à ce sujet M. le ministre de la guerre, dans la séance du 16 août 1871. Le ministre avait répondu que « la justice suivrait son cours », et il était visible qu'elle le suivait en effet, bien qu'elle ne s'en prît pas à celui que M. Raoul Duval s'acharnait à désigner à ses coups. En conséquence, l'honorable représentant déposait, le 20 septembre suivant, une demande d'interpellation sur le même sujet, laquelle n'eut pas de résultat plus décisif que la « question ». Dix-huit mois se passèrent, et le cas de M. Ranc paraissait oublié, lorsque l'ancien membre de la Commune de Paris, élu représentant du Rhône le 11 mai 1873, prit siège à l'Assemblée. Quelques jours plus tard, comme on sait, M. Thiers quittait le pouvoir; un gouvernement de combat succédait à tous les gouvernements de conciliation qui s'étaient jusque-là succédé dans les meilleures intentions du monde. Le 13 juin, l'Assemblée était saisie, par une lettre de M. le capitaine Grimal, alors rapporteur près des conseils de guerre, d'une demande en autorisation de poursuites contre l'un de ses membres, M. Ranc. Le 20, sur les conclusions de M. Numa Baragnon, rapporteur de la commission chargée d'examiner cette demande, l'autorisation était accordée; et le 13 octobre suivant, M. Ranc, en fuite, était condamné à mort par le 3ᵉ conseil de guerre, malgré la lettre publiée dans la *République française* peu auparavant, le justifiant complètement de toute accusation. Il avait eu, en outre, un duel avec M. Paul de Cassagnac sur la frontière du Luxembourg, le 7 juillet precedent, dans lequel les deux adversaires avaient été blesses. Rentré en France après l'amnistie de 1879, M. Ranc refusa d'abord toute candidature et rentra à la *République française*. Mais il se présenta aux élections de 1881 dans le IXᵉ arrondissement de Paris, fut élu au scrutin du 4 septembre et prit place à l'extrême-gauche. Porté sur la liste de l'Alliance républicaine du département de la Seine, aux élections d'octobre 1885, il ne fut pas élu.

On a de M. Ranc : le *Bilan de l'année 1868*, avec MM. Francisque Sarcey, Paschal Grousset et Castagnary (1868); *Histoire de la conspiration de Babœuf*, par Buonarotti, annotée et précédée d'une préface (1869); le *Roman du conspiration*, publié d'abord en feuilletons dans le *Temps (1870)*; *Sous l'Empire*, publié dans la *République française*, dont il a été l'un des rédacteurs fondateurs (1872); *De Bordeaux à Versailles (1877)*, etc.

RANSON, Louis Casimir, homme politique français, négociant, né à Limoges le 19 novembre 1828. Conseiller municipal, ancien maire de Limoges, M. Ranson a été élu, le 18 octobre 1885, député de la Haute-Vienne sur la liste radicale. Il a voté l'expulsion totale des princes.

RASPAIL, Benjamin François, homme politique français, fils de l'illustre chimiste, philanthrope et homme politique français François-Vincent Raspail, mort le 7 janvier 1878, est né à Paris le 16 août 1823. Il étudia d'abord la peinture et la gravure, et fut exposé en Angleterre et en Belgique, pendant son exil; il étudia également les sciences, sous la direction de son père, dont il devint le collaborateur. Élu représentant du Rhône à l'Assemblée législative en 1849, il siégea dans les rangs des socialistes, et fut expulsé de France après le coup d'État. Il se réfugia en Belgique, où son père alla le rejoindre après sa sortie de prison, et ne rentra qu'avec lui en France, en 1864. En 1873 seulement, M. Benjamin Raspail reparut sur la scène politique. Il fut élu, à cette époque, membre du Conseil général de la Seine, en remplacement de M. Pompée, par les électeurs du canton de Villejuif. Réélu sans concurrent en novembre 1874, les électeurs de Lyon, de Marseille et de Sceaux lui offraient la candidature à la députation aux élections du 20 février 1876; il accepta l'offre de ces derniers et fut élu par 7,273 voix contre 4,808 partagées entre ses deux concurrents, républicains de nuance modérée. M. B. Raspail siégea à l'extrême-gauche, signa la demande d'amnistie plénière déposée par son père et s'associa constamment aux actes du groupe parlementaire auquel il appartient. Il est notamment l'auteur d'une proposition de loi tendant à exercer des poursuites contre certains officiers de l'armée, pour faits relatifs à la répression sanglante de l'insurrection du 18 mars, proposition bien intempestive, en vérité. Réélu le 14 octobre 1877 et le 21 août 1881 dans le même collège, il a été élu, au scrutin de ballottage des élections d'octobre 1885, député de la Seine sur la liste radicale, et a voté l'expulsion totale des princes. — M. Benjamin Raspail a publié quelques brochures de circonstance, notamment : *Observations sur les traitements de nos ambassadeurs et sur l'assistance judiciaire*, et une *Première campagne contre l'administration de l'assistance publique (1875)*.

RASPAIL, Camille, médecin et homme politique français, frère du précédent, est né à Paris en 1827, y fit ses études et prit le grade de docteur en médecine. Il avait auparavant accueilli avec transport la révolution de février, fait partie de divers clubs républicains avancés et collaboré à l'*Ami du peuple*, journal de son illustre père. Reçu docteur, il organisa des consultations gratuites, qu'il n'a du reste pas cessé de donner depuis, fit des conférences sur l'hygiène des ouvriers, etc. Après le siège de Paris, où M. C. Raspail avait prodigué ses soins dans les ambulances, outre les services qu'il avait pu rendre comme officier supérieur de l'artillerie de la garde nationale et chef de l'artillerie des forts du Sud, la croix de la Légion d'honneur lui fut offerte, mais il la refusa. — Porté, aux élections d'octobre 1885, sur la liste radicale du Var, M. Camille Raspail a été élu député de ce département. Il a pris place à l'extrême-gauche et voté l'expulsion totale des princes. — On lui doit une nouvelle édition de l'ouvrage publié par son père en 1843, sur le *Choléra et son traitement basé sur la théorie parasitaire*, augmenté d'une préface, notes et documents (1884) et un ouvrage original : *Notice théorique et pratique sur les appareils orthopédiques de la méthode Raspail (1882)*, outre sa collaboration au *Manuel annuaire de la santé*.

RASSAM, Hormuzd, archéologue et voyageur assyrien, né à Mossoul, en Mésopotamie, en 1826, descendrait d'une vieille famille chaldéenne comptant parmi ses ancêtres des premiers adeptes du christianisme. Lorsque M. Layard (voyez ce nom) se rendit sur l'emplacement de l'ancienne Ninive, dans le but d'y exécuter des fouilles, il fit la connaissance du jeune Hormuzd, lequel parlait couramment l'anglais pour l'avoir appris de la femme de son frère, sœur de l'orientaliste George Percy Badger. A son retour en Angleterre, il y emmena le jeune homme, et il venait à peine d'entrer à l'université d'Oxford, lorsque M. Layard, nommé au Musée britannique d'aller reprendre ses travaux dans les ruines ninivites, l'emmena de nouveau. Enfin, après un troisième retour en Angleterre, en 1851, M. Layard ayant refusé de reprendre la route du Tigre, ce fut M. Rassam qui fut chargé par les directeurs du British museum d'aller poursuivre les recherches archéologiques qui avaient donné déjà de si beaux résultats. Il s'en tira le mieux du monde et, parmi de nombreux spécimens de l'art assyrien, on lui doit une magnifique série de sculptures représentant une chasse au lion, exposée au Musée britannique. De retour en 1854, M. Rassam fut attaché en qualité d'interprète à l'état-major du résident politique anglais à Aden, sir William Coghlan, qui le nomma bientôt resident politique-adjoint. En 1864, il reçut la mission de se rendre auprès de Théodoros, roi d'Abyssinie, porteur d'un message de la reine Victoria, afin d'obtenir la remise en liberté du consul Cameron et des autres prisonniers européens du négous. Il partit aussitôt pour Massonah, où il attendit plus d'un an l'occasion d'approcher le trop fameux souverain. Il y parvint enfin, mais ce fut pour voir combien était peu fondée sa confiance dans le succès de sa mission : Théodoros le fit arrêter et il demeura dans les fers jusque 8 mars 1868. On sait ce qu'il advint alors et comment sir R. Napier, à la tête de l'expédition anglaise, battit Théodoros et délivra ses prisonniers. M. H. Rassam a été élu membre de la Société royale géographique en 1868. Il a publié une relation très intéressante de sa mission en Abyssinie sous ce titre : *Narratives of the British mission to Theodore, king of Abyssinia, with notices of the country traversed from Massowa through the Soudan, the Amhara, and back to Annesley Bay from Mágdala* (Londres, 1869, 2 vol.). En 1876, il fut choisi par les administrateurs du Musée britannique pour diriger de nouvelles explorations en Assyrie, sous la garantie d'un firman du sultan, obtenu par l'influence de sir Henry Layard, ambassadeur d'Angleterre à Constantinople. Depuis cette époque jusqu'en 1882, M. Rassam n'a pas cessé de diriger des recherches archéologiques en Assyrie, en Arménie, en Babylonie, et d'enrichir le Musée britannique de ses découvertes. Pendant la dernière guerre turco-russe, il reçut du Foreign office une mission spéciale en Asie-Mineure, pour s'assurer de l'exactitude des plaintes formulées par certaines communautés chrétiennes, relatives à de mauvais traitements qu'ils auraient eu à subir de leurs compatriotes musulmans.

RATHIER, Jules, homme politique français, né à Chablis le 7 septembre 1827, fils d'un représentant du peuple de 1848. Grand propriétaire-viticulteur, conseiller général de l'Yonne, M. J. Rathier fut élu représentant de ce département à l'Assemblée nationale, le 8 février 1871; il siégea à gauche, vota contre les préliminaires de paix et s'abstint lors du vote des lois constitutionnelles. Le 20 février 1876, il échouait dans l'arrondissement de Tonnerre, d'un faible écart, contre son concurrent bonapartiste; mais le 14 octobre 1877, il triomphait aisément du même adversaire et était réélu sans concurrent le 21 août 1881. Porté sur la liste républicaine de l'Yonne, aux élections d'octobre 1885, M. Rathier a été le seul candidat élu au premier tour dans ce département. Il a voté l'expulsion des princes.

RATISBONNE, Louis Gustave Ferdinand, littérateur français, né à Strasbourg le 29 juillet 1827, fit ses études à Paris. Entré vers 1853 au *Journal des Débats*, il a quitté depuis quelques années ce journal et a donné des articles à l'*Événement* et à quelques autres feuilles. Il a également collaboré au *Magasin d'éducation et de récréation*, à la *Revue contemporaine*, à la *Revue des Deux-Mondes*, etc., et est l'auteur du texte de toute une série d'albums destinés à l'enfance, connus sous le nom d'*Albums Trim*. M. Ratisbonne a publié: la *Divine comédie*, traduite de Dante, en vers français (1852-59, 6 vol.), dont les diverses parties ont été successivement couronnées par l'Académie française; *Henri Heine, Impressions littéraires (1855)*; *Au printemps de la vie*, poésies (1857); la *Comédie enfantine*, fables morales, couronnées par l'Académie (1860); *Morts et vivants*, nouvelles impressions littéraires (même année); *Dernières scènes de la Comédie enfantine (1862)*; les *Figures jeunes*, poésies (1865); *Auteurs et livres*, les *Petits hommes (1868)*; les *Petites femmes (1871)*, etc. — Il a fait, en outre, représenter au Théâtre-Français, en 1859, un drame antique en un acte, en vers: *Héro et Léandre*; et publié, comme exécuteur testamentaire d'Alfred de Vigny: les *Destinées*, poèmes philosophiques (1864) et le *Journal d'un poète (1867)*, d'après les notes de cet écrivain.

RATTAZZI (dame), princesse Marie Studolmine Bonaparte-Wyse, dame de Solms (puis), femme de lettres française, petite-fille de Lucien et fille de la princesse Lœtitia Bonaparte et du ministre anglais à Athènes, Thomas Wyse, est née à Londres vers 1830 et a fait ses études à la maison de la Légion d'honneur de Saint-Denis. Mariée en 1850 à Frédéric de Solms, riche Alsacien, qui ne jugea pas à la suivre lorsque, grâce à ses relations avec les membres les plus compromis du parti démocratique, elle fut expulsée de France en 1852 par son parent, devenu empereur. Elle vécut principalement, de 1853 à 1860, à Nice et à Aix-les-Bains, dans la société des littérateurs et des artistes ses compatriotes, exilés comme elle ou non, en relations d'amitié avec Ponsard aussi bien qu'avec Eugène Sue, Victor Hugo, Lamennais et Béranger. Elle fonda à Aix un journal littéraire: les *Matinées d'Aix*, et fit représenter sur son théâtre du Chalet de petites pièces de sa composition, dans lesquelles elle remplissait le rôle principal. Rentrée à Paris en 1860, elle collabora par des causeries et autres « variétés » au *Pays*, au *Constitutionnel*, au *Turf*, etc. Devenue veuve depuis plusieurs années, elle épousait, en 1862, Urbain Rattazzi, président du conseil des ministres d'Italie, et, le siège du gouvernement se trouvant alors à Florence, elle se fixa dans cette ville et y fonda le *Courrier de Florence* et les *Matinées italiennes*, auxquels elle collabora avec l'activité qui la distingue, abordant successivement les sujets les plus variés et n'employant pas un moins grande variété de pseudonymes. — Parmi les nombreux ouvrages publiés à part par Mme Rattazzi, nous pouvons citer: la *Dupinade* et les *Chants de l'exilée*, petits poèmes dédiés à Victor Hugo (Genève, 1859); *Mademoiselle Million (1862)*; les *Soirées d'Aix-les-Bains*, les *Rives de l'Arno*, poésies; le *Piège aux roués*, roman (1865); les *Mariages de la créole* (2 vol.), les *Débuts de la forgeronne*, la *Mexicaine (1866)*; *Bicheville*, le *Chemin du paradis (1867)*; *Louise de Kelner*; le *Rêve d'une ambitieuse (1868)*; *Florence, portraits, chroniques et confidences*; *Nice la belle*, *Monaco (1870)*; *Cara patria*, poésies (1874); l'*Ombre de la mort*, poésies (1875); le *Portugal à vol d'oiseau*, lettres humoristiques (1883), etc.; plus quantité de proverbes, comédies, etc., joués au théâtre du Chalet, à Aix, au théâtre de Nice, ou simplement entre deux paravents. — Les *Papiers des Tuileries* nous apprennent que Mme Rattazzi recevait sur la cassette impériale une subvention annuelle, au moins en 1868, date de l'état publié dans ce recueil, de 24,000 fr. Depuis la mort de son second mari (5 juin 1873), Mme Rattazzi a de nouveau fixé sa résidence à Paris.

RAULINE, Gustave Paul, agriculteur et homme politique français, maire de Saint-Lô, est né à Feugères (Manche) le 1er juin 1822. Élu, le 20 février 1876, député de Saint-Lô, il siégea au groupe de l'Appel au peuple. Il a été réélu le 14 octobre 1877 et le 21 août 1881. Le 4 octobre 1885, M. Rauline était élu député de la Manche en tête de la liste monarchiste triomphante. Il est membre du Conseil général de ce département, où il représente le canton de Marigny.

RAVAISSON-MOLLIEN, Jean Gaspard Félix, philosophe et littérateur français, né à Namur le 23 octobre 1813, fit ses études au collège Rollin et se fit recevoir agrégé de philosophie en 1836, et docteur ès-lettres en 1838; professeur à la faculté des lettres de Rennes en 1838, il fut choisi en 1840 par M. de Salvandy, ministre de l'instruction publique, comme chef de son cabinet. Il suivit peu après son chef dans la retraite et fut nommé inspecteur général des bibliothèques publiques, fonctions qu'il conserva jusqu'en 1853. Nommé à cette époque inspecteur-général de l'enseignement supérieur, M. Ravaisson entra au Conseil de l'instruction publique. Il est conservateur honoraire des antiquités du Louvre et membre du Conseil supérieur des Beaux-Arts; élu membre de l'Académie des inscriptions et belles-lettres en remplacement de Letronne, en 1849, il en a été vice-président en 1876 et président en 1877; il a été élu en outre membre de l'Académie des sciences morales et politiques, section de philosophie, et est membre de la Commission des inscriptions et médailles de l'Institut. M. Ravaisson est commandeur de la Légion d'honneur. On a de lui: *Essai sur la Métaphysique d'Aristote (1837-46, 2 vol.)*, couronné par l'Académie des sciences morales et politiques; *De l'habitude*, thèse de doctorat (1838); une édition revue du *Catalogue général des bibliothèques publiques*. *De Libri* (1849); la *Philosophie en France au XIXe siècle (1868*, nouvelle édition 1885); la *Vénus de Milo (1871)*; le *Monument de Myrrhine et les inscriptions funéraires des Grecs (1876)*, etc.

RAVIGNAN (baron de). Marie Raymond Gustave de La Croix, homme politique français, né à Bordeaux le 29 janvier 1829. Riche propriétaire et membre du Conseil général des Landes, ancien maître des requêtes au Conseil d'État sous l'Empire, M. le baron de Ravignan fut élu sénateur des Landes le 30 janvier 1876 et réélu au renouvellement du 5 janvier 1879. Il siège à la droite monarchiste, au groupe de l'Appel au peuple. — Il est chevalier de la Légion d'honneur.

RAWLINSON, sir Henry Creswicke, orientaliste et explorateur anglais, né à Chadlington en 1810, fit ses études à l'école d'Ealing, puis entra dans l'armée de Bombay, où il servit de 1827 à 1833. En novembre de cette dernière année, il prit du service en Perse, où il eut divers commandements importants et travailla activement à la réorganisation de l'armée jusqu'en décembre 1839. A cette époque, il y eut rupture entre l'Angleterre et la Perse, et les officiers anglais employés dans ce pays durent aussitôt la quitter. M. Rawlinson partit pour l'Afghanistan par le Scinde, ayant pour mission de se rendre à Khiva à la rencontre de Perowsky. Les services qu'il rendit dans cette occasion furent l'objet d'un rapport du général Nott. Il rentra ensuite aux Indes avec l'armée, par Caboul et le Punjaub, et fut renvoyé dans le pays en 1843, mais comme agent politique du gouvernement britannique dans l'Arabie turque. Nommé consul à Bagdad en mars 1844, il fut promu au rang de lieutenant-colonel en Turquie en 1850 et fait consul-général en 1851. Ayant résigné ces dernières fonctions en 1855, il fut nommé directeur de la compagnie des Indes-Orientales et chevalier-commandeur de l'ordre du Bain en 1856. Il fut membre du conseil des Indes de septembre 1858 à avril 1859, ayant été nommé à cette date envoyé extraordinaire à la cour de Téhéran, avec rang local de major-général. Membre de la Chambre des communes pour Reigate, de 1858 à 1865, il y a représenté le bourg de Frome de 1865 à 1868, se tint à l'écart aux élections générales de cette dernière année et rentra au conseil des Indes. — Créé chevalier en 1866, sir Henry Rawlinson avait dès lors acquis une grande notoriété comme auteur de nombreux mémoires sur les antiquités de l'Orient et l'interprétation des inscriptions cunéiformes. Membre des Sociétés asiatique et géographique et de la Société royale de Londres, il est correspondant de l'Institut de France (Académie des inscriptions et belles-lettres) depuis 1875 et a été élu membre étranger de l'Académie des sciences de Vienne, en remplacement de Ch. Darwin, le 25 mai 1882.

La plupart des mémoires écrits par sir Henry Rawlinson sur l'archéologie, la géographie ou l'ethnographie de l'Orient sont dispersés dans les recueils spéciaux des sociétés dont il fait partie; on cite toutefois de ce savant un important ouvrage intitulé: *l'Angleterre et la Russie en Orient, études sur l'état politique et géographique de l'Asie centrale* (England and Russia in the East: a series of papers on the political and geographical condition of Central-Asia, 1875). Sir Henry Rawlinson a été élu l'un des administrateurs du Musée britannique en mars 1878, et a fait partie, la même année, de la commission royale de la Grande-Bretagne et de l'Irlande à l'Exposition universelle de Paris. Il est décoré de l'ordre du Mérite de Prusse.

RAWLINSON, GEORGE, historien et théologien anglais, frère du précédent, né à Chadlington en 1816, acheva d'une manière brillante au collège de la Trinité, à Oxford, ses études commencées à Swansea et à l'école d'Ealing, devint successivement répétiteur et professeur à son collège, examinateur public et enfin professeur d'histoire ancienne à l'université en 1861. De 1859 à 1870, il a été en outre examinateur d'humanités au Conseil d'éducation militaire. Le rev. George Rawlinson a été nommé chanoine de Canterbury en septembre 1872. — On a de lui : l'*Histoire d'Hérodote*, nouvelle traduction anglaise, accompagnée de nombreuses notes, avec sir H. Rawlinson et sir G. Wilkinson (1858-60, 4 vol.); les *Preuves historiques de la vérité des Ecritures (1860)*; les *Contrastes du christianisme avec les systèmes païen et juif (1861)*; les *Cinq grandes monarchies du monde oriental ancien (1862-64-65, 3 vol.)*; *Manuel d'histoire ancienne (1869)*; la *Sixième grande monarchie orientale, ou géographie, histoire et antiquités de Parthe (1873)*; la *Septième grande monarchie orientale, ou histoire des Sassanides (1876)*; *Histoire de l'Égypte ancienne (1881, 2 vol.)* et divers autres ouvrages moins importants, brochures de controverse théologique, etc. Il a aussi collaboré au *Dictionnaire de la Bible*, du Dr Smith et à plusieurs revues ou magazines.

RAYNAL, DAVID, homme politique français, né à Paris le 26 février 1840, de parents israélites établis à Bordeaux. Il se présenta pour la première fois, comme candidat républicain dans la première circonscription de Bordeaux, à l'élection complémentaire nécessitée par l'option de Gambetta pour Paris, et échoua; il se présenta de nouveau, le 6 avril 1879, dans la 3e circonscription, pour le remplacement de M. Dupouy, passé au Sénat, et cette fois fut élu sans concurrent. Il s'inscrivit à la gauche républicaine, et fut nommé sous-secrétaire d'État aux travaux publics. Réélu député le 21 août 1881 dans les mêmes conditions, il fit partie du cabinet Gambetta comme ministre des travaux publics, du 14 novembre 1881 au 26 janvier 1882, et reprit le même portefeuille dans le cabinet Jules Ferry, du 21 février 1883 au 29 mars 1885. Aux élections d'octobre suivant, M. Raynal était élu député de la Gironde au scrutin du 18. Il a voté l'expulsion des princes.

RAZIMBAUD, JULES ANTOINE LOUIS BARTHÉLEMY, homme politique français, né à Ginestas (Aude) le 24 août 1837, d'une famille d'agriculteurs. Reçu licencié en droit en 1858, il s'établit cinq ans après notaire à Saint-Chinian, se retira en 1880 et s'occupa de viticulture. Bien qu'il s'était beaucoup occupé de politique dans les dernières années de l'Empire, et, conseiller municipal de Saint-Chinian depuis 1865, devenait maire de cette ville en 1872 et membre du Conseil général de l'Hérault en 1874. M. Razimbaud a été élu député de ce département le 4 octobre 1885, sur la liste radicale. Il a voté l'expulsion des princes.

RÉCIPON, ÉMILE, homme politique français, né au Puy-en-Velay le 18 octobre. Grand propriétaire dans la Loire-Inférieure, il se présenta sans succès aux élections de 1876 et de 1877 dans l'arrondissement de Châteaubriant; mais après l'annulation de l'élection du duc Decazes dans l'arrondissement de Puget-Théniers, il transporta sa candidature dans les Alpes-Maritimes, y fut élu député le 5 février 1878, prit place au groupe de l'Union républicaine. Réélu le 21 août 1881, M. Récipon se présentait dans l'Ille-et-Vilaine aux élections du 4 octobre 1885, et était élu le second de la liste républicaine. Il a voté contre l'expulsion des princes.

RECLUS, JEAN JACQUES ELISÉE, géographe français, fils d'un ministre protestant, est né à Sainte-Foy-la-Grande le 15 mars 1830. Elève dans la Prusse rhénane, il fit ses études à la faculté protestante de Montauban, puis à l'université de Berlin. Rentré en France, il dut s'en éloigner de nouveau après le coup d'État de décembre 1851. Il parcourut dès lors la Grande-Bretagne, l'Irlande et les deux Amériques. Après un séjour de plusieurs années dans la Nouvelle-Grenade, il revint à Paris et publia dans divers recueils périodiques, notamment à la *Revue des Deux-Mondes* et au *Tour du Monde*, des notes de voyages et des études géographiques sur les contrées qu'il avait visitées. Élu membre de la Société de géographie de Paris, M. Elisée Reclus prit une grande part aux travaux de cette société. Pendant le siège de Paris, M. Reclus entra, comme simple garde, dans les compagnies de marche de la garde nationale, puis il fit partie de la compagnie d'aérostiers dirigée par M. Nadar. Resté dans la garde nationale après le 18 mars 1871, il y continua son service s us la Commune et fut envoyé en reconnaissance, le 5 avril, sur le plateau de Châtillon, où il fut fait prisonnier et conduit à Versailles. Après avoir été longtemps tenu au secret, il était traduit devant le 7e conseil de guerre séant à Saint-Germain et, en présence des témoignages exclusivement favorables produits à l'audience, était condamné à la déportation simple, le 16 novembre 1871. Le monde savant s'émut pourtant de cette condamnation que l'admission des circonstances atténuantes avait seule permis de ne pas prononcer plus sévère. Des démarches furent faites, principalement par les savants les plus considérables de l'Angleterre, auprès du président de la République; elles finirent par être couronnées de succès et la peine commuée en celle du bannissement par décret du 4 janvier 1872, M. Elisée Reclus se retira à Lugano (Suisse) avec sa famille. Compris dans l'amnistie de 1879, il n'en a guère profité jusqu'ici. Enfin M. Reclus a de nouveau attiré l'attention sur lui, par une manifestation assez imprévue, en 1882 : comme protestation contre les entraves qu'apportent à la liberté individuelle les dispositions de la loi relatives au mariage, il unit lui-même ses deux filles aux époux de leur choix sans aucune cérémonie, même civile, et sans l'intervention de la plus insignifiante formalité légale. — On a de ce savant écrivain : *Guide du voyageur à Londres et aux environs (1859)*; *Voyage à la Sierra Nevada de Sainte-Marthe (1861)*; les *Villes d'hiver de la Méditerranée et les Alpes maritimes (1864)*; une importante *Introduction au Dictionnaire des communes de France* de M. A. Joanne (même année); *Histoire d'un ruisseau (1866)*; la *Terre, description des phénomènes du globe (1867-68, 2 vol. gr. in-8°)*; *Histoire d'une montagne*, parue d'abord dans la *Science illustrée (1875-76)*; *Nouvelle géographie universelle (1875-86, tomes I à X)*, etc.

REDGRAVE, RICHARD, peintre anglais, né à Pimlico (Londres) le 30 avril 1804, est fils d'un manufacturier et passa les premières années de sa vie dans la maison de son père, à la prospérité de laquelle ses dessins ne furent pas étrangers. Il entra à l'Académie royale des arts en 1826, mais fut forcé peu après, par des revers de fortune, de se créer des ressources par l'enseignement, sans cesser ses études. Deux fois il prit part, mais sans succès, aux concours de l'Académie. Une toile exposée à l'Institution britannique en 1837 : *Gulliver à la table du fermier*, dont on lui acheta le droit de reproduction par la gravure, fut son premier succès. L'année suivante, il exposait à l'Académie royale : *Ellen Oxford*, tableau de genre inspiré de Crabbe, refusé à l'Institution britannique et qui trouva acquéreur à l'Académie; lequel fut suivi de *Quintin Moetsys, Retour d'Olivia chez ses parents (1839)*; la *Fille du gentilhomme ruiné*, dont le succès lui valut de nombreuses commandes, le titre d'associé de l'Académie et lui permit d'abandonner l'enseignement; *le Fondateur du château (1841)*; le *Pauvre instituteur (1843)*; la *Couturière*, le *Départ de la noce (1844)*; la *Gouvernante (1845)*; le *Dimanche matin*, le *Ruisselet (1846)*; l'*Heureux mouton*, la *Remise des poules d'eau*, les *Esclaves de la noce (1847)*; les *Cousins de province (1848)*; la *Mare solitaire (1849)*; les *Bois d'Evelyn*, les *Ajustements de Griselda (1850)*; la *Fuite en Egypte*, le *Cabinet du poète (1851)*; le *Miroir de la forêt (1852)*; l'*Entrée du bois*, les *Ruines du manoir (1855)*; *Sermon prêché à des pierres*, les *Gardes effrayés*, *Eaux tranquilles (1874)*; *Préparatifs pour un jour de fête*, la *Destruction de la forêt*, la *Mare du moulin (1875)*; le *Rappel du troupeau*, *Au marché*, le *Chêne du moulin (1876)*; *Déserté*, le *Remède sous la main*, une *Source dans la forêt (1877)*; *L'héritier grandit*; *Friday Street*, *Wotton (1878)*, etc. M. Redgrave a été élu membre titulaire de l'Académie royale des arts en 1851. Il fut nommé inspecteur général des Beaux-Arts et chargé avec M. H. Cole de l'organisation du Musée de l'art ornemental au palais de Marlborough, devenu, sous la direction de ces messieurs, le musée des arts de South-Kensington. Membre du jury de la section des Beaux-Arts à l'Exposition universelle de 1851 à Londres et à celle de 1855 à Paris, M. Redgrave fut chargé, à celle de 1862, de réunir et de cataloguer des spécimens remarquables des tableaux des peintres anglais des cent dernières années, depuis Hogarth jusqu'au jour actuel. Ce travail lui inspira l'idée d'un livre très intéressant sur l'art de la peinture dans le cours d'un siècle, qu'il écrivit et publia, avec le concours de son frère, M. S. Redgrave, sous ce titre : *A Century of Painters (1866)*. Il s'est activement occupé depuis de la réunion d'une collection historique d'aquarelles nationales au Musée de Kensington. — M. R. Redgrave a pris part comme exposant aux Expositions universelles de Paris, de 1855 à 1867. Il a été créé chevalier de la Légion d'honneur en 1855. En 1880, il résignait toutes ses fonctions officielles.

REILLE (baron), RENÉ CHARLES FRANÇOIS, homme politique français, né à Paris le 4 février 1835, est fils du maréchal comte Reille, sénateur de l'Empire, et petit-fils par sa mère du maréchal Masséna : il a épousé en 1860 une fille du maréchal Soult. Entré à l'école de Saint-Cyr en 1852, avec le numéro 1, il en sortit dans l'état-major, également avec le numéro 1, en 1854, fut nommé lieutenant en 1856 et capitaine en 1858. Il fit en cette qualité la campagne d'Italie et fut, au retour, attaché à l'état-major du ministre de la guerre, maréchal Randon, position qu'il continua d'occuper sous le successeur de celui-ci au ministère, maréchal Niel, jusqu'en 1860, époque de sa mort. Au début de la guerre, M. le baron Reille fut placé à la tête des mobiles du Tarn, avec le rang de chef de bataillon, puis promu lieutenant-colonel, commandant le 7ᵉ régiment de cette arme et appelé à Paris. Nommé commandant supérieur de Montreuil le 23 septembre 1870, il était promu colonel en novembre suivant et placé à la tête d'une brigade de la 2ᵉ armée de Paris. Il a occupé divers autres commandements jusqu'à la fin de la guerre, et est actuellement colonel du 128ᵉ régiment de l'armée territoriale. Conseiller général du Tarn depuis 1867, M. le baron Reille fut opposé par l'administration à M. Eugène Péreire, aux élections générales de 1869, dans la 2ᵉ circonscription de ce département. Il fut élu à une majorité peu considérable, prit place au centre droit et signa l'interpellation des Cent-Seize. Réélu membre du Conseil général du Tarn par le canton de Saint-Amans-Soult en 1871 et 1874, il a été quelque temps vice-président de cette assemblée. Il a échoué aux élections de 1871 à l'Assemblée nationale. mais à celle du 20 février 1876 il a été élu député de la 2ᵉ circonscription de Castres par 11,003 voix contre 4,352. Il a pris place à droite, fut sous-secrétaire d'État au ministère de l'intérieur, sous M. de Fourtou. Réélu le 14 octobre 1877, son élection était annulée, après un minutieux examen, le 1ᵉʳ décembre 1878 ; mais il fut réélu le 2 février 1879, et de nouveau le 21 août 1881. Aux élections du 4 octobre 1885, M. le baron Reille a été élu député du Tarn, le seul des candidats monarchistes. Membre de la Société de géographie, M. le baron Reille a organisé en 1875, en qualité de commissaire général, l'Exposition internationale des sciences géographiques ouverte aux Tuileries. Il est commandeur de la Légion d'honneur depuis 1871 et décoré d'un grand nombre d'ordres étrangers.

REMOIVILLE, PAUL EUGÈNE, homme politique français, né à Pont-Sainte-Maxence en 1824. Venu à Paris à dix-huit ans, il se fit clerc d'huissier, devint en 1848 président du club fondé par ses collègues, et dès lors tenta de se faire élire représentant du peuple, mais sans le moindre succès. Il entra ensuite comme employé dans la maison Darblay, à Corbeil, et plus tard ouvrit un cabinet de contentieux spécial à la meunerie et aux industries qui s'y rattachent. Nommé maire de Villiers-sur-Marne au mois d'août 1870, plusieurs fois réélu depuis, président du Conseil d'arrondissement, M. Remoiville était élu député de l'arrondissement de Corbeil, comme radical, le 21 août 1881, contre M. Léon Renault, député sortant, centre gauche. Il a été élu député de Seine-et-Oise, le second de la liste, le 18 octobre 1885 a repris son siège à l'extrême-gauche. M. Remoiville a voté l'expulsion totale des princes.

REMUSAT (comte de), PAUL LOUIS ÉTIENNE, homme politique français, fils du comte Charles de Rémusat, ancien ministre, membre de l'Académie française, mort le 6 juin 1875, est né à Paris le 16 novembre 1831, y fit ses études classiques et son droit, puis se livra à l'étude des sciences naturelles. Collaborateur assidu de la *Revue des Deux-Mondes*, du *Journal des Débats*, où il rédigea notamment le compte rendu des travaux de l'Académie des sciences, il collabora également au *Courrier du Dimanche*, au *Journal d'agriculture de la Haute-Garonne*, au *Progrès libéral* de Toulouse, fondé par son père en 1869, etc., et publia quelques brochures d'actualité et un volume composé d'articles insérés pour la plupart dans la *Revue des Deux-Mondes*, sous ce titre : *les Sciences naturelles, leur histoire et leurs plus récents progrès (1857)*. — M. Paul de Rémusat s'est présenté sans succès aux élections générales de 1863 et 1869, dans la 2ᵉ circonscription de la Haute-Garonne, contre le marquis de Campaigno, candidat officiel. Après avoir, en qualité de secrétaire, suivi M. Thiers dans la tournée diplomatique que cet homme d'État entreprit dans le but de provoquer les sympathies des États de l'Europe en faveur de la France malheureuse, M. P. de Rémusat était élu, le deuxième sur dix, représentant de la Haute-Garonne à l'Assemblée nationale, le 8 février 1871. Il fut élu vice-président de l'Assemblée, prit siège au centre gauche, et appuya la politique républicaine. Élu député de l'arrondissement de Muret, le 20 février 1876, il échouait le 14 octobre 1877 contre le même concurrent, M. Niel, bonapartiste et candidat de l'administration ; mais cette élection avait été annulée par la Chambre, il triomphait à son tour à la nouvelle épreuve du 5 mai 1878. Le 5 janvier 1879, il était élu, le premier, sénateur de la Haute-Garonne. Il siège au centre gauche et a voté contre la loi d'expulsion des princes prétendants. — Outre l'ouvrage cité, M. Paul de Rémusat a publié un ouvrage posthume de son père : *Abélard*, drame, avec une préface (1877), et de sa grand'mère, les *Mémoires de Mᵐᵉ de Rémusat, 1802-1808 (1879)*.

RENAN, JOSEPH ERNEST, philologue et historien français, né à Tréguier le 27 février 1823. Destiné à la carrière ecclésiastique, il vint terminer ses études à Paris, au séminaire Saint-Sulpice, où se développa son goût pour l'étude des langues orientales, et apprit l'hébreu, le syriaque et l'arabe. Ses dispositions pour la prêtrise s'étant, en revanche, singulièrement amoindries, il quitta le séminaire et se livra à l'enseignement particulier, tout en poursuivant ses études philologiques. Reçu, le premier, agrégé de philosophie en 1848, il remportait la même année le prix Volney, de l'Institut, avec un mémoire sur les langues sémitiques. Chargé d'une mission littéraire en Italie en 1849, il fut attaché, en 1851, au département des manuscrits de la Bibliothèque nationale. Il a été élu membre de l'Académie des inscriptions et belles-lettres, dont il avait été plusieurs fois lauréat, en 1859, en remplacement d'Augustin Thierry. Il fut chargé en 1860 d'une mission en Syrie et en Palestine, d'où il rapporta les matériaux de sa célèbre *Vie de Jésus*. Nommé au retour professeur d'hébreu au Collège de France, sa leçon d'ouverture (février 1862) ayant été l'occasion de manifestations bruyantes, il s'était tenu éloigné de cette chaire jusque-là, lorsque la tempête soulevée par la publication de son livre força M. Duruy, ministre de l'instruction publique, à le révoquer, dissimulant d'ailleurs cette révocation en nommant M. Renan à la Bibliothèque nationale. Celui-ci, toutefois, protesta énergiquement et le décret de nomination fut rapporté le 11 juin 1864. Depuis le 4 septembre 1870, M. Ernest Renan a été nommé à la chaire de langues hébraïque, chaldaïque et syriaque au Collège de France, dont il est devenu administrateur en 1883, et maintenu dans ces fonctions pour trois années en 1886. Il avait été élu à l'Académie française, le 13 juin 1878. Le 17 août 1885, il présidait à Quimper le dîner qui terminait les fêtes celtiques célébrées dans cette ville. — Aux élections générales de 1869, M. Renan se présenta comme candidat indépendant dans la 2ᵉ circonscription de Seine-et-Marne ; il maintint sa candidature au second tour, le premier n'ayant pas donné de résultat, mais il échoua et les voix qui se portèrent sur son nom ne suffirent même pas à empêcher l'échec du candidat officiel et le triomphe final du candidat de l'opposition démocratique, M. Paul de Jouvencel. Le 30 janvier 1875, c'est un des sièges sénatoriaux des Bouches-du-Rhône qu'il briguait, mais il échoua encore, et paraît avoir renoncé à toute ambition politique ; — mais c'est à se demander comment un homme de cette valeur peut bien s'y prendre pour ne point trouver un collège électoral où réunir un nombre de voix suffisant pour l'envoyer siéger au parlement où le cœur lui en dit, lorsque tant de... gens de valeur moindre en trouvent un si aisément.

Les principaux ouvrages de M. Ernest Renan sont : *Averroes, etc. (1850)* ; *Histoire générale et systèmes comparés des langues sémitiques (1855)* ; *Études d'histoire religieuse (1857)* ; *Essais de morale et de critique*, et une traduction en prose rythmée du *Livre de Job (1859)* ; une traduction du *Cantique des cantiques (1860*, nouv. édit. 1885) ; *Lettre à mes collègues*, à propos de la suspension de son cours au Collège de France (1862) ; la *Vie de Jésus (1863)* ; *Mission de Phénicie (1864-74)* ; *Trois inscriptions phéniciennes (1864)* ; les *Apôtres (1866)*, livre autour duquel s'éleva le même tumulte bibliographique qu'avait provoqué la *Vie de Jésus* ; *Nouvelles observations d'épigraphie hébraïque* et un mémoire *Sur les inscriptions hébraïques de la synagogue de Kefr-Bereim (1867)* ; *Questions contemporaines*, *Rapport sur les progrès de la littérature orientale et sur les ouvrages relatifs à l'Orient (1868)* ; *Saint Paul*

(1870); l'*Antechrist* (1873); les *Evangiles, Dialogues et fragments philosophiques* (1876); *Spinoza*, conférence (1877); *Caliban*, suite de la *Tempête* de Shakespeare (1878); l'*Eglise chrétienne* (1879), *Conférences sur le christ anisme, Marc Aur le* (1880); le *Moyen âge*, septième et de nier volume de l'*Histoire des origines du Christianisme* (1881); *Souvenirs d'enfance et de jeunesse* (1883); la *Vie des saints*, le *Prêtre de Némi* (1885); l'*Abbesse de Jouarre*, drame en 5 actes (1886). Il a collaboré en outre, à l'*Histoire littéraire de la France*, à la *Liberté de penser*, au *Journal de l'instruction publique*, au *Journal des Débats*, à la *Revue des Deux-Mondes*, à la *Revue asiatique*, etc. — Chevalier de la Légion d'honneur depuis 1860, M. Renan, que le maréchal de Mac Mahon s'était refusé à promouvoir officier en janvier 1879, obtint ce grade en juillet 1880 et a été élevé à celui de commandeur le 9 juillet 1884.

RENARD, Léon Louis, homme politique français, ingénieur, directeur des verreries de Fresnes, administrateur des forges et hauts-fourneaux de Maubeuge, etc., est né à Valenciennes le 16 mars 1836. Il a été élu député de la 2e circonscription de Valenciennes le 20 février 1876 et a pris place au groupe de l'Appel au peuple. Réélu le 14 octobre 1877, son élection fut invalidée par la Chambre, et il échoua à la nouvelle épreuve. Il échoua également aux élections d'août-septembre 1881. A celles du 4 octobre 1885, M. Léon Renard a été élu député du Nord, le second de la liste monarchiste.

RENAULT, Léon Charles, homme politique français, fils d'un ancien directeur de l'école d'Alfort, membre de l'Académie de médecine, mort victime de son dévouement à la science, à Bologne, en mai 1863, est né à Maisons-Alfort le 25 septembre 1839. M. Léon Renault fit ses études au lycée Saint-Louis, son droit, et s'inscrivit au barreau de Paris en 1862. Il débuta au Palais de la manière la plus brillante, dans le procès des Cinquante-quatre (Greppo, Miot et autres), comme défenseur nommé d'office de l'un des accusés. Il se consacra toutefois presque exclusivement aux affaires civiles, et s'y fit une très honorable réputation. Il a été président de la conférence Molé. M. Cresson, ayant été nommé préfet de police, en remplacement d'Edmond Adam, démissionnaire, le 2 novembre 1870, choisit pour secrétaire-général M. Léon Renault, son ami, qui conserva cette situation jusqu'au 18 mars 1871. Parti alors pour Versailles, il fut nommé préfet du Loiret, le 17 novembre suivant, préfet de police en remplacement du général Valentin, démissionnaire. Parmi les modifications accomplies par M. Léon Renault pendant son passage à la préfecture de police, il importe de signaler la création d'un système d'examen pour l'avancement des employés, supprimant autant qu'il se peut l'action du favoritisme et de l'arbitraire, dont il faut à coup sûr le louer sans réserve. A la chute de M. Thiers (24 mai 1873), il donna sa démission, mais elle ne fut pas acceptée; ses attributions furent même augmentées de la direction de la sûreté générale. Le 11 juin 1875, M. Savary déposait, au nom de la commission d'enquête sur l'élection de M. de Bourgoing dans la Nièvre, son rapport exposant le fonctionnement des comités bonapartistes, avec des détails puisés aux meilleures sources, car elles émanaient de la déposition du préfet de police lui-même. Nous n'insisterons pas sur cet incident, qui s'est prolongé d'une manière exagérée, nous bornant à rappeler que M. Buffet, poussé à bout, déclara en pleine assemblée que le danger venait plutôt des comités républicains que des comités bonapartistes, et que M. Léon Renault, après avoir vu sa démission refusée une deuxième fois, se la vit demander lorsqu'il fut bien décidé qu'il se porterait candidat à la députation dans le département de Seine-et-Oise, aux élections du 20 février 1876, et que sa candidature, ainsi qu'il résultait d'une circulaire qu'il avait adressée le 11 janvier à ses électeurs, prenait le caractère « nettement constitutionnel ». Il s'empressa de la donner. — Félicité par les journaux républicains. M. Léon Renault fut littéralement traîné dans la boue, suivant l'usage, par les journaux bonapartistes. Dans l'arrondissement de Corbeil, où il avait posé sa candidature, le parti bonapartiste lui suscita un de ses candidats les plus considérables, le prince de Wagram. C'était donc une guerre à mort entre deux opinions nettement définies, puisque le candidat républicain-constitutionnel n'avait pas d'autre concurrent. Le scrutin du 20 février 1876 donnait à M. Léon Renault 10,042 voix et à M. le prince de Wagram 4,919. A une question aussi nettement posée il n'était guère possible de répondre d'une manière plus nette. M. L. Renault prit place sur les bancs du centre gauche qui l'élut vice-président puis président de ses réunions. Réélu le 14 octobre 1877, il fit partie du comité de résistance dit des Dix-huit et appuya la demande d'enquête sur les actes du cabinet du 16 mai. Le 21 août 1881, il échoua dans l'arrondissement de Corbeil contre le candidat radical, mais il était élu député de l'arrondissement de Grasse le 20 février 1882, en remplacement de M. Chiris, élu sénateur; et le 25 janvier 1885, il était élu avec ce dernier sénateur des Alpes Maritimes. Il a voté contre l'expulsion des princes. — Chevalier de la Légion d'honneur depuis 1873, M. Léon Renault était promu officier le 6 janvier 1882.

RENDU, Eugène Marie Victor, publiciste et homme politique français, né à Paris le 10 janvier 1824, y fit ses études et prit les grades de licencié ès lettres et de licencié en droit, puis entreprit un voyage en Italie qui lui fournit la matière d'articles intéressants qu'il rédigea pour la presse parisienne. En 1848, il collabora à l'*Ère nouvelle*, avec le P. Lacordaire et l'abbé Maret, en octobre 1849, il fut appelé au ministère de l'instruction publique par M. de Parieu et travailla à la préparation de la fameuse loi sur l'instruction primaire à laquelle ce dernier a attaché son nom. Après la retraite de M. de Parieu (janvier 1851), M. E. Rendu fut nommé inspecteur de l'instruction primaire. Il fut de nouveau attaché au ministère de l'instruction publique sous M. de Fortoul et chargé à plusieurs reprises de missions en Belgique, relatives à ce département. Membre de plusieurs sociétés savantes nationales et étrangères, M. E. Rendu a été nommé inspecteur-général de l'instruction publique en 1860, et inspecteur-général honoraire le 23 janvier 1877. Aux élections législatives de 1869, il fut choisi comme candidat officiel dans la 3e circonscription de Seine-et-Oise, où sa famille s'est établie il y a plus d'un siècle; il y échoua néanmoins contre M. Antonin Lefèvre-Pontalis, candidat de l'opposition libérale. Par contre, aux élections du 20 février 1876, il était élu député de la 1re circonscription de Pontoise, par 6,645 voix contre 6,103 obtenues par son con urrent républicain, M. de Pressensé, député sortant. Il prit place à droite, après avoir déclaré qu'il n'appartenait pas au parti de l'Appel au peuple, déclaration qui n'était pas inutile. M. Rendu ne se représenta pas après la dissolution de 1877, mais aux élections de 1885, après avoir laborieusement parcouru les localités rurales du département, faisant des conferences, il se faisait porter sur la « liste agricole », qui échoua aux scrutins d'octobre. — M. Eugène Rendu a publié de nombreux ouvrages, principalement sur l'enseignement public, parmi lesquels nous citerons : *Sur l'obligation de l'enseignement* (1840); *l'Italie devant la France* (1849); *Conditions de la paix dans les Etats romains* (même année); *Manuel de l'enseignement primaire; Commentaire... de la loi sur l'enseignement primaire* (1850); *De l'instruction primaire en Angleterre* (1852); *De l'enseignement populaire dans l'Allemagne du Nord* (1855); *l'Italie et l'empire d'Allemagne*, *l'Autriche dans les Etats du pape* (1859); *Note sur la fondation d'un collège international à Paris, Rome, Munich et Oxford* (1861); la *Souveraineté pontificale et l'Italie* (1863), etc. —. Il est chevalier de la Légion d'honneur depuis 1856.

RENOUF, Peter Le Page, orientaliste anglais, né dans l'île de Guernesey en 1824, y commença ses études au collège Elisabeth et les termina à Oxford, au collège Pembroke. A l'ouverture de l'université catholique d'Irlande, en 1855, il fut appelé par le Dr Newman à la chaire d'histoire ancienne et des langues orientales à cet établissement. Il est, depuis 1864, inspecteur royal des écoles. M. Le Page Renouf est l'un des principaux rédacteurs de l'*Atlantis* et de la *Home and Foreign Review*; il a en outre collaboré au *Chronicle*, à la *North Bristish Review*; à l'*Academy* et à la *Zeitschrift fur Ægyptische Sprache und Alterthumskunde* de Berlin. Il a, en outre, fourni divers mémoir s ou articles aux *Transactions* de la Société d'archéologie biblique et publié à part : la *Doctrine de l'Eglise catholique d'Angleterre sur la sainte eucharistie* (1841); les *Communions grecque et anglicane* (1847); *Traduction d'un chapitre du rituel funéraire des anciens Egyptiens*, adressée à M. le professeur Merkel, bibliothécaire royal à Aschaffenbourg, en français (1860); *Notes sur quelques particules négatives de la langue égyptienne* (1862); une *Prière du rituel égyptien, traduite du texte hiéroglyphique* (1862); *Sir G. C. Lewis sur le déchiffrement et l'interprétation des langues éteintes*, réponse à ses attaques contre Champollion et autres déchiffreurs d'inscriptions antiques, et *Quelques mots sur l'origine supposée latine de la version arabe des Evangiles* (1863); l'*Education universitaire pour les catholiques anglais*, lettre au très révérend Dr Newman, par un laïque catholique (1864); *Notes diverses sur la philologie égyptienne* (1866); la *Condamnation du pape Honorius*, ouvrage combattu avec fureur par la presse catholique et condamné par la congrégation de l'Index (1868); le *Cas du pape Honorius examiné de nouveau, avec références aux apologies récentes (1869); Notes sur les prépositions égyptiennes (1874); Manuel élémentaire de la langue égyptienne (1875); Lectures sur l'origine et les développements de la religion, d'après le témoignage de la religion de l'Egypte ancienne (1880)*, etc.

RENOUVIER, Charles Bernard, publiciste et philosophe socialiste français, né à Montpellier en 1815. Sorti de l'Ecole polytechnique en 1836, au lieu de suivre une des carrières qui lui étaient ouvertes, il se livra à l'étude de la philosophie et de l'économie sociale et ne tarda pas à prendre rang, par ses publications surtout, parmi les membres les plus distingués de l'opposition radicale. Après la révolution de février 1848, il fut attaché, par M. Carnot, au ministère de l'instruction publique. Une de ses publications de cette époque, le *Manuel républicain de l'homme et du citoyen, publié sous les auspices du ministre provisoire de l'instruction publique*, et qui contenait des « maximes socialistes détestables », fut dénoncée par M. Bonjean à l'Assemblée constituante, dans la séance du 5 juillet 1848, et entraîna la chute de M. Carnot, bien que, maintenu par Cavaignac, il ne fût plus ministre provisoire. Plus tard, M. Charles Renouvier combattit avec ardeur la politique napoléonienne, dans la presse démocratique et surtout dans la *Liberté de penser*. Sous le titre de *Gouvernement direct*, il rédigea, en 1851, une sorte de projet d'organisation communale et centrale de la République, avec la collaboration de plusieurs démocrates socialistes, lequel fut publié en dix livraisons. Après le coup d'Etat, il se borna à l'étude des questions philosophiques et religieuses et a fondé, dans les dernières années de l'empire, la *Critique philosophique*. — M. Ch. Renouvier a publié notamment: *Manuel de philosophie moderne (1842); Manuel de philosophie ancienne (1844, 2 vol.); Essais de critique générale (1854-64, 4 vol.); Science de la morale (1859);* la *Psychologie* de Hume, traduite en société avec M. Pillon (1878), etc.

REUTER (baron), Paul Jules, industriel allemand, fondateur de l'agence télégraphique qui porte son nom, est né à Cassel le 21 juillet 1821. D'abord commis de banque, puis associé d'une maison de librairie que la révolution de 1848 ruina, il vint à Paris en 1849 et fonda, pour les journaux, une correspondance d'informations lithographiée. Au mois d'octobre suivant, le gouvernement prussien ayant ouvert au public la ligne télégraphique reliant Berlin à Aix-la-Chapelle, il alla s'installer à Aix et se mit en disposition de faire servir le fil électrique à la transmission des nouvelles, s'emparant des lignes à mesure qu'elles étaient construites et employant les pigeons pour correspondre avec les centres d'information non encore desservis par l'électricité. En 1851, le câble reliant Calais et Douvres étant immergé, M. Reuter alla s'établir à Londres où il se fit naturaliser anglais. Il parvint assez rapidement à établir des agences dans toutes les parties du monde et à centraliser les nouvelles politiques et commerciales de l'univers entier. Cette innovation fut accueillie avec joie par le commerce, mais la presse se montra d'abord récalcitrante. Il est certain que cet approvisionnement de nouvelles devait répugner à la dignité des gros bonnets de la presse, habitués à s'approvisionner directement, n'importe à quel prix; mais l'agence Reuter produisit une révolution dans ces habitudes en favorisant la concurrence des journaux à deux sous, et cette concurrence même devait lui amener les autres, jusqu'aux plus entêtés. Le *Times* se décida à y recourir lors de la guerre d'Italie, en 1859, et les autres suivirent promptement cet exemple venu de haut. Durant toute la guerre de sécession, l'agence Reuter se signala par la rapidité et l'exactitude de ses informations, qu'elle communiquait à la presse avant que les cabinets les eussent officiellement reçues. Cette fois, sa cause était gagnée. En 1865, M. Reuter a transféré ses affaires à une société à responsabilité limitée dont il est le gérant. La même année, il obtenait du gouvernement hanovrien la concession d'une ligne télégraphique sous-marine entre l'Allemagne et l'Angleterre, laquelle lui était maintenue l'année suivante par le gouvernement prussien. Il obtint également, du gouvernement français, la concession d'une ligne sous-marine entre la France et les Etats-Unis, ouverte en 1869. En 1871, le duc de Cobourg Gotha conférait à M. Reuter, en reconnaissance des services qu'il avait rendus aux transactions publiques, le titre de baron. — En 1872, le schah de Perse concédait au baron Reuter, le privilège exclusif de la construction des chemins de fer, de l'exploitation des mines et des forêts, etc. dans toute l'étendue de son empire. Un pareil monopole, dont on serait bien embarrassé de trouver un autre exemple, ne pouvait manquer de faire scandale. Le baron Reuter eut à se débattre au milieu de difficultés sans cesse renaissantes, dont, malgré l'intervention de la reine Victoria, il ne put triompher entièrement.

REUILLET, François, homme politique français, médecin, est né le 17 février 1842 à Chenay-le-Châtel (Saône-et-Loire). Il étudia la médecine à Lyon et à Paris, prit le grade de docteur en 1869 et alla s'établir à Roanne. Membre du Conseil municipal de cette ville et du Conseil général de la Loire, il figurait sur la liste républicaine aux élections d'octobre 1885, et fut élu au scrutin du 18. Le docteur Reuillet a voté l'expulsion des princes. — Il est officier d'académie.

RÉVILLON, Antoine (dit Tony), littérateur et homme politique français, né à Saint-Laurent-lès-Mâcon (Ain) le 29 décembre 1832, fit ses études à Lyon et y travailla quelque temps chez un notaire. Il vint ensuite à Paris et collabora successivement, depuis 1856, à la *Gazette de Paris*, au *Figaro*, au *Nain jaune*, au *Gaulois* hebdomadaire, au *Charivari*, aux *Nouvelles*, à l'*Evénement*, à la *Petite Presse* où il fit les « Thimothée Trimm », c'est-à-dire rédigea une chronique quotidienne, de 1866 à 1870; puis à la *Constitution*, à l'*Avenir national*, à la *Tribune*, à la *Petite république*, etc. M. Tony Révillon a publié à part un certain nombre de romans remarquables surtout par de grandes qualités d'observation. Nous citerons: le *Monde des eaux* (1860); les *Bacheliers* (1864); la *Belle jeunesse de François Lapalud* (1866); le *Faubourg Saint-Germain* (1867); le *Faubourg Saint-Antoine* (1870); les *Aventures d'un suicidé* (1872); l'*Exilé*, les *Convoitises* (1875); la *Séparation*, la *Bourgeoise pervertie* (1876); *Noémi* (1878); les *Deux compagnons*, le *Besoin d'argent* (1879), etc. — Elu membre du Conseil municipal de Paris en janvier 1881, pour le quartier du Gros-Caillou, M. Tony Révillon se portait aux élections pour la députation, le 21 août suivant, dans la deuxième circonscription de Belleville (XXe arrondissement), comme radical, en opposition avec Gambetta. Il échoua au premier tour; sans concurrent, n'ayant pas réuni la majorité absolue des voix et ne s'étant, du reste, pas représenté au second tour, M. Révillon fut au scrutin du 4 septembre et prit place à l'extrême-gauche. Aux élections d'octobre 1885, porté sur plusieurs listes radicales, il fut élu au scrutin du 18. Il a voté l'expulsion totale des princes.

REYBERT, Louis, homme politique français, médecin, né à Lyon le 18 novembre 1841. Il venait d'être reçu docteur en médecine lorsqu'éclata la guerre de 1870, fit la campagne comme aide-major auxiliaire et fut fait prisonnier à plusieurs reprises. Après la guerre, il s'établit à Saint-Claude, s'occupa, en dehors de son art, de la création de sociétés patriotiques, de bibliothèques, etc., fit des conférences sur des sujets variés et se rendit en un mot très populaire. Porté sur la liste radicale aux élections d'octobre 1885, il a été élu député du Jura au second tour, et a pris place à l'extrême-gauche, sans se faire inscrire à aucun groupe. Il était en congé lors de la discussion des propositions d'expulsion des princes.

REYER, Louis Etienne Ernest Rey (dit), compositeur et critique musical français, né le 1er décembre 1823 à Marseille, fit à l'école communale de cette ville ses premières études artistiques et entra à seize ans dans les bureaux de l'administration, à Alger. Il se livrait dès lors à la composition et publia quelques mélodies vocales qui eurent un grand succès. A l'occasion d'une visite du duc d'Aumale, il fit exécuter en 1843, à la cathédrale d'Alger, une messe solennelle restée inédite. En 1848, M. Reyer vint à Paris, et se rendit auprès de Mme Louise Farrenc, sa tante, musicienne distinguée, qui dirigea ses études. En 1850, il écrivit sur un poème de Théophile Gautier, une ode symphonique avec chœurs, le *Selam*, qui fut exécutée avec un grand succès au Théâtre-Italien. Il a donné depuis au théâtre : *Maître Wolfram*, opéra en un acte, paroles de Mery, au Théâtre Lyrique (1854); *Sacountala*, ballet, paroles de Théophile Gautier, à l'Opéra (1858); *la Statue*, opéra en 3 actes et 6 tableaux, joué avec un très grand succès au Théâtre-Lyrique (1861); *Erostrate*, opéra en 2 actes, à Bade (1862), refondu en 5 actes et représenté sans succès à l'Opéra (1870); *Sigurd*, opéra en 4 actes et 9 tableaux, représenté au théâtre de la Monnaie, à Bruxelles, le 7 janvier 1884, puis à l'Opéra, en 5 actes, le 12 juin 1885, avec un succès décisif. On lui doit en outre quelques morceaux de concert, notamment la *Madeleine au désert*, scène exécutée aux Concerts populaires en avril 1874, et des compositions variées. —

M. Reyer a collaboré, comme rédacteur musical, à la *Presse*, à la *Revue française*, à la *Revue de Paris*, au *Moniteur* et enfin au *Journal des Débats* auquel il est resté attaché, et publié : *Notes de musique (1875)*. Il a été élu membre de l'Académie des beaux-arts, en remplacement de Félicien David, le 11 novembre 1876. — Il est chevalier de la Légion d'honneur depuis 1862.

REYMOND, Francisque, ingénieur et homme politique français, né à Montbrison le 15 mai 1829. Élu représentant de la Loire à une élection partielle du 12 octobre 1873 et député de la 2ᵉ circonscription de Montbrison le 20 février 1876, il siégea à gauche dans les deux assemblées. Il a été réélu le 14 octobre 1877 et le 21 août 1881. Élu député de la Loire en tête de la liste républicaine, le 4 octobre 1885, M. Francisque Reymond a voté l'expulsion des princes. Il est président du Conseil général de la Loire, où il représente le canton de Saint-Galmier.

RIBEYRE, Félix, publiciste français, né à Pont-du-Château (Puy-de-Dôme) le 6 juin 1831. Il s'adonna au journalisme, fut attaché successivement à diverses feuilles de province et devint, en 1857, rédacteur en chef du *Journal de Saint-Quentin*. Il dirigea ensuite divers autres journaux, puis collabora au *Constitutionnel*, au *Figaro*, au *Pays*, dont il fut secrétaire de la rédaction, etc. — M. Félix Ribeyre a publié à part : *l'Institution des petites sœurs des pauvres (1857)*; la *Paix et l'opinion (1859)*; *l'Industrie dans le département de l'Aisne (1860)*; *l'Empereur et l'impératrice en Auvergne (1862)*; les *Grands journaux de France*, avec J. Brisson ; *Histoire de la guerre du Mexique (1863)*; les *Grands corps de l'État: Corps législatif (1864)*; *Voyage en Lorraine de l'impératrice et du prince impérial (1867)* ; *Histoire de la seconde expédition française à Rome*, la *Vie d'un poète normand: Léon Buquet (1868)*; les *Annales de l'Exposition du Havre (1869)*; *Voyage de S. M. l'impératrice en Corse (1870)*; *Biographie des représentants à l'Assemblée nationale (1871)* ; *Biographie des sénateurs et députés (1877)* ; *Cham, sa vie et son œuvre*, avec une préface de M. Alexandre Dumas fils (1884); *Auvergne*; *Royat illustré et Châtel-Guyon illustré (1885, 2 vol.)* ; la *Nouvelle Chambre, biographie des 584 députés (1886)*, etc. On lui doit aussi quelques livrets de ballets.

RICARD, Louis Pierre Hippolyte, homme politique français, avocat, né à Rouen le 17 mars 1837, fit son droit et, reçu licencié, s'inscrivit au barreau rouennais en 1869. Il devint maire de Rouen en 1881, et organisa en cette qualité les fêtes du deuxième centenaire de Corneille. Conseiller général de la Seine-Inférieure depuis 1882, il était élu député de ce département le 4 octobre 1885, et prenait place au groupe de la gauche républicaine. M. Ricard a voté l'expulsion des princes. — Il est chevalier de la Légion d'honneur.

RICHARD, Camille, homme politique français, né à Apt le 29 mai 1829. Ancien avoué, maire de Nyons, membre du Conseil général de la Drôme, il se présentait comme candidat républicain aux élections du 14 octobre 1877, dans l'arrondissement de Nyons. Il échoua contre M. d'Aulan, candidat officiel ; mais cette élection ayant été annulée par la Chambre, il triomphait de son adversaire le 7 mai 1878 : nouvelle annulation, toutefois, une voix manquant à l'élu pour la majorité absolue, et nouvelle épreuve le 27 avril 1879, où M. d'Aulan était définitivement élu. M. C. Richard prit sa revanche le 21 août 1881, et siégea à l'Union républicaine. Il a été élu député de la Drôme le 4 octobre 1885, et a voté l'expulsion totale des princes.

RICHARD, Maurice, homme politique français, ancien ministre, né à Paris le 26 octobre 1832, y fit son droit et s'inscrivit au barreau. Aux élections de 1863, il fut élu député par les électeurs de la 4ᵉ circonscription de Seine-et-Oise, contre le candidat officiel, général Mellinet ; il fut réélu, toujours comme candidat de l'opposition, aux élections générales de 1869, contre M. Ernest Baroche. M. Maurice Richard siégea au centre gauche et suivit bientôt la politique de M. Émile Ollivier. Lors de l'avènement de celui-ci au pouvoir, les beaux-arts furent détachés du ministère de la maison de l'empereur et formèrent un département à part, dont M. Richard fut nommé titulaire. Son passage aux affaires fut court ; il fut toutefois marqué par quelques modifications d'un caractère libéral qui furent très bien accueillies dans le monde artiste, notamment par l'extension à toute la limite d'âge des concurrents au grand prix de Rome, la suppression du Salon d'honneur aux expositions annuelles, etc. Le 15 mai 1870, le département de M. Maurice Richard prit une plus

grande importance par l'adjonction de divers services empruntés à celui de l'instruction publique, et devint le ministère des lettres, sciences et beaux-arts. Mais M. Richard ne conserva pas longtemps ce portefeuille nouveau, le ministère dont il faisait partie ayant été forcé de se retirer le 9 août suivant. — La révolution du 4 Septembre éloigna M. Maurice Richard des affaires publiques : retiré dans son château de Villement (Seine-et-Oise) il y recevait le prince Napoléon en octobre 1872, et c'est chez lui qu'on notifiait au prince l'ordre de quitter la France sans délai : M. Richard protesta (15 octobre), mais en vain. Aux élections du 20 février 1876, il se présenta aux suffrages de l'arrondissement de Rambouillet, mais sans succès ; et ses chances n'ont pas augmenté depuis.

RICHARDS, Brinley, pianiste et compositeur anglais, fils de l'organiste de l'église Saint-Pierre de Carmarthen (Principauté de Galles), est né dans cette ville en 1819. Il étudia d'abord la médecine, mais il ne tarda pas à abandonner cette carrière et, avec l'appui du duc de Newcastle, il entra en 1834 à l'Académie royale de musique, où il fit de très brillantes études et remporta divers prix. Il s'est rendu populaire par ses compositions en l'honneur ou en souvenir du pays de Galles, et qui respirent un ardent amour pour ce pays pittoresque qui est le sien : le *Chant de guerre cambrique*, le *Plumet cambrique*, la *Harpe galloise* ne sont pas moins populaires, peut-être même le sont-ils plus, que son fameux *Dieu bénisse le prince de Galles*! (God bless the prince of Wales!) Parmi ses autres morceaux de chant, on peut citer encore : *A l'heure de ma détresse*, le *Sentier du pèlerin*, *Comme par le passé*, *En ce jour*, chants sacrés à une ou plusieurs voix ; *Debout*, *Abandonne ton berceau* ; *Quelles sont ces cloches? Petits oiseaux*, etc. On lui doit encore une *Ouverture* à grand orchestre ; un volume d'*Études pour le piano* ; *Caprice*, pour piano ; *Andante con moto*, le *Chant des anges*, la *Vision*, *In memoriam*, *Souvenirs du pays de Galles*, etc., pour piano ; la *Marche de Carmarthen*, pour musique militaire, et un grand nombre de morceaux variés, dont la plupart ont été publiés à Milan, à Leipzig et à Paris. Comme virtuose M. Richards s'est produit avec un très grand succès en Angleterre, en Allemagne, en Italie, en France, etc. Pendant son séjour à Paris, il fit la connaissance de Chopin avec lequel il se lia d'une amitié qui n'eut de terme que la mort de celui-ci.

RICHARDS, sir George Henry, navigateur anglais, vice-amiral, né le 13 janvier 1820 à Anthony (Cornouailles), fit ses études dans une institution particulière et entra dans la marine en 1823. Il est devenu successivement lieutenant en 1842, major en 1846, capitaine en 1854, contre-amiral en 1870 et nommé la même année aide de camp de la reine, enfin vice-amiral en 1877. M. Richards assistait à la guerre de Chine de 1841-42 et à la prise des forts d'Obligado, sur le Paraná, en 1845. Il commandait l'*Assistance* dans l'expédition envoyée à la recherche de Franklin dans les régions arctiques en 1852-53-54, et a été chargé de nombreuses missions nautiques, notamment en Chine, dans les îles Falkland, au Rio de la Plata, dans la Nouvelle-Zélande, en Australie, à l'île Vancouver, dans la Colombie britannique, etc. De 1856 à 1862, il a été en outre chargé, comme commissaire royal, de la fixation des frontières de l'Orégon entre les États-Unis et les possessions britanniques. Il a rempli les fonctions d'hydrographe de l'Amirauté de 1863 à 1874. L'amiral Richards a été créé compagnon de l'ordre du Bain en 1871, et chevalier en 1877. Il est membre de la Société royale, des Sociétés géographiques de Londres, de Berlin et de Turin, et correspondant de l'Institut de France (Académie des sciences).

RICHEBOURG, Émile Jules, romancier français, né en 1833 à Meuvy (Haute-Marne), d'une famille de coutellers. Venu jeune à Paris, il s'occupa d'abord de littérature et débuta par des poésies, avec l'aide de Béranger. Mais il lui fallut se créer des ressources d'autre part, et il devint employé. Il était sous-administrateur du *Figaro* lorsque, ce journal ayant été supprimé par la Commune, il crut devoir se présenter dans les bureaux de l'ex-préfecture de police pour demander des explications et tâcher, sans doute, d'obtenir l'autorisation de faire reparaître son journal ; il se trouva alors un homonyme pour protester dans les journaux qu'il n'avait « rien de commun avec le sieur, etc., etc. », comme si la démarche en question n'était pas parfaitement honorable. Le nom de M. Émile Richebourg était pourtant honorablement connu dès lors dans le monde littéraire. Nous citerons parmi les ouvrages publiés par cet écrivain, outre de nombreuses poésies détachées, romances, chansons, chan-

sonnettes, etc. : *Contes enfantins (1858)*; *Cœurs de femmes*, l'*Homme aux lunettes noires (1864)*; les *Barbes grises*, *Récits devant l'âtre (1867)*; les *Francs-tireurs de Paris (1871)*; la *Comédie au village (1872)*, réimprimé sous le titre la *Belle organiste* en 1876 ; les *Soirées amusantes*, série de courtes nouvelles et de contes destinés à la famille, formant 12 petits vol. in-32, et divisés en quatre parties : *Contes d'hiver*, *Contes de printemps*, *Contes d'été* et *Contes d'automne*, de chacune 3 volumes (1874-75); la *Dame voilée (1875)*; la *Belle Blanche*, le *Vieux Mardoche*, l'*Enfant du faubourg*, 2 vol. (1876); *Une Madeleine*, la *Fille du fermier*, la *Fille du chanvrier*, les *Deux berceaux (1877)*; *Andréa la charmeuse (1878)*; *Deux mères*, le *Fils (1880)*, *Jean Loup (1882)*; la *Petite Mionne (1884)*; les *Millions de M. Joramie (1885)*; les *Drames de la vie*: le *Mari*, une *Femme jalouse*, les *Mères (1886)*, etc. Il a en outre fait représenter au théâtre Beaumarchais ; les *Nuits de la place Royale*, drame en 5 actes (1863), et un *Ménage à la mode*, comédie en 1 acte (1864).
— La publication dans le *Petit Journal*, en 1875, de l'*Enfant du faubourg*, a fait à M. Emile Richebourg un succès immense et soudain auprès des lecteurs de romans populaires, fatigués jusqu'au dégoût, à ce moment-là du moins, des histoires de cour d'assises seules admises aux feuilletons des journaux en vogue. La raison du succès de M. Richebourg, presque inconnu la veille du grand public, est donc tout entière dans ce fait, qu'il apporta un nouvel aliment à l'appétit trompé mais non satisfait des lecteurs, en substituant à des tableaux horribles ou répugnants des scènes où le sentiment a la plus grande part, et le bon sentiment de préférence. Il faut lui savoir gré de cette révolution, quoiqu'il y ait fait fortune, mais nous lui en serions plus reconnaissant encore s'il n'était retombé lui-même, et assez vite, dans le bourbier commun de la Litterature populaire de ce temps-ci. En outre, si la majorité des personnages qu'il crée expriment d'excellents sentiments, c'est en des termes aussi singuliers que leurs actions sont extravagantes ; en un mot, ce ne sont pas des personnages de chair et de sang, mais de véritables marionnettes, taillés avec assez de soin dans de bon bois et revêtues du costume de leur rôle, mais s'exprimant toutes par la glotte du même impresario et avec l'accent qui n'appartient qu'à ce genre d'acteurs.

RICHMOND ET GORDON (duc de), CHARLES HENRY GORDON-LENNOX, pair d'Angleterre, né le 27 février 1818, fit ses études à Oxford, à l'Eglise du Christ, et entra ensuite dans l'armée, où il avait atteint le grade de capitaine en 1844. Successivement aide de camp du duc de Wellington de 1842 à 1852 et du vicomte Hardinge de 1852 à 1854, il fut nommé président du Bureau de la loi des pauvres et membre du Conseil privé en 1859, fonctions qu'il résignait en juin, à la chute du ministère Derby. Représentant du West-Sussex à la Chambre des communes depuis 1841, il devenait sixième duc de Richmond et entrait à la Chambre des lords à la mort de son père, le 21 octobre 1860. Président du Bureau du commerce de mars 1867 à décembre 1868, il rentrait aux affaires, comme président du Conseil privé, au retour du parti conservateur, en février 1874, et conservait ce poste jusqu'au retour des libéraux en 1880. Il est, depuis février 1870, chef reconnu du parti conservateur à la Chambre haute. — Le duc de Richmond est chevalier de l'ordre de la Jarretière depuis 1867. Il a fait partie de la commission britannique près l'Exposition universelle de 1878.

RICHOMME. JULES, peintre français, né à Paris, d'une famille d'artistes graveurs, le 9 septembre 1818 ; son père était membre de l'Institut. Elève de Drolling, M. Jules Richomme a débuté au Salon de 1839, avec des *Portraits*. Auteur d'un grand nombre de portraits, exposés ou non, on cite surtout de cet artiste : *Abraham recevant Agar (1842)*; *Saint Pierre repentant (1843)*; *Saint Sebastien délié par les saintes femmes (1844)*; le *Christ apparaissant à saint Martin*, *Leda (1848)*; la *Fiancée du roi de Garbe (1850)*, *Erigone*, plusieurs *Vues de Rome ou de la Campagne romaine (1852)*; *Mendiante italienne*, *Jesus-Christ guérissant le paralytique (1853)*; le *Christ guérissant un malade (1855*, Expos. univ.); *Saint-Nicolas sauvant des matelots*, *Portrait de M. Leroy de Saint-Arnaud (1857)*; *Portrait de M. Vare (1859)*; *Laissez venir à moi les petits enfants (1860)*; l'*Etude interrompue*, *Jeune mère*, *Portrait de femme (1861)*; *Consolatrix afflictorum* et des *Portraits (1862)*; *Saint Pierre d'Alcantara guérissant un enfant malade (1863)*; la *Lecon de lecture (1864)*; le *Baptême de Jesus-Christ*, *Portrait d'enfant (1865)*; la *Décollation de saint Jean-Baptiste (1866)*; *Christ en croix*, etc.

(1868); *Portrait de femme 1869)*; *Consolation*, l'*Education d'Achille (1873)*; *Ne réveillez pas le chat qui dort*, *Toilette*, et trois aquarelles : les *Tuileries après la Commune*, le *Point du jour après l'entrée de l'armée de Versailles* et l'*Hôtel de Ville après l'incendie (1874)*, l'*Averse*, la *Petite paresseuse*, la *Première leçon de violon (1875)*; *Portrait de Mme la marquise Ginori*, la *Colombe (1876)*; *Femme arabe*, la *Poupée chinoise (1877)*; *Deux Portraits (1880)*; *Portrait de jeune fille (1883)*; *Autour de la fontaine (1884)*; *Portrait d'enfant*, *Vue du port de la Joliette*, effet du matin (1886). — M. Richomme a obtenu une médaille de 1re classe en 1840, une médaille de 2e classe en 1842, le rappel de cette dernière en 1861 et 1863 ; il a été décoré de la Légion d'honneur à la suite de l'Exposition universelle de 1867, où figurait son *Saint Pierre d'Alcantara*, qui lui avait déjà valu, en 1863, un rappel de 2e médaille.

RICORD, PHILIPPE, médecin français, né à Baltimore (Etats-Unis) le 10 décembre 1800, est petit-fils d'un médecin de Marseille et fils d'un armateur de cette ville établi à Baltimore en 1790. Il commença ses études scientifiques sous la direction de son frère aîné, resté en Amérique et vint les poursuivre en France en 1820 ; il entra comme interne, peu après, à l'Hôtel-Dieu, puis à la Pitié, et prit le grade de docteur de la faculté de Paris en 1826. Après avoir exercé en province, il se présenta au concours du Bureau central en 1828, fut admis le premier et, après avoir fait un cours de chirurgie opératoire à la Pitié pendant plus de deux ans, fut nommé, en 1831, chirurgien en chef de l'hôpital du Midi, fonctions qu'il a conservées jusqu'en 1860, époque où, atteint par la limite d'âge, il dut prendre sa retraite. C'est dans ces fonctions que le docteur Ricord acquit une réputation universelle pour le traitement des maladies speciales à l'hôpital du Midi, dans lequel il introduisit dès l'abord un esprit de méthode inconnu avant lui. Il y fonda, en 1834, un cours de syphiliologie pour lequel il obtint un amphithéâtre particulier. En dehors de cette spécialité, qui lui valut la clientèle personnelle la plus nombreuse et la plus riche, le Dr Ricord se livrait à d'autres travaux de science médicale et est notamment l'auteur d'une méthode de traitement du varicocèle qui lui valut un prix Montyon en 1842. Elu membre de l'Academie de médecine en 1850, il est, en outre, membre de la Société de chirurgie, ainsi que de plusieurs sociétés médicales étrangères. Il a été nommé successivement médecin ordinaire de la maison du prince Napoléon en 1862, et chirurgien consultant de l'empereur en 1863, après avoir soigné dans une maladie recente Napoléon III, qui lui avait déjà marqué sa reconnaissance par le don d'une riche tabatière et par une somme de 20.000 francs. M. le Dr Ricord est commandeur de la Légion d'honneur depuis 1860 et décoré de divers ordres étrangers. — Outre de nombreux mémoires, lettres ou articles publiés dans les *Memoires* et le *Bulletin de l'Academie de médecine*, à l'*Union medicale*, au *Nouveau dictionnaire de médecine et de chirurgie pratiques*, etc., on doit au Dr Ricord : *De l'emploi du speculum (1833)*; *De la blennorrhagie de la femme (1834)*; *Emploi de l'onguent mercuriel dans le traitement de l'érysipèle (1836)*; *Monographie du chancre (1837)*; *Théorie sur la nature et le traitement de l'epididymite*, *Traité des maladies vénériennes (1858*, in-4°, 66 pl.); *De l'ophtalmie blennorrhagique (1842)*; *Clinique iconographique de l'hôpital des vénériens (1842-51*, pl.); *De la syphilisation et de la contagion des accidents secondaires (1853)*; *Lettres sur la syphilis (1854*, 3e éd., 1863), etc.

RIGAL, PASCAL HIPPOLYTE, homme politique français, médecin, né à Castres le 9 avril 1827. Reçu docteur en médecine, il s'établit dans sa ville natale en 1857, et devint chirurgien en chef de l'hospice, fonctions qu'il résigna en 1879. Il avait été candidat de l'opposition aux élections législatives de 1869, mais sans succès. Conseiller général du Tarn depuis 1871, M. le Dr Rigal se présenta aux élections du 8 janvier 1882 pour le renouvellement de la représentation sénatoriale de ce département, et fut élu. Il siège à gauche et a voté contre l'expulsion des princes prétendants. — M. le Dr Rigal est chevalier de la Légion d'honneur depuis 1879.

RINGUIER, ERNEST, industriel et homme politique français, né à Soissons le 18 mars 1825. Il est fabricant de sucre aux Hautes-Rives. Pendant la guerre de 1870, il organisa à Soissons un corps d'artilleurs volontaires pour défendre la ville contre les Prussiens, et pendant une sortie, fut blessé d'un coup de feu à l'épaule ; il fut ensuite decoré de la Légion d'honneur pour sa belle conduite devant l'ennemi. Conseiller général de l'Aisne depuis 1874, conseiller municipal de Soissons, fondateur et directeur du journal le *Républicain soissonnais*, M. E. Ringuier fut élu député de l'arrondissement de Soissons le 21 août 1881 et prit place à l'Union républicaine. Il a été élu député de l'Aisne au scrutin du 18 octobre 1885 et a voté l'expulsion totale des princes.

RIPON (marquis de), GEORGE FREDERICK SAMUEL ROBINSON, longtemps connu sous le nom de COMTE DE GREY ET RIPON, pair d'Angleterre, fils aîné du premier comte de Ripon, est né à Londres le 24 octobre 1827 et succéda aux titres de son père le 28 janvier 1859 et à ceux de son oncle, deuxième comte de Grey, le 14 novembre de la même année. Il débuta dans la carrière diplomatique, en qualité d'attaché à une mission spéciale à Bruxelles, en 1849. Aux élections générales de 1852, il fut élu, comme candidat libéral, représentant de Hull à la Chambre des communes. L'année suivante, il donna sa démission pour se présenter contre le candidat conservateur de Huddersfield, et réussit à gagner ce siège au parti. Élu en 1857 par le district ouest du comté d'York, il entrait à la Chambre haute en 1859. En juin suivant, il était nommé sous-secrétaire d'État à la guerre, d'où il passa en février 1861, en la même qualité, au ministère de l'Inde. A la mort du ministre de la guerre sir G. C. Lewis, en avril 1863, le comte de Ripon fut appelé à le remplacer; il fut nommé secrétaire d'État pour l'Inde en février 1866, en remplacement de sir Charles Wood. depuis vicomte Halifax, démissionnaire, fut nommé lord président du Conseil à l'accession de M. Gladstone aux affaires, en décembre 1868, mais donnait sa démission en août 1873 ; il était créé chevalier de la Jarretière en 1869. Président de la commission mixte chargée de la négociation du traité de Washington en 1871, il fut créé marquis de Ripon en récompense des services par lui rendus dans cette occasion. — Magistrat et député-lieutenant, pour les districts nord et ouest du comté d'York et pour le comté de Lincoln, le marquis de Ripon était installé comme grand maître des francs-maçons d'Angleterre, en remplacement de lord Zetland, le 23 avril 1870. Au commencement de l'automne de 1874, la grande loge lui fut fort surprise de recevoir la démission non motivée du grand maître. Quelques jours après seulement, le bruit commença à se répandre de la conversion du marquis de Ripon au catholicisme, dont les doctrines nouvelles condamnent formellement la franc-maçonnerie. En effet, la conversion de lord Ripon avait lieu le 4 septembre 1874, à l'oratoire de Brompton, à la grande jubilation des journaux catholiques des deux mondes, fiers d'une aussi importante recrue. Au retour des libéraux au pouvoir, en mai 1880, le marquis de Ripon fut nommé vice-roi des Indes, nomination qui ne se fit pas sans de vives protestations de la part des orthodoxes et même des sectaires protestants. Le marquis de Ripon fut élu président du collège du Yorkshire, à Leeds, en 1882. Il faisait partie du dernier ministère Gladstone en qualité du premier lord de l'Amirauté (février à août 1886).

RISTORI, ADÉLAÏDE, marquise CAPRANICA DEL GRILLO, célèbre tragédienne italienne, né à Cividale, près d'Udine (Frioul), de parents artistes, en 1821. S'il faut en croire ses nombreux biographes, elle débuta à la scène à l'âge de deux mois, mais dans une corbeille, dans une farce intitulée : *Il Regalo del Capo d'Anno* (le Cadeau du jour de l'An). Il semble qu'elle n'ait guère cessé depuis de paraître sur le théâtre dans les rôles d'enfant; enfin, elle faisait partie à douze ans de la troupe ambulante Moncalvo, où elle tenait déjà les rôles d'ingénue. Le 18 juillet 1835, elle jouait à son bénéfice au Circo Sales de Turin, *il Delitto punitore*. Dès cette époque, elle montrait de sérieuses dispositions, et son impresario Moncalvo les développa autant qu'il put par ses leçons ; mais un peu plus tard, ayant fait la connaissance de la célèbre Carlotta Marchionni, dans la troupe royale sarde, celle-ci la prit en réelle affection et commença d'une manière autrement sérieuse son éducation artistique ; elle la continua avec une autre actrice d'un grand talent, Antonietta Robotti, qu'elle rencontra dans la troupe du duc de Parme (1841). Peu après, elle jouait à Rome et se faisait applaudir chaleureusement dans *Francesca di Rimini*, *Pia de' Tolomei*, *Mirra*, *Maria Stuarda*, etc. Ce fut à cette époque qu'elle épousa le marquis Capranica del Grillo, jeune gentilhomme, qui eut de la peine à avoir raison des susceptibilités de sa famille. Enlevée momentanément à la scène par ce mariage (1847), pour obéir aux exigences de la famille de son mari, elle y reparut pour une bonne action, dans une représentation donnée au bénéfice d'un directeur ruiné ; elle fut accueillie par de telles ovations qu'il fut entendu désormais qu'on ne chercherait plus à l'y soustraire. La Ristori jouait à Rome au moment du siège de cette ville, en 1849, par les troupes françaises ; avec l'aisance et la grâce naturelles aux femmes italiennes, l'actrice se transforma aussitôt en sœur de charité pour soigner les blessés. Elle reprit le cours de ses représentations l'année suivante seulement, rentra ensuite dans la troupe royale sarde et parcourut au milieu des triomphes les principales villes de l'Italie. Venue à Paris en 1855, elle obtint d'y causer un français, où Rachel était reine, et y fut accueillie avec enthousiasme. Il est vrai qu'outre les griefs du public contre notre célèbre tragédienne, que la Ristori n'a jamais éclipsée, le marquis del Grillo avait activement travaillé à organiser un parti à sa femme, tant à la cour qu'à la ville, et y avait pleinement réussi. Elle joua ensuite au Théâtre-Italien, où elle fut attachée pendant cinq ans et où M. Legouvé lui confia sa *Médée*, écrite pour Rachel, mais que celle-ci s'était ensuite refusée à jouer malgré la perte d'un procès qui l'y condamnait, et qui fut aussitôt traduite en italien par Montanelli. Pendant ce temps, elle jouait presque chaque saison à Londres où on l'avait également reçue chaleureusement. Elle parut successivement en Espagne en 1857, en Hollande et en Russie en 1860-61, en Allemagne, surtout à Berlin, où le roi Guillaume lui remit sa médaille pour les sciences et les arts, en 1862-63 ; en 1864 elle se faisait applaudir à Constantinople. De retour en France en 1865, elle joua au Vaudeville la *Beatrix* de M. Legouvé, qu'elle avait créée à l'Odéon en 1861. Après avoir encore donné deux ou trois des ouvrages désormais préférés, la *Medea* et *Maria Stuarda*, elle s'embarqua pour l'Amérique, après un court passage à Londres. Elle y parcourut, au milieu des ovations sans cesse renaissantes, les principales villes des États-Unis, du Brésil, de la Plata, du Chili, du Pérou, de l'Uruguay, du Paraguay, de la Bolivie, etc., etc. Pendant son séjour prolongé sur l'autre hémisphère, les journaux américains n'ont pas tari d'éloges à l'adresse de la Ristori, non seulement pour son talent, mais encore pour son humanité et pour ses démarches auprès des autorités compétentes afin de sauver la vie ou la liberté d'un malheureux, pour ses actes de bienfaisance de toute sorte autant que pour les tirades de Phèdre ou de lady Macbeth, de Medea ou de Francesca di Rimini, de Deborah ou de Beatrix. — M*me* Ristori a reparu à Londres au mois de juin 1873 ; après avoir fait ses adieux à l'Angleterre au Théâtre de la Reine, à Manchester, le 8 novembre suivant, elle s'embarquait de nouveau, cette fois pour l'Australie, en 1874. Elle était de retour en juin 1876, à Paris, où elle paraît s'être fixée dans sa maison du boulevard Malesherbes et résolue à ne plus aborder la scène.

RIVET, GUSTAVE, homme politique français, ancien professeur, né à Domène (Isère) le 25 janvier 1848. Licencié ès lettres, il professait la rhétorique à Dieppe, lorsqu'il fut révoqué en 1877 par M. de Fourtou; mais il était appelé quelques semaines plus tard comme professeur au Mans, puis chargé de cours au lycée Charlemagne. En 1878, il était nommé secrétaire de la direction de la presse au ministère de l'intérieur, dont M. A. de la Forge était le titulaire ; et en 1879, chef du cabinet du ministre des beaux-arts. En février 1883, M. G. Rivet se présentait dans la 1re circonscription de Grenoble pour remplacer M. Bravet, décédé, et était élu député. Il siégea à la gauche radicale. Le 4 octobre 1885, il était élu député de l'Isère, le quatrième sur neuf. Il a voté l'expulsion totale des princes. — M. Gustave Rivet a collaboré à l'*Homme libre* de Louis Blanc et de M. Ernest Hamel, aux *Droits de l'homme*, au *Rappel*, à l'*Intransigeant*, et a fait représenter un drame au théâtre-Cluny : le *Châtiment*. Il est officier d'Académie.

RIVIÈRE, ARMAND, publiciste et homme politique français, avocat, né à Chénehutte (Maine-et-Loire) le 1er mars 1822. Avocat du barreau d'Angers, rédacteur en chef du journal le *Tribun*, il protesta contre le coup d'État de décembre 1851, fut contraint en conséquence de s'expatrier au plus vite et alla se réfugier à Londres. Mais il rentra bientôt en France et s'inscrivit au barreau de Tours. Il prit part à toutes les luttes de l'opposition sous l'Empire, et finalement se porta candidat, mais sans succès, aux élections législatives de 1869. Le 20 avril 1879, il était élu député de la 2e circonscription de Tours en remplacement de M. Guinot, passé au Sénat, et prenait place à la gauche radicale. Il devint maire de Tours en novembre suivant. Aux élections de 1881, M. A. Rivière fut réélu par le même collège au scrutin du 4 septembre. Il a été élu député d'Indre-et-Loire le 4 octobre 1885, et a voté l'expulsion totale des princes. — On doit à M. Armand Rivière : *Histoire des biens communaux en France depuis leur origine jusqu'à la fin du XIIIe siècle*, ouvrage couronné par l'Institut (1856) ; les *Miracles de saint Martin* (1861) ; l'*Église et l'esclavage*

(1864); Histoire de la démocratie angevine de 1848 à 1851 (1869); Trois mois de dictature en province (1871), etc.

ROBERT, Pierre Joseph, général et homme politique français, sénateur, né à Harfleur le 28 janvier 1816. Élève de Saint-Cyr et de l'Ecole d'application d'état-major, M. Robert avait atteint le grade de capitaine et était attaché à la première division militaire lors de la révolution de février 1848; il se présenta aux élections pour l'Assemblée constituante dans son département natal, avec une profession de foi très nettement républicaine, mais sans succès. Il se tint dès lors éloigné de la politique, devint chef d'escadron en 1851, lieutenant-colonel en 1859, colonel et attaché à l'état-major de la 2ᵉ division, à Rouen, en 1864. C'est là que vinrent le trouver les événements de 1870. Il assista notamment à la bataille de Wissembourg, où il était chef d'état-major du général Douay, puis devint chef d'état-major du général Durrot et figura à Sedan. Il a été promu général de brigade en 1871 et placé dans le cadre de réserve en 1873. Membre du Conseil général de la Seine-Inférieure pour le canton de Fécamp depuis 1871, il a été vice-président de cette assemblée. Aux élections complémentaires du 2 juillet à l'Assemblée nationale, M. le général Robert était élu représentant de la Seine-Inférieure, par 60,511 voix. Il siégea au centre droit, vota avec la partie réactionnaire de ce groupe et signa l'acte d'adhésion au *Syllabus* envoyé au pape par quelques représentants. Cependant, M. le général Robert, porté sur la liste de l'Union conservatrice avec MM. Ancel, Pouyer-Quertier et Rouland, aux élections sénatoriales du 30 janvier 1876, se défendit énergiquement des accusations de cléricalisme qui lui étaient adressées. Elu sénateur de la Seine-Inférieure, le troisième sur quatre, il prit place sur les bancs de la droite. Il a été réélu, le quatrième seulement, au renouvellement du 8 janvier 1882. — Le général Robert est commandeur de la Légion d'honneur depuis 1869.

ROBERT DE MASSY, Paul Alexandre, avocat et homme politique français, né à Orléans le 29 septembre 1810. Ancien bâtonnier de son ordre, il se présenta, comme candidat de l'opposition libérale, aux élections de 1869, mais sans succès. Elu représentant du Loiret le 8 février 1871, et député de la première circonscription d'Orléans le 5 mars 1876, M. Robert de Massy siégea au centre gauche dans les deux assemblées. Réélu le 14 octobre 1877 comme l'un des 363 députés qui avaient repoussé l'ordre du jour de confiance sollicité par le cabinet de Broglie, M. Robert de Massy était élu sénateur du Loiret au renouvellement du 5 janvier 1879. Il a voté contre l'expulsion des princes.

ROBERT-FLEURY, Joseph Nicolas, peintre français, né à Cologne le 8 août 1797, fut élève de Gros, de Girodet et d'Horace Vernet et débuta au Salon de 1824. On cite principalement de cet artiste qui s'est acquis une des plus grandes réputations de ce temps : le *Tasse au couvent de Saint-Onuphre (1827)*; une *Scène de la Saint-Barthélemy (1833)*; *Henri IV rapporté au Louvre (1836)*; les *Derniers moments de Montaigne*; l'*Entrée de Clovis à Tours*; *Jane Shore*; le *Colloque de Poissy*; une *Scène de l'Inquisition*; un *Autodafé*; le *Pillage d'une maison*; *Benvenuto Cellini*; la *Judecca de Venise au moyen âge*, et quelques-unes des toiles précédentes (1855, Exp. univ.); *Charles-Quint au monastère de Saint-Yuste (1857)*; *Portrait de M. Devinck (1858)*; *Portrait du Dʳ Grisolles* et le *Charles-Quint* déjà cité (1867, Expos. univ.); des *Portraits*, etc., etc. — M. Robert-Fleury a obtenu une médaille de 2ᵉ classe en 1824, une de 1ʳᵉ classe en 1834 et des médailles de 1ʳᵉ classe aux Expositions universelles de 1855 et 1867. Nommé chevalier de la Légion d'honneur en 1836, il est commandeur de l'ordre depuis 1867. Elu membre de l'Académie des beaux-arts, en remplacement de Granet, en 1850, M. Robert-Fleury est devenu professeur à l'Ecole en 1855 ; il en était nommé directeur lors de sa réorganisation en 1863, puis directeur de l'Académie de France à Rome en décembre 1865, fonctions qu'il ne conserva qu'une année.

ROBERT-FLEURY, Tony, peintre français, fils du précédent, est né à Paris le 1ᵉʳ septembre 1837. Il suivit les ateliers de Paul Delaroche et de Léon Cogniet, et débuta brillamment au Salon de 1866, avec une grande toile intitulée: *Varsovie, 8 avril 1861*, représentant les habitants désarmés de cette malheureuse ville froidement massacrés par la soldatesque russe chargée de réprimer l'insurrection polonaise. Cette magnifique toile, qui produisit une émotion générale et prolongée, rendit célèbre du jour au lendemain le nom de son auteur. Elle fut suivie de : *Vieilles sur la place Navone, à Rome (1867)*; le *Dernier jour de Corinthe (1870)*, grande toile reparue à l'Exposition de 1878: les *Danaïdes (1873)*; *Charlotte Corday à Caen (1874)*; *Pinel, médecin en chef de la Salpêtrière, délivrant les aliénées de leurs chaînes (1876)*, également reparue à l'Expos. univ.; la *Glorification de la sculpture française*, plafond pour le palais du Luxembourg (1880); *Mazarin et ses nièces (1883)*; *Portrait de M. Robert-Fleury (1884)*; *Léda*, *Portrait du général Lebrun (1885)*; *Portrait de M. Bixio (1886)* et un grand nombre d'autres portraits, la plupart anonymes, exposés à diverses époques. — M. Tony Robert-Fleury a obtenu des médailles aux salons de 1866, 1867 et 1870, la médaille d'honneur en 1870, et une médaille de 1ʳᵉ classe à l'Exposition universelle de 1878: décoré de la Légion d'honneur en 1873, il a été promu officier en 1884.

ROBINSON, sir Hercules George Robert, administrateur anglais, né en 1824, fit ses études au collège militaire de Sandhurst et servit quelque temps comme officier au 87ᵉ régiment d'infanterie. Il quitta l'armée en 1846 pour entrer dans l'administration et occupa divers emplois en Irlande jusqu'en 1852. Nommé président de Montserrat en 1854, lieutenant-gouverneur de Saint-Christophe en 1855, il succéda à sir John Bowring comme gouverneur de Hong-Kong en 1859 et fut alors créé chevalier ; il devint ensuite gouverneur de Ceylan en 1865 et gouverneur de la Nouvelle-Galles du Sud en mars 1872. Au mois d'août 1884, sir Hercules Robinson se rendait aux îles Fidji dans le but de nouer des relations entre le gouvernement de ces îles et la Grande-Bretagne. Le 15 octobre suivant, il acceptait la cession sans condition des îles Fidji, en prononçait l'annexion à l'Empire britannique et y arborait le drapeau anglais. Il y établit ensuite un gouvernement provisoire, dont il conserva quelque temps la direction. En reconnaissance des services qu'il avait rendus à son pays dans cette occasion, sir H. Robinson fut créé grand croix de l'ordre des SS. Michel et George. Il est devenu depuis gouverneur de la Nouvelle-Zélande en 1878, puis du Cap de Bonne-Espérance, en remplacement de sir Bartle Frère, en août 1880, et est entré au Conseil privé en août 1883.

ROCHE, Jules, homme politique français, né à Serrières (Ardèche) le 22 mai 1841, fit ses études à Paris au collège Stanislas et à l'école de droit. Avocat du barreau de Lyon, il tentait dès 1868 de se faire élire au Conseil général de son département natal, mais sans succès. La révolution du 4 septembre 1870 le trouva à Privas, rédacteur en chef de l'*Ardèche*, journal républicain, et en fit le secrétaire général de la préfecture. Le 8 février 1871, il se présentait aux élections pour l'Assemblée nationale et réunissait un fort joli chiffre de suffrages. Il fut alors révoqué de ses fonctions à Privas, mais dès le mois de mai suivant, il les reprenait à Toulon. De nouveau révoqué en 1873, il vint à Paris, collabora au *Petit Parisien*, au *Rappel*, à la *Justice*, puis se fit élire en 1879 au Conseil municipal de Paris, par le quartier de Bercy (XIIᵉ arrondissement), et s'y distingua par ses opinions radicales et particulièrement anticléricales, se traduisant à l'occasion par le refus du budget des cultes. Réélu en janvier 1881, M. Jules Roche devint vice-président du Conseil. Aux élections du 21 août suivant, il posait sa candidature à la députation à la fois dans le XIIᵉ arrondissement de Paris, à Privas et à Draguignan, et fut élu, dans ce dernier collège seulement, sur un programme ultra-radical ; mais il n'eut pas plutôt atteint le but si ardemment souhaité, qu'il arbora des couleurs plus tendres et devint presque sans transition opportuniste. Très capable, d'ailleurs, et très laborieux, il se sent homme de gouvernement, et le fait est qu'il a déjà été question de lui confier un portefeuille, qu'il n'attendra probablement pas longtemps. Aux élections d'octobre 1885, il était porté candidat dans l'Ardèche, le Var, la Seine et la Savoie : il échoua dans les trois premiers, mais fut élu dans le quatrième, le dernier de la liste, ce qui ferait croire au jeu que joue M. J. Roche n'est pas très sûr. Il a repris sa place, en attendant, sur les bancs de l'ancienne Union républicaine, et a voté l'expulsion des princes.

ROCHEBOUET (de), Gaétan de Grimaudet, général français, né à Angers le 18 mars 1813. Elève de l'Ecole polytechnique, il en sortit en 1833 dans l'artillerie, et fut promu successivement lieutenant en 1835, capitaine en 1841, chef d'escadron en 1849, lieutenant-colonel en 1853, colonel en 1854, général de brigade le 25 juin 1859 et appelé au commandement de l'artillerie de la garde en Italie, et enfin général de division le 1ᵉʳ mars 1867. Les principales campagnes du général de Rochebouët sont celles du 2 décembre 1851, à Paris, qui lui valut la rosette d'officier de la Légion d'honneur et celle d'Italie, qui lui valut l'épaulette de brigadier-général. En 1874, par suite de la nouvelle organisation de l'armée, il était appelé au commandement du 18e corps, à Bordeaux. Après les élections du 14 octobre 1877, le maréchal de Mac-Mahon, forcé de se séparer de M. de Broglie, lui confiait la mission de former un nouveau cabinet, dont il est inutile de rappeler aujourd'hui la composition, et qui se présenta devant la nouvelle Chambre des députés le 14 novembre. Accueilli par un ordre d'exclusion, ce cabinet, pris en dehors du parlement, essaya de résister; des ordres de préparatifs militaires furent donnés, faisant naître la crainte trop fondée d'un coup d'État imminent; mais la divulgation de ces ordres, d'autres faits, tels que les protestations du général de Carré de Bellemare et du commandant Labordère, empêchèrent ces projets d'aboutir ; et le ministère de Rochebouët donna sa démission, après moins de trois semaines d'exercice, conservant la prétendue « expédition des affaires courantes », suivant l'expression consacrée, jusqu'à la constitution d'un ministère régulier, sous la présidence de M. Dufaure (14 décembre). M. le général de Rochebouët retourna alors à Bordeaux, il regretta sans doute d'avoir quitté, pour reprendre le commandement de son corps d'armée. Il en fut relevé peu après, et admis dans le cadre de réserve au commencement de 1878. En 1879, la Chambre des députés adoptait les conclusions du rapport de sa commission d'enquête sur les actes des ministères du 16 mai et du 14 novembre 1877, infligeant un blâme aux membres de ces ministères et en demandant l'affichage dans toutes les communes de France. — M. le général de Rochebouët est grand officier de la Légion d'honneur depuis le 20 avril 1881 ; il est aussi décoré de plusieurs ordres étrangers, notamment de la croix de commandeur de l'ordre pontifical de Saint Grégoire-le-Grand.

ROCHEFORT-LUÇAY (marquis de), VICTOR HENRI, dit **Henri Rochefort**, littérateur et homme politique français, né à Paris le 29 juillet 1832, est fils d'un vaudevilliste qui, après avoir mis de côté son titre de marquis, obtint de grands succès au théâtre sous le nom d'Edmond Rochefort, et qui est mort en avril 1871. Il fit ses études au collège Saint-Louis; travaillé déjà par le démon littéraire, il prenait part, et avec succès, au concours des jeux floraux; il y remporta même un prix avec un *Hymne à la Vierge* qu'on lui a beaucoup reproché depuis, comme s'il existait un enfant de seize ans, élevé dans l'Église catholique, qui ne soit enthousiaste de cette poétique figure, quelle que soit sa destinée intellectuelle. Il commença ensuite sa médecine ; mais les circonstances exigeant qu'il se créât lui-même des ressources, il dut renoncer bientôt à cette carrière où, comme praticien du moins, il était d'ailleurs à peu près sûr de ne pas réussir. Il donna alors des leçons de latin et obtint enfin, en 1851, un emploi de 1,200 francs à l'Hôtel de Ville. Si l'on songe que dès lors M. Henri Rochefort, sans être marié, avait une femme et des enfants aux besoins desquels il pourvoyait courageusement, sinon légitimement, on reconnaîtra que la modeste expéditionnaire au bureau des brevets, à l'Hôtel de Ville, n'était pas précisément dans l'opulence. Poussé par son penchant presque irrésistible autant que par la nécessité d'ajouter à son budget, M. Rochefort se souvint qu'il était fils de vaudevilliste et aborda le théâtre avec un vaudeville en un acte, écrit en collaboration avec Commerson, et qui fut joué aux Folies-Dramatiques en 1856: *Un homme bien mis*. Avant de trouver une nouvelle occasion de se produire à la scène, il chercha de la besogne dans les journaux et chez les libraires. C'est ainsi qu'il débutait à la *Presse théâtrale* en 1859, fournissait en même temps quelques articles au *Dictionnaire de la conversation*, passait en 1860 au *Charivari*, dont il devint rapidement un des collaborateurs les plus goûtés, et fut chargé par M. Aurélien Scholl de rédiger une chronique hebdomadaire au *Nain jaune*, qu'il venait de fonder, en 1863. Le *Nain jaune* n'ayant pas réussi, le *Figaro* s'empressa de recueillir ce chroniqueur, à qui une scène nouvelle, plus en vue, avait fourni l'occasion de briller d'un éclat plus vif. M. Rochefort était devenu sous-inspecteur des Beaux-arts de la ville de Paris en 1860, mais ses succès de presse lui ayant permis de se vouer entièrement à la littérature, il donnait sa démission dès l'année suivante. Cependant une révolution s'accomplissait dans la presse littéraire, la diffusion de la presse politique étant paternellement limitée, et ceux qui fondaient à l'envi. Millaud fondait le *Soleil* auquel il attachait M. Rochefort, comme chroniqueur en titre, aux appointements de 1,500 fr. par mois; H. de Villemessant, qui avait fondé de son côté l'*Evénement*, renchérit sur Millaud et, après environ une année passée au *Soleil*, M. Rochefort entrait à l'*Evénement* d'où il passait bientôt au *Figaro*, devenu à son tour quotidien. De la critique générale des travers de l'époque, M. Rochefort en était venu peu à peu, et nous en pente naturelle, à la critique la moins dissimulée et la plus mordante des hommes et des choses de l'Empire. Il réunissait ses articles les plus vifs en volumes et les publiait, précédés de préfaces attirant particulièrement l'attention sur les points laissés obscurs par nécessité dans ses articles de journal. Cela ne pouvait durer. M. Pinard, ministre de l'Intérieur, mit le directeur du *Figaro* dans cette alternative, ou de se séparer de son rédacteur ou de voir supprimer son journal. Villemessant ne pouvait hésiter: il écarta M. Rochefort, à qui cet ostracisme rendait le silence extraordinairement pesant. Il demanda l'autorisation de fonder la *Lanterne*, mais elle lui fut naturellement refusée. Cependant, la nouvelle loi sur la presse ayant été promulguée peu de temps après, le premier numéro de la *Lanterne* parut en juin 1868, avec une couverture rouge montrant les N du mot qui forme son titre pendus à la lanterne à l'aide d'une corde solide. — Il est à remarquer que les principaux bailleurs de fonds de M. Rochefort dans cette affaire étaient, au début, le rédacteur en chef et l'administrateur du *Figaro*, H. de Villemessant et Auguste Dumont. Cette brochure hebdomadaire eut un succès prodigieux, que tentèrent d'exploiter une foule de publicistes de hasard, auxquels se mêlèrent même quelques écrivains plus sérieux. Un demi-cent de *Lanternes* de toutes les couleurs vit aussitôt le jour; peu, à la vérité, brillèrent jusqu'au troisième numéro, et quelques-unes s'éteignirent en pr feront, en manière de plaintes, des injures bien senties contre le goût perverti du public, qui persistait à s'arracher les numéros de la *Lanterne* de Rochefort. — Les choses ne pouvaient d'ailleurs durer longtemps sur ce pied-là. Au onzième numéro, la *Lanterne*, étonnée de vivre encore, était saisie et son rédacteur, poursuivi, était condamné à un an de prison, 10,000 francs d'amende et un an de privation de ses droits civils et politiques; le numéro suivant était également saisi et la condamnation prononcée contre son rédacteur, pour le précédent, reproduite de tout point. En présence de ce parti pris évident, M. Rochefort se rendit à Bruxelles et y continua la publication de sa *Lanterne*, qu'on lut presque autant en France, malgré les précautions prises à la frontière, et beaucoup plus dans le reste de l'Europe, grâce aux traductions qui en furent faites dans toutes les langues. Outre les poursuites judiciaires, l'auteur de la *Lanterne* eut à subir les plus grossières injures de la part de gens de réputation détestable, qui prenaient tour à tour le journal et la brochure pour véhicule à leurs insanités. Lorsque tout devait lui démontrer que ces attaques ordurières lui faisaient dans l'opinion plus de bien que de mal, M. Rochefort, qui ne brille pas précisément par le sang-froid, eut le tort de se fâcher ; ne pouvant demander raison aux pamphlétaires dont il avait à se plaindre, il s'en prit à leur imprimeur, et celui-ci refusant de lui « rendre raison », il s'oublia au point de le frapper : ce haut fait, qu'il fut le premier à regretter, lui valut quatre mois de prison, à ajouter aux autres. — On comprend très bien que, dans la vie de pamphlétaire, on ne sème pas sa route de sourires de bienvenue. Outre les injures auxquelles on ne peut répondre et les condamnations auxquelles on échappe comme on peut, M. Rochefort eut plusieurs duels: d'abord avec un officier de la maison de la reine Isabelle dont il avait parlé avec trop de liberté, ensuite avec le prince Achille Murat, enfin avec l'inévitable M. Paul de Cassagnac. Retiré à Bruxelles, M. Ernest Baroche, mort bravement depuis au Bourget, faisait acte de preux chevalier en venant le relancer dans son exil : il en remporta une bonne blessure.

La position prise par M. Rochefort en face du pouvoir le désignait naturellement aux suffrages des adversaires les plus violents de l'Empire dont les rangs grossissaient de jour en jour. Sa candidature, préparée d'ailleurs dès 1868 par une brochure intitulée *Rochefort député*, fut portée dans la 7e circonscription de la Seine, aux élections de mai-juin 1869. On a dit ailleurs que la candidature Rochefort s'était posée en concurrence avec la candidature Jules Favre; il n'est que juste de constater, au contraire, que Jules Favre se porta candidat après que la candidature Rochefort fut acceptée par les comités radicaux et contre cette candidature, d'une opposition qu'il déclarait « excessive, irrespectueuse, inconstitutionnelle et violente ». Quoi qu'il en soit, Jules Favre triompha, mais seulement au second tour. Aux élections complémentaires de novembre suivant, M. H. Rochefort était élu député de la première circonscription (Belleville), en remplacement de Gambetta, qui avait opté pour Marseille. Il avait accepté un mandat impératif de ses électeurs, circonstance qui augmenta encore l'aversion naturelle qu'il inspirait à ses collègues du parlement, gens indépendants pour la plupart, comme on sait : par exemple il est bien évident qu'on peut être un candidat officiel sans accepter de « mandat impératif ». Il prit place à côté de F. V. Raspail, avec qui il formait à peu près tout le parti de l'extrême-gauche, quoique MM. Ordinaire et Girault (du Cher) ne fussent pas très éloignés d'eux M. Rochefort brilla peu à la Chambre, d'abord parce qu'il n'est pas orateur, perd aisément son sang-froid, n'avait pas à cette époque une éducation politique bien profonde, et enfin, parce que la majorité faisait son possible soit pour étouffer sa voix, soit pour lui faire perdre la tramontane, et que le président du Corps législatif paraissait n'avoir d'autre préoccupation que de trouver une occasion de le rappeler à l'ordre. On ne saurait donc rappeler aucun discours de lui, et ses sorties humoristiques, pour blessantes qu'elles fussent, auraient figuré avec plus d'avantage dans un pamphlet que dans une assemblée législative. — Le 18 décembre 1869, il fondait la *Marseillaise*, dont l'autorité interdit, avant de l'avoir vue, la vente sur la voie publique. On sait qu'à la suite d'attaques contre la famille impériale publiées dans ce journal, le prince Pierre Bonaparte envoyait un cartel à M. Rochefort avec recommandation de ne lui point adresser ses « manœuvres ». On sait également qu'en raison de la polémique violente entamée entre deux journaux corses et poursuivie par l'une des parties dans la *Marseillaise*, M. Paschal Grousset (voyez ce nom) envoyait au prince Pierre deux témoins, MM. Ulric de Fonvielle et Victor Noir, lesquels précédaient de quelques heures seulement les témoins de M. Rochefort; on sait enfin que, dans l'entrevue qui eut lieu, Victor Noir fut tué par le prince d'un coup de revolver au cœur (10 janvier 1870) et que la nouvelle de cet événement fut accueillie par une clameur immense. L'enterrement eut lieu au cimetière de Neuilly, par ordre de l'autorité qui ne pouvait consentir à laisser traverser Paris à un convoi funèbre composé de plus de cent mille personnes; et cette foule descendit en poussant des cris de réprobation qu'on n'osa châtier, bien que des brigades entières d'agents de la police politique, bien armés, fussent mêlées à ses rangs. Le rôle joué dans cette manifestation par M. H. Rochefort fut plutôt celui d'un conciliateur; car si, à sa place, il se fût trouvé un de ces hommes exaltés et, disons-le, énergiques, en même temps que populaires, dont la parole suffit à entraîner les masses, une insurrection formidable éclatait aussitôt : on descendait à Paris, malgré tout, avec le corps de l'homme tué par un Bonaparte, et une fois à Paris, il est facile de deviner ce qui fût advenu; mais M. Rochefort n'avait d'un tel homme ni la popularité, et son attitude suffit à décourager les plus résolus. Moins prudent de la plume à la main, il donnait, par l'épanchement de son indignation bien justifiée dans la *Marseillaise*, le prétexte attendu de saisir ce journal et d'autoriser contre son rédacteur en chef des poursuites qui ne se firent pas attendre. Cité en police correctionnelle le 22 janvier, M. Rochefort était condamné par défaut à six mois de prison et 3,000 fr. d'amende. Arrêté le 7 février et écroué à Sainte-Pélagie, il lui fut interdit d'écrire dans son journal, qui cessa de paraître pendant trois jours. Après avoir subi sa peine, le procureur général Grandperret jugea bon de le retenir en prison pour purger la condamnation à 4 mois de prison qu'il avait encourue avant d'être député, pour avoir frappé un imprimeur, et peut-être eût-il songé à lui faire purger les autres condamnations qui l'avaient frappé à la même époque, mais il n'en eut pas le temps : la révolution du 4 Septembre ouvrit les portes de Sainte-Pélagie à son prisonnier, et lui-même quittait en grande hâte ses fonctions. — La *Marseillaise*, qui avait été indéfiniment suspendue le 25 juillet, reparut le 8 septembre, saisie le 30 au général Cluseret, énergiquement désavoué par M. Rochefort. Cette résurrection n'eut pas le lendemain.

En sa qualité de député de Paris, M. Rochefort faisait *de droit* partie du gouvernement de la Défense nationale, que sa présence y fût ou non agréable à ses collègues. Le 19, il était nommé président de la commission des barricades. Quel que fût le degré de vérité contenu dans l'assertion de M. Félix Pyat désignant M. Rochefort comme une des personnes qui lui avaient communiqué la nouvelle de la capitulation de Metz, le fait est que M. Rochefort repoussa l'imputation et que, le 31 octobre, il fit tous ses efforts pour calmer la foule qui avait envahi l'Hôtel de Ville et finit par lui promettre des élections municipales à bref délai. Cette promesse, qui ne semblait guère dangereuse à tenir, ne fut pourtant pas sanctionnée par ses collègues du gouvernement; il donna alors sa démission, et ne conserva que la présidence de la commission des barricades. Le 1ᵉʳ février 1871, il fondait un nouveau journal, le *Mot d'ordre*; le 8, il était élu député de la Seine, le sixième sur quarante-trois. Il siégea à l'extrême-gauche et donna sa démission après le vote des préliminaires de paix, qu'il avait repoussés. Retenu quelque temps à Bordeaux par la maladie, il rentra à Paris en pleine Commune, et reprit, le 1ᵉʳ avril, la publication du *Mot d'ordre*, supprimé le 12 mars par le général Vinoy. D'abord favorable aux hommes de l'Hôtel de Ville, où, plus exactement, hostile à ceux de Versailles, il ne tarda pas à attaquer la plupart des actes de la Commune et les plus infatués de ses membres, sans s'apercevoir qu'il se tirait entre deux feux, ou, peut-être, ne s'en souciant pas. Il fut bientôt décidé, dans les conseils de l'Hôtel de Ville ou du voisinage, car la chose paraît s'être passée en petit comité, qu'il fallait à tout prix se débarrasser du rédacteur en chef du *Mot d'ordre*. Son arrestation paraissait impraticable, et, bien qu'on y fût décidé, le fait est qu'il put quitter Paris, le 19 mai, avec un laisser-passer obtenu nous ne savons comment, en présence des versions contradictoires qui se sont produites alors et depuis. Arrêté à la gare de Meaux, il était conduit à Versailles où, après une longue détention préventive, il comparaissait le 20 septembre devant le 3ᵉ conseil de guerre, qui le condamnait à la déportation dans une enceinte fortifiée. La commission des grâces repoussa son recours et toutes les démarches en faveur d'une commutation de peine eurent le même sort. Interné d'abord au fort Boyard, dans un état de santé des plus précaires, puis transféré à la citadelle de Saint-Martin de Ré en juin 1872, M. Rochefort obtenait l'autorisation de venir à Versailles épouser, le 6 novembre 1872, la mère de ses enfants, qui mourait quelques semaines plus tard, afin de légitimer ceux-ci. Retourné à Saint-Martin de Ré, il semblait que l'on ne dût pas être transporté à Nouméa, d'autant que son état de maladie faisait considérer une si longue traversée comme dangereuse; mais la révolution du 24 Mai amena au pouvoir des hommes que n'arrêtent pas d'aussi mesquines considérations, et, en conséquence, M. Henri Rochefort était embarqué pour la Nouvelle-Calédonie le 8 juillet 1873. — On sait que, dans la nuit du 19 au 20 mars 1874, il s'évadait avec cinq autres déportés, à bord du trois-mâts anglais le P. C. E. Il se rendit en Australie, où son arrivée à Queenstown, le 16 juin, fut signalée par des désordres qui exigèrent l'intervention de la police. De Sydney, il passa aux Etats-Unis, s'arrêtant aux Sandwich, puis s'embarqua pour l'Angleterre. Après un court séjour à Londres, M. H. Rochefort passait en Belgique, où il restait également peu de temps, et allait s'établir près de Genève, reprenant la publication de sa *Lanterne* et envoyant à quelques journaux radicaux de Paris des articles dont l'anonymat, d'ailleurs fort transparent, ne tarda pas à être dévoilé par les procès intentés à ces journaux pour donner satisfaction au zèle exubérant des jeunes substituts qui encombrent les avenues du parquet. En mai 1877, M. Rochefort mariait à un jeune peintre genevois, M. Dufaux, sa fille Noémi; en mai 1880, son fils aîné se trouvant mêlé à la manifestation organisée en l'honneur des victimes de la Commune, était traité avec la plus grande brutalité par un agent de police. M. Rochefort envoya au préfet de police, M. Andrieux, une lettre de provocation à laquelle celui-ci ne répondit pas; mais son beau-frère, M. G. Kœchlin, releva le défi, et M. Rochefort eut la bonhomie d'accepter cette substitution. Il fut blessé dans cette rencontre, qui eut lieu à Coppet, le 3 juin. Le mois suivant, il rentrait en France à la faveur de l'amnistie, et, quelques jours après, il fondait l'*Intransigeant*.

Aux élections d'octobre 1885, M. Henri Rochefort figurait naturellement sur toutes les listes radicales-socialistes ou de nuances voisines, car ce n'étaient pas les listes qui manquaient à cette élection du département de la Seine. Il fut élu au scrutin du 18, par environ 250,000 voix et prit place à l'extrême-gauche. Peu après la rentrée des Chambres, conformément à une promesse faite à ses électeurs, il déposait sur le bureau de la Chambre une proposition d'amnistie dont eussent profité principalement des ouvriers grévistes condamnés trop sévèrement en général pour des crimes ou des délits plus faciles à châtier qu'à bien caractériser. Cette proposition venait à l'ordre du jour de la Chambre des députés le 6 février 1886, et la discussion générale close, une très grande majorité, en majeure partie composée de députés qui avaient également promis l'amnistie à leurs électeurs, lorsqu'ils n'étaient encore que candidats, refusa de passer à la discussion des articles. A l'issue de la séance, M. H. Rochefort adressait au président de la

Chambre sa démission motivée sur ce que, avant promis de faire voter l'amnistie et ne pouvant espérer y parvenir, il préférait résigner un mandat inutile. On pensait que son intention était de se faire renvoyer à la Chambre avec un mandat modifié, mais il refusa une nouvelle candidature, et c'est M. Gaulier qui fut élu à sa place à l'élection partielle du 2 mai suivant.

On cite de M. Rochefort, outre ses travaux de journaliste et son premier vaudeville que nous avons cité : la *Marquise de Courcelles*, roman historique, publié par F. de Mirecourt et signé de son seul nom (1859) ; les *Petits mystères de l'hôtel des ventes (1862)* ; la *Grande bohême (1866)* ; les *Français de la décadence (1867)* ; les *Signes du temps (1868)*, recueils d'articles, sans parler de la réunion en volumes de ses *Lanternes* non prohibées : il a été aussi question d'une *Histoire de la Révolution* dont nous ignorons le sort. Il a donné plus récemment plusieurs romans : les *Dépravés (1875)* ; les *Naufrageurs (1876)* ; une relation humoristique de son évasion de la presqu'ile Ducos et du voyage qui s'en suivit : *De Nouméa en Europe (1877)* ; le *Palfrenier*, roman (1878) ; l'*Aurore boréale*, ib. (1879) ; l'*Evadé*, roman comique (1880) ; *Farces amères*, nouvelles (18-6), etc. — Il a fait représenter sur diverses scènes : *Je suis mon fils*, 1 acte, avec Varin ; le *Petit cousin*, opérette en 1 acte, avec Charles Deulin ; les *Rôueries d'une ingénue*, 3 actes (1861) ; *Une martingale*, avec Clairville et Cham, 1 acte ; *Un premier avril*, 1 acte, avec M. Adrien Mars ; les *Bienfaits de Champavert*, 1 acte ; *Un homme du Sud*, 1 acte, avec M. Albert Wolf ; *Nos Petites faiblesses*, 2 actes (1862) ; les *Secrets du grand Albert*, 2 actes, avec M. Grangé ; *Sortir seule ! 3* actes, avec le même ; les *Mystères de l'hôtel des ventes*, 3 actes, avec M. Albert Wolf (1863) ; la *Vieillesse de Brididi*, 1 acte, avec M. A. Choler (1864) ; *Mémoires de Réséda*, 3 actes, avec MM. E. Blum et A. Wolf ; la *Tribu des rousses*, 1 acte, avec M. Blum ; *Sauve, mon Dieu ! 1* acte, avec N. P. Veron (1865) ; la *Foire aux grotesques*, avec le même, 2 actes ; la *Confession d'un enfant du siècle*, 1 acte (1866), etc. ; ouvrages représentés au Palais-Royal, au Vaudeville, aux Délassements, aux Bouffes, au Gymnase, aux Variétés et aux Folies-Dramatiques. Enfin, le 18 octobre 1886, des dépêches d'Amérique annonçaient la première représentation, au Standard-Theatre de New-York, d'un grand drame de M. Rochefort, titré *l'Irlandaise*, accueilli avec applaudissement.

ROCHET, Joseph Claude, homme politique français, né à Lyon en 1837. D'abord chef d'atelier de tissage, puis administrateur de la Société des tisseurs lyonnais, membre fondateur du syndicat des tisseurs lyonnais, M. Rochet est membre du Conseil municipal de Lyon depuis 1873 et adjoint au maire. En 1880, il se portait candidat à la députation en remplacement de M. Millaud, passé au Sénat, mais se retirait devant Blanqui ; il s'ensuivit que celui-ci prit sa place. M. Ballue, fut élu. Il figurait aux élections d'octobre 1885 sur la liste radicale, et fut élu au scrutin du 18. M. Rochet a voté l'expulsion totale des princes.

ROGER, Emily, homme politique français, né à Rouffignac (Dordogne) le 3 février 1831. Avocat du barreau de Sarlat, chef du contentieux au chemin de fer d'Orléans, M. Émile Roger, déjà conseiller général de la Dordogne, porta sa députation à une élection partielle ouverte dans la 1re circonscription de Sarlat le 23 mai 1880. Élu, il s'inscrivit au groupe de la gauche républicaine, et fut réélu le 21 août 1881. Candidat républicain aux élections pour le renouvellement de la représentation sénatoriale de la Dordogne, le 25 janvier 1885, il fut élu en tête de la liste. Il était en congé au moment du vote de la loi d'expulsion des princes.

ROGER-MARVAISE, Théophile René, homme politique français, avocat au Conseil d'État, est né à Saint-Étienne-en-Coglès (Ille-et-Vilaine) le 7 juillet 1831. Il fit ses études à Rennes et à Paris, où il prit le grade de docteur en 1858. Après avoir échoué aux élections, du 8 février 1871, il fut élu représentant d'Ille-et-Vilaine, le 2 juillet suivant et député de la 1re circonscription de Rennes le 20 février 1876. Il siégea à gauche dans les deux assemblées. — Aux élections du 14 octobre 1877, M. Roger-Marvaise a été réélu dans la première circonscription de Rennes, et a tenu en échec le candidat réactionnaire dans celle de Fougères, où l'élection fut vivement contestée. Aux élections pour le renouvellement de la représentation sénatoriale d'Ille-et-Vilaine, le 5 janvier 1879, M. Roger-Marvaise, qui avait échoué pour le Sénat le 30 janvier 1876, était élu le second sur trois. Il a voté l'expulsion des princes.

RONDELEUX, Paul Grégoire, homme politique français, né à Paris le 20 novembre 1832. Directeur des mines et usines de la Condemine, à Buxières (Allier), connu pour l'appui qu'il a toujours donné aux candidatures républicaines qui se sont produites dans le rayon de son influence, M. Rondeleux a été élu à son tour député de l'Allier le 4 octobre 1885, et a pris place à la gauche républicaine. Il s'est abstenu sur la question de l'expulsion des princes.

ROQUE (de Filhol, Jean Théophane, homme politique français, né à Filhol (Gironde) le 11 avril 1824. Après s'être activement mêlé, dans son département, à l'agitation électorale de 1848 et 1849, il vint à Paris en 1850 et prit une certaine part à la résistance contre le coup d'État. Il fit ensuite un assez long voyage d'affaires dans l'Amérique centrale et méridionale, et de retour à Paris, commença à se signaler parmi les adversaires déclarés des institutions impériales, notamment aux élections de 1863 et 1869. Établi à Puteaux, il était devenu maire de cette commune au moment de l'investissement de Paris, et resta naturellement en fonctions au moment de la lutte entre le gouvernement de Versailles et la Commune de Paris (on pourrait assez exactement dire entre l'insurrection du 4 Septembre et celle du 18 mars). Accusé d'intelligence avec les insurgés, c'est-à-dire avec les vaincus, il fut arrêté, transféré à Versailles, et condamné par le 4e conseil de guerre aux travaux forcés à perpétuité. Transporté à la Nouvelle-Calédonie pour y subir sa peine, il bénéficia de l'amnistie de 1879 et rentra à Puteaux, où ses anciens administrés accueillirent son retour par des démonstrations enthousiastes. Nommé député de la 3e circonscription de Saint-Denis en remplacement de M. Émile Deschanel, nommé professeur au Collège de France, le 21 février 1881, M. Roque de Filhol siégea à l'extrême-gauche, et fut réélu aux élections générales du 21 août suivant. Membre de diverses commissions, il fit partie, en 1884, de la délégation de l'extrême-gauche de la Chambre qui alla visiter les départements du midi désolés par le choléra. Aux élections d'octobre 1885, son nom figurait sur les listes socialistes et radicales de la Seine, et il fut élu au scrutin du 18, le vingt-neuvième. Il a voté l'expulsion totale des princes.

ROQUES, François Vital Camille, homme politique français, né à Toulouse le 11 avril 1828. Ancien secrétaire général de la préfecture de l'Aveyron sous l'Empire, M. Roques, qui s'est fixé à Rodez, s'est présenté aux élections du 20 février 1876, sous les auspices du comité national conservateur. Il a été élu au second tour, le 5 mars, député de la 2e circonscription de Rodez et a pris place à la droite bonapartiste. Réélu dans la même circonscription le 14 octobre 1877, il y échouait le 21 août 1881. M. Roques a été élu, le 4 octobre 1885, député de l'Aveyron en tête de la liste monarchiste. — Il est chevalier de la Légion d'honneur.

ROSAMEL (de), Charles Joseph Marie Ducampe, marin et homme politique français, fils et petit-fils d'amiraux, est né près de Boulogne-sur-Mer le 24 juin 1833. Entré dans la marine à seize ans, il devint successivement aspirant en 1851, enseigne en 1854, lieutenant de vaisseau en 1860 et capitaine de frégate le 8 décembre 1870, commandant à cette date une batterie flottante sur la Seine. Aux élections sénatoriales du 30 janvier 1876, M. de Rosamel accepta dans son département la candidature qui lui était offerte et qu'il se chargea de caractériser lui-même en se déclarant « conservateur de droite », expression nouvelle, mais facile à traduire, dans le charabia politique courant. M. de Rosamel fut élu, siégea et agit au Sénat comme on pouvait s'y attendre d'après sa profession de foi ; mais il échoua au renouvellement du 8 janvier 1882, avec 285 voix sur 1001. Aux élections du 4 octobre 1885, pour la Chambre des députés, ses amis inscrivirent son nom sur la liste de coalition monarchiste, qui triompha dans le Pas-de-Calais.

ROSCOE, Henry Enfield, chimiste anglais, né à Londres le 7 janvier 1833, fit ses études à l'École supérieure de Liverpool, au Collège de l'université de Londres et à l'université d'Heidelberg. Nommé professeur de chimie au collège Owen, à Manchester, en 1858, il fut élu, en 1863, membre de la Société royale, qui lui décernait, en 1873, sa médaille royale « pour ses recherches chimiques, plus spécialement pour ses découvertes sur l'action chimique de la lumière et sur les combinaisons du vanadium ». M. Roscoe a écrit beaucoup de notes ou mémoires sur l'action chimique de la lumière, en collaboration avec le professeur Bunsen, d'Heidelberg, outre de nombreux articles dans les *Transactions philosophiques* et la presse périodique scientifique, sur divers sujets de chimie et a publié : *Leçons de chimie élémentaire*, l'un des meilleurs ouvrages qu'on ait écrits sur cette matière, lequel a été traduit en allemand, en italien, en russe, en magyare, etc., mais pas en français ; *Lectures sur l'analyse spectrale (1868*, 5ᵉ édit., 1878) ; *Alphabet de chimie* (Science primer of chemistry), qui est comme une introduction au précédent, également estimé, et qui fait partie de la « Science primer Series » publiée par la maison Macmillan et Cⁱᵉ, sous la direction de MM. Roscoe, Huxley et Balfour Stewart ; *Traité de chimie*, avec le professeur Schorlemmer (1877-82, 3 vol.). Il a été nommé, en 1880, président de la Société de chimie de Londres et en 1882, président de la Société littéraire et philosophique de Manchester et membre de la Commission royale d'enseignement technique.

ROSEBERY (comte de), ARCHIBALD PHILIP PRIMROSE, homme d'Etat anglais, né à Londres en 1847, fit ses études à Eton et à l'université d'Oxford. Il succéda au titre de son père et à son siège à la Chambre des lords en 1868. Appartenant au parti libéral, il fit son premier discours à la haute chambre en 1871, pour appuyer l'adresse en réponse au discours du trône, à l'ouverture de la session, choisi pour cette mission par M. Gladstone ; il prit, dès lors, une part très active aux débats du parlement, et s'y fit une grande réputation d'éloquence. Sous-secrétaire d'Etat au ministère de l'intérieur de 1881 à 1883, lord Rosebery devenait l'orateur du parti libéral à la Chambre des lords après la retraite de lord Granville, qui l'avait désigné lui-même pour son successeur. Il a fait partie du dernier ministère libéral présidé par M. Gladstone, de février en août 1886, comme secrétaire d'Etat aux affaires intérieures, succédant également à lord Granville dans ce poste important. — Le comte de Rosebery a présidé le Congrès des sciences sociales tenu à Glasgow en octobre 1874, il a été élu recteur de l'université d'Aberdeen en novembre 1878 et recteur de l'université d'Edimbourg en novembre 1880, mais il ne prononça son discours d'inauguration qu'en novembre 1882.

ROSECRANS, WILLIAM STARKE, général américain, né à Kingston (Ohio) le 6 septembre 1819, fit ses études à l'Academie militaire de West Point, dont il sortit, en 1842, comme lieutenant du génie. Après avoir rempli, pendant plusieurs années, les fonctions de professeur-adjoint à West Point, il fut employé à divers travaux de construction par le département de la marine à Washington, au service topographique des côtes de New-Bedford et de Rhode Island, etc. Il donna sa démission, motivée par des raisons de santé, en 1834, et s'établit comme ingénieur civil à Cincinnati. Après avoir occupé diverses positions, dirigé plusieurs compagnies de navigation, il fondait, en 1857, une fabrique d'huile de paraffine et de prussiate de potasse. C'est à la tête de cette manufacture que le trouva la déclaration de guerre du Sud. Le général Mac-Clellan le choisit pour chef du génie de son corps d'armée, avec rang de major, en avril 1861 ; en juin suivant, il était promu colonel de volontaires et, peu après, brigadier-général dans l'armée régulière des Etats-Unis, et coopéra puissamment, en cette qualité, aux victoires remportées sur les sécessionnistes dans la Virginie occidentale. Promu major-général de volontaires en mars 1862, il commandait en chef aux batailles de Iuka (19 septembre), de Corinthe (4 et 5 octobre) et de Murfreesborough (31 décembre), où il fut vainqueur et reçut les remercîments publics du Congrès. Battu par Braxton Bragg à Chickamauga, les 18 et 19 septembre 1863, il fut, peu après, relevé de son commandement, puis reçut le commandement militaire du Missouri. Il quitta le service volontaire en janvier 1865 et se livra, pendant environ une année, en congé régulier, à l'exploration des régions minières du Pacifique, puis il résigna sa commission de brigadier-général dans l'armée régulière. En 1868, le président Andrew Johnson nomma M. Rosecrans ministre des Etats-Unis à Mexico, mais le président Grant s'empressa de le rappeler dès son avènement.

ROSNY (de), LÉON, orientaliste français, né à Loos (Nord) le 5 août 1837. Entraîné de bonne heure vers l'étude des choses de l'Orient, il entra comme élève à l'Ecole des langues orientales en 1852, et devint professeur de japonais à la Bibliothèque nationale en 1861. En 1863, M. Léon de Rosny fut attaché, comme interprète, à l'ambassade japonaise, qu'il accompagna en Hollande, en Angleterre et en Russie. Il a été nommé, en 1868, à la chaire de japonais nouvellement créée à l'Ecole des langues orientales. Il avait fait partie de la commission scientifique de l'Exposition universelle de 1867. Secrétaire perpétuel de la Société asiatique, M. de Rosny est membre de plusieurs sociétés ethnographiques et archéologiques nationales et étrangères, notamment de la Société américaine et de la Société d'ethnographie de Paris, dont il est un des fondateurs. — On doit à M. L. de Rosny : *Introduction à l'étude de la langue japonaise* (1856) ; *Aperçu général des langues sémitiques et de leur histoire* ; *Dictionnaire japonais-français-anglais* (1857) ; *Manuel de lecture japonaise* (1859) ; les *Ecritures figuratives et hiéroglyphiques des différents peuples anciens et modernes* (1860) ; *Tableau de la Cochinchine*, avec M. E. Cortambert (1862) ; *Recueil de textes japonais* (1863) ; *Dictionnaire des signes idéographiques de la Chine* (1864-67) ; *Etudes asiatiques de géographie et d'histoire* ; *Guide de la conversation japonaise* (1865) ; *Aperçu de la langue coréenne* ; *Vocabulaire chinois, coréen, aïno*, etc. (1867) ; *Variétés orientales* (1868) ; *Traité de l'éducation des vers à soie*, traduit du japonais (1869) ; le *Culte de Zoroastre chez les Chinois* ; *Affinités ethnographiques des Finnois, des Magyares, des Turcs et des Japonais* ; *Essai sur le déchiffrement de l'écriture hiératique de l'Amérique centrale* (1876-77, in-f°, pl. couleur) ; des traductions d'œuvres littéraires variées, du japonais en français, etc. — M. L. de Rosny est chevalier de la Légion d'honneur. »

ROSS-CHURCH (dame), FLORENCE MARRYAT, femme de lettres anglaises, fille du célèbre romancier, feu le capitaine Marryat, est née à Brighton le 9 juillet 1837. Elle reçut, dans sa famille, une brillante éducation littéraire, et collabora de bonne heure aux magazines et aux journaux. Elle a publié : *Conflit d'amour*, *Trop bon pour lui* (1865) ; *Femme contre femme*. *Toujours et toujours* (1866) ; les *Confessions de Gerald Estcourt*, *Nelly Brooke* (1867) ; les *Filles de Feversham*, *Verdique* (1868) ; *Pétronille* (1869) ; *Son seigneur et maître* (1870) ; le *Proie des dieux* (1871) ; *Vie et correspondance du capitaine Marryat* (1872), Mᵐᵉ *Dunnaresq*, *Pas d'amoureux* (1873) ; *Un beau-fils* (1877) ; *Sa parole contre un mensonge* (1879) ; *Un moment de folie*, et autres nouvelles (1883), etc. — Les ouvrages de Mᵐᵉ Ross-Church, plus connue chez nous sous le nom de Florence Marryat, ont été pour la plupart traduits en allemand, en russe, en suédois et même en français. Elle dirige la redaction de la *London Society* depuis 1872.

ROSSI, LAURO, compositeur italien, né à Macerata, en 1811. Il perdit ses parents de bonne heure, mais grâce au dévouement de sa sœur aînée, il put entrer au collège musical San-Sebastiano, aujourd'hui collège musical de San-Pietro-a-Maiella, à Naples, où il eut pour professeur Crescentini, Zingarelli et Raimondi. Ses progrès furent rapides, et il ne tarda guère à se produire au théâtre. Son premier ouvrage : le *Contessa villane* fut représenté au théâtre de la Fenice, à Naples, et la même année il donnait au théâtre Nuovo de la même ville, la *Villana contessa*, qui fut accueillie avec faveur. A ces deux ouvrages succédèrent rapidement : *Costanza ed Oringaldo*, *Lo Sposo al lotto*, *la Casa in vendita*, *Il Disertore svizzero*, le *Fucina di Bergen*, *Baldovino tiranno di Spoleto*, *Il Maestro di Scuola*, outre un oratorio : *Saül*, également exécuté à Naples. Après avoir tenu quelque temps l'emploi de directeur de la musique au théâtre Valle, à Rome, il passa en la même qualité à la Scala de Milan, vers la fin de 1834, et donna à ce théâtre : *la Casa disabitata*, *o i falsi monetari*, l'un de ses meilleurs ouvrages, et *Leocadia*. Il accepta à cette époque (1835) un engagement pour Mexico, où il écrivit *Giovanna Shore* et arrangea sur des paroles espagnoles sa *Casa disabitata*, il y composa en outre une *Messe de gloria* et fit dans les principales villes du Mexique une fructueuse tournée artistique. En 1838, il passait à la Havane. De retour en Europe, M. L. Rossi a produit notamment : *Il Borgomaestro di Schiedam*, *Il Dottore Bobolo*, *Cellini a Parigi*, *Azema di Granata*, *la Figlia di Figaro*, *Bianca Contarini*, *la Sirena*, *Il Domino nero*, etc. etc. Ses plus récents ouvrages sont : *la Contessa di Mons*, joué au théâtre Regio, à Turin (1874) ; *Cleopatra*, même théâtre (1876) ; *Biorn*, opéra en 5 actes, joué au théâtre de la Reine, à Londres, en janvier 1877, etc. Directeur du Conservatoire de Milan depuis une vingtaine d'années, M. Lauro Rossi a succédé à Mercadante, comme directeur du Conservatoire de Naples, en 1871. Il a été élu membre honoraire de l'Académie philharmonique de Rome, en février 1877.

ROSSI, ERNESTO, acteur et auteur dramatique italien, né à Livourne en 1829, fit ses études dans sa ville natale et son droit à la faculté de Pise. Son goût pour le théâtre l'avait déjà conduit fréquemment à jouer en société, et même avec une troupe dramatique sérieuse, celle de Marchi, lorsqu'il entra à l'école dramatique que venait de fonder Gustavo Modena. Après avoir joué successivement à Milan, à Turin et dans diverses autres villes d'Italie, il vint à Paris en 1853, avec la Ristori, et contribua à faire connaître au public français divers auteurs italiens qui méritaient de l'être, notamment Goldoni, l'auteur du *Bourru bienfaisant*. M. E. Rossi se rendit ensuite à Vienne où il poursuivit avec succès la même expérience, puis retourna en Italie, où il monta une troupe d'artiste dont il prit la direction. Revenu à Paris en 1856, il parut au Français, le jour anniversaire de Corneille, dans une traduction italienne du *Cid*. Après avoir parcouru le Portugal, l'Espagne, etc., interprétant avec sa troupe le répertoire de Shakespeare, qu'il a adopté en dernier lieu, il est revenu à Paris en 1875, et a donné au théâtre Ventadour, avec un très grand succès, une série de représentations shakespeariennes dans lesquelles il tenait le premier rôle. Il s'est ensuite rendu à Londres, où il fut également bien accueilli. — M. Ernesto Rossi, que ses compatriotes et même des étrangers ont surnommé le Talma italien, a aussi écrit plusieurs ouvrages dramatiques qui ne paraissent pas avoir une très grande valeur. Il est décoré de l'ordre des SS. Maurice et Lazare et de divers ordres étrangers: le prince Henri XVI de Reuss, notamment, le décorait de son ordre *Litteris et Artibus* en 1886.

ROTOURS (des), ROBERT EUGÈNE, industriel et homme politique français, fils d'un ancien député officiel de l'Empire, est né à Aniche (Nord) le 23 octobre 1833. Entré dans l'administration, il était conseiller de préfecture lorsque la mort de son père, en janvier 1868, le plaça à la tête d'une grande raffinerie et le désigna comme candidat au choix de l'administration, pour la succession du député défunt de la 3ᵉ circonscription du département du Nord. Élu dans ces conditions, M. E. des Rotours fut réélu aux élections générales de 1869, à la fois comme candidat du gouvernement et du clergé, contre M. Thiers; il prit place cependant dans les rangs du tiers-parti libéral, signa la demande d'interpellation des Cent-Seize et vota contre la guerre. Élu, le 8 février 1871, représentant du Nord à l'Assemblée nationale, le vingt-sixième sur vingt-huit, il siégea à droite et prit part, comme il l'ava*t* déjà fait au Corps législatif, aux discussions économiques, dans le sens de la protection. Il a repoussé en sa voie les lois constitutionnelles. M. des Rotours a été élu député de la 4ᵉ circonscription de l'arrondissement de Lille, le 20 janvier 1876, sans concurrent, et réélu le 14 octobre 1877 et le 21 août 1881, après avoir échoué aux élections du 5 janvier 1879 pour le renouvellement de la représentation sénatoriale du Nord. Aux élections du 4 octobre 1885, M. des Rotours a été élu député du Nord en tête de la liste monarchiste. Il est maire d'Avelin et représente le canton d'Orchies au Conseil général du Nord.

ROULLEAUX-DUGAGE, GEORGES HENRI, industriel et homme politique français, fils de l'ancien député officiel de l'Hérault sous l'Empire, est né à Paris le 30 janvier 1849. Manufacturier à Suresnes, M. Roulleaux-Dugage a fait partie des commissions françaises accréditées auprès des grandes expositions étrangères de ces quinze dernières années. Décoré de la Légion d'honneur après la guerre, comme officier des mobiles de l'Orne, il est en outre titulaire d'une médaille d'honneur pour fait de sauvetage. Candidat monarchiste dans l'Orne, aux élections d'octobre 1885, M. Roulleaux-Dugage a été élu au scrutin du 18 et a pris place à droite.

ROURE, CLAUDE ERNEST, homme politique français, né à Grasse le 29 août 1846. Il fit son droit à Paris, prit le grade de licencié, et alla s'établir notaire à Grasse, dont il est devenu maire. Connu par ses opinions républicaines et son attachement à la France, il a été élu député des Alpes-Maritimes le 4 octobre 1885, le second, immédiatement après M. Borriglione, maire de Nice, qui s'était porté isolément. Il a pris place à gauche, et s'est abstenu lors de la question d'expulsion des princes.

ROUSSE, AIMÉ JOSEPH EDMOND, avocat, membre de l'Académie française, né à Paris en 1816, y entra au barreau en 1837. Avocat et rien d'autre, M. Rousse, après avoir débuté comme secrétaire de Chaix d'Est-Ange, fut secrétaire de la conférence des jeunes avocats stagiaires et devint membre du conseil de l'ordre en 1862. En 1870, il fut élu, non sans peine toutefois, bâtonnier. Demeuré à Paris pendant la Commune, M. Rousse fut le défenseur de Gustave Chaudet et d'autres accusés devant les tribunaux communalites, auxquels il accorda son indulgence avec une bonne volonté, un empressement même qui n'étaient pas sans danger, et qui furent reconnus, après la pacification, par la croix de la Légion d'honneur. Il agit d'une manière à peu près analogue envers les congrégations religieuses frappées par les décrets du 29 mars 1880, et en faveur desquelles il rédigea une consultation. Mais l'Académie était justement dans l'opposition: elle l'élut donc, en remplacement d'un autre avocat, Jules Favre, le 13 mai 1880. — On a de M. Rousse une *Étude sur les parlements de France* tirée à petit nombre et non mise dans le commerce; il a publié en outre les *Discours et plaidoyers* de Chaix d'Est-Ange, en 2 vol., avec préface, et les *Études sur le droit nobiliaire français* de Lévêque: autant dire rien.

ROUSSEAU, PHILIPPE, peintre français, né à Paris en 1816, est élève de Gros et de V. Bertin, et débuta au Salon de 1834. On cite de cet artiste qui s'est fait une réputation rapide et dont les œuvres sont devenues pour la plupart populaires: *Site d'Auvergne (1834)*; les *Côtes de Granville (1833)*; *Vue de Normandie (1835)*; *Saint-Martin, près Gisors (1838)*; *Vue de Fresneuse (1840)*; le *Rat de ville et le rat des champs (1845)*; la *Chaise de poste (1844)*; le *Chat et le vieux rat*, la *Taupe et le lapin (1846)*; *Fleurs et papillons (1847)*; *Basse-cour, Fruits et gibier (1848)*; le *Chat et la souris (1849)*; *Intérieur de ferme, Pavé à deux (1850)*; *Un importun*, le *Rat retiré du monde (1851)*; la *Mère de famille, Pygargue chassant au marais (1853)*; *Deux artistes de chez Guignol, Cigogne en tieste*. *Chevreau brouant (1855*, Exposition universelle); *Chiens couplés au chenil. Lièvre chassé par des bassets*, la *Récréation*, les *Perroquets (1857)*; *Jour de gala*, le *Déjeuner (1859)*; *Musique de chambre, Cuisine (1861)*; la *Recherche de l'absolu*, le *Lièvre et les grenouilles (1863)*; un *Marché d'autrefois, Nature morte (1864)*; *Fruits, Chacun pour soi (1865)*; *Fleurs*, le *Singe photographe (1866)*; le *Rat retiré du monde*, déjà cité et *Intérieur de cuisine (1867*, Exposition universelle); *Résidence de Walter Scott, Fleurs (1868)*; l'*Été*, l'*Automne (1869)*; l'*Office (1873)*; la *Fête-Dieu*, la *Salade (1874)*; le *Loup et l'agneau*, les *Fromages, Pêches, Nature morte, Lapin*, pastels (1875); les *Huîtres*, les *Pavots (1876)*; *O ma tendre musette!* le *Déjeuner (1877)*; les *Roses*, le *Lunch (1878)*; les *Tulipes (1879)* le *Rapport*, la *Basse-cour (1881)*; *Victuailles*, les *Asperges (1883)*; les *Chrysanthèmes (1884)*; le *Rat qui s'est retiré du monde, Brioche et champagne (1885)*; les *Fromages, Bocal d'abricots (1886)*, etc. — M. Ph. Rousseau a obtenu une médaille de 3ᵉ classe en 1845, une de 1ʳᵉ classe en 1848, une de 2ᵉ classe à l'Exposition universelle de 1855 et une médaille de 1ʳᵉ classe en 1878. Chevalier de la Légion d'honneur depuis 1852, il a été promu officier de l'ordre en 1870.

ROUSSEL, THÉOPHILE VICTOR JEAN-BAPTISTE, médecin et homme politique français, né à Saint-Chély-d'Apcher (Lozère) le 28 juillet 1816, fit ses études médicales à Paris, fut reçu interne des hôpitaux en 1841, docteur en 1845 et agrégé de la faculté en 1847. Chargé en 1847, par le ministre de l'agriculture, d'étudier la pellagre qui sévissait dans le sud-ouest de la France, il rédigea un rapport sur cette maladie, que les événements le forcèrent à laisser inédit. Élu représentant de la Lozère à l'Assemblée législative, il y siégea parmi les républicains modérés et s'occupa principalement des questions d'hygiène. Rendu à la vie privée par le coup d'État de décembre 1851, il se retira dans son département, s'occupa de travaux historiques et scientifiques et devint membre de la Société d'agriculture de la Lozère et conseiller général. Aux élections du 8 février 1871, M. le docteur Roussel fut élu représentant de la Lozère à l'Assemblée nationale; il se fit inscrire aux réunions de la gauche républicaine et du centre gauche. Il est l'auteur d'une proposition de loi contre l'ivresse, d'une autre relative à l'assistance dans les campagnes et a pris une grande part aux lois sur le travail des enfants dans les manufactures, sur la protection des enfants employés sur les bateleurs, etc. Après avoir échoué dans son département aux élections sénatoriales du 30 janvier 1876, il fut élu député de l'arrondissement de Florac le 20 janvier suivant. Réélu membre du Conseil général de la Lozère en 1871 et depuis, il a été quelque temps président de cette assemblée. Réélu député de Florac le 14 octobre 1877, il se présentait de nouveau au renouvellement triennal du Sénat dans son département, cette fois avec succès. Il a voté contre la loi sur l'expulsion des princes. — M. le docteur Roussel, qui a collaboré à la *Revue médicale*, à l'*Union médicale*, au *Technologiste*, à l'*Encyclographie médicale*, etc., a publié: *Recherches sur la vie et la pratique d'Urbain V*, ouvrage couronné par l'Académie des inscriptions et belles-lettres (1841); *Histoire d'un cas de pellagre observé à l'hôpital Saint-Louis (1842)*; *Études sur le mal de la rosa des Asturies* (même année); *De la pellagre, de son origine, de son progrès, de son existence en France*, etc. (1845), couronné par l'Académie des sciences; *De la valeur des signes physiques* dans les maladies du cœur, thèse (1847) ; Rapport à M. le ministre de l'agriculture, etc., sur l'existence de la pellagre dans six départements (inédit) ; Traité de la pellagre et des pseudo pellagres, ouvrage qui a obtenu le prix de 5,000 francs de l'Académie des sciences (1866).

ROUSSET, Camille Félix Micuel, historien français, né à Paris le 15 février 1821, fit ses études au lycée Saint-Louis et suivit la carrière de l'enseignement. D'abord maître d'études surnuméraire au lycée Saint-Louis, il fut reçu agrégé d'histoire en 1843, et nommé professeur à Grenoble. Rappelé à Paris en 1845, M. C. Rousset a professé l'histoire au collège Bourbon jusqu'en 1863 ; il a été ensuite nommé historiographe et conservateur de la bibliothèque du ministère de la guerre (1864), poste qu'il conserva jusqu'en 1876, date de sa suppression. Enfin M. Rousset a été élu membre de l'Académie française, en remplacement de Mérimée, le 30 décembre 1871 et reçu solennellement le 1er mai 1872. — Aux élections du 14 octobre 1877, M. C. Rousset se portait candidat à la députation, avec l'appui de l'administration, dans le VIe arrondissement de Paris ; il échoua complètement, son concurrent heureux étant le colonel Denfert-Rochereau. — On a principalement de M. Camille Rousset : *Précis d'histoire de la Révolution française (1849)* ; *Histoire de Louvois et de son administration politique et militaire*, ouvrage honoré du 1er prix Gobert trois ans de suite par l'Académie française (1861-63, 4 vol., 3e édit. 1869) ; *Correspondance de Louis XV et du maréchal de Noailles (1865*, 2 vol.) ; le *Comte de Gisors, 1732-1758*, étude historique (1868) ; les *Volontaires de 1791-1794 (1870)* ; *Histoire de la guerre de Crimée (1877*, 2 vol.) ; la *Conquête d'Alger (1879)*, etc. — M. C. Rousset a été promu commandeur de la Légion d'honneur le 9 août 1877, c'est-à-dire à la veille de se porter candidat contre le colonel Denfert.

ROUSSIN, Etienne Pierre Marie, homme politique français, ingénieur, né à Nantes le 5 juillet 1840. Élève de l'École centrale des arts et manufactures, il obtint son diplôme en 1863, et acceptait en 1867 la direction de l'atelier de construction de machines à vapeur de Yokohama (Japon). De retour en 1870, M. Roussin fut nommé capitaine des mobiles du Finistère et devint aide-de-camp de l'amiral Saisset. Il a été décoré de la Légion d'honneur. — M. Roussin a été élu député du Finistère le 4 octobre 1885, sur la liste monarchiste.

ROUVIER, Maurice, homme politique français, né à Aix-en-Provence le 17 avril 1842. Avocat du barreau de Marseille, attaché à la presse démocratique marseillaise sous l'Empire, il fut choisi pour secrétaire général de la préfecture des Bouches-du-Rhône après le 4 septembre 1870. Après avoir échoué aux élections de février 1871, avec une minorité très importante, il fut élu représentant des Bouches-du-Rhône le 2 juillet suivant et siégea à l'extrême-gauche. Le 20 février 1876, M. Rouvier fut élu député de la 3e circonscription de Marseille, avec une majorité des trois quarts. Il s'est fait remarquer dans les deux assemblées par une véritable aptitude aux questions économiques et par son souci des intérêts industriels et commerciaux de Marseille. Ayant été l'objet d'ignobles calomnies, il sollicita lui-même le vote de l'autorisation de poursuites demandée à la Chambre par le chef du parquet, et fut acquitté (12 juillet 1876). M. Rouvier a été secrétaire de la Chambre des députés. Aux élections du 14 octobre 1877, M. Rouvier a été réélu, contre le maire imposé à Marseille par M. de Fourtou, M. de Jesse-Charleval, légitimiste ; il a été réélu dans la même circonscription le 21 août 1881. M. Rouvier a fait partie du cabinet Gambetta, du 14 novembre 1881 au 26 janvier 1882, comme ministre du commerce et des colonies. Il était de nouveau appelé au ministère du commerce du cabinet Jules Ferry, le 14 octobre 1884, en remplacement de M. Hérisson, démissionnaire, et se retirait avec ses collègues le 29 mars 1885. Il a voté en outre plusieurs fois président de la commission du budget. Aux élections d'octobre 1885, après avoir échoué au premier tour dans les Bouches-du-Rhône, M. Rouvier était élu député des Alpes-Maritimes au scrutin du 18. Il a été chargé, en 1886, d'une mission extraordinaire auprès du gouvernement de l'Italie, en vue du renouvellement de notre traité de commerce avec cette puissance, mission difficile, dont le succès avait été compromis par des négociations précédentes, qui avaient échoué ; mais sa mission ne devait pas réussir davantage. Dans la question des princes, il a voté l'expulsion. — M. Maurice Rouvier a épousé une femme de lettres de talent, également connue comme journaliste, sous le pseudonyme de « Claude Vignon. »

ROY DE LOULAY, Louis, homme politique français, né le 8 août 1848, est fils de l'ancien député au Corps législatif, ancien sénateur bonapartiste de la Charente-Inférieure, battu au renouvellement de janvier 1885. Il a été élu député de Saint-Jean-d'Angely le 20 février 1876, et siégea au groupe de l'Appel au peuple. Réélu le 14 octobre 1877 et le 21 août 1881, il était élu député de la Charente-Inférieure le 4 octobre 1885, sur la liste monarchiste.

ROYER, Gabriel Antoine, officier supérieur et homme politique français, né à Sey-Chazelles, près de Metz, le 1er octobre 1825. Élève de l'École militaire de Saint-Cyr, il fit toute sa carrière dans l'infanterie et prit sa retraite en 1875, comme chef de bataillon. Établi à Spincourt (Meuse), il est devenu maire de cette commune et a été membre du Conseil général de la Meuse jusqu'en 1880. Élu député de Montmédy le 2 février 1879, en remplacement de M. de Billy, décédé, M. Royer prit place à gauche, et fut réélu le 21 août 1881. Aux élections d'octobre 1885, il fut élu député de la Meuse au scrutin du 18, sur la liste républicaine. Il a voté l'expulsion des princes. — M. le commandant Royer est officier de la Légion d'honneur depuis 1874.

ROYS (marquis de), Richard Joseph Timoléon de Lédignan Saint-Michel, homme politique français, né à Paris le 14 août 1839. Élève de l'École militaire de Saint-Cyr, il en sortit dans les chasseurs à pied, passa aux zouaves, et donna sa démission de lieutenant, se maria et s'établit dans le département de l'Aube, où il s'occupa d'agriculture. On lui doit, entre autres, un ouvrage légalement estimé : le *Guide-manuel du cultivateur (1875)* ; il est membre de la Société des agriculteurs de France et du conseil de l'instruction publique. Après avoir échoué à Bar-sur-Aube, aux élections du 20 février 1876, M. de Roys était élu député de cet arrondissement, contre le candidat officiel, le 14 octobre 1877, et s'inscrivait à la gauche républicaine. Pour avoir eu l'audace de se présenter contre le candidat du maréchal, il avait été destitué de son grade de lieutenant-colonel du 47e régiment territorial quelques jours avant l'élection. M. le marquis de Roys a pris plus spécialement part, à la Chambre, aux discussions intéressant l'agriculture, et vota généralement avec l'Union républicaine ; entre autres commissions importantes, il a fait partie de celle du budget. Réélu le 21 août 1881, par le même collège, il a été élu député de l'Aube le 4 octobre 1885, et a voté contre les propositions d'expulsion des princes.

ROZIERE (de), Thomas Louis Marie Eugène, paléographe et homme politique français, né à Paris le 2 mars 1820. Élève de l'École des chartes et de la faculté de droit, il devint, en 1851, chef du cabinet du ministre de l'instruction publique, M. Giraud, son beau-père, et fut nommé après la retraite de celui-ci inspecteur général des archives. Suppléant d'Édouard Laboulaye à la chaire de législations comparées du Collège de France, M. de Rozière fut élu membre de l'Académie des inscriptions et belles-lettres, en remplacement d'Alexandre. Au renouvellement triennal du 5 janvier 1879, M. de Rozière se porta candidat au Sénat dans la Lozère, et fut élu. Il siège au centre gauche, et a voté contre la proposition d'expulsion des princes. — On lui doit : *Histoire de Chypre* couronnée par l'Académie des inscriptions et belles-lettres (1812) ; *Formulæ audeganenses (1844)* ; *Cartulaire de l'église du Saint-Sépulcre (1849)* ; *Formules wisigothiques (1849)* ; une *Table générale des Mémoires de l'Académie des inscriptions et belles-lettres (1856)* ; *De l'histoire du droit en général et du grand coutumier de Normandie (1867)* ; *Dissertation sur l'histoire et le droit ecclésiastique (1869)* ; *Liber diurnus*, recueil de formules usitées par la chancellerie pontificale du Ve au XIe siècle (1870), etc. Il a collaboré à la *Bibliothèque de l'École des chartes*, à la *Revue du droit français et étranger*, aux *Mémoires de l'Académie des inscriptions*, etc. — M. de Rozière est officier de la Légion d'honneur depuis le 11 octobre 1873.

RUBILLARD, Anselme Maurice, homme politique français, géomètre-expert, maire du Mans, est né à Laval le 26 septembre 1826. Le 20 février 1876, il fut élu député de la 1re circonscription du Mans. Il siégea sur les bancs de la gauche. — Réélu le 14 octobre 1877 et le 21 août 1881, M. Rubillard se présentait comme candidat républicain aux élections pour le renouvellement de la représentation sénatoriale de la Sarthe, le 8 janvier 1882. Il fut élu le deuxième sur trois. M. Rubillard a voté l'expulsion des princes.

RUBINSTEIN, Antoine, pianiste et compositeur russe, né à Werhwotynetz, sur la frontière roumaine, le 30 novembre 1829, vint tout enfant à Moscou et travailla le piano avec Alexis Villoing, après avoir reçu les premières leçons de sa mère. Il se produisit en public dès l'âge de huit ans, vint à dix ans à Paris, avec son professeur, y séjourna une couple d'années et se produisit dans divers concerts avec un succès qui lui valut les encouragements et les conseils de Liszt. Il visita ensuite l'Angleterre, la Suède, l'Allemagne, puis s'arrêta à Berlin, où ses parents s'étaient fixés provisoirement, et y étudia la composition avec Dehn. Son cours achevé, il se livra quelque temps à l'enseignement à Berlin, puis à Vienne, puis retourna en Russie. Nommé pianiste de la grande-duchesse Hélène, il devint ensuite directeur des concerts de la Société musicale russe, et plus tard directeur du Conservatoire de Moscou. Dans les nouvelles tournées qu'il a faites depuis en Europe, M. Rubinstein est revenu à Paris au printemps de 1868 et y a obtenu, comme virtuose, les plus grands succès ; il visita également à cette époque Londres, où il remporta un double succès, comme virtuose et compositeur dramatique. En cette dernière qualité, on doit notamment à M. Rubinstein les opéras suivants : *Dimitri Donskoï*, les *Chasseurs sibériens*, la *Vengeance*, *Tom le fou*, les *Enfants des bruyères*, *Lalla Roukh*, pour la plupart représentés à Saint-Pétersbourg, à Berlin et à Vienne et quelques-uns à Londres ; *Néron*, opéra en 4 actes, représenté à Londres, au théâtre de Covent-Garden, au commencement de 1877 et repris à Anvers, le 31 décembre 1884 ; les *Macchabées*, drame sacré, à l'Opéra de Vienne (1878) ; le *Perroquet*, un acte, à Hambourg, sur un poème de M. Hugo Wittman, d'après un conte persan (nov. 1885) ; plus un grand nombre de morceaux variés et d'*Études* pour son instrument ; des *sonates*, *romances*, *trios*, *ouvertures*, *symphonies* ; un oratorio : le *Paradis perdu*, souvent exécuté et avec un très grand et très légitime succès. L'éditeur Ledoc a encore publié en 1886, de ce compositeur, l'*Album Peterhof*, douze pièces pour piano. — M. Antoine Rubinstein a été élu correspondant de l'Académie des beaux arts (Institut de France) en 1875. Il est officier de la Légion d'honneur.

RUMILLET-CHARRETIER, Joseph, industriel et homme politique français, né à Champagneux (Savoie) le 3 juillet 1833. Établi distillateur au Puy-en-Velay, conseiller municipal de cette ville, juge au tribunal de commerce, président du cercle des travailleurs, etc., M. Rumillet-Charretier a été porté, aux élections d'octobre 1885, sur la liste républicaine de la Haute-Loire, et élu au scrutin du 18. Il a voté l'expulsion totale des princes.

RUPRICH-ROBERT, Victor Marie Charles, architecte français, né à Paris le 18 février 1820, est élève de Constant Dufeux. Après avoir remporté divers prix à l'École des Beaux-Arts, M. Ruprich-Robert fut attaché à la Commission des monuments historiques, pour laquelle il a exécuté les dessins suivants, exposés aux divers salons. Nommé architecte diocésain de l'Orne et du Calvados en 1849, il était rappelé à Paris en 1853, comme professeur d'ornement à l'École spéciale de dessin et d'architecture. — Parmi les dessins exécutés par cet artiste pour la Commission des monuments historiques, nous citerons : l'*Église des Templiers* de Montsaunès (Haute-Garonne) ; l'*Église Saint-Nicolas* et l'*Église Saint-Luc*, à Caen (1847) ; *Portail de la façade occidentale de la cathédrale de Séez (1849)* ; l'*Église Saint-Sauveur*, à Dinan ; *Restauration de l'église de la Trinité*, ou ancienne *Abbaye aux Dames*, à Caen, avec les trois précédents (1855, Exp. univ.) ; et plus récemment : *Restauration du château d'Amboise*, sept châssis (1873) ; *Église d'Ouistreham* (Calvados), quatre cadres ; *Église de Bernières* (Calvados), quatre dessins (1875), etc. — M. Ruprich-Robert a obtenu une médaille de 2e classe à l'Exposition universelle de 1855 et de 1re classe à celle de 1878 ; décoré de la Légion d'honneur en 1861, il a été promu officier le 9 février 1880. — Il a publié notamment : l'*Église et le monastère du Val-de-Grâce (1874)* et *Flore ornementale (1875)*.

RUSTEM PACHA, administrateur ottoman, d'origine italienne et de famille comtale, né en 1806, naturalisé Turc, mais resté chrétien. Nommé ambassadeur de la Sublime Porte à Rome, au commencement du règne de Humbert 1er, Rustem Pacha était rappelé en Turquie en 1878, et nommé gouverneur du Liban pour un terme de six ans. En 1879, il faisait arrêter et interner à Jaffa l'évêque maronite Bostani ; mais l'intervention de notre ministre des affaires étrangères, M. Waddington, le força à réintégrer ce prélat dans son siège épiscopal, à Beyrouth. Rustem Pacha n'a, du reste, laissé échapper aucune occasion de montrer son hostilité envers la France. A son tour, la France intervint, au commencement de 1883, pour s'opposer au maintien, à peu près arrêté, de Rustem Pacha au gouvernement du Liban, arguant d'une ingérence abusive de cet administrateur dans les questions qui ne le regardaient pas. Notre insistance finit par avoir raison de l'inertie du gouvernement ottoman, et Rustem Pacha était remplacé à l'expiration de son premier mandat, le 23 avril suivant.

S

SAB

SABATIER, Pierre Germain Damaze Jean Camille, magistrat et homme politique français, né à Tlemcen le 10 mai 1851. Avocat du barreau de sa ville natale, il était nommé juge de paix dans une localité voisine en 1876 et juge au tribunal de Blidah en 1879, puis devint, l'année suivante, administrateur de la commune mixte de Fort-National, et fut chargé en 1884 d'un cours sur les institutions et les mœurs berbères (kabyles et touaregs) à l'École supérieure des lettres d'Alger. Aux élections d'octobre 1885, M. Sabatier s'est porté candidat dans son département (Oran), et a été élu au scrutin du 18. Il a voté l'expulsion des princes.

SABOURAUD, Ambroise Gaston, homme politique français, né à la Châtaigneraie (Vendée) le 8 juin 1848, d'une famille de grands propriétaires agriculteurs. Ses études terminées au lycée de Nantes, il vint faire son droit à Paris et prit le grade de docteur en 1870. Il rentra alors dans sa famille, dont il suivit les traditions séculaires en s'occupant d'agriculture. Il a été élu le 4 octobre 1885 député de la Vendée, le cinquième sur sept, sur la liste monarchiste.

SAC

SACHER-MASOCH (chevalier von), Léopold, littérateur autrichien, né à Lemberg (Gallicie) le 27 janvier 1836, est fils d'un conseiller aulique, directeur de la police en Gallicie. Il fit ses études au gymnase et à l'école normale de sa ville natale, puis alla étudier la philosophie à Graetz et à Prague et fut reçu docteur à l'université de cette dernière ville à l'âge de dix-neuf ans ; deux ans plus tard, il était chargé d'un cours d'histoire à l'université de Graetz. Dès 1857, il publiait sa relation historique de l'*Insurrection de Gand sous Charles-Quint*, et en 1866, il débutait dans le roman par *Une histoire gallicienne* ; il avait publié dans l'intervalle un autre ouvrage historique : la *Décadence de la Hongrie et Marie d'Autriche (1861)*. Il commença en 1870 sa série de romans, non encore close, intitulée : le *Legs de Caïn*. On cite en outre de cet écrivain, dont l'œuvre est très considérable : la *Femme divorcée (1870)* ; la *République des misogynes* (Die Republik der Weiberfeinde) et *Marie-Thérèse et les Francs-maçons*, roman historique (1872) ; *Fausse hermine*, *Histoires de théâtre*, *Histoires de la cour de Russie (1873)* ; le *Moderne Job (1874)* ; l'*Idéal de notre temps*, *Contes galliciens (1875)* ;

Histoires de la cour de Vienne (1876); le *Cabinet noir de Lemberg* et l'*Ilau*, romans publiés en français (1880), etc. Il a écrit en outre plusieurs pièces de théâtre, drames et comédies, et a fondé en 1881 une revue mensuelle internationale intitulée : *Auf der Höhe* (sur la hauteur) à Leipzig, dans laquelle il a publié ou publie, notamment, sa continuation du *Legs de Caïn* et les *Mémoires* laissés par son père et mis en ordre par lui, traitant des événements et des hommes intéressants qui ont occupé la scène du monde pendant la période qui s'étend de 1809 à 1874. Les principaux ouvrages de cet écrivain ont été traduits de la plupart des langues européennes, surtout en français, où sa réputation est très grande et où ces traductions passent généralement dans la *Revue des Deux-Mondes* avant d'être réunies en volumes. Il est également très estimé en Allemagne, quoique antiallemand dans ses écrits comme ailleurs. On raconte que, précoce en tout, il commençait à écrire des romans et des drames dès l'âge de dix ans. Ses succès littéraires ne lui permettaient pas, toutefois, d'abandonner la carrière de l'enseignement avant 1869. — Sa femme, née Aurora von RUMELIN, a également publié quelques romans de valeur, sous le pseudonyme de *Wanda von Dunajew*.

SAETTA, VINCENZO, pianiste et compositeur italien, né à Naples en 1836, élève du baron Staffa et de Mercadante, se livra, dès l'âge de dix-neuf ans, à l'enseignement. Il fit paraître, dès cette époque, un premier ouvrage théorique, et a publié depuis une *Méthode complète de piano pratico-théorico-normale*, et un ouvrage portant sur l'esthétique, plus ambitieux encore : la *Scienza estetica, trattato di armonologia e prescrizione del gusto per divenire vero compositore filosofo e pratico*. On lui doit, enfin, un certain nombre de compositions diverses pour son instrument.

SAFFORD, TRUMAN HENRY, mathématicien américain, né à Royalton (Vermont) le 6 janvier 1836. Dès l'enfance, M. Safford se fit remarquer par de véritables tours de force de calcul rapide ; mais, au lieu d'abuser de cette précieuse et rare faculté, en se bornant à en donner le spectacle aux curieux, il l'appliqua à l'étude des sciences, et devint rapidement un des mathématiciens les plus remarquables de son pays. A peine âgé de quatorze ans, il déterminait les éléments elliptiques de la comète de 1849 et en 1863, l'ascension verticale de 1,700 étoiles et la déclinaison de 400. Appelé comme adjoint, cette même année, à l'observatoire de l'université de Cambridge (Massachusetts), il a été nommé directeur de l'observatoire de Chicago en décembre 1865. A la mort du professeur Bond, en février 1865, M. Safford fut chargé de continuer l'important travail de ce savant sur les étoiles de la constellation d'Orion, qu'il a publié dans le cinquième volume des *Annales de l'observatoire*.

SAGASTA, PRAXEDES MATEO, homme d'Etat espagnol, né à Torrecilla de Cameros le 21 juillet 1827. Elève de l'Ecole des ingénieurs de Madrid, il était ingénieur à Zamora lorsqu'il fut envoyé par les électeurs de cette ville aux Cortès constituantes de 1854. Compromis dans le soulèvement de 1856, il se réfugia en France. Rentré dans son pays à la première amnistie, il devint professeur à l'Ecole des ingénieurs de Madrid, puis rédacteur de la *Iberia*, organe du parti progressiste. Compromis de nouveau dans l'insurrection de 1866, et condamné à mort avec beaucoup d'autres membres de la presse madrilène, il se réfugia en France et ne rentra en Espagne qu'après le renversement d'Isabelle II, en 1868. Appelé par le maréchal Prim au ministère de l'intérieur, M. Sagasta devint insensiblement un libéralisme plus modéré, et les républicains, ses anciens amis, ne lui épargnèrent pas les reproches. Nommé ministre d'Etat en 1870, il se prononça finalement pour la forme monarchique et conserva le ministère d'Etat, avec le portefeuille de l'intérieur, dans le premier cabinet du règne d'Amédée Ier. Après avoir fait partie de diverses combinaisons ministérielles, il était successivement, en 1874, ministre des affaires étrangères, puis de l'intérieur dans le cabinet Serrano, puis à son tour président du conseil (août). En juin 1875, il se ralliait à Alphonse XII, et s'occupa de former un parti libéral constitutionnel, lequel arriva enfin au pouvoir, mais sensiblement amendé par la présence du général Martinez Campos, après la chute du cabinet Canovas del Castillo, au commencement de 1881. Ce cabinet se retira le 11 octobre 1883, à la suite d'un discours du marquis de la Vega de Armijo aux Cortès, réclamant de la France, dont il venait de quitter l'ambassade, de plus amples satisfactions pour les « outrages » adressés à son cher Alphonse XII, hôte de la France dans la période la plus critique de sa courte vie, à son passage à Paris, retour de Berlin, où il s'était affublé du costume de uhlan. Le cabinet Sagasta fut alors remplacé par un cabinet Posada-Herrera, qui lui-même faisait place, peu de temps après au dernier cabinet Canovas del Castillo. A la mort du roi Alphonse XII (25 novembre 1885), M. Canovas del Castillo était le premier à conseiller à la reine-régente d'appeler M. Sagasta au pouvoir, c'est-à-dire de remplacer par un ministère libéral le ministère réactionnaire qu'il présidait. En conséquence, M. Sagasta constituait, dès le 27, le ministère qui, avec quelques modifications dans sa composition est resté au pouvoir jusqu'ici (oct. 1886). — M. Sagasta est grand croix de la Légion d'honneur.

SAINT-FERREOL (de), PIERRE IGNACE AMÉDÉE MANTIKON, homme politique français, né à Brioude le 29 juillet 1810. Connu par ses opinions républicaines, qui lui avaient attiré quelques désagréments sous la monarchie de Juillet et même dans les dernières années de la Restauration, il fut nommé sous-commissaire à Brioude par le gouvernement provisoire de 1848. Révoqué par le gouvernement qui succéda à ce dernier, il fut élu représentant de la Haute-Loire à la Législative en 1849, et siégea à l'extrême-gauche. Ayant, après le 10 décembre, énergiquement combattu la politique de l'Elysée, il fut naturellement proscrit au coup d'Etat, et vécut en Belgique jusqu'en 1870. Rentré alors, il devint maire de Brioude et membre du Conseil général de la Haute-Loire. Aux élections d'octobre 1885, M. de Saint-Ferréol a été élu député de la Haute-Loire au scrutin du 18, le troisième sur cinq. Il a voté l'expulsion totale des

SAINT-JOHN, PERCY BOLINGBROKE, littérateur anglais, né à Plymouth le 4 mars 1821. Il accompagna son père dans ses voyages en France et en Suisse et, après avoir collaboré à la presse périodique de Londres et publié un premier volume, s'embarqua pour l'Amérique, qu'il parcourut en terre et par mer pendant plusieurs années, et revint à Londres, où il aborda d'une manière sérieuse la carrière littéraire. Il écrivit principalement des nouvelles et des romans indiens, d'abord pour le *Journal* des frères Chambers, et fit des conférences sur le Texas et le Mexique. En 1847, il devint correspondant parisien du *North-British Daily Mail* ; mais, très hostile à Louis-Napoléon, il dut quitter la France après l'élection du 10 décembre 1848. Avant la guerre de Crimée, il se montra un défenseur passionné de la cause des Grecs, ce qui lui valut, avec MM. Michel Chevalier, Gladstone et Richard Cobden, les remerciements du parlement grec. Depuis lors, M. Percy Saint-John s'est à peu près exclusivement renfermé dans sa collaboration littéraire à divers recueils périodiques et dans ses productions, dont les sujets habituels sont ses propres aventures en Amérique, la littérature générale et la politique française. Il a publié environ une quarantaine de volumes de romans, parmi lesquels on cite : la *Fiancée du trappeur*, les *Trois jours de février*, *Paul Peabody*, *Miranda*, le *Crusoé arctique*, la *Quarteronne*, le *Jeune boucanier*, le *Vaisseau de neige* ou les *Petits émigrants canadiens*, le *Pôle Nord et le moyen d'y atteindre*, la *Reine rouge*, la *Mère esclave*, *Salade de homards*, etc., et un ouvrage un peu différent : le *Livre des oiseaux du jeune naturaliste*. — Il est devenu le directeur de la *Standard Library of fiction* de Dick.

SAINT-LUC (comte de), GASTON, homme politique français, né à Quimper en 1840. Grand propriétaire, président du comice agricole de Ploogastel-Saint-Germain, conseiller général du Finistère pour ce dernier canton, M. de Saint-Luc a été élu député du Finistère, en tête de la liste monarchiste, le 4 octobre 1885.

SAINT-MARTIN (de), MARIE ETIENNE AIMÉ, agriculteur et homme politique français, né à Gueret (Creuse) le 14 septembre 1831. Maire de Cluis et conseiller général de l'Indre, il fut élu député de La Châtre, le 20 février 1876, et prit place à la droite bonapartiste. Il a été réélu le 14 octobre 1877 et le 21 août 1881. Enfin, M. Aimé de Saint-Martin a été élu député de l'Indre en tête de la liste monarchiste le 4 octobre 1885.

SAINT-MARTIN, JEAN, homme politique français, avocat, né à Pertuis (Vaucluse) le 5 mai 1840. Elu au second tour de scrutin, le 25 février 1877, député de l'arrondissement d'Avignon, en remplacement de M. Du Demaine, invalidé, il siégea à l'extrême-gauche. M. J. Saint-Martin échouait contre le même concurrent, le 14 octobre suivant ; mais cette élection ayant été invalidée par la Chambre, après enquête, M. Saint-Martin triomphait définitivement à l'épreuve du 5 mai 1878 et était réélu à une énorme majorité le 21 août 1881. Aux élections d'octobre 1885, M. Jean Saint-Martin était élu député de Vaucluse en tête de la liste radicale, au scrutin du 18. Il a voté contre l'expulsion des princes. — M. Saint-Martin a fondé, en 1879, l'*École laïque*, petite revue d'enseignement primaire.

SAINT-PIERRE (vicomte de), LOUIS LADISLAS MARIE MARC, administrateur et homme politique français, né à Caen le 14 mars 1810. Maire de Saint-Pierre-du-Fresne, membre du Conseil général du Calvados, dont il est devenu président, administrateur des chemins de fer du Nord, M. le vicomte de Saint-Pierre fut élu représentant du Calvados à l'Assemblée nationale le 8 février 1871 et prit place au centre gauche. Il vota les lois constitutionnelles de décembre 1875. Élu sénateur du Calvados le 30 janvier 1876, le seul de la liste constitutionnelle, pouvait être considérée comme liste républicaine dans la situation, il vota contre la dissolution de la Chambre des députés, en juin 1877. Il a été ré-lu sénateur du Calvados au renouvellement du 25 janvier 1885, mais sur la liste monarchiste.

SAINT-PRIX, OSCAR VICTORIN ÉMILE, homme politique français, né à Valence-sur-Rhône le 1ᵉʳ juin 1820. Négociant à Privas, vice-président du Conseil général de l'Ardèche depuis 1878, maire de Saint-Peray, M. Saint-Prix, petit-fils du conventionnel de ce nom, se présentait aux élections du 21 août 1881, dans la première circonscription de Tournon, et était élu au scrutin de ballottage. Il prit place au groupe de l'Union républicaine. Aux élections d'octobre 1885, la liste républicaine échoua dans l'Ardèche; mais cette élection ayant été annulée par la Chambre, l'épreuve décisive du 14 février 1886 fut favorable à cette liste. M. Saint-Prix a voté l'expulsion totale des princes.

SAINT-ROMME, MATHIAS, homme politique français, fils d'un ancien constituant de 1848, est né à Roybon (Isère) vers 1833. Avocat du barreau de Saint-Marcellin, maire de sa ville natale, dont il représente le canton au Conseil général de l'Isère, M. Saint-Romme était élu député de l'arrondissement de Saint-Marcellin le 21 août 1881, comme candidat républicain. Élu député de l'Isère le 4 octobre 1885, il a voté l'expulsion totale des princes.

SAINT-SAENS, CAMILLE, organiste et compositeur français, né à Paris le 9 octobre 1835, étudia le piano avec Stamaty, puis entra au Conservatoire et obtint le premier prix de fugue en 1849. Nommé organiste à l'église Saint-Merry en 1852, il remplaçait Lefeburc-Wely, comme organiste de la Madeleine, en 1858. On doit à M. C. Saint-Saëns de nombreux morceaux pour le piano et l'orgue; des *Ballades, Romances et Mélodies* vocales; des morceaux de musique d'église, et notamment une *Messe*, exécutée par la Société philharmonique de Bordeaux en 1856; plusieurs *Symphonies*, des trios, quatuors, etc.; des *Variations sur un thème de Beethoven*, pour deux pianos, exécutées par M. et Mᵐᵉ Jaël au Concert national; un poème symphonique : le *Rouet d'Omphale*, au même concert et aux Concerts populaires (1874); des concertos, etc., exécutés principalement au concerts du Conservatoire; *Ave Verum*, chœur, à la Société nationale (1876); un trio en *fa* majeur pour piano, violon et violoncelle, à la Société des quatuors Marsick-Delsart (1877), etc. M. C. Saint-Saëns a abordé aussi la scène dramatique, mais avec moins de succès que son talent de symphoniste lui en aurait laissé dans les concerts. Son premier ouvrage de cette sorte : la *Princesse Jaune*, joué à l'Opéra-Comique en 1872, fut un échec; le second : le *Timbre d'argent*, opéra fantastique en quatre actes et huit tableaux, représenté le 23 février 1877, au Théâtre-National-Lyrique, ne put tenir l'affiche, malgré des qualités musicales incontestables. Citons encore : le *Déluge*, représenté au Grand-Théâtre de Lyon (1879), et *Etienne Marcel*, opéra en quatre actes, au Théâtre-Lyrique populaire (1884). — M. Camille Saint-Saëns a été élu membre de l'Académie des beaux-arts. Il a été promu officier de la Légion d'honneur le 13 juillet 1884.

SAINTON-DOLBY (dame), CHARLOTTE H. DOLBY, cantatrice anglaise, née à Londres en 1821. Une des élèves les plus brillantes de l'Académie royale de musique, miss Dolby refusa, dès le début, les offres qui lui furent faites pour les principales scènes lyriques, résolue à borner sa carrière à l'interprétation des maîtres classiques anglais, sauf dans leurs œuvres dramatiques. Elle a chanté, notamment, les oratorios de Hændel de manière à se faire déclarer sans rivale par ses compatriotes. Mendelssohn l'ayant entendue dans son oratorio de *Saint Paul*, en fut tellement charmé qu'il lui dédia un album de six chants, composa expressément pour elle plusieurs morceaux de musique vocale, ainsi que la partie de contralto de son oratorio d'*Elisée* et l'engagea pour l'hiver 1846-47 aux concerts de la Gewandhaus de Leipzig, dont il était directeur. A l'apogée de sa gloire, miss Dolby épousa M. Sainton, violoniste distingué. On lui doit la conservation, ou plutôt la résurrection des antiques ballades anglaises dans leur pathétique simplicité et l'inspiration d'œuvres nouvelles dans le même genre, ce qui lui a valu une popularité de bon aloi, qui ne s'est pas démentie. Mᵐᵉ Sainton-Dolby a fait ses adieux au public en 1870; elle a ouvert une école de chant pour les jeunes personnes qui se destinent à la carrière qu'elle a si brillamment parcourue, et s'est essayée avec succès à la composition. Elle a fait exécuter, notamment, à la salle Saint-James, le 21 juin 1876, une cantate pour *soli*, chœurs et orchestre, intitulée : la *Légende de sainte Dorothée*, qui a été très bien accueillie.

SAISY (vicomte de), PAUL CÉSAIRE SAMUEL CONSTANTIN, homme politique français, propriétaire agriculteur, est né à Glomel (Côtes-du-Nord) le 25 février 1829. Ancien officier supérieur des zouaves pontificaux, ancien commandant des mobilisés des Côtes-du-Nord et chef de brigade de l'armée de Bretagne, demeuré sans emploi pour avoir été organisée trop tard, président du comice agricole de Carhaix et conseiller général du Finistère, M. le vicomte de Saisy a été élu député de ce département le 4 octobre 1885, sur la liste monarchiste. — Il est chevalier de la Légion d'honneur, titulaire d'une médaille d'honneur pour fait de sauvetage, et décoré de la croix de Mentana et de la médaille de Castelfidardo.

SAISY (de), RENÉ MARIE ELZÉAR HERVÉ, homme politique français, frère du précédent, né à Glomel, le 5 avril 1833. Il servit, sous les ordres de son frère, dans les zouaves pontificaux, puis au Mexique, et commanda pendant la guerre le bataillon des mobiles de Loudéac, un de ceux qui formèrent un moment la garde d'honneur du général Trochu, pendant le siège de Paris. Élu représentant des Côtes-du-Nord à l'Assemblée nationale, le 8 février 1871, M. de Saisy prit naturellement place à droite, mais se fit fréquemment remarquer par des propositions (soit sur la réforme administrative, soit sur la question d'impôt, etc.) empreintes d'un libéralisme si net qu'on eût pu croire qu'elles venaient du côté opposé, ce qui n'était pas fait pour être agréable à ses amis; mais en politique, M. Hervé de Saisy parait être de ces hommes extrêmement rares, malgré l'apparence, qui n'écoutent que l'inspiration de leur conscience. Après avoir proposé de consulter solennellement la France sur la question de forme de gouvernement, il vota les lois constitutionnelles. M. H. de Saisy fut porté sur la liste des gauches, aux élections des soixante-quinze sénateurs inamovibles, et fut élu au sixième scrutin, le cinquantième. Il reprit sa place à droite, mais en y conservant son indépendance, comme il le prouva en ne votant pas, seul de son côté, la dissolution de la Chambre demandée par le gouvernement du maréchal, le 23 juin 1877. Conseiller général des Côtes-du-Nord, il n'a pas été réélu en 1880. Il est chevalier de la Légion d'honneur.

SALA, GEORGE AUGUSTUS HENRY, journaliste et littérateur anglais, né à Londres en 1828, d'un père italien et d'une mère anglaise née aux Indes Occidentales et chanteuse célèbre. Il étudia d'abord la peinture, mais l'abandonna bientôt et devint un des plus assidus collaborateurs du *Household Words*, prenant pour modèle Charles Dickens, sans toutefois l'imiter servilement ; il collabora également d'une manière régulière au *Welcome Guest* et fonda le *Temple Bar Magazine*, dont il fut le premier rédacteur en chef. Les *Sept fils de Mammon* et le *Capitaine Dangereux*, réunis plus tard en volumes. Il a écrit en outre, pendant plusieurs années, à l'*Illustrated London News*, les « Echos de la semaine », rédigé les « Hogarth Papers » au *Cornhill Magazine* et publié un roman intitulé *Tout seul* (Quite alone) à l'*All the year round*. Correspondant du *Daily Telegraph* aux États-Unis en 1863-64, il publia au retour le résultat de ses observations sur ce pays, sous ce titre : l'*Amérique en pleine guerre*. A l'occasion de la visite de l'empereur, il fut envoyé par le même journal en Algérie en 1864, et, en 1870, à Metz et dans l'est de la France, comme correspondant de guerre. A Paris le 4 Septembre, il le quittait avant l'investissement, se rendait en Italie et assistait à l'entrée des troupes italiennes à Rome. En janvier 1875, M. G. A. Sala assistait à l'entrée d'Alphonse XII à Madrid ; de retour en avril suivant, il fut envoyé à Venise, toujours par le *Telegraph*, pour rendre compte des fêtes données à l'occasion de l'entrevue de François Joseph et de Victor Emmanuel. Il publia ses impressions sur cette première partie, si bien remplie, de l'année 1875, sous ce titre : *Deux rois et un empereur (1875)*; après quoi, il alla renouveler connaissance avec l'Algérie et visita ensuite le Maroc. Dès le commencement de 1876, M. Sala avait mis le cap sur l'Orient. Après avoir visité Saint-Pétersbourg, Moscou, Varsovie, il traversa l'Empire moscovite dans toute son étendue, étudiant les effets de la mobilisation de l'armée ; puis se rendit à Odessa, et à Constantinople, par la mer Noire, au moment de l'ouverture de la conférence. — En dehors de ses travaux de journaliste on doit à ce laborieux écrivain un grand nombre d'ouvrages, dont plusieurs sont populaires et ont été traduits dans les diverses langues européennes. Nous citerons : *Comment j'apprivoisai M*ᵐᵉ *Cruiser (1858); Deux tours de cadran, Voyage dans le Nord*, un *Séjour en Russie (1859)*; la *Pairie des Baddington, Attention à la vie, Faites votre jeu ; récit des bords du Rhin (1860)*; la *Peinture hollandaise, avec quelques scènes de mœurs flamandes (1861); Adresses agréées*, le *Revendeur de bateaux et autres nouvelles, Deux « prime donne » et le pauvre portier muet (1862); Déjeuner au lit, Etranges aventures du capitaine Dangereux (1863); Après déjeuner, croquis à la plume; Tout seul (1864); Promenade circulaire en Barbarie (1865); De Waterloo à la Péninsule (1866); Notes et croquis sur l'Exposition de Paris (1868); Rome et Venise (1869); Sous le soleil, essais écrits principalement en pays chauds (1872); Paris encore une fois* et l'*Amérique revue (1882)*, etc. — Il a donné en outre une comédie bouffe, intitulée : *Wat Tyler membre du parlement* (M. P.), au théâtre de la Gaîté, en décembre 1869.

SALAMAN, Charles Kensington, pianiste et compositeur anglais, d'origine israélite, né à Londres le 3 mars 1811, commença ses études musicales dès l'enfance et se produisit comme virtuose sur le piano en 1831 pour la première fois. Il s'est fait entendre ensuite dans les principales villes de l'Angleterre, en Allemagne et en Italie avec beaucoup de succès et fut élu membre de l'Académie de Sainte-Cécile, à Rome, en 1847. M. Salaman s'est également fait une réputation comme conférencier sur l'histoire et l'esthétique musicales et comme compositeur. Il publia en 1838 son premier recueil de morceaux de musique vocale, dans lequel se trouve la célèbre « sérénade » de Shelley : *I arise from dreams of thee* (Je viens de rêver de toi); on lui doit en outre de nombreuses compositions variées pour son instrument. M. Salaman est un des fondateurs de la Société musicale de Londres, dont il fut pendant dix ans le secrétaire honoraire. Il est également estimé comme professeur. Fondateur de la Société musicale de Londres et de l' « Association pour la recherche et la discussion de sujets relatifs à la science et à l'art de la musique », M. Salaman est certainement le premier compositeur à qui l'idée soit venue de mettre en musique les odes d'Horace, de Catulle et d'Anacréon, dans le texte ; on lui doit en outre de nombreux morceaux de musique religieuse, tant pour le culte protestant que pour le culte israélite, ces derniers sur le texte hébreu. Il a publié, en 1882 : les *Juifs tels qu'ils sont*, ouvrage considérable, répondant à tous les reproches adressés aux Israélites par leurs ennemis militants de ces dernières années.

SALISBURY (marquis de), Robert Arthur Talbot Gascoigne Cecil, homme d'État anglais, né à Hatfield en 1830, fit ses études à Eton et à Oxford (Église du Christ). Lord Salisbury a représenté Stamford, comme conservateur, à la Chambre des communes, de 1853 à 1868, époque à laquelle, succédant aux titres de son père, mort au mois d'avril, il entrait à la Chambre haute. Aux Communes, il porta d'abord le nom de lord Robert Cecil ; puis, à la mort de son frère aîné, celui de vicomte Cranborne ; il ne s'y est guère fait remarquer que par son énergique défense des intérêts de l'Église établie. Il passait pour être un des plus actifs collaborateurs de la *Quarterly Review* et d'autres périodiques conservateurs. Sous la troisième administration de lord Derby, en juillet 1866, lord Salisbury devint secrétaire d'État pour les Indes, mais il se retira en mars suivant, pour cause de dissentiment avec ses collègues à propos du bill de Réforme. Le 12 novembre 1869, il fut élu chancelier de l'université d'Oxford en remplacement du comte de Derby, mort le mois précédent. Le marquis de Salisbury reprit le portefeuille des Indes au retour de son parti au pouvoir, en février 1874. Lorsqu'après la guerre turco-serbe, des difficultés s'élevèrent entre la Porte et la Russie, lord Salisbury fut envoyé à Constantinople, comme ambassadeur extraordinaire, et, avec sir Henry Elliot, assista à la conférence de Constantinople comme plénipotentiaire anglais. C'est lui qui, le 14 janvier 1877, informait le sultan des points sur lesquels la conférence insistait plus particulièrement, ajoutant que s'il refusait d'y donner satisfaction, les ambassadeurs des puissances quitteraient Constantinople sans délai. Ces deux points consistaient en ceci : 1° la formation d'une commission internationale de surveillance, 2° la ratification par les puissances des premières nominations de gouverneurs. Le Conseil suprême, réuni le lendemain, sous la présidence de Midhat-Pacha, repoussait ces prétentions à l'unanimité, moins une voix. La conférence se réunit une dernière fois le 20 ; le lendemain, le marquis de Salisbury reprenait la route d'Angleterre. Nommé ministre des affaires étrangères, en remplacement de lord Derby, démissionnaire, le 2 avril 1878, il assistait peu après, avec le comte de Beaconsfield, au congrès de Berlin. À son retour, le 30 juillet 1878, le marquis de Salisbury était décoré de la Jarretière. Il quittait le pouvoir, avec ses collègues, en avril 1880, et le 9 mai 1881, était élu, dans une réunion des conservateurs à la résidence du marquis d'Abergavenny, chef et orateur du parti à la Chambre des lords, en remplacement du comte de Beaconsfield, qui venait de mourir. Le 8 juin 1885, le cabinet Gladstone, mis en minorité à la Chambre des communes sur une question de budget, donnait sa démission ; le 15, le marquis de Salisbury acceptait de la reine la mission de former un cabinet conservateur, qui n'allait pas au delà de la fin du janvier 1886. Enfin, le 2 août 1886, M. Gladstone s'étant fait battre sur la question irlandaise, dans les élections aussi complètement qu'à la Chambre dissoute, le marquis de Salisbury constituait un nouveau ministère conservateur, dont la durée pourrait bien n'être pas très prolongée.

SALNEUVE, Mathieu Marie Claude, homme politique français, ancien magistrat, né à Aigueperse le 15 janvier 1815. Reçu docteur en droit de la faculté de Paris, il s'inscrivit au barreau de Riom en 1841 et entra dans la magistrature six ans plus tard. Il était vice-président du tribunal de Clermont-Ferrand depuis 1865, lorsqu'en 1869 il prouvait qu'il n'était pas de ceux qui rendent des services au ministère à coup d'arrêts, en acquittant l'*Indépendant du Centre*, coupable de s'être associé à la souscription Baudin ; et plus tard, après le 4 septembre 1870, en refusant la place de procureur général. M. Salneuve a pris sa retraite, avec le titre de vice-président honoraire, en 1874. Il avait été élu, le 2 juillet 1871, représentant du Puy-de-Dôme à l'Assemblée nationale, où il avait pris place à gauche. Élu sénateur du même département le 30 janvier 1876, et réélu au renouvellement triennal du 8 janvier 1882, M. Salneuve siège au Sénat sur les mêmes bancs qu'à l'Assemblée. Il a voté l'expulsion des princes.

SALOMON, Hector, compositeur français, né à Strasbourg le 29 mai 1838, d'une famille peu aisée. Entraîné par une vocation irrésistible, il commença dès l'enfance l'étude de la musique, aborda le violon à neuf ans et le piano à onze ans, sous la direction de M. Frédéric Leutz, ayant dans l'intervalle perdu son père et été forcé par ce triste événement de suspendre quelque temps ses études. Venu à Paris en 1850, il entra au Conservatoire, dans la classe de solfège de M. Savard, et remporta le premier prix l'année suivante. Admis en 1852 dans la classe d'harmonie et accompagnement de M. Bazin, il remportait un second accessit en 1853 et un second prix en 1855, et passait dans la classe de composition d'Halévy. Il n'avait pas cessé, pendant tout ce temps, d'étudier le piano, d'abord avec M. Jonas, ensuite avec M. Marmontel. Forcé par les exigences de la vie de quitter le Conservatoire pour accepter un emploi d'accompagnateur aux Bouffes-Parisiens, M. H. Salomon écrivit pour ce théâtre la musique d'un ballet : *Fascination*, exécuté en 1856. Il remplit les mêmes fonctions au Théâtre-Lyrique, de 1860 à 1870, et fit jouer à ce théâtre : les *Dragées de Suzette*, opéra comique en 1 acte (1866). Il écrit aussi la musique de la cantate le *Génie de la France*, exécutée à ce théâtre le 15 août de la même année. En 1870, M. H. Salomon est entré à l'Opéra comme second chef des chœurs ; il y est devenu chef du chant. On doit à M. Salomon de nombreuses compositions : deux symphonies, un quatuor pour instruments à cordes, une sonate pour piano et violon, environ 200 mélodies vocales, des morceaux de musique religieuse, des romances sans paroles pour piano, piano et violon ou piano et violoncelle, un *Adagio religioso*, exécuté aux concerts du Châtelet en 1876, outre une demi-douzaine d'ouvrages dramatiques parmi lesquels l'*Aumônier du régiment*, opéra comique en 1 acte reçu à l'Opéra-Comique avant la guerre, et mis à l'étude bientôt après au Théâtre-National-Lyrique. Il a fait représenter enfin, le 1ᵉʳ février 1886, sur le Théâtre royal d'Anvers, un opéra en 3 actes : *Bianca Capello*. — M. Salomon est officier d'académie.

SALVAYRE, Gervais Bernard, compositeur français, né à Toulouse le 24 juin 1847, fit ses premières études artistiques à la maîtrise de la cathédrale, puis entra au Conservatoire de cette ville où il étudia le piano et l'harmonie. Dans une de ses tournées d'inspection, M. Ambroise Thomas le remarqua et le fit admettre au Conservatoire de Paris, où il eut pour maîtres MM. Benoist, Ambroise Thomas et F. Bazin. Il y obtint, en 1866, un deuxième accessit d'orgue et un troisième de fugue. En 1871, M. Salvayre obtenait le second prix et en 1872, le premier grand prix de Rome, avec la cantate intitulée *Calypso*. Pendant son séjour en Italie, M. Salvayre publia à Milan, chez l'éditeur Ricordi, quelques mélodies vocales écrites sur des paroles italiennes. A son retour à Paris, au commencement de 1874, il fut nommé chef du chant au théâtre du Châtelet, devenu, pour peu de temps, Opéra populaire. Il écrivit la musique d'un divertissement dansé intercalé dans l'opéra de Grisar, les *Amours du Diable*, représenté ainsi modifié à ce théâtre, le 18 novembre 1874. Le 22 mars 1874, les Concerts populaires avaient exécuté une ouverture symphonique de M. Salvayre. Enfin, le 18 avril 1877, le Théâtre-Lyrique-National donnait, du même compositeur, un ouvrage en 4 actes, le *Bravo*, qui fut assez bien accueilli. Un opéra comique : *Egmont*, de ce compositeur, était accepté en 1886 à l'Opéra-Comique.

SAMAROW, Gregor. Voy. Meding.

SAND, Maurice Dudevant (dit), peintre et littérateur français, fils de la célèbre et regrettée George Sand, mort en son château de Nohant le 8 juin 1876, est né à Paris vers 1823. Il étudia d'abord la peinture sous la direction d'Eugène Delacroix et exposa quelques toiles aux Salons annuels, notamment : *Léandre et Isabelle*, le *Grand Bissextre*, le *Loup garou (1857)* ; le *Meneu' d'loups* (dessin 1859) ; *Muletiers*, toile, un *Marché à Pompéi*, la *Campagne romaine*, aquarelles (1864), etc. Il a publié : *Masques et bouffons*, comédie italienne, texte et illustrations en couleur (1859, 2 vol.); *Six mille lieues à toute vapeur (1862)* ; *Callirhoé (1864)* ; *Raoul de la Chastre (1865)* ; le *Monde des Papillons, causeries à travers champs*, texte et dessins (1866); le *Coq aux cheveux d'or (1867)* ; *Miss Mary (1868)* ; l'*Augusta (1873)* ; *Mademoiselle de Cerignan (1875)*, etc. Il lui revient en outre une part plus ou moins grande à plusieurs pièces dramatiques de sa mère. — M. Maurice Sand est chevalier de la Légion d'honneur depuis 1860.

SANDRIQUE, Paul, homme politique français, avocat, né à Brunehamel (Aisne) le 14 juin 1845. Il fit son droit à Paris, s'inscrivit au barreau et plaida plusieurs procès politiques qui le firent remarquer. Secrétaire de Clément Laurier depuis 1869, il suivit à Tours la délégation du gouvernement et eut la direction de la sûreté générale. Il devint ensuite secrétaire particulier de Gambetta, dont il est resté l'ami jusqu'à sa mort. Élu député de la 1re circonscription de Vervins en remplacement de M. Soye, décédé, en janvier 1882, quoique ayant d'abord décliné la candidature, M. Sandrique siégea au groupe de l'Union républicaine. Il a été élu député de l'Aisne le 18 octobre 1885, en tête de la liste, et a voté l'expulsion des princes.

SANS-LEROY, Charles François, homme politique français, né à Toulouse le 4 novembre 1848. Il fit son droit, servit pendant la guerre comme officier des mobiles de l'Ariège, et fut décoré de la Légion d'honneur pour sa conduite à cette époque. Nommé sous-préfet à Barbezieux au commencement de 1872, M. Sans-Leroy devint secrétaire-général de la préfecture de la Corse, puis de celle de Maine-et-Loire, fut révoqué au 16 mai 1877, rentra dans l'administration, comme sous préfet de Toulon, à la fin de la même année, et finalement donna sa démission et se retira dans l'Ariège où est sa résidence. Devenu conseiller général, maire de Damazan, M. Sans-Leroy figurait sur la liste républicaine modérée de l'Ariège, et fut élu au scrutin du 18. Il a voté contre les projets d'expulsion des princes.

SAPPEY, Marie Philibert Constant, médecin français, né en 1810 à Bourg, étudia la médecine à Paris et fut reçu docteur en 1843 et agrégé des sciences chirurgicales l'année suivante. Devenu chef des travaux anatomiques à la faculté, puis chargé d'un cours d'anatomie, il fut nommé à cette chaire en 1868, et l'a conservée depuis. M. le docteur Sappey est membre de l'Académie de médecine depuis 1862. — On lui doit : *Traité d'anatomie descriptive (1847-63, 3 vol.)*, dont la 3e édition a paru de 1876 à 1882 ; *Recherches sur l'appareil respiratoire des oiseaux (1847)* ; *Recherches sur la conformation de l'urètre de l'homme (1854)* ; *Anatomie, physiologie, pathologie des vaisseaux lymphatiques chez l'homme et les vertébrés (1874 et suiv.)* ; *Atlas d'anatomie descriptive (1879 et suiv.)* ; *Études sur l'appareil uncipore et sur le système lymphatique des poissons (1880)*, etc. — Le docteur Sappey est officier de la Légion d'honneur depuis 1878.

SARCEY, Francisque, littérateur et journaliste français, né à Dourdan (Seine-et-Oise) le 8 octobre 1828, fit ses études à Paris, au lycée Charlemagne, et fut reçu à l'École normale le cinquième ; le premier de la promotion était M. Taine et le troisième Edmond About. Successivement professeur à Chaumont, à Lesneven, à Rodez et à Grenoble, il se trouva l'objet dans cette dernière ville, de tels tracas, pour avoir collaboré sous un pseudonyme à une feuille locale, qu'il offrit sa démission au ministère et fut mis en disponibilité. Il revint alors à Paris et entra au *Figaro (1858)*, présenté par Edmond About ; mais celui-ci ayant été peu après l'objet d'attaques violentes de la part du *Figaro*, M. Sarcey quitta ce journal ; il collabora alors à la *Revue européenne*, puis entra à l'*Opinion nationale*, et fut de la fondation de ce journal, en 1859, pour y rédiger le feuilleton dramatique ; il a passé comme critique dramatique, en 1867, au journal le *Temps* qu'il n'a pas quitté depuis. Entré comme chroniqueur au *Gaulois*, à la fondation de ce journal (1868), M. Sarcey y a fourni des articles presque quotidiens pendant environ deux années. Il a collaboré en outre au *Nain jaune*, à l'*Illustration*, à la *Revue nationale*, à la *Semaine universelle* de Bruxelles, à la *Nouvelle Revue de Paris*, à l'*Encyclopédie générale*, à la *Revue illustrée des Deux-Mondes*, etc. Il a publié quelque temps après la Commune une brochure hebdomadaire : le *Drapeau tricolore* ; après quoi il suivit, en 1872, Edmond About au *XIXe siècle*, dont il est resté longtemps le collaborateur le plus actif et comme la cheville ouvrière. M. Francisque Sarcey a pris également une part considérable aux conférences libres créées à Paris, principalement à la salle du boulevard des Capucines, et s'y est fait promptement une grande réputation d'orateur facile, agréable et savant. Il y traite d'une manière spéciale, et avec une grande autorité, l'histoire ou la critique dramatique. — M. Francisque Sarcey a publié : le *Nouveau Seigneur du village*, nouvelles ; le *Mot et la chose*, études et récréations philosophiques (1862); le *Bilan de l'année 1868*, avec M. Ranc et autres (1868) ; une *Histoire du siège de Paris (1871)* ; *Etienne Moret*, roman quasi autobiographique (1875); le *Piano de Jeanne (1876)* ; *Comédiens et comédiennes*, première série ; la *Comédie française (1876-77, in-8°, eaux-fortes)* ; *Souvenirs de jeunesse, Gare à vos pas (1884)*, etc. On lui doit en outre une édition, avec préface et notes, des *Œuvres de Paul-Louis Courier*. Il est, enfin, chroniqueur à la *France*.

SARDOU, Victorien, auteur dramatique, membre de l'Académie française, né à Paris le 7 novembre 1831, suivit d'abord les cours de la faculté de médecine, mais, entraîné par une vocation irrésistible, il abandonna bientôt cette voie et collabora à diverses revues ou publications périodiques et encyclopédiques, tout en donnant des leçons pour ajouter à ses ressources, alors fort modestes. Il aborda également le théâtre et fit jouer en 1854, à l'Odéon, avec le plus complet insuccès, la *Taverne des étudiants*. Peut-être y aurait-il renoncé, si son mariage avec Mlle de Brécourt (1858) ne l'avait mis en relations plus étroites avec le monde artiste et surtout avec la célèbre Déjazet qui se préparait à ouvrir son petit théâtre du boulevard du Temple, pour lequel elle engagea le jeune auteur à lui écrire quelques pièces. Son véritable début au théâtre date donc de cette époque et eut lieu au Théâtre-Déjazet auquel il a donné successivement : *Candide*, le *Premières armes de Figaro*, *Monsieur Garat*, les *Prés Saint-Gervais (1859-62)*. En même temps il donnait aux divers théâtres de genre : les *Gens nerveux*, au Palais-Royal; les *Pattes de mouche* et *Piccolino*, au Gymnase ; les *Femmes fortes*, l'*Écureuil*, et surtout *Nos intimes*, au Vaudeville (1861); la *Perle noire*, les *Ganaches*, au Gymnase et la *Papillonne*, au Français (1862); *Bataille d'amour*, opéra comique, avec M. Duclin; les *Diables noirs*, au Vaudeville (1863); le *Dégel*, au Théâtre-Déjazet ; *Don Quichotte*, au Gymnase ; les *Pommes du voisin*, au Palais-Royal (1864) ; les *Vieux garçons*, au Gymnase ; la *Famille Benoiton*, au Vaudeville (1865); *Nos bons villageois*, au Gymnase ; *Maison neuve*, au Vaudeville (1866); *Séraphine*, au Gymnase (1868); *Patrie*, grand drame en 5 actes, à la Porte Saint-Martin (1869); *Fernande*, au Gymnase (1870); le *Roi Carotte*, opéra opérette-féerie, musique d'Offenbach, à la Gaîté ; *Rabagas*, comédie à allusions politiques transparentes qui donnèrent lieu à des échanges de horions reçus, plusieurs soirées de suite, jouée au Vaudeville (1872) ; *Andréa*, au Gymnase ; *l'Oncle Sam*, au Vaudeville ; les *Merveilleuses*, aux Variétés (1873) ; la *Haine*, drame historique joué a la Gaîté, sans succès, quoique méritant de réussir ; les *Prés Saint-Gervais*, transformés en opéra bouffe, aux Variétés (1874) ; *Ferréol*, au Gymnase (1875) ; *Piccolino*, transformé en opéra comique en 3 actes, avec musique de M. Ernest Guiraud (1876), sujet qui avait déjà séduit un autre compositeur, Mme de Grandval, et qui avait paru en conséquence sous la forme d'un opéra italien, à la salle Ventadour, en 1869 ; *Dora*, comédie en 5 actes, au Vaudeville (1877) ; les *Bourgeois de Pont-Arcy*, comédie en 5 actes, même théâtre (1878) ; *Daniel Rochat*, comédie en 5 actes, au Théâtre-Français (1880) ; *Odette*, pièce en 4 actes, au Vaudeville (1881) ; *Théodora*, drame en 5 actes et 8 tableaux, à la Porte Saint-Martin (1884) ; *Georgette*, comédie en 4 actes, au Vaudeville (1885) ; *Patrie*, transformé en grand opéra (1886), etc. — Il a publié en outre quelques nouvelles, dont la *Perle noire*, portée à la scène plus tard ; il a aussi collaboré à divers journaux depuis qu'il a acquis une si grande notoriété, notamment au *Figaro*, mais surtout pour répondre aux attaques dont il était l'objet dans la presse ou ailleurs. Peu d'auteurs dramatiques ont fait preuve d'une fécondité comparable à celle de M. Sardou, peu également ne sont entendu accuser avec plus de constance et, il faut le dire, plus d'apparence de raison, du crime de plagiat ; enfin il a su se faire dans ces derniers temps des ennemis de plus d'un genre, par exemple avec son *Rabagas* et ses *Merveilleuses* d'une part, et d'une autre, avec son *Oncle Sam*, qui réédite tous les lieux communs débités depuis un demi-siècle contre les mœurs américaines par des gens d'imagination assez riche pour prêter. Néanmoins, M. Sardou a vu, jeune encore, couronner sa carrière par la plus haute dignité que puisse offrir la République des Lettres : il a été élu membre de l'Académie française, en remplacement d'Autran, le 7 juin 1877. Son unique concurrent sérieux était M. le duc d'Audiffret-Pasquier, président du Sénat, dont l'attitude dans la crise politique déclarée la veille à peine, a seule fait manquer l'élection et assuré celle de l'auteur du *Roi Carotte*, mais aussi de *Patrie*. — M. Victorien Sardou est officier de la Légion d'honneur depuis 1869.

SARLAT, N., homme politique français, né à la Guadeloupe le 24 avril 1853. Rédacteur du *Progrès*, journal républicain de cette colonie, il se présenta dans la 2e circonscription aux élections de 1881 et fut élu au scrutin de ballottage du 2 octobre. Elu député de la Guadeloupe, le deuxième, aux élections d'octobre 1885, M. Sarlat a voté l'expulsion des princes.

SARRETTE, Herman, homme politique français, né à Lacaussade (Lot-et-Garonne) le 15 octobre 1822. Grand propriétaire, membre du Conseil général de Lot-et-Garonne, depuis 1867, M. H. Sarrette s'engageait, en 1870, dans le bataillon de mobiles que son fils était officier. Élu représentant à l'Assemblée nationale, le 8 février 1871, il siégea à la droite bonapartiste et repoussa les lois constitutionnelles. Élu député de l'arrondissement de Villeneuve-sur-Lot, avec une très forte majorité, le 20 février 1876, M. Sarrette était réélu de même le 14 octobre 1877 et le 21 août 1881. Le 4 octobre 1885, il était élu député de Lot-et-Garonne sur la liste monarchiste, et reprenait sa place à la droite bonapartiste.

SARRIA, Enrico, compositeur italien, né à Naples le 19 février 1836, se livra de bonne heure à l'étude de la musique, sous la direction de R. G. Vitale pour le piano, de N. Fornasini et du baron Staffa pour l'harmonie et la composition. Il n'avait que dix-sept ans lorsqu'il donna au Théâtre Nuovo, de sa ville natale, son premier ouvrage, un opéra bouffe intitulé : *Carmosina*, qui eut un très grand succès (1853). Il a donné depuis : *Donna Manuela*, au même théâtre (1856) ; *Estella*, au Fondo (1858) ; puis, après un silence prolongé : *l'abbeo e l'intrigante*, opéra bouffe, joué au théâtre Rossini, avec un succès immense (1872) ; *Guidetta*, opéra semi sérieux (mai 1875), et la *Campana dell' eremitaggio*, sur une traduction italienne des *Dragons de Villars* (septembre 1875). — Ces deux derniers ouvrages ont été représentés au Théâtre Mercadante (ancien Fondo), où M. E. Sarria était entré en qualité d'accompagnateur-pianiste, vers 1873.

SARRIEN, Jean Marie Ferdinand, homme politique français, ministre, né à Bourbon-Lancy le 15 octobre 1840, fit ses études au lycée de Moulins et son droit à Paris. Reçu licencié en 1863, il se fit inscrire au barreau de Lyon. Nommé capitaine des mobilisés de son département en 1870, M. Sarrien assista à la bataille de Dijon, et fut décoré de la Légion d'honneur après la guerre, pour sa belle conduite devant l'ennemi (sept. 1871). Rentré dans sa famille, il succédait à son père, mort en octobre 1871, à la mairie de Bourbon-Lancy. Révoqué au 24 mai (1873), réinstallé en 1876, il était de nouveau révoqué au 16 mai (1877). Il représente le canton de Bourbon-Lancy au Conseil général de Saône-et-Loire, dont il est devenu vice-président. Elu député de la 2e circonscription de Charolles le 20 février 1876. M. F. Sarrien siégea au groupe de la gauche républicaine, fit partie des 363 qui votèrent contre le cabinet de Broglie et fut réélu le 14 octobre 1877. Il fut également réélu le 21 août 1881. Député laborieux, actif et fort capable, M. Sarrien était appelé par M. Henri Brisson, le 6 avril 1885, au ministère des postes et télégraphes, en remplacement de M. Cochery. Démissionnaire avec ses collègues le 29 décembre suivant, dans l'intervalle été élu député de Saône-et-Loire, le 4 octobre, en tête de la liste républicaine, il entrait dans le cabinet de Freycinet, constitué le 7 janvier 1886, avec le portefeuille de l'intérieur.

SASS, Marie Constance Sasse (dite Sax, puis Saxe et enfin), cantatrice belge, fille d'un chef de musique militaire, est née à Gand le 26 janvier 1838. A la mort de son père, elle fut admise au Conservatoire de sa ville natale ; puis, obligée de donner des leçons pour vivre, elle accepta un engagement au casino des Galeries Saint-Hubert, à Bruxelles, où elle chanta environ dix-huit mois. Venue ensuite à Paris, elle parut dans divers cafés-concerts, d'abord au café des Ambassadeurs des Champs-Elysées, puis au casino du Palais-Royal enfin au café du Géant, situé boulevard du Temple. Mme Ugalde, l'ayant entendue chanter dans ce dernier établissement, fut frappée de la beauté de sa voix ; elle s'offrit à lui donner des leçons et finalement la fit engager au Théâtre-Lyrique, où elle débuta le 1er octobre 1859, sous le nom de Marie Sax, dans le rôle de la comtesse, des *Noces de Figaro*. Son succès fut complet, et elle parut successivement dans *Orphée*, *Philémon et Baucis* et *Robin des bois*, pendant le court passage qu'elle fit à ce théâtre. Engagée le 2 août 1860 dans *Robert le Diable* ; elle y parut ensuite dans la *Juive*, le *Trouvère*, les *Huguenots*, où sa voix puissante, étendue et sonore fit merveille dans le rôle de Valentine ; puis dans les *Vêpres siciliennes*, *Don Juan*, etc. Elle fut chargée enfin de créations importantes dans le *Tannhœuser* de Richard Wagner, *Don Carlos* de M. Verdi, et surtout dans l'*Africaine* de Meyerbeer, où le rôle de Selika lui fit le plus grand honneur. Mme Sasse resta attachée à l'Opéra jusqu'en septembre 1870 ; la guerre l'ayant éloignée de France, elle se voua à la carrière italienne, à laquelle elle se préparait d'ailleurs depuis quelque temps, y ayant fait une sorte de début, à Bade, l'année précédente. Elle a parcouru depuis, avec le plus grand succès, les principales villes d'Italie ; a chanté ensuite en Espagne, en Angleterre, etc. — Mariée au mois de mars 1864 avec M. Castan, dit Castelmary, chanteur de province qu'elle avait fait engager à l'Opéra, elle en a été séparée judiciairement en janvier 1867. A la suite d'un procès que lui intenta, pour faire un peu de bruit, sans doute, M. Adolphe Sax, facteur d'instruments de cuivre, son compatriote, Mme Sasse, forcée d'abandonner son nom de théâtre, finit par adopter celui de *Sass*, dont l'orthographe diffère peu de son nom véritable.

SAUSSIER, Félix Gustave, général français, né à Troyes le 16 janvier 1828. Elève de Saint-Cyr, il en sortait en 1850 comme sous-lieutenant d'infanterie et était promu successivement lieutenant en 1854, capitaine en 1855, major en 1863, lieutenant-colonel en 1867 et colonel en décembre 1869. Après avoir fait les campagnes de Crimée, de Kabylie, d'Italie et du Mexique, le colonel Saussier était à la tête du 41e régiment d'infanterie de ligne lorsqu'éclata la guerre de 1870. Il fit partie de l'armée de Bazaine, avec laquelle il se trouva naturellement enfermé dans Metz assiégée, et signa, au moment de la capitulation, une protestation énergique, signée également par un grand nombre d'officiers et remise au maréchal Lebœuf. Prisonnier des Allemands, le colonel Saussier parvint à s'évader, et alla rejoindre l'armée de la Loire par le chemin le plus sûr, sinon le plus court, c'est-à-dire par l'Autriche et l'Italie. Promu général de brigade le 5 janvier 1871, il reçut un commandement en Algérie. A une élection partielle qui se produisit dans l'Aube, en novembre 1873, le général Saussier fut élu représentant de ce département à l'Assemblée nationale, y prit place au centre gauche et vota les lois constitutionnelles. Il refusa la candidature qui lui était offerte à l'un des sièges sénatoriaux inamovibles et parut d'ailleurs décidé à renoncer à la vie politique, car il ne se

présenta pas aux élections suivantes. Appelé au commandement d'une brigade d'infanterie à Marseille en mai 1867, M. Saussier était promu divisionnaire le 6 juillet 1878 et nommé au commandement d'une division du 6ᵉ corps d'armée, à Nancy, en janvier 1879; le 31 mars suivant, il était placé à la tête du 19ᵉ corps d'armée à Alger, d'où il était appelé au commandement du 6ᵉ corps, à Châlons-sur-Marne, en août 1880. M. le général Saussier était nommé gouverneur de Paris le 26 mars 1884.
— Commandeur de la Légion d'honneur depuis 1872, il était promu grand officier le 8 juillet 1881.

SAY, JEAN-BAPTISTE LÉON, économiste et homme d'État français, ancien ministre, sénateur, membre de l'Académie française, petit-fils du célèbre économiste Jean-Baptiste Say, est né à Paris le 6 juin 1826. Occupé de bonne heure d'économie politique, M. Léon Say entra à la rédaction du *Journal des Débats*, dont il devint bientôt l'un des propriétaires, et épousa la fille du directeur, Édouard Bertin. Il collaborait en même temps au *Journal des économistes* et à l'*Annuaire de l'économie politique*. Aux élections législatives de 1869, M. L. Say se présenta dans la 3ᵉ circonscription de Seine-et-Oise, comme candidat de l'opposition libérale; il se retira après le premier scrutin, M. Lefebvre-Pontalis, candidat de l'opposition démocratique, ayant obtenu la majorité relative. Resté à Paris pendant le siège, il ne prit part active, en sa qualité d'administrateur du chemin de fer du Nord, au service du transport et de la distribution des vivres. Aux élections du 8 février 1871, M. Léon Say fut élu représentant de Seine-et-Oise le cinquième sur onze et de la Seine le trente-quatrième. Il opta pour la Seine et prit place au centre-gauche républicain. Le 5 juin suivant, il était appelé à la préfecture de la Seine en remplacement de M. Jules Ferry, démissionnaire. Comme son prédécesseur, M. Léon Say avait attaqué vivement l'administration de M. Haussmann; mais il sut montrer qu'il était lui-même un administrateur aussi capable qu'honnête, par les améliorations intelligentes qu'il apporta dans les services et par la mise à l'étude et l'exécution de travaux vraiment importants et utiles. Député de Paris, il défendit avec ardeur, devant l'Assemblée, cette capitale calomniée par ceux-là qui ne la voient qu'à travers le voile d'une haine instinctive, inspirée par le souvenir terrifiant de quelque conte de nourrice, et porta témoignage de la « grande sagesse » du Conseil municipal élu par elle et composé, comme on sait, d'une collection d'effroyables croquemitaines. Il ne réussit pourtant pas à obtenir le retour de l'Assemblée à Paris, et voulut dès lors donner sa démission de préfet de la Seine (février 1872); mais l'intervention de M. Thiers réussit à l'en dissuader. Le 7 décembre suivant, M. Léon Say était appelé au ministère des finances. Démissionnaire après le 24 mai, il reprenait le portefeuille des finances dans le cabinet du 10 mars 1875. Il ne put toutefois être longtemps d'accord avec M. Buffet. Le 25 septembre 1875, M. L. Say faisait, à Stors, un discours dans lequel il glorifiait trop l'acte du 25 février et saluait avec une courtoisie sans mesure l'avènement de la République, en comparaison du discours dans lequel M. Buffet développait, presque au même moment, la thèse contraire à Dompaire. M. Buffet voulut s'opposer à l'insertion à l'*Officiel* du discours de Stors et il fallut l'intervention du maréchal de Mac-Mahon pour qu'elle fût faite. Peu après, M. Say se portait candidat au Sénat dans le département de Seine-et-Oise et signait, avec MM. Gilbert-Boucher et Feray, une circulaire qui déplut encore plus à l'irascible chef du cabinet; il intervint de nouveau: M. Say donna sa démission, qui fut acceptée, mais qu'on le pria de reprendre, quand plusieurs de ses collègues eurent déclaré nettement au maréchal qu'ils étaient résolus à le suivre dans sa retraite. M. Léon Say demeura donc, fut élu sénateur de Seine-et-Oise, tandis que M. Buffet ne pouvait se faire élire nulle part à aucun titre, après cinq tentatives, et conserva son portefeuille dans le cabinet Dufaure du 9 mars 1876 et dans le cabinet Jules Simon, du 13 décembre suivant. Il se retira avec ce dernier le 17 mai 1877; mais le gouvernement ayant décidément échoué dans ses tentatives de réaction, il rentrait aux finances dans le cabinet Waddington du 14 décembre suivant, premier de la présidence de M. Jules Grévy. M. Léon Say suivit dans sa retraite M. Waddington, le 17 décembre 1879, après avoir signalé cette période de son passage aux affaires, notamment, par l'émission de l'emprunt en 3 0/0 amortissable. Nommé à l'ambassade de Londres le 30 avril 1880, il en revenait pour occuper le fauteuil de la présidence du Sénat, auquel il avait été élu le 25 mai 1880. Au renouvellement de la représentation sénatoriale de Seine-et-Oise, le 8 janvier 1882, il était réélu en tête de la liste, et acceptait de nouveau le portefeuille des finances dans le cabinet formé le 31 du même mois par M. de Freycinet, qu'il suivit dans sa retraite le 29 juillet suivant, étant remplacé dans le cabinet Duclerc, qui suivit, par M. Tirard. Depuis lors, bien qu'il ait été assez souvent question de son retour aux affaires, M. Léon Say a constamment décliné toutes les offres qui lui en ont été faites. Dans la question des princes, il a voté contre la loi d'expulsion.

M. Léon Say a publié: *Théorie des changes étrangers*, traduction de l'anglais de M. Goschen, avec une introduction; *Histoire de la Caisse d'escompte (1848)*; la *Ville de Paris et le Crédit foncier*; *Lettres à MM. les membres de la commission du Corps législatif, Observations sur le système financier de M. le préfet de la Seine (1865)*; les *Obligations populaires*, avec M. L. Walras; *Examen critique de la situation financière de la Ville de Paris (1866)*; *Rapport sur le paiement de l'indemnité de guerre (1875)*, etc. Citons encore le *Dictionnaire des finances* publié sous sa direction (1886).
— Il a été élu membre de l'Académie des sciences morales et politiques, en remplacement de Dubois, en octobre 1874, et membre de l'Académie française, en remplacement d'Edmond About, le 10 février 1886.

SBORGI, GIUSEPPE MARIA, pianiste, violoncelliste et compositeur italien, né à Florence le 30 mars 1814, est élève de A. Palafuti pour le piano, de Gaetano Giorgetti pour le violoncelle et de P. Picchianti pour la composition. Son éducation musicale achevée, il se livra à l'enseignement du chant, du piano, du violoncelle et de la composition et devint premier violoncelle au théâtre de la Pergola, à l'orchestre duquel il est resté attaché pendant quarante ans. Il a fait aussi partie, comme violoncelliste, de la musique de la chambre et de la chapelle du grand duc de Toscane Léopold II. — On doit à M. Sborgi de nombreuses compositions, parmi lesquelles on cite principalement un concerto de violoncelle et un concerto pour violoncelle et piano; outre divers opéras: *Demofonte*, *il Giorno natalizio*, *Ippolita degli Azzi*, *Arezzo*, *il Tesoro*, etc., qui ont tous été joués à Florence.

SCHARF, GEORGE, artiste et littérateur anglais, fils d'un artiste bavarois établi à Londres en 1816, y est né le 16 décembre 1820, fit de bonnes études artistiques sous la direction de son père et suivit les cours de l'université de Londres, puis ceux de l'Académie royale des Arts à partir de 1838. Son premier ouvrage publié consiste en une série de gravures intitulée *Effets scéniques*, représentant diverses scènes de Shakespeare et du théâtre classique anglais, remis en honneur par Macready à Covent-Garden (1838-39). En 1840, il fit un voyage en Italie, puis accompagna sir G. Fellows dans la Lycie et autres parties de l'Asie-Mineure, où il retourna en 1843, en qualité de dessinateur attaché à une mission officielle. Il en a rapporté une abondante collection de vues, dessins, croquis de sculptures antiques, qui ont été déposés au Musée britannique. Après son retour, il exposa quelques toiles à l'Académie royale et à l'Institution britannique, mais il a surtout acquis une grande réputation dans l'illustration d'ouvrages de luxe, tels que: la *Lycie de Fellows*; les *Légendes de l'ancienne Rome* de Macaulay (1847); l'*Horace d'Eilman* (1849); le *Manuel de peinture italienne et allemande* de Kugler (1851); l'ouvrage de M. Layard sur *Ninive*; les *Dictionnaires classiques* du Dᵣ Smith; les *Poëmes de Keath*; le *Livre de prières illustré* de Murray; le *Dante de Pollock*, la *Vie de Stothard de Bray*, etc. Élu membre de la Société des Arts en 1832 et correspondant de l'Institut archéologique de Rome en 1856, il a fait à l'Institution royale un cours sur l'art italien et a été nommé en 1857 secrétaire et conservateur de la Galerie nationale de portraits, dont il est devenu directeur en 1882. M. G. Scharf a fait depuis divers cours très suivis à l'Institution royale, et a écrit: une *Histoire des caractères de l'art grec*, en tête de la *Grèce* de Wordsworth; *Description des sections grecque, romaine et pompéienne, au palais de Cristal*; *Notes artistiques et descriptives sur les tableaux remarquables de l'exposition des vieux maîtres*, à l'*Institution britannique (1858)*; *Catalogue des tableaux et œuvres d'art du palais de Blenheim (1860)*; *Catalogue raisonné des peintures appartenant à la Société des antiquaires de Londres (1865)* et un grand nombre d'autres *Catalogues* des peintures de Knowsley Hall, de Woburn-Abbey, etc. Il a collaboré à la *Fine Arts Quarterly Review*, au *Old London*, au *Journal de l'Institut royal archéologique*, à l'*Archæologia*, etc.

SCHERER, EDMOND HENRI ADOLPHE, littérateur et

théologien protestant français, sénateur, né à Paris le 8 avril 1815, fit ses études partie à Paris et partie en Angleterre, puis alla étudier le droit et la théologie protestante à Strasbourg. Professeur d'exégèse à l'École évangélique de Genève en 1845, il rédigea dans cette ville le journal la *Réformation au XIXᵉ siècle*. Ayant résigné sa chaire en 1850 pour cause de dissentiment avec le programme orthodoxe, M. Edmond Schérer devint un des collaborateurs les plus actifs de la *Revue de théologie et de philosophie chrétienne*, fondée à cette époque par M. Colani et de la *Bibliothèque universelle de Genève*, ainsi qu'un des chefs du mouvement libéral qui s'est poursuivi jusqu'à ces derniers temps au point de provoquer une scission dans l'Église évangélique française. M. Schérer était un des principaux collaborateurs du journal le *Temps* depuis sa fondation, lorsqu'il le quitta en 1879 et passa quelque temps au *National*; il a donné depuis des articles littéraires au premier de ces journaux; il a été également rédacteur de l'*Union libérale et démocratique de Seine-et-Oise*. Correspondant, en outre, du *Daily-News* de Londres, M. Schérer adressait de Versailles à ce journal, le 31 décembre 1873, une dépêche rédigée en anglais, relative aux dispositions du cabinet italien envers nous, inspirées par la présence de l'*Orénoque* dans les eaux de Civita Vecchia. M. de Broglie, alors ministre de l'intérieur, arrêta la dépêche dont quelques feuilles officieuses publièrent une version habile, œuvre de quelqu'un de ces traducteurs dont les italiens disent : *traduttore traditore*, signalant M. Schérer comme ayant voulu indiquer à un gouvernement étranger « un moyen sûr et facile d'engager la France dans une nouvelle guerre ». L'affaire fit beaucoup de bruit à cette époque, mais grâce au touchant accord qui existe dans la presse française, on n'en parla bientôt plus, et M. de Broglie se convainquit aisément d'avoir eu raison. — Porté sans succès aux élections générales du 8 février 1871 dans le département de Seine-et-Oise, M. Schérer fut élu le 2 juillet suivant représentant de ce département à l'Assemblée nationale et prit place au centre gauche républicain, dont il fut un des membres les plus distingués et les plus utiles. Il a été nommé sénateur inamovible le 15 décembre 1875, au sixième tour de scrutin. Il a fait partie, en 1872, de la commission d'examen du traité relatif à la libération du territoire. En juin 1879, M. Schérer s'est prononcé contre le retour du parlement à Paris, bien qu'ayant été d'un autre avis auparavant; en juin 1886, il a voté contre l'expulsion des princes. — M. Edmond Schérer a publié : la *Critique et la Foi* (1850); *Alexandre Vinet, sa vie et ses écrits (1853)*; *Lettre à mon curé (1857)*; *Mélanges de critique religieuse (1860)*; *Études critiques sur la littérature contemporaine (1863-86,* tomes I à VIII); *Mélanges d'histoire religieuse (1864)*; plusieurs autres recueils d'articles de critique littéraire ou religieuse et quelques brochures de circonstance.

SCHEURER-KESTNER, Auguste, chimiste et homme politique français, sénateur, né à Mulhouse le 11 février 1833, il fit ses études scientifiques à la faculté de Paris, puis retourna en Alsace en 1856, s'y maria peu après et prit la direction de la grande fabrique de produits chimiques fondée à Thann par son beau-père, Charles Kestner, ancien représentant à la Constituante de 1848, où il avait siégé sur les bancs de la Montagne. M. Scheurer lui-même, imbu d'idées républicaines, avait subi, étant à Paris, une condamnation à quatre mois de prison et 2,000 francs d'amende et devait être soumis en conséquence à toutes les vexations que faisait peser sur les suspects la loi de sûreté générale. Cette situation le plaça naturellement à la tête du parti démocratique d'Alsace, l'un des plus nombreux, comme l'Alsace était une des provinces les plus éclairées de la France. M. Scheurer-Kestner a fondé à Thann, en 1865, une société coopérative de consommation qui servit de type à beaucoup d'autres. Nommé après le 4 Septembre directeur de l'établissement pyrotechnique de Cette, par la Délégation gouvernementale de province, il était élu, le 8 février 1871, représentant du Haut-Rhin à l'Assemblée nationale. M. Scheurer prit place à gauche et, après la signature de la paix, donna sa démission avec ses collègues d'Alsace-Lorraine et abandonna son établissement industriel pour rester Français. Le 2 juillet suivant, le département de la Seine le choisit pour représentant, par 108,038 voix. M. Scheurer-Kestner prit place à l'extrême-gauche, avec laquelle il a constamment voté, et se fit inscrire aux réunions de l'Union républicaine. — Il a été élu sénateur inamovible le 15 décembre 1875, au sixième tour de scrutin; et été pendant plusieurs sessions secrétaire du Sénat. M. Scheurer-Kestner a voté l'expulsion des princes. M. Scheurer-Kestner a collaboré au *Bulletin de la Société chimique* de Paris, dont il fait partie, aux *Comptes rendus* de l'Académie des sciences, aux *Annales de chimie et de physique*, à l'*Association*, au *Bulletin de la Société industrielle de Mulhouse* dont il est lauréat, etc.; il a publié à part, entre autre travaux : *Principes élémentaires de la théorie chimique des types, appliquée aux combinaisons organiques (1862)*. Il a été président du conseil d'administration et directeur de la *République française*.

SCHLIEMANN, Heinrich, archéologue allemand, né à Ankershagen (Mecklembourg-Schwerin) le 6 janvier 1822, est fils d'un pasteur protestant qui lui inspira dès l'enfance une vive admiration pour les héros de l'antiquité grecque. Il devait se passer du temps avant que ce grand amour pour l'ancienne Grèce portât ses fruits. Le père du jeune homme ayant perdu sa fortune, celui-ci ne put même poursuivre ses études, et fut obligé d'entrer, à quatorze ans, chez un épicier de Fürstenberg, où il demeura cinq ans et demi, oubliant bien plutôt ce qu'il avait appris. Il obtint alors, par l'intermédiaire d'amis, une place de correspondant et teneur de livres dans une maison d'Amsterdam, aux appointements annuels de 600 florins, que son zèle ne tarda pas à faire élever à 1000. Envoyé à Saint-Pétersbourg, comme représentant de sa maison, en 1846, il s'y établissait à son propre compte dès l'année suivante, et ne quittait les affaires qu'en 1863, ayant fait une fortune considérable. Au cours de sa laborieuse existence, qu'il a d'ailleurs pris la peine de nous raconter, M. Schliemann visita à peu près toutes les contrées de l'Europe, dont il apprit les langues, l'Égypte et l'Amérique. Libre et riche, il recommença ses voyages, visita l'Inde, la Chine, le Japon, outre la Grèce, vint à Paris étudier l'archéologie, puis retourna en Grèce, où il commença les fouilles, et par suite les découvertes qui l'ont rendu célèbre. Son premier ouvrage, fruit de son récent voyage dans l'extrême-Orient, fut écrit en français sous ce titre : la *Chine et le Japon au temps présent (1867)*; il publia ensuite, dans la même langue : *Ithaque, le Péloponèse, Troie, recherches archéologiques (1869)*, résultat de ses premières fouilles; puis en allemand : *Antiquités troyennes, rapport sur les fouilles de Troie, Atlas d'antiquités troyennes*, reproductions photographiques à l'appui du rapport sur les fouilles de Troie (1874). La même année, il obtenait du gouvernement grec l'autorisation de pratiquer des fouilles sur l'emplacement de la ville de Mycènes, où il découvrait en 1877 les cinq tombes royales attribuées par la tradition locale à Agamemnon et à ses compagnons, assassinés par Égisthe, et un trésor d'objets en or et en argent indiquant un avancement inattendu des arts industriels en Grèce à cette époque, et sans nulle trace de l'influence orientale. Il se rendit en Angleterre après cette découverte, et y fut accueilli avec enthousiasme. La compagnie des épiciers de Londres l'élut membre honoraire, outre la Société des antiquaires, l'Institut royal des architectes et l'Institut archéologique. Les antiquités de Mycènes furent exposées au musée de South-Kensington, et M. Schlieman publia en anglais, avec une préface de M. Gladstone : *Mycènes, relation des recherches et des découvertes faites à Mycènes et à Tirynse (1878)*. En 1881, il publiait à Leipzig un nouvel ouvrage : *Orchomenos*, dans lequel il décrit un voyage d'Athènes à Orothomenos, Orchomenos et Comais. Il a donné depuis : *Troie (1883)*, et les *Fouilles de Cyrius (1884)*. Il a été élu correspondant de l'Académie des sciences de Munich en 1882.

SCHMITZ, Léonhard, historien allemand, né à Eupen, près d'Aix-la-Chapelle, le 6 mars 1807, étudia l'histoire et la philosophie, à l'université de Bonn, avec Niebuhr, Welcker et autres et fut professeur au gymnase de cette ville de 1828 à 1832. Ayant épousé une Anglaise il se décida à partir pour l'Angleterre en 1836 et s'y occupa de travaux historiques et pédagogiques. Nommé recteur de l'École supérieure d'Édimbourg en 1853, il fut appelé par la reine Victoria, en 1859, à donner des leçons d'histoire au prince de Galles, puis, en 1862-63, au prince Alfred, depuis duc d'Édimbourg. Devenu principal du Collège international de Londres en 1866, il a résigné ses fonctions en 1874 et a été nommé examinateur pour l'enseignement classique à l'université de Londres. — Le D. Schmitz a édité en Angleterre les *Leçons de Niebuhr* sur l'*Histoire romaine*, l'*Histoire ancienne*, la *Géographie et ethnologie anciennes (1844-53*, 8 vol.); il a fondé le *Musée classique*, journal historique d'histoire et de littérature anciennes (1843-50). On lui doit, en outre, un *Manuel populaire de Rome*, une *Histoire de la Grèce*, des *Grammaires grecques et latines*, un *Manuel d'histoire ancienne (1855)*; un

Manuel de géographie ancienne (1857), un *Manuel d'histoire du moyen âge (1859)*, une *Histoire de la littérature latine (1877)*, et de nombreux articles à la *Penny Cyclopædia*, à l'*Encyclopædia Britannica* et aux *Dictionnaires classiques* du Dr W. Smith. Il s'est fait naturaliser anglais et a obtenu en 1881 une pension annuelle de 1,250 fr., en reconnaissance des services qu'il a rendus à l'enseignement classique et à la littérature.

SCHŒLCHER, Victor, publiciste et homme politique français, sénateur, né à Paris le 21 juillet 1804, fit ses études au collège Louis-le-Grand, embrassa la carrière littéraire, collabora à l'*Artiste* avant à peine dix-huit ans et prit part dès lors au mouvement d'opposition libérale contre la Restauration. Membre de la fameuse loge des *Amis de la vérité*, puis de la Société *Aide-toi, le ciel t'aidera!* et plus tard de celle des *Droits de l'homme*, il collabora à la *Revue républicaine*, dont il fut le principal bailleur de fonds (1830), à la *Revue indépendante*, à la *Revue de Paris*, à la *Revue du progrès*, au *Journal du peuple*, à la *Réforme*, en un mot à la plupart des publications destinées à propager les doctrines de la démocratie avancée. Il donna, en outre, une attention toute particulière à la question de l'esclavage et, pour l'étudier *de visu*, fit un premier voyage, en 1829, aux États-Unis, à l'île de Cuba et au Mexique, au retour duquel il se fit le champion énergique et infatigable de l'émancipation. En 1840, il entreprenait un nouveau voyage, dans le même but, aux Antilles et un autre en Égypte, en Grèce et en Turquie en 1845. Enfin, en 1847, il visitait l'Afrique occidentale, particulièrement nos établissements du Sénégal et de la Gambie, où florissait l'esclavage. A son retour, il trouva la France en république. Arrivé à Paris le 3 mars, François Arago, ministre de la marine, le choisissait pour sous-secrétaire d'État. Sans perdre de temps, M. Schœlcher faisait rendre, dès le lendemain, un décret portant institution d'une commission chargée de préparer l'acte d'affranchissement immédiat des esclaves dans les colonies françaises. Huit jours après, un décret rayait du code pénal maritime la peine du fouet. Président de la commission instituée par le décret du 4 mars, M. Schœlcher prit la part la plus active aux travaux de cette commission, à laquelle est due la rédaction des décrets du 27 avril, abolissant l'esclavage dans les possessions françaises, et qui sont, à coup sûr, de ceux dont s'honore le plus un gouvernement. — Élu représentant à la Constituante par la Martinique et la Guadeloupe, il opta pour cette dernière colonie et fut réélu par elle à l'Assemblée législative. Il siégea dans ces deux assemblées à l'extrême-gauche et fut vice-président de la réunion de la Montagne. On doit à M. Schœlcher un amendement qui obligea les compagnies de chemins de fer à fournir des wagons de 3e classe fermés et couverts, amélioration dont les voyageurs de la génération actuelle n'apprécient peut-être pas toute l'importance. Lorsque éclata le coup d'État du 2 décembre, M. Schœlcher venait de déposer, avec le colonel Charras, une proposition d'abolition de la peine de mort, qu'on n'eut pas le temps de discuter. Membre du comité de résistance formé le 2 décembre, avec Victor Hugo, Carnot et autres, M. Schœlcher était le lendemain à la barricade Saint-Antoine, où Baudin devait trouver la mort quelques secondes après que lui-même, s'avançant au-devant de la troupe pour parlementer, recevait un coup de baïonnette. Proscrit, M. Schœlcher se réfugia en Angleterre et ne voulut profiter d'aucune amnistie. La nouvelle de nos premiers désastres put seule le décider à rentrer en France, vers le milieu d'août 1870. Le 4 Septembre, il était à l'Hôtel de ville et le 16, nommé colonel d'état-major de la garde nationale. Appelé peu après au commandement de la légion d'artillerie, il signait avec Dorian, le 31 octobre, l'avis de convocation aux élections municipales que le gouvernement devait annuler le lendemain. Élu, le 8 février 1871, représentant de la Seine à l'Assemblée nationale le dixième sur quarante-trois, il fut élu ensuite représentant de la Guyane et de la Martinique, et opta pour cette dernière colonie. Lors de l'insurrection du 18 mars, M. Schœlcher reprit le commandement de l'artillerie de la garde nationale, qu'il avait résigné après la capitulation et fit, auprès du Comité central, des démarches de conciliation auxquelles il fut répondu par un ordre d'arrestation. Prisonnier de la Commune pendant trois jours, M. Schœlcher, rendu à la liberté, s'abstint de toute nouvelle intervention. Il siégea à l'extrême-gauche de l'Assemblée, qui l'élut sénateur inamovible le 16 décembre, au septième tour de scrutin. Siégeant à l'extrême-gauche, au Sénat comme à l'Assemblée, il vota en conséquence, notamment l'expulsion des princes en juin 1886, bien que porté d'abord comme s'étant abstenu. Il y a également reproduit sa proposition de suppression de la peine de mort, mais sans succès. Il s'est enfin prononcé contre la relégation des récidivistes, spécialement en Guyane. — M. Schœlcher a publié : *De l'esclavage des noirs et de la législation coloniale (1833)*; *l'Abolition de l'esclavage, examen critique des préjugés contre la couleur des Africains et des Sang-mêlé (1840)*; les *Colonies françaises (1842)*; les *Colonies étrangères et Haïti (1843, 2 vol.)*; l'*Egypte en 1845 (1846)*; *Histoire de l'esclavage pendant les deux dernières années (1847, 2 vol.)*; la *Vérité aux ouvriers et cultivateurs de la Martinique (1850)*; *Protestation des citoyens français nègres et mulâtres contre les accusations calomnieuses* et le *Procès de Marie-Galante (1851)*. Viennent ensuite ses publications d'exil, d'abord son *Récit des événements de décembre 1851* (Londres, 1852, 2 vol.), puis divers ouvrages écrits pour la plupart en anglais, notamment une brochure sur l'*Alliance anglo-française (1854)*; la *Vie de Haendel (1857)*; le *Repos du dimanche (1870)*, etc. En 1871, un éditeur belge publia sous son nom une brochure immonde intitulée les *Amours de Napoléon III*; il protesta contre cet abus de son nom de la seule manière convenable en pareil cas : en se portant partie civile au procès intenté à l'éditeur par le parquet. M. Schœlcher a publié depuis : le *Crime de décembre en province* et la *Grande conspiration du pillage et du meurtre à la Martinique (1875)*; le *Vrai saint Paul, sa vie, sa morale (1879)*, etc. En octobre 1882, il accepta la direction politique d'un nouveau journal : le *Moniteur des colonies*. M. Schœlcher a fait présent, au Conservatoire de musique, de la plus belle collection ethnographique d'instruments de musique qui existe peut-être aujourd'hui, ainsi que d'éditions musicales rares et précieuses pour sa bibliothèque; la bibliothèque de l'École nationale des beaux-arts a également reçu de lui une très belle collection d'estampes ainsi que des livres sur les beaux-arts.

SCHOFIELD, John Mac Allister, général américain, né dans le comté de Chatauque (New-York) le 29 septembre 1831. Élevé à l'Académie militaire de West Point, il y prit ses grades en 1853 et y demeura jusqu'en 1858 comme répétiteur de physique. Il professait cette science depuis 1858 à Saint-Louis du Missouri, lorsqu'éclata la guerre de sécession. Nommé brigadier-général de volontaires, il prit part aux campagnes du Missouri et du Kansas et combattit, à partir de 1864, sous les ordres du général Sherman. Le général Schofield fut promu, dans l'armée régulière, brigadier-général en 1864 et major-général en 1869. Nommé commandant militaire de la Virginie en 1867, il fut appelé au secrétariat de la guerre en 1868, mais se retira en 1870. Il a depuis occupé le commandement militaire du Missouri, puis celui de la Californie. Directeur de l'Académie militaire de West Point de 1876 à 1881, il était appelé, en 1882, au commandement du département militaire du Pacifique.

SCHOLL, Aurélien, littérateur et journaliste français, né à Bordeaux le 14 juillet 1833. Son père, ancien notaire, devenu professeur de droit, ne réussit pas à le retenir dans sa ville natale entre deux panonceaux. Paris attirait cette nature ardente et batailleuse. Dès la classe de rhétorique, Aurélien Scholl envoyait par la poste des articles et des nouvelles à la main au *Corsaire* qui les insérait. Les lecteurs de ce journal s'imaginaient guère qu'on leur servait la prose et les vers d'un collégien. A peine ses études terminées, le jeune Scholl s'échappait de la classe de notariat et tombait sur le pavé de Paris avec cinq cents francs pour toute fortune. Le *Corsaire* ayant été supprimé lors du coup d'État, le nombre des journaux réduit à sept ou huit, il était difficile de se faire connaître; Scholl écrivit partout où il put. On trouve de sa prose dans la *Naïade*, journal des baigneurs, tiré à 500 exemplaires sur papier pour les cafés et restaurants, et à cinquante exemplaires sur caoutchouc pour les établissements de bains ; on en trouve dans tous les petits journaux de l'époque, et enfin dans l'*Illustration*, où Edmond Texier le fit entrer et dans l'*Artiste*, où Arsène Houssaye et Théophile Gautier le reçurent à bras ouverts. Scholl venait de publier une historiette en vers intitulée *Denise*, qui obtint un grand succès et fut tout à coup arrêtée par le parquet. Le comte de Villedeuil ayant alors fondé le *Paris* quotidien, avec un Gavarni par jour, et l'*Éclair*, revue hebdomadaire, Aurélien Scholl trouve enfin une situation stable. Edmond Texier, Jules de Goncourt, Henri Murger, Théodore de Banville, Émile Erckmann étaient les collaborateurs du comte de Villedeuil. Sur ces entrefaites, Alexandre Dumas fit paraître le *Mousquetaire*. Scholl y collabora et devint l'un des compagnons assidus du maître ; mais ce fut au *Figaro* que le jeune écrivain acquit sa célébrité. Une satire hebdomadaire intitulée les *Coulisses* fit apprécier cet esprit pénétrant, incisif, parfois cruel, qui lui valut tant de polémiques, de procès et de duels. En 1863, Scholl fonda à son tour le *Nain jaune* où il eut pour collaborateurs, Henri Rochefort, Albert Wolff, Barbey d'Aurevilly, Méry, Armand de Pontmartin, Théodore de Banville, Tony Revillon, tout ce que la littérature comptait alors de vivace et de brillant. Le *Nain jaune* fut pendant deux ans la joie et la terreur de Paris, mais harcelé par les parquets de l'Empire, Scholl dut passer la main. Il est facile de voir, en relisant les collections des journaux qu'il a fondés : le *Club* (hebdomadaire), le *Camarade* (quotidien), le *Lorgnon*, le *Voltaire*, l'*Echo de Paris*, que si Aurélien Scholl n'avait été réduit par le régime impérial à un gaspillage effréné de son esprit et de ses idées, que s'il avait pu consacrer sa verve intarissable aux grandes questions politiques, il fût devenu un de nos publicistes les plus éminents. C'est surtout dans l'*Evénement*, dont il a été pendant treize ans le principal rédacteur, qu'il a donné des preuves d'une vraie capacité politique et d'une conception élevée de la liberté. — Aurélien Scholl a épousé en 1868 miss Irène Perkins, fille d'un des associés de la grande brasserie Barclay et Perkins. de Londres. C'était ce qu'on est convenu d'appeler un beau mariage, miss Perkins avait un million de dot et des « espérances ». Scholl apportait deux cent mille francs qu'il venait d'hériter de son père. Mais les Anglais ne paient que la rente et réservent le capital, et miss Perkins ayant amené avec elle une famille malheureuse, composée d'une femme séparée et de ses quatre enfants, le jeune mari refusa d'accepter ce tête-à-tête à sept. De là, procès en séparation, que Scholl gagna devant le tribunal civil, présidé par M. Benoit-Champy. Survinrent la guerre et la Commune : Scholl, exaspéré, écrivit des lettres un peu vives, et, près de cinq ans après, une chambre de la cour d'appel, présidée par un magistrat clérical et célèbre par son incapacité, prononça la séparation. Scholl avait touché deux demi-termes de la pension allouée par le beau-père, soit douze mille cinq cents francs de dot, et le contrat de mariage seul avait coûté dix mille francs. Plus pauvre qu'à son arrivée à Paris, Scholl se remit avec ardeur au travail. Il se vengea d'une certaine catégorie de magistrats par un coup de fouet qui eut un grand retentissement ; il la qualifia de *canaille inamovible!* et le mot est resté.

On a de M. Aurélien Scholl plus de 40 volumes : *Hélène Hermann*, les *Amours de théâtre*, études soignées et intéressantes ; puis la *Foire aux artistes*, *Aventures romanesques*, les *Cris du paon*, la *Dame des palmiers*, roman publié par le *Constitutionnel* ; l'*Homme à la main coupée* (la *Liberté*) ; l'*Outrage* (l'*Evénement* de 1867) ; enfin de nombreux volumes d'articles dont la plupart ont eu du retentissement, tels que les *Amours de cinq minutes*, les *Scandales du jour*, *Fleurs d'adultère*, le *Roman de Follette* ; et enfin une série de chroniques sous le titre général : l'*Esprit du boulevard* (1886). On doit à M. Scholl cinq ou six volumes d'anecdotes et de nouvelles à la main : sous ce rapport, on peut dire qu'il a défrayé son époque. Ce n'est pas sans raison qu'on l'a comparé à Champfort et à Rivarol. Quelquefois, en relisant ses bons mots reproduits pour la dixième fois, on lui disait : « Mais c'est de vous, cela ? » — et il répondait : « Ça a été de moi. » Quelques traits donneront une idée de la vivacité de ses reparties. Alexandre Dumas avait la prétention d'être un excellent cuisinier. Déjeunant un matin avec la rédaction du *Mousquetaire*, il fit lui-même l'omelette, qui fut trouvée excellente. Quelques jours après, Dumas voulut faire une sauce : « Goûtez-moi cela, » dit-il à ses convives. Grimace et silence général. — « Comment ! s'écria Dumas en s'adressant à Aurélien Scholl, tu ne trouves pas ma sauce bonne ? » — « Mon cher maître, répondit Scholl, cette fois, elle est de Maquet ! » (Maquet était, comme on sait, le collaborateur de Dumas). Visitant le salon avec Roqueplan, celui-ci s'arrêta devant le grand tableau de Gustave Doré, les *Chrétiens livrés aux bêtes*. On voyait les martyrs dévorés par des bêtes féroces. « Oh ! fit Scholl en poussant Roqueplan du coude, vois donc, dans ce coin... un pauvre lion qui n'a pas de chrétien ! » Lors d'un voyage à Blois qu'il fit avec de Villemessant, un ami de ce dernier, M. Pardessus, notaire, s'écria au premier mot de présentation : — « Ah ! Monsieur, nous attendons tous les samedis vos *Coulisses* avec une grande impatience ! Et il ajouta : Vous devez vous faire bien des ennemis ? » — « Monsieur, répondit Scholl, quand ils seront cent mille je me mettrai à leur tête ! » En somme, Aurélien Scholl aura, par son originalité et ses fantaisies, marqué sa place dans son époque. C'est lui qui, trouvant la lorette tombée en désuétude, a inventé l'*horizontale*, mot qui est passé dans l'usage.

C'est à lui qu'on doit Guibollard, qui s'est installé entre Prud'homme et Calino. En 1866, Millaud, fondateur du *Petit Journal*, s'était brouillé avec Ponson du Terrail : « Je ne trouverai jamais, disait-il, un romancier qui sache tuer autant de personnages que lui ! » « Je parie d'y arriver, » dit Scholl. Et il improvisa les *Nouveaux mystères de Paris* (qui ont reparu sous le titre : les *Nuits sanglantes*). Le roman eut un grand succès en feuilletons, et Aurélien Scholl gagna le pari, qui était considérable.

Scholl a en plus de quinze duels. Les cinq ou six premières fois, il alla sur le terrain sans avoir jamais pris de leçons. Il s'est rattrapé depuis et est devenu un des bons tireurs de Paris. On lui doit les remarquables préfaces des *Tireurs d'épée*, de l'*Art du duel* et des *Duels célèbres*. Aurélien Scholl a donné au théâtre onze pièces qui ont réussi ; à l'Odéon : *Jaloux du passé*, comédie ; le *Repentir*, drame en un acte ; le *Nid des autres*, comédie en trois actes, où se trouve l'histoire de son mariage avec intrusion d'une famille étrangère ; au Gymnase : *Rosalinde*, une pièce genre trumeau qui fut jouée plus de cent fois et reprise aux Variétés ; au Gymnase encore : la *Question d'amour* ; au Théâtre-Déjazet : l'*Hôtel des illusions* ; aux Variétés : les *Chaînes de fleurs*, un acte ; *On demande une femme honnête*, un acte, etc., etc. — Aurélien Scholl a été nommé chevalier de la Légion d'honneur en 1879, officier en 1884. Il est, de plus, commandeur des ordres de Charles III, d'Isabelle la Catholique, etc.; chevalier des SS. Maurice et Lazare, de Notre-Dame de Guadalupe, etc. L'un de ses biographes a dit de lui : « C'est un de ces esprits encyclopédiques qui ne croient à rien, se moquent de tout et réussissent en tout. S'il n'a pas entrepris une *Mécanique céleste*, c'est que le sujet ne lui a pas paru assez parisien. »

SCHURZ, Carl, homme politique américain d'origine allemande, né à Liblar, près de Cologne, le 2 mars 1829, fit ses études au gymnase de cette ville et à l'université de Bonn. Dès 1848, il rédigeait, avec Gottfried Kinkel, un journal révolutionnaire publié à Bonn, le *Spartacus*, et il fut avec celui-ci un des promoteurs de la révolution dans les provinces rhénanes. Après la prise de Rastadt, il se réfugia en Suisse, puis, en mai suivant (1850), il revint secrètement en Allemagne pour coopérer à l'audacieuse évasion de son ami et maître Kinkel de la forteresse de Spandau, où il était détenu depuis vingt ans. Il y parvint, après six mois d'efforts, et s'enfuit avec lui en Ecosse. Il se rendit ensuite à Paris, comme correspondant d'un journal anglais, retourna en Angleterre au bout d'une année et s'embarqua pour les Etats-Unis en 1852. Où il réside à Philadelphie pendant trois années, M. C. Schurz s'établit comme homme de loi dans le Wisconsin et ne tarda pas à s'y faire une grande réputation d'orateur politique allemand. Porté candidat par les républicains, au poste de sous-gouverneur de l'Etat en 1856, il échoua. Il entreprit en 1860 une active propagande en faveur de Lincoln pour la présidence suprême et celui-ci, ayant été élu, le récompensa de son zèle en le nommant ministre en Espagne, poste qu'il conserva à peine six mois, avant de donner sa démission pour entrer dans l'armée de l'Union à la fin de 1861. Nommé brigadier-général de volontaires au mai 1862, M. Schurz prit part à la campagne du Tennessee et assista à diverses batailles ; mais il donna sa démission et quitta définitivement l'armée en 1864, pour reprendre l'exercice de sa profession d'homme de loi. En 1866, il partit pour Detroit (Michigan), où il fonda et rédigea quelque temps le *Detroit Post* ; en 1868, il s'établit à Saint-Louis, et fut élu l'année suivante sénateur des Etats-Unis pour l'Etat de Missouri. Réélu en 1875, il fut nommé par M. Hayes, président des Etats-Unis, secrétaire d'Etat au département de l'intérieur, en mars 1877. Dans cette fonction, il seconda de tous ses efforts la réforme de l'administration entreprise par le président, notamment en instituant des examens pour l'admission des employés de son ministère. Il suivit M. R. B. Hayes dans sa retraite (1881) et alla s'établir à New-York, où il a pris la direction de l'*Evening Post*.

M. Carl Schurz est un des *lecturers* populaires des Etats-Unis. Il est coté 200 dollars (1,000 francs) par soirée. Un volume de ses discours a été publié en 1865.

SCHWAB, François Marie Louis, compositeur et critique musical alsacien, né à Strasbourg le 18 avril 1829, étudia de très bonne heure le piano avec Ed. Hauser et l'harmonie avec Ph. Hoerter. Encore sur les bancs du collège, il dirigeait un orchestre d'amateurs, et fit exécuter avec succès, fort jeune, des ouvertures et des morceaux de chant de sa composition, soit au théâtre, soit dans des concerts de sa ville natale

Son œuvre de début est une valse à grand orchestre dédiée à Teresa Milanolo. Il fit entendre ensuite une messe solennelle et plusieurs opéras comiques joués avec succès à Strasbourg et à Bade. Il collaborait en même temps, comme critique musical, au *Courrier du Bas-Rhin*, à la *Gazette musicale* de Paris, à l'*Illustration de Bade*, etc., et est devenu le rédacteur musical du *Journal d'Alsace*. M. Schwab a dirigé, de 1871 à 1873, la société chorale l'Union musicale. Il est officier d'académie et chevalier de l'ordre de Charles III d'Espagne. — On doit à M. Schwab les compositions suivantes : 1° Musique dramatique : la *Nuit tous les chats sont gris*, op. com. en 2 actes, joué à Strasbourg (1858) ; les *Amours de Sylvie*, op. com. en 1 acte, à Bade (1861) ; les *Deux consultations*, op. com. en 1 acte, joué au lycée de Strasbourg par les élèves (1867). — 2° Musique religieuse : Messe à grand orchestre avec soli et chœurs, exécutée à Strasbourg en 1859, puis à Madrid, à Bade et enfin à Paris, à l'église Saint-Eustache ; un *Benedictus*, un *O Salutaris* et divers autres morceaux. — 3° Musique de concert : *Valse à grand orchestre (1850)*; *Grande fantaisie* pour clarinette, avec orchestre, écrit pour le fameux clarinettiste Wuillé, exécutée au grand festival de Bade sous la direction d'Hector Berlioz, en 1859, puis à Mulhouse (1860) et au concert Besselièvre à Paris (1862) ; *solo* de saxophone, à Bade (1860) ; *Cantabile* pour violoncelle ; *Concertino* pour violoncelle. — 4° Musique vocale : les *Voix de la lyre*, grande cantate sur des paroles de Méry, pour le grand festival de Strasbourg en 1863 ; le *Dernier chant de Corinne*, scène pour soprano, avec accompagnement d'orchestre ; la *Vision du lac Leman*, mélodie ; l'*Alsace*, chœur à quatre voix d'hommes, *Gambrinus*, chœur, etc.

SECOND, ALBÉRIC, littérateur et journaliste français, né à Angoulême le 17 juin 1817. Venu jeune à Paris, il débuta à vingt ans dans la carrière littéraire par des vaudevilles, publia ensuite quelques volumes de littérature légère et collabora à la petite presse, notamment à l'*Entr'acte* dont il a été longtemps directeur. Nommé sous-préfet de Castellane en 1849, il quittait l'administration l'année suivante. Il a été sous l'Empire commissaire près du théâtre de l'Odéon. M. Albéric Second a collaboré au *Figaro*, au *Grand Journal*, à l'*Evénement littéraire* (1865), etc. ; après avoir repris en 1870 la direction de l'*Entr'octe*, il fondait le 1er juin 1872 la *Vie élégante*, journal bi-hebdomadaire, qui eut peu de durée. Il a donné au théâtre : *Trichemont et fils*, vaudeville en un acte (1830) ; un *Dragon de vertu*, folie vaudeville en un acte ; un *N'osez s'il vous plaît*, un acte (1839) ; le *Droit d'aînesse (1841)*; *English spoken (1855)*; la *Comédie à Ferney*, au Français (1857) ; un *Baiser anonyme (1868)* ; la *Fontaine de Berny*, opéra comique (1869) ; un *Mouton à l'entresol (1871)*; *Un maître en service (1872)*. avec M. Blervy ; la *Vicomtesse Alice*, drame en 5 actes, avec L. Beauvallet, aux Nations (1882) ; la *Vie facile*, comédie en 3 actes, avec M. P. Ferrier, au Vaudeville (1883) ; le *Coup de soleil*, 1 acte, à l'Odéon (1885), avec M. Théodore de Grave, etc. M. A. Second a eu pour collaborateurs à la plupart de ces petits ouvrages dramatiques, outre ceux déjà nommés : MM. Labiche, Marc Michel, Joltrois, Bergeron, Louis Lurine. — Il a publié : *Lettres cochinchinoises sur les hommes et les choses du jour (1841)*; *Mémoires d'un poisson rouge (1842)* ; les *Petits mystères de l'Opéra (1844)* ; la *Jeunesse dorée... par le procédé Ruolz (1851)*; *A quoi tient l'amour (1856)*; *Contes sans prétention (1857)*; la *Comédie parisienne*, brochure hebdomadaire personnelle, réunie en 2 volumes, après avoir paru environ cinq mois (1857) ; *Vichy-Sévigné, Vichy-Napoléon, ses eaux*, etc. (1862) ; les *Misères d'un prix de Rome (1868)*; la *Semaine des quatre jeudis (1870)*; les *Demoiselles du Rançay (1872)*, couronné par l'Académie française ; la *Vicomtesse Alice (1875)* ; le *Roman de deux bourgeois (1880)*, etc. — M. Albéric Second est chevalier de la Légion d'honneur depuis 1859.

SEDGWICK, AMY, actrice anglaise, née à Bristol le 27 octobre 1835, s'exerça de bonne heure à l'art dramatique sur un petit théâtre d'amateurs de la banlieue de Londres, d'où sont également sortis plusieurs artistes maintenant en possession de la vogue, et débuta en 1853 au théâtre de Richmond dans le rôle de Julia, du *Bossu* (the Hunchback) avec un succès modeste : elle retourna ensuite à Bristol, joua le principal rôle dans la bouffonnerie intitulée *Mistress White* une seule fois, s'étant brouillée le même soir avec son directeur. Elle se rendit ensuite à Cardiff, et son succès dans le rôle de Pauline de la *Lady of Lyons*, de Bulwer, lui fit offrir un engagement, qu'elle accepta, par un impresario visitant les principales villes de la province ; et en 1855, elle accepta un engagement à des conditions déjà presque brillantes au théâtre de Manchester, où elle passa trois saisons, attirant la foule à ses représentations. Enfin, elle débutait à Londres, au théâtre de Haymarket, dans le rôle de Pauline, en septembre 1857. Elle y joua avec un très grand succès le principal rôle dans la *Partie inégale*. Miss Sedgwick s'est acquis depuis cette époque une véritable célébrité. Parmi les rôles où elle a le plus brillé, nous devons citer lady Macbeth, Juliette, Ophélie, Rosalinde, la iv Tearle, Peg Woffington, etc. La reine Victoria l'a maintes fois appelée auprès d'elle, pour lui lire quelques morceaux choisis des œuvres dramatiques qu'elle interprète si supérieurement. — Miss Sedgwick avait épousé en 1858 un médecin, le docteur W. B. Parker, mort en 1863.

SÉE, GERMAIN, médecin français, né à Ribeauvillé (Haut-Rhin) le 6 mars 1818, fit ses études à Metz et vint achever sa médecine à Paris, où il prit le grade de docteur en 1846. Médecin des hôpitaux en 1852, il était nommé à la chaire de thérapeutique de la faculté, en remplacement de Trousseau, en 1866. Un cours, très suivi et très apprécié, ne tarda pas à être épluché de près par la partie cléricale alors en pleine agitation, et dans la pétition présentée au Sénat en 1868, en faveur de la liberté de l'enseignement supérieur, le nom de M. Germain Sée figura parmi ceux des professeurs de l'université contre lesquels les doctrines matérialistes desquels il n'était que temps de réagir si l'on voulait prévenir la plus épouvantable des catastrophes. Cette dénonciation collective produisit une grosse mais courte émotion, et les modestes et savants professeurs qui en furent l'objet y gagnèrent une popularité à laquelle ils ne s'attendaient pas, convaincus du devoir fait leur devoir et de n'avoir pas plus de droit aux ovations qu'aux insultes. Nommé, peu après, à la chaire de clinique médicale, M. Germain Sée fut élu membre de l'Académie de médecine en 1869. Il a été nommé professeur de clinique médicale à l'Hôtel-Dieu en septembre 1875, et en est devenu le médecin en chef. A la fin d'août 1876, les journaux ont annoncé le départ de M. Sée pour Constantinople, appelé auprès du sultan Mourad V, qui n'était déjà plus sultan avant que M. Sée eût eu le temps de s'embarquer. Il a fait, en 1877, à l'Académie de médecine, un rapport extrêmement intéressant sur les propriétés thérapeutiques de l'acide salicylique et de ses dérivés, lequel a été l'occasion d'une vive polémique, mais n'en a pas moins fait admettre cet agent thérapeutique dans la pratique courante qui, comme de tout agent nouveau une fois admis, a fini par en abuser. — On doit à ce savant : *Effet du seigle ergoté sur le cœur et la circulation (1846)*; *De la chorée, rapports du rhumatisme et des maladies de cœur avec les affections nerveuses et convulsives (1850, in-4°)*; *Leçons de pathologie expérimentale : Du sang et des anémies*, recueillies par M. Maurice Raynaud (1866) ; *Du diagnostic et du traitement des maladies du cœur*, leçons faites à la clinique de la Charité de 1874 à 1876 (1878), etc., outre des leçons, mémoires, etc., insérés au *Courrier médical*, au *Bulletin thérapeutique*, aux *Mémoires de l'Académie de médecine*, au *Nouveau Dictionnaire de médecine et de chirurgie pratiques*, etc. M. Germain Sée a été promu commandeur de la Légion d'honneur le 12 juillet 1880.

SELBORNE (comte de), ROUNDELL PALMER, jurisconsulte et homme politique anglais, né à Mixburg (comté d'Oxford) le 27 novembre 1812, fit ses études aux collèges de Rugby et de Winchester et au collège de la Trinité, à Oxford, où il les termina d'une manière exceptionnellement brillante ; cinq ans ensuite il suivit ensuite les cours de l'école de droit de Lincoln's Inn et fut admis au barreau en 1837. Il exerça d'abord comme avocat plaidant en chancellerie, puis devint conseil de la reine en 1849. Aux élections générales de 1847, sir Roundell Palmer fut élu représentant de Plymouth à la Chambre des communes comme libéral-conservateur et libre-échangiste. Non réélu en 1852, il reprenait son siège à la Chambre l'année suivante ; mais aux élections de 1857, il ne sollicitait point le renouvellement de son mandat. Malgré cela, sir Roundell Palmer fut nommé solicitor-general par lord Palmerston en juillet 1861. Il fut, à cette occasion, créé chevalier, comme c'est l'usage. Ce fut élu peu après membre du parlement pour Richmond, qu'il n'a cessé de représenter qu'à son élévation à la pairie. Devenu attorney-général à la mort du titulaire, sir W. Atherton, il se retira à la chute du ministère Russell, en juin 1866. Au retour des libéraux au pouvoir, en décembre 1868, M. Gladstone lui offrit le poste de chancelier ; mais il refusa, n'étant pas complètement d'accord sur la question de l'Église d'Irlande avec le premier ministre. Sir Roundell Palmer se borna, en conséquence, à appuver le nouveau cabinet dans la plupart des questions actuelles, en conservant une attitude indépendante. Il représenta l'Angleterre au tribunal arbitral de Genève, ayant à statuer sur les difficultés soulevées entre cette puissance et les Etats-Unis à propos des corsaires confédérés, en 1871, et succéda à lord Hatherley comme lord chancelier d'Angleterre, en octobre 1872. Il fut, à cette occasion, élevé à la pairie avec le titre de baron Selborne, de Selborne, dans le comté de Hants. Lord Selborne a donné sa démission à la chute du parti libéral, en février 1874. En mai 1880, dans le nouveau cabinet libéral présidé par M. Gladstone, il reprenait ses fonctions de lord chancelier d'Angleterre, et était nommé, en décembre 1882, vicomte WOLMER de BLACKMOOR, dans le Hampshire et comte de SELBORNE. Il n'a pas fait partie du dernier cabinet Gladstone (février à août 1886). — Elu lord recteur de l'université de Saint-Andrews en 1877, lord Selborne a écrit quelques ouvrages religieux.

SELLA, QUINTINO, homme d'Etat italien, né à Mosso (Piemont) le 7 juillet 1827, fit ses études à l'université de Turin, puis vint à Paris où il suivit, pendant trois ans, les cours de l'Ecole des mines. De retour à Turin en 1851, il fut appelé à la chaire de géométrie appliquée de l'Institut technique, puis à celle de mathématiques de l'université à la fin de 1853; nommé, en 1855, directeur du cabinet de minéralogie de l'Institut technique, membre du Conseil supérieur de l'instruction publique en 1858 et du Conseil des mines en 1860. En 1861, M. Sella devenait secrétaire général du ministère de l'instruction publique, et au mois de mars de l'année suivante, il entrait dans le cabinet Rattazzi, avec le portefeuille des finances. Démissionnaire en décembre suivant avec ses collègues, il accepta le même portefeuille dans le cabinet La Marmora, qui dura de septembre 1864 à décembre 1865, et le reprenait dans le cabinet Lanza, en décembre 1869, pour le conserver jusqu'en avril 1873. Dans cette période, M. Sella apporta, dans les finances de l'Italie, des réformes importantes et bien nécessaires, qui n'eurent pas cependant tout l'effet qu'il en attendait; il réalisa des économies sur toutes les branches de l'administration, augmenta les droits d'enregistrement et de timbre, fit adopter des impôts nouveaux, réalisa la conversion des biens ruraux des paroisses desservies par des curés ayant moins de 800 lires de revenus annuels, fit passer un projet de loi pour l'unification de la dette pontificale, adopter par les Chambres également un projet d'impôt sur la mouture qui devait susciter bien des difficultés à ses successeurs et même provoquer des troubles dans les districts ruraux de diverses provinces; mais ses projets douaniers rencontrèrent, dans le parlement, une résistance qui le força à donner sa démission, le 23 juin 1873. N'oublions pas qu'au début de la guerre de 1870, M. Sella se prononça avec une grande énergie contre toute idée d'alliance avec la France. Peut-être avait-il raison, après tout : on ne s'allie pas, généralement, avec des vaincus; il n'y a guère que les Français capables d'une maladresse pareille. — M. Sella reprit donc sa place sur les bancs de la droite constitutionnelle, dont il était dès lors le chef reconnu. Lorsqu'à la suite de l'expédition française à Tunis, qu'il était accusé de n'avoir pas su prévoir et empêcher, le ministère Cairoli fut obligé de quitter le pouvoir (14 mai 1881), le roi Humbert fit appeler M. Sella et lui confia la mission de former un nouveau cabinet; mais il ne put y parvenir; après plusieurs jours de vains efforts, il dut avouer son impuissance à réunir, dans un ministère de droite, des personnages assez influents pour lui assurer une majorité sérieuse dans le parlement; et ce fut un ministère Depretis qui succéda au ministère Cairoli.

M. Sella a publié : *Sulla constituzione geologica e sulle industrie biellezze* (Biella, 1864); *Lezione di cristallografia (1867); Sulle condizioni della industria acineraria in Sardegna (1871)*, etc. Il a publié, en outre, dans les recueils de l'Académie des sciences de Turin et de l'Académie des Lincei de Rome, dont il est membre, de nombreux mémoires.

SENS, EDOUARD JOSEPH, ingénieur et homme politique français, né à Arras, le 26 février 1826. Elève de l'Ecole polytechnique et de l'Ecole des mines, il fut nommé ingénieur à Mont-de-Marsan, puis à Arras. Envoyé à Chalon-sur-Saône contre son gré, vers 1863, M. Sens demanda sa mise en disponibilité et accepta les fonctions d'ingénieur-conseil de la compagnie des mines de Marquises, près Boulogne-sur-mer. Membre du Conseil général du Pas-de-Calais depuis 1861, M. Sens fut choisi comme candidat officiel dans l'arrondissement de Saint-Pol, après la mort du baron d'Herlincourt, en 1866; il fut élu, et siégea sur les bancs des dévoués du régime impérial. Réélu dans la première circonscription d'Arras en 1869, il ne modifia pas sa conduite au Corps législatif et vota la guerre. La révolution du 4 Septembre, le rendit à la vie privée. Ce n'est qu'en février 1874, qu'une vacance s'étant produite dans la représentation du Pas-de-Calais à l'Assemblée nationale, M. Sens se présenta : il fut élu et siégea au groupe de l'Appel au peuple. Il échoua à Arras le 20 février 1876; élu le 14 octobre 1877, son élection était invalidée par la Chambre, et il ne réussissait pas à se faire réélire à la nouvelle épreuve. M. Sens a été élu député du Pas-de-Calais, sur la l ste monarchiste, le 4 octobre 1885. — Il est chevalier de la Légion d'honneur, officier de l'instruction publique et décoré de plusieurs ordres étrangers.

SENTENAC, JOSEPH FRANÇOIS AUGUSTE, homme politique français, avocat, né à Saint-Girons le 24 janvier 1835. Avocat du barreau de sa ville natale, connu par ses opinions républicaines, il fut nommé sous-préfet de Saint-Girons après le 4 Septembre, et élu en octobre 1871 membre du Conseil général de l'Ariège. après avoir quitté l'administration. Après avoir échoué aux élections du 20 février 1876 dans son arr ndissement, contre le candidat bonapartiste, M. Sentenac n'était pas plus heureux le 14 octobre 1877 ; mais cette élection ayant été annulée par la Chambre, il était enfin élu député de Saint-Girons le 7 juillet 1878. et réélu le 21 août 1881. Il siégea au groupe de l'Union républicaine. Elu député de l'Ariège au scrutin du 18 octobre 1885, M. Sentenac a voté l'expulsion des princes.

SERPA PINTO, ALEXANDRE ALBERT DA ROCHA, officier et explorateur portugais, né au Tendaes, dans la province de Douro, le 20 avril 1846. Il fit ses études au Collège royal militaire de Lisbonne, entra au 7e régiment d'infanterie en 1863 et devint successivement enseigne en 1864, lieutenant aux carabiniers en 1866, capitaine en 1874, major en avril 1877 et fut nommé aide-de-camp du roi le 10 mars 1880. En 1869, il prenait part à la guerre du Zambèze et réussit à sauver le régiment de l'Inde, à Massangano, le 23 novembre. Il fut alors appelé au commandement des troupes indigènes d'Afrique. Dans le cours des années 1877 à 1879, M. Serpa Pinto traversa le continent africain de Benguela à Durban, voyage dont il a donné une magnifique relation : *Comment j'ai traversé l'Afrique (1881)*. Il reçut, à cette occasion, des médailles d'or des Sociétés de géographie de Paris, de Londres, de Rome, d'Anvers et de Marseille, et fut élu membre des sociétés géographiques les plus importantes du monde entier et de divers autres corps savants. Le major Serpa Pinto est commandeur de l'ordre de Saint-Jean de Portugal, chevalier de la Légion d'honneur et d'une foule d'autres ordres étrangers.

SERPETTE, HENRI CHARLES ANTOINE GASTON, compositeur français, né le 4 novembre 1846, à Nantes ; fils d'un riche industriel de cette ville, il y fit de brillantes études, vint faire son droit à Paris et fut reçu avocat. Epris d'une passion véritable pour la musique, il n'a pas toutefois étudiée très sérieusement. Vers 1868, il entra au Conservatoire, dans la classe de composition de M. Ambroise Thomas et commença dès l'année suivante à prendre part au concours de l'Institut. Après avoir échoué en 1869 et 1870, il remportait le grand prix de Rome en 1871, avec la cantate intitulée : *Jeanne d'Arc*, paroles de M. Jules Barbier, qui fut exécutée à l'Opéra le 24 novembre suivant par Mlle Rosine Bloch et MM. Gaillard et Richard, et fut bien accueillie par la critique. Après un court séjour en Italie, M. Serpette revint à Paris et écrivit la musique de la *Branche cassée*, opérette bouffe en 3 actes, représentée au théâtre des Bouffes-Parisiens le 23 janvier 1874. Il a donné depuis : le *Manoir de Pic Tordu*, opér. com. en 3 actes, aux Variétés (1875) ; le *Moulin du vert galant*, aux Bouffes-Parisiens (1876) ; *Madame le Diable*, féerie opérette en 4 actes, à la Renaissance (1882) ; *Fanfreluche*, opera comique en 3 actes, au même théâtre (1883) ; le *Château de Tire-Larigot*, operette en 3 actes, aux Nouveautés (1884) ; le *Petit chaperon rouge*, operette en 3 actes, au même théâtre (1885) ; le *Singe d'une nuit d'été*, opérette en un acte, aux Bouffes (1886). — Outre deux morceaux de la cantate *Jeanne d'Arc*, qui ont été publiés à Paris chez l'éditeur Heugel, M. Serpette a fait graver un certain nombre de mélodies vocales.

SERPH, MARC GUSMAN, agriculteur et homme politique français, maire de Sarigue (Vienne), où il est né le 20 mai 1820. Fils de préfet, il fut lui-même attaché à la préfecture de la Corse de 1849 à 1851. Il s'est présenté sans succès, aux élections de 1863 et de 1869, dans la 3e circonscription de la Vienne, fut élu le 8 février 1871 représentant de ce département, prit place au centre droit et se rallia aux lois constitutionnelles. Elu député de l'arrondissement de Civray, le 20 février 1876, il siégea à droite, et fut réélu le 14 octobre 1877 et le 21 août 1881. Aux élections du 4 octobre 1885, M. Gusman Serph a été élu député de la Vienne en tête de la liste monarchiste.

SEVAISTRE, Léon Mathieu, homme politique français, né à Rouen le 10 février 1840. Grand propriétaire dans le voisinage d'Elbeuf, membre du Conseil municipal de cette ville, il s'enrôlait dans un bataillon de chasseurs au début de la guerre, et assistait en décembre 1870 aux combats de Coulmiers, Patay, etc. Peu après son retour à Elbeuf, il était nommé adjoint, puis devenait maire en 1875 et conseiller général de l'Eure en 1880. Enfin, M. L. Sevaistre a été élu député de l'Eure sur la liste monarchiste le 4 octobre 1885.

SHERBROOKE (vicomte), Robert Lowe, homme d'Etat anglais, fils du recteur de Bingham (Notts), est né dans cette ville en 1811 ; il fit ses études à Winchester et au Collège de l'université à Oxford, fut quelque temps répétiteur à cette université, puis aborda l'étude du droit, et fut admis au barreau à Lincoln's Inn, en janvier 1842. Il partit la même année pour l'Australie, où il exerça avec succès la profession d'avocat plaidant, siégea dans le conseil de cette colonie de 1843 à 1850 et fut ensuite élu représentant de Sydney ; mais il retourna en Angleterre dès 1851. Elu représentant de Kidderminster à la Chambre des communes en juillet 1852, M. R. Lowe fut un des secrétaires-adjoints au Bureau de contrôle de décembre 1852 à février 1855 ; devenu vice-président du Bureau du commerce en août 1855, il donnait sa démission au retour de lord Derby au pouvoir, en 1858, et était nommé vice-président du Bureau d'éducation en juin 1859, poste qu'il conserva jusqu'en avril 1864. En avril 1859, son mandat pour Kidderminster étant expiré, M. Lowe fut réélu par le bourg de Calne. Il se montra, dans la session de 1866-67, l'un des plus énergiques adversaires du *bill* de réforme, contre lequel il prononça un assez grand nombre de discours remarquables dont on forma un volume, qui fut publié aussitôt (1867). En décembre 1868, il fut élu, le premier, représentant de l'université de Londres à la Chambre des communes et, le même mois, dans la formation du ministère Gladstone, il fut nommé chancelier de l'Echiquier et membre du Conseil d'éducation. En août 1873, M. Lowe donnait sa démission de chancelier de l'Echiquier (charge que M. Gladstone ajoutait à celle de premier lord de la Trésorerie qu'il occupait déjà) et remplaçait M. Bruce au ministère de l'intérieur. Il se retira à la chute de son parti, en février 1874. Le retour au pouvoir des libéraux, en mai 1880, valut à M. Robert Lowe son élévation à la pairie avec le titre de vicomte Sherbrooke.

SHERIDAN, Philip Henry, général américain, né à Somerset (Ohio) le 6 mars 1831, fit ses études militaires à West Point et en sortit comme officier d'infanterie en 1853 ; il servit deux ans sur la frontière du Texas et dans l'Orégon, de 1855 jusqu'au début de la guerre de Sécession (1861). Nommé d'abord quartier-maître de l'armée du sud-ouest du Missouri, puis quartier-maître général du district occidental en avril 1862, il était promu en mai suivant colonel du 2ᵉ régiment de cavalerie volontaire du Michigan et brigadier-général de volontaire en juillet. Peu après, il était appelé au commandement de la 11ᵉ division de l'armée de l'Ohio, puis transféré en la même qualité à l'armée de Cumberland. A Stone River, le 31 décembre 1862, la résistance acharnée qu'il opposa à des forces militaires considérablement supérieures sauva l'armée d'une complète déroute ; il fut pour la peine promu major-général de volontaires. Il se distingua ensuite dans la marche laborieuse sur Chattanooga, fut le 19 septembre 1863 et, à la bataille de Chickamauga, quoique repoussé d'abord, il parvint à porter un secours bien nécessaire à Thomas. En avril 1864, le général Sheridan fut appelé au commandement de la cavalerie de l'armée du Potomac et, de mai à juillet, sans parler de son service de protection des flancs de l'armée, il se trouva engagé dans dix-huit combats. Le 4 août, il était nommé commandant en chef de l'armée de Shenandoah et, peu après, de la division militaire du Centre ; il remporta plusieurs avantages sur l'armée confédéré Early, fit le fait brigadier-général dans l'armée régulière, et major-général en novembre suivant. Ayant mis en déroute complète l'armée d'Early, il parcourut et dévasta les deux rives du fleuve James et coupa les communications des confédérés avec le Nord ; tournant ensuite Richmond, il opéra sa jonction avec le général Grant à City Point, d'où il partait le 25 mars 1865 pour porter le dernier coup aux Sécessionnistes. Il combattit à Dinwiddie Court House, le 31 mars, aux Five Forks le lendemain ; cette dernière affaire contraignit Lee à évacuer Richmond ; il poursuivit l'armée confédérée l'épée dans les reins et força son général à capituler, à Appomattox Court House, le 9 avril. — Le général Sheridan fut appelé ensuite au commandement de la division militaire du Sud-Ouest, puis à celle du Golfe. Après la réorganisation, il fut nommé au commandement du département militaire du Golfe le 15 août 1866, et en mars suivant à celui du cinquième district (Louisiane et Texas). En désaccord avec le président Andrew Johnson, il fut transféré, dans une sorte de disgrâce, au département du Missouri, où il demeura jusqu'en mars 1869, époque à laquelle, le général Grant ayant été élu président des Etats-Unis, le général Sherman lui succéda au grade de général de l'armée, et M. Sheridan au général Sherman comme lieutenant-général, avec le commandement des divisions de l'Ouest et du Sud-Ouest et son quartier-général à Chicago. Le général Sheridan a suivi la campagne de France de 1870-71. A Paris lorsqu'éclata la révolution du 18 mars, il fut notamment témoin, des fenêtres d'un hôtel de la rue de la Paix, de la manifestation pacifique du 22 et des incidents déplorables qui suivirent. Sa version sur ce fait historique ne ressemble à celle devenue officielle à la faveur des événements, qu'en ce qu'elle dit absolument le contraire. — Au commencement de 1875, des désordres sérieux s'étant produits à la Nouvelle-Orléans, le général Sheridan fut envoyé à la tête des troupes de l'Union chargées d'y rétablir l'ordre. Forcé à une longanimité qui est peu dans son caractère, car la résistance des New-Orléanais aux ordres du gouvernement central a duré guère moins d'une année entière, sa conduite a toutefois soulevé de très vives protestations dans cet Etat et dans d'autres.

SHERMAN, William Tecumseh, général américain, né à Lancaster (Ohio) le 8 février 1820, fut élevé à l'académie militaire de West Point, d'où il sortit dans l'artillerie en 1840. Il servit d'abord en Floride, fit la campagne du Mexique (1846-47), puis il entra dans l'état-major et servit, de 1847 à 1853, en Californie, dans le Missouri et dans la Louisiane. Il donna alors sa démission et s'établit banquier à San Francisco en 1853, quitta la banque au bout de quatre ans et se fit homme de loi, ayant fait son droit tout en étant officier. Il exerça cette profession à Leavenworth (Kansas) pendant deux ans, et fut nommé en 1859 inspecteur de l'Académie militaire et savante de la Louisiane, à Alexandrie. Il donna sa démission en janvier 1861, au début de la guerre civile, pour rentrer dans l'armée, et reçut une commission de colonel d'infanterie. A la bataille de Bull Run, le 21 juillet 1861, il commandait une brigade de volontaires. Promu peu après brigadier-général de volontaires et appelé au commandement militaire de Cumberland, il fut chargé ensuite de celui d'un camp d'instruction établi près de Saint-Louis. Rappelé au service actif, le général Sherman prit part aux campagnes du Tennessee et du Mississipi ; il commandait une division à Shiloh (avril 1862) et au siège de Corinthe. Promu major-général de volontaires le 1ᵉʳ mai, il eut de fréquents engagements avec les confédérés dans l'été et l'automne qui suivirent, prit une part active à la campagne de Vicksburg et fut fait brigadier-général dans l'armée régulière. Nommé commandant en chef de l'armée du Tennessee en remplacement du général Grant, le 25 octobre 1863, le général Sherman participa aux opérations sous Chattanooga et à la prise de Missionary Ridge ; après quoi il organisa une armée de 100,000 hommes pour la campagne de 1864, dans laquelle il se distingua d'une manière si brillante. Le 12 mars, il remplaçait le général Grant à la tête de la division du Mississipi, comprenant le commandement des armées et des territoires environnants, et commençait le 2 mai l'invasion de la Géorgie. Il s'emparait d'Atlanta le 2 septembre et, après avoir envoyé environ les deux cinquièmes de son armée à la rencontre de Hood dans le Tennessee, il se dirigea vers la mer, s'empara du fort Mac Allister le 13 décembre et de Savannah le 21. Dès janvier 1865, il envahissait les Carolines, mettait six semaines à traverser la Caroline du Sud, livrait deux batailles dans la Caroline du Nord, les 16 et 20-21 mars, occupait Goldsborough le 22 et, après quelques semaines de repos accordées à son armée, s'emparait de Raleigh le 13 avril et négociait avec le général J.-E. Johnston les conditions de sa capitulation, qui eut lieu le 22 avril 1865.

Promu major-général dans l'armée régulière le 12 août 1864, le général Sherman fut maintenu après la guerre au commandement du Mississipi. Le 25 juillet 1866, il était nommé lieutenant-général en remplacement de

M. Grant, pour qui le Congrès empruntait aux Etats monarchiques le titre de général de l'armée, inconnu jusque-là aux Etats-Unis. A l'avènement du général Grant à la présidence des Etats-Unis, en 1869, le lieutenant-général Sherman lui succédait comme général de l'armée. Après une excursion d'environ une année en Europe et en Orient (1871-72), le général Sherman retourna aux Etats-Unis, prit d'abord sa résidence à Washington, puis, vers la fin de 1874, à Saint-Louis. Il a été un moment question de sa candidature à la présidence aux élections de 1876. — Le général Sherman a pris sa retraite à la fin de 1883. Il avait publié, en 1876, une « rolation de ses opérations militaires. »

SICKLE, Daniel E., général et diplomate américain, né à New-York le 10 octobre 1822. D'abord apprenti imprimeur, il étudia ensuite le droit et fut admis au barreau en 1843. Il s'occupa de politique de bonne heure, fut élu membre de la Législature de l'Etat en 1847 et devint bientôt l'un des chefs du parti démocrate à New-York. Nommé secrétaire de légation à Londres en 1853, il était élu à son retour, en 1855, sénateur de l'Etat de New-York et l'année suivante, membre du Congrès. Réélu en novembre 1858, M. Sickle était poursuivi l'année suivante, sous l'inculpation de meurtre, ayant tué un homme qu'il avait trouvé en conversation trop intime avec sa femme ; mais il fut acquitté et siégea au Congrès à la session suivante. Réélu en 1860, il levait, au début de la guerre civile (1861), une brigade de volontaires. Nommé colonel de l'un de ses régiments, puis brigadier-général à la fin de l'année, il se distingua dans diverses batailles, perdit une jambe à celle de Gettysburg et fut promu major-général de volontaires. En 1867, le président Johnson le nomma ministre à La Haye, mais il refusa ce poste et fut fait successivement brigadier-général et major-général dans l'armée régulière. Nommé, en avril 1869, ministre des Etats-Unis à Madrid, il fut rappelé en juin 1872, à la requête du gouvernement espagnol, sous prétexte d'ingérence dans la politique intérieure du pays. — Le général Sickle est commandeur de la Légion d'honneur.

SIEGFRIED, Jules, homme politique français, né à Mulhouse le 12 février 1837. Dès 1862, il établissait au Havre, avec son frère ainé, une maison de commerce, puis allait fonder un comptoir pour l'achat des cotons à Bombay et successivement un autre à Liverpool et d'autres encore dans plusieurs villes du sud des Etats-Unis. Membre de la chambre de commerce du Havre depuis 1869, il devenait conseiller municipal et adjoint au maire de cette ville en 1870 ; révoqué après le 16 mai 1877, il échouait aux élections à la Chambre des députés le 14 octobre suivant ; mais il devenait en 1878 maire du Havre et conseiller général de la Seine-Inférieure pour le canton de Bolbec, et n'a pas cessé d'être maintenu jusqu'ici dans ses doubles fonctions. Il va sans dire qu'après l'annexion de son pays à l'Allemagne, M. Jules Siegfried avait opté pour la nationalité française. Comme il avait fait à Mulhouse dans sa jeunesse, il a créé au Havre et à Bolbec des œuvres philanthropiques de nature diverse en faveur des ouvriers, fondé des cités ouvrières et des établissements d'utilité publique, organisé des sociétés patriotiques, d'enseignement, etc. Élu député de la Seine-Inférieure le 4 octobre 1885, M. J. Siegfried a voté l'expulsion des princes. — Il est officier de la Légion d'honneur.

SIGNOL, Emile, peintre français, né à Paris le 11 mars 1804, est élève de Gros, suivit le cours de l'Ecole des Beaux-Arts, et obtint le second prix en 1829 et le grand prix de Rome en 1830, le sujet du concours étant : *Méléagre prenant les armes à la sollicitation de sa femme*. Il avait débuté au Salon dès 1824. On cite de cet artiste : *Joseph racontant son rêve (1824)* ; le *Couvent de Santa-Scholastica*, un *Portrait (1834)* ; *Noé maudissant ses fils*, *Christ au tombeau (1835)* ; le *Réveil du juste*, le *Réveil du méchant (1836)* ; la *Religion consolant les affligés (1837)* ; la *Vierge (1839)* ; la *Femme adultère (1840)* ; *Jésus-Christ et la femme adultère*, *Sainte Madeleine pénitente*, la *Vierge mystique (1842)* ; la *Prise de Jérusalem (1848)* ; la *Folie de Lucie*, les *Fantômes* ; la *Fée et la péri*, *Sarah la baigneuse*, ces trois derniers inspirés de Victor Hugo (1850) ; *Descente de croix* ; les *Législateurs sous l'inspiration évangélique*, pour le Sénat (1853) ; *Pieta*, *Béatrix*, le *Passage du Bosphore (1855)* ; *Sainte famille (1859)* ; *Vierge folle et vierge sage*, *Rhadamiste et Zénobie*, *Supplice d'une vestale (1863)* ; l'*Armée chrétienne apercevant Jérusalem* et *Tancrède à la montagne des Oliviers (1880)*, etc., plus de nombreux *Portraits* ; à quoi il convient d'ajouter : la *Deuxième croisade prêchée à Vézelay*, le *Sacre de Louis XV* ; les portraits de *Louis VII*, *Philippe-Auguste*, *Godefroy de Bouillon* ; le portrait équestre de *Louis IX*, pour les Galeries de Versailles (1838-44) ; des peintures décoratives aux églises de la Madeleine, Saint-Roch, Saint-Séverin, Saint-Eustache, Saint-Augustin (1864-65) ; à celle de Saint-Sulpice, pour laquelle il a peint : *Jésus trahi et livré par Judas*, le *Crucifiement*, côté gauche du transept ; la *Résurrection* et l'*Ascension*, côté droit (1873-76), etc. — M. Emile Signol a obtenu une médaille de 2ᵉ classe en 1834 et une de 1ʳᵉ classe en 1835. Chevalier de la Légion d'honneur en 1841, il a été promu officier de l'ordre en 1865. Il a été élu membre de l'Académie des Beaux-Arts en 1860, en remplacement de Hersent.

SIMON, Jules François Simon Suisse, dit Jules Simon, philosophe et homme d'Etat français, ancien ministre, sénateur, membre de l'Académie française, est né à Lorient le 31 décembre 1814. Il fit ses études au collège de Vannes, entra au lycée de Rennes comme maître d'études, et fut reçu troisième à l'Ecole normale supérieure, en 1833. Agrégé de philosophie en 1835, il professa à Caen, puis à Versailles, fut rappelé à Paris en 1837 comme professeur suppléant d'histoire et de philosophie à l'Ecole normale, et devint titulaire l'année suivante. En 1839, Cousin, dont il était un des disciples les plus brillants, le désignait pour le suppléer à la Sorbonne. Nommé chevalier de la Légion d'honneur en 1845, il se présentait l'année suivante aux électeurs de Lannion (Côtes-du-Nord) comme candidat de la « gauche constitutionnelle », suivant sa profession de foi, en concurrence avec M. Tassel, candidat de la gauche démocratique et M. de Cormenin, candidat du comité Odilon Barrot et du clergé. La candidature de M. Jules Simon, vivement combattue à cause de son indépendance évidente, échoua. En décembre 1847, il fondait à Paris, avec son collègue à l'Université et collaborateur, feu Amédée Jacques, la *Liberté de penser*, revue politique et philosophique, dont il se réserva la partie politique. Après la révolution de février 1848, malgré les attaques soulevées dont sa candidature avait été l'objet deux ans auparavant, M. Jules Simon était élu représentant des Côtes-du-Nord à la Constituante le dixième sur seize. Il siégea parmi les modérés, s'occupa spécialement de l'organisation du travail, et se signala par une opposition ardente aux doctrines socialistes, sous prétexte que les ennemis de l'ordre prenaient le socialisme pour drapeau. Après les événements de Juin, il s'occupa principalement des questions d'instruction publique, fut secrétaire de la commission de l'enseignement primaire et rapporteur de la loi organique préparée par M. Carnot, mais modifiée et finalement mise en lambeaux par M. de Falloux, pour être remplacée par une bien différente. En mars 1849, M. Jules Simon fut élu membre du Conseil d'Etat et donna sa démission de représentant (avril) ; mais, au renouvellement du 29 juin, par l'Assemblée législative, de la première moitié de ce conseil, il n'y fut pas maintenu, et se trouva ainsi écarté de la vie politique. Après le coup d'Etat, le cours de philosophie que M. Jules Simon professait à la Sorbonne fut suspendu et le professeur ne tarda pas à être considéré comme démissionnaire pour refus de serment. La *Liberté de penser* n'avait pas attendu les événements de Décembre pour éprouver les vexations de l'autorité. Dès 1850 un de ses collaborateurs, M. Emile Deschanel, professeur de rhétorique à Louis-le-Grand, était révoqué pour y avoir publié un article intitulé le *Catholicisme et le socialisme*, et son directeur, Amédée Jacques, mort en exil à Buenos-Aires en 1865, était exclu de l'Université. — Mais M. Jules Simon s'était alors prudemment séparé de ses amis et collaborateurs et retiré de la revue qu'il avait fondée avec eux. Il collabora ensuite quelque temps au *National*.

Le coup d'Etat, en brisant la carrière universitaire de M. Jules Simon, lui fit une notoriété sur laquelle il devait peu compter, du moins si tôt, et lui ouvrit littéralement les portes de la carrière politique, qu'il a si brillamment parcourue depuis. Demeuré en France quand les plus considérables étaient pour le moins exilés et bâillonnés, il put y faire entendre sa voix et publia des livres auxquels son esprit de philosophe éclectique permit une libre circulation et sa situation de professeur révoqué pour cause politique assura un grand succès. Membre du comité démocratique de la Seine aux élections générales de 1857, M. Jules Simon fut candidat, mais décidé à refuser le serment, dans la 8ᵉ circonscription de la Seine, contre M. Fouché-Lepelletier, candidat officiel et M. Vavin, candidat de l'opposition appuyée par le *Siècle* ; il échoua avec 2,268 voix sur 24.121 votants. Mais trois candidats ayant été élus, MM. Carnot, Cavaignac et Goudchaux, et ayant refusé

le serment, la formalité du serment préalable fut établie pour éviter le retour de ces manifestations désagréables. En conséquence, M. Jules Simon se mit à la tête du mouvement d'opposition radicale qui rejetait du sein de la démocratie, comme des pestiférés, les députés assermentés. Cela dura jusqu'aux élections générales suivantes (1863). A cette époque, après de longs débats dans le comité Carnot, des pourparlers sans fin, M. J. Simon se décida à déposer le serment préalable et à se porter candidat dans la 8ᵉ circonscription, où il fut élu à une grande majorité. Il se fit remarquer au Corps législatif, dès le début, par le ton persuasif de sa parole et fut positivement l'orateur de la gauche que la majorité écouta le plus volontiers : et c'est un point important, car on ne saurait faire entendre les meilleures raisons à qui se refuse à vous écouter. M. Jules Simon prit surtout la parole dans les questions d'enseignement, en faveur de la liberté de la presse, sur le travail des femmes, dans quelques discussions politiques, notamment à l'occasion de la question romaine. Aux élections de 1869, la candidature de M. Jules Simon fut adoptée et soutenue dans plusieurs départements, et il fut élu, malgré l'opposition du gouvernement et celle des socialistes avancés, dans la 8ᵉ circonscription de la Seine contre Lachaud, le célèbre avocat, à une majorité énorme, et dans la 2ᵉ circonscription de la Gironde. Il opta pour cette dernière. M. Jules Simon, dans cette dernière législature de l'Empire, mit le sceau à sa réputation d'orateur politique ; mais surtout, ce qui a une importance plus grande aux yeux de tout homme sérieux, il se révéla comme un économiste de premier ordre dans la discussion des traités de commerce. Représentant d'un département éminemment et nécessairement libre-échangiste, il soutint avec une autorité que ses amis eux-mêmes ne s'attendaient pas à lui voir prendre dans une pareille question, les principes de la liberté commerciale, entrant dans de minutieux détails de chiffres accusant une étude laborieuse et approfondie du sujet. Il prit également la parole dans la discussion relative à la marine marchande et combattit le système inique de l'inscription maritime. Il est en outre l'auteur d'une proposition d'abolition de la peine de mort qu'il défendit avec une énergie vaine, dans la séance du 21 mars 1870. Simple membre de la « gauche fermée, » M. Jules Simon n'en était pas moins l'un des hommes les plus considérables de l'opposition lorsqu'éclata la révolution du 4 Septembre. Quoique n'étant pas député de Paris, mais ayant été un des élus, il fut proclamé membre du gouvernement de la Défense nationale et délégué, par décret du 5, au ministère de l'instruction publique, des cultes et des beaux-arts. Après l'armistice, il fut envoyé à Bordeaux pour assurer l'exécution des décrets relatifs aux élections dans leur forme et teneur, et non après les modifications apportées par Gambetta.
— Aux élections du 8 février 1871, M. Jules Simon échoua à Paris, mais il fut élu représentant du département de la Marne à l'Assemblée nationale, le cinquième sur huit. Il prit place sur les bancs de la gauche et fut choisi par M. Thiers pour reprendre dans le cabinet du 19 janvier 1871 le portefeuille de l'instruction publique. Nous n'insisterons pas sur les réformes, à peu près toutes disparues bientôt après, apportées par M. Jules Simon dans l'enseignement supérieur et ailleurs, ni sur l'habileté avec laquelle il sut longtemps déjouer ou écarter les attaques incessantes de la majorité réactionnaire et cléricale à laquelle il jetait de temps en temps, pour la calmer, le gâteau de miel qui suffit à rendre Cerbère le plus bénin des portiers ; nous rappellerons seulement qu'il est tombé uniquement pour avoir attribué à M. Thiers seul l'œuvre de la libération du territoire, dans un discours prononcé le 19 avril 1873 à l'Assemblée générale des Sociétés savantes, à la Sorbonne. La majorité, dont le concours *passif* avait été nécessaire en réalité pour le résultat fut atteint, mais dont les capacités aussi bien que le courage avaient été trop clairement caractérisés par M. Thiers dans une une occasion mémorable, pour permettre de la croire capable de l'initiative à laquelle rien n'eût pu se faire, fit un tel tapage, que M. Jules Simon dut se retirer. Il reprit sa place à la gauche de l'Assemblée, qui le choisit pour président. Dans la séance du 18 novembre 1873, il prononça un discours d'une grande valeur politique, à propos de la discussion soulevée par le projet de septennat et dans lequel il s'éleva, avec une éloquence que nous serions presque autorisé à qualifier de prophétique, contre l'institution d'un gouvernement qui ne serait plus qu'une dictature. Il prit la défense de l'Université dans la discussion sur le projet de loi relatif à la liberté de l'enseignement supérieur, comme il devait la reprendre plus tard au Sénat, c'est-à-dire avec une éloquence en apparence persuasive, mais qui ne persuada point ses adversaires, parmi lesquels il aura sûrement éprouvé une véritable douleur de rencontrer des universitaires comme lui élevés au biberon de la philosophie éclectique.
— M. Jules Simon a été élu, le 16 décembre 1875, sénateur inamovible. M. Dufaure ayant donné sa démission, avec tout son cabinet, après le vote des conclusions négatives du rapport de M. Paris sur une proposition d'amnistie votée par la Chambre des députés et acceptée après rectification par le ministère, ce qui constituait parlementairement un vote de défiance de la part du Sénat, quelles que soient les arguties employées ensuite pour prouver le contraire, M. Jules Simon fut appelé à former un cabinet (13 décembre 1876), où les éléments nouveaux se bornaient à l'honorable M. Martel, ancien membre du tiers-parti libéral au Corps législatif, qui prit le portefeuille de la justice abandonné par M. Dufaure, et à lui-même, succédant à M. de Marcère à l'intérieur. Le 16 mai suivant (1877), sans que personne s'y attendît, excepté bien entendu les initiés, M. Jules Simon recevait du président de la République une lettre de blâme rédigée militairement et qui, inspirée ou non par ceux qu'on a signalés à ce titre à l'attention publique, semble une réponse « conforme » au discours du président de la gauche du 18 novembre 1873, et aussi, il faut le reconnaître, aux mesures prises par le gouvernement pour empêcher l'agitation cléricale de prendre des proportions trop inquiétantes ; mais la lettre présidentielle n'en soufflait mot. M. Simon répondit par sa démission, motivée dans les termes les plus dignes et les plus courtois. Ce procédé inouï, employé envers l'un des hommes d'État les plus conciliants, les moins portés aux résolutions extrêmes et les mieux accueillis par la majorité parlementaire, sous un régime parlementaire, souleva une véritable réprobation dans la presse libérale française et dans la presse universelle, quel que fût son drapeau politique et sa nationalité, et M. Jules Simon y gagna certainement une notoriété et une considération sans limites. Comme nous n'avons à nous occuper que de lui dans cette notice, il ne nous appartient pas de nous appesantir sur les conséquences de l'acte du 16 mai, dont la critique appartient à l'histoire.
M. Jules Simon reprit sa place sur les bancs de la gauche sénatoriale, et quand M. de Broglie vint demander au Sénat, le mois suivant, la dissolution de la Chambre des députés, il la combattit avec énergie, mais sans succès, comme on sait. En septembre suivant, il était désigné pour porter la parole sur la tombe de M. Thiers, dont il était depuis longtemps l'ami. M. Jules Simon ne reprit un rôle en vue, dans le parlement qu'à l'occasion du congrès réuni à Versailles pour décider le retour des Chambres à Paris (juin 1879). Nommé rapporteur, il conclut en effet dans ce sens, et ses conclusions furent adoptées par 526 voix contre 249. A dater de ce moment, il commence une évolution singulière, si elle ne lui fut dictée, comme on la prétendu, par une espèce de jalousie d'influence. Il combat avec force, avec violence, plutôt, les décrets de mars contre les congrégations religieuses non autorisées, décrets qu'il eût peut-être appliqués sans hésitation, à en juger par son attitude en face de l'« agitation cléricale » de 1877, s'il eût été au pouvoir ; et lui, l'universitaire si exclusif, s'élève contre l'article 7 de la loi sur l'enseignement supérieur, qui interdit aux membres des congrégations non reconnues par l'État toute participation à l'enseignement. Rapporteur de la commission du Sénat chargée d'examiner le projet, son rapport conclut au rejet de l'article 7, et il défend avec acharnement, cette partie importante de ses conclusions, qui furent votées, et firent de leur auteur, du jour au lendemain, un nouveau membre, accueilli avec empressement, des groupes réactionnaires de la première Chambre, avec lesquels, hanté par son passé connu, il ne combattit toutefois que sur des questions capables de diviser les groupes de gauche eux-mêmes, telles que l'amnistie plénière, par exemple, et sur divers points particuliers des questions relatives à l'enseignement. — Commensal ordinaire des princes d'Orléans, M. Jules Simon fut un de ceux dont la fréquentation assidue à l'hôtel du comte de Paris attira le plus l'attention du gouvernement et des Chambres au commencement de 1886, et induisit le gouvernement à exercer des mesures de surveillance sur les agissements du chef, à peu près incontesté désormais, de la Maison de France, mesure qui devait fatalement aboutir à la loi d'expulsion de juin 1886. Il va sans dire qu'il combattit avec une énergie égale à sa conviction, cette fois, une politique, comme on ne fut pas avec tout le succès qu'il espérait.
Outre les recueils déjà cités, M. Jules Simon a été, depuis 1840, un des collaborateurs de la *Revue des Deux-Mondes* et a dirigé au début le *Journal pour tous* ; en 1874, il remplaçait M. Leblond comme directeur politique

du *Siècle* et acceptait, après sa retraite du ministère, la direction de l'*Echo universel*, journal fondé par M. Savary, qui lui fut aussitôt offerte. Il a publié: *Du commentaire de Proclus sur le Timée de Platon*, thèse de doctorat (1839); *Etude sur la théodicée de Platon et d'Aristote (1840)*; des éditions des *Œuvres de Descartes*, des *Œuvres philosophiques de Bossuet (1842)*; des *Œuvres de Malebranche (1842-47*, 2 vol.); des *Œuvres philosophiques d'Antoine Arnault (1843)*; *Histoire de l'Ecole d'Alexandrie (1844-45*, 2 vol.): *Manuel classique de philosophie*, avec Amédée Jacques et Saisset (1847); le *Devoir (1854)*; la *Religion naturelle (1856)*; la *Liberté (1857*, 2 vol.); la *Liberté de conscience (1859)*; l'*Ouvrier (1863)*; l'*Ecole (1864*, nouv. édit. 1880); le *Travail (1866)*; l'*Ouvrier de huit ans (1867)*; la *Politique radicale (1868)*; la *Peine de mort*, récit publié d'abord (anonyme) au *Journal pour tous*, puis en feuilletons dans plusieurs journaux de province, signé cette fois, en 1868 (1869); le *Libre-échange (1870)*; l'*Instruction gratuite et obligatoire*, la *Réforme de l'enseignement secondaire (1874)*; *Souvenirs du 4 Septembre* (2 vol., même année); le *Gouvernement de M. Thiers (1878*, 2 vol.); le *Livre du petit citoyen*, manuel d'éducation civique (1880); *Dieu, Patrie, Liberté (1883)*; *Une académie sous le Directoire (1884)*, etc. — Elu à l'Académie des sciences morales et politiques en remplacement de Dunoyer, en 1863, M. Jules Simon était élu membre de l'Académie française le 16 décembre 1875, en remplacement du comte de Rémusat. Chevalier de la Légion d'honneur depuis 1845, il a été créé grand croix des ordres des SS. Maurice et Lazare d'Italie et de la Rose du Brésil dans l'intervalle de son passage au pouvoir.

SIMONNET, François Ursin Marcellin, homme politique français, né à Hérisson (Allier) le 20 avril 1824. Il fit ses études médicales à Paris, prit le grade d'officier de santé en 1855 et retourna s'établir dans son pays natal. En 1868, M. Simonnet était administrateur d'un journal local d'opposition démocratique. Devenu maire de sa ville natale, conseiller général de l'Allier depuis 1880, il fut élu député de la 2e circonscription de Montluçon le 21 août 1881 et s'inscrivit à la gauche radicale. Elu député de l'Allier au scrutin du 18 octobre 1885, M. Simonnet a voté l'expulsion totale des princes.

SIMYAN, Julien, homme politique français, né à Cluny (Saône-et-Loire) en 1850. Directeur politique de la *Tribune républicaine* et du *Radical* de Saône-et-Loire, ancien maire de sa ville natale, M. Simyan a été élu député de ce département au scrutin de ballottage du 18 octobre 1885, comme candidat radical. Il a voté l'expulsion totale des princes.

SIVORI, Ernest Camille, violoniste italien, né à Gênes le 6 juin 1817. Il commença l'étude du violon de si bonne heure, qu'il avait dès l'âge de dix ans la réputation d'un virtuose remarquable. Il se produisit dès lors dans les concerts, à Paris, puis à Londres, retourna à Gênes vers la fin de l'année et entra comme premier violon solo dans l'orchestre du théâtre Carlo Felice. Après avoir fait en Italie plusieurs tournées très fructueuses, M. Sivori en entreprit une plus longue dans les principales villes des deux mondes (1841). C'est ainsi qu'il visita successivement l'Allemagne, l'Angleterre, les Etats-Unis, l'Amérique méridionale, revenant en Italie par l'Espagne. Il est venu fréquemment en France, toujours accueilli avec enthousiasme, et en 1880, il en remporta de plus la décoration de la Légion d'honneur. — On doit à M. Sivori un certain nombre de compositions pour son instrument.

SMILES, Samuel, littérateur anglais, né à Haddington (Ecosse) en 1816, étudia d'abord la médecine et pratiqua même pendant quelque temps la chirurgie à Leeds; mais il abandonna bientôt cette carrière et prit la direction du *Leeds Times*. Devenu en 1845 secrétaire du chemin de fer de Leeds à Thirsk, il passait en la même qualité au South-Eastern vers 1852 et quittait ces fonctions en 1866. — M. S. Smiles, qui a collaboré activement à la *Quarterly Review* et autres publications périodiques, a publié: l'*Education physique (1837)*; *Histoire de l'Irlande (1844)*; la *Propriété des chemins de fer, ses conditions, ses perspectives (1849)*; *Vie de George Stephenson (1858*, 5e édition); « *Self-Help* », *ou caractère et conduite (1860)*; les *Gains de l'ouvrier (1861)*; *Vies des ingénieurs, avec un examen de leurs ouvrages (1862)*; *Biographie industrielle (1865)*; les *Vies de Boulton et de Watt (1865)*; les *Huguenots, leurs établissements, leurs églises et leurs industries en Angleterre et en Irlande (1869*, 3e édition); le *Caractère (1871)*; les *Huguenots en France après la révocation de l'édit de Nantes, suivi d'une Visite au pays des Vaudois (1874)*; *George Moore, marchand et philanthrope (1878)*; *Vie de Robert Dick (boulanger de Thurso)*, *géologue et botaniste (1879)*; *Devoir, avec des exemples de courage et de patience (1880)*; il a édité en outre une *Autobiographie de M. James Nasmyth (1883)*. — Plusieurs de ces ouvrages ont été traduits en français, le dernier traduit : le *Caractère*, en 1877.

SMITH, Robert Angus, chimiste anglais, né près de Glasgow le 15 février 1817, fit ses études classiques à Glasgow et alla étudier la chimie à Giessen, de 1839 à 1841, sous la direction de Liebig. Avec le Dr Playfair, M. R. Smith s'occupa activement des conditions sanitaires des villes du comté de Lancastre. Son rapport à l'Association britannique sur l'*Air et l'eau dans les villes*, en 1848, donna une grande impulsion aux travaux hygiéniques qui ont été depuis exécutés dans cette voie. Dans un mémoire publié en 1858 dans le *Journal de la Société chimique*, ce savant détermina pour la première fois la différence qui existe entre l'air des villes et celui de la campagne. Il fut chargé par la Commission royale des mines de faire des recherches analogues sur l'atmosphère des mines et rédigea un rapport des plus intéressants, dans lequel il analyse cette atmosphère et la compare à l'air pur. En 1864, le Dr R. Smith publiait un mémoire sur la constitution de l'atmosphère et l'analyse de l'air dans les vallées et sur les montagnes de l'Ecosse, de la Suisse, etc. Il a fait aussi de curieuses expériences sur l'action de l'acide carbonique, sur la circulation du sang dans une chambre étroite. Ses recherches ont eu en outre pour objet les désinfectants, et il s'y montra, peut-être le premier, le prôneur convaincu de l'acide phénique et de ses dérivés pour cet emploi. Elu membre de la Société royale en 1857, le Dr Smith est en outre membre de la Société chimique de Londres et a été président de la Société littéraire et philosophique de Manchester. — Il a écrit : *Vie de Dalton et histoire de la théorie atomique jusqu'à son temps*; de nombreux rapports officiels ou mémoires au Bureau de la salubrité publique, à la Société royale, etc.; des articles scientifiques dans le *Nouveau Dictionnaire des arts et des sciences*; un ouvrage sur la *Désinfection*; des *Recherches sur les corps solides en suspension dans l'air*; un autre ouvrage sur les *Sels et les corps organiques de l'air*; l'*Air et la pluie, principes de climatologie chimique*, etc.

SMITH, William, érudit anglais, né à Londres en 1813, fit ses études à l'université de cette ville. Il se fit recevoir au barreau à l'école de Gray's Inn, mais abandonna bientôt la profession légale pour l'étude de la littérature classique et fut quelque temps professeur d'humanités, puis examinateur pour l'enseignement classique à l'université de Londres, de 1853 à 1869, et membre du sénat de cette université depuis lors. — Le Dr W. Smith est rédacteur en chef de la *Quarterly Review* depuis 1867. Il a publié : *Dictionnaire d'antiquités grecques et romaines (1840-42)*; *Dictionnaire de biographie et de mythologie grecques et romaines (1843-49*, 3 vol.); *Dictionnaire de géographie grecque et romaine (1852-57*, 2 vol.) Il commença en 1850 la publication d'une série de *Lexiques*, puis des abrégés de ses grands *Dictionnaires d'antiquités* et des abrégés de ces abrégés, pour les écoles et les collèges, ouvrages qui, tous, eurent de nombreuses éditions. Parmi ses autres ouvrages classiques, il faut citer : *Histoire classique de la Grèce depuis les temps les plus reculés jusqu'à la conquête romaine*, avec des chapitres spéciaux sur l'histoire de la littérature et des arts (1853); une édition de la *Décadence et chute de l'empire romain de Gibbon (1854)*; *Dictionnaire latin-anglais (1855)*, etc. Il a donné depuis son magnifique *Dictionnaire de la Bible, comprenant les antiquités, la biographie, la géographie et l'histoire naturelle de la Bible (1860-63*, 2 vol.); puis viennent : une *Grammaire latine (1863)*; *Principia latina*, cours de latin en 5 parties; *Initia græca*, cours de grec en 3 parties, un *Manuel classique de grammaire anglaise*, et divers autres ouvrages classiques très appréciés; puis un *Grand Dictionnaire critique latin-anglais*, fruit de quinze ans de travail et de recherches, avec M. Hall (1870); un *Atlas de géographie classique et biblique (1875)*, etc.

SOLAND (de), Tugdual, magistrat et homme politique français, conseiller à la cour d'appel à Angers, est né dans cette ville le 1er décembre 1821. Elu, au scrutin de ballottage du 5 mars 1876, député de la 1re circonscription d'Angers, il siégea à droite. Réélu le 14 octobre 1877 et le 21 août 1881, il était élu député de Maine-et-Loire, le 4 octobre 1885, sur la liste monarchiste. — M. de Soland est petit-fils d'un général de la première république.

SOLLOHOUB (comte), Wladimir Alexandrovitch, littérateur russe, d'origine lithuanienne, est né à Saint Pétersbourg en 1814, y fit de brillantes études et entra aussitôt dans la diplomatie, comme attaché à l'ambassade de Vienne. Entré plus tard dans l'administration des provinces transcaucasiennes, en qualité de conseiller, il est devenu, vers 1872, directeur général des prisons de l'Empire moscovite. — Le comte Sollohoub, qui collaborait dès lors aux principaux recueils périodiques de Saint-Pétersbourg et de Moscou, débuta en 1841 par deux volumes de nouvelles ; il fit représenter dans la première de ces villes, l'année même et les suivantes, plusieurs pièces de théâtre, qui ajoutèrent à sa notoriété de fraîche date. En 1845, il publiait deux autres volumes de nouvelles : *Hier et aujourd'hui* et *Tarantas*. C'est surtout par ses nouvelles, qui nous font assister principalement aux scènes intimes de la vie du grand monde russe, que le comte Sollohoub nous est connu, grâce aux traductions qui nous en ont été données, notamment par MM. X. Marmier et le marquis de Lonlay. La « Bibliothèque des meilleurs romans étrangers » comprend dans sa collection un volume de *Nouvelles choisies* de cet écrivain. Il s'est toutefois produit sur la scène française : le Gymnase a donné, en 1859, une comédie du comte Sollohoub, intitulée : *Une preuve d'amitié*, et en 1876, une autre comédie en un acte, dont le titre nous échappe, dans laquelle Mlle Delaporte remplissait le rôle principal.

SONNIER (de), Édouard Charles Antoine, avocat et homme politique français, né à Blois le 19 avril 1828. Élu le 20 février 1876 député de Vendôme, il prit place à gauche. Il fut réélu le 14 octobre 1877 et le 21 août 1881. Aux élections d'octobre 1885 il figurait sur la liste républicaine du département de Loir-et-Cher, et fut élu au scrutin du 18. M. de Sonnier a voté l'expulsion totale des princes.

SOUBEYRAN (baron de), Jean Marie Georges Girard, administrateur et homme politique français, né à Paris le 3 novembre 1829, fit ses études au collège Rollin, puis suivit les cours de la faculté de droit. Attaché au ministère des finances dès 1849, sous l'administration de M. Fould, il suivit ce dernier au ministère d'État en 1852 et y devint son chef de cabinet, puis directeur du personnel du ministère. Nommé en 1860 sous-gouverneur du Crédit foncier de France, M. de Soubeyran était choisi en 1863 comme candidat officiel dans la deuxième circonscription de la Vienne : il était déjà maire de la commune de Morthemer et membre du Conseil général de la Vienne pour le canton de Saint-Julien depuis 1860. Élu député à une majorité immense, il était réélu en 1869 avec une majorité plus considérable encore. Très versé dans toutes les questions de finance, M. de Soubeyran a pris une grande part aux discussions dont ces questions ont été l'objet au sein du Corps législatif. En 1870, il a voté contre la guerre. — Élu représentant de la Vienne à l'Assemblée nationale aux élections complémentaires du 2 juillet 1871, M. de Soubeyran siégea à droite, ne se fit inscrire à aucune réunion, mais vota ordinairement avec les bonapartistes. Il fit partie de toutes les commissions du budget et a pris, comme toujours, une grande part aux discussions financières. Il a été élu, sans concurrent, député de l'arrondissement de Loudun, le 20 février 1876. Réélu le 14 octobre 1877 et le 21 août 1881, il était élu député de la Vienne, le 5 octobre 1885, sur la liste monarchiste. Le baron de Soubeyran a été membre de la commission supérieure des Expositions internationales et de la commission des Monuments historiques de France, et a fait partie du jury international de l'Exposition de Vienne en 1873. Il était révoqué de ses fonctions de sous-gouverneur du Crédit foncier de France en 1878. M. de Soubeyran est officier de la Légion d'honneur depuis 1859.

SOUBIGOU, François Louis, agriculteur et homme politique français, né à Plouneventer (Finistère) le 11 février 1816, fit ses études au collège de Saint-Pol de Léon et se voua principalement à l'élevage des chevaux. Élu comme candidat clérical, représentant du Finistère à l'Assemblée constituante de 1848, il ne fut pas réélu l'année suivante à la Législative et disparut de la scène politique jusqu'aux élections sénatoriales du 30 janvier 1876. M. Soubigou fut élu sénateur du Finistère à cette date, comme légitimiste et clérical. Il a été réélu au renouvellement du 25 janvier 1885, en tête de la liste.

SOUCAZE, N., homme politique français, notaire à Campan (Hautes-Pyrénées), où il est né en 1819, conseiller général des Hautes-Pyrénées pour son canton, a été élu député de ce département, sans autres antécédents politiques, le 4 octobre 1885, sur la liste monarchiste.

SOURIGUES, Benoît Martin, homme politique fran-

çais, né à Bayonne le 11 février 1820. Banquier à Paris depuis longtemps et n'ayant jamais paru prendre le moindre intérêt à la politique, après s'être présenté, sans succès, aux élections du 20 février 1876, dans l'arrondissement de Saint-Sever-sur-l'Adour, il y échouait de nouveau le 14 octobre 1877 ; mais l'élection de son concurrent, candidat officiel, ayant été invalidée, il triomphait de lui à l'épreuve décisive du 27 janvier 1878. Il s'inscrivit au groupe de l'Union républicaine et fut réélu à une grande majorité le 21 août 1881. M. Sourigues a constamment voté avec son groupe, et, en dehors de la politique pure, a pris une grande et utile part à toutes les discussions financières. Aux élections d'octobre 1885, il échoua tout entière dans le département ; mais l'élection fut annulée par la Chambre, et les deux listes s'étant retrouvées en présence le 14 février 1886, ce fut au tour de M. Sourigues à triompher. M. Sourigues a voté l'expulsion totale des princes.

SOUSTRE, Marius Arnaud, homme politique français, propriétaire à Digne, où il est né vers 1822. Compromis dans la résistance au coup d'État du 2 décembre 1851, M. Soustre fut expulsé de France. Aux élections du 21 août 1881, il fut élu député de l'arrondissement de Digne, et au renouvellement de la représentation sénatoriale du département, le 25 janvier 1885, il fut élu sénateur, le premier. Il a voté l'expulsion des princes. M. Soustre est maire de Digne et président du Conseil général des Basses-Alpes.

SPENCER, Herbert, philosophe anglais, né à Derby en 1820. Fils d'un professeur et neveu d'un ministre distingué de l'Église établie, M. Herbert Spencer reçut de ces deux hommes une éducation très soignée et se tourna ensuite vers l'étude des sciences exactes. Ingénieur civil à dix-sept ans, il écrivit dans le *Civil Engineer's and Architect's Journal* quelques articles professionnels, puis dans le *Nonconformist* une étude de philosophie politique sous forme de lettres, intitulée : *The Proper Sphere of Government (1842)*, publiée ensuite en brochure. En 1847, il abandonnait sa profession et se consacrait entièrement aux travaux littéraires et philosophiques. Rédacteur de l'*Economist* de 1848 à 1852, il a publié à part : *Statique sociale, ou exposition des conditions du bonheur dans l'humanité et développement des premières de ces conditions (1851)* ; *Principes de psychologie (1855)* ; *Essais scientifiques, politiques et spéculatifs*, recueil d'articles disséminés dans la presse périodique (1858-74. 5 vol.) ; l'*Éducation intellectuelle, morale et physique (1861)* ; *Principes fondamentaux*, exposé de son système philosophique (1862) ; la *Classification des sciences, suivie des Causes de dissidence avec le système de M. Comte (1864)* ; *Principes de biologie (1864)* ; la *Génération spontanée et l'hypothèse des unités physiologiques*, reposée à une article de la *North American Review* (New-York, 1870) ; les *Discussions récentes sur la science, la philosophie et la morale* (N.-Y., 1874) ; l'*Étude de la sociologie (1872)* ; *Sociologie descriptive, ou groupement de faits sociologiques (1873)* ; *Institutions cérémoniales*, formant la quatrième partie des *Principes de sociologie (1879)*, etc. — Plusieurs des ouvrages importants de M. Herbert Spencer ont été traduits en français et presque tous en russe. C'est en Russie, paraît-il, et aux États-Unis, qu'il compte le plus de disciples et d'admirateurs. Il a fait, en 1882-83, un nouveau voyage aux États-Unis. Le 12 mai de cette dernière année, il était élu correspondant de l'Académie des sciences morales et politiques (Institut de France), en remplacement du philosophe américain Ralph Waldo Emerson.

SPULLER, Jacques Eugène, homme politique français, né à Seurre (Côte-d'Or) le 8 décembre 1835, fit ses études au lycée et à la faculté de droit de Dijon, s'inscrivit au barreau de Paris en 1862. Après avoir plaidé quelques causes politiques, M. Spuller quitta le barreau pour la politique active et le journalisme. Aux élections générales de 1863, il défendit, dans les réunions privées, la candidature de M. Émile Ollivier contre la candidature officielle de M. Varin, dans la troisième circonscription de la Seine. Il devint alors rédacteur de l'*Europe* de Francfort, puis collabora au *Nain jaune*, au *Journal de Paris*, au *Journal de Genève*, se lia d'amitié avec Gambetta, fut, en 1868, un des fondateurs de la *Revue politique*, dont la carrière fut brillante mais bornée, l'autorité aidant. M. Spuller fut aussi un des collaborateurs de l'*Encyclopédie générale (1869-70)*. Aux élections législatives de 1869, et dans cette même troisième circonscription où il l'avait emporté naguère (mais les temps étaient changés et aussi un peu les hommes), il combattit ardemment la candidature de

M. Émile Ollivier et fut un des promoteurs de la candidature du proscrit Bancel, qui triompha au scrutin. Il combattit, avec une ardeur égale, le plébiscite de mai 1870 et publia, à cette époque, une *Petite histoire du second Empire utile à lire avant le vote du plébiscite*, qui n'a sans doute pas été assez lue. Après la révolution du 4 Septembre, M. Spuller suivit la fortune de Gambetta, sans position officielle, sans traitement, et plutôt comme son collaborateur intime, ou si l'on veut son confident, que comme son secrétaire, ainsi qu'il en a déposé lui-même devant la commission d'enquête sur le gouvernement du 4 Septembre. Il n'eut donc pas à donner sa démission lorsque Gambetta prit sa retraite. Au mois de novembre 1871, il participa à la fondation de la *République française*, dont il fut nommé rédacteur en chef et qui lui doit bien une bonne part de son succès. Il fut choisi, en janvier 1876, comme suppléant du délégué du Conseil municipal de Paris, Victor Hugo, pour les élections sénatoriales. Le 20 février suivant, il se présentait aux électeurs du IIIe arrondissement de Paris, en concurrence avec M. Dietz-Monnin, député sortant, républicain conservateur, et de Bonnet-Duverdier, radical intransigeant; il obtint 8,296 voix contre 3,713 obtenues par le premier de ses concurrents et 4,404 par le second. Au second tour, qui eut lieu sans qu'aucun des candidats ait cru devoir se retirer, M. Spuller fut élu par 12,143 voix. Il prit place à l'extrême-gauche, signa la proposition d'amnistie pleine et entière déposée par F. V. Raspail et fit partie de plusieurs commissions importantes. Son rapport sur le projet de loi tendant à restituer à l'État la collation des grades universitaires a surtout été remarqué et paraît avoir fait, sur l'esprit des adversaires de l'auteur, l'effet d'une révélation; c'est lui, en outre, qui rédigea la protestation des 363, le 16 mai 1877. Réélu le 14 octobre 1877 et le 21 août 1881 dans le même arrondissement. M. Spuller devint sous-secrétaire d'État aux affaires étrangères dans le cabinet Gambetta, du 14 novembre 1881 au 26 janvier 1882. Devenu vice-président de la Chambre des députés en 1884, M. Spuller fut choisi, la même année, pour président de la commission d'enquête sur la situation économique; il a, en outre, fait partie de plusieurs commissions du budget, dont il fut l'un des rapporteurs, ainsi que de diverses autres commissions parlementaires. Aux élections d'octobre 1885, il a échoué dans la Seine, mais a été élu député de la Côte-d'Or, il a voté l'expulsion des princes.

M. Spuller a quitté la direction de la *République française* depuis son élection. Il a publié, outre l'ouvrage cité plus haut: les *Droits politiques dans l'élection* (1864); l'*Allemagne, du grand interrègne à la bataille de Sadowa* (1869); un *Conseil général sous l'Empire* (1871); *République ou despotisme, Ignace de Loyola et la compagnie de Jésus* (1876); la *Compagnie de Jésus devant l'histoire* (1877), suite du précédent, etc; *Michelet, sa vie et ses œuvres* (même année); un choix de ses *Conférences* (1879); *Figures disparues* (1886), etc.

STAINER, John, organiste et compositeur anglais, né en 1840, fut d'abord employé dans les chœurs à l'église Saint-Paul, de Londres, de 1847 à 1856, et y fit de bonnes études musicales. Nommé à seize ans organiste du collège Saint-Michel, à Tenbury, que venait de fonder M. Ouseley (voy. ce nom), il était nommé trois ans plus tard organiste au collège de la Madeleine, à Oxford, et y prit, en même temps que ses grades littéraires, ceux de bachelier en 1856 et de docteur (de musique) en 1865. En 1860, le Dr Stainer était nommé organiste de l'église de l'université, tout en conservant ses fonctions à la Madeleine. Il quitta Oxford en 1872, ayant été nommé organiste de Saint-Paul, à Londres, en remplacement de sir John Goss, démissionnaire. — Artiste extrêmement distingué, M. Stainer a composé un grand nombre d'antiennes, de services et autres morceaux de musique religieuse, ainsi que des morceaux de musique vocale de caractère profane. Il a publié récemment un ouvrage théorique qui a été accueilli avec une très grande faveur dans le monde artiste et savant: *The Theory of harmony* (5e édition 1881) et qui n'a pas peu ajouté à sa réputation. On lui doit en outre plusieurs ouvrages classiques et un ouvrage spécial intitulé: la *Musique de la Bible*. Parmi ses compositions, on cite spécialement sa cantate: *The Daughter of Jairus*, exécutée au festival de Worcester, en 1878, avec un grand succès.

STANLEY, Henry Moreland (John Rowlands, dit), journaliste et explorateur américain, d'origine anglaise, né en 1840 près de Denbigh (principauté de Galles), de parents peu aisés. Embarqué comme mousse à bord d'un navire qui se rendait à la Nouvelle-Orléans, il demeura dans cette ville, où il trouva de l'emploi chez un marchand nommé H. M. Stanley, lequel, célibataire et sans enfants, s'attacha à lui et l'adopta. Mais le marchand mourut intestat, et son fils adoptif se trouva de nouveau réduit à ses propres ressources. Il s'engagea dans l'armée confédérée, fut fait prisonnier, et comme il n'avait aucun parti pris, si ce n'est celui de vivre, dans la querelle qui divisait alors les États-Unis, il accepta de servir à bord d'un steamer fédéral. Après la guerre, il devint reporter de journal, et entra peu après au *New-York Herald*, qui l'attacha comme son correspondant auprès de l'état-major de l'armée britannique, pendant la guerre d'Abyssinie (1867). Il avait rempli depuis ses fonctions de correspondant sur divers points de l'Europe, moins agités, quand le directeur du *Herald*, qui se trouvait alors à Paris, le manda télégraphiquement et lui confia la mission de se rendre au centre de l'Afrique, à la recherche du Dr Livingstone, dont on n'avait plus entendu parler depuis deux ans. M. Stanley fit ses préparatifs aussitôt. Il débarquait à Zanzibar au commencement de janvier 1871 et, le 28 octobre, à Ujiji, sur le lac Tanganyika, où Livingstone arrivait presque en même temps, d'un voyage dans le sud-ouest. Les deux voyageurs restèrent ensemble jusqu'en février 1872, explorant de compagnie la rive nord du lac; puis Livingstone repartit pour son dernier voyage, et Stanley rentra en Europe. Le succès si complet de cette entreprise, dans laquelle plusieurs expéditions officielles anglaises avaient déjà échoué, rendit M. Stanley célèbre du jour au lendemain, et populaire le directeur du journal qui n'avait pas craint de dépenser 250,000 francs pour l'aider à l'accomplir. La relation de cet exploit, publiée à Londres, fut traduite immédiatement dans toutes les langues, des analyses, des résumés, des parties de cet ouvrage, l'ouvrage tout entier remplirent les colonnes des journaux et des revues pendant plusieurs années sans fatiguer la curiosité publique, éveillant l'esprit d'aventures et le goût des voyages d'exploration lointains. On peut le dire, car cela est strictement vrai, le premier voyage de M. Stanley a provoqué un mouvement qui ne s'arrête plus, et a plus fait pour l'avancement de la géographie qu'un siècle de découvertes en apparence plus importantes.

Le *Daily Telegraph* de Londres s'associa alors avec le *Herald* de New-York pour organiser une nouvelle expédition en Afrique sous la direction de celui qui avait si bien rempli sa première mission, malgré des difficultés jugées jusque-là insurmontables. M. Stanley repartit donc. Il atteignit Zanzibar dans l'automne de 1874, et, apprenant la mort de Livingstone, il se dirigea vers le nord-ouest, résolu à explorer la contrée qui entoure le lac Victoria N'yanza, qu'il atteignit en février 1875, non sans mauvaises rencontres et sans avoir été obligé à faire quelquefois le coup de feu avec les indigènes. Ayant constaté que ce lac ne mesure par elle-même de 40,000 milles carrés et est par conséquent la plus grande masse d'eau douce du globe, il se dirigea à l'Ouest, vers l'Albert N'yanza, et reconnut que, contrairement à l'opinion répandue, il n'est nullement relié au Tanganyika. Forcé par l'hostilité des indigènes à retourner à Ujiji, il descendit le grand fleuve découvert par Livingstone, baptisé par lui Loualaba, qu'il croyait être le Nil, tandis que d'autres géographes le prenaient pour le Congo. Cette descente, principalement en canots, lui prit huit mois, au milieu de difficultés inouïes, au prix des plus grandes privations, et coûta la vie à trente-cinq de ses hommes. Arrivée enfin à la côte, l'expédition trouva un bâtiment portugais qui la transporta à Saint-Paul de Loanda, d'où un navire anglais la transporta au cap de Bonne-Espérance, et de là à Zanzibar. Là, après avoir ramené ses hommes chez eux, Stanley reprit le chemin de l'Angleterre, qu'il atteignit en février 1878. Il avait passé auparavant par Paris où, reçu solennellement par la Société de géographie, dans le grand amphithéâtre de la Sorbonne, il recevait des mains du président la croix de la Légion d'honneur. De 1879 à 1882, il faisait un nouveau voyage en Afrique, sous les auspices de l'Association internationale africaine dont le siège est à Bruxelles, et avec la mission de créer une sorte de colonie européenne dans le bassin du Congo, d'où la civilisation rayonnerait sur l'Afrique aussi loin que possible, sans compter les relations commerciales qui ne pouvaient manquer de s'établir entre cette contrée et l'Europe, et qui constituent un des points les plus importants du programme. Le roi des Belges donnait dans ce but, sur sa cassette, une somme annuelle de 1,250,000 à l'explorateur. M. Stanley retourna en Afrique en 1883, et son œuvre se poursuivit avec un succès inespéré. Seulement, un Français, M. Savorgnan de Brazza, ayant entrepris une œuvre pareille, par d'autres moyens, qui semblent lui assurer un succès plus rapide et plus durable, M. Stanley a protesté, et il fallut mettre en mouvement la diplomatie, il fallut un nouveau congrès de Berlin, rien que cela, pour que le droit de la France à s'établir en Afrique sur un point voisin des établissements créés par celui qu'on a qualifié de « roi du Congo » fût reconnu. C'est fait maintenant; l'œuvre continue ses progrès des deux côtés, et des deux côtés on parle de chemins de fer dont la construction serait même très prochaine. — Fatigué d'une activité constante, de travaux certainement au-dessus des forces du commun des hommes et des luttes qu'il est dans son caractère de provoquer plutôt que d'éviter, M. Stanley faisait, au printemps de 1886, un « voyage de repos » en Italie, reçu avec des démonstrations d'enthousiasme à toutes les stations par les sociétés de géographie, allant de banquets en banquets, mais n'y prenant qu'une part modeste, pour cause de régime. Toujours robuste, cependant, et en possession de cette énergie extraordinaire qui l'a fait triompher d'obstacles où les plus forts eussent succombé.

M. Stanley a publié : *Comment j'ai retrouvé Livingstone*, relation de son premier voyage (1872); la *Terre de servitude (1874)*; la *Vie et les voyages du docteur Livingstone*, suivi d'un coup d'œil sur l'état actuel de la géographie de l'Afrique (1876); *A travers le continent noir (1878)*. Ses lettres d'Afrique ont été en outre recueillies sous ce titre : *Lettres de Stanley racontant ses voyages et ses découvertes, novembre 1874 à septembre 1877 (1878)*.

STEEG, Jules, théologien protestant et homme politique français, né le 21 février 1836 à Versailles, d'un ouvrier prussien d'origine, fit ses études théologiques à Strasbourg et devint pasteur à Gensac (Gironde). S'occupant de journalisme dès la fin de l'Empire, il devint après la guerre rédacteur en chef du *Progrès des communes* de Bordeaux, dans lequel certains articles lui firent intenter un procès pour outrage à la religion catholique, dont il sortit indemne (1872). Il dirigea ensuite le *Patriote* de Libourne et l'*Union républicaine* de Bordeaux. Candidat républicain dans la 2ᵉ circonscription de Bordeaux aux élections du 20 février 1876, il avait échoué, ainsi qu'à une élection partielle et aux élections générales de l'année suivante; mais il fut élu dans la 3ᵉ circonscription de la même ville, le 21 août 1881. Sa nationalité française, qui lui avait été contestée précédemment, ne lui fut point cette fois, bien qu'il eût échoué en 1877 dans sa demande d'un jugement déclaratif de sa qualité de citoyen français, adressée au tribunal de Versailles, les pièces qui l'établissaient ayant été détruites dans le bombardement et l'incendie de Strasbourg. M. Steeg prit place en conséquence dans les rangs de l'Union républicaine. Élu député de la Gironde au scrutin du 18 octobre 1885, il a voté l'expulsion des princes.

M. Steeg a publié, outre un certain nombre d'ouvrages de théologie protestante : *Faleyrac, histoire d'une commune rurale (1875)*; *Citoyen français*, mémoire personnel (1877), etc.

STEELL, John, sculpteur écossais, né à Aberdeen en 1804, vint avec ses parents à Édimbourg et y étudia la sculpture. Après un séjour assez prolongé à Rome, il revint en Angleterre et se fit remarquer avec le modèle de son groupe colossal d'*Alexandre et Bucéphale*. La statue assise de *Walter Scott*, en marbre gris de Carrare, pour le monument du grand écrivain à Édimbourg, et dont il avait obtenu la commande au concours, commença brillamment sa réputation. Il a donné en outre à Édimbourg une statue colossale assise de la *Reine*, une statue équestre de *Lord Wellington*, en bronze, érigée en 1852 dans cette ville ; puis la statue de l'*Amiral lord de Saumarez*, pour l'hôpital de Greenwich; la statue en bronze de *Lord Melville*, celles en marbre de *Lord Jeffrey*, du *Lord Justice-general Boyle*, pour Édimbourg; le *Monument du 93ᵉ Highlanders*, dans la cathédrale de Glasgow; les statues du *Marquis de Dalhousie* et de *James Wilson*, pour Calcutta; celle du *Professeur Wilson*, statue en bronze de quinze pieds de hauteur, érigée à Édimbourg en 1865; la statue colossale d'*Allan Ramsay*; les bustes du *Prince Alfred*, de *Lord Wellington*, etc., etc. En 1872, M. Steell exécuta pour le Central Park de New-York une copie en bronze de sa statue de *Walter Scott*; il a également exécuté pour la même destination, en 1876, une statue colossale du poète écossais *Robert Burns*. Vers la fin de 1875, il terminait le monument commémoratif élevé par la nation écossaise au feu *Prince Albert*, au centre de Charlotte square, à Édimbourg. Nous citerons enfin sa statue colossale en bronze du Dr *Thomas Chalmers*, destinée également à une place publique d'Édimbourg, exécutée en 1876, et le Monument en marbre élevé dans la cathédrale de Dunkeld aux soldats du 42ᵉ de Highlanders royaux tombés pendant la guerre de Russie. — M. John Steell est membre de l'Académie royale écossaise et a le titre de sculpteur de Sa Majesté pour l'Écosse.

STEENACKERS, François Frédéric, homme politique et littérateur français, né à Lisbonne, de parents belges, le 10 mars 1830, obtint des lettres de grande naturalisation en 1866. Il vint à Paris avec sa famille en 1838. Après de brillantes études au lycée Louis-le-Grand, il étudia la sculpture et la musique, suivant l'atelier de M. Bartholdi et recevant des conseils de Rossini et de Meyerbeer; pratiqua avec succès le premier de ces arts en Italie, pendant trois ans, puis se tourna vers la littérature et enfin vers la politique. Propriétaire dans la Haute-Marne, il fut élu conseiller général de ce département en 1868. Aux élections législatives de l'année suivante, il battait le candidat officiel dans 2ᵉ circonscription de la Haute-Marne et venait siéger, en gilet blanc devenu légendaire, sur les bancs de la gauche du Corps législatif. Il est l'auteur d'une proposition d'abrogation de la loi de sûreté générale et d'une autre tendant à dérober le spectacle sanglant des exécutions capitales à la curiosité publique, présentée par lui dans cette courte législature. Nommé directeur général des télégraphes le 4 septembre, M. Steenackers montra une grande activité et un véritable dévouement dans ces fonctions; il relia télégraphiquement les forts et les secteurs, immergea un câble dans le lit de la Seine, puis se rendit à Tours par la voie aérienne et prit la direction des postes et des télégraphes réunis, organisa le service des communications par pigeons et la reproduction photographique des dépêches microscopiques, créa des brigades de télégraphie militaire, favorisa autant qu'il put les perfectionnements de l'aéronautique et créa enfin de nouvelles lignes télégraphiques en prévision des besoins qu'allaient nécessairement créer les progrès de l'invasion. Il se démit de ses fonctions le 20 février 1871, et rentra dans la vie privée. Il tenta sans succès de se faire élire sénateur au renouvellement de la représentation sénatoriale dans le département de la Haute-Marne, et fut nommé en 1884 commissaire du gouvernement auprès des compagnies de chemins de fer. — Aux élections d'octobre 1885 pour la Chambre des députés, M. Steenackers figurait sur la liste républicaine de la Haute-Marne, et fut élu au scrutin du 18. Il a voté l'expulsion des princes.

On a de M. Steenackers: *Histoire des ordres de chevalerie et des distinctions honorifiques en France (1867)*; *Agnès Sorel et Charles VII*, essai sur l'état religieux et moral de la France au XVᵉ siècle (1868) ; l'*Invasion de 1814 dans la Haute-Marne* (même année); les *Télégraphes et les postes pendant la guerre de 1870-1871 (1873)*; *Histoire du gouvernement de la Défense nationale en province*, avec M. Le Goff (1880-85, tomes I à III). — Il est chevalier de la Légion d'honneur.

STEVENS, Joseph, peintre belge, né à Bruxelles en 1822, est fils d'un ancien officier de l'Empire. M. J. Stevens passe pour s'être fait lui-même sous l'inspiration de son père, amateur éclairé et probablement quelque chose de plus ; s'est fait, en tout cas, une brillante réputation comme peintre de genre et animalier. On cite de cet artiste : *la Lice et sa compagnie*, les *Mendiants ou Bruxelles le matin*, *Plus fidèle qu'heureux*, un *Temps de chien*, le *Chien qui porte à son cou le dîner de son maître (1844-47)*; le *Supplice de Tantale (1849)*; un *Métier de chien*, *Souvenir des rues de Bruxelles (1852)*; la *Surprise*, *Taureau flamand poursuivi par un chien (1853)*; un *Épisode du marché aux chiens à Paris*, l'*Intrus*, la *Bonne mère*, le *Philosophe sans le savoir*, etc. (1855, Exp. univ.); l'*Intérieur du saltimbanque*, le *Chien et la mouche (1856)*; le *Chien de la douairière*, *Distrait de son travail*, le *Repos (1857)*; les *Bœufs*, une *Pauvre bête*, un *Heureux moment (1859)*; la *Cuisine*, le *Coin du feu*, *Chien criant au perdu (1861)*; la *Protection*, les *Solliciteurs (1865)*; les *Méritants*, les *Cancans de la première heure*, *Mélancolie de la première pipe*, la *Patience de l'expérience (1867*, Exp. univ.); le *Chien et la mouche* et quelques autres toiles déjà citées (1878, Exp. univ.), etc. — M. J. Stevens a obtenu une médaille de 2ᵉ classe au salon de 1852, une autre à l'Exposition universelle de 1855, le rappel de cette médaille au salon de 1857 et la croix de la Légion d'honneur en 1861. Chevalier de l'ordre de Léopold de Belgique depuis 1851, il était promu officier en 1863.

STEVENS, Alfred peintre belge, frère du précédent, né à Bruxelles en 1828, est élève de Navez et de C. Roqueplan. Il s'est fait une réputation plus brillante encore que celle de son frère dans la peinture de genre, et est regardé comme une des gloires de la Belgique artiste. — On a de lui : un *Soldat malheureux*, le *Matin du mercredi des cendres*, *Bourgeois et manants troquant le* cadavre d'un seigneur, le *Découragement de l'artiste*, l'*Assassinat*, l'*Amour de l'or*, etc. (1849-54); Ce qu'on appelle le vagabondage, le *Premier jour de dévouement*, la *Lecture, Méditation*, la *Sieste, Souvenir de la patrie* (1855, Exp. univ.); *Petite industrie, Consolation, Chez soi*, l'*Été* (1857); le *Bouquet*, une *Veuve*, un *Fâcheux*, une *Mère*, la *Nouvelle* (1861); *Temps incertain*, les *Rameaux, Bonheur* (1863); la *Dame rose*, la *Visite, Rentrée du monde, Pensive, Tous les bonheurs*, l'*Inde à Paris, Innocence*, une *Douloureuse certitude*, une *Bonne lettre, Mendicité tolérée, Matinée à la campagne*, les *Amours éternelles*, une *Duchesse, Fleurs, Miss Fauvette, Ophélia* et plusieurs des toiles déjà citées (1867, Exp. univ.); le *Printemps*, l'*Été*, l'*Automne*, l'*Hiver*, quatre panneaux représentant les saisons en costumes modernes et élégants, avec quelques toiles précédemment exposées à Bruxelles (1878, Exp. univ.), etc. — M. Alfred Stevens a obtenu à Paris: une médaille de 3e classe en 1853, une de 2e classe en 1855, une de 1re classe en 1867 et le rappel de cette dernière en 1878; chevalier de la Légion d'honneur depuis 1863, il a été promu officier en 1867 et commandeur en 1878. Il est également commandeur de l'ordre de Léopold de Belgique depuis 1862.

STEWART, Balfour, physicien écossais, directeur de l'observatoire de Kew, né à Édimbourg le 1er novembre 1828, fit ses études à l'université de cette ville et à celle de Saint-Andrews. M. Balfour Stewart a été nommé directeur de l'observatoire de Kew le 1er juillet 1859, secrétaire de la commission météorologique, fonctions qu'il a résignées depuis, en janvier 1867 et professeur de physique au collège Owen, à Manchester, le 7 juillet 1870. On lui doit notamment la découverte de la loi d'égalité entre les puissances d'absorption et de radiation des corps, laquelle lui valut la médaille Rumford de la Société royale en 1868; et il est l'auteur, avec MM. De la Rue et Loewy, de *Recherches sur la physique solaire*; avec le professeur Tait, de *Recherches sur la chaleur produite par rotation dans le vide* et de *l'Univers qu'on ne voit pas*; de nombreux mémoires, sur la météorologie et le magnétisme principalement; d'un *Traité élémentaire de la chaleur*, et de: *Leçons de physique élémentaire* (1871); *Physique*, dans la collection de petits traités intitulée: *Science Primers* (1872); la *Conservation de l'énergie* (1874), etc. — M. Balfour Stewart est membre de la Société royale et de plusieurs autres corps savants, ainsi que du comité officiel pour la physique solaire.

STIRLING (dame), miss Hehl, actrice anglaise, fille d'un capitaine des horse guards, née à Londres en 1817 et fut élevée dans un couvent, en France. Au retour, ayant trouvé ses parents en proie à des revers de fortune, elle résolut de leur venir en aide par sa propre industrie: mais l'éducation du couvent n'est pas très propre à favoriser de semblables ambitions. Miss Hehl avait à peine seize ans; elle prit le pseudonyme de Fanny Clifton, et obtint sous ce nom un engagement à l'East-London Theatre, où sa grâce et sa beauté lui valurent au moins un accueil sympathique. Elle eut ensuite un engagement au théâtre du Pavillon, où elle rencontra M. Edward Stirling, directeur de la scène, qu'elle épousa peu après. Mme Stirling joua ensuite au théâtre de Liverpool, puis à celui de Birmingham et enfin revint à Londres, où elle parut d'abord à l'Adelphi, dans *Victorine*, du *Rêve à la mer*, et dans quelques autres pièces nouvelles; elle passa ensuite à Drury-Lane, alors sous la direction de Macready, où des rôles plus importants lui ayant été confiés, elle commença sa réputation. Elle joua ensuite le répertoire shakespearien au théâtre de la Princesse, et se fit particulièrement remarquer dans les rôles de Cordelia, Rosalinde, Desdemona et Portia. Elle a joué depuis au théâtre du Strand, à l'Olympique, à ceux du Haymarket, Adelphi et Saint-James; où elle a obtenu les plus vifs succès dans les rôles de *Lady Teazle*, de l'*École du Scandale* de Sheridan, *Lady Gay-Spanker, Maritana*, la veuve Green, Mme Bracegirdle et Peg Woffington. — Elle n'a jamais, que nous sachions, quitté l'Angleterre.

STODDARD, Richard Henry, poète et littérateur américain, né à Hingham (Massachusetts) en juillet 1825. Venu à New-York avec ses parents, à l'âge de dix ans, il apprit l'état de fondeur en fer. En 1848, M. Stoddard commença à collaborer aux recueils périodiques, par des articles variés, des nouvelles et des poésies. En 1853, par l'entremise de son ami, feu Nathaniel Hawthorne, il obtint un emploi à la douane de New-York, emploi qu'il a conservé jusqu'en 1870, ne cessant de produire, mais au détriment de son sommeil. M. Stoddard a été quelque temps bibliothécaire de la Cité de New-York. On lui doit: la *Piste (1849); Poésies (1852); Aventures du pays enchanté (1853);* les *Chants de l'été (1855);* la *Ville et la campagne (1855);* Vie d'Alexandre de Humboldt (1859); les Amours et les héroïnes des poètes (1860); la *Cloche du roi (1863); Histoire du petit Chaperon-Rouge (1864); Sous la verte feuillée;* les *Poètes morts de l'Angleterre, Mélodies et madrigaux*, tirés en grande partie des poètes anglais (1865); les *Enfants dans les bois (1866); Putnam le brave (1869);* le *Livre de l'Orient*, et autres poésies (1871); des éditions nouvelles, augmentées, des *Poètes de l'Amérique (1873), des Poétesses de l'Amérique (1874)* et des *Poètes et la poésie en Angleterre au XIXe siècle (1875), de* Greswold; *Notice sur Edgar Allan Poë (1875);* une collection de volumes intitulée: the *Bric-à-Brac Series (1874-1875),* et une autre depuis, intitulée: *Sans-souci Series;* une biographie de Henry Wadsworth Longfellow (1882), etc. Il est attaché à la rédaction du *New-York Mail and Express*.

Mme Elisabeth Stoddard, sa femme, née en 1823, a publié aussi quelques romans, on cite d'elle: les *Morgesons (1862); Deux hommes (1865); Temple House (1867),* etc.; outre quelques nouvelles, des articles et des poésies dans la presse périodique.

STOLTZ, Rose Niva (dite Rosina), cantatrice française, née en Espagne le 13 février 1813, vint toute jeune à Paris, où la coïncidence de la date de sa naissance avec celle de la mort du duc de Berry (13 février 1820) lui valut la protection de la veuve de ce prince. Elle entra au couvent des bénédictines de la rue du Regard et suivit les cours de l'école de Choron et du Conservatoire. De 1829 à 1832, elle prit part aux concerts de la rue de Vaugirard. Un succès dans le rôle de Rosine du *Barbier* l'ayant fait dès lors surnommer Rosina, elle finit par adopter ce prénom, qui n'est d'ailleurs que le diminutif naturel du sien. Après une excursion en Hollande et en Belgique, et d'heureux débuts au théâtre de la Monnaie, à Bruxelles, dans *Robert le Diable*, elle fut attachée à ce théâtre de 1835 à 1837 et y remporta des succès qui attirèrent l'attention sur elle et lui valurent un engagement à l'Opéra de Paris, où elle débuta le 25 août 1838. Restée attachée à cette scène, où elle jouit de la plus grande autorité, jusqu'en 1847, elle fut, le 1er mai de cette année-là, l'objet d'un accueil si ouvertement hostile, pour ne pas dire davantage, de la part du public, qu'elle dut se retirer. Il faut dire que ce n'est pas une modification dans le talent de l'artiste qui avait provoqué cette manifestation injurieuse du public, mais l'autorité dont elle jouissait depuis si longtemps à l'Opéra et dont on l'accusait d'abuser pour écarter toute rivalité. Mme Stoltz a remporté ses plus grands succès, créations ou reprises, dans: la *Juive*, les *Huguenots, Don Juan, Benvenuto Cellini, Robert le Diable, le Lac des fées,* la *Favorite, Charles VI, Don Sébastien de Portugal, l'Étoile de Séville, Othello, Marie Stuart,* etc. Elle chantait le rôle de Lazzarone, dans *Robert Bruce,* à la soirée où elle fut si mal reçue. Elle a chanté depuis dans diverses capitales, notamment à Turin: le *Prophète, Sémiramis* et la *Favorite*, ainsi qu'à Rio-de-Janeiro, où elle fut accueillie avec enthousiasme, mais sans souscrire d'engagement à long terme. De retour en Europe, elle a reparu à l'Opéra en 1856, dans le rôle de Léonor, de la *Favorite*, son triomphe. Elle a dit au théâtre, à peu près depuis cette époque, un adieu définitif.

Veuve de M. Lécuyer, de Rouen, qu'elle avait épousé à Bruxelles, vers 1838, la Stoltz est devenue depuis baronne de Ketschendorf. Depuis sa retraite du théâtre, elle s'est essayée à la composition, non sans succès, et a publié en 1870: *Six mélodies pour chant, avec accompagnement pour piano* (Paris, Schœn et Laval).

STOREY, George Adolphus, peintre anglais, né à Londres le 7 janvier 1834, fit ses études à Paris, à l'Athénée royal, où il eut pour maître de dessin J.-L. Dulong, et retourna à Londres en 1850. Il suivit alors l'atelier de J.-M. Leigh et débuta en 1852 aux expositions de l'Académie. On a de cet artiste: un *Portrait de famille (1852);* la *Madone à l'enfant (1853).* Entré, l'année suivante, à l'Académie royale comme élève, il a donné principalement depuis: *Godiva (1855);* le *Déjeuner d'enfants (1866); Après vous... (1867),* l'*Élève timide (1868);* le *Vieux soldat, Enfants se rendant à l'école (1869);* le *Duo,* un *Lapin seulement! (1870); Joues vermeilles, Réprimandes (1871);* une *Querelle d'amoureux, Petits boutons d'or (1872); Scandale, Perplexités d'amour; Mistress Dorothée (1873);* les *Filles de Canterbury,* le *Cygne, Lady Beaumont;* les *Visiteurs de Noël de grand-maman (1874);* la *Surprise de* Mme *Finch, Miss Caro Armitage,* l'*Avantage (1875);* la *Leçon de danse, My lady Bella (1876);* la *Veille de*

Noël, le *Jugement de Paris (1877)*; *Douce Margery (1878)*; *Lis, lauriers-roses et œillets*, les *Orphelins (1879)*; *Je suis mon chef*, *Daphné (1880)*; la *Porte d'ivoire*, le *Collier de corail (1881)*; la *Jeune fille rêveuse* et la *Promenade (1882)*; le *Connaisseur*, la *Fleur du soleil (1883)*; de nombreux *Portraits*, etc. — M. Storey a été élu associé de l'Académie royale en 1876. Il avait envoyé, à l'Exposition universelle de 1878, le *Vieux soldat* et *Médisance*.

STOWE (dame), HARRIET ELISABETH BEECHER, femme de lettres américaine, née à Litchfield (Connecticut) le 15 juin 1812. Elle fut d'abord associée à sa sœur aînée Catherine-Esther, morte en 1878, dans la direction d'une école de filles fondée par celle-ci en 1822, à Hartford (1829), puis suivit ses parents à Walnut Hills, près de Cincinnati, où elle épousa, en 1836, le Rév. Calvin E. Stowe, professeur d'histoire biblique au séminaire de cette ville, que dirigeait son père, le docteur Lyman Beecher. Dans les premières années de la vie conjugale, Mme Stowe écrivit, pour les magazines, plusieurs esquisses et nouvelles qui ont été réunies depuis sous le titre : *the May Flower (1849)*. Dans les heures de loisir que lui laissaient les soucis de son ménage, elle continuait bien sa collaboration aux publications périodiques, auxquelles elle envoyait quelques courtes nouvelles de temps en temps; mais, sauf un ou deux livres destinés aux élèves des écoles du dimanche, elle n'entreprit rien d'important jusqu'à l'année 1850, époque à laquelle son mari accepta au collège Bowdoin, à Brunswick (Maine), la chaire de religion naturelle et révélée. De ce moment date sa collaboration à la *National Era*, feuille antiesclavagiste, publiée à Washington, dans laquelle elle publia, par séries ou feuilletons, le roman qui devait la rendre célèbre dans les deux mondes : la *Case de l'oncle Tom* (*Uncle Tom's Cabin*), mais qui eut peu de retentissement dans les colonies reçues de la *National Era*. Bien mieux, le livre achevé, Mme Stowe fit des démarches aussi nombreuses que vaines pour trouver un éditeur qui se chargeât de le publier; elle finit pourtant par découvrir à Boston un jeune libraire, de grand tact, sans doute, malgré son inexpérience évidente, qui publia l'ouvrage en 1852. Jamais pareil succès de librairie ne s'était encore vu : en trois ans et demi, il en fut vendu, aux États-Unis, 313,000 exemplaires, sans compter une édition allemande préparée sur place et qui porterait ce chiffre à plus d'un demi-million. La vente fut également énorme en Angleterre. Enfin la *Case de l'oncle Tom* (Boston, 1852 et suiv., 2 vol. in-12) fut traduite dans toutes les langues connues; il y en eut quatre traductions françaises différentes, quatorze allemandes; il y eut des traductions de cet ouvrage en langue russe, arménienne, arabe, chinoise, japonaise, etc.; et le sujet en fut mis à la scène, torturé de cent façons. Mme Beecher-Stowe, elle-même, indignée par l'exemple, et peut-être aussi bien aise de faire rendre tout ce qu'elle pouvait à cette veine abondante, écrivit successivement : *A Peep into Uncle Tom's Cabin, for children* (Coup d'œil dans la case, etc , pour les enfants, 1853), et *the Christian slave: a drama founded on « Uncle Tom's Cabin »* *(1855)*. Certains faits rapportés dans cet ouvrage furent contestés, certaines allégations combattues; on fit même un procès à l'auteur. Pour répondre à ces dénégations, qui prenaient tant de formes, Mme Stowe publia en 1853 : *A Key to Uncle Tom's Cabin* (Clef, etc.), citant les faits authentiques qui avaient servi de base à son travail.

Dans l'été de 1853, Mme Stowe fit avec son mari un voyage en Europe, et publia, en 1854, un récit de ce voyage, dont le titre dit assez le plaisir qu'elle y prit: *Sunny Memories of foreign lands* (Souvenirs joyeux des pays étrangers). En 1855, elle a publié un petit volume ayant pour titre : *Géographie à l'usage de mes enfants*, et l'année suivante, un nouveau roman antiesclavagiste : *Dred, ou le Marais sinistre* (*Dred, a Tale of the Dismal swamp*), qui n'eut pas le succès du premier, uniquement parce qu'il était le second. Dans ses ouvrages suivants, Mme Stowe s'appliqua surtout à peindre la vie domestique de la Nouvelle-Angleterre, cinquante ou cent ans auparavant, ce sont: *Notre Charles* (*Our Charley*, and what to do with him, 1859); la *Fiancée du ministre*, histoire de la fin du dix-huitième siècle, dont la scène se déroule à Newport, dans le Rhode-Island (1859); la *Perle de l'île d'Orr (1862)*; *Agnès de Sorrente (1862)*; *Réponse*, au nom des *femmes d'Amérique*, à *l'Adresse chrétienne de plusieurs milliers de femmes de la Grande-Bretagne (1863)*; les *Ravages d'un tapis (1864)*; *House and home papers (1864)*; *Religions poems (1865)*; *Histoires de nos chiens (1865)*; *Little foxes* (Petits renards, 1865); le *Premier hiver de Daisy, et autres histoires (1867)*; *Étrange petit monde (1867)*; le *Coin de la cheminée (1868)*; les *Hommes de notre temps*, ou les *Patriotes célèbres du jour (1868)*; les *Gens de la vieille ville (1869)*; le *Soule (1870)*; la *Tyrannie blanche et rose*, *Contes de coin du feu de Sam Lawson (1874)*; *Ma femme et moi (1872)*; *Feuilles de palmier (1878)*; *Idée lumineuse de Bett et autres histoires*. *Nos voisins et nous (1875)*; les *Traces de notre maître (1877)*: les *Héroïnes de la Bible*; les *Gens de Poganuc, leur vie, leurs amours (1878)*; la *Mission d'un chien (1881)*, etc. Elle a écrit, en outre, en collaboration avec sa sœur Catherine : l'*Intérieur de la femme américaine*, ou *Principes de la science domestique (1868)*. Au mois de septembre de la même année, Mme Stowe écrivait, dans l'*Atlantic Monthly* et le *Macmillan's Magazine*, une sorte de réponse aux *Souvenirs de lord Byron* de la comtesse Guiccioli, sous ce titre : *l'Histoire véritable de la vie de lady Byron*, dans laquelle elle accusait le grand poète anglais d'inceste. Ces révélations audacieuses soulevèrent, tant en Amérique qu'en Angleterre, une véritable tempête, que son livre publié en 1870 : *Lady Byron vengée*, n'était pas fait pour calmer. La *Quarterly Review* prit vivement la défense du poète de *Child Harold*, et, en France, quatre ans plus tard, M. Mézières entreprenait, dans la *Revue des Deux-Mondes*, sa justification complète. Mais il paraît qu'elle tenait ses renseignements de source beaucoup plus sûre que ses contradicteurs.

Mme Beecher-Stowe a été quelque temps associée à la direction du *Hearth and home* (Foyer et patrie), et a collaboré à l'*Indépendant*, dirigé par son frère, M. Henry Ward Beecher (Voy. ce nom), et à d'autres publications périodiques. Elle a sa résidence officielle à Hartford, mais passe beaucoup de son temps dans la Floride, où elle possède une superbe plantation d'orangers.

STRATHNAIRN (baron), HUGH HENRY ROSE, maréchal, pair d'Angleterre, né en 1803, fit ses études à Berlin, où son père, sir George Hugh Rose, était ministre de la Grande-Bretagne, et entra dans l'armée anglaise en 1820. Lorsqu'il eut atteint le grade de lieutenant-colonel, il fut successivement consul général en Syrie, secrétaire d'ambassade et chargé d'affaires à Constantinople, et commissaire près le quartier général de l'armée française en Orient, en 1854-55. Pendant l'insurrection indienne, sir Hugh Rose eut le commandement de l'armée du centre; et pour les services qu'il rendit dans ce poste périlleux, il fut fait successivement chevalier, puis grand croix de l'ordre du Bain, et reçut la décoration de l'Étoile de l'Inde, des l'institution de cet ordre nouveau. Il succéda à lord Clyde, rappelé en Angleterre, comme commandant supérieur dans l'Inde, et présida à la réorganisation de l'armée, à la fusion de l'ancienne armée spéciale de la Compagnie des Indes avec l'armée royale britannique. Relevé de son commandement dans l'Inde et appelé à celui des forces militaires de l'Irlande, en 1865, il succédait en 1869 à lord Gough, comme commandant des horse guards, et résignait son commandement en Irlande en 1870. — Général de l'armée, et considéré comme l'un des plus capables officiers de l'Angleterre, il fut élevé à la pairie le 28 juillet 1866, sous le titre de baron Strathnairn, de Strathnairn, dans le comté de Nairn, en Ecosse, et de Jhansi (du nom d'une place importante enlevée par lui aux rebelles), dans les Indes orientales. Il a été élu au rang de maréchal en juin 1877.

STROSSMAYER, JOSEPH, prélat catholique autrichien, né à Essek, en Esclavonie, le 4 février 1815, fit ses études aux universités de Vienne et de Padoue, puis embrassa l'état ecclésiastique (1838), devint professeur au séminaire de Diakovar et aumônier de la cour, et fut consacré évêque de Bosnie et de Syrmie, le 20 mai 1850. Au concile œcuménique, M. Strossmayer paraît avoir d'abord fait partie du groupe des « inopportunistes ». Des journaux publièrent même le texte d'un discours qui lui était attribué, mais contre lequel il protesta par une lettre adressée au *Français*, en 1872, affirmant en outre qu'il n'avait jamais proféré une parole pendant toute la durée du concile qui pût diminuer l'autorité du Saint-Siège ou provoquer la discorde dans l'Église. En juin 1877, M. Strossmayer remettait à l'empereur François-Joseph une adresse des catholiques bosniaques, demandant l'occupation de la Bosnie par l'armée autrichienne. Il passait ensuite à Rome, traitait avec le Saint-Siège certaines questions d'organisation de l'Église catholique en Bosnie et rentrait dans son diocèse au commencement de 1879.

SULLIVAN, BARRY, tragédien anglais, né à Birmingham en 1824. Il débuta au théâtre, à Cork, en 1840, avec un succès qui décida de sa carrière. Après avoir étudié quelque temps en Irlande, il se rendit en

Ecosse et entra dans la troupe du Théâtre Royal d'Edimbourg, alors dirigée par W. H. Murray. Resté, pendant plusieurs saisons, attaché à ce théâtre, il travailla avec ardeur et fit de rapides progrès dans son art; il visita ensuite Paisley, Dundee, Aberdeen, Glasgow, Liverpool et Manchester. Déjà sa réputation s'était étendue jusqu'à Londres, et il recevait des offres de M. B. Webster, directeur du théâtre de Haymarket, où il débuta en novembre 1851, dans le rôle d'Hamlet. Il y eut un grand succès, et fut appelé à diverses reprises, pendant son séjour à Londres, à jouer devant la reine et le feu prince Albert ; il accepta ensuite divers engagements aux théâtres de Saint-James, de Sadler's Wells, de Drury-Lane, etc., puis fit une tournée en province et s'embarqua pour l'Amérique en novembre 1857. Il fut reçu, aux États-Unis et au Canada avec enthousiasme, et revint seulement à Londres en mai 1860. Un an après, M. Barry Sullivan partait pour l'Australie, où son succès fut tel qu'il dut jouer à Melbourne seulement près de mille soirées, ce qui fait à peine un peu moins de trois ans. Il joua aussi, mais moins longtemps, à Sydney ; fit une visite à Queensland, s'embarqua à Brisbane pour les Indes, et était de retour en Angleterre en juin 1866, ayant littéralement fait le tour du monde. En septembre, M. Barry Sullivan donnait des représentations au théâtre de Drury-Lane, dans les rôles de Richard III, Hamlet, Macbeth, etc. — Il a dirigé le théâtre d'Holborn, en 1869-70.

SULLY-PRUDHOMME, RENÉ FRANÇOIS ARMAND **Prudhomme** (dit), poète, membre de l'Académie française, né à Paris le 16 mars 1830, il fit ses études au lycée Bonaparte et entra comme employé dans l'administration de l'usine du Creusot. En 1865, il publia son premier volume de poésies : *Stances et poèmes*, qui eut un succès très vif et de bon aloi. Il a publié depuis : les *Épreuves (1866)*; la traduction en vers, avec préface, du *De natura rerum* de Lucrèce et les *Solitudes (1869)*; les *Destins (1872)*; les *Vaines tendresses (1875)*; la *Justice (1878)*; le *Prisme (1886)*, etc. M. Sully-Prudhomme a été élu membre de l'Académie française, en remplacement de Duvergier de Hauranne, en 1881 ; sa réception solennelle a eu lieu le 23 mars 1882. — Il est chevalier de la Légion d'honneur depuis 1878.

SWINBURNE, ALGERNON CHARLES, poète anglais, fils de l'amiral Charles H. Swinburne, est né à Londres le 5 avril 1837; il étudia à Oxford, mais négligea de prendre aucun grade. Il fit alors un voyage en Italie, séjourna quelque temps à Florence, et y fit la connaissance de Walter Savage Landor. De retour à Londres, il se livra à la littérature et publia d'abord deux drames : la *Mère de la reine* et *Rosamonde*, passés à peu près inaperçus (1861). Il donna ensuite : *Atalante à Calydon*, tragédie (1864) ; *Chastelard*, tragédie (1865) ; *Poèmes et ballades (1866) ; Notes sur la poésie et les critiques*, en réponse aux attaques dont son dernier livre avait été l'objet; un *Chant d'Italie* et *William Blake*, essai critique

(1867); *Sienne*, poème (1868); *Ode sur la proclamation de la République française*, le 4 septembre 1870; les *Chants de l'aurore*, dans lesquels il exalte le panthéisme et le républicanisme (1871); *Bothwell*, tragédie (1874) ; *Essais et études (1875)*; *Notice sur Charlotte Brontë (1877)*; *Poèmes et ballades*, deuxième série (1878); *Étude sur Shakespeare (1879)*; *Études en chansons (1881)*; *Tristram of Lyonesse (1882)*; *Un cent de rondeaux (1883)*, etc.

SYBEL (von), HEINRICH, historien allemand, né à Düsseldorf le 2 décembre 1817, y commença ses études puis alla à Berlin, où il suivit pendant plusieurs années le cours d'histoire de l'illustre Léopold von Ranke, mort nonagénaire au commencement de 1886, alors professeur à l'université de cette ville ; puis il se rendit à l'université de Bonn, où il prit ses grades et devint professeur suppléant en 1844. Nommé professeur titulaire à l'université de Marbourg en 1846, M. de Sybel était élu en 1847 député à la Diète d'Erfurth. Après avoir passé quelques années à Munich, où le roi de Bavière l'avait appelé en 1856, il obtenait une chaire d'histoire à l'université de Bonn en 1861 et était élu député de cette université à la Chambre prussienne. Réélu après la dissolution, il était encore élu à la Diète de la confédération de l'Allemagne du Nord en 1867, puis au parlement de l'empire d'Allemagne. En 1875, M. de Sybel était nommé directeur des Archives et membre de l'Académie de Berlin ; il était déjà membre de l'Académie des sciences de Munich, depuis 1856. — Les principaux ouvrages de cet écrivain sont : *Origine de la royauté en Allemagne (1845)*; *Histoire de la révolution française de 1789 à 1795 (1853-57)*: le *Soulèvement de l'Europe contre Napoléon Ier (1860)*; *Opuscules historiques (1863-69*, 2 vol.); la *Paix avec la France (1871)*; la *Politique cléricale au XIXe siècle (1874)*, etc. Il publie depuis 1878 un recueil de pièces tirées des Archives de l'État, qui formera 70 volumes. En 1856, il avait fondé le *Journal historique*, dans lequel il a publié bon nombre d'articles, ainsi que dans diverses autres publications périodiques. On lui doit une grande quantité de brochures politiques de circonstance, discours, etc.

SYMONDS, JOHN ADDINGTON, littérateur anglais, né à Bristol le 5 octobre 1840, fit à l'université d'Oxford de très brillantes études, et se consacra à la littérature. M. Symonds a publié, à partir de 1872 : *Introduction à l'étude de Dante, Études sur les poètes de la Grèce*, (2 vol.) ; *Croquis de l'Italie et de la Grèce*, la *Renaissance en Italie* (5 vol.), *Esquisses et études d'Italie, Shelley*, dans la collection des « English Men of Letters » ; une traduction des *Sonnets de Michel-Ange et de Campanella* ; plusieurs volumes de poésies : *Fantaisies diverses, le Vieux et le nouveau* d'*Animi figura*, sonnets ; *Zigzags italiens*, etc. — M. Symonds est un des collaborateurs de l'*Encyclopédie britannique*, en cours de publication.

T

TAAFFE (comte de), EDOUARD, homme d'État austro-hongrois, d'une vieille et noble famille d'origine irlandaise, est né à Vienne en 1833 et a été élevé à la cour, un peu avec l'empereur actuel, François-Joseph, grâce à la conformité d'âge. Entré dans l'administration en 1857, comme secrétaire de la lieutenance de Hongrie, il passait à celle de Bohême quatre ans plus tard, en qualité de conseiller, puis devenait en 1863 administrateur du duché de Salzbourg et de la Haute-Autriche. En 1867, M. de Taaffe était élu député au Reichsrath par les grands propriétaires de Bohême et remplaçait

M. Belcredi au ministère de l'intérieur cisleithan, d'où il passait au ministère de la défense, pour devenir président du conseil au commencement de 1869. Démissionnaire en janvier 1870, il rentrait aux affaires, avec le double portefeuille de l'intérieur et de la défense, dans le cabinet Potorky, en avril suivant. Il se retirait de nouveau en février 1871. Après avoir administré pendant plusieurs années le Tyrol et le Vorarlberg, le comte de Taaffe succédait, au ministère de l'intérieur, au prince Auersperg en février 1879, et devenait président du conseil au mois d'août de la même année, en remjugement de M. Stremayr. M. le comte de Taaffe est encore aujourd'hui (1886), ministre de l'intérieur et président du conseil du cabinet cisleithan.

TAILHAND, ADRIEN ALBERT, magistrat et homme politique français, ancien ministre, né à Aubenas le 1er juillet 1819, fit son droit à Paris, et entra dans la magistrature. Procureur du roi à Privas depuis 1844, il fut révoqué après la révolution de Février, mais nommé procureur de la République à Draguignan en 1849. Sous l'Empire, il devint successivement avocat général à Nîmes, puis conseiller à la cour, et enfin président de chambre. Élu représentant de l'Ardèche à l'Assemblée nationale, le cinquième sur huit, le 8 février 1871, M. Tailhand siégea à la droite cléricale et vota en conséquence. Il fit partie de la commission des grâces et de la première commission des Trente. Appelé à remplacer M. Depeyre au ministère de la justice, le 23 mai 1874, il y était à son tour remplacé par M. Dufaure, le 10 mars 1875. La veille, en quelque sorte, M. Tailhand s'était signalé dans la discussion de l'élection de Bourgoing et du comité central de l'Appel au peuple, en refusant obstinément le dossier relatif à ce comité aux députés chargés de vérifier l'élection. — Au mois de décembre suivant, candidat de la droite au Sénat pour les sièges inamovibles, il échoua avec ses amis. Il fut élu, le 30 janvier 1876, le dernier des deux sénateurs de l'Ardèche, et il ne s'est pas représenté au renouvellement par 204 voix sur 405 électeurs, et échoua complètement au renouvellement de la représentation de l'Ardèche, le 25 janvier 1885.

TAILLADE, PAUL FÉLIX, acteur et auteur dramatique français, né à Paris le 15 janvier 1827, fit ses études au lycée Bonaparte. Élevé d'abord à la campagne, il reçut jusqu'après sa sortie du collège une petite pension pour subvenir à ses besoins, que ses parents, inconnus, lui faisaient sans doute tenir ; mais à cette époque, ayant repoussé leur enfin brillant qu'on voulait lui faire en le faisant admettre dans une étude d'huissier, il fut tout net abandonné à ses propres ressources. Il attira comme professeur dans un pensionnat ; mais ses goûts l'attiraient vers le théâtre, où il s'était essayé dans quelques représentations d'amateurs. Par l'entremise de Mlle Mars, il put entrer au Conservatoire, dans la classe de Provost, en 1845, et débuta au Français en 1847, dans la Ciguë. Il n'y resta pas, cependant, et c'est dans le drame moderne qu'il devait remporter ses plus beaux succès. — En 1850, M. Taillade créait, à la Gaîté, avec un succès complet, le rôle de Bonaparte dans les *Premières pages d'une grande histoire*. Depuis, il a paru à l'Ambigu, dans *Berthe la Flamande*, *Roquelaure*, *Jean le cocher* (1852) ; de nouveau à la Gaîté, dans le *Comte Hermann*, puis, dans le *Courrier de Lyon*, la *Pie voleuse*, les *Cosaques*, la *Closerie des Genêts*, les *Fils de Charles-Quint*, le *Sanglier des Ardennes*, le *Masque de poix* ; au Cirque, dans la *Reine Margot*, *Marie Stuart en Écosse*, les *Maréchaux de l'Empire*, la *Tour Saint-Jacques-la-Boucherie*, *Perrinet Leclerc*, les *Deux faubouriens* ; à la Porte-Saint-Martin, dans la *Jeunesse de Louis XI*, le *Gentilhomme de la montagne*, la *Nonne sanglante*, *Richard d'Arlington*, *Pierre Lenoir*, l'*Outrage (1859)*, etc. ; à l'Odéon, dans *Macbeth (1863)*, le *Roi Lear (1868)*; *Jeanne de Liguerris (1868)* ; la *Lucrèce*, de Ponsard, rôle de Brute (1869) ; à la Porte Saint-Martin de nouveau, dans *Lucrèce Borgia (1870)* ; et, après la guerre, en attendant la reconstruction de cette dernière salle, il joue encore à l'Odéon, où il crée notamment le rôle d'Oreste, dans les *Érinnyes*, de M. Leconte de l'Isle (1872). Rentré à la Porte-Saint-Martin, dès la réouverture (novembre 1873), M. Taillade y a paru dans la plupart des grands drames repris par M. Dumaine. Nous citerons : *Henri III et sa cour*, *Don Juan d'Autriche (1873)* ; les *Chevaliers du brouillard (1874)* ; la *Jeunesse des mousquetaires (1875)* ; *Vingt ans après*, la *Reine Margot*, l'*Éclat de rire (1876)*, etc. Il y a fait, en outre, plusieurs créations importantes, notamment : *Pierre*, dans *Les orphelines (1874)* ; *Roskoe*, dans l'*Espion du roi (1876)* ; *Schelm*, dans les *Exilés (1877)*, etc.

M. Taillade a écrit, en outre, quelques ouvrages dramatiques, dans lesquels il a naturellement rempli le rôle principal. Nous citerons : *André Hubner*, le *Contrat rompu*, les *Catacombes de Paris*, *Il est fou*, le *Château d'Ambrières*, avec Théodore Barrière ; *Charles XII*, avec M. L. Lorsay, etc. — En août 1886, avec Mme Marie Laurent, MM. Lacressonnière, Villeray et autres, M. Taillade formait une association d'artistes, autorisée par le Conseil municipal de Paris, pour l'exploitation de l'ancien Théâtre des Nations, sous le titre nouveau de Théâtre de Paris.

TAILLANDIER, HENRI ANDRÉ JOSEPH, homme politique français, né à Fresnoy (Pas-de-Calais), vers 1844, fit son droit et prit le grade de docteur en 1869. Capitaine commandant une compagnie des mobiles du Pas-de-Calais, il fit partie de l'armée du Nord et assista aux combats livrés par cette armée dans le cours de la campagne. Après la guerre, M. Taillandier devint maire de Fresnoy et membre du Conseil général du Pas-de-Calais, ce qu'il est encore. Il a été élu député du Pas-de-Calais le 4 octobre 1885, sur la liste monarchiste.

TAINE, HIPPOLYTE ADOLPHE, littérateur et philosophe français, né à Vouziers le 21 avril 1828 ; fit ses études au collège Bourbon, remporta le prix d'honneur de rhétorique en 1847, et fut admis à l'École normale en 1848, le premier. Reçu docteur ès lettres en 1853, il se consacra à la littérature. M. Taine a collaboré à la *Revue de l'instruction publique*, à la *Revue des Deux-Mondes*, au *Journal des Débats*, etc. Nommé examinateur pour les lettres, à l'École de Saint-Cyr, en 1863, il était appelé l'année suivante à la chaire d'esthétique et d'histoire de l'art à l'École des Beaux-Arts, qu'il a conservée jusqu'ici. Les premiers ouvrages de M. Taine ont presque tous fait beaucoup de bruit à leur apparition, indépendamment du succès que leur assurait leur grande valeur littéraire, parce qu'ils étaient conçus en opposition avec les doctrines du spiritualisme officiel ; le leur auteur n'a pas manqué d'être traité, en excellente compagnie du reste, d'athée et de matérialiste. Son *Histoire de la littérature anglaise*, le seul ouvrage de cette importance que nous possédions sur semblable matière, fut même repoussé du concours de l'Académie française, à cause des doctrines épouvantables qu'elle renferme. L'auteur lui-même, lorsqu'il présenta sa candidature au fauteuil de Vitet, en 1874, fut repoussé : l'illustre assemblée lui préféra, comme il devait s'y attendre, M. Caro, l'incarnation la plus complète du spiritualisme universitaire. Ce que voyant M. Taine, qui tenait à entrer à l'Académie, s'amenda, et à la suite de publications plus orthodoxes, dont il sera parlé ci-après, il était élu membre de l'Académie française, en remplacement de Loménie, le 14 novembre 1878, par vingt voix (il s'en faut qu'il n'y eut que vingt-six votants). — On doit à cet éminent écrivain : *De personis platonicis* et *Essai sur les fables de La Fontaine*, thèses de doctorat (1853) ; *Essai sur Tite-Live*, couronné par l'Académie française (1854) ; *Voyage aux Pyrénées (1855)* ; les *Philosophes français du XIXe siècle (1856)* ; *Essais de critique et d'histoire (1857)* ; les *Écrivains anglais contemporains (1859)* ; *La Fontaine et ses fables (1860)* ; l'*Idéalisme anglais*, étude sur Carlyle ; le *Positivisme anglais*, étude sur J. Stuart Mill ; *Histoire de la littérature anglaise*, 4 vol. (1864) ; *Nouveaux essais de critique et d'histoire* ; *Philosophie de l'art (1865)* ; *Philosophie de l'art en Italie* ; *Voyage en Italie* : tome Ier, *Naples et Rome* ; tome II, *Florence et Venise (1866)* ; *Notes sur Paris*, *Vie et opinions de M. Frédéric-Thomas Graindorge (1867)* ; l'*Idéal dans l'art* (même année) ; *Philosophie de l'art dans les Pays-Bas (1868)* ; *Philosophie de l'art en Grèce (1870)* ; *De l'intelligence (1870-74, 2 vol.)* ; *Du suffrage universel et de la manière de voter (1871)* ; *Notes sur l'Angleterre*, *Un séjour en France de 1792 à 1795*, *lettres d'un témoin de la Révolution française*, traduites de l'anglais (1872) ; les *Origines de la France contemporaine*, le grand ouvrage dont les deux premiers volumes ouvrirent enfin à l'auteur les portes de l'Académie française, et qui comprend : l'*Ancien régime (1875)* et la *Révolution (1878-81-85*, tomes Ier à III) ; ont une nouvelle édition de sa *Philosophie de l'art* en 2 vol. (1882). — M. Taine a été élu docteur en droit civil de l'université d'Oxford en 1871, à la suite de « lectures » sur Corneille et Racine, faites à cette université. Il est chevalier de la Légion d'honneur.

TAMBERLICK, ENRICO, chanteur italien, né à Rome le 16 mars 1820. Destiné à la carrière ecclésiastique, il fut élevé au séminaire de Montefiascone, qu'il quitta avant d'avoir achevé son éducation ; il étudia alors le chant avec Borgna et Guglielmi et débuta à Naples, au Fondo, en 1841, dans i *Capuletti*. Il joua ensuite au San Carlo, puis visita Lisbonne (1844), Madrid (1845), Barcelone (1846), Londres où il créa à Covent-Garden le *Pietro il Grande* de Julien, Saint-Pétersbourg (1850-51), etc. Vivement sollicité par Meyerbeer d'accepter un engagement à l'Opéra, il refusa avec persistance, n'osant se risquer à chanter en français. Après une tournée dans les deux Amériques, M. Tamberlick accepta un engagement au Théâtre Italien de Paris en 1858, et son merveilleux *ut dièze* y fit bientôt courir tout Paris. M. Tamberlick se trouvait à Madrid lors de la révolution de septembre 1868. Il y eut un succès fou, principalement dans la *Muette*, dont on comprend les choix. Revenu à Paris en 1869, il reparut aux Italiens dans ses rôles principaux ; mais il a partit de nouveau pour Madrid l'année suivante. Quelques années plus tard, il avait, disait-on, fondé une manufacture d'armes à feu à Madrid. Quoi qu'il en soit, le fait est qu'il chantait à Londres pendant la saison de 1877. — Les ouvrages dans lesquels cet artiste éminent s'est fait le plus applaudir sont très divers ; nous citerons : *Otello*, *Don Giovanni*, *Polluto*, *il Trovatore*, *Rigoletto*, auxquels nous pouvons ajouter, quoiqu'il n'y ait pas paru sur une scène française : *Guglielmo Tell*, *i Ugonotti*, *Roberto il diavolo*, *il Profeta*, *le Pardon de Ploermel*, *la Muette*, *l'Africaine*, etc. — Le bruit de la mort de M. Tamberlick a couru en 1883, mais a été démenti aussitôt.

TARGET, Paul Léon, homme politique français, né à Lisieux vers 1820. Élu membre du Conseil d'État par l'Assemblée constituante, en mars 1849, le coup d'État le rendit à la vie privée ; il s'occupa alors d'agriculture et obtint divers prix aux concours départementaux. M. Target prit part sous l'Empire à l'agitation électorale et, à l'approche des élections de 1863, publia une brochure d'intérêt actuel, intitulée : *Législation électorale, droits et devoirs des électeurs* (in-8°). Il a collaboré à la presse parisienne, notamment au *Courrier du Dimanche*, à l'époque où fut prononcée la suppression de ce journal (août 1866) et depuis, au *Journal de Paris*. En 1870, il a pris part aux travaux de la commission extra-parlementaire de décentralisation présidée par Odilon Barot, dont la plupart des membres ont survécu à leurs convictions de ce temps-là, du moins à celles qu'ils affichaient. — Élu le 8 février 1871 représentant du Calvados à l'Assemblée nationale, le huitième sur neuf, M. Target prit une part active aux travaux des commissions et est l'auteur de l'ordre du jour voté dans la séance du 1er mars, confirmant la déchéance de l'empereur. Il a été vice-président de la réunion Saint-Marc Girardin et était, le 24 mai 1873, le chef d'un petit groupe de représentants dont il a pris la peine de venir expliquer la défection inattendue à la tribune, au moment du vote sur l'ordre du jour Ernoul, qui détermina la retraite de M. Thiers. Le 24 juin suivant, M. Target était nommé envoyé extraordinaire et ministre plénipotentiaire à la Haye. Il n'en continua pas moins de prendre part aux débats parlementaires et vota les lois constitutionnelles en décembre 1875. — Candidat constitutionnel aux élections générales du 20 février suivant, M. Target échoua et se retira de la lutte. Décoré de la Légion d'honneur pour « services exceptionnels », le 3 juillet 1877, il quittait la diplomatie au mois de décembre et rentrait dans la vie privée.

TASSIN, Pierre, homme politique français, né à Noyers (Loir-et-Cher) le 21 janvier 1837. Quelque temps rédacteur-gérant de la *Presse*, il a été élu député de la 1re circonscription de Loir-et-Cher, comme candidat de l'opposition, aux élections générales de 1869 et siégea au centre gauche. Élu représentant de son département en février 1871 et député de la 2e circonscription de Blois le 20 février 1876, il siégea à gauche dans ces deux assemblées. M. Tassin a été réélu le 14 octobre 1877 et le 21 août 1881, sans concurrent, dans la même circonscription. Aux élections d'octobre 1885, il était élu député de Loir-et-Cher au scrutin du 18. Il a voté l'expulsion totale des princes. — M. Tassin est président du Conseil général de Loir-et-Cher, où il représente le canton de Saint-Aignan.

TAVERNIER, Auguste, publiciste français, né à Paris en 1854. Lancé de bonne heure dans le journalisme, il a été, depuis 1879, chroniqueur au *Gil-Blas*, puis rédacteur à l'*Événement*, et a publié dans ces journaux des articles d'une grande variété : chroniques, contes, nouvelles, monologues, échos, fantaisies, qu'il signe généralement du pseudonyme le *Sphinx*. M. A. Tavernier s'est en outre occupé d'une manière toute spéciale des questions d'escrime et de duel, et a contribué à répandre la pratique de l'escrime par la création d'un journal spécial : l'*Escrime* et d'une « Société d'encouragement de l'escrime », qui organise chaque année des concours entre les meilleurs tireurs des lycées et collèges de Paris, des écoles polytechnique, de Saint-Cyr, etc. Il est auteur d'un livre très intéressant et très consulté en matière d'affaires d'honneur : l'*Art du duel*, où il donne des conseils précieux à tous ceux qu'un duel oblige à aller sur le terrain pour leur propre compte ou pour celui des autres, et a publié divers ouvrages sur l'art de l'escrime ; notamment : *Escrimeurs et salles d'armes de Paris*, où tout ce qui tient au fleuret ou une épée est apprécié d'une plume bienveillante et spirituelle. M. Tavernier est lui-même un homme d'épée de premier ordre ; il a été très souvent sur le terrain, soit comme combattant, soit comme témoin et est fréquemment choisi comme arbitre d'honneur. Il est enfin auteur, avec M. F. Lermusiaux, d'un livre ayant pour titre : *Pour la patrie*, publié sous les auspices de la Ligue des patriotes (A. Lévy et Cie, 1886), étude très complète sur les sociétés de tir françaises et étrangères. — M. A. Tavernier a été décoré de la Légion d'honneur le 30 décembre 1885.

TCHERNAIEFF, Michel Grégorovitch, général russe, né le 24 octobre 1828. Entré dans l'armée en 1847, il se distingua dans la guerre de Crimée, et fut promu au grade de général d'infanterie. Après la guerre, il fut envoyé en Pologne comme chef d'état-major d'une division, puis, en 1858, à Orenbourg, comme chef-adjoint de la ligne du Syr Daria. L'année suivante, il commandait une expédition sur le lac Aral, appuyant les Khirghis en guerre avec ceux de Khiva. Il servit alors comme quartier-maître général dans l'armée du Caucase, puis comme chef d'état-major du corps d'armée d'Orenbourg et enfin commandant en chef d'un corps expéditionnaire envoyé dans le Turkestan, devant opérer sa jonct on avec un autre corps commandé par le colonel Verevkin. Les deux détachements se rencontrèrent près de Semipalatinsk, en Sibérie, non loin de la ville de Tchemkend, que Tchernaieff prit d'assaut. Il attaqua aussitôt Tachkend située à environ 120 kilomètres au Sud de Tchemkend (oct. 1864), mais il échoua, et fut obligé de revenir hiverner dans cette dernière ville ; mais le 25 juin 1865, il revenait à la charge, et cette fois avec succès, quoiqu'on ait prétendu qu'il s'était emparé de Tachkend malgré des ordres supérieurs contraires, lui valut une réception enthousiaste à son entrée à Saint-Pétersbourg, et un sabre d'honneur dont le czar lui fit présent. Resté malgré cela quelque temps sans emploi, le général Tchernaieff quitta l'armée, étudia le droit et avait passé l'examen nécessaire pour s'établir notaire, lorsque le czar le rappela et lui rendit son grade dans l'armée. Mais après une année d'attente, fatigué de son inaction, le général se retira de nouveau, et acheta le *Ruski Mir*, journal panslaviste dont il se fit ouvertement le rédacteur en chef, dès qu'il eut quitté définitivement le service militaire, en juillet 1874.

Lors de l'insurrection de l'Herzégovine, le général Tchernaieff ouvrit une souscription dans les colonnes de son journal pour venir en aide aux insurgés ; puis, dans l'été de 1876, il se rendit à Belgrade et fut mis à la tête de l'armée serbe. Mais, quoique renforcée par de nombreux volontaires russes et dirigée par un chef aussi entreprenant, l'armée serbe ne rencontra dans cette campagne que des échecs désastreux, et la proclamation prématurée du prince Milan comme roi de Serbie, par Tchernaieff, fut considérée comme un simple accès de folie de la part de ce dernier. En fait, le général, malgré des prodiges de valeur personnelle incontestables, ne tira pas beaucoup de gloire de cette entreprise. Il rentra à Saint-Pétersbourg et reprit la direction de son journal. Le général Tchernaieff a été nommé gouverneur de Tachkend, ce qu'il lui était bien dû, en septembre 1882.

TEISSERENC DE BORT, Pierre Edmond, ingénieur et homme politique français, ancien ministre, sénateur, né à Châteauroux le 17 septembre 1814. Élève de l'École polytechnique, il en sortit en 1835 dans l'administration des tabacs ; mais il fut bientôt appelé à prendre part aux travaux d'organisation des chemins de fer, fut secrétaire de la commission de surveillance, en 1842, et remplit en Allemagne, en Angleterre, en Belgique, diverses missions d'étude. Commissaire général du gouvernement auprès des compagnies, il était nommé administrateur du chemin de fer Lyon-Méditerranée en 1852. Élu député par un des collèges de l'Hérault en 1846, M. Teisserenc de Bort se tint à l'écart de la politique après la révolution de Février, se bornant, en dehors de ses travaux administratifs, à l'exploitation de ses propriétés de la Haute-Vienne. Élu, le 8 février 1871, représentant de la Haute-Vienne à l'Assemblée nationale, le quatrième sur sept, M. Teisserenc de Bort siégea au centre droit. Appelé par M. Thiers, dont il partageait les idées économiques, au ministère du commerce, le 23 avril 1872, il conserva ce portefeuille jusqu'au 24 mai 1873, date à laquelle, suivant son chef dans la retraite, M. Teisserenc de Bort se faisait inscrire au centre gauche, avec lequel il vota constamment depuis. — Aux élections sénatoriales du 30 janvier 1876, M. Teisserenc de Bort était inscrit sur les deux listes de candidats dans la Haute-Vienne ; il ne pouvait donc manquer d'être élu. Appelé à remplacer M. le vicomte de Meaux au ministère de l'agriculture et du commerce, le 9 mars 1876, il descendait du pouvoir le 17 mai 1877, remettant son portefeuille à son prédécesseur. Mais celui-ci ne devait pas le garder longtemps, le 14 décembre M. Teisserenc de Bort le reprenait, dans le second cabinet Dufaure. Il avait eu l'initiative des décrets des 4 et 13 avril 1876 portant ouverture à Paris, en 1878, d'une Exposition universelle et le souci de faire voter les crédits et commencer les travaux, il revenait au pouvoir en quelque sorte pour ouvrir lui-même cette grande exposition, ouverture qui eut lieu le 1er mai 1878. Démissionnaire après la retraite du maréchal de Mac Mahon (30 janvier 1879), il était nommé ambassadeur à Vienne le 18 février; il conservait ces fonctions jusqu'au 17 avril 1880, et était réélu sénateur de la Haute-Vienne au renouvellement du 8 janvier 1882. Il s'est abstenu lors du vote sur l'expulsion des princes.

M. Teisserenc de Bort a collaboré à la *Presse* en 1845; il a publié: les *Travaux publics en Belgique et les chemins de fer en France (1839)*; *De la politique des chemins de fer*; *Etude d'un chemin de fer de Paris à Toulouse et à Bordeaux (1842)*; *Statistique des voies de communication en France (1845)*; *Etudes sur les voies de communication perfectionnées et sur les lois économiques de la production des transports (1847, 2 vol.)*; *De la perception des tarifs sur les chemins de fer (1856)*, etc. — Il est chevalier de la Légion d'honneur depuis 1846 et vice-président du Sénat.

TENAILLE-SALIGNY, ÉTIENNE PHILIPPE THÉODORE, homme politique français, né à Clamecy le 22 février 1830. Il fit son droit à Paris, prit le grade de licencié en 1850 et occupa une charge d'avocat au Conseil d'état et à la Cour de cassation de 1856 à 1870. Nommé maire du 1er arrondissement de Paris le 5 septembre, il était nommé préfet de la Nièvre en février 1871, et passait en juillet suivant à la préfecture de la Charente-Inférieure. Il donna sa démission après la chute de M. Thiers (mai 1873) et revint à Paris, où il fut élu conseiller municipal par les électeurs du 1er arrondissement en novembre 1874. En mars 1876, M. Tenaille-Saligny était appelé à la préfecture du Pas-de-Calais; révoqué au 16 mai, il était nommé préfet de la Haute-Garonne en décembre 1877. Après avoir tenté vainement de faire échec à la candidature bonapartiste dans son arrondissement natal, depuis 1869, M. Tenaille-Saligny échouait encore aux élections sénatoriales de la Nièvre, le 30 janvier 1876; mais il fut élu au renouvellement du 5 janvier 1879, et prit place au Sénat dans les rangs de la gauche républicaine, avec laquelle il vota constamment. Il a voté l'expulsion des princes. — M. Tenaille-Saligny a collaboré aux principales revues de droit. Il est chevalier de la Légion d'honneur depuis 1876.

TENNYSON (baron), ALFRED, poète lauréat d'Angleterre, fils du pasteur de Somerby, dans le comté de Lincoln, où il est né le 6 août 1809, termina au collège de la Trinité, à Cambridge, ses études commencées sous la direction de son père. Outre un poème couronné par l'université de Cambridge et un recueil de *Poésies* publié avec son frère Charles, on doit à lord Alfred Tennyson: *Poésies lyriques (1830)*; *Poésies (1832)*; *Histoire d'amour*, poème, retiré de la circulation presque aussitôt publié (1833), mais réimprimé avec des amendements et l'addition d'un nouveau poème, le *Souper d'or*, en 1839; un autre recueil de poésies, dans lequel il a fait entrer une partie des précédentes, publié sous le simple titre de *Poésies (1842, 2 vol.)*; la *Princesse (1847)*; *In Memoriam*, recueil d'élégies composées en mémoire de son ami d'enfance Arthur Hallam, fils de l'historien, et publié d'abord sans nom d'auteur (1850); *Maud et autres poésies (1855)*; les *Idylles du roi (1858)*; *Enoch Arden et autres poésies (1864)*; le *Saint Graal*, etc. (1869); la *Fenêtre, ou les chansons des roitelets (1870)*; *Gareth et Lynette (1872)*; la *Reine Marie*, drame (1875); *Harold*, drame (1877); la *Coupe*, drame. représenté au Lyceum, avec M. Irving dans le rôle principal (1881); les *Promesses de mai*, drame en 3 actes, représenté au Globe en novembre 1883. — Indépendant par la fortune, lord Alfred Tennyson a toujours vécu dans la retraite, cultivant la poésie à ses heures, et donnant en conséquence toute la mesure de son génie, dont son surnom du « plus classique des romantiques anglais » donne assez bien la véritable note. Il jouit d'une très grande popularité dans son pays. Nommé poète lauréat à la mort de Wordsworth, en 1851, il reçut en 1855 le diplôme de docteur de l'université d'Oxford, et fut élu membre honoraire du collège de la Trinité de Cambridge, où il a fait ses études, en 1869; la même année, cette université faisait exécuter son buste par le sculpteur Woolmer et le plaçait dans sa bibliothèque.

Après avoir refusé pareil honneur dix ans auparavant, lord Alfred Tennyson était élevé à la dignité de baronet, le 30 janvier 1875. Il acceptait enfin, étant en si beau chemin, le titre de baron du Royaume-Uni en décembre 1883.

TÉNOT, PIERRE PAUL EUGÈNE, publiciste et homme politique français, né à Larreule (Hautes-Pyrénées) le 2 mai 1839, fit ses études au lycée de Pau, et, par suite de malheurs de famille, dut se faire maître d'études aussitôt ses classes terminées. Chargé ensuite de cours dans divers collèges, il abandonnait l'enseignement et venait à Paris en 1864. L'année suivante, il était attaché à la rédaction du *Siècle*, dont il devint rapidement un des principaux rédacteurs. Nommé préfet des Hautes-Pyrénées après le 4 Septembre, il quittait l'administration le 8 mars 1871, et allait prendre, à Bordeaux, la direction politique du journal la *Gironde*. Elu, le 21 août 1881, député de la deuxième circonscription de Tarbes, il prit place au groupe de l'Union républicaine. Il a échoué avec toute la liste républicaine des Hautes-Pyrénées aux élections d'octobre 1885. M. E. Ténot a publié: le *Suffrage universel et les paysans*, brochure; et *La Province en décembre 1851. étude historique sur le coup d'État (1860)*, qu'il fit suivre de *Paris en décembre 1851 (1868)*. La première de ces « études », remarquables d'ailleurs par leur impartialité, était passée inaperçue; mais la seconde, qui répondait à un mouvement d'opinion et venait au moment opportun, eut un succès énorme, dont l'autre profita. Il a donné depuis: les *Suspects de 1858*, avec M. A. Dubost (1869); *Campagnes des armées du second empire (1872)*, etc. — M. Ténot a été nommé chevalier de la Légion d'honneur, le 6 février 1877.

TERVES (comte de), PIERRE GABRIEL LÉONCE, homme politique français, né à Angers le 1er août 1840. Conseiller général de Maine-et-Loire pour le canton du Lion-d'Angers, il échouait aux élections du 20 février 1876 pour la Chambre des députés, dans l'arrondissement de Segré, où il se présentait comme candidat légitimiste; mais il fut élu le 21 août 1881. Il présenta au Congrès une proposition tendant à la suppression de l'indemnité allouée aux députés, c'est à peu près tout ce qu'on peut citer de lui. Il a été élu député de Maine-et-Loire, sur la liste monarchiste naturellement, le 4 octobre 1885.

TESTELIN, ARMAND ACHILLE, médecin et homme politique français, sénateur, né à Lille le 6 juillet 1814. Il vint faire à Paris ses études médicales, prit le grade de docteur et alla s'établir sa ville natale, où il se lia bientôt avec les membres principaux du parti démocratique. Nommé, après la révolution de Février, commissaire de la République dans le Nord, il était élu, l'année suivante, à l'Assemblée législative, et y siégeait à gauche. Expulsé de France après le coup d'État. M. le docteur Testelin exerça la médecine à Bruxelles jusqu'à l'amnistie de 1859, dont il profita. Après le 4 septembre 1870, il fut nommé commissaire général de la Défense dans les quatre départements du Nord, à la demande des préfets de ces départements, portée à la Délégation de province par M. Masure. En cette qualité, il concourut à l'organisation de l'armée du Nord, placée sous le commandement du général Faidherbe. Pendant la Commune, M. le docteur Testelin, d'accord avec M. Thiers, tenta auprès de Delescluze, son ami de vieille date, une démarche qui échoua, pour l'éloigner d'amis nouveaux dont la plupart avaient bien besoin d'être couverts par lui. Aux élections complémentaires du 2 juillet 1871, M. Testelin se porta candidat dans son département. Ses adversaires ne manquèrent pas d'exploiter contre lui le souvenir de cette démarche compromettante et comme, de bonne foi, personne autre ne pouvait réduire à néant l'imputation calomnieuse basée là-dessus, le secrétaire du président de la République, M. Barthélemy Saint-Hilaire, écrivit au candidat pour rappeler qu'il n'avait fait la démarche et ne l'avait faite qu'avec l'approbation de M. Thiers. M. Testelin fut élu; mais, lors de la vérification des pouvoirs, ce malheureux démenti officiel, que rien n'aurait pu remplacer, faillit faire annuler son élection. Elle fut pourtant validée. M. Testelin siégea à l'extrême-gauche; il prit la parole dans plusieurs discussions spéciales. — Le 15 décembre 1875, il était élu sénateur inamovible par ses collègues Il prit place dans les rangs de l'Union républicaine de la haute Chambre, agit en conséquence et vota notamment l'expulsion des princes. Il est président du Conseil général du Nord, où il représente le canton sud-ouest de Lille.

M. le docteur Testelin est un des collaborateurs du *Dictionnaire encyclopédique des sciences médicales*.

TEWFIK PACHA, MOHAMMED, khédive d'Égypte, fils ainé d'Ismaïl Pacha, est né le 10 novembre 1852, succéda à son père en vertu d'un décret du sultan en date du 8 août 1879, et reçut l'investiture le 14 du même mois.

Tewfik Pacha est le sixième vice-roi d'Égypte de la famille de Méhémet-Ali qui, soulevé contre le sultan, et maître de toute la contrée, obtint en 1841 de son suzerain, d'accord avec les cinq grandes puissances européennes, que la principauté serait héréditaire dans sa famille. Ismaïl Pacha, dans des circonstances différentes, mais également difficiles pour le padischah, obtint à son tour le titre de *khédive* au lieu de celui de *vali* qu'il portait officiellement, en même temps qu'une modification dans l'ordre de succession (1866) : au lieu que la succession se transmette, suivant la loi musulmane observée jusque-là, à l'aîné des descendants mâles directs du fondateur de la dynastie, il fut décidé qu'elle se transmettrait par ordre de primogéniture dans la descendance d'Ismaïl, à l'exclusion des autres branches de la famille de Méhémet. C'est d'après le nouveau système que Tewfik montait sur le trône khédivial après son père, au lieu du prince Halim, le quatrième fils de Méhémet-Ali. Les antécédents du khédive actuel se résument à ceci, qu'il était président du conseil des ministres à l'époque du coup d'État de son père, qui eut pour conséquence le soulèvement du parti national, sous le commandement d'Arabi (voy. ce nom). — Tewfik a épousé, en 1873, la princesse Emineh, fille d'El-Hamy Pacha, et en a eu deux fils et deux filles.

TÉZENAS, Antoine Hippolyte, homme politique français, officier supérieur du génie en retraite, né à Saint-Martin-ès-Vignes (Aube) le 16 février 1815. Élève de l'École polytechnique et de l'École d'application de Metz, M. Tézenas servit en Afrique comme lieutenant de génie, en 1839-40. Il prit part, en qualité de capitaine, à la répression de l'insurrection de juin 1848 et retourna en Afrique, où il participa aux premières expéditions de la Kabylie, fit les campagnes de Crimée et d'Italie et fut envoyé, après cette dernière et l'annexion de la Savoie, comme commandant du génie, à Chambéry. Promu colonel dans l'intervalle, M. Tézenas fut employé aux travaux de défense de Paris en 1870, et prit part, avec la deuxième armée, aux combats de Champigny, du Bourget, de Buzenval, etc. Il devint ensuite chef d'état-major du génie de l'armée de Versailles opérant contre la Commune de Paris. Le colonel Tézenas a pris sa retraite en 1875. Il est commandeur de la Légion d'honneur. — Candidat républicain aux élections du 20 février 1876, il fut élu député d'Arcis-sur-Aube, et prit place au centre gauche. Il a été réélu le 14 octobre 1877 et le 21 août 1881. Aux élections pour le renouvellement de la représentation sénatoriale de l'Aube, le colonel Tézenas se porta candidat et fut élu. Il a voté l'expulsion des princes.

THELLIER DE PONCHEVILLE, Charles, homme politique français, avocat, né à Valenciennes vers 1830, fit son droit à Paris et prit le grade de docteur en 1854. Avocat du barreau de sa ville natale, ancien bâtonnier, secrétaire de la Société d'agriculture de son arrondissement, M. Thellier de Poncheville a été élu député du Nord, le 4 octobre 1885, avec ses amis de la liste monarchiste, qui a passé tout entière dans ce département.

THÉRÉSA, Emma Valadon, dame Guilloreau (dite), chanteuse française, née à la Bazoche Gonet (Eure-et-Loir) le 26 avril 1837. Après avoir été modiste, à Paris, entraînée par la vocation, elle chanta dans les cafés-concerts et sans le moindre succès la romance sentimentale d'abord, puis la chansonnette grivoise, ou tout au moins gauloise, avec un succès étourdissant, qui fit courir à l'Alcazar, théâtre de ses exploits, le « tout Paris » exclusif et frondeur et jusqu'aux hommes graves et aux prudes renforcées. De plus, Thérésa fut appelée dans les salons les plus collet-montés, à la cour impériale même, qui ne l'était guère à la vérité. Elle parut également sur divers théâtres : la Porte Saint-Martin, le Châtelet, la Gaîté, mais pour y remplir un rôle de son emploi dans quelque féerie. Comme c'est une chanteuse de talent, bonne musicienne et consciencieuse, des offres lui furent faites à maintes reprises pour l'entraîner à jouer des rôles principaux d'opérettes, écrits exprès pour elle; mais elle s'y refusa toujours. Le répertoire de celle qu'on a surnommée la *Patti du peuple*, outre ses rôles de féerie, n'est pas très étendu : avec le *Sapeur*, la *Gardeuse d'ours*, *C'est dans le nez qu' ça m'chatouille*, la *Femme à barbe*, il est à peu près complet, je crois. Ce répertoire, bien exploité, a pourtant suffi à faire la fortune, et une fortune plus qu'ordinaire, de celle qui a illustré le nom de Thérésa, et qui l'échangeait, dans l'été de 1878, pour celui de Mᵐᵉ Guilloreau, en épousant un de ses camarades ainsi nommé, au village de Neufchâtel en-Saonnois (Sarthe). Elle n'a toutefois pas abandonné entièrement la carrière lyrique.

THÉRON, Ferdinand, homme politique français, propriétaire agriculteur, né à Moux (Aude) le 5 mai 1834. Il manifesta ouvertement son opposition aux institutions impériales et fit partie du comité antiplébiscitaire en 1870. Membre du Conseil municipal de sa commune, ancien conseiller général de l'Aude, M. Théron a été élu député de ce département au scrutin du 18 octobre 1885, comme candidat radical. Il a voté l'expulsion totale des princes.

THÉRY, N., homme politique français, sénateur, né en 1807. Avocat du barreau de Lille, il était élu, sans antécédents politiques, représentant du Nord à l'Assemblée nationale, le 8 février 1871, et prenait place à l'extrême-droite, parmi les légitimistes cléricaux les plus décidés : il est donc superflu de relever ses actes et ses votes pendant toute la durée de l'Assemblée. Lors de l'élection des sénateurs inamovibles, en décembre 1875, il fit partie du groupe légitimiste intransigeant qui se ligua avec la gauche pour empêcher l'élection des orléanistes du centre droit, et fut élu en conséquence sénateur inamovible au troisième scrutin, le vingt-sixième sur soixante-quinze. — L'attitude de M. Théry au Sénat est naturellement la même qu'à l'Assemblée nationale.

THEULIER, Albert, homme politique français, né à Thiviers le 1ᵉʳ novembre 1840. Grand propriétaire, étant fils de médecin, il voulut faire lui-même sa médecine et prit le grade de docteur en 1868. Maire de Thiviers, secrétaire du Conseil général de la Dordogne, M. Theulier échoua une première fois, comme candidat républicain, dans l'arrondissement de Nontron, aux élections générales de 1876; mais il fut élu député, dans la 1ʳᵉ circonscription de Périgueux, à celles du 21 août 1881, et prit place à l'extrême-gauche. Aux élections d'octobre 1885, M. Theulier a été élu député de la Dordogne au scrutin du 18. Il a voté contre les projets d'expulsion des princes.

THEURIET, André, littérateur français, né à Marly-le-Roi en 1833, fit ses études à Bar-le-Duc, berceau de sa famille, et fit son droit à Paris. Après avoir pris le grade de licencié, en 1857, il entra au ministère des finances. Mais il s'occupait dès lors de littérature, de poésie principalement, car la *Revue des Deux-Mondes* publiait de lui, cette même année 1857, un poème intitulé : *In memoriam*. Il a collaboré depuis à l'*Illustration*, au *Moniteur universel*, et a publié à part : le *Chemin des bois*, poésie, couronnées par l'Académie française (1867); *Nouvelles intimes* (1870); les *Paysans de l'Argonne*, 1792, poème (1871); le *Bleu et le noir*, poème de la vie réelle (1873); Mˡˡᵉ *Guignon* (1874); le *Mariage de Gérard*, suivi d'*Une ondine* (1875); la *Fortune d'Angèle* (1876); *Raymonde* (1877); *Nos enfants*; le *Filleul d'un maréchal*; *Sous bois, impressions d'un forestier* (1878); le *Fils Maugars*, la *Maison des deux Barbeaux*, le *Sang des Finoël*, romans; les *Nids*, poésies (1879); les *Mauvais ménages*, nouvelles (1882); le *Journal de Tristan* (1884); *Eusèbe Lombard, Péché mortel*, romans; *Bastien Lepage*, notice biographique (1885); *Nos enfants*; *Hélène* (1886), etc. M. A. Theuriet a donné à l'Odéon : *Jean Marie*, un acte en vers (1871); la *Maison des deux Barbeaux*, 3 actes, avec M. Lyon, au même théâtre (1885). — Il est chevalier de la Légion d'honneur depuis 1879.

THÉVENET, N., homme politique français, né à Lyon en 1845. Avocat du barreau de sa ville natale, ancien conseiller municipal et ancien président du Conseil général du Rhône, M. Thévenet fut porté, aux élections d'octobre 1885, sur la liste du comité radical, et fut élu au scrutin du 18. Il a voté l'expulsion totale des princes.

THIERRY, Édouard, littérateur français, né à Paris le 14 septembre 1813, fit ses études au collège Charlemagne, et débuta dans la carrière littéraire à vingt ans, par un volume de vers. Devenu bibliothécaire de l'Arsenal, il fit partie, en 1855 et 1856, de la commission chargée de décerner les primes aux meilleurs ouvrages dramatiques, et fut nommé, en 1859, administrateur de la Comédie-Française. C'est sous son administration que furent adaptées aux exigences de la scène la plupart de celles de ses comédies qu'Alfred de Musset n'y avait pas destinées, que *Hernani* a été repris avec succès en 1867, qu'ont été représentées les comédies les plus importantes et les plus hardies du répertoire de M. Émile Augier, etc., sans parler de quelques essais plus ou moins heureux de débutants. M. Édouard Thierry a quitté l'administration de la Comédie-Française en 1871 et a été remplacé par Émile Perrin. Il rentra alors à la bibliothèque de l'Arsenal, comme conservateur-administrateur. Il a fait la critique dramatique à la *Revue des théâtres*, dès 1856, et collaboré à divers journaux, tels que : la *Charte de 1830*, le *Messager des chambres*, la *France littéraire*, le *Moniteur du soir*, la *Chronique*, le *Conservateur*, l'*Assemblée nationale*, la *Vérité*, le *Moniteur universel*, le *Monde musical*, la *Mosaïque*, etc. Il a publié : les *Enfants et les anges*, poésies (1833); *Sous les rideaux*, contes (1834) ; *Notice sur M. Le Chanteur* (1849) ; *Histoire de Djouder le pêcheur*, traduit de l'arabe avec M. Cherbonneau (1853) ; *De l'influence du théâtre sur les classes ouvrières (1862)*; *Rapport sur le progrès des lettres*, à l'Exposition universelle de 1867 (1868); *Ponsard*, discours prononcé à l'inauguration de sa statue à Vienne (1870), etc. — M. Édouard Thierry est officier de la légion d'honneur depuis 1862.

THIERS, MARIE JOSEPH LOUIS ADOLPHE, célèbre homme d'État et historien français, né à Marseille le 28 germinal an V (15 avril 1797), d'une famille de commerçants, que les événements avaient ruinée. Son grand-père, toutefois, était avocat et échevin de la ville de Marseille avant la Révolution, et sa mère était fille de Mme Amic, née Santi-Lomaca, grecque d'origine, dont la sœur avait épousé, en 1760, notre consul général à Constantinople, M. de Chénier. M. Thiers était donc cousin issu de germain de Marie-André et de Marie-Joseph de Chénier. M. Thiers entrait comme pensionnaire au lycée de Marseille, qu'il avait fréquenté deux ans comme externe, en 1808, ayant obtenu une demi-bourse du gouvernement et un ami de sa famille s'étant engagé à payer l'autre moitié, circonstance qui indique suffisamment quelle était alors la position de ses parents. Après avoir brillamment terminé ses études, en 1814, il demeura une année entière à Marseille, puis il se rendit à Aix, où sa mère et sa grand-mère le suivirent, pour faire son droit. Reçu avocat en 1820, il se fit inscrire au barreau d'Aix, et plaida quelques affaires ; mais la carrière ne lui offrait aucune séduction, et il se sentait, au contraire, irrésistiblement attiré vers l'étude de l'histoire et de la politique. Lié, d'une amitié qui ne s'est plus démentie, avec un condisciple dont les goûts étaient exactement les mêmes, du moins quant aux études historiques, Mignet, tandis que celui-ci prenait part au concours ouvert par l'Académie de Nîmes, pour un *Éloge de Charles VII*, lui, M. Thiers, prenait part à celui de l'Académie d'Aix, avec un *Éloge de Vauvenargues*. Son ami fut couronné à Nîmes ; mais son ami ne put l'être à Aix, bien que son mémoire eût été jugé digne du prix, par la raison qu'il était atteint et convaincu de jacobinisme. Le concours étant ajourné à l'année suivante, le jeune jacobin imagina d'y renvoyer son ancien mémoire, sans modification, et un second qu'il prit la précaution de faire adresser de Paris. Il obtint le prix avec celui-ci et un accessit avec l'autre.

Nous avons dit que M. Thiers était résolu à abandonner la carrière du barreau. Ces deux concours auxquels il prit part avaient lieu en 1820 et 1821. Cette même année 1821, malgré une invitation pressante à venir s'établir à Marseille, il partait pour Paris, en compagnie de Mignet, aussi riche que lui d'espérances, aussi pauvre de ressources. Il réussit à publier quelques articles au *Courrier français*, d'abord ; puis, grâce à l'appui de Manuel, son compatriote, il entra au *Constitutionnel*, alors journal d'opposition libérale avancée, et s'y fit rapidement une grande situation dans la presse et dans le parti ; abordant, d'ailleurs, tous les sujets avec la même facilité : la politique après la littérature, la critique d'art après la politique. Il rendit compte, par exemple, du Salon de 1822, dans le *Constitutionnel*, avec une compétence qui étonnerait ceux qui ignorent que M. Thiers aurait pu aussi bien aborder la carrière artistique, si la fantaisie lui en fût venue, et qu'il avait peint des miniatures ravissantes avant d'avoir à peine quitté les bancs du collège. En 1823, M. Thiers collaborait, en outre, aux *Tablettes historiques*. Cette même année il entreprenait, d'abord avec son collaborateur au *Constitutionnel*, Félix Bodin, son *Histoire de la Révolution française*, en donnait les deux premiers volumes. L'insuffisance de ses connaissances en économie politique, et surtout en art militaire, se trahit dans ces deux volumes ; M. Thiers le jugea lui-même ainsi : il se mit avec ardeur à l'étude pour combler cette lacune de son éducation, et ce ne fut que bien préparé qu'il se mit à son troisième. En 1827, les dix volumes de l'ouvrage étaient achevés. Publiés par livraisons, ils avaient obtenu un succès relativement énorme, quoiqu'il ne puisse être comparé à celui qui les attendait après la révolution de Juillet. Déjà le plan d'un ouvrage plus considérable encore, une *Histoire générale*, avait germé dans son cerveau, et, pour s'y préparer, il n'avait rien trouvé de mieux que de se faire admettre, en payant son passage, dans la flotte de circumnavigation dont le capitaine Laplace devait prendre le commandement. L'avènement du ministère Polignac le détourna de ce projet (août 1829); il jugea plus opportun de demeurer à son poste de combat dans la lutte qui allait s'ouvrir. C'est alors qu'il fonda, avec Armand Carrel et Mignet, le *National*, dont il fut le rédacteur en chef pendant la première année. Dans ce journal d'avant-garde, mais créé seulement en vue de défendre la charte, que le ministère Polignac avait la mission évidente de détruire, M. Thiers eut l'audace, dans le numéro du 6 février 1820, de parler comme d'une chose toute naturelle de l'avènement possible du duc d'Orléans au trône. Poursuivi, condamné à une forte amende, il n'en obtint qu'une popularité personnelle plus grande, une plus grande circulation du *National*, et l'amende fut couverte par des souscriptions volontaires et spontanées.

Lorsqu'on se reporte à ces temps, si peu éloignés après tout, quoique des événements terribles nous en séparent, on ne peut se refuser à d'étranges rapprochements. Suivant la formule consacrée, le roi régnait mais ne gouvernait pas, et un roi constitutionnel. On ne voulait plus qu'il en fût ainsi, et on cherchait le moyen, non seulement d'éluder, mais de supprimer la charte. M. de Polignac n'était pas là pour autre chose. En conséquence, chaque jour, le *National* réclamait du gouvernement le coup d'État attendu. Lorsque parurent les fameuses ordonnances, on savait donc où il fallait se réunir pour organiser la résistance. Ce fut dans les bureaux du *National* que se réunirent les députés et les journalistes de l'opposition, ce fut M. Thiers qui rédigea la protestation des journalistes, et qui exigea qu'elle fût suivie de la signature des adhérents. Le *National* fut supprimé le soir même (26 juillet 1830), et M. Thiers, sous le coup d'un mandat d'arrêt, se retirait à Montmorency, chez M. de Courchamp, un des amis du duc d'Orléans. De retour à Paris le 29, il rédigeait à la réunion Laffitte, une proclamation au peuple de Paris, en faveur de la candidature du duc d'Orléans à la royauté qu'il déploya ensuite pour recruter des partisans au nouveau roi, ou plutôt au « lieutenant-général » du royaume, achève de faire de M. Thiers le fondateur véritable de la dynastie d'Orléans, ou tout au moins de la royauté du 9 août. Celle-ci ne fut pas ingrate : elle nomma M. Thiers conseiller d'État et secrétaire général aux finances, dirigées par le baron Louis. Celui-ci ayant été remplacé par Laffitte le 2 novembre, il voulut suivre son chef dans la retraite, bien que le nouveau ministre fût de ses amis ; mais le roi lui-même s'y en mêla et M. Thiers fut nommé sous-secrétaire d'État au ministère des finances le 4. Les élections l'avaient fait député d'Aix, qu'il représenta à la Chambre jusqu'en 1848 sans interruption. D'une activité infatigable et d'un rare appétit de réformes, il faut surtout rappeler l'habileté avec laquelle il sut faire face à la crise financière. Réélu député en janvier 1831, il suivait dans la retraite le ministère dont il faisait partie (mars), mais au lieu de reprendre derrière son chef Laffitte sa place dans l'opposition, il appuya la politique de Casimir Périer et prêcha la paix à tout prix. Lors de l'insurrection de juin 1832, il conseilla les mesures de rigueur et l'état de siège. Cette attitude nouvelle lui ayant assuré l'entière confiance de Louis Philippe et surtout de la majorité de la Chambre, il était appelé au ministère de l'intérieur à la mort de Casimir Périer (octobre 1832). La situation n'était pas des plus gaies et, pour ne parler que du point noir, la Vendée était en pleine insurrection : mais l'arrestation de la duchesse de Berry (7 novembre), obtenue par trahison, y mit un terme aussitôt. Passé le 25 décembre au ministère du commerce et des travaux publics, il obtint des Chambres un crédit de 100 millions au moyen duquel il donna une impulsion considérable aux travaux d'utilité publique ; il en obtint également, avec beaucoup de facilité d'ailleurs, le maintien du tarif des Douanes.

C'est à son passage à ce ministère, en 1833, que M. Thiers fut élu membre de l'Académie française en remplacement d'Andrieux.

A la veille de l'insurrection d'avril 1834, un homme énergique devenant indispensable à la tête de ce département, M. Thiers reprit le portefeuille de l'intérieur. Il réprima avec la dernière rigueur, payant d'ailleurs de sa personne, cette tentative maladroite et malheureuse dont l'histoire populaire ne se rappelle plus que le sanglant épisode de la rue Transnonain. M. Thiers conserva son portefeuille jusqu'en novembre ; il dut se retirer devant les intrigues de cabinet le 11, mais revint au pouvoir le 18, sous la présidence nominale du maréchal Mortier, lequel donnait sa démission quelques jours plus tard, peu satisfait du rôle qui lui était réservé, et était remplacé, après plus de quinze jours de négociations laborieuses, par le duc de Broglie, père du duc actuel. M. Thiers avait accepté cette présidence d'accord avec Guizot, son rival plus que son adversaire dès cette époque. Après l'attentat de Fieschi (28 juillet 1835), où le maréchal Mortier fut tué à ses côtés par la machine infernale, M. Thiers, l'ancien promoteur de la protestation des journalistes contre les ordonnances de Juillet, présenta et soutint avec acharnement les non moins fameuses lois de Septembre sur la presse et le jury, soi-disant indispensables pour prévenir le retour d'attentats dans le genre de celui auquel il venait d'échapper. En janvier 1836, il donnait sa démission, mais revenait au pouvoir, à la tête d'un ministère centre gauche, le 22 février suivant, avec le portefeuille des affaires étrangères; mais ayant proposé, contrairement à l'avis du roi, l'intervention en Espagne, s'appuyant dans cette occasion sur le traité de la quadruple alliance, il se retirait de nouveau le 25 août et était remplacé par Molé. Après un voyage en Italie, M. Thiers reprit sa place à la tête de l'opposition et combattit énergiquement le ministère qui succédait au sien. Il fut de nouveau rappelé à la présidence du conseil le 1er mars 1840, après bien des négociations. Après le traité de Londres (15 juillet) qui excluait la France du concours européen, M. Thiers songea à se préparer sérieusement à la guerre; c'est alors qu'entre autres mesures de défense, il résolut et fit approuver, non sans peine, la construction des fortifications de Paris. Il ne put rien obtenir de plus, par exemple, et en présence de l'opposition du roi à ses projets belliqueux, il se retirait le 20 octobre et était remplacé par son rival Guizot qui, ambassadeur à Londres, avait laissé se conclure ce traité du 15 juillet, humiliant pour son pays, sans s'en apercevoir, ou tout au moins sans en prévenir son gouvernement. M. Thiers reprit ses travaux d'histoire, qu'il n'avait jamais complètement abandonnés; il fit plusieurs voyages en Italie, en Allemagne, en Espagne et en Angleterre, à la recherche de matériaux pour son *Histoire du Consulat et de l'Empire*. Il ne rentra en lutte avec le ministère Guizot qu'en 1844; mais on sait que celui-ci, pour le malheur de la branche cadette, conserva le pouvoir jusqu'à la révolution de Février. Appelé par Louis-Philippe, dans la nuit du 23 au 24 février, à former avec Odilon Barot un ministère libéral, M. Thiers s'aperçut bientôt qu'il était trop tard d'au moins vingt-quatre heures. Il remit sa démission au roi et vint déclarer à la Chambre qu'il n'y avait plus rien à faire.

Après la proclamation de la République, M. Thiers adressa son adhésion au gouvernement provisoire, mais avec certaines réserves, et se présenta aux élections pour la Constituante dans son département natal. Il y échoua, mais fut élu par quatre départements aux élections complémentaires du 11 juin. Il opta pour la Seine-Inférieure, qui lui avait donné le plus de voix, et prit place sur les bancs de la droite. M. Thiers prit naturellement une part considérable aux travaux de l'Assemblée; il fit partie notamment de la commission de constitution. Au début des journées de Juin, il avait voté pour la dictature du général Cavaignac. Après avoir d'abord combattu la candidature du prince Napoléon à la présidence, il la soutint jusqu'au dernier moment. Réélu à la Législative, M. Thiers, l'ami si ardent de l'Italie, vota l'expédition de Rome, la loi Falloux, la loi du 31 mai restrictive du suffrage universel, ne voyant pas le piège cette fois, malgré sa finesse, ainsi que toutes les propositions de rigueur et de réaction qu'il plut à cette majorité aveugle de présenter; mais ceci est moins étonnant : on l'a déjà remarqué sans doute, la rigueur, la répression est la grande affaire de M. Thiers, à la moindre algarade il devient furieux, et pour peu qu'il ait eu peur, c'est du sang qu'il lui faut. M. Thiers m'a toujours représenté l'expression la plus haute, si je puis dire, de la vanité intraitable et cruelle dans la vengeance non du bourgeois, mais du boutiquier parvenu — parvenu, toutefois, grâce à des mérites réels et peu communs. — Président de la réunion de la rue de Poitiers, centre de la coalition de négociation des anciens partis, il ne se séparait, du reste, avec ses amis, du président de la République qu'après l'incident de Satory, à la suite duquel il considérait déjà l'Empire comme fait, plus perspicace en ceci que le reste de la majorité, quoique un peu tard. Arrêté chez lui dans la nuit du 2 décembre 1851, il fut conduit à Mazas, puis expulsé de France. Il y rentrait toutefois dès le mois d'août 1852 et se livrait tout entier à ses travaux littéraires jusqu'en 1863, époque où il se présenta aux élections législatives, contre M. Devinck, dans la 2e circonscription de la Seine. Malgré l'opposition ardente de l'administration, il fut élu. Les magnifiques discours prononcés par M. Thiers dans cette législature, d'assez longs intervalles, sont encore présents à la mémoire de tous. Outre sa part dans les discussions purement économiques, on se rappelle ses discours sur les « libertés nécessaires », contre l'expédition du Mexique, sur la politique prussienne et son discours sur le même sujet où à peu près, inspiré par la catastrophe de Sadowa, et qu'il terminait par ces mots : « il ne vous reste plus une seule faute à commettre. »
Aux élections générales de 1869, il fut réélu seulement au scrutin de ballottage, pour avoir eu, outre M. Devinck, un concurrent d'opposition démocratique avancée, feu d'Alton Shée, qui eut le bon sens de se retirer après la première épreuve : il est vrai qu'ayant obtenu une importante majorité relative, M. Thiers ne pouvait manquer d'être élu au second tour. Il combattit les traités de commerce et par extension le système de la liberté commerciale avec un véritable acharnement, et avec une éloquence bourrée de chiffres qui ne parvint pas à convaincre la majorité; à cela se borne à peu près son intervention dans les discussions du Corps législatif à cette époque, jusqu'à la déclaration de guerre à la Prusse, contre laquelle il s'éleva avec une chaleur patriotique et une prévision douloureuse des événements qui auraient dû toucher la majorité et provoquer de sa part une manifestation différente des cris, des interruptions, des injures dont elle harcela le vaillant orateur sans pouvoir le réduire au silence. L'accueil qui lui avait été fait à l'Assemblée devait avoir de l'écho au dehors. Des manifestations hostiles, organisées on ne doute bien par qui, se produisirent devant sa maison de la place Saint-Georges et une poignée de ses soi-disant électeurs, ce qu'il eût fallu vérifier, le somma de donner sa démission.

Le 4 Septembre, M. Thiers était à son poste. Il présenta à la Chambre un projet tendant à la nomination immédiate d'une commission de gouvernement et à la convocation le plus tôt possible d'une Assemblée constituante, cette proposition, ni aucune autre, n'eut pas le temps d'être votée. L'Empire définitivement écroulé, M. Thiers entrer dans le gouvernement provisoire, dit de Défense nationale, mais il accepta la mission de faire auprès des puissances européennes des démarches diplomatiques en notre faveur et quitta Paris dans ce but le 13 septembre. Cette mission, dont on suivait de loin toutes les péripéties saisissables, eut pour premier résultat une détente funeste de l'esprit de résistance ; comme elle ne pouvait aboutir, et que M. Thiers le savait très bien, nous ne sommes que trop autorisé à dire que la France n'y a gagné qu'une chose : un extrême accroissement de la popularité de M. Thiers. Partout reçu avec une considération marquée, et comme le seul homme de valeur et de bon sens qu'il y eût en France, il était néanmoins éconduit poliment partout, sans qu'il en éprouvât la moindre surprise. Ce fut, malgré cela, un douloureux pèlerinage pour lui, patriote comme nous le connaissions, et habile homme d'État ne pouvant s'abuser sur l' « effet psychologique » qu'il devait produire chez les défenseurs du pays d'une part, chez l'envahisseur tacitement encouragé de l'autre. Rentré à Tours le 21 octobre, M. Thiers aborda des lors les négociations, plusieurs fois interrompues, avec M. de Bismark, en vue d'un armistice. L'armistice fut enfin consenti, mais dans les termes exigés par le vainqueur, le 29 janvier 1871. Les électeurs purent en tout cas être convoqués pour la nomination d'une Assemblée nationale, le 8 février 1871, et M. Thiers fut choisi pour représentant par vingt-six départements, sans compter des voix nombreuses recueillies partout. Il opta pour la Seine, où il avait été élu le vingtième sur quarante-trois. Le 17 février 1871, l'Assemblée, impressionnée par cette imposante manifestation publique, élut M. Thiers chef du pouvoir exécutif et président du conseil des ministres, avec le droit de choisir ceux-ci, titre qu'il devait échanger, après le vote du proposition Rivet (31 août), contre celui de président de la République française.

La première et sans doute la plus pénible tâche que ses hautes fonctions imposèrent d'abord à M. Thiers, fut la négociation des préliminaires de paix, dont les conditions semblent avoir été dictées par des gens à peu près sûrs qu'elles seraient repoussées. M. Thiers les fit pourtant voter par l'Assemblée (1er mars). Les préliminaires de paix à peine ratifiés, l'insurrection du 18 mars éclatait. — L'histoire n'a pu faire encore la part des responsabilités de toute cette affaire lamentable ; mais nous ne pouvons nous étendre ici beaucoup au delà de la simple constatation du fait, qui est une insurrection (devenue formidable par l'abondance des ressources laissées entre ses mains et la quantité de malheureux dont l'existence devait être la première loi, ce qui la mettait à sa discrétion) éclatant au lendemain même d'une guerre terrible. Or comment cette insurrection devint-elle maîtresse de Paris ? Elle elle devint parce que le gouvernement, entraîné par son chef, M. Thiers, avait abandonné Paris de propos délibéré, à un moment où il n'existait pas le moindre danger, où personne ne se doutait, ni d'un côté ni de l'autre, qu'il dût y en avoir jamais ; et cela, parce que M. Thiers, contrarié, se trouvait hanté par le démon de la répression sanglante : son démon familier...

Après la victoire remportée sur la Commune, il fallut songer à payer les frais de la défaite : un emprunt fait en deux émissions, dont la première (2 milliards) était deux fois couverte et la seconde (3 milliards) quatorze fois, permit d'avancer l'heure de la libération du territoire occupé par l'ennemi, qu'il fallait entretenir tout en lui payant l'intérêt de l'indemnité consentie. Les autres actes de l'administration de M. Thiers sont trop connus pour qu'il soit utile de les rappeler en détail. — Le 19 janvier 1872, le président de la République, en minorité dans l'Assemblée au sujet de l'impôt sur les matières premières, donnait sa démission, bien que la constitution Rivet stipulât que son mandat durerait autant que celui de l'Assemblée. Celle-ci refusa cette démission par un ordre du jour voté à l'unanimité moins huit voix. Cependant, si l'on avait cru jusque-là à l'union indissoluble de l'Assemblée et du président de la République, l'incident avait détruit cette croyance en montrant qu'il suffirait de pousser ce dernier à bout sur une question qui lui tint un peu au cœur pour s'en débarrasser. A propos de la loi militaire, M. Thiers demanda, et posa à cette occasion la question de gouvernement, au moins cinq ans de service (juin) ; on les lui accorda, et ce ne fut qu'en novembre et devant la commission de permanence qu'on essaya une première tentative sérieuse, non pas par le sujet, dans le sens que nous venons d'indiquer : l'interpellation Changarnier, à propos des discours prononcés en province par Gambetta pendant la prorogation, n'aboutit pas. Après plusieurs autres tentatives vaines, la grande bataille se livrait enfin le 24 mai 1873. On en connaît le résultat : la même Assemblée qui, deux ans auparavant presque jour pour jour, proclamait que M. Thiers avait bien mérité de la patrie, sans être bien sûre de pouvoir spécifier en quoi, et qui lui accordait de quoi faire rebâtir sa maison démolie par la Commune, acceptait sa démission avec un enthousiasme très peu dissimulé et le remplaçait par le maréchal de Mac-Mahon, pas tout à fait séance tenante, mais seulement parce que le maréchal s'y refusa.

Tombé du pouvoir sous un vote qui lui donnait quatorze voix de minorité, grâce à des défections moins glorieuses qu'inattendues, M. Thiers reparut à la tribune qu'en mars 1874, pour combattre le projet de loi sur les forts des environs de Paris. Il ne manqua pas non plus à la séance du 25 février 1875, où eut lieu le vote des lois constitutionnelles, auquel il prit part. Mais il fit en divers lieux des discours politiques qui eurent du retentissement. Aux élections sénatoriales du 30 janvier 1876, il ne voulut accepter de candidature qu'à Belfort, resté français, disons-le, grâce à son insistance courageuse, et y fut élu. Aux élections des députés qui eurent lieu le 20 janvier suivant, il se porta à Paris dans son arrondissement de neuvième, et fut élu également par 10,613 voix, contre 5,964 au candidat conservateur et 800 au bonapartiste. M. Thiers opta pour le mandat de député de la Seine et fut remplacé au Sénat par M. Viellard-Migeon, candidat clérical. Le 16 mai, il fit naturellement partie des 363 qui votèrent l'ordre du jour de blâme contre le ministère de Broglie. Le 16 juin, M. de Fourtou, dans son discours, faisant honneur de la libération anticipée du territoire à l'Assemblée nationale collectivement, provoqua une manifestation enthousiaste de la majorité républicaine de la Chambre qui, se levant d'un seul élan et se tournant vers M. Thiers assis à son banc, le désigna comme le seul et vrai libérateur...

Après la dissolution, l'illustre homme d'État se retirait à Saint-Germain-en-Laye pour y passer le reste de la belle saison et y attendre peut-être le résultat des élections d'octobre, ne laissant pas de prodiguer ses conseils aux principaux chefs du parti républicain, en préparant, dans sa retraite laborieuse, un manifeste aux électeurs du IXe arrondissement de Paris qui s'adressait en même temps au pays tout entier par-dessus leurs têtes. Il demeurait, à Saint-Germain, à l'hôtel du Pavillon Henri IV. Le 3 septembre, après déjeuner, il y fut frappé d'une attaque d'apoplexie, et expira le soir même, à six heures dix minutes. La nouvelle de cette mort si soudaine se propagea avec la rapidité de la foudre ; elle ne rencontra d'abord que des incrédules, mais il fallut bien se rendre à l'évidence. Des le lendemain, sur la proposition de M. de Fourtou, le maréchal de Mac-Mahon décrétait que les funérailles du grand homme d'État qui l'avait précédé comme premier magistrat de la République française, auraient lieu « par les soins et aux frais de l'État ». Cependant ce décret, approuvé par les journaux ministériels comme un trait d'habileté sans pareil, était rapporté au bout de quarante-huit heures. Mme Thiers, après avoir insisté pour faire les frais de la cérémonie, avait fini par accepter que l'État s'en chargeât, à la condition qu'elle verserait une somme égale au crédit des pauvres de Paris ; mais elle demandait quelques modifications aux soins officiels. Les envoyés du gouvernement, ayant qualité seulement pour poser des conditions à la veuve de l'illustre mort et prendre en échange une réponse affirmative ou négative toute sèche, refusèrent de recevoir la note où étaient exposés ses désirs relativement à l'ordre du cortège. Les obsèques de M. Thiers eurent lieu « par les soins et aux frais » de la famille, le 8 septembre. Une demande d'autorisation pour que la cérémonie religieuse fût célébrée à la Madeleine, ayant été adressée à l'archevêque de Paris, M. Guibert refusa net cette autorisation. Il fallut donc s'entasser dans l'étroite nef de Notre-Dame de Lorette et dans les rues circonvoisines, qui ne sont pas précisément commodes. Malgré tout ces contre-temps, sans parler de la pluie et d'un déploiement de forces inusité, la cérémonie prit un caractère imposant que rien ne saurait rendre, les points de comparaison faisant défaut, malgré la pompe des funérailles royales, et qu'aurait certainement gâté l'automatique roideur officielle. Nous ne pouvons, comme on pense, entrer dans les menus détails : parler des députations de tous les points de la France, de l'étranger même, venues pour rendre un dernier hommage au glorieux défunt ; de la présence des représentants des puissances étrangères ; du calme ému de la foule ; des magasins fermés « pour cause de deuil national » ; des discours prononcés sur cette tombe ouverte, plus sincères dans l'expression des regrets, de l'admiration, de la douleur même des orateurs, qu'il n'est habituel aux oraisons funèbres. — Quand nous aurons ajouté que, dans cette foule énorme, se déroulant par les grands boulevards jusqu'au cimetière du Père-Lachaise, entre deux haies épaisses de spectateurs se joignant au cortège à mesure qu'il passait, l'occasion d'une seule arrestation ne s'offrit pas, nous en aurons dit assez, sans doute, pour donner son caractère exact à cette grande manifestation qu'un journaliste ministériel, mais ingénieux, a qualifiée d'« insurrection muette » et de « révolution taciturne ».

M. Thiers était grand officier de la Légion d'honneur depuis 1840, lorsque son avènement à la magistrature suprême de l'État, en février 1871, le fit grand croix et grand maître de l'ordre. Il était en outre haut dignitaire des principaux ordres étrangers, y compris la Toison d'or.

On doit à M. Thiers, comme écrivain : le *Salon de 1822* et une *Notice sur Mistress Bellamy*, célèbre actrice anglaise, placée en tête de ses *Mémoires*, dans ses *Mémoires sur l'art dramatique (1822)* ; les *Pyrénées, ou le Midi de la France pendant les mois de novembre et de décembre 1822 (1823)* ; *Histoire de la Révolution française depuis 1789 jusqu'au 18 brumaire (1823-27*, 10 vol.) ; *Histoire de Law et de son système (1826)* ; la *Monarchie de 1830 (1831)* ; *Histoire du Consulat et de l'Empire (1847-62)*, ouvrage qui obtint avant d'être achevé (1861) le prix biennal de 20,000 francs de l'Académie française, fondé par l'empereur : les 20,000 francs en question ont servi à la fondation d'un prix à décerner par l'Académie et qui porte le nom du donateur ; *Du droit de propriété (1848)* ; *Congrès de Vienne (1853)* ; un certain nombre de *Discours* prononcés à la Chambre ou ailleurs. Après sa mort, la préparation d'une édition complète des *Discours parlementaires de M. Thiers* a été entreprise sous la direction de M. Calmon (1879 et suiv.). — Membre de l'Académie française depuis 1833, il était entré à l'Académie des sciences morales et politiques, en remplacement du marquis de Pastoret, en 1840.

THIERS, Édouard, officier et homme politique français, né à Saulze (Nièvre) le 15 mai 1843. Élève de l'École polytechnique et de l'École d'application de Metz, il sortit de cette dernière, le quatrième, comme lieutenant du génie en 1867, et participa, en 1870, aux travaux de défense de la place de Belfort, après quoi il soutint, avec une petite garnison de mobiles du Rhône, les efforts de l'ennemi, bientôt traduits par soixante-treize jours de bombardement, dans le fortin avancé de Bellevue. Décoré de la Légion d'honneur pour sa conduite dans cette occasion, après la guerre, M. Thiers, promu capitaine, fut chargé de diriger, en Savoie, la construction de forts et de routes stratégiques ; puis, dans le Rhône, des forts et routes du massif du mont Dore et du plateau des Dombes. — Élu membre du Conseil général du Rhône, pour le quatrième canton de Lyon, M. Thiers fut porté, aux élections d'octobre 1885, sur la liste du comité radical, et élu député du Rhône, le deuxième, au scrutin du 18. Il a voté l'expulsion totale des princes.

THIESSÉ, Jules Théodore, homme politique français, né à Niort le 6 décembre 1883, fit son droit à Paris et prit le grade de licencié. Fils d'un ancien préfet de Louis-Philippe, il fut lui-même secrétaire du préfet de la Seine-Inférieure, baron Leroy, de 1860 à 1866, puis fut élu conseiller général de ce département, pour le canton de Forges-les-Eaux en 1868. Élu, le 20 février 1876, député de l'arrondissement de Neufchâtel-en-Bray, comme républicain constitutionnel, M. Thiessé siégea au centre gauche et fit partie des 363. Réélu le 14 octobre 1877 et le 21 août 1881, il se présenta aux élections pour le renouvellement de la représentation sénatoriale de la Seine-Inférieure, le 8 janvier 1882, mais sans succès. Il a été élu député de la Seine-Inférieure le 4 octobre 1885. sur la liste républicaine, et a pris place à gauche. M. Thiessé était en congé, chargé d'une mission à Caracas, lorsque les propositions d'expulsion des princes sont venues en discussion à la Chambre.

THOINNET DE LATURMELIÈRE, Charles Jean-Baptiste Joseph, homme politique français, né à Ancenis le 26 octobre 1823. Ancien chambellan honoraire de l'empereur, membre du Corps législatif de 1857 à 1870, officier de la Légion d'honneur. M. Thoinnet de la Turmelière a été élu député de l'arrondissement d'Ancenis, le 20 février 1876 et a porté au groupe de l'Appel au peuple. Il a été réélu le 14 octobre 1877 et le 21 août 1881 par le même collège, et élu député de la Loire-Inférieure le 4 octobre 1885, sur la liste monarchiste. Il représente le canton d'Ancenis au Conseil général du département.

THOMAS, Charles Louis Ambroise, compositeur français, membre de l'Institut, né à Metz le 5 août 1811. Fils d'un professeur de musique distingué, il était déjà très avancé dans ses études artistiques et d'une certaine force sur le piano et le violon, lorsqu'il entra au Conservatoire, en 1828; il y fut élève de Zimmerman pour le piano, de Dourlen pour l'harmonie et l'accompagnement et de Lesueur pour la composition, et remporta le premier prix de piano en 1829, le premier prix d'harmonie en 1830 et le grand prix de Rome au concours de l'Institut de 1832. De retour d'Italie, il donna successivement à l'Opéra-Comique : la *Double échelle (1837)*; le *Perruquier de la Régence (1838)*; le *Panier fleuri*; et à l'Opéra : la *Gipsy*, ballet, avec Benoist (1839). Il a donné depuis, à l'Opéra-Comique : *Carline (1840)*; le *Comte de Carmagnola (1841)*; le *Guerillero (1842)*; *Angélique et Médor (1843)*; le *Caïd*, son premier grand succès (1849); le *Songe d'une nuit d'été (1850)*; *Raymond (1851)*; la *Tonelli (1853)*; la *Cour de Célimène (1855)*; *Psyché (1856)*; le *Carnaval de Venise (1857)*; le *Roman d'Elvire (1860)*; *Mignon (1866)*; puis à l'Opéra : *Hamlet*, grand opéra, représenté, pour la première fois, le 9 mars 1868, et dont la centième représentation fut empêchée, le 23 octobre 1873, par l'incendie de la salle de la rue Lepeletier, et qui eut ensuite un succès non moins grand sur les principales scènes d'Europe et d'Amérique. Citons encore : *Mignon*, remanié en grand opéra pour le théâtre de Bade (1869); *Gilles et Gillotin*, opéra comique en un acte, joué à l'Opéra-Comique en avril 1874, malgré l'opposition matérielle et après épuisement complet de toutes les juridictions, le librettiste tenant bon, et malgré cela avec succès : *Françoise de Rimini*, opéra en cinq actes (1882). — On doit, en outre, à M. Ambroise Thomas divers morceaux de concert et autres; un *Requiem* écrit pendant son séjour à Rome, des *Fantaisies*, *Rondos*, *Nocturnes*, etc.

Élu membre de l'Académie des Beaux-Arts en remplacement de Spontini, en 1851, M. Ambroise Thomas a remplacé Auber, comme directeur du Conservatoire de musique, en 1871. Commandeur de la Légion d'honneur depuis 1868, il a été promu grand officier le 18 janvier 1880.

THOMAS, Gabriel Jules, sculpteur français, membre de l'Institut, né à Paris en 1821. Élève de Ramey et d'Auguste Dumont, il suivit les cours de l'École des Beaux-Arts et remporta le grand prix de Rome avec *Philoctète partant pour Troie*, au concours de 1848. — On cite principalement parmi les expositions de M. Thomas : *Orphée*, statue; *Soldat spartiate rapporté à sa mère*, bas-relief (1855); *Attila (1857)*; *Ève (1859)*; *Virgile (1861)*; *Lucien Bonaparte*, la *Mort de saint Étienne*, tympan de l'église Saint-Étienne du Mont (1864);

Mlle Mars, statue en marbre (1865); *Jeune guerrier (1866)*; les deux statues déjà citées de *Virgile* et de *Mlle Mars (1867*, Exp. univ.); *Tête d'étude (1869)*; la *Pensée*, statue en marbre (1870); les *Quatre parties du monde*, statues en bois pour la succursale de la Banque de France à Toulouse (1872); *Christ en croix*, statue en plâtre (1875); le *Christ en croix*, en bronze (1876); *Perraud, statuaire*, buste en plâtre, et *P. Lorain*, buste en marbre (1877); *Mgr Landriot*, statue en marbre pour la cathédrale de La Rochelle (1880); le *Baron Taylor*, statue en plâtre; *Portrait de M. H. Cholard*, doyen de la faculté des lettres de Clermont, buste en terre cuite (1883); l'*Architecture*, statue en marbre: *L. Ginain*, de l'*Institut*, buste en bronze (1885), etc. On lui doit, en outre, divers travaux dans les monuments publics, notamment à l'Opéra: deux cariatides en bronze et marbre représentant la *Comédie* et la *Tragédie*.

M. Jules Thomas a obtenu une médaille de 3e classe en 1857, une de 1re classe au Salon de 1861 et une autre à l'Exposition universelle de 1867, un rappel de 1re médaille à l'Exposition universelle de 1878 et la médaille d'honneur au Salon de 1880; chevalier de la Légion d'honneur depuis 1867, il a été promu officier le 30 décembre 1882. — Il a été élu membre de l'Académie des Beaux-Arts, en remplacement de Barye, en décembre 1875. M. Thomas a remplacé Auguste Dumont, décédé, comme professeur de sculpture, chef d'atelier, à l'École des Beaux-Arts, en mars 1884.

THOMPSON, sir Henry, chirurgien anglais, né à Framlingham le 6 août 1820, fit ses études au Collège de l'université de Londres et devint chirurgien-assistant à l'hôpital de son collège en 1853, chirurgien en 1863, et professeur de clinique chirurgicale en 1866. Il avait remporté le prix Jackson au Collège royal des chirurgiens en 1852, avec un mémoire sur la *Pathologie et le traitement de l'étranglement de l'urètre* et, en 1860, avec un mémoire sur l'*Anatomie normale et pathologique de la prostate*. Outre ces deux mémoires, qui ont été publiés en leurs temps, sir H. Thompson a publié : *Lithotomie et lithotritie pratiques (1863)*. Membre du Collège royal des chirurgiens de Londres, il a été élu correspondant de la Société de chirurgie de Paris en 1859 et membre honoraire de l'Academie des Quarante de Rome en 1864. Nommé chirurgien honoraire du feu roi des Belges en 1863, puis du même actuel en 1866, il était officier de l'ordre de Léopold de Belgique depuis 1864 lorsqu'il fut promu commandeur en 1876; il a été créé chevalier en 1867. Appelé auprès de l'ex-empereur des Français, Napoléon III, pour lui faire subir l'opération de la lithotritie, et l'impérial malade étant mort à la suite de cette opération (9 janvier 1873), sir Henry Thompson fut accusé d'être cause de l'événement : il s'en défendit avec énergie, et il en résulta une ardente polémique entre savants, qui ne fut d'aucun effet pour celui qui n'était plus et ne paraît pas avoir compromis la juste renommée du chirurgien anglais. — Sir H. Thompson a écrit depuis cette époque, dans la *Contemporary Review*, plusieurs articles sur la crémation. Il a publié enfin, en 1886, un remarquable ouvrage sur l'alimentation humaine : *Diet in relation to age and activity*.

Sir Henry Thompson est un peintre amateur très distingué, élève de MM. Elmore et Alma Tadema, et il a exposé un certain nombre de toiles à l'*Academie* royale.

THOMS, William John, antiquaire et écrivain anglais, né à Westminster le 16 novembre 1803. D'abord employé au secrétariat de l'hôpital de Chelsea, il occupait ses loisirs à écrire pour la *Foreign Quarterly Review* et quelques autres recueils périodiques. Il fut élu membre de la Société des antiquaires de Londres en 1838, puis de celles d'Édimbourg et de Copenhague et remplit les fonctions de secrétaire de la Société Camdem de 1838 à 1873. Il eut également un emploi à la Chambre des lords pendant un certain nombre d'années, et y fut nommé en 1863 bibliothécaire adjoint. — On a de M. Thoms : *Collection des anciens romans en prose (1828)*; *Chants et légendes des diverses nations (1834)*; le *Livre de la cour (1838)*; *Anecdotes et traditions (1839)*; *Examen de la réserve de Londres (1842)*; *Reynard le renard* (Reynard the fox) de Caxton (1844); *Trois notules sur Shakespeare (1865)*; *Hannah Lightfoot*, la *Reine Charlotte*, le *Chevalier d'Éon*, la *Princesse polonaise* du Dr Wilmot (1867), etc. Enfin, en 1873, M. Thoms publiait un ouvrage intéressant et d'une réelle valeur intitulé *Longévité de l'homme* (Longevity of Man), dans lequel il établit que les cas de vieillesse si souvent cités ne doivent être reconnus pour exacts que sur des preuves évidentes et palpables. Il a fondé à Londres, il y a une trentaine d'années, un journal périodique des plus curieux, les *Notes and Querries*, par le va-et-vient de questions et de réponses qui s'y croisent sur toute sorte de sujets, et dont il n'a abandonne la direction qu'en octobre 1873. Il a pris sa retraite en 1882.

THOMSON, sir WILLIAM, physicien anglais, né à Belfast en juin 1824, est fils d'un professeur de mathématiques à l'Institut académique de cette ville, puis à l'université de Glasgow, lequel dirigea les études de son fils, terminées brillamment à Cambridge (Peterhouse) en 1845. En 1846, sir William Thomson était nommé professeur de physique à l'université de Glasgow, chaire qu'il occupe encore aujourd'hui, et acceptait la même année la direction du *Cambridge and Dublin Mathematical Journal*, qu'il conserva sept ans et auquel il collabora laborieusement. Parmi les articles ou mémoires qu'il y a insérés, nous nous bornerons à citer celui relatif à la *Distribution de l'électricité par des conducteurs sphériques (1848)*. En 1855, il fit un cours sur les *Propriétés électro-dynamiques des métaux*, accompagné d'expériences du plus haut intérêt; il fut chargé en 1866 d'un autre cours spécial à Cambridge. Sir William Thomson a contribué d'une manière considérable à l'avancement de la science électrique pour l'invention de divers instruments applicables à l'étude de l'électricité atmosphérique, tels que son électromètre en quart de cercle et son électromètre portatif; d'autres applicables à la télégraphie sous-marine : le galvanomètre miroir et le siphon enregistreur. On lui doit également d'importants travaux sur le magnétisme et sur la nature de la chaleur, qu'il nous est impossible d'indiquer avec quelque détail. Parmi les nombreux mémoires qu'il a publiés dans le *Philosophical Magazine* et autres recueils spéciaux, nous citerons : *Effets thermaux des fluides en mouvement*; *Théorie mathématique de l'élasticité*; la *Densité de la terre*; *Détermination de la position d'un navire en mer par l'observation des altitudes*; *Abord causé par la vibration*, etc. Après le succès de l'immersion du câble atlantique de 1866, auquel il avait beaucoup contribué, il fut créé chevalier et la cité de Glasgow lui décerna le droit de bourgeoisie, honneurs civiques bientôt suivis par les honneurs universitaires dont disposent Dublin, Cambridge, Edimbourg et Oxford. Sir William Thomson est membre des Sociétés royales de Londres et d'Edimbourg, et reçut de la première une médaille royale et de la seconde le prix Keith; il a présidé l'assemblée annuelle de l'Association britannique à Edimbourg. en 1871. et a été président de la Société géologique de Glasgow en 1872. Le 27 février 1877, la Société des sciences (Société des Quarante) d'Italie décernait à sir William Thomson le prix Carlo Matteucci, destiné au compatriote ou à l'étranger qui a le plus contribué à l'avancement des sciences par ses écrits ou ses découvertes. Elu membre associé étranger de l'Académie des sciences (Institut de France) en remplacement de von Baer, le 3 décembre 1877, il présidait la section des sciences mathématiques et physiques à la réunion de l'Association britannique à York en septembre 1881, et faisait partie de la commission royale près l'exposition d'électricité de Vienne en août 1883. Le premier volume de ses *Metaphisical and Physical Papers*, extraits de diverses sources, a été publié en 1882. — Sir William Thomson est commandeur de la Légion d'honneur.

THOMSON, GASTON ARNOLD MARIE, homme politique français, né à Oran le 29 janvier 1848. Il fit son droit à Paris, s'occupa de journalisme, et entra à la rédaction de la *République française* en 1873, puis devint secrétaire de Gambetta. Il fut élu député dans la 2ᵉ circonscription de Constantine, par une élection partielle qui eut lieu en avril 1877, et siégea au groupe de l'Union républicaine, juste le nombre nécessaire pour faire partie des 363 adversaires du cabinet de Broglie. Réélu le 14 octobre suivant, il fut élu le 21 août 1881 dans les deux circonscriptions de Constantine et optait pour la 1ʳᵉ, ce qui eut pour résultat l'élection de M. Treille dans la seconde. M. Gaston Thomson a été élu député de Constantine le 4 octobre 1885, et a voté l'expulsion des princes.

Son frère, M. Charles THOMSON, successivement préfet de la Drôme et du Doubs, est devenu gouverneur de la Co-chinchine française. Il est officier de la Legion d'honneur depuis le 4 décembre 1883.

THUREL, JULES HERMANN, ingénieur et homme politique français, né à Orgelet (Jura) le 20 août 1818. Ingénieur civil à Lons-le-Saulnier, M. Thurel était regardé, dans les dernières années de l'Empire, comme un des chefs de l'opposition démocratique dans son département, où il avait fait, notamment, une active campagne anti-plébiscitaire. Nommé maire de Lons-le-Saulnier le 6 septembre 1870, il était élu représentant du Jura à l'Assemblée nationale le 8 février 1871. Il siégea à gauche et vota les lois constitutionnelles. Elu sénateur du Jura le 30 janvier 1876, son mandat lui fut confirmé au renouvellement triennal du 5 janvier 1879. M. Thurel garda au Sénat la même attitude qu'à l'Assemblée nationale; il a voté l'expulsion des princes.

THYS, PAULINE, dame SÉBAULT, musicienne et femme de lettres française, née vers 1835, est fille d'un compositeur qui a donné quelques ouvrages à l'Opéra-Comique. Mᵐᵉ Thys s'est fait connaître de très bonne heure par la publication d'un assez grand nombre de romances et de chansonnettes qui eurent un certain succès dans les salons. On lui doit en outre : la *Pomme de Turquie*, opérette en un acte, aux Bouffes (1857), paroles et musique; *Quand Dieu est dans le ménage*, *Dieu le garde*, un acte, exécuté dans un salon, et la *Perruque du bailli*, un acte, à la salle Herz, également paroles et musique (1860); le *Pays de Cocagne*, opéra comique en deux actes, écrit sur un poème de M. de Forges, au Théâtre-Lyrique (1862); *Manette*, opéra comique, paroles et musique, joué dans une représentation extraordinaire, de jour, au Vaudeville (1865); le *Mariage de Tabarin*, roman lyrique, exécute à la salle de l'Athénée ; les *Trois Curiaces*, com. en un acte, avec Saint-Germain (1867); le *Livre du passé*, comédie en un acte, au Vaudeville (1876); le *Fruit vert*, opéra comique en trois actes, non représenté, — Mᵐᵉ Thys-Sébault a aussi publié quelques romans, ou nouvelles, tels que : le *Roman d'un curé*, l'*Homme au grand nez*, le *Professeur de bon sens*, le *Talisman*, *Mimi Fanchette*, etc.

TIRARD, PIERRE EMMANUEL, homme politique français, ancien ministre, sénateur, né à Genève, de parents français, le 27 septembre 1827, fit ses études à l'université de cette ville. Venu à Paris à vingt ans, il entra dans l'administration des ponts et chaussées et y avait atteint le grade de chef de bureau lorsqu'il donna sa démission, en 1851, et fonda une maison de commission de bijouterie et orfèvrerie. M. Tirard prit une part active à l'agitation électorale dans sa circonscription, la troisième, aux élections générales de 1869, en combattant avec ardeur dans les réunions publiques la candidature, désormais suspecte à l'opposition, du député sortant, M. Emile Ollivier. Après le 4 Septembre, il fut nommé maire provisoire du IIᵉ arrondissement et confirmé dans ces fonctions par le scrutin du 5 novembre suivant. Elu représentant de la Seine le trente-huitième, le 8 février 1871, il était à sa mairie le 18 mars et tentait tout à la fois d'y organiser la résistance et d'amener une entente entre le Comité central et le gouvernement; il consentit avec ses collègues, maires de Paris et députés de la Seine, aux élections municipales fixées au 26 mars par le Comité central, et fut élu membre de la Commune à cette date, mais donna sa démission aussitôt, en protestant, et se retira à Versailles, où il reprit son siège à l'extrême-gauche de l'Assemblée. M. Tirard a fait partie de plusieurs commissions importantes et pris la parole dans diverses discussions, principalement sur des questions économiques. En juillet 1872, il avait un duel avec un rédacteur du *Gaulois*, feu Francis Aubert. — Aux élections générales de 1876, après avoir obtenu au premier tour la majorité relative dans le premier arrondissement de Paris, il était élu au scrutin de ballottage du 5 mars, par 8,761 voix contre 3,148 obtenues par M. le marquis de Plœuc, sous-gouverneur de la Banque de France. L'un des 363 députés qui votèrent un ordre du jour de blâme contre le ministère de Broglie-Fourtou, après le 16 mai 1877, il fut réélu le 14 octobre suivant à une énorme majorité. Il fit partie de la commission du tarif des douanes, dont il venait d'être élu président, lorsqu'il fut appelé à remplacer M. Lepère au ministère de l'agriculture et du commerce, dans le cabinet Le Royer, du 5 mars 1879, portefeuille qu'il conserva dans le cabinet suivant, présidé par M. Jules Ferry, lequel il se retira le 10 novembre suivant. Rentré aux affaires, avec le portefeuille du commerce seul, dans le ministère présidé par M. de Freycinet qui succéda au ministère Gambetta, le 30 janvier 1882, il prenait celui des finances dans le cabinet Duclerc, qui succéda à celui-ci (7 août), et le conservait dans le cabinet Fallières (29 janvier 1883) et dans le cabinet Jules Ferry, venu au pouvoir le 21 février suivant et qui s'y est maintenu jusqu'au 29 mars 1885. — M. Tirard a été élu sénateur inamovible en remplacement d'Edouard Laboulaye, le 23 juin 1883.

TISSANDIER, ALBERT CHARLES, architecte, dessinateur et aéronaute français, est né à Angleterre (Marne) le 1ᵉʳ octobre 1839. Elève de l'Ecole des Beaux-Arts, à l'atelier de M. André, il obtint, plusieurs médailles et le premier prix avec médaille d'or au concours public pour un *Château d'eau adossé à de grands réservoirs*, ouvert par la ville de Bourges, le 8 mai 1865. Il a été chargé en conséquence de l'exécution des travaux et de tous les dessins nécessaires aux réservoirs et à la fontaine. Sous-inspecteur aux travaux de la ville de Paris, il a été pendant quelque temps attaché à l'agence du nouvel Opéra, sous les ordres de M. Charles Garnier. Pendant la guerre, M. Albert Tissandier, qui faisait son service dans les rangs de la garde nationale, obtint un congé pour sortir de Paris en ballon. Parti le 14 octobre 1870, à une heure, il atterrissait près de Nogent-sur-Seine à cinq heures et demie. Il fit ensuite, avec son frère, quelques essais de retour par voie aérienne dans la ville assiégée, mais sans succès ; il suivit alors. comme capitaine aux aérostiers militaires, l'armée de la Loire sous les ordres des gén raux d'Aurelle de Paladines, Chanzy et autres. Après son retour à Paris, il fut décoré de la médaille militaire, le 28 octobre 1872. M. Albert Tissandier a fait, depuis cette époque, plusieurs ascensions remarquables, notamment celles de longue durée du *Zénith* et de l'*Univers*, avec le colonel Laussédat. — Il a exposé au Salon de Paris, comme architecte, plusieurs remarquables dessins au crayon représentant principalement des vues pittoresques de Paris : *Paris, vue prise des tours de Notre-Dame ; Galerie du premier étage de l'une des tours de Notre-Dame ; Tours de Notre-Dame, cour des Réservoirs (1874) ; la Sainte-Chapelle et Notre-Dame* ; la Sainte-Chapelle, façade latérale *(1875) ; Saint-Nazaire* de Carcassonne (1880) ; *Portail de la façade sud de Notre-Dame de Paris (1883)* ; Cathédrale de Laon, *XIII*[e] siècle, fragment de l'étage supérieur d'une tour *(1884)*, etc. Il a rapporté en outre de ses ascensions de nombreux paysages aériens dessinés d'après nature. M. A. Tissandier a collaboré, comme dessinateur, à un grand nombre de recueils périodiques et d'ouvrages scientifiques divers.

TISSANDIER, GASTON, chimiste et aéronaute français, frère du précédent, né à Paris le 21 novembre 1843, fit ses études au lycée Bonaparte, puis se tourna vers l'étude de la chimie, travailla pendant plusieurs années dans un laboratoire du Conservatoire des arts et métiers, puis fut nommé, en 1864, directeur du laboratoire d'essais et analyses chimiques de l'*Union nationale*, où il fit, pendant huit années, tous les travaux de la Chambre syndicale des produits chimiques de Paris. C'est pendant cette période qu'il entreprit ses observations météorologiques et autres expériences aériennes. Son premier voyage aérien fut exécuté, avec M. J. Duruof (voy. ce nom), le 16 août 1868 à Calais, où il s'éleva malgré le voisinage de la mer et où, grâce à des courants aériens superposés, habilement mis à profit, il put s'aventurer à deux reprises différentes au-dessus de l'Océan, pour revenir deux fois sur le rivage. Depuis cette époque, M. Gaston Tissandier n'a-pas exécuté moins de vingt-quatre voyages aériens, soit seul, soit avec son frère, M. Albert Tissandier. Trois de ces ascensions ont été entreprises pendant la guerre pour sortir de Paris assiégé et pour tenter d'y revenir par la voie des airs. Ces ascensions ont été l'objet de plusieurs mémoires intéressants, insérés dans les *Comptes rendus* de l'Aca émie des sciences. Plus tard, les voyages aériens de MM. Tissandier. Sivel et Croce-Spinelli, dans le ballon le *Zénith*, ont attiré l'attention de l'Europe entière. La première ascension du *Zénith* (mars 1875) fut la plus longue qui eût été faite jusque-là ; elle dura de vingt-quatre heures et vaut à la science de curieuses observations. La deuxième (15 avril 1875), qui a eu lieu à la plus grande altitude jusque-là atteinte par l'homme (8,600 mètres), compte parmi les plus terribles catastrophes de l'histoire des ballons. Elle a causé la mort de Croce-Spinelli et de Sivel, les infortunés compagnons de M. Gaston Tissandier, qui n'a été sauvé que par son tempérament particulier. — En outre de ses travaux de chimie et de ces expéditions aériennes, M. Gaston Tissandier s'est fait connaître comme écrivain et comme professeur. On lui doit notamment : *Traité élémentaire de chimie*, en collaboration avec M. Déhérain (4 vol. in-12. Hachette et Cie) ; quatre volumes de la *Bibliothèque des Merveilles* : l'*Eau*, la *Houille*, les *Fossiles* et la *Photographie* ; l'*Histoire de l'air* (Hetzel) ; les *Voyages aériens*, en collaboration avec MM. Glaisher, Flammarion et Fonvielle, illustrés par M. Albert Tissandier ; *En ballon pendant le siège de Paris, souvenirs d'un aéronaute* (Dentu) ; les *Ballons dirigeables* (Dentu) ; *Simples notions sur les ballons* (Decaux) ; les *Martyrs de la science (1879)* ; les *Récréations scientifiques*, récompensées d'un prix Montyon (1883), etc. M. Gaston Tissandier est, depuis 1866, un des collaborateurs assidus du *Magasin pittoresque* et de quelques autres publications. En 1873, il fonda le journal la *Nature*, revue des sciences illustrée, remarquable publication qu'il rédige, depuis cette époque, avec le concours de savants éminents. M. Gaston Tissandier a fait un grand nombre de conférences. soit à Paris, soit en province. On lui doit, en outre, quelques travaux scientifiques originaux de chimie et de météorologie, qui ont été l'objet de notes adressées à l'Académie des sciences. Ses études sur l'*Acide carbonique de l'air*, les *Poussières atmosphériques* et les *Aérolithes microscopiques* ont surtout attiré l'attention du monde savant. Enfin, il s'est beaucoup occupé, dans ces dernières années, de la direction des ballons, surtout de l'application du moteur électrique à l'actionnement de l'hélice propulsive, et par des expériences, faites depuis 1883, a prouvé du moins que le problème n'est pas insoluble.

M. Gaston Tissandier est professeur à l'Association polytechnique, membre de la Société chimique de Paris. de la Société météorologique de France, etc. Il a été nommé chevalier de la Légion d'honneur le 15 nov. 1872.

TISSERAND, FRANÇOIS FÉLIX, astronome français, membre de l'Institut, né à Paris le 15 janvier 1846. Élève de l'École normale supérieure, il se fit recevoir agrégé en 1866 et docteur ès sciences, puis entra à l'Observatoire de Paris comme astronome-adjoint. Nommé, en 1873, directeur de l'observatoire et professeur d'astronomie à la faculté de Toulouse, il fut attaché, l'année suivante, comme astronome en second, à la mission dirigée par M. Janssen pour l'observation du passage de Vénus sur le soleil, au Japon (9 décembre 1874). M. Tisserand avait été élu, en février précédent, correspondant de l'Académie des sciences ; il fut élu membre titulaire de ce corps savant le 18 mars 1878, en remplacement de Leverrier, au premier tour, par 32 voix sur 55 votants, quoique présenté seulement le second par la section d'astronomie ; et nommé, la même année, membre du Bureau des longitudes, dont il est devenu secrétaire-trésorier. Il a été élu correspondant de l'Académie des sciences de Saint-Pétersbourg en janvier 1884. — M. Tisserand a publié, dans les *Comptes rendus* de l'Académie des sciences, un grand nombre de mémoires sur des observations astronomiques. Il est chevalier de la Légion d'honneur depuis 1874.

TISSOT, VICTOR, littérateur suisse, né à Fribourg en 1845, fit ses études aux universités de Tubingen et de Vienne, et vint à Paris en 1867. D'abord employé de commerce, il collabora au *Courrier français* de Vermorel et à la *Revue populaire*, puis devint professeur à Genève et enfin rédacteur en chef de la *Gazette de Lausanne*. De Lausanne, il envoyait des articles à divers recueils périodiques parisiens, notamment à la *Revue contemporaine*, à la *Revue de France*, au *Correspondant*. S'étant ainsi préparé les voies, il revint à Paris, où il se fixa, en 1874. — On doit à M. Victor Tissot : les *Beaux-arts en Suisse (1869) ; A la recherche du bonheur*, contes et nouvelles traduits de l'allemand (1871) ; le *Congrès de la paix et de la liberté*, cinquième représentation, donnée à Lausanne en septembre 1871 *(1872) ; Voyage au pays des milliards*, scènes humoristiques de la vie en Prusse après l'encaissement de l'indemnité de guerre payée par la France, parues d'abord dans la *Revue de France* et que Dentu eut bien de la peine à se décider à publier en volume, loin de prévoir le succès étourdissant qui accueillit cet ouvrage (1875) ; les *Prussiens en Allemagne* et *Voyage aux pays annexés (1876)* ; la *Société et les mœurs allemandes*, traduit de l'allemand (1877) ; *Vienne et la vie viennoise (1878)* ; la *Comtesse de Montretout* et les *Mystères de Berlin*, deux parties formant les *Aventures de Gaspard von der Gomm*, avec M. Constant Améro (1879) ; *Voyage au pays des Tsiganes (1880)* ; *Russes et Allemands* ; la *Russie rouge*, avec M. C. Améro (1881) ; *Aventures de trois fugitifs en Sibérie*, avec le même collaborateur ; la *Russie et les Russes, indiscrétions de voyage (1882)* ; *Contrées mystérieuses et peuples inconnus*, avec M. C. Améro ; *l'Allemagne amoureuse (1884)* ; *Curiosités de l'Allemagne (1885)*, etc.

TISZA DE BOROSJENŐ, KOLOMAN, homme d'État hongrois, ne en 1830 à Geszt. Après de solides études, il entrait au ministère de l'instruction publique ayant à peine dix-huit ans, et quelques semaines seulement avant la revolution de 1848. Il entreprit alors un voyage à l'étranger et ne revint en Hongrie qu'après la pacification. Élu député de la diète de Pesth après le rescrit impérial de 1860, qui rendait l'autonomie à la Hongrie, M. Tisza siégea au centre gauche, à la tête duquel il remplaçait, l'année suivante, le comte Teleki. Nommé ministre de l'intérieur en mars 1875, M. Tisza devenait président du conseil en octobre suivant. Il donnait sa démission, avec ses collègues, en octobre 1878, à la suite de difficultés suscitées par l'occupation de la Bosnie et de l'Herzégovine ; mais il revenait au pouvoir en décembre de la même année, et est encore aujourd'hui

(1886), ministre de l'intérieur et président du cabinet hongrois.

TOLAIN, Henri Louis, homme politique français, sénateur, né à Paris le 18 juin 1828. Fils d'ouvriers, M. Tolain apprit fort jeune l'état de ciseleur, et devint rapidement un excellent ouvrier, quoiqu'il employât ses loisirs à l'étude des questions sociales et collaborât çà et là à quelques publications périodiques. En 1861, il fut nommé secrétaire-adjoint de la commission ouvrière pour l'Exposition de Londres, et fut un des délégués envoyés par le gouvernement à cette exposition pour y étudier les progrès de l'industrie du monde entier, et chercher les moyens d'en faire profiter l'industrie française. L'année suivante, M. Tolain, après avoir pris une part active à l'agitation électorale à Paris, retournait à Londres, et assistait au *meeting* de Saint-James en faveur de la Pologne. Aux élections complémentaires nécessitées, en 1864, par la retraite des inassermentés, M. Tolain fut porté comme candidat ouvrier dans la 5ᵉ circonscription, contre Garnier-Pagès ; mais il n'obtint qu'un nombre de voix dérisoire. Le 26 septembre suivant, il assistait au meeting des ouvriers de toutes les nations, réunis à Saint-Martin's Hall, où furent jetées les bases de l'Association internationale des travailleurs, et créait à Paris, à son retour, un bureau de correspondance de cette société, dont le comité central siégeait à Londres. M. Tolain assista ensuite, comme représentant de la section parisienne, à chacun des congrès de l'Internationale tenus dans diverses villes de l'Europe chaque année, jusqu'en 1869. Il s'y fit surtout remarquer par sa défense énergique du principe de la propriété individuelle. Averti par les voies ordinaires de l'existence de la section parisienne de l'Internationale, le gouvernement n'avait rien dit jusqu'en 1868. A cette date, il s'avisa de poursuivre les membres du bureau, sous la prévention de société secrète. M. Tolain présenta lui-même sa défense et celle de ses collègues, qui furent avec lui condamnés individuellement à 100 francs d'amende. La dissolution de cette section parisienne ayant été prononcée, M. Tolain ne parait plus s'y intéresser ostensiblement, quoiqu'il signe, au commencement de la guerre, un manifeste aux ouvriers allemands, qui lui attire des poursuites nouvelles, mais entravées bientôt par les événements. — Entré, dans les derniers temps, chez un grand industriel du faubourg du Temple, où il était chargé de la correspondance, M. Tolain prit une grande part aux réunions publiques organisées sous l'empire de la nouvelle loi, depuis 1868. Après le 4 septembre 1870, il fut élu membre du comité de vigilance et d'armement du XIᵉ arrondissement, puis adjoint au maire aux élections du 5 novembre. Le 8 février 1871, il était élu représentant de la Seine, le trente-deuxième. Il fit avec ses collègues de vains efforts, après le 18 mars, pour obtenir du Comité central le retour de l'autorité aux mains des municipalités régulièrement élues, et se retira en conséquence à Versailles, où il reprit son siège à l'Assemblée. Son attitude en face de l'insurrection le fit décréter d'accusation par la Commune, et exclure de l'Internationale par ceux de ses membres auxquels l'Internationale doit justement sa perte. M. Tolain a pris une part importante aux discussions de l'Assemblée, principalement dans les questions économiques, avec une compétence que ses adversaires les plus résolus ont été forcés de reconnaître, et a prononcé, en 1872, un discours extrêmement remarquable pour combattre la loi contre l'Internationale. — Aux élections sénatoriales de la Seine, M. Tolain fut élu le deuxième sur cinq, au premier tour (30 janvier 1876) ; il prit place à l'extrême gauche du Sénat, et fit dans cette assemblée, un peu différente de l'autre, la démonstration victorieuse de cette vérité, qu'on peut être un homme politique dans l'acception scientifique du mot, bien qu'on ait commencé par être un simple ouvrier. Il a été réélu au renouvellement de la représentation sénatoriale de la Seine, le 8 janvier 1882. M. Tolain a signé ou appuyé de sa parole les diverses propositions d'amnistie plénière ; il a voté l'expulsion des princes.

M. Tolain a collaboré à divers journaux ; nous citerons : le *Panthéon des ouvriers* (1858) ; la *Tribune des travailleurs* (1865) ; le *Courrier français* (1867-68) ; la *Réforme* (1869-70), etc. Il a été, en 1876-77, le directeur politique du *Ralliement*.

TONDU, Jacques Charles Henri, homme politique français, né à Pont-de-Veyle (Ain) le 26 mai 1827. Notaire honoraire, ancien maire de sa commune, M. Tondu fut élu député de la 2ᵉ circonscription de Bourg le 20 février 1876, contre N. le comte Lehon, bonapartiste, et siégea à gauche. Il a été réélu, comme le même concurrent, le 14 octobre 1877, par 8.898 voix contre 992, et élu de nouveau par la même circonscription le 21 août 1881. M. Tondu a été élu député de l'Ain le 4 octobre 1885, et a voté l'expulsion totale des princes.

TOOLE, John Laurence, acteur anglais, né à Londres le 12 mars 1830, fut élevé à l'école de la Cité, et entra ensuite, comme commis, chez un négociant en vins. Mais, irrésistiblement attiré vers le théâtre, il ne tarda pas à quitter son emploi, fréquenta le « City Histrionic Club », où il sut faire apprécier ses dispositions véritables pour la scène, et, saisissant une occasion opportune, parut pour la première fois en public au théâtre de Haymarket, le 22 juillet 1852, dans une représentation au bénéfice de M. F. Webster. Ayant subi cette épreuve avec succès il obtint un engagement au théâtre de la Reine, à Dublin ; puis joua successivement à Belfast, Edimbourg et Glasgow, et remporta à la fin de grands succès. En 1854, M. Toole fut engagé au théâtre Saint-James par M. Seymour ; il y remplit des rôles comiques très divers avec un succès toujours grandissant ; puis il passa au Lyceum, avec son ancien directeur de province, M. C. Dillon, et entra avec Webster au nouveau théâtre d'Adelphi dès l'ouverture (1858), pour y remplir les premiers rôles comiques. M. Toole excelle surtout dans les rôles où prédomine le contraste pathétique du rire et des larmes, tels que celui de Caleb Plummer, dans le *Grillon du foyer*, pièce tirée de la nouvelle de Dickens, ou celui de Joe Bright, du drame intitulé : *A travers le feu et l'eau*. En dehors des saisons de Londres, il a fait régulièrement, pendant plusieurs années, de fructueuses tournées en province, où il n'est pas moins apprécié que dans la métropole. Parti pour une tournée artistique aux États-Unis en 1874, M. Toole débutait au théâtre Wallack, New-York, le 17 août de cette année. Il rentrait à la Gaîté de Londres en novembre 1875 ; enfin, à la fin de 1880, il prenait la direction du Folly-Theatre, devenu le Toole's Theatre, après avoir été reconstruit, réagencé de fond en comble, et naturellement rebaptisé.

TORRES CAICEDO, José Maria, littérateur et diplomate colombien, né à Bogota le 30 mars 1830. Dès 1847, M. Torres Caicedo publiait, dans les journaux de sa ville natale, capitale de la république de Colombie, des poésies remarquées. Il fit en outre une vive opposition au gouvernement dans *El Progresso* et *El Dia* ; le combattit même les armes à la main, et fut grièvement blessé. Député au Congrès grenadin, puis secrétaire de légation à Londres et à Paris, il est devenu chargé d'affaires du Venezuela, auprès des gouvernements de la France et des Pays-Bas ; puis, ayant donné sa démission de ces fonctions vers 1864, ministre plénipotentiaire de la république de San Salvador à Paris (1872). M. Torres Caicedo est membre de la Société zoologique d'acclimatation, de la Société de géographie, de la Société d'économie politique, et d'une foule d'autres corps savants d'Europe et d'Amérique et a été élu correspondant de l'Institut de France (Académie des sciences morales et politiques) en mai 1872. Il a été quelque temps rédacteur en chef du *Correo de Ultramar*, journal hispano-américain publié à Paris, et a collaboré à divers autres journaux de même destination, publiés en Europe. Outre un volume de poésies intitulé : *Religion, Patria y Amor*, on cite de M. José M. Torres Caicedo : *Ensayos biograficos y de critica literaria* (1863, 2 vol.) ; les *Principes de 1789 en Amérique* (1870) ; *Misideas y vais principios* (1876), etc. Commissaire général du San Salvador à l'Exposition universelle de 1878, M. Torres Caicedo, commandeur de la Legion d'honneur depuis 1871, a été promu grand officier de l'ordre à cette occasion.

TOULMOUCHE, Auguste, peintre français, élève de Gleyre, né à Nantes en 1829. On cite principalement de cet artiste qui, après avoir hésité quelque temps, s'est fait une grande réputation dans la peinture de genre : *Joseph et la femme de Putiphar* (1852) ; *Après le déjeuner*, le *Premier pas* (1853) ; la *Leçon*, la *Terrasse* (1855) ; *Un baiser* (1857) ; la *Prière*, le *Sommeil*, le *Château de cartes* (1859) ; le *Premier chagrin*, le *Sommeil*, la *Montre* (1861) ; le *Repos*, le *Coin du feu* (1863) ; la *Confidence*, le *Lendemain du bal* (1864) ; le *Fruit défendu*, la *Première visite* (1865) ; *Un mariage de raison* (1866) ; le *Lilas blanc* (1867) ; *Un dernier coup d'œil*, *Un jour de fête* (1868) ; la *Lettre d'amour*, la *Toilette du matin* (1869) ; l'*Heure du rendez-vous* (1872) ; l'*Hiver* (1873) ; le *Livre sérieux* (1874) ; *Flirtation*, l'*Été* (1876) ; la *Rose* (1878) ; le *Miroir*, etc. (1878, Exp. univ.) ; *Dans la serre*, le *Billet* (1883) ; *Tête à tête* (1884) ; le *Départ*, le *Retour* (1885) ; Portraits de Mˡˡᵉ *Marie Devoyod* et de Mᵐᵉ *Rose Caron* (1886) ; d'autres *Portraits*, etc. — M. Toulmouche a obtenu une médaille de 3ᵉ classe en 1852, le rappel en 1859, une médaille de 2ᵉ classe en 1861 et une de

TRAVERS, Julien Gilles, littérateur français, né à Valognes le 31 janvier 1802. M. J. Travers entra de bonne heure dans l'enseignement, professa dans divers collèges et devint principal du collège communal de Falaise en 1832. Reçu docteur ès lettres en 1837, il était appelé à la faculté des lettres de Caen en 1839, comme suppléant, et y devenait trois ans plus tard professeur de littérature latine. Il conserva cette chaire jusqu'en 1856, époque à laquelle il a pris sa retraite. M. J. Travers a dirigé la publication de l'*Annuaire de la Manche* depuis 1829 et celle du *Bulletin de l'instruction publique et des sociétés savantes* de l'académie de Caen, dont il fut nommé secrétaire en 1839, depuis cette époque. Il est membre de diverses sociétés savantes départementales et a collaboré à la *Normandie illustrée*, à l'*Encyclopédie des gens du monde*, à la *Nouvelle biographie générale* et autres publications encyclopédiques. Il a publié à part : les *Algériennes*, poésies (1827); une traduction d'Arnobe pour la *Bibliothèque latine-française* de Ch. Panckoucke, et une édition des *Vaux-de-Vire*, d'Olivier Basselin (1833); les *Distiques de Muret*, imités en quatrains français (1834); une édition des *Œuvres poétiques de Boileau*, *De l'avenir de la littérature française*, thèse et *Deuil*, poésies (1837); *Gerbes glanées*, poésies (1859-64. 4 vol.); la *Pitié sous la Terreur*, drame en vers (1869), etc., etc. M. Julien Travers a été nommé chevalier de la Légion d'honneur le 6 novembre 1876.

TREILLE, A., homme politique français, médecin, né vers 1843. Reçu docteur en 1869, il s'établit à Constantine (Algérie). Conseiller général depuis 1879, il se présenta dans la 2ᵉ circonscription de Constantine après option de M. Thomson, élu dans les deux, pour la 1ʳᵉ, le 4 décembre 1881, et fut élu député. Il a été réélu le 4 octobre 1885, et a siégé à gauche dans les deux législatures. M. Treille, qui n'a guère pris de part active, aux débats de la Chambre, qu'aux discussions intéressant l'Algérie, a voté l'expulsion des princes.

TREVELYAN, George Otto, homme politique anglais, né à Rothley Temple, dans le comté de Leicester le 20 juillet 1838, fit ses études au collège d'Harrow et à l'université de Cambridge, et entra presque aussitôt dans la carrière politique. Élu, comme candidat libéral, représentant de Tynemouth à la Chambre des communes, en 1865, puis par un autre collège en 1868, il entrait au mois de décembre suivant, sous l'administration de M. Gladstone, à l'Amirauté, comme « lord civil », mais il donnait sa démission en juillet 1870. M. Trevelyan s'est fait remarquer à cette époque, tant à la Chambre qu'au dehors, par sa propagande en faveur de l'épuration de l'armée, et en particulier pour l'abolition de l'achat des grades. Nommé secrétaire parlementaire à l'Amirauté en novembre 1880, il était appelé à succéder, comme secrétaire en chef pour l'Irlande, à lord Frederick Cavendish, assassiné (9 mai 1882). Il conserva ce poste jusqu'à la chute de son parti, et prit celui de secrétaire d'État pour l'Écosse dans le dernier cabinet Gladstone (février 1886); mais il donna sa démission en mai suivant, à l'occasion de la présentation des « bills irlandais ». M. Trevelyan a publié : *Letters of a Competition Wallah* (1864); *Cawnpore* (1865); *The Ladies in Parliament, and others pieces* (1869); *The Life and Letters of lord Macaulay*, son oncle maternel (1876. 2 vol); *The Early History of Charles James Fox* (1880).

TRÉVENEUC (comte de), Henri Louis Marie, homme politique français, sénateur, né à Saint-Brieuc le 13 septembre 1815. Entré à Saint-Cyr en 1834, il en fut expulsé l'année suivante, pour avoir pris part au complot d'avril, et incorporé comme simple soldat dans un régiment de ligne. Il n'y resta que peu de temps, abandonna la carrière et suivit les cours d'architecture de l'École des Beaux-Arts. Il y renonça en 1837, fit son droit et prit le grade de licencié. Retourné dans sa famille, dont les convictions légitimistes étaient si peu d'accord avec ses propres idées, M. de Tréveneuc se porta candidat à l'Assemblée constituante après la révolution de Février et fut élu, le quatrième sur seize, représentant des Côtes-du-Nord. Il vota généralement avec le parti Cavaignac et est l'auteur de l'ordre du jour voté par l'Assemblée le 30 novembre, approuvant les « mesures de précaution prises par le gouvernement pour assurer la liberté de Saint-Père », mais réservant l'avenir. Réélu à la Législative en tête de la liste, il prit place cette fois sur les bancs de la majorité réactionnaire. Le 2 décembre 1851, il protesta contre le coup d'État à la mairie du Xᵉ arrondissement, fut arrêté et conduit à Vincennes. Rendu à la liberté au bout de quelques jours, M. de Tréveneuc vécut dans la vie privée jusqu'aux élections du 8 février 1871. Il fut élu à cette date représentant des Côtes-du-Nord à l'Assemblée nationale, le deuxième sur treize, siégea à la droite et se fit inscrire à la réunion des Réservoirs. Il a attaché son nom à une loi autorisant les Conseils généraux, dans le cas où l'Assemblée serait empêchée de se réunir pour cause insurrectionnelle, à la remplacer par des délégués pris dans leur sein. La loi Tréveneuc a été votée en février 1872. — M. le comte de Tréveneuc a été élu sénateur des Côtes-du-Nord le 30 janvier 1876, le deuxième sur quatre ; il a été réélu le troisième, au renouvellement triennal du 25 janvier 1885.

TRIBERT, Louis Pierre, homme politique français, sénateur, né à Paris le 20 juin 1819. Il fit ses études au collège Bourbon, se rendit ensuite en Allemagne, où il fréquenta les universités, principalement celle de Berlin, puis, poursuivant ses voyages, visita les principales contrées de l'Europe et du Nouveau-Monde. Il était membre du Conseil général des Deux-Sèvres, dont son père avait été député sous Louis-Philippe, lorsqu'il se présenta comme candidat de l'opposition dans ce département aux élections législatives de 1869, mais ce fut sans succès. Au commencement de la guerre de 1870, M. Tribert s'engagea dans un régiment de ligne avec lequel il assista aux combats de l'Hay, Chevilly et la Ville-Evrard, fut fait prisonnier à cette dernière affaire et envoyé en Allemagne. Il y était encore, lorsque les élections pour l'Assemblée nationale eurent lieu, le 8 février 1871, et n'en fut pas moins élu représentant des Deux-Sèvres. Il prit place au centre gauche et vota ordinairement avec la minorité républicaine. Élu sénateur inamovible par l'Assemblée le quarante-et-unième sur soixante-quinze, au quatrième tour de scrutin, en décembre 1875, M. Tribert a voté en 1879 contre le retour du parlement à Paris, et en 1886 contre l'expulsion des princes.

TROCHU, Louis Jules, général français, ancien président du gouvernement de la Défense nationale, né à Belle-Isle-en-Mer le 12 mars 1815. Élève de Saint-Cyr et de l'École d'application de Metz, il entrait dans l'artillerie en 1837 et était promu lieutenant en 1840 et capitaine en 1843. Il servit en cette qualité en Algérie, se distingua à Sidi-Yusuf et à Isly et, à la suite de cette dernière bataille, fut attaché par le maréchal Bugeaud à son état-major. Promu chef d'escadron en 1846, lieutenant-colonel en 1853, il fit partie de l'armée d'Orient comme aide de camp du maréchal Saint-Arnaud, devint colonel au commencement de la campagne et général de brigade en novembre suivant. Au début de la campagne d'Italie, en mai 1859, M. Trochu fut promu général de division. Après la conclusion de la paix, il fut attaché au ministère de la guerre et fut chargé en 1866, après Sadowa, des études relatives à la réorganisation de l'armée. Il a développé son système dans un ouvrage intitulé *l'Armée française en 1867*, qui avait atteint sa vingtième édition en 1870. Le maréchal Niel, qui faisait grand cas de ses talents d'organisateur, avait recommandé le général Trochu pour lui succéder au ministère ; mais le général Trochu était véhémentement soupçonné d'orléanisme, et ce fut le général Lebœuf qui prit le portefeuille de la guerre. Or, si le général Trochu était d'accord avec le maréchal Niel sur la question de la réorganisation, une raison pour qu'il fût en désaccord absolu avec son successeur, qu'il alla remplacer dans son commandement à Toulouse. Mais, quelles que soient les fautes commises par le général Trochu pendant le siège de Paris, n'est-on pas fondé à croire qu'il en eût commis de beaucoup moins lourdes que le successeur du maréchal Niel au ministère de la guerre, s'il eût été à sa place ? — Tenu systématiquement à l'écart et du pouvoir, les premiers désastres ramenèrent l'attention de son côté, et il fut même un moment question de lui pour le portefeuille de la guerre dans le ministère du 10 août (1870). Le comte de Palikao, qui lui fut préféré, comme on sait, lui confia l'organisation d'un corps d'armée en formation au camp de Châlons et là, le 17 août, l'empereur le nommait gouverneur de Paris. Alors commença cette série de proclamations pleines d'emphase au peuple de Paris, beaucoup trop longues et trop nombreuses pour que le peuple en question ne finît pas par s'en lasser et pour qu'il nous soit possible de nous y arrêter. Les mesures ordonnées au début par le gouvernement de Paris sont d'ailleurs toutes remarquables par l'apparence radicale qu'elles affectent, mais il semblait qu'il lui suffît de les avoir ordonnées ; quant à l'exécution, il ne s'en occupait bientôt plus. Les Allemands domiciliés à Paris ne furent expulsés qu'en partie, et nous passâmes pour nous en être scrupuleusement débarrassés ; l'arrêté sur les bouches inutiles ne reçut même pas un commencement d'exécution; et ainsi des autres. Cependant, les événements marchaient; le 3 septembre, la nouvelle du désastre de Sedan lui étant connue, l'impératrice régente, à qui le général Trochu avait engagé quelques jours auparavant sa parole « de Breton, de catholique et de soldat », fit appeler en toute hâte le gouverneur de Paris. — Il arriva le lendemain, lorsqu'il était trop tard pour autre chose que la formation d'un gouvernement provisoire, dans lequel, une place lui ayant été offerte, il exigea la première, et l'obtint aisément.

Nous ne pouvons retaire ici l'histoire lamentable du siège de Paris, de ces sorties rares, faites à contre-cœur, par dépit, et organisées en conséquence ; dans lesquelles des prodiges de valeur ont été accomplis en pure perte, et le sang des plus braves versé inutilement ; tandis que le président du gouvernement de la Défense nationale, la tête plongée dans ses mains, écrasé par le poids d'une responsabilité dont son orgueil l'avait chargé et l'empêchait de se débarrasser au profit d'un plus capable, n'ouvrait même pas les dépêches qui couvraient son bureau, tout en protestant sur tout ce qui arrivait était prévu et entrait dans son *plan*, sur lequel son testament, déposé avec éclat chez un notaire de Paris, éclairera peut-être nos petits-enfants. En tout cas, celui qui déclarait la résistance de Paris une « folie héroïque » n'avait évidemment aucune confiance dans le résultat et avait la plus grande hâte de voir l'accès terminé, n'importe à quel prix. Après la désastreuse sortie du 19 janvier, où nous vîmes le succès de si près, quelques bataillons de la garde nationale vinrent protester sur la place de l'Hôtel de Ville et demander la destitution du général Trochu. C'était le 22 janvier; ç'aurait été le 20, sans l'affreux temps qu'il faisait ce jour-là. On sait ce qui s'y passa. On sait moins, sans doute, que les fusils des *vrais* gardes nationaux massés sur la place n'étaient pas chargés. Nous avons vu nous même les officiers de ces bataillons faire décharger ceux des fusils de leurs hommes qui l'étaient, malgré les provocations des mobiles enfermés dans l'Hôtel de Ville, ouvrant à chaque instant les fenêtres et faisant le simulacre de tirer sur la foule. —Nous n'ignorons pas le désaccord qu'il peut y avoir entre ce que nous avons vu et ce qui a été officiellement publié, mais ce n'est pas notre faute. — Le 8 janvier, contraint par des manifestations de l'opinion publique dont il était impossible de dénaturer le sens, le général Trochu déclare, dans une de ses innombrables proclamations, que « le gouverneur de Paris ne capitulera pas. » En conséquence, il signait le décret supprimant les fonctions de gouverneur de Paris quelques jours avant que le général Vinoy, *commandant en chef l'armée de Paris*, signât la capitulation. Nous regrettons d'être obligé de dire, mais tout M. Trochu est là. — Après que le douloureux événement se fut accompli, M. Trochu fut placé avec véhemence et traité avec le mépris le moins dissimulé par toute la presse parisienne, sans distinction de nuance politique. C'est que, dans quelque situation qu'il se soit trouvé, il s'est toujours empressé de prendre avec chaleur des engagements trop tôt oubliés; c'est qu'on ne l'a jamais vu que dans une attitude équivoque, celle qu'il fut le chef. Malgré son orgueil maladif, le général Trochu est visiblement incapable de diriger non un peloton, mais une simple escouade, quoique sans doute très ferré sur la théorie; et il s'écoute parler avec une complaisance pour se rappeler ce qu'il a dit ou que c'est lui qui l'a dit. Dans la pétition qu'il adressait à l'Assemblée en juillet 1873, il dit s'abstenir « quelquefois par dédain » de répondre aux attaques. Il est aisé de parler de dédain à ceux qui n'ont pas la responsabilité de leurs actes. Il y a des responsabilités sévères inscrites dans la loi pour tout dépositaire négligent; mais si le dépôt n'est que la fortune, l'honneur et le sang d'une grande nation, il est rare que la négligence entraîne des conséquences bien graves pour celui qui s'est chargé sans consulter ses forces et simplement pour satisfaire son ambition.

Cependant, si le général Trochu avait un plan douteux, Gambetta, lui, en avait un très net : enflammer de son ardeur patriotique la province atterrée par nos revers et désespérant du succès. Il fit donc le tableau le plus enthousiaste de l'« héroïque folie » des Parisiens et ne tarit pas en éloges sur celui qui était à leur tête. Les élections du 8 février se firent sur cette impression : le général Trochu fut élu représentant à l'Assemblée nationale par huit départements et opta pour le Morbihan. Il avait d'abord refusé toute candidature, puis était revenu sur cette décision que personne ne sollicitait; il exprima ensuite son intention arrêtée de rentrer dans l'obscurité. Il prit place au centre droit, vota notamment contre le retour de l'Assemblée à Paris, prit la parole pour appuyer la demande d'enquête sur le gouvernement du 4 Septembre, pour demander que le service obligatoire

fût une vérité dans la loi militaire, etc., et donna sa démission en juillet 1872. Le 16 janvier 1873, il prenait sa retraite.

M. le général Trochu a publié, outre l'ouvrage cité plus haut, une sorte de mémoire pour la défense de ses propres actes et de ceux du gouvernement de la Défense nationale, intitulé : *Pour la vérité et pour la justice (1873)*. Il avait obtenu, en mars 1872, un jugement pour délit d'outrage contre le journal le *Figaro*. Il a depuis vécu dans la retraite. Membre du Conseil général du Morbihan, il donnait sa démission de ces fonctions en même temps que de celles de représentant, ou à peu près. M. Trochu est grand-officier de la Légion d'honneur depuis 1861. — Il a publié depuis : l'*Armée française en 1879, par un officier en retraite (1879)*.

TROLLOPE, Thomas Adolphus, littérateur anglais, fils de la célèbre romancière, Mrs Frances Trollope, morte en octobre 1863, est né le 29 avril 1810 et a fait ses études au collège de Winchester et à l'université d'Oxford. Il voyagea en France, où il résida quelque temps, et publia vers 1840 deux volumes sur la Bretagne, suivis de deux autres sur la France occidentale, en 1841. Il prit ensuite résidence à Florence et écrivit toute une série d'ouvrages relatifs à l'histoire de l'Italie. Nous citerons : *Impressions d'un voyageur en Italie (1850)*; la *Jeunesse de Catherine de Médicis (1856)*; une *Décade de femmes italiennes*; la *Toscane en 1849 (1859)*; *Filippo Strozzi, épisode des derniers jours de l'antique liberté italienne*; *Paul le pape et Paul le moine (1860)*; la *Beata*, roman (1861); *Voyage de carême dans l'Ombrie et les Marches*; *Marietta*, roman (1862); *Giulio Malatesta (1863)*; *Beppo le conscrit*, la *Chasse de Lindisfarn*, romans (1864); *Histoire de la république de Florence, depuis les premiers temps de la Commune jusqu'à la chute de la République en 1531 (1865, 4 vol.)*; *Gemma (1866)*, le *Château d'Artingall (1867)*; le *Rêve*, *Leonora Casaloni (1868)*; les *Garstangs de Garstang-Grange (1869)*; l'*Abbaye de Burnton (1871)*; une *Vie de Pie IX* en 2 vol. (1877), etc. — M. Adolphus Trollope est un actif collaborateur à la presse périodique.

TROOST, Louis Joseph, chimiste français, membre de l'Institut, né à Paris le 17 octobre 1825. Élève de l'École normale supérieure, dans la section des sciences, il était reçu agrégé en 1851 et docteur ès sciences en 1857, puis nommé professeur de chimie au lycée Bonaparte. Nommé maître de conférences à l'École normale en 1868, il était appelé à la chaire de chimie de la faculté des sciences de Paris en 1874. M. Troost a été élu membre de l'Académie des sciences, en remplacement de Wurtz, le 7 juillet 1884. Décoré de la Légion d'honneur, il a été promu officier le 10 juillet 1886. — Outre de nombreux mémoires insérés dans les *Comptes rendus de l'Académie des sciences*, les *Annales de chimie et de physique*, le recueil de la Société chimique, etc., on cite de M. Troost : *Recherches sur le lithium et ses composés*, sa thèse de doctorat (1857) ; un *Précis de chimie (1863)* et un *Traité élémentaire de chimie (1865)*, ouvrages très estimés et qui ont eu plusieurs éditions ; la traduction du *Traité pratique d'analyse chimique* de Woehler (1865) ; *L'un laboratoire de chimie au XVII° siècle, Scheele (1866)*, etc.

TROUARD-RIOLLE, Auguste Pierre, homme politique français, magistrat, né à Dieppe le 19 mai 1824. Il fit son droit à Paris, prit le grade de licencié en 1846 et s'inscrivit au barreau. En 1852, il prit la direction d'une étude d'avoué à Rouen, la quitta en 1862 et se fit inscrire au barreau de sa ville natale. En 1871, M. Trouard-Riolle était élu conseiller général de la Seine-Inférieure, où il n'a pas cessé depuis de représenter le canton de Dieppe, comme candidat républicain. Il fut nommé juge suppléant en 1876 et en 1878 juge au tribunal de Rouen. Élu député de la seconde circonscription de Dieppe le 15 juin 1879, en remplacement de M. Lebourgeois, décédé, il s'inscrivit au groupe de la gauche républicaine et fut réélu sans concurrent le 21 août 1881. M. Trouard-Riolle a été élu député de la Seine-Inférieure le 4 octobre 1885 et a voté l'expulsion des princes.

TROUBAT, Jules, littérateur français, né à Montpellier le 19 septembre 1836, y fit ses études. Il vint à Paris en 1858, muni de son diplôme de bachelier ès lettres et s'y lia bientôt avec M. Champfleury, qu'il avait déjà vu à Montpellier. M. Champfleury lui fit faire des recherches pour lui à la Bibliothèque nationale et le présenta à M. Arsène Houssaye, qui le chargea des comptes rendus des ventes de tableaux à l'hôtel Drouot pour l'*Artiste* (sous le pseudonyme de Hérand). Enfin ce fut chez M. Champfleury qu'en 1861 le docteur Veyne, ami et médecin de Sainte-Beuve, vint le chercher pour le présenter à l'illustre académicien, qui avait alors besoin d'un nouveau secrétaire. M. Troubat resta auprès de Sainte-Beuve jusqu'à sa mort (13 octobre 1869). — L'ancien secrétaire se voua dès lors à la mémoire de son maitre, qui l'avait fait son légataire universel et l'un de ses exécuteurs testamentaires. Il a combattu en son honneur, notamment contre le vicomte d'Haussonville ; il a réfuté particulièrement un livre de ce dernier dans une Vie de Sainte-Beuve publiée en tête d'une édition définitive, en deux volumes, du Tableau de la poésie française au XVIe siècle (Paris, Lemerre). On a aussi de M. Troubat un volume intitulé Souvenirs et indiscrétions. Le dîner du vendredi-saint. Mais une mission non moins délicate et dont il s'est acquitté de son mieux, a été de continuer la publication des œuvres posthumes de Sainte-Beuve : il a mis des notes et des préfaces à quelques-unes. La dernière de ces publications a été la Correspondance générale du célèbre écrivain.

En dehors de ces travaux, M. Troubat a publié une édition des Œuvres choisies de Piron, avec une analyse de son théâtre et des notes (1866) ; Histoire de Jean l'ont pris, conte languedocien du XVIIIe siècle, traduit de l'abbé Favre et précédé d'une notice (1877) ; le Gabach, type populaire du Midi, la Danse du chevalet, d'après un vase antique du musée de Béziers ; Plume et pinceau, études de littérature et d'art (1878), etc. M. Troubat a écrit dans divers journaux et recueils périodiques : la Revue politique et littéraire, la Chronique des arts, l'Evénement, l'Art, la Vie littéraire, la Renaissance de 1872, etc., etc. Pendant le siège de Paris il envoyait des articles patriotiques au Combat, ce qui fut cause plus tard d'une dénonciation contre lui dans les journaux réactionnaires, à la chute de la Commune. Cette dénonciation resta sans effet. Il a enfin donné à la République du Midi des chroniques hebdomadaires et littéraires. — M. Champfleury a dédié son livre sur les Chats à M. Troubat, et Sainte-Beuve lui a consacré quelques lignes affectueuses dans l'article sur ses secrétaires qui termine le tome IV de ses Nouveaux lundis. M. Troubat était attaché, comme secrétaire, à la librairie Deutu, lorsqu'il fut nommé bibliothécaire du palais de Compiègne, en décembre 1878.

TRUBERT. Eugène Pierre Gabriel, homme politique français, né à Paris le 10 novembre 1845. Ancien auditeur au Conseil d'État, il était élu en 1871 au Conseil général de Tarn-et-Garonne, où il représente le canton de Valence. Après avoir échoué dans l'arrondissement de Moissac, où il se présentait comme candidat monarchiste, aux élections du 20 février 1876, il était nommé, après le 16 mai 1877, chef-adjoint du cabinet de M. de Broglie. Aux élections du 14 octobre 1877, M. Trubert fut élu député de Moissac ; son élection ayant été invalidée, il fut réélu le 7 juillet 1878, et prit place au centre droit. Il échoua, par exemple, aux élections du 21 août 1881. Le 4 octobre 1885, M. Trubert figurait sur la liste monarchiste, qui triompha au premier tour, dans le Tarn-et-Garonne. Cette élection fut bien annulée par la Chambre le 21 novembre suivant, mais la liste des invalidés ne perdit qu'un de ses membres à l'épreuve décisive, et ce n'est pas M. Trubert.

TRUEBA Y LA QUINTANA (de), Antonio, poète espagnol, né à Sopuerta, village de Biscaye, le 24 décembre 1821. Fils de paysans, il travailla aux champs avec sa famille, « chantant sous les cerisiers », suivant son expression, c'est-à-dire rimant déjà à ses heures de loisir, jusqu'à l'âge de quinze ans. Il se rendit alors à Madrid, où il entra comme employé chez un de ses parents, marchand de cette ville, étudia avec courage dans les moments de loisir et réussit à compléter des études très élémentaires et à prendre ses grades à l'Université. En 1847, M. de Trueba, qui s'était déjà fait connaître par la publication de plusieurs chansons et pièces lyriques dans la presse périodique, abandonna les affaires pour la littérature et entra dans la presse madrilène. Il a adressé de nombreuses contributions littéraires intéressantes à divers journaux de l'Amérique espagnole, ainsi que des poésies. — Outre son Livre des chants (Libro de los Cantares), dont les nombreuses éditions, sans cesse augmentées, contiennent son œuvre poétique à peu près entière, on doit à M. de Trueba un certain nombre de recueils de nouvelles et de contes et quelques romans. Ce sont : Contes couleur de rose, Contes villageois, Contes des vivants et des morts, Contes populaires ; le Cid campeador, les Filles du Cid, la Colombe et les faucons, le Rédempteur moderne, romans, etc. Ses chants et chansons, devenus populaires, parce qu'ils chantent les joies et les douleurs du peuple ou retracent ses mœurs, ses coutumes, ses croyances, ses superstitions, l'ont fait surnommer le « Béranger espagnol ».

TRUPHÈME. François, sculpteur français, né en 1820 à Aix-en-Provence, élève de M. Bonnassieux. Nous citerons parmi les ouvrages de cet artiste : l'Amant malheureux, statue ; les Adieux d'Olbrower et de Rusla, groupe (1850) ; Nymphe désarmant l'Amour (1852) ; Ariane attachée aux rochers, statue en marbre ; André Chénier, statuette (1852) ; Mirabeau, statue en bronze (1857) ; Rêverie, statue en marbre (1859) ; Nécra statue (1861) ; le Berger Lycidas, statue en plâtre (1863) ; la même en marbre (1865) ; Jeune fille à la source (1864) ; Vénus grondant l'Amour (1866) ; Olympie liée à un arbre, statuette (1867) ; Flore, Saint Thaddée (1868) ; le Moineau de Lesbie, statue en plâtre (1870) ; le Printemps, statue en marbre (1873) ; le Moineau de Lesbie en marbre et l'Invocation, statue en plâtre (1874) ; Jochabed et Moïse, groupe en plâtre (1875) ; Discrétion, statue en marbre et Portrait de Mme Stern de Jongle, buste en terre cuite (1876) ; l'Invocation, en marbre (1877) ; l'Oiseleur, l'autour et l'alouette, statue en plâtre (1878) ; la Comédie, statue en plâtre (1879) ; Félicien David et Condorcet, bustes en plâtre (1880) ; l'Oiseleur, l'autour et l'alouette, en plâtre (1882) ; Mireille, statue en terre cuite (1883) ; Gitane et Diderot, statues en plâtre (1884) ; Tonnette, buste en plâtre et Bailly, statuette en plâtre (1885) ; Hi! Blanchette, groupe en plâtre ; Marie Touchet, dame d'Entragues, buste en plâtre (1886) ; outre de nombreux bustes, et de plus : l'Automne et la Pêche, pour le nouveau Louvre ; Théocrite, pour le pavillon de Marsan, aux Tuileries ; les Heures du soir, pour l'Opéra ; Sainte-Geneviève, statue en pierre pour l'église Sainte-Clotilde et d'autres ouvrages décoratifs pour divers édifices. — M. Truphème a obtenu une médaille de 3e classe en 1859, des médailles en 1864 et 1865, et la croix de la Légion d'honneur en 1880.

TURENNE (vicomte de), Léo, homme politique français, grand propriétaire agriculteur, né à Paris le 3 septembre 1849. Conseiller général de l'Orne pour le canton de Courtomer, vice-président du comice agricole d'Alençon, président de la Société normande d'encouragement pour l'amélioration des races chevalines, M. le vicomte de Turenne a été élu député de l'Orne, sur la liste monarchiste, le 18 octobre 1885.

TURIGNY, Jean Placide, médecin et homme politique français, né à Chantenay (Nièvre), dont il devint maire, le 17 janvier 1822. Rédacteur de la Tribune nivernaise, après avoir échoué aux élections du 8 février 1871, M. le docteur Turigny était élu représentant de la Nièvre à une élection partielle du 27 avril 1873 ; son élection ayant été invalidée, il fut réélu le 12 octobre suivant avec une majorité plus considérable de 6,000 voix. Il a été élu député de la 2e circonscription de Nevers le 20 février 1876. Dans ces deux Chambres, le docteur Turigny siégea à l'extrême gauche ; dans la première, après avoir voté les lois constitutionnelles du 25 février 1875, il repoussa les lois complémentaires ; il a voté l'amnistie plénière dans la seconde. M. Turigny a été réélu le 14 octobre 1877 et le 21 octobre 1881. Le 4 octobre 1885, il était élu député de la Nièvre en tête de la liste radicale. Il a voté l'expulsion totale des princes. Le docteur Turigny, qui a collaboré à divers journaux républicains, a publié quelques brochures, parmi lesquelles on cite, notamment : André le paysan et la Politique de Jean Guêtré. — Il est maire de sa commune natale et représente le canton de Saint-Pierre-le-Moustier au Conseil général de la Nièvre.

TURQUET, Edmond Henri, ancien magistrat et homme politique français, né à Senlis le 31 mai 1836, fit son droit à Paris et entra dans la magistrature. Successivement substitut à Clermont, à Saint-Quentin, à Beauvais, il était procureur impérial à Vervins lorsque, à la suite de discussions assez vives avec le préfet de l'Aisne, relativement à la fondation d'une école dans la prison de cette ville, il donna sa démission le 16 décembre 1868. Cet acte d'indépendance et de dignité valut au jeune magistrat l'approbation de tous les esprits libéraux. Aux élections suivantes, il se présenta contre le candidat « agréable », dans la 3e circonscription de l'Aisne ; mais il échoua, combattu à outrance par l'administration, avec 12,283 voix. Pendant le siège de Paris, M. Turquet fit partie des Éclaireurs de la Seine, comme sergent-major ; il prit part à plusieurs combats, reçut trois blessures, fut cité à l'ordre du jour et enfin décoré après l'affaire de la Malmaison. Élu représentant de l'Aisne à l'Assemblée nationale, le sixième sur onze, il prit place à gauche et se fit inscrire aux réunions de la Gauche et de l'Union républicaines. Arrêté à Paris, le 18 mars, avec le général Chanzy, par une bande d'énergumènes appartenant aux bataillons de la garde nationale, il fut délivré grâce à l'intervention d'un membre du Comité central, et plus tard de la Commune, Léo Meillet, dont il favorisa la fuite à son tour après l'écrasement de l'insurrection. Aux reproches que lui en adressèrent quelques-uns de ses plus doux collègues, il s'expliqua très nettement sur ce prêté rendu, sans réussir peut-être à se faire bien comprendre d'eux. — M. Turquet a été élu député de la 2ᵉ circonscription de Vervins, le 20 février 1876, par 8,115 voix contre 2.277 obtenues par son concurrent réactionnaire ; le 14 octobre 1877, il obtenait 5,000 voix de plus que le candidat de l'administration, et était réélu le 21 août 1881 sans concurrent. Enfin, il a été élu député de l'Aisne le 4 octobre 1885, le deuxième sur huit et a voté l'expulsion des princes.

M. Edmond Turquet, qui a fait à plusieurs reprises partie de la commission du budget, avait été nommé membre de la Commission supérieure des beaux-arts, lorsqu'il fut appelé au ministère de l'instruction publique, comme sous-secrétaire d'Etat spécialement chargé de la direction des beaux-arts, par M. Jules Ferry, en février 1879 ; dépossédé de ses fonctions pendant le passage aux affaires du cabinet Gambetta, il les reprit avec M. Ferry, et les conserva avec M. René Goblet dans le cabinet H. Brisson et dans le cabinet de Freycinet actuellement au pouvoir. — M. Turquet représente le canton de Sains au Conseil général de l'Aisne. Nommé président de la Société des sauveteurs de la Seine en décembre 1878, il en est aujourd'hui président honoraire.

TÜRR, Stephen, général hongrois, né à Baja, en 1825. Entré de bonne heure dans l'armée autrichienne, il était parvenu au grade de lieutenant au régiment de l'archiduc François-Charles, stationné en Italie, au début de la guerre de 1848. A cette époque, la Hongrie soulevée ayant fait appel à tous ceux de ses enfants servant sous le drapeau autrichien, le lieutenant Türr n'hésita pas ; il quitta Buffalora, où se trouvait son régiment, en janvier 1849, passa du côté des Piémontais, et fut nommé colonel de la Légion hongroise dans l'armée sarde. Après le désastre de Novare, il se rendit à Bade avec sa légion presque tout entière et fit avec elle et plusieurs bataillons badois toute la campagne révolutionnaire. Après l'écrasement de l'insurrection allemande, les Hongrois se réfugièrent en Suisse, d'où le gouvernement les aida à se rendre aux Etats-Unis. Mais le colonel Türr, malade, dut rester et vécut pendant quatre ans en Suisse d'une petite pension que lui faisait le gouvernement sarde. Lorsque la guerre d'Orient éclata, il fit d'actives démarches pour obtenir une position dans l'armée d'Omer Pacha ; n'ayant pu y parvenir, il prit toutefois part à plusieurs batailles, notamment à celle de la Tchernaïa, comme simple volontaire, et obtint une commission de l'officier anglais chargé du service des transports. Etant à Bucarest pour affaire de service, il fut saisi par les autorités autrichiennes, dirigé sur Vienne, traduit comme déserteur devant une cour martiale et condamné à mort. Les démarches actives des gouvernements anglais et français, qui n'avaient pu aboutir avant le procès, bien que l'arrestation du colonel Türr dans ces circonstances fut absolument illégale, réussirent à faire commuer la peine prononcée en celle du bannissement perpétuel. Ce résultat fut dû surtout aux remontrances énergiques, pour ne pas dire aux menaces, du gouvernement anglais ; mais que penser d'une autorité quelconque s'emparant d'un banni volontaire, et le réintégrant de force dans son pays, pour se donner le plaisir de le bannir dans les formes ensuite ? La plupart des arrêts politiques, lorsqu'ils ne se distinguent pas par une cruauté déraisonnable, ne dépassent pourtant pas ce niveau intellectuel. — Le colonel Türr, rendu au bannissement, retourna en Turquie en 1856, et prit part à l'insurrection des Tcherkesses. Lors de la guerre de l'indépendance italienne, il accourut pour y prendre part, entra dans l'état-major de Garibaldi avec son grade de colonel, et combattit aux côtés du général pendant toute la campagne, jusqu'à ce qu'il eût reçu, à Brescia, une blessure très grave au bras gauche qui le contraignit au repos. En mai 1860, quoique non encore guéri de sa blessure, il accompagna en qualité d'aide de camp Garibaldi dans l'expédition de Sicile et fut promu général de division devant Palerme. L'année suivante, en reconnaissance des services rendus à la cause italienne, le général Türr était nommé général de division dans l'armée régulière, par Victor-Emmanuel, qui lui confiait en même temps le gouvernement de la ville et de la province de Naples. Le général Türr épousait en septembre 1861 la princesse Adeline Bonaparte-Wyse, cousine de Napoléon III, avec laquelle il alla s'établir à Pallanza.

Il a fait depuis plusieurs voyages en Roumanie, lesquels ayant un but évidemment politique, furent considérés comme compromettants pour les relations diplomatiques du gouvernement italien. En conséquence le général Türr donna sa démission en 1864. Rentré en Hongrie après 1866, le général Türr s'occupa d'études de canalisation à exécuter dans son pays. Toujours en relations étroites avec les hommes d'Etat et le roi d'Italie, de même qu'avec Napoléon III, il s'employa activement, en outre, à la conclusion d'une triple alliance entre la France, l'Autriche et l'Italie, et il semble qu'il y fût parvenu sans la précipitation affolée avec laquelle l'intérêt dynastique fit décider la guerre, sans préparation et avec des alliances en perspective seulement, précipitation qui paralysa du coup tous ses efforts et rendit comme non avenus les résultats obtenus déjà. La lumière a été produite sur ces faits et sur les tristes personnages qui remplissaient les grands premiers rôles à cette époque néfaste, lorsque le prince Napoléon, dans un article publié à la *Revue des Deux Mondes*, en 1878, accusa de nos malheurs la diplomatie de l'Empire, et que le duc de Gramont, en réponse à cet article, envoya à la même revue une relation des faits contenant une explication du rôle qu'il y avait joué tournée de façon à se disculper entièrement de l'accusation. M. de Gramont ayant parlé, dans sa réponse au prince Napoléon, du rôle du général Türr en même temps que du sien, celui-ci adressa de Buda-Pesth, 2 mai 1878, une lettre explicative au *Journal des Débats*, laquelle, pour toute personne impartiale, et considérant les résultats publiquement connus, est l'expression même de la vérité. Il ressort de cette lettre que ce n'est pas, à proprement parler, la diplomatie de l'Empire qui est coupable de nos désastres, mais le gouvernement d'alors, et plus spécialement le duc de Gramont, ministre des affaires étrangères de France, la veille encore ambassadeur à Vienne. Il est mort, et nos récriminations ne peuvent plus atteindre que sa mémoire. — Quant au général Türr, il poursuit ses travaux de canalisation, en Amérique maintenant. — Il a publié : *Arrestation, procès et condamnation du général Türr*, racontés par lui-même (1863) ; la *Maison d'Autriche et la Hongrie (1865)* ; la *Question des nationalités (1867)*, et des brochures de circonstance sur des sujets fort divers.

TURREL, Adolphe Jean, homme politique français, né à Ornaisons, canton de Lézignan (Aude) le 28 mars 1856. Il vint faire son droit à Paris, prit le grade de licencié et entra, comme auditeur, au Conseil d'Etat, ayant été admis le second au concours de 1881. Après s'être présenté, sans succès, à une élection partielle ouverte dans l'arrondissement de Narbonne en 1883, M. Turrel se présentait aux élections d'octobre 1885, sur une des listes républicaines de l'Aude, et il fut élu au scrutin du 18. Il ne s'est inscrit à aucun groupe, mais a voté l'expulsion des princes.

TYLOR, Edward Burnett, philosophe et ethnologue anglais, né à Camberwell (Londres) le 2 octobre 1832, fit ses études à l'Ecole des quakers de Tottenham. On doit à M. Tylor : *Anahuac, ou le Mexique et les Mexicains (1861)* ; *Recherches sur l'histoire de l'humanité (1865)* ; *Civilisation primitive, Etudes sur le développement de la mythologie, de la philosophie, des religions, des arts et des coutumes* (1871, 2 vol.), ouvrage traduit en français par Mᵐᵉ P. Brunet (1876) ; *Anthropologie, introduction à l'étude de l'homme et de la civilisation (1881)*, etc. — M. Tylor est membre de la Société royale de Londres depuis 1871 ; il a reçu, de l'université de Saint-André, le diplôme de docteur en lois, en 1873, et de l'université d'Oxford celui de docteur en droit civil en 1875 ; il a été nommé, en 1885, conservateur du musée de l'université d'Oxford et chargé d'un cours d'anthropologie à cette université. M. Tylor est enfin président de la Société anthropologique de Londres.

TYNDALL, John, physicien anglais, né en 1820 à Leighlin-Bridge, près de Carlow (Irlande), de parents peu fortunés, qui lui donnèrent toutefois l'instruction en rapport avec leurs ressources. Le jeune homme, qui avait de grandes dispositions pour les études scientifiques, acquit quelques notions de mathématiques et, arrivé à dix-neuf ans, au comité d'artillerie en qualité d'« assistant civil ». En 1844, il entrait chez un ingénieur-constructeur de Manchester s'occupant principalement de chemins de fer, et en 1847, acceptait la position d'instituteur dans une institution nouvellement fondée dans le Hampshire, sorte d'école préparatoire aux écoles techniques. Il y fit la rencontre du chimiste Frankland, avec lequel il se lia et commença les recherches et les expériences qui ont fini par le placer au premier rang des savants de notre époque. En 1848, les deux amis quittaient ensemble l'Angleterre pour l'Allemagne, et suivirent les cours de Bunsen et d'autres professeurs éminents alors attachés à l'université de Marbourg (Hesse-Cassel); après quoi M. Tyndall se rendit à Berlin et entra dans le laboratoire de Magnus, où il poursuivit ses recherches, principalement sur les phénomènes du diamagnétisme, la polarisation diamagnétique, les propriétés magnéto-optique des cristaux, et les rapports du magnétisme et du diamagnétisme avec l'affinité moléculaire, recherches sur lesquelles il écrivit plus tard un ouvrage d'une grande importance. Elu membre de la Société royale de Londres en 1852, M. Tyndall était nommé l'année suivante professeur de physique à l'Institution royale de la Grande-Bretagne, dont il devint directeur en 1867, en remplacement de l'illustre Michel Faraday, décédé. En 1856, il explorait avec le professeur Huxley les glaciers de la Suisse, et les deux savants publiaient ensemble leurs observations sur la forme et le mouvement des glaciers; M. Tyndall reprenait seul ses expériences en 1857, 1858 et 1859; dans cette dernière année, il arrivait à Chamounix le soir de Noël, au milieu d'une neige épaisse, mais bravant tout pour le but scientifique qu'il se proposait: l'étude des transformations de la mer de glace en hiver. Cette même année 1859, l'infatigable savant abordait ses recherches si fécondes sur la chaleur rayonnante, qu'il a analysées dans de nombreux mémoires publiés dans les *Philosophical Transactions*. M. Tyndall a reçu la médaille Rumford de la Société royale. Il est membre de nombreuses sociétés nationales et étrangères et docteur des universités de Cambridge (1855), d'Édimbourg (1866) et d'Oxford (1873). En 1872, le professeur Tyndall fit une très fructueuse excursion aux États-Unis, faisant des conférences scientifiques dans les principales villes; il peut compter parmi les trois ou quatre *lecturers* européens, et l'un des premiers, qui se sont fait un renom sérieux de l'autre côté de l'Atlantique. Ses *lectures* qui ont rapporté, brut, 115,500 francs, lui ont au reste laissé entre les mains, tous frais déduits, un bénéfice net de 65.000 fr. Le docteur Tyndall remit, avant de quitter l'Amérique, cette somme à un comité autorisé à en faire servir les intérêts à venir en aide aux savants qui se dévouent à des recherches originales. Au mois d'août 1874, M. Tyndall présidait l'assemblée annuelle de l'Association britannique réunie à Belfast, et l'Institut de Birmingham et du Midland en 1877. Il a été attaché quelque temps, comme conseil scientifique, au Bureau du commerce et à l'administration des phares, fonctions qu'il a résignées en 1883.

On doit à ce savant: les *Glaciers des Alpes (1860)*; *Ascensions de montagnes (1861)*; un *Voyage des vacances (1862)*; la *Chaleur considérée comme une forme du mouvement (1863)*; *Du rayonnement (1865)*; le *Son*, série de huit leçons professées à l'*Institution royale de la Grande-Bretagne (1867)*; *Faraday inventeur (1868)*; *Fragments sur les sciences*, *Notes sur l'électricité (1870)*; *Notes sur la lumière*, *Heures d'exercice dans les Alpes (1871)*; les *Formes de l'eau dans les nuages et dans les cours d'eau*, *la glace et les glaciers (1872)*; *Discours prononcé à Belfast devant l'Association britannique*, avec des additions et une préface (1874); *Leçons sur l'électricité*, *professées à l'Institution royale en 1875-76 (1877)*; *Essais sur les matières flottant dans l'air*, *dans leurs rapports avec la putréfaction et l'infection (1881)*, etc. Les principaux ouvrages de M. Tyndall ont été traduits en français par l'abbé Moigno, qui a donné, en outre, sous ce titre: les *Microbes*, un volume où sont réunis un certain nombre de mémoires de MM. Tyndall et Pasteur, sur la fermentation, la putréfaction et les poussières en suspension dans l'air.

U

UCHARD, Mario, littérateur français, né à Paris en 1824; il épousa en 1853 Mlle Madeleine Brohan, sociétaire de la Comédie française, union qui lui inspira sans doute le goût de la littérature dramatique, dans laquelle il réussit assez convenablement du reste, mais qui a été rompue par le divorce en décembre 1884. — On doit à M. Mario Uchard dans cet ordre de travaux: la *Fiammina*, drame en quatre actes, joué au Théâtre-Français (1857); le *Retour du mari*, quatre actes, même théâtre (1858); la *Seconde jeunesse*, comédie en quatre actes, au Vaudeville (1859); la *Postérité d'un bourgmestre*, « extravagance » en un acte, signée « Durand », aux Variétés, et la *Charmeuse*, drame en quatre actes, au Vaudeville (1864), etc. Il a publié également plusieurs romans d'une valeur littéraire réelle : *Raymond (1861)*; le *Mariage de Gertrude (1862)*; *J'avais une marraine (1863)*; la *Comtesse Diana (1864)*; une *Dernière passion (1867)*; *Jean de Chazol (1869)*; *Tamara*, comédie (1870); *Mon oncle Barbassou (1876)*; l'*Etoile de Jean (1878)*; *Inès Parker (1880)*; *Mademoiselle Blaisot (1884)*; *Joconde Berthier (1886)*, etc.

UGALDE, Delphine Beaucé, dame Ugalde, puis dame Varcollier, cantatrice française, née à Paris le 3 décembre 1829. L'excellent guitariste et éditeur de musique Porro était son grand-père et sa mère, Mlle Porro, très bonne musicienne, soigna d'une manière toute spéciale son instruction artistique, qu'elle lui doit presque entièrement. Elle parut pour la première fois en public à la salle Chanterêine, petite scène d'amateurs située rue de la Victoire, puis chanta quelque temps au café du Géant, boulevard du Temple. M. Limnander l'ayant remarquée, la fit engager à l'Opéra national pour jouer le principal rôle dans les *Monténégrins*; mais la révolution de Février survint, qui porta un coup fatal au nouveau théâtre, et les *Monténégrins* émigrèrent à l'Opéra-Comique, emmenant avec eux Mlle Beaucé, qui y fut engagée aussi tôt. Elle débuta dans le *Domino noir* avec succès, puis parut dans l'*Ambassadrice*; elle créa ensuite plusieurs rôles qui lui firent beaucoup d'honneur, dans le *Caïd*, les *Monténégrins (1849)*; le *Toréador*, la *Fée aux roses*, le *Songe d'une nuit d'été (1850)*; la *Dame de pique (1851)*; la *Tonelli (1853)* et surtout *Galathée (1854)*, qui fut son triomphe. Une grave maladie des cordes vocales vint arrêter à ce moment l'essor de l'artiste et l'éloigner de la scène. Après quelque repos cependant, et ayant été forcée d'abandonner l'Opéra-Comique, elle entra aux Variétés et y joua le rôle de Roxelane dans les *Trois sultanes* de Favart, comédie transformée en opéra comique, avec musique nouvelle de MM. Nargeot et Jules Cressi. Après un séjour de quelques mois en Italie, elle revint en France et rentra à l'Opéra-Comique à la fin de l'année 1854. Elle y retrouva ses succès d'autrefois, fut rengagée et créa, entre autres rôles, celui de l'*Amour*, dans *Psyché (1857)*. L'année suivante, Mme Ugalde était engagée au Théâtre-Lyrique, pour y jouer le rôle de la comtesse dans les *Noces de Figaro*; elle y créa la *Fée Carabosse* et *Gil Blas (1860)*, où elle retrouva tous ses succès passés, puis elle rentra à l'Opéra-Comique, fit ensuite une apparition à la Porte Saint-Martin, où l'on arrangea pour elle un rôle chantant dans la *Biche au bois*, et fut engagée par M. Varney aux Bouffes-Parisiens, où elle fit deux créations excellentes dans les *Bavards* et les *Géorgiennes*.

Devenue veuve en 1858, Mme Ugalde venait de se remarier avec M. Varcollier, lorsqu'elle prit avec celui-ci la direction des Bouffes, en septembre 1866. Pendant sa direction, qui dura un peu plus de six mois, elle reprit le rôle d'Eurydice d'*Orphée aux enfers*, créa un rôle important dans les *Chevaliers de la Table ronde* et fit représenter une opérette dont elle avait écrit la musique : une *Halte au moulin* (11 janvier 1867). Depuis cette époque, M⁰ᵉ Ugalde a fait quelques tournées artistiques en province. Engagée par M. Martinet au Théâtre-Lyrique (salle de l'Athénée), elle y jouait au pied levé le rôle du prince Charmant dans *Javotte* (Cinderella), le 22 décembre 1871 ; au mois d'avril suivant, ce théâtre fermait ses portes. M⁰ᵉ Ugalde a repris en 1884, et conservé jusqu'ici, la direction des Bouffes-Parisiens, abandonnée forcément par M. Gaspari succédant à M. Cantin. — Cette artiste très distinguée a formé plusieurs élèves, dont M⁰ᵉ Marie Sass (voyez ce nom) est la plus remarquable.

ULBACH, Louis, littérateur et journaliste français, né à Troyes le 7 mars 1822, y commença ses études, qu'il vint achever d'une manière brillante à Paris, et débuta dans la carrière littéraire, en 1844, par un volume de poésies intitulé : *Gloriana*. Admis dès lors chez Victor Hugo, il collabora à l'*Artiste* et au *Musée des familles* jusqu'en 1848, époque où il alla fonder à Troyes le *Propagateur de l'Aube*. Il publia dans ce journal une série de lettres politiques signées « Jacques Souffrant, ouvrier », suivie d'une série de *Réponse à Jacques Souffrant*, signées Ulbach, qui furent très remarquées. Ces lettres furent ensuite réunies en deux volumes (1850-51). Le coup d'État de Décembre ayant fait disparaître le *Propagateur de l'Aube*, M. Ulbach revint à Paris et entra à la *Revue de Paris*, dont il devint directeur en juin 1853. Après la suppression de cette revue, en 1858, M. Louis Ulbach, tout en publiant plusieurs romans, collabora à divers journaux. A la fondation du *Temps*, en 1861, il fut chargé du feuilleton dramatique de ce journal ; il le quitta en 1867 et écrivit principalement au *Figaro* quotidien, surtout une série de *Lettres de Ferragus*, sur les hommes et les choses du temps, qui fit une notoriété telle à ce pseudonyme, qu'il s'en servit pour publier la *Cloche*, brochure satirique hebdomadaire, fondée sur le modèle de la *Lanterne*, fondée en août 1868. Après s'être attiré, au moyen de cet appareil, six mois de prison et 1,000 francs d'amende, il transformait la *Cloche* en un journal quotidien, dont le premier numéro parut le 19 décembre 1869. La *Cloche* quotidienne devint rapidement un des bons journaux de l'opposition démocratique. Quelques jours après l'investissement de Paris, elle disparut momentanément, faute de papier, et son directeur remplit les fonctions de secrétaire de section à la commission des barricades. Elle reparut vers la fin de janvier 1871 et fit une bonne campagne électorale. Le 19 mars, lorsque le citoyen Le Moussu, commissaire de l'ex-police se présenta, dûment escorté, à l'imprimerie Dubuisson, pour empêcher l'impression du *Figaro*, M. Louis Ulbach, qui se rendait à la *Cloche*, s'informa de ce qui se passait. Lorsqu'il l'eut appris, il protesta avec énergie et déclara regretter que la *Cloche* ne fût pas, au lieu du *Figaro*, l'objet des mesures annoncées. « Je me tiendrais pour honoré, ajouta-t-il, d'être persécuté dans de telles conditions, par de telles gens. » Il y avait quelque courage à tenir un langage pareil à ces « gens » ; cependant ils ne relevèrent pas l'apostrophe. Ce ne fut que le 19 avril, qu'un arrêté portant suppression de la *Cloche* et de trois autres journaux parut à l'*Officiel*. En même temps, le délégué de l'ex-police Pilotell, en voie de se faire un bien triste renom, recevait le mandat de perquisitionner dans les bureaux des journaux condamnés et chez leurs directeurs, de saisir les numéros sous presses, de briser celles-ci au besoin, et singulièrement d'arrêter M. L. Ulbach. Mais M. Ulbach, prévenu à temps, était en lieu sûr, chez un de ses plus vieux amis, Laurent-Pichat. Après l'écrasement de la Commune, M. Ulbach quitta son refuge et fit reparaître son journal. Cité comme témoin à décharge, par un de ses anciens collaborateurs, M. H. Duprat, devant le 3ᵉ conseil de guerre, il n'hésita pas à s'y rendre, et y gagna d'être accusé par l'un des membres du conseil d'avoir été favorable à la Commune. Indigné et ne pouvant répondre sur-le-champ, il protestait le lendemain dans la *Cloche* contre « calomnie ». Le 3ᵉ conseil de guerre, juge et partie, lui infligea pour la peine trois ans de prison et 6,000 francs d'amende, réduits à trois mois et 3,000 francs par le 4ᵉ conseil, après cassation (janvier 1872). – En décembre 1872, M. Louis Ulbach céda la *Cloche*, qui changea de nom et disparut peu de temps après. Il avait été chargé vers cette époque d'adresser un « courrier de Paris » hebdomadaire à l'*Indépendance belge*, et l'a continué depuis. Il a collaboré en outre à la *Revue politique et littéraire*, au *Ralliement* et surtout au *Figaro*. — Aux élections complémentaires du 2 juillet 1871, M. L. Ulbach s'était porté candidat à Paris, mais sans succès. Nommé bibliothécaire à la bibliothèque de l'Arsenal, en remplacement d'Hipolyte Lucas, en décembre 1878, il y est devenu conservateur-adjoint en décembre 1884. Chevalier de la Légion d'honneur depuis février 1877, il a été promu officier le 10 juillet 1885.

Outre ses travaux de journaliste et les ouvrages cités, on doit à M. Louis Ulbach : *Philosophie maçonnique* (1852) ; *Argine Piquet* (1853) ; *l'Homme aux cinq louis d'or* (1854) ; *Suzanne Duchemin* (1855) ; les *Roués sans le savoir* (1856) ; *Écrivains et hommes de lettres* (1857) ; la *Voix du sang*, les *Secrets du diable* (1858) ; *l'Ile des rêves*, *Pauline Foucault* (1859) ; *M. et M⁰ᵉ Fernel* (1860), roman qui eut un grand succès, fut transporté à la scène, sous forme de drame en 4 actes, par M. H. Crisafulli, et joué au Vaudeville en 1864 ; *Histoire d'une mère et de ses enfants*, *M⁰ᵉ Gottlieb* (1861) ; *Françoise*, le *Mari d'Antoinette* (1862) ; *Causeries du dimanche* (1863) ; *Louise Tardy*, *Mémoires d'un inconnu*, le *Prince Bonifacio*, la *Dame blanche de Bade* (1864) ; *l'Amour et la mort*, nouvelles ; le *Parrain de Cendrillon* (1865) ; le *Jardin du chanoine* (1866) ; la *Chauve-souris*, les *Parents coupables* (1867) ; la *Cocarde blanche* (1868) ; *Lettres de Ferragus* (1869) ; *Voyage autour de mon clocher* ; *Lettres d'une honnête femme* (signées Madeleine), le *Sacrifice d'Aurélie* (1873) ; la *Ronde de nuit*, les *Compagnons du Lion dormant*, la *Maison de la rue de l'Échaudé* (1874) ; le *Livre d'une mère*, le *Secret de M⁰ᵉ Chagnier*, les *Cinq doigts de Birouck* (1875) ; *Aventures de trois grandes dames de la cour de Vienne* (1876, 2 vol.) ; *Mémoire d'un assassin* (1876-77, 2 vol.) ; le *Baron américain* (1877) ; *M⁰ᵉ Gosselin*, le *Comte Orphée* (1878) ; *l'Homme au gardénia*, *l'Espion des écoles* (1884) ; *l'Amour moderne*, recueil de nouvelles ; *Espagne et Portugal* (1886), etc. M. Ulbach a fait représenter à l'Odéon le *Doyen de Saint-Patrick*, drame en 5 actes, tiré du roman de Léon de Wailly, et *M. et M⁰ᵉ Fernel*, comédie en 4 actes, tirée de son propre roman, avec l'aide de M. M. H. Crisafulli, en 1864, au Vaudeville. Il a publié encore, sous la signature « Ferragus », une série de *Portraits contemporains*. — M. Ulbach présidait le congrès littéraire réuni à Bruxelles le 30 septembre 1884. Il est, du reste, président de Société littéraire internationale.

ULLATHORNE William Bernard, prélat catholique anglais, né à Pocklington, dans le comté d'York, le 7 mai 1806, fit ses études au collège Saint-Grégoire, à Downside, près de Bath, fut ordonné prêtre et partit comme missionnaire en Australie, en 1832. Le zèle qu'il déploya parmi les transportés qu'il était aller évangéliser, le fit nommer, jeune encore, vicaire général. Après avoir visité l'île de Norfolk et obtenu la nomination d'un évêque catholique dans cette colonie, il revint en Angleterre. En 1846, il était nommé vicaire apostolique du district occidental de l'Angleterre et consacré évêque de Hetalona, *in partibus*. A la restauration de la hiérarchie catholique, en 1850, M. Ullathorne fut nommé au siège épiscopal de Birmingham. — Il a publié: *Réponse au juge Burton* (1836) ; les *Horreurs de la transportation*, la *Mission australienne* (1838) ; *Pèlerinage de la Salette* (1854) ; *l'Immaculée Conception* (même année) ; *Pèlerinage au monastère de Subiaco et à la grotte de saint Benoist* (1856) ; *Lettres sur l'Association pour le développement de l'union chrétienne* (1865) ; *Conférences sur la vie conventuelle* (1868) ; *Lettres sur le concile et l'infaillibilité papale* (1870) ; *l'Expostulation de M. Gladstone réduite à néant*, *Histoire de la restauration de la hiérarchie ecclésiastique catholique*, en Angleterre (1875) ; *Fondements des vertus chrétiennes* (1882), etc.

V

VACHER, Léon Cléry, journaliste et homme politique français, medecin, né à Treignac (Corrèze) le 28 mars 1832. Docteur en médecine de la faculté de Paris depuis 1864, M. Vacher s'est établi à Paris comme praticien ; il s'est également beaucoup occupé d'économie politique ; il a collaboré notamment au journal de la Société de statistique de Paris, au *Contribuable* et à la *République* de Brive, à la *Réforme économique*, etc. Il fut élu député de la 1re circonscription de Tulle, le 20 février 1876 et siégea à gauche, puis réélu le 14 octobre 1877, contre M. Lachaud, le célèbre avocat, bonapartiste, et le 21 août 1881 sans concurrent. Porté sur la liste radicale de la Corrèze, aux élections du 4 octobre 1885, M. le Dr Vacher a été élu en tête de cette liste. Il a voté l'expulsion totale des princes. — On lui doit : *Étude médicale et statistique sur la mortalité à Paris, à Londres, à Vienne et à New-York en 1865 (1866)* ; *Des maladies populaires et de la mortalité à Paris, à Londres et à Vienne en 1866 (1867)* ; *De l'obésité et de son traitement (1873)*, etc.; outre quelques brochures de circonstance, telles que : *Étude comparative des chemins de fer français et allemands*, la *Fortune de la France*, etc.

VACHEROT, Étienne, philosophe et homme politique français, né à Langres le 29 juillet 1809, fit ses études dans sa ville natale et à Paris, où il fut admis à l'École normale en 1827. Agrégé de philosophie en 1833, docteur ès lettres en 1836, après avoir professé la philosophie quelques années, M. Vacherot fut nommé directeur des études et maître des conférences de philosophie à l'École normale ; il suppléa Cousin à la Sorbonne en 1839. Mis en disponibilité en 1851, à raison des doctrines exposées dans son *Histoire de l'École d'Alexandrie*, attaquée avec un si grand acharnement par l'aumônier de l'École normale, le P. Gratry, et d'autres personnages influents appartenant à l'Église, M. Vacherot était déclaré démissionnaire pour refus de serment en 1852. Sept ans plus tard, son livre court intitulé la *Démocratie* lui attirait une condamnation à un an de prison, 10,000 fr. d'amende et la privation de ses droits politiques, outre la suspension de son défenseur, M. Émile Ollivier. En appel, la peine de l'emprisonnement fut réduite à trois mois : ce fut tout, et il ne fallut rien de moins que l'arrivée aux affaires de son défenseur, M. Émile Ollivier, pour faire lever l'interdiction de ses droits politiques (mars 1870). Après le 4 Septembre, M. Vacherot fut nommé vice-président de la commission de l'enseignement communal et élu, le 6 novembre, maire du Ve arrondissement de Paris. Élu, le vingt et unième, représentant de la Seine à l'Assemblée nationale, il prit place dans les rangs de la gauche républicaine. Il prit part, en sa double qualité de maire et de représentant de Paris, aux tentatives de conciliation avortées, après le 18 mars 1871, et obtint, sans s'être porté candidat, 1,260 voix aux élections pour la Commune, le 26. A l'Assemblée nationale. M. Vacherot appuya la politique de M. Thiers, jusqu'au 24 mai 1873 ; il donnait même sa démission de maire le lendemain de cette date mémorable. Mais quelque temps après, il passait, sans provocation apparente, dans le camp opposé et faisait partie de la deuxième commission des Trente, exclusivement composée de membres monarchistes. Il a toutefois voté l'ensemble des lois constitutionnelles. — M. Vacherot ne se présenta pas aux élections du 20 février 1876, peut-être embarrassé de trouver un collège favorable à sa candidature, il se borna à attaquer violemment, dans la *Revue des Deux-Mondes*, le parti républicain qui avait eu le tort de croire en lui. En 1880, il fut présenté par les droites du Sénat au siège inamovible devenu vacant par la mort de M. de Montalivet, mais il ne fut pas élu. Aux élections d'octobre 1885, pour la Chambre des députés, le nom de M. Vacherot figurait sur la liste d' « opposition conservatrice » de la Seine, dont il a été un des candidats les moins bien traités par le suffrage universel.

M. Vacherot est membre de l'Académie des sciences morales et politiques, où il remplace Cousin dans la section de philosophie depuis 1868, après avoir été repoussé une première fois, en 1865, pour ses doctrines « subversives ». Il est chevalier de la Légion d'honneur depuis 1844. — On doit à M. E. Vacherot : *Théorie des premiers principes, suivant Aristote* et *De Rationis auctoritate, tum in re, tum secundum Anselmum considerata*, ses thèses de doctorat (1836) ; *École sensualiste (1839)* et *École écossaise (1840)*, faisant partie du *Cours d'histoire de la philosophie au XVIIIe siècle*, de Cousin ; une *Introduction au cours d'histoire de la philosophie morale au XIXe siècle*, du même (1841) ; *Histoire critique de l'École d'Alexandrie (1846-51, 3 vol.)* ; *Lettre à M. l'abbé Gratry*, réponse à son *Étude sur la sophistique contemporaine (1851)* ; la *Métaphysique et la science (1858, 2 vol.)* ; la *Démocratie (1859)* ; *Essais de philosophie critique (1864)* ; la *Religion (1868)* ; la *Science et la conscience (1870)* ; le *Nouveau spiritualisme (1885)*, etc., outre sa collaboration à diverses publications encyclopédiques et aux principaux journaux et revues.

VACQUERIE, Auguste, littérateur et journaliste français, né vers 1820 dans la Seine-Inférieure, a fait ses études au lycée de Rouen. M. Auguste Vacquerie a débuté dans la carrière littéraire à vingt ans, par un volume de poésies, et peu après au théâtre. Il collaborait en même temps à divers journaux, dont les premiers sont, croyons-nous, le *Globe* et l'*Époque*. En 1848, il entrait à la rédaction de l'*Événement* avec la famille Hugo, à laquelle il était lié, et M. P. Meurice, son ami et son collaborateur. Il se retrouvait avec eux dans un but semblable, c'est-à-dire pour la fondation du *Rappel*, dès que fut promulguée la loi de 1868. Le premier numéro du *Rappel*, dont M. Vacquerie est devenu le rédacteur en chef, parut le 4 mai 1869 et obtint du premier coup une popularité inouïe, qui lui attira dans les plus court delai les persécutions de l'autorité. M. Vacquerie est certainement le rédacteur le plus laborieux de son journal, dont peu de numéros ne contiennent, à côté du *leading* article sur la question politique palpitante, au moins deux ou trois articles touchant avec une autorité réelle aux autres questions d'actualité, et le plus diverses. — M. Auguste Vacquerie a donné au théâtre : *Falstaff*, 3 actes en vers, avec Théophile Gautier et M. P. Meurice, à l'Odéon (1842) ; une imitation de l'*Antigone* de Sophocle, en vers, avec M. P. Meurice, au même théâtre (1844) ; le *Capitaine Paroles*, inspiré de Shakespeare, comme *Falstaff*, un acte, avec le même collaborateur et représenté au même théâtre (1845) ; *Tragaldabas*, drame en vers, à la Porte Saint-Martin (1848) ; *Souvent homme varie*, comédie en vers, au Français (1859) ; les *Funérailles de l'honneur*, drame en sept actes, à la Porte Saint-Martin (1862) ; *Jean Baudry*, comédie en quatre actes, au Français (1863) ; le *Fils*, comédie en quatre actes, au même théâtre (1866) ; *Formosa*, drame en 6 actes, en vers, à l'Odéon (1883). — A publié : l'*Enfer de l'esprit*, poésies (1840) ; *Demi-teintes*, poésies (1845) ; les *Drames de la grève*, poésies (1855) ; *Profils et grimaces* (1856) ; les *Miettes de l'histoire (1863)* ; *Aujourd'hui et demain (1875)* ; *Mes premières années de Paris*, poésies (1877), etc.

VALLDEMOSA (de), don Francisco Frontera, compositeur et professeur de musique espagnol, né à Palma (Majorque) vers 1815. Fils d'un négociant qui mourut alors que le jeune Francisco avait à peine six semaines, il montra de bonne heure de grandes dispositions pour la musique, étudia le violon sous la direction du professeur don Luis Cazaniol, puis sous celle de don Juan Capo, artiste distingué. Forcé de subvenir aux besoins de sa famille, il donnait, dès dix-neuf ans, des leçons de solfège, de chant et de piano. Au commencement de 1836, il venait à Paris pour se perfectionner dans sa carrière de professeur ; il y étudia la composition sous Hip-

polyte Colet, professeur du Conservatoire, auquel il était recommandé par Rossini, et l'harmonie avec Elwart, et se voua à l'enseignement du chant. S'étant produit à la même époque comme virtuose, la presse du temps a consigné les éloges que lui valurent et sa belle voix de basse, sa méthode et son talent aimable. Grâce à son talent, et aussi à l'appui bienveillant de Carafa et de Bordogni, il ne tarda pas à se faire, à Paris, une riche clientèle d'élèves. Il publia à cette époque plusieurs morceaux de musique vocale qui furent bien accueillis.
Nommé, en 1841, maître de chant de la reine d'Espagne et de sa sœur, la duchesse de Montpensier, don Francisco quitta la France et alla s'établir à Madrid, où il fut, peu après, nommé professeur de chant au Conservatoire. Lorsque Rubini passa à Madrid, don Francisco fut chargé par la junte du Lycée de diriger la représentation que le célèbre ténor donna à cet établissement, et s'en tira de manière à mériter les plus grands éloges. Nommé, le 8 septembre 1846, directeur des concerts royaux ; il devint, à sa fondation, directeur de la Chambre royale et du Théâtre particulier de la reine. A dater de cette époque, don Francisco Frontera de Valldemosa n'a pas cessé de donner des preuves d'un talent professoral et d'une intelligence musicale du premier ordre, et les principaux artistes des théâtres lyriques de l'Espagne, principalement de la Zarzuela de Madrid, lui doivent leur éducation ; plusieurs d'entre ses élèves ont acquis depuis longtemps une grande réputation dont l'honneur lui revient tout entier.
Comme compositeur, on doit à M. de Valldemosa une quantité d'airs, mélodies, marches et chants nationaux, hymnes, cantates, barcaroles, etc. On lui doit, en outre, un ouvrage important d'une renommée européenne, intitulé : *Equinotacion musical, o nuevo metodo hallado para leer y transportar facilmente la musica escrita para piano*. — Don Francisco Frontera de Valldemosa a été secretaire de l'ex-reine d'Espagne Isabelle II ; il est correspondant de l'Institut de France (Académie des beaux-arts) depuis 1863, et commandeur des ordres de Charles III et d'Isabelle la Catholique d'Espagne. Il a pris sa retraite et s'est fixé dans sa ville natale, Palma de Mallorca, depuis 1878.

VALLÉE (de), Louis RENÉ OSCAR, magistrat et écrivain français, né à La Motte-Saint-Héraye (Deux-Sèvres) le 1er septembre 1821, fit ses études à Lyon et son droit à la faculté de Poitiers, fut reçu avocat et s'inscrivit au barreau de cette dernière ville en 1842. L'année suivante, il prenait place au barreau de Paris. Après la révolution de Février 1848, M. Oscar de Vallée fut nommé substitut du procureur de la République à Paris, devint substitut du procureur général près la cour d'appel en 1852, avocat général en 1855, et premier avocat général en 1861. Il entrait enfin au Conseil d'État en novembre 1867. Rendu à la vie privée par la révolution de Septembre 1870, M. Oscar de Vallée reprit sa place au barreau de Paris. Lors de la démission de M. Renouard, procureur général à la Cour de cassation, après la chute du ministère Jules Simon (16 mai 1877), il fut un moment question de M. de Vallée pour le remplacer à ce poste ; mais, qu'il fût ou non fondé, ce bruit ne se vérifia pas. Il s'était présenté aux élections du 20 février 1876, dans l'arrondissement de Rocroi, mais sans succès ; le 15 novembre 1878, il était élu sénateur inamovible, comme candidat des droites, et prenait place au groupe de l'appel au peuple. — M. Oscar de Vallée était candidat à l'Académie française, pour le fauteuil de M. de Falloux, en concurrence avec MM. Gréard et d'Haussonville. L'élection a eu lieu le 11 novembre 1886, et M. Oscar de Vallée y a obtenu *trois voix.* — On a de M. Oscar de Vallée : *Antoine Lemaistre et ses contemporains, études sur le XVIIe siècle (1855) ;* les *Manieurs d'argent (1857) ;* le *Duc d'Orléans et le chancelier d'Aguesseau (1859) ; Études et portraits (1880)*, etc. Il est officier de la Légion d'honneur depuis 1866.

VALON (de), ADRIEN FRANÇOIS GAÉTAN ARTHUR, homme politique français, né à Beauvais le 15 octobre 1835. Ancien conseiller de la préfecture du Lot sous l'Empire, sans autre attache politique, il fut élu le 8 février 1871 représentant du Lot, et député de la 2e circonscription de Cahors le 20 février 1876 ; il siégea dans les deux assemblées au groupe de l'Appel au peuple. — M. de Valon a été réélu le 14 octobre 1877 et le 21 août 1881 par la même circonscription ; il a été élu député du Lot le 4 octobre 1885 sur la liste monarchiste.

VAMBÉRY, ARMINIUS, voyageur et philologue hongrois, né à Duna-Szerdahely (île du Danube) en 1832, alla faire ses études à Pesth, prit part à la révolution hongroise de 1848-49 et fut blessé au siège de Comorn. Expulsé du territoire après la pacification, il prit sa résidence à Constantinople et s'appliqua à l'étude des langues orientales. Il entreprit alors un grand voyage dans l'Asie centrale ; mais, comme du pays qu'il devait explorer aucun voyageur européen n'était revenu, il imagina, afin d'échapper aux dangers certains qu'il allait courir, de se déguiser en derviche et de se mêler à une troupe de pèlerins indigènes, après une répétition assez prolongée de ce rôle difficile. Il y réussit au mieux, avec une audace et une habileté que le succès empêcha d'ailleurs de révoquer en doute. A son retour en Europe, il put se rendre à Pesth, y publia la relation de son voyage, qui paraissait à Londres et à Leipzig en même temps, et fut nommé professeur de langues orientales à l'université de cette ville. — On a de ce savant voyageur : *Voyages et aventures dans l'Asie centrale, par un faux derviche, dans les années 1861 à 1864 (1864) ; Voyages et aventures en Perse (1867) ; Études philologiques sur le Cogatai* (même année) *; Esquisses de l'Asie centrale (1868) ; Histoire de la frontière anglo-russe (1874) ;* le *Mahométisme au XIXe siècle (1875) ; Esquisses des mœurs et coutumes des pays orientaux (1876) ; Dictionnaire étymologique des langues turco-tartares (1876) ;* la *Civilisation primitive des peuples turco-tartares (1879) ; Vie et aventures,* autobiographie écrite en anglais par l'auteur et publiée à Londres (1883).

VAPEREAU, LOUIS GUSTAVE, littérateur français, né à Orléans le 4 avril 1819, fit ses études au petit séminaire et au collège de sa ville natale et entra à l'École normale supérieure en 1838. Sorti de l'École en 1841, il fut secrétaire particulier de Cousin en 1842 et nommé la même année professeur de philosophie au collège de Tours, où il professa en outre un cours d'allemand à partir de 1848. Reçu agrégé de philosophie en 1843, M. Vapereau quittait Tours, où il avait commencé des études de droit, en 1852 ; il vint à Paris, continua son droit, fut reçu avocat en 1854 et s'inscrivit au barreau. — Nommé préfet du Cantal, le 14 septembre 1870, puis de Tarn-et-Garonne en mars 1871, M. Vapereau donna sa démission après le 24 mai 1873. Il a été nommé inspecteur-général de l'Instruction publique (enseignement primaire), le 23 janvier 1877, et décoré de la Légion d'honneur le 7 février 1878. — M. G. Vapereau a collaboré à la *Liberté de penser*, à la *Revue de l'instruction publique*, à la *Revue française*, à l'*Illustration*, au *Dictionnaire des sciences philosophiques*, à l'*Encyclopédie générale*, à l'*Encyclopédie pédagogique*, etc. ; dirige la publication du *Dictionnaire universel des contemporains (1858, 5e édition 1880)*, auquel il a ajouté des *Supplements (1859-63-73-82) ;* publié : *Du caractère libéral, moral et religieux de la philosophie moderne* (Tours, 1844) ; une série d'annuaires sous ce titre : l'*Année littéraire et dramatique (1859-70) ;* enfin il a dirigé la publication d'un *Dictionnaire universel des littératures (1876-77)*, dans le format du *Dictionnaire des contemporains*.

VASSEUR, FÉLIX AUGUSTIN JOSEPH LÉON, organiste et compositeur français, né à Bapaume le 28 mai 1844. Fils de l'organiste de cette ville, il reçut de son père ses premières leçons de musique, puis vint à Paris, où l'appui de l'évêque d'Arras lui fit obtenir une bourse à l'école de musique religieuse de Niedermeyer. Entré en 1856 dans cet établissement, il en sortait après six ans d'études avec un premier prix de piano et un premier prix d'orgue. Outre les cours de l'école, il avait reçu des leçons de Dietsch et de Niedermeyer. Peu après sa sortie, M. Vasseur obtenait au concours la place d'organiste à l'église Saint-Symphorien, à Versailles, d'où il passait en la même qualité à la cathédrale de cette ville, en mai 1870. — Cependant, le jeune organiste ambitionnait les succès plus bruyants de la scène : son impatience le conduisit à écrire la musique d'une opérette destinée à l'Alcazar et dont le livret était aussi platement ridicule que son titre peut le faire pressentir : *Un fi, deux fi, trois figurants*. Ce fut un triste début : l'opérette en question éprouva une chute honteuse. A quelque temps de là, le théâtre des Bouffes-Parisiens, dans une situation fort précaire, se trouva avoir le plus pressant besoin d'un ouvrage assez important ; M. Vasseur s'offrit à l'écrire, et la *Timbale d'argent*, écrite, livret et partition, montée et représentée en moins d'un mois, eut plus de deux cents représentations consécutives, succès qui conjura une catastrophe imminente pour le théâtre et assura au nom du jeune compositeur une notoriété considérable et méritée, car cet ouvrage se faisait remarquer par de bonnes qualités musicales et un sentiment scénique très juste et assez rare chez un débutant. — M. Vasseur a donné depuis plusieurs ouvrages aux Bouffes et à diverses autres scènes lyriques sans rencontrer le même succès, bien que quelques-unes aient une valeur au moins égale à celle de la *Timbale d'argent*; nous citerons : la *Timbale d'argent*, d'abord, 3 actes (1872) ; la *Petite reine*, 3 actes ; le *Grelot* un acte, aux Bouffes-Parisiens également ; le *Roi d'Yvetot*, 3 actes, à Bruxelles (1873) ; les *Parisiennes*, 5 actes, aux Bouffes-Parisiens : la *Famille Trouillat*, 3 actes, à la Renaissance (1874) ; la *Blanchisseuse de Berg-op-Zoom*, 3 actes, aux Folies-Dramatiques ; la *Cruche cassée*, 3 actes, au théâtre Taitbout (1875) ; le *Roi d'Yvetot*, déjà représenté à Bruxelles, au théâtre Taitbout (1876) ; la *Sorrentine*, 3 actes, aux Bouffes-Parisiens (1877) ; le *Droit du seigneur*, 3 actes, aux Folies-Parisiennes, dont le succès fut presque égal à celui de la *Timbale (1878)*; le *Petit Parisien*, opérette en 3 actes, aux Folies-Dramatiques (1882) ; le *Mariage au tambour*, op. com. en 3 actes, au Châtelet (1885) ; la *Brasserie*, ballet en un acte. à l'Eden-Théâtre et Mme *Cartouche*, opérette en 3 actes, aux Folies-Dramatiques (1886), etc.

M. Vasseur a publié, en outre, une *Méthode d'orgue-harmonium* ; l'*Office divin*, pour orgue : de nombreuses transcriptions d'opéras célèbres pour cet instrument ; des fantaisies pour piano, etc.

VAST-VIMEUX (baron), CHARLES ANTOINE HONORÉ ALFRED, homme politique français, fils d'un général du premier Empire, est né à Lunéville le 8 juillet 1826. Ancien capitaine de cavalerie, il quitta l'armée à la mort de son père, qu'il remplaça au Corps législatif, à l'élection partielle du 17 novembre 1859, comme député de la 1re circonscription de la Charente-Inférieure, choisi par le gouvernement. Il y fut réélu au même titre aux élections générales de 1863 et de 1869. Au début de la guerre, il fut appelé au commandement du 8e régiment de mobiles, avec lequel il fit la campagne de la Loire. Élu représentant de la Charente-Inférieure le 8 février 1871, il prit place au groupe de l'Appel au peuple. Aux élections sénatoriales du 30 janvier 1876, M. le baron Vast-Vimeux se présenta avec succès dans ce département ; mais son mandat de sénateur ne lui fut pas renouvelé aux élections du 25 janvier 1885. — Aux élections pour la Chambre des députés d'octobre suivant, M. le baron Vast-Vimeux, qui figurait sur la liste monarchiste, a été élu au scrutin du 18, le cinquième sur sept. — Il a été promu officier de la Légion d'honneur le 9 janvier 1871.

VAUDREMER, JOSEPH AUGUSTE ÉMILE, architecte français, né à Paris en 1829, élève de Blouet et de l'École des beaux-arts, prix de Rome en 1854. Successivement architecte des diocèses d'Agen et de Beauvais, il est devenu inspecteur général des travaux diocésains et architecte de la 6e section des travaux d'architecture de Paris. Il a été élu membre de l'Académie des beaux-arts, en remplacement de Duc, le 22 mars 1879. Parmi les dessins et plans exposés au Salon par M. Vaudremer, nous citerons : *Maison d'arrêt et de correction de la Santé (1865)*; *Intérieur de la librairie de Sienne*, *Intérieur de l'église Saint-Marc de Venise (1866)*; *Intérieur de la chapelle Palatine de Palerme (1869)*; *Vue de Capri*, *Vue de Viterbe (1870)*; *Église Saint-Pierre de Montrouge* et *Groupe scolaire de la rue d'Alésia (1872)*; *Église Notre-Dame d'Auteuil*, *Temple protestant de la rue Julien-Lacroix*; *Restauration de la façade de l'église Saint-Germain-l'Auxerrois*, *Évêché de Beauvais (1878*, Exposition universelle). Au concours pour la reconstruction de l'Hôtel de Ville de Paris, son projet fut classé le quatrième et reçut une prime de 10,000 fr. Nous pourrions citer encore le *Monument de P. Larousse*, le *Monument commémoratif de la bataille de Champigny*, divers autres monuments funéraires et des restaurations d'édifices religieux et civils. — M. Vaudremer a obtenu une médaille en 1865. Chevalier de la Légion d'honneur depuis 1867, il a été promu officier le 13 juillet 1882.

VAUJUAS-LANGAN (marquis de), HENRI MARIE JACQUES CHARLES, homme politique français, né à Fresnay (Mayenne) le 11 août 1830. Grand propriétaire, président du comice agricole du canton de Loiron, qu'il représente au Conseil général de la Mayenne, maire de Bourgneuf-la-Forêt, M. le marquis de Vaujuas-Langan a été député de la Mayenne le 4 octobre 1885, sur la liste monarchiste.

VAUTHIER, LOUIS LÉGER, ingénieur et homme politique français, né à Bergerac en 1815. Entre en 1834 à l'École polytechnique, il en sortit dans les ponts et chaussées, corps auquel son père appartenait déjà. En 1839, M. Vauthier fut chargé par le gouvernement du Brésil de la direction d'importants travaux de viabilité dans la province de Pernambuco, qui le retinrent jusqu'en 1846. De retour en France à cette époque, il était

ingénieur dans le département du Cher, lorsqu'éclata la révolution de Février, qu'il accueillit avec joie. Élu représentant du Cher à l'Assemblée législative, en 1849, il fut de ceux qui suivirent Ledru-Rollin au Conservatoire des arts et métiers le 13 juin, mais non de ceux qui s'échappèrent. Arrêté, il fut traduit devant la haute cour de Versailles, qui le condamna à la déportation (octobre). Tour à tour détenu à Doullens et à Belle-Isle-en-Mer, il fut transféré à Sainte-Pélagie en 1852 et remis en liberté, à la condition de quitter immédiatement le territoire français, en 1855. M. Vauthier passa en Espagne, où il se trouva aisément à exercer sa profession et revint à Paris après l'amnistie de 1859. Après la révolution du 4 Septembre, il fut élu chef du 125e bataillon de la garde nationale, et donna sa démission après le 18 mars. Élu membre du Conseil municipal de Paris, le 30 juillet 1871, au second tour de scrutin, pour le quartier de la Goutte-d'Or (XVIIIe arrondissement), il fut réélu le 29 novembre 1874, cette fois au premier tour et par 3,769 voix sur 4,901 votants, et a été constamment réélu depuis.

Pendant sa détention, M. Vauthier a collaboré au *Magasin pittoresque* et à diverses publications spéciales, et publié à part : *De l'impôt progressif (1851)*; *Manuel des aspirants aux fonctions de conducteur et d'agent-voyer (1854)*; le *Percement du Simplon et les intérêts de l'Europe occidentale (1875)*, etc.

VAUX, WILLIAM SANDYS WRIGHT, antiquaire anglais, né à Romsey (Hants) en 1818, fit ses études à l'école de Westminster et à l'université d'Oxford et entra comme employé, en 1841, au département des antiquités du Musée britannique. Devenu conservateur du département des monnaies et médailles en 1861, il fut obligé de prendre sa retraite, pour cause de santé, au mois d'octobre 1870. On doit à ce savant antiquaire : *Ninive et Persépolis*, étude historique et archéologique sur l'Assyrie et la Perse anciennes, contenant une relation des fouilles et recherches de toute sorte exécutées récemment dans ces contrées, ouvrage qui a eu quatre éditions et a été traduit en allemand ; un *Catalogue des antiquités du Musée britannique (1851)*; une édition du *World encompassed by sir Francis Drake*; *Histoire ancienne d'après les monuments (1875)*; un *Catalogue des monnaies de la Bibliothèque bodléienne*, pour l'université d'Oxford ; la *Perse depuis les temps les plus reculés jusqu'à la conquête arabe (1875)*; *Catalogue de la collection Castellani dans les galeries de l'université d'Oxford* (même année) ; *Villes et îles grecques de l'Asie mineure (1877)*, etc. Il a déchiffré et publié pour le Musée britannique, en 1863, une collection de quatre-vingt-dix inscriptions phéniciennes récemment découvertes à Carthage. — M. Vaux est membre de la Société royale, secrétaire de la Société royale de littérature et président de la Société de numismatique de Londres, et a collaboré aux publications spéciales de ces sociétés.

VERDI, FORTUNIO FRANCESCO GIUSEPPE, célèbre compositeur, sénateur du royaume d'Italie, né à Rancole, près de Busseto, dans l'ancien duché de Parme, le 10 octobre 1814. Fils d'un pauvre aubergiste de village, il montra un si grand amour de la musique et de telles dispositions à l'apprendre que son père le confia aux soins de l'organiste de l'église de Busseto, artiste obscur, dont le nom n'a pas été conservé, pour lui donner ses premières leçons de piano. Il fit des progrès extrêmement rapides, fut bientôt en état de remplacer son maître à l'orgue et, dès l'âge de douze ans, composait des marches, des pas redoublés, etc., pour l'usage de la *banda* de musique locale. En 1833, un riche dilettante de Busseto, Antonio Barezzi, s'avisa de prendre sous sa protection le jeune musicien, qu'il envoya à Milan à ses frais, se chargeant, en outre, de pourvoir à son existence pendant le temps de ses études. Arrivé à Milan, Verdi se présenta aux examens d'admission du Conservatoire, il y échoua, et le directeur, qui était alors Basili, lui déclara tout net qu'il n'avait aucune disposition pour la musique. Le jeune homme, quelque peu étourdi de l'apostrophe, ne se découragea pas, pourtant ; il alla trouver le compositeur Lavigna, attaché à la Scala en qualité de *maestro al cembalo*, et avec lequel il étudia pendant trois années. Il se livra dès lors, à la composition avec ardeur et produisit de nombreux morceaux de piano, des marches, des ouvertures, des sérénades, des cantates, des mélodies vocales, un *Stabat mater* et divers autres morceaux religieux, le tout resté inédit. Cependant, c'était le théâtre que visait Verdi. Son maître le mit en rapport avec Temistocle Solera, poète et aussi compositeur, lequel lui fournit son premier livret : *Oberto di San Bonifazio*, qui fut représenté pour la première fois à la Scala, et avec un vif succès, le 17 novembre 1839. L'année suivante, il donnait au même théâtre un opera bouffe : *Un giorno di regno*, dont l'échec fut si complet qu'il n'en put être donné qu'une seule représentation ; cet échec s'explique d'ailleurs par le défaut presque complet de l'élément comique, ou plutôt bouffe, dans le génie du maître, qui le comprit sans doute, car il n'y revint pas. Toutefois, le coup était si rude, qu'il fut près d'un an sans pouvoir se remettre au travail et qu'il ne s'y remit que sur les instances les plus pressantes et les plus affectueuses et pourvu d'un nouveau livret de T. Solera : *Nabuccodonosor*. Cet opéra, joué à la Scala en mars 1842, reçut du public un accueil enthousiaste ; Verdi fut dès lors salué *grande maestro* par ses compatriotes. Lancé enfin, il donna successivement, mais avec des fortunes diverses : *I Lombardi alla prima crociata*, à la Scala (1843) ; *Ernani*, à Venise (1844) ; *I Due Foscari*, à Rome (1844) ; *Giovanna d'Arco*, à la Scala de Milan (1845) ; *Aliza*, à Naples, mais sans succès (1845) ; *Attila*, à Venise (1846) ; *Macbeth*, à Florence, sans succès (1847) ; *I Masnadieri*, à Londres (1847). Ce dernier opéra, chanté par Jenny Lind, Gardoni et Lablache, échoua complètement à Londres ; il eut, plus tard, quelque succès en Italie. — La renommée du jeune maestro le fit, à cette époque, mander à Paris, où la direction de l'Opéra lui demanda non un ouvrage nouveau, mais le remaniement d'un de ses premiers ouvrages : *I Lombardi*. A. Royer et G. Waëz traduisirent en français le livret de T. Solera, M. Verdi se mit à la besogne aussitôt, et l'Opéra donnait, le 26 novembre 1847, *Jérusalem délivrée*, traduction d'*I Lombardi*, ouvrage dans lequel M. Duprez faisait sa dernière création. L'ouvrage n'eut qu'un succès modéré. Il a donné depuis : *Il Corsaro*, à Trieste, avec peu de succès également (1848) ; *la Battaglia di Legnano*, à Rome, que l'autorité, voulant y voir des allusions politiques, interdit quelques jours avant sa chute naturelle (1848) ; *Luisa Miller*, à Naples (1849) ; *Stiffelio*, à Trieste (1850) ; *Rigoletto*, le chef-d'œuvre du maître, à Venise (1851) ; *Il Trovatore*, à Rome (1853) ; la *Traviata*, adaptation de la *Dame aux Camelias*, à Venise (1853) ; les *Vêpres siciliennes*, à Paris (1855) ; *Simon Boccanegra*, à Venise (1856) ; *Un ballo in maschera*, à Rome (1858) ; *la Forza del Destino*, à Saint-Pétersbourg (1863) ; *Don Carlos*, à Paris (1867) ; *Aida*, au Caire (1871), repris à Milan en 1872 et, après avoir fait le tour de l'Italie, au Théâtre-Italien de Paris le 11 avril 1876. Depuis *Aida*, M. Verdi n'a produit que sa *Messe solennelle de Requiem*, composée en l'honneur de l'illustre poète milanais Manzoni et exécutée à l'église Saint-Marc, à Milan, le 22 mai 1875, puis, par les mêmes interprètes, Mlle Teresina Stolz, Mme Waldmann, MM. Capponi et Maini, à l'Opéra-Comique le 6 juin 1874, plus cinq autres fois, et au Théâtre-Italien le 30 mai 1876 ; puis un opéra en cinq actes, intitulé *Montezuma*, à la Scala de Milan (1878). Au Théâtre-Italien a été donnée, pour la première fois en France, *la Forza del Destino* du maître, le 31 octobre 1876. Une traduction d'*I Masnadieri* (les Brigands), par M. Jules Ruelle, avait été donnée au théâtre de l'Athénée, le 3 février 1870. Celles des autres œuvres de M. Verdi, représentées au Théâtre-Italien de Paris ou à l'Opéra, après traduction, comme le *Trouvère*, sont assez connues pour qu'il soit inutile d'y insister.

M. Verdi, autant connu par ses sentiments libéraux et patriotiques que par son talent, fut élu, en 1859, membre de l'Assemblée nationale de Parme qui vota l'annexion au Piémont et, en 1861, représentant de son pays au parlement italien. En 1871, il acceptait la mission de réorganiser à Florence, l'institut musical et, par décret du 22 novembre 1874, le roi Victor-Emmanuel le créait sénateur du royaume d'Italie. Correspondant de l'Académie des beaux-arts depuis 1859, il fut associé étranger, en remplacement de Meyerbeer, le 15 juin 1864. Chevalier de la Légion d'honneur en 1855, officier en 1867, M. Verdi a été promu commandeur de l'ordre en 1875 et grand officier en 1880 ; il est, en outre, grand-croix de l'ordre des SS. Maurice et Lazare, dont il fut créé chevalier en 1859, grand-croix de l'ordre russe de Saint-Stanislas depuis 1862 ; décoré de l'Osmanié en 1872, il reçut la même année, les insignes de grand officier de la couronne d'Italie et en 1875, ceux de commandeur, avec l'étoile, de l'ordre de François-Joseph d'Autriche. — Le célèbre compositeur possède, sur le sol même où il est né, près de Busseto, le domaine de Sant' Agata, qui mesure, dit-on, près de deux lieues d'étendue, et où il passe la plus grande partie de l'année. Veuf très jeune encore de la fille de son protecteur, Antonio Barezzi, mort lui-même sous le toit de son protégé il y a peu d'années, M. Verdi a épousé, vers 1846, une cantatrice de talent, élève du Conservatoire de Milan et fille elle-même d'un compositeur distingué, Giuseppina Strepponi.

VERGOIN, N., homme politique français, ancien magistrat, né en 1850 à Paris, où ayant fait son droit, il alla s'inscrire au barreau d'Alençon. Il faisait, au lycée de cette ville, un cours de droit usuel et collaborait au journal républicain le *Progrès de l'Orne*, lorsqu'il fut nommé chef du cabinet du préfet. Après avoir été quelque temps avoué à Epernay, M. Vergoin entrait dans la magistrature en 1880, étant nommé procureur de la République à Mayenne, d'où il passa successivement à Perpignan, à Aix et enfin à Dijon. A la rentrée des cours et tribunaux de 1883, son discours, dans lequel il présentait comme nécessaire une réforme radicale de la magistrature, constatant que la justice est trop lente et trop coûteuse, une monstruosité évidente, lui valut une disgrâce. Envoyé à Grenoble en conséquence, il est surveillé de près et, à la rentrée de 1884, sommé de modifier son discours, contenant encore quelque abomination du même genre. Il donne sa démission, vient s'inscrire au barreau de Versailles, puis à celui de Paris, dirigeant, à ses moments perdus, la *République de Seine-et-Oise*, et est élu député de Seine-et-Oise, comme candidat radical, le 18 octobre 1885. Il a voté l'expulsion totale des princes. — Le nom de M. Vergoin a retenti dans la presse avec un bruit auquel la politique n'est certes pas étrangère, à propos d'un procès scandaleux fait à une demi-mondaine exotique, qu'on tenait à expulser de France et qui tenait, elle, à y rester, et avec laquelle un malheureux hasard avait mis le jeune député de Seine-et-Oise en rapports momentanés.

VERNE, JULES, littérateur français, né à Nantes le 8 février 1828, fit ses études au collège de sa ville natale et vint faire son droit à Paris. Mais il se tourna de bonne heure vers la littérature dramatique, et dès 1850, faisait représenter, au Gymnase, une comédie en vers : les *Pailles rompues*, bientôt suivie d'une autre : *Onze jours de siège*, jouée au Vaudeville, et d'un certain nombre de livrets d'opéras comiques, écrits la plupart en collaboration. M. Jules Verne doit toutefois sa renommée aujourd'hui universelle à un tout autre genre de travaux, genre dans une grande mesure créé par lui et qui constitue une sorte de roman scientifique suivant de près les découvertes réelles de la science et, par des inventions supposées, atteignant parfois la limite extrême du fantastique et du bouffon, ne laissant pas que d'indiquer, sans en montrer la prétention, les moyens d'acquérir des connaissances nouvelles, du moins les voies diverses dans lesquelles la tentative pourrait être faite avec fruit. Le premier d'une série déjà nombreuse, l'ouvrage intitulé : *Cinq semaines en ballon*, parut en 1863, avec un succès extraordinaire. Ceux qui suivirent n'ont pas eu un moins grand succès ; voici le chiffre d'éditions auquel les principaux de ces ouvrages étaient parvenus au commencement de 1877 : les *Aventures du capitaine Hatteras*, 19 ; *Voyage au centre de la terre*, 22 ; *De la terre à la lune*, 21 ; les *Enfants du capitaine Grant*, 16 ; les *Grands voyages et les grands voyageurs*, 10 ; *Autour de la lune*, 17 ; *Vingt mille lieues sous les mers*, 18 ; le *Tour du monde en 80 jours*, 36 ; le *Docteur Ox*, 16 ; le *Chancelor*, 17 ; *Aventures de trois Russes et de trois Anglais*, 15 ; une *Ville flottante*, 14 ; l'*Ile mystérieuse*, 21 ; le *Pays des fourrures*, 14 ; *Michel Strogoff*, 16 ; le dernier de cette série : les *Indes noires*, publié d'abord dans le *Temps*, parut en volume au printemps de 1877. Ces ouvrages ont été traduits dans toutes les langues de l'Europe. M. Jules Verne a publié, en outre, avec Théophile Lavallée, une *Géographie illustrée de la France (1867-68)*. — Son *Voyage autour du monde en 80 jours*, transformé, avec la collaboration de M. d'Ennery, en un drame fantastique en 5 actes et 15 tableaux, fut joué en 1874 et années suivantes, à la Porte Saint-Martin, puis au Châtelet, avec un succès inouï ; le *Docteur Ox*, opéra féerie, avec musique d'Offenbach, en eut un beaucoup plus modeste aux Variétés, en 1877. — M. J. Verne a donné depuis : *Hector Servadac (1877)* ; un *Capitaine de quinze ans (1878)* ; les *Cinq cents millions de la bégum (1879)* ; les *Tribulations d'un Chinois en Chine (1880)* ; *Kéraban le têtu (1884)* ; le *Rayon vert (1883)* ; l'*Archipel en feu (1884)* ; *Mathias Sandorf (1885)* ; *Robur le conquérant* et *Un billet de loterie (1886)*, etc. — Il a encore fait jouer, outre plusieurs adaptations de ses romans par M. d'Ennery, telles que : les *Enfants du capitaine Grant (1879)* ; *Michel Strogoff (1881)* ; le *Voyage à travers l'impossible (1882)* ; *Kéraban le têtu (1883)*, etc. : un *Neveu d'Amérique*, comédie en 3 actes, au théâtre de Cluny (1873). — Il est devenu, avec MM. Jean Macé et Hetzel, l'un des directeurs du *Magasin illustré d'éducation et de récréation*, où ont paru la plupart de ses ouvrages. M. Jules Verne est chevalier de la Légion d'honneur.

VERNHES, Emile Hercule, médecin et homme politique français, né à Béziers le 20 octobre 1820. Quelque temps sous-préfet, après le 4 septembre 1870, il fut élu député de la 1re circonscription de Béziers, le 20 février 1876 et siégea à l'extrême-gauche. Réélu le 14 octobre 1877 et le 21 août 1881 par le même collège, M. Vernhes était élu député de l'Hérault, en tête de la liste républicaine, le 4 octobre 1885. Il était en congé lorsque sont venus en discussion devant la Chambre, les propositions d'expulsion des princes. — M. Vernhes, médecin à Béziers depuis 1848, avait été expulsé de France après le coup d'État, et n'y était rentré qu'après l'amnistie de 1859.

VERNIÈRE, Pierre Michel, industriel et homme politique français, né à Montpellier le 11 octobre 1857. Directeur d'une grande usine de produits chimiques, adjoint au maire de Montpellier, fonctions qu'il résigna après l'élection. M. Vernière fut élu député en 1882, en remplacement de M. Devès optant pour les Hautes-Pyrénées, dans la 2e circonscription de Béziers, et prit place à l'extrême-gauche, avec laquelle il a régulièrement voté. Élu député de l'Hérault sur la liste radicale, le 4 octobre 1885, M. Vernière a voté l'expulsion totale des princes.

VÉRON, Eugène, littérateur français, né à Paris le 29 mai 1825, fit de brillantes études et entra à l'École normale en 1846. Reçu agrégé des lettres en 1850, il professa quelque temps en province, puis revint à Paris où il se livra à l'enseignement libre et collabora à divers journaux, notamment à la *Revue de l'instruction publique*, à la *Revue nationale*, au *Courrier du dimanche*, au *Courrier français*, à la *Gazette des Beaux-Arts*, etc. Devenu rédacteur en chef du *Progrès de Lyon* en 1868, il quittait ce journal en 1871 pour fonder, à Lyon toujours, la *France républicaine*. Revenu depuis à Paris, M. Eugène Véron fondait avec M. Ballue, son ancien collaborateur, en janvier 1875, l'*Art*, le plus beau recueil périodique spécial qui existe. Il tentait également, en 1876, avec le même collaborateur, la résurrection de l'*Avant-Garde*, journal politique quotidien, qui disparut de nouveau au bout de quelques mois. — Il a publié à part : *Du progrès intellectuel dans l'humanité* (1862); *Des associations ouvrières de consommation, de crédit et de production* (1865); *Histoire de la Prusse, depuis Frédéric II jusqu'à Sadowa* (1867); *Histoire de l'Allemagne depuis Sadowa* (1876); la *Troisième invasion* (1876-77); l'*Esthétique*, l'origine des arts, le goût et le génie (1878), etc.

VÉRON, Pierre, littérateur et journaliste français, né à Paris en 1833, y fit de brillantes études et se tourna presque aussitôt vers la littérature. Après avoir publié, en 1854, un volume de poésies, il entra à la *Revue de Paris*; après la suppression de ce recueil, en 1858, il entra au *Charivari*, dont il est devenu rédacteur en chef. Il a collaboré, en outre, à la *Chronique*, au *Courrier de Paris*, au *Monde illustré*, dont il est resté le chroniqueur ordinaire, à l'*Illustration*, au *Journal amusant*, au *Petit journal*, au *Journal illustré*, à l'*Opinion nationale*, au *Nain jaune*, etc. Il a donné plusieurs petites pièces aux théâtres de genre et publié une voie nombreuse collection de recueils d'articles, qui va s'augmentant chaque année. — Nous citerons parmi les ouvrages publiés par cet écrivain : les *Réalités humaines*, poésies (1854); *Paris s'amuse* (1861); les *Marionnettes* (1862); le *Roman de la femme à barbe*, les *Souffre-plaisir* (1863); *Maison Amour et Cie* (1864); la *Famille Hasard*, la *Foire aux grotesques*, le *Pavé de Paris* (1865); la *Comédie en plein vent*, *Pardevant M. le maire* (1866); *Monsieur et Madame Tout-le-monde*, la *Mythologie parisienne* (1867); l'*Age de fer blanc*, les *Pantins du boulevard* (1868); les *Phénomènes vivants*, la *Boutique à treize*, les *Grimaces parisiennes* (1869); *Je, tu, il, nous, vous, ils*, les *Marchands de santé*, les *Coulisses du grand drame* (1873); les *Dindons de Panurge*, *Paris à tous les diables* (1875); les *Coulisses artistiques*, la *Vie fantasque* (1876); les *Chevaliers du Macadam*, le *Nouvel art d'aimer* (1877); les *Marqueses d'hommes*, la *Comédie du voyage* (1878); *Ohé! vitrier*, *Visages sans masques* (1880); *Affolés* (1882); l'*Art de vivre cent ans*, *Paris qui grouille*, *Galop général* (1884); le *Tir aux oisons* (1885); *Boutique de plâtres*, notes sur les contemporains (1886), etc. — P. Véron a, en outre, donné au théâtre : *Sauvé, mon Dieu!* vaudeville en 1 acte, avec M. Henri Rochefort, au Vaudeville (1865); les *Affolés*, comédie en 4 actes, avec M. Gondinet, au même théâtre (1883), etc. — Il est chevalier de la Légion d'honneur depuis 1878.

VERSIGNY, Claude Marie Agapite, homme politique français, avocat du barreau de Gray, ancien bâtonnier, est né dans cette ville le 18 août 1814. Frère d'un représentant proscrit de Décembre, conseiller municipal démissionnaire pour refus de serment, en 1852, M. A. Versigny fit partie, en 1870, du comité anti-plébiscitaire. Nommé sous-préfet de Gray après le 4 Septembre, son patriotisme le fit arrêter par les Allemands et il fut envoyé à Brême comme otage. Rendu à la liberté à la paix, il reprit ses fonctions de sous-préfet, dont il fut révoqué en janvier 1875. M. A. Versigny, qui avait échoué le 8 février 1871, avec un chiffre de voix considérable, fut élu député de Gray le 20 février 1876, et siégea à gauche. — Il a été réélu le 14 octobre 1877 contre le candidat officiel bonapartiste, baron Gourgaud, et le 21 août 1881 contre un concurrent républicain de nuance plus tendre. Aux élections d'octobre 1885, enfin, M. Versigny a été élu député de la Haute-Saône au scrutin du 18. Il a voté l'expulsion des princes.

VEUILLOT, Eugène, frère du célèbre rédacteur en chef de l'*Univers*, mort en 1883, est né à Boynes (Loiret) en 1818, fit de bonnes études à Paris et alla en province rédiger divers journaux officieux. Il s'attacha de bonne heure à la fortune de son frère aîné, le suivit au ministère, puis à l'*Univers*, dont il est devenu, depuis sa réapparition en 1867, le véritable directeur actif. — On lui doit, en dehors de ses travaux de journaliste, où il met autant qu'il peut de la violence fraternelle, plusieurs ouvrages estimés, notamment : *Histoire des guerres de la Vendée et de la Bretagne, 1790-1832* (1847); la *Cochinchine et le Tonquin* (1859); le *Piémont dans les États de l'Église* (1861); *Vies des Pères des déserts d'Orient*, d'après le R. P. Michel-Ange Marni (1863-61, 6 vol.); *Critiques et croquis* (1860), etc.

VIARDOT (dame), Michelle Pauline Garcia, cantatrice français, fille du célèbre ténor Manuel Garcia et sœur de la Malibran, est née à Paris le 18 juillet 1821. À l'âge de quatre ans, assure-t-on, elle s'exprimait avec une égale facilité en quatre langues; quant à l'éducation musicale, elle l'acquit sans plus d'efforts, dans un pareil milieu. A sept ans elle pouvait accompagner au piano les élèves de son père. Elle eut toutes pour maîtres de piano, dans la suite, Meysenberg, puis Liszt. Après avoir suivi toute enfant ses parents en Angleterre, aux États-Unis, au Mexique, elle revint avec eux à Paris, en 1828; puis, son père étant mort en 1832, passa quelque temps avec sa mère à Bruxelles, où elle compléta son éducation, abordant, outre la musique, le dessin et la peinture, et alla débuter à Londres en 1839, dans le rôle de Desdemona, d'*Otello*. Dans l'automne de la même année elle parut au Théâtre-Italien de Paris dans *Otello*, la *Cenerentola*, *Tancredi*, il *Barbiere*, avec un grand succès. Au mois d'avril 1840, elle épousait Louis Viardot, alors directeur du Théâtre-Italien, mort le 4 mai 1883, et quittait Paris avec son mari. Elle reparut à Londres en 1841, avec Mario, dans *Gli Orazi e Curiazi*, de Cimarosa; puis visita l'Italie, l'Espagne, Vienne, Saint-Pétersbourg, Moscou, Berlin, où elle remplaça avec succès Jenny Lind, lorsque celle-ci quitta cette ville pour Vienne, en 1846; retourna à Londres, où elle parut dans le rôle de Valentine des *Huguenots*, y triompha, et revint à Paris en mai 1846, pour y créer à l'Opéra celui de Fidès du *Prophète*, où elle obtint un immense succès, qui la fit appeler de nouveau sur les principales scènes de l'Europe expressément pour y chanter ce rôle de Fidès. En 1860, Mme Viardot a chanté avec le plus vif succès, à la Théâtre-Lyrique, l'*Orphée* de Gluck. Elle a donné encore, depuis, plusieurs représentations dans divers théâtres, mais sans accepter d'engagement régulier. Elle a paru fréquemment, en dernier lieu, dans des concerts de charité ou des réunions privées. En dehors de ses succès de théâtre, Mme P. Viardot en a encore obtenu de très grands dans l'interprétation des chants nationaux espagnols. Le français, l'italien, l'espagnol, l'anglais et l'allemand lui sont langues absolument familières. — On lui doit même quelques compositions : l'*Ogre*, opérette, livret d'Ivan Tourgueneff, exécutée chez elle, à Bade (1868); le *Dernier magicien*, opéra en 2 actes, représenté chez la grande-duchesse de Bade (1869), etc. — C'est chez Mme Pauline Viardot, à Bougival, que le célèbre littérateur russe Tourgueneff est mort, le 3 septembre 1883.

VICTORIA, Alexandrina, reine de Grande-Bretagne et d'Irlande, impératrice des Indes, fille unique du duc de Kent, quatrième fils de George III et de Louisa Victoria de Saxe-Cobourg, sœur du roi des Belges, Léopold Ier, est née au palais de Kensington le 24 mai 1819, ses parents qui résidaient à l'étranger s'étant précipitamment rendus à Londres afin que leur enfant naquît anglais. Le duc de Kent mourut le 23 janvier 1820, et l'éducation de la jeune princesse fut confiée, sous la direction de sa mère, à la duchesse de Northumberland; cette éducation fut des plus soignées, et lord Melbourne, sur l'ordre du roi, y mit le sceau en instruisant la royale héritière dans la science ardue de la politique constitutionnelle; elle dura pour ainsi dire jusqu'à la veille de son avènement au trône. Pendant tout ce temps, la princesse Victoria vécut relativement très retirée, si l'on en excepte quelques voyages ne dépassant pas les limites de son futur royaume. Elle succéda à son oncle Guillaume IV le 20 juin 1837, sous le nom de Victoria Ire, et fut couronnée à Westminster le 28 juin 1838. Elle épousait le 10 février 1840 le feu prince Albert de Saxe-Cobourg-Gotha, dont elle a eu neuf enfants : Victoria Adélaïde Marie Louise, née le 21 novembre 1840, mariée le 25 janvier 1858 au prince Frédéric Guillaume, prince royal de Prusse, aujourd'hui prince impérial d'Allemagne ; Albert Édouard, prince de Galles, né le 9 novembre 1841 ; Alice Mathilde Marie, née le 15 avril 1843, mariée le 1er juillet 1862 au prince Louis de Hesse-Darmstadt ; Alfred Ernest Albert, duc d'Édimbourg, né le 24 mai 1844 ; Hélène Augusta Victoria, née le 26 mai 1846, mariée le 5 juillet 1866 au prince Christian de Schleswig-Holstein ; Louise Caroline Alberta, née le 18 mars 1848, mariée au marquis de Lorne le 21 mars 1871 ; Arthur William Patrick Albert, duc de Connaught, né le 1er mai 1850 ; Léopold George Duncan Albert, né le 7 avril 1853 ; Béatrice Marie Victoria Feodora né le 14 avril 1857, mariée au prince Henry de Battenberg, le 23 juillet 1885. — La reine Victoria, outre ses grandes qualités politiques, a le sentiment de la vie domestique très développé et en ce point souffrit plus que beaucoup d'autres des douloureuses épreuves que le destin n'épargne pas plus aux têtes couronnées qu'aux plus humbles parmi les hommes. Le 16 mars 1861 elle perdait sa mère, la duchesse de Kent, succombant après une courte maladie ; puis ce fut le tour du prince Albert, son mari, le 14 décembre de la même année. Cette perte la frappa plus douloureusement encore que la première, et elle vécut très retirée et en proie au plus profond chagrin pendant longtemps, à ce point qu'un membre de la Chambre des communes fit une motion, qui fut repoussée, pour mettre en discussion la question d'une régence. Elle rouvrit toutefois le Parlement en personne à la session de janvier 1866.— Les événements politiques qui ont marqué le règne de la reine Victoria sont trop nombreux pour être analysés dans cette notice, forcément limitée; elle n'y a d'ailleurs qu'une part indirecte, grâce à la constitution vraiment parlementaire de la Grande-Bretagne et à la loyauté avec laquelle elle est respectée non seulement par la nation qu'elle régit, mais aussi par la souveraine elle-même. Nous pouvons cependant passer une revue rapide des principaux.

A son avènement au trône, la reine Victoria trouva une Chambre des communes à peu près également divisée entre les *wighs* et les *tories*, et lord Melbourne, son précepteur politique, au pouvoir, quoique son ministère fût impopulaire au premier chef et accusé d'incapacité financière. Il y fut remplacé par sir Robert Peel en septembre 1841. Quoique engagé à maintenir les droits sur les céréales, sir Robert Peel contraint, en 1845, de consentir à leur rappel, qui fut effectué en 1846. Ce changement de politique économique de sir Robert Peel amena un grand désarroi dans le parti conservateur, lequel favorisa l'avènement de lord John Russell (1846), qui fut remplacé par le feu comte de Derby, en janvier 1852. En décembre suivant, à l'occasion de la discussion du budget, le cabinet conservateur était mis en minorité et donnait sa démission. Un cabinet de coalition (nous dirions de conciliation), présidé par lord Aberdeen, lui succéda à son tour, en février 1855, sous le vote de blâme impliqué dans l'acceptation de la proposition d'enquête sur la conduite de la guerre de Crimée, présentée par M. Roebuck. Le premier cabinet Palmerston prit la direction des affaires ; il fut contraint de se retirer devant l'opposition de la Chambre à son projet de loi contre les conspirateurs, inspiré par les réclamations du gouvernement français à propos des réfugiés politiques (mars 1858) et fut remplacé par un ministère Derby, remplacé lui-même par une nouvelle administration dirigée par lord Palmerston, en juin 1859. La mort frappa lord Palmerston au pouvoir (novembre 1865) ; en conséquence l'administration resta libérale, avec le comte Russell à sa tête. Battu dans la personne de M. Gladstone, lors de la discussion du *bill* de réforme, en juin 1866, le ministère donna sa démission et fut remplacé par un ministère conservateur Derby-Disraeli, lequel, en minorité aux élections générales de 1868, se retira immédiatement. Un ministère libéral, présidé par M. Gladstone (voyez ce nom), lui succéda en décembre. Les élections générales de février 1874 ayant été défavorables aux libéraux, un ministère conservateur fut de nouveau formé par M. Disraeli (plus tard lord Beaconsfield). La défaite du parti conservateur aux élections de 1880 ramena les libéraux au pouvoir avec M. Gladstone. Un ministère conservateur remplaçait celui-ci en 1885, sous la présidence du marquis de Salisbury, remplacé à son tour par un nouveau ministère Gladstone en février 1886 ; mais celui-ci ayant été battu sur la question irlandaise, à la Chambre d'abord, puis aux élections qui suivirent la dissolution à laquelle M. Gladstone avait cru devoir recourir, un second cabinet Salisbury y succédait le 4 août 1886, et est encore actuellement au pouvoir. — Ce court exposé ne servit-il qu'à faire apprécier la différence d'esprit politique qui sépare les hommes d'État de l'aristocratique Angleterre et ceux de la France démocratique, ne serait pas inutile. — Dans la session de 1876, M. Disraeli présentait à l'approbation des Chambres le *bill* ajoutant aux titres de la reine Victoria celui d'*impératrice des Indes*, et qui fut, non sans débat, adopté le 12 août.

La reine Victoria a écrit ou inspiré : les *Derniers jours de Son Altesse Royale le Prince-consort*, ouvrage rédigé sous la surveillance de la reine par le lieutenant général C. Grey (1867) ; *Feuilles du journal de notre vie dans les montagnes d'Écosse (1869)* ; *Vie de Son Altesse Royale le Prince-consort*, par sir Th. Martin (1874-80, 5 vol.) ; *Quelques feuilles de plus détachées du journal de notre vie dans les montagnes d'Écosse (1884)* ; outre divers fragments originaux ou traduits de l'allemand et réunis en volumes, lesquels ont été traduits en français et publiés sous ces titres : *Méditations sur la mort et l'éternité* et *Méditations sur la vie et ses devoirs*.

En avril 1882, un certain Roderick Maclean tira un coup de revolver sur la reine Victoria, à Windsor ; il ne l'atteignit pas, et fut condamné à l'emprisonnement sans autre terme fixé que celui du bon plaisir de la reine.

VIEL CASTEL (baron de), Charles Louis Gaspard Gabriel de Salviac, littérateur français, né à Paris le 14 octobre 1800. Il entra au ministère des affaires étrangères à dix-huit ans, puis dans le corps diplomatique en 1821, comme attaché à l'ambassade d'Espagne, y fut promu secrétaire d'ambassade et passa en cette dernière qualité à Vienne en 1828. Nommé sous-directeur à la direction politique en 1829, la révolution de Juillet l'en écarta momentanément, mais il y rentra dès 1831 et conserva ce poste jusqu'à la révolution de 1848. Éloigné de nouveau des affaires, M. de Viel Castel était nommé directeur de la politique à son ministère en 1849 ; il a donné sa démission au coup d'État de 1851 et fait liquider sa pension de retraite. M. de Viel Castel se consacra entièrement dès lors aux travaux littéraires, qu'il avait abordés de très bonne heure par des études remarquées sur le théâtre espagnol, publiées dans la *Revue des Deux-Mondes* à l'époque où il était secrétaire d'ambassade à Madrid. Il a en outre fourni à ce recueil des études d'histoire et de politique étrangère variées et publié quelques ouvrages, parmi lesquels un roman : le *Testament de la danseuse*. Mais son œuvre capitale est une *Histoire de la Restauration* dont les premiers volumes obtinrent le grand prix Gobert de 10,000 francs en 1867 (1860-78, 20 vol. in-8°).

M. le baron de Viel Castel a été élu membre de l'Académie française, en remplacement du comte Philippe de Ségur, en 1873, et reçu solennellement le 27 novembre de la même année. — Il est commandeur de la Légion d'honneur depuis 1849.

VIELFAURE, Louis Privat Camille, homme politique français, né à Largentière (Ardèche) le 5 juin 1823, fit son droit à Paris, prit le grade de docteur en 1847 et retourna s'inscrire au barreau de sa ville natale, dont il est devenu maire et dont il représente le canton au Conseil général de l'Ardèche. Il fut élu député de la première circonscription de Largentière le 21 août 1881, contre le ministre sortant, bonapartiste, et prit place au groupe de l'Union républicaine. Le 4 octobre 1885, M. Vielfaure échoua avec tous ses amis de la liste républicaine de l'Ardèche. Mais cette élection ayant été annulée par la Chambre et de nouvelles élections ayant eu lieu en conséquence le 14 février 1886, ce fut au tour de la liste monarchiste de succomber. — M. Vielfaure a voté l'expulsion totale des princes.

VIELLARD, Armand, maître de forges et homme politique français, fils de M. Viellard-Migeon, sénateur de Belfort, né le 4 octobre 1866, est né à Belfort vers 1834. Sans passé politique, mais porté sur la liste monarchiste du Haut-Rhin français, il a été élu député le 4 octobre 1885.

VIETTE, Jules François Stanislas, journaliste et homme politique français, né à Blamont (Doubs) le 16 mai 1843. Ancien rédacteur du journal le *Doubs* sous l'Empire, puis du *Républicain de l'Est*, il est l'un des fondateurs de la *Démocratie franc-comtoise*. Il a été élu député de Montbéliard le 20 février 1876, et siégea à gauche. Réélu le 14 octobre 1877 et le 21 août 1881 dans le même collège, M. Viette était élu député du Doubs, le 4 octobre 1885, en tête de la liste républicaine. Il a voté l'expulsion totale des princes.

VIGAROSY, Jean-Baptiste Claude Charles Joseph, homme politique français, sénateur, né à Mirepoix le 23 juin 1822. Il fit son droit à Paris et prit le grade de docteur en 1851. Grand propriétaire, membre du Conseil général de l'Ariège, dont il est devenu vice-président, M. Vigarosy se présenta aux élections sénatoriales du 30 janvier 1876, fut élu, et prit place au groupe de la gauche républicaine. Il a été réélu au renouvellement de la représentation sénatoriale de l'Ariège, le 25 janvier 1885, et a voté l'expulsion des princes.

VIGER, Marie Albert, homme politique français, médecin, né à Châteauneuf-sur-Loire (Loiret) en 1844. Il fit ses études médicales à Paris, et, reçu docteur en 1867, alla s'établir dans sa ville natale, dont il est devenu maire. Collaborateur aux feuilles républicaines locales, auteur de petits ouvrages de vulgarisation, dans la collection de la Société Franklin, M. le Dr Viger se présentait aux élections d'octobre 1885, sur la liste républicaine du Loiret ; il a été élu au scrutin du 18 et a voté l'expulsion totale des princes. — Le Dr Viger est officier d'académie.

VILAIN, Nicolas Victor, sculpteur français, né à Paris le 3 août 1813 ; élève de Pradier et de Paul Delaroche, il débuta au Salon de 1838 et remporta le grand prix de Rome au concours de la même année, dont le sujet était : *David apaisant Saül*. — On cite de cet artiste : la *Statuette de d'Arcet (1838)* ; *Saint Jean*, l'*Automne*, la *Bienfaisance*, bas-relief (1845) ; *Hébé et l'aigle de Jupiter*, *Étienne*, buste (1846) ; *Victor Hugo*, le *Général Jamin*, Mlle *Vilain*, bustes (1849) ; *Walecu*, *Pradier*, M. *Sénard*, *Loysel*, bustes (1859) ; *Marius à Carthage*, *Saint Germain l'Auxerrois (1861)* ; Mme *Vilain*, buste et deux autres portraits (1865) ; la *Musique et la danse*, *Kléber (1864)* ; une statue d'*Évêque*, etc. (1865) ; *Saint Paul*, statue, pour l'église Saint-Roch ; le *Duc d'Aumale* et un *Portrait de femme*, bustes, marbre (1874) ; *Portrait de Mlle H...*, buste en plâtre (1876) ; les *Bienfaits de la paix (1877)* ; l'*Aurore*, statue en plâtre (1878) ; plusieurs *Portraits*, bustes (1880) ; deux autres bustes en plâtre (1886), etc. On doit en outre à M. Vilain le *Fronton* du Palais de l'Industrie, aux Champs-Élysées (1854) ; le *Fronton* et les *Cariatides* du pavillon Daru, au Nouveau-Louvre (1856) ; un *Fronton* pour les Tuileries (1865) ; la statue de la *Modestie*, au foyer du Nouvel-Opéra (1872), etc. — Cet artiste a obtenu une médaille de 3e classe en 1847, une de 2e classe en 1848, et a été décoré de la Légion d'honneur en 1849.

VILAR, Édouard Paul Yves Gaudérique, homme politique français, né à Prades le 26 juillet 1847. Avocat du barreau de Prades, ancien bâtonnier, ancien maire de cette ville, membre du Conseil général des Pyrénées-Orientales pour le canton d'Olette, M. Vilar, a été élu député des Pyrénées-Orientales le 4 octobre 1885, en tête de la liste radicale. Il a voté l'expulsion totale des princes.

VILLENEUVE, Jean, médecin et homme politique français, né à Lembeye (Basses-Pyrénées) le 25 février 1840, vint faire ses études médicales à Paris, collaborant entre temps aux journaux d'étudiants, et fondant même un : la *Jeune France*, qui fit beaucoup parler de lui, et fut reçu docteur en 1865. Établi dans le XVIIe arrondissement de Paris, puis comme adjoint au maire de cet arrondissement (Batignolles) après le 4 septembre, le docteur Villeneuve servit en outre comme chirurgien du 91e bataillon de la garde nationale. En 1875, il était élu maire de Clichy-la-Garenne, et y a laissé de son administration d'excellents souvenirs ; il était élu en même temps membre du Conseil général de la Seine pour le canton de Neuilly. Aux élections du 21 août 1881, le docteur Villeneuve fut élu député de la 2e circonscription de Saint-Denis et prit place à l'extrême-gauche. Aux élections d'octobre 1885, il figurait sur plusieurs listes radicales et fut élu au scrutin du 18. Il reprit sa place à l'extrême-gauche, et vota l'expulsion des princes.

VINCENT, Charles Hubert, dit Charles-Vincent, littérateur et chansonnier français, né à Fontainebleau en 1828. C'est une des figures les plus originales de ce temps-ci, dit Napoléon Gallois dans ses biographies des exposants de 1867. Ancien clerc d'avoué et de notaire, puis tapissier et voyageur de commerce, il débuta dans les lettres par des chansons et devint rédacteur littéraire au journal le *Siècle*, auquel il collabora pendant de longues années. Charles Vincent est l'un des fondateurs des journaux industriels en France. On lui doit la création du *Moniteur de la cordonnerie*, qui obtint la collaboration d'écrivains célèbres, peut-être par cette originale idée qu'eut son rédacteur de payer les articles en chaussures. On le voit ensuite à la tête de journaux consacrés à la littérature et aux modes : *L'Illustrateur des dames*, la *Joie du foyer*, la *Boîte à ouvrage*, ces deux derniers de sa création. Ayant fait avec succès des couplets pour des pièces de ses amis Auguste Luchet, Desluards, Édouard Plouvier, B. Gastineau, etc., il entre à son tour au théâtre avec l'*Enfant du tour de France*, drame qui se donne pour mission de supprimer les luttes sanglantes du compagnonnage. Dans cette pièce, Darcier chantait cinq ou six chansons, et attirait tout Paris au théâtre Beaumarchais. — Il fonde enfin un journal des plus sérieux : la *Halle aux cuirs*, qui prend une importance de plus en plus considérable dans l'industrie des cuirs, des peaux et des laines. Sa dernière création en ce genre est la *Sellerie (1884)*. Toujours resté chansonnier, il écrit néanmoins des articles pour diverses publications, notamment pour le *Dictionnaire économique* de Guillaumin, et publie chez les éditeurs Michel Lévy et Lacroix des romans dont un, *Enclume et marteau*, est assez remarquable pour obtenir les honneurs de la reproduction à l'étranger. Une *Histoire de la chaussure dans l'antiquité*, tout en soulevant les questions les plus ardues de l'histoire du travail, arrive à trois éditions, grâce à l'humour que le chansonnier répand dans ce livre utile. Charles Vincent est membre de la Société des gens de lettres, de celle des auteurs dramatiques et de nombreuses sociétés lyriques et littéraires. Il a conquis une notoriété toute particulière dans la chanson, dont il a transformé l'allure. Son œuvre chansonnière est en effet considérable, et sans qu'il ait jamais sacrifié au mauvais goût qui mène à la popularité ; il est connu et chanté à peu près partout. Les vers de Charles Vincent, plein d'énergie ou de tendresse, a le mot juste et le sentiment vrai ; le charme ou émeut quand il n'enflamme pas. La fraternité, le travail et la saine gaieté sont chez lui les cordes vibrantes. La forme nouvelle, à la fois franche et littéraire, de ses chansons donne raison à son biographe Charles Coligny, qui termine une étude sur lui par ces mots : « Aujourd'hui, Charles Vincent est une physionomie du renouveau dans la chanson. » Ajoutons que l'auteur de la *Vieille chanson* et de la *Chanson française* a obtenu des médailles et des diplômes d'honneur dans nos grandes expositions, et que, comme membre du jury et rapporteur, il a montré, là surtout, des qualités sérieuses de critique, d'observateur, et une rare souplesse d'écrivain. — Charles Vincent a été à plusieurs reprises, élu président du Caveau.

VIOX, Marie Georges Camille, homme politique français, fils d'un ancien constituant de 1848, ancien sous-commissaire de la République dans l'arrondissement de Lunéville, retraité en 1874. Il est né dans cette ville le 30 juin 1833. Après avoir fait son droit à Paris, M. C. Viox alla s'inscrire au barreau de Lunéville, dont il représente le canton sud-est au Conseil général de Meurthe-et-Moselle. Élu député de son arrondissement le 21 août 1881, il s'inscrivit au groupe de l'Union républicaine. Il a été élu député de Meurthe-et-Moselle le 4 octobre 1885, et a voté l'expulsion des princes.

VIRCHOW, Rudolph, médecin et homme politique allemand, né à Schivelbein (Prusse) le 13 octobre 1821, fit ses études scientifiques à l'université de Berlin, où il eut pour maître l'illustre physiologiste Johann Müller, et y prit le grade de docteur en médecine en 1843. Il fondait peu après une revue spéciale intitulée : *Archiv für Pathologie, Anatomie, und Physiologie, und für Klinische Medicin*. Mêlé activement au mouvement révolutionnaire de 1848, élu même représentant à l'Assemblée de Francfort, quoique n'ayant pas atteint l'âge d'éligibilité, la réaction le priva de son journal et de sa place de rédacteur à l'université de Berlin. Il accepta alors une chaire d'anatomie pathologique à l'université de Wurtzbourg et s'y fit une célébrité si considérable, tant par son enseignement que par ses travaux scientifiques, qu'il fut rappelé à Berlin, à la même époque, en 1856, et fut nommé quelque temps après directeur de l'Institut pathologique. Membre du Conseil municipal de Berlin en 1859, il était élu député au parlement prussien par deux collèges de Berlin et par celui de Saarbrück, en 1862 ; il s'y fit remarquer par son énergie et son infatigable activité et devint bientôt le chef reconnu du parti libéral-progressiste, de celui qui inquiétait le plus le roi Guillaume et son fidèle chancelier par sa popularité immense, qu'il ne fallait rien de moins que Sadowa et Sedan pour réduire au silence, au moins momentanément. Réélu constamment à la Chambre des députés de Prusse, de la Confédération de l'Allemagne du Nord, puis de l'Empire d'Allemagne, M. R. Virchow refusa d'abord ce dernier mandat; il ne l'accepta qu'aux élections de 1880, où il fut élu par une circonscription de Berlin. Il est aujourd'hui professeur ordinaire d'anatomie pathologique, de pathologie générale et de thérapeutique à l'université de Berlin, directeur de l'Institut pathologique et médecin de la Charité. Il a été élu membre honoraire de la Société royale de médecine de Londres en 1856 et membre correspondant de l'Académie des sciences (Institut de France) en 1859. Il est en outre associé étranger de notre Académie de médecine. On lui doit la fondation de l'Institut des gardes-malades, attenant à l'hôpital de Friedrichshain, destiné à l'instruction des gardes-malades dans les hôpitaux et à domicile et autorisé à délivrer des certificats de capacité, lequel a été ouvert au commencement de 1877. Il est allé, pendant les vacances de 1878, visiter les fouilles exécutées par M. Schliemann en Asie mineure. Les principaux ouvrages de M. le docteur Virchow sont : *De Rehmnate corneæ*, sa thèse de doctorat (1845); *Phlébite, trombus, embolie et leucome (1845-47)*; *Sur les pigments hématoïdes, Sur les tumeurs colloïdes des ovaires*, le *Cancer (1847)*; la *Fièvre typhoïde en Silésie*, rapport d'une mission officielle (1848); le *Choléra (1849)*; la *Pathologie cellulaire appliquée à l'enseignement physiologique et pathologique (1850)*, ouvrage traduit en français par le docteur P. Picard (1868, in-8° fig.) et en anglais par le docteur Chance; *Dégénérescence du sang (1853)*; *Traités divers*, mélanges (1856); *Sur le Morbus spedalska*, maladie épidémique de la peau, observée en Norvège (1859); *Trichiniasis*, traduit en français (1860); *Gœthe naturaliste (1861)*; *Quatre discours sur la maladie (1862)*; *De l'éducation des femmes suivant leur mission sociale (1865)*; le *Choléra en Hongrie (1868)*; *Pathologie des tumeurs (1868-76, 4 vol., fig.)*; *Problèmes des sciences naturelles dans la nouvelle vie nationale de l'Allemagne (1871)*; la *Liberté de la science dans l'État moderne (1877)*, etc. — Une société savante d'Allemagne, composée évidemment, en majorité, de membres d'une intelligence tout à fait transcendante, invitait M. Virchow, au commencement de 1872, à donner sa démission de membre des sociétés françaises auxquelles il appartient. M. Virchow a fait comprendre à ces messieurs (du moins il l'a essayé) qu'une rupture des relations scientifiques avec un pays comme la France serait un acte idiot, contraire aux intérêts de la science et de l'humanité.

VISCONTI-VENOSTA (marquis), Emilio, homme d'État italien, né à Tirano (Milanais) en 1828, collabora de bonne heure à la presse libérale de la Lombardie et de la Sardaigne et fut attaché au général Garibaldi, en qualité de commissaire royal, en 1859, puis à Farini, dictateur de Modène et de Parme, avec lequel il prépara l'annexion des deux duchés au Piémont et qu'il suivit à Naples, où il avait été nommé lieutenant du roi, en octobre 1860. Au commencement de cette même année, il avait fait partie de la mission extraordinaire du marquis Pepoli près des cabinets de Paris et de Londres, et avait été élu député au parlement italien par le collège de Tirano. Appelé au ministère des affaires étrangères dans le cabinet Minghetti, en mars 1863, M. Visconti-Venosta se retirait à l'occasion des troubles de septembre 1864, passait quelque temps comme ambassadeur à Constantinople et reprenait son portefeuille dans le cabinet Ricasoli, en juin 1866, pour le résigner de nouveau en juillet 1868. En décembre 1869, M. Visconti-Venosta devenait chef d'un nouveau cabinet, qui devait assister et présider même dans une certaine mesure aux événements les plus importants de l'histoire d'Italie depuis des siècles. Après une courte retraite en 1872-73, il rentrait aux affaires étrangères avec M. Minghetti, en juillet 1873. Le 10 mars 1876, le cabinet Minghetti, faisait place à un ministère de gauche, sous la présidence de M. Depretis, et M. Visconti-Venosta remettait son portefeuille à M. Melegari.

M. Visconti-Venosta s'est aliéné beaucoup de patriotes italiens par sa politique modérée jusqu'à l'exagération et principalement par sa proposition, en septembre 1870, alors qu'il était ministre des affaires étrangères, de renouveler avec la France la convention du 15 Septembre, c'est-à-dire de renoncer à Rome. D'autre part, on ne saurait lui refuser beaucoup de tact et une science profonde de la politique étrangère dans ses rapports avec les intérêts nationaux, dont il a donné des preuves au début des négociations dont les affaires d'Orient ont été l'objet, soit de juillet 1875 à mars 1876, époque de sa retraite des affaires. Quoi qu'il en soit, il échouait aux élections du 5 novembre 1876, dans le collège de Tirano, et au scrutin de ballottage du 12, dans le troisième collège de Milan, contre M. Correnti, progressiste. Les élections complémentaires nécessitées par l'option des progressistes nommés dans plusieurs collèges permirent à M. Visconti-Venosta de renouveler la tentative, et il fut élu enfin député de Vittorio (Vénétie). Il s'est signalé à la Chambre, par plusieurs interpellations sur la politique étrangère, surtout sur la politique orientale, du cabinet italien, adressées à son successeur, d'ailleurs avec autant de mesure que de véritable habileté. — Aux élections de 1886, M. Visconti-Venosta, par une lettre publiée dans les journaux, annonça qu'il déclinait toute candidature, son intention étant de se retirer de la vie politique. En juin suivant, il faisait partie d'une fournée de sénateurs.

VISSAGUET, Marie Xavier Ernest, homme politique français, né au Puy-en-Velay le 4 novembre 1834. Inscrit au barreau de sa ville natale en 1856, il participait à la fondation du journal démocratique, l'*Avenir de la Haute-Loire*, en 1869. Après la révolution du 4 septembre 1870, M. Vissaguet fut nommé procureur de la République au Puy; il se présenta dans la Haute-Loire aux élections du 8 février 1871, mais il échoua avec 13,802 voix. Le 8 octobre suivant il était élu membre du Conseil général pour le canton de Salignac; réélu le 4 octobre 1874 et depuis, il a été secrétaire, puis vice-président de cette assemblée. — Aux élections du 20 février 1876, M. Vissaguet fut élu député de la seconde circonscription de l'arrondissement du Puy, par 7,666 voix contre 5,913 obtenues par M. Calemard de Lafayette, député sortant appartenant à la droite. Il fit partie des 363 qui combattirent la politique du 16 mai, mais il échoua aux élections du 14 octobre suivant, contre le candidat macmahonien; l'élection de celui-ci fut bien annulée par la Chambre, mais M. Vissaguet ne se représenta pas devant les électeurs directs du Puy. Au renouvellement de la représentation sénatoriale de la Haute-Loire, M. Vissaguet fut élu sénateur. Il a voté l'expulsion des princes.

VITU, Auguste Charles Joseph, journaliste et littérateur français, né à Meudon le 7 octobre 1823. Il débuta fort jeune dans le journalisme et, tout en faisant quelques travaux de librairie, collabora successivement au *Corsaire*, au *Portefeuille*, à la *Liberté (1848)*, au *Pamphlet* etc. ; puis devint rédacteur en chef du *Bon sens d'Auvergne*, à Clermont, en 1849 et ensuite de l'*Ami de l'ordre*, à Grenoble. A son retour, il fut attaché à la rédaction du *Dix Décembre*, du *Pouvoir*, du *Pays*, puis devint en 1860 le principal rédacteur du *Constitutionnel*, qu'il quitta pour fonder l'*Etendard*, en 1867. Ses nouvelles fonctions lui furent enlevées par jugement au mois d'août 1868. peu de temps avant que l'*Etendard* disparût, on découvrit, par le procès Taillefer, qu'il avait été soutenu jusque-là à l'aide de fonds provenant de vol. Il est clair qu'en cherchant à se maintenir dans des fonctions aussi compromettantes que celles de rédacteur en chef de ce journal, au point qu'un procès était devenu nécessaire pour le faire céder, M. Vitu avait prouvé son ignorance absolue des faits coupables révélés dans cette dernière occasion. Entré au *Figaro*, où il était principalement chargé des comptes rendus de théâtre, M. Vitu fut appelé, en juin 1870, à remplacer Clément Duvernois comme rédacteur en chef du *Peuple français*. Après la révolution du 4 Septembre, M. Vitu a collaboré de nouveau au *Figaro*, d'où il est passé au *Gaulois*. Attaché depuis 1849 à la rédaction du *Journal des chemins de fer*, il en a été pendant plusieurs années le rédacteur en chef; il a rédigé depuis un autre journal financier, le *Conseiller (1874-76)*. Mais il est rentré depuis au *Figaro*, où il fait toujours les comptes rendus des premières avec une très grande autorité, outre des articles de critique littéraire, voire de politique courante. C'est lui, du reste, que le général Trochu faisait condamner en 1872, pour diffamation, à la prison et à une forte amende.

En dehors de ses travaux de journaliste, on a de M. Auguste Vitu : les *Chauffeurs du Nord*, grand roman dramatique, signé Vidocq (1845-46, 6 vol.) *Paris l'été (1847)*; les *Bals d'hiver (1848)*; *Révision de la constitution (1851)*; l'*Empereur à Grenoble (1852)*; *Histoire de Napoléon III, Études littéraires sur la Révolution française (1854)*; *Guide dans le Dauphiné et l'Isère (1855)*; *Contes à dormir debout (1860)*; *Ombres et vieux murs (1861)*; *Guide financier (1864)*; *Opinion sur la question des banques (1866)*; *Histoire civile de l'armée, ou Des conditions du service militaire en France avant la formation des armées permanentes (1868, in-8°)*; les

Réunions électorales (1869); les Réunions publiques à Paris 1868-1869 (1870); outre diverses brochures de circonstance. On lui doit aussi un certain nombre de publications bibliographiques, notamment: la Chronique scandaleuse, une Notice sur François Villon (1873); la Chronique de Louis IX; Agrippine, veuve de Germanicus, conférence dramatique faite en 1874; une série d'études portant le titre général d'Archéologie moliéresque, et comprenant: la Maison des Pocquelin (1881); la Maison de Molière, couronné par l'Académie française (1882); le Jeu de paume des mestayers, ou l'Illustre Théâtre (1883); Petite histoire de la typographie (1886), etc. Il publie en outre, depuis quelques années, un recueil annuel des principaux comptes rendus de premières représentations, sous ce titre: les Mille-et-une nuits du Théâtre (1885-86, 3 séries). — M. Auguste Vitu est officier de la Légion d'honneur depuis 1867.

VIVIEN DE SAINT-MARTIN, Louis, littérateur et géographe français, né à Saint-Martin de Fontenay (Calvados) le 17 mai 1802. M. Vivien de Saint-Martin, venu jeune à Paris, a débuté de très bonne heure dans la littérature géographique, qu'il abandonna un moment pour d'autres études, mais qu'il reprit bientôt et ne quitta plus. — On lui doit: Carte électorale et administrative de la France (1823); un Atlas universel (1825); Tables chronologiques (1827); Géographie de la France (1832); Cours complet d'agriculture (1834, 4 vol.); une traduction nouvelle des Œuvres de Walter Scott, en 25 volumes (1836-39); une traduction du Voyage en Circassie de Th. Bell (1840, 2 vol.); Histoire générale de la Révolution française de 1789 à 1839 (1840-42, 4 vol.); Histoire de Napoléon (1843, 2 vol.); Histoire universelle des découvertes géographiques, etc. (1845-47, 2 vol.); Recherches sur les populations primitives du Caucase (1847); Études de géographie ancienne et d'ethnographie asiatique (1850-54, 2 vol.); Étude sur la géographie grecque et latine de l'Inde (1858-60, 2 vol.); le Nord de l'Afrique dans l'antiquité grecque (1863); l'Année géographique (1863-75, 13 vol.); Histoire de la géographie et des découvertes géographiques (1873, atlas); Atlas universel de géographie moderne, ancienne et du moyen âge; Nouveau dictionnaire de géographie universelle: ces deux derniers ouvrages paraissent par fascicules depuis février 1877, etc.

M. Vivien de Saint-Martin a, en outre, rédigé de 1828 à 1830, avec M. Bailleul, le Bibliomappe, et les Nouvelles annales des voyages, de 1845 à 1854; il a fondé en 1847, et dirigé la première revue, l'Athenœum français, et collabore notamment au Constitutionnel, à la Presse, à la Revue contemporaine, à la Revue germanique et française, etc. Il est membre des Sociétés de géographie, d'ethnographie, asiatique et de divers autres corps savants nationaux et étrangers.

VOGT, CARL, naturaliste et homme politique allemand, né à Giessen le 5 juillet 1817, fit ses études à l'université de cette ville et à celle de Berne, où son père était nommé professeur de clinique en 1835, et où il prit le grade de docteur en médecine. Après avoir commencé à étudier la chimie sous la direction de Liebig, à Giessen, il se voua, en Suisse, à l'étude de la géologie et de la zoologie avec Agassiz, dont il fut le collaborateur; publia quelques ouvrages et voyagea, pendant une couple d'années, en France et en Italie. Nommé professeur de zoologie à l'université de sa ville natale en 1847, il prit une part active à la révolution de 1848 et fut élu colonel de la garde nationale de Giessen et député à l'Assemblée nationale de Francfort, où il siégea à l'extrême-gauche. Après la défaite de l'insurrection, destitué de sa chaire et expulsé du territoire, il se retira en Suisse et fit, à Neufchâtel et dans le canton, des conférences sur l'Homme, sa place dans la création et dans l'histoire de la terre, qui lui firent une renommée européenne. En 1852, il était nommé professeur d'histoire naturelle à l'université de Genève. M. Carl Vogt est membre honoraire ou associé étranger des Sociétés anthropologiques de Paris et de Londres et de diverses autres Sociétés savantes. — On lui doit: Embryologie des salmones, tome II de l'Histoire naturelle des poissons d'eau douce de l'Europe centrale. d'Agassiz (1840); Montagnes et glaciers (1843); Traité de géologie et de la science des pétrifications (1846, 2 vol.); Lettres physiologiques (1846); l'Océan et la Méditerranée (1848, 2 vol.); Études sur les animaux vivant en société (1851); Scènes de la vie des animaux (1852); Science et superstition (1855); Leçons sur l'homme (1864); Leçons sur les animaux utiles et nuisibles (1865), les Microcéphales, ou l'homme-singe (1866); les Provenances des entozoaires de l'homme et leur évolution (1876), etc. Les principaux ouvrages de M. Carl Vogt ont été traduits en français.

VOISINS-LAVERNIÈRE (de). ÉTIENNE, homme politique français, sénateur, né à Toulouse le 17 mai 1813. Ancien représentant légitimiste du Tarn à la Constituante de 1848, non réélu à la Législative, M. de Voisins-Lavernière resta étranger à la vie politique pendant toute la durée de l'Empire. En octobre 1871, il se faisait élire au Conseil général du Tarn pour le canton de Lavaur, comme candidat républicain; et c'est aussi en cette qualité qu'il était élu sénateur du département aux élections du 30 janvier 1876. Il prit place à la gauche, vota notamment contre la dissolution de la Chambre des députés en 1877, mais également contre le retour des Chambres à Paris et contre l'article 7 de la loi sur l'enseignement supérieur. Le mandat sénatorial de M. de Voisins-Lavernière expirait en 1882; mais il fut élu sénateur inamovible, contre M. Hérold, le 19 novembre 1881, en remplacement de M. Fourcand, décédé. — Il a naturellement voté contre la loi d'expulsion des princes.

VOLLON, ANTOINE, peintre français, né en 1833 à Lyon, est élève de l'École des beaux-arts de cette ville. — On cite principalement de cet artiste: Art et gourmandise, nature morte, son œuvre de début au Salon (1864); Intérieur de cuisine (1865); Retour du marché, le Singe à l'accordéon (1866); Poissons de mer, Raisin du midi (1867); Curiosités; Portrait de Pierre Plachat, pêcheur à Mers, près du Tréport (1868); Après le bal (1869); Un coin de mon atelier, Poissons de mer (1870); le Jour de l'an, le Chaudron (1872); Coin de halle (1874); Armures, le Cochon (1875); Femme du Pollet, à Dieppe (1876); le Casque de Henri II, Espagnol (1878); Courges (1880); Oiseaux du Midi, Pot-au-feu (1883); Cruche de Marseille, Portrait de Ballasor Camacho, guitarrero aragones (1885); Poteries, Vue du Tréport (1886), etc. — M. Vollon a obtenu des médailles en 1865, 1868 et 1869, et une médaille de 1re classe en 1878 (Expos. univ.). Chevalier de la Légion d'honneur depuis 1870, il a été promu officier en 1878.

VUILLEFROY (de), DOMINIQUE FÉLIX, peintre français, fils d'un ancien sénateur de l'Empire mort en 1878, est né à Paris en 1841. Suivant au début la carrière paternelle, M. de Vuillefroy fit son droit, prit le grade de licencié et entra comme auditeur au Conseil d'État; mais il étudiait dès lors la peinture, et la vocation artistique devenant la plus forte, il ne tarda guère à déserter la carrière administrative. Élève de MM. Hébert et Boulnat, il débutait au Salon de 1867. — On cite de cet artiste: la Côte de Grâce à Honfleur (1867); Chevreuils sur la neige, Harde de cerfs en automne (1868); Espagnols sur les bords du Tage près de Tolède, Attelage de bœufs à Saint-Jean-de-Luz (1869); Bornage de Chailly, le Matin dans le Bas-Bréau, Forêt de Fontainebleau (1870); Novembre en forêt de Fontainebleau (1872); le Commencement de l'hiver, les Grands chênes de la Reine-Blanche à Fontainebleau (1873); un Herbage, Meules dans la plaine de Chailly (1874); un Franc marché en Picardie, la Rue d'Allemagne à la Villette (1875); la Traite des vaches dans les montagnes du Cantal, la Place du marché à Montferrand (1876); Souvenir du Morvan (1877); Taureaux et génisses, Mauvais temps sur les falaises de Dieppe (1878); Vaches dans l'Oberland (1879); le Retour du troupeau, Chiens et piqueur (1880); la Sortie de l'herbage, Dans les prés (1883); Chevaux dans la lande de Kérangal, Finistère (1884); la Vente des poulains (1885); le Ruisseau, le Départ des poulains (1886). — M. de Vuillefroy a obtenu une médaille en 1870 et une médaille de 2e classe en 1875. Il a été décoré de la Légion d'honneur en 1880.

VULPIAN, EDME FÉLIX ALFRED, médecin et physiologiste français, membre de l'Institut, fils de l'avocat auteur dramatique Alphonse Vulpian, est né à Paris le 5 janvier 1826 et choisit la carrière médicale. Reçu docteur en 1854, puis agrégé de la faculté de Paris en 1860, il devint suppléant de Flourens à la chaire d'anatomie et histoire naturelle de l'homme du Muséum d'histoire naturelle, et ne tarda pas à se faire connaître lui-même par d'importants travaux sur le système nerveux. Il fut alors nommé médecin à la Salpêtrière. Appelé, en 1867, à la chaire d'anatomie pathologique de la faculté, M. Vulpian fut de ceux qui, avec M. Germain Sée et autres, furent dénoncés au Sénat, dans une pétition réclamant la liberté de l'enseignement supérieur, comme professant des doctrines matérialistes (1868). Il avait, du reste, été déjà personnellement désigné comme athée, par un prélat aujourd'hui défunt, et sa chaire de la faculté avait bien failli lui échapper en conséquence. Malgré cela, M. Vulpian était élu membre de l'Académie de médecine en mai 1869, puis membre de l'Académie des

sciences, en remplacement d'Andral, le 22 mai 1876. Il a quitté la chaire d'anatomie pathologique de la faculté de médecine pour celle de pathologie comparée expérimentale, qu'il occupe toujours, en 1872, et est devenu médecin de la Charité, puis de l'Hôtel-Dieu, et doyen de la faculté, en remplacement de Wurtz, en 1875; mais de nouvelles attaques s'étant produites contre lui, il donna sa démission de ces dernières fonctions, dans lesquelles il a été remplacé par M. J. Béclard. Au mois d'août 1884, M. le docteur Vulpian fut appelé à Froisdorf, auprès du comte de Chambord, dont l'état était dès lors désespéré. — Il a été élu secrétaire perpétuel de l'Académie des sciences, pour les sciences physiques, le 29 mars 1886, en remplacement de Jamin, décédé.
On a de ce savant : *Des pneumonies secondaires*, thèse d'agrégation (1860); *Leçons sur la physiologie générale et comparée du système nerveux*, faites au Muséum (1856); *Leçons sur l'appareil vaso-moteur (1874-75, 2 vol.)*; *Clinique médicale de l'hôpital de la Charité (1878)*; *Maladies du système nerveux (1880)*, etc. — Chevalier de la Légion d'honneur depuis 1860, le docteur Vulpian a été promu officier en 1878.

W

WADDINGTON

WADDINGTON, WILLIAM HENRY, archéologue et homme d'État français, sénateur, ambassadeur à Londres, est né à Saint-Remy-sur-Avre (Eure-et-Loir) le 11 décembre 1826, est fils d'un riche filateur d'origine anglaise établi en France et naturalisé, et a choisi personnellement, à sa majorité, la nationalité adoptée par son père. Il fit ses études principalement en Angleterre, à l'école de Rugby et à l'université de Cambridge (collège de la Trinité), où il prit ses grades en 1849, et se distingua en outre comme canotier. De retour en France, il s'occupa d'études de numismatique et d'épigraphie et fit dans ce but plusieurs voyages, notamment dans l'Asie-Mineure en 1850 et 1862, en Angleterre et en Allemagne. Membre de la Société des antiquaires de France, il fut élu membre de l'Académie des inscriptions et belles-lettres en 1865. Il se présenta la même année comme candidat au Corps législatif dans la 4ᵉ circonscription de l'Aisne, où une élection partielle avait lieu par suite de la mort de M. Geoffroy de Villeneuve, mais ce fut M. de Tillancourt, plus libéral que M. Waddington ne l'était à cette époque, qui l'emporta. Élu le 8 février 1871 représentant de l'Aisne à l'Assemblée nationale, le troisième sur onze, M. H. Waddington siégea au centre droit d'abord, mais dès la fin de 1871, il quittait le parti monarchique constitutionnel pour se rallier à la forme républicaine et appuyait franchement la politique de M. Thiers. Il fit partie de nombreuses commissions et fut notamment rapporteur de la loi sur les conseils généraux (août 1871). Appelé au ministère de l'instruction publique en remplacement de M. Jules Simon, le 19 mai 1873, M. Waddington se retirait le 24 avec M. Thiers et reprenait sa place sur les bancs du centre gauche. Sauf dans quelques questions de procédure, ou plutôt de procédure, M. Waddington a constamment voté avec les républicains. — Il a été élu le 30 janvier 1876, le deuxième sur trois, sénateur de l'Aisne, avec MM. Henri Martin et de Saint-Vallier. Rappelé au ministère de l'instruction publique dans le cabinet du 10 mars 1876, en remplacement de M. Wallon, M. Waddington conserva son portefeuille sous l'administration de M. Jules Simon, qu'il suivit dans sa retraite un peu brusque, le 17 mai 1877. Il a signalé son passage aux affaires par de nombreuses et utiles réformes, mais dont les plus importantes sont demeurées en suspens à la suite de son remplacement par un personnage uniquement politique, qui sauf lui-même ne voulant rien entendre à la chose et dont les réformes ont consisté dans la destitution de quelques malheureux employés laissant à désirer sous le rapport clérical. Ce nouveau ministre, M. Brunet, a vu ajouter à son portefeuille de l'instruction publique et des beaux-arts, auxquels il n'entendait rien, les cultes auxquels il paraissait mieux s'entendre, et qui en avaient été distraits dans un but d'impartialité, pour ne les point laisser sous la direction d'un prolestant. M. Henry Waddington a été réélu le premier au renouvellement de la représentation sénatoriale de l'Aisne, le 25 janvier 1885. Il est président du Conseil général de l'Aisne, où il représente le canton de Neuilly-Saint-Front. — Rentré au pouvoir, comme ministre des affaires étrangères, dans le nouveau cabinet Dufaure, le 14 décembre 1877, M. Waddington assistait, comme plénipotentiaire français, au congrès de Berlin chargé de régler la question d'Orient, en juin 1878, mission qui lui permettait de constater au retour de la France dans le concert des grandes puissances européennes. A l'avènement de M. Grévy, M. Dufaure s'étant retiré, M. Waddington acceptait la présidence du conseil (4 février 1879). Placé entre une chambre très républicaine et un sénat en majorité monarchiste, la position du chef du cabinet était fort difficile en certaines occasions, et en particulier dans la question du personnel administratif, en grande majorité réactionnaire ; et bien qu'un vote de confiance lui eût été accordé par la Chambre, sur cette question, le 2 décembre 1879, il se retirait le 27, remettant à M. de Freycinet le portefeuille des affaires étrangères et la présidence du conseil. Il refusa l'ambassade de Londres, qui lui fut offerte alors, et fit un voyage en Italie, au cours duquel il fut reçu par le roi. En mai 1883, il assistait au couronnement du czar Alexandre III à Moscou, comme ambassadeur extraordinaire de la République française. — En juillet suivant, M. Waddington acceptait l'ambassade de Londres, où il remplaça M. Tissot. Il a jusqu'ici conservé ce poste important.
On doit à M. H. Waddington : *Voyage en Asie Mineure au point de vue numismatique (1852)*; *Mélanges de numismatique et de philologie (1861)*; *l'Édit de Dioclétien (1864, in-4°)*, avec de nouveaux fragments et un commentaire ; la continuation du *Voyage archéologique en Grèce et en Asie Mineure*, de Ph. Lebas (1862, in-4°), etc. — Il a été élu *fellow* honoraire de son collège, à Cambridge, le 16 avril 1881.

WADDINGTON, RICHARD, industriel et homme politique français, frère du précédent, est né à Rouen le 22 mai 1838, y a fait ses études et a embrassé la carrière industrielle à l'exemple de son père. Ancien juge au tribunal de commerce, membre et secrétaire de la chambre de commerce de Rouen, M. Richard Waddington a organisé pendant la guerre les batteries d'artillerie nouveau système servies par les mobilisés de la Seine-Inférieure, et y a lui-même servi en qualité de capitaine. Élu membre du Conseil général de son département, pour le canton de Darnétal, le 8 octobre 1871, il a été réélu le 4 octobre 1874 et depuis, et se présentait dans la 3ᵉ circonscription de Rouen, aux élections du 20 janvier 1876, pour la Chambre des députés. M. Richard Waddington fut élu par 11,521 voix, contre 5,192 obtenues par le candidat conservateur, M. Bézuel d'Esneval ; il prit place au centre gauche, qui le choisit pour secrétaire de ses réunions, et prit part avec beaucoup d'autorité à plusieurs discussions importantes. L'un des 363 adversaires du cabinet de Broglie, M. R. Waddington fut réélu par le même collège le 14 octobre 1877 et le 21 août 1881. Il a, enfin, été élu député de la Seine-Inférieure, le cinquième sur douze, aux élections du 4 octobre 1885. — Il a repoussé de son vote les propositions d'expulsion des princes.
M. R. Waddington a été nommé chevalier de la Légion d'honneur en 1871, pour services rendus pendant la guerre.

WAGRAM (prince de), NAPOLÉON LOUIS JOSEPH ALEXANDRE CHARLES Berthier, ancien pair de France, ancien sénateur de l'empire, fils du maréchal Berthier, prince de Wagram, vice-connétable de France, est né à Paris le 11 septembre 1810. A la mort de son père, en 1815, il hérita de ses titres, mais ne put siéger à la Chambre des pairs qu'en 1836. En 1840 il refusa, avec quelques-uns de ses collègues, de juger le prince Louis-Napoléon, traduit devant la Cour des pairs après l'attentat de Boulogne. Eloigné des affaires publiques par la révolution de Février, il fit partie de la première promotion de sénateurs, en janvier 1852. De nouveau éloigné de la scène politique par la révolution du 4 septembre 1870, il se présenta aux élections du 20 février 1876 dans l'arrondissement de Corbeil, mais il échoua avec 4.919 voix contre 10,042 obtenues par son concurrent républicain, M. Léon Renault. — Il est chevalier de la Légion d'honneur depuis 1846.

WAILLY (de), JOSEPH NOEL, dit NATALIS, littérateur et archéologue français, né à Mézères en 1805, vint faire son droit à Paris, puis entra aux Archives où il devint, sous la monarchie de Juillet, chef de la section administrative. Entré au département des manuscrits à la Bibliothèque nationale, au commencement de l'Empire, il en est devenu conservateur en 1854, puis conservateur honoraire. M. N. de Wailly a été élu membre de l'Académie des inscriptions et belles-lettres en 1841, en remplacement de Pastoret; il a présidé ce corps savant en 1876. — On doit à M. N. de Wailly : *Eléments de paléographie (1838, 2 vol. in-4°)*; *Examen critique de la Vie de saint Louis, par Geoffroy de Beaulieu (1844)*; *Notice sur Guillaume Guiart (1846)*; le 23e volume de la *Collection des historiens de France*; une édition de *l'Histoire de saint Louis*, par Jean, sire de Joinville, texte original et traduction en français moderne (1865); *Mémoire sur la langue de Joinville (1868)*; une édition de la *Conquête de Constantinople*, par Geoffroy de Villehardouin, texte et traduction (1870 : *Mémoire sur Joinville et les enseignements de saint Louis à son fils*; *Mémoire sur le Romant ou Chronique en longue vulgaire dont Joinville a reproduit des passages (1875)*; *Notice sur six manuscrits contenant l'ouvrage anonyme connu sous le titre de « Chronique de Rains » (1876)*. M. Natalis de Wailly a collaboré laborieusement, en outre, aux *Mémoires de l'Académie des inscriptions*, à la *Bibliothèque de l'Ecole des chartes*, au *Journal des savants*, à la *Gazette littéraire*, à l'*Annuaire de la Société de l'histoire de France*, etc. — Officier de la Légion d'honneur depuis 1868, il a été promu commandeur de l'ordre.

WAITE, MORRISON REMICH, jurisconsulte américain, né à Lyme (Connecticut) le 29 novembre 1816, fit ses études au collège d'Yale, se fit admettre au barreau en 1837 et alla s'établir dans l'Ohio. M. M. Waite s'est à peu près exclusivement consacré aux devoirs de la profession qu'il avait choisie et dans laquelle il s'est acquis une très grande réputation, aussi bien par l'honnêteté de son caractère que par ses talents de légiste. Choisi comme membre du conseil arbitral réuni à Genève en 1871-72 pour juger le différend survenu entre les Etats-Unis et la Grande-Bretagne au sujet des corsaires confédérés, M. Morisson R. Waite fut appelé à remplacer M. Chase, décédé, comme président de la Cour suprême (chief Justice) des Etats-Unis, en 1873. En 1876, dans la question d'arbitrage relative à l'élection présidentielle, il refusa de faire partie de la commission nommée à cet effet, pour que la politique ne puisse être mêlée à la justice, dit-il.

WALDECK-ROUSSEAU, PIERRE MARIE RENÉ ERNEST, homme d'Etat français, fils de l'ancien représentant de la Loire-Inférieure à la Constituante de 1848, ancien maire de Nantes, mort dans cette ville le 17 février 1882, est né à Nantes le 2 décembre 1846. Avocat du barreau de Nantes, il était élu député de la 1re circonscription de l'arrondissement de Rennes à l'élection partielle du 6 avril 1879, nécessitée par la démission de M. Roger-Marvaise au Sénat. Il se fit inscrire au groupe de l'Union républicaine, présenta à la Chambre un projet de réforme de la magistrature et fut nommé rapporteur par la commission chargée de l'examen de ce projet. Réélu dans la même circonscription le 21 août 1881, M. Waldeck-Rousseau entrait dans le cabinet Gambetta le 14 novembre suivant, avec le portefeuille de l'Intérieur et quittait le pouvoir avec ses collègues le 26 janvier 1882, ayant eu le temps tout juste de donner des témoignages de grandes qualités administratives, et d'une rectitude de conduite peu commune, outre ses qualités d'orateur, déjà connues. Il reçut en conséquence le même portefeuille, augmenté des cultes, dans le dernier cabinet constitué sous la présidence de M. Jules Ferry, et qui a gardé le pouvoir du 21 février 1883 au 29 mars 1885. — Il a été élu député d'Ille-et-Vilaine au scrutin du 18 octobre 1885, et a voté contre les propositions d'expulsion des princes.

WALLACE, ALFRED RUSSEL, naturaliste et voyageur anglais, né à Usk (Monmouthshire) le 8 janvier 1822, fit ses études au collège d'Hertford. Il entra d'abord chez un frère aîné qui pratiquait la double profession de géomètre-arpenteur et d'architecte, mais il le quitta bientôt pour se livrer à l'étude de la nature dans les régions lointaines. En 1848, il visita l'Amazone avec M. Bates et, de retour en 1852, publia la relation de ses *Voyages sur l'Amazone et sur le Rio Negro*, et un petit volume sur les *Palmiers de l'Amazone et leurs usages*. Parti en 1854 pour visiter les iles de la Malaisie, il y demeura huit ans. M. Wallace a publié depuis : *l'Archipel de la Malaisie* (2 vol., 2e édit. 1869); *Contribution à la théorie de la sélection naturelle (1870)*; *Des miracles et du spiritisme moderne (1875)*; *Distribution géographique des animaux (1876)*; la *Nature tropicale (1878)*; la *Vie dans les iles (1880)*; *Nécessité et but de la naturalisation des terres (1882)*, etc. ; il a fourni de nombreux mémoires ou articles aux publications des Sociétés linnéenne, zoologique, ethnologique, anthropologique et entomologique, dont il fait partie. Il a obtenu en 1868 la médaille royale de la Société royale de Londres et en 1870, une médaille d'or de la Société de géographie de Paris. En 1882, l'université de Dublin lui a conféré le titre honorifique de docteur en droit civil. — En octobre 1886, M. Alfred R. Wallace se rendait aux Etats-Unis, engagé à donner à l'Institut Lowell de Boston huit leçons, ou *lectures*, sur l'histoire naturelle.

WALLON, HENRI ALEXANDRE, historien et homme d'Etat français, ancien ministre, sénateur, né à Valenciennes le 23 décembre 1812. Admis à l'Ecole normale supérieure en 1831, il fut reçu agrégé d'histoire en 1834 et professa cette classe en province pendant six ans. En 1840, M. Wallon était rappelé à Paris, nommé maître des conférences à l'Ecole normale et suppléant de Guizot à la chaire d'histoire et de géographie modernes à la Sorbonne. Membre et secrétaire de la commission pour l'abolition de l'esclavage en 1848, il fut élu par la Guadeloupe second suppléant à l'Assemblée constituante, mais ne siégea pas; l'année suivante, il fut élu représentant du Nord à la Législative, le neuvième sur vingt-quatre et siégea de la majorité réactionnaire, dont il se sépara toutefois à l'occasion du vote de la loi du 31 mai (1850) restrictive du suffrage universel, contre laquelle il protesta non seulement en la repoussant de son vote, mais en donnant sa démission de représentant: acte d'honnêteté politique bien rare et qui peint un homme. Devenu titulaire de la chaire où il suppléait Guizot, M. Wallon est devenu doyen de la faculté des lettres de Paris, dont il est aujourd'hui doyen honoraire, ayant pris sa retraite et été remplacé comme doyen par M. Himly. Il a été élu membre de l'Académie des inscriptions et belles-lettres, dont il est secrétaire perpétuel depuis janvier 1873, en 1850, en remplacement de Quatremère de Quincy, et ne s'est plus occupé que de ses travaux littéraires pendant toute la durée de l'Empire. — Aux élections générales du 8 février 1871, M. Wallon fut élu représentant du Nord à l'Assemblée nationale, le vingt-cinquième sur vingt-huit; il siégea au centre droit, appuya la politique de M. Thiers et, dans la discussion de l'ordre du jour approuvant les conventions signées pour la libération anticipée du territoire, il proposa un amendement portant que « M. Thiers a bien mérité de la patrie ». Il prit part à la coalition du 24 mai 1873, qui eut pour conséquence la retraite du premier président de la République et appuya la politique de l'administration de Broglie. Mais après la retraite de cet homme d'Etat (16 mai 1874), M. Wallon se rapprocha sensiblement du centre gauche et prit, avec la résolution qu'il n'avait pas encore montrée, une part active aux discussions de l'Assemblée. Le 23 juillet, à propos de la discussion de la proposition Casimir Périer, il présenta et défendit un amendement qui, suivant sa propre expression, ne proclamait pas la République, mais la faisait. Cet amendement fut repoussé, aussi bien que la proposition Casimir Périer. Lors de la discussion des lois constitutionnelles, M. Wallon présenta, et cette fois fit adopter par l'Assemblée, à une voix de majorité, un amendement d'une importance bien plus considérable, car il ne se borne pas à *faire* la République, il la rend la forme gouvernementale définitive de la France, en dépit des casnistes monarchistes, en fixant le mode de succession au siège de la présidence suprême. Cet amendement est ainsi conçu: « Le président de la République est élu à la majorité absolue des suffrages par le Sénat et la Chambre des députés réunis en Assemblée nationale. Il est nommé pour sept ans; il est rééligible. » Les termes en sont fort nets, comme on voit, et prêtent peu à l'interprétation. M. Wallon forma ensuite, avec M. de Lavergne, le groupe constitutionnel intermédiaire officieux entre les groupes du centre droit et du centre gauche, ayant pour objet l'accord des esprits libéraux sur le terrain républicain. — Appelé au ministère de l'Instruction publique dans le cabinet du 10 mars 1875, M. Wallon y marqua son passage par plusieurs mesures libérales; mais, catholique fervent, ne fit qu'une opposition molle aux prétentions cléricales dans la discussion de la loi sur la liberté de l'enseignement supérieur, se contentant de protester à la tribune contre les calomnies dont cette discussion fournit aux cléricaux l'occasion d'abreuver l'Université, dont il était le Grand maître. C'était peu ; ce n'était pas assez. Aux élections des sénateurs inamovibles par l'Assemblée, quand M. de Lavergne avait accepté de figurer sur la liste des gauches, M. Wallon s'était laissé porter sur la liste de droite et il allait infailliblement échouer, quand les gauches, par reconnaissance pour le « Père de la Constitution », s'empressèrent de l'inscrire d'office sur leur liste et l'élurent le 18 décembre 1875, le soixante-douzième sur soixante-quinze. Il était temps ! — Les élections du 20 février 1876, qui avaient infligé à M. Buffet un si terrible échec, ayant nécessité un changement de ministère dans un sens plus libéral, M. Wallon suivit son chef dans la retraite et fut remplacé à l'instruction publique par M. H. Waddington dans le cabinet Dufaure, du 10 mars 1876. Il siège au Sénat au centre constitutionnel. Il s'est abstenu lors du vote sur la dissolution de la Chambre des députés, en juin 1877.

M. H. Wallon a publié: *Géographie politique des temps modernes* (1839); *De l'esclavage dans les colonies* (1847); la *Sainte Bible résumée dans son histoire et dans ses enseignements* (1854, 2 vol.); *De la croyance due à l'Evangile; Mémoire sur les années de Jésus-Christ* (1858); *Du monothéisme chez les races sémiques* (1859); *Jeanne d'Arc* (1860, 2 vol. in-8°; nouv. édit. 1876, in-4° chrom. et grav.), ouvrage qui obtint en 1860 le grand prix Gobert de l'Académie française et dont il a paru une édition abrégée en un volume; *Epitres et Evangiles des dimanches* (1862) et les *Saints Evangiles* (1863), tirés de Bossuet; la *Vie de Jésus et son nouvel historien* (1864); *Richard II, épisode de la rivalité de la France et de l'Angleterre* (1864, 2 vol.); *Vie de Notre-Seigneur Jésus-Christ selon la concordance des quatre évangélistes* (1865); la *Terreur, études critiques sur la Révolution française* (1873, 2 vol.); *Saint Louis et son temps* (1875). — M. Wallon est officier de la Légion d'honneur depuis 1868. Il a reçu en 1878 une médaille d'or pour acte de sauvetage accompli aux bains de mer des Petites-Dalles (Seine-Inférieure), avec l'aide de son fils, qui reçut pour le même fait une médaille de bronze.

WALTER, John, publiciste et homme politique anglais, propriétaire principal du *Times* et petit-fils du fondateur de ce journal, est né à Londres en 1818, a fait ses études à Eton et au collège d'Exeter de l'université d'Oxford, et fut admis au barreau à Lincoln's Inn, en 1847. Dès 1843, M. John Walter se présentait, comme candidat libéral-conservateur à la Chambre des communes, à Nottingham. Il échoua cette fois, mais fut élu en 1847, le lendemain même de la mort de son père; il a représenté ce bourg aux Communes jusqu'en 1859. A cette date, il fut élu par Berks; après avoir échoué aux élections de 1865, il était réélu par le même bourg en 1868, en 1874, 1868.

WARD, John Quincy Adams, sculpteur américain, né à Urbana (Ohio) le 29 juin 1830, d'une famille de fermiers. Il étudia d'abord la médecine et l'anatomie, puis, ayant dès sa jeunesse éprouvé un goût très vif pour les arts, il entra en 1850 dans l'atelier de H. K. Brown, sculpteur distingué, et y demeura six ans. En 1861, il ouvrit lui-même un atelier à New-York. Il passa plusieurs mois dans le Far-West à étudier les types indiens, ayant dès lors le projet d'exécuter son magnifique *Chasseur indien*, dont le modèle, terminé en 1864, fut acheté et coulé en bronze pour le Central Park. On lui doit encore: un *Simple troupier du 7e régiment, Fitz Greene Halleck* et *Shakespeare*, statues en bronze, érigées également dans le Parc central de New-York, et dont la dernière surtout lui a fait une réputation considérable. Parmi les autres œuvres de M. John Ward, on cite son *Bon Samaritain*; *Freedman*, monument commémoratif de la découverte des procédés anesthésiques; la statue du *Commodore Perry* et plusieurs groupes, bas-reliefs et médaillons. — Il a été président de l'Académie nationale de dessin de 1874 à 1877.

WARNER, Susan, dite Elizabeth **Wetherell**, femme de lettres américaine, née à New-York en 1818. Son premier ouvrage : *the Wide, Wide World* (le Vaste, vaste monde) eut la plus grande peine à trouver un éditeur; cependant, lorsqu'il put enfin être publié, en 1849, il eut un succès inouï et fut traduit en plusieurs langues, notamment en français, forme sous laquelle il obtint également une très grande circulation. Elle a publié depuis: *Queechy* (1852); les *Coteaux de Shatemue* (1858); *l'Echelle d'or* (1862); le *Vieux casque* (1863); *Melbourne-House* (1864); la *Word Series* (1865-68, 3 vol.); *Que pouvait-elle ? Opportunités* (1870); la *Maison de ville*, les *Quatre leçons du petit Jack* (1874); la *Petite Annette* (1875), etc., outre divers ouvrages religieux.

Sa sœur, Anna B. **Warner**, a écrit, sous le pseudonyme de Amy **Lothrop**: *Dollars and cents* (Ecus et sous, 1852); le *Gardien de mon frère* (1855), et toute une série d'ouvrages pour les enfants, parmi lesquels les *Contes du Mont-Vinaigre*, formant six volumes, dont le dernier a paru en 1871. — Enfin les deux sœurs ont écrit en collaboration plusieurs ouvrages, tels que: la *Bibliothèque d'Ellen Montgomery*, etc.

WASHBURNE, Elihu Benjamin, homme politique et diplomate américain, né à Livermore (Maine) le 23 septembre 1816. Entré fort jeune, en qualité d'apprenti, dans une imprimerie, il se prépara, tout en travaillant, à l'étude du droit, et alla suivre à sa majorité les cours de l'école de droit de l'université d'Harvard. Admis au barreau en 1842, il alla s'établir à Galena (Illinois), où il nouait plus tard d'intimes relations avec le tanneur Grant, capitaine démissionnaire en 1854, qui devait être un jour président des Etats-Unis. Elu par le parti wigh représentant au Congrès, en 1858, M. Washburne y fut maintenu à chaque élection biennale jusqu'en 1869. A cette époque, le général Grant, étant devenu président, appela son ami auprès de lui comme secrétaire d'Etat; M. Washburne ne garda ce poste que quelques semaines; il donna sa démission, fut remplacé par M. Hamilton Fish et nommé ministre des Etats-Unis près la cour de France. Il n'était pas installé depuis un an à Paris, que la guerre avec la Prusse éclatait. Le premier à saluer la République française, le 4 septembre 1870, il se prononça, dans une réunion des représentants étrangers tenue chez le nonce du Saint-Siège, pour que le corps diplomatique demeurât auprès du gouvernement de la Défense nationale, quoi qu'il pût arriver. Il prêcha d'exemple, resta à Paris pendant toute la durée du siège et, quoique chargé par le gouvernement allemand des intérêts de ses sujets, ne cessa de manifester la sympathie que lui inspiraient les défenseurs héroïques si indignement calomniés depuis. M. Washburne ne s'éloigna pas de Paris davantage pendant la Commune, et il n'y eut que lui, parmi les personnages considérables qui auraient pu faire cette tentative, pour intercéder avec énergie en faveur de l'archevêque de Paris, détenu comme otage, et pour rendre à cet infortuné prélat catholique, lui protestant, une visite suprême dans sa prison. Peu de représentants des puissances étrangères se sont acquis au même degré l'estime et la reconnaissance des populations et des gouvernements auprès desquels ils sont accrédités. Ajoutons que l'Allemagne ne lui a pas montré moins de reconnaissance pour la manière dont il remplit la mission protectrice qu'il avait acceptée envers ses nationaux restés à Paris. — Après l'avènement du successeur du général Grant, M. Hayes, à la présidence des Etats-Unis, M. Washburne, dont la santé ne fut jamais très robuste, donnait sa démission et rentrait aux Etats-Unis, où il était récemment question de sa candidature possible aux prochaines élections présidentielles.

WEILL, Alexandre, publiciste et littérateur français, né à Marmoutier (Alsace) en 1813, d'une famille israélite, fit ses études en Allemagne, où il donna dès ses articles à divers journaux de Leipzig, Berlin, Cologne et Stuttgart, et revint en France en 1838. Il collabora dès lors à divers journaux, notamment à la *Revue du progrès*, au *Journal des écoles* et à la *Démocratie pacifique*, pour en venir, après février, à la *Gazette de France*, ayant d'abord passé quelque temps à la *Presse*, comme rédacteur de la partie étrangère. M. Alexandre Weill a publié un grand nombre de brochures de circonstance sur une foule de sujets, des fantaisies, des nouvelles, des romans même, sous forme de *placards* ou réunis en volumes. Nous citerons: *Feu et flamme* (1845); *Peu contre feu* (1846); *République et monarchie* (1848); le

Génie de la monarchie, Debout la province! (1849); *Roi et président* (1851); le *Livre des rois, Histoires de village* (1852); *Une Madeleine*, drame en vers, non représenté (1853); les *Mystères de la création*, traduit de l'hébreu, *Schiller*, étude historique, l'*Idéal* (1854); *Gumper*, nouvelles. *Contes d'amour* (1856); *Lettres fraternelles à M. Louis Veuillot* (1858); *Mon fils, ou le nouvel Émile* (1861); *Amour et blasphèmes*, poésies. *Frohny* (1862); *Que deviendront nos filles?* (1863); les *Livres de Dieu, Moïse et le Talmud* (1864); la *Parole nouvelle* (1866); *Mes batailles* (1867); *Dix mois de révolution* (1868); le *Justicier* (1869); *Couronne, Emeraude*, le *Décret de l'amour*, les *Français au XIXe siècle* (1872); une *Vie de Schiller*, une *Histoire des Anabaptistes, Ma jeunesse*, les *Émigrés d'Alsace, Romans parisiens*, etc. (1874); *Un drame d'amour, Romans de châteaux et de chaumières* (1875); le *Génie de l'histoire universelle* (1876); *Vérités absolues* (1877); l'*Athéisme déraciné*, etc.; *Ludovic Boerne* (1878); les *Souvenirs intimes de H. Heine* (1883); *Paris-mensonge*, publication périodique (1884 et suiv.); le *Pantateuque selon Moïse et selon Ezra*, la *France catholique et athée*, réponse à la *France juive* de M. Drumont; *Éclairs, tonnerre et ondées* (1886), etc., etc.

WEISS, Jean Jacques, journaliste et littérateur français, fils du chef de musique d'un régiment suisse, alors en garnison à Bayonne, où il naquit le 19 novembre 1827, débuta dans la vie comme enfant de troupe. Passé, en temps convenable, dans un régiment qui tenait garnison à Paris, il suivit les cours du collège Louis-le-Grand et se préparait pour Saint-Cyr, lorsque, ayant remporté le prix d'honneur de philosophie au concours général de 1847, et cédant évidemment à des conseils dont il n'était pas en état d'apprécier la valeur, il renonça à la carrière militaire et entra à l'École normale. Reçu agrégé d'histoire en 1850, il professait ce cours au lycée de La Rochelle, lorsqu'il répondit d'une manière assez vive à la circulaire, peu convenable dans les termes, qu'un inspecteur avait cru devoir adresser aux professeurs de son lycée. Il fut mis en disponibilité, et il n'y aurait rien d'étonnant à ce qu'il eût alors regretté l'autre carrière. En tout cas, il vint à Paris (1855), s'occupa de journalisme et se fit recevoir docteur ès lettres en 1856. Nommé à la chaire de littérature française à la faculté d'Aix en remplacement de Prévost-Paradol, il y remporta de brillants succès avec son cours sur l'histoire de la comédie en France, et passait l'année suivante à la faculté de Dijon comme professeur d'histoire. Il y poursuivit le cours de ses succès jusqu'en 1860, époque à laquelle, acceptant les propositions d'Édouard Bertin, il entrait au *Journal des Débats* pour y rédiger le bulletin politique à son tour, et y écrire entre temps des articles politiques ou littéraires qui furent bientôt très remarqués. Il collaborait en même temps à divers journaux et revues, à la *Revue contemporaine*, à la *Revue de l'instruction publique*, à la *Revue des Deux-Mondes*, à l'*Europe artiste*, au *Courrier du Dimanche*. Enfin, en 1867, M. J.-J. Weiss fondait, avec M. Édouard Hervé, un ournal d'opposition ouvertement orléaniste: le *Journal de Paris*. Mais M. Weiss était plutôt un parlementaire qu'un vrai orléaniste, aussi à l'avènement du ministère Ollivier (janvier 1870), accepta-t-il de M. Maurice Richard les fonctions de secrétaire général du ministère des beaux-arts; il fut en outre nommé conseiller d'État hors sections.—Rendu à la vie privée après le 4 Septembre, M. J.-J. Weiss rentra dans la presse, pour combattre la République et pas pour autre chose à ce qu'il semble, collaborant successivement à la *Patrie*, au *Journal de Paris*, au *Soleil*, au *Paris Journal*, au *Gaulois*, au *Figaro*, dans ce but louable. Élu par l'Assemblée nationale conseiller d'État en juin 1873, il y était maintenu par décret du 24 juillet 1875; ce qui ne l'empêcha pas de continuer sa campagne contre la République, surtout pendant la période du 16 mai, où il ne cessa de provoquer, dans *Paris-Journal*, le gouvernement au coup d'État que tout le monde attendait, lui faisant ainsi plus de mal, peut-être, qu'il ne le méritait. Après les élections du 14 octobre 1877, M. Weiss déclara toutefois se rallier à la République, décidément triomphante; mais ayant été révoqué comme conseiller d'État en juillet 1879, il reprit la lutte, dans le *Gaulois*, cette fois. Rallié de nouveau à l'avènement du cabinet Gambetta (14 novembre 1881), M. J.-J. Weiss était nommé directeur des affaires politiques au ministère des affaires étrangères. Il donnait sa démission le 29 janvier 1882, trois jours après la retraite du « grand ministère », reprenant les armes en attendant une autre occasion.

On doit à ce remarquable écrivain, en dehors de ses nombreux articles : *De inquisitione apud Romanos Ciceronis tempore* et *Essai sur « Hermann et Dorothée » de Gœthe*, thèses de doctorat (1856); *Essais sur l'histoire de la littérature française*, recueil d'articles (1865).

WEKERLIN, Jean-Baptiste Théodore, musicien français, né à Guebwiller (Alsace) le 9 novembre 1821, d'une famille d'industriels. Entré en 1844 au Conservatoire de Paris, il en sortit en 1849, se produisit comme chanteur dans les salons et les concerts et publia dès lors quelques mélodies. En 1847, il avait fait exécuter aux concerts du Conservatoire une grande scène héroïque intitulée *Rolland*. En 1853, il fondait avec M. Seghers la Société de Sainte-Cécile, dont il dirigea la partie vocale. Il fit exécuter par cette société : le *Jugement dernier*, oratorio écrit sur le poème de Gilbert; *Éloa, l'Aurore, des Symphonies, Ouvertures*, etc. Il a composé en outre plusieurs opéras de salon : *Tout est bien qui finit bien*, les *Revenants bretons*; et donné au théâtre : l'*Organiste*, au Théâtre-Lyrique (1853), qui lui fit confier un livret en trois actes dont la mort de Sevesto, le directeur, empêcha la représentation; les *Poèmes de la mer*, ode-symphonie, au Théâtre-Italien (1860); les *Trois noces de la vallée des Balais*, opéra comique, trois actes, en patois alsacien, au théâtre de Colmar (1863). Le nouveau Théâtre-Lyrique a reçu un acte de M. Wekerlin intitulé *Après Fontenoy*, en 1876. On lui doit un grand nombre de mélodies publiées en plusieurs recueils. En 1874, il faisait exécuter à la salle Pleyel toute une série d'œuvres nouvelles en ce genre, parmi lesquelles on remarquait surtout : *Alsace*, la *Pesca*, le *Chant du coq, Minuit*; et il a publié en outre: *Échos du temps passé*, série d'airs anciens, du douzième au dix-huitième siècle (1856); les *Chansons populaires des provinces de la France* (1865); *Opuscules sur la chanson populaire et sur la musique* (1875); *Musiciana, extraits d'ouvrages rares ou bizarres, anecdotes*, etc. (1877), etc.

M. J.-B. Wekerlin a été nommé bibliothécaire du Conservatoire en septembre 1876, en remplacement de Félicien David. Il est chevalier de la Légion d'honneur.

WERDER (comte von), August Carl Friedrich Wilhelm Leopold, général prussien, né le 12 septembre 1808, entra comme volontaire dans les gardes du corps en 1825 et fut nommé l'année suivante second lieutenant au 1er régiment d'infanterie de la garde. D 1833 à 1836, il suivit les cours de l'Académie militaire générale, pour se préparer à entrer dans l'état-major, et servit comme officier d'état-major, attaché à la 8e division de pionniers, de 1838 à 1839; instructeur des cadets en 1839-40, il entra à cette dernière date au bureau topographique et fut promu premier lieutenant en 1842. En 1842-43, avec l'autorisation de son gouvernement et celui de la Russie, il prit part à la guerre du Caucase comme officier du génie et fut blessé à Kefar. En récompense de ses services, il reçut la croix de Saint-Jean et l'ordre de Vladimir de 4e classe. Promu capitaine en 1846, il était major au 33e régiment d'infanterie en 1851, commandant du bataillon de landwehr du 43e en 1853, et lieutenant-colonel en 1856. L'année suivante, il était appelé au commandement du bataillon de fusiliers du 2e régiment d'infanterie de la garde; il était nommé, en 1858, inspecteur des chasseurs et promu colonel en 1859. Quelques mois plus tard, il était nommé membre de la direction de l'Institut militaire central de Berlin. Promu major général en mars 1860 et lieutenant-général en 1866, le général de Werder prit part en cette dernière qualité à la campagne de Bohême, à la tête de la 3e division d'infanterie du prince Frédéric-Charles, notamment aux batailles de Gitschin et de Kœniggrætz, et il reçut l'ordre du Mérite. — Lorsqu'éclata la guerre de 1870-71, le général de Werder fut attaché au commandement supérieur du troisième corps de l'armée du prince royal de Prusse, composé d'abord de Badois et de Wurtembergeois, mais qui ne tarda pas à recevoir d'importants renforts. Il investit Strasbourg et, après une sommation adressée sans résultat au commandant de la place, général Uhrich, commença le bombardement le 24 août. Nous n'insisterons pas sur les ravages produits par les projectiles allemands dans la malheureuse capitale de l'Alsace, si peu préparée à la défense, et qui la forcèrent à capituler le 27 septembre. Le 30, le général de Werder était promu général d'infanterie; appelé au commandement du 14e corps d'armée, qu'il était chargé d'organiser, il marcha sur Épinal, puis sur Vesoul, tenta vainement une surprise sur Besançon, marcha alors sur Gray et s'empara de Dijon le 31 octobre, après un combat acharné.

Le général de Werder avait partout signalé son passage par des actes de répression féroce pour la moindre tentative de résistance et par l'imposition de lourdes contributions sur le pays envahi ; après avoir mis le siège devant Belfort, il se dirigea sur Villersexel et se fortifia dans une position avantageuse, au mont Vaudois, près d'Héricourt, pour y attendre l'attaque de l'armée de Bourbaki (voyez ce nom). On sait quel fut le résultat de cette tentative désespérée, sur laquelle nous nous sommes suffisamment étendu dans la notice consacrée au général Bourbaki ; mais ce qu'on sait moins, c'est la peur inspirée aux Allemands par ce hardi mouvement, qui eût réussi avec des troupes solides et peut-être plus de confiance de la part de leur chef, et nous eût conduits à notre tour à l'invasion du territoire ennemi. L'échec d'un pareil projet, dont il semblait que la réussite fût inévitable, fait mieux comprendre le désespoir du brave général chargé de l'exécution, ainsi que l'accueil enthousiaste fait dans son pays, surtout dans le Sud, voisin de nos frontières, au général de Werder. Il fut créé, à l'occasion de ce fait d'armes, grand croix de l'Aigle rouge. Il a été décoré de l'ordre de l'Aigle noir en 1875, en l'honneur du cinquantième anniversaire de son entrée dans l'armée ; en 1879 il était admis dans le cadre de réserve et élevé au titre de comte par l'empereur.

WERTHER (baron von), CARL, diplomate allemand, né à Kœnigsberg le 30 janvier 1809 ; fils du ministre plénipotentiaire de Prusse en France sous la Restauration et sous le gouvernement de Juillet, il acheva ses études à Paris et entra dans la diplomatie comme attaché à la légation dirigée par son père, vers 1830. Secrétaire de légation à la Haye, puis à Londres, il revenait, en la même qualité, à Paris en 1840, était nommé ministre plénipotentiaire en Suisse en 1842, à Athènes en 1844, à Copenhague en 1849, à Saint-Pétersbourg en 1854 et à Vienne de 1859 à 1866. Lorsque éclata la guerre entre l'Autriche et la Prusse, M. de Werther dirigea le ministère des affaires étrangères pendant l'absence de M. de Bismark, qui suivait le roi à l'armée. Plénipotentiaire de la Prusse au traité de Prague, M. de Werther reprit son poste à Vienne après la paix, et y devint ambassadeur de la Prusse, puis de la Confédération de l'Allemagne du Nord en 1869 et 1870. Nommé ensuite ambassadeur de l'empire d'Allemagne à Constantinople, il a été mis en non-activité, sur sa demande, au début de la guerre entre la Russie et la Porte, en avril 1877.

WHITE, RICHARD GRANT, littérateur et philologue américain, né à New-York le 23 mai 1822, fit ses études à l'université de cette ville, suivit ensuite des cours de médecine et de droit et fut admis au barreau en 1845 ; mais il abandonna promptement la pratique des lois pour la littérature. M. R. White s'est d'abord plus particulièrement fait connaître par ses études sur Shakespeare. Il a publié, en 1854, un ouvrage intéressant sur ce sujet, intitulé : the Shakespeare's scholar ; puis un Essai sur la composition des trois parties du « Roi Henri VI » (1859) ; une édition critique des Œuvres de Shakespeare, en 12 volumes (1857-64), et Shakespeare, sa vie, son génie (1865) ; sans parler de nombreux articles de critique littéraire, insérés dans les Putnam's Magasine, l'Atlantic Monthly et the Galaxy. Il a publié en outre : Manuel d'art chrétien (1853) ; Hymnes nationaux (1861) ; une édition annotée du Book Hunter (1863) ; Poésie de la guerre civile (1866) ; le Nouvel Évangile de la paix, anonyme, satire des événements de la guerre de Sécession (1866) ; les Mots et leurs usages (1870) ; l'Anglais vulgaire (1880) ; Opinion d'un Américain sur la question des droits d'auteur (1881) ; l'Angleterre au dehors et au dedans (1882), etc. Il est également l'auteur de Lettres publiées par le Spectateur de Londres, de 1863 à 1867, sous la signature Yankee.

Littérateur très distingué, M. Richard G. White n'en a pas moins été obligé, pour vivre, de remplir, pendant longtemps, de modestes fonctions à la Douane de New-York, qu'il n'a, du reste, abandonnées qu'en 1879. Au commencement de 1877, il faisait un voyage en Europe. Il a été nommé professeur de littérature anglaise au collège de la Cité de New-York, en juin 1877.

WHITTIER, JOHN GREENLEAF, poète américain, né à Haverhill (Massachusetts) le 17 décembre 1807. Jusqu'à l'âge de dix-huit ans, il exerça la profession d'ouvrier agricole et celle de cordonnier à l'occasion, par exemple en hiver. En 1852, il entra dans une école de la Société des Amis, dont il est membre, et en 1829 se rendit à Boston, capitale de l'État, et y devint rédacteur de l'American manufacturer, puis, l'année suivante, de la New-England Weekly Review, publiée à Hailford, dans l'État de Connecticut. En 1832, il revint à son pays natal et y rédigea la Haverhill Gazette, tout en se livrant aux travaux des champs ; il fut élu deux fois à la Législature de l'État. Nommé, en 1836, l'un des secrétaires de la Société antiesclavagiste américaine, il se rendit à Philadelphie et prit la direction du Pennsylvania Freeman, qu'il conserva jusqu'en 1840. A cette dernière date, M. Whittier retourna dans le Massachusetts et s'établit à Amesbury, où il a toujours résidé depuis et a été, pendant plusieurs années, correspondant de la National Era de Washington. — On a de M. John G. Whittier : Legendes de la Nouvelle Angleterre, en prose et en vers (1831) ; Moll Pitcher, poème (1833) ; Mogg Megone, poème (1836) ; Ballades (1838) ; Chants de mon pays et autres (1843) ; l'Etranger à Lervill, prose (1845) ; le Surnaturel dans la Nouvelle-Angleterre (1847) ; Extraits du journal de Margaret Smith et les Voix de la liberté, poésies (1849) ; Anciens portraits et esquisses modernes, les Chants du travail (1850) ; la Chapelle des ermites et autres poésies, un Couplet du dimanche (1853) ; Mélanges et récréations littéraires (1854) ; le Panorama (1856) ; Chansons et poèmes du pays (1860) ; En temps de guerre, etc., poésies (1863) ; Chants lyriques nationaux (1865-66, 2 vol.) ; la Borne de neige, Maud Muller (1866) ; la Tente sur la grève (1867) ; Dans les montagnes, etc. (1868) ; Ballades de la Nouvelle-Angleterre, Miriam et autres poésies (1870) ; l'Enfance (1871) ; les Pèlerins de Pennsylvanie et autres poésies (1872) ; Fleurs de coudrier (1874) ; Mabel Martin (1875) ; une Hymne du centenaire (1876) ; la Vision d'Echard, etc. (1878) ; la Missive du roi, et autres poésies (1881), etc. Une édition des œuvres poétiques de M. Whittier a été publiée, en 4 volumes, en 1869, et une autre en 1876. — Citons enfin les stances A la statue de la Liberté que le poète a envoyées de sa retraite d'Haverhill à l'inauguration à New-York de la célèbre statue de M. Bartholdi, le 8 novembre 1886.

WHYMPER, EDWARD, écrivain et voyageur anglais, vice-président de l'Alpine Club, fils d'un graveur et aquarelliste distingué, est né à Londres le 27 avril 1840, fit ses études à l'école de Clarendon-House et sous des maîtres particuliers et apprit le dessin. Mais ne pouvant se résoudre à une vie sédentaire, il commença de bonne heure une série d'excursions intéressantes par les observations qu'elles l'amenèrent à faire. En 1861, M. Whymper gravissait le Mont Pelvoux (Hautes-Alpes), considéré comme la montagne la plus haute de France, et, arrivé à son sommet, il en découvrit une autre plus élevée de 500 pieds, la Pointe des Ecrins, dont il opéra l'ascension en 1864, ce qui lui valut son admission au Club Alpin. De 1861 à 1865, il fit une série d'expéditions de ce genre, remarquables par leur succès autant que par leur audace, gravissant les uns après les autres des pics réputés jusque-là inaccessibles ; la dernière de la série, l'ascension du Matterhorn, qui mesure 14,780 pieds d'élévation, se termina d'une manière tragique : trois des compagnons de M. Whymper, le rév. Charles Hudson, M. Hadow, lord Francis Douglas et un des guides y perdirent la vie (14 juillet 1865). En 1867, l'intrépide explorateur se rendit dans le nord-ouest du Groënland, avec l'intention d'explorer les dépôts fossiles dont cette contrée est si riche et de tenter de pénétrer à l'intérieur. De cette expédition, « la plus extraordinaire aventure géographique qu'ait osé affronter une personne isolée » suivant l'appréciation de sir Roderick Murchison, M. Whymper a négligé de publier un relation, quoiqu'il en ait rapporté des cônes de magnolia et des fruits de divers arbres, preuve évidente de l'existence, à une époque lointaine, d'une végétation luxuriante dans ces contrées aujourd'hui désolées et couvertes de glaces éternelles. Cette magnifique collection de plantes fossiles rapportée du Groënland a été décrite par le professeur Heer dans les Transactions de la Société royale, en 1869, et une place lui a été donnée au Musée britannique, où elle est aujourd'hui exposée au public. En 1871, M. Whymper a publié une relation de ses voyages dans les Alpes sous le titre : Scrambles amongst the Alps in the years 1860-69, ouvrage qui valut à son auteur la croix de chevalier de l'ordre des SS. Maurice et Lazare d'Italie.

En 1872, M. Whymper résolut de renouveler sa tentative d'exploration du Groënland. Il se rendit en Danemark et quitta Copenhague pour les colonies danoises du Groënland, en mai. Il y employa avec intelligence le court temps de l'été arctique en explorations dans les montagnes ; d'Ornenak il atteignit Godhavn en septembre, montait à bord du Julianehaab, bâtiment employé par le gouvernement danois des correspondance groënlandais, et était de retour à Copenhague le 9 novembre, chargé de nouvelles richesses fossiles, parmi lesquelles de curieux spécimens de bois pétrifiés. En 1879 et 1880, il voyageait sur le territoire accidenté de la République de l'Equateur, explorant la chaîne des Andes, faisant l'ascension du Chimborazo, de l'Antisana, du Cayambe, du Sincholagua, du Cotopachi, etc., recueillant en chemin, comme toujours, de nombreuses collections d'histoire naturelle, sans compter les croquis et les dessins. — M. Whymper est membre de la Société royale géographique.

WICKERSHEIMER, CHARLES ÉMILE, homme politique français, ingénieur des mines, né à Strasbourg le 22 février 1849. Élève de l'Ecole polytechnique et de l'Ecole des mines, M. Wickersheimer servit comme volontaire pendant la durée de la guerre contre l'Allemagne. Il alla ensuite à Carcassonne exercer sa profession, y fréquenta les cercles radicaux, devint membre du Conseil municipal et administrateur des hôpitaux de cette ville, etc. Aux élections d'octobre 1885, M. Wickersheimer fut élu député de l'Aude au scrutin du 18, sur la liste radicale. Il a pris place à l'extrême-gauche et voté l'expulsion totale des princes. — Il est membre de la Société de géographie de Toulouse.

WILLIAMS, MONIER, orientaliste anglais, né à Bombay en 1819, fit ses études au Collège du roi, à Londres et au collège Balliol, à Oxford. Admis au bureau des Indes comme employé, il suivit les cours du collège des Indes orientales d'Hayleybury, remporta tous les prix pour les langues orientales et retourna à Oxford. En 1844 il était nommé professeur de sanscrit à Hayleybury, qu'il ne quitta qu'à sa suppression en 1858, dirigea les études orientales au collège de Cheltenham pendant deux ans et, en décembre 1860, fut nommé professeur de sanscrit à Oxford. Ses principaux ouvrages sont : *Grammaire pratique de la langue sanscrite*, etc., pour l'usage des étudiants anglais (1846); une édition du drame sanscrit : *Vikramorvasi (1849)*; un *Dictionnaire anglais-sanscrit (1851)*; une édition annotée du drame de *S'akountalâ*, texte et traduction littérale (1853); une traduction libre du même ouvrage en prose et vers anglais (1855); *Rudiments d'hindoustani, avec explication de l'alphabet perso-arabe (1858)*; *Etudes historiques sur l'application de l'alphabet romain aux langues de l'Inde*; une édition annotée de l'ouvrage hindoustani : *Bâgh o Bahâr* en caractères romains ; *Eléments d'hindoustani (1859)*; *Histoire de Nala*, poème sanscrit, avec traduction du doyen Milman et un vocabulaire, et la *Poésie épique indienne (1863)*; *Dictionnaire sanscrit-anglais (1872)*; la *Sagesse indienne, ou tableau des doctrines religieuses, philosophiques et morales des Hindous (1876)*; l'*Hindouisme (1877)*; l'*Inde moderne et les Indiens (1878)*; les *Idées et la vie religieuses dans l'Inde (1883-85, 2 vol.)*, etc. — M. Monier Williams est membre de la plupart des sociétés orientalistes d'Europe et de l'American Oriental Society (1882). Il a été décoré de l'ordre de l'Empire indien en 1880. En 1881, il assistait au congrès des orientalistes, tenu à Berlin en septembre, comme délégué de l'Inde anglaise.

WILLIAMSON, ALEXANDER WILLIAM, chimiste anglais, né le 1er mai 1824, fit ses études en Angleterre, à Londres et à Kensington en France, à Dijon et à Paris. A dix-sept ans, il alla étudier la chimie dans les universités allemandes, d'Heidelberg avec Gmelin et de Giessen avec Liebig ; puis il revint à Paris, où il étudia les mathématiques transcendantes pendant deux ou trois ans. Nommé, en 1849, professeur de chimie pratique au Collège de l'université de Londres, il y a remplacé Graham à la chaire de chimie pure en 1855, et a conservé jusqu'ici ces deux chaires. Les nombreux travaux du savant professeur Williamson lui ont valu, en 1862, la médaille royale de la Société royale de Londres, qui l'admit dans son sein et dont il est devenu secrétaire pour l'étranger en 1873. La même année il présidait l'assemblée de l'Association britannique pour l'avancement des sciences, à Bradford, et était choisi pour trésorier de l'Association en 1874. Le docteur A. Williamson a été deux fois président de la Société chimique de Londres ; il est en outre membre de la Société chimique de Berlin et a été élu correspondant de l'Institut de France (Académie des sciences), le 24 novembre 1873. En 1875, il était appelé à remplacer le feu docteur Neil Arnott, au sénat de l'université de Londres et en novembre de la même année, il était élu correspondant de l'Académie des sciences de Berlin. — On doit au docteur Williamson de nombreux travaux sur la constitution des sels, la composition des gaz et leur analyse, la théorie atomique, etc., etc.

WILLS, WILLIAM GORMAN, peintre et auteur dramatique irlandais, né au comté de Kilkenny en 1828, fit ses études au collège de la Trinité, à Dublin, et étudia la peinture à l'Académie royale irlandaise. Après quelques succès, principalement comme portraitiste, à Dublin et à Londres, M. W. Wills aborda la littérature dramatique.

Il a fait jouer notamment : l'*Homme d'Ailie (1866)* et *Hinko (1871)*, au Théâtre de la Reine ; *Charles Ier*, drame historique, un des plus grand succès de M. H. Irving, l'acteur, et aussi de l'auteur, représenté au Lyceum deux cents fois consécutives, sans parler des reprises (1872) ; *Eugène Aram*, au même théâtre (1873) ; *Marie, reine d'Ecosse (1874)*; *Buckingham*, à l'Olympic (1875) ; *Jane Shore (1876)*, drame historique représenté au théâtre de la Princesse pendant cinq mois pour commencer, et repris en 1877 avec un succès plus prolongé encore ; l'*Angleterre sous le règne de Charles II*, au théâtre de Drury-Lane (sept. 1877) ; *Olivia*, pièce en 4 actes, tirée du *Vicaire de Wakefield*, au Théâtre de la cour (1878) ; *Nell Gwynne*, pièce en 4 actes, au Royalty et *Vanderdecken*, drame en vers, avec M. Percy Fitzgerald, au Lyceum (même année) ; *Guillaume et Suzanne*, au Théâtre Saint-James (1880) ; *Sedgemoor*, pièce en 4 actes au Sadler's Wells (1881), etc. M. Wills a écrit en outre plusieurs romans, tels que le *Témoignage de la femme* et *Avis de départ*, qui eurent tous deux l'honneur de la réimpression aux Etats-Unis. — Il n'a pas pour cela abandonné le pinceau, et parmi ses portraits les plus récents, on cite ceux de la princesse Louise, marquise de Lorne et de la jeune princesse Victoria.

WILSON, DANIEL, homme politique français, né à Paris le 6 mars 1840, y fit ses études et se retira ensuite au château de Chenonceaux, où il s'occupa d'agriculture et de sport. Aux élections législatives de 1869, M. Wilson se présenta dans la 3e circonscription d'Indre-et-Loire, contre M. Ernest Mame, candidat du gouvernement qui, tenu en échec au premier tour, ne jugea pas à propos d'attendre le second pour se retirer. M. Wilson fut élu en conséquence par 19,052 voix, contre 6,455 obtenues par le nouveau concurrent que l'administration s'était hâtée de lui opposer. Il siégea à la gauche modérée, fut élu secrétaire du Corps législatif et prit part à plusieurs discussions importantes où il se révéla comme un orateur, non pas absolument brillant, mais sympathique et capable de se faire écouter. Il vota contre la guerre et se rallia au groupe Grévy le 4 Septembre 1870. Après quoi, il prit le commandement d'un bataillon de mobiles. Elu représentant d'Indre-et-Loire à l'Assemblée nationale, le cinquième sur six, M. Wilson s'inscrivit aux groupes du centre gauche et de la gauche républicaine. Aux élections du 20 février 1876, il fut élu député de l'arrondissement de Loches par 8,274 voix contre 7,334 obtenues par M. Paul Schneider, constitutionnel. Il prit place dans les rangs de la gauche républicaine, dont il a été secrétaire, et fit partie à peu près invariablement de la Commission du budget à partir de cette année. L'un des 363 adversaires de la politique du 16 mai, il fut réélu le 14 octobre 1877 et appelé au ministère des finances comme sous-secrétaire d'Etat le 29 décembre 1879, après avoir été rapporteur général de la commission du budget et rapporteur du budget de ce ministère. Réélu le 21 août 1881 par la même circonscription, M. D. Wilson a été élu député d'Indre-et-Loire le 4 octobre 1885, et a voté l'expulsion des princes. — M. Wilson a épousé, le 22 octobre 1881, Mlle Alice Grévy, fille unique du président de la République.

WITT (de), CORNÉLIS HENRY, écrivain et homme politique français, né à Paris le 20 novembre 1828. M. C. de Witt a collaboré de bonne heure à la *Revue des Deux mondes* et publié un certain nombre d'ouvrages sur l'Angleterre et les Etats-Unis, ainsi que quelques traductions de l'anglais. Il a été administrateur de diverses compagnies industrielles. Aux élections générales de 1864 et de 1869, il s'est présenté sans succès, dans la 3e circonscription du Calvados, contre le candidat officiel, M. de Colbert-Chabanais. Elu représentant du Calvados à l'Assemblée nationale, le sixième sur neuf, M. de Witt siégea au centre droit réactionnaire, avec lequel il a scrupuleusement voté. Aux élections des sénateurs inamovibles par l'Assemblée, il figurait sur la liste de la droite et échoua avec son parti. Le 20 février suivant, il se présenta dans l'arrondissement de Pont-l'Evêque et obtint au premier tour 3,268 voix sur 10,985 votants ; il se retira, et ses voix permirent au candidat bonapartiste de triompher, au scrutin de ballottage, du républicain qui avait eu une importante majorité relative au premier tour. — On cite de M. Cornélis de Witt : *Histoire de Washington et de la fondation de la République des Etats-Unis*, précédée d'une *Introduction* par M. Guizot (1855) ; *Thomas Jefferson, étude historique sur la démocratie américaine (1861)* ; *la Société française et la Société anglaise au XVIIIe siècle (1864)* ; *Histoire constitutionnelle de l'Angleterre, depuis l'avènement de George III*, traduite de l'anglais de sir Thomas Erskine May (1865); *Etudes sur l'histoire des Etats-Unis d'Amérique (1868*, 2 vol.), etc.

WITT (de), CONRAD, homme politique français, frère du précédent, né vers 1825. Grand propriétaire agriculteur, il possède au Val-Richer, ancienne résidence de Guizot, son beau-père, une vaste exploitation agricole, outre une ferme modèle à Saint-Ouen-le-Pin, dont il est maire. Ancien président de la Société d'agriculture de Pont-l'Evêque, membre du Conseil général du Calvados pour le canton de Cambremer, M. Conrad de Witt a été élu député du Calvados, le 4 octobre 1885, sur la liste monarchiste.

WITT (dame de), HENRIETTE Guizot, femme de lettres française, épouse du précédent, fille aînée de l'ancien ministre de Louis-Philippe, est née à Paris le 6 août 1829 et épousa M. Conrad de Witt en 1850. On lui doit un nombre prodigieux d'ouvrages généralement destinés à l'enfance, romans, nouvelles, ouvrages d'éducation et des traductions de l'anglais, d'ouvrages religieux protestants surtout. Elle a en outre achevé l'*Histoire de France racontée à mes petits-enfants*, l'*Histoire d'Angleterre, etc. (1877)* et l'*Histoire contemporaine (1879)*, commencées par son père, à qui elle avait en quelque sorte servi de secrétaire, et d'après ses notes, et publié sur cet homme d'Etat: *M. Guizot dans sa famille et avec ses amis (1880)*, etc.

WOLFF, ALBERT, journaliste et littérateur français, d'origine prussienne, est né à Cologne le 31 décembre 1835. Destiné au commerce par sa famille, il passa quelque temps chez un négociant parisien, puis retourna en Prusse, où il s'occupa de littérature et de dessin d'illustration tout en poursuivant ses études, restées incomplètes, à l'université de Bonn. Ayant écrit un *Voyage humoristique sur les bords du Rhin*, illustré de dessins non moins humoristiques de son propre crayon, cet ouvrage lui facilita des relations avec les éditeurs, pour lesquels il écrivit un assez grand nombre de contes et de nouvelles pour l'enfance. Enfin il revenait à Paris en 1857, chargé du compte rendu du salon pour la *Gazette d'Augsbourg*, et s'y fixa d'une manière définitive. Après avoir passé quelque mois auprès d'Alexandre Dumas, en qualité de secrétaire, M. Albert Wolff entrait à la rédaction du *Gaulois*, où il fit ses débuts comme journaliste français. L'année suivante, il entrait presque en même temps au *Charivari* et au *Figaro*, et devint bientôt l'un des écrivains les plus répandus de la petite presse. Lorsqu'à la fin de l'Empire la petite presse se fit grande, M. Albert Wolff devint un des principaux rédacteurs de l'*Evénement*, puis du *Figaro* devenu quotidien, ayant collaboré en passant au *Nain jaune* (direction Aurelien Scholl), à l'*Avenir national*, à l'*Univers illustré*, etc. Pendant la guerre, il résida en Belgique, où il publia les *Deux empereurs*, ouvrage dans lequel il cherche à établir que le règne de Guillaume ne sera pas moins fatal à l'Allemagne que celui de Napoléon III ne l'a été à la France. De retour à Paris, il sollicita et obtint la naturalisation et reprit ses travaux de journaliste, collaborant à divers journaux et par intermittances au *Figaro*, auquel il est de nouveau attaché.

On doit à M. Albert Wolff, outre les *Deux empereurs (1871)*: les *Mémoires du boulevard*, recueil d'articles (1865); le *Tyrol et la Carinthie*, récits de voyage (1872); *Victorien Sardou et l' « Oncle Sam »* (1875); la *Haute noce*, la *Pauvre petite Franchko (1885)*; la *Capitale de l'art (1886)*; outre plusieurs recueils d'articles, le texte de *Figaro-salon (1886)*. — Il a, en outre, donné au théâtre: le *Dernier couplet*, au théâtre de Bade (1861); *Un homme du sud*, avec M. Henri Rochefort, au Palais-Royal (1862); les *Petits mystères de l'hôtel des ventes*, avec le même, au même théâtre (1863); les *Mémoires de Réséda*, avec MM. Rochefort et E. Blum, au même théâtre (1865); les *Thugs à Paris*, revue en 3 actes, avec M. Grangé, aux Variétés (1866); *Fin courant*, un acte, avec M. E. Gondinet, au Palais Royal; les *Points noirs*, au même théâtre (1870); *Paris en actions*, à l'Athénée (1879); *Révisons!* revue en 3 actes, au Palais-Royal, avec MM. Blum et Toché (1884); les *Nouveautés de Paris*, revue en 3 actes, avec les mêmes collaborateurs au même théâtre (1885). *Egmont*, drame lyrique, à l'Opéra-Comique (1886), etc.

WOLSELEY DU CAIRE (vicomte), GARNET JOSEPH, général anglais, fils d'un major d'infanterie, est né à Irlande en 1833. Entré au service militaire, en qualité d'enseigne, en mars 1852, il fut promu successivement capitaine en 1844, major au 90e régiment d'infanterie en 1858, lieutenant-colonel en 1859, et colonel en juin 1865. Il servit dans l'Inde pendant la campagne de 1852-53 et reçut une médaille; puis il prit part à l'expédition de Crimée avec le 90e d'infanterie légère, s'y distingua tout particulièrement et fut grièvement blessé au siège de Sébastopol. Il reçut en récompense de sa brillante conduite dans cette campagne, outre la médaille de Crimée, la croix de la Légion d'honneur et celle de Medjidié, cinquième classe. Retourné aux Indes, il assista au siège et à la prise de Lucknow, à la défense d'Alumbagh, où il fut cité avec éloges dans les dépêches officielles, et reçut le brevet de lieutenant-colonel; en 1860, il fut attaché à l'état-major général de l'armée d'expédition de Chine, campagne qu'il fit tout entière et pour laquelle il reçut une médaille. Nommé quartier-maître général adjoint au Canada, en 1867, il prit le commandement de l'expédition envoyée à la Rivière-Rouge contre les insurgés de Fort Garry (1870) et fut créé, à l'issue de cette affaire, chevalier commandeur de l'ordre des SS. Michel et George. Nommé adjudant-général adjoint au quartier général en 1871, il était appelé, au mois d'août 1873, au commandement du corps expéditionnaire envoyé contre les Ashantis, avec le rang local de major général. Le 12 septembre, il s'embarquait avec son état-major à Liverpool, pour la côte occidentale d'Afrique. Arrivé avant ses troupes, il commença sa marche à l'intérieur, dès qu'elles furent débarquées, envoyant à l'est et à l'ouest des colonnes commandées par d'habiles officiers, pour soulever et enrôler les indigènes amis; ils y réussirent assez bien, quoique les Fantis ne paraissent pas avoir été des auxiliaires bien précieux pour l'armée anglaise. Le général Wolseley, après de dures épreuves, dues surtout à son trop de confiance dans la supériorité européenne, et des succès achetés beaucoup plus cher qu'ils ne valaient, fut réclamer des renforts et, aussitôt qu'il les eut reçus, poussa l'expédition avec une grande activité. Vers la fin de janvier, il était en vue de Coomassie, capitale du royaume, auprès de laquelle étaient massées les forces des Ashantis; le 5 février, les troupes anglaises prenaient possession de la capitale, le roi nègre faisait sa soumission au vainqueur et consentait à nommer des représentants chargés de débattre les conditions de la paix. Le général Wolseley, ce résultat obtenu, se retira à Adamsi pour attendre les commissaires de Coffi-Calcali, sachant par expérience que la saison des pluies, qui était proche, serait inévitablement fatale à son armée, et se disposant en conséquence à quitter le plus tôt possible ce pays inhospitalier. Le roi nègre se fit attendre, espérant sans doute atteindre cette saison mortelle aux Européens et reprendre alors sa revanche. Les démonstrations énergiques du général anglais finirent par avoir raison de son inertie, et l'arrivée, par le nord de Coomassie, du capitaine Glover qui avait pu jusque-là réussir à établir des communications avec le général en chef, était une preuve, cette fois, de sa sincerité. Enfin, les agents se montrèrent, le traité fut signé et l'armée put s'embarquer avant la mauvaise saison. — De retour en Angleterre, sir Garnet Wolseley fut créé chevalier commandeur de l'ordre du Bain; il reçut du parlement des félicitations publiques et un présent de 625,000 fr.; la cité de Londres lui décerna le droit de bourgeoisie et lui fit don d'une splendide épée d'honneur d'une valeur de 100 guinées, le 22 octobre 1874. Au commencement de 1875, il fut chargé d'une mission à la colonie de Natal, pour élucider certaines questions d'administration indigène. De retour à la fin de l'année, il était envoyé en mission au camp du grand-duc Nicolas, en mai 1877; la façon dont le reçut ce grand capitaine déplut fort au général Wolseley, qui s'en plaignit et, après échange de notes diplomatiques, reçut satisfaction de ce « malentendu. »

Entre dans le conseil des Indes en novembre 1876, le général Wolseley était nommé, le 12 juillet 1878, administrateur de l'île de Chypre, dont l'Angleterre venait de prendre possession, et en juin 1879, gouverneur et commissaire supérieur de Natal et du Transvaal, chargé de conduire les opérations militaires contre les Zoulous en même temps que de réorganiser les affaires de la colonie. Sa mission remplie, il était de retour en mai 1880. Il était promu quartier-maître général, et en avril 1882 adjudant-général de l'armée britannique. Nommé commandant en chef des forces expéditionnaires envoyées en Egypte en 1882, le général Wolseley était publiquement remercié par le parlement des premiers services rendus par lui dans cette expédition et créé baron Wolseley du Caire et de Wolseley, dans le comté de Stafford, le 30 novembre 1882; il recevait en outre le grand cordon de l'Osmanié des mains de Tewfik Pacha et était promu au rang de général d'armée. Les affaires d'Egypte étaient pourtant loin d'être terminées, puisqu'elles le sont peu encore; pour ce qui concerne lord Wolseley, il quittait la terre d'Egypte au mois d'août 1885, et il paraît que son gouvernement était satisfait de la manière dont il y avait conduit les choses, puis qu'il l'élevait au rang de vicomte à son arrivée en Angleterre.

On doit à lord Wolseley : *Relation de la guerre contre la Chine en 1860 et d'un court séjour à Nankin avec les insurgés Taï-ping, ainsi que d'un voyage de Nankin à Hankon (1862)*: *Manuel portatif du service en campagne (1869)*; *Système de manœuvres mieux conçues pour mettre nos troupes en état de se mesurer avec une armée continentale (1872)*. La rencontre d'une armée britannique avec une armée « continentale » parait être, du reste, le cauchemar de lord Wolseley : on sait que c'est surtout grâce à un mouvement d'opinion provoqué par lui, et pour prévenir une invasion des Français par cette voie étrange, que les travaux du tunnel sous la Manche ont été suspendus. On doit encore à lord Wolseley une étude sur la *France considérée comme puissance militaire, en 1870 et 1878*, et de plus un roman : le *Château de Marley (1877, 2 vol.)*.

WOOD, Henry (dame), Ella Price, femme de lettres anglaise, fille aînée de M. Th. Price, chef d'une des principales manufactures de gants de Worcester, est née dans le comté, vers 1820, et épousa très jeune M. Henry Wood, engagé dans les affaires maritimes. Ayant hérité les goûts littéraires de son père qui, riche industriel, n'en est pas moins un érudit et un écrivain distingué, M⁰⁰ Wood écrivit de bonne heure pour la presse périodique et collabora notamment au *New Monthly Magazine* et au *Bentley's Miscellany*; son premier roman, *Danebury House*, publié en 1860, remporta un prix de 2.500 fr. offert par la Ligue de tempérance écossaise à l'ouvrage qui exposerait le plus éloquemment les heureux effets de la pratique de cette vertu. Elle a publié depuis : *East Lynne (1861)*, traduit en français sous le titre de *Lady Isabel*; les *Channings*, également traduit en français; les *Tourments de Mᵐᵉˢ Halliburton*; une *Nuit brumeuse à Offord (1862)*; *William Allair, ou la fuite en mer*, ouvrage destiné à l'enfance; l'*Ombre d'Ashlydyat*; l'*Orgueil de Verner (1863)*; les *Filles de lord Oakburn*, traduit en français par M. Léon Bochet, en 1876; *Oswald Cray*; *Trevlyn Hold, ou l'héritier du squire de Trevlyn (1864)*; *Mildred Arkell (1865)*; la *Folie d'Elster*, la *Veille de la St-Martin*

(1866); le *Secret d'une vie (1867)*; *Roland Yorke (1869)*; le *Testament de George Canterbury et Bessy Rane (1870)*; *Dene Hollow (1871)*; *Dans le labyrinthe (1872)*; le *Maître de Greylands (1873)*; *Edina (1876)*; l'*Abbaye de Pomeroy (1878)*; *Johnny Ludlow (1880)*; le *Comte Netherleigh (1881)*; *Par nous-mêmes (1883)*; etc. — Mᵐᵉ Henry Wood a fondé une revue mensuelle à six pence, *The Argosy*, qu'elle dirige toujours.

WRIGHT, William. orientaliste anglais, né au Bengale le 17 janvier 1830, fit ses études en Ecosse, à Saint-André et à Fife, et en Prusse à Halle, où il se voua tout particulièrement à l'étude de la langue arabe. Il est devenu successivement professeur d'arabe au collège de l'université de Londres en 1855, au collège de la Trinité de Dublin en 1856, attaché au département des manuscrits du Musée britannique en 1861, conservateur-adjoint au même département en 1869 et professeur d'arabe à l'université de Cambridge en 1870. M. W. Wright est agrégé du Collège de la reine à Cambridge, docteur en lois des universités de Cambridge, Dublin, Edimbourg et Saint-André et docteur en philosophie de l'université de Leyde; correspondant de l'Institut de France, de l'Académie impériale de Saint-Pétersbourg, de l'Institut royal lombard, de l'Académie royale de Berlin, etc., etc. — Il a publié : *Voyages d'Ibn-Jubair* (Leyde, 1852); les quatre premiers livres des *Analectes sur l'histoire de la littérature des Arabes et des Maures d'Espagne*, par Al-Makkari (id., 1855); le *Livre de Jonas, en quatre versions orientales, avec glossaire* (Londres, 1857); *Opuscules arabes* (Leyde, 1859); *Grammaire de la langue arabe* (Londres, 1859-62, 2 vol., 2ᵉ édit. 1876); le *Kamil d'El-Mubarrad* (Leipzig, 1864-82), édité par la Société orientale allemande: *Contributions à la littérature apocryphe du Nouveau Testament* (Londres, 1865), les *Homélies d'Aphraates* (ib., 1869); *Lexique arabe* (ib. 1870); *Actes apocryphes des apôtres* (ib. 1871, 2 vol.); *Catalogue des manuscrits syriaques du Musée britannique* (ib. 1870-72, 3 vol.); *Catalogue des manuscrits éthiopiens du Musée britannique (1877)*; la *Chronique de Josué le stylite (1882)*; le *Livre de Kalilah et de Dimnah (1883)*, etc.

Y

YATES, Edmond Hodgson, littérateur et journaliste anglais, fils d'un acteur distingué, qui fut quelque temps directeur du théâtre d'Adelphi; il est né en juillet 1831. Employé au Post Office, M. Edmund Yates y a été longtemps chef du bureau des rebuts; il n'a quitté cette position, pour se consacrer tout entier aux travaux littéraires, qu'en mai 1872. Il a publié : *Mes endroits favoris et leurs habitués*; *Gaieté et cadence, par deux hommes joyeux*, écrit en collaboration avec feu F. E. Smedley (1854); *Nos mélanges*, avec M. R. B. Brough (1857-58); une édition condensée de la *Vie et correspondance de C. Matthews l'aîné* et une *Notice sur Albert Smith*, récemment décédé (1860); *Heures après le service (1861)*; *En rupture de harnais (1864)*; *Affaires de plaisir*, les *Feuilles de service*, le *Gant jeté*, roman (1865); *En baisant les verges*, *Terre enfin (1866)*; *Naufrage au port (1869)*; le *Client du Dʳ Wainwright*, *Un sort peu enviable (1871)*; la *Brebis galeuse (1872)*; le *Drapeau jaune (1873)*; l'*Epée menaçante (1874)*; etc. — M. Edmund Yates a écrit en outre quelques pièces de théâtre: il a fait pendant six ans la critique dramatique au *Daily News*, a publié pendant quelques temps un feuilleton au *Morning Star* sous la signature de « Flâneur », collaboré assidûment à l'*All the Year round* et a été directeur du *Temple Bar Magazine*.

Il fit, en 1872, une visite aux Etats-Unis, où il fut assez bien accueilli pour un Européen, comme conférencier; au mois d'octobre 1873, il était accrédité officiellement comme correspondant du *New-York Herald* à Londres; mais il donnait sa démission en juillet 1884, pour fonder le *World*, journal accueilli par un très vif succès et dont il est le rédacteur en chef et l'unique propriétaire.

YON, Edmond Charles, peintre et graveur français, né en 1836 à Montmartre (Paris), est élève de Lequien. Il se fit d'abord une réputation honorable comme graveur sur bois et aqua-fortiste pour les publications il lustrées, et ses expositions en ce genre lui valurent une médaille de 2ᵉ classe en 1872 et une de 3ᵉ classe en 1874; il s'est ensuite distingué dans la peinture, parmi nos paysagistes les plus estimes. — On cite principalement de cet artiste : un *Chemin à Velizy (1867)*; les *Buttes Montmartre en 1870 (1870)*; les *Bords de la Seine près de Montereau*, les *Alouettes (1873)*; *Un matin*, et la *Bièvre dans Paris*, *Aquarelle* (1874); un *Bras de Seine aux environs de Montereau*, le *Petit Flot, ib. (1875)*; *Jour d'été*, la *Seine près de Gravon (1876)*; le *Morin à Villiers (1877)*; *Avant la pluie (1878)*; le *Bas de Montigny*, *Bords de la Marne (1879)*; le *Canal de la Villette pendant l'hiver de 1879-80 (1880)*; la *Rafale (1881)*; la *Dune*, *Embouchure de la Dive (1884)*; la *Meuse à Dordrecht, marée haute (1885)*; les *Pêcheurs de grenouilles dans les graves de Villerville*, le *Trou-aux-Carpes (1886)*, etc. — M. Yon a obtenu comme peintre une médaille de 3ᵉ classe en 1875 et une de 2ᵉ classe en 1879 ; il a été décoré de la Légion d'honneur le 10 juillet 1886.

YOUSSOUF IZZEDDIN, prince ottoman, fils aîné du feu sultan Abd-ul-Aziz, est né le 9 octobre 1857. Pour paraître se conformer à l'usage qui interdit à l'héritier du trône d'élever ses enfants mâles nés avant son avènement, Abd-ul-Aziz éleva celui-ci en secret, avec l'assentiment toutefois du sultan Abd-ul-Medjid, jusqu'à l'époque où il succéda à son frère, le 25 juin 1861, c'est-à-dire jusqu'à l'âge de trois ans et demi. Le jeune prince, dont le père, en changeant l'ordre de succession au trône, voulait faire son successeur, est surtout remarquable, dit-on, par son apathie et son incroyable ignorance, ayant refusé toutes leçons et repoussé sans ménagement le premier, le seul précepteur qu'on tenta jamais de lui donner. Cependant, lors de la déposition d'Abd-ul-Aziz (30 mai 1876), Youssouf Izzeddin était *muchir* ou maréchal et avait le commandement supérieur de la garde impériale. On sait qu'il fut, ce jour-là, arrêté avec son père et enfermé dans un pavillon dépendant du palais de Tchéragan, auquel on donne le nom significatif de *Cage*, où l'infortuné sultan se donnait la mort quelques jours plus tard, s'il faut en croire les informations officielles.

YRIARTE, Charles Émile, littérateur français, d'une famille d'origine espagnole, est né à Paris le 5 décembre 1832. Il apprit d'abord le dessin, puis entra dans l'administration, comme attaché au ministère d'État, et devint successivement inspecteur des asiles impériaux, puis inspecteur de l'Opéra. Collaborateur assidu dès lors à la presse périodique française et espagnole, par le crayon aussi bien que par la plume, il suivit notamment la campagne du Maroc entreprise par O'Donnell en 1859-60, comme correspondant de divers journaux, principalement du *Monde illustré*, auquel il adressa des croquis et des lettres plus tard réunies en volume. Il avait naturellement résigné ses fonctions d'inspecteur de l'Opéra pour suivre cette nouvelle carrière, dans laquelle il prit bientôt une place considérable. En 1860, il suivit l'expédition de Garibaldi en Sicile, puis celle de l'armée italienne dans les États pontificaux, et revint en France pour prendre la rédaction en chef du *Monde illustré*. Pendant la guerre de 1870, M. Yriarte suivit les opérations et la retraite sur Paris de l'armée des Ardennes, comme attaché à l'état-major du général Vinoy, avec lequel il suivit également les opérations de l'armée de Versailles contre la Commune de Paris. Il a depuis fait divers voyages en Espagne et en Italie et, dès 1875, exploitait la Bosnie, l'Herzégovine et les contrées limitrophes en proie à l'agitation insurrectionnelle, d'où il adressait des correspondances au *XIXᵉ Siècle* et à plusieurs autres journaux.

M. Ch. Yriarte a collaboré en outre au *Moniteur universel*, officiel ou non, au *Figaro*, au *Grand Journal*, au *Temps*, au *XIXᵉ siècle*, à la *Vie parisienne*, au *Monde illustré*, etc., etc. ; donné des traductions des littérateurs espagnols, notamment d'Antonio de Trueba y la Quintana, de P. Antonio de Alarcon, de Fernandez y Gonzalez, et publié, sous son propre nom ou sous le pseudonyme de *Marquis de Villemer*, adopté pour la première fois dans le *Grand Journal* et auquel il sut donner une grande notoriété : la *Société espagnole* (1861) ; *Sous la tente, souvenirs du Maroc* (1863) ; les *Cercles de Paris* (1864) ; *Paris grotesque, les célébrités de la rue* (même année) ; les *Portraits parisiens*, signés « Marquis de Villemer » (1865) ; *Goya, sa vie et son œuvre* (1867) ; *Nouveaux portraits parisiens* et *Portraits cosmopolites*, même signature (1870) ; la *Vie d'un patricien de Venise au XVIᵉ siècle* (même année) ; les *Princes d'Orléans* (1871) ; les *Prussiens à Paris et le 18 mars* ; la *Retraite de Mézières* (1871-72) ; le *Puritain, scènes de la vie parisienne* (1873) ; *Venise, la Bosnie et l'Herzégovine* (1876) ; les *Bords de l'Adriatique et le Monténégro* (1877) ; *Un condottiere au XVᵉ siècle*, auquel l'Académie française décerna le prix Marcellin Guérin (1882) ; *J. B. Millet*, notice biographique (1885), etc. — M. Charles Yriarte a été décoré de la Légion d'honneur le 9 août 1877 ; il est en outre commandeur de l'ordre d'Isabelle la catholique, etc.

YVON, Adolphe, peintre français, né en 1817 à Eschwiller (Lorraine), fit ses études à Metz et vint à Paris, où il devint élève de Paul Delaroche. Il débuta au Salon de 1841, fit l'année suivante un voyage en Russie, d'où il rapporta de nombreux croquis, et reprit le cours de ses expositions. On a principalement de cet artiste : *Portrait de Mᵐᵉ Ancelot* (1842) ; *Portrait du général Neumayer* (1844) ; le *Remords de Judas* (1846) ; de nombreux *Dessins*, vues, scènes, etc. de Russie (1846-1848), la *Bataille de Kolikowo* (1850) ; un *Ange déchu* (1852) ; le *Premier consul descendant les Alpes* (1853) ; le *Maréchal Ney en Russie* ; les *Sept péchés capitaux*, série de dessins inspirés de Dante (1855, Exp. univ.) ; la *Prise de la tour de Malakoff*, son œuvre la plus populaire ; les portraits de *Mélingue* et de *Mᵐᵉ Mélingue* (1857) ; la *Bataille de Solférino*, *Portrait du prince impérial* (1859) ; *Magenta, Évacuation des blessés* (1863) ; *M. Couder*, dessin, et un autre *Portrait*, à l'huile (1864) ; la *Prise de Malakoff*, accompagnée de la *Gorge de Malakoff* et de la *Courtine de Malakoff*, et *Magenta* (1867, Exp. univ.) ; les *États-Unis d'Amérique*, composition allégorique (1870) ; une *Rue à Constantinople, Secrets d'État* (1871) ; *Mᵐᵉ la comtesse de Caen*, pour le musée fondé par cette bienfaitrice des artistes ; *César*, la *Charge des cuirassiers de Reichshoffen* (1875) ; *Portrait du général Vinoy*, grand chancelier de la Légion d'honneur ; *Portrait de M. Bonnechée*, de l'Académie nationale de musique (1876) ; *Portraits de M. Gatineau*, député et de *M. le Dʳ Péan* (1879) ; de *M. Henri Martin* et de *M. Paul Bert* (1880) ; *Portrait du général Forgemol* (1885) ; *Portrait de S. Exc. Shu-King-Cheng*, envoyé extraordinaire et ministre plénipotentiaire de Chine à Paris, et *Portrait de M. le général Petit* (1886), etc.

M. Adolphe Yvon a obtenu une médaille de 1ʳᵉ classe en 1848, une de 2ᵉ classe à l'Exposition universelle de 1855 et à celle de 1867 et la médaille d'honneur en 1857. Il est officier de la Légion d'honneur depuis 1867. Il a été nommé professeur à l'École des beaux-arts en novembre 1863.

Z

ZACCONE, Pierre, romancier populaire français, né à Douai le 2 avril 1817. Fils d'officier, il fut d'abord enfant de troupe et fit une partie de ses études à Brest ; mais l'âge venu, il n'éprouva pas le désir de contracter un nouvel et plus sérieux engagement militaire ; il obtint un emploi dans l'administration des postes au moment, ou à peu près, où se posait pour lui cette grande question d'avenir. Employé d'abord en Bretagne, il fut attaché, en 1845, à la direction générale à Paris.

M. Zaccone débuta dans la carrière littéraire à vingt ans, par des nouvelles, des fantaisies et des vers insérés dans les journaux du Finistère et du Morbihan ; il fit représenter, vers le même temps, un vaudeville au théâtre de Brest. Venu à Paris, il publia bientôt une quantité de compilations historico-dramatiques et de romans, pour la plupart en collaboration d'abord. Il a depuis fourni de nombreux feuilletons aux journaux politiques et aux feuilles populaires illustrées. Nous citerons : *Époques *historiques de la Bretagne* (Brest, 1845); *Histoire des sociétés secrètes politiques et religieuses (1847)*; les *Ouvriers de Paris et de Londres*, avec M. Paul Féval (1850); les *Mémoires d'un roi*, avec le marquis de Foudras (1851); *Marguerite et Béatrix*, avec M. Paul Féval; le *Dernier rendez-vous (1852)*; le *Roi de la bazoche (1853)*; *Eric le mendiant*, les *Mystères du vieux Paris (1857)*; le *Nouveau langage des fleurs*, les *Plaisirs du roi (1855)*; le *Nouveau Paris (1856)*, le *Fils du ciel*, roman chinois (1857); les *Deux Robinsons (1863)*; les *Drames des catacombes*; les *Mystères de Bicêtre (1864)*; *De Batna à Tuggurt et au Souf (1865)*, le *Condamné à mort (1866)*; le *Fils du forçat*, la *Poste anecdotique et pittoresque (1868)*; *Histoire des bagnes (1869)*; la *Cellule n° 7 (1870)*; les *Drames de l'Internationale*, les *Mémoires d'un commissaire de police (1872-73)*; *Un drame sur les pontons (1873)*; les *Misérables de Londres (1874)*; les *Nuits du boulevard (1876)*; l'*Homme des foules (1877)*; la *Vie à outrance (1878)*; le *Fer rouge (1880)*, etc. etc.; outre beaucoup d'autres romans, comme les *Pleuvres de Paris*, publiés au *Petit Journal*, à l'*Evénement*, etc., etc., non reproduits en volumes, et quelques vaudevilles et livrets d'opéras comiques écrits en collaboration.

ZASTROW (von), HEINRICH ADOLPH, général prussien, né en 1801, entra dans l'armée, comme cadet, en 1817 et fut nommé second-lieutenant d'infanterie en 1819. Il avait atteint le grade de major en 1848, et devint rapidement lieutenant-colonel en 1852, colonel, et enfin major-général en 1858 et lieutenant-général en 1863. En 1866, il fit la campagne contre l'Autriche, à la tête de la 11ᵉ division, fut appelé au commandement du 7ᵉ corps d'armée en 1867 et promu général d'infanterie en 1868. Au début des hostilités entre la France et la Prusse, le général de Zastrow prit le commandement du 7ᵉ corps de la première armée allemande, dont il constituait l'aile droite; ce furent ses troupes qui essuyèrent l'échec apparent du 3 août, à Sarrebruck, et qui reprirent leur trop éclatante revanche le 6, en battant complètement celles du général Froissard à Forbach. Le général de Zastrow prit part avec son corps d'armée à l'investissement de Metz et aux combats livrés sous cette place jusqu'à la capitulation (27 octobre); après quoi, il alla participer aux opérations de la première armée dans le Nord. Après la signature de la paix, le 7ᵉ corps fit partie des troupes d'occupation dans les Ardennes, qui ne devaient être évacuées qu'en mars 1873. — On doit au général de Zastrow une traduction allemande du *Nouveau traité de l'attaque et de la défense des places, suivant le système de M. de Vauban*, de Desprez de Saint-Savin, et divers ouvrages originaux sur la même matière.

ZELENSKI, STANISLAS, compositeur polonais, né à Grotkowich (Gallicie) en 1839. Il commença ses études musicales à Cracovie, sous la direction de Mirecki, alla les continuer à Prague, en 1859, avec Joseph Krejci, qui lui enseigna l'harmonie et le contrepoint, et compléta en même temps ses études à l'université de cette ville, où il prit le grade de docteur en philosophie. Il vint ensuite à Paris, y passa trois années à perfectionner ses études musicales théoriques, sous la direction de Damcke et retourna en Pologne. M. Zelenski, nommé peu après son retour, professeur de composition au Conservatoire de Varsovie, remplit encore aujourd'hui ces fonctions. — Outre de nombreux morceaux de piano, on doit à ce compositeur un assez grand nombre d'œuvres importantes et estimées, entre autres une symphonie à grand orchestre, exécutée au Conservatoire de Prague, deux airs symphoniques de concert, une trio instrumental, trois quintettes pour instruments à cordes, deux cantates avec orchestre, une messe avec accompagnement d'orgue, etc.

ZELLER, JULES SYLVAIN, historien français, né à Paris le 23 avril 1820, fit ses études au lycée Charlemagne, aborda le droit, l'abandonna bientôt, et fréquenta pendant plusieurs années les universités allemandes. De retour à Paris, il se prépara à l'enseignement, se fit recevoir agrégé d'histoire en 1844, licencié ès lettres en 1849, et alla professer l'histoire dans divers lycées de province, puis à la faculté d'Aix (1854-58), et fut rappelé à Paris et nommé maître des conférences à l'École normale en 1858. M. J. Zeller était en même temps chargé d'un cours complémentaire d'histoire moderne à la Sorbonne et de la suppléance de M. Rosceuw Saint-Hilaire à la chaire d'histoire ancienne. Il a remplacé M. Daru, comme professeur d'histoire à l'École polytechnique, en 1869. M. Zeller a été nommé inspecteur général de l'instruction publique le 2 novembre 1876. Il a publié: *Ulrich de Hutten, sa vie, ses œuvres, son époque: histoire du temps de la Réforme*, et *Sur le De consideratione de saint Bernard*, thèses de doctorat (1849); *Histoire de l'Italie depuis l'invasion des barbares jusqu'à nos jours (1852)*; *Épisodes dramatiques de l'histoire d'Italie (1855)*; l'*Année historique*, publication annuelle, interrompue (1860-63, 4 vol.); les *Empereurs romains, caractères et portraits historiques (1869)*; *Entretiens sur l'histoire: antiquité et moyen âge (1865)*; *Entretiens sur l'histoire: moyen âge (1867)*; *Rapports sur les études historiques*, à propos de l'Exposition universelle de 1867, avec MM. Geoffroy et P. Clément (1868); *Italie et Renaissance, entretiens sur l'histoire (1869)*; *Histoire d'Allemagne (1872-78*, 4 vol.); divers travaux sur l'Allemagne; les *Tribuns et les révolutions d'Italie (1874)*; *Pie IX et Victor Emmanuel (1879)*; *Frédéric II (1885)*, etc. — Chevalier de la Légion d'honneur depuis 1863, M. J. Zeller a été promu officier le 14 octobre 1873; il est en outre officier de l'ordre des Saints Maurice et Lazare d'Italie. — Il a été élu membre de l'Académie des sciences morales et politiques, en remplacement de Michelet, le 30 mai 1874.

ZOLA, ÉMILE, littérateur français, né à Paris le 2 avril 1840, fit ses études au lycée Saint-Louis, après avoir passé son enfance en Provence, avec son père, créateur du canal qui porte son nom, à Aix, et entra presque aussitôt à la librairie Hachette, en qualité d'employé. Chargé des relations de cette maison avec les agences de publicité, il abandonna ces fonctions, où il fut remplacé par Louis Asseline, vers 1865, pour se consacrer entièrement à la littérature. M. Zola a collaboré à divers journaux de Marseille et de Lyon, ainsi qu'au *Figaro*, au *Gaulois*, à la *Vie parisienne*, à l'*Evénement*, à la *Tribune* hebdomadaire, au *Petit journal*, à la *Cloche*, à la *Vérité*, au *Bien public*, au *Voltaire*, au *Gil Blas*, etc.; et publié un certain nombre de romans, remarquables par l'esprit d'observation et d'analyse qui y est dépensé, et aussi par une affectation réaliste qui dépasse souvent le but et parfois s'oublie dans des mièvreries romantiques tout à fait inattendues, mais qui ont, en tout état de cause, une valeur réelle peu commune. Ce sont: *Contes à Ninon*, nouvelles (1863); la *Confession de Claude*, roman physiologique (1865); *Mes haines, Mon salon*, le *Vœu d'une morte (1866)*; les *Mystères de Marseille*, *Thérèse Raquin, Edouard Manet*, étude biographique et critique (1867); *Madeleine Férat (1868)*; et surtout une suite d'études de mœurs politiques et sociales, en même temps que « physiologiques », intitulée: les *Rougon-Macquart, histoire naturelle et sociale d'une famille sous le second Empire*, qu'on a appelée la *Comédie humaine*, et qui se compose d'un nombre de volumes allant en augmentant chaque année, dont voici les titres respectifs: la *Fortune des Rougon*, la *Curée*, le *Ventre de Paris*, la *Conquête de Plassans*, la *Faute de l'abbé Mouret*, *Son Excellence Eugène Rougon*, l'*Assommoir*, *Une page d'amour*, *Nana*, *Pot-bouille*, *Nais Micalin*, *Germinal*, etc. (1871-1885). — A cette longue série, non terminée encore, il faut ajouter: les *Nouveaux contes à Ninon (1874)*; des nouvelles disséminées dans divers journaux, une brochure *pro domo sud*: la *République et la littérature (1879)*, etc.

M. Émile Zola a, en outre, fait représenter: *Thérèse Raquin*, pièce en cinq actes, tirée de son roman, au théâtre de la Renaissance (1873); les *Héritiers Rabourdin*, comédie en trois actes, au théâtre Cluny (1874); le *Bouton de rose*, au Palais-Royal; puis l'*Assommoir*, à l'Ambigu (1881); *Nana*, ib. (1881); *Pot bouille*, ib. (1883); *Germinal (1885)*, etc., pièces tirées de ses romans portant les mêmes titres, par M. W. Busnach. — M. Zola a adressé, pendant quelque temps, une correspondance au *Messager de l'Europe* de Moscou.

ZORILLA, DON MARCEL RUIZ, homme politique espagnol, né en 1834 à Osma, province de Castille, fit son droit à Valladolid et alla s'inscrire au barreau de Madrid, où il ne tarda pas à se faire une certaine réputation d'éloquence. Entré, dès ses débuts, dans les rangs du parti progressiste, il était élu comme tel député aux Cortès en 1856, et s'y signalait par son opposition « intransigeante » à la politique gouvernementale. Réélu aux élections suivantes, il ne fit qu'accentuer cette opposition et s'attira, de plus, des poursuites avec une brochure intitulée: *Trois négations et une affirmation*, écrite contre les néo-catholiques. Compromis dans l'insurrection de juin 1866, M. Zorilla se réfugia à Paris, pendant qu'un arrêt de mort le frappait dans son pays, en bonne compagnie d'ailleurs. Avisé du soulèvement de septembre 1868, il se rendit à Cadix avec plusieurs autres exilés, et après le triomphe de la révolution, il entra dans le gouvernement provisoire comme ministre des travaux publics. Après quelques mesures populaires dont il jugea bon de marquer ses débuts, le nouveau gouvernement ne tarda pas à tourner à la réaction, et M. Zorilla comme ses autres membres. Il est vrai qu'il a arboré une devise politique : « révolutionnaire contre le despotisme, conservateur contre l'anarchie », qui a l'air très nette ; mais elle n'en a que l'air : M. Ruiz Zorilla est nettement anticlérical, et c'est tout. — Passé au ministère de la justice en juin 1869, il faisait, en décembre suivant, une campagne en faveur de la candidature du duc d'Aoste au trône d'Espagne, qui le forçait à donner sa démission. Mais il était élu président des Cortès le 17 janvier 1870, et à la fin de l'année, il était à la tête de la députation qui allait à Florence offrir la couronne d'Espagne au prince Amédée. Dans le premier ministère formé sous le nouveau règne, M. Zorilla reprit le portefeuille des travaux publics : mais au mois de juillet suivant (1871), il était dans la retraite lorsque, Serrano quittant le pouvoir, le roi Amédée l'appela et lui donna la mission de former un nouveau cabinet. Après avoir constitué le ministère et lancé le programme traditionnel, promettant toutes les réformes désirables et surtout populaires, il accompagnait le roi dans une longue tournée à travers le royaume : à son retour, il se trouva en présence d'une chambre hostile, qui choisissait pour président M. Sagasta, chef de l'opposition. Il donna sa démission (3 octobre). Après les élections d'avril 1872, réélu député de Madrid, M. Zorilla résignait son mandat, décidé, dit-il, à se retirer de la vie politique. Mais, dès le mois de juin, le maréchal Serrano ayant de nouveau résigné le pouvoir, il le reprenait sur les instances du roi. Il débutait par la dissolution des Cortès et obtenait des élections qui suivirent (juillet), la majorité de gouvernement qu'il y cherchait. Nous ne parlerons pas des réformes promises dans le nouveau programme, aucune n'ayant été réalisée. L'état de l'Espagne devint tel, sous cette administration, que le roi Amédée envoyait au Cortès, le 11 février 1873, son message d'abdication et d'adieu. Tombé du pouvoir du pouvoir, M. Zorilla se retira en Portugal. Il rentrait bientôt à Madrid, toutefois, et faisait acte d'adhésion à la République (septembre 1874). Mais à l'avènement du roi Alphonse XII (janvier 1875), ordre lui fut donné de quitter immédiatement le territoire espagnol. Réfugié en France, le gouvernement espagnol n'eut pas de peine à obtenir du nôtre l'expulsion de ce terrible révolutionnaire, au compte duquel on n'a pas hésité à mettre tous les complots, soulèvements, pronunciamientos militaires ou civils qui se sont produits depuis en Espagne, pour se donner le malin plaisir de le condamner à mort une fois de plus. Après avoir résidé en Suisse, puis en Angleterre, M. Ruiz Zorilla rentrait en France au commencement de 1886, à la faveur de l'indulto donné aux condamnés politiques par le gouvernement d'Alphonse III. Cependant, comme l'agitateur ne s'y tient pas aussi tranquille qu'on pourrait le désirer en Espagne, des démarches auraient, dit-on, été faites pour obtenir son expulsion; mais le gouvernement français n'est pas tout à fait le même en 1886 qu'en 1875, et ces démarches sont restées vaines.

ZUBER, Jean Henri, peintre français, né à Rixheim (Alsace) le 24 juin 1844. Elève de l'Ecole navale, il avait atteint le grade d'enseigne de vaisseau lorsque, pour obéir à une vocation décidée, il quitta la marine en 1868, et entra dans l'atelier de Gleyre. Après avoir débuté au Salon de 1869 avec une *Grande rue de Pékin* et la *Tour de porcelaine de Yuen-min-Yuen*, et donné à celui de 1870 : une *Jonque chinoise au port de Ting-Hae* et les *Rochers de San Montana*, il quittait les pinceaux pour les armes pendant la guerre de 1870-71, puis revenait à ses travaux artistiques, ayant pris soin d'opter pour la nationalité française. M. Zuber a exposé notamment, depuis : le *Bain des nymphes*, la *Mare (1873)*; *Près de la ferme*, *Hylas et les nymphes (1874)*; *Lisière de forêt dans la Haute-Alsace*, l'*Etang de Ferrette (1875)*; les *Chercheurs de marne*, un *Soir dans la lande*, dans l'Ille-et-Vilaine (1876); un *Troupeau d'oies à Seppois-le-Haut*, en Alsace; les *Bords de l'Ille à Fislis (1877)*; *Dante et Virgile*, *Soir d'automne (1878)*; le *Flon à Mussignieu*, une *Halte (1880)*; les *Premiers sillons*, Haute-Alsace; le *Troupeau de Vieux-Ferrette*. ib. (1883); *Mauvais temps*, l'*Approche de l'orage (1884)*; *Septembre au pâturage*, le *Hollandsch Diep (1885)*; *Sentier perdu*, *Apres la moisson (1886)*, et d'assez nombreuses aquarelles. — M. Zuber a obtenu une médaille de 3ᵉ classe en 1875 et une de 2ᵉ classe à l'Exposition universelle de 1878; il a été décoré de la Légion d'honneur le 10 juillet 1886.

ZUMBUSCH, Kaspar, sculpteur autrichien, né à Herzebrock en 1830. Il fit ses études artistiques à l'Académie des Beaux-Arts de Munich et y eut pour maître Halbig (mort en 1882), qu'il suivit en Italie, où il devait retourner seul plus tard (1857), après avoir exposé quelques ouvrages à Munich et à Vienne. Il y fit cette fois un assez long séjour, principalement à Rome. — On cite particulièrement de cet artiste : le *Monument de Maximilien II*, à Munich; les portraits de *Louis II*, roi de Bavière, de *Richard Wagner*, de *Liszt*, du *Maréchal de Moltke*, de l'*Empereur François-Joseph*, d'*Autriche*, de l'*Archiduc Charles-Joseph*, de *Schœnlein*, de *Mᵐᵉ Schrœder-Devriendt*, etc., bustes et médaillons; les statues d'*Otto de Freising*, l'historien, à Berlin ; de l'anatomiste *Herz*, à Nuremberg ; du général *Rumford*, à Munich; des principaux personnages des œuvres de Richard Wagner, pour le feu roi *Louis II*; de *Beethoven* (parue à l'Exposition universelle de 1878); le monument funèbre de *Waldenbourg*, à Berlin ; le monument de la *Victoire*, à Augsbourg, etc. — Il avait à l'Exposition universelle de 1878, outre son *Beethoven*, un groupe en bronze : *Prométhée*. Cet envoi lui valut une médaille de 1ʳᵉ classe et la croix de la Légion d'honneur. — M. Zumbusch a été nommé professeur de sculpture à l'Académie des Beaux-Arts de Vienne en 1873. Il est correspondant de l'Institut de France (Académie des Beaux-Arts).

ZURCHER, Frédéric, savant français, ancien officier de marine, né à Mulhouse en 1816. Elève de l'Ecole polytechnique, M. F. Zurcher servit ensuite dans la marine, qu'il quitta avec le grade de lieutenant de vaisseau, pour se livrer à la vulgarisation scientifique. — On lui doit, outre une traduction de la *Géographie physique*, de Maury: les *Phénomènes de l'atmosphère (1862)*; les *Météores (1864)*; les *Tempêtes (1865)*; les *Glaciers*, *Histoire de la Navigation (1867)*; le *Monde sous-marin (1868)*; les *Etoiles filantes (1870)*; les *Ventisqueros (1870)*; les *Ascensions célèbres aux plus hautes montagnes du globe (1874)*, etc. La plupart de ces ouvrages ont été écrits en collaboration avec M. Elie Margollé ancien officier de marine également.

ZUYLEN DE NYEVELT (baron de), Hugo, diplomate hollandais, né à Dordrecht le 29 juin 1816. Il aborda de bonne heure la carrière politique et se fit surtout remarquer à la Chambre des députes de La Haye, dans les discussions relatives aux questions de politique extérieure et coloniale. Membre du parti conservateur, M. le baron de Zuylen fut appelé à deux reprises, son parti étant au pouvoir, dans les conseils du gouvernement, en 1851 et 1860, avec le portefeuille des affaires étrangères. Il eut, en cette qualité, à reconnaître officiellement le second empire français et le royaume d'Italie. A l'avènement du ministère libéral, M. de Zuylen de Nyevelt fut nommé envoyé extraordinaire et ministre plénipotentiaire des Pays-Bas à Paris, fonctions qu'il remplit depuis 1867 jusqu'en 1885 : il remettait ses lettres de rappel au président de la République le 30 juin 1885, et était remplacé le 20 octobre suivant par M. le chevalier de Stuers.

M. le baron de Zuylen est un musicien amateur très distingué ; il a composé, pour le piano et pour la voix, un certain nombre de morceaux d'une réelle valeur, mélodies, sonates, symphonies, etc.

CORRECTIONS ET ADDITIONS
RECONNUES NÉCESSAIRES AU COURS DE L'IMPRESSION
(12 décembre 1886)

A

AUB

ACHARD, Antoine Philippe Adrien, homme politique français, né à Genève en 1814. Compromis au coup d'État de décembre 1851, il passa quelques années en exil. Fort de ces antécédents, M. Achard se faisait élire député de la première circonscription de Bordeaux, contre Blanqui, déjà invalidé, en septembre 1879. Il s'inscrivit à l'Union républicaine, et fut réélu le 21 août 1881. Porté sur la liste radicale de la Gironde aux élections d'octobre 1885, il échoua. Mais il y avait des élections complémentaires dans la Seine, par suite d'options, en décembre suivant, et justement on y manquait de candidats radicaux (du moins il faut le croire); M. Achard s'y présenta donc, et fut élu député de la Seine au scrutin de ballotage du 27. — Il a voté l'expulsion totale des princes.

ADAMS, Charles Francis, homme politique américain. — Il est mort le 22 novembre 1886.

ALEXANDRE Ier, prince de Bulgarie. — Le 21 août 1886, il était arrêté par quelques conjurés, enfermé d'abord dans un monastère, puis embarqué secrètement et conduit sur le territoire russe. Cependant, les partisans du prince Alexandre, évidemment en majorité dans le pays, le rappelèrent. Il répondit à cet appel; mais l'influence russe empêcha cette restauration de devenir définitive, et le prince se retira spontanément, pour éviter à son pays d'adoption les malheurs dont l'échéance n'a probablement été que prorogée, grâce à son abnégation. Il était de passage à Paris en décembre 1886.

ALYPE, Pierre, député de l'Inde française. — Voyez Pierre-Alype.

ARTHUR, Chester Allan, ancien président des États-Unis. — Il est mort à New-York le 17 novembre 1886.

AUBANEL, J. M. J.-B. Th., poète provençal. — Il est mort le 1er novembre 1886.

AUBE, H. L. T., vice-amiral, ministre de la marine et des colonies. — La notice consacrée à l'amiral Aube, ministre de la marine, trop hâtivement faite, contient plusieurs erreurs qu'il importe de rectifier. L'amiral Aube n'a point servi en Crimée. C'est en Chine, et au Sénégal surtout, à l'époque où cette dernière colonie était pour ainsi dire à ses débuts, qu'il a rendu les plus grands services, en secondant les efforts du général Fai-

AUB

dherbe (voy. ce nom). En 1870, il a fait la campagne comme général de brigade dans l'armée des Vosges, plus tard 20e corps de l'armée de la Loire. — Comme écrivain, l'amiral Aube a publié dans la *Revue des Deux-Mondes* une série d'études, dont la première porte la date de juin 1846, sur ses campagnes en Chine, au Sénégal et dans l'océan Pacifique, études remarquables autant par l'éclat du style que par la force de la pensée, dont voici les titres : *Entre deux campagnes*, la *Pénétration dans le Soudan*, *A terre et à bord*, *Italie et Levant*. Il est le véritable vulgarisateur des nouveaux engins de la guerre maritime, qui ont fait l'objet des études intitulées : les *Croiseurs*, la *Guerre navale*, *Marine et colonies*; c'est sous ses auspices et sous son inspiration que Gabriel Charmes a écrit son livre : *Réforme de la marine*, qui a eu un grand retentissement. Rappelons enfin ses remarquables études sur les torpilleurs, auxquelles il est déjà fait allusion dans la notice. — Le port de la barbe était, depuis plusieurs années, autorisé dans les équipages de la flotte : le ministre de la marine n'a fait, suivant l'usage, que rendre applicable aux troupes de la marine, une décision du ministre de la guerre.

Relativement à la promotion de M. Aube au grade de vice-amiral, il résulte des renseignements que nous avons recueillis aux sources mêmes, que les officiers généraux sont nommés au choix, non à l'ancienneté, quoique, par esprit de camaraderie, on ait pris l'habitude de suivre le tour de l'Annuaire en temps ordinaire. Or, si le choix a quelque raison d'exister pour les autres grades, généralement appelés à des fonctions secondaires, il est évident qu'il s'impose pour le grade de vice-amiral, le plus élevé dans notre marine, le titulaire devant être appelé au commandement suprême, dans un moment où les destinées du pays peuvent être en jeu. Le grade de contre-amiral est bien souvent la récompense de longs services auxquels ne s'ajoute pas toujours une valeur professionnelle de premier ordre, exigible chez le vice-amiral. — Il va sans dire que la promotion de l'amiral Aube est due à l'initiative du chef du cabinet ; et nous ajouterons que, le ministre ayant un traitement spécial non cumulable avec celui de vice-amiral, cette nomination s'est faite « hors cadre » et très légalement, au point de vue budgétaire comme au point de vue de la loi sur l'avancement. Ces détails valaient, croyons-nous, la peine d'être donnés, malgré leur peu d'importance apparente. — L'amiral Aube a conservé son portefeuille dans le cabinet constitué par M. Goblet, le 11 décembre 1886.

B

BAU

BAÏHAUT, Charles, ministre des travaux publics. — Il a résigné son portefeuille entre les mains de M. Ed. Millaud, sénateur du Rhône, le 4 novembre 1886.

BAUER, Henri, journaliste français, né en 1852, il

BAU

faisait son droit à Paris lorsqu'il débuta, vers la fin de l'Empire, dans les journaux du quartier latin, puis collabora à la *Marseillaise* de M. H. Rochefort. Après le 18 mars, M. H. Bauer embrassa avec ardeur la cause communaliste, et prit part à la lutte contre les troupes du gouvernement de Versailles. L'insurrection écrasée,

M. H. Bauer fut fait prisonnier, condamné à la déportation par un conseil de guerre et transporté en Nouvelle-Calédonie, où il est demeuré jusqu'à l'amnistie. De retour à Paris, il reprit ses travaux de journaliste ; mais renonçant à la politique militante, il s'est adonné à la critique dramatique et a publié dans le *Réveil* et dans l'*Echo de Paris* des articles qui ont été très remarqués et lui ont assuré une place au premier rang des écrivains qui suivent la carrière épineuse qu'il a choisie. — M. Henri Bauer est syndic de l'Association des journalistes républicains.

BEAUVALLET, Léon, romancier et auteur dramatique. — Il est mort en 1885.

BÉRANGER, Paul, député de l'Aisne. — Il est mort le 7 août 1886.

BERLET, A. E. E., sénateur de Meurthe-et-Moselle. — Il est mort le 27 juillet 1886.

BERT, Paul, résident général de France au Tonkin. — Il est mort à Hanoï, du choléra, le 11 novembre 1886.

BERTHELOT, P. E. M. — Il a été appelé au ministère de l'instruction publique, dans le cabinet Goblet, le 11 décembre 1886.

BEUST (comte de). F. F., homme d'État allemand. — Il est mort en son château d'Altenberg, le 24 octobre 1886.

BIRCH, Samuel, égyptologue anglais. — Il est mort en 1886.

BOULANGER, G. E. J. M., général français, ministre de la guerre. — Quelques erreurs se sont glissées dans la notice du général Boulanger. C'est en 1880 qu'il fut nommé à la direction de l'infanterie au ministère de la guerre, et non à son retour de Tunis ; et quant à ce retour, motivé effectivement par les difficultés auxquelles nous avons fait allusion, il s'est effectué sans que le général Boulanger ût relevé de son commandement de la division d'occupation de Tunis, auquel il avait été appelé en mars 1884, et qu'il continua à exercer de Paris. — Le général Boulanger a conservé le portefeuille de la guerre dans le cabinet Goblet, formé le 11 décembre 1886.

BOURGEOIS (baron), Ch. A., sculpteur français. — Il est mort le 5 décembre 1886.

BRIOIS, Clément Jules, médecin et littérateur français, né le 13 février 1817 à Latrecey (Haute-Marne), fut reçu docteur à Paris en 1841, avec une thèse sur l'*Examen et l'interrogation des malades*. Sa santé le força d'aller passer l'hiver suivant à Venise où, pour occuper ses loisirs, il composa un *Memento pharmaceutique et posologique*, publié en 1845, et qui eut plusieurs éditions. Revenu à Paris pour y exercer la médecine, il eut assez d'activité pour mener de front les travaux de sa clientèle et des recherches considérables sur l'histoire et l'archéologie du vieux Paris, En 1864, il publia la première édition (3 vol. in-8°) de son important roman historique : la *Tour Saint-Jacques de Paris*, au sujet duquel Victor Hugo, alors en exil à Guernesey, écrivait à la date du 29 mars de la même année : « C'est une œuvre forte, approfondie, vaillante, d'un vif intérêt, d'un style excellent. » — Une nouvelle édition de cet ouvrage, revue avec soin (2 vol. in-18, Paris 1886), a été donnée par M. Briois.

BRONSART VON SCHELLENDORF, ministre de la guerre de Prusse. — Major en 1866, c'est lui qui rédigea à cette époque le plan de mobilisation des armées des États du Sud, et qui réglait, par suite, cette fameuse concentration des divisions wurtembergeoises et bavaroises qui aboutit à la bataille de Wœrth. Il a professé un cours d'histoire à l'Académie de guerre. — La famille Bronsart est d'origine française.

C D

DAU

CARAYON-LATOUR (de), Joseph, sénateur inamovible. — Il est mort le 16 septembre 1886.

CARNOT, M. F. Sadi, ministre des finances. — Il a quitté le pouvoir avec ses collègues le 3 décembre 1886.

CASTILLE, Ch. Hippolyte, littérateur français. — Il est mort à Luc-sur-Mer le 25 septembre 1886.

COOKE, John Esten, littérateur américain. — Il est mort le 27 septembre 1886.

DALLOZ, V. Édouard, ancien député. — Il est mort le 14 novembre 1886.

DAUPHIN, Albert. — Il a été appelé au ministère des finances, en remplacement de M. Sadi Carnot, dans le cabinet du 11 décembre 1886.

DEV

DECAZES (duc de), L. Ch. E. A., homme d'État français. — Il est mort le 16 septembre 1886.

DELELIS, Jules, député du Nord. — Il est mort le 21 octobre 1886.

DEMOLE, Ch. E. E., garde des sceaux, ministre de la justice. — Il a donné sa démission avec ses collègues le 3 décembre 1886.

DESJARDINS, Ernest, de l'Académie des inscriptions et belles-lettres. — Il est mort le 22 octobre 1886.

DEVELLE, P. J. — Il a conservé son portefeuille dans le ministère Goblet, formé le 11 décembre 1886.

E F G

GER

EICHTAL (d'), Gustave. — Il est mort en 1875.

FERRARY, B. A., député des Hautes-Alpes. — Il est mort le 10 octobre 1886.

FREYCINET (de), Ch. L. de Saulces. — Il a donné sa démission de président du conseil le 3 décemb. 1886.

GAUDRY, Albert, de l'Académie des sciences. — Il a été promu officier de la Légion d'honneur le 9 juillet 1886.

GERVEX, Henri, peintre français, né à Paris le 10 novembre 1852. Il commença l'étude de la peinture à quinze ans, sous la direction de M. Brisset, puis suivit les ateliers de Fromentin et de M. Cabanel, et débuta au Salon de 1872. M. H. Gervex, qui s'est fait en peu d'années une très belle réputation, a exposé : une *Femme endormie*, figure nue (1872) ; *Diane et Endymion (1873)* ; *Satyre jouant avec une bacchante*, au

GER

Luxembourg (1874) ; la *Leçon d'anatomie*, au musée de Luxembourg (1875) ; les *Communiantes à la Trinité*, au musée de Dijon (1876) ; *Rolla (1878)* ; quoique hors concours en 1879, M. Gervex s'est vu refuser ce tableau au Salon de 1878, sur les instances de M. Turquet, qui faisait partie de la commission artistique des Beaux-Arts ; il fut donc exposé chez un marchand de tableaux, M. Bague, et eut plus de succès, peut-être, que s'il avait été admis au Salon. Il appartient à M. Gérardi. M. Gervex a exposé depuis : le *Retour du bal* et le *Portrait de Mme Voltesse (1879)* ; le *Mariage civil*, panneau décoratif pour la mairie du XIXe arrondissement (1881) ; le *Canal*, avec des ouvriers du port déchargeant du charbon d'un bateau, panneau décoratif, plafond de la même mairie (1882) ; *Bureau de bienfaisance*, panneau décoratif pour la mairie du XIXe arrondissement ; *Portrait de Mlle de Beyens*, fille du ministre plénipotentiaire de Belgique (1883) ; *Portrait de*

M. Alfred Stevens (1884); une Séance du jury du Salon de peinture (1885), appartient à M. Waldeck-Rousseau; l'Opéra un jour de bal masqué, exposé au cercle des Mirlitons (même année), appartient à M. Ménier; la Femme au masque et Portrait de M. Albert Hauch, à Bougival (1886). — On cite encore de cet artiste un certain nombre de portraits au pastel, exposés à la galerie Petit. Ce sont les portraits de M. John Lemoinne, Guy de Maupassant, W. Busnach, Jules Claretie, Alexandre Hepp, Henry Bauer, Mlle Madeleine Lemaire et Mme Lina F.

M. Henri Gervex a obtenu une médaille de 2e classe en 1874, le rappel de cette médaille en 1875 et la croix de la Légion d'honneur en 1882.

GOBLET, René. — Démissionnaire avec ses collègues le 3 décembre 1886, il était appelé à former un nouveau ministère, constitué le 11, et dans lequel il a pris le ministère de l'intérieur et des cultes avec la présidence du conseil.

GRANET, E. A. F. — Il a conservé le portefeuille des postes et télégraphes dans le ministère du 11 déc. 1886.

GRÉARD, Valery Clément Octave, membre de l'Académie française, est né à Vire le 18 août 1828. Élève de l'École normale supérieure, il se fit recevoir agrégé en 1855 et docteur ès lettres en 1866, et professa la rhétorique à Metz, à Versailles, puis à Paris, aux lycées Napoléon, Saint-Louis et Bonaparte. Nommé inspecteur de l'Académie de Paris et directeur de l'enseignement primaire dans la juridiction de cette Académie, il devenait inspecteur général et directeur de l'enseignement primaire au ministère de l'instruction publique en 1872, mais était révoqué par M. Bathie l'année suivante. Il reprit alors la direction de la Seine et recevait, en 1874, le prix Halphen, comme ayant le plus contribué au développement de l'instruction primaire. En février 1879, M. Gréard était nommé vice-recteur de l'Académie de Paris et inspecteur général honoraire. — M. Gréard a été élu membre de l'Académie des sciences morales et politiques le 16 mai 1875, en remplacement de M. Husson, et de l'Académie française le 11 novembre 1886, en remplacement de M. de Falloux. Il est grand officier de la Légion d'honneur depuis le 29 décembre 1884, et membre du conseil de l'ordre.

On lui doit: *De la morale de Plutarque*, sa thèse de doctorat (1866); une traduction des *Lettres d'Héloïse et d'Abélard (1870)*; la *Législation de l'instruction primaire (1874)*; un *Précis de littérature (1875)*; *Extraits des lettres de Mme de Maintenon sur l'éducation (1883)*; l'*Éducation des femmes par les femmes, études et portraits (1886)*; et d'importants rapports sur l'enseignement primaire.

GUEYDON (comte de), L. H., amiral, député de la Manche. — Il est mort le 1er décembre 1886.

H

HEP

HARDY, L. Ph. A., professeur à la faculté de médecine de Paris. — Il a été mis à la retraite en juillet 1886.

HEPP, Alexandre, journaliste et littérateur français, né à Saar-Union (Alsace) en 1857. Il fit ses études à Nancy, vint ensuite à Paris et y publiait un roman, l'*Amie d'Alice*, dès 1878. Collaborateur au *National*, au *XIXe Siècle*, au *Gaulois*, à l'*Événement*, au *Voltaire*, dont il est devenu le directeur littéraire, et au *Matin*, dont il a été, depuis la fondation, l'un des chroniqueurs principaux chargés du *leading* article, M. Alexandre Hepp est doué d'un talent très remarquable et très personnel, qui en fait un des chroniqueurs les plus goûtés

HUM

de la presse parisienne. Il a réuni un certain nombre de ses chroniques et de ses « études parisiennes » en volumes, auxquels il a donné les titres suivants: *Paris patraque, Paris tout nu*, les *Anges parisiens*; on lui doit encore un volume de poésies: les *Errantes*, et un autre roman: l'*Épuisé*. — M. Alexandre Hepp a été nommé officier d'Académie en 1883 et chevalier de la Légion d'honneur le 14 juillet 1886.

HIOLLE, E. E., sculpteur français. — Il est mort le 6 octobre 1886.

HUMBERT, P. F. A., auteur de la *Lanterne de Boquillon*. — Il est mort le 10 octobre 1886.

I J L M

MAM

IDDESLEIGH (comte d'), St. H. N., ministre des affaires étrangères d'Angleterre. — Il a été élu lord recteur de l'université d'Édimbourg, contre sir Lyon Playfair, candidat libéral, le 30 octobre 1886.

JOKAÏ, Maurus (dame), Rosa Laborfalvi, célèbre tragédienne hongroise. — Elle est morte à Buda-Pesth, à la suite d'une longue maladie, le 22 novembre 1886.

LA RAMÉE (de), Louisa. — Voy. **Ouida**.

LOCKROY, E. A. E. Simon, ministre du commerce et de l'industrie. — Il a conservé son portefeuille dans le ministère du 11 décembre 1886.

MAC CABE, Edward, cardinal, archevêque de Dublin. — Il est mort en février 1885.

MAMIANI (comte), Terenzio della Rovere, philosophe italien. — Il est mort en mai 1885.

MOR

MARRYAT, Florence, femme de lettres anglaise, fille du feu capitaine Marryat. — Voy. **Ross-Church** (dame).

MILLAUD, H. Ed., sénateur du Rhône. — Il a été nommé ministre des travaux publics, en remplacement de M. Baïhaut, démissionnaire, le 4 nov. 1886, et a conservé ce portefeuille dans le cabinet Goblet du 11 déc. 1886.

MINGHETTI, Marco. — Il est mort le 10 déc. 1886.

MORLEY, John, publiciste et homme politique anglais. — Il a fait partie du dernier cabinet Gladstone (février à juillet 1886), comme secrétaire en chef pour l'Irlande. Réélu aux Communes, aux élections de juillet 1886, il n'a cessé, depuis qu'il n'est plus au pouvoir, de faire une active propagande en faveur de l'autonomie irlandaise.

O

OTH

OTHON, Guillaume Luitpold Adalbert Woldemar, roi de Bavière, second fils de Maximilien II, mort en 1864 et de la princesse Marie, fille du prince Guillaume, oncle du roi de Prusse, et frère puîné du feu roi Louis II, déposé le 10 juin 1886, comme reconnu atteint de folie, et

OTH

dont la fin tragique, arrivée deux jours après, a produit une si grande émotion. Le roi Othon est né le 27 avril 1848. A dix-huit ans, il suivait les cours de l'université de Munich, où il eut comme principaux professeurs Giesebrecht pour l'histoire et Riehl pour la sociologie. Il avait à cette époque la réputation d'un prince aimable et spirituel, et les Munichois ne tarissaient pas sur son affabilité. Malheureusement, il avait une constitution évidemment délicate à l'excès. Le prince fréquentait le théâtre avec assiduité, car il aimait beaucoup la musique ; mais, contrairement à son frère Louis, il préférait l'opérette à l'opéra, et Offenbach à Wagner ; il y a d'ailleurs lieu de croire qu'il avait incomparablement plus de goût pour le personnel féminin du théâtre que pour les œuvres qui y étaient représentées, à quelque école qu'elles appartinssent. Il était jeune, il était beau, il était prince ; il lui était trop facile de tomber dans les excès, à la suite desquels il fit une longue maladie, dont il ne se releva qu'on proie à une mélancolie profonde qui le conduisit rapidement à la monomanie dévote. Il demeurait pendant des heures agenouillé devant une image de la Vierge, et pendant des journées plongé dans ce qu'on est convenu d'appeler la méditation. Des symptômes de folie plus nettement caractérisés ne tardèrent pas, du reste, à se manifester chez le jeune prince, soumis bientôt à une surveillance de tous les instants. Un jour, cependant, il s'échappa du château de Nymphenbourg, où il était dès lors interné : c'était en 1873. Il arriva à Munich, se rendit à la cathédrale où l'archevêque célébrait justement une messe solennelle, monta en chaire et se mit à réciter tout haut le *confiteor*. Cela fait, il se disposait à haranguer les fidèles, lorsque deux chanoines, intervenant, réussirent à l'en dissuader.

Depuis lors, la folie du roi Othon n'a fait que croître et embellir ; elle est absolument incurable. Depuis qu'il a succédé à son frère sur le trône de Bavière, surtout, ses accès paraissent devenir plus fréquents, car les journaux en ont déjà signalé deux ou trois d'une gravité évidente, et qui font pressentir que le nouveau roi n'ira pas aussi loin que l'ancien. Mais alors, à quoi bon remplacer un roi fou, que l'on vient de déposer pour cela, par un roi qui l'est au moins autant ? Il règne, où est censé régner, sous la protection titulaire d'un conseil de régence, sans doute, et c'est surtout ce qu'on voulait ; malgré cela, on joue en Bavière une comédie bien lugubre, dont M. de Bismarck suit d'un œil vigilant les singulières péripéties, et dont le dénouement ne peut tarder bien longtemps.

P

PIT

PHILLIPS, Wendell, orateur américain. Il est mort le 3 février 1884.

PITTIÉ, F. G., général de division secrétaire général de la présidence. — Il est mort le 3 décembre 1886.

POW

POWDERLY, T. V., grand maître des Chevaliers du Travail des États-Unis. — Il a été réélu pour deux années « general master workman », par la convention des Chevaliers du Travail, le 14 octobre 1886.

R

REI

REICHEMBERG, Angélique Charlotte Suzanne, actrice française, née à Paris le 7 septembre 1853. Entrée au Conservatoire par l'influence de Mlle Suzanne Brohan, sa marraine, dans la classe de Régnier, elle obtenait un 2e prix de comédie en 1867 et le 1er prix l'année suivante. Engagée à la Comédie Française, elle y débuta dans le rôle d'Agnès de l'*École des femmes*, avec un très vif succès. Elle parut ensuite dans Lucile du *Dépit amoureux*, Marianne de *Tartufe*, Rosette d'*On ne badine pas avec l'amour*, Lucile de l'*Honneur et l'argent*, Fanchette du *Mariage de Figaro*, Léonie de *Bataille de dames*, Jacqueline du *Bonhomme Jadis*, Loyse de *Gringoire*, Irène de la *Part du roi* ; et plus récemment dans les *Faux ménages*, *Julie*, les *Enfants*, les *Ouvriers*, *Hélène*, *Jean de Thommeray*, l'*Ilote*, l'*Ami Fritz*, etc.. — Mlle Reichemberg est sociétaire de la Comédie Française depuis 1872.

RIC

RICHARD, François Marie Benjamin, prélat français, archevêque de Paris, est né à Nantes le 1er mars 1819. Il était vicaire général à Nantes lorsqu'il fut nommé évêque de Bellay par décret du 16 octobre 1871 ; préconisé le 22 décembre suivant, il était sacré le 11 février 1872. Nommé coadjuteur de M. Guibert, archevêque de Paris, par décret du 7 mai 1875, avec succession éventuelle, il était préconisé, en cette qualité, archevêque de Larisse *in partibus infidelium*, le 5 juillet suivant. M. Richard a donc succédé *ipso facto* à M. Guibert, mort le 8 juillet 1886, comme archevêque de Paris. — On lui doit une *Vie de la bienheureuse Françoise d'Amboise, duchesse de Bretagne, religieuse carmélite* (1865) ; des méditations, prières, lettres pastorales, etc., etc.

S

SAB

SAPPEY, M. Ph. C., professeur à la faculté de médecine de Paris. — Mis à la retraite en juillet 1886, élu à l'Académie des sciences le 12 décembre en remplacement de M. Milne Edwards.

SARRIEN, J. M. F., ministre de l'intérieur. — Démissionnaire avec ses collègues le 3 décembre 1886, il acceptait le portefeuille de la justice dans le cabinet formé le 11, par M. Goblet.

STE

SELLA, Q., homme d'État italien. — Il est mort en mars 1884.

STEVENS, Alfred, peintre belge. — Il habite Paris depuis longtemps, et pendant le siège il s'engagea, voulant payer ainsi sa dette de reconnaissance à sa patrie d'adoption. M. A. Stevens a été promu grand officier de l'ordre de Léopold de Belgique ; il est en outre commandeur de l'ordre de François-Joseph d'Autriche, officier du Lion néerlandais, du Mérite de Bavière, etc.

TRY

TORRES CAICEDO, J. M. — Il a donné sa démission de ministre plénipotentiaire de la république de San-Salvador le 1er juillet 1885.

TRYSTRAM, JEAN-BAPTISTE LOUIS FRANÇOIS, négociant et homme politique français, né à Ghyvelde (Nord) le 9 janvier 1821. Connu par ses convictions républicaines invariables, depuis 1848, ce que lui ont reproché ses adversaires, M. Trystram fut nommé sous-préfet de Dunkerque après le 4 Septembre. Démissionnaire au commencement de 1871, il fut envoyé au Conseil général par ses anciens administrés et élu président de la chambre de commerce. Elu, le 20 février 1876, député de la 1re circonscription de Dunkerque, contre M. Dupuy de Lôme, siégea à gauche, M. Trystram a échoué, le 14 octobre 1877, contre le candidat monarchiste, M. d'Arras, maire de Dunkerque, mais l'élection ayant été invalidée, il triomphait à son tour au scrutin du 7 juillet 1878. Réélu le 21 août 1881, il échouait aux élections du 4 octobre 1885, avec toute la liste républicaine dans le Nord. Mais à l'élection partielle du 21 novembre 1886, pour le remplacement de M. Delelis, décédé, M. Trystram fut élu député, contre le candidat réactionnaire, avec une majorité d'environ 46,000 voix.

WAI

WALLY (de), J. N., dit NATALIS, membre de l'Institut. — Il est mort le 4 décembre 1886.

Châteauroux. — Typ et Lith. A. Majesté.

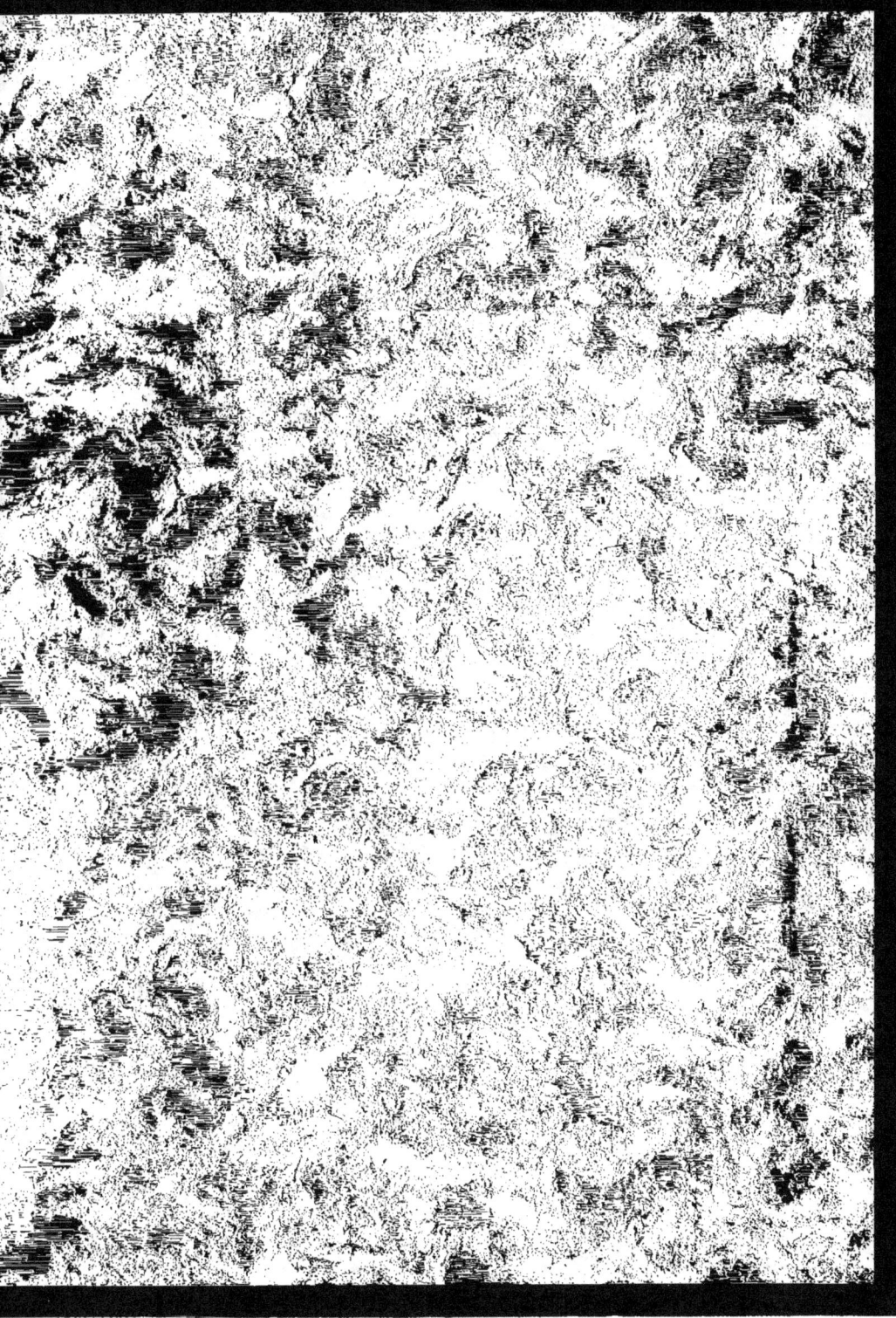